创新与发展
中国证券业2015年论文集

Essays of
2015 Securities Industry
Innovation and Development

●中国证券业协会 编

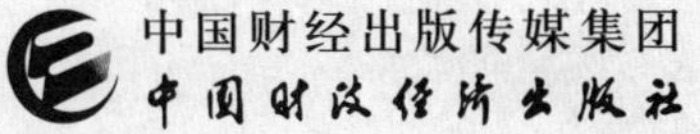

图书在版编目（CIP）数据

创新与发展：中国证券业2015年论文集 / 中国证券业协会编.—北京：中国财政经济出版社，2016.8

ISBN 978－7－5095－6853－8

Ⅰ.①创…　Ⅱ.①中…　Ⅲ.①证券市场－中国－文集　Ⅳ.①F832.51－53

中国版本图书馆CIP数据核字（2016）第159924号

编辑人员：张小莉　姜婧一　曹永强　张　荣　　责任校对：胡永立

责任编辑：翁晓红等　　封面设计：田　晗

中国财政经济出版社 出版

URL：http：//www.cfeph.cn

E－mail：cfeph@cfeph.cn

社址：北京市海淀区阜成路甲28号　邮政编码：100142

营销中心电话：88190406　北京财经书店电话：64033436　84041336

涿州市新华印刷有限公司印刷　各地新华书店经销

787×1092毫米　16开　90.5印张　2 250 000字

2016年9月第1版　2016年9月河北第1次印刷

定价：200.00元

ISBN 978－7－5095－6853－8/F·5510

（图书出现印装问题，本社负责调换）

质量投诉电话：010－88190744

打击盗版举报热线：010－88190492、QQ：634579818

《创新与发展：中国证券业2015年论文集》

编委会名单

前　言

中国证券业协会作为行业自律组织高度重视行业发展的基础理论研究，并以协会重点课题、《中国证券》、《传导》为主要平台，组织、刊发了大量的研究性文章。这些研究成果均为一线从业人员对行业热点问题的所思、所感、所悟，是对行业实践的思考和总结，对促进行业发展有一定的理论和实践指导意义。

为集中展示行业研究成果、促进研究交流、推动创新发展，中国证券业协会将《中国证券》、《传导》及部分专业委员会的报告集结出版，以供参考。在此，感谢每一位作者的辛勤贡献！

由于编写时间紧迫，《创新与发展：中国证券业2015年论文集》的编撰工作难免有所疏漏、错误之处，敬请业内同仁、广大读者提出宝贵意见和建议。

中国证券业协会

2016年9月

目 录

合规管理与风险控制

投资者保护

资本市场基础制度

多层次资本市场

证券发行制度改革

互联网金融

经纪业务

融资类业务

私募业务

金融衍生品业务

国际业务

FICC 业务

证券公司组织管理

其 他

合规管理与风险控制

当前证券行业面临的风险挑战及监管建议

童卫华*

近几年来，在监管层放松管制和鼓励创新等一系列政策的推动下，证券行业释放出巨大的发展活力，全行业业务范围不断拓宽，产品类型日益丰富，资产规模持续提升，盈利能力和资本实力不断增强。然而，随着行业改革创新步伐的不断加快，各种新情况、新问题、新风险也不断涌现，给行业的风险管理能力带来了巨大挑战。无论是对证券公司还是对监管机构而言，全面提升行业的风险管理能力正成为迫切的现实问题。

一、证券公司经营模式正发生深刻变化

一是业务范围不断拓展。随着投资、融资、交易、支付、托管清算等基础功能的逐步恢复，证券公司正在从简单的交易通道提供商向综合金融服务提供商转变。从各类主营业务来看，经纪业务已从传统的代理买卖股票扩展至代销金融产品、消费支付、资产托管等非通道服务；投行业务已从传统的股票、债券承销扩展至私募债、结构化融资、资产证券化、新三板等业务；资产管理业务的投资范围也得到极大放宽，受托资产规模从2011年末的0.28万亿元快速扩张至2014年9月底的7.3万亿元，增长25倍。

二是金融产品日趋丰富。场外市场的快速发展为证券公司自主创设产品奠定了基础，结构化产品、股票收益互换、场外期权等定制化产品从无到有，业务增长迅速。继国债期货之后，监管层还将推出股票期权、股指期权等金融衍生品，黄金、石油期货等大宗商品业务也向证券公司逐步放开。

三是重资产业务快速发展。重资产业务是指证券公司通过运用资产负债表产生收入的业务，主要包括占用大量资金的资本中介业务和资本型业务。过去两年，类信贷的融资融券、约定式购回、股票质押等重资产业务快速扩张，成为行业最重要的利润增长点。截至2014年9月底，全行业上述业务规模已达到8 606亿元。

---

* 作者单位：中国证券监督管理委员会。原载于《中国证券》2015年第1期。

四是资产负债表杠杆化。重资产业务消耗大量资本金，提升杠杆成为必然选择，债券投资也天生具有加杠杆的本质特征。2014年9月底，证券行业债务规模达1万亿元，行业杠杆率由2012年末的1.59倍增加至2.56倍（不含客户交易结算资金），部分公司的杠杆率高达5倍以上，大型公司的杠杆率在2—3倍。

五是交易模式高频化。金融产品的多元化、复杂化导致了ETF套利、期现套利、量化投资等程序化交易开始兴起，这种通过大量交易赚取价差的盈利模式对模型构建和信息技术的要求极高，操作不当将放大市场交易量并加剧市场波动，较小的误差也可能引发很大的损失。

随着业务模式不断升级，证券公司面临的风险量级急剧增加，具体体现为风险源成倍增加、风险关联性和交叉传染性增强、风险更具隐蔽性和危害性，业务和产品复杂化也使得风险管理工具以及风险计量模型的管理难度明显增加。这就好比以前证券公司是在小路上骑自行车，摔个跟头也无大碍，而现在是在高速公路上开汽车，风险管理一旦发生偏差、失误，对公司可能是致命性的打击。

二、当前证券行业面临的三大风险挑战

从当前行业创新发展的阶段看，操作风险、信用风险和流动性风险日益凸显。

第一，操作风险日益突出，各种操作风险事件可能发生。

操作风险是最容易被忽视的风险，主要是指由于不完善或有问题的内部操作过程、人员、系统或外部事件而导致直接或间接损失的风险。操作风险最常见的形式是各种内外部欺诈行为以及系统漏洞、操作失误等，多数操作风险造成的后果还会进一步引发信用、市场、流动性、监管及声誉风险等连锁反应。操作风险广泛存在于各个业务部门，既有“概率高、损失小”的特点，也有“概率低、高损失”的显著特征。后者往往是“黑天鹅”事件，通常认为是不可能发生的事情而真的发生了，这种特性给操作风险管理带来了较大的难度。

从国外情况看，证券行业的操作风险事件屡见不鲜，比如经常见诸报端的“乌龙指”和“魔鬼交易员”事件。2008年，法兴银行交易员违规大量买入股指期货，巨亏72亿美元；2010年，美股交易员卖出股票时，将百万的数字敲错成“10亿”，导致道琼斯指数下跌近千点；2011年，瑞银交易员违规操作造成约20亿美元损失；2012年，摩根大通“伦敦鲸”交易员亏损20亿美元。这一连串事件表明，员工的职业操守、道德风险以及低级失误是导致操作风险的重要原因。

与境外投行相比，国内证券公司在风险管理能力、人员素质和风险容忍度等方面都有很大差距，操作风险正成为国内券商面临的最大的不确定性风险。2013年以来，在多个创新业务领域，国内券商发生多起极端的操作风险事件：上海某券商爆发异常交易事件，被罚款5.23亿元；某券商被诈骗10亿元贷款案件；多家券商固定收益相关人员涉嫌违法违规操作；还有一些证券公司营业部员工私下委托理财、私下销售金融产品等。这些操作风险导致的后果最终均由公司来承担。

第二，信用风险逐渐聚集，行业可能发生的坏账损失不容忽视。

近几年来，证券行业的信用类业务（主要是类信贷业务）快速扩张，预计2014年底类信贷业务规模将达到上万亿元。与此相应，全行业的信用风险也正在不断累积。信用风险主

要是指由于交易对手、客户、中介机构、债券发行人及其他与证券公司有业务往来的机构违约而造成证券公司损失的风险，主要包括直接信用风险、交易对手风险和结算风险。在证券公司大力转向发展债券业务的过程中，债券承销、做市、投资和回购等操作也都涉及大量信用风险。

目前证券公司信用风险管理能力偏弱。与银行相比，证券公司在客户信用评级、抵押品评估、违约风险处置等方面还缺少必要经验，也没有获得中国人民银行征信系统等外部环境支持。金融产品复杂度增加、多种交易场所和交易规则使得信用风险识别难度增加。比如，具有高杠杆和表外属性的金融衍生品，尤其是柜台市场上的个性化衍生品，对交易对手风险的管理能力、抵押品管理能力都有很高的要求。国内信用数据缺乏、公司财务数据可靠性不强也使得对交易对手信用风险的评估难度较大。总的来看，在信用风险管理方面，证券公司在人才、技术、制度和系统等方面尚未做好充分准备。

从宏观经济形势来看，未来几年国内金融体系中的信用风险可能进入爆发期。过去几年，国内实体经济积聚了较大的债务风险，企业杠杆率升至历史高点。随着经济结构深化调整以及“去杠杆”政策的延续，未来几年内可能会发生一定数量甚至是大面积的企业违约事件，比如地方融资平台债券、房地产企业以及部分产能过剩严重的传统行业。由于证券公司的债券投资、约定式购回、股票质押等业务大量涉及上述行业企业，一旦发生违约事件，证券公司将受到较为严重的冲击。

第三，流动性风险逐步显现，极端情况下可能对证券公司造成致命打击。

流动性风险是指金融机构虽然有清偿能力，但无法获得或无法以合理成本获得充足资金，以应对资产增长或到期产品支付的风险。流动性风险的后果最为严重，一旦爆发，通常会引发市场交易对手的恐慌，严重时会让公司突然垮掉。2008 年国际金融危机中，贝尔斯登、雷曼等国际投行之所以被收购或破产，在很大程度上是由于流动性风险的爆发。

证券行业资产负债的期限错配程度不断加深，隐藏着较大的流动性压力。过去两年，证券行业通过提高负债杠杆，大力发展资本中介业务，致使负债与资产的期限错配程度日渐加深，主要是“短资长用”。据估算，截至 2014 年 9 月底，在证券行业负债结构中，同业拆借和债券回购占比 60% 以上（期限通常在 7 天之内），转融资占比约 10%（期限主要为 28 天或 91 天），短期融资券占比 9%（期限在 3 个月以内），期限超过 3 个月的资金占比仅为 17%。2013 年出现的融资融券债权转让与购回等新的融资模式，期限仍以短期为主。而资产端，信用类资产期限通常都在 3 个月以上，有的甚至在 1 年以上。

融资手段较少和融资空间受限，增加了证券公司的流动性风险管理难度。证券公司传统融资工具仅有货币市场拆借回购、短期融资券和中长期债，融资期限主要集中在 3 个月以下和 3 年以上，缺乏中间期限的融资工具。而且拆借回购、短融和中长期债的额度都面临严格的法律和监管约束，如银行间质押式回购上限不得超过实收资本的 80%，短期融资券上限不能高于证券公司净资本的 60%。

流动性紧张及资金成本高企呈现常态化，证券公司的流动性风险不容忽视。2013 年 6 月银行间“钱荒”事件，犹如一次流动性压力测试，暴露出部分金融机构在高杠杆模式下流动性管理的脆弱性。当前，我国证券监管实行以净资本为核心的风险监控体系，缺乏对流动性风险的监测和防范。即使证券公司净资本充足、风险资本准备充裕，但在严重期限错配的状态下，如果突然受到融资市场冻结、资产变现能力差等因素的冲击，证券公司仍有可能爆发流动性危机。

三、证券行业风险管理普遍存在的问题

当前，我国证券行业风险管理现状与创新发展的要求还有较大的差距，全面风险管理的理念尚未得到真正落实。

一是风险管理理念没有跟上创新发展的需求，还停留在传统以合规管理为理念的风险管理体系。合规管理和风险管理虽然同为公司的后台管理部门，但两者的性质和作用实际上存在着较大差异。合规部门要切实保护投资者利益，要守住底线、坚持原则，只能说"是"或"不"；而风险管理应该在公司风险容忍度的范围内，说"是，但是要符合一定条件"，不是简单地说"不"，还要给出进一步的业务建议。从作用来看，合规管理类似踩刹车，而风险管理如同导航仪，并不是简单地踩刹车。

二是对风险管理不够重视，主动风险管理意识不强。很多证券公司高层惯性思维严重，依然"重前台、轻后台"，"重业务拓展、轻风险控制"，在人力、薪酬和机制上倾斜不够，导致中、后台人员素质跟不上前台人员，风险管理能力跟不上创新业务发展。由于业务人员普遍看重业绩考核，着眼于短期利益，缺乏主动风险管理意识，如果风险管理起不到应有的制衡作用，那么创新业务发展将受到严重挑战。管理层风险意识不强还会造成"有制度、不执行"，只靠运气来规避风险，最终给公司带来灾难。

三是缺乏高素质、专业化的风险管理人才。当前，很多公司风险管理队伍主要以会计、法律等合规背景的人才为主，相对缺乏既精通数量又熟悉业务的专业人才。比如，对类融资业务和资产证券化业务信用风险的识别、衡量和管理都需要高度专业化的数量和业务知识。从激励机制来看，风险管理人员收入普遍低于业务部门，难以吸引和留住优秀的风险管理人才。

四是信息系统尤其是风险控制系统建设滞后，未能跟上业务创新步伐。很多证券公司IT系统自主开发能力弱，普遍采取外包方式，过度依赖外部信息服务提供商。由于全行业的IT系统被若干家外包软件商垄断，导致证券公司在业务、产品、客户以及IT系统上基本相同，全行业难以摆脱同质化竞争的局面。现阶段，受管理架构、业务条线、客户信息等相互分散分离的制约，证券公司风险管理体系呈碎片化，尚未搭建起全业务链条覆盖的集中风险管理系统，还难以实现对跨业务、跨部门、跨区域风险信息的汇总分析。

四、下一步监管政策建议

第一，放松管制，不断增强行业核心竞争力。

证券行业面临的最大风险仍是不能创新、不断被边缘化的风险。近几年来，虽然整个行业呈现复苏态势，但"大市场、小行业"的矛盾并没有明显改观。相对于快速扩容的金融体系，证券行业依然存在被边缘化的危险。作为高度市场化竞争的行业，证券公司理应在经济结构调整、财富管理和利率市场化改革中发挥更重要的角色。要想突破大金融格局竞争的重围，证券行业需要继续放松管制，加快业务发展，不断提升自身竞争能力，这仍然是行业在当前阶段最紧迫的任务。

要跟上放松管制的步伐，证券公司需要转变以合规管理为导向的风险管理理念，尽快提升风险管理能力。证券监管机构可适时调整以净资本为核心的风险控制管理制度，逐步放开证券公司资产负债表的杠杆空间，进一步拓宽证券公司融资渠道，为行业创新发展营造更为有利的外部环境。

第二，加强监管，保护中小投资者利益，防范行业系统性风险。

维护中小投资者合法权益是资本市场持续健康发展的基础，证券监管部门应当将其贯穿于监管工作的始终，落实到各个环节。要健全投资者适当性制度，严格投资者适当性管理，建立相应的投资者合法权益保护制度。要确保证券公司履行信息披露、销售适当性等强制义务，防范发生虚假陈述、内幕交易和操纵市场等欺诈客户行为。当前尤其要关注资产管理、金融产品代销、柜台市场、投资业务以及各类新业务、新产品推出中可能损害投资者利益的风险隐患。

进一步强化行业系统性风险的防范。证券公司信用风险和流动性风险积聚到一定程度以及操作风险的频繁发生，都可能会引发行业系统性风险，2004 年启动的行业综合治理就是为了防范系统性风险的发生。如果微观监管不审慎，在宏观上必定会出现系统性风险。证券监管部门务必要做好微观审慎监管，确保个体和行业风险不外溢，守住系统性、区域性金融风险底线。

证券行业要加强风险管理制度建设。要建立健全流动性风险管理制度，做好流动性危机的预案；要构建流动性覆盖率、净稳定资金比例等流动性风险监测指标体系，及时监测和预警流动性风险；要探索建立流动性紧急救助机制，有效化解流动性风险；要增强对表外业务的监管力度，避免各种新型业务形态出现监管空白。

内幕信息传递有关问题的实证分析

刘康喜*

内幕交易是近年来证券期货领域违法犯罪的高发领域。2013年中国证监会行政处罚案件中有35起为内幕交易案件，占案件总数的44%。而内幕交易案件查处中，信息传递过程始终是问题的关键。本文在内幕交易有关司法解释实施后，主要对中国证监会内幕交易案件比较集中的2012年、2013年行政处罚案件进行了专项统计，采用实证分析的方法探讨内幕信息传递的有关问题。

一、传递型内幕交易概述

根据《证券法》第七十六条“证券交易内幕信息的知情人和非法获取内幕信息的人，在内幕信息公开前，不得买卖该公司的证券，或者泄露该信息，或者建议他人买卖该证券”的规定，内幕交易可划分为以下六种类型：一是内幕信息知情人买卖证券；二是内幕信息知情人泄露内幕信息；三是内幕信息知情人建议他人买卖证券；四是非法获取内幕信息的人买卖证券；五是非法获取内幕信息的人泄露内幕信息；六是非法获取内幕信息的人建议他人买卖证券。

第一种类型“内幕信息知情人买卖证券”比较容易界定，内幕信息知情人为《证券法》第七十四条所明确规定的范围，只要存在买卖涉案证券的行为，无特定的排除情形外，直接可以认定为内幕交易，在查处中比较容易认定。这在以往查处的案件中得到了印证，2012—2013年中国证监会查处的44件内幕交易案件、97名当事人中，有44名涉案当事人属于这一情形。除第一种情形之外，其他五种均为传递性内幕交易，均涉及内幕信息在不同主体之间的传递。这些内幕交易行为因为涉及内幕信息的私下传递，隐秘而复杂，证据取得和固定都比较困难，因而查处非常困难。

---

* 作者单位：中国证监会北京监管局。原载于《中国证券》2015年第2期。

二、传递型内幕交易特征

（一）主体

根据上面五种类型的描述，传递型内幕交易主体即内幕信息的知情人和非法获取内幕信息的人。而内幕信息知情人在《证券法》中已有明确界定，关键是非法获取内幕信息的人如何界定。

《中国证监会内幕交易行为认定指引》（证监稽查字［2007］1号）中有“内幕人”的概念，明确了四个层次：一是《证券法》第七十四条法定人员和对兜底条款进行规定的人员；二是前述人员的配偶；三是前述人员的父母、子女以及其他因亲属关系获取内幕信息的人员；四是利用骗取、套取、偷听、监听或者私下交易等非法手段获取内幕信息的人。其中第一、二项被称为“内幕信息的知情人”，即法定知情人的配偶也为内幕信息知情人。《关于上市公司建立内幕信息知情人登记管理制度的规定》第二条：“本规定所称内幕信息知情人，是指《证券法》第七十四条规定的有关人员。”但关于法定内幕信息知情人的配偶是否为内幕信息知情人值得探讨。内幕信息知情人对内幕信息有保密义务，不能故意或者过失泄露内幕信息。法定内幕信息知情人因为工作关系知悉内幕信息，对此有保密义务，如内幕信息未泄露时配偶一般是不知悉内幕信息的；如其配偶知悉内幕信息，那么应该是法定内幕信息知情人泄露，所以不能直接确定为内幕信息知情人。

参考《最高人民法院关于审理证券行政处罚案件证据若干问题的座谈会纪要》和《最高人民法院、最高人民检察院关于办理内幕交易、泄露内幕信息刑事案件具体应用法律若干问题的解释》，非法获取内幕信息的人包括：“（一）利用窃取、骗取、套取、窃听、利诱、刺探或者私下交易等手段获取内幕信息的；（二）内幕信息知情人员的近亲属或者其他与内幕信息知情人员关系密切的人员，在内幕信息敏感期内，从事或者明示、暗示他人从事，或者泄露内幕信息导致他人从事与该内幕信息有关的证券、期货交易，相关交易行为明显异常，且无正当理由或者正当信息来源的；（三）在内幕信息敏感期内，与内幕信息知情人员联络、接触，从事或者明示、暗示他人从事，或者泄露内幕信息导致他人从事与该内幕信息有关的证券、期货交易，相关交易行为明显异常，且无正当理由或者正当信息来源的。”从中也可以看出内幕信息知情人的配偶应定为非法获取内幕信息的人员。

简单地说，非法获取内幕信息的人应当是内幕信息知情人以外，通过不正当的手段获取内幕信息的人。这个“非法”应该理解为非法定的途径和方式，不仅仅是窃取、骗取、套取、窃听、利诱、刺探或者私下交易等非法手段。从实证的角度看，非法获取内幕信息的人主要包括配偶、近亲属、朋友、同学等。2012—2013 年中国证监会处罚的内幕交易案件非法获取内幕信息的人员构成见图 1。

（二）传递的层级

内幕信息的传递总是从内幕信息知情人或者内幕信息源往外扩散，传递遵循的途径一般是内幕信息知情人或者内幕信息源→非法获取内幕信息的人（甲）→非法获取内幕信息的人（乙）→非法获取内幕信息的人（丙）……传递的层级可能是一层，也可能是多层，即层层传递。在这个传递链条上，应该追责到多少层级？国内外有不同做法，我国《证券法》

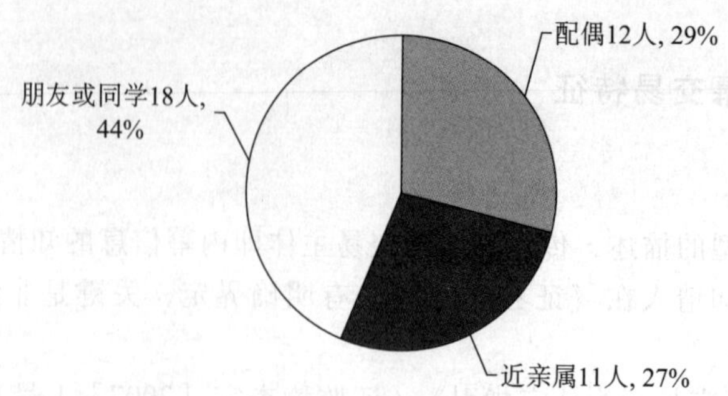

图 1　2012—2013 年中国证监会处罚的内幕交易案件非法获取内幕信息的人员构成

第七十六条规定，内幕信息的知情人和非法获取内幕信息的人，不得买卖、泄露或者建议他人买卖。可见无论是从哪里获取的内幕信息，当事人都被禁止再买卖和传递内幕信息，因此可以看出是没有传递层级限制的。但是实践中，传递的链条越靠后，信息的准确性就越低，同时链条越长也越难查实，因而也越难追责。在 2012—2013 年的行政处罚中，最多只涉及二次传递，仅有 4 个案件 5 名当事人被追责。

（三）证据与证明标准

从 2012—2013 年中国证监会处罚的内幕交易案件中适用的证明逻辑来分析，传递性内幕交易的 53 名当事人，其中有相关人员供述或其他客观证据等直接证据证明当事人知悉内幕信息的只有 5 人，当事人自己承认知悉内幕信息的有 14 人，而依靠“环境证据”推定当事人知悉内幕信息的为 34 人，占 64%。这表明“环境证据”已经成为内幕交易案件重要的证明手段。

从目前的处罚案例来看，以“环境证据”证明信息受领者因传递而“间接获悉”，可看出这些“环境证据”主要包括：当事人之间特殊关系、交易前后当事人之间的联系接触、交易异常、交易行为与当事人之间接触的吻合度、当事人之间反常的资金往来、隐瞒违法性的情况。可见“环境证据”主要为间接证据，证明方式主要为推定。

参照《最高人民法院关于审理证券行政处罚案件证据若干问题的座谈会纪要》和《最高人民法院、最高人民检察院关于办理内幕交易、泄露内幕信息刑事案件具体应用法律若干问题的解释》的有关规定，行政处罚中以下情况可以适用推定：一是内幕信息知情人的配偶、父母、子女以及其他有密切关系的人，其证券交易活动与该内幕交易基本吻合；二是非法获取内幕信息，并进行了与该内幕信息有关的证券交易活动；三是内幕信息公开前与内幕信息知情人或知晓该内幕信息的人联络、接触，其证券交易活动与内幕信息高度吻合。

依据司法解释与相关案例，可以看出：

1. 一般不能反向推定泄露内幕信息。行政诉讼证明责任分配中，涉及行政处罚当事人违法行为的证明责任在行政机关。在司法实践中，鉴于内幕交易的复杂性、隐秘性，司法解释中规定了一些情形可以推定。这些规定监管机构可以参照适用，但是应严格限于司法解释明确规定的情形，不能扩大解释，不能反向推定泄露内幕信息。因此，在行政处罚中泄露和交易并不必然都得到处罚。

2. 一些行政处罚文书中对泄露源并不进行判定。如 A 和 B 均是法定内幕信息知情人，和C均关系密切，推定C进行内幕交易，但并不一定明确C是从A还是从B获得了内幕信息。

3. 一般不能进行二次推定。内幕信息的多次传递中，如果第一次传递已经适用推定，那么第二次一般不能进行再次推定。在统计中发现，涉及二次传递的4个案件5名当事人中，要么有证据证明，要么当事人自己承认，适用推定情形的2013年第18号、第21号案件中，均只有一次推定。

三、需改进的问题

（一）需要出台关于内幕交易认定、处罚的行政法规或者部门规章

目前，对内幕交易涉及信息传递需要推定的行政处罚案件，中国证监会在认定时主要参照适用《最高人民法院关于审理证券行政处罚案件证据若干问题的座谈会纪要》和《最高人民法院、最高人民检察院关于办理内幕交易、泄露内幕信息刑事案件具体应用法律若干问题的解释》，但这些规定均是司法解释，中国证监会在对外出具的法律文书中均不能引用作为依据。这容易导致当事人对中国证监会行政处罚决定的不理解、不认同。虽然在司法审查时，行政处罚很难被推翻，但行政与司法相对独立，有必要在立法权限内出台关于内幕交易认定、处罚的行政法规或者部门规章。

（二）需要对类似案件使用相对统一的标准

统计中发现，对相同类型、相同性质的案件，在认定、处罚时执行的标准有时不够统一。如对夫妻型内幕交易，即夫妻一方为内幕信息知情人或非法获取内幕信息的人，另一方操作或参与操作买卖了特定股票，在行政处罚认定时，有的案件最终认定为夫妻共同内幕交易，有的认定为单独内幕交易。在交易金额认定时，有的案件认定为全部，有的按50%的比例承担。如是否对泄露内幕信息的人适用推定、是否适用二次推定，在2014年处罚的案件中均出现了新的动向；此外，对利用他人账户进行内幕交易时，没收违法所得或者罚款的对象不太一致，有的表述为账户，有的表述为当事人，有的没有明确。当然，具体案件千差万别，没有完全相同的两个案件，但是有必要建立统一的执法标准，对相同类型的案件使用相对统一的标准。

（三）需要解决推定案件中的相对公平问题

违法行为的性质、情节决定着行政处罚的轻重。但是因为规则的局限，一些行政处罚不得不背离上述原则。如没有推定泄露内幕信息的规则，只对非法获取内幕信息进行交易的当事人进行处罚。按一般认识来讲，如果没有泄露行为就不存在内幕交易，泄露者的行为恶性要大于交易方，但是处罚中往往不能对泄露者进行追究，使得泄露者反而不需要承担法律责任。

（四）需要解决联络、接触的证据固定问题

行政处罚的追诉时效一般为两年，但是当事人联络、接触的证据却很难覆盖到两年的范围，如当事人的通讯记录一般只保存6个月，6个月以前的记录很难取得，在这种情况下，

虽然相关账户内幕交易的特征很明显，但不得不因为没有通讯记录而放弃。此外，如当事人接触的时间点，时隔近两年，有的当事人记忆模糊或者相互矛盾，接触的时间很难固定，使得认定中很难达到事实清楚、证据充足的要求（见表1）。

表 1　2012—2013 年中国证监会内幕交易行政处罚案件类型、证明逻辑、性质统计表

类型	案件号	当事人	当事人身份	违法行为	交易账户	认定的账户操作情况	证明逻辑	性质认定
内幕信息知情人买卖证券	〔2012〕3	周和华	法定内幕信息知情人	买卖	妻子账户	二人共同操作	法定	单独内幕交易
	〔2012〕14	张涛	法定内幕信息知情人	买卖	妻子账户	张涛	法定	单独内幕交易
	〔2012〕14	王东海	法定内幕信息知情人	买卖	本人		法定	单独内幕交易
	〔2012〕14	魏亮	法定内幕信息知情人	买卖	本人		法定	单独内幕交易
	〔2012〕14	崔永杰	法定内幕信息知情人	买卖	本人		法定	单独内幕交易
	〔2012〕14	高晓卉	法定内幕信息知情人	买卖	本人		法定	单独内幕交易
	〔2012〕14	黄成仁	法定内幕信息知情人	买卖	本人		法定	单独内幕交易
	〔2012〕19	瀚宇投资	法定内幕信息知情人	买卖	他人账户	夏自强控制	法定	单位内幕交易
	〔2012〕19	夏自强	法定内幕信息知情人				法定	直接负责的主管人员
	〔2012〕23	沈少玲	法定内幕信息知情人	买卖	他人账户	沈少玲安排同学黄某某操作	法定	单独内幕交易
	〔2012〕31	曾国波	法定内幕信息知情人	买卖	妻子账户	曾国波控制	法定	单独内幕交易
	〔2012〕37	庄坚毅	法定内幕信息知情人	买卖	本人		法定	单独内幕交易
	〔2012〕37	王建辉	法定内幕信息知情人	买卖	本人	王建辉操作	法定	单独内幕交易
	〔2012〕55	李琳杰	法定内幕信息知情人	买卖	本人		法定	单独内幕交易
	〔2012〕55	覃炳辉	法定内幕信息知情人	买卖	本人		法定	单独内幕交易
	〔2013〕2	周富华	法定内幕信息知情人	买卖	本人		法定	单独内幕交易

续表

类型	案件号	当事人	当事人身份	违法行为	交易账户	认定的账户操作情况	证明逻辑	性质认定
内幕信息知情人买卖证券	〔2013〕2	姚文喜	法定内幕信息知情人	买卖	本人		法定	单独内幕交易
	〔2013〕6	王瑞苹	法定内幕信息知情人	买卖	本人		法定	单独内幕交易
	〔2013〕22	王周屋	法定内幕信息知情人	买卖	本人、妻子账户	王周屋操作	法定	单独内幕交易
	〔2013〕28	朱维君	法定内幕信息知情人	买卖	本人		法定	单独内幕交易
	〔2013〕29	周小南	法定内幕信息知情人	买卖	本人		法定	单独内幕交易
	〔2013〕29	朱敏	法定内幕信息知情人	买卖	本人		法定	单独内幕交易
	〔2013〕29	潘企康	法定内幕信息知情人	买卖	本人		法定	单独内幕交易
	〔2013〕30	黎家燕	法定内幕信息知情人	买卖	本人		法定	单独内幕交易
	〔2013〕30	张鹏	法定内幕信息知情人	买卖	本人、他人账户	张鹏实际控制	法定	单独内幕交易
	〔2013〕30	赵东生	法定内幕信息知情人	买卖	本人、他人账户	赵东生实际控制	法定	单独内幕交易
	〔2013〕31	吕顺龙	法定内幕信息知情人	买卖	本人		法定	单独内幕交易
	〔2013〕32	翟隽	法定内幕信息知情人	买卖	本人、他人账户		法定	共同内幕交易
	〔2013〕32	刘妍	法定内幕信息知情人	买卖	本人、他人账户		法定	共同内幕交易
	〔2013〕36	邓永祥	法定内幕信息知情人	买卖	本人		法定	单独内幕交易
	〔2013〕37	郭文忠	法定内幕信息知情人	买卖	本人		法定	单独内幕交易
	〔2013〕39	江建华	法定内幕信息知情人	买卖	他人账户	协议控制	法定	单独内幕交易
	〔2013〕51	刘绍军	法定内幕信息知情人	买卖	本人		法定	单独内幕交易
	〔2013〕59	光大证券	法定内幕信息知情人	买卖	公司账户		法定	单位内幕交易

续表

类型	案件号	当事人	当事人身份	违法行为	交易账户	认定的账户操作情况	证明逻辑	性质认定
内幕信息知情人买卖证券	〔2013〕59	徐浩明	法定内幕信息知情人	买卖			法定	有关责任人
	〔2013〕59	杨赤忠	法定内幕信息知情人	买卖			法定	有关责任人
	〔2013〕59	沈诗光	法定内幕信息知情人	买卖			法定	有关责任人
	〔2013〕59	杨剑波	法定内幕信息知情人	买卖			法定	有关责任人
	〔2013〕62	赵玉春	法定内幕信息知情人	买卖			法定	单独内幕交易
	〔2013〕62	曲延辉	法定内幕信息知情人	买卖			法定	单独内幕交易
	〔2013〕71	丁国军	法定内幕信息知情人	买卖			法定	单独内幕交易
	〔2013〕71	潘卫标	法定内幕信息知情人	买卖			法定	单独内幕交易
	〔2013〕74	宋辉东	法定内幕信息知情人	买卖	妻子账户	宋辉东实际控制	法定	单独内幕交易
	〔2013〕76	王永进	法定内幕信息知情人	买卖	岳母账户	王永进控制	法定	单独内幕交易
内幕信息知情人泄露内幕信息	〔2012〕24	肖家守	法定内幕信息知情人	泄露			承认	泄露内幕信息
	〔2012〕24	肖传健	法定内幕信息知情人	泄露			承认	泄露内幕信息
	〔2013〕79	米兴平	法定内幕信息知情人	泄露			推定	泄露内幕信息
	〔2013〕14	包维春	法定内幕信息知情人	泄露			有证据	泄露内幕信息
	〔2013〕28	毛海舫	法定内幕信息知情人	泄露			有证据	泄露内幕信息
	〔2013〕1	顾振其	法定内幕信息知情人	泄露			承认	泄露内幕信息
	〔2013〕57	方振颖	法定内幕信息知情人	泄露			推定	泄露内幕信息
	〔2013〕58	江逢灿	法定内幕信息知情人	泄露			推定	泄露内幕信息
	〔2013〕2	李国刚	法定内幕信息知情人	买卖、泄露	本人		承认泄露	泄露、内幕交易

续表

类型	案件号	当事人	当事人身份	违法行为	交易账户	认定的账户操作情况	证明逻辑	性质认定
内幕信息知情人建议他人买卖证券	〔2012〕37	邹建平	法定内幕信息知情人	泄露、建议买卖			承认	泄露内幕信息
	〔2012〕46	陈宝庆	法定内幕信息知情人	泄露、建议买卖	本人	李文静操作	承认	泄露内幕信息
非法获取内幕信息的人买卖证券	〔2013〕66	张玉屏	内幕信息知情人的女儿	买卖			推定	单独内幕交易
	〔2013〕65	杨国章	内幕信息知情人的朋友	买卖	他人账户		推定	单独内幕交易
	〔2013〕28	仲志真	内幕信息知情人的妻子	买卖	本人		证据证明	单独内幕交易
	〔2013〕51	李小燕	内幕信息知情人的妻子	买卖	本人		推定	单独内幕交易
	〔2013〕62	董雪枫	内幕信息知情人的前夫	买卖			推定	共同内幕交易
	〔2013〕62	赵同仁	内幕信息知情人的岳父	买卖			推定	单独内幕交易
	〔2013〕62	曲欣欣	内幕信息知情人的侄女	买卖			推定	共同内幕交易
	〔2013〕57	方振韶	内幕信息知情人弟弟	买卖	妻弟账户		推定	单独内幕交易
	〔2013〕79	冯喜利	内幕信息知情人姐夫	买卖	母亲、朋友账户	冯喜利实际操作	推定	单独内幕交易
	〔2013〕29	朱敖娣	内幕信息知情人母亲	买卖	本人		推定	单独内幕交易
	〔2012〕37	周星夫	内幕信息知情人女婿	买卖			推定	单独内幕交易
	〔2013〕13	齐凯	内幕信息知情人朋友	买卖	本人	齐凯决策	推定	共同内幕交易
	〔2013〕13	张进才	内幕信息知情人朋友	买卖	齐凯	张进才操作	推定	共同内幕交易
	〔2013〕14	冯振民	内幕信息知情人朋友	买卖	妻子账户、法人账户		推定	单独内幕交易
	〔2013〕14	吴春永	内幕信息知情人朋友	买卖	基金账户		推定	单独内幕交易
	〔2013〕16	王敏文	内幕信息知情人朋友	买卖	他人账户	王敏文决策或操作	推定	共同内幕交易

续表

类型	案件号	当事人	当事人身份	违法行为	交易账户	认定的账户操作情况	证明逻辑	性质认定
非法获取内幕信息的人买卖证券	〔2013〕16	刘晓霖	非法获取内幕信息人的朋友的妻子	买卖	本人	刘晓霖操作		共同内幕交易
	〔2013〕16	金瑞达	内幕信息知情人朋友控制的公司	买卖	公司账户	王敏文决策		共同内幕交易
	〔2013〕19	郭红莲	内幕信息知情人朋友	买卖	本人		推定	单独内幕交易
	〔2013〕20	罗明	内幕信息知情人朋友	买卖	本人		推定	单独内幕交易
	〔2013〕39	熊碧波	内幕信息知情人朋友	买卖	他人账户	实际控制	推定	单独内幕交易
	〔2013〕41	张庆瑞	内幕信息知情人朋友	买卖	本人	张庆瑞操作	推定	单独内幕交易
	〔2013〕58	罗建荣	内幕信息知情人朋友	买卖	詹嘉绮、他人账户		推定	共同内幕交易
	〔2013〕58	詹嘉绮	内幕信息知情人朋友的妻子	买卖	詹嘉绮、他人账户		推定	共同内幕交易
	〔2013〕63	曾林	内幕信息知情人朋友	买卖			推定	有关责任人
	〔2013〕63	海天鸿	曾林的公司	买卖	公司账户	曾林实际控制	推定	单独内幕交易
	〔2013〕2	白宪慧	内幕信息知情人妻妹	买卖	女儿账户		证据证明	单独内幕交易
	〔2013〕1	穆彩球	内幕信息知情人妻子	买卖			承认	单独内幕交易
	〔2013〕30	张海颜	内幕信息知情人妻子	买卖	他人账户	张海颜实际控制	推定	单独内幕交易
	〔2013〕35	朱建峰	内幕信息知情人同学	买卖	本人、他人账户	朱建峰操作	推定	单独内幕交易
	〔2013〕62	孙速	内幕信息知情人外甥女	买卖			承认	单独内幕交易
	〔2012〕24	朱莉丽	内幕信息知情人之妻	买卖	本人		承认	内幕交易
	〔2012〕24	周晓丹	内幕信息知情人之妻	买卖	本人		承认	内幕交易

续表

类型	案件号	当事人	当事人身份	违法行为	交易账户	认定的账户操作情况	证明逻辑	性质认定
	〔2012〕37	高金花	内幕信息知情人之妻	买卖	本人	王建辉决策、高金华操作	推定	单独内幕交易
	〔2012〕37	章敏芝	内幕信息知情人之妻	买卖			承认	单独内幕交易
	〔2012〕46	李文静	内幕信息知情人之妻	买卖	本人	李文静操作	承认	单独内幕交易
	〔2013〕4	谭淑智	内幕信息知情人之妻	买卖	本人		推定	单独内幕交易
非法获取内幕信息的人买卖证券	〔2013〕18	罗永斌	非法获取内幕信息人的朋友	买卖	他人	罗永斌控制	二次传递，第一次有证据证明，第二次为推定	单独内幕交易
	〔2013〕21	蒯雯瑾	非法获取内幕信息人的妻子	买卖	母亲账户	蒯雯瑾操作	二次传递，第一次有证据证明，第二次为推定	单独内幕交易
	〔2013〕72	吴伟	非法获取内幕信息人的朋友	买卖			二次传递、承认等证据	单独内幕交易
非法获取内幕信息的人泄露	〔2013〕62	赵明	内幕信息知情人的女儿	泄露			二次传递，承认	泄露内幕信息
	〔2013〕72	谢霞琴	内幕信息知情人妻子	泄露、买卖			二次传递，证据证明	单独内幕交易

注：以上信息来源于中国证监会公开的行政处罚决定书。

证券从业人员买卖股票：禁止还是放开？

梅慎实　张雨骅*

证券从业人员是指被中国证券监督管理委员会（以下简称“中国证监会”）依法批准的证券从业机构正式聘用或与其签订劳务协议的人员。证券从业人员必须按照有关规定通过中国证券业协会组织的证券从业人员资格考试并取得相应资格证书后方可在各相关证券业务岗位上工作。现行《证券法》第四十三条规定：“证券交易所、证券公司和证券登记结算机构的从业人员、证券监督管理机构的工作人员以及法律、行政法规禁止参与股票交易的其他人员，在任期或者法定限期内，不得直接或以化名、借他人名义持有、买卖股票，也不得收受他人赠送的股票。”可见，我国目前对于证券从业人员买卖股票持全面否定和绝对禁止的态度。

在证券市场初期，证券业的配套立法及监管不完善，为防止内幕交易、利益冲突等有损投资者利益的情形出现，1998年第一部《证券法》对证券从业人员买卖股票作了全面禁止性规定。此后，2005年修订的《证券法》以及中国证券业协会颁布的《证券业从业人员执业行为准则》均延续了这一规定。然而，随着改革开放成果的进一步显现以及立法与监管的逐步完善，我国证券市场取得了长足的发展，仍然全面禁止证券从业人员买卖股票的规定逐渐暴露出诸多问题，在损害普通投资者利益的同时也引发了证券市场严重的诚信问题。事实上，法律无法规范证券从业人员使用他人（如配偶、父母、子女及其他亲友等）的账户来买卖股票，或者证券从业人员仅仅是告知上述人员买卖其指定的股票。这些背后的关系无法通过法律来规制，一些人通过这样的“灰色地带”来进行股票交易并从中获利，证券市场公平竞争的环境因此而遭到破坏。

相比之下，已经建立起成熟证券市场的欧美等发达国家对证券从业人员买卖股票均未采取全面禁止的方式，而是在重点禁止和防范内幕交易、利益冲突交易等违法行为的基础上，建立相应的监管和责任规制机制，从而在保障证券从业人员买卖股票的权利不受剥夺的同时维护证券市场的稳定运行。

* 作者单位：中国政法大学民商经济法学院。原载于《中国证券》2015年第2期。

阳光是最好的防腐剂。就目前而言，“禁”已经不是证券市场的最有效做法，允许证券从业人员买卖股票，并逐步建立相应的立法及监管制度才是最明智的选择。

一、我国证券从业人员买卖股票的现状

近年来，我国证券市场飞速发展，市场规模不断扩大，市值节节攀升。在公开、公平、公正的原则下，证券业整体的调控水平、规范程度得到显著提高，市场机制不断健全和完善。整个证券市场总体上呈现积极、稳定的发展态势。

但是，在这良好的形势下，一些现存的规定已经显示出与现实社会的不相适应，《证券法》禁止证券从业人员买卖股票的规定便是其中之一。在证券市场初期就确立的禁止证券从业人员买卖股票的规定正在逐渐失去其存在的合理性。相比普通投资者，证券从业人员确实拥有更全面的专业知识和投资分析能力，因此不管在什么年代，保护投资者利益是证券市场稳定运行的最根本的出发点和归宿点。但是在面对证券市场巨大的获利可能性的诱惑时，证券从业人员开始利用各种手段买卖股票，主要表现为通过他人（如配偶、父母、子女及其他亲友等）的账户买卖股票；指使上述人员持有、买卖股票，而自己实际上是控制人；或者买卖通过职务、业务关系获取的内幕信息来获利等等。比较典型的便是屡屡发生的内幕交易行为。如 2007 年上投摩根的唐 × 和南方基金的王 × × 因分别利用其从业人员的身份进行违法、违规交易而被中国证监会取消了基金从业资格，并分别对两人实施终身市场禁入和 7 年市场禁入。再如 2012 年安信证券股份有限公司投资银行部原项目经理孙 × × 利用证券从业人员的身份，在得知公司内幕信息后，购买股票并从中获益，法院最终判处孙 × × 有期徒刑 1 年 6 个月，并处罚金人民币 80 万元。

证券从业人员买卖股票的行为持续发生，其在获益的同时，损害了普通投资者的利益。中国证券市场的诚信建设因而遭到投资者普遍的质疑，也引发了人们对证券市场的信任危机。投资有风险尽管是不言而喻的，但如果这些风险不合理地施加给普通投资者，显然是不公平的，也就谈不上保护所有投资者的合法利益了。

二、对《证券法》禁止证券从业人员买卖股票的法律分析

（一）禁止证券从业人员买卖股票违反《证券法》的公平原则

《证券法》坚持公开、公平、公正的原则。公平原则是指在证券发行和证券交易中双方当事人的法律地位平等、法律待遇平等、法律保护平等，以及所有市场参与者的机会平等[①]。在这里要谈到的便是所有市场参与者的机会平等，它体现为公平的市场准入和市场规则，即每个当事人的机会和条件都应当是相同的。立法者出于证券从业人员可能利用自己通过职务、业务关系获得相关信息从事非法交易的考虑，禁止其买卖股票。但实际上，证券从业人员买卖股票与禁止内幕交易、利益冲突并不必然对立。知悉内幕信息仅仅是一种可能，是否利用内幕信息进行内幕交易也仅仅是一种可能，我们并不能因为这种可能的存在就认定

① 赵旭东主编：《商法学》，高等教育出版社 2007 年版，第 395 页。

内幕信息知情人会从事内幕交易。事实上，对于从事除证券自营业务、资产管理业务及投资银行业务以外的证券从业人员而言，他们并不比普通投资者有更多信息上的优势，自然谈不上内幕信息的问题。因此，禁止证券从业人员买卖股票使得从业人员失去了同普通投资者一样同等地进入证券市场买卖股票的机会，这显然违反了公平原则。法律应当规范的不是规定哪一类人不得买卖股票，而是这种买卖股票的行为是否属于内幕交易、利益冲突交易等违法行为，若是，必须加以规制；若否，法律则无从适用。

（二）禁止证券从业人员买卖股票增加执法成本和监管难度

通常，法律在理论层面上规定了禁止性的条款，但其具体落实还需要有配套的实施和监督体系。如果只是一纸空文，非但达不到既定的效果，甚至会产生不利的后果。如前所述，法律很难规范证券从业人员通过其社会关系来买卖股票的行为。

从监管层面而言，证券从业人员通常是通过借用他人账户买卖股票，此外也有可能是证券从业人员的配偶、父母、子女及其他亲友等在买卖股票，因此，对中国证监会及其下设地方派出机构而言，难以监管。从实践角度看，《证券法》规定了证券公司等机构的证券从业人员不得买卖股票，但没有规定他们的配偶、父母、子女及其他亲友是否可以从事股票交易。原则上《证券法》是公法和私法的结合，其对证券从业人员买卖股票的规定是调整平等主体之间的关系，属于私法范畴。根据私法领域法无明文禁止即许可的传统，上述人员是可以买卖股票的，那么这个规定就形同虚设，对于私人间的信息传递，法律没有任何可操作性。退一步讲，即便法律、法规及配套规范体系足够健全，能够有效监管，其监管效率和执法成本早已超过了法律约束所产生的效益，最终的结果肯定是得不偿失。

（三）禁止证券从业人员买卖股票与股权激励措施不符

目前，对董事、监事和经理等高级管理人员进行股权激励以提升公司人员工作积极性和保持公司人员稳定是上市公司十分普遍的做法。《公司法》规定公司可以将股份奖励给本公司职工。《上市公司治理规则》规定了董事、监事和经理等高级管理人员的绩效评价和激励约束机制。而对于上市的证券公司、证券投资咨询公司等机构而言，因《证券法》第四十三条的规定，其董事、监事和经理等高级管理人员不能享受同其他上市公司相关人员一样的待遇，人为地减少了高级管理人员可以享有的利益，同时不利于公司高层人员的稳定，对公司的发展也会带来消极的影响。这显然是不合理的。

三、境外对于证券从业人员买卖股票的规制

境外立法原则上均不禁止证券从业人员买卖股票，即便是在各国证券市场初期也是如此。但出于禁止和防范内幕交易及利益冲突的考虑，证券从业人员买卖股票都受到一定程度的监管和限制。纵观欧美等国，对证券从业人员买卖股票的规制方式主要有自律监管模式和立法监管模式两种。自律监管模式以英国、我国香港地区为代表；而立法监管模式则以美国、德国和日本为代表。两种模式虽然偏重的角度不同，但对于证券从业人员买卖股票并不作特殊规定，而是出于对证券从业人员身份和市场地位特殊性的考虑，在禁止和防范内幕交易和利益冲突等违法行为中对其进行规制。

（一）自律监管模式

自律监管模式，是指政府除了一些必要的国家立法之外，很少干预证券市场，对证券市场的监管主要由证券交易所、证券商协会等自律性组织进行监管，强调证券业者自我约束、自我管理的作用，一般不设专门的证券监管机构。

英国是自律监管模式的典型代表。由于独特的历史传统和法治发展进程，英国形成了良好的行业自律机制。英国并没有设立专门的全国性证券管理机构，英国的证券市场主要通过以英国证券业理事会和证券交易所协会为核心的非政府机构进行自我管理。其与政府机构相对独立，通过自律规则对证券从业人员的执业行为进行规制。其中，证券交易所扮演着极为重要的监管角色，证券交易所的各类规章较之其他法律规定更为详尽而重要①。如《证券交易所行为准则》、《基金经理人交易准则》等规则，都严禁证券从业人员进行内幕交易行为，但并不禁止证券从业人员作为普通投资者正常买卖股票的行为。

除自律规则外，英国对证券从业人员买卖股票的成文法规制则散见于各项法规之中，明确规定了证券从业人员买卖证券时必须履行忠实、勤勉义务和禁止证券从业人员从事内幕交易。

自近代以来，中国香港地区的法律受到英国法很深的影响，对证券市场的监管也借鉴了英国法的成功经验，采取自律监管的模式。香港并无法律明确规定证券从业人员不得买卖股票，其重点防范的仍然是内幕交易行为。2002 年颁布的《证券及期货条例》是香港证券市场的基础性法律。对于证券从业人员买卖证券，《证券及期货条例》没有明文禁止，而是授权给每个从业人员的行业协会或者其公司自行制定有关内部政策②。可见香港对证券从业人员买卖股票的规制十分强调内部监控措施。

（二）立法监管模式

立法监管模式，又称集中监管模式，指政府通过制定专门的证券法规，并设立全国性的证券监督管理机构来统一管理全国证券市场的一种模式。与自律监管模式不同，立法监管模式则通过一系列的自上而下的证券立法，形成了一个完整的分层管理的法律体系。

美国从 1772 年纽约股票交易所成立至 1929 年发生金融危机 150 多年的时间里，金融经营体制采取的是自由银行制度，与之相对应的是金融自由主义的监管制度③。也就是说，早期美国采取的是自律监管模式。1929 年爆发经济危机之后，《1933 年证券法》和《1934 年证券交易法》相继出台，证券交易委员会成立，美国逐渐建立起立法监管的证券监管体系。

美国规制证券从业人员买卖股票的法律主要有三类。第一类是联邦基础法律法规，包括《1933 年证券法》和《1934 年证券交易法》以及《1984 年内幕交易制裁法》等。第二类是针对证券从业人员主体的立法，包括《1940 年投资公司法》、《1940 年投资顾问法》和《1970 年证券投资保护法》。第三类是美国各州制定的保护公众投资者利益的州蓝天法。州蓝天法的核心要求是在公开发行股票、债券等有价证券时必须向公众及时、充分、完整地披

① 金泽刚：《证券市场监管与司法介入》，山东人民出版社 2004 年版，第 92 页。
② 郭文英，丁海筠："中外证券从业人员买卖股票制度之比较研究"，《环球法律评论》2012 年第 3 期，第 99 页。
③ 郭文英，丁海筠："中外证券从业人员买卖股票制度之比较研究"，《环球法律评论》2012 年第 3 期，第 98 页。

露相关的信息[①]。在所有制定法中，并没有禁止证券从业人员买卖股票的条款，而是着眼于防范内幕交易和利益冲突等违法行为的发生，建立一系列监督和规制制度。

同美国一样，德国对于证券市场的规制也经历了由自律监管到立法监管的转变。德国于1994 年颁布了《金融市场促进法修正案》；随后又根据《金融市场促进法修正案》颁布了规范证券市场最基本、最重要的法律——《有价证券交易法》。1997 年 10 月，为配合欧盟的安排，德国政府对原有的《有价证券交易法》和《交易所法》都进行了根本性的重新修订。在此基础上，将联邦银行监管局、联邦保险监管局和联邦证券监管局合并为一个政府监管部门，命名为德国联邦金融监管委员会，对整个金融市场实施兼容性的统一监管[②]。

德国对于证券从业人员买卖证券的规制主要集中在《有价证券交易法》第五节“有价证券服务企业的行为规则”中。诸如利益冲突交易、内幕交易等规定以及受害者的赔偿请求权的规定都包含在内。此外，一些民商事基本法（《德国民法典》、《德国商法典》）中也有个别条款规定了证券从业人员的行为。

日本在吸取英、美两国证券监管的成功经验后，选择了较为严格的立法监管模式。1948 年制定的《证券交易法》便是在借鉴美国《1933 年证券法》和《1934 年证券交易法》的基础上形成的。后来为了适应资本市场发展的需要，日本实施了一系列立法改革，于 2006 年将《证券交易法》更名为《金融商品交易法》[③]，是日本目前规制证券从业人员买卖证券的基础性法律。此外，为了与《金融商品交易法》相协调，又于 2006 年 6 月对《投资信托及投资法人法》进行修订，该法重点强调基金管理公司及其雇员的忠实义务，并明确了基金从业人员的利益冲突交易禁止义务。

《金融商品交易法》、《投资信托及投资法人法》等法律均未禁止证券从业人员买卖股票，同美国、德国等国家一样，日本对证券从业人员买卖股票的规制主要是在禁止内幕交易和利益冲突交易中实现的。

由此可见，无论是以英国、我国香港地区为代表的自律监管模式，还是以美国、德国为代表的立法监管模式，对证券从业人员买卖股票的行为，并没有简单地采取全面禁止的规定，而是基于对可能存在的违法行为的考虑，通过国家立法或行业自律来规范。具体而言，主要采取了以下四个方面的措施：一是不禁止证券从业人员买卖股票；二是通过禁止和防范内幕交易、利益冲突及其他可能存在的违法行为来规制证券从业人员买卖股票；三是注重行业自律对规范证券从业人员买卖股票的作用；四是加强证券机构的内部监管。

证券监管体系的变迁一直伴随着一国证券市场的发展，英、美作为证券市场发展最早的国家，其监管方式也成为后起国家效仿的对象。证券市场的监管对证券行业的长期发展起到了保护和推动的作用。成熟证券市场国家监管体制的成功之处在于拥有层次分明的监管体系、完善的法律法规体系、全方位的监管举措和具体而严厉的处罚机制。

---

① 李响玲：“我国证券从业人员买卖股票制度及其完善”，载于《证券法苑（第九卷）》，法律出版社 2013 年版，第 683 页。

② 韩龙主编：《国际金融法》，法律出版社 2007 年版，第 402 页。

③ 庄玉友：“日本金融商品交易法评述”，《证券市场导报》2008 年第 5 期，第 21 页。

四、完善我国证券从业人员买卖股票法律规制的建议

原则上，禁止证券从业人员买卖股票的规定属于身份式的立法[①]。这种立法模式由于国家对于市场的控制过于严格，极大地增加了监管难度和成本，事实也证明了在现今的形势下，这种禁止性规定并不能有效实现。

值得一提的是，2013 年12 月 28 日，十二届全国人大常委会第六次会议审议通过了对《公司法》进行的第四次修订，其中最重要的莫过于对资本制度进行了一次重大的改革，反映出《公司法》的如下立法理念和价值取向：一是放松管制、强化自治，使资本运营更加便利迅捷；二是从事前控制转向事中和事后监管，将公司行政管理“严进宽出”的监管模式改为“宽进严出”的监管模式，推动政府管理方式和管理职能转变；三是从行政管制到司法救济，使行政权退出部分市场管理领域，将相关问题和争议交由司法救济途径解决[②]。而《证券法》作为《公司法》的特别法，也已列入十二届全国人大常委会立法规划的修法范围之内。此次《公司法》的修订为《证券法》的修改指明了方向，也为重新审视证券从业人员买卖股票的规制提供了契机。

我国对于证券从业人员的规制，应当效仿欧、美等国的做法，在有效防范内幕交易、利益冲突及其他不法行为的前提下，应当允许证券从业人员买卖股票。由于我国证券市场不曾形成像英国那样完善的行业自律传统，加之近年来规范证券市场的法律法规不断完善，因此选择立法监管模式来规制证券从业人员买卖股票当无争议。笔者建议，建立完善的证券机构内部监控制度，确立专门的内幕交易和利益冲突规制机制，并建立统一的证券从业人员违法交易的责任规制机制，从而做到对证券从业人员买卖股票的全方位、多角度规范与监管。

（一）建立完善的证券机构内部监控制度

1. 建立证券从业人员买卖股票实名申报制度。基于证券从业人员的特殊性，对其买卖股票进行实名申报，从而防范和解决证券从业人员买卖股票可能存在的内幕交易和其他不当行为的问题。该实名申报制度应当包括定期申报和不定期申报。定期申报主要针对证券从业人员首次持股、半年度持股、年度持股等；不定期申报则要求证券从业人员对其股票交易行为进行申报。

2. 建立证券从业人员买卖股票信息披露制度。证券市场要坚持公平原则，公平原则保障每一个投资者（包括证券从业人员）进入证券市场的机会平等，但证券从业人员有着潜在的优于普通投资者的条件，应当承担更多的义务和责任，信息披露制度便是一个较高的要求。具体而言，证券从业人员所在公司应当对其员工的持股信息进行定期披露，公之于众并接受公众的监督。

---

① 王吉学，陈丽媛，邢楠：“证券公司从业人员禁止持有、买卖股票若干问题商榷——立法追溯与当代比较的角度”，载于《证券法苑（第五卷）》，法律出版社 2011 年版，第 1129 页。

② 蒋安杰：“公司法资本制度改革的解读与思考——专访中国政法大学教授、中国商法学研究会常务副会长赵旭东”，《法制资讯》2014 年第 3 期，第 29 页。

（二）确立专门的内幕交易和利益冲突规制机制

最初的证券立法禁止证券从业人员买卖股票，就是为了防止内幕交易和利益冲突。在允许证券从业人员买卖股票的情形下，有必要对禁止内幕交易和利益冲突的规定进一步完善。

1. 完善内幕交易规制机制。在已有的对内幕交易的认定、处罚等规定的法律框架内，有必要在放开从业人员买卖股票后，制定专门针对从业人员买卖股票中可能涉及内幕交易的规制机制，主要包括建立内幕信息知情人登记管理制度、禁止交易名单制度、观察名单和限制名单制度。

内幕信息知情人登记管理制度对知情人是一种监督，也便于责任追究。禁止交易名单制度则是禁止由于职务、业务关系而知晓内幕信息的人员在一定期限内买卖相关公司的股票。而观察名单和限制名单制度则是将相关证券列入观察名单或限制名单，并由公司内部根据该名单对员工是否存在可疑股票交易进行监控。

2. 完善利益冲突交易禁止制度。证券从业人员因其身份或地位负有对投资者的忠实义务和谨慎义务，当与投资者利益发生冲突时，应当以公众投资者的利益为先，禁止有损公众投资者利益的股票交易行为。

建立健全证券从业人员利益冲突交易禁止制度，是由证券从业人员与证券投资者之间的关系所决定的，投资者的利益应当放在第一位。因而应当对利益冲突交易的情形作出详细规定，明确利益冲突的情形，为打击利益冲突交易提供指引。

（三）建立全面的法律责任追究体系

目前我国《证券法》等法律法规已经建立了行政、民事、刑事三位一体的责任追究体系，三者在维护证券市场秩序上相互补充和协调，并行不悖，从而构成了一个均衡的责任体系①。

在允许证券从业人员买卖股票后，需要对现有的责任追究体系进行补充。证券从业人员从事内幕交易、利益冲突交易等行为时，要根据违法的实际情况承担相应责任。首先，对于证券从业人员违规交易，公司应追究内部责任；监管部门依情节采取罚款、取消从业资格、市场禁入等处罚措施。其次，若该行为涉及损害公司、其他投资者利益的，须建立相关民事责任追究制度。最后，若违规行为构成犯罪的，则应由司法机关依法追究其刑事责任。

五、结论

证券市场的发展史表明，证券市场的良好、稳定发展与相关立法的不断完善是密不可分的。相比快速发展、不断变化的证券市场而言，立法追求的是一种稳定的、确定的规则指引，因此需要不断地对立法进行完善，以适应市场的需求。这也说明为什么我们认为应允许证券从业人员买卖股票并建立相应制度来规范该行为。

成熟市场对证券从业人员买卖股票均未采取全面禁止的态度，而是通过一系列的制度安

① 彭冰：《中国证券法学》，高等教育出版社 2007 年版，第 334 页。

排对相关交易进行限制或禁止，并由证券从业人员所在公司和监管部门共同对从业人员买卖股票的行为进行管理和监控，以防范利益冲突和内幕交易等违法行为。

不可否认的是，对证券从业人员持有买卖股票的法律规制是一个复杂的系统工程，其不仅考验我们的立法水平，更是考验我们的执法水平即监管水平①。本文也正是从立法和监管两个方面来具体分析证券从业人员买卖股票的行为，并结合我国的具体实践提出了几点建议。当然，对证券从业人员买卖股票的法律规制绝非一时一事就能奏效。伴随证券市场的不断发展和完善，因地制宜、因时制宜地对证券从业人员买卖股票行为进行规制才是根本的解决之道。

参考文献

[1] 赵旭东：《商法学》[M]，北京：高等教育出版社2007年版。

[2] 金泽刚：《证券市场监管与司法介入》[M]，山东：山东人民出版社2004年版。

[3] 郭文英，丁海筠："中外证券从业人员买卖股票制度之比较研究"[J]，《环球法律评论》，2012（3）。

[4] 李响玲："我国证券从业人员买卖股票制度及其完善"[A]，载于《证券法苑（第九卷）》[C]，北京：法律出版社2013年版。

[5] 韩龙主编：《国际金融法》[M]，北京：法律出版社2007年版。

[6] 庄玉友："日本金融商品交易法评述"[J]，《证券市场导报》，2008（5）。

[7] 王吉学，陈丽媛，邢楠："证券公司从业人员禁止持有、买卖股票若干问题商榷——立法追溯与当代比较的角度"[J]，《证券法苑》，2011（10）。

[8] 蒋安杰："公司法资本制度改革的解读与思考——专访中国政法大学教授、中国商法学研究会常务副会长赵旭东"[J]，《法制资讯》，2014（3）。

[9] 彭冰：《中国证券法学》[M]，北京：高等教育出版社2007年版。

[10] 中投证券法律合规部课题组："证券从业人员买卖股票的法律规制研究"[J]，《证券市场导报》，2011（4）。

① 中投证券法律合规部课题组："证券从业人员买卖股票的法律规制研究"，《证券市场导报》2011年第4期，第48页。

浅析上市公司股权激励行权融资业务风险管理

林楚涛*

一、上市公司股权激励发展历程

我国在 20 世纪 90 年代开始借鉴国外股权激励这一制度，然而该股权激励在我国一直都发展得比较缓慢。近年来，随着我国相关法律制度的不断完善，国内实施股权激励的条件也愈发成熟，上市公司推出股权激励计划呈爆发式增长态势。根据 Wind 统计，自 2006 年股权改革，至 2014 年 12 月，全市场已有 634 家上市公司公布了股权激励期权认购方案，占所有上市公司比重达 24.25%，合计向激励对象激励股份为 106.58 亿股。如果按期权初始行权价格计算，由股权激励产生的行权资金金额合计约 1 164.53 亿元。

二、业务模式介绍

面对市场上巨额的行权资金需求，国信证券最早发现并适时推出行权融资业务，在行业内处于领先地位。股权激励行权融资业务作为面向上市公司股权激励对象的特定投资者的融资类创新业务，为金融行业服务实体经济提供了新渠道，也是证券公司拓宽产品线及收入来源、提供高端投资者服务水平的新机会，对市场、投资者和证券公司都有着重大的意义。

上市公司股权激励行权融资业务分为融资行权、待偿还期间盯市与风险监控、到期还款三个阶段，操作模式如下。

（一）融资行权

符合条件的投资者向证券公司申请行权融资业务权限，在制定的授信额度内向证券公司借入资金行权买入上市公司标的股票。清算交收时，由证券公司将自有资金划付至客户资金

* 作者单位：东莞证券股份有限公司。原载于《中国证券》2015 年第 5 期。

交收账户，客户资金交收账户与中登完成行权买入的交收，并记增投资者相应融资负债和利息，同时通过技术手段锁定投资者账户。投资者融资行权后，将形成相应的融资负债合约，并需要支付相应的融资利息。

（二）待偿还期间，盯市与风险监控

证券公司按照协议约定对投资者证券账户内的履约保障比例进行实时监控。投资者可以按照协议约定条款在约定期限内随时选择偿还融资负债；在协议约定的特定情形下，证券公司也可要求投资者提前偿还融资负债。若投资者履约保障比例低于协议约定的最低履约保障比例，则投资者必须采取相应的履约保障措施。同时，证券公司对投资者资质进行持续动态管理。

（三）到期还款

到期日，投资者偿还融资负债，了结债权债务关系。不能按期偿还负债或采取履约保障措施的投资者将被认定为违约，证券公司按照协议进行违约处置。

三、信用风险管理

信用风险是股权激励行权融资业务的主要风险，是指融资方在融资行权后，未能向证券公司按时、足额还本付息的不确定性。在行权融资业务中，引发信用风险的主要原因如下：(1) 融资方的资信状况发生恶化，导致履约能力下降；(2) 融资方的实际履约能力与融资规模不相匹配，导致不能履约；(3) 证券公司资信评估体系不科学，导致证券公司高估融资方实际履约能力；(4) 融资方提交证券公司的资信材料不真实，导致证券公司高估融资方实际履约能力；(5) 相关经办、审查人员疏于职守，对融资方未做全面实际的评估，导致证券公司高估融资方实际履约能力。

对于证券公司开展股权激励行权融资业务而言，信用风险管理的实质就是对融资方的信用风险进行预防与控制，减少资金损失。证券公司自开展融资融券等业务以来，随着市场的不断发展，对信用风险的管理越来越重视，并且逐渐形成了具有证券公司特点的信用风险管理模式。传统的信用风险管理方法重点在于定性的评估，主要方法有专家评定法、信用评分法和传统信用评级。专家评定法通过定性的方式综合评估融资方的信用水平与还款能力，但是主观性较强；信用评分法通过融资方历史的数据来评估违约的可能性，但融资方的真实信用状况会随着自身的经济及周边环境的变化而改变，并且所使用的指标设计具有一定的片面性，不能全面地评估融资方的信用状况。现代的信用风险度量方式主要有 Credit Metrics 模型、KVM 模型、Credit Rick + 模型、CPV 模型，这些模型通过量化的方式度量融资方的信用风险，虽然不受行业、公司、区域的影响，但操作方法复杂，数据采集的难度较大，难以应用于证券公司对个人信用风险的评估。结合证券公司自身的优势，可以通过信用风险的事前、事中、事后的控制，降低因融资方的信用风险造成违约的概率。

（一）信用风险的事前控制——融资方资质审查与准入

证券公司应当制定行权融资业务的客户准入标准，确定融资方申请业务的资质条件和审批流程。申请参与业务的融资方应如实提供相关证明文件，填写申请材料。证券公司内部由营业部、总部依次审查证明文件和申请材料，最终确定融资方资质是否有效。同时由于上市公司股权激励对象主要为公司的董事、高级管理人员、核心技术人员以及业务骨干等，证券公司可以要求上市公司提供激励对象的收入情况、职务等，核对融资人提交的申请材料。证券公司可以调查融资方的信用业务历史交易数据，融资方是否曾经参与信用业务导致违约。中国人民银行正逐步放开个人信用报告的查询服务，要求融资方提供个人信用报告是事前控制信用风险的重要手段，而且证券公司还可登录中国执行信息公开网（http://zhixing.court.gov.cn/）进行查询。对于存在历史违约的融资方，证券公司可以采用适当增加融资利率、缩短融资期限、提高初始履约比例、降低质押率等方式控制，拒绝已被法院纳入失信被执行人名单的融资方业务申请。

证券营业部要与融资方进行直接接触，营业部要向融资方出具《客户协议》、《风险揭示书》等材料，并详细讲解业务规则以及风险点，确保融资方充分知晓业务规则和业务风险。融资方签署《客户协议》时，须同时签署《风险揭示书》等材料，确保证券公司充分履行风险事前告知义务。

（二）信用风险的事中控制——建立融资方信用动态监察机制

融资方在行权融资后，行权所得的证券将存放于融资方的证券账户之中，同时对于行权所融资金，将记增融资方的融资负债。在融资负债待偿还期间，证券公司要密切关注融资方信用的变化情况，营业部可通过定期客户回访，登陆中国执行信息公开网进行查询，及时掌握客户可能影响其交易履约资质的信息，必要时证券公司可要求融资方提供财务和信用状况说明材料。鉴于行权融资对象主要为公司的董事、高级管理人员、核心技术人员以及业务骨干等，证券公司可以通过与上市公司联动的方式，监控融资方的信用状态，例如查看上市公司的公告，调阅融资方的个人信用报告等。同时证券公司应当建立客户信用事件及时报告制度，即在融资负债待偿还期间，发现客户信用出现变化，或发生重大信用事件，可能影响融资方偿还负债能力的情况，应该及时报告，证券公司可视情况进行评估。证券公司在行权融资客户协议的设计中，应当适当纳入证券公司有权平仓的事项，以确保资金安全。

（三）信用风险的事后控制——完善违约处置程序

当融资方在行权融资负债待偿还期间，出现履约保障比例低于最低比例，且融资方未提供履约保障，或到期融资方未能还款等因客户原因造成的违约情形时，证券公司应在协议中约定进行违约处置的操作，同时计收违约金。对于恶意违约融资方，证券公司可将其列入公司黑名单，禁止其在该融资方参与信用交易业务。融资方违约后，未能完全支付证券公司按照协议约定应得金额时，证券公司根据签署的业务协议，通过法律途径向融资方进行追偿。由于股权激励对象为上市公司的董事、高级管理人员、核心技术人员以及业务骨干等人员，若发生法律诉讼，对上市公司将造成较大的负面影响，届时融资方将面临外部诉讼以及上市公司内部管理的压力，因此融资方主动违约的可能性较小，同时证券公司可提供融资方进行场外协商偿付的途径。

四、市场风险管理

市场风险是指在上市公司股权激励行权融资业务的开展中，由于担保证券价格下跌导致融资方账户价值下降，从而给证券公司带来损失的风险。股权激励行权融资业务，实质就是融资方以行权后标的证券及证券账户内的证券作为担保，向证券公司融资后行权买入标的证券的行为，其市场风险管理的重点在于融资方期权的标的证券以及其账户上的担保证券的估值、管理。证券公司可以通过构建合适的风险模型来对担保证券的市场风险进行持续跟踪和计量，评估市场风险影响。

（一）标的及担保证券风控管理

证券公司制定标的及担保证券管理制度，明确标的证券池、担保证券池、折算率、筛选原则和调整原则，并根据市场环境等进行动态调整。对标的及担保证券池进行综合评价，行业内评价主要从基本面、流动性和波动性三个方面进行。基本面包括估值、盈利能力和成长能力三个方面；流动性和波动性方面，如果波幅过大，风险较难控制，而大的流通市值和换手使得平仓更容易。

参照证券公司开展信用业务的管理办法，对标的及担保证券的准入均在不同程度上进行控制。如下指标可以参考：

1. 股票发行公司已完成股权分置改革；
2. 在上海证券交易所或深圳证券交易所上市交易满 N 个交易日，N 的数值根据证券公司的估值进行调整；
3. 过去 3 个月累积涨幅不超过 100%，过去 6 个月累积涨幅不超过 200%，且过去 1 年累积涨幅不超过 300%；
4. 流通 A 股市值不低于 N 亿元；
5. 最近一个季度的市净率（PB）大于 0 且小于 20；
6. 最近一个年度的市销率（PS，TTM）大于 0 且小于 30；
7. 股票交易未被上海证券交易所或深圳证券交易所实行特别处理，未暂停上市和终止上市；
8. 依据行业的专业知识判断无预期可能会导致未来股价大幅波动的突发事件发生；
9. 依据公开的财务报表，依据行业的专业知识和盈利与估值预测模型，预期并判断未来有无可能会被上海证券交易所或深圳证券交易所实行特别处理的情况发生。

标的及担保证券管理应当包括定期调整、临时调整。定期调整是指在固定周期内，对全市场的证券进行风险评估；临时调整是指针对担保及标的证券发布的公告及行业预期，对个股进行临时调整，以此降低市场风险。

（二）风险限额控制

为防范由于业务规模带来的市场风险，证券公司应当针对业务总规模、单客户交易规模、单券交易规模等设置风险控制指标。对单一标的证券规模进行限额控制，可参考建立单一标的证券金额占净资本的比例、单一标的证券股数占行权融资证券 A 股总股本的比例等。

限制单一证券业务规模，可以分散担保证券集中度的风险；限制单一客户融资规模，可分散单一客户集中的融资风险。

证券公司除了要对行权融资业务进行规模限制，同时也应当结合融资融券、股票质押、约定购回等融资业务，以净资本为核心进行全局的规模控制，建立跨业务的综合风险控制。常见的风险控制指标见表 1。

表 1 常见风险控制指标

序号	风险控制指标
1	融资业务总规模占净资本比例
2	单一客户总融资规模占净资本比例
3	全部客户就单一证券总融资规模占净资本比例
4	单一客户综合履约保障比例
5	单一证券近一个月涨跌幅
6	单一证券作为保证资产占该券总市值比例

注：指标由作者整理。

（三）风险监控体系

证券公司对所有融资负债待偿还的交易进行每日盯市，盯市过程中，当履约保障比例达到警戒水平时，证券公司应当提示融资方密切关注标的证券的价格变化，为采取履约保障措施做好准备。当担保证券大幅下跌，致使履约保障比例达到预警线时，证券公司根据协议的约定，向融资方进行提前还款或追加保证资产，提升履约保障比例。证券公司依据市场情况适时调整标的证券名单及其折算率，以弥补市场波动可能带来的风险。对未到期的交易建立风险监控体系，并建立履约保障比例预警线、最低线的监控处理机制，明确约定违约处置流程，可减少证券公司因市场风险导致的损失，是对市场风险进行控制的有效手段。

五、流动性风险管理

流动性风险是指因上市公司股权激励行权融资业务的开展，可能导致证券公司自有资金不足，不能按期偿付债务甚至经营难以为继的风险。2014 年 2 月 25 日，中国证券业协会发布《证券公司全面风险管理规范》、《证券公司流动性风险管理指引》，要求证券公司流动性风险管理全面覆盖证券公司各部门、分支机构、子公司及所有表内外业务；要求证券公司对流动性风险管理各个环节进行严谨、审慎判断，保障公司流动性的安全；并要求证券公司加强资金来源、资金运用规模及期限结构变化方面的预测分析，合理预见各种可能出现的风险，协调公司表内外各项业务发展。随着证券公司信用业务的快速发展，中国证券业协会将证券公司流动性风险管理提到了重要的地位。

第一，证券公司股权激励行权融资业务流动性风险的识别与评估，可以通过如下方式进行：首先，证券公司应当建立以净资本为核心的风控体系，对净资本等风险控制指标进行监控，适时评估行权融资业务规模对风控指标的影响；其次，不定期对因开展行权融资业务而产生的流动性风险进行压力测试和敏感性分析。

第二，对本公司上市公司股权激励行权融资业务的总规模实行限额管理。公司业务总规模的确定应以保证证券公司财务稳健为前提，并根据证券公司净资本、流动性、资产负债等主要财务指标的变化情况以及压力测试的结果对业务规模进行及时调整，确保行权融资规模与证券公司风险承受能力相适应。

第三，对单一客户、单一标的证券的集中度采取限额或比例控制措施，对标的证券流动性进行监控，适时调整标的证券池，保障标的证券具备充足的流动性。当标的证券流动性出现问题时及时预警，及时采取处理措施。对融资方行权融资合约到期及偿还情况进行监控，及时收回融出资金。

第四，对因开展股权激励行权融资业务而产生的流动性风险进行压力测试、敏感性分析，确保在各种极端情况下的自有资金准备充足、调度有序，并针对测试分析找到的潜在风险点提出风险应对措施。

第五，建立统一的资金调拨机制，由证券公司单一部门负责流动性管理，实时根据各业务规模和资金流动情况调拨头寸，确保业务开展自有资金参与准备充足。

六、法律风险处理

证券公司与融资方开展股权激励行权融资业务前，需要厘清其中的法律关系，有助于深入剖析业务隐含的法律风险。这项业务的设计存在三重的法律关系，分别是委托代理关系、债权债务关系以及资产担保关系。首先融资方委托证券公司进行行权买入标的证券，形成委托代理关系；随后证券公司向融资方提供资金，以供融资方行权买入标的证券，形成债权债务关系；最后在融资方行权买入标的证券后，买入的标的证券以及自身持有的其他证券、资金将一并作为担保，作为融资方归还证券公司融资负债的保证，形成资产担保关系。其中委托代理关系是基础，债权债务关系是实质，资产担保关系是核心。

（一）未办理质押登记的风险

在股权激励行权融资业务中，证券公司对融资方的债权，融资方以其账户内的资金、证券作为担保，证券公司锁定账户的同时也允许进行交易，并未转移担保财产的占有，同时我国《担保法》规定，质权、抵押权的设立需要向证券登记机构办理出质登记，因此股权激励行权融资业务中并未设立质权、抵押权。根据规定，抵押物未登记不得对抗第三人，由此会引发融资方的信用风险，名义上融资方的资产在证券公司的账户中，但其可以通过融资后再到证券登记机构办理第三方的出质登记，此时融资方对证券的债权债务关系依然存在，但担保的资产已经名存实亡，给证券公司带来损失，存在法律风险。

若行权买入标的证券后，证券公司要求将标的证券进行质押登记，则可以更有效地保护证券公司合法权益，保护证券公司的优先受偿权。但质押期间标的证券将不得交易，并且办理质押登记的手续较为复杂，同时行权融资的金额单笔较小，将会给证券公司带来较大的管理成本，也不利于业务的发展。考虑到股权激励对象为上市公司的董事、高级管理人员、核心技术人员以及业务骨干等人员，若发生违约事项，对上市公司将造成较大影响，届时融资方将面临外部诉讼以及上市公司内部管理的压力，因此融资方主观违约的可能性较小。另一方面，虽然没有为担保品设立质权，不能获得优先受偿权，但其协议约定的债权债务关系依然有效，必要时依然可通过法律途径维护证券公司的权益。因此，此项业务虽然未登记质权，但其风险在可控范围内。

（二）平仓的风险

平仓的风险，是指证券公司根据协议的约定，当达到约定条件时，对融资方账户上的证券进行卖出，并将资金划付至证券公司账户的过程中所引起的风险。担保是强制平仓的基础，证券公司能否合法有效地对融资方账户内的资金、证券进行平仓，关键在于担保的有效性。

在行权业务中，强制平仓就是证券公司按照双方签署的业务协议处置融资方担保资产的行为，是作为行权融资中的担保执行行为。下面对证券公司合规强制平仓行为、瑕疵强制平仓行为以及拖延强制平仓行为进行分析。

1. 合规强制平仓。合规强制平仓是指满足法律、法规、合同约定的条件和程序的证券公司处置融资方担保物的行为。目前行权融资尚未有专门的监管办法，因此证券公司需要根据《担保法》、《物权法》等法律法规，以及参照融资融券、股票质押式回购等信用业务的规则，设计合理的平仓条款。合规的强制平仓可以视为融资方偿还债务的行为，能全部或者部分了结融资方与证券公司的债权债务关系。平仓过程中，因证券公司平仓所导致融资方的账户亏损，由融资方负责。原因在于，证券公司平仓的过程，是代理融资方处理担保物并偿还负债的行为，由此产生的盈亏也由融资方享有和承担。

2. 瑕疵强制平仓。瑕疵强制平仓是指根据法律、法规、合同约定的条件和程序存在瑕疵情况下的证券公司处置融资融券担保物的行为。瑕疵强制平仓是由缺乏实体条件、未按约定通知投资者补仓、平仓顺序或者强度不当等原因导致的法律风险。瑕疵强制平仓要求证券公司以严谨的态度去制定客户协议，加强内部管理，按照协议约定的方式去执行强制平仓。由于证券公司未按照协议的约定致使进行瑕疵强制平仓的，期间对融资方造成的损失，应当由证券公司负责。

3. 拖延强制平仓。拖延强制平仓是指证券公司履行了平仓操作前的义务，但怠于进行平仓的情况。发生此种现象的主要原因是证券公司希望融资方能顺利了结负债。但是，证券公司拖延强制平仓给融资方造成的损失，应当由证券公司负责。原因在于，证券公司没有按照合同约定进行平仓，没有履行其应尽的义务，属于证券公司失职而导致的损失。

综上所述，证券公司在制定行权融资协议时，需要明确强制平仓的触发情形、平仓程序以及平仓后的工作，并严格按照协议的约定履行义务。由于证券公司没有及时履行平仓通知、平仓操作等义务给融资方造成的损失，证券公司应当承担责任。

（三）高管锁定股的风险

根据《公司法》的规定，上市公司董事、监事、高级管理人员申请行权融资时，证券公司需要特别注意融资方所持证券的属性。对于董事、监事、高级管理人员而言，股权激励行权后标的证券仍然受每年减持不得超过 25% 的限制，此 25% 是累计计算的，若融资方已持有 25% 的流通股，且没有进行减持，那么融资方在下一会计年度不存在新增股份可以解锁，融资方行权融资后的证券依然为锁定状态，证券公司将不得处置。若融资方在多家证券公司均有 A 股账户，并且分别持有高管锁定股，当年减持后，次年可向中国登记结算公司申请解锁，解锁的股份按照证券公司的交易席位随机分配，因此高管锁定股将面临不能平仓的风险。

考虑到股权激励对象为上市公司的董事、高级管理人员、核心技术人员以及业务骨干等人员，若发生违约事项，对上市公司将造成较大影响，届时融资方将面临外部诉讼以及上市公司内部管理的压力，违约的主观性较小。因此证券公司可以通过如下途径，减少由于高管锁定股导致不能平仓的风险：

要求行权融资对象将账户内的所有股份进行转托管，将所有股份托管至单一证券公司，避免出现高管锁定股解锁随机分配；

要求行权融资对象在担保账户内，提交非锁定的其他证券作为担保，分散风险，便于平仓操作。

监管转型和创新发展背景下的证券公司合规管理机制研究

瑞银证券有限责任公司　北京证监局　中国政法大学*

我国证券行业正处于推进改革开放的难得机遇期，一方面，在监管部门的鼓励和引导下，在互联网金融等趋势的推动和影响下，业务和产品创新层出不穷、日新月异；另一方面，随着简政放权的推进，监管重点正在实现从事前审批向事中、事后监管的方式转变。

在此背景下，证券公司自我规范的能力和水平将在公司发展中扮演更加重要的角色。从2008年证券行业推行合规管理制度以来，证券公司积极主动地建立和执行合规管理制度，合规意识逐渐形成，合规队伍渐成规模，合规效能逐渐彰显，合规风险得到了有效防范。但是，随着合规管理工作的深入推进，合规管理工作也面临着一些问题和挑战。分析、厘清这些问题和挑战，并提出相应的意见和建议，对于证券公司在监管转型和创新发展的背景下，守住合规风控的底线，加强自我规范，抓住机遇，实现发展，具有重要的现实意义和长远价值。

从境外的情况来看，2008 年金融危机后，全球的金融监管机构都进行了深刻的反思，掀起了全球范围内的金融监管改革热潮。在这轮改革中，除了调整监管机构职责、颁布众多监管改革法案之外，其中一项重要的内容是“加强公司内部风险管理、控制和合规部门的独立性、地位和权威”①。在所有的立法项目中最著名的是《多德 - 弗兰克华尔街改革和消费者保护法案》（Dodd - Frank Wall Street Reform and Consumer Protection Act），该立法大大增加了合规部门的责任，并且要求合规部门更加紧密地参与日常业务经营和决策②。在此期

---

* 小组成员：黄赪，金义，李建伟，蒋华良，吴伟央，汪奚瑕，李枫，周妍，毛快。原载于《中国证券》2015 年第 10 期。

① Carlo V. di Florio, Director, Office of Compliance Inspections and Examinations（“OCIE”）, U. S. Securities and Exchange Commission, Remarks at the Compliance Outreach Program（Jan. 31, 2012）.

② 此外，还包括 IOSCO, Objectives and Principles of Securities Regulation,（June 2010），以及 Federal Reserve Board, Compliance Risk Management Programs and Oversight at Large Banking Organizations with Complex Compliance Profiles,（Oct. 2011）等。

间，相关机构还颁布了以下两个比较有代表性的报告：

一是欧洲证券和市场管理局（ESMA）2012年7月发布的《关于MiFID下合规部门的若干要求指引》（Guidelines on Certain Aspects of the MiFID Compliance Function Requirements Final Report），澄清MiFID中关于合规部门要求的某些内容，以确保行业对MiFID第13条、《MiFID实施指引》（the MiFID Implementing Directive）第6条以及其他特别说明的条款有广泛性的、标准化的和统一的认识。报告总结了11条一般指引，并针对该11条指引配备了支撑性指引，以有效指导欧盟各国构建各自的合规管理架构。

二是美国证券业和金融市场协会（SIFMA）于2013年3月在2005年白皮书[①]的基础上发布了《合规作用的演变》（The Evolving Role of Compliance）[②]。报告认为面对2008年金融危机，全球化，新技术的应用以及新的、复杂的和扩张化的监管需求等多方变化和挑战，"自2005年起，很多新的压力推动了合规职能的演变"。报告指出"合规的地位更加突出"，界定了合规的作用，重点分析了公司中合规作用的演变，其中分析了影响合规部门运作的3方面关键因素，逐一分析了证券公司12项核心合规职能的新挑战和新发展。

不难看出，新形势下，全球金融监管机构和金融机构更加意识到合规管理的重要性，同时也在积极思考合规管理面临的新情况、新问题和新变化，并在法规和实践中对合规管理进行调整。我国资本市场正在面临深刻变革，在政府职能转变下的监管转型以及证券行业如火如荼的创新发展背景下，也有必要对证券公司合规管理进行梳理和反思。

一、证券公司合规部门工作现状及问题——基于对京、沪、深三辖区证券公司的实践调研

课题组通过问卷、访谈等方式对北京、上海、深圳3个辖区的证券公司进行调研，收到了51家公司的有效问卷反馈。其中，调研问卷分为两个部分：第一部分为合规部门调研，包括合规部门的设置，人员的背景、数量、履职及离职情况，合规工作开展情况等；第二部分是针对合规总监的调研，分为基本信息、制度构架、履职保障、独立性、与监管机构关系、面临的问题及提出的建议六个方面。

（一）合规部门工作现状

根据调研获得的信息，各证券公司基本建立了较为清晰的业务运营及合规管理架构。证券公司能按照《证券公司合规管理试行规定》的要求，通过公司章程、公司制度等方式明确合规部门的定位及合规总监的地位，公司基本建立了专门的合规管理制度。合规总监和合规部门围绕反洗钱、信息隔离墙、合规咨询与合规审查、合规监测、执行法律法规的进展跟踪、合规培训、合规检查、参与处理投诉举报、合规考核与问责等职能，富有成效地开展工作。

从公司部门设置上看，47%的证券公司单独设立合规部，53%的证券公司未设立独立的

① 即美国证券业协会（SIFMA前身）法律合规部于2005年12月发布的《合规的作用（白皮书）》（The Role of Compliance）。

② Securities Industry and Financial Markets Association White Paper: The Evolving Role of Compliance, March 2013.

合规部。在未单独设立合规部门的公司中，大部分将法律与合规合并设立法律合规部，也有的将合规与法律、审计合并设立法律合规审计部。

从合规部门内部组织架构上看，24家证券公司按照合规事务及其支持的业务类型在内部分成不同的合规事务小组，有27家公司在合规部门内部不分组。在分支机构合规人员的配置上，只有7家公司设专职合规人员，20家公司设兼职合规人员，10家视情况设专职或兼职合规人员，10家公司不在分支机构设合规人员，4家公司无分支机构。在分支机构设专职合规人员的仅占13.7%。

合规人员结构上，51家证券公司共有合规人员3 584名，其中专职1 090人、兼职2 494人，专职合规人员占总数的30%。合规人员占全公司员工总数的比率在5%以上的为22家，5%以下的为29家。合规人员专业背景最集中的为法律、会计、金融、经济。

（二）合规工作面临的主要问题

结合课题组调研情况，我们梳理出调研中反映的合规工作目前主要问题如下：

1. 合规职责定位与监管要求不匹配，压力和责任过于集中。在调研中，证券公司普遍反映公司内部存在的问题集中在合规部门日常工作中与业务部门之间的责任不清。绝大多数合规总监表示，目前公司实践中倾向于将业务的合规责任交由合规总监把关，合规总监成了公司业务合规的第一责任人。尤其是在法规模糊地带或开展具有一定风险的业务时，业务线倾向于将决策责任转嫁给合规总监。

《证券公司合规管理试行规定》第6条明确规定了公司董、监、高，部门和分支机构负责人以及全体工作人员三个层面的“全员合规责任体系”。合规总监作为合规负责人，主要是“对公司及其工作人员的经营管理和执业行为的合规性进行审查、监督和检查”。可见，合规的首要责任是在全员，尤其是业务人员首先要守住合规底线，合规总监和合规部门主要是一个监督者和咨询者。让一个“合规监督者”变成一个“主要合规责任承担者”，定位出现偏差，致使合规总监和合规部门的工作面临巨大的压力和挑战。

2. 合规部门定位不清晰，与公司其他内部控制部门之间职责分工不明确。尽管公司从部门设置及制度层面对合规部门的工作都有定位，但在实践中，很多公司反映，公司内部其他内控部门在日常工作中存在向合规部门转嫁责任或者对合规部门的判断施加压力的情形。尤其是合规与风控的职能经常被混淆。甚至其他部门在遇到需要其提供专业意见时，要求基于合规的意见发表建议，在遇到与其自身领域相关的问题时，需要合规部门给出解答。有部门认为，所有涉及与监管规则相关的问题，都是合规的事，有不清楚的，都问合规。合规人员时常需要解答来自财务、信息技术、风控方面的专业问题，甚至在业务过程中被要求为这些内控部门的意见背书，致使合规部门工作量增大，也使公司内部其他部门对于其自身专业领域的风险意识不够强。

3. 合规人员工作量大，离职率高，履职保障有待加强。监管机构对合规的重视，在一定程度上推动了合规部门的建设与发展，虽然大部分公司认为合规部门现在的规模及人员素质基本上可以满足公司业务发展的需求，但是，在内外部双重压力之下，越来越多的公司反映合规人员工作量太大，经常超负荷工作，且薪酬水平偏低，导致合规部门人员流失严重，尤其是业务能力突出的专业人员，更倾向于转到前台业务部门。

由于合规不直接创造效益，故在一般公司都被归类为后台部门，细分一些的公司归类为中台或者中后台。后台部门的归类定性，致使合规在公司中有时得不到应有的重视。在调研中，很多公司没有专门针对合规人员的考核机制，考核主要适用公司后台部门的统一标准和方法，薪资待遇趋同于办公室、董办、稽核、IT 及后勤等部门，虽然高于公司同级别的平均水平，但不足以与其专业能力相匹配。尤其是近年来随着公司业务的发展，产品的复杂性及专业性都对合规人员的素质产生了很多挑战。吸引各方面专家从事合规管理的机制缺乏，难以吸引人才、留住人才，不能让人把合规管理当成事业来干。合规部门人员变动频繁，工作难以为继，难以保持持续和连续性。建设一支优良稳定的合规队伍，将是未来几年合规建设的一项重要的基础性工作。

4. 合规部门及合规总监地位尴尬，知情权和决策权不足。虽然《证券公司合规管理试行规定》规定合规总监是公司高管，但实践中各公司合规总监的地位不一。有些合规总监在公司中地位不高，不能参加一些重要的决策会议，很难全面了解公司各方面的情况。有些合规总监即使能够参与公司主要的决策会议，也只能列席，就具体事项并没有发表意见或投票的权利。中国证监会规定合规总监应是公司的高管，而实际工作中，很多公司合规总监的功能、作用和薪酬待遇都不是公司的高管级别，可是，作为监管机构的抓手，责任却是首位的。合规总监的地位、知情权及决策权等，与监管机构的要求之间尚有差距。

实践中，合规部门的人员也越来越多被要求参与到业务决策，经常被要求在报送监管机构的文件上发表意见；除了监督和咨询的职能，合规部门实质上被要求承担了很多业务审批职能。但现实情况是，很多时候合规部门都是在项目最后阶段被告知，并没有全程参与有关项目的进程，信息的不对称也导致决策过程中责任的互相推诿，责任不清晰。

5. 辖区间或公司间的制度执行不平衡，合规尺度难以把握。由于一些制度规定不是很明确，导致不同辖区间或者不同公司间对于制度执行不统一。如有公司反映，“各地证监局监管尺度有差异，有的业务和产品在甲地可以而乙地就不可，放开进度不同，影响业务开展，致使合规总监被业务部门埋怨（以通道业务为例）”；“各地局对监管政策的把握不一致，监管机构人员对法规的理解不一，法规规定模糊，使得公司在合规管理、合规经营过程中难以准确把握合规管理的界限”；“一些创新业务涉及的问题，监管要求不明确，行业做法不一，内部存在不同意见，在这种情况下，合规总监如何把握，对公司业务发展关系重大”；“本公司对业务管理比较规范严格，有些业务其他公司可以做，本公司不可以做，合规管理人员的压力就很大”。

辖区间的不统一导致合规总监要付出更多的协调成本，公司间的不统一导致合规部门受到业务部门的诟病。

二、新形势下证券公司合规管理的挑战

（一）“监管转型”对证券公司合规管理的挑战

在 2014 年 1 月 21 日的全国证券期货监管工作会议上，肖钢主席做了“大力推进监管转型”的重要讲话。全面阐述了推进监管转型的背景、原因、思路、主要任务和关键因素等。肖主席提出推进监管转型要实现“六个转变”，其中“监管方法从过多的事前审批，向加强事中事后、实施全程监管转变”，“监管模式从碎片化、分割式监管，向共享式、功能型监管转变”，这些转变对公司的合规管理工作形成了新的挑战。

1. 监管转型要求公司具备更强的内控机制，合规工作难度整体增大。针对证券公司监管，肖主席认为“推进监管转型是全面增强证券期货服务业竞争力的重要举措”；“推进监管转型，就是要进一步简政放权，放宽准入，扩大开放，鼓励竞争，加大创新，允许更多机构从事证券期货服务业，支持其围绕经济社会发展的实际需要自主创新，依法合规稳健经营”①。在 2015 年监管工作会议上，肖主席明确指出全年要着力抓好的 8 项工作中：“八是加强风险防范，督促市场参与主体依法合规经营，履行信息披露义务。健全风险预警机制，妥善处置违约事件。对潜在风险较高的业务和产品要严格控制。”② 可见，不断完善证券公司的内控机制，确保各项业务依法合规开展，是监管转型对证券公司全面增强竞争力过程中的基础性要求，也是监管机构在监管转型中的抓手和落脚点。在本次调研中，有 92.16% 的公司表示监管转型加大了合规部门工作难度。

2. 大力清理废止规章部函，对合规部门以往高度依赖规则明细性的监督方法形成挑战。清理废止法规是中国证监会的一项常规法制工作，目前已经废止了 13 批规章。自监管转型以来，为适应市场发展和监管转型的需要，结合行政审批制度改革的要求，中国证监会更加重视清理废止法规工作。如 2014 年 2 月 12 日（证监会公告［2014］8 号）《关于废止部分证券期货规章的决定》（第十二批）废止了 55 件规章，2015 年 4 月 20 日（证监会公告［2015］9 号）《关于废止部分证券期货规章的决定》（第十三批）废止了 35 件规章。近两年废止规章的力度明显加大。

对于证券公司监管而言，日常监管规则主要集中在规章之下的各种规范性文件。对此，为贯彻落实国务院关于简政放权、转变政府职能的决策部署，深入推进监管转型，放松对市场主体不必要的管制，增强监管的公开、透明，中国证监会对现有涉及证券期货经营机构的限制约束类部门通知、函、指引等文件（以下统称“部函”）进行了全面清理。2015 年 5 月 22 日，中国证监会公告〔2015〕14 号废止了 172 项部函。值得一提的是，该 172 项内容均是中国证监会证券基金期货监管部针对证券公司、基金公司和期货公司等监管对象的具体监管规则，其中有 67 个是 2004—2014 年间针对证券公司业务监管颁布的机构部函，占总数的 39%。

中国证监会废止了 67 个针对证券公司日常监管的部函之后，监管规则明显减少，各种具体事项的明确性不如从前，这对监管机构是一个挑战，对证券公司，尤其是证券公司负责法规培训和咨询的合规部门更是一个巨大的挑战。

3. 大力减少行政审批和备案事项，合规把关的压力明显增加。清理和减少行政审批，减少政府对市场的干预，是政府职能转变的重要内容。从 2013 年开始，国务院已经分 8 批取消、调整和下放行政审批项目，行政审批项目被大力精简。目前，与证券公司有关的行政许可项目为 8 项（包括“境外证券经营机构在境内经营证券业务审批”和“投资咨询、财务顾问、资信评级机构从事证券服务业审批”）。

为贯彻落实国务院关于简政放权、转变政府职能的决策部署，大力推进监管转型，中国证监会对现有备案类事项进行了全面清理。2015 年 4 月 10 日，证监会公告［2015］8 号取

① “大力推进监管转型”——肖钢同志在 2014 年全国证券期货监管工作会议上的讲话（2014 年 1 月 21 日）。

② “聚焦监管转型 提高监管效能”——肖钢同志在 2015 年全国证券期货监管工作会议上的讲话（2015 年 1 月 15 日）。

消调整了155项“备案类事项”。其中，第3—59项、第143—145项和第152项，共计61项备案类事项是针对证券公司业务的，占本次取消调整总数的近40%。

大量取消事前许可和备案类事项，减少了行政机关对市场行为的事前干预。但在实践中，对于证券公司，尤其是合规部门来说，较以往减少了很多监管机构的书面回执、函件或者留痕记录，一定程度上也是减少了监管机构的把关和背书，公司自身和合规部门的压力逐渐增加。

4. 事中、事后监管新机制强化了合规性监管功能，加大对公司合规的要求。肖主席指出：“事中监管又称持续监管，主要是确保市场主体持续符合准入条件、依法合规经营，重点在于状态维持和过程控制，包括合规性监管和风险审慎性监管，具有预防性、合作性的特征。”在谈到现场检查的问题，肖主席强调：“要充分发挥被检查对象风控与合规部门的职能作用，对自查自纠的问题，可依法不予追究；对检查出来的问题，严肃处理，强化内控机制作用。”① 事中监管的加强，要求监管对象报送的数据越来越密集，在报送数据和材料的及时性、准确性方面提出更高的要求。

合规性监管是事中、事后监管新机制的主要工作：“日常监管有两方面，一个是对市场主体进行合规性与审慎性监管，主要目的是促进市场主体依法合规、稳健运营，防范机构风险和市场风险。”② 如在行政审批事项取消或者部函废止的公告中，一般都有补充性的表述：“通过制定健全管理规范和标准，完善监管手段，加大事中检查、事后稽查处罚力度等措施，进一步加强对投资者的保护和有关业务活动的监督和管理。”监管机构将通过各种机制、手段和方式方法，确保监管对象的合规经营，合规部门作为公司自身主要监督力量以及与监管机构沟通联系的主要渠道，工作的重要性不断提升，工作量和工作难度将不断提高。

5. 监管机构在具体业务中更加注重发挥公司合规的作用，合规需要更深入介入业务的全过程。经调查，目前监管机构需要合规总监签字的主要事项包括：合规报告、CISP监管报表、分类评价工作底稿、反洗钱年度工作总结、打击非法证券活动年度工作总结、集合资产管理计划备案报告、资产证券化备案合规承诺函、公司年度报告、合规管理有效性评估工作报告及其他报监管机构的申请文件等。《证券公司业务范围审批暂行规定》第9条、《证券公司业务（产品）创新工作指引（试行）》第6条、《合规管理试行规定》第12条、《证券公司客户资产管理业务管理办法》第18条、《证券公司集合资产管理业务实施细则》第10条、《证券公司客户资产管理业务规范》第9条、《证券公司私募产品备案管理办法》第6条、《关于规范证券公司聘用第三方机构为集合资产管理计划提供投资决策相关专业服务的通知》第4条、《证券公司股票期权业务指南》、《关于发布〈证券公司外部接入信息系统评估认证规范〉的通知》等监管规则明确要求合规总监出具合规审查意见或者要求合规总监签字。

（二）“创新发展”对证券公司合规管理的挑战

“创新发展”是近年来证券行业发展的主题，行业快速创新，新业务、新产品、新规则

① “聚焦监管转型 提高监管效能”——肖钢同志在2015年全国证券期货监管工作会议上的讲话（2015年1月15日）。

② “大力推进监管转型”——肖钢同志在2014年全国证券期货监管工作会议上的讲话（2014年1月21日）。

层出不穷①。最新的《关于进一步推进证券经营机构创新发展的意见》（证监发〔2014〕37号）大力“支持业务产品创新”，对“推动资产管理业务发展”，“支持开展固定收益、外汇和大宗商品业务”，“支持融资类业务创新”，“稳妥开展衍生品业务”，“发展柜台业务”和“支持自主创设私募产品”六方面工作进行了具体的部署。创新发展带动了行业发展，增加了行业活力，但是给合规管理也增加了难度。

1. 创新发展与合规管理互伴互生，创新的过程必须是合规管理跟上并提升的过程。必须正确认识和定位创新与合规的关系，两者不是互斥关系，而是共进关系。2012 年《关于推进证券公司改革开放、创新发展的思路与措施》指出：要妥善处理创新发展和风控合规的关系。风控合规与创新发展是伴随证券行业持续成长壮大的“两个轮子”，缺一不可。创新发展不能产生普遍性违法违规，也决不能出现系统性风险。监管中一定要守住的一条底线是“证券公司行为要合法合规，不能损害投资者合法权益”。创新发展力度越大，对合规的要求也会越高，合规要跟上创新的步伐，必须修炼内功、提升素质、提高效率。

2. 创新发展成为公司合规工作最主要的挑战，显著增加合规部门的工作难度。目前行业的一个普遍共识是：让合规尽早参与到创新业务中来，使合规工作贯穿于整个创新业务的始终。所以，整体来讲，创新越多，合规的工作压力就越重、工作难度也越大。调研显示，就公司合规整体工作而言，目前合规部门很大一部分精力用于服务创新业务，新产品新业务的发展是目前对合规工作挑战最大的一项内容（见以下调研问卷）。

本次调研问卷第 20 题

目前总体对公司合规工作形成挑战的主要因素有：（　　）（可多选）

A：新技术和新业务的发展。

B：公司业务跨境。

C：外包安排。

D：合规部门人员和技术手段等资源有限。

E：监管机构要求越来越高。

F：其他

调研结果：46 家选 A，13 家选 B，4 家选 C，41 家选 D，27 家选 E，1 家 F（某些与创新要求脱节的监管规定未明确废止）。

本次调研问卷第 23 题

公司创新发展是否显著增加合规部门的工作压力？（　）

A：是，目前合规大量工作用于支持创新。

B：不太显著，业务部门偶尔会问，合规部门涉及的不多。

C：基本没影响，公司创新业务不多。

调研结果：37 家选 A，10 家选 B，4 家选 C。

① 2015 年创新业务如小额股票质押回购、行权融资、限制性股票融资、新股申购融资、信用担保账户证券出借等融资类业务创新，客户资金消费支付服务、私募基金综合托管业务、大宗商品业务试点、黄金自营与代理业务试点、期货自营、掉期及远期协议业务、碳排放权交易业务、信用风险缓释工具业务、结售汇业务资格、接入人民银行征信系统、沪港通、场内、场外衍生品业务、股票期权、做市业务、互联网金融业务等。

3. 创新发展全面考验传统合规职能，对合规管理模式形成挑战。证券业的许多改变也是由证券业务自身的演变造成的。传统的合规咨询功能，除了法律法规之外，还覆盖技术、财务和结算等知识，如陪同职能，目前监管机构希望合规能尽可能多地陪同，但一定程度上"使得合规加入到业务互动中"。如合规检查，监管机构持续将合规专业人员定位成上报问题及处罚环节的角色[①]。另外，在处理合规与业务部门的关系方面，合规部门不再是一个被动的旁观者，而是要尽可能利用自己的知识去解决问题或者利用自己与监管部门的沟通来尽可能促成一项业务的完成。所幸的是，合规没有完全丧失自己的立场，在关键问题上还能起到监督者的职能，而且业务部门也一般比较尊重合规的意见。合规与业务的关系越来越近，在刚处于快速发展阶段的国内证券公司，合规站稳立场、发挥应有的职能，尤为重要（见以下调研问卷）。

本次调研问卷第 24 题

创新发展对合规部门的主要影响是：（　　）（最多选两项）

A：合规部门需要提前参与各项业务创新，压力增大。

B：合规部门需全力服务支持业务创新，即使有异议也不敢提。

C：合规部门需主动帮助业务部门绕开、规避各种障碍和问题。

D：合规部门就模糊地带和空白领域与监管机构沟通增多。

E：合规部门的知识和技术储备跟不上业务和技术发展。

F：________________

调研结果：41 家选 A，0 家选 B，5 家选 C，36 家选 D，12 家选 E，1 家 F。A 和 D 选项是最多的。

4. 新技术的应用和发展严重冲击合规技能，急需提升合规的人力和技术水平。目前，证券公司在交易系统、通讯系统以及其他系统方面快速采用新技术。新技术的发展和在证券行业的广泛使用在为合规部门以及其他参与监控的控制部门带来便利的同时，也带来了新的挑战和风险。"有些规则要求合规部门利用专门的技术资源和人员来监控系统和电子通讯。尽管许多公司继续面临着资本成本增加以及盈利能力有限的压力，高级管理层必须确保合规部门拥有足够的资源来实现其目标并完成分配给其的任务。"[②]以合规监测为例，合规部门一方面需要有专门的力量和技术去设计有效系统，并有能力去验证这些内部系统及控制的充足性，另一方面还要有能力去运行有效系统，监控各种形式的电子及社交媒体、算法交易、公司与客户之间的关系和互动等。

对国内证券公司而言，引进并应用新技术是必然趋势，如国内很多证券公司已经引进了程序化交易，在光大"8·16"事件中，全市场已经感受到新技术带来的巨大的杀伤力，以及对公司及从业人员自身的伤害力。合规风控部门应当引以为戒，配备相应的技术人员，潜心研究、用心介入、细心准备，跟上新技术的步伐，让新技术更好地服务于业务发展，同时也服务于合规自身的运用和发展。

5. 全球化和外包等新业态也开始考验国内证券公司，需要未雨绸缪。在 SIMFA 的报告中，全球化和外包等是合规演进的重要因素。"全球化的业务结构和跨境活动给美国公司带

①② Securities Industry and Financial Markets Association White Paper: The Evolving Role of Compliance, March 2013，美国证券业和金融市场协会。

来了监管和运作风险。在今天的全球市场，许多公司在非美国市场及/或与非美国客户及市场参与者开展活动，如果其合规部门缺少对在美国没有可比概念的境外监管要求的综合知识，就会增加公司的法律和监管风险。”“许多公司在其合规计划中使用外包安排，确保该等安排得到充分的监督并且受限于适当的制度和流程。但是，与支持分散化的人员和运作整合的新安排和新技术一样，外包也会继续给业务管理人员、合规及监管机构带来挑战。”① 巴塞尔银行监管委员会《合规与银行内部合规部门》和 IOSCO《关于市场中介组织合规职责问题的最终报告》等都把外包问题作为影响合规管理发展的一个独立专题。

在日常监管中，监管机构明显感受到合资证券公司比较重视全球化和外包等事项，需要花费大量的精力来协调处理上述事项。除了合资证券公司之外，内资证券公司也提出跨境业务对原有合规工作的影响。本次问卷调查显示，“目前总体对公司合规工作形成挑战的主要因素”中，13 家选公司业务跨境，4 家选外包安排。可见，国际上重视的全球化和外包等事项正在逐渐引起境内证券公司的重视，有涉外业务或者有涉外计划的公司，有必要在这些方面提前布局，了解情况，储备人才，以赢得主动。

三、境外关于证券公司合规的理论和最新实践发展情况

进入 21 世纪以来，特别是 2008 年金融危机之后，以欧美为代表的境外证券行业经历了金融史上前所未有的变化。总体而言，导致这些变化的因素可以概括为监管变革和业务演变两大方面。在监管变革方面，金融监管机构的职权得到重新界定或扩大，影响业务的新规大量出现，尤其值得一提的是，美国政府颁布了更多具有跨境和境外适用效力的规则。在业务演变方面，主要表现为业务活动的全球化，外包和离岸安排对业务支持的重塑，在交易、通讯等系统方面快速采用新技术。监管变革、业务演变引致的新问题与合规面临的传统问题交织在一起，使得欧美等境外证券公司的合规出现了新的发展变化②。

（一）合规的地位更加突出

金融危机之后，欧美等境外证券公司合规的地位和作用不是下降了，而是更加突出。正如美国证监会负责合规检查事务的官员所指出的，金融危机表明“有必要加强公司内部风险管理、控制和合规部门的独立性、地位和权威”。由于证券公司及其运作的复杂程度出现了指数级的增长，因此，合规部门承担了更大的责任。

从整个行业来看，金融危机导致对风险的担忧（特别是系统风险、财务风险和其他风险）提升到了新的突出地位，为了处理这些担忧，以《多德 - 弗兰克华尔街改革和消费者保护法案》（简称《多德 - 弗兰克法案》）为代表的规则大大增加了合规的责任，并且要求

① Securities Industry and Financial Markets Association White Paper: The Evolving Role of Compliance, March 2013，美国证券业和金融市场协会。

② 本文对境外证券公司合规最新发展情况的介绍，主要参考了美国证券业和金融市场协会（the Securities Industry and Financial Markets Association）2013 年发布的《合规作用的演变（白皮书）》（The Evolving Role of Compliance）以及欧洲证券和市场管理局（the European Securities and Markets Authority）2012 年发布的《关于〈欧盟金融工具市场指令〉下合规部门的若干要求指引（最终报告）》［Guidelines on certain aspects of the MiFID compliance function requirements（Final Report）］。

合规更加紧密地参与日常业务经营和决策。一项金融服务可能受限于多个监管机构和监管计划的要求，包括国会、金融监管机构、其他政府机构、自律组织或者州层面的监管机构颁布的法规和规则，合规需要协助公司花费大量的资源协调、理顺和满足各种监管要求。合规部门的传统关注点在于客户资产保护、公平对待客户，但是，现在合规人员需要处理与传统问题截然不同的新领域的知识和技能。此外，监管机构一方面将合规视为监管工作的重要抓手，期望合规部门能够帮助其识别、上报发生的不法行为；另一方面，有些监管规则对合规工作本身提出了自我报告和自我证明的要求，甚至要求合规部门为其提供咨询的业务部门的监督管理失效承担责任。这些要求增加了合规的压力，也挫伤了业务人员向合规寻求咨询的积极性，在行业内引起很大争议。

从公司内部来看，欧美监管机构这些年在LIBOR利率操纵、外汇操纵、抵押贷款支持证券销售违规等案件中对大型金融机构处以了天价罚单，事后人们意识到如果这些金融机构对员工行为（例如，其在聊天软件上的言论）有监控的话，本是可以及早发现违规行为并采取措施以免其造成严重后果的。为了控制员工行为带来的风险，在公司高级管理层的支持和推动下，越来越多的公司开始在内部推行大规模的合规监测计划（比如，监控员工的邮件、聊天等记录），以期提前发现和处理违规问题，避免给公司造成重大损失。这些任务对合规的专业知识、理解能力、技能和资源均提出了挑战。一般认为，合规实质上具有两大核心职能：咨询和控制。合规部门必须找到一个方法，与作为其服务对象的业务部门建立信任关系，与此同时，保持独立性并能够执行其控制职能。

（二）推动境外证券公司合规演变的关键因素

从境外证券行业的情况来看，近年来凸显的、影响证券公司合规部门运作的关键因素可以概括为以下几个方面：

一是证券公司的业务变得更加复杂。无论是对大公司还是小公司而言，全球化趋势的发展和新技术、外包安排的增加使用均极大地改变了许多业务条线、服务及产品。

跨境经营会带来额外的监管及运作风险，许多公司在非本国市场或者与非本国客户开展业务，如果其合规部门缺少对在本国没有可比概念的境外监管要求的综合知识，就会增加公司的法律及监管风险。另外，美国政府出台了越来越多具有域外适用效力的监管规则，对证券公司开展跨境经营形成了不同程度的制约，增加了合规成本。

先进技术的使用使得证券公司的业务流程变得更加自动化和精简（例如，高速电子化交易、算法交易），新的风险控制、交易监控和电子通讯监控工具增加了许多合规计划的覆盖范围和有效性，但也带来了新的挑战和风险，证券公司必须评估技术对合规计划的可能影响。互联网及以智能手机为代表的个人通讯设备的普及，社交媒体等新电子通讯的广泛使用，使得员工的职务行为和个人行为之间的界限变得模糊，公司合规必须考虑发生在工作场所之外的通讯，亟待找到行之有效的办法来执行合规要求。

证券公司越来越倾向于将外包作为降低成本和提高效率的手段，通过外包将相似的职能集中到关联机构或第三方机构。外包安排对证券公司的客户数据保护、内部控制的有效性等均构成了挑战，缺乏统一管理的外包容易带来混乱或失控，加之现有的监管规则对于具体的外包问题规定往往不够明晰，跨境外包还会涉及跨境法律或监管问题，这将继续给合规带来挑战。

二是合规部门的组织结构在多样化业务模式下面临挑战。不同公司的合规部门组织结构可能存在很大不同，这取决于公司业务活动的规模、性质和复杂程度、其经营地域范围及其他因素，不存在适合任何业务模式的合规组织机构。集中型的部门组织方式将所有合规人员放在同一部门，为公司的所有业务提供服务。但是，有些公司发现设置一个合规部门来处理所有适用于不同业务部门和法律实体的合规事务，是不现实或不方便的。事业部型的部门利用特定的合规人员来为公司的不同业务部门、不同实体提供支持，采用这种组织方式时，合规部门不同层面之间的沟通和协调是非常重要的。对于任何一种组织方式而言，关键是对合规部门的组织结构、职责和汇报路线必须界定清楚。

三是合规部门的资源有限与其职责扩大之间的矛盾。现实是，许多证券公司继续面临着成本增加及盈利能力有限的压力，对合规的资源投入是有限的，规模较小的公司尤其如此。与之形成对照的是，为了适应行业变化，满足相关监管要求，合规的作用在演变，许多公司的合规部门在资源有限的情况下承担了更大的职责。例如，有些规则要求合规部门利用专门的技术资源和人员来监控系统和电子通讯，但是，这可能会限制合规部门掌握最新发展状况的能力，从而可能影响其履行职能。

（三）境外证券公司核心合规职能的新挑战和新发展

合规在继续履行其咨询、培训、检查、审查、监测等传统职能，这些职能现在看来依然是合规的核心职能。在证券行业发展的新趋势和日益严格的监管要求的影响下，合规履行这些职能的领域、方式和范围均出现了新变化，合规为此承担了更多期待和责任。

1. 咨询。合规传统上主要是为前台业务部门提供合规咨询，现在也开始向信息技术、结算、财务等中、后台部门提供合规咨询；特别是，为了处理信息技术合规问题，证券公司已经开始任用拥有信息技术知识背景的专业合规人员。合规不仅需要关注其向业务人员提供的咨询意见的质量，在重要咨询意见未被采纳遵守时，还需要采取合理的后续跟进措施，例如，决定是否向上级部门或高级管理层汇报。

2. 政策和流程。在制定公司政策和流程时，合规需就与此相关的监管规则及要求提供咨询意见。传统标准是，公司应当合理制定政策和流程，以遵守适用的证券法律法规。许多法律法规和监管规则也比较灵活，允许公司根据自身的具体情况来决定其具体做法。但是，金融危机之后，监管机构在某些执法活动中开始表现出不认可上述传统标准的倾向，有些监管规则对公司提出了过多细节要求，不同的监管规则之间存在竞合甚至冲突。

3. 教育和培训。对员工进行合规教育和培训一直是合规工作的一部分。金融危机之后，法规和监管规则出台的数量在增加、节奏在变快，对于公司合规而言，如何及时地向员工培训这些新要求并将新要求纳入公司的政策及流程中，是一大挑战。使用网上培训等方式有一定的作用，但考虑到不同公司在业务模式、规模、资源等方面存在的差别，该等培训方式不一定符合所有公司的需求。在实践中，合规在增加培训数量的同时，需要考虑避免“培训疲劳”，以免影响员工掌握和执行这些新要求的意愿和能力。

4. 合规监测。需要指出的是，合规监测只是公司整体监测体系的一部分，而不是全部。设计和执行有效监测系统的代价是不菲的，公司必须在拟监测的风险的重要性与监测系统的成本之间进行权衡。具有挑战的具体监测领域包括员工对电子及社交媒体的使用、算法交易、公司与客户之间的互动等。其中，对于算法交易，监管机构期待公司去监测和管理其可能带来的影响和风险，但是合规部门缺乏专业技术知识去审查算法交易的设计及电子交易的策略，业务条线的管理经理应当负责去验证算法交易系统及其他类似工具的运行。

5. 业务部门合规：审查和测试。这里所说的审查和测试，又称对业务部门及其活动开展的“回顾”审查。需要强调的是，合规审查是业务部门自身监督审查体系之外的第二道防线，不能假设所有业务活动都应受到合规审查。相反，与监管机构开展的监管检查一样，合规检查也应采用有选择的、以风险为导向并且合理分配检查资源的方式。另一个值得注意的动向是，有些监管机构要求公司在认定或在合理情形下应当认定公司自身或其员工违反监管要求后，向监管机构报告，这可能会导致公司进行更多的合规检查，并在合规检查中引入内部审计的方法。

6. 专项合规职能。合规以集中化的方式履行职责的主要表现是“中央控制室”，中央控制室传统上主要负责信息隔离墙制度的实施，包括观察名单和限制名单的建立和维护等，以防止敏感信息被滥用。中央控制室的职能也在扩展，开始包含业务交流的陪同、利益冲突清查和保密规则。此外，为了保持评估标准的统一性和连贯性，有些公司开始将海外反腐败法、反洗钱相关的合规职能集中到一个合规中心。

7. 注册、许可和任用相关职能。过去需要取得从业资格的主要是业务人员，现在越来越多的监管机构要求证券公司的中、后台人员也通过考试、注册，以取得从业资格。为了统一管理所有的注册和从业资格，许多公司将这一职能统一交由合规部门进行管理。

8. 内部质询和调查。为了发现违反公司内部制度或法律法规的行为，并对违规员工进行纪律处分，合规部门需要在内部进行相应的质询和调查，而监管机构也规定了合规部门在上报违规问题及纪律处分环节的角色。在参与处理这些问题的同时，如何避免越过合规作为内控第二道防线的边界，是一项挑战。

9. 监管机构检查和调查。监管机构对证券公司开展的检查和调查是历来就有的，但是近年来，不同的监管机构对公司的检查出现了增加的趋势。监管机构要求提供的信息涉及越来越大量的数据，且通常需要符合详细的格式要求并附有相关分析，有时要求的时间又很紧，为了保证反馈信息的及时性和准确性，避免不配合监管的指控和处罚，证券公司的合规部门和其他部门承受了很大压力，甚至不堪重负。多重监管带来的另一个风险是，一家监管机构对违规行为的调查和处罚可能会引起另一家监管机构对同一事项的平行调查。

10. 培育合规文化。高级管理层对培育公司的合规文化负有最终责任，与合规部门的紧密合作有助于达成这一目标。为了进一步促进公司的合规文化，近年来，证券公司越来越强调将职业伦理与合规管理相结合。有些公司甚至设立了专门的职业伦理部门，或者将其职能纳入合规部门，通过制定行为准则，倡导诚信、公平的业务操守，以期加强对员工行为风险的管理，提高合规管理的有效性。应该说，证券公司为了培育内部合规文化，做了很多努力和探索，而《多德－弗兰克法案》中的一些规定，例如，举报者30%奖励规则（指向监管机构提供可能导致100万美元及以上罚款的违规线索的个人可获得多达罚款金额30%的奖励），则可能损害公司通过内部机制发现和处理问题的能力，因为这种规则可能导致员工发现问题时直接向监管机构举报以获取金钱奖励，而不是向合规等公司内部部门反映问题，以便公司可以采取补救措施。

11. 陪同职能。为了防止信息（例如，重大非公开信息）不当泄漏或防止发生不当行为（例如，向研究员施加压力使其改变研究评级），监管机构近年来要求合规部门对公司内部的业务交流、公司与外部专家或发行人之间的交流进行合规陪同。对这些交流进行陪同监护，传统上并不是合规部门应当履行的职能，实际上合规部门在很多情况下也缺乏相应的专门知识和经验来有效地开展这项工作，相反，业务管理人员可能更适合承担该项职能。

12. 合规计划评估。为了满足最新的监管要求，证券公司的合规计划、政策及程序需要不断地进行审查和修订。由于新的监管规则在更多更快地出台，公司需要比过去更加频繁地对此进行更新；公司还要为更多深入的监管检查做好准备，这些都需要投入更多的时间、人力和金钱。

四、完善和加强我国证券公司合规管理工作的意见和建议

（一）对证券公司实践的建议

国内证券公司合规管理所面临的问题和挑战，随着市场的发展和监管的转型逐渐凸显。尽管境内外的监管环境、行业发展阶段存在差异，但有些问题是共通的。我们结合新的监管形势，并参考境外经验，提出以下建议，供国内公司共同探讨、借鉴。

1. 清晰、适当地界定合规职责和定位。合规的职责必须界定清楚，并与业务部门以及其他控制部门的职责进行区分。不同公司的合规职责可能存在差异，即使在同一家公司内部，不同业务条线、产品或服务的合规职责也可能存在差别，但是在任何情况下，合规的职责必须清晰界定。

实践中，由于合规的职责与公司遵守外部法律规则和内部制度规定相关，这个性质决定了合规的工作范围是比较宽泛的，但是，合规的职责应当是有限度的，将合规的职责界定过多、边界过宽，甚至包罗万象，初衷可能是为了发挥合规的作用，但实际上会降低合规管理的有效性。在决定将某项职责赋予合规部门之前，必须充分考虑合规部门是否具备相应的专业知识、能力和资源履行该项职责，而不应以合规把关的名义，让合规部门去履行其无法胜任的职责。

在定位上，合规部门作为一个控制部门，只是公司内控第二道防线的一部分，不是内控第二道防线的全部，更不是公司内控的第一道防线。同时，作为一个支持部门，合规部门需要为公司业务发展提供咨询建议，但对业务决策和管理缺乏实际控制权力。应当明确合规部门在参与业务决策及讨论过程中的支持角色，不应要求其承担属于业务部门管理人员的责任。此外，还应避免合规部门在公司内部承担过多的协调职能。

2. 为合规部门配备履责所需的资源，保持合规的独立性。公司的预算是有限制的，加上合规部门的工作量及绩效不像前台业务部门那样容易看到和衡量，不少公司容易忽视对合规的资源投入。不同公司对合规的资源投入存在差异是正常现象，但是，公司为合规配备的资源应当与其所界定的合规职责相匹配。这里所说的资源包括人员、资金、技术系统、获取信息的渠道、工作所需的权限等。

合规的核心职能是咨询和控制，无论是为了提供客观公正的分析和建议，还是履行其内部控制的职能，都需要合规具有独立性，否则容易出现利益冲突和责任风险。合规人员应仅对合规任务负责，而不能要求其以与业务人员目标协同的方式完成该等任务，不能使合规的意见和建议受限于公司管理层的批准，更不能使合规承担业务决策和管理决策的责任。

3. 调和业务部门、高级管理层、监管机构对于合规作用的期待。业务部门、高级管理

层和监管机构从其自身的立场出发，总是希望合规部门能承担更多的职责、发挥更大的作用，近年来这种倾向表现得比以往更加明显。

公司高级管理层应当负责建立和维护公司的合规文化。除了支持合规部门履行职责外，高级管理层应当持续提醒员工，“合规”是所有员工的职责，并非只是合规部门人员的职责。持续传递这样的信息不仅能够促进更加有效的合规职能，还可以加强公司的合规文化。高级管理层和业务部门管理人员均应谨记不能将自身的管理监督责任分派给合规部门。在这方面，合规部门也应当保有质疑或拒绝不适当授权的权利。

各相关方面需意识到合规的日常职责是有边界的，不能因为合规部门提供了咨询或者在控制方面提供了协助而要求合规部门承担业务人员或其直线经理应当承担的责任。当相关监管要求或公司内部规定拟赋予合规部门对公司的某一事项进行把关的义务时，需要考虑合规人员是否具备履行这些职责相关的专业知识或者手段。将合规作为监管工作的抓手，从一定程度上讲是有其实际意义的。只有通过监管及公司对合规的适当定位，以全员合规为出发点，真正发挥公司各层级应尽的合规职能，才能够做到事半功倍，切实提高合规管理的有效性。

4. 坚持以风险为导向的思维，注重成本与收益的平衡。合规管理工作覆盖面广，头绪繁多，合规人员的数量和精力有限，如果不分主次，很难取得好的效果，也会使合规人员疲于应付。为了提高合规管理的针对性和有效性，在具体工作中应当坚持以风险为导向的思维，根据对公司业务状况、薄弱环节等的评估，确定公司主要合规风险的所在，将有限的资源重点用在主要风险的防控上，这样也更容易实现对其他问题的兼顾，提升合规管理的实际效果。

此外，无论是对整个证券行业还是每家公司而言，都应该平衡合规管理的成本和收益。在这方面，合规管理应遵循比例原则，即每家公司的合规管理应与其业务性质、规模及复杂程度相适应①。

5. 建立合规部门与业务部门之间的信任关系。业务人员应当被鼓励咨询合规部门并保持开放的沟通。在保持其独立性的同时，合规人员必须找到一种方法与业务部门建立信任关系，这种信任关系有助于提高合规管理的效率，并提升公司整体合规文化，最终鼓励有道德、有责任感和诚信的商业操守。

合规部门应当保持与业务部门的顺畅沟通，及时传达与业务相关的监管要求及内部规定，使业务部门明确其自身肩负的合规管理职责。业务部门应当始终清楚这些底线并在业务活动中遵守，在业务管理人员意识到可能存在的风险或者发现问题时，主动寻求合规部门的意见并承担责任。业务部门在发展业务时需要合规部门提供咨询建议，合规部门在履行监督控制职能时也需要业务部门的配合。同时，还应当从制度上建立有效的沟通渠道，例如定期合规培训、合规人员与业务人员的定期会议、投诉及建议机制并保障这些沟通渠道发挥有效作用。

6. 加强沟通，在交流和对话中推动合规水平提升。调研中，多数合规总监明确提议建立辖区合规总监、合规人员之间交流的平台，以推动相关业务的交流学习，提升合规人员对

① European Securities and Markets Authority: Guidelines on Certain Aspects of the MiFID Compliance Function Requirements (Final Report), July 2012.

监管要求的理解和把握，促进规则尺度的统一。如为加强行业内合规管理人员的相互交流，同时进一步密切与监管机构的沟通，建议地方证监局能够不定期召集辖区内的合规管理人员进行业务交流，互通有无，相互借鉴，并将好的经验和做法按业务领域进行汇编，通过适当的平台和渠道（如信息通报、文章、发言稿汇编等）在业内分享，这有利于在公司内部宣传监管机构的导向。通过相应的机制促进合规总监之间及合规总监与监管之间的沟通交流，在监管要求明确前，形成行业内合规总监较为一致的认识和尺度，防范行业的无序竞争。有些地方证监局，例如北京局，目前已经依托地方证券业协会的平台组建了合规与风控委员会，增进合规总监之间的交流，鼓励委员会通过各种形式来进行专题研究、经验分享和资源互动。

7. 加强合规队伍建设，加大合规培训力度，提升合规管理效能。证券公司需顺应新形势对合规队伍专业化、信息化的需求，及时配备专门人才，加大培训力度，增强合规部门有效介入新业务的管理能力。

做好培训工作，要做到：一要内容新，尤其要对新规则、新业务、新产品等，开展及时有效的培训；二要范围广，培训内容除了要针对各公司业务条线的员工，更要针对合规人员，让合规人员在第一时间了解规则要求；三要层次高，除了让一般员工参加之外，有必要让公司的高管，尤其是董事长、总经理等主要负责人，参加业务和合规培训，让公司高层直接了解监管要求，熟悉业务内容。

为了适应新产品、新业务的发展，证券公司还应当加大对合规信息系统的建设，逐渐在合规管理中更多引入系统的使用，提高效率。例如，可以投入建设监控系统，以防范电子信息化时代由信息传播所带来的风险。

8. 建立健全公司内部合规问责机制。对于公司工作人员的违规行为，应当根据其性质和严重程度，追究相关人员的责任。合规问责不仅可以对员工起到教育和警示的作用，也有助于树立全员合规的理念，促进公司合规文化的提升。如果违规行为得不到应有的惩戒，则会大大降低合规管理的有效性。

证券公司应当明确合规问责的对象包括各个部门、分支机构及全体工作人员，对不同的问责对象规定相应的责任，确定内部合规问责的程序和方式，根据公司各自实际情况制定出具有可操作性的合规责任认定标准和承担方式。

（二）对监管部门的建议

1. 加大执法力度，通过提高违规成本提升公司高层及业务部门对合规工作的重视。很多公司对于合规工作重要性的认识是基于对市场违规事件的教训。越是发生重大的违规处罚事件，越能促进公司高层及业务部门对合规管理重要性的认识。从近年来海外市场的经验来看，正是由于监管机构对金融机构严厉的处罚机制，使证券公司意识到合规的重要性，并采取措施对其内部控制进行改进，从而加大对合规的投入及重视程度。如美欧监管机构对 J. P. 摩根等公司的巨额处罚，提升了全球金融机构对合规的敬畏感。国内近期对于一些证券公司在投行领域违规行为的处罚，也在一定程度上推进了相关业务条线的合规程度。

但我们应当同时意识到，处罚是一把双刃剑，如果处罚过重会加重公司的负担，如动辄暂停业务或限制新业务开展，反而会对公司正常的经营业务造成影响，可能会引起更多的负面效应。所以监管部门应当根据市场发展情况对违法违规成本及可能对行业发展造成的后果进行充分评估，建立与公司业务规模相适应的处罚机制。从处罚手段上讲，可以考虑增加罚款的金额，减少采取限制业务等措施。为了适应市场的发展，可以借《证券法》修订的机会，对其中行政处罚的金额进行调整，并适当调整证券公司分类评价的结果与缴纳证券投资者保护基金的挂钩比例，更多强调违规责任的事后承担。另外《行政和解试点实施办法》的出台，从制度上为今后证券、期货领域内违规案件的处罚和解机制奠定了基础。随着市场的不断发展，行政机关越是有法必依、严格执法，越能为合规工作创造良好的工作环境。

2. 改规则监管为原则监管，厘清负面清单，以推进合规工作的专业度和技术含量。对于监管机构而言，具体的制度总是滞后于业务的发展的，所以很多事前制度应当是有原则导向的，事先要规定哪些事情是绝对不能干的，即给市场一个明确的“负面清单”。除了负面清单的事情不能做之外，其他由公司及合规部门根据法律规定和监管原则进行专业判断。同时，着力提高监管规则解释、适用和把握尺度的统一性和权威性，及时明确具有行业普遍性问题的监管态度。这样一来，原则导向的监管模式会给合规人员以专业判断的空间和余地，也能真正体现其价值，从而提高其在公司中的地位和权威，体现合规的价值。在纷繁复杂的监管规则中，合规人员在工作中需要牢牢守住几个底线原则：如相关业务是否存在利益冲突，是否可能存在内幕交易，如何保护投资者利益不受损害等，这样即使在规则没有明确规定的情形下，也能及时准确地分析问题，找出解决办法。

3. 完善监管制度，进一步修改《证券公司合规管理试行规定》及《证券公司合规管理有效性评估指引》。

（1）对《证券公司合规管理试行规定》的修订建议。《证券公司合规管理试行规定》实施已近 7 年，各个公司通过不断摸索，都形成了一套适合自己公司的合规管理体系。通过这些年的经验总结，我们认为可以结合实践中发现的问题，对《证券公司合规管理试行规定》中的很多要求进行细化，进一步明确规定合规总监必须享有充分的知情权和决策权；从制度上保障公司合规部门及合规总监的独立性，要求公司建立专门的合规人员考核评价体制；明确公司高级管理人员及业务管理者的一线合规职责，强调合规的监督职责，业务部门的管理者应当始终对本部门的合规管理承担主要责任；规定合规人员的数量占比及独立报告路径。

（2）对《证券公司合规管理有效性评估指引》的修订建议。建议进一步明确：证券公司合规管理有效性评估是对公司整体合规管理状况的评估，而不是对合规部门合规工作的评估。通过增加合规部门评估业务部门对合规部门意见的采纳及执行跟踪情况，及分析公司违规案例统计等手段，对业务部门的日常合规执行情况作出评价；进一步明确合规管理有效性评估结果的作用；简化评估底稿的内容，多设定一些实务指标，减少对法规条文的逐项评估，改为对原则性要求进行对照检查；将合规管理有效性评估的时间要求适当放宽，只作原则性要求，例如，至少两年进行一次，而不强制公司每年进行有效性评估，如此可赋予公司更多的自主权利。

五、总结

总的来说，我们相信，在监管转型和创新发展的背景下，在证券公司的合规管理方面，应当调和各方对合规作用的期待，平衡业务部门、高级管理层、监管机构和合规部门的利益。对证券行业和公司而言，应当平衡合规管理的成本和收益，采取以风险为导向的合规管理工作方式，使公司的合规管理与其业务性质、规模及复杂程度相适应。证券公司需在清晰、适当地界定合规职责和定位的基础上，为合规部门配备其履行职责所需的资源，并保持合规的独立性。应当鼓励合规部门加强与业务管理人员的联系及沟通，使问题得到适当的上报和处理；进一步加强与监管机构的联系及沟通，使合规部门能对监管规则和监管检查项目的制定提供有效的意见。

当高级管理层、监管机构以及合规部门考虑了证券业的现实以及合规运作的实际状况，联合界定合规的适当职能并积极落实全员合规要求时，合规的职能将是最有效的，其在公司的作用也将是最强的。

证券公司OTC金融衍生品市场风险的管理研究

申万宏源证券有限公司　上海理工大学*

一、研究背景与动因

（一）OTC金融衍生品业务引领证券公司业务创新的作用日益明显

作为证券公司的一项创新业务，场外交易市场（简称“OTC市场”）金融衍生品业务迎来了重要的发展机遇，其根源不仅来自监管机构的大力推动，也来自市场的发展需要以及证券行业转型升级的需求。

1. 证券公司柜台市场业务试点推动了OTC金融衍生品业务创新。2012年12月21日，中国证券业协会发布《证券公司柜台交易业务规范》，正式启动柜台交易业务试点。2014年8月15日，中国证券业协会发布《证券公司柜台市场管理办法（试行）》。

为了解决证券公司柜台市场之间相互割裂、彼此缺乏互联等不利因素，中证机构间报价系统股份有限公司于2013年2月27日成立，其运营管理的“机构间私募产品报价与服务系统”，成为实现证券公司柜台市场之间互联互通的重要基础设施。

经过两年的发展，证券公司通过柜台市场发行了收益互换和场外期权等金融衍生产品。截至2014年底，证券公司开展场外衍生品初始交易6 779笔，涉及初始名义本金5 236.74亿元，柜台衍生品市场已初具规模。

2. OTC衍生品业务弥补了场内衍生品交易的不足，满足了投资者的个性需求。交易所市场交易的金融衍生品包括期货、场内期权等标准化产品，而场外金融衍生品市场作为场内市场的重要补充，解决了场内交易无法满足投资者多样化需求的问题。

OTC市场能够提供个性化定制的产品，以满足投资者管理特定风险的需要。一般来说，在交易所进行交易需要相对较高的交易频率，因为在交易所交易新产品的初始成本比较高。

* 小组成员：徐志斌，毛宗平，杨成长，王巍，沈立，朱曦，陆洁凤，王文翌，李文嘉，郑铎，黄芳，付婷，程美华，张青龙。原载于《中国证券》2015年第11期。

而个性化产品的交易普遍不是很活跃，这些产品往往选择在 OTC 市场进行交易，例如银行在设计结构化产品过程中需要使用的障碍期权、亚式期权等，均无法在交易所市场获得。

3. OTC 金融衍生品业务有利于改善证券公司收入结构，促进行业转型升级。目前，证券公司的传统经纪业务收入增长正面临极大挑战，转变以往的收入结构，寻找新的业务增长点成为证券公司面临的新挑战。从国外先进投行的收入结构看，大型投行的场外衍生品业务对于整体收入的贡献达到、甚至超过 50%，而我国证券公司的场外衍生品收入贡献普遍较小，领先券商的贡献也不足 10%，未来将有大幅的增长空间。

（二）发展场外金融衍生品业务的核心是建立风险管理体系

建立起完善的风险管理体系对于发展 OTC 金融衍生品业务至关重要，主要体现在如下两个方面：

1. 健全的风险管理制度可以保障 OTC 衍生品市场的健康发展。从美国、欧洲国家的发展经验看，OTC 金融衍生品市场的发展很大程度上来源于宽松的监管环境以及蓬勃的市场需求，但是宽松的监管在一定程度上成为次贷危机的诱因。次贷危机发生后，对场外衍生品的监管方式发生了很大的转变。

目前，证券公司参与柜台市场的热情很高，但是该项业务仍处于探索阶段，主要体现在柜台市场的定位不够清晰，对柜台市场的管理仍缺乏明确的监管主体和监管要求。建立起清晰的监管制度，是保障市场健康发展的首要任务。

2. 完善的风险管理体系是证券公司发展 OTC 金融衍生品业务的核心竞争力。由于证券公司 OTC 市场交易的金融衍生品大部分是非标准化产品，其中包含了大量的基于定制的衍生产品，如股票期权合约等，这些产品结构复杂，对券商的产品设计能力和风险管理能力要求高，证券公司在布局该业务的过程中，风险管理能力是最为核心的能力。

从目前的实践看，这种风险管理体系的核心作用在柜台业务的核心地位还未得到体现，主要表现在几个方面：（1）柜台市场部门在整个业务体系的定位不够清晰；（2）对柜台市场的风险管理架构并没有针对柜台市场，尤其是金融衍生品市场的特有风险设立；（3）风险管理在柜台金融衍生品业务过程中更多的是发挥了监控和预警的作用，而没有体现在业务决策、产品定价等方面，风险管理的作用更多体现在被动风险管理上。

国外大型投行的发展经验表明，风险管理应深入到 OTC 金融衍生品业务的各个方面，体现在：（1）风险管理部门在产品的风险定价中拥有最终决定权；（2）风险管理人员在业务管理系统中拥有较高的权限；（3）风险管理部门还参与场外衍生产品的激励设计、绩效评估等。这些经验为我们发展场外金融衍生品业务提供了很好的借鉴。

二、OTC 金融衍生品市场的风险管理国际经验

（一）案例选择的标准

1. 选择美国、英国、欧洲和我国台湾地区 OTC 金融衍生品市场作为主要宏观案例研究，主要基于如下原因：（1）美国拥有全球最大的金融衍生品市场；（2）英国拥有全球最大的场外金融衍生品市场；（3）欧洲在场外金融衍生品市场的监管改革方面具有重要影响力；（4）我国台湾地区场外衍生品市场发展与国内市场最为接近。

2. 选择高盛和渣打作为微观案例，主要因为：（1）高盛和渣打的最重要的收入来源均是场外金融衍生品收入；（2）高盛是美国分业模式下投资银行的代表；（3）渣打是金融控股公司的代表。

（二）主要 OTC 金融衍生品市场的发展现状

1. 利率衍生品是欧洲、英国和美国场外金融衍生品市场的最大交易品种。利率类衍生品在美国、英国和欧洲（不含英国）的交易占到 79%、96% 和 82%，尤其是英国市场，利率类衍生品的交易额从 1998 年的 500.14 亿美元增长到 2014 年的 5 054.53 亿美元，增长了 9 倍以上。

2. 汇率类衍生品的交易逐年增长，我国台湾场外金融衍生品市场的最大交易品种是外汇衍生品。美国、英国、我国台湾地区的场外汇率类金融衍生品的名义本金交易额增长较快，其中，我国台湾地区的汇率类金融衍生品增长最快，相比 1998 年，2014 年底的名义本金交易增长了约 16 倍。

3. 信用类场外金融衍生品经历了从快速增长到剧烈波动后逐步下降的过程。信用类场外金融衍生品包括信用违约互换（CDS）、总收益互换（TRS）等。1995 年，摩根大通布莱思·马斯特斯开发了信用违约互换（CDS），随后，信用衍生产品的交易在全球经历了指数式的膨胀，美国信用衍生品在 2007 年的交易量相当于 1998 年的 110 倍，英国和我国台湾地区分别最高增长了 5.5 倍和 27.6 倍（见图 1）。

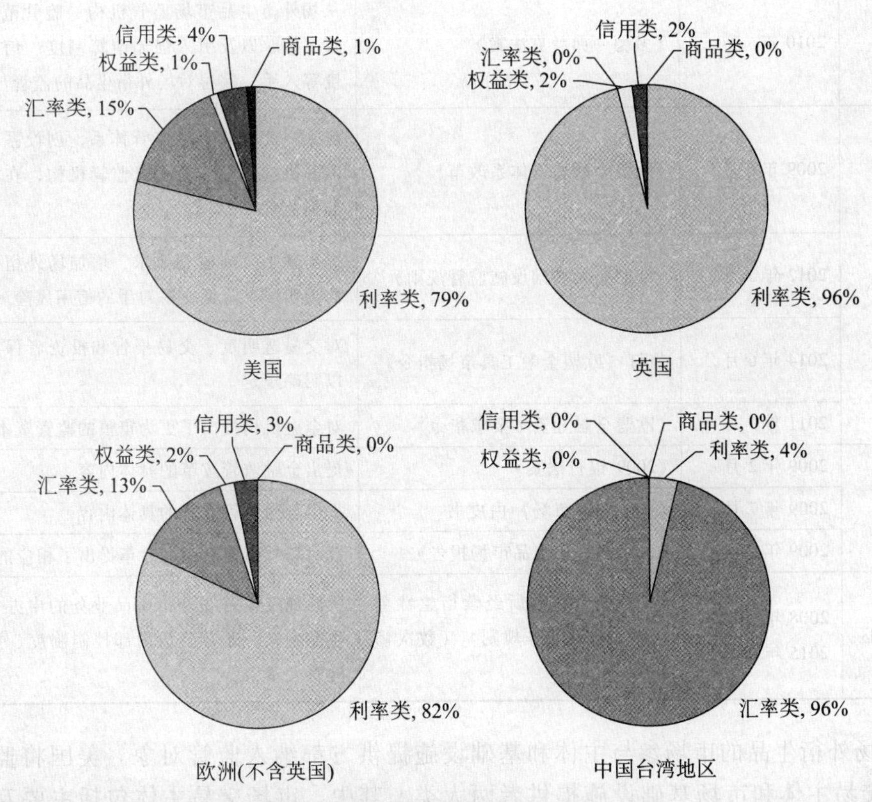

图 1　场外金融衍生品市场的产品结构

（三）主要 OTC 金融衍生品市场的监管制度改革

次贷危机前，对场外金融衍生品的监管基本处于“空白”，次贷危机后，各个国家和地区纷纷加强了对场外金融衍生品的监管，具体体现在以下几个方面：

1. 成立新的监管机构，加强系统性风险监管。金融危机后，英国在英格兰银行董事会下设立金融稳定委员会（FSB）以及金融稳定理事会（CFS），全面负责监控金融业的风险。

欧盟改革原有金融监管机构，成立了欧盟系统性风险委员会（ESRB）和欧盟金融监管系统（ESFS）。前者属于宏观审慎监管机构，负责监控和评估宏观环境和整个金融体系发展中存在的威胁金融体系稳定的各类风险；后者作为微观审慎监管机构，负责制定趋同的、一致性监管规则，实现对跨国金融机构的有效监管。

2. 改革原有监管规则，推出针对场外金融衍生品业务的各项法案。金融危机后，各国和地区均对场外金融衍生品市场的监管法律进行了改革，颁布了更为审慎的监管法规（见表 1）。

表 1　　四大场外金融衍生品市场监管规则改革

市场名称	时间	监管规则	改革内容
美国	2009 年	《2009 年场外衍生品市场法案》	详细规定了加强场外衍生品交易监管的一系列具体制度
	2010 年	《多德－弗兰克法案》	从场外衍生品市场监管机构、监管范围、被监管主体，以及引入强制清算制度、信息报告制度等入手，完善对场外衍生品的监管
欧洲（不含英国）	2009 年 6 月	《欧盟金融监管体系改革》	建立一套泛欧金融监管体系，创设系统性风险监管机构，并建立超级监管机构，在欧盟层面加强监管
	2012 年 3 月	《欧盟市场基础设施监管规则》	提出基础设施监管要求，增加场外衍生品交易的透明度，降低交易对手的信用风险
	2014 年 6 月	修订《欧盟金融工具市场指令》	对交易透明度、交易报告和投资者保护制度予以明确规定
	2011 年 7 月	《欧盟金融业资本要求指令》	对金融机构提出了更为审慎的监管资本要求
英国	2009 年 2 月	《2009 银行法案》	提出金融监管改革的具体内容
	2009 年 7 月	《改革金融市场》白皮书	提出金融监管改革的具体内容
	2009 年 12 月	《改革场外衍生品市场报告》	针对场外衍生品市场改革提出了相应的建议
中国台湾地区	2008 年—2015 年	《证券商营业处所经营衍生性金融商品交易业务规则》（数次修正）	明确规定经营场外衍生品业务的申办资格、衍生品定义、证券公司内部控制制度、投资者风险管理等

3. 将场外衍生品的市场参与主体和基础设施提供方都纳入监管对象。美国将监管对象分成市场交易主体和市场基础设施提供者两大类。其中，市场交易主体包括主要互换参与人、互换交易商、基于证券的主要互换参与人、基于证券的互换交易商。市场基础设施提供

者包括清算所、互换执行设施、交易数据存管机构，其中互换执行设施是新增的，取代了原衍生品交易执行设施。

欧盟对于监管对象的分类更加细致，按照交易平台的层次，监管对象被分为规范化市场、多边交易设施、有组织交易设施和系统化内部撮合商四类。

4. 明确衍生品定义，将互换等以往未受监管的衍生品都纳入监管范围。美国将原本不受监管的互换、基于证券的互换和混合互换纳入监管范围。其中，互换包括绝大多数目前已有的场外衍生产品，如利率互换、能源互换、商品互换、货币互换和股指期货等。

英国《金融服务与市场法案》（FSMA）规定，场外衍生品包括期权和价差合同，其中“价差合同”是指存在价差的合同，或任何目的或潜在目的为从财产价值或价格、指数等波动中获取利润或规避风险的合同。虽然 FSMA 对衍生品的定义非常广泛，但对衍生品的基础产品没有作任何限制。

中国台湾地区对衍生品定义和类别有明确规定。衍生品是指依柜台买卖市场之规则或实务，其价值由利率、汇率、股权、指数、商品、信用事件或其他利益及其组合等所衍生之交易契约及结构型商品。和英国相比，中国台湾地区的规定更为细致，且具体限制了基础产品的类别。

5. 加强资本金和保证金要求。《多德－弗兰克法案》规定，对于所有未经清算的场外衍生品交易和互换产品应计提初始保证金和追加保证金。对于非银行金融机构等应制定杠杆和风险资本监管要求，而且监管机构所制定的监管资本要求应该与巴塞尔资本要求基本保持一致。

英国监管者对通过双边清算的场外衍生品交易商有更高的资本金要求，提出要使中央清算和双边清算之间形成资本要求差异化。

欧盟委员会要求银行增加在不同时期在险价值的额外资本缓冲，增强违约风险管理，制定交易账户下证券化头寸的风险加权要求等。

中国台湾地区对证券公司资本充足率和保证金要求作出了具体规定。对于保证金，凡是承办结构型商品的证券公司都应按照结构型商品合同流通余额的 3% 缴交保证金至柜台中心，若证券公司资本充足率不足 250%，则应按前述余额的 5% 缴交至柜台中心。

6. 推动场外衍生品统一清算。《多德－弗兰克法案》要求在场外金融衍生品交易中引入集中清算机制，避免逃避中央对手方的强制清算进行非标准化交易，以有效地减少信用风险和系统性风险，并增加市场透明度和监管效率。

英国监管者努力促使所有“具有统一清算可能”的标准化场外衍生品合约交易通过中央对手方进行统一清算。同时，为了控制 CCP 本身的风险，英国监管者要求 CCP 必须在监管机构注册，必须有充足的保证金覆盖、实施稳健的准备金要求以及其他必要的风险控制手段，同时避免投资者为逃避 CCP 的清算而进行非标准化交易。

欧盟也建立起与美国类似的中央清算制度，对非金融机构的场外衍生品交易实行清算豁免，但豁免的范围与美国存在差异。清算义务仅适用于金融机构之间的交易，对于非金融机构的交易对手，仅有持有头寸超过特定清算阈值时，才强制进行清算。同样，对于非金融机构交易对手，强制交易报告制度也仅有在超过特定信息阈值后才需要执行。

7. 发展电子交易系统。英、美都要求加大对电子系统的投入，例如欧盟要求建立交易信息库，不仅为监管者提供相关交易的信息，也为市场参与者提供汇总数据。美国建立 OTC

市场电子交易平台，可以发挥类似交易所的作用。该电子交易平台仅应用于某些标准化的利率互换、CDS 以及股票期权等产品。平台上的数据可以很方便地获取和存储，从而使价格更加透明公开，使市场上的产品进行充分竞争。同时，参与者的搜寻成本也可以大大减少。

8. 增加信息透明度和交易效率。《多德－弗兰克法案》要求任何互换，包括已清算和未清算的，都向“互换数据库”或者监管者进行报告。报告的信息必须包括初始创立数据和后续数据。同时，和中央结算所一样，交易信息库自身必须向美国证监会（SEC）或者商品期货委员会进行注册并获得授权，而且受这些监管者监管。并且，在监管者发出正式要求之后，交易信息库要向监管者和公众公布互换交易相关的数据。

欧盟要求所有的场外衍生品交易信息都必须存储在交易信息库中。

英国监管者提出，要更多披露有关场外衍生品交易价格和交易量的相关信息，要求所有未经中央对手方清算的合约向受监管的记录机构报告。

（四）OTC 金融衍生品市场风险管理的微观实践

高盛是总部位于美国的投资银行，其 2014 年 OTC 衍生品交易量为 467.79 亿美元，目前在美国排第三位。渣打银行是总部位于伦敦的国际银行，其衍生品收入占比高达 70%。两家公司在公司整体风险管理体系的框架下，设置了具有针对 OTC 金融衍生品业务风险的组织架构，并针对 OTC 金融衍生品业务的市场风险、流动性风险、信用风险、操作风险建立了相应的风险管理模型和措施。

1. 建立起针对 OTC 金融衍生品业务的风险管理委员会。针对 OTC 金融衍生品业务的风险，高盛除新设立了公司模型风险委员会、公司新业务委员会管理相应风险外，原有的风险管理委员会如公司风险委员会、公司信用政策委员会也增加了相应的职能。渣打建立起多个 OTC 金融衍生品相关的风险委员会，包括市场和交易信用风险委员会、主要财务投资委员会、业务责任和声誉风险委员会、业务流程治理委员会等。

2. 针对信用风险，使用信用风险敞口、信用风险集中度、压力测试等指标。高盛对金融衍生品，主要衡量信用风险暴露。潜在风险暴露考虑净额结算和抵押安排，并使用日常压力测试来计算信用风险暴露，包括在市场冲击下信用评级和信用风险因子（例如利率风险、股价风险、汇率风险等）的集中度。这些冲击包括正常情况下以及极端情况下的市场波动。渣打主要通过筛选信用评级、减少信用风险集中度以及后续监控来管理 OTC 金融衍生品业务的信用风险。

3. 通过建立 VaR、压力测试、敏感性分析等模型方法管理市场风险。高盛使用每日置信度为 95% 来计量 VaR。通常使用单一 VaR 模型衡量利率、股票价格、汇率以及商品价格；渣打采用 97.5% 的置信水平下、多种 VaR 的计算方法来测量 OTC 金融衍生品的市场风险。

除了使用 VaR，高盛和渣打均使用压力测试和敏感性分析来作为 VaR 方法的补充。高盛使用的压力测试包括敏感性测试、情景测试和全公司范围压力测试；渣打使用压力测试来测量 VaR 没有包括的 97.5% 分位数之外的极端事件带来的影响。

4. 采用压力测试和情景模拟方法，管理流动性风险。高盛主要采用情景模拟的方法来管理流动性风险。对于流动性负债，高盛采用情景模拟的方法进行常规性支出和或有支出两种模拟。

渣打与流动性风险相关的风险测度方法是压力测试，包括三种：（1）8 日测试以确定最少的应一直持有的能快速变现的证券，该测试每天都要进行；（2）30 日市场压力测试检验集团应对市场运营环境急剧恶化的能力；（3）90 日压力测试从更加广泛的角度，考虑多个国家的市场运营环境共同恶化所带来的后果。

5. 建立操作风险内部模型，使用压力测试和情景分析等管理操作风险。高盛利用至少一年的数据，用模型、情境测试法来测量操作风险。主要测量因素有：（1）操作风险事件数据，包括来自内部和来自外部的；（2）内部控制质量评估；（3）业务复杂性评估；（4）操作风险管理流程的自动化实现程度和概率；（5）新产品相关信息；（6）法律与监管环境；（7）整个市场（包括顾客和交易对手方）对公司产品和服务的变化；（8）金融资产的流动性以及金融资产支持设施的可靠性。

而渣打与操作风险相关的风险测度方法有压力测试和情景测试。压力测试是为了确定足够的资本量以应对低发生率、高损害性的极端事件，例如错误销售 OTC 金融衍生品等。

6. 建立起流动性应急融资计划。高盛通过多种方法对可能发生的流动性危机进行预警，当预计会发生流动性危机时，则启用应急融资计划。应急融资计划针对不同的危机严重程度设置应对措施。危机的严重程度由风险因子的统计数据，按照对应的风险度量方法计算得出。应对措施包括融入资金、抵押品和二次流动性（银行间市场的流动性）等。应急融资计划还制定了缓解流动性风险的具体行动，并对每项行动指定了负责人。

三、我国 OTC 金融衍生品市场：发展现状与差距分析

（一）我国 OTC 金融衍生品市场概况

1. 从市场构成看，我国 OTC 金融衍生品市场主要由银行间金融衍生品市场和证券公司柜台市场组成。两个市场在成立时间、交易规模、产品类型方面有明显的差异。

2. 从产品上看，我国 OTC 金融衍生品市场主要包含利率类、汇率类、信用类和权益类衍生产品。其中前三类衍生品的交易主要在银行间市场完成，而权益类衍生品的交易主要在证券公司柜台市场进行。

3. 从两个市场关系看，两大市场目前仍是相对独立的市场。银行间市场和证券公司柜台市场到目前为止仍是相对独立的两个场外衍生品市场，主要体现在几个方面：（1）参与机构：银行间衍生品市场的参与机构主要为银行机构，而证券公司柜台市场的主要参与机构为证券公司，银行和其他金融机构的占比相对较小；（2）监管机构：银行间衍生品市场主要受中国人民银行的监管，而柜台市场主要由中国证监会监管。

4. 从未来的发展趋势看，银行间和证券公司柜台市场的融合程度会逐步加深。我国场外金融衍生品市场正从原先相对独立的市场向互相融合的市场迈进。例如，银行间衍生品市场从最初只是银行间会员单位可以参与，逐步向所有的非银行金融机构开放，证券公司也可以参与债券市场及外汇市场。

（二）银行间 OTC 金融衍生品市场发展现状

银行间场外金融衍生品的交易额在过去 9 年间增长了 52 倍。利率衍生品和外汇衍生品分别增长了 113 倍和 91 倍；利率互换和外汇互换是我国银行间场外金融衍生品市场最大的两个交易品种，债券远期和利率远期已被利率互换取代。银行间场外金融衍生品的参与对象

主要为外资银行、国有银行、股份制银行、政策性银行、农村信用合作社、保险公司和证券公司等；权益类金融衍生品相对占比较小，主要为银行结构化理财产品。

（三）证券公司柜台 OTC 金融衍生品市场发展现状

1. 证券公司柜台市场衍生产品的交易额和交易笔数均实现较快增长。目前，柜台市场的主要产品包括收益互换、场外期权以及内嵌期权型的收益凭证产品。2014 年 12 月到 2015 年 5 月间，场外期权和收益互换的名义本金交易额以及交易笔数实现了快速增长（见图 2）。

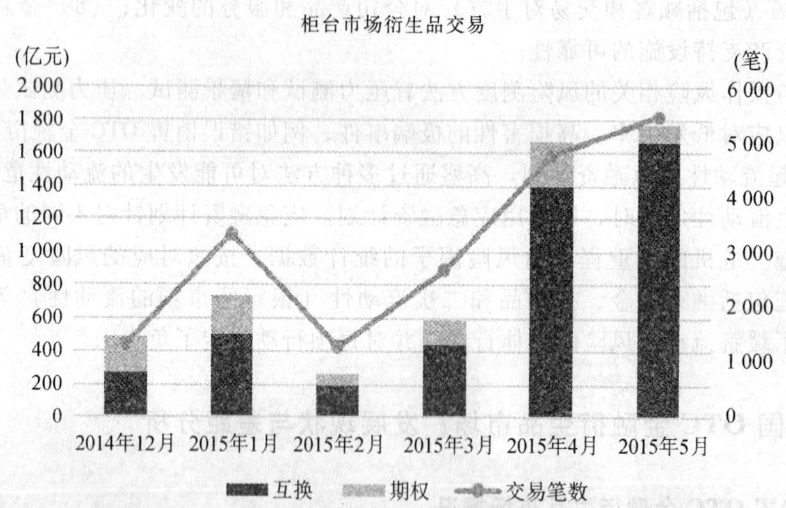

图 2　柜台市场衍生产品（收益互换和场外期权）每月新增交易额及笔数

2. 收益凭证从简单融资类产品逐步向内嵌复杂期权的衍生产品过渡。收益凭证在发展初期，往往并未挂钩某一特定标的，许多券商往往采取直接约定固定利率的方式。而随着券商产品设计能力和风险对冲能力的提高，收益凭证产品大多内嵌一个股票市场指数（如沪深 300）期权。随着场外期权的不断出现，结构更加复杂的收益凭证产品不断出现，其中收益凭证在产品设计过程中不再是简单的欧式期权或者美式期权，而是将障碍期权也引入进来，通过设置向上调出和向下调出的点，使得收益结构更加复杂。

3. 机构间报价系统初步发挥了柜台市场互联互通平台的作用。机构间私募报价与服务系统已经吸引了大量的机构在报价系统上发布产品，这些机构包括证券公司、公募基金公司、私募基金、证券公司直投子公司、区域市场等（见图 3）。

证券公司作为报价系统最大的参与人，共有 750 只资管产品、500 只衍生品以及 63 只银行理财产品在机构间私募产品报价与服务系统登记。而报价系统中登记的产品主要包括证券公司柜台市场产品、私募债、私募基金、资产支持证券等产品（见图 4）。

（四）我国 OTC 金融衍生品市场的监管制度

银行间和证券公司柜台市场分属不同的监管机构管理，监管主体和形式差异较大，它们的差异主要体现在如下几个方面（见表 2）。

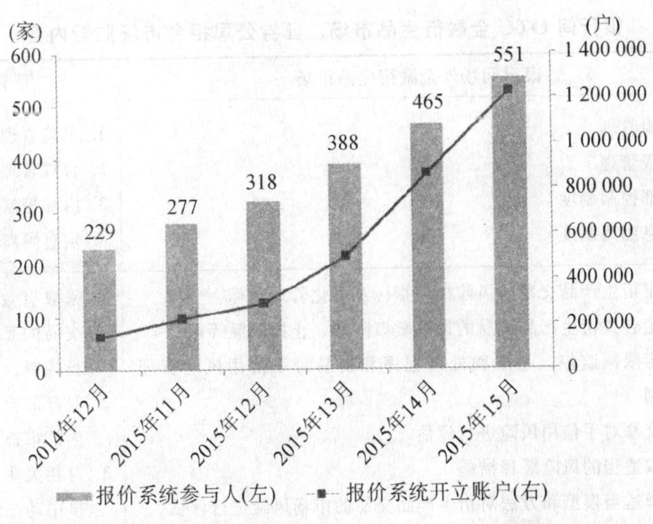

图 3　机构间服务与报价系统参与人与开户情况

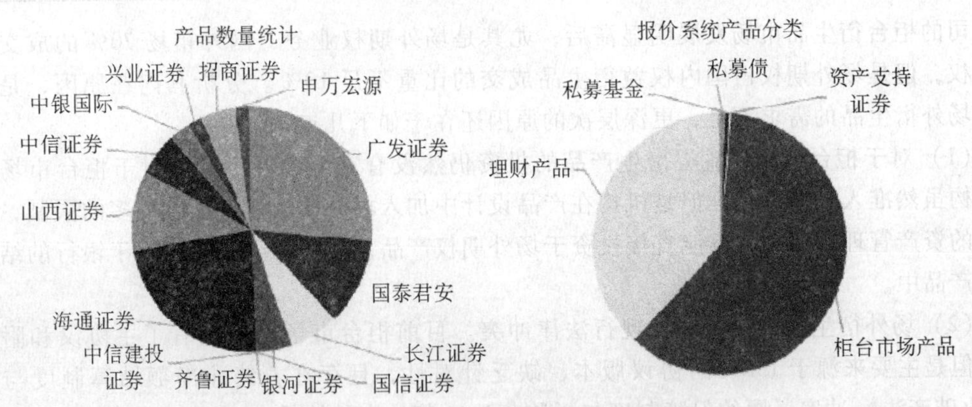

图 4　机构间服务与报价系统产品数量统计和产品分类

表 2　OTC 金融衍生品的监管体系

监管要素	银行间场外金融衍生品市场	证券公司柜台市场
监管主体	中国人民银行承担主要职责；中国银监会、国家外汇管理局等履行各自监管职能	中国证监会
监管形式	行业监管为主导、行业自律监管为辅助	中国证券业协会的自律管理为主
自律组织	中国银行间市场交易商协会	中国证券业协会
监管依据	《银行业金融机构衍生产品交易业务管理办法》	《证券公司柜台市场管理办法（试行）》 《机构间私募产品报价与服务系统管理办法（试行）》

银行间场外金融衍生品市场和证券公司柜台市场在监管内容上存在着异同点（见表 3）。

（五）证券公司柜台市场的发展现存问题分析

1. 柜台市场权益类金融衍生品的发展面临需求不足。与银行金融衍生品市场相比，证

表3　　银行间OTC金融衍生品市场、证券公司柜台市场监管内容

监管要素	银行间场外金融衍生品市场	证券公司柜台市场
共有风险管理制度	1. 风险管理 2. 合规管理 3. 内部控制制度 4. 信息隔离制度	1. 风险管理 2. 合规管理 3. 内部控制制度 4. 信息隔离制度
特有风险管理制度	1. 制定衍生产品交易的风险模型指标及量化管理指标 2. 制定各类衍生产品交易的风险敞口限额、止损限额等指标 3. 制定限额监控、超限额处理程序和交易对手信用风险管理机制 4. 对交易对手信用风险进行评估 5. 采取适当的风险缓释措施 6. 选择适当模型和方法对衍生产品交易的市场风险进行评估 7. 健全控制操作风险的机制和制度	1. 采取有效措施对在柜台市场上交易的私募产品持有人数量进行控制，以确保符合相关规定 2. 对产品合规性和风险等级进行内部审查 3. 对相关业务风险进行事前评估、事中动态监控和事后处置 4. 不得侵害投资者合法权益

券公司的柜台衍生品市场发展明显滞后，尤其是场外期权业务，国外市场70%的成交是场外期权，但是场外期权占国内权益衍生品成交的比重不足10%。分析其内在原因，是机构对于场外衍生品的需求不足，更深层次的原因还在于如下几点：

（1）对于柜台市场权益类衍生产品的投资仍然没有完全放开。目前对于柜台市场的参与机构虽然准入条件不高，但是机构在产品设计中加入场外期权还是面临较多的限制，例如券商的资产管理计划仍然不能直接投资于场外期权产品，类似的限制也存在于银行的结构化理财产品中。

（2）场外衍生品的主协议与现行法律冲突。目前柜台市场已经拥有了主协议和附加协议，但是主要来源于ISDA的协议版本，缺乏针对性，且存在着终止净额结算制度与我国《企业破产法》冲突、履约保障制度与《物权法》相冲突的情景。

（3）证券公司OTC衍生产品的研发能力不足。由于OTC衍生产品与标准化的场内产品之间有较大的差距，而场外衍生品对于产品的设计要求更高，尤其是衍生品的产品定价和风险对冲，需要专业化的团队来完成产品从开发到维护的过程，但是目前证券公司这方面的专业人才明显不足。

2. 场外金融衍生品市场的基础设施需要进一步完善。对于权益类衍生品的清算，目前仍采用各家券商独立清算的体系，未建立起中央集中清算的系统。虽然目前权益类衍生产品的规模远远小于银行间场外衍生品市场，但是随着未来产品的不断发展，对中央清算的需求正不断加大。

3. 证券公司柜台市场的监管主体和监管体系缺乏清晰定位。证券公司场外金融衍生品仍处于发展初期，虽然法律法规方面建立了基本框架，但需要更加完善的法律法规来统一管理标准，目前由中国证券业协会进行自律管理。对于场外市场的监管，政府监管应与自律管理相结合，充分发挥政府和市场两方面作用。

（六）证券公司开展OTC金融衍生品业务风险管理制度存在的问题

1. 未建立专门针对OTC金融衍生品业务的风险管理体系。目前证券公司的OTC金融衍

生品业务隶属于柜台市场业务体系，主要受柜台市场风险管理体系的管理，而柜台市场的风险管理体系，更多的是针对柜台私募债、股权产品、理财产品等融资类业务的风控体系，针对金融衍生品业务的几乎空白。

2. 风险管理在 OTC 金融衍生品业务的核心作用未充分体现。从目前已有的柜台市场业务的风险管理体系看，风险管理的重点仍在于风险的监测监控、产品的风险评估、满足监管的合规性要求等方面，风险管理没有成为真正的“核心竞争力”，没有贯穿到业务决策的核心过程。要改变这种现状，需要转变风险管理理念，完善全面风险管理体系，将风险管理从被动到主动、从定性到量化、从满足监管资本到推行经济资本等多个方面进行转变，形成对风险的识别、定价及交易能力，将风险管理体系落实到业务流程的全部过程中。

3. 未建立针对 OTC 金融衍生品业务模型风险的管理机制。相较标准化的场内市场业务，OTC 金融衍生品业务对于量化模型的使用有着更高的要求，与此同时，OTC 金融衍生品业务面临的模型风险也大于其他业务。而现有的柜台市场风险管理体系对于模型风险的管理措施是相对不足的，没有对于 OTC 金融衍生品业务的自主风险模型的要求，没有多套量化风险模型要求，使得模型风险的管理相对不足。

4. 场外衍生品信用风险管理的模式非常有限。证券公司金融衍生品交易中信用风险的事前评估，缺乏大规模违约数据库的积累，缺乏信用风险计量的相关量化模型，且对交易对手信用风险的监控手段非常有限。同时，由于市场信息披露具有较大的局限性，信息披露过于简单，导致金融机构对许多金融衍生品的潜在风险认识不足。

四、构建 OTC 金融衍生品市场的监管体系框架

（一）OTC 金融衍生品市场监管的基本原则

1. 坚持宏观审慎监管原则，防止出现金融系统性风险。次贷危机后，各个国家对于金融监管达成了一项共识，即坚持宏观审慎监管的基本原则。我国证券公司的场外金融衍生品业务还处于起步阶段，从一开始就吸取最先进的监管理念，可以避免重走弯路，尤其是对可能引发金融系统性风险的众多创新型场外金融衍生品，从监管上设立防线，防范跨市场、传导性的金融风险。

2. 符合新兴市场的发展阶段，平衡金融安全与金融创新。我国 OTC 金融衍生品起步较晚，市场极不成熟，基础设施不完善，监管规则与法律制度不健全，美国、欧洲的监管体系和监管理念如果直接拿来应用于我国市场，不仅不利于产品创新和市场发展，还有可能使得市场进入萎缩状态。因此构建监管体系需要在保证金融安全和促进金融创新之间取得平衡。

（二）构建 OTC 金融衍生品市场监管体系的总体架构

构建 OTC 金融衍生品监管的总体架构，应当是一个将五个关键要素包含在内的立体结构，这五个关键要素是：衍生品立法、监管体系、基础设施、外部中介机构和危机时刻的救助机制。

（三）完善 OTC 金融衍生品市场的立法体系

1. 改变现有的 OTC 金融衍生品立法层次低，“一事一法”的立法现状。场外金融衍生

品作为一种重要的交易模式，目前在法律层面上只有 2005 年修订的《证券法》，而现有的关于场外金融衍生品监管的法律制度大多是部门规章、规范性文件和自律规则，而且表现形式多是针对某类产品下发的通知、办法等，立法层次较低，法律效力较低，没有形成一部系统、完整的法律法规（见表 4）。

表 4　　现有的金融衍生品业务管理办法

时间	名　称	发布机构	法律效力
2011 年	《银行业金融机构衍生产品交易业务管理办法》	中国银监会	部门规章
2005 年	《全国银行间债券市场债券远期交易管理规定》	中国人民银行	部门规章
2014 年	《证券公司柜台市场管理办法（试行）》	中国证券业协会	自律规则
2013 年	《证券公司金融衍生品柜台交易业务规范》	中国证券业协会	自律规则

2. 制定统一的金融衍生品监管法律。针对我国 OTC 市场“一事一法”，缺乏统一的监管法律的现状，需要尽快制定监管场外衍生品的相关法律。按照国际经验，结合中国国情，可以采取如下两种路径来完善相关法律。

路径一：制定《期货法》，将场外衍生品的监管包含进来。目前期货市场主要是以《期货交易管理条例》（2013 年修订）为核心的法律体系，该条例属于行政法规，行政干预较多，对市场行为、交易准则的内容规定较少，更需要对一些期货相关风险控制制度进行完善，如强行平仓、强制减仓、中央对手方等，因此市场对于推出《期货法》的呼声较高。期货市场是标准化的场内市场，场外市场是场内市场的重要补充，两类市场的共同发展，可以促进资本市场的进一步完善，以便迎合不同投资者资产增值保值的需求。《期货法》作为一部统一调整商品期货、金融期货以及其他商品衍生品、金融衍生品市场的基本法，可以作为场外衍生品市场监管法律的依据。

路径二：制定《金融衍生品交易法》。可以借鉴发达国家普遍将场外金融衍生交易纳入国家法律框架之内的金融监管经验，从鼓励创新和交易为本的立法理念出发，由具有立法权的全国人大或常委会以基本法的形式制定一部统一的《金融衍生品交易法》。该法主要明确金融衍生品的定义和适用范围、市场主体的分类，明确市场准入原则和风险管理制度等。在此基础上，由各监管部门制定配套的业务细则，形成以法律为核心、以部门规章和规范性文件为主体的场外金融衍生品市场的制度体系。

3. 完善相关配套法律。我国在借鉴国际掉期交易协会（ISDA）制定的衍生品交易规则的基础上，由银行间市场交易商协会和中国证券业协会分别发布了《银行间市场金融衍生产品交易主协议》（2009 年版）和《证券市场金融衍生产品交易主协议》（2013 年版），引入了 ISDA 主协议的终止净额结算制度、履约保障制度等，但却面临法律不适用的风险，与我国现行《企业破产法》、《物权法》、《担保法》等相关法律存在冲突。

随着我国 OTC 市场业务的发展，完善相应的法律、法规体系，建立一套有法可依的场外金融衍生品的监管法规体系是至关重要的。在制定针对性的场外金融衍生品法律的同时，还需要完善其他相关配套法律，比如必须在《企业破产法》、《担保法》等相关的法律法规中修改与衍生交易相冲突或是不适应其发展的条款。可以采用在《企业破产法》中增加特殊条款的方式，把金融衍生品的终止净额结算例外处理，以及在《物权法》、《担保法》中创设让与担保制度，以便在场外衍生品交易中采用国际先进经验，促进该市场创新发展。

（四）完善柜台市场OTC金融衍生品业务的监管制度

1. 明确证券公司OTC金融衍生品监管主体。

第一，继续坚持行业协会自律监管为主，逐步强化中国证监会监管主体作用。目前证券公司场外金融衍生品市场的监管是以行业协会的自律监管为主，这符合我国目前证券公司柜台市场的发展现状，对于鼓励柜台衍生品业务的发展有促进作用。随着柜台市场的发展步入正轨，需要逐步强化中国证监会的监管主体作用，发挥中国证监会的主导作用。

第二，设立监管协调机构，协调跨行业金融衍生品监管。我国正处于OTC市场发展的初级阶段，市场交易产品较为单一，结构相对简单，“分业经营、分业监管”的模式符合当前的现状。但是随着市场规模的不断扩大、交易结构的日益复杂、金融机构业务交叉的客观存在，势必会对这种监管模式带来挑战。为了减轻多头监管带来的不利影响，可以考虑设立一个牵头机构（如监管协调委员会），并在法律中明确其地位和职责，对跨行业间的监管政策进行协调，对创新产品进行审批，对监管权落实分配，对日常场外金融衍生品交易进行监管等。

2. 扩大监管对象和监管范围。

第一，将基础设施纳入监管体系。为了更好地建立并实施集中清算制度，参考国际经验，有必要将相应的中央对手方、电子交易系统、交易报告库等纳入监管体系中。具体而言，首先应在法律层面明确基础设施的法律地位和相应的监管主体，然后由监管机构和行业协会发布具体的办法、细则，可参考我国台湾地区的《店头金融商品电脑交易系统作业办法》。

第二，明确界定场外金融衍生品。完善场外金融衍生品监管制度的前提之一，就是明确场外金融衍生品的定义。中国证券业协会发布的《证券公司金融衍生品柜台交易业务规范》明确了金融衍生品和衍生品交易的具体含义。建议在此基础上，对场外金融衍生品的种类、边界、挂钩的基础产品给出更加清楚明确的定义。

第三，扩大被监管的场外衍生品种类。金融危机后，国际上对场外衍生品监管的一个重要改革就是，将互换纳入监管范围。随着我国证券公司柜台市场的试点放开，证券公司场外衍生品名义本金交易额和交易数量显著增加。为了更好地防范风险，有必要将包括收益互换、收益凭证、场外期权在内的权益类场外衍生品纳入监管范围。

3. 对市场参与者进行分层，并设立投资者准入条件。以美国为例，场外衍生品参与者被划分为互换交易商、主要互换参与人和最终用户三类，监管对象主要是互换交易商和主要互换参与人。通过将市场参与者进行分类，并对其设立不同的监管要求和豁免措施，可以实现监管政策的成本—收益最大化，既能够集中监管资源，降低监管成本，又能够维持金融系统稳定性，实现有效监管。

鉴于我国场外交易市场仍处于初级阶段，可以不必进行过细的分类。可以将市场参与者分为核心交易商、其他交易商和投资者三个层次。核心交易商可从事自营业务、做市商业务和经纪业务，其他交易商可从事自营业务和经纪业务，并重点对核心交易商进行监管。

4. 加强对场外衍生品的资本金和保证金要求。针对证券公司场外衍生品的复杂性和高风险性，一方面需要加强其标准化程度，进行集中清算；另一方面，对于无法进行集中清算的产品，需要由监管部门在监管制度中明确规定，在识别、评估衍生品交易风险的基础上，提高交易双方的资本金和保证金要求。

5. 加强对场外衍生品的信息披露和投资者保护。

第一，加强场外衍生品信息披露。证券公司 OTC 市场透明性低等特点决定了信息披露应该是监管制度中最重要的一个方面。不仅有助于提高交易信息的公开性和透明度，也能够使监管机构全面了解和把握市场参与者的相关交易信息和风险状况，使其能够及时对可能发生的风险进行管控，防范系统性风险，保证市场的稳健运行。

具体而言，可以将信息披露划分为三个不同的类型：市场参与者对监管机构的信息披露、市场参与者对股东的信息披露和交易商对最终用户的信息披露。

在监管实践中，可以结合产品性质、发行人、规模、收益和风险等信息进行披露，并适当参考国际通用的披露准则，向监管机构、股东或客户分别进行披露。

第二，加强投资者保护。可参考成熟市场在次贷危机后的做法，建立专门的消费者金融保护机构，专门负责金融教育，收集、调查、处理消费者投诉，收集、研究、发布市场运作信息，监督管理未被审慎监管机构监管的产品或服务等。

（五）完善证券公司 OTC 金融衍生品市场的基础设施

1. 建立电子交易系统。为了使场外衍生品交易更加公开化、透明化，并降低系统性风险，有必要在场外衍生品市场实现电子化交易。完整的场外市场电子交易系统由交易登记系统、确认系统和清算系统几部分共同组成，交易双方在交易登记系统提交交易材料，并上传至确认系统予以确认，经确认后交易得以进行，并最终移送至清算系统进行集中清算。

针对我国目前的情况，可以考虑以机构间私募产品报价与服务系统为基础，构建场外衍生品完整的电子交易系统，包括设立中央对手方，以实现集中清算。

2. 逐步设立中央对手方，并明确其清算流程。集中清算制度已经得到了成熟市场的普遍认可，不仅能够降低清算成本，促进交易量和交易活跃度的增加，而且有助于监管信息的统计披露，防范金融市场系统性风险。

集中清算制度的核心是中央对手方的设立与清算流程。在设立方面，有两条不同的路径可供选择。一是按不同的衍生产品类别，分别设立中央对手方，比如利率类衍生品由上海清算所负责清算，权益类衍生品由中国证券登记结算公司负责；二是直接建立统一的中央对手方。

考虑到目前权益类场外衍生品发展仍处于初级阶段，可以考虑逐步建立中央清算制度，由交易对手选择中央清算或者双边清算，待市场发展到一定规模再推出强制清算。清算流程为：在交易时，由市场参与者选择是否进行集中清算，选择不进行集中清算时，可以由交易对手间进行双边清算；当交易双方决定进行集中清算时，应当将交易资料通过交易登记系统进行登记，交易登记系统将已配对的交易资料上传至中央对手方，中央对手方负责对产品资格、保证金等进行检查，由交易登记系统发送交易确认信息给市场参与者，并进行日常的风险管理和结算（见图 5）。

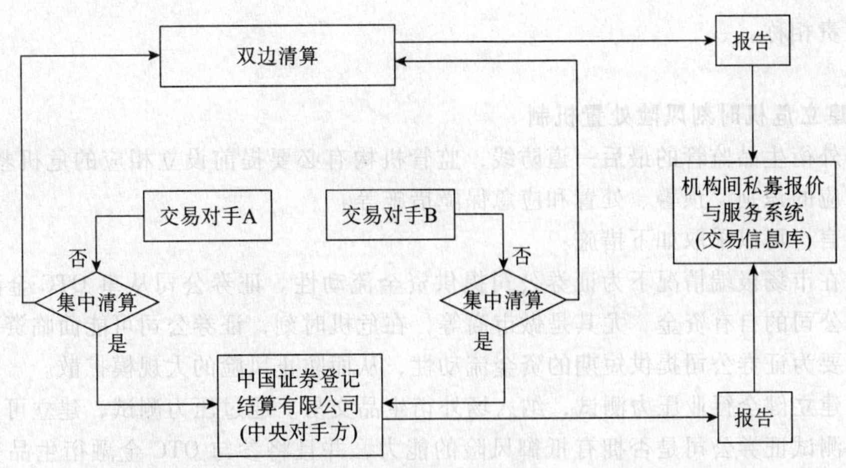

图5 柜台金融衍生品市场集中清算与交易报告库构想

3. 在明确的法律框架下，建立场外市场交易报告库。对我国而言，可以依托现有的集中交易平台来构建场外市场交易报告库，并依照国际市场的发展经验，按不同的衍生产品类别分别设立交易报告库。对于权益类金融衍生品，一种可行的方法是：由机构间私募服务与报价系统作为主要机构建立交易信息库，并在明确的法律框架下运行，由法律法规对交易报告库及其所有者、参与者和获取交易信息的外部中介机构的权利义务予以明确规定。

交易报告库的建立与交易登记确认系统相辅相成，衍生品交易信息在通过交易登记系统确认后，其数据可以直接传送至交易报告库中，交易报告库所获得的数据是已经确认后的数据，真实性和有效性可大幅提高。交易报告库应与国内场外衍生品清算机构建立联系，由交易报告库将可集中清算的业务直接传送至中央对手方，实现 OTC 市场衍生品交易的直通处理，降低市场风险。

4. 对接协调 SAC 协议与 NAFMII 协议、ISDA 协议。针对证券公司场外衍生品交易，中国证券业协会颁布了相应的主协议和附加协议等业务规范。当证券公司与大型商业银行成为交易对手时，银行主要在银行间市场 NAFMII 的协议框架下开展衍生品业务，在实践中会因为 SAC 主协议与 NAFMII 协议的不一致而产生冲突。类似的情况出现在与境外机构的交易上。因此，中国证券业协会在修订《证券市场金融衍生品主协议》时，有必要牵头对接、协调 NAFMII 协议、ISDA 协议，以便于证券公司开展场外金融衍生品业务。

（六）加强对金融衍生品相关的外部中介机构的管理

考虑到评级机构、资产评估机构、担保机构等外部中介机构在场外金融衍生品交易中的作用，以及其自身面临的利益冲突问题，金融危机后，各个国家都提出要加强对外部中介机构的管理。

针对外部中介机构，首先需要通过立法，改变目前针对外部中介机构的多方监管情况，明确相应的监管机构，确立监管依据，并完善其准入和退出机制，对外部中介机构的资格和条件进行严格、明确的规定。最重要的是，必须保持外部中介机构的“独立性”，建立利益冲突规避机制，健全其内部治理机制，克服现存和潜在的各种利益冲突。

此外，针对信用评级机构，还需要建立评级结果的跟踪和问责机制，强化评级机构的责任，实现权责相称。

（七）建立危机时刻风险处置机制

作为场外衍生品监管的最后一道防线，监管机构有必要提前设立相应的危机救助机制。需要设计相应的识别、预警、处置和应急保障措施等。

具体而言，可以采取如下措施：

第一，在市场极端情况下为证券公司提供资金流动性。证券公司从事 OTC 金融衍生品业务需消耗公司的自有资金，尤其是做市商等，在危机时刻，证券公司可能面临资金链断裂的情况，需要为证券公司提供短期的资金流动性，从而防止风险的大规模扩散。

第二，建立健全行业压力测试，纳入场外衍生品交易。通过压力测试，建立可能的不同危机场景，测试证券公司是否拥有抵御风险的能力，并且将参与 OTC 金融衍生品交易的所有机构纳入压力测试中去，对系统性风险的出现有预防作用。

第三，建立风险隔离机制。由于场外金融衍生品属于创新业务，其显著特点是隐蔽性强，创新力度强，当发生危机情形时，场外市场的风险有可能会蔓延到场内，形成系统性风险。因此，研究设立风险隔断机制，通过账户隔断、投资群体隔断、系统隔离等措施，将场外的风险及时切断，从而防止危机扩散。

第四，将场外金融衍生品业务纳入救助范围。日本、中国香港和中国台湾地区均建立了平准基金，通过逆向操作，达到调整、平稳股市的作用。2015 年下半年，A 股大幅波动，证金公司快速出手，实际上已经发挥了平准基金的作用。建议将场外金融衍生品也纳入平准基金的救助范畴，在市场危机时刻由平准基金提供资金救助。

五、证券公司 OTC 金融衍生品业务的风险管理体系研究

（一）构建 OTC 金融衍生品业务风险管理体系的目标

构建 OTC 金融衍生品业务风险管理体系的最终目标是“使资本使用更有效率”。具体表现为：将风险控制在公司可承受的范围内，在风险控制成本和收益之间取得平衡，使得调整风险之后的资本报酬率最大化。

OTC 市场的特点在于监管较少，风险较大。风险是 OTC 市场固有的组成部分，因此需要避免对“风险零容忍”的态度，鼓励通过主动承担风险来获取对应的收益。

（二）构建 OTC 金融衍生品业务风险管理体系的总体框架

在分析了证券公司 OTC 金融衍生品业务面临的风险基础上，我们沿着如下思路构建这块业务的风险管理体系：

1. 实践证明，现行证券公司使用的风险管理框架主要包含六个关键要素：组织架构、风险管理制度、风险管理模型、风险管理措施、风险人员配置和风险管理信息系统，其所反映的风控理念、风控方式符合我国证券市场发展需要，具有科学性、有效性。研究表明，OTC 金融衍生品业务具有证券公司业务发展所面临的市场风险、信用风险、操作风险、流动性风险等共性风险，因此，我们认为，现行的证券公司风险管理框架可以作为 OTC 金融衍生品业务风控的基础。

2. 针对OTC金融衍生品业务开展过程中特定的风险特征，我们建议在原有的证券公司风险管理框架基础上建立具有针对性的措施，具体如下：

（1）针对OTC金融衍生品业务合约高度非标准化、对风险管理专业性要求高的特点，通过设立董事会层面的OTC信用风险委员会和市场风险委员会、建立专业化的OTC风险管理团队来管理相应的风险。

（2）针对OTC金融衍生品业务的定价要求高、模型风险高的特点，通过构建自主量化评估模型和建立多套风险估值模型来管理模型风险。

（3）针对OTC金融衍生品业务参与部门多、协调要求高的特点，通过扩大风险监测范围，明确相关部门的风险管理权责，并建立通畅的信息沟通机制，使OTC业务的风险信息能够及时、连贯地传导。

（4）针对OTC金融衍生品业务对信息系统要求高的特点，应当建立OTC金融衍生品业务风险管理平台，并与OTC业务信息管理平台实现有效整合，来管理相应风险。

（5）针对OTC金融衍生品业务的杠杆倍数较高、业务风险大的特点，通过设计风险预警方案来作为危机时刻的风险处置方案。

（三）建立OTC金融衍生品业务风险管理体系的具体建议

1. 在现有风险管理组织架构中建立OTC风险委员会。可参考高盛经验，建立常设的OTC市场风险委员会，下属于市场风险委员会，其成员包括OTC市场业务负责人、风险管理部和合规管理部负责人、具备OTC市场风险管理丰富经验的独立第三方等。其职责是协助风险管理委员会，评估OTC市场的业务风险和特定风险，负责审核公司OTC市场的产品等级、审核交易对手评级和交易评级、对特定行业和产品设定信用政策等，并应根据环境或战略的变化，保持委员会的动态调整。

2. 在现有风险管理制度中建立针对OTC金融衍生品业务的相关制度。

（1）对OTC市场业务实施垂直风险管理。在各业务单元、控制和支持部门均配备风险管理人员，负责该业务单元的风险管理工作。风险管理人员配备于业务单元的中台，从投资组合验证和确认、远期曲线检验、风险和头寸报告/分析和政策合规等方面控制业务风险。业务单元在日常测度风险并及时向风险管理人员汇报，风险管理人员汇总后向上一级汇报。

（2）设立全流程的风险管理。近年来如瑞银、法兴等爆发的风险事件，其主要原因在于前、中、后台信息不对称，不同业务之间的风险信息未完全融合，使得风险管理部门对公司总体状况缺乏整体认识。风险管理应当贯穿于各类业务的全流程当中，对政策制定、产品管理、额度授信管理、交易审核、存续期监控、到期管理、资本计量等流程环节的风险情况进行分析并管控。为此，应建立必要的制度：①改进信息隔离墙制度，除了对业务人员继续保持信息隔离之外，有关的经营信息应当由该部门风险管理人员向上汇报，由上一级风险管理人员汇总；②建立并完善投资者适当性管理，对产品和投资者进行分层，使得投资者与产品风险相匹配；③建立OTC市场业务的风险管理报告制度，通过向投资者、管理层和监管层披露不同的报告，完善信息披露；④引入关键岗位定期审计制度，被审计人员须交出所有权限并强制休假一段时间，在休假期间由风险管理人员对其工作实施全面审计。

（3）明确相关部门风险管理的权限。确保所有风险事宜有对应的问责部门。OTC市场业务中台负责风险和头寸的报告/分析与政策合规检查。前台和后台配合中台的风险管理工作，共同承担风险管理有效性的直接责任。风险管理部门协助、指导和检查 OTC 市场业务部门的风险管理工作。按照相互制约的原则，业务操作人员、交易管理人员和风险控制人员应明确分工。每笔交易的确认与交割须有风险管理人员参与控制，并有完整准确的记录。出现风险事件后，由公司风险委员会调查并给出责任认定结果。

（4）建立灵活的风险协调机制。应确保 OTC 业务出现相关风险问题时，在上报责任人、上报对象、上报程序、上报时间和应有反馈等方面有明确规定。通过制度明确从业务单元到董事会的风险报告路径，包括特殊风险的"弹性"报告路径和相关举措，以使各层级之间保持顺畅的沟通交流。确保风险点及时上报给相关负责人或组织，并得到适当应对。例如，由于市场环境的改变，导致某交易对手信用风险出现波动或增加超过预定阈值，一线风险管理人员应该及时向上一级风险管理部门报告，并与相关经理层组织讨论，明确该风险是暂时性的还是永久性的，由 OTC 市场委员会决定是否改变交易对手评级或交易评级。

（5）建立针对 OTC 金融衍生品的量化风险模型。①建立多套量化估值模型。每个量化风险模型都具有自己的假设前提、边界条件和适用范围。由于 OTC 市场交易不频繁，产品定制化程度高，同一个模型的计算结果不一定适用于所有产品。在计算同一个 OTC 产品的风险指标时，应在满足模型适用范围的前提下，尽量引入多套独立的风险量化估值模型计算结果，最后综合各个模型的结果得出最终估值。这样可以尽可能避免单个模型的局限性。②构建自主风险量化模型。由于 OTC 市场风险管理的复杂性，证券公司为了快速推出相关业务，往往采取聘请专业的外部团队来搭建风险管理模型，或者在现有风险管理软件中加入衍生品模块等方式。但是外购的风险管理模型往往是"黑箱"，公司自身对模型的假设和运行机制并没有太多的了解，最初对模型输出的结果也无法作出自己的分析，因此可靠的风险管理能力无法通过简单的复制或购买来获取，需要证券公司重视风险量化模型的自主定价能力，开发自主的风险管理模型。

（6）建立 OTC 衍生品业务的风险管理信息系统。①建立 OTC 金融衍生品风险管理平台。对 OTC 金融衍生品业务的风险管理需要借助于独立的信息管理系统，这个信息管理系统可以在现有的风险管理信息系统的基础上，搭建针对 OTC 金融衍生品的风险管理平台模块。风险管理平台拥有较高的各项权限，且拥有各项业务子系统的数据接口。风险管理平台至少主要包括三层架构：风险监管平台，负责各项风控指标的独立监控和预警；风险管理平台，负责各项风险管理日报、月报的生成；风险决策平台，支持公司业务的日常决策。②完全整合风险管理平台与业务平台。信息技术系统应结合未来业务的发展，将 OTC 业务风险的全流程管理作为重要需求进行整体考虑，即使目前暂时不需要，也要留出接口，以便未来能增加如额度授信、交易审核、过程监控、回溯检查等方面的风控功能。未来不仅对交易全流程的风险状况进行管理，还应当将全公司的风险因素汇集到一起。因此应从各业务、各模块信息技术系统互联互通开始，打通财务、资产、资金、合同、客户、业务各系统，把公司层面的风险信息整合起来，在风险管理平台上统一计量。

（7）建立针对 OTC 金融衍生品业务的风险应对机制。①建立动态风险管理机制。金融市场的波动性决定了动态风险管理的必要性。为此应制定风险指标动态调整机制，定期评估市场、流动性、交易对手、信息系统的状态，动态调整对应的风险控制指标；定期回顾内部风险管理框架，设定明确的风险偏好和风险容忍度，并应用在每条业务线。如针对交易对手，可定期（每个季度或者每个月）评估一次现有以及潜在的交易对手的状态，不仅要审查头寸价值，还要通过考察交易对手的借贷利差、信用违约掉期、财务报表以及其他衡量获取流动资金能力的指标，评估交易对手在市场中的地位等。②设计风险预警方案。针对不同风险，细分场景，设计风险预警方案，详细说明应该如何分析和应对突发的威胁公司经营的风险事件。方案应包括识别特定风险因素，在此基础上评估某一特定风险事件给公司带来何种程度影响，以及采取何种方式应对。首选应当采取措施预防风险发生，如果风险不可避免，则要尽可能减轻公司所受影响。

新形势下的证券公司风控指标体系研究

邓晓力 张兴 杨春 张旭涛*

经过多年的发展，国内证券业监管逐步构建了由净资本充足性指标、杠杆率指标、业务规模指标、流动性风险指标等组成的风险控制指标体系，实现了对证券公司各项业务的全面控制，有效提升了证券公司的经营稳健性。但随着行业创新不断深入和股票市场异常波动，风控指标体系逐渐暴露出其急需适应当前行业形势变化进行调整的问题。本文从国内外证券公司风控指标的比较研究出发，结合新形势下证券公司面临风险的变化，针对现行证券公司风控指标体系的缺陷，从优化风险资本准备计量方法、改进部分业务流动性监管指标的计算标准、引入逆周期调节机制等方面提出了完善建议。

一、证券公司风控指标体系现状及境内外对比分析

经过近年来的逐步完善，国内证券公司风控指标体系已经形成了包括净资本充足性指标、杠杆率指标、业务规模指标、流动性风险指标等以净资本为核心的风险监管指标体系（见表1）。这一风控指标体系有效地推动了证券公司风险的透明化，在管理证券公司各项业务风险、夯实证券公司财务基础、保持证券公司业务规模与资本实力相匹配等方面发挥了重要作用。

（一）以净资本为核心的风控指标体系的监管思路

净资本指标反映了净资产中的高流动性部分，在一定程度上反映了证券公司的流动性风险，其实质为在破产清算条件下，证券公司在较短的时间内变现所有资产，在偿还除长期次级债务后的所有负债后的净额，体现了破产清算条件下对投资者和债权人权益的保护程度。

风险资本准备是对证券公司各业务面临风险的计量，其意图是反映证券公司业务中的非预期损失。现行的计算方法均为对各业务在其规模基础上按一定比例计算。另外，不同分类

* 作者单位：招商证券股份有限公司。原载于《中国证券》2015 年第 12 期。

表 1　　现行证券公司风控指标一览

指标类别	指标构成	控制目标	监管文件
净资本充足性指标	净资本	—	《证券公司风险控制指标管理办法》
	净资本/净资产	>40%	
	净资本/各项风险资本准备之和	>100%	
杠杆率指标	净资本/负债	>8%	
	净资产/负债	>20%	
业务规模指标	自营权益类证券及证券衍生品/净资本	<100%	
	自营固定收益类证券/净资本	<500%	
	融资融券规模/净资本	<400%	《证券公司融资融券业务管理办法》
	股票质押自有资金出资规模/净资本	<200%	《证券公司股票质押式回购交易业务风险管理指引》
流动性风险指标	流动性覆盖率	>100%	《证券公司流动性风险管理指引》
	净稳定资金率	>100%	

评级的证券公司在同一业务中的风险资本准备的计算标准也不同，体现出对于低评级证券公司更高的监管要求。

风险资本准备指标的运用离不开“净资本/风险资本准备”指标的运用。“净资本/风险资本准备≥100%”，即各项业务的各类风险准备需要由净资本来覆盖，体现了对高流动资本的需求。

从其他主要指标来看，(1)“净资本/各项风险资本准备之和>100%”体现了高流动性资产对证券公司各项业务风险的全面覆盖；(2)“净资本/负债>8%”、“净资产/负债>20%”主要用于控制负债放大的风险，体现了负债应有足够高流动性的资产作为担保、负债应有一定比例的股东权益作担保的监管理念；(3)“净资本/净资产>40%”指标虽然反映了资产中高流动部分占净资产的比例，但其缺乏明确的监管含义，更多的是仅仅体现了“净资本/负债>8%”、“净资产/负债>20%”两项指标的勾稽关系；(4)“自营权益类证券及证券衍生品/净资本<100%”、“自营固定收益类证券/净资本<500%”等指标，主要是为了对自营投资相关业务规模加以控制；(5)“融资融券规模/净资本<400%”、“股票质押自有资金出资规模/净资本<200%”是为了对股票融资类业务规模加以控制。

流动性风险管理是确保公司无论是在正常经营环境还是压力状态下都有充足的资金应对预期的和非预期的资金需求，保持持续经营能力。当前的监管指标包括流动性覆盖率和净稳定资金率指标。

第一，短期流动性监管指标——流动性覆盖率，指压力情景下公司持有的无变现障碍的优质流动性资产/未来 30 天内的资金净流出量，该指标要求不低于 100%，以确保在压力情景下，公司持有充足的优质流动性资产应对未来一个月资金需求。该指标反映公司短期流动性水平，其实质是要求公司预留足够的优质流动性资产，提高流动性风险的抵御能力。

第二，长期流动性监管指标——净稳定资金率，指压力情景下公司可用的具有稳定来源的资金/其未来一年内持续经营所需资金，该指标要求不低于 100%，以确保在压力情景下，公司有稳定的资金支持其持续经营 1 年以上。该指标重点是评估公司资产负债结构和期限错配的情况，强调资产扩张应依赖资本及长期稳定负债的支持。

（二）境外证券公司风控指标体系介绍

当前境外证券业风控指标主要以净资本或资本充足率为核心进行监管，多采用两种模式：一是以美国为代表的净资本监管模式，如美国及中国香港，要求高流动资产保持在负债的一定比率之上；二是以欧盟为代表的资本充足率监管模式，如欧盟、日本及中国台湾，要求具有偿付能力的资本保持在风险资产的一定比率之上。各国或地区在借鉴欧美资本监管模式的同时，也结合本地区市场环境及行业特点进行了修改，对修改完善我国证券公司风控体系具有较好的借鉴意义。

美国模式的监管理念为：证券公司在任何时候将具有流动性的资产或净资本保持在规定的最低水平以上，以保证当净资本下降到最低要求之下时，公司能够以有序的方式得到清算；其核心在于对资产的流动性要求，通过剔除净资产中的非流动性资产，并根据金融资产的风险状况进行相应折扣，保证净资本或速动资金具备高度流动性。侧重于以控制杠杆水平来限制证券公司的风险总量规模，如美国要求证券公司“净资本”维持在至少为“债务总额”的6.67%，中国香港要求证券公司速动资金与调整后负债比率须高于5%，在这一模式下证券公司面临的风险体现在净资本计算时的资产折扣比例中。证券公司在面临更高的风险时，它的净资本将更低，所以未对净资本与风险或风险资产的比例关系作出要求。

欧盟模式的监管理念为：从金融机构的风险出发，要求金融机构最低持有一定数量高质量的资本工具，保持与自身资产风险相对应的资本，保证所持有资本对所承担风险的覆盖；在这一模式下，需要对资本的质量和层次进行清晰界定，通常以普通股作为质量最高的核心一级资本，并对可作为二级资本的次级债工具的范围和认可数量作出要求，涵盖了市场、信用、操作三大风险。在风险计量方法上鼓励证券公司开发内部模型进行风险计量，提升风险计量的真实性和准确性。注重资本充足率要求来控制证券公司总体风险。相比美国模式，欧盟模式与巴塞尔资本协议体系一脉相承，资本的本质体现为“自有资本”而非流动性资产的特征，同时对于风险的计量要求更为明确、审慎，可能更符合当前国际金融监管改革的趋势。

（三）巴塞尔资本协议中的逆周期安排

《巴塞尔协议Ⅲ》对银行业资本监管实施了逆周期安排，以缓解金融体系的顺周期性，所提出的逆周期监管框架包括相互关联的四个要素：一是引入逆周期资本缓冲。逆周期资本缓冲是通过在经济上行期金融机构多计提资本，进行逆周期资本缓冲累积；在经济下行期金融机构可以将积累的资本释放出来，弥补不断增加的风险损失，保持金融体系的稳定。二是缓解最低资本要求的顺周期性。这主要是通过平滑新协议计算出来的最低资本要求来实现的。三是推动建立更具前瞻性的拨备计提方法，这主要是针对商业银行贷款损失准备计提规则，通过采用跨周期拨备计提方法等来提高贷款损失准备的前瞻性。四是要求建立留存资本缓冲。留存资本缓冲是指银行在压力情形之外持有的高于最低资本要求的超额资本，以抵御经济下行时期可能发生的损失，虽然引入留存资本缓冲的首要目标是增强单家机构的稳定性，但其同时具有一定的顺周期缓解作用。

二、新形势下证券公司风控指标体系存在的不足

当前我国证券行业发展的新形势体现为：在行业创新不断发展的同时，伴随着股票市场的异常波动，在此过程中证券公司风险控制指标体系中注重控制规模而非控制风险的理念，流动性风险监管指标计算缺陷以及逆周期调节机制的缺失等问题尤为突出。

（一）在行业创新不断深入和证券市场异常波动的新形势下，证券公司面临的风险总量和各类风险均有所变化

第一，本轮股市异常波动幅度大、范围广，对行业的影响较大。从 2014 年 6 月末至 2015 年 6 月中旬，上证综指涨幅超过 150%，而从 2015 年 6 月中旬至 9 月中旬以来，下跌幅度超过 40%。本轮下跌呈现出速度快、范围广、股票流动性阶段性缺失频繁出现的特点，从 2015 年 6 月 15 日到 9 月 14 日，期间 A 股共发生了 16 次千股跌停，平均 4 个交易日就会出现一次千股跌停的现象。在此期间，证券公司各类业务均受到比较严重的冲击，如经纪业务受到了交易量萎缩和客户保证金流出的影响，融资融券业务出现了因担保品流动性缺失造成平仓后资不抵债的情况，自营投资业务的投资收益直接大幅缩水甚至亏损，IPO 的暂停使得投行保荐业务收入大幅下降等。

第二，随着证券公司杠杆率的扩大、资产规模的上升，其面临的风险总量大幅增加。2015 年 6 月末证券公司资产规模较 2012 年末上升超过 300%，经营杠杆由 2012 年末的 1.61 上升至 2015 年 6 月末的 3.74。资产的扩张势必带来风险总量的上升，而杠杆率的上升也在一定程度上体现出所承担风险相对于风险承受能力的上升（见表 2）。

表 2　证券行业杠杆倍数及自有总资产状况

	2015 年 6 月末	2014 年	2013 年	2012 年
杠杆倍数（倍）	3.74	3.14	2.02	1.61
自有总资产（万亿元）	4.86	2.89	1.52	1.12

第三，随着资本中介业务的快速发展，证券公司面临的信用风险日益显著。以融资融券及股票质押业务为例，融资融券业务余额超过 2.2 万亿元，股票质押业务待购回余额约为 4 000 亿元，这两项业务占证券行业自有总资产比例超过 50%。虽然该部分资产通过股票担保品进行了保障，但在市场快速下跌时担保品价值下跌将带来显著的信用风险，而证券公司信用风险管理才刚刚起步，对其风险管理能力形成较大挑战。以融资融券业务的平仓管理为例，融资融券业务在 2015 年 6 月 29 日至 7 月 13 日间，全市场共平仓 12 597 户，共计 129.6 亿元。虽然证券公司承受的损失较小，但高净值客户数量和资产规模大幅缩水。

第四，资本投资业务的转型和各类衍生工具的发展，使得证券公司面临的市场风险日趋复杂。传统的自营投资产品风险与规模呈现近似线性的关系，但随着衍生品、结构化产品、组合投资等新型投资的不断发展，投资结构及组合设计灵活多变，投资组合中规模与风险不再是简单直接的关系，使得证券公司市场风险的计量与管理更加复杂。

第五，随着证券行业创新和监管转型的不断深入，操作及合规风险大幅增加。行业创新

发展过程中新产品、新业务可能缺乏完善的业务管理流程，形成操作风险损失的概率增加，同时监管思路也在从以事前审批为主转变到以事中事后监管为主，在提高监管效率的同时，也使得证券公司合规风险管理的压力增大。如 2013 年光大证券因“乌龙指”事件被处罚 5.2 亿元并暂停权益类证券自营投资资格；2013 年平安证券因 IPO 造假被处罚 0.77 亿元，并暂停保荐资格；2015 年华泰、广发、海通等证券公司因外部信息系统接入被处罚总计约 1.7 亿元。这些事件虽然发生概率较小，但都对证券公司经营造成了重大影响。

（二）现行风控指标体系注重对业务规模的控制，并不能有效对风险规模加以控制

1. 现行风险资本准备是以业务规模为核心进行计量，并不能对证券公司实际面临的风险进行度量与控制。在现行风控指标体系中，“净资本/各项风险资本准备之和”指标是对证券公司风险总量控制的核心指标，各项业务的风险资本准备计量方法的有效性将直接影响该指标的控制效果。但从具体的计算方式来看，当前各类业务的风险资本准备均以业务规模乘以固定系数的线性方式进行计量，而风险并不总是与规模呈现线性关系，实质上控制的对象为业务规模而非业务风险。

自营投资业务中虽然区分了权益类证券、证券衍生品、固定收益类证券，并给出了不同的计算系数，在一定程度上体现了上述三大类品种中的不同风险状况，但计算方式均以业务规模（衍生品的投资规模通过对合约价值进行折算得出）乘以固定系数。而实质上各大类产品中各具体品种的价格波动性具有很大差异，同样的产品在不同时期内的波动性也存在很大差异，这都使得具体品种之间以及不同时期的风险与规模并不一致，无法通过简单的规模比例计算得到其真实的风险，特别是复杂衍生品的市场风险以及场外衍生品的交易对手信用风险，更加难以通过规模比例进行反映。另外，投资策略的对冲效果以及投资组合的分散化效应也无法得到体现。

融资融券、股票质押业务的风险资本准备同样仅仅反映了业务规模，但影响该业务风险的因素并不仅限于规模，诸如维持担保比例、客户持仓集中度、担保品资质、市场波动性等因素均未在风险资本准备计量中得到反映。

2. 现行指标体系中存在较多的业务规模控制指标，同样缺乏对业务风险控制的针对性。除“净资本/各项风险资本准备之和”指标外，现行风控指标体系中还存在“自营权益类证券及证券衍生品/净资本”、“自营固定收益类证券/净资本”、“融资融券规模/净资本”、“股票质押自有资金出资规模/净资本”等业务规模限额指标。首先，各类金融产品特别是衍生品、结构化产品的规模与风险并不是简单的线性关系，融资融券、股票质押的风险也不仅仅与规模相关，比例折扣无法完全体现两者的复杂关系，使“业务规模/净资本”指标并不具有控制风险的效果。其次，以权益类证券及证券衍生品、固定收益类证券的划分逻辑难以适应证券公司日益丰富的自营投资品种，难以匹配实质性风险控制。最后，随着做空交易方式的出现，自营证券的简单规模指标忽视了策略和投资组合中多头与空头的风险抵消效应，在一定程度上反而对风险对冲产生了惩罚效果，限制了证券公司风险对冲策略的运用。

（三）流动性风险监管指标计算中存在较大缺陷，增加了证券公司流动性风险管理成本

随着证券公司经营杠杆和资产规模的扩张，特别是融资融券规模的迅速扩大，两项流动性风险监管指标计算规则中的缺陷也日益突出。

1. 对于融资融券业务的净稳定资金率要求过高，在市场大幅波动过程中业务规模迅速下降，使得证券公司出现大量资金闲置，增加了证券公司流动性风险管理成本。融资融券业务平均期限约为30天，同时受二级市场影响较大，规模变化较快，但（自有资金）融出资金部分的所需稳定资金系数为50%，证券公司为满足监管要求为该业务配置了大量长期负债，在融资融券业务规模快速下降时，不能及时调整负债，增加了融资成本。从近一年的全市场融资融券余额来看，在2014年9月至2015年6月期间，融资融券余额从约5 000亿元迅速上升至超过2.2万亿元，上升幅度超过300%，而至2015年9月，迅速下降至9 000亿元，在3个月内下降幅度为59%，而所匹配的负债为1年以上，难以及时进行负债结构的调整。由于融资融券业务客户平均融资期限较短，每天都会有客户归还融资借款，而且证券公司授予客户融资授信额度也不是承诺性额度，所以，如果证券公司出现实际流动性风险时，完全可以暂缓融出业务，逐步回笼资金，充实公司现金流，实质上并不需要过高比例的长期稳定资金来源（见图1）。

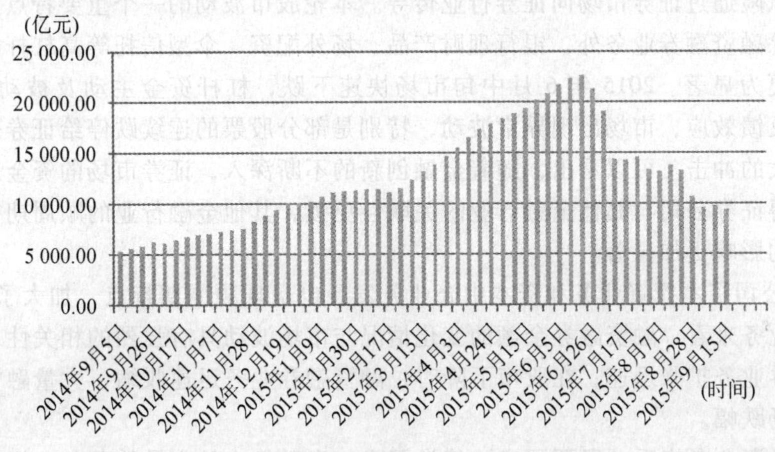

图1　全市场融资融券余额变化情况

2. 流动性覆盖率指标中优质流动性资产与30日现金流入的计算范围过于狭窄，不能真实反映证券公司短期流动性状况。

（1）未将货币式基金、股票指数ETF、一般股票纳入优质流动性资产。货币式基金存在巨额赎回条款，但按照条款一般均能在30天之内满足赎回要求。同时，货币基金持仓受到严格限制，持仓品种市场风险和信用风险较小，应当纳入优质流动性资产。而股票指数ETF即使在压力情况下，仍可以较容易通过赎回换成相应的成分股，同时，股票指数ETF可通过二级市场、大宗交易等方式卖出。所以，股票指数ETF（沪深300、上证50、深证100、上证180）可以视同为指数或指数成分股按照一定比例计入优质流动性资产。

证券自营业务是证券公司的主营业务之一，股票是证券公司主要的自有资产之一，且沪、深证券交易所的上市股票大多具备较高的流动性，且证券公司自营持有的股票受监管限制不能超过5%，在处置过程中对流动性冲击不大。目前优质流动性资产仅计算了指数成分股，应进一步研究扩大优质流动性资产中股票范围，适当调整折算比例。

（2）未来30日现金流入计算范围中未考虑部分自营业务及信用类业务的现金流入。包括定向理财、集合理财、信托投资、封闭式基金以及已经明确赎回计划的销售交易购买基金等自营业务，在 30 日内到期将形成可用的现金流入，但在自营业务流入项目中未予以考虑。融资融券等信用类业务实际融资期限较短，每天都会有客户归还融资借款，而且证券公司授予客户融资授信额度也不是承诺性额度，所以若证券公司出现实际流动性风险时，公司完全可以暂缓融出业务，逐步回笼资金，充实公司现金流。因此，在计算流动性覆盖率时应将信用类业务折算入现金流入，而非现金流出项目。

（四）证券行业业务发展和风险累积受到股市波动周期的显著影响，逆周期调节机制的缺失将影响对证券行业风险的管控

证券公司的各项业务均围绕证券市场特别是股票市场开展，使得其业务发展与风险状况受股市波动周期的影响非常显著，证券公司的经营具有强烈的在市场上行时大幅扩张、在市场下行时迅速收缩的顺周期特点，这一特征在本轮股市异常波动中尤为突出。

1. 本轮股市波动中银行、信托及场外配资等资金的顺周期行为加剧了市场波动，其他金融行业的风险通过证券市场向证券行业传导。本轮股市波动的一个重要特点为杠杆资金的推动作用，除融资融券业务外，银行理财产品、场外配资、伞型信托等高杠杆的资金对市场的推动作用更为显著。2015 年 6 月中旬市场快速下跌，杠杆资金主动及被动平仓去杠杆，二者形成负反馈效应，市场出现异常波动，特别是部分股票的连续跌停给证券公司的各项业务均带来较大的冲击。可以看出，随着金融创新的不断深入，证券市场的资金来源渠道也不断丰富，使得证券公司与其他金融行业的关联性更强，其他金融行业的顺周期行为对证券行业经营风险的影响更加显著。

2. 证券公司资本投资业务和资本中介业务发展也呈现顺周期特点，加大了风险的累积。从融资融券业务来看，融资融券余额的变化情况与市场波动具有强烈的相关性：在股市上升时，融资融券业务扩张迅速；在股市下降时，融资融券业务迅速收缩，大量融资盘的出售进一步加深市场跌幅。

从自营投资业务来看，股票买卖、债券买卖、金融衍生品交易等业务，根据证券投资的一般原理以及证券投资风险管理的有关原则，证券公司、基金公司一般会根据市场行情的变化来调整自营业务的仓位，即在行情低迷、成交清淡时尽量降低仓位以规避风险；而在行情上升、成交活跃时增加仓位，以尽可能获取更高的投资收益，故而形成了市场风险暴露的顺周期变化。

另外，随行情上涨带来的风险承受能力较低客户的增加以及盈利驱动下违法违规活动的上升，也使得证券公司服务中介业务操作及合规风险体现出一定的顺周期性。

而当前证券公司风控指标体系中缺乏逆周期调节的安排，个体经营的稳健性管理并不足以防范整体行业竞争导致的顺周期风险累积，个体的稳健性管理在行业顺周期背景下也难以实现。

三、新形势下证券公司风控指标体系的完善思路

中国证监会在 2014 年发布了《证券公司风险控制指标管理办法（征求意见稿）》[以下简称《管理办法（征求意见稿）》]，该稿中对净资本含义进行了重新界定，改变了风险计量方式，优化了风控指标体系，充分体现了监管机构对证券行业稳健经营、创新发展的有力支

持。建议在该稿的基础上，结合市场形势的变化，继续推进证券公司风险指标体系的完善。

（一）优化风险计量方法，扩大风险监管范围

1. 按风险类型进行风险计量，提升计量方法的风险敏感性。建议按照风险类型而不是业务类型计算风险资本准备，具体分为市场风险资本准备、信用风险资本准备及操作风险资本准备，以促进证券公司对各类风险的统一管理。在标准法进行风险计量的基础上，建立内部模型法的基本标准，引导、鼓励证券公司结合自身业务特点开发风险计量模型，提升计量方法的风险敏感性，切实提高证券公司的风险计量和评估能力。

（1）市场风险资本准备。由于各证券公司风险管理能力存在差异，市场风险资本准备的计量方法可以通过标准法或内部模型法进行计量。在标准法下由监管机构根据各类金融资产的市场风险特征制定计量标准；内部模型法在经监管机构审批后由证券公司进行计量。

监管机构可基于各类金融资产价格波动状况的评估对计量标准进行设定。如监管机构根据各类金融资产在一定时期内的波动率，实证分析其在一定置信度（如99%）水平下一定时间内的最大损失程度，合理审慎地给出市场风险的计量标准。对于证券衍生品则转换为其所对应的基础产品确定相应的计量标准。对于风险对冲的处理首先需要简化对冲的认定标准，对于经过风险对冲的金融资产，在标准法下可基于对冲后的净暴露规模进行风险资本准备计量。

市场风险内部模型法需要监管机构明确内部模型法的认定标准，允许证券公司根据内部风险管理部门开发的模型法进行市场风险计量。

（2）信用风险资本准备。应明确信用风险暴露类型及业务范围，如债券投资业务、融资融券、股票质押、约定购回、另类债权投资、场外衍生品交易等。对于信用风险资本准备也应提供标准法和内部评级法，供证券公司根据自身情况进行选用。

在初期建议采用标准法计算，借鉴巴塞尔协议和银行业监管要求，设定各类信用风险暴露的风险权重（如以借款人或交易对手的类型制定不同的权重）、信用风险缓释标准（考虑担保品对债权的覆盖能力）以及表外项目信用转换系数。

在标准法的基础上建立信用风险内部评级法的计量要求和相关参数，鼓励证券公司建设内部信用评级体系，积累违约数据。在近期内比较可行的是借鉴巴塞尔协议的内部评级初级法对证券公司信用风险进行计量。

（3）操作风险资本准备。操作风险资本准备可按照行业不同业务的过去实际损失与收入比例经验数据确定标准，按照上一年度各类业务收入的一定比例计入，由监管机构根据行业相关数据对各类业务规定相应的计算系数。如近年来各证券公司因操作风险事件或合规事件所遭受的各类损失金额可以作为制定计算标准的重要参考。

2. 对风险控制指标计算口径采取并表口径，加强证券公司集团整体风险控制。

第一，通过合并口径计算的监管指标在现阶段可以节省证券公司资本占用，提高资本使用效率。在母公司口径的监管指标下，证券公司对子公司股权投资占用了大量监管资本，特别是在子公司持有较多无风险资产的情形下。如目前期货子公司无法开展自营业务，持有大量现金资产，但在母公司净资本计算中被全额扣减，使得监管指标并不能真实反映证券公司风险状况，降低了资本使用效率，限制其进一步做大做强，对证券公司的集团化经营形成了直接的约束。

第二，未来证券公司发展的一个模式是控股母公司通过各持牌子公司开展相应业务，如美国和中国香港的集团化经营模式。通过合并口径计算监管指标，建立集团层面合并口径计算的资本监管要求与各子公司层面分行业资本监管要求相结合的两层风控指标体系，有利于在促进证券公司的控股集团化发展的同时，有效控制集团公司的整体风险。在此模式下，集团旗下各子公司满足相应行业的资本监管要求，合并口径的监管指标满足集团层面的资本监管要求，在一定条件下，如母公司不从事具体业务且各子公司都受到资本监管约束时，集团层面的资本监管要求亦可以豁免。

（二）以净资本为核心优化完善现有的风控指标体系

重新界定后的净资本将体现不同风险吸收能力的自有资本，可以以其为核心，进一步优化指标体系。

1. 建议体现净资本的“自有资本”含义，突出净资本对风险损失的吸收能力。如前所述，现行体系下净资本的含义为净资产中高流动性的部分，更多地体现为流动性要求。目前中国证券业协会已经借鉴《巴塞尔协议Ⅲ》提出了流动性覆盖率和净稳定资金率两个定量监管指标，分别对证券公司的短期流动性和长期流动性状况作出了要求，能够更为科学地反映证券公司流动性状况。因此，应当弱化净资本的流动性含义，而强化净资本的“自有资本”含义，突出资本对风险的吸收能力。这一资本含义已经在国内的银行业及保险业监管体系中得到了应用。在《管理办法（征求意见稿）》里也提出将净资本区分为核心净资本和附属净资本，重新界定净资本内涵，依据资本吸收损失能力的不同，将净资本区分为核心净资本和附属净资本。

2. 建议删除“净资本/净资产”、“净资本/负债”、“净资产/负债”指标，以风险覆盖率指标、资本杠杆率指标为核心指标进行总量风险控制。

首先，在重新定义净资本的基础上，继续沿用风险覆盖率指标——“净资本/各类风险资本准备之和”考察证券公司资本是否可覆盖其总量风险，为控制证券公司整体风险在其净资本可承担范围内，该指标监管要求不得低于100%。

其次，以“核心净资本/表内外资产”作为经营杠杆控制指标。《管理办法（征求意见稿）》里引入了“核心净资本/表内外资产”指标，但该指标不低于8%的要求过高，且表外资产的范围未清晰界定。建议借鉴《商业银行杠杆率管理办法（修订)》，将资本杠杆率要求设定为不低于4%（仍高于《巴塞尔协议Ⅲ》所要求的3%）。对于表外业务，需要明确纳入监管的表外业务范围。将可能为证券公司带来风险义务的表外业务纳入资产规模，并根据证券公司所承担的风险义务状况确定计量范围及计量方式。

最后，建议取消各类业务规模与净资本的比例，重新制定各类风险与净资本的比例，以控制风险结构。建议取消自营权益类证券及证券衍生品、自营固定收益类证券与净资本的比例指标，在优化风险资本准备计量的基础上，引入“市场风险资本准备/净资本”指标，控制证券公司风险过于集中于市场风险领域。由于考虑了投资组合的波动性及分散化效果，也能够控制证券公司投资组合的集中度，鼓励证券公司进行风险对冲。取消融资融券、股票质押与净资本的比例指标，引入“信用风险资本准备/净资本”指标，控制证券公司信用风险集中度。由于考虑了信用类业务的风险暴露类型、担保品对信用风险的缓释效果，能够鼓励证券公司加强借款人资质与担保品管理，切实控制信用风险。

（三）优化流动性风险监管指标计算方法

1. 净稳定资金率计算表的优化。考虑降低“融出资金”项自有资金融出资金的计算比例，建议参照转融通融出资金的折算率，均设定为5%。另外，建议在可用稳定资金的“剩余存续期大于等于1年的借款和负债”项目中取消“债权人无权要求公司提前偿还”的限制。

2. 流动性覆盖率计算表的优化。

（1）研究将货币式基金、股票指数ETF、一般股票纳入优质流动性资产，适当调整优质流动性资产折算率。考虑将货币基金按照90%比例纳入优质流动性资产。股票指数ETF（沪深300、上证50、深证100、上证180）在压力情况下可以视同为指数或指数成分股，考虑按照50%比例计入优质流动性资产。将指数成分股的折算率调整为70%，将一般股票折算率调整为50%。

（2）未来30日现金流入计算范围的优化。

第一，考虑新增其他自营业务流入项目：如30日内到期的定向理财、集合理财、信托投资、封闭式基金以及已经明确赎回计划的销售交易购买基金等。

第二，将信用类业务折算入现金流入。如将融资融券业务规模以一定比例（可考虑为10%）计入现金流入，30日内到期的股票质押业务按照50%计入现金流入。

（四）引入净资本要求的逆周期调节机制

1. 推动建立多层次的证券市场监测指标体系，加强对重点业务逆周期调节的行业指导。建议通过定期公布行业景气周期指数等指标，公开相关逆周期调节机制等方式，提升操作透明度，给证券公司提供较为明确的政策预期，防范市场过度反应。

组织行业力量，通过系统的研究，找出能够有效反映证券市场景气程度以及融资融券业务风险累积状况的监测指标，在行业内进行统一监测与定期发布。监测指标体系可以包括以下几个层级：（1）宏观经济层面的监测指标，如GDP增长率、GDP缺口、CPI、M2增长率等；（2）证券市场层面的监测指标，如市场指数波动率、市场PE与长期趋势偏离度、市场交易量占市值比重、客户保证金净流入等；（3）行业层面的重点业务指标，如“两融”业务余额、股票质押待购回金额、股指期货交易量等。

另外，对于融资融券等周期性极强的重点业务制定逆周期调节的行业统一指引，在市场过热时，通过证券交易所和证金公司对行业同步调节杠杆。

2. 建立风险覆盖率指标的逆周期调节机制。未来内部模型法得到推广后，由于VaR值计算，违约率、违约损失率等信用风险参数也将进一步加强风险覆盖率指标的顺周期效应，建议在100%的监管标准的基础上，另外附加0—20%的逆周期调节区间。

在股市上升周期中，实施更高的比率要求，以适当控制证券公司风险业务规模；在股市下降周期中，实施较低的比率要求，鼓励证券公司扩大风险业务规模。如通过预测指标，在证券市场过热时，增加20%的额外风险覆盖率要求，向全体证券公司释放调控行业过热的信号，约束证券公司适当收缩业务规模，缓解证券行业顺周期的过度扩张。在证券市场回落时，取消额外风险覆盖率要求，鼓励证券公司扩张业务以稳定市场。

参考文献

[1] 资本监管课题组：《投资银行资本监管借鉴：比较与借鉴》[M]，上海：文汇出版社 2014 年版。

[2] Bank for International Settlements. Basel III：A global regulatory framework for more resilient banks and banking systems [R]，2010.

[3] 尹继志："巴塞尔协议Ⅲ与我国银行业监管新框架"[J]，《发展研究》，2012（2）。

基于大数据的融资融券业务市场风险控制

王赐生　刘道明*

随着“改革牛”启动，投资者利用交易杠杆分享改革红利，融资融券业务规模超常规发展，成为证券公司主要收入来源之一。面对当前的业务规模和市场状况，在稳步推进业务发展的前提下，如何防范业务中潜在的市场风险，也成为各证券公司需要特别重视的课题。

在互联网高度发展和大数据应用不断深化的背景下，我们从“基于大数据的融资融券业务管理体系”这一构想出发，在此框架下对市场风险的识别与防范进行探索。

一、融资融券业务市场风险来源分析

融资融券业务的市场风险主要来自：(1) 市场整体系统性风险；(2) 标的证券股价异常波动风险；(3) 可充抵保证金证券价格下跌风险。从定量风险管理的思路出发，通过将多因子模型、事件分析模型、调整决策树、文本语义分析、VaR（在险价值）模型等一系列数量化模型进行有机融合，构建了较为完整的融资融券业务大数据平台。基于此平台和数量化研究团队的支持，从四个方面进行融资融券业务市场风险管控：(1) 通过定量化模型对保证金比例、标的证券范围、担保品折算率这三项重要业务参数进行定期调整；(2) 基于事件性研究知识库和事件应对预案，主动应对个券事件性风险；(3) 通过数量化模型，对个券的风险度进行预判，防范潜在风险；(4) 通过制度性安排，将市场风险防范落到实处。

二、通过定量化模型，对标的证券范围、可充抵保证金证券折算率、初始保证金比例进行动态调整

(一) 标的证券范围管理

融资融券业务标的证券范围管理的核心思路是：剔除可能发生巨幅波动的证券，尽可能

* 作者单位：光大证券股份有限公司。

降低客户爆仓风险。我们认为估值比较适中、流通性较强、前期波动率较低的股票出现短期巨幅波动的可能性较小，在此逻辑下设立了多个评级因子，建立了多因子模型，并根据一定规则筛选出合适的标的证券范围（见表 1）。

表 1 标的证券多因子模型因子列表

因子类别	具体因子指标
证券估值	市盈率
	市净率
证券流动性	日换手率
证券波动性	波动率

根据市场情况变化，需要对融资融券标的证券范围进行定期及不定期调整。定期调整主要基于多因子量化模型的筛选结果：（1）根据证券估值指标、证券流动性和证券波动性三方面指标，对交易所公布的原始标的证券库进行打分评级，得分越高的证券说明估值更适中、流通性较强、前期波动较小，最终得分靠前的证券进入融资融券标的证券拟定库；（2）不定期调整则主要针对个股突发风险事件，一方面，需要及时对各种可能影响股价的突发事件进行跟踪，一旦出现可能对股价造成重大影响的风险事件，在第一时间对标的证券范围进行适当调整，避免风险进一步扩大；另一方面，则是通过持续的案例研究和经验积累，做好个股风险预示工作，防范潜在的“黑天鹅”事件。

（二）可充抵保证金证券及初始折算率管理

为了尽可能降低股价下跌对“两融”业务风险暴露的影响，通过多因子模型，确定可充抵保证金证券范围、担保品初始折算率水平。该模型着重考虑了担保证券的估值水平、基本面、市场流动性以及前期股价的波动情况。基本原理是：（1）首先根据因子的有效性和可解释性选取上述四个因子类别的影响因子作为评分指标，就这些因子给予每只担保证券相应的分值评定；（2）将这些分值根据事先设定的权重加权计算后得出综合得分，按照综合得分区间给出相应折算率，以不高于交易所公布的折算率作为可充抵保证金证券的初始折算率。

关于评估因子，具体而言：（1）证券估值类指标选用市盈率、市净率；（2）证券基本面类指标综合考虑公司财务状况、公司盈利状况以及公司发展前景等方面因素，由研究所研究员进行评分加总确定；（3）证券流动性指标采用一段时间内的日均换手率；（4）证券波动性用一段时间内的波动率大小。担保品折算率多因子模型中采用的五个因子指标具体可参见表 2。

表 2 担保品折算率多因子模型的因子说明情况表

因子类别	具体因子指标
证券估值	市盈率
	市净率
证券基本面	研究员评分
证券流动性	日换手率
证券波动性	波动率

根据市场情况变化，我们对所有担保品的因子值定期更新，得出可充抵保证金证券范围及折算率的调整意见。

（三）保证金比例管理

系统性风险是融资融券业务面临的市场风险中首先需要考虑的，从业务实务出发，系统性风险的管理主要依靠初始保证金比例的调整。合适的初始保证金比例需要同时从客户需求和风险控制两方面考量，参照国内外先进经验，一个较为可行的方法是 VaR 模型，将系统性风险暴露与证券公司风险容忍度相对应，并在此基础上决定合适的初始保证金比例。具体方法如下：

假设：客户使用自有资金和全部可融资金买入股票，忽略利息费用，所有客户作为一个整体的收益率应接近市场收益率。从影响市场整体走势的主要因素看，包括宏观基本面、市场流动性水平、估值水平和政策取向；但从定量的角度看，依照市场有效性理论，所有的信息应当都反映在当前股价中。因此，我们选择市场整体交易量、波动性、涨跌幅因子，使用 VaR 方法来度量一定置信度下市场未来一段时间的最大回撤水平，并据此反推出在那种极端情况下使得维持担保比例不低于 130% 的初始保证金比例。对于某一时点的市场，以其前一段时间的日均成交量比率、波动率和收益率作为分类特征变量，考察之后 60 日市场涨跌情况，通过分类模型将市场划分为四大类，分别对应不同的市场风险程度。

如图 1 所示，从风险区间一到风险区间四分别代表四种类别的市场，市场整体风险逐渐降低。按照不同的置信水平统计不同市场表现下最大回撤的 VaR，并以此反映维持担保比例公式中证券市值的变化程度。在此极端情形下，假设维持担保比例达到平仓线水平，计算出要求的初始保证金比例。不同置信水平下各风险区间最大回撤的 VaR 和初始保证金比例具体参见表 3。

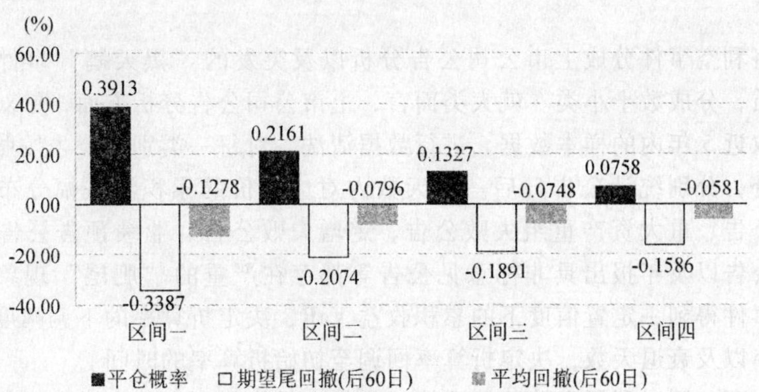

图 1　各风险区间回测数据

表 3　不同置信水平下各风险区间最大回撤 VaR 和初始保证金比例

	区间一	区间二	区间三	区间四
成交量比率（前 20 日）	< 1	—	—	> = 1
涨跌幅（前 20 日）	—	> = -0.16%	< -0.16%	—
波动率（前 20 日）	> = 19.89%	< 19.89%	< 19.89%	> = 19.89%
VaR（置信度 0.1）	-29.19%	-17.81%	-14.30%	-12.33%
保证金比例（置信度 0.1）	83.59%	58.16%	51.68%	48.28%
VaR（置信度 0.15）	-25.76%	-16.09%	-12.45%	-10.79%
保证金比例（置信度 0.15）	75.10%	54.93%	48.48%	45.72%
VaR（置信度 0.2）	-22.87%	-14.13%	-11.25%	-10.20%
保证金比例（置信度 0.2）	68.54%	51.39%	46.48%	44.76%

通过以上定量分析，可以根据风险偏好的要求，设定维持担保比例跌破 130% 发生率的容忍度，得到对应的初始保证金比例，实现对整体风险暴露的控制。

三、通过构建风险事件研究知识库和制定风险事件调整预案，主动应对个券风险

随着市场的不断扩容，来自个券的风险性事件逐渐增多，特别是类似于风险警示、重组失败等重大利空事件的发生比例也不断上升。据不完全统计，仅 2014 年的重组失败事件数量就超过前几年的总和。此类风险事件往往会在短期内对股价造成较大的负面影响，要较为科学地应对来自个券的事件性风险，必须先对各类风险事件进行系统性研究。从构架上讲，首先是要不断地对风险事件进行量化研究，构建风险事件研究知识库，并在此基础上对不同风险事件建立不同的调整预案，主动应对个券风险事件，总体思路如下：

（一）构建风险事件研究知识库

“阳光下没有新鲜事”，几乎每一个风险事件都能在历史中找到对应。虽然各种事件类型层出不穷，有来自上市公司或管理层违规的，有来自资产重组失败或者其他资本运作失败的，有来自企业盈利状况产生较大变化的，但是每一个事件的影响最终都能归结到后续股价的表现中。对于此类风险事件，通过较为完整的数量化分析框架，对事件发生后股价表现进行多维度的定量研究，并通过这一框架，将各类风险事件进行有机统一，最终形成不断增长的风险事件研究知识库。目前，该知识库已经包含了超过十项重大风险性事件，并在不断扩充中。

具体可以将利空事件分成上市公司公告分析以及突发的“黑天鹅”事件两大类，并按事件的不同性质，分成数十小类。就大类而言，上市公司公告分析方面，针对每一类别的上市公司公告选取近 5 年内的样本数据，进行数据清洗，对每一类别的公告按照不同纬度进行更加细化的切分，分别统计公告日后一段天数内对应股价的累积涨跌幅分布情况。研究发现，长期停牌公告、重大资产重组失败公告、定增失败公告、业绩预告公告、立案调查公告、风险警示公告以及年报出具非标意见公告等都存在严重的“肥尾”现象。因此，可以根据不同公告事件得到一定置信度下的累积收益 VaR，决定折算率的下调幅度，并根据事件影响程度的大小以及衰退天数，决定折算率回调至初始折算率的时间。

突发事件方面，可以利用舆情监控系统，收集大量担保证券的实时市场新闻和政策导向文本，进行语义分析，为进一步的风险定性、定量提供依据。

（二）制定风险事件调整预案

通过对风险事件的数量化研究，可以就单一风险性事件对股价的短期、中期、长期影响进行统计计量；同时，结合不同市场阶段、事件发生前期股价表现等其他因素，最大限度地增加风险计量的可靠性。

在数量化研究的基础上，形成不同风险事件调整预案，以便在风险事件发生后，根据预案进行快速定性定量评估，迅速采取风险防范措施。此外，基于客户持仓、交易等数据，也可以做到在风险事件发生后，第一时间计算出客户的损失可能性和业务风险暴露，将此信息

迅速传递给相关客户和业务风险控制部门，将未来的损失降到最低。

例如，2014 年底，某证券公司客户的“成飞集成”股票融资余额市场占比较高，适逢“成飞集成”公告重组失败，该证券公司在上市公司公告后第一时间就对客户损失可能性和业务风险暴露进行了全面、定量的分析，并立即通知相关客户和风险管理部。由于应对及时，该证券公司几位大客户均在复牌首日成功卖出，虽然随后股价连续跌停，但业务风险却得到了较好的控制，客户的损失程度也降到了最低。

基于数量化研究成果，也可以对业务初期不合理的风险管理方法进行适度调整。例如，某证券公司按照以前的规定，长期停牌的个股要下调担保品折算率，在复牌后第一个交易日就调回，但是根据相关研究，一般长期停牌个股在复牌后 5 个交易日股价才趋于稳定。基于此，对原有的方法进行了修正，将“复牌后第一个交易日恢复停牌前折算率”，改为“复牌后满 5 个交易日且没有其他风险事件发生，则恢复停牌前折算率”。

四、通过数量化模型，对个券未来风险度进行预判，防范潜在风险

在实际业务开展中，那些造成客户较大损失的标的证券和个股风险事件，往往在发生后已经无法及时处置，因此，需要探索建立事前风险预测与预示模型，为提前甄别风险标的和风险事件提供参考。

事实上，要做到准确的事前风险预测和预示几乎是一项不可能的任务，但是通过一系列研究分析和事前风险控制的安排，可以较大程度地降低风险事件发生后的业务风险暴露。

从历史规律和数量化分析结果看，股价上涨过多、资本运作频繁、主业经常变更等事实与行为，都将极大增加未来风险事件发生的概率。我们通过建立不同于前述风险事件定量研究的框架，对各种可能导致风险事件发生的事实与行为进行定性与定量相结合的研究分析，并在研究分析的基础上，对于那些高概率导致风险事件发生的事实和行为进行预先风险调整，以此防范风险。

目前，建议对涨幅过大、估值过高、处于资本运作时期等担保证券的折算率进行调整，并将相关标的加入重点监控池，不断跟踪上市公司基本面、舆情、股价、集中度变化与交易状况，并据此进行动态调整。

五、通过制度性安排，将市场风险防范落到实处

无论何种研究与分析，要真正将市场风险防范落到实处，都必须有相应的制度安排。建议对市场风险管理做出以下三个方面的制度性安排：（1）专项研究制度；（2）数据管理、模型维护、知识库管理制度；（3）晨会、风险日报、折算率调整等日常工作流程制度。

（一）专项研究制度

如前所述，不论是多因子模型、风险事件分析，还是个券风险预测等，大量的风险管理工作依赖于对市场、个股的研究。为了保证研究成果的可持续产出和满足实际市场需求，需要对研究人员、研究方法、报告格式、研究进度等进行严格要求。

（二）数据管理、模型维护、知识库管理制度

如前所述，业务风险管理需要大量的基础数据、模型、知识库以及后续维护，这需要对相关环节通过管理制度进行规范。目前，证券公司可以依靠信息技术部门支持，建立业务管理所需要的数据库。证券公司数据中心每日定时将所需数据推送到数据库中，相关研究人员和业务管理人员担负模型维护、知识库维护等日常维护工作。

（三）晨会、日报、参数调整等日常工作流程制度

市场有时会发生突发事件，这些事件有些通过公告形式，有些则在媒体上直接出现。为了尽可能快速地对这些事件进行反应，建议参照券商研究所的经验，设立晨会制度：每日8点召开小型业务风险管理晨会，对风险事件、市场情况、客户异常等进行快速梳理、分析，快速制定应对措施。

晨会上讨论的素材可以来自每日晨会前准备好的日报，涵盖市场整体分析、风险分析、业务分析，日报需在格式、内容、生产流程、值班编辑等环节进行约定。

晨会后，可以提供一系列业务参数调整意见，这些意见的基础来自知识库积累整理出的参数调整决策树，调整意见于开市前半小时经部门报批后交参数设置部门在业务系统中设置，做到风险管理真正落地。折算率动态调整决策树见图2。

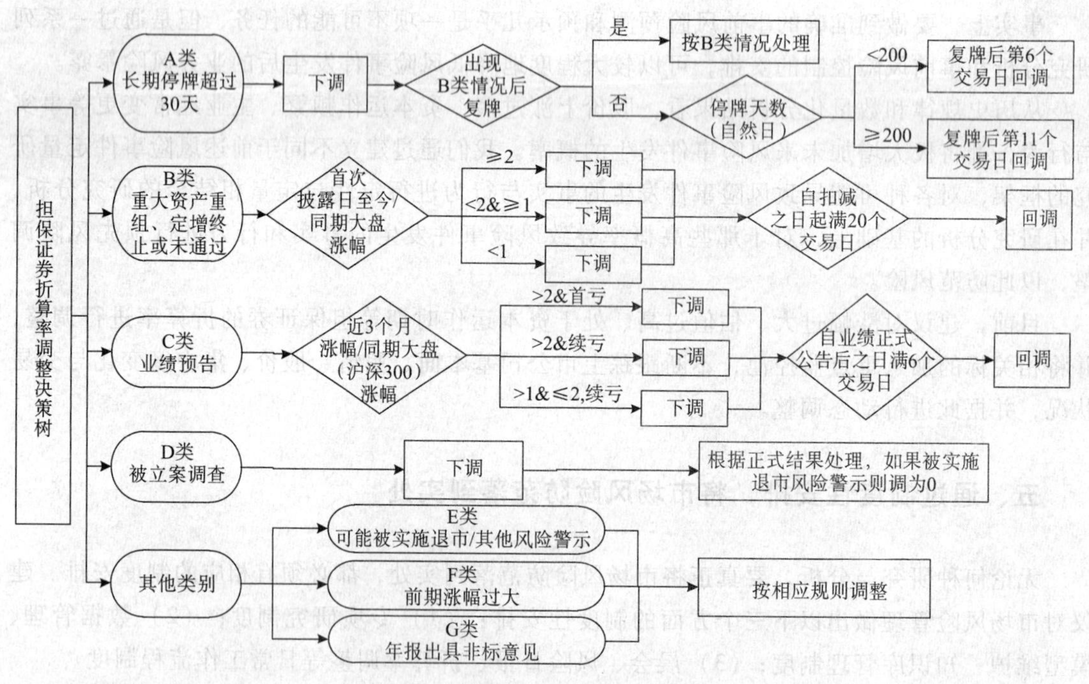

图2　折算率动态调整决策树

以上是我们在融资融券业务市场风险管理方面的主要思路及成果总结，可以说，这项复杂而富有挑战的工程刚刚开始。如何设计更为科学、有效的风险控制体系，为业务发展保驾护航，需要我们共同探索、学习、同勉。

融资融券业务标的风险控制

杜新乐*

随着A股市场的持续升温，“两融”业务规模持续增长，投资者借助“两融”业务杠杆拓宽盈利渠道、拓展盈利模式、分享市场红利已经成为常态，“两融”业务已逐步成为常规业务，为投资者广泛接受，并成为证券公司的收入支柱之一。随着“两融”业务的不断发展，我们更需警惕业务中可能的风险点，更好地保护投资者利益，保障业务平稳有序发展。

融资融券标准参数的风险控制主要由融资融券标的证券名单及可充抵保证金证券名单的定期评估、标准参数的定向调整及临时调整组成。相关工作由研究所、信用交易管理部在信贷管理委员会指导下共同完成。通过建立严格、审慎的评估标准，将定量分析与定性分析有机结合，合理确定标准参数名单及相关参数水平；通过定向与临时调整两种手段，及时对市场、行业及个股突发状况做出反应，形成动态、高效的标准参数管理体系，以增强风险防范能力。

一、标准参数管理体系

信用业务标准参数管理体系包括证券交易所、公司研究所、公司信用交易管理部三个层面，交易所基准设定、静态的定期调整、动态的定向调整、动态的临时调整四个层级。

公司在交易所设定的基准范围内，通过风险分析、识别，采用事件分析与量化模型分析结合的方式，针对市场或行业系统性风险、个别标的证券风险、个别可充抵保证金证券风险，建立完整的标准参数管理体系，将上述风险量化度量，落实风险防范手段。

（一）层面分明、层级清晰

1. 交易所：对可充抵保证金证券、融资融券标的证券实行宏观上的准入限制和参数的基准设定。

* 作者单位：国泰君安证券股份有限公司。

2. 公司研究所：对标准参数实行定期的评估设定，不得超过证券交易所设定的范围和基准。

3. 公司信用交易管理部：根据市场变化对标准参数实行定向调整和临时调整。

（二）静态和动态结合

静态调整指研究所对标准参数的定期评估，信用交易管理部在研究所静态调整的基础上结合市场变化，实行动态的定向和临时调整。

通过“动静结合”，充分发挥研究所的研究专长与信用交易管理部的业务灵敏度，使得两部门实现“强强联合”，多层次防范业务风险。

（三）统一领导，分工协同

标准参数管理工作由公司信贷管理委员会统一领导，研究所、信用交易管理部分工协作。

1. 定期评估时，研究所通过对证券品种重新评级，出具对标的证券、可充抵保证金证券及折算率的调整意见；信用交易管理部结合研究所意见和定期对融资融券业务情况总结，最终确定标的证券、可充抵保证金证券及折算率定期调整方案。

2. 定向调整和临时调整时，信用交易管理部与研究所沟通，形成统一的评估意见，根据评估意见进行调整，并向信贷管理委员会通报调整情况。

（四）逆周期调整和杠杆调节

标准参数作为调控“两融”业务规模、业务发展节奏的重要手段，具备双向调节职能，在市场过热或过冷时，通过标准参数的调整，适当收缩或放大杠杆，从而实现控制业务风险、保障业务平稳运行，保护投资者利益。

二、可充抵保证金证券

可充抵保证金证券范围及折算率管理是标准参数管理的重要组成部分，可充抵保证金证券的资产价值稳定性对证券公司业务风险及客户风险有较大影响。可充抵保证金证券管理的重点在于识别和防范价格异常波动的证券或具有明显基本面瑕疵的证券，提高券商担保资产质量。

鉴于股票为可充抵保证金证券中的主要组成部分，下文详述股票作为可充抵保证金证券的管理体系。

（一）可充抵保证金股票名单

建立独立选股流程，从全部 A 股中依次选择满足基本条件的股票样本空间；运用股票综合评价系统（基本面、市场面、研究员评级）确定初选可充抵保证金证券名单；入选初选名单的股票品种的综合评价体系指标存在重大、临时异常变化的，予以剔除；比对证券交易所公布的可充抵保证金证券名单，选取重叠部分作为研究所可充抵保证金证券名单（见图 1）。

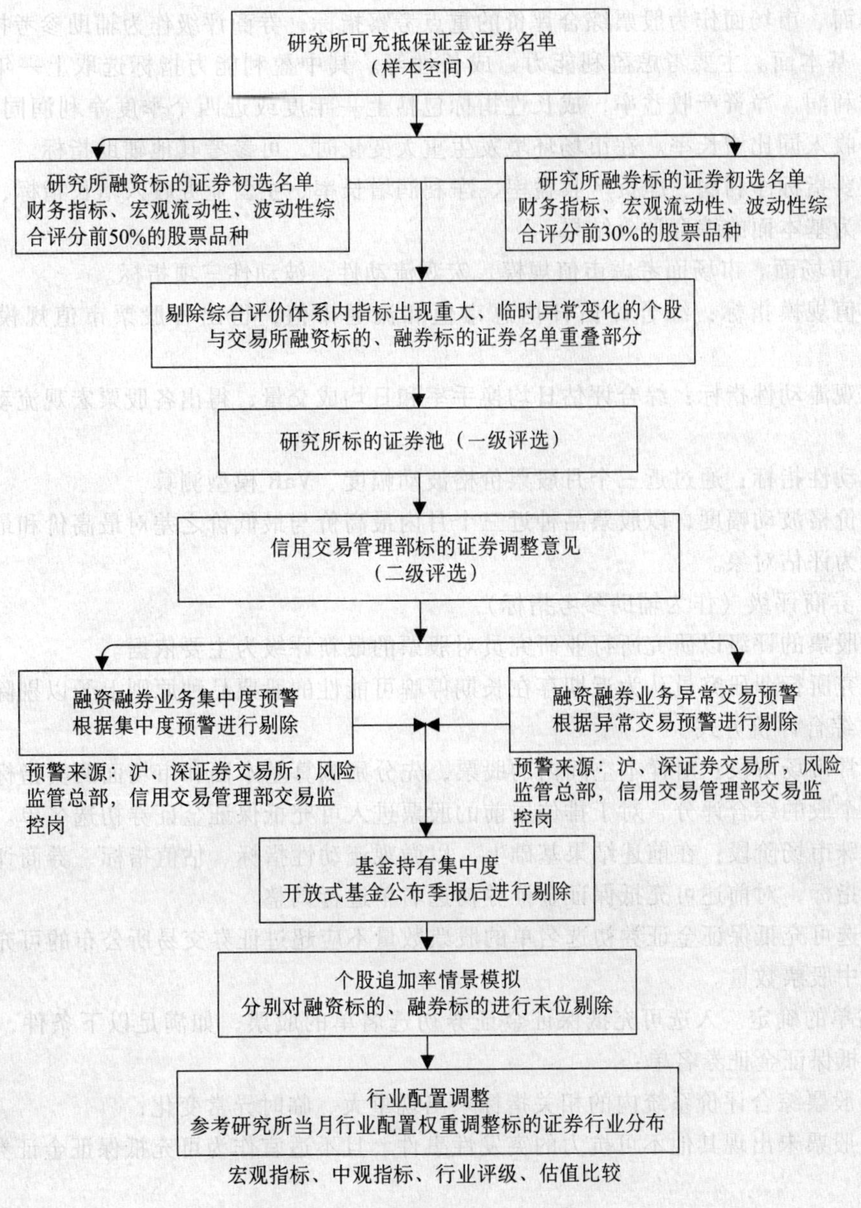

图 1　可充抵保证金股票名单

1. 股票样本空间。将同时满足以下条件的上市流通 A 股股票品种纳入选股样本空间：

（1）上市时间超过一定期限；

（2）非＊ST；

（3）近一个季度股东人数不低于一定数量；

（4）近一个月无巨额限售股解禁（当期解禁限售股数量占总股本不超过一定比例），或巨额解禁限售股股东属于控股股东或实际控制人；

（5）公司经营状况良好，最近一年无重大违法违规事件，财务报告无重大问题；

（6）股票价格无明显的异常波动或市场操纵。

2. 股票综合评价系统。股票综合评价系统包括基本面、市场面、券商评级三个模块。

其中基本面、市场面作为股票综合评价的重点考察指标，券商评级作为辅助参考指标。

（1）基本面。主要考虑盈利能力、成长性等。其中盈利能力指标选取上一年度或近四个季度净利润、净资产收益率，成长性指标包括上一年度或近四个季度净利润同比增长率、主营业务收入同比增长率。在市场环境发生重大变化时，可参考其他辅助指标。

对主要指标净利润、净资产收益率、净利润增长率、主营业务收入增长指标，采用加权打分法作为基本面的综合评分结果。

（2）市场面。市场面考虑市值规模、宏观流动性、波动性三项指标。

①市值规模指标：综合评估日均总市值和流通市值，得出各股票市值规模综合评分结果。

②宏观流动性指标：综合评估日均换手率和日均成交量，得出各股票宏观流动性综合评分结果。

③波动性指标：通过近三个月股票价格波动幅度、VaR模型测算。

股票价格波动幅度，以股票品种近三个月内最高价与最低价之差对最高价和最低价的平均值之比为评估对象。

（3）券商评级（作为辅助参考指标）。

①对股票的评级以研究所行业研究员对股票的最新评级为主要依据。

②研究所行业研究员认为近期存在长期停牌可能性的股票品种原则上予以剔除。

（4）综合评价方式。

①正常市场阶段：对样本空间内的股票，先分别测算基本面和市场面两类指标的综合分值，得出个股的综合评分，对于排位居前的股票进入可充抵保证金证券初选名单。

②特殊市场阶段：在前述结果基础上，以微观流动性指标、估值指标、券商评级等作为辅助参考指标，对前述可充抵保证金证券初选名单进行调整。

③入选可充抵保证金证券初选名单的股票数量不应超过证券交易所公布的可充抵保证金证券名单中股票数量。

3. 名单的确定。入选可充抵保证金证券初选名单的股票，如满足以下条件，确定为研究所可充抵保证金证券名单：

（1）股票综合评价系统内的相关指标未出现重大、临时异常变化；

（2）股票未出现其他不可抗力的突发性事件、且不适宜作为可充抵保证金证券情况。

（二）折算率的确定

可充抵保证金证券折算率的确定依据以下两个步骤：

1. 将可充抵保证金证券名单内符合评分条件的股票以综合评分排序，并按照分位数法划档，每档内股票折算率相同；

2. 与沪、深证券交易所公布的折算率水平比较，如折算率水平高于证券交易所标准，以证券交易所公布的折算率水平为准。

（三）名单定期调整

1. 调整方式为重启评估流程，输出新的可充抵保证金证券名单及折算率。

2. 定期对样本空间选择标准、综合评价体系权重参数的适用性进行回顾测评，提交调整意见。

三、融资融券标的证券

标的证券范围及保证金管理是标准参数管理的核心组成部分，标的证券保证金比例直接影响业务杠杆程度，标的证券则将影响公司“两融”业务资产质量。标的证券管理的重点在于识别和防范价格异常波动的证券或具有明显基本面瑕疵的证券，同时加强对市场、行业、个股市场情况的监测与分析，适时结合业务情况调整个股杠杆程度。

（一）初选名单

根据交易所标的证券名单与前述确定的可充抵保证金证券名单，确定融资融券标的证券初选名单。

（二）名单确定

初选名单中满足以下条件的股票，进入标的证券名单：

1. 股票综合评价系统内的相关指标未出现重大、临时异常变化的股票；

2. 与沪、深证券交易所公布的融资标的证券名单、融券标的证券名单重叠部分。

（三）名单定期调整

定期对融资标的证券名单及融券标的证券名单调整，调整方式为重启上述流程，输出新的融资标的证券名单及融券标的证券名单。

定期对标的证券选择标准的适用性进行回顾测评，提交调整意见。

（四）名单二级评选

二级评选包括但不限于以下方面：

1. 融资融券业务集中度预警。根据沪、深证券交易所，风险监管总部，信用交易管理部的集中度预警，对标的证券名单进行删减。

2. 融资融券业务异常交易。根据沪、深证券交易所、风险监管总部、信用交易管理部关于融资融券业务异常交易预警中涉及的个股，对标的证券名单进行删减。

融资融券业务异常交易预警包括但不限于：

（1）单一客户对单只证券进行大额申报、大额成交、大额撤单、频繁撤单；

（2）客户在上市公司披露重大信息前大量或持续买入或卖出相关证券；

（3）客户利用大额资金集中或持续买入单只证券；

（4）同一营业部客户之间或者不同营业部固定客户之间频繁出现互为对手方交易；

（5）同一地区所属营业部或者同一营业部的客户集中买入单只证券且数量较大等情况。

3. 行业配置权重调整。研究所从宏观、中观、行业研究员评价、估值对比四个维度对各行业进行比较。分别测算宏观指标（根据领先性和重要性原则筛选）、中观指标（侧重验证和确认行业景气状况）、行业研究员评价（每月行业投资评级）、估值对比（策略行业相对估值模型）四个维度得分，对序位数加权平均得出各行业当月得分 Si。各行业当月建议配置比例为：

$$Vi = Ti \div \sum Ti$$

其中，$Ti = Wi \times Si^2$ 为行业配置系数，Wi 为行业流通市值比例（行业流通市场/全市场流通市场）。根据行业配置比例适当调整标的证券各行业内分布品种及数量。

四、标的证券选择标准探讨

交易所全部融资融券标的股票经过初选后，分别确定潜在退市风险标的名单与初选名单（财务稳健的标的股票），经综合评估后确定标的证券名单。

（一）确定潜在退市风险标的名单与初选名单

根据交易所相关规定，股票基本面出现下列情形时，将被处以退市风险警示：（1）最近 2 个会计年度经审计的净利润为负值；（2）最近 1 个会计年度经审计的期末净资产为负值；（3）最近 1 个会计年度经审计的营业收入低于 1 000 万元。

从审慎角度出发，交易所标的股票中满足下列条件的进入潜在退市风险标的证券名单：（1）最新财务报告中净资产为负值；（2）持续亏损，即上一年度净利润为负值，今年财务报告中净利润为负值。考虑部分行业的收入存在季节波动，在评估初期，将中报或三季报仍亏损的标的证券视为持续亏损。

剩余财务较稳健的标的证券进入标的证券初选名单。

（二）初选名单内标的证券的评估

初选样本空间内的标的证券，分别评估基本面、市场面、信用账户持股集中度三大类指标。各项指标分别由多个细分指标组成，每项细分指标设定打分标准及权重，根据各项指标得分最终确定综合得分。标的证券不同总分对应不同保证金的比例分类。

基本面包括每股净资产、ROE、最近 4 个季度净利润增长率、最近 4 个季度主营业务收入增长率四项指标，前两项指标衡量股票当前的收益能力、资产情况，后两项指标衡量股票的成长性。

市场面包括最近 3 个月日均流通市值、最近 3 个月日均成交额、最近 3 个月累计涨跌幅、PE/标的证券 2 级行业 PE 中值。前两项指标与交易所评估标的证券使用的指标类似，后两项指标衡量股价与估值风险。

信用账户持股集中度指标包括“标的证券融资余额/该股票流通市值”、“信用账户单只标的证券的持股市值/该股票总市值”。前一项指标衡量标的证券全市场融资交易集中度，主要用于规避股价大幅下跌时出现“踩踏风险”；后一项指标衡量公司担保账户内单只股票集中度，主要用于防范公司单一证券大幅波动可能带来的业务风险。

修正事项是指在上述评估流程之外，针对某些特定事项进行分析、打分，对标的证券评分进行个别调整，并根据修正事项得分，对总分进行调整。主要减分事项包括：（1）最近 3 个月出现重大违规、违法事项；（2）最近 3 个月受到交易所、中国证监会公开谴责、处罚等；（3）最近 3 个月股价出现明显异常波动、操纵市场等现象。

（三）确定标的证券名单及保证金比例

初选名单内的标的证券经评估后，根据评分结果确定差异化保证金比例。对于高风险类的标的证券（如可能存在退市风险），可通过剔除或差异化保证金比例的方式用于区分处理。

五、定向调整标的

融资融券业务标的的定向调整机制已逐步完善，从事后调整转变为事前、事后同时兼顾，提高风控手段的时效性。目前融资融券业务标准参数的定向调整已形成如下体系：

（一）针对全市场的定向调整

调整细则：

1. 当市场指数在半年内涨幅超过40%或一年内涨幅超过70%，调整市场所有可充抵保证金证券折算率或融资融券标的保证金比例，两者可单独调整或同时调整。

2. 调整可针对相关市场的标的，如主板指数涨幅超标，调整主板所有标的；创业板指数涨幅超标，调整创业板所有标的。调整也可针对全市场所有标的，在主板指数涨幅超标时，调整全市场的所有标的。

3. 指数涨幅门槛可根据市场变化而调整。

4. 调整需经信贷管理委员会审批通过。

（二）针对市场突发状况的个券事后调整

调整细则：

1. 当证券发生突发事件，先针对事件做出评判，决定是否调整证券的标准参数。当证券长期停牌后，评估是否需要调整证券的标准参数。

2. 当决定调整证券的标准参数，与研究所沟通协调，达成一致意见。

3. 由研究所出具相应证券的调整报告。

4. 根据研究所的报告及时做出调整。

（三）证券价格波动的预先调整

调整细则：

1. 为及时反映市场的风险，选取的区间一般在3个月。

2. 不仅考虑证券的绝对涨幅，也考虑证券涨幅与所属指数涨幅的对比。

3. 当区间内主板证券涨幅超过60%、且超过主板指数涨幅的两倍，中小板个券涨幅超过70%、且超过中小板指数涨幅的两倍，创业板证券涨幅超过80%、且超过创业板指数涨幅的两倍，下调证券的折算率5%；如属于融资融券标的，上调保证金比例5%。

4. 当区间内主板证券涨幅超过80%、且超过主板指数涨幅的3倍，中小板证券涨幅超过100%、且超过中小板指数涨幅的3倍，创业板证券涨幅超过120%、且超过创业板指数涨幅的3倍，下调证券的折算率10%；如属于融资融券标的，上调保证金比例10%。

5. 根据市场情况可以调节区间的长度和涨幅门槛。

（四）证券价格与证券财务数据相结合的调整

调整细则：

1. 调整根据：证券的市盈率和市净率。

2. 对于主板、中小板、创业板股票分别制定不同的调整门槛，相应的调整门槛对应不同的调整幅度。

3. 调整标准见表1。

表1 证券市盈率和市净率调整标准

调整规则	下调5%		下调10%	
板块	市盈率调整门槛	市净率调整门槛	市盈率调整门槛	市净率调整门槛
主板	80	10	90	15
中小板	90	10	100	15
创业板	100	10	110	15

4. 根据市场情况可以调节调整的门槛值。

（五）证券经营情况预先调整

调整细则：

1. 下调折算率。

（1）筛选条件：上一年已出现亏损，年报预报或者快报继续亏损，考虑到正式年报与预报可能有差异，选取业绩预亏在每股0.2元以上、连续两年亏损较确定的公司。

（2）调整方式：根据折算率的不同，做相应的调整。当前折算率高，调整幅度相应更大。

2. 上调折算率。

（1）筛选条件：从公司业绩改善情况、股价表现、市盈率高低等多方面考虑，设定四个筛选条件：一是业绩扭亏或年度净利润增长超过100%。二是预期市盈率低于所处板块或行业平均市盈率，主板的公司选取申万一级行业市盈率加以对比。中小板、创业板的公司直接与板块市盈率加以对比。三是股价最近半年涨幅低于所处板块指数涨幅，根据证券所处板块分别选取上证综指、深证成指、中小板指数、创业板指数加以比较。四是标的证券不处于长期停牌状态。

（2）调整方式：对于同时满足以上四个条件的可充抵保证金证券，上调折算率5%，调整之后折算率不高于60%。

3. 如有公司最终年报与前期业绩预报、快报内容相悖的，已进行调整的公司遵照其年报内容进行修订。

（六）净资产变动情况调整

调整细则：

1. 年报净资产为负，下调折算率至30%

2. 下一年三季报净资产仍为负，下调折算率为20%

(七) 股息率及市场评级调整

调整细则：

1. 筛选条件：

(1) 连续两年的股息率超过3.5% (如央行调整存款基准利率，股息率门槛值也相应调整)。

(2) 市场综合评级为买入或增持。

2. 调整幅度：符合条件的股票折算率上调5%，调整之后折算率不高于60%。

六、临时调整标的

(一) 标的证券临时调整

标的证券发生重大基本面变化和特殊事件 (包括实施特别处理、撤销特别处理、长期停牌、长期停牌复牌、证券交易所等监管部门将对个别证券的调整等)，出具评估意见，根据评估意见进行临时调整，并通报调整情况。

(二) 可充抵保证金证券临时调整

可充抵保证金证券发生如摘戴帽、停复牌、异常交易情况、“黑天鹅”事件时，对可充抵保证金范围及折算率进行临时调整，及时下调或调出存在较大价格下跌风险的证券。

融资类业务流动性风险控制

邓 强 范艳红 赵 鹏*

随着融资类业务规模的不断提升，占用资金规模增大、比例提高，证券公司所面临的资金流动性风险控制挑战也较前几年有了很大的不同。

为适应新形势下对证券公司资金流动性变化情况的监管，2014 年 2 月中国证券业协会发布并实施了《证券公司流动性风险管理指引》，新设流动性覆盖率和净稳定资金率两项监管指标，明确要求证券公司的流动性覆盖率和净稳定资金率应在 2014 年 12 月 31 日前达到 80%，在 2015 年 6 月 30 日前达到 100%。因此，融资类业务流动性风险的主动管理成为各证券公司整体流动性管理的重点。

一、融资类业务流动性风险的特点

融资类业务的流动性风险主要是指证券公司虽然有清偿能力，但无法及时获得充足资金或者无法以合理成本及时获得充足资金，以应对融资类业务资金需求增长或支付已投放资金到期归还义务的风险。融资类业务流动性风险主要有如下特点：

（一）融资类业务的流动性风险不同于权益类投资

很大程度上，融资类业务的流动性是在业务开展规模、行情波动状况、市场利率变化、资金回收情况等多种因素的综合影响下快速动态变化的，因此在融资类业务资金需求无法提前准确规划的情况下，流动性风险更为突出。

（二）融资类业务的流动性风险不同于证券公司偿付风险

流动性风险是处于可持续经营情况下公司面临的风险。因此，无法及时获得资金用以支持业务发展和获取资金后业务需求不足造成资金闲置，都属于融资类业务流动性风险。

* 作者单位：信达证券股份有限公司。

（三）融资类业务的流动性风险更突出成本概念

融资类业务的利率由证券公司事先与客户约定，在不同市场资金环境的情况下难以轻易做出调整，所以可以获取资金但需付出高额成本仍然属于融资类业务的流动性风险。

（四）融资类业务流动性风险具有双边性

融资类业务的资金使用具有新增占用资金和归还资金动态发展、动态平衡的特点，除了考虑新增占用资金对流动性的影响，还需要对归还资金进行估计和管理，如果对融资类业务提前归还的资金没有合理渠道安排消化，同样也是流动性风险。

二、融资类业务流动性风险产生的原因

融资类业务流动性风险的产生受外部因素及内部因素影响，其中主要的外部因素有证券市场波动、货币政策变化、公开市场操作等；主要的内部因素有资产负债结构、市场融资能力、流动性风险储备等。

结合证券公司融资类业务的特点，归纳可能引发流动性风险的因素主要是以下三点：

（一）由于证券市场波动造成融资类业务规模的大幅增加或减少，使融资类业务资金供求发生快速变化

当市场快速波动时，证券公司在融资类业务上融出资金的规模往往也会大幅波动，这种情况下，证券公司可能由于预判失误导致资金计划准备不足，在融资类业务需要大量资金支持时无法足额提供，在富余大量资金时又无法及时消化，使资金收益受到损失，从而产生流动性风险。

（二）由于市场波动或投资者自身原因造成负债无法按期偿还，从而导致证券公司不能按计划回收资金

证券价格波动可能导致投资者出现投资损失，而融资类业务会放大这种损失，如果出现市场行情出现大幅下调的情况，很可能集中出现投资者没有能力或故意不偿还到期债务的情况，导致证券公司不能按期回收融出资金用以履行公司负债到期归还义务，出现资金错配断档，从而产生流动性风险。

（三）证券公司资产负债结构不合理，投入融资类业务的短期资金过多

证券公司投入融资类业务的资金主要来源有：自有资金、同业拆借、质押回购、收益权转让、转融通业务融入资金和发行金融债券等，其中短期资金占了绝大部分比重。在这种资产负债结构下，当证券市场突然发生变动，融资类业务无法及时回收资金，信用交易违约坏账增加时，如果其他要素不变，证券公司很难在不受损失的情况下将其他资产变现而满足其流动性偿付需求，从而产生流动性风险。

三、融资类业务流动性风险的管理手段

证券公司融资类业务流动性风险管理体系可以分为公司战略、体系架构和管理手段三个层次，前两者因各证券公司业务发展策略、风险偏好的不同而不尽相同，但在管理手段上基本类似，主要包括如下几方面：

（一）控制融资类业务规模

在判断市场已积累一定风险的情况下，证券公司需要主动控制融资类业务规模，不能无限制地放大融资类业务杠杆。证券公司应当建立与净资本挂钩的融资类业务规模标准，在现有市场情况下，考虑融资手段、融资成本等因素，结合监管部门对证券公司资金净稳定率的要求，融资类业务开展规模控制在净资本3倍左右较为安全，达到4倍以上可能会带来一定的流动性风险，这时必须更好地做出资金规划，对投入融资类业务的资金来源、资金期限做出更加精细的测算，同时制订应急方案。

证券公司应当通过规模控制减少对资金需求的冲击，从而降低流动性风险。控制融资类业务规模的手段主要包括：提高业务门槛、减少授信额度、暂停某项或某类业务等。

1. 通过提高业务准入标准和参与额度，可以将一部分资质相对较低的投资者限制在融资类业务之外，一方面可以控制业务总额度增长，另一方面也可以提高融资类参与人质量，降低违约事件发生概率。具体手段上可以提高投资者参与融资类业务的资产门槛，比如将股票质押回购交易的资产准入标准提高至50万元，这样就限制了债务偿还能力不足的投资者参与业务；另外在单个投资者、单个证券参与业务的额度上可以与公司净资本挂钩，设定10%的额度上限，从而降低因集中度过高导致的资金流动性风险。

2. 通过提高投资者授信额度审批标准，可以控制单一客户申请额度规模，从而达到控制业务总额度增长的目的。证券公司开展融资类业务规模设定上限后，还应该根据业务规模控制授信额度，考虑授信规模转化率，授信额度为业务规模上限的3—4倍相对较为安全，如果高于这个标准，可能因为客户需求过大导致出现资金无法支撑业务开展的情况。

3. 在特殊情况下，通过暂停某项操作、暂停某种产品、暂停某类业务，可以快速压缩业务规模，减小资金压力。在证券公司融资类业务面临较为严重的流动性问题时，控制资金流出、加大资金回收是最为有效的快速解决流动性问题的手段，例如可以通过暂停接受投资者融资融券业务融资买入证券申请，达到不再新增融资业务规模的目的。另外，也可以根据不同情况制定影响范围不同的策略，如只针对某类证券、某些投资者、某些时间段制定暂停操作的策略。

（二）对融资类业务杠杆率的控制

在市场不断上涨的过程中，随着波动风险的增减，证券公司需要对融资类业务的杠杆率进行动态调整，通过调低担保证券的折算率、调高标的证券的保证金比例、调高维持担保比例或履约保证比例的最低要求等手段降低客户融资杠杆。杠杆率的降低可以有效控制客户资产负债比例，降低资金回收风险。

1. 通过对融资融券业务担保证券折算率及标的证券保证金比例或质押类业务标的证券

质押率的调整，可以在投资者担保资产不变的情况下控制融出资金规模，调节投资者融资杠杆，能够有效控制出现风险状况时资金回收的难度。

（1）交易所融资融券业务的担保证券折算率目前最高为0.7，可以考虑将担保证券折算率与证券停复牌情况及市场波动率挂钩。停牌超过5个交易日后如果继续停牌，每增加一个交易日，其折算率降低0.02；证券波动率在5个交易日内超过20%的，波动率每增加5%，折算率降低0.05。类似以上的控制条件可以有效地对风险证券的杠杆率做出动态调整。

（2）大部分证券公司融资融券业务标的证券保证金比例为0.6—0.7，可以考虑将保证金比例与证券市盈率及市场涨幅挂钩。市盈率超过50倍的证券，每增加10倍市盈率，其保证金比例提高0.02；证券涨幅在5个交易日内累计超过30%的，涨幅每增加5%，保证金比例提高0.02。类似以上的控制条件同样可以有效地对风险证券的杠杆率做出动态调整。

2. 通过对融资融券维持担保比例或质押类业务履约保证比例最低要求的调整，可以提前向投资者发出风险预警或采取平仓措施，为出现风险状况时资金回收预留更多的处置空间。目前大多数证券公司融资融券业务维持担保比例预警线为150%，平仓线为130%，在市场涨幅过大、累计风险较多的情况下，可以考虑适当调高维持担保比例。例如在上证指数超过5000点后，每增加100点，维持担保比例风险控制线就增加1%。类似以上的控制条件可以在市场积累风险的过程中变相增加担保资产储备，确保证券公司有足够的时间和空间回收资金。

3. 通过加强技术系统建设，做到杠杆率控制因子（折算率、保证金比例等）与实时情况的联动。在多数情况下，通过人工统计分析融资类业务数据再采取控制措施，一般都会带来风险处置滞后的不利影响，而通过在技术系统中设定控制逻辑，由系统自主调整杠杆率控制因子将会大大增强风险控制的及时性和有效性，对降低出现突发性流动性风险有积极作用。

（三）加强对融资类业务投入资金的资产负债管理

融资类业务投入资金的资产负债管理是指对证券公司为满足融资类业务开展需要而投入的资金所对应的资产负债结构和期限进行分析和处置的过程，加强对融资类业务投入资金的资产负债管理，可以提高资产的流动性和负债来源的稳定性。

1. 投入融资类业务的资金来源应向结构多元化发展，提升证券公司应对市场波动的能力。积极拓展融资渠道的方式包括：获取发行公司债、次级债、短期融资券的资格与额度，在需要资金时尽快启动发行；获得多家商业银行的授信额度，提高在急需资金时可以临时拆入的可能性；购买商业银行的“日间透支”服务，通过支付一定成本，获得临时性借入资金的保障等。

2. 需在审慎性的原则下加强评估各种风险对融资类业务流动性的影响，关注不同风险间的转化和传递；同时要提高负债的稳定性，减少对波动较大的债务的依赖，并定期监测、跟踪大额资金提供者或融资提供者的情况。

3. 要保持一定比例的优质流动性资产储备，应对临时性、突发性的资金缺口。该方式是证券公司管控融资类业务流动性风险最有效的措施之一。

（四）对投入融资类业务资金进行流动性限额控制

证券公司可以针对投入融资类业务资金进行一定的流动性限额控制，综合公司整体流动性，从中长期对各业务条线资产负债期限错配进行调整，不同时期采取不同限额标准，尤其是对当前规模不断增大的类信贷融资业务。

限额控制可以通过两个途径实现：一是通过制定指标限额；二是通过内部资金转移进行引导。限额管理更多的是行政命令式的，内部资金转移更多的是结构优化的利益引导，行政命令和利益引导结合起来是较为有效的管理体系。

（五）对融资类业务资金流动性展开压力测试

流动性压力测试是一种以定量分析为主的流动性风险分析方法，通过测算证券公司在遇到假定的小概率事件等极端情形下可能发生的损失，对证券公司流动性管理体系的脆弱性做出评估和判断，进而采取必要措施提前防范。

融资类业务的流动性风险本身是一种高危低频风险，若仅以维持正常经营为目的进行流动性风险管理，则在出现流动性危机、尤其是系统性流动性危机时难以应对。因此，在进行融资类业务压力测试时应评估中等压力情景下证券公司的应对能力。压力测试的关键不是其本身的过程和结果，而是压力测试的结果要成为证券公司开展融资类业务决策的出发点，或者对业务开展产生约束力。

四、融资类业务流动性风险管理方面的建议

（一）制定科学的风险控制指标，通过事前、事中控制，防范融资类业务触发流动性风险

在投资者参与融资类业务前严格审核其资质及偿债能力，减少由于投资者偿债能力不足可能引发的流动性风险。在融资类业务开展过程中制定动态调整业务控制因子（折算率、保证金比例等）的策略，结合市场波动、利率变化、公司整体流动性等情况，动态调整控制因子，降低融资类业务杠杆，防范可能出现的流动性问题。

（二）融资类业务开展资金使用限额采取预约制

融资类业务部门可以根据业务开展情况及市场状况，分别按周、按月、按季提交资金使用计划，资金管理部门根据需求预先制定短、中期资金规划，并安排应急渠道。

（三）建立流动性管理储备体系，明确发生流动性风险时采取的措施

证券公司应当建立优质流动性资产储备体系，保证在一定规模内无损失或极小损失地通过金融市场快速变现。风险管理部门应当定期测试优质流动性资产的变现能力，确保其具有足够的流动性，并避免在压力情景下出售资产而可能带来的负面影响。同时，证券公司应当明确发生流动性风险时采取的措施，包括启动内外部快速融资渠道、减持流动性资产储备、限制业务新增资金占用、降低业务杠杆缩减业务规模、调动子公司流动资金等。

股票质押式回购交易业务风险控制实践

王 颖*

随着股票质押式回购交易业务规模的迅速增加，该业务已经成为证券公司越来越重要的盈利来源之一，也对证券公司的风险管理能力提出了更高的要求和挑战。在新的市场环境下，如何平衡业务发展和风险控制之间的关系，将是整个行业面临的重要课题。本文在总结业务开展实践经验的基础上，结合切身体会和深入思考，对该业务风险管理的要点和方式进行了梳理，以期抛砖引玉。

一、业务风险概述

（一）风险分类和情形描述

首先，我们对股票质押式回购交易业务的主要风险进行分类，并结合实际业务运行经验，对各类风险的具体情形进行描述。具体如下：

1. 流动性风险：一方面是资金配置的流动性风险，是指由于所筹措资金的金额、期限与实际业务所用资金的金额、期限不匹配，导致资金流动性不足所形成的风险；另一方面是违约处置时面临的流动性风险，是指由于融出的资金过于集中于少数客户或接受的标的证券集中于少数证券品种，或者由于股份性质特殊，为限售股或高管持股，在客户违约后处置标的证券时所面临的流动性风险。

2. 市场风险：是指在股票质押式回购交易业务中，由于证券市场行情变化，导致标的证券价格波动所形成的风险。在实际业务运行中，有以下几个原因可能会导致较大的市场风险：（1）标的证券的选择不合适；（2）对质押标的的估值和走势预判不准确，没有合理设置质押率、预警线和平仓线；（3）在项目存续期间，标的证券出现“黑天鹅”事件或基本面发生重大变化从而导致股价下跌；（4）市场整体下跌导致标的证券股价下跌。

3. 信用风险：是指参与股票质押式回购交易的融资方的违约风险。在实际业务运行中，

* 作者单位：东方证券股份有限公司。

信用风险体现在以下几个方面：（1）融资方违背协议承诺，提供虚假信息、未按约定使用资金等；（2）融资方未能按照协议约定按期完成购回交易或未按约定采取相关履约保障措施。

4. 合规风险：主要是指公司及公司工作人员在股票质押式回购交易业务经营管理或执业行为中，因违反法律法规或准则而使公司受到法律制裁，被采取监管措施、遭受财产损失或声誉损失的风险。在实际业务运行中，以下几种情形容易导致合规风险：（1）由于没有及时修订公司的业务制度，导致公司业务制度与法律法规、监管层业务规则中的最新规定相冲突；（2）由于尽职调查和项目后续管理工作不到位，出现融入方融资资金投向国家法律法规和国家产业政策禁止投资的领域、融入方提供的标的证券来源不合法或存在权利瑕疵等现象；（3）公司或者相关工作人员在规模、利润等利益考核指标的驱动下，出现合规约束软化的现象，违反业务制度。

5. 操作风险：是指由于对股票质押式回购交易的管理存在漏洞或缺陷、业务操作失误、处置不当所形成的风险。

（二）各类风险间的联系

在实际业务运行中，上述风险并不是相互独立的，而是可能相互转化的。比如，标的证券价格波动的市场风险可能引发客户履约能力的下降，导致客户在交易期间不能履约或在交易到期时违约不回购，引发客户信用风险，进而导致公司处置标的证券所面临的流动性风险。又如，客户信用风险的发生可能同时会引发对于公司处置标的证券时的流动性风险。

因此，在实际业务运行中，无法将各类风险完全割裂开来进行管理，对各类风险的识别、防范和控制必然是相互交叉、相互联系的。对风险的控制必须紧紧围绕“人”、“券”和“交易”三大核心要素，将风控体系贯穿于业务运行的始终，从动态的角度看，可以把业务风险控制分为事前、事中、事后三个层面。

二、业务风险管理

（一）事前阶段

1. 融入方资信管理。对融入方的资信管理通过全面的初始尽职调查进行：证券金融业务总部建立了完善的尽职调查流程、制度，尽职调查内容包括资产规模、信用状况、风险承受能力等各个方面，形成详细的尽职调查报告。完成初始尽职调查后，对符合准入条件的融入方进行信用评级，该评级结果将会在具体项目实施过程中影响交易额度、质押率、融资期限、预警线、平仓线等关键要素的确定。

2. 标的证券管理。公司建立明确的标的证券筛选、评价标准：（1）在标的证券池管理方面，对于单一标的证券在市场上已质押数量占总股本比例过高的标的、业绩较差甚至出现亏损的标的、近期涨幅较高超出合理预期的标的、上市公司或高管负面消息较多的标的、国家政策限制性行业的标的等，尽量剔除。证券金融业务总部定期维护和更新标的证券池，及时剔除不符合标准的标的证券。（2）在标的证券的估值方面，证券金融业务总部内设专人专岗对标的证券进行定期及不定期的基本面分析和技术指标分析，内容包括但不限于：基于上市公司发布的季报和年报的主要财务指标分析；基于行业状况的分析；基于流通市值变动情况、市盈率、市净率、近期涨跌幅、近期日均成交金额、近期最高成交价与最低成交价比值、融资额占近期日均成交金额的比值等技术指标的分析。根据分析结果，确定和调整标的证券的参考质押率。比如，对于P/B、P/E过高的股票以及累计涨幅较大的股票，适当调低其参考质押率。

3. 交易要素管理。

(1) 对质押项目的质押率、预警线和平仓线等交易要素进行差异化管理。以“项目资质”作为设定质押率、预警线和平仓线的依据，在标的证券参考质押率的基础上，根据质押股份性质、融资人资质等多个因素综合确定项目的具体质押率，并设置不同的预警线和平仓线。比如以有限售条件证券作为标的证券的，原则上质押率低于同等条件下无限售条件证券的质押率；交易期限较长的标的证券，原则上质押率低于同等条件下交易期限较短的标的证券的质押率。针对限售股项目，设置的预警线、平仓线也要比同等条件下流通股项目的预警线、平仓线高。

(2) 严格执行整体风控指标。设置单一客户的交易规模占净资本的比例、单一标的证券交易规模上限、单一标的证券质押数量占该证券总股本的比例等风险监控指标，以避免由于融出资金过于集中于少数客户或接受的标的证券集中于少数证券品种而导致的流动性风险。

(3) 对限售项目要求公证。对于限售股项目，要求对其对应的交易协议进行强制执行效力债权文书的公证。

(4) 对特殊股份的可流动性进行动态评估。对于标的证券为上市公司董事、监事、高级管理人员持有的根据相关规则被锁定的证券，对其当年度已减持的数量和比例、仍可减持的数量和比例等进行关注和计算，对相关股份的可流动性进行动态评估。

（二）事中阶段

1. 融入方后续管理。在质押项目的后续管理过程中，若等到融入方的资信状况出现严重问题后才着手处理，就为时已晚。因此，我们应当注重融入方的后续管理，以做到及时预警、提早处置。证券金融业务总部设置专人专岗进行融入方后续管理，通过信息收集、电话访谈、邮件沟通、客户拜访等方式，重点了解和关注可能会影响融入方信用状况、偿还能力的因素，比如资产负债变动状况、收入变动状况、对外担保情况、诉讼情况、被司法机构查封或冻结相关资产等重大事项，对融入方的信用状况和偿还能力进行动态跟踪和评估。根据该评估结果，同时结合客户的履约情况，动态调整客户的信用评级。融入方信用评级的变化，将可能影响到关键项目要素的变化，比如对于信用降级的融入方，有可能会提高平仓线、要求客户增加第三方担保之类；融入方发生违约行为的，可根据情况采取收取违约金、处置质押资产、发起司法诉讼、加入黑名单等相应处置措施。

2. 标的证券后续管理。在质押标的后续管理的过程中，证券金融业务总部设专人专岗对标的证券上市公司的公告以及交易异动等进行逐日盯市，关注发生的可能影响股价的重大事件。关注点包括但不限于：该标的证券最新质押与解质押情况、股东大会或董事会的重大决议、重大重组或定向增发、行业或公司丑闻、标的证券被司法冻结的情况、上市公司或相关股东被交易所实施风险警示、资金大幅流入流出、成交量或涨跌幅异常等。

3. 待履约交易管理。证券金融业务总部内设专人专岗对履约保障比例进行逐日盯市。在履约保障比例达到预警值或最低值之前，定期或不定期地对股价仍可承受的下跌幅度进行测算，测算履约保障比例即将“过线”的概率，必要时提前与客户进行沟通，要求客户对可能采取的履约保障措施做好准备。在履约保障比例低于预警线或履约保障比例低于平仓线时，向客户发送预警通知或违约预警通知。业务发生违约时，需严格按照业务协议的约定进行处置。同时，当单一客户的交易规模占净资本的比例、单一标的证券交易规模上限、单一标的证券质押数量占该证券总股本的比例等指标接近风控阀值时，及时向业务人员进行信息传导，关注整体风险的控制。公司要根据业务发展情况，定期进行压力测试；同时根据公司和市场情况的变化，对业务阀值指标作一定的调整，以适应业务发展需要。

（三）事后阶段

对于由于融入方的问题导致风险事件的，证券金融业务总部将该融入方列入重点观察对象名单，对其今后开展其他相关业务时，作审慎评估；证券金融业务总部根据日常的监控管理以及业务存续期间内的风险事件，及时调整标的证券的选择标准和折算率。

三、风险管理如何适应新的市场变化

（一）定增股份质押项目的风险管理

伴随着国企改革和企业间并购重组行为的日益增多，上市公司掀起了定增热潮，质押标的为定增股份的项目越来越多。一方面，客户通过短期融资的方式获得资金参与定增后，将定增股份质押以偿还短期融资；另一方面，客户在取得定增股份之后以盘活资产为目的进行质押融资。定增股份往往有以下几个特征：（1）定向增发前后，受事件驱动的影响，相关标的证券的股价通常会出现大幅上涨；（2）定增股份一般为限售股份，有一定的锁定期，1—3 年不等；（3）部分定增项目会有保底协议、回购条款、对赌协议等特殊安排。上述特征导致定增股份的质押具有相对更高的风险，可通过以下方式加强风险控制：

1. 严格把控质押价格。在定增股份价格大幅上涨远高于定增价格时，不应单纯以 20 日均价和最新收盘价孰低的方式来确定质押价格，而是以融资方的成本——定增价格来作为计算质押价格的基准，避免定增参与人提前“套现”所带来的履约风险。

2. 减少涉及锁定期较长的定增类质押项目。目前放款的定增类质押项目股份锁定期多为 1 年。对于锁定期为 3 年的项目，除非标的资质特别好，一般尽量回避。

3. 回避有保底协议、回购条款、对赌协议的定增类质押项目。对于有保底协议、回购条款、对赌协议的定增类质押项目，相关股权有被收回注销的“瑕疵”，且这类项目背后可能隐藏着诸多潜规则，标的证券股价出现下跌的风险和股价被人为操纵的风险更大，因此，在实际业务运行中，尽量回避该类项目。

4. 关注上市公司定增后募集资金的用途。不同类型的资金用途将带来不同的收益率，导致标的证券的市场风险也将不同，可设置不同的项目质押率、履约保障比例等。比如当定增所募集资金被投向于景气度已过的行业、非主营业务或进行研发时，其风险往往偏高，对于该类项目尽量回避。

（二）加强对牛市中标的证券的管理

2015 年上半年市场不断创出新高、行情持续上涨，部分板块已出现估值泡沫，且大盘容易因短期过快上涨而出现回调，在这种情形下，应当加大对市场风险的管理力度，对标的证券进行更精细化的分析、研究和评判，调整标的证券范围和标的证券质押率。

1. 控制标的证券质押率上限：对于股价明显偏高、近期涨幅过高或集中度较高的个股，调低该个股的质押率上限；对于整体涨幅过高、市盈率过高的板块，如创业板，调低整个板块的质押率上限。

2. 在标的证券的选择上：一方面尽量回避主营业务不清晰、无业绩支撑的个股；另一方面，对于题材、概念类股票，在选择和评估时，要区分“实质性的利好”和“炒作出的利好”，比如对于国资改革概念股，区分“有竞争实力或有混合所有制改革题材的公司”的个股与“凭空炒作的功能类、公共服务类公司”的个股。

（三）加大对资金配置流动性风险的管理力度

随着市场行情的一路上涨，融资类业务的规模迅速增加，资金的消耗速度不断加快，由于券商自身资本金的不足，使得券商对外融资依赖程度增加，行业杠杆水平快速上升，而很多外部资金来源的期限较短，必须通过持续滚动融资进行维持，因此资金流动性风险逐渐成为券商风险管理的又一重要课题。在牛市背景下，应加大对资金配置流动性风险的管理力度。

1. 在公司层面：（1）加大对流动性融资工具的运用，资金中心通过收益权转让融资、转融通业务、发行柜台交易产品、发行短期融资券、发行次级债、短期拆借等多个渠道筹集资金。比如，截至2015年4月15号，资金中心本年累计拆借资金636亿元，发行收益凭证55亿元，用于补充公司的资金流动性。（2）建立充实的流动性资产储备，预计公司年底达到50亿—80亿元流动性资产储备的目标，以保障公司在各突发情况下的流动性安全。（3）增强资金应急筹措能力。以2015年3月30日新股发行为例，资金中心累计筹集52亿元资金以支持公司各业务部门流动性需求。未来，资金中心计划实现1天50亿元、2天80亿元、3天100亿元的资金应急筹措能力。（4）积极开拓长期融资渠道，公司积极调整长期融资比例，以提高长期净稳定资金、降低期限错配带来的资金流动性风险。在公司IPO以后，流动性覆盖率（LCR）和净稳定资金率（NSFR）两个流动性指标皆有大幅改善。（5）加大对公司资金流动性进行压力测试的频率，及时对资金流动性管理体系进行评估和判断，进而采取必要措施提前防范风险。

2. 在证券金融业务总部层面：资金管理岗每日对3天内、7天内、14天内的资金需求和缺口、日内资金滚动倍数等流动性风险指标进行监测，一方面与公司资财部保持高效互动，另一方面与部门内的项目组、业务运行组建立密切联系、实时沟通的信息互换机制，准确了解股票质押项目的资金需求和资金使用情况，并以此为依据，动态调整资金筹集的金额、时间和期限，以提高资金金额和期限的匹配度，减少资金不足和资金占用的几率。部门的项目组也会根据资金情况，合理安排项目的推进力度，合理调度和安排资金使用。

（四）正确认识司法冻结带来的风险

司法冻结是质押业务的固有风险之一，随着股票质押业务规模的不断扩大，券商遇到的涉及司法冻结的质押项目数量将会增多。我们认为，若遇到融入方提供的标的在质押后被司法冻结的情形，资金融出方作为质权方仍依法享有优先受偿权，从法律关系上来看权利并没有受到“侵犯”，因此不应“一棍子打死”地要求融入方提前购回了结交易，而是应通过以下几点来控制风险：

1. 了解标的被司法冻结的情形，重新评估融入方资信状况和偿债能力：对司法冻结的原因，数量，方式（是否被多家法院分笔、多次进行司法冻结）进行了解和分析，可要求融入方以书面方式向公司及时、如实、详细披露重大诉讼、仲裁及或有纠纷的情况，并结合融入方的其他资产状况、经营情况等因素进行分析，重新评估融入方的资信状况和偿债能力。

2. 评估存续交易的安全度：分析未履约交易的履约保障比例等关键指标，评估存续债务是否存在风险。

3. 区分不同情形制订处理方案：在对融入方资信状况、偿债能力、存续交易的安全度进行评估之后，对客户履约风险进行评估，以决定是继续履行交易，还是要求客户提前购回或采取其他履约保障措施等。

例如，在某证券公司某质押项目存续期间，作为上市公司第一大股东和实际控制人的融入方因借款合同纠纷，质押的标的证券被司法冻结，证券公司第一时间要求该融入方书面披露纠纷和冻结情况，对履约偿债能力等进行书面承诺和说明。鉴于该存续交易的履约保障比例处于较高水平，质押标的为流通股易处置，且该融入方涉诉金额较小、有充足的其他资产可用于偿付债务、履约记录良好，经过综合评估，该证券公司认为该交易不存在履约风险，因此并未要求融入方立即提前购回。该笔交易到期后，融入方由于资产重组和后续融资安排的需要，向该证券公司提出延期申请，为了帮助融入方渡过生产经营和资本运作中的融资难关，该证券公司经决策，在交易履约保障比例足够高的前提下，有条件地对交易进行短期展期。在该案例的处理过程中，该证券公司始终将“项目风险可控和客户利益保障”作为基本处理原则，力求实现公司与客户的共赢。

（五）加强对资金流向的管理

鉴于中国证券业协会发布的《证券公司股票质押式回购交易业务风险管理指引（试行）》向券商提出了“应当对融出资金的用途进行跟踪管理”的新要求，证券金融业务总部加大了对融资资金流向的控制，专人跟踪、收集、维护国家限制性行业以及“两高一剩”等行业名录。在项目审核阶段，对融入方资金用途进行了解和调研；在项目存续期间，对融出资金的用途进行持续跟踪，防止融出资金流向法律法规和国家产业政策禁止投资的领域，也防止出现融资方擅自改变资金用途，比如将资金运用于股市投资从而导致信用风险加剧的情形。

四、总结与思考

（一）业务风险的必然性和风险管理的重要性

股票质押式回购交易业务作为一项快速发展的资本中介业务，其业务性质决定了在获得高收益的同时必然需要承担一定的业务风险。风险管理水平的高低，也将在某种程度上决定业务发展的稳定性、可持续性。我们不必“闻风险而色变”，一味强调“规避风险、严防风险”，而是通过“主动评估风险、排查风险、管理风险、经营风险”，保障风险的可测、可控、可承受。

（二）新市场环境下的新要求和新挑战

在实际业务运行中，可以通过事前、事中、事后的动态风险控制体系，对流动性风险、信用风险、市场风险、合规风险、操作风险等进行全方面管理，取得较好的风险控制效果。但新的市场环境对风险管理提出了新的要求和挑战。面对如火如荼的市场，应寻找业务发展和风险控制的平衡点，在借市场之力蓬勃发展业务的同时，有效管理和控制风险。

（三）应切实落实指引要求

中国证券业协会于2015年3月16日发布了《证券公司股票质押式回购交易业务风险管理指引（试行）》（中证协发［2015］54号），该指引是在业务运行一年后，广泛吸收各券商先进经验的基础上制定的，从风险管理体系与内部管理、融入方的准入管理、标的证券管理、业务持续管理、违约处置管理五大方面对券商如何进行业务风险管理进行了指导和规范。我们认为，该指引的要求较为全面、科学，只要券商能够切实落实该指引的要求，并发挥券商内生性风险管理体系的功效，将能够保障股票质押式回购交易业务持续、健康发展，充分发挥资本市场服务实体经济的功效。

场外股权质押回购交易业务的风险控制

杜新乐 刘 硕*

一、场外股权市场概述

场外市场，英文名为“Over - The - Counter Market”，也称为柜台交易市场，现在泛指一切在证券交易所外进行股票、债券等证券交易的场所。

国务院《关于金融支持经济结构调整和转型升级的指导意见》（国办发［2013］67 号）明确加快发展多层次资本市场，进一步优化主板、中小企业板、创业板市场的制度安排，完善发行、定价、并购重组等方面的各项制度；适当放宽创业板对创新型、成长型企业的财务准入标准；将中小企业股份转让系统试点扩大至全国。2013 年 12 月 14 日，国务院《关于全国中小企业股份转让系统有关问题的决定》（国发［2013］49 号），明确全国股份转让系统是经国务院批准，依据《证券法》设立的全国性证券交易场所，主要为创新型、创业型、成长型中小微企业发展服务。境内符合条件的股份公司均可通过主办券商申请在全国股份转让系统挂牌，公开转让股份，进行股权融资、债权融资、资产重组等。申请挂牌的公司应当业务明确、产权清晰、依法规范经营、公司治理健全，可以尚未盈利，但须履行信息披露义务，所披露的信息应当真实、准确、完整。

尚未在任何股交中心挂牌的股份公司由于股权完全没有流动性，股份公司及其法人股东的财务报表可能也未经审计，因此，本文研究的场外股权质押回购交易中涉及的标的股权，主要包括在全国中小企业股份转让系统有限责任公司挂牌的新三板企业股权以及在区域性股交中心挂牌的四板企业股权。

（一）新三板市场

三板市场起源于 2001 年“股权代办转让系统”，最早承接原 STAQ、NET 系统挂牌公司

* 作者单位：国泰君安证券股份有限公司。

和退市公司，称为“旧三板”。2006 年 1 月，中关村科技园区非上市股份公司进入代办转让系统进行股份报价转让，称为“新三板”。2012 年 9 月 20 日，国务院批复设立的“全国中小企业股份转让系统有限责任公司”（以下简称“股转系统公司”）正式在工商总局注册登记。其运营的全国中小企业股份转让系统是经国务院批准设立的第一家公司制证券交易场所，也是继上海证券交易所、深圳证券交易所之后第三家全国性证券交易场所。2013 年 6 月下旬，国务院决定将全国中小企业股份转让系统试点，由四个园区扩大至全国。2013 年 12 月 14 日，国务院发布《关于全国中小企业股份转让系统有关问题的决定》，为新三板挂牌公司和市场监管奠定了法规基础，填补了《证券法》没有直接针对全国股份转让系统和挂牌公司规定的法律空白。由此，将形成由《证券法》、《关于全国中小企业股份转让系统有关问题的决定》、中国证监会规章和市场业务规则组成的层次鲜明、较为完备的制度规则体系。

新三板市场与沪、深证券交易所市场在法律地位上无区别，主要区别在于服务对象、交易制度和投资者适当管理制度三方面。服务对象方面，新三板主要为创新型、创业型和成长型中小微企业提供资本市场服务，而交易所主要服务于成熟企业；交易制度方面，新三板市场设计了优化的协议转让、做市转让及竞价转让等灵活多样的方式，交易所市场主要提供竞价转让和大宗交易协议转让等标准化的方式；投资者准入方面，新三板市场实行比交易所市场更为严格的投资者适当性管理制度。就交易规则而言，新三板市场与沪、深证券交易所市场的对比见表 1。

表 1　新三板与沪、深证券交易所交易规则对比

交易规则	新三板	主板、中小板、创业板
大股东交易限制	在挂牌前持有的股份分三批解禁，每批解禁数量为其挂牌前所持股票的三分之一，解禁的时间分别为挂牌之日、挂牌期满一年和两年。主办券商为开展做市业务取得的做市初始库存股票除外	发行人公开发行股票前已发行的股份，自发行人股票上市之日起一年内不得转让。控股股东和实际控制人应当承诺自发行人股票上市之日起三十六个月内不得转让
交易方式	可采取协议方式、做市方式、竞价方式或其他中国证监会批准的转让方式	证券采用竞价交易方式，大宗交易采用协议大宗交易和盘后定价大宗交易方式
交易时间	每周一至周五上午 9：30 至 11：30，下午 13：00 至 15：00	每周一至周五上午 9：30 至 11：30，下午 13：00 至 15：00
涨跌幅限制	股票转让不设涨跌幅限制	涨跌幅限制比例为 10%，ST 和 *ST 等被实施特别处理的股票价格涨跌幅限制为 5%
数量限制	申报数量应为 1 000 股或其整数倍	通过竞价交易买入股票的，申报数量应为 100 股或其整数倍

截至 2015 年 4 月 3 日，在股转系统公司挂牌的企业达 2 177 家（其中做市转让的企业 230 家，协议转让的企业 1 947 家），总股本达 929.44 亿股（其中做市转让的企业股本 124.28 亿股，协议转让的企业股本 805.16 亿股）。

（二）四板市场

2012 年 8 月 23 日，中国证监会正式下发了《关于规范证券公司参与区域性股权交易市场的指导意见（试行）》（证监会公告［2012］20号，以下简称“20号公告”）。20号公告第一次以官方文件的形式，明确以下几点：（1）承认区域性股权交易市场是多层次资本市场的重要组成部分。（2）对区域性股权交易市场进行了界定：区域性股权市场是为市场所在地省级行政区域内的企业特别是中小微企业提供股权、债券的转让和融资服务的私募市场。（3）明确了场外股权交易市场的监管机构，即由省级人民政府监管。中国证监会及其派出机构依据《国务院关于清理整顿各类交易场所 切实防范金融风险的决定》（国发［2011］38号）、《国务院办公厅关于清理各类交易场所的实施意见》（国办发［2012］37号）及相关配套政策为区域性市场提供业务指导和服务。中国证券业协会应当制定自律规则，对参与区域性市场的证券公司进行自律管理。（4）证券公司参与区域性市场，可以有两种方式，即仅作为区域性市场会员开展相关业务和作为区域性市场的股东参与市场管理并开展相关业务。

新三板市场与区域性股权市场的区别主要体现为：（1）新三板市场是国务院批设、纳入中国证监会监管的全国性证券市场，是公开市场，挂牌公司准入和持续监管纳入中国证监会非上市公众公司监管范围，股东人数可超200人；在交易制度选择上没有障碍，可以连续、标准化交易；挂牌公司只要符合上市条件，即可向交易所申请转板。（2）区域性股权市场是多层次资本市场的组成部分，属于非公开市场，不属于证券市场，由省级地方政府设立和管理，其挂牌公司股东人数不能超过200人，交易频率须严格执行T+5（非连续），即“非公众、非标准、非连续”；此外，挂牌企业如果要上市必须先完成股交中心退市，才能递交IPO申请。

区域性股权市场与新三板、交易所的区别见表2。

表2 区域性股权市场与新三板、交易所市场交易规则对比

规则	区域性股权市场	全国中小企业股份转让系统（新三板）	交易所市场（主板、中小板、创业板）
功能定位	企业解决股份转让难的问题和部分解决融资问题	企业价值发现、投资、整合、转让的综合平台	融资和股票交易平台
挂牌条件	宽松、无实质要求	宽松，存续满2年且业务明确，无财务指标要求	严格
挂牌/上市成本	比较低	比较低	较高
监管机构	地方政府	全国中小企业股份转让系统及中国证监会	中国证监会
公司定位	非上市非公众公司	非上市公众公司	上市公司
交易制度	协议转让	协议、竞价、做市商可选择	竞价
融资方式	私募	自行选择融资对象及时点	上市即稀释股权，再融资审批严格
涨跌幅	各区域规定不同	不设限制	10%或5%
权益持有人要求	200人之内	可以超过200人	可以超过200人
权益交易	权益不能标准化，不能持续交易，T+5	权益能够标准化，1 000股为单位持续交易，做市商或T+0，其他T+1	权益标准化，以100股为单位持续交易，T+1

截至2014年12月31日，区域性股权交易中心（四板）设立情况见表3。

表3　　区域性股权交易中心（四板）设立情况

序号	所述区域	所属省份	名称	成立时间	挂牌时间
1	华东地区	上海市	上海股权托管交易中心	2010年11月	2012年2月
2		浙江省	浙江股权交易中心	2012年9月	2012年10月
3		山东省	青岛蓝海股权交易中心	2014年2月	2014年4月
4			齐鲁股权托管交易中心	2010年12月	2013年11月
5		江苏省	江苏股权交易中心	2013年7月	2013年9月
6		江西省	江西股权交易所	2011年6月	尚未挂牌
7		安徽省	安徽省股权托管交易中心	2013年8月	2013年9月
8		福建省	厦门两岸股权交易中心	2013年12月	2014年4月
9			海峡股权交易中心	2011年10月	2013年7月
10	华南地区	广东省	广州股权交易中心	2012年8月	2012年8月
11			前海股权交易中心	2011年11月	2013年5月
12			广东金融高新区股权交易中心	2013年10月	2014年1月
13		广西	广西北部湾股权交易所	2011年4月	2014年8月
14		海南省	海南股权交易中心	2014年9月	2014年12月
15	华中地区	湖北省	武汉股权托管交易中心	2011年5月	2011年9月
16		湖南省	湖南股权交易所	2010年12月	2012年12月
17	华北地区	北京市	北京股权交易中心	2013年1月	2013年12月
18		天津市	天津股权交易所	2001年7月	2008年12月
19		河北省	石家庄股权交易所	2010年8月	2014年2月
20		山西省	山西股权交易中心	2013年8月	2013年8月
21		内蒙古	内蒙古股权交易中心	2014年1月	2014年5月
22	西南地区	重庆市	重庆股份转让中心	2012年12月	2010年10月
23		四川省+西藏	成都（川藏）股权交易中心	2013年7月	2013年12月
24		贵州省	贵州股权金融资产交易中心	2010年12月	2014年4月
25	西北地区	陕西省	陕西股权交易中心	2014年1月	2014年7月
26		青海省	青海股权交易中心	2013年6月	2013年12月
27		甘肃省	甘肃股权交易中心	2013年12月	2013年12月
28		新疆	新疆股权交易中心	2012年10月	2013年10月
29	东北地区	辽宁省	辽宁股权交易中心	2013年2月	2013年4月
30		吉林省	吉林股权交易所	2011年5月	2013年6月

注：挂牌企业数量相对较多的四板市场为天津股权交易所、上海股权托管交易中心、前海股权交易中心。

每个区域性股权市场挂牌企业的条件各有不同，现以天津股权交易所、上海股权托管交易中心和前海股权交易中心为例，四板企业挂牌条件、要求及金融服务特色主要如下：

1. 天津股权交易所。经天津市政府批准，由天津产权交易中心、天津开创投资有限公司等机构于 2008 年 9 月共同发起组建了天津股权交易所，是我国第一家向全国推行场外交易业务的区域性股权交易市场。截至 2015 年 2 月 28 日，天津股权交易所已累计实现直接融资 80.51 亿元（其中，首次定向私募 42.13 亿元，后续增发 38.38 亿元）；累计为 139 家企业完成 311 次股权质押融资，金额达 62.37 亿元。

天津股权交易所包括传统行业板（针对传统型中小型企业，根据企业规模和盈利能力不同分为全国市场和区域市场）和科技创新板（天津股权交易所与浙江清华长三角研究院共同建设的针对“两高六新”企业的市场板块，也分为全国市场和区域市场）。

2. 上海股权托管交易中心。继天津股权交易所成立近 1 年后，上海股权托管交易中心由上海联合产权交易所、上海国际集团有限公司和张江高科于 2010 年 7 月 19 日发起设立，归属于上海市金融服务办公室监管。

上海股权托管交易中心目前设置了 3 个板块，分别为 Q 板（中小企业股权报价系统）、E 板（非上市股份公司股权转让系统）和私募股权基金份额报价系统。

3. 前海股权交易中心。前海股权交易中心（深圳）有限公司是在深圳前海深港现代服务业合作区建设的国有企业控股、市场化运作的区域性交易市场，于 2012 年 5 月 15 日揭牌，2012 年 12 月 6 日完成增资扩股。前海股权交易中心在股东结构上引入了中信证券、国信证券、安信证券三家券商，利用互联网平台资源，为广大处于初创和发展阶段的中小微企业，提供私募、个性、定制化的金融解决方案。截至目前，前海股权交易中心挂牌企业达 4 722 家。

二、场外股权质押意义及其法律基础

（一）场外股权质押意义

如前所述，新三板市场、四板市场一直呈现高速发展的态势，市场容量剧增、机制不断完善，为证券公司开展场外股权质押融资业务孕育了丰富的业务机遇。

1. 市场发展快速，潜在需求旺盛，为中小企业提供新的融资渠道。新三板、四板市场是构建我国多层次资本市场体系的重要一环，挂牌企业在初创期高速成长，融资需求非常迫切，但目前直接融资功能尚未完善，场外股权质押融资将为市场拓宽融资渠道，以股份作为担保品的融资方式也更为有效和通畅。

2. 交易机制逐步完善，分层体系的推行将为质押融资提供良好的业务基础。股权系统内未来将进行分层体系对应不同的交易制度的建设，不同层级的投资者门槛也会做出相应的调整，有助于改变目前成交量不足的现状，因此分层管理和降低投资者门槛将有效解决新三板、四板市场估值公允性和流动性。

3. 新业务为证券公司的创收进一步“开源”，成为信用业务新的营收增长点。目前，新三板市场资质良好的企业正在陆续转为做市交易模式。如果以目前 A 股市场的整体质押率 3.62% 推算，目前仅新三板的业务潜在融资需求就达到 141.62 亿元，并且处在高速的增长通道中，未来场外股权质押业务将为证券公司带来新的营收增长点。

（二）场外股权质押法律基础

场外股权质押是指符合条件的融资方将所持有股权（包括但不限于新三板上市公司股

份、四板挂牌企业股权等）出质给符合条件的出资方并融入资金，按约定支付利息，并在未来某一日期返还资金、解除质押的交易行为。

在场外股权质押法律关系中，法律关系主体包括融资方、出资方，证券公司作为场外股权质押业务管理人，其地位视具体情况有所不同，出资方与证券公司有可能重合。融资方为市场上具有融资需求，符合法律法规及相关规定，持有新三板、四板上市公司股权的客户。证券公司在场外股权质押中承担着重要的法律角色。证券公司本身可以作为出资方，以其自有资金参与业务，在初始交易中提交资金，获得标的证券的质权，按约定向融资方收取利息，并到期获得购回交易金额，将标的证券解除质押。

在股票质押回购中，主要包含以下几层基础的法律关系：

1. 借贷法律关系。融资方与出资方签订场外股权质押协议，融资方向出资方融入资金，并按约定支付利息，融资方与出资方之间形成借贷法律关系。

2. 质押法律关系。在场外股权质押中，融资方将所持股票出质给出资方，作为融资方对按约定未来某一日期还款义务时的担保。一般而言，融资方为出质人，出资方为质权人。

我国《物权法》第二百二十三条规定股权可以出质。根据《公司法》第一百二十六条的规定，股份有限公司的资本划分为等额股份，公司股份采取股票的形式。《物权法》中规定可以出质的股权实际就是以股票作为表现形式的股份。

按照《物权法》第二百二十三条以及《担保法》第七十五条的要求，股份作为质物须满足两个条件：一是出质人有权处分；二是股份依法可以转让。

对于股票等有价证券而言，其本质是一种权利，即股东权利或者份额持有人权利。该等权利的归属，以股东名册、中登登记等方式予以昭示。客户作为股东享有标的股票的所有权，并由中国登记结算公司等有权登记机关予以登记昭示。《物权法》及《担保法》规定必须是出质人有处分权的股票才能进行质押。处分权是指财产所有人对其财产有权在法律规定的范围内最终处理的权利，处分权是所有权四项权能的核心，是财产所有人最基本的权利，因此，对于一般动产而言，处分权当然地归属于所有权人，所有权人即为最初的“有权处分”人。对于股票等有价证券而言，其本质是一种权利，即股东权利或者份额持有人权利。该等权利的归属，以股东名册、中登登记等方式予以昭示。作为该等股票的所有权人，有权处分其名下证券。

新三板、四板市场作为股权转让交易中心，挂牌公司股权依法可以转让。对于有限售条件的股权，在符合解禁条件后可以转让。《物权法》第二百零九条规定：“法律、行政法规禁止转让的动产不得出质。”本条虽然是针对动产质押的规定，但根据第二百二十九条“权利质权除适用本节规定外，适用本章第一节动产质权的规定”，权利质权同样应当遵守该禁止性条款。根据《物权法》中的上下文规定，动产质权是指债务人或者第三人将其动产移交给债权人占有，将该动产作为债权的担保，当债务人不履行到期债务时，债权人所具有的依照规定以该动产折价或者以拍卖、变卖该动产的价款优先受偿的权利。因此，从立法本意看，质权应是价值权，可以设立质权的财产必须是可以转让的财产，若以法律法规禁止转让的财产设定质权，则在实现质权时，无论采取折价、变卖或拍卖的方式，都会导致质押财产因与法律法规禁止流通的强制性规范相违背而无法拍卖或者变卖，从而导致质权无法实现、设定质权目的落空的后果。

3. 委托代理关系。在场外股权质押中，融资方为证券公司客户，融资方与证券公司签订委托代理协议，证券公司代理融资方申报交易，二者之间形成委托代理关系。

当出资方不为证券公司时，证券公司还接受出资方委托，进行有关申报、盯市以及违约处置相关事宜，二者之间亦存在着委托代理关系。

三、全国中小企业股份转让系统挂牌企业股权质押回购交易业务模式及其风险控制

（一）新三板企业股权质押回购模式

1. 场外质押模式。

（1）通过借道产品模式。由于目前股转系统尚未推出针对新三板的股权质押场内业务，证券公司如开展新三板质押融资，面临资金借贷的合规性问题，无法直接对外融资，需借道资管计划或信托计划，采用场外质押的模式，具体为“资管计划+信托质押”。

①信托计划的成立：资管计划的管理人与信托公司签署《股权收益权投资单一资金信托合同》，约定信托规模、信托期限、信托成立、信托单位的认购、信托财产的投资管理、信托财产的费用承担等相关内容；

②信托计划投资股权收益权并约定购回条件：融资方与信托公司签署《股权收益权转让和回购合同》、《股权质押合同》，约定双方的权利及义务、收益与风险等相关条款；

③合同的强制公证：对《股票收益权转让和回购合同》、《股权质押合同》等进行强制公证；

④标的股权的质押登记：双方到登记公司办理质押登记手续，证券公司派人与信托公司、融资方共同办理面签和相关质押登记手续。

（2）直接融资模式。目前证券公司的经营范围由《证券法》直接规定，证券公司作为质权人将融资款直接支付给出质人可能涉嫌合规问题。建议扩大证券公司经营范围，明确证券公司经营此类证券融资业务的合法合规性，证券公司可通过直接融资模式开展场外股权质押回购交易业务。

2. 未来股转系统参照沪、深证券交易所推出场内质押回购交易模式。新三板股权质押交易是指符合条件的资金融入方（以下简称“融入方”）以所持有的新三板公司股权质押，向符合条件的资金融出方（以下简称“融出方”）融入资金，并约定在未来某一日期返还资金、解除质押的交易行为。新三板股权质押交易由客户签署新三板股权质押式回购交易协议，并在回购期初和回购到期日由公司按照《证券公司开展场外股权质押式回购交易业务试点办法》规定的格式分别向全国中小企业股份转让系统（以下简称“股转系统”）、新三板股权质押交易系统（以下简称“股转质押系统”）进行交易申报。经股转系统确认后，由中国证券登记结算有限责任公司（以下简称“中国结算”）为新三板股权质押提供相应的证券质押登记和资金划付等业务处理。

业务运作按照时间顺序分为期初初始交易、待回购期履约风险管理和到期购回交易三个阶段。

期初，交易各方进行协商，通过签订交易协议书确定各项交易要素，公司于初始交易日向股转系统提交初始交易申报。经股转系统确认后，由中国结算分公司完成期初证券质押登记与资金划付。

待回购期间，若新三板股权质押交易的标的证券履约保障比例低于协议约定的最低履约保障比例，客户须采取相应的履约保障措施以提高其履约保障能力。

待回购期间，交易各方须对自身履约资质进行持续管理。公司、融出方与客户签订的新三板股权质押交易协议对各方的履约资质标准进行了明确约定，当一方履约资质发生变化且不再符合相关条件时，另一方可根据新三板股权质押交易相关协议约定采取相应的措施。公司、融出方与客户订立的新三板股权质押交易相关协议公平、合理，充分体现保护客户的原则，同时公司还将接受股转系统、监管机构的监督与管理。

期末，公司于购回交易日向股转系统提交购回交易申报，经股转系统确认，由中国结算分公司完成资金清算交收、解除证券及相应孳息质押登记。

在新三板股权质押交易协议中，交易各方还须对特殊事件中的交易处理方式进行约定，以确保在特殊事件发生时能够公平、合理地处理相关事项，确保新三板股权质押的平稳运行。

（二）尽职调查

尽职调查是指新三板公司股权质押式回购项目组通过访谈、查阅、实地考察等方法，勤勉尽责地对拟融资的客户进行调查，以充分了解客户基本情况、财务状况和偿债能力的过程。尽职调查应着重了解客户的具体资金用途是否合理，是否有足够的偿还来源和偿还能力，全面评估客户主体资格、股份性质、资金用途、偿还来源等内容以及确信客户申请文件真实、准确、完整，并最终形成尽职调查报告，详细记录和分析客户基本情况及现场调研结果。

1. 个人客户的尽职调查。对于个人客户，应着重了解以下内容：

（1）主体资格。了解主体是否完全民事行为能力人，是否能够独立合法对外承担负债。

（2）家庭状况。包括融资人配偶及子女基本情况，是否具有国外居留权。

（3）资产状况。如房屋不动产，交通工具、机器设备等动产，除标的券以外的金融资产或其他股权投资、实业投资；融资人不居住在自有房产处的，需提供实际居住地证明。

（4）信用状况。要求提供最近期的个人信用报告，以获取融资人最新的个人贷款、信用卡等负债及担保情况。

（5）资金用途。用于其个人其他项目投资：需了解拟投资项目的基本情况，进行可行性分析，以判断是否能够为其带来投资收益。

用于个人消费：对该类融资需给予特别关注，个人消费不能带来持续的现金流，融资人未来还款来源可能主要依靠滚动质押融资或减持所持标的券。

用于借款给标的公司：关注和新三板之间的借款是否存在违规行为。

（6）还款来源。经营收入，其他金融资产处置或其他股权投资、实业投资收益。融资期间，需对融资人情况进行持续跟进，以及时了解其偿债能力是否发生重大变化。

（7）搜集公开信息，是否有负面信息，确定其社会形象。包括已决、未决诉讼，经济纠纷等；也可以通过最高人民法院网站（www. court. gov. cn）全国法院被执行人信息查询平台核实融资人是否为失信人员。

（8）股份来源、性质和质押状态。对于个人客户，除上述主要事项外，还需详细说明其年龄结构、学历、个性风格、重点从业经历、在企业服务年限、是否与高管存在亲属关系，有无黄、赌、毒等不良嗜好，管理层之间是否融洽协调等信息。

应注意融资人担任社会职务或具有一定的社会知名度会影响其融资渠道的多样性和便利性，同时也会约束其违约的可能性。

2. 机构客户的尽职调查。对于机构客户（含标的证券），应着重了解以下内容：

（1）行业分析。对申请人所处细分子行业的运行状况、产品生产、销售、消费、技术、行业竞争力、市场竞争格局、行业政策等要素进行分析，从而发现行业运行的内在规律，进一步判断行业的发展趋势。

借鉴权威机构发布数据、行业内上市公司或新三板的公开数据、著名咨询机构印发的行业分析报告、行业地图，进行比较、归纳分析，识别行业的经济特征和授信企业的竞争优势，并结合财务分析部分，与财务报表中的多种勾稽关系相互印证。

运用行业分析和行业风险评估方法，充分利用内外部行业分析的成果，分析授信业务投向细分子行业的行业特征、现状、发展趋势、竞争结构和行业风险因素。

（2）客户经营管理分析。

①分析客户的股东构成和股东的属性（控股股东、战略投资者、财务投资者、小股东等），股东与企业之间有无业务联系。

②分析董事会和监事会等权力监督机构设置情况，发展战略是否激进，决策与纠错机制、激励与约束机制是否健全，决策是否过于依赖于个人，信息披露是否合规透明；如为股权关系较为复杂的集团客户，尤其是民营企业，追溯分析最终控制人。

③管理层分析，说明法定代表人和管理层的构成、年龄结构、学历、个性风格、从业经历、在企业服务年限、是否存在亲属关系，有无黄、赌、毒等不良嗜好，管理层之间是否融洽协调，说明法定代表人是否持有外国护照或拥有外国永久居住权。

④分析集团主营业务及其在集团成员间的分布，集团主要经营性资产在集团成员间的分布；集团母公司属于纯粹的管理型公司，还是有一定的经营活动，其经营活动是否只是为其子公司提供原材料采购、产品销售等辅助性活动；集团是否有明确可行的发展战略和具体实施步骤，对集团发展前景可能产生的影响。

⑤分析子公司是否有明确和稳定的利润分配政策，以往利润分配情况如何；是否需要在授信合同中对授信对象的利润分配加以一定的限制。

（3）经营许可审查。

①经营许可审查。审查用途是否在申请人营业执照注册登记范围内，对需要取得特殊经营许可的业务，如煤炭、有色金属开采、成品油经营、外贸进出口等客户是否按规定取得相关业务许可或权证。

②环保审查。对钢铁、化工、有色、水泥、电力、电石、焦炭、铁合金、造纸等重污染工艺或者高污染、高环境风险的授信申请人的环保信息高度关注。对存在违法、违规、不达标、审核未通过等环保信息的授信项目应予以否决。

③在建、新建项目手续审查。对有在建、新建成项目（通常项目正式投产不足一年）的申请人，特别是属于产能过剩和潜在产能过剩行业，应审查项目是否具备核准、土地、环评、规划、节能评估和节能审查等合法手续。

④法律诉讼审查。通过全国法院被执行人信息查询系统等途径，审查客户及其重要关联企业是否存在诉讼、重大商业纠纷。如有，应具体列示，并进行风险分析。

（4）经营状况分析。判断客户主营业务是否突出，并结合行业特点，判断申请人的经营状况是否与其所处行业特点吻合，如不吻合，应分析具体的原因和风险。通过对客户产、供、销和研发等方面的分析来评估客户经营状况。

①供应阶段：分析货品质量、货品价格、进货渠道和付款条件等。

②生产阶段：分析设备状况和技术水平等。

③销售阶段：分析主要产品在总销售收入和毛利的占比情况；产品生命周期（进入、成长、成熟、衰退）；销售价格弹性和价格变化趋势；产品的客户定位；产品替代性；产品发展战略；产品是大批量生产还是按订单生产；对互补产品的依赖程度（造纸和包装，水泥和建筑等）；分析市场占有率和销售增长率等。

④研发能力分析（适用于技术密集型企业）：分析研发人员占比、投入费用、研发能力的可持续性等。

(5) 依法合规经营分析。分析客户内部控制制度是否健全，是否合法、持续经营，有无重大违规违纪情况，与交易对手之间有无欺诈性交易，与同行之间有无恶性竞争行为，是否有走私、欠缴、漏缴或偷税情况，员工对公司的满意程度。

(6) 关键财务指标分析。财务分析是以客户财务报表为主要依据，运用一定的分析方法，对客户的财务过程和结果进行评价，以分析客户财务状况、盈利能力、资金使用效率和偿债能力，判断客户的发展变化趋势。就财务报表完整性与规范性审查、人行征信系统查询、财务报表重点科目分析、主要财务指标分析和财务状况综合分析。

①财务分析的原则。对首次接触客户的财务状况应按本部分内容进行全面分析。对于续做业务，可在归纳财务结构特点的基础上，重点分析本次授信时主要财务科目与财务指标的变化，并对照前期授信时提供的财务资料，核实财务报表的连续性与一致性。

如申请人为集团公司的母公司，应同时分析合并报表与本部报表。如集团客户实行集中财务管理，在说明其具体的资金、账务等财务管理方式的基础上，应重点分析合并报表；如不实行集中财务管理，且授信为集团公司本部使用，应重点分析其本部财务报表。

应以分析年度财务数据为主、分析即期财务数据为辅；分析即期报表时，侧重分析异动科目与异动指标；对于季节性销售明显的授信申请人，应要求提供上两年同期财务报表，并进行对比分析。

财务分析应避免单纯列举财务数据，审查人员应将财务数据、财务指标与行业发展状况、企业经营管理情况相互印证、综合分析，归纳财务分析结论。

②财务报表完整性与规范性审查。审查财务报表的齐全性：审核资料时，若发现财务报表不齐全或者未提供会计报表附注，应说明原因；如果提供的报表为汇总口径报表，应注意是否存在集团内通过关联交易、相互投资等方式虚增了总资产、净资产、经营规模、利润、现金流量等。如存在前述情况，应进行说明和分析，并判断其实际的资产、经营规模、利润、现金流等，使其与合并报表数据具有可比性。

近三年合并财务报表的编制范围是否发生变化。如有变化，详细说明原因及变化范围，并调整关键财务指标，使连续三年的财务报表数据具有可比性。

列示近三年财务报表的编制基础，若三年财务报表的编制基础不同，应分析三年财务报表数据是否具有可比性；如无可比性，应对关键财务数据进行相应会计调整。

客户会计政策是否发生重大变化并分析其对客户财务状况的影响，包括但不限于折旧政策、存货计价、无形资产摊销、收入确认、或有事项、关联交易和销售政策。

③人行征信系统查询。记录人行征信系统中“信息查询”、“信用报告”的查询日期和查询结果。信息查询包括但不限于未结清的信贷信息及五级分类、已结清的不良贷款、已结清欠息、垫款记录、对外担保信息、未决诉讼、社保信息、纳税信息、处罚信息；信用报告包括但不限于企业组织架构图、财务报表详情等信息。若有异常，应说明原因并分析对企业的影响。

核对未结清信贷信息与借款申请人报表数据是否一致，若有异常应做出说明。

结合对外担保信息，分析是否超出企业的担保能力，根据对外担保的客户分析企业是否存在关联客户的互保及连环担保现象。

④财务报表重点科目分析。重点科目的特征是金额大、占比高、变动异常（同比变动幅度在5%以上）、易隐藏风险。根据重点科目的特征，找出重点会计科目，分析该类科目的具体内容以及异常变动的原因、未来变化趋势，对经营及偿债能力的影响。会计科目主要按新会计准则撰写，对于新旧会计准则差异较大的会计科目，将在具体科目中提示。

⑤主要财务指标分析。结合财务指标，比较近三年及最近期财务指标，或与其他同行业客户比较分析。对单项财务指标的优劣不应轻易下结论，要结合其他财务数据及行业发展状况与企业经营管理状况进行综合判断。

关注有息债务的动态变化，分析长短期负债结构是否合理，是否与资产转换周期相适应，近期是否过度举债，短期借款、应付票据、直接债务融资和长期借款集中到期金额是否较大，到期日分布是否合理。

分析方法：短期偿债能力应与现金流分析相结合，分析短期偿债指标在近三年的变化情况、变化原因，以及资产变现能力强弱的原因。判断有息债务规模与营业收入和经营现金流量相比，增长是否过快。

分析对外担保、未决诉讼、有追索权的票据贴现等或有负债对客户偿债能力的影响，分析成为实际负债的可能性。申请人近期是否对外提供新的大额担保或大量资产被抵押，出现接近或超过自身承受能力的情况。

（7）借款用途和还款来源分析。借款用途和还款来源分析是通过对授信的申贷用途和还款安排进行分析，重点解决“干什么用、用什么还、怎么还”的问题，判断申贷用途的合理性和还款来源的可靠性。本部分包括授信用途分析、授信额度分析、授信期限分析和还款来源分析。

①借款用途与还款来源分析的原则。借款用途的审查应坚持合法合规、明确具体、贷用一致的原则。还款来源的审查应注重还款来源的可测性、可控性、充足性和稳定性。

②借款用途分析。了解客户申请借款的动机，是否做到诚信申贷，分析本次借款用途是否有明确、具体、合理的资金使用计划。

融资资金用途须符合国家法律、法规及有关政策规定，不得用于国家禁止生产、经营的领域和用途。对于实际用途超出企业经营范围等违法违规的申请应予揭示。

用途描述应明确具体，应说明交易背景、合作记录、业务模式等情况，重点关注客户是否提供交易合同或协议等相关资料证明。

③还款来源分析。申请人自身还款来源分析：根据对授信申请人行业情况、经营管理情况、财务状况的分析，判断借款申请人的还款来源是什么，是否具备按期、足额还款能力。

经营活动现金流还款。申请人营业收入产生的经营活动现金流是首要还款来源。应审查客户收入规模和收入转化为现金的能力，判断经营活动能否产生持续、稳定、足额的现金流，对偿债能力作出合理估计。

对于以特定经营活动现金流作为还款来源的，应分析该还款来源的充分性和作为还款保障的可靠程度。在简要介绍买方客户经营财务状况的基础上，分析其是否具备按期、足额支付货款的意愿和能力以及申请人交易对手的资信状况、付款记录及付款实力等。

筹资活动现金流还款。主要包括从其他银行、股东或其他企业借款偿还，通常为辅助还款来源。重点关注客户资信状况和融资能力是否出现不利变化，融资渠道是否保持畅通。以此作为主要还款来源的企业大多表面上履约情况正常，实际资金链较为紧张，应引起警惕。

投资活动现金流还款。主要以变卖固定资产、无形资产、所持股权、交易性金融资产等所得款项还款。重点了解还款来源的可行性和变现难易程度。此还款来源将对企业未来持续经营产生较大影响，为非常规手段，不应成为主要还款来源。

④其他还款来源分析。判断保证人是否具备担保能力和代偿意愿，能否在授信申请人违约的情况下及时偿还融资资金，识别保证担保存在的风险点。

除保证、抵押、质押等法定担保方式以外，还应关注借款是否具备其他途径的还款保障。分析此类还款来源的可靠性和有效性，判断能否发挥有效的风险缓释和抵补作用。识别其中存在的风险点，判断调查人员提出的风险防范和控制措施是否有效。

⑤还款方案分析。授信客户是否提出明确、合理的还款计划，判断该还款计划是否与客户经营及现金流状况相匹配。

对于对外负债规模高、偿债压力大的企业，可提出分次提款和分次还款的建议。

⑥股份性质。应了解客户持有的股份总数、已质押部分的数量及期限，是否存在司法纠纷等权利瑕疵。

（三）标的股权估值

新三板股权转让的方式主要是协议转让，虽然协议转让有市场价格信息，但并无确切的公允价值。协议转让市场价格的公允性存在较大不确定性。

2014 年 6 月 5 日，全国中小企业股份转让系统正式发布实施《全国中小企业股份转让系统做市商做市业务管理规定（试行）》，要求做市商应当建立健全做市业务内部管理制度，含做市股票报价管理制度，包括做市股票报价的决策与执行程序、报价调整和报价监控机制等。目前阶段，对标的证券的估值可分为两种模式：一是协议转让方式下的股权评估模式；二是做市商制度下的借鉴做市商估值模式。

1. 协议转让方式下的股权评估模式。对于新三板公司股权价值的评估有多种方法，在综合考虑不同评估方法的适用性、所使用数据的质量和数量的基础上，形成合理的评估结论。评估方法主要包括：

（1）收益法。股权价值评估中的收益法是指通过将被评估股权资产预期收益资本化或折现以确定股权价值的评估方法。目前在企业价值评估过程中，较为先进的定价模型是自由现金流量折现定价模型。

自由现金流量贴现模型的一般模型是：

$$股权价值 = \sum_{i=1}^{n} \frac{股权自由现金流量\ i}{(1 + 股权资本成本)^{i}}$$

①确定股权自由现金流量。

股权自由现金流量（FCFE）=折旧、摊销+息税前利润×（1-所得税税率）-营运资本增加-资本性支出-税后利息支出-债务本金偿还+新发行债务=折旧、摊销+净利润-营运资本增加-资本性支出+新发行债务-债务本金偿还

要求企业的自由现金流量，还需要确定以下关键指标：

第一，息前税后利润。息前税后利润=息税前利润×（1-所得税税率）=（利润总额+财务费用）×（1-所得税税率）。

第二，税后利息。价值评估中的折现率通常采用的是税后资本成本。由于企业评估采用的贴现率要与现金流一致，所以自由现金流要扣除企业所得税。因此，税后利息=财务费用×（1-适用的所得税税率）。

第三，资本性支出。资本性支出指的是企业购买、添置各种长期资产所支付的资金，在扣除没有利息的长期负债后的值。企业的各项长期资产包含无形资产、长期股权投资、固定资产、其他长期资产。

第四，营运资本增加额。营运资本是指“无息流动负债”和“流动资产”的差额。其公式可以表述为：

营运资本增加=增加的流动资产-增加的无息流动负债=本期营运资本-上期营运资本

②股权资本成本。对于股权资本成本，通常采用资本资产定价模型（CAPM）来衡量风险与收益之间的定量关系，即：Re=Rf+β×ERP。

Re为期望收益率，Rf为无风险收益率，β为系统风险，ERP为权益风险溢价。

无风险收益率Rf，通常选择长期国债收益率。

系统风险β，利用市场上同类股票的数据确定合适的β值。可以从与被评估企业相应的股票市场板块中选择与其在各方面指标比较相似的企业，即β值相似，那么有下列公式：

无负债时，公司的β值为：

$$\beta_u=\frac{\beta}{1+（1-所得税税率）×（负债÷权益）}$$

有负债时，公司的β值为：

$$\beta_L=\beta_u×［1+（1-所得税税率）×（负债÷权益）］$$

③计算股权价值。由前面所估算出的各项数据，根据股权自由现金流量折现模型，将各期的股权自由现金流进行折现，即得出新三板公司股权价值。

（2）市场比较法。市场比较法的基本原理是：处于同一行业的某些公司应该拥有共同或类似的财务特征，所以某些上市公司或新三板公司的财务数据可用于推断同行业内被评估公司的价值。

市场比较法是指将评估对象与在市场上已有交易案例的企业、股东权益、证券等权益性资产进行比较，利用参考公司的相关数据估算价值参数（如市盈率、市净率），并与被评估企业相应的基本指标（如净利润、净资产）相乘来计算得到权益价值的评估方法。在中国证券市场上，股票发行价格大多采用市盈率的方法定价。

2. 做市商制度下的借鉴做市商估值模式。做市商的核心功能在于提供估值定价和流动性。做市商主导市场的价格发现功能，做市商尤其主办券商对其推荐公司有信息优势，在对

公司投资价值深入分析的基础上提供报价，再经过竞争性的报价和市场双向选择，推动股票价格符合公司内在和公允价值。

因此，在做市商制度下，对于有做市商参与的新三板企业的估值可以选择借鉴做市商的估值。同时，根据以下因素进行修正：(1) 推荐挂牌的券商上一年度的资信状况及等级评价分类结果；(2) 标的企业流动性及波动性指标；(3) 标的企业的市场成交情况。

由于做市商对标的企业的投资价值已进行深入的分析及评估，经适当修正后的新三板股权估值的公允性已得到大幅提高。

综上，目前情况下，新三板标的企业信息透明度及内部控制的完善程度均有待提高，基于任何一种评估方法的结果均存在较大的不确定性。在实际操作中，可考虑借鉴商业银行对非上市企业的股权质押股价的确定原则，即综合上述股权评估价值、做市商估值、标的公司最近一次定向增发价格、最近一次市场交易价格、最近一次投资公司入股价格及最近一期每股净资产，可选择采取其中某项，或谨慎孰低，或多项加权平均，或通过其他合理方法以确定相对公允的股权价值。

（四）标的股权管理

对新三板股权质押交易标的证券的筛选和管理是业务风险控制的关键。待回购期间，标的证券市场价格下跌将降低客户履约担保能力。在客户违约后，证券公司将直接面临标的证券市场风险、流动性风险。因此，为满足新三板股权质押的持续稳定、符合业务风险控制要求，证券公司应当建立标的证券管理制度。标的证券管理要点包括：标的证券筛选标准、证券池动态调整、折算率等方面。

1. 标的股票的筛选。证券公司新三板股权质押的标的股票，为证券公司新三板股权质押业务中可用于新三板股权质押的标的股票。证券公司应选择业绩优良、流通股本规模适度、流动性较好的公司作为新三板股权质押业务标的股票。

(1) 标的股票样本空间。作为新三板股权质押的标的股票样本空间需同时满足以下条件：①最近一年经审计的归属于母公司的净利润达到一定水平；②最近一年会计师事务所出具标准意见的审计报告；③最近三年未发生监管机构对挂牌公司、挂牌公司控股股东及实际控制人进行行政调查或处罚；④标的证券前20个交易日（或一定周期内）的累计换手率达到一定水平；⑤标的证券不处于因发生重大事项而停牌交易的阶段；⑥为标的证券进行挂牌业务的承销券商最近三年未受到相关业务的行政处罚；⑦股票价格无明显的异常波动或市场操纵；⑧其他条件。

做市商交易模式开展后，在原有初步评估事项的基础上增加以下条件：①标的证券的波动在前20个交易日（或一定周期内）的振幅低于一定水平；②为标的证券进行做市的做市券商最近三年未受到相关业务的行政处罚。

证券公司可结合市场情形对上述标的证券的入选标准进行调整。

(2) 确定新三板股权质押的标的股票池。满足以下条件的初选股票，进入最终确定的新三板股权质押的标的股票池：①股票综合评价系统内的相关指标未出现重大的临时性异常变化的股票；②未来期间股票限售股解禁或可能的减持行为，不会对股票价格产生重大影响；③无其他特殊原因认定为不适合作为新三板股权质押的标的股票。

2. 标的股票池调整。证券公司应当对股票池进行动态管理和维护，调整包括定期调整和临时调整。

（1）定期调整。新三板股权质押的标的股票池的定期调整是指证券公司基于对标的股票的定期评估而进行的定期调整。

（2）临时调整。新三板股权质押的标的股票池的临时调整是指证券公司根据市场情况对标的股票进行的不定期调整。临时调整包括以下情形：①标的股票申请转板流程；②标的股票进入终止挂牌程序；③标的股票长期停牌；④其他情形，包括但不限于标的股票交易异常、标的股票发行人被吸收合并等。

3. 标的股票的折算率。

（1）折算率的确定。对股票的评估包括基本面、流动性、波动性三个基本模块，由于新三板公司股权质押交易业务最长期限达 3 年，对各标的证券对应各合约期间，需要对应进行分批计算。

证券公司可通过股票综合评价系统，从基本面、流动性、波动性等方面对标的股票进行综合评分。

①基本面。主要考虑盈利能力、成长性等。其中盈利能力指标选取净资产收益率和归属母公司净利润，成长性指标包括过去一年净利润增长率、过去一年主营业务收入增长率。在市场环境发生重大变化时，可参考其他辅助指标。

采用净资产收益率、净利润增长率、主营业务收入增长率、归属母公司净利润等指标，使用等权重加权打分法进行综合评分。公式如下：

股票基本面评分 =（净资产收益率评分 + 净利润增长率评分 + 主营业务收入增长率评分 + 归属母公司净利润评分）/4

②流动性。流动性指标计算，综合评估近三个月日均换手率、日均成交金额、日均流通市值和日均总市值。首先将各股票近三个月日均换手率、日均成交金额、日均流通市值和日均总市值分别排序测算序位数，并加权平均得出各股票流动性综合评分结果。

③波动性。主要考虑股票价格波动幅度、VaR 模型度量。

股价波动幅度，以股票在评估日之前三个月内历史波动幅度为评估对象。

VaR 模型度量股票在未来三个月内价格波动下所面临的最大损失额，算法如下：

$$p = \Pr\{\Delta V(l) \leqslant VaR\} = F_l(VaR)$$

$$VaR = x_p = \inf\{x \mid F_l(x) \geqslant p\}$$

p 为股票品种在一定时间内损益分布的置信度，暂定 95%；

t 为公司启动 VaR 模型的评估日，l 为 VaR 预测的未来时间段，暂定 60 个交易日（三个月）；

$\Delta V(l)$ 为个股价格从时刻 t 到 $t+l$ 的价值变化，$F_l(x)$ 为 $\Delta V(l)$ 的分布函数。

如市场出现系统性风险，市场面评估除上述两项指标外，增加微观流动性（买卖价差、市场深度）及估值指标（市盈率、市净率）等评估因素。

正常市场阶段，对样本空间内的股票，先分别测算基本面、流动性、波动性三项指标的综合分值，然后进行排序，测算秩数并进行加权。

特殊市场阶段，在前述结果基础上，以微观流动性指标、估值指标、其他基本面指标作为辅助参考指标，并据此对前述新三板股权质押的标的股票池进行调整。

折算率的确定要保证在一定的置信水平（95%）之下，标的股票的履约保障比例不触及最低比例。

标的股票折算率设定的区间为40%—70%，按股票打分等级和新三板股权质押期限综合确定。

根据前述股票综合打分，按照分数进行排序，将标的股票按序位高低确定为A、B、C、D四档。在同一新三板股权质押期限下，A类股票折算率最高，D类最低；新三板股权质押期限越长，则折算率越低。

（2）折算率的调整。证券公司可定期根据最新的市场数据，对标的股票池的股票进行打分，确定其所属类别等级，按新的类别等级确定其折算率。

（3）折算率的特殊调整。证券公司在对客户进行尽职调查、充分了解客户信用、担保能力的基础上可以对标准折算率进行适当调整，包括但不限于以下情形：

①客户持有的股份为国有股或具有国资性质，股份来源清晰，股权结构明晰；

②客户如为企业且曾经发行债券类产品、发行主体评级在AA+以上的；

③客户可提供第三方信用担保增级、实际控制人连带责任担保、其他担保物等措施的；

④其他情形。

4. 限售股、国有股及外资股东的处理方式。

（1）限售股。在限售股参与新三板公司股权质押式回购时，一是要考虑折算率问题，折算率应适当低于一般证券折算率，以提高履约保障比例，避免出现回购期间出现违约的情形；二是要考虑回购期限的问题，购回日应晚于标的证券的解除限售日；三是要考虑违约处置如涉及公告等事宜，需由客户履行相关信息披露义务；四是要考虑处置个人解禁限售股时的纳税问题，应与客户约定解禁限售股处置时如需代扣代缴个人所得税的，应当先扣除应纳税款后偿还负债；五是对于控股股东，董、监、高身份客户，处置时要考虑避开窗口期、内幕期。

根据以上因素，证券公司在处理涉及限售股进行新三板公司股权质押式回购时，应设计以下机制：

①根据股份不同性质，设计不同的管理机制：

对于非流通股，应当进行期限匹配，此类股票违约处置时如果仍未流通，只能选择协议转让或者司法拍卖的方式。

对于新挂牌限售股，应当进行期限匹配，违约处置只能等到相关期限结束后再行处置。

对于董、监、高所持股份，应当进行期限匹配。股份上市一年内以及董、监、高离职后半年内不得进行违约处置。在职期间每年处置股份不得超过其所持股份总数的25%。

对于收购人所持限售股，应当进行期限匹配。

对于非公开发行对象所持限售股，应当进行期限匹配。

对于外国战略投资者所持限售股，应当进行期限匹配。

禁止内幕交易产生的限售股。对于为股票发行出具审计报告、资产评估报告或者法律意见书等文件的证券服务机构和人员，在该股票承销期内和期满后6个月内，不得买卖该种股票，公司不应接受此类股票。对于为挂牌公司出具审计报告、资产评估报告或者法律意见书等文件的证券服务机构和人员，自接受挂牌公司委托之日起至上述文件公开后5日内，不得买卖该种股票。对此类股票公司进行违约处置时应当避开相应窗口期。

②在客户协议中约定客户在发生解除限售存量股份转让时应履行通知及披露义务：客户

在回购期间发生解除限售存量股份转让时，应及时通知证券公司；证券公司对客户标的证券进行处置前及时通知客户。如标的证券处置导致客户需履行信息披露义务时，客户应及时进行信息披露。

③确定购回日需遵循的原则：购回日应在客户限售存量股份的解除限售期内。

④建立完善的履约保障机制：在标的证券折算率标准的基础上适当降低一定幅度以确定限售存量股份的折算率，提高交易的履约保障比例，降低出现履约保障情形的概率；当交易履约保障比例低于最低标准时，证券公司将及时通知客户。

⑤每笔新三板股权质押交易的有限售条件股份的解除限售日应当列明在《交易协议书》中，不同解除限售日的股份应在不同初始交易或补充质押中进行委托。

（2）国有股。

①交易前进行严格审核：对于公司发起人持有的国有股，是否在法律限制转让期限内；国有股东授权代表单位持有的国有股是否仅为本单位及其全资或控股子公司提供质押；是否有董事会决议，明确资金用途；是否已向省级以上主管财政机关备案。

②客户应当注意的相关事项：国有股东授权代表单位以国有股质押所获贷款资金，应当按照规定的用途使用；有股东授权代表单位将其持有的国有股用于银行贷款和发行企业债权质押，应当按照证券市场监管和国有股权管理的有关规定履行信息披露的义务。

③股票质押数量要求：国有股东授权代表单位用于质押的国有股数量不得超过其所持该挂牌公司国有股总额的 50%。

总股本不超过 10 亿股的挂牌公司，国有控股股东应承诺自初始交易日至购回日（含延期购回日）期间累计净转让股份与股票质押数量之和的比例不超过挂牌公司总股本的 5%。如超过上述比例，国有股股东应及时通知证券公司，及时取得国有资产监管机构批准文件后方可转让，并将相关文件提交给证券公司。

总股本超过 10 亿股的挂牌公司，国有控股股东应承诺自初始交易日至购回日（含延期购回日）期间累计净转让股份的数量与股票质押数量之和低于 5 000 万股或者低于挂牌公司总股本的 3%。如超过上述比例，国有股股东应及时通知证券公司，及时取得国有资产监管机构批准文件后方可转让，并将相关文件提交给证券公司。

扣除国有控股股东质押的股份数量后，如涉及新三板公司控制权的转移，需出具国有资产监管机构批准文件。

国有参股股东参与新三板公司股权质押交易，如回购期限超过 1 个完整会计年度，则应承诺在该完整会计年度中累计净转让（受让）股份与股票质押股份比例低于挂牌公司总股本 5% 的。如由于股份转让导致超出相应比例，国有参股股东应及时通知证券公司，将转让方案逐级报国务院国有资产监督管理机构审核批准后方可实施，并将相关文件提交证券公司。

④违约处置。当客户出现违约情形时，证券公司应根据证券市值、债务金额等因素确定证券处置数量，及时告知国有股股东。如拟违约处置股份数量与净转让股份数量超过上述标准，国有股股东应协助及时完成相关监管机构的审批，并告知证券公司。证券公司根据相关批文与客户约定，卖出相关股份以了结债权债务关系。

（3）外资股股东。

①交易前审核：其他投资者是否同意外资股进行股票质押；审批机关的批文手续是否

齐全。

②履约保障相关机制：在标的证券折算率标准的基础上适当降低一定幅度，提高交易的履约保障比例，降低出现履约保障情形的概率；购回日应在客户所持股份的解除限售期内，并参照限售股参与新三板公司股权质押式回购的相关规定。

③权益处理：待回购期间，标的证券产生的红利、红股一并进行质押登记。在购回日到期前，证券公司应协助外资股股东开立人民币临时存款账户，在购回日的下一交易日将相关资金划转至存款账户。

④违约处置：当出现违约情形时，证券公司应及时通知外资股股东，并协助其开立人民币临时存款账户。在完成存款账户开立后，证券公司方可在T日进行证券处置，将资金划转至公司资金账户，多余资金在T+1日及时划转至存款账户，确保客户在证券公司开立的证券资金账户T+1日末余额始终为零。

由于新三板公司股权质押式回购的违约处置导致外资股东已全部减持所持挂牌公司股份的挂牌公司，应按照规定办理外汇登记注销手续。

由于新三板公司股权质押式回购的违约处置导致外资股东已全部减持A股股份，且减持所得资金及分红已全部购汇汇出或经批准用于境内的，应在上述手续完成后5个工作日内撤销证券账户和存款账户。

(4) 董、监、高及5%以上的大股东。客户为挂牌公司的董事、监事、高级管理人员或持有挂牌公司股份5%以上的股东，将其持有的该挂牌公司股票进行新三板股权质押交易并进行处置的，不得违反法律法规有关短线交易和信息披露的规定。

(五) 流动性及风险管理

证券公司核定新三板股权质押的总额度，并在总额度范围内进行资金计划调度，持续分析资金流动性需要和供给。同时，根据净资本规模、风险偏好、市场环境，在总额度内确定单笔交易规模限制，以控制流动性风险。

如果新三板股权质押的融出方为集合资产管理计划，则集合资产管理计划的流动性、存续期限与股权质押式回购业务期限相匹配。

1. 风险管理措施。

(1) 标的证券是否在公司标的证券名单范围内；

(2) 根据参考计算值（参考计算值=标的证券数量×客户申请日前20个交易日收盘价的算术平均值×折算率）确定初始交易金额和初始交易日；

(3) 股份来源的合法性；

(4) 是否满足各项风险控制指标，包括但不限于总规模占净资本比例指标、单一客户未了结的规模占净资本比例指标、单一客户未了结的规模占总规模指标、单一标的未了结的规模占净资本比例指标、单一标的未了结的规模占总规模指标、单一标的未了结的股本数量占总股本比例指标、履约保障比例指标等。

2. 证券公司融出资金的流动性管理。流动性风险控制是根据流动性风险计量和监测的结果，积极运用各项管理工具，进行资产管理、负债管理和表外业务管理，将证券公司的流动性风险水平控制在风险管理目标之内。流动性管理的具体方案包括：

(1) 建立完善的日常资金头寸调度体系，管理正常经营情况下的流动性风险；

（2）建立分级的流动性储备体系，应对潜在的流动性危机情景；

（3）根据证券公司为场外挂牌企业提供股权质押融资的发展战略和业务特点，建立和维持良好的资产负债结构，控制长期的结构性流动性风险。

3. 质押标的股权的流动性管理。证券公司可根据自身风险承受能力及对场外股权质押业务的理解，设定以下方面的业务开展条件：

（1）用于质押回购的场外股权的条件。用作质物的场外股权的挂牌企业应主营业务及净利润稳定增长，优先选择采取竞价转让、做市交易的新三板股权。竞价转让、做市交易的新三板股权折算率高于协议转让的新三板股权折算率。

建立新三板企业股权标的证券库，用于质押回购的场外股权必须为标的证券库中的股权，且标的证券库对不同标的证券设定 A、B、C、D 四档，并结合不同的融资期限，对应不同的折算率。

（2）具体项目的折算率确定标准。根据质押标的证券质量、流动性、价格波动性，挂牌企业主营业务经营财务状况、所处行业发展前景以及新三板市场的总体情况，并结合融资人资信情况，确定具体项目的质押率。

（3）优先选取做市交易的股权标的，审慎选取协议转让交易的股权标的。

（六）违约处置

1. 质押标的股权协议转让抵偿债务（流通股违约处置）。根据中国证券登记结算有限责任公司（以下简称“中国结算”）2014 年 1 月 30 日发布的《证券质押登记状态调整业务指引》，债务人不履行到期债务或者发生当事人约定的实现质权的情形时，质押当事人根据办理证券质押登记业务时提交的质押合同或另行签订的质押证券处置协议的约定，向中国结算申请将证券质押登记状态从“不可卖出质押登记”调整为“可以卖出质押登记”的业务。

根据中国结算 2014 年 9 月 12 日发布的《质押证券处置过户业务指引》，质押登记生效 1 年以上（含）的无限售流通股或流通债券、基金等流通证券可以办理处置过户业务。质押证券处置过户业务，是指债务人不履行到期债务或者发生当事人约定的实现质权的情形时，质押双方根据质押证券处置协议约定，向中国结算申请以质押证券转让抵偿质权人的业务。

以质押证券转让抵偿质权人应当参照市场价格，处置价格不低于质押证券处置协议签署日前 20 个交易日该证券收盘价平均价的 90%。

质押证券处置过户业务应当通过中国结算柜台办理。

2. 司法拍卖。《物权法》第二百一十九条规定，债务人不履行到期债务或者发生当事人约定的实现质权的情形，质权人可以与出质人协议以质押财产折价，也可以就拍卖、变卖质押财产所得的价款优先受偿。质押财产折价或者变卖的，应当参照市场价格。因此，公司可以通过司法拍卖的方式对债务人（融资方）进行追索。

根据《最高人民法院关于人民法院民事执行中拍卖、变卖财产的规定》（法释［2004］16 号）、《最高人民法院关于人民法院委托评估、拍卖工作的若干规定》（法释［2011］21 号）、最高人民法院关于实施最高人民法院《关于人民法院委托评估、拍卖工作的若干规定》有关问题的通知（法［2012］30 号）之规定，司法拍卖的流程如下：

（1）权利人向法院申请司法冻结。

（2）法院通过证券公司委托交易所，由其设立的司法拍卖机构拍卖。拍卖机构负责拍卖环节相关工作。

（3）拍卖成交，买受人逾期未支付价款，法院可以裁定重新拍卖。拍卖时无人竞买或者竞买人的最高价应低于保留价，权利人（申请执行人）不申请以保留价抵债的，应该在60日内再行拍卖。

（4）对于第二次拍卖仍流拍的，除非权利人（申请执行人）仍不接受财产抵债的，法院解除查封、冻结，将该财产退还被执行人。

四、区域性股交中心挂牌企业股权质押回购交易业务模式及其风险控制

（一）四板企业股权质押回购模式

1. 场内质押模式。目前各地区域性股交中心的功能、业务规则等并不一致，基本具有登记、托管等功能，但融资、股票交易功能并非均具备。建议在各地股交中心支持的情况下，对于支持融资、股票交易功能的股交中心，开展类似沪、深证券交易所股票质押回购交易的场内质押融资业务，通过股交中心统一管理，使得交易更具安全性。

2. 场外质押模式。

（1）通过借道产品模式。对于不支持融资、股票交易功能的区域性股交中心，其挂牌的企业只能协议转让。如果没有做市制度和竞价交易制度，证券公司如开展四板质押融资，会面临资金借贷的合规性问题，无法直接对外融资，需借道资管计划或信托计划，采用场外质押的模式，具体为“资管计划” + “信托质押”。

①信托计划的成立：资管计划的管理人与信托公司签署《股权收益权投资单一资金信托合同》，约定信托规模、信托期限、信托成立、信托单位的认购、信托财产的投资管理、信托财产的费用承担等相关内容；

②信托计划投资股权收益权并约定购回条件：融资方与信托公司签署《股权收益权转让及回购合同》、《股权质押合同》，约定双方的权利及义务、收益与风险等相关条款；

③合同的强制公证：对《股票收益权转让和回购合同》、《股票质押合同》等进行强制公证；

④标的股权的质押登记：双方到股交中心办理质押登记手续，公司派员与信托公司、融资方共同办理面签和相关质押登记手续。

（2）直接融资模式。目前证券公司的经营范围由《证券法》直接规定，证券公司作为质权人将融资款直接支付给出质人可能涉嫌合规问题。建议扩大证券公司经营范围，明确证券公司经营此类证券融资业务的合法合规性，证券公司可通过直接融资模式开展场外股权质押回购交易业务。

（二）尽职调查

四板企业股权质押的尽职调查及资料要求与新三板企业股权质押相似，相同的部分详见前文，但由于四板市场对挂牌企业的信息披露要求较低，且挂牌企业多处在创业和发展初期，因此，将企业基本情况与沪、深证券交易所、股转中心挂牌企业进行对比意义不大。

对创业及发展初期的企业尽职调查尤其需要谨防：（1）财务造假；（2）盈利模式不佳；（3）核心技术缺乏；（4）行业风险高；（5）持续增长难；（6）市场空间小等。

尽职调查的手段包括：

1. 网络调查。

（1）浏览公司网页，了解公司最基本情况。

（2）检索公司实际控制人的履历、创业历史等。实际控制人的过往工作经历、个性对于一个企业的经营风格有着重大的影响。实际控制人的专业层次会直接影响到企业的发展风格，对于民营企业来说更是如此。如果实际控制人以前是学者创业，那么需要关注企业的知识产权是哪里来的，是否存在权属不明或者纠纷。如果实际控制人以前是销售出身，那么需要关注企业的研发人员以及研发人员是否稳定，公司的销售策略是否稳健，是否存在不规范甚至违规的情形。如果实际控制人是资本市场出身，那么还需要重点关注公司的资本运作是否过于激进。

（3）通过新闻媒体、全国法院被执行人信息查询网页、中国执行信息公开网等，查询公司及其实际控制人涉诉情况（既要重视作为被告的诉讼案件，也要重视作为原告的诉讼案件）。根据相关新闻中曝光的不利事件，及时向融资人进行核实。

（4）浏览公司所在地的论坛和行业论坛。一般情况下，挂牌企业的实际控制人和产品都会在各地和各行业论坛中涉及，不过要注意其中一些言论或者介绍的片面性甚至误导性，要注意甄别并且要以证据作为判断的核心依据，不要轻易下判断。

（5）通过下载的文章、报告，了解和持续掌握行业和公司情况。这个途径也是很多的，比如行业报告、网络文章、毕业论文、甚至是万方数据库中公开发表的文章等，都可以作为我们研究行业的一个素材。

2. 访谈调查。

（1）访谈融资方及挂牌企业高级管理人员。

（2）除访谈融资方及挂牌企业高级管理人员外，应选取部分上游供应商进行访谈。除了关注采购合同的真实性之外，还要关注公司的信用政策、是否存在供应商依赖、发行人在采购上是否具有自主权和决定权、是否为发行人关联方等。

（3）除访谈融资方及挂牌企业高级管理人员外，应选取部分下游客户进行访谈。

（4）如有条件，还可访谈行业专家，了解行业的基本情况以及挂牌企业的行业地位等，这其中更要关注行业协会的一些领导或者工作人员。关注的重点主要在于：产业链、盈利模式、核心技术、发展趋势、市场规模等。

访谈是尽职调查非常重要的一种方式，访谈应该类似于聊天，只是比聊天目的性和逻辑性强，访谈人要在访谈之前充分做好工作，把需要问的问题以及自己希望得到的结果进行整合并做到融会贯通。

（三）标的股权估值

目前四板公司股权转让的唯一方式是协议转让。协议转让市场价格的公允性存在较大不确定性。四板公司股权估值方法与（协议转让模式下）新三板公司股权估值方法相似。

（四）标的股权管理

对四板股权质押交易标的的筛选和管理与新三板股权质押管理相似，但四板标的股权的筛选标准和折算率与新三板股票有所不同，具体如下：

1. 标的股票的筛选。

（1）标的股权样本空间。作为四板股权质押的标的股权样本空间需同时满足以下条件：最近一年经审计的归属于母公司的净利润超过300万元；最近一年会计师事务所出具标准意见的审计报告；最近两年未发生监管机构对挂牌公司、挂牌公司控股股东及实际控制人进行行政调查或处罚；公司规定的其他条件。

（2）确定四板股权质押的标的股权池。满足以下条件的初选股权，进入最终确定的四板股权质押的标的股权池：股权综合评价系统内的相关指标未出现重大的临时性异常变化的股权；无其他特殊原因认定为不适合作为四板股权质押标的股权。

2. 标的股票的折算率。鉴于四板股权流动性、基本面相较新三板股票流动性、基本面差，因此建议四板股权质押最长期限不超过2年。对标的股权折算率设定的区间为20%—40%，按股权打分等级和股权质押期限综合确定。

根据前述股权综合打分，按照分数进行排序，将标的股权按序位高低确定为A、B、C、D四档。在同一四板股权质押期限下，A类股权折算率最高，D类最低；四板股权质押期限越长，则折算率越低。

（五）流动性及风险管理

证券公司核定四板股权质押的总额度，并在总额度范围内进行资金计划调度，持续分析资金流动性需要和供给。同时，可根据净资本规模、风险偏好、市场环境，在总额度内确定单笔交易规模限制，以控制流动性风险。

如果四板股权质押的融出方为集合资产管理计划，则集合资产管理计划的流动性、存续期限与股权质押式回购业务期限相匹配。

1. 风险管理措施。

（1）标的股权是否在公司标的股权名单范围内；

（2）根据参考计算值（参考计算值 = 标的股权数量 × 标的股权的净资产 × 折算率）确定初始交易金额和初始交易日；

（3）股份来源的合法性；

（4）是否满足各项风险控制指标，包括但不限于总规模占净资本比例指标、单一客户未了结的规模占净资本比例指标、单一客户未了结的规模占总规模指标、单一标的未了结的规模占净资本比例指标、单一标的未了结的规模占总规模指标、单一标的未了结的股本数量占总股本比例指标、履约保障比例指标等。

2. 证券公司融出资金的流动性管理。流动性风险控制是根据流动性风险计量和监测的结果，积极运用各项管理工具，进行资产管理、负债管理和表外业务管理，将证券公司的流动性风险水平控制在风险管理目标之内。流动性管理的具体方案包括：

（1）建立完善的日常资金头寸调度体系，管理正常经营情况下的流动性风险；

（2）建立分级的流动性储备体系，应对潜在的流动性危机情景；

（3）根据证券公司为场外挂牌企业提供股权质押融资的发展战略和业务特点，建立和维持良好的资产负债结构，控制长期的结构性流动性风险。

3. 质押标的股权的流动性管理。证券公司可根据自身风险承受能力及对四板股权质押业务的理解，设定以下方面的业务开展条件：

（1）用于质押回购的四板股权的条件。用作质物的四板股权的挂牌企业应主营业务及净利润稳定增长。建立四板企业股权标的库，用于质押回购的四板股权必须为标的股权库中的股权，且标的股权库对不同标的股权设定A、B、C、D四档，并结合不同的融资期限，对应不同的折算率。

（2）具体项目的折算率确定标准。根据质押标的股权质量、流动性、协议转让或定向增发价格波动性，挂牌企业主营业务经营财务状况、所处行业发展前景，以及四板市场的总体情况，并结合融资人资信情况，确定具体项目的质押率。

（六）违约处置（司法拍卖）

《物权法》第二百一十九条规定，债务人不履行到期债务或者发生当事人约定的实现质权的情形，质权人可以与出质人协议以质押财产折价，也可以就拍卖、变卖质押财产所得的价款优先受偿。质押财产折价或者变卖的，应当参照市场价格。因此，证券公司可以通过司法拍卖的方式对债务人（融资方）进行追索。

根据《最高人民法院关于人民法院民事执行中拍卖、变卖财产的规定》（法释［2004］16号）、《最高人民法院关于人民法院委托评估、拍卖工作的若干规定》（法释［2011］21号）、最高人民法院关于实施最高人民法院《关于人民法院委托评估、拍卖工作的若干规定》有关问题的通知（法［2012］30号）之规定，司法拍卖的流程如下：

1. 权利人向法院申请司法冻结。

2. 法院通过证券公司委托交易所，由其设立的司法拍卖机构拍卖。拍卖机构负责拍卖环节的相关工作。

3. 拍卖成交，买受人逾期未支付价款，法院可以裁定重新拍卖。拍卖时无人竞买或者竞买人的最高价应低于保留价，权利人（申请执行人）不申请以保留价抵债的，应该在60日内再行拍卖。

4. 对于第二次拍卖仍流拍的，除非权利人（申请执行人）仍不接受财产抵债的，法院解除查封、冻结，将该财产退还被执行人。

监管转型对证券公司合规管理职能履行的影响

殷 喆*

2014年以来，资本市场“监管转型”备受瞩目，监管转型主要是指监管理念、监管模式和监管方法的革新和转变，但监管转型不只是监管机构内部职能转型的问题，它已经并将持续对证券公司的经营管理产生重大影响，尤其是对证券公司自我把控合规风险的能力提出了更高的要求，已经形成的合规管理理念、机制、方法等都有可能无法适应工作需要，应当与时俱进，顺应监管形势完成自我升级。为此，本文在探寻监管转型的背景、内涵及意义的基础上，重点分析监管转型对证券公司合规管理职能履行的影响，以期为证券公司在新形势下开展合规管理工作提出切实可行的建议。

一、如何理解监管转型

（一）监管转型的背景和思路

监管转型的大背景，是党中央提出了加快转变政府职能、深化行政体制改革的要求。党的十八届三中全会提出，经济体制改革是全面深化改革的重点，核心问题是处理好政府和市场的关系，使市场在资源配置中起决定性作用和更好地发挥政府的职能。

按照中央提出的转变政府职能的思路，并结合资本市场市场化改革的要求，中国证监会提出了“放松管制，加强监管”的转型思路。在2014年全国证券期货监管工作会议上，中国证监会主席肖钢发表题为“大力推进监管转型”的讲话，由此拉开了监管转型的序幕。会上，肖钢主席提出，推进监管转型要实现“六个转变”：一是监管取向从注重融资，向注重投融资和风险管理功能均衡、更好保护中小投资者转变；二是监管重心从偏重市场规模发展，向强化监管执法，规模、结构和质量并重转变；三是监管方法从过多的事前审批，向加强事中事后、实施全程监管转变；四是监管模式从碎片化、分割式监管，向共享式、功能型监管转变；五是监管手段从单一性、强制性、封闭性，向多样性、协商性、开放性转变；六

* 作者单位：国信证券股份有限公司。

是监管运行从透明度不够、稳定性不强，向公正、透明、严谨、高效转变。同时，围绕“六个转变”从九个方面布置了监管转型的主要任务：一是进一步精简行政审批备案登记等事项；二是推进股票发行注册制改革；三是确立以信息披露为中心的监管理念；四是理顺监管与执法的关系；五是强化派出机构职责；六是促进证券期货服务业提升竞争力；七是提高稽查执法效能；八是推进资本市场中央监管信息平台建设；九是建设法律实施规范体系。

在 2015 年全国证券期货监管工作会议上，中国证监会主席肖钢围绕监管转型发表题为“聚焦监管转型 提高监管效能”的讲话，提出了持续推进监管转型的八大举措，对进一步提升资本市场服务实体经济的能力、探索建立事中事后监管新机制、积极稳妥地推进股票发行注册制改革、健全资本市场信息披露规则体系及监管机制、进一步强化稽查执法工作、进一步加强投资者保护工作、继续推进中央监管信息平台建设以及从严管理干部等工作进行了部署。

（二）监管转型的内涵和方向

监管转型最为核心的两个方向是“宽”和“严”，“宽”体现在向市场放权，放松事前审批，推行注册制，激发市场活力；“严”指的是加强事中事后监管，加大日常监管的力度，严惩市场违法违规行为，保护中小投资者的利益，维护市场公平正义的良好秩序。主要体现在以下三个方面①：

1. 放松事前审批，推进注册制改革。多年来，监管部门把相当多的精力放在审批事项上，尤其是新股发行的审批，其主要原因在于我国对经济社会事务的管理模式基于计划经济时代行政审批制度所建立，该体制影响仍然延续至今。繁多的审批事项，不仅使市场主体不堪重负，浪费了大量的行政资源，还滋生了权力寻租的机会。为此，监管部门大力精简行政审批备案事项，凡是通过市场竞争约束、公司自治、行业自律管理或事后监督管理能够有效解决问题的，都将逐步取消许可。同时，平稳推进股票发行注册制，建立市场主导、责任到位、披露为本、预期明确、监管有力的股票发行上市制度。

2015 年，中国证监会将进一步简政放权，研究制定权力清单，重点列明直接影响公民、法人和其他组织权利义务的行政审批权、日常监管权、调查处罚权、行政强制权、其他权力五大类职权，以明晰权力边界，减少对市场的干预。同时，股票发行注册制改革被中国证监会列为 2015 年资本市场改革的头等大事，监管部门不再对发行人“背书”，企业未来发展前景交由投资者判断和选择，让市场发挥资源配置的决定性作用，符合“大市场、小政府”的主旋律。

2. 加强事中、事后监管。简政放权，减少事前审批事项，并不意味着监管放松，在放权给市场的同时，中国证监会将加强事中、事后监管，严厉打击违法违规行为。由于之前过多的审批工作牵扯监管精力，对违法违规行为的追究受到了影响。据统计，近年来中国证监会每年立案调查 110 件左右，能够顺利作出行政处罚的平均不超过 60 件。每年平均移送涉

① 监管转型的范畴较为广泛，本文重点选取了能够对合规管理职能履行产生重大影响的举措进行阐述，并未一一列举。

刑案件30多件，最终不了了之的超过一半[①]。随着多层次资本市场的发展，市场规模将继续扩大，严厉查处违法违规行为，保护投资者利益，维护公平正义的市场秩序，是中国证监会的职责所在。为此，中国证监会明确，未来的监管重心由事前向事中、事后监管转移，对违法违规行为，要毫不手软地追究到底、处罚到位。这与国际上通行的做法一致，自次贷危机爆发以来，美国证券交易委员会（SEC）对违反证券法行为的调查和执行达到了空前的力度，受调查主体包括贷款人、投资银行、信用评级机构、保险公司和证券经纪自营商等。SEC超过三分之一的工作人员被投入到执行计划，而用于执行行动的资金规模也非常巨大[②]。

2015年，中国证监会将继续探索事中、事后监管新机制，新机制不仅强调加大检查、处罚的力度，而且探寻建立科学、规范、合理的事中、事后监管机制，主要从以下几方面着手：一是提高现场检查的针对性和有效性，规范现场检查流程，统一工作底稿和处理标准，充分发挥被检查对象合规与风控部门的职能作用，对自查自纠的问题可依法不予追究；二是做好日常监管和稽查执法的衔接，出台协调工作规则，明确各环节的程序和责任；三是日常监管突出重点，重点围绕资产管理业务、融资融券业务及其他创新业务加强审慎监管，并以落实投资者适当性制度、防范利益输送为重点加强行为监管。

3. 更加注重保护中小投资者利益。中小投资者作为证券市场的重要主体之一，是证券市场存在和发展的根基，正是他们的积极参与才会有证券市场的发展。次贷危机给美国金融监管部门带来的最深刻的教训就是，不是所有的金融机构都能将股东和客户的利益放在第一位，金融欺诈和金融冒险是金融机构利益驱动的自然产物，金融机构作为为全社会企业和个人提供金融服务的特殊经济主体，一旦违规就会对社会、经济和金融带来极大损害。因此，必须对其加强监管[③]。

而我国现行制度中专门针对投资者保护的制度安排较少，制度规范过于笼统，缺乏可操作性，使得中小投资者行使权利存在很多障碍，加之证券市场信息不对称、投资回报机制不健全、上市公司违法违规行为等问题的存在均损害着中小投资者的利益。

为此，中国证监会在此次监管转型变革中，将保护中小投资者利益放到了重要位置。2015年，中国证监会将进一步加强投资者保护工作，扎实做好以下几点：一是抓好制度建设，将投资者保护要求全面嵌入各项业务制度设计中；二是抓好投诉处理，把投诉处理结果渗透到监管工作的各方面、各环节；三是抓好纠纷解决，发布纠纷调解规则，设立调解中心；四是抓好督促评价，对证券期货市场投资者保护状况进行评估评价；五是抓好案例典型，树立投资者保护标杆，发挥示范作用；六是抓好统筹协调，充分发挥各单位、各部门的优势，共同做好投资者保护工作。

（三）监管转型对证券公司产生的影响

监管转型正在对证券公司的经营管理产生重大影响。在监管转型的要求下，监管机构在

---

① “中国证监会重拳打击违法违规行为”，http：//news. xinhuanet. com/legal/2013 - 08/02/c_ 11 679 1 143. htm，2015年3月25日访问。

② SEC，2008 Performance and Accountability Report，page 3。

③ 杨琳：“美国金融监管改革的主要内容及启示”，《经济纵横》2011年第1期。

前端更加注重发挥市场在资源配置中的基础性作用，进一步简政放权，放宽市场准入，大幅减少行政审批备案事项，逐步推进原则监管，最大限度减少对证券公司具体业务和内部事务的管理，鼓励并支持自主创新，尊重证券公司的首创精神。这些都为证券公司的创新发展提供了良好的政策环境和难得的历史机遇。

由于前端管制的放松，证券公司原有的经营模式将被打破，新业务和新产品将不断涌现，但也必然会为市场带来新的风险。为此，监管机构在前端放松管制的同时，也强调在中、后端加强监管，不断加大现场检查的力度和频率，加大对违法违规行为的查处力度，保障市场健康、稳健地运行，保护投资者特别是中小投资者的合法权益。证券公司一旦出现违法违规运作、损害中小投资者利益等问题，易遭受监管处罚，违法违规的成本明显增大。

二、监管转型对证券公司合规管理职能履行的影响

在监管转型的新形势下，证券公司所面临的内外部环境都在发生着重大变化。事前审批的放松以及事中、事后监管的加强，客观上对证券公司合规管理工作提出了更高的要求。同时，合规管理作为证券公司内部控制的关键环节，不仅是证券公司在创新发展过程中有效控制风险的重要基础，也对维护市场公开、公平、公正和保护投资者利益具有至关重要的作用，可以说，证券公司内部有效的合规管理也是实现监管转型的根本目的和重要保障。有鉴于此，证券公司合规管理工作不能墨守成规，而应积极顺应形势的变化而变化。如何根据监管形势对合规管理工作方式进行调整，是目前证券公司合规管理工作面临的一大课题①。接下来，本文着重分析监管转型对证券公司合规管理职能履行所带来的具体影响，为合规管理工作方式的转变提供参考。

（一）对合规审查产生的影响

在监管转型的大环境下，监管部门放松事前审批并不代表放任不管，其在放松前端监管的同时，也加强了事中、事后监管的检查和处罚。这种改变实际上更加突出了证券公司事前把关的责任，要求证券公司自我把控风险，而合规审查是证券公司内部最为有效的控制风险的方式之一。因此，随着监管转型的深入，更加强调证券公司自我进行合规审查的重要性，对合规审查工作提出了更高的要求。

以往，证券公司开展的业务主要以常规业务为主，而常规业务均具有清晰可辨的外部规则和监管要求，有限的一些创新活动外部规则和监管要求也十分明确，在开展合规审查工作时重点关注业务的开展和运作是否符合外部规则和监管要求即可。

如今，监管转型的主要目的之一就是要促进资本市场的创新发展，更多地还权于市场，对于证券公司的创新活动，监管机构从以往更为审慎的态度转变为大力支持创新业务的发展，尤其是鼓励证券公司根据经济社会发展的实际需要开展自主创新，明确提出尊重证券公司的首创精神。在此基础上，可以预期的是证券公司及从业人员创新的热情将被极大地激

① 《证券公司合规管理试行规定》中对合规管理的职能没有明确表述，但从其涉及的合规管理工作内容分析，合规管理的职能主要包括：合规管理制度建设、合规咨询、合规审查、合规检查、合规监测、法律法规准则追踪、投诉和举报处理、监管配合、合规风险处置、合规报告、合规文化建设以及信息隔离器和反洗钱两项专项合规职能。

发，创新业务和产品将层出不穷，对很多创新业务方案也不再要求审批。并且随着原则监管的逐步推行，对于部分业务和产品，外部监管规则很可能没有具体清晰的要求。以上情况都给证券公司合规审查工作带来了新的难题，证券公司在没有外部监管规则的情况下如何对创新业务和产品进行合规审查？以何种标准和方式对其进行审查？如何确保创新活动所带来的风险可测、可控、可承受？许多证券公司的合规部门对于现阶段如何开展合规审查工作产生了困惑。

尽管无明确的外部规则和监管要求，但指导合规审查的基本原则和大方向是确定的。此次指导监管转型的总体思路是让市场和政府归位尽责，各司其职，监管部门的核心职责是“两维护，一促进”，即维护市场公开、公平、公正，维护投资者特别是中小投资者合法权益，促进资本市场健康发展。监管部门的核心职责也就是监管的界限，是证券公司及从业人员不得触碰的底线。底线以外的区域，可交由市场自行调节和判断。同时，合规审查工作也应以监管部门的核心职责为审核标准，任何经营活动尤其是创新活动均不得违法违规，不得损害客户的合法权益。

在确定合规审查的大方向和基本原则之后，我们还应当思考在新形势下如何更加有效地开展合规审查。目前证券公司的普遍做法是在业务、产品方案成型后再提交合规部门进行审核，这种做法不但可能会由于业务和产品本身存在原则性、方向性的内控缺陷而使业务部门或职能部门之前准备的方案进行重大修改或调整，增加成本支出，更大的风险还在于内控工作介入的深度和广度不足，可能会导致一些重大法律合规风险未能及时得到发现，创新活动“带病上岗”，给客户和公司带来无法挽回的损失。随着监管机构的简政放权，公司业务和产品创新的增多，合规部门有必要全面介入业务创新的各项环节，确保业务创新全过程均依法合规运作。

（二）对合规检查产生的影响

监管部门放松事前审批后，将把更多的精力放在事中、事后监管上，进一步提高对证券公司的现场检查频率和深度，加大对违法违规行为的查处力度。为此，证券公司应当加强对各项业务运营和员工执业行为的合规检查力度，及时发现问题，防范和化解风险。中国证监会主席肖钢在2015年全国证券期货监管工作会议上表示，“要充分发挥被检查对象合规与风控部门的职能作用，对自查自纠的问题，可依法不予追究”，进一步肯定了证券公司自我开展合规检查的重要意义。

更有效地开展合规检查、充分发掘公司运营管理和员工行为存在的合规风险，是新形势下对合规检查工作的深层次要求。合规部门的力量是有限的，合规检查无法做到全业务覆盖、全员覆盖，应当充分发挥公司每个业务部门和职能部门自身的合规管理职责，鼓励其自主开展合规检查。同时，合规检查工作应当有所侧重，合理配置检查资源，以提升合规检查的有效性。

（三）对合规风险处置产生的影响

监管机构正在逐步探索建立事中、事后监管新机制，事中监管主要指的是日常监管，事后监管即稽查执法。新机制要求，日常监管将按照稽查执法的程序、证据标准和认定条件开展检查、核查工作，提高发现违法违规线索的能力，对于发现的线索，及时移送稽查部门处理。在新机制下，监管机构的日常监管部门和稽查部门将形成打击违法违规行为的合力，对违法违规行为的覆盖更为全面，证券公司及其员工违法违规成本将增加。在此前提下，证券公司对内部的违法违规行为要做到先知先觉，防患于未然，进一步加大对合规风险的防范和处置力度，对于违法违规行为和合规风险的隐患，及时发现和处理，并督促整改。

在监管转型背景下，证券公司加大合规考核与问责力度至关重要。目前行业内普遍对合规绩效考核不够重视，对合规风险责任追究的力度不足，可能导致风险事项重复发生。

在合规考核方面，行业内证券公司的考核比重较小，指标较少，一般仅针对是否发生内部案件、是否因违规遭受处罚而设，缺少针对合规风险管理落实情况的全面考核。如过分强调对经营业绩的考核而忽视合规考核，容易导致员工急功近利，出现违法违规和侵害投资者合法权益的行为。

在问责方面，行业内证券公司对违规部门和人员的处罚普遍较轻；对具体人员的处理较多，而对相关责任部门的处理较少；对基层从业人员的处罚较多，而对高级管理人员的处罚较少。以上情况使得证券公司合规管理责任追究在实际落实中很难产生良好的警示效果，一些人员和分支机构在违规时往往不会受到合规处罚，而另一部分人一旦遭到合规处罚，往往抱怨处理不公，而不查找自身原因。在违规责任得不到有效追究的情况下，合规管理的权威性、有效性和执行力度都会受到不良影响。一旦所谓的机会出现，他们就会冒着巨大的风险进行违规操作①。什么样的合规管理模式才是对员工最好的呵护？不是对其违规行为的宽恕，而是在其实施尚未触碰监管底线的轻微违规行为时，及时制止、严肃处置，使其充分认识到行为的危害。

（四）对合规文化建设产生的影响

在“放松管制”的监管环境下，一些错误的观念对合规理念产生了一定的冲击，一些人认为，“监管机构鼓励创新，什么业务和产品都可以做了”，“很多创新别的公司都在做，我们也可以做”，“监管机构对合规的要求降低了”等等，这些错误的观念实际上不但不是监管转型所传递出来的信息，反而与监管转型的要求相背离。监管转型意味着正确处理市场与政府的关系，但并不代表放纵违法违规的行为，业务的合规性由证券公司自身把关，而监管资源将集中在加强事中、事后监管，重点检查、查处违法违规行为上，因此，监管部门对证券公司经营活动的运作及其从业人员行为的合规性要求不但没有降低，甚至比转型前的要求更高。

另外，在鼓励创新的环境下，行业竞争和企业生存的压力将更为突出，业务人员存在着业务发展的冲动，在创新发展成为企业主流文化时，创新过程中业务运作是否合规则容易被证券公司及从业人员所忽视或下意识地归入次要的位置。

因此，新形势下合规文化建设的任务更加艰巨，其重要性也更为突出。合规审查、合规检查以及合规风险处置等合规管理职能均是从相对事后的角度发现合规风险、处置违法违规行为，而真正能够从源头上减少乃至避免出现违法违规行为的措施就是建立企业的合规文化，促使全员从被动合规到主动合规，将保护投资者利益、依法合规执业等合规观念融入每

① 于慧琴：“我国证券公司合规风险管理存在的问题及对策”，《企业经济》2011 年第 10 期。

位从业人员自身的意识和价值观中，才能确保证券公司持续合规经营，这需要公司管理层、合规部门和每位员工的共同努力。

（五）对合规队伍建设产生的影响

证券行业现有合规管理队伍是在原有的监管方式和业务模式基础之上建立的，在监管转型的背景下，监管机构的监管方式和行业的业务模式发生了变化，合规管理工作面临着专业人才不足的窘境。一方面，监管机构的事中、事后监管新机制，客观上造成了合规管理工作量的骤然增加，各证券公司合规管理部门普遍存在着人员不足、压力过大的情况；另一方面，越来越多的创新业务和产品，对合规管理人员自身素质提出了更高的要求，合规管理人员大都由于缺乏业务知识和经验而在合规管理过程中感到力不从心，如果合规人员自身素质无法跟上创新发展的脚步，就谈不上合规管理工作的顺利实施，也无法保障公司业务的有序开展。因此，合规队伍的再建设，成为监管转型背景下的当务之急。

三、新形势下加强证券公司合规管理的建议

证券公司合规管理应当积极顺应监管转型，以“合规持续控制”为工作方式，从严格合规审查、深化合规检查、加大合规风险处置力度、加强合规文化建设及合规队伍再建设等方面，加强合规管理工作，确立合规管理的新模式。

所谓“合规持续控制”，是指合规管理是一个持续控制风险的过程，通过建立健全事前预防、事中监督检查、事后跟踪的全程控制机制，及时排查出潜在的合规风险，制止不合规行为（见图 1）。

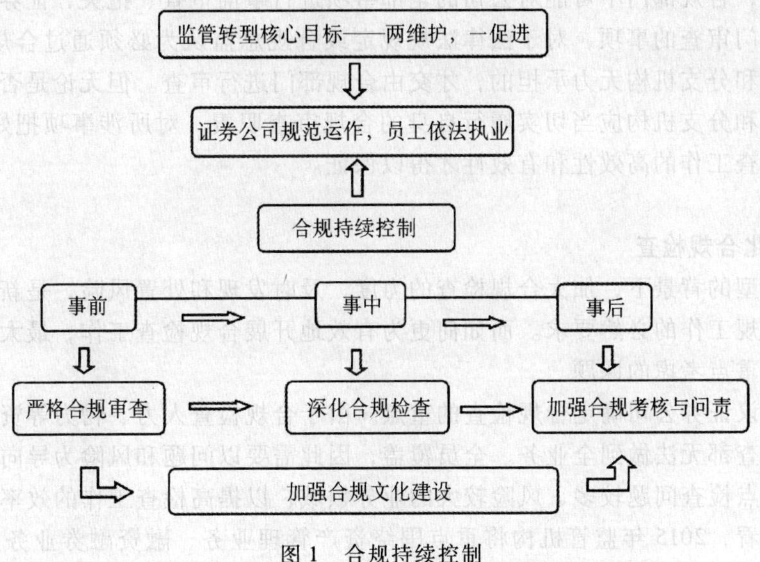

图 1　合规持续控制

（一）严格合规审查

在监管转型背景下，做好合规审查就是要把握好合规风险的入口关，在监管部门放松事

前审核审批的监管转型推动下，能否做好合规审查是对证券公司自我把控风险能力的重要考验。为防止因把关不严而导致事后遭受处罚，证券公司必须严格依照法律法规和监管要求对相关事项进行事前审查，确保将合规风险控制在业务前端。

同时，伴随着监管转型的深入及新业务和新产品的不断推出，需要合规部门进行合规审查的文件将越来越多，而合规人员的精力毕竟是有限的，为更好地把控风险，各证券公司需要逐步优化合规审查的流程，提升合规审查的效率。

第一，证券公司需要正确处理业务创新与依法合规经营的关系。合规审查应严控创新过程中的合规风险，对不同模式的创新区别对待。比如，对于顶层设计的创新，由于具有清晰可循的规则，重点审查不按既定规则操作的合规风险；对于自主设计的创新，由于没有规则可寻，相关风险需要在总部层面集中控制，进一步完善新业务新产品的评审机制；除此之外，还有一种名为创新、实际上是打着“创新”的旗号而有意规避监管的伪创新，对于这类“创新”，要坚决制止、大胆叫停。

在创新发展过程中，合规部门不仅仅是“刹车”，更应该是业务部门的“导航仪”，可以考虑全程介入创新业务，直接参与项目的推进。在产品设计初期，即深入了解业务背景、业务性质和业务细节，与业务部门沟通、协调，引导其注重保护投资者利益，确保业务和产品依法合规运作。

第二，证券公司可以明确各部门和分支机构合规审查的职责。一般来说，证券公司各部门习惯无论事项大小均将各类文件交由合规部门“会签”，由合规部门代替其承担对各项日常工作的合规把关职责，甚至有些员工及部门负责人直接在流程中表示“请合规部门对文件的合规性进行审核把关”，这实际上是推卸合规职责的表现，与“合规人人有责”、“各部门和分支机构负责人是第一合规责任人”的理念相悖。

我们认为，合规部门不可能对公司的全部事项进行事前审查、把关，证券公司应当梳理需要由合规部门审查的事项，对于法律法规规定或合规总监认为必须通过合规部门审查的，或者业务部门和分支机构无力承担的，才交由合规部门进行审查。但无论是否交由合规部门审查，各部门和分支机构应当切实履行自身的合规审查职责，对所涉事项把好审核第一关。如此，合规审查工作的高效性和有效性才得以保证。

（二）深化合规检查

在监管转型的背景下，加大合规检查的力度，及时发现和处置风险，是新形势下对各证券公司开展合规工作的必然要求。而如何更为有效地开展合规检查工作，最大限度地揭示风险是当前应当重点考虑的课题。

第一，建议证券公司确定合规检查的重点。由于合规检查人力、物力等资源有限，任何公司的合规检查都无法做到全业务、全员覆盖，因此需要以问题和风险为导向，确定合规检查的重点，重点检查问题较多、风险较大的业务领域，以提高检查工作的效率和效果。从当前监管方向来看，2015 年监管机构将重点围绕资产管理业务、融资融券业务及其他创新业务加强审慎监管，并以落实投资者适当性制度、防范利益输送为重点加强行为监管。因此，建议证券公司将检查的重点放在资产管理业务、融资融券业务及其他创新业务上，并重点关注投资者适当性的落实情况及可能存在利益输送的环节。

第二，建议证券公司规范合规检查的流程。为推进合规检查方法、手段、流程的标准化建设，规范检查行为，提高检查质量和效率，证券公司需要加快组织推进合规检查规范化建设，推出涉及各业务品种、覆盖各操作流程的标准化合规检查方案，完成合规检查数据库建设。一是可以规范合规检查工作方案、报告的基本格式，力求使检查方案、报告格式简洁、流程清晰、风险点明确，内容一目了然。二是可以按照业务流程，编制统一的标准化、流程化、手册化的合规检查方案，通过对业务操作流程的描述及各个流程的制度要求，剖析风险环节、风险点，制定有效的合规检查方法及步骤，提出相应的控制措施。

（三）加大合规考核与问责力度

在监管转型的背景下，加大合规考核与问责力度，构建有效的合规激励和约束机制，对于提升合规管理的执行力、提高合规管理的有效性至关重要。

第一，建议证券公司加大合规管理绩效考核力度。

首先，建议证券公司加大合规管理绩效考核的比重。合规考核不仅需要针对各部门和分支机构，在对员工的个人考核中也需要加入合规管理指标，考核结果与薪酬挂钩，可以更好地督促各部门、分支机构及员工合规经营，规范执业。其次，证券公司需要设置更为细化的考核指标。可以针对合规制度的落实情况、防范化解合规风险的成效、合规宣导与培训状况等细化考核指标，以制衡经营业绩考核可能引发的短期行为。目前，行业内已经有证券公司对各部门、分支机构及员工的重大违法违规行为实行“一票否决制”，即使经营业绩再优秀，也直接在评级中降格，这种做法值得鼓励。

第二，建议证券公司严格合规问责。执行合规问责制度需要做到“有规必依、问责必严”，对违法违规行为绝不姑息。

首先，建议证券公司明确合规问责的对象。问责对象的范围既关系着风险处置的效果，也对整改措施能否落实有着较大影响。问责对象一般可以分为以下两种情况：一是要问执行者之责，合规操作是每个员工不可推卸的责任，对上级下达的违规指令应坚决抵制，只要是违规操作就必须问责，不以是否造成损失为问责条件；二是要问管理者之责，对未能发现、制止违法违规操作的直接管理者要严格问责，对存在严重问题且长期未能解决、发生重大合规风险的部门，还要追究部门或分支机构负责人的责任。

其次，证券公司需要抓住合规问责的重点。合规问责的关注重点可以包括以下情况：被客户提出违规投诉、被员工提出附有证据材料举报的；因违规问题被新闻媒体曝光，给公司造成严重负面影响的；因违法犯罪被司法机关提出问责建议的；因违法违规被监管机构给予行政处罚的；合规部门或审计部门在检查、审计中发现违法违规行为的，等等。

另外，问责的程序需要规范，规范的流程既有利于合规问责的开展，也可以提高被问责部门的重视程度。合规问责程序包括问责启动、调查取证、审核决定、申诉复议、监督执行、后续处理等环节。

（四）加强合规文化建设

在监管转型的背景下，加强合规文化建设，是持续提升公司和员工合规风险意识与认知水平的重要方法和手段，应当贯穿于合规管理工作的始终。

第一，证券公司需要强调各部门和分支机构负责人的合规培训职责。“各部门和分支机构负责人是第一合规责任人”，是合规管理的重要理念之一，但行业内的认知度和践行力较低，各证券公司合规培训更多的是由合规部门负责开展，各部门和分支机构的负责人并未对合规培训工作给予足够的重视。

美国大型公司非常重视员工和合作伙伴诚信合规理念的养成，要求各业务部门和分公司的首席执行官、总经理、销售总管，都要抓诚信合规培训，亲自讲解诚信合规的规则和政策，并且把能否传播、宣传、推广这一价值理念以激励员工作为衡量领导者是否称职的重要条件①。

我们认为，证券公司高层、各部门和分支机构负责人的行为对推动合规文化的建设至关重要，如果他们没有表现出需要或实施合规文化的坚定决心，其下属员工也会对此无动于衷。合规是一种文化，只有公司的高层和各部门负责人对合规重视并做出表率时，合规才最有效。可以考虑参照美国的做法，鼓励证券公司各部门和分支机构负责人亲自为员工进行合规培训，讲解合规知识和要求，这种方式不仅可以有效地提升员工的合规意识，也可以逐步提高各负责人对合规管理的重视程度和认同感，从而整体提升合规在整个证券公司的执行力。

第二，证券公司需要创新合规宣导方式，提升合规宣导效果。合规文化的宣导不能流于形式，而应追求实际效果，开展持续、深入、多样的合规宣导，把合规理念融入每位员工的行为习惯中。

目前，监管部门正在探索建立负面清单管理模式，证券公司可以尝试编制公司内部的负面清单，在监管部门负面清单的基础上，结合公司自身实际，针对各业务条线列明哪些行为属于禁止性行为，明确员工的行为边界，可以在每项禁止性行为后增加相关的处罚案例，通过禁止性规则加相关案例的形式，更为清晰地告诉员工哪些行为不可为，以及触犯禁止性规则的严重后果，起到教育、警示的作用。

第三，将投资者权益保护作为重点宣导内容。监管部门在此次转型改革中，旗帜鲜明地提出要保护投资者特别是中小投资者的合法权益，并表示要把维护中小投资者的合法权益贯穿监管工作始终。因此，合规宣导工作也要对保护客户合法权益的重要性进行重点宣导，不断提醒公司及员工在开展业务时牢记客户合法权益至上这一准则，违反该准则的行为就是触碰监管底线，将面临遭受监管处罚的风险。

（五）合规队伍的再建设

合规管理，关键在人。新形势下，客观上要求各证券公司进行合规队伍的再建设，以便保障合规管理部门的合规管理职能有效履行，促进证券公司依法规范运作。

第一，各证券公司需要为合规管理部门配备足够的合规人才，并建立相应的选聘、培养和激励机制。可以制定合规人才的选聘标准，选拔具备与其履行职责相匹配的个人素养、法律知识、从业经验以及专业素质的合规人才；同时，建立一套针对合规人才的培养机制，可以考虑在部门内部建立长效的培训机制，并经常性地开展业务研讨与交流，不断提升人才队伍的素质。此外，建立合理的激励机制也至为重要，对合规人才应当做到科学评价和有效激励。

---

① 李戬："美国大公司的合规管理及启示"，《法律实务》2011年第6期。

第二，各证券公司可以充分发挥业务部门和分支机构合规人员的作用。各证券公司可以考虑在各业务部门和分支机构设置专职合规岗，充分发挥其自身的合规管理作用，在创新业务中先由业务部门和分支机构在内部自己查找问题、评估风险，并与合规管理总部形成实时互动。目前多数证券公司均在其分支机构设置了专职或兼职的合规人员，但很多人员属于兼职且级别较低，并且是由分支机构直接对其进行考核，不利于合规人员有效开展合规管理工作，建议各证券公司对各部门和分支机构的合规人员由公司合规部门统一考核，对兼职人员的考核合规部门也应当占有相当的比例，同时对合规人员的级别在公司制度中予以明文规定，以保证合规人员能够正常履职。

事中、事后监管与证券公司合规管理模式的转型

印 钧*

近年来，在政府简政放权的大背景下，中国证监会逐步推进证券监管转型，提高监管效能，探索建立事中、事后监管新机制。按照 2015 年全国证券期货监管工作会议精神，监管转型意味着监管方法将从过多的事前审批，向加强事中、事后监管及实施全程监管转变①。事中、事后监管新机制将对证券公司的经营发展产生直接、重大影响，也将给证券公司合规管理带来重大挑战。当前证券公司合规管理尚不能适应新形势的发展，合规管理的作用和影响力亟待转型提升，才能与监管转型形成良性互动，确保证券公司在激发活力的同时保持稳健持续的发展。

一、事中、事后监管新机制给证券公司合规管理带来的挑战

首先，事前审批的减少意味着证券公司自身要严把审核关。当前，中国证监会正在大幅精简行政审批备案事项，放宽市场准入，研究制定权力清单和责任清单，在减少事前审批的同时，证券公司自身需要严把审核关，投入更多的资源对拟开展业务的合规性和风险进行评价和把关，需要将合规审核嵌入业务流程。

其次，监管转型磨合意味着证券公司不仅要严格执行法律法规的具体规则，还要贯彻监管规则背后的精神和原则，细化公司内部规定。在监管转型磨合期，原有监管规则体系发生重大变化，一段时期内，会出现新旧规则交织，不同监管理念同时并存的现象，鉴于法规滞

* 作者单位：国泰君安证券股份有限公司。

① “事中监管又称持续监管，主要是确保市场主体持续符合准入条件、依法合规经营，重点在于状态维持和过程控制，包括合规性监管和风险审慎性监管，具有预防性、合作性的特征。事后监管主要是稽查执法，打击违法违规行为，通过惩戒和制裁，包括行政处罚和行政强制，维护市场秩序，清除不合格的市场参与者，或在极端情况下进行风险处置。”参见《聚焦监管转型 提高监管效能——肖钢同志在 2015 年全国证券期货监管工作会议上的讲话》，中国证监会网站，时间，2015 - 01 - 16，网址：http：//www.csrc.gov.cn/pub/newsite/zjhxwfb/xwdd/201501/t20150116_266708.html，最后访问日期：2015 年 4 月 29 日。

后及法规无法穷尽所有规则的客观事实，新产品、新业务通常没有直接的法规依据可遵循，这就需要合规管理人员具备更高的法律素养，依据法理和监管规则背后的精神和原则进行合规分析。例如，对新产品、新业务的合规性开展评估，重点关注相关制度和业务流程是否对利益冲突、投资者利益保护等问题给予了充分合理的考虑。再如，对于形式合规但实质是在规避监管或变相突破规定限制的某些“通道类”业务，需要从实质角度观察并作出准确分析。

再次，事中监管意味着证券公司要加强业务过程中的持续合规管理，落实业务部门自身的合规管理责任。“过程合规”的重要性更加突出，管理难度显著加大。在简政放权的同时，监管力度在加强。例如，适度放宽信息隔离墙对业务融合合作的限制，但对于突破信息隔离墙，进行内幕交易或利益输送的行为则须加强执法力度；再如，在放开分支机构设立限制、允许证券账户非现场开户后，对证券公司在开户流程、投资者教育、客户资料和回访等方面的合规性要求在不断提高。

最后，稽查执法力度的加强意味着证券公司要建立自我约束和自查自纠机制，加强人员管理和职业道德教育。随着稽查执法力度的加强，行政处罚和行政监管措施的使用将更为频繁和严厉，证券公司面临更大的监管压力。这就要求证券公司切实建立起以合规管理为核心的自我约束机制，通过自查自纠及时消除合规风险隐患，从而减轻或者免除处罚。同时要加强人员管理和职业道德教育，尽到公司的管理义务，在发生个人道德风险事件和违法犯罪行为时，才有可能免除自身责任。

二、当前证券公司合规管理面临的困境

（一）主动合规的意识仍待加强

一方面，在竞争压力和创新冲动的双重作用下，证券公司“重业务、轻合规”的情况仍然占据主导地位，业务部门的合规意识仍然比较淡薄，认为合规只是合规部门的事，在实际业务开展中缺少对合规风险的主动评估和考虑。当合规人员提出质疑或建议时，业务部门不能充分理解和支持，不自觉地将业务发展与合规对立起来，认为合规部门阻碍了业务开展，双方经常产生分歧和争议，合规的权威性受到挑战。

另一方面，在绩效目标压力与短期薪酬激励动力的双重作用下，部分业务人员对外部监管规则和内部规章制度缺乏敬畏，制度执行不到位。加之在监管转型过程中，旧有不合理的规则逐渐被打破，使得业务人员错误地认为不合理的规定或者即将修订的规定可以不必遵守，错误估计监管机构的合规容忍度，导致合规风险隐患不断积累。

证券公司合规经营的理念要从“监管要我合规”转变为“我要主动合规”，仍然需要经过长期不懈的努力。合规理念的树立和合规意识的培养本身就是一个持续的过程，只有“进行时”，没有“完成时”。

（二）对合规底线的把握能力有待提高

当前监管的一大趋势是注重底线监管，强调证券公司应守住合规风控底线，一旦突破底线即予以严惩，如何把握合规底线成为摆在证券公司面前的现实课题。一方面，面对规则缺失、立法滞后的局面，一些合规管理人员无所适从、不知从何做起，缺乏根据公平、诚信、

保护投资者利益等法律法规的基本原则分析问题、指导工作的能力和经验；另一方面，在规则相对明确的情况下，由于业务人员的“巧妙”设计，创新业务方案往往在形式上完全符合各项监管规定要求，或者至少不与明确禁止性规定相冲突，但如果深入了解业务方案背后的实质内容，就会发现有的方案实则是在故意规避监管规定或与监管规定精神背道而驰。合规管理人员如不熟悉相关业务的背景，不了解业务开展的真正目的，则可能会作出错误的判断。即使了解业务开展的实质内容，合规管理人员也经常徘徊在“形式合规”与“实质合规”之间，难以作出准确判断。

（三）合规管理责任尚未落实到位

实践中，很多证券公司高级管理人员和业务部门人员将合规管理泛化，习惯于不论事情的性质大小均将各类申请、签报、合同、方案、报告等要求合规部门会签或参与决策，由合规部门替代业务部门承担各项日常工作的合规把关职责，这是表面上重视合规而实际上推诿责任的做法，与“合规人人有责”的基本理念和合规独立性的基本原则不符。这种思维有很大的迷惑性，甚至监管机构和行业自律组织也或多或少存在类似做法。如要求合规总监而不是经营层或业务部门对业务开展的合规运作出具承诺；有的规则直接规定合规总监应担任业务决策委员会成员，要求合规部门全程参与业务开展过程，对业务开展的合规性进行核查；有的地方证监局通过监管发文形式将涉及公司合规责任的事项直接布置给合规部门完成。这些做法均是对合规责任的错误理解，不仅大大降低了合规管理工作的效率，导致合规部门埋头于事务性工作，无暇顾及合规检查、合规培训、制度建设等本职工作，同时助长了业务部门推诿责任的不良风气，对公司合规管理而言有百害而无一利。

（四）员工道德风险防范缺乏有效手段

近年来，员工道德风险成为引发证券公司合规风险的重要因素，随着事中事后监管和稽查执法力度的加强，将会有更多的员工违法违规行为被发现和查处，证券公司合规管理面临更大的压力与挑战。部分从业人员守法合规意识淡薄，恪守职业操守和从业规范意识不强，如在代销金融产品、债券业务领域违规事件屡屡发生，证券公司缺乏防范员工道德风险的有效手段。

三、证券公司合规管理模式的转型路径

（一）由狭义合规管理向全面风险管理转型

广义风险管理是指全面管控公司的整体风险，合规管理只是风险管理中的一项重要内容，主要侧重于符合外部规定以及公司内部制度要求。合规管理与其他风险管理并不是割裂的，如中国银监会2006年10月公布的《商业银行合规风险管理指引》第四条：“合规管理是商业银行一项核心的风险管理活动。商业银行应综合考虑合规风险与信用风险、市场风险、操作风险和其他风险的关联性，确保各项风险管理政策和程序的一致性。”近年来，证券公司合规管理与全面风险管理结合的趋势也愈加明显，在风险管理活动中，可以说合规管理是基础和底线，只有守住合规底线，谈论其他风险管理才有意义。但如果仅强调合规底线，不根据公司自身资本金情况、经营目标、风险偏好等进行主动风险管理，也会造成公司

潜在风险隐患的积聚。由此可见，合规管理与风险管理应当相互渗透、相互融合，由狭义合规管理向全面风险管理转型。

实际工作中合规与风险管理相互协作、有机结合的事例越来越多。基于全面风险管理的理念，在实际操作中，合规部门可以借助于风险管理部门已有的技术手段和风险监控结果，更好地履行合规管理职能。针对同一风险点，合规部门侧重于从制度、决策、管理层面进行监督，而对业务的实时监控则应由风险管理部门完成，同时风险管理部门应及时告知合规总监及合规部门其在风险监控过程中所发现的合规问题。合规部门也可以与稽核审计部门协同配合，充分发挥各自专业优势，将合规检查与内部审计结合进行，提高检查质量。合规部门与法律部门可以共同探讨相关法律法规的立法精神，准确把握新业务中的各类法律关系，从而更好地识别可能存在的合规风险。证券公司应在合规部门与其他风险管理部门之间建立信息交流机制，充分有效地整合和利用资源，使合规管理工作更为高效。

（二）由责任推诿型合规管理向人人有责型合规管理转型

“合规人人有责”，合规管理不仅仅是合规部门和合规管理人员的职责。合规风险分布于公司的每一个岗位、每一项业务、每一个环节，每一名员工都是自身执业行为合规性的第一责任人。单靠合规部门根本没有能力、也没有时间深入到每项制度流程和业务环节中去防范所有的合规风险。虽然我们强调合规部门应当增加主动性，将合规管理嵌入业务运作过程，但主要是指合规部门督促、协助和指导业务部门健全自身合规管理机制，引导每个员工养成合规意识，主动判断合规风险，也就是要形成良好的合规文化。

公司文化来自公司高层自身的价值观，高层对待合规的不同态度，会催化出不同的合规文化，在一个没有正确合规理念的公司文化环境中进行合规管理，结果只能是流于形式，事倍功半。因此加强公司高层的合规意识，不仅有利于合规总监和合规部门开展工作，也有利于保证合规管理真正嵌入业务流程。

为保证合规管理真正嵌入业务流程，合规责任真正落实到位，证券公司应当正确界定业务部门与合规部门的合规职责边界。我们认为，业务部门才是自身合规管理的第一责任人，在规则或规则的精神较为明确的情形下，自行依规行事即可，不以合规总监或合规部门审批为前提。合规总监及合规部门仅对规章制度、重大经营管理决策、新产品、新业务方案、监管机构要求审查的文件等事项进行合规审查，这样才能集中精力针对重大疑难问题进行合规论证，保证合规管理的有效性。同时，为保证合规部门的独立性，防止业务部门的责任推诿，合规部门出具的审查意见不应替代业务部门的经营决策。业务部门在业务决策时，应参考合规意见，但不应将其视为业务决策意见。业务条线负责人或业务部门应在综合考虑合规意见和业务开展实际需要等相关因素后作出决策。

（三）由被动式合规管理向主动式合规管理转型

在责任推诿型合规管理模式下，证券公司合规管理多以被动式合规管理为主，即合规部门的主要资源和精力被投入合规审查、合规咨询等被动性工作，而主动介入创新业务方案设计过程、主动介入业务实际运作过程、主动发现合规风险点等主动性工作的投入资源相对较少。

部分公司的合规管理人员并不参与创新项目的早期论证及创新方案的设计、制订，仅在创新方案对外报送前较短的时间内以书面形式完成审核并出具合规意见。在这种管理模式下，合规管理人员很难深刻理解创新方案内容，无法准确评估合规风险，也不可能提供建设性的完善建议，合规管理的作用不能得到有效发挥。为解决上述问题，合规管理人员应更早地介入创新活动，及时参与创新方案的设计与论证，在创新活动正式推出之前开展评估，及时向创新项目设计人员充分提示合规风险、提供合规路径分析建议，为创新活动保驾护航。随着行业创新的深入推进，针对创新活动的事前合规风险评估的重要性日益凸显，合规管理人员应加强创新知识储备，并主动针对创新监管环境、行业创新发展趋势开展深入研究，以便能够胜任工作。

除创新活动外，合规管理人员应当更加关注过程合规管理，符合事中监管的要求，以问题和风险为导向，加强对执业过程的合规监督、检查，协助和督促业务部门落实执行业务制度和流程，指导业务部门自主履行合规风险识别和评估、采取有效合规管理措施规范业务运作等职责，加强与业务部门的交流互动，充分调动业务部门合规管理的自觉性和主动性，推动业务部门自主合规。具体切入点可以包括采取抽取某个项目进行全过程穿行测试、针对某项风险高发多发的业务进行重点风险排查、与业务部门共同评估某项业务制度和流程的合规性和操作性等多种方式，以发现业务流程中可能存在的风险隐患。

（四）由偏重业务合规向均衡加强员工执业行为合规监测与管理转型

面对员工职业道德风险事件频发的新态势，证券公司应在进一步加强业务层面合规管理的同时，投入一定资源均衡加强对员工执业行为的合规监测与管理。

员工执业行为合规监测是证券公司合规管理的一项重要职责，这项职责由合规部门进行的合规监测和其他部门进行的合规监测构成，合规部门主要负责信息隔离墙监测以及对员工证券交易行为、通信行为的监测，而业务开展的合规性和从业人员执业行为的合规性则应由相关管理部门和业务部门负责监测和管理。证券公司应当切实发挥相关管理部门、业务部门、分支机构的一线合规监测职责，加强合规培训和职业道德教育，加强重点岗位人员的日常管理，加强合同及印章管理，落实重点操作环节的审核或复核责任，早期发现合规风险，及时采取纠正措施。

对于合规监测中发现的违法违规问题，证券公司应落实合规报告与自查自纠机制，及时进行合规问责和整改，消除违规事件造成的不良影响，并主动向监管部门报告，获得其认可。

四、对监管部门和自律组织的建议

监管转型与证券公司合规管理模式转型之间也是双向互动的过程。一方面，证券公司要顺应监管转型的趋势，努力克服自身面临的困境，积极提升合规管理能力；另一方面，监管部门和自律组织也可在了解证券公司合规管理现状的基础上，优化调整监管模式，营造良好的监管环境，帮助证券公司更好地进行合规管理。

（一）增强监管规则和自律规则的弹性和包容性，对创新保持一定的监管容忍度

在监管转型的新形势下，由于事前审批事项不断减少，监管规则不断修订，证券公司的

创新活力也将进一步激发。创新业务往往无法直接简单套用现有规则来评估其合规与否，如何把握合规底线成为困扰合规管理人员的一大难题。

建议监管部门和自律组织响应行业创新需求，增强监管规则和自律规则的弹性和包容性，给创新业务以合理空间。即使创新业务开展过程中出现风险事件，在证券公司已建立创新业务合规评估机制，并在合理设定底线（如不违反法律法规强制性规定、公平对待客户、有效管理利益冲突、防止利益输送、发生重大风险事件能妥善处理等）的前提下，建议监管部门和自律组织能够明确区分恶意违规和创新试错之间的界限，放宽创新业务容忍度。

（二）发生个人违法违规行为时，明确区分公司与个人的责任，在公司已尽管理责任的前提下可以免责

监管转型后，日常监管和稽查执法将成为监管部门的主要工作，证券公司员工发生违法违规行为甚至涉及刑事犯罪的事件数量将明显增多。员工违法违规行为的性质和影响因素多种多样，即使公司内部控制及合规管理机制健全有效，也不可能完全避免员工个人道德风险。建议监管部门明确区分认定公司与个人责任的标准，具体问题具体分析，审慎判断公司是否应承担相应责任。若员工个人私自从事违法违规行为，虽然利用了职务便利，但公司已采取了切实有效的合规管理措施来防范此类行为，如建立明确的规章制度、进行合规宣导培训、采取可行的合规监控措施、发现员工违规行为及时进行内部问责等，建议监管部门可在认定公司已尽管理责任的前提下予以免责。

（三）不定期总结监管案例，为证券公司掌握合规底线提供参考标准

为更好地发挥事中监管的风险导向作用，也为了帮助证券公司及时了解监管动态，把握监管热点和合规底线，建议监管部门不定期总结监管中发现的典型违法违规案例，对其所违反的规定条文和精神进行权威解读，并向所有监管对象公布，以统一类似案例的判断标准，形成示范效应。

创新形势下券商风险管理的挑战与应对

王 勇 杨昌丽 林静敏 程克栋 王利东*

当前各项监管审批职能逐级下放或取消，各项创新业务、创新产品层出不穷，创新已经成为券商求生存促发展的必然之路。本文包括创新形势下券商面临的风险形势和风险管理应对措施两个方面，希望抛砖引玉，对行业风险管理实践有所裨益。

一、创新新常态下券商面临的风险形势与挑战

（一）在提高杠杆形势下，如何做好资产负债与流动性管理已成为现实问题

在当前相对宽松的金融管制背景下，对原有管制的放松与突破将释放巨大的“制度红利”，金融创新、放松管制、融资渠道放宽三方面因素将同时推动杠杆提升，证券行业已经走到了高速发展的当口，证券行业大金融格局的帷幕已经慢慢拉开。

金融创新推动杠杆提升。任何一项金融创新，基本都是对自身资产负债表的扩张，带来的是资产负债端的双重提升。19 世纪 70 年代至今，金融自由化与混业经营、利率市场化、汇率国际化为国际投行创造了对客户服务不断深入、资产负债扩张的极好契机，堪称国际投行的黄金时代。

就我国证券业而言，当前与未来的金融创新都将不断推动证券公司提升杠杆。相对于传统业务，股指期货、融资融券、约定购回、股票质押业务的开启推进了我国券商杠杆提升的新进程；未来还将出现更多业务模式，包括仓单服务、大宗商品服务、资产证券化、衍生品交易等还将大幅提升券商内外部杠杆。

如何提升杠杆与管理好杠杆，证券公司需要做好如下应对：

一是继续拓宽与维护融资渠道。证券公司还需要与优质机构投资者维持良好沟通，使其了解公司的资产状况、风险偏好与风险管理能力，在公司需要出售资产时有机构来接盘、需要应急资金时有机构来支持。

---

* 作者单位：光大证券股份有限公司。

二是要提高资产配置能力。目前证券公司融资成本并不低，如果继续增加杠杆，在信用业务规模非均衡、持续增长的阶段，融到资金如何使用，如何更合理地配置到收益率更高的资产上，对公司本身的投资与交易能力提出了更高的要求。

三是要提高流动性风险管理的前瞻性。持续增加杠杆率，对公司管理流动性风险的能力有很高的要求。一是资产负债表扩张，以期限较短的负债支撑较长期限资产，期限错配风险将加大；二是母公司与子公司创新业务日渐多样化、内生杠杆提高。需加强流动性风险管理、加强资产负债管理，做好集团流动性管控，将母公司业务与子公司的流动性叠加冲击控制在母公司所能承受的范围内。

（二）“两融”等融资类业务爆发式增长使得券商信用风险管理的重要性日益凸显

2014 年 7 月以来，股市出现单边大幅上涨，上证综指从 2100 点上涨至 4000 点，涨幅超过 90%。与此同时，A 股“两融”余额从 4 300 亿元一路升至 15 000 亿元，涨幅超过 249%[①]。股市上涨与“两融”等融资类业务规模的增加有相辅相成的关系。一方面，股市出现单方向上涨趋势会吸引投资者增加杠杆融资，从而增加“两融”等融资类业务规模；另一方面，“两融”等融资类业务规模增加所带动的外部资金流入股市加速了股市的上涨。随着“两融”等融资类业务规模的急剧扩张，证券公司信用风险类资产规模急剧膨胀，股市出现极端市场风险，特别是担保质押集中度高的中小市值股票出现极端市场风险，将传导产生信用风险类资产的信用风险。由于证券公司大多依靠外部融资支持信用风险类资产扩张，信用风险类资产的信用风险又将传导产生流动性风险，对于资产负债率高的证券公司也可能出现资不抵债破产的极端情况。因此，信用风险管理的重要性对于券商而言将上升至前所未有的新高度。信用风险管理能力的高低不仅对券商的盈利能力产生重要影响，对于券商的生存可能也至关重要。

鉴于信用风险是近年来券商面临的“新兴风险”，与银行相比，券商的信用风险管理能力在制度流程、系统建设、人才储备等方面存在较大差距。首先，全行业应当共同推动建立信用风险管理框架，既要借鉴银行的优秀信用风险管理经验，又要结合券商信用风险业务的实际，尽早出台《信用风险管理指引》，对于券商信用风险管理的组织架构、制度体系、指标体系、内部评级、授信机制、人才建设、系统建设等各方面给予指导。其次，各券商应当主动建立健全与公司战略相匹配的信用风险管理体系，厘清各层级的信用风险管理职责，加大信用风险管理的资源投入，加大对信用风险管理专业人才的薪酬激励，加大对专业化信用风险管理系统的投入，建立与信用风险管理挂钩的绩效考核和奖金延迟支付机制。最后，各券商应该持续提高风控意识，将对风险管理能力的认识提高至公司核心竞争力的高度，切实采取有效措施提高公司风险管理能力，在自身风险管理能力和风险承受能力许可的范围内开展业务。

（三）注册制改革对于券商投行业务是一把“双刃剑”

2013 年 11 月，中央发布《中共中央关于全面深化改革若干重大问题的决定》，指出要

① 本文完成于 2015 年 4 月上旬。

紧紧围绕使市场在资源配置中起决定性作用深化经济体制改革，要推进股票发行注册制改革，多渠道推动股权融资，发展并规范债券市场，提高直接融资比重。待《证券法》相关条款修改完善后，注册制将分步正式实施。注册制主要是指发行人申请发行股票时，必须依法将要公开的各种资料完全、准确地向证券监管机构申报。证券监管机构的职责是对申报文件的全面性、准确性、真实性和及时性作形式审查，不对发行人的资质进行实质性审核和价值判断，而将发行公司股票的价值判断留给市场来决定。

注册制改革对于券商投行业务是一把“双刃剑”。第一，在注册制下，取消股票发行的持续盈利条件，证券监管机构只作形式审查，新股发行在审核环节的速度将大大加快，长期制约证券公司承销业务收入的“排队问题”和符合“持续盈利条件”企业稀缺的问题将迎刃而解，承销业务的市场空间彻底打开，承销收入的增长潜力巨大。第二，注册制的核心是发行人信息披露的全面性、准确性、真实性和及时性。证券监管机构的监管重心将从事先审核为主转换到事中、事后监管为主。由于信息披露质量是注册制改革的关键所在，参照国外成熟市场注册制下监管对于信息披露造假的严厉处罚力度，可以预见监管机构对于券商未能勤勉尽责的处罚力度将非常严厉，承销业务风险也将大大增加。第三，由于在注册制下发行门槛大大降低，企业发行数量大大增加，过往几乎每只新股发行均受市场热捧有上百倍超额认购的情况将慢慢出现分化，承销投资价值不高、投资风险较大的企业将有很大的包销风险，进而传导至市场风险和流动性风险。

基于注册制改革对于券商投行业务的深刻影响，第一，券商应当建立健全投行质量控制的组织架构，明确各层级各岗位人员的风险责任，明确投行业务分管领导、投行业务部门、项目组作为投行业务风险的第一负责人，赋予投行质量控制部门与自身履职相匹配的权利和激励，形成科学有效、互相制衡的运作机制。第二，券商应当建立科学合理的考核激励制度，在奖金分配和绩效考核中要体现多贡献多收益，收益与责任相匹配的原则，并提取一定比例风险金递延发放，以应对投行风险滞后性特点，避免片面追求业绩，忽视业务风险的情况发生。第三，券商要做好跨部门的业务协作，集研究所、投行条线、自营条线、销售交易条线等各板块的力量共同做好新股发行的定价和销售工作，以控制包销风险。

（四）行情持续高涨，交易极度活跃，给交易系统带来压力

证券行情持续上涨，上证从2014年年初的2097点一路上涨，交易量持续放大。2015年以来，沪、深两市万亿元的日交易量已经成为常态，巨额交易量在给券商带来可观的佣金收入的同时，也给证券公司技术系统带来了巨大压力和挑战。

从信息系统运行情况来看，2014年全行业共发生信息技术安全事故54起，较2013年增加12起，增幅达29%；其中涉及行情交易系统的事故35起，较2013年增加14起，增幅高达67%。较为典型的如短时间内成交量迅速放大，券商交易系统难以承压，致使部分证券公司交易系统出现暂时拥堵。

交易系统是证券公司业务开展的流水线，也是生命线。一旦出现交易系统性事故，将有可能引发全局性、群体性、致命性影响，给其带来巨大的财产损失和声誉风险，也会给行业乃至整个金融市场带来冲击。

应对系统性风险，首先，保证自己的交易系统不出问题。这就要求在系统规划、系统建设、系统运维等环节做好具体工作，保证系统安全、可靠、可以信赖。

其次，要对核心系统、关键技术具备掌控能力，不能过度依赖于软件开发商。

再次，一旦出现系统问题，要做好应对工作，这就要求证券公司的应急机制是全面、有效的，执行上是得力的。

最后，做好信息发布及舆情监测。

（五）互联网金融蓬勃发展，网络安全及客户资产安全存在一定风险

伴随着云计算、大数据、移动支付等新技术，网贷、众筹等新概念的崛起，互联网金融对传统金融模式产生了颠覆性的影响。互联网给金融行业带来的不是"冲击"，而是变革的力量，是传统金融行业工作效率的提高，是原有金融产品模式创新的动力，也是普通金融用户追求优质金融服务的道路。

不同以往，这种变革源自传统商业模式的改变，是一种自下而上的过程。在这一特殊的历史时期，金融与互联网并非互相竞争的对手，而是相互渗透、相互补足的合作对象。未来呈现出的格局将是互联网与金融共同挖掘自身潜力并挖掘对方潜力，互相促进。金融植根于实体经济，而实体经济因用户行为的变化产生变化，用户行为因互联网转变，所以金融行业也必然跟随互联网转变。

从行业实际来看，有很多利用互联网技术发展证券业务的案例。如利用互联网开户，2014 年行业共完成网上开户 358 万户，占新开户数量的 35%，发展动力十足；利用互联网销售理财产品，截至 2014 年底，已有 35 家券商获得互联网证券试点资格，其中部分券商已实现理财账户的开立和产品的销售；与互联网平台的合作也有很多案例，腾讯与国金证券合作的互联网金融产品"佣金宝"正式上线，一举将券商经纪业务带入"零佣金"时代；同样通过互联网企业导流，采取低佣策略的还有如中山证券、国元证券、华泰证券等；另外一批国内资本实力雄厚而又具有前瞻性的券商如国泰君安证券、海通证券，开始着手打造综合性网上金融服务平台。

各证券公司在重视业务发展的同时，更应加强风险管理。互联网金融目前缺乏规范的管理经验，大家都是在探索前行，对技术层面的风险控制尚无成熟模式可以借鉴。证券公司系统和客户资金向第三方支付等平台开放的同时，将面临众多网络攻击，对保障系统网络安全及客户资金安全提出了更高的要求。

（六）产品估值与风险对冲

2014 年券商场外股权类市场呈现出快速发展的态势，包括新三板做市业务、场外权益互换、场外期权业务和期权做市业务，都将成为券商开展资本中介业务的新增长点。以场外权益互换业务为例，该业务的本金余额从 2014 年 1 月的不足 300 亿元，发展到 7 月底的 2 030亿元。从国际市场看，近 30 年来，国际衍生产品市场经历了快速发展，交易所和场外市场的衍生产品数量都已经达到很大规模，尤其是场外市场的规模在金融危机前的峰值已经超过 650 万亿美元。截至危机后的 2012 年 6 月，包括外汇、利率、股权、大宗商品和信用在内的场外衍生品的名义本金已经达到 639 万亿美元。自 2003 年以来，场外股权类衍生品市场也取得了长足发展，截至 2012 年 6 月，名义市值总规模约 6.3 万亿美元，其中期权类以 70% 的占比成为最重要的品种，远期及互换类总共约占 30%。场外市场的蓬勃发展给券商带来了新的收入蓝海，也给公司整体风险管理带来较大挑战。首先是金融产品估值定价，其次是场外产品风险对冲。

1. 风险管理与资本计量的核心——金融产品估值定价。金融产品的估值定价能力对于金融机构的市场风险管理至关重要，国际领先投行之所以在估值定价方面投入大量人力物力，正是由于估值定价是市场风险管理的基础，是诸多风险指标计算的依据，失去了估值定价能力，金融机构的其他风险指标就如同空中楼阁（比如次贷危机前对次级债产品的估值），无法准确反映实际的风险状况，相应的管理能力也会大打折扣。

随着巴塞尔协议的实施，依据内部模型法进行市场风险的资本充足率评估已经成为国内外领先金融机构的主流做法，国内的大型国有银行和部分领先股份制银行已成为这方面的先行实践者。以在险值和压力在险值为核心的市场风险资本匡算体系的基础就是金融机构对各类产品都具备运用自有估值模型进行定价的能力。

对于券商而言，以净资本为核心的监管体系正在逐渐发生变化，依据内部模型的资本计量方法在将来或会被行业采用。与此同时，随着期权等复杂衍生品的推出，场外市场规模逐渐扩大，估值定价能力的重要性不言而喻。对于产品的准确定价不仅是券商风险管理能力的重要评价标准，更直接影响着券商在相应领域的盈利能力，在保证风险可控的条件下给予客户更有竞争力的价格将是券商在资本中介业务市场的核心竞争力。

2. 资本中介业务开展的基础——风险对冲能力。从国际经验来看，由于场外市场产品的个性化和非标准化的特点，交易管理的复杂程度远高于传统的金融产品，尤其对券商的风险对冲能力提出了相当高的要求。对于场外衍生品这把“双刃剑”，合理运用风险对冲的手段进行管理，可以创造可观的利润；滥用衍生品，暴露大量风险敞口，则会带来很高的风险，甚至是灾难性的后果。两方面的案例都有不少，例如巴克莱通过场外外汇市场将会在场内市场引起大幅波动的交易悄无声息地帮助客户完成了对冲，既赚取了大额佣金，又帮助客户低成本地实现了业务目标；然而雷曼破产的案例也告诉我们，过高的集中度和没有经过风险对冲的巨大头寸敞口会使一个百年投行顷刻间破产。

在资本中介业务的开展过程中，券商扮演的是金融产品买进与卖出的中间角色。本质上说，券商在向客户出售产品的同时，需要在另一个市场找好相应的对冲策略，具体通过什么产品对冲、对冲的规模应该是多少，如何实现有效对冲，便是券商风险对冲能力的体现。这种风险对冲能力是基于前面所提到的估值定价的能力、宏观分析能力和头寸管理能力的综合体现，券商需要根据产品的特性决定是采用静态对冲、动态对冲还是交叉对冲等方式。在对冲的过程中也存在各类分析，例如进行对冲的操作风险，以及影响对冲效率的基差风险等。因此，券商的风险对冲能力是保证资本中介业务稳健开展的必要基础。

二、创新新常态下券商应该对风险管理有更高的要求

（一）风险文化是风险管理的核心内容，公司每一位员工对风险的理解和风险管理意识直接决定着公司的存亡

“承担风险和追逐利润”是证券公司的基本属性，也就是说只有经营风险才能获得对应的利润回报，还指望能“躺”在牌照特权中继续收取“通道费”已经不现实了，只能去主动承担风险并有效管理风险，才能实现追逐利润的目标。而承担风险、管理风险并不是中、后台部门所能够完成的，因为风险是复杂的、多变的，已知和未知风险并存。风险无法完全

被量化，因此业务的风险、公司的风险不能等待几个风险管理职能部门来作识别、计量报告，然后告诉业务部门，风险值是十几还是几十，很大一部分需要依赖于决策者甚至是具体执行者的意识和判断。

最好的例子就是高盛与雷曼，两家曾经都是美国顶级投行，而2008年的次贷危机让“雷曼兄弟”这个名字成为历史。1850年创立的雷曼公司，经历了国际金融行业的建立与兴衰轮回，这个“百年老店”在风险计量方面也是国际领先，曾多次获得风险管理相关的国际奖项，虽然它的倒闭有多方面的原因，但它与高盛的博弈最终败在了公司的风险管理文化上。

风险管理是从管理层到业务线每一位员工的责任，这就是高盛的风险管理文化理念，这样的文化体现在中、高层管理层的风险分析与碰撞上；体现在招聘员工时对其风险认知及管控意识的考量；体现在强化密集的风险管理知识培训上。比如2006年年底财务总监提出对次贷的忧虑，高盛开始加大对次贷产品的对冲；2007年4月贷款抵押业务部门负责人提出高达100亿元CDO持仓的风险以及因产品流动性欠缺无法有效估值，对冲后可能仍有较大敞口，才开始了2007年夏天高盛的逐步清理次贷头寸，使得其不仅没有受到次贷危机影响，反而在对冲头寸中获得了一定收益。

风险管理文化的核心实际就是风险管理人人有责的理念。如何界定“责”、考核“责”就成为管理过程中风险文化建设的关键。

首先是界定“责”。第一步是建立清晰的风险管理组织架构，设置风险管理的三道防线。各业务部门为第一道防线，是风险所有者和直接责任人，负责对本业务单元的风险进行动态监控、评估、报告并在需要时采取缓释措施；风险管理职能部门为第二道防线，负责对公司整体风险进行汇总计量、评估和报告；内审部门作为第三道防线，负责对风险管理体系运行有效性进行独立评价。第二步是明晰部门职责以及上至高管下至普通员工的岗位职责，并在其中增加可操作、可考核的风险管理职责。

其次是考核“责”。三道防线使各部门、各岗位均有了明晰的风险管理职责，需引入对应的KPI考核指标，与各部门、各层级岗位的考核激励直接挂钩，做到职责说明有比对、有考核、有抓手。

最后就是加强培训。在清晰界定职责并有效考核职责的机制下，加强对履职技能的风险管理知识培训，使员工高度重视和广泛参与，公司各层级、各条线才能形成积极的风险管理理念和价值观，指导实际业务。

（二）风险偏好是一个战略，不仅仅是一两个指标

风险偏好是一个很好的从上而下传递公司如何承担风险态度的工具。公司可以描述企业文化是“合规稳健”，但如何理解这四个字，需要从风险偏好入手。而风险偏好的关键在于这必须是从上而下制定的，必须结合公司的中长期战略规划和当前的业绩目标，使得风险偏好成为有力支撑。

比如公司战略中发展核心是什么，资源向什么业务倾斜，那么就应该严格控制其他业务的风险敞口；比如当年的业绩目标制定后，要求最终目标波动不大于百分之几，而为实现这个业绩目标并使得差异波幅稳定，则每个板块、每个部门、每项业务风险敞口、损失容忍度不应超过多少；比如对哪些类别风险和事件是零容忍的，这样业务人员在开展业务时就应先

衡量这一单、这一项是否会触及公司零容忍的态度。

例如某个系统速度快，但稳定性差，可能有抢先于市场的交易机会，但可能比其他系统的出错率高，是否应该上，是否可以上，这就看公司的风险偏好。如果对可能影响公司声誉风险的事件采取零容忍态度，就意味着这样的概率和风险不能承担。

只有风险偏好确定下来，自上而下进行分解，公司内部的市场、信用、流动性等风险限额制定阀值才能有依据、有执行力，否则限额指标定了再超，超了再定，形同虚设。

目前公司的风险偏好没有做到从上而下，国内券商也普遍存在这个问题。关键是要在高层增强对风险偏好的意识，高层达成一致后才能有效推行。

（三）数据是一切管理工作的基础

面对激烈的市场竞争，证券公司迫切需要数据来支持战略发展和经营管理决策，将数据充分应用到经营管理决策各个层面，使决策过程实现由“依赖经验”逐步过渡至“有数可依、有据可查”。

1. 有效管理和使用数据资源，对证券公司有重要意义。

（1）直接关系业务管理的精细化水平。数据资产是开展业务多元化、多维分析的基础，为定量化、精细化管理、有效提升决策效率提供强大支持。

（2）引领业务创新，赢得先机。充分利用数据资产可以在客户挖掘、交叉营销、产品创新等方面取得先发优势，打造不可复制的核心竞争力。

（3）满足内部风控、外部监管要求，有效防范风险。2014 年 2 月中国证券业协会发布了《证券公司全面风险管理规范》及《证券公司流动性风险管理指引》。要做到全面风险管理就要求各证券公司能够全面、准确、快速地对自身所面临的风险进行识别、度量、评估、监测和报告。这些工作非常依赖于其是否有能力全面、准确、快速地对相关风险数据进行收集、汇总、分析和挖掘，只有全面掌握风险数据，才能有效控制和防范各类风险。

2. 数据问题目前是一个行业性问题，具有普遍性。多数证券公司没有建立一个全面的、系统的、准确完善的数据仓库，数据的质量得不到保障。尤其是财务、合规、风控、稽核这些对数据非常依赖的部门，没有高质量的数据就无法及时有效发现问题，提示风险。

同时，部分证券公司没有形成一套行之有效的数据管理模式。数据产生部门、数据管理部门、数据使用部门没有理顺一套合理的管理和服务机制，如谁对数据质量负责、在数据出现质量问题时如何解决、数据管理部门如何提供数据服务等。

监管转型下证券公司合规部门定位探讨

孙 伟*

证券公司综合治理结束后，随着资本市场的发展，证券公司的合规管理从无到有，合规管理水平的高低成为证券公司风险控制能力的综合体现。这些年监管部门不断转变监管理念、监管要求的同时，合规管理工作在证券公司经营中的位置也日益提高。

在此过程中，合规部门①应该在公司合规管理中发挥什么样的作用，即赋予什么样的权力，承担什么样的职责，却没有随着证券公司发展得以清晰准确定位。一些证券公司内部在此问题上多多少少存在模糊不清的状况，很多合规管理职能需要通过部门博弈得以勉强分配，甚至通过出现风险事项的代价来督促公司反思。与此同时，监管部门一些工作人员在把合规部门作为监管抓手的过程中，也存在把合规管理问题简单地与合规部门不尽责画上等号，这种望文生义式的监管，甚至给证券公司树立正确的合规理念造成困扰。

为此，本文通过合理定位合规部门职责、偏差出现原因和结果、如何与监管转型保持同步这三个方面来探讨在监管转型的要求下，合规部门如何合理定位，才能更好地落实监管要求，有效促进证券公司合规管理水平的提高。

一、从合规责任的承担来分析合规部门职责

（一）合规责任分配

合规管理相关责任从《证券公司合规管理试行规定》中可以明确知道："证券公司董事会、监事会和高级管理人员依照法律、法规和公司章程的规定，履行与合规管理有关的职责，对公司合规管理的有效性承担责任；各部门和分支机构负责人应当加强对本部门和分支机构工作人员执业行为合规性的监督管理，对本部门和分支机构合规管理的有效性承担责任；全体工作人员都应当熟知与其执业行为有关的法律、法规和准则，主动识别、控制其执

* 作者单位：中银国际证券有限公司。

① 本文所称合规部门，是指证券公司为落实业务合规要求而设立的合规部或法律合规部、合规风险部等部门。

业行为的合规风险，并对其执业行为的合规性承担责任。”简而言之，即合规经营、全员合规、合规从高层做起。

无论从证券公司的合规管理目标，还是监管部门的这个纲领性文件，合规部门并没有被要求、也不可能承担业务合规的直接责任。无论是事前审核判断，还是事中的风险监控，以及事后的合规（稽核、审计）检查，都不能代替业务人员的实际操作，合规风险的直接责任人只能是业务人员本身。

（二）合规部门做什么

分析合规责任的分配并不是为合规部门推卸应有的责任，相反，合规部门只有承担起合理的、力所能及的合规管理责任，才能有效发挥合规部门人员的作用，即：“协助公司管理层、业务部门和执业人员防范业务活动中的合规风险，将合规经营的要素嵌入到业务部门的业务流程中，通过履行法定的合规管理职责，全程协助、督促公司、业务部门和业务人员合规经营，而不是代为履行合规职责。”①

相对于业务部门来说，合规部门是一个掌握合规知识的专业部门，要求合规部门人员对法律法规有深刻理解以及有不断学习的能力，即对各项业务的合规底线、监管规则、公司制度有充分了解，这是合规部门人员的素质要求。合规部门的主要工作方式，是在需要时出具合规意见、进行培训和合规风险监控，通过协助公司管理层、业务部门和执业人员防范合规风险，达到合规为公司创造价值的目的，从而实现合规部门和业务部门利益的根本统一。

二、当前合规部门的定位偏差、后果及原因

证券公司根据监管要求和包括公司章程在内的内部制度，制定合规部门权利职责的系列制度。但实际工作中，合规部门的定位可能存在以下偏差及后果。

（一）表现形式

1. 合规事项全归合规部门。有些公司对合规的概念进行最大化理解，凡是有“合规”、“规范”字样的事项都由合规部门来落实，造成合规部门人员不能提供有针对性的专业服务，人力资源浪费在不必要的事务上。

从合规的定义来看，合规是指证券公司及其工作人员的经营管理和执业行为符合法律、法规、规章及其他规范性文件、行业规范和自律规则、公司内部规章制度，以及行业公认并普遍遵守的职业道德和行为准则。这个概念包括公司内部所有事项，如财务、人事管理、工会组织、纪检、党务等。但证券公司设立合规部门，要提供的服务是体现在业务活动当中，有些不涉及业务的事项，如果也由合规部门来落实，那合规部门的职责边界极其宽广，再多人力配备也不够，不但浪费合规部门专业才能，使其精力不能聚焦于业务发展，而且实际履责部门推卸应承担的责任，反而容易造成管理出现漏洞。

2. 合规管理全给合规部门。很多业务部门的领导迫于经营业绩压力，以专心拓展业务

① 杨新平：“创新形势下证券公司合规部门的角色和职责”，《中国证券》2014 年第 6 期。

为理由，将合规管理全部交给合规部门。对业务过程中需要把握的业务合规风险点，甚至可能触及合规底线的做法，都简单地通过合规部门的审核监控来代替必要的合规管理工作。最常见的是在业务规划中，只看重收益和速度，所有合规问题通过一纸合规意见书就认为万事大吉，忽视了业务过程中的合规管理。监管检查中发现的很多问题，大多是因为只顾效益不顾规范要求的管理不平衡所引起。

这种合规管理从业务管理责任中分离出来的做法，实质上将利益和风险强行剥离分配，不但明显不公平，而且容易激发业务部门违规冲动，造成利益归部门或个人，风险责任由公司背负的后果。

3. 合规问责全有合规部门。这个现象在各家公司也较为普遍，无论是内部稽核审计、外部检查发现违规事项，或者公司出现实际损失，公司领导第一反应就是合规部门的工作不到位：你们为什么没有帮公司及时提示和制止风险？甚至有些监管部门的工作人员，忽略执业人员应该为执业行为的合规性承担责任的要求（即全员合规的原则），把合规问题直接等同于合规部门责任来简单得出监管结论。这样的问责结果不但打击合规部门工作积极性，还给公司各项业务发展作出错误的合规管理导向，形成的负面影响很难消除。

这种导向增强了业务人员通过不合规手段提升业绩的侥幸心理，使其风险识别和规范开展业务的能力都不断降低，必然导致风险事项和市场竞争力的下降。

（二）原因分析

出现以上偏差，除了因为证券公司过度重视对短期业绩的追求外，还有以下原因：

1. 忽视机构发展现状。在各家证券公司设立合规部门的初期，《证券公司合规管理试行规定》尚未出台，即使在规定出台后的相当长时间内，公司对合规部门仍然较为依赖。各部门的合规管理安排需要合规部门为主的协助和支持，过早地要求证券公司一步到位达到合规理念的要求是不切实际的，需要结合业务发展，经过相当长时间由合规部门主导规范、培训的过程。

但随着市场发展，在中国证券业协会的执业要求和系列合规培训下，行业整体合规管理水平有了长足的进步，合规执业理念渐渐深入人心。但有部分公司领导及业务部门的负责人，并没有深刻认识到合规创造价值的正确性，出于精力分配、业绩考核、责任推脱等种种原因，仍然把合规部门定位在设立初期的实际要求上，过度依赖合规部门，浪费了给全公司进一步提升合规理念的大好机会。

2. 忽视合规管理目标。目前各家证券公司业务部门管理人员的选拔，大多以业绩为导向，对业务管理人员的合规能力往往并不重视。公司希望合规部门能够给予业务部门全方位的支持，让业务部门不需要关心任何合规问题。但这样的安排与合规管理目标背道而驰，即合规部门管得越多越细，业务人员的合规意识越薄弱，最终不可避免地造成业务部门和合规部门的矛盾，偏离了通过合规创造价值，使业务和合规部门实现目标统一的途径。公司管理者常常不得不经常做协调工作，不断浪费公司管理资源，降低了管理效率。

监管部门由于资源限制，对证券公司的监管不可能直接落实到部门人员，把合规部门作为工作抓手是必然选择。但把合规管理出现的问题统统归集为合规部门不尽责，就明显与合规目标相悖。对于监管中发现的问题，应该具体问题具体分析，从公司治理到业务细节查找原因，对各种责任进行准确分解，才能落实全员合规，达到督促公司合规经营的目的。

3. 忽视部门职责边界。证券公司领导对合规全面重视是保证公司稳健经营的基础，但在合规管理责任全部交由合规部门的错误暗示或者明示下，很容易就把所有合规管理工作放到合规部门。尤其在监管部门日益重视合规风控的情况下，作为与监管部门沟通咨询最多的部门，自然就成为领导落实一系列合规工作的首选。反映在公司的制度建设和执行上，就是公司的合规管理制度中，对合规部门的职责边界过于宽泛，即边界模糊，给了领导不能科学合理分配合规工作的权力空间。

三、实现合规部门定位与监管转型的同步

虽然监管部门对证券公司经营开展规范要求的提出与最终落实，不是单个合规部门的事情，但不可否认，合规部门应有的合规指导、合规咨询和培训等职能是证券公司能否有效掌握和执行合规要求的重要保障。正如前文所说，对合规部门的准确定位并不是为合规部门推脱责任，相反正是为了更有效地发挥合规部门应有的作用。因此，合规部门如何与监管转型提出的新要求尽快同步，成为公司在监管转型的行业背景下，迅速完成迎接挑战和抓住机遇的推动力之一，这不但反映了公司对合规部门的真正重视，也是合规部门证明自身能力的重要表现。

（一）与监管转型保持同步的必要性

中国证监会连续两年在监管工作会议上将监管转型作为当前监管工作的目标，阐述了监管转型的原因、内容和要求，提出进一步简政放权、放宽准入、扩大开放、鼓励竞争、加大创新，允许更多机构从事证券期货服务业。探索建立事中、事后监管新机制，从事前审批为主转变到事中、事后监管为主。要求加强风险防范，督促市场参与主体依法合规经营，履行信息披露义务，健全风险预警机制。

证券公司在这个时期，需要面对不断涌入的新同业的市场竞争，需要不断推陈出新来满足市场需求，需要防止因为违规带来严厉的事中、事后监管措施和行政处罚。这就要求证券公司打造符合监管转型要求，即符合经济和市场发展要求的有效合规管理体制。在这个过程中，公司各级管理人员切实掌握合规管理的目标，深刻认识合规创造价值的意义，准确地让合规部门的定位与监管转型的要求同步，让合规部门成为公司合规管理的有力抓手，而不是合规责任的全部承担者，是一项迫切需要落实的工作。

（二）与监管转型保持同步的建议

1. 深入思考监管转型的实质意义和对公司的影响。监管转型是促进行业规范发展、发挥资本市场功能目标的发展措施。证券公司虽然不是监管转型的直接执行者，但作为被监管对象是监管转型的受益者。证券公司应该认真学习监管转型的要求，深入思考监管转型对公司发展提出的挑战和带来的机遇。

仍然有很多公司的领导者对监管转型的必要性及重要意义认识不够，只关心对公司的表面影响，而不是从公司治理到经营管理理念上进行同步升级，从而把监管转型下合规管理的要求，简单地转发给合规部门或者合规总监去学习、掌握、落实，再把出现合规风险统一归为合规部门的不尽责。

在整个行业借助监管转型带来的市场活力从而发展壮大的同时，如果仍然对合规部门错误定位，让合规部门承担不切实际的责任，则会逐渐加深业务部门和合规部门间的不信任，公司管理容易陷入大量的内部协调平衡，不但错失发展机遇，最终还会引发风险事项。

2. 认真分析监管转型下公司的合规管理现状和需求。随着证券市场不断创新发展，各家证券公司的资本实力、人力资源水平出现了一定的分化，业务高度同质化的问题有所缓解，合规管理的总体水平和主要矛盾也不尽相同，面对监管转型，对合规管理的定位和需求也必定不一样。各证券公司首先要结合自身实际，认真分析合规管理的短板所在，不能随意照抄照搬其他公司的合规管理经验。

从体现合规管理和风险控制整体状况的分类评价结果看，已经上市的、外资背景（全牌照）以及业务特色鲜明的公司，合规管理的总体水平较高：内部合规管理的制度较为健全且执行情况良好，公司给予合规管理人员的保障到位，合规总监在公司和行业内有一定权威性，人人合规的理念深入各级员工。公司对监管转型的认识较为深刻，并具有一定的前瞻性，学习跟踪监管变化，掌握风险底线和创新要求的能力较强，可以主动适应监管转型，促进业务创新规范发展，体现出合规能力和业务发展互相良性推动的竞争优势。这类公司合规管理需求主要体现在合规部门主动分析监管变化，守牢合规底线，加强培训指导等方面。

有些公司由于股东更换、高管变动、业务单一等多种因素，公司的分类结果不够理想，合规管理水平还不够高：制度需要健全，领导对合规部门的定位有偏差，员工合规意识不够，业务开展过程中合规支持的力度有待加强，公司处在逐步树立正确合规理念的初级阶段。面对监管转型，公司迫切需要让合规从高层做起，成为各级领导者身体力行的原则，不断提高执业人员合规水平，在不违背监管目标的原则下，适当增加合规部门的履职力度和频度，加强对业务部门的执业指导，同时给予合规部门更多的考核权力，尽早把合规管理水平提高到新的层次。

3. 牢牢把握合规管理目标下的归位尽责。监管转型是提升监管效能的现实选择，尽管监管人员对工作倾注了大量心血，付出了艰苦劳动，但有限的监管资源难以适应繁重的监管任务。监管部门需要通过监管转型来解决的问题，同样也是合规部门需要准确定位的现实写照。

（1）合规管理不能“人盯人”、“当保姆”。如果证券公司把规范经营的理想全部寄托在合规部门身上，先不说合规部门资源极为有限，不可能有足够的人力、物力进行“人盯人”、“当保姆”，而且还有以下问题：

一是合规管理不能有违合规监督检查独立性的理念①；二是从事具体业务的人员所知道的各种细节，远远超过合规部门人员，想设计不存在任何漏洞的业务流程是一种幻想，即如果业务人员没有合规意识，合规人员看得再紧，也有失误的时候；三是“人盯人”之下，合规部门人员实质上已经转化为业务人员，这种转化除了独立性问题，也是人力资源配备的明显浪费。

（2）创新更需要人人合规。监管转型之下，放松管制激发了创新热情，不管是合规部门人员还是业务人员，都在学习和摸索合规实现之路。要求合规人员马上成为专家，或者立

① 杨新平：“创新形势下证券公司合规部门的角色和职责”，《中国证券》2014 年第 6 期。

即有相应的监控系统来盯着业务人员，都不太现实。相反，如果业务人员具有合规意识，和合规人员共同探讨风险底线，梳理业务风险点，业务人员才能在执业过程中心中有底，敢于承担直接合规风险责任，这样的归位尽责，才是根本的解决途径。

（3）关键在高层。对应“监管转型关键在人”①，合规管理的关键在公司高层。在证券公司内部所有的归位尽责之中，公司高层无论对监管转型还是合规理念的认识和执行程度，都是一个公司合规管理水平最醒目的坐标。监管部门在各项检查当中，既要去看制度和流程是否完备，以及抽查这些制度和流程的落实情况，也要对公司高层人员的合规理念进行检查测试和判断，这可能是监管部门也是公司内部评判公司合规管理水平的最准确有效的办法。

① 见《大力推进监管转型——肖钢同志在 2014 年全国证券期货监管工作会议上的讲话》第三部分标题。

重构兴业证券合规风控考评体系

陶昕晔*

一、监管转型给证券公司合规风控考评体系带来的挑战

(一) 监管转型变化趋势

中国证监会主席肖钢早在2014年全国证券期货监管工作大会上提出了“大力推进监管转型”的目标。监管转型是指监管理念、监管模式和监管方法的革新和转变，是对社会主义市场经济条件下现代证券期货监管规律的新探索。推进监管转型是中国证监会贯彻落实党中央、国务院关于“加快转变政府职能，深化行政体制改革”这一重大决策而必须完成的任务，是资本市场改革创新的内在要求，是顺应时代发展潮流的必由之路。

1. 监管取向从注重融资，向注重投融资和风险管理功能均衡、更好保护中小投资者转变。保护投资者合法权益是资本市场健康运行的内在要求，也是改革创新和促进监管转型的重要保障。维护中小投资者合法权益贯穿监管工作始终，落实到制度建设、日常监管、稽查执法的各个环节。

2. 监管重心从偏重市场规模发展，向强化监管执法，规模、结构和质量并重转变。稽查执法是中国证监会的一项主要业务与核心工作，在维护市场“三公”和平稳健康运行、保护投资者合法权益方面，稽查执法发挥了重要作用，已经成为依法治市的最直观、最有力的保障，也是增强市场监管威慑力和公信力的最直接、最有效的手段。

3. 监管方法从过多的事前审批，向加强事中、事后、实施全程监管转变。事前审批和事中、事后监管是监管体系的一个完整链条，都是监管机构履行法定职责的体现。从以事前审批为主，转变到以事中、事后监管为主，形成“放而不乱、活而有序”的新手段、新规则和新机制，这是转变政府职能、提升监管效能的必然要求。事中、事后监管新机制，从监管重点上看，就是制定监管规则和开展监管执法，即“一手抓规则，一手抓执法”；从监管

* 作者单位：兴业证券股份有限公司。

手段上看，主要包括现场检查、非现场监管、教育培训和稽查执法四个方面；从监管理念上讲，事中监管以风险导向为主，兼顾行为导向，事后监管以行为导向为主，兼顾风险导向。

4. 监管模式从碎片化、分割式监管，向共享式、功能型监管转变。建设中央监管信息平台，是持续推进监管转型的重要抓手，也是衡量各单位、各部门监管转型的一把尺子，能够切实改变条块分割、各自为战的现状，强化监管信息共享和功能协作，整合监管资源，提高监管效能。

5. 监管手段从单一性、强制性、封闭性，向多样性、协商性、开放性转变。开展积极行政监管，丰富监管工具，综合运用各种手段，广泛动员各方力量参与市场、建设市场、维护市场，加大新闻宣传和舆论引导工作力度，强化沟通交流，及时解疑释惑，构建伙伴共赢、开放多元、有序互动的监管格局。

6. 监管运行从透明度不够、稳定性不强，向公正、透明、严谨、高效转变。健全多层次的资本市场信息披露规则体系及监管机制，坚持平等对待各类市场主体，统一监管执法尺度，实行政务公开，以公开为原则，以不公开为例外，做到规则公开、过程公开、结果公开，提高决策科学化水平，增强快速反应能力，稳定监管预期。

（二）证券公司合规风控考评体系存在的问题

监管部门在放松事前管制的同时加强了事中、事后监管，监管力度不断加大，增强了对证券公司和市场的威慑作用。监管转型持续深化的大背景，既使证券公司面临更大的挑战，又给证券公司带来新的发展机遇。面对行业发展新常态，证券公司也应顺势而为，着眼于监管转型、把握自律核心，将合规风控机制从以前的惩罚型、被动式管理，转变为以合规风控考评为驱动的激励型、主动式管理，通过不断完善证券公司合规风控考评体系，全面推进证券公司全面风险管理建设，切实打造风险管理核心竞争力。

证券行业自2008年实施合规管理体系建设、2013年底实施全面风险管理建设以来，在政策制度、监管指导、年度合规管理有效性评估等方面都要求证券公司建立健全合规管理考评和风险管理考评，但在具体的要求、标准和效用方面各证券公司的做法不一，差异性比较大，但普遍存在合规风控考评标准不明确、考评过程不透明、考评结果难以推进合规管理和全面风险管理建设等种种问题。

1. 公司高级管理人员和中层管理人员对合规风控考评的重要性认识不足。合规风控应作为业务创新发展的基本主线，但是证券公司高级管理人员和中层管理人员往往重业务发展、轻合规风控，普遍存在“只要不违规、不出现重大风险事件，其他方面都可以忽略”的意识。对于合规风控考评工作重要性的认识远远不够，致使对合规风控考评工作的支持与资源配置不够充分，导致合规风控考评工作不能系统、全面、深入地组织、开展。

2. 合规风控考评结果在公司整体绩效考核体系中作用不明显。业务收入、利润、市场占有率等业务指标构成证券公司整体绩效考核的主要指标，合规风控考核指标或者在整体绩效考核中的占比很低（大部分证券公司在5%—10%之间，或者作为单独扣分项，但扣分一般不超过5分），或者作为绩效考核的参考指标，只要不出现重大风险事件，一般情况下合规风控考评结果基本不影响整体考核结果。合规风控考评结果在公司绩效考核中的作用，就是将员工被公司认可的合规风控绩效，通过奖金的形式给予回报和鼓励。证券公司应当将合规风控考评结果切实、有效纳入绩效考核体系中，使得员工对合规风控的投入与产出形成正比，这样可以提高员工的合规风控意识与责任感，也有助于公司避免重业务轻风控的现象。

3. 合规风控考评体系的设计不够完善，侧重于合规与风险管理的结果，忽视合规风控意识和合规风控管理过程。目前行业内证券公司的合规风控考评体系一般都是由合规部门、风险管理部门、审计部门根据当年内部合规检查和审计发现问题、监管部门现场检查发现的问题等，在年末对各单位予以一个大致的评价结果，往往不关注各单位的合规风控意识、合规审查过程中发现的问题、风险监测中发现的异常等内容。如果某业务单位当年未接受各类检查，未发现具体问题的，往往合规风控考评结果比较高或没有扣分。证券公司合规风控考评应当从意识上重视、行动上落实、过程中改善，只有同时注重结果考核与过程考核的考评体系，才是合规风控考评的发展趋势。

4. 合规风控考评结果未能与员工个人职业发展规划与职级晋升直接挂钩。行业内证券公司合规风控考评主要针对部门或部门负责人，但对于部门其他主要管理人员和业务骨干的合规风控考评往往流于形式，缺少应有的正向激励效用和负向惩罚效用。我们认为合规风控考评结果不仅要与薪酬挂钩，更要与员工个人的职业发展规划、职级晋升等直接挂钩，这样合规风控考评体系在公司规范运作中才能起到更为积极有效的作用。

二、合规风控考评体系转型探索

（一）构建合规风控考评体系的意义与原则

1. 提升合规风控意识，增强合规风控管理实效。如何增强各级员工合规风控履职的自觉性，走出一条以合规风控考核带动合规风控工作落实的路子，一直是我们着力探索解决的核心问题。健全、有效的合规风控考评体系能够提高各单位、全体员工的合规风控意识，促进“自我合规、自我风控”公司文化的形成与延续，这既是业务创新发展的必要基础，又是合规风控举措执行与落实的有效保障。目标明确、责任明晰、奖惩有度的合规风控考评体系有利于提升全体员工合规风控意识，提高公司合规风控措施执行力，增强合规风控管理实效，有利于推动各项业务发展。

2. 遵循客观与公正、过程与结果并重、定量与定性结合三原则。在合规风控考评体系建立及运行中，我们认为必须遵循客观与公正、过程与结果并重、定量与定性结合三项原则。

客观与公正原则指对各单位的合规风控考评必须严格按照考评标准，实事求是、公平合理地确定考评结果。

过程与结果并重原则指既包括缺陷暴露、风险事件等结果性要素，又包括合规风控管控制度、执行、评价等日常合规风控动态过程性要素。

定量与定性结合原则指既对照合规风控分类考评表进行定量分析，又结合各单位合规风控管理水平进行定性考评，对发生重大风险事件的单位以定性考评为主。

（二）构建合规风控考评五维指标体系

兴业证券合规风控考评指标体系涵盖了合规风控执行有效性、合规风控建设有效性、合规风控环境、重大风险事件和专项合规风控工作五个维度，既包括合规风控意识等定性内容，又包括合规风控缺陷等定量内容；既包括制度建设、合规风控培训、审计发现等传统事前、事后的内容，又增加了审批过程、动态监控指标等事中内容。

维度一——合规风控执行有效性指标。合规风控执行有效性指标是指标体系中最重要的、覆盖面最广的结果导向性指标，是合规风控意识和措施的直接体现，公司能从定量角度对各单位合规风控工作的结果进行分析与评判。合规风控执行有效性指标主要包括制度执行有效性、内控矩阵与流程梳理有效性、内部检查或审计发现的问题、外部监管检查发现的问题、内部合规风控警示函、各类送审的规范性和有效性、风控指标超标、风险容忍度超标、风险限额超标等。

维度二——合规风控建设有效性指标。合规风控建设有效性指标是指标体系中较为重要的过程与结果并重导向性指标，是合规风控执行有效的前提，公司能从定量和定性角度对各单位合规风控工作的结果进行分析与评判。合规风控建设有效性指标主要包括各单位根据监管政策变化及业务发展情况及时制定、修订各类制度；根据内外部检查结果及时整改落实等情况。

维度三——合规风控环境指标。合规风控环境指标是指标体系中最基础的指标，是公司合规风控体系建立并有效运作的基石，公司主要从定性角度对各单位进行分析与评判。合规风控环境指标主要包括各单位在内部报告、自查、检查、审计和外部监管检查等合规风控工作中的配合、组织、落实情况；是否积极主动组织开展各类合规风控培训等。

维度四——重大风险事件指标。重大风险事件指标是指标体系中非常见的，但一旦发生影响较大的突发性指标，是执行有效性指标的放大，公司主要从定性和定量角度对事件进行分析与评判。重大风险事件指标主要包括各单位因违法违规而被采取的监管措施、给公司造成重大损失的风险事件、存在的重大风险隐患等。

维度五——专项合规风控工作指标。专项合规风控工作指标是指标体系中正向指标，是对各单位合规风控工作效果在外部显现的分析与评判。专项合规风控工作指标主要包括合规风控工作获得监管部门、自律组织的表彰，参与公司内部专项合规风控工作并取得较好成效，合规风控工作文章在外部刊物发表等。

（三）构建合规风控定量调节机制

兴业证券以合规风控定量指标分析为基础，经调节系数后对各单位合规风控评价等级进行综合评定。

1.《合规风控考评分类表》确定了五维指标体系的整体权重和每一类主要问题的扣分范围。兴业证券根据考评五维度组织制定统一、标准化的《合规风控考评分类表》，即合规风控考评项目及考评标准。《合规风控考评分类表》分为三大常规类别和五大特殊类别。

（1）设定常规三类标准。兴业证券将合规风控执行有效性、建设有效性和环境三个维度设定为常规类，并规定了各个维度的扣分上限。第一类合规风控执行有效性考评维度累计扣分不超过 70 分；第二类合规风控建设有效性考评维度累计扣分不超过 20 分；第三类合规风控环境考评维度累计扣分不超过 10 分。

对于重大风险事件扣分维度和专项合规风控工作加分维度不进行上下限限制。

（2）设定特殊五类标准。兴业证券参照中国证监会《证券公司分类监管规定》的原则和标准，对于特殊合规风控事件设定了五类标准，根据情节严重程度和对公司造成的影响分别设定扣分标准。

第一类：被中国证监会及其派出机构采取警告、大额罚款、没收违法所得、暂停业务许可、撤销部分业务许可等行政处罚措施之一，或者导致高级管理人员被采取警告、大额罚款、没收违法所得、一定期限内市场禁入、永久性市场禁入情况的，合规风控考评扣分不低于50分。

第二类：被中国证监会及其派出机构出具警示函并在全行业通报、责令停止职权或解除职务、公开谴责、限制业务活动、暂不受理与行政许可有关文件、暂停核准新业务或新增营业性分支机构申请，或者高级管理人员被责令更换、限制权利、认定为不适当人选或撤销任职资格的，合规风控考评扣分不低于40分。

第三类：被中国证监会及其派出机构出具警示函，并在辖区内通报批评、责令公开说明、责令改正、责令处分有关人员、责令参加培训、责令定期报告、责令增加内部合规检查次数，或者高级管理人员被监管谈话的，合规风控考评扣分不低于30分。

第四类：被中国证券业协会，沪、深证券交易所，中国证券登记结算公司，投资者保护基金公司，中国人民银行等监管及自律组织通报批评、责令改正等，造成分类监管扣分的，合规风控考评扣分不低于20分。

第五类：各单位主要负责人提供虚假信息、隐瞒重大事项、拒绝或明显不配合公司内控部门履行合规风控管理职责的，合规风控考评扣分不低于20分。

2. 根据《合规风控考评分类表》进一步细化各单位扣分清单。兴业证券在对各单位主要控制环节及关键风险点进行风险识别、风险评估、控制措施建设等内控矩阵建设基础上，根据风险发生的可能性和风险发生的严重度两个维度对每一个风险点进行评级，并参照风险等级制定了每个单位的风险点扣分标准，即扣分清单。在明确扣分标准的同时，我们也设计了一定的调整空间，根据整改落实、应急处理效果等予以适当的调整。

3. 设定合规风控调节系数，平衡不同业务线、业务线与管理线之间的差异。虽然我们根据统一的标准，在对风险点进行充分识别和评估基础上制定了分类表和扣分清单，但是不同的业务单位之间、业务单位与职能管理部门之间的风险点数量、单位内部风险发生或被发现的可能性存在较大差异。为了平衡业务单位之间或业务单位与职能部门之间的差异，我们引入了合规风控调节系数。合规风控调节系数是我们综合各业务单位合规风控管理广度、深度和难度，通过单项评估与权重评定后确定的合规风控扣分折算比例。

合规风控管理广度是指对单位合规风控所面临的风险类别数量、主要风险点数量、重要控制环节多少等，从小到大、从少到多进行评估。合规风控管理深度是指单位合规风控管理的半径及管理链长短，从短到长进行评估。合规风控管理难度是指单位合规风控管理对专业能力、管理范畴等的要求，从易到难、从简单到复杂进行评估。

根据合规风控管理广度、深度和难度的重要性和覆盖面，我们分别给予加权平均后进行综合评估并得出调节系数。总体上，合规与风险管理管理范围越广、管理难度越大、涉及风险点越多的单位，其合规风控调节系数越小。同时我们每年会根据各单位业务规模、业务范围、业务创新等情况进行重新评估，切实体现系数的调节作用。

（四）合规风控考评结果等级及应用

1. 合规风控考评结果进行五级分类。在定量调节基础上，兴业证券对各单位合规风控考评结果进行定性评级。各单位合规风控考评等级分成A、B、C、D、E五级，分别对应优秀、良好、合格、基本合格和不合格。在各单位合规风控考评结果中引入内部对标竞争机制，每年对A、B、C类三类评价等级的单位数量进行比例限制，但在公司整体合规风控水平较高或出现多次风险事件时，公司可酌情调整各类评价单位数量的比例。

A 类评价等级。获得 A 类评价等级单位的合规风控工作，不仅能够全面有效覆盖本单位各业务环节，而且在公司内部发挥标杆作用，或在行业内处于领先地位。

B 类评价等级。获得 B 类评价等级单位的合规风控工作，基本能够全面有效覆盖本单位各业务环节，且未出现重大风险事件。

C 类评价等级。获得 C 类评价等级单位的合规风控工作，能有效覆盖绝大部分本单位业务环节，个别环节出现较大合规风控缺陷或风险事件但未对公司产生不利影响。

D 类评价等级。获得 D 类评价等级单位的合规风控工作，能有效覆盖大部分本单位业务环节，部分环节出现的重大合规风控缺陷或风险事件被监管关注或对公司产生一定负面影响。

E 类评价等级。获得 E 类评价等级的单位出现重大风险事件，被采取监管措施或对公司产生重大负面影响。

2. 合规风控考评结果纳入各单位年度绩效考评。兴业证券对各单位考评采取业务考评与合规风控考评相结合方式，综合评定绩效考评结果，合规风控考评结果直接影响各单位绩效考评结果。我们对其效用进行了规定：合规风控考评结果为 A 的，在业务考评结果相近情况下，优先就高评定综合绩效考评结果；合规风控考评结果为 B 的，业务考评优秀、关键业务指标多数领先的，综合绩效考评结果才能为 A；合规风控考评结果为 C 的，就低评定综合绩效考评结果，一般情况下不能评定为 A；合规风控考评结果为 D 的，一般情况下综合绩效考评结果在业务考评结果基础上下调一个等级，且原则上不高于 C；合规风控考评结果为 E 的，综合绩效考评结果为 D。

2014 年，兴业证券 1 个总部业务单位、3 个营业部因为合规风控考评结果为 C，综合绩效考评结果从 A 下降到 B，直接影响到部门全体员工的绩效。

3. 合规风控考评结果直接与各单位负责人绩效与晋升挂钩。兴业证券对于各单位出现重大风险事件、违法违规事件或造成重大负面影响的，公司单独评定其负责人综合绩效考评结果，对该单位负责人及其分管公司高级管理人员的绩效考评结果下调 1—3 个等级。在单位合规风控考评等级已经通过综合绩效考评结果影响单位及其负责人绩效的同时，再次调整其个人绩效，通过双重调节机制，提高单位负责人的合规风控意识与单位内的推动力和执行力。

兴业证券合规与风险管理部门也对各单位及其负责人的合规风控考评结果进行归档管理，建立专门的合规风控考评及履责档案，将合规风控考评结果、优秀事迹、重大风险事件、违法违规等内容记入其中，作为人员调任与晋级的重要依据。考核期内出现重大风险事件或考核不达标的，单位负责人、风控人员、当事人不得参与当期评优、晋升，并接受相应处罚。各单位负责人晋级或其他人晋升为单位负责人的，合规与风险管理部门根据历史合规风控考评结果出具合规意见书，作为其晋升或晋级的依据。

一年多来，兴业证券通过不断完善、丰富合规风控考评的组织体系、制度体系、运作体系，公司上下合规风控意识显著提升，合规风控管理有效落实，合规风控文化加速孕育形成。当然，工作中也存在一些困惑，如合规风控指标维度中风险点覆盖的完整性、风险点风险评级的合理性、考评调节系数的科学性、业务单位与管理单位的平衡性等，都需要进一步研究。我们将根据证券监管转型的变化，结合公司合规风控转型发展的需要，进一步探索合规风控考评在推动公司业务创新、提高合规风控效用、提升风险管理核心竞争力方面积极、有效的作用。

关于创新发展和监管转型背景下资本监管体系的思考

杨维华 曾 峥 郑芳冰 郑 博*

一、我国资本监管体系的发展历程回顾

基于净资本为核心的风险监管体系，其实质是根据证券公司业务实际所承担的风险，通过计提相应的风险权重把证券公司业务与开展该业务所应提取的资本有机联系在一起。对证券公司强调以净资本为核心的风险监管体系，一直体现在各国金融监管机构的不同要求之中。

我国自1996年开始引入净资本的概念，并逐步开始了净资本监管的有益尝试。2000年中国证监会颁布了《证券公司净资本计算规则》，并于2001年颁布了《证券公司管理办法》，这可以视为我国证券公司实施以净资本为核心的风险监管体系的正式开始。不过在这一阶段，净资本监管指标仅用于限制证券公司从事某项具体业务的资格准入，尚未形成全面系统的净资本监管体系。

随着证券行业结构性变化以及对证券公司综合治理工作的完成，2006年中国证监会制定了《证券公司风险控制指标管理办法》。这一管理办法将净资本监管扩展到证券公司所有业务的全面风险监管，对净资本进行了重新定义，并引入风险资本准备的概念，初步形成了一个以净资本为核心的风险监管指标体系。此后根据证券行业发展的实际情况，于2008年6月对风险控制指标管理办法进行了首次修订。在这一阶段，我国证券公司业务类型和盈利模式较为单一，主要业务范围为经纪、投行、资管和自营等几大牌照业务；且证券公司自营业务主要以方向性股票投资为主，证券市场上也不存在做空交易方式或非线性的衍生产品，因而证券公司业务的“风险敞口”大小可以直观地从业务“规模”的大小反映出来。因此，

* 作者单位：中信证券股份有限公司。

使用现行风控指标体系中简单的规模控制指标即可以达到控制业务风险的目的。

现行资本监管体系的设计符合当时我国证券公司的业务发展阶段，与当时证券公司的业务模式、业务风险特征相匹配。在较长的一段时期内，现行风控指标体系涵盖了证券公司业务的各类风险类型，并且能够有效计量和管理业务风险。过去多年的证券市场发展历程，也用事实证明了现行风险监管体系有效保障了我国证券行业的总体持续稳健运行，使国内各证券公司能够有效应对 2008 年国际金融危机和经济下行的冲击，使证券行业各项创新业务稳步推进并逐步进入更为市场化和更为规范的发展阶段。现行资本监管体系作为管理和防控证券公司业务风险的重要手段，在过去几年证券行业快速发展的历史阶段发挥了至关重要的作用。

二、现行指标体系在创新形势下面临的问题

近几年，国内外宏观环境发生了深刻的变化，我国经济体制转型和资本市场发展对证券行业进一步发挥市场主体作用提出了迫切的需求。降低企业融资成本，更好地化解社会融资风险，成为当前证券业创新发展的根本目的。证券公司的经营模式也正在发生深刻的变化，呈现出业务范围不断拓展、金融产品日趋丰富、重资产业务快速发展、资产负债表杠杆化以及交易模式高频化等发展特征。经过综合治理整顿时期，采取转型措施来推动这一轮创新，放松管制、加强监管，鼓励创新、解放思想，从侧重事前审批向加强事中、事后监管转变，确立“底线监管”的新思维模式。

早在这一轮创新之前，便已有业内人士指出现有净资本监管指标体系的弊端，提出其阻碍证券公司创新发展，限制了证券公司创新投资策略及风险对冲发展，未能有效反映证券公司面临的风险，并指出当前国内证券公司面临的整体风险水平较低，而在较低的风险状况下部分监管指标已经接近预警线。这些问题暴露出现行风控指标体系存在的不足，为优化净资本监管指标体系、强化风险监管提出了新课题。

现行净资本监管指标体系运行已有 7 年，业内希望进行修订的呼声从未间断，新一轮的创新发展又对该体系提出了新的要求。概括而言，现行的净资本监管指标体系主要暴露出如下问题：

（一）管规模、管业务，却没能准确地管住风险

现行净资本监管指标体系的基础是各项业务总规模，尽管便于计算，但并未考虑对冲或多空抵消，将各项监管线和预警线设置于业务总规模的比例之上，颇有“曲线救国”的意味，不仅不能对风险准确计量，反而导致证券公司在一些创新业务上瞻前顾后，影响业务发展效果和风险管理结果。例如，风险资本准备采用从各类业务规模上计提某一比例的方式求得，这一方法忽略了不同业务、产品各自的风险特征与相互之间的风险关联，无法在利率波动、抵质押率调整等风险因素方面建立与风险损失的联系。又如，权益类规模占比，未考虑对冲头寸影响，直接造成了“越对冲风险、越容易触线”的尴尬局面。这些都制约了证券公司发挥自身的优势，通过为市场提供丰富的产品，转移、分散、化解实体经济和证券公司自身风险的能力。如此一来，实则形成了“事前”监管的局面，与监管转型的思路背道而驰。

如果从风险本源出发，控制“规模”的本意应是控制“风险敞口”，即控制规模被认为是控制风险敞口或者说控制“风险损失”的一种简化方法。而这一简化方法，可能适用于7年前的中国证券市场，却不再适应今大的行业创新需求。在创新加速的今天，国内金融市场出现的业务、产品的复杂性大大增加，如果不使用更有针对性、更精细的计量手段，可能很难准确刻画证券公司所面临的各项风险，要“管住风险”更无从谈起。事实上，经过多年发展，国内外金融监管和金融机构都在持续探索更精确计量风险的手段与方法，并且有很多思路值得参考，以规模为基础的净资本监管指标体系从设计理念和计量手段上都亟待优化与提升。

（二）净资本监管指标体系7年未修订，已无法适应行业快速发展的局面，整个体系严重滞后

现行净资本监管指标体系是2008年修订的版本，尽管之后在具体细节上有若干补充或修订，但在思路、方法和框架上却无大的调整。回顾国内外资本市场发展变迁，国外用200多年走过的路，我国资本市场只走了20多年。虽然我国的证券行业起步晚，但在过去的几年间，在中国经济与国际市场关联日益紧密的背景下，随着国外金融机构“走进来”和国内券商“走出去”，国内证券行业的发展已经迅速走完了国外数十年的历程。目前，国内券商可以开展（交易）的业务和产品种类已基本达到了国际投行70%以上的水平。

但在监管风控指标方面，我国证券行业却在7年里沿用同一套证券公司风控指标（即资本管理）框架。国内证券公司的净资本监管指标体系的发展更新严重滞后于市场发展。

（三）相较而言，券商风险有限，而监管指标却很“超前”

尽管我们不宜过于乐观地评判证券公司风险管理水平，但也不应过高地估计证券公司所面临的风险。事实上，从系统性风险和个体风险两方面看，我国证券公司整体风险处于较低水平。例如，银行业总资产为证券业的40倍以上，保险业总资产为证券业的2倍以上；银行业净资产为证券业的13倍以上，保险业净资产为证券业的近1.5倍；银行业平均杠杆水平近14倍，保险业平均杠杆近8倍，而证券业平均杠杆不足4倍。可见，证券公司对我国金融市场系统性风险的影响有限。

就单一证券公司而言，以风险覆盖率指标类比银行业资本充足率指标或保险业偿付能力指标，证券公司风险覆盖率普遍超过200%，远高于银行业和保险业。若按照巴塞尔协议资本计量方法统一风险加权资产计量，证券公司资本充足率甚至超过30%。可见，证券公司拥有比银行和保险公司更充足的资本，能够抵御更大的风险损失。因此，虽然不排除风险个案的发生，但从整体来看，证券行业本身所承担的风险水平相较而言并不大。

然而，现行风控指标体系过去几年来，不断小修小补，越来越严格，不仅在风险覆盖率等指标上与国内外金融行业看齐，并且在净资本、流动性覆盖率、长期净稳定资金率（甚至未来考虑风险覆盖率）方面已经超前于国外应用进度（国际上流动性指标如“净稳定资金率”的正式应用在2017年以后），与国内证券市场及证券公司的发展需求和发展阶段不相匹配，似有“超前”的趋势。

三、国外资本监管体系的经验借鉴

（一）欧盟以巴塞尔体系为标杆的资本监管体系介绍

欧盟地区的金融业实行混业经营模式（即全能银行模式），证券经营业务既可以由银行来经营，也可以由独立的证券公司来经营，欧盟的资本监管制度既适用于银行业，也适用于证券业。鉴于全能银行的破产会带来严重的经济和社会问题，因此，欧盟的资本监管制度更侧重于防范金融机构的破产风险，强调金融机构应持有足够的资本以缓冲其经营状况的异常波动，保障整个金融体系的稳健持续经营。欧盟金融机构资本监管的整个体系是以巴塞尔协议为基础的。

巴塞尔协议的发展历程如下：

20世纪80年代初，发达国家银行在全球范围内迅速扩张，各国监管的资本要求不统一的状况造成了各金融机构的不公平竞争，国际债务危机带来重大损失问题使得这些国际银行经营状况引起人们的担忧。巴塞尔委员会为促进各国公平竞争，增强国际金融体系安全性，于1988年公布了《巴塞尔资本协议Ⅰ》，其基本目的有两个：一是在国际银行体系内确保一个充足的资本水平；二是创建一个更公平的竞争环境。《巴塞尔资本协议Ⅰ》首次确立了监管资本的范围，提出了与风险挂钩的加权风险资产，明确了对资本的计提是用以覆盖风险的概念，并实施统一的最低资本充足率要求。

20世纪90年代后国际银行业的运行环境发生了巨大变化。金融创新的不断发展使新的风险层出不穷，且以金融衍生品为主的市场风险屡屡发生，致使国际银行业中的重大亏损事件不断涌现，《巴塞尔资本协议Ⅰ》在1996年引入对市场风险的资本计量方法。此后，信用风险和市场风险以外的风险如操作风险、流动性风险对银行业的冲击力也日渐显著，《巴塞尔资本协议Ⅰ》的局限性开始显现，此外，对不同类型的所有银行都使用同一种方法进行风险评估的方式也不再恰当。几经探索研究，十国集团央行行长于2004年6月出台了《巴塞尔资本协议Ⅱ》，建立在《巴塞尔资本协议Ⅰ》的原则上，延续了以资本监管为核心的思路，也顺应了当时银行监管理念转变以及行业发展创新的最新趋势，即通过加强银行自身的内部控制和管理能力、监管当局履行监督检查流程以及约束市场纪律以提高金融系统的安全性和稳定性。《巴塞尔资本协议Ⅱ》提出了按不同风险类型计提资本以及对不同等级风险管理能力的金融机构采用不同的监管标准的思路。

《巴塞尔资本协议Ⅱ》的核心在于资本监管三大支柱：最低资本要求（风险量化技术和监管资本计算），监督检查（重大风险评估、内部资本充足评估和监管审查程序）和市场纪律（信息披露）。总体思路是以监管资本为基础，以资本充足率为核心，加强监督检查及市场约束，并将全面风险管理的理念渗透于资本监管的全过程。

2000年以后，以资产证券化为代表的金融衍生产品在欧美发达国家以蓬勃之势发展，金融资产被打包再打包后在金融体系内流转，整个金融行业的杠杆率在不断增大。这类表外资产的风险在整个金融体系内不断积累，次贷危机终于在2008年全面爆发，以雷曼兄弟为代表的华尔街大投行在资产负债表状况尚良好的情况下，因突发的流动性危机宣告破产。次贷危机给欧美金融体系带来了重创，也显露出《巴塞尔资本协议Ⅱ》的资本监管体系已不能完全适应新的金融业态下的行业风险特征。譬如《巴塞尔资本协议Ⅱ》对系统性风险和流动性风险的考虑不足，对于表外产品的风险估计不够，未考虑杠杆率等，以及资本监管体系本身的顺周期效应等。针对上述问题，巴塞尔委员会自2009年开始，推出了一系列的改革方案以完善现行的资本框架，并于2010年12月发布了《巴塞尔资本协议Ⅲ》，在《巴塞尔资本协议Ⅱ》三大支柱基础之上，重点对第一支柱下的资本监管框架进行了改革，并补充了杠杆率、流动性监管体系，以减少金融体系的系统性风险发生的可能性，提高银行体系的整体稳健性。

巴塞尔资本协议的发展体现了银行业资本监管变革的方向：更先进的监管理念、更全面的监管手段及更多元化的监管角度。

首先，资本监管范畴在巴塞尔的发展演变过程中，从信用风险转向包括市场风险、操作风险和流动性风险等绝大多数风险类型在内的按风险类型计提资本的全面风险监管体系。

其次，更加强调促进金融机构主动提高风险管理能力。巴塞尔I强调外部统一的监管标准，银行被动接受，而巴塞尔II和III则赋予银行更多的主动选择和控制的权利，银行可以根据自身的风险管理能力采取不同的风险资本计量标准，并且通过激励机制加以促进。巴塞尔II和III对每一类风险的量化，都提供了银行可选择的、难度不同的风险计量标准，选择难度更高的内部模型高级法的银行所需要配置的资本金一般会比选择标准法和内部模型初级法的银行要少，而这可以使金融机构在竞争中占据主动地位，因而，金融机构会更加主动地提高自身的风险管理水平，以获取竞争优势，进而实现监管当局促进金融机构主动提升内部风险管理水平的目标。

最后，监管手段更加全面，监管工具更加丰富。巴塞尔I到巴塞尔III的演变经历了从定量指标向定量与定性指标相结合的过程，第一支柱反映了定量方法的使用，第二支柱和第三支柱都在一定程度上反映了定性方法的使用，如对资本充足的监管检查关注的是银行的内部风险计量和管理过程，而对市场约束关注的是风险和资本信息的披露。

巴塞尔监管规则的演进也反映了从一种统一量化标准的合规导向的风险监管，转向审查金融机构的风险管理体系是否完善、合理和有效的监管思路，更加关注的是金融机构是如何度量和管理风险的，而不仅仅是金融机构的业务和风险水平是否符合事先规定的标准，即监管从单纯注重外部合规标准转向金融机构内部风险监管。

全球银行监管规则从巴塞尔I到巴塞尔III的演变过程历时20多年，体现了监管环境和监管规则随银行业经营态势及风险状况的变化而不断改进、丰富和完善的过程，也体现了欧洲银行业风险管理水平不断提高的过程。纵观巴塞尔协议的发展史，可以厘清欧洲资本监管当局监管思路中的“不变”与“变”。

从巴塞尔I至巴塞尔III，始终不变的是核心监管理念：控风险不控规模（计提资本以覆盖风险）；底线监管（最低资本充足率要求）；分类监管（不同风险管理能力的金融机构可采用不同的资本计量方法，监管机构的角色是执行监督检查程序以确保方法准确性）；强调投资者保护（市场纪律与信息披露要求）。

然而，从巴塞尔I到巴塞尔III，这套体系又是不断与时俱进的，其中的“变”体现在随着金融行业的发展，监管当局对具体监管方法和监管指标的不断丰富与完善上。例如从巴塞尔I中仅仅涵盖信用风险的简单风险权重的资本计提方式，到巴塞尔II中引入以更加复杂及敏感的风险参数如PD、LGD、EAD为核心的内部评级法计量信用风险，引入以风险价值VaR为核心的内部模型法计量市场风险，再到巴塞尔III中引入流动性风险监管指标，引入杠杆率监管标准，并对资本进行重新定义等，都体现了在监管方式方法上的不断完善与提高，使得巴塞尔监管体系既不过于领先、也不过于滞后于行业发展，而是始终能贴合行业的实际情况，有效应对行业风险的不断变化，与行业保持同步发展。

（二）美联储的 CCAR 压力测试体系介绍

美联储银行压力测试（CCAR，即 Comprehensive Capital Analysis and Review）是一个与巴塞尔协议目的类似、但手法不同的资本评估过程，是美联储用以监管美国金融业的主要手段。其评估的目的是保证大银行在各种各样经济和金融压力之下仍有足够资本保持正常运作。CCAR 是一种前瞻性资本评估过程，并不采用历史数据，而是采用未来经济状况的预测数据。

CCAR 的启动是由于美国次贷危机发生后，美联储反思其监管模式，认为单纯监管金融机构当前的资本充足率不足以防范雷曼事件的重演，需要其他手段进行必要的补充。压力测试作为一套风险分析方法，是运用定量分析的方法，测算金融机构在遇到假定的小概率事件等极端情况下，其经营、管理的资产可能产生的风险和损失，并预测这些风险和损失对金融机构发展的不利影响，进而对单个金融机构、金融集团和整个金融体系的脆弱性作出评估和判断，并采取必要措施的一种管理评估手段。这一方式恰恰体现了防范系统性风险、底线监管的思维。

CCAR 包括两个层面的含义：第一，金融机构作压力测试下资本计划[①]的基本分析；第二，监管（美联储）审阅评估。CCAR 的基本评估框架包含定性评估和定量评估两方面内容。

1. 定性评估。定性评估中，美联储从以下四个方面来评判金融机构的资本计划：一是资本充足水平评估过程（包括公司治理、风险识别、风险度量和风险管理等内容）是否达到美联储要求的可信程度；二是资本计划中运用的假设和分析是否合理；三是资本充足水平评估过程或计划的资本分配方案是否违反了相关法律法规；四是资本计划中是否存在明显与监管规则不符的问题。定性评估是 CCAR 中至关重要的部分，即使资本水平符合要求，美联储也可以因为定性评估未通过而否决其资本计划。

2. 定量评估。CCAR 测试的定量评估是建立在压力资本分析的基础上。基本做法是在每年 11 月 15 日左右，美联储会公布年度压力测试场景，一般会给出三个假设：基础情景、不利情景和极端情景[②]，同时金融机构还需要补充其他具体假设，然后作出 9 个季度的预测。压力情景共涉及 28 个指标，涉及经济活动指标如 GDP 增速等，以及价格指标如道琼斯指数和美国股票市场波动率等，于年底之前完成，并且将压力下的监管资本充足率水平报送美联储。美联储评估在实施资本计划后，压力条件下的一级普通股资本充足率是否能够满足最低资本充足率的监管要求，即是否有足够的资本维持运营。

通过 CCAR 评估的金融机构控股公司可以实施年度分红和股票回购计划，未通过评估的

① 资本计划包括公司内部资本充足水平评估过程；未来 9 个季度的资本措施相关政策，如普通股发行、红利政策、股票回购等；以及向美联储提交各自开展压力测试报告，评估公司在基准和压力情景状态的资本水平及运用情况。

② 不利情景和极端情景并不是美联储对未来宏观经济的预测，基础情景可以看成外部经济专家对未来经济走势判断的平均预测值，但不代表美联储对宏观经济的判断。

金融机构需要再次提交修改后的资本计划，如果仍未通过，将无权进行当年的分红和股票回购。

美联储把 CCAR 制度化为每年对大型金融机构的例行检查，并不断扩大范围。2014 年 3 月 26 日，美联储公布了 2014 年度 CCAR 的测试结果，在参加测试的 30 家银行中，花旗银行和锡安银行两家美资银行以及汇丰银行、苏格兰皇家银行和西班牙桑坦德银行三家欧洲银行在美国的中间控股公司未能通过测试，美联储拒绝了这 5 家银行当年度的资本计划。此前，美国银行和高盛公司均是通过修改资本计划减少未来股息的支出后才得以通过这次测试。美联储对这 5 家银行份额否决理由中，只有锡安银行一家是由于核心资本充足率低于 5% 的最低监管标准，其他四家银行均是因为未能通过 CCAR 定性评估测试。其中，美联储否决花旗银行的资本计划的理由是认为其在压力情境下收入和损失的预测能力，以及合理有效地设计各类压力情景以反映其不同风险敞口受冲击路径的能力均有待进一步提高。对于桑坦德银行资本计划提出的否定意见则包括其在公司治理、内部控制、风险识别和风险管理、管理信息系统以及运用假设和分析的合理性方面存在的问题。

（三）基于巴塞尔协议的资本监管体系和美国 CCAR 压力测试体系对我国证券公司资本监管的借鉴意义

1. 强调以最低资本充足率为核心的底线监管原则：监管机构基于宏观审慎的监管考量，着力点均在于防范金融体系的系统性风险，强调底线监管的思路，而不拘泥于对每一家金融机构进行微观管控。

2. 强调金融机构主动风险管理理念：允许不同风险管理水平的金融机构采用不同资本计量方式，拥有更先进风险管理水平的金融机构有减少资本计提的可能性。鼓励金融机构积极提高内部风险管理水平。

3. 强化基于不同风险类型的资本监管模式，弱化对业务规模进行直接监管的方式。

4. 从实际出发，随行业发展变化不断完善监管体系，不断培育新兴监管手段和工具，使得监管的方式始终贴合行业发展实际，始终跟进行业发展变化。

四、创新环境下证券行业资本监管体系的完善建议

为应对行业创新发展的挑战，迫切需要修订现行资本监管体系的不足，解决其不合理部分对证券公司发展带来的制约；同时应把证券公司经营中面临的风险全面、准确地纳入监管范围并加以准确计量，从风险与资本的本源出发来制定风险控制指标，以防范证券公司整体的系统性风险。结合现行资本监管体系的局限以及借鉴欧盟资本监管逻辑和美国资本监管体系的理念，我们建议从以下角度来重新思考我国证券行业的资本监管体系未来的发展方向。

（一）加强监管——通过最低资本要求和压力测试防范系统性风险底线

根据加快转变政府职能、推进监管转型的要求，未来对证券公司风险监管的重点应放在防范系统性风险，加强对行业总体风险的识别、计量及控制。因此，我们建议对资本监管体系采取以下手段来加强系统性风险底线的防范。

首先，从控业务转向控风险，要求证券公司承担的风险在其资本所能承受的范围之内。

通过对证券公司风险的全面、精细计量，充分考虑各业务模式的风险特征和各类型风险之间的关联，不断完善风险计量监管标准，准确评估证券公司的风险水平，并以证券公司的资本作为化解所承担的风险的屏障，最低应当能够覆盖其所开展的业务的风险，以避免影响到其他投资者的利益或将风险传递至整个金融市场。

其次，加强压力测试作为对证券行业整体风险的防范机制。要求证券公司在假定的市场极端不利场景下，测算其可能产生的风险和损失，进而评估其在压力条件下的资本状况是否满足最低资本要求，从而防范极端情景下证券行业整体系统性风险的发生。

（二）放松管制——取消对证券公司具体业务规模的直接约束

现行资本监管体系对证券公司具体业务投资规模等方面存在较多的限制指标，包括自营权益类证券及衍生品合计不超过净资本的100%、持有单一权益类证券的市值与其总市值的比例不超过5%等。限制此类与具体业务投资相关联的指标，一方面其规模的大小未必可以反映其风险敞口的大小，另一方面业务风险资本准备中实际上已经考虑了业务规模的影响因素，因此，理论上而言，只要公司净资本高于规定标准，风险就可控制在承受范围之内。这种侧重事前监管、对某项业务规模的直接控制指标，不符合底线监管的基本思路，也不利于各证券公司结合自身资本实力和风险偏好去发展各自不同的业务模式。因此，建议在“放松管制、加强监管”的监管思路下，在加强对证券行业系统性风险管控、严守监管底线的同时，能够尽量减少对证券公司具体经营行为的约束，放松对具体业务规模的直接约束指标，为证券公司提供灵活发展的创新空间。

（三）推进落实分类监管方式，促进证券公司提高自身风险管理能力

我国目前各家证券公司的资本实力、业务规模、盈利模式以及风险管理水平均存在显著的差异。在风险管理架构方面，一部分证券公司早已采取按照风险类型的划分来细化风险管理工作，同时仍有很多证券公司延续按业务类型分工的方式进行风险管理；在风险计量模型方面，一些证券公司已在A股和H股上市，出于监管和信息披露的要求，已采取了较为先进的风险计量方法并对外披露其风险指标；与此同时，很多证券公司并不具备先进的风险模型计量能力或尚未对此开展深入的研究。

如果对所有证券公司采取完全统一的、“一刀切”的监管方式，不利于鼓励证券公司落实其自身风险管理责任以及主动提高自身的风险管理水平。借鉴国际监管经验，根据不同公司的风险管理能力，选取不同的监管标准，并通过对标准的设定，提供对公司发展的激励，将能够有效地实现监管机关推动证券公司积极提高内部风险管理水平、落实自身风险管理责任目标。

（四）资本监管体系需要伴随行业发展而不断调整和完善，始终保持与行业的实际发展阶段相匹配

随着证券行业的不断创新发展，证券公司的业务和产品越来越丰富和多元，相关风险类型日趋复杂并始终处于不断变化的状态，因而，任何一个现阶段“完美”的资本监管体系都无法始终有效地防范证券公司不断变化的业务风险。随着金融体系改革的深入和证券公司持续的创新发展，资本监管体系也应当随之持续调整和完善，并保持与行业发展的实际情况相匹配，既不应由于“滞后”于行业发展而无法全面有效地控制创新发展中形成的风险，也不要“超前”于行业发展的实际现状制定不合理的净资本约束，进而制约行业的创新发展。尤其是我国证券行业还不太成熟，虽有国际经验可以借鉴，但仍需要不断摸索和尝试，以适应国内的特点，难以一下子提出一套完整、有效的标准方法，这就更需要加快监管体系的修订速度，通过持续调整和完善，使之与行业的实际发展阶段相匹配，从而切实地支持证券行业的创新发展。

附：

巴塞尔协议主要内容

项目	颁布时间	主要内容与贡献
巴塞尔 I	1988 年 7 月	首次确立了监管资本的范围； 将表外项目纳入资本监管框架； 提出了与风险挂钩的加权风险资产； 统一了最低资本充足率要求
巴塞尔 II	2004 年 6 月	更加宽泛的体系：提供不同的最低资本要求计算方法，更加关注于银行自身的内部方法；强调高效的内部风险管理、监督检查和市场披露的重要性；体现银行内部管理的差异性，使管理先进的银行能够获得资本节减的可能性，以鼓励更先进的风险管理机制； 更加全面的风险覆盖：第一支柱最低资本金要求纳入了市场风险和操作风险，第二支柱其他风险如集中度风险、流动性风险、声誉风险和战略风险等的考量均体现了全面风险管理思想；扩大了资本约束的范围（并表监管）； 更高的风险敏感性：提出了更具敏感性的信用风险衡量方法，引入更复杂及敏感的风险参数，如 PD、LGD、EAD；引入市场风险 VaR 计量模型
巴塞尔 III	2010 年 12 月	对资本重新定义（提高一级资本质量，简化二级资本构成，取消三级资本）； 提高资本监管的标准；强化风险管理监管原则，要求减少对外部评级的依赖； 建立包括资本留存超额资本、逆周期缓冲资本和系统重要性银行的附加资本在内的多层次资本监管框架； 引入杠杆率监管标准； 进一步扩大风险覆盖范围

监管转型下证券公司新业务审批体系研究

孔维成　周郑屹　沈　翀　翟　玮*

从 2012 年首届券商创新大会提出“关于推进证券公司改革开放、创新发展的思路与措施”到 2014 年第三届券商创新大会“关于进一步推进证券公司创新发展的意见”，“创新”主题持续引领着证券公司未来的发展路径。面对经济发展新常态的趋势变化和特点，党和国家提出了创新驱动发展的战略思路，强化金融创新对技术创新的助推作用①，并指出要将“处理好创新发展与防范风险的关系”作为资本市场健康发展的基本原则之一，同时要推进证券期货监管转型，强化事中、事后监管，提高监管能力和透明度②。

金融创新的飞速发展本身对传统证券行业的业务模式和风险管理提出了巨大的挑战，而“事中监管以风险导向为主，兼顾行为导向；事后监管以行为导向为主，兼顾风险导向”③的监管理念转型又使券商创新业务发展的风险防范成为亟待解决的新课题。因此，证券公司需要从自身出发加强内部新业务审批体系的管理，以顺应内在创新发展与外在监管转型的需求。

本文旨在通过对境内外监管机构新业务审批规则的研究，结合金融机构新业务管理的实践，探讨证券公司适用的新业务审批体系，从而搭建新业务风险管理整体框架的基石。

一、监管机构对新业务审批规则的要求

（一）境外监管机构

从 20 世纪 70 年代开始，金融创新就形成加速发展的态势并成为金融企业的核心竞争力之一。面对日益高涨的证券创新浪潮，主要境外监管机构陆续提出了新业务审批的规则和

---

* 作者单位：广发证券股份有限公司。

① 《中共中央 国务院关于深化体制机制改革加快实施创新发展战略的若干意见》（2015 年 3 月 13 日）。

② 《国务院关于进一步促进资本市场健康发展的若干意见》（国发〔2014〕17 号）。

③ 中国证监会主席肖钢在全国证券期货监管工作会议上的讲话（2015 年 1 月）。

指引。

1. 巴塞尔新资本协议《操作风险稳健管理指引》。巴塞尔银行监管委员会[①]（以下简称“巴塞尔委员会”）于2011年6月发布的《操作风险稳健管理指引》对银行业操作风险监管提出了11条框架性的原则规定，其中第7条原则明确规定高级管理层应确保公司对任何新产品、新业务、新程序和新系统（以下统称为“新业务”）都有相应的审批程序，能够充分全面地对其进行操作风险评估[②]，同时对第7条原则阐释如下：

（1）“新业务”的业务种类包括：适用于新市场的业务、使用新的技术体系或商业模式的业务、在偏远地区推广的业务、转变为主营业务的业务；

（2）新业务审批流程中需关注的重点包括：业务本身的固有风险、对公司现有风险偏好和风险容忍度的改变、可以实施的风险控制和风险缓释措施、相关风险指标或风险限额的变化等；

（3）确保新业务在运行前已配备了必要的人力和设备，并需在新业务运行后评估实际风险与预期是否存在重大差异。

2. 全美证券交易商协会《新产品审核的最佳实践指引》。全美证券交易商协会为了引导美国投资银行更好地发展创新型金融产品，在2005年总结了一些优秀公司在新产品内部审核方面的宝贵经验，形成《新产品审核的最佳实践指引》，重点在于帮助投行在设计创新产品时避免利益纠纷和控制风险。该指引要求公司对于创新产品需在内部建立一套标准化的正式流程，并严格按照此流程对创新产品进行审批，同时从以下几方面分别给出指导：

（1）创新产品的范畴。除传统的产品的风险特征、产品结构以及成本费用等发生变化外，还包括产品的推介对象发生变动，如该产品是否在以前出售给机构客户，而现在推介给零售客户。

（2）新产品初期审查。要求公司出具书面的产品设立报告，内容至少包括：明确新产品所属的业务线和业务部门；阐述是否需要改变现有的产品运作支持体系，新产品的销售对象、营销方式等有无重大改变等。在新产品提交正式审批前，合规、风控、财务、IT等各相关部门应从各自的专业角度就新产品设立报告进行初审，提出问题并反馈意见。

（3）新产品正式审批。公司成立专门审核委员会进行表决并确保对于每个新产品都得到适当的审批，避免由于商业、时间或资金压力而放弃新产品的审批程序。

（4）新产品后续跟踪。在新产品通过内部审批获准发行后，公司应有适当的后续跟踪机制对新产品的表现进行评估，特别是对做出附条件批准的复杂产品，应考察该产品是否满足了设定的条件、市场环境是否如预期、是否有客户投诉等。

3. 美国通货监理局《新产品和新业务的风险管理指引》。为遏制银行基于业绩表现单方面扩张新产品和新业务而忽视对其潜在风险的管理，美国通货监理局于2004年5月颁发《新产品和新业务的风险管理指引》，要求美国各家银行重视对新产品和新业务的风险管理工作并建立有效的风险管理流程，主要包括以下几方面：

（1）新产品发行前需进行充分的尽职调查。银行高层和业务部门在产品前期应对该产

---

① Basel Committee on Banking Supervision。

② 《Principles for the Sound Management of Operational Risk》，第6页，Basel Committee on Banking Supervision，2011年6月。

品的风险和收益有明确的认识和了解。

（2）确保建立控制流程以实现有效的风险评估和风险缓释。具体措施包括：根据新产品和新业务特性适当修改银行的现有政策和制度；建立风险报告制度以确保所有产品取得符合条件的许可；将新产品和新业务的风控流程纳入银行整体的风控流程中。

（3）具备适当的产品业绩回顾和评价制度。

该指引同时指出银行应建立高级别的管理层委员会，监督全行范围内新产品政策的执行情况。

4. 香港证券及期货事务监察委员会（简称“香港证监会”）《产品内部审批流程指引》。香港证监会于2014 年4 月发布《产品内部审批流程指引》，旨在对通过香港证监会审批的信托产品、共同基金、投联险产品和未上市结构化投资产品的内部审批流程进行规范。该指引强调了对投资者利益保护的重要性，全文提出了 14 条原则性的指引规则，覆盖了产品生命周期管理的全过程，包括需求发起、产品设计、风险评估、产品审批、产品投产、产品的日常维护等各个阶段，体现了监管当局对新产品进行全面风险管理的要求。

（二）境内监管机构

随着创新业务的日渐发展，国内监管机构也逐步明确新业务规范管理的要求。中国证监会于 2008 年 10 月下发《证券公司业务范围审批暂行规定》，将创新业务定义为“经证监会批准，证券公司可以经营《证券法》、《证券公司监督管理条例》和证监会的规章、规范性文件未明确规定的业务”，同时规定“证券公司经营创新业务，应当建立内部评估和审查机制，对创新业务的合规性、可行性和可能产生的风险进行充分的评估论证，并制定业务管理制度，明确操作流程、风险控制措施和保护客户合法权益的措施”，明确了证券公司应建立创新业务的审批机制和管理制度，将创新业务的专项管理作为获取监管机构审核通过的前提条件。

中国证券业协会于 2013 年 8 月发布《证券公司创新业务（产品）专业评价工作指引》，明确要求证券公司提交的业务方案应是“风险可控”和“投资者权益保护措施到位”，并从自律管理组织的角度规定了证券公司需对其创新业务（产品）方案进行专业论证并评价其合规性、有效性和可行性。

中国证券业协会于 2014 年 2 月发布《证券公司全面风险管理规范》，明确提出：“证券公司应当建立针对新业务的风险管理制度和流程，明确需满足的条件和公司内部审批路径。新业务应当经风险管理部门评估并出具评估报告。证券公司应充分了解新业务模式，并评估公司是否有相应的人员、系统及资本开展该项业务。董事会、经理层、相关业务部门、分支机构和风险管理部门应当充分了解新业务的运作模式、估值模型及风险管理的基本假设、各主要风险以及压力情景下的潜在损失。”

（三）境内外监管经验对新业务审批管理的借鉴意义

中国证监会和中国证券业协会的上述规定明确了证券公司应建立创新业务的审批流程，反映了国内监管机构已意识到在证券公司内部搭建新业务管理体系的必要性，但未就具体的操作细节作进一步规定，在新业务的范畴方面也主要从是否有明确规定的角度对新业务与传统业务进行区分，未能涵盖证券公司在经营活动中可能出现的所有新业务（产品）。

而境外监管机构对金融机构的新业务审批体系制定了框架性的指引，具有明确的目标导向，既体现出监管机构关注的重点，又反映了金融机构在实际执行过程中容易忽视的环节。境外监管机构对新业务审批体系指引的精髓可归纳为以下几点：

1. 强调建立统一的新业务审批体系，并适用于金融机构的所有新业务，以确保不会出现遗漏。

2. 通常采取列举的方式明确新业务的范畴，包括但不限于：新的业务部门申请开展某项业务；开展此项业务将面临新的法律法规监管环境；开展此项业务将面临新的风险类型，或给现有风险状况带来重大变化；开展此项业务需要新增审核要素或对审核要素进行重大调整；开展此项业务是为满足新的客户需要或客户范围发生重大变化；开展此项业务需要设立新的分支机构（或法人实体等）。

3. 要求一项新业务的管理应覆盖该业务生命周期的全过程，包括需求发起、产品设计、风险评估、产品审批、产品投产到产品日常维护等各个阶段。

4. 重视尽职调查，明确提出新业务在上线前需要实施详细的尽调工作，既包括对交易对手的尽调评估，也包括对潜在客户的市场调查。

5. 强调新业务前期准备的充分性，包括可行性评估、人员配备、系统建设等，确保新业务具备上线的必要条件。同时在业务开发阶段就要求听取包括风险管理人员在内的中、后台人员的意见，及时发现并防范风险，并提高新业务后续开展的效率。

二、新业务审批管理实践与监管转型背景下境内券商的挑战

（一）境外金融机构新业务审批管理实践

根据巴塞尔委员会于2014年10月发出的《执行回顾：操作风险稳健管理的指引》一文，在该委员会选择的20个司法区域的60个重要金融机构中，34家机构完全符合《执行回顾：操作风险稳健管理的指引》关于新业务审批制度的要求，5家完全没有执行该指引或实质上不符合该指引的要求。管窥一斑，在金融机构内搭建稳固的新业务审批体系并确保其能得到有效执行并非易事。

（二）境内证券行业新业务审批管理实践

各券商的公开披露信息显示，虽然大多数券商已根据监管要求逐步建立关于创新业务的审批机制，但基本仍处于摸索和建设阶段，有的已建立起新业务的决策和管理初步框架，但并未制定具体的风险管理措施；有的仅仅对已开展的创新业务制定了风险控制制度，却没有形成整体的框架性体系；还有的则制定了庞杂的新业务管理制度，但未能很好地解决新业务开展与风险管理效益之间的关系。可见，境内券商关于新业务审批管理体系建设与践行的探索还有较长的路要走。

（三）监管转型背景下境内券商新业务风险管理面临的挑战

首先，资本市场的创新热潮势不可挡，新业务规模迅速扩张的同时也导致了风险加速累积、叠加与放大的可能性。事实上，对新业务缺乏有效的风险管理机制给证券经营机构乃至整个证券市场带来的危害都是无法估量的。一旦新业务出现市场风险、信用风险、流动性风

险或操作风险等，证券公司将可能受到业务受限、资格丧失、资金罚没等监管处罚，并可能面临业务布局失衡、错失业务机会、发生亏损、赔偿投资者损失、声誉受损的风险；更有甚者，还可能使公司面临灭顶之灾。因此，科学有效地设置新业务的风险管理制度是券商得以在竞争激烈的创新业务领域抢占先机、拓展业务空间的根基。

其次，只有提升证券经营机构的执业自觉度和风险管理能力，才能达到效率与效益博弈的完美平衡。金融行业历来是创新最为活跃的行业，而创新与监管如一对孪生兄弟，如影随形。一方面，外部监管相较于市场新兴事物的发展往往存在一定程度的滞后，而过于严格的监管又将制约创新的活力；另一方面，在效益最大化的驱使下，如果没有成熟规范的外部监管规定制约，创新容易导致市场无序发展。可见，创新是一把“双刃剑”，而监管部门致力寻求监管效率与市场效益的平衡，事中、事后监管的转型也是适应市场化趋势的必然举措。即便在以市场准入和事先控制为主要着力点的事前审批监管体制下，券商风险事件也会由于内部风险管理体系设计或执行上存在缺陷而时有发生。当监管体制从事前审批转为事中和事后监管，从业务开展和防范风险而言，有利于促进证券经营机构不断提高自身的执业自觉度和风险管理能力。而固化证券经营机构的执业自觉度需要完善的制度体系予以支撑，其中新业务的审批体系就是重要一环。

最后，创新业务“新”在没有前车之鉴，打造完善的新业务审批体系并非一日之功。随着行业创新的不断深入，创新业务和创新产品种类日益丰富，而业务推出初期缺乏配套的法律和政策，业务模式尚不成熟，风险管理经验也需要逐步积累。只有不断审视业务特点与风险管理的差距，把握市场的变化与监管的要求，积极探索管理全面、科学可行、灵活高效的新业务审批管理制度，券商创新业务才能够稳健开展。而良好的新业务审批管理制度既是润滑剂，也是助推剂，更是券商整体管理能力、创新能力的彰显。

证券业的发展历程表明，“承担风险和追逐利润”的行业属性正是证券公司的魅力所在，风险管理能力逐步成为证券公司赖以生存并持续发展的核心能力之一。在开拓新业务的激烈竞争中，只有建立健全以新业务审批体系为核心的新业务风险管理机制，追求有质量的增长，才是企业基业长青的根本。

三、证券公司新业务审批体系的探析

（一）新业务审批体系的核心内容

基于证券公司对新业务审批规范化和制度化的内生性要求，结合境内外监管机构对金融机构建立内部新业务审批体系的指导性规定，一个健全的新业务审批体系作为证券公司风险管理的重要组成部分，应从保护投资者权益的根本出发，既具备风险识别和有效化解的功能，又能实现公司有限资源的合理配置，并能兼顾到新业务抢占市场先机的目标。所以，新业务审批体系的核心内容主要体现为以下四方面：

1. 风险管理前置。新业务的业务属性决定了在风险管理参与程度、风险管理工具和风险管理理念三方面必须有别于成熟业务。证券公司应当在业务开展前期即对新业务可能出现的风险进行充分论证评估并提出风险缓释措施。

2. 优化资源配置。任何一家证券公司的资源始终是有限的，在面临多种业务抉择时，如何最大限度地利用有限的资源成为新业务审批体系设计的重要目标。

3. 兼顾运作效率。制度和流程的设置绝非给新业务的蓬勃发展套上枷锁，而是为其保驾护航，所以新业务审批体系应当能确保新业务在按照规章制度循序渐进进行审批的同时，依然可以不贻误市场先机，从而实现风险管理与业务效率的双赢。

4. 保护客户权益。证券监管部门应当把维护中小投资者合法权益贯穿监管工作始终，落实到各个环节[①]。因此，证券公司也应牢牢树立保护投资者尤其是中小投资者合法权益的理念，并将之作为新业务审批体系的根本出发点。

（二）建立完备新业务审批体系的设想

基于上述新业务审批体系的“风险管理前置、优化资源配置、兼顾运作效率、保护客户权益”的核心内容，在证券公司内部建立一个完备的新业务审批体系必须具备以下要素：新业务审批体系中必须建立有效机制，保证新业务上线具备充分的人、财、力等实体性要素。

1. 设置独立的公司层级的新业务审批机构。结合境内外监管机构的规范性指引，该审批机构具有以下特点：

（1）审批机构（本文暂以“新业务委员会”指代）的成员由高层级管理人员担任，可以对全公司层面的新业务审批进行规范化管理。新业务委员会可以以风险控制委员会子委员会的形式存在，对风险控制委员会负责，一般事项由风险控制委员会授权处理，遇重大事项由风险控制委员会复核。

（2）新业务委员会不是常设机构，采取项目审核制。证券公司可视需要考虑是否在新业务委员会下再设立常设部门。

（3）借鉴巴塞尔新资本协议对操作风险三道防线的规定，新业务委员会的组成人员需涵盖包括业务条线和合规、风控、财务、IT、稽核等重要中、后台职能部门在内的管理级员工。

（4）新业务委员会的职责包括新业务审批、审批标准和风险偏好的厘定、审批规章制度的制定及更新等。

2. 建立新业务基金机制。为加大对创新业务的支持力度，证券公司可探讨建立创新基金机制，用于支持证券公司的金融创新活动，相关费用在创新基金中列支，确保新业务的开展具备必需的资金支持。

3. 明确各业务条线的职责分工。为防范不同业务条线开展同一新业务带来的利益冲突和资源浪费，证券公司可考虑制定业务分类管理指引，提前明确各类别业务的牵头责任部门，承担类别业务的牵头管理职责。为促进业务的引进和推出，业务牵头责任部门承担类型业务的管理职责，其他部门可根据类型业务方案发起具体项目并由业务牵头责任部门进行指导和初审。证券公司可根据自身的战略发展需求定期更新该业务分类管理指引。

4. 夯实新业务上线的各项必备基础硬件。建立有效机制确保新业务上线具备所需的人力资源，在员工数量充足的基础上保证提供持续有序的培训；确保新业务上线前已配备所需的场地、设备等基础性设施；并可考虑设置风险准备金机制，保证及时处理新业务在开展过

① 国务院办公厅2013年12月25日发布：《关于进一步加强资本市场中小投资者合法权益保护工作的意见》。

程中的突发状况。

在具备审批机构、人员设施、资金保障之后，新业务审批体系还需具备规范性的覆盖新业务整个生命周期的程序性要素。

5. 新业务的开发和设计环节。

（1）新业务在开展前需进行充分的可行性分析，分析要点包括风险与收益的权衡、收益与成本的匹配；其中在考量成本时不仅需要衡量新业务自身的成本，也要考虑同等数量的资源消耗在其他业务所能取得的收益，即机会成本。业务牵头责任部门负责业务设计方案的制订并形成书面的业务可行性分析报告；可行性分析报告至少包括且不限于业绩预测、收支分析、风险评估、压力测试、投资者保护等内容。证券公司可考虑制订方案模版供业务部门使用。

（2）业务部门在新业务开发阶段必须实施详尽的尽职调查并形成书面记录，妥善保管工作底稿。某些情形下也可能包括向潜在客户调查了解市场需求并形成对市场情况的预估。

6. 新业务的审核环节。

（1）业务部门先行对业务可能存在的风险进行评估并提出初步的风险缓释方案，以实现及时识别风险、减少无效工作、避免资源浪费的目标。为实现这一目标，业务部门可能需要在业务开展前期咨询本公司内部合规、风控、财务、IT等职能部门的意见，必要时可考虑聘请外部第三方专业机构按需求对业务发表专业性的审核意见。

（2）从兼顾运行效率的角度出发，证券公司可以区分不同的业务种类设置相应的评审流程，包括标准流程和简易流程。如对于在公司层面已根据业务条线分工由业务牵头部门开展的业务，在非牵头责任部门以外的其他部门拟参与该项业务时可以适用简易流程。

（3）新业务委员会需建立表决机制，制定新业务得以评审通过的标准；为有效管理新业务审批的效率，表决结果可区分为“通过”、“不通过”与“暂缓通过”三类。其中“通过”可设置“有条件通过”，对于“有条件通过”的新业务，必须在满足相应的条件后才能推出；“暂缓通过”的新业务可以待业务部门补充资料或完善方案后再提交评审。

（4）新业务评审结果在一定期限内有效，新业务在上线前需保证其未发生实质性的变化，如发生变化，需要重新进行评审。

7. 新业务的持续管理环节。证券公司可考虑通过制定业务的运行监控、业务的后续评价与优化改进等细项规章制度稳步实现新业务的持续管理，为业务的推广、改进和退出市场提供科学的决策依据。

（1）新业务开展过程中必须保证持续的投资者适当性管理。首先，证券公司的员工在技能上必须熟悉新业务的各项规则，才能有效地指导投资者进行操作；其次，证券公司的员工必须严守职业道德准则底线，才能对业务涉及的各项风险进行充分的揭示。

（2）建立新业务上线后的回顾制度，一方面确保新业务满足上线条件并按照既定方案实施，没有偏离；另一方面可检测既定方案的实际盈收能否达到预期业绩，同时须密切关注可能损害投资者权益的风险事项，及时启动应急机制。

新业务审批体系的搭建是一个长期的不断试错并逐步完善的过程，需要在实践中进行验证并持续改进。新业务审批体系的建立和健全，将不断提升证券公司的风险管理能力，能更好地适应监管转型背景下证券公司风险管理和业务发展的要求。

境外证券行业利益冲突防范机制研究

姜 斓*

在证券行业中，证券公司与客户之间、不同客户或客户群体之间、证券公司集团内部各部门、分支机构之间有时会发生利益冲突。利益冲突如果不及时防范和处理，很可能导致投资者的合法权益受到侵害，证券市场的正常秩序受到冲击，甚至会影响证券行业的整体声誉和形象，动摇投资者对资本市场的信心。因此，国内外证券监管机构都高度重视利益冲突风险，要求证券公司建立并实施利益冲突防范机制。本文分别介绍了欧盟有关防范证券行业利益冲突的有效机制，以及与我国证券市场发展状况类似的新兴市场经济国家防范证券行业利益冲突的普遍做法。我国可以参照本国国情，对这些境外经验加以借鉴性的吸收和学习，完善相关制度和监管举措，从而更好地防范和管理证券行业利益冲突。

一、利益冲突概述

在研究境外证券行业利益冲突防范机制之前，首先需要明确利益冲突的概念和危害。

（一）利益冲突的概念

利益是需要主体为了满足自身的需要与需要对象之间存在的一种对立统一关系的体现。利益冲突则是一个涉及社会学、法学、政治学、伦理学、经济学等多学科的交叉概念，一般泛指利益双方基于矛盾而产生的利益纠纷和利益争夺过程，是人们在获取利益的过程中彼此之间的矛盾趋于激化所表现出来的一种对抗性的互动过程①。对于证券行业的利益冲突，目前尚无定论。按照国际证监会组织（International Organization of Securities Commissions，IOSCO）给出的定义，特指“金融中介机构与投资者之间、投资者与投资者之间、金融中介机构集团内部之间的利益不一致的情况，特定金融中介机构或投资者为追求自身利益需要以

* 作者单位：海通证券股份有限公司。

① 陈彬：“论证券市场利益冲突的防范机制”，《法治论坛》2013 年第 1 期。

损害或牺牲其他机构或投资者的利益为代价”①。从这个定义来看，证券行业的利益冲突一般包括证券公司与客户之间的利益冲突、不同客户或客户群体之间的利益冲突以及证券公司集团内部的利益冲突。

1. 证券公司与客户之间的利益冲突。在证券市场中，证券公司相比客户享有信息优势、专业优势，而客户因为专业性和技术性的限制会更多地依赖于证券公司的建议来做出选择。在这种情况下，证券公司可能难以在自身（或其他利益相关方）利益与客户利益之间做出公正的取舍②，从而产生证券公司与客户之间的利益冲突。

2. 客户与客户之间的利益冲突。客户与客户之间的利益冲突主要是证券公司为了某些客户或客户群体的利益而损害或牺牲另一些客户或客户群体的利益。国际证监会组织认为，证券公司在与客户开展业务时，往往倾向于选择那些能够带来长期业务合作或能够产生更紧密业务联系的客户，并向其提供某些优惠待遇③。这就会造成客户与客户之间发生利益冲突。

3. 证券公司集团内部的利益冲突。不同于前两种利益冲突主要发生在证券公司外部，证券公司集团内部的利益冲突主要是证券公司集团内部各部门之间、证券公司与子公司/分支机构之间由于各自的目标、职能、业务不一致，而在各自利益上产生的冲突。这种利益冲突多发生在国际性、大型的金融集团内部。国际证监会组织认为，集团通过建立明确的标准，平等对待各部门、分支机构、子公司，能够较为有效地避免证券公司集团内部的利益冲突④。

（二）利益冲突的危害

证券公司在处理公司利益与客户利益、客户利益与客户利益之间的冲突时，如果为了公司自身或利益相关方的利益，而损害或牺牲客户的正当利益；或是为了关联方或重要客户的利益，而损害或牺牲一般投资者的正当利益，就会对投资者的合法权益构成侵害，甚至会对证券市场的正常秩序造成冲击。如果任其泛滥盛行，很可能会败坏证券行业的风气，损害证券从业者的公信力，影响证券行业的整体声誉和形象，动摇投资者对资本市场的信心。因此，国内外证券监管机构都高度重视利益冲突风险，将利益冲突防范和管理列为监管重点之一。以下分别选取欧盟和部分新兴市场经济国家为例，分析它们对证券行业利益冲突问题所采取的防范机制。

二、欧盟证券行业利益冲突防范机制

出于对投资者保护的核心价值诉求，欧盟通过立法明确了证券行业利益冲突防范机制，规定了对客户有潜在损害的利益冲突的判断标准和应当采取的防范政策和措施，并特别规定了投资研究业务的利益冲突防范机制。

①③④ 国际证监会组织：《市场中介利益冲突有效规范指引》（Guidance for Efficient Regulation of Conflicts of Interest Facing Market Intermediaries），2010 年 10 月。

② Joao A. C. Santos, Commercial Banks in the Securities Business: a review. http://www.bis.org/publ/work56.pdf

（一）欧盟证券行业利益冲突防范的立法情况

出于对保护客户利益的价值诉求，欧盟各国一般都对证券市场利益冲突的防范和管理作出了立法规范，但内容上存在着差异性。为了推动欧盟证券市场的一体化，建立综合的金融规范体系，更好地保护投资者，欧盟议会和欧盟理事会经过四年左右的修订，最终于2004年4月21日颁布了《欧盟议会与欧盟理事会关于金融工具市场的第2004/39/EC号指令》(Directive 2004/39/EC of the European Parliament and of the Council，以下简称《金融工具市场指令》)，规定了“投资公司的核准及运作条件”、“受监管市场”、“主管部门”等内容，其中明确要求防范和管理利益冲突是投资公司[①]运作的基本条件之一。2006年8月10日，欧盟委员会进而颁布了《欧盟委员会第2006/73/EC号指令》（Commission Directive 2006/73/EC，以下简称《实施指令》)，这是《金融工具市场指令》中关于投资公司的组织要求和运作条件的条款及定义术语的实施细则。《实施指令》设置专门章节明确了评估利益冲突的客观标准、利益冲突政策的制定和实施、投资咨询业务利益冲突防范等内容。《金融工具市场指令》及《实施指令》通过更加全面地对投资公司施加有关利益冲突防范的组织和业务要求，以期达到保障投资者利益和提升市场整合度的根本目的。这也凸显了欧盟证券市场一体化的核心价值诉求——投资者保护。

（二）欧盟证券行业利益冲突的主要防范机制

根据《金融工具市场指令》及《实施指令》，欧盟对于证券行业的利益冲突主要设定了以下防范机制：

1. 明确对客户有潜在损害的利益冲突的判断标准。欧盟委员会在《实施指令》中给出了适当的标准来帮助投资公司判断哪些类型的利益冲突可能损害客户或潜在客户的利益。《实施指令》指出，投资公司、相关人员或投资公司关联方由于提供投资服务、辅助服务或其他原因而出现下列任一情况时，就认为存在对客户有潜在损害的利益冲突：

(1) 投资公司、相关人员或关联方可能以牺牲客户为代价来获得财务收益或避免财务损失；

(2) 投资公司、相关人员或关联方对其向客户提供服务或代表客户执行交易的结果享有一定利益，而该利益不同于客户对该结果的利益；

(3) 投资公司、相关人员或关联方由于受到财务或其他激励，从而偏向其他客户或客户群体的利益；

(4) 投资公司、相关人员或关联方从事与客户同样的业务；

(5) 投资公司、相关人员或关联方（将）从该客户以外的其他人处获得诱因（该诱因是指与给该客户提供的服务有关，但不属于该服务的标准佣金或手续费的其他财物或服务）[②]。

2. 明确投资公司应当采取的利益冲突防范政策和措施。总的来说，欧盟要求投资公司

---

① 《金融工具市场指令》中所称的“投资公司”是指“以向第三方提供一项或多项投资服务和/或开展一项或多项专业投资活动为日常职业或业务的法人”。见《金融工具市场指令》第4条第1款。

② 《实施指令》第21条。

根据其规模、组织结构及其业务的性质、规模和复杂程度，明确制定、实施并维持有效的利益冲突防范政策，防范客户利益受损的风险。具体来说，该利益冲突防范政策包括以下两方面内容：

（1）利益冲突识别。《金融工具市场指令》及《实施指令》要求投资公司应依据上述"客户有潜在损害的利益冲突的判断标准"，识别自身开展的投资服务/活动和辅助服务中，是否（可能）存在利益冲突，以及（可能）发生利益冲突的各种情形[①]。此外，投资公司应当采取一切合理措施，以便能够识别相关的利益冲突[②]。

（2）利益冲突管理措施。在对利益冲突识别后，投资公司需要制定、实施并维持管理利益冲突的有关措施。《金融工具市场指令》及《实施指令》列出了7种必要且适当的措施：

一是组织及行政管理安排。投资公司应当维持并运作有效的组织结构及行政管理安排，避免利益冲突[③]。

二是信息隔离。当信息的交流可能损害一个或多个客户利益时，投资公司应当控制或阻止从事涉及利益冲突风险活动的相关人员之间的信息交流[④]。

三是分别监督。投资公司应分别监督为可能存在利益冲突的不同客户提供代理或其他服务的人员[⑤]。

四是报酬独立。如果主要从事某一业务的相关人员报酬与主要从事另一业务的不同相关人员报酬直接关联，而上述业务之间可能出现利益冲突，投资公司则应消除任何关联关系[⑥]。

五是业务活动独立。投资公司应采取措施禁止或限制任何人对相关人员进行投资或辅助服务/活动施加不适当的影响[⑦]。

六是人员独立。当某一相关人员同时或连续参与不同的投资或辅助服务/活动可能有损对利益冲突的适当管理时，投资公司应采取措施禁止或控制[⑧]。

七是信息披露。当投资公司采取前述管理利益冲突的组织或行政安排不足以确保防范客户利益受损风险时，投资公司应当在代理客户开展业务之前，向客户清楚披露利益冲突的一般性质和来源[⑨]。可以认为，信息披露是利益冲突防范措施的最后手段之一。《实施指令》进一步明确，向客户的披露应通过持久的媒介方式作出，且应包括充足的细节，使客户能够在充分知情的基础上作出决策[⑩]。

3. 明确投资研究业务的利益冲突防范机制。为了防范投资研究业务[⑪]可能导致的公司

---

① 《金融工具市场指令》第18条第1款，《实施指令》第22条。

② 《金融工具市场指令》第18条第1款。

③ 《金融工具市场指令》第13条第3款。

④⑤⑥⑦⑧ 《实施指令》第22条第3款。

⑨ 《金融工具市场指令》第18条第2款。

⑩ 《实施指令》第22条第4款。

⑪ 《实施指令》所称的"投资研究"与我国的发布研究报告业务相类似，是指："明确或含蓄地提出投资策略的推荐或建议的研究或系其他信息，设计某一或若干金融工具或金融工具的发行人，包含有关于该金融工具目前或未来的价值或价格的观点，其受众为分销渠道或公众，且满足以下各项条件：（a）被标注或描述为投资研究或类似名称，或以其他方式表示对建议事项的客观或独立的解释的；（b）如果有关建议由投资公司向某一客户提出，不应构成第2004/39/EC号指令下的投资顾问服务的提供。"见《实施指令》第24条第1款。

或关联方利益与客户利益的冲突，以及客户利益与客户利益之间的冲突，《实施指令》还专门规定了投资研究业务的利益冲突防范机制，对投资公司分析师和相关人员提出了特定要求：

(1) 不得利用未公开的投资研究信息交易。在投资研究的接收对象有合理机会依据投资研究进行交易前，分析师和其他相关人员不得利用公众或客户尚无法获知的投资研究内容进行个人交易和代理他人交易。

(2) 不得反向交易。分析师和参与编制投资研究报告的其他相关人员不得进行与投资建议相反的个人交易，除非在特殊情况下并事先经过法律或合规部门批准。

(3) 人员独立。投资公司自身、分析师和参与编制投资研究报告的其他相关人员不得接受与投资标的有重大利益关系的人提供的财物。

(4) 投资研究信息保密。在发布投资研究报告前，如果投资研究报告草稿中含有投资建议或目标价格，则不允许分析师以外的人员对投资研究报告草稿进行审查，但为了核实研究的事实叙述是否正确或出于核实研究是否遵守合规义务的审查除外①。

三、新兴市场经济国家和地区证券行业利益冲突防范机制

国际证监会组织曾对24个新兴市场经济国家和地区进行了有关证券行业利益冲突管理的问卷调查，并总结了这些国家和地区利益冲突防范的普遍做法。这些国家和地区与我国证券市场发展状况有一定的类似之处，应能对我国证券行业利益冲突防范起到积极的参考和借鉴作用。

（一）新兴市场经济国家证券行业利益冲突防范机制的研究背景

2010年10月，国际证监会组织新兴市场委员会（Emerging Markets Committee of the International Organization of Securities Commissions）在对24个新兴市场经济国家和地区②进行有关证券行业利益冲突管理的问卷调查的基础上，发布了《市场中介利益冲突有效规范指引》（Guidance for Efficient Regulation of Conflicts of Interest Facing Market Intermediaries，以下简称《指引》）。《指引》涵盖了利益冲突的概念、分类、防范利益冲突的监管构架和策略等内容，旨在引导新兴市场经济国家和地区的金融中介机构有效管理利益冲突风险，保护投资者利益。中国证监会也是国际证监会组织新兴市场委员会的正式成员，其他新兴市场经济国家和地区有关证券行业利益冲突防范的做法和经验，应能对我国证券行业利益冲突防范起到积极的借鉴作用。

（二）新兴市场经济国家和地区证券行业利益冲突的主要防范机制

《指引》概括了新兴市场经济国家和地区防范利益冲突的监管构架和策略，指出新兴市

① 《实施指令》第25条第2款。

② 24个国家和地区分别为：阿根廷、百慕大、巴西、英属维京群岛、开曼群岛、中国台北、哥伦比亚、迪拜、印度、萨尔瓦多、约旦、韩国、马来西亚、黑山共和国、尼日利亚、阿曼、巴基斯坦、巴拿马、罗马尼亚、南非、斯里兰卡、泰国、土耳其、阿拉伯。见《市场中介利益冲突有效规范指引》。

场经济国家和地区一般综合采取以下策略来实现利益冲突最小化：

1. 利益冲突披露。《指引》指出，当利益冲突产生于金融中介机构内部，且该利益冲突会导致不能公平对待客户时，金融中介机构需要考虑到可能产生利益冲突的各种情形，并有义务向客户充分且及时地披露这些利益冲突。同时《指引》提出，鉴于金融中介机构往往低估利益冲突风险，利益冲突披露往往不充分，因此需要监管部门对此进行监督检查。

2. 信息隔离墙。信息隔离墙也是新兴市场经济国家和地区主要采取的防范证券行业利益冲突风险的措施之一。为防范利益冲突风险，金融中介机构应按照需知原则管理敏感信息，确保敏感信息仅限于存在合理业务需求或管理职责需要的工作人员知悉，防范敏感信息的不当流动和使用。

3. 业务活动的限制或禁止。《指引》指出，当金融机构开展的某项业务活动产生了利益冲突且向客户披露仍不能保护客户最佳利益时，金融中介机构应当限制该业务活动；当这种利益冲突形成违法违规时，金融中介机构应当禁止该业务活动。《指引》认为，"限制业务活动"很可能会被投资者视为投资障碍，因此应当作为证券行业利益冲突防范的最后手段审慎使用。

4. 自我控制和公司的内部利益冲突管理。《指引》指出，许多新兴市场经济国家和地区都要求金融中介机构自我管理利益冲突。对此，金融中介机构需要建立内部利益冲突管理委员会，来识别、解决利益冲突，同时需要在内控机制中建立利益冲突管理流程。

5. 外部监管审核。《指引》指出，绝大多数新兴市场经济国家和地区都运用外部监管、审核手段，来判断金融中介机构是否采取了适当的措施防范和管理利益冲突。其中，外部监管主要是监管部门检查金融中介机构处理利益冲突的内控措施是否适当，以及是否遵守防范利益冲突的相关法律法规。外部审核则主要是监管部门评估金融中介机构的利益冲突最小化的政策、程序和控制措施的充足性、有效性、充分性；评估识别、分析和权衡内部利益冲突的管理系统、信息隔离墙的政策和程序的有效性；并向金融中介机构推荐能进一步提高和加强内部利益冲突管理机制的措施和程序。

四、对我国证券行业利益冲突防范的启示

我国对证券行业利益冲突风险非常重视，通过发布法律法规和自律性规范，明确防范利益冲突的有关措施，指导证券公司防范和管理利益冲突。但是也应当看到，我国证券行业因利益冲突损害客户利益、破坏证券市场秩序、损害证券公司乃至证券行业形象的情况时有发生。因此，笔者建议，我国证券行业可以结合实际情况，对这些境外经验加以借鉴性的吸收和学习，完善相关制度和举措，从而更好地防范和管理利益冲突。

（一）我国证券行业利益冲突防范的现状

从制度层面来看，首先，《证券法》第 136 条从总体上要求"证券公司应当建立健全内部控制制度，采取有效隔离措施，防范公司与客户之间、不同客户之间的利益冲突"。其次，中国证券业协会专门于 2010 年 12 月 29 日下发《证券公司信息隔离墙制度指引》，并于 2015 年 3 月 11 日发布修订后的该指引和《关于证券公司做好利益冲突管理工作的通知》，指导证券公司建立健全信息隔离墙制度，控制敏感信息在相互存在利益冲突的业务之间不当

流动和使用，提高防范内幕交易和管理利益冲突的能力。再次，中国证监会和中国证券业协会出台多部有关证券从业人员执业行为的一般规范（如《证券业从业人员执业行为准则》等）和特定规范（如《发布证券研究报告执业规范》、《证券分析师执业行为准则》等），均要求证券从业人员加强利益冲突风险的自我防范。

从利益冲突防范机制来看，我国已明确证券公司应当建立利益冲突管理机制，并要求证券公司按情况采取信息隔离墙、利益冲突披露、业务限制、回避等利益冲突防范措施①。证券行业已基本按照监管要求和自律规范，进行利益冲突防范。

从利益冲突问题现状来看，我国证券行业中，诸如发行领域的 IPO 造假、资产管理领域的“老鼠仓”、证券分析领域的“抢帽子”、上市信息披露领域的选择性披露、证券从业人员进行内幕交易、利用未公开信息交易等利益冲突违法违规行为时有发生，损害了客户的合法利益，破坏了证券市场秩序，损害了证券公司乃至证券行业的形象。因此，利益冲突防范任重而道远。

（二）境外证券行业利益冲突防范机制对我国的启示

通过分析欧盟和新兴市场经济国家和地区证券行业利益冲突防范机制，笔者认为，对我国至少有以下启示：

1. 制定专门性的利益冲突防范自律规范。我国目前有关利益冲突防范的要求散见于多个法律法规和自律规范中，并且仅以通知的形式发布了管理利益冲突的专门性文件，利益冲突防范制度的系统性、完备性尚有欠缺，这不利于证券公司规范管理利益冲突。因此，建议行业可以考虑制定专门性的利益冲突防范自律规范，借鉴欧盟以及新兴市场经济国家和地区立法中有关评估利益冲突的客观标准、利益冲突管理的具体方法等内容，将我国现有的利益冲突防范要求进行整合优化，从而加强利益冲突防范的系统性和完备性，更好地促进证券公司防范和管理利益冲突。

2. 加强证券公司内部利益冲突防范机制的建设和有效运作。证券公司需要按照我国监管要求和自律规范，并可以参照欧盟以及新兴市场经济国家和地区有关利益冲突防范的成熟机制，建立并执行公司自身的利益冲突防范机制，并融入内部控制机制。同时，在当前创新形势下，证券公司对于新产品新业务，可以参照欧盟立法中有关“对客户有潜在损害的利益冲突的判断标准”，加强对其中利益冲突风险的识别分析；结合国内外有关利益冲突防范的有效做法，有针对性地采取组织及行政管理安排、信息隔离、执业回避、内部监督、信息披露、业务限制或禁止等一种或多种措施，有效管理利益冲突。

3. 加强对证券行业利益冲突防范的监督和指导。正如国际证监会组织《市场中介利益冲突有效规范指引》指出的：“绝大多数的新兴市场经济国家都运用外部监管、审核手段，

---

① 例如，中国证券业协会 2015 年 3 月 11 日发布的《关于证券公司做好利益冲突管理工作的通知》（中证协发［2015］52 号）指出：“二、证券公司已经采取信息隔离墙等措施，仍难以避免利益冲突的，应当对实际存在的和潜在的利益冲突进行充分披露。披露仍难以有效处理利益冲突的，证券公司应当对存在利益冲突的相关业务活动采取限制措施。证券公司在对相关业务进行限制时，应当遵循客户利益优先和公平对待客户的原则。三、证券公司有关业务的决策机构应当实行回避制度，防范可能产生的利益冲突。证券公司工作人员不应同时履行可能导致利益冲突的职责，业务部门工作人员不应在与其业务存在利益冲突的子公司兼任职务。同一高级管理人员同时分管两个或两个以上存在利益冲突的业务的，不应直接或间接参与具体证券品种的投资决策、投资咨询等可能导致利益冲突的业务活动。”

来判断金融中介机构是否采取了适当的措施防范和管理利益冲突；并向金融机构推荐能进一步提高和加强内部利益冲突管理机制的措施和程序。”在我国证券行业利益冲突风险事件时有发生的背景下，监管部门可以借鉴境外做法，加强有关利益冲突防范的监管检查，对于发生利益冲突导致违法违规的有关单位和个人加大惩处力度；对于利益冲突管理有效的证券公司经验予以宣传、推广，引导证券公司提高利益冲突防范水平，督促证券公司员工提升合规意识，自觉防范利益冲突，合规执业。

新监管环境下风险管理系统建设思考

解 放*

近年来，随着市场化改革的持续推进，证券业迎来了快速发展的新格局。在传统业务持续增长的同时，以互联网金融、场外衍生产品为代表的证券创新类业务也蓬勃发展，给证券公司的风险管理带来新的挑战。如何通过信息化的技术和手段应对这些挑战，是行业监管及证券公司自身管理共同面临的一个课题。有鉴于此，本文希望从行业发展机遇与挑战、解决方案思路与框架等角度对新监管环境下的风险管理系统建设进行分析，为同业提供一些思路。

一、证券行业飞速发展的新格局给风险管理带来挑战

在经济新常态下，中国经济调速不减势，量增质更优。改革开放步伐不断加快，新战略、新布局逐步实施，宏观调控方式和手段不断创新和完善，微观放活和宏观稳定相得益彰。这些都将激活直接融资，吸引更加广泛的主体参与资本市场。日益丰富的金融产品通过高效便捷的方式交易，推动实体经济的发展，资本市场将迎来下一个发展的十年。

证券公司将在上述过程中提供更多的服务，承担包括融资安排者、财富管理者、交易服务和流动性提供者、市场重要投资者和风险管理者在内的各类重要角色。业务的持续创新以及服务内容、方式的扩展都给风险管理带来了全新的课题，对风险管理系统建设提出了更高的要求。

（一）多层次的参与主体要求证券公司进行更加精细化的客户管理

随着互联网金融的蓬勃发展，零售类业务的客户规模不断膨胀，无论是开户、授信、盯市还是追保、平仓，对人工操作的依赖将进一步降低，对风险管理系统和客户管理系统提出了更高的要求。此外，交易类机构客户的交易规模和活跃程度也在快速提升，其交易对手风险不可小视，这类客户的法律文本管理、交易对手风险计量、限额监控等对当前风险管理系统也提出了新的挑战。

* 作者单位：中信证券股份有限公司。

（二）复杂的交易形式要求证券公司进行统一的风险识别和评估

客户量的增加、交易频率的提高和交易市场的拓展使得难以从单笔交易进行风险把控。目前，单个客户或相关联的客户进行多类别交易的情形不断增加，需从账户、客户、部门或公司整体等维度进行风险汇总分析。

（三）多样化的金融产品要求证券公司持续提升产品风险计量和定价能力

创新的业务和产品大都缺乏公开市场报价，需要通过内部模型进行风险计量和估值。特殊情况下，即便有市场价格的产品，风险计量时也需校准至其内部估值才能准确计算出风险指标。

（四）多元的业务模式要求证券公司做好风险资源的分配和管理

多元化经营有效地分散了证券公司的风险，但也存在不同业务风险难以比较、各类业务在收益和风险上不好分配等问题。风险评估、分配和管理是风险管理系统的顶层需求，也是最重要的应用。

一方面，由于业务的快速创新及不断复杂化，各类业务管理已超出了常规的单业务线性分析的处理范畴，风险管理难度日益增加；另一方面，监管机构也难以全面掌握证券公司的风险状况，对证券行业自主创新也有一定顾虑。在复杂的业务发展和快速的创新过程中，如何守住底线，不发生系统性风险？对于创新业务，证券公司如何精细化分配和管理风险资源？这两个问题亟待解决。

二、提升风险管理系统能力应对挑战

在“全程监管、底线监管”的监管理念下，证券公司的风险管理将会变得更加主动。随着创新业务发展、复杂产品的不断推出、风险管理团队的逐步扩大，对风险管理系统的依赖和要求将越来越高，这需要通过风险管理系统来落实风险管理政策、固化风险管理流程、执行风险评估操作、提高风险监控效率，将风险管理能力转化为证券公司的核心竞争力。从风险管理系统的角度，也需要深入思考如何在新环境新形势下应对行业的新问题。在精细化风险管理和守住行业底线两个方面提供先进的工具和有效的解决方案，成为对公司精细化管理的支撑和对行业事中、事后监管的支持。风险管理系统服务能力的建设和提升应重点关注以下几个方面：

（一）强化业务数据的收集和整理，是做好风险精细化管理的基础

数据收集应及时和完整覆盖，数据整理应标准化和规范化，在对业务流程和行为规范提出要求的同时也促进其更加完善。持续推进业务系统的改造，使得业务操作透明化、业务数据标准化，才能得到完整可用的风险数据，进行深入的大数据分析应用。以客户数据为例，不应仅局限于客户的身份和开户信息作为业务开展的考量，对于机构客户还需要进行现场尽职调查（使用标准的尽职调查数据收集模板），对其关联公司层级关系进行搜集和维护，对其征信情况进行查询，甚至还可以使用舆情监测工具对各类新闻进行跟踪。提供多方面的信

息供专家进行判断，可以更准确地评价该客户的经营状况和信用情况。在数据利用方面，互联网公司以数据说话的思想和获得大数据的思路值得借鉴，搜索引擎或智能手机应用都会翔实记录用户光标在某个信息或位置上停留的时间，用于分析用户行为，改进功能。

（二）进行有效风险分析评估，支持风险资源合理分配和管理

仅依靠大量数据并不能直接得出有价值的结论，还需要进行深入的分析和专业的评估。各个风险类型都有非常全面完善的计量分析体系和方法，需要通过风险管理系统规范和落实。对风险管理系统的要求首先是完整，风险管理行为都是基于客观的风险分析结果，不能有遗漏或重复；其次是准确，误差必须在可以容忍的范围之内，而且需要定期进行回测，保证相关的模型和程序运转正常；最后是及时，风险计量结果与业务开展紧密关联，及时性和效率是风险分析评估能力一个非常重要的方面。风险计量功能需要不断拓展，跟进业务甚至提前为新业务做好准备，保证结果的准确度和计算效率。多数境外投行均有专门的模型团队承担风险计量方案的设计和验证，并使用先进的计算机技术（网格计算等）实现，相信国内公司今后在此方面也将持续投入更多力量。

（三）建立风险管理流程，找准风险底线

对于业务创新发展、复杂产品的设计应用，风险管理部门应及时调整角色，从被动的接受和支持，转换为业务开展初期即深度参与，以达到数据标准化、计量模型开发的同步推进。通过建立“新业务管理流程”，对新业务开展过程进行规范和管理，提高管理部门和业务部门之间的互动频率和沟通效率，提早介入风险管理，引导新业务规范开展。同时，通过风险加权资产及压力测试等通用风险计量手段，将不同业务不同产品的风险转换到统一的标尺上，对全公司的风险情况按统一标准汇总。在此基础上，提出支持风险资源分配的依据，更重要的是可以帮助证券公司找准位置，明确和风险底线之间的距离。

（四）及时准确报告风险状况，避免发生系统性风险

目前，证券公司可逐步使用各自的内部模型进行报送指标的计算，但由于各证券公司的计算标准和方法上的差异，造成相应指标可比性和可用性下降，对行业总体情况的分析会带来一定困扰。要解决这个问题，可通过内部模型的验证和验收、经常性地进行样本数据的回测检验、对错误计量结果上报的处理以及对风险管理流程的稽查等事前、事中、事后管理手段来实现。如果证券公司都可以准确地计量风险状况并且及时报送，监管机构就能以较高的频率对全行业的情况进行统计分析，通过总体类指标把控系统性风险，促进一些单业务细分指标或不精确指标进一步改进，实现逐步放开限制，促进证券行业发展。

风险管理系统不仅有助于解决风险管理工作效率的问题，更重要的是将风险识别、计量、监控、管理的过程梳理、规范和落地，将独立个体的经验、思路抽象成为系统功能。当然，风险管理系统没有办法替代风险管理人员的经验和思考，但是可以统一规范风险管理工作中的各个关键点，达到提高人员（尤其是初级风险管理人员）风险管理水平、辅助作出风险资源分配决策的效果。而风险管理系统的完善程度和使用情况，也是体现证券公司风险管理水平的一个重要方面，是开展创新业务的“时速表”和“后视镜”，是股东和监管层的“定心丸”。

三、风险管理系统建设实施和保障

设计和搭建全面风险管理系统群是一项大工程，需要深入的思考、完善的规划、高效的实施和足够的投入。其中，"足够的投入"不仅仅在科技人才和设备费用方面，还在于风险管理人员的精力投入甚至全公司各个方面的支持配合上。如果没有足够的重视，不能将相关的数据和资源进行统一整合，各个独立的风险系统各自为战、重复建设或者投入不够，相关工作的进展将难以达到预期的目标。

首先，需要确立风险管理系统的整体建设理念。以往针对每项业务建设一个独立的风险系统的方案已经难以适应业务快速发展的新形势。一方面，业务种类越来越多，重复建设和维护功能类似的风险系统的成本非常大，业务的启动和发展也将受制于风险系统的建设周期和进程；另一方面，多套风险系统的存在将使得风险数据的整合以及整体风险汇总的难度增大，影响公司把控整体风险情况的准确度和及时性。如果将单项风险管理系统升级为全面风险管理系统，结果将明显不同：一项新业务将要开展前，对各类风险系统（一般有市场风险、信用风险、流动性风险、操作风险和风险资本计量）进行风险评估以检测对该业务的支持能力，进而在现有系统上进行功能升级（主要是数据对接，对于复杂的业务或产品可能还涉及风险计量功能的开发），后继管理、分析和汇总等功能不需要重复开发，系统的维护成本不会线性增加，学习使用成本也将降低（见图 1）。

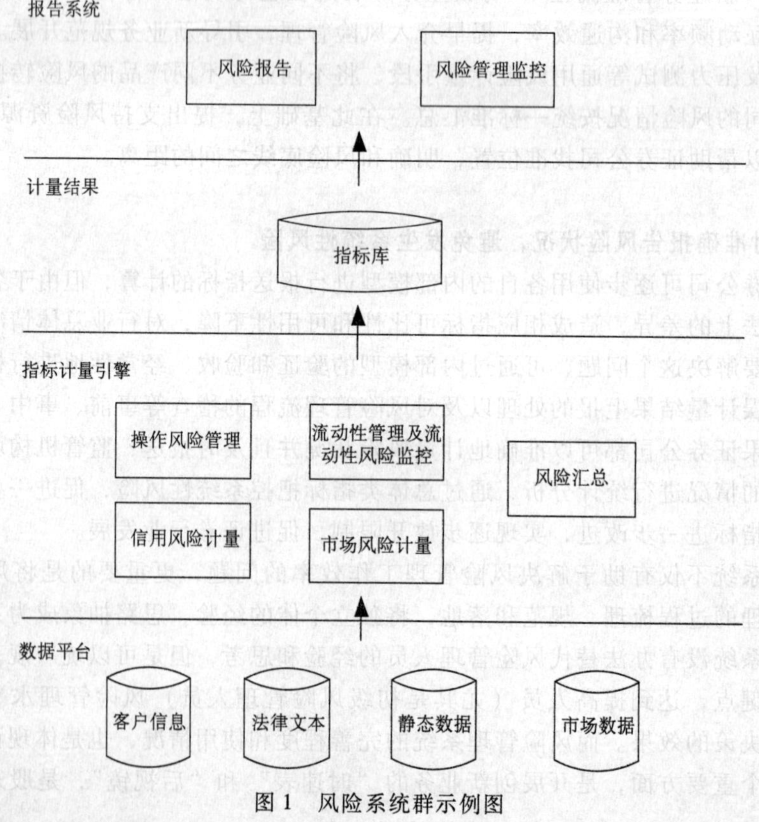

图 1　风险系统群示例图

其次，需要明确实施的计划和步骤。广义上的风险系统群包含风险数据集市，风险计量引擎，风险管理应用（管理流程、统计分析功能等）三大模块。无论是风险数据集市、风险计量引擎还是风险管理功能，都不是一成不变的，而是随着业务发展持续更替升级。有序的建设计划可以提高风险系统建设的并行程度：先数据整合再应用实施，急用先行，逐步推进。风险数据是风险计量和应用的基础，统一的数据标准、数据采集和处理是全面风险管理系统建设的重要步骤和关键节点，处理优先级应放在首位。风险数据集市如果设计得当，出现新业务或新需求时，将不需要改变整体数据结构，而只是增加新的数据记录或数据字典项，对上层程序透明或影响较小。在统一的数据基础上，各类风险计量功能和应用管理流程可以并行建设，逐步推进。风险计量功能如果可以独立成为风险计量引擎的话，将进一步优化整个风险系统群的结构，风险计量方案的变化、升级、更替不会影响风险管理应用，风险计量的自主性将得到提高，从而降低对特定厂商的依赖。在稳定的风险数据、标准化的风险计量引擎基础上，风险管理应用可以做得非常灵活，不但改造成本比较低，而且可以更加贴近不断变化的风险管理应用需求。

再次，系统的实施过程具体内容很多，包括团队组建、需求分析、项目管理、供应商管理、测试验收等方面，本文将基于市场风险计量项目的案例对此进行分析。中信证券于2010年末启动了市场风险计量引擎的更新项目（仅风险管理部就投入3人全职参与），2011年3月完成境内业务的开发并通过内部测试开始上线试运行，2011年下半年正式投入使用并启动对境外业务（指子公司中信证券国际）的开发和支持，2011年末境外部分上线试运行。至此，该项目完成了覆盖境内外十多个业务部门多达30类金融资产近百个市场风险指标的统一计量，为垂直管理各业务条线及资产类别风险提供了有力支撑。继而于2012年末完成对里昂证券（2012年7月23日完成收购）各业务的风险计量，并在2015年3月配合境外交易系统更新完成一阶段同步上线。这些快节奏的项目实施推进主要依靠项目相关方的努力配合，同时也得益于良好的数据基础、先进的建设思路和良好的系统设计理念。境内外业务统一计量实施过程中碰到了很多难题，包括多个业务系统、多个市场数据来源、多个交易日历、多个交易截止时间、多样的交易描述、个性化的风险计量模型、独特的风险计算指标等。分析和解决这些问题都需要从整体的角度着眼并落实到具体工作，这对项目团队的考验和锻炼非常大，也培养了一批业务骨干。

最后，需要强调风险管理系统运行和维护。随着风险管理系统在风险管理工作中的深入应用，对风险管理系统稳定运行的要求会更加严格。相应的数据管理和功能更新工作都不能轻视，可能一个错误的数据就会影响整个风险评判，一项业务不能及时覆盖支持也会导致风险管理的遗漏。新业务的快速支持响应以及日常数据和功能的维护管理都要求有风险计量知识同时又了解公司内数据、系统情况的专业风险科技人员支撑。建设好一个有经验并且稳定的团队是整个系统群长期良好运行的保障。

在监管环境逐渐宽松、创新业务层出不穷的背景下，越来越多的资金涌入证券市场。在快速发展业务的同时，有效防范风险，逐渐成为证券行业的重心。证券行业的竞技平台上风险管理能力竞争的白热化程度不亚于营销能力的竞争。架构合理、功能完备的风险管理系统将发挥出事半功倍的作用。在风险事件迭出的当前，证券公司更应该紧跟证券市场潮流，积极构建风险管理系统，努力夯实基本功，为今后更大更宽范围的业务创新打下坚实的基础。

证券业征信体系建设构想

陆 亚 杨青靓*

一、总述

近年来，证券公司创新业务发展迅速，随着融资融券等信用交易类业务的较快发展，证券公司面临越来越多的信用风险。此外，随着金融混业经营趋势的发展、资本市场的波动加剧以及宏观经济增速的放缓，证券公司的信用风险管理也面临更加复杂的形势。同时，由于证券公司客户群体的独特性、证券行业近年来信用类业务数据的积累以及监管机构逐渐放开第三方征信机构牌照，建立证券业征信体系具备了可行性和必要性。本文分析了我国征信市场发展状况、发达国家及地区征信业发展历程，并提出证券行业征信发展模式构想，作为对证券业征信体系建设的认识和思考。

二、我国征信市场发展状况

征信业是市场经济中提供信用信息服务的行业。征信机构作为提供信用信息服务的企业，按一定规则合法采集企业、个人的信用信息，加工整理形成企业、个人的信用报告等征信产品，有偿提供给经济活动中有合法需求的信息使用者，为其了解交易对方的信用状况提供便利。征信服务既可为防范信用风险、保障交易安全创造条件，又可使具有良好信用记录的企业和个人得以较低的交易成本获得较多的交易机会，而缺乏良好信用记录的企业或个人则相反，从而促进形成"诚信受益，失信惩戒"的社会环境。征信业在促进信用经济发展和社会信用体系建设中发挥着重要的基础性作用。

中国人民银行发布的《中国征信业发展报告（2003—2013）》显示，截至2012年底，我国有各类征信机构150多家，征信行业年收入约20多亿元。征信业作为与金融密切相关

* 作者单位：中信建投证券股份有限公司。杨明海，任杰，刘庆伟，严洁对本文也有贡献。

的行业，还有很大的发展空间。以下将从我国征信业相关法律法规以及我国征信机构主体类型两个方面介绍我国征信市场发展现状，并总结我国征信业发展历程对证券行业征信体系建设的借鉴意义。

（一）我国征信业相关法律法规

为规范征信活动，保护当事人合法权益，国务院于2013年出台《征信业管理条例》。《征信业管理条例》对征信行业的监督管理部门、征信机构的设立条件、征信数据的收集范围、征信市场各主体的权利义务等方面作了相关规定。

首先，《征信业管理条例》明确中国人民银行及其派出机构是征信业监督管理部门，依法履行对征信业和金融信用信息基础数据库运行机构的监督管理职责。中国人民银行内设征信管理局，负责承办征信业管理工作；组织推动社会信用体系建设；组织拟定征信业发展规划、规章制度及行业标准；拟定征信机构、征信业务管理办法及有关信用风险评价准则；承办征信及有关金融知识的宣传教育培训工作；受理征信业务投诉；承办社会信用体系部际联席会议办公室的日常工作。

其次，《征信业管理条例》规定了征信机构的设立条件。考虑到个人信用信息的高度敏感性，为既适应信用经济发展和社会信用体系建设对了解个人信用信息的合理需求，又切实加强对个人信息的保护，防止侵犯个人隐私，《征信业管理条例》对设立从事个人征信业务的征信机构的管理相对严格，除符合《公司法》规定的条件外，还需具备各主要股东信誉良好，最近3年无重大违法违规记录，注册资本不少于5 000万元，有符合规定的保障信息安全的设施、设备和制度、措施，董事、监事和高级管理人员取得任职资格等条件，并经国务院征信业监督管理部门批准，取得个人征信业务经营许可证后方可办理登记。对设立从事企业征信业务的征信机构的管理相对宽松。只需依照公司设立登记的法律法规向工商行政管理部门办理登记，自登记之日起30日内向所在地的国务院征信业监督管理部门的派出机构备案即可，不需另行审批。征信机构设立后，国务院征信业监督管理部门将定期向社会公告征信机构的名单。

最后，《征信业管理条例》还要求征信数据的收集仅限于同信用有关的数据，征信机构具有保障信息准确性的义务以及征信主体具有对征信数据的知情权、异议权。

（二）征信市场的主导——中国人民银行征信系统

目前，我国征信市场已形成以中国人民银行征信中心为主导，多层次征信机构的市场体系。

2006年，经中编办批准，中国人民银行设立中国人民银行征信中心，为非营利公共征信机构，作为直属事业单位专门负责企业和个人征信系统（即金融信用信息基础数据库，又称企业和个人信用信息基础数据库）的建设、运行和维护。现中国人民银行征信系统，已经建设成为世界规模最大、收录人数最多、收集信息全面、覆盖范围和使用广泛的信用信息基础数据库。截至2013年11月底，征信系统收录8.3亿多自然人信用信息，收录近2 000万户企业及其他组织信用信息。央行征信系统全面收集企业和个人的信息。其中，以银行信贷信息为核心，还包括社保、公积金、环保、欠税、民事裁决与执行等公共信息。目前，央行征信系统已接入商业银行、农村信用社、信托公司、财务公司、汽车金融公司、小额贷款公司等各类放贷机构。

中国人民银行征信系统已经为大量法人、自然人建立信用档案，我国征信市场仍然存在很大的发展空间。

中国人民银行征信系统目前已开始同一些公共信息系统联网，但核心数据来自商业银行信贷数据。因此，征信系统内存储的客户信息，主要是有成熟稳定经济能力、可以从商业银行获取授信，信用资质较好的客户，刚开始工作、缺少信贷历史的年轻人以及信用资质较差、被银行拒绝的客户数据较少。目前，有交易记录可以进行征信的群体总量只有 3 亿多人。而另外 5 亿人在央行征信系统中只有基本信息，尚属征信的空白市场，再加上那些连基本信息都未被央行记录的人群，中国征信市场还有广泛的需求。

随着小贷公司、互联网金融等新型金融机构的快速发展，这些非银行金融机构在评估借款客户信用资质时也有征信需求。虽然中国人民银行征信系统于 2013 年开始试点同小贷公司联网，但是由于接入系统成本过高、无法实时查询等问题，小贷公司接入中国人民银行征信系统仍面临一定障碍。并且，小贷公司的客户群体同商业银行有较大差异，大量小贷公司客户由于无法在商业银行获取授信而在中国人民银行征信系统内没有存储数据。

（三）第三方征信市场的快速发展

针对未同商业银行建立信贷关系的年轻人群以及次级客户，第三方征信市场快速发展，填补了该部分征信市场需求。第三方征信机构根据征信公司数据来源不同，可以分为电商企业、互联网公司、互联网金融企业三类。

1. 电商企业。

代表案例：阿里巴巴。

通过十余年的经营，电商企业已积累起海量的消费数据，如今这些数据的商业价值正在逐步显现。以阿里小贷为例，其成立于 2010 年，背后运营的实体为浙江阿里巴巴小额贷款公司和重庆阿里巴巴小贷公司。凭借阿里巴巴集团旗下淘宝、天猫、阿里巴巴等电商平台积累的交易和信用评价数据，阿里小贷也建立了一个类似于央行征信系统的信用评价数据库。信用评价数据库的建立让阿里小贷的征信审核成本大为降低，并且维持较低的坏账率。

在建立内部信用评价数据库并应用在贷款发放的同时，阿里巴巴也在开发内部信用评分模型，并将这一评分模型推广市场化，开发外部应用。2015 年 1 月，阿里巴巴开发的芝麻信用评分位于 8 家央行下发个人征信牌照名单之中。芝麻信用基于阿里巴巴的电商交易数据和蚂蚁金服的互联网金融数据，对海量信息数据综合处理和评估，将数据归纳到用户信用历史、行为偏好、履约能力、身份特质、人脉关系五个维度，并通过数据挖掘，最终计算出客户的信用评分。

芝麻信用在公测期间已与租车、租房、婚恋、签证等多个领域的合作伙伴谈定了合作，即将提供试验性的服务，例如未来当用户的芝麻分达到一定数值，租车、住酒店时将有望不用再交押金，网购时可以先试后买等。2015 年 6 月，芝麻信用、阿里旅行宣布，芝麻信用分（以下简称“芝麻分”）达到 700 分的用户如申请新加坡签证，不用再提交资产证明、在职证明、户口簿等材料；从 6 月底开始，芝麻分高于 750 分的用户可申请卢森堡签证，在欧盟申根国家之间自由出入。

2. 互联网公司。

代表案例：腾讯征信。

腾讯征信依托腾讯公司社交网络平台信息建立。除了用户虚拟资产、社交状况、微信支付 QQ 钱包等支付信息，腾讯还能从更广范围获取数据，比如商业银行等金融机构在微信上开通了公众号，向用户发送消费数据。微信支付也推出了信用卡还款功能。腾讯征信最大的难点是缺乏商业应用场景，由于腾讯网络平台沉淀最多的还是社交网络数据，而通过网络社交形成的关系是弱关系，并非直接的金钱往来关系。基于社交网络上的数据来进行信用评分、描绘一个人的信用画像，在国际上尚没有成功的先例。

3. 互联网金融企业。

代表案例：安融惠众。

以 2013 年 3 月上线的安融惠众为例，其建立的“小额信贷行业信用信息共享服务平台”（MSP）已有近 240 家会员，包括点融网、信而富、宜信、亲亲小贷等知名 P2P 机构。

为有效保障信息的采集规范及使用，安融惠众构建了会员制的数据收集共享框架。成为会员的条件有三点：合法的法人机构、从事小额信贷行业以及接受 MSP 的管理章程。会员只有共享自己平台借款人信贷信息的同时，才可以查看借款人信用报告以及不良借款记录“黑名单”，但同时安融惠众也向非会员外部机构开放查看“黑名单”的权限。截至 2015 年 5 月底，安融惠众累计收集的会员间具有信贷记录的自然人数量已达到 64.7 万人、每日查询量约 5 800 次。

传统的征信机构都规定会员通常指定的数据上传周期，该周期可能长达一周或一月。征信数据有效性严重滞后，大打折扣。为了解决这一问题，安融惠众将其 IT 系统与会员机构直接对接，会员机构的借贷信息可以实时上传到 MSP 平台。

对 P2P 机构而言，MSP 平台是非常实用的“防火墙”。对于在“黑名单”上，以及借款人并未违规但同时向多家机构借钱的客户，网贷公司都能通过安融惠众网贷平台防范信用风险。

（四）对证券行业征信体系建设的借鉴意义

我国征信市场市场化发展刚刚起步，还有很大的发展空间。随着金融创新、商业信用交易发展的需要，大量细分市场空间孕育而生。中国人民银行征信中心作为征信市场核心，主导了整个征信市场的发展；而随着大数据存储计算数据挖掘技术的不断更新，以及小贷公司、互联网金融等新型金融机构的快速发展而孕育出的征信需求，第三方征信市场在快速发展。目前，互联网背景以及小贷公司会员平台背景的征信公司已发展出较成熟的运营模式，并在不断开发拓展应用领域。当前，随着信用业务的快速增长，证券公司也发展出征信需求，但目前征信市场还未针对证券行业提供特定的征信产品。第三方征信公司的商业化运作、组建、发展历程，以及同中国人民银行征信系统的合作关系等，都对证券行业征信体系建设有很好的借鉴意义。

三、发达国家及地区征信业发展历程

我国征信市场目前正处在快速发展阶段，而发达国家及地区都已经历过这样一个阶段，现有征信体系已相对成熟。下文将介绍美国、日本、欧洲以及中国台湾征信市场现状，并从顶层设计、运营管理、发展历程三个角度分析不同征信模式对我国征信市场未来发展的借鉴意义。

（一）美国征信市场

美国征信行业的兴起源于消费的盛行，目前已经形成了较完整的征信体系，在社会经济生活中发挥着重要的作用。目前，美国征信市场的总体规模在世界上位居首位。以下将从顶层设计、运营管理以及整个征信市场发展历程三部分介绍美国征信市场。

1. 顶层设计。美国征信市场高度市场化发展，私营征信公司通过多种维度收集信用数据，并搭建各自的风险模型和提供征信产品，政府作为监管者在无违法情况下不干涉征信机构的运营。目前，美国个人征信市场被亿百利、爱克非、全联三家占据了 70% 以上的市场份额。在企业信用领域，邓白氏占据大部分市场份额。

2. 运营管理。我们从数据管理以及征信产品两个维度来分析美国征信市场征信机构的运营管理模式。

美国征信行业数据管理可以划分为三个部分：数据收集、数据整合、信用评分模型计算。美国征信公司的数据来源比较广泛，主要有主动调查、多种金融机构、公共记录、第三方数据处理公司几种。第一环节多维度的数据来源是征信公司全面勾画个人信用画像的基础。第二环节是对数据收集到的数据进行统一整合。具体操作方式是应用 Metro 1 及 Metro 2 标准，即美国信用局协会制定的用于个人征信业务的统一标准数据报告格式和标准数据采集格式。三大征信局拥有强大的数据处理能力，能够将多维度的数据进行批量清洗。第三环节是信用评分。将处理后的数据利用信用评分模型计算出分数，进而形成信用产品。个人三大征信公司都采用 FICO 信用评分模型，模型主要包含付款记录、信用账户数、信用历史的长短、新账户、已使用的信用产品 5 大风险因素。同样，邓白氏全球商业数据库包含数亿条企业信息记录，收集来自全球多达 200 多个国家的商业信息。为确保信息的精确性、完整性、及时性和跨领域的一致性，数据库对数据更新高达每日百万次。邓白氏采用内部开发模型给客户风险评级。

在征信产品方面，随着美国征信市场的高度市场化发展，美国征信公司提供的产品和服务从基础性的征信数据查询服务发展到高附加值的衍生产品。目前征信公司提供的产品包括但不限于：消费者信用报告、市场营销解决方案、商业信用报告等。目前，美国征信市场来自传统金融客户的收入占比已不断下降。征信公司的新型客户包括但不限于：雇主、电信运营商、医疗机构等非金融机构。

3. 发展历程。美国征信市场的市场化发展结果最终呈现出寡头垄断的格局具有一定的必然性。征信服务具有一定规模效应，天然趋向垄断。首先，数据是征信服务的基础，而数据收集渠道的建立往往是重复的，最终能够凭借规模和成本优势获取最多数据的少数大型公司将成为行业主导。其次，征信服务使用者往往会参考两至三份的信用报告来交叉验证征信对象的真实信用水平，因此成熟的征信市场给几家规模较大、竞争能力较强的公司留下发展空间。美国征信市场高度市场化发展体现了市场化运作体制的灵活性，在消费市场、医疗市场等孕育出新的征信需求时，征信机构均能快速应对，量身定制相关征信产品。同时，美国鼓励数据信息交换分享的相关法律法规也起了促进作用。最后，大数据等数据挖掘技术的发展也为征信公司提高数据质量、提供定制化征信产品提供了技术支持。在发展初期，可能存在重复建设等问题，但随着市场竞争以及各种兼并重组，市场化的发展总会引导资源以最优化的方式配置，并充分满足市场需求。

（二）日本征信市场

日本征信市场最突出的特点是同业模式的个人征信体系。个人征信市场发展由行业协会主导，经历了从分散走向联合、从完全的业内封闭走向跨行业的共享交流的发展过程。企业征信市场采用市场竞争模式，形成双寡头格局。以下将从顶层设计、数据管理、征信产品以及整个征信市场发展历程四部分介绍日本征信市场。

1. 顶层设计。日本个人征信体系经过几十年的发展，形成了银行征信体系、消费信贷征信体系和销售信用征信体系鼎足而立的格局。其中，日本销售信用征信体系以销售信用信息中心（CIC）为核心，银行征信体系以日本银行个人信用信息中心（BIC）为核心，消费信贷征信体系以日本信用信息中心（JICC）为核心。三大行业个人信用信息中心采用行业会员制模式，个人信用信息中心是附属于行业协会的非营利机构，在免费获得会员提供的信用信息的同时，向会员提供征信查询的收费也十分低廉，只是用来维持信用信息中心的运营。日本企业征信市场采用市场竞争模式，形成帝国数据银行和东京商工所双寡头格局。

2. 运营管理。我们从数据管理以及征信产品两个维度来分析日本征信市场征信机构的运营管理模式。

三大个人信用信息中心初期均规定本协会的个人信用信息只能供会员自己使用，后来三大行业运行了信息共享系统 CRIN，各家信用信息中心可以通过该系统向另外两家信用信息中心提供信用信息，并收取一定的费用，但依然未对其他第三方开放。而在企业征信领域，数据积累主要来自公司的线下专业化调查，数据来源多样，数据可信度较高。

在行业会员制模式的日本个人征信市场上，客户为行业协会会员，其他第三方机构的个人征信需求受到了抑制。同时，日本重视对个人信息的保护，日本法律规定信用信息机构保有的信息只能用于调查消费者的偿债能力或支付能力，从而限定了个人征信机构的数据范围和业务品种。目前行业信用信息中心提供的是最基本的个人征信查询服务，主要包括个人基本信息和信用记录，并没有提供附加衍生服务。而相对更市场化的日本企业征信机构提供的服务更加多样化，提供包括企业调查、企业数据库查询、市场调查、市场营销服务等征信附加服务。

3. 发展历程。日本个人征信市场的同业模式发展格局主要是由日本行业协会在行业管理中的重要地位决定的。早期地方的行业协会成立区域性的信用信息中心满足日渐增长的征信需求，后来行业协会顺应趋势将地方信用信息中心整合为全国信用信息中心，并负责监管。行业会员制模式中，行业信用信息中心的客户是行业协会会员，运作模式使行业会员制与法律要求相符合。而日本企业征信经过了由分散到集中、由区域到全国的整合兼并历程，形成了目前的双寡头格局。

（三）欧洲征信市场

1. 顶层设计。欧洲各国公共信用信息系统主要由各国的中央银行或银行监管机构开设，并由央行负责运行管理，目的是为中央银行的监管职能服务。例如，在法国，从事企业信用调查和个人信用调查的机构是作为中央银行的两个部门建立的。这种由政府监管部门出资设立征信机构的模式被称为公共征信模式。

2. 运营管理。我们从数据管理以及征信产品两个维度来分析欧洲征信市场征信机构的运营管理模式。

欧洲的公共信用信息系统通常强制央行监管之下的所有金融机构必须参加，在奥地利、法国和西班牙，参加机构扩展到财务公司，在葡萄牙还扩展到信用卡公司，在德国扩展到保险公司，必须定期将所拥有的信用信息数据报告给该系统，但并不搜集所有的贷款资料，而只是在一个规定的起点上搜集信息数据。与市场化的征信机构相比，公共信用信息系统的信用信息来源渠道要窄得多，如不包括非金融机构的信息，对企业地址、所有者名称以及破产记录、犯罪记录等信息基本不搜集。而个人信用登记系统只采集个人贷款中不良行为的信息，即负面信息，而不搜集正面数据。因此，基于系统底层数据的后续模型开发、勾画用户信用画像等都面临着基础数据不足的问题。

在征信产品方面，国家层面控制的信贷登记系统主要为了控制宏观信贷风险和扩大全社会的信用规模、带动经济增长，并不以营利为目标。提供的产品一般也为最基本的信用评价报告，以较低的价格出售给特定的使用者，通常是商业银行类的合格系统使用者。

3. 发展历程。分析欧洲大陆的征信市场，公共征信模式造成征信理念较为保守。央行等政府机构负责建立和维护本国的中央信贷登记系统，征信中心的主要任务为保障信息安全以及惩治违法行为，关注点在于控制宏观信贷风险和扩大全社会的信用规模、带动经济增长。公共模式的优点在于借助政府力量协调各方利益，推进信息库的建立，部门联合管理模式有效破除了行政管理体制的障碍，避免多个征信机构的重复运行和征信市场分割，避免了资源的浪费以及信息孤岛现象，同时保证了信息产品质量。但由于不以营利为目标，对市场上创新型征信产品需求的应对较慢；同时，出于对居民信息的高度保护和非营利性守则的制约，市场规模发展相对缓慢。

（四）中国台湾地区征信市场

中国台湾地区征信市场在公共征信模式的基础上联合了私营征信模式，形成了政府主导下公私并行的混合模式。这种互为补充的征信模式不仅丰富了征信市场的信息来源，同时市场化竞争机制的引入也使得征信市场效率更高，产品类别更加丰富。

1. 顶层设计。目前台湾地区公共征信机构仅有财团法人金融联合征信中心一家，而私营征信机构有 380 多家。财团法人金融联合征信中心始建于 20 世纪 70 年代。目前，该中心会员单位已达 341 家。台湾地区私营征信业虽然数量较多，但各机构参差不齐，其中主要征信机构如中华征信所已经具备很高的业务水平和市场公信力。相当一部分私营征信公司没有从事一般意义上的征信业务，而是成为实际上的专业调查公司。

2. 运营管理。我们从数据管理以及征信产品两个维度来分析台湾地区征信市场征信机构的运营管理模式。

台湾地区公共征信机构已从银行间征信发展为真正的金融联合征信，除银行、信用合作社外，农渔会信用部、证券金融公司、“中央存款保险公司”等也加入其会员并提供数据。私营征信机构不仅搜集金融机构数据，还搜集非金融机构数据。

目前，台湾地区公共征信机构向会员机构提供的查询服务主要有客户基本信息、银行授信信息、联属企业信息等共约 100 多项。同时也应企业和个人申请，为被征信对象有偿提供信用报告。这种模式与台湾金融机构治理模式比较适应，可以很好地为金融机构提供服务。私营征信机构的业务范围更加广泛，主要包括为企业及其负责人提供财务与债信资料、一般经济、市场及行业征信资料等；同时，不仅仅只是基础数据的搜集，还额外提供了数据整理分析等衍生服务。相当一部分私营征信公司不仅提供一般征信公司的线上服务，而且提供线下的专业调查服务。

3. 发展历程。台湾征信市场在公共征信模式的基础上联合了私营征信模式，形成了政府主导下公私并行的征信系统。这种模式下，公共征信中心搜集的基本信用信息或可以提供给私营机构使用，后者在其基础之上，结合自身信息提供更丰富的征信服务。征信市场在避免信息孤岛、征信机构重复建设的同时，依然保持市场化的发展活力。

（五）发达国家及地区征信市场发展可借鉴的经验

国际上成熟的征信模式主要有市场征信、公共征信以及同业征信三种，代表国家分别为美国、欧洲大陆国家以及日本。而我国台湾地区市场是公共模式和市场模式在一起的混合模式，和我国大陆目前的发展趋势比较接近。

三种征信模式下，最终形成行业主导的机构有所不同。经过激烈的市场竞争，美国的征信行业被三四家大规模的私营机构垄断，形成寡头市场，而欧洲大陆和日本则分别由政府机构和行业协会主导。从美国征信市场的发展可以看出，市场化模式能够更充分地挖掘征信产业空间，并促进征信产品以及征信客户的多元化。而从欧洲大陆及日本市场可以看出，公共征信和同业征信的理念较为保守，出于对居民信息的高度保护和非营利性守则的制约，市场规模发展相对缓慢，提供的产品和数据范围比较单一。然而，公共征信模式对宏观风险把控、个人敏感信息安全方面的贡献是不可忽略的。

分析台湾地区征信市场状况，我们发现，公共模式和市场模式并非不可共存。在大数据技术快速发展的时代，私营征信机构的信息来源可以更加广泛，除了来自金融机构的基础信贷信息之外，私营机构不仅可以搜集线上互联网用户信息，还可以灵活开展线下主动调查，获得更多对征信有所帮助的数据。

三种征信模式催生出三个截然不同的市场发展情况，由此可知，征信体系的顶层设计决定了征信产业的发展空间。而顶层设计又极大地影响了征信机构的数据来源和产品种类。我国证券行业征信体系建设应考虑行业初期的特殊情况，并结合未来对这个行业的预期规划，找到一个适合自身发展的顶层设计方案。

四、我国证券业征信中心设立构想

在分析我国征信市场现状以及发达国家和地区征信市场发展历程之后，以下聚焦我国证券行业征信市场状况，分析证券业征信中心设立的必要性和可行性、证券业征信中心设立的理念原则以及从顶层设计和运营管理角度提出具体构想。

（一）证券行业征信中心设立的必要性

从证券公司、证券行业以及整个社会三个层面展开证券行业征信中心设立的必要性分析。

1. 证券公司信用风险管理对征信的需求。随着融资融券、约定购回、股票质押、场外衍生品等各类信用业务的陆续推出，券商的收入来源日益多元化。现“两融”业务开户数量已达百万级，仅 2014 年全行业“两融”收入即达到 446.24 亿元，占券商总体收入的 17.14%。截至 2015 年 3 月 30 日，沪、深两市的融资融券余额已经达到 1.48 万亿元，再次创出历史新高。如果按照第一季度均值 1.2 万亿元，年化利率 8.3% 来估算，2015 年第一季度券商“两融”收入即达 250 亿元，达到了 2014 年全年的一半。截至 2015 年 2 月底，市场股票质押业务余额已达到 3 774 亿元，这一数字在 2014 年同期为 1 055 亿元，这期间增长的幅度达到 257.7%。信用业务在券商收入中所占的比重逐年增加、业务规模迅速扩大、客户数量大幅上升，给证券公司的信用风险管理水平提出了更高的要求。

因此，监管层也在相关规章制度中对证券公司信用风险管理进行了明确规定。例如，《证券公司融资融券业务管理办法》第十一条规定：“证券公司在向客户融资、融券前，应当办理客户征信，了解客户的身份、财产与收入状况、证券投资经验和风险偏好，并以书面和电子方式予以记载、保存。”在实际操作中，客户的证券投资经验和风险偏好，尚可以通过券商自己的交易系统获得，但是搜集客户的信用记录以及财产与收入状况仍存在一些难度，仅靠证券交易记录和证券账户信息是远远不够的。

由于缺乏征信系统，目前证券公司搜集客户的信用记录主要有两种渠道：一种是客户个人向中国人民银行征信中心自行查询自己的个人信用信息提供给证券公司；另一种就是证券公司携客户的委托书向中国人民银行征信中心提取信用信息。在搜集客户的财产与收入状况时也需客户提供房产证和收入证明等凭证，这样不仅耗费大量人力物力，最主要是延长了征信时间，影响了业务开展的效率。获取的客户征信报告还存在时效性不足、造假等问题，对客户全方面信用资质评估帮助有限。由于上述情况，目前有公司为了提高征信评级效率，在开展“两融”业务时并未将客户是否提供信用记录和财产收入证明作为开展业务的必要条件，而是由客户自主选择是否提供，作为辅助加分项处理。但在开展股票质押业务时，由于较融资融券业务信用风险更大，在进行征信时则要求客户必须提供信用记录等资料，极大地影响了审批效率。

2. 现有征信产品不能满足证券行业征信需求。证券行业征信发展还处于初创期，融资融券业务中的“黑名单”制度是行业在征信方面的积极探索。“两融”业务中，当客户未按规定补足担保品或到期未偿还债务时，证券公司将会对其强制平仓。对此类资信不好、有违约记录的客户，证券公司会向中国证券业协会报告，由其记录在案，建立“黑名单”，并供其他证券公司查询。“黑名单”制度虽为行业开展信用类业务提供了一个负面客户的参考，但也存在每家证券公司报送违约客户口径不统一、数据不完整的缺陷，且仅仅以负面客户清单为基础的“黑名单”制度显然不能适应行业内信用业务的蓬勃发展。

而另一方面，虽然央行提供给整个市场标准化的征信产品，但央行征信系统数据主要来自商业银行，证券公司由于信用业务的独特性，面临的客群同商业银行信贷客群有一定差异。证券公司信用业务与资本市场密切相关，证券公司客户将资产主要配置在资本市场的状况同商业银行授信时对固定资产抵押等要求相矛盾。因此，证券公司客户在中国人民银行征信系统内可查询到的数据较少。针对证券公司客群的独特性，设立行业内部征信中心更符合证券公司征信的需求。

3. 诚信信息共享可以影响客户违约成本及还款意愿。客户在信用业务中的履约行为可以拆分为履约能力和履约意愿两部分。当履约能力出现问题时，客户往往在多个金融机构同时发生业务联系。由于，商业银行在贷后客户资质监控、不良资产保全等方面具有丰富的经验，同时，客户在评估违约行为带来的后果时，往往出于担心违约记录上传到中国人民银行征信系统的负面影响，倾向于优先偿还商业银行贷款。而建立证券行业征信中心，将违约客户的信息在全行业共享，可以降低客户的道德风险，提高客户个体的违约成本，在降低客户违约概率的同时进一步降低违约损失率。

4. 征信中心数据具有极大的应用价值。目前，互联网金融发展迅速，对于大数据的处理能力会成为一家券商的核心竞争力。也可以说，大数据处理的能力对于整个传统券商行业提升行业竞争力有帮助，而开展征信的过程定会有助于券商行业提升大数据处理能力，并降低数据成本，继而适应当下互联网金融潮流发展。

另外，券商行业的数据与其他金融领域的数据有较大差别，交易型行为的数据更多，而这些数据除了能够用于支持信用业务发展，还对券商行业有更多的附加价值，例如市场营销、投资策略支持等。发展征信有助于积累、统筹行业内投资者、客户的数据，可为券商行业研究、产品开拓等提供巨大的附加价值。

最后，征信中心所存储的证券行业数据，可以为开展违约客户特征、违约金额、时点等的进一步分析，控制行业系统性风险，监管机构制定相关宏观政策等提供量化分析支持。

5. 征信中心可以提升社会信用环境质量。从整个社会角度考虑，建立个人以及机构完整的信用档案，需要全方位的数据。由于个人以及机构信用信息的割裂和碎片化特征，不同的行业机构根据业务特点的不同，存储了各个维度的个人以及机构信用信息。建立个人以及机构完整的信用档案，不仅需要商业银行的信贷往来数据，也需要公共事业数据以及证券行业积累的投融资业务数据。建立证券行业征信中心可以填补整个征信市场上证券行业数据的空白，提高对客户信用资质评估的水平，提升整个社会信用环境质量。

（二）证券行业征信中心设立的可行性

接下来从法律依据、数据资源以及人力资源三个层面对设立证券行业征信中心的可行性进行分析。

1. 设立征信中心已有法律依据。2013 年国务院颁布的《征信业管理条例》已对征信机构的设立条件有相关规定。监管部门对设立从事个人征信业务的征信机构的管理相对严格，除符合《公司法》规定的条件外，还需满足《征信业管理条例》制定的相关要求，并经国务院征信业监督管理部门批准，取得个人征信业务经营许可证后方可办理登记。对设立从事企业征信业务的征信机构的管理相对宽松，只需依照公司设立登记的法律法规向工商行政管理部门办理登记备案即可，无须另行审批。

2. 设立征信中心已有数据基础。据统计，现“两融”业务开户数量已达百万级。各证券公司在开展融资融券等业务时均建立了征信评级环节，自 2010 年开展至今均积累了大量的客户征信评级数据及客户在业务开展过程中的违约数据。虽然业务开展至今市场尚未经历一个完整的牛、熊周期，但也经历了市场由萧条到火爆等各类市场状态，如果能从行业整体角度将各公司客户征信、交易、违约等业务数据进行整合分析，也能准确地分析出不同客户在不同市场状态下的信用表现。

如果能从行业整体层面建立一个行业信用数据库，实现信息共享，则能更快更准确地查询相关信息，大大缩短相关业务征信环节的时间，提高效率和行业的整体竞争力。

3. 设立征信中心已有人力资源。征信业是高度专业化的行业，同时证券行业的数据架构以及信用风险管理模式又具有自身的独特性。随着近几年证券公司信用类业务的发展，证券公司已在业务开展、风险管理、系统建设等前、中、后台初步完成了人力资源储备，并在证券业信用风险系统开发、信用风险模型建设等方面有了初步实践经验。

（三）证券行业征信中心设立的理念原则

在参考发达国家和地区征信模式的优劣以及分析证券业征信市场供需特点，即证券业征信中心设立的必要性和可行性之后，下面将展开分析证券业征信中心设立的具体操作层面。在对证券业征信中心设立的各种方式比较分析时，我们更看重以下三大原则：

1. 前瞻性。目前，我国证券行业还在快速发展阶段，未来面临更多更复杂的信用风险。同时，随着互联网公司的崛起，其同金融机构开展的各种合作模式又给未来中国的金融业格局增添了更多不确定性，由此催生出的证券公司征信需求也面临较多变化以及不确定性。因此，在构想证券行业征信体系建设时，不仅要满足证券行业现有的征信需求，还要考虑到证券行业未来的发展以及引致的征信需求的变化，在具体实施时，从顶层设计、数据架构、系统实施等各个维度做好准备。

2. 专业性。征信业是高度专业化的行业，其数据采集、建立数据清洗规则、数据整合、数据应用等各个环节都需要专业运营团队处理。证券行业的数据架构以及信用风险管理模式具有自身的独特性，在构想证券行业征信中心的运营建设时，在筹划组织、发起设立、日常运营管理的各方面都需要专业化团队的参与配合。

3. 安全性。征信中心汇集了各家证券公司的客户基本信息以及交易流水信息等高度敏感数据。如何高效地使用数据同时保护数据的安全性将贯穿征信中心在数据处理的各个环节。从数据的传输到数据清洗以及数据整合环节的数据管理查看权限，特别是在信用风险模型开发以及同其他征信中心建立数据交换机制等可能引入第三方机构的环节，需要特别关注数据的安全性问题。

（四）顶层设计

征信体系的顶层设计将决定征信机构的发展空间。顶层设计不同，征信行业发展空间也不同，美国与日本两国征信行业收入的巨大差异证明了这一点。

参考发达国家征信市场发展模式，尽管目前我国征信市场由央行征信中心主导，但考虑到未来的发展趋势，授信机构很有可能会交叉验证两份或以上的信用报告来确认客户的真实信用水平，所以未来央行征信中心的存在将不会明显抢占第三方征信机构的市场份额，而是共享征信市场。同时，央行征信中心目前已覆盖越来越广泛的数据来源，不仅是银行业，也延展到小贷公司、互联网金融等非银行金融机构；不仅是金融业，也在搜集整理社保、公积金、环保、欠税、民事裁决与执行等公共信息。因此，我国未来的征信市场，应该是央行征信中心提供涵盖最广泛数据来源的标准化征信报告，而其他第三方征信机构提供更具有针对性的定制化征信报告，两份报告互相验证，共同辅助金融机构对客户信用资质的判断。

以国内小贷公司的同业征信为例，央行自 2013 年出台相关规定以来，目前已有几十家小贷公司试点接入央行征信系统并查询使用，而另一方面，央行征信系统并未阻碍第三方征信机构的发展，凭借客群的针对性、系统数据更新的时效性等特点，小贷公司同业征信模式的安融惠众、上海资信等第三方征信机构仍然占据小贷公司征信市场大量市场份额并快速发展。

因此，证券业征信中心应定位为主要服务于证券公司等资本市场的投资机构，在提供基本征信数据查询的同时提供附加衍生产品的征信机构。

根据自身定位以及证券业征信中心设立三大原则，下文对证券行业征信中心的发起设立模式提出监管牵头、联合发起、第三方运营三种方案，并逐一对各方案的具体实施条件以及优缺点比较分析。

1. 监管牵头。由中国证券行业协会或监测中心等现有证券业管理机构牵头发起，各家证券公司一起加入设立，并由相应职能部门负责运行管理。

优点：

(1) 信用数据获取的强制性。在信用数据的获得方面，行业监管机构强制性要求所监管的所有金融机构必须参加征信中心系统。或者行业管理机构基于现有数据仓库建立征信系统，避免了数据框架搭建、原始数据搜集以及标准化数据处理等基础工作的重复性建设，提高了工作效率。

(2) 运作的高效性。由监管机构具有约束力以及公信力的机构牵头组织领导，协调各方利益，推进信息库的建立，各券商执行响应速度较快，更容易对数据架构、数据范围、数据标准化处理的流程等实际运营问题达成一致。

(3) 信用信息的安全性。在信用数据的使用方面，监管机构的封闭式管理可以对征信中心系统的数据使用设置较严格的限制，对数据的安全性、敏感性保护较高。

(4) 运营管理的合规性。征信中心作为监管机构或自律组织的下属单位，在同监管机构针对合规性问题的沟通解读上、合规工作的具体执行上都具有其他市场化机构不具备的天然优势。

缺点：监管机构较行政化的管理运营模式，不能灵活满足证券公司随创新业务发展以及内部系统更新升级不断变化的征信需求。同时，征信中心的内控管理、信息透明度、运营管理效率遭受考验。

2. 联合发起。由各家证券公司认缴股份，联合发起设立证券行业征信中心。

优点：证券公司作为证券行业的参与者，最了解证券行业面临的信用风险状况以及对应催生出的征信需求。同时，完全市场化的运营模式可以使资源得到最有效的优化配置。征信中心的运营模式以及产品结构可以随市场发展状况灵活调整，充分反映证券公司征信需求。

缺点：

(1) 各家证券公司在股份认购份额分配、初始投入资金规模、公司组织架构、人力资源配置、征信数据标准化处理格式等方面都有自己的想法、意见，很难达成共识，缺乏有公信力的机构主导。

(2) 由于上传数据不是交由独立第三方管理，部分证券公司对向同业竞争对手公开数据存在疑虑。

(3) 由于征信中心设立之后各家证券公司数据的上传量同查询量比例不一致，数据上传量较大而目前查询量较小的券商参与意愿不足。

3. 第三方运营。由各家证券公司认购股份集体出资设立征信中心管理平台，并交由第三方专业机构运营管理。目前，市场上已出现一批为政府部门、行业组织等制订信用体系建设方案、征信平台建设、行业信用评级/征信标准设计的专业服务公司。例如中诚信征信等。

同时，由于我国证券业数据管理起步较晚，强化 IT 能力将成为行业征信体系建设的必经之路，可以利用证券公司的后发优势，直接引入一家优秀的互联网公司参与证券行业征信体系的建设也成为一条可选之路。

优点：该类专业服务公司或互联网公司掌握征信业以及数据挖掘先进技术，多年来已积累了广泛的运营经验，有较大规模和完善的业务团队，有先进的数据库操作系统，可以量身定制各类信用服务方案。

缺点：证券行业的数据结构以及信用风险具有独特性，第三方专业机构对证券业信用管理以及对征信的需求缺乏了解。同时，引入独立第三方对客户数据的保密性造成考验。

4. 混合模式。参考发达国家征信市场发展历程，顶层设计不必拘泥于一种方式，可采取不同时期不同模式的方案，预留更多的发展空间。例如，初期由中国证券业协会主导可保障行业内的参与度和推进效率，搭建好框架，中、后期条件成熟后则可将征信市场化，提高运营效率并提供更加灵活多样性的征信产品。

5. 运营管理。在具体运营方面，最大的抉择在于征信中心在提供基础征信数据查询之余，是否同样提供风险评分、信用咨询等其他增值服务。

一个较优的运作模式是在征信中心设立初期，重点在征信数据的搜集以及标准化整合处理；在征信中心运作模式成熟、积累大量数据的基础上，再提供高附加值的信用评分模型。在此，我们提出一个四阶段分步走的设想方案。

（1）第一阶段——负面清单管理。在征信中心的运营初期，各家证券公司向征信中心报送出现违约行为以及被证券公司标记为欺诈的客户。征信中心对各家报送数据统一整合管理，并将负面清单向各家证券公司实时报送。

在征信中心设立初期，可以通过加入时间不同后续收费差额化管理等方式吸引会员加入。同时，设置网络浏览器和系统对接多种查询方式，方便会员对客户负面信息查询。

在搜集客户负面数据的同时，征信中心应逐步建立报送数据标准化处理的规则，为后续扩大数据搜集的范围做好准备。

在此阶段，由于仅是负面清单数据的存储，对征信中心数据存储等硬件设施以及整个征信中心实际运营的挑战相对较低。征信中心建设工作的重点是搭建征信中心运营的基本框架，同时，尽可能吸引大量会员加入。

（2）第二阶段——客户信息传送、标准化数据处理。在第二阶段，逐渐扩大客户数据搜集范围，不仅仅局限于负面数据，也包括正面数据，包括客户在业务申请时填写的基本资料、机构客户的财务数据、客户在业务办理后的交易数据等。例如客户融资业务申请情况、申请被拒绝的情况、后续融资状况、最近 6 个月融资申请记录明细、最近两年被查询记录明细、行业不良记录等等。同时，设立数据标准化处理规则以及数据清洗的逻辑校验规则，确保上传数据的一致性、准确性。

在征信数据的使用上，征信中心可以设立双重端口，一方面是负面信息的快捷查询，另一方面是客户全部信息的完整查询。会员可以根据需要，灵活选择查询端口。

在第二阶段，数据搜集的范围逐步扩大，因此，对征信中心系统等硬件设施以及人员配备、组织架构管理等软性设施都提出了新的挑战。

随着数据的标准化及大规模存储，征信中心推出建立在行业角度的数据分析、行业管控等衍生产品条件也已成熟。

（3）第三阶段——信用评分模型开发。第三阶段主要工作是由各家券商投入人力或聘请第三方专业团队负责开发信用评分模型。风险评分等高附加值的增值服务不仅可以为征信中心带来一定的营业收入，而且挖掘整个行业数据积累开发的评分模型一般具有较好的模型效力，可以作为行业基准，同各家券商开发的内部评分模型比较验证。并且，对于设置内部评分团队成本较高的中小券商，可以无须开发内部模型，直接使用标准化的行业模型。另一方面，评分模型的开发需要深入了解行业运营状况的模型团队投入，模型开发后续的跟踪验证维护也需要持续的人力成本投入。同时，信用评分模型对数据质量以及数据存储的广度和深度都有较高要求。因此，将信用评分模型开发安排在征信中心运营模式成熟、数据已大批量存储、标准化处理之后的第三阶段。考虑到征信中心数据的敏感性，在将数据交由第三方模型团队开发模型时可以考虑将数据作脱敏等预处理。

（4）第四阶段——同其他征信平台的信息交流。为了避免证券行业征信中心成为数据孤岛，在证券行业征信中心建立起成熟的运营模式之后，可以探讨建立证券行业征信中心同其他征信平台的信息交流机制。包括同中国人民银行征信中心以及其他第三方征信机构建立数据交换模式，提高差异化的信息覆盖度，从而提升对客户的信用风险识别能力。但费率的收取方式、数据交换的频率、数据交换的范围以及向哪些其他第三方开放数据端口等实际问题还需视未来征信市场发展以及证券行业征信中心发展状况决定。

在第四阶段，证券行业征信中心已融入整个征信市场，并成为整个社会诚信建设不可或缺的一部分。

证券公司外部接入信息系统合规管理研究

陈朝云　张国静*

2014年下半年以来，中国股市经历了一轮“快牛”，上证综指从2200点一路升至2015年6月的5178点，涨幅超过135%，而至2015年9月18日，上证综指调整至3097点，相比指数最高点下跌了40%。“快牛”激发了投资者不理性的狂热，市场上出现了大量的场外配资现象，场外配资使得投资者的杠杆比例大幅提高，遇到股票市场连续下跌时，绝大部分场外配资会在短时间内爆仓。不仅如此，场外配资的股票账户达到平仓线时如以跌停板价格平仓，则会引发多米勒骨牌效应，更多的股票账户被强制平仓，进一步加剧市场跌幅。

根据监管机构披露的通过证券公司外部接入信息系统从事违规证券活动的清理整顿数据，截至2015年9月16日，证券公司共清理涉嫌违规资金账户3 577个，其中约有84.96%的账户以取消信息系统外部接入权限并改用合法交易的方式完成了清理，可以看出在涉嫌违规资金账户中，具有外部接入信息系统的账户所占比重之大。上述数据暴露出证券公司在接入外部信息系统时普遍存在合规性审查不足，接入了参与违法证券业务活动的外部信息系统，直接或间接促成了2015年中国股市的异常波动。本文将从以下五方面研究如何做好证券公司外部接入信息系统的合规管理工作。

一、证券公司外部接入信息系统的主要类别和特征

（一）公开提供给用户使用的公共应用系统

这类系统主要由第三方运营商运营，以专用客户端方式提供给客户使用。第三方运营商以长期服务于金融行业的软件企业为主，其中具有代表性的包括同花顺（手机）、大智慧、钱龙、东方财富等，其客户覆盖全国各大证券公司。主要的技术实现方式为：第三方运营商与各大证券公司建立专用技术通道连接，独自或者与各大证券公司联合发布定制客户端给客户使用，既能扩大第三方运营商的客户群，以提升其自身估值及影响力，又能以互联网导流

* 作者单位：中信证券股份有限公司。

的方式与证券公司进行合作获取收入。

（二）特定用户范围的专用应用系统

本类系统主要包括两类：

1. 客户自行开发或者自行采购、建设的专业投资交易软件，客户主要集中在信托、公募基金、私募基金、资产管理公司、大型企业机构等；具有代表性的系统主要包括恒生资产管理系统（即俗称"O32"、"O30"等系统），铭创资产管理系统，金证投资交易系统，迅投投资交易系统。在系统层面，随着策略交易、量化交易的兴起，大量客户自主开发的系统不断涌现，由于客户技术开发水平的层次不同，不同客户开发的系统在质量上也参差不齐，对于证券公司的信息技术系统安全造成极大考验。

2. 第三方运营的专业资产管理系统，其代表为恒生 HOMS 系统、铭创 FPRC 系统、同花顺资产管理系统。此类系统最大的特点不在交易功能，而在于将专业的资产管理技术平民化，其强大的分账户管理、风控、清算、估值体系不仅能快速支持非专业投资者的各种交易类、资金类需求，还可以支持出资人（托管方）的风控、强平需求，从而在技术上支持了伞型产品、场外配资等业务。

（三）通用浏览器

本类系统主要是满足互联网企业涉足证券行业的需求，从业务上讲，与第一类系统并无质的区别；从技术上讲，是以网页或者网页嵌套的方式为主，采用此类技术的原因在于互联网企业的技术架构本来就以网页为主，客户习惯于通过网页进行操作。此类企业的特点主要是具备强大的互联网影响力，但缺乏证券业务经验，以阿里、腾讯、百度等为代表。证券公司与此类互联网企业的合作，其技术合规性是最需要重视的方面。实践中，此类合作往往是以创新审批的方式满足合规性的要求，容易造成标准多样化，难以大范围推广。

二、通过证券公司外部接入信息系统从事违法证券业务活动的形态

结合行业现状来看，通过证券公司外部接入信息系统从事违法证券业务活动的形态主要有以下几种：

（一）通过外部接入信息系统从事场外配资业务

据调研了解，场外配资活动主要通过具有分仓交易功能的信息系统接入证券公司交易系统，其中以恒生 HOMS 系统、上海铭创、同花顺三个系统接入的资产规模最大。截至 2015 年 7 月，通过恒生 HOMS 系统、上海铭创、同花顺三个系统接入的客户资产规模合计近 5 000 亿元，其中 HOMS 系统约 4 400 亿元，上海铭创约 360 亿元，同花顺约 60 亿元。

如果客户接入证券公司的信息系统是以恒生 HOMS 系统、上海铭创、同花顺为代表的具有分仓交易功能的信息系统，则证券公司难以控制客户利用上述系统下设分账户、子账户，也难以了解客户是否将分账户、子账户交由其他投资者使用。通过此类外部接入信息系统从事场外配资的形式主要有以下几方面。

1. 以伞型信托为例的场外配资。伞型信托指同一个信托产品中包含两种或两种以上不

同类别的子信托，投资者可根据投资偏好自由选择其中一种或几种进行组合投资，满足不同的投资需要。根据具体情况，伞型信托下的子信托主要有下列类型和情况：其一，各个子信托的资金运用于同一个客户，运用方式相同，但信托期限与预计收益率不同；其二，各个子信托的资金运用于不同的客户，每个客户的资金信托期限与预计收益率不同；其三，每个子信托的资金运用方式不同，运用对象、期限可以相同，也可以不同。

正是因为"运用对象、期限可以相同、也可以不同"，具有分仓交易功能的信息系统正好满足了伞型信托的这项要求，伞型信托通过在证券公司接入具有分仓交易功能的信息系统，实现一个账户下分设多个子账户，供多个投资者同时使用；子账户还用于实现投资者配资的目的，信托公司向投资者提供可选择的配资杠杆和资金费率，由投资者独立使用该子账户，信托公司则扮演风险控制的角色，当子账户亏损到平仓线时，信托公司将子账户所持证券资产平仓后收回所配资金和相应的资金使用费。

伞型信托并不违反《信托法》的相关规定，但是伞型信托从事证券交易，成为证券市场参与者时则违反了《证券法》、《证券公司监督管理条例》关于"证券账户实名制、未经许可从事证券业务的"的相关规定。

2. 将分账户、子账户出租给其他投资者使用。部分客户将自己开发的具有下设分账户、子账户功能的信息系统接入证券公司交易系统后，向其他多名投资者出租分账户、子账户，由各投资者独立使用。这种模式也是大多数民间资本参与场外配资所采取的形式。由于不受特定的监管机构监管，通过这种模式接入的账户从事违法证券业务活动的表现更为隐蔽，如果证券公司对接入的外部信息系统合规性审查不足，则难以通过其他方式主动发现其中的违法证券业务活动。

（二）通过外部接入信息系统为客户内幕交易、操纵市场、规避信息披露义务及其他不正当交易活动提供便利

在中国证监会 2015 年查处的 5 起市场操纵案件中，青岛东海恒信投资管理有限公司因涉嫌操纵 180ETF 案受到行政处罚，其法定代表人、总经理亦受到警告和罚款。2015 年 6 月 18 日至 7 月 30 日，东海恒信控制使用"千石资本—东海恒信 1 期"等 12 个账户，利用其具有批量、快速下单功能的交易系统，在实际控制的账户内进行 180ETF 交易，影响 180ETF 交易量，变相进行 180ETF 与相应成分股日内回转交易套利，交易金额数百亿元，非法获利超过 1.8 亿元。东海恒信案是中国证监会查处的操纵 ETF 第一案，其接入证券公司的外部信息系统具有批量、快速下单的功能，为其从事违法证券业务活动提供了不可或缺的便利条件。

除上述案例中利用外部接入信息系统的技术特征从事违法证券业务活动外，还有是利用外部接入信息系统具有的下设分账户、子账户功能控制多个账户，通过在多个实际控制的账户之间交易、虚假申报、反向交易等方式从事内幕交易、操纵市场、规避信息披露义务等违法证券业务活动。

（三）通过外部接入信息系统开展证券经纪业务活动

根据《证券法》第一百二十五条关于证券公司经营业务范围的规定，证券经纪业务是由证券公司牌照经营的一项业务。如果不法分子通过将具有分账户、子账户功能的信息系统接入证券公司交易系统，则有可能在证券公司外部从事非法证券经纪业务活动，成为最终投资者与证券公司之间的中间商。通常的模式是，不法分子通过外部接入信息系统在证券公司开立证券账户，利用外部接入信息系统具有的下设分账户、子账户功能向最终投资者开立证券账户，提供证券委托交易、清算、查询等证券交易服务，同时向最终投资者收取一定比例的费用。

在中国证监会2015年查处的6起非法经营证券业务案件中，福诚澜海、南京致臻达、浙江丰范、臣乾金融及黄辰爽利用信托计划募集资金，通过恒生HOMS系统、铭创系统等第三方交易终端软件为客户提供账户开立、证券委托交易、清算、查询等证券交易服务，且按照证券交易量的一定比例收取费用。杭州米云通过运营米牛网，使用恒生HOMS系统招揽客户，为客户提供账户开立、证券委托交易、清算、查询等证券交易服务，且按照证券交易量的一定比例收取费用。

此类通过外部接入信息系统开立的分账户、子账户游离在证券监管之外，监管机构仅能看到不法分子在证券公司开立的证券账户交易情况，但该账户的交易情况是所有分账户、子账户交易情况的汇总，即使分账户、子账户使用者从事了违法证券交易活动，但因众多账户之间的合并及抵消效应增加了被有效识别的难度。尽管如此，此类账户体现出来的特征如交易较为频繁、异常，明显不同于其他普通账户，仍有助于证券公司和监管机构发现此类违法证券业务活动。

（四）通过外部接入信息系统开展登记结算业务

《证券登记结算管理办法》规定：证券登记结算机构是为证券交易提供集中登记、存管与结算服务，不以营利为目的的法人；证券登记结算业务采取全国集中统一的运营方式，由证券登记结算机构依法集中统一办理；证券登记结算机构的设立和解散，必须经中国证监会批准。如果不法分子通过将具有分账户、子账户功能的信息系统接入证券公司交易系统，则有可能在证券公司外部开展证券登记结算业务，成为最终投资者与中国证券登记结算有限公司之间的中间商。通过外部接入信息系统开展证券登记结算通常的模式是：不法分子通过外部接入信息系统在证券公司开立证券账户，利用外部接入信息系统具有的下设分账户、子账户功能向最终投资者提供证券账户、结算账户的设立和管理、证券的存管和过户、证券持有人名册登记及权益登记、证券和资金的清算交收、派发所持股票的证券权益等证券登记结算业务，并从中收取费用。

未经中国证监会批准，通过外部接入信息系统非法开展登记结算业务，破坏了证券登记结算业务应采取的全国集中统一的运营方式，严重扰乱证券登记结算业务监管秩序，发生重大差错或客户纠纷时，还可能引发重大金融系统事故，是需要坚决遏制的违法证券业务活动。

三、证券公司外部接入信息系统监管动态

早在2011年，中国证监会就通过《证券期货业信息安全保障管理办法》（证监会令第82号）和《证券公司融资融券业务管理办法》（证监会公告［2011］31号），对证券公司信息系统安全保障进行了规范，要求证券公司等市场主体应保证市场相关主体安全接入，对

市场相关主体的远程接入进行监管和管理。近几年来，证券公司信息系统重大安全事故以“光大事件”为代表，这些事件主要发生在证券公司自身的交易系统。对于接入证券公司交易系统的外部信息系统的安全监督和管理未成为监管重点。随着 2015 年中国股市的异常波动，证券公司外部接入信息系统逐渐成为监管重点，中国证监会于 2015 年 6 月和 7 月先后下发《关于加强证券公司信息系统外部接入管理的通知》、《关于清理整顿违法从事证券业务活动的意见》，6 月 12 日中国证券业协会发布《证券公司外部接入信息系统评估认证规范》、9 月 1 日深圳证监局下发《关于进一步落实〈关于清理整顿违法从事证券业务活动的意见〉有关事项的通知》，要求证券公司对外部接入信息系统进行自查，并对违法从事证券业务活动的账户进行清理。

2015 年 9 月 2 日，中国证监会对恒生公司、铭创公司、同花顺公司非法经营证券业务案作出行政处罚，主要原因是恒生公司、铭创公司、同花顺公司开发具有开立证券交易子账户、接受证券交易委托、查询证券交易信息、进行证券和资金的交易结算清算等多种证券业务属性功能的系统。通过该系统，投资者不履行实名开户程序即可进行证券交易。恒生公司、铭创公司、同花顺公司在明知客户的经营方式的情况下，仍向不具有经营证券业务资质的客户销售系统、提供相关服务，并获取非法收益，严重扰乱证券市场秩序。9 月 11 日，中国证监会对 4 家证券公司因存在未对外部接入的恒生 HOMS、铭创、同花顺等系统实施有效管理，未对相关客户身份情况进行清楚了解、未采集终端信息、确定客户终端交易信息的真实、完整、准确、可读性等违反证券公司监督管理条例的行为，对 4 家证券公司及其相关责任人作出行政处罚。

随着外部监管力度的加大，证券公司对外部接入信息系统的清理整顿也进入攻坚环节，按照监管要求，绝大部分证券公司须在 2015 年 9 月 30 日前完成清理整顿工作，少数接入账户数量较大的证券公司可延长至 10 月 31 日完成清理整顿工作。本次清理整顿工作完成后，将有效降低不法分子通过外部接入信息系统从事违法证券业务活动的风险，并有利于证券经纪业务的合规开展。

四、证券公司外部接入信息系统合规管理

根据证券公司外部接入信息系统的特点、违法证券业务活动的形态及现有监管规则和监管动态，为保证外部接入信息系统合法合规开展，建议证券公司从以下方面加强外部接入信息系统合规管理：

（一）配合中国证券业协会做好外部信息系统评估认证工作

根据中国证券业协会发布的《证券公司外部接入信息系统评估认证规范》，证券公司需要使用外部接入信息系统，应当经中国证券业协会评估认证，证券公司不得接入新的未经评估认证的外部信息系统。因此，证券公司应配合中国证券业协会做好外部信息系统评估认证工作，并在外部信息系统接入上坚持一项重要原则：只允许接入经中国证券业协会评估认证合格的外部信息系统。

除此以外，证券公司还应建立外部接入信息系统的内部管理制度，包括但不限于内控、风控、投资者保护等；对于有外部接入信息系统需求的客户，证券公司应建立一定的准入标

准，例如仅允许金融机构和金融产品接入外部信息系统、账户资金量应在500万元以上等；证券公司应对外部接入信息系统的合法性、系统安全性、业务合规性进行审查，对具有安全隐患、合规性瑕疵的系统不予接入；加强证券公司自建信息系统的建设和管理，对不符合接入标准的客户，建议其使用证券公司自建信息系统；对属于程序化交易的外部接入信息系统，应审查客户使用的程序化交易软件是否符合监管要求，并根据监管规定履行报告等义务。

（二）警惕融资类业务，加强融资类业务合规管理

根据《证券公司融资融券业务管理办法》的相关规定，证券公司开展融资融券业务，必须经中国证监会批准，未经中国证监会批准，任何证券公司不得向客户融资融券，也不得为客户与客户、客户与他人之间的融资融券活动提供任何便利和服务。因此，证券公司在日常经营中，对可能为客户与客户、客户与他人之间的融资融券活动提供任何便利和服务的业务活动，都应严格管理，坚决防范。由于外部接入信息系统是从事场外配资业务的主要技术手段，因此在规范外部接入信息系统的同时，证券公司还应加强融资类业务的合规管理，对可能涉及场外配资业务或为场外配资提供任何便利和服务的都应当坚决防范。证券公司在为融资类产品提供经纪服务时，应当严格按照监管要求进行审查，对已被监管机构明确列为违法证券业务活动的，拒绝为其开立证券账户，并对其他处于监管灰色地带的融资类产品适用已有的监管规则，例如对基金子公司发行的私募产品，按照监管清理违法配资的信托产品的要求严格管理；对处于监管灰色地带的产品，一方面拒绝为其提供外部信息系统接入，另一方面，如该产品为结构化产品，且可能涉及场外配资的，拒绝为其提供经纪服务。

（三）了解客户，加强账户实名制管理

《关于加强证券经纪业务管理的规定》要求证券公司应充分了解客户情况，在为客户开立证券账户时，对客户的姓名或者名称、身份的真实性进行审查，登记客户身份基本信息，并留存有效身份证件或者其他身份证明文件的复印件或者影印件。在近期的违法证券业务活动清理整顿工作中，监管机构给予的指导性原则是通过证券公司信息系统接入的非实名制账户均需清理。作为直接面对客户的证券公司，应该严格落实账户实名制，在开户时仔细核对客户身份信息，客户证券账户和资金账户名称应保持一致，同时对外部接入的信息系统应严格审查系统是否具有下设分账户、子账户的功能，对具有前述功能的外部信息系统拒绝接入，有效降低证券公司通过外部接入信息系统（含网上证券交易接口）为任何机构或个人开立非实名制账户的可能性。对个别因产品结构特殊确实需要开立子账户的，要求其使用证券公司具有开立子账户功能的自建系统，拒绝其使用外部接入的信息系统。证券公司在对该类产品提供经纪服务时，为了符合账户实名制管理的要求，还应对其作更为严格的合规要求。例如在对MOM基金的审查中，要求资金必须由MOM基金管理人在基金设立时统一募集，或在基金开放期按母基金净值进行申购募集；MOM基金层面同级同一基金份额不存在差异化的收益分配权；由MOM基金管理人负责统一运营等。

（四）加强外部接入信息系统技术性合规管理

外部接入信息系统技术性合规要求主要指证券公司外部接入信息系统能够真实、准确、完整地采集到客户交易终端信息。客户交易终端信息是指客户通过证券公司下达交易指令的交易终端特征代码。客户交易终端信息的采集关系到客户账户实名制、出借账户、出借通道等违法证券业务活动的有效监管。《关于加强证券期货经营机构客户交易终端信息等客户信息管理的规定》要求，证券公司应采集客户交易终端信息，确保客户交易终端信息的真实性、准确性、完整性、一致性、可读性，采取可靠措施采集、记录与客户身份识别有关的信息。因此在外部信息系统接入之前，证券公司应对外部接入系统建立认证许可制度，对外部接入系统是否能够按照监管要求采集到客户交易终端信息作出评估，如不足以确信外接系统能够实现上述功能，则拒绝接入该外部信息系统。对通过评估的外部接入系统，要求客户在外部接入系统升级前应取得证券公司的同意。证券公司对异常交易的客户进行回访时应对客户交易委托电话、IP、MAC 等与客户进行全面核对。

五、证券公司外部接入信息系统监管建议

（一）建议明确证券公司外部接入信息系统监管规则

根据中国证监会《关于加强证券公司信息系统外部接入管理的通知》的要求，各家证券公司对信息系统外部接入进行深入自查，对涉嫌通过外部接入信息系统从事违法证券业务活动的，坚决清理整顿。但从实践来看，对于明显属于配资的“伞型信托”，由于涉及投资者众多，影响覆盖证券公司、信托公司、银行等多个行业，要求证券公司在监管机构给出的时限内完成平稳顺畅的彻底清理在实践中确实存在困难；还有与此相关的问题，如“账户实名制”、“出借账户”、“出借通道”等应采取何种方式清理整顿，取消外部接入权限并改用合法交易的方式是否视为完成对此类账户的清理整顿；对行业内普遍存在的“投顾下单”应采取何种方式清理整顿，建议监管机构能给予更加明确的指导。

（二）建议中国证券业协会重点审查信息系统功能合规性

根据中国证券业协会发布的《证券公司外部接入信息系统评估认证规范》的要求，证券公司需要使用外部接入信息系统的，应当经中国证券业协会评估认证，证券公司不得接入新的未经评估认证的外部接入信息系统。相关的评估认证申请材料中包括“拟接入的外部信息系统业务说明书”，是否指中国证券业协会在对信息系统进行评估认证时，要审查相应的外部接入系统业务情况。如是，则可能面临一个现实的问题，即系统可以是一套，但通过系统操作的业务则可以多种多样，如通过每套系统从事每类业务均需通过中国证券业协会评估认证，则难免造成中国证券业协会审查压力加大，审核效率受到影响。实际上，由于业务合规性已经具有比较明确的监管规则，因此业务合规性仍可以由证券公司自主把握，中国证券业协会可将评估认证重心放在系统功能合规性上，对通过评估认证的系统进行公示，允许证券公司在自主把握业务合规性的基础上接入经中国证券业协会评估认证合格的外部信息系统。

投 资 者 保 护

证券公司融资类业务投资者适当性管理探讨

阮文华*

证券公司融资类业务在满足投资者投资需求、提高证券市场运行质量和交易效率、改善证券市场运行结构与环境、促进资本价格发现功能等方面，发挥了积极作用，给证券公司创新业务带来了巨大商机，促进了证券公司经纪业务收入结构的巨大变化，缩短了证券公司的成长周期，改变了投资者参与证券投资的活动方式，创造了证券公司经纪业务新的盈利模式。但快速发展背后，也引发了对如何做好融资类业务发展定位、怎样培育融资类合格投资者、有效保护投资者合法权益、加强融资类业务适当性管理、推动证券市场持续健康繁荣发展等问题的思考。

一、融资类业务发展过程中遇到的新问题和新现象

（一）门槛突降暴露出证券公司服务机制匹配性缺失

融资类业务是风险程度较高、带有杠杆性质的信用业务，资金门槛在50万元以上投资者才有资格参与，但2014年部分证券公司融资类业务资金门槛下降到10万元甚至5万元，导致融资类业务超常规发展，参与投资者数量快速增加，远远超出市场预期及投资者应当具有的风险承受能力。尽管证券公司融资类业务利润呈现爆发式增长，短期内大幅提升了证券公司收入，但合格投资者培育基础并不扎实，证券公司为投资者提供后续融资服务能力并不牢固，风险控制基础环节仍很薄弱。从投资者拨打咨询电话频度、下调融资账户佣金要求、融资合约展期需要、参加融资培训迫切性、盈亏计算模糊、对融资类业务资本价格认知浅薄等方面，明显感到投资者对融资类业务的认识仍处于待提高阶段，巩固融资类业务发展成果任务仍很艰巨。

（二）投资者对“融资”与“借钱炒股”概念定义不清

融资类业务，本质是促进证券市场流动性，提高证券市场交易活跃度，起到优化资源配

* 作者单位：中原证券股份有限公司。原载于《中国证券》2015年第5期。

置的作用。投资者接触融资类业务后，理财视野并未完全打开，狭隘的融资观仍停留在简单等同于借钱炒股的认识阶段。不能正确把握融资类业务特点，了解资金流转规律与性质，发挥资金杠杆作用，直接影响投资者对融资类业务使用中理财价值观的形成和良好投资文化的培育。不能正确对待融资类业务投资风格与运作特点，忽略资金价格和成本管理逻辑，形成更加严重的投机气氛，助长融资类业务杠杆滥用。投资者融资合约纪律执行不力、资产配置不当、强行平仓随意盲目、价值投资观念缺失，反映了投资者缺乏对融资类业务风险控制的基本认识。

（三）投资者筹资用资理财习惯缺乏系统性规划

投资者参与融资类业务，面临双重成本，既有购买股票成本，更有融资利息成本。投资者预知融资带来巨大杠杆收益，常常忽略杠杆背后的风险。证券投资成本结构变化，需由投资者及时计算与评估风险收益，改变投资习惯，达到参与融资类业务风险收益再平衡。融资类业务对投资者证券投资风控要求更具体，需投资者具有一定的底线意识、诚信意识、规则意识、责任担当意识、资金成本敏感性意识，树立正确的理财价值观，懂得资产负债概念、投入产出逻辑、成本效益原则，充分了解融资类博弈活动实质内涵，不仅是投资者之间的博弈，更是与经济环境、证券市场、证券公司的多重博弈。

（四）融资类业务盈利模式单一导致投资者抗风险能力薄弱

尽管证券公司融资类业务开展得有声有色，投资者参与热情高昂，但投资者的融资目的主要是解决高频交易欲望，满足短期交易偏好，利用融资资金集中持股、频繁操作、热衷打新现象仍存在，追逐短期高收益资本，放大了融资运用风险。资金成本运用策略欠佳，缺乏相应对冲机制和资产配置体系，投资者不能在货币市场、商品市场、期货市场、外汇市场等方面形成系统性盈利模式，理财“金字塔”基础不扎实，导致融资类业务风险无法通过更有效的对冲工具，及时得到化解与释放。

（五）证券公司融资类业务投资者保护基础环节薄弱

证券公司开展融资类业务，制定了具体的投资“红线”，以降低自身经营风险。但证券公司在保护自身利益的同时，忽略了对投资者运用融资类业务过程保护，预防性、警示性风险体制薄弱，从融资类业务开展源头强化风险观念有待提升，阻止不合格投资者参与融资业务比进行过程风控更重要和更迫切。证券公司要树立正确的融资观、资金成本观、客户资源观和融资效益观，合理筹措和运用融资资金，向合格投资者融资，引导投资者合理用资，做好融资类业务规划与安排，提高融资使用质量与效率。证券公司应建立严格盯市制度，安排专人负责融资类业务合约到期的通知、讲解、督办，落实合约管理第一责任人，签订合约管理风险目标责任书，推动合约问题咨询服务首问负责制，充分认识合约期条款及投资者应尽的责任，避免强行平仓，培养投资者主动调仓意识，形成良好的遵守合约习惯，避免因投资者失信导致证券公司承担融资类业务运用不当的风险。证券公司推出融资类业务，尽责才能免责，有责任和义务将投资者参与融资类业务风险揭示全面、风控教育到位、流程跟踪及时，保证业务推动中风险责任归位，让投资者感知融资类业务便利的同时，做好规范性操作，避免碰触投资“红线”，防止风险外溢。要充分结合利率市场化、金融自由化、互联网金融形势发展的新风口，以“一带一路”、国企改革、自贸区建设、亚投行成立为契机，促进中小微企业成长，满足经济结构调整和转型需要，把握资金需求导向，适应经济发展新需求，合理确定融资类利率政策，创新融资类业务需求模式，满足投资者合理的成本需求。

二、证券公司亟待补充完善融资类业务适当性要素

（一）做好融资类业务保障工作

证券公司融资类业务发展是循序渐进的过程，需证券公司审慎、严密、规范操作，做好融资类合格投资者储备，建立完善证券公司融资类客户服务体系，充实融资类业务投资顾问人员，提升融资类业务技术保障能力，保障投资者参与融资类业务时风险状况得到及时揭示与披露。证券公司要加强对融资类业务开展资格门槛条件审查，定期开展融资类业务风险评估，规范融资类业务开展过程中投资者教育活动，成熟一批开展一批；实行投资者参与新产品和新业务晋级制度，做好分级培训，做好合格投资者培育工作。严格证券公司投资者参与融资类业务测试制度，建立定期复测检查机制，对投资者参与融资类业务应用环境合规性进行监测分析，加大应用软件升级服务，重视融资类业务过程描述，做好融资类业务开展过程中的事先评估、事中监测与事后归档评价工作。落实融资类服务主体责任，实行责任包干制，正确理解融资目的与用途。

（二）建立证券公司融资类业务客户绿色服务通道，采取客户分层、分级、分配制度

证券公司融资类业务营销要打破完全依赖投资顾问人员单一模式，避免全面撒网、搞普及活动，要充分发挥熟知融资类业务实际操作的投资者的作用，带动其他有兴趣的投资者，提升证券公司开展融资类业务影响力，使投资者充分熟知融资类业务特点和风控要求，推动融资类业务持久开展。证券公司融资类业务办理复杂，证券公司应做好客户分层培育与管理服务，把握参与融资类业务不当风险的苗头，落实反洗钱机制，重视办理融资类业务过程情景回放，检验考试与实践运用匹配性情景分析，通过物理要素制约，提高投资者融资类业务真实操作水平，防止证券投资顾问人员一知半解，增强融资类业务开展的严肃性，体现证券公司的专业化服务能力。证券公司要通过细化融资类服务准则，推动一对一投资顾问服务责任制，为融资类客户建立专项档案，对融资类业务信用进行定期评价。证券公司应避免以资金门槛作为融资类业务推广的唯一条件，要在完善服务机制和考核体系上下工夫，更新和丰富投资者参与融资类业务门槛内容，打造服务驱动融资业务推广模式，把真正有资金实力、信誉度高、投资经验丰富、理财规划明确的合格投资者筛选出来。证券公司通过投资者风险承受能力预防性评估、投资诚信度考察与培养、消费诚信记录调阅与分析，以及对证券新产品和新业务开展感兴趣程度等条件对客户进行分层分级，为储备合格投资者打下良好基础。证券公司融资类客户分层，不是简单地以客户资产排队、客户开立时间段划分，而是一个实实在在推动投资者参与融资类业务规范性和标准化制度体系建设过程。

（三）加强融资类投资者用资过程管控，引导投资者融资类业务适度操作

证券公司开展融资类业务，要对投资者投资现状、投资兴趣与偏好、财产收入状况、资产配置状况、证券交易习惯等有充分的把握和了解。证券公司对投资者投资习性了解得越充

分、越准确、越完整，越能够把握其对融资类业务投资的适应性。融资类业务是借钱使用行为，要求投资者学会树立诚信意识，发挥讲诚信的良好传统，在借钱时要把握时间、成本、尺度、标准、风险承受度，不能贪婪、错位，避免在融资类业务中失去目标和方向，珍惜良好的信用记录。避免超能力融资、超标准融资、超风险融资、超规则融资，克服频繁操作行为，提高警戒线意识，引导投资者敬畏市场，遵守规则。证券公司对融资类业务引导教育充分程度、制度规则细化深度、风险讲解力度，决定着开展融资类业务的道路有多远、实现利润的空间有多大。证券公司要创新融资类业务施教新模式，采取多层次、全方位、多样化融资类知识测试模式，克服证券公司在适当性知识测试方面标准趋同化、简单化、流程化的不足之处，丰富测试项目，动态更新测试内容，定期改变测试环境，避免出现不能真实、客观反映融资类投资者知识水平情形。证券公司要及时根据融资类业务发展状况，结合市场发展环境，加强融资类知识测试题库设计、试卷安排、测试有效性评价等工作，及时更新题库内容，保证知识测试不流于形式。证券公司要理论和实践施教相结合，将指纹留痕及测试留像，作为推动融资类业务客户知识测试的重要手段，定期抽题回访等。

（四）创新融资类合格投资者的资格认证及参与资格识别体系

证券公司开展融资类业务，最大风险是向不符合融资条件的投资者办理融资类业务，违反融资类业务规则。证券公司融资类业务是一种规则文化，需要形成有效规则体系，建立规则理论，体现规则价值。规范融资类业务流程，建立相应的参与资格认证体系，成为融资类业务规则文化的重要组成部分。证券公司必须创新合格投资者认证及参与资格识别体系，引导客户了解融资类业务全过程，进行全程留像，采取不符合条件不准进入融资类客户库的一票否决制，减少不当融资带来投资后遗症。证券公司应将所有融资类业务客户归成一户一档，并以电子档模式存放，定期向监管部门提交报备，建立融资类业务大数据库，实现所有证券公司客户融资状况资源共享。

三、围绕完善基础性风控环节，加强证券公司融资类业务服务流程再造

（一）做好证券公司融资类资金规划与运用顶层设计

证券公司要在融资类业务开展过程中在资金筹措、使用效果评价、运用规模等方面，成立相应评价管理部门，形成资金质量运用评价体系，做好资金分层、分级、分类管理，把握资金流入与流出总量管控，兼顾资金规模与效益，完善资金投放与回笼机制，不仅只作总量资金增长和融资类客户数量增长分析，而且要把融资类业务资金使用质量与效果、投资者用资盈利状况作为证券公司月度经营分析指标、年度经营目标，动态关注和管控证券公司资产负债结构变化、资金现金流变化、资金成本区间变化，观察资金流动中的风险，把握融资类业务总体风险的管理，以不发生区域性和整体性风险为目标，避免因证券市场系统性风险导致融资类业务整体风险事件发生。

（二）提高融资类信息在证券公司投资者资讯服务信息中的占比

证券公司作为融资类业务开展和落实部门，要把融资类信息作为重要资讯信息进行重点管理，纳入证券公司资讯服务体系之中，树立融资类业务服务品牌，开发和设计融资类业务

信息包，对融资类业务客户进行一对一推送，充分运用证券公司微信、微博与客户端，引导投资者正确使用融资类业务信息，设置咨询服务专柜，开通咨询专线，全力支持融资类信息传播与反馈。整理编写融资类业务问题指引，开展融资类业务信息交流，每月选定融资类业务活动开放日，实行融资类业务值班经理制度，定期发布融资类业务活动简报，由开展融资类业务机构负责人担任值班经理，使证券公司的融资类业务人员成为讲师、合格推荐人。采取融资类业务人员公示牌制度，接受客户监督，建立融资类信息与其他类投资活动信息的风险隔离墙。通过建立证券公司融资信息台账，规范融资类业务信息发布与传播路径的权威性和合规性。证券公司投资顾问人员应当把融资类信息推送作为服务、管理客户的重要基础，做到融资类信息管理全覆盖，业务处理不过夜、不留死角、不出现留痕空白、不衍生新的问题与风险，不因投资者参与融资类信息缺失造成操作失误。

（三）证券公司应鼓励融资类资金支持实体经济，促进实体经济发展

融资类业务不仅能促进证券市场繁荣，更能调整和优化经济结构，促进消费水平升级，满足经济转型与改革实质性需求，推动实体经济繁荣。股市是经济的“晴雨表”，融资类业务更是资金价格变化的风向标。证券公司要做好融资类客户投资状况分析调查，满足融资类客户需求，鼓励融资类业务服务实体经济，形成市场化资金定价，促进合理的资金价格形成机制，力促中小微企业发展。通过证券公司融资类业务，促改革、调结构、带转型，促进国民“大众创业、万众创新”创业氛围形成。证券公司要深入实体经济调研，形成调研报告，做好投资者融资类需求调查，形成调查问卷，加强推动实体经济发展过程中融资类业务资金运用效率化、风控管理体制化、服务咨询优质化，保护投资者参与融资类业务的多样化需求。要及时盘活证券市场大额资金，满足大额资金需求，体现大额资金融资作用，与企业发行上市结合起来，不断促进有融资条件的投资者参与新三板、创业板、中小板、主板上市融资活动，搭建融资桥梁和纽带，形成良好的筹资与用资环境。融资类业务是企业与投资者个人进一步扩大融资的前提与基础，证券公司要保护好投资者进一步扩大融资需求的积极性。证券公司为投资者提供融资类业务服务时，既要引导投资者关注证券市场本身发展状况，更要关注国家经济发展状况，了解投资者创业需求、创新动向，了解中小微企业发展中出现的“融资难、融资贵”现象，把握融资本质，做好支持实体经济的资金对接。

（四）促进证券公司投资顾问业务发展，做好投资者融资用资管理好帮手

融资类业务不仅为投资者提供用资条件和环境，更要提高用资质量和效率。引导投资者正确融资、理性参与、合理规避用资风险，证券公司投顾人员要不断加强学习，提高理财水平，以投资者喜闻乐见的形式，帮助投资者通俗了解融资类业务内容，进行有效资金管理，进行用资成本测算，把坚持价值投资和进行资产配置作为融资类业务开展原则，避免用资风险。证券公司投资顾问人员融资知识的掌握程度、组织纪律性、道德素养、资质和条件，直接决定参与融资类业务客户的素质及运用融资业务投资水平。证券公司不能仅以有联系人作为融资类客户全覆盖指标，还应以服务融资类业务客户水平和能力作为评价指标，以客户满意度作为客户服务全覆盖要求。

（五）融资类业务的规范发展，有利于提高证券公司市场化竞争能力

证券公司融资环境营造、融资客户多寡、融资规模大小，直接决定着证券公司主业竞争能力、净资本实力、持续发展潜力。证券公司不仅要在完善融资类制度流程优化设计上下工夫，还应在融资类客户服务上创新手段和方式，把适当性管理贯穿于融资类业务办理过程中每个服务环节，改变考核体系，转变成对客户融资服务指导、融资成本效益分析、融资风控管理、融资资金盈利状况分析；避免融资业务发展的数量增长模式，构建精细化融资使用效果评价模式，促使融资类业务适当性管理成为证券公司开展新产品和新业务的示范性标杆，为参与个股期权等衍生品适当性管理打下坚实基础。

四、证券公司融资类业务投资者适当性管理建议

（一）净化证券市场运行环境，建立高效匹配筹资用资体系

证券市场持续健康发展，离不开投资者对证券市场各项新产品和新业务的参与。开展融资类业务，需要一个健康有序的证券市场运行环境。保护投资者开展融资类业务与保护资本市场是密不可分的。打击内幕交易、市场操纵，避免发布虚假信息，倡导以分享上市公司现金分红价值为投资理念，将为证券公司开展融资类业务提供良好的市场环境。以信息披露为中心的注册制改革，为融资类业务开展创造了良好的发展契机，有助于投资者优选融资标的，规范资金价格秩序，提高融资类业务担保品质量。投资者要以参与融资类业务为契机，提高投融资认知体系。不能片面认为融资类业务是借钱炒股，更不是简单地为客户配资，而是一个完整有效的投融资体系，是帮助投资者理财的资金优化运用方案，是优质资金向优质项目流动的重要活动载体，是市场资金向主业竞争优势明显、盈利能力强、创造效益好的上市公司流动的重要体现。作为资本市场本身，需要投融资体系平衡；作为投资者，也应当建立自身投融资平衡，使资本市场与实体经济之间投融资平衡，证券公司本身投融资与经营发展之间平衡，真正发挥资金成本功能，达到“优质优价、劣质劣价”，促进市场资源合理配置和上市资源的优胜劣汰，规范资金的流动行为，促进经济良性发展。

（二）重视投资者成长周期与过程，做参与融资类业务领路人

证券公司融资类业务设定了比较严格的参与门槛，是传统业务的发展和延续，更是投资者成长过程中的必经阶段。忽略低风险业务、淡化投资者由低风险到高风险业务投资规律、单纯高速发展融资类业务，不利于夯实证券公司发展基础。刚成立的证券公司网点，要立足于传统业务发展，在扩大投资者规模上下工夫，培养投资者良好的投资习惯，不能因为融资业务杠杆效应、对经纪业务利润贡献度而忽略对于客户成长性的培育、忽略传统业务发展。当投资者树立了理性投资观念，形成了有效的风控机制，建立了理性的资金价格认知与参与体系，投资者对证券公司服务价值依赖性增强时，也就形成了融资放大杠杆需求保障。证券公司在引导投资者参与融资类业务时，要避免拔苗助长，盲目放大业务，追求短期利润，忽略投资者成长性，造成融资类业务开展中的风险。

（三）证券公司自律与投资者自律相结合，构筑投资者自我教育体系

证券公司开展各类投资者教育保护体系内容，既相互关联，又相互制约和监督。证券公司开展融资类业务，不是简单地向融资者提供制度、规则、信息、服务，而是向投资者传递一种市场发展导向和趋势。引导投资者通过融资观念培养，建立有效的投融资资金运用体系，更好地适应证券市场发展，尤其是为股指期货、沪港通、个股期权等新业务打下良好基础。证券公司开展融资类业务，不是孤立存在，更不是单向发展，而是与期货市场、外汇市场、基金市场等各种市场环境共同发展的。投资者只有具有丰富的投资经验，了解各种市场资本成本及其运作规律，才能对证券公司融资类业务有正确的把握和认识。

（四）制定并落实融资类业务内部追责机制，善于运用证券公司组织管理融资类风控模式，做到融资类业务风险可查、可测、可视、可控

融资类业务是证券公司经营业务中的高风险业务类别，是风险控制的主体和源头。融资类业务风险控制好坏，直接决定证券公司内部控制成败。将融资类业务纳入证券公司经营业务风控之中，需要建立配套内部追责机制，从融资类客户市场筛选、业务推广与宣传、投资者教育、资金管理、用资质量和效率评价、回访与投诉受理等方面，建立考核评价体系。除对融资类业务经办人员落实风险责任外，还应规范证券公司整体融资风险意识，强化内部管理流程，落实批准、签字、指导融资类业务相关部门和人员责任，形成组织管理和防范融资类业务风险氛围，实现证券公司开展融资类业务“办理过程零缺陷、操作过程零风险、客户违约零纪录”，探索和建立证券公司融资类业务开展过程质量评价标准与运作体系。

（五）树立证券公司正确的融资效益观，做到融资类业务风险边界清晰，制度流程严密，考核评价机制完备，创新发展证券公司融资类业务文化

证券公司应树立正确的融资类业务引导文化，丰富开展融资类业务形式，投入相应资源，创新融资类风控技术手段，利用网上营业厅、投资顾问建议书、投资者教育课堂、沙龙研讨会等多种形式，向满足融资类需求且符合条件的投资者推介。推动证券公司融资类业务开展，不仅是丰富证券公司业务创新举措，也是资本市场发展成熟的重要标志。通过扩大投资者认知程度，让更多的投资者了解融资类业务，降低冲动性投资，增强融资环境适应性，将融资类业务发展成为投资者理财生活的重要组成部分。证券公司发展融资类业务，推行以人为本的服务文化，需要提高自身风险控制能力、服务投资者能力、服务实体经济能力、服务资本市场能力。证券公司应着力将融资类业务作为一种重要的证券公司财富管理价值文化进行培育和推广，贯穿于经纪业务发展的文化体系之中，才能使融资类业务步入健康发展的快车道，形成阳光化融资类业务利润，提高融资类业务经营效益。

证券纠纷调解机制调研报告

官勇华　谈志琦　顾秀娟*

2011年以来，中国证券业协会建立了中国证券业协会主导、地方证券业协会协作参与、会员单位配合的行业调解机制，证券调解工作取得了较为显著的阶段性成果。但随着证券纠纷调解工作的不断深入推进，证券调解也面临着诸如纠纷复杂化程度加大、调解经费不足、调解案源偏少、调解程序不够灵活等困难和问题。为了进一步完善中国证券业协会证券纠纷调解机制，证券调解专业委员会将“评估证券纠纷调解机制运行情况”纳入2014年度重点工作。为做好调研评估工作，专业委员会制定了《证券纠纷调解机制调研评估方案》，采取现场与非现场相结合的方式展开，共面向108家会员单位、9家地方证券业协会发放了《证券纠纷调解调查问卷》及《调研提纲》，实地调研并走访了调解中心、部分地方证监局、地方证券业协会、地方法院及仲裁委员会等机构，收集反馈意见200余条。根据调研情况，汇总形成本调研报告，以期完善中国证券业协会证券纠纷调解制度与机制，推动证券纠纷调解工作进一步深化实施，提升工作水平和成效。

一、证券纠纷调解制度与机制运行情况

中国证券业协会证券纠纷调解机制建立运行至今已近3年。在此期间，中国证券业协会建立了调解组织体系，制定并发布了《中国证券业协会证券纠纷调解工作管理办法（试行）》、《中国证券业协会证券纠纷调解规则（试行）》、《中国证券业协会调解员管理办法（试行）》三项规则（以下简称“两法一则”），开展了调解员聘任和培训工作，举办了多次业务交流和研讨会议；同时，围绕国内外金融纠纷解决机制比较、“三个对接”以及如何提升调解公信力等，中国证券业协会组织证券调解专业委员会进行了专题研究。

* 作者单位：官勇华，财通证券股份有限公司；谈志琦，顾秀娟，中国证券业协会。

（一）组织体系建设情况

1. 专业委员会。2011 年 9 月，中国证券业协会成立了证券调解专业委员会，设 1 名主任委员、3 名副主任委员，委员来自中国证监会、中国证券业协会、地方协会及会员单位。自成立以来，专业委员会在中国证券业协会的领导和支持下，充分发挥其评估、研究和指导的基本职能，在推动证券纠纷调解制度建设与机制落实、完善专业委员会组织建设及工作机制、开展专题研究与调研评估、选聘调解员、指导调解中心开展工作等方面做了一系列工作，工作成效显著。

2. 调解中心。2012 年 2 月，证券纠纷调解中心成立，主要负责证券纠纷调解的实施、组织、协调、外联及调解员管理等工作。自成立以来，调解中心积极推进调解工作，在加强调解员队伍建设、与地方协会建立调解协作关系、完善调解工作平台建设、推进诉调、仲调和信调对接、开展行业调解机制宣传以及加强与其他调解组织及国际组织的合作与交流等方面做了大量工作，取得了积极进展。

3. 调解员。截至 2015 年 1 月，中国证券业协会共聘任了 269 名调解员。

从人员组成来看，调解员以来自证券公司、行业协会、监管部门等业内人士为主，占比 68%；业外调解员主要由律师所律师、退休法官、高校法学教师等社会人士组成，占比 32%。

从地域分布来看，为满足属地调解的需要，中国证券业协会在全国主要省、市、自治区均聘任了调解员。具体分布如表 1 所示。

表 1　　调解员地区分布　　（单位：名）

序号	调解员所在地区	调解员人数	序号	调解员所在地区	调解员人数
1	安徽	7	19	宁夏	5
2	北京	36	20	青海	5
3	福建	5	21	山东	7
4	甘肃	14	22	山西	6
5	广东	5	23	陕西	6
6	广西	5	24	上海	9
7	贵州	4	25	四川	19
8	海南	7	26	天津	5
9	河北	6	27	西藏	1
10	河南	6	28	新疆	5
11	黑龙江	5	29	云南	5
12	湖北	6	30	浙江	10
13	湖南	4	31	重庆	4
14	吉林	5	32	大连	5
15	江苏	11	33	深圳	6
16	江西	9	34	厦门	14
17	辽宁	5	35	宁波	5
18	内蒙古	5	36	青岛	5

4. 调解联络人。为推动证券经营机构投诉处理机制与行业调解机制的有效对接，2013年11月底，中国证券业协会要求证券公司指定合规部、法律部或投诉处理主管部门负责人为会员单位证券纠纷调解工作联络人，负责本单位与调解中心在投诉处理和纠纷调解业务方面的日常沟通与联络，推进证券公司投诉处理机制与行业调解机制的有效对接。

（二）调解制度建设情况

2011 年，中国证券业协会在研究国内外纠纷调解规则、梳理国内证券纠纷类型的基础上，结合我国纠纷解决传统和政策法律环境，制定了两法一则，为调解工作开展提供了制度依据。两法一则就调解组织架构、受理范围、经费来源、调解协议效力等重大实体性问题，调解案件从提起到终结的程序性问题以及调解员的资格条件、聘用、行为规范、培训、考核等问题作出了详细规定，充分体现了行业调解专业性强、高效便利、适当权威、低成本与保密性的显著特点，具有前瞻性和可扩展性。

（三）协作机制建立情况

《中国证券业协会证券纠纷调解工作管理办法（试行）》规定“调解中心与地方证券业协会建立证券纠纷调解协作机制。具体调解工作，可依托地方证券业协会开展”。目前，中国证券业协会与全国 36 家地方协会建立调解协作机制，依靠及发挥地方协会的作用，在统一规则、统一机制、统一协调的前提下，就近、就地解决证券纠纷，实现证券纠纷调解的地方化，从实际协作内容来看，主要体现在案件转办处理及相关数据报送方面。

2012 年以来，广东、浙江、江苏、厦门、安徽、福建、天津、四川等部分地方协会积极推进区域调解制度与机制建设，参照中国证券业协会证券纠纷调解制度建立了自身的调解制度与规则，聘任了调解员，并开展纠纷调解工作。

（四）对接机制建立情况

1. 诉调对接。2013 年 3 月，中国证券业协会与西城区人民法院（以下简称“西城法院”）建立了诉调对接并签署了对接协议。合作主要内容包括：西城法院邀请调解中心加入其特邀调解组织名册；由调解中心指定工作人员接受西城法院的委派调解、委托调解、邀请调解等；调解中心在调解过程中可邀请西城法院的法官提供支持或对现场指导；西城法院与调解中心就司法确认开展探索；双方就解决热点、难点问题的沟通、交流、调研、宣传及培训工作等展开广泛合作；共同组建志愿者队伍，提供法律服务或社区服务等。2014 年 12 月，北京市高级人民法院将中国证券业协会证券纠纷调解中心纳入“北京市法院特邀调解组织名册”。调解中心进入“北京市法院特邀调解组织名册”，将能接受东城、西城、朝阳、海淀、丰台 5 家人民法院的委托，对其转来的证券类委托调解案件进行调解，并可协助当事人向法院申请进行调解协议的司法确认。调解中心加入特邀调解组织名册对于扩大证券纠纷行业调解机制的影响力和公信力、推进证券纠纷行业调解与法院诉讼的有效对接有重大意义。

2. 仲调对接。2013 年 11 月，中国证券业协会与北京仲裁委员会建立了仲调对接并签署了合作协议。双方约定在建立商事仲裁、商事调解合作机制、共同搭建培训体系、宣传交流、学术研究等多方面展开合作；经调解中心调解成功的案件，若当事人有增强调解协议法律效力的要求，在当事人自愿基础上，中国证券业协会调解中心可以引导当事人根据调解结果向北京仲裁委员会申请仲裁，由仲裁庭依据仲裁规则及当事人之间和解协议的内容，在不违背法律规定的情况下制作仲裁调解书或者裁决书。

3. 信调对接。中国证券业协会与中国证监会投资者保护局就行业调解机制和“12386”投资者投诉热线受理机制的对接工作达成共识，并多次与中国证监会信访办共同研究信访工作与行业调解的对接途径。

此外，各地方协会也积极开展三个对接工作：浙江协会与杭州滨江区人民法院及杭州仲裁委员会金融仲裁院分别签署了合作协议，建立了相关对接机制；广东证监局、广东协会与广州中院签署了《证券期货纠纷诉调对接合作备忘录》；厦门协会已与当地法院签署了诉调对接协议；海南、四川、吉林、天津、辽宁协会与当地仲裁机构签署了仲调对接协议。此外，青岛仲裁委员会与青岛协会开展证券期货纠纷仲裁合作，设立了证券期货仲裁中心，并聘请青岛证监局及青岛协会工作人员担任仲裁员；大连协会与当地仲裁委员会合作建立了设在协会的证券仲裁调解中心；宁波协会与宁波仲裁委员会合作成立了证券期货仲裁中心。

（五）调解实践开展情况

2012 年 7 月，中国证券业协会在网站上设立了证券纠纷调解专区，开设了在线申请平台，建立了证券纠纷调解工作系统，受理及处理纠纷当事人提起的证券纠纷调解申请，并通过工作系统与地方协会开展调解工作对接。为宣传推广行业纠纷调解机制，2013 年中国证券业协会下发通知，要求各会员单位实现公司网站与中国证券业协会证券纠纷调解在线申请平台的链接，并鼓励会员单位在各类业务合同文本的争议解决条款中增加“向中国证券业协会证券纠纷调解中心申请调解”方式。据统计，截至 2014 年末，79 家证券公司已实现了公司网站与中国证券业协会证券纠纷调解在线申请平台的链接，82 家证券公司在业务合同争议解决条款中加入了行业调解方式。自在线申请平台开通至 2014 年 11 月底，调解中心共接收了 188 起证券纠纷调解申请，受理了其中 125 起符合条件的调解申请。在地方协会的配合下，成功调解了 75 起纠纷。其中，受理的 125 起纠纷依案件类型划分如下：证券经纪业务纠纷 48 起，从业人员劳动纠纷 30 起，证券投资咨询服务纠纷 29 起，与证券业务相关的其他纠纷 18 起（见图 1）。

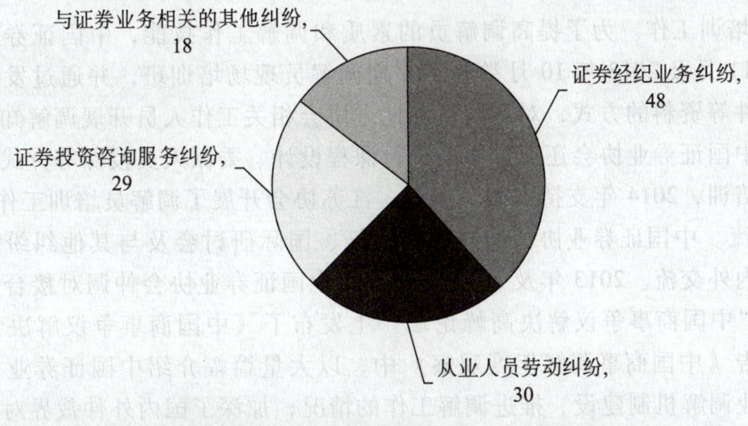

图 1 中国证券业协会受理的案件调解类型（单位：起）

（六）宣传培训与对外交流

1. 宣传工作。中国证券业协会自调解机制建立起就非常重视开展宣传工作，主要工作如下：

（1）在重要报刊上发表文章。在《中国证券》杂志上刊发了“证券纠纷调解机制”专辑，收录了探讨证券纠纷调解机制的10篇研究文章；在《证券时报》和《中国证券报》开设了“中国证券业协会证券纠纷调解基础知识系列”专栏，以每周1期、连载10期的方式，发表了“证券纠纷调解知识介绍”系列文章。根据中国证监会投资者保护局的安排，分别在《中国证券报》“3·15证券投资者保护”专版及中国证监会《交流》杂志“投资者保护”专刊发表题为《建立证券纠纷调解行业调解机制，保护投资者合法权益》的文章，介绍证券纠纷行业调解在投资者保护中的作用，宣传中国证券业协会证券纠纷调解机制。以出现重大事件为契机，中国证券业协会及时在证券专业报刊上进行证券纠纷调解专版宣传活动。如2012年6月，配合中国证券业协会发布三项调解自律规则，在四大证券报上开展关于中国证券业协会建立证券纠纷行业调解机制的专版宣传；2013年12月25日，《国务院办公厅关于进一步加强资本市场中小投资者合法权益保护工作的意见》（国办发［2013］110号）发布后，中国证券业协会于2014年1月和5月在四大证券报上做了关于落实该文件的专版宣传；在成功举办中德金融纠纷调解实践国际研讨会后，中国证券业协会在《中国证券报》以“借鉴德国金融纠纷解决经验，完善证券纠纷调解机制，保护投资者合法权益”为主题进行了专版宣传。

（2）参加国内调解组织研讨活动，扩大调解工作影响力。2014年5月，中国证券业协会向“中国调解高峰论坛”暨主题征文活动投稿《证券纠纷行业调解的实践与展望》获得征文活动三等奖。

（3）在广东、深圳、上海、浙江、江苏、宁波、湖北、海南、厦门、福建、宁夏、安徽、陕西、广西等地区召开证券纠纷调解工作座谈会，或为当地证券业协会举办的调解工作培训班授课，宣传证券纠纷行业调解机制，促进证券经营机构通过行业调解机制解决矛盾纠纷。

（4）制作及印刷证券纠纷行业调解宣传册，向投资者、证券经营机构发放，宣传调解工作。

2. 调解员培训工作。为了提高调解员的素质和调解工作技能，中国证券业协会分别于2012年9月、11月及2013年10月举办了3期调解员现场培训班，并通过发放调解相关书籍、文章、课件等资料的方式，对调解员和地方协会相关工作人员开展调解知识及工作技能非现场培训。中国证券业协会还通过协助进行课程设计、委派人员授课等方式支持地方协会对调解员进行培训，2014年支持安徽、浙江、江苏协会开展了调解员培训工作。

3. 对外交流。中国证券业协会通过举办论坛、国际研讨会及与其他纠纷解决机构沟通等方式开展国内外交流。2013年及2014年，作为中国证券业协会仲调对接合作单位的北京仲裁委员会在“中国商事争议解决高峰论坛”上发布了《中国商事争议解决年度观察》报告，在其分报告《中国商事调解年度观察》中，以大量篇幅介绍中国证券业协会建立和完善证券纠纷行业调解机制建设、推进调解工作的情况，加深了国内外仲裁界对我国证券纠纷行业调解机制建设的了解，提升了中国证券业协会主导的行业调解工作的国际影响力。2013

年 4 月，中国证券业协会调解中心以联合主办人的身份，参加了首届北京调解论坛，并加入由北京仲裁委员会调解中心、工信部电子知识产权中心争议解决中心、中国互联网协会调解中心、中国证券业协会调解中心、中国人民大学纠纷解决研究中心等 16 家多元争议解决机构共同发起设立的“北京调解联盟”。2013 年 12 月，中国证券业协会与德国国际合作机构（GIZ）在北京共同举办了中德金融纠纷调解实践国际研讨会，交流了中德两国在金融纠纷调解中的经验。该次研讨提高了中国证券业协会和地方协会组织调解工作的能力，提升了调解员的调解理念及调解技巧，加深了证券经营机构对中国证券业协会主导的证券纠纷调解机制的认识。

（七）行业调解模式与经验

调研发现，部分经济发达省份或地区的地方协会在实践中形成了适合自身发展的特色及经验，主要类型如下：

1. 自发建立行业调解机制。为协调和解决辖区内证券纠纷，浙江协会于 2002 年 4 月成立了浙江证券期货合法权益保护投诉中心（以下简称“投诉中心”），制定了《浙江证券期货合法权益保护投诉中心工作细则》，并成立了由浙江证监局人员、业内人士、专家学者、协会理事、协会秘书处工作人员等组成的行业纠纷调解委员会。

中国证券业协会建立证券纠纷调解制度与机制后，浙江协会及时完善了原有调解组织体系，于 2012 年 7 月新成立了证券纠纷调解专业委员会，制定了证券纠纷调解规则、调解员管理办法、调解联络员制度等一系列基本制度，聘请了调解员，并在辖区各家证券营业部设立了证券纠纷调解联络员。同时，浙江协会积极推进与完善“诉调对接、仲调对接、信调对接”三个对接机制，与杭州滨江区人民法院、杭州仲裁委员会签署了证券纠纷调解合作备忘录，与浙江证监局“12386”开展了信调对接工作，并分别就证券纠纷调解中双方人员培训、业务学习、业务协调、信息共享等方面内容建立了互惠互利的业务协作机制；同时，浙江协会强化了与律师协会、相关律师事务所的联系和合作，积极尝试建立投资者法律援助机制，切实保护投资者利益。

目前，浙江协会共聘请 30 余名调解员，建立了近 450 人的证券纠纷调解联络人队伍，共处理完成各类纠纷事项 340 余起。

2. 行政主导下的行业调解。广东证券业协会于 2013 年建立了证券期货纠纷调解制度，聘任了 23 名调解员。在广东证监局的大力支持与推动下，辖区内证券期货行业纠纷调解工作成效显著，截至 2014 年 9 月，广东证券业协会受理纠纷 125 件，其中简易调解 109 件，正式调解 16 件。其主要经验和做法如下：

一是广东证监局大力支持和推动。为推动证券纠纷调解工作进展，广东证监局于 2014 年 3 月下发了《关于完善辖区证券期货纠纷调解及仲裁工作机制的通知》，要求辖区内各证券期货经营机构高度重视投资者纠纷处理工作，在相关业务合同中增加调解条款，明确调解在解决纠纷中的优先顺序。同时，要求各机构加大宣传力度，引导投资者通过调解和仲裁解决纠纷，并就近择优选择广东证券业协会作为调解机构。

二是开展主题宣传活动。为宣传证券期货纠纷调解工作，广东证监局会同广东证券业协会举办了“3·15 证券期货纠纷调解工作主题宣传活动”，活动的内容主要有：在辖区主要财经媒体及互联网发布公告，介绍广东证券业协会调解的基本程序和基本原则；通过投资者保护手机信息平台向广大投资者发布宣传信息，告知申请调解的具体联系方式；组织编写宣传标语并向投资者讲解。

三是推动对接机制的建立。信调对接方面，广东证监局与广东证券业协会建立了联席会议沟通机制，明确除违法违规行为外，涉及机构与机构、机构与投资者的纠纷均由广东证券业协会处理。为配合广东证监局信访投诉职能转移，广东证监局与广东证券业协会在辖区内联合共建辖区证券期货纠纷处理热线，引导投资者在与机构产生纠纷时直接拨打热线电话，并由广东证券业协会安排专人接听、记录和处理。为解决人手不足难题，广东证券业协会不定期向证券经营机构借调专人接听热线电话。诉调对接方面，2014 年 5 月，广东证监局联合广东证券业协会与广州市中级人民法院（以下简称“广州中院”）签署《证券期货纠纷诉调对接合作备忘录》，约定：经广东证券业协会调解成功的证券期货纠纷，当事人可向广州中院申请司法确认，广州中院将建立绿色通道优先处理。广州中院可将审理的证券期货案件委托广东证券业协会开展调解，也可派出法官参与或主持广东证券业协会开展的调解工作。

3. 独立第三方调解机构。深圳辖区采取独立第三方调解机构模式，专门成立了深圳证券期货业纠纷调解中心（以下简称“深圳调解中心”），系由深圳证监局和深圳国际仲裁院及深圳证券交易所共同推动、经深圳市事业单位登记管理局批准成立的公益性事业单位法人，接受深圳证监局的业务指导。

自 2013 年 9 月成立以来，深圳调解中心制定了调解规则，聘请了 31 名证券期货行业专家及高校学者作为调解员，与深圳证监局建立了信访投诉衔接机制、与深圳中院建立了诉前调解及委托调解的工作机制、与深圳国际仲裁院建立了申请对调解协议依法快速作出仲裁裁决等合作机制。

深圳调解中心将专业调解、商事仲裁、行业自律和行政监管有机结合，形成了“四位一体”的运作模式①。这种独立第三方调解机构的模式相对而言更为中立，一定程度上可消除投资者对行业自律组织主导的调解公正性的疑虑及会员单位对于中国证券业协会主导的调解可能对其声誉或经营记录造成不良影响的顾虑。

二、现行调解制度与机制存在的问题

（一）现行调解制度存在的问题

一是受理范围较窄。现行行业调解受理范围仅限于会员与会员、投资者、其他利益相关者之间发生的证券业务纠纷。虽然在调解实践中已经将调解受理范围扩大到会员与从业人员之间的劳动、人事纠纷，但随着行业步入跨界、交叉开展业务时期，证券公司在经营证券业务、非证券业务以及与中国证券业协会会员以外的其他主体开展业务合作的过程中，均可能发生纠纷。而这些纠纷尚未纳入现行调解受理范围，如证券公司参与机构间市场时，与该市场的私募机构等市场参与者之间发生的纠纷。若将受理范围严格限制在相关利益主体之间的“证券业务纠纷”，或不足以涵盖会员与各利益相关者之间的全部纠纷。

二是调解程序不够便捷。现行调解规则对调解程序作了较为严格的程序性要求，如要求

① 中国证监会办公厅参阅件：《关于深圳证券期货业纠纷调解中心的调研报告》。

纠纷案件处理须由调解员负责，且调解成功后须签署调解协议，但从调解实践来看，绝大多数纠纷由地方协会工作人员通过电话或其他简易方式解决，且未形成书面调解协议，由调解员调解的案件非常少。从调研情况看（见图2），灵活简便的程序是证券公司在将证券纠纷提交中国证券业协会调解时考虑的首要因素。因此，有必要进一步完善对行业纠纷调解程序，使其更便捷、更灵活。

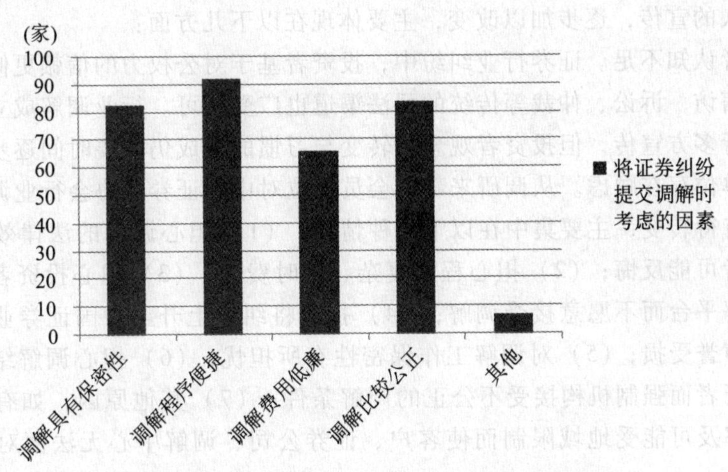

图2　证券纠纷提交调解时考虑的因素

（二）调解经费保障有待加强

目前，调解工作的经费来源较为单一，主要依靠会费或办公经费拨款，尚未建立起调解经费的长效保障机制。实践中，由于目前调解工作不向投资者收取任何费用，随着调解工作深入实施及信访规则修订带来的纠纷分流，可以预期行业纠纷调解案件将日益增多。如不尽快解决调解经费保障问题，行业调解工作将受到制约。此外，从调研情况来看，部分调解工作开展较为成功的地方协会已面临经费瓶颈难题，希望中国证券业协会在业务指导、调解员培训等方面给予支持，并希望未来设立的调解基金在用途上能考虑对地方协会调解工作经费的支持。

（三）调解尚未成为主要纠纷解决方式

据调解中心数据统计，2014年全年通过调解工作平台和地方协会共受理1 007起纠纷，其中地方协会自行受理935起，在线平台受理72起。自2012年调解工作平台开通以来，调解中心通过平台共受理了169起证券纠纷调解申请。

从会员单位调查问卷反馈情况来看，其纠纷主要通过自行协商方式解决，占比一半以上；诉讼、仲裁等司法途径及信访等行政手段次之；行业调解占比最低。这就说明证券行业调解作为快速、有效的替代性纠纷解决方式尚未成为纠纷主体的首选救济途径。

造成这一现象的主要原因有：一是证券纠纷的类型集中于经营管理问题，单笔金额小，以事实争议为主①。客户投诉至证券公司后通过自行协商大部分能得到妥善解决。二是投资

① 张华东："证券纠纷特点呼唤出行业纠纷调解机制"，《中国证券》2012年第7期。

者“信访不信法、信访不信调”的观念尚未转变。

（四）调解宣传工作有待深化

调解中心及地方协会虽通过各种形式展开了证券纠纷调解宣传工作，也取得了初步成效，但基于市场主体长久以来形成的救济习惯及行政依赖，其观念的转变及对调解的认知仍有待于持续深入的宣传，逐步加以改变，主要体现在以下几方面：

一是投资者认知不足。证券行业纠纷中，投资者基于对公权力的信赖更倾向于向监管机关提出投诉或信访，诉讼、仲裁等传统的司法渠道也广受认可。行业调解成立时间较短，虽不遗余力地进行多方宣传，但投资者观念的转变与习惯的养成仍需要时间逐步培养。

二是会员单位存在顾虑。从调研来看，会员单位对中国证券业协会行业调解存在一定顾虑，其认知也有待转变，主要集中在以下几种情形：（1）担心调解的法律效力及执行力不足，担心投资者可能反悔；（2）担心程序复杂、耗时费力；（3）担心投资者因不了解中国证券业协会调解平台而不愿意接受调解；（4）担心将纠纷上升至中国证券业协会主导下的调解将使公司声誉受损；（5）对调解工作保密性有所担忧；（6）担心调解结果不公正，或因过度保护投资者而强制机构接受不公正的调解条件；（7）其他原因，如有些会员单位担心调解的成功率及可能受地域限制而使客户、证券公司、调解中心无法面对面交流（见图3）①。

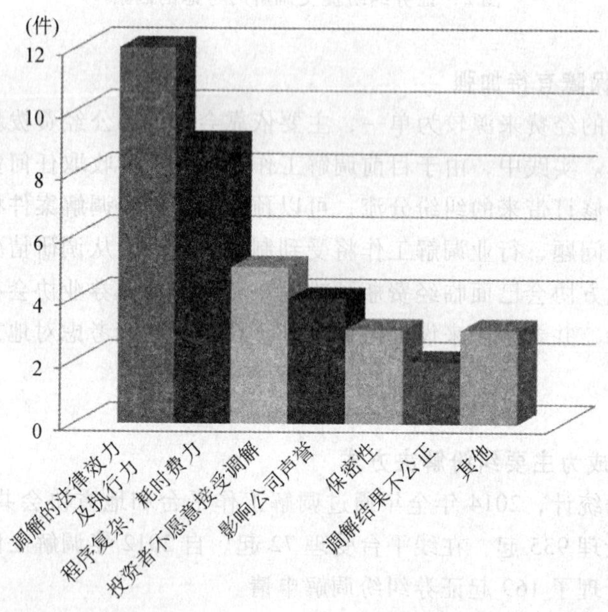

图3 会员单位对中国证券业协会行业调解存在顾虑的情形

（五）对接机制有待进一步完善

1. 信调对接。2014年8月，《中国证券监督管理委员会信访工作规则》（以下简称《信访规则》）进行了修订，明确界定了信访受理事项范围，对投诉与市场经营主体的合同纠

① 资料来源：《关于证券纠纷行业调解的调查问卷》的统计情况。

纷、服务纠纷，将通过协商、司法、仲裁及调解途径解决，中国证监会及其派出机构不再通过信访途径解决。这势必造成市场经营主体投诉处理压力增大。通过将该部分纠纷适度引导至证券纠纷行业调解，符合行政归位的主导思想，也有助于减轻行政部门的信访压力及市场主体投诉处理压力，促进纠纷解决与行业的和谐稳定。目前，中国证券业协会正积极与中国证监会投保局就行业调解机制和“12386”投资者投诉热线受理机制的对接工作达成共识。此外，中国证券业协会还多次与中国证监会信访办研究信访工作与行业调解工作的对接途径，但尚未建立有效的对接制度与机制，需作为后续重点工作来推进。

2. 诉调、仲调对接。中国证券业协会与部分地方协会虽积极主动与法院及仲裁机构开展对接工作，但囿于程序复杂及相关法律障碍等因素，目前主要面临以下问题：

一是调解协议效力不足。经行业调解组织调解后达成的具有民事权利义务内容的调解协议，由双方当事人签字盖章后具有民事合同性质。调解协议本身不具有司法上的强制执行力，客观上造成了调解协议效力不足。虽然中国证券业协会、地方协会与部分法院及仲裁机构建立了确认调解协议效力的对接机制，但目前仅限于个别地区，且尚无实际申请确认的案例。有待于从制度和机制上继续予以完善。

二是对接程序繁复、成本较高。调解协议达成后，若其中一方当事人未主动按照协议履行义务，参照《中华人民共和国人民调解法》的规定，当事人可选择向法院申请确认协议效力。确认后的调解协议具有法律效力，一方当事人不履行或不完全履行的，对方当事人可向人民法院申请强制执行。人民法院依法确认调解协议无效的，当事人可通过重新调解的方式变更原调解协议或者达成新的调解协议，也可向人民法院提起诉讼。因此，在调解与司法的对接关系上，存在几个不同的司法程序，即协议确认程序、强制执行程序和诉讼程序。上述程序使得调诉对接关系较为复杂。对当事人而言，其选择调解机制的主要目的是快速、低成本地解决小额、简单纠纷。繁复的对接程序，可能浪费更多的时间和费用。

三是对接机制尚未形成制度。目前，诉调、仲调对接的运行流程、工作程序都还缺少成熟的工作制度。虽然中国证券业协会、各地方协会与部分法院和仲裁机构签订了合作协议，但合作协议的约定都较为原则，离实际展开个案合作还有不小距离。

三、关于完善行业纠纷调解制度与机制的建议

（一）关于完善调解制度的建议

一是适度扩大受理范围。随着行业创新发展不断深入推进，案件纠纷日益复杂化，当前的行业调解范围难以满足会员单位所有调解需求。《证券法》虽明确协会调解法定受理范围，但并不禁止协会受理会员与其他相关利益主体之间的非证券业务纠纷。协会作为会员之家，有责任，也有义务为会员单位与其他相关利益主体之间发生非证券业务纠纷进行调解。因此，建议行业调解受理范围予以适度扩大，将会员单位与其他机构间发生的纠纷，如机构间市场中与该市场私募机构等市场参与者间发生的纠纷，法院、仲裁机构委托协会调解的纠纷等纳入调解的受理范围。

二是简化调解程序。行业调解若要在诉讼、仲裁等其他纠纷解决机制形成自身特色及优势，必须充分考虑自身程序及流程的灵活性及便捷性，不拘泥于形式和严格的程序要求，而以定纷止争为最终目的。因此，建议区分调解程序为简易和普通，同时不以调解协议是否签

署作为和解判断标准。此外，在调解申请程序、调解期限等方面也建议作进一步简化与完善。

三是完善调解组织架构。鉴于各家会员单位已设立调解联络人，建议将调解联络人制度化，明确其工作职责，以完善行业纠纷调解组织体系。

（二）关于完善经费来源及用途的建议

目前，证券纠纷调解专项基金的设立已获中国证监会批准，但尚未正式成立及运行。根据草拟的调解基金管理办法，基金来源由协会拨付和会员单位及社会其他有关组织、机构、个人与协会签订协议合法捐赠两种途径构成，来源渠道相对单一。建议适度扩大调解基金来源，并完善调解经费来源及用途，以建立证券纠纷调解的长效保障机制。

一是将和解费纳入调解专项基金。随着中国证监会行政和解制度的逐步推行，中国证券业协会也正在考虑推进并建立行业和解制度，即纠纷中涉及会员单位违反行业自律规则的行为，在纠正违规行为、消除不良后果的前提下，通过交纳和解费，对投资者损失进行补偿。如未来行业和解制度建立，可考虑将和解费作为调解专项基金的一项重要来源。

二是将调解收费纳入中长期计划。调解以公益为原则，但公益不代表免费，对纠纷当事各方调解长期实行免费不利于调解机制的长效运行。建议在调解工作成熟并稳定开展后考虑适当收取必要的费用并纳入调解基金，并明确收费对象及收费标准，在严格定价的前提下，先行考虑在部分地区试点收取调解费用，并逐步向全国推广。

三是基金用途法定化。调解基金成立后专款专用，其用途应涵盖与调解工作相关的费用及支出，至少应包括证券纠纷调解工作日常开支、支付调解员补贴及培训费用、因调解产生的差旅费用、调解宣传费等。此外，考虑到地方协会承担了转办案件处理的重要职能，建议从调解基金中适当拨付必要的款项以支持地方协会开展调解工作。

（三）加强宣传，培育良好的调解文化

调解作为一种公正、高效、低成本的替代性纠纷解决方式，尚未在证券行业内形成一种自觉、常态化的模式。为此，建议从以下几方面加强调解宣传，培育良好的调解文化：

一是引导投资者转变观念。目前，行业纠纷主要由投资者提起，机构多作为被告或投诉对象，建议中国证券业协会推动会员单位结合投资者教育开展调解工作宣传，通过案例展示，加强对调解优势的宣导，加强投资者对调解的理解和认识，营造良好的调解氛围，引导投资者转变观念、理性维权。

二是建立纠纷调解包容机制。建立纠纷调解包容机制，对通过调解实现和解的、达到调解目的的会员，在行业的自律惩戒措施中适当予以放宽，甚至免予处罚。同时希望中国证券业协会协调监管部门出台相应责任减免机制，给行业自我修复、自我纠正的机会，促使会员愿意通过调解达到和解。

三是提高宣传工作针对性。目前，宣传工作存在针对性不强及宣传力度不够等问题，建议加强调解工作宣传力度，除面向投资者宣传外，重点加强对会员、地方证监局及地方协会的宣传，提升其对调解工作重要性的认识。

（四）关于完善协作机制的建议

建议中国证券业协会与地方协会的协作关系朝着更深入、更广泛的方向发展，充分发挥中国证券业协会统一协调的功能，开展双向、互动的协作以整合各方资源。

一是明确协作模式及协作重点。鉴于目前中国证券业协会与地方协会协作关系的确立仅在制度中原则体现，建议中国证券业协会与地方协会通过签署合作备忘录或合作协议等形式，明确双方的合作重点及合作内容。

二是加强对行业纠纷的统一协调。首先，建立统一的调解工作制度。为构建统一的行业纠纷调解制度体系，建议引导尚未建立调解制度的地方协会参照中国证券业协会调解基本制度建立调解制度与机制，或直接适用中国证券业协会所发布的调解基本制度。其次，完善统一的调解工作系统。建议完善调解工作系统功能，对中国证券业协会受理及各地方协会自行受理的案件进行数据汇总、案件分类及统计，并充分运用该系统，管理地方协会的日常调解案件，使其成为中国证券业协会与地方协会双向互动的一个沟通平台。再次，加强对地方协会调解工作的统一指导与支持。当前，地方协会开展调解工作是在中国证券业协会统一协调下进行，地方协会承担了大量的纠纷案件处理工作。建议加强对地方协会调解工作的指导，并在调解基金建立的前提下，适当给予地方协会经费支持。同时，应建立调解工作激励机制，通过正向激励激发地方协会参与调解工作的积极性。

（五）关于完善对接机制的建议

1. 信访、投诉对接。根据调研情况，目前除市场主体自行协商外，通过信访、投诉途径解决纠纷的占比较高。实践中，基于行政权力的干预，信访、投诉案件的处理结果往往是以会员单位让渡部分正当权利而告终，这种“有理也要让三分”的情况有失公平、公正。信访规则修订后，监管部门信访投诉职能转移，应重点加强证券行业体系内的对接工作，以解决行政权力使得会员单位迁就客户的问题。

一是与监管部门对接。积极与中国证监会投资者保护局、“12386”热线及各地方证监局、地方协会投诉处理部门开展对接，并会同有关部门统一拟订信访投诉转办工作制度，建立起成文的工作对接机制。对属于与市场经营主体的合同纠纷、服务纠纷等监管部门不予受理的信访事项，建议监管部门引导投资者选择行业调解方式解决，并对相关纠纷已在行业的调解下达成和解的，原则上不再受理针对同一事项的重复投诉。

二是与会员单位对接。充分发挥会员单位调解联系人的作用，与各会员单位投诉处理部门开展对接。目前会员单位承担着大量的客户投诉，在机构未能有效处理并解决时，可由会员单位引导投资者至中国证券业协会调解中心进行调解。

2. 诉调、仲调对接。（1）明确对接范围与职责分工。明确诉调、仲调对接的合作内容与受案范围，指定诉调、仲调对接工作的日常联络机构与职责分工，便于实际工作的开展。（2）细化工作流程。明确诉前、诉中及调解协议确认的对接程序。对诉前属于协作范围内的案件，引导当事人优先选择协会调解；诉中可委托协会调解，协会也可通过协助的方式，适度参与法院的诉讼程序及仲裁机构的仲裁程序；简化调解协议确认程序，明确法院及仲裁机构将优先快速处理经协会调解达成协议的证券纠纷案件。（3）加强司法、仲裁的确认合作。根据《民事诉讼法》第194条和第195条以及最高法院的相关规范性文件，调解当事人可以向调解组织所在地基层人民法院提出对调解协议进行司法确认。与仲裁机构建立合作机制，经协会调解达成调解协议，需要确认效力的，仲裁委员会通过审查的方式予以确认。经司法、仲裁确认后的调解协议具有强制执行效力，以解决调解效力不足的问题。(4) 加强沟通交流。对已与协会建立诉调、仲调对接机制的法院或仲裁机构，可定期或不定期合作举办联席工作会议或组织学习培训，起到提高协会调解员的纠纷解决能力和法院法官的证券专业能力的作用。(5) 设立对接常设机构。在联系较为紧密的法院、仲裁机构，例如西城区法院金融街派出法庭设立联络办公室等机构，常年派驻，将对接和沟通工作落实到具体部门和具体人员。

（六）关于完善调解组织体系的建议

1. 关于完善调解员制度的建议。

一是优化调解员结构。目前，269 名调解员中，有 43% 来自证券公司。从调解工作公正性及中立性角度出发，来自会员单位的调解员易引起投资者对调解机制天然的不信任，建议更多地引进退休法官、专业律师等外部专业人士，优化及扩充外部专业人士担任的调解员比重，使其更加合理。

二是完善调解员地域分布。从便利调解工作属地开展角度出发，建议继续完善调解员地域分布。目前来自浙江、广东等经济发达地区的调解员人数并不多，建议根据区域资本市场发达程度，适当增加上述地区调解员的比重。

三是设置专职调解员。目前，协会调解员均为兼职，且近一半由证券公司人士担任，容易引起投资者对调解机制公正性的疑虑。此外，若将来调解案件数量上升，兼职调解员将难以保证履职、培训的精力和时间。因此，从调解工作中立、公正及保障调解机制长效运行的角度出发，建议设置专职调解员。但专职调解员的设置仍有待于调解长效经费保障机制的建立。

2. 关于调解中心长期发展的建议。从组织架构来看，调解中心为中国证券业协会内设机构，其调解受理范围仅限于法定证券行业内的纠纷。目前，与证券行业相关的期货、基金等行业协会也陆续成立了调解组织，开展调解工作。从全国范围来看，证券相关的行业调解资源比较分散。因此，从长远角度考虑，建议调解中心向独立法人方向发展，初期可考虑以北京证券纠纷调解中心形式设立。一方面，建立独立第三方调解机构将更有利于调解的公平、公正；另一方面，法人形式有利于适时引进其他协会入股，整合目前较为零散的行业调解资源，扩大行业调解范围，形成一个以处理证券、期货、基金等金融纠纷为主要职能的全国性统一的调解组织。

证券群体性纠纷解决路径探析

——发挥行业调解在行政和解中的作用

杜 彬 宋晓光[*]

2013 年 12 月，国务院办公厅发布《关于进一步加强资本市场中小投资者合法权益保护工作的意见》，提出要完善各类权益纠纷解决机制，支持开展专业调解和仲裁服务。2014 年 1 月，中国证监会主席肖钢同志在中国证监会加强中小投资者保护工作会议上发表了《把维护中小投资者合法权益贯穿监管工作始终》的讲话，要求建立各类权益纠纷解决机制，支持市场主体开展纠纷和解与专业调解，支持公益诉讼、风险代理等服务。特别提出要重视发挥自律组织作用，为中小投资者权益保护提供专业服务、咨询和救济援助。2015 年 2 月 27 日，中国证监会正式发布《行政和解试点实施办法》，从行政监管与投资者权益保护有效结合的角度建立了证券群体性纠纷解决的新机制。证券市场成立 20 多年来，证券群体性纠纷解决历经了民事诉讼、司法调解以及仲裁等多种传统纠纷解决方式的演变，但对投资者权益保护与救济并不理想。对投资者而言，无论采用哪种纠纷解决方式，及时有效保护投资者权益是解决纠纷的核心问题。相较传统纠纷解决方式，试点实施以补偿基金为核心的行政和解制度，在及时有效保护投资者权益方面表现出了独有的优势。

一、我国证券群体性纠纷解决的实践分析

我国证券市场发展历程中，已有不少群体性纠纷出现，这些纠纷主要通过民事诉讼、司法调解和补偿基金等方式解决，实践情况如下：

(一) 民事诉讼——大庆联谊

1. 基本案情。2000 年，大庆联谊石化股份有限公司（以下简称“大庆联谊”）因虚假

* 作者单位：东兴证券股份有限公司。

陈述、挪用募集资金等行为遭中国证监会处罚。从2002年1月起，哈尔滨市中级人民法院陆续受理了以大庆联谊和其主承销商为被告的赔偿诉讼，总计145件涉及股民606人，申请标的额1 500余万元。2004年8月12日，哈尔滨市中级人民法院对大庆联谊首批24起案件作出一审判决。法院判决大庆联谊赔偿投资者实际损失，主承销商对上述实际损失承担连带赔偿责任。一审判决后，两被告及5位投资人向黑龙江省高级人民法院提起上诉。2004年12月23日，黑龙江省高级人民法院作出终审判决，除3起案件赔偿额有所改动，其余均维持原判。2006年底，判决款项执行到位。

2. 评析。该案作为中国证券市场第一例共同诉讼的虚假陈述民事赔偿案件，历时时间长，仅执行环节就经历了近两年时间。从该案也可一窥通过诉讼方式解决此类纠纷的特点，即裁判结果相对公平，但效率较低、成本较高，且投资者获赔比例较低，周期较长。

（二）司法调解——东方电子

1. 基本案情。2001年，东方电子股份有限公司（以下简称“东方电子”）因虚假陈述遭中国证监会处罚。2003年1月17日，烟台市中级人民法院以涉嫌提供虚假财会报告罪，对东方电子原董事长隋元柏等责任人分别判处有期徒刑和罚金，判决于2003年1月28日起生效。判决生效之时正值《最高人民法院关于受理证券市场因虚假陈述引发的民事侵权纠纷案件有关问题的通知》（以下简称《通知》）发布。根据《通知》规定，对于“虚假陈述行为人未受行政处罚、但已被人民法院认定有罪并作出生效刑事判决的”，投资人可以起诉并要求民事赔偿。2003年2月至2005年1月底，青岛市中级人民法院累计受理了6 989个投资人提出的2 716件案件，涉案标的额为4.42亿元，诉讼费用约1 800万元。2007年8月25日，东方电子公告称，已签收《民事调解书》6 591份、《民事裁定书》66份，约占全部证券市场虚假陈述案原告的95.2%。东方电子控股股东——东方电子集团以其持有的东方电子股票，以每股6.39元计价，向适格原告履行《民事调解书》中确定的赔偿责任。该案调解率达到97%。

2. 评析。司法调解相比民事诉讼更为灵活，效率也更高，作为一种背后有司法权背书的调解制度，通常能够取得较为公平的结果。但通过司法途径解决群体性证券纠纷存在一个共同的难题，即证券纠纷本身的专业性导致法院的民事赔偿判决依赖于行政处罚决定。例如在虚假陈述案件中，侵权人虚假陈述的实施日、揭露日、更正日等确定赔偿的基准点都需要中国证监会在行政处罚过程中决定，而这正是东方电子案中青岛市中级人民法院选择尽量调解结案的原因之一。因为调解结案避免了对赔偿额的准确计量以及在判决书中明确判决依据和逻辑推理过程。

（三）补偿基金模式——万福生科、海联讯

1. 基本案情。

（1）万福生科。2013年5月万福生科股份有限公司（以下简称“万福生科”）因欺诈发行股票和信息披露违法遭中国证监会处罚。被查处后，保荐机构平安证券出资设立了万福生科虚假陈述事件投资者利益补偿专项基金，保护基金公司担任基金的管理人，负责基金的日常管理及运作。基金规模为人民币3亿元，存续期为2个月。设立的基金采取“先偿后追”方式，先行偿付符合条件的投资者。中国证券业协会牵头保护基金公司、中国结算、深交所和平安证券，成立了万福生科案件投资者利益补偿工作协调小组，协调推进补偿及和解工作，保证了首例保荐机构主动承担责任，设立专项基金，通过市场运作方式补偿因上市公司虚假陈述而给投资者造成经济损失的“万福生科案件投资者利益补偿工作”得以顺利完成。

（2）海联讯。2013 年深圳海联讯科技股份有限公司（以下简称“海联讯”）因欺诈上市遭中国证监会处罚。2013 年 7 月 18 日，保护基金公司发布公告称，接受海联讯 4 名股东委托，担任海联讯虚假陈述事件投资者利益补偿专项基金的管理人。补偿基金由海联讯的 4 名控股股东出资人民币 2 亿元设立，赔偿因海联讯虚假陈述而受到损害的投资者。

2. 评析。相比之下，补偿基金是更有效率的解决模式。以万福生科投资者利益补偿工作为例，中国证券业协会牵头成立补偿工作协调小组，负责舆情监测、信息交流，并组织证券公司参与补偿工作；保护基金公司以独立第三方的身份，通过网络媒体发布公告、完成和解协议的签署工作；深交所为适格投资者通过股东大会网络投票系统申报确定补偿资金提供技术保障与支持；中国结算接受基金管理人的委托，办理补偿权派发以及补偿资金代付等业务，协调小组各成员单位密切配合、各司其职，圆满完成了各自的任务，保证了补偿及和解工作在短时间内顺利完成。在中国证券业协会组织下，证券公司从维护投资者利益出发，对补偿工作给予了全面的配合与支持，积极联系托管的适格投资者，引导适格投资者正确进行补偿资金确认申报操作。最终共有 12 782 名适格投资者接受了补偿并与平安证券达成和解，占适格投资者总人数的 95.2%，合计补偿金额达 17 869.2 万元，占应补偿总金额的 99.63%，补偿工作达到了预期目标，得到了市场和投资者的充分肯定和认可，取得了良好的社会效果。

（四）小结

以上三个案例，从民事诉讼到司法调解再到相关侵权责任人主动出资设立和解基金，显示出我国证券群体性纠纷解决的一个发展路径：即由被动应对到主动解决，由对抗到合作。审视法治发展程度较高的欧美国家最近半个世纪的实践，无论是纠纷解决机制、证券行政执法还是具体到证券损害赔偿，也逐渐由较为刚性的诉讼、行政处罚走向了较为柔性的和解制度。

二、行政和解与行业调解相结合的纠纷解决模式合理性分析

相较传统纠纷解决方式，行政和解制度在投资者权益保护的及时性与有效性方面具有较强优势。然而，如何在实施行政和解过程中保障投资者尤其是中小投资者的合法权益，如何有效协调投资者诉求和行政相对人责任承担等问题仍是行政和解机制适用中应当解决的问题。

（一）行政和解模式的优势

我国证券群体性纠纷的实践表明，柔性的补偿基金模式更加富有效率，同时也符合法治先进、资本市场发展成熟的国家以非诉讼纠纷解决机制（ADR）解决复杂纠纷的趋势。但是补偿基金模式本身并非纠纷解决方案，缺少了纠纷解决的一些最基本要素，需要其他程序予以补充。

首先，行政和解可以在一定程度上实现市场公平正义原则。证券群体性纠纷并非单纯私法性质，而是兼具公法和私法双重性质。往往是市场主体违反法律法规，如从事内幕交易、虚假陈述、欺诈误导等，从而侵犯不特定群体的利益。因此，纠纷解决过程需要国家行政机关主导，在行政执法自由裁量权范围内进行判断并适度调整，确保纠纷解决过程和结果符合市场实质公平、正义的原则，且符合市场公共秩序和利益。

其次，行政和解充分体现惩罚性和补偿性兼顾的原则。相较于人身侵权等其他侵权形式，证券市场纠纷争议的焦点多体现为责任人对投资者财产利益的侵害。因此，相较于单纯的行政处罚，行政和解更有利于保护投资者尤其是中小投资者的合法权益，使他们的利益最大化。对于责任人，通过付出一定金钱挽回因证券违法行为而损失的商誉甚至获得行政处罚方面的减轻或免除，也是促使其积极承担责任的有效激励。当然，行政和解并不意味着"破财免灾"，根据《行政和解试点实施办法》，是否适用行政和解由监管部门进行裁量，和解金的数额必须以监管部门掌握的事实为依据。

再次，行政和解的程序设计便于启动整个纠纷解决程序。补偿基金模式的成功运作以责任人的积极配合为前提，如果责任人不配合赔偿，则补偿基金无法成立。因此，要促进补偿基金模式的大规模适用，就需要一项能够引导责任人主动承担责任的激励机制。从国际经验来看，行政和解制度能够较好地激励责任人赔偿受害投资者，例如 2010 年的高盛虚假陈述和解案，高盛集团与美国证券监管机构证券交易委员会（securities exchange commission, SEC）达成和解，同意就其在次贷抵押贷款抵押债务凭证销售过程中误导投资者一事支付罚金。在和解协议中，根据美国 2002 年萨班斯·奥克斯利法案（Sarbanes - Oxley）法案第 308（a）条的规定，高盛集团应支付 5.5 亿美元的罚金，其中 2.5 亿美元将通过以公正基金形式返还证券欺诈的受害投资者，其余 3 亿美元上交美国财政部。行政和解高效地完成了对违法者的处罚和对投资者的补偿两项任务。

（二）单一适用行政和解的局限性

行政和解能够激励责任人主动赔偿，和解协议约定的"罚金"通常有相当一部分将用于赔偿投资者，另一部分上缴国库。行政和解是一项解决行政处罚和投资者赔偿的一揽子方案。因此，在这个解决方案中就不应当只有责任人和证券执法机构，还应当有投资者参与的空间。如果行政和解没有投资者的参与，这一制度将无法最大限度地发挥保护中小投资者的作用，主要由以下两方面原因导致：

首先，行政和解的谈判中缺乏代表投资者利益诉求的主体。行政相对人（即责任人）和证券执法机构各有各的立足点：行政相对人希望争取法定范围内恶性最小的定性，例如以和解赔偿换取最轻的处罚或是在未来发布的和解公告中最大程度挽救商业信誉；而监管机构更多的是从宏观市场治理角度，希望通过和解公告向市场参与者传递信息和警示。在这种博弈中，投资者的诉求可能会被忽视。在缺乏发言权的情况下，投资者只能处于一种被动接受的状态。当责任人主动赔偿的额度不足以覆盖投资者全部损失时，弥合责任人愿意付出的赔偿数额与投资者期望之间差距的任务就需要投资者参与到行政和解之中。

其次，单一适用行政和解可能导致权力滥用。行政和解是一项带有较强实用主义色彩的制度，在实践中之所以获得执法机构的广泛认同，很大程度上是因为它协调了有限的执法资源与及时查处违法违规行为之间的矛盾。因此，如果不引入投资者的制衡，行政和解将会有被滥用的风险。正是基于这种担心，有些国家和地区在设计证券行政和解制度时，都增加了第三方制衡的内容。例如韩国有股东权保护组织（PSPD）参与行政和解制度，而香港小股东权益协会（HAMS）有权代表投资者参与行政和解。

（三）行业调解与行政和解的优势互补

综上所述，在行政和解基础上引入行业调解机制、平衡利益关系并疏通整个流程，能够更好地起到加强投资者话语权、解决证券群体性纠纷的作用。2012 年，由中国证券业协会主导，专门成立了行业调解组织——证券纠纷调解中心，逐步开展与推进行业纠纷调解工作。几年来，逐渐形成了中国证券业协会—地方协会—会员单位的多级行业纠纷调解体系与架构，在解决行业纠纷、维护市场稳定工作方面有大量的实践，取得了较好效果。

2014 年，中国证券业协会调解中心接收了 102 起证券纠纷调解申请，受理了其中 72 起，成功调解 43 起纠纷。全国 36 家地方证券业协会自行受理 935 起证券纠纷，成功调解 891 起。

行业调解作为一种非诉讼、非行政化的纠纷解决机制，与其他纠纷解决机制相比，有其自身独特的性质和优势，能够切实有效地解决行业内各种纠纷。首先，行业调解便于协调各方利益，传达各方诉求。证券行业协会与监管机构联系较为紧密，行使自律、服务、传导的自律管理职责，便于向行政监管者传达行业呼声，将投资者的正当期望转换为监管部门的监管方向。同时，作为去行政化的自律组织，其中立的立场也便于更好地劝导和引导投资者和责任主体，从而使和解协议更容易达成。其次，纠纷解决成本较低。行业调解机构具有一定的公益性，相比集团诉讼中的律师，成本较低。虽然律师和行业协会的调解机构都代表投资者利益从中斡旋，但证券集团诉讼及其他民事共同诉讼中律师的风险代理成本较高，给投资者获得足额赔偿带来了压力。再次，行业调解机构在判断证券违法违规行为实际造成的损失方面，比司法机构具有更为丰富的行业纠纷解决经验。在与投资者的协商过程中，也更易于对症下药，获得主动权。最后，行业调解机制在对投资者进行倾向性保护的同时能够充分结合市场主体业务发展实际，解决纠纷，而不增加市场主体的负担。

三、发挥行业调解在行政和解中的作用

综上，我们可以看出，证券群体性纠纷解决流程的设计必须充分考虑投资者利益，让投资者参与纠纷解决过程。但在具体实践中，此类纠纷投资者数量众多，很难有效参与其中，而且可能降低整个和解程序的效率。因此在设计投资者参与路径时，需要有一个中间机构去协调、整合投资者的诉求，发现投资者的期望，并将投资者的意志带入行政和解的谈判中，成为责任方、执法机构与投资者之间交流的桥梁。行业调解可利用其自身优势，推进行政和解，构建投资者适度参与的纠纷解决程序。

（一）利用自律优势，形成行政和解的必要补充

从中国证监会发布的《行政和解试点实施办法》的相关规定来看，因为处于试点阶段，行政和解的适用范围与条件要求比较多，即在试点期间仅适用于中国证监会查处的案件，对于派出机构查处的案件不能适用行政和解程序。而随着创新业务与产品的不断发展，证券市

场日新月异，各类问题也多种多样，远远超出《行政和解试点实施办法》中规定的可以适用的范围。因此，调解中心可利用其自律性组织的特性和纠纷解决的专业经验，针对证券纠纷的不同情况，引导纠纷各方特别是证券经营机构主动开展纠纷和解工作。在此过程中调解组织通过侵权方主动提起补偿，确保投资者合法权益先行得到赔付，推动涉事各方在民事上达成和解，也为侵权方在后续的行政处罚中减轻或免于处罚提供支持。

此外，行业协会等自律组织可在行政和解实施试点的同时，积极探索和推进行业和解工作，对未违反有关法律法规但违反自律规则的证券群体性纠纷，如涉事各方已达成和解的，可以考虑减轻或免除相应的自律惩戒，建立行业创新发展包容机制，形成行政和解的必要补充。

（二）利用行业性优势，积极参与行政和解进程

从目前证券群体性纠纷案例看，能够适用和解方式处理的，主要有两类：一是市场机构涉嫌内幕交易、操纵市场的案件；二是证券公司、基金公司、期货公司涉嫌欺诈销售、误导投资者的案件[①]。《行政和解试点实施办法》虽然规定了中国证监会的行政和解工作要由专门的行政和解实施部门负责，并且规定了和解工作的相关流程，但如何听取投资者诉求，平衡利益关系，确保和解协议内容符合保护投资者利益的立法意图，并未明确。这就给第三方机构参与行政和解工作的具体实施留出了空间。在众多第三方机构中，自律组织因为与投资者和证券经营机构都有着天然的关联，所以具有一定的优势。同时，行业自律性组织本身就负有解决行业纠纷、维护投资者权益的职能，能够更加突出投资者保护的主题。

（三）利用专业性优势，促进和解协议达成

行政和解协议的形成是证券执法机关和行政相对人之间协商确立的结果，决定了行政相对人就其所从事的违法违规行为将承担的财产责任和行政责任。其中很大一部分内容涉及投资者，所以无论是协议形成的流程还是协议内容，投资人都应当享有知情和参与的权利。由行业协会或调解中心代表投资者利益参与协议达成的整个流程中，能够实现投资者参与和解流程，使行政和解协议能够最大限度地体现投资者的意愿，妥善化解纠纷。

因为中国证券业协会调解中心除具备证券行业的专业知识以外，还积累了面对投资者解决民事纠纷的经验（目前调解员的构成除证券专业从业人员外，还有法官、律师等专业人员），所以在参与行政和解的过程中，可以充分调动调解员的资源，帮助证券群体性纠纷各涉事方拟订和解方案。方案确定后，中国证券业协会调解中心也可以参与到具体的计划实施层面。例如利用现有的调解服务热线及平台做好宣传与解释工作，为意向和解的投资者提供咨询和帮助。

（四）利用体系化优势，建立行业调解网络

截至2014年，中国证券业协会共有会员752家，其中，法定会员115家，普通会员564家，特别会员73家。其中，法定会员有众多的证券分支机构，数量已高达近万家。截至

---

① 肖钢："积极探索监管执法的行政和解新模式"，《行政管理改革》2014年第1期。

2014 年底，中国证券业协会共聘任了 269 名调解员，各地方协会也聘任了大量的调解员[①]。2013 年 11 月底，中国证券业协会要求证券公司指定合规部、法律部或投诉处理主管部门负责人为会员单位证券纠纷调解工作联系人，负责本单位与调解中心在投诉处理和纠纷调解业务方面的日常沟通与联络。如此体系化、网络化的会员结构和行业调解组织体系，为证券群体性纠纷案件以和解方式解决纠纷成为可能。以万福生科与海联讯案件为例，万福生科案件，从确认和解到资金划付仅仅用了 1 个月的时间；海联讯案件，不到 20 天的时间，适格投资者申报比例达 85.27%，补偿金额占比达 89.98%。在此过程中，中国证券业协会调解中心发动证券公司与适格投资者联系，加强投资者的劝导工作，对投资者最终接受补偿及和解方案起到了有效的推动作用[②]。

① 资料来源：中国证券业协会网站及调解中心。

② 资料来源：海联讯虚假陈述事件投资者利益补偿专项基金网，http：//bcjj. sipf. com. cn/index. html。

资本市场基础制度

当日回转交易制度对证券行业的影响

张 森*

一、当日回转交易概况

（一）当日回转交易介绍

通常所说的“T+0”，是指当日买入某个证券后，再于当日卖出，即当日回转交易制度。从专业的角度来说，“回转交易制度”更为准确，上海证券交易所和深圳证券交易所均采用“回转交易”的说法。

根据2014年修订的《上海证券交易所交易规则》3.1.4条规定，证券的回转交易是指投资者买入的证券，经确认成交后，在交收前全部或部分卖出。目前我国资金交收清算制度实行“T+1”的交收方式，国内证券交易包括当日回转交易和次日回转交易两种方式。根据《上海证券交易所交易规则》3.1.5条规定“债券、跟踪债券指数的交易型开放式指数基金、交易型货币市场基金、黄金交易型开放式证券投资基金和权证实行当日回转交易，B股实行次交易日起回转交易”，A股交易并未在当日回转交易的范围之内。

（二）海外市场实行当日回转交易情况

在海外市场，当日回转交易制度是较为常见的交易制度，大部分股票市场均允许投资者进行当日回转交易，如纽约证券交易所、伦敦证券交易所、东京证券交易所、中国香港证券交易所和中国台湾证券交易所等。

虽然实现当日回转交易制度的市场较多，但各证券市场的发展状况也有一定差异，例如我国台湾地区证券市场过去是在信用账户下实行资券相抵①冲销制度，2014年才开放股票现货资券

* 作者单位：天风证券股份有限公司。原载于《中国证券》2015年第3期。

① 资券相抵是指同一账户于同日融资买入与融券卖出同种上市有价证券，其数额相同部分即自动冲销，实际意义与当日回转交易相一致。

相抵冲销制度。美国市场则有明确的账户体系来区分当日回转交易者。海外市场当日回转交易情况见表 1。

表 1　　海外市场实行当日回转交易情况

国家（地区）	交易制度	账户情况	实施情况
美国	当日回转交易	现金账户、信用账户、当冲账户	对交易次数和账户有明确限制
中国香港地区	当日回转交易	证券账户	需要与证券经纪商进行协商
中国台湾地区	当日回转交易	融资融券账户	需要在信用账户下进行
日本	当日回转交易	—	—
韩国	当日回转交易	—	—
加拿大	当日回转交易	—	由 QSC 根据 IOSCO 的监管指引对回转交易者进行特别监管

资料来源：吴林祥，王霞："在信用交易账户开放当日回转交易的海外经验与启示"，《深证综研》字第 0148 号，第 4 页。

二、中国台湾地区证券市场当日回转交易机制及经验借鉴

（一）中国台湾地区证券市场当日回转交易历史背景

中国台湾地区证券市场当日回转交易经历了"实施—禁止—恢复实施—扩大范围"的四个阶段。1985 年之前，中国台湾地区证券市场允许投资者当天买卖同一只证券；1985 年 7 月 17 日起，中国台湾地区监管部门禁止了这种交易模式；1990 年起，在中国台湾地区证券市场低迷、指数和成交量双双下滑背景下，经征求社会意见，考虑多个因素，最后决定开放信用交易当日回转交易，并于 1994 年 1 月 1 日起正式实施；2005 年 11 月 14 日当日回转交易扩展到场外市场，上柜股票信用交易正式实施资券互抵当日冲销交易。2014 年开始，为投资者提供避险通道和健全交易机制，中国台湾证券交易所和柜台买卖中心开放股票现货当日冲销交易。

1. 在信用账户中恢复当日回转交易的原因。

（1）信用交易对市场冲击较小。信用交易受到融资额度、账户管理、保证金制度和标的证券等多方面影响，对投资者的投资行为有一定的限制，整体信用交易量对股票市场冲击也比较小，中国台湾地区在信用账户交易上已经建立起一套较为完整的监管办法，因此，对信用交易账户的监管在很大程度上可以控制当日回转交易的风险。

（2）从交易量角度看，信用交易量对市场冲击有限。从表 2 可以看出，2005 年中国台湾柜台买卖中心股票成交金额在 3. 18 万亿新台币，而同年信用交易金额为 1. 78 万亿新台币，按双边交易量来计算占股票交易额的比重为 27. 89%。而在 2006 年虽然股票成交金额大幅增长了 62%，达到了 5. 16 万亿新台币，信用交易额也增长到了 3. 15 万亿新台币，但信用交易占股票成交金额的比重并没有大幅上升，也仅为 30. 53%，台湾资券相抵模式首年的成交金额也仅为 8 187 亿新台币，仅占股票成交金额的 7. 93%[①]。从历年数据来看，2009 年

① 资券相抵占比 = 资券相抵成交额/（总成交金额 ×2）；融资融券占比 = 融资融券交易额/（总成交金额 ×2）；现货当冲占比 = 现货当冲成交额/（总成交金额 ×2）。

资券相抵占股票交易额的比重达到最高也仅为10.8%，对股票市场的冲击有限。

表2　我国台湾地区柜台买卖中心交易数据

年份	总成交金额（10亿元新台币）	融资融券		资券相抵		现货当冲	
		成交金额（10亿元新台币）	占比（%）	成交金额（10亿元新台币）	占比（%）	成交金额（10亿元新台币）	占比（%）
2005	3 184.7	1 776.2	27.89	120.5	1.89		
2006	5 161.5	3 152.1	30.53	818.7	7.93		
2007	8 640.6	5 470.4	31.65	1 531.8	8.86		
2008	3 336.5	1 986.6	29.77	595.8	8.93		
2009	5 259.6	3 184.7	30.28	1 136.0	10.80		
2010	5 673.2	3 143.7	27.71	1 009.6	8.90		
2011	4 036.2	2 059.9	25.52	730.2	9.05		
2012	2 987.0	1 350.9	22.61	486.9	8.15		
2013	4 099.7	1 881.4	22.95	809.8	9.88		
2014年1—10月	5 632.7	2 418.5	21.47	1 220.7	10.84	525.48	4.66

资料来源：台湾柜台买卖中心，天风证券整理。

（3）信用账户下的标的证券风险较小。我国台湾证券市场对信用交易的标的证券与一般证券相比具有相对严格的要求，融资融券的标的需要已经上市或上柜满6个月交易的普通股；实收资本需要在3亿新台币以上；最近一个会计年度无累计亏损，且财务报表上税前净利润在实收资本的3%以上；未出现股权过度集中、交易量异常波动、股价波动过度激烈等情况；有价证券经交易所、柜台买卖中心或证券公司依照规定暂停融资买进或融券卖出期间，当日回转交易暂停交易。信用交易标的证券相比一般证券要求更为严格，可以有效减少投资者的投资风险，交易风险相对更低。

（4）信用交易规范较为严格，有效抑制市场炒作。《信用交易资券相抵交割之交易作业要点》和《上柜股票信用交易资券相抵交割之作业要求要点》等在融资额度、融资数量和券源等方面都做了相应规定，在实施当日回转交易已经有较为成熟的信用交易管理经验，在交易规范和监管、抑制市场过度炒作等手段上都较为容易实现。

2. 中国台湾地区实施资券相抵后的效果及影响。从表3可以发现，在中国台湾地区实施资券相抵交易前的6个月的时间里，信用交易占成交比率在43%左右，即使指数大幅连续上涨，信用交易占比也没有明显提升。1994年1月实施资券相抵交易之后，信用交易金额占比显著提升，并在同年3月达到了50.71%，资券相抵占市场成交金额比率为13.47%。但在实施资券相抵后的第三年，从1997年4月以后的数据来看，信用交易成交占市场总成交比率和资券相抵占市场总成交金额比率都维持在一个相对稳定的范围内，即中国台湾学者普遍认同的“信用交易占四成，资券相抵占两成”①。

---

① 萧伟评：“如何提高国内专业证券经纪商之竞争力”，《台湾证券交易所月刊》总615期，第27—44页。

表 3　　中国台湾证券交易所总成交量、信用交易、资券相抵比重

	各月份收盘指数	较上月涨跌幅（%）	市场总成交金额（10 亿新台币）	信用交易占成交金额比率（%）	资券相抵占市场成交金额比率（%）
1993 年 7 月	3990	-4.9	388.86	45.63	
8 月	4032	0.05	383.63	41.15	
9 月	3862	-4.23	322.20	43.03	
10 月	3970	2.81	529.34	42.93	
11 月	4251	7.08	762.27	42.51	
12 月	5089	19.7	2 042.13	42.72	
1994 年 1 月	6057	19.03	2 150.76	45.05	11.37
2 月	5911	-2.41	1 129.41	46.40	11.50
3 月	5375	-9.07	1 171.56	50.71	13.47
4 月	5638	4.9	1 401.54	49.53	9.36
5 月	5921	5.03	1 478.04	48.38	9.20
6 月	6001	1.34	1 408.86	49.29	9.29
1997 年 4 月	8485	5.37	3 671.20	40.23	12.62
5 月	8163	-3.8	2 441.21	40.45	15.94
6 月	9030	10.62	2 814.26	41.42	15.04
7 月	9942	10.11	5 194.74	41.35	15.12
8 月	9756	1.87	3 890.79	40.52	15.63
9 月	8708	-10.73	2 584.39	40.33	18.56

资料来源：赵桂光："柜台市场实施信用交易资券相抵交割交易之分析"，《台湾柜台买卖中心月刊》总 83 期，第 10 页；天风证券整理。

三、当日回转交易机制对证券市场的影响

（一）短期内助长投机气氛

中国内地目前的投资者结构中，个人投资者占据了较大的比重，从表 4 可以看出，在 2000—2013 年的时间段内，个人投资者的比重占据了 99% 以上。而根据中国证券登记结算公司的报告①来看，个人投资者的平均每日交易额占市场全部交易的比重超过八成，其交易行为对市场影响较大。

内地的证券投资者换手率较高。我们对我国香港证券交易所、我国台湾证券交易所、东京证券交易所、上海证券交易所和深圳证券交易所进行了比较，内地股票投资换手率普遍高于其他国家和地区证券交易所，而深圳证券交易所较上海证券交易所的股票投资换手率平均

① "境内外投资市场个人投资者情况比较分析"，官方网址：http://www.chinaclear.cn/old_files/1204161165932.pdf，最后访问日期：2014 年 12 月 20 日。

表4 中国内地股票市场投资者结构

年份	总数（万人）	A股		B股	
		个人（万人）	机构（万个）	个人（万人）	机构（万个）
2000	5 905	5 852	25.7	26	1.5
2001	6 679	6 501	30.5	146	1.6
2002	6 961	6 638	30.8	152	1.6
2003	6 823	6 771	32.2	156	1.6
2004	7 106	6 913	33.2	159	1.7
2005	7 189	6 994	34.0	160	1.7
2006	7 482	7 281	36.3	163	1.9
2007	11 286	11 005	46.9	232	2.1
2008	12 364	12 075	48.6	238	2.3
2009	14 028	13 728	54.1	244	2.4
2010	15 454	15 146	58.0	247	2.5
2011	16 547	16 233	61.3	249	2.7
2012	17 064	16 749	62.9	250	2.8
2013	17 518	17 198	65.5	251	2.9

资料来源：中国证券登记结算公司，天风证券整理。

要高出100个百分点左右（见表5）。中国登记结算中心的研究报告也显示①，境内投资者以短线持有为主，持股时间一般在3个月以内，操作频繁。

表5 证券市场股票平均换手率对比 （单位：%）

年份	上海证券交易所	深圳证券交易所	中国香港地区证券交易所	中国台湾地区证券交易所	东京证券交易所
2006	154	252	57	142	126
2007	211	389	89	153	138
2008	118	236	83	145	151
2009	229	445	79	177	129
2010	178	344	62	135	110
2011	134	225	56	115	110
2012	107	213	42	91	101
2013	148	291	44	76	153

资料来源：Wind，天风证券整理。

综合来看，相比境外投资市场，A股投资者中个人投资者比重相对较高，交易操作频繁，持股时间较短。这虽然是由多方面原因造成的，但不得不承认，恢复回转交易无疑使得

① “境内外投资市场个人投资者情况比较分析”，http：//www.chinaclear.cn/old_ files/1204161165932.pdf，最后访问日期：2014年12月20日。

短线投资者的交易行为更加便捷，可能会助长投机情绪。

（二）可能加剧市场波动，并对监管提出了更高的要求

早在 1992 年和 1993 年，上海证券交易所和深圳证券交易所先后实行过当日回转交易制度，在活跃股票市场方面起到了重要作用，但由于当时证券市场尚处于探索阶段，在制度建设、市场监管、信息披露和违规处理方面都较为落后，市场缺乏有效监管导致了整个市场投机气氛浓厚，利用资金和信息优势操纵股价情况普遍。

当日回转交易制度在交易过程中，资金量大的投资者更容易形成对股票价格的操纵，无论是 1992 年开始的股票交易还是 2005 年后的权证交易，在当日回转交易制度中，都对证券市场造成了较大的影响。开放当日回转交易制度对市场监管提出了更高的要求，在防范内幕交易、股价操纵、信息披露等方面，需要建立更先进的制度作为实施当日回转交易的基础。

（三）有利于股市活跃度的提升

从我国台湾市场经验可以看到，当日回转交易对交易量和市场活跃度都有所提升。根据我国台湾证券市场的数据，在实行资券相抵后的一段时间内，资券相抵成交量稳定保持在市场成交量的 20% 左右，行情上涨时期略有上升，但长期来看占比较为稳定。

从表 6 数据也可以发现，在 1992 年 12 月实施 A 股日内回转交易的一个月时间内，A 股上海证券交易市场 A 股成交量扩大了 35. 50%；而在 1995 年 1 月 A 股禁止日内回转交易，实行次日回转交易后上海证券交易市场 A 股成交量下降了 64. 60%；在 2001 年 12 月，可转债交易允许日内回转交易后，成交量也放大了 88. 40%。

表 6　上海股票市场改革前后成交量变化

日期	改革措施	改革前后 1 个月成交量变化
1992 年 12 月	A 股允许日内回转交易	+35. 50%
1995 年 1 月	A 股禁止日内回转交易	-64%
2001 年 12 月	B 股禁止日内回转交易	+64. 60%①
2001 年 12 月	可转债允许日内回转交易	+88. 40%

资料来源：刘狄，叶武：“日内回转交易的市场效果：基于上海证券市场实证”，《新金融》2008 年第 3 期；天风证券整理。

无论从国外市场经验还是国内市场的历史数据来看，实行日内回转交易均对市场成交量和活跃度有所提升，有利于提高市场流动性。从成熟市场经验来看，日内回转交易成交量长期稳定在一定市场成交金额的占比，对提振市场活跃度，提升投资者参与度方面具有一定的作用。

（四）可以提高价格发现功能

我们套用市场效率系数来衡量股票市场的定价效率，Hasbrouck 和 Schartz 在 1998 年提

① B 股交易量上升主要是由于当年一些利好政策叠加，如上证市场最小交易单位由 1 000 股变为 100 股、放宽境内外币划转限制、降低小额外币存款利率等。

出市场效率系数，通过股票两日收益率和当日收益率等相关变量，来计算市场效率系数①。在理想的市场中，市场效率系数为1，表明收益率方差不存在区间效应。但在现实市场中，由于市场存在摩擦，市场效率系数往往小于1，即收益率之间存在负相关。市场效率越接近1，就说明这种变化对市场效率的提高影响越有利。从表7可以看出，上海股票交易市场开放日内回转交易后，市场效率系数有了明显的变化，而在1995年1月停止A股日内回转交易后，市场效率系数也有所下降，B股也具有同样的变化，这说明实行日内回转交易确实对股票的市场效率有效影响，会提高市场效率系数，发挥市场定价效率，提高价格发现功能。

表7　　上海股票市场改革先后市场效率变化

日期	改革措施	市场效率系数变化	
		变化前	变化后
1992年12月	A股允许日内回转交易	0.6567	0.733
1995年1月	A股禁止日内回转交易	0.7652	0.7507
2001年12月	B股禁止日内回转交易	0.9351	0.7308

资料来源：刘狄，叶武："日内回转交易的市场效果：基于上海证券市场实证"，《新金融》2008年第3期；天风证券整理。

（五）有助于中小投资者实现风险管理

当日回转交易可以帮助中小投资者实现风险管理功能，使得资金量较小的投资者可以在当天锁定收益或规避风险。2013年8月16日11点05分上证指数出现大幅拉升，大盘一分钟内涨超5%，被市场称为"乌龙指"事件。在此次事件中，中小投资者在当天指数的大幅波动中，由于不能实现当日回转交易，不能通过当天卖出而规避下跌风险，造成了损失，而机构投资者和资金量较大的投资者可以通过卖出ETF或通过股指期货来锁定利润和规避风险，这就造成了市场的不对等，不利于证券市场的健康发展。

四、当日回转交易对证券行业的影响

（一）证券行业将面临新的机遇

1. 证券公司经纪业务的新机遇。经纪业务作为我国证券公司的主营业务，在证券公司的收入结构中，一直占据较高的比重。虽然经过近几年的创新，证券公司在自营业务、资管业务、融资融券和其他资本中介业务得到了快速的发展，但在整体收入比重中，经纪业务仍占据主要位置。根据2013年证券业协会的数据，证券公司买卖证券净收入仍占营业收入的47.7%。股票成交额一直是证券公司关注的主要指标，而实行当日回转交易，会大大提高市场成交额，提高证券公司的佣金收入，贡献业绩利润。

2. 资产管理和自营业务的新机遇。在海外市场，程序化交易的市场规模和份额都在不

① 1988年提出市场效率系数，市场效率系数 $=\frac{Var(R_2)}{2\times Var(R_1)}$，$R_1$表示股票日收益率，Var（$R_2$）为$R_2$的样本方差，Var（$R_1$）为$R_1$的样本方差。

断扩大。据统计，截止到2009年，量化投资的比重已经上升到了30%以上，主动管理产品中，有20%—30%使用了定量技术[①]。量化交易在海外市场的快速发展，得益于更加便捷的交易制度、丰富的衍生产品、专业的数据供应商和技术人才。发展回转交易可以帮助证券公司资产管理和自营业务丰富量化投资策略，带来更为稳定的投资收益，平滑业绩表现。

（二）对证券行业的挑战

1. 呼叫中心和投顾系统需要增加投入。随着当日回转交易量的增加，客户在交易过程中遇到的各类操作、交易和业务等方面问题也会随之增加，此时证券公司的呼叫中心，已然成为过滤客户需求的第一道门槛，且需同步满足客户开户回访等合规性要求，呼叫中心系统的业务流程设计的适用性、操作的便捷性成为必要条件。与之相适应，投顾系统也同样需要在推送客户服务消息、管理客户个性化服务等方面进行改造。

2. 对证券公司信息系统技术提出新的要求。

（1）对后台数据处理能力有实质要求。当日回转交易实行以后，短期内短线操作可能更频繁，交易次数会显著增加，核心交易系统的后台数据生成也会随之增加，故对数据处理能力有更高要求，尤其在处理系统报表、账号校验、验资验券等常用查询功能上，对程序逻辑的合理性和代码执行效率上有进一步的要求。

（2）对现有灾备冗余能力有更高的要求。为保证当日回转交易的连续性，在核心系统的日常运维过程中，出于行业监管、风控合规和交易平稳等考虑，与现有情况相比，对核心灾备系统的切换等级会提高，切换频率和切换时限要求比现在有更高的要求，同时对灾备切换人员的操作熟练程度和心理承受能力提出了更高要求。

（3）对系统的安全性和稳定性有更高要求。实行当日回转交易以后，市场投机性功能增加，势必会引起部分网络黑客等群体攻击，故对运行在公共互联网上的部分交易程序在安全性上须加强防范；与此同时，一些机构客户和专业投资客户会和成熟市场上一样，充分利用程序化交易来捕捉市场获利机会，批量下单等相关自动化功能会成为经常行为，对核心系统在处理这些高频数据的性能上提出了更高要求。

（4）交易流程中的单节点程序须改进。现有证券公司主要业务系统架构一般都采取了至少双节点的冗余机制，以保证系统尽量不会存在单节点的设计逻辑。但从整个交易流程来看，有些程序仍然实质存在单节点，如现有的交易所报盘程序，无论证券公司业务系统前端如何部署冗余，但从业务逻辑上来看，报盘程序本身就是一个单节点，一条交易链路只有一个报盘通道。实行当日回转交易以后，交易量显著增加，对每条交易链路的单节点程序须进行改进。

（5）相关业务处理流程须进行改造。现有核心系统的部分模块是为了适应现有次日回转交易模式而设计的业务处理流程，如日终清算功能、系统初始化功能等。实行当日回转交易以后，对现在市场上客户的证券持仓和资金的清算功能须重新设计业务处理流程，对交易委托和三方存管银行转账的检验和处理流程也需重新改造，且需要与相关机构，如证券交易所、中国结算、银行等进行系统接口的改造和测试，以保证业务处理的连续性和时效性。

① 方浩文："量化投资发展趋势及其对中国的启示"，《管理现代化》2012年第5期。

3. 将面临更加严格的监管。回转交易制度的监管是各成熟市场都需要面对的问题，但根据各自的市场条件不同，各个国家或地区对回转交易的监管程度和措施也都不尽相同。为维护我国证券市场的稳定性，监管机构未来可能针对回转交易对投资者和证券公司采用特殊监管。

特殊监管可能通过以下几个方面进行：（1）对券商开展当日回转交易的操作流程、系统稳定性、后台数据处理能力、风险控制能力、技术系统等方面提出要求；（2）对回转交易推广的限制，审慎的限制券商进行回转交易推广行为，以免误导投资者；（3）对投资者进行一定的准入限制或采取账户分级制度，确定具有一定投资能力和风险承受能力的投资者可参与当日回转交易。

4. 提高投资者教育要求。根据中国登记结算有限公司发布的研究报告①来看，31% 的投资者年龄段在 30—40 岁，26% 的投资者在 40—50 岁之间（见表 8）。从文化教育水平来看，大学教育程度及以上的投资者占总数的 60%，并且个人投资者总数的 70% 月收入在 5 000 元以下。而国外投资者年龄分布较广，一般为具有中等家庭收入和金融资产的中年。与国外的个人投资者相比，我国个人投资者收入水平较低，但教育程度较高，在个人财富积累的过程中，投资风格更为激进。

表 8　　2007 年美国、中国香港、中国内地投资者比较

	美国	中国香港	中国内地
投资股票市场人数			
个人	9 110 万人	—	5 568 万人
占人口比例	约 30%	—	4%
股票投资者基本情况			
年龄中值	51 岁	42 岁	30—50 岁
收入中值	65 000 美元（家庭）	18 750 港元	5 000 元人民币
平均文化程度	本科以上 56%	高中以上	本科以上 60%
在业情况	70%	57%	64. 50%

资料来源：中国证券登记结算公司，天风证券整理。

由于证券市场仍未完善，个人投资理财的需求得不到满足，未来开放当日回转交易制度对投资者教育的工作仍需要加强。证券公司是最直接面向投资者的机构，开展当日回转交易将对投资者交易提出更高的要求。

参考文献

[1] 刘狄，叶武："日内回转交易的市场效果：基于上海证券市场的实证研究"［J］，《新金融》，2008（2）：38—42。

① "境内外投资市场个人投资者情况比较分析"，http：//www. chinaclear. cn/old_ files/1204161165932. pdf，最后访问日期：2014 年 12 月 20 日。

[2] 张笑雪："台湾柜台交易市场发展探析"[J],《发展研究》, 2003 (8): 62。

[3] 赵桂光："柜台市场实施信用交易资券相抵交割交易之分析" [J],《台湾柜台买卖中心月刊》, (83): 10－13。

[4] 方浩文："量化投资发展趋势及其对中国的启示" [J],《管理现代化》, 2012 (5): 1。

[5] Joel Hasbrouck, and Robert A Schwartz.《Liquidity and Execution Costs in Equity Markets》[J] . The Journal of Portfolio Management. 1988 (14): 10—16.

[6] 皮六一："中国证券交易制度的设计与变革研究" [D], 上海: 华东师范大学, 2013。

[7] 黄璐："中港两地证券交易制度比较研究"[D], 长沙: 湖南大学, 2003。

[8] 宋军, 张光毅, 曾鹭坚: "关于T+0制度和做市商制度的研究" [R], 深圳: 2003。

[9] 吴林祥, 王霞: "在信用交易账户开放当日回转交易的海外经验与启示" [R], 深圳: 2007。

[10] 丁鹏:《量化投资: 策略与技术》[M], 北京: 电子工业出版社2012年版。

[11] 吴林祥:《证券交易制度分析》[M], 上海: 上海财经大学出版社2002年版。

[12] 吴晓求等:《海外证券市场》[M], 北京: 中国人民大学出版社1996年版。

论证券错误交易撤销的原理及其边界

吴晓波*

前 言

发生在证券交易市场中的错误交易事件对市场的破坏力不可小觑，以比较著名的“光大乌龙指”为例，事件中光大证券股份有限公司套利策略系统出现问题导致订单生成系统存在缺陷，使得系统重复下单，短暂的几分钟内上证综指大幅上涨。事后上海证券交易所认为，虽然光大证券在极短时间内报送了大量订单，但由于每一笔订单都符合交易规则的规定，这次光大证券的交易情况并不符合取消交易的标准。而发生在美国证券市场的“高盛期权乌龙事件”也是由于高盛自己的交易系统程序错误导致其发送了大量错误报价的期权订单，事后的处理结果是由交易所撤销明显的错误交易①。事件的性质相似，但处理结果却截然不同。

有学者指出，我国现行法律法规应对错误交易的规定不足，并对相关条款的合理性提出了质疑，提出了补充完善相关法律的建议②。法律法规并没有对错误交易的系统进行合理的规定，相同的事件结果却不同，不禁令人发生疑问：在发生错误交易的情况下，是否应当将该错误交易撤销，以保证证券交易的公平？另一方面，撤销错误交易又有破坏交易稳定性的风险，如果撤销错误交易，那么又应当如何保证市场交易的稳定性呢？

一、错误交易的概念

（一）错误交易、交易异常和异常交易

虽然近年来错误交易频发，而我国法律法规及交易所规则并没有明确规定错误交易，但

* 作者单位：中国政法大学民商经济法学院。原载于《中国证券》2015 年第 8 期。

① 郑彧：“高盛两次‘乌龙指’：挑战交易机制”，《法制日报》2013 年 9 月 10 日第 10 版。

② 卢文道，陈亦聪：“证券交易异常情况的处置原理及其运用——兼谈我国《证券法》相关制度的完善”，《证券法苑》，法律出版社 2011 年第 5 卷，第 652—676 页。

是有关于“异常交易”、“交易异常”的规定。以上交所为例，《上海证券交易所交易规则》第 6 章规定了对交易行为的监督，其采用“异常交易行为”的概念，其所指的“异常交易行为”指的是诸如内幕交易、操纵市场等证券交易违法行为，所以交易所所谓的“异常交易”包含了违法的因素。另外，该规则第 7 章规定了对交易异常情况的处理，第 7.1 条规定：“发生下列交易异常情况之一，导致部分或全部交易不能进行的，本所可以决定技术性停牌或临时停市：（一）不可抗力；（二）意外事件；（三）技术故障；（四）本所认定的其他异常情况。”所以，交易规则所指的“交易异常”特指可能会导致交易无法进行的客观情况，当中包含了“交易不能进行”的特征，突出的是其客观性。

至于“错误交易”，与前两个概念一样，并非传统的学说概念，其也是来源于实践，以“光大乌龙指”事件为例，指数出现大幅拉升，大盘猛涨，成交量猛增，这样巨大的动荡源于光大证券自营业务在使用其独立的套利系统时出现了问题。因此，交易市场中出现的错误交易是由人为或者交易系统的错误导致本不会形成的交易而被执行。关于错误交易的具体定义，可参见国际证监会组织《错误交易政策研究报告》中错误交易的定义：“因市场参与主体的行为或交易系统的故障而导致被错误执行的交易[①]”。从这一定义来看，错误交易的形成有人为和系统故障两方面原因，这和实践中出现的错误交易原因的形成是吻合的。

所以，错误交易、异常交易以及交易异常是不同的三个概念。错误交易和交易异常指的是交易情况，而异常交易则在实证法上特指异常交易行为。但是学者对于错误交易和交易异常的研究中，通常将错误交易包含在交易异常中，将其看作是交易异常中一种较为特殊的情况[②]。笔者以为，只要明确区分了二者的外延和内涵，明确了错误交易的特性，将错误交易包含在交易异常中也并无不可。

（二）意思表示瑕疵与错误交易的形成

1. 证券交易合同的特殊性。证券交易市场中的主体包括投资者、证券公司以及证券交易所三方。投资者通过证券公司于交易所内进行证券产品的买入和卖出，交易所为其提供场所进行集中交易，证券买卖通过连续竞价的方式实现。证券交易关系即是合同关系，但因证券交易市场主体、交易方式以及市场本身的一些特性，证券交易关系并不是简单的合同关系。

首先，证券交易市场中的交易涉及三方主体。一般情况下，证券交易发生在投资者之间，核心的买卖合同发生在单个投资者之间；而投资者之间买卖关系的发生需要依托证券公司。《证券法》第 111 条规定：“投资者应当与证券公司签订证券交易委托协议，并在证券公司开立证券交易账户，以书面、电话以及其他方式，委托该证券公司代其买卖证券。”所以，交易市场中，投资者与证券公司之间是一种委托关系。而所有的证券交易均发生在证券交易所内，《证券法》第 102 条规定：“证券交易所是为证券集中交易提供场所和设施，组织和监督证券交易，实行自律管理的法人。”证券交易离不开交易所，交易所为证券交易提供场所和设施等服务，同时也对证券交易进行监督和管理。交易所与证券公司之间是一种服务提供者和客户的关系，证券公司租用交易所的场地并缴纳费用，二者形成合同关系，一方

① Technical Committee of the International Organization of Securities Commissions: Policies on Error Trades, October 2005.

② 陈亦聪：《证券交易异常情况的法律规制》，法律出版社 2014 年 6 月版，第 27—28 页。

是服务提供者，另一方是服务消费者；而投资者向交易所交纳股票账户开户费、过户费等费用而得以买卖股票，二者也是一种提供服务的合同关系[①]。另一方面，交易所又不是一个纯粹的民事主体，“是政府创设，政府管理之下的一个承担证券市场组织、运营职能的公权力机构。”[②] 交易所与其他交易主体之间还存在着管理与被管理的行政关系。所以，证券交易市场主体相互之间存在着多重合同关系以及行政监管关系。

其次，交易市场中的交易通过连续竞价的方式实现，投资者向证券公司发出买入和卖出的指令，交易所按照买入和卖出的价格以及时间先后进行排序集中竞价。交易过程中，投资者对于交易对方并不知晓，因此，在集中交易的机制下，证券交易的过程十分短暂和迅速，往往在分秒之间即可发生巨额交易量。虽然如此，却并未改变证券交易的法律行为性质，投资者有进行买入或者卖出的效果意思，发出买卖指令即是将该效果意思对外进行表示的行为。一般情况下，投资者对于自己的投资行为是有意识的，即其具有表示意思。

除此之外，证券交易市场主体的意思表示也受到限制。证券买卖意思表示的方式、数量等都受到交易所规则的限制，《上海证券交易所交易规则》等就提出了具体的限制。交易所对申报数量以及涨跌幅的限制性规定使得证券交易的合同关系区别于一般的合同关系，交易主体并不能没有限制地进行意思表示，这一方面说明交易市场中合同关系的特殊性，另一方面也体现了交易所公权力机构的性质。

2. 意思表示瑕疵与错误交易的形成。在实践中，不同错误交易的事件有各自的特征。2005 年发生的“瑞穗证券”事件[③]以及 2014 年 6 月发生的“海润光伏”事件[④]就是投资者在买卖过程中，由于操作失误导致交易结果发生猛烈变化，由于意思表示在表达过程中出现错误，导致发生了并非交易主体所设定的效果意思。这种无意的意思与表示之间的分歧构成意思表示的瑕疵[⑤]。

而在另外一些错误交易案例中，意思表示瑕疵也涉及交易主体意思本身。2000 年的虹桥机场可转换公司债券案就是投资者错误地认为该债券价格发生了变化而进行大量的跟风交易导致的，事实上其价格并未变化，该案例便是因为投资者对债券面值存在误解而跟风进行交易导致的。在交易实践中，由于证券交易市场牵一发而动全身的特性，投资者往往容易受到各类信息的影响，投资者之间互相影响，在错误交易情况发生时，往往都会受身边信息的影响而产生认识上的误解，继而进行错误的意思表示。

如果意思表示的客观含义没有反映其背后的包含意思表示内容和后果的主观意图的话，就构成法律行为上的错误[⑥]，所以无论是表述上的错误还是意思表示中的意思本身存在错误，均构成意思表示的瑕疵。错误交易无非是由于交易指令发出时产生错误或者投资者对于交易的价格、数量等各类要素的认识产生错误而导致，所以证券错误交易中以意思表示瑕疵

① 方流芳：“证券交易所的法律地位——反思‘与国际惯例接轨’”，《政法论坛》2007 年 1 月第 25 卷第 1 期，第 63 页。

② 郑彧：“高盛两次‘乌龙指’：挑战交易机制”，《法制日报》2013 年 9 月 10 日第 10 版。

③ 上村达男，吴祺：“浅析日本瑞穗证券乌龙指事件背后的法律问题”，《证券法苑》第 5 卷，法律出版社 2011 年版，第 677—692 页。

④ “A 股‘乌龙’频现，错误交易却少有撤销”，《新华每日电讯》2014 年 6 月 17 日第 6 版。

⑤ 李永军：《民法总论》（第二版），法律出版社 2009 年 8 月版，第 444 页。

⑥ 沈达明主编：《德意志法上的法律行为》，对外贸易教育出版社 1992 年 2 月版，第 88 页。

为必要条件。

二、证券错误交易撤销的理论基础

“保护投资者利益、保障证券市场交易秩序的公平、高效、透明以及防范市场中可能发生的系统性风险是证券市场交易监管的核心目标，同时证券市场交易规则的设定也促进了市场对交易指令的公平对待以及对交易价格的形成机制的信赖”①。但错误交易并没有反映真实的市场情况，不符合公平原则，是与证券市场交易监管目标相违背的。

尽管如此，但我国《证券法》及相关交易规则并没有应对错误交易的处置措施。《证券法》第114条规定：“因突发性事件而影响证券交易的正常进行时，证券交易所可以采取技术性停牌的措施；因不可抗力的突发性事件或者为维护证券交易的正常秩序，证券交易所可以决定临时停市。证券交易所采取技术性停牌或者决定临时停市，必须及时报告国务院证券监督管理机构。”该条是针对交易异常情况的处理措施，或者在错误交易发生过程中，交易所可以采取该临时性措施，阻止错误交易进一步扩大，但是对于前文谈到的已经发生的、有违公平的错误交易结果并没有实质性的作用。而国外尤其是英、美国家，在处理错误交易时赋予交易所以撤销错误交易的权利，使得不公平的结果回归原状。那么撤销错误交易是否在我国也可以适用呢？

（一）基于意思表示的瑕疵，证券错误交易具有可撤销性

通常情况下，大陆法系国家对于意思表示存在错误的救济无非是撤销法律行为，但是正如不是所有存在意思表示瑕疵的交易都会被认定为错误交易一样，基于对意思自治和信赖利益之间的平衡，也不是所有存在的意思表示瑕疵的法律行为都可以被撤销②。

传统法律行为理论中，就错误种类而言，意思表示的内容错误、表达错误以及传达错误等都可能导致法律行为的撤销③。其中，意思表示的内容错误也即效果意思本身发生错误，毫无疑问是可以撤销的；而对于表达错误，我国《最高人民法院关于贯彻执行〈中华人民共和国民法通则〉若干问题的意见（试行）》第71条规定：“行为人对行为的性质、对方当事人、标的物的品种、质量、规格和数量等的错误认识，使行为的后果与自己的意思相悖，并造成较大损失的，可以认定为重大误解。”当中并不包含表达错误，但是在司法实践中，表达错误也是可以撤销的④。具体到证券错误交易的救济，前文已经对错误交易中的错误种类作了分类，可分为意思表示内容错误和表达错误两种，所以就证券错误交易中所包括的意思表示瑕疵种类而言，是可以导致证券错误交易合同的撤销的。

因此，以意思表示瑕疵为基础的错误交易合同具有可撤销的法律原理支撑。当然，基于对意思自治和信赖利益的平衡，对于错误交易的认定不仅需要意思表示瑕疵的存在，更需要

---

① Consultation Report Policies On Error Trades, Technical Committee of the International Organization of Securities Commissions, February 2005, P3.

② 李永军：《民法总论》（第二版），法律出版社2009年8月版，第501页。

③ 李永军：《民法总论》（第二版），法律出版社2009年8月版，第508—509页。

④ 李永军：《民法总论》（第二版），法律出版社2009年8月版，第129—132页。

从价格偏离程度、交易数量大小以及交易损失大小等方面进行量的规定（对此后文将详细论述）。在此基础上，错误交易合同才能在完全意义上称得上可撤销。

（二）交易结果受意思表示瑕疵的影响：不适用无因性理论

《证券法》第120条规定："按照依法制定的交易规则进行的交易，不得改变其交易结果。对交易中违规交易者应负的民事责任不得免除；在违规交易中所获利益，依照有关规定处理。"尽管学者们通过法律解释方法尽量避免该条"不得改变交易结果"的规定与证券错误交易的撤销冲突，例如缩小该条的适用范围而将因意思表示瑕疵而产生的错误交易排除在外[①]，从而使得错误交易的撤销仍然具有可能性，但法律解释的效力始终有限，况且将错误交易排除在适用范围之外并没有赋予撤销错误交易的法律效力。而从立法者的角度来看，该条明确规定"交易结果不得改变"是为了保护交易的稳定和安全，但其割裂了交易执行和交易合同之间的联系，认为交易结果的效力并不会受到交易主体意思表示瑕疵的影响，有学者认为物权行为无因性理论可以为之作解释，但事实并非如此。

首先需要明确的是，所谓证券交易的独立性和无因性并非如有的学者所说的独立于诸如内幕交易、操纵市场等违法行为并且不受其影响[②]，其中的无因性也不是指证券交易合同的无因性[③]。传统物权行为理论中所谓独立性是指将负担行为和处分行为区分开来，也即合同订立和物权转移两个法律行为区分开来；而所谓无因性是指处分行为不受负担行为效力的影响，也即如果主体订立的合同不成立或者效力有瑕疵，处分行为如果已经完成，其效力并不会发生改变[④]。而通说认为，负担行为和处分行为的无因性是逻辑上的必然，并非价值上的选择，所以无论在任何交易领域，该理论均应该得到适用，也即处分行为效力不受负担行为影响这一定论并不会因交易领域的改变而改变[⑤]。据此，无论交易主体在订立证券交易合同时存在何种意思表示瑕疵，交易合同效力为何，一旦该错误交易得到执行，所有权已经转移，不得更改，即错误交易是不可撤销的。

但是无因原则在以下情况下存在例外：负担行为与处分行为因为同样一个原因而无效；负担行为和处分行为在时间上重合并且可以看作一个整体时；当事人有特别约定时[⑥]。前文的论述表明，证券交易区别于一般的合同订立和履行，其通过连续竞价集中交易的方式实现，通过此种方式实现巨量的证券交易，通常情况下，在很短时间内，交易指令一经发出，交易即会被执行，交易合同的订立与执行几乎是在同一时间发生的。另外，错误交易主体上的意思表示瑕疵是自交易合同订立开始持续到交易被执行，倘若交易主体发现自己的意思表示有瑕疵，在交易被执行前，可以撤销交易。《上海证券交易所交易规则》3.4.6条就规定："申报指令按本所规定的格式传送。本所认为必要时，可以调整申报的内容及方式。"《上海

---

① 卢文道，陈亦聪："证券交易异常情况的处置原理及其运用——兼谈我国《证券法》相关制度的完善"，《证券法苑》第5卷，法律出版社2011年版，第652—676页。

② 卢文道，陈亦聪："证券交易异常情况的处置原理及其运用——兼谈我国《证券法》相关制度的完善"，《证券法苑》第5卷，法律出版社2011年版，第670—671页。

③ 陈亦聪：《证券交易异常情况的法律规制》，法律出版社2014年6月版，第59页。

④ 孙宪忠："再谈物权行为理论"，《中国社会科学》2001年第5期，第125页。

⑤ 李永军：《民法总论》，法律出版社2009年8月版，第129—132页。

⑥ 迪特尔·梅迪库斯：《德国民法总论》，邵建东译，法律出版社2000年3月版，第181—185页。

证券交易所证券异常交易实时监控细则》第 6 条规定："投资者可以在盘中临时停牌期间撤销未成交的申报。"所以，基于证券交易合同订立的快速高效性，有必要排除证券交易对负担行为和处分行为独立性和无因性的适用。

三、错误交易撤销的特殊性

虽然证券交易本质为合同，但其有自己的特殊性，反映到证券错误交易的撤销时，其也有区别于传统民法上撤销制度的特征。

首先，传统撤销制度在于平衡合同双方的利益，而证券交易涉及三方交易主体，且交易与交易之间联系非常紧密，整个市场的紧密度非其他市场所能比，因此错误交易撤销制度应当以维护整个市场的利益为目的。其次，传统撤销制度下发生可撤销的情形时，由当事人向法院申请，交易所虽然是证券交易一方主体之一，但其并非一个纯粹的民事主体，证券错误撤销是由当事人向交易所提出或者交易所依照职权主动撤销，交易所对错误交易的撤销具有最终决定权。由于证券错误交易的撤销与否最终是由交易所决定的，因此，其撤销权带有行政色彩，有学者甚至直接将其看作是一种"行政权"①，而传统的撤销权则是一种民事上的形成权。最后，基于证券交易迅速、短暂的特性，证券错误交易撤销的反应时间也应当比普通的撤销制度短。

基于证券交易快速集中的特点，牵一发而动全身，对交易的稳定性要求比一般交易高，而撤销错误交易存在破坏交易稳定性的危险，因此，撤销错误交易应当以更加严格的标准来平衡交易稳定性与公平性之间的冲突。

四、错误交易撤销制度构建基础：公平与稳定的平衡

（一）维护交易公平：给错误交易撤销以空间

一方面，《证券法》第 120 条基本上是否认错误交易撤销制度的，其本身却也未提出解决错误交易问题的措施；另一方面，《上海证券交易所交易规则》、《深圳证券交易所交易规则》等却又规定不可抗力、意外事件、交易系统非法侵入等原因造成的错误交易，交易所可以采取适当措施认定其无效②，这就造成了冲突。而从错误交易的性质出发，撤销错误交易有其理论和价值基础，《证券法》完全排除证券错误交易撤销的规定并不合理，一味强调市场的稳定，而忽视公平的做法一方面使得法律体系存在冲突，另一方面也不利于证券交易市场的健康发展。因此，应当给予撤销错误交易以明确的规定。

（二）兼顾稳定：严格控制撤销的准入条件和程序

1. 事前的控制：错误交易认定的标准应当客观化。应当明确的是，并非所有存在意思表示瑕疵的错误交易都需要撤销，一概而论将破坏市场交易的稳定性。就错误对于合同的影响程度而言，只有具有明显证据表明错误是当事人缔结契约的决定性因素或者错误与成为契

① 王东光："证券错误交易撤销权研究"，《法学评论》2013 年第 2 期，第 46 页。

② 《上海证券交易所交易规则》第 3.6.5 条、《深圳证券交易所交易规则》第 3.5.4 条的规定。

约范围内的事实或者条件有关且具有实质意义时才能够导致法律行为被撤销[①]。之所以如此定性，原因在于法律不仅要保护交易当事人之间的交易公平和意思自治，也要保护交易关系的稳定以及信赖利益。世界各大交易所在意思表示瑕疵的基础上另对错误交易的认定添加了价格偏离、交易量以及损失程度等标准，这些客观量化的标准均是在为交易的可撤销确定标准，只有符合这些量化的标准，才足以令法律舍弃对信赖利益的保护，转向意思自治和公平原则而撤销该错误交易。

首先，价格错误是各大交易所认定错误交易经常会考虑的因素之一。美国《国家证券交易所规则》[②]、德国各大交易所规定构成错误交易的条件中均包含了交易所进行交易时的委托价格必须具有客观的重大偏差才可以构成错误交易；《柏林证券交易所交易条件》第59条第1款实施细则规定，当错误交易价格超过5万欧元的损失时，该交易属于错误交易。除此之外，新加坡交易所等也以价格偏离作为认定错误交易的要件之一[③]。其次，交易损失达到一定程度也是构成错误交易的必备条件之一。例如新加坡交易所规则规定交易损失达到5 000新加坡元才构成错误交易，而伦敦证券交易所规定只有在交易系统中单笔交易造成1万英镑以上损失才构成错误交易。最后，交易数量也是交易所认定错误交易需要考虑的重大因素。例如，东京证券交易所规定由于错误订单致使某笔证券交易在数量上超过规定的情况下才构成错误交易[④]。

各大交易所对于错误交易的认定主要考虑了价格偏离程度、交易损失程度以及错误交易的数量三个因素。对这三个因素进行具体的量化规定，实质上是将错误交易的认定客观化，部分交易所在认定错误交易时更加注重客观量化数据的考察，如德国的欧洲期货交易所和法兰克福证券交易所均在认定错误交易的客观性方面走得更远，对于错误交易的界定，二者规定都更加细致，都着重以客观上交易明显偏离市场价格为条件[⑤]。必须承认的是，各地交易所对错误交易的认定并不是完全一致的，因此，我们在认定错误交易时也应当结合本土实际情况合理确定客观的标准。

2. 事中的保障：明确严格的撤销程序。首先是撤销的提出。投资者是交易的直接利益方，基于自我利益的考量，其对错误交易的反应速度也会更快，因此，应当赋予交易参与者申请撤销的权利；而作为证券交易活动的组织者、监管者，交易所对于本交易所发生的错误交易享有当然的监督管理权，因此如果交易所认为错误交易对证券市场的交易秩序产生了重大影响，交易所也可以依职权撤销错误交易。

其次，交易所对错误交易的撤销具有最终决定权。为保障决定的透明公正，上级机构有必要对证券交易所的各项决定加以更严格的监管，而法律也应当为交易所作出撤销决定设置更加程序化的决策机制。

最后，由于证券交易迅速、短暂的特性，应当明确错误交易撤销的时间限制，无论是撤销的提出，还是对撤销申请的审查，都应有必要的时间限制，这也是基于对交易稳定性的考

---

① 莱尼·达维：《法国法与英国法》，潘华仿译，中国政法大学1984年版，第106页。

② 美国《国家证券交易所规则》第11.19条。

③ 《新加坡交易所规则》第8.6.3条。

④ 参见《东京证券交易所业务规程实施细则》第13条。

⑤ 参见《法兰克福交易所交易条件》，《德国Eurex和苏黎世Eurex交易条件》（2013年6月25日版）。

虑。交易结果持续的时间越长，其不可撤销性会越高，因为公众对结果已经形成了合理的认知和期待。

五、小结

基于证券错误交易中存在的意思表示瑕疵，撤销错误交易有了基本的理论支撑；又因为证券交易采用连续竞价的集中交易方式，交易合同的达成与最终执行在极短时间内完成，因此其并不适用无因性理论，交易合同的效力会影响交易执行的结果，存在意思表示瑕疵的交易合同可以被撤销，交易执行的结果亦如此。另一方面，因为证券交易为多方主体，且联系紧密的交易市场牵一发而动全身，交易所具有行政主体的特性，连续竞价集中交易的方式短暂、迅速，所以，在构建错误交易撤销制度的同时，不得不考虑到证券交易的这些特性，有针对性地提出构建措施，明确错误交易的认定标准，严格错误交易撤销的程序和监管，在维护交易公平、构建错误交易撤销制度的同时，同时兼顾交易的稳定性。

参考文献

[1] 方流芳："证券交易所的法律地位——反思'与国际惯例接轨'"［J］，《政法论坛》，2007（1）：63—77。

[2] 上村达男，吴祺："浅析日本瑞穗证券乌龙指事件背后的法律问题"［J］，《证券法苑》，2011（5）：677—692。

[3] 卢文道，陈亦聪："证券交易异常情况的处置原理及其运用——兼谈我国《证券法》相关制度的完善"［J］，《证券法苑》，2011（5）：652—676。

[4] 孙宪忠："再谈物权行为理论"［J］，《中国社会科学》，2001（5）：125—135。

[5] 罗培新，卢文道："反思'327 国债'事件"［N］，《南方周末》，2006-3-30（21）。

[6] 李永军：《民法总论》［M］（第二版），北京：法律出版社 2009 年版。

[7] 沈达明：《德意志法上的法律行为》［M］，北京：对外贸易教育出版社 1992 年版。

[8] 陈亦聪：《证券交易异常情况的法律规制》［M］，北京：法律出版社 2014 年版。

[9] 莱尼·达维：《法国法与英国法》［M］，潘华仿译，北京：中国政法大学 1984 年版。

[10] 迪特尔·梅迪库斯：《德国民法总论》［M］，邵建东译，北京：法律出版社 2000 年版。

中外股票市场稳定机制对比研究

彭著华*

一、引言

2015 年上半年上证指数持续上涨，并在 6 月 12 日达到 5178. 19 的高点。在此之后，股指开始大幅下跌，8 月 26 日指数迅速下滑至 2927. 29 点，跌幅达到 43. 47%。为稳定股指，防止金融系统性风险出现，果断采取了暂停 IPO 等多项措施，保持了股票市场的稳定（见图 1）。

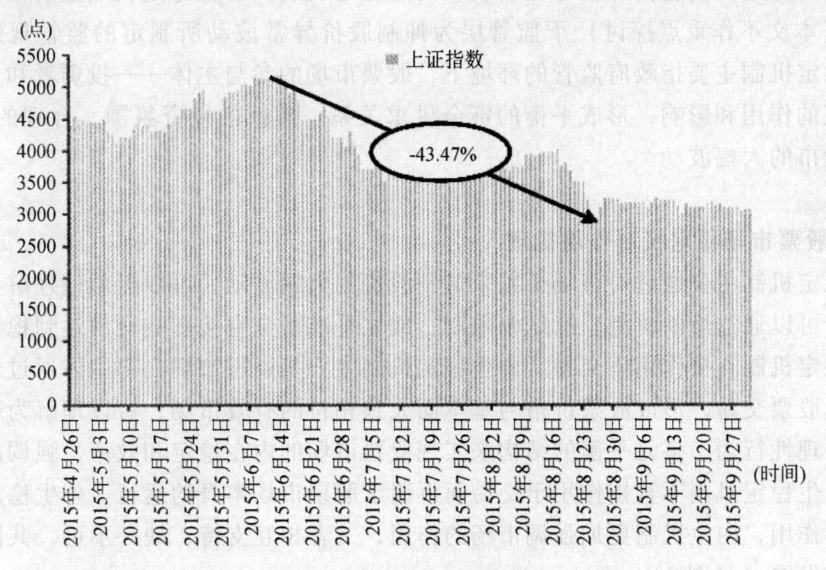

图 1　上证指数大幅下滑

资料来源：Wind，东莞证券研究所。

* 作者单位：东莞证券股份有限公司。原载于《中国证券》2015 年第 12 期。

股票市场的剧烈波动往往会造成多种问题。一是投融资功能的发挥受阻，股市异常波动期间 IPO 等融资手段不能正常开展，股票的流动性大幅下降；二是价格发现功能受损，股市异常波动期间很多优质公司的股票价格受到重挫，大幅低于股票内在价值；三是容易诱发金融危机，纵观国际金融史，这样的例子很多，诸如 1929 年纽约股票市场的大幅下跌。我国股市的暴涨暴跌暴露出了股票市场稳定机制较弱的问题，如何构建一个良好的股票市场稳定机制成为一个重要问题。

二、股票市场稳定机制内涵与作用机理

（一）股票市场稳定机制的内涵

股票代表了公司的股权，公司内外部环境总是处于不断的变化之中，股票的内在价值也处于不断的变化之中，这使得股票在本质上具有波动的特征。市场投机、内幕交易、价格操纵等人为因素也会使得股票具有波动的特征。股票市场稳定一般可以理解为股票市场的波动幅度较小，价格走势较为平稳。但是我们认为仅仅用股票市场的波动程度大小不能准确阐明股票市场稳定的全部内涵。股票市场运行的目的是要发挥它应有的功能。因此，我们结合股票市场的基本功能——资金融通、资本定价、资源配置，将股票市场的稳定定义为以下两个方面内容：一是从股票市场的投融资功能角度出发，指股票市场主体运行健康规范，上市公司合理的融资需求能在市场上得到满足，投资者能够获得与风险相匹配的收益；二是从股票的价格发现和资源配置功能角度出发，主要指股票价格能够围绕宏观经济和公司经营的基本面进行小幅波动。

股票市场稳定机制包括外生稳定机制和内生稳定机制。外生稳定机制主要指在外部经济金融环境（本文不作重点探讨）下监管层为抑制股价异常波动所制定的监管规则、应急机制。内生稳定机制主要指政府监管的环境下，股票市场的参与主体——投资者和上市公司之间通过相互的作用和影响，形成平衡的资金供求关系、理性的投资氛围、合理的股票价格，从而避免股市的大幅波动。

（二）股票市场稳定机制作用机理

外生稳定机制主要通过对市场干预来抑制股价的大幅波动，可以近似地理解为政府有形的手；政府可以通过熔断机制、涨跌幅限制、成立平准基金直接影响交易达到稳定市场的目的。外生稳定机制直接作用于交易。内生稳定机制主要是通过市场内部主体通过规范、理性的行为形成股票交易，形成股票价格与基本面大致相符的有效市场，可以理解为通过市场本身的规范、理性行为、多元平衡的结构来实现股票市场的内在稳定和效率，强调的是市场无形的手。内生稳定机制不直接作用于交易而诉诸于股票市场本身的运行。外生稳定机制更加强调政府的作用，内生机制更加强调市场的作用，二者相互支持，缺一不可，共同促进股票市场的稳定发展（见图 2）。

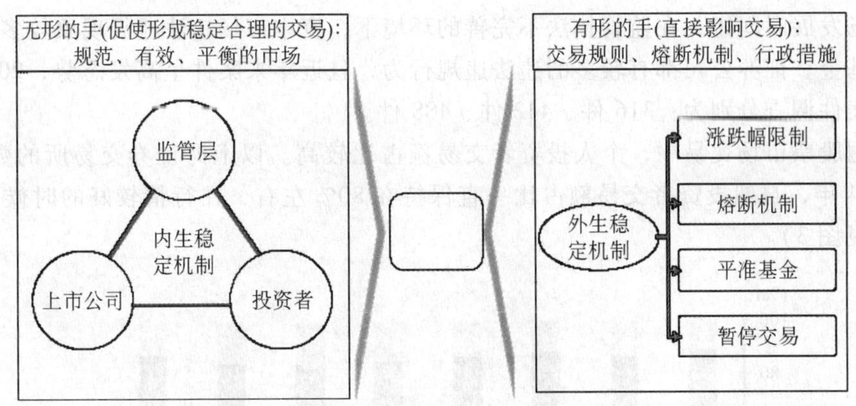

图 2　股票市场稳定机制内涵与作用机理

资料来源：东莞证券研究所。

三、股票市场稳定机制构建现状

（一）外生稳定机制构建现状

世界主要交易所的外生稳定机制主要有：涨跌幅限制、市场熔断机制、暂停交易、股市平准基金等。目前，我国的外生稳定机制框架基本构建，而且也在积极发挥作用。

我国在 1996 年开始实行涨跌幅限制。我国股票的涨跌幅限制为 10%，特别处理（ST 或 *ST）股票以及尚未完成股权分置改革的股票（S 股）的涨跌幅限制为 5%。

我国在 2015 年股市异常波动之前没有市场熔断机制。此次股市异常波动的发生使得监管层开始重视市场熔断机制，并积极制定指数熔断相关规定。2015 年 9 月，上交所、深交所、中金所发布了《关于就指数熔断相关规定公开征求意见的通知》，将沪深 300 指数作为指数熔断的基准指数，设置 5%、7% 两档指数熔断阀值。触发 5% 熔断阀值时暂停交易 30 分钟，触发 7% 熔断阀值时暂停交易至收市。2015 年 12 月 4 日，上交所、深交所、中金所正式发布指数熔断相关规定，2016 年 1 月 1 日正式实施。相比于之前的征求意见有以下调整：将触发 5% 暂停交易 30 分钟缩短为暂停 15 分钟；相应的，将 14：30 及之后触发 5% 暂停交易至收市，改为自 14：45 及之后触发 5% 暂停交易至收市。

股市平准基金是政府设立的、在股市大幅下跌时进入市场并阻止继续下跌的专项基金。1991 年，深证综合指数从 100 点下降到 45 点，深圳财政及金融机构出资 2 亿元阻止了股市继续下跌。2015 年在出现股指大幅下滑和“千股跌停”的局面后，股市严重缺乏流动性，中国证券金融公司和证券公司通过向股票市场注入大量资金来为市场提供流动性，并逐步稳住股票市场。

（二）内生稳定机制构建现状

目前，我国的市场法律体系和制度建设基本完善。在法律、行政法规、规章制度三个层面形成了较为完善的法律制度体系。法律主要以《证券法》、《公司法》、《证券投资基金法》为主体。行政法规包括一系列针对上市公司和投资者及证券相关金融机构的监管法规。规章制度主要包括一系列针对包括证券发行、信息披露等具体事务的规则。

市场中违法现象丛生，内幕交易、财务造假、“老鼠仓”等违法违规现象较多。由于我国股票市场发展时间短，在监管执法不完善的环境下，资本市场违法违规现象较多。上市公司、公募基金、证券公司都有较多的违法违规行为，且近年来案件呈高发态势，2012—2014年的新增案件调查分别为：316 件、442 件、488 件。

在我国股票市场交易中，个人投资者交易额占比较高。以上海证券交易所的数据为例，2007—2014 年，自然投资者交易额占比一直保持在 80% 左右，在行情较好的时候比例会有所提升（见图 3）。

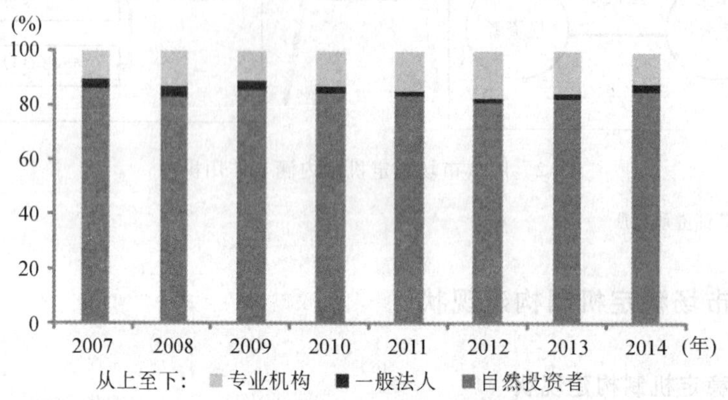

图 3 自然投资者的交易占比较高

资料来源：《上海证券交易所统计年鉴》，东莞证券研究所整理。

在持股比例中，机构持股比例较高，尤其是法人持股比例较高。以上海证券交易所为例，自然投资者持股市值占比有下降的趋势，2007 年为 48.29%，到 2014 年占比仅为 23.51%；一般法人持股市值占比却有很大幅度的提升，在 2007 年仅为 17.97%，2014 年提高到 61.44%；专业投资机构持股市值占比变化较小，但仍有下降的趋势（见图 4）。

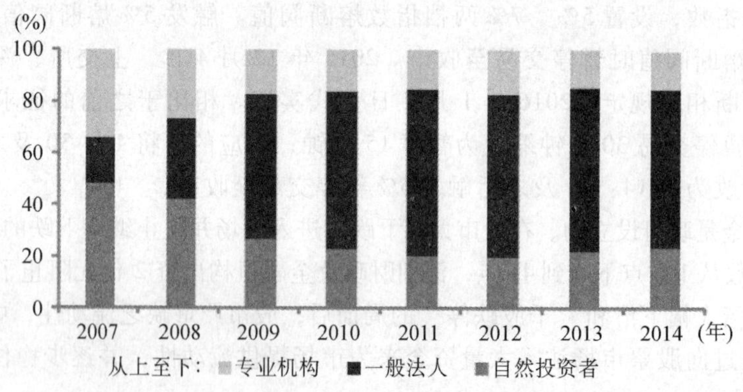

图 4 机构持股市值占比较高

资料来源：《上海证券交易所统计年鉴》，东莞证券研究所整理。

理性投资的理念没有占据主流，投机氛围浓厚。由于我国股票市场总体上仍然属于新兴市场，在诸多方面还有待成熟，散户在投资者中占据重要地位，使得我国股票交易的投机氛围浓厚。以市值换手率来看，我国的市值换手率居高不下，长期维持在 100% 以上，而深圳证券交易所由于具有大量的中小市值的成长类股票，其市值换手率长期维持在 200% 以上。

上海证券交易所 2014 年换手率排名前 10 位的均超过 1 600%，换手率最高的股票达到 3 000%以上，以 240 个交易日作为参考，每个交易日的平均换手率达到 10%以上（见图 5）。

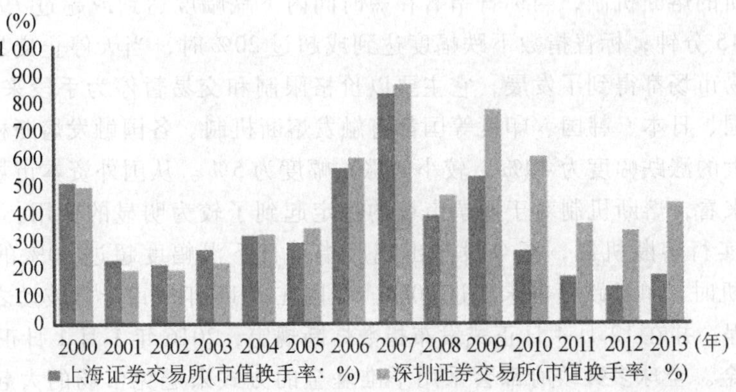

图 5　上海证券交易所、深圳证券交易所的市值换手率居高不下

资料来源：《中国证券期货统计年鉴 2014》，东莞证券研究所整理。

四、中外股票市场稳定机制对比

（一）中外股票市场外生稳定机制对比

1. 涨跌幅限制。目前，学者对于涨跌幅限制是否有利于股票市场的稳定还存有争议。从各国交易所的实践来看，有相当一部分交易所采取了涨跌幅限制措施，例如中国台湾证券交易所、吉隆坡交易所、东京交易所、越南胡志明交易所、巴黎交易所。但是，这些交易所的涨跌幅差异却比较大，有的涨跌幅为 50%以上，有的涨跌幅仅为 5%左右。当然也有许多交易所不采取涨跌幅限制措施，如纽约证券交易所、中国香港证券交易所、伦敦证券交易所等。一般来说，成熟的证券市场更倾向于不采用涨跌幅限制措施。按照市场有效理论来说，成熟的市场能够迅速反应和消化宏观和微观消息，采取涨跌幅限制反而影响市场效率。随着新兴资本市场的逐渐发展，新兴证券市场的交易所也开始逐步放宽或放开涨跌幅限制，例如中国台湾证券交易所将涨跌幅限制放宽至 10%，韩国也将涨跌幅限制由 15%提升至 30%。未来随着我国资本市场的不断发展和成熟，我国也可以对涨跌幅限制做出合理的调整以适应市场的变化和要求（见表 1）。

表 1　　部分证券交易所涨跌幅限制

国家（地区）	证券交易所	涨跌幅限制幅度
中国	Shanghai SE，Shenzhen SE	5%，10%
韩国	Korea SE	30%
中国台湾地区	Taiwan SE	10%
日本	Tokyo SE	10%－50%
菲律宾	Philippine SE	上：50%，下：40%
越南	Hochiminh SE	5%

资料来源：各交易所网站。

2. 熔断机制。熔断机制可以追溯到 1987 年。1987 年 10 月 19 日，道 · 琼斯指数下跌 508. 32 点，一个交易日跌幅达到 22. 6%。事件发生一周年后，美国证券交易委员会批准了纽约股票交易所的熔断机制，当标普指数在短时间内下跌幅度达到或超过 7% 时，所有证券交易都将暂定 15 分钟；标普指数下跌幅度达到或超过 20% 时，当天停止交易。后来，熔断机制在许多交易市场都得到了发展，它主要以价格限制和交易暂停为手段来稳定股票市场。除美国外，法国、日本、韩国、印度等国都有触发熔断机制。各国触发熔断机制的涨跌幅度差异很大，较大的涨跌幅度为 40%，较小的涨跌幅度为 5%。从国外资本市场在熔断机制方面的实践效果来看，熔断机制对于股票市场的稳定起到了较为明显的作用。美国从 20 世纪 90 年代末开始实行熔断机制，至今没有出现股指单日下滑幅度超过 20% 的现象，即使在 2008 年金融危机时，单日跌幅也未超过 10%。我国在 2015 年股市异常波动之后也将实行熔断机制提上议程，并在 12 月 4 日正式发布指数熔断规定，2016 年 1 月 1 日正式实施。

3. 平准基金。全球多数政府都会采用平准基金的方式来避免市场的大起大落。平准基金又可以分为交易行为透明和不透明的两类基金。证券市场平准基金救市机制在德国、日本、韩国、中国香港、中国台湾等多个国家或地区的证券市场中都存在。政府通过自身筹集，促请证券公司、保险公司、银行等机构成立平准基金，并以特定的机构持有。香港的平准基金是其中一个较为成功的例子。1998 年，恒生指数大幅下挫至 6500 点，创 5 年新低。香港政府成立了 1 180 亿元的平准基金，入市积极购买股票。经过一段时间的积极运作，香港政府最终稳住股票市场：当年 8 月 28 日恒生指数以 7829 点收市，成交金额创出单日成交金额的历史性新高。为管理“救市”行动中购买的股票，香港成立了外汇基金。到 2001 年，外汇基金全部回笼，并赚取了 1 100 亿元的收益，2002 年外汇基金通过盈富基金把股票转入香港市民的手里。至此，香港平准基金的运作行动画上圆满句号。但是平准基金的运作也有不成功的案例，日本、韩国的平准基金的运作并没有达到理想的效果。我国在 2015 年的股市异常波动中也设立采用了类似平准基金的救市举措，该救市举措在一定程度上遏制了股指的下滑态势。

整体来看，我国股票市场的外生稳定机制在资本市场逐渐发展的过程中逐步建立完善，已经形成一套较为完善和成熟的外生稳定机制，未来可根据资本市场的发展情况进一步调整和完善。

（二）中外股票市场内生稳定机制对比

由于外生稳定机制主要是监管层所采用的调控稳定机制，所以往往能够较为快速地构建。但是内生稳定机制属于市场形成的平衡力量，需要经过较为长期的发展，才能形成良好运行的内生稳定机制。作为新兴市场的中国股市，其内生稳定机制还有所欠缺。内生稳定机制涵盖了监管机构、上市公司、投资者三方主体。

1. 监管机构。国际证监会组织曾经提出证券监管的三项目标：一是保护投资者；二是营造透明、公平、有效的市场环境；三是降低资本市场的系统风险。从各国证券市场的实践来看，成熟资本市场的监管机构都将发展国家经济和保护投资者利益作为重要目标。近些年来我国证券市场监管理念也发生了一些变化：更加注重投资者的回报，注重对违法违规者的从严查处。

我国证券监管定位、理念的模糊使得股票市场自身的调节功能不能得到有效发挥，不利于市场的价值判定和价值发现功能的实现，不利于市场内生稳定机制的形成和发挥。从这个角度来讲，我国监管层需要理清监管层与市场的边界，并逐步树立起“加强信息披露，坚决从严查处违法违规行为，保护投资者权益”的监管目标和监管理念，并逐渐让市场发挥决定性的作用（见表2）。

表2　证券监管中不同国家（地区）的目标

美国1933年颁布《1993年证券法》	（1）向投资者提供实质性的信息，它主要是关于证券公开发行的；（2）在证券售卖过程中，禁止进行虚假、误导和其他欺诈行为
日本1948年颁布《证券交易法》	为了保证保护投资者利益及国民经济的正常运行，此法规定有价证券的买卖、发行及其他交易必须公正进行，并且有价证券也要顺利流通
1962年韩国颁布《证券和交易法》	为了能够促进国民经济的发展，必须维护证券的有条不紊流通和广泛流通，以及保护投资者进行公平的销售、保险、购买或其他证券交易
1989年中国香港地区颁布《证券及期货事务监察委员会条例》	（1）保护投资者；（2）为了能够使市场有效率、公平和有秩序地运作并且有足够的流通量，必须设立一个促进经济增长和投资的经济环境；（3）为了能够确保其他金融范畴不受一个市场的危机影响，必须通过降低和控制交易系统风险从而避免适当的管理风险和市场失灵

资料来源：黄运成：《证券市场监管：理论、实践与创新》，中国金融出版社2001年版。

2. 上市公司。我国上市公司的供求之间没有形成较为良好的平衡关系，影响了股市内在稳定性。由于我国证券发行制度在相当长的时间里采取审批制，这使得我国上市企业过少，形成了供需不平衡的关系，导致上市公司的市场化定价难以形成。未来可以逐步调整发行制度，将价值判断的责任交与市场，监管部门在合理的边界内能够加快优质公司的发行上市，从而增大上市公司的供给。

上市公司系统内部缺乏优胜劣汰的机制。上市公司的质量是资本市场稳定机制的基础。近年来我国股市退市的上市公司数量较少，从2004年截止到2014年一共退市62家，平均一年不到7家，这相对于我国的上市公司规模来说较小。截止到2014年底，我国A股市场一共有79家公司退市，其中主动退市31家，强制退市48家。相比较而言，成熟资本市场的退市率大幅高于我国，以2009—2011年为例，美国纽约证券交易所和伦敦证券交易所的退市率在5%以上，即使最低的东京证券交易所退市率也达到2%以上。我国退市率低的原因在于我国退市制度具有缓冲期，同时我国的壳资源具有较高的价值，上市公司会利用大量的非经营手段保住壳资源。这种较低的退市率使得市场上积压了大量的劣质上市公司，优质上市公司成为稀缺品，妨碍了理性投资方式的形成。退市率低所导致的壳资源炒作也成为股市波动的重要来源（见图6和图7）。

我国上市公司中大部分是国企控股的，国企控股公司存在着严重的委托代理问题。从全国人大到国资委，再到地方政府的国资委，我国的国有控股上市公司存在的层层代理关系，使得所有者在实质上是存在缺位的。这种公司治理状况使得公司的经营管理层缺乏足够的经营动力，进而使得公司的价值无法得到持续提升。相比较而言，美国的上市公司中，机构投资者往往因为持股比例较高，成为董事，并直接对公司施加影响，包括更换管理层，调整公司战略等。

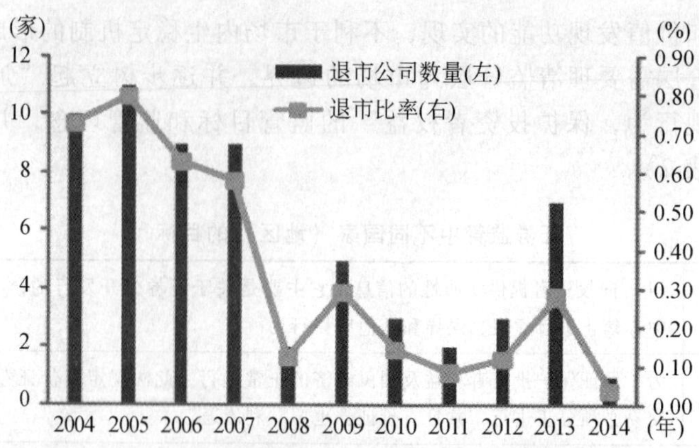

图 6　我国近年来退市公司数量

资料来源：《中国证券监督管理委员会年报（2014）》，Wind，东莞证券研究所整理。

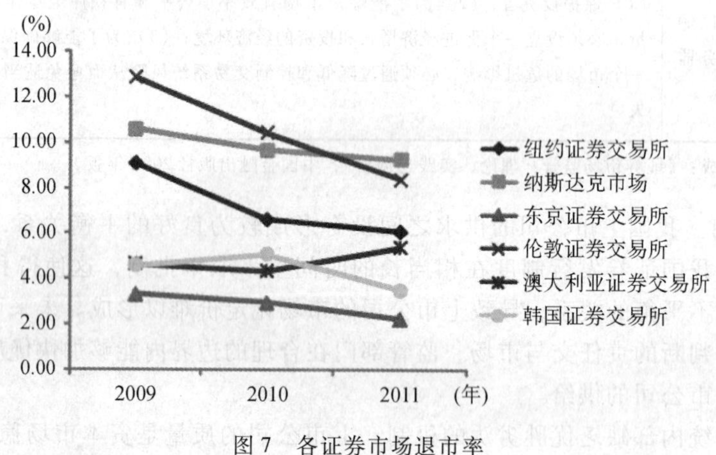

图 7　各证券市场退市率

资料来源：《中国资本市场研究报告（2013）》，东莞证券研究所整理。

3. 投资者。从持股市值占比来看，我国机构持股市值占比较高，占比在 70% 以上，但是从交易额占比来看，我国的自然投资人交易额占比达到 80% 以上，这主要源于我国个人投资者的换手率非常高。从统计数据来看，上海证券交易所和深圳证券交易所的月股票换手率在这些证券交易所中处于较高的水平，尤其是深圳证券交易所，大幅高于其他证券交易所。由于我国自然投资人交易风格投机性较强，持股时间短，换手率高，从而推高了交易量，造成了我国股市波动率高企。我国公募基金换手率也处于较高水平，且随股指波动而大幅波动，在股指大幅上涨的时候，股票年换手率能达到 300% 以上，在股指表现较差时候往往也能达到 200% 以上。相对而言，高收入国家的股票交易换手率一般低于 200%，中等收入国家及低收入国家的股票交易换手率往往低于 150%，而我国两市的市值换手率长期稳居在 200% 以上。高换手率说明我国股市投机氛围浓厚，不利于股票市场的稳定（见图 8 和图 9）。

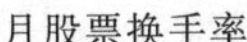

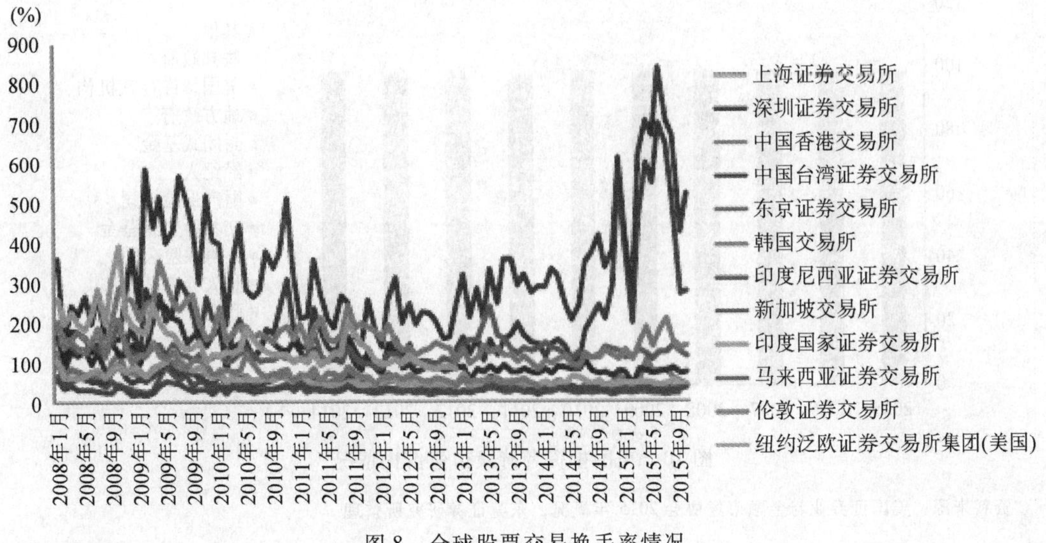

图 8　全球股票交易换手率情况

资料来源：Wind，东莞证券研究所整理。

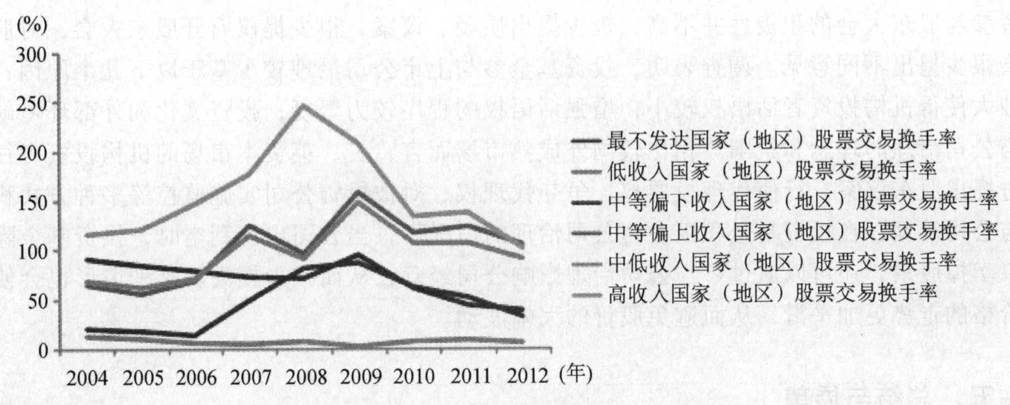

图 9　不同国家或地区股票交易换手率情况

资料来源：Wind，东莞证券研究所整理。

在机构投资者中，专业投资机构持股市值占比过低，尤其是追求长期稳定收益的专业投资力量较弱。近几年来，上交所统计的专业机构持股市值占比均未超过 20%。以 2014 年为例，上交所专业机构持股市值占比 14.65%。在欧美等成熟市场，专业机构持股市值占比往往能够达到 70% 左右。即便与新兴市场相比，也有一定差距。国际证监会组织的数据显示，2011 年韩国境内机构持股市值占比达到 23% 左右，境外机构占比为 36%。在成熟市场中，以美国为例，共同基金、境外机构、养老基金、保险公司等专业机构投资者持股市值占比较高，这些专业机构投资者使得美国资本市场拥有合理而多元的投资者结构。境外机构、养老基金、保险公司等机构一般遵循长期持有和稳健回报的投资理念，有助于股票市场的稳定。机构为主导的投资者能够做到理性投资，使股市的波动尽量与基本面相一致，从而尽可能地避免非理性的大幅波动（见图 10）。

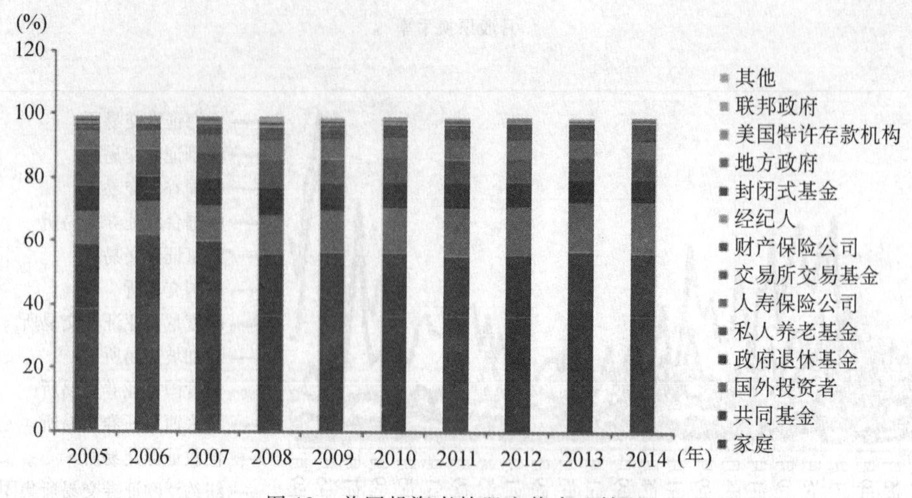

图 10 美国投资者持股市值占比情况

资料来源：美国证券业与金融市场协会 2015 年概况，东莞证券研究所整理。

目前我国的投资基金较少参与上市公司的治理，不利于维护投资基金的利益。上海市基金同业公会对上海辖区的基金公司参与上市公司治理的调研结果表明：基金公司作为机构投资者参与股东大会的积极性并不高，极少提出质疑、议案，很少提议召开股东大会，对股东大会很少提出不同意见。调查表明，投资基金参与上市公司治理较少基于以下几个原因：一股独大使得机构投资者话语权较小；增强话语权的程序较为繁复；投资文化和外部环境缺乏参与公司治理的理念和氛围。相比较国外成熟市场而言，美、英资本市场的机构投资者往往通过提出股东议案、行使代理投票权、争夺代理权、对被投资公司实施监控等多种方式积极参与公司治理。在投资基金积极参与公司治理的情况下，当公司出现利空时，投资基金除了可以卖掉股票，还可以通过参与公司治理影响公司经营，从而减少损失。这种情形也会使股票价格的走势更加平滑，从而避免股价的大幅波动。

五、总结与展望

在股票市场不断的发展过程中，我国借鉴国外的外生稳定机制，逐步构建我国的外生稳定机制，目前来说我国的外生稳定机制与国外成熟市场差异并不大。未来随着我国资本市场的逐渐成熟，在涨跌幅限制方面可以逐渐放开，以提高股票市场的效率。

我国在此次股市异常波动中采用了类似平准基金的措施，未来可以采用以下举措逐步缓慢退出：一是可以划给社保基金；二是股票可以像中国香港地区那样通过公募基金逐步转手给普通投资者；三是利用一篮子股票申购 ETF 退出。在缓慢退出的行动中需要格外注意时机和节奏的问题，确保不损害市场的稳定性。从国外实践来看，时机方面，一般都在股市大涨的情形下逐步退出；节奏方面，从进入到完全退出的周期一般都在 4 年以上。

由于我国股票市场面临“新兴 + 转轨”的发展阶段，股票市场本身的发展属于较为初级的阶段。与国外股票市场内生稳定机制对比，我国股票市场内生稳定机制与国外成熟市场的内生稳定机制相比差距较为明显。

从监管主体来讲，我国股票市场的监管理念和目标长期以来并不明确。未来应该划清监管与市场的边界，并逐步回归到“强化上市公司信息披露，保护投资者权益，从严查处违法违规行为”的监管目标与监管理念上，让市场发挥更加重要的调节作用。

从上市公司主体来看，上市公司没有形成优胜劣汰的机制，导致大量劣质公司仍然存在，许多优秀的公司不能上市。另外，我国上市公司存在一股独大现象和委托代理的问题，这使得中小投资者利益常常受到损害，也严重影响了上市公司质量。目前我国正在开展的国企改革有望逐步解决国企普遍存在的委托代理问题。退市制度的调整和注册制的推行能够帮助上市公司系统形成优胜劣汰的良性循环，从而为市场提供更多的优秀上市公司。

从投资者主体来看，与国外相比，我国散户投资者在交易中占据主导地位，未来需要大力发展财富管理类机构，减少个人投资者。同时积极引入长期投资基金，诸如境外机构、养老金、保险公司等追求长期稳健收益的投资基金。另外，应该积极引导投资基金逐步参与上市公司的公司治理，并能积极影响上市公司的投资和运营，以带来业绩的持续提升。

参考文献

[1] 黄运成：《证券市场监管：理论、实践与创新》[M]，北京：中国金融出版社，2001 年版。

[2] 长城证券、国通证券联合课题组：“证券市场稳定机制与配套政策研究”［R］，《上证联合研究计划第二期课题报告》，2001：1—5。

[3] 范健，王通平：“亚洲国家和地区证券监管趋同对中国的启示”［J］，《当代法学研究》，2012（2）：68—79。

[4] 吴军：“金融稳定内涵综述及框架分析”[J]，《外国经济与管理》，2005（03）：48—55。

[5] 于宏凯：“中国股票市场内生稳定机制构建研究”［D］，厦门：厦门大学，2008 年。

[6] 吴晓求：《中国资本市场研究报告（2013）》［R］，北京：北京大学出版社 2013 年版。

[7] 涂人猛：“中国股市的稳定性及调节机制研究”［J］，《武汉金融》，2008（12）：8—11。

[8] SIFMA Research Department. 2015 FACT BOOK［R］. New York：The Securities and Financial Markets Association，2015.

[9] Deb S. S.，Kalev P. S，Marisetty. V. B.，Are Price Limit Really Bad for Equity Markets?［J］. Journal of Banking & Finance，2010（34）：2462 - 2471.

程序化交易的发展趋势浅析及规范建议

俞 枫 梅继雄*

程序化交易本质上是信息技术在证券交易模式上的一种创新，是交易技术发展与市场竞争的自然结果。程序化交易在西方成熟市场发展已久，并在交易模式中占据主要地位，但在我国还属于新生事物，具有较大的发展空间。同时，国外市场经验显示，程序化交易的价值大于风险，其未来在我国的发展还有必要进行政策上的引导，按照技术创新和制度建设相结合的发展原则，通过加强制度建设和日常监管以避免系统风险。

一、程序化交易的内涵

（一）程序化交易相对于人工交易，是由计算机程序参与下达指令的交易

广义程序化交易（Program Trading）是应用计算机和现代网络系统，把交易策略、交易算法等通过程序的方式实现，由程序自动或半自动下达交易指令。狭义程序化交易是指在交易执行过程中使用计算机程序作为主要手段，模拟交易员的交易行为。所以程序化交易是相对人工交易而言的，它通过理性的决策和操作来克服人类情绪等弱点，排除人为干扰因素，严格执行交易策略。

对于程序化交易来说，当掌握市场价格趋势后，程序会以多空策略锁定标的价格和数量，在后续的市场行情波动过程中，及时抓住价差并获利。程序化交易追求的是先人一步的长期稳定获利，而不是偶然一次的极端暴利。

（二）程序化交易整体可以划分为（但不完全等同于）策略交易和高频交易

与程序化交易相关的概念和名称较多，例如算法交易（Algorithm Trading）、高频交易（High Frequency Trading）、量化交易（Quantitative Trading）、篮子交易（Basket Trading）、量化投资等，我们认为可以从策略管理和交易速度两个维度将程序化交易划分为策略交易和高频交易。这两者之间往往存在交叉，即策略交易也可以结合高频交易开展，高频交易中也

---

* 作者单位：国泰君安证券股份有限公司。原载于《中国证券》2015 年第 12 期。

可以存在各类复杂的算法、策略管理。策略交易既可以将计算机程序作为主要交易手段，也可以作为辅助手段，部分策略交易（如量化交易）可以通过手工交易完成，严格来说不完全等同于程序化交易；而高频交易为了达到一定的交易频率，一般是借助计算机程序实现，为了达到有竞争力的交易速度，是需要软硬件的共同配合，通常还需要比拼硬件设施。

1. 策略交易。策略交易（Strategy Trading）是算法交易、量化交易、篮子交易、机器交易等的统称，它是借助计算机程序的分析能力梳理市场运行规律和特征，并基于程序定制自动化交易方法和规则以利用上述规律获利的交易模式。根据交易目的不同，策略交易又分为被动型算法、主动型策略两大类。

（1）被动型算法的交易策略综合考虑了市场冲击成本、订单处理成本、机会成本等。具体来说，是将一个确定数量的买单或卖单输入到一个数量模型中，该模型会基于由算法的参数和约束所确定的目标而自动生成各订单的最优交易时间和各订单的交易规模。典型的被动型算法如成交量加权平均价格（VWAP：Volume Weighted Average Price）算法、时间加权平均价格（TWAP：Time Weighted Average Price）算法。随着算法交易的发展，各种改良和创新的更加复杂、精细化的算法模型相继出现，例如 Step 策略、VP（Volume Participation）策略、Hidden 策略、Guerrilla 策略、W&P（Work and Pounce）策略等。

（2）主动型交易策略的投资理念是战胜市场，获取收益。该理念认为现实的市场并非是有效市场，因此可以通过基本面和技术面的挖掘和研究获取收益。主动性策略大致包含四类：第一类是多空策略，是在买入一篮子股票的同时做空股指期货或者一篮子股票，获取相对收益，通过程序化交易能够实现高效而精准的自动对冲交易，当前市场最流行的是阿尔法策略。第二类是套利策略，是利用相关产品或市场之间的定价偏差，从中获利，主要包括期现套利、ETF（Exchange Traded Fund）套利、分级基金套利、期货跨期套利等。第三类是做市策略，是通过提供买/卖报价和买卖行为活跃市场，实现买卖价差和交易费用回扣返还。做市商通过在买卖盘口进行双边报价，为市场提供更好的流动性。第四类是趋势策略，又称方向性策略等，是将头寸留存一段时间，因为其日内价格预计会在某一方向上有较小但持久的改变。该策略甚至会通过交易引发趋势：事先建立头寸，通过发起一系列指令和交易，引发价格快速上涨或下跌，然后结清头寸并从中牟利。

2. 高频交易。高频交易意味着每次交易从开仓到平仓只有很短的时间间隔，一般从十几分钟到几微秒不等，从市场短暂的价格波动中获利。高频交易的创新在于利用电脑的计算能力替代人脑对市场的变化迅速做出反应，并且实现资金的快速周转。高频交易的特征是交易次数更多，而每笔交易的平均盈利较小。例如，很多传统的资金管理人持有的交易头寸长达数周乃至数月，每笔交易的盈利为数个百分点；而高频交易的资金管理人每天都交易多次，平均每笔交易的盈利不到一个百分点，并且基本不持有隔夜头寸。对于长期投资组合来说，高频交易策略是一种很好的分散投资工具。

总体而言，无论是趋势追随交易还是套利交易，只要速度达到了一定水平都可以被称为高频交易，它是一种高门槛，却能在不同市场间获得稳定盈利的交易策略。

二、程序化交易的发展趋势

程序化交易是一种通过技术创新实现差异化服务的手段，最早的程序化交易是 20 世纪

80年代美国纽约股票交易所（NYSE）的篮子交易，即一次性进行15只以上股票组合的交易。随着计算机技术的快速发展，程序化交易的应用范围更加广泛，一些专业投资机构在面临大规模资金交易、频繁价格波动和持续增强的市场风险压力下，寻求通过技术手段在交易决策、交易辅助等方面弥补投资经理在投资经验和效率方面的不足，纷纷研究并开发程序化交易系统。

（一）程序化交易在西方成熟市场经过多年发展，已经成为主流交易工具

美国和欧洲等发达国家的证券交易系统研究已经比较成熟，很大一部分投资经理都是用程序化交易系统来辅助交易与管理资产。据统计，程序化交易在美国市场的交易量占比已达70%。世界上最伟大的对冲基金经理之一詹姆斯·西蒙斯通过程序化交易方法进行了十几年的投资，其年收益率甚至超越了巴菲特、索罗斯等。

当前，国外程序化交易还在不断发展，市场竞争越来越激烈。新的交易策略主要用于适应单一证券衍生品品种，不断提升的高频交易技术则促使交易软件与市场互动更加频繁。西方成熟市场对程序化交易的成功应用和普遍认可，一方面充分体现了其重要价值，另一方面也反映出监管层对创新发展的正确引导和有效控制。表1为美国在2009—2010年高频交易迅速发展时期出台的一系列监管措施。显然，美国的监管体系对高频交易的发展也是一个持续跟踪和引导的过程。

表1　美国与高频交易相关的一系列监管措施

日期	监管措施提出情况
2009年9月17日	SEC提案禁止闪电指令
2009年10月29日	参议院银行委员会就高频交易召开听证会
2010年1月13日	SEC提案禁止无审核通路
2010年1月13日	SEC征询意见，以便形成最终的高频交易监管规则
2010年4月14日	SEC提案对巨量交易者分配识别代码
2010年5月20日	CFTC重新成立技术顾问委员会，以就高频交易监管给出建议
2010年6月11日	CFTC发布对托管服务的监管提案

（二）由于市场差异，国内程序化交易尚处于探索和起步阶段，整体规模较小

我国证券市场发展只有20年历史，市场组成和交易规则等与其他成熟市场存在较大差异。国外证券市场T+0的交易特征和优良的流动性，交易机构的竞争性经营，导致市场参与主体交易量大、交易品种多，因此，高频交易、策略交易等都逐渐发展成为无可争议的主流交易模式。我国证券市场的特征和一些局限性在很大程度上抑制了程序化交易的发展。

首先，高频交易经典场景是在多个交易所之间进行价差套利，后来衍生出Predatory策略，最后就是建Tradebook预测交易。而国内柜台市场处于发展初期、股票实行"T+1"交易和高额印花税、需要预缴保证金等情况导致在国内很难有严格意义上的高频交易，其应用场景主要是在现货、期货市场进行频率较高的交易。而且由于国内行情刷新推送最高频率是1秒2次，对应的高频交易速度相对国外低两个数量级。

其次，国内证券公司主要以提供交易通道业务为主，做市商业务较少，而西方证券交易多以做市等中间业务为主，竞争性更加明显，更需要借助策略和速度提升竞争力。虽然策略交易在国外是主流，但在我国尚处于发展初期，目前仅有少量证券公司和期货公司开发了相关交易工具，其算法研究还停留在最基础的 VWAP 和 TWAP 层面，比国外落后了六七年。

再者，在中国这样一个博弈性很强的市场，策略交易的优势应该是非常有说服力的。中国股市博弈性强的一个主要原因是散户的积极参与，尤其是在股市行情较好的时候，大众表现出极强的追随趋势心态和对快钱的追逐，而忽略了长期的价值投资。使用策略交易的量化回测方法，可以发现在过去任何有规则的投资方法，例如高换手的交易方法好于长期持有的低换手方法，即使扣去交易成本和冲击成本。

经过对国内程序化交易发展现状的了解，发现目前只有少量证券公司、资产管理公司、私募机构涉及程序化交易，主要用于自营套利套保业务、做市业务、资产管理业务，其中高频交易和趋势策略交易值得关注。整体而言，目前程序化交易在我国的研究和应用规模还比较小，还不成体系。由于我国个人投资者规模较大，对这样一个新事物的规范管理要求更高，要趋利避害，有效引导其健康发展是一项具有挑战性的工作。

（三）我国已具备发展程序化交易的主要条件，未来程序化交易有望朝着三个主要方向创新

随着我国计算机技术的飞速发展和新投资理念的引入，部分初级的程序化交易系统开始形成；国内的期货市场近年来也得到了较大的发展，产品品种和套利机会越来越多，如股指期货、ETF 的篮子交易；机构投资者数量可观，对专业化、规模化投资手段需求增加；部分衍生品种支持“T+0”交易，成为程序化交易的主要市场；我国的超级计算机技术和网络、通信技术比较领先，数学和计算机领域人才相对充足，也为程序化交易的发展打下了基础。

程序化交易的长期稳健获利特征获得了投资者的追捧，但如果出现同质化发展，很可能导致盈利能力不断下降。结合国内实际情况，我们认为未来的程序化交易应该走多样化、精细化路线，需要加强以下三个方面的创新发展：

1. 建立并加强投资组合分散化与多样化。分散化的投资组合通过多种标的组合将风险进行分散，以降低资产回撤比例，有助于将系统性风险降低到最小程度。在投资标的方面，可以选择弱关联性的产品以规避因产品间的联动作用而降低组合效果的问题；同样，考虑投资跨市场、国际化的产品可以增加标的多样化。在交易方法方面，目前主要集中在趋势跟踪策略上，容易出现同质化发展，可以考虑在交易模式上进行拓展，如发展各类套利交易等。

2. 主观交易与客观交易结合发展。任何事物的科学、健康发展都不能走单极化道路，应该采用辩证思维。在投资领域，市场变化很难只沿着计算机的思维发展，所以有必要增加人工的主观判断加以修正。主观交易具有灵活性和敏感性，如果与客观的程序化交易结合可以增加其多样化，但同时也应该避免主观交易的随意性。例如在开仓和平仓方面，应结合对宏观环境的主观判断，如果认为市场震荡是主旋律，则可以提前了结头寸，避免回撤，也可以考虑增加趋势策略的仓位，把握大级别行情；又如，应加强主观的基本面研究，可结合相关事件选择相应的大概率发展趋势标的进行程序化交易，以获得更好的投资效果。

3. 基于信息分析不断拓展交易模型类型。现有的程序化交易出发点大同小异，都是简单地围绕市场价格和成交持仓量构建的构造算法策略和交易模型，而往往忽略市场的资金流向、宏观经济、用户行为等海量信息。因此，可以考虑结合大数据分析技术，通过更大范围的信息收集和分析来构建新型交易模型。例如从货币发行量、GDP、特定产品的市场供需等基本面数据角度分析和建模；又如可基于对现货市场的走势判断，选择对大盘指数影响大的权重股建立领先指标进行交易；再如可结合对市场舆情、新闻媒体、社交网站等数据的挖掘分析，洞察市场波动的诱因，及时把握程序化交易时机，获得超额收益。

总而言之，金融市场的发展是无限和多样化的，单一模型对市场的描述永远是有限的，程序化交易的发展应该紧跟市场步伐，不断调整和优化模型，才能真正达到程序化交易持续稳健盈利的效果。

三、程序化交易的风险与影响

（一）国外市场经验显示程序化交易在常规情况下对市场影响有限，极端情况下可能会加剧市场波动

为了分析程序化交易对日中波动的影响，美国南加州大学组织分析了纽约证券交易所会员公司在 1989 年和 1990 年的所有盘中程序化交易样本。研究显示“现货—期货基础”在指数套利交易时间前几分钟开始加宽，并在提交时间达到峰值，订单提交 10—15 分钟后收敛返回到正常价值。它们的收敛性表明，现货市场和期货市场紧密联系，基本上具有相同的潜在风险。同时发现，指数套利和无套利程序化交易都与期货价格及现货价格指数的盘中波动有关联（见图 1 和图 2）。

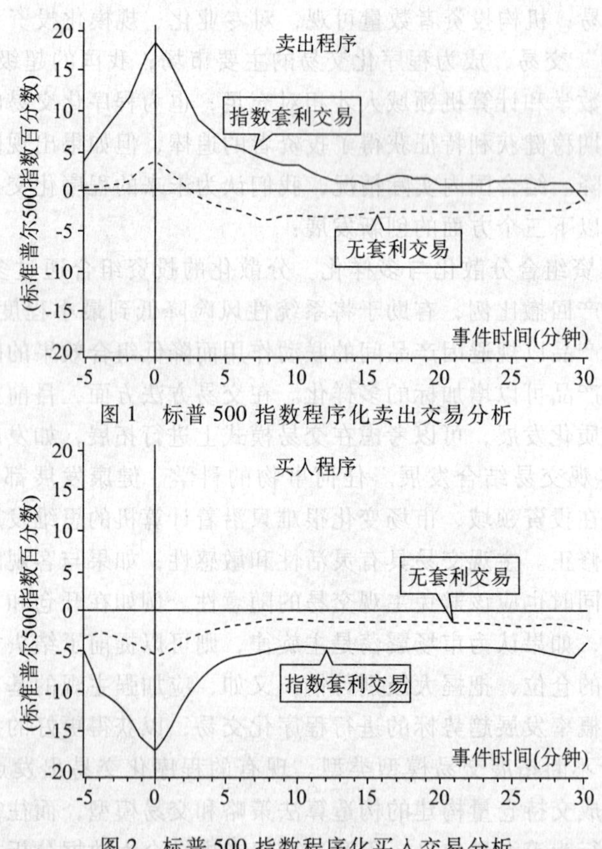

图 1　标普 500 指数程序化卖出交易分析

图 2　标普 500 指数程序化买入交易分析

研究还发现，现货价格指数变化和较小程度的期货价格变化会导致程序化交易触发，而

程序化交易又会反向导致期货价格和现货价格指数的变化。程序化交易和价格之间的关系可能取决于交易集内的交易时间，例如第一个交易集的第一个程序可能对价格的影响较小，而随后的交易影响较大。研究对多种分析变量进行了持续 8 个季度的回归分析，结果显示常规市场情况下，累积指数的变化与买/卖交易、套利/无套利交易都是相似的，程序化交易对盘中价格的影响是相对稳定和有规律的；价格分解也表明市场结果不是由系统等微观结构影响，1989—1990 年的程序化交易样品显示并没有产生重大的短期流动性问题。由此可见，程序化交易对市场波动的影响是有限的（见图 3 和图 4）。

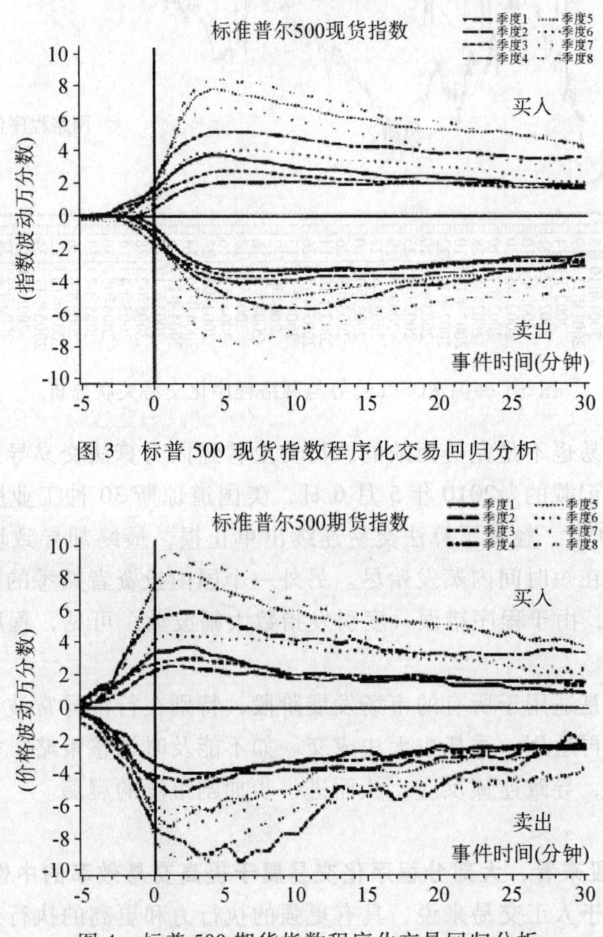

图 3　标普 500 现货指数程序化交易回归分析

图 4　标普 500 期货指数程序化交易回归分析

另外，根据 2011 年亚太管理评论[①]期刊对韩国证券市场的数据分析，韩国 KOSPI 指数在 2001—2006 年之间快速攀升，随之带动了网络程序交易（程序化买/卖）的增加。而网络程序交易只在 2001 年底和 2003 年中期出现了大幅度波动，后续波动幅度减小。由此可见，虽然程序化交易的交易量占比提升了，但其产生的市场波动却减少了（见图 5）。

① Asia Pacific Management Review, 16 (3).

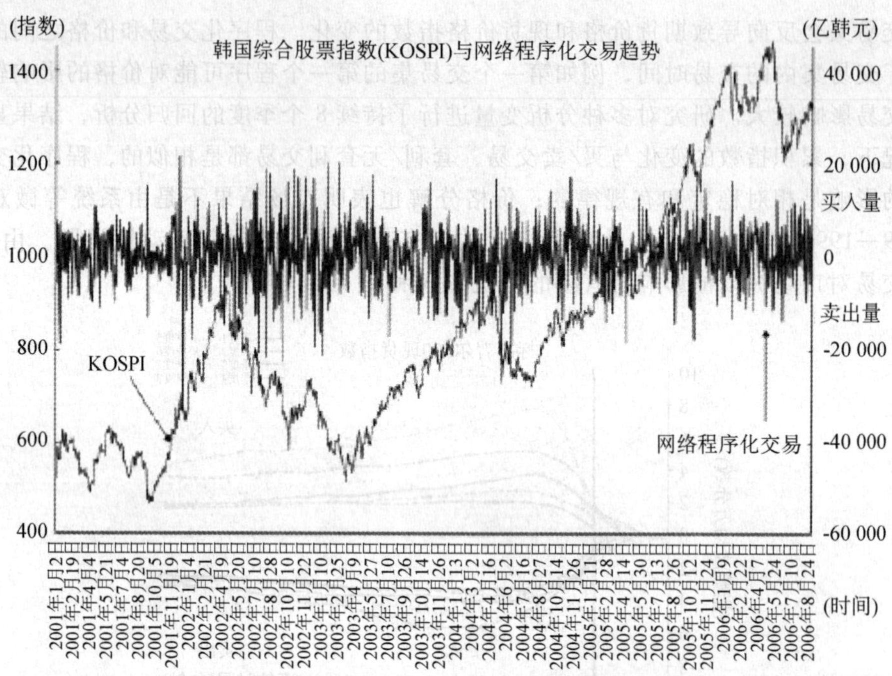

图 5 韩国 KOSPI 趋势与网络程序化交易关联分析

当然，程序化交易也不是完美无缺的，历史上曾经因为算法交易导致交易系统不可控而出现灾难性事件是有记载的。2010 年 5 月 6 日，美国道琼斯 30 种工业股票的均价指数在盘中直线下降了近 1000 点，触发了算法交易连续出单止损，最终却导致埃森哲和波士顿啤酒等多只蓝筹股的市值在短时间内蒸发殆尽。另外一个国内投资者熟悉的案例就是光大证券的"8 · 16 乌龙指事件"，由于程序错误一度引发指数大幅波动。可见，程序化交易的风险隐患不容小觑。

程序化交易也不是适用于所有的市场发展阶段，特别在行情异常波动的情况下，正常使用的交易策略可能不再适用，委托也无法成交。如不能及时调整策略，极端情况下程序化交易还可能出现死循环，导致连锁反应，从而进一步加剧市场的震荡。

（二）从交易手段来看，大部分程序化交易属于提高交易效率的中性工具

程序化交易相对于人工交易来说，具有更强的执行力和更高的执行效率，能克服人工交易的交易心理波动，可以同时且快速执行大量的交易指令，实现许多人工交易无法完成的策略，如期现套利、ETF 申赎套利等。在交易标的数量巨大的情况下，可以减少对市场的冲击，有效降低交易成本。

应该讲，程序化交易策略思想的主体是套利而不是投机，其交易行为具有一致性和可预见性。多空策略、套利策略以及做市策略总体上均为中性策略，在一定程度上能够为市场提供更好的流动性。程序化交易的量化投资策略更多的是采用套利的方式来获得收益，对市场价格发现和价值回归具有很好的促进作用，套利交易本身获得收益也相对更稳定。

大部分的程序化交易作为一种中性工具，只是其中的趋势交易策略因在交易时间主动地进行仓位裸暴露，其自身需要承担市场波动的风险，因此对市场有一定的"助涨助跌"作用。但趋势交易追涨杀跌的交易模式即使没有程序化交易，也一样可以手工实现，程序化实现只是其执行手段的改变。市场还存在趋势引发型的策略，常见操作包括故意快速提交然后大量撤销指令，并执行其中一些指令，诱骗其他交易者的程序开始运作，引发更为激进的买（卖）行为，存在影响、操纵交易标的嫌疑，也会在一定程度上影响市场的流动性。趋势策略在国内多为中小私募机构所用，这种策略无论是否通过程序化交易，都应当受到监测和控制。

四、对程序化交易的管理建议

（一）程序化交易有利于市场的多元化发展与创新，其发展亟须加强政策引导

与国外证券市场相比，我国证券市场还处在不断发展和完善的阶段，也在逐渐开放并与国际化市场接轨。目前市场投资理念存在短期套利严重和长期价值投资需求并存的情况，实体经济投资标的也存在发展成熟型公司和成长型新兴企业截然不同的融资诉求，市场的流动性具有不均衡性。因此当前应该是一个多元化和包容的市场，为了促进市场稳定，需要引入多种投资理念与风格的机构投资者。

目前国内金融机构在积极尝试技术和商业模式创新，以期突破行业同质化发展困局。程序化交易作为一种创新工具，其特征是使用客观的数量化分析，这与基本面投资的可量化不矛盾；对于市场的流动性影响，高频交易利用了市场流动性的不均衡性和信息优势，消耗了流动性，并非提供流动性。建议政策上鼓励有能力、有资质的金融机构在合法合规的前提下，利用自身信息技术优势发展程序化交易。同时，结合资本市场改革和创新，加强跨市场的制度和T+0、T+1等交易规则的统筹研究，建立相配套的管理办法，以有效引导程序化交易在市场上的有序、健康发展。

（二）加强透明化监管，明确界定程序化交易的监管底线

要想有效管控程序化交易的风险隐患，减少其对市场的不良影响，市场的监管理念、手段必须与时俱进，应针对程序化交易的发展实际情况，对现有制度和规则作出必要的修订，明确界定各类程序化交易的监管底线，以公平对待程序化交易和非程序化交易。

应考虑增加对程序化交易的监管透明度，首先需要清晰界定程序化交易的范畴，例如常规的投资组合就不应纳入程序化交易范畴，并鼓励中性策略（套保、套利、做市）的正常运行。应对程序化交易进行报备和标识，规范化第三方交易系统接入，严格控制程序化交易接口的发放，有效进行交易指令的标识和变更审核。同时，应加强对程序化交易账户的报备，对其交易策略类别、规模、联系人等信息备案并保持动态更新。

（三）区别对待不同类型和不同市场时点的程序化交易，实施差异化动态监管

根据程序化交易的类型和风险触发的特点，应采取差异化的监管策略：对于高频交易的监管，应重点加强对交易系统的规范、制约和实时监控，减少系统的风险；对于策略性交易的监管，重点是加强策略及操作等方面的合规监控，避免操作风险。同时，根据本文前面对程序化交易与市场波动的影响分析，建议监管策略在时点选择上具有一定的动态性：市场交易量异常或特殊时期，重点监管和严格限制程序化交易量及相关策略；市场恢复正常后，对

程序化交易可以恢复常态化管理。

要实现有效的差异化动态监管，有必要建立起证券、期货交易所等跨市场的一线监管机构协作机制，实施跨市场的数据联动监测。并建立市场交易数据模式识别系统，实时监控和认定异常交易行为（如无成交意向报价）。进一步明确有关程序化交易的各种监测、提醒、限制标准（如套保额度的实时动态调整、最大风险敞口比例等），明确在何种条件下（如市场波动达到一定程度）实施何种限制、限制程度等。

（四）经营机构主动配合监管要求，提高程序化交易系统建设和运行标准，加强客户适当性管理

证券公司、期货公司等经营机构应充分认识到程序化交易的价值和风险，积极主动地配合监管机构工作。应适当提高程序化交易系统建设的质量标准和运行监测水平，同时加强客户的适当性管理和风险提示，有效监测和分析客户的程序化交易操作，避免产生不良影响。

建议程序化交易系统建设质量标准和运行监测技术指标应包含但不限于：单日委托、撤单笔数上限，单日涨跌停板撤单次数上限，单位时间内委托、查询、撤单操作频率阀值；提供独立的第三方交易系统接入网关，具有接入授权功能，使用白名单或等效方式限制非授权的第三方系统接入；提供成交回报主动推送功能，避免程序化交易时频繁查询交易委托状态；提供运行监控系统，实时监控系统健康度、业务操作次数、交易账号合法性、非法登录等异常行为；建立业务、技术人员通讯录，定期组织系统应急演练，对于发现的问题及时整改；系统的升级或重大变更，应经过严格的内部版本测试和变更方案评估，并提前将发布内容和时间通知监管机构。

参考文献

［1］曹祥："程序化交易的发展方向"，《期货日报》［N］，2013－7－10。

［2］Lawrence Harris，George Sofianos，James E. Shapiro. "Program Trading and Intraday Volatility". The Review of Financial Studies/v7 n4 1994：676－678.

［3］Hee Seong Kim，Sang－Bum Park. "Program Trading Effects on KOSPI and KOSPI200 Futures Market". Asia Pacific Management Review 16（3）（2011）：225－238.

“T+0”与“T+1”交易制度研究

郦 彬 孔令超 王佳骏*

一、国内外交易与交收制度概述

对于A股是否恢复“T+0”交易一直是业界和学术界讨论的问题。从严格意义上说，“T+0”与“T+1”对应的是证券的交收制度。而市场讨论的“T+0”交易，更确切的名称为“日内回转交易”。根据《上海证券交易所交易规则》，证券的回转交易是指投资者买入的证券，经确认成交后，在交收前全部或部分卖出。海外的回转交易一般指当日买入的股票（现金或者融资）可在当日卖出，或者当日卖出的股票（现券或者融券）可在当日买入，在交收日按照买卖差额结算交收。目前国内讨论的“T+0”交易主要指在现金账户当日买入股票，并在当日卖出的情形。

（一）国内A股的交易与交收制度简述

国内A股市场的交收制度为“T+1”货银对付，即在T+1日完成证券、资金净额的对付结算制度。而A股的交易制度为次日回转交易（“T+1”交易），不允许进行日内回转交易（“T+0”交易），即T日买入的股票，只能在T+1日才可卖出；而在T日卖出股票所得的资金，虽然在T日无法通过银证转账提取，但可以再次用于买入股票。

A股市场历史上也曾经采取“T+0”日内回转交易制度。上交所和深交所分别在1992年5月和1993年11月实施“T+0”交易制度。但由于当时股票市场尚处于萌芽期，各项监管不完备（例如，交易所对投资者准入缺乏分类标准、回转交易行为监控手段有限等），股票标的较少且市场和投资者的投资理念不够成熟，因此“T+0”改革引发了严重的投机炒作现象，扰乱了市场交易秩序。1995年1月，基于防范股市风险的考虑，沪深两市的A股和基金交易又由“T+0”当日回转交易方式改回了“T+1”次日回转交易制度，一直沿

* 作者单位：国信证券股份有限公司经济研究所。原载于《中国证券》2015年第12期。

用至今。

（二）海外股票市场交易和交收制度

目前欧美主要发达市场和一些新兴市场虽然在交收制度上有所不同，但基本上普遍允许进行“T+0”当日回转交易制度。

1. 美国股票市场。美国股票市场总成交量的15%—20%来自回转交易，然而美国股票市场并非简单机械地允许投资者在当日内买卖股票，而是对“T+0”交易设置各种较为严格的监管措施。在美国，共有三种账户性质和相对应的交易制度。

第一种是现金账户（Cash Account），最低账户金额由各家券商自行规定，一般账户总值低于2 000美元。由于美国资金交割制度为“T+3”，因此卖出股票3天后才可交割资金，否则将被禁止交易90天。

第二种是普通融资融券账户（Margin Account），账户总值不低于2 000美元，实行“T+1”交易制度，但在5个交易日之内，有3次“T+0”交易机会。

第三种是典型回转交易账户（Day Trading），账户总值高于2.5万美元。在普通融资融券账户超过2.5万美元且5个交易日内做了4次“T+0”交易，就自动定义为典型回转交易账户。交易制度实行“T+0”交易，但此类账户必须遵守最低净值2.5万美元的要求。

2. 中国台湾股票市场。中国台湾股票市场的结算交收制度为“T+2”交易，在T日，券商就交易当天的全部交易进行结算，计算投资者的应收应付款项，在T+2日进行交收。

从2014年1月6日起，台湾证券交易所恢复了以现股从事先买后卖的当日冲销交易。从2014年6月30日起，开放先卖后买的当日冲销交易。“现股当日冲销”是指投资者若以同一账户在同一交易日，现款买进与现券卖出同一证券成交后，就相同数量部分，可按买卖冲销后差额办理款项交割。

目前，根据台湾证券交易所的相关规定，投资者可以在现金账户对台湾50指数成分股、台湾中型100指数成分股以及柜台买卖中心的富柜50指数成分股进行当日冲销交易。

3. 日本股票市场。日本股票市场的交收制度为“T+3”交易，即在交易日后的第3个交易日完成证券和资金的结算交割。

日本股票市场也允许投资者进行“T+0”日内回转交易，但是与美国股票市场和中国台湾股票市场不同的是，日本股票市场仅允许每只股票当日“T+0”交易一次。例如，当日投资者买入股票后，可以在当日对该股票进行一次卖出交易。交易完成后，将不得对同一股票再次进行“T+0”操作。而对于不同股票，仍可以进行“T+0”交易。由于日本股票市场限制了每日每只股票的“T+0”交易次数，因而大大减少了个股日内回转交易次数。

4. 中国香港股票市场。中国香港股票市场允许日内回转交易，即当日买入的股票，经确认成交后，在交收前可以卖出。而在证券交收时点上，实行“T+2”交收安排，即T日买入港股的投资者，T+2日日终完成交收后才可获得相关证券的权益；而T日卖出港股的投资者，T日和T+1日日终仍可享有关于证券的权益。

二、"T+0"与"T+1"交易制度的对比分析

(一)"T+1"交易制度存在的问题

从众多学术研究和实务操作经验看，尽管"T+1"交易制度下，股票市场的波动性相对较小，但"T+1"交易制度也存在以下几个问题。

1. 难以规避日内股价波动风险。尽管我们融资融券业务已经开展一定时间，但是融券业务一直较为清淡，A股现货的卖空工具依旧不足。在这种情况下，"T+1"交易制度加剧了投资者的交易风险，尤其是中小投资者。当股价在日内出现巨幅波动时（最高可达20%），投资者无法及时卖出股票规避风险。

2. 期货与现货市场交易机制不匹配。目前A股市场中，期货与现货存在双重的交易机制不匹配。首先，现货市场仅部分股票可以进行融资融券，而融券业务并不活跃，现货市场几乎不存在卖空工具，而股指期货市场则可以进行做多和做空两个方向的交易。其次，现货市场采用"T+1"交易制度，而期货市场使用"T+0"交易制度。交易机制的不匹配造成不同投资者之间的不公平交易。典型的案例有2013年8月16日的光大证券"乌龙指"事件。由于光大证券的巨额买单，ETF180的成分股出现脉冲式上涨，在发现错误后，光大证券在股指期货市场进行做空对冲，减小当日下午股票回落后的损失。但是，当日买入股票的中小投资者只能在次日卖出股票，无法规避当日日内股价波动带来的风险，损失惨重。

未来个股期权等更多衍生产品的推出，将进一步加剧衍生品与基础资产市场交易制度的不匹配现象，有违市场公平交易的宗旨。

3. 降低市场流动性，对股票市场质量产生负面影响。在目前A股的"T+1"交易制度中，T日买入的股票在T日不可卖出，在T+1日后才可以卖出；但T日卖出股票所得的资金在T日就可以进行回转交易再次买入股票。在这种情况下，投资者对于买入更为谨慎，同时更倾向于卖出，特别是在行情低迷时期。因此，"T+1"交易制度一定程度上降低了股票市场的流动性。一些实证研究表明，"T+1"交易制度会降低股票市场流动性，减少交易量，使股票价格存在低流动性折价，对股票市场质量产生负面影响（边江泽，2010；张艳磊，2014）。

(二)"T+0"交易制度的优劣分析

我们认为"T+0"当日回转交易制度具有如下优点：

第一，"T+0"当日回转交易制度能够增加交易量，提高市场资金的流动性，增强投资者积极性，提升市场活跃度。海外市场实践表明，实施"T+0"当日回转交易制度后，市场的交易量显著增加。

第二，"T+0"当日回转交易制度下不存在人为的时滞限制，投资者可以根据行情变动在当日买卖股票，规避日内波动，反映市场的真实供求状况。

第三，与股指期货市场的"T+0"制度相匹配，降低因交易制度不一致带来的市场不公平程度，同时丰富投资者的投资手段，使交易更加灵活便利，满足投资者的交易需求。

第四，"T+0"当日回转交易制度能提高券商的经纪业务收入。由于"T+0"交易能够显著提高交易量，券商的经纪业务收入因此得以增加，进一步提升券商业绩。

此外，众多国内学者从“T+0”当日回转交易制度对市场的波动性、流动性、定价效率等角度进行了实证研究，表明“T+0”交易制度在显著提高市场交易量的同时，并没有显著增加市场波动性，亦不会增加市场风险，有利于提高整个市场的运作效率。

但是对A股市场来说，“T+0”当日回转交易制度的问题在于缺乏相应的监管机制来保证其平稳运行。由于当前我国市场缺乏长期持股的激励机制，市场的投资者结构依然以个人投资者为主，投机炒作氛围较浓，并且机构投资者由于排名考核期较短等原因，往往追逐短期收益，也存在追涨杀跌情况。在这种市场情况下，“T+0”制度将助涨A股市场的投机氛围，加大市场风险。典型案例如A股市场1992年、1993年实施“T+0”交易制度后，市场出现过度投机炒作，监管层在1995年再度恢复“T+1”交易制度。

（三）“T+1”转变为“T+0”后对市场影响：以我国A股、中国台湾和韩国市场为例

通过分析我国A股、中国台湾、韩国等市场历史上“T+1”与“T+0”交易制度转换前后市场成交量和股价的变化情况，我们发现从“T+1”制度转变为“T+0”制度后，成交量显著提升，对股价具有短期支撑作用，但难以产生趋势性行情。

1. A股市场。上交所曾于1992年5月开始实行“T+0”制度，当月上证综指由445.38点暴涨177.23%至1234.71点，月交易量也大幅上升。不过当时的大幅上涨更多是受到取消此前的涨跌幅限制的影响，此后行情也未能持续，但月交易量则在实行“T+0”后持续维持在较高的水平（见图1）。

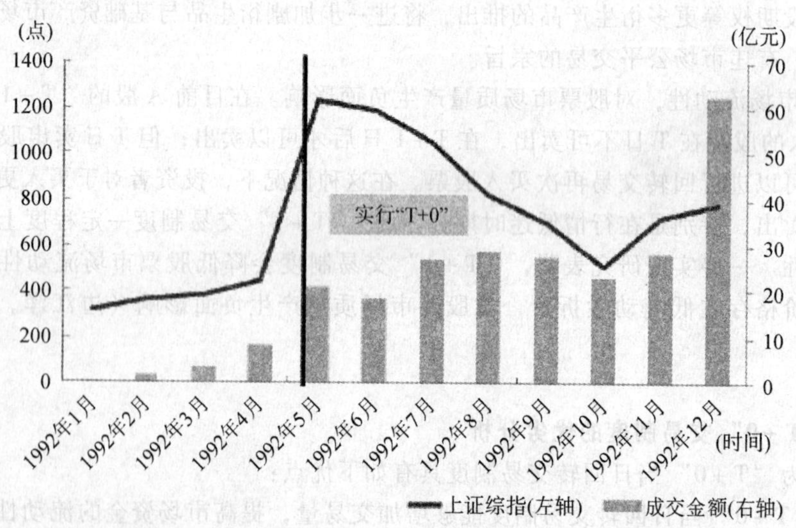

图1 上交所1992年实行“T+0”前后指数和成交额变化

资料来源：Wind，国信证券经济研究所整理。

深交所于1993年11月开始实行“T+0”制度，当月深成指上涨7.88%，但此后逐渐走低，而交易量水平则在实行“T+0”后出现明显的提升（见图2）。

1995年1月，上交所和深交所同时将交易制度由“T+0”改为“T+1”。当月上证综指和深成指分别下跌13.16%和9.00%，但随后企稳。交易量也出现了大幅萎缩，之后有所恢复，但整体仍然弱于实行“T+0”制度时的水平（见图3和图4）。

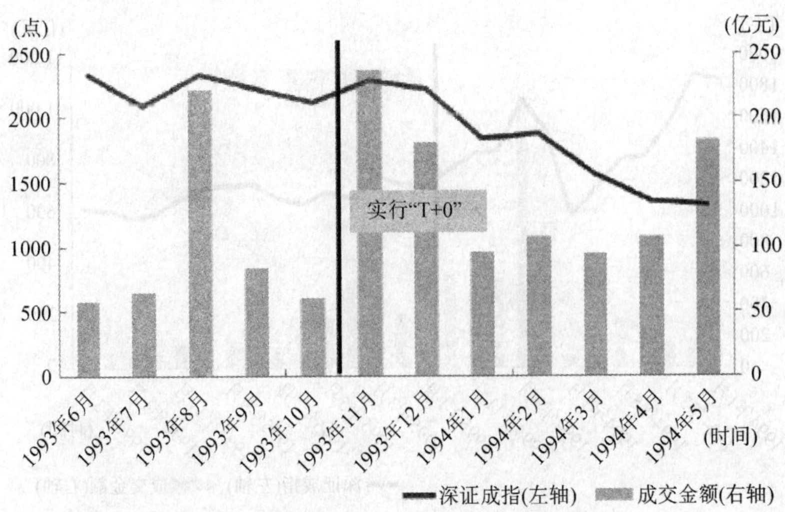

图 2 深交所 1993 年实行"T+0"前后指数和成交额变化

资料来源：Wind，国信证券经济研究所整理。

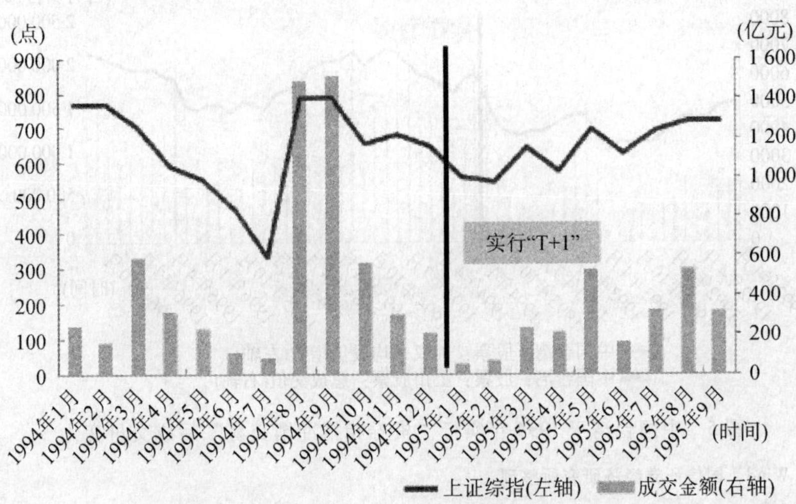

图 3 上交所 1995 年实行"T+1"前后指数和成交额变化

资料来源：Wind，国信证券经济研究所整理。

2. 中国台湾市场。中国台湾市场在 1994 年 1 月 1 日放开"T+0"交易后，台湾加权平均指数在 1993 年 12 月和 1994 年 1 月分别大幅上涨 19.70% 和 19.03%，但随后回调。而成交量则持续高位，明显高于前期水平，"T+0"推出后一年的平均成交量相比上年增长 107.70%（见图 5）。

台湾柜台市场于 2005 年 11 月 14 日起以允许资券相抵的方式在信用交易开放"T+0"制度。台湾柜台指数在 2005 年 11 月和 12 月分别大幅上涨 9.76% 和 13.84%，月平均成交量也比前期提升 50% 以上（见图 6）。

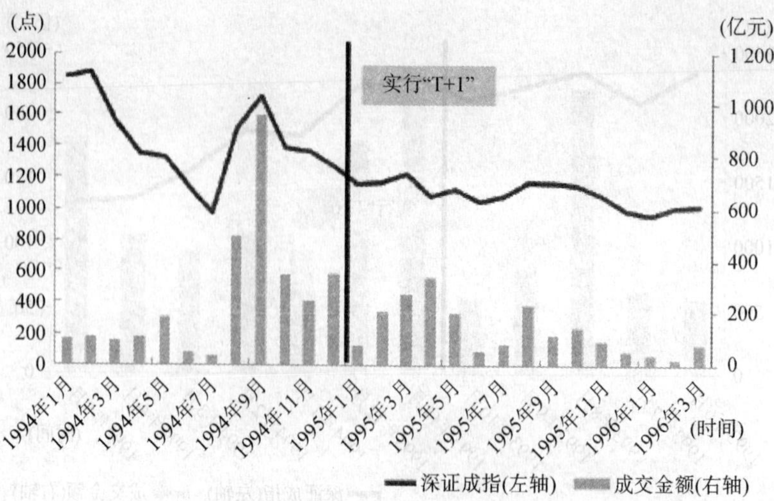

图4 深交所1995年实行"T+1"前后指数和成交额变化

资料来源：Wind，国信证券经济研究所整理。

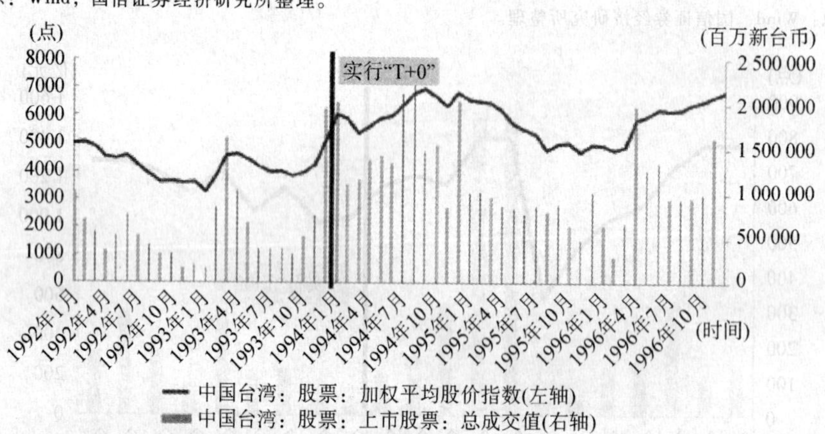

图5 中国台湾于1994年实行"资券相抵冲销交易"后成交量变化

资料来源：Wind，国信证券经济研究所整理。

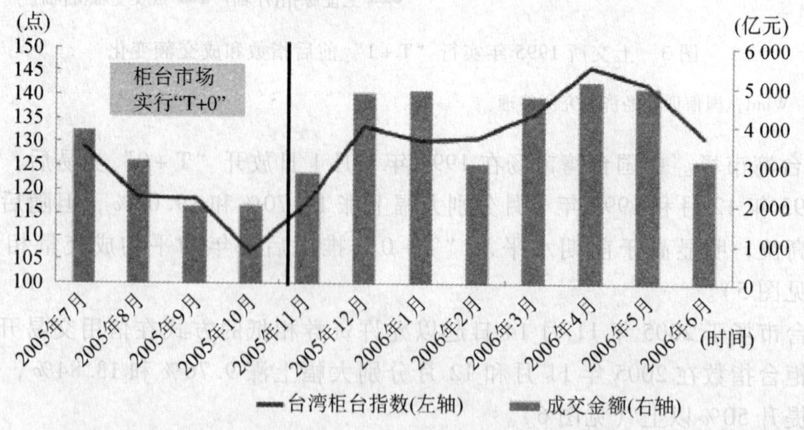

图6 中国台湾柜台市场2005年通过资券相抵方式实行"T+0"前后指数和成交额变化

资料来源：Wind，国信证券经济研究所整理。

2014 年 1 月 6 日，台湾证券交易所开放了现金账户的当日冲销交易。对比开放当日冲销交易前 6 个月和后 6 个月的成交金额看，开放当日冲销交易后 6 个月的月均成交金额较开放前增长了近 12%，但随后成交量恢复至开放当日冲销交易前的水平。从台湾加权指数的走势看，开放当日冲销交易后 6 个月，台湾加权指数上涨了近 10%，但长期看指数并未受到开放当日冲销交易的影响（见图 7）。

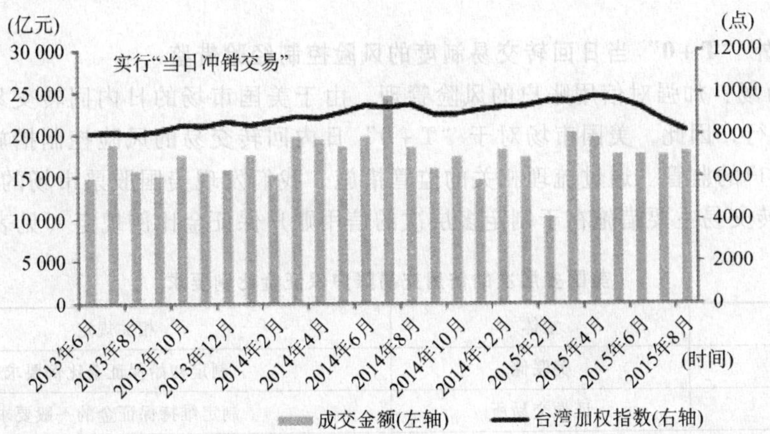

图 7　中国台湾柜台市场 2014 年开放现金账户的当日冲销交易前后，指数与市场成交额变化

资料来源：Wind，国信证券经济研究所整理。

此外，从市场波动性看，台湾市场的平均日内振幅在恢复前半个月为 0.51%，恢复后半个月为 0.54%①，变化并不显著，说明当日冲销交易并没有加剧市场的波动性。

3. 韩国市场。韩国于 1997 年 1 月开始实施“T+0”，实施当月股指下跌 3.04%。但成交量也出现了明显的放大，“T+0”推出后一年的平均成交量相比上年增长 14.4%。回转交易的成交也较为活跃，韩国回转交易占市场总成交量的比重在 1998 年为 9.4%，而 2001 年达到 22.2%（见图 8）。

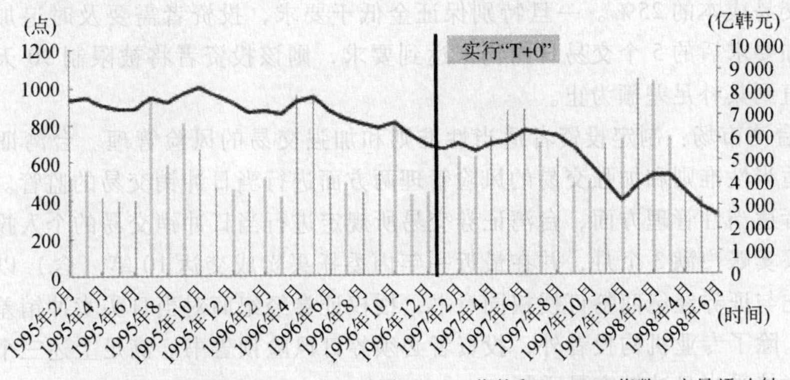

图 8　韩国 1997 年实行“T+0”前后指数和成交额变化

资料来源：Wind，国信证券经济研究所整理。

① “台湾市场平稳恢复 T+0 制度”，中证网，时间：2014 年 1 月 28 日，网址：http://www.cs.com.cn/sylm/jsbd/201401/t20140128_4297273.html，最后访问日期：2015 年 11 月 27 日。

综上所述，从“T+1”转换为“T+0”将显著提升股票市场的交易量。但从历史上 A 股市场和中国台湾、韩国的市场的经验来看，“T+0”制度的推出对于市场走势的推动作用在短期较为明显，但对行情的支撑缺乏持续性。

三、推出“T+0”交易制度的方案设想

（一）海外“T+0”当日回转交易制度的风险控制经验借鉴

1. 美国市场：加强对信用账户的风险管理。由于美国市场的日内回转交易一般在信用交易账户内进行，因此，美国市场对于“T+0”日内回转交易的风险控制措施主要集中在对信用交易账户的监管。通过梳理相关的监管措施，我们发现美国股票市场的监管者对“T+0”日内回转交易主要措施在于制定多层次的信用账户保证金比例规定（见表 1）。

表 1　　美国多层次的信用交易账户保证金比例要求

层次	主体	相关规定
第一层	美联储	制定初始保证金比例要求
第二层	证券交易所	制定维持保证金的一般要求
第三层	券商	根据客户信用资质制定差别化的保证金要求

资料来源：吴林祥，王霞：“在信用交易账户开放日内回转交易的海外经验与启示”，深圳证券交易所综合研究所，2007 年 1 月 16 日，深证综研字第 0148 号，国信证券经济研究所整理。

此外，美国监管当局对典型回转交易者实施特别监管。首先，提高典型回转交易者的准入门槛。典型回转交易者信用交易账户的总值不得低于 2.5 万美元，若未达到该要求，则投资者无法进行日内回转交易。其次，加强典型回转交易者的账户资金管理和额度限制。典型回转交易者进行日内回转交易的额度具有一定限制，不得超过前一交易日结束时信用交易账户总值维持保证金部分的 4 倍。此外，对典型回转交易者实施特别保证金管理，特别保证金为日内所有交易成本的 25%。一旦特别保证金低于要求，投资者需要及时追加，如果在收到保证金追加要求后的 5 个交易日内仍未达到要求，则该投资者将被限制 90 天内只能进行现金交易或直到其补足差额为止。

2. 中国台湾市场：制定投资者适当性准则和加强交易的风险管理。台湾证券交易所从制定投资者适当性准则和加强交易的风险管理两方面进行当日冲销交易的监管。

在投资者适当性管理方面，台湾证券交易所规定进行当日冲销交易的个人投资者首先需要开立受托买卖账户满 3 个月，并在最近一年内委托买卖成交达 10 笔（含）以上；其次投资者需要事先与证券经纪商签订授权同意书，授权证券经纪商对当日买卖冲销差额办理款项交割；最后，除了专业机构投资者外，投资者必须签订风险预告书。满足上述三个条件后，证券经纪商才能接受当日冲销交易委托。

在加强交易的风险管理方面，台湾证券交易所主要从以下三方面着手：

首先，台湾证券交易所对可交易证券采取试点先行的策略。首批恢复现金账户回转交易的上市股票共 150 只，约占台湾证券交易所上市股票总数的 10%，占总市值的 75%。目前可进行当日冲销交易的证券包括：（1）台湾证券交易所的台湾 50 指数成分股、台湾中型 100 指数成分股和柜台买卖中心的富柜 50 指数成分股；（2）认购（售）权证的标的股票；

(3) ETF。

其次，台湾证券交易所实行保证金和回转交易额度控制。证券经纪商可以根据投资者的资金情况预收足额或一定数量的资金和证券，并设定投资者单日回转交易买卖额度，进行严格前端控制。

最后，台湾证券交易所规定证券经纪商对投资者进行冲销交易损益评估。一方面，证券经纪商需要在每日收盘后，就投资者当日冲销交易的损益情况进行评估，根据其损益情况来增减投资者的当日买卖额度或当日冲销额度；另一方面，若投资者当月冲销交易的累计亏损达到单日买卖额度或者当日冲销额度的1/2时，证券经纪商需要暂停投资者的当日冲销交易。除了专业机构投资者外，证券经纪商需要投资者提供适当的财力证明，重新评估其当日买卖或冲销额度。

（二）实施“T+0”日内回转交易制度的方案设想

目前国内对于推出“T+0”日内回转交易制度的担忧在于A股市场尚未完善，“T+0”或引发市场的过度交易。通过研究海外市场的“T+0”日内回转交易机制，我们发现海外市场并不是简单机械地允许日内回转交易，而是通过设立不同账户、加强日内回转交易账户的监管和风险控制、完善交易信息披露机制等措施来保证“T+0”日内回转交易的平稳运行。海外市场的运行数据显示，“T+0”日内回转交易基本占市场总成交量的15%—20%，并未引起市场的异常波动。

因此，对于A股市场实施“T+0”日内回转交易制度的方案设想，我们提出以下几点建议：

1. 参考我国台湾经验，对上证50、沪深300等蓝筹板块试点实施日内回转交易。从目前各板块的交易活跃度看，中小市值公司的交投相对于大盘蓝筹更活跃。自2015年初以来，创业板股票的日均换手率是上证50指数成分股的2.8倍左右。中小板、创业板中上市公司的流通市值规模普遍较小，实行“T+0”制度难以避免价格操纵和过度投机等现象的发生（见图9）。

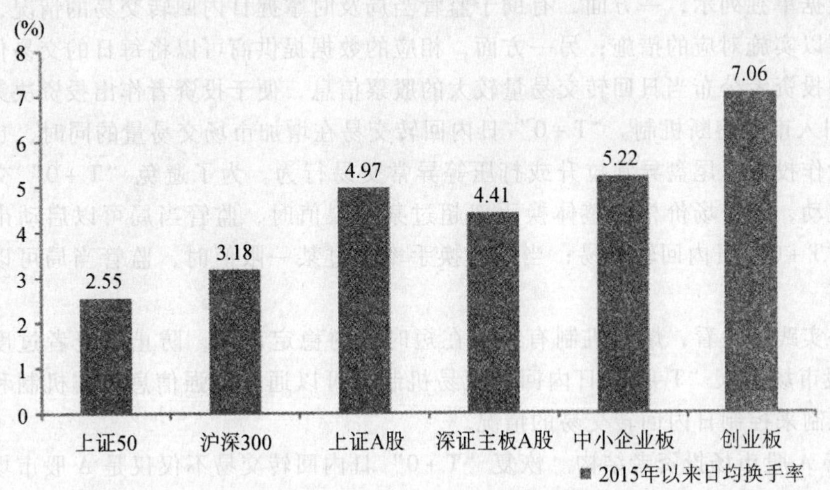

图9　上证50成分股的日均换手率明显小于创业板成分股

资料来源：Wind，国信证券经济研究所整理，数据截至2015年9月2日。

参考我国台湾市场先从台湾50指数和台湾中型100指数试点，再扩展至富柜100指数的经验，我们认为A股市场可以参考台湾市场的经验，通过对上证50、沪深300等指数的成分股先行试点交易的方式逐步放开日内回转交易，以防中小公司出现过度投机。

2. 加强日内回转交易的风险管理。"T+0"日内回转交易具有一定风险，因此需要监管者对交易实施更为严格的风险管理。我们认为可以从以下几个方面进行：

(1) 提高投资者的准入门槛。若在A股开放"T+0"日内回转交易，上交所和深交所可以参考融资融券账户设定投资者准入门槛，并参考美国经验，设定"典型回转交易者"标准，对潜在可能进行多次日内回转交易的投资者实施更高的账户资金要求。

(2) 动态控制单日回转交易额。参考美国和日本市场的监管方式，我们认为可以通过设定单日"T+0"日内回转交易总额来控制日内回转交易的次数。一方面，交易所可以对整个账户设定一个交易额度，例如限制投资者当日"T+0"交易的总成交额不得高于账户市值的一定倍数；另一方面，交易所也可以对单一股票设定一个交易额度，例如限制投资者当日"T+0"交易额不得高于账户内该股票市值的一定倍数。证券公司可以对投资者的回转交易进行每日评估，一旦其月度的累计亏损超过单日额度的一定比例，则暂停其回转交易权限，并重新制定投资者的单日回转交易额度。

3. 加强整个市场的风险管理。从海外市场的实践经验和国内1992年、1993年的历史经验看，"T+0"日内回转交易将显著提升交易量，因此对整个市场的风险管理提出了更高的要求。为了避免"T+0"交易引起的过度炒作投机，监管当局必须加强对整个市场的风险管理。我们认为可以从两方面着手：

(1) 完善信息披露制度。风险来源于不确定性，及时完善的信息披露可以有效降低市场风险。从我国台湾市场的实践操作看，台湾交易所和柜台买卖中心要求券商在每日上报信用交易的成交量、成交金额时，需要单独上报资券相抵交割部分的成交数据。A股市场可以参考台湾市场的做法，在目前每日披露个股的融资融券数据的基础上，对"T+0"日内回转交易的数据单独列示，一方面，有助于监管当局及时掌握日内回转交易的情况，一旦出现异常交易可以实施对应的措施；另一方面，相应的数据提供商可以将每日的交易信息进行汇总处理，向投资者公布当日回转交易量较大的股票信息，便于投资者作出投资决策。

(2) 引入市场熔断机制。"T+0"日内回转交易在增加市场交易量的同时，也易造成市场的过度炒作投机、尾盘异常拉升或打压等异常交易行为。为了避免"T+0"交易引起市场的过度波动，当市场价格或整体换手率超过某一限值时，监管当局可以启动市场熔断机制，暂停"T+0"日内回转交易；当个股换手率超过某一限值时，监管当局可以启动个股的熔断机制。

从海外实践经验看，熔断机制有助于在短时间内稳定市场，防止投资者过度反应。因此，若A股市场引入"T+0"日内回转交易机制，可以通过加强信息披露机制和适当引入指数熔断机制来控制日内回转交易的情况。

4. 完善A股市场投资者结构。恢复"T+0"日内回转交易不仅仅是A股市场交易制度的改变，而且需要整个市场其他配套制度的完善。此外，完善A股市场投资者结构也有助于降低"T+0"日内回转交易可能引起的负面影响。针对当前A股市场个人投资者占比高、机构投资者行为散户化、海外机构投资者占比低的特点，可以从以下几个方面完善投资者结构。

首先，出台相关税收优惠政策、鼓励上市公司提高分红等措施，激励投资者长期持股。管理层一方面可以降低或减免股息红利的个人所得税来鼓励个人投资者长期持股，如财政部、国家税务局以及中国证监会于2015年9月7日联合发布《关于上市公司股息红利差别化个人所得税政策有关问题的通知》（财税［2015］101号），明确个人从公开发行和转让市场取得的上市公司股票，持股期限超过1年的，股息红利所得暂免征收个人所得税；另一方面，管理层可以通过对派发股息红利的上市公司提供税收优惠等政策来鼓励上市公司提高分红比例，提高投资者的分红收益率（见图10和图11）。

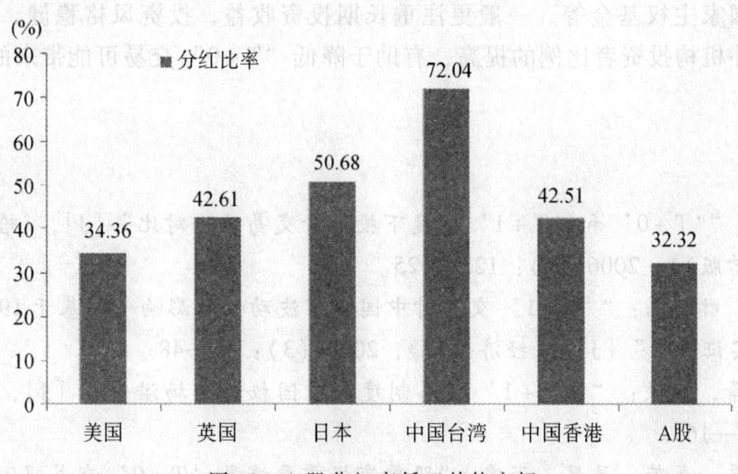

图10 A股分红率低于其他市场

资料来源：Wind，国信证券经济研究所整理。

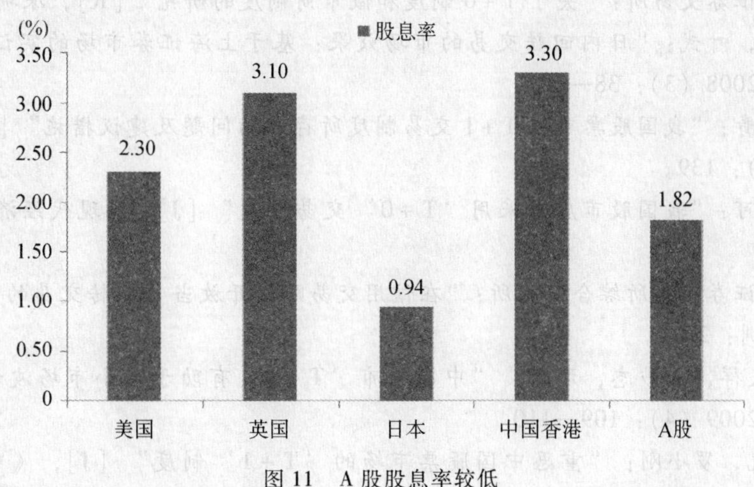

图11 A股股息率较低

资料来源：Wind，国信证券经济研究所整理。

其次，参考欧美基金业绩的考核周期和方法，延长国内基金经理的业绩考核周期，从3—5年等更长的时间区间来综合考察基金经理的长期投资收益，以此转变基金经理的短期跟风投机思维，更注重长期的价值投资。

再次，逐步放开养老金入市，提升社保等养老金入市规模。与其他机构相比，社保养老基金管理的是全民的养老金，在管理规则上要求更高，在投资风格上更为稳健，并且受到政府部门的监督，是最为专业的机构投资者。因此，养老金的入市能够为A股引入稳定的长期资金，降低“T+0”交易可能引起的负面影响。

最后，进一步开放A股市场来提升海外机构投资者的比例。韩国、中国台湾和日本这三个证券市场都经历了海外投资者占比提升的过程。这三个证券市场都是在20世纪90年代初开始放松QFII管制，后来逐步放开，并先后加入MSCI新兴市场指数，融入全球资本市场。在这个过程中，海外机构投资者占比提升，对整个股市也产生了全方位的影响。海外机构投资者中如国家主权基金等，一般更注重长期投资收益，投资风格稳健，管理上更加严格，因此，海外机构投资者比例的提高，有助于降低“T+0”交易可能带来的负面影响。

参考文献

[1] 盖卉：“‘T+0’和‘T+1’制度下投资者交易风险对比”[J]，《哈尔滨商业大学学报（自然科学版）》，2006（5）：122—125。

[2] 葛勇，叶德磊：“‘T+1’交易对中国股市波动性的影响——基于1992—2008年时间序列数据的实证分析”[J]，《经济论坛》，2009（3）：45—48。

[3] 边江泽，宿铁：“‘T+1’交易制度和中国权证市场溢价”[J]，《金融研究》，2010（6）：143—161。

[4] 张艳磊，秦芳，吴昱，张睿：“股票市场需要恢复‘T+0’交易吗？——基于A+B股的实证研究”[J]，《投资研究》，2014（8）：139—155。

[5] 深圳证券交易所：“关于T+0制度和做市商制度的研究”[R]，深圳：2003。

[6] 刘逖，叶武：“日内回转交易的市场效果：基于上海证券市场的实证研究”[J]，《资本市场》，2008（3）：38—42。

[7] 聂汗青：“我国股票市场T+1交易制度所存在的问题及建议措施”[J]，《财政金融》，2013（5）：139。

[8] 张人可：“我国股市应当采用‘T+0’交易制度”[J]，《现代经济信息》，2014（8）：305。

[9] 深圳证券交易所综合研究所：“在信用交易账户开放当日回转交易的海外经验与启示”[R]，深圳：2007。

[10] 孔庆祥，余妙志，邢哲：“中国股市‘T+1’有助于减小市场波动吗？”[J]，《经济论坛》，2009（4）：109—110。

[11] 杨帆，罗小刚：“重思中国股票市场的‘T+1’制度”[J]，《中外企业家》，2009（9）：106—108。

[12] 刘建华：“资本市场‘T+1’交易制度的实验研究”[J]，《中国经济问题》，2010（2）：37—41。

证券市场杠杆交易的意义与发展

——融资融券对 A 股市场的影响及后续发展探讨

杜新乐　刘　硕　王一安*

一、引言

2015 年上证综指由年初 3234 点到 5178 点又下跌至 2850 点，“两融”业务遭遇自开展以来的最大级别市场波动，融资融券余额从 1.03 万亿元升至 2.23 万亿元再下降至 0.94 万亿元。在此轮市场的大幅波动中，杠杆交易受到极大的关注。融资融券业务作为数据较为完善、监管充分的场内杠杆业务，成为此次市场波动中各方媒介的关注重点。

杠杆工具是一个成熟的资本市场不可或缺的组成部分，随着资本市场的不断完善发展，“杠杆市”或将会成为我国股市的新常态，对于杠杆类业务，更需以理性剖析、客观对待。

当前 A 股市场的杠杆交易形式包含融资融券、约定购回、质押融资、收益互换、伞型信托、银行借贷、配资公司配资、分级基金以及其他民间借贷资金等多种形式。融资融券虽为当前监管较为充分和规范的杠杆工具之一，在此次 A 股市场的大幅波动中也暴露出市场基础制度建设及各参与方不成熟的一面。监管层及证券公司应充分认识到杠杆“双刃剑”的特点，将此次市场波动中所得经验教训运用到后续的业务管理中，平稳、合理、有序发展两融业务。

二、融资融券对 A 股市场影响

（一）系统化、规范化的杠杆交易可以增强证券市场的流动性

融资融券作为一种杠杆交易工具，通过场内存量资金及证券的放大效应，增加证券市场

* 作者单位：国泰君安证券股份有限公司。

供需量，活跃市场沉淀资金，降低流动性风险。

1. 融资融券交易通过影响证券供需增强市场流动性。融资融券交易从两个方面影响着流动性，一方面是从证券的需求角度，另一方面从证券的供给角度。

一般来说，在证券被市场低估的情况下，投资者会通过融资的方式买入，从而使得这些证券的需求量得以增加，进而使这些证券的卖压得到释放。而在证券被市场高估的情况下，投资者使用融券的方式卖出，通过增加证券供给量缓解证券的买压。随着股价上涨或下降到一定程度，投资者反向交易进行投资了结，相当于又从证券的供需增强了市场流动性。

在成熟的资本市场中，参与融资融券交易的投资者多为专业投资机构，其行为在市场中起到引导传递作用，其他投资者的效仿进一步从证券的供需上影响着证券市场的流动性。

证券的供需变动使得证券的价格回归价值。投资者的反复操作使得股票价格围绕其投资价值上下波动，增加了市场交易量，提高市场的整体流动性水平。

2. 实证研究表明融资融券有助于促进市场活跃度。以价格产生单位变动所需要的交易量作为流动性考量指标，通过融资融券推出前后各阶段对上证指数的观察，可以发现该指标的均值在融资融券推出前后有了较为明显的增长，均值越高单位价格变动产生的证券交易量越大①。这表明，随着业务试点的推出和交易所推进融资融券交易的落实，市场流动性②显著增强。融资融券交易对市场流动性有正向的影响（见表 1）。

表 1　　融资融券交易推出前后上证综指流动性变化表

阶段划分		融资融券推出之前 1999 年 7 月 1 日 —2005 年 12 月 31 日	筹备融资融券交易阶段 2006 年 1 月 1 日 —2008 年 9 月 30 日	融资融券试点准备阶段 2008 年 10 月 6 日 —2010 年 3 月 30 日	融资融券市场操作阶段 2010 年 3 月 31 日 —2011 年 3 月 1 日
流动性	均值	0.908883	0.772778	0.960302	1.453227
	标准差	0.943487	0.920745	0.89958	1.30316
观测数		1 567	666	364	220

资料来源：杨德勇，吴琼：《融资融券对上海证券市场影响的实证分析——基于流动性和波动性的视角》。

3. 海外市场经验表明融资融券对市场流动性产生积极影响。通过观察日本和我国台湾地区在融资融券交易推出后股票换手率和交易量的数据发现，融资融券使得市场的换手率和交易量都有了显著提升。日本在 1951 年开始推出融资融券交易后的 18 年中，市场换手率增加 125%，交易量共增长 37 倍；我国台湾地区市场在推出融资融券交易后的 26 年中换手率增长 100%，交易量共增加约合 60 倍③。交易量和换手率的提升盘活了市场流动性，对市场产生积极影响（见表 2）。

此外，从我国台湾地区融资融券交易额在历次保证金比例调整前后的变化趋势发现，市场的交易额与流动性在融资融券杠杆放宽情况下略有上涨，而在杠杆收紧情况下则略有下降，这表明市场交易与流动性与杠杆水平成正比④（见表 3）。

① 杨德勇，吴琼：《融资融券对上海证券市场影响的实证分析——基于流动性和波动性的视角》。

② 流动性指标反映资产换手率给价格带来的影响，或价格产生单位变动所需要的交易量。

③ 开昌平："融资融券业务对我国证券市场的影响"，《中国金融》2010 年第 4 期。

④ 胡华锋，刘艺璇："融资融券与市场流动性、波动性关系实证分析——基于中国台湾证券市场的检验"，《商业时代》2012 年第 1 期。

表 2　　日本和中国台湾地区融资融券交易推出后股市流动性变化表

	流动性指标	股票换手率变化	股票交易量变化
日本	1951 年 6 月推出融资融券交易	1951—1969 年从 40% 提高到 90%	1951—1969 年从 1 000 亿日元扩大到 38 000 亿日元
台湾地区	1980 年正式推出融资融券业务	1980—2006 年从 80% 提高到 160%	1980—2006 年从几千亿元新台币扩大到 320 000 多亿元新台币

资料来源：开昌平：《融资融券业务对我国证券市场的影响》。

表 3　　中国台湾地区融资融券保证金比例调整与两融交易额、股市流动性变化

指标/时间	融资保证金比例	融券保证金比例	交易额		股市流动性
			融资	融券	
1999 年 7 月 2 日	60% 下调至 50%	90% 下调至 70%	略升	略升	略升
2000 年 6 月 30 日	50% 上调至 60%	70% 上调至 90%	显著下降	略降	略降
2000 年 10 月 20 日		90% 上调至 120%		略降	略降

资料来源：胡华锋，刘艺璇：《融资融券与市场流动性、波动性关系实证分析——基于中国台湾证券市场的检验》。

（二）系统化、规范化的杠杆交易可以降低证券市场的波动性

1. 融资融券交易的双向发展通过平衡多空双方力量降低波动性。一个只能做多不能做空的单边市场将导致市场机制在运作中处于一种非协调、非对称的“跛行”状态。在尚未推出融资融券的单边市场，单向做多成为投资者唯一的盈利手段，一旦出现严重的供求关系失衡，将导致证券价格与其内在价值显著背离，即市场的价格发现机制失效，市场出现激烈震荡。

而融资融券的双向交易打破了以前的单边市场格局，多空双方从市场的角度对价格的偏离情况进行纠偏，使得证券市场的价格发现功能更易实现，市场价格趋近其内在价值，从而降低市场波动性。

通过分析融资融券推出前后上证 50 指数的收益率变化情况①，发现在融资融券推出后，上证 50 指数收益率的标准差相对减小，即波动率有所降低，这也从一方面证实了融资融券降低了市场波动（见表 4）。

表 4　　融资融券推出前后上证 50 指数收益率统计

统计量	推出前（2008 年 7 月 25 日—2010 年 3 月 31 日）	推出后（2010 年 3 月 31 日—2011 年 12 月 2 日）
均值	0. 010879	-0. 078803
标准差	2. 350244	1. 45833
极差	18. 548628	9. 793433

资料来源：郭晓宇：《融资融券强度对中国股市波动性的影响研究》。

① 郭晓宇：《融资融券强度对中国股市波动性的影响研究》。

由此可见，作为一项杠杆交易的金融工具，融资融券业务在逐渐开展和完善的过程中逐步将单边市场引导至价格理性回归的双边市场，凸显价格发现机制，从而降低市场波动性。

2. 海外市场经验表明融资融券从长期来看对市场的波动性存在积极影响。通过对亚洲多个市场推出融资融券后指数年化波动率的观测①，发现融资融券的推出对市场的即期影响并不明显（见图1）。我国香港地区和泰国在推出融资融券时波动率明显放大，但是在其他国家和地区并没有发现类似的表现。从中长期来看，所研究的大部分市场的波动性均出现不同程度的下降趋势。可见，融资融券从长期来看将降低市场的波动性。

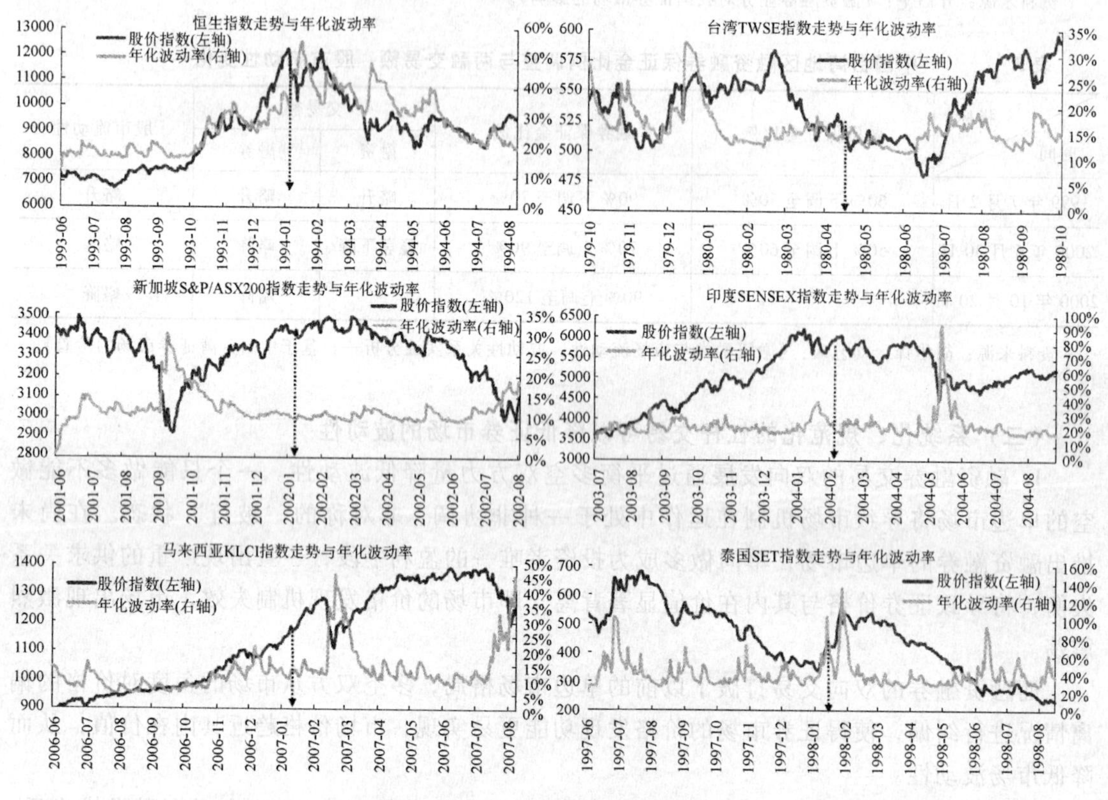

图1 海外指数走势与年化波动率

资料来源：莫尼塔："股指期货与融资融券对市场的影响以及可能的参与机会"，2010 年 4 月 23 日。

（三）融资融券拓宽证券公司收入渠道

在行业竞争不断加剧，佣金率持续下滑的背景下，融资融券作为主要的信用交易工具，正在不断改变行业的业务收入格局。随着融资融券等多元化业务的创收，证券公司正逐步摆脱"靠天吃饭"的境地。

2014 年末，全行业融资融券利息收入达 446.24 亿元，较 2012 年增长 748%，成为继代理买卖证券业务收入和证券投资收益之后的证券公司第三大收入来源（见图 2）。

① 莫尼塔："股指期货与融资融券对市场的影响以及可能的参与机会"，2010 年 4 月 23 日。

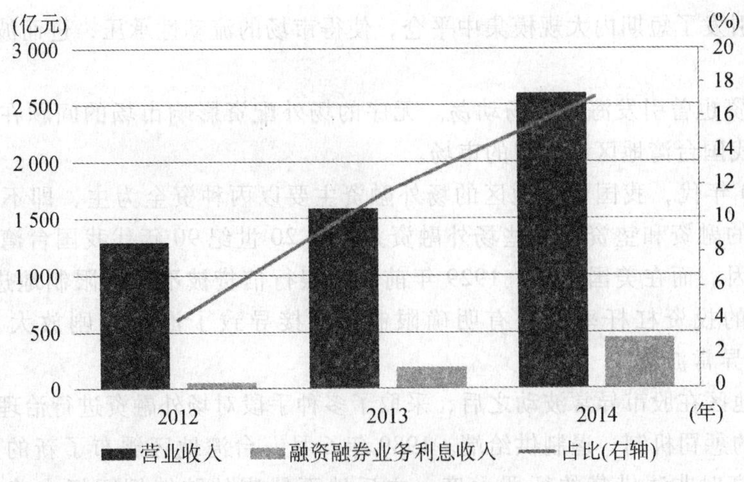

图 2　证券公司融资融券收入占比

资料来源：中国证券业协会。

从海外市场来看，当前发生的收入结构转变符合发展趋势。建立在单纯提供交易通道上的佣金收入不断弱化，取而代之的是专业化服务的增值收费。例如海外市场 PB 业务（主经纪商业务 Prime Broke）收入主要来源于融资融券杠杆交易的利息及佣金收入，息费收入占整个 PB 业务收入的 70% 左右。

三、融资融券在发展过程中存在的主要问题

融资融券业务自 2010 年开始试点以来，规模、参与者人数上都有了很大的发展和扩容，在提高资源配置效率和提升流动性上发挥积极作用的同时，也暴露出了一些问题，需要在合适的监管条件下进一步平稳有序地发展。

（一）场外配资推高市场杠杆，造成融资融券潜在风险增加

1. 缺乏监管的场外高杠杆使市场承压。杠杆资金无疑是加大 2015 年 6 月中旬以来 A 股市场异常波动的一个重要因素。而这其中既包括场内的融资资金，也包括场外的配资接入。

场内的融资融券由于杠杆率的可控性、资金来源的可追溯性，加之诸多券商执行的逆周期风险管控原则，其风险情况是在可以预见和监测的范围之内的。但如果发生场外配资流入场内后再通过融资融券业务提升杠杆的情况，由于资金来源难以追溯，杠杆率难以统计，账户持有人身份难以有效辨别等原因，很难对其进行有效地监管，一旦发生风险传导，将产生严重的后果。

单从杠杆率来看，场外配资的杠杆一般在 1:4 或 1:5 甚至更高。为了保证出借资金及利息的安全，各种场外配资都各自设有警戒平仓线和强制平仓线，杠杆越大，“红线”越紧。高杠杆的性质决定了这些资金对市场风险的承受能力很弱，一旦有风吹草动，就容易发生资金出逃，引起市场的大幅波动。而“红线”设定的密集性又使得市场发生波动时，非常容易触发其强制平仓线，形成连锁反应，进入恶性循环。在 2015 年的市场快速下跌中，高杠

杆的场外配资引发了短期内大规模集中平仓，使得市场的流动性承压，进而波及到场内正常的融资盘交易。

2. 场外配资也曾引发海外市场动荡。无序的场外配资影响市场的问题在海外市场也同样存在，比如我国台湾地区、美国的市场。

20世纪90年代，我国台湾地区的场外融资主要以丙种资金为主，即不是经由核准的两融渠道获得的融资和垫资，这些场外融资是造成20世纪90年代我国台湾地区股市异常波动的重要原因。而在美国市场，1929年前夕，银行信贷被不加以限制地进入资本市场，同时对全社会的投资杠杆率也没有明确限制，直接导致了泡沫急剧放大，造成了美国1929年的股市异常波动。

我国台湾地区在股市异常波动之后，采取了多种手段对场外融资进行治理。一方面，建立对场外融资的惩罚机制，遏制供给端。1989年6月，台湾地区颁布了新的更严格的管理办法，大幅提高对非法借贷的惩罚力度，之后地下钱庄的陆续倒闭标志着台湾地区场外去杠杆过程的确立。另一方面，则是严厉打击市场操纵行为，切断对融资盘的非正常的需求。台湾地区于1988年、2000年和2004年三次修订证券交易中关于市场操纵的相关条款，加强对市场操纵行为的惩处。与此同时，开始逐步放开场内两融业务的经营权，允许更多的专业机构提供场内融资，以改善融资业务的供求关系，如批准券商从事两融业务，并不断降低券商的设立门槛及从事两融业务的条件，之后陆续设立了环华、富邦和安泰三家证金公司等。

美国在股市异常波动之后，监管上主要加强了两点：一是确立了商业银行与证券分业的模式，成立了美国证券交易委员会，对银行资金入市加以监管；二是实现了全社会统一的杠杆率管理，要求保证金必须在50%以上，降低了金融风险，同时防止股市过度分流实体经济资金①。

（二）融资和融券发展比例失衡

我国"两融"业务开展以来，由于市场环境等各方面的限制，融券业务发展一直较为缓慢。

截至2015年9月14日，A股市场融资余额约为9 500亿元，而融券余额仅为30亿元，融资规模是融券规模的317倍，历史平均比值约为150倍。A股融资余额与融券余额比值波动见图3。加上传统的单边做多思维，加剧了单边市场的形成。对照其他市场，日本市场融资规模约为融券的2—6倍，我国台湾市场融资规模约为融券的5—20倍。日本、我国台湾地区市场融资余额与融券余额比值波动见图4。

A股市场只能单边做多的情形使得证券市场价格被一路抬高，其中创业板巅峰时的市盈率更超过了美国2000年科技股泡沫破灭前夕纳斯达克市场的平均市盈率。在股票明显高估的情况下，不能以融券的方式使其价格回归合理区间。

从目前的市场环境来看，虽然短期内一步实现融资融券的双向交易机制比较困难，但从长远角度，在有效的市场审慎监管前提下，适当地推动融券业务稳步发展，如在时机成熟时

① 1934—1970年期间，美联储通过一系列规定（Regulation T、U、X），实现了在全社会范围内管理保证金融资，即保证金要求必须在50%以上。

图 3　A 股融资余额与融券余额比值波动

资料来源：Wind。

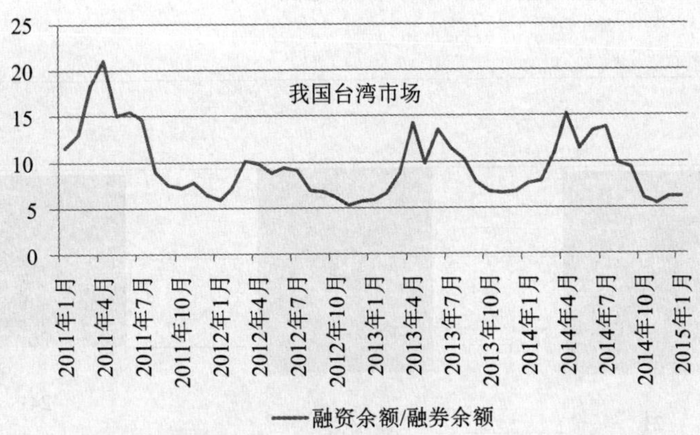

图 4　日本和我国台湾地区市场融资余额与融券余额比值波动

资料来源：Wind，同花顺 iFinD。

考虑让基金、保险公司的券源参与市场流通等，将有助于形成融资融券的双向交易机制，完善证券市场的资本定价功能。

（三）参与融资融券的机构投资者和个人比例失调

根据中国证券登记结算有限责任公司数据显示，截至 2015 年 7 月，个人参与信用账户交易的比例超过 99%，机构投资者比例占比不足 1%。这与我国证券市场“散户市”的特征相吻合（见表 5）。

《上海证券市场投资者结构与行为报告》的研究结果表明，个人投资者存在明显的羊群效应行为，与之形成鲜明对比的是，QFII、社保、保险账户等机构投资者则不存在明显的羊群效应。

表 5　　　A 股市场投资者情况

	普通账户	信用账户
个人	99.71%	99.82%
机构	0.29%	0.18%

资料来源：中国证券登记结算有限责任公司。

个人投资者在获取公开市场信息的渠道和研究时间上没有机构投资者充分，在资金、技术、人才等维度上与机构投资者的资源相比大都处于劣势，加之个体操作更容易受到心理情绪影响等因素，在投资市场上更多地充当着趋势投资者的身份；与此相反，专业机构投资者具备较强的研究能力和严格的交易体系，在投资市场上更多地充当着价值投资者的身份。两者投资理念的不同，决定了个人投资更容易加大市场的波动性，而专业机构投资者则可以更有效地缓解市场波动性。融资融券的杠杆交易性质，会将两者对市场波动性的影响结果放大。

而在我国香港地区，长期由机构投资者主导市场。据港交所发布的数据显示，香港现货市场外地机构投资者交易金额占比达 34%，本地机构投资者占比为 24%。正是因为机构投资者占据主力，港股市场一直是蓝筹股的天下（见图 5）。

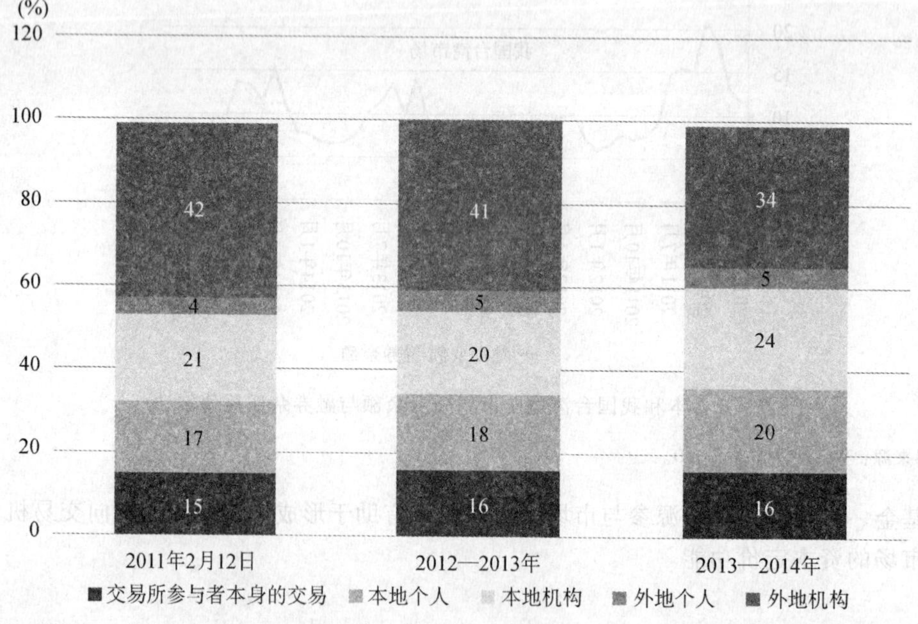

图 5　我国香港地区现货市场成交金额按投资者类别分布

资料来源：香港交易所。

（四）风险控制存在短板

1. 逆周期调节还待完善。2015 年以来，在监管倡导下，证券公司始终在进行逆周期调节。但由于激烈的市场竞争，结合最终的结果来看，逆周期调节的力度、方式还要不断加强和完善。

2015 年 6—7 月，有超过 40% 的个股跌幅超过 60%，据此对高点开仓的投资者杠杆比例进行测算，可看出本次市场对逆周期调节的力度不够充分（见表 6）。

表 6　　高点开仓时风险可控的杠杆率测算

	全行业平均折算率	全行业平均保证金比例	全行业平均杠杆比例
年初情况（指数 3200 点左右）	55%	68%	0.80
市场高点时情况（指数 5100 点左右）	48%	75%	0.64
高点开仓时风险可控的杠杆率测算	不高于 0.45		

注：情景假设为投资者在高点开仓，持仓组合跌幅约 60% 后担保比例仍旧能维持在 130% 以上。

2. 极端情况下的平仓管理经验不足。根据融资融券原有制度，平仓主要有两类：到期合约平仓和未补足担保物平仓。2014 年末及 2015 年初新开合约比较集中，这些合约的集中到期平仓，与 2015 年 6 月份的市场波动导致的未补足平仓盘形成叠加效果，大量的同时段卖单增加了标的证券的卖压，使得股价下行。而市场的稍许波动，又会触发大量场外高杠杆融资盘的联动，最终造成短期内市场的大幅波动。

2015 年 7 月的制度修订，已为这两类平仓管理提供了灵活操作的空间，但证券公司在实际操作中仍处在摸索阶段。在融资融券业务的发展过程中，平仓制度的具体实施过程需要根据具体情况来灵活把握，减少对市场的“雪上加霜”影响；应根据市场行情，灵活调整风控措施，在可能的情况下避免加大市场恐慌心理；应该兼顾“证券公司、市场、投资者”三者的平衡，柔性化解极端行情下的极端风险。

四、融资融券后续发展探讨

（一）引导杠杆工具规范发展

杠杆交易是成熟市场的必要产物，合规使用杠杆是现代证券市场基本规则之一，总体而言，作为一种工具其对市场的影响利大于弊。但杠杆交易不仅有其存在的必要性，还要有序发展。

美国、中国台湾地区市场在分别经历了 1929 年股市异常波动及 20 世纪 90 年代股市异常波动后，并未简单杜绝市场杠杆交易，而是通过设置标准，强化监管等措施，合理使用杠杆工具，使之更好地服务市场。

此次 A 股大幅震荡，杠杆规模超过以往。相比场外的无序配资普遍存在的低门槛、高杠杆、不透明的现象，“两融”业务作为场内的标准化业务，具有一整套规范、严密的风险管理措施。无论是在客户准入、杠杆水平，还是标的券范围、担保品折算率等方面，都有严谨的设计和动态的监控，加之融资融券业务有统一明晰的业务规则、透明的市场数据，确保了业务风险更加可控。

从市场长远发展来看，要加强杠杆交易需求的引导，保障其规范发展；充分发挥融资融券业务，促进证券市场内在价格稳定机制形成，提高证券市场流动性等积极效应。

（二）强化金融市场协同监管

此次市场异常波动期间，除“两融”以外，各统计口径的场外配资数据不一，出现了“双盲、三重杠杆、四未知”现象。具体为银行不知资金入市，证券公司不知资金从何而来的“双盲”情况；投资者“银行质押+民间借贷+场外配资”入场，呈现多重杠杆叠加的高风险现象；场外配资“具体规模未知、杠杆倍数未知、参与人数未知、风险情况未知”的现象。

在金融市场一体化的大背景下，杠杆资金入市涉及证券、银行、信托、基金等多类金融机构。为有效控制市场杠杆，需强化“一行三会”的协同监管，建立全国性的金融信用体系，合力保证金融市场平稳健康运行。

这一举措对金融机构开展业务的帮助体现在多个方面，包括：（1）事前控制：及时、快速、全面了解投资者信用状况，进行投资者适当性评估。（2）事中管理：把握投资者整体风险状况、杠杆状况，综合了解投资者金融资产风险暴露情况。（3）事后处置：及时发出追讨，全链条跟踪资产流转情况，提升风险管理效率，第一时间防范风险的传导。

（三）促进融资融券均衡发展

合理把控市场融资规模，制定融资交易的相关规范，建立并完善有效的风险监控与预警机制，严控场外配资，引导融资业务整体有序发展。

建议从多方面入手发展融券业务，包括：（1）鼓励专业机构投资者直接参与融券业务，发挥机构投资者的专业化优势，有效改变A股市场投资者结构。（2）鼓励专业机构投资者参与证券出借业务，拓宽券源资源，提高市场效率、完善价格机制。（3）不断优化交易机制，如业务规模、保证金比例等，完善的融券机制可以帮助投资者更好地实现多元化交易。（4）加强融券业务监管，防范利用融券进行不正当交易、操作市场，对于恶意做空者，监管层也要彻底查处，让业务发展更加透明、公平、公正。

（四）逆周期调节需监管主导执行

证券公司进行逆周期调节，要以收紧业务规模、“牺牲”市场份额为代价，降低杠杆风险，同时也容易造成证券公司间的恶性竞争。

我国台湾地区曾结合市场环境对标的证券的最高融资比率和最低融券保证金成数进行过数十次的调整。股价指数越高，融资风险越大，融券风险越低，融资保证金比例越高（融资比率越低），融券保证金比例越低。交易所和柜台买卖中心也通过对触发风险因素的标的券的保证金比例的个别调整向市场释放风险管控信号。在此基础之上，证券公司结合市场研判，形成各自独立的风险证券管理模式。

建议借鉴我国台湾地区证券监管机构的逆周期管理策略，结合市场环境进行逆周期调节支持，释放监管信号。具体措施如下：

1. 细化分档设定折算率标准。随着上市股票及各类基金、债券的增加，担保物范围不断扩充。在市场出现较为极端的情况下，建议监管层细化并采取动态的折算率标准。当前股票折算率上限分为成分股与非成分股两档，可在此基础上进一步区分（如中小板、创业板、主板）。在市场走势波动较大时，动态调节各档上限，并且允许对现金进行折算，避免投资者利用交易规则通过先融资买入再普通买入而放大交易杠杆。

2. 根据市场动态调整保证金比例。根据沪、深证券交易所的《实施细则》，融资融券保证金比例均不得低于50%，自融资融券业务开展至今未有调整，给予客户较大议价空间。建议结合市场情况，由监管层分别制定融资、融券的最低标准。例如，在市场高位，调高融资保证金比例最低标准，调低融券保证金比例最低标准；在市场低位，调低融资保证金比例最低标准，调高融券保证金比例最低标准。

3. 加强个股集中度控制。当前已设定个股的集中度监控指标，单只股票的融资监控指标达到25%，或单只股票的融券余量达到该股票上市可流通量的25%时，交易所将在次一交易日对该股票暂停融资、融券交易。建议在市场波动较大时，由交易所临时调整该比例，降低全市场的个股集中度，避免风险传导。

（五）采取“柔性”平仓策略

1. 不断完善担保物管理细则。2015 年 7 月修订的《证券公司融资融券业务管理办法》中对于追加担保物的范围进行了扩充，客户经证券公司认可后，可以提交除可充抵保证金证券以外的其他证券、不动产、股权等资产。但在具体执行上，由于缺乏相关细则指引，例如担保物如何估值、如何划转、如何处置等问题尚待解决。因此，建议不断探讨完善相关监管细则，降低市场整体平仓率。

2. 为证券公司处置担保物提供条件。根据业务规定，如客户未能按期交足担保物或者到期未偿还债务的，证券公司可以按照约定处分其担保物，而证券公司当前的处分方式只有强制平仓。一旦集中平仓容易引发市场“踩踏”风险；如果不平仓，可能发生投资者资不抵债，证券公司将蒙受损失。建议证券公司可通过接管方式处置担保物，减少集中平仓引起的“踩踏”风险。由各证券公司根据自身的系统情况、客户群体及风险承受能力建立管理体系。

（1）规则支持。根据《证券公司风险控制指标管理办法》规定：证券公司自营权益类证券及证券衍生品的合计额不得超过净资本的100%；持有一种权益类证券的成本不得超过净资本的30%；持有一种权益类证券的市值与其总市值的比例不得超过5%。

如将证券公司通过接管方式纳入的证券资产视为自营证券，则证券公司极可能由于指标压力无力接管。建议明确证券公司通过接管方式纳入的证券资产及因接管客户证券对应进行的衍生品对冲交易不视为卖空，不视为证券公司自营业务，不依照证券公司自营证券进行风险指标管理。

（2）交易支持。由于相关担保物托管在客户账户内，建议增设客户信用担保证券账户与证券公司自营证券账户之间的非交易类证券划转功能。

（六）加强专业投资者的参与度

1. 改善市场投资者结构。培育专业机构投资者是保障融资融券整体均衡、平稳发展的重要措施。相对于普通交易，融资融券对于投资者的要求更高，与散户相比，专业机构投资者有更扎实的专业背景、更成熟的投资理念、更完善的风控能力。因此，需要大力发展公募基金、保险等专业化机构投资者参与融资融券业务，建议给予一定政策优惠鼓励其发展。引导一部分投资者通过基金投资等投资理财产品的方式间接地参与融资融券交易，加大专业机构投资者直接参与融资融券的比例，使融资融券业务走上理性发展轨道。

2. 注重投资者教育。融资融券业务受到市场冲击的同时，也暴露了投资者适当性管理中的问题。本轮股市异常波动中，证券公司信用客户中不乏严重亏损、资不抵债的情况，由于不理解业务规则、不接受杠杆风险而导致的投诉和纠纷屡见不鲜。伴随着市场交易风险、客户信用风险的不断暴露，归结主要原因就是对信用客户的适当性管理和投资者教育工作不到位。

为此，证券公司必须完善融资融券业务适当性管理体系，不断提升对客户的征信评估能力和准确性，持续完善客户评定标准，加强客户跟踪和投资者教育，不断完善投资者适当性管理能力，提升投资者教育效力。鼓励更多具备专业投资能力和风险承受能力的优质客户参与“两融”业务。

上市公司风险提示制度研究

诸海滨　李 蕙*

一、现行的上市公司风险提示制度

（一）ST 制度

ST 制度作为上市公司风险提示制度的一种，主要针对的是出现财务状况或其他状况异常的上市公司。1998 年 4 月 22 日，沪、深证券交易所宣布，将对财务异常或其他状况异常的上市公司股票交易进行特别处理，在公司简称前冠以“ST”。

其中，冠以“ST”代表连续亏损达到 2 年，冠以“*ST”代表连续亏损达到 3 年，退市预警。

在交易制度层面，对于 ST 股，其涨跌幅限制更改为 5%；且其中期报告必须经过审计。

（二）异常波动警示制度

根据上交所交易规则，股票、封闭式基金竞价交易出现下列情形之一的，属于异常波动，交易所将分别公告该股票、封闭式基金交易异常波动期间累计买入、卖出金额最大 5 家会员营业部的名称及其买入、卖出金额：（1）连续 3 个交易日内日收盘价格涨跌幅偏离值累计达到 ±20% 的。（2）连续 3 个交易日内日均换手率与前 5 个交易日的日均换手率的比值达到 30 倍，并且该股票、封闭式基金连续 3 个交易日内的累计换手率达到 20% 的。（3）上交所或中国证监会认定属于异常波动的其他情形。

根据深交所规则，股票、封闭式基金竞价交易出现下列情形之一的，属于异常波动，交易所将分别公布其在交易异常波动期间累计买入、卖出金额最大 5 家会员证券营业部或交易单元的名称及其各自累计买入、卖出金额：（1）连续 3 个交易日内日收盘价涨跌幅偏离值累计达到 ±20% 的。（2）ST 和*ST 股票连续 3 个交易日内日收盘价涨跌幅偏离值累计达到

* 作者单位：安信证券股份有限公司。

±12% 的。(3) 连续 3 个交易日内日均换手率与前 5 个交易日的日均换手率的比值达到 30 倍，且该证券连续 3 个交易日内的累计换手率达到 20% 的。(4) 中国证监会或深交所认为属于异常波动的其他情形。异常波动指标自相关信息披露义务人发布异常波动公告或复牌之日起重新计算。

(三) 新股高发行市盈率的警示制度

在网上申购前，发行人和主承销商应当披露每位网下投资者的详细报价情况，包括投资者名称、申购价格及对应的申购数量，所有网下投资者报价的中位数、加权平均数，以公开募集方式设立的证券投资基金报价的中位数和加权平均数，确定的发行价及对应的市盈率等。

如拟定的发行价格（或发行价格区间上限）的市盈率高于同行业上市公司二级市场平均市盈率的，在网上申购前发行人和主承销商应发布投资风险特别公告，明示该定价可能存在估值过高给投资者带来损失的风险，提醒投资者关注。内容至少应包括：(1) 比较分析发行人与同行业上市公司的差异及对发行定价的影响，提请投资者关注所定价格与网下投资者报价之间存在的差异。(2) 提请投资者关注投资风险，审慎研判发行定价的合理性，理性做出投资决策。

二、合理的市盈率风险提示触发点设定

现行的上市公司风险提示制度从财务、异常波动和新股三个角度入手，对于影响上市公司存续经营的重大问题、市场敏感问题等可能存在的风险进行预警，有助于保护投资者、引导价值投资。

但财务预警、异常波动预警更多是事后预警机制，分别关注上市公司基本面及股票价格波动层面，预警的更多是“结果”，而非“成因”。为建立更为完善、立体的资本市场风险预警机制，事前风险预警机制的建立更有必要。

市盈率作为当前资本市场衡量股票价值的重要且常用因素之一，鉴于其与生俱来的计算便捷性、可比性等特征，可能会使得其适合作为一个重要的风险提示触发主体。

本文主要提出三种合理的市盈率风险提示触发点设定。

(一) 静态市盈率高位行业风险提示触发

1. 行业静态市盈率的有效性。静态市盈率是市场广泛谈及的市盈率，即以目前市场价格除以已知的最近公开的每股收益后的比值，体现企业按现在的盈利水平要花多少年才能收回成本。

为验证行业静态市盈率高位预警的有效性，我们以 2015 年 6 月 1 日为统计时点计算行业静态市盈率，以及 2015 年 6 月至今在本轮下跌周期的行业平均涨跌幅。从图 1 可以较为明显地观察到，行业静态市盈率越高的上市公司，在 2015 年 6 月开始的下跌周期中，跌幅越深。

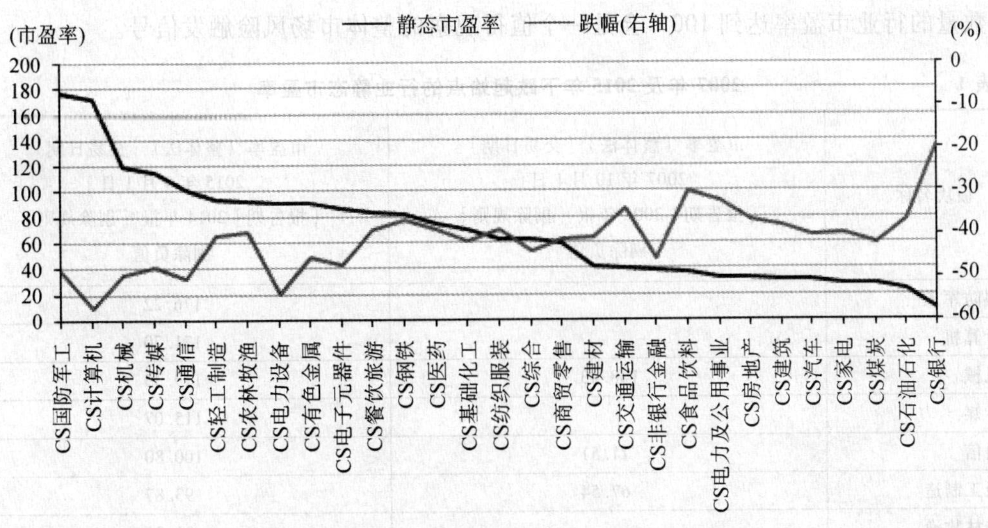

图 1　行业静态市盈率与 6—9 月期间涨跌幅对比图

注：行业市盈率计算方式为整体法，并剔除负值（下同）。

资料来源：安信证券研究中心，Wind。

对于上涨周期中行业市盈率与涨跌幅的关系，我们选取了 2015 年 1—5 月作为参考区间，分别计算 2015 年初的行业静态市盈率（因 2014 年年报尚未公布，采用 2013 年年报数据计算）及 1—5 月行业的平均涨跌幅，其相关关系呈现如图 2。可以看到，在上涨周期中，行业市盈率并未与涨幅呈现负相关关系，即市盈率较高的行业并不一定涨幅较低。甚至可以说，行业市盈率与涨幅呈现一定的正相关关系。

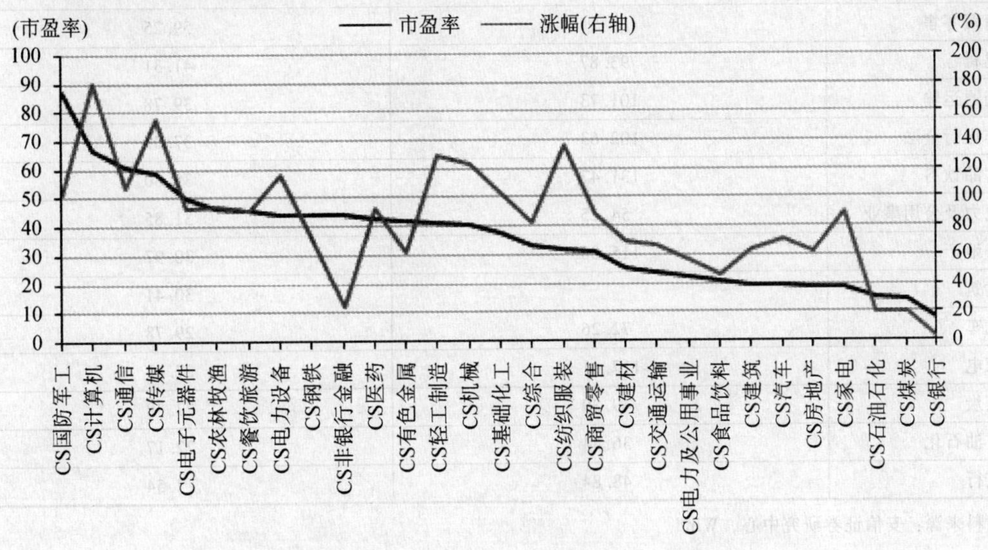

图 2　行业静态市盈率与 1—5 月期间涨跌幅对比图

资料来源：安信证券研究中心，Wind。

2. 行业市盈率高位风险触发条件。我们比较 2007 年下跌和本轮下跌时点的静态市盈率可以发现，在下跌发生期初，静态市盈率排名前五位的行业均超过 100X（见表 1）。可见，一定数量的行业市盈率达到 100X 会是一个值得观察的整体市场风险触发信号。

表 1　　2007 年及 2015 年下跌起始点的行业静态市盈率

板块名称	市盈率（整体法）［交易日期］2007 年 10 月 1 日［报告期］2006 年报［剔除规则］剔除负值	市盈率（整体法）［交易日期］2015 年 6 月 1 日［报告期］2014 年报［剔除规则］剔除负值
CS 国防军工		176.22
CS 计算机		171.70
CS 机械	148.43	119.35
CS 传媒		115.07
CS 通信	71.51	100.80
CS 轻工制造	67.54	93.87
CS 农林牧渔		91.91
CS 电力设备	50.72	91.07
CS 有色金属	49.93	90.18
CS 电子元器件		86.47
CS 餐饮旅游		82.42
CS 钢铁	33.74	80.75
CS 医药	70.57	74.27
CS 基础化工	1 423.28	69.88
CS 纺织服装		62.46
CS 综合		61.46
CS 商贸零售		59.25
CS 建材	93.87	41.31
CS 交通运输	101.73	39.78
CS 非银行金融	102.63	37.09
CS 食品饮料	131.47	35.80
CS 电力及公用事业	54.25	31.85
CS 房地产	115.08	30.97
CS 建筑		30.41
CS 汽车	72.26	29.78
CS 家电	117.41	27.41
CS 煤炭	49.39	27.38
CS 石油石化	36.54	22.17
CS 银行	48.84	7.54

资料来源：安信证券研究中心，Wind。

我们建议按照中信 29 个行业分类，分别统计行业静态市盈率（以最近完整年度财报作为盈利计算依据）。根据行业静态市盈率高低排序，对于市盈率最高的前 3 位行业予以日常风险监测。当排名前 3 位的行业市盈率达到并超过 100X，则触发相应风险提示（见表 2）。

表 2 当前时点行业静态市盈率排序（中信行业分类，统计时点：2015 年 9 月 14 日）

板块名称	市盈率（整体法，最近完整报告期财报）（剔除负值）	市盈率（TTM，中值）（剔除负值）
CS 国防军工	90.66	109.81
CS 计算机	73.70	78.44
CS 传媒	60.41	56.91
CS 机械	60.24	78.01
CS 轻工制造	55.98	74.39
CS 农林牧渔	55.86	57.43
CS 钢铁	51.18	56.62
CS 餐饮旅游	50.19	59.19
CS 通信	50.05	70.49
CS 有色金属	49.14	76.19
CS 电子元器件	45.54	58.93
CS 医药	45.28	52.16
CS 电力设备	42.05	59.04
CS 基础化工	40.72	53.10
CS 纺织服装	38.09	42.16
CS 商贸零售	34.75	42.13
CS 综合	34.38	68.06
CS 交通运输	26.27	36.44
CS 食品饮料	25.02	44.86
CS 建材	24.46	49.33
CS 电力及公用事业	21.67	36.85
CS 非银行金融	20.08	13.22
CS 房地产	19.59	33.70
CS 建筑	18.87	34.40
CS 汽车	17.80	38.18
CS 家电	16.43	38.01
CS 煤炭	15.82	49.98
CS 石油石化	14.02	45.73
CS 银行	6.14	6.78

资料来源：安信证券研究中心，Wind。

根据最新股价计算的行业静态市盈率排序，当前市盈率最高的 3 个行业分别为国防军工、计算机、传媒，其市盈率分别为 90.66X、73.7X 及 60.41X。

（二）PEG 异常的风险提示触发

1. PEG 指标的有效性。PEG 指标（PEG = PE/企业年盈利增长率），即市盈率相对盈利增长比率，彼得林奇将其作为选股的主要技术方法大为提倡。PEG 是在市盈率估值基础上衍生出来的，弥补了单纯 PE 对企业动态成长性估计的不足。

假设一个成长股可能未来 3 年的增速都在 50% 以上，但是如果估值已经涵盖了这一预期，那么股票反而有可能因为不及预期而下跌。相反，假设一个股票未来 3 年只有 30% 的复合增长率，但是股票的估值低于 10 倍，这样的股票较前者反而更容易获取绝对收益。

无论牛市、熊市，这样的例子屡见不鲜。比如大商股份和中科三环，2005 年的营业收入都比 3 年前翻了三番，但是前者在 2002—2005 年间上涨了 118%，后者只上涨了 10%。原因在于两者起始点的估值水平差异很大，前者在 2002 年初的估值是 27 倍，后者是 100 多倍。如果用销售收入增速来代替净利润增速计算当时股票的 PEG，2002—2005 年 4 年股票涨幅在 50% 以上的股票 PEG 多在 1.8 倍以下（见图 3）。不仅熊市如此，牛市也是类似的，股票的涨跌幅与 PEG 呈现显著的负相关关系（见图 4）。

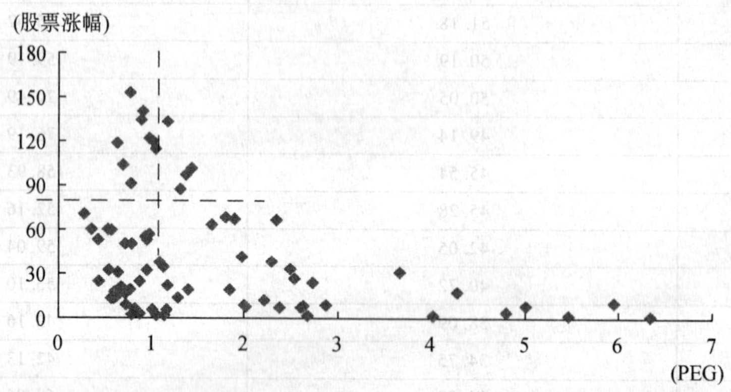

图 3　2002—2005 年具有绝对收益的股票涨幅与 PEG

注：PEG = 2002 年 1 月 1 日的 PE/2002—2004 年营业收入的复合增长率。

资料来源：安信证券研究中心，Wind。

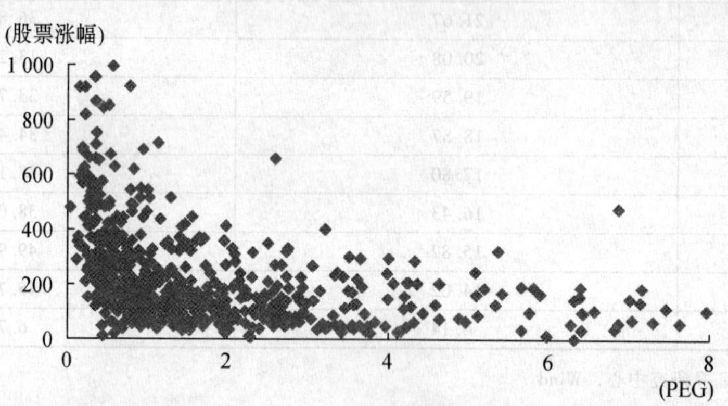

图 4　2007—2009 年股票涨幅与 PEG

注：PEG = 2007 年 1 月 1 日的 PE/2006—2009 年净利润的复合增长率。

资料来源：安信证券研究中心，Wind。

2. PEG 的风险触发条件。PEG 的计算方式决定了其更适合作为上市公司风险触发因子，PEG 需要相对准确的计算对应标的的盈利增速，而作为指数和行业来看，盈利增速难以事前推导。

一般来说，PEG 等于 1，代表了市场赋予该股票的估值可以充分反映其未来的成长性；PEG 大于 1，则代表股票价值被高估或者市场认为公司成长性将高于预期；而 PEG 小于 1，则代表股票价值被低估或者市场认为公司成长性将低于预期。在通常情况下，市场普遍给予成长型公司更高的 PEG，由于认为其可能很快将获得更高的成长性；因此，我们在设定 PEG 风险触发条件时，可能不应一概而论，建议分为成长型股票和价值型股票分别设定 PEG 风险触发条件。

对于 PEG 合理的风险触发条件，借用彼得林奇的经验：“任何公司在公平价格下其 PE 值应等于其盈利增值率，一般来说，PE 值小于盈利增长率一半的公司是非常值得投资的，而大于盈利增长率 2 倍的公司则建议卖出。”

我们统计 2013—2015 年主要行业板块的平均 PEG（算术平均，见表 3），可以看到，多数行业 PEG 基本处于 0—2 之间，可能采用 PEG 等于 2 作为一个统筹的风险基准触发条件参照系相对合适。同时，根据我们上面的讨论，通常情况下，价值型上市公司和成长型上市公司享有不同的 PEG 区划，建议价值型上市公司将 PEG 大于 1.5 作为风险触发条件；成长型上市公司将 PEG 大于 2.5 作为风险触发条件。

表 3　2013—2015 年行业预测 PEG

板块名称	预测 PEG（算术平均）［年度］2015［交易日期］2015 年 9 月 14 日	预测 PEG（算术平均）［年度］2014［交易日期］2014 年 12 月 31 日	预测 PEG（算术平均）［年度］2013［交易日期］2013 年 12 月 31 日
CS 国防军工	0.39	6.33	-0.03
CS 传媒	1.40	-2.67	0.45
CS 通信	0.63	1.02	1.43
CS 电力设备	1.14	-5.06	-3.46
CS 电子元器件	-0.36	1.47	0.69
CS 农林牧渔	0.65	-0.36	-18.88
CS 餐饮旅游	1.24	-0.02	-1.70
CS 机械	2.17	0.43	0.82
CS 轻工制造	2.00	-2.68	-2.81
CS 医药	1.10	2.61	4.38
CS 钢铁	-0.74	-0.05	0.41
CS 有色金属	-3.40	0.66	-1.19
CS 基础化工	-1.24	0.38	0.37
CS 纺织服装	1.65	1.12	1.07
CS 非银行金融	0.17	0.25	0.75
CS 综合	-1.02	0.71	2.04
CS 商贸零售	1.23	2.68	-13.10
CS 交通运输	3.59	0.56	-0.02
CS 建材	1.06	3.50	-1.41
CS 建筑	1.05	1.07	0.74
CS 电力及公用事业	0.80	1.76	-0.52
CS 家电	0.97	1.46	2.09
CS 汽车	1.34	-4.74	-0.60
CS 房地产	0.65	-86.86	1.24

续表

板块名称	预测 PEG（算术平均）［年度］2015［交易日期］2015年9月14日	预测 PEG（算术平均）［年度］2014［交易日期］2014年12月31日	预测 PEG（算术平均）［年度］2013［交易日期］2013年12月31日
CS食品饮料	1.34	18.71	0.95
CS石油石化	-0.57	0.65	0.79
CS煤炭	-1.17	-2.18	-0.88
CS银行	1.45	0.62	0.37

资料来源：安信证券研究中心，Wind。

3. PEG作为风险触发条件的局限性。PEG作为上市公司风险触发条件有其自身的局限性，包括：（1）由于PEG等于市盈率除以盈利增速，因此，对于增速为负值或亏损的上市公司可能是无效的。（2）PEG的合理性取决于上市公司盈利增速的合理测算，因此，对于处于剧烈变革期或拐点期上市公司的测算，由于增速测算的难度可能使得PEG指标存在失真。

（三）市盈率偏离历史安全区域的风险提示触发

1. 市盈率长期来看是在某一个区间内上下波动。对于某一个指数、某一个行业、某一个个股单独来说，在未发生根本性改变的背景下，其静态市盈率在相对较长的时间序列中呈现在某一个区间内上下波动。因此，当市盈率偏离历史高位区域时，警示可能的投资风险应该是有效的。

我们选择沪深300指数、煤炭行业、计算机行业、苏宁云商在相对较长的时间序列的静态市盈率波动情况为例（见图5、图6、图7和图8），可以看到，指数市盈率、传统行业抑或是新兴行业的市盈率、个股市盈率，在长期来看均呈现一定区域的上下波动。指数和行业市盈率的上下波动特征更为显著，频率更高，个股市盈率上下波动所对应的时间周期更长。

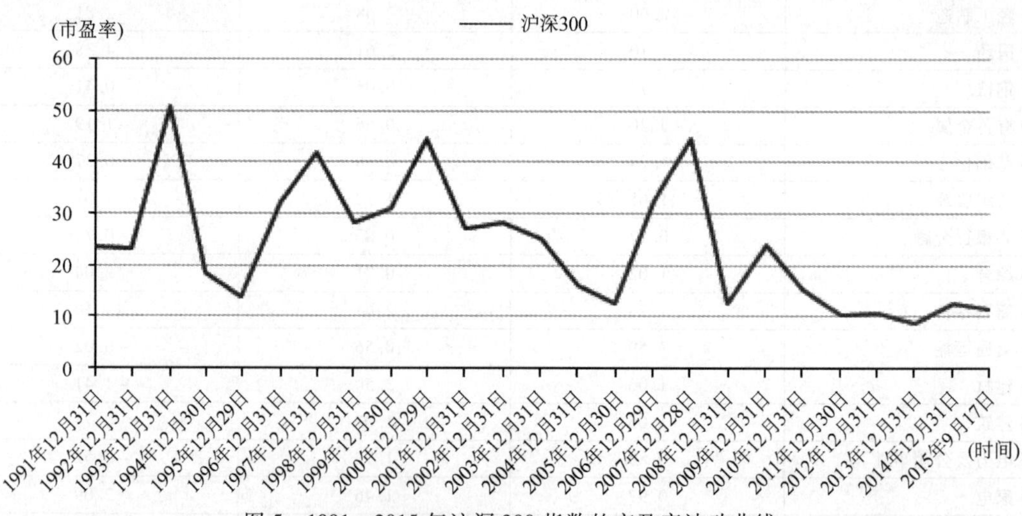

图5 1991—2015年沪深300指数的市盈率波动曲线

注：以沪深300为例测算指数的市盈率波动，市盈率采用历史TTM计算。

资料来源：安信证券研究中心，Wind。

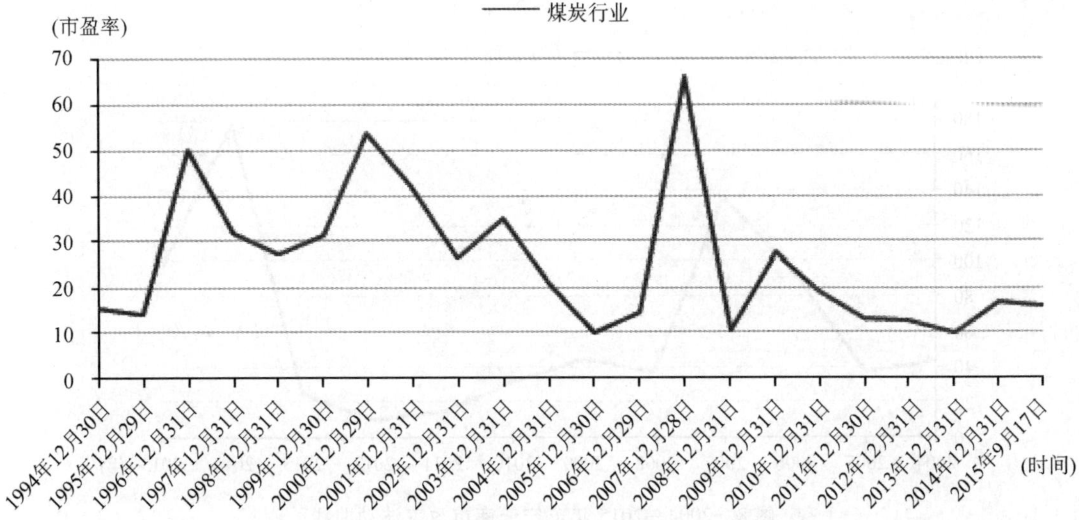

图 6　1994—2015 年煤炭行业的市盈率波动曲线

注：传统行业以煤炭行业为例统计市盈率的波动；市盈率采用历史 TTM 计算。

资料来源：安信证券研究中心，Wind。

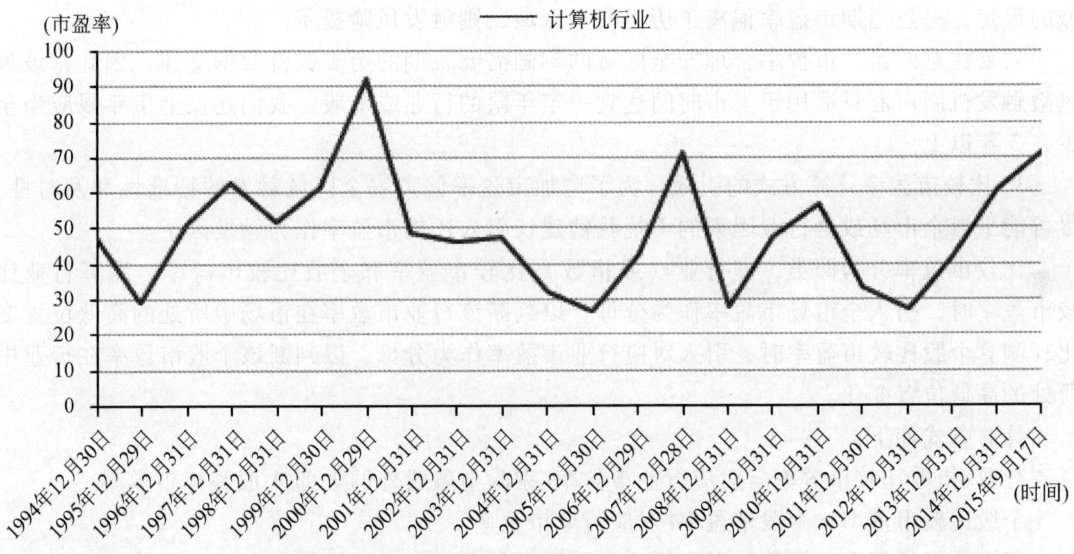

图 7　1994—2015 年计算机行业的市盈率波动曲线

注：新兴行业以计算机行业为例统计市盈率的波动，市盈率采用历史 TTM 计算。

资料来源：安信证券研究中心，Wind。

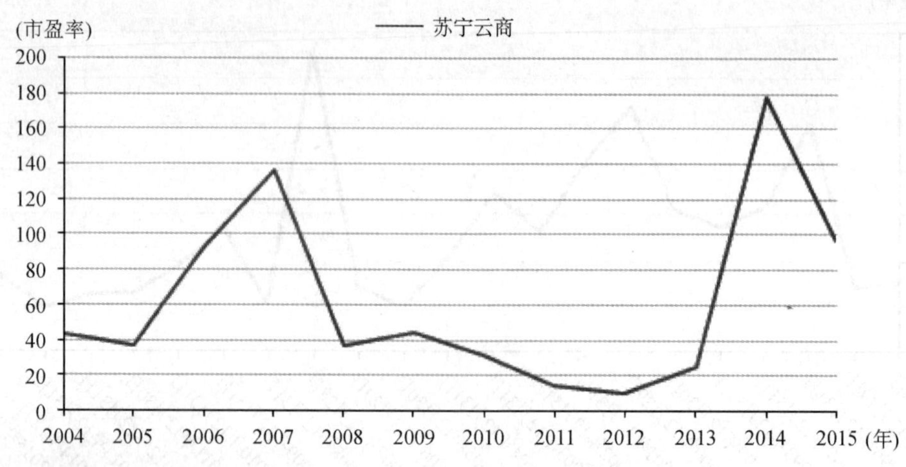

图 8　2004—2015 年苏宁云商市盈率波动曲线

注：以苏宁云商为例计算个股市盈率的波动，市盈率采用历史 TTM 计算。

资料来源：安信证券研究中心，Wind。

2. 市盈率历史安全区域的设定及风险触发。我们将历史最高市盈率 ± 80% 作为安全区域的设定，一旦当期市盈率偏离了历史安全区域，则触发风险提示。

需要注意的是，市盈率合理安全区域的刻画需要长期的历史股价数据支撑，因此，该种风险触发机制可能只适用于上市时间达到一定年限的行业或个股。我们建议上市年限应当至少在 3 年以上。

3. 比较市盈率计算方式的引入。为了增加市盈率偏离安全区域触发的精准性和及时性，尽可能平滑全市场或全行业因素的干扰我们建议引入比较市盈率作为触发因子。

比较市盈率分为两类，即行业（或指数）比较市盈率和个股比较市盈率。测算行业比较市盈率时，引入全市场市盈率作为分母，以判断该行业市盈率在市场中所处的高低位置变化；测算个股比较市盈率时，引入对应行业市盈率作为分母，以判断该个股市盈率在行业中所处的高低位置变化。

计算方式如下：

行业/指数比较市盈率 = 对应行业市盈率/剔除金融股外的全部 A 股整体市盈率

个股比较市盈率 = 个股市盈率/对应行业市盈率

我们选择沪深 300 指数、煤炭行业、计算机行业、苏宁云商为例测算比较市盈率的历史波动性，可以看到，沪深 300 指数、煤炭行业、计算机行业等行业类市盈率呈现一定区域的上下波动特性较为显著（见图 9、图 10、图 11、图 12）；而作为个股比较市盈率的苏宁云商，其市盈率波动特性并未呈现显著的上下波动。我们猜测，可能原因在于上市公司自身经营模式的改变、经营范围的变化等具有变革性影响的因素使得个股比较市盈率出现突破性变化，安全区域的设定变得不再准确。

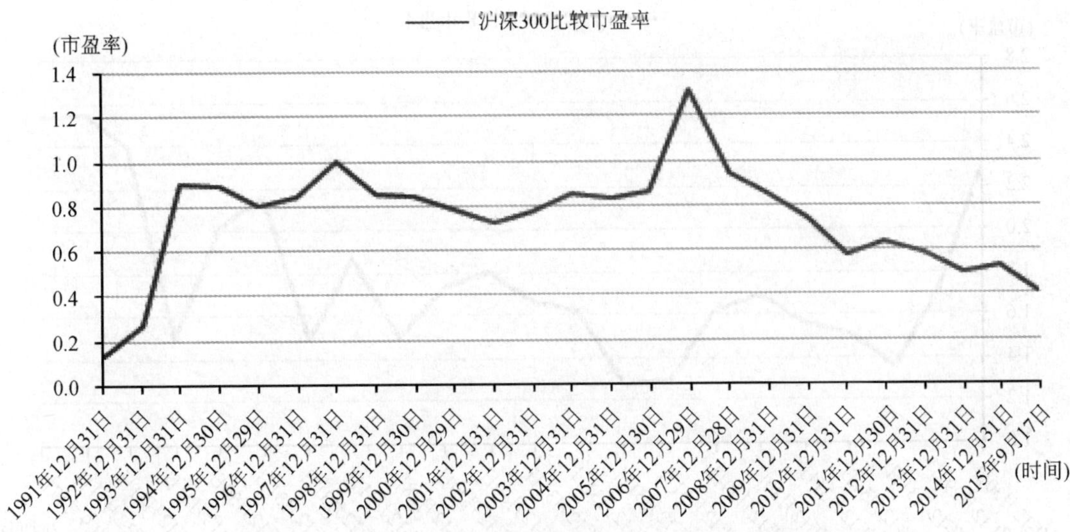

图 9 1991—2015 年沪深 300 指数的比较市盈率波动曲线

注：以沪深 300 为例测算指数的比较市盈率波动，市盈率采用历史 TTM 计算。

资料来源：安信证券研究中心，Wind。

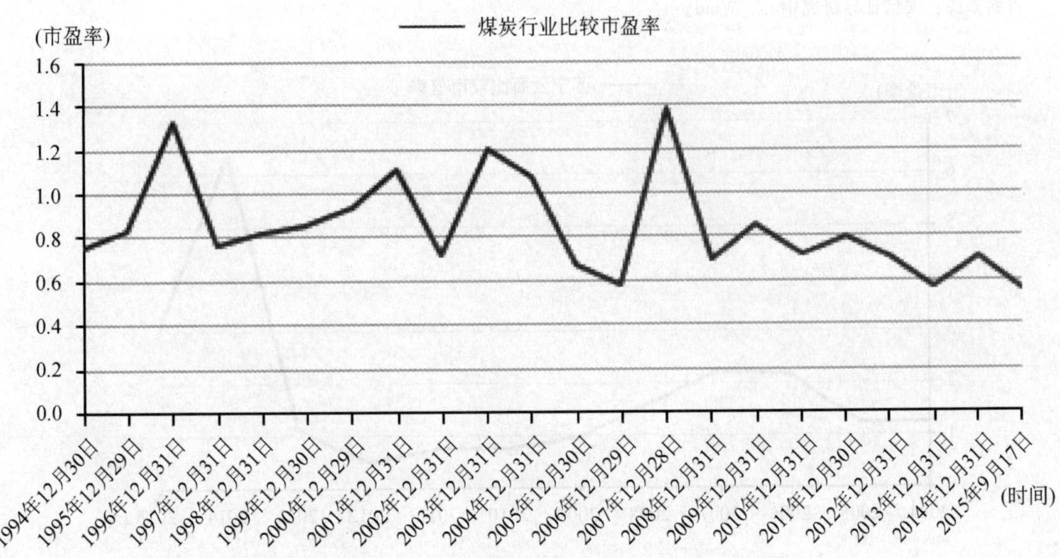

图 10 1994—2015 年煤炭行业的比较市盈率波动曲线

注：传统行业以煤炭行业为例统计市盈率的波动，市盈率采用历史 TTM 计算。

资料来源：安信证券研究中心，Wind。

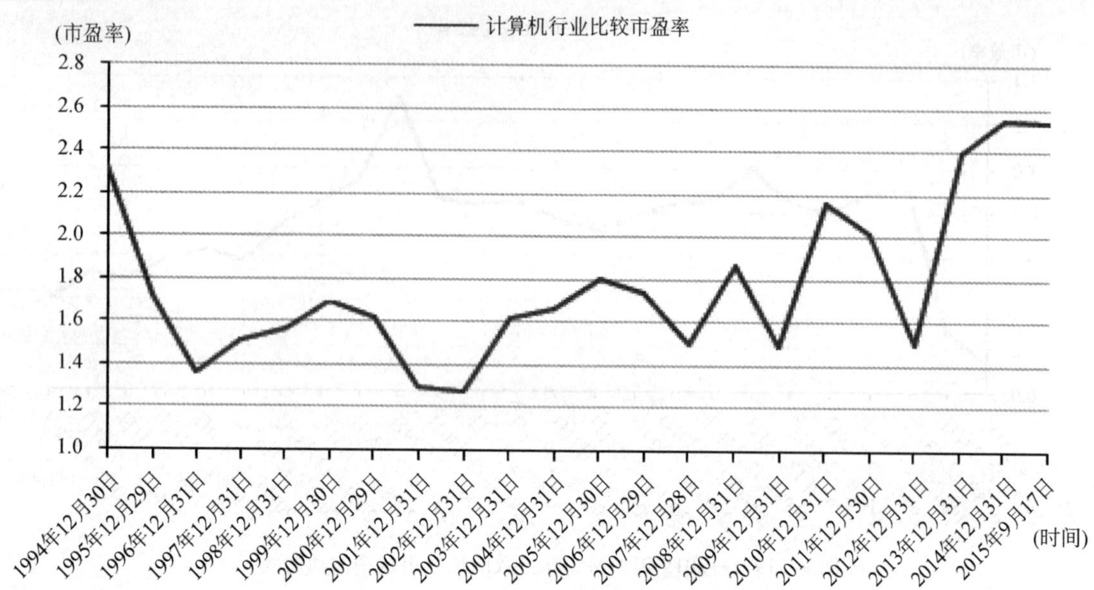

图 11 1994—2015 年计算机行业的比较市盈率波动曲线

注：新兴行业以计算机行业为例统计市盈率的波动，市盈率采用历史 TTM 计算。

资料来源：安信证券研究中心，Wind。

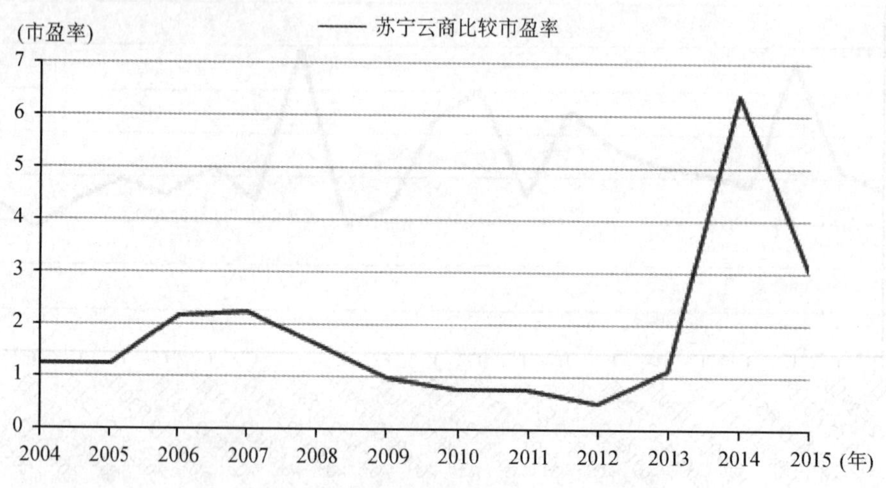

图 12 2004—2015 年苏宁云商比较市盈率波动曲线

注：以苏宁云商为例计算个股市盈率的波动，市盈率采用历史 TTM 计算。

资料来源：安信证券研究中心，Wind。

三、风险提示机制的运作

前面探讨了三种市盈率风险触发机制，分别为行业静态市盈率高位风险触发、上市公司PEG高位风险触发、行业或上市公司市盈率偏离历史安全区域风险触发。

根据对历史数据的验证，可以看到以下现象：（1）在下跌周期中，市盈率越高的行业可能跌幅越深；同时，至少5个及以上行业的静态市盈率超过100X，可能引发市场性风险。（2）无论牛熊市场，上市公司股票涨跌幅与PEG呈现相对显著的负相关关系，即PEG越低，可能的上涨空间越大；同时，过去3年的行业经验数据说明，PEG大概率都是围绕在0—2区间波动。（3）在相对较长的时间序列里，不论指数、行业或个股的对应市盈率，均是呈现在一定区域的上下波动，通过判断某时点市盈率与该区域中的位置偏离，并将其作为风险触发条件可能是合理的。

（一）市场系统性风险提示触发的运作

1. 市场风险提示触发的条件。市场风险触发情况建议由交易所统筹监控。根据中信行业划分行业，建议持续每周跟踪排名前5位的行业静态市盈率变化；当至少5个行业静态市盈率超过100X时，则触发市场系统性风险提示。其中，行业静态市盈率的计算方法为整体法，业绩报告期为TTM。

2. 风险机制触发后的运作流程。建议由交易所发布市场风险警示报告，对外发布各行业静态及动态市盈率，市盈率排名最高的前20位上市公司、股价排名最高的前20位上市公司、市场涨跌幅、上市公司整体盈利状况、资金净流入数据、融资融券数据、新开户数据、IPO数据、新增募集基金数据等相关信息，通过客观数据发布，警示可能存在的市场风险。

（二）行业/指数风险提示触发的运作

1. 行业风险提示触发的条件。行业风险触发情况建议由交易所统筹监控。

当达到以下两个条件中的至少一个条件，则风险提示机制触发：

（1）行业静态市盈率 > 80% ×历史最高行业静态市盈率；当前市盈率计算的业绩基准为TTM，历史市盈率计算的业绩基准为历史TTM。

（2）行业比较市盈率 > 80% ×历史最高行业比较市盈率；其中，行业比较市盈率 = 对应行业市盈率/剔除金融板块外全部A股整体市盈率，当前市盈率计算的业绩基准为TTM，历史市盈率计算的业绩基准为历史TTM。

2. 风险机制触发后的运作流程。建议由交易所发布行业风险报告，对外公布相关行业静态及动态市盈率、最近1个月资金净流入状况、行业融资融券余额情况、最近1个月涨跌幅、最近报告期行业业绩及业绩增速、行业内市盈率最高的前20只个股等相关信息。

同时，建议在风险触发机制未解除的前提下，每1个月公布一次行业风险报告。

（三）上市公司风险提示触发的运作

1. 上市公司风险提示触发的条件。上市公司由于数量众多，彼此差异较大，建议将风险提示触发的监控职责交由各自上市公司自行负责。当风险提示被触发，上市公司应当向交易所报备。

当达到以下三个条件中的至少一个条件，则触发风险提示机制：

(1) 价值型上市公司 PEG 大于 1.5，成长型上市公司 PEG 大于 2.5 且上市公司盈利及增速均为正值。其中，价值型、成长型上市公司采用板块简单区划，传统行业上市公司对应价值型、新兴行业上市公司对应成长型。

(2) 对于已经上市 3 年及以上的，上市公司静态市盈率 > 80% ×上市以来历史最高静态市盈率。当前市盈率计算的业绩基准为 TTM，历史市盈率计算的业绩基准为历史 TTM。

(3) 对于已经上市 3 年及以上的，上市公司比较行业市盈率大于 1.2 倍，且上市公司比较市盈率 > 80% ×上市以来历史最高比较市盈率。其中，上市公司比较市盈率 = 上市公司市盈率/对应行业市盈率，当前市盈率计算的业绩基准为 TTM，历史市盈率计算的业绩基准为历史 TTM。

2. 具体机制的运作流程。

(1) 对外发布风险提示。建议由上市公司发布风险提示报告，公开发布上市公司静态及动态市盈率、最新持股情况、最近 1 个月涨跌幅、最近报告期业绩、业绩增速及 ROE、融资融券数据、涉及重大资产重组等相关敏感信息情况。

同时，建议在风险触发机制未解除的前提下，每 1 个月公布一次上市公司风险提示报告。

(2) 日常信息发布的强化。对于触及风险提示的上市公司，交易所可以要求其强化日常信息发布。包括定期公布前五大买卖席位及买卖金额，要求其及时公布调研信息、股东持股变化等。

(3) 融资杠杆的限制。对于触及风险提示的上市公司，交易所可要求其融资杠杆上限不得超过某一倍数，例如 2 倍。

(4) 严查大宗交易。对于触及风险提示的上市公司，交易所应当对其大宗交易进行跟踪，记录大宗交易双方信息，并限制大宗交易折价比例。

多层次资本市场

证券公司柜台市场产品设计的要素与发展现状

蓝海平[*]

近年来，随着多层次资本市场建设的大力推进，场外市场成为各大证券公司积极布局和发力的“蓝海”。2012 年，全国证券期货监管工作会议进一步提出以柜台市场（Over - the - Counter，OTC）交易为基础，加快建立统一监管的场外市场，《证券公司柜台交易业务规范》、《证券公司金融衍生品柜台交易业务规范》等一系列市场业务规则随之出台，正式开启了证券公司柜台交易业务的试点。2014 年 5 月 9 日，国务院印发了资本市场的“新国九条”——《关于进一步促进资本市场健康发展的若干意见》，强调今后将发展多层次股票市场、规范发展债券市场、培育私募市场、推进期货市场建设，在 2020 年建成多层次的资本市场体系。在统筹规划股票、债券、期货市场发展的同时，首次单列一条对培育私募市场作出具体部署，是“新国九条”的一大亮点，意味着场外市场的发展迎来了前所未有的机遇。

就市场本质而言，场外市场除了具有与交易所、公募市场相同的融资功能外，更是有其自身的特质和功能。第一，场外市场是以私募产品为主，包括股票或股权、债券、基金等金融产品的交易平台，为非公开或非上市企业提供权益流通、解决私募融资等需求。第二，场外市场在投资者适当性管理方面有着不同的要求，是一个小众、非零售市场。第三，场外市场为投资者提供定制化或私募份额等理财产品的交易机会。从海外场外市场的业务和功能定位来看，场外市场更多是为金融衍生品、资本中介等业务提供交易平台，围绕着客户个性化需求，通过产品的创设和交易结构的设计实现收益或风险对冲。

因此，围绕着产品的特征和类别，场外市场的业务模式大体可以分为两大类。一是常规性业务，定位于标准化或类标准化产品的发行与交易。这类业务能够一方面有助于解决小微企业的融资困难，拓展市场服务范围，增强对新兴产业的服务能力；另一方面，则有利于提

* 作者单位：国信证券股份有限公司。原载于《中国证券》2015 年第 1 期。

高证券公司理财产品的流动性，降低证券公司的资金成本，打通融资渠道，提高社会资金的使用效率，提升客户与自身的资本收益水平。二是非标类业务，主要以资本中介为核心，根据投资者的需求提供一对一的服务，开发、设计高度个性化或订制化的产品，并结合证券公司自营业务进行交易和风险对冲。毫无疑问，这类业务模式是证券公司场外市场业务差异化发展的关键，也是满足投资者需求、服务实体经济的重要体现，亦是场外市场未来发展的主流和方向。

与海外成熟、完善的私募与场外市场相比，我国场外市场刚刚起步，发展仍较为滞后，产品的种类单一、范围有限，投行的资本中介等功能远远没有发挥作用。显而易见，产品及其运营的创新和创造是场外市场业务发展的核心，也是场外市场业务体现差异化优势、提高市场竞争力的关键。围绕着场外市场产品的开发与设计，本文结合海外市场的经验，根据我国证券市场以及柜台交易的业务特征与趋势，系统分析、考察场外柜台市场产品设计的要素与特征，并在此基础上讨论、分析我国场外市场各类产品的发展现状，力图为我国场外市场的建设，尤其是相关产品设计与发展提供可行的建议。

一、柜台（OTC）产品设计的要素

（一）柜台（OTC）产品的组成要素

金融产品的开发和设计需要统筹把握市场的融资需求与投资者的理财需求，充分理解并发掘投资者的需求，进而依据其风险偏好和风险承受能力实现产品的创设。如前所述，柜台产品的最大特点即可高度个性化和订制化，能够依据投资者的风险偏好，进行层级和结构化的产品设计，这使得证券公司能够根据投资者的不同风险偏好与风险承受能力，设计风险相宜的产品，有助于丰富产品种类，满足不同层次的投资者需求。

因而，为了满足投资者不同的收益—风险需求，在产品设计中往往需要涉及多种不同的金融产品或工具，以组合的形式满足其特定的收益—风险需求。通常也将具有这一形式的产品称为结构化产品（Structured Products）。概要地说，柜台产品一般包含三个基本要素：基础资产、联动资产与衍生品合约。基础资产，通常与资本中介业务资产相关，可以为债券（公司债、私募债等）、货币、大宗商品，甚或私募基金等；而联动资产则取决于衍生品合约的设计，以反映市场的观点或投资者的偏好，如指数、汇率、利率等。图 1 给出了一个典型产品的构成要素。

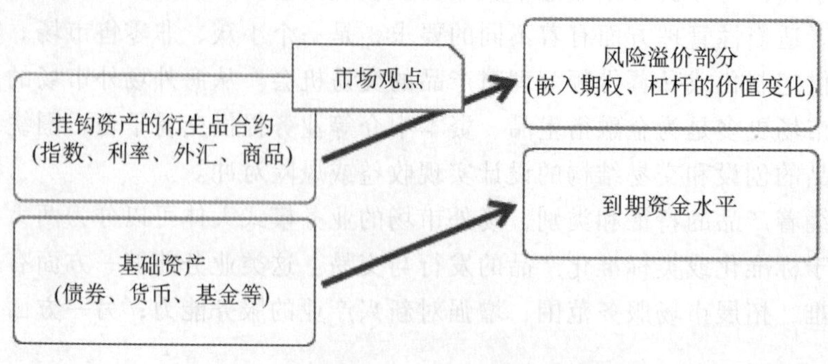

图 1　柜台产品构成要素的示意

显而易见，基础资产决定了该产品到期的资金水平，而衍生品合约则反映了投资者所承担的风险溢价。原则上，场外市场产品的非标特性，使得我们可以根据投资者的偏好、经济周期以及产品结构等多种因素搭建、设计多种多样的产品，如同乐高积木一般将不同的要素嵌入产品的设计（见图2）。通过产品的设计，实现对市场观点与风险、投资者偏好以及交易结构的表达，柜台（OTC）产品表现出一些与交易所、公募市场等投资工具所不同的特点与优势：

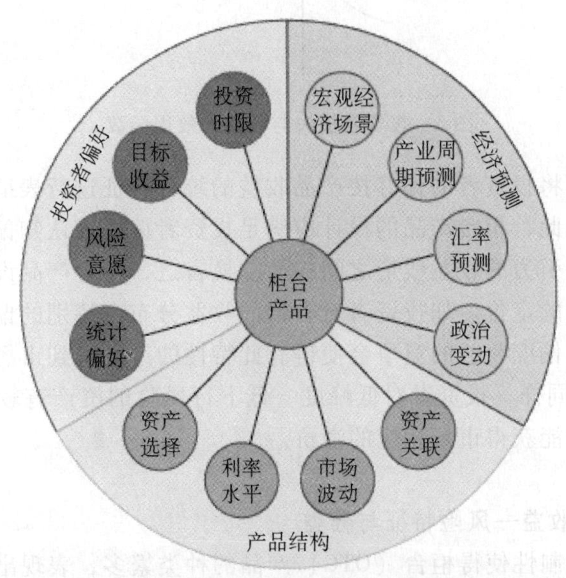

图2　柜台产品的组成要素

首先，场外市场的灵活性，使得柜台（OTC）产品在设计上能够复制、构造对市场的观点。直接投资于股票或公募基金所得的收益仅源于金融资产的价格上行，而柜台产品的收益则还可来自于资产价格的下探或振荡等，这即取决于投资者对市场走势发展的判断。

其次，若配置合理，借助于复杂多样的衍生品合约，柜台产品能够满足、实现投资者任意可能的风险偏好特征。

再次，柜台产品扩展了投资者的选择。通过柜台产品，投资者能够参与、分享一些准入门槛高的投资产品，如对冲基金、私募基金、房产基金、信托份额或商品期货等。具体到国内市场的情形，柜台产品可进一步包含私募债、海外资产等。也就是说，柜台产品能够提供合适、多样化的投资机会。

（二）投资者的风险偏好

如前所述，挖掘并理解投资者风险偏好是产品设计的关键。依据行为金融的最新进展，投资者对不同的风险特征有着不同的偏好或认知的偏差。比如，预期理论（Prospect Theory）指出投资者对于损失和收益有着不同的效用，对收益和损失有着不对等的偏好/厌恶，如图3所示，因而对一些防范下行风险的产品尤为偏好。

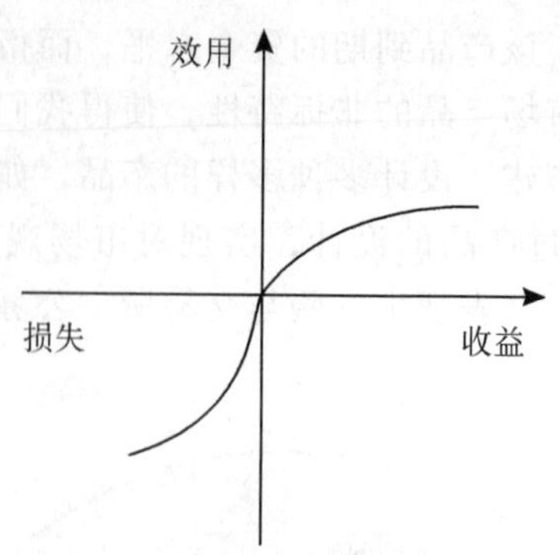

图 3　投资者损失与收益的效用函数

具体而言，我们可将投资者的偏好按产品收益的统计特征进行表征，如期望收益、波动率、偏度和峰度等。因此，柜台产品的设计应满足投资者偏好或认知偏差的特征，即投资者会在高期望收益与有吸引力的收益线形之间权衡。换言之，柜台产品设计的出发点即应着力于对产品不同收益特征的定价。如投资者对右偏的收益分布有特别的偏好，而市场收益整体上是对称的，所以对正偏度收益的竞争会使得有此特性的产品得到市场的溢价，即偏度溢价（Skewness Premium）。同样，投资者对低峰度、低下行风险的资产有较高的投资偏好，因而满足此类特征的产品亦能获得市场相应的溢价。

（三）柜台产品的收益—风险特征与分类

高度个性化与可订制性使得柜台（OTC）产品的种类繁多，表现出多样的收益—风险特征。因而，依据产品的收益—风险特征进行分类考察不仅是产品自身设计与创新的需要，同样也是发掘目标投资者，分析其需求的基础。为此，我们以瑞士结构化产品联合会（Swiss Structured Products Association，SVSP）的衍生品图谱（Swiss Derivatives Map）为考察基础①，对柜台产品的收益—风险特征进行了分类和梳理。具体地，我们可以将各类柜台产品划分为六大类：保本型（Capital Protection）、收益增强型（Yield Enhancement）、分享型（Participation）、杠杆型（Leverage）、信用连接型（With Reference Entities），以及奇异类期权、息票（Exotic Options & Coupons）。

如图 4 所示，对照传统资产的特征，我们给出了不同类柜台产品相对应的收益—风险特征示意图。其中，保本型产品为风险最低的一类产品，其收益—风险特征与现金或高等级债券（如国债、城投债等）相似；而收益增强型与分享型两类产品具有与股票相似的风险特征，较为激进的分享型产品可高配风险偏高的股票或商品等；风险最高的为杠杆型产品，与期货、期权具有相近的风险特征，同时具有的杠杆属性也是这类产品的核心特点。而奇异类期权或息票的收益—风险特征则依赖于其内嵌的合约结构，一般与期货、期权的收益—风险相当，但合约更为复杂。信用连接型产品的核心在于选择了差异化的信用主体，其基础资产部分可能面临较高的信用风险，对应有三种衍生产品，即保本型信用连接票据、收益增强型信用连接票据和分享型信用连接票据。

---

①　SVSP：http：//www. svsp - verband. ch/。

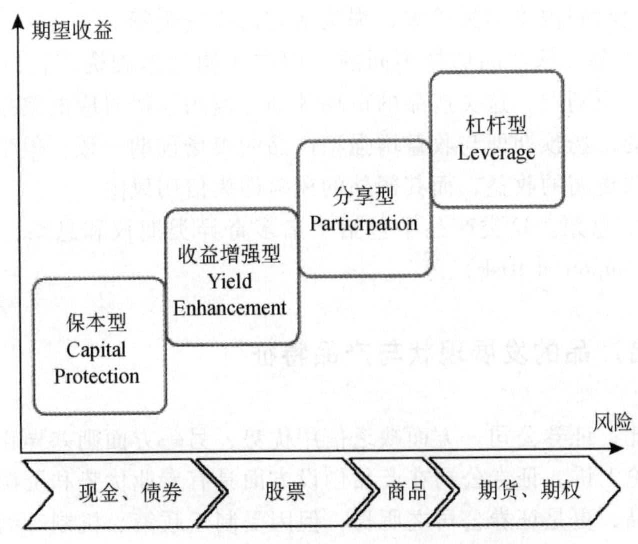

图 4 各类柜台产品收益—风险特征的示意图

1. 保本型产品。保本型产品要求到期时保证清偿本金并分享联动资产带来的部分收益。对应地，保本型产品有三个主要特征：(1) 潜在损失受限于约定偿付本金的水平；(2) 部分参与高风险—高收益的联动资产；(3) 部分地获得联动资产带来的风险收益。

因此，在控制下行风险的前提下，保本型产品的投资标的可为公司债、股票、商品期货与外汇等中高风险资产。持有保本型产品的投资者即相当于购买了收益的正偏度（Skewness）或保险。考虑到证券公司在信用上的差距，柜台产品的收益通常应当高于市场同类的参考基准，如3年期国债或当期理财产品的年化利率。原则上，保本型产品的期望收益应低于其联动资产的期望收益，这即是其右偏收益特征所付出的对价。

2. 收益增强型产品。该产品的目标即是获得高于债券等资产的收益。通常，这类产品的潜在收益有一上限，而在市场逆转时其风险与联动资产相当。虽然与债券的收益相似，但是其风险特征与债券有极大的不同，不能替代债券等固定收益产品。

收益增强型产品的收益上限一般由息券或贴现水平决定。投资者持有这类产品即相当于卖出了收益的正偏度以获得收益补偿。在欧洲，最主要的两种收益增强型产品是反向可转换票据（Reverse Convertible）与贴现凭证（Discount Certificate），这两者具有完全一致的收益特征，但具有不同的构造方法。

3. 分享型产品。这类产品与其联动资产的表现紧密相关，有时会在下行风险保护或上行杠杆施加上加以设计。较之于前述两类产品，分享型产品的风险更高。分享型产品一般不涉及本金保护的设计，也不保证息券的偿付或贴现，其主要特点是给予部分或全部甚至杠杆的形式分享基础风险资产的收益与风险，此时基础资产即等同于联动资产。分享型产品主要有追踪或指数票据、红利票据、优先票据和双赢票据等。这类产品通常基于股票类资产构建，但原则上可通过任意基础资产构建，如追踪票据可针对债券、商品、私募股权、房地产、对冲基金以及保险类产品甚至可以设计为针对特定板块，如高分红股票、金融股等。

4. 杠杆型产品。杠杆型产品允许有短期的投机或对冲，看涨或看跌权证、小型期货以及收回权证等即是市场最负盛名的杠杆型产品。显而易见，杠杆型产品最大的风险即是杠杆风险，它有可能在短时间内将损失扩大，损失所有的投资金额。

5. 信用连接型产品。该产品选择不同的信用主体构建基础资产，以实现收益增强和信用风险分散的目的。原则上，这类产品的市场预期与信用连接对应的票据相近，比如收益增强型信用连接票据的市场预期即与收益增强型产品的市场预期一致。但事实上，这类产品允许以更高的风险获取更高的收益，而其额外的风险即为信用风险。

6. 奇异类期权、息票。这类产品中包括了诸多奇异类期权和息票，如亚式期权、障碍期权、在险息票（Coupon at Risk）等。

二、我国柜台产品的发展现状与产品特征

与商业银行相比，证券公司一方面缺乏信用优势，另一方面则差异化优势体现不够，市场竞争力不足。理论上讲，证券公司在产品创设方面具有专业优势和资源优势，尤其是结构化、个性化金融产品，更是证券公司之所长，但因受制于政策、机制等因素，证券公司在产品创设方面并没有充分展示出应有的优势。

近年来，在业务创新的推动下，证券公司开始转向以交易驱动、客户驱动与产品驱动的资本中介型业务，包括融资融券、约定购回式证券交易、质押式融资、股票收益互换和利率互换等获得广泛的发展。然而，这些产品的标准化程度较高，未能体现证券公司的差异化优势，并非场外市场的主流方向；加之我国固定收益产品的发展较为缓慢，衍生品工具不足，在此基础上的个性化产品创设较为困难，因此场外市场业务的发展还远未成熟。

尽管如此，自柜台交易业务试点于 2012 年末正式推出以来，柜台市场的产品种类与规模均取得了跳跃式发展，在产品创设和种类创新上不断推进，涌现出一些颇具特色的 OTC 产品。据不完全统计，截至 2014 年 6 月末，广发证券累计新发 OTC 产品 225 只，保有产品总市值超过 60 亿元①；海通证券发行了 119 只（期）中低风险的 OTC 产品，首期 5 只产品的募集规模达 9.8 亿元②；国泰君安则发行 41 只在柜产品，不仅有收益互换、优先保本等低风险产品，还有看跌、看涨互换以及对冲基金等高风险产品③；国信证券则在柜台交易市场发行了多只结构化与场外期权产品，如“金鲨”、“金福”和“金牛”等 OTC 产品，资产管理规模突破 489 亿元④。截至 2014 年 6 月末，15 家试点证券公司中，已有 12 家证券公司发行了柜台交易市场产品 500 余只，管理的资产总规模近 1 000 余亿⑤。

在产品设计上，大证券公司各具特色。广发证券主要以高风险的集合资产管理计划，如“广发 OTC 华融”、“广发 OTC 中山长安”等，以及基于收益凭证的“收益宝”系列产品；海通证券则主要以低风险产品为主，如海通“月月财”、海通 OTC 富国理财宝等，其中“月月财”已募集 100 余期，期限分别为 1 月—12 月不等；国泰君安的 OTC 产品涵盖收益互换、保本型结构化产品以及高风险的集合资产管理计划等；而国信证券的 OTC 产品则以结

① 广发证券 OTC 产品列表：http：//www. gf. com. cn/otc/action/OtcAction. go？function = FrontGetOtcList。

② 海通证券 OTC 产品列表：http：//www. htsec. com/htsec/Channel/3210372。

③ 国泰君安 OTC 产品列表：http：//www. gtja. com/marketProducts/productCenter. jsp？seriesId = 679。

④ 国信证券 OTC 产品列表：http：//www. guosen. com. cn/webd/gtsc/product. jsp 以及 国信证券股份有限公司 2014 年中期财报。

⑤ http：//www. zentrust. cn/zhengquan/20140630/6936. html。

构化产品、场外欧式期权等最具特色。相应地，基于前述产品的分类与特征分析，我们对照地考察、梳理现阶段各证券公司几个具有代表性OTC产品的收益—风险特征，以期管窥我国柜台市场产品发展的现状。

（一）国信证券“金鲨”系列产品

该产品的投资范围涵盖具有固定收益属性的债权、收益权及其他财产权利标的，银行存款、场外衍生品等。其中，债权、收益权等的投资比例为90%—95%，而0—5%的资金比例则投资于挂钩沪深300指数的场外衍生品。

“金鲨”系列产品的一大创新和特色是引入了高、低两个触碰（Knock－Out）的期权结构，以“金鲨”3号为例：（1）若沪深300指数的观察期价格低触碰价格（期初价格的91.5%）或高于高触碰价（期初价格的117%），则到期的产品预期收益率为年化4%；（2）若沪深300指数的观察期价格未曾低于低触碰价格（期初价格的91.5%）或未曾高于高触碰价（期初价格的117%），则到期的产品预期收益率为：

预期收益率（年化）＝固定收益率＋浮动收益率

其中，固定收益率设定为年化4%，而浮动收益率则与存续期沪深300指数涨跌幅R%相关，对应为浮动收益率＝最大值（0，｜R%｜－4%）。相应地，我们在图5给出了“金鲨”3号的收益函数示意图。

容易发现“金鲨”产品兼有保本型和分享型两类产品的特征，即在保本的前提下部分获得市场收益。因此，在SVSP分类中，“金鲨”系列产品可以认为是障碍保本型票据（Barrier Capital Protection Certificate）与分享型双赢票据（Twin－Win Certificate）的混合和创新。

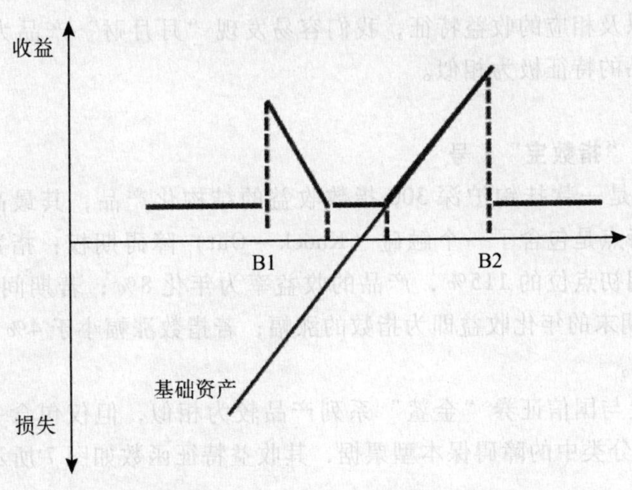

图5　国信证券之“金鲨”3号收益特征函数示意图

（二）国信证券“金福”系列产品

“金福”系列产品主要投资于国债、公司债等债券类固定收益类金融产品、商业银行理财计划、集合资金信托计划等。根据收益及风险承担的不同，将产品份额分为A类份额

(优先级）和B类份额（劣后级）。其中，约定优先级（A类）产品年化收益率为7.5%，次级即B类份额由国信证券自有资金参与，而A类份额在总份额的比例不高于90%，B类份额占比不低于10%。若收益不足以支付A类份额的约定收益，则其差额由B类份额的本金弥补。

“金福”产品的一大创新是，A类份额可以包含不同投资周期如3个月、6个月、12个月等子份额。由此可见，“金福”系列产品是一款经典的收益划分产品：A份额是SVSP分类中的障碍折现票据（Barrier Discount Certificate），而B份额则具有9倍左右的杠杆，承担劣后即获得超额收益的同时也承担同样杠杆大小的损失。因此，B份额相当于SVSP分类中恒定杠杆票据（Constant Leverage Certificates）中的看多票据，其收益函数分别如图6（A）、（B）所示。

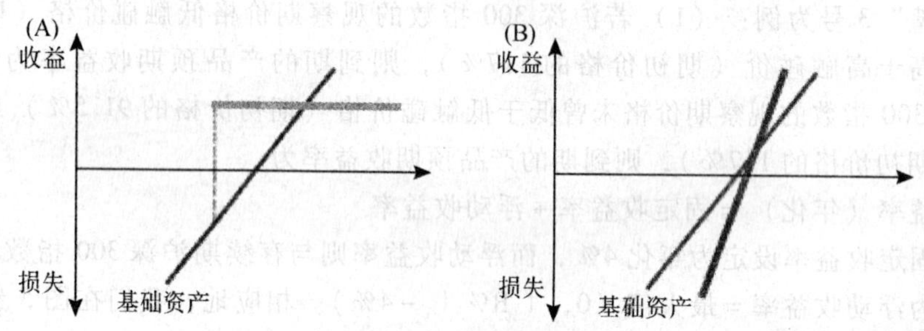

图6 国信证券之“金福”产品收益特征函数示意图

（三）海通证券“月月财”

“月月财”产品主要投资于国债、公司债、私募债等债权资产，是一类固定收益产品，其预期收益率与期限相关，一般在年化5%上下，高于同期商业银行理财产品。考虑该产品投资的标的范围，以及相应的收益特征，我们容易发现“月月财”产品为一款保本型产品，与商业银行理财产品的特征极为相似。

（四）海通证券“指数宝”1号

“指数宝”产品是一款挂钩沪深300指数收益的结构化产品，其最高收益率可达年化15%。这款产品的特点是包含了一个触碰（Knock - Out）障碍期权：指数在期间某一天的收盘点位大于指数期初点位的115%，产品的收益率为年化8%；若期间指数涨幅大于4%而小于15%，产品期末的年化收益即为指数的涨幅；若指数涨幅小于4%，产品期末的收益率则恒定为年化4%。

该产品在特征上与国信证券“金鲨”系列产品较为相似，但仅包含一个障碍触碰期权的设置，属于SVSP分类中的障碍保本型票据，其收益特征函数如图7所示。

（五）海通证券“海通海富”

这系列产品的一大特征是收益划分，将集合的份额划分为A、B和C类三种份额。A份额优先获得某一约定收益，而B和C份额则根据约定分享剩下的收益。这系列产品的收益特征函数如图6所示，但与国信证券“金福”产品不同，“海通海富”产品投资的标的范围为高风险的股权类投资等。比如“海通海富”7号参与的是“ST澄海”（600634）的非公

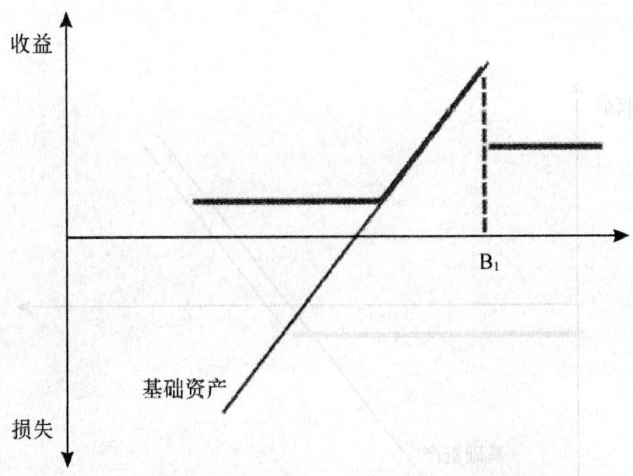

图 7 海通证券之“指数宝”产品收益特征函数示意图

开发行，这也是“海通海富”系列产品的一大特色。

（六）国泰君安“安本型”互换

该产品的收益回报挂钩于标的证券国电电力（600795）的表现。一般情况下，在交易终止日，若国电电力当日均价低于约定价格，证券公司则按到期年化4%收益率向客户支付本金和利息；若国电电力当日均价高于约定价格（期初的110%），则客户除了获得到期年化4%收益率外，还可分享标的证券上涨收益的30%，其收益特征函数如图8所示。从收益特征上看，“安本型”互换属于SVSP分类中保本型产品中的可转换票据（Convertible Certificate）。

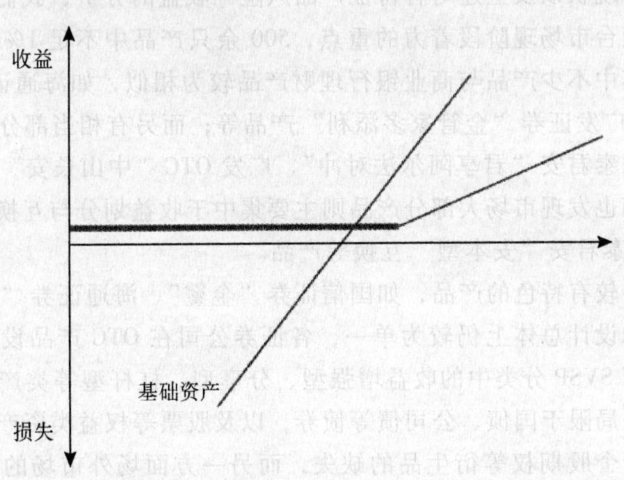

图 8 国泰君安之“安本型”互换产品收益特征函数示意图

（七）国泰君安“封底型”互换

该产品的收益回报挂钩于华夏沪深300ETF（510330）的表现。一般情况下，在交易终止日，若华夏沪深300ETF当日均价高于约定价格，则证券公司向客户支付指数上涨收益；若指数当日均价低于约定价格，则客户损益为0，不用承担指数下跌损失，其收益特征函数如图 9 所示。

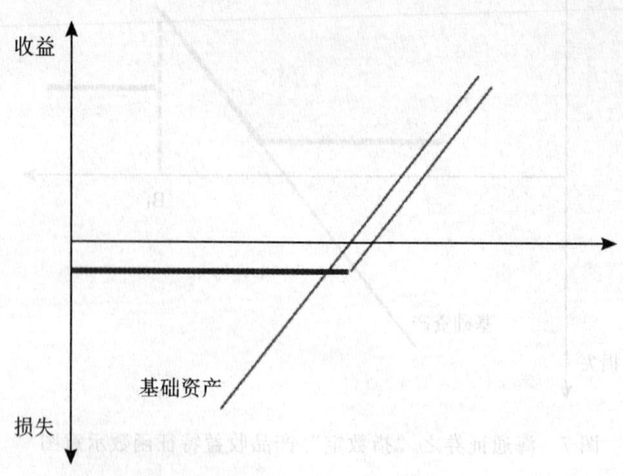

图9　国泰君安之“封底型”互换产品收益特征函数示意图

图 9 中结果表明，“封底型”互换产品的收益函数具有有限损失，无限收益的特征。容易发现，该产品同样属于 SVSP 分类保本型产品的可转换票据（Convertible Certificate），而此时保本的比例取决于产品设计中的互换费率。

三、证券公司的机遇与挑战

综合市场发展的现状以及上述对各特征产品风险—收益的分析，我们容易发现产品设计并不是各证券公司柜台市场现阶段着力的重点，500 余只产品中不足 1% 的产品包含了结构化的设计和创新，其中不少产品与商业银行理财产品较为相似，如海通证券“月月财”、国泰君安“君得金”、广发证券“金管家多添利”产品等；而另有相当部分产品则与券商集合理财计划无异，如国泰君安“君享阿尔法对冲”、广发 OTC“中山长安”等产品。而在产品结构化设计上，我们也发现市场大部分产品则主要集中于收益划分与互换实现等设计，如国信证券“金福”、国泰君安“安本型”互换等产品。

即便考虑市场中较有特色的产品，如国信证券“金鲨”、海通证券“指数宝”等，我们亦容易发现产品结构设计总体上仍较为单一，各证券公司在 OTC 产品设计上仍主要集中于保本型一类产品，而 SVSP 分类中的收益增强型、分享型、杠杆型等类产品则几无涉及。同时，基础资产也往往局限于国债、公司债等债券，以及股票等权益类资产等。这一现状一方面是因为股指期权、个股期权等衍生品的缺失，而另一方面场外市场的建设仍处于起步阶段，产品的发展不够成熟，投研能力建设、人才储备等方向存在着不足和短板，对投资者收益、风险偏好等缺乏细致、系统的考察。

更具体地，在产品设计上，通过上述对各 OTC 产品收益、风险特征的分析，我们发现当前各证券公司柜台市场缺乏高峰度、中等波动等特征的结构化产品，如反向可转换票据、股票挂钩票据和指数票据等。进一步扩展满足不同收益、风险特征的结构化产品，如实现对高峰度、中等波动特征的构建，充分发掘投资者给予的市场溢价应当是证券公司柜台市场产品开发、设计的重点。在基础资产选择上，应当进一步涵盖如私募债、私募股权类等有证券公司特色的资产品类，为投资者提供多元化的投资机会。

需要指出的是，证券公司的资本中介业务与OTC产品的发展密切相关，是OTC产品发展、壮大的基础。简言之，资本中介业务就是证券公司以股票、利率、汇率、大宗商品等基础资产为核心，满足投资者为了避免基础资产价格波动、提高产品流动性的需求，规避市场风险和信用风险，在柜台上为投资者提供相应的产品与服务。这种产品与服务属于非标准化、订制化的，是证券公司核心附加值之所在，也是其他金融机构无法提供的。资本中介业务对证券公司的产品开发、创设、定价、销售等能力以及资本实力都是考验，与以往的通道业务相比，无论是在技术含量还是风险控制方面都有更高要求。尤其是就风险控制、管理而言，业务模式的转变使得证券公司需要审慎地监控、度量和管理资本中介业务涉及的杠杆率、信用风险等要素。

现阶段，对我国大多数证券公司而言，场外市场交易最大的限制就是资本金不足。而在场外市场，无论何种产品都需要证券公司作为交易的对手方，需要在风险可控的前提下提高证券公司的杠杆率。正因为如此，当前大部分证券公司均以保本型产品设计为OTC产品创设的切入，为资本中介业务的发展提供融资需求。以国信证券“金鲨”、“金牛”等产品为例，其超过90%的本金即投向于该公司的约定购回式交易、股权质押式回购交易以及融资融券等相关业务相应的收益权。

毋庸置疑，金融产品的创新是我国柜台市场发展的关键和基础，也是实现多层次资本市场与多元化投资者良性对接的必要前提。随着我国场外市场的逐步发展，产品的种类将更加丰富，将涵盖标准类产品、结构化产品等品种。为了提高产品创新和推出的效率，借鉴SVSP等海外经验，进一步建立专门化的产品行业协会（或委员会），厘清产品的类型与分类方式，并依此进行产品相应的备案或审核程序。专门化的产品行业协会，不仅有利于规范产品的开发、创设，建立、健全场外市场产品的信息披露机制，同样有利于向公众、投资者揭示、普及场外市场产品投资的要素，发掘适当风险偏好的投资受众。同时，各证券公司也应着力研究如何根据不同类别产品的收益—风险特征与交易特征制定恰当的投资者准入门槛，做到控制风险和活跃市场之间的平衡。

参考文献

[1] Andreas Blümke. How to Invest in Structured Products? [M]. John Wiley & Sons Ltd., 2009.

[2] SVSP Website: http: //www. sspa - association. ch.

[3] 陈峥嵘，朱蕾：“柜台市场培育和建设中的证券公司——基于证券公司市场组织功能的视角”[J]，《证券市场导报》，2013 (2)。

[4] 何诚颖等：“证券公司柜台市场产品创新研究”[J]，《中国证券》，2014 (1)。

[5] 蓝海平，龚映清：“结构化产品的分类、特征与发展图景”[J]，《中国证券》，2013 (8)。

[6] 林煊：“柜台市场理论与实践研究”[J]，《证券市场导报》，1997 (8)。

[7] 牛冠兴：“关于发展证券公司场外市场业务的思考与建议”[J]，《中国证券》，2013 (6)。

证券公司柜台市场发展现状、问题和建议

李可柯　汪新生*

引　　言

从市场交易组织形式划分，可以将我国多层次资本市场划分为场内市场和场外市场，场内市场主要是指沪、深证券交易所市场；场外市场包括全国中小企业股份转让系统（国务院批准设立的全国性证券交易场所）、区域股权交易市场、中证机构间私募产品报价与服务系统①（还包括中证股权众筹平台②，以下简称“报价系统”）和证券公司柜台市场，其中柜台市场主要是指报价系统和证券公司柜台市场。

2014 年 8 月 15 日，中国证券业协会（以下简称“协会”）发布《证券公司柜台市场管理办法（试行）》（以下简称《管理办法》）和《机构间私募产品报价与服务系统管理办法（试行）》，旨在促进柜台市场的规范发展。证券公司柜台市场是指证券公司为与特定交易对手方在集中交易场所之外进行交易或为投资者在集中交易场所之外进行交易提供服务的场所或平台，因此，证券公司既是市场的参与者，又是市场的组织者。

目前，证券公司柜台市场包括有形和无形两种市场交易形态。所谓有形市场交易，是指证券公司通过柜台交易系统为投资者提供服务，如私募产品的发行、转让和销售。所谓无形市场交易，是指证券公司与投资者以签署合同的方式进行一对一交易，如场外衍生品交易。

一、证券公司柜台市场业务试点情况

（一）柜台市场业务试点证券公司队伍不断扩大

2012 年 12 月 21 日，伴随着《证券公司柜台交易业务规范》的发布，首批 7 家证券公

---

* 作者单位：国泰君安证券股份有限公司。原载于《中国证券》2015 年第 6 期。

① 网站地址：http://www.interotc.cn，沪、深证券交易所和全国中小企业股份转让系统、报价系统合称“两所两系统”。

② 网站地址：http://cf.cmdm.org.cn/。

司获得业务试点资格，截至2015年5月，共有42家证券公司获得试点资格（见表1）。

表1　柜台市场业务试点证券公司名单

批次	柜台市场业务试点证券公司
第一批（2012年12月21日）	国信证券、国泰君安、海通证券、申银万国、兴业证券、广发证券、中信建投
第二批（2013年2月5日）	中信证券、长江证券、银河证券、中金公司、招商证券、齐鲁证券、中银国际、山西证券
第三批（2014年10月15日）	华泰证券、平安证券、浙商证券、安信证券、西南证券、国元证券、中投证券、方正证券、南京证券、东方证券、渤海证券、华创证券、华融证券
第四批（2014年12月16日）	东兴证券、国金证券、华龙证券、江海证券、东北证券、西部证券、恒泰证券、中原证券、华林证券、财通证券、财富证券、东吴证券、长城证券、第一创业证券

资料来源：中国证券业协会网站，国泰君安财富管理部整理。

（二）证券公司柜台市场发行产品种类日益丰富

自2013年1月14日海通证券发行第一只柜台市场产品以来，截至2015年4月底，柜台市场发行产品种类日益丰富，已包括资产管理计划、收益凭证、基金专户产品、私募基金、银行理财产品和信托计划，上柜产品数量达1 542只，其中主要是收益凭证和资产管理计划产品，占比达95.23%（见表2）。

表2　证券公司柜台市场产品发行情况

发行情况 产品种类	2014年12月		2015年1月		2015年2月		2015年3月		2015年4月	
	数量（只）	金额（亿元）	数量（只）	金额（亿元）	数量（只）	金额（亿元）	数量（只）	金额（亿元）	数量（只）	金额（亿元）
资管计划	414	128.28	394	98.94	143	149.52	625	141.11	612	180.61
收益凭证	624	307.92	598	223.69	396	244.45	827	492.23	851	764.67
基金专户	52	3.97	30	5.02	13	9.42	38	8.93	52	21.57
私募基金	4	0.68	4	0.72	6	1.32	5	1.75	23	23.29
银行理财产品	0	0.00	4	2.77	6	3.13	9	3.22	0	0.00
信托计划	0	0.00	0	0.00	2	0.57	0	0.00	4	2.50
合计	1 094	440.85	1 030	331.14	566	408.41	1 504	647.24	1 542	992.64

资料来源：中证机构间私募产品报价与服务系统网站，国泰君安财富管理部整理。

（三）柜台市场产品转让逐渐活跃

2013年1月31日，国泰君安证券实现首只资产管理计划产品上柜转让交易以来，柜台市场产品转让交易逐渐活跃，为柜台市场产品流动性提供了支持，促进了产品发行和销售，不过目前转让交易的主要是资产管理计划产品（见表3）。

表3　　证券公司柜台市场产品转让交易情况　　（单位：笔/亿元）

交易情况 产品种类	2014年12月		2015年1月		2015年2月		2015年3月		2015年4月	
	笔数	金额	笔数	金额	笔数	金额	笔数	金额	笔数	金额
资管计划	107	9.32	116	4.58	61	4.1	126	10.01	130	13.03
收益凭证	0	0.00	0	0.00	2	0.28	5	0.11	2	0.01
基金专户	3	0.62	5	0.46	1	0.18	1	0.3	0	0.00
私募基金	0	0.00	0	0.00	0	0.00	0	0.00	0	0.00
合计	110	9.94	121	5.04	64	4.56	132	10.42	132	13.04

资料来源：中证机构间私募产品报价与服务系统网站，国泰君安财富管理部整理。

（四）参与柜台市场的投资者数量成倍增长

截至2013年11月底，参与柜台市场客户数仅为86 484户，其中个人账户85 743户，机构账户741户；截至2014年12月底，参与柜台市场客户数为46.69万户。而伴随着互联网业务的开展，到2015年4月底，参与柜台市场客户数已近200万户，较2014年底增幅为324.54%（见表4）。

表4　　证券公司柜台市场账户开立情况　　（单位：万户）

时间 客户类型	2014年12月	2015年1月	2015年2月	2015年3月	2015年4月
机构投资者	0.3	0.35	0.38	0.44	0.49
个人投资者	46.39	75.47	85.38	128.77	197.73
合计	46.69	75.82	85.76	129.21	198.22

资料来源：中证机构间私募产品报价与服务系统网站，国泰君安财富管理部整理。

（五）场外金融衍生品交易稳定，规模相对仍较小

2013年3月，中信证券、中金公司、招商证券、广发证券、银河证券和光大证券6家公司获得互换业务资格，2013年7月，国信证券首家获得场外期权业务资格。目前已有29家证券公司开展了柜台市场衍生品业务，截至2015年4月底，名义本金规模为1 995.37亿元（见表5），相对于目前超2万亿元的“两融”规模以及国际权益类衍生品7.94万亿美元的规模来说，仍较小。

表5　　证券公司柜台市场衍生品交易情况

业务类型	2014年12月		2015年1月		2015年2月		2015年3月		2015年4月	
	笔数（笔）	名义本金规模（亿元）	笔数（笔）	名义本金规模（亿元）	笔数（笔）	名义本金规模（亿元）	笔数（笔）	名义本金规模（亿元）	笔数（笔）	名义本金规模（亿元）
互换	2 507	2 364.21	3 216	1 192.36	3 579	1 211.57	3 789	1 233.87	4 459	1 521.66
期权	556	619.27	495	562.32	371	482.38	269	327.39	291	473.71
合计	3 063	2 983.48	3 711	1 754.68	3 950	1 693.95	4 058	1 561.26	4 750	1 995.37

资料来源：中证机构间私募产品报价与服务系统网站，国泰君安财富管理部整理。

（六）证券公司柜台市场业务开展透明规范

目前，开展证券公司柜台市场业务试点的证券公司通过公司网站进行柜台市场信息披露，包括产品的基本信息、上下柜公告、临时公告等。同时，证券公司通过报价系统、场外金融衍生品交易报告库系统、电子邮件等途径及时、准确、完整地进行柜台市场数据统计报送、业务（产品）备案、产品登记，证券公司柜台市场业务开展透明规范。

（七）初步形成“OTC +”的业务模式

证券公司柜台市场作为私募市场，已具有交易、投资、融资、登记结算等基础功能，可以实现私募产品发行、销售、做市、登记结算和跨机构转让交易，并在此基础上，不断迭加业务种类和服务手段。以通过证券公司柜台市场发行资产管理计划为例，证券公司可以对资产管理计划实行自主登记结算，对其他金融机构创设的资产管理计划进行资产托管，从而实现“OTC + 资管”、“OTC + 托管”的业务新模式。

二、证券公司柜台市场发展面临的问题

（一）证券公司柜台市场相关配套规则尚未出台

目前，证券公司开展柜台市场业务主要依据《管理办法》的相关规定，《管理办法》对证券公司柜台市场的定义、投资者适当性、产品范围、交易方式、账户、登记、结算、托管等进行了界定和说明，但是尚未出台相关的配套细则，一定程度上阻碍了证券公司柜台市场业务的开展。

以柜台市场产品做市业务为例，对资产管理计划产品做市，《证券公司集合资产管理业务实施细则》第二十二条规定，“证券公司自有资金参与单个集合计划的份额，不得超过该计划总份额的20%”；第二十三条规定，“集合计划存续期间，证券公司自有资金参与集合计划的持有期限不得少于6个月”，这限制了证券公司对集合资产管理计划产品的做市。相对于新三板股权做市来说，全国股转系统公司针对做市商单只股票库存达到总股本20%豁免买入报价以及退出股权做市有6个月或者3个月的时间要求，但并未限制做市商买入，同时股票的流动性远高于产品，产品的持仓变动相对会更大，因此可以有做市期限的时间要求但不应有持仓的时间要求，所以需要出台专门针对柜台市场产品做市的配套细则。

（二）柜台市场业务（产品）创新仍受到制约

针对证券公司柜台市场产品创设，《管理办法》第七条规定，证券公司通过柜台市场创设私募产品直接实行事后备案，但是第八条又对证券公司柜台市场产品种类进行了正面列举，同时根据协会发布的《证券公司创新业务（产品）专业评价工作指引》的通知，对于法律法规和政策未明确审批或备案的创新业务（产品）创设程序，需要协会组织进行专业评价。

因此，目前证券公司柜台市场开展的业务（产品），除《管理办法》第八条明确的产品范围外，基本上仍需要通过专业评价的方式进行，周期较长，易造成同质化竞争，不利于证券公司柜台市场的创新发展，不利于证券公司满足投资者个性化、多样化的需求。

（三）柜台市场的发展缺乏信用体系的建立

海外柜台市场，尤其是场外衍生品市场爆发式发展的一个重要因素是信用体系的完善。柜台

市场的发展会牵涉大量的保证金交易以及抵押品管理，各个信用主体间的信用评级直接影响到其保证金比率以及风险敞口规模。而国内信用评级体系发展相对较为薄弱，制约了柜台市场的创新发展，同时各证券公司对交易对手方的尽职调查、自身信用评级体系建设仍在不断完善过程中。

（四）证券公司柜台市场发展需要证券公司各业务线的协同

证券公司柜台市场涉及自营、资管、财务、合规风控、经纪、营运、信息技术等各业务线，仅从组织结构方面来说，柜台市场业务包括产品创设交易、产品推广销售、业务支持服务和风险合规管理体系。而受场内市场监管的长期影响，证券公司会习惯于按照现有的场内模式和监管规定开展业务，不同业务条线分割，尚未形成与柜台市场业务相匹配的组织架构，同时业务牵头部门难以统筹公司整体资源。而证券公司柜台市场业务作为场外市场业务来说，其非标化、个性化的特点对后台支持、风险控制、业务运作等方面提出了更高的要求，需要加强证券公司各业务线的协同。

三、国际柜台市场发展经验借鉴

国际成熟的柜台市场（Over the Counter，OTC）主要指场外衍生品市场，以及以美国 OTC 市场集团（OTC Markets Group）和美国场外交易公告板市场（OTC Bulletin Board）为代表的股权市场。目前国内证券公司柜台市场尚无股权交易，相对来说其无形市场功能与国际衍生品市场一致。与国际成熟衍生品市场相比，当前我国证券公司柜台市场业务无论在规模、结构还是在能力方面都还存在很大差距，分析国际成熟市场的发展状况，对我们有诸多有益的启示。

（一）支持柜台市场开展利率、外汇等类别衍生品

单以国际场外衍生品市场来说，截至 2014 年底，场外衍生品名义本金规模达 630.15 万亿美元，约是场内衍生品规模的 9.72 倍（见图 1）。从场外衍生品的具体构成来看，主要是利率和外汇类衍生品（见图 2），占比超 90%，权益类衍生品的规模约为 7.94 万亿美元（见图 3）。对比来看，目前证券公司柜台市场主要是权益类衍生品，且规模较小，而利率、外汇、信用、商品等衍生品尚未纳入证券公司柜台市场产品范畴。

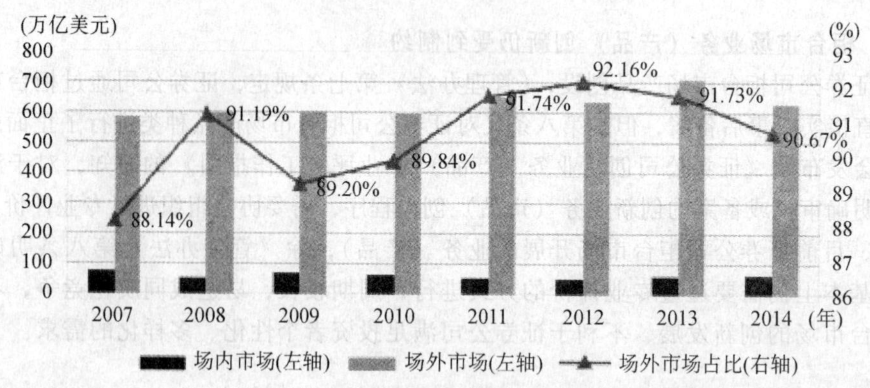

图 1　场内外衍生品规模对比情况图

资料来源：国际清算银行（BIS），国泰君安财富管理部整理。

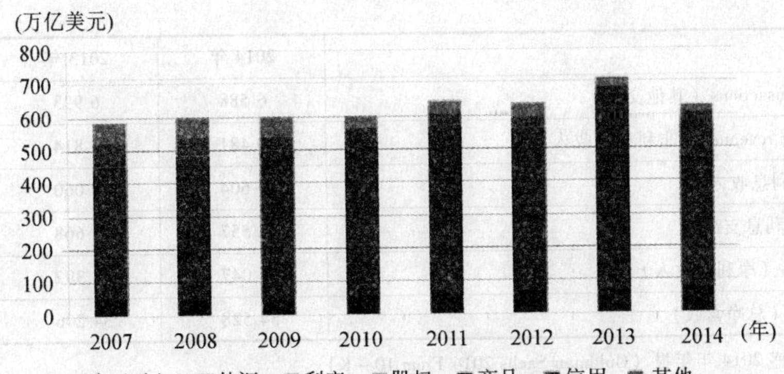

图 2　场外衍生品类别占比示意图

资料来源：国际清算银行（BIS），国泰君安财富管理部整理。

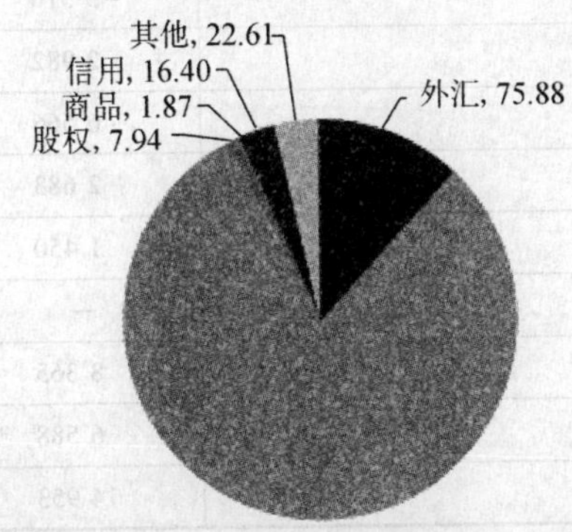

图 3　2014 年底场外衍生品占比情况图（单位：万亿美元）

资料来源：国际清算银行（BIS），国泰君安财富管理部整理。

（二）积极针对衍生品进行做市交易，改善衍生品估值、定价系统

相对于交易所市场来说，场外衍生品具有标准化程度低、交易频率低的特点，但单个合约名义本金规模大，为提高流动性和发挥定价功能，需要交易商进行做市交易。衍生品做市交易可以成为国外投资银行主要收入来源之一。以高盛为例，2014 年做市收入为 83.65 亿美元，占总收入的 24.23%（见表 1、表 2）。在进行做市的同时，证券公司需要建立并不断改善场外衍生品的量化估值、定价模型，并建立一套相对应的风险管理流程，对自身的风险暴露具备良好的风险控制能力。

表 1　　高盛 2012—2014 年收入构成情况　　（单位：百万美元）

	2014 年	2013 年	2012 年
Investment banking（投资银行）	6 464	6 004	4 941
Investment management（投资管理）	5 748	5 194	4 968
Commissions and fees（佣金和费用）	3 316	3 255	3 161
Market making（做市）	8 365	9 368	11 348

续表

	2014年	2013年	2012年
Other principal transactions（其他交易）	6 588	6 993	5 865
Total non - interest revenues（非利息总收入）	30 481	30 814	30 283
Interest income（利息收入）	9 604	10 060	11 381
Interest expense（利息支出）	5 557	6 668	7 501
Net interest income（净利息收入）	4 047	3 392	3 880
Total net revenues（总净营收）	34 528	34 206	34 163

资料来源：高盛2014年年报（Goldman Sachs 2014 From 10 - K）。

表2 **高盛2012—2014年做市收入构成情况** （单位：百万美元）

做市产品类型	2014年	2013年	2012年
Interest rates（利率）	-5 316	930	4 445
Credit（信用）	2 982	1 845	4 263
Currencies（外汇）	6 566	2 446	-1 001
Equities（权益）	2 683	2 655	2 482
Commodities（商品）	1 450	902	492
Other（其他）	—	590	667
Market making（做市合计）	8 365	9 368	11 348
Other principal transactions（其他交易）	6 588	6 993	5 865
Total（总计）	14 953	16 361	17 213

资料来源：高盛2014年年报（Goldman Sachs 2014 From 10 - K）。

（三）大力培育机构投资者

国际衍生品市场的参与者数量并不多，但参与者基本上为机构，且所有的交易都是在大型机构之间进行，包括保险公司、商业银行、投资银行、对冲基金等参与主体。而我国目前证券公司柜台市场机构客户数量少，且大部分为上市公司、财务机构等经纪业务客户，因此，还要大力培育机构投资者，鼓励保险公司、私募基金、商业银行、社保基金等专业机构以及发行的产品参与柜台市场金融衍生品业务。同时，随着国内“一人多户”业务的放开以及“零佣金”的发展趋势，证券公司通过柜台市场为投资者提供定制的产品和服务，也是将客户逐渐产品化、机构化的途径之一。

（四）加强场外衍生品监管

从图1可以看出，自2008年金融危机以来，国际场外衍生品市场的规模并没有降低，而是加强了监管，如美国通过《多德—弗兰克华尔街改革与消费者保护法》以及监控信息系统建设①来努力加强监管，同时为降低信用风险，对于合适的、标准化的衍生品合约纳入统一交易、统一登记和统一清算。目前，针对证券公司柜台市场衍生品业务，协会和中证机

① 主要包括交易报告与合规系统（TRACE）、场外市场报告系统（ORF）和交易报告系统（TRF）。

构间报价系统股份有限公司已建设证券公司场外金融衍生品交易报告库、报价系统和私募市场合规报告与风险监测系统来对证券公司柜台市场业务进行监测监控。

四、证券公司柜台市场发展的建议和思考

(一) 完善证券公司柜台市场相关制度和规则

建议进一步明确和细化柜台市场相关业务，拟定证券公司柜台市场做市业务、存货管理等相关指引；完善金融衍生品柜台交易履约担保品的管理办法；制定证券公司柜台市场登记、结算、托管服务的相关规则，给予柜台市场独立的销售商和TA编码；出台收益凭证业务管理办法，不将“非本金保障型收益凭证产品”纳入证券公司负债；建立柜台市场产品分类管理制度，确定柜台市场产品私募性质，不能笼统地以200人作为私募的标准；建立针对不同类型投资者的分类监管标准，允许符合条件的个人投资者（如专业投资者）参与金融衍生品业务等。

建议明确柜台市场、报价系统等市场的法律地位，建议将柜台市场定位为非公开发行证券的交易场所，证券公司可以作为柜台市场的登记机构，为投资者提供登记结算服务。

(二) 给予证券公司更多的自主探索空间

证券公司柜台市场是自下而上的自发生长模式，应鼓励其创新。以满足中小企业融资需求为例，证券公司可以充分发挥柜台市场功能，创设发行私募债券融资工具、非公众公司股份、非上市公司股权质押融资、资产支持证券等各类产品。在当前万众创新、大众创业的国家战略下，大力发展柜台市场业务具有很大的现实意义。

此外，证券公司柜台市场是证券公司与客户之间一对一的个性化、非标准化的协议交易市场，双方之间的合同协议受《合同法》的支持与保护。只要相关产品和交易不违反现行的法律法规，不存在对客户的欺诈行为，信息披露充分，投资者教育工作到位，证券公司有足够的风险控制能力，那么就应鼓励其通过创新发展柜台市场。

(三) 推动信用体系的建立

从证券公司发展柜台交易市场角度看，建立一个统一的符合中国监管国情以及法律条款的中国版ISDA协议对发展证券公司柜台市场至关重要。因此，建议明确协会《中国证券市场金融衍生品交易主协议》的法律地位，不断增强其适用性并加以推广。

同时，推动信用评级机构对柜台市场和机构间市场结构性金融产品的信用评级工作。另外，未来随着柜台市场产品的不断创新，为了避免或者降低投资者的信用风险，需要证券公司对投资者进行信用等级评定。同时，建议支持试点证券公司加入中国人民银行征信系统。

(四) 进一步建设报价系统衍生品交易平台，发挥互联互通优势

目前，中国证券业协会和报价系统公司已经建立了“证券公司场外金融衍生品交易报告库”用于主协议、交易备案以及定期报告报送等，同时报价系统也为参与人提供在线签约、在线协商等服务，但是目前总体交易不活跃，尚未充分发挥为参与人之间的对冲交易提供便利的作用。因此，报价系统可以为权益类衍生品、FICC类衍生品提供一个交易平台

（类似于经纪商 broker 的功能），并吸引更多地参与人加入，从而更好地体现机构间市场、互联互通市场的定位以及“多元、开放、竞争、包容”的理念。

（五）尽快建立证券公司柜台市场交易数据报告系统

目前，证券公司柜台市场的数据均以电子文档方式上传至报送系统或者以电子邮件的方式进行报送，随着证券公司柜台市场业务的增多，容易出现差错和报送不及时等情况，因此有必要尽快建立证券公司柜台市场交易数据报告系统，将证券公司柜台交易系统与其对接，通过系统采集数据，同时可以参考国际经验，对于金融衍生品等大额交易在交易结束后的一定时间内完成报送。建立统一、全面的数据报告系统，可以便于监管部门进行事中、事后监管，防范区域性、系统性风险。

参考文献

［1］王飞：“OTC 衍生品监管制度分析及启示”［J］，《金融监管》，2013（3）：63—66。

［2］中国证券业协会：“证券公司柜台市场规范发展迎来新机遇”［N］，《证券时报》，2014－8－21（A12）。

证券经营机构参与区域性股权市场功能拓展与实施路径研究

财富证券有限责任公司*

一、引　言

（一）研究的背景与意义

在资本市场中，不同规模与不同发展阶段的企业的融资需求和能力不同，投资者因风险偏好与资金实力等差异导致其投资需求和渠道不同。为满足不同层次的企业融资需求和投资者的投资需求，完善的资本市场体系应构建多元化和多层次的场内场外交易市场。我国现阶段多层次资本市场可初步分为主板、中小板、创业板、全国中小企业股份转让系统（简称"新三板"）、区域性股权市场与证券公司柜台市场等层次。区域性股权市场作为场外市场的组成部分，更是我国多层次资本市场的重要组成部分。大力规范发展区域性股权市场，一方面有利于拓展地方非上市中小企业的融资途径，解决中小企业的融资难问题；另一方面有利于拓宽地方投资者投资渠道，引导地方性社会闲置资金进行规范性投资。

根据中国中小企业协会统计，截至2014年12月31日，在工商部门注册登记的中小企业达到1 023万家，另外还有众多未注册登记的中小企业及个体工商户。据统计，中小企业占中国企业总数的99%以上，对GDP的贡献超过60%，对税收的贡献超过50%，提供了近70%的进出口贸易额，创造了80%左右的城镇就业岗位。然而，中小企业的融资问题一直是制约其发展的瓶颈。为满足中小企业的融资需求，我国建立了区域性股权市场，成为中小企业融资重要平台之一。

现阶段，全国挂牌营业的区域股权市场有33家。我国区域性股权市场在数量上发展迅

---

* 小组成员：潘焕焕，陈炳华，黎传国，邹建军，马林，皮辉娟，周洁，杨莞茜。原载于《中国证券》2015年第9期。

速，但在实际经营过程中由于缺乏经验和统一规范指导，存在着发展不规范、不均衡、市场活跃度不够、投资者热情不高、投资者利益得不到保护等问题，中小企业融资难和社会闲置资金的规范投资并未得到有效解决。截至2014年12月31日，全国区域性股权交易中心挂牌企业累计近25 000家，其中挂牌交易企业近2 400家，挂牌交易企业占挂牌企业总数的比例低于10%。为进一步增强区域性股权市场的市场融资和投资功能，应规范其经营发展模式，并寻求区域性股权市场功能的进一步拓展。

在区域性股权市场建立发展过程中，证券公司积极参与筹建、控股或参股。对此，相关法律法规如《关于规范证券公司参与区域性股权交易市场的指导意见（试行）》（证监会公告［2012］20号）和《证券公司参与区域性股权交易市场业务规范》（中证协发［2013］17号）对证券公司参与方式等做出规定，也为证券公司的参与提供了法规依据和政策指导。同时，随着我国资本市场的发展完善，证券经营机构在主板、中小板及创业板等场内交易市场竞争日趋白热化，其场外市场发展成为其未来发展的重要业务领域。

本文将证券公司与区域性股权交易市场相结合，充分利用证券公司在资本市场中的经验和优势，指导区域性股权交易市场的发展和功能拓展，探寻证券公司参与区域性股权交易市场建设实施路径，从而实现区域性股权交易市场的融资和投资功能的最大化，实现证券公司和区域性股权交易市场的双赢。

（二）国内外研究现状

对于区域股权市场的研究首先在于多层次资本市场的建设研究。国内外学者对于多层次资本市场的建设及其必要性的研究达成了广泛共识，认为为满足各种不同规模企业的需要，多层次资本市场的建设很有必要。Beck 和 Demirguc - Kunt（2006）指出，资本市场层次的单一性设计将造成市场中大多数企业融资困难，特别是对于发展中国家而言，使得资本市场对经济发展的贡献大打折扣。多层次资本市场的建设通过满足不同层次企业的融资需求，将促进整体经济的增长。

中小企业获取银行信贷融资的困难更大，融资更加依赖于多层次资本市场中的OTC市场，乃至私募股权市场。Teo 和 Cheong（2011）认为，一个国家发展的基础在于中小企业的成长，而中小企业由于其自身地位限制却缺乏有效的融资渠道，使得其面临着融资难的发展瓶颈。现阶段对于中小企业融资影响最大的场外交易市场是美国的纳斯达克（NASDAQ），而这一市场的快速发展在很大程度上得益于做市商制度和电子竞价系统的发展带来的流动性提升。做市商大大提升了交易流动性，有利于实现市场价格的发现功能，促进市场发展；电子竞价机制大大降低了交易成本，提供了市场流动性。由此可以看出，一个市场的繁荣与发展在很大程度上与其市场流动性相关，流动性越好，市场发展越快越繁荣。

现阶段国内的研究主要集中在区域性股权市场的法律与制度性建设、功能与定位研究等方面。

1. 法律与制度性建设。区域性股权市场是一个场外资本交易市场，需要建立相对应的法律法规及其他制度性规章以确保其安全、合规、有效运转。现有研究主要从建立健全区域性股权市场法律制度、多层次资本市场间竞合关系、转板制度建设、私募法律问题等法律监管与制度建设相关方向展开，如侯睿（2013），王敏（2014），封北麟（2014），刘艳珍（2013、2014），陈颖健（2013）等。

2. 功能与定位研究。现有区域性股权交易市场大多是地方政府批准设立，缺乏统一的规划。现有研究认为应出台国家层面的统一规划，对区域性股权交易市场进行统一的功能与定位，明确其为中小微企业服务的市场定位，明确其服务范围、服务对象、服务功能，在此基础上从业务范围、交易模式等方面提出一些完善思路，如钟冠华（2007），阎蕾（2014），田野（2013），鲁桐和党印（2013），周友苏和郑鈜（2012），何登录（2012），赵刚（2013），张翔（2014），龚海（2014）等。

对于证券经营机构参与区域性股权交易市场建立及其业务拓展研究较少涉及，仅从现有的模式出发提出一些制度性建设和一般业务性拓展建议，如赵湘鄂和陈福（2013）从证券公司入股、盈利模式建立和柜台市场对接等方面提出证券公司对区域性股权市场制度的基本构想；王磊（2013）从实务角度，对组织架构、推荐企业挂牌运作、尽职调查、内核小组工作、投资者管理、交易管理、信息披露、信息隔离和风险管理方面对证券公司参与区域性市场建设提出了一些操作思路；国信证券区域股权市场课题组（2013）从证券公司业务角度出发，探寻区域股权市场中的证券公司业务机会和挑战。但对于证券公司参与股权市场功能建设并将两者有效结合模式和实施路径并未有所探索，本文将在前人研究的基础上，对这一未涉及的领域进行重点研究，以期对证券公司业务和区域股权市场发展有所助益。

（三）研究思路与内容

本文主要针对现阶段区域性股权市场发展不规范、不均衡、市场活跃度不够、投资者热情不高、投资者利益得不到保护等各种问题，在借鉴境外区域性股权交易市场功能建设经验的基础上，为进一步规范其发展，拓展其市场投融资功能，拟将证券经营机构纳入区域性股权市场，参与建设及管理，希望借助于证券公司在资本市场的经验，探寻区域股权市场的功能拓展路径，谋求区域股权市场和证券公司的双赢发展。

1. 区域性股权市场交易功能、投融资及管理功能、信息平台功能拓展。主要从交易、投融资及管理和信息平台建设三方面研究证券公司的参与如何进行区域股权市场功能的拓展，促进股权市场的发展。

2. 证券公司参与区域股权市场功能拓展的实施路径。主要分析证券公司参与区域股权市场的业务发展，探寻证券公司参与的实施路径。

二、我国区域性股权交易市场发展分析

（一）区域性股权市场发展现状

场内市场与场外市场共同组成了我国多层次资本市场体系。场外市场作为资本市场的重要组成部分，对场内市场的培育发挥着基础性作用，非常适合中小企业的融资需求以及建立现代企业制度规范发展的需求，为中小企业的快速发展以及将来的上市起到关键的促进作用。股权交易市场在中小企业融资、规范企业发展、培育上市企业方面已经发挥了重要作用。

我国区域股权交易市场自 2012 年后开始呈现蓬勃发展态势。2012 年 8 月，随着中国证监会发布的《关于规范证券公司参与区域性股权交易市场的指导意见（试行）》后，各地区

域股权交易市场加速建立起来。现阶段，各省市（除云南）基本建立了规范化的区域性股权交易中心，挂牌营业的区域股权市场有33家，具体见表1。

表1 全国区域股权交易中心

地区	名称	成立时间	首批挂牌时间
北京	北京股权交易中心	2013年1月	2013年12月
天津	天津股权交易所	2001年7月	2008年12月
河北	石家庄股权交易所	2010年8月	2014年2月
山西	山西股权交易中心	2013年8月	2013年8月
内蒙古	内蒙古股权交易中心	2014年1月	2014年5月
辽宁	辽宁股权交易中心	2013年2月	2013年4月
吉林	吉林股权交易中心	2011年5月	2013年6月
上海	上海股权托管交易中心	2010年11月	2012年2月
江苏	江苏股权交易中心	2013年7月	2013年9月
浙江	浙江股权交易中心	2012年9月	2012年10月
安徽	安徽省股权托管交易中心	2013年8月	2013年9月
福建	厦门两岸股权交易中心	2013年12月	2014年4月
福建	海峡股权交易中心	2011年10月	2013年7月
江西	江西股权交易中心	2011年6月	尚未挂牌
山东	青岛蓝海股权交易中心	2014年2月	2014年4月
山东	齐鲁股权托管交易中心	2013年11月	2010年12月
湖北	武汉股权托管交易中心	2011年5月	2011年9月
湖南	湖南股权交易所	2010年12月	2012年12月
广东	广州股权交易中心	2012年8月	2012年8月
广东	前海股权交易中心	2011年11月	2013年5月
广东	广东金融高新区股权交易中心	2013年10月	2014年1月
广西	广西北部湾股权交易所	2011年4月	2014年8月
海南	海南股权交易中心	2014年9月	2014年12月
重庆	重庆股份转让中心	2012年12月	2010年10月
贵州	贵州股权金融资产交易中心	2010年12月	2014年4月
陕西	陕西股权交易中心	2014年1月	2014年7月
甘肃	甘肃股权交易中心	2013年12月	2013年12月
青海	青海股权交易中心	2013年6月	2013年12月
新疆	新疆股权交易中心	2012年10月	2013年10月
四川+西藏	成都（川藏）股权交易中心	2013年7月	2013年12月
河南	中原股权交易中心	2015年6月	2015年8月
黑龙江	哈尔滨股权交易中心	2015年7月	2015年7月
宁夏	宁夏股权托管交易中心	2015年6月	2015年6月

截至2014年底，我国各区域股权市场挂牌企业情况见表2。

表2 我国各区域股权交易市场挂牌企业情况

交易所	挂牌数量（家）	股份总量（万股）	资产合计（万元）	净利润合计（万元）
上海股权托管交易中心	5 459	83 614.46	1 828 601.76	13 629.94
前海股权交易中心	5 058		6 282 064.55	104 169.08
浙江股权交易中心	1 563	16 352.00	573 438.05	19 746.37
海峡股权交易中心	1 373		48 356.20	1 322.84
甘肃股权交易中心	1 362	3 000.00	127 130.10	14 272.66
广州股权交易中心	1 034	3 300.00	23 427.00	-1 017.45
辽宁股权交易中心	950		1 634 687.04	-66 099.84
新疆股权交易中心	495		1 475 193.06	21 178.95
天津股权交易所	483	8 323.22	2 891 210.94	65 524.49
厦门两岸股权交易中心	426			
齐鲁股权交易中心	405	6 635.15	705 683.36	3 778.88
武汉股权托管交易中心	374		37 093.68	3 888.71
青岛蓝海股权交易中心	299		3 465.59	66.83
青海股权交易中心	230			
吉林股权交易所	217			
成都（川藏）股权交易中心	193		12 782.81	557.32
成都股权托管中心	191		13 547 358.11	151 057.97
重庆股份转让中心	122	14 450.00	1 629 370.25	36 057.06
北京股权交易中心	118			
广西北部湾股权交易所	103			
湖南股权交易所	95		3 810.98	216.78
内蒙古股权交易中心	88			
石家庄股权交易中心	88			
江苏股权交易中心	83		1 303 691.38	19 910.49
安徽省股权托管交易中心	73		6 279.27	220.25
广东金融高新区股权交易中心	38		38 411.14	2 322.16
大连股权交易中心	35			
陕西股权交易中心	8			
海南股权交易中心	1			

资料来源：Wind资讯。

在全国范围来看，区域股权交易市场挂牌企业总数已超过我国主板上市公司企业总数。在企业数量上已经纠正了我国多层次资本市场的“倒金字塔”结构，使得我国多层次资本市场各层次的规模分布趋于正常、合理态势。但在整体发展规模上，区域股权交易市场的发展远远落后于新三板、创业板、中小板及主板。随着我国多层次资本市场建设力度的进一步加大，区域场外股权交易市场将迎来更大的发展，对引导直接融资、发展股权投资、改善中小企业融资环境将发挥不可替代的巨大作用。

（二）区域性股权市场发展模式

目前，我国区域性股权交易市场可以分为四种组建模式：产权交易机构主导模式、地方国有企业主导模式、地方政府主导事业单位模式、证券公司主导模式。

1. 产权交易所主导模式。目前部分区域股权市场或者区域市场的基础平台（托管机构）仍是由产权交易机构主导，一般采用由产权交易机构联合区域内大型国有投融资平台、投资公司等共同设立，如天津股权交易所、武汉股权托管交易中心、福建海峡股权交易所、贵州股权托管交易中心、广西北部湾产权交易所等。

2. 地方国有企业主导模式。部分区域股权交易市场通过向当地大型国有投资公司、证券公司等机构增资扩股，变成由地方国有企业控股的公司制平台，如上海股权托管交易中心、浙江股权交易中心和广州股权交易中心、北京股权交易中心和青海股权交易中心等。

3. 地方政府主导事业单位模式。此类区域股权市场由地方政府负责监管，部分地方政府为了便于市场监管和实际控制，由地方政府设立事业单位性质的区域股权交易机构，典型代表为齐鲁股权交易托管中心和重庆股份转让中心（后改制由西南证券控股）。

4. 证券公司主导模式。当前证券公司主导设立了大多数区域性股权交易市场，证券公司不仅参与，而且计划自行主导区域股权市场，如贵州的华创证券，有意主导建设贵州区域股权市场；财富证券直接控股湖南股权交易所，对股权市场提供资金和业务支持，进行直接的管理与业务合作。最具代表性的为前海股权交易中心，前海股权交易中心由深圳三家本土证券公司——中信证券、国信证券、安信证券共同成为前海股权交易中心主导者。证券公司对参与区域股权市场积极性很高，同时，许多证券公司有明显的地域性特点，加上业务上的专业性，未来区域证券公司参股区域股权交易中心将是股权交易中心发展的主流方向。

（三）发展中存在的主要问题分析

与国外成熟资本市场体系相比，我国区域股权交易市场目前存在以下问题：

1. 缺少顶层设计，缺乏战略性制度规划与政策引导。区域股权市场的快速发展主要是地方政府的主动探索，中央政府决策部门对该市场发展的战略构架还没有提出明确的操作性意见。

2. 区域性市场盲目建设的问题逐渐突出。一些地方政府不顾本区域经济环境、产业和区位特点、发展现状等现实条件，在缺乏充分准备的情况下蜂拥而上，盲目攀比首批挂牌企业数量等指标。

3. 各个区域性股权市场运作机制、准入门槛差异较大，加大了日后统一规范的成本和难度。各地区股权市场在市场运作机制、挂牌企业准入门槛等方面的差异较大，缺乏统一有效监管。在相近的市场功能定位情况下，容易出现盲目降低投资和挂牌门槛、操纵价格等无序竞争，同时客观上也为今后的统一监管、统一规范和可持续发展设置了障碍。

4. 监管制度存在缺陷。从我国目前法律制度来看，缺乏较为明确的法律法规，《公司法》、《证券法》中虽为场外交易市场提供了依据，但并没有将其纳入监管范围，这也造成了对区域股权交易市场监管不足的现象。从监管模式来看，我国区域性股权交易所很多都是以省为单位构建的，其监管主体为当地政府金融办。地方政府为了增强本省的市场竞争力，吸引投资，容易放松监管，形成相关风险。

5. 缺乏法律层面的相关规定以指引我国区域性股权交易市场的发展方向。目前涉及区域性股权交易市场的法规主要是中国证监会2012年发布的《关于规范证券公司参与区域性股权交易市场的指导意见（试行）》和国务院发布的《国务院关于清理整顿各类交易场所切实防范金融风险的决定》。法律法规较为缺少，使得区域性股权交易市场存在监管困难、无法可依的问题，法律法规的缺失与界定不清制约了区域性股权交易市场的发展。

6. 地方政府过度介入股权交易市场的经营活动。目前某些地方政府直接开办市场，将股权交易管理机构定性为事业单位，参照一定的行政级别配备干部；还有一些地方将股权交易市场当成政府形象工程、政绩工程，使得市场与行政权力区分不清。这种依靠政府行政力量而不是市场力量推动主导各区域股权交易市场发展的做法，不利于市场规范健康发展。

7. 信息披露制度存在一些问题。由于没有建立统一的信息披露制度，场外交易市场存在信息披露不规范、不真实、不及时的问题，投资者无法在公开、公平、公正的环境中进行投资活动，合法权益很难得到保障。

三、证券公司参与拓展区域性股权交易市场功能分析

我国各省市陆续建立自己的区域股权交易市场，并逐步建立起了为中小企业提供融资渠道的功能，但仍存在一些不足。为进一步发挥区域股权市场的作用，需要进一步对其市场功能进行拓展。以下从充分发挥证券公司在资本市场优势的角度出发，考察证券公司参与区域股权市场建设，从交易功能、投融资与管理功能、平台功能三个方面对现有区域股权市场的功能进行拓展，从而进一步服务中小企业发展。

（一）交易功能拓展

就现阶段的区域性股权市场而言，制约其发展的重要因素在于交易品种的缺乏和交易手段的单一性，市场活跃程度严重不足。为进一步完善区域股权市场建设，提升市场流动性，需创新交易产品、拓展交易方式，充分发挥证券公司在交易产品设计和交易渠道建设方面的优势，拓展股权市场的交易功能。

1. 交易方式多样化。

（1）引入做市商制度。现阶段全国中小企业股份转让系统通过引入做市商制度得到了迅速的发展，提高了市场流动性。截至2015年6月17日，挂牌公司股票当年成交累计达1 001.36亿元，突破了1 000亿元大关。其中，在75家证券公司参与做市业务之下，新三板457家做市企业通过做市方式转让的股票成交已经累计达到540.63亿元，占总成交额的53.99%。由此可见，做市交易为新三板市场提供了大部分的流动性，成为其主要的交易方式。在区域市场中，在市场发展完善的情况下，通过引入做市商制度，可以进一步提高证券公司参与区域股权市场建设的积极性，为市场提供流动性，有利于市场的长远发展。

（2）拓展交易实现方式。美国私募证券制度对于私募证券的交易与转让未做出严格的限制，但其主要交易方式也采用协议成交的方式，如SecondMarket和SharesPost。但为了提升私募证券流动性，其在实际的具体交易过程中，通过多种交易手段实现交易，如自主成

交、交易专家协议成交和拍卖成交等。在现有制度情况下，我国区域股权市场（天津股权交易所除外）只允许采用协议转让方式进行交易，交易实现方式单一，只通过买卖双方自主成交，股权市场只提供交易场所和服务，从而导致交易不够活跃。

我国区域股权市场可以参照美国私募股权市场的交易实现方式，发挥证券公司在证券研究、估值、分析、交易设计等领域的专业优势，引入证券公司作为交易中介，进行专业的证券分析和交易机会的挖掘，构建交易系统，从而为交易双方提供专业信息和估值服务，撮合交易双方以创造流动性。同时，也可将国有股权转让的拍卖方式引入区域股权市场，进一步拓展交易方式。另外，证券公司在向客户提供专业信息和估值的基础上，应进一步加强与机构客户沟通交流，了解机构客户的需求，为其提供个性化定制交易服务。

2. 交易产品创新。现阶段区域股权市场主要的交易产品和开展的业务包括传统的私募股权、股权质押和私募债券，也新增了一些资产证券化、短融工具和银行贷款。与我国新三板市场和美国私募证券交易市场的产品相比，其交易产品种类仍然相对较少，仍为传统的交易产品。美国私募证券交易市场交易的产品包括受限证券、拍卖利率债券、以私募形式发行的结构化产品等，其中结构化产品有住宅按揭抵押证券、抵押债务、有限合伙权益、破产债权等。交易产品的丰富满足了各种投资者的需求，也为企业提供了多种融资方式，促进了股权市场的发展与繁荣。

为进一步完善区域股权市场建设，加强与证券公司的合作，应充分动员当地的金融资源，如银行、小额贷款公司、抵押担保公司等汇聚到股权交易中心，发挥证券公司金融产品设计优势，进行多元化的产品创新设计。在现有主流私募股权、股权质押和私募债券的基础上，进一步加大资产证券化、短融工具和银行贷款等产品创新，并进行其他结构化金融产品的设计与创新，更好地完成金融资源的整合，活跃股权市场。

（二）投融资及管理功能拓展

资本市场的主要功能之一是投融资功能，区域股权市场也不例外。就现阶段的发展情况而言，由于区域股权市场自身的人力、资源等有限，单凭其自身的能力在投资渠道构建、投融资产品设计及企业管理咨询等方面能力不足，不能很好地服务于中小企业的发展，也不利于市场自身的发展。因此，证券公司在这些方面的经验优势、人才优势、专业优势及资源优势显得更为重要，其对于拓展股权市场的投融资及管理功能有着重要的促进作用。

1. 丰富投资渠道。通过引入证券公司参与股权市场建设，发挥其在资本市场中的专业优势、渠道优势和客户优势，将现有客户引流至股权市场，扩大市场的客户基础；通过交易方式和交易产品的创新，构建多元化的投资渠道，吸引投资者参与。通过证券公司设计资产管理计划等产品、建立股权投资引导基金或者采用众筹模式等方式，为投资者搭建其他的投资渠道，引导投资者进行理性的价值投资；针对区域股权市场中有特定投资需求的投资者，证券公司与股权市场可以专门针对其设计“私人定制”投资产品，丰富投资者的投资品种和投资渠道。

在丰富投资产品和多渠道建设的基础上，借力互联网金融建设，加大互联网交易功能建设，构建更为优化的互联网交易平台，实现交易的互联网化。在构建证券公司“互联网+”战略的同时，区域股权市场应积极与证券公司展开合作，通过其互联网建设，利用互联网金融将区域股权市场对接民间资本，允许更多符合条件的个人投资者和机构投资者参与场外交易，改变 PE/VC 等机构投资者占主导的场外交易局面，丰富投资者类型，扩大投资者基数。

同时，通过计算机技术，建立基于一个综合性的互联网交易平台或系统，这一系统纳入各类投资者、企业、银行、小额贷款公司等投融资主体，也包含证券公司、会计师事务所、律师事务所等中介机构；公布所有企业公开信息、交易信息、估值、研究报告与分析数据、法律、交易咨询等与交易相关的信息咨询，实现所有市场参与者的自由登录与访问；构建市场参与者自由交流访问的平台，为其提供详尽的市场信息，拓宽其投资参与的方式。

2. 创新融资工具。为进一步完善区域股权市场的融资功能，通过引入证券公司参与，将当地的银行资源、小额企业贷款公司资源、抵押担保公司资源及财政资源等有效整合纳入区域股权市场，进行融资产品与工具的进一步创新，构建以私募股权、股权质押和私募债券为主，资产证券化、短融工具和银行贷款等次之，并辅以结构化金融产品、众筹等创新性融资工具的全方位融资格局，在此基础上，完善“个性化”融资渠道建设，以满足企业的不同融资需求。

3. 加大企业管理咨询服务。在完善交易功能和投融资渠道建设的基础上，区域股权市场的另一大功能是为股转系统、创业板乃至主板培育种子企业。为进一步完善其功能建设，也拓展股权市场业务，满足投资者的需求，推进业务的多元化建设，区域股权市场可广泛展开与证券公司投行等的合作，开展投资管理咨询服务，特别是对中小企业的管理咨询服务，规范中小企业治理结构，完成股份制改造。

借力于证券公司的专业管理团队或合资成立专业的管理资源公司、PE 投资公司、股权投资引导基金等，一方面，为企业提供专业的管理咨询指导，对初创企业进行股份制改造和培育，完善治理结构，提升其管理水平和盈利能力；另一方面，通过产品设计，为优质企业的融资提供支持。同时，通过完成区域股权市场的挂牌与治理结构的完善，有效增加企业曝光率，提升企业品牌效应，有利于企业的未来进一步发展。

（三）信息平台功能拓展

区域股权市场的另一大功能是作为上市公司的股权登记托管、信息管理、金融要素集聚等平台功能，完成企业股权的托管和信息的发布。现阶段股权市场对于企业股权的托管建设基本完成，企业的信息发布则有待完善。信息发布的不完善导致了投资者和企业之间信息的不对称，不利于交易规模的扩大和交易的活跃，不利于整体市场的发展。

1. 加大信息服务。区域股权市场中，信息的不对称体现在两方面：一是企业信息披露不完善导致的投资者与融资者（企业）之间的信息不对称。由于企业处于创业成长初期，大多数并未能实现盈利，其未来的发展存在着较大的不确定性，使得投资者对企业未来盈利能力的判断需要更加翔实的信息。二是市场交易信息披露不及时导致投资者与股权市场间的信息不对称。针对信息不对称的情况，我国区域股权市场也应加大信息服务功能建设，联合证券公司采取以下措施：

（1）完善信息披露制度建设，特别是对挂牌交易的企业信息披露应做到及时、准确、完善，从源头上杜绝投资者与融资者的信息不对称现象。完善的信息披露制度可参考股转系统的信息披露相关法规进行。

（2）引进证券公司研究，对挂牌企业进行盈利预测与估值研究，从而为投资者的投资决策提供参考。证券公司研究机构在公司及证券研究领域具有专业的人才和团队，可以发挥其证券研究能力，对公司的盈利模式、未来发展能力进行较为系统科学的判断，向投资者或第三方发布专业的独立研究报告，为投资者提供参考，指导其进行投资决策。

（3）借力证券公司大力发展互联网金融，大力发展计算机与网络建设，对接证券公司现有交易系统和网络，构建信息网络系统和交易信息数据库，一方面，对投资者的投资需求和企业的融资需求继续系统匹配，挖掘潜在交易机会；另一方面，完善交易信息数据建设，通过交易信息在一定程度上能实现其证券价格发现的功能。

2. 建立股权市场指数。指数是描述股票市场总的价格水平变化的指标，是反映整体市场价格走势的指标，也是投资者检验自身投资效果，对整体市场未来走势判断的依据参考。一个成熟的资本市场，会根据其自身的情况编制出代表其整体走势的市场指数，通过指数也能进一步扩大市场的吸引力和影响力。区域股权市场由于处于发展初期，各个方面建设尚不完善，指数的建立与编制尚未展开。

然而，为了整体市场的发展需要，作为我国资本市场的基础组成部分，区域股权市场应提前做好准备工作，结合市场基本情况，编制出特殊的反映整体市场走势的股权市场指数。具体指数的编制，可参考 SharesPost 风投指数，结合证券公司的研究报告，选取市场中参与程度较高、受资金青睐的企业为目标样本公司，编制出一个试运行的市场指数。通过市场指数的编制、发布与试运行，综合反映市场情况，为投资者对整体市场的了解提供一个指数参考；也将进一步扩大市场的影响力，吸引更多的机构、企业和投资者参与市场，实现区域市场金融要素的集聚与整合，促进区域经济的发展。

四、证券公司参与区域股权市场功能拓展模式与实施路径

通过证券公司的参与，充分发挥证券公司在资本市场中的经验和专业优势，在现有区域股权市场建设的基础上，进一步促进交易方式多样化和交易产品创新，丰富投融资渠道和管理咨询服务，完善区域市场信息服务功能，缓解信息不对称现象，从而最终加大市场流动性，做活市场。下面就为实现区域股权市场以上功能的拓展，证券公司应如何参与，讨论具体业务发展，并结合财富证券有限责任公司（以下简称“财富证券”）参与湖南股权交易所建设给出实施的具体路径方案。

（一）现阶段证券公司参与区域性股权市场建设的模式

现阶段区域股权市场建设中各个地区证券公司参与程度不一，参与模式也大相径庭。主要的参与合作建设方式有：（1）作为控股股东直接控股股权市场；（2）以参股形式参与建设；（3）以会员单位形式参与市场活动。这里将依据此三种参与模式，对现阶段证券公司与区域股权市场的合作模式进行梳理，比较模式间的差异，分析证券公司在各种模式中发挥的作用及其与股权市场间的合作路径。

1. 证券公司控股区域股权市场。在现阶段区域股权市场建设中，部分省市充分利用本地区的证券公司资源优势，与证券公司展开合作，将证券公司引入股权市场，并给予证券公司控股权，使得证券公司具有充分的自主权，大大提升证券公司参与的积极性。在证券公司控股中，有单一证券公司控股情况，如西南证券控股重庆股份转让中心、财富证券控股湖南股权交易所、华泰证券控股江苏股权交易中心、华龙证券控股甘肃股权交易中心、华创证券

控股贵州股权金融资产交易中心。通过单一证券公司控股，证券公司可以直接对股权市场的建设展开影响，其参与建设积极性强，并将其纳入证券公司自身发展战略中，构建场内场外融通平台，更好地服务区域经济发展。

证券公司除了单一控股方式控股股权市场外，也会通过与其他证券公司合作联合控股，将区域股权市场打造成股份制公司。比较典型的有：中信证券、国信证券、安信证券等成立深圳前海股权交易中心；广发证券与招商证券联合广东省产权交易集团等成立广东金融高新区股权交易中心。

2. 证券公司参股区域股权市场。在一些地区，证券公司虽然不能直接控股或者联合控股股权市场，但也通过参股的形式参与市场建设，如兴业证券作为第一大股东参股海峡股权交易中心；信达证券、大通证券和中天证券参股辽宁股权交易中心；浙商证券和财通证券参股浙江股权交易中心；大通证券作为发起人参股大连股权交易中心；山西证券参股山西股权交易中心；中投证券和光大证券分别通过全资子公司瑞石投资管理有限责任公司和光大资本投资有限公司参股青海股权交易中心有限公司；国元证券和华安证券参股安徽省股权托管交易中心；宏源证券参股新疆股权交易中心等。

证券公司通过参股区域股权市场建设，虽不能直接控股，将股权市场建设纳入自身业务战略构建体系中，但也为其与股权市场间的业务合作和交流提供了渠道，在一定程度上将股权市场的建设和证券公司的发展相结合，促进证券公司积极参与股权市场建设，从而实现二者的双赢。

3. 证券公司会员形式参与。一些区域股权市场并没有证券公司直接通过控股或参股方式参与，而是允许证券公司通过成为市场会员方式开展业务，如天津股权交易所、齐鲁股权托管交易中心。证券公司通过会员形式参与市场建设，在现阶段区域股权市场交易不活跃、市场盈利水平低的行情下，其参与积极性将受到限制。同时，由于其并不能直接获取股权市场建设的益处，使得证券公司的业务开展只在现有功能的基础上，并不会主动进行业务模式的创新，对股权市场的功能拓展贡献不大。从另一方面来说，这一市场对于所有证券公司机会均等，不存在控股地位的不同，营造了一个公平竞争的市场空间。但对于发展初期的股权市场而言，需要借力证券公司在资本市场中的资本、能力和经验优势，证券公司直接参与的缺席在一定程度上会影响其功能的完善和进一步发展。

通过对以上三种证券公司参与区域股权市场建设分析可以发现，证券公司在直接控股股权市场情况下更有利于其将股权市场建设纳入其发展战略中，从而利用其资本市场的资本、能力和经验帮助股权市场完成功能的拓展。

（二）区域性股权市场功能拓展与证券公司业务发展

证券公司的参与在丰富和完善股权市场功能的同时，也为其各项业务发展带来了新的动能，特别是在当前场内市场竞争激烈的今天。为进一步实现证券公司业务与股权市场功能的融合，下面将探讨证券公司业务在区域股权市场发展中的延伸与拓展，将证券公司场内业务延伸至场外乃至柜台业务，构建融合场内、场外的金融生态圈，形成区域市场特色竞争优势，从而实现市场与证券公司之间的共赢发展。

1. 做市商业务。与股转系统中的挂牌公司相比，区域股权市场中的挂牌企业规模及盈利能力更弱，其股权的流动性更低，风险更高，证券公司做市的难度和风险也将更高。在现阶段政策下区域股权市场不能采用做市商制度，但根据股转系统和天交所做市商制度的引入和发展情况，未来在区域市场引入做市商制度也将可行。现有新三板市场的 75 家证券公司通过近一年的做市实践，积累了一定的做市经验和风险管控能力，可以将其做市业务在制度允许的条件下延伸至区域股权市场，结合证券公司的其他业务能力，有效进行企业价值分析和风险管控，进行区域股权市场的做市交易。通过做市交易，提升证券公司在区域市场中的影响力和参与度，为其带来业务范围的拓展和盈利；同时也为市场带来流动性，服务于企业和市场的发展。

2. 研究业务。证券公司在区域股权市场中的研究业务将利用其专业知识，围绕挂牌企业的盈利模式和估值展开，出具专业的第三方研究报告，并对股权市场的整体发展出具相关的研究报告，为投资者投资提供专业的管理咨询。证券公司根据自身的研究报告，也能更好地为其做市商业务提供定价依据，同时，根据企业研究和交易情况，为股权市场指数的构建提供指导。

另外，配合证券公司其他业务，如投行业务、资管业务等，进行专业的产品设计、公司研究和投融资方案研究，以利于证券公司整体业务展开。

3. 投行业务。在区域股权市场中，证券公司投行客户均为初创期、无盈利能力或盈利能力较弱、盈利模式不确定的中小企业，其公司治理结构不稳定、股份制改制未完成、管理水平较低、未来的发展存在着高度的不确定性。针对这些企业，首先要完成股份制改造、优化公司治理结构、提升管理水平等，在此基础上，确定未来的盈利模式和发展方向，从而取得资金的青睐与支持。

根据企业的真实情况和需求，证券公司投行业务在区域股权市场中的具体任务为：（1）帮助企业完成股份制改造和股权市场的挂牌；（2）梳理公司治理结构，提升公司治理水平；（3）在有能力的情况下为企业的管理水平提升提供咨询管理服务，帮助企业完成盈利模式的构建，提升盈利水平；（4）成立股权投资引导基金，直接投资优质企业，介入公司管理，或引导其他产业基金进行股权投资，为企业提供融资管理咨询和中介服务；（5）在未来企业发展良好的情况下，为企业提供转板乃至上市咨询与服务，将区域股权市场打造成为企业未来业务的孵化工厂。

4. 资产管理业务。证券公司资管业务在主板、中小板、创业板市场中主要是为客户提供证券及其他金融产品的投资管理服务，其服务对象大都是一些高净值客户。利用这些客户资源，并根据客户需求和特征，可以设计专门针对区域股权市场的证券或金融创新产品，引导其向股权市场投资，丰富其投资渠道的同时，也为市场提供更多的参与者和流动性。通过与投行业务、研究业务、做市商业务的协作，根据信息交易系统，对企业的融资需求和投资者的投资需求进行匹配，设计创新产品，促进交易的进行。

5. 信息技术服务。现阶段区域股权市场的信息渠道建设相对落后，缺乏一个有效信息披露与发布平台。证券公司信息技术部门应专注于建立专门服务于区域股权市场的信息平台，不仅对企业应披露的财务信息、重大事项公告信息和证券公司等第三方研究机构的独立研究报告信息进行及时发布与更新，也应对市场交易信息进行及时跟踪与发布，使得投资者能及时获取市场中的信息。对于信息平台的建设，可以在现有证券公司信息平台的基础上，将区域股权市场信息与现有信息平台进行对接，设立区域股权市场信息专项，实现信息及时共享。

（三）实施路径——以财富证券参与湖南股权交易所建设为例

为进一步落实证券公司参与，促进区域股权市场功能的拓展建设和证券公司业务的发展，需对证券公司参与市场建设的实施路径进行探讨，设计出一个可供参考的路径方案。对于证券公司参与区域股权市场建设，财富证券控股并参与湖南股权交易所建设是一个较为典型的案例。在此，以财富证券与湖南股权交易所的业务对接与合作为研究案例，从控股路径、参与建设措施及成效、未来发展模式三方面探讨证券公司参与区域股权市场功能拓展的实施路径。

1. 财富证券控股湖南股权交易所的路径。2010 年 12 月 6 日，湖南股权交易所有限公司正式挂牌成立，湖南省联合产权交易所为控股股东。湖南股权交易所是湖南省唯一的非上市企业股权登记托管、股权融资和股权交易一体化平台。经过 3 年的发展，至 2013 年 12 月 31 日，湖南股权交易所实现挂牌公司 15 家，在全国区域股权市场中发展较慢。

财富证券为了实现场内场外融合发展战略，形成区域竞争优势，提出对湖南股权交易所进行收购的构想。同时，为进一步培育和壮大湖南股权交易所，更好地服务湖南地区中小企业和整体经济发展，湖南股权交易所也在寻找新的战略合作伙伴。2014 年 6 月 3 日，财富证券正式接管湖南股权交易所。

财富证券接管湖南股权交易所后，对其重新进行定位，欲将其打造成为组织市场资源、突出区域特色、回归场外本源、建设八大平台的综合性区域股权市场。八大平台分别为：中小企业聚集平台、企业上市孵化平台、融资服务对接平台、企业成长规范平台、企业并购服务平台、企业形象展示平台、股东权益转让平台、企业数据汇聚平台。

2. 财富证券参与湖南股权交易所建设措施及成效。

（1）措施。财富证券在完成湖南股权交易所控股之后，将湖南股权交易所的建设纳入公司发展战略，坚决执行其立足湖南、深耕湖南的发展策略，通过资金、业务和后台管理三方面支持其发展。

一是资金支持。积极推动湖南股权交易所的增资扩股工作，帮助引进新股东，目前已经基本达成意向，湖南股权交易所注册资本从 2 600 万元增至 1 亿元，新融入资金 8 214 万元，其中财富证券新增投入 3 800 万元。同时，出资 2 000 万元参股筹备湖南金融资产交易中心，帮助湖南股权交易所构建“一所四中心”核心框架，即为湖南股权交易所，湖南省股权登记管理中心、中小微企业挂牌服务中心、中小微企业投融资服务中心、湖南金融资产交易中心。

二是业务支持。将财富证券现有业务与湖南股权交易所对接，尽力为湖南股权交易所提供业务层面的支持。财富证券各业务部门积极配合：场外市场部和投资银行部帮助湖南股权交易所、金交中心开发客户，开展股权融资、债券融资、产品融资、转板服务；柜台市场部通过自有 OTC 系统与湖南股权交易所、金交中心互通互联，输出管理、产品和标准，实现湖南股权交易所、金交中心与全国市场的互通互联；资产管理部利用湖南股权交易所、金交中心平台设计、发行产品，并利用场内市场理财资金投资于湖南股权交易所、金交中心的金融产品；经纪业务部鼓励营业部为湖南股权交易所开发挂牌企业，并积极参与湖南股权交易所、金交中心的产品发行销售；对湖南股权交易所挂牌企业，以及湖南股权交易所、金交中心发行的产品进行投资；网络金融部通过互联网业务体系，为湖南股权交易所、金交中心开发客户，销售产品。

三是后台管理支持。为进一步规范管理，财富证券在后台管理层面也进一步支持湖南股权交易所建设，主要有：信息技术中心根据场内场外互通互联的整体业务规划，帮助湖南股权交易所搭建IT系统架构，并安排专人指导实施；合规法务部和风险管理部帮助湖南股权交易所、金交中心建立有效的合规、风控体系，指导开展全面风险管理，并对相关人员进行培训；研究发展中心指导湖南股权交易所开展湖南优势产业以及行业转型升级的研究，帮助其更好地服务于湖南省具有增长潜力的中小企业；人力资源部帮助湖南股权交易所、金交中心建立市场化的人力资源体系，并指导开展专业培训。

（2）成效。通过财富证券在资金、业务和后台管理层面的全方位支持，湖南股权交易所得到迅速发展，经营模式转变，业务发展迅速，产品创新增加，与政府对接进一步加强。

一是转变经营理念。湖南股权交易所转变原有"甲方"的经营理念，由原有行政事业性质转变为市场化运作，通过市场化、专业化、规范化、技术现代化等理念引入股权市场经营思路，成为湖南中小微企业的上市孵化器、资金加油站和成长助推器，从改制、挂牌、辅导、融资、管理咨询、转板上市等方面提供全方位、立体化的金融服务。

二是业务迅速扩张。通过财富证券的支持，湖南股权交易所实现了业务的迅速扩张，挂牌企业数迅速递增。2012年至2014年6月，共完成股改板企业挂牌15家，培育板企业挂牌150家，2014年6月财富证券通过受让控股权成为控股股东，2014年6月—2015年6月，完成股改板企业挂牌60家，优选版企业挂牌165家，目前累计挂牌企业数量为股改板75家，优选板（Q板）315家。

三是融资产品创新。目前为企业提供5大类18小类融资产品，其中以私募债券、普通股及优先股等直接融资为主，股权质押、投联贷等间接融资为辅，并积极引入机构，对接银行、信用担保公司和小额贷款公司陆续推出以私募债、股保通、股银通、股贷通为核心的四大产品体系。截至2015年6月，引入注册推荐商48家，注册会计师事务所39家，注册律师事务所40家，资产评估机构17家；帮助企业共实现普通股股权融资额17 177万元、优先股股权融资额5 336万元、私募债融资额2 200万元，合计24 713万元。截至2015年7月14日，登记托管企业累计达231家，累计实现股权质押融资599笔，质押股数82.13亿股，累计完成融资金额416.92亿元。

四是进一步加强政府合作。以财富证券"深耕湖南"为战略指导，湖南股权交易所确立以"深耕园区"为核心的业务模式，通过和园区的深度对接，承担部分政府职能，成为政府及园区的服务外包商，目前已对接长沙高新区、长沙经开区、株洲经开区、浏阳经开区、望城经开区等园区，合作方案已初步确定，预计近期将正式签约。

3. 融通场内场外业务发展规划。通过财富证券多方面的支持，湖南股权交易所在挂牌公司数量、融资量等业务领域和企业服务领域取得了长足的发展。财富证券通过控股湖南股权交易所，联合现有场内业务，未来将构建场内、场外协同发展的业务格局，并进一步构建融合场内、场外的金融生态圈，实现财富证券与湖南股权交易所共同发展。

（1）场内、场外协同发展的业务格局。财富证券作为综合性的中小证券公司，虽在场内业务领域相对行业龙头证券公司具有较大差距，但立足湖南，是湖南省唯一一家国有控股证券公司，是湖南资本市场的中坚力量，专注为企业提供综合金融服务，深耕湖南市场。公司业务范围，涵盖证券经纪、投资银行、资产管理、投资咨询、融资融券、固定收益、证券投资、场外市场、期货经纪等，拥有全资另类投资公司，形成综合性的证券业务平台，全方位参与场内市场业务竞争。

同时，为进一步打造区域竞争优势，通过发展湖南股权交易所、湖南金交中心以及自办OTC柜台市场，构建完整的场外市场体系，实现场内、场外市场协同发展的业务格局，为湖南企业的发展提供全方位的资本市场服务。

（2）构建融合场内、场外的金融生态圈。在完成场内、场外业务格局构建的基础上，下一阶段的主要发展思路为资源共享、业务融合。资源共享：引导财富证券现有场内客户、资金、信息、服务等各项资源，支持场外市场发展；业务融合：通过场内、场外市场业务合作，相互提供基础资产，创造新的金融产品和服务。未来通过资源共享、业务融合，财富证券联合湖南股权交易所共同打造融合场内、场外的金融生态圈（见图1）。

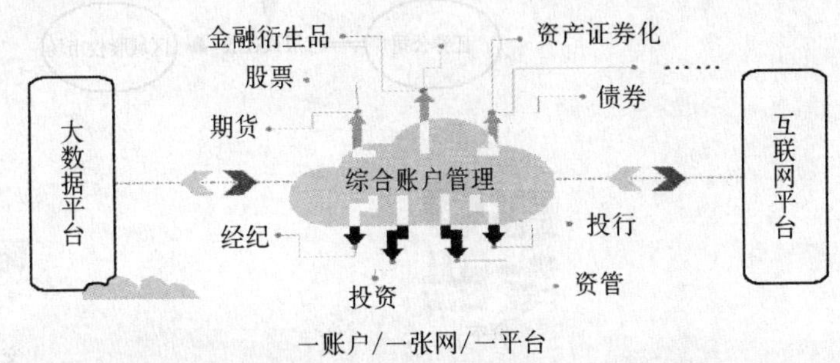

图1 财富证券与湖南股权交易所融合场内、场外的金融生态圈

融合场内、场外的金融生态圈构想主要为：依托大数据平台和互联网平台，将财富证券和湖南股权交易所二者的场内、场外交易平台和信息平台对接和融通，建立综合账户管理体系，实现资源共享；加大场内、场外业务的合作，实现业务融合；最终实现连接场内、场外市场的一账户、一张网、一平台。一账户即为客户在财富证券和湖南股权交易所实行场内、场外业务一个综合账户管理；一张网是连接场内、场外的互联网金融格局；一平台为包含场内、场外信息的大数据处理平台。

（四）证券公司参与区域股权市场建设的实施路径

通过对财富证券参与湖南股权交易所建设案例分析可以发现，证券机构进驻区域股权市场，一方面，能利用其资本市场的资金、能力和经验优势帮助股权市场发展；另一方面，证券机构带来的市场化经营理念和场内场外融通发展战略通过证券公司参与区域股权市场建设。

为实现证券公司的广泛参与和股权市场的繁荣发展，其实施路径的关键在于证券公司的合理、有效、积极的进驻。首先，为充分调动证券公司积极性，地方政府及区域股权市场要做的第一步在于证券公司的积极引入，寻找有合作意向和需求的证券公司，通过股权转让、增资扩股等方式引入证券公司，实现证券公司的参股或控股，实现证券公司利益和区域股权市场发展利益的统一。

第二步，充分做好证券公司与股权市场的沟通与协作，证券公司要积极参与建设，引入市场化的经营理念，从资金、业务、后台管理等给予支持，完善股权市场功能建设的同时，将自身业务渗透至股权市场等场外市场。

第三步，也是最重要的一环，将证券公司战略和区域股权市场发展战略融合，通过资源共享和业务融合，构建场内、场外业务协同发展和融通场内场外业务金融生态圈，实现证券公司与股权市场的统一账户管理、同一信息平台和统一互联网平台，从而最终形成区域性的特色竞争优势，实现证券公司与股权市场的双赢发展，共同服务区域经济。具体实施路径见图 2。

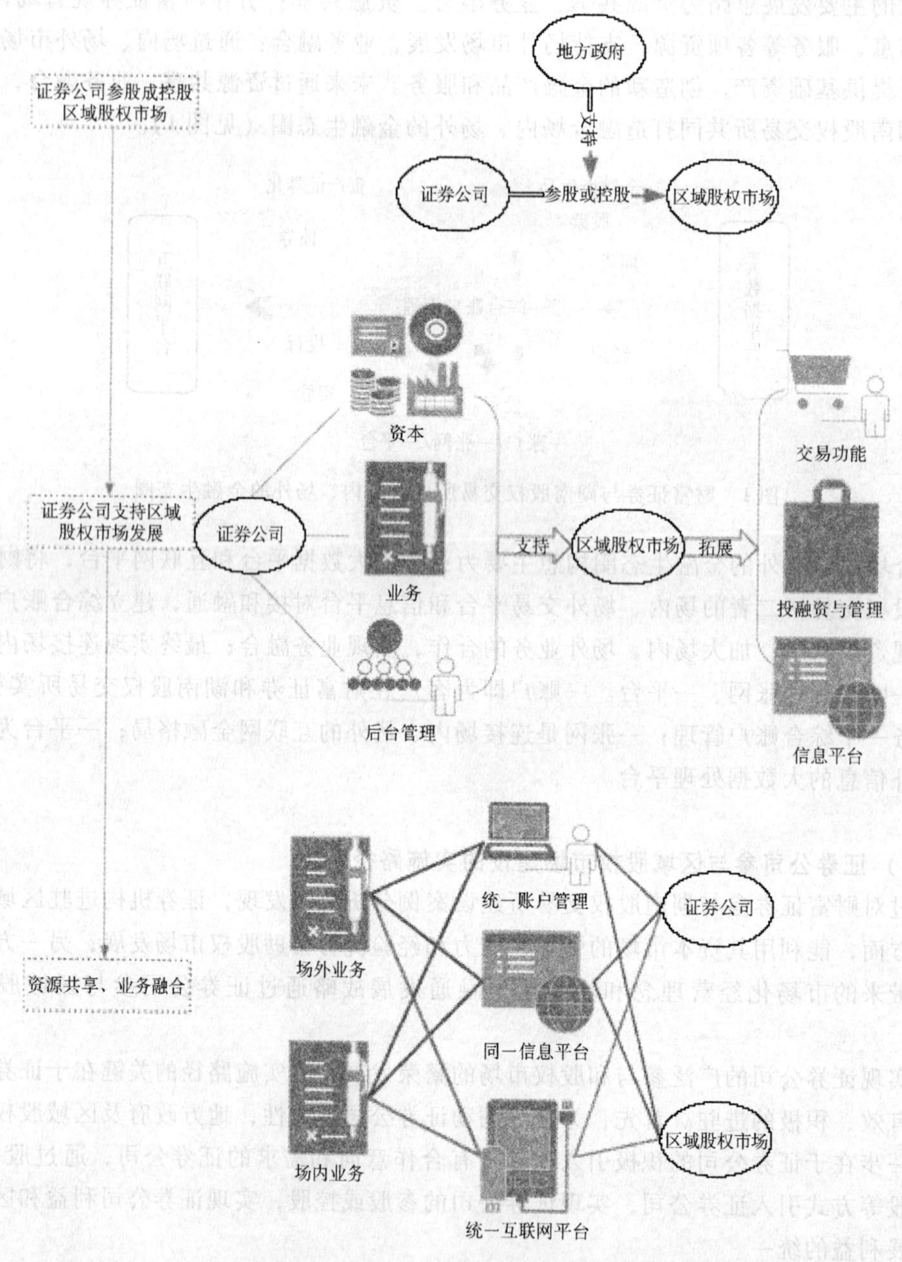

图 2　证券机构参与区域股权市场功能拓展实施路径

进一步而言，证券公司应在现有场内业务的基础上，参与区域股权市场建设，结合区域金融资产交易中心和OTC柜台业务，积极拓展场外业务，通过融通场内外业务，形成以客户为中心，实现客户投融资服务的全覆盖，为不同规模投资者提供全方位的资产管理服务，为融资者提供不同规模、不同周期的金融解决方案，最终成为真正的综合金融服务商。

五、结论与展望

（一）主要研究结论

为了进一步拓展区域股权市场的功能，更好地服务于区域经济的发展，建议引入证券公司参与，利用证券公司的资金和专业优势，重点从交易功能、投融资功能和信息平台功能建设三方面进行股权市场功能的拓展。在此基础上，进一步分析在股权市场功能拓展中，证券公司业务从场内向场外市场延伸，构建场内场外业务融通发展，形成证券公司区域特色竞争优势。

1. 交易功能的拓展主要为解决现阶段交易方式单一、交易品种不足而导致的交易冷淡、市场流动性缺乏的问题。借力于证券公司的做市经验和产品设计与创新能力，提出通过引入做市商交易制度，结合自主成交、交易专家协议成交和拍卖成交等多种交易实现方式来拓展交易方式；构建以私募股权、股权质押和私募债券为主，资产证券化、短融工具和银行贷款等为辅，其他结构化金融产品的设计与创新为补充的多样交易品种，从而提升市场流动性，做活股权市场。

2. 建立多元化投资渠道。引导投资者进行股权市场投资，创新性融资工具帮助企业完成融资发展，并进一步通过产业引导基金或战略投资者形式加大企业的管理咨询服务，最终构建起投资——融资——管理服务体系。

3. 解决股权市场存在的信息不对称问题。从完善信息披露制度建设、引进证券公司研究、构建信息网络系统和交易信息数据库等方面加大信息服务功能建设，并进一步编制综合反映市场情况的区域股权市场指数，为投资者了解整体市场提供一个指数参考，进一步扩大市场影响力。

4. 以财富证券通过控股方式参与建设湖南股权交易所为案例，探讨证券机构参与区域股权市场功能拓展的实施路径。实施路径为：取得控股权或参股——通过资金支持、业务渗透、后台管理支撑完善股权市场建设——围绕场内场外业务，建立证券公司与股权市场的统一发展战略，最终构建场内、场外协同发展的业务格局和融合场内、场外的金融生态圈，打造特色区域竞争优势，服务区域经济发展。

通过证券公司参与，拓展区域股权市场的交易、投融资、信息平台功能，增强市场流动性，做大做活市场，将进一步引导区域内社会闲散资金进行合理性的科学投资，缓解社会闲散资金投资难问题；通过产业引导基金、多元化融资工具等帮助中小微企业进行融资，缓解企业的融资难问题；切实做好社会闲散的投资疏导和中小微企业的融资拓展，服务和稳定区域社会经济。

证券公司参与股权市场建设，也实现了证券公司场内场外业务的融合，有利于其形成区域特色竞争优势，实现证券公司与股权市场共同发展的双赢格局。更进一步而言，证券公司通过融通场内外业务，能够扩大现有客户基础和服务能力，实现真正的综合金融服务。

（二）研究展望

本文重点分析了证券公司参与区域股权市场功能拓展的实施路径，未来的研究将进一步围绕以下问题展开：(1) 证券公司参与区域股权市场的风险控制研究；(2) 证券公司参与区域股权市场的盈利模式研究；(3) 证券公司参与区域股权市场不同发展模式的比较分析等。

发展服务中小企业的区域性股权市场功能拓展与实施路径研究

上海股权托管交易中心股份有限公司*

一、引言

根据数据统计，我国登记注册的中小企业于2015年2月已超过1 850万户，创造了我国80%以上的社会就业岗位，贡献了60%以上的GDP和50%以上的税收，拥有高达50%的专利申请数和发明专利拥有数。可见，中小企业作为市场经济主体，对于促进国民经济增长、保障社会就业以及促进科技创新进步等方面发挥着举足轻重的作用。中小企业是社会经济最活跃的组成部分，对于社会经济发展全局有十分重要的战略意义，国家和社会各界高度关注中小企业的发展。

然而，与经济贡献形成鲜明对比的是，融资难、融资贵的问题长期制约着中小企业的发展。究其原因，中小企业自身存在资产规模小、经营风险高、信息透明度低等问题，在以商业银行为主导的信贷市场中很难实现间接融资，同时由于无法达到沪、深两市上市要求也难以从资本市场直接融资。很多中小企业承受着民间借贷的高利率，苦心经营，发展难度较大。根据中国中小企业协会研发的中小企业发展指数（见图1），我国中小企业发展指数呈下降态势，可见中小企业的经营困难程度。

为拓宽中小企业的融资途径，国家大力支持建设多层次资本市场，而且发展规划越来越明确。2003年，《中共中央关于完善社会主义市场经济体制若干问题的决定》指出："建立多层次资本市场体系，完善资本市场结构，丰富资本市场产品。"2012年，党的十八大报告再次强调："健全促进宏观经济稳定、支持实体经济发展的现代金融体系，加快发展多层次资本市场。"2014年，国务院印发《关于进一步促进资本市场健康发展的若干意见》明确提

---

* 小组成员：张云峰，沈蔚，韩梅梅，李琦。原载于《中国证券》2015年第10期。

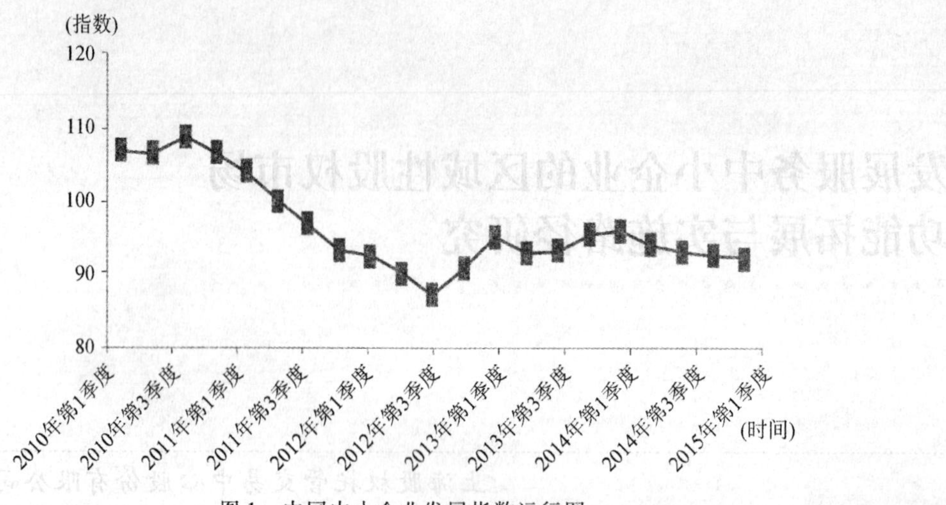

图1 中国中小企业发展指数运行图

资料来源：中国中小企业协会官网。

出："到2020年，基本形成结构合理、功能完善、规范透明、稳健高效、开放包容的多层次资本市场体系。"

我国多层次资本市场在宏观政策的指引下探索前行。2012年，全国中小企业股份转让系统正式启动。各地也很早就掀起了区域股权市场建设热潮，较早的主要有天津（2008年）、重庆（2009年）、上海（2012年）、浙江（2012年）的股权交易市场，后来又陆续出现了深圳前海、广州、江苏、福建等地的股权交易市场。当前区域股权交易市场数量仍在持续增加，已成为多层次资本市场的重要组成部分，并在服务中小企业方面发挥着越来越重要的作用。可以说，区域性股权市场伴随着中小企业融资难、融资贵现状应运而生。

区域性股权市场给中小企业提供了多样化的、灵活的融资方式，不仅让不满足主板、中小板和创业板上市条件的中小企业有了股权融资的途径，还通过私募债、与银行等信贷机构联合等方式给中小企业提供债权融资。此外，区域股权市场正不断开拓创新，尝试股权众筹等方式，以更丰富的方式拓宽中小企业融资渠道，促进非上市公司的股权合法流动，满足多层次、多方位的资金需求，从一定程度上缓解了结构性的资金供求矛盾，推动了多层次资本市场的建设，有利于金融市场的长期稳定发展。

当前，我国处于发展的重要战略机遇期，不断深化改革和调整经济结构，全面推动经济平稳健康发展。研究区域性股权市场的功能拓展和实施路径，有助于加强多层次资本市场体系建设，有助于发挥资本市场的价值发现和资源配置功能，强化金融服务实体经济，满足中小企业资金需求，提高直接融资比例，降低融资成本，激发中小企业活力，推动中小企业创新和发展，促进产业升级发展，发掘经济增长潜力，实现可持续发展。

二、我国区域性股权市场功能发挥的现状分析

（一）我国多层次资本市场的发展概况

在2000年以前的近10年中，我国资本市场进入探索和快速发展时期，先后成立了当时

的“两所两网”（上交所、深交所、NET和STAQ系统）以及22个证券交易中心进行探索性发展。这在我国通讯和结算手段不发达时期，有利于更好地满足中国经济转轨过程中企业和公众的内生需求，推动了资本市场的萌生和迅速发展。但随着通讯和结算手段的逐步提升，数量众多的交易场所造成重复建设，同时由于市场处于一种自我演进、缺乏规范状态，导致市场一度出现过混乱，滋生了一些违法违规行为。

1998年9月国务院办公厅发布《国务院办公厅转发证监会清理整顿证券交易中心方案的通知》，对全国20多家证券交易中心及STAQ和NET两大交易系统进行清理整顿和撤销，完成了各项业务的分流工作，只剩下沪、深两个证券交易所。

此后，为解决历史问题及主板退市公司交易问题，2001年7月16日，由部分证券公司代办原NET和STAQ系统挂牌公司的股份转让业务，形成俗称为“老三板”的市场。为了促进中关村企业和其他高科技性企业发展，2006年1月23日，建立了中关村证券公司代办股份转让报价系统，俗称为“新三板”。

由于新三板当时没有向全国开放，在市场化机制的作用下，全国几个具有国务院相关文件支持的直辖市先后设立了场外股权市场：2008年天津股权交易所成立；2009年重庆股份转让中心设立；2010年上海股权托管交易中心完成工商登记注册，并在2011年《“十二五”时期上海国际金融中心建设规划》中得到国务院确认后正式启动运营。此后，随着国务院[2011]38号文《关于清理整顿各类交易场所切实防范金融风险的决定》、国务院办公厅[2012]37号文《国务院办公厅关于清理整顿各类交易场所的实施意见》、中国证监会公告[2012]20号《关于规范证券公司参与区域性股权交易市场的指导意见（试行）》相继推出后，各省普遍将上述有关文件解读为每个省可以成立一家场外股权市场，于是各省陆续建立了所属的股权交易市场。目前，我国出现了多达30余个场外股权市场，且还在增加中。与此同时，“新三板”市场的业务开始逐步面向全国开展，并成立了全国中小企业股份转让系统。

综合起来，我国股权市场的发展经历了艰难的发展过程，在曲折中前进。当前，中国场外市场进入快速发展期，从2012年至2015年短短3年时间，全国已有30余家，基本形成了一省成立一家股权市场的态势，有的省份甚至同时设有3—4家功能基本相同的股权交易市场。

目前国内场外市场各色林立，从服务范围来看，既有面向全国开展业务的市场，也有仅面向所属行政区域展业的市场。从市场审核严格程度分，既有核准制，如上海股交中心；也有备案制，如全国股转系统；还有执行完全倡导买者自负的，如前海股权交易中心等大部分场外股权市场。我国区域性股权市场的功能发挥主要体现在挂牌、融资、交易、登记托管等多个方面。

（二）我国区域性股权市场挂牌分析

从“挂牌”的概念出发，狭义的“挂牌”仅指可以进行股份交易的对接资本市场的行为，企业如果只是进行展示的，则不计入挂牌。广义的“挂牌”则指登陆股权交易市场进行资本对接的行为。本文所称“挂牌”是广义的概念。

目前我国各地股权交易市场挂牌的条件和操作程序，基本是在学习和借鉴全国股转系统、上海、天津、前海模式的基础上建立起来的。归纳起来，多数市场都设立了股份转让板块及展示板块，挂牌的条件大同小异。整体而言，由于我国场外市场制度不完善，各地股权交易市场的挂牌板块设置各不相同，很多市场缺少完备的挂牌业务制度。上海股交中心经过市场实践，于 2012 年研发出了一套“1 +8”非上市股份有限公司股份转让制度体系，该制度体系填补了场外市场的制度空白；2013 年 8 月，上海股交中心又针对股权报价系统出台了“1 +7”股权报价系统制度体系，确保市场运行规范化、制度化。

对挂牌企业的审核，有的股权交易市场安排专业人员进行审核，如上海、天津、湖南、辽宁等；有的则无审核，实行备案制，如前海、北京等。

就挂牌企业所属区域来看，目前多数股权市场面向本省内企业服务，但有国务院文件明确支持的市场不局限于本行政区域内，如上海、天津、重庆等，也有部分市场向外区域展业，如前海、齐鲁等。

据中国证券业协会统计，截至 2014 年底，区域市场累计挂牌企业超 25 800 家，其中，股份转让板块 5 800 家，展示[①]企业 20 000 家左右[②]。区域股权市场吸纳外区域挂牌企业数量初步估计有 12 000 家左右。

（三）我国区域性股权市场融资分析

所有股权市场的融资方式主要包括股权融资和债权融资，其中股权融资包括定向增资、股权众筹等，债权融资方式包括股权质押、私募债以及其他融资方式（包括银行信用贷款、资管计划、信托计划和资产收益权等）。据数据统计，截至 2014 年底，场外市场融资总额达 1 500 多亿元，其中股权融资总额达 364 亿元、股权质押融资累计金额为 604 亿元，私募债融资达 263 亿元，其他融资方式累计融资额达 287 亿元，2014 年共实现融资 2 750 次，平均每家区域市场每 3 个工作日就实现一次融资，此外还有 39 家企业通过区域市场实现了并购重组[③]。

各地股权交易市场的融资功能发挥较为良好，在推动企业发展方面发挥了巨大的作用。以上海股交中心为例，市场中企业收入增长率平均达 150.82%，最高达 5 521.78%，净利润增长率平均达 39.89%，最高达 10 738.71%，各地政府对上海股交中心帮助中小企业发展的成绩高度认可。

但需要考虑的是，由于统计数据的来源是各个市场自发申报的数据，很多区域股权市场将银行授信额度、地方政府债、金融产品交易额统统计入市场融资数据。实际上这些市场中靠自身功能发挥、资金真正进入挂牌企业的融资微乎其微，与真正为中小企业解决融资问题的定位并不相符。

（四）我国区域性股权市场股权转让分析

区域股权市场的二级市场整体上不活跃，一方面是因为一些发展较好的企业存在惜售行为，另一方面是因为区域股权市场的交易方式受到国家政策规定的限定。目前只有全国股转系统挂牌公司股东可以突破 200 人，可以实行做市商制度，资金回转不受 T +5 限制。而区域股权市场则受国务院［2011］38 号文《关于清理整顿各类交易场所切实防范金融风险的

---

① 展示是指仅在区域股权市场展示企业信息，未进行股权托管和挂牌的企业。

②③ 中国证券业协会：《关于区域股权市场服务小微企业情况的报告》，2015 年 5 月。

决定》以及《证券法》规定的制约，其挂牌公司股东不能突破200人，交易方式只能用协议转让方式，不能采用做市商制度，资金回转必须是T+5。在股份转让板块，实行线上报价、线上成交，展示板通常实行线上报价、线下成交。同时，一些在国务院［2011］38号文出台前启动的区域性市场，在交易制度方面进行了探索和尝试，比如，天津股权交易所探索建立报价商报价、协商定价和集合竞价相混合的股权交易制度。

（五）我国区域性股权市场股权登记分析

区域股权市场均办理非上市股份公司、有限公司、合伙企业等登记托管业务。根据目前的政策，区域股权市场登记的公司均为股东人数在200人以下的非上市公司。办理的业务范围包括初始登记、股份托管、权益分派、查询。

（六）我国区域性股权市场与交易所合作情况分析

从我国多层次资本市场角度看，建立区域性股权市场与主板交易所之间的合作，对于完善我国资本市场体系、推动各层级市场之间良好有序互动具有重要意义。从国际经验来看，区域股权市场与交易所之间的合作主要包括两种方式：一是参股或收购；二是建立市场之间的对接机制。

2012年7月，上海证券交易所入股上海股权托管交易中心，开启了我国交易所入股区域股权市场的先河。此后深圳证券交易所也加入此行列，并后来居上。截至目前，上海证券交易所入股了3家股权中心，深圳证券交易所入股了12家股权市场。上交所对上海股权托管交易中心的持股比例为29%，对辽宁和浙江均达到20%；深交所出资额最多的是前海股权交易中心，对北京、重庆、武汉股权市场的持股为15%，对其他股权市场的持股在5%—10%之间。

关于股权市场与交易所的对接，目前国家正在积极探索有效的对接方式。目前来说，区域性市场中上海股权托管交易中心借助上海科创中心建设的国家战略布局，正在筹划与上交所正在筹备的战略新兴板之间建立对接机制[①]。

三、境外场外股权市场现状和经验分析

美、英等地的场外股权市场发展相对较早，在各方面有较成熟的系统和制度建设，分析其发展经验对于规范我国场外市场有一定的借鉴意义。

（一）美国场外股权市场现状和经验分析

美国的场外市场按层次高低主要有纳斯达克（NASDAQ）、场外公告板市场（OTCBB）、场外市场集团（OTC Market Group）等。

纳斯达克市场分三层：纳斯达克全球精选市场、纳斯达克全球市场和纳斯达克资本市场。三层级市场的标准依次降低，公司可以根据自身特点和情况选择不同的市场挂牌融资，

① 目前，同为股权交易市场的全国股转系统（新三板）也正在与深交所创业板之间建立对接。

且内部能相互转板。纳斯达克市场的挂牌标准强调公众持股数和做市商的数量，对财务指标的要求相对较低。纳斯达克采用多元做市商交易制度，每只股票必须同时由多个做市商运行，从而创造了市场的流动性和稳定性。纳斯达克市场对市场内公司的监管制度很严，规定了明确的退市制度，对经营较差的公司有淘汰机制。纳斯达克市场最著名的退市制度就是“一美元退市规则”，即公司股票持续 30 个交易日最低报价小于 1 美元，则将收到纳斯达克市场的亏损警告，如果收到警告 90 天内仍不能提升股价，则将被要求退市。退市后的公司将转到其他场外股权市场。每年都有大量的公司从纳斯达克退市。纳斯达克市场规定公司如对退市不服可通过上诉聆讯制逐级上诉，从而提高退市机制的透明度。

场外公告板市场是一个电子系统，提供没有在美国全国性证券交易所挂牌公司股权的实时报价、成交价与成交量等信息。场外公告板市场的挂牌没有财务要求，3 天就能实现挂牌，挂牌后需要向美国证券交易委员会（SEC）或其他监管机构定期提交财务信息以维持挂牌。尽管没有财务标准，美国金融业监管局（FINRA）还是规定了在 OTCBB 挂牌的条例，如没有在美国全国性证券交易所上市，并且按照《证券交易法》（1934 年）的相关法规履行报告义务的股票等。此外，美国金融业监管局（FINRA）还规定了摘牌的规定：过去两年内有三次未如期递交年报或季报；过去两年内因未遵守证券交易法而被“停牌”两次。OTCBB 市场的融资方式有新股增发、二级市场发售和私人配售，其中私人配售需通过 OTCBB 和 NASDAQ，其余两种方式需要通过 SEC 的批准。OTCBB 的证券都是通过做市商交易和转让的，做市商必须是美国金融业监管局的会员，且需要遵守美国金融监管局关于证券报价和交易的规定，如最小报价单位、报价信息记录等。

场外市场集团是由粉红单市场（Pink Sheet Market）于 2010 年更名而成的。大部分在 OTCBB 报价的股权同样也可以在场外市场集团报价。场外市场集团的挂牌标准分四个层级：最高层级的 OTCQX、第二层级的 OTCQB、第三层级的 OTC Pink 和第四层级的 Grey Market。按层级的递减，挂牌标准也依次降低。如果挂牌公司出现欺诈等行为时，场外市场集团将贴提示投资者注意的标签，当公司按照相关法规进行完整的信息披露后，则可摘除标签。场外市场集团融资也包含新股增发、二级市场发售和私人配售三种方式，挂牌公司满足《证券法》、《证券交易法》、SEC 和 FINRA 等有关规定就可以融资，并进行相应的登记和信息披露。场外市场集团的股票转让同样采取做市商制度，要求至少有一个做市商报价。做市商必须在 SEC 注册并成为 FINRA 的会员，才有资格对场外市场集团挂牌的股权报价。场外市场集团内部存在层级转换制度，与交易所之间没有转板机制。

（二）英国场外股权市场现状和经验分析

英国场外市场主要是 AIM 市场（Alternative Investment Market），此市场从属于伦敦证券交易所。公司在 AIM 市场挂牌无须通过英国金融管理局（Financial Conduct Authority），所需满足的挂牌标准也较宽松。AIM 不设最低上市门槛，对公司规模、公众持股量和公司经营年限均没有规定，只对会计报表提出了一定的要求。拟挂牌公司必须指定一名经许可的保荐人，挂牌与否取决于是否有保荐人愿意保荐。AIM 挂牌公司还需要聘请一位指定的证券业务顾问，此顾问必须在伦敦证券交易所出版的顾问登记册注册。此外，AIM 挂牌公司需要指定已成为伦敦证券交易所成员的证券交易经纪人、会计、律师、税务专家及融资公共关系代理人。

AIM 市场中，挂牌企业的融资可采用公开发行、私募融资等多种方式。挂牌公司公开发行需要于招股说明条款中公开招股说明书、提交批准文档，并按照相关法律法规进行信息披露。

AIM 挂牌的股权部分可在伦敦证券交易所的 SETS、SETSqx 和 SEAQ 交易系统进行转让，SETS 向流动性最好的公司股权提供服务，SETSqx 向流动性次之的股权提供服务，SEAQ 则是允许做市商报价的非电子可执行服务，对不在 SETs 和 SETSqx 中交易的 AIM 股票提供服务。AIM 的股票通过 CREST 系统进行登记、结算和托管。

值得一提的是，与很多国家的场外市场不一样，伦敦证券交易所对 AIM 有很多支持政策。首先，AIM 市场的股票可转板至伦敦证券交易所的主板，转板时需要提供招股说明书等文件，且需符合英国金融监管局制定的相关标准。其次，伦敦证券交易所的交易系统均适用于 AIM 股票，方便了股票的交易。最后，伦敦证券交易所对 AIM 市场进行了更好的监管。

通过对美国和英国场外市场发展经验的总结和分析，发现境外场外市场挂牌基本上不设太多门槛，更多的是信息披露和做市商的要求。挂牌公司的融资方式主要是通过法律及监管机构的法规约束，更重视信息披露和合规合法，对方式没有过多制约。交易转让基本采取做市商制度，在做市商报价驱动方式的基础上不同程度地与协商议价和指令驱动相结合。境外场外市场股权基本都是由中央托管机构集中托管登记。如果场外市场附属于证券交易所，则通常有转板机制，得到交易所的支持较多。

四、区域性股权市场资源配置功能拓展与实施路径研究

（一）区域性股权市场资源配置功能拓展逻辑分析

区域性股权市场作为多层次资本市场的重要组成部分，其有效性一定程度上取决于资源配置效率的高低。在此，我们要讨论的不仅是每个区域性股权市场自身的资源配置效率，还有市场整体的资源配置效率。市场整体的资源配置效率属于广义概念的区域性股权市场资源配置概念，各市场内部的资源配置效率属于狭义的区域性股权市场资源配置概念。若要想真正提升区域性股权市场资源配置效率，不仅要关注狭义层面，更要重视广义层面的建设。

区域性股权市场整体的资源配置属于顶层设计，如果设计得当，市场的发展就会少走弯路，如果有了偏差，市场的发展就相对缓慢。想要提高区域性股权市场的资源配置效率，根本上首先要保证区域性股权市场整体的资源配置效率。

因此，区域性股权市场资源配置功能的发挥和拓展要从两个层面依次展开研究。第一个层面是：区域性股权市场整体建设应该采取何种顶层设计才能保证市场整体充满活力，提升市场整体的资源配置效率。第二个层面是：具体到每个区域性股权市场，应该如何引导资本流向优质的行业和企业，一方面帮助企业成长，推动社会经济转型和进步；另一方面，帮助资本提供方实现较高资本收益。对于提高区域性股权市场资源配置效率而言，两个层面的研究都非常重要。我国区域性股权市场正处于起步时期，有必要从两个层面研究如何提升区域性股权市场资源配置效率，既充分考虑整体规划问题，又详细分析市场个体建设问题，从而有助于保证更有效地发挥市场功能。

（二）区域性股权市场整体资源配置功能拓展实施路径设计

1. 打破区域垄断，创造公平竞争的有利环境。党的十八届三中全会明确提出“要建立统一开放、公平竞争的市场环境，让市场在资源配置中发挥决定性作用”。我国场外市场经过几年的成长，正进入大发展的关键历史时期，如何给场外股权市场创造良好的发展环境，合理规划多层次资本市场的格局，已成为摆在社会各界面前的一个重要问题。

从市场整体出发，建议创造公平竞争的区域性股权市场环境。我国场外市场自 2012 年以来进入蓬勃发展时期，全国陆续成立了 30 余家股权交易市场，市场的拓展可谓群雄逐鹿。但在场外市场繁荣发展的背后，存在着一些问题，如资源浪费、市场重复建设、行政垄断、融资能力不强，交易不活跃等，也存在限制过严等方面的问题。

我国正在制定场外市场发展制度，全力推动多层次资本市场的建设和发展。我国场外市场发展较晚，应该尽量发挥后发优势，充分借鉴一些资本市场发展较成熟国家场外市场建设的经验，顺应资本市场发展的规律，结合我国国情，推动资本市场良性发展。从国际经验看，让市场机制发挥作用，在竞争中优胜劣汰，将是推动场外市场发展的一剂良药。纵观美国等发达国家多层次资本市场的形成历史，无一不是经过充分市场竞争自然演进而来的。美国资本市场从 1725 年场外交易市场起步，到 1863 年纽约交易所成立，再到 1971 年纳斯达克成立，资本市场层次变迁基本遵循了典型的自发演进特征。经过近 400 多年的漫长历程，美国资本市场从单一层次的场外交易市场，形成了包括交易所、创业板、场外市场在内的完善的多层次资本市场体系。在美国资本市场体系形成的过程中，并没有行政化的干预，政府只是顺应市场发展的需要，为市场发展提供良好的外部环境。实践证明，经过市场的充分竞争，不仅改善了服务，还实现了市场的优胜劣汰，在优胜劣汰中实现社会资源的合理配置，同时让每一个市场找准自身的定位，实现差异化发展。

借鉴国际成熟经验，在拥有超千万家中小微企业的中国，仅有一个面向全国的场外交易市场是远远不够的，也不利于市场服务的改善。应该鼓励更多的场外市场参与竞争，经过市场的优胜劣汰，培育和发展 3—5 家左右成熟的场外交易市场，才能更有效地发挥服务中小企业的作用，更好地满足服务实体经济发展的需要。

因此，“发挥市场在资源配置中决定性作用”将是推动我国场外市场迈向科学发展康庄大道的有效途径。我国场外交易市场的建设应充分借鉴国际成熟经验，努力创造公平竞争环境，引入市场化手段，构建适应社会多元化需求的多层次资本市场体系，这在当前注重顶层设计的时代显得十分重要。要想营造公平竞争的环境，首先要做的就是减少行政化干预，解除区域性市场仅能为本区域服务的限制，让企业自主选择进入能够集聚各种金融要素资源、功能发挥良好的市场。其次，要放开市场服务手段的限制，允许市场根据自身的特点选择适合的交易方式。鉴于我国资本市场发展起步较晚，完全走向市场化可能尚需时日，因此，需要考虑将整体规划与公平竞争两种手段相结合，进行以市场为导向的科学顶层设计，将符合条件的区域性股权交易市场纳入统一监管设计科学、合理和明确的监管规则，推动各个市场在竞争中改善服务、优胜劣汰或自动错位发展。在此过程中，让市场根据自身特点，选择适合的交易方式和服务手段，从而呈现百花齐放、百家争鸣的市场格局。

2. 构建畅通的市场之间的对接机制，增强市场吸引力。从境外资本市场发展历程看，场外股权市场作为层级较低的资本市场，向上转板的制度安排是十分必要的，这不仅是股权市场挂牌企业的升级问题，也是实现各层级市场无缝链接的问题，是建设我国多层次资本市场的核心内容。目前通常所说的转板主要包括两种：一是场外向场内市场转板；二是场外股权市场内部不同板块间、不同市场间的转板。

实质上，股权市场之间由于属于同一层级，无论是新三板还是区域股权市场，市场间的转板应该实现互联互通，即企业只要符合股权市场挂牌条件，可自主选择去哪个市场挂牌。

针对上述分析，建议采取以下对策：

首先，针对升板问题，建议我国证券管理机构尽快推出由区域场外市场向更高层次资本市场上升的转板制度，修改《证券法》，使股权交易市场成为进入场内市场的“绿色通道”，让所有有意对接资本市场的企业都先经过股权市场的孵化和培育后，经过规范发展，进入更高层次市场。

其次，针对场外股权市场之间的转板问题，建议统一挂牌规则，打破市场壁垒，降低企业转板成本，避免重复劳动。

再次，创造公平竞争环境，允许企业自主选择要挂牌的市场。在此基础上，允许中小企业自主选择市场功能发挥良好且拥有高质量投资群体的股权融资平台，同时允许企业根据自身发展战略和市场定位，进行多区域市场挂牌，从而满足企业的多样化融资需要。

（三）区域性股权市场个体资源配置功能拓展实施路径设计

1. 促进信息互动，推动资本流通。资本市场是高度信息集约化的市场，信息是资本市场的基础，资本市场的资源配置全过程贯穿着相关的信息流动。在某种程度上可以说，信息决定着资本市场的资源配置效率。关于资本市场有效性的理论最有影响力的当属“有效市场假说”①，该理论认为“如果所有股票价格都充分反映了所有信息，则市场是有效的”。因此，信息效率决定资本市场资源配置效率。如果信息不对称，则容易产生逆向选择和道德风险，就会影响资本市场的有效运行。

区域性股权市场的挂牌企业都是中小微企业，成长性较高，但目前的利润等指标相对不够“漂亮”，因此，投资者需要更多的信息帮助其衡量投资价值，信息需求总量比交易所更大。要想将社会资金集中到有发展潜力的企业和优秀的企业，提高社会资源的利用效率，就要对区域性股权市场信息披露和规范性提出较高的要求。

在目前我国众多的区域股权市场中，区域股权市场的信息披露规则相对不统一。信息披露是市场发挥监管职能的重要途径，而对股份转让板块挂牌企业的信息披露内容做出严格要求的，目前只有上海、广州等地少数几个市场，较多区域股权市场的信息披露规则要求相对较宽松。

除此之外，区域性股权市场还存在信息披露制度缺少法律层面的支持、对披露不到位的违规行为监管力度不足等问题。

解决上述问题，本文建议的对策主要有：

第一，统一信息披露规则，建立系统、规范和严格的信息披露制度体系。只有这样，投资者从各区域性股权市场获得的信息才具有可比性，也有利于各个市场的信息共享，获取信

---

① “有效市场假说”由2013年诺贝尔奖经济学奖得主尤金·法玛（Eugene Fama）于1970年提出，认为市场有效性有三种形式：弱式有效、半强式有效、强式有效。

息的成本也得以降低。在统一信息披露标准的基础上，实行各个市场自律监管。此外，从信息披露的内容看，出于推动市场资金资源的融通，宜实行严格的信息披露规则，投资者根据透明的信息做出投资决策的依据。如果企业认为披露成本高而不愿披露，可让企业根据自身情况选择在展示板挂牌，而不能对不同板块采取一刀切式的信息披露要求。

第二，对中介机构进行更好的监管。从实际应用看，中介机构与企业的联系更密切，对企业的经营情况更熟悉，在信息上占有更优越的地位，不仅占有公开信息，还享有私有信息。因此，建议通过对中介机构更好的监督进而实现监督企业和帮助企业传达信息的功效。

第三，鼓励中介机构和证券公司撰写区域性挂牌企业研究报告。研究报告能够有针对性地分析挂牌中小微企业，而且经过对企业的深入调研分析，提供的研究结论有助于投资者更好地认识企业，因此，要鼓励对区域性股权市场挂牌企业的研究，增加研究报告的供给。

2. 创新和拓宽融资手段，开发创新产品。场外股权市场是为中小企业量身订制的能够提供多元化手段的平台。目前区域股权市场的融资方式通常较为传统，只有少数几家区域股权市场不断尝试创新多样化的融资渠道，如上海、浙江、前海等。当然，在众多融资方式中，股权融资能真正降低中小企业融资成本，然而不是所有的中小企业都能实现股权融资。因为场外市场的投资者都是合格投资人，投资者通常具有丰富的投资经验，对投资标的较为挑剔。

整体上，场外市场的融资能力仍显不足，根本问题在于市场得以融资的功能性机制尚未建立且融资渠道较为狭窄。目前，中国场外市场普遍存在交易不活跃、股份退出不畅且溢价不高的问题，这种资本市场融资功能性机制不健全是导致融资能力不足的主要原因。

针对上述问题，建议对策如下：

第一，探索创新融资手段和金融工具。仅仅依靠交易所的股权、债权等传统融资手段已无法实质性解决中小企业融资难问题，因此，区域性股权市场一定要积极探索多方位、多渠道的综合融资手段与金融工具，包括应收账款产品、票据收益权等资产证券化产品在内的以盘活中小企业有效资产为核心的金融创新产品。

第二，充分利用互联网和电子化手段。注重股权融资方式创新，充分利用互联网和电子化手段，开发创新产品，真正帮助企业降低融资成本。有效借助互联网延伸服务内涵，探索以众筹平台为载体，推出股权、债权等多种创新的众筹产品，实现众筹产品线上发布、线上路演、线上募资。

第三，完善相关法规制度建设。逐步完善我国《证券法》、《公司法》关于场外市场融资的制度建设，在强化市场监管的基础上，逐渐拓展挂牌公司融资方式，允许挂牌公司在除定向发行及私募债之外有更多的融资方式选择。

五、区域股权市场价值发现功能拓展与实施路径研究

（一）私募融资价值发现功能分析

股权市场的价值发现功能，主要通过一级市场私募融资以及二级市场交易实现。首先，从一级市场私募融资角度来分析价值发现功能。股权市场利用其平台功能，吸引了更多投资人发现并获得资金注入，也促使企业获得大订单、大客户等更多资源，为企业创造了一个良性运行的价值生态圈：企业获得融资—企业业绩增长—股价上涨—获得更多投资关注—获得

更多融资及资源。中小企业登陆场外股权市场挂牌并融资，通过价值生态圈，价值得到发掘，实现股权溢价，从而对人才、战略投资方、合作方更加具有吸引力，实现进一步的价值增长。

场外股权市场挂牌的中小企业大多属于初创期和成长期的企业，成立时间通常较短，这些企业的共同特点是营业收入、盈利不稳定，以科技型企业居多，前期投入大，无形资产和人力资源占据了主要位置，其规模的扩大面临技术、市场、管理、设备等多方面的考验。他们依赖的是创新产品的不断推出，而不是传统中小企业所倚重的成本控制、运营改善等因素。这样的企业在没有登陆场外股权市场之前，其融资只能通过银行借贷等途径实现。在场外股权市场挂牌后，投资人在投资企业时通常会使用价值发现和价值评估的方式来对待，其融资价格通常以公司所处行业、成长性、每股净资产、市盈率等因素作为参考，充分体现了挂牌企业的发展潜力和高成长性。

下面以上海股交中心挂牌企业上海国富光启云计算科技股份有限公司为例。该公司致力于 MOOC 教育平台的研发，2014 年 3 月在上海股交中心 E 板成功挂牌后，2015 年 1 月，国富光启成功完成了第一次定向增资，募集资金 4 300 万元。鉴于对公司未来发展的良好预期，由四川依米康环境科技股份有限公司、石家庄鑫汇金投资有限公司等以每股 15 元的价格对公司进行第二轮 2 700 万元的投资。因而在短短几个月时间，国富光启通过上海股交中心的资源平台顺利获得 2 次股权融资共 7 000 万元。借助资本市场，不仅有效地拓宽了企业的融资渠道，更是实现了公司股权价值的提升。

虽然私募融资促进了场外股权市场价值发现功能发挥，但场外市场却不是天然地功能一定发挥良好。在当今全民 PE 时代，投资者看中企业往往是冲着将来企业能够在交易所上市，希冀上市后获取高额投资回报后退出。而区域股权市场由于投资者数量相对较少，很多市场的融资能力并不强。

（二）二级市场转让的价值发现功能分析

融资与交易紧密结合，资本市场如果没有交易功能、没有让初始投资者退出的功能，那么企业很难融资。因此，如果没有二级市场溢价交易，就没有融资事件的发生。例如主板市场发行一只股票，股价是 2 元/股，如果二级市场的交易价格也一样，就很难通过发行来获得融资。因此，区域股权市场的二级市场交易功能十分重要。

场外股权市场的二级市场交易使挂牌公司股份能够以一个合理的价格顺利变现，如果缺乏流动性则难以形成公允价格，难以实现价值发现和提升。二级市场的繁荣与否影响了区域股权交易市场对企业和投资人的吸引力。

2011 年，国务院出台《关于清理整顿各类交易场所切实防范金融风险的决定》，2012 年国务院办公厅发布了《国务院办公厅关于清理整顿各类交易场所的实施意见》，同年中国证监会又发布了《关于规范证券公司参与区域性股权交易市场的指导意见（试行）》，三个文件确定了区域性股权市场的定位，也对其交易画出五条“红线”：“一，不得将任何权益拆分为均等份额公开发行；二，不得采取集中交易方式进行交易；三，不得将权益按照标准化交易单位持续挂牌交易（即不得在买入后 5 个交易日内挂牌卖出同一交易品种或在卖出后 5 个交易日内挂牌买入同一交易品种）；四，权益持有人累计不得超过 200 人；五，不得以集中交易方式进行标准化合约交易。”这五条规定限定了区域股权交易市场只能实行协议交易方式、交易回转天数以及市场定位。在这样的规定条件下，整个区域股权市场的交易比较清淡，市场不够活跃，很多区域股权市场整体功能发挥不佳。期望突破政策限制，探索实行做市商，其中天津股权交易所和齐鲁股权交易中心已经在做市商制度上进行了尝试。

（三）提升区域性股权市场价值发现功能的有效手段

区域股权市场受制于交易方式的限制性规定，始终处于交易不活跃状态，而伴随交易而生的私募融资功能也低于预期，可以说整个场外市场整体功能发挥不佳。

从市场的功能性机制来看，由于交易不活跃，市场没有买卖，导致二级市场萧条，更进一步导致一级市场无法实现成功退出，一级市场和二级市场套利空间的缺乏造成整个市场无法发挥好直接融资功能。

鉴于此，我们认为应从以下几个方面予以改进：

第一，应该从政策层面放开区域股权交易市场交易方式限制。资本市场中实行的所有的交易方式，包括集中竞价交易、做市商交易、协议交易等，都只是资本市场服务的一种方式。从国际惯例来看，发达国家资本市场并不以交易方式来区分市场，不同风格、不同阶段的市场可自由选择适合的交易方式。

尽管做市商交易方式适合场外股权市场，能够起到合理定价、平抑风险、活跃市场的积极作用，但这些作用的发挥依然需要基本的流动性作支撑，然后通过做市商推动交易的活跃度。在缺乏基本流动性的情况下，做市商交易方式很难有所作为。基本流动性首先需要做市商真正将资金放进市场，通过双向报价价差获取交易收入，而不是为了套取存量股权升值的资本利得。

因此，市场交易手段的选择要符合场外市场本身的特征。让市场根据自身特点自主选择交易方式，并在交易方式上进行有益的探索和创新，这样才能更有利于资本市场的发展。

第二，通过向挂牌企业提供周到服务，获得更多投资者信赖。场外股权市场提升融资能力没有什么捷径，需要不断地为企业提供多样化的周到服务，引导投资者转变投资理念，按场外市场的规则投资。场外市场要切实帮助企业成长，具体包括帮助企业重组、调整企业产业结构、增强企业人力资本、开展公关、协调内部矛盾等。只有这样，才能赢得投资者对区域性股权市场的信赖，才能愿意参与到私募投资。因此，市场管理者的责任心和推动力是吸引投资者的关键。

第三，要提升私募融资的便捷性。区域性股权市场可充分利用互联网手段，推动私募融资的便捷性达到公募的程度，可尝试网上展示、签约等方式向特定对象进行融资，为中小企业搭建一个进退顺畅、风险可控、监管到位的直接融资平台和市场化的资源配置平台。

六、区域性股权市场登记托管功能拓展与实施路径研究

（一）区域性股权市场登记托管功能的制度安排分析

区域性股权市场的登记结算业务主要是股权登记托管、挂失、查询、质押、分红、清算交收等服务，客观公正地提供有公信力和公示力的股东名册记载，明确各方的权利义务，防范登记结算业务风险。区域性股权市场登记结算业务的对象是非上市公司的股权，首先需要明确相关法律法规对此的制度安排，才能更好地开展功能拓展实施路径的研究。

根据《公司法》规定，公司分成有限责任公司和股份有限公司两种形态。通过对《公司法》、《证券法》等相关法律法规分析，我们可以发现非上市股份公司的股权登记托管处于比较尴尬的位置。对于有限责任公司而言，法律规定公司需要备置记载股东名称、出资额、出资证明书编号等事项的股东名册，而且规定只有记载于股东名册的股东才有权主张行使股东权利。工商行政管理部门负责办理有限责任公司股东的登记和变更。对于上市公司而言，我国有与之相对应的统一交割清算体系。上市公司在工商行政管理部门进行股权初始登记，上市前将股东名册托管至中国证券登记结算公司，上市后的股票买卖、质押等股权变更事项也经过中国证券登记结算公司办理。与有限责任公司和上市公司相比，非上市股份公司的股权登记就存在一定的法律空白。非上市股份公司的股份尽管没有上市公司的流动性高，但与有限责任公司相比则相对较高。根据《公司登记管理条例》，工商行政管理部门仅负责对股份有限公司的发起人初始股权进行登记，非发起人的股份则不必进行登记。

法律上没有对非上市股份公司的股权登记托管进行明确规定，应用中，非上市股份公司股权的登记和托管也存在诸多差别。在全国股份转让系统挂牌的非上市公众公司股权登记托管由中国证券登记结算有限责任公司统一负责。没有在全国股转系统挂牌的非上市股份公司股份仅在工商行政部门进行发起人登记，后续变更既不在工商行政管理部门规范，也不在中国证券登记结算公司登记。区域性股权市场中挂牌的非上市股份公司的股权就属于这种。目前看，各区域股权市场的登记结算业务基本由运营机构自行管理，或委托省级人民政府批准设立的登记结算机构负责。

（二）区域性股权市场登记托管功能拓展实施路径设计

区域性股权市场作为非上市公司挂牌和股权交易的场所，需要对登记托管制度进行合理的安排，才能有助于保证股权流转交易的有序、合法和安全。当前，不管是区域性股权市场自身，还是省级政府授权的登记结算机构，向区域性股权市场挂牌的非上市公司提供股权登记托管服务，都存在着证券登记法律效力不清晰、风险防控能力较弱和机构专业水平有限的问题。随着区域性股权市场的发展，分别登记结算可能导致很多问题，如非上市公司的股权“一股二卖”现象、投资者的股权买卖难、股权的清算风险增大等。

而且，尽管这些非上市公司有股权托管的机构，但是机构间登记托管的规则和程序都不同，地区间、机构间的制度不一致，也对股权的流通形成了制约。

当前，各区域性股权市场经过几年的发展都形成了一定的规模，挂牌的非上市公司家数也越来越多。出于长远发展考虑，建议规划时间进度表，用几年时间逐步实现区域性股权市场中挂牌企业股权的集中化登记结算，也统一由中国证券登记结算公司负责。

建立统一的集中的区域性股权市场挂牌企业股权登记结算体系的路径设想如下：

1. 确定登记结算机构，制定时间计划表。随着区域性股权市场的发展壮大，建立统一的集中的股权登记结算体系，是市场发展的客观需要。从境外场外市场的发展经验来看，对非上市公司股权进行统一的托管和结算是普遍采取的方式。非上市公司股权集中登记结算一方面有利于市场的监督与管理，另一方面从制度安排上有利于推动市场创新发展。我国可由监管部门牵头，总体布局规划区域性股权市场挂牌企业股权的集中统一登记结算。当前中国证券登记结算公司已有成熟的股权登记结算经营体系，而且已向全国股转系统提供登记结算服务，可依托已有资源，开发设计场外股权市场的股权登记结算业务体系，为挂牌的非上市公司提供股权登记结算服务。当前，各区域性股权市场都有不同的股权登记结算业务办法，立刻实现统一登记结算可能比较困难。建议制定时间计划表，稳步推进统一登记结算的进度，以顺利实现。

2. 统一登记托管标准向国际惯例靠拢。为更好地实现证券业务国际化，场外股权市场统一股权登记结算系统应在结合我国实际情况的基础上，尽可能与国际惯例接轨。对此，主要建议有：（1）统一投资者开立的账户，由中国证券登记结算公司将同一投资者于不同交易中心所开立的所有账户加以合并，做到同一投资者只需要开设一个账户就能在所有市场通用。此外，建议设计方案时考虑非上市公司转板的情况，逐步实现非上市公司上市时，已托管的股权能够自动符合上市规定，省去上市前重新登记托管的程序。（2）统一规定股权资讯标准。中国证券登记结算公司可以参照国际标准统一非上市公司证券分类标准，从而有助于消除股权交易、结算等信息的混乱，防范因交易资料有误出现的交易结算风险，提高登记结算效率。（3）建议对场外股权市场设置统一的规定，区域性股权市场登记结算制度与全国股份转让系统的业务制度尽可能一致。全国股转系统和区域性股权市场都属于场外股权市场，如果登记结算业务制度能设置统一的规定，有助于未来实现区域性股权市场与全国股转系统的互联互通。

3. 统一区域性股权市场挂牌企业股权登记结算业务的运行机制。中国证券登记结算公司负责区域性股权市场股权统一集中登记结算，需要构建中央结算系统，做好登记托管的标准化和系统化。第一，要明确哪些机构能成为结算会员，设置严格的门槛，同时还需明确中证登、区域性股权市场和结算会员各自的职责分工和权限。第二，要制定合理合法的业务运作规则。当前各区域性股权市场的登记结算规则不一致，中国证券登记结算公司需制定统一的业务规则，规范业务程序。第三，区域性股权市场数量众多，要建设高效的交易结算系统，充分保证登记、交易和结算一体化。区域性股权交易市场有 30 多家，集中交易结算系统的建设需要高度重视，保证系统能够高效地满足投资者的需求。

实现区域性股权市场统一登记结算，对于推动市场发展具有重要的意义，因各区域性股权市场业务模式不统一等现状，要一步到位实现统一登记结算有一定难度，但只要稳步推进，相信就能够顺利实现，从而推动市场的繁荣发展。

七、结论与政策建议

为更好地服务中小企业，解决中小企业融资难问题，并加快构建我国多层次资本市场，本文从资源配置、价值发现、登记结算的市场功能角度对我国区域性股权市场进行了深入研究。对区域性股权市场功能发挥的基础性研究工作主要包括以下几点：

首先，对美国、英国的场外股权市场制度进行了分析和总结。从挂牌制度来看，除美国场外市场集团内的部分层次有较低的门槛之外，其他场外市场挂牌规定更多的是资格要求、信息披露和做市商要求，不设最低准入门槛；从融资制度来看，场外市场均没有限制对挂牌公司的融资方式，挂牌公司融资方式的选择主要依靠法律及监管机构的法规进行约束；从转让制度来看，交易转让方式基本都采取做市商制度；从登记制度来看，境外场外市场股权转让基本上都是由统一的中央托管机构集中登记托管，由中央对手方集中结算；从交易所的支持措施方面来看，从属于交易所的场外市场能够得到转板机制等支持。

其次，对我国区域性股权市场的挂牌、融资、转让、登记制度及交易所支持措施的现状以及区域场外市场存在的问题进行了研究。在挂牌制度方面，部分区域股权市场还没有完善的挂牌业务制度；在融资制度方面，区域股权市场挂牌公司的融资方式单一，部分市场融资能力较差；在转让制度方面，多数区域股权市场不能采取做市商、集合竞价等交易方式；在登记制度方面，区域股权市场挂牌公司的股权基本由各市场负责托管和登记；在交易所的支持措施方面，包括对部分场外市场在管理、人员等方面的支持，有待于设置市场间的转板制度。

为增强我国区域性股权市场服务中小企业的功能，完善多层次资本市场建设，在借鉴境外场外市场发展经验的基础上，针对我国区域场外市场现状及问题，本文对区域性股权市场功能拓展提出的政策如下建议：

第一，区域性股权市场资源配置功能的拓展不仅要关注市场个体，更要对市场整体进行合理规划。市场整体层面要鼓励竞争与合作，创造公平的市场环境，同时可积极推动市场间的对接转板机制。市场个体层面要重视信息披露监管，探索创新融资方式和产品，充分利用互联网和电子化手段，真正降低中小企业融资成本，帮助优质中小企业发掘自身优势，促进投融资双方的信息沟通，提高资源配置效率。

第二，区域性股权市场价值发现功能的提升应从交易制度、挂牌企业服务和提高技术手段等方面加以改进。一是区域股权市场的交易方式、交易资金回转天数和股东人数等制度规定较严，可尝试在市场平稳运营且风险可控的前提下对限制性规定做出适当调整，从而实现股权价值；二是区域股权市场应注重挂牌企业后续服务，积极推动投融资双方的交流，帮助投资者发现业绩突出、有成长潜力和投资价值的企业；三是区域性股权市场需充分利用互联网和电子化手段，搭建更高效的平台。

第三，区域性股权市场应建立统一集中的股权登记结算体系。区域性股权市场统一登记结算，有助于保证股权流转交易的有序、合法和安全。具体实施路径建议抓住市场发展初期的时机，确定登记结算机构，制定时间计划表，稳步推进工作。此外，登记托管标准要向国际标准靠拢，建设标准化和系统化的业务运行机制。

区域性股权市场与小贷公司合作研究

内蒙古股权交易中心股份有限公司*

一、区域性股权市场与小贷公司合作的基本理论概述

（一）区域性股权市场

区域性股权市场是为市场所在地省级行政区域内的企业特别是中小微企业提供股权、债权转让和融资服务的私募市场，是由省级人民政府批准设立，受省级人民政府或省一级金融服务（工作）办公室监管，同时中国证监会及其派出机构依据《国务院关于清理整顿各类交易场所切实防范金融风险的决定》（国发［2011］38 号）、《国务院办公厅关于清理整顿各类交易场所的实施意见》（国办发［2012］37 号）及相关配套政策为区域性市场提供业务指导和服务。

区域性股权市场同全国中小企业股份转让系统、证券公司柜台市场共同形成我国场外股权市场，它是我国多层次资本市场的重要组成部分，对于促进中小微企业规范发展、科技创新、汇聚和激活民间资本、补充资本市场发展的薄弱环节有着积极的促进作用。

（二）小额贷款公司（简称“小贷公司”）

中国银行业监督管理委员会、中国人民银行 2008 年 5 月 4 日公布的银监发［2008］23 号文《关于小额贷款公司试点的指导意见》（以下简称《指导意见》）定义小贷公司是由自然人、企业法人或者其他社会组织投资设立，不吸收公众存款，经营小额贷款业务的有限责任公司或股份有限公司。

我国小贷公司起步较晚，但发展增速较快。2005 年底中国人民银行以山西省平遥县作为首批试点，在全国率先成立“晋源泰”、“日升隆”两家小贷公司并尝试依靠民间资金为

---

* 小组成员：郑光华，徐展扬，申秀文，乌兰，马慧杰，王嘉伯，侯默，张羽，娜敏。原载于《中国证券》2015 年第 10 期。

依托，为农户提供小额贷款，促进农村经济发展。2006年，又在山西、四川、陕西、贵州4省及内蒙古自治区开展小额贷款组织的试点。

根据央行网站公布的2015年第1季度小贷公司统计数据报告，截至2015年3月末，全国共有小贷公司8 922家，实收资本8 392.05亿元，贷款余额达9 453.7亿元，第1季度新增人民币贷款22亿元。

从地区情况来看，江苏省有633家小贷公司，是全国小贷公司数量最多的地区，其实收资本和贷款余额和分别为928.28亿元、1 125.00亿元，两项数据均为全国第一。

截至2015年3月末，全国有113 118人从事小额贷款行业，其中从业人数最多的是广东省，达9 767人。

（三）区域性股权市场与小贷公司的合作

目前区域性股权市场主要由以下几个部分构成：挂牌企业（或托管企业）、服务机构和投资者。

挂牌企业按照目前全国各区域性股权市场的发展情况，多分为展示类和融资交易类挂牌。其中展示类挂牌主要是为企业提供宣传展示；融资交易类挂牌按照各区域性股权市场发展方向不同，提供的服务也有所不同，主要是为企业提供股权、债权及其他权益类融资类服务。

中小微企业在区域性股权市场挂牌通常要通过特定市场主体为其展示、融资提供多样化服务。各区域性股权市场对这些市场主体实施会员制管理和分类准入原则，各区域性股权市场之间对这些市场主体虽然称呼不尽相同，但是按照工作性质和内容区分，主要分为以下三大类：推荐机构、中介服务机构、其他类型的机构。

推荐机构一般是区域性股权市场的会员证券公司、VC、PE、商业银行、具备推荐挂牌资质的资产管理公司、股权基金管理公司等符合条件的机构，主要为企业在区域性股权市场的下列事宜提供一项或多项服务：推荐企业到区域性股权市场挂牌、帮助企业进行股份制改造、设计融资方案、股权定价、规范企业治理结构、监督企业进行信息披露等。

中介服务机构一般为会计师事务所、律师事务所、资产评估机构及评级机构等，主要负责为挂牌企业提供法律、财务方面的咨询以及审计报告、法律意见书、资产评估、资信评级等服务。

其他类型的机构主要是指各大银行、担保公司、保险公司、投资机构、咨询公司等机构，主要负责为区域性股权市场提供三方存管业务、增信服务、股权、债权投资、业务咨询、企业培训等推荐挂牌和中介服务之外的其他服务。

投资者作为区域性股权市场的重要组成部分，可以认购挂牌企业发行的私募债券、权益类产品等固定收益类产品，同时投资者也可以购买在区域性股权市场上进行股权交易的挂牌企业的股权。区域性股权市场的投资者主要分为自然人投资者和机构投资者两类，其中自然人投资者主要是符合区域性股权市场条件的具备一定风险识别能力和风险承受能力的自然人；机构投资者主要是指符合区域性股权市场条件的，能够进行投资的法人机构或金融机构等。区域性股权市场的投资者主要以机构投资者，特别是具备专业投资能力和雄厚资金的金融机构投资者为主，如银行、信托、资产管理公司、基金管理公司等。

由于小贷公司的特殊性，即小贷公司从定义上来说属于企业法人，从营业范围来说小贷公司经营的是金融业务（只贷不存的货币业务），因此在区域性股权市场和小贷公司的合作上，小贷公司既可以在区域性股权市场上挂牌，也可以充当区域性股权市场的市场主体，为其他企业提供服务。此外，小贷公司也可以其自有资金进行投资。小贷公司的特殊地位决定了小贷公司可以在区域性股权市场上充当多重角色，同时二者也有很多的合作空间。

目前，我国区域性股权市场和小贷公司也有较多成功的合作案例，截至 2015 年 7 月 17 日，我国区域性股权市场和小贷公司主要进行了下述合作（见表 1）。鉴于区域性股权市场机构对投资者的注册资本、自有资金有限制，对其企业性质限制较少，小贷公司基本上可以成为大多数区域性股权市场的投资者，表 1 所述合作不包括小贷公司充当投资者角色时同区域性股权市场的合作。

表 1　区域性股权市场与小贷公司合作一览表

所属区域	所属省份	股权交易中心名称	小贷公司角色	产品/案例
华东地区	上海市	上海股权托管交易中心	融资者	为小贷公司提供股权转让和受让平台
	浙江省	浙江股权交易中心	融资者	小贷公司定向债
	山东省	青岛蓝海股权交易中心	推荐机构会员	推荐挂牌
		齐鲁股权托管交易中心	融资者	小贷债、小贷资产收益权
	江苏省	江苏股权交易中心	融资者	私募金融产品，包括私募债券、权益类产品和其他创新金融产品等
	江西省	江西股权交易所	无	无
	安徽省	安徽省股权托管交易中心	融资者、战略会员	1. 小贷债；2. 从事股权报价、资金存管、债券及金融产品承销、投资咨询、自营投资及代理买卖等业务
	福建省	厦门两岸股权交易中心	融资者	小贷产品融资方案制订，产品的登记、托管、结算
		海峡股权交易中心	增信机构	海峡小微贷
华南地区	广东省	广州股权交易中心	无	无
		前海股权交易中心	融资者	小贷公司融资平台：小额贷款同业拆借、短期融资凭证、收益权凭证
		广东金融高新区股权交易中心	融资者、推荐会员	1. 小贷收益权、小贷债；2. 推荐公司挂牌、股权定向增资、私募债承销、投资咨询以及其他可以依法开展的业务
	广西壮族自治区	广西北部湾股权交易所	推荐会员	推荐挂牌、定向增资、股份报价、代理买卖、私募债券承销、投资咨询等业务
	海南省	海南股权交易中心	无	无
华中地区	湖北省	武汉股权托管交易中心	融资者、推荐机构	小贷债
	湖南省	湖南股权交易所	无	无
	河南省	河南省股权交易中心	暂无	暂无

续表

所属区域	所属省份	股权交易中心名称	小贷公司角色	产品/案例
华北地区	北京市	北京股权交易中心	推荐机构	推荐挂牌公司
	天津市	天津股权交易所	融资者	小贷债
	河北省	石家庄股权交易所	融资者	小贷债
	山西省	山西股权交易中心	融资者	小贷债、小贷收益权
	内蒙古自治区	内蒙古股权交易中心	展示、融资者、会员	1. 企业挂牌；2. 小贷债、小贷收益权；3. 战略合作会员
西南地区	重庆市	重庆股份转让中心	融资者	小贷债
	四川省+西藏自治区	成都（川藏）股权交易中心	无	无
	贵州省	贵州股权交易中心	融资者	小贷收益权
西北地区	陕西省	陕西股权交易中心	融资者	小贷收益权
	青海省	青海股权交易中心	推荐机构会员	可参与股权、债权、其他金融产品的挂牌、发行、转让、登记托管等业务
	甘肃省	甘肃股权交易中心	机构投资商会员	参与推荐企业挂牌、投资咨询、自营投资业务
	新疆维吾尔自治区	新疆股权交易中心	融资者	小贷资产收益权质押融资
东北地区	辽宁省	辽宁股权交易中心	融资者	小贷债
	吉林省	吉林股权交易所	无	无

二、区域性股权市场同小贷公司开展业务合作的运作模式

（一）小贷公司在区域性股权市场挂牌模式

《指导意见》明确提出：单一自然人、企业法人、其他社会组织及其关联方持有的股份，不得超过小贷公司注册资本总额的10%。

目前大多数小贷公司由省级人民政府金融工作办公室（以下简称“金融办”）批准设立并监管，部分地区也有由省中小企业管理局或省经贸委批准设立并监管的情况。小贷公司具体的监管政策，通常由其所在区域的省一级监管部门出台（部分地区在省级监管部门的监管政策之外还会进一步出台地方的管理细则）。目前，各地区对于小贷公司在增资扩股、融资等方面均有严格限制。表2列举了全国部分地区小贷公司监管政策的限制性条款。

表2　与区域性股权市场相关的针对小贷公司的限制性政策（部分省份）

省市	监管部门	股权/份转让	股东	融资渠道（除传统渠道）	增资扩股	其他
安徽省	金融办	有	有	有	有	无
广东省	金融办	有	有	有	有	无
江苏省	金融办	有	有	有	有	无

续表

省市	监管部门	股权/份转让	股东	融资渠道（除传统渠道）	增资扩股	其他
江西省	金融办	有	有	有	—	禁止担保
贵州省	中小企业局	有	有	有	有	无
广州市	金融办	有	有	有	有	禁止担保
福建省	经发局	有	有	有	有	无
山东省	金融办	有	有	有	有	无
河南省	中小企业局	有	有	有	有	禁止担保
上海市	金融办	有	有	—	有	无
成都市	金融办	—	有	—	—	无
厦门市	经发局	有	有	有	有	无

注：表格中填写“有”代表相关文件认同该种做法，但是有不同的条件限制。表格中“—”代表相关文件并未明确提到。

数据显示，小贷公司在多方面受到监管机构的严格监管和限制。小贷公司的自然人发起人基本会被要求提供资产及其合法性证明、中国人民银行出具的个人信用报告等；对企业法人也有净资产、资产负债率及利润等财务指标的要求。

在小贷公司增资扩股方面，各个省市规定也有所不同，有些省份并没有明确提出小贷公司是否可以增资扩股，对于如何操作、如何监管审批等也没有相关的规定。但是，大部分省市还是在有条件限制的前提下允许小贷公司增资扩股，要求“小贷公司开业后（部分省市有年限，如江苏省），经营合规、业绩优良、风险控制较好的，可申请增资扩股，具体按省政府金融办的相关规定办理”①。小贷公司可以进行私募股权融资，但相比普通的企业，小贷公司在增资扩股方面受到一定的限制。

相关监管部门下发的监管文件对小贷公司的股权转让、质押方面作出了明确的时间限制，在一定期限内（根据各地规定不同，多在1—3 年之间），股东手中所持的股权不可以转让质押，如“主要发起人股权 3 年内不得转让、质押，其他股东 1 年内不得转让、质押”②。

在小贷公司融资方式方面，除了传统的“股东缴纳资本金”、“捐赠资金”等方式以外，还有以银行为代表的金融机构融入资金等方式，但大多数融资渠道及额度受“从不超过 2 个银行业金融机构融入的资金，余额不得超过公司资本净额的 50%”规定的限制③。

因此，小贷公司在区域性股权市场上挂牌，多受各地的政策影响。小贷公司可以在区域性股权市场上进行展示性挂牌和登记托管，但如果要进行融资交易性挂牌，特别是进行股权融资，在全国大部分区域需取得当地监管部门的批复后方可进行。而小贷公司想要通过区域性股权市场进行股权的交易转让，相对普通企业在程序和行政审批方面更为复杂，需要区域性股权市场在方针政策上做出一定方案设计，同时，亟待国家及地方政府出台一系列的相关政策。

① 安徽省《关于进一步推进全省小额贷款公司规范发展的意见》，皖政办［2011］75 号。

② 《上海市小额贷款公司办理管理办法》，沪府办发［2008］39 号。

③ 《江苏省小额贷款公司管理办法（试行）》。

（二）小贷公司在区域性股权市场进行投融资的模式

《指导意见》中关于小贷公司的投融资有下述规定：小贷公司的主要资金来源为股东缴纳的资本金、捐赠资金，以及来自不超过两个银行业金融机构的融入资金。在法律、法规规定的范围内，小贷公司从银行业金融机构获得融入资金的余额，不得超过资本净额的50%。融入资金的利率、期限由小贷公司与相应银行业金融机构自主协商确定，利率以同期“上海银行间同业拆放利率”为基准加点确定。

此外，小贷公司虽然不能够吸纳社会资金，但是《指导意见》包括各地的监管政策中并未限制小贷公司利用自有资金进行投资。因此，小贷公司可以通过区域性股权市场进行投融资活动。

目前，小贷公司主要是通过债权或收益权的方式在区域性股权市场上融资，如小额贷款公司私募债券（简称“小贷债”）、小贷收益权产品等。依据各地小贷公司的监管部门规定，小贷公司拟发行私募债券通常需要通过当地监管部门的审批，对小贷公司发行融资产品在资质审查方面有一定的限制。

区域性股权市场上另一主要融资方式——股权融资，在小贷公司方面应用不多，主要是因为监管部门对小贷公司的股东人数、股权变更等方面有着非常严格的规定。但是从小贷公司在区域性股权市场上日渐发展活跃的情况来看，未来区域性股权市场如何为小贷公司提供股权方面的服务也将会受到重视，可以预见，这将是未来区域性股权市场为小贷公司提供的又一重要服务。

另外，区域性股权市场也在不断开发其他的小贷公司融资新产品，如为小贷公司提供同业拆借平台等。

（三）小贷公司成为区域性股权市场会员的模式

小贷公司从事的贷款业务涉及大量深入企业调查的工作，特别在“三农”、“三牧”和中小微企业的区域性服务方面，有着传统金融机构所不具备的优势。我国的小贷公司数量多、分布广、覆盖全面，在中小微企业发掘和维护方面有着天然的优势。因此，小贷公司很适合作为区域性股权市场的合作会员。

小贷公司能够协助区域性股权市场发掘和推荐优质的中小微企业，同时小贷公司作为一个发放贷款的机构也具备充足的条件能够对所推荐的企业进行尽职调查。从这点来看，小贷公司完全具备区域性股权市场推荐机构的职能。

国内部分地区发挥了小贷公司的优势，让小贷公司作为增信机构，通过为一些企业提供推荐、增信、监督等服务，帮助企业在区域性股权市场上融资。

与此同时，一些发展较好的小贷公司自身也积累了很多企业、行业以及区域的资源和信息，构建了具备财务、法律、金融等多种人才汇聚的专业团队，这些小贷公司能够发挥自身的优势，或为区域性股权市场提供信息数据方面的支持，或协助区域性股权市场为市场上的企业提供咨询、建议、培训等服务，可在区域性股权市场上充当多种角色。

三、区域股权市场和小贷公司合作具体操作方式

（一）现有小贷公司与区域性股权市场的合作模式

1. 小贷公司在区域性股权市场挂牌。目前，小贷公司在区域性股权市场挂牌主要为展示性和融资性挂牌，以进行股权交易为目的的挂牌的小贷公司较少，这主要是受现行监管制度限制。

小贷公司在区域性股权市场进行展示性挂牌主要是为了对其自身进行宣传，通过在区域性股权市场进行企业品牌、企业文化和企业产品的宣传扩大企业知名度，增加企业的业务量。

由于小贷公司主要的资金来源仅是企业资本金和原有股东增资扩股，其本身不具备吸纳资金的功能，同时小贷公司作为轻资产型的企业，又经营贷款业务，小贷公司从银行等金融机构融资不仅成本高，而且融资困难。传统的融资方式已经无法解决小贷公司融资难的问题，因此，小贷公司转而通过在区域性股权市场进行融资性挂牌，寻求传统融资渠道之外的出路。

2. 小贷公司在区域性股权市场发行私募债券。小额贷款公司私募债券（简称“小贷债”），是指在中国境内依法注册的小额贷款公司在中国境内以非公开方式发行和转让，约定在一定期限还本付息的公司债券。纵观区域性股权市场所发行的小贷债，在发行流程和发行方式上与传统的私募债券差别并不大，然而绝大部分区域性股权市场都将小贷债从私募债券中分离出来，作为一种特殊的产品进行发行，主要原因是：首先，小贷公司在小贷债发行时，通常需要有关监管部门出具针对小贷公司发行私募债券的核准文件；其次，区域性股权市场在小贷债备案发行过程中，除了审核小贷公司自身的发债能力外，通常还会引入监管部门对小贷公司的评级标准作为准入条件之一，其目的主要是为了增强小贷债发行的风控保障和配合有关监管部门对小贷公司的监管；再次，与普通私募债券相比，小贷债增信措施和风控方面更为严格，原因主要是小贷公司属轻资产、高风险的行业，客观上需要区域性股权市场在小贷债备案审核环节中更加细致审慎，需要设计多重的方案来预防风险的发生。

3. 小贷公司在区域性股权市场发行小贷收益权产品。目前小贷公司在区域性股权市场上发行的融资产品以小贷债与小贷收益权产品为主。其中，小贷收益权产品在前海、新疆、内蒙古等几个区域性股权市场展开了应用（见表 3）。

表 3　小贷收益权转让及小贷收益权质押对比

<table>
<tr><th>产品名称</th><th>股权交易中心名称</th><th>定义</th><th>特点</th></tr>
<tr><td rowspan="3">小贷收益权质押融资</td><td>新疆股权交易中心</td><td rowspan="3">依法设立的小贷公司以其优质的信贷资产为支持，用其贷款收益权进行质押，向特定投资人发行的一种债券类融资产品</td><td rowspan="3">1. 小贷公司使用优良的贷款资产包进行质押融资，增强小贷公司资金流动性
2. 合法有效放大小贷公司财务杠杆率，提高自有资金的使用效率
3. 私募行为，非公开转让产品，认购对象不超过 200 人</td></tr>
<tr><td>内蒙古股权交易中心</td></tr>
<tr><td>贵州股权金融资产交易中心</td></tr>
</table>

续表

<table>
<tr><th>产品名称</th><th>股权交易中心名称</th><th>定义</th><th>特点</th></tr>
<tr><td rowspan="2">小贷收益权转让</td><td>前海股权交易中心</td><td>对小贷公司的债权资产进行资产证券化处理，未来产生的现金流进行打包转让</td><td>优先选择国有、上市公司股东背景的小贷公司发行并提供强增信措施的固定收益类产品</td></tr>
<tr><td>陕西股权交易中心
广东金融高新区股权交易中心</td><td>依法设立的小贷公司以其债权资产进行资产证券化处理，将未来现金流作为支持，打包转让其贷款收益权，向特定投资人发行的一种融资产品</td><td>1. 发行人具有一定的经营规模、健全的公司治理结构、完善的信贷管理制度、较强的风险控制能力和良好的经营业绩、近一年内无重大违法违规行为的小贷公司
2. 上年信贷资产的资本回报率不低于15%或不低于拟发行小贷收益权产品的综合成本</td></tr>
<tr><td rowspan="2">上述两者比较</td><td colspan="2">相同点</td><td>不同点</td></tr>
<tr><td colspan="2">1. 发行标的物相同，都是以小贷公司未来现金流进行产品打包
2. 募集资金用途是一致的，都是服务中小微企业、“三农”“三牧”及个体工商户
3. 购买者都是参与区域性股权市场的合格投资人</td><td>1. 参与方不同：小贷收益权质押融资需要找一个承销机构进行承销，小贷收益权转让需要专门设立一个项目公司（SPV）
2. 标的物的处理方式不同：小贷收益权质押融资是把资产收益权质押在增信机构，小贷收益权转让是把资产收益权打包成资产管理计划，进行转让</td></tr>
</table>

小贷收益权产品是基于小贷公司现行的优质资产包和未来收益权而形成的债权类融资产品，其增信和风控的设计更为灵活，是一种非常适合小贷公司的融资方式。

4. 小贷公司在区域性股权市场进行私募股权融资。小贷公司私募股权融资是指小贷公司向社会发行股权或股份、新股东投资入股或原股东增加投资扩大股权，从而增加企业的资本金。

小贷公司私募股权融资有如下几个特点：

（1）私募股权融资是利用股权所筹集的资金，属于自有资本。与债权融资相比，一方面，它能够提高企业的借贷能力，对扩大企业的生产规模、壮大企业实力具有重要作用；另一方面，股权融资没有还本付息的风险，除破产情形外，资本始终存在于公司。

（2）增加企业的信誉度。私募股权融资能够优化企业的资产结构，降低资产负债率，有利于提高公司的信誉度，为企业进行债权融资奠定基础，提供强有力的支持。

（3）通过私募股权融资融入的“资金”既可以是现金，也可以是实物、场地使用权、设备、专利技术、商标权等作价入股。往往会比单纯的筹集现金更能使企业获得需要的先进技术、设备和管理，尽快形成生产经营能力，提高技术开发能力和管理水平，对企业的后续影响更大。

（4）私募股权融资的成本相对较高，无论是战略投资者还是财务投资者，最终是要分享企业收益的，原股东的利益会受到影响，同时，原股东对公司的控制力也随之下降。

5. 小贷公司在区域性股权市场进行股权质押融资。小贷公司股权质押是指小贷公司以其所拥有的股权作为质押标的物而设立的质押。

小贷公司在区域性股权市场进行股权质押融资，一方面能够盘活出质人的限售股或闲置股票，另一方面较实物资产抵、质押融资来说成本较低，期限灵活，是一种能够在区域性股权市场上迅速筹集资金的融资方式。但与传统的实物资产抵、质押融资方式来说，因股权价值难以判断、股权难以变现等问题，目前进行股权质押融资的小贷公司较少，成功率也较低。

6. 小贷公司在区域性股权市场充当推荐机构。小贷公司经营放贷业务，对企业的了解较为深入，在尽职调查和企业风险把控方面有着先天的优势。因此，小贷公司在其了解和熟悉的区域内，针对其服务的企业，能够很好地充当推荐机构的角色。

（二）小贷公司与区域性股权市场创新性合作模式

1. 小贷公司在区域性股权市场充当增信机构。我国中小微企业不仅面临着融资难，而且也面临着增信难的困境。从中小微企业的角度看，中小微企业受限于规模和生产形势，在起步初期，经营风险大，信用程度低，财务、内控普遍不足，中小企业能够提供的有效抵、质押物较少。此外，中小微企业普遍存在着诚信意识缺乏、道德风险较大的问题，因此，中小微企业很难获得信用贷款或股权质押贷款。

从以银行贷款为首的传统融资渠道的角度来看，贷款程序繁琐，限制及条件也十分苛刻，放贷方式也相对比较固化。当中小微企业“前期投入高、回报期长”或“融资频率高、资金需求急、融资金额少”时，银行放贷审批权限长，无法匹配中小微企业的资金需求。

从现有的增信机构的角度来看，中小微企业很难找到愿意为它作担保的上下游企业，效益好的大型企业不愿意为中小微企业作担保，企业效益一般的却又很难通过金融机构对担保方的准入门槛。小型的担保机构由于自身原因很难得到金融机构的认可，大型的担保机构通常对企业门槛要求偏高，还有一些保险公司、资产管理公司等可以做增信的金融机构很少为中小微企业提供担保增信产品。

面对上述中小微企业在增信方面遇到的难题，很多省市都在积极尝试各种办法解决。其中以小贷公司作为机构并在区域性股权市场开展担保增信业务成为具有代表性的新亮点。

（1）小贷公司作为增信机构的优势。在印度，小贷公司被允许可以通过银行贷款及私募渠道解决资金不足的问题，印度的小贷公司有充足的资金来源开展贷款业务。但是，我国的小贷公司资金来源渠道相对较窄，资金相对不足，而且“只贷不存”的规定加剧了小贷公司的资金不足，难以满足市场上众多有融资需求的中小微企业。

小贷公司对中小微企业提供的抵、质押物要求相对较低，加上小贷公司单笔放贷审核流程简单，可以及时匹配中小微企业需要资金的“黄金时期”等优点更适合成为服务中小微企业的增信机构。

为优质的中小微企业提供担保增信，既能够较少占用小贷公司的自有资金，又能够利用小贷公司的特点为中小微企业提供服务，有其实施的意义。

（2）小贷公司在区域性股权市场充当增信机构的模式。

方式一：由区域性股权市场为小贷公司推荐某一类债权项目，小贷公司为其担保增信。

在此种方式下，小贷公司的职能比较单一，所起到的作用与一般担保公司的作用无异，即小贷公司充当担保机构的角色，利用小贷公司的自有资金和自有资产为区域性股权市场某一类债权产品（主要是私募债券）提供担保增信。在运作过程中，要对企业进行充分的尽职调查，设定反担保措施，为企业在区域性股权市场发行的债权类产品提供增信，不承担对企业融资项目的债后跟踪、信息披露等工作。

方式二：小贷公司向区域性股权市场推荐项目，并为所推荐项目提供担保增信。

在这种方式中，对小贷公司的角色定位不拘泥于增信机构这一种，小贷公司也承担了部分承销机构的职责，包括督导发行人披露信息。督促发债企业按时兑付私募债券本息或履行约定的支付义务及贷后跟踪等，这使小贷公司更多地参与到整个产品的发行流程中来。

区域性股权市场通过让小贷公司来筛选融资项目和对项目进行担保，将融资项目调查和风险防控的任务交给小贷公司，节省了筛选项目的时间和对融资企业进行调查的成本，方便对借款人的管理和信息披露上的督促，将借款逾期、坏账等风险降到最低。将小贷公司尽职调查和贷后跟踪的优势同区域性股权市场信息披露的特点相结合，通过小贷公司调查并及时向区域性股权市场反馈企业及融资项目信息的方式，实现融资项目的及时性和透明性。同时，利用区域性股权市场通过合作银行作为资金存管银行，资金经由合作银行托管、划转，保证资金的安全性和可靠性，规避了非法集资、非法吸储的风险（见表4）。

表4　　基本操作方案构想

基本操作方案构想
小贷公司发掘优质拟融资客户，并向区域性股权市场推荐
↓
拟融资企业向区域性股权市场申报融资需求并与区域性股权市场签署“融资服务协议”
↓
双方协商本次融资的金额、期限和可承受融资成本
↓
区域性股权市场对拟融资企业融资需求进行完备性审核
↓
为拟融资企业进行分类并推荐至所处区域符合相应条件的一家或数家小贷公司
↓
小贷公司根据区域性股权市场报送的融资需求和企业条件进行筛选决定是否受理拟融资企业申请
↓
同意受理的小贷公司对企业进行贷前调查后同企业签署融资合同并落实抵押物手续
↓
小贷公司同区域性股权市场签署相应的承诺函
↓
区域性股权市场将企业融资项目、小贷公司基本情况以及小贷公司承诺函向合格投资者发布

在基本操作构想中，可以分为两种情况：一种是小贷公司作为推荐机构、增信机构和贷后督导，全程参与到产品中来；另一种是由区域股权交易市场上挂牌并有融资需求的企业，通过中心的会员通道与小贷公司进行匹配（单纯推荐企业，没有后续合作的模式，和推荐机构无异）。

第一种情况，对小贷公司的要求比较高，要求小贷公司自身具有发掘优质企业的能力，并拥有后续为这个企业做担保增信的能力。

第二种情况，小贷公司免去了发掘企业的步骤，更多地从区域股权交易市场上获取资源。

无论哪种情况，都要求小贷公司所属省市监管部门同意小贷公司经营对外担保业务。但是，目前很多省份的小贷公司管理细则中明确禁止对外担保或是没有提到，只有以江苏省为代表的少数省份通过了这项业务。

（3）小贷公司在区域性股权市场充当增信机构的风险防范。

①小贷公司的筛选条件与小贷公司优质融资项目的输送。

第一，小贷公司的筛选条件——小贷公司监管机制的健全。当选择小贷公司作为增信机构时，首先要考虑的就是小贷公司的自身实力能否承担增信机构的责任。通过对小贷公司准入的高门槛筛选，达到即使企业债务到期出现还款风险时，小贷公司可以不出现失信风险，承担担保责任的目的。

小贷公司参与区域性股权市场的增信业务，需要有关监管部门和其他职能部门的参与和支持。如省区一级小贷公司监管部门针对小贷公司参与区域性股权市场增信业务出台相应的管理办法，对参与区域性股权市场业务的小贷公司准入条件、参与业务范围、年度审核等内容作出规定。政府也应就小贷公司参与区域性股权市场增信业务从政府角度给予批复。同时，中国人民银行所在地分行应对小贷公司参与该项业务的可行性进行实地调研，并出具可行性报告。通过政府、监管部门、银行等职能机构，确定小贷公司参与区域性股权市场的风险在行政方面安全可控，建立健全小贷公司的监管评级制度。以开鑫贷为例，开鑫贷作为互联网投融资平台，与江苏省80余家小贷公司建立了合作机制，而“获得江苏省金融办小贷公司监管评级在A级及其以上”就是这些小贷公司入围的一个重要条件。

但是，在没有建立健全小贷公司监管评级机制的地区，小贷公司资质良莠不齐，通过区域股权交易市场难以判定小贷公司的增信实力。

区域性股权市场对小贷公司的筛选。一方面区域性股权市场应当根据当地经济政策及小贷公司自身的资质、参与市场业务的意愿进行筛选。按照小贷公司所属区域的经济情况和企业发展情况，建立小贷公司区域性股权市场参与基本准入条件和各项业务的准入条件和额度限制。

小贷公司以会员身份参与区域股权交易市场中的业务，需要成为市场上的会员机构，并与市场签订合作协议，就所参与的业务提供相应的承诺等，同时也要对小贷公司的参与业务品种、提供增信额度、提供增信的比例和业务终止条件等作出限制和约定。

区域性股权市场可以建立小贷公司的诚信数据库，根据小贷公司的各项数据和指标为小贷公司建立诚信档案，如小贷公司是否合法成立、规范运营，其注册资本、实缴资本、在保余额、代偿率是否在同业中保持相对较高水平等，公司是否拥有完整的股东名册（要有持有一定份额股东的个人征信证明）、出资额度、验资证明及股权结构，健全的组织架构、风险控制和管理制度等。在小贷公司经营情况恶化时，根据诚信档案评级采取降低小贷公司担保余额、提高风险保证金比例或取消准入资格的措施（见表5）。

第二，优质融资项目的输送——小贷公司自身对企业的把握能力。

小贷公司对项目的筛选能力主要受内部因素与外部因素的影响。

从内部因素来看，由小贷公司作为项目的输送方或担保方要求小贷公司内部有严格的内控手段。首先，从小贷公司的人员方面来看，整体团队的学历、从业经历方面都要有明确的要求。有了良好的团队基础，才能为小贷公司的发展减少操作风险、道德风险，以更专业的

表 5　小贷公司参与区域性股权市场增信业务审批流程

省区一级小贷公司监管部门就小贷公司参与区域性股权市场增信业务出台相应管理办法
↓
具备初步准入条件的小贷公司向区域性股权市场申请参与业务
↓
区域性股权市场对拟参与业务的小贷公司进行初步评定
↓
区域性股权市场向监管部门申报通过中心评定的小贷公司，进行备案
↓
监管部门通过备案后，区域性股权市场对小贷公司进行实地考察
↓
实地考察后对小贷公司可参与产品及额度进行确定
↓
小贷公司成为准入增信机构，在区域性股权市场开展规定范围内增信业务

角度去处理企业的尽职调查报告及贷后的各项跟踪。

从外部角度来看，小贷公司经营的区域较为固定，不可以跨区域经营业务，间接就会造成一些地区差异、行业差异、贫富差异。因条件的限制，想要发掘好的企业，对于一些区域的小贷公司来说较为困难。在某些区域特色经济较为明显的地区，一旦特色经济受到外部大环境打击，区域性的经济危机明显，小贷公司会随之出现问题。因此，小贷公司参与区域性股权市场增信业务，一方面，需要考核小贷公司自身的业务水平；另一方面，也要衡量当地的区域情况，在经济相对落后的地区，对小贷公司的准入要求也要相应提高。

②小贷公司的担保金额监管及作为增信机构失信的贷前防范措施。

首先，防范小贷公司失信的措施除了准入门槛的设置及监管部门的监管以外，对外担保额度也是一项重要指标。小贷公司不能没有限制地为中小微企业提供担保，应就其对外担保金额有所要求，严格控制每家小贷公司的担保责任余额，进一步控制潜在的信贷风险。

其次，小贷公司在区域性股权市场上作为准入的征信机构应该引入风险保障金制度。具体操作方法为贷款人将应该付给小贷公司的担保费用和应付给区域性股权市场的备案费用统一存入市场认可的三方存管银行。区域性股权市场会委托第三方存管银行从每个项目的担保费用和备案费用中各冻结一定比例的资金（通常为收费的5%—10%）作为风险保障金，并建立相应的风险保障金专户，由第三方存管银行统一监管。小贷公司提取风险保障金总额为在区域性股权市场担保总额的5%—10%，提取到相应比例不再抽取，区域性股权市场则持续性提取，不设上限。风险保障金用于小贷公司担保失信后的风险应急措施，当小贷公司不再从事区域性股权市场的增信业务时，根据小贷公司是否存在担保失信情况，可退还未代偿的风险保障金额度。

风险保障金和资金必须通过市场上认可的合作银行开设的三方存管账户进行冻结、募集和划转，对企业资金的流向进行跟踪和监督，切实防范资金安全，避免非法集资的风险，也对小贷公司失信做出防范。

之后，小贷公司还应当依照市场的流动性原则要求来建立完善的小贷公司年度审查制度等内部审查制度，以及对企业融资项目的还款方案进行设计等，保证还款的安全性。

③小贷公司在贷后环节的督导。小贷公司必须做好贷后跟踪的环节，其中要严格监督企业做好信息披露，信息披露不仅是服务于监管自身的需要，也是以投资者需求为导向，更是小贷公司贷后有效的监管手段。小贷公司在做贷后督导时应将资金使用情况等投资者关心的信息及时、准确、完整地进行披露，及时发现问题及潜在风险。

2. 小贷公司作为辅导机构为挂牌企业提供服务，同时参与区域性股权市场信息数据建设。为了更好地服务于挂牌企业，区域性股权市场应建立“信息数据库”，通过对中小微企业的信息搜集，以及对进入市场的挂牌企业进行分级，建立区域性股权市场诚信体系，帮助挂牌企业更好地发展。

而小贷公司作为放贷机构，服务的主体是中小微企业，中小微企业有着分布广、数量多、涉足各行各业、贴近民生等特点，因此小贷公司能够搜集到大量的企业信息。

综上所述，小贷公司有必要作为辅导机构为挂牌企业提供服务，同时参与区域性股权市场信息数据建设。

（1）小贷公司作为辅导机构为挂牌企业提供服务。

①必要性。

第一，区域性股权市场服务的目标群体与区域性股权市场机构资源有限性之间的矛盾。

区域性股权市场主要服务的群体是所在区域内的中小微企业，客观上来说要求区域性股权市场不能够对想要进入市场的企业设立太高门槛，参与区域性股权市场活动的企业数量相对庞大，而为区域性股权市场挂牌企业提供服务的机构数量却相对有限。

为了解决上述二者之间的矛盾，全国范围内大多数的区域性股权市场对服务的挂牌企业进行内部分层，将服务的挂牌企业按照展示、融资以及股权流动等特点进行区分。

同主板市场相似，在区域性股权市场进行股权交易转让的挂牌企业通常需要聘请一个服务机构（通常为证券公司、资产管理公司等金融机构）为其企业规范治理机构、完善内部体系、进行信息披露等内容提供督导服务，挂牌企业在享受机构为其提供的督导服务的同时，也要向机构支付高额的督导费用。挂牌企业受自身条件和机构费用的限制，在区域性股权市场进行展示和融资的同时大多没有固定的服务机构对其进行督导。

第二，迫于资金实力和挂牌企业自身条件限制的展示和融资类企业对完善自身治理结构和实现企业发展所提出的诉求。

相当数量的企业希望通过区域性股权市场来规范自身治理结构、实现自身不断发展。而企业资金实力和企业诉求之间的矛盾成为限制企业在区域性股权市场发展的瓶颈。

服务机构对挂牌企业的辅导是完善区域性股权市场挂牌企业建立诚信档案的重要方式。

由于服务对象的广泛性和小微性，客观要求区域性股权市场要为市场上的挂牌企业建立信息数据库和挂牌企业市场评级档案制度。而自身条件相对不佳的挂牌企业如果想要提升在区域性股权市场的评级，势必通过服务机构的督导，实现企业信用的提升。

②优势。小贷公司具备尽职调查的资质和对企业进行财务、法律等方面辅导的人员条件。

同证券公司、资产管理公司相比，小贷公司的规模较小，但是分布范围广、数量多，在大部分省市基本上每一个县级区域都有数家小贷公司。因此，小贷公司提供的辅导费用较为低廉，能够满足资金实力不雄厚的中小微企业的诉求。

小贷公司自身的特点决定了它虽然不是金融机构，但是具备金融机构的很多特点，优质的小贷公司也能够充当财务顾问、辅导机构等角色。

③操作方式。企业进入区域性股权市场挂牌（主要是融资性挂牌），区域性股权市场会根据企业的组织架构、治理结构、财务状况、贷款情况、资信情况等对企业进行市场评级，并通过评级情况对企业可参与的融资产品进行分类。评级较高的挂牌企业可参与股权、债权等多种融资产品，评级较低的挂牌企业则需要提升自身的评级后才可以参与相应的融资产品。提升评级的方式包括聘请小贷公司进行辅导、提供其他证明材料、引入增信机构或战略投资者及兼并重组等。

选择通过聘请小贷公司辅导提升自身评级的挂牌企业需要和区域性股权市场签署“推荐辅导协议”，并按照企业的需求从辅导机构清单中挑选相应的辅导机构对其进行服务。区域性股权市场需建立辅导机构的分类标准，按照小贷公司所处区域、服务行业、注册资本、净资产规模、服务内容、服务水平、基本情况等将小贷公司分级分类，同时小贷公司需向区域性股权市场提供其服务的内容和收费标准清单。

挂牌企业需和拟聘请的小贷公司签署“督导协议”，明确小贷公司的服务内容、服务期限、服务费用和双方的权利义务等内容。

小贷公司根据“督导协议”，通过完善挂牌企业的财务管理制度，加强挂牌企业信息披露的程度，完善挂牌企业内部管理制度，提升挂牌企业经营管理水平等方式，帮助企业提升在区域性股权市场的市场评级，并且通过为挂牌企业提供尽职调查、项目推荐、担保增信、充当财务顾问等方式，最终帮助挂牌企业实现融资。

在操作过程中，小贷公司及其推荐的挂牌企业在区域股权市场将会实现信用机制，信用好的小贷公司或挂牌企业可以凭借自身优势获得更长久的发展，得到区域股权市场的扶持政策，信用不良的小贷公司或是其推荐的挂牌企业将会被区域股权市场淘汰。

在对挂牌企业的辅导过程中，表现良好的挂牌企业可以得到辅导机构提供的担保增信，且通过不断提升自身评级，挂牌企业可以参与更多的融资品种。随着挂牌企业的评级提高，区域性股权市场也可以简化对其的审核手续，在企业发行融资产品时，准入机构也可以基于挂牌企业优良的资信评级，相应地减少费用，帮助企业快速融入资金。

④风险控制措施。区域性股权市场在引入小贷公司作为辅导机构时，应严格设定小贷公司的准入门槛，确保小贷公司作为辅导机构的安全性和可靠性。

区域性股权市场需对小贷公司作为辅导机构开展业务的区域、签订的协议、提供的服务和收费标准等进行严格审查，确保小贷公司作为辅导机构的合法合规性。

建立双向评级机制，定期对企业进行回访，跟踪小贷公司对企业辅导的情况。定期更新企业评级情况和小贷公司作为辅导机构的分类评级情况。

⑤意义。通过引入小贷公司作为辅导机构的方式，填补了区域性股权市场非股权交易转让的挂牌企业辅导机制的空白，提高了区域性股权市场企业评级制度的可操作性。

在区域性股权市场挂牌融资的企业多是有周期性融资需求的企业，大部分有良好的信用基础。通过进行点对点的服务，定期把服务挂牌企业情况反馈至区域性股权市场并进行信息披露，有利于投资者分析挂牌企业的发展状况，也有利于对挂牌企业未来融资的额度、期限的把控。

（2）小贷公司参与区域性股权市场信息数据建设。

①必要性。区域性股权市场作为一个扶持中小微企业发展的市场，同时服务着众多行业的企业，面对着大量的市场数据。为了更好地服务于中小微企业，客观上要求区域性股权市场搜集大量行业数据，并对这些行业数据进行储存和分析。

传统的数据研究主要来源于银行和专业的研究机构，其研究目标主要是规模以上的企业和龙头企业等，而区域性股权市场主要服务对象是中小微企业，因此客观上要求区域性股权市场建立自身的数据库。

小贷公司作为服务中小微企业、个体工商户、农户的微型类金融机构，一般来说，要比银行更深入地了解所属区域的企业，其在社会中处于不可或缺地位。

小贷公司在为区域性股权市场的挂牌企业提供监督辅导、担保增信、投资过程中，会对区域性股权市场的挂牌企业乃至这个企业所处区域的行业情况有所了解。

利用与区域性股权市场合作的小贷公司的数据资源来收集、分析信息，使区域性股权市场不用花高成本去获取小微企业的信息，而是作为参与者去发掘小贷公司的数据，大大节约了区域性股权市场的时间和资金成本。

②操作方式。小贷公司在对挂牌企业进行辅导过程中，按照区域性股权市场的要求，对企业的主要财务指标、经营指标、行业发展情况等进行数据搜集和总结，并及时向区域性股权市场反馈，定期提交数据研究报告。

区域性股权市场根据小贷公司反馈的数据和研究报告，按照区域和行业进行汇总，并投入专业人士进行数据分析，最终形成区域性行业数据研究报告并通过区域性股权市场的信息公布平台发布，形成区域性股权市场挂牌企业信息数据库和行业研究报告。

③风险控制措施。对小贷公司提供的数据要建立审核和验证机制，通过抽查、交叉对比、材料验证等方式确保数据的真实可靠性。

可由各地方金融办牵头设置一个专门的小贷公司“信息数据库”监管委员会，定期组织进行现场检查，通过实地抽查材料等方式进行监督管理，监管委员会成员将现场得到的数据与小贷公司提供的“信息数据库”的数据进行比较，便于小贷公司提供的数据真实有效。

区域性股权市场将与提供数据的中小微企业签订“信息真实性承诺书”，帮助提高中小微企业的信用等级。

“信息数据库”系统建立完成后，对查询是有分级限制的，只有信用良好的中小微企业，才可以根据自身信用等级进行查询。

④意义。

第一，实现区域性股权市场在信息数据搜集方面的角色转变。

区域性股权市场不需要花高成本去获取信息，而是作为信息数据分析者和提供者去发掘小贷公司的数据并进行数据分享。

第二，实现区域性数据的集约化。

未来，投资者可以通过“信息数据库”查询区域性股权市场上挂牌企业的信用信息，其信息广度覆盖了挂牌企业基本信息、成长性分析、信用信息分析、融资需求等，仅仅挂牌企业信用信息一个指标，“信息数据库”里的信息就包含了任何一家参与区域性股权市场挂牌企业的所有信用情况。区域性股权市场参与者既可以查询某个挂牌企业的信用情况，同时也可以监测挂牌企业经营发展趋势，从而判断挂牌企业的信用风险属于特例行为还是整个市场普遍行为。

根据挂牌企业已有的数据（包括企业信息、信用信息、交易信息、经营情况等）来预测未来一段时间发生违约风险的概率，区分出优质挂牌企业，细分挂牌企业信用等级，实现融资前风险把控，帮助区域性股权市场投资者在投资前感知挂牌企业信用风险。

第三，弥补区域性股权市场在信息数据搜集过程中的不足。

“信息数据库”建立的核心就是收集、分析及预测海量信息，“信息数据库”在建立初期需要大量的人力资源、多种渠道进行数据的采集。区域性股权市场虽然容纳了大量的企业、机构、投资者资源，但是区域性股权市场自身的人员力量却是不足的。通过有效利用小贷公司数量多、分布广、区域化特色显著的特点，能够有效实现区域数据的搜集，加快区域性股权市场“信息数据库”的建立。

3. 区域性股权市场为小贷公司提供同业拆借平台的模式。

（1）区域性股权市场为小贷公司提供同业拆借平台的必要性。

①小贷公司作为一个主营货币放贷业务的高风险、轻资产型行业，客观上难以通过债券的方式进行融资，且受限于1:0.5的融资比率和10%的最大股东持股上限的监管要求，小贷公司也很难从银行等传统机构融入资金。现行小贷公司需要一个相对稳定的资金来源渠道，能够快捷地补充资金缺口。

②小贷公司在发展中逐渐出现资源不平衡的现象，部分小贷公司资金充足却缺乏好的放贷目标，部分小贷公司有大量优质贷款项目却苦于无资金支持，迫切需要一个同业拆借平台来促进小贷公司发展。

③区域性股权市场具备了为小贷公司提供同业拆借平台的条件。

区域性股权市场作为多层次资本市场的重要组成部分，能够吸纳大量的小贷公司进入市场，同时能够利用市场的优势来了解小贷公司的情况并搜集其需求。

区域性股权市场具有融资撮合、信息汇聚和资本服务等多重功能，能够为小贷公司同业拆借提供第三方资金存管、信息披露、法律、财务等多重专业服务。

区域性股权市场是具有公信力的政府平台，且区域性股权市场的发展遵循市场化发展的规律，能够提供有别于民间机构和政府机构的服务，能够更好地推动小贷公司同业拆借的发展。

（2）区域性股权市场为小贷公司提供同业拆借平台的操作方式。

①小贷公司同业拆借的几种模式。成立再贷款公司，通过再贷款公司在资金盈余而业务匮乏的小贷公司和急需放款而资金匮乏的小贷公司间居中调剂，开展小贷公司间同业拆借、头寸调解、购买及转让信贷资产、不良资产处置、票据贴现转贴现及咨询等业务。

搭建一个有公信力的小贷公司同业拆借和融资平台，搜集区域内小贷公司的资料和资金需求情况，通过一定的系统和人员服务的支持，居中撮合，将有闲置资金和有资金需求的小贷公司之间进行配对。为小贷公司提供企业信息、资金等的登记、托管、结算等服务。

集合一部分小贷公司，共同注资汇集一个同业拆借基金，不同的小贷公司按照注资比例设定一定的拆借额度和拆借利率，小贷公司根据自身情况向同业拆借基金内投入资金，获取利息或拆借资金。

②成立同业拆借信息平台。

• 操作方式

区域性股权市场在其网站上设立同业拆借信息平台，小贷公司可在区域性股权市场上挂牌或登记成为合格投资者，并在同业拆借信息平台上发布需求信息（包括投资需求和融资需求）。区域性股权市场根据同业拆借信息平台上的需求信息进行后台撮合并提供相应服务。

- 区域性股权市场的作用

为想要进行同业拆借的小贷公司提供一个安全、专业、具有公信力的信息发布平台。

小贷公司可以在区域性股权市场发布信息需求，信息需求可根据小贷公司的要求仅向符合需求条件的小贷公司开放，避免非法集资的风险。

通过挂牌和合格投资者登记，保证同业拆借平台的安全可靠性。

拟在同业拆借信息平台上发布融资信息需求的小贷公司首先需要在区域性股权市场挂牌，通过区域性股权市场的信息审核，保证融资信息发布的真实性。

拟在同业拆借信息平台上发布投资信息需求的小贷公司也需要在区域性股权市场进行合格投资者登记开户。

为同业拆借信息平台提供第三方存管、信息披露、信息撮合、股权见证等服务。

- 风险控制措施

同业拆借信息平台的资金进出经由专业的银行提供三方存管，保证资金存放和流向的安全和透明性。

通过区域性股权市场为同业拆借信息平台设立准入门槛，保证同业拆借双方均为具备准入条件的小贷公司，切实防范非法集资的风险。

通过区域性股权市场的审核和验证，以及同业拆借信息平台在符合准入条件的小贷公司范围内完全公开的信息发布和披露，保证同业拆借双方信息的真实性和准确性。

区域性股权市场为同业拆借双方提供信息披露、财务、法律方面的服务，从法律、财务方面保证同业拆借安全进行。

同业拆借信息平台建立在区域性股权市场这样一个具有公信力的政府平台，能够在一定程度上防范平台自融、虚假信息，防范资金流向与发布需求目的不符等问题。

平台建立可引入监管机构提供一定的监管支持，如接入金融办的监管系统，引入银行征信系统和建立区域性股权市场小贷公司诚信档案等，切实防范金融风险。

在实现小贷公司之间同业拆借信息匹配过程中，融资者除了向投资者提供信用贷款，凭借居间平台的资信调查和融资者自身的信用直接发放信用贷款外，还可以附加一定的担保措施，保障投资者资金安全，在一定程度上规避风险。如投资者可以将现有的信贷资产质押给融资者，融资者如果不能在规定的期限内偿付借款，作为质押物的信贷资产就转移到投资者名下，由贷款方来处置。

- 优势

利用区域性股权市场资本要素交易平台和投融资互动平台的优势，帮助有资金缺口的小贷公司和存在资金沉淀的小贷公司之间实现良性对接，弥补它们之间信息不对称的情况，能够有效地帮助小贷公司实现同业拆借。

区域性股权市场在软件和服务方面也能够提供很多的便利服务，帮助小贷公司顺畅地实现洽谈对接，并提供资金存管、清算交收等服务。

区域性股权市场设立小贷公司同业拆借信息平台，提供“线下洽谈线上交易”的方式来促成小贷公司同业拆借，能够利用互联网优势有效提高小贷公司同业拆借对接的效率，而线下洽谈的方式也能够有效提高同业拆借的成功率。

网络信息发布的方式能够设定灵活多变的投融资模式，小贷公司在进行同业拆借过程中可以根据自身需求灵活发布信息，如拆借资金的期限可设立短、中、长期，根据资金需求情况可自由设定利率（但不可超过监管部门对于拆借利率的要求），而且根据融资者的自身情况可自由设定增信措施（如资产收益权、股权、实物资产等）。

③协助小贷公司建立同业拆借基金。

• 操作方式

区域性股权市场牵头，联合有意向参与建立同业拆借基金的小贷公司共同成立一只小贷公司同业拆借调剂基金。拟参与的小贷公司通过相应的“同业拆借调剂基金协议”约定，在协议中做出如下约定：参与计划的小贷公司投入资金的数额和基金占有的比例；向基金投入资金的小贷公司可获取的年化收益；参与基金的小贷公司的权利和义务；基金的参与和退出机制；基金内资金的再投入和调用机制；基金的风险控制措施；其他约定事项。

基金内资金需在银行开立托管账户，并与银行签订相应的协议，约束资金的进出。

• 基金的运作模式及回报

在设立基金时每家小贷公司以自身出资额为基础确定借款额度，在自身出资额度内的借款，小贷公司可以随支随用；而超出自身出资额的借款则需要通过基金管理委员会进行审核并支付相应的利息，借款额度越高，利率会相应上浮，拆借资金的利率以同期银行间同业拆借利率为基准，最高不超过同期银行基准利率的3倍。除小贷公司调用的资金额度外，由基金股东会共同决议投入区域性股权市场内安全系数较高的债券类产品，进行资金保值运作。

• 优势

小贷公司可以根据自身的情况来自由调动基金内的资金，如果小贷公司内存在资金沉淀的现象，可以将资金放入基金内，获取一定的利率。而如果小贷公司存在资金缺口，也可以通过支付一定利息来从基金抽取资金，弥补自身资金的缺口。通过同业拆借调剂基金内资金进出来实现资金在小贷公司间的合理配置，实现资金的良性循环。

• 区域性股权市场的作用

利用市场资源为基金的设立提供信息支持，推荐市场内有需求且资信良好的小贷公司参与同业拆借基金设立；为基金提供登记托管、资金存取等服务；参与基金设立的小贷公司可在区域性股权市场挂牌，并在区域性股权市场进行信息披露，区域性股权市场通过信息披露，把控小贷公司的风险，及时向基金提供风险警示。

基金可认购区域性股权市场的债券产品，为基金进行保值和增值。

• 风险控制措施

为防范非法集资的风险，同业拆借基金必须取得上级主管部门（如省一级金融办）的批复，同时需定期向当地主管部门报告基金的运作。

基金应在区域性股权市场进行挂牌，定期进行信息披露，并将重大事项进行临时披露，通过严密的信息披露体系保障基金的透明化和公开化。

基金需建立严格的准入机制，非小贷公司不得进入。

小贷公司进入基金需从小贷公司的注册资本，净资产，贷款的合法合规性（包括贷款投向、放贷金额和放贷比例等），不良率等方面考察，结合监管部门对小贷公司的评分和考察情况设立准入门槛。

• 基金需建立完善的资金审核体系

同业拆借调剂基金需建立资金审核委员会，参与基金设立的小贷公司需按照“同业拆借调剂基金协议”约定选择固定的人员进入资金审核委员会，资金审核应遵循 2/3 投票表决的方式进行。拟调用超过投入资金额度以上资金的小贷公司需提交“调用资金申请”，并在申请中列明调用资金的用途和保障措施。只有审核通过，方可自基金内调用资金。抽调资金的小贷公司需按约定支付相应的利息，并在规定的时间内进行还本付息，如有延期，需提前 60 天进行申请。

同时基金还需设立资金监督委员会，对调用资金的小贷公司进行后续跟踪和监督，防范风险。

“同业拆借调剂基金协议”需通过有关监管部门的批复，并保证按照协议约定履行。协议内应约定建立相应的股东会、监事会、审核委员会、监督委员会等组织架构，切实防范风险。

机构间私募产品报价与服务系统 2015 年运行情况报告

中证机构间报价系统股份有限公司*

在中国证监会的统一指导下，中国证券业协会借鉴国际经验，建立了机构间私募产品报价与服务系统（以下简称“报价系统”）。2014 年 6 月 4 日，中国证监会批复中证资本市场发展监测中心有限责任公司变更经营范围，专门负责建设和管理报价系统，并授权中国证券业协会按照市场化原则管理。为进一步优化市场机制，2015 年 2 月 10 日，经中国证监会同意，市场监测中心进行了公司改制，更名为“中证机构间报价系统股份有限公司”（以下简称“中证报价”）并启动了增资扩股工作。自 2014 年 8 月 18 日发行第一只产品以来，报价系统功能不断丰富、完善、优化，为证券公司、基金公司、期货公司、私募基金以及商业银行等金融机构规范发展场外业务提供了全方位服务，为各类企业直接融资提供了新的场所，已成为多层次资本市场的重要组成部分。

一、报价系统定位

报价系统以“多元、竞争、开放、包容”为发展理念，旨在实现证券公司柜台市场等私募市场的互联互通，为证券公司等各类金融机构开展场外业务提供全方位、专业性、平台化服务，为企业融资、财富管理提供新的合法渠道，是多层次资本市场的有机组成部分，是重要的资本市场基础设施。

（一）定位于机构间市场

报价系统实行参与人制度，中国证券业协会、中国期货业协会、中国证券投资基金业协会、中国上市公司协会会员以及中国证券业协会认可的其他机构均可以注册成为报价系统参

* 小组成员：潘志坚，王明昆，井维维。

与人，并通过报价系统开展业务。参与人制度的设计符合互联网思维特点，体现了报价系统业务主体的多元化与业务需求的多样性。报价系统为不同市场、不同行业的专业机构提供信息平台、业务平台，打破了金融行业的自我封闭，可以有效推进跨界业务的发展，有利于不同行业资源、优势的集聚与共享，构建互联互通的场外市场格局。报价系统参与人不是孤立的个体，其身后大多有大量的合格投资者和产业客户，参与人本身就是市场组织者。因此，报价系统是市场中的市场，通过报价系统互联互通可以形成一个联通的、跨行业、跨领域、强互动的机构间市场体系。

2014 年 8 月 18 日报价系统正式上线运行以来，报价系统作为机构间市场有效运转。截至 2014 年底，报价系统共有参与人 229 名，并以证券公司为主，占比近 41%；截至 2015 年 12 月 31 日，报价系统共有参与人 1 484 名，除证券公司外，已覆盖了银行、私募基金、信托公司、期货公司、独立基金销售机构以及证券公司直投子公司等各类从事私募业务的市场参与主体（见图 1），证券公司在绝对数量增长的同时，相对占比已下降至 7.88%，多元化参与人结构基本形成。报价系统已建立了链接机构投资者及其合格投资者的巨大交易网络。截至 2015 年 12 月 31 日，共有 119 928 名投资者通过报价系统认购产品，其中，机构投资者交易金额占产品发行总额的 85.88%、转让金额占产品转让总额的 98.18%，机构间市场特征明显。

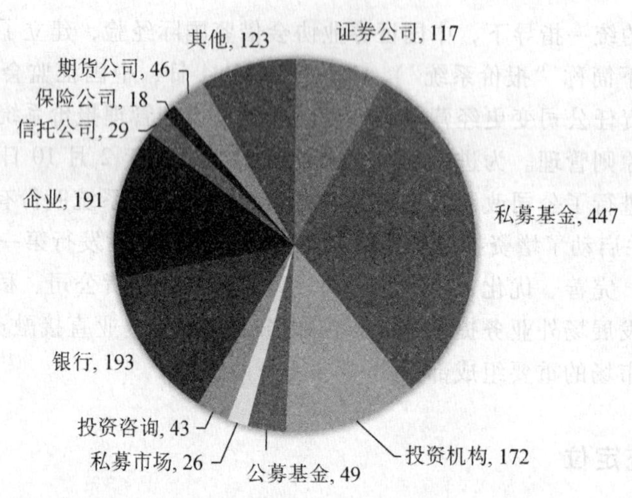

图 1 报价系统参与人结构图

（二）定位于互联互通市场

报价系统是各类私募市场的联通市场，通过打破各私募市场之间的信息隔离与交易壁垒，实现私募市场之间信息互联、交易互通、清算支付互联，促进共赢发展。报价系统不取代任何一个私募市场，而是通过搭建一个全面、高效的信息互联和报价、发行、转让平台，打通私募市场发行与转让业务的各环节，助力各类私募市场拓展业务空间，扩大产品推送范围，提高市场效率。报价系统作为证券行业基础设施还承担证券行业公共柜台职能，为未建柜台系统的中小证券公司、证券投资咨询公司和私募基金公司等提供中后台服务，节约社会成本与市场资源。

依托报价系统与各类私募市场互联互通，报价系统建立了规则统一的“一户通”账户体系，投资者能够使用一个产品账户完成所有联通市场的交易，同时支持投资者对其所有私募业务信息进行查询、管理，大大提升了场外私募业务的便捷性和高效性，实现了“一户在手、场外畅游”。通过互联互通，报价系统能够汇集全部联通市场的报价、成交等市场信息，有利于监管部门和自律组织通过报价系统持续了解私募市场运行情况，并为私募市场监测监控提供支持。截至2015年12月31日，共有422家机构申请互联互通，其中已经有146家机构成功实现互联互通，包括85家证券公司、2家区域股权交易中心、1家公募基金管理公司和1家证券投资咨询公司以柜台直联方式互联互通；57家机构使用报价系统为没有自建柜台系统的参与人提供“云柜台”实现互联互通。通过柜台直联和“云柜台”，共有332.3万名投资者开立了私募“一户通”，市场互联互通作用日益显现。

为推动场外股权市场发展，提升直接融资服务能力，报价系统与区域市场在尊重彼此市场规则和管理制度的基础上，尝试推进互联互通和业务协作，实现私募业务数据信息的共享以及区域市场企业分层管理，扩展中小微企业的融资渠道，丰富证券经营机构参与区域市场的途径，提升区域市场专业化、规范化服务水平。截至2015年12月31日，共有辽宁股权交易中心、青海股权交易中心、广东金融高新区股权交易中心、广州股权交易中心、海峡股权交易中心、重庆股份转让中心、甘肃股权交易中心、湖南股权交易中心等区域市场成为报价系统参与人。其中，广州股权交易中心和重庆股份转让中心已实现了互联互通。

（三）定位于移动互联市场

报价系统充分利用互联网技术，借鉴互联网思维，力图打造场外市场的互联网金融平台，为合格投资者提供信息全面、渠道多样、投资便捷的互联网金融服务，实现“互联网+”效应。报价系统是互联网的市场组织：一是全网运营，报价系统以证联网、深圳通、互联网等为链路，利用互联网技术，支持网上信息发布、网上发行、网上签约、网上报价、网上转让等业务，并实现全程电子化操作。二是提供开放式运用平台服务，报价系统为各类私募业务提供平台支持，同时各业务模块可拆分，由参与人根据业务需要自主设定，报价系统提供平台与规则支持、参与人自主开发运用。三是7×24小时不间断交易，报价系统支持每周7天、每天24小时交易，并提供互联网、移动设备等多介质、多途径的参与路径和工具，可实现市场业务活动的移动化、泛在化，摆脱时空限制，并实现数据网络留痕，统一保存，为风控和监管提供数据支持。目前，报价系统已构建了可支持产品发行、转让、信息展示、登记结算等功能的机构间市场（www.interotc.com），并开发了满足手机移动端投资需要、支持IOS系统和安卓系统的APP，报价系统已成为互联网金融的实践基地。

（四）定位于私募市场

报价系统作为我国多层次资本市场的有机组成部分，定位于私募市场，按照严格区分公募和私募的指导思想，在产品发行、转让中均坚守私募底线，遵循相关法律法规在宣传推介、投资者适当性和持有人数量等方面的规定，形成了对公募市场的有效补充，完善了多层次资本市场架构。报价系统通过为各类私募产品构建一个可平行扩展、全网运行的交易平台，将现有各类私募市场通过市场化、电子化的方式予以整合，有助于防范非法证券业务，推动私募市场健康、持续发展。

二、报价系统运营情况

自2014年8月18日首只产品上线以来，报价系统参与人数量和业务均呈现快速增长的态势。报价系统可支持各类私募产品发行与转让，并提供多样化的交易方式。

（一）参与人数量快速增加、结构持续优化

从参与人结构看，报价系统参与人结构从证券公司占据“半壁江山”持续优化至各类型机构参与人“百花齐放”，形成了跨行业、跨领域的合作格局。报价系统自运行以来，受到市场各方面广泛关注，吸引了大量资本实力和资产管理能力较强的参与人（见图2）。

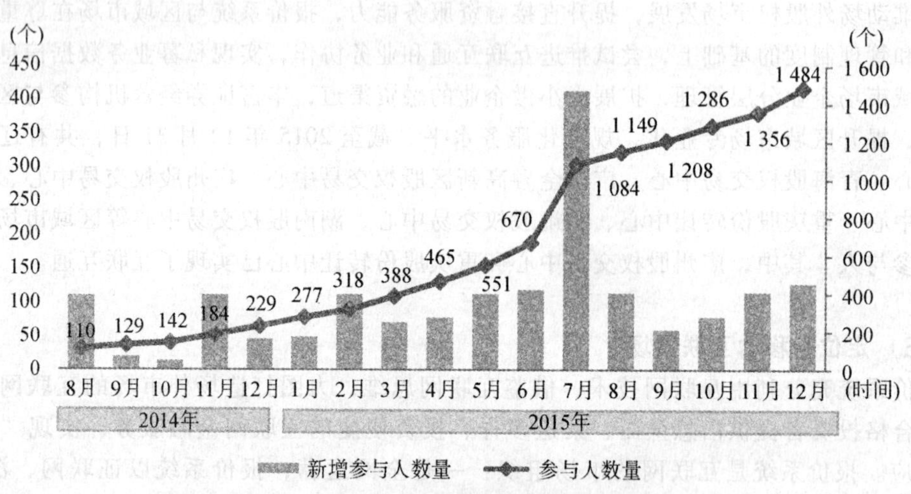

图2 报价系统参与人数量增长情况

（二）私募产品发行市场规模快速增长

自运营以来，报价系统产品发行数量和规模持续增长，日均发行规模、单日最大成交金额、月度累计发行金额屡创新高。截至2015年12月31日，报价系统累计发行产品3 632只，累计募集资金3 361.38亿元。从参与人认购方式看，参与人直接通过报价系统认购金额占比达69.32%，报价系统销售能力已初步形成。

1. 发行规模迅速增长。报价系统私募产品发行规模迅速增长，百亿规模发行量时间间隔不断缩短，2014年12月10日发行量突破第一个100亿元，2015年4月21日发行量突破了1 000亿元，截至2015年11月23日发行量已突破3 000亿元，报价系统发行规模稳步增长。此外，报价系统日均发行量不断攀升，截至2014年底，报价系统日均发行量为2.02亿元；到2015年底，日均发行量为12.91亿元，单日最大发行量达到了77.80亿元，明显高于同类市场。

报价系统作为行业基础设施，为中小微企业提供了私募债券、股权等工具直接融资，服务实体经济的能力不断提升。虽然起步较晚，但截至2015年12月31日，已有24只债券通过报价系统非公开发行，总计融资165.72亿元；68家企业通过报价系统进行股权众筹融资，募资金额总计1.57亿元。

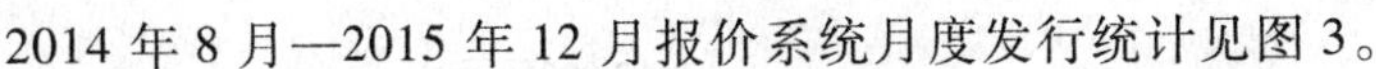

2014 年 8 月—2015 年 12 月报价系统月度发行统计见图 3。

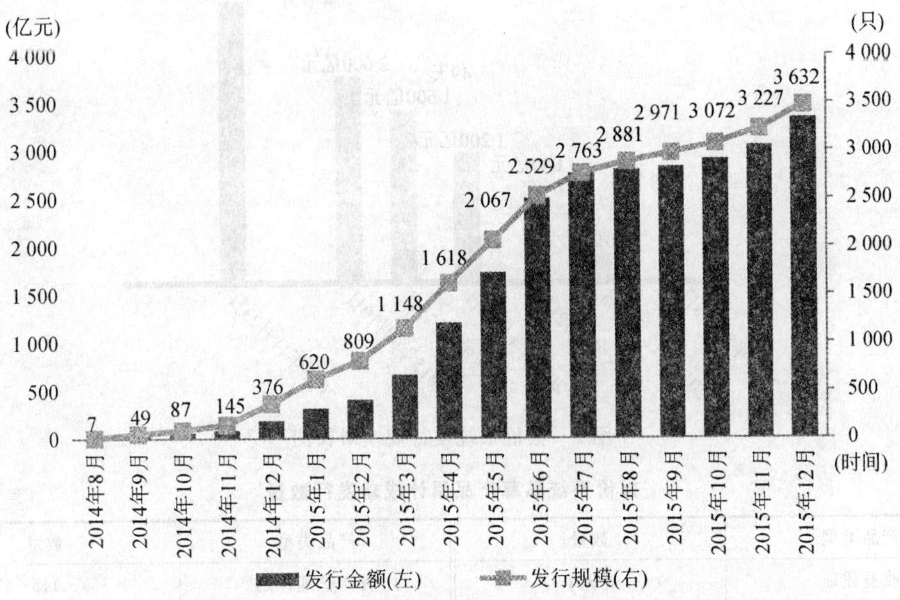

图 3　2014 年 8 月—2015 年 12 月报价系统月度发行统计

2014 年 8 月—2015 年 12 月报价系统月度日均发行规模见图 4。2014 年 8 月 18 日—2015 年 11 月 23 日报价系统发行规模增长见图 5。

图 4　2014 年 8 月—2015 年 12 月报价系统月度日均发行规模（单位：亿元）

2. 产品种类逐渐丰富。报价系统正式上线至 2014 年底，发行的产品主要包括目前资产管理计划、收益凭证、次级债以及私募股权投资基金。经过一年多的建设，报价系统发行的产品类型不断丰富，已涵盖资产管理计划、收益凭证、证券公司短期债、可交换债、永续债、次级债、资产支持证券、私募股权投资基金、私募证券投资基金、信托产品等多元化品种。截至 2014 年底，报价系统累计发行产品 376 只、募集资金 185. 89 亿元；截至 2015 年 12 月 31 日，共 143 家参与人在报价系统发行 3 632 只产品，其中，3 492 只发行成功（见表 1），140 只发行失败。

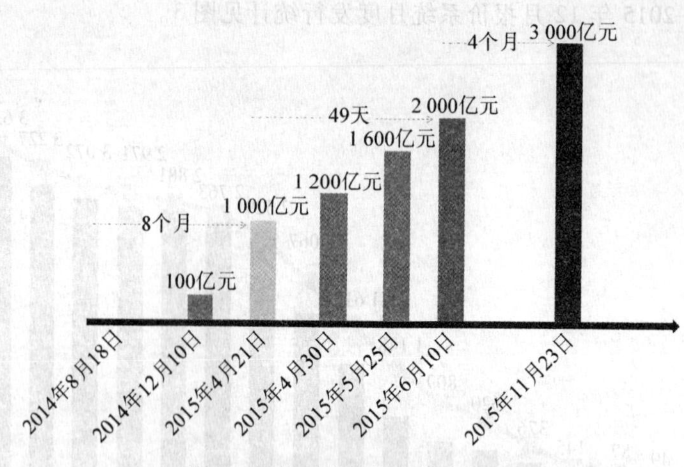

图 5 报价系统发行规模增长图

表 1 报价系统私募产品累计成功发行数量 （单位：只）

产品类型	数量	产品类型	数量
收益凭证	3 301	资产管理计划	115
非公开发行公司债券	19	股权众筹项目	16
资产支持证券	36	私募基金	4
信托产品	1		

其中，收益凭证作为产品发行“领头军”在报价系统发行市场大放异彩，成为机构融资的新路径，同时也丰富了投资者选择。部分证券公司在报价系统形成了序列化、常态化的发行模式。总体来看，收益凭证在报价系统发行取得了良好开局，业务运行平稳，风险可控，广受投资者青睐，尤其是吸引了大量银行参与人在报价系统定向投资收益凭证，报价系统已成为银行等机构投资收益凭证的“指定场所”。

3. 产品申购与赎回有序。截至 2015 年 12 月 31 日，共计 22 只产品在报价系统进行申购与赎回。报价系统共收到申购申请 172 笔，申购金额共计 21. 24 亿元；共收到赎回申请 228 笔，赎回金额共计 20. 19 亿元。

（三）交易机制灵活，为私募产品提供流动性

为满足私募产品转让需求，提高私募产品流动性，促进私募发行，报价系统积极构建一个基于互联网的开放式、全网运行的报价转让平台，为私募产品提供了丰富的转让方式以及质押融资交易机制。

1. 转让市场平稳运行。报价系统支持证券公司资管计划、私募基金、非公开发行公司债券、收益凭证、私募股权等私募产品转让，提供协议转让、做市转让、拍卖竞价和标购竞价等多元化转让方式。2014 年度转让规模较小，交易金额共计 310. 01 万元；2015 年报价系统转让交易规模快速增长，截至 2015 年 12 月 31 日，共 351 只私募产品（包括 313 只收益凭证、14 只资产管理计划、5 只私募股权、19 只非公开公司债）在报价系统挂牌转让，其中累计达成 165 笔交易，交易金额共计 49. 26 亿元。

2. 完善做市商机制，提供流动性支持。为进一步提高报价系统私募产品流动性，满足投资者交易需求，中证报价积极推进报价系统做市商机制建设，通过引入试点做市商，着力培育私募产品做市商队伍。报价系统支持做市商采用双边报价做市、回应询价做市等做市方式，截至2015年底，共计12家参与人向中证报价提交了试点做市方案，其中4家证券公司已成为报价系统试点做市商并在报价系统对收益凭证、资产管理计划等产品提供双边报价；做市交易累计成交9笔，交易金额1 536.73万元。

3. 建设私募产品质押融资交易机制，满足参与人资金需求。为活跃报价系统产品交易，满足报价系统参与人融资需求，报价系统为参与人提供了私募产品质押融资交易机制，参与人及投资者可以将收益凭证、资产管理类产品、非公开发行公司债券、资产支持证券以及私募股权等产品为质押标的在报价系统进行质押融资。此外，参与人可以采用协议成交与回购竞价等方式达成交易，并通过报价系统实现资金管理等全流程服务。通过在报价系统开展质押融资业务，有利于联通报价系统各类参与人，满足不同投资者需求，盘活私募产品，提高资金利用率。截至2015年底，报价系统质押式回购交易累计成交1笔，该笔交易的质押品为收益凭证，回购期限为7天，质押品折算比例为97%，融资金额970万元。

（四）多层次股权市场建设稳步推进

根据中国证监会2015年重点工作安排，继续发展证券公司柜台市场与机构间私募产品报价与服务系统，出台股权众筹管理办法，开展公开、小额股权众筹融资试点，是加快多层次股权市场体系建设的重要举措。作为场外市场的基础设施，报价系统始终以推进多层次股权市场建设为己任，以服务小微、“三农”、创新创业和民族地区企业作为重要使命。

一是推进私募股权融资市场发展。中证报价通过建设报价系统众创平台，为中小微企业提供多样化的融资服务。截至2015年12月31日，共计68个项目在众创平台挂牌融资，16个项目募集成功，实现融资1.57亿元，项目融资成功率为23.53%，在同类业务中成功率较高。为配合中证众筹平台建设，便利合格投资者安全、高效投资，报价系统开发与完善中证“云柜台”系统以及手机移动终端，打造互联网金融客户投资的专属利器。

二是打造报价系统私募股权报价板。报价系统以服务场外私募股权为宗旨，以实现股权报价功能为前提，以股权发行、登记、转让、做市、估值五大核心功能为基础，延伸提供多元化融资服务、平台信息服务以及场外股权市场指数服务，从而提高直接融资比重、健全企业资产定价机制、形成场外股权市场估值体系，进一步健全多层次股权市场体系。

三是建立并完善私募股权转让平台。报价系统不仅为企业挂牌、私募股权挂牌转让提供平台服务。截至2015年12月31日，共8只项目股权在报价系统挂牌转让，挂牌金额11亿元。

四是稳步推进报价系统与区域市场互联互通。目前，报价系统已与广州股权交易中心、重庆股份转让中心实现了系统对接，共有64家企业实现了“双挂牌”；萍乡经济开发区也有19家企业在报价系统实现挂牌，为报价系统探索为园区企业服务奠定了基础。

（五）场外衍生品市场稳妥发展

为推动场外衍生品市场电子化、平台化发展，提升场外衍生品交易效率，加强场外衍生品风险管理，报价系统搭建了场外衍生品交易平台与场外衍生品交易报告库和结算系统，旨在把报价系统建设成为我国重要的场外衍生品交易平台、报告平台和结算平台。

1. 搭建场外衍生品交易平台。报价系统场外衍生品交易平台是为场外衍生品交易提供询价与报价、在线签约、第三方估值等服务的电子化、全流程服务平台，可以显著提高场外衍生品交易效率，有效降低交易成本，降低衍生品交易参与方违约风险。2014 年 11 月 13 日，报价系统场外衍生品在线签约平台正式上线。

目前，报价系统场外衍生品交易平台主要支持收益互换和场外期权等衍生品交易，并在推进开发做市类场外期权合约。截至 2015 年 12 月 31 日，共计 421 家参与人签署“机构间私募产品报价与服务系统电子签名约定书（试行）”，65 家参与人通过报价系统签订了场外衍生品交易主协议 157 份；62 家参与人在报价系统签订补充协议 145 份；41 家参与人在报价系统签订交易确认书，共计 275 笔，涉及名义本金 76.45 亿元。

2. 建设场外衍生品交易报告库。为落实中国证监会《关于进一步推进证券经营机构创新发展的意见》（以下简称“创新十五条”）中有关“研究衍生品交易的集中结算、交易信息报告等制度”的政策，防范场外衍生品市场风险，报价系统在借鉴境外场外衍生品交易报告管理机制的基础上，建立了场外衍生品交易报告库，为证券公司场外衍生品市场的风险监测与管理提供了有力支撑。截至 2015 年 8 月底，场外衍生品交易报告库涵盖了全部证券公司开展权益类衍生品业务的交易报告，并成为多层次资本市场的基础设施之一，可以为监管部门提供准确、全面、及时的场外衍生品数据信息。截至 2015 年 12 月底，共 42 家证券公司通过场外衍生品交易报告库进行场外衍生品交易报告，累计报告场外衍生品交易 48 162 笔，涉及初始名义本金 14 714. 38 亿元。

证券公司开展收益互换业务情况见图 6，开展场外期权业务情况见图 7。

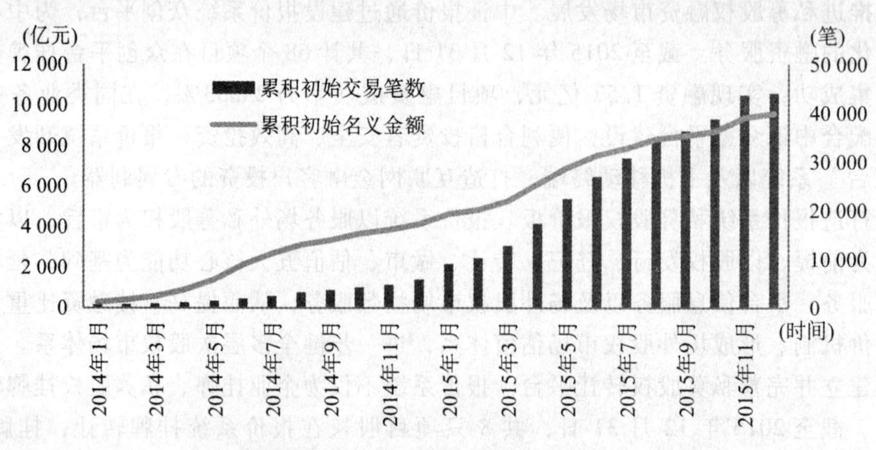

图 6　证券公司开展收益互换业务情况

3. 开发场外衍生品清算系统。为支持报价系统衍生品业务开展，向交易双方提供衍生品交易一体化服务，报价系统开发了场外衍生品清算系统，该系统具有合约管理、账户管理、交易管理、清算管理以及风险管理等功能，可为参与人提供双边、集中清算服务。在清算管理方面，衍生品清算系统具有要素检查、日终清算、生成结算通知等功能；在合约管理方面，具有存续期管理、收益率管理以及履约条件判断等功能；在账户管理方面，能够提供头寸持仓管理和交易查询；在风险控制方面，通过不同性质的账户隔离，合约跟踪、交收提醒等方式对双边清算进行风险防控，通过持仓限额、逐日盯市、保证金制度等方式对集中清

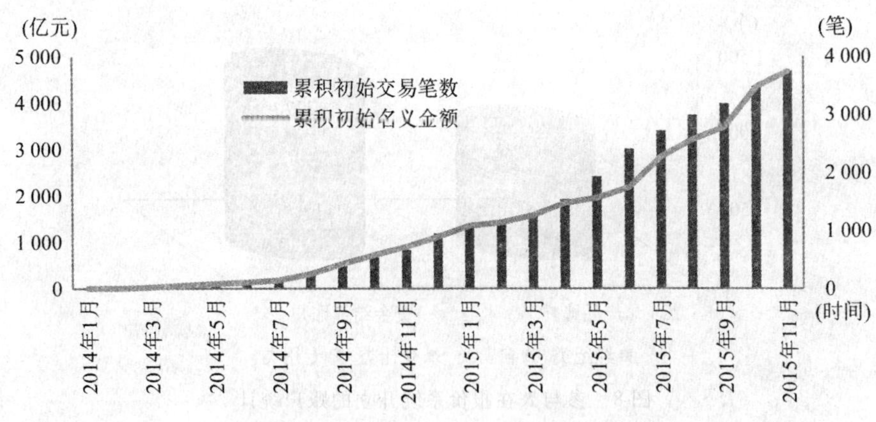

图 7　证券公司开展场外期权业务情况

算进行风险控制。

2015 年 9 月 18 日，报价系统场外衍生品双边清算平台上线，并于同日为 1.4 亿元名义本金的场外期权交易业务提供了清算交收支持。

（六）场外市场登记结算体系日益完善

报价系统结合私募产品特性，充分借鉴国际市场先进做法，结合我国实际与行业诉求，建立了“多元选择、双轨开户、账户联通、混合持有、滚动结算”的私募市场登记结算体系。一是提供多元选择的登记结算方式与支付渠道，秉承参与人自愿选择、服务主体适度竞争的原则，报价系统支持证券公司等具备条件的参与人自办登记结算，或者委托报价系统登记结算系统、中国结算等登记结算服务机构等办理登记结算服务；在结算资金支付方面，报价系统为参与人提供商业银行支付、第三方支付以及中国结算的备付金支付等多样化支付渠道。二是实现双轨开户的账户开立机制，参与人可以通过报价系统直接开立账户，也可以通过证券公司柜台系统为投资者开立账户，并实现与报价系统的账户信息对接。截至 2015 年 12 月 31 日，参与人在报价系统为投资者开立账户共 3 347 814 个，其中包括个人开户数 3 344 965 个、机构开户数 2 849 个。三是建立统一的报价系统参与人账户体系，实现与其他私募市场的账户互联互通。四是支持混合持有制度，在建立场外市场名义持有账户体系的基础上，支持名义持有与直接持有并存。五是开启滚动结算交收模式，支持单个交收日多批次交收，报价系统已实现每个交收日 12：00 和 18：00 两个批次交收，提高了报价系统场外市场清算效率。参与人在报价系统开立的账户统计见图 8。

截至 2015 年 12 月 31 日，报价系统共为 3 425 只产品提供登记结算服务，交收资金 4 921.07 亿元。此外，报价系统还与相关登记结算机构共同存储、共享登记结算信息，以提高私募市场的透明度，为私募市场监管提供支持。

三、报价系统运行特色与实践意义

经过一年多的建设运营，报价系统功能已日趋完善，基于互联网的金融平台框架已经形成。同时，报价系统充分调动各类机构的积极性，有效发挥资源配置功能、投融资功能、财富管理功能和风险管理功能，主动对接实体经济特别是中小微企业，支持创业创新，已经成

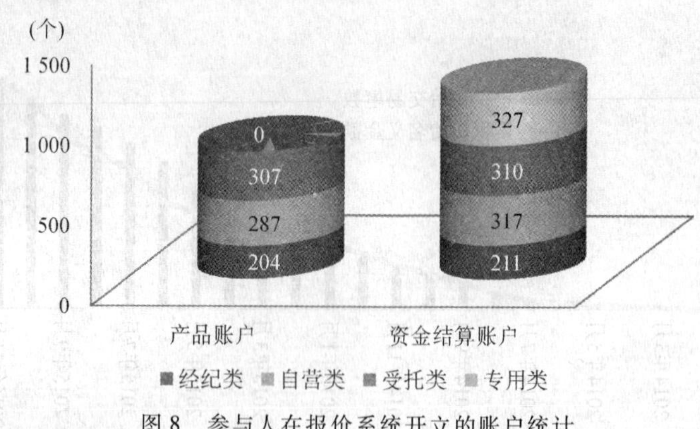

图8 参与人在报价系统开立的账户统计

为“最接地气”的市场之一，并呈现以下特色：

（一）移动互联

报价系统基于证联网、深证通、互联网运营，可7×24小时发行与交易，支持日间多批次滚动结算。在交易模式上，报价系统为参与人提供全程网上服务。与此同时，报价系统不断利用互联网技术推陈出新，优化系统功能，随着报价系统手机终端APP等各类应用系统的推出，报价系统可以为广大个人投资者提供更为高速、便捷的服务。报价系统利用先发优势，融合传统金融与互联网精神，将互联网技术与证券期货行业创新紧密结合，为参与人提供包容、开放的平台，已成为了互联网金融的典型代表之一。

（二）参与人制度

与以证券公司为主的公开市场不同，报价系统产生于证券行业，但又不拘泥于证券行业，积极推行参与人制，并致力于实现参与人多样性。同时，报价系统以参与人需求为出发点，不事先设定业务种类，充分调动参与人的业务积极性，形成了参与机构投融互补、风险对冲、业务类型自然交织的业务生态：发行人可以及时、高效地完成产品创设与创新，投资者可以随时随地获得产品的全面信息，实现需求信息的快速传递并促成业务便利对接。参与人制度与参与人潜力得到有效挖掘与释放，激发了市场活力，加速了报价系统从互联网证券市场向互联网金融市场的升华。

（三）前、中、后台一体化

经中国证监会批准，报价系统可以从事场外证券业务的登记结算服务。报价系统已建立信息发布平台、发行转让交易平台、登记结算系统，可应参与人需要可以提供全流程、一体化服务。自报价系统运行以来，各参与人充分利用报价系统前、中、后台一体化的优势积极创设发行产品，在报价系统发行产品的同时使用报价系统登记结算服务，显著提高了参与人业务效率，将产品的注册发行周期最快压缩到一天，资金实现T+0交收。同时，通过私募账户“一户通”，投资者可以通过一个账户完成各联通市场的交易。参与人和投资者的业务效率都得到了有效提升。

（四）行业公共平台

报价系统作为重要的市场基础设施，为各类证券期货经营机构场外业务提供可分可合的外包服务。报价系统的交易、登记结算以及支付功能等均可作为独立使用的服务功能，参与人根据自身需求可以在报价系统获得定制化的外包服务，不仅可以提高业务效率，还可以避免市场重复建设，节约社会成本。自报价系统运行以来，部分参与人根据自身系统建设与业务需求情况，选择报价系统相应功能开展业务，如通过报价系统开展开放式基金同柜转让业务，甚至部分柜台市场试点公司将其交易、登记结算等后台支持委托给报价系统，报价系统已经成为证券行业的公共平台。

（五）市场中的市场

报价系统通过与证券公司柜台市场、区域性市场等各类场外市场互联互通，并依托私募账户一户通，构建了市场中的市场。通过报价系统，每个参与人成为报价系统市场的一个有机组成部分，除自身原有客户外，还能覆盖与报价系统互联互通的其他参与人所代理的海量客户，实现产品信息的全市场覆盖。投资者可通过报价系统这个“金融产品超市”及时、全面获得各类产品的信息，并通过报价系统私募账户一户通高效、畅通地进行跨市场交易。报价系统互联互通的功能得到了参与人和投资者的肯定，通过报价系统发行产品或投资正在成为行业开展场外业务的一种选择。

（六）分层分类风险管理

风险管理是报价系统建设、发展的重中之重。报价系统高度重视风险管理机制的建设，并已形成了独具特点的风险管理体系。在机制建设方面，一是建立了多层风险防控机制，参与人负责业务风险管理，中证报价负责平台风险管理；二是全方位风险管理，中证报价前台、中台、后台业务相互隔离，并分层履行风险管理职能。在管理手段方面，报价系统以合规为前提、投资者适当性管理为基础、信息披露为手段，落实买者自负、卖者有责，做好具体业务风险管理；同时，按照分步走原则，在积累经验的基础上，对交易规模超过50亿元的每项业务均制定专项风险监控指标，以动态监测、管理业务整体性风险。在风险与效率平衡方面，报价系统创造性地对参与人、发行人、投资者进行授信管理，支持其在授信额度范围内便捷开展业务。在实现方式上，报价系统充分利用互联网、大数据技术，以报价系统账户体系为基础，实现信息留痕与记录，依托信息关联，将散点信息整理为具有逻辑关系的网状信息，以数据分析支持风险管理。此外，为降低报价系统相关业务风险，报价系统积极引入产品评级、担保、评价等外部风险管理措施，支持增信机构在报价系统发行增信产品。

经过一年多的努力，报价系统作为重要的市场基础设施的作用已经显现，并已成为业务创新的“试验田”，在推动证券行业创新方面作出了有益尝试。一是推动建立了统一的场外市场业务标准。目前已制定了柜台交易系统接口规范行业标准，提高了柜台市场信息互联互通的时效性和便捷度；建立了统一的私募市场账户体系，并形成了“3+9”的行业统一私募账户编码规则，为场外业务一户通奠定了基础；规范了私募产品编码，提高了私募市场的管理效率，促进了私募市场信息统一管理。二是实现了混合持有制度，创建了适应机构间市场需要的名义持有账户体系，促进了证券公司基础功能恢复，并提高了市场效率。三是支持定制化产品与类标准化产品在报价系统发行，丰富了场外市场产品结构，激发了市场主体活力，有力推动了行业创新发展。

回望报价系统的发展历程，在中国证监会及相关单位的大力支持下，报价系统顺应了行业创新发展的大势，联通了私募产品发行与转让各环节，在优化金融生态、推进实体经济发展方面的作用已逐步显现，已成为多层次资本市场的重要组成部分。根据国务院关于“大力发展普惠金融，让所有市场主体都能分享金融服务的雨露甘霖”、“发展金融衍生品市场”的部署，报价系统将进一步提升系统功能和对实体经济的服务能力，积极完善加快推进私募股权发行与转让体系建设、大力发展私募债券市场、开展私募产品质押融资、继续推进场外衍生品市场建设，为参与人和投资者提供优质服务，推动参与人创新发展，服务国企改革，支持实体经济，助力实现资本市场“中国梦”。

关于区域股权市场服务小微企业情况的报告

李薛青　刘芹芹　包洪铭　周瑜婕*

为引导区域股权市场（以下简称“区域市场”）规范发展，更好地服务小微企业，中国证券业协会通过问卷形式分别对区域市场和证券公司服务小微企业有关情况进行了调查①，具体情况如下：

一、挂牌企业平均股本 2 000 万股左右

截至 2014 年底，反馈问卷的 24 家区域市场累计挂牌企业 5 829 家（其中证券公司推荐挂牌企业 803 家），托管企业 2 809 家，展示②企业 20 791 家；会员数量 4 477 家，投资者开户数 16.98 万户；培训企业 2.3 万家次；挂牌企业获得地方政府补贴 1.11 亿元；为 2 314 家企业累计融资 1 298 亿元（见表 1、表 2）。

表 1　　区域市场业务整体情况概览

项　目	2012 年	2013 年	2014 年
挂牌企业数量（家数）	733	2 197	5 829
托管企业数量（家数）	1 036	1 680	2 809
展示企业家数（家数）	135	8 185	20 791
融资总额（亿元）	253.32	688.57	1 297.91
投资者开户数（万户）	1.00	11.69	16.98
会员数量（家数）	1 180	2 191	4 477
证券公司推荐挂牌企业数量（家数）	176	566	803
挂牌企业获得政府补贴金额（亿元）	0.22	0.60	1.11
举办的各类培训数量（次数）	117	445	1 345

注：以上数据为各年底累计数。

资料来源：24 家区域市场的调查问卷汇总情况。

* 作者单位：中国证券业协会。

① 此次调查共收到 24 家区域市场和 90 家证券公司的反馈问卷。

② 展示是指仅在区域股权市场展示企业信息，未进行股权托管和挂牌的企业。

表 2　　各区域市场业务开展情况概览（截至 2014 年 12 月 31 日）

项　目	挂牌企业（家数）	托管企业（家数）	展示企业（家数）	融资总额（亿元）	投资者开户（户数）	会员数量（个数）	挂牌企业获政府补贴（万元）	举办培训（次数）
北京股权交易中心	13	190	318	0	99	36	200	16
上海股权托管交易中心	426	162	2 671	60	14 518	982	—	74
天津股权交易所	564	0	0	297	20 794	342	—	85
重庆股份转让中心	240	721	106	134	56 188	422	—	15
浙江股权交易中心	220	118	1 371	139	27 671	266	3 000	23
广州股权交易中心	1 062	0	123	32	1 186	236	1 004	115
广东金融高新区股权中心	40	28	1 101	39	314	177	300	27
深圳前海股权交易中心	23	0	4 375	51	2 139	0	—	21
齐鲁股权交易中心	412	123	4 217	149	28 426	332	1 447	20
武汉股权托管交易中心	375	236	1 836	92	7 463	414	1 080	106
安徽省股权托管交易中心	244	133	0	23	2 953	139	—	81
辽宁股权交易中心	53	120	870	23	511	117	220	31
广西北部湾股权交易所	86	7	11	3	219	54	850	83
甘肃股权交易中心	1 012	447	0	142	967	224	300	63
青海股权交易中心	201	111	111	0	378	0	150	120
新疆股权交易中心	8	85	500	7	1 832	46	320	70
石家庄股权交易所	105	34	27	10	68	231	2 080	57
山西股权交易中心	0	28	1 224	6	524	84	—	10
陕西股权交易中心	0	76	254	0	2	38	—	21
吉林股权交易所	7	155	0	5	32	11	105	18
内蒙古股权交易中心	230	20	281	30	214	144	—	21
青岛蓝海股权交易中心	131	15	1 126	11	760	80	—	223
贵州股权金融资产交易中心	269	0	0	29	2 163	0	—	3
江苏股权交易中心	108	0	0	15	371	102	70	42
合计	5 829	2 809	20 522	1 298	169 792	4 477	11 126	1 345

区域市场挂牌企业平均股本 2 089 万股①，是同期新三板挂牌公司平均水平的 50% 左右，近 7 成的挂牌企业股本在 3 000 万股以下。近年来小微企业所占比重有逐渐上升的趋势：注册资本低于 1 000 万元的企业数占比由 2012 年底的 22% 增长到 2014 年底的 41%，增幅 86%。挂牌企业平均每次股权融资金额 1 636 万元，是同期新三板平均水平的 45%。以上数据初步表明，区域市场的服务对象是以中小微企业，尤其是小微企业为主。

① 虽然国家工信部等以营业收入等指标划分企业规模，但由于部分区域市场对该指标没有统计。考虑区域市场对股本和融资额均有统计且失真度小，故此处采用股本和融资额对挂牌企业规模进行分析。

二、在企业培育规范、融资和政策运用方面积极探索

(一) 企业培育规范：初步形成服务体系

区域市场对企业培育规范的方式主要有培训、改制、挂牌、托管等。自2012年以来，区域市场共举办各类培训1 345次，培训企业2.3万家次、覆盖人员6.2万人次。通过改制、挂牌、托管、推荐升入全国市场等方式共培育规范1万余家企业。具有代表性的措施主要有：

1. 加强培训。针对会员的培训包括：尽职调查方法、市场宣介及材料制作等。针对挂牌企业的培训包括：企业改制、规范运作、信息披露、财务管理、投融资技巧等。针对投资者的培训包括：投资理念、风险防范等。

2. 提供包括登记托管、挂牌展示、交易组织、清算交收在内的基础服务，致力于帮助企业实现融资。

3. 针对不同发展阶段企业需求，实行分层分级管理；持续督导，引导挂牌企业规范培育；推动“个转企”，将个体企业改为规范的股份制企业。

4. 联合各级政府，建立了阶梯式、较为完整的挂牌企业服务体系。

5. 定期为挂牌企业提供各类培训及讲座，建立企业信息披露系统，提升信息披露准确性和快捷性。

6. 积极推动挂牌企业上档升级，向全国市场转板。

(二) 融资特点：增幅较大、方式较多、用时较短

截至2014年底，区域市场共计为2 314家企业累计融资1 298亿元，其中2012年、2013年、2014年分别融资253亿元、435亿元、609亿元，年均增幅56%。

融资方式有股权质押、股权、私募债和其他（包括银行贷款、资管计划、信托计划和资产收益权等）。截至2014年底，上述方式融资累计金额分别为604亿元、364亿元、263亿元、287亿元（见图1），其中股权质押融资占比最大，为47%；增幅最大是私募债，由2012年的1.5%增长到2014年的17%。2014年共实现融资2 750次，平均每家区域市场每3个工作日就实现一次融资。此外，还有39家企业通过区域市场实现了并购重组。

图1 区域市场各方式融资累计情况

区域市场在促进融资方面采取的措施主要有：（1）吸引优质企业资源，同时着力提高企业规范程度和质量，完善信息披露，促进投融双方成功对接。（2）健全制度规则，提高风险防控能力，增加市场公信力。（3）积极与各类金融机构或准金融机构合作，引入各类资金。（4）借助政府力量，建立风险分担机制，促进产品设计研发。（5）探索新型融资模式，基于供应链开展融资业务；对于资质优良、资金使用需求较长、所属行业带有大众消费属性的企业或项目，采取众筹方式等。

在建立融资产品服务体系和资金渠道方面，以广东金融高新区股权交易中心为例（由广发证券和招商证券各持股32.5%），一方面构建包括股权、债权、知识产权、科技创新等新型融资产品服务体系，形成了4大类、近30项融资产品，累计为54家企业成功实现融资26.4亿元。其中，“股权类”包括股权转让、定增、质押、股权管理、股权与融资租赁结合等产品，实现融资4.1亿元；“债权类”包括企业私募债、小额贷款公司私募债、定向私募债、可转债、类资产证券化等产品，已实现融资22.3亿元；“金融产品类”包括企业“余额宝”——现金易等企业现金管理工具，累计为企业管理资金1.6亿元。另一方面，区股权交易中心除与传统的银行机构合作外，还与多家全国性担保、证券、保险、信托、基金及互联网平台公司合作，想方设法为企业引入资金。在目前38.91亿元融资中，银行资金来源约占30%，其他来自于各类金融机构、平台及民间资本。

（三）各种政策和资金综合运用：效果初步显现

一些地方政府较重视区域市场建设，出台有相应的扶持政策。为鼓励企业到区域市场挂牌，通过地方财政对挂牌企业进行补贴，补贴金额大约介于20万元至200万元之间不等。据问卷统计，累计414家企业通过区域市场获得补贴1.11亿元，推动实现融资1 298亿元，效果良好。另外，部分地方政府还采取税收、土地等优惠政策支持企业挂牌，山东等地除了将企业挂牌情况纳入政府工作年度考核外，还设立引导基金扶持区域市场发展。

区域市场则主要通过与各级地方政府及部门合作，争取扶持中小微企业的政策和资金能汇集到平台上实施。如有股权交易中心创设“科技板”，与市、区科技部门共同制订方案，结合科技、财政体制改革，通过设立科技引导基金、科技企业创新券、科技周转基金、科技扶持资金“以股代拨”等方式，支持科技型企业发展成长。与高新区合作共建“知识产权投融资服务平台”，提供各类知识产权转让、许可、质押融资等服务。与国资系统共同建设引导基金，投资于区域市场挂牌的股权、债权及金融产品项目，并为优质项目提供担保。

三、证券公司参与区域市场：入股积极但业务较少

（一）证券公司积极入股区域市场

根据中国证监会《关于规范证券公司参与区域性股权市场的指导意见》，中国证券业协会多措并举支持证券公司参与并推动区域市场规范发展。目前共有30家证券公司入股19家区域市场，出资10.89亿元，其中控股10家，参股9家，成为区域市场发起设立的主要模式之一（见表3）。

表 3　证券公司入股区域市场情况概览

序号	证券公司名称	区域市场名称	入股金额（亿元）	持股比例（%）	是否为第一大股东
1	华泰证券	江苏股权交易中心	1.04	52.00	是
2	国联证券		0.24	12.00	否
3	东吴证券		0.24	12.00	否
4	南京证券		0.24	12.00	否
5	东海证券		0.24	12.00	否
江苏股权交易中心100%由券商控股					
6	招商证券	广东金融高新区股权交易中心	0.325	32.50	是
7	广发证券		0.325	32.50	是
招商、广发持股广东金融高新区股权交易中心比例共65%					
8	中天证券	辽宁股权交易中心	0.02	4.00	否
9	信达证券		0.165	33.00	是
10	大通证券		0.05	10.00	否
中天、信达、大通持股辽宁股权交易中心比例共47%					
11	华安证券	安徽省股权托管交易中心	0.15	15.00	否
12	国元证券		0.15	15.00	否
华安、国元持股安徽股权托管交易中心比例共30%					
13	长江证券	武汉股权托管交易中心	0.045	15.00	否
14	天风证券		0.045	15.00	否
长江、天风持股武汉股权托管交易中心比例共30%					
15	财通证券	浙江股权交易中心	0.1	10.00	否
16	浙商证券		0.1	10.00	否
财通、浙商持股浙江股权交易中心比例共20%					
17	国信证券	前海股权交易中心	1.2	21.65	否
18	安信证券		0.96	17.32	否
19	中信证券		1.5	27.03	是
国信、安信、中信持股前海股权交易中心比例共66%					
20	华西证券	成都（川藏）股权交易中心	0.35	35.00	是
21	西南证券	重庆股份转让中心	0.828125	53.00	是
22	兴业证券	海峡股权交易中心	0.45	23.68	是
23	华龙证券	甘肃股权交易中心	0.75	34.09	是
24	财富证券	湖南股权交易所	0.12	46.15	是
25	国海证券	广西北部湾股权交易所	0.51	51.00	是
26	宏源证券	新疆股权交易中心	0.1	10.00	否
27	中信证券（山东）	青岛蓝海股权交易中心	0.08	16.00	否
28	中国中投证券	青海股权交易中心	0.09	25.00	否
		陕西股权交易中心	0.13	10.83	否
29	齐鲁证券	齐鲁股权交易中心	0.25	25	否
30	山西证券	山西股权交易中心	0.1	10	否
汇总	30家	19家	10.89	—	—

（二）证券公司发挥优势积极参与区域市场建设

证券公司参与区域市场建设的主要做法包括：一是向区域市场派出管理人才和业务骨干；二是向区域市场提供营业网点及业务拓展渠道；三是将区域市场纳入公司人才培养体系；四是将证券公司合规风控等管理理念和制度输入区域市场；五是将区域市场挂牌企业与证券公司客户资源对接，为企业提供资金、技术等多方位支持；六是直接资金投入等。如中信证券：（1）在人才支持方面，派出包括董事长、常务副总在内的6名骨干员工参与青岛蓝海股权交易中心的筹建、运营，并选派多名股交中心员工到中信证券总部实习培训。（2）在设备使用、系统开发、清算服务方面提供无偿支持。（3）参与股交中心业务发展，推送了近20家挂牌企业。同时，中信证券金融产品部、固定收益部、中信金石投资等业务线在产品设计、发行等方面积极支持股交中心发展。（4）将股交中心定位于中信证券创新业务发展的平台，与其深度合作，即将上线众筹平台。

（三）业务开展较少及其原因

虽然证券公司积极参与区域市场建设，但是从推荐挂牌企业和融资数量看仍较少。目前共有211家次证券公司成为24家区域市场会员，占会员总数4.7%。2014年证券公司推荐挂牌企业数量、实现融资总额分别为237家和35.48亿元，占比只有6.5%和5.8%。

证券公司由初期的积极变为目前实际业务较少，究其原因，主要是：区域市场融资功能较弱，制度不够健全，企业参与积极性不高，挂牌企业质量参差不齐，退出渠道狭窄。新三板扩容后，区域市场挂牌企业质量逐渐下降。与传统投行业务及新三板业务相比，证券公司参与区域市场收益悬殊巨大。以中信证券为例，其区域市场与新三板业务收入比例由2013年的20%锐减到2014年的1.3%。

四、影响区域市场更好服务小微企业的原因

总体看，区域市场有关各方在发挥培育规范、融资、综合政策运用等功能服务小微企业方面，积极探索，成效明显。但是，从中小微企业的巨大需求看，其作用还远没有充分发挥出来，究其原因，主要是：

（一）融资能力弱，影响其他功能发挥

在区域市场功能中，融资是核心，其他功能的发挥均有赖于此。

1. 由于交易方式限制，区域市场缺乏流动性，导致挂牌企业股权缺乏公允价格，在股权质押方面推进难度大。同时，流动性不足导致风险投资退出渠道狭窄，严重影响了企业股权融资效率。

2. 挂牌企业规模小、风险大，规范程度不高。参与中介机构良莠不齐，对企业规范的处理参差不齐，导致部分企业难以得到真正的规范。

3. 市场参与者以融资企业居多，投资者较少，投融资双方不对称，对接困难；区域市场推荐机构多是各类不具备保荐资格的投资公司，企业在转板时需要重新更换中介机构，无形中增加成本。

4. 正规金融机构合作门槛高；在产品探索过程中，担保、保险介入不多，增信措施少；缺乏有效的资金渠道。

5. 区域市场与工商登记部门缺乏信息联动和业务对接机制，导致双方在企业股权登记方面存在信息不对称，对区域市场为企业提供股权质押、增资扩股、股权转让等股权融资服务造成较大影响。

（二）生存环境有待改善

1. 法律地位未明确。虽然国务院有关文件明确将区域市场纳入多层次资本市场体系，但没有具体规定，所以区域市场法律地位还未确定。这在一定程度上影响了区域市场的功能定位、发展方向和监管安排，社会认可度低，和金融机构合作上存在一定障碍。

2. 受到新三板扩容的冲击。自从新三板扩容到全国后，资质较好、规范度较高的企业大多选择挂牌新三板。而相对资质一般、规范度较低的企业才会选择区域市场，难以吸引投资者。

3. 跨区域开展业务现象有扩大趋势。有区域市场反映部分外地区域市场违反中国证监会相关规定，跨区域开展企业挂牌的运营活动，但并未受到处罚。这对于严格遵循国务院、中国证监会关于区域市场各项规章制度的市场产生了较大负面影响，一定程度上迫使部分区域市场放松对企业的挂牌门槛和规范要求。

4. 目前对企业和个人在区域市场转让股权净收益分别征收25%的企业所得税和20%的个人所得税。由于不在区域市场挂牌的企业转让非上市公司股权往往可以通过各种方式予以规避相关税费，而挂牌企业则规避不了，影响了企业进场挂牌的积极性。

（三）市场自身也不够完善

1. 部分区域市场定位不清，简单照搬公开市场运行模式，使企业承担了过高的挂牌成本。市场之间各自为战，信息隔离，形成“孤岛”；讲生存发展多，讲风险控制少，自律意识不强。

2. 市场监管有待加强。地方政府批设并负责管理区域市场，但对中介机构、投资者则缺乏有效监管手段。地方监管经验有限，监管能力有待提升。

3. 区域市场自身制度和规则不够完善。各市场在建设过程中缺乏统一协调，在准入门槛、交易制度、投资者适当性、运作模式等方面存在较大差异，今后统一规范、监管的成本和难度较大。

4. 区域市场难以吸引优秀人才，创新不足。

（四）地方政府对区域市场支持力度差别较大

1. 各地各级政府对区域市场重视程度不一，相关扶持政策落实力度不一。据问卷调查显示，只有7%的挂牌企业获得了地方政府的补贴，且平均补贴仅为26万元，相对于企业改制和挂牌成本偏少。

2. 各地扶持小微企业的贴息、担保、专项扶持资金等优惠政策分散在不同的部门，牵涉不同部门利益，“落实难，集中更难”。

3. 部分地方尚未有针对区域市场的优惠政策。一些地方虽制定了优惠政策，但适用门槛较高，不符合区域市场挂牌企业的实际情况。

五、充分发挥区域市场服务小微企业作用的有关建议

（一）增强融资能力是关键

从境内外场外市场发展经验看，适度活跃交易，对于提高融资能力意义重大。因此，建议在具备条件的区域市场选择部分较为规范的会员申请成为小微证券公司，并允许小微证券公司为推荐挂牌企业提供做市，适度提高市场流动性。同时，协调国家工商行政管理总局支持各区域市场在与当地工商局信息互通基础上，提供股权托管、变更、质押、查询等服务。

（二）营造良好发展环境

1. 加大政策扶持力度。由于小微企业特殊性，区域市场作为服务平台，需要政策扶持，建议把区域市场作为多层次资本市场的基础，纳入发展整体规划，统筹安排，研究出台有关支持政策。在顶层设计中，注意尊重基层首创，充分发挥市场的创造性和活力。

2. 充分发挥地方积极性。支持地方政府制定符合区域市场挂牌企业实际的各项扶持政策，并集中在区域市场运用。同时，发挥监管部门和自律组织专业优势，为区域市场发展提供业务指导和服务。

3. 协调财政部、国家税务总局研究对区域市场的税收支持政策，对企业进场挂牌之前增资扩股或转让股权形成的净收益依法征税。对挂牌企业在区域市场的正常股权交易所产生的投资者收益，参照沪、深证券交易市场免征企业所得税或个人所得税，以形成统一的资本市场税收政策体系。

（三）引导市场完善自身

对区域市场分类指导，将规范程度与转板、交易制度调整、小微券商设立等试点挂钩，引导区域市场提高规范程度。指导区域市场制定业务规范、管理制度等，同时在专业人才、技术等方面给予支持，提高区域市场风险防控能力。此外，在自愿基础上，推动区域市场与报价系统互联互通。

（四）从政策上支持证券公司参与区域市场建设

证券公司参与区域市场不但可以促进其规范发展，还可以拓展证券公司业务空间。建议增加对证券公司区域市场业务相应的评级加分，将该项考核纳入证券公司分类评级，并在风险准备金缴纳、净资本扣减比例等方面给予政策倾斜。同时，明确证券公司如何与区域市场进行账户体系、资金体系的对接，使证券公司区域市场代理买卖业务能够切实开展。

区域性股权市场发展的制约因素及对策分析

孙永祥　王小慈　徐廷玮*

党的十八大以来，各地区域性股权市场（以下简称“区域市场”）获得了较大的发展，在服务当地中小微企业、破解中小微企业融资难融资贵问题、助推地方经济转型升级等方面发挥了积极作用。但囿于多方因素，区域市场的功能尚未得到充分发挥。构建一套兼容并蓄的区域市场发展新规，在健康发展的基础上，鼓励开拓创新，对于明确区域市场的长远发展定位、强化其服务地方实体经济和中小微企业的能力都有重要意义。

一、区域市场的发展现状与功能发挥

经过近几年的实践探索，区域市场在服务中小微企业改制规范、深化私募融资、践行普惠金融、促进创新创业、化解区域性风险等方面发挥了积极作用，部分较为规范的市场已经向着中小微企业培育和规范的园地、中小微企业融资服务的平台、资本市场中介服务功能的延伸以及众创空间的实现载体等方向逐步迈进。区域市场的功能发挥具体体现在以下四个方面：

（一）中小微企业培育和规范的园地

目前各区域市场多数以中小微企业为服务对象，这是场内市场和新三板市场无法覆盖的领域，也是区域市场实现错位发展的空间所在。各区域市场可以帮助非上市挂牌企业形成较为规范的治理机制和较高的信息透明度，通过市场约束降低经济实体的不确定性，在规范的基础上培育企业发展壮大。以浙江股权交易中心（以下简称“浙江股交”）为例，该中心主要从丰富挂牌企业层次和丰富企业服务内容两个维度来推进企业的规范与培育，一方面依据企业的不同发展阶段，构建由创新板、成长板、拟上市企业板组成的挂牌企业体系，分层次推进企业主体提升与股改规范；另一方面，通过开展多样化企业培训、提供交易所对接渠

* 作者单位：浙江股权交易中心。

道、培育企业信息披露理念等多种形式的服务，不断提升公司治理水平。部分数据可以从侧面反映区域市场在这方面发挥的作用：截至 2014 年底，浙江股交成长板挂牌企业经审计的年报披露面已达到 96.24%，切实发挥了资本市场平台预披露、预监管职能。整个 2014 年度，该中心千余家挂牌企业不仅经受住了“两链”风险等多重考验，还实现了公司业绩的稳步提升，为经济的微观运行和宏观管理建立了良好基础。

（二）中小微企业融资服务的平台

区域市场通过集聚券商、银行、信托、保险、私募投资机构、会计师事务所和律师事务所等中介机构，围绕中小微企业开展融资服务及业务创新，从而把民间资本、中小微企业、金融创新等经济发展中的几大活跃元素有机融合在一起。一些较具创新精神的区域市场针对中小微企业的实际需求，已在不断探索股权质押、私募债券、定向增资、特别股、资产受益权、股权众筹等多元化、特色化的融资服务，帮助中小微企业梳理民间融资脉络，引导其向合法融资途径转换，并在化解融资担保链风险等经济发展重要节点中发挥突出作用。2014 年浙江股交的一家挂牌民营企业受担保链牵连，面临信用环境恶化、银行抽贷的困境，资金链紧张，浙江股交凭借其长期跟踪服务经验与对企业经营情况的熟悉了解，为企业策划特别股融资方案（一种类似优先股的融资方案），成功融资 2 087 万元，解决了企业的燃眉之急。2014 年度，共有 37 家企业借助浙江股交平台完成股权类融资 3.52 亿元，平均每家融资金额不到 1 000 万元，切实兑现了浙江股交融资服务聚焦中小微企业的服务宗旨。

（三）资本市场中介服务功能的延伸

区域市场作为资本市场的塔基，最贴近企业，也最了解企业的需求。基于此，部分区域市场的先行者已开始实现向资本市场中介服务功能的延伸。例如浙江股交已指导挂牌企业成功运作多个股权激励案例，帮助企业留住核心人才，同时还为企业提供资本运作的一揽子筹划服务，并设计出“普通股 + 特别股 + 可转债 + 现金”的多渠道、灵活搭配的支付组合，帮助企业通过并购重组实现外延式快速增长。

（四）众创空间的实现载体

2015 年 3 月，国务院办公厅发布《关于发展众创空间推进大众创新创业的指导意见》指出要发挥多层次资本市场作用，规范发展区域性股权市场，为创新型企业提供综合金融服务，开展互联网股权众筹融资试点。区域市场既是低门槛、服务于大众的平台，又有相对成熟的股权融资与转让机制，是推进大众创新创业、打造众创空间的良好载体。浙江股交早在 2014 年 5 月就在全国区域市场中，率先开始借助互联网金融平台为创业创新型企业提供股权众筹融资服务。近期上线的多个众筹项目均在上线三天内就达到目标融资金额，最短的半小时内就募集成功，为创新创业型企业成功探索出一种新的融资渠道。截至 2015 年 5 月末，浙江股交共有 7 单股权众筹项目实现融资，累计融资总金额为 4 998 万元。

此外，区域市场在地方政府扶持小微企业各种政策和资金综合运用的平台角色方面也已有所进展，各地通过成立政府引导基金、专项投资基金等方式投资于区域市场中的优质企业，从而借助资本市场平台逐步实现财政资金使用方式的转变和使用效率的提升。

二、区域市场发展的制约因素

经过近几年的探索，区域市场总体发展有序，作用可见。但是，由于受到一些限制性因素的制约，市场功能的发挥受到了一定程度的削弱，主要表现在以下四个方面：

（一）登记结算机构法律地位的缺失

1. 登记结算机构法律地位不明确导致股权与债券交易的权益归属不清。不同于商品市场，金融市场以虚拟产品为交易对象，其权属关系由法定登记机构予以明确。登记结算制度的建立是包括资本市场在内的金融市场存在与发展的基础。但从现实情况看，针对区域市场的登记结算需求，却没有相应的法定登记结算机构提供配套服务。部分地区为解决历史遗留的非上市公众公司股权登记托管等问题，在较早时候便成立了登记结算公司。虽然这些机构已存在多年，实践中也没有发生大的风险，但依据《证券登记结算管理办法》的规定，证券登记结算业务应采取全国集中统一的运营方式，由证券登记结算机构依法集中统一办理，因此这些地方登记结算机构并不真正具备法律地位，这与现实的实践以及市场需求存在较大的偏差。区域市场登记结算机构的法律地位的长期缺失将导致这类市场上可能发生的违规行为难以受到有效规制，不仅不利于有效防范区域性金融风险和保护投资者权益，还可能导致部分市场被迫转型或关闭。

2. 登记结算机构法律地位不明确损害市场运行效率。根据《证券法》等相关法律法规规定：证券交易的集中登记、存管与结算由法定登记结算机构负责，非上市公司股份转让、新设公司的股份须在工商管理部门登记。由于相关登记结算机构的法律地位不够明确，导致在区域市场发生的股权转让登记与工商部门的股东登记制度，以及与税务部门缴税规定之间存在较大衔接困难，或使衔接的交易成本较高。以浙江股交挂牌企业为例：企业挂牌后完成的股权交易须通过工商管理部门完成变更登记，但是股权转让后的确权工作遇到了系列障碍：由于市场交易方式是非连续的，企业所在地税务局认定交易价格是非公允价格，不予以办理完税手续；没有完税证明，地方工商局则不予进行股份变更。法律地位不明朗极大地提高了市场交易成本，降低了市场效率。

此外，登记结算问题很大程度上还影响了区域市场为企业提供股权质押、增资扩股、股权众筹等融资功能的发挥。随着股权众筹等新型证券融资方式的兴起，以及企业对股权质押、增资扩股融资需求的扩大，各地十分有必要建立地方的证券登记结算机构。

（二）围绕区域市场承做业务的中介机构队伍薄弱

中介机构是资本市场良性发展的关键。凭借专业的知识技能，中介机构对证券合理定价、信息真实披露、市场运行活跃、公司治理结构完善、投资者利益保护以及市场效率优化等都起着至关重要的作用，交易所市场、全国股转系统的健康快速发展离不开证券经营机构。但从目前中介机构参与区域市场的现状来看，现有的专业中介机构的参与情况并不乐观。具体表现为以下两个方面：

1. 目前承做业务的中介机构难以满足区域市场对金融创新的需求。解决中小微企业融资难问题是一项系统工程，需要强化金融创新加以满足，这一方面是区域市场面临的重要课题，另一方面更是对中介机构的客观要求。但目前围绕区域市场承做中介业务的机构以投资公司为主，他们在项目筛选、尽职调查、产品风控等方面的能力参差不齐，导致中介机构实力与区域市场金融创新需求之间的矛盾逐步凸显，长期看不利于中小微企业直接融资实现。虽然中国证监会 2012 年 20 号公告支持证券公司规范参与区域市场，但实际参与其中的证券公司并不多，而且银行、信托、基金等持牌金融机构介入的意愿也不强。

2. 直接融资领域缺乏专门服务中小微企业的中介机构。在间接融资领域，除商业银行外，小额贷款公司的设立对促进中小微、涉农企业发展发挥了积极作用。但在直接融资领域，还没有专门服务于中小微企业的证券经营机构，围绕区域市场承做业务的中介机构队伍相对薄弱的状况很可能一直持续，从而严重影响区域市场的健康发展。随着多层次股权市场的逐步完善以及区域市场的日渐壮大，批准设立一批以服务中小微企业为主，围绕区域市场承做业务的持牌证券经营机构，具有必要性和迫切性。

（三）区域市场与交易所市场及全国股转系统之间的合作机制有待加强

“新国九条”中提出：“加快多层次股权市场建设，在清理整顿的基础上，将区域市场纳入多层次资本市场体系。”在当前证券市场顶层设计重塑之际，多层次股权市场间的有效衔接还尚未建立。目前交易所市场和全国股转系统定位为全国性的公开市场，区域市场则是地方私募市场，且交易所市场与股转系统拥有交易制度、人数超 200 人等区域市场不具备的制度优势，两者的性质和定位不同，完全可以形成错位发展与互补性合作，建立梯队式的培育层级。

（四）股权定价和流转功能受限

虽然区域市场设立的初衷不是追求交易的活跃度，但作为一个市场，定价和流动性的需求是其固有的内在属性，缺乏定价和流动性的市场，即使依靠阶段性的创新以及市场参与各方的努力，创造出一定的融资能力和市场容量，但可持续性存疑，长此以往融资功能必将逐渐萎缩。由于国发［2011］38 号和国办发［2012］37 号文件的相关规定，区域市场的股权转让不甚活跃。例如，浙江股交 2014 年的成交记录上仅 14 家挂牌企业发生股权交易转让，若剔除 3 家历史遗留问题的企业，全年仅成交 103 笔，成交总金额 1.75 亿元。流通转让功能的孱弱，直接导致企业对市场兴趣的降低，中介服务机构撤离市场。

三、相关对策建议

为进一步增强区域市场服务实体经济的能力，促进创新创业，防范金融风险，同时鉴于上述区域市场实际运行中存在的突出问题，我们认为应从以下四个方面，加强市场基础架构的建设，从而推动其功能完善和加强。具体如下：

（一）建议成立由中国证监会集中监督管理的地方证券登记结算机构

目前对于区域市场登记结算问题的解决大致有两种模式供选择，一是成立专门的中小企业登记结算公司，进行全国集中统一运营，各地设分支机构，由地方区域市场与中小企业登记结算公司合资成立；二是各地依法成立登记结算机构，由中国证监会集中监管。考虑到区域市场具有私募性和区域性等特点，各地在登记结算方面存在较大的差异，并不适合标准化的统一登记结算模式，同时从降低企业登记成本、促进场外市场金融创新等角度出发，第二种模式是适应现阶段实际情况的较优选择，但须由中国证监会集中监管，以确保区域市场在规范、健康的前提下实现创新发展。

（二）批准设立一批以服务中小微企业为主的证券经营机构

该类证券经营机构围绕区域市场，为中小微企业提供规范培育、信息披露、融资、培训等服务。在条件成熟时，考虑允许经营规范、实力较强的小微证券经营机构在区域市场为符合要求的挂牌企业提供"做市商"服务，以促进区域市场的股权流转与市场功能发挥。

（三）转板机制推进区域市场推荐优秀挂牌企业进入全国股转系统挂牌

建议加快推进多层次股权市场间的联系与合作，建立区域市场优秀企业推荐机制，对于在区域市场挂牌一定时期且运作规范、发展良好的企业可开辟绿色通道，优先推荐到股转系统挂牌。这样，一方面为符合条件的区域市场优秀挂牌企业打开上升通道，便利其进入全国股转系统、场内市场，实现企业跨越式发展；另一方面，也能为交易所市场与全国股转系统提前进行企业筛选，优质企业储备与融资服务等工作。这既是健康完善的多层次股权市场体系的内在要求，也是市场参与主体的内生需要。

此外，中国证监会《区域性股权市场监督管理试行办法（征求意见稿）》目前正在公开征求意见，第十四条第二款提出运营机构可以设立私募投资基金管理机构。建议区域市场设立的私募投资基金管理机构试点承做全国股转系统业务，以满足现阶段衔接不同层级市场间的互动，为下阶段"转板"提前打下基础。

（四）支持区域市场试点公募、私募股权众筹融资

区域市场拥有相对健全的股权业务规范体系、结构多元的会员中介机构、经验丰富的从业人员队伍，具备开展股权众筹融资的显著优势。建议将管理规范程度较高的区域市场纳入公募股权众筹融资试点，由其设立下属公司独立运作股权众筹业务，这样既能发挥区域市场在权益类业务上的专业优势，又能推动区域市场服务中小微企业能力的提升，并使其为大众创业、万众创新做出应有的贡献。

区域性股权市场创新投融资模式研究

金 珍*

区域性股权市场作为我国多层次资本市场的重要组成部分，是为市场所在地省级行政区域的企业特别是中小微企业提供股权、债券的转让和融资服务的私募市场，对于促进中小微企业股权交易和融资，鼓励科技创新和激活民间资本，加强实体经济的薄弱环节，具有不可替代的作用。区域性股权市场定位主要体现在四个方面：中小微企业培育和规范园地；中小微企业的融资中心；地方政府扶持中小微企业发展的综合政策运用平台；资本市场中介服务的延伸。融资作为区域性股权市场的主要功能之一，对于破解中小微企业融资难题，促进中小微企业健康持续发展，具有重要意义。创新是引领发展的第一动力，投融资模式的创新是区域性股权市场发挥融资功能、服务中小微企业的基础和原动力。

一、我国区域性股权市场融资基本情况

（一）融资成效

中国证券业协会针对 24 家区域性股权市场的问卷调查数据显示，截至 2014 年底，区域性股权市场累计挂牌企业 5 829 家，托管企业 2 809 家，展示企业 2 万家左右，挂牌企业数量较 2013 年增长 1 倍，区域性股权市场服务中小微企业的范围呈快速扩大之势。

从融资情况来看，截至 2014 年底，区域市场共计为 2 314 家企业实现融资 1 298 亿元，其中 2012 年、2013 年、2014 年分别融资 253 亿元、435 亿元、609 亿元，年均增幅 56%，融资成效较为显著。

（二）融资方式

企业的融资方式主要分为外源融资和内源融资两大类型，而外源融资从资本结构维度可分为债权融资和股权融资。区域性股权市场主要为中小微企业提供外源融资，其中，债权融

* 作者单位：广州股权交易中心。

资主要包括股权质押融资、私募债券融资，股权融资主要包括定向增资、增资扩股等传统私募股权融资方式及股权众筹等新型股权融资方式。

1. 股权质押融资。股权质押融资是指企业以其股东持有的一定比例股权作为债权担保，向银行或其他机构、个人贷款（借款）的融资活动。这种融资方式本质上为债权融资，但兼具股权融资和债权融资的双重优势，既可以规避企业抵押物不足的问题，又可以盘活企业股权，是区域性股权市场挂牌企业首选的融资方式。

由于股权的定价及内在价值稳定性问题，区域性股权市场挂牌企业的股权质押融资有别于上市公司及新三板挂牌企业股权质押融资，普遍存在股权认可程度低、定价困难等问题。因此，目前区域性股权市场推出的股权质押融资均为创新型中小微企业股权质押融资模式及产品，代表性创新产品有广州股权交易中心的“股融通”系列产品、齐鲁股权交易中心的股权融资宝等。

2. 私募债券融资。私募债券融资是指我国境内依法注册的商事主体以非公开发行方式发行和流通转让，约定在一定期限还本付息的债务融资活动。私募债券融资发行采用备案制，审批速度较快，期限长，发行条件相对宽松，能增强企业财务杠杆，有效实现直接融资。

目前，各区域性股权市场都在大力发展私募债，其中，以前海股权交易中心的梧桐私募债最具代表性。梧桐私募债具备企业可以自主发行、“天地金信”式的乐高模式、投资人分类准入与产品适配、将发行方式分为定向发行和募集发行、储架发行模式、私募债后期管理机制、信用评价机制等创新特点。

3. 私募股权融资。私募股权融资是指企业以非公开方式进行股权性质的融资，并向投资者提供投资回报的活动。私募股权融资是非上市企业获取资金、技术、人才、管理和产销渠道等企业发展必要资源的有效手段，能够稳定资金来源，降低财务风险和融资成本，提高企业内在价值。

除了定向增资、增资扩股等传统私募股权融资外，互联网金融与股权融资的融合带动了区域性股权市场股权众筹融资的发展。各区域性股权市场普遍建设了互联网股权众筹平台，发展私募股权众筹。如广州股权交易中心的青创板股权众筹平台，浙江股权交易中心的浙里融，齐鲁股权交易中心的齐鲁众筹等。

4. 其他方式。除上述主要融资方式外，区域性股权市场还通过银行贷款、小额信贷、知识产权融资、资管计划、信托计划和资产收益权等多种融资方式服务挂牌企业融资需求，为不同经营禀赋、不同发展阶段、不同财务状况和不同融资需求的中小微企业提供融资服务，帮助中小微企业解决融资难度大、融资成本高企的问题。

中国证券业协会的问卷调查数据显示，截至2014年底，区域性股权市场的股权质押融资、私募股权融资、私募债券融资和其他方式融资累计金额分别为604亿元、364亿元、263亿元、287亿元，其中，股权质押融资占比最大，为47%；私募债券融资增速最快，由2012年的1.5%增长到2014年的17%。总体来看，目前阶段区域性股权市场仍以债权融资方式为主，股权质押融资和私募债券融资方式体现为区域性股权市场发挥融资功能的主要切入点和突破口。

二、我国区域性股权市场的创新投融资模式

各区域性股权市场针对挂牌企业推出的创新融资产品均各具特色。从投融资创新模式确立的突破口来看，区域性股权市场的投融资模式创新可以分为合作模式创新、政府支持方式创新、投融资渠道创新三大方面。

（一）合作模式创新

合作模式创新是指区域性股权市场与多方参与主体在投融资服务和产品开发上合作形式的创新。区域性股权市场作为中小微企业的融资平台，在利用自身平台优势的基础上，还需借助多方市场主体，有效整合各类资源，为中小微企业提供各类创新型投融资产品和服务。在产品的设计和开发过程中，与多方参与主体的合作模式成为影响投融资产品结构的关键因素，合作模式的创新将推动产品和服务的创新。

目前，区域性股权市场大多采取“平台 + 中介机构”的运营模式。中介合作机构主要分为三类：以券商、银行、投资机构为代表的推荐机构；以会计师事务所、律师事务所、资产评估公司、担保公司为代表的专业服务机构；以各类大型投资机构为代表的自营性投资机构。各地区域性股权市场积极加强与中介机构的合作，在实践中不断探索双方合作模式的创新，并将焦点集中在担保方式和风险管理机制创新上，以远期受让模式和集合融资模式为代表。

1. 远期受让模式。远期受让模式是指区域性股权市场的挂牌企业以其股东持有的一定比例股权或其他资产（如实物资产、知识产权）作为债权担保，委托区域性股权市场办理相关手续，向银行等金融机构或其他机构或个人申请获得贷（借）款，挂牌企业还款触发违约条款的，由大型投资机构或担保机构受让其股权后代偿贷（借）款。

在远期受让模式中，区域性股权市场与银行、投资机构和担保机构相互合作，区域性股权市场作为发起人，为借款企业提供挂牌、股权登记和变更相关服务；出资方为认可资产抵质押方式、对承诺远期受让方予以授信的银行；投资机构或担保机构为承诺远期受让方，当挂牌企业还款触发违约条款时，受让其股权或其他资产后代偿贷（借）款，进行风险处置。远期受让模式通过引进投资机构或担保机构作为远期受让方，对融资企业实现了增信，对各方风险进行协调，具备有效的风险管理与风险处置机制。

区域性股权市场中采用远期受让模式设计的产品，包括广州股权交易中心的“股融通 1 号”和“知融通”、齐鲁股权交易中心的“股权融资保”、广东金融高新区股权交易中心的“股易贷”等。广州股权交易中心的“股融通 1 号”是指广州股权交易中心挂牌企业以其股东持有的一定比例股权作为债权担保，无需其他任何抵押物，向银行申请获得贷款，企业还款触发违约条款的，由广州产业投资基金管理有限公司受让企业股权后代偿贷款。

2. 集合融资模式。集合融资模式是指区域性股权市场与政府、银行、社会资金、中介机构等合作，把分散的中小微企业集合起来抱团融资。集合融资模式的核心理念是“统一组织、集合融资、统一担保”。集合融资模式运用规模经济原理，通过多方机构合作，共同受理企业融资需求，有效减少信息不对称，降低融资成本，更为中小微企业提高信用增级，使集合融资的企业获得单个难以取得的较高信用评级。

区域性股权市场中的集合融资模式主要包括中小企业集合债、中小企业集合票据融资、中小企业集合信托融资、中小企业集合贷款等。

中小企业集合债是指通过牵头人组织，以多个中小企业构成的集合为发行主体，发行企业各自决定发行额度，分别负债，使用统一的债券名称，统收统付，向投资人发行的约定到期还本付息的一种企业债券形式。前海股权交易中心的“梧桐私募债”天合系列就属于中小企业集合债。天合系列以企业自身信用发债，融资企业基于共同的特征或需求，按照约定的标准集合成包，在前海股权交易中心批量备案发行。

中小企业集合票据是指2个以上10个以下具有法人资格的企业，在银行间债券市场以统一产品设计、统一券种冠名、统一信用增进、统一发行注册方式共同发行的，约定在一定期限还本付息的债务融资工具。辽宁股权交易中心在中小企业集合票据融资上进行探索，与沈阳市中小企业信用担保中心、辽宁省建设银行、中债信用增进投资股份有限公司合作，为挂牌企业成功发行集合票据。

齐鲁股权交易中心在中小企业集合贷款上进行了创新。“中小企业集合贷款计划”是齐鲁股权交易中心与银行、担保机构合作，由一定数量的企业形成一个“小微企业池”，银行向“小微企业池”中的企业发放贷款，企业需缴纳10%的共同保证金，由担保公司为其提供担保增信，企业向担保公司提供相关资产作为反担保措施。一旦出现风险，由企业共同保证金先行偿付，不完全覆盖的部分由担保公司代偿，其他企业损失上限为10%。

（二）政府支持方式创新

政府支持方式创新是指区域政府部门针对本地区区域性股权市场在各类资金和政策支持方式上的创新。从市场定位来看，区域性股权市场作为省级人民政府扶持中小微企业政策措施的综合运用平台，在优化区域资源中发挥着基础性作用，对提升区域金融服务实体经济的能力，具有重要意义。因此，在区域性股权市场的建设过程中，各地政府部门加大对区域性股权市场的支持力度，除了传统的补贴、专项资金形式外，还以引导基金、风险补偿等多种创新方式，将各类资金和政策落实到支持区域性股权市场发展上。

1. 引导基金模式。引导基金模式是指由政府出资，并吸引有关地方政府、金融、投资机构和社会资本，不以营利为目的，以股权或债权等方式投资于创业风险投资机构或新设创业风险投资基金，以支持创业企业发展。

政府引导基金通过引导创业投资行为，支持初创期科技型中小企业的创业和技术创新。宗旨在于，发挥财政资金杠杆放大效应，增加创业投资资本供给，克服单纯通过市场配置创业投资资本的市场失灵问题。特别是通过鼓励创业投资企业投资于种子期、起步期等创业早期的企业，弥补一般创业投资企业主要投资于成长期、成熟期和重建企业的不足。“政府引导基金”的模式将财政扶持产业发展资金的分配方式由“补贴投入”向“股权或债权投入”转变，聚集了政府和金融机构的作用，加速资源整合服务。

以齐鲁股权交易中心的“政府引导基金”为例。2014年11月，山东省人民政府办公厅印发了《山东省省级股权投资引导基金管理暂行办法》；2014年12月，山东省人民政府再次召开专题会议，拟安排设立13只母基金，其中，资本市场发展引导基金首批设立，主要投资于齐鲁股权交易中心挂牌和拟挂牌企业；齐鲁股权交易中心在全省范围内选择投资基金备选库企业。

2. 风险补偿模式。风险补偿模式是指政府或政府相关投资平台出资设立风险补偿资金，对银行、担保机构、投资机构等的贷款损失进行补偿，助力中小微企业融资。风险补偿模式的意义在于通过政府主导的资金对中小微企业融资贷款损失的补偿，发挥政府平台对中小微企业的信用增级作用，提高银行、担保机构、投资机构等金融服务机构的承担风险能力，进一步增强其支持中小微企业的能力和意愿，支持中小微企业发展。

以齐鲁股权交易中心的“齐鲁股权种子基金”为例。齐鲁股权交易中心通过与相关区域政府投资平台（企事业单位、商业团体）合作，出资设立风险补偿专项资金池，以帮助特定中小企业客户群体向银行融资。在设立“齐鲁股权种子基金”中，齐鲁股权交易中心仅作为引导出资方承担引导作用，区域政府投资平台作为主要出资人和基金管理人。

再以前海股权交易中心的“梧桐私募债”地合系列为例。前海股权交易中心的“梧桐私募债”地合系列是以政府承担部分风险发债，由地方政府作为组织方，将符合条件的企业集合成包、在前海股权交易中心批量备案发行，并由政府出资认购劣后部分或者出资作为风险备付金的新型私募债。

（三）投融资渠道创新

投融资渠道创新主要是指以互联网金融为核心的债权融资和股权融资渠道的拓展。互联网金融作为互联网与金融深度融合的新兴业态，以互联网、云计算等高新技术做支撑，通过 P2P 网贷、大数据金融、众筹等方式，为中小微企业开拓创新融资渠道，也为投资者尤其是普通投资者提供一种投资门槛相对较低的全新投资渠道。区域性股权市场不断集合区域金融资源和互联网金融资源，探索适合中小微企业的互联网融资模式，助力大众创业、万众创新。具体的方式包括打造自有互联网金融平台、与知名互联网金融平台合作等等。

1. 搭建互联网金融平台。搭建互联网金融平台是指区域性股权市场依托自身平台资源，推出以股权众筹、私募债募集与投资转让功能为主的互联网金融平台。互联网金融平台一般分为股权众筹板块、固定收益类产品发售板块和转让板块等。有些区域性股权市场将所有板块功能聚集在同一平台，而有些则将股权融资板块和债权融资板块分独立平台进行运作。

以浙江股权交易中心的“浙里投”和“浙里融”为例。2014 年，浙江股权交易中心推出集股权众筹、私募债券募集与投资转让功能于一体的“浙里投”平台。2015 年，浙江股权交易中心对互联网金融平台进行全新改版，将“浙里投”定位为以“债券众筹”为主，重新搭建独立运作的“浙里融”平台，专注股权众筹业务，支持创新创业。

2. 与知名互联网金融平台合作。与知名互联网金融平台合作是指区域性股权市场与知名互联网金融平台合作，将通过备案审核的挂牌产品信息推送平台发布，或是与平台合作开发非标准化固定收益类理财产品等。以人人贷、陆金所、京东金融、招财宝等为代表的知名互联网金融平台具有资金实力和背景强、品牌认同度较高、专业技能突出、风险相对可控等优势，为中小微企业融资提供了便捷高效的融资渠道。

以广州股权交易中心的具体实践为例。广州股权交易中心一方面与中证众筹、招财宝和京东金融合作，将通过备案审核的挂牌产品信息推送至这些平台发布，经平台撮合后，与特定投资者签署认购协议，同时引入评级较高的担保公司对产品进行增信；另一方面，广州股权交易中心与招财宝、京东金融推出非标准化固定收益类理财产品，如私募债券、直接债务融资产品、小额贷款公司定向债权产品、资产管理公司权益类产品等。主要区域性股权市场投融资模式见表1。

表1 主要区域性股权市场投融资模式一览表

创新类别	具体模式	代表性产品
合作模式创新	远期受让模式	股融通（广州）、股权融资保（齐鲁）、股易贷（广东金融高新区）
	集合融资模式	梧桐私募债天合系列（前海）、中小企业集合票据（辽宁）、中小企业集合贷款计划（齐鲁）
政府支持方式创新	引导基金模式	政府引导基金（齐鲁）
	风险补偿模式	梧桐私募债地合系列（前海）、齐鲁股权种子基金（齐鲁）
投融资渠道创新	自建互联网金融平台	浙里投和浙里融（浙江）、齐鲁众筹和齐鑫投（齐鲁）、蓝海众投（广东金融高新区）、青创板股权众筹（广州）
	与互联网金融平台合作	定投债（广州）

三、存在的问题

区域性股权市场在创新投融资模式上进行了积极探索，取得了一定的成效，为广大中小微企业切实解决融资和交易难题，但是在具体的实践过程中，仍存在以下问题：

（一）制度约束

现有制度制约区域性股权市场融资和交易的实现。2011年《国务院关于清理整顿各类交易场所切实防范金融风险的决定》（国发［2011］38号）和2012年《国务院办公厅关于清理整顿各类交易场所的实施意见》（国办法［2012］37号）的颁布，使得区域性股权市场的发展受到颇多的制度约束。一是交易制度，不得采取集中竞价、做市商等集中交易方式；二是对股东人数有不得超过200人的限制。这些限制使得股权流动性缺失，交投不活跃，交易效率低，挂牌企业股权缺乏公允价格，区域性股权市场融资和交易功能难以真正发挥，发展空间受到一定程度的限制。

（二）挂牌企业整体质量不高

挂牌企业整体质量不高，缺乏增信。为了让更多的中小微企业享受资本市场的服务，大部分区域性股权市场在设立之初就制定低门槛或无门槛的挂牌企业准入政策。随着市场规模的扩大，挂牌企业的数量虽大幅增加，但质量良莠不齐，中小微企业典型的规范程度不高、内部制度不健全、抗风险能力差等问题依旧存在，加上区域性股权市场中小微企业信用评估体系的不健全，更加严重阻碍了企业融资的实现。

（三）第三方机构风险与收益不匹配

第三方机构难以获得与风险相匹配的收益。相比新三板的企业，区域性股权市场的挂牌企业在财务、经营和信用等方面风险更大，有着更多的不确定性。作为第三方机构，如券商、担保机构、银行、投资机构等，难以通过推荐企业挂牌、为挂牌企业提供专业服务、投资挂牌企业等方式获得超额的收益，因此，第三方机构参与区域性股权市场的热情不高，直接影响区域性股权市场的融资和交易效率。以证券公司推荐企业在新三板和区域性股权市场挂牌为例，证券公司推荐企业在新三板挂牌每单可获得 100 万元左右的推荐费用收入，推荐企业在区域性股权市场挂牌，获得的收入远远少于新三板，而所花费的精力和成本与新三板挂牌相当。

（四）政府扶持区域性股权市场发展模式尚在探索中

各地政府支持区域性股权市场发展的模式还在探索中。从中国证券业协会的问卷调查数据来看，各地各级政府对区域性股权市场重视程度和相关扶持政策落实力度不一，暂未找到合适的支持模式。截至 2014 年，只有 7% 的挂牌企业获得了地方政府的补贴，且平均补贴仅为 26 万元，相对于企业改制和挂牌成本偏少；各地扶持小微企业的贴息、担保、专项扶持资金等优惠政策分散在不同的部门，牵涉不同部门利益，难以落实；部分地方虽制定了优惠政策，但适用门槛较高，不符合区域市场挂牌企业的实际情况。

四、相关建议

（一）优化和完善相关制度安排

建议优化和完善区域性股权市场相关制度安排，提高挂牌企业融资和交易效率。做市商制度是场外交易市场的一项基本制度安排，能有效解决我国当前区域性股权市场缺乏流动性的问题。建议由中国证监会牵头，挑选具备条件的区域性股权市场开展做市商交易制度试点，放开交易间隔为 5 天的限制，逐步解决区域性股权市场中股权和债权难以进行市场化定价和流转的问题，支持区域性股权市场采取多种创新融资方式发挥服务中小微企业的功能。

（二）培育和规范挂牌企业

建议积极发挥培育和规范功能，促进中小微企业快速成长。一是在挂牌企业数量规模不断扩大的背景下，区域性股权市场应根据挂牌企业的分布现状，进一步完善挂牌企业分层分级管理与服务，打造多层次的孵化培育体系。二是充分整合区域资源、平台资源、政府资源和中介机构资源，不断完善中小微企业综合服务体系，打造健康良好的孵化培育机制。三是建立企业大数据库，探索建立企业信用信息平台，引导挂牌企业制定内部信用管理制度，鼓励挂牌企业通过信息披露等方式积累和展示企业信用价值，开展企业信用体系建设，提升企业信用价值。

（三）完善第三方机构相关配套措施

建议完善针对第三方机构的相关配套措施，增强第三方机构参与热情。一是进行有效的制度设计，包括机构准入条件、业务相关规定、优惠鼓励政策等，汇聚服务中小微企业所需的各类资本市场元素和资源，各类资源之间相互配合、紧密合作，形成强大的资本市场合力，全力服务中小微企业。二是建议尽快出台小型证券公司服务区域性股权市场的相关政策。证券公司作为资本市场的重要参与主体，具有服务网络、人才资源、资金实力、规范运作等优势，对区域性股权市场的建设具有重大推动作用，建议出台相关政策鼓励小型证券公司在区域性股权市场开展创新业务，建立小型证券公司与区域性股权市场系统的对接机制，扩大区域性股权市场的投融资服务范围。

（四）政府以多种方式支持发展

建议探索合适的政府进入方式，以多种方式支持区域性股权市场的发展。一是建议各级政府继续出台挂牌企业扶持政策，包括但不限于挂牌企业股份制改造费用补贴、股权（债权）融资贴息，探索将区域性股权市场打造成为各类政府政策和资金支持中小企业的综合运用平台和信息披露平台。二是探索基金管理机构，受托管理省市相关扶持中小企业和科技企业发展专项资金，通过跟投机制、风险补偿机制等模式，扶持优质挂牌企业发展。三是探索与社会各界共同出资设立股权投资基金管理公司，吸引社会资本投资优质挂牌企业。四是建议各级工商行政部门积极支持，为省内各类非上市企业股权、债权以及其他各类私募金融产品提供登记托管服务。

证券公司发挥优势　支持区域性股权市场发展

——以信达证券支持辽宁股权交易中心为例

张冬峰*

区域性股权市场（以下简称“区域市场”）作为全国多层次资本市场的重要组成部分，离不开证券公司的参与和支持。但是对于习惯了服务“高大上”企业、“挣大钱”的证券公司而言，如何以有限的资源对接服务信用风险比较大的中小微企业，支持“草根”资本市场的发展，是个崭新的课题，并无经验可以借鉴。在国内一些有实力、有远见、有区位优势的证券公司纷纷参与区域市场建设的大背景下，信达证券股份有限公司（简称信达证券）两年前开始筹建辽宁股权交易中心，通过不断摸索，形成了专业化、综合化、差异化的发展思路。在同期开业的市场中，尤其是在北方的市场中，成绩较好，排名前列。

一、证券公司积极参与，区域市场发展方兴未艾

以2011年11月国务院出台《关于清理整顿各类交易场所切实防范金融风险的决定》（国发［2011］38号，以下简称“38号文”）为标志，区域市场进入了一个新的发展阶段。经过清理整顿，区域市场逐步走上了规范发展的轨道。截至2015年4月底，全国已设立33家区域性股权市场，各市场共有挂牌股份公司2 597家，展示企业2.65万家，累计为企业实现各类融资2 435亿元。

根据中国证监会《关于规范证券公司参与区域性股权交易市场的指导意见（试行）》（证监会公告［2012］20号，以下简称“20号文”），中国证券业协会、沪深证券交易所、各地方证监局多措并举支持证券公司参与并推动区域市场规范发展。目前共有30家证券公司入股20家区域市场，出资10.89亿元，其中控股11家，参股9家，成为区域市场发起设立的主要模式之一。

* 作者单位：信达证券股份有限公司。

二、证券公司积极参与区域市场的主要动因

近几年来，随着国家对发展区域市场的重视，以及相应的前景规划和政策导向明确，从长期来看，累积效应显现后，参与区域市场应可为券商带来稳定而持续的收入。前期尽管较少类似2015年初以来密集出台的、明确发展区域市场的系列政策，但券商普遍认为，以区域市场为代表的私募、场外市场是重要的业务发展方向，潜力巨大。主要体现在以下几个方面。

（一）政策支持，市场发展趋势明朗

大力发展多层次资本市场早已成为国家战略，“国九条”提出“在统筹考虑资本市场合理布局和功能定位的基础上，逐步建立满足不同类型企业融资需求的多层次资本市场体系”，明确支持区域市场、私募市场发展。2014年券商创新大会也把私募市场、场外市场作为券商创新发展的第一方向。同时，中国证监会鼓励券商参与区域市场以及对券商参与非上市公司股权质押融资业务的政策支持等，使得区域市场业务发展面临重大机遇。

（二）企业资源规模庞大

区域市场挂牌资源充足，如果对挂牌公司不做规模等方面的约束，潜在市场规模达到5 000万家。对于证券公司的收入而言，未来区域市场给券商带来的收入主要来自两个部分：一是券商帮助企业挂牌的费用；二是企业挂牌后，随着部分企业的成长壮大，证券公司为企业提供改制辅导、管理培训、投融资等综合服务乃至做市获取的收益。有如此之大的市场潜在规模，证券公司的收入应当是持久而巨大的。

除此之外，对券商参与区域市场，将间接促进证券公司投行和直投业务发展。尽管短期挂牌收益对券商盈利影响有限，不过区域股权业务的开展可以对证券公司的投行和直投业务带来推进。挂牌公司挂牌后的定向增发、转板等都将利好证券公司的投行业务。同时，通过寻找并帮助高新企业改制挂牌，也能为券商直投业务部门带来潜在的投资对象。在投行和直投资源越来越稀缺的背景下，区域市场业务的开展将对证券公司这两项业务形成有效补充。

（三）与证券公司主营业务战略高度相关

以区域市场业务为代表的私募及场外市场业务既可发展成为一个独立的新兴业务板块，又可结合证券公司既定战略为经纪业务提供可能的转型方向，还可为资产管理业务提供极为广泛的产品创设空间。同时，融合区域市场业务的系统性、综合性、复杂性特点，可以进一步全面利用并发展证券公司的多元业务体系与平台，进而发展和完善证券公司的盈利模式。

（四）市场牌照总量控制，资源稀缺

国务院办公厅《关于清理整顿各类交易场所的实施意见》（国办发［2012］37号，以下简称“37号文”），提出要严格执行交易场所审批政策，严格规范交易场所设立审批。明确各省级人民政府应按照“总量控制、合理布局、审慎审批”的原则，统筹规划各类交易场所的数量规模和区域分布，审慎批准设立交易场所，使交易场所的设立与监管能力及实体

经济发展水平相协调。

2015 年 6 月 26 日发布的《区域性股权市场监督管理试行办法（征求意见稿）》进一步明确了一省原则上只批准 1 家运营机构的要求，规定本办法施行前省级行政区划内已经设立运营机构的，不再设立；尚未设立的，可以设立 1 家。

为避免产生盲目建设和重复建设问题，以及可能发生的市场间的无序竞争，上述规定无疑是契合当前及未来相当长一段时间内区域市场发展实际状况的。但另一方面，区域市场运营牌照无形中成为一种稀缺资源，加之从中远期看，区域市场存在一系列的业务机会，有远见、有实力的证券公司纷纷抢滩登陆。

三、实施差异路径选择，信达证券积极参与区域市场建设

辽宁省作为全国工业大省、科技大省，东北振兴的龙头，GDP 排名多年处于全国前列，东北第一。但其资本市场的发展比较缓慢，需要一个多层次资本市场为企业提供专业持续的支持。

对于信达证券而言，参与区域市场建设，也是在证券行业创新发展的背景下谋求差异化、特色化发展的客观选择，可以促进信达证券营业部的多元化创收和转型。尤其是信达证券在辽宁省有众多的分支机构和资源，具备参与辽宁股权交易市场建设的一系列有利条件，并能为企业提供更多“接地气”的服务，亦可拓展公司投行、资管、柜台业务的空间，在场外市场寻求更多的业务机会。

证券公司服务实体经济的能力，应更多体现在对企业的个性化服务上，因为企业对投行的需求是多元化的，如果不能提供个性化的产品，所提供的服务范围是很窄的。只要企业有需求，信达就为其服务，这样就把证券公司的业务转型和多层次资本市场建设发展紧密结合起来。所以，信达认为区域市场是个蓝海，是券商实现差异化经营的主要方向之一。

信达证券虽非辽宁本土券商，但中国信达集团与辽宁省政府的合作历史悠久，通过托管辽宁证券、化解各类金融风险等工作，双方建立了充分信任的合作关系，而且信达证券也是辽宁省内证券市场占有率最大的券商。因此，辽宁省政府与中国信达签署战略合作协议，引进信达证券参与辽宁股权交易市场的建设。

四、证券公司对区域市场发展提供的主要支持

近几年来，区域市场发展迅速，初步形成面对中小微企业的服务体系，企业融资功能初步显现，融资方式逐步多样化，市场自身风险防控能力加强，制度体系建设趋于完善。这些发展变化，相关证券公司的投入和大力参与，发挥了重要作用。以信达证券为例，其主要通过以下方式，参与和支持了辽宁区域市场建设。

（一）资金支持

信达证券作为并列第一大股东（占 33%），与沈阳联合产权交易所、上海证券交易所、大通证券、中天证券合作出资，共同建设辽宁股权交易中心。随着业务发展，2015 年 6 月中心确定新增股本 5 000 万股，信达证券拟认购其中的 50%，继续提供资金支持。

（二）人员支持

信达证券派出管理人员、业务骨干参与辽宁股权交易市场的筹建与运营。推荐信达证券副总经理级高管担任辽宁股权交易中心首任总经理，推荐信息技术中心、辽宁分公司相关负责人担任中心副总经理，5名高管中，3名来自信达。中心还以信达证券派出的业务骨干为核心组建中层管理团队，其中信达证券骨干人员占中层人员的60%，覆盖了辽宁股权交易中心各主要业务条线。信达背景的经营团队，在辽宁股权交易中心运营过程中发挥了主导作用，初步建立了辽宁股权交易中心“政府支持、券商主导、股东协作、市场化运行”的模式，也奠定了中心目前合规、稳健运营的基础。

（三）业务支持

信达证券在总部设立场外市场部，在辽宁分公司设立机构业务部，指定具有丰富投资银行业务经验的人员从事推荐挂牌、私募债承销等业务。信达证券在辽宁省内有超过30家证券营业网点，覆盖了辽宁省各地级城市，企业资源比较丰富，区域优势比较明显，信达证券设立专门的考核指标，引导营业部开展区域市场业务。两年来信达证券共推荐366家企业挂牌（占总挂牌数的39%，其中7家已转至新三板挂牌），还通过承销中小企业私募债、指导挂牌企业并购重组等方式，支持辽宁股权交易中心业务发展。

除经纪、投行业务条线的支持外，信达证券的资管、研发等部门对中心的发展也提供了相关帮助。例如信达的资产管理部正在设计专项投资区域市场的资管计划；研发部门每年为挂牌企业提供多次专项培训；机构业务部遴选合适的投资机构参与挂牌企业投融资对接会等。

（四）管理支持

我国主要综合性证券公司都建立有比较完善的前、中、后台管理体系，交易和客户网络资源发达。证券公司较为成熟的管理优势可为区域市场发展奠定坚实的基础，其管理、业务及其他相关资源可以直接服务于区域市场建设。

包括人才培养，信达证券将中心纳入自己的人才培养体系，每年给中心若干名额，参加信达证券举办的中高层管理人员培训班；也包括制度输出，信达证券将多年的经营经验、管理制度输入中心，帮助中心设计了公司化、市场化的经营体制和有辽宁特色的管理体系，指导中心依法规范建设区域性股权交易市场。

（五）研发支持

信达证券的研发中心对区域市场的发展进行了深入研究，并承接了上海证券交易所部署的联合研究计划，与辽宁证监局、辽宁股权交易中心组成联合课题组，撰写了《区域资本市场发展模式探析——以辽宁区域资本市场为例》的研究文章，为区域股权交易市场的发展提供了“四合发展”新思路。

（六）创新支持

区域市场本身是一个充满了创新的市场，从市场制度的设计完善到市场产品的开发毫无疑问都面临着一系列挑战。市场创新离不开具有创新能力的人才梯队及其专业积累，区域市场建设必须依靠市场力量发挥市场自主创新能力，充分利用市场参与主体的积极性进行金融创新。当前我国100多家证券公司已经有数十万的证券从业人员，证券公司不但有参与市场创新的诉求而且具有金融创新的能力。

信达证券利用专业优势，在辽宁股权交易市场推出了两支小贷公司私募债，积极参与辽宁股权交易市场股权质押式回购产品研发创新活动。目前，正在研究出资设立专项科技基金（专门投资股权交易市场发行的私募产品，投资入股科技型挂牌企业）；将股交中心定位于信达证券创新业务发展的平台，与其深度合作，共建股权众筹平台；参与PPP债券承销等创新业务。

（七）引入集团资源

信达证券的母公司信达集团本身旗下有信托、保险、租赁、产业基金、房地产等业务，能为挂牌企业提供多元的金融服务。已有一些挂牌企业得到这方面的服务，这是综合金融服务集团的优势。

在信达证券的大力支持下，截至目前，辽宁股权交易中心已实现企业挂牌超千家，帮助企业融资68亿元，培育7家企业转至新三板挂牌，得到了各级政府、相关部门及挂牌企业的高度认可。

辽宁股权交易中心的发展思路可以总结为“综合发展、联合发展、耦合发展、结合发展”。除信达证券外，辽宁省政府金融办、其他股东均发挥了巨大作用。例如辽宁省金融办出台多项市场补贴、扶持政策，鼓励和培育市场的发展；比如上海证券交易所，多次为企业提供市场培训、联合中心共同走访挂牌企业、单独为中心举办“走进上交所投融资对接会”，还派出了场外市场总监担任中心副总经理，这些都对中心发展初期品牌建立、规范运营、产品创新等方面起到重要作用。

五、制约证券公司深度参与区域市场的原因

证券公司在参与区域市场建设过程中，在基础制度建立、服务转型、业务拓展、品牌塑造、培育合规文化等方面进行了一系列探索。虽然证券公司积极参与区域市场建设，但是从推荐挂牌企业和融资数量看仍较少。中国证券业协会问卷调查结果显示，目前共有211家次证券公司成为24家区域市场会员，占会员总数4.7%。2014年证券公司推荐挂牌企业数量、实现融资总额分别为237家和35.48亿元，占比只有6.5%和5.8%。

证券公司由初期的积极变为目前实际业务较少，究其原因，主要体现为以下几个方面：

（一）区域市场顶层设计不足

尤其是区域市场与全国中小企业股份转让系统（以下简称“新三板”）之间、与证券公司柜台市场之间、与中国证券业协会中证机构间报价系统之间的有机衔接和差异化界定方面还不够明晰。

如从新三板影响来看，自从新三板扩容到全国后，资质较好、规范度较高的企业大多选择挂牌新三板，区域市场挂牌企业质量逐渐下降。与新三板业务相比，证券公司参与区域市

场收益悬殊较大。以中信证券为例，其区域市场与新三板业务收入比例由2013年的20%锐减到2014年的1.3%。

（二）法律地位未明确，影响证券公司业务参与

虽然国务院有关文件明确将区域市场纳入多层次资本市场体系，但没有具体规定，所以区域市场法律地位还未确定。这在一定程度上影响了区域市场的功能定位、发展方向和监管安排，社会认可度低，和金融机构合作上存在一定障碍。

如为应对新三板扩容冲击，部分区域市场调整发展方向，转向理财产品、股权众筹等发展模式。由于区域市场自身金融机构身份认定不明确，证券公司受制于严格的风控和合规管理，无法代销其金融产品，开展相关业务亦受到制约，由此逐渐被边缘化。

（三）政策限制不利于证券公司发挥专业优势

目前，对区域市场的具体政策规定只是在国务院37号文、38号文内有所体现，文件对区域市场的交易方式、交易频率和权益持有人数量等提出了底线要求。这些规定虽有利于初期的风险防范，但不利于后续繁荣发展。

由于上述限制，区域市场不能采取做市商、集合竞价等交易方式。做市商制度是为市场提供流动性的重要交易机制，目前在区域市场只能采取协商议价的方式进行交易，这在很大程度上制约了市场的发展，同样不利于证券公司发挥专业优势，为挂牌企业股权形成公允价格创造条件。

（四）区域市场自身制度和规则不够完善，制约证券公司介入

从整体上看，国内大部分区域市场成立时间不长，专业人才匮乏，合规风控意识有待进一步强化。在业务规则的设立方面，部分区域市场尚未建立健全的管理制度和业务规则，这在一方面将导致这些区域市场由于制度不健全发展缓慢，另一方面，不健全的管理制度和业务规则状况，也会使得这些区域市场受20号文的影响，难以得到证券公司的支持。

（五）风险收益不对称，投入产出不平衡

对区域市场的运营，长期看应有较好前景。但中短期内，区域市场存在的一些问题对证券公司的影响不容忽视。

如区域市场认知度低、交投不活跃，导致市场销售能力比较弱；增信措施少导致证券公司为区域市场设计产品难度增加；中小企业信用低、运营不规范导致私募债承销风险较大；证券公司投入的成本不少于其他市场，但区域市场挂牌企业规模较小，质量参差不齐，单个企业带来的盈利水平较低，使证券公司在一定时间内无法获得正收益等，客观上降低了证券公司参与区域市场的意愿。

六、推动证券公司参与区域市场的有关建议

针对上面的分析，建议采取以下措施支持证券公司参与区域市场，促进市场繁荣发展。

（一）考虑抓住《证券法》修订的有利时机，在法律层面肯定区域市场的重要作用与合法地位

目前，区域市场存在的许多问题，都源自法律地位不足，缺乏国家法律的支持。例如区域市场开展的股权挂牌、转让、质押、私募债备案发行等业务是否具有法律效力，是否能够对抗第三方，与工商部门的业务关系如何界定，诸如此类的问题，需要我们在相关法律政策上予以明确。

（二）明确多层次资本市场间的联动机制

多层次资本市场的构架体系以及各个层级市场间的联动机制，目前还不够清晰。建议进一步完善区域市场的顶层设计，将区域市场纳入多层次资本市场发展整体规划，明确与证券交易所市场相辅相成、互相补充的关系，确认区域市场在股权登记托管、产品创新发行等业务上的法律地位，鼓励区域市场间以及不同层次市场间的衔接，完善和明确转板机制和互联互通机制，促进区域市场的规范发展，提升区域市场的整体公信度，为包括证券公司在内的各类区域市场参与主体提供公平的法律制度环境。

（三）进一步放松管制，允许发展规范的区域市场先行先试，择机开展做市商制度试点

如前文所述，国务院 37 号文、38 号文对区域市场而言，虽有利于初期的风险防范，但不利于后续繁荣发展。建议对于已通过国务院清理验收，且严格依据中国证监会的要求规范发展、证券公司参与较多、省级政府和自律组织监管到位的市场，放松管制，允许其先行先试，创新交易机制，不断鼓励其扩大发展。

区域市场面对的是数量庞大的中小企业，这一群体的规范程度、抗风险能力均远低于大企业，区域市场的流动性也低于交易所市场。从国际上较成熟的场外市场发展实践看，做市商制度比协议转让、集合竞价、拍卖制度更有利于提升市场的流动性和控制风险。

目前，在全国中小企业股份转让系统、中证机构间报价系统均已实施了做市商制度，市场运行良好。我们可考虑将做市商制度推广至区域市场，同时，强化做市商的风险责任，如要求做市商对所推荐的企业终身负责，做市商负有在挂牌之初认购股份义务、挂牌后连续报价和应买应卖义务等。通过先期试点，允许证券公司尝试为推荐挂牌企业提供做市，提升市场交投活跃度，形成市场公允价格，进而提高企业股权融资效率。

（四）政策制定和监管方面的制度安排应当充分调动证券公司参与区域市场建设的积极性

从实际情况看，证券公司参与区域市场的程度还不够深入。建议监管部门和中国证券业协会进一步出台鼓励政策，一是增加对证券公司区域市场业务相应的评级加分，将该项考核纳入证券公司分类评级，并在风险准备金缴纳、净资本扣减比例等方面给予政策倾斜。二是允许证券公司参与更多的区域市场业务，例如代理股权买卖、代理融资产品销售、创新融资产品等，促进证券公司深度参与区域市场，发挥证券公司维护市场秩序、推动市场规范发展的作用。

（五）支持、鼓励证券公司在区域市场发挥市场中介组织的主导作用

境外成熟的场外交易市场的主导者都是证券中介机构，在我国仍存在一定程度行政主导

色彩的多层次资本市场制度建设中，证券公司市场中介的重要性应当重点考虑。

证券公司在我国资本市场上已经发展了二十余年，100 多家证券公司中，有的公司实力强大、业务遍布全国，许多大型的综合证券公司已经建立了扎实的市场基础，汇集了我国资本市场大、中、小型投资者。证券公司可以开发合格投资者参与区域市场，为资金供需双方提供中介桥梁。证券公司广大的市场基础可以满足区域市场投融资双方的需要，提供强大的金融中介渠道。不同的证券公司也可发挥各自的优势针对不同的区域市场开展差异化服务，创新交易产品，强化市场运行规则，真正成为市场主体。

（六）培育证券公司的托管、支付等基础功能，服务区域市场

证券公司作为区域市场重要的参与主体，其市场职能的发挥直接影响区域市场的交易效率和市场效率，因此，完善证券公司的基础功能是提升区域市场运行效率的有效路径。

在区域市场建设中，除提供交易、投资、融资等服务功能外，证券公司还可以提供托管、登记、结算等服务，而支付功能还处于探索和起步阶段。未来我们应以完善证券公司的支付职能为基础，推进证券公司客户账户的统一建设，实现单一账户在多个市场上的投资，解决证券公司与区域市场间无法实现资金划付的问题，进而盘活账户的存量资产，增强客户在区域市场开户的积极性。

“券商主导，公司化运作”是目前区域市场发展的重要模式之一，无论是业务层面还是股权层面，证券公司基础功能的完善有利于深化券商在区域市场中的参与度，对于推进区域市场的健康持续发展有着十分重要的作用。

海峡股权交易中心支持创新创业的主要做法及政策建议

张赞松　郑福屏　曾维翰*

海峡股权交易中心（以下简称“海交中心”）作为福建省区域性股权市场，在福建省委、省政府的领导下，在省金融办的指导下，坚持“区域性”和“私募性”的规范要求，积极建设包括中小微企业综合融资服务平台、对接境内外资本市场平台、两岸金融合作先行先试平台、多要素登记托管与交易平台、中小微企业的信用服务平台等在内的五大平台，努力发展成为我国重要的区域性股权市场，成为推动大众创业、万众创新的广阔平台。截至2015年5月末，中心累计挂牌企业1 509家，其中，挂牌交易企业35家、挂牌展示企业1 437家、台资企业37家，为企业融资近17亿元。

一、支持创新创业的主要做法

（一）积极探索互联网金融融资服务，打造融资路演和众筹平台，推动大众创业创新

一是中心以自身省级平台构建众创空间，利用互联网方式，开展线上线下相结合的模式，进行融资路演。积极发挥连接投资者和创业企业的桥梁和纽带作用，将孵化与投资相结合，线下与线上相结合，对接资本和产业，营造支持创业、包容创新的氛围，帮助广大创业者实现创业理想。海交中心先后举办了多届“海峡刺桐杯”、“海峡荟”资本对接路演会；借助深交所下属深圳证券信息公司投资者交流平台、万德资讯金融服务平台开展线上路演；成为福建省委组织部指定的福建省人才与资本项目对接会（简称“4·18”活动）常态化路演机构，承办全省“百人计划”中的生物医药、信息产业、农林牧渔、装备制造、节能环保等6个专场路演，帮助科技人才利用资本开展创业。共邀请了675家企业，其中221家企业提出融资需求，102家企业进行了现场路演对接（项目偏重种子项目）。目前中心正积极

* 作者单位：海峡股权交易中心。

通过建立3机制，1平台（3机制即统一的需求收集机制，有效的服务对接机制，清晰、明确的企业服务追踪机制，1平台指成功对接的成果展示、宣传平台），做好“4·18”项目持续跟踪服务，促进项目资本有效对接。

二是与福州市青年创业中心合作对接、优势互补，携手推动两岸“大众创业万众创新”。双方已达成战略合作意向，福州市青年创业中心负责向海交中心推荐企业挂牌，海交中心安排人员帮助福州市青年创业中心孵化项目规范发展和融资。同时，双方加强服务两岸青年创业的工作领导、政策引导、环境营造、平台搭建、人才培养等方面向政府有关部门谏言献策，共同开展培训、实践路演训练，并邀请风投、创投等资深专家现场点评，帮助创业者认识资本，掌握项目与资本对接技能，同时借助中心平台不断推荐优秀项目与资本对接，帮助创业者成长壮大。此外，通过福州市青年创业中心在台湾的资源网络，积极引进台湾中小企业项目，帮助他们更好了解大陆对台优惠政策、经济形势及发展方向，在福州培育孵化、落地展业，进一步输送全国各地，目前已成功引进台湾项目136项。

三是开发互联网众筹融资业务。以挂牌企业、福建省人才与资本项目对接会（简称“4·18”活动）和中国海峡项目成果交易会活动（简称“6·18”活动）项目为标的主体，通过互联网途径，开展实物众筹和项目众筹，促进线上项目和资金的投融资对接。通过实践摸索，针对创业企业不愿在创业初期低价出让股权的现象，动员企业“先债后股”、“先短后长”，逐渐积累企业融资信用基础，结合企业成长阶段实施融资方案。目前，海峡众筹平台已经上线运行，挂牌展示企业——纳海餐饮成功通过实物众筹进行融资，方家山茶籽油众筹、芒果牧场众筹等项目融资正在进行之中。另外，还推进挂牌企业大用生态、莲花阁进行众筹融资。

四是加强小贷公司创新融资探索，拓宽服务中小微企业的资金来源。针对福建省内小额贷款公司服务中小企业特点和发展困境，福建省金融办批复海交中心建设小贷公司创新融资平台，为小贷公司提供同业拆借、项目网贷、资产收益权转让、私募债发行等业务，解决小贷融资需求，支持中小微企业、三农等实体经济发展。目前已有3家小贷公司（邵武铁城小贷、漳平聚缘小贷、武平天裕小贷）在海交中心的海峡易贷平台开展海峡小微贷业务（即小额贷款公司创新融资业务），预计募集资金1 000万元。

（二）努力完善中小微企业的综合融资服务平台功能，提升对大众创业创新的支撑

一是探索多元化的融资方式解决中小微企业融资难题。海交中心作为福建省中小微企业综合融资服务平台之一，联合会员单位积极探索适合中小微企业的融资方式，推出了定向增资、私募股权投资、中小企业私募债、委托债权投资、股权质押融资、融资租赁（融信宝）、林权抵押贷款、“投贷”联动（私募股权投资+银行授信）、“POS贷”无抵押信用贷款等多样化的融资方式，满足小微企业融资需求。目前已累计为中小微企业提供融资16.65亿元，其中：完成定向增资2.55亿元；私募股权融资7 288万元；发行中小企业私募债3只，融资金额4.6亿元；推荐挂牌企业到深交所发行私募债2支，融资金额1.6亿元；委托债权投资5 500万元；融资租赁1 151万元。与13家银行业金融机构签订战略合作协议，合计授信205亿元，其中，67家挂牌企业使用授信额度6.44亿元，实际到资6.35亿元。

二是采取各种增信措施破解中小微企业信用低难题。利用海交中心平台功能，提高业务的认可程度。海交中心对挂牌企业进行了分类分层管理，聘请具有证券资格的会计师和律师事务所对企业进行股改和规范治理，提升挂牌企业的财务真实性和可靠性，确保企业公司治理严格规范，缩短上市进程和降低成本，获得省内企业和市场主体的广泛认可。增强外部增信。海交中心与担保公司、保险公司等金融机构合作对接，通过外部担保、保证保险产品等多种措施，为中小微企业融资提供外部增信，提高中小微企业信用融资水平。设立增信基金，提高内部增信能力。福建省设立增信基金，委托海交中心作为运营管理机构，首期3 000万元资金已拨付到位。海交中心与泉州、漳州、龙岩等地市政府合作洽谈，出资设立地市增信子基金，扩大对中小微企业的普惠范围。与银行、保险、担保等金融机构合作，促成这些金融机构安排出专属授信额度，对符合标准的小微企业提供融资，目前已安排 1 550 万元基金额度，达成意向额度 1 500 多万元，预计可为小微企业融资增信超过 15 亿元。

三是积极提供企业“融智”服务规范企业经营管理。海交中心定期举办“海峡慧”挂牌企业规范运作和融资发展培训会，为企业提供改制、公司治理、发展规划和投融资管理培训。与外部培训机构合作，引进行业中有影响力的专业培训机构，对企业进行经营管理等全方位的培训，先后与厦门大学、华侨大学联合举办多层次资本市场研修班，与兴证财富学院合作举办中小企业商业模式创新等“海峡慧之领航计划”系列培训。通过智力咨询和管理服务，帮助中小微企业在发展初期，就能按照规范的标准进行培育，促进企业快速健康持续发展。

（三）加强挂牌企业培育孵化规范，助力其尽早实现向全国性市场“转板”

海交中心在开发培育现有挂牌企业的基础上，鼓励推动符合转板条件的挂牌企业转板到新三板，实现“应转尽转”，已有 8 家挂牌企业到新三板挂牌，分别是郎星照明、瑞聚股份、皇品文化、瑞恒科技、华泰集团、本益科技、东南光电和众益太阳能。培育 6 家挂牌交易企业筹备登陆新三板。债权市场方面，海交中心推动 2 家挂牌企业到深交所发行中小企业私募债 1.6 亿元。为此，一定程度上实现了区域性股权市场和多层次资本市场体系的对接。

二、存在的问题和困难

区域性股权市场在支持大众创新创业方面虽然取得了一定成绩，但是也存在一些问题和困难。

（一）区域性股权市场政策体系有待进一步完善

区域性股权市场作为我国多层次资本市场的有机组成部分，市场法律地位及相关法律法规体系有待进一步明确和完善。特别是作为区域性股权市场重要基础的非上市股份公司登记托管，因市场缺乏法律地位，得不到工商部门认可，股权交易变动信息不能及时更新，制约中小微企业股权质押融资和股权规范管理。

（二）区域性市场与其他层次的资本市场之间缺乏有效对接机制

虽然国发［2013］49 号文已明确多层次资本市场的对接安排，但由于操作层面尚未出台相关制度，区域性股权市场与新三板及交易所之间尚未建立畅通有效的对接机制，进而影响区域性股权市场将培育成熟的挂牌企业有效输送到全国性市场。

（三）需进一步提升专业服务机构参与市场的积极性

由于小微企业、科技初创企业需要的中介服务具有个性化、专业化、数量不大的特点，专业服务机构的投入产出不成比例，导致其参与区域性股权市场积极性不高，同时受政策限制部分融资工具服务范围无法覆盖到区域性股权市场，如区域性市场不能开展优先股、并购重组私募债、非公开发行公司债券等产品，证券公司集合资管计划不能直接投资区域性市场，直投小微企业股权超过7%影响保荐业务等。

三、政策建议

（一）加强区域性股权市场体系建设，完善顶层设计和配套政策支持

一方面，加强区域性股权市场顶层设计，完善相关法律法规体系，如尽快出台“区域性股权市场管理试行办法”，对市场的法律地位、功能定位、准入机制、主要交易制度以及市场发展方向等给予进一步明确，同时协调工商总局明确与区域性股权市场对接安排区域性企业的登记托管；另一方面，尽快出台针对不同层次市场的转板操作规则，打通不同层次市场间的联系，为区域性市场发挥接地气早培育功能，创造良好环境。同时，构建区域性股权市场与新三板建立高效便捷的转板机制，特别针对恪守规范的区域性股权市场挂牌企业，以市场化的方式引导合规建设，安排挂牌绿色通道，对符合新三板条件的挂牌企业由区域市场出具合规意见无须推荐机构可直接到新三板挂牌。

（二）加强政府政策扶持，为区域性股权市场营造良好的创新创业环境

加强区域性股权市场地方政府扶持小微企业发展综合政策运用平台建设，促进省市县级企业扶持政策在区域性股权市场落地，依托区域性股权市场设立创新创业基金和场外市场基金，鼓励和支持挂牌企业进行创新创业活动，对挂牌企业给予税收支持，同时将挂牌企业纳入转增股本、股权奖励分期缴纳个人所得税试点。大力支持区域性股权市场专业服务机构发展，创新创业项目孵化，通过给予专业服务机构税收支持等政策，引导专业服务机构参与区域性股权市场业务，为挂牌企业提供个性化、专业化、普惠性综合金融服务，延伸区域性股权市场中介服务。加快发展小型、微型的证券公司，服务区域性股权市场和挂牌企业，解决商业银行、证券公司等大型金融机构“嫌贫爱富”的问题。打造资本项目投融资对接平台，鼓励私募股权、创投等投资机构深耕区域性股权市场，推进地方政府对区域性股权市场运营机构的办公用房、信息系统等给予优惠，积极构建依托市场的众创空间。

（三）加强金融工具和服务创新，增强区域性股权市场支持创新创业的功能

一方面，建议中国证监会将更多金融工具，特别是不超过200人的私募产品，拓宽应用到区域性股权市场，拓宽区域性股权市场和专业服务机构的服务创新空间，给予中介机构差异化的合规风控要求，提供包容度、个性化的专业服务，并组织为区域性市场提供专业培训和产品开发支持；另一方面，加强服务小微企业的金融工具和服务创新，通过私募股权融资、私募债权融资、投贷联动等融资方式，加强科技初创企业、小微企业等资金支持。搭建区域性股权市场互联网金融平台，利用互联网金融大发展的新常态，探索股权众筹、资产证券化、金融资产流转、网络借贷等互联网金融新业态，助力大众创新创业。

区域性股权市场发挥融资功能的现状、问题与对策建议

高鹏飞*

2012 年，中国证监会出台《关于证券公司参与区域性股权交易市场的指导意见（试行）》（证监会公告［2012］20 号），首次明确了区域性股权市场是多层次资本市场的重要组成部分，明确了区域股权市场是为本省级行政区划内中小微企业提供股权、债权的转让和融资服务的私募市场。

总体看，区域市场的具体运作机制还在探索和形成中，发展环境和基础设施也有待完善，然而部分市场已经形成了很多成功实践。假以时日，将对深化中小微企业的金融服务起到显著推动作用。齐鲁股权交易中心是我国成立较早的区域性股权市场，是我国多层次资本市场探索创新的先行者，经过 4 年多的建设和发展，在区域市场创新建设、推动中小企业融资、促进金融服务业发展颇有建树。本文将根据齐鲁股权交易中心的发展实际，就区域性股权市场发挥融资功能的有关情况总结如下。

一、创新融资服务思路，搭建中小企业融资服务体系

（一）金融资源聚集优势突显，为金融创新提供了资源基础

金融业集聚特征十分明显，影响力较大的金融集聚区，对地区经济社会发展具有难以估量的作用。区域市场已经显现了强大的金融资源聚集优势，如齐鲁股权交易中心投资者俱乐部会员队伍总数已达 180 家；吸引银行、证券公司等战略会员、机构会员 50 多家；同时，加强与省内新型民间金融机构的合作，目前注册金融服务机构会员 251 家，其中担保公司 99 家、小贷公司 103 家、民间资本管理公司 49 家，并与其中 50 余家机构进行了担保增信、资本管理、融资服务等方面的交流对接合作。另外，服务市场的中介机构会员已经达

* 作者单位：齐鲁股权交易中心。

361家。

（二）创新推出以私募债为代表的直接融资产品

股权融资和私募债融资是区域市场中直接融资的主要表现形式。作为私募股权交易市场，无论股权交易抑或私募股权融资，都依赖于股权投资市场的充分发育，但目前投资于发展初期企业的股权投资机构数量较少。为了不断完善和拓展市场融资功能，区域市场不断丰富融资服务品种，创新推出了有市场特色的私募债系列产品。目前，齐鲁股权交易中心合格投资者开户人数达3.2万户，为企业提供直接融资44亿元。其中，117家企业进行141次私募股权融资，获得资金22.7亿元。2013年下半年开始，齐鲁股权交易中心就不断对私募债券产品进行完善，分别从规则制定、产品设计、发行流程以及投资者权益保护等方面进行了改进与优化，创新推出国内首单挂牌企业集合私募债、可转债、短融债、系列债和山东省首单小贷公司私募债。目前，已备案私募债券32单，合计为企业实现私募债融资20.38亿元，票面利率在7.8%—10.5%之间。

（三）推动企业股权质押融资，破解联保联贷风险

股权质押融资作为各区域市场重点推动的创新型融资方式，已经成为解决企业融资的一种有效手段。股权质押融资在创新企业融资担保方式，降低企业融资成本，化解互保风险等方面发挥了重要作用。当前中小企业融资难、融资贵，主要是因为缺乏银行等金融机构要求的担保物（如土地、房产证等），难以获得银行贷款。大多数企业为了进一步发展往往是企业间互（串）保，企业并不了解互保企业状态，一旦一家出现问题，银行向联保企业追偿贷款，整个担保链就会出现断裂等问题。2014年9月4日《山东省非上市公司股权质押融资指导意见》正式出台，为山东省非上市公司股权质押业务开展奠定了坚实的政策基础。目前，齐鲁股权交易中心共办理股权质押融资业务151笔，帮助企业成功融资累计23.5亿元。贷款机构为银行、信托等金融机构及小贷等类金融机构。

（四）加强和深化与各类金融机构的合作

区域性市场属于新兴事物，需要以产品创新为载体，与当地的银行和小额贷款公司等金融机构合作，将金融资源汇聚到股权交易中心的平台。区域市场不断丰富融资服务品种，以推动企业股权、债券等直接融资为主导，带动银行信贷融资，实现直接融资与间接融资双轮驱动的良性循环机制，为中小微企业融资开辟了一条新途径。齐鲁股权交易中心与各家银行深入合作，推动出台针对市场的特色产品：建设银行总行出台针对挂牌企业的“信用贷”、“股权质押贷”；招商银行总行出台“挂牌贷”、“股权质押贷”等产品；交通银行山东省分行针对中心科技创新型企业推出了“专利通”产品，丰富和拓展了中小企业融资渠道。

（五）将普惠融资沉到最基层

区域市场尚未积累一定数量的投资人群体，私募股权和私募债的直接融资方式不能完全满足高成长中小企业的短期融资需求。而中小企业不符合银行贷款要求，银行的贷款也很难落到中小企业。齐鲁股权交易中心挂牌企业有638亿元的授信额度，但是在实践中，只为企业发放贷款120余亿元，有500亿元的授信额度无法落地。针对这一情况，齐鲁股权交易中

心2014年创新推出了更多“普惠金融”产品，与各市地方投资平台、银行等金融机构合作，探索推出了“齐鲁股权普惠融资种子基金”。目前已经有聊城、淄博、烟台等地的5只种子基金签约落地，5只齐鲁股权普惠融资种子基金将带动流动资金贷款6亿元左右，每家企业可以获得200万元到500万元的贷款，最多可以惠及300家挂牌企业。

（六）发挥地方政府协调作用，整合地方资源

区域性股权市场服务的区域面小，天然具有草根性和社区型，能够更贴近企业的服务需求。各地政府都在想方设法服务中小微企业，但是没有有效的抓手，通过区域性股权市场，地方政府可以就近综合利用各类资源服务中小微企业发展。为更好地对区域市场加强政策扶持和政策推动，引导齐鲁股权交易中心规范健康发展，2013年7月，山东省政府出台了《关于加快全省金融改革发展的若干意见》（鲁政发［2013］17号），专门部署区域性股权市场建设发展工作。2014年11月，山东省政府统一部署，省财政出资引导，鲁信集团和齐鲁证券公司分别配套运作，形成10亿元以上规模的股权投资引导基金，重点投资于齐鲁股权交易中心挂牌企业。

（七）利用互联网金融平台汇集资金对接实体经济

面临市场信息传播有限的天然不足，区域性市场主动适应互联网时代和大数据时代对金融服务提出的新要求，利用互联网技术，将现代通讯技术、网络平台和传统的商业模式相结合，探索了互联网金融与资本市场进行有效融合的经营模式。齐鲁股权交易中心推出互联网网贷平台“齐鑫投”、互联网众筹平台“齐鲁众筹”，目前已有4家企业成功实现众筹融资，4家企业发行4单短期借贷产品。

二、区域性股权市场发展面临的主要瓶颈

目前，区域性股权市场的发展刚刚启动并处于探索发展时期，面临一些问题。一是我国股权投资市场发育不足；二是企业股权质押不能与工商部门有效联动；三是人才结构单一，缺乏为小微企业提供金融服务的专门人才；四是小微企业信用信息服务体系发育不足，制约区域性市场的发展；五是私募法律制度缺失，区域性市场生存空间狭窄。目前来看，区域性市场发展的最大障碍还是我国支持小微企业的法律制度和基础设施尚不完备，即证券私募法律制度有待健全和小微企业信用信息体系发育不足，这两点是需要政策层面着力改善，各部门共同推动解决的。

（一）我国私募法律制度缺失，区域性市场生存空间狭窄

目前，区域性市场发展的最大障碍是我国支持小微企业的法律制度和基础设施尚不完备，即证券私募法律制度有待健全和小微企业信用信息体系发育不足，这些因素限制了区域性股权市场的发展，也影响了金融机构参与区域性股权市场建设的积极性。

（二）多层次资本市场各层次之间的有机联系与合作有待进一步加强

多层资本市场各层次之间应该是优势互补、有机联系的，在服务中小企业方面应该是协

同合作关系，而不应是竞争关系。

（三）国家对区域性股权市场政策限制过严，交易不活跃，投资人退出难

根据《国务院关于清理整顿各类交易场所切实防范金融风险的决定》（国发［2011］38号），区域市场目前采取协议报价的方式进行金融产品的交易，实施T+5的交易规则，且人数不突破200人，制度限制大大降低了区域性股权市场的活力。

三、区域性股权市场融资面临的迫切问题

目前区域性股权市场融资产品主要以股权融资、私募债和股权质押为主，这三个主力产品面临着一系列问题。

（一）股权融资面临的问题

一是小微企业很难受到股权投资机构青睐。区域市场服务企业以小微企业为主，股权私募融资较难。虽然挂牌企业多为创新成长型企业，但由于多数企业仍处于发展初期，盈利量小且模式单一，并未形成明显的行业竞争力，企业上市遥遥无期，与股权投资机构所要求的投入企业后几年内就实现上市退出并获取数倍盈利的要求差距较大。二是私募股权机构退出方式相对单一。目前我国专业私募股权基金的退出方式主要还是以IPO为主。区域性市场因受政策限制，交易极不活跃，挂牌企业价值很难通过市场交易体现，私募股权机构通过区域股权市场退出渠道并不畅通，众多私募股权机构依旧选择关注较符合IPO条件的成熟企业。三是我国私募股权类金融机构种类偏少。目前，我国专业股权私募基金基本设立在北京、上海、深圳等金融发达地区，着重关注拟IPO企业。山东省本土专业私募股权金融机构规模相对偏小。虽然许多专业私募股权基金在山东设立分支机构，但由于项目需报总部审批，距离弱势明显。

（二）私募债融资面临的问题

第一，私募债产品属于新型投资品种，属私募产品不能公开宣传，社会认知度与影响力较低，市场尚未聚集相当的合格投资者群体。第二，区域性市场私募债作为中国银监会认定的非标准化产品，通过银行渠道解决承销时，承销额度受到总量控制，而且审批周期长，再加上债券发行规模不大，银行积极性不高。第三，中介机构较少且服务水平不高。与沪、深交易所的债券承销机构以券商为主不同，区域性市场的债券承销机构多为非券商的投资、担保等机构，且数量较少，这类机构一般缺少承销经验，人员有限，承销能力较差。另外，围绕市场服务的相关审计及法律服务机构也大多无相应的服务经验。第四，债券发行增信难。由于私募债券属于风险较高的产品，所以在发行时，承销机构一般都要求发行人进行担保增信。一些中小企业发行人由于缺乏抵质押物，无法提供有效担保或不能为担保公司提供相关反担保，很难找到担保公司为其做担保，承销机构的增信要求难以得到满足。综上，服务中小企业的私募债发行成本较高，且无相关贴息政策，企业财务成本高。

（三）股权质押融资面临的问题

一是部分地方工商部门没有与区域性市场形成联动机制，一些地方工商行政管理机关以

无法掌握相关股东变动情况为由拒绝受理非上市股份公司的股权出质登记申请，而同时也拒绝与区域性股权市场联动，为非上市股份公司办理股权出质登记。二是银行等金融机构对非上市公司股权不认可。银行只对上市公司股权质押融资有相关规定，非上市公司股权质押属于一事一议范畴，造成分支银行进行企业股权质押融资业务流程长、要求高。

四、对区域性股权市场发展的几点建议

改革开放以来，我国资本市场取得长足进展，已经建立了包括沪、深证券交易所以及全国中小企业股份转让系统，多层次资本市场已初具规模，为经济社会持续快速健康发展注入了大量资本，提供了强有力的支撑。随着经济的不断发展，我国资本市场暴露出体系不完善、体制不健全等方面的矛盾和问题。特别是对经济发展中最具活力、最具优势、最具潜力的中小企业而言，借助全国证券交易市场的融资作用相当有限。从根本上解决中小微企业融资难问题，为经济转型发展增添动力和活力，必须加快资本市场创新，积极发展区域性股权交易市场，为中小微企业提供更加便捷、有效的直接融资渠道。中小微企业利用资本市场，直接关系到整个国家的大战略，能够成为推动经济发展的新动力。

（一）在法律层面确认区域性股权市场地位

2012 年 8 月份，中国证监会正式出台《关于规范证券公司参与区域性股权交易市场的意见》，首次将区域性股权交易市场纳入到我国多层次资本市场体系。2013 年 8 月，国务院办公厅出台《关于金融支持小微企业发展的实施意见》（国办发［2013］87 号），要求将区域性股权市场纳入多层次资本市场体系。国务院总理李克强 2015 年 1 月 28 日主持召开国务院常务会议，会议在确定支持发展“众创空间”的政策措施中，明确提出发展区域性股权市场。

2015 年 4 月 20 日，全国人大常委会审议了《证券法》修订草案。草案以确立股票发行注册制、扩张证券范围、推动证券行业创新、加强投资者保护等一系列市场化改革为重要内容，再次重申了健全多层次资本市场体系的发展思路。然而，作为多层次资本市场重要部分的区域性股权市场，修订草案却没有对其给出明确的发展空间。在发达资本主义国家，由法律层面对中小企业支持的政策非常多，中小企业天然就是弱势群体。建议结合本次《公司法》、《证券法》修改，推动区域性股权市场纳入法律调整的范围，真正把区域性股权市场打造为“大众创业、万众创新”的基础性证券市场之一。

（二）从国家层面统筹规划各层次资本市场的关系

在发达资本主义国家，经过几百年的衍变，形成了多层次资本市场体系，即针对不同成长周期和不同规模的企业，有不同的资本市场与之相对应。我国要想弯道超车，就必须在国家层面进行统筹规划，鼓励企业先在低层次市场挂牌，然后建立递次的转板机制，使区域性股权市场在多层次资本市场体系中发挥更好的基础和补充作用。多层次资本市场体系的建立，将会由底层开始普及股权文化、普及正确的证券知识，对于目前我国资本市场的一系列问题将有较好的改善作用。

（三）给区域性股权市场“国民待遇”

建议统筹考虑区域性市场发展普惠政策，如参照《国务院关于全国中小企业股份转让系统有关问题的决定》，针对投资者税收、外资政策等方面，参照相关规定施行。使区域性市场成为聚集各种“普惠金融”要素的重要平台，为更多的中小微企业做好贴身服务。

（四）建议从国家层面出台政策，鼓励金融机构支持区域性股权市场发展

区域性股权市场作为多层次资本市场的塔基，有着最广大的中小微企业服务群体，发展空间极大。目前，针对区域性股权市场发行的中小企业私募债、信托计划、理财产品等还在初步探索中，金融机构在区域性市场上进行金融产品创新的前景广阔。建议出台相应政策，鼓励金融机构，尤其是各类银行，在建立全面风控体系的情况下，积极探索区域市场挂牌及托管企业的股权质押融资、投联贷等各类金融创新业务，更好地做好中小微企业的融资服务，充分发挥金融支持实体经济发展的作用。

探索担保债权服务模式解决中小微企业融资困境

孔令贵 汪 晶 张昕欣[*]

我国经济经历了近30年高速发展，取得了世人瞩目的成绩，据统计，2014年底我国经济总量已经超过10万亿美元，仅次于美国。但我们同时也看到，长期粗放式增长积聚了严重的经济和社会问题，中小企业“融资难、融资贵”已成为困扰国家和各地政府的头等大事。党的十八大明确提出要深化金融体制改革，健全促进宏观经济稳定、支持实体经济发展的现代金融体系，加快发展多层次资本市场。李克强总理在“两会”上，也提出要加快发展多层次资本市场。显然，建设多层次资本市场已经上升成为国家层面的重要发展战略。

一、区域性股权市场的发展现状及功能定位

目前，我国已初步形成主板、创业板、全国股转系统（简称“新三板”）、区域性股权市场的“金字塔”形架构的多层次资本市场体系。肖钢主席在2015年“两会”上，对区域性股权市场的战略定位提出了明确意见，主要体现在四个方面：中小微企业培育和规范的园地；中小微企业的融资中心；地方政府扶持中小微企业发展综合政策运用的平台；资本市场中介服务的延伸。

区域性股权市场作为多层次资本市场中的基础板块，是对接本省（本区域）中小微企业的低层次资本市场，在培育孵化中小微企业以及提供融资服务方面具有显著优势。一是培育孵化方面。据不完全统计，我国目前在册的中小企业超过1 400万家，占国内企业总数的99%；创造了50%以上的GDP，解决了80%的城镇人口就业问题，为国家贡献了近60%的税收。沪、深交易所发展了20多年，因门槛高、上市流程复杂等原因，只接纳了2 600多家企业上市，绝大多数中小微企业无法踏入资本市场大门。区域性股权市场以其低门槛、低成本、时效快等优势，迅速接纳了大量的中小企业进入资本市场，配套以中介机构督导服务，规范企业治理结构，公开信息披露，吸引战略投者等资本市场服务手段，帮助其建立现

* 作者单位：安徽股权托管交易中心。

代企业管理模式，熟悉资本市场游戏规则，就好比是上“学前班”。挂牌企业通过学习先进的企业管理理念和资本运作知识，得到融资服务及政策扶持，不断成长壮大，最终走向更高层次的资本市场。二是融资服务方面。中小微企业因其增信措施缺乏、业务模式不稳定、信息披露不充分等原因，很难获得银行提供的间接融资服务，也难以通过发行债券获得资金。但是，创投机构对中小微企业感兴趣，也希望通过区域性股权市场寻找合适的投资对象，并且愿意承担相应的投资风险。区域性股权市场实际是打通了间接融资与直接融资的通道：一方面，企业挂牌之后，规范性及信用度提高了，更容易获得银行提供的股权质押贷款或是放大原先的贷款额度；另一方面，通过区域性股权市场这个平台，创投机构关注到更多的目标企业并获取到企业信息，遴选后以股权投资形式帮助企业解决融资，有的创投机构还给企业带去先进的管理理念，帮助企业建立运营管理新模式，迅速做大做强，同时也实现了其投资增值或转板上市退出的目的。

二、区域性股权市场主要融资服务模式及遇到的相关问题

企业来区域性股权市场挂牌的核心诉求就是融资，但区域性股权市场不能保证每一家挂牌企业都能及时获得融资。解决中小微企业“融资难、融资贵”这一“顽疾”，需要政府、企业、区域性股权市场共同努力。政府要将各类扶持政策（贴息、奖补、担保、专项资金、引导基金、资格认定、税收减免或缓交等）通过区域性股权市场，加以组合运用；企业要进行股份改制，完善治理结构，健全财务制度，规范披露信息；区域性股权市场要整合各类业务资源，发挥资本中介作用，帮助企业多渠道融资。据不完全统计，截至2014年底，我国区域性股权市场共为企业解决融资超过2 000亿元，主要融资方式为股权类、债权类及其他融资产品。

（一）股权类融资

股权类融资主要包括挂牌贷、股权质押融资、定向增资、优先股、股权众筹等。

1. 挂牌贷、股权质押融资。目前大部分区域性股权市场都与商业银行合作，为挂牌企业争取更多的贷款支持，推出如挂牌贷、定单贷、集合贷、股权质押融资等。一般情况下，银行出于风险管控以及利润最大化追求，不愿意为中小微企业提供贷款。但这些企业来区域性股权市场挂牌之后，银行愿意与区域性股权市场合作，为其挂牌企业提供一定额度的贷款支持，主要基于考虑企业股份已集中托管登记，治理结构规范，及时披露各类信息以及可以通过二级市场处置股份等因素。

2. 定向增资和发行优先股。私募股权融资是区域性股权市场常见的融资方式，大量的投资机构通过区域性股权市场寻找合适的投资对象，以融资挂牌、挂牌后定向增资、二级市场买入等形式获得目标企业股权。优先股兼具股权融资与债权融资双重优点，由于区域性股权市场挂牌企业大都处于成长初期，经营模式不稳定，业绩增长存在变数，投资者希望有更多的选择；同时一些企业家不愿意外人插手企业经营管理但又想获得低成本融资，通过区域性股权市场发行优先股是获得融资的最佳路径。

3. 股权众筹融资。在国家倡导“大众创业、万众创新”的大背景下，当前已有部分区域性股权市场通过与当地大专院校合作，推出股权众筹业务，依托地方政府监管优势，发挥

资金和客户集聚效应，帮助初创期、种子期企业募集资金，取得了较好的市场效应。

（二）债权类融资

债权类融资主要包括企业私募债、集合债、可转债等。从国际经验来看，在英、美等发达国家，私募债券主要是通过场外市场发行募集金，主要是基于场外市场有着灵活的私募债券制度设计和大量的合格投者。我国自 2012 年开始在沪、深交易所试点开展私募债业务以来，仅有 250 多家企业通过此种方式募集到资金。而区域性股权市场在私募债业务方面，较沪、深交易所有着明显的比较优势：一是发债主体限制少。城投公司和类金融企业都可以发债。二是承销商范围宽。除证券公司之外，银行、投资机构均可以承销私募债。三是企业融资额度起点低。针对中小微企业规模小、资产轻等特点，区域性股权市场私募债发行额度最低可以降到 300 万—500 万元。四是制度设计灵活。私募债可以一次备案，多次发行，期限大多在 1—3 年，能够有效满足中小微企业资金错配需求，同时减轻企业利息负担。五是发行审核便捷，一般最快一周即可。六是合格投者门槛低。部分区域性股权市场私募债合格投者门槛最低降到 5 万元。七是提供存续期转让。大部分区域性股权市场，对备案发行的私募债，提供存续期转让服务，满足投资者变现需求，同时也丰富了区域性股权市场金融产品种类。

（三）其他融资产品

其他融资产品是指资产证券化、融资租赁等。区域性股权市场目前开展的资产证券化产品主要有小贷资产收益权、股权收益权等，其中以小贷资产收益权为主。融资租赁业务主要是发挥区域性股权市场资本中介作用，帮助拥有大额固定资产的挂牌企业与租赁公司对接，获得融资支持。

（四）存在的主要问题

区域性股权市场在开展各类融资服务的同时，也面临融资覆盖面窄、增信措施缺乏、流动性不足导致的企业融资效率低、融资成本高等实际困难。部分挂牌企业出于逃避或少缴税收等考虑，在改制时尽量隐藏利润，导致其挂牌后无法及时获得银行或投资机构青睐。另外，区域挂牌企业大多为中小微企业，在进行股权或债权类融资时缺少有效的增信措施，银行虽然也愿意为其提供股权质押贷款，但出于谨慎考虑，一般在企业每股净产基础上打折给予一定额度贷款，不能满足企业全部资金需求。区域性股权市场流动性不足也是造成融资效率不高的主要原因之一，适度活跃的交易市场，有利于帮助企业形成市场公允价格，银行或投资机构一般会参照其市场成交价，给予相应额度的融资支持。相比每股净资产折扣，企业能够获得较高的融资额度；同时，适度活跃的交易市场也有利于投资机构退出、银行处置不良股权质押贷款等。

三、安徽股交中心整合证券公司、担保公司资源优势，积极探索中小微企业担保债权融资服务创新模式

2013 年初，安徽省抢抓多层次资本市场发展机遇，着手筹建区域性股权市场，组建安

徽股权托管交易中心（以下简称“安徽股交中心”），并于2013年9月30日顺利揭牌运营。自成立以来，安徽股交中心各项业务快速发展。截至2015年5月底，挂牌企业299家，其中成长板挂牌企业73家，总股本17.42亿股，总市值27.63亿元；科技板挂牌企业226家，总股本24.8亿股；托管企业418家；已有1家成长板企业云智科技成功转至新三板挂牌，另有4家企业正在办理转入新三板手续；备案发行私募债18只，总额度为26.73亿元；股权质押融资15.37亿元，定向增资0.96亿元，融资租赁7 800万元，科技板企业获得银行贷款（信用）940万元。

（一）安徽股交中心针对中小微企业，推出系列融资服务措施

安徽股交中心为挂牌企业提供的融资服务主要有股权质押贷款、私募债、融资租赁等。为帮助挂牌企业获得更多的融资服务，安徽股交中心一方面加大与商业银行合作力度，累计与六家银行签订了共计450亿股的授信额度；另一方面积极与各地市农商行对接，挖掘地方金融机构资金优势，为当地挂牌企业解决融资难题。截至2015年5月底，共有20家挂牌及托管企业获得92批次股权质押融资，融资金额15.37亿元，另有15家科技板挂牌企业获得银行信用贷款940万元。安徽股交中心积极与证券公司合作，依托其专业优势和客户资源，发挥区域性股权市场备案发行私募债的比较优势，共同为企业做好私募债备案融资服务。截至2015年5月，共备案发行了18单私募债券，累计额度为26.73亿元。

（二）积极探索担保债权服务创新模式，着力解决中小微企业融资困境

在当前经济下行新常态下，中小微企业面临日益严峻的融资环境。安徽股交中心在为中小微企业备案发行私募债过程中，经常面临企业信用度低、增信措施缺乏、盈利模式不稳定、融资额度少等实际困难。如何将政府的扶持政策、担保机构的增信措施、专业机构的尽调辅导以及区域性股权市场快捷高效的备案审核机制有效结合，嫁接给企业，帮助企业获得中长期资金支持，同时还要考虑提高融资效率，降低融资成本，引导企业规范治理等因素。经过比较分析，安徽股交中心决定整合各方优势资源，着力打造担保债权融资服务创新模式。

模式一：担保机构+证券公司+安徽股交中心。具体是企业提出债券融资需求，安徽股交中心联合安徽省担保集团、证券公司共同到企业开展尽调，对符合相关条件的企业，由安徽省担保集团提供债券担保；证券公司负责承销、制作私募债券发行材料、推荐合格投资者；安徽股交中心负责备案审核，提供发行通道和债券登记托管、本息兑付等服务。此类债券由于担保级别高、证券公司专业水平好，股交中心备案权威快捷、投资者准入门槛低且提供存续期转让服务等因素，受到了投资者的热情追捧。安徽股交中心目前发行的私募债中，有近10单采取的都是这种模式，收到了较好的市场反响。

模式二：地方政府+担保机构+证券公司+安徽股交中心。具体是地方政府负责集中推荐符合条件的挂牌企业或拟挂牌企业，并监管债权资金的实际运用，配套支持私募债贴息政策；担保机构负责提供集中担保，为分担风险，引入省、市共同担保机制，提高债券信用级别；证券公司负责企业尽调，制作私募债材料，承销发行，推荐合格投资者；安徽股交中心负责备案审核，提供发行通道及本息兑付服务，督促企业规范披露财务信息。同时，为提高融资效率，减轻企业负担，此类担保债权采取相关各方联合尽调模式，即担保机构、证券公司、股交中心共同派人到企业开展尽职调查，企业只需要接待一次。

安徽股交中心推出的“江淮之星”系列债权产品即是上述融资服务模式的成功案例。首单“2015铜陵中小企业私募债一期”已于3月30日在安徽股交中心成功备案，并于4月8日发行完毕。该债券是由铜陵市经信委、铜陵市投融资办在安徽股交中心已挂牌和拟挂牌的铜陵市企业中按预设条件进行名单筛选，同时铜陵市投融资办担任联合资金监管人，并配套以每年1.5%的财政贴息支持；安徽省信用担保集团为债券提供担保，地方融资平台担保机构提供反担保；国元证券担任债券承销商，从专业服务和客户资源方面保证了债券的顺利发行；安徽股交中心负责债券备案审核和托管登记。正是基于这样的产品设计，投资者高度认可，首单在正式认购前就已满额预约。值得一提的是，虽然此类担保债权产品引入了双重担保体系，但相关各方在中介费用上给予了最大程度的优惠，没有增加企业利息负担。

此种担保债权融资服务模式因融资效率高、信用等级高、备案发行速度快、企业融资成本低、客户接受程度好等优点，受到了安徽省政府金融办的高度肯定及各地市政府和企业的欢迎，下一步计划在安徽各地市进行复制推广，争取覆盖更多中小微企业。

（三）安徽股交中心联合担保、保险机构，共同打造中小微企业融资服务中心

区域性股权市场专业服务优势与互联网平台的普惠金融优势有机结合，是快速、有效解决中小微企业融资难题的直接融资服务创新模式。目前，安徽股交中心正在积极筹建中小微企业融资服务中心，整合安徽省担保集团的网点优势、保险机构融资增信优势、小贷公司的企业资源优势，共同打造安徽人自己的互联网金融服务平台，着力为本省中小微企业提供创新、快捷的融资服务。

中小微企业融资服务中心以众筹、私募债及其他固定收益类产品等贴近中小微企业融资需求的直接融资品种为主，打造“小额、分散、高效”的互联网金融服务平台，吸引全省的银行、保险、小贷、担保、创投、风投等各类金融和非金融机构在平台上开展互联网金融业务。

四、几点政策建议

（一）明确区域性股权市场法律定位

按照《证券法》规定，股票交易场所设立，需经国务院批准，否则就是非法场所。实际上，目前区域性股权市场基本上都是地方政府批准设立的。2015年再次修改的《证券法》，只是体现了管理层建立健全多层次资本市场的发展思路，但作为多层次资本市场的区域性股权市场，却没有给出其应有法律地位及发展空间。

（二）为新三板与区域性股权市场开展错位竞争创造政策条件

新三板面向全国企业开放，在市场地位及政策支持、制度设计等方面享有特殊待遇，但企业挂牌条件与区域性股权市场相差无几，成为区域性股权市场最强有力的竞争对手。实际上，新三板完全可以依托其特殊地位和区域性股权市场形成错位竞争格局，提高挂牌企业条件，着重面向具有一定规模的中小企业。让区域性股权市场充分发挥草根金融和区域优势，帮助本地小微企业尤其是“大众创业、万众创新”企业，熟悉资本市场游戏规则，通过资

本市场获得融资支持并且规范发展，再从中选择具有成长性和创新型且具备一定规模的企业，转至新三板。

（三）允许区域性股权市场股份交易适度活跃

适度活跃的交易市场能够帮助挂牌企业形成市场公允价格，从而体现出企业的投资价值，提升企业融资效率，同时也有利于吸引创投机构投资区域性股权市场挂牌企业。在当前“大众创业、万众创新”的大环境下，作为中小企业孵化培育的基础性资本市场，充分发挥资本中介作用，吸引民间资本投入实体经济，并提供有序退出的二级交易市场，帮助更多的挂牌企业获得直接融资。

（四）允许200人以上企业在区域性股权市场挂牌，但以规范和减少股东人数为目的

由于历史原因，完成股份改制的地方金融企业股东人数众多，股权结构复杂。但由于达不到上市条件，难以通过资本市场实现规范治理。建议允许区域性股权市场发挥资本市场规范企业治理和信息披露优势，通过市场化手段帮助企业股份集中托管、减少股东人数、提高财务透明度，建立现代企业制度，从而找到规范有序、快速发展的路径。

（五）允许非上市股份公司股份集中托管到区域性股权市场

现有非上市股份公司股份登记在工商部门，但工商登记事项不包括非上市公司非发起人股，非发起人股东的权利不能得到有效确权和保护。区域性股权市场作为具有公信力的基础性资本市场，可以为非上市股份公司全体股东所持股份进行确权，并出具股东名册，代办分红送配及股份转让等相关事宜。有利于非上市股份公司从繁杂的股权管理事务中解脱出来，提高管理效率、降低管理成本。

区域性股权市场挂牌及融资统计见附表。

附表：　　区域性股权市场挂牌及融资统计表（截至2014年12月31日）

序号	所属区域	所属省份	名称	成立时间	首批挂牌时间	股权交易板（家）	股权展示板（家）	累计融资金额（亿元）
1	华东地区	上海市	上海股权托管交易中心	2010年11月	2012年2月	415	5 198	79.13
2		浙江省	浙江股权交易中心	2012年9月	2012年10月	228	1 382	74.62
3		山东省	青岛蓝海股权交易中心	2014年2月	2014年4月	191	145	12.5
4			齐鲁股权托管交易中心	2013年11月	2010年12月	470	4 360	177.2
5		江苏省	江苏股权交易中心	2013年7月	2013年9月	6	116	
6		江西省	江西股权交易所	2011年6月	尚未挂牌	0	0	
7		安徽省	安徽省股权托管交易中心	2013年8月	2013年9月	73	226	33.71
8		福建省	厦门两岸股权交易中心	2013年12月	2014年4月	0	1 050	
9			海峡股权交易中心	2011年10月	2013年7月	35	1 433	

续表

序号	所属区域	所属省份	名称	成立时间	首批挂牌时间	股权交易板（家）	股权展示板（家）	累计融资金额（亿元）
10			广州股权交易中心	2012 年 8 月	2012 年 8 月	25	1 097	39. 45
11		广东省	前海股权交易中心	2011 年 11 月	2013 年 5 月	0	6 120	75. 35
12	华南地区		广东金融高新区股权交易中心	2013 年 10 月	2014 年 1 月	47	1 117	62. 29
13		广西壮族自治区	广西北部湾股权交易所	2011 年 4 月	2014 年 8 月	0	121	4. 23
14		海南省	海南股权交易中心	2014 年 9 月	2014 年 12 月	0	49	
15	华中地区	湖北省	武汉股权托管交易中心	2011 年 5 月	2011 年 9 月	389	1 847	156. 83
16		湖南省	湖南股权交易所	2010 年 12 月	2012 年 12 月	40	244	2
17		北京市	北京股权交易中心	2013 年 1 月	2013 年 12 月	19	584	20
18		天津市	天津股权交易所	2001 年 7 月	2008 年 12 月	494	0	271. 98
19	华北地区	河北省	石家庄股权交易所	2010 年 8 月	2014 年 2 月	115	0	
20		山西省	山西股权交易中心	2013 年 8 月	2013 年 8 月	35	1 213	6. 45
21		内蒙古自治区	内蒙古股权交易中心	2014 年 1 月	2014 年 5 月	0	96	
22		重庆市	重庆股份转让中心	2012 年 12 月	2010 年 10 月	50	517	
23	西南地区	四川省 + 西藏自治区	成都（川藏）股权交易中心	2013 年 7 月	2013 年 12 月	0	204	
24		贵州省	贵州股权金融资产交易中心	2010 年 12 月	2014 年 4 月	67	109	
25		陕西省	陕西股权交易中心	2014 年 1 月	2014 年 7 月	0	356	
26	西北地区	青海省	青海股权交易中心	2013 年 6 月	2013 年 12 月	0	235	
27		甘肃省	甘肃股权交易中心	2013 年 12 月	2013 年 12 月	0	177	334. 91
28	东北地区	新疆维吾尔自治区	新疆股权交易中心	2012 年 10 月	2013 年 10 月	0	203	
29		辽宁省	辽宁股权交易中心	2013 年 2 月	2013 年 4 月	53	870	64. 38
30		吉林省	吉林股权交易所	2011 年 5 月	2013 年 6 月	24	477	

区域性股权市场发挥资本中介功能服务小微企业的实践与思考

王文胜　张兴美*

当前，小微企业由于自身经营面临的不确定性及所处的诚信体系不完备，“两多两难”问题依然十分严峻。作为资本市场的基石，区域性股权市场的核心任务就是如何发挥资本中介功能，促进小微企业融资难题的解决。从近两年的发展实践来看，区域性股权市场资本中介功能的内涵丰富、涉及面广，面对当前政策环境及市场状况，广东金融高新区股权交易中心（以下简称“广东股交中心”）主要抓住打造小微企业诚信体系、创设创新融资产品、搭建资金渠道三个关键环节来发挥资本中介功能。

一、基本情况

（一）发挥资本中介延伸功能，打造小微企业诚信体系

目前，广东股交中心共有注册挂牌企业 1 179 家，其中制造业占比 60%；科技型企业占比 54%；营业收入 5 000 万元以上企业占比 37%。总体而言，企业规模资质良好，但企业规范意识较差，难以符合直接融资要求。为此，广东股交中心充分发挥资本中介功能，积极打造小微企业诚信体系：一是聚集会计师事务所、律师事务所、证券公司、基金公司、投资公司等中介机构会员 216 家，增强了资本中介机构参与市场的市场活跃度。二是联合广东省金融办、广东中小企业局、广东上市公司协会等机构，为近 2 000 家企业提供资本市场培训、路演近 200 场。三是与广东省融资再担保、广东省粤科融资担保等国内知名担保公司合作，为小微企业融资提供担保增信服务。四是整合当地 44 个政府部门企业数据，增加小微企业信息透明度。

* 作者单位：广东金融高新区股权交易中心。

（二）创设创新融资产品，构建小微企业新型融资体系

区域性股权市场发挥资本中介功能的核心就是“私人定制”符合小微企业特点的融资产品。目前，广东股交中心已积极构建包括股权、债权、知识产权、科技创新等新型融资服务体系，形成了 4 大类、30 多项的融资产品，累计实现融资超 100 亿元。主要特色有：一是股权质押融资产品。灵活、多样设计纯股权、混合股权、股权增信、股债联投等质押融资产品，并与当地 44 个政府部门合作，通过采集、归纳企业原始数据，挖掘企业股权价值。目前，已通过股权质押融资产品，帮助中小企业实现近 7 亿元融资。二是私募债。通过重点发行灵活多样的私募债，使之成为企业除银行贷款之外的第二大融资方式。目前，广东股交中心通过私募债产品，帮助城投平台、小贷公司、中小企业等实现 52.27 亿元融资。三是类资产证券化融资。通过资产收益权盘活合作机构的存量资产，推动企业进行类资产证券化融资。目前，广东股交中心通过资产收益权产品，直接或间接帮助中小企业实现 26.7 亿元融资。

（三）借助互联网平台，搭建稳定、低成本、高效率的资金渠道

金融市场中资金渠道为王，获得稳定、低成本、高效率的资金成为市场发展的根本。在间接融资的封闭体系中，区域性股权市场很难与之对接，且传统金融机构处于强势地位，而区域性股权市场处于从属地位，导致市场独立性及价值无法得到体现。因此，区域性股权市场需要在银行等传统金融机构之外建立起稳定、低成本、高效率的资金渠道，才能使得业务得到持续发展，而互联网资金渠道正好满足这一要求。广东股交中心通过对接不同企业及机构，储备了丰富的优质非标资产，同时业务设计灵活多样，可与互联网资金投资需求很好契合。目前，广东股交中心已与阿里、京东、苏宁和途牛等互联网平台实现资金对接，实现融资 62.54 亿元。

二、存在问题

（一）市场法律定位尚待明确

虽然国务院有关文件已明确将区域性股权市场纳入多层次资本市场体系，但对区域性股权市场的功能定位、发展方向等法律定位均未确定，从而可能影响区域性股权市场在资本中介中的社会认可度以及与其合作的效率。传统资本中介机构处于强势地位，在与区域性股权市场开展业务合作过程中，对区域性股权市场是否可以从事金融业务的行业身份存在质疑。区域性股权市场的从属地位身份，导致市场独立性及价值无法得到体现。

（二）市场功能尚需完善

目前，各区域性股权市场虽冠以“股权交易中心”名，但市场的股权流动、转让、定价，甚至托管等功能尚需完善。随着小微企业股权意识日益提升，企业在股权流动、升值和转让等方面存在更为现实和迫切的需求。所以，基于区域性股权市场为小微企业融资的核心功能，要彻底解决“融资两难”问题，完善和加强区域性股权市场托管、定价、转让等基础功能就显得尤为重要。

（三）市场保护不足，业务重叠度高且无准入门槛

业务重叠度高。区域性股权市场的相关业务，无需任何特许业务或牌照业务，与金融资产交易中心、产权交易中心甚至地方的企业服务中心业务功能重合。如成都科技创新创业服务平台功能基本就能覆盖区域性股权市场。无准入门槛。区域性股权市场作为资本中介的具体业务，银行、证券公司、信托公司、投资公司甚至阳光私募均可做，且区域性股权市场成本和安全性均不具优势。与此同时，区域性股权市场作为资本中介参与新三板企业推荐等业务时仍受到政策限制。

（四）稳定、可持续发展的市场业务模式尚未形成

从广东股交中心实践来看，虽然广东股交中心在银行等传统金融机构之外，发挥着资本中介功能，例如通过互联网金融平台建立起稳定、低成本、高效率的资金渠道，但互联网合作渠道涉及诸多政府政策空白，市场竞争日益激烈，使得业务模式不确定性增大。同时，小微企业风险较大，与收益不匹配，使区域性股权市场对政府补贴过度依赖，难以持续。

三、下一步发展思考及相关建议

（一）明确资本中介法律地位，给予市场更多空间

一是明确区域性股权市场资本中介法律地位。资本中介功能是区域性股权市场核心和基础功能，从广东股交中心的实践来看，在与传统资本中介机构开展业务合作过程中往往处于从属地位。因此，建议尽快明确区域性股权市场资本中介法律地位。《证券法》修订稿应对区域市场有明确定位；下发牌照或公布名录，对区域性股权市场的资质予以确认；清理规范其他交易场所或机构从事本属于区域性股权市场从事的私募证券业务。

二是不应对企业选择区域性股权市场服务加以行政限定。资本市场实质应该是高度开放的市场，是资源要素高度流动的市场。目前，我国正在大力发展总部经济，以广东为例，有一大部分企业注册地在外地，但企业经营活动在本地，相应的企业融资需求也希望在本地实现对接，若限定企业回到注册地区域性股权市场融资显然不现实。因此，建议即将出台的区域性股权市场指导办法，参考国务院相关文件，应对在省级行政区划外设立分支机构开展经营活动加以限定，但对于企业自主选择跨区域融资的市场行为，不应设置行政边界。

（二）鼓励通过债权投资与股权投资结合，实现市场收益和风险对称

目前，小微企业风险偏高，特别是科技型中小企业，自有资产少、缺少担保抵押、经营体制不完善、单笔融资量有限，单一的债权投资承受着巨大的风险，收益和风险极度不匹配。且一般商业银行要严格控制不良贷款比例，对贷款项目都有苛刻的要求，小微企业很难通过银行的贷款审核。面对收益和风险不匹配导致的小微企业融资难问题，广东股交中心计划通过债权投资与股权投资联动的方式，联合债权投资人和股权投资人设计结构化产品，引进政府债券和创业风险补偿机制，结合众筹、孵化器等相关措施，在较大程度上解决这种风险与收益不对等的中小企业债务融资现状。建议如下：一是协调中国银监会加快投贷联动试点，推动银行加快业务模式、机制、流程和产品创新，提供更多适应小微企业的金融产品和

服务。二是鼓励机构间私募产品报价与服务系统与区域性股权市场股债联动业务相结合，为债权及股权权益提供报价、转让服务，增强流动性。

（三）充分考虑地方政府金融发展需求

区域性股权市场作为地方政府经济转型和支持实体经济的重要资本中介平台，其业务发展应充分考虑地方政府金融发展需求。建议如下：一是将区域性股权市场定位为地方政府金融服务实体经济的重要资本平台。二是鼓励地方政府将区域性股权市场作为科技、财政等体制改革，创新财政资金使用方式的重要平台。如甘肃省、山东省已承接了政府财政扶持小微企业的资本中介平台。广东股交中心也在积极申请广东省财政扶持小微企业资金“以股代拨”试点。三是鼓励区域性股权市场建立多元化要素市场，并给予更多的业务创新空间。四是鼓励区域性股权市场对接各国家级或省级高新技术园区，共设产业扶持基金或风险补偿基金，拓宽融资渠道。五是支持区域性股权市场纳入地方股权众筹试点范畴。广东股交中心正申请广东省政府股权众筹试点。可考虑适度调低目前私募证券投资者门槛，尽量为区域性股权市场小投资者进入留下政策余地，并建立众筹交易机制、对区域性股权市场参与互联网合作，应鼓励大胆创新。

（四）鼓励与新三板有效对接

目前，广东股交中心正探索为新三板企业融资，参与新三板推荐业务等。结合证券公司新三板做市业务、由证券公司推荐、担任专项投资顾问，在广东股交中心平台通过股权质押方式成功为一家新三板公司实现融资，开创了国内首家区域股权交易中心为新三板挂牌融资先河。广东股交中心将进行新三板公司（担保）发债融资产品的开发及项目实施，推动区域股权交易中心与证券公司业务深入对接。建议如下：一是考虑新三板企业通过区域性股权市场融资，允许区域性股权市场参与新三板推荐业务；二是支持、鼓励证券公司参与区域性股权市场，开展代理开户、产品代销、居间业务等。条件成熟时，可允许证券公司开展做市业务，恢复、激活市场功能。

构建全面服务中小微企业的新型场外资本市场平台

——前海股权交易中心发展情况报告

胡继之 项 翔*

一、前海股权交易中心情况介绍

前海股权交易中心（以下简称“前海中心”）于2013年5月30日正式开业，经过两年的运作，前海中心已初步探索出了一套适应中小企业需求的业务体系，构建了一整套生态型的商业模式。截至目前，前海中心挂牌企业已超过6 000家，融资覆盖率约为挂牌企业的1/10。

（一）定位

自成立之日，前海中心即确立了两大定位：一是打造一个独立于沪、深证券交易所、商业银行之外的新型市场化融资平台；二是构筑一个企业和投资人“开放、互动、对等、共赢”的“网上部落”。为此，前海中心提出了“相聚梧桐树下”的理念，为中小微企业提供全方位、一体化、综合性金融服务。秉持着这种理念，前海中心在企业挂牌展示、多层次融资安排、股权登记托管等方面进行了广泛的探索和尝试，形成了独特的“前海模式”。

（二）业务体系

目前，前海中心已逐步形成了三个层面的业务体系：一是正在建设服务中小企业的“五大中心”；二是形成一套全方位满足企业需求的业务体系；三是针对细分市场，设立若干专业性子公司，构建生态型平台。

1. 建设“五大中心”。

* 作者单位：前海股权交易中心。

（1）挂牌展示中心。一般来说，中小企业缺乏外界的足够关注，与投资者之间也存在着突出的信息不对称问题。为此，前海中心率先在场外市场推出了企业挂牌展示，并将其与融资及其他服务环节相分离，使之成为一个独立的市场形态。通过前海中心的挂牌展示系统，提高投资者了解企业和投资决策的效率。

（2）登记托管中心。根据前海中心的发展定位，作为具有公信力的登记托管机构，应当具备的一项基本职能即能够确认交易标的的权属关系。不过由于法律上的障碍，目前登记托管中心的建设暂时还有一定难度。

（3）债权与产品融资中心。中小企业规模小、变化大、未定型，企业创立初期难以进行股权融资。与此同时，中小企业的短期融资需求往往比股权融资需求更大，特别是优秀的企业一般不愿意在早期出让股权。针对这种状况，前海中心首先着重发展短期融资产品和债权融资产品。两年来，前海中心以私募为界、定制为本，已经基本形成短中长期相结合的融资安排，同时也掌握了一批优质企业资源，为今后延伸开发其他业务打下了基础。

（4）自助股权融资中心。前海中心的自助股权融资业务，主要通过定向增资、股权转让、并购重组、可转债及股权质押等方式为企业提供股权融资，引进长期资本；通过专业的股权融资团队，为企业的股权融资业务提供全流程的专业服务。对于企业而言，前海中心在股权融资方面为企业发挥了“八大功能”：展现投资价值；完成估值定价；提升企业市值；定制个性方案；解决专业困惑；快速寻找投资者；突破成长瓶颈；保障资金安全，为企业提供高效、专业、私募、定制的一站式融资服务。此外，前海中心的专业团队在为中小微企业实现融资的同时，还将提供与股权融资相关的股份制改造、股权激励、并购重组等领域的专项顾问服务。

（5）培训咨询中心。前海中心在为企业提供融资服务的同时，特别注重开展培训、咨询，充当“企业教练”，以此作为提升企业质量、保障融资安全的一个重要手段。在与中小企业的长期接触中发现，中小企业不仅需要资金支持，更需要在企业治理、人才选拔、绩效提升等方面的智力支持。前海中心采取“碎片化”方式，把经典管理理论和经营法则浓缩成几百字的片段，通过“梧桐智语”公众微信号，每天一篇向企业传播。另外，前海中心还为企业提供模块化的培训课程，下属子公司——“智媒网络科技有限公司”正在逐步形成培训体系。

2. 形成“一套体系”。

（1）前海梦想创业空间。前海中心一直在探索如何构建一个服务中小企业的完整体系，在企业的不同阶段为它们提供不同的服务，前海梦想创业空间正是基于这个设想而启动，它的设计思路是以互联网技术为基础，将专业机构及政府部门资源有效集结起来。首先将创建面向社会公开征集创业方案的专业网站，然后对申报方案进行初步筛选，之后再组织 VC、PE 等风投机构进行轮值筛选。一旦机构决定对项目投资，由前海中心设立的成长基金就会进行等值配投，同时也争取政府资金参与。

（2）企业商事服务。仅 2014 年一年，深圳市便增加了 20 多万个创业企业，这些企业在创业过程中需要统筹解决各种问题，但目前社会上没有高度成熟的专业机构能为创业者提供标准化服务。前海中心的业务开发小组通过对企业成长全过程的细致梳理，将其分为初创、经营、变更、注销等阶段，并以注册代办和财税服务为切入点，逐步形成覆盖企业全生命周期的一站式服务体系。

(3) 微型股权转让市场。在开展见证业务的过程中，前海中心发现深圳市自发形成了规模庞大的微型股权转让市场。据不完全统计，整个深圳开展小额股权转让业务的机构约有6 000多家，从业人员6万多人。根据统计数据分析，我国中小企业的平均寿命不到3年，由此可见大量企业在创办到注销的过程中存在着海量的交易需求。针对该市场规范不足、从业人员大多缺乏专业培训的状况，前海中心组织了专业团队全力开发这一市场，目前已上线的系统平台运作良好，有效地引导了深圳市的微型股转市场向O2O方向发展。

(4) 场外投行业务。中小企业长期以来面临着产业信息不对称、区域信息不对称、产融信息不对称等问题，它们是资本市场中的弱势群体，缺乏有效整合智力、资金和资源的能力。为此，前海中心计划从全国选拔有潜力和核心竞争力的优质企业，通过“顶层设计辅导、资本运作支持、战略资源匹配”等方式帮助它们实现价值增值。等到企业发展到一定阶段，前海中心会启动相应的上市筹划业务，从财务管理、股份制改造等方面规范企业发展，帮助企业上市。此外，前海中心还将对接各类资源，为企业提供并购、私募股权融资等业务。

3. 建设生态型市场。

(1) 布局服务细分市场的专业化子公司。从现代公司管理的角度看，大型公司作为20世纪工业文明的产物，弊病越来越多，它的历史性功能已经走到了尽头。在《管理的未来》一书中，哈默全面检讨了工业文明的管理体制，并认为在当前环境下，由众多的子公司或者独立的小公司在一个共同的平台上运作，有可能是一种最佳模式。前海中心的目标是成为生态型平台，以“平台生态、统筹服务、细分市场、自主经营”为原则，通过嫁接外部资源，引入高端人才和专业团队。目前前海中心已经成功设立了十余家服务细分市场的子公司，涉及并购基金、培训咨询、股权投资、金融服务等众多领域。

经过一年多的运作，前海中心的部分子公司目前发展很快。以梧桐并购基金管理公司为例，该公司成立不到一年时间，现在他们管理的基金规模已经接近20亿元，2015年至少可以达到30亿元，有望达到50亿元，其市场排名已经进入前3位，并且正按照10倍溢价来引进战略投资者。

未来，前海中心将根据细分市场的需求不断引进外部人才，不断设立专业化子公司。在子公司的股权结构安排上，前海中心一般占20%—40%的股权，管理团队一般占20%—30%的股权，外部专业机构占20%—30%的股权。假设企业需要1 000万元的注册资本，那么前海中心投资额大约为200万—400万元，而这也是前海中心可能损失的最高数额。相比之下，如果前海中心新设立一个部门来开发某项业务，还需招募新员工，且须考虑各种法律限定，那样无疑增加难度和投资成本。因此，设立专业化子公司是一种能够更加灵活地满足细分市场需求的发展模式。

(2) 探索设立证券公司。根据中国证监会的有关政策，前海中心正在探索设立专业性的证券公司。现在前海中心的挂牌企业已经达到6 000多家，前海中心将对部分有融资行为的企业进行长期跟踪服务，未来有可能从中筛选出符合条件的企业，通过前海中心设立的证券公司直接输送到交易所。对企业来说，这种方式可能比所谓的“转板”意义更大。根据计划，前海中心2015年准备选择100家企业作为拟设立证券公司的前期储备资源，一旦注册制正式实施，前海中心便可以先从投资银行业务开始启动，然后发展资产管理业务。

二、困难与建议

前海中心经过两年多的探索，已经基本明确了发展路径，初步形成了一整套全方位服务中小企业的体系。尽管如此，前海中心仍然面临着不少困难与挑战，主要体现在：一是目前仍处于客户导入阶段，商业模式短期内难以形成；二是场外市场对于大众来说仍较为陌生，市场形成需要一定时间；三是适应场外市场需要的人才较少，能够把互联网方式与场外市场运作融合起来的人才更少。

为此，我们根据自身的业务实践和理论思考，着重从政策层面提出关于发展股权市场的若干建议：

（一）明确不以行政区域来划分区域性股权市场的发展地域

多层次资本市场主要依据企业规模、投资者要求及金融工具等要素来划分层次，而各层次的资本市场又是根据其自身服务能力的大小来决定其服务范围。我们认为，随着互联网时代的发展及资本要素的自由流动，不宜对一个全新的市场生态进行区域性限制。从国家政策上看，十八大提出要充分发挥市场在资源配置中的决定性作用，十八届三中全会也提出要建立“统一、开放、竞争、有序”的市场体系，在此背景下，监管层通过行政手段人为划定资本市场的地域范围有欠妥当。再看当前P2P、众筹及各类互联网金融机构、类金融机构的发展现状，其展业范围都没有行政区划的限定。因此我们建议，不以行政区域来划分区域性股权市场的发展地域，给整个市场一个宽松、公平竞争的市场化发展环境。同时，在制订有关区域性股权市场的统一监管措施时，可以考虑对所处区域特殊、整体实力较强、风险措施完备的运营机构不作区域性限制。

（二）明确对区域性股权市场的监管思路和监管机制

区域性股权市场在我国多层次资本市场体系中位于第四层次，定位于服务最广大的中小微企业。不同于交易所市场，区域性股权市场不发行标准化股票、没有频繁的交易行为，具有融资活动私募化、发行对象小众化、金融工具非标准化、地区差异化等特性。

我们建议，进一步明确区域性股权市场的监管机制：由当地省级人民政府批准设立，并根据属地监管原则由所在地地方政府承担监管职责，因地制宜地制定监管制度及监管措施。中国证监会可以考虑为区域性股权市场颁发牌照，并在此前提下制定相应的“负面清单”管理制度，淡化监管色彩，突出市场自律。

（三）允许设立以中小微企业为主要服务对象的限定性证券经营机构

区域性股权市场作为中小微企业的综合性金融服务平台，其服务中小微企业职能的发挥需专业性证券经营机构的配合，单纯依靠自身力量，将限制其对中小微企业服务的广度和深度。而传统证券公司以主板上市企业为主要服务对象，对于规模小、不规范、经济基础较弱的中小微企业，出于成本收益考虑，它们往往缺乏为其提供专业服务的动力。相对于已经比较成熟、资本雄厚且有稳定盈利能力的上市公司而言，处于初创或成长阶段的中小微企业更亟待扶持。因此，我们建议开放专门服务于场外市场的证券公司牌照，设立以中小微企业为主要服务对象的限定性证券经营机构，与区域性股权市场一起为中小微企业提供挂牌、股权转让、融资等专业的场外证券服务。同时，中国证监会可以通过监管限定性证券经营机构来主导区域性股权市场的经营管理。另外，考虑到限定性证券经营机构服务对象、业务范围等特性，可降低限定性证券经营机构在注册资本、从业人员、高级管理人员等方面的准入门槛。

（四）允许区域性股权市场引入做市交易制度

区域性股权市场的主要定位是中小微企业的融资中心，企业融资的关键是企业估值和定价，只有投资者认为企业有价值、定价合理才会进行投资。因此，区域性股权市场要实现其功能定位，首先要形成有助于企业价值发现的机制。现行的禁止区域性股权市场引入做市交易制度，不利于企业价值的发现，限制了区域性股权市场融资功能的发挥。一般来说，中小微企业往往固定资产较少、经营模式不清晰、盈利能力较弱，但其可能因掌握核心专利或技术而具有爆发性成长的潜力，如能通过具备专业能力的做市商进行做市交易，能更好地发现其价值，帮助企业实现融资，推动企业快速发展。

新三板自从采取做市商制度后，挂牌企业价值得到更充分的发掘，提升了市场交易活跃度，使新三板服务科技型、创新型、成长型企业的功能得到更好的发挥。从 OTCBB、Pink Sheets 等国外的经验看，做市交易也是场外资本市场的主要交易方式。综上，我们建议在《证券法》制订中增加关于区域性股权市场做市交易的相关规定，并取消区域性股权市场强制“T+5”协议交易的限制。

（五）明确区域性股权市场登记托管职能

在融资业务开发方面，前海中心目前采取了“先债后股”的发展策略，究其原因是区域性股权市场并不具备登记和托管非上市企业股权的法定功能。目前，对非上市企业股权进行登记的是工商管理部门，区域性股权市场和工商管理部门的系统还未实现对接，在不能确保交易标的权属的情况下，开展交易、融资等业务存在较大风险。另外，区域性股权市场开展私募产品登记托管服务也受此项法定功能缺失的限制，难以获得商业银行等金融机构的同业认可。

总之，区域性股权市场在登记托管功能方面的欠缺，使得区域性股权市场业务的开展受到了限制和约束，大大阻碍了整个区域性股权市场的发展。因此，我们建议明确由区域性股权市场承担非上市企业股权和其他私募产品的集中登记、统一托管职责，并在此基础上提供转让和交易服务，此举将大大降低企业融资成本，提高融资效率。

证券发行制度改革

注册制改革的价值理念与中国特色

樊炳清　姜伯韬*

中国证券市场经过二十多年的发展，相当于走过西方百余年的路程，取得了辉煌的成绩。特别是股票发行制度，从最初的地方自发自主发行，历经额度审批制、核准制两个阶段，不断探索和发展，如今各方的目光自然而然地聚焦于注册制。依据目前情况，无论从哪个角度来看，实行注册制都已成必然。为什么要实施注册制，已无需讨论，需要研究的是，如何建设有中国特色的注册制，也即实行什么样的注册制？怎样实施注册制？

在中国当下推行注册制，首先必须牢牢把握证券市场的核心——"三公"原则，即公开、公平和公正。公开，即信息公开，表现在信息披露方面要保证及时、完整、充分和准确；公平，即地位公平，表现在要保证参与市场的各个主体在地位上的平等；公正，即执法公正，表现在市场监管执法时要保证不偏不倚、一视同仁。

一、注册制改革应当树立的价值理念

（一）尊重市场的效率和权利

证券监管需要解决的问题是市场失灵，而市场失灵不仅是公平的失灵，从根本上说仍然是效率的失灵①。监管的宗旨是保证市场效率，而不是以公平为目的牺牲市场效率。美国注册制的发展历程体现出的基本价值观不仅是政府干预，更多的是政府对市场经济效率和自由的尊重和保障。证券市场失灵与一般市场失灵是有共性的，这与证券市场公共产品的特征有关②。作为公共产品，证券市场的卖方和买方都应当有平等参与的权利。证券监管应当尊重市场促进交易的功能，更应当尊重企业接受市场检验和投资者选择投资产品的权利。在监管

---

* 作者单位：申万宏源证券承销保荐有限责任公司。原载于《中国证券》2015 年第 4 期。

① 市场失灵有时也指市场机制无法满足公共利益的需要，但主流经济学观点仍认为市场失灵是指市场无法有效率地配置资源。

② 陈岱松："论对证券市场的适度监管"，《证券法律评论》2003 年第 3 卷，http：//www.civillaw.com.cn，最后访问日期：2014 年 12 月 28 日。

者眼中，证券市场作为公共产品应当给所有市场主体平等获取的机会，而不是用行政权力配给。在市场理性缺乏、风险承受能力差的情况下，证券监管对投资者进行保护无可厚非，但不能认为“政府比市场更有经验判断企业好坏”①。这一命题的确立必然导致公共权力对市场主体的选择甚至歧视，造成权力寻租的空间。政府通过管制保障公平竞争反而有可能造成更大的不公平。

（二）证券发行不是稀缺资源

中国股市从表面看一直是“严”字当头的股市，严格市场准入、严把市场供给、严控定价配售、严抓投机炒作。“严”导致的最直接的结果是使得新股成为资本市场上绝对稀缺的资源，即市场供给和市场需求长期严重失衡。从经济学的角度看，市场资源的稀缺性是市场与生俱来的特征，也是经济活动存在的理由。但对任何一个市场来说，资源的稀缺都是相对的，即它导致的结果是物尽其用和优胜劣汰。相反，资源的绝对稀缺则会使市场长期处于“饥饿状态”，饥饿的市场不可能有理性的供给和需求。发行人面对巨大的发行成本和火爆的市场需求，不可能没有“三高发行”的冲动。投资者面对市场准入的背书效应不可能没有炒新的冲动。可以说，在一个绝对稀缺的市场，市场估值系统失灵，优胜劣汰机制失灵是必然。因此，一个“严”字几乎可以涵盖历次新股发行制度改革的全部措施，又始终没能解决根本问题。

（三）“三公”原则既是市场的原则，也是政府的原则

证券市场失灵是证券监管的直接依据②。这个论断的基本逻辑在于，市场在自发运转过程中会出现信息不对称、不完全竞争以及外部性问题时③，需要政府的介入以解决这些问题。“公开、公平、公正”的可贵之处在于：它既约束市场，也约束监管。换言之，“三公”原则意味着政府需要为市场制定规则，但不能把政府权力置于市场之中。“三公”原则既是市场的原则，也是政府的原则。因为政府相对于社会公众而言，信息是非对称的，地位是不平等的，并带有政府偏好。因此，监管机构仅能就规则的有效性承担责任，不应既制定市场规则，又做信息评估，否则会把证券监管和证券发行拴在同一责任链条上，造成用监管理性取代市场理性又不对监管理性负责的情况。当然“三公”原则离不开中介机构的职能，中介机构应当借助自身专业知识并结合市场偏好辅助市场对市场信息做出多元化的评估，就其职业行为的质量和信誉承担责任。而政府一旦取代了这个功能，将导致公共产品提供者的责任缺失，公正性受到市场质疑。

---

① 郑彧：“论证券发行监管的改革路径——兼论‘注册制’的争论、困境及制度设计”，《证券法苑》第5卷，法律出版社2011年版，第149页。

② 徐孟洲著：《金融监管法研究》，中国法制出版社2008年版，第327页。

③ 对于外部性理论，萨缪尔森和诺德豪斯的定义是相对较为经典的定义之一，即“企业或个人向市场之外的其他人所强加的成本或效益。”［美］萨缪尔森、诺德豪斯著：《经济学》（第18版），萧琛主译，人民邮电出版社2008年版，第31页。

二、国内需要怎样的注册制：制度的还原与中国特色

（一）注册制改革需要还原注册制的本质

注册制和核准制并没有非常明显的界限，也没有一个标准的模板。有些市场如英国、德国、中国香港等的发行上市制度介于注册制和核准制之间，在学界的划分上也存在争议[①]。本质上，注册制应是一种包含发行监管和上市监管两套监管程序的监管制度[②]，其解决的不是审与不审的问题，而是发行监管与上市审核相分离的问题。发行监管不对证券价值进行判断，不代表证券上市交易不接受任何价值审核。证券发行是货币资金转化为产业资本的过程，发行监管的价值在于避免信息不对称导致的资源非优化配置。而证券上市是证券通过集中竞价交易降低交易成本的过程，上市审核的宗旨在于树立标杆，即什么样的证券具备流通价值，并且这个价值判断是由交易的组织者、作为证券自律组织的交易所完成的，其本质仍是市场的判断。从注册制的发展史上看，虽然监管权力不断扩张，但其制度内核始终没有离开“三公”原则这一证券市场的普世价值。在“三公”原则的制度框架下，监管权力始终是站在交易过程之外的守护者，而不是介入交易本身的参加者。这是注册制从理念到制度给我国证券市场最大的启示。

（二）注册制改革的特殊土壤

发端于自由资本主义的西方资本市场是一个自发的市场，公司发行新股增加资本是其天然的权利，但应当遵守证券法律的规制[③]。这样的市场自始渗透着契约精神，招股书带有明显契约色彩。而监管则是晚于市场出现的，是契约公平的维护者，其置身于契约之外，监管目的在于纠正市场失灵。同时，成熟资本市场对证券发行一直普遍存在着实质性审核。但正如前文所说，实质审核的目的是为了判断证券是否具备流通价值，而并不是为市场选拔高质量的投资标的。相比之下，我国证券市场最突出的特点是“政府培育型”市场，证券监管和证券市场同时产生，证券发行的权利自始就由政府授予，监管是契约效力的赋予者，监管权力置身于契约之中，并基于单一的市场准入指标对投资标的进行选拔。市场机制长期受到监管的限制，从某种意义上讲，监管本身已经成为市场失灵的重要因素。这个差别决定了我国现行的核准制既不同于美国的注册制，也不同于欧洲大陆国家传统的实质管理制度，本质上是一种行政审批。选拔性的市场准入带有与生俱来的政府信用担保。中国资本市场的制度土壤是极为特殊的，这个特殊性在于注册制改革不仅仅是制度的改变，而是市场以权力为中心转向以契约为中心的全面修正过程。

---

① 比如关于英国的证券发行属于核准制还是注册制并没有统一认识。我国官方的研究对此也存在迥异的观点。深圳证券交易所认为英国实行的是核准制，而上海证券交易所的研究则主张其属于“自律型注册制”。参见陈岱松：“论证券发行审核制度”，《河北法学》2004 年第 12 期，第 26 页。

② 郑彧：“论证券发行监管的改革路径——兼论‘注册制’的争论、困境及制度设计”，《证券法苑》第 5 卷，法律出版社 2011 年版，第 156 页。

③ 陈准，顾连书：“我国股票发行注册制的制度条件及其政策研究”，《上海财经大学学报》2012 年第 2 期，第 44 页。

（三）注册制改革的基础性障碍

我国的特殊制度土壤为注册制改革设置了双向的制度障碍。一方面，以政府的视角，放弃审批权意味着对市场失去控制，而长期被控制的市场成熟度较低，以致政府对放弃审批后的市场走势难以预计，因而不愿承担改革的风险。同时，我国发行审批制度本身比较复杂，金融监管呈现“条文杂、机构多”的态势，放弃审批权意味着一部分流程和人员的重新配置，这种重置需要大量法律法规的废立和修改，以及大量的机构整编，注册制改革牵一发而动全身。另一方面，由于证券发行长期处于政府、发行人、投资者三方关系的格局，证券发行买卖双方缺乏契约理念，对政府信誉具有极强的依赖性，这种依赖性决定了他们的理性程度和风险意识短期内无法适应注册制的要求。以上这种制度障碍决定了我国证券市场的注册制改革必然是一个长期的层层改良的渐进式改革。

（四）注册制改革需要“看门人”

美国哥伦比亚大学的约翰·C. 科菲教授在其著作《看门人机制：市场中介与公司治理》一书中，将证券市场中介机构比作“看门人”——那些以自己职业声誉为担保向投资者保证发行证券品质的各种市场中介机构，主要包括审计师、律师、证券分析师和信用评级机构等[①]。“看门人”机制的核心作用是尽可能地将企业信息全貌展示给市场，进而提高市场对证券估值的准确度。中介机构比监管机构更接近企业，掌握着更多的一手资料，是解决市场信息不对称的核心力量，为市场价值发现功能提供依据。在注册制下的市场，中介机构对于维护市场“三公”原则的作用是基础性的。同时，这一基础性作用的发挥是以中介机构的职业信誉为担保，并以极高的失信成本作为保证的。事实上，对于我国投资者研究能力和理性程度偏弱的资本市场而言，要求投资者在证券的发行上市中承担如成熟资本市场一样的风险敞口是不切实际的。中国注册制的改革要解决的就是“看门人”的角色由政府调换为中介机构，由政府信用担保转向中介机构信用担保才是符合一级市场交易逻辑的改革思路。

三、注册制改革的路径：政府与市场的双重培育

（一）培育全新的监管价值理念

“权力本身没有过错，我们需要权力，是因为可以用权力实现有价值的目的。”[②] 美国证券监管的发展史表明，即使在成熟市场，监管放松也会暗藏危机的隐患[③]，强大的监管权是美国SEC（Securities and Exchange Commission，即美国证券交易委员会）监管有效和获取权

---

① 参见约翰·C. 科菲著：《看门人机制：市场中介与公司治理》，黄辉，王长河等译，北京大学出版社2011年版，第2—4页。

② ［美］詹姆斯·菲舍尔：《权力没有过错——用权力实现有价值的目的》，张云峰，周红梅译，京华出版社2006年版。

③ 20世纪80年代，芝加哥学派的“自由放任”学说一度兴盛，SEC在“反监管”的思潮的影响下，逐步弱化监管的积极措施。格林斯潘更是抛出“保护投资者的最好方法，是蒸蒸日上的经济和股票市场”的言论。20多年的监管放松最终酿成美国次贷危机。美国也最终通过2010年的《多德—弗兰克法案》等一系列政策将监管政策重新修正，重回严格监管的轨道。

威的主要原因。因此，注册制改革并非要削弱监管部门的权力，而是让监管权行权理念由控制市场转向保障市场，即监管有效的衡量标准是市场有效。故此，监管部门应当把保障投资者真实、准确、充分、及时地获取市场信息作为核心监管目标，重点关注企业对外披露的信息表述是否损害投资者的知情权，是否能够便于投资者理解，是否侵害投资者合法权益。在当前阶段，审核工作应当把矛头指向广告性和包装性的信息表述，引导企业用客观性强、可理解性强的语句如实表述企业情况。引导企业将注意力从粉饰业绩转移到健全和完善公司治理上去。另外，监管部门应当优化审核流程，缩短审核周期，提高审核效率；同时监管部门的审核工作也要纳入以信息披露为中心的理念中去。即将审核流程、审核依据、审核人员以及每一审核委员的意见全方位地向社会公开，通过政务公开接受社会监督，提高监管威信，提振市场信心。

（二）培育监审分离的审核机制

美国证监会的注册监管建立于市场主体自治自律的基础之上[①]，这个基础对于注册制来说是必须的，因为注册制需要将新股发行契约化，而契约化就必须依赖市场主体意思自治原则。如前文所述，这恰恰是我国注册制改革的一项基础性障碍。因此，鉴于我国特殊的制度土壤，就注册制改革初期来说，在一定的过渡期内仍由监管部门进行发行上市的实质性审核比较适合我国转型期的资本市场。一是可以使改革不会逾越现行的法律框架，给相关法律法规的修改和完善留足空间，实现平稳过渡；二是符合当下的审核力量部署，稳定审核人员，有利于打造一支强有力的审核队伍；三是有利于统一标准，提高效率。当然，改革的整个渐进过程仍是注册制体现出的“监审分离”的思想，即投资标的的审核权需要逐步交换给市场。监管部门应当尽快将发行注册和上市审查在行政程序上分离，同时分别建立以信息披露为中心的注册标准和以证券基础流通价值判断为中心的上市标准。同时，可以将一定的实质性审核权力交还给证券交易所，赋予交易所上市否决权，进而保证垃圾股“过得了监管部门但过不了交易所”，避免业界担心的“垃圾股横行”的局面。也为后续上市审核完全由交易所承担做好铺垫。

（三）培育中介机构成为资本市场的“守门人”

我国中介机构无论是业务规模和执业能力实际上已经处于不断发展强大的阶段。但从国外中介机构的发展历程看，中介机构作用强化是在不断打破中介机构与发行人利益链条的过程中实现的，而注册制对中介机构的培育也应以此为起点。可以预见，随着未来市场供给的不断增加，中介机构对项目承揽的竞争压力将转向定价能力的竞争。与成功通过IPO审核相比，“卖个好价钱”仍然会促使中介机构和发行人的利益结盟。因此，中介机构的培育既需要市场的考验，也需要强大的监管力量。监管部门应当强化对中介机构执业行为的核查，对中介机构的执业判断和工作底稿的“疑点”深入调查和质询，对中介机构是否进行了充分准确的风险揭示进行重点核查。引导中介机构转换工作目标，把企业信息真实、准确、充分、及时地传导给市场。另外，中介机构内部风控体系建设也将成为适应注册制改革的关

① 吴国舫，袁康：“构建我国股票发行注册制的法理逻辑”，《证券法苑》2004年第10卷，法律出版社2014年版，第66页。

键，在注册制下，项目保荐团队仍然会有包装项目的冲动，但中介机构的责任回归必然要求证券公司质评部门和内核部门对保荐团队予以制衡，改变当前投行项目质评会议流于形式的局面。

（四）培育监管权力与市场权力的制衡

2005年《证券法》修订，将申请证券上市交易"必须报经国务院证券监督管理机构核准"修改为"应当向证券交易所提出申请，由证券交易所依法审核同意，并由双方签订上市协议"。这代表《证券法》已经提供了"监审分离"的法律依据①，这个依据在实务操作中应强化和细化。我国现行发行与上市制度实行合并操作，发行上市也是合并审批。从监管权力的性质上来看，我国发行上市的核准权是一种政府垄断的行政许可，因此上市公司的产生不是基于市场，而是基于行政权力。如前文所述，不做价值判断的监管部门，不代表没有价值判断的监管体系。证券上市前的价值判断仍是必要的，但这种判断应当是基于证券是否具备流通价值的判断，而不是价值大小的选拔性判断。我国注册制改革仍然需要对上市公司进行必要的遴选，但遴选权不再完全交给监管部门，也不能完全交给交易所。监管部门的注册申请和交易所的发行申请可以同时进行，发行注册不是核准上市的先决条件，即使监管部门注册程序未完成，交易所仍然可以对企业的上市资格给予独立判断。发行注册对上市核准有否决权，即上市核准需要注册才能生效。但对于交易所已经核准上市申请的企业，监管部门拒绝注册，应当做出公开和明确的说明。对于发行量特别大、关系国计民生或对资本市场产生较大影响的证券发行，监管部门可以直接进行发行并上市的实质性审查。

（五）培育"前宽后严"定价监管思路

监管部门不应对发行价格和发行节奏进行行政管制和窗口指导，原则上询价机构有独立自主的报价权利，发行人和证券公司原则上有独立自主的定价权利。监管部门应当致力于建立健全定价信用体系和惩罚机制，设立专门机构对每一次发行的报价和定价底稿进行事后审查。对于非正常报价定价流程进行调查，对相关机构进行质询。对于恶意报价和串联报价的机构和中介机构计入诚信体系并向市场公开。提请监管部门处罚机构给予处罚。对于存在定价不良记录的证券公司承销的项目，可以设定发行市盈率区间。对于对资本市场存在重大影响的股票发行也可以设定发行市盈率区间。但市盈率区间的设定应当有可参考的技术性依据。监管部门在注册制改革中不是"隐退"而是"提升"，应当被赋予更加强大的行政处罚权，行政序列和地位更加独立，保障监管部门行使处罚权不受任何干扰。监管部门的处罚权有能力让任何一家企业或中介机构被驱逐出市场甚至倾家荡产。完善司法，从法律上加大惩治，建议除了补偿性赔偿外，引入美国的惩罚性赔偿机制，将违法成本提高到让违法者面临"倾家荡产"的风险。

---

① 郑彧："论证券发行监管的改革路径——兼论'注册制'的争论、困境及制度设计"，《证券法苑》第5卷，法律出版社2011年版，第149页。

结论：更成熟的市场与更强大的监管部门

注册制本身并非市场成熟与否的象征，而是成熟市场的一整套理念体系。注册制改革不是一个简单增加市场供给的过程，而是让市场回归以契约为纽带的平台，为市场主体的成熟奠定基础。注册制改革也不是一个简单的削减权力的过程。注册制不意味着“权力型 ”监管部门的隐退。相反，为了维持一个更加健康有效的证券市场，我们需要一个更强大的监管部门[①]。所以，注册制改革是一个监管权力重构的过程，监管部门的权力重心将逐步转移到调查权和执法权上。证券发行的契约化回归需要建立完善的信用体系，而证券市场信用体系的建立将需要监管部门成为更加独立、不受行政干扰的强力机构，树立更加牢固的监管权威，推动中国证券市场进入“严刑峻法”时代。

① 蒋大兴：“金融‘过度监管’是个伪命题”，《人民日报》2013 年 6 月 5 日 。

新股发行注册制改革及应对

郝大鹏　赵　妍　李梦南*

引　言

自1994年以来，我国证券发行制度历经多次改革。2013年11月15日，中共十八届三中全会《中共中央关于全面深化改革若干重大问题的决定》中首次提出“健全多层次资本市场体系，推进股票发行注册制改革”，自此注册制改革成为资本市场制度建设的重中之重，也成为影响证券公司及其投行业务发展的最重大政策之一。本文通过股票发行注册制与核准制的比较，分析注册制对我国资本市场和投资银行业务的影响，并提出应对措施。

一、注册制概述

（一）我国新股发行制度的历史变迁过程

目前我国实行的新股发行制度是核准制，在审核内容上与一般核准制相同，其核心是对发行新股均进行实质审核，但与一般核准制国家不同之处在于，我国的审核主体是中国证监会，而其他核准制国家多为交易所；另外，我国的审核周期也相对较长。

通过表1可以看出，在我国证券发行审核制度的演进历程中，无论是初期的地方审批、还是后来实行的额度管理、指标管理、核准下的通道制，乃至目前实行的保荐制，从实际运行的效果看，都带有一定行政指导的特性，这是由我国证券市场特殊的生长环境和独特的定位而决定的。但随着我国市场的发展和日益成熟，同时在经济全球化和金融自由化的大背景下，为应对资本市场的国际化竞争，党的十八届三中全会决定中提出了“推进股票发行注册制改革”的要求。自此，新股发行体制迎来了向注册制变革的新篇章。

---

* 作者单位：齐鲁证券有限公司。原载于《中国证券》2015年第4期。

表1 **我国发行体制变迁**

时间	发审制度		定价方式		定价类型	配售方式
1994年	控制发行总量的审批制阶段：内部认购（1992年）→与银行储蓄存款挂钩（1993年）→全额预缴款（1996年）		行政定价	上网竞价发行	拍卖	现金配售
1999年以前				固定价格公开发售	固定价格	现金配售
2000—2001年				法人配售和上网定价结合	询价发行	现金配售
2001年3月	“通道制”为特色的核准制阶段：按市值配售（2002年）		初次市场化改革定价	上网定价发行	询价发行	市值配售和现金配售
2001—2002年				在询价区间内投标询价	拍卖	现金配售
2002—2004年				固定市盈率发行	固定价格	市值配售和现金配售
2004年2月—2006年5月	“保荐制”为特色的核准	逐步建立上市保荐制度	累计投标询价阶段	累计投标询价发行	累计投标询价发行	市值配售和现金配售
2006年5月—2009年6月						等比例配售
2009年6月—2010年8月		第一轮发行体制改革				
2010年8月—2012年4月		第二轮发行体制改革				
2012年4月—2013年11月		第三轮发行体制改革				
2013年11月		第四轮发行体制改革				证券公司自主配售与市值配售相结合

（二）注册制的一般定义

注册制是目前证券发行审核制度的一种类型。在注册制下，当发行人准备发行证券时，首先应依法向主管部门提交真实、客观、完整的资料以及要求的与证券发行相关的信息并申请注册发行；主管部门只对申报文件做出形式审查，而不对发行人及证券是否应该发行做实质性审核和价值上的判断。

（三）注册制与核准制的主要区别

1. 证券发行权力来源。在注册制下，证券发行的权利是法律赋予的固有、普遍可自然取得的权利，发行人只须履行法定信息披露义务，而无须政府和证监机构批准授权即可获得股票发行的权利。因此，我国注册制改革的前提是《证券法》的修订，从法律上赋予发行人发行股票的权利。

在核准制下，证券发行的权利由证券监管部门赋予发行人，发行人须事先取得证券监管机构的核准文件，才能进行证券发行活动，否则不仅发行的证券无效，发行人和参与的中介方都可能受到严厉的处罚。

2. 信息披露的重要性。信息披露是注册制的核心环节，而信息披露所遵循的公开原则是证券法律制度的指导思想之本，各项证券制度都是该原则的具体化。注册制的理念认为，在市场经济下，证券市场符合后者的基本规律，即只要信息完全、真实、及时、公开，市场机制与法律制度健全，市场机制会自动作出选择。证监机构的职责是必须也仅仅保证信息公开、透明。

3. 实质判断的有无。在注册制下，证券发行审核机构只对注册申请文件进行形式审查，不进行实质判断。证券发行注册的目的是向投资者提供决策有用的、据以判断证券实质要件的形式资料，证券注册的形式审核并不对发行的证券做出价值判断，不保障投资者的投资。只要信息公开方式适当且符合要求，证券管理机构即对发行申请进行注册，而投资者自行作出投资决策并为之负责。

在核准制下，由相关的法律和法规规定证券发行的条件，由证券监管机构进行实质审查。证监机构根据证券发行条件，对发行人作出是否符合发行条件和是否核准申请的决定。证券监管机构有权否决不符合规定条件的股票的发行申请。只有满足了实质性条件，并经证券监管机构批准后方可取得发行资格，在证券市场上发行证券。

4. 事前和事后控制。注册制强调事后控制。通过对发行主体及发行的证券的事后审查，对造假者和欺诈者进行严厉的惩罚，达到减少虚假信息披露以保护投资者利益的目的。注册制下的注册程序对于注册文件的准确性仅为形式审核，并不作出保证，但是当投资者在投资证券时蒙受损失，且投资者足以证明该证券的公开披露文件中有虚假或欠缺时，投资者有权请求赔偿。存在虚假信息披露的证券发行人及其他相关人员将承担法律责任。

事后审查处罚机制的有效性依赖于完善的法律体系。以美国注册制的发行体制为例，一般情况下如果有上市公司因造假退市，投资者因此造成的损失主要是通过集体诉讼进行索赔，SEC 和交易所主要保证信息的透明和退市后投资者利益的保护，更多是依律师事务所等第三方机构协助。更高的违法成本和更低的维权成本可威慑发行人，有效保护投资者利益。因此，采用注册制的成熟资本市场可以以很低的门槛接纳各类发行人。

核准制通常注重事前审核。在核准制下，监管机构依据法律规定的实质条件对证券发行进行事前审查，判断该证券是否具备上市条件和价值，无形中给发行的证券形成背书，也成为投资者投资时的重要考量；同时，当证券发行上市后，因为监管机构事前已作出判断，因此，在事后监管的力度上有所减弱，客观上促使发行人增强了作假和违规的动机。

从以上的分析中不难看出，无论从审核内容还是审核的程序上，核准制与注册制还是存在较大区别，在现实中的股票发行市场，以阿里巴巴和京东的上市地选择为例，除了公司注册地限制、所有制限制的原因以外，发行审核效率、市场化定价也是发行人选择上市地点的重要考量因素。在审核内容上，美国、中国香港地区和中国内地的审核内容及审核重点存在明显差异，其中美国交易所以形式审核为主，将信息披露的实质审核责任交给中介机构和专业投资者；A 股市场目前实行实质审核，对于企业来讲，在美国进行发行效率更高，完成周期相对较短。

从定价机制来看，目前美国、中国香港地区和中国内地均采用累计投标询价与固定价格混合定价机制，但是实际上价格形成机制有较大差异。在美国和中国香港，由于主承销商具有自主配售权，可以和发行人、投资者进行有效博弈，投资者对报价也会更加谨慎，最终促进发行定价的市场化。在目前国内新股发行定价机制下，仍然具有较大的一、二级市场价差，对于发行人来讲，选择美国和中国香港市场在定价上更加有利。

（四）目前海外市场的发行审核制度

目前海外市场中主要采取注册制的有美国、日本、中国台湾地区等国家和地区，而中国香港地区、英国和德国等国家和地区均采用注册制与核准制相结合的新股发行制度。目前国内证券发行制度同时具有核准制和注册制的双重特征，但本质上是一种核准制的发行体制。在审核形式上，国内与其他核准制国家（地区）相同，实行实质性的审核，审核机构为中国证监会；在发行定价和配售机制上，借鉴的是注册制国家的累计投标询价制度和网下配售、网上定价发行的机制。从国内证券发行市场的现状来看，不可能一步跨越到美国等较为成熟的注册制发行体制，在改革初期，将更多可能选择类似我国香港市场的混合型的发行体制，再逐步过渡到成熟市场的注册制发行体制。下面选取我国香港地区和美国市场来介绍注册制的主要内容和形式。

1. 中国香港市场。

（1）审核流程。中国香港因其特殊的历史背景，证券发行市场受英国发行制度和我国香港资本市场特征的双重影响，实行的是双重备案的核准制发行制度。与英国的核准制相比，我国香港核准制的审核主体也是交易所；但与英国不同的是，伦敦交易所既是证券发行的审核主体，也是权力主体（英国金管局仅对个别公司上市保留审核权），而我国香港联交所仅是证券发行的审核主体，最终的否决权属于香港证监会。香港证监会实质上拥有对证券发行审核最终的否决权利。我国香港发行制度的成功使其吸引了大量境外优质上市资源，增强了香港资本市场的活力，推动了香港地区经济的繁荣发展。然而，随着经济全球一体化的进程不断加快，近年来全球各大交易所之间的竞争加剧，我国香港证券发行市场也面临严峻的挑战，与许多优质企业失之交臂，其中阿里巴巴放弃在香港上市便是典型案例之一。

（2）发行流程。

①发行结构。我国香港市场 IPO 发行的发行结构一般分为两个部分：国际机构投资者发行和香港公开发行。前者发售的对象是全球的合格国际机构投资者，而后者是以香港本地散户为主的中小零售投资者。参与国际配售的机构投资者不得同时参与香港公开发行。一般来说，面向国际机构发行占初始发行规模的 90%，面向香港散户公开发行占 10%，两个发行之间设有回拨机制。

②定价机制及申购机制。我国香港市场的 IPO 定价是通过向国际机构投资者的询价来确定的，这一过程可分为三个阶段：

预路演阶段——发现价格。预路演是由主承销商的研究分析师与投资者进行沟通，了解投资者初步意向，根据分析师预路演情况，确定初步价格区间。

路演簿记阶段——价格区间的认可程度。根据确定的价格区间展开管理层全球路演，通过投资者反馈和簿记情况判断市场对此价格区间的认可程度，期间可以对区间进行调整。

确定最终发行价格。香港公开发行和全球簿记结束后，根据投资者反馈和簿记情况确定最终发行价格。在香港市场的 IPO 中，最终发行价不得超过价格区间上限。

③香港公开发行。香港公开发行历时 3 天半，通常在管理层路演及簿记过程中的最后 4 天进行，参与公开发行的投资者需要按照价格区间上限申购，并且全额缴款，最终未获配售的股票申购款在上市前一日退还至投资者的申购账户中。香港公开发行的认购倍数将决定是否启动回拨机制，常见的回拨机制见表 2。

表 2　我国香港市场股票公开发行回拨机制　（单位：%）

公开发行认购倍数（x）	回拨后香港公开发行比例	回拨后国际机构配售比例
x < 15	10	90
15 ≤ x < 50	30	70
50 ≤ x < 100	40	60
x ≥ 100	50	50

④配售及稳定后市。配售针对参与机构配售的投资者展开，基本目标是为发行人提供长期、高素质股东群体，并且在后市表现及优化定价之间找到恰当的平衡。

国际配售部分的基础将取决于最终的认购情况，并结合订单数量和质量以及主承销商的经验判断得出结果。没有一个因素是绝对的，但需要对以下各种因素进行全面考虑，包括：订单的质量和可信度、投资者的质量、订单下单时间、对价格的敏感程度、投资者资产规模及订单规模、以往参与 IPO 的记录、中长期持股的能力和意愿等；同时，也要注意投资者构成与地域分布的合理平衡，合理纳入不同类别的机构投资者，如共同基金、养老基金、对冲基金、企业投资者以及机构私人理财，以及不同地区各类投资者的平衡组合。

通常承销商被赋予超额配售选择权，可以按发行价超额配售部分股票，一般是发行规模的 15%，并用所得资金稳定上市初期的股价表现，以支持股价在一级和二级市场之间的平稳过渡。后市稳定期一般不超过上市后 30 天。

2. 美国市场。

（1）审核流程。

①发行人具备天然的发行证券的权利。发行人发行证券并不需要专门的行政机构授权，只要发行人在申报注册申请材料后，在法定时间内反馈证券监管部门提出的问题，如未被证券管理机构拒绝注册，发行注册申请即为生效，便取得了发行证券的权利，因此，只要证券发行人注册文件符合法定的形式要件，政府无权予以拒绝。

美国的注册制以审核公开说明书内容为前提和核心，将所有申请发行者的申请置于同等条件下。发行人只要保证自己提交的注册申请文件及时、完整、真实就可以获准发行，而对于发行的规模、盈利能力等不作硬性规定，可以使更多的企业成为公众公司并通过公开市场进行融资，有利于提升企业的融资效率。注册制与核准制的最大区别就是把股票能否成功进行公开发行的权力更多地交由市场来选择。

②注册发行过程简单。公司如要申请公开发行股票或债券，都必须依法向美国证券交易委员会申请注册。公司申请发行股票或债券时应按照要求向该委员会递交注册报告书，发行人公开和申报有关信息材料后，证券监管机构未提出补充或修订意见或未阻止注册生效者，

即视为已依法注册，发行人即可发行证券。

美国的证券发行审核注册制的程序分为三个阶段：

第一，注册书送达前阶段。发行人按照法律要求准备招股说明书及相关材料，并与美国证券交易委员会举行碰头会，事先获得倾向性信息并解决潜在问题。在注册申报书送达美国证券交易委员会之前，发行人、承销商等不得有任何推销证券的行为。

第二，等待阶段。发行人将注册材料送达美国证券交易委员会，美国证券交易委员会对注册材料进行审查，并在20天内寄送指导性评语。在此期限，如美国证券交易委员会发现重大缺陷，则通知发行人补充修订，发行人需对证券交易委员会提出的所有问题进行解答，此过程会反复实行3—4轮；如美国证券交易委员会发现重大虚假、遗漏或误导等情况，则美国委员会不再予以审核，发出“拒绝命令”，申报就此终结。

第三，登记生效阶段。美国证券交易委员会对注册材料审查后，如未发现问题，即给予注册。注册生效后，发行人向公众公开招股说明书，从事证券发行活动。

（2）发行流程。美国的新股发行机制与中国香港类似，首先通过预路演确定价格区间，再通过簿记确定发行价格。与中国香港市场首次公开发行不同的是，美国并没有专门的面向散户的公开发行部分，零售投资者若想认购新股，只能通过其经纪商下单，一并计入国际簿记部分，配售时也没有固定的比例。此外，美国的首次公开发行可以将发行价格直接定在价格区间之外、上下限20%以内，而无须向美国证券交易委员会报备修改价格区间。

（五）与注册制改革推进相关的几个关键问题

1. 注册制推进的时间安排。目前，我国股票发行注册制改革各项工作都在紧张地推进，修法工作正在按计划进行。目前，注册制改革方案草案也已经完成，并已上报国务院，同时，证券法修改也已列入2015年人大立法计划，修订草案已于2015年4月底提交人大审议，股票发行注册制有望在2015年实施。

2. 注册制实施后对新股发行节奏的影响。目前来看，新股发行节奏已经有所加快，每批数量也有所增加，同时，考虑到2015年股市整体向好的趋势，预计2015年的新股发行数量可能会有所增加。同时，考虑到目前按照现有规则提交首次公开发行申请的公司存量可能需要3年左右时间才能消化，为了缩短这个时间，不排除会以更快的节奏进行新股发行。总体上仍然会遵循“按月均衡发行，适当增加供应”的原则。未来注册制实施后，监管机构是否会放松对发行节奏的控制，由发行人和主承销商自主选择发行时间窗口将是市场最为关注的问题之一。

3. 发行价格的确定。随着注册制的推行，将会在原有新股发行改革的基础上，进一步推进发行定价市场化，通过发行人、主承销商和投资者的博弈，根据公司基本面、行业状况和市场情况确定发行价格，将是未来发行定价的趋势。

4. 如何审核。目前来看，审核权可能会借鉴国外成熟市场的经验下放至交易所。以京东在美国上市为例，美国的上市流程主要是美国证券交易委员会审核流程，是由多轮反馈意见组成的，上市公司全部回答问题后，可以进行路演，路演询价完成后即可上市。美国证券交易委员会审核机构设置有12个按行业划分的办公室，每个办公室25—30个人，主要由法律与会计专业人才组成。总体上我国未来注册制下的新股审核流程可能会借鉴美国市场经验，进一步充实交易所的专业人才储备。

二、注册制改革对于我国资本市场的意义

（一）优化社会融资结构

注册制改革将有利于显著提高企业直接融资规模，优化社会融资结构（见图 1）。

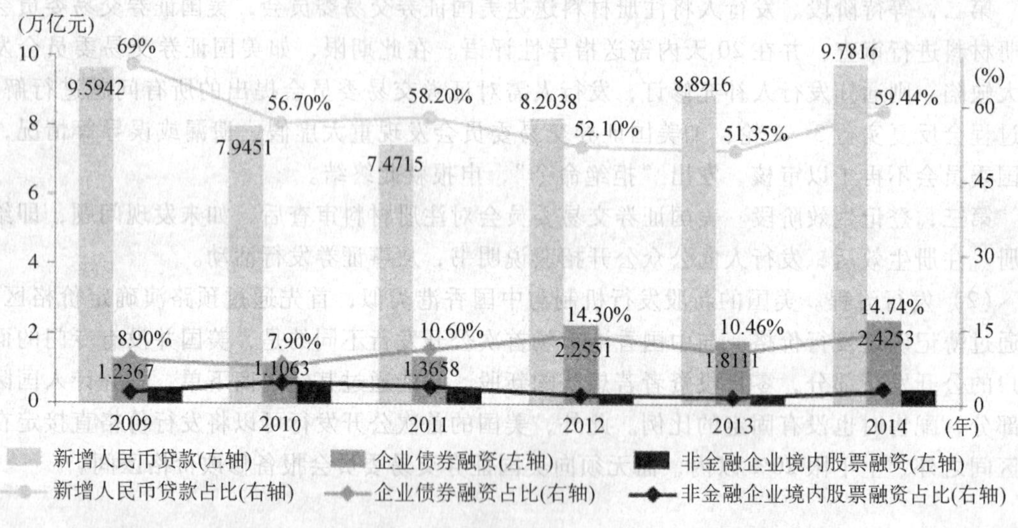

图 1 各种融资方式对比

资料来源：Wind 资讯。

目前我国以银行贷款为主的间接融资规模占比过高，直接融资规模占比过低，融资结构失衡，虽然近年直接融资规模在平稳中略微上升，但仍远低于成熟市场。受发行效率和门槛的影响，我国企业的直接融资渠道不通畅，企业只能转向银行贷款或民间借贷，融资成本较高。以降低上市门槛、提高发行效率为重点的注册制改革有利于疏通企业直接融资的渠道，降低企业的融资成本，拓宽融资渠道，改善我国融资结构，提升社会资源的配置效率。

（二）转板机制和注册制的推进将促进科技创新型企业的发展，加速经济的结构转型

2014 年 10 月中国证监会发布的支持深圳资本市场改革创新的 15 条建议中讲到，“推动在深圳证券交易所创业板设立专门的层次，允许符合一定条件尚未盈利的互联网和科技创新企业在全国中小企业股份转让系统挂牌满 12 个月后到创业板发行上市，支持创业板的良性发展”。目前股转系统中包含互联网、软件服务、教育、文化传媒等众多新兴行业，转板机制将使更多的高成长性的新兴科技公司积极上市并持续发展，同时小微企业、创新型企业上市门槛的降低，将掀起更大的创业浪潮，促进我国经济由传统制造业为主向以信息化、高端装备制造、新能源、生物医药、环保等新兴产业为主的新经济转型。

（三）促进专业投资者的投资水平提高，壮大机构投资者队伍

注册制改革不仅强化了中介机构的尽职调查水平，同时对投资者的专业水平提出了更高要求。在充分信息披露和尽职调查的基础上，投资价值将由投资者自己判断，由于监管机构

不再进行实质性审核，不具备专业投资能力的投资者投资风险将增大。同时，随着市场的不断成熟和市场化程度的提高，机构投资者队伍将进一步多元化。

三、注册制推行后对投资银行业务的影响

（一）注册制实施将使得投资银行核心竞争力发生转变

注册制改革的方向是充分尊重市场经济的自由性、市场主体的自主性和降低交易成本，提高市场运行效率；股票发行市场化程度提高，对证券公司投行的能力与水平提出了更高的要求。

与当前新股发行“重保荐，轻承销”不同，未来证券公司投行项目的成败很大程度上依赖投行自身的研究能力、定价水平和销售能力等综合能力。投行原有的项目选择和价值评判体系彻底变化，从监管导向转为市场导向，投行的核心职能真正回归价值挖掘和价值判断，关注企业是否为社会、投资者创造价值①。

在项目正式启动前，投资银行需要对行业及公司基本情况进行初步评估，判断发行人是否具备进入资本市场的条件。此外，证券公司还需要确保自身具备对公司提供全面、高质量服务的条件，在项目执行、质量控制、研究覆盖、市场推介和后市维护等方面都具有足够的专业人员和操作经验以实现成功发行。

因此，实施注册制后，对证券公司的定价、研究及销售能力提出了更高的要求，核心竞争力从通过发行审核转向为定价和承销能力的竞争，通过对企业和行业的深入了解，挖掘投资亮点，帮助企业实现合理估值，同时还需要兼顾投资者的利益，在发行人和投资者的博弈过程中起到平衡作用，通过项目的积累和沉淀创造投资银行品牌，维护公司市场形象和声誉。

（二）投行业务盈利模式将发生改变，收入更加多元化和市场化

近两年来，由于大型国有企业基本完成上市，首次公开发行企业以中小型企业为主，发行节奏也有所放缓，首次公开发行融资规模下降幅度较大，受此影响，首次公开发行业务收入在投资银行收入中的比重也有所下降。

注册制实施后会在一定程度上增加首次公开发行项目发行数量，投行首发项目数量会有所增加，从这方面而言，投行业务收入也会得到一定的提升。表面上，上市流程简化将减少上市企业的发行费用，但注册制更加强调投行对企业的辅导和审核力度，相应的，投行业务在注册制下将获得更高的发行和承销费率，以平衡信息披露和风险控制的高风险。

未来在注册制的影响下，创新能力对于投行来说至关重要。投资银行需要从原来的“通道”提供商向全面的“金融产品”提供商进行转变。投行不能再以企业上市作为唯一目标，而应根据企业财务的实际状况和需求，以及当时的市场环境提供多样化的服务，如并购重组、新三板、股权质押融资、资产管理计划等等，投行的价值发现功能和产品设计能力将会得到更大的发展，再融资和非通道业务在整体收入中的占比会进一步提升。

① 平安证券董事长谢永林：“注册制将颠覆投行生态模式”，21世纪网，http://jigou.21cbh.com/2015/1-29/3OMDAzOThfMTM2NzA3OA.html，最后访问日期：2015年3月27日。

（三）赋予证券公司一定比例的自主配售权，培养核心客户

目前国内证券公司在自主配售上还受到一定程度限制，自主配售权是证券公司平衡发行人和投资者利益的核心手段，能够为发行人选择契合发行人发展战略的长期价值投资者，提升证券公司的销售能力。未来在定价市场化进程中，可以考虑赋予证券公司一定比例的自主配售权，同时对于配售过程的合法合规性进行约束，对于利益输送行为进行严格处罚。

四、中国投资银行如何应对注册制的改革

（一）全面提升定价、销售能力，控制承销风险

未来注册制下的发行体制对承销商的要求将变为能为发行人提供项目执行、研究覆盖、投资者沟通、强大的分销及准确定价等一整套高质量的服务，其中的核心就是定价和销售能力，承销商应着重提升以下能力：

1. 增强研究能力。主承销商的研究部门应涵盖宏观经济、策略、主要行业和重点上市公司，为发行人投价报告的撰写提供必要的行业背景和可比公司研究的知识储备，以实现合理估值和准确的市场定位。承销商在帮助发行人成功上市后，可以提供持续的研究支持，以实现服务买方客户、争取未来业务机会的目的。

2. 提高发行和销售能力。资本市场部是证券公司发行业务的主导部门，提高发行和销售能力需要从目前资本市场部业务转型着手。资本市场部需要对公司的买方客户资源进行梳理，包括机构销售业务、经纪业务，深入了解不同类型投资者的多元化需求，做到准确定位目标投资者，实现有针对性的推介。同时，资本市场部要加强对市场的分析和判断，为发行选择有利的时间窗口，在及时充分地满足发行人融资需求的基础上，控制发行风险，保证发行的成功。

（二）建立完善风险控制流程和制度

在注册制下，监管审核权下放、从实质性审核向合规程序性审核转变的过程中，对投行信息披露的质量要求较以往更高。证券监管机构的监管职责被强化，强调事后审查及处罚，这将使得发行人和中介机构都需要对信息披露承担相应的法律责任，证券公司等中介机构的职责将进一步强化。因此，随着审核理念的转变，各类发行人和证券公司内部控制的规范性应得到更高层面的重视，内部控制的有效性将决定发行人融资行为信息披露的真实性、准确性、完整性和及时性。

投资银行应在充分发挥和提高前端业务部门的项目承揽、承做能力的同时，要同步强化中后台部门的力量和职能，加强人员配备，进行流程再造。风险意识、控制和管理应该充分渗透到项目的各个环节，包括承揽、立项、执行、保荐和发行等，还需采取通过引入经验丰富的专业人才、加大内部培训等措施保证风控和质控相关人员的财会和法律专业水平，确保内部风险和质量控制的效果。内部风险控制和质量控制的差异将成为未来证券公司投行业务竞争的重要因素之一，良好的内部风险控制和质量控制不仅减少发行失败的风险，更能有效增强投行的品牌形象。

（三）加强内部协同，理顺合作机制

从未来投资银行业务发展趋势来看，证券公司应该以国际投资银行为标杆，以高效的各个部门间协同合作来创造价值。通过集体决策和执行，降低对项目团队的业务依赖性，提高公司整体的核心竞争力。通过内部各个业务条线的协同发展，为客户提供一体化、一站式的服务，以投行为基础带动证券公司其他各项业务的整体发展。

建立统一的客户管理机制，对重点客户实现统一出口、全产品覆盖。对于融资方客户来说，不仅需要提供投行业务全产品覆盖，还可以通过与经纪业务、资产管理业务的合作提供财富管理、大宗交易等服务。为投资者提供研究、股权产品、债券、资产支持证券和资产管理计划等产品和服务，满足客户的多元化投资需求，同时各业务部门在销售过程中实现快速反应和资源共享，提高投资银行销售能力。

参考文献

[1] 刘君："美国证券公开发行如何做到注册制"［N］，《中国证券报》，2013－11－18。

[2] 谈萧："香港保荐人制度最新修订述评"［N］，《证券市场导报》，2005（4）：42—47。

[3] 沈朝晖："流行的误解：'注册制'与'核准制'辨析"［N］，《证券市场导报》，2011（9）：38—41。

[4] 岑健："新股发行制度改革的反思和政策建议"［J］，《资本市场》，2011（1）：60—63。

[5] 姜博强："我国IPO注册制改革分析"［J］，《财经界》，2014（8）：117—119。

[6] 王宗奇："投资银行业务：困境、趋势与路径选择"［J］，《银行家》，2013（10）：92—94。

[7] 光大证券股份有限公司："证券发行注册制对我国投资银行业的影响研究"［J］，《中国证券》，2014（11）：29—40。

注册制对资本市场发展的影响分析

沈正阳　陈亚龙*

一、新股发行制度改革历程及现状

（一）新股发行制度变迁的四个阶段

我国证券市场仍处于新兴加转轨的阶段，股票发行制度一直处在不断改革和优化的过程中。整体来看，我国新股发行制度的变迁大致分为四个阶段①。

第一阶段：“额度管理”阶段（1993—1995 年）。1993 年 4 月，国务院颁布《股票发行与交易管理暂行条例》，正式确立了审批制。具体流程如下：中国证监会在考虑基本面和市场供求的基础上，确定每年股票发行总规模（额度），经国务院批准后下达给国家计委，再分配到各省区市和有关部委。然后省级政府和有关部委推荐合适的预选企业，由中国证监会最后审批。

第二阶段：“指标管理”阶段（1996—2000 年）。1996 年开始，新股发行实行“总量控制、限报家数”的指标管理办法，国家计委、证券委共同制定股票发行总规模，由中国证监会根据实际情况向省级政府和行业管理部门下达股票发行家数指标，省级政府或行业管理部门在指标内推荐预选企业，提交证券监管部门审核。

第三阶段：以“通道制”为核心的核准制阶段（2001—2004 年）。2001 年 3 月 17 日，中国证监会宣布实施“通道制”。证券公司按序推荐拟上市公司，每核准一家才能再报一家，即“过会一家，递增一家”。

第四阶段：以“保荐制”为核心的核准制阶段（2004 年至今）。2003 年，中国证监会公布《证券发行上市保荐制度暂行办法》，并自 2004 年 2 月 1 日起正式实施，标志着证券发

* 作者单位：东北证券研究咨询分公司。原载于《中国证券》2015 年第 4 期。

① 新股发行制度变迁参见《我国股票发行审核制度的演进历程》，网址为：http://www.csrc.gov.cn/pub/newsite/ztzl/xgfxtzgg/xgfxbjcl/201307/t20130703_230251.html. 最后访问日期：2015 年 2 月 3 日。

行制度进入市场化程度更高的、以“保荐制”为核心的核准制阶段。

（二）现行新股发行制度的典型特征

目前，中国新股发行上市制度的典型特征大致可以归结为以下两点：

一是新股发行、上市审核一体化，审核主体是中国证监会。在新股发行实际操作过程中，所有公开发行的股票都必须得到中国证监会的核准。企业申请证券上市交易，应当向证券交易所提出申请，由证券交易所依法审核同意，并由双方签订上市协议。

二是发行审核以实质审核为主。证券监管机构对发行人的申请材料进行实质审核，具体内容涉及公司主要股东的基本情况、主要业务及主要产品、主要财务数据、募集资金投向等多方面，重点关注公司设立、公司治理、经营业绩、财务指标、公司持续经营能力等问题。

核准制的代表包括英国、欧洲大陆多数国家以及中国香港等地区。海外市场通行的制度设计是监审分离，即上市申请主要由证券交易所进行审核，而中国证监会的主要职能是行使监管权，即通过行使调查权和处罚权，对上市公司行使严格的事后监管。海外市场的核准制不对申请人的盈利能力、发展前景等进行实质性评价。

二、新股发行制度变化对社会融资结构的影响

（一）新股发行上市门槛偏高，限制直接融资比例

我国新股发行上市制度的历次改革和优化均是沿着市场化的方向，逐步放开对新股发行公司的各种限制。但是，与同样采用核准制的证券市场相比，我国内地新股发行门槛明显更高，上市难度更大（见表1）。A股发行节奏慢、门槛高，导致直接融资在社会融资总额中比例偏低，如百度、腾讯和阿里巴巴等新兴行业巨头赴海外上市，对A股市场就是损失。

表1　　不同国家及地区新股发行要求比较

	审核主体	审核性质	审核周期	定价机制	配售对象	信息披露
英国	交易所	实质审核	N/A	累计订单询价制度	以机构投资者为主	规定披露内容和格式
德国	交易所	实质审核与形式审核结合	4—5个月	累计订单询价和固定价格机制	以机构投资者为主	市场差异化信息披露
中国香港	交易所	实质审核	4个月	累计订单询价和公开竞价	以机构投资者为主	详细规定披露内容
中国内地	证监会	实质审核	大于6个月	累计订单询价制度	机构和个人投资者	规定披露内容和格式

资料来源：东北证券整理。

首先，我国建立股票市场以来，证券市场的发展异常迅猛。无论是看IPO/GDP（IPO，Initial Public offerings，首次公开募股；GDP，Gross Domestic Product，国内生产总值）还是看IPO/股票总市值，国内股票市场融资能力都有很大提高。虽然融资能力的提高快于日本、德国等国家，但与美国仍有较大差距，而且新股发行具有较大的行政化色彩。

以 2013 年为例，美国的 IPO 规模为 1 038 亿美元，而 GDP 为 167 681 亿美元，IPO/GDP 为 0.62%；德国 IPO 规模为 43.60 亿美元，IPO/GDP 为 0.12%；日本 IPO 规模为 104 亿美元，IPO/GDP 为 0.13%；中国 2013 年暂停 IPO，2012 年 IPO 规模为 995 亿元人民币，IPO/GDP 比重为 0.19%（见图 1）。

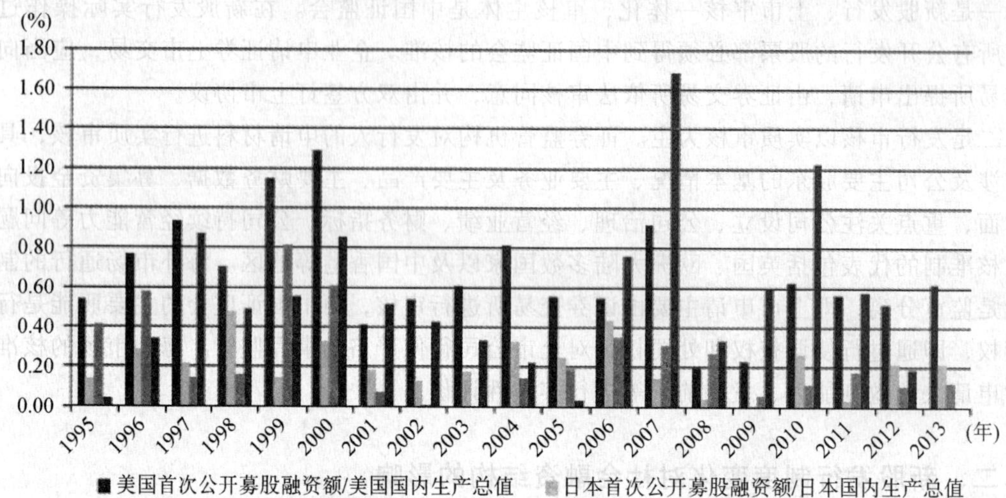

图 1 首次公开发行股票/国内生产总值国际对比

资料来源：东北证券、Wind。

从 IPO/股票总市值口径来看，2012 年美国这一比率为 0.44%，中国为 0.37%，德国为 0.24%，日本为 0.35%（见图 2）。

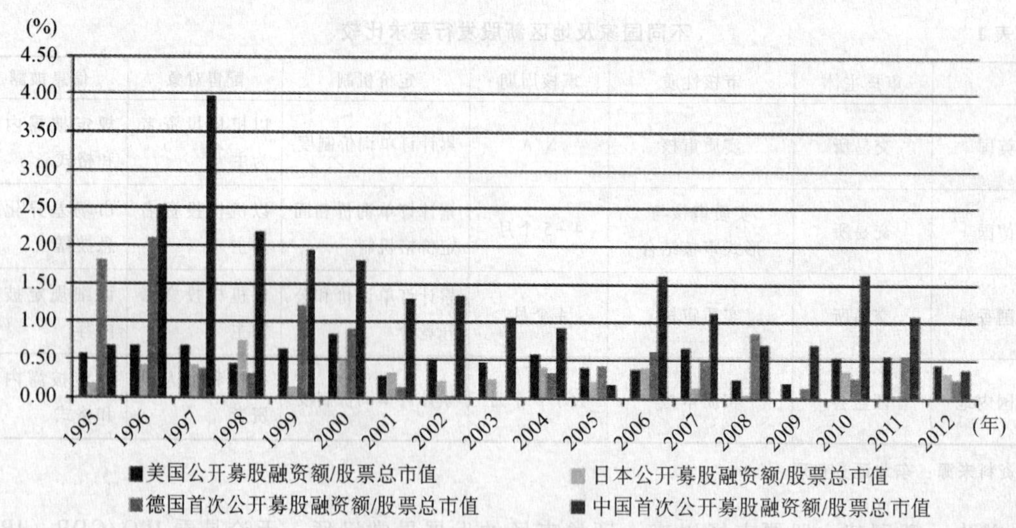

图 2 首次公开发行股票/股票总市值国际对比

资料来源：东北证券、Wind。

但是，国内新股发行仍有很多行政化因素，IPO 容易受二级市场影响。比如 2007 年，中国 IPO/GDP 比率为 1.68%，IPO/股票总市值为 1.13%，都要高于美国的相应数据。2012 年由于股票市场相对低迷，两个比率都低于美国，2013 年甚至暂停新股发行。

其次，中国经济仍处于中高速发展阶段，证券市场的发展速度并不能完全满足要求。社会融资结构中，股权融资只占很小的比例，而银行信贷比例则明显过高（见表 2）。具体而言，非金融企业境内股票融资占比一直在低位徘徊，最高点发生在 2007 年股市最好的时候，占比为 7.30%，随后又回到 3.00% 附近。近年来企业债券发展迅速，填补了人民币贷款占比下滑留下的空白，但并不能解决企业负债率过高的问题。

表 2 社会融资结构 （单位：%）

项目 / 数据 / 年份	非金融企业境内股票融资	新增人民币贷款占比	新增信托贷款	新增未贴现银行承兑汇票	企业债券融资
2002	3.10	91.90	0.00	-3.30	1.80
2003	1.60	81.10	0.00	6.20	1.50
2004	2.40	79.20	0.00	-1.00	1.60
2005	1.10	78.50	0.00	0.20	6.70
2006	3.60	73.80	1.90	3.50	5.40
2007	7.30	60.90	2.90	11.20	3.80
2008	4.80	70.30	4.50	1.50	7.90
2009	2.40	69.00	3.10	3.30	8.90
2010	4.10	56.70	2.80	16.70	7.90
2011	3.40	58.20	1.60	8.00	10.60
2012	1.60	52.10	8.10	6.70	14.30
2013	1.30	51.40	10.70	4.50	10.40
2014	2.60	59.40	3.10	-0.80	14.70

资料来源：东北证券、Wind。

（二）历次新股发行制度改革，不断促进资本市场健康发展

新股发行制度改革成功与否的标准之一，是在保持证券市场健康平稳发展的同时能否更好地为实体经济服务。从融资功能角度出发，可以观察 IPO 募资规模和 IPO 家数的变迁；历次新股发行制度改革不断取得突破，无论是募资规模还是首发家数都比以前大幅提高。

第一次由“额度管理”变革为“指标管理”，前者限制融资总额，后者限制上市家数，虽有所不同，但仍处于审批制的范畴，IPO 融资规模和家数难有实质性变化。第二次变革后，新股发行制度变革为“以通道制为核心的核准制”，但由于通道限制，证券市场融资功能仍然受限。第三次变革之后，新股发行大幅放开，但监管部门仍会根据市场状况控制发行节奏，其中仍有较强的行政色彩（见图 3）。

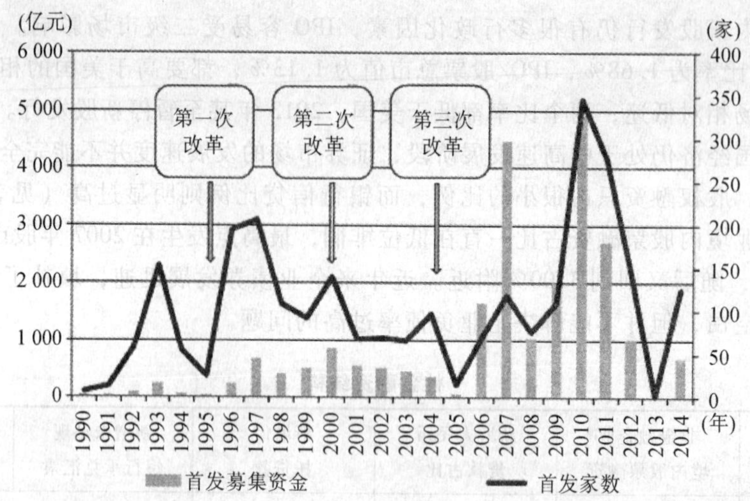

图3 第三次新股发行制度变革后首次公开发行股票募资规模和家数明显提高

资料来源：东北证券、Wind。

三、注册制对资本市场发展具有重要意义

（一）注册制有利于多层次市场的构建，促进优胜劣汰

注册制能够推动新股发行进一步市场化、降低上市门槛，充分发挥证券市场的融资功能。同时，监管机构也必须加强保护投资者特别是中小投资者的利益，这样证券市场才可以健康可持续发展。因此，与注册制配套的退市制度也有望建立，促进优胜劣汰，提升上市公司业绩。

目前我国已经建立了主板、中小企业板、创业板和新三板等多层次市场，实行差异化上市标准。注册制的推进将降低企业特别是新兴产业中小企业的上市门槛。由于国内公司不熟悉国外法律和习惯，在海外成功上市后往往会遇到各种问题。比如，在美国市场，有数十家上市中国公司被控欺诈，比较著名的案例包括新东方遭遇美国律所集体起诉。相比海外市场，A股被称为融资者的天堂，推进注册制，国内投资者也将获得更多的可选投资标的，从而间接获益。

严格实施退市制度，上市公司迫于退市压力，改善经营业绩的动力必然加强，投资也有望回归基本面。从政策演进来看，2014年10月，中国证监会发布了《关于改革完善并严格实施上市公司退市制度的若干意见》，主要内容包括：健全上市公司主动退市制度；实施重大违法公司强制退市制度；严格执行不满足交易标准要求的强制退市指标；严格执行体现公司财务状况的强制退市指标；完善与退市相关的配套制度安排。沪、深证券交易所则分别对《退市公司重新上市实施办法》、《退市整理期业务实施细则》、《风险警示板股票交易暂行办法》三项退市配套规则进行了修订，并于2015年1月30日对外发布实施。新的退市制度被称为“史上最严”，投资者对这项制度能够改善A股“只进不出”的现状给予厚望。

（二）注册制有利于进一步优化证券市场估值体系

新股上市溢价将逐渐消失，研究的价值、资本市场的价值发掘将有望获得提升。

从美国股市的经验来看，IPO公司的二级市场溢价并不明显，特别是短期内，比如一周内，并没有大幅的绝对收益；2012年和2014年两年新上市公司上市一周内平均涨幅几乎为零，只有2013年新股上市一周内平均来看上涨，不过涨幅只有不到1%（见表3）。

表3　　美国新上市公司表现平淡　　（单位：%）

	上市一周市场表现	上市两周市场表现	上市三周市场表现	上市一月市场表现	上市一季市场表现
2014年上市公司	0.06	0.36	0.81	0.68	0.56
2013年上市公司	0.47	1.28	2.07	2.88	8.32
2012年上市公司	0.00	0.00	0.02	0.47	3.06

注：新上市公司市场表现取中位数。

资料来源：东北证券、Wind。

相反，A股目前的情况是，一般新股上市都会成为炒作的对象，往往出现连续涨停的现象（见表4）。出现这种现象的原因可能包括以下几个方面：上市门槛过高，新股发行受到诸多限制，标的稀缺，从而容易受到炒作；A股上市公司的估值还内含所谓的“壳”价值，而新发行股票估值中不包括这一部分，上市后连续上涨才能体现这部分价值。

表4　　中国新上市公司容易遭到炒作　　（单位：%）

	上市后首日表现	上市后首周表现	上市后首月表现
2014年上市公司	44.01	46.33	74.80
2012年上市公司	16.88	-3.24	-7.97
2011年上市公司	14.55	-2.21	-5.14

注：新上市公司市场表现取中位数。

资料来源：东北证券、Wind。

注册制推出之后，虽然预计管理层仍将从宏观上把控上市节奏，但新股发行速度预计将有所加快，这将使投资新股逐步回归理性。从这个逻辑演绎，申购新股不再是无风险投资，投资新股将像投资普通股票一样，收益是双向的。而新上市公司，不被普通投资者了解，研究的价值有望获得体现。

注册制实施之后，新股供给有望逐步增加，“壳”资源不再稀缺，“壳”价值也将逐步弱化乃至消失。股票投资将回归基本面，“并购重组”等炒作“壳”价值的投机方式将逐步被市场淘汰，并购重组概念类股票也因为同类股票的上市门槛降低，同类标的理论上不再稀缺，其投机性降低，概念类投资方式将面临挑战。

并购重组行政许可的精简，可谓是注册制的一种演练。2014年10月23日，中国证监会发布《上市公司重大资产重组管理办法》和《上市公司收购管理办法》。其中，行政许可的进一步精简无疑是文件最直接的亮点，包括：取消对不构成借壳上市的重大购买、出售、置换资产行为的审批；取消要约收购事前审批及两项要约收购豁免情形的审批。一方面，并购重组审批放松将会降低相关标的稀缺性，降低并购重组题材的吸引力；另一方面，虚假重组和内幕交易为过度炒作股价推波助澜，倒逼中国证监会加强监管。

总之，注册制的实施将优化资本市场的估值体系，改变原有的一些投资模式，并倒逼监管创新。

（三）注册制有利于投融资改革，推动证券业进一步创新

注册制有利于投融资改革，使投融资参与主体的行为更加市场化。虽然仍可以通过控制注册进度来调控新股发行节奏，但这次改革着眼于提高市场化程度，新股发行是市场行为，有望逐步放开，发行规模也相应再上一个台阶，而且注册制之后新股定价也有望逐步实现市场化。

事实上，新股发行制度改革作为这一轮资本市场改革的重要组成部分，可能已经对中国证监会新股发行节奏的把握产生了影响，特别是进入 2015 年以来，新股发行节奏明显加快（见图 4），股市的大规模融资很可能常态化、市场化，从而更大程度地满足企业的融资需求。

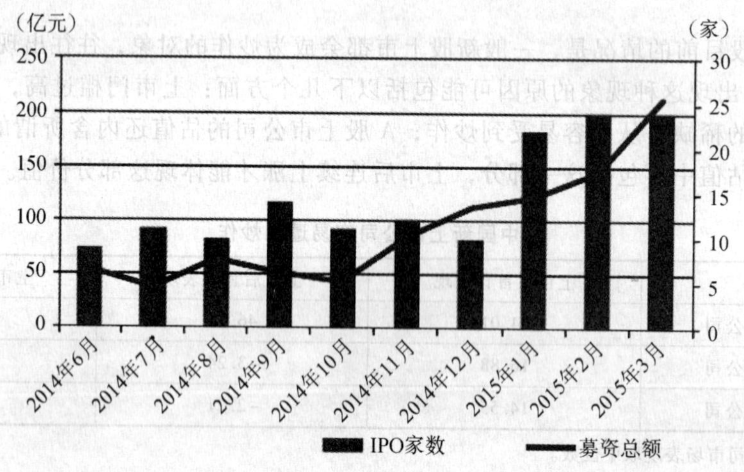

图 4 2015 年新股发行节奏明显加快

资料来源：东北证券、Wind。

注册制也将推动证券业的竞争，激发证券业的进一步创新。IPO 规模有望大幅增长，“蛋糕”虽然做大，但并不是所有证券公司都能从中受益，证券市场或进入“赢者通吃”的时代，证券行业也许将迎来新一轮的大洗牌。注册制之前，投行业务的核心竞争力是项目通过 IPO 审核的成功率，一旦上市成功，由于新股供给有限，投资者竞相争抢，销售新股并不是一个问题；而注册制之后，新股供给可能大幅增长，投资新股风险将逐渐暴露，销售能力就成为投行核心竞争力的重要体现，投行业务或将进入“渠道为王”的时代。

注册制下要求更加充分的信息披露，证券公司风险控制能力的重要性也愈加凸显，投行的职能也将回归到价值挖掘。预计投行的运作模式也将发生变化。注册制之后，散户参与率可能会有所下降，保荐证券公司在充分了解拟上市公司的基础上，主动采用包销的模式，一方面可以确保成功上市，另一方面开拓证券公司的盈利模式，直投这些拟上市公司，获得投资收益。证券公司“IPO + 直投”的模式将更加普遍，这也对证券公司的资本实力提出了更高的要求。大的项目更是如此，资本实力更强的公司优势更加明显。

总之，注册制将带来证券市场的一轮大变革，未来呈现在监管机构、投资者和证券公司面前的将是全新的股票市场，所有参与者都必须调整自己的心态和位置，以适应新的规则。

参考文献

[1] 刘纪鹏，沙玉兰："注册制改革不可一步到位"［J］，《财经》，2014（1）：49—51。

[2] 张天西，吕博："股票上市制度比较研究及协调"［J］，《中国软科学》，2002（3）：24—29。

注册制下的股票发行注册条件研究

阮金阳　章龙平*

一、注册制

（一）注册制与核准制

注册，英文为registration，也称登记，在探讨股票发行时，一般与“核准”一词作为相对概念提出，即“注册制”与“核准制”。就词义本身来说，“核准制”因有一“准”字，带有许可的含义（在行政法上被称为行政许可），而“注册”更多体现为经济主体的自愿行为，典型的代表以美国1933年《证券法》倡导的披露哲学——即“只检查公开的内容是否齐全，格式是否符合要求，而不管公开的内容是否真实可靠，更不管公司经营状况的好坏……坚持市场经济中的贸易自由原则，认为政府无权禁止一种证券的发行，不管它的质量有多糟糕。”①

一般认为，证券发行注册制起源于美国证券发行制度。1929年美国经济大萧条带来的证券市场崩盘，推动了美国联邦政府统一证券监管制度的推出。美国联邦政府1933年颁布的《证券法》要求股票发行人必须向潜在的投资者提供其公司全部的、实质性的信息，立法精神是保证股票发行人提供足够的信息和材料，禁止在股票发行行为中有欺骗或不实的宣传，但并不保证投资者可以通过购买证券而获利，而是让投资者自行判断投资的必要性。

（二）形式审核与实质审核

与“注册制”、“核准制”经常一起被提及的是股票发行的“形式审核”与“实质审核”。“形式审核”一般是指对股票发行过程中申请文件的完备性审核，即审查其申请材料是否齐全，是否符合法定形式。而“实质审核”包含了对股票发行申请文件的真实性及发

* 作者单位：东吴证券股份有限公司。原载于《中国证券》2015年第4期。

① 朱锦清：《证券法学》（第二版），北京大学出版社2007年版，第93页。

行股票主体投资价值的判断。需要说明的是，“注册制”不等于“形式审核”。美国是典型的注册制代表，但不表明在美国对股票发行的行为不进行实质性审查，比如美国州政府基于“公平、公正”的原则对IPO作出的一些实质性审核①。在中国香港，证监会在股票发行上的主要职责是监督联交所执行与上市事务有关的职能和责任，联交所通过审阅上市申请文件与聆讯等对股票发行进行实质审核。

在我国，注册制改革首先需要厘清的就是中国证监会与交易所的权限与职能划分。在注册制下，中国证监会职责在于股票发行注册监管，审核重点在于发行注册申请文件是否齐备，投资者投资所需要的信息披露是否全面充分，风险揭示是否完整等②。对于股票发行上市条件的实质判断应该交给交易所，申请文件的真实性交由专业的中介机构，而所发行股票的投资价值由投资者在充分获取信息后自行判断。

二、股票发行

迄今为止，我国法律并未对“股票发行”进行过定义，与界定股票发行相关的法律概念有：要约邀请、要约、接受及股票交付行为或者说是一种股票的销售行为。股票发行实际上属于民商事行为，属于市场主体意思自治领域。但是因某些特殊情况下的股票发行涉及的人数众多，牵涉到投资者利益保护和证券市场秩序等复杂问题，从而引发了特殊监管需求。因此，各国家和地区在尊重市场主体意思自治之外，又给予“注册”或“核准”的要求。

股票发行的主体一般为股份公司，但也有股份公司的股东作为股票发行的主体，即所谓的“增量发行”与“存量发行”。美国与中国香港都有股票的存量发行，存量公开发行在香港被称为“发售现有证券”（Offer for Sale），是已发行证券的持有人（或其代表），或同意认购并获分配证券的人或其代表，向公众人士发售该证券，发行人需要向香港联交所提交申请文件。2013年11月30日中国证监会发布的《关于进一步推进新股发行体制改革的意见》要求：“发行人应根据募投项目资金需要量合理确定新股发行数量，新股数量不足法定上市条件的，可以通过转让老股增加公开发行股票的数量。新股发行超募的资金，要相应减持老股。”这项规定初衷是解决超募资金与满足上市条件问题，却被认为开启了中国的存量发行制度。

此外，从股票公开发行应受监管的法理基础来看，股份公司申请股票在全国中小企业股份转让系统（以下简称“新三板”）公开转让行为亦涉及金融秩序与公共利益问题，需要在立法上明确该类行为属于“发行”的范畴，与其他公开发行一起受金融监管。因此，本文所探讨的股票发行包括“增量发行”与“存量发行”，也包括申请股票的公开转让行为。

三、注册条件

如前所述，股票发行本是一种民商事行为，遵循的是市场主体的意思自治原则。究竟哪

① 沈朝晖：“流行的辩解：注册制与核准制辨析”，《证券市场导报》2011年9月号。

② 根据该职能划分，本文后述股票发行注册条件实际上主要从形式条件入手，至于股票上市的实质条件应该由证券交易所制定的《上市规则》予以规范。

些股票发行行为需要引入特殊监管，各国家和地区都有自己规定的标准。比如美国 1934 年的《证券交易法》规定，任何证券发行的总数在 500 万美元以上并且购买者在 500 人以上的，都必须向联邦政府注册。中国香港的《公司条例》将公司划分为私人公司和公众公司，并将私人公司以外的公司均称为公众公司，只有公众公司可以向公众公开发行股票。

在探讨股票发行注册范围时，首先需要介绍“公众公司”的概念。笔者认为，在立法上，可以此为出发点，凡是与公众公司相关的股票发行行为都应纳入注册监管范围，除非该类发行行为属于规定的注册豁免的情形。

（一）公众公司

在英国《公司法》的分类中，公众公司和私人公司的区别具有重要意义，两者最为重要的区别在于公众公司可以向社会公开招股或发行债券以融资，但私人公司这么做会被认为是一种犯罪行为[①]。英国 1985 年《公司法》将股东人数超过 50 人作为区分公众公司和私人公司的界线。英国的证券监管制度即是围绕公众公司展开，公众公司包括上市的公众公司和非上市的公众公司。

这一制度被我国香港延用。《香港法例》第 622 章第 11 条将私人公司定义为：“（1）就本条例而言，如某公司符合以下说明，该公司即属私人公司：（a）该公司的章程细则——（i）限制成员转让股份的权利；（ii）将成员最高人数限于 50 人；及（iii）禁止邀请公众人士认购该公司的任何股份或债权证；及（b）该公司不属担保有限公司。（2）在第（1）（a）（ii）款中——成员不包括——（a）本身是有关公司雇员的成员；及（b）曾同时是成员及有关公司雇员，但不再是该公司雇员后仍继续是成员的人。（3）就本条而言，如 2 名或多于 2 名人士联名持有公司股份，他们须视为一名成员。”中国香港只对私人公司下了定义，因此私人公司以外的公司即为公众公司，中国香港仅允许公众公司公开发行股份并由香港证监会和公司注册处对其进行监管。

我国《公司法》和《证券法》目前没有关于公众公司的界定，但在实践中已经开始使用公众公司，2013 年 12 月中国证监会公布的《非上市公众公司监督管理办法》第二条规定：“本办法所称非上市公众公司是指有下列情形之一且其股票未在证券交易所上市交易的股份有限公司：（一）股票向特定对象发行或者转让导致股东累计超过 200 人；（二）股票公开转让。”该条规定的公众公司有两种情形：一是股东人数超过了 200 人；二是股票公开转让。“股票公开转让”实际上仍然可以被认为是以股东人数作为标准，在这种方式下，通过股票在新三板的交易行为，股东人数可以随时突破 200 人，已是公众公司，当股东人数突破 200 人时，无须再次予以审核。

未来，在我国《公司法》和《证券法》的修订上可以引入“公众公司”的概念。按照当前中国证监会有关公众公司的界定，可以将股东人数 200 人（含可不经审核自由突破股东人数 200 人限制的公司，比如目前“新三板”上的挂牌公司）作为划分公众公司的标准，从而明确证券监管机构的监管对象范围，然后在公众公司基础上，划分上市公众公司和非上市公众公司，以便进行分类监管。

① 董安生：《新编英国商法》，复旦大学出版社 2009 年 6 月第 1 版，第 172 页。

（二）注册条件

从上述分析可知，发行注册监管范围可以按两个标准予以确定：注册成为公众公司或者已注册的公众公司的股票发行。注册成为公众公司包括目前实务中的公司首次公开发行新股、申请股票的公开转让行为；已注册的公众公司的股票发行包括上市公司公开或非公开发行股份、非上市公众公司的公开或非公开发行股票等。按照该分类，可以设定不同的股票发行注册条件，包括注册程序、注册文件清单、格式等。

上市公众公司和非上市公众公司发行的股票流动性不同，对投资者的利益影响以及证券市场秩序的影响程度也有较大区别，因此注册成为上市公众公司与注册成为非上市公众公司可以设计不同的注册条件和注册程序；对于已注册的公众公司来说，公开发行和非公开发行涉及的发行对象数量存在差别，发行行为影响也不一样，所以应该明确不同的监管措施。

1. 首次公开发行新股注册条件。这是实务中接触的最为典型的股票发行行为①，属于本文前述注册成为公众公司的一种，鉴于该类型的股票发行涉及的影响面广，基于投资者保护与金融秩序，目前各国对该种股票发行行为都给予或多或少的金融监管要求。

笔者认为，可以参照我国香港的做法，对于该种类型的股票发行行为，在厘清证监会与交易所权限之后，可分类设置发行条件与上市条件，由交易所对上市条件进行实质审核，并由中国证监会按照法定的注册条件与注册程序进行发行注册。这种法定的注册条件应是基本的强制性条件，需摒弃在“核准制”下过多的价值判断，即发行注册应符合《公司法》和《证券法》相关主体资格的要求，应是已设立的股份有限公司或者拟募集设立的股份有限公司；发行人递交注册申请文件应符合相应申请文件的格式准则要求；《证券法》可授权中国证监会有规定申请文件格式准则和其他发行条件的权力，作为兜底条款。

经过修改的发行注册条件将大大简化，中国证监会的主要监管是通过制度相关格式准则文件要求发行人予以全面完整的信息披露，以达到对发行人股票发行注册的监管。

2. 申请股票公开转让的注册条件。非上市公众公司注册条件相对于首次公开发行的条件应更为简单，原则上要符合《公司法》和《证券法》规定的有关股份有限公司及非上市公众公司增发股票的硬性规定。

在申请文件清单和申请文件格式准则上应较首次公开发行股票申请文件简化，以降低非上市公众公司的注册成本，提高注册效率。

3. 已注册的公众公司申请股票的公开发行。该类型包括上市公司申请的股票再次公开发行及非上市公众公司申请股票公开发行。由于目前在新三板挂牌的非上市公众公司对投资者做出了门槛要求，对于非上市公众公司来说，如果申请股票的公开发行，应转板至证券交易所挂牌交易，并参照前述的首次公开发行股票条件进行注册。

上市公司申请股票的再次公开发行包括实务中的公开增发、配股，二者除了发行对象不同，实则并无差异。美国证券交易委员会（SEC）在 1983 年颁布的 413 规则，规定符合一定条件的美国上市公司增发股票，可以向 SEC 提交 S－3（适用于美国发行人）或 F－3（适用于外国发行人）注册表。提交 S－3 表或 F－3 表的公司仅需要申报简单的注册说明书，

① 此外还有“换股吸收合并”中的借壳主体的股票发行实际上也是一种首次公开发行股票行为，应同样满足首次公开发行的各种注册条件，本文不再将其作为一种单独类型来讨论。

主要说明证券发行和近期的重大变动，然后参照援引首发时的相关文件即可①。在我国香港，上市公司公开募集新股，其招股说明书需要经联交所审核。因已是上市的公众公司，对于上市公司申请再次公开发行新股，可以考虑参照上述成熟市场的一些做法，除由证券交易所对新股上市进行审核外，中国证监会可通过事先颁布的注册格式文件要求上市公司提交与本次发行相关的文件与注册表格，在保持信息披露一致性的基础上，可以援引以前所披露的信息，对本次发行进行充分的信息披露。

4. 已注册的公众公司申请股票的非公开发行。与非公开发行相对应的是公开发行。我国现行《证券法》第十条对公开发行进行了界定：一是向不特定对象的发行；二是向特定对象发行证券累计超过 200 人的；三是法律、行政法规规定的其他发行行为。按照该规定，除此之外的应该是非公开发行②。

我国现行《证券法》第十三条同时又规定："上市公司非公开发行新股，应当符合经国务院批准的国务院证券监督管理机构规定的条件，并报国务院证券监督管理机构核准。"笔者认为，该条规定并无多少法理支持，最多可以理解成监管机关希望通过核准权对上市公司现有股东特别是中小股东提供保护，以防止上市公司控股股东通过非公开发行股票来进行利益输送。在注册制下，因股票发行的主体为已注册的公众公司，且是通过非公开的方式，可交由上市公司股东自行决定，在《证券法》的修订上针对此类型的发行股票应予以豁免注册。

（三）负面清单管理

负面清单常用于国际贸易合作过程中，为保护本国利益，通过清单形式将一些行业列入外资禁止进入的领域，避免产生争议③。如我国上海自贸区在扩大外资开放领域时，即采用了负面清单管理，例如清单写明——新闻机构，图书、报纸、期刊的出版业务，音像制品和电子出版物的出版、制作业务等属于外商投资的"禁区"。除负面清单以外的领域均是外商投资可进入行业。

在实行注册制后，股票发行注册条件的门槛将大为降低，可以考虑通过负面清单的形式将一些企业予以禁止发行注册，如淘汰落后产能领域的企业、有严重违法违规记录的企业等。

（四）注册豁免制度

美国 1933 年《证券法》规定了发行注册豁免制度，并在实践运用中通过诉讼案例和 SEC 的大量解释来明确其具体界限，并制订了一些规则明确标准，被称为安全港规则，即在规则明确标准范围内的行为是符合发行注册豁免规则的。如关于私募发行注册豁免事项，SEC 颁布有法令 D（SEC Regulation D），是规则 501 至规则 508 共 8 个规则的系列，其中规则 506 是对 1933 年《证券法》第 4（2）条的解释，是一个私募发行的安全港规则，发行人

---

① 北京大学课题组，吴志攀，彭冰等："证券发行法律制度完善研究"，《证券法苑》2014 年第 10 卷。

② 2006 年 5 月，中国证监会在《证券法》规定的基础上又制定了《上市公司证券发行管理办法》，其中对非公开发行的对象限制为不超过 10 名。实务中，在"上市公司发行股票购买资产"案例中已突破了该条规定。

③ 《服务贸易总协定》(GATS) 中，利用正面清单来确定覆盖的领域，而负面清单则用来圈定在这些开放领域清单上有关市场准入和国民待遇问题的限制。这种做法被不少国家采用，从而有效利用正面和负面清单的手段，在开放市场的同时保护部分敏感产业。

从事该项下的私募发行行为是安全的①。

我国在制定发行注册豁免制度时可以借鉴美国安全港规则，使注册豁免被公众合法合规运用。一些不涉及金融秩序或不是很需要设置特别保护的股票发行行为可以建立注册豁免制度，以便降低该类股票发行行为对企业的负担。比如，私募发行豁免、小额发行豁免②、区域性发行豁免③及向员工发行豁免④等。可在《证券法》层面规定注册豁免的主要适用条件，然后授权证券监管机构制订相应的细则，以便豁免制度的实施。

四、结论

在我国股票发行注册制的建设上，首先，应明确纳入注册范围的股票发行行为；其次，引入负面清单管理与注册豁免制度；最后，在《证券法》中明确按照不同的股票发行行为设置不同的注册条件和程序，并按照非上市公众公司和上市公司建立分类监管制度。

参考文献

[1] 北京大学课题组，吴志攀，彭冰等："证券发行法律制度完善研究"［C］，《证券法苑》，北京：法律出版社，2014 年第 10 卷。

[2] 李燕，杨淦："美国法上的 IPO'注册制'：起源、构造与论争"［J］，《比较法研究》，2014（6）。

[3] 刘君："美国证券公开发行如何做到'注册制'"［N］，《中国证券报》，2013－1－18（A17）。

[4] 宋国良，刘志丹，黄大康："我国股票发行注册制改革：问题、路径与过渡期政策研究"［J］，《新金融评论》，2012（2）：126—143。

[5] 李文华：中国式注册制："市场基础与实施路径"［J］，《金融市场》，2014（9）：68—74。

[6] 王啸："我们需要什么样的注册制"［N］，《上海证券报》，2013－11－20（A05）。

[7] 钱康宁，将健蓉："股票发行制度的国际比较及对我国的借鉴"［J］，《上海金融》，2012（2）：55—63。

[8] 沈朝晖："流行的辩解：注册制与核准制辨析"［J］，《证券市场导报》，2011（9）：14—23。

[9] 董安生：《新编英国商法》［M］，复旦大学出版社 2009 年版。

[10] 董安生，何以等：《多层次资本市场法律问题研究》［M］，北京大学出版社 2013 年版。

[11] 彭冰：《中国证券法学（第 2 版）》［M］，高等教育出版社 2007 年版。

[12] 何美欢：《公众公司及其股权证券》［M］，北京大学出版社 1999 年版。

---

① 陈界融：《证券法发行法论》，高等教育出版社 2008 年 4 月第 1 版。

② 中国证监会在 2014 年 5 月发布的《创业板上市公司证券发行管理暂行办法》推出"小额快速"定向增发机制，允许"不保荐不承销"，但仍然需要予以"核准"要求。

③ 我国现有的区域性股权交易市场为注册制下股票区域性发行提供了交易场所。

④ 目前上市公司对员工发行的限制性股票或股票期权实行的是备案制，该类股票发行一般带有激励性质，属于向特定对象的内部发行。

注册制下证券公司投行业务的合规风控探讨

崔远洪*

一、注册制及其国内环境

注册制以美国联邦证券法为代表，其核心是发行人的财务公开制度，要求发行人提供关于证券发行本身以及同证券发行有关的一切信息。对于证券本身的价值，投资者自行判断。投资被认为是不可剥夺的权利。

一般认为，注册制被认为是在法律和契约得到尊重的有效市场前提下的一种发行制度，其主要特点是将发行风险交给主承销商，把合规要求的实现交给中介机构，把信息披露的真实性交给发行人①。监管部门只对信息披露进行合规性、齐备性审核，对公司经营状况和行业情况不作实质性判断，也不要求公司盈利持续增长。

综合我国经济环境和证券市场现状，企业直接融资难、新股发行市盈率高、PE 投资退出渠道受限、投资需求日益增大、投资者结构多元化、投资能力日益增强、法制环境越来越健全、监管手段日益法制化等因素直接推动我国注册制改革。实行注册制，有利于拓展企业直接融资能力，有效抑制“三高”（高发行价、高市盈率、高募集资金额）现象，丰富投资品种和需求，提升投融资的市场化功能，更加有效地实现资本市场对国家经济发展的推动作用。如何进一步市场化，如何提高投资者投资能力和风险意识，如何提高证券发行人、承销商和其他证券中介机构的行业自律能力，如何合理分配各自职责和责任追究等问题值得我们进一步思考和完善，切实实现注册制更好地发挥资本市场价格发现、融资、资源配置三大基础功能。

---

* 作者单位：海际证券有限责任公司。原载于《中国证券》2015 年第 4 期。

① 谷晴：“IPO 实行注册制的可行性分析”，《财会月刊·全国优秀经济期刊》2012 年 6 月号。

二、证券公司投行业务合规风控现状

在核准制下，证券公司投行业务主要工作重点在某种程度上讲是“制作项目材料”以及“与监管机构沟通”。证券公司内部而言，公司为了支持业务的发展，常常是公司合规风控工作让位于业务需要，这种情况在中小型证券公司尤其明显。总体上说，各证券公司合规风控部门多数认为现有状况很难有效地对公司投行业务进行全面合规风险管理。

证券公司投行业务在某种程度上讲是游牧式、散养式的运作，项目人员常年在外出差，围绕项目时间形成忙闲两极化局面，导致空闲时相对自由，很难形成对投行业务及项目团队的有效合规风险管理。对证券公司投行业务的管理主要在投行部门设置兼职合规风险岗或由合规风控部门派驻人员进行合规风险控制管理工作，兼职岗位从部门自身利益考虑，派驻人员少有深入具体业务的机会，均很难形成实质有效的管理。多数证券公司设置了质量控制部门或者相关的业务管理部门，在设置上主要有“并行”或者“内设”两种方式，其中内设的方式更为普遍，进一步增加了对投行业务进行合规风险控制的难度。在以项目为主、效益优先的投行经营模式下，合规风控和质量控制相关部门往往缺乏足够的“话语权”，合规管理、风险控制及其质量控制难以有效实施，其结果往往流于形式或走过场，很难起到合规风险控制的作用。

纵观证券公司投行管理机制，多数证券公司主要采用巨额提成机制、准事业部制或事业部制，以此类机制激励项目团队承揽、承做项目。在此种激励机制下，项目团队在利益驱动下承揽项目、承做项目及材料制作时常常出现不正当手段，甚至存在诱导舞弊和造假，一切以项目通过发行审核为工作中心目标。近年来，中国证监会查处的万福生科、天丰节能、海联讯、华锐风电等上市公司财务造假案件足以说明现行投行管理机制存在监管问责风险。同时，在持续督导方面缺乏应有的资源投入，企业上市后难以得到证券公司投行全面优质的持续督导服务，信息披露、资金使用、财务真实性等方面时常出现问题，以引起监管部门的高度重视。为此，证券公司应当对投行业务模式和管理机制进行重新审视，切实加强对投行的合规管理和风险控制。

三、注册制下证券公司投行业务合规风控探讨

目前，《证券法》修订稳步推进，注册制改革近在眼前，证券公司应抓紧反思自身是否做好相应的准备。注册制并不是监管缺失，而是监管更为严厉。在注册制下，证券公司的非系统性风险加大，控制风险成为投行业务的重中之重。结合注册制模式、市场环境现状、投资者结构、新股发行实际、法制环境和责任追究等方面，根据国内证券公司合规和风控实际，从以下几方面探讨注册制下投行业务的合规和风险控制工作。

（一）业绩和合规风控并重的价值取向

随着资本市场的发展和完善，证券公司投行既有的利益驱动机制和业务运作模式在新的监管环境下难以为继，诱导舞弊和造假行为将受到严厉处罚，对投行人员、投行部门甚至整个公司将造成无法估量的损失。近两年来，中国证监会主席助理张育军多次反复强调证券公

司的合规管理和风险控制，证券公司投行理应对价值取向进行调整并予以一定的取舍，在投行业绩与合规风险控制上寻求平衡点，在有效合规管理和风险控制前提下追求投行业绩的最大化，切实落实业务和合规风险控制并重的价值取向。

注册制下，为有效落实业务和合规风险控制并重的价值取向，证券公司投行应改变以往的利益导向机制，充分重视对投行业务的合规管理和风险控制，重新审视自身现有业务流程、组织架构、业绩指标及项目提成机制，改变单纯以项目为中心的考核机制，考虑实施大部门制，采取奖金的年度递延发放，探索员工持股方式，实行严格合规管理和风险控制绩效考核等措施。有效实施证券公司投行内外部制约机制，质量控制部门应独立于投行部门，与合规风险控制部门一同对投行进行内部控制，通过保荐业务内部控制相关制度进行有效约束。防止外部制约机制异化，对在IPO产业链上寄生机制进行有效的抵制。同时，公司董事会应当对经理层进行明确的要求，督促经理层有效落实业绩与合规风控并重的价值取向，保证相关合规风险控制工作的有效开展。

（二）加大以信息披露为中心的合规风控力度

注册制下，必须通过一系列强制性信息规范披露安排，促使发行人保障披露信息的数量和质量，满足投资人理性决策的信息要求。随着市场格局的重大变化，投行工作重心取向发生了重大变化，不再以通过发行审核为中心，而是转变为满足各投资者信息披露需要为中心[①]。作为证券公司投行，应重视发行人的内部控制情况，对发行人提供的信息进行有效的审视，保证发行信息披露的真实性和可靠性，防止信息披露失真导致的责任追究。

证券公司投行对发行人披露的信息尽职调查，包括并不限于财务的真实性、信息披露的合规性、公司运作的合法性等方面。伴随着实质性审核的要素去除，投行的尽职调查重心不在于财务修复，而是真实还原问题。正是如此，尽职调查的工作量并未减轻，甚至还有可能大幅提升，但侧重的是信息披露和风险提示[②]。为保证信息披露的真实性，防止不必要的责任追究，保荐机构合规风险控制工作也应以此进行重心转移，对信息披露合规性、财务数据真实性制定相关控制措施，如制定完善项目立项内核标准，规范尽职调查报告的格式和具体内容，及时提交相关工作底稿及数据来源支撑等，对相关问题必须进行有效的尽职调查和核查，杜绝对会计师事务所尽职调查材料的简单复制，确保核心财务数据（总资产、总负债、收入、成本、利润等）不能出现造假，充分保证信息披露材料的合法性、真实性和有效性。

（三）重点做好定价和销售的合规管理及风险防范

注册制改革十分重要的一个方面就是发行定价的市场化改革。申万宏源证券研究所分析师钱康宁表示，借助证券公司自主配售能力的提升来强化询价过程的价格发现功能，降低一、二级市场之间的溢价水平，借助发行定价的市场化改革引导投资者回归理性。为有效进行合理的估值定价，证券公司投行应做实做细尽职调查工作，保持与发行人的顺畅沟通，并重点深入了解发行人所处行业、自身经营、财务状况等核心信息。同时，伴随着上市企业数

① 陈思远：“香港保荐制度最新修改对内地投资银行业的启示——以注册制改革为背景展开”，《证券市场导报》2014年第2期。

② 光大证券股份有限公司：“证券发行注册制对我国投资银行业的影响研究”，《中国证券》2014年第11期。

量的增加，销售能力是对证券公司投行的真正考量，从而成为名副其实的承销商。

为保证估值定价合理性，应当在制度设计上保证尽职调查的充分性和有效性，务必真实了解上市公司的业绩情况，尤其是对股权结构复杂、关联交易及资产置换经常发生的公司务必进行全面细致的尽职调查。不仅要全面收集尽职调查资料，更应全面分析和核查并形成核查结论文件，鼓励行业和保荐人对各保荐项目中存在的风险点进行归纳和整理。在定价配售方面，主承销商应制定严格的审核标准和执行程序，通过多部门的协作与制衡，从内部最大限度杜绝寻租和利益输送的发生。同时，证券公司应拓宽资本补充渠道，努力提高资本质量，建立科学有效的内部资本充足评估程序，并将内部资本充足评估结果运用于业务决策、战略规划中。通过净资本、流动性风控指标的实施，整体上控制经营风险，使得投行业务开展规模始终与公司资本规模和质量有机协调，避免业务发展过快带来的经营风险。通过敏感性分析和压力测试等手段，充分考虑市场风险，做好风险应对方案。

（四）积极做好投资者风险意识教育

从我国资本市场的发展历史看，投资者权益保护是证券市场监管的重中之重。推进注册制改革离不开市场化和法治化的齐头并进，特别是保护投资者权益方面的配套措施亟待跟上。目前投资者在新股发行上对中国证监会“把关”有着严重的心理依赖，自身专业知识缺乏，风险意识不强。但注册制改革必然形成投资者风险自担、强化投资者保护的体制机制，如何做好投资者教育将是证券公司投行极为重要的一项工作。加大对包装上市、披露虚假信息、涉嫌内幕交易等违法违规行为的查处力度，加大对违法违规案例的宣传处罚力度，将使投资者更加清醒地认识到股市的风险，促进投资者理性投资。

我国证券市场与国外证券市场存在较大的差异，并非发达国家自发形成的证券市场，而是在国家主导下自上而下形成的证券市场。中小投资者对国家的依赖度相当严重，缺乏应有的法制意识和契约精神，面对风险和亏损常常采取群访闹访的方式，最终将对证券公司形成无形的压力，造成证券公司的损失。在现有信用体系不够完善的环境下，证券公司应当建立投资者教育的相关制度，进行有效的风险揭示并倡导长期理性投资。为有效防止风险和诉讼，证券公司应当对发行人披露的信息尽职调查，真实披露发行人在未来发展过程可能遇到的问题和投资的潜在风险。从某种程度上讲，有效的风险揭示就是对投资者最好的教育。在发行销售环节，设置风险揭示文本，对不同类型的投资者设置相应的具体资质要求，预先做好投资者的风险教育并将相关工作落到实处。通过各种形式的投资者风险教育和风险揭示，证券公司实质也进行了一次自身投行业务行为规范的内部检查，有效控制了自身可能存在的合规和风险问题。

（五）完善公司内部责任追究机制

我国目前实行的保荐制，有别于美国的“区分责任”模式和我国香港地区现行的“保荐人牵头责任”，相比更为严格。在注册制下应当对发行人和中介机构责任予以更加合理的划分和归责。证券公司投行对招股说明书负有谨慎的义务，全面排查上市公司提供的资料，如招股说明书等材料存在虚假陈述或重大遗漏，需与发行人一同承担相关责任。

注册制下，证券监管部门更加注重对信息披露真实性的监管，更多地集中在事后监管和责任追究。随着可上市的企业数量的增加，定价和承销难度日益加大，投行团队直接承受巨大的挑战和压力，在利益驱动和短视效应下容易滋生各种违法违规行为。为此，公司内部应加强股票发行的监督检查，及时核查并遏制各类违法违规冲动；强化内部质量控制的话语权，防止质量控制和合规风险控制流于形式；强化对尽职调查报告的要求，严格立项审批和内核程序，确保项目自身和申报材料质量；改变巨额提成机制，递延发放相关项目提成；注重项目的持续督导及其分工细化，加强持续督导期间的信息披露监督。

为有效保证证券公司投行业务的合法合规营运，公司应当加强内部责任追究机制。在制度设计上，应当将各个层级、各个阶段的责任人员进行具体厘定，防止发生各类信用风险、操作风险、合规风险。在具体项目上，实施责任书制度，并通过递延发放奖金提成的方式保证项目质量的有效完成。加大对造假行为的责任追究，对因个人原因导致公司重大损失或负面影响，应当予以严厉的责任追究，谨防个人原因导致公司重大损失情况发生。

（六）注重监管要求并加强其他中介机构合作

实行注册制，将导致我国证券监管体系一次重大转型。纵观国际资本市场，证券市场的监管者主要是中国证监会、交易所、中国证券行业协会。其中，中国证监会居于整个监管体系的核心。交易所对证券发行及交易活动负有一线监管及日常监管的职责；行业协会的自律监管起着十分重要的承上启下的作用，是监管体系中不可或缺的组成部分。为有效控制证券公司投行面临的合规风险，避免不必要的监管问责和监管处罚，证券公司应积极领悟监管理念并有效落实监管要求，严格以信息披露为中心，切勿存在侥幸心理，依法合规做好企业上市的保荐承销工作。

在企业发行上市中，证券公司投行处于主导地位，负责项目的总体协调和销售，但会计师、律师的合作与配合同样不容忽视。选择了业务精湛、执业规范、勤勉尽责的合作伙伴，不仅能产生更为高效的团队效应，也能帮助证券公司投行有效地规避和控制风险[①]。新股发行体制改革对证券公司投行提出了进一步要求，要求保荐机构对中介机构的专业意见进行核查，实际上是明确了保荐机构的把关角色，其他中介机构应配合保荐机构工作，尤其在专业审计问题上需要会计师的配合和支持，以深入完成核查。从控制风险的角度出发，证券公司投行应当根据项目实际和保荐工作需要选择合适的其他中介机构，进行严格的责任区分，并以签署合同、协议、备忘录等书面形式予以固化明确，证券公司投行不应过多承担其他专业机构的责任，确立专业机构的自主判断和事后追责机制，确保保荐机构承担总协调人和把关人角色。

随着注册制改革的深入，证券公司投行业务将面临巨大的机会和挑战，大型证券公司投行有望借此提高机构客户黏性及市场份额，中小型证券公司投行业务也可结合自身特点开展特色投行服务。注册制下上市公司数量大大增加，投行业务有望再次得到较大的发展。同时，法治体系的健全和监管力度的加大，证券公司投行将再次面临一次深度考验。证券公司投行应进一步加强自身内部合规和风险控制，走规范稳健发展之路，才能最终在新的发行体制下得到更好发展。

---

① 齐宁："向注册制过渡 投行需加强内控"，财新网，2014 年 7 月 4 日。

参考文献

[1] 徐璐："股票发行注册制改革带来的影响"[J]，《合作经济与科技》，2014（24）。

[2] 钱晓涵，周翀："发行审核权下放，'监审分离'或成改革方向"[N]，《上海证券报》，2012-2-24（F03）。

[3] 卫光钦："借鉴美国经验，逐步完善发行审核机制"[N]，《中国证券报》，2011-4-12（A17）。

[4] 齐宁："向注册制过渡 投行需加强内控"[OL]，财新网，2014-07-04。

[5] 陈思远："香港保荐制度最新修改对内地投资银行业的启示——以注册制改革为背景展开"[J]，《证券市场导报》，2014（2）。

[6] 光大证券股份有限公司："证券发行注册制对我国投资银行业的影响研究"[J]，《中国证券》，2014（11）：30。

股票发行注册制改革对我国投资银行业务的影响

聂　明　谭小波*

一、股票发行注册制的基本内涵

2013 年 11 月，中共十八届三中全会作出的《中共中央关于全面深化改革若干重大问题的决定》中明确提出我国要“推进股票发行注册制改革”。注册制对我国资本市场虽然是一个新的概念，但成熟市场上有许多经验可借鉴，例如资本市场发达的美国、日本以及我国的台湾地区。中国证监会主席肖钢在 2015 年全国证券期货监管工作会议上的讲话中明确表示：归纳一些国家和地区实施注册制的实践，大致有四项基本特征：

一是企业拥有发行股票筹集资本的天然权利，只要不违背国家利益和公众利益，企业能不能发行、何时发行、以什么价格发行，均应由企业和市场自主决定。

二是实行以信息披露为中心的监管理念，要求企业必须向投资者披露充分和必要的投资决策信息，政府不对企业的资产质量和投资价值进行判断和“背书”，监管机构不对信息披露的真实性负责，但要对招股说明书的齐备性、一致性和可理解性负责。

三是各市场参与主体归位尽责，发行人是信息披露第一责任人，中介机构承担对发行人信息披露的把关责任，投资者依据公开披露信息自行作出投资决策并自担投资风险。

四是实行宽进严管，重在事中事后监管，严惩违法违规，保护投资者合法权益①。

通过以上阐述可以明确看到，股票发行注册制的核心就是“去行政化、重市场化”，把原来的标准制度变成以信息披露为中心的注册机制，真正还权于市场和投资者。

* 作者单位：广发证券股份有限公司。原载于《中国证券》2015 年第 4 期。

① 参见《聚焦监管转型 提高监管效能 ——肖钢同志在 2015 年全国证券期货监管工作会议上的讲话》，官方网址：http：//www. csrc. gov. cn/pub/newsite/zjhxwfb/xwdd/201501/t20150116_ 266708. html，最后访问日期：2015 年 3 月 4 日。

二、我国股票发行注册制改革的主要内容

股票发行注册制改革总的目标是，建立市场主导、责任到位、披露为本、预期明确、监管有力的股票发行上市制度①。

结合股票发行注册制的基本特征和我国注册制改革的总体目标，相对于目前我国的核准制而言，注册制主要存在以下变化：

（一）审核主体的变化

虽然中国证监会注册制改革方案的具体内容并未公布，但注册制下的审核主体有可能实行“交易所审核、证监会注册”的监管模式。该模式有利于形成“监审分离”的权利制衡机制，保障审核权的正当行使。同时，沪、深两家证券交易所的适当竞争，也有利于提高审批效率。将主要的前端审核工作交给交易所，中国证监会可以将有限的监管资源投入到完善制度建设、加强监管执法和保护投资者合法权益上来，放宽前端、严控后端既能提高市场效率，也能对市场参与主体起到足够的威慑作用。

（二）审核理念的变化

股票发行实行注册制并不意味着对股票发行不加审核。实践中，境外注册制也会对发行人是否符合法定的注册条件、信息披露是否充分等进行审核。但注册制的一个核心是：强调以信息披露为中心，监管部门不对企业未来的持续盈利能力进行实质判断。信息披露主要依赖中介机构把关，并加大对信息披露违规的事后处罚。在信息充分披露的基础上，发行定价依赖市场的充分博弈，由投资者自行判断企业价值和风险，自主做出投资决策。

（三）审核规则的变化

注册制下，审核规则将更加公开、透明、可预期，监管部门不应在法律法规及规范性文件以外设置隐性门槛或窗口指导，遵循民商事法律关系下“法无禁止即可为”的原则，尊重中介机构在各自专业范围内的职业判断，鼓励中介机构在规则允许内的创新。同时，审核的时限应严格按规定执行，不得无故超期。审核规则的公开、透明，有助于市场参与主体对股票能否发行、何时发行有较为明确的预期。

（四）加强对信息披露的要求

信息披露是实施注册制的核心，其作用在于消除市场参与主体之间的信息不对称。只有在投资者享有充分知情权的前提下，才能够要求其承担“买者自负”的义务。注册制将以信息披露为核心，对目前股票发行信息披露中存在的一些突出问题进行改进。

1. 监管部门制定导向明确、层次清晰、可行实用的信息披露规则体系，信息披露规则将更加明确、清晰、可操作，内容将更加实用、简洁、易懂。

---

① 参见“聚焦监管转型 提高监管效能——肖钢同志在2015年全国证券期货监管工作会议上的讲话”，官方网址：http：//www.csrc.gov.cn/pub/newsite/zjhxwfb/xwdd/201501/t20150116_ 266708.html，最后访问日期：2015年3月4日。

2. 监管部门将引导发行人和保荐机构对招股说明书的披露从“过会导向”转变为“保护投资者利益导向”。招股书的披露要在符合中国证监会要求的基础上，鼓励保荐机构及发行人对公司的竞争优势、发展战略进行更为详尽的披露。

3. 将进一步强调招股说明书是发行过程中的重要法律文件，如果披露存在违规，投资者有权根据招股说明书的不实披露提起民事赔偿诉讼，发行人及相关中介机构应确保招股说明书的披露有充分的底稿支撑，描述应更加客观中立，风险因素应根据各企业的具体经营情况来披露，披露要全面，避免千篇一律。

（五）发行节奏和定价市场化

价格发现是市场的一个重要功能，注册制的一个核心内容就是由市场根据真实的供求关系充分博弈形成股票的发行价格，从而彻底解决新股发行中的“三高”问题。未来注册制下，我们要在放开市盈率限制、自主决定发行节奏、强化证券公司自主配售能力等方面进行完善。

在注册制下，股票供给的增加将加大销售难度，投行必须在承揽项目时就考虑适销性的问题，并通过充分挖掘企业价值及风险因素给予合理的估值，以增加股票的适销性。可以预见，注册制下，股票定价和销售能力将成为投行的核心竞争力。

（六）退市制度逐步完善

在前端放宽的同时，必须要在后端有市场化的退市制度为配套措施，以优胜劣汰的机制保持资本市场的动态平衡，保障相对高水平的上市公司质量，充分发挥资本市场的资源配置功能，引导价值投资，保护投资者的利益。

对于欺诈上市的公司严格执行退市制度，使造假上市者无利可图，并受到非常严厉的处罚，真正形成打击欺诈上市的威慑力；对于上市后业绩不佳、不能得到投资者认可、长期交易不活跃的公司，也应建立严格的淘汰机制。

（七）明晰中介机构责任边界，加强事后处罚，完善市场化的约束机制

注册制将对投行等中介机构提出更高要求。在整个发行过程中，中介机构对发行人的情况最熟悉，最可能发现欺诈或信息披露违规的情形，能尽可能降低信息不对称风险，使外部第三人（如投资人、监管部门等）少受虚假、错误信息的诱导，有助于提高监管效率和保护市场投资者。因此，加大对中介机构的监管，将是注册制顺利实施的重要保障之一。在注册制加重事后处罚的趋势下，非常有必要界定清楚各方参与者的责任边界，否则容易出现“责任区分不清、处罚轻重不当”的情况。

目前，尽管监管机构可通过行政和刑事手段威慑、惩戒违法者，但监管资源有限，且在民事责任追究方面的不足，使投资者往往难以挽回损失。监管部门正在积极研究行政和解机制，充分发挥和解金及时赔偿投资者的保护功能。但从健全市场化的约束机制角度，需尽快完善投资者的民事诉讼索赔制度，从而走出我国证券民事维权面临的认定难、立案难、取证难、赔偿难的困境。

（八）投资者更加成熟理性，机构投资者的比重将有所增加

股票供应的增加将导致质量的分化，市场化的退市制度也将加大投资者的风险，投资者将摒弃依赖监管部门审核把关的惯性思维，自行评估投资风险、提高投资决策能力，有利于提升研究能力和风险判断能力更强的机构投资者在市场上的比重，促进市场的长期健康发展。

三、注册制改革对我国证券公司投行业务带来的主要影响

注册制对证券公司投行业务而言，既是机遇，更是挑战。注册制有利于提高资本市场运行效率，降低企业（特别是中小企业）融资成本，提高资本市场的竞争力，大大提升直接融资比重。可以预见，随着资本市场作用的逐步体现，投资银行将在实体经济转型升级中发挥越来越重要的作用。注册制使IPO项目资源增加，投行有更多机会接触到不同类型的企业，为企业提供适合其自身特点的融资品种。注册制下，市场将赋予中介机构更多的创新工具，投行可在各类业务中嵌入资本业务，丰富业务品种，实现收入的多元化，降低对传统通道业务的依赖。注册制下，中介机构的作用也更加重要，市场尊重中介机构的自主专业判断，有助于证券公司发挥价值发现的功能。

同时，也必须清醒地认识到，注册制改革对投行更是一个挑战。投行业务将面临转型的巨大压力，通道价值将逐步下降，投行必须尽快挖掘和培养新的核心竞争力，加快转型的进程，提升交易撮合、价值发掘、资本介入等资源配置方面的能力。随着注册制的推行和放松管制，投行目前的同质化竞争格局将会发生根本改变，未来投行业务多元化更看重投行的综合实力，有核心竞争力的投行将在未来的三至五年内确定行业第一梯队的地位。从全球市场来看，投行是一个高度集中的市场，第一梯队只有少数几家，它们牢牢占据重要的市场地位。能否在变革中率先抢占市场先机、扩大市场份额，将对今后的长期发展起到决定性的作用。

四、投行如何应对注册制改革的变化

（一）明确定位，实现差异化发展

在放松行政管制的大背景下，投行业务牌照放开是大势所趋。在这一趋势下，各证券公司之间应避免同质化的恶性竞争，根据自己的特点和优势，走差异化发展的道路。

我国股票发行市场自2004年实行保荐制以来，一直采用保荐人与主承销商合一的运作模式。这一做法符合我国当前的实际情况，但与国际通行做法略有差异。例如在我国香港的保荐制度中，允许保荐人和主承销商分离的运作模式，实践中也出现一些仅专注于保荐领域而不参与股票承销的投资银行。保荐与承销的分离有利于形成综合性投行与专业性投行的差异化竞争，有利于行业的整体发展。

（二）从“以项目为中心”转变为“以客户为中心”

从“以项目为中心”转变为“以客户为中心”，围绕客户的全面需求进行综合开发，把

眼光向前、向后延伸。有潜力的企业可以关注到更早期的业务机会，包括风险投资（VC）、私募股权投资（PE）的机会，向后则是公司上市后的并购、市值管理、公司治理优化、投融资需求等，使投行的服务能够覆盖到客户的全生命周期。全面的服务既能增强客户黏性，也增加了投行的业务机会。

就新三板业务而言，注册制的实施可能导致部分优质的新三板项目将直接转向场内市场上市，但长期来看，有利于形成多层次资本市场的协调发展。投行接触项目的时点逐步前移，有助于扩大新三板的项目资源，对于暂时不具备上市条件的企业，可以先在新三板挂牌交易，并通过定向增发等方式募集资金，也为前期投入的 VC、PE 提供一条退出渠道。注册制下，投行应更加重视新三板业务带来的投资机会、首次公开募股（IPO）机会、再融资机会和并购机会。

对并购重组业务而言，实施注册制后，重组业务短期内可能受一定影响，壳资源价值下降，借壳的案例将会大大减少，IPO 通道畅通也会使部分并购标的重新考虑 IPO。长期来看，随着上市公司主体的增加，一、二级市场价差逐步合理化后，上市公司的产业并购将发挥资源整合的重要作用。

（三）大力发展资本中介业务，实现收入多元化

发行价格下降，发行风险增大，通道业务的价值下降，投行必须实现收入多元化，大力发展资本中介业务。从注册制的代表——美国高盛及摩根士丹利等投行业务收入结构分析可以看出，除了股票承销、债券承销等传统业务以外，投行还为客户提供融资融券、并购贷款、过桥贷款等资本中介业务。资本中介业务不仅是增加投行收入的重要渠道，也增强了客户黏性。在我国放松管制、鼓励创新的行业环境下，投行应积极尝试运用多种金融工具和融资手段，发展资本中介业务，实现收入的多元化。

（四）加强股票定价与承销能力

发行定价市场化是注册制的一项主要内容。长期以来，由于行政审批导致的上市资源稀缺性，导致新股发行的“三高”（高发行价、高市盈率、高募集资金额）现象难以从根本上解决，投行承销基本上不存在任何风险，使得投行的新股定价和承销能力一直处于缺失状态。实施注册制后，发行价格将由市场来决定，发行失败的案例增加，从投行的盈利模式看，承销费是主要的收入来源，发行失败则意味着前期的投入没有回报。

注册制下，新股发行将逐步从卖方市场转变为买方市场，长期以来新股不愁卖的局面将被打破。投行在新股定价和销售方面的能力将受到严峻考验，定价销售能力也逐渐成为投行竞争力的重要组成部分。为此，投行应着重提升销售和研究两方面能力，打通各业务线的客户资源，加强销售网络建设；加强行业研究能力，充分挖掘企业价值，注意平衡好投融资双方的利益。投行之间的竞争将从传统的项目执行能力，转变为定价能力、销售能力、风控能力等全方位的竞争。

（五）组织架构和内部管理的调整

1. 分行业建立业务团队。投行应从目前的按产品分工转变为按行业分工。只有按行业分工，才能对公司有更深入的理解和更准确的判断，有利于前期的承揽（判断项目未来几

年上市的可能性）、中期的承做（如何提炼公司的竞争优势，从哪些方面着手尽职调查，最容易出现问题的是哪些方面）、后期的承销（如何根据公司的行业地位、竞争优劣势、风险因素，确定合理的价格，平衡投融资双方的利益）。

2. 承揽承做适当分离。注册制对承揽能力提出了更高的要求。项目承揽更加前端，判断难度加大，承揽的竞争加剧，好项目的争取难度会加大，定价承销能力对项目承揽将起重要作用。此外，承揽人要能与公司各业务线对接，既能引导客户需求，充分了解公司的各业务线产品和资源，又能充分发挥投行的业务源头作用，实现单一客户的综合开发。在传统通道业务基础上，充分嵌入资本因素，既满足客户的融资需求，也能实现投行的投资收益。因此，对承揽人的综合素质要求很高，承揽承做的分离可以将承揽人从较多的事务性工作中解脱出来。

3. 内部激励机制的完善。承揽人是业务的源头，需要有足够的激励机制以保障人才的稳定。承做人员的收入不与具体项目直接挂钩，可以避免为单一项目的利益影响项目质量，有利于控制项目风险。

（六）优化风控架构、提升风控水平

注册制下，监管部门不再对市场行为进行背书，在放宽前端的同时，势必会加强事中、事后的监管，一旦项目出现风险，将可能导致公司整体业务受影响。另外，注册制下项目资源的增加可能导致项目质量分化，而对于新的融资品种或创新方案也存在风控经验不足的问题。这些都是对投行风控能力的重大考验。投行需要不断优化风控流程，避免出现重大责任事故。

1. 风险控制部门应具备独立性和权威性。风险控制部门应与业务部门保持独立，并选派经验丰富的资深业务人员加入风控队伍，增加其权威性。

2. 整合投行内部风控资源，建立大风控体系。在投行各业务线相互交集越来越频繁的趋势下，应集中各业务线内部的风控资源，整合为公司级的大风控体系，避免各业务线内部各管一摊，这样既浪费管理资源，也不利于对客户风险的全面把控。

3. 立足于信息披露和价值判断，改变项目质量评价理念。在注册制“以信息披露为中心，淡化对盈利能力等实质问题的判断”的审核理念下，投行在项目的选择标准上要从以审核为导向转向以市场为导向，逐步淡化盈利能力等经营性指标的判断，加强对发行人信息披露的真实性、准确性、完整性的把关。此外，未来沪、深证券交易所均将设立专门的板块对接新兴产业，投行要改变项目质量评价理念，将行业发展前景、投资价值及适销性作为项目的重要评价标准，发挥投行价值发现和价值创造的核心能力，包容更多符合国家战略性新兴产业发展方向、更具价值的企业登陆资本市场。

另外，监管部门不对发行条件进行实质性判断，并不意味着投行内部的风控也可以放弃实质判断。对企业未来持续盈利能力的判断，是判断项目价值的核心要素。而如何提高实质判断的能力，对投行风控人员而言也是一个严峻的挑战，需要在借鉴成熟市场经验的基础上，结合我国实际情况，不断提升风控水平。

参考文献

[1] 于楠楠："关于我国实行 IPO 注册制的思考"[J]，《河北金融》，2014（4）：9—11。

[2] 朱铭晗："我国新股发行注册制改革的现实与策略研究"[J]，《河北经贸》，2014（8）：169。

[3] 沈朝晖："流行的误解：'注册制'与'核准制'辨析"[J]，《证券市场导报》，2011（9）：14—23。

[4] 王军："核准制及其对投资银行业务影响分析"[J]，《当代经济研究》，2002（1）：68—70。

试论股票发行注册制与核准制下保荐制度的冲突与协调

——关于《证券法》第十一条修订的思考

王 松*

2015 年 3 月 5 日，国务院总理李克强在其所作的政府工作报告中指出："将加强多层次资本市场体系建设，实施股票发行注册制改革，发展服务中小企业的区域性股权市场，推进信贷资产证券化，扩大企业债券发行规模，发展金融衍生品市场。"这次报告措辞备受关注的是关于注册制改革首次以"实施"进行表述，而之前的表述则是"推进"，充分表明注册制改革的具体时间表已经跃然纸上。然而我国《证券法》第十条规定："公开发行证券，必须符合法律、行政法规规定的条件，并依法报经国务院证券监督管理机构或者国务院授权的部门核准。"第十一条第一款规定："发行人申请公开发行股票、可转换为股票的公司债券，依法采取承销方式的，或者公开发行法律、行政法规规定实行保荐制度的其他证券的，应当聘请具有保荐资格的机构担任保荐人。"可见，我国股票公开发行需要中国证监会的核准且必须聘请保荐机构予以保荐，而非当今广被热议的"注册制"。因此，要实施股票发行注册制必须修改《证券法》及相关配套规定，本文拟对修改《证券法》的热点之一的"保荐制度"存废抑或改良进行一个初步探讨。

一、注册制与核准制是否截然不同

传统的主流观点将注册制与核准制进行了截然的二元区分与对立①。股票发行注册制是指股票发行申请人依法将与股票发行有关的一切信息和资料公开，制成法律文件，送交证券监管机构审查，证券监管机构只负责审查发行申请人提供的信息和资料是否履行了信息披露

---

* 作者单位：南京证券股份有限公司。原载于《中国证券》2015 年第 4 期。

① 叶林：《证券法》（第 3 版），中国人民大学出版社 2008 年版，第 142—143 页。

义务的一种制度。其最重要的区别是：在注册制下证券监管机构只对注册文件进行形式审查，不进行实质判断；而核准制则恰恰相反，证券监管机构不仅对股票发行文件进行形式审查，更要对发行人本身和发行情况进行实质性审核，包括对发行人的业务性质、资产负债情况、既往盈利能力、未来发展前景、发行数量和价格等进行实质性审查，从而作出发行人是否符合发行条件的价值判断，进而决定是否核准其申请①。

根据前述的二元区分说，有学者将我国股票发行审核制度大致分为 1993—1995 年的“额度管理”、1996—2000 年的“指标管理”、2001—2004 年期间的“通道制”以及 2004 年至今的“保荐制”四个阶段（见图 1）②。

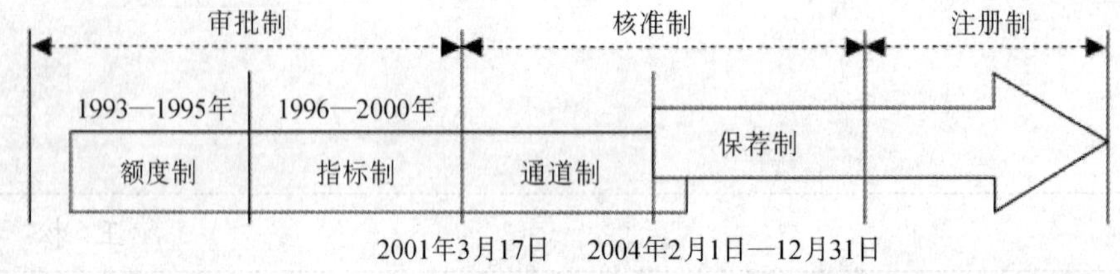

图 1 我国股票发行审核制度

然而深入研究过注册制的代表国家美国的股票发行制度的学者提出，上述注册制与核准制的截然区分是“误解”③，美国联邦证券监管机构在判断实质信息与非实质信息的披露中，部分地开展实质审核，并且美国在州一级层面的证券实质监管才是联邦证券法相对形式化的披露监管哲学存在的基础④。正如法国学者马太·杜甘的表述：“二分法将一切都简化了……（二分）范畴都是将它们试图解释的现实过于类型化的代表。……二分法它忽略了将此分类与彼分类联系起来的概念轴。除了非此即彼之外，它没有提供其他任何可能性”⑤。注册制与核准制的两分法也是如此，其只是提供了一种语词概念上的区分标准。股票发行注册制并不意味着全盘放弃或者反对核准制，两者并非截然两分。从世界各国的股票发行审核实务来区分，也很难严格区分出哪些国家的制度是注册制，哪些国家的制度是核准制。各个国家本着“公平、公正与平等”理念，在充分信息披露原则的指导下，分别根据本国实际制订并逐步完善相关制度，从而使股票发行审核制度的内涵和外延同时全部或部分覆盖了注册制或核准制的内容。中国证监会主席肖钢也曾经公开阐述过我国股票发行注册制改革应当是中国式的注册制改革。具体而言，不同国家和地区根据各自市场的特点而形成的股票发行制度各不相同，我国的注册制改革不能完全照抄国外的模式，而是应当以充分信息披露为中心的原则，以保护广大公众利益为重点，结合我国市场情况，循序渐进地开展股票发行的注册制改革。注册制改革不会一蹴而就，而是需要一个过程，不是说今天是核准制，明天就把现行有效的办法全部废除，变成注册制⑥。

---

① 曹凤岐：“推进我国股票发行注册制改革”，《南开学报》（哲学社会科学版）2014 年第 2 期，第 119 页。

② 曹凤岐：“推进我国股票发行注册制改革”，《南开学报》（哲学社会科学版）2014 年第 2 期，第 123 页。

③ 沈朝晖：“流行的误解：‘注册制’与‘核准制’辨析”，《证券市场导报》2011 年 9 月号，第 14 页。

④ 周羽：“不要误读注册制”，《上海证券报》2012 年 1 月 7 日版。

⑤ ［法］马太·杜甘：《国家的比较：为什么比较，如何比较，拿什么比较》，文强译，社会科学文献出版社 2010 年版，第 47、49 页。

⑥ 许超声：“我们搞‘中国式的注册制’改革”，《新民晚报》2014 年 3 月 7 日，A25 版。

二、我国从核准制过渡到注册制的意义

我国关于核准制与注册制的辨析，有一定的国情因素。虽然在学术上我们目前的股票发行审核制度被总结为核准制，但我国现行的证券公开发行审核制度，按照《证券法》的规定是由证券监管机构来行使核准权，并设立了专门的证券发行审核委员会。我国这种核准制，既不同于美国的注册制，也不同于欧洲大陆国家传统上的实质管理制度，本质上是一种行政审批。但实践证明，即使是拥有强大公权力的中国证监会也并不能确保上市公司的质量[①]。因此，我国强调核准制与注册制的两分，其实是在强调政府与市场的两分，是希望我国的股票发行审核制度能够从浓厚的行政审批特色中得以解放，还以市场导向。公司发行股份本属于可以自治的私权范围，但一旦公开发行股票便会很自然地涉及不特定的大众利益，涉及社会稳定，因而才需要行政权力加以干涉，但这种干涉不是计划性的，而是以市场经济为基础的宏观调控。

我国现阶段从核准制过渡到注册制的进程中，首先，应当坚持以信息披露为中心，强化信息披露的充分性；其次，应当转变审核思路，以合规性审核为主，不对申请发行股票的数量、价格以及发行主体持续盈利能力做出过多的干预性判断，交由市场来充分竞争；再次，应当着重强化公司治理和内控制度的建设和落实，提高社会整体诚信度，同时也需要加强股票公开发行涉及的相关民事、刑事法律责任的立法完善和执法力度；最后，我国注册制改革也应当更加重视证券交易市场的流动性建设与维护，流动性的好与坏才是决定交易所融资功能能否实现的基础。正如王啸教授所言："如果说注册制下 IPO 发行家数由一根指挥棒来指挥的话，那么非流动性莫属。"[②]

三、股票发行注册制与现行保荐制度是否存在冲突

我国股票发行保荐制度正式确立于 2003 年底，2004 年 1 月 2 日中国证监会发布并实施《证券发行上市保荐制度暂行办法》，并于 2004 年 5 月公布了第一批保荐机构和保荐代表人，表明股票发行保荐制度正式在我国推行。紧接着 2005 年 10 月 27 日颁布并且在 2006 年 1 月 1 日实施的新《证券法》第十一条，更是以法律的形式规定了我国股票发行上市阶段对保荐人的要求，并授权国务院证券监督管理机构对证券保荐制度进行严格管理。之后相继公布了《证券发行上市保荐业务管理办法》、《保荐人尽职调查工作准则》、《证券发行上市保荐业务工作底稿指引》等一系列完善保荐制度的相关规定，对保荐人及保荐代表人的资格申请及管理、保荐人尽职调查工作的方法和要求等作出了细致周全的规定。

保荐制度是在我国股票发行核准制的大背景下，为了适应核准制的变化要求，落实证券公司及其从业人员的责任，在总结自审批制开始多年来的股票发行审核经验和教训基础上，参考借鉴境外市场做法而制定的制度。因此，保荐制度往往被归结为核准制下的具体制度内容之一，被深深地烙下了核准制的烙印。也正因为如此，在提倡股票发行注册制改革的众多

① 郭锋："以《证券法》修改为契机，建立股票发行注册制"，《证券法苑》2014 年第 10 卷，第 43 页。

② 王啸："真正的注册制无 IPO 泛滥之忧"，《上海证券报》2015 年 1 月 15 日，第 A01 版。

讨论和建议里，也时而传出废除保荐制度的声音。那么保荐制度是否真的与注册制存在冲突？

首先，注册制与核准制并非完全截然两分，在我国两者之间的区分实质是政府审批与市场自主决定的区分，因此不能因为保荐制度是在核准制下诞生的制度就否定其在注册制下存在的价值，况且注册制与核准制所谈的主要内容是股票发行上市的决定权归属，而保荐制度是在股票发行上市中为了解决发行人的专业度不足、投资者与发行人信息不对称等问题而设计的制度，与前两者也不属于相同的范畴。

其次，保荐制度对我国来说是一个“舶来品”，其本身实施的时间远远短于国际上保荐制度比较完善的国家，其仍然需要时间来发展完善。在我国目前诚信相对缺失的情况下，人们趋向于看重短期的物质利益，保荐制度缺少良好的成长环境。因此，对于我国这种缺少深厚保荐文化和保荐制度判例积淀的国家来说，当初引进的与其说是保荐制度，还不如说是保荐业务。由于内在机理结构的错位和配套制度的缺乏，保荐制度存在弊病，亟须解决①。

最后，也是最关键的一点，保荐制度本身存在利益冲突，且其与核准制也存在一定的逻辑冲突。保荐制度要求保荐机构在服务客户时担负双重角色——“服务者”与“规范者”，保荐机构主要通过发行人购买服务来实现自身利益，在市场激烈的竞争下，有时规范者的角色不得不因为收费而让位于服务者的角色，这中间便存在利益冲突。而且，在成熟的注册制市场里，保荐机构规范者角色的有效履行会提升其在市场投资者眼里的信用价值，其推荐的股票价值也会有所提升，保荐机构可以从中获利，从而可以起到平衡规范者角色与服务者角色冲突的作用。但在我国核准制下，中国证监会对股票发行进行事无巨细的实质审核，实际上对申请发行的股票起到了政府信用背书的作用，使保荐机构完全丧失通过有效履行规范者的角色来提升信用而获利动力，加剧了保荐制度设计的利益冲突。

因此，股票发行注册制与保荐制度可能并非冲突关系，反而注册制的理念才是保荐制度发挥“正能量”的良性土壤，所以《证券法》第十一条在修订中应当予以保留。我们也应当正视目前保荐制度存在的不足，抓住注册制改革的契机，结合注册制的改革要求，逐步完善保荐制度的具体内容，以使其与注册制相互协调。

四、保荐制度与注册制的协调

（一）合理分离保荐与承销费用

股票发行制度中保荐人与承销商角色重合一直广受诟病，认为两者合一的情况下，保荐人在巨额承销费的诱惑下，往往使保荐人无法充分发挥资本市场守门人的角色，证券发行市场的虚假陈述、内幕交易、不当竞争等等都与承销商保荐人的合一制度有关②。但也有不同意见指出，虽然保荐与承销分离可以使保荐与承销互相独立并互相制约，但也不能排除保荐人与承销商在巨大利益驱动面前合谋，只是对象由原来的一个证券公司变成数个证券公司而已；并且保荐和承销的分离，两者如何区分尽职责任范围和认定方式等也是一个难题。

保荐人与承销商合谋的根本驱动力在于利益——保荐与承销费用的收取。目前，我国保

① 何进：“我国证券市场保荐人制度完善问题”，《华东经济管理》2005 年 10 月，第 129 页。

② 金幼芳，李有星：“论证券发行注册制的理想与现实”，《证券法苑》2014 年第 11 卷，第 258 页。

荐人采取与规范者角色相背离的“风险收费”模式，即只有上市成功后才能获得保荐与承销费用，且很少区分保荐费和承销费，或者即使区分也是在形式上收取与承销费相比极其微薄的保荐费。由此导致保荐人花费了很长时间履行了严苛的保荐责任后，却没有与之相匹配的业务收入，反而保荐工作的收益需要寄希望于项目成功发行后收取的承销费用。因此，保荐机构一切以通过发行审核为目的的保荐方式自然也在情理之中。为了使保荐和承销充分实现归位尽责，可以合理地分离保荐费用与承销费用来达到目的。至于保荐与承销的强制性分离，应当以非强制的市场化选择方式来进行，是否分离取决于市场主体根据各自不同的利益考虑进行博弈与选择。

建议：首先，保荐制度下应明确要求投行划分“保荐费”和“承销费”，保荐费用应不低于总收费的30%—50%为宜；其次，保荐费用的收取不应当与上市成功与否挂钩，应当按照保荐业务的工作量与工作时间来计算并分段支付保荐费用，这样充分体现保荐工作的价值，使投行工作的风险和收益相匹配。

（二）提高保荐机构尽职调查的工作标准

保荐制度要发挥效用，离不开在具体的保荐工作中的贯彻与落实。尽职调查是具体保荐工作的核心内容，也是基础内容。尽职调查质量的优劣直接决定着保荐工作的质量，决定着保荐制度应有功能的实现。目前，我国保荐制度下保荐机构尽职调查工作仍存在着两个方面的问题：

一是在法规层面确立的尽职调查的相关规则与指引尚不完善。我国关于保荐工作尽职调查的主要规定为中国证监会于2006年5月29日公布实施的《保荐人尽职调查工作准则》和2009年3月27日公布实施的《证券发行上市保荐业务工作底稿》。从内容上看，前者适用范围较为狭窄，在行业上仅适合于传统的制造业企业，融资类型仅限于首次公开发行项目；后者同样存在着不区分发行种类、不区分发行人行业特征的缺点。

二是保荐机构开展尽职调查工作仍存在一些不足。首先，保荐机构目前不存在自身的尽职调查标准，不像审计机构一样有一套完整的执业准则，没有风险导向，无“重要性”判断标准①。其次，保荐机构开展尽职调查时缺乏一个清晰的、有针对性的尽职调查个案性计划或清单，导致尽职调查的针对性不强，底稿中除了复印文件外，也没有关于所收集文件的核查结论。再次，保荐机构尽职调查工作也不够主动，尽职调查往往采取“最低标准”，很多问题留着到审核阶段被问到后才开始分析或解决。最后，保荐机构的尽调工具仍较为粗糙，还停留在纸质材料归集时代，未采用电子化系统，工作效率较低。

因此，建议应当从法规层面进一步完善对保荐机构尽职调查的指引，使其使用范围更广泛，更具有针对性。就保荐机构自身开展尽职调查工作而言，要充分认识到目前的不足，针对不同的发行人制定不同的尽职调查清单，体现出不同的重要性标准，并将工作底稿从收集的层面提升到分析判断层面，对相关底稿的分析与总结应当在底稿中留痕，避免沦为“投行复印机”。保荐机构也应当重视电子化等科技成果在尽职调查工作中的运用，提升工作效率。

① 陈思远：“香港保荐制度最新修改对内地投资银行业的启示”，《证券市场导报》2014年2月号，第14页。

（三）进一步完善保荐机构的内部控制机制

保荐机构在股票发行上市过程中背负着“服务者”与“规范者”双重且带有一定利益冲突的角色，为了缓和这种利益冲突，或者说为了控制风险，保荐机构一般都对保荐项目实施一定程度的内部控制机制，安排除项目组以外的人员对项目质量与风险进行把关，以缓和利益冲突带来的执业风险。然而核准制下，中国证监会、发审委是项目的最终把关人，给申请发行的股票做了最有力的价值背书，而保荐机构的市场信誉价值并不能发挥作用，由此保荐机构所设置的内部控制机制在赚取巨额保荐、承销费用面前便形同虚设，再加上目前保荐机构对内部控制投入资源非常有限等种种因素制约，保荐机构的内部控制机制无法发挥应有的功效。

股票发行注册制改革要求改变政府机关对申请发行股票的信用背书，转而突出保荐机构的诚信价值对申请发行股票的价值提升作用，同时也加重保荐机构因不诚信而承担的民事甚至是刑事责任。这就必然会提升保荐机构对自身诚信度的重视，加强公司内部控制机构的健全与执行力度。因此，保荐机构应当加大对内部控制机制的资源投入，包括人力资源、财务资源和技术资源的投入；并从公司组织架构的层级上设置内部控制部门，独立于保荐业务部门，最好分属不同的高管分管，从而保证其独立性与执行监督的可行性；同时，在有条件的情况下，保荐机构的内部控制应从节点控制转向全过程监督，比如设立保荐项目内控专员全程跟踪项目的尽职调查过程，或者赋予内部控制部门对业务部门开展业务活动全过程的监督和违规处罚权力，使内部控制机制可以深入保荐工作的所有阶段，尽可能地杜绝因项目组不诚信影响保荐机构的诚信度，进而提升注册制下保荐机构的业务竞争力。

（四）强化保荐责任的立法完善与执法力度

股票发行注册制的核心理念之一就是事后监督。在美国这样成熟的资本市场，注册制有严格退市、大规模做空、集团诉讼三重防护，发行前端貌似不加设防，却无 IPO 数量泛滥和质量低劣之虞[①]。我国注册制改革同样应该强调事后监督，但不能完全照抄美国的三大防护制度。结合我国实际情况，大规模做空机制在我国尚不具备成熟的条件，严格的退市制度目前已经得到监管层和市场的重视，出台了相关的政策法规予以规范。唯独以集团诉讼为代表的保荐责任及其追责机制在我国尚不够健全。如果股票公开发行申报文件的披露信息存在虚假陈述，相关当事人应当承担欺诈发行的法律责任。但我国《证券法》关于此内容的规定却较为原则，没有非常明确的关于虚假陈述行为的责任主体、责任范围、免责抗辩理由等事项的规定，从而使法院面对如何区分保荐机构和承销机构、主承销商与分销商、会计师和律师事务所、资产评估机构的各自责任范围，即他们各自对哪些工作承担责任、如何承担责任以及免责抗辩事由等事项时，没有明确的法律依据指引审判工作[②]。再如，我国《刑法》规定了股份有限公司、有限责任公司欺诈发行股票债券罪，同时也对会计师、资产评估师专业机构实施违法行为应该承担的刑事责任进行了规定，但是对保荐人所应承担的刑事责任却缺

① 王啸：“真正注册制无 IPO 泛滥之忧”，《上海证券报》2015 年 1 月 15 日，第 A01 版。

② 奚晓明：“完善与注册制配套的民事责任制度”，《证券时报》2014 年 12 月 29 日，第 A02 版。

乏相应的规定[①]。此外，监管部门在核准制下将主要精力放在发行环节的审批上，导致事后监管执法上资源不足。

因此，我国应当从民事、刑事责任两方面设立具有实操性的、详细的保荐业务的民事、刑事责任体系，确定性的免责抗辩理由以及具体的举证责任的分配原则。同时，监管部门作为行政执法机构应当将工作重心转移到事后监督上，进一步投入各种资源，强化执法力度，严格执法，尽可能营建证券市场上违法必究的氛围，从而保障注册制在一个公平、公正、平等的环境下生长。

① 陈思远："香港保荐制度最新修改对内地投资银行业的启示"，《证券市场导报》2014 年 2 月号，第 16 页。

注册制改革下保荐业务质量控制体系建设初探

梁爱华 陈贵平*

第十八届三中全会通过的《中共中央关于全面深化改革若干重大问题的决定》首次提出“推进股票发行注册制改革”的要求，十二届全国人大三次会议审议的政府工作报告则明确提出了“实施股票发行注册制改革”。由“推进”到“实施”，标志着股票发行注册制改革的步伐已经日益临近。随着注册制的推进和实施，监管机构的审核理念和审核重点将随之发生变化，信息披露将是注册制审核的中心。信息披露仅对申请文件的齐备性、一致性和可理解性进行审核，审核模式的出发点集中在解决市场现存问题，从而能更进一步地理顺市场与政府的关系。在注册制改革新形势下，中介机构的作用和责任将进一步得到重视和发挥，中介机构要对证券发行人的质量进行严格把关，中介机构的作用大幅提高，责任大幅提升，这就对保荐机构的质量控制体系建设工作提出了更高的要求。

一、正确认识和理解注册制改革

我国股票发行审核制度先后经历了审批制和核准制，目前正在向注册制推进。注册制是股票发行制度改革的重要标志性改革，强调以信息披露为中心的监管和审核安排。

（一）股票发行核准制的特点及存在的问题

在股票发行核准制下，证券监管机构对发行上市项目申报文件的真实性、准确性、完整性和及时性进行审查，并对证券发行人的经营情况、财务状况、持续盈利能力、发行数量和价格等进行实质审核，在此基础上，作出发行人是否符合发行条件的价值判断以及是否核准其发行申请的决定。一方面，核准制下公开发行股票是经过证券监管机构实质审核才予以核准，中介机构和投资者都容易产生依赖心理，难以做到真正质量把关和风险控制，许多公司通过采用欺诈的手段获得上市资格，给投资者带来巨大损失；另一方面，核准制下证券发行

* 作者单位：信达证券股份有限公司。原载于《中国证券》2015 年第 4 期。

相关责任主体之间责任界限不够明确，造成保荐机构、证券发行人、其他中介机构之间的责任混淆。这些问题都在一定程度上阻碍了中国资本市场的健康发展。

（二）对注册制改革的认识和理解

在注册制下，证券发行人与投资者之间充分博弈，市场达到供需平衡与合理定价，这对资本市场的健康发展具有重要意义。

对于注册制，每个人可能都有不同的理解。各个国家或地区的股票发行制度与其经济环境和资本市场发展阶段等紧密相关，事实上，不存在完全相同的证券发行体制。目前，有些观点认为在注册制下，股票发行并上市过程可以不必经受实质审核，这是对注册制的误解。实际上，发达资本市场中的注册制存在着一定程度上的实质审核。

以美国为例：美国股票发行实行的是双重注册制，美国公司在美国境内提出 IPO 申请，在联邦制的宪政结构中，通常须在联邦与州两个层面同时注册。联邦注册侧重信息披露，联邦证券监管权限受到严格限定，而各州的证券发行监管普遍实行实质审核，以控制证券的投资风险，两者结合构成了美国完整的 IPO 监管制度。从美国的市场实践可以看出股票发行注册制具备的特征是监管机构基本上仍需对股票发行进行审核，核心是信息披露，但是监管机构不对发行人进行价值判断；股票发行和上市是相互独立的环节，发行环节由监管机构把关，审核标准较为统一，而在上市环节，交易所可以根据自身的定位和需要设置不同的上市门槛，不同资质的企业可选择适合自身发展的交易场所申请挂牌。

注册制改革要求市场运作比较规范，要有完善的法律法规作为保障，监管手段要比较完善，证券发行人和中介机构要有较强的自律能力等。考虑到我国现有市场环境、诚信意识、投资者保护机制等因素，我们认为，注册制改革将由核准制逐步过渡到注册制。由核准制过渡到注册制并不等于不审核，只是审核理念会发生一些变化，强调以信息披露为中心。

审核模式是注册制改革中的一个重要问题。未来的审核模式是从解决市场现有的问题出发，能更进一步理顺市场与政府的关系，加快政府的监管转型，集中精力做好事中、事后监管，促使股票发行由市场各方博弈。最终实施的注册制，预计在审核模式方面将会有以下变化：一是强调以信息披露为中心的审核。证券监管机构将会以提问、问答的方式要求证券发行人对企业信息做全面透明的披露，监管机构对企业的经营情况尤其是财务状况不再进行实质把关，由投资者自行判断公司是否值得投资，审核工作突出信息披露的作用。二是审核权下放到交易所，由其负责审核，中国证监会负责注册。交易所的市场主体角色将更加凸显，市场主体的职责将更加明确，交易所将归位尽责，提升自身能力。三是特别突出中介机构的作用，大幅提升中介机构的责任。中介机构要对证券发行人的质量严格把关，中介机构的作用大幅提高，责任大幅提升。

完善信息披露制度是放松事前监管的重要基础，在此前提下，对于信息披露的造假行为，将进一步加强事中和事后监管，通过落实证券发行人的责任和中介机构的保荐或鉴证职责，推动各方归位尽责，提升发行人信息披露质量，全面揭示可能存在的风险和可能影响投资人决策的信息。随着注册制改革的推进，中介机构的角色将更加凸显，职责将更加明确，责任边界将更加清晰，要求证券中介机构要有较强的自律能力，保荐机构将面临更加严峻的考验。

综上，注册制改革对保荐机构质量控制体系建设提出了更高的要求。目前，保荐机构在执业质量和质量控制等方面还难以适应注册制改革将要带来的新变化和新要求，迫切需要做出改变。保荐机构要做好适应注册制改革新形势下角色调整的准备，提升自身能力，深入贯彻注册制改革新形势下以信息披露为中心的监管要求，强化执业过程的风险和责任意识，进一步加强和完善保荐业务质量控制体系，增强自我约束和风险控制能力，提高保荐工作质量，有效防范保荐业务风险。

二、核准制下保荐业务质量控制存在的问题及原因分析

从 2004 年实施保荐制以来，保荐机构已经不同程度地建立了适应监管要求的质量管理和风险控制组织机构，也基本制定了针对保荐业务风险和质量的控制体系和流程。这些制度的建立和实施，对于保荐机构提高保荐业务质量、防范保荐业务风险起到了一定的积极作用。但是在实施过程中还存在着一些问题，主要问题和原因如下：

（一）保荐机构管理不到位，质量控制把关不严

虽然我国保荐制的各种规章制度已经建立，保荐理念也已逐渐内化为保荐业务从业人员的行为准则，但是保荐业务的执业质量依然不尽如人意，还存在部分保荐机构质量控制把关不严，保荐代表人勤勉尽责、审慎核查不够等情况，风险和质量控制流于形式。

自 2013 年以来，中国证监会相继通报了万福生科、天能科技、新大地、天丰节能、海联讯涉嫌财务造假、欺诈发行的案例（见表 1）。中国证监会在行政处罚决定书中指出，保荐机构在推荐这些公司发行上市过程中，未做到勤勉尽责、审慎核查，未执行充分适当的尽职调查工作程序，没有保持足够的职业谨慎，出具的相关文件存在虚假记载，内部控制未能有效执行。这些频频爆出的令人尴尬的财务造假丑闻，对资本市场的健康发展造成了极大的负面影响。

表 1　中国证监会 IPO 处罚案例

序号	保荐机构	被保荐公司	行政处罚决定书行文日期	处罚类型	保荐机构被处罚原因
1	平安证券	万福生科	2013 年 9 月 24 日	责令保荐机构改正违法行为，给予警告处分，没收业务收入 2 555万元，罚款 5 110 万元，暂停保荐业务许可 3 个月	在推荐万福生科 IPO 过程中，未能勤勉尽责地履行法定职责，出具的保荐书存在虚假记载，内部控制未能有效执行
2	民生证券	天能科技	2013 年 9 月 25 日	给予警告，没收保荐机构该业务收入 100 万元，罚款 200 万元	对工程项目的真实性和合同履行情况未尽职核查；对同一项工程项目的尽职调查工作底稿有相互矛盾的记载
3	南京证券	新大地	2013 年 10 月 15 日	给予警告处分	出具的专项核查意见存在虚假记载，尽职调查未勤勉尽责

续表

序号	保荐机构	被保荐公司	行政处罚决定书行文日期	处罚类型	保荐机构被处罚原因
4	光大证券	天丰节能	2014 年 2 月 12 日	给予警告处分，没收业务收入 215 万元，罚款 430 万元	在核查天丰节能 IPO 材料以及进行财务自查过程中未勤勉尽责，导致出具的发行保荐书和财务报告专项检查的自查报告存在虚假记载
5	平安证券	海联讯	2014 年 12 月 8 日	保荐机构给予警告，没收保荐业务收入 400 万元，没收承销股票违法所得 2 867 万元，罚款 440 万元	在推荐海联讯 IPO 过程中未勤勉尽责，未按规定对 IPO 申请文件进行审慎核查，从而未能发现虚构收回应收账款和虚增收入的事实，其所出具的保荐书存在虚假记载

资料来源：中国证监会。

这些案例突出反映了保荐机构在尽职调查、质量控制和内部核查等方面确实存在着严重的缺陷，在执业过程中未能做到保持职业操守、勤勉尽责，保荐业务执业人员整体风险意识不强，实际操作中风险防范措施存在缺失。有些保荐机构以项目组相对独立运作的模式完成保荐业务，各个项目的执业质量更多地取决于项目负责人的执业水平。与此同时，保荐业务流程的相关环节缺乏制约和监督，没有建立起相应严格的质量和风险控制制度，或者虽有质量控制制度但未得到有效执行，导致对保荐业务的内部审核、督办不到位，内核把关不严，没有形成有效的质量控制，给保荐机构埋下了极大的保荐风险隐患。

（二）部分保荐机构经营模式粗放

保荐业务市场竞争激烈，一些保荐机构为了追求业务规模扩张和市场份额提升，选择通过加大提成激励力度追求短期效益的粗放式经营模式，在取得短期效益的同时也埋下了风险隐患。随着监管机构对保荐业务加强监管和核查，前述证券公司的保荐风险遂逐个爆发，为此付出了惨痛的代价，经历了巨大的转型阵痛。

因此，保荐机构要对曾经的粗放式经营模式引以为鉴，不能仅仅依靠加大提成等激励手段追求短期利益，更不能忽视保荐业务质量和风险控制。

（三）内核机构未能发挥应有功能

在很多投行机构里，出于对保荐业绩的追求，投行质量控制部门较业务发展部门而言受到的关注度相对较低，使得质量控制和内核机构未能充分发挥应有的功能。保荐机构通常将更多的人力投入业务的开发和承做上，对质量控制人员配备的重视程度不够，导致内部核查人员无论是人员数量还是专业水平，都无法满足全方位覆盖全部保荐项目检查、评价和问责的工作需求，难以发挥应有的作用，不能有效防范保荐业务风险。

推行注册制的关键是强化信息披露质量，建立严格的追责机制。在注册制下，保荐机构要更加严格地审核拟上市公司，更加勤勉地履行尽职调查义务，如果拟上市公司出现虚假陈述等问题，保荐机构将会受到更加严厉的处罚。上述问题的存在给保荐业务未来的发展带来很大风险。目前，保荐机构的质量控制体系建设还难以适应注册制改革新形势的要求，保荐机构必须进一步建立健全保荐业务质量控制和风险管理制度、操作规范和内部监督核查体系，强化保荐业务的风险识别、评价和管理，以确保对保荐业务质量和风险进行有效控制。

三、健全和完善适应注册制改革新形势的保荐业务质量控制体系

随着注册制改革的推进，保荐机构在提高执业水平和执业质量的同时，要进一步加强质量和风险控制，提高竞争力，探索形成强化质量管理、风险控制与加强激励约束机制相结合的可持续的精细化投资银行业务经营模式，更好地实现企业经营目标。

（一）从粗放式经营向精细化经营转变

为消除粗放式经营模式可能带来的安全隐患，增强保荐机构的自我约束和风险控制能力，保荐机构应力求从粗放式经营向精细化经营转变，即优化业务流程，确立系统化、精细化的业务模型。精细化经营强调将保荐业务各关键性控制点或节点做细、做精，全面提高保荐业务的工作质量。精细化经营是保荐机构超越竞争者、超越自我的需要，是确保保荐机构在激烈的市场竞争和注册制新形势下严格的外部监管环境中切实履行好尽职推荐和审慎核查责任的必要保障，也是提高保荐机构的整体执业水平和树立起专业化团队品牌的必然选择。

（二）建立健全多层次质量控制和风险防范体系

抓实着力点，切实加强保荐业务质量和风险控制力度，建立健全多层次质量控制和风险防范体系，加强风险识别、评估和分析。

一是要“建立人人做质控、层层做质控”的多级质量控制体系，特别要发挥保荐代表人、质量控制部门、内核机构对保荐业务的内部核查作用。同时，要统一质量控制，即统一立项管理，统一保荐业务内部控制制度建设，统一内核管理，确保实施统一的执业标准和质量控制标准。

二是把质量控制部门作为保荐业务系统内的技术支持和监督审核部门，在机构设置、人员安排、激励机制等方面独立于投资银行系统内各业务部门。同时，加强保荐业务质量控制人才队伍建设，把业务精、经验丰富、职业道德素质好的人员充实到质量控制岗位上。保荐业务专业性较强，发行人造假手法高超，必须有一支专业能力很强的质量控制队伍，才能发现和控制潜在的各种保荐风险。

三是完善激励约束制度，建立与质量控制挂钩的保荐业务绩效考核机制，从机制上提升保荐业务人员的质量控制意识。激励制度必须与约束制度相结合，既不能激励不足，也不能约束不足，更不能只有激励没有约束。保荐机构应细化和完善约束制度：（1）兑现项目提成奖励要尽量分期兑现，要建立项目风险保证金制度。（2）项目奖金兑现要以项目工作底稿、档案验收合格且移交公司档案管理部门作为奖金发放的前提。（3）建立监管扣分一票否决制和奖金追偿机制。（4）提取投行管理费，用于加强质量和风险控制建设。

四是加强项目的全程动态跟踪监控力度，对项目质量进行及时分析；同时，加强对保荐业务质量控制制度、工作流程和操作规范执行情况的监督，保证项目的质量，有效降低和防范自身的风险。

五是保荐机构应当为内核小组独立履行职责创造必要的条件，确保内核小组成员独立地行使表决权。

（三）加强保荐业务队伍建设，提高保荐业务执业质量

保荐机构队伍是保荐业务的执行者，是保荐业务质量的根本保证。因此，必须加强保荐机构队伍建设。

一是要引进专业素质过硬、职业道德素质好、忠诚度高的保荐业务从业人员加入保荐业务团队。同时，重视队伍的专业能力培养，让每一位保荐业务从业人员成为其投行事业梦想的自我领导者。

二是要建立健全保荐业务执业质量标准和评价体系，形成对保荐代表人以及保荐业务从业人员的执业质量评价机制，考评结果纳入员工年度绩效考核，并与其奖金分配、职级晋升挂钩。

三是要完善客户满意度调查、投诉管理，提升对客户的服务水平。

四是要加强对保荐业务的项目管理、质量控制、合规与风险管理、稽核审计力度，形成对保荐业务的全方位管理组合拳，防范和杜绝保荐风险。

（四）进一步建立健全保荐业务管理制度、操作规范和内部监管核查体系，确保对保荐业务质量和风险进行有效控制

在进一步完善保荐业务质量控制措施的过程中，应具体做到：

1. 立项阶段。深入了解客户情况，谨慎承接保荐业务，防止客户风险转移，从源头上防范保荐业务风险，这是做好保荐业务质量控制的前提。

（1）委派有经验的保荐代表人与客户洽谈业务，避免客户经营风险转移给保荐机构。

（2）关注客户的一些特殊事项，如更换保荐机构、管理层面临的压力等。

（3）保荐机构在遴选项目时应当坚持择优的原则，从源头上提高保荐项目质量。保荐机构应当严格履行立项审议决策职责，应当为立项审查小组独立履行职责创造必要的条件，确保立项审查小组成员独立地行使表决权。

2. 承做及申报阶段。承做及申报过程中的质量控制是整个保荐过程质量保证的核心，加强对承做及申报过程的质量控制对保证保荐质量、降低保荐风险具有重大作用。

（1）在具体保荐业务实施阶段，明确保荐代表人、项目负责人和其他保荐业务人员的工作职责。

（2）采用可靠、有效的尽职调查方法，认真做好现场尽职调查，对其他中介机构提供的文件及结论进行合理的质疑和必要的验证，充分、客观、深入地了解、核查与证券发行上市有关的情况，充分揭示风险和问题。

（3）严格执行项目复核和内核程序，层层把关，确保每一个保荐项目的每一个环节自始至终都符合监管法规和公司制度的规定。

（4）规范保荐业务文件的签发制度，质量控制、合规与风险控制部门应当对保荐机构向监管机构报送的所有与证券发行申请有关的文件进行严格审查，以确保保荐机构出具的与证券发行上市有关的文件均履行了相关审批程序，有效防范文件出具失控带来的风险。

3. 完成保荐工作阶段。做好项目保荐完成后的工作，对总结保荐业务经验和提升以后业务的保荐质量具有重要作用。

（1）及时总结保荐工作。保荐总结是保荐机构的宝贵财富，对今后的工作具有很强的借鉴和指导意义，有利于提高保荐工作质量，降低保荐风险。

（2）加强保荐档案的管理。保荐档案是保荐机构保荐工作的重要历史资料，应当妥善管理和保管，这对于降低保荐风险、化解潜在的诉讼具有特殊作用。

综上所述，保荐业务质量是证券公司保荐业务的生命，保荐机构切忌短期利益行为和粗放式经营模式，应向精细化经营模式转变，加强保荐业务质量控制制度建设与有效执行，构建高水平的保荐业务队伍，完善激励约束机制，强化保荐业务质量和风险控制，依法合规经营，提高保荐业务质量，防范和杜绝保荐风险，以积极的心态应对股票发行注册制改革可能带来的新变化和新要求，走可持续发展的投资银行经营发展道路。

参考文献

[1] 高锋利："中美证券发行审核制度的比较及思考"[J]，《法制与社会》，2012 年 8 月（下）。

[2] 曹凤岐："推进我国股票发行注册制改革"[J]，《南开学报（哲学社会科学版）》，2014（2）。

[3] 沈朝晖："流行的误读：注册制与核准制辨析" [J]，《证券市场导报》，2011（9）。

[4] 陈思远："香港保荐制度最新修改对内地投资银行业的启示——以注册制改革为背景"[J]，《证券市场导报》，2014（2）。

[5] 王啸："试析注册制改革：基于问题导向的思辨与探索"[J]，《证券市场导报》，2013（12）。

互联网金融

证券公司开展互联网金融业务的实践与思考

李肇嘉　万　军*

一、背景

网上交易作为一种电子交易模式的技术创新极大地便利了客户，但证券开户、业务办理等仍需客户到营业部临柜办理，证券公司未能实现业务完全互联网化，无法满足在互联网应用普及后广大用户基于互联网实现财富管理服务的需求。

中国证券业协会在 2013 年 3 月 15 日发布了《证券公司开立客户账户规范》，随后于 2014 年 4 月开始 55 家证券公司逐步获得互联网证券业务试点资格，对证券行业而言意义重大。首先，证券公司可以利用互联网跨地域线上获得客户，初步实现了"让地球变成平的世界"；其次，证券公司可以在三方存管体系外、围绕着多层次资本市场为客户构建理财账户体系，满足客户全天候、多方位的财富管理需求。

二、证券公司互联网金融业务发展现状分析

从用户需求的角度出发，证券公司开展互联网金融业务的核心仍是金融，力求通过"交易、托管结算、支付、融资、投资"五大基础功能满足互联网用户金融需求。2013 年以来证券行业的互联网金融发展模式基本是围绕上述基础功能衍生开来，初步改善了国内金融行业市场化程度不高带来用户体验差的问题，同时推进了资本市场的运行效率和服务水平，满足了用户多样化的金融需求。

（一）互联网金融 1.0 模式的回顾

2013 年 6 月余额宝面世，随后余额宝以几何级数快速发展，对证券公司互联网金融发

* 作者单位：齐鲁证券有限责任公司。

展思路产生了巨大冲击。余额宝将传统的货币基金与互联网进行对接，首先从前端提升用户体验角度出发，重塑整个业务流程，降低各类中间收费甚至不惜垫资，设计出爆款产品；其次在互联网眼球经济时代，利用专业的互联网整合营销措施，迅速扩大影响力；然后通过对接互联网门户巨头，引入海量用户流量做大规模，最终让天弘基金成功逆袭。余额宝给整个行业上了互联网金融生动的一课，那就是“用户体验 + 整合营销 + 流量导入”可以实现弯道超车。

华泰、国金、方正、中山等多家券商采用了此类模式，行业开启了互联网金融 1.0 模式时代。下面主要以国金证券与腾讯合作为例，简单归集 1.0 模式特点。

1. 关注用户体验。证券公司在现有监管制度内，通过流程优化和创新，尽量简化网上开户业务流程，并尝试将其他传统线下业务迁移到网上。例如国金证券在网上开户办理环节，根据用户体验进行了大量优化，简化了转户、风险测评、客户回访等多个环节的办理流程，实现了 7×24 小时开户办理。后续多家证券公司效仿，除简化流程缩短网上开户时间外，还尝试将部分线下业务迁至线上完成，如创业板转签开通、融资融券开户网上受理、小额股票质押融资业务网上征信和融资等。通过上述努力，尽可能使客户方便、快捷地实现网上开户和部分业务办理。

2. 注重流量导入。证券公司通过与互联网门户战略合作，利用流量导入，有针对性地将潜在用户引流至开户环节。例如国金证券利用腾讯财经做主流量入口，东吴证券在同花顺手机证券 APP 开户页面排位第一。

3. 设计爆款产品。国金证券与腾讯合作之初，利用万二佣金率吸引用户开户，并辅以高收益现金管理产品“金腾通货币基金”吸引新客户转入资金，以最大让利吸引客户。目前，“低佣 + 高收益货币基金”已经成为证券公司渠道引流的首选爆款产品组合。

4. 探索整合营销。国金证券与腾讯合作的广告费投入是 1 800 万元/年，通过互联网整合营销，在短时间内赚足眼球，大大提升了国金证券和佣金宝的品牌知名度。通过百度搜索，可以发现“腾讯—国金”的关联搜索结果 17 400 000 个，佣金宝的相关搜索结果约 322 000个。

在证券公司互联网金融 1.0 模式中，证券公司互联网金融业务的开展主要围绕渠道引流展开，核心是促成渠道用户网上开户和提升市场份额。互联网门户处于强势地位，大多与多家证券公司开展合作，掌握流量入口、客户信息和佣金定价权，获得广告和营销推广收入，实现流量变现；证券公司在合作中处于被动和学习地位，一方面通过合作学习了解互联网公司的运营模式，另一方面期望通过前期合作，抢占渠道资源，获得市场份额，后期通过培育客户，在高风险业务和产品销售上取得收益。随着与互联网门户开展合作的证券公司的增多，客户引流成本不断上升。

（二）互联网金融 2.0 模式的尝试

在行业开展互联网金融 1.0 模式的同时，随着协会对证券公司互联网证券业务试点资格的批出，部分大中型证券公司进行了互联网金融 2.0 模式的探索，尝试打造全账户体系，依托互联网开展资产管理服务，立足发挥券商的综合金融服务能力，更强调用户规模和客户价值，降低对佣金收入的依赖度，逐步探索理财和交易客户的转化路径；更加重视线下网点，通过 O2O 的营销服务模式，提升客户服务水平和线下营销引流力度。其特点可以总结如下：

1. 建立全账户体系。部分大中型券商初步建设了以客户为中心的全账户体系，以国泰君安证券超级账户为例，涵盖了证券账户、期货账户、信用账户、资产管理账户等多种账户功能，同时通过接入央行大额支付系统（HVPS），实现了资金汇划、消费支付、生活服务等多项支付功能的集成，本质上可以从事传统银行业除贷款以外的“存”和“汇”两大基本业务，完成券商的客户资金账户和所有商业银行账户直接打通，开展客户汇款、储蓄、理财及财富管理等类银行业务。

2. 丰富投融资产品线。在投资方面，以固定收益类大集合产品和收益凭证产品为载体，为客户提供了更多低风险高收益理财产品；在融资方面，将股票质押式回购业务小额化，包装成类小额贷款形式，大力开展小额股票质押业务。

此外，海通证券入股91金融，广发证券入股投哪网，券商在尝试与P2P行业的深度合作。随着中证资本股权众筹平台上线，部分券商如华融证券、齐鲁证券亦开始尝试私募股权众筹业务。

3. 深化支付功能。在支付环节，从消费支付和理财支付开启，打通客户资金的流动，让客户有了综合支付的概念。如国泰君安的超级账户、海通证券的账户资金归集等。

4. 开展O2O营销服务。经历了纯线上营销后，证券公司逐步重视营业网点力量，以“网推+地推”进行O2O的营销服务。以广发证券为例，推出“有问必答”系统，采用了类似滴滴打车抢单服务模式，增强了互联网用户与线下7 000名营销服务人员的互动粘性，提升了客户服务质量和自运营流量。方正证券通过手机APP“小方”，实现营业部客户经理和投顾人员线上营销服务，客户通过在线选择和互动获得相应的服务。

综上，证券行业的特点决定了客户开户只是其全生命周期的开始，后续客户资产的引入和服务管理都给证券公司提出了新的课题。1.0模式的本质是引流和导入用户，2.0模式逐步开启了证券公司围绕着五大基础功能尝试提供综合金融服务的大门，客户从传统的长尾客户扩展到了部分中高净值客户。

（三）互联网金融3.0模式的思考

2015年是行业的“互联网金融年”，随着一系列可预期的有利于互联网金融业务发展的措施的出台，证券公司互联网金融业务正在逐步进入3.0模式。这一阶段国内互联网金融的发展已逐步呈现差异化特性，证券公司需谋求在细分市场打造特色服务，实现差异化竞争优势。未来在发展中呈现出可以借鉴的几个模式和方向，具体包括：

1. 社交金融。在国外以Motif为代表，国内以雪球为代表，特点是将通道价值降到最低，在此基础之上，给用户提供一个超额的收益预期。其别于我们传统的证券公司投顾和用户的单向服务，用户联动的社交概念增强，客户和投顾（咨询服务者）的关系式基于社交形成。

通过社区化运营将产品提供者进行外延扩展，打造大V明星和草根投顾达人；以社区为基础，以社交为手段，建立了服务提供者与用户之间的关系，打破信息不对称。

社交金融的发展也存在一定问题，包括：网络社交的信任感建立很容易，断裂也很容易，属于弱服务关系；服务的持续性和质量得不到保证；盈利模式目前不清晰。

2. 垂直门户产品销售。以东方财富为代表。2014年基金销售额达到2 298亿元，同比增长536%；其中活期宝销售额1 760亿元，基金代销业务收入3.72亿元，同比增长460%。

公司在垂直财经网站的日均覆盖人数排名中连续排名第一，日均网民到达率6%，远高于行业竞争者，用户数量以及粘性优势明显，依托强大的股吧社区，实现了将社区流量向产品销售规模的转化，初步具备了“用户+其他金融产品拓展+外延预期”的业务形态。

由于垂直门户的线下依托缺失，用户转化过程中产品销售量虽然巨额增长，但属于纯粹的网上产品销售，短期里可以见到收入规模的快速增加，但利润贡献不强。

3. 网络融资。以陆金所为代表。陆金所背靠平安集团，是平安集团倾力打造的网络投融资平台。陆金所作为国内最早从事风险资产定价的机构，充分利用了平安集团的金融优势，具有很强的资产包获取、定价能力和强担保能力，通过提供中介服务，推进以P2P和P2B作为主要的手段实现准资产证券化产品的低门槛销售模式。

4. 众筹。以京东众筹为代表。2014年7月，京东金融众筹业务“凑份子”正式上线，“凑份子”结合京东商城的全品类平台和客户群体的特点，打造低门槛的众筹平台，变单纯的销售平台为从创意到量产的孵化平台，从成功筹款金额方面来看，京东众筹达到1.22亿元，占2014年度众筹市场总份额的45.23%。

随着互联网技术的发展创新，互联网公司将金融行业特有的投融资、资本中介、风险管理、结构设计等融入实现路径中，在第三方基金销售、小额贷款、众筹等方面已有突破，网上开户、网络商城、移动互联网交易、基于大数据的CRM等业务如火如荼不胜枚举。

三、互联网金融转型过程中的监管政策建议

在实践互联网金融的过程中，希望监管机构和行业协会可以进一步为证券公司“触网”创造更加良好的生态环境，让证券公司充分拥抱互联网，使各行业参与互联网金融的公司在同一起跑线上公平竞争，保护投资者利益，使互联网金融能为客户创造更大的价值。

（一）网上开户及业务办理监管政策建议

1. 进一步优化网上开户模式。目前，网上开户推广较好的证券公司网上开户占比已经达到约70%—80%，但开户成功率受以下因素影响亟待解决。

（1）由于采用人工双向视频见证难以满足互联网用户7×24小时的操作习惯，如当日6：00—8：00和19：00—次日1：00间小高峰时段，除非证券公司配置大量正式员工轮班进行视频见证，刚性成本高且员工劳动强度大。

（2）视频见证流媒体质量受用户所使用的电脑、手机配置和网络环境的影响较大；网上开户所用的中登数字证书所需的控件安装与用户端的电脑浏览器版本适配等技术因素影响用户体验。

（3）互联网用户使用习惯为非人工介入，对于人工介入环节存在一定的不信任感。

综上，由于人工双向视频见证的目的是为了核实客户身份真实性，规避盗用身份开户，我们建议监管层在网上开户政策上能否根据风险可控、可测、可承担的原则，根据验证方式的不同，将网上开户分为强身份认证和弱身份认证两种模式，允许证券公司根据自身需求灵活设计模式，使网上开户流程能无人工干预7×24小时运行。具体建议如下：

（1）强身份认证为视频见证模式，包括双向和单向视频见证。

（2）弱身份认证模式不采用视频见证，而是证券公司验证客户身份信息五要素后，采

信外部合作机构信息进行辅助认证开户。如与银行、基金、通信商公司合作，对合作机构的已实名开户客户，如开户满一定时限且做过一定笔数交易记录的客户可以直接采信开户；也可与互联网电商公司、支付公司和民间征信机构合作，利用人数据对互联网实名认证用户的支付记录、消费记录、通讯地址、信用评级进行综合分析，判定客户身份真实性后直接采信开户。

（3）为风险可控，在证券公司在客户开户前做出充分信息披露后，可对采取弱身份验证开户的客户账户做一定限制，如客户账户资产规模、交易笔数、周转率等不得高于一定数值；也可以允许证券公司通过为客户账户投保的形式，用于万一发生身份被盗用开户产生的损失赔付。

2. 加快业务办理规范互联网化修订。除网上开户外，现行监管政策主要是根据证券公司依托营业部开展业务模式制定的，并未根据客户全生命周期进行业务适应互联网化办理规范修订，例如在验证客户身份、投资者教育、征信和签署协议环节存在人工当面办理和书面保存要求。虽然证券公司可以通知客户与就近营业网点联系临柜开通或登门服务，但是证券公司营业网点毕竟不能全国覆盖，因此而引发客户业务后续断点，体验感差，也易引发投诉。其中比较主要的有以下三方面：

（1）创业板签署协议及相关权限网上开通。创业板自从 2009 年推出已平稳运行了 6 年，投资者对此也逐渐熟悉了解，建议从制度上简化创业板投资者教育和开通手续，将相关协议列入网上开户在线签订协议中，实现一站式开通。

（2）征信业务网上开通。由于融资融券开户征信结果需要面签书面保存，如互联网用户网上开户满 6 个月后办理两融业务，仍需要人工介入办理。从小额股票质押融资的网上征信经验看，上述征信环节互联网化风险可控。今年 1 月央行已批准 8 家民间征信机构开展业务，其中不少是大型互联网公司，如证券公司对客户的征信环节能互联网化实现，有助于推动与互联网征信机构的合作，有利于全方位的对客户信用进行评估，降低业务风险。

（3）投资者适当性的应用。目前对投资者进行适当性管理的主要手段是根据客户填写的风险测评问卷进行评分，行业普遍采用的是协会下发的标准范本。为适应互联网用户理财应用习惯，建议允许证券公司在实质性合规的前提下，根据互联网用户习惯，自行设计风险测评形式，既可以采用简易问卷的形式，也可以向下覆盖，允许客户直接确认选择风险结果。

综上，我们建议尽快组织相关单位，对现有涉及普通投资者业务的规范进行归类梳理，明确客户网上开户和业务办理结果的实质性合规要求，对于具体形式允许证券公司根据用户习惯自行设计风险测评形式，提升用户体验。

（二）互联网金融业务的定位和发展轨迹建议

1. 进一步明确互联网金融业务定位和规范。随着证券行业触网程度的加深，协会通过密集培训、设立互联网证券专业委员会等多种形式促成证券行业向互联网金融的转型。迥异于传统证券业务如经纪、自营和资管等业务模块相对清晰的业务边际，互联网证券业务试点资格的发放仍未能明确对证券行业从事互联网金融的业务边际，没有明晰的监管细则。互联网金融业务究竟是作为未来一个新型业务类型，还是作为传统牌照业务的互联网化工具手段，监管并无明确界定。为此，我们建议从制度上尽快明晰互联网金融业务定位和业务范畴，确立运行规范。具体如下：

(1) 尽快出台证券行业互联网金融业务规范，明确互联网金融的监管体系和模式，确定实质性合规底线及负面清单，增强容错度，出台具体的行动纲要。

(2) 支持提升互联网金融创新的执行效率。改变对互联网金融创新事项的“一事一议”模式，按照法无禁止即可为和实质性合规原则，简化报批和报备事项范围及流程，提高证券公司互联网金融创新的步伐，保护创新机构的商业机密。

(3) 在分类监管评价体系内设计创新鼓励和容错机制。对于行业内一批具有较强互联网金融创新意识、创新经验、创新能力的证券公司，在分类监管评价时层给予一定的加分或容错值。

通过上述努力，解决行业在开展互联网金融业务中现实存在的“业务不违规”和“合法合规”之间的创新风险、“实践先行”和“制度先行”之间的先后问题、“不断试错发展”和“充分风控合规论证”之间的矛盾。

2. 鼓励证券行业做大做强互联网金融业务。证券行业未来互联网业务的竞争对手，不再只是其他证券公司，也包括 BAT 等互联网巨头和新兴互联网金融公司，借助风险投资注入的巨额资本和市场化的运营机制，很可能改变原有的证券行业的发展格局。为此，建议监管层在政策层面给予行业做大互联网金融的支持。

(1) 修订《证券公司设立子公司试行规定》，允许证券公司单独出资或与其他公司合资设立独立于专业牌照子公司外的互联网金融子公司（以下简称“子公司”），在业务范围上给予一定的灵活性，允许子公司从事创新的互联网金融产品设计、平台建设、业务运营，允许子公司经营范围与母公司或其他专业子公司的业务范围存在一定交叉。

(2) 鼓励子公司开展多种形式的资本运营，包括股权激励、新三板挂牌转板上市、境内外上市，接受风险资本，做大资本和估值规模。

(3) 允许证券公司通过互联网模式开展业务，例如可以通过低价策略吸引流量，做大用户规模后再追求流量变现。

3. 进一步采取相对公平的互联网金融监管原则。由于证券公司开展互联网金融业务，不仅要面临同行业竞争，还要面对互联网公司的竞争。以 MOTIF 为例，实际上是一个持牌的券商，仍受到 SEC 监管。

现阶段，证券公司在和互联网企业的合作竞争中处于不对等地位。例如：用户信息双方不对称共享，产品定价权掌握在互联网门户渠道手中，资讯服务、投顾服务由互联网企业提供给客户。双方的合作已经从单纯的页面广告链接升级到系统的对接。建议在互联网企业涉及证券业务时，将其纳入监管范围，维持市场发展的相对公平，保护投资者利益。

(1) 建议以从事业务范畴为边界将从事互联网金融的证券公司、互联网公司以及其他机构都纳入监管体系，以实质的业务类型进行监管。

(2) 建议向互联网企业发放证券公司牌照，或允许其采取新设、收购、参股证券公司的形式，将其纳入监管体系。

(3) 上述模式的监管政策与证券公司监管政策保持一致。

从第三方支付的规范发展到网络银行开业和网上开银行户的变化，可见只有将互联网企业纳入监管体系才能保护投资者利益，带动激活行业在一个公平的竞争环境中开展市场化的竞争。我们坚信“互联网 + 证券行业”能有更加广阔的发展。

附：齐鲁证券对互联网金融3.0模式的“4＋3”实施路径

作为证券行业开展互联网业务的实践者，齐鲁证券从战略层面大力支持互联网业务，从2009年开始就成立了独立的一级部门电子商务中心（现更名为网络金融部），下设公司级95538呼叫中心，负责证券业务与互联网融合的探索，期间推出了“融易汇”个人理财终端，并成为业内第一批推出网上开户和手机开户的券商，2013年在公司成立了互联网营业部——电子商务分公司，与网络金融部合署工作。目前，齐鲁证券已获批互联网证券业务试点资格，与恒生电子战略合作建设了业内第一家基于阿里云的互联网证券业务平台；与同花顺、数米基金网等垂直渠道达成战略合作，开拓互联网金融业务；在股权众筹业务上，公司积极参与中证股权众筹平台开展创新业务。

齐鲁证券认为从2015年开始互联网金融已经步入3.0模式阶段，经过前期的市场教育，用户逐步对证券公司提供的互联网金融服务有了认识，随着用户需求广度和深度增加，需要多种类型的产品与服务来满足不同的金融需求。

齐鲁证券认为互联网金融3.0模式主要目标是为互联网广谱用户提供小微化财富管理服务，在具体实施路径上，可以按照“4＋3”的实施路径逐步推进。

（一）互联网金融“1—2—3—4”实施步骤

互联网金融“1—2—3—4”实施步骤是以一套互联网金融账户为基础，发展互联网和移动互联网两个应用平台，提供投资、融资和支付三项功能，最终实现四种业务模式的路径建立。

1. 一套账户。建立一套互联网金融账户体系，即IFA（Internet Financial Account）。互联网金融账户的建立是适应互联网金融业务发展的全账户体系，对内能包容各种资本市场业务的账户体系，对外能对接各种互联网应用业务的账户体系。互联网金融账户的建立是适应互联网用户群体特征，实现资金支付和资金归集的账户，将原来割裂的保证金账户、理财账户、互联网应用账户和各类产品和创新业务账户集成，满足互联网用户资产全景视图和一站式财富管理需求。具体包括：

（1）传统证券交易的账户整合，包括证券账户、信用业务账户、资产管理账户等，涵盖现有场内业务为主的证券交易账户等。

（2）互联网证券业务试点资格所涉及的理财账户、支付账户、OTC账户等。

（3）未来可能涉及的创新业务账户，比如P2P、众筹账户等。

2. 两个平台。适应平台化战略，设计、开发、运营互联网和移动互联网平台，完善互联网平台上的网站和PC客户端；重点开拓移动APP等，在平台上实现各类产品功能的应用和金融服务的实现。

3. 三项功能。重点落实提供投资（含交易）、融资和支付三项核心功能的互联网化进程。投资端重点做好交易型投资和产品型投资的外延式发展，包括创新业务投资，如P2P与众筹；融资端在给客户提供传统的场内小额股票质押业务、基于OTC市场的交易转让业务之余，重点做好创新的P2P和股权众筹融资；支付端重点做好消费支付、理财支付等环节的归集和运营建设。

4. 四种模式。目前证券公司提供给客户的资产管理服务基本是围绕资产 100 万元以上的高净值客户群体，在未来互联网财富管理体系下，可以通过四种业务模式提供财富管理服务给 100 万元资产以下的长尾用户，即：网络经纪—小微化的权益类投资服务、在线理财—小微化的理财服务、网络融资—小微化的融资服务、网络众筹—小微化的众筹服务。在具体落地流程上，将采取客户风险匹配和投资者适当性原则，对客户进行风险测评和账户诊断，有针对性地为客户提供各类小微化财富管理的解决方案。

（二）选择四种业务模式重点推进

1. 网络经纪。

（1）传统业务流程的互联网化再造。基于客户全生命周期，构建用户简易快捷的场景式处理模式，遵循实质性合规和投资者适当性原则，根据互联网用户使用习惯重塑整个业务流程，确保流程简洁、便利、风险实质可控可承担。

（2）将传统的社交信息服务变成交易服务，将投顾服务与通道服务相结合。社交金融主要给客户提供更好的网络证券综合交易服务，降低信息不对称，增强用户粘度。重点解决客户从获取信息以后的跟投交易，实现服务提供方和被服务方的联动，在传统的社交金融信息交互平台基础上，加入跟投系统，把单纯的线上投顾咨询服务向跟投与促成交易服务转化。例如：通过自动生成订单、一键跟单的形式，也可以尝试采用类似于包管账户（Wrap Account）的策略跟投形式，最终实现小微化的权益类投资服务。

2. 在线理财。

（1）以理财账户为载体，以现金管理类产品作为保证金的替代品，提供稳健的收益；在此基础上提供各类中低风险的理财产品；对于高净值客户提供基于 O2O 的高风险产品。

（2）利用在线理财平台实现低门槛引流。通过 7×24 小时全天候运营的在线理财平台，可以实现无人工干预、真正意义上基于互联网的金融服务业务。为此，理财服务平台需要具有高度的可扩展性和安全性，是证券公司与外部互联网平台和支付渠道以及各金融机构的重要对接平台。例如齐鲁证券与恒生电子合作，基于阿里云平台快速建设了互联网证券理财账户体系和理财云平台。

3. 网络融资。近年来，P2P 跑路现象非常严重，风险也非常高。证券公司开展网络融资业务有别于一般的网络小贷公司，证券公司掌握大量的客户金融资产，已积累了开展信用业务的相关经验，对融资业务有较强的风险管理和识别能力。一定程度上，证券公司更了解客户，更了解基础资产，更能对风险资产进行定价。例如小额股票质押业务目前开展一年已较为成熟。

证券公司开展网络融资业务需遵循审慎原则，初期可以尝试将两融收益权产品和质押债权产品作为切入点，利用 SPV 的包装将收益权变成准资产证券化的小额债权进行出售，未来可根据业务发展引入票据类、资产证券化类以及中低风险信用类产品融资业务体系。通过上述业务，既为客户提供风险可控的小额投资标的，也可以解决小微企业融资难的问题。

4. 网络众筹。2014 年 12 月 28 日，中国证券业协会起草的《私募股权众筹融资管理办法（征求意见稿）》向社会公布。2015 年 1 月 28 日，中证资本众筹平台正式开启，挂牌项目中的投资门槛已降低至 5 万—10 万元。截至 2015 年 3 月 13 日，中证资本的众筹平台已经众筹完成了包括华融证券、齐鲁证券等 5 家机构推荐挂牌的 6 个项目，合计认购金额

1 924.93 万元。

网络众筹服务是证券公司依据积累了多年的投行经验，根据已经掌握的客户需求，识别并揭示各个环节的风险点，立足多层次资本市场的设立，借助新三板业务的发展以及注册制的放开，响应新兴民营企业和创新企业需要股权众筹的要求，整合资源，形成众筹平台。

未来小微化的众筹服务业务来源主要依靠证券公司投行等相关单元从垂直细分行业中选择优质项目开展，核心是寻找优质项目，重点是做好项目管控，众筹的产品形态以低门槛产品为主。

（三）三个重要业务抓手

借鉴互联网公司运营模式，齐鲁证券认为应立足三个抓手来落实互联网金融业务。

1. 产品。首先，应该改变传统业务由后台向前台传导的思维模式，建立适合互联网业务的产品设计、开发、运营体系。传统的后台收集需求进行实现后再给前端应用的模式不适应互联网时代；应立足以产品内容运营的思路来设计产品和开发，从产品运营角度出发来收集需求，将需求整理给产品经理，完成产品设计后交由技术开发，最后完成产品运营；在运营过程中不断完善产品，形成闭环迭代。

借鉴传统互联网公司的做法，以产品经理制推动产品线的丰富和完善。产品经理负责公司互联网金融产品线的构建以及产品生命周期的管理，重点做好产品的运营，以用户和销售为核心展开；专注于用户体验与用户研究，不断围绕用户规模、用户增长速度、用户粘性三个核心指标展开。

2. 流量。通过运营提升流量导入能力，具体可分为三个层面：

（1）外部渠道的合作引流。目前渠道引流的成本大幅上升，大型门户的议价能力比较强，接入券商比较多，渠道合作的重点将逐步转向垂直细分领域与大型金融机构、通信运营商合作为主。

（2）加强自己本身平台的运营，通过 SEO、自媒体、微信加强自运营。

（3）利用线下网点，打通 O2O 的业务联动。O2O 的本质是匹配与连接，核心是连接用户与投资顾问、客户经理，让金融行为从线上到达线下，线下服务又能转移到线上。需要充分发挥地推的力量，调动线下分支机构参与网络推广，引导其通过互联网向客户提供更加快捷方便的服务。

找到用户在传统金融行为中遇到的壁障并将其打破，以此让信息流颠覆式的通畅，实现“渠道 + 客户 + 平台”三位一体。证券公司可根据自身资源禀赋灵活选择导入方式。

3. 内容。内容核心是遴选金融产品服务，是证券行业最核心的竞争力。内容运营中对金融产品服务的设计、管理和包装，是整个环节最核心的部分。好的产品设计体验，通过引流吸引来用户，都是为了让用户来消费这些内容。内容的同类产品竞争力决定了用户的选择。

内容范围将不限于金融理财产品，未来可能涉及融资类产品服务、理财产品服务、众筹产品服务等。根据投资者适当性的原则，为客户匹配不同的产品服务内容。

从应用视角看大数据对证券公司的影响*

孟庆江**

随着移动互联网、物联网、云计算技术的快速发展和社会对于大数据的逐渐重视，大数据从概念逐渐走向应用。互联网金融企业在过去的一年里快速发展，对传统金融行业造成了严重冲击。互联网金融企业之所以能发展壮大，很大程度上依赖于大数据和云计算技术，能够动态了解客户的多样化需求，改善传统金融的信息不对称问题，推出满足客户需求的个性化金融产品。

随着 A 股市场全面放开一人一户限制，证券经营牌照将会向互联网公司放开，面对居民财富迅速增长和其对理财产品多样化的需求，证券公司受到来自行业内外部的双重压力，正在进行业务转型，传统 IT 基础设施环境已无法满足证券公司对转型和创新战略的要求，建立大数据驱动的创新平台将是证券公司抢占市场先机的必备条件，为即将到来的业务差异化竞争提供强有力的技术支持。

一、证券公司大数据的实际应用

相对于其他行业的数据，证券行业具有数据质量高、数据价值大、可定位性好等特点。证券公司拥有大量的客户交易数据，这些数据包括客户资产、持股时间、交易频率等信息，通过数据分析，可以细分客户类别，根据类别为客户提供差异化服务。公司可以对实时行情、财务报告、经济信息、新闻等衍生数据进行分析，可以对产品/投资品信息、头寸/交易信息、交易对手数据、评级数据等参考数据进行分析，也可以分析曲线、差价、波动信息、相关性分析等经过加工后产生的数据。

---

* 本课题受中国博士后科学基金资助项目（2014M552254）资助。

** 作者单位：中国中投证券有限责任公司博士后科研工作站。原载于《中国证券》2015 年第 5 期。

（一）证券公司大数据的应用概括

定量分析是在基于产品的几十个甚至上百个独立变量之间寻找定义数以千计的客户细分。从深度历史数据中找到隐含相关性，公司可以做出更加有利的决策，在寻找有针对性的销售、市场和定价策略方面可能更有效，这意味着带给证券公司更多的收入和更快的销售周期。图1是大数据在证券公司的主要应用流程图，详细描述了大数据在量化研究、风险管理、客户管理等方面的应用。

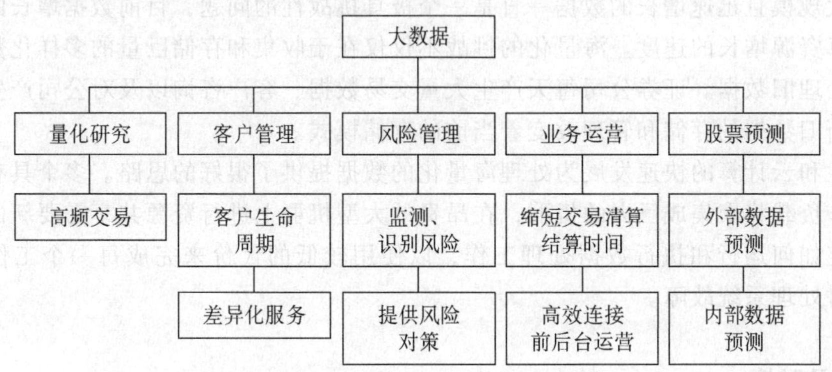

图1 大数据在证券公司的主要应用流程图

未来证券公司需要分析的数据量、复杂度和语义深度都将大幅增加。而数据管理能力涵盖从数据的获取、清洗、存储、分析到发布，以实时、高效的方式提供统一数据视图和深入洞察，从而帮助证券公司在客户管理、产品创新、风险管理和业务运营上提高水平。证券公司作为多牌照的金融机构，不同牌照间通过对客户行为数据、客户交易数据的分析，可以开发设计出新的产品。

（二）大数据在风险控制中的应用

证券公司在风险控制时需要最新的风险敞口信息，在特定时间和所处头寸期间由市场波动来计算风险度量，最重要的风险度量是风险价值模型（VaR）。如果对于特定风险的敞口太高，交易员就需要通过购买期货、卖出特定股票来对冲头寸。每笔交易和头寸的风险度量计算都是基于交易系统的市场数据来完成的，风险系统依赖于每天的交易输入和市场数据，这带来了累积式风险的不完整性和不同步性。为了做出正确的决定，风险管理团队需要使用最新且完整的风险信息。风险是根据不同的因素进行计算的，比如每只股票、每个产品、每个交易头寸、甚至每个客户等。风险管理系统通过各种累积式层次来展示累积式风险。为了分析各种风险，传统的方法是首先创建数据仓库，然后将从其他系统中导入的数据转换为特定格式。这意味着对于每个风险系统和每个数据格式都需要数据抽取、转换和加载，因此需要针对数据仓库创建特殊的数据库架构，这些结构在未更改数据的快速读入中是最优的。在处理累积式风险数据和度量时，数据需要在给定风险的最优估计下重新计算，而关系数据库不能很有效地处理这些数据，大数据和NoSQL系统可以为此提供有力支持。

二、证券公司大数据分析面临的挑战

大数据具有海量化、多样化、快速性等特点，对数据的存储、传输和应用等方面提出了全新挑战。证券公司面临大数据的挑战主要在于以下几个方面：

（一）海量化

管理大规模且迅速增长的数据一直是一个极具挑战性的问题，目前数据增长的速度已经超过了计算资源增长的速度。海量化的挑战不仅仅在于收集和存储巨量的多样化数据，还在于管理和处理旧数据。证券公司每天产生大量交易数据、客户咨询以及对公司产生影响的外部数据，新旧数据的存储和管理改变着当前的存储模式。

并行性和云计算的快速发展为处理海量化的数据提供了很好的思路。多个具有不同性能目标的工作负载将聚集成巨大的机群，在昂贵的大型机群上进行资源共享需要新的方法。新的方法决定如何运行和执行数据处理工作，以便用较低的代价来完成每一个工作负载的目标，并及时处理系统故障。

（二）及时性

速度是规模的另一方面。要处理的数据集越大，进行分析所花费时间将越长。在大数据背景下，需要立即得到分析结果。例如，在进行信用卡交易时，如果怀疑该信用卡涉嫌欺诈，应该在交易完成之前做出判断，以防止非法交易的产生。这就需要事先对部分结果进行预计算，结合新数据进行少量的增量计算并迅速做出判断。

高频交易是近些年来兴起的新型交易策略，它利用复杂的计算机技术和系统，以毫秒级甚至更快的速度执行交易，且日内短暂持仓。1 毫秒的交易执行延迟都可能带来高达数百万元的交易损失，这给 IT 部门面对数据量大幅增长和改善交易执行时间带来新的压力。IT 部门应该利用最高的可用带宽和最低延迟，最大限度地提高服务器性能和存储网络效率，利用最先进的技术帮助数据中心完成任务。这要求在处理数据的时候需要更低的程序延迟、更高的程序吞吐量和更高级的代码可扩展性。此外，为了支持大数据上的新型查询，需要设计新的索引结构来支持此类查询。当数据量越来越大并且查询响应时间有严格限制时，索引结构的设计非常具有挑战性。

随着当前资本市场交易的异常活跃和金融创新产品的多元化，部分证券公司的后台服务处理能力接近极限，造成证券公司系统在网络带宽、行情调取和数据交接等方面面临较大压力，传统交易系统面临系统维护、升级以及数据采集工作等困难。未来可以通过大数据运营平台进行数据分析，设计预警的阈值，及时发现系统运行故障并进行实时监控，提高系统的可预判性。

（三）隐私性

数据隐私是另一个引人关注的问题。在大数据环境下，该问题更加突出。有效进行数据隐私管理既是一个技术问题，也是一个社会问题。基于位置的服务需要用户和服务供应商分享其位置，会造成明显的隐私问题，攻击者或基于位置的服务器可以从位置信息中推断用户的身份，而隐藏一个用户的位置比隐藏身份更具有挑战性。由于数据的特殊性，证券公司不能将数据承包给第三方，如何保证证券公司私人数据的正常使用，并将部分数据结果分享给客户，又能够保证数据隐私不被泄漏，对技术的应用提出了挑战。

（四）大数据异构性和不完备性

大数据的异构性和不完备性是数据处理中面临的挑战。所谓异构性是指数据有多种不同的呈现形式，如视频、数字、文本等，导致数据格式上的异构。目前，机器分析算法能够智能处理同构的数据，不能理解数据之间的细微差别。

对于大数据而言，即使在数据分析之前进行了数据的清洗和纠错，数据仍可能存在缺失和错误，在进行数据分析时，正确面对缺失和错误数据是一个挑战。大数据的异构性、海量化、及时性、复杂性和隐私问题从各个环节阻碍了数据价值的创造。在数据收集时，应该决定哪些数据需要保留，哪些数据需要丢弃，并且在保留数据的同时可靠地存储其正确的元数据。

（五）大数据高效计算系统结构与方法

大数据计算的关键与核心问题是效率和成本。提升计算效率和降低计算成本的主要措施是研发新型且高效的计算系统结构和构造面向大数据的“易计算性”算法。现行的计算系统结构和算法在时效性和成本上不能满足动态、异构与关联性强的大数据计算和分析要求。如何实现高效的内存计算技术、高效存储与技术耦合、高效并行的分布式计算方法及相关的基础理论，以满足实时、高效、低能耗与低成本的大数据分析与技术需求，是证券公司需要面临的挑战。

此外，大数据具有维数高和大样本的特征。这两个特征引起三大挑战：一是高维数据带来噪声积累、伪相关性和偶然同质性；二是高维和大样本数据带来计算上的困难和算法的不稳定性；三是大数据的大样本通常是来自利用不同的技术在不同时间点多源头的聚集。这通常带来异质性、实验变异、统计偏差等问题，需要设计更多适应性强和有效的程序来满足要求。

三、证券公司大数据的架构

在信息爆炸的时代，具备强大的数据管理与分析能力，将帮助证券公司在未来激烈的竞争中处于有利位置。

（一）证券公司数据的存储

近些年来，传感器和其他数据收集技术价格的下降使得收集大量的数据越来越便宜。存储工具价格的下降使得大量数据存储变成现实。对于高速和实时性的要求，传统关系数据库系统模型、存储和解析解不能很好地处理大量的非结构化数据，这就需要 Hadoop 和 NoSQL 之类的非关系数据库，传统查询语言 SQL 也将被 Map Reduce 替代。

为了分析数据，首先需要信息提取，将所需要的信息从原始数据中抽取出来，并用适合分析的格式表达。有效的数据采集是工作人员面临的第一个挑战，研究有效的数据约减技术，删除无用数据，将数据约减到一个能够处理的规模，这需要有效的数据模型。除了数据模型，非结构化数据的存储也是一个主要问题，如何高效存储非结构化数据并在需要时快速提取信息需要技术上的突破。

证券公司对数据传输、存储和分析的及时性有着较高的要求，大数据存储能够处理容量问题和为分析工作的低延时提供服务。由于需要显著改善性能和低功耗，相对于硬盘存储器，闪速存储器将会更加普及。云存储闪存的使用将使得共享资源更加流行，对于大规模非结构化数据解析解的需求和对其价值的开发也在逐渐增加。连续的数据抽取、有效存储和即时分析将有助于证券公司做出快速高效的决策，也将提高公司数据处理的效率。图2是证券公司的数据分析图示，有效结合内外部数据并将数据分析结果进行可视化，可以帮助公司提高洞察力和做出高效的决策。

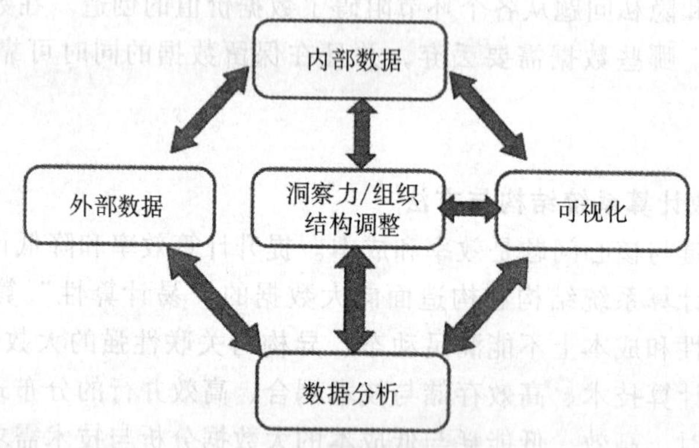

图2 证券公司的数据分析图示

（二）证券公司数据的分析工具

在IT方面，Hadoop是解决大数据问题最重要的工具。在所使用的程序语言方面，C/C++和Java是最常用的程序语言，也是目前各大高校计算机专业所学习的通用语言，能够分析大量的数据集也是它们的优点之一。但近几年来，Python语言和R语言发展迅速，其中R语言主要用于统计分析、绘图语言和操作环境，自由、免费、开源的代码使得它成为当今统计学者和数据分析师常用的语言之一。考虑到安全性和运行速度，国外的投资银行大多采用unix/linux系统，这就要求相关工作人员必须充分理解该类系统，并掌握SQL和NoSQL等数据知识。

（三）证券公司数据分析和预测

在国外的投资银行，宽客（Quants）扮演着数据分析的角色。数据分析师将IT技术和金融、数学结合在一起，能够创造各种新的信息并予以执行。数据分析师正在成为银行和金融机构的重要力量。

研究人员在机器学习算法上的重大突破，构成很多数据挖掘算法技术的基础。除了熟练掌握所需要的硬、软件技术外，数据分析师还需要保持对新思路和新技术的高度好奇和持续的深度研究，为解决复杂问题找到合适的答案。

数据的分析主要有数据分析和预测分析。所谓数据分析，是指通过对大量非结构化和结构化数据进行分析，给投资者提供有效的建议。而预测分析，主要是预测未来的市场、指数和产品，以及分析它们之间的相关性。机器学习算法主要与预测有关，数据挖掘与总结密切相关，特别是在寻找数据的特殊模式方面。在面临计算限制的挑战时，通常主要研发能够提供有用预测的高性能计算机系统。数据科学，主要涉及预测和总结，也与数据操作、可视化和其他相似任务有关。其他用来描述计算机辅助的数据分析，如知识抽取、信息发现、信息收获、数据考古、数据模式处理和探索性数据分析，这也将是证券公司数据分析的常用分析工具。图3是证券公司数据处理流程图，描述了从原始数据到数据分析结果的全貌。

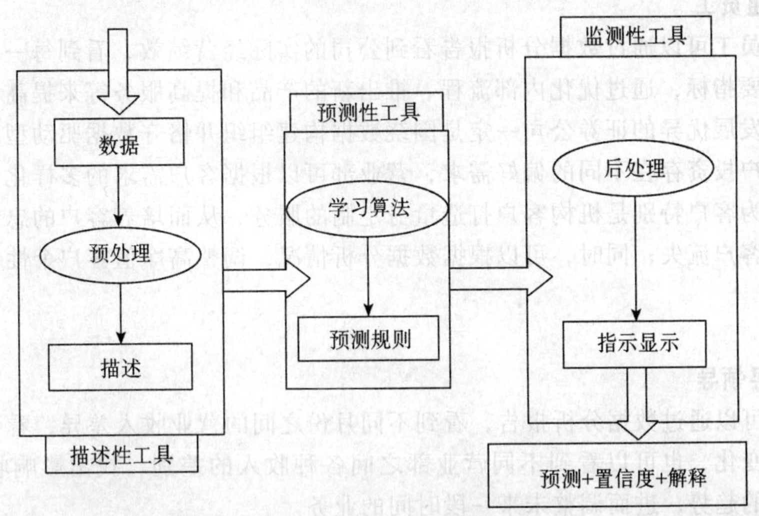

图3　证券公司数据处理流程图

（四）证券公司数据的可视化

数据可视化起源于1960年的计算机图形学，人们使用计算机创建图形图表，通过可视化将数据的各种属性和变量呈现出来。对不了解大数据的人来讲，数据可视化提供了最简单快捷的了解数据的方法，使得大数据更加贴近使用习惯和需求，也使得数据变得更有意义和易于理解，帮助证券公司从复杂的数据中快速高效地决策。不同于传统数据可视化工具仅仅将数据加以组合并通过图形化展示给客户，大数据环境下的数据可视化必须满足快速增长数据的需求，需要快速地收集、筛选和分析数据，然后进行归纳，并将决策者所需要的信息可视化的形象表示出来，还需要对新增的数据实现实时更新。考虑到可视化工具需被普通员工掌握，所以可视化工具还需要具有易于使用、易于操作、易于理解、易于接受等特点，并能够以多样化的形式展现出来。

四、证券公司大数据分析的受益方

大数据在证券公司的应用，不仅可以带来巨大的经济效益，还能够使得公司各层领导、员工和客户无须过多了解大数据，就可根据相关数据的可视化了解所需要的信息。

（一）客户

证券公司的客户，既有资金雄厚的机构客户，又有大量的散户，他们的业务有股票、融资融券、期货期权等。客户可以查看公司推送的手机客户端服务、理财服务和研究报告获知最新信息，可以通过公司的客户服务平台获得个性化的服务，可以获知大盘、个股、行业等咨询服务和个股推荐、市场公告、新股发行等投资服务；还可以根据自己的持仓情况，定制所需的资讯和服务，并与经纪人服务系统进行交流。

（二）普通员工

公司普通员工可以通过数据分析报告看到公司的实际经营绩效，看到每一段时间内影响公司业绩的主要指标，通过优化内部流程、推出新的产品和提高服务等来提高公司业绩。可以预测，未来发展优异的证券公司一定是围绕数据构建组织并恪守数据驱动型决策承诺的公司。不同的客户投资存在不同的偏好需求，营业部可以根据客户需求的多样化，通过差异化的客户服务，为客户特别是机构客户打造量身定制的服务，从而培养客户的忠诚度，增强客户黏性和减少客户流失；同时，可以根据数据分析情况，调整高净值客户个性化和专业化服务工作。

（三）中层领导

中层领导可以通过数据分析报告，看到不同月份之间的营业收入差异，看到不同业务的收入和净收入变化，也可以看到不同营业部之间各种收入的差别，找出影响收入的主要因素，分析未来的趋势，进而调整未来一段时间的业务。

（四）高层领导

传统意义上，考察一个公司过去一段时间的业绩，主要通过业务指标和财务指标来表现，具体可以通过收入、净利润和净资产回报率等指标确定。公司领导也习惯通过这些数据来调整工作重点。数据分析可以通过收入、净利润和净资产回报率等指标的相关性找出影响公司业绩的因素，准确判断出哪些与公司的业务密切相关，发掘出其中与公司业务发展紧密相关的数据和规律，增强高层领导调整工作重点的理性依据。通过利用公司数据对未来业务的预测，可以帮助高层领导可视化地看到公司部门的相关性和紧密度，以便加强各部门之间合作，更好地服务客户。

五、证券公司大数据的应用展望

随着牌照的逐渐市场化，证券公司经纪业务将面临互联网公司的冲击，互联网证券经营机构的业务将会逐渐细分，在小额信用、质押式回购融资、资管理财等业务方面将有通过互联网转向零售模式的可能，良好的客户体验将会吸引大批客户资源。当前证券公司也在逐渐增强用户体验，未来交互性能好、中间成本低、操作便捷且用户体验好的证券经营机构将会受益。要求证券公司不断挖掘用户需求、提供相关增值服务，通过大数据技术进行海量数据的采集、加工和分析，为用户提供更为互联网化的投资服务是未来的趋势之一。

在大数据应用层面，与发达国家相比，我国在大数据应用层面的差距较大。其主要表现是大数据技术在我国的应用和推广发展缓慢，应用领域较少，目前取得的社会经济效益有限。我国数据资源开放和利用率低下，数据应用市场不够成熟，初期投入和应用成本偏高；在技术和人才方面，大数据处理和分析技术遇到瓶颈性难题，缺乏具有自主知识产权的核心技术和具有开拓进取精神的创新型人才；在数据安全方面，存在安全与隐私保护措施不到位等问题。

对于证券公司来说，获取大数据本身并不是目的，能够给公司带来效益的增加和提供高效的决策才是目的所在，能用"小数据"解决的问题绝不要增大数据量。如何在数据中去冗存真、从数据中挖掘有用信息，将大数据的问题用"小数据"来解决，要求证券公司在不明显增加采集成本的情况下，尽可能提高数据的质量，减少不必要数据的采集。

伴随着量化交易特别是高频交易在国内盛行，不断创新的模型和交易策略正在改变着传统的金融模式，给数据存储、大规模计算和数据挖掘带来了前所未有的机遇和挑战。如果不将证券公司的内外部数据进行整合，就发挥不出大数据的巨大价值。证券公司如何合理整合内外部数据，将所有数据与交易系统有效整合，并对未来行情的整体性做出准确刻画，在大数据能够利用的情况下，将成为挑战。如何在负载加大的情况下建立合理的模型，使得当前计算速度能赶上交易数据的变化，对证券公司在系统设计、算法研发以及交易平台的最优化等方面提出新的挑战。

大数据项目的投资需要长期地实现实质性的成果并涉及重大投资，数据科学家的短缺是企业面临的主要问题，证券公司也不例外。如何尽快利用内外部资源培养自己的数据分析人员，也是证券公司未来能否抢占市场先机的关键所在。

参考文献

[1] Hal R. Varian, Big data: New Tricks for Economics [R], 2014, working paper.

[2] Jian－qing Fan, Fang Han, and Han Liu, Challenges of Big Data Analysis [R], 2013, working paper.

关于证券期货业推进网上交易强身份认证的思考

陈青华[*]

2009 年 8 月、2010 年 12 月，证券期货业分别启动证券公司、期货公司网上交易强身份认证（又称“双因素身份认证”）试点工作。经过几年的试点以及推广，行业网上交易强身份认证工作取得长足的进步，行业机构基本具备网上交易强身份认证技术。但是，行业推进网上交易强身份认证工作也存在一些问题，致使工作推进缓慢。截至 2014 年底，证券公司采取网上交易强身份认证的客户仅占有效客户数的 0.50%，期货公司采取网上交易强身份认证的客户仅占有效客户数的 0.20%。本文通过系统分析网上交易强身份认证工作推出的背景、推进情况及存在问题，寻求行业推进网上交易强身份认证工作的有效手段。

一、行业网上交易强身份认证工作背景

伴随着互联网技术的迅速发展，网上交易成为我国证券投资主要交易方式。从交易笔数看，证券公司网上交易委托占比 75.43%，手机委托占比 17.45%，合计 92.88%；期货公司网上交易委托占比 96.86%，手机委托占比 1.50%，合计 98.36%。从交易金额看，证券公司网上交易委托占比 73.42%，手机委托占比 9.14%，合计 82.56%；期货公司网上交易委托占比 96.51%，手机委托占比 1.52%，合计 98.03%。与传统交易方式相比，电子化交易大大提高了交易效率，方便了投资者积极参与资本市场，尤其是促进了个人投资者利用资本市场实现家庭理财。但与此同时，不法分子利用木马病毒或通过尝试猜测简单密码及暴力破解等方式获取投资者信息进行盗买盗卖的行为时有发生，他们通过恶意操纵被盗账户，将被盗账户中的股票高买低卖，然后使用自己的账户将同一股票低买高卖，赚取中间的差价，给被盗账号的投资者带来巨大的损失。

2004 年，张勇伙同王浩、邹亮利用“证券大盗”病毒程序，在不到 2 个月的时间里，截获股民股票账户、密码，盗买、盗卖股票价值 1 141.9 万元，非法获利 38.6 万元。该犯

---

* 作者单位：中国证券监督管理委员会福建监管局。原载于《中国证券》2015 年第 6 期。

罪团伙在互联网上租用空间，仿冒网站“首放证券网”（域名：www. Shoufang. com. cn）建立了一个域名为“www. Shoufan. com”的网站，在网站上设置木马程序，一些电脑安全防护措施较弱的投资者一旦访问该网站，其电脑就容易被植入木马程序。该程序能够自动获取股民账号及密码等信息，并发送至不法分子指定的电子邮箱。2006 年 5 月，法院以盗窃罪判处主犯张勇无期徒刑，从犯王浩、邹亮分别判处 13 年和 12 年有期徒刑。

2010 年 7 月至 12 月间，仅有初中文化程度的孙继武，多次登录某证券公司下属营业部的网上证券交易系统，使用该营业部的初始密码，逐一对该营业部 2 000 余名客户的证券账户进行测试，非法获取了林某等 20 余名仍使用初始密码的客户证券账户控制权。此后，孙继武以 150—200 元的价格，买了 5 个账户，其中 3 个账户是以他人的真实身份证开户的。孙继武通过银行将一定资金转账存入自己实际控制的账户，以市场价购入一些企业债券，之后将这些债券以高于市场价 10% 左右的价格委托卖出。同时，用受害人账户中抛售股票等获得的资金以上述价格接手。交易完成后，他再将受害人高价购进的债券以市场价委托卖出获得资金。如此重复进行，受害人资金不断亏损，而他则从掌控账户的第三方存管银行账户提款。因孙继武掌控的证券资金账户交易异常，证券公司遂冻结了孙继武相关账户并报警。检方资料显示，孙继武采用上述手法反复进行交易，非法获利共计 13.9 万元。2011 年底，法院以盗窃罪判处孙继武有期徒刑 11 年，并处罚金 7 万元。

自网上交易开通以来，类似的通过传播木马病毒从用户端盗取账号密码信息或通过黑客入侵从服务器端盗取账号密码信息的事件不断涌现。鉴于使用“账号 + 密码”方式进行身份认证的网上交易存在安全隐患，中国证监会采取一系列措施引导证券公司、期货公司加强网上交易安全防护，推行网上交易强身份认证工作。2008 年 12 月，中国证监会印发了《关于加强对投资者网上交易安全保护的通知》（证监办发［2008］136 号），明确要求证券公司、期货公司加强网上交易投资者的身份认证手段；2009 年 6 月，中国证监会指导中国证券业协会、中国期货业协会分别制定并发布了《证券公司网上证券信息系统技术指引》、《期货公司网上期货信息系统技术指引》，要求证券公司、期货公司为客户提供多种身份认证方式，除账户密码外，还应至少向客户提供一种以上强度更高的身份认证方式，加强对网上交易客户身份和登录的合法性确认；2009 年 8 月、2010 年 12 月，中国证监会分别启动了证券公司、期货公司网上交易强身份认证试点工作，分别有 4 家证券公司、4 家期货公司参与试点工作。目前，试点工作均已结束，已经形成较为成熟的方案向全行业推广。

二、行业网上交易强身份认证工作现状

密码学上把身份认证的要素分为三种：一是“所知道的事情，如口令、密钥”，即静态口令；二是“所拥有的东西，如智能卡、令牌卡”，即数字证书、动态口令等；三是“所具有的特征，如指纹、声音、视网膜图”，即生物特征认证。从广义上说，证券期货行业的普通身份认证指的是使用第一种要素认证，即“账号 + 静态口令”，为加强安全防范，部分机构增加了“随机验证码、通行码、密码图形键盘（软键盘）”等技术，增加不法分子破解密码的难度。此外，部分机构还建立了弱口令检查机制，对投资者静态口令复杂度进行检查和提醒。网上交易强身份认证指的是综合使用第一、第二种要素认证，在静态口令的基础上，增加客户端电脑或手机特征码绑定、软件证书、短信口令、硬件证书（第 1 代、第 2 代）、

动态口令等要素（一般选取其中一种）进行身份认证。从技术上说，网上交易强身份认证基本堵塞了不法分子盗取证券账号密码的一般途径，强化了网上交易的安全性。

经过数年发展，证券期货业网上交易强身份认证推行工作取得了一定的成效，行业机构基本采用了网上交易强身份认证技术，但投资者仍广泛采用静态密码登录交易系统。

（一）提供网上交易强身份认证技术的证券公司和期货公司不断增多，证券公司的强身份认证技术在全国范围内基本达到了全覆盖

截至2014年底，有98家证券公司、41家期货公司为客户提供网上交易硬件证书或动态口令强身份认证方式，分别占参与调查证券公司和期货公司总数的91.59%、27.33%。2010—2014年提供网上交易强身份认证的证券公司和期货公司数量变化如图1所示。

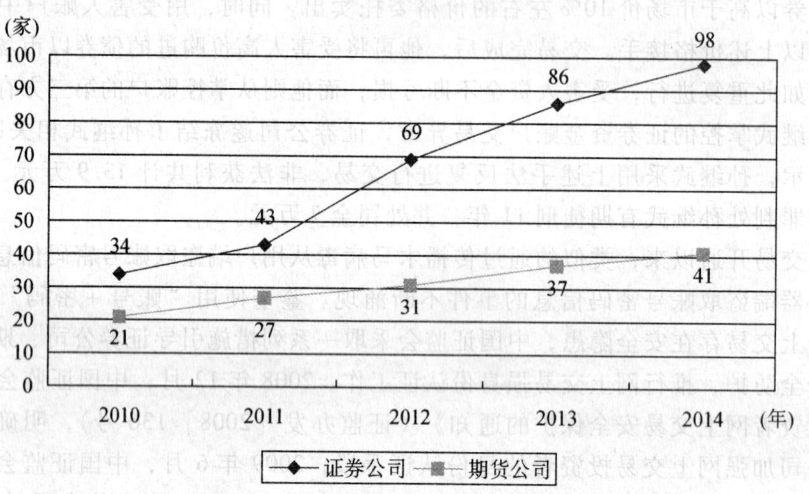

图1　提供网上交易强身份认证的证券公司和期货公司数量

（二）采用强身份认证的投资者占有效投资者总数比例不高，市场对网上交易强身份认证技术的接受度较低

证券市场方面，采用网上交易强身份认证技术的客户覆盖比例最高年度为2010年，仅为1.80%；期货市场方面，覆盖比例最高年度为2011年，也仅为0.90%。虽然从比例看，2014年与2013年持平，但从绝对数看，2014年证券和期货市场采用网上交易强身份认证技术的客户覆盖比例分别为381 034个和1 468个，比2013年分别减少了25 584个和29个。证券市场、期货市场2010—2014年使用网上交易强身份认证的客户数量占有效客户数比例变化如图2所示。

（三）证券期货行业强身份认证技术以动态口令为主

截至2014年底，证券公司网上交易硬件证书和动态口令发放数量分别为53 193份、327 841份，占网上交易强身份认证客户总数比例分别为13.96%、86.04%；期货公司网上交易硬件证书和动态口令发放数量分别为190份、1 278份，占网上交易强身份认证客户总数比例分别为12.94%、87.06%。

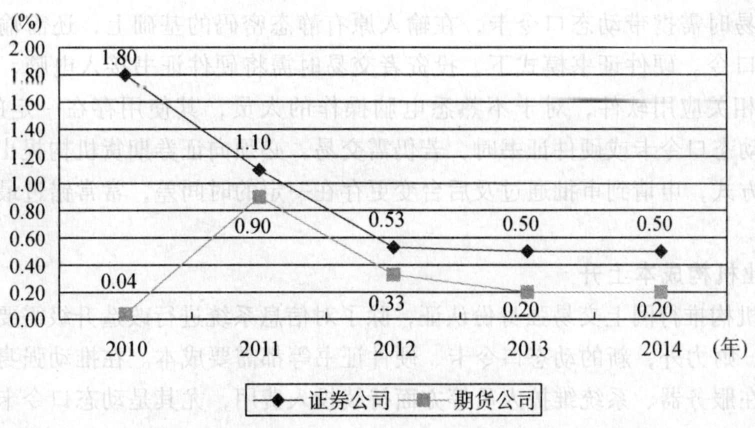

图 2　网上交易强身份认证客户占有效客户比例

2010—2014 年证券期货业网上交易强身份认证客户中使用硬件证书与动态口令占比变化如图 3 所示。数据显示，2010 年以来，客户对硬件证书接受度低，在证券期货业网上交易强身份认证客户中，将近 86% 的客户选择动态口令，只有 14% 左右的客户选择硬件证书。

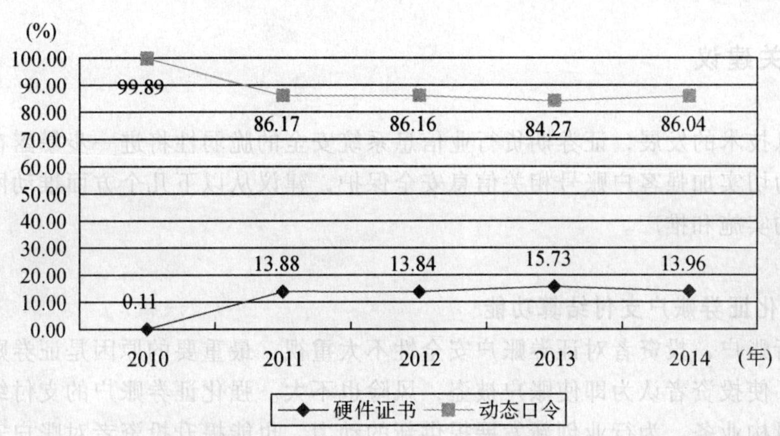

图 3　证券期货业网上交易强身份认证客户动态口令与硬件证书占比

三、行业推行强身份认证存在的问题

（一）投资者风险意识不足

在当前客户资金第三方存管模式下，以及由于证券账户支付结算功能的缺失，即使投资者账户密码被盗，资金也不能直接转走，只能用于证券交易。因此，投资者对账户安全性普遍重视不足，认为即使账户被盗，不法分子无法直接转出资金，对资产安全性威胁也不大。实际上，账户失窃后，不法分子通常通过恶意买卖证券，将资产转移到其控制的账号，致使投资者蒙受损失。

（二）强身份认证操作不够便利

目前，网上交易强身份认证主要使用动态口令卡和硬件数字证书模式。动态口令卡模式下，投资者交易时需携带动态口令卡，在输入原有静态密码的基础上，还需输入动态口令卡上显示的动态口令。硬件证书模式下，投资者交易时需将硬件证书接入电脑，且电脑中必须安装硬件证书相关应用软件，对于不熟悉电脑操作的人员，其使用存在一定的障碍。另外，在客户未携带动态口令卡或硬件证书时，若仍需交易，必须向证券期货机构提出申请变更网上交易身份认证方式，申请到审批通过及后台变更存在一定的时间差，常常错过最佳交易时机。

（三）行业机构成本上升

证券期货机构推行网上交易强身份认证，除了对信息系统进行改造升级需要一次性投入大量人力、物力、财力外，新的动态口令卡、硬件证书等都需要成本。在推动强身份认证技术的过程中，还需在服务器、系统维护人员等方面持续投入费用，尤其是动态口令卡使用寿命一般只有几年，需要定期更换。在证券期货机构议价能力和客户账户安全意识都比较弱的情况下，这些费用基本都由证券期货机构承担。同时，投资者对行业机构升级系统的重要性认识不足，在配合升级方面消极被动，对系统升级后登录方式或界面的变更难以接受，引发了大量的投诉和信访，不仅耗费了大量监管力量，更给行业机构客户服务和维护带来巨大的消耗。而这些的投入，并不能为行业机构带来明显收益，行业机构推进网上交易强身份认证动力明显不足。

四、有关建议

随着信息技术的发展，证券期货行业信息系统安全的脆弱性将进一步暴露在黑客及不法分子面前，为切实加强客户账号相关信息安全保护，建议从以下几个方面推动网上交易强身份认证技术的实施和推广。

（一）强化证券账户支付结算功能

对比银行账户，投资者对证券账户安全性不太重视，最重要的原因是证券账户支付结算功能的缺失，使投资者认为即使账户被盗，风险也不大。强化证券账户的支付结算功能，既能丰富行业机构业务，为行业创新发展提供新的动力，也能提升投资者对账户安全的重视程度。在业务推广过程中，可要求开通账户支付结算功能的投资者必须开通网上交易强身份认证，既能保障账户支付结算的安全，也有助于推进网上交易强身份认证工作。

（二）提供更加便捷的强身份认证手段

目前，银行及第三方支付机构均提供手机短信口令身份认证方式。手机短信口令具有安全性高、使用便捷等优点，容易被广大投资者接受；但是，目前行业机构基本未采用手机短信口令身份认证方式，建议下一步在行业大力推广。

（三）建立强身份认证工作激励机制

一方面，鉴于网上交易强身份认证增加了行业机构运营成本，建议在行业机构分类评价中加入相关指标，对于在网上交易强身份认证推广工作中成效显著的机构，予以加分奖励，提升行业机构的积极性；另一方面，对于开通网上交易强身份认证的投资者，建议允许其非现场办理部分临柜业务，以提高投资者使用强身份认证的积极性。

证券业发展互联网金融的实践与建议

李 健 边绪宝*

引 言

随着大数据、云计算等信息技术的发展，互联网金融正在以前所未有的方式影响着整个金融行业。在证券业，网上开户与交易、点对点的投资咨询服务、网上路演与证券发行等早已成为现实。互联网金融不仅能够实现充分挖掘客户、降低交易价格，提升交易效率的功能，而且还可以在获取客户资源之后，借助强大的金融数据分析、分类功能深度挖掘客户价值，并在适当性原则的指导下推送多元化的金融产品与服务。因此，在互联网金融时代，证券行业的发展空间更为广阔。

一、互联网金融在证券行业的应用与发展

美国是开展互联网证券交易最早的国家，也是目前网络证券交易业务最为发达的国家。美国网上证券业务是伴随着互联网的普及和信息时代的到来而迅速崛起的。美国的网上证券，主要包括网上开户、网上交易、网上资金收付、网上转（销）户等主要环节。在美国券商中，美银美林证券、嘉信理财、E-Trade、Trade Station、盈透证券等是最具有特色的几家券商，它们在发展互联网证券业务方面各自有着不同的鲜明特点并且都取得了巨大的成功。

目前，网上交易与产品推送已经成为美国券商最为重要的交易方式。不仅如此，美国券商还利用大数据分析功能对客户价值进行二次开发。比如嘉信理财在实行较低佣金的基础上，独家开发出现金管理账户，涵盖了证券保证金账户、货币基金账户、支票账户和 Visa 信用卡账户功能，成功地提高客户黏性，并且使收入来源更加多样化。

---

* 作者单位：齐鲁证券有限公司。原载于《中国证券》2015 年第 6 期。

目前，美国券商发展网络证券主要有以下四种商业模式。

第一类是开展国际业务的大型综合性券商。这类券商采用线下业务为主、互联网渠道为辅助的模式。其主要目标客户为全球高端客户和机构投资者，这类客户往往看重的是大型国际投行的服务质量且对交易佣金并不敏感。这类券商主要以高盛、摩根士丹利、美银美林等券商为主，通常有较高的门槛并收取较高的佣金，提供的服务质量相应地也较高，提供的服务产品也更加丰富。

第二类是网上、线下相互结合的折扣经纪商。这类经纪商采用网上、线下相结合的经营服务模式。线上客户可以通过线下分支机构与投资顾问进行面对面交流和咨询。这些券商的主要目标客户为中低端客户，同时兼顾高端与机构客户。收取的佣金也相对较低，同时其提供的产品和服务较纯粹网络券商也更加丰富。采用这种模式的美国券商有嘉信理财、富达投资等。

第三类是纯粹的在线经纪商。这类券商没有线下营业网点，所以其经营成本较低，收取的佣金也最低。它们的目标客户定位于对交易佣金比较敏感的中小投资者，这类客户具有对佣金费率比较敏感、交易相对频繁的特点；并且喜欢自主投资，不愿意为券商提供的投资咨询服务支付额外的费用。采用这种模式的券商有 E-Trade、盈透证券（Interactive Broker）、Ameritrade 等公司。

第四类是由互联网公司发展而来的网络经纪商。互联网金融的发展，使美国证券市场催生了一批新型互联网金融企业，这些网络券商历史并不悠久，也没有庞大的实体资产，但是在互联网金融的趋势之下仍然具有独特的价值和魅力。这些互联网经纪商主要是针对某一类细分市场提供更加贴近需求的创新型服务。这类经纪商中，Trade Station 是典型代表。Trade Station 是一家仅拥有证券经纪业务牌照的网络证券商，其 2/3 的人员是软件工程师，工程师们的目标是让所有的投资创意通过 Easy Language 变成投资策略，从而帮助客户发现市场的交易机会，让客户在证券市场的波动中获利。

在美国证券市场，互联网证券交易商正在快速崛起。以名不见经传的 Trade Station 公司为例，最初它只是一家普通的互联网技术公司。进入资本市场以后，依靠强大的数据分析能力，开发出一套具有支持交易策略测试标准和自动控制功能的电脑交易分析软件。在这款软件的支持下，客户可以很容易实现高频次交易。Trade Station 公司目前只有 5 万多名客户，但是其交易量却占美国纽约交易所的 1%，纳斯达克的 5%，甚至占全美网络证券商交易量的 8%。公司连续十几年登上全美各大证券成交量和交易平台评比排行榜。

Trade Station 的业务收入主要为交易佣金，客户可以选择根据实际交易股数收费或者对每笔交易固定收费，这种灵活的交易佣金收取方式可以使客户根据自己的交易风格选择最有利的投资方案（见表 1）。

表 1　　Trade Station 交易佣金及基本情况

美股交易佣金	$9.99/单（每月 1—9 单），$7.99/单（每月 10—29 单），$6.99/单（每月 30 单以上）或 $0.01/股（不超过 500 股），$0.006/股（超过 500 股），每单最低 $1
期权交易佣金	$1/合约
最低开户资金	非日间交易账户：$5 000 日间交易账户：$30 000
目前情况	2011 年 Trade Station 被日本 Monex 集团以 4 亿美元价格收购

资料来源：根据公开资料整理。

2011年，Trade Station被日本最大的互联网证券经纪商Monex集团收购。目前，Trade Station公司仍然在美国运作，但已成为Monex集团旗下的网络经纪子公司。

二、国内券商开展互联网证券业务的实践

2012年券商创新大会以后，国内证券公司就积极探索发展互联网金融进行业务创新。2014年4月，中国证券业协会同意中信证券等6家券商开展互联网证券业务试点，标志着我国证券行业正式加入互联网金融竞争与发展的大潮。2014年9月和11月又分别增加了部分券商开展互联网证券试点。2015年3月初，中金公司等20家券商获得互联网证券业务试点资格。至此，国内目前共有55家券商获得互联网证券业务试点资格，约占全部证券公司的48%。

国金证券是国内较早开展互联网金融探索的券商。2013年11月23日，国金证券与互联网巨头腾讯公司签订了《战略合作协议》，开启了券商互联网金融发展模式的新纪元。国金证券公司与腾讯公司合作的内容包括但不限于网络券商、在线理财、线下高端投资活动等多个方面，两家公司合作后推出了第一款互联网金融产品——“佣金宝”。

“佣金宝”不仅触及了行业“万分之二”的佣金下限，还对接了一款货币型理财产品，所有网上开户者都可以直接用账户内的资金余额来购买，预期收益率超过活期储蓄收益多倍以上。因此，通过互联网技术将货币基金与证券账户进行整合，精细利用投资者的闲置资金理财是“佣金宝”的最大特色。由此可以看出，国金证券依托腾讯公司巨大的客户流量，带来更多专注于用户体验的互联网金融新产品，成为国内券商引领行业转型的新方向。在互联网金融的引领下，国内券商已经迎来差异化竞争的时代。

“佣金宝”推出仅一年多的时间，国金证券就已经收到丰厚的回报。Wind数据显示，2014年全年国金证券股票、基金、债券等合并的经纪业务市场份额为0.77%，比上一年提升了67%。国金证券在2014年度报告中提出其未来互联网金融战略将以网上经纪业务为核心，逐步辐射到理财、融资、财富管理等新兴业务。

目前国内大部分券商都在积极探索并已经开展了内容丰富的互联网证券业务，最为典型的就是通过互联网进行证券开户业务；通过互联网进行证券交易和资金的结算在我国多年前就已经完成，目前所要做的就是完善经纪业务的全业务链条，并开拓出账户管理、闲置资金理财等新型业务，使证券开户、交易、投资者教育、产品销售、针对性的投资咨询、财富管理、转户与销户等所有与证券经纪有关的业务都能通过网络来便利地完成，使我国的证券行业尽快进入“互联网+”时代。

表2是国内部分券商开展互联网证券业务的主要内容。

从表2可以看出，国内证券行业目前阶段发展互联网金融主要表现在网上证券开户与交易、资金理财等方面。有些券商还涉足第三方支付、股票质押、小额贷款等业务。

由于我国证券市场和证券行业发展正处于信息技术开始快速发展与应用的时期，因此我国的证券发行与交易、结算、托管等基础功能体系的建立完全受益于先进的信息技术发展和网络技术的应用。在当前社交网络、搜索引擎、大数据、云计算以及移动支付等新一代的网络信息技术获得快速发展的今天，证券行业一方面必须发挥好自身优势，做好传统的证券业务；另一方面，应该积极利用新一代的互联网技术，加快发展财富管理、金融产品设计与销售、证券资金账户开发与支付等新兴业务，提高核心竞争力。

表 2　　当前我国证券公司发展互联网证券的主要内容

券商主体	主要内容
国金证券佣金宝	“低佣金 + 余额宝 + 咨询服务”的综合体，通过个人电脑终端及手机终端网上开户，就能成功享受万分之二（含规费）沪深 A 股和基金交易佣金率。同时，投资者将开通国金通用开放式基金账户，参与金腾通货币基金的自动申赎
华泰证券等与互联网公司开展战略合作	华泰证券牵手网易，东方证券合作新浪，中信证券、中山证券、国金证券等则选择与腾讯进行战略合作，开展网上开户、投资理财等业务
国泰君安“君弘一户通”	与互联网平台合作，实现证券账户的消费功能，并利用汇通天下等第三方支付服务实现资金账户的转账支付功能。通过账户分层，实现具备互联网特色的适当性管理，针对不同层级的账户权限及产品风险，匹配不同等级和不同方式的适当性管理规范，优化中低风险产品对应的购买流程，完善客户体验
银河证券空中证券	银河证券为可享受空中宽带上网的国航航班提供证券服务，如查询行情、实时交易、理财资讯和空中开户
银河证券账户功能创新	银河证券拟将原来传统的证券账户划分成消费支付类、理财类和交易类三类账户，通过增加账户功能和互联网化来改善客户体验
国泰君安君弘金融商城	自建金融商城，实现投资理财与淘宝天猫购物相一致的体验，发售不同风险级别的理财产品
长城证券	申请成立以网络技术为主要手段开展业务的前海分公司，专注于网络证券业务的开展，组建业务团队，搭建业务平台，导入合适的理财产品
上海证券速 e 融	股票微质押业务，通过手机 APP 实现“快速开户，快速交易，快速融资”。全程线上化，当日到账，次日提现；费用低廉，推广期内年化利率 5.6%；资金投向完全不受约束
中山证券小贷通	随借随还小额贷款，快速网上申请，网下简化办理
银河证券鑫易雨、鑫新雨	通过这两款产品进行场内交易和新股申购，股票质押率达 90%，融资利率为 5%—8%

资料来源：根据公开信息整理。

因此，当前及未来一个时期证券公司开展互联网证券的业务内容主要包括以下几个方面：

一是网络开户、转户（销户）和交易。随着监管层对非现场开户管制的放开，未来通过网络进行非现场开户和证券交易将大大降低证券交易和客户营销服务成本。另外，智能手机终端的进一步普及将进一步提升移动终端在证券开户与交易中的使用。

二是网络证券投资咨询。互联网技术的进一步发展将大大丰富证券公司的客户服务和营销渠道，券商可以通过短信、微信、微博、QQ 等多种网络渠道向客户推送咨询产品和投资建议，提供免费的投资咨询服务。

三是利用交易软件自动完成股票筛选与交易。股票投资交易是一门非常复杂的跨多种学科的学问，要想在变化莫测的股市上获取满意的收益，不用说一般的投资者，就是专业的投资基金经理也很难做到。在计算机信息技术高度发达的今天，利用合乎逻辑的编程技术对股票市场大数据进行深度挖掘与分析，并开发出具有较高应用价值的软件产品是未来网上证券交易的重要发展方向。早在十几年前 Trade Station 公司就开发出比较可靠的电脑分析软件，并连续多年获得最佳交易分析软件大奖。

四是理财产品网上销售。通过无线和有线的互联网终端向客户销售各类金融产品与理财产品。理财产品风险偏好的评估、产品的选择、交易合同的签署、支付等环节都可以通过互联网进行，无须到营业部，这会大大提升产品销售过程中的效率与用户体验。

五是网上支付。通过与第三方支付合作，用客户保证金账户进行网上支付，提高客户资金的使用效率。目前，该业务已经在国泰君安等券商进行试点。随着银行卡清算业务市场即将向社会全面放开，券商发展支付业务将面临难得的发展机遇。

六是网络营销。通过微博、微信等现代信息和社交网络平台的海量信息，充分挖掘目标客户，拓展营销渠道，扩大潜在客户群。通过互联网平台进行证券、基金开户和销售各种类型的理财产品是未来互联网金融的重要发展方向。

七是网上证券发行。未来可通过网络直接公开发行证券募集资金。该种模式在国外已有先例，Google 在 IPO 时采用了在线荷兰式拍卖方法，而不是通常的投资银行路演和询价方式。未来可能的情景是股票、债券等的发行和交易在社交网络上进行。

总体上看，互联网金融将对证券行业现有的商业模式带来深刻的冲击与影响。信息技术和互联网技术在证券金融行业的广泛应用将有效降低资金供需双方在交易过程中的信息不对称，从而降低交易成本。同时，也意味着资金供需双方可以更方便地通过网络直接进行交易，降低了对中介机构的依赖，尤其是在中国这个以中低端散户为主的证券交易市场，对交易成本价格的敏感和对更加透明的交易信息的需求将使得互联网证券在中国的接受程度比在以机构投资者为主的欧美市场更高。今后，改变传统的商业模式、加快各项证券业务向“互联网＋”转型是国内券商迫切需要解决的问题。

三、互联网证券未来发展趋势

（一）业务模式将发生较大变化

互联网的核心优势在于解决了传统证券客户面临的区域化差异及信息不对称问题，使得客户可以通过网络非常容易地比较各家券商的服务内容及佣金水平，传统地区展业及佣金方面的管制将不复存在。我国佣金制度改革以来，证券行业的佣金费率一直呈现下降趋势，甚至一度出现“零佣金”现象。佣金费率的不断下滑对券商群体中比例最大的地方性中小券商冲击较大。一方面，这些券商在当地基本上处于垄断地位，佣金费率一直较高，有的甚至维持在 2‰以上；另一方面，这些券商过度依赖经纪业务，一旦经纪业务收入下降，将缺乏必要的业务收入来弥补损失。从全证券行业多年的经营情况来看，经纪业务长期是券商最主要的收入来源，“靠天吃饭”的局面一直没有得到有效解决。因此，加快推动互联网金融在经纪开户与交易、理财产品销售、资产管理等业务中的应用对于减少佣金价格战，改变券商传统的业务模式十分重要。

（二）证券行业将趋向差异化发展

在互联金融时代，我国券商的业务将更加丰富多彩，业务范围的扩大使长期困扰证券行业的“同质化竞争”问题得到逐步改变，券商可以根据自身的实际状况有选择地发展业务，因此，国内证券公司差异化发展的时代即将到来。比如，中小券商可以根据自己的资本实力、人才素质与客户资源情况，专注于对交易佣金敏感的中小投资者的细分，甚至还可以发展成为专注于社区服务的零售经纪商。而少数资金实力雄厚、研究服务能力较强、拥有高端客户资源的券商可以发展成为中国的高盛和美林。对于那些技术开发能力较强的券商可以尝试开发程序化交易软件，引导客户程序化交易，真正做到以智取胜。目前，国信证券与 Trade Station 公司正在开展这方面的合作。

（三）营销和服务模式将更加多元化和精准化

随着客户对互联网依赖度越来越高，其信息来源更加广泛，远远超出居住所在地的范围。证券公司传统的以区域性驻点证券经纪人为主的营销模式和基于当地物理网点的客户服务模式必然遭遇发展瓶颈，证券公司必须通过信息传播速度最快、客户最容易接受的互联网渠道为存量客户提供服务，并通过更多元化的渠道挖掘增量客户源。通过利用微博、微信、QQ 等社交网络平台，证券公司可以突破营销和服务的地域限制。同时，由于通过互联网传播的信息具有留痕的特征，证券公司利用先进的云计算和大数据挖掘技术对客户信息进行收集与分析，并将结果应用在产品营销和客户服务上，实现咨询服务的个性化和营销的精准化。

四、主要政策建议

（一）要从战略上高度重视互联网证券带来的发展机遇

目前，互联网金融正在深刻影响着现有金融行业的竞争格局，证券公司应当抓住互联网金融浪潮带来的重大历史机遇，从公司发展战略上高度重视互联网金融新技术和模式在各项业务发展中的运用。顺应互联网时代的发展趋势，积极主动地应用信息技术，借助互联网及互联网企业对传统证券业务模式和服务方式进行创新和流程再造。要积极推进主要证券业务通过互联网来完成，依托互联网提升服务效率、降低实体网点运营成本；同时，还要通过互联网平台向客户提供包括证券开户与交易、金融产品销售、理财与融资等一站式综合金融服务。要切实转变传统金融业务的经营理念，顺应互联网时代的商业逻辑，注重改善客户体验，以专业化、网络化和标准化的要求，加强网点渠道、网络金融平台和投资顾问队伍建设，强化网上网下有效结合，提升全方位营销服务能力，进一步提升证券业在非现场渠道的客户集聚能力。

（二）做好互联网金融平台的建设工作

信息技术平台的搭建对于证券公司未来互联网金融业务的发展至关重要。在搭建平台的过程中，需要考虑到四个方面的因素。首先，通过资本市场重要数据分析精准掌握用户需求，解决好需求端问题是开展互联网金融业务最重要的基础性业务。其次，考虑在产品、服务和用户体验方面做到极致，超越用户预期。再次，要高度重视最有价值的交易程序开发和应用，可以使投资者轻松赚钱。最后，要考虑用循序渐进的开发方法，在持续升级中完善和更新产品，使之与时俱进。

（三）借助互联网金融带来的历史性机遇，使传统经纪业务向财富管理转型

党的十八大报告中提出，要多渠道增加居民财产性收入。居民财产性收入不仅包括存款利息收入，更包括股票市场上的投资收益和资本利得。从全国居民的金融财产分布来看，银行储蓄占了绝大部分，证券公司今后可以有效借助互联网金融技术为更为广泛的投资者进行专业化理财服务，使居民能够得到更多的财产性收入。在这一过程中，券商必须开发出人性化的交易系统，能够简单理解和使用的自动化交易与理财软件服务将是未来财富管理的一项重要内容。

（四）要善于借助大数据的分析工具深度挖掘客户价值

互联网金融并非简单地把传统经纪业务搬到网上去，而是充分利用大数据功能来解决券商与用户之间信息的不对称问题。要以大数据、云计算基础平台作为支撑，建立证券公司大数据分析与应用平台，对客户交易行为数据、市场趋势数据、已有或潜在投融资合作企业数据进行深入挖掘分析，从而精准掌握客户的理财需求和其他投资需求。要在对大数据分析的基础上，对金融产品、服务模式、融资中介业务进行升级与创新。

（五）高度重视互联网金融的“长尾效应”

证券市场的长尾客户主要是那些自身金融资产量少，但是有理财需求的大量人群。在互联网金融时代，以前看似无足轻重的长尾客户将是金融行业的下一个蓝海，未来发展空间巨大。长期以来，我国金融服务行业比较注重机构客户与高端私人客户的发展，而对于资本市场上占绝大多数的中小投资者往往关注不够，这些投资者的资金总量巨大，“余额宝”在短时期的成功充分说明了这一点。今后，这些在以前常常不被重视的投资者的理财需求在互联网金融时代将会成为大多数券商的重要客户。

参考文献

[1] 王松柏，童楠：“证券行业互联网金融发展模式选择”［J］，《中国证券》，2014（09）：8—14。

[2] 谢平，邹传伟：“互联网金融模式研究”［J］，《金融研究》，2012（12）：11—22。

[3] 曾光：“互联网金融背景下的证券业创新”［J］，《互联网金融》，2014（01）：22—24。

[4] 林采宜：“互联网将如何改变证券业的商业模式”［C］，中国金融四十人论坛（北京），2013（09）。

[5] 李凯：“互联网金融商业模式、影响及证券行业应对策略研究”［R］，深圳证券交易所综合研究所，2014。

[6] 桂衍民，张欣然：“解码美国传奇网络券商：Trade Station”［J］，《证券时报》，2015 - 3 - 17（5）。

[7] 龚映清：“互联网金融对证券行业的影响与对策”［J］，《证券市场导报》，2013（11）：4—8。

[8] 胡吉祥："互联网金融对证券业的影响"[J]，《中国金融》，2013（16）：73—74。
[9] 杨建海："网络经纪商专题研究"[R]，安信证券（深圳），2013（03）。
[10] 范军利："国金证券佣金宝上线业界淡定对待零佣金"[OL]，财新网，2014-02-20。

传统证券公司开展互联网证券的组织问题分析

赵大晖　王晓艳　赵　玲*

一、问题的提出

互联网证券是通过互联网实现证券相关的交易、投资、融资、咨询、结算等业务活动的在线化。从本质上讲，互联网证券不同于证券业务从线下移到线上，而是利用大数据、云计算、社交网络和搜索引擎等互联网技术实现证券业务的一套完整的商业模式。

20 世纪 90 年代起，网络信息技术的普及为证券行业的信息化注入了强大力量，美国的 E-Trade、日本 Monex 集团的 Trade Station、韩国大信公司的网络经纪业务就是信息技术与证券交易结合的典型成功案例。21 世纪以后，随着互联网技术的飞速发展和金融混业的趋势日益明显，证券业务范围不断扩大，互联网证券突破了证券交易业务的范畴，扩展到与证券投资、融资等相关的多种业务和产品种类，如证券咨询社交平台、众筹平台、理财产品销售平台等。主导互联网证券的主体除了证券公司以外，还包括互联网企业、金融 IT 企业、证券投资咨询、金融产品销售公司等。

在“互联网 +”的国家战略推动下，在证券行业创新发展的潮流引导下，互联网证券实践已经蓬勃开展起来。互联网证券竞争范围目前已经从狭义的网上开户交易拓展到广义的证券金融服务。“互联网 +”的开放式特点，使得传统证券公司的竞争对手突破了行业管理壁垒，从多个角度介入证券行业。竞争业务范围逐步扩大和竞争对手多元化双重因素叠加，导致传统证券公司开展互联网证券面临着前所未有的复杂环境。传统证券公司如何选择恰当的组织方式拓展自身的互联网证券业务链，以及如何完善公司内部的组织创新，从而更好地开展互联网证券业务，是一个首要而紧迫的现实问题。

---

* 作者单位：中国民族证券。原载于《中国证券》2015 年第 8 期。

二、互联网证券的系统分析

（一）互联网证券的实践总结

搜集整理互联网证券的实践案例，将其归纳总结为以下几种类型：

1. 线下服务线上化型。证券行业多种参与主体将证券交易、金融产品销售、证券投资咨询等已有的线下服务通过电子商务平台转化为线上服务。例如，一些证券公司在自有电子商务网站上开展网上开户业务；有的第三方销售公司在自己的电子商务网站上实现基金产品销售；有的证券投资咨询公司将财富管理产品推至线上销售。线下服务线上化的程度，主要取决于线上业务前端是否与支付、登记托管结算等环节联通。

2. 门户网站导流型。证券公司通过与门户网站合作为自身电商网站引入新增客户流量。例如，国金证券与腾讯合作的目的之一就是希望引起新增客户对自身电子商务产生关注和需求，并进而实现交易和收益。

3. 社交媒体引入型。证券公司通过与社交媒体合作导引客户流进入自身业务体系。越来越多的财经网站开始涉足社交媒体，为投资者提供多种信息资讯服务，包括提供股评家的专业分析报告、各类财经资讯，甚至提供发表评论的平台、展示投资业绩。例如，中金公司与雪球网合作开设“私募工场”，吸引许多私募基金在中金公司开户交易；创立于 2010 年的美国 Motif Investing 网站，定位于“社交化选股平台”，证券交易产生的原动力来自网络社区的投资社交行为，以及对社区中记录良好投资者的交易行为的复制和跟随。

4. 战略联盟型。证券行业主体之间基于优势互补原则签署战略联盟，通过深层次的业务合作实现在互联网证券领域的共赢。例如，太平洋证券 2014 年 12 月发布公告称，其与京东旗下的网银在线（北京）科技公司签约，合力打造网银在线证券板块，双方合作将从证券账户、行情、资讯、三方支付、证券交易等多方面开展业务合作，合力设计开发互联网证券产品。东吴证券 2014 年 7 月 9 日公告称，公司与浙江核新同花顺网络信息股份有限公司签署了《战略合作协议书》，双方拟在互联网金融领域开展合作，双方合作范围及内容将涵盖互联网渠道、大数据服务和互联网信用平台三大模块。

5. 股权投资型。证券公司通过股权投资方式获得传统证券领域之外的新业务平台。例如，海通证券一方面建设“e 海通财”互联网金融品牌，旨在促进线上与线下业务协同发展，推动零售经纪业务转型。另一方面，海通证券从 2014 年 6 月开始，四次以股权投资方式拓展互联网证券版图：2014 年 6 月，海通证券通过旗下直投子公司海通开元投资了互联网金融超市“91 金融”；2014 年底，“91 金融”与海通证券线下营业部打通，实现 O2O 合作；2015 年 4 月，海通开元分别入股麦子金服和积木盒子，麦子金服将把入股资金用于大数据征信等领域布局，积木盒子则通过互联网搭建撮合债权方（如小贷公司、担保公司）与资金方的 P2P 平台；2015 年 5 月 7 日，海通创意资本投资爱有财平台，爱有财平台为用户提供知识交流、用户交互、产品测评、数据工具等服务，开展互联网证券业务。

6. 收购证券公司型。拟全面介入证券业务的主体，通过收购证券公司实现获取牌照和渠道的目的。东方财富曾主要提供基于互联网的基金第三方销售服务，2015 年拟收购同信证券 100% 股权，将有利于该公司抓住互联网金融行业蓬勃发展的历史机遇，进一步拓宽公司互联网财经金融服务大平台的服务范围，由互联网财经金融信息、数据服务和互联网基金第三方销售服务等，延伸至证券相关服务，进一步延伸和完善业务链条。

7. 专业平台型。证券行业主体将交易、投资、融资、支付、咨询等单一业务领域进行专业化的平台建设。至于选择在哪一个业务领域进行专业平台建设，主要取决于主体自身的优势和发展思路。如华宝证券打造的量化交易平台、天使汇推出的股权众筹平台等就是华宝证券和天使汇分别根据自身的专业优势而开发的专业平台。

8. 综合金融服务互联网化。证券公司将金融服务全面实现线上化。例如，国泰君安自身具有支付牌照、较为丰富的金融产品体系和广大的销售网点、较为雄厚的资金实力，因此凭借自身在金融服务方面的突出优势，独立建设综合金融服务互联网平台。该公司不是简单地将线下业务向线上进行平行迁移，也不是对现有平台和信息技术模块做简单整合，而是在“电子化—互联网化—移动化”趋势下，从执行层面对公司传统业务实施从销售渠道、业务功能、客户管理到平台升级的架构重塑及流程优化，架构符合互联网商业惯例和用户体验的综合金融服务体系。

（二）互联网证券的模型分析

互联网证券的实践形式多样化。本文围绕证券行业目前涉及的各种业务，兼顾互联网证券的生态开放性，剖析上述互联网证券案例，将丰富多样的互联网证券业务模式概括为互联网证券模式系统（见图 1）。

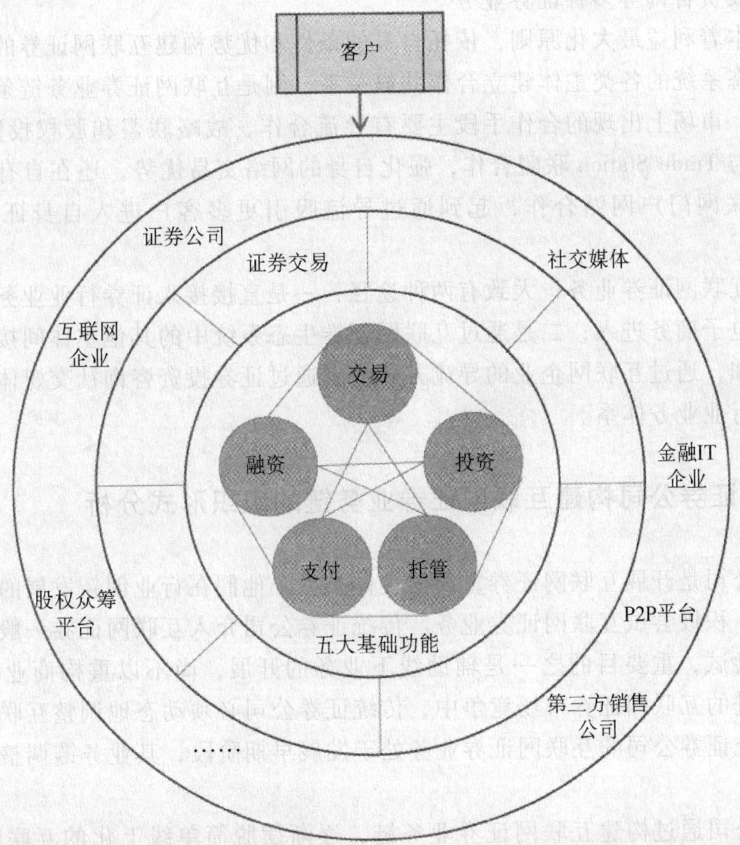

图 1　互联网证券业务的模式系统

1. 系统要素。系统要素分为功能要素、业务要素和主体要素。功能要素是指证券行业的五大基础功能。互联网证券的金融本质，决定了其运行不可脱离证券行业的基础功能而展开，业务的范围基本由交易、投资、融资、支付、托管结算五大功能决定，证券公司的互联网证券业务种类选择以自身基础功能建设完善为目标。业务要素是指主要的业务种类，包括交易、证券投资咨询、金融产品代销、股票质押回购、股权众筹、资产管理、P2P 等，其范围以监管部门的准入业务为边界。主体要素是指可以参与互联网证券的各类主体类型，包括证券公司、金融 IT 企业、社交媒体、互联网企业、支付平台、P2P 平台、第三方销售公司、股权众筹平台等种类。主体要素和业务要素围绕功能要素相互连接，构成互联网证券模式系统。

2. 系统结构。互联网证券生态系统由各类业务主体构成，它们通过独自、一般合作、战略联盟、合资合作等多种方式构成联系，并参与交易、证券投资咨询、金融产品代销、股票质押回购、股权众筹、资产管理、P2P 等证券行业的业务，从而达到建立或完善基础功能的目标，最终形成多种多样的互联网证券业务模式。

互联网证券不同的参与主体，根据自身优势介入互联网证券的一种或多种业务种类。例如，天使汇发挥自身在法务、治理结构设计辅导等融资服务方面的优势，借助互联网专注于发展股权众筹平台，帮助创业企业解决融资问题。国泰君安则主要依托于公司丰富的业务线和雄厚的资金实力，完全依靠自身力量打造综合金融服务电子商务平台，涉及交易、理财产品销售、证券投资咨询等多种证券业务。

各类主体本着利益最大化原则，依托自身的条件和优势构建互联网证券的业务链。而与互联网证券生态系统的各类主体建立合作共赢关系，则是互联网证券业务链条得到构建和延伸的重要手段。市场上出现的合作手段主要有导流合作、战略联盟和股权投资方式。例如，国信证券通过与 Trade Station 联盟合作，强化自身的网络交易优势，还在自有电子商务网站的基础上与互联网门户网站合作，起到通过导流吸引更多客户进入自身证券服务体系的作用。

客户接入互联网证券业务，大致有两种途径：一是直接接入证券行业业务体系，例如通过证券公司的电子商务进入；二是通过互联网证券生态系统中的其他主体间接接入证券行业业务体系，例如，通过互联网企业的导流方式或者通过证券投资咨询社交媒体的策略跟随等方式进入证券行业业务体系。

三、传统证券公司构建互联网证券业务链的组织形式分析

传统证券公司是开展互联网证券重要的主体类型。他们在行业创新发展的政策引导和市场竞争压力下，积极尝试互联网证券业务。传统证券公司介入互联网证券一般从线下业务简单线上化开始尝试，重要目的之一是辅助线下业务的开展，尚不以重构商业模式为主要目的。在持续推进的互联网证券市场竞争中，传统证券公司必须动态地调整互联网证券的业务链。目前，传统证券公司的互联网证券业务处于发展早期阶段，其业务链调整主要表现为构建过程。

传统证券公司通过构建互联网证券业务链，逐渐摆脱简单线上化的互联网证券初级阶段，建立新的商业模式，包括挖掘新的价值来源、引进新的利益主体、构建新的利益分配关

系等内容。提升客户体验和提供新的证券服务是互联网证券重要的价值来源。例如，通过与第三方支付公司合作，证券公司将理财账户服务扩展到 7×24 小时，大大提高了客户投资理财的便捷性，显著改善了客户体验，创造了新的价值。

围绕挖掘新的价值来源目标，有的传统证券公司根据自身条件，通过一般合作、战略联盟、股权投资等方式，与互联网证券生态系统中其他主体开展层次深浅不一的合作；有的传统证券公司则依托于自身单一业务领域的绝对优势或者突出的综合实力，完全通过自建的方式，挖掘新的价值来源。传统证券公司综合运用上述这些方式达到构建互联网证券业务链的目标，例如，海通证券不仅自建“e 海通财”，还直接以股权投资于“91 金融”等其他互联网证券平台。

综上所述，在构建互联网证券业务链的过程中，传统证券公司大致有线下业务简单线上化、合作建设、自建三大类模式，其中合作建设又包括一般合作、战略联盟、股权合作等多种合作层次不同的方式。本文将其按照从简单到复杂、所需条件从低到高的顺序总结出 10 个小类。各类模式所需的条件见表 1。

四、传统证券公司开展互联网证券的组织相关问题

从 2013 年非现场开户的推广开始，传统证券公司逐步具备了开展全面电子商务的条件，一些证券公司开始尝试互联网证券。但整体而言，传统证券公司开展互联网证券的步伐还相对缓慢，究其原因，在于证券公司在业务选择、产品化、信息化、风险管理等方面有着自身难以逾越的局限性。

（一）业务链拓展模式存在困惑之处

我国证券行业在 2012 年创新大会召开以来，新业务、新产品、新市场不断涌现，特别是移动信息技术和由其引发的互联网商业模式可谓日新月异。传统证券公司在政策引导下和“互联网 +”浪潮的席卷下，有积极参与互联网证券的愿望，但也常常感到困惑。首先，对于互联网证券金融本质的认识还不够清楚，面对纷至沓来的互联网证券信息难以把握其发生和发展的主线；其次，不明晰互联网证券业务链的拓展方向，也不清楚应该选择哪种方式与哪类潜在伙伴的合作构建互联网证券业务链。

（二）以客户为中心的实践尚有不足

传统证券公司的业务条线按照业务牌照的种类划分，即遵循以产品为中心的管理思想。这导致传统证券公司在产品体系规划、建设和客户响应速度方面，仍然与典型的互联网金融公司存在较大差距。原因有三点：一是传统证券公司的价值观一直缺乏实践标准，满足客户需求为最高目标这一点往往在实践中很难实现，更可能选择当期自身效益最大化目标；二是协同机制中的价值评价受到诸多因素影响，有时不完全与协同效果有关，导致业务协同行为不够积极；三是传统证券公司的文化往往强调执行力，即尊重已有的规则和流程，这必然会导致文化中缺少容错理念，员工对互联网证券创新性的工作畏首畏尾、顾虑重重。而这些在最终的客户体验上就必然表现出供给有限或者需求满足的时滞较长。

表 1 传统证券公司构建互联网证券业务链的模式分析

模式种类	模式一级细分	模式二级细分	证券公司需要具备的主要条件	案例借鉴
线下业务简单线上化	—	—	若仅以辅助线下业务为目标，则门槛较低，无须重构电子商务的商业模式	许多证券公司自有电子商务网站
合建互联网证券	一般合作	与门户网站导流合作	双方同意即可，门槛较低	国金与腾讯
		与社交媒体导流合作	证券公司具有资产托管资格	中金与雪球
	战略联盟	与金融 IT 公司合作	业务牌照全面，但是业务能力、资金实力和 IT 技术力量相对较弱，缺少电子商务经验和团队	东吴与同花顺、国信证券与海外 Trade Station
		与互联网企业合作	业务牌照全面，但是业务能力、资金实力和 IT 技术力量相对较弱，缺少电子商务经验和团队	太平洋与京东
	股权合作	股权投资于互联网企业	资金实力较强，战略意图明确。在体外培育新的增长点，项目成熟后将与自身电子商务互补成为更加强大的业务体系	海通投资于“91 金融”超市
		风险投资于互联网企业	资金实力较强，战略意图明确。在体外培育新的增长点，项目成熟后将与自身电子商务互补成为更加强大的业务体系	海通投资于麦子金服和积木盒子
	一体化	向互联网企业出售股权	具有业务牌照，但严重缺乏网点优势，综合优势不明显。战略意图为借助互联网证券实现“弯道超车”	同信向东方财富出售股权
自建互联网证券	单业务平台	—	自身在某一个细分业务领域具有绝对优势	华宝证券量化交易平台
	综合金融服务平台	—	资金、牌照、网点、客户、产品体系、IT 技术团队等方面具有较为强大的综合实力	国泰君安、海通证券

（三）互联网化产品能力相对有限

传统证券公司由于长期倚重于交易通道模式谋求生存，对于客户全方位金融需求的关注不够、对于长尾市场的特点估计不足。虽然近几年证券行业创新发展取得了显著成果，新的金融产品层出不穷，但是对于一些传统证券公司来说，金融产品的能力体系建设缺少紧迫感，导致证券公司在金融产品体系建设上缺少长远规划和目标，相应人才的数量和结构欠缺。发展互联网证券过程中，金融产品的设计、管理能力相对不足，导致产品的种类与客户需求之间的差距充分暴露出来。

（四）信息化程度有待提高

信息化程度不足主要表现为缺少一体化信息平台。传统证券公司各业务条线相对独立，客户需求和业务处理也就被业务条线割裂到各个独立的业务单元，导致证券公司缺少对客户需求全面、完整的梳理，缺少围绕客户完整需求信息而进行的产品体系建设、整合以及业务流程的全面重构，在信息化方面表现为缺少一体化的信息平台。没有一体化的信息平台，业务流程就不能实现数据化，传统证券公司就失去了建设全面互联网证券的基础。

（五）互联网证券风险管理人才缺乏

传统证券公司缺少互联网证券人才是很大的风险隐患。首先，传统证券公司领导层对互联网证券的商业模式、运营规律、管理特点的理解程度与实践深度，尚与互联网证券的要求有一定差距，容易导致互联网证券决策风险；其次，证券公司的专业人才目前主要是金融人才，缺乏互联网金融的需求分析、产品开发、运营管理人才，容易导致互联网证券运营风险；最后，互联网证券的长尾特点对流动性风险管理要求较高。互联网证券导入的将是大量的小额投资客户，一旦出现影响证券公司信誉和评级的风险事件，可能发生集中兑付，流动性风险将随之而来。

五、对传统证券公司开展互联网证券的组织创新建议

（一）选择合适的业务链组织模式

传统证券公司进行互联网业务组织模式的选择，除了要评估自身战略需要和认清自身优势外，还要考虑组织变革的难度。如果互联网证券需要进行深层次商业模式创新，仅仅采取线下业务初步线上化和从门户网站导流，恐怕是远远不够的。

采用战略联盟、股权投资方式，相当于在传统证券公司现有业务体系之外的新增组织中实行互联网证券业务。其好处是，与原有传统体系隔离开，在增量中运用互联网证券思维和扁平化组织模式，减少了来自传统组织中的压力，也能较好地进行风险隔离。但是需要传统证券公司配置充分的资源，如果传统证券公司母体投入不足或出现运营困难，合作则可能面临停摆的困境。

一体化合作以及自建互联网证券的单业务平台、综合金融服务平台，则是在传统证券公司组织内部打造互联网证券，面临的来自传统组织方式的压力会比较大，风险隔离难度较大。但在存量中培育互联网证券，能够集中公司资源开展该业务，一旦成功，公司就彻底实现互联网化转型。

各类模式组织变革难度见表2。

（二）围绕提升客户体验加强协同机制建设

首先，突破原有直线职能模式的组织方式，形成矩阵式的组织方式。成员接受纵横两个方向的领导，从而形成有效率的合作。设立某种专业项目或者某种产品的工作小组也是一种灵活的组织方式，小组成员除了接受直线职能式的领导，也要接受工作小组的领导。其次，

表 2　　传统证券公司构建互联网证券业务链不同模式及其组织变革难度

模式种类	模式一级细分	模式二级细分	组织变革难度
线下业务简单线上化	—	—	*
合建互联网证券	一般合作	与门户网站导流合作	* *
		与社交媒体导流合作	* *
	战略联盟	与金融 IT 公司合作	* * *
		与互联网企业合作	* * *
	股权合作	股权投资于互联网企业	* * *
		风险投资于互联网企业	* * *
	一体化	向互联网企业出售股权	* * * *
自建互联网证券	单业务平台	—	* * * * *
	综合金融服务平台	—	* * * * *

注：* 代表组织变革的难度，5 个 * 代表难度最大。

在考核机制上，应划分出相当的考核权重，引导传统部门关注互联网证券业务。再次，消除职能割据，依据互联网证券运行内在要求优化和建立新的业务流程。在流程建设的基础上，将业务处理和考核信息化、直观化。最后，给信息技术人员更多的话语权，以便在建立新的互联网证券业务流程中能够主导流程的梳理和重构。

（三）加强互联网化人才队伍培养

首先，领导层要加深学习和理解互联网证券管理特点，尤其是管理层次的“扁平化”特点和投入产出曲线前期的“烧钱”特点；领导要理解业务互联网化可能带来的公司内部局部的思想和利益分歧，在分歧中保持平衡并发挥正确的引导作用，切实支持业务互联网化；领导层的构成中要补充互联网方面的专业人才，内部选拔培养的互联网化管理人才可能比外部引进有更好的效果。其次，在中层和基层骨干人才招聘中，适度考虑引进具有互联网企业工作经验的人才，包括电商需求分析、金融产品设计、电商运维等岗位专业人才。最后，围绕全面风险管理体系的建设引进优秀的风险管理人才。互联网证券的长尾特点往往导致风险程度被“羊群效应”放大，特别是如果杠杆类产品遭遇风险事件，流动性风险会更加突出，因此，要特别加强风险管理队伍的建设。

参考文献

［1］马化腾等著：《互联网 +：国家战略行动路线图》［M］，中信出版社 2015 年版，第 302—306 页。

［2］王吉斌，彭盾著：《互联网 +：传统企业的自我颠覆、组织重构、管理进化与互联网转型》［M］，机械工业出版社 2015 年版，第 56—76 页。

证券公司利用互联网发展普惠金融业务研究
——基于DAS普惠金融产品体系四维设计

国信证券股份有限公司*

一、引言

（一）问题的提出

受金融市场固有的信息不对称和牌照垄断限制等因素的影响，加之我国金融市场化进程尚未完成，中小企业融资困难，投融资服务在低净值客户人群中渗透率低下已经成为困扰我国金融体系助力实体经济转型换挡的瓶颈性因素。尤其是资本市场金融服务由于风险属性强、准入门槛高等限制，其产品服务覆盖面尤其不足。这也使得通过大力发展直接融资市场、提高资产证券化水平，进而降低全社会融资杠杆率、优化我国金融业态结构等金融改革关键目标难以落地。较之于欧美已进入后工业化时代的发达国家，我国资产证券化比重、资本市场的融资功能发挥程度等关键指标存在较大差距。随着我国人口红利拐点的加速临近，我国必须通过大力发展创新型产业和市场化程度更高、经营机制更加灵活的非公有制企业来寻找新的经济增长支撑点。但是传统间接融资系统由于其固有的资产期限错配属性，使其在价值发现、风险定价等关键环节无法有效对接创新型产业和小微非公产业的融资需求，“金融抑制”和“金融排斥”的痼疾难以得到根本解决。

对于证券公司而言，长期以来专注于高净值客户服务策略使得各家机构目标市场定位重合，同质化竞争日趋严重，传统业务的行业平均利润率日趋下滑，证券行业在整个宏观金融生态体系中的比重和影响较之于银行等间接融资渠道日渐下滑。通过挖掘小微金融服务市场，提高产品服务渗透率，是证券公司做大做强证券行业、应对“全牌照时代”混业与跨

---

* 小组成员：何诚颖，贺东伟，陈海荣，徐向阳，刘英，陈东胜，林建武，史占中。原载于《中国证券》2015年第9期。

界竞争压力的重要方向。

互联网时代的到来，去中心化、去渠道化的创新技术手段不断推出，降低小微企业融资的服务成本和风控成本的技术基础条件已经初步形成，证券公司利用互联网金融技术开展真正具有风险定价核心内核的普惠金融业务、提供低成本高效率金融服务的条件已经具备。但是从我国证券类业务创新现状来看，各类业务都带有显著的强风险偏好，尤其是当互联网等新兴技术与金融创新结合时，风险监管预判难度加大，往往会带来更大的风险隐患。特别是HOMS系统等带有跨界资源错配能力的新型业务产品出现后，在互联网媒介的高速传播作用下，风险隐患会迅速由局部向系统扩散，形成系统性风险隐患。与此同时，我国互联网金融业务缺乏大量金融创新内核，有的甚至缺乏起码的风险定价能力。大量地下高利贷业务纷纷打着互联网金融的旗号，以P2P、网络众筹等伪互联网金融形式开始野蛮生长，不仅没有有效降低社会融资成本，没有降低中小企业和边缘人群的“金融排斥”程度，反而带来系统性风险隐患。

结合互联网金融的功能优势，并结合证券公司在互联网资产证券化和资产定价领域的优势，开发具有风险可控、盈利平衡的创新业务，已经成为证券公司稳定市场、为市场提供可持续增长保障的重要任务。

（二）投行发展普惠金融创新路径模式——基于文献的解读

普惠金融问题的研究远远落后于普惠金融业务创新的开展，直到20世纪90年代，这一问题才开始被学术界关注。学术界普遍认为，普惠金融和金融排斥是一个问题的正反两个方面。一般理论认为，金融排斥是指银行关闭其分支机构从而导致群众对银行服务的可获得性降低（Leyshon，Thrift，1996），导致普惠金融的产生。受种种原因影响，当前大多数人无法享受到银行提供的金融服务，美国应用行业曾经发生过“画红线”拒绝提供贷款的具有历史代表性的金融排斥案件。从20世纪90年代开始，越来越多的经济学专家和学者开始关注社会中无法获得银行正规金融服务的群体以及金融排斥情况。世界银行2012年调查结果显示，当前世界约有27亿成年人无法享受银行提供的正规金融服务。国外最早的关于普惠金融的研究起源于20世纪70年代。随着研究的不断深入，越来越多有关普惠金融的研究成果和发现被提出。国内关于普惠金融的研究开始于2006年，国内学者焦瑾璞于2006年最早提出普惠金融理论。相比西方国家，我国关于普惠金融领域的相关研究起步较晚。

普惠金融的初始研究大多从货币信贷视角出发展开。Mitra（2009）认为，普惠金融机构当前净盈利率较高，这与建立普惠金融来帮助弱势群体享受平等金融服务的初衷相违背，应该下调贷款利率。Sodokin和Adonsou（2010）认为，传统商业银行与普惠金融机构合作经营的经济效益要大于普惠金融机构的独立运营，因此，在发展普惠金融的同时要充分发挥传统商业银行在其中的作用，因为传统商业银行在金融市场中拥有较长的发展历史，其拥有稳定的资金来源和高素质的管理团队。Battilana和Ddorado（2010）认为，通过雇佣和社会化政策能够迅速让普惠金融机构在金融市场中稳定运营，获得群众的认同。Hamada（2010）认为，发展普惠金融机构需要有保证的稳定运营和稳定的资金来源，而商业化是解决普惠金融机构资金获取困难的主要渠道。

随着互联网金融的兴起，普惠金融在互联网平台的实现路径与业务特征也是另一个研究热点。在普惠金融的互联网模式研究方面，一方面，互联网金融和普惠金融在特征及内容上具有一定程度的统一性。例如在2012年，谢平和邹传伟（2012）认为互联网相关的金融服务扩宽了交易的范围，为很多不能享受传统金融服务的人群提供服务，这就是所谓的“长尾”特征。不仅仅是“长尾效应”，王金龙和乔成云（2014）等还认为互联网金融带动了“鲶鱼效应”及“马太效应”的发展，大大促进了普惠金融的进行。至于互联网金融推动普惠金融发展的途径，戴东红（2014）认为与互联网相关的金融促进金融发展的方式是多种多样的，其更多是在获得信贷服务的小微企业的数量增加中体现，并且促进了小微企业相互之间进行相应的融资服务。与上述观点不同的是，邱峰（2014）认为其普惠性主要在经营方式上体现，与传统的经营理念不同，现今不仅发挥了信息中介的作用，还具有贷款、信用增级及担保等各种效能，体现了一定的普惠性。而王海军、王念和戴冠（2014）的观点又与上述不尽相同，他们认为互联网金融在一定方面为普惠金融的发展起到了促进作用，主要包括理财产品、小额度的信贷、投资渠道等方式。

正如前文分析指出，证券公司在普惠金融领域的业务模式创新一直以来并没有被直接关注。但是证券公司大量的业务转型与创新路径却是沿着与普惠金融业务相一致的方向在进行。N. Jordan（2010）指出，作为传统券商而言，经纪通道的价值在不断降低，衍生价值与财富管理模式才是未来的发展方向。刘运哲（2010）通过对北美证券市场经纪业务“佣金革命”后各家证券机构的业务转型路径进行分析，总结出证券公司应对低费用竞争的几个关键路径，其中最主要的就是借鉴Edward Jones、嘉信等社区券商经营模式，深度挖掘原有被忽略的边缘市场潜力。焦瑾璞（2014）指出，最近几年国际金融机构已经开始着眼于“宽内涵”、“全方位”的普惠金融体系建设，涉及包括证券在内的存款、结算、养老、医疗、证券市场等多个领域。李梅（2015）表示，互联网普惠金融业务的创新一定要以客户为中心，坚持从客户的投融资需求出发，保持和真正意义上的“普惠”理念一致，其目的是让客户能够从“互联网+证券”的创新融合中分享收益。通过互联网改造证券公司的经营方式和业务形态，以此来建立适用于互联网时代的综合金融服务体系，更好地拓展证券公司互联网普惠金融业务。

总的来看，国内外关于证券公司以及资本市场如何开展普惠金融业务的研究存在以下几个方面的不足。第一，国内研究大多侧重于理论和分析，缺少业务操作模式分析，特别是兼顾普惠金融业务风险控制与盈利性平衡实现的方案设计较少。第二，国内研究缺乏适应中国普惠金融环境的产品模式设计，大多数集中于对外国相关模式的分析借鉴。第三，国内外相关文献都是侧重银行信贷业务多，针对证券公司的非常少，特别是对于中国这种金融市场化、资产证券化、融资直接化等数个金融创新阶段同时并行的特殊国情，缺乏信贷业务向直接融资业务转化的路径设计。

针对现有研究成果中存在的不足，本文首先在对现有国内主要普惠金融业务模式的分析基础上，总结其他普惠金融业务模式的优势与不足，特别是在业务模式设计、盈利与风险平衡机制等关键问题上通过深入研究，寻找可借鉴的经验，为国内证券公司发展普惠金融业务提供创新思路和借鉴。

二、国外投行发展普惠金融的内在逻辑与创新路径

从欧美发达国家的经验和金融业的演进历史来看，普惠金融并没有超出一般金融业务的

核心特征，其实质依然是通过金融技术手段创新、业务模式完善来解决金融市场信息不对称这一根本问题，以及由此导致的资源供需匹配阻滞、风险偏好不均衡以及信息获取障碍等一系列瓶颈问题。事实上这一问题也是传统金融市场面临的问题，不同的是由于普惠金融目标客户带来的风控成本和业务建设成本更高，对业务创新、风控管理、盈利挖掘能力提出了更高的要求。

目前国际上通行的小微普惠信贷业务事实上仅仅是普惠金融的初级阶段，无论是从业务模式的创新程度上，还是从可推广可复制性上来看，以孟加拉格拉珉银行、印尼人民银行等为代表的小微信贷业务更多的是从局部业务组织创新来克服普惠金融的风险属性和成本瓶颈，但是微观业务形式创新明显缺乏风险信息这一金融创新核心内核，同时技术背景都相对落后，因此并不能完全代表普惠金融的未来方向。

本文认为，金融创新的业务中枢依然在直接融资领域，同金融业发展的历史轨迹相似，普惠金融的发展路径也将沿着由间接融资业务向直接融资业务转换的路径发展。与欧美发达国家的金融创新和业务推广的主力是由大批投行机构构成的情况类似，普惠金融的未来业务突破也将在投行中出现。

（一）普惠金融业务的核心特征与业务设计要求

如图 1 所示，普惠金融的核心特征包含三个维度，即高风险、高成本、高门槛。其中，高风险是其中最重要的基础性特征。传统金融业务模式中，由于风险定价和风险控制手段的局限以及技术背景的落后，造成金融信息传播在低净值群体和小微企业群体中传播效率和获取效率较低，进而使得相应的风控成本和渠道成本急剧增加，为了对冲成本增加的后果，则必须相应提升业务使用门槛，进一步使得“金融排斥”和“金融压抑”的程度加深。

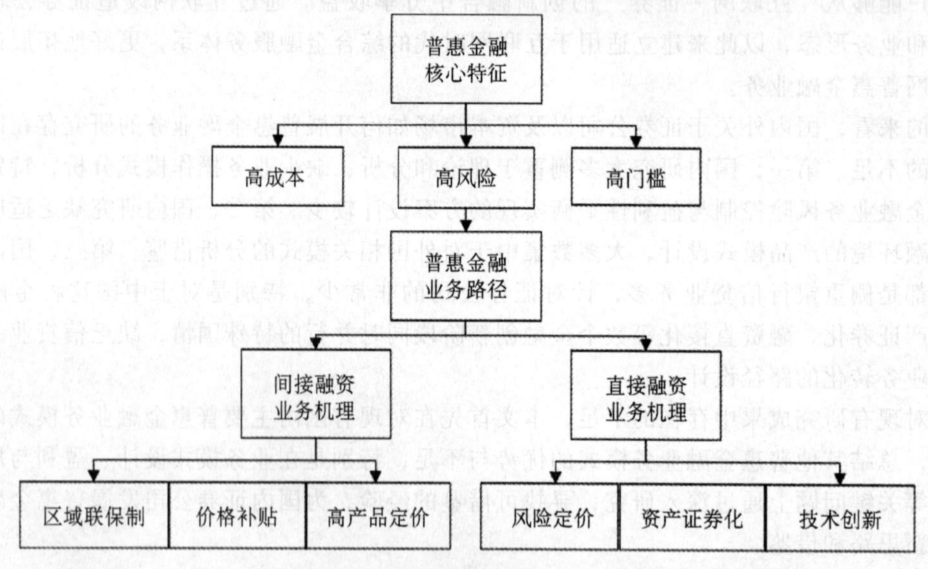

图 1　普惠金融的核心特征与业务逻辑

目前国际通行的普惠金融业务形式是小微信贷类业务和部分渠道普及型服务，但是这类服务距离彻底解决普惠金融的根本瓶颈还有巨大的差距。例如著名的孟加拉格拉珉银行为解决贫困人口小微贷款困难的问题，设计了一系列微观业务架构，但其核心是由贷款人组织成立联保机制，同时参与联保组织的贷款人还需要投入一定数量的保证金作为风险基金。从经营情况来看，取得了一定的成绩，但是局限性也十分明显。联保制作为一种风险控制形式，并不代表业务创新方向，其实质是以人口和资源固化带来的稳定性来降低风险；同时，这种联保制的组织规模范围是有上限的，很难大范围拓展。更要考虑的是，这种联保制缺乏市场风险分析预判能力，也缺乏外部风险对冲手段。一旦风险爆发，很容易造成严重的道德风险隐患，即“先违约先得利”的囚徒困境。因此，此类直接融资业务创新并不能成为普惠金融未来的创新方向。事实上，格拉珉银行在创立发展的过程中，也遭受了大量的冲击，如果没有外部资源的补贴性扶持很难坚持到今天。

正是因为间接融资型业务存在上述不足，本文认为以投行和证券公司为主体的直接融资业务路径及其业务创新可能是普惠金融的未来方向。

首先，普惠金融的投融资项目具有较高的风险性，而银行类信贷业务的首要风险评级手段就是通过对项目的收益与风险的历史稳健性进行考察。普惠金融项目大都带有一定的风险投资特征，尤其缺乏历史稳健性指标数据，回报周期较长，回报收益率以及波动性不稳定，缺乏标准化特征，只有借助投行的项目投资模式才能够准确地对其风险特征进行准确定价，并在不降低资源项目流动性的情况下提供融资服务。

其次，除了借助风险投资类项目经验来控制项目风险，还需要多元化的金融创新来对冲转移风险，特别是利用资产证券化等手段将风险产品化，实现更大范围内的市场风险匹配。

最后，投行也是互联网金融创新技术的重要前沿。互联网金融的出现使得信息不对称的瓶颈被解决成为可能。从美国等发达国家的经验来看，投行类服务不仅是金融技术创新的中枢，也是互联网技术、数据分析技术以及大数据分析技术在金融领域创新的前沿。大量的智能服务、普惠信息服务都首先出现在证券投资和服务领域，并已经形成了相当成熟的业务模式。

（二）海外投行发展普惠金融的路径机理分析

在通常概念中，普惠金融大多存在于低收入国家、发展中国家等相对落后地区，在欧美发达国家并不存在普惠金融领域的业务创新。但是金融市场信息不对称在欧美国家同样普遍存在，所不同的是他们通过有效的金融创新等手段比较好地解决了这一问题。欧美发达国家繁荣的背后恰恰是由于其发达的普惠金融创新，使得金融资源匹配瓶颈被打破。在这一过程中，投行机构起到了至关重要的作用。以美国为代表的海外投行发展普惠金融的业务逻辑大多沿着以下三条主线展开：

1. 风险投资业务逻辑。不同于小微信贷业务通过高定价来转嫁风险，风险投资的核心在于项目成长价值的分享机制。海外投行参与风投项目的业务逻辑大都是围绕项目成长价值构建成熟的项目孵化、培育机制，通过提高项目的成功率来降低项目操作风险。同时，随着项目的成长，再根据项目的行业属性特征提供信息服务、公司治理服务以及后期金融服务，进一步提升项目价值回报率，尽可能扩大项目池范围，积累成功率。

美国小微创新的发达与发达的风险投资市场密切相关，1995—2014 年美国风险投资金额和项目分别增长了 527.42%、132.58%，对于传统高门槛间接融资渠道是一个有力补充。尽管美国的风险投资项目大多呈现出高新技术产业特征，但是其业务逻辑与普惠金融事实上是一致的，即以专业风投经验背景摆脱历史数据依赖并克服信息瓶颈，以治理结构参与避免道德风险，以分散投资，防止系统性风险（见图 2）。

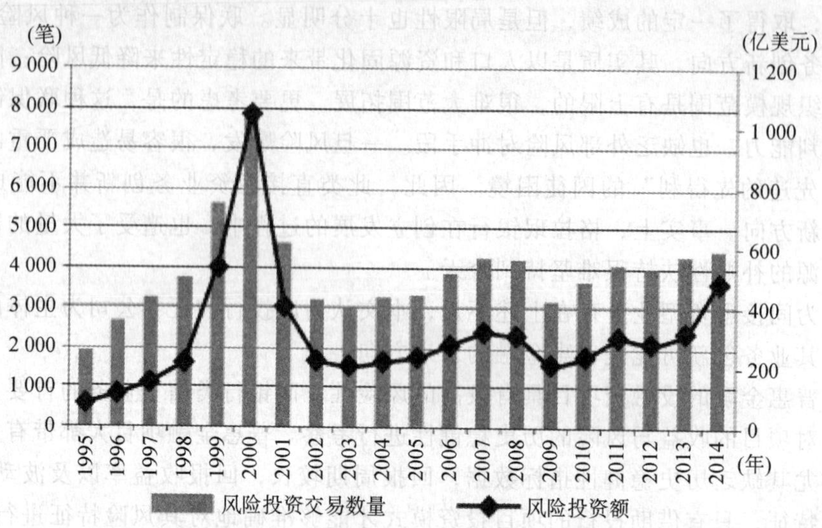

图 2 1995—2014 年美国风险投资金额与项目数量

资料来源：根据 Wind 整理。

2. 资产证券化业务逻辑。直接融资天然具有的不确定性也随之带来了风险隐患，强大而完善的风险定价和风险资产证券化业务体系是对冲直接融资项目风险最有效的手段，也是金融行业最根本的价值内核。尽管小微投融资项目具有不同的个别特征，但是资产证券化和风险定价业务却具有相对统一的技术标准，使之能够成为建立可复制、可扩散的普惠金融融资业务的根本保证。在金融危机或行业危机爆发的系统性风险冲击下，以资产证券化为基础的直接融资市场往往会表现出更强大的行业修复和市场修复能力。

发展普惠金融的根本目标是消除金融市场的资源分布不均衡，优化社会资源配置结构，并最终实现国民经济健康发展。美国资产证券化比重与国民经济呈现出显著的正相关性，即使遭遇了 2000 年互联网泡沫破灭危机与 2008 年次贷危机的系统性打击，美国经济向上的趋势都没有遭遇根本逆转（见图 3）。银行业不良贷款率在 2009 年达到 5% 高峰后迅速回落，截至 2014 年仅为 1.98%，这与美国风险投资最为密集的信息产业资产证券化带来的风险对冲作用功不可没。特别是受到 2000 年互联网泡沫打击最大的信息产业和受打击最直接的房地产行业，都在危机出现后迅速走出了低谷，恢复了增长势头，进一步显示了以资产证券化为基础的资本市场强大的行业修复能力（见图 4）。这种行业修复能力同时也是小微银行所缺乏的。

3. 信息技术创新业务逻辑。除了信息不对称门槛，直接投融资市场最大的门槛在于渠道门槛，包括证券行业在内的传统金融行业最重要的接入场景就是渠道。海外投行在降低渠道门槛、推行证券类普惠金融服务方面做出了积极尝试（见图 5），并分别在物理渠道时代、网络渠道时代以及智能渠道时代发展出不同的典型模式。

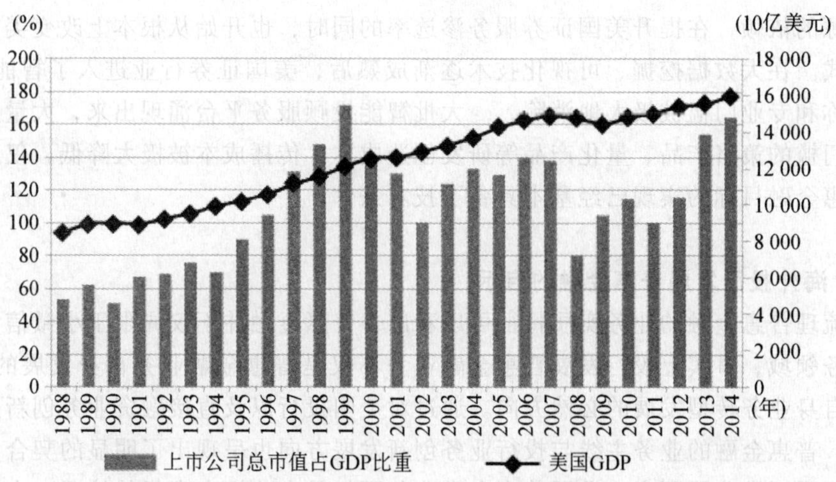

图3 1988—2014年美国上市公司市值占GDP比重

资料来源：根据Wind整理。

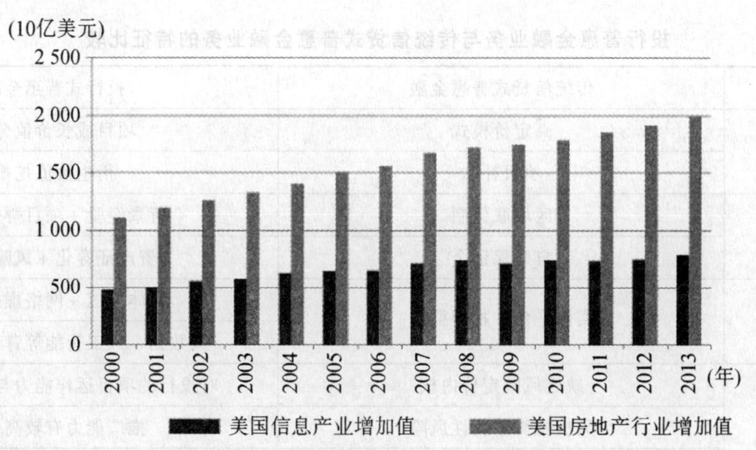

图4 2000—2013年美国信息产业、房地产行业增加值

资料来源：根据Wind整理。

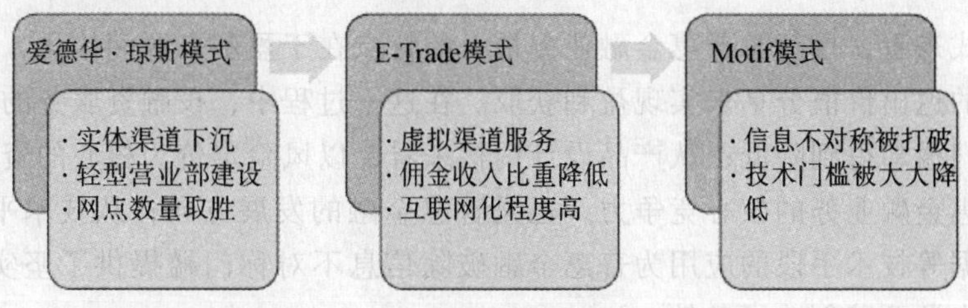

图5 美国投行普惠投融资服务业务模式与技术演进

在物理渠道时代，最具有代表性的普惠金融服务模式是爱德华·琼斯模式，即以低成本的轻型网点渠道建设大幅提升服务渗透率，不断扩大网点数量，并最终建立起网络化服务体系，系统性削减成本。E－Trade模式则是在互联网时代到来后，以互联网作为虚拟渠道基础，大幅降低经纪业务等传统业务服务成本，并同时开发出新的盈利模式，降低对佣金等传

统收入来源的依赖，在提升美国证券服务渗透率的同时，也开始从根本上改变美国投行的盈利生态模式。在大数据挖掘、可视化技术逐渐成熟后，美国证券行业进入了智能渠道时代，信息不对称和专业门槛被极大地消除，一大批智能投顾服务平台涌现出来，大量原本具有极高专业化门槛的策略产品、量化产品等研发创造成本、传播成本被极大降低，仅从投顾服务而言，普惠金融目标的实现已经基本具备了技术条件。

（三）海外投行发展普惠金融的启示

通过梳理普惠金融的业务实质特征可以看出，普惠金融并不仅局限于小微信贷等传统间接融资业务领域，事实上投行发展普惠金融业务不仅是普惠金融业务自身发展的演进趋势，也是投行自身业务转型发展的必然方向。通过对美国投行以及直接融资业务创新的演进脉络可以看出，普惠金融的业务主线与投行业务创新发展方向也呈现出了明显的契合。

对于我国证券公司而言，发展普惠金融业务不仅是企业社会责任的体现，也是借鉴美国先进投行经验实现业务转型的重要方向。从盈利模式设计到风险控制手段创新，海外投行的普惠金融类业务创新也为国内证券公司发展类似业务提供了重要借鉴（见表 1）。

表 1　投行普惠金融业务与传统信贷式普惠金融业务的特征比较

	传统信贷式普惠金融	投行式普惠金融
盈利模式	高定价模式	项目成长价值分享
	项目补贴	衍生价值挖掘
风险控制机制	区域联保制	背景经验 + 项目孵化经验
	自建保证金	资产证券化 + 风险定价
业务平台模式	实体平台 + 物理渠道	实体渠道 + 网络虚拟渠道
		大数据、人工智能等背景技术支撑
主要缺陷与不足	缺乏风险定价内核	对投行的项目运作能力与新技术研发
	无法抵御系统性风险	推广能力有较高要求
	盈利手段单一	对资本市场基础制度环境有较高要求
	模式大规模难以复制推广	

从盈利模式来看，投行类普惠金融业务最大的特点在于盈利来源间接化，即通过投资项目孵化完成后的退出价值分享来实现盈利获取。在这一过程中，投融资服务的价格并没有提高，融资服务门槛却得到降低；从产品设计内核来看，以风险定价为核心的资产证券化依然是投行发展普惠金融业务的核心竞争力，也是普惠金融的发展方向；从技术平台搭建来看，互联网、大数据等技术手段的应用为普惠金融破除信息不对称门槛提供了坚实的技术基础，也为新的盈利来源开辟创造了条件。

三、我国证券公司发展普惠金融业务内在机理和典型案例

从广义的角度来讲，整个投融资服务、信息咨询服务、降低投融资服务门槛、打破信息不对称的服务都是普惠金融，都是整体金融服务的范围，而且这个内涵对于证券公司而言赋

予了更多的意义。自互联网金融兴起以来，证券公司已经开展普惠金融且发展比较快，相比较银行，证券公司有其特有的优势。随着互联网和其相关监管制度的发展，一旦证券公司打破准入门槛、成本门槛，证券公司在普惠金融业务上比银行更加有优势。

（一）我国证券公司发展普惠金融业务模式的演进

在我国，证券公司是伴随着经济体制的市场化和证券市场的发展而产生和发展的。回顾我国证券公司20多年的发展历程，可以分为四个阶段。

第一阶段是证券公司普惠金融基础环境完善阶段（1985—1998年）。这个阶段对于证券公司来说属于证券市场基础环境建设完善阶段，主要工作是普及证券投资知识，初步培育一批相对成熟的证券投资者，建立基础交易规则等。但由于当时市场不成熟，交易规则和投资规范比较混乱，体系不健全，导致资本市场的投融资和服务功能没有得到很好体现。

第二阶段是证券公司普惠金融业务完善阶段（1998—2005年）。1998年《证券法》的颁布使证券业发展得到充分规范，投资渗透率极大提高，证券市场火热的环境也吸引了大量的公司纷纷选择挂牌上市，融资功能开始得到体现。同时，证券市场制度上的缺陷却暴露出潜在的风险隐患。

第三阶段是证券公司普惠金融制度基础完善阶段（2005—2012年）。2005年4月中国证监会启动股权分置改革试点工作，并大力推进证券公司实行净资本管理，推出投资者保护基金，若干长期困扰中国证券市场发展的问题逐步得到解决，并带动证券市场的开户数量大大提高，促使证券普惠的渗透率进一步提高。2011年以来证券公司的产品种类不断丰富，风险管控能力大大加强，制度建设和业务创新的脚步更加踏实。

第四阶段是证券公司普惠金融互联网创新阶段（2012年至今）。2015年7月国务院印发《关于积极推进“互联网+”行动的指导意见》，普惠金融正式被国家规划为重大战略目标，证券公司的普惠金融业务进入新纪元。这个阶段普惠金融的直接特点是降成本化，去渠道化。降低融资成本和交易成本，并借助互联网信息平台打破长期以来存在的金融机构和个人投资者之间的信息不对称。在去渠道化的新阶段，证券公司可以为中小微企业通过其他方式提供融资服务，给低收入人群提供新的理财渠道。

（二）我国证券公司发展普惠金融业务的逻辑机理

借助互联网金融的兴起，我国证券公司发展普惠金融业务的手段也开始多样化。其主要业务发展逻辑是沿着融资、投资和金融服务这三个方向来开展的。

1. 普惠融资服务逻辑。随着国内证券市场制度的逐步完善，从2004年中小板的成立到2009年创业板的成立，再到2012年新三板的全国性扩容和允许重新设立区域性股权市场（“新四板”），无一不体现着我国资本市场融资对象的范围在扩大，有助于解决“中小企业多、融资难”、“社会资金多、投资难”的“两多两难”问题。对于个人投资者来说，我国证券公司于2010年开始全面开展的融资融券业务给他们提供了一条快速便捷的融资渠道。2012年之后，随着证券市场制度环境的规范、互联网金融的兴起，我国证券公司在融资手段上也在不断创新。其中，股权众筹作为多层次资本市场的补充，对培养多层次资本市场结构和控制整个市场的杠杆率是有帮助的。

2. 普惠投资渠道建设逻辑。在互联网还未普及的年代，普通群众能做的投资还是以银行存储业务为主。随着个人生活水平的提高，居民的理财观念逐渐加强，但其投资项目主要还是局限于银行提供的理财产品为主，且大多不够灵活。随着我国资本市场多层次化的发展和互联网信息平台的普及，证券公司通过互联网信息平台提供给普通居民更多的投资渠道和理财渠道，一些投资产品门槛的降低也体现了普惠金融的特点。在投顾服务方面，2014 年证券公司在不放弃线下开发客户的同时，纷纷开始争夺线上客户。投顾业务在互联网平台下更加专业、快速、定制的服务无论对投资者还是证券公司，无疑是双赢的局面。

3. 普惠综合金融服务逻辑。互联网金融的兴起使得投融资、支付、交易等基础型金融服务需求有可能摆脱物理渠道和人力资源的限制，并且随着新兴网络大数据技术的兴起，也使得相对低净值客户的风险收益核算实现平衡，由此也诞生了一批不同于以往的新型普惠金融业态金融。其中，最有代表性的是网络支付、P2P 平台以及互联网金融超市。对于证券公司而言，目前最主要的互联网金融实现形式以金融超市和网络交易渠道服务为主，特别是出现了一批以同花顺、大智慧、蚂蚁金服等为代表的互联网综合证券信息服务商。

（三）我国证券公司发展普惠金融的主要问题

整体来看，目前我国证券公司发展普惠金融业务主要存在以下几个问题：

1. 缺乏充分挖掘数据资源潜在价值的运营机制。当前我国证券公司虽然已涉足互联网普惠金融相关业务，但其互联网金融属性并不突出，尤其是数据资源的挖掘与利用不足。互联网的核心资源在数据，证券业务产品和经营模式的数据化不仅是业务创新的路径，也是普惠金融产品推广实现盈利与风险控制平衡的关键。

2. 风险资产定价的核心功能属性没有充分体现。我国证券公司目前在普惠金融业务方面的创新核心功能还未得到充分体现，风险定价功能较差，风控手段相对单一。风险控制是互联网金融产品创新的核心，而对于证券公司来说金融最核心的功能主体就是对风险资产进行证券化处理并完成定价。通对风险资产定价实现信贷资产的证券化，使其风险属性清晰显示，同时其成为可交易的产品，是证券公司发展普惠融资业务的核心竞争力。

3. 缺乏多元化的场景接入入口。当前我国证券公司在互联网金融路径设计上，无论是线下产品线上化还是传统渠道虚拟化，都还停留在借鉴传统互联网企业的运营模式，没有有效建立起适合发挥产品功能的“多场景”引入机制。证券服务的场景过于单一导致用户粘性差，在金融业态分布中边缘化趋势明显，以至于证券普惠金融服务的覆盖率得不到提升。

四、我国证券公司互联网普惠金融服务产品平台及设计

（一）DAS 普惠金融产品体系思维设计

互联网时代的创新中枢已经由物质资料生产端转向数据资源挖掘端。正是互联网时代的大数据生成、挖掘与传播机制，使得普惠金融原本面临的信息不对称、垄断限制等瓶颈问题有可能被打破。因此本文认为，证券公司互联网普惠金融的产品设计必须基于海量数据挖掘与利用的基础之上，建立数据资源驱动型（Data Driven）的创新产品体系，发挥证券公司在风险资产证券化（Asset Securitization）领域的传统优势，使其具有可靠的风险定价内核；同时还应拥有多元化的场景接入（Scenes Access）能力，保证产品落地，即 DAS 普惠金融产品体系（见图 6）。

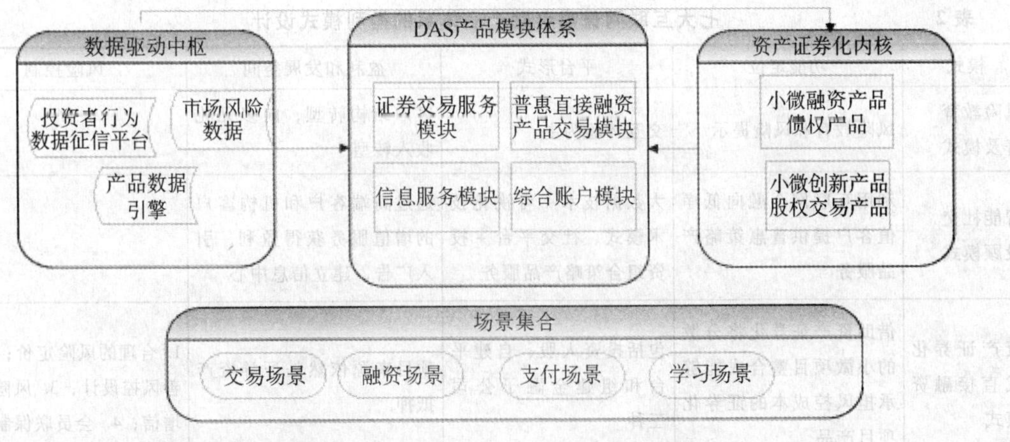

图6　DAS 普惠金融产品模块体系构成

1. Data Driven：数据驱动逻辑。互联网的核心资源在数据，互联网金融也不例外。互联网金融的核心数据资源由三部分构成，即投资者行为数据、产品数据以及市场风险数据。其中，投资者行为数据是证券公司进行征信的基础，也是产品定价和设计的重要依据。产品数据是服务核心，特别是对海量金融服务产品数据进行整合萃取，是互联网金融去中介、去渠道化的重要体现。风险数据是互联网金融中“金融”属性的重要体现，也是金融市场信息不对称瓶颈最集中的领域。如何对风险数据进行处理，实现打破信息不对称的根本目标的同时实现产品创新，将是互联网普惠金融产品创新的关键驱动力。

2. Asset Securitization：资产证券化内核。互联网金融的核心功能依然需要“金融”来体现，而金融最核心的功能主体就是对风险资产进行证券化处理并完成定价。普惠金融产品的市场需求体系中需求强度最大的就是融资需求，但是传统间接融资需求无法对普惠金融客户的风险属性以及由此产生的信贷风险资产实现细分差别定价，也无从进行风险转移。而通过对风险资产定价实现信贷资产的证券化，使其风险属性清晰显示，同时使其成为可交易的产品，则是证券公司的传统竞争优势领域。

3. Scenes Access：多场景进入。在互联网生态中，无论是数据获取还是流量导入，其核心基础就是要找到适合发挥产品功能的“场景”。随着网络基础环境的不断完善，中介信息平台所提供的信息种类和服务种类更加完善，但是网络工具的核心作用场景——交易中介与信息中介——一直都没有发生根本改变。造成证券公司场景应用单一的原因有多方面，但核心原因在于证券公司提供服务单一，同时缺乏高频次使用的强粘性。因此，证券公司的普惠金融产品体系设计必须全面渗透于金融服务全场景，并在此基础上通过账户功能打通等手段，由金融场景向生活场景演进。

（二）普惠金融投融资和服务模块设计

表2列出了本文基于DAS普惠金融产品体系设计的证券公司可以发展利用的七种盈利模式和潜在空间。

表 2 七大互联网普惠金融产品体系的盈利模式设计

模式	功能定位	平台形式	盈利和发展空间	风险控制
风险教育普及模式	风险教育和风险提示	交互体验为主	客户结构转型，向多元化收入转型	
智能社交投顾模式	利用互联网金融向低净值客户提供普惠策略产品服务	大数据技术＋可视化技术模式、社交平台＋投资组合策略产品服务	通过高端客户和机构客户的增值服务获得盈利，引入广告，建立信息中心	
资产证券化式直接融资模式	借助资产证券化将分散的小微项目整合成能够承担风控成本的证券化项目产品	包括投资入股、自建平台和组建金融子公司三种	项目来源依然是证券资产抵押	1. 合理的风险定价；2. 完善风控设计；3. 风险产品增信；4. 会员联保制
VC 领投式股权直接融资模式	通过有效的产品设计进行门槛降低，使得低净值群体同样可以投入到股权众筹投资中	VC 领投式股权直接融资产品交易平台	引入融资资金的同时还可以带来项目经验扶持与后期资本市场持续扶持	1. 保证项目的可靠性和成长安全性；2. 额度限定；3. 波动幅度限制；4. 建立项目跟踪监控机制
垂直信息搜索模式	投资产品、风险信息、研判信息等资本市场投资类的搜索引擎	证券类 Google	一是产品以及销售渠道分成；二是在长期数据积累的基础上建立大数据相关服务业务	1. 建立风险质量“竞价排名”制度；2. 建立信用保证金与平准金制度；3. 对接征信记录
证券投资大数据征信模式	建立基于投资数据的征信平台，打通其他普惠金融产品产业链	通过投资规模、投资绩效、投资风格、投资周期以及风控行为五个维度，判断客户的风险意识、风控能力、投资能力以及信息素养	内部盈利是指通过与证券公司其他具有征信需求的业务进行对接，完成业务闭环构建，通过提高产业效率实现盈利分成。 外部盈利则是可以向外部有需求的个人和企业机构提供征信服务，通过收取征信费用实现盈利	
综合金融账户模式	通过丰富账户功能增加账户活跃度和粘性	通过与第三方银行绑定，通过借用银行支付接口接入中国人民银行支付清算系统，实现账户支付功能打通	通过获得海量的客户消费行为、支付行为等大量的行为数据，将可能有助于开发消费业务、小微融资业务以及征信业务等数据依赖型业务	1. 对账户资金往来的严密监控和账户风险隔离实现；2. 严格限制投资功能的异常创新

1. 风险教育普及型模式。除了前文分析中提到过的功能模式同质化问题外，现有各家证券公司的交易客户端普遍存在重销售、轻风控的特征，特别是对于开户客户的风险提示以及证券市场中创新产品和工具的风险属性提示不足，常常造成投资者特别是股票投资者的盈利意识与风险意识不匹配，面对市场高风险收益的诱惑而缺乏风险识别能力，一旦遇到市场

重大风险波动，可能造成巨大损失。因此，应在收益宣传中通过适当的介绍来明确风险来源与收益来源，并对投资者的投资行为进行风险指导。同时，在产品销售过程中，加大低风险、稳定收益产品的比重，降低投资者的投机导向。

改变传统交易平台重交易、轻风控的内容导向的核心是改变对手续费尤其是个人投资者交易手续费的盈利依赖。而在中长期内，通过稳定市场，防止市场大起大落带来的频繁投机性交易，并引导证券公司客户结构转型，提高机构客户占比，将盈利来源由单一手续费收入模式转向对机构投资者的长周期投顾服务、增值服务等多元化收入模式。

2. 智能社交投顾模式。对于市场投资者而言，如何面对风险多变的市场建立适合自身的投资策略是进行证券投资的关键。但这不仅要求投资者具有丰富的投资经验，还必须拥有扎实的投资相关的专业知识背景，对于个人投资者而言，相对比较难达到。这也就造成了个人投资者技术型风险敞口大于机构投资者。

互联网的发展，使“大数据技术 + 可视化技术平台”成为目前可行的盈利模式，即通过产品免费使用积累一定数量的客户，在此基础上针对细分高净值客户和机构客户提供大规模策略组合服务、数据平台服务以及资产证券化衍生品服务，通过高端客户和机构客户的增值服务获得盈利。另外，还有“社交平台 + 投资组合策略产品服务”的盈利模式也是基于其作为社交平台带来的数据资源而建立。一是通过流量优势引入广告；二是通过数据资源生成策略产品，进一步介入投顾服务；三是如雪球一样，通过信息资源的累积，将雪球建成投资信息中介平台。但是从操作层面看，雪球的盈利闭环还没有完全形成。上述三种盈利模式也存在不足，如广告的引入将伤害用户体验等问题依然有待解决。

3. 资产证券化式直接融资。对于证券公司而言，要建立普惠金融网络直接融资平台，不能简单照搬现有平台模式，必须从项目来源、风控机制进行改造，其中借助资产证券化技术进行项目改造，将分散的小微项目整合成能够提供稳定盈利来源、具有交易价值并能够承担风控成本的证券化项目产品。建立这一平台模式的关键：一是项目端的集合化和证券化处理，即通过证券公司或其他具有相同技术资质的机构对分散的小微融资项目进行打包，进而完成产品端的改造；二是保障平台中介的独立性，建立风险隔离机制。

目前市场中证券公司组建网络直接融资平台的主要组织模式包括投资入股、自建平台和组建金融子公司三种。投资入股现有网络直接融资平台是运用最广泛的模式，这一模式会最大限度地降低创新风险与运营成本。

4. VC 领投式股权直接融资模式。众筹是继 P2P 之后另一个主要的互联网金融业务创新，也是我国互联网领域股权直接融资的主要形式。股权众筹的实质与资本市场中风险投资（VC）最为接近，其融资成本低，融资资金引入的同时还可以带来项目经验扶持与后期资本市场持续扶持的特征，都与风险投资存在类似之处。这种融资模式对于中小型企业尤其是小微创新型企业而言是最适用的。但这一模式最大的问题在于对证券公司建立普惠股权众筹平台的业务目标实质是 VC 领投式股权直接融资平台。将股权众筹投资门槛降低的有效途径就是进一步对“众筹的”股权进行资产证券化处理，在领投模式的基础上，进一步加入风险措施，将其转变为可交易的标准化产品，在一定范围内成为可投资交易的证券产品，并在此基础上提供资产证券化技术服务，以及交易平台搭建服务。

5. 普惠金融垂直信息搜索平台模式。互联网时代也存在信息不对称，但这是由于海量信息带来的对信息甄别、匹配能力的高要求，也正是因为能力的不均衡分布造成了新的

“信息不对称”。以谷歌、百度为代表的互联网巨头的商业模式恰恰解决了信息甄别、匹配问题。目前的金融信息服务市场中，尚未出现有效的投资产品、风险信息、研判信息等资本市场投资类搜索引擎，存在市场空白。证券公司研发运营此类产品，不仅是消除资本市场信息不对称、提高信息普惠效率的途径，也可以成为证券机构互联网的重要接口，进而成为证券公司提高用户对产品粘性的重要途径。作为专业化的垂直证券投资信息搜索匹配平台，可以通过以下两个路径完成盈利闭环：一是产品以及销售渠道分成；二是在长期数据积累的基础上建立大数据相关服务业务。

6. 证券投资大数据征信平台模式。证券公司开展征信业务，建立基于投资数据的征信平台，不仅是丰富产品内容的需要，更是打通其他普惠金融产品产业链的要求。征信业务的核心是客户数据获取，只有通过抓取数量足够多、频度足够大同时风险相关性足够强的数据资源，才有可能对客户进行准确率足够高的信用行为描述与预测，也就是通常所做的信用评级。

其盈利来源可以从内部盈利和外部盈利两个方面来考虑。内部盈利是指通过与证券公司其他具有征信需求的业务进行对接，完成业务闭环构建，通过提高产业效率实现盈利分成。尤其是证券投资征信平台的数据来源是证券投资活动，因而也会从侧面进一步加强证券投资类产品的粘性和覆盖度。外部盈利则是可以向外部有需求的个人和企业机构提供征信服务，通过收取征信费用实现盈利，也是进一步丰富传统服务产品线、提供深度服务的契机。

7. 证券类综合金融账户模式。账户是证券公司与客户产生业务连接的基本单位，也是证券公司向客户提供服务的基本窗口。在金融账户的诸多功能中，用户使用频率最高、粘性最强的无疑是支付功能，而这恰恰是目前证券公司账户功能中最欠缺的。截至 2014 年 3 月，我国 115 家证券公司总资产仅 2. 27 万亿元，而同期银行系统存款余额达 136 万亿元，体量差距巨大。证券公司缺乏支付入口的重要原因在于政策限制，现行的一码通政策尽管已经在证券交易端放开了所有产品限制，但是对于更加重要的支付功能依然由于证券交易账户无法接入中国人民银行的清算系统而无法实现。但是已经有部分券商开始通过与第三方银行绑定，通过借用银行支付接口接入中国人民银行支付清算系统，实现账户支付功能打通。一旦实现账户支付功能，除了能够沉淀大量非交易资金、增加客户粘性外，另一个重要意义在于获得海量的客户消费行为、支付行为等具有重要行为特征的场景入口，大量的行为数据将可能获得累计，进而为开发消费业务、小微融资业务以及征信业务等数据依赖型业务提供坚实的数据基础。

（三）DAS 互联网普惠金融产品体系的整体盈利模式

普惠金融不等于慈善金融，证券公司通过发展普惠金融业务承担社会责任的同时，也必须保证普惠金融项目的盈利可持续性。不同于传统业务依靠信息不对称、渠道不对称以及牌照带来的垄断优势获取中介费、手续费的盈利模式，也不同于孟加拉小贷的高定价模式，互联网普惠金融尤其是 DAS 产品体系的盈利则是通过利用互联网的去平台、去渠道特征以及大数据技术等创新技术带来的降低成本、拓展盈利的新空间、挖掘新的衍生资源价值实现(见图 7)。

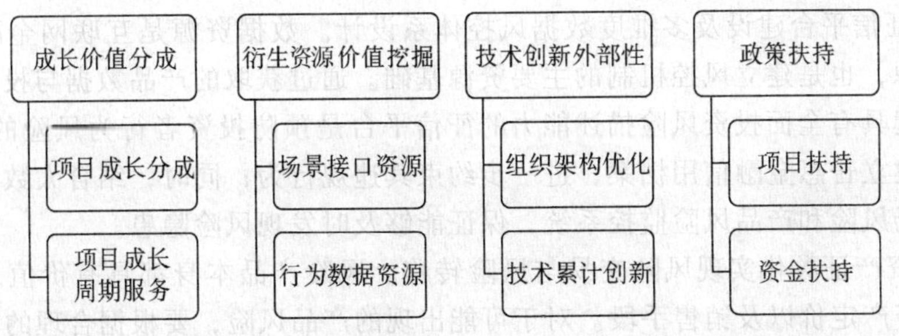

图 7 证券公司 DAS 互联网普惠金融产品体系的盈利模式设计

1. 成长价值分成。建立投融资收益分享机制，通过降低渠道费用、手续费的比重，扩大投融资项目来源，并通过直接融资项目的直接参与，分享项目后期成长收益。收益来源可以分为两个部分：一是直接参与项目融资投入，在完成项目退出后，分享项目直接退出收益；二是利用自身的投顾服务和投行服务优势，全周期参与项目，特别是在项目进入后期成长期后，获取服务附加值。

2. 衍生资源价值挖掘。通过挖掘衍生资源的附加值，特别是可以从投资者行为数据、产品衍生数据等大数据资源中挖掘如征信算法、产品竞价机制等新的业务模式，拓展盈利空间。互联网金融业务创造的最大资源在于业务平台中所产生的数据资源，特别是各类场景资源数据和投资者行为数据，既可以成为内部产品创新的来源，也可以通过开发新的衍生产品，拓展业务与产品集合。

3. 技术创新外部性。充分利用发展互联网金融创新业务本身带来的技术创新红利，优化证券公司自身业务技术基础，通过提升效率实现成本控制。一方面，互联网金融的重要内涵在于技术创新，特别是通过互联网相关技术的创新，在提供产品研发服务的同时可以实现重要的技术积累，而这些积累除了运用于普惠金融相关业务外，还可以成为其他业务流程优化改进的基础；另一方面，互联网类业务创新会对原有的组织架构提出更高的效率要求，也必然会带来架构革新的要求核动力，从而提高组织效率。

4. 政策扶持。普惠金融的创新与发展存在相当的风险性、不确定性，也具有相当难度，因此在某些领域、区域的产品推广过程中需要一些来自外部尤其是政府相关部门的配合和支持。一是建立普惠金融项目支持库，为普惠金融产品设想中的资产证券化、产品融资等项目需求型业务提供项目支持，特别是一些基础设施建设、扶贫项目等；二是普惠金融项目面向的大多是低收入人群、基础设施较为落后的地区，因此在项目推广和建设初期以及市场下行期，需要一定的外部力量支撑，在必要的时候以项目补贴、税收优惠的形式提供类资金支持。孟加拉的格拉珉银行在发展过程中，就曾数次借助外部力量扶持。

（四）DAS 互联网普惠金融产品体系的风险控制机制

风险属性是金融产品的根本属性，普惠金融产品的目标市场和目标客户的高风险属性决定了普惠金融业务的风险爆发概率更加明显，风险形式也更加复杂。因此，也必须建立多层面、全面的风险控制机制，保证产品业务的顺利推广。证券公司互联网 DAS 普惠金融产品可能存在的风险包括投资者风险、业务风险和系统性风险三个层面。针对上述三类风险，可以从以下四个方面构建风险控制机制。

1. 综合征信平台建设及多维度数据风控体系设计。数据资源是互联网金融业务带来的最重要的资源，也是建立风控机制的主要资源基础。通过获取的产品数据与投资者行为特征数据，建立起具有全面投资风险描述能力的征信平台是预防投资者行为风险的最有效工具。在此基础上建立普惠金融信用档案，进一步约束其违规行为；同时，结合大数据技术，建立全方位的市场风险和产品风险监控系统，保证能够及时发现风险隐患。

2. 通过资产证券化实现风险交易与风险转移。风险产品本身都具有价值，需要的只是合理的风险资产定价以及销售手段。对于可能出现的产品风险，要根据合理的风险评估定价体系给予能够覆盖风险敞口的定价水平。而对于已经存在隐患的风险资产则应该通过风险资产定价等机制，适度进行市场化消化。这不仅可以消除风险影响，也会增强证券公司的风险资产管理能力。

3. 创新风险预判与风险隔离。政策层面和监管层面的风险监管是普惠金融产品风险控制机制的重要制度基础。而监管层对于普惠金融产品风险的监管重点应该放在对创新产品的风险影响预判以及创新风险的风险隔离中，防止出现HOMS系统这样可能引发系统性风险的隐患。同时也应该正确认识到创新产品的风险属性，防止过度监管遏制创新。可以建立创新产品的分级风险监管机制，对于投资型创新产品予以重点监管，并在大规模推广前进行长周期和多机构试点。

4. 线上线下相结合。从国内互联网金融的发展状况来看，线上数据的不完全或不真实，无法完全保证征信结果和风险监管过程的完全线上化，尤其在覆盖更为全面、考察更为准确的征信系统建立之前，线下考察依然是风险管控中一个重要环节。特别是资产核查、项目运营的真实性调查，目前显然还不能完全依赖线上完成。

五、主要结论及政策建议

（一）主要结论

本文认为，普惠金融不等同于慈善金融，也不等同于政策扶持金融。尽管在目标客户和目标市场中与非营利性金融形态具有一定的重合，但是普惠金融本质依然是商业金融，其业务产品依然必须遵循风险与收益匹配、投入与产出均衡、成本与核算配套的商业逻辑。这不仅是对普惠金融业务开展的激励需要，也是普惠金融长期可持续发展的政策定位。同时，互联网金融的出现使得普惠金融的高层风险成本与盈利平衡成为可能。尤其是互联网金融体现出鲜明的去中心化、渠道虚拟化、去中介化的业务特征，天然带有打破信息不对称、渠道与牌照垄断的功能内核，并且与普惠金融的产品目标融合。与此同时，去中心化、去渠道化、去牌照化的互联网金融业务创新对于传统金融机构的盈利模式和盈利空间也产生了极大的削减作用，甚至引入了大量互联网巨头企业加入行业竞争，迫使包括证券公司在内的金融机构必须从延伸业务链条、增加风险定价、资产证券化等核心技术价值属性等方面寻求新的盈利模式。

我国金融创新呈现出极高的风险偏好特征，因此，无论是传统小贷服务类普惠金融，还是证券投资类普惠金融，或是互联网普惠金融创新，其产品内核关键都依然在于风险要素的控制。本文还发现，普惠金融的盈利需求更加突出。普惠金融的高风险成本、高推广成本的特征，使得普惠金融的产品设计必须充分考虑盈利性要求。

本文认为，不同于工业时代的技术创新，互联网时代的技术创新中枢在数据资源端，特别是对以投资者行为数据、市场产品数据以及市场风险数据为主体的数据资源进行充分挖掘整合，是开展互联网普惠金融的主要基础。同时，普惠金融的产品设计与业务设计的核心是风险控制。从目前市场主流的产品层面的风险控制手段来看，风险定价依然是风险控制的核心手段，特别是在互联网金融技术背景下，这一点依然没有改变。证券公司互联网普惠金融落地的关键是建立场景进入通道。较之于银行和支付企业拥有的丰富的支付场景、社交平台拥有的丰富的信息场景，证券公司的场景功能过于单一，对市场波动等因素的依赖较大，缺乏持久粘性。因此通过账户功能拓展、产品链条延伸来拓展丰富场景种类是证券公司发展互联网普惠金融产品最迫切的任务。

（二）政策建议

1. 宏观政策支持。

（1）开放跨界金融服务牌照限制。如果银行的部分牌照和支付牌照能对证券公司开放，那么证券公司在金融混业和跨界经营新趋势下可以取得互联网普惠金融业务的优势，提供普惠金融项目支持。（2）政府政策方面的扶持和税收补贴以及相关普惠金融项目来源的提供，能给小微企业等金融行业中不对等的弱势群体带来福利，并为其提供高质量的金融服务。（3）建立基础技术研发共享平台。单凭一家证券公司或某几家证券公司难以完成庞大的全国性技术共享平台，需要证券监管部门以及高层部门牵头组织技术研发共享平台。（4）建立共享的征信数据平台。必须充分重视农民、居民以及企业的作用，让他们也尽快加入信用体系建设，并且要及时、广泛地宣传普惠金融，促使公民的信用意识得到提高。

2. 证券公司创新政策引导。

（1）内部机构创新。证券公司应在互联网方面进行内部机构协调机制的创新，尤其是在还未被开发的互联网普惠金融业务方面。（2）加强证券公司与非金融机构合作。证券公司利用互联网公司的技术和用户优势，而互联网公司则利用证券公司的金融专业优势，从而取得双赢的局面，取长补短地发展普惠金融业务。

3. 普惠互联网金融技术创新政策扶持。

（1）实现生物支付技术。生物识别技术能够向金融机构证明客户的真实身份，同时能够在支付过程中证明客户的本人操作，从而解决了远程身份证件难以识别本人的问题，保障了客户的资金安全。（2）采用大数据挖掘技术。应鼓励证券公司利用大数据开展金融产品和服务的创新，根据消费者需求的变化及时调整金融产品的服务策略，为客户制定个性化金融服务产品。

4. 建立证券公司普惠金融风险监控监管体系。

（1）建立实时风险动态监测体系。通过数据挖掘和对采集的风险指标进行分析，提前设计和建立客户账户内资金或借贷运营情况的智能实时风险监控系统和设立自动预警提示系统，实现系统智能化，根据不同的风险水平做出相应的处理。（2）建立创新产品跨部门风险预防保护体系。互联网金融相关产品的监管和风险防范问题并不仅仅是一套监管体系就能解决的，需要跨行业跨部门之间的协调来共同完成，建立一个全方位跨部门的创新风险预防体系是顺利发展互联网普惠金融的基本保障。

证券行业建立互联网综合理财平台的相关业务实践及法律问题研究

长江证券股份有限公司 武汉大学法学院*

一、互联网金融浪潮与金融行业结构变革：互联网综合理财平台兴起的背景

互联网金融模式的崛起、居民日益增长的投资理财需求以及金融行业混业经营的发展趋势，为互联网综合理财平台的兴起提供了时代机遇、市场基础以及业务空间，互联网综合理财平台这一新型模式应运而生，并且具有巨大的发展潜力和良好的前景。

（一）互联网技术革命对传统金融行业的冲击

随着移动互联、大数据和云计算等技术革新的诞生和蓬勃发展，互联网不断创造出新的商业模式，塑造新的经济形态，互联网基因也不断融入社会运行的底层物质技术结构之中，并最终冲击和改变传统金融的方方面面。

1. 移动互联。移动互联网指移动通信与互联网的结合，即使用移动设备、利用无线通信方式接入互联网，享受互联网服务。移动互联与金融业的融合日趋紧密，一是金融业的最终用户正在全面加速向互联网尤其是移动互联网迁移，网民尤其是手机网民的规模和比例已经达到或接近居民人数的一半，并且从年龄结构、学历结构、职业结构和收入结构来看，已经覆盖了金融消费者群体的绝大部分。二是移动互联技术使得交易技术得到了革命性的突破，用户通过移动互联网可随时、高效、安全、低成本和高质量地获得线上金融服务。传统金融的以网点为主要渠道、以柜台为主要入口、以营销人员现场服务为主的线下金融服务模式受到强烈冲击。

2. 大数据。大数据与互联网金融结合的巨大影响体现在多方面。（1）大数据取代网点、

* 小组成员：董腊发，梅咏明，周纯，张彬，袁康，谢贵春。原载于《中国证券》2015年第9期。

设备等成为金融行业生存和发展最为依赖的信息资产，海量的数据信息能帮助金融机构找到客户、资产、产品，帮助金融机构精准配置资源和控制风险等。(2) 大数据使得金融行业的业务流程和工作方法得到全方位的再造和提升，以减少物理网点、降低人工成本，从而支撑更大的客户服务数量和范围，更迅速、更灵活地进行决策，带来更贴近客户需求的多样化、个性化的产品和服务创新。从数据的采集、分析、决策、实施再到新数据的采集，如此循环往复，用以分析用户行为、资金风险、信用评级等，达到最优的用户体验、最低的风险和成本，以及资本配置的最优化成为大数据时代互联网金融标志性的业务流程。(3) 大数据打破了金融机构对客户的信息垄断，有助于提升金融市场的透明度。

（二）互联网思想革命对传统金融行业的冲击

互联网金融不仅仅是互联网技术金融，更是基于互联网思想的金融，互联网“自由、平等、分享与协作、民主”等思想革命对传统金融构成了更深层次的冲击和挑战。

1. 自由。随着互联网技术的进步，支付手段更为便捷，信息匹配成本更低，交易行为可以直接在线上完成，这就使得资金的供需双方得以脱离金融中介而直接进行交易，加速了金融脱媒的进程。金融机构在传统金融模式下连接投融资双方的垄断中介地位以及信息不对称所赋予的竞争力在互联网金融模式下土崩瓦解。用户理想中的破除垄断和信息透明，自由选择金融机构、产品和服务的权利，甚至自由参与设计以及提供金融产品和服务的权利在互联网金融模式下成为可能。

2. 平等。传统金融必然产生金融排斥，包括受限于服务地域的地理排斥，受限于客户资质的评估排斥，受限于价格承受能力的价格排斥，受限于获得金融服务或产品附加条件的条件排斥等，往往使得传统金融模式下金融资源不可避免地存在分配不公平和不均衡的现象。互联网金融所表现出来的信息处理能力、风险评估能力、脱离中介的资金供求的期限和数量的匹配、超级集中支付系统和个体移动支付的统一、脱离中介的直接交易、低交易成本等特征，使得其具备了传统实体金融所难以企及的优势。普惠金融的目标得以在互联网金融模式下变成现实，使更多的有金融服务需求的长尾客户群体以合理的价格，方便和有尊严地获取全面高质的金融服务。

3. 分享与协作。即时通信、社交网络等互联网技术消除了沟通的障碍，架起了交流和互助的平台，成功实现了分享和协作。一方面，用户、产品、评价和信用等多层次的数据、信息、知识和经验，甚至金融服务过程中的算法和模型能够共享；另一方面，通过金融机构、海量的用户共同协作，实现对算法、模型、产品和服务的共同设计、修改、完善和筛选，并提供给更多的客户分享。

4. 民主。互联网金融模式下消费者地位实现了真正意义上的反转，消费者民主金融的意识被唤醒。在扁平化的结构下，在信息透明公开的前提下，客户的体验和选择牵引着金融机构的行为，两者的地位和权责分配得以发生颠覆。

（三）互联网金融服务和客户财富管理需求的深化共同奠定了互联网综合理财平台的基础

随着我国经济的高速增长，居民财产性收入显著增加，相应的投资理财需求也日益高涨。截至2015年4月，全国居民人均可支配收入实际增长8%，居民本外币存款余额达到了

53 万亿元[1]。高净值人群数量进一步增加，资产规模进一步扩大，财富管理需求旺盛，同时中低净值人群的理财需求也日趋旺盛。中国人民大学发布的《2014 年中国财富管理报告》预测，截至 2020 年，中国私人财富管理市场规模将达到 227 万亿元。从财富管理行为来看，我国城乡居民已经普遍具备理财意识，并且开始尝试各类理财产品和服务，投资理财领域除了储蓄、股票、基金、保险之外，还广泛涉及黄金、房地产和另类投资等，资产配置呈多元化发展趋势。然而由于广大投资者缺乏相应的专业能力导致投资理财能力不足，加上复杂的金融产品设计以及专业机构服务的相对分散，客户急需专业机构为其提供符合多元化、经济性且专业化的投资理财产品和服务。传统金融模式中的财富管理服务多定位于高净值人群，中低净值人群的投资理财需求往往被忽略。在这一背景下，互联网金融的发展为财富管理开辟了新的蓝海，“长尾市场”得到更多的关注。一方面，向下延长了客户群链条，使更多的中低净值人群能够参与到财富管理之中，为其提供投资理财途径；另一方面，提供了成本低廉、快捷便利的营销网络，使财富管理需求者的规模得以进一步扩大[2]。

因此，集中提供多元化金融服务的互联网理财平台是未来金融市场发展的必然趋势，证券行业的发展也必须走综合性金融服务的道路，为客户提供不仅限于证券经纪和投资咨询等传统服务，而且应该进一步推动业务创新，为客户提供品种更丰富、类型更齐全的综合性金融服务。以跨业别、多样态理财服务为主要产品内容的互联网综合理财平台正符合这一行业发展趋势。在未来混业经营进一步推进的确定预期下，互联网综合理财平台打破不同金融业别的限制，为客户提供一站式、多元化、综合性的金融服务将不再存在制度障碍，从而能够获得更大的发展空间。

二、互联网综合理财平台的界定及其境内外实践

（一）互联网综合理财平台的界定

1. 互联网综合理财平台的概念。互联网综合理财平台，是指以互联网为通道并以互联网新技术为手段，为客户提供与个人财富管理、运用以及保值增值有关的一揽子理财服务的网络平台。

所谓“互联网”，包括两个层次的内涵：第一个层次是互联网综合理财平台区别于传统的基于金融机构物理网点的服务模式，是采用电子商务式的网络平台对接客户需求，通过网络向客户提供满足其理财需求的相关金融产品或服务。由此将理财服务从线下实体性的物理网点转移到线上虚拟性的网点，从而节省交易成本，并且增强了理财服务的时效性和便捷性。第二个层次是互联网技术发展到更高阶段的体现。在这层意义上，互联网综合理财平台不只是简单地将互联网平台作为提供金融产品和服务的通道，而是颠覆传统实体金融服务模式，利用大数据、云计算、社交网络、搜索引擎等先进互联网技术进行数据挖掘和分析，实现对客户信息的快速搜集和处理，从而能够智能化、精细化、社交化地为客户提供有针对性的理财服务[3]。

---

① 中国人民银行，http：//www. pbc. gov. cn/publish/html/2015s01b. htm。

② 吴晓求：“中国金融的深度变革与互联网金融”，《财贸经济》2014 年第 1 期。

③ 冯果，袁康：《社会变迁视野下的金融法理论与实践》，北京大学出版社 2013 年版，第 232—236 页。

所谓“综合理财”，是指互联网综合理财平台的主要功能和内容是提供综合性的理财产品和服务，为客户提供一站式金融服务解决方案。这里的“理财”是广义范畴上的概念，包括银行账户管理、证券交易、支付、资产管理、保险以及新型金融产品等与个人财富管理有关的所有金融产品和服务。与只提供单一金融服务的机构或平台不同，互联网综合理财平台能够全部或部分提供目前市场上的主要金融产品和服务，从而能够一站式地为客户提供一揽子金融产品和服务，集中满足客户的理财需求。

而所谓“平台”，则是将具有理财功能的金融产品和服务从单纯的业务提供模式提升至交互模式，以统一的交互窗口界面集中提供金融服务，客户不仅能够与作为平台运营后台的金融机构之间进行互动，而且能利用平台与其他客户之间进行互动交流。也就是说，互联网综合理财平台不只是交易系统，而且还是信息获取、处理和分享的平台。客户只需要通过一个界面就可以与多个金融机构实现对接，从而接受类型多样的金融服务。

2. 互联网综合理财平台的基本特征。

（1）综合性。互联网综合理财平台将与客户资产管理有关的多种金融产品和服务集成在一个网络平台之中，使客户能够通过同一系统或者界面即可进行多种理财活动，将传统意义上需要通过不同金融机构或者不同交易程序的理财服务以一揽子的方式集中起来供客户选择，从而为客户提供一站式的解决方案。互联网综合理财平台所提供的产品和服务内容的综合性，是其区别于 P2P 网贷平台、基金代销平台、网上银行系统、网上证券交易系统等单一互联网金融服务平台的最显著的特点。

（2）便捷性。互联网综合理财平台能够为客户提供高效便捷的理财服务，一方面，通过网上交易和服务的方式减少成本，节省客户的时间和费用；另一方面，依托于综合性产品和服务的提供使客户免于在不同金融机构的交易系统中频繁跳转，实现操作的简便易会，从而使客户能够更加方便地开展理财活动。

（3）互动性。互联网综合理财平台将金融机构提供理财服务的场所从物理网点转移至网络。尽管客户不能面对面与金融机构代表沟通，但是互联网综合理财平台能够通过简洁清晰的交互界面以及信息披露，使客户充分了解金融产品和服务，同时有些互联网综合理财平台还能够通过自己的理财顾问或独立第三方理财顾问与客户进行即时通讯交流，为客户提供理财咨询。此外，互联网综合理财平台还能够依托社交网络来实现客户之间的互动交流与分享。

（4）智能性。互联网综合理财平台能够搜集和挖掘网络中的海量数据，利用大数据、云计算等先进互联网技术对客户信息和市场信息进行分析和处理，再基于独特的算法完成对客户风险承受能力和偏好的分析和类型化，在此基础上自动生成科学的投资组合或者理财策略建议，甚至能够实现由计算机替代人工来完成投资理财活动。概而言之，互联网综合理财平台将电子商务、社交网络、大数据、人工智能等先进技术融为一体，能够高效、便捷、智能地为客户提供全方位、多样化的理财产品和服务，并且能够实现理财信息交互共享，是区别于传统金融服务以及单一金融服务网络平台的新型互联网金融模式。

（二）境外互联网综合理财平台的实践

1. 基于统一账户的互联网理财平台：以 Mint 为例。成立于 2007 年的 Mint 通过客户授权，用统一的 Mint 账户将客户的证券、支票、储蓄、投资和退休金等多个账户连接起来，自动整合和更新客户财务信息，以此为基础分析客户的理财数据，帮助客户制定个性化的理财计划，有针对性地为客户推荐金融理财产品①。通过 Mint 这一平台账户管理、获得免费的信用评分、预警与建议、比价功能、投资跟踪、账单支付等功能。Mint 的创新之处在于将客户零散的金融账户用统一的平台账户予以整合，使客户能全面、直观地了解和分析自身的整体财务状况，为客户理财提供完整的信息和建议。

2. 基于大数据和社交网络的互联网理财平台：以 Motif Investing 和 Wealthfront 为例。随着互联网的发展进入新的阶段，互联网所能够发挥的功能从简单的信息传递扩展至数据共享与处理，社交化与智能化的互联网理财平台得以实现。Motif Investing 创立于 2010 年，在 2012 年正式上线，将“社交化选股平台”作为基本定位，为客户提供理财服务。在 Motif Investment 上的投资组合被称为 Motif，每个 Motif 由一组具有相似主题或理念的多只股票、债券或 ETF 基金组成，这些 Motif 又分为以股票为主要投资标的的权益型组合、以债券为主要标的的固定收益组合以及用来满足退休后或未来特定时期财务需求的组合等，以符合不同投资者多样化的需要。用户可以根据自己的投资理念从平台上选择已有的 Motif 直接使用，也可自行修改和调整 Motif 中包含的股票/基金组成和比重后使用，还可以自己创建全新的 Motif。同时，Motif Investing 还将社交机制引入平台，用户可以把自己的 Motif 分享给好友或者选定的圈子，共同对 Motif 进行讨论和优化。如果说 Motif Investing 是互联网理财平台社交化的代表，那么 Wealthfront 则将互联网理财平台的智能化体现得淋漓尽致。Wealthfront 用计算机算法和标准作为投资模型为客户管理投资组合，利用大数据挖掘和分析实现了投资的智能化。在用户首次使用 Wealthfront 时，平台会通过调查问卷和大数据分析用户的风险偏好和风险承受能力，然后根据评估结果为用户量身定制投资计划，并向用户自动配置根据专门的计算机算法挑选的交易所交易基金（ETFs），同时平台会随时监控投资动态，并定期更新投资组合计划。整个投资过程都由 Wealthfront 自动完成，后台系统全天候自动管理投资理财账户，使客户从纠结的投资决策中解脱出来。

3. 基于全能金融服务的互联网综合性理财平台：以嘉信理财（Charles Schwab）为例。嘉信理财在多样化业务类型的基础上，在互联网上搭建了一个综合性金融服务平台。客户只需要通过其所持有的嘉信理财的账户，即可经济便捷地获取各类金融产品和服务。产品类型囊括了共同基金、指数基金、股票、债券、固定收益工具、期权、大额存单、货币市场基金、保证金贷款、保险、年金以及境外市场的金融产品。同时，通过嘉信理财平台，客户还能直接获取银行服务，使用支付账户和储蓄账户，申请住房贷款。凭借嘉信理财经纪业务的传统优势，该平台还能为客户提供交易平台和交易工具，通过网页、软件和移动客户端为客户的金融产品提供交易服务，并且提供财富管理顾问服务，为客户的财务计划和资产配置提出建议。通过嘉信理财的平台，客户可以一站式地完成几乎所有的投资理财活动。嘉信理财平台也在智能化方面寻求突破，适时推出了智能投资咨询服务（Schwab Intelligent Portfolios），通过智能系统自动地提供投资建议、规划投资组合、自动监测资金额、合理进行税务筹划。嘉信理财最大程度地囊括了多样化的金融服务，并且在一定程度上利用了智能化的互联网技术，在理财服务的深度和广度上实现了与真正意义上的互联网综合理财平台的匹配，

① 李卫东：“互联网金融：国际经验、风险分析及监管”，《金融会计》2014 年第 7 期。

也是当前互联网综合理财平台最为典型的范例。

（三）我国互联网综合理财平台的实践

1. 产品超市型互联网综合理财平台：以百度财富和小马 bank 为例。将不同类型的金融理财服务集中到一个平台，以金融产品超市的形式使客户能够便捷、高效地比较、选择并获取理财服务，是互联网金融最初的形态，也是我国互联网综合理财平台的初级模式。百度财富是由互联网巨头百度公司开设的互联网综合理财平台，该平台覆盖了主流的理财、贷款、保险、信用卡和股票五大类理财服务，从而形成了产品多样化的理财服务超市。客户可以通过百度财富平台，选购银行理财产品、P2P 理财产品、信托理财产品以及基金，申请消费贷款、经营贷款、购车贷款和购房贷款，购买车险、健康险、旅游险、意外险等保险产品，申请各大银行的信用卡产品等。百度公司同时也开发了百度钱包作为第三方支付工具，能够实现银行转账、提现和支付等资金管理服务，为客户提供信用卡还款、网游充值、彩票投注、爱心捐款以及其他的生活消费支付等服务。此外，百度还设置了百度金融板块，为客户提供理财产品和众筹融资项目。

小马 bank 作为典型的银行系互联网综合理财平台，依托于包商银行而设立。小马 bank 为平台用户主要提供两种产品，即本质分别为项目投标和货币基金的“千里马”和“马宝宝”。前者实际上是将包商银行传统小贷业务的贷款转化为债权在线上出售，而后者则是与余额宝类似的委托招商基金管理的招商招钱宝货币市场基金。通过小马 bank 平台，客户能够以较低的投资门槛购买上述产品。当然，小马 bank 除了提供上述产品之外，还整合了互联网综合智能理财的概念，利用互联网和大数据技术，根据客户输入的相关信息对客户进行智能化的风险评测，智能化地对客户进行理财规划并提出资产配置建议，从而完成自动化的理财规划服务。

2. 账户整合型互联网综合理财平台：以君弘一户通和挖财为例。将用户的各类金融账户整合在一个平台账户之下，通过统一平台接口为客户提供多元化金融服务是互联网综合理财平台的显著特征。君弘一户通作为国泰君安打造的一站式理财平台，实现了一个账户全面管理的目标。客户可以通过君弘一户通账户将名下的证券、期货、资管、场外等实体账户实名绑定到君弘一户通账户，可以直观地对所有实体账户和整体资产状况进行全景式的管理，并且可以便捷地直接进行证券、期货、融资融券、场外市场等交易下单和购买各类理财产品。具体而言，客户可以通过君弘一户通实现资产展示、产品一站式购买、交易、转账、支付等功能。可以说，国泰君安推出的君弘一户通已经基本实现了账户一站式管理、支付、理财三方面的主体功能，初步形成了互联网综合理财平台的架构。但是与国外的平台相比，还存在着一些不足。一是由于分业经营的限制，账户管理只是限制在证券公司已有的业务之上，而无法实时管理银行储蓄账户；二是理财产品的推荐只是简单地陈列，并未基于大数据分析用户偏好，不能实现个性化定制；三是未能提供社交化机制。

除了金融机构之外，互联网企业也在整合金融账户方面进行尝试。挖财是类似于 Mint 的互联网理财平台，能够为客户提供账户管理服务。客户通过将银行储蓄账户、信用卡账户、理财账户、支付宝账户和证券公司账户等与挖财账户进行关联，即可通过挖财账户完成不同账户的访问和管理，使用户能在同一界面内实现对自己活期存款、定期存款、银行理财产品、信用卡、网络账户、基金、债券、证券账户资产管理的覆盖，这使得挖财用户能更加全面和精准地管理好自己的各类资产，极大地便利了用户全面理财。

3. 社交网络型互联网综合理财平台：以雪球和米投为例。随着社交网络在我国的发展，也有互联网企业从社交网络的视角尝试建立社交化的互联网综合理财平台，其中比较有代表性的就是雪球网和米投网。雪球打造了一个基于财经信息和金融活动而关联起来的社交网络，由雪球向注册用户提供新闻资讯、论坛、日记、博客、微博、评论、股票行情、公司信息等相关信息，使用户能够及时自动获取与其投资品种相关的金融信息，并且能够直观地查看和管理账户的持仓和收益情况。更为重要的是雪球通过投资者社区和群组建立客户之间的关系，使用户能够通过“找人”精准定位与其投资兴趣类似的其他用户，相互交流和分享投资经验和技巧。

米投网与雪球有所差别，并非只限于信息的提供与分享，而是创设了一个开放式的投资顾问平台，从“策略师”和“投资者”两个方向提供服务，集投资策略的研发、销售、交易于一体。经米投网认证的专业投资人士和投资机构可以在米投注册为策略师，将其自主研发的投资策略在米投网上发布销售并获取收益。米投网为策略师提供策略发布平台和账户管理工具，并完成投资策略的审核、上架、销售和分成的一站式服务。投资者通过米投的网页端或手机端控制交易账户，选择适合的投资策略，进行自动或手动跟单交易，使经验欠缺的投资者能够在事实上享受定制级的投资顾问服务，提高其投资的成功率。

三、我国证券行业建立互联网综合理财平台的创新路径

（一）证券行业互联网综合理财平台的业务模式概述

1. 证券行业构建互联网综合理财平台的四大内容要素。互联网综合理财平台融合了互联网和金融的不同属性特征，其依托于互联网，融入“开放、平等、协作、分享”的互联网理念，借助大数据、云计算、新一代网络通讯等技术革新。互联网金融强调的是服务碎片化、交易扁平化、信息的爆炸性、用户体验与人人参与，但是金融的功能属性、风险属性和契约精神没有改变，互联网综合理财平台的核心仍是在于金融专业领域的服务。从业务模式的广度来看，证券行业构建互联网综合理财平台时应具备以下四个方面的内容要素（见图 1）。

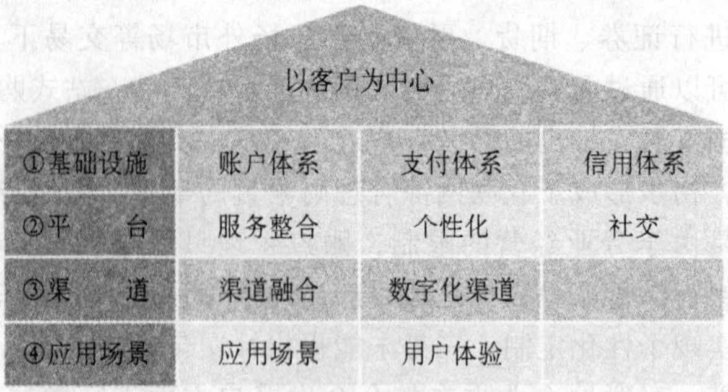

以客户为中心			
①基础设施	账户体系	支付体系	信用体系
②平　台	服务整合	个性化	社交
③渠　道	渠道融合	数字化渠道	
④应用场景	应用场景	用户体验	

图 1　证券行业建立互联网综合理财平台需要具备的四大内容要素

（1）基础设施。此处的基础设施主要是指以客户的账户体系为中心，以支付体系、信用体系为辅助手段构建的客户基础信息平台。账户、支付、信用应当是互联网综合理财平台的三大基础支柱。

（2）平台。平台是指连接两个或多个特定群体，为其提供行为规则、互动机制和互动场所（常常是虚拟场所），并从中获取盈利的一种商业模式①。证券行业开展互联网综合理财业务的载体是平台，平台应当具有三个关键点：服务整合、个性化与社交属性。

（3）渠道。渠道的核心议题是多渠道整合，即客户能够自由选择在何时通过何种渠道获得怎样的金融产品和服务，其背后是机构不同渠道在产品和服务、流程、技术上的无缝对接②。根据波士顿咨询公司（BCG）的测算，到2020年，互联网和移动渠道总共将为银行贡献近40%的销售交易以及66%的售后服务和转账交易，远高于2012年水平（分别为20%和50%）。

（4）应用场景。互联网带给客户行为和心理的变化体现在要求金融服务的生活化，对于用户体验的要求达到了前所未有的高度，可以说应用场景将重构企业与人之间的商业关系。应用场景并不是指某一个独立的功能，而是自客户打开应用之始，涵盖在每一个环节和操作之中，甚至包括界面的设计是否美观、舒适。将金融嵌入到客户的生活中，将产品与场景相融合，捕捉到客户最基本的需要，吸引客户的眼球，提升客户的用户体验，真正做到以客户为中心。

2. 互联网综合理财平台的三大功能层次。从业务模式的深度来看，互联网综合理财平台所具备的核心功能是具有层次性的。我们设想构建的互联网综合理财平台最基础的功能是为各类理财活动提供一站式解决方案，进而是要变革传统的投资理财方式，最终进化为集资金管理和投融资于一体的全功能金融服务平台（见图2）。

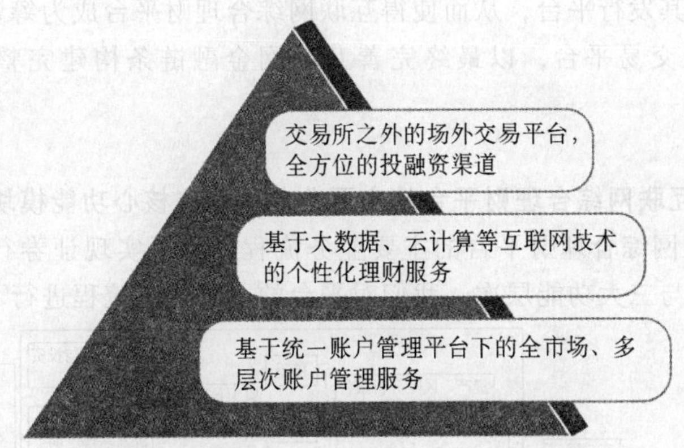

图2　互联网综合理财平台的三大功能层次

（1）综合账户管理功能是互联网综合理财平台的基础功能。综合账户管理功能是互联网综合理财平台的底层基础，从形式上应当有统一的界面和唯一的号码提供给客户，从结构上应当是以一个虚拟账户关联全部实体账户，从受理、征信、开立、变更到注销等全部的业务流程应当是以简捷、统一和方便的方式完全在线操作，其核心功能应当包括以下几方面：

①完整和实时的记录和反映客户的资产数额、种类、损益和收付状况；

②分析收支、预算和现金流，提供预算管理和开支计划；

③转账支付，包括关联实体账户间的资金划转，以及外部支付功能；

①② 邓俊豪，张越，何大勇：《互联网金融生态系统2020——新动力、新格局、新战略》，波士顿咨询公司。

④现金管理，智能配置货币基金、理财产品等固定收益类产品；

⑤消费金融，根据网络征信状况给予小额消费金融贷款；

⑥网络经纪，通过虚拟账户进入证券、期货、保险、信托等产品交易通道进行网上交易；

⑦取现，未来考虑的方向。

(2) 智能化和社交化理财平台是互联网理财平台的核心功能。利用互联网技术实现投资理财的智能化和社交化是互联网综合理财平台的更高级层次。一方面，互联网时代产生的海量数据以及数据挖掘、大数据分析技术为投资理财活动提供了有利条件。互联网综合理财平台能够借此对客户需求和特性进行精细化和智能化的处理，其核心功能包括对客户的风险偏好、承受能力和具体需求利用相关模型进行评估，根据评估结果以自动和智能的算法为客户建立投资组合，依据系统自动生成和实时调整投资组合。另一方面，社交功能是互联网综合理财平台另一个重要功能，开放的社交功能可以为全体投资者提供自主设计和展示智能投资组合的舞台，提供给平台使用者交流和完善智能投资组合的机制，提供智能投资组合转让和收费的通道。

(3) 互联网金融产品发行和交易平台功能。构建全功能开放式网上金融服务平台是互联网综合理财平台的未来发展趋势。随着综合金融服务渐成趋势，真正意义上的证券公司互联网综合金融服务平台未来可能类似于Lending Club的二级交易平台，为其所发行的P2P产品提供交易渠道。甚至于随着股权众筹的发展，未来证券公司推荐的发行人也可以利用互联网综合理财平台作为其发行平台，从而使得互联网综合理财平台成为筹资者和投资者创建的证券发行平台和资产交易平台，以最终完善互联网金融链条构建完整的互联网金融生态系统。

(二) 证券行业互联网综合理财平台的主要业务流程与核心功能模块

1. 证券行业互联网综合理财平台的主要业务流程。为了实现证券行业互联网综合理财平台的四大内容要素与三大功能层次，我们对平台的主要业务流程进行了设想（见图3）。

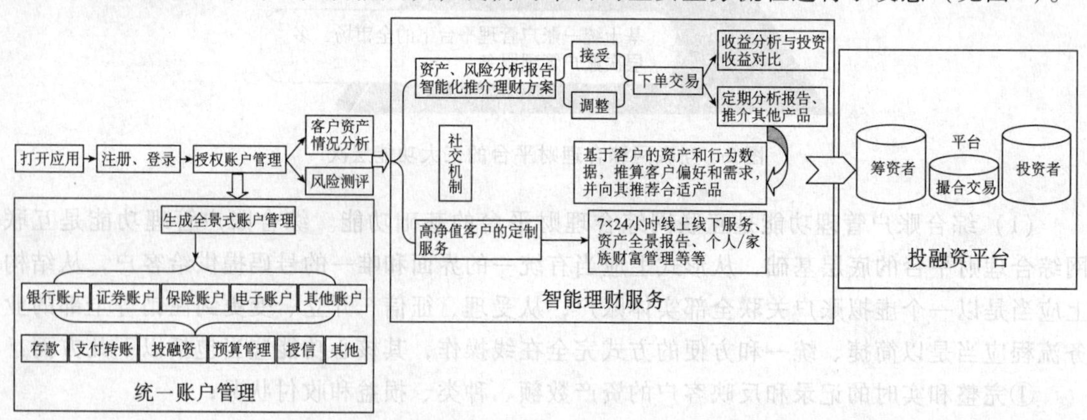

图3 互联网综合理财平台的主要业务流程设计图

(1) 使用平台的客户在浏览介绍页后，进入注册、登录界面，其后签订电子合同，由客户授权平台账户对实体账户，如银行账户、证券账户、保险账户、电子账户等实体账户的管理，进入统一账户管理模块。客户可以以平台为媒介进行支付、存款、证券交易等投融资活动，设定预算目标，并且平台会基于客户的数据分析对客户进行信用评级，为客户提供预算管理、消费记录、预警与建议等信息推送。

(2) 客户将账户信息进行关联管理之后，由客户在基本信息页面输入其他资产情况（如房产、车辆等）以及理财目标等信息，并进入风险测评。

(3) 根据客户账户资产和其他资产基本情况，智能化生成资产评估报告和风险测评结果，为客户制订理财方案，向客户推介理财产品。客户可以接受平台给出的既定方案，也可对方案进行调整。确认理财方案后，在平台上一键下单交易。

(4) 高净值客户群（如100万元人民币以上的客户），不仅可以享受到一般投资顾问团队的服务，而且可以得到最高级水平的服务，如全方位的投资方案建议、定期的完整的财务审查报告、7×24 小时的线上线下投资顾问服务、节税方案、帮助客户管理期权和固定资产等。

(5) 在客户持仓过程中，平台会对客户的投资组合进行动态追踪与分析，并且根据市场变动和客户资产变动情况发送建议信息，提醒客户进行持仓调整，或者基于客户的资产变动、目标变动与行为数据。平台也将为客户推荐调整持仓方案，推荐适宜客户个人财富管理特点的产品。

(6) 平台中设置了社交化理财功能，客户可以在平台上发布自己的信息、分析以及投资组合，其他投资者可以参与讨论。

(7) 在投融资交易的子平台上，为筹资者和投资者撮合交易。现阶段，主要是P2P、股权众筹等，提供信息发布、估值、咨询、交易等服务，待专业技术和网络技术成熟后，还将设置二级交易平台和非流动资产交易平台，真正实现资产管理的全覆盖生态圈。

2. 证券行业互联网综合理财平台的核心功能模块。根据前文所述的业务流程，证券行业互联网综合理财平台主要包含五个核心业务功能模块，如表 1 所示，即账户管理、智能理财、财务分析、社交机制与投融资交易。

表 1　互联网综合理财平台的核心功能板块

业务模块	主要功能
账户管理	存款、在线支付、转账、证券交易、信用评级等
智能理财	风险测评、资产分析、理财方案
财务分析	动态追踪、收益/风险分析、持仓调整、产品推介
社交机制	信息分享、组合分享、“朋友圈”
投融资交易	信息发布、估值、咨询、撮合交易

(1) 账户管理。账户管理是指显示客户授权平台管理的所有账户和资产变动信息，并在此基础上形成存款、支付、转账、证券交易、信用评级等功能，可快速掌握资产的整体信息。

客户注册平台账户后，可以授权平台账户对银行账户、证券账户、保险账户、电子账户等实体账户进行部分或者全部的管理。根据客户输入信息，各实体账户将与平台账户关联，客户只需登录平台账户即可管理和使用已经与之链接的其他账户。

资金管理：客户可以全景式地查询个人资金的数量和分布情况，并在此基础上进行存款、在线支付、证券交易、转账等应用。

账目记录：平台将记录用户的每一笔消费支付、转账、交易等记录，并通过自动检索分类技术，将每笔记录归集到对应科目，账目一目了然，方便客户依据自己的消费习惯管理资金。

预算管理：用户可以在平台上设置自己的预算安排，平台会根据用户过去的支出状况显示在此条件下，每月结余、年度结余的预计值，方便用户控制和调整支出决策。

预警与建议：平台会定期或根据客户个人设置，向用户推送信用卡还款、账单支付、存款计划、预算超支等预警信息，并且按照用户的目标和消费习惯，向客户推介收益率更高或者费用更低的理财产品。

信用评级：平台将根据客户消费、转账、交易等账户记录，通过预先设定的计算公式，对客户的信用情况进行评价，给予客户一定的信用额度，客户可通过信用额度参与理财及相应的投融资交易。

（2）智能理财。智能理财是指通过计算机算法和模型为客户定制个性化理财方案，并且引入客户参与方案设计。

客户在输入自己的个人信息（年龄、职业、收入等）、资产状况、理财目标等基本信息以及进行风险测评后，进过模型计算，平台会为客户自动生成智能化投资方案，包括客户的资产风险、风险偏好类型、理财方案的内容（包括但不限于各类型产品投资占比、预期收益率、风险）。

客户可以接受平台推送的智能理财方案；也可以调整方案整体风险系数，或者是各类型理财产品的投资比例；也可以删除、添加产品，或者自行创建投资组合，其后实现一键下单交易。

（3）财务分析。平台将为客户提供个人业绩对比、大盘指数对比、个股动态追踪、投资组合检测与调整建议、市场信息推送、宏观环境分析等各类型投资顾问服务内容，根据市场变动和客户资产变动情况发送建议信息，基于大数据分析，向客户推介适宜的理财产品，提醒客户进行持仓调整。

不同级别的客户还将拥有不同权限的投资顾问服务。

（4）社交机制。客户可以在平台上，在符合法律规定的范围内发布自己的观点，分享自己的投资心得，建立志同道合的“圈子”。

投资达人们甚至可以建立自己的投资组合，在平台上转卖给愿意购买的其他用户，或者共同讨论修改和优化投资组合。

（5）投融资交易。

信用交易：客户可以在平台上申请信用贷款。基于对客户资产和风险的评估，平台为客户提供 P2P 撮合交易，或者由平台向客户提供信用贷款。

股权众筹：客户可以在平台上发布股权众筹产品，依托于平台托管、结算和支付服务，为筹资者和投资者撮合交易。

柜台市场服务：客户可以通过平台购买、转让在证券行业柜台交易市场发行的产品。

二级交易平台和非流动资产交易平台：客户可以交易非标准化产品，如 P2P 借贷债权、民营企业的股份、票据等。平台不仅提供技术上的中介服务，而且还拓展综合性的咨询和服务，包括交易的估值、数据、研究、分析、法律咨询等。

（三）证券行业互联网综合理财平台的业务盈利模式分析

通过前文的研究分析，我们对证券行业互联网综合理财平台的业务流程、核心功能模块都有了比较清晰的认识。然而，对于任何一种成熟的商业模式而言，可持续、稳定的业务盈利模式的重要性不言而喻，通过对国外主要互联网综合理财平台的研究，我们认为未来证券行业互联网综合理财平台的盈利模式主要有以下几个类型：

1. 通过账户管理功能，收取账户服务费用。如 Wealthfront，该网站要求每个用户开户的最少金额是 5 000 美元，低于 1 万美元的投资不收取任何费用，超过这个额度则对账户每年收取 0. 25% 的服务费。

2. 通过智能理财功能，向客户推荐投资组合，收取服务费用。如 Motif Investing 规定用户在某个投资组合上的总体投资额不能低于 250 美元，但不论用户总体投资额有多少，也不管用户是使用网站提供的投资组合还是自己创建，用户通过该网站每购买或出售一次组合，网站就收取 9. 95 美元的费用。而如果只交易其中的一只证券，则每次收取 4. 95 美元。此外，该网站还针对客户将账户内的现金转入其他金融账户或者将证券全部转给其他证券公司（非以证券交易的方式转出）等收取一定的费用。用户也可以通过该网站去贩卖自己的投资组合模型，Motif Investing 会从中收取一定的提成，越赚钱的 Motif 投资组合模型会有越多的购买者。

3. 不收取任何直接费用，但通过交叉销售、流量导入、销售分成等其他方式获得收入。如 Simple 不直接向客户收取服务费，Simple 的收入来自存款带来的存贷利差与支付带来的收单费，按比例与合作银行进行分成；再如 Mint，除摩根大通、美国银行和美国运通等大型金融机构外，电话公司、有线电视网络都是 Mint 的客户。一旦 Mint 用户的支出项目中发现类似的条目，Mint 就会定向做出相关推荐，Mint 即可以从相关交易中获得佣金。最后，如嘉信理财（Charles Schwab），虽然其不直接向客户收取任何费用，但是该网站通过智能理财功能向客户推送的投资组合都是由其担任管理人的基金，再通过基金的管理费用获得相关收入来源。

与国外互联网综合理财平台形成鲜明对比，目前国内主流的互联网综合理财平台，如雪球、米投、挖财等，都还未找到适合自己商业模式的盈利之道，还处在“烧钱”的阶段，这与我国投资者的消费习惯及互联网企业通用的商业模式有很大关系。目前国内大部分投资者尚不能接受支付固定年费或按资产付费的模式，而更容易接受服务免费，通过增值服务等其他手段收取额外费用的方式。这也就决定了证券公司在设计互联网理财平台未来的盈利模式时，应当以不收取直接费用为首要原则，再结合自身的业务优势，借鉴国外的先进经验，通过推荐投资组合、交叉销售、流量导入、销售分成等多种渠道获得收入来源。

四、互联网综合理财平台所涉及的法律问题与制度障碍

（一）法律地位问题：基于主体资格和业务类型的视角

互联网综合理财平台是金融机构提供产品和服务的虚拟化场所，并无独立的主体资格，所有的权利义务和责任都由其运营机构承担，但作为新型业务模式需接受金融监管。互联网

综合理财平台并不是独立存在的，而是由金融机构或者其他主体设立并运营的。传统实体金融模式下，金融机构向客户提供服务都是依托于物理场所，而互联网综合理财平台则采用了成本更低且更加实时便捷的提供方式，将金融产品和服务的场所从线下转移到线上，将实体场所变成网络空间的虚拟场所，使客户能够足不出户地借助网络终端接受服务。尽管营业场所发生了质的变化，但是作为金融产品和服务提供者的金融机构并未改变，金融机构在服务合同关系中的主体地位并未被取代。换言之，互联网综合理财平台不是具体独立的法律主体，而是运营机构提供产品和服务的虚拟场所以及与客户的交互通道，或者说是以网络化方式开展金融业务的新型业务模式。归根结底，互联网综合理财平台并不具有独立的法律主体资格，互联网金融理财平台的运行以及在运行过程中所产生的法律关系和权利义务与责任都由运营机构承担。同时，由于互联网综合理财平台所提供的金融产品和服务具有特殊性，属于需经监管部门审批的特殊行业，因此互联网综合理财平台的设立和运营需要满足金融监管制度的要求，且要接受金融监管部门的持续监管。需要说明的是，互联网综合理财平台并不是作为金融市场主体，而是作为一种业务模式接受金融监管。

（二）市场准入问题：基于平台设置与业务许可的视角

从互联网综合理财平台的设立来看，互联网综合理财平台是运营机构开发和维护的将多样化理财服务集合起来向客户提供的网络系统，其本身并不属于法律实体，而是类似于一种业务或者是金融机构营业场所的延伸。如果将互联网综合理财平台形象地比喻成一座商场，那么平台上集成的各种金融服务就像是商场中不同品牌的商品，正如商场为厂家或者经销商提供门店以及物业、宣传等配套服务一样，互联网综合理财平台为金融机构提供连接客户的通道，并且以智能化、社交化的信息技术手段提供其他增值服务。尽管互联网综合理财平台的运营机构也有可能与其他金融机构一起通过平台向客户提供金融服务，但这属于金融服务提供者与客户之间的金融服务合同关系，而互联网综合理财平台只是为金融服务合同的缔结与履行提供辅助服务，并不直接从事金融业务。因此，互联网综合理财平台无须申请金融业务许可。然而这并不意味着互联网综合理财平台就没有市场准入限制。由于互联网综合理财平台为金融业务活动提供辅助，涉及敏感的客户资料和资金转移，关系到金融交易的安全和广大金融消费者的利益，因此有必要对互联网综合理财平台的设立设置一定的门槛，以确保网络服务系统的安全稳健运行，并且还应要求这类平台到金融监管机构备案。互联网综合理财平台在设立时，一方面运营机构需要符合条件，具备支持平台安全有序运行的人员、技术、资金等基础；另一方面，平台自身也要具有稳健支持金融机构开展业务的条件，信息系统的构架和运行达到金融机构网络服务系统的要求。

（三）防火墙问题：基于风险隔离与独立性的视角

为了防范利益冲突并避免风险传导，我国金融市场实行分业经营，同一机构不得同时经营跨业别的金融业务，例如银行目前不能直接从事证券业务①。甚至在同一金融机构内，不同业务部门之间也需要设立“中国墙”来控制或者隔离不同业务部门之间的信息流动以确

① 周旭，白程赫：“探讨中国金融业经营制度——基于分业经营与混业经营的比较”，《中国集体经济》2013 年第 7 期。

保独立性，从而防止利益冲突或内幕交易的发生①。互联网综合理财平台利用平台账户关联所有金融账户，造成金融账户虚化以及账户之间界限的模糊，容易导致客户对金融账户失去直接的控制。加上客户对互联网综合理财平台的授权，使得平台能够获取客户金融账户的账号和密码并且能够代表客户下达指令，平台能够同时对客户的多个金融账户进行控制，这就导致代理成本高企，利益冲突加剧，客户容易暴露在极大的道德风险之中。假设缺乏有效监管，互联网综合理财平台出于自身利益最大化的考量，在没有客户明确指令的情况下可能会存在擅自对客户金融账户进行频繁操作以获取佣金的背德行为，或者在投资建议中将自身利益置于客户利益至上。为了避免高度混同下的代理问题与道德风险，就需要建立适当的风险隔离机制以保证账户之间的独立性，在平台账户与金融账户之间以及各金融账户之间建立有效的防火墙，完善对账户变动的客户真实指令的验证与甄别，避免虚假指令以及平台账户延迟变动等问题，使得平台账户的功能真正回归到对各金融账户的统一管理上，保证各金融账户之间的独立性，从而防止互联网综合理财平台通过后台的隐蔽操作损害客户利益。同时，互联网综合理财平台应当恪守其中介职能，将业务信息与客户资金流动严格分割，避免直接经手客户资金。

（四）透明度问题：基于信息披露与适当性的视角

金融机构向金融消费者提供理财产品和服务时，需要确保双向的透明度。一方面，金融机构需要向客户充分披露金融产品和服务的基本信息，使客户了解相关产品和服务，并在了解真实情况的前提下理性作出投资决策，防止信息不对称造成的客户利益受损；另一方面，金融机构需要了解客户的投资水平和风险承受能力，即所谓“了解你的客户”，从而为客户提供与其能力相适当的金融产品和服务②。在互联网综合理财平台的业务模式下，金融机构的产品和服务都是通过互联网综合理财平台向客户展示，客户也都是通过互联网综合理财平台下达指令进行理财活动。尽管互联网综合理财平台在技术上使得客户的投资理财活动更加便利，但是也在事实上增加了金融机构与客户之间的交流环节。为了保证金融活动的透明度和保护金融消费者权益，在互联网综合理财平台运营的过程中，也需要满足法律规定的提供金融产品和服务时的信息披露和投资者适当性要求。首先，互联网综合理财平台作为第三方，虽然不直接提供金融产品和服务，但是在居间撮合时有义务向客户及时、完整、真实、准确地提供相关信息。这些信息应包括金融机构对互联网综合理财平台的授权信息，揭示互联网综合理财平台与相关金融机构的合作关系，明确权利义务承担以及责任划分，使客户充分了解互联网综合理财平台的法律地位和责任范围。其次，互联网综合理财平台要按照不低于金融机构销售产品和服务所应承担的信息披露义务要求，在平台页面上对相关产品和服务所应披露的事项予以披露，使客户能够通过互联网综合理财平台便捷、直观、及时地获取相关信息。再次，互联网综合理财平台在居间撮合金融机构与客户之间缔结合同时，应当协助相应的金融机构对客户进行风险评估。同时，互联网综合理财平台在提供综合性理财服务信息时，也应独立地对客户进行评估，从而推荐与其能力相适应的金融产品和服务。对于投资

① 台冰：“论我国证券业信息隔离监管制度的缺失与完善”，《深交所》2007年第5期。

② Ronald J. Colombo, “Merit Regulation Via The Suitability Rules”, *Journal of International Business and Law*, Vol. 12, 2013, pp. 1 - 16.

者风险承受能力要求较高而必须现场办理的金融产品和服务，互联网综合理财平台只能限于提供信息，不能在网上直接完成交易。

（五）监管体制问题：基于管辖权与监管协同的视角

互联网综合理财平台在某种意义上打破了传统金融市场分业经营模式下的条块分割，而将不同金融业别的金融业务集中到一个网络平台，这就会给金融监管带来极大的挑战。最直接的问题就是互联网综合理财平台的监管主体如何确定。即在当前我国监管体制下，到底是央行，还是中国银监会、中国证监会或者中国保监会负责对互联网综合理财平台的监管。互联网综合理财平台同时为客户提供跨业别的金融服务，其在具体业务和功能上有多样性，因此无法将其片面地划归某一监管部门行使监管职权，而是应该根据金融活动的功能作为判断监管主体的依据和标准，将互联网综合理财平台中属于相应监管部门监管范围的业务分别划归相应的监管部门进行监管。事实上，伴随着金融混业经营的进一步深化，各金融机构在其具体业务及功能上的分业日益模糊，各监管部门单纯依据对特定行业金融机构的监管职能划分来实施监管已不能满足现实的监管需求，监管部门亟须突破金融机构的局限，转而以各金融活动的功能作为判断该金融活动是否属于其监管范围的标准，从机构监管转型为功能监管，① 即按照金融功能来划分金融监管领域，对相同的金融服务制定相同的监管标准，而不管经营这类金融业务的具体机构是什么。就互联网综合理财平台而言，其所涉及的多种业务并不是单一监管部门可独立实施监管的，而是广泛分散在各监管部门的监管范围之中。因此，对于互联网综合理财平台的监管需要采用“功能监管”的思路，由各监管部门根据平台所涉及的业务来确定监管模式。

然而，当多个监管部门同时对互联网综合理财平台进行监管，就会形成“九龙治水”的局面，这种多头监管容易造成监管冲突和监管真空，从而为监管套利创造机会②。因此，可以探索建立主监管制度来明确对互联网综合理财平台实行兜底监管的监管主体，将互联网综合理财平台运营机构的监管主体确定为主监管者，由其对难以确认监管主体的业务和行为进行兜底监管。即便互联网综合理财平台运营主体非金融机构，也可以在互联网综合理财平台设立之时选定主监管者，由其对监管真空承担兜底监管责任，以消除监管真空。

五、我国证券行业建立与发展互联网综合理财平台的制度完善

随着金融与互联网的深度交融，互联网综合理财平台作为高度集成、跨业别、多样态金融服务的新型互联网金融模式，将为传统金融服务行业带来全新机遇与挑战，为其发展提供良好的制度基础。互联网综合理财平台这一新生事物打破了传统金融服务行业的固有模式，对现有金融监管体制和制度提出了全新挑战。如何在保障金融安全和保护金融消费者权益与维护金融服务行业的发展之间寻求平衡，是制定互联网综合理财平台监管制度的核心考量。立法机关、监管部门和行业自律组织要根据互联网综合理财平台的发展状况以及具体业务模式的发展，有针对性地根据维护金融消费者权益和促进金融服务行业发展的原则制定相应的

① 罗培新：“美国金融监管的法律与政策之反思——兼及对我国金融监管之启示”，《中国法学》2009 年第 3 期。

② Victor Fleischer, Regulatory Arbitrage, Texas Law Review, Vol. 89, 2011, p. 227.

具体规则，进一步规范互联网综合理财平台的运行。

（一）建立互联网综合理财平台市场准入制度

平台设立条件是互联网综合理财平台的市场准入制度首先需要解决的问题。从前文分析的互联网综合理财平台运营模式来看，互联网综合理财平台的设立条件需要从以下几个方面予以规范：

1. 适格的设立主体，即明确哪些主体有资格作为互联网综合理财平台运营机构设立和维护平台的运行。由于互联网综合理财平台并不直接提供金融服务，所以原则上来说并不能将平台的设立主体局限为金融机构。然而要保证互联网综合理财平台的正常运行，必须要求设立互联网综合理财平台的主体具备支持平台运行的基本能力。这种能力主要表现在两个方面：一方面是在业务上具有协调在平台上嵌入的综合性金融业务并提供辅助服务的能力，具体包括对相关金融业务的熟悉程度、配备有丰富经验的金融从业人员、与金融机构的协调与沟通等；另一方面则是在技术上具有支持平台安全稳健运行的能力，主要是平台网络构架搭建、信息技术支持等方面的能力。因此，有必要将互联网综合理财平台的主体限定在具备上述两方面能力的主体范围之内。

2. 平台运行能力，即互联网综合理财平台运营机构为支持平台的有序运行所构建的系统后台具有足够的网络连接和信息处理能力，能够实时高速地在客户与金融机构之间传递交易指令和账户变动信息。设立互联网综合理财平台需要具备打通客户端、系统后台以及金融机构端，实现信息即时交换并维护平台稳定运行的能力。这种能力既需要互联网综合理财平台在硬件上有强大的系统服务器设备和网络设施，又需要平台在软件上具有用户友好的操作界面或者客户端以及强大的技术运维能力。

3. 平台安全性，即设立互联网综合理财平台建立有效的安全管理措施和安全防范技术体系，具有安全可靠的信息安全管理保障能力，能够消除信息安全风险的产生和传递。这其中包括客户身份认证、密码管理、信息防火墙等。设立互联网综合理财平台，必须建立在确保客户账户和资产安全的前提下，因此平台的安全性也成为平台设立的基本条件之一。

互联网综合理财平台向客户提供金融服务业务和相关增值服务，构成互联网综合理财平台的内容。通过平台完成的金融业务涉及金融营业。尽管互联网综合理财平台并非金融服务的直接提供者，但是其作为居间人在撮合金融服务合同订立的过程也会涉及金融市场秩序，因而有必要将其纳入监管范围，在互联网综合理财平台对接某一类具体金融业务，或者对接其他金融机构的系统后台时，应当向互联网综合理财平台主监管部门以及相应金融机构和金融业务监管部门申请备案，以便监管部门对其进行有效监管。概言之，互联网综合理财平台开展居间撮合金融服务的业务以及不构成金融营业的增值业务时，并无必要申请业务许可，而是办理相关备案手续即可，而当互联网综合理财平台开展构成金融营业的业务时，需要获取相关业务许可。

（二）健全互联网综合理财平台业务运行规则

证券行业建立互联网综合理财平台，需要遵循平衡金融安全与金融效率的逻辑来构建平台业务运行规则，既要充分通过金融创新突破传统金融模式的局限，使资金和信息在互联网综合理财平台能够实现有效配置，又要严守风险防控的底线，切实保障金融活动的有序进行并维护客户利益。

1. 证券行业建立互联网综合理财平台需要健全信息披露规则。互联网综合理财平台应当及时、全面、充分地完成以下几个方面的信息披露：（1）产品信息披露。互联网综合理财平台上集成的基金、集合投资计划、银行理财产品等供客户选择的产品类型多样且数量繁多，为了使客户充分了解这些产品的真实情况，需要向客户充分披露相关信息。根据基金、银行理财产品等的销售规则，作为发行人的金融机构本身即应承担相应的信息披露义务，而互联网综合理财平台应该将金融机构披露的信息在醒目的位置、以容易获取和理解的方式予以显示。（2）服务模式信息披露。互联网综合理财平台应当向客户充分揭示智能化、社交化服务的基本原理和算法模型，以及依据计算机自动计算的特点，使客户充分了解该服务的真实情况。（3）权利义务配置信息披露。为了消除客户的误认，使其明确互联网综合理财平台的居间人地位，互联网综合理财平台应当向客户充分提示平台在理财活动中的真实法律地位以及责任承担范围。

2. 证券行业建立互联网综合理财平台需要健全风险隔离规则。具体而言，风险隔离规则应当包括以下内容：（1）业务隔离，即互联网综合理财平台应当在有可能存在利益冲突的业务之间设置防火墙，隔断信息传递与共享，并禁止不当激励，从而确保相关业务是按照公平原则完成，避免内幕交易或者底线竞争而导致客户利益受损。（2）禁止概括授权，即在客户将金融账户与平台账户关联后，金融账户的变动应当基于逐笔授权，互联网综合理财平台不得要求客户进行概括性授权。禁止概括授权，金融账户的每笔变动都需要客户通过平台账户独立授权，从而可以避免平台擅自操作客户金融账户的情况发生。

（三）完善互联网综合理财平台金融消费者保护制度

金融消费者保护是金融市场永恒的主题，证券行业建立和发展互联网综合理财平台也必须将投资者保护或者说金融消费者保护作为基本要求。

1. 互联网综合理财平台应当承担投资者适当性核查义务。通过互联网综合理财平台销售金融商品的机构在与客户缔约之前，应当作为投资者适当性义务主体对投资者适当性进行审查。在金融机构承担投资者适当性主要责任的基础上，要求互联网综合理财平台核查投资者适当性，能够更好地落实投资者适当性要求，以有利于保护投资者的利益。

2. 互联网综合理财平台应当建立有效的投资者教育制度。通过投资者教育能够提高客户的金融素养，从而使金融消费者和投资者充分理解金融产品和相关概念，有效识别金融风险和机会，理性作出投资理财决策，熟知救济途径以及采取有效行动以维护其利益，从而有效地强化投资者保护①。因此，证券行业建立互联网综合理财平台，应当要求互联网综合理财平台承担向其客户提供投资者教育相关的信息服务的义务。具体而言，可以采取包括但不限于设置专门栏目提供文本学习资料，或采取视频、音频以及互动游戏、投资者社区等创新方式。

3. 互联网综合理财平台应当建立完备的客户数据保护制度。证券行业建立和发展互联网综合理财平台，需要互联网综合理财平台在设立与运行中。一方面，加强平台基础设施建

① 肖钢："保护中小投资者就是保护资本市场"，《人民日报》2013 年 10 月 16 日。

设，建立稳固的安全防御系统和防火墙，确保平台系统本身的安全性，避免因网络攻击而造成数据泄露，并采用特殊的网络通讯协议以确保客户数据的封闭运行[①]；另一方面，要求互联网综合理财平台建立数据备份系统，以确保数据安全。同时，应当规定互联网综合理财平台对客户数据的保密义务，禁止其向包括金融机构在内的其他任意第三方共享、出售客户数据，以保护客户的金融隐私权。

① Emmanuel A. Abbe, Amir Khandani, Andrew W. Lo, Privacy - Preserving Methods for Sharing Financial Risk Explosures, Nov. 2011, http://papers. ssrn. com/sol3/papers. cfm? abstract_ id = 1962090.

证券经营机构利用互联网服务农村普惠金融的相关问题研究

华林证券有限责任公司　北京证监局　中国农业大学*

随着农村经济的发展、农村金融体制改革的深化，我国已初步形成了以正规金融机构为主体、民间私人借贷组织和农村基金会等非正规金融机构相结合的传统农村金融体系。但是，多数农村地区实际上仍属于“金融半荒地”，资源优化配置驱使银行等传统金融机构更趋向于围绕大中型企业及成长性高的创新型企业展开业务，布局“黄金战地”，大部分资本向中大型城市等经济发达地区集中，造成农村金融机构体系不成熟，农村资本供需失衡、部分落后地区中小企业投融资需求不能被满足等问题。随着信息化的推进，具有资源开放性、共享性、民主性与普遍性这四大特性的“互联网 + 金融”将有希望突破传统农村金融体系的旧秩序，成为实现农村普惠金融的新契机。“互联网 + 金融”在改善传统金融业务发展的基础环境的同时，也将衍生出新的金融服务方式和新兴金融产品，以提高中小型投资者适应性，引导资源配置更有效率，减缓二元经济带来的城乡经济发展差距，挖掘农村普惠金融核心价值。

证券公司，作为金融链上较高层、服务于投融资市场的主体，如何找到切入点开拓农村互联网金融市场、如何利用互联网服务农村普惠金融尤为重要，也是本文试图探讨的重点。

一、我国农村互联网金融的发展现状

从经验及调研情况看，无论是传统的农业生产还是农村电商经济，获得资源的主要渠道都是信贷。然而，传统金融在保证农村大企业信贷供给的同时，对小微企业和普通农户的供给明显不足。中国社科院农村发展研究所杜晓山撰文指出：“作为农村金融服务的核心部

* 小组成员：林立，于铁艳，雷杰，李喆，张琼，张乐久，任璐，李庚杰，张驰，王军。原载于《中国证券》2015 年第 10 期。

分，农村住户贷款业务面临现实挑战。”互联网金融在农村资源配置方面要优于传统金融。互联网金融基本不会产生传统金融“抽水机”的负面作用。相反，由于农村地区的项目能够提供更高的回报率，互联网金融会吸引城市的资金，转而投资在农村地区。

（一）我国农村互联网金融的发展模式

互联网金融在农村发展的时间相对较短，但由于互联网金融与农村需求天然的耦合性，目前在我国已经出现了若干种农村互联网金融模式。按参与企业的行业属性不同，主要分为传统金融机构、“三农”服务商、电商平台、P2P借贷平台、农产品众筹平台等主要形式（见表1）。

表1 我国农村互联网金融体系

行业	电商平台	“三农”服务商	P2P平台	众筹
典型企业	阿里巴巴	大北农	宜信、翼龙贷	东方集团
服务内容	◎线下服务站点 ◎针对性金融产品——蚂蚁金融 ◎第三方支付——支付宝 ◎淘宝商学院	◎人海战术 ◎完善征信系统 ◎研发风险计算模型 ◎与银行合作金融 ◎针对性金融产品——农富宝/农富贷	◎线下服务网点布局 ◎针对性金融产品——农商贷（宜信） ◎同城O2O模式 完善征信系统——熟人关系（翼龙贷）	◎农产品和农场众筹 ◎一站式专业众筹平台

1. 传统金融机构。传统金融机构对于农村金融改革做了很多有益的尝试，如甘肃农行的“四融”平台服务就是一种接近O2O的业务模式。在线下开展送“三农”知识、致富技能、金融产品上门等服务，帮助贫困农户发展致富产业；同时，专门设计研发“金穗e融”系统，通过PC、手机，不仅为农民群众提供小额存取现、账户查询、转账结算等基础金融业务，还可以办理新农合、新农保、话费、水电费等代缴费业务，极大地满足了他们的日常需求。

2. “三农”服务商。传统的“三农”服务商也开始“互联网”转型之路。以大北农为例，针对养殖户和经销商，大北农的互联网化有三个方向：第一个方向是数据信息管理，称为“农信云”，把畜牧养殖行业中的中小企业联合起来做“云服务”；第二个方向是农业交易，代表是“农信商城”，为农户和企业提供生猪交易平台；第三个方向就是“农信金融”，定位为农户个人理财支付和贷款业务。三个方向的关系十分清晰，利用“农信云”做入口，把企业和农户吸引过来；通过“农信商城”产生交易，留住企业和农户；利用“农信金融”做服务，最终实现“互联网+金融”的转型。在农业金融方面，2014年大北农发放的贷款额超过11亿元，2015年还将定向增发22亿元投向农业互联网与金融生态圈，以期未来更大的发展空间。

3. 电商金融。以阿里巴巴、京东等为代表的电商企业不断在广袤的农村进行市场开拓和业务布局，再加上国家鼓励电商下乡政策的推进，近几年，农村电商渗透率不断提高，这带动了农村消费的升级，也将带来农村金融互联网化发展的新契机。

（1）阿里巴巴：大数据下的农村金融。2014年10月，阿里巴巴（以下简称“阿里”）

启动“千县万村计划”，宣布在未来5年内投入100亿元建立1 000个县级运营中心和10万个村级服务站，在全国范围推广“淘宝村”模式。阿里还计划与农村信用社等农村金融机构合作，开放“阿里云”的云计算、大数据等技术，以支付宝钱包为媒介，在农村地区实现支付、转账、理财、保险等移动金融服务。2015年7月，阿里公布“村淘合伙人战略、农村物流发展战略、农村金融扶持战略、农村电商人才培养战略”四大农村战略，推动农村淘宝的“2.0”模式，瞄准思维灵活、有较强宣传意识、熟悉互联网的本地人，尤其是返乡青年，以解决农村居民专业化程度不够的问题。

与此同时，阿里旗下的蚂蚁金服也在向三线、四线城市及农村下沉。目前，蚂蚁金服连接了2 300多家农村金融机构，服务200多万户农村电商，通过和阿里的农村淘宝项目结合，给农民直接授信，发放纯信用贷款，贷款额度在2万—100万元之间。

（2）京东：结盟格莱珉银行，发力奔跑农村金融。2014年12月，京东金融宣布与格莱珉（中国）开展战略合作，通过借助格莱珉在农村“小微贷款”领域优秀的金融服务经验，结合京东的互联网渠道和供应链资源，携手开拓中国农村金融服务市场，为农民提供合适的小额贷款服务。京东还计划运用旗下的众筹平台为格莱珉在中国农村的业务开展筹款，并合作探索农村领域的消费贷款和创业贷款。2015年，京东金融更是将“农村金融”、“众筹平台”、“校园金融”合称为“三驾马车”，全面发力农村金融。2015年京东县级服务中心将在全国区县铺开，预计年内开业数目将超过500家。

4. P2P借贷。（1）宜信模式。宜信在实地调研的基础上，在甘肃、内蒙古、陕西、云南、四川等多个西部地区的农村地区铺设了大量线下服务网点，培养了一批熟悉农村市场的业务领头人，并先后推出“宜农贷”、“农商贷”等针对农村金融市场需求的产品和服务，逐步打造农村金融服务生态圈。宜信针对农村互联网金融市场的第二个“五年计划—谷雨战略”，预计未来5年将继续建设千余个农村金融服务网点，不仅提供资金信贷服务，还将延伸至农村支付、农村保险等业务领域。同时，建设农村金融服务生态圈，加大“互联网+”的资金投入，打造开放的“农村金融云平台”，实现宜信“服务农村实体经济发展”和“促进农村消费金融发展”这两大普惠农村金融的目标。

（2）翼龙贷：同城O2O模式。和宜信不同，翼龙贷走出了一条“加盟商”模式。翼龙贷从互联网获得资金，通过线下运营加盟，并且形成了一套农村特色的风控体系。

翼龙贷在农村金融方面更强调熟人社会的作用，强调加盟商的本地属性。加盟商开展业务之前，首先要把自己的房产抵押给翼龙贷，并且向总部交保证金。一个县级市加盟商可以获得放大30—50倍的资金量，总部也会持续考核加盟商的还款能力和坏账率，对于坏账和违约的损失，则由加盟商自己承担。通过加盟商模式和独特的征信、风控方式，翼龙贷的业务有了较快发展，风控水平较高。2014年翼龙贷全年交易量20亿元，坏账率不足1%。

5. 农产品众筹。众筹（Crowd Funding）是一种互联网属性很高的融资模式，其更加注重互动体验，同时回报方式也更灵活。2014年3月，国内第一家农业领域专门性众筹平台——东方集团的“尝鲜众筹”上线，其主要为农业项目的创业发起人提供募资、投资、孵化、运营等一站式专业众筹服务。2014年3月，阿里巴巴与安徽部分县市政府、浙江兴合联合推出“耕地宝”众筹项目。投资“耕地宝”的客户，不仅可以获得认购地农场一年四季的农作物产品，还可以享受一定次数去认购地免费旅游的机会。“耕地宝”上线仅几天就有超3 500名投资者认购了土地份额，认购面积达430余亩，销售额为200余万元。阿里还计划再投入1亿元推广该项目，预计在浙江、安徽等地流转5 000亩土地。

农产品和农场众筹是一个新的概念，由于参与、回报方式更加个性化，满足了“小众”需求，尊重投资者意愿，将是未来农村金融重要的发展方向。

（二）证券业提升农村金融服务的发展之路

发展农村互联网证券业务，不仅仅是在农村与证券业务之间加上“互联网”的要素，更是对原有农村证券服务模式的重构。而现阶段，证券机构虽然在四线城镇设有部分网点，但对整个农村市场的开发并不充分。

选取安信证券、银河证券与中信证券这三家大型证券公司，以城市等级为划分标准，统计上述证券公司营业部网点的分布情况（见表2），其中，对于我国城市等级的划分，参考“199IT互联网数据中心”[①] 的数据。

表2 部分证券公司营业部按城市等级的数量分布

证券公司 / 城市等级	安信证券		银河证券		中信证券	
	营业部比例（%）	营业部数量（家）	营业部比例（%）	营业部数量（家）	营业部比例（%）	营业部数量（家）
特级	23.47	46	21.82	72	44.21	42
一线	12.76	25	23.33	77	21.05	20
二线	15.32	30	16.36	54	12.63	12
三线	23.98	47	14.55	48	10.53	10
四线	24.49	48	23.94	79	11.58	11
汇总	100.00	196	100.00	330	100.00	95

资料来源：安信证券、银河证券、中信证券官方网站，数据截止到2015年6月5日。

如表2所示，三家证券公司在四线城市均有布局，安信证券与银河证券在四线城市的营业网点占比分别是24.49%、23.94%，这一数据高于中信证券。但四线城市营业网点的绝对数量依然很低，安信证券与银河证券分别仅有48家、79家。而我国在2013年末，设市城市就达到658个，县城1 600个左右，建制镇20 113个，乡12 816个。[②] 证券营业部的网点数量远远无法覆盖我国广袤的农村乡镇，农村区域仍然是证券服务的真空地带。

但考虑到农村金融市场的实际状况，现阶段单纯追求规模扩大和营业网点的全覆盖可能只会加剧证券公司和证券公司以及其他类型农村金融机构间的竞争，并使证券公司面临较长时间的盈亏失衡。在这种情况下，在必要的营业网点外，辅助互联网渠道，利用其平等、开放、共享的特点，将证券业务、金融服务在农村进行下沉，并因地制宜开发出互联网化的农村金融产品，将有利于证券机构高效、经济地开拓和服务农村市场。

① 参见《2015年中国城市分级大全》，网址：http://www.199it.com/archives/343 808.html，最后访问日期：2015年4月30日。

② 汪光焘：《中国城市状况报告2014/2015》，中国城市出版社2014年版。

（三）国外证券公司互联网证券业务的发展经验

国外证券公司开展互联网证券业务的经验较为丰富，在农村互联网金融方面也有诸多实践。这些经验和实践，能够对国内证券公司探索自身的互联网证券业务模式以及农村互联网金融发展模式有所启发。

1. 美国证券公司的差异化定位。美国是最早开展互联网证券交易，也是证券经纪业务最为发达的国家。在互联网交易的发展过程中，逐渐形成以美林、高盛为代表的传统证券公司，以 E-Trade、Options Xpress 为代表的网络证券公司，以及 Charles SCHWAB（嘉信）、Fidelity（富达）所创导的“线上+线下”并举的综合型证券公司模式。

在打造互联网金融市场初期，竞争激烈，新兴网络证券公司都在紧锣密鼓地搭建互联网平台，提供低端通道服务，以低佣金吸引投资者，累计客户资源。随着互联网平台的完善和线上证券业务的层次丰富化，美国证券公司通过细分客户群体，针对不同群体个性化差异，设计相适应的金融产品和金融服务，推进线上线下证券经纪交易机制，普惠中小投资者。

2. 印度证券公司差异性服务。India Infoline（简称“IIFL”）集团是印度近年来迅速成长壮大的证券服务公司。IIFL 原本的定位是“独立第三方证券研究机构”，在互联网浪潮下，转型为“网络证券公司”，成为印度第一家推出免费报告的证券公司，并随后上线金融产品互联网销售业务，围绕客户投资需求打造一站式多元化金融服务商。

除了发展线上业务外，IIFL 亦在偏远地区大量铺设网点，成为印度网点最多的非银行金融机构。IIFL 认为，金融产品不同于一般商品，客户更在意的是产品销售后的投资回报率与服务关怀，销售人员面对面沟通有助于提高客户信任感。为此，IIFL 采取了激进的营业部扩张策略，2006—2011 年 6 年间，网点数量由 560 余家增至 3 800 家（根据 IIFL 官网，2014 年网点数量超过 2 700 家，网点量可能出现一定收缩）。这些线下网点类似我国 C 型营业部，集中在金融机构少的三线、四线城镇及农村。广泛的网点铺设不仅带来大量零售客户，而且佣金率普遍高于大城市的机构客户，使公司的盈利水平快速提升。

3. 孟加拉国：获诺贝尔奖的农村银行。孟加拉国的金融体系并不发达，却诞生了全球著名的小微贷款银行——孟加拉乡村银行（即“格莱珉银行”）。格莱珉银行由“小额贷款之父”穆罕默德·尤努斯在 1983 年创立，开创了面向农村人群的无抵押小额贷款的先河，具有相当鲜明的业务特点：

（1）以无抵押信用贷款为主，贷款只针对农村低收入人群，特别是贫困妇女。对贷款人提供培训指导和独特的贷款制度，每笔贷款数额较小，贷款期限通常是 1 年。

（2）在贷款同时要求借款人开设储蓄账户，将一部分贷款购买格莱珉银行的股份。这一点与美国的合作性金融机构相似，促使借款人与银行利益趋于一致，减小违约风险。

（3）贷款程序采取 5 人小组联保。采用“2—2—1”贷款次序，先把贷款给小组中最贫穷的 2 人，如果能够按时还贷，则继续贷款给另外两人，最后贷款给组长，体现了“先人后己、为人服务”的精神。当 5 人小组遇到困难时，也可以向其他小组求助。实践证明，每一个小组的村民都会很在意自己的口碑和信用，通过农民间的自我口碑约束，格莱珉银行实现了完备的征信机制和优秀的风控效果。

格莱珉银行成立以来，97% 的开款用户是农村妇女，还贷率接近 99%，创造了小额贷款银行的经营奇迹。

二、证券业开展农村金融的相关问题

随着农村城镇化的发展和深入，证券业务不再只是城市的专利，农村地区也成为证券公司发展证券业务所瞄准的对象。在目前金融行业如火如荼发展、各类金融机构大肆开疆辟土的背景下，城市证券业务的竞争已越来越激烈，对于证券公司来说，想要争取更大比例的城市客户所需付出的边际成本越来越高。相比城市，农村地区尚是一片全新的疆域，开发农村市场具有巨大的潜力。并且农村地区拥有更广袤的土地和众多的人口，意味着更多的潜在客户，如果证券公司可以挖掘出合适的渠道和区域，将证券业务发展到农村，就可以与农村地区的发展实现共赢，服务农村普惠金融。

（一）适合开展证券业务的农村地区

1. 不发达地区：劳动力流失，土地空闲，土地证券化或有可为。我国城乡二元经济结构使城乡居民收入水平与消费水平的差距不断拉大，受城市发达经济的吸引，很多农民开始离开土地，进入城市打工，大规模青壮年劳动力的流失，使得广大农村尤其是中西部地区出现“空巢村”[①] 现象。大片土地因缺少劳动力而被闲置，不能进行正常生产、创利，在土地资源如此稀缺的今天，这无疑是极大的浪费。因地制宜，将这些闲置土地流转出去，发展土地业务，将是盘活土地资源、增加农民收入的一条出路。

2. 发达地区：跟随电商，在电商充分布局的农村区域发展互联网证券。在我国东部沿海的某些地区，一些农村地区经济增长迅速，及早地实现了经济社会的快速发展，其多方面的优势，使得证券业务在发达地区的开展成为可能。

（1）发达农村地区经济增长迅速，农业现代化程度高，与之相关的农资企业及村镇企业众多，所需资金周转量庞大。

（2）发达地区村民收入丰厚，收入水平处于农村地区领先地位，村民有闲置资金可用于投资理财等证券业务。

（3）发达地区村民接受过一定水平的文化教育，具有较强的金融参与意识和相对开放的理财观念以及证券业务认知度。

（4）发达农村地区各金融机构发展较为健全，金融体系较为完善，农村信用评价体系较为成熟，农村商业银行及农村信用合作社的网点覆盖广泛。

（5）发达地区互联网覆盖率高，跟外界的信息传递便捷，新农人具备互联网基因，可充分利用移动客户端或是 PC 端方便及时地获取外界最新信息，与外界的沟通交流方便，交通运输物流供应链健全（见图 1）。

在这些率先发展起来的农村地区，电商正在快速扩展自己的领地，电商的进驻使农村地区海量的经营、支付、快递以及交易信息将都沉淀在网络平台上，借助此海量的信息，金融机构能更有效地做出业务决策。在农村的电商化发展更深入之后，金融机构就能够更充分运用大数据和云计算来服务其金融业务，同时大大降低风控成本。

---

① 网址：http：//baike. baidu. com/link？ url = FpPRaguhm - JEgBqMPEO43GzcuCKAm4zhyNjT96Vg _ aC5yzsBU4ArtIi1kaq4s_ D76iTDyrUmEhAKfPZRRvgstK，最后访问日期：2015 年 7 月 12 日。

图 1 在电商发达的农村地区布局互联网证券

证券公司可以跟随电商下乡的脚步，在电商发达的农村区域布局互联网证券，并有针对性地与电商平台开展业务合作，充分利用互联网电商平台的数据资源和客户资源，在业务开展上与电商巨头和谐共进，谋求共赢。

（二）开展农村互联网证券的主要障碍

在农村传统金融的基础上发展互联网金融，实现二者的快速、有效结合，将极大促进农村金融普惠。然而，美好的前景也面临着当下的困境，农民金融需求的增长和农村金融机构的匮乏、农村金融需求的多元化与金融服务的滞后、信用体系的不健全和法律基础滞后、农村薄弱的网络设施基础，都给农村发展互联网金融设置了障碍。

1. 文化水平偏低，金融知识淡薄。农村劳动力跨地区流动日趋活跃，大量有文化的青壮年劳动力流向城市工作，造成农村人口在年龄结构上的极不合理分布，“人口空心化”状况严重。农村居民文化水平低，人员综合素质低，对证券业务的认知度不够，先进的证券知识理念被拒之门外，导致无法合理分配已有财产进行投资理财。同时，部分农民金融意识淡薄，无法准确地识别潜在风险，或是遇到风险防范能力差，金融违约现象和非理性投资行为严重，这些问题影响了先进的金融产品和金融服务的推广普及。因此，加强金融知识宣传普及，全面提高社会公众的金融素质成为开发农村金融市场的必要条件。

2. 经济基础薄弱，信用体系不完善。在我国，部分农村居民缺乏信用意识，信用道德规范约束力不强，信用管理制度不健全，信用中介服务落后，并且缺乏有效的法律保障和奖惩机制。信用体系的不完善和信用基础的缺乏，严重制约着农村信用贷款等金融业务的发展。建立完备的农村信用管理体系，制定合理的风险管理制度，对于发展农村普惠金融意义重大。

此外，开展农村互联网证券业务，还面临着部分农村居民法律意识淡薄、相关法律法规不健全等问题。这些问题的解决需要政府部门、金融机构从政策制度层面到具体业务实施层面各司其职，协作进行。

（三）适合农村的证券服务

1. 建设农村金融生态环境，开展金融教育培训。针对大部分地区的农民在自身金融素质方面存在的金融基本常识贫乏、金融理财意识淡薄等问题，以及农村地区金融信息来源少，农民通过外界途径了解金融机构业务知识有限的现状，需加快农村金融教育知识培训，普及金融基本常识，建设良好的农村金融生态环境，这将有利于改善农民的财产收入，极大地促进农村金融的包容性发展；同时，也将是证券服务在农村得以深入发展的前提。

2. 农业众筹。传统的农业和农产品流通路径冗长而繁琐，一般的农产品销售都要经过“农产品加工—产地批发商—销地批发商—零售商”等多个环节，农产品的流通成本由此逐级增加，农产品流通效率低下。而众筹克服了传统农业流通环节繁琐的缺点，在农业生产者和消费者之间直接搭建双方交易与互动的平台，减少了信息不对称的风险，提高了流通效率，降低了加成成本。

目前农村地区农业生产领域的基本格局表现为小规模、分散化种植，农业生产处于碎片化状态，这与现代农业集约化、规模化同时科技化的特点相矛盾。与传统农业经营模式相比，众筹可凭借其互联网基因以及商业模式中的优势，通过社交性聚拢、整合各方资源，突破以往农业发展中资金、技术、市场等瓶颈，优化出更好的农业发展模式。同时，在农业众筹模式中，农产品消费者和生产者不再只是简单的买和卖的关系，消费者还担当了农业生产合伙人的角色，有利于增进买卖双方的信任，减少沟通成本。

3. 土地资产证券化。农业属于收益率低但风险高的产业，农业贷款往往缺乏有效的抵押资产，信用担保体系又相对薄弱，而不能得到金融机构的有效支持。要满足农业发展过程中农户的融资需求，就需要针对农户融资能力不足、融资金额小、时限长、风险高等特点以及农村可供利用的资源，来设计创新金融产品和服务。农村土地资产证券化，就是依托农村土地资源、创新化地满足农业发展需求的路径之一。

资产证券化是“以资产所产生的现金流为支撑，对资产的收益和风险进行分离和重组，在资本市场上发行证券进行融资的过程”。农户的土地本身不会产生未来现金流收入，但是土地上的农产品一经出售，就可能在未来产生预期的现金流。农产品对于城市消费者来说，是缺乏弹性的必需品，由农产品出售所获得的收入也是稳定的。因此，农村土地是适合开展证券化融资的资产。

农村土地资产证券化，有利于农村地区将大量的闲置土地流转出去，帮助农业生产获得融资，提升生产效率，改善农村经济状况。

4. 农村企业的供应链金融。在我国，供应链金融已在大中城市充分运用，并且取得了一定的成效，而农村地区则还未得到实质性的发展。在农村地区发展供应链金融，须结合农村经济的特点，切实满足农村企业的资金需求。

如今，我国许多农村地区已形成以龙头企业为主体、中小企业参与的、涵盖产供销所有环节的完整产业链模式，产业链中生产加工、销售流通各个环节紧密结合，各个企业协同共生，这为农村供应链金融的发展创造了条件。

供应链金融突破了传统金融模式在农村深入开展遭遇的瓶颈，其将农村中小企业置于整个产业链中进行考虑，将单个企业面临的风险分散到产业链中的其他企业，降低单个企业的风险压力。供应链金融有助于投资者和资金需求者之间增进了解，减少信息的不对称性，降低道德风险和信用风险。对金融机构而言，围绕核心企业，对其中下游小企业进行统一的融资管理、产品设计，有利于扩大业务规模，同时降低服务成本。

5. 农村居民的财富增值管理。伴随农民收入的增长，其财富管理的需求也不断增加，而目前金融机构针对农村居民的个人理财业务布局和开展还不完善。随着经济的发展，农民个人资产持续增长，理财需求日益庞大，加上住房、医疗、教育与养老等体制改革在农村的相继推进，农民的理财需求有望被极大地激发，再加上近些年来，农村市场开放程度的增加，农民原有依靠储蓄保值的理财观念也逐渐发生变化，农村个人理财业务的市场前景愈发广阔。发展个人理财业务，帮助农民以钱生钱，引导村民有效把握投资机会，规避风险，快速决策，帮助其制订适合自身需求的投融资方案，为其提供专业的理财咨询服务，实现其财产的保值增值，将提升农村居民对个人理财的信心，从而形成理财业务发展的良性循环。

三、互联网证券在农村的发展路径研究

黄奇帆曾说过："金融的本质是为有钱人理财，为缺钱人融资……"① 中国农村整体上看，是缺钱的人多，有钱的人少。证券公司在农村开展业务时，不应急于推广证券开户等投资理财类业务，着眼点首先是为当地的农民和农企融资，使大多数农民步入中产阶级，其次再推广适合农村的理财服务。如银河证券在洪泽县开展农村证券业务时，其业务重点放在企业业务——对全县具备条件的企业进行上市辅导，帮助企业规范经营，整合上下游资源，扶持有意向的企业挂牌新三板。

农村金融机构服务的对象主要是分散、弱小的农民群体，加上客观环境，如交通、通讯、网络基础设施相对落后等的局限，会产生较高的市场开发费用和服务成本。较低的服务效益，使得传统金融机构服务农村市场的积极性受到抑制，农村区域面临某种程度上的"金融排斥"②。而互联网证券在具体实践中，能够借助其服务传输渠道的技术优势和特点，克服金融服务提供过程中的空间障碍，提高其产品和服务的覆盖面和可获得性，并有效降低服务成本，使得金融普惠成为可能。

（一）基于互联网技术的证券服务平台建设

互联网证券服务于农村市场的第一步是建立和完善金融服务传输渠道。这里的渠道包括线上渠道和线下渠道。线上渠道主要是指互联网证券的网站、APP 等线上服务平台，线下渠道则是指辅助线上渠道进行业务渗透和服务下沉的实体网点。

1. 构建线上服务平台。互联网证券相比传统机构所提供的金融服务，更倾向于关注农村居民在财富增值等较高层次上的需求。这就要求互联网证券的网站、APP 等线上服务平台，在提供基础金融服务的同时，也能够针对农村客户需求的特点，为其提供一站式、多元化的金融解决方案。

针对农村市场的互联网证券平台，在具体交互上，要倾向于在合规前提下，将复杂化的金融产品适当打包、简化，以帮助农户快速理解产品和服务的细则、风险和收益，并能够助其快捷、便利地完成金融产品的购买或业务的申办；在产品供给方面，要针对农村金融市场

---

① 黄奇帆："牢记金融 ABC 才能切实防风险"，网址：http：//cq. cqnews. net/sz/2015 - 02/12/content_ 33465273. htm，最后访问日期：2015 年 2 月 12 日。

② 马九杰，吴本健："互联网金融创新对农村金融普惠的作用：经验、前景与挑战"，《农村金融研究》2014 年第 8 期，第 6 页。

的需求特点，确定相应的业务模式，开发特色金融产品，并及时响应市场变化，保持产品迭代更新的节奏，如农村资源的资产证券化、创新农村产权质抵押融资产品等。在服务平台的推广上，要考虑日标区域内农村客户的信息获取方式和媒介消费习惯。在利用线上、线下营销资源进行推广的同时，也要善于利用其他平台资源。如与当地政府倡导的类似合作社性质的组织或金融惠农项目合作，为其开发个性化、定制化的产品和服务；联系拥有目标客户资源和交易数据的农贸电商平台，与其在供应链金融业务或客户资源上进行合作，最终通过这种关联平台的合作实现相应市场的开拓。另外，还要结合农村市场创新扩散的规律，积极发动农村人脉网络中意见领袖，利用人际扩散效用，扩大平台的知名度，实现业务的发展。

同时，互联网证券服务平台，作为拥有客户信用数据、交易数据、供求数据的天然信息系统，可在开始构建之初，就针对业务类型及标准化数据信息，建立实用的风险控制模型，尝试通过一定时日平台数据的积累，建立基于平台自身的农村市场征信体系，以弥补业务开展中农村金融市场征信体系不完善、农户信用信息缺乏的缺憾，为后期业务的扩展建立完善的数据基础。

2. 补充线下实体网点。线上服务平台具有运营成本低、覆盖面广、账户操作方便等特点，但是互联网的技术性和金融产品的相对复杂性对广大农村客户而言仍是门槛。完全的线上服务和营销，在初期接受程度有限的农村市场，并不能简单复制城市市场的用户增长机制和规模，所以在完善线上平台建设的同时，还要适当补充线下的实体网点，来开发农村市场，服务基层客户。实体网点在整个农村互联网证券服务传输渠道中扮演的角色，根据业务发展阶段的不同，可以作为线上业务的辅助角色，进行用户教育、市场开发，为产品和服务的销售提供前后端支持，进行品牌宣传等，如 91 金融超市线下体验店的定位；也可以是另一种典型的 O2O 模式——线下是整个业务开展中的一环，如专注于农村互联网金融的惠农时贷，通过线下寻找借款客户，线上寻找投资人，最终把一些社会闲散资金引入投向农村市场。

线下实体网点的具体形式，可以是轻型营业厅模式，在人口较为集中、经济较为发达的中心县级区域，设立功能齐全、配备有专业服务人员的网点，这些网点强调服务的专业性和完善性。在营业网点的定位、选址、设计，以及人员配备、服务项目类型和服务流程方面，实现标准化、可复制、能迅速落地实施的模式，为线上业务的扩展，建立能够迅速铺开、高效运作的地面队伍。在其他欠发达县级区域或乡镇村落，则可设置类似代销性质的金融便民服务点，便民服务点的服务人员由经过筛选和定期培训的证券经纪人担任。便民服务点主要担当产品与服务销售和咨询的角色，要求其能够为区域内农户提供简单的产品咨询、辅助完成线上产品的购买和服务的申办、落实区域营销计划等。线下实体网点具体功能，主要包括以下几个方面：第一，深入一线市场，传播互联网证券理财方法，进行互联网证券教育；第二，为农村客户提供基于线上业务的个性化金融解决方案和周到、及时的服务；第三，能够结合区域特点，积极组织、利用区域内资源，进行平台宣传推广和业务拓展；第四，以规范、专业和高效的业务水平和负责任的服务态度，为客户提供优良体验，建立品牌的美誉度和知名度；第五，作为线上业务的基层触角，及时为线上反馈农村市场一线需求、平台以及业务优化建议。

（二）加强证券公司与农村企业的合作

农村金融市场总体上呈现出服务总量不足、供求结构失衡、资金单向流出现象明显等特征①。证券公司作为直接融资方向的重要中介机构，除提供经纪业务和投行业务外，还能够以自身专业为资产所有者提供多样化的资产管理服务。

证券公司本身就是资本市场上沟通筹资者和融资者的桥梁，在直接融资上具有天然优势。由于资本市场具有强大的资金动员能力，因此，证券公司可以通过市场化的方式，成为农村金融体系的重要参与者，补充农村金融供给。如可以为农村中小企业提供融资渠道，在健全的风险管控体系基础上，为其提供专业的融资服务；还可以创新投资理财业务，引导市场闲散资金投向农村实体经济，从而盘活农村金融体系等等。

1. 基于贷款证券化的融资服务。证券公司可以充分利用其连接资本市场的专业性和便利性，根据农村融资需求和信贷资产的特点，设计专门的金融产品。如将银行等金融机构的信贷资产汇集成资产池，出售给专业性的融资公司，由融资公司对这些资产进行合理的配置和设计，以这些资产池为担保，发行可转让的债券资产或证券资产。同时，也可充分利用电商、农贸信息网站等互联网平台的数据和信息，对接和撮合农村资金需求供给双方。

2. 基于农业供应链金融模式的融资服务。金融机构要开拓农村金融市场，就要针对市场中的农户、中小企业的投融资需求，创新产品设计，提出针对性方案。农村中小企业由于经营规模小，可以抵押的资产较少，自身的会计记录以及与金融机构的信用关系也不完善，融资难的问题始终限制其发展壮大，传统金融机构由于信贷管理体制限制，对中小企业提供融资操作谨慎，并不能完全满足其需求②。在这种背景下，供应链金融将农村中小企业置于供应链之中，将其作为特定供应链中的特定环节来考量其融资问题，通过供应链找到多个参与者以及利益相关者，分散单个中小企业融资的风险，是一种更适用于农村中小企业的融资模式③。

供应链金融主要是基于中小企业与核心企业间长期稳定的业务关系开展金融服务。如在融资担保方面，可将中小企业与核心企业在业务活动中产生的应付账款、预付账款或者在交付过程中的货物等资产作为融资担保品，为中小企业放贷。也可针对中小企业在供应链中的交易流程和关键能力设计成体系的融资解决方案，借助核心企业对所处产业链的管理控制能力，对分散的中小企业贷款业务批量化操作，以降低业务成本，同时分散风险。有效解决农村中小企业融资担保品缺乏、信息不对称、风险承担能力弱等瓶颈问题④。

总之，供应链金融在中小企业数量较多且多处于供应链局部环节的农村市场潜力较大，对于证券公司而言是值得进入的新领域。

（三）利用互联网，开拓土地证券化蓝海

我国农村地区拥有“未实现流转，未体现价值”的广袤土地，将土地资源融入金融市

① 姜洋副主席在中国农村金融发展论坛上的讲话，网址：http：//www.csrc.gov.cn/pub/newsite/zjhxwfb/xwdd/201504/t20150426_275595.html，最后访问日期：2015年6月30日。

② 崔文芳：“我国商业银行发展中小企业融资业务的新途径”，《中国市场》2008年第2期，第116—117页。

③ 胡跃飞，黄少卿：“供应链金融：背景、创新与概念界定”，《金融研究》2009年第8期，第202—203页。

④ 杨进先：“农业供应链金融模式探索”，《中国金融》2012年第22期，第85—86页。

场中，探索一条利用农村土地资产证券化手段，解决农村、农业、农民问题的途径，是值得证券公司深入探索的方向。

1. 农村土地证券化的必要性。发展农村土地证券化是土地规模化生产和农业集约化经营的需要，也是融通农村资金、发展农业生产的需要。利用土地作为一种不可再生资源的稀有特性，对其实行证券化，将其由难以流转的生产资料变成流动性较强的证券资产，一方面，降低了土地的流通成本，也为土地集约化、专业化经营提供了机会；另一方面，能够广泛筹集社会资金，助力农村建设、农业发展和农民增收，为我国农村金融发展提供一条可行的、可复制的探索通道。

2. 证券行业在农村开展土地证券化的探索。通过土地流转，实现农业生产的集约化、规模化、现代化是未来我国农业发展的政策取向之一。围绕土地流转，相关的法律法规、政策环境以及农业产业链中的各个环节、农村金融体系都将发生变化。

(1) 政策推进，土地流转规范化。坚持农村土地集体所有前提下的三权分置，明确了农民承包地在转让经营、获得租金的同时，仍然拥有对土地的承包关系。2014 年 11 月，国务院印发了《关于引导农村土地经营权有序流转发展农业适度规模经营的意见》，对推行了多年的农村土地流转改革进行了系统总结，土地流转信托获得重要支持。2015 年 1 月，国务院正式下发《国务院办公厅关于引导农村产权流转交易市场健康发展的意见》，明确规定了土地流转"以农户承包土地经营权、集体林地经营权为主"。

以上政策措施，为农村土地在更大范围内流转配置和发挥作用拓展了空间，也为创新多元化的农村经营模式创造了条件。

(2) 土地流转服务向"互联网化、证券化"发展。例如阿里巴巴的"聚土地"项目，淘宝用户通过淘宝平台对土地使用权进行预约、认购，并通过认购获得土地上产出的农产品；对农民而言，则在获得土地租金的同时，在土地上劳作、参与生产环节还能获得工资。"聚土地"项目扩张迅速，第一期的流转土地只在安徽一省，但第二期覆盖流转区域就扩大至 8 个省。

"土地版阿里平台"中信信托，也开始了土地流转市场的持续发力，流转规模越做越大。2014 年 4 月，中信信托与天禾农业、德国拜耳达成战略合作，首创中国农业"农事服务信托"，即对农业企业提供信托资金计划支持，全面满足农业生产专业户的生产需求。同年 4 月，中信信托与河南省济源市政府就 2 万亩土地承包经营权流转达成战略合作。2014 年 11 月，中信信托又与黑龙江省兰西县人民政府、黑龙江省农业科学院、哈尔滨谷物交易所共建中信·兰西土地信托化综合改革试验区，涉及流转土地 300 万亩。

(3) 证券业开展农村土地证券化的实现路径。证券公司在开展农村土地证券化的过程中，可以遵循先易后难的原则。第一，布局农村综合改革示范试点省份和区域，如内蒙古、安徽、湖北、广东、海南、重庆、云南等地区，这些地区关于农村的政策较为透明，也更为宽松。此外，获得国土资源部批复的北京市大兴区、天津蓟县、河北定州市等 33 个农村土地改革县级试点县市[①]也可以成为证券公司土地证券化的重点开拓地域。

第二，发行定价是农村土地资产证券化过程中的关键问题。其不仅关系着各个利益主

① 王文伟："农村土地改革试点启动 宅基地制度改革等将成重点"，《经济参考报》2011 年 7 月 8 日。

体，还关系着能否使证券资产顺利发行及正常流通。但是目前，农村土地所有权仍归集体，其收益分配权不甚明确，对土地进行准确定价以及合理分配收益仍存在一定困难，这都困扰着土地的资产证券化进程。证券公司可以充分发挥话语权、产品的定价权等专业方面的优势，充分融入并积极主导农村土地证券化。

第三，与电商等互联网巨头逐步探索合作，通过分工各取所长。在农村区域，证券公司受制于营业网点的不足，在金融产品的推广与销售方面存在短板。证券公司可以与阿里、京东、一亩田等有意布局农村的互联网企业合作，依托互联网平台，提供金融产品销售通道。另一方面，互联网企业在大数据、云计算、移动互联网等技术方面具备比较优势，证券公司通过与互联网企业共享数据，在数据分析的基础上设计农村土地资产证券化产品，有助于金融产品精确定价和金融风险的量化控制。

证券公司与互联网企业从简单的业务交叉到理念融合，在合作与探索的过程中，针对出现的问题，不断完善更新总体设计，最终总结出可复制、能推广、更普惠的农村土地证券化的商业改革经验。

（四）深度发掘农村理财市场

新时期，人们的金融理财需求逐渐增大，与之相较，我国个人理财业务则起步较晚，在农村地区，相关金融机构对这一业务的布局更是少之又少。我国农村储蓄存款余额正在持续增长，农村金融理财是未来重要的“战场”，农民手中的资金将创造巨大的金融理财市场。①

1. 我国农村金融理财现状。一方面，我国大部分农村区域理财意识淡薄，农村金融理财的基础设施相对于城市而言非常落后。现代金融中普遍应用的一些信息技术工具如理财软件、电子银行、网上银行，以及产品宣传和业务办理的电子终端设备等，在农村地区配备不够完善。此外，国内理财产品门槛较高，能够达到其理财标准的农民现阶段并不多，农村仍是金融理财业务的“盲区”。

但另一方面，农村人口基数大，逐渐富裕起来的农民在金融理财方面的潜在需求也越来越大，未来农村客户群体的规模不可小觑。并且，随着农村市场的不断对外开放，农民在金融理财方面的观念和方式逐步进入转变期。在这种背景下，为农民提供专业的理财咨询服务，供给适合的投融资产品，也是证券行业拓展业务发展空间的一个选择。

2. 证券行业深入农村理财业务。我国农村居民人口数量众多，在农村开展理财业务将会是一个漫长过程。为此证券行业应做好充足的准备。

（1）业务拓展渠道多样化。基于互联网平台开展农村普惠金融除了基于互联网的线上推广外，在线下也应同样开展布局，利用证券行业在城市中的发展经验，利用比较成熟的线下发展运作模式，从乡镇到农村，逐步建立体量适当的线下实体店。调配相关的专业技术人员深入到乡镇农村，一方面普及与理财等有关的金融、证券基础知识；另一方面，深入了解乡镇农村现状，挖掘潜在客户，辅助线上平台的推广工作。

（2）树立好“品牌印象”。“证券投资”等概念对许多农村居民而言相对陌生，外加农村居民特有的风险承受能力低等特质，对于新鲜事物的接纳需要一个相对较长的过程。所以

① 董博：“农村地区个人理财研究——以福州为例”，福建农林大学，2013 年 6 月，第 25 页。

证券行业给农村居民留下的第一印象很重要。证券公司应先发动观念较为开放、接受新鲜事物相对迅速的农村大中专学生、外出务工群体，鼓励他们参加证券公司举办的培训活动，学习金融证券类知识，并为其提供线下体验服务，全面提升其对证券业的认知，最终利用他们在农村地区的意见领袖作用，逐渐影响其他农民对证券业务的认知。

（3）业务创新多样化。针对不同群体的理财对象，应该区别对待。收入水平较高的农村居民，对理财的需求、承受风险的能力以及对新鲜事物的接受速度会相对较快。针对这一部分群体，可以直接开展风险和收益相对较高的理财产品，如股票、期货等。而针对收入较低但是拥有一定财富储备的群体，应该首先推行收益稳健和操作相对简单的理财产品，如货币基金、债券等，让其接受理财，充分理解理财概念，适应风险，做到因人而异，因地制宜。

（4）适合农村的才是最好的。农村居民的财富具有很强的周期性，这就给证券公司在设计理财产品时提出了更高的要求。理财产品同样要做到因地制宜。针对客户不同特点以及财富水平、资金流转状况、预期收益、投资比例、抗风险能力等状况给出相应的投资建议和投资策略，并适当调整投资咨询和投资顾问业务的业务模式和收费标准，适应并满足农村居民的财富管理需求。

（五）完善农村金融业务中的风险控制

互联网有助于优化金融的服务模式，但并没有消除金融的固有风险。农村经济大多以农产品种植、畜牧业养殖为主，容易受自然灾害影响，往往一次养殖业疫情、冰冻雨雪灾害都可能带来巨大损失。加之农业生产的周期一般较长，农业经济的尾端风险较高，这也是农村信贷坏账率较高的主要原因。证券公司在开展供应链金融、农产品众筹等业务时，风险控制就更显重要。

1. 引入创新型保险工具。考虑到天气异常、自然灾害等因素的冲击，可以联合保险公司，设计出一些收费低、保障范围宽的新型涉农险种，如农产品期货指数保险、天气指数保险等。用保险和期货的方式，对农产品的收益和风险予以锁定。同时，证券公司还可与保险公司共同推进供应链金融领域的合作，通过规划保险措施，如信用保险、保障保险等，化解供应链金融上下游各环节的风险。

2. 推行“龙头企业＋农户合作”的融资模式。单个农户的信贷风险控制成本高，证券公司可以将农业生产企业、农村合作社作为融资对象，坚持放贷资金用于农业项目，农业企业或合作社再根据农户的资金需求进行分配。还可以要求合作社为农户的借贷提供担保，以减少坏账对证券公司的影响。农户在获得融资后，需以融资金额的一定比例，买入为其提供担保的合作社的股份，促使农户、合作社、农业企业、证券公司的利益趋于一致。

3. 利用大数据实践金融风险管理。证券公司在开展农村金融服务的过程中，往往会面临数量众多的农村居民、农业企业，并伴随着品种繁多的金融产品。如果为农户、农企与金融产品建立一套编码系统，就能够在极其复杂的农业金融链条中，描绘出金融服务的需求者（农户、农企）与金融产品关联网络，并实现对农村金融风险的动态监控管理，这将极大地提高农村金融市场的透明度。

4. 信息技术研发与金融风险管理相融合。证券公司传统的风控体系，难以适应互联网金融业务传播迅速、风险蔓延快速的特点，有必要实现风险管理方式与风险管理流程的信息技术化。证券公司内部的互联网开发部门，应适当配备风险管理人员，将技术研发与风险识别、风险监控、投后管理相结合，以完善的大数据基础设施服务金融风险管理。

四、政策建议

在2015年“中央一号文件”《关于加大改革创新力度加快农业现代化建设的若干意见》中，提出“强化农村普惠金融”（见表3），对于国家这是一项重要的战略决策。对于证券行业，基于互联网平台来服务于农村普惠金融，更是一次发展方向、经营理念的大胆突破。然而，这一过程必定充满了艰辛和挑战，要顺利实现这一伟大宏图，更需要国家层面给予充分的支持和帮助。

表3　2013—2015 年“中央一号文件”关于农村金融的支持意见

时间	政策内容摘要
2013 年	《中共中央国务院关于加快发展现代农业进一步增强农村发展活力的若干意见》： 加强国家对农村金融改革发展的扶持和引导，切实加大商业性金融支农力度，充分发挥政策性金融和合作性金融作用，确保持续加大涉农信贷投放。 支持社会资本参与设立新型农村金融机构。改善农村支付服务条件，畅通支付结算渠道。
2014 年	《关于全面深化农村改革加快推进农业现代化的若干意见》： 在落实农村土地集体所有权的基础上，稳定农户承包权、放活土地经营权，允许承包土地的经营权向金融机构抵押融资。 加快农村互联网基础设施建设，推进信息进村入户。
2015 年	《关于加大改革创新力度加快农业现代化建设的若干意见》： 支持电商、物流、商贸、金融等企业参与涉农电子商务平台建设。开展电子商务进农村综合示范。 强化农村普惠金融。继续加大小额担保财政贴息贷款等对农村妇女的支持力度。

（一）营造宽松的政策环境

在证券行业服务农村普惠金融的过程中，良好的政策环境是最重要也是最核心的一环。应为证券行业进入农村金融市场开辟通道，营造良好的政策环境，在不触及监管红线的前提下，应给予大力支持和充分的宽容与鼓励。

首先，应建立规范、高效的行政审批制度，为证券公司开拓农村市场、服务普惠金融设立宽松便捷的准入机制。其次，在证券经营机构具体业务的开展上，给予一定的支持和帮助。鉴于目前农村互联网证券还处于发展初期，相关部门应充分考虑其业务以支农、惠农为主的特殊性，制定针对农村证券机构的新型财税优惠政策，在证券行业进行农村线下网点布局、线上服务平台建设以及其他业务的开展方面，予以税收或用地等方面的政策支持和优惠补贴，帮助其完成战线广、投入多而盈利实现滞后的初期市场开拓，为证券业务在农村金融的发展创造有利条件①。

① 白杰：“我国互联网金融的演进及问题的研究”，河北大学论文，2014 年6月。

（二）加强农村信息工程建设

互联网证券通过互联网发布信息对接供需。互联网是服务农村普惠金融的技术手段和前提条件。而现阶段，农村用户虽然在移动通信设备使用率、互联网购物使用率等方面较之前有了大幅提升，但总体而言，整个农村市场还存在着网络基础设施薄弱、农户网络基础知识匮乏等问题，并已经成为农村互联网证券业务深入发展的障碍。证券公司在农村互联网金融实践中，出于自身效益考虑，会担负起部分金融知识及互联网知识和技能的普及，但是整个市场基础环境的营造、基础设施的完善还需要政府来引导开展。政府应继续推进网络信息基础设施建设，提高计算机使用率和互联网覆盖率，降低农村地区上网资费，提高上网速度。同时，建议将包括互联网证券在内的金融知识教育与网络基础知识教育相结合，由当地政府引导，金融机构和网络信息基础建设部门合作，在农村地区进行多种形式的推广和普及，引导农户高效使用互联网，并有意识地通过选择互联网金融产品增加其财产性收入。

（三）搭建证券业与其他行业的合作平台

证券行业基于互联网平台服务农村普惠金融需要证券行业和相关企业单位的共同协作。目前证券公司对农村市场的布局和开发处于初期探索阶段，对于农村的地理环境、文化氛围、居民生活水平和消费习惯等也处于调研发现的阶段。初期，由于信息的不对称，开展相关证券业务将会困难重重。而广泛分布在农村地区的各类企业获得了广泛的数据信息以及人际关系网络，对农村地区的理解较为深入。如果能够实现证券公司和相关企业互助合作，将会为农村普惠金融的发展带来巨大便利。所以，建议相关部门利用部门自身资源优势，建立证券与企业合作平台，由地方政府出面牵头，促进实现证券公司和相关企业的信息交流、沟通合作与资源优势互补。并且，为证券公司与相关企业开展金融服务项目提供适当的政策支持，共同服务农村普惠金融。

此外，还应在完善农村征信体系、推动农村金融知识普及教育方面，发挥引导、协调和促进的作用，为证券机构利用互联网服务农村普惠金融创造良好且全面的政策环境和社会环境。

五、结束语

互联网是一座桥梁，将先进的金融服务带往农村；同时，将农村资源通过证券化、金融化等手段整合打包，使社会资本重新流向农村。通过互联网，一方面，证券公司要充分发挥互联网桥梁式的渠道优势，将更多的先进理财观念、金融服务等向农村市场输入，满足其金融需求；另一方面，也要利用互联网的平台整合作用，将农村市场的资源进行充分挖掘，与其他社会资源整合、打包、充分地证券化、金融化，做到城乡二元市场的互通有无、普惠发展。

证券经营机构利用互联网发展普惠金融业务研究

华泰证券股份有限公司*

2015 年 7 月，国务院发布了《关于积极推进“互联网 +”行动的指导意见》，中国人民银行、工业和信息化部等十部委联合发布了《关于促进互联网金融健康发展的指导意见》，“互联网 +”普惠金融已成为我国“互联网 +”行动的重要组成部分之一，鼓励互联网与证券融合创新，鼓励证券机构依托互联网技术，全面提升互联网金融服务能力和普惠水平成为明确的政策导向。为此，对证券经营机构如何利用互联网发展普惠金融业务进行专题研究具有非常重要的理论和现实意义。

一、互联网时代的普惠金融与证券经营机构的新机遇

（一）普惠金融的总体发展态势与实现普惠金融的最佳选择

普惠金融（Financial Inclusion）的概念最早是由联合国在 2005 年宣传小额信贷年时率先提出的，主要是指：在完善的政策扶持、监管支持和市场机制下，金融机构能够以可负担的成本，有效地、全方位地为所有社会阶层，特别是欠发达地区、中小企业、低收入人群等提供金融服务，更好地支持实体经济的发展（焦瑾璞，2014）。普惠金融强调金融公平，即社会上所有阶层都应该平等地享有接受金融服务的权利。普惠金融的服务内容不仅包括贷款服务，还包括存款、支付、结算、投资、融资、保险等多样化、多层次的金融服务。普惠金融的服务机构涉及广泛，既包括银行及非银行等传统持牌金融机构，也包括民间金融机构及互联网金融机构。借助于互联网技术的迅速普及，普惠金融正在从线下服务拓展为线下与线上服务并行发展。普惠金融不等于扶贫救济，把社会责任与商业价值可持续发展有机结合至关重要。

从小额信贷的初始尝试到互联网时代普惠程度的深化，国际上普惠金融的内涵不断丰富，实践形式不断创新，目前已经形成小额信贷、微型金融、互联网金融三种普惠形式并存

* 小组成员：朱有为，邓纬安，宋艳锴，沈娟，皮嘉玉，卢建。原载于《中国证券》2015 年第 10 期。

发展的格局。近十年来，普惠金融在我国得到了长足发展，除了国内银行类金融机构向中小微企业、“三农”经济提供小额信贷等间接融资服务外，证券经营机构也积极利用多层次资本市场的发展对其提供直接融资服务。2012年以来，随着互联网金融的兴起，我国进入“互联网+普惠金融”的新阶段。第三方支付、互联网理财、P2P、众筹等多种具有普惠特征的互联网金融模式快速发展，部分大型互联网企业正加速互联网金融集团化布局，实现互联网金融生态化、普惠化发展。传统金融机构也努力打造互联网金融服务平台，创新业务模式，积极挖掘普惠金融服务的商业机会。

互联网技术在信息获取、资源配置、风险控制、成本控制等方面具有先天优势，能够弥补传统金融体系的不足（谢平，2012）。如运用互联网技术、云计算方法，只需以极低的信息处理成本就能批量获得、处理大量客户的信息资源，从而有效解决中小微企业申请贷款时面临信息不对称带来的问题；互联网技术极大地降低了金融服务成本和交易成本，参与主体借助手机、电脑就可以突破时间、地域的限制，方便地获得金融服务；互联网金融参与门槛低，覆盖范围广，良好的客户体验更加贴近市场需求。因此，互联网技术与金融的有机结合不仅可以突破普惠金融的传统障碍，也为普惠金融创造了更大的发展空间。随着互联网金融相关监管措施的出台和落地，以及互联网金融存在问题和风险隐患的逐步消除，规范发展的互联网金融将是普惠金融的最佳选择。

（二）互联网证券与普惠金融的分异与融合

证券经营机构利用互联网发展普惠金融业务问题从本质上看属于证券业务、互联网证券业务以及普惠金融业务三者的交叉领域。随着证券公司业务边界的拓展以及互联网证券业务的推进，三者之间的交叉融合领域开始不断增加。

1. 证券业务与普惠金融服务的排斥与分异。

（1）业务与客户定位。长期以来，证券业是一个“二八定律”十分明显的行业。对于大部分业务而言，中高端客户服务往往投入产出效率更高、市场影响力更强、价值贡献度更高。小客户的服务往往耗费人力不少，但投入产出效率一般不高。随着行业客户竞争日益激烈，谁掌握了更多的优质客户、大客户，谁就能确立竞争优势和市场地位。因此，传统的证券业务由于运营成本、风险控制、监管制约等原因，并不具备服务群体的普惠性、包容性。当然，证券经营机构的客户从中高端向中低端“下沉”也是一个必然趋势。

（2）投资者适当性管理和业务参与门槛。基于投资者适当性管理原则，证券经营机构不同业务均有着不同的参与门槛。目前，股票基金代理交易未明确规定参与资金门槛，投资者能够以较低的成本便捷地参与，具备普惠服务的特征。在线小额股权质押融资业务的门槛也普遍不高，同样具备了一定的普惠特色。在新三板及区域股权交易市场业务领域，尽管没有硬性的挂牌企业财务门槛要求，但也存在不少隐形门槛。其他大部分业务的参与者条件均有严格的规定，特别是资管产品以及部分创新业务品种往往门槛高悬、客户覆盖有限。证券经营机构本就是经营中高风险业务的专业化金融机构，创新业务发展越是深入，金融产品越是复杂高端，对投资者风险承受能力和专业能力要求就越高，证券公司就越需要挖掘更多的中高端客户。因此，证券经营机构的普惠不可能是整体性的，只能是局部性的。

2. 互联网证券业务与普惠金融业务的融合与共振。2012年以来，随着证券经营机构创新发展的持续推进和互联网证券的加快发展，互联网证券业务与普惠金融业务交叉共振具备了更加充分的商业基础，主要包括证券经营机构借助互联网技术有望实现“二八法则”和“长尾法则”并重、社会价值和商业可持续性协调发展、规模效应和平台效应互促并进以及大规模标准化服务和大规模定制化服务兼顾，从而能够突破证券业务普惠发展的内生障碍。基于互联网对证券业务的渗透程度以及证券业务互联网化价值链塑造过程两个维度，可以明确互联网证券业务与普惠金融业务的交叉共振点（见图 1）。

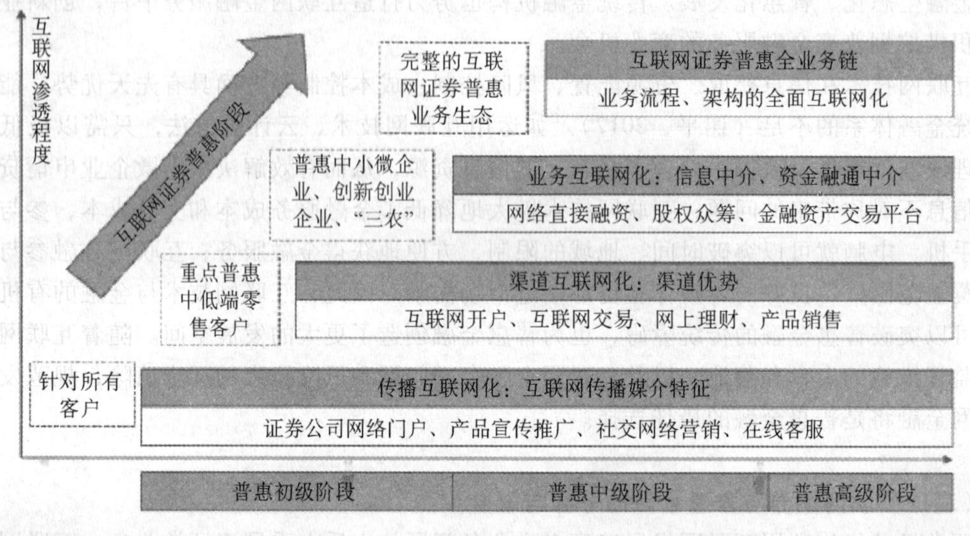

图 1 互联网证券业务与普惠金融业务的交叉共振点

二、国外泛证券经营机构通过互联网发展普惠金融业务的实践经验分析

（一）持牌证券经营机构利用互联网开展普惠金融业务模式

纵观美、日、韩证券经营机构利用互联网发展业务的历程，尽管没有明确的普惠金融政策驱动，但仍有不少机构基于商业利益和模式驱动表现出明显的普惠金融服务特征。美国的典型机构主要分为以嘉信理财（Charles Schwab）和史考特证券（Scottrade）为代表的 O2O 财富管理商和以亿创理财（E-TRADE）为代表的互联网折扣经纪商，而韩国则有以 Kiwoom 为代表的移动互联综合证券服务商，日本则是以 SBI 证券和乐天证券为代表的金融集团化/电商集团化在线经纪服务商（见表 1）。

美国的 O2O 财富管理商在线上都已经形成包括公司网站、PC 端软件和手机客户端以及电话、电邮和在线客服在内的多渠道线上服务模式，并花费重金打造自身网上平台。同时，在线下通过遍布全美的营业网点为有特殊需求的客户提供面对面的服务，打造 O2O 联动效应。嘉信理财和史考特证券都以低投资门槛和低佣金率而闻名，虽然也为大客户提供服务，但目标客户仍然更多地集中在中小客户群体。比如嘉信针对客户需求提供了九类投资账户，涵盖普通交易、退休金、国际市场交易、房产信托、教育储蓄等各个领域，客户可根据情况自行选择。嘉信大部分理财账户拥有较低的门槛（大多数为零门槛或 1 000 美元起），并在网络交易上收取更加低廉的佣金费用（网上股权交易 8.95 美元/笔，ETF 网上交易免佣金），体现了其利用互联网发展普惠金融的特征。

表1　持牌证券经营机构利用互联网开展普惠金融业务模式一览

典型代表	美国嘉信理财、史考特证券	美国亿创理财	韩国 Kiwoom	日本 SBI 证券、乐天证券
业务模式	O2O 财富管理商	互联网折扣经纪商	移动互联综合证券服务商	金融集团化/电商集团化在线经纪服务商
模式说明	客户群体覆盖范围较广；O2O 联动，开放产品平台和资产配置服务	大众客户；线上简单产品和“最低”交易费	专注于互联网和移动端，不仅提供低价基础服务，也为中端客户和高净值客户提供综合证券增值服务	由基于互联网起家的集团拓展出的业务分部
目标客户	中小客户为主，兼顾大客户	中小客户为主	长尾客户为主体	各类客户
营业部数量	实体营业部与网上交易结合	网上交易为主，实体营业部较少	没有设置任何营业部是其特色之一	O2O 模式
佣金标准	低	低	低	低
核心优势	中低端客户打下良好基础，高水平的投顾团队，丰富的产品，完善的线上线下渠道综合布局，较低佣金率	丰富的金融信息和便捷的网站设计，先进的技术平台优势和持续投资的资本实力，低成本、低佣金	先进的 IT 技术，丰富的产品品种和信息来源，低成本线上运营，特别是移动金融平台优势显著，低佣金	集团实力强，金融业务条线协同效应显著，搜索引擎和电商平台的客户导流效果明显

资料来源：根据各公司相关资料归纳整理。

尽管纯网络折扣经纪商具有低运营成本和低固定成本的优势，但由于缺乏实体运营场所，有些客户还是会担心虚拟交易缺乏安全性和可信度。为此，亿创理财通过购买传统营业部和与商场网店合作，在线下增加了实体分支机构和交易渠道。目前，亿创理财通过官方网站、PC 端软件 E-Trade Pro，还有手机客户端为客户提供服务，同时在旗下 30 家网点配备了客户服务代表和金融顾问专家，通过电话、电邮或面对面的方式为客户提供服务。

Kiwoom 坚定的低佣金策略将互联网金融的长尾效应发挥到极致，在 2005 年 1 月占韩国股票交易市场份额第 1 位，并在相当程度上带动了整个韩国证券业平均佣金水平的下降。Kiwoom 的移动经纪业务优势明显，很大程度上源自其手机客户端 App 的卓越表现。其移动金融平台有着更低的交易佣金费率，再加上其推出的“使用手机交易，首月佣金全免”的优惠方案，对韩国大量对佣金敏感且倾向于在手机端交易的个体投资者极具吸引力。无实体营业网点使 Kiwoom 可投入更多资金用于移动金融平台的建设，IT 背景的大股东在技术上的先进性又在一定程度上帮助其控制了成本，从而使其有条件在降低价格的同时不降低服务水准，为客户提供高性价比的移动金融服务。但 Kiwoom 也与一些金融机构合作，使客户能通过这些机构开设 Kiwoom 的账户，这反映出它并未完全放弃线下服务，而是将其作为网络经纪服务的有效补充。

日本 SBI 和乐天集团的证券业务性质更偏向纯网络经纪商，其极低佣金率的定位也很好地实现了业务拓展和客户群体分布的普惠性。SBI 证券在日本主要网络证券公司中的手续费最低，加上差异化的产品和服务，稳居日本网络证券公司之首；乐天证券战略定位清晰明确，即网络证券业务与电商业务相互促进，实现海量客户共享，提高客户黏性。但从公司全局来看，这两家公司都是依托集团金融实力和集团平台，身处集团打造的网络金融生态圈，在“一站式”金融服务中开展证券业务，在客户资源共享和业务协同方面有着得天独厚的优势。

（二）开展普惠金融业务的特色在线财富管理平台

近年来，国外（主要是美国）低门槛在线财富管理平台纷纷涌现，如定位于个人消费记账的 Mint，定位于个人资产汇总及优化的 SigFig，定位于资产管理的 Wealthfront、Betterment、Personal Capital，定位于社交化理财的 Motif Investing、Covestor。在线财富管理平台具有若干共同特征：（1）以互联网为主要服务渠道，大多拥有移动应用，用户可充分利用碎片化的时间与碎片化的资金进行理财；（2）以自动、智能的算法为用户提供服务，显著降低了服务成本，费用透明、低廉；（3）资金门槛低，与动辄十万、百万量级资产要求的传统理财咨询业大相径庭；（4）注重个性化和定制化，面向长尾市场，理财方案清晰透明，用户享有完全的知情权和选择权；（5）操作简单，用户无须过多的金融知识便可独立进行理财。这些特征源于互联网技术和理念在理财和咨询上的深入应用，体现出鲜明的互联网精神——普惠、平等和选择自由，而不仅仅是理财咨询行业的网上渠道拓展。但财富管理毕竟是一个专业领域，除了数据分析与处理能力外，还需要金融行业知识和模型。这也是上述美国在线财富管理平台服务多由前华尔街精英领衔或支持的重要原因。

（三）成熟市场发展互联网普惠金融的监管和环境建设经验

1. 在政策导向方面。各发达地区的普惠金融政策扶持主要体现在银行和信贷领域，而在证券经营机构发展普惠金融业务方面并无明显政策驱动，更多是商业驱动。

2. 在监管层面。国外成熟市场的金融监管较为健全和完善，机构监管、行业自律与企业内控相互补充，各相关机构能及时制定完善法律法规体系，使得新兴普惠金融业态得以规范开展，不存在明显的监管空白。例如，2012 年美国颁布《促进创业企业融资法》，解决了股权众筹的合法性问题并规定了众筹融资者的义务。2013 年 10 月，SEC 发布众筹新规提案进一步完善了相关条款。同时，美国金融业监管局（FINRA）这类自律监管组织负责众筹平台的登记。例如，Motif Investing、Wealthfront、Betterment 等在线财富管理平台也受美国金融业监管局的监管。

3. 在环境建设和基础设施打造方面。国外成熟市场上的泛证券类金融机构还注重账户功能的开拓，并充分结合征信体系，促进信息双向沟通。例如，嘉信、史考特、亿创理财等旗下都有银行，客户通过统一综合账户能够打通支付、投融资等功能。

三、国内证券经营机构利用互联网开展普惠金融业务的现状与问题分析

（一）总体现状分析

1. 证券公司互联网普惠金融业务实践的总体状况。我国证券行业成长的整个过程几乎与信息技术高速发展的时期同步。目前，证券行业网上交易量占比已超过 90%，55 家证券

公司开展互联网证券业务试点，利用互联网开展普惠金融业务具备了重要基础。

（1）互联网证券业务服务人群的普惠化。当前，互联网证券业务总体仍处于前端客户流量的引流导入和营销渠道的拓展阶段。在此基础上，价格和服务竞争并重，引流和转化并重的新常态竞争阶段也正在到来。互联网证券发展最突出的市场效应就是加速了服务客户群体的普惠性。

首先，证券市场参与人群数量大幅度提升。2013 年 3 月，随着证券公司非现场开户正式放开，网上开户作为经纪业务的重要展业模式开始大范围铺开，各证券公司纷纷采取低佣金策略招揽客户，综合运用互联网平台、移动客户端、与门户网站合作导流等方式，快捷、低成本、多渠道地争夺潜在客户。2015 年 4 月“一人一户”政策放开，降低了客户在证券公司之间的转移成本，解决了证券公司存量客户的流动障碍。2015 年中期，基于人脸识别技术的远程单向视频网上开户也进入应用阶段，开户便利性和体验度不断提升。上半年的行情火爆、在线开户和一人多户三个因素叠加带来了证券经纪业务客户基础继 2007 年后的又一次爆发式增长。

其次，互联网的普及与投资者市场参与互促并进。随着互联网的普及渗透程度的迅速提升，互联网用户数的增加助推了证券市场参与人群的提高，特别是近年来移动互联网的飞速发展给证券公司的移动互联网开户业务提供了技术保障和良好的客户体验，移动互联网开户逐渐成为一种主流的开户方式。相对于宽带用户及移动互联网用户 8 亿—9 亿人的用户规模，在证券市场 2 亿多客户账户的基础上，应该还有很大的增长潜力和普惠空间（见图 2）。

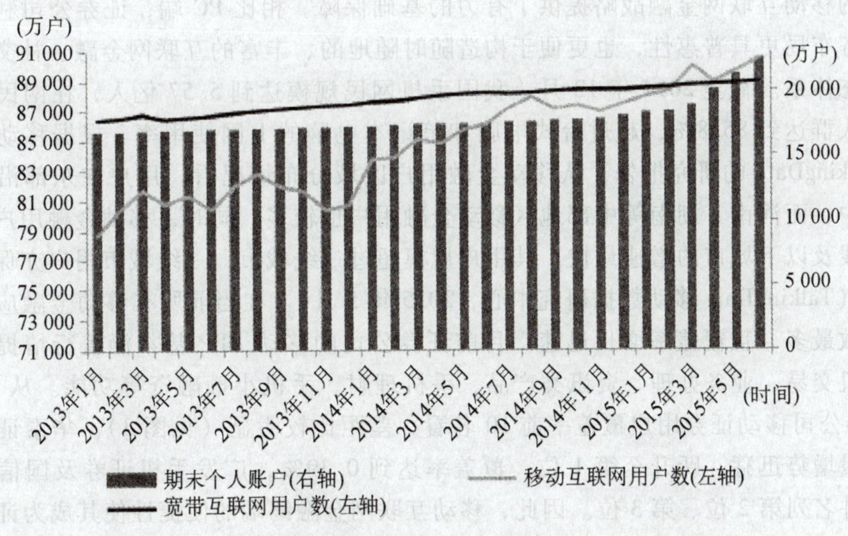

图 2　互联网的快速发展助推互联网证券参与人群增长

资料来源：Wind 资讯。

总体而言，证券公司利用互联网渠道的技术优势率先实现了零售经纪业务的互联网普惠服务，为最广大的个人投资者提供了低成本、便捷的市场参与机会，互联网平台也成为证券公司开展普惠金融业务的重要抓手和载体。

（2）零售证券业务区域之间定价和服务的普惠化。首先，当前证券公司的互联网证券业务的快速发展大幅缩小了区域之间股基交易佣金的价格差异，减小了区域价格排斥。2013

年，证券行业经纪业务佣金率平均为 0.079%，与 2012 年全年佣金率基本持平；2014 年行业平均佣金率为 0.067%，同比下滑 15.2%；2015 年上半年行业平均佣金率为 0.054%，较 2014 年下滑 19.4%。随着互联网证券业务深入推进，行业平均佣金率水平还会持续下滑。互联网经纪业务的开展打破了区域间的经纪业务佣金率级差，不同区域之间均可以较低的价格享受证券公司的基本金融服务，这也恰恰体现了普惠金融的基本内涵。

其次，证券服务的覆盖区域更广。2014 年以来，各证券公司纷纷利用互联网手段积极开展网上开户服务，搭建互联网证券服务平台，努力提供良好的服务体验，这些都完全突破了传统的地理区域展业障碍，使得互联网证券业务在股票开户、产品销售等部分环节实现了跨地理区域无边界服务。

2. 证券公司互联网普惠金融业务的具体实践。近年来，外部市场化因素的倒逼和商业利益的自身驱动，均促使证券公司通过互联网平台直接提供更为普惠的金融服务，并探索构造新的商业模式。

目前证券经营机构在利用互联网开展普惠金融业务方面主要有四种模式，包括自建综合网络金融商城、与互联网平台合作或借助第三方平台开展网上金融业务、移动金融服务平台以及与互联网金融公司合作开展新型互联网普惠业务。部分大型证券公司已经初步形成了手机证券、网上交易金融终端、官网页面交易终端、官方微信和网上商城及合作方专题网页于一体的多元化互联网展业终端，以增加客户的接触面，也为普惠金融创造了更多入口。

以打造移动金融普惠服务平台模式为例。移动通信技术的发展和移动终端的快速增长为证券公司的移动互联网金融战略提供了有力的基础保障。相比 PC 端，证券公司利用移动终端进行业务布局更具普惠性，也更便于构造随时随地的、丰富的互联网金融、社交金融和消费金融生态体系。截至 2014 年 12 月，我国手机网民规模达到 5.57 亿人，在网民中通过手机上网的人群达到 85.8%，超过台式电脑和笔记本电脑的上网使用率。根据移动大数据服务平台 TalkingData 的研究报告，从移动金融用户区域分布情况看，用户在东部沿海地区分布较为集中，而河南、湖南等中部地区移动金融用户也较多。同时，移动金融用户呈现下沉趋势，三线及以下城市的增速最快，其用户规模超过二线城市，一线城市用户亦保持较快的增长速度（TalkingData 移动数据研究中心，2015 年 5 月）。在当前所有移动金融应用中，证券应用款数最多，且覆盖率增长迅速。目前证券公司的移动 APP 基本涵盖行情提供、手机开户、手机交易、业务办理、资讯类产品、手机理财、手机小额融资等功能。从 2015 年第 2 季度证券公司移动证券用户覆盖率前 10 名看，差距比较明显（见图 3）。华泰证券涨乐财富通用户量增势迅猛，跃升至第 1 位，覆盖率达到 0.39%，广发手机证券及国信证券金太阳炒股软件名列第 2 位、第 3 位。因此，移动互联网金融终端的便捷性使其成为证券公司开展互联网普惠金融业务的重要战略入口，特别是成为在三线、四线城市及农村地区开展普惠金融的重要载体。

总体而言，互联网证券业务能够在特定的证券业务领域消除金融排斥，特别是为传统证券业务所不能覆盖的人群和区域提供价格合理、方便快捷、安全高效的证券金融服务。因此，互联网证券业务成为普惠金融业务的重要补充，与其他小额信贷、小微金融等普惠金融业务形态相辅相成，共同组成多层次的普惠金融服务体系。

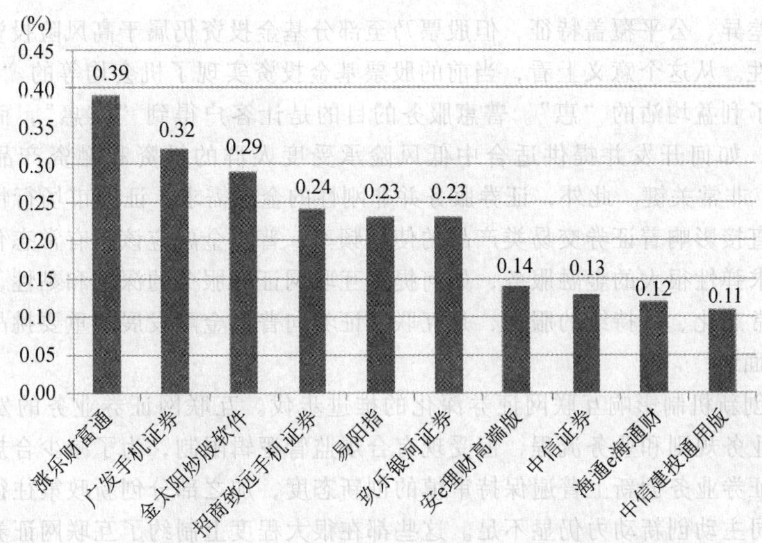

图3　2015年第2季度证券公司移动证券用户覆盖率Top10

资料来源：TalkingData移动数据研究中心（覆盖率＝安装该应用的活跃设备量/行业活跃设备量）。

（二）存在的问题分析

1. 业务层面。

（1）业务门槛仍相对较高，产品线不够丰富，普惠金融深度和广度有待拓展。证券公司的互联网普惠金融服务尽管在受益对象和区域上具有较高的覆盖广度，但这更多是互联网技术带来的形式普惠。但鉴于投资产品、理财产品及融资服务的门槛与互联网金融机构相比仍然偏高，证券公司普惠金融业务的广度和深度仍有待拓展。线上理财产品的种类尽管日益增多，但中低风险、低门槛理财产品的创设能力或可选范围与一些公募基金、互联网金融机构/平台相比仍有明显差距。证券公司提供的小额融资服务主要基于线上股权质押融资、担保融资和线下的新三板、区域股权交易中心挂牌融资等，互联网的P2P及众筹融资尚未广泛开展。基于互联网手段为创业型企业和中小微企业提供多元、灵活融资服务的能力还亟待提升。无论从投资服务还是融资服务领域看，证券互联网普惠业务都面临着各类互联网金融机构乃至互联网银行业务的替代性竞争。

（2）“互联网＋证券”融合仍处于初级阶段，市场竞争层次不高，互联网普惠金融发展模式有待探索实践。当前，证券公司互联网普惠金融发展正处于从“金融互联网”向“互联网金融”过渡的阶段，线下业务与互联网开始出现融合发展的态势。但部分线下创新业务链条长、门槛高，互联网对此类业务的渗透，业界还未有成熟的商业解决方案。对于已有的线上业务，客户价值挖掘还很不充分。统一账户体系的建立、账户支付功能普遍化、客户行为大数据挖掘、个性化财富管理方案设计等都有待逐步探索。目前，互联网证券的竞争仍然停留在使用价格优势和渠道便利性积累客户的阶段，如何基于互联网思维，根据客户资源、自身优势设计有竞争力的商业模式还需进一步探索和尝试。

（3）互联网证券的“广普效果”和“实惠效果”仍难兼顾，服务的“刚性需求”弱、“弹性需求”强。互联网证券的迅速发展使得投资者大规模入市这一环节充分体现了普惠金融的普遍、无差异、公平覆盖特征，但股票乃至部分基金投资仍属于高风险投资，投资的结果充满不确定性。从这个意义上看，当前的股票基金投资实现了机会均等的“普”，但不能说是真正实现了利益均沾的“惠”。普惠服务的目的是让客户得到“实惠”，而不是得到高度的不确定性。如何开发并提供适合中低风险承受度人群的投资和融资产品，更好兼顾“普”与“惠”非常关键。此外，证券服务并非刚性的金融需求，证券市场行情所带来的财富效应的强弱直接影响着证券交易类产品的使用频率。普惠金融应该是有常态化需求的基础金融，而非需求弹性很大的金融服务，如何提高互联网证券服务的深度和黏性，降低需求弹性，使之成为常态化、可持续的服务，是互联网证券向普惠金融发展的重要挑战。

2. 政策层面。

（1）现有创新机制影响互联网证券深化的推进步伐。互联网证券业务的发展需要突破很多现有证券业务规则和业务流程，但受现有合规监管逻辑限制，为了减少合规风险，证券公司在互联网证券业务创新上普遍保持审慎的创新态度，加之部分创新政策往往不明确、不明朗，证券公司主动创新动力仍显不足。这些都在很大程度上制约了互联网证券普惠业务的深入推进。

（2）现有制度规则制约了证券公司业务发展的互联网化程度。当前，证券业纸质与临柜时代的诸多规范已明显与互联网金融发展环境不相适应，且直接以其中的一些规范套用判断互联网证券业务的合规性也失之公平。网上开户业务模式已较为成熟，客户网上操作的投资习惯业已养成，但目前仍有相当部分的二次业务强制要求临柜办理（如创业板开通、融资融券开户、密码重置业务、身份证信息修改、更换三方存管银行等）。现行的规则制度在互联网证券业务适用性上存在着较大的局限性，如果不能实现更多二次业务办理层面的互联网化，证券公司利用互联网发展普惠金融业务也难以深入推进。

（3）互联网基础设施建设滞后牵制证券公司普惠金融业务的发展。普惠金融体系中的基础设施包括互联网支付、行业云平台以及征信体系等。当前，证券业现有支付环节的运营成本较高，账户支付功能并未广泛落地，客户沉淀资金无法有效盘活，证券账户活性和黏性不高。互联网证券平台存在着对接难、建设和维护成本高、未建立适合行业发展特点的云平台等问题。当前，新型互联网证券对个人征信的需求日益强烈，但证券业还尚无有效的征信体系支撑，征信成本仍然较高，拓展新业务面临着较大的信用风险。

四、证券经营机构开展互联网普惠金融业务的商业模式、发展路径及保障措施分析

（一）证券经营机构开展普惠金融业务的定位与标准

证券经营机构普惠金融业务必须立足于社会效益和商业可持续性协调发展，是具有特定业态边界、业务定位的有限度、有条件的普惠业务。随着证券业务体系广度和深度的拓展和互联网技术的发展，更多的业务“上升”至网上进行，更多的业务“下沉”覆盖到更加广泛的客户领域。证券经营机构利用互联网开展普惠金融业务面向存在金融抑制现象的客户群体和区域，但又有一定的特殊性。

1. 客户群体。证券经营机构开展普惠金融业务应着眼于客户门槛和标准的降低，向传统业务忽视的中低收入人群和小微企业客户延伸。考虑到互联网普惠证券业务的局限性，其

客户群体并非覆盖所有弱势群体，前提是有收入或一定收入水平的人群和企业。一类是弱势人群，包括低学历、低收入城市工薪阶层，城市创业人群和农民、农户；其二是弱势企业，包括微型和小型企业，个体工商户，乃至微商、创客、极客、微客等新兴创业企业，也包括有一定规模的中型企业、发育初期的龙头企业及特定领域企业等。

2. 覆盖地域。证券经营机构利用互联网开展普惠金融业务应以互联网的广泛利用为前提，实现对强势和弱势地区互联网证券服务的广泛覆盖，打破地域障碍。具体来看，在一线、二线城市等强势地区应做到各类群体的全覆盖；在三线、四线城市和中西部弱势地区实现对强势和弱势群体更广泛渗透；在县乡镇农村地区要向"三农"领域积极延伸。

3. 服务内容。普惠金融业务和特惠金融业务的边界日益模糊，今后都将整合在一个互联网平台上。证券经营机构开展普惠金融业务应围绕服务可得性、便利性以及降低服务成本，构建以在线小微融资和小额理财为核心的金融服务体系，提供高效便捷的投融资和其他基础金融服务，同时追求主打服务的渗透性和覆盖率。一是要集成所有证券金融业务，包括证券经纪与财富管理、投资银行、资产管理、场外市场等；二是要推进服务模式及金融工具创新，包括支付平台、综合账户、小额质押融资、P2P信贷、众筹融资、金融信息服务等。

4. 服务形态。普惠金融需求呈现规模小微化、覆盖大众化、群体广泛化的主要特点。为此，证券经营机构开展普惠业务要以标准化服务为主，兼顾定制服务，以线上服务为主，线上线下有机结合，追求规模效应、集约管理和商业可持续性。在标准化服务方面，要着力强调小额化、标准化、集约化服务，比如小额理财、融资；定制化服务方面，要积极利用大数据技术实施中高端服务降维，比如在线财富管理、账户体征服务、新型融资服务。

（二）证券经营机构差异化发展中的普惠金融商业模式选择与演化

证券经营机构利用互联网开展普惠金融业务是行业发展模式演化、分化的一个重要组成部分，其差异化战略定位决定了普惠证券业务开展的广度和深度。

1. 证券经营机构差异化发展中的普惠金融业务选择。基于国际成熟市场经验，我们将证券公司业务类型根据其对资本的依赖程度划分为卖方中介、资本中介和资本投资三大类业务，未来各证券经营机构在业务类型上势必会有所侧重和聚焦，根据其所聚焦的客户类型和业务类型的二维划分，考虑到未来证券公司牌照的放开，可能呈现出五类机构形态。这五种类型的证券经营机构根据其所聚焦的客户和业务，对普惠金融业务开展的能力和意愿会有明显差异（见图4）。

2. 证券经营机构利用互联网开展普惠金融的两大主要商业模式。证券业务可互联网化开展是构建互联网普惠金融商业模式的前提。证券经纪、投资顾问、金融产品销售、金融资讯及标准化理财服务、财富管理业务、期货期权及衍生品交易等大部分卖方中介业务可完全实现互联网化，即从客户开户到参与业务的整个过程均可依赖互联网进行，不需要到证券经营场所或与证券经营机构人员面对面接触。融资融券、股票质押融资、小额融资、P2P等资本中介业务以及众筹业务等资本投资业务，从技术上亦可实现前端环节的完全互联网化。区域股权交易中心挂牌、直投基金等的投资与管理业务，前端营销及交易可互联网化，后端项目运作须线下进行。证券业务的互联网化程度及操作性、对经营场所的依赖性决定了互联网普惠证券业务将形成两种模式，即纯线上模式和线上线下相结合（O2O）模式。不同类型的

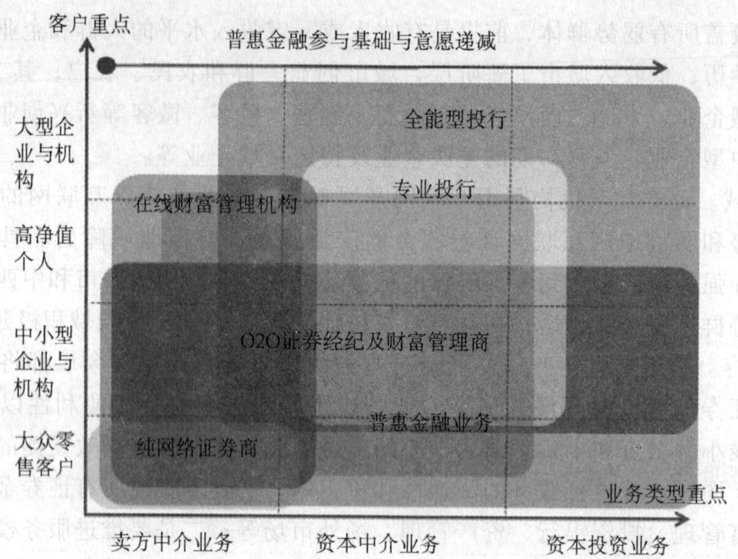

图 4　证券经营机构差异化发展中的普惠金融业务选择

资料来源：课题组根据研究自行绘制。

证券经营机构根据其业务和客户群体的侧重不同，可选择一种商业模式，或者两者兼而有之。

（1）纯线上模式。该模式指证券业务在充分互联网化的基础上，积极利用互联网思维和技术，打造以“平台＋数据＋证券”为核心的生态圈，实现互联网普惠证券业务的可持续发展。其中，“平台”指运行在 PC 端和移动端的业务平台，以此获取客户流量，积累客户行为数据；“数据”指利用大数据技术，搭建数据模型，分析客户需求；“证券”指可提供的证券服务内容，满足客户金融需求。该模式主要针对技术上可完全互联网化的证券业务，也包括目前仍存在政策限制、未来可能放开的部分资本中介业。该模式从市场营销、业务开户、风险测评、产品销售及证券交易、服务提供、客户投诉处理、回访，以及部分资本中介业务涉及的信用审核、风险控制、放款、还款等全部流程都在互联网上完成，业务运作规范明确，效率较高，成本较低。该模式关键点在于互联网业务和服务平台搭建、大数据技术和整合营销策略的深度应用以及客户体验的持续优化。

（2）线上线下结合（O2O）模式。“线上”主要侧重于可完全互联网化的业务、可互联网操作的业务环节以及市场营销、信息发布、客户开户等；“线下”侧重于不可互联网化的业务，包括部分卖方中介个性化服务、资本投资业务的项目运作，或者监管要求的部分不可互联网化的业务环节。该模式实际面向所有业务领域和业务类型，操作上可能形成两种类型：一是线上线下单一结合模式，即标准化的 O2O 模式。证券经营机构立足特定区域，针对证券经纪、财富管理等可完全互联网化的业务，通过设立网点或整合现有网点资源，构建线上营销推广、线下服务提供的闭环，最大限度地保证服务质量和水平。其缺陷在于运营成本较高，覆盖范围窄。二是线上线下错位结合模式。有的业务线上运作，有的业务线下运作，比如证券经纪线上运作，财富管理线下开展；小额理财、固定收益产品销售线上运作，投行类和资本投资类业务线下运作等。与纯线上模式不同，该模式面对的客户群体门槛更高。该模式运作的关键在于线上线下的有机分工、协作和联动，降低综合运营成本、线上线下的集约化管理。

（三）证券经营机构利用互联网开展普惠金融业务的重点领域分析

1. 经纪与财富管理。经纪与财富管理业务是互联网普惠证券业务的基础领域，面向各类普惠客户群体，提供业务主要包括网络经纪业务和在线财富管理业务两大类。

（1）网络经纪业务。网络经纪业务的总体发展模式为大规模引流客户，并实现大规模的转化沉淀，发挥平台效应。一是拓展代理交易及服务范围，提供网络综合交易服务。适时增加适宜中小客户参与的在线代理交易及服务的品种，不断拓展中小个人客户及企业客户投资交易及风险对冲的工具和手段；积极推进投资顾问业务的线上化，引入打造面向弱势群体的社交信息和网络平台，以投资顾问为核心将社交信息服务转化为有价值的交易服务。二是利用大数据技术提供智能理财服务。整合互联网渠道、呼叫中心等服务渠道，构建集中统一的交易与服务平台；根据客户行为及客户账户的持仓、交易、浏览习惯等各类数据，建立针对性的服务模型，以数据分析与数据挖掘的方法来实现产品和服务的智能推荐，包括各类提醒、警示、精确化推荐、服务告知、投资建议等服务内容。三是根据互联网用户习惯重塑业务流程。证券经营机构需要积极吸收互联网思维，尊重互联网用户习惯，在遵循实质性合规和投资者适当性原则的前提下，根据互联网用户习惯重塑经纪业务架构和流程，形成简单、快捷的参与界面，优化提升客户体验。

（2）在线财富管理。在线财富管理业务基于互联网（包括移动应用平台）手段以自动、智能的算法为用户提供便捷性、个性化、定制化的财富管理服务，提供各类中低风险理财产品，降低传统意义上的财富管理门槛。服务内容主要包括以下几方面：

一是账户管理。证券经营机构打造在线财富管理平台，平台通过授权把客户的多个账户信息（支票、储蓄、投资、退休金等）与证券账户连接起来，在一个可视的面板上显示出来，自动把客户各种收支信息划归到不同类别（例如餐饮、娱乐、购物等），形成综合性多功能账户体系，使客户对自己的财务状况一目了然。平台需具备较强的数据分析功能并能够形成简洁易读的图表，自动诊断客户的投资组合，给出个性化的理财建议，帮助用户节省成本、提高收益。二是资金管理。积极利用先进的技术手段、计算机算法，以及现代的投资组合理论为客户提供量身定制的理财计划，包括差异化的资产配置以及平衡和持续管理。证券经营机构可在积累数据的基础上，利用智能化的数据分析与处理能力，构建财富规划及投资组合模型，为大量中低收入投资者提供线上精准的财富管理业务解决方案。三是产品创新与服务场景、生态营造相结合。证券经营机构积极开展适宜互联网化的小额投资产品和融资产品创新，通过对接整合外部资源，营造与消费、生活等相关联的金融消费场景，增加客户的吸引力。

2. 投资银行及场外市场。

（1）众筹融资。2014 年 12 月，中国证券业协会就《私募股权众筹融资管理办法（试行）（征求意见稿）》公开征求意见，私募股权融资正在成为投资银行业务互联网化的创新领域。证券经营机构可选择种子众筹、天使众筹和成长众筹等业务定位，以自建或与互联网金融机构、专业机构合作搭建公募/私募股权众筹平台，协助企业股权融资；也可与 VC、科技园、孵化器、创客空间等合作开发创新创业项目资源，真正面向中小微企业拓展客户群体。

（2）网络借贷业务。“P2P”网络融资引入后，衍生出了“B2C”、“P2B”、“O2O”等各种模式，已有证券公司通过参股 P2P 平台公司涉足网络借贷业务。证券经营机构可通过自建、合作或投资 P2P 平台、P2B 平台，进一步拓展类贷款业务范畴，从证券质押融资向信用融资、担保融资延伸，在可能的条件下，不断拓展抵押、担保证券范围，提高业务灵活性；应注意对接实体经济项目，降低投资参与门槛与综合融资成本，避免变相为二级市场放杠杆；积极开展业务模式和产品创新，发挥证券经营机构全业务链优势，对接小贷资产证券化等服务，打通信贷产业链。应高度重视构建信用风险评估体系，开展有效的风险管理与控制。此外，证券经营机构及旗下专业子公司也可以联合特定行业的实体企业客户合资设立互联网小额贷款公司，将股东的证券优势和产业优势充分结合起来，打造新的供应链融资模式。

（3）新三板、区域股权交易市场业务。新三板、区域股权交易市场是中小微企业直接融资的重要平台，证券经营机构应利用其与互联网金融创新的契合之处，积极推进在线化发展，引导挂牌企业融资引入众筹或网络融资模式，吸引民间资本，并促进直接融资和间接融资服务的融合创新。新三板企业股权融资与债券融资产品要强化创新及推进网络私募销售；区域股权交易市场可与小贷公司、P2P、担保公司等机构合作开发私募债产品，独立或与互联网金融机构合作开展网络销售。

3. 资产管理业务。证券经营机构利用互联网开展普惠型资产管理业务的前提就是要获得公募基金管理人资格，具备发行面向大众群体的低门槛资产管理产品的条件。截至 2015 年 7 月，仅有 7 家证券公司获得公募基金管理人资格。普惠型资管业务发展可聚焦于两个方向：一是面向大量以低净值个人为主的弱势客户群体理财服务需求，积极拓展相应的产品线。在产品风险类型上，聚焦于低风险、稳健收益产品，如现金类产品、固定收益类产品。在产品特性上，聚焦于更易推广、易共享、易传播产品，利用互联网为客户提供更快捷的交易方式、更好的交易体验，适应互联网用户偏好。二是面向资质良好的中小企业以及特定领域（如“三农”领域）的企业推进资产证券化业务，创新企业融资方式，而其信息发布、产品销售乃至部分项目运作管理环节都可采用互联网方式。

（四）证券经营机构利用互联网开展普惠金融的运营管理问题分析

1. 合规与风险管理。证券经营机构利用互联网开展普惠金融业务具备互联网和金融双重属性，在系统性风险、流动性风险、技术风险、操作风险等传统金融风险之外，还面临着互联网及弱势群体客户带来的新风险种类，比如信息科技风险、数据存储与安全风险，以及更大的信用风险。同时，证券经营机构还面临着金融风险扩散速度快、风险监控难度大、金融风险交叉传染的可能性增加等风险特征，加大了证券经营机构管控风险的难度。

（1）加强与外部机构合作，拓展客户数据维度。积极利用互联网技术，抓取自身系统内包括客户身份信息、资产信息、投资行为等在内的各类数据。在此基础上，也可以与互联网电商公司、支付公司、民间征信机构合作，甚至接入社交网络平台，获取实名认证用户的支付记录、消费记录、信用评级以及社交数据，构建大数据综合分析的基础。

（2）利用大数据技术，构建分层分级的客户管理体系。进一步完善客户评估体系，创新客户评估技术工具。依据大规模的客户数据，利用大数据技术加强对客户风险偏好、信用状况、资信能力等各个维度的分类，形成客户 360 度真实视图和画像，构建多维度的分层分级的客户风险等级和管理体系。

(3) 建立规范完善的业务流程，加强业务过程监控。建立完善从客户身份验证、准入、风险测评、产品推荐与服务、交易达成以及跟踪回访等覆盖全业务环节的规范业务流程，确定每一结点必须完成的规定动作及自选动作，确保流程规范合规。建立以数据分析和挖掘、产品设计、风险定价、评分卡等核心技术和自动化加人工智能的业务风控流程和风控系统。加强日常监控，帮助各级人员及时了解市场动态、业务动态和客户动态，深入识别客户，更好地对流程进行监管，及时识别和处理异常情况。

(4) 资产端风险和资金端风险的匹配。进一步完善客户适当性管理制度和机制，优化提升投资人偏好与资产属性的匹配度，实现客户风险和收益的平衡。在客户分类分级、产品分类分级的基础上，利用信息技术将双方需求进行固化、对接，保证风险控制的刚性。

2. 投资者教育和保护。

(1) 打造在线投资者教育体系。积极利用官网、微信、微博、交易软件、视听软件、BAT 平台、门户网站等互联网人气集中的工具打造多渠道、立体化的互联网教育手段，在可能的条件下打造具备自身特色的“在线投资者教育学院”，培训网络投资者教育讲师，形成投资者教育的主平台；充分利用客户关系管理分析系统，通过后台对客户数据进行深入分析，做好客户分类，在后续的客户服务、营销工作中有针对性地做好已有客户的投资者教育工作。

(2) 提高投资者教育的趣味性。创新投资者教育方式，将投资者教育的载体由传统的文字介绍方式转向设计制作课件、视频、音频、动画、PPT、问卷、微电影、图片、模拟证券投资等多样化方式，并据此向投资者进行投资常识介绍、风险揭示、投资资讯、受理客户咨询、投诉等投资者教育与服务。坚持寓教于乐，根据互联网用户的年龄结构和兴趣爱好等特征，开发投资者教育游戏软件，为互联网用户创造体验式的证券知识学习环境，共同搭建一个趣味性较强的投资者教育平台。

3. 技术及业务支持体系。

(1) 构建综合账户体系。账户体系是客户参与互联网普惠证券业务的入口，直接体现了业务的可参与度及便利性。证券经营机构应继续拓展证券账户基础功能，比如通过第三方支付机构、证通公司以及申请加入央行支付体系方式，逐步实现证券账户对外汇划转及消费支付结算等“汇”的功能，并着力通过产品创新、业务创新的方式，拓展证券账户的“存”和“贷”功能。从客户账户开立流程和使用用途角度出发，积极探索建立能够满足客户不同需求的多层级账户管理体系，以“综合账户号”作为客户唯一的标识，统一管理客户名下的注册账户、理财账户、交易账户等不同类型的账户，支持“一键登录、综合理财”，支持“综合支付结算”服务。

(2) 建立起覆盖前、中、后台及集成大数据分析功能的信息技术平台。证券经营机构应进一步扩大 CDN（内容分发网络）布局，形成统一全局链路负载均衡及应用级负载均衡的整体网络架构，使客户不管身处任何位置都能获得快速、稳定的访问体验，彻底打破区域性限制。要面向 PC 和移动端打造一个覆盖多业务领域、业务办理高度互联网化及界面、性能体验极佳的前端综合服务平台。充分利用大数据、云计算等先进技术，打造支撑高并发、高性能、高稳定、高可扩展、海量数据的松耦合弹性可计算金融云，提升前台系统的可用性。要积极利用分布式部署、高速数据缓存、内存数据库等技术提升后台处理系统的整体处理能力。构建PB级大数据平台，通过全面收集、分析客户行为数据，推进产品设计、业务运营和系统开发，建立精准契合客户需求、适应市场变化的运营体系。

（3）建立立体化的业务及服务支持体系。证券经营机构应积极整合内部的研究、理财资讯、金融产品、投资顾问等服务产品，形成体系化的理财服务体系，覆盖不同类型及风险偏好的普惠客户群体。充分利用大数据技术，构建分析模型，精准挖掘客户需求，优化完善服务流程，形成智能化的理财服务体系，定向推送用户关心的信息及服务。引入机器人智能在线服务系统，进一步整合呼叫中心等线下服务资源，打造由人工在线服务和机器人智能服务的多层次咨询服务体系，弥补在线服务空白，增强服务质量和效果。

4. 组织架构和机制安排。

（1）明确普惠金融业务发展的顶层设计。普惠金融业务不具体指向某一类业务或某一项创新，其盈利能力无法匹及普通证券业务，为提升业务效率，需要证券经营机构在战略、组织架构、制度机制、人力资源等方面做好顶层设计。应充分发挥董事会、监事会的战略决策及监督作用，制定、审议、监督落实有关普惠金融业务的规划和重大事项，并对效果进行评估并提出建议。

（2）成立普惠金融委员会/专项工作组。利用互联网开展普惠金融业务涉及多个业务条线和模块，需要自上而下包括人员、IT系统、财务预算、金融产品、线上平台等整体协调推进。证券经营机构可以考虑成立普惠金融委员会/专项工作组，明确资源配置的原则，负责统筹推进重点工作任务，协调推进跨部门、跨条线的业务和资源整合，在关键业务/产品领域加以适当资源倾斜，更加有效地落实普惠金融战略。特别是在普惠金融业务发展初期，可发挥普惠金融委员会/专项工作组统筹引领作用，有针对性地推进普惠金融业务发展。

（3）构建与普惠金融业务相适应的组织架构体系。证券经营机构必须以用户需求为核心，按照互联网金融模式推进业务组织架构、业务流程重塑与再造，这也是开展普惠金融业务的基础。可以考虑将旗下分布于不同业务条线和业务模块的普惠金融业务整合成统一的业务集群或业务线，解决内部同类业务交叉重叠的问题，强化专业化管理和风控。在适当的条件下，证券经营机构可通过设立普惠金融事业部或普惠金融子公司，或者与互联网金融企业、实业企业合作，打造普惠金融业务平台。

（4）探索适应普惠金融业务发展的考核与激励机制。证券经营机构作为市场化的法人企业，需要建立起一套公平、理性的业务发展协调及激励机制，调动前、中、后台各相关部门开展普惠金融业务的主观能动性，创造普惠金融业务发展的内部环境，尽可能地形成自下而上的普惠证券业务发展模式，确保发展的可持续性。要充分结合普惠金融业务特点，探索相适应的员工绩效与激励机制，加强对普惠金融业务的正向引领和导向，激发员工参与普惠金融业务的热情。

五、相关政策建议

（一）建立健全证券业发展普惠金融业务的政策体系

1. 建议制定实施普惠证券业务发展的行动纲要。随着《关于积极推进“互联网+”行动的指导意见》以及《关于促进互联网金融健康发展的指导意见》的发布实施，利用互联网开展普惠金融业务的顶层设计和监管框架已经确立。为此，建议中国证监会及中国证券业协会尽快着手制定实施“普惠证券业务发展指引/行动纲要”，从制度上尽快明晰普惠证券业务的定位和业务范畴，确立运行规范，制定发展计划，为证券经营机构提供更加明确的政策指导和政策预期。

2. 进一步完善监管体系，加强跨部门、跨行业、跨地域的监管协调。《关于促进互联网金融健康发展的指导意见》明确了已具备一定发展水平互联网金融业态的监管归属，但鉴于互联网证券发展今后还要涉及更多业态，普惠金融发展也要涉及更多领域的业务创新，建议建立跨部门、跨行业、跨区域的监管协调机制。同时，针对互联网普惠证券业务的重点领域，建议减少证券经营机构在创新业务、产品开发过程中与各主管机构的沟通、交流成本，提高创新问题支持对接的专业性和处理效率。另外，中国银监会已经成立了普惠金融局，建议中国证监会亦可考虑成立相应的监管部门，中国证券业协会同时成立相应的协调机构，突出对普惠金融业务的专业管理。

3. 梳理涉及普通投资者的相关业务规则，适时降低部分投融资服务的参与门槛。目前，监管部门从投资者适当性管理角度，对大部分业务的合格投资者均有严格的门槛要求，导致证券经营机构专业能力很难惠及有需求的大众客户群体。实际上，该类客户群体在部分证券服务上的潜在需求十分可观，国际上也出现了高端业务平民化的案例，合格投资者的条件限制反而助推了非法机构、灰色组织向普通大众投资者的侵入，更不利于客户权益的保护。与其“堵”，不如“疏”，建议适时梳理现有业务管理制度，明确各类合格投资者的实质性合规底线要求，对一些客户普遍接受、标准化程度高、成熟度较高、风控体系严格的业务可适当降低投资者资质要求，或者将部分业务门槛的设定权限赋予证券经营机构。

4. 加强防范和打击以普惠金融名义的非法金融活动，建立自律规范和约束惩戒机制。面对风险防范意识差、业务认知能力欠缺的弱势客户群体，风险防范与投资者保护是普惠金融业务发展极为重要的一环。建议中国证监会进一步加大对涉及资本市场销售、交易、清算等环节相关机构及行为的监管力度；建议中国证券业协会适时开展普惠金融专项投资者教育及宣传活动，进一步提高投资者对非法证券活动的识别能力及防范意识；进一步加大非法金融活动的防范和打击力度，对打着改进技术的幌子、冒用互联网金融名义、以普惠金融为噱头等各种非法金融活动予以严肃处理；进一步督促各机构提高抵御网络攻击的能力，做好投资者敏感信息的保护，提升投资者网上交易安全防护水平。

（二）鼓励互联网证券创新，支持发展互联网普惠金融

1. 保留一定的试错空间，建立有关普惠金融业务的鼓励与豁免机制。要有效解决开展互联网普惠证券业务过程中存在的“合规风险”和“政策风险”问题、“实践先行”和“制度先行”之间的先后问题，不断优化普惠证券业务监管环境。建议监管部门在分类监管评价体系内设计创新鼓励和容错机制，探索对于一定范围内的普惠证券服务。若业务开展前期已审慎论证、确保遵守监管层制定的实质性合规底线且在履行合格投资者管理及风险揭示等基本义务时已尽到一般注意人的审查义务，即便出现失败，也应获得监管层的适度豁免，在分类评价时不作负面评价，或设定一定的容错值，免除其后顾之忧。

2. 适时建立负面清单制度，进一步放宽互联网普惠证券业务发展环境。建议监管部门结合互联网证券业务实践，梳理出一些普惠证券业务禁区，制定出一套“负面清单”，在“负面清单”外的领域应采用“法无禁止即可为”的法律准则，在切实保障经营合规和风险

可控的前提下，积极鼓励证券经营机构开展互联网普惠金融业务创新。为鼓励市场主体的创新尝试，建议监管部门针对具体创新事件事前要尽量明确监管态度，从而让证券经营机构明确进退边界。要明确互联网普惠证券业务的事后备案制度机制，充分简化报批和报备事项范围及流程。对于涉及重大创新的普惠证券业务，监管部门应实行加密的审批及报备事项流程，着力保护证券经营机构的商业机密。

3. 梳理现行制度规则，破除证券经营机构发展互联网普惠金融的业务障碍。要系统性地对现行政策法规中不适合互联网证券发展的内容进行梳理，并根据互联网证券发展的需要加以修订和调整。为此，建议监管层适时放开二次业务网上办理的限制，逐步放开一次与二次业务办理必须临柜的要求，切实提升证券业务办理互联网化程度。

4. 逐步建立证券经营机构为弱势群体提供金融服务的监测、评价和考核机制。证券经营机构开展互联网普惠证券业务须以市场化为前提，建立可持续的商业模式实现自主发展、良性发展。但充分考虑到普惠金融业务的公益特质，监管部门应充分发挥推动者、监督者的作用。要逐步建立以普惠证券业务规模、覆盖客户群体、区域等指标为主的普惠金融考核指标体系，加强业务备案信息、审批信息等的统一标准化管理，强化对证券经营机构开展普惠金融业务的监测、评价和考核，对优秀者进行鼓励，提高普惠证券业务的参与度。

（三）建立完善证券经营机构发展互联网普惠金融业务的基础设施

1. 持续完善账户体系，切实拓展证券账户功能。要进一步推进互联网证券业务资格涉及的三类账户类型及功能的全面落地实施，并支持证券经营机构进行账户体系、账户功能的进一步创新，不断拓展证券账户的交易、理财、投资、融资、消费等多样化功能，提升客户体验和客户黏性。切实落实证通公司成立的初衷，切实有效地降低行业支付成本，提升互联互通水平。充分发挥监管层的协调推动作用，支持部分证券经营机构加入央行支付与清算系统，获得实质性支付功能。

2. 持续推进跨行业、跨机构的数据互通与共享，构建以大数据技术为核心的征信体系。建议监管部门积极推进证券行业信息与商业银行、支付机构、电商企业、互联网金融机构、民间征信机构后台数据的互通与共享，将信息内容从金融信息拓展到消费信息、征信信息，甚至社交信息，帮助证券经营机构获取更加真实、全面的客户视图和画像，进而架构起高效率的风险控制体系，提升网络业务和服务的安全性。为提升信息共享价值，建议设立行业数据信息服务机构，打造一个“数据联盟”，以其为主体推动行业数据与外部行业和外部机构数据的整体对接。尽快构建适合证券行业特点的征信体系，为互联网普惠证券业务提供有效支持，切实降低行业征信成本。

3. 构建统一互联的场外市场及技术支持体系，完善行业配套基础设施。鉴于多项互联网普惠证券业务均集中于场外市场，建议持续推进柜台市场、区域股权市场、场外衍生品市场、金融资产交易平台、股权众筹平台等各类市场组织的互联互通，实现信息共享和业务协作，真正形成一个服务“大众创业、万众创新”，服务“三农”，服务民族地区企业以及各类投资者的统一的场外市场体系。建议加快推进证券行业金融云、场外证券业务清算机构、互联网金融实验室建设，构建与市场发展相适应的登记结算体系，进一步完善互联网普惠证券业务发展的基础设施。

股权众筹发展模式与监管机制的中外对比研究

万联证券有限责任公司　中山大学岭南学院*

一、国内外股权众筹发展历程及模式对比分析

（一）股权众筹定义

纵观股权众筹在国内外的发展，其历史都较短。在 2015 年 8 月 7 日之前，国内外都使用目前国际上通用的标准定义，国内对股权众筹的定义与国际上基本一致。在 2015 年 8 月 7 日之后，中国证监会颁布了相关政策，明确将国内股权众筹的概念划分为股权众筹和非公开发行股权融资活动。本文对国外的股权众筹和国内的股权众筹及非公开发行股权融资活动进行全面分析。为便于对国内两种通过互联网的股权融资模式与国外股权众筹进行横向对比，本文中所提及国内的股权众筹同时包含上述两种模式。

根据国际证监会组织对众筹融资的定义，众筹融资是指通过互联网平台，从大量的个人或组织处获得较少的资金来满足项目、企业或个人资金需求的活动。

股权众筹是指公司出让一定比例的股份，面向普通投资者，投资者通过出资入股公司，获得未来收益。这种基于互联网渠道而进行融资的模式被称作股权众筹。

2014 年 12 月 8 日，中国证券业协会出台的《私募股权众筹融资管理办法（试行）（征求意见稿）》规定："本办法所称私募股权众筹融资是指融资者通过股权众筹融资互联网平台（以下简称股权众筹平台）以非公开发行方式进行的股权融资活动。"同年 12 月 26 日，中国证监会在新闻发布会中指出以是否采取公开发行方式为划分标准，股权众筹分为面向合格投资者的私募（非公开发行方式）股权众筹和面向普通大众投资者的公募（公开发行方式）股权众筹，中国证监会正在研究以公开发行方式开展股权众筹融资的相关政策。至此，业内认为股权众筹将划分为"私募"和"公募"两大模式。

2015 年 7 月 18 日，中国人民银行等十部门联合发布《关于促进互联网金融健康发展的

* 小组成员：戚伟雄，罗党论，吴玮颖，余一鸣，吴蒙婷，庄宁，杨锐彬。原载于《中国证券》2015 年第 11 期。

指导意见》（以下简称《指导意见》）。《指导意见》指出：“股权众筹融资主要是指通过互联网形式进行公开小额股权融资的活动。股权众筹融资必须通过股权众筹融资中介机构平台（互联网网站或其他类似的电子媒介）进行。股权众筹融资中介机构可以在符合法律法规规定前提下，对业务模式进行创新探索，发挥股权众筹融资作为多层次资本市场有机组成部分的作用，更好地服务创新创业企业。股权众筹融资方应为小微企业，应通过股权众筹融资中介机构向投资人如实披露企业的商业模式、经营管理、财务、资金使用等关键信息，不得误导或欺诈投资者。投资者应当充分了解股权众筹融资活动风险，具备相应风险承受能力，进行小额投资。”

《指导意见》发布之后，2015 年 8 月 3 日中国证监会发布了《关于对通过互联网开展股权融资活动的机构进行专项检查的通知》（证监办发［2015］44 号），明确指出，股权众筹融资具有“公开、小额、大众”的特征，涉及社会公众利益和国家金融安全，必须依法监管。未经国务院证券监督管理机构批准，任何单位和个人不得开展股权众筹融资活动。目前，一些市场机构开展的冠以“股权众筹”名义的活动，是通过互联网形式进行的非公开股权融资或私募股权投资基金募集行为，不属于《指导意见》规定的股权众筹融资范围；并同时指出，中国证监会正在研究制定股权众筹融资试点的监管规则以及通过互联网进行非公开股权融资的监管规定。

2015 年 8 月 10 日中国证券业协会发布《关于调整〈场外证券业务备案管理办法〉个别条款的通知》（中证协发［2015］170 号）指出，根据中国证监会《关于对通过互联网开展股权融资活动的机构进行专项检查的通知》的精神，将《场外证券业务备案管理办法》第二条第（十）项“私募股权众筹”修改为“互联网非公开股权融资”。

至此，有关通过互联网进行股权融资的监管思路日渐清晰，基本上区分为股权众筹融资与互联网非公开股权融资，分别进行监管。而国外对股权众筹并未进行类似区分界定，其较成熟的监管模式可分为两类：一是公开发行；二是非公开发行。前者以美国 JOBS 法案为代表，可与国内的股权众筹对应；后者以英国为代表，与国内的互联网非公开股权融资同属一类。

（二）国内外股权众筹发展历程简析

由于融资门槛低、效率高的特点，股权众筹在国际市场发展迅速。我们分别选取美国、英国、欧洲、日本及中国 5 个国家或区域研究股权众筹的发展。

在中国，股权众筹乃舶来之物，发展历程短，成长速度快。2009 年众筹在国外萌芽，2011 年众筹开始进入中国，2013 年国内首例股权众筹案例诞生，2014 年为中国众筹元年。由于股权众筹将股权投资草根化，降低了股权投资的门槛，股权众筹平台在中国得到迅速发展。

重要国家或区域的股权众筹发展简要对比分析见表 1。

通过以上对比可知，在股权众筹较为成熟的美国、英国均对其制定了不同程度的监管政策，我国股权众筹仍处于初步阶段，发展模式尚未成熟，监管政策日渐清晰但仍有较大改善空间。我国的股权众筹行业发展潜力巨大，在“大众创业、万众创新”的新局面下，股权众筹的投资低门槛将受到我国草根阶层投资者的青睐，其市场规模不可估量。

表1 **重要国家或区域的股权众筹发展历程及监管政策概览**

国家/区域	发展特点	代表网站	监管政策
美国	发展最早，拥有世界最大的股权众筹平台，模式较为成熟	WeFunder、AngelList	2012年推出JOBS法案，最早启动股权众筹立法
英国	欧洲股权众筹的发源地，近年来迅速发展，现已初具规模，是欧洲发展最成熟的国家	Crowdcube、Seedrs	FCA规定股权众筹平台须进行注册，但符合规定的平台可以获得豁免
欧洲	股权众筹模式在各国的发展情况差异较大，模式多样化	Companisto	不同国家针对股权众筹的监管制度和思路不统一
日本	以捐赠类和回报类众筹模式为主，股权众筹为数极少	暂无代表性平台	2014年初拟订《金融商品交易法等部分修改法案》，放宽股权众筹的准入门槛
中国	于2013年萌芽，目前仍处于初步阶段，多数平台采取天使式众筹运作模式	天使汇、大家投、京东、阿里众筹	中国证券业协会目前只发布了管理办法征求意见稿，同时互联网金融新规也对股权众筹进行了一定的监管

资料来源：研究组整理。

（三）国外股权众筹运作模式分析

1. 美国。美国股权众筹平台中最为典型的当属Wefunder和AngelList这两个平台。

（1）Wefunder平台运作模式。Wefunder是一家在线的债权及股权众筹平台，投资者投资金额不少于100美元，较低的投资门槛为平台吸引了广泛的草根投资者。在平台上项目融资的运作十分高效，合同签约及资金划转仅需花费30秒左右，交易全程网络化。Wefunder平台为投资者提供从资质核查、资金托管到投后督导等一站式的服务。

① 投资模式创新。Wefunder的成功离不开YCombination①（简称YC）的帮助，这也成为平台的一大亮点。YC凭借自身强大的社区资源优势与智囊支持，挖掘Wefunder平台项目的合格投资人并牵线投资，助推一个又一个项目的成功融资。截至2015年年初，在Wefunder平台上参与投资的人数合计约有3万人，募集资金超过1 800万美元，约有50个企业项目成功融资。在YC的帮助下，几乎每个成功融资的项目融资时长不超过2个月。除了依托YC的资源优势吸引初创型企业前来融资，Wefunder还采取“领投+跟投”的众筹投资模式，吸引更多非职业投资者进行投资。

②盈利模式。Wefunder的收入来源有两个：一是收取成功项目融资总额的10%作为中介费用；二是根据投资者出资额度收取一定的资金托管费及其他手续费。

（2）AngelList平台运作模式。在早期，AngelList是创业者和投资人快速沟通的桥梁，协助融资方和投资人生成相关融资所需的法律文件，对交易本身的介入程度较浅。2013年

① Combinator（YC）创业投资公司是具有极高价值的企业孵化器，它定期举办活动，宣传创新项目并为其提供创业指南，吸引了众多机构和个人投资者为YC基金注资。

之后，为了加快自身转型，适应市场的变化，AngeList 首创了众筹行业著名的“领投 + 跟投”的联合投资模式，其运作模式可简单总结为：知名的投资人或投资机构担任领投人的角色，众筹投资参与者作为跟投人，与领投人达成联合投资合作协议，在领投人筛选项目之后共同投资。领投人负责筛选项目以及投后管理，并在跟投人的投资收益中抽取 5%—20% 的提成作为领投回报。

（1）首创“领投 + 跟投”联合投资模式。在 AngelList 的联合投资模式当中，领投人肩负着前期项目筛选，中期信息披露以及后期投后管理等职责，通过收取项目投资收益的部分作为报酬。在跟投人方面，AngeList 平台上的投资者并不是直接持有项目企业股份，而是通过投资资金到 AngeList 组建的联合投资持股平台，再由平台根据领投人的指示代理投资人向项目投资，联合投资平台由 AngeList 旗下的管理公司运作。

“领投 + 跟投”模式风投基金与 VC 可谓如出一辙，股权众筹领投人类似于 VC 中的基金管理人。VC 的基金管理人在筛选项目之前融资，创设风险投资基金，再进行后续的投资组合构建及投资。而在股权众筹中，融资募集资金环节是在领投人发现投资项目之后，线上发起项目然后接受跟投人的投资，共同投到创业企业。总的来说，风险投资带有“批发”性质，批量融钱、批量投资；股权众筹“领投 + 跟投”的投融资则更接近“零售”，仅仅为某一个项目或企业进行专门的融资。

（2）盈利模式：AngelList 享有跟投人 5% 的收益分成，领投人享有跟投人 5%—20% 的收益分成；平台向融资方收取一定比例的行政费用。

2. 英国。在英国股权众筹发展得如火如荼，其中 Crowdcube 和 Seedrs 是英国股权众筹平台中的典型代表。

（1）Crowdcube 平台运作模式。Crowdcube 的固定融资模式为许多股权众筹平台效仿，即给定融资方一个期限，在期限内没有达到融资目标，则宣告筹资失败，资金全额返还给投资者，无需双方缴纳费用；在期限内达到融资目标后，Crowdcube 将帮助制作双方生产有关的法律文件，投资者资金划转后收到股权证明书，Crowdcube 为项目的融资服务则算完成，并会向融资者收取融资总额一定比例的费用。具体的运作流程图见图 1。

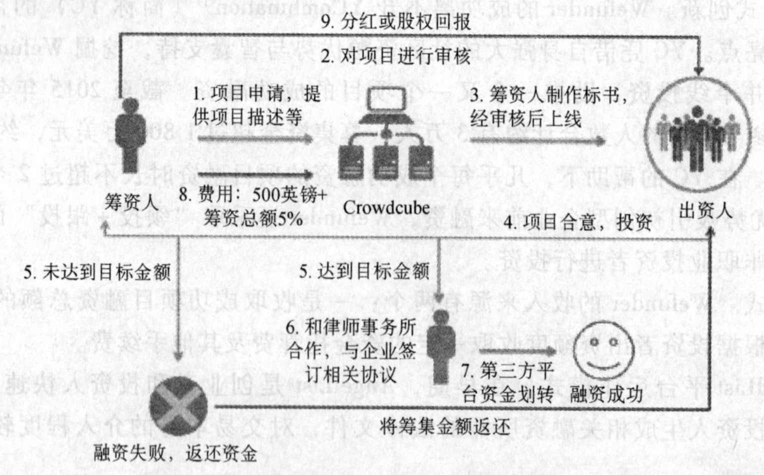

图 1　Crowdcube 运营流程图

资料来源：Crowdcube 平台官网及公开资料整理。

（2）Seedrs“管家式”股权众筹平台。Seedrs 平台的项目融资运作流程与 Crowdcube 大同小异，其特色在于 Seedrs 平台推出融后管理的“管家式”代理人制度，即在企业成功融资之后，投资人可将投后股权管理权转移给 Seedrs，由平台代理投资人与融资方磋商、签署协议以及后续的股权管理，将力争保护投资者权益；倘若不选择，则由投资人自行管理股权。Seedrs 运营模式具体见图 2。

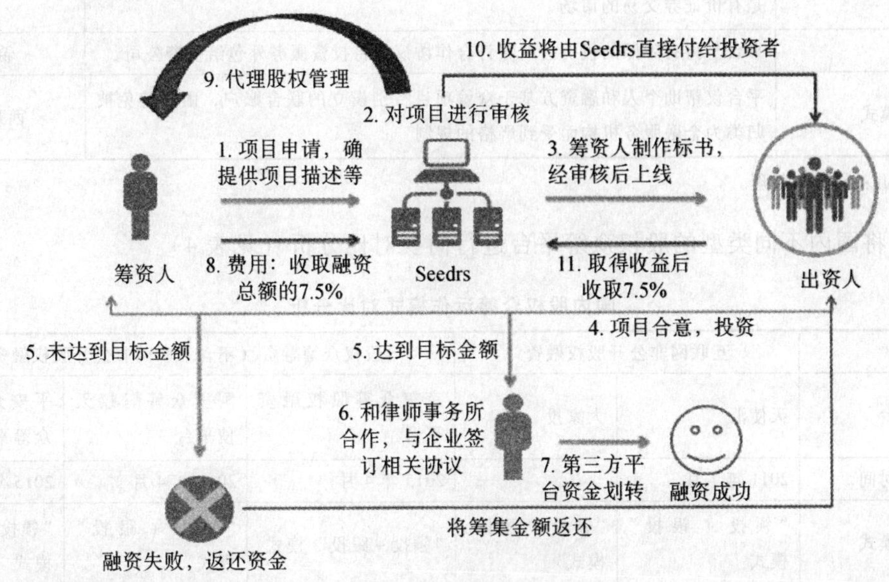

图 2　Seedrs 运营流程图

资料来源：Seedrs 平台官网及公开资料整理。

在融后管理方面，Crowdcube 和 Seedrs 两平台在投资人持股方式、资金存管、股东权力行使等方面存在差异，最值得一提的差异在于是否提供融后代理股权管理，Seedrs 不仅作为初创企业和投资者的桥梁，还是提供融后管理服务的“管家”，投资者服务更为全面，具体见表 2。

表 2　　英国两大股权众筹平台的融后管理对比

	Crowdcube	Seedrs
持股方式	投资者拥有股权证书直接持股	代理人制度
资金保护	投资者只能通过第三方支付平台进行资金划转，平台不直接接受支票及银行转账	通过银行转账 CoCardless 转账到个人 Seedrs 账户，且由一家英国银行代替投资者保管钱款，投资资金与 Seedrs 的自有资金分离
股东权利的行使	股东权力由投资者直接行使	一般由 Seedrs 代为持股，代为行使投票权与表决权
收益取得	投资者直接从公司获得收益	行使代理人制度后的收益将由 Seedrs 直接付给投资者

资料来源：平台官网及公开资料整理。

3. 欧洲。由于欧洲各个国家对股权众筹的监管制度及思路不统一，也催生了模式多样的股权众筹平台。除了上述已经分析的英国股权众筹平台之外，根据运作模式可将剩余的股权众筹平台分成四大类，各类模式特点见表 3。

表 3　欧洲股权众筹运作模式

类别	运作模式	代表国家
合同经纪模式	平台对融资过程的介入程度较低，不提供任何投资建议及在线认购服务，只作为项目展示的媒介	德国、意大利
金融服务机构模式	平台在运作前必须向有关部门申领金融服务牌照，即是项目展示的媒介又是有价证券交易的市场	奥地利
合作模式	平台与持有牌照的投资公司签订合作协议，将投资服务外包给投资公司	希腊
联合账户模式	平台仅帮助个人和融资方基于众筹项目特别设立的联合账户，由此避免被归类为金融服务机构而受到严格的规制	西班牙

资料来源：研究组整理。

我们将国内不同类型的股权众筹平台进行简要对比分析（见表4）。

表 4　国内股权众筹运作模式对比分析

		互联网非公开股权融资		股权众筹融资（不含互联网非公开股权融资）		
平台		天使汇	大家投	京东众筹股权融资平台	阿里众筹蚂蚁天使平台	平安众筹前海众筹平台
上线时间		2011 年 7 月		2015 年 4 月	2015 年 4 月	2015 年 3 月
平台模式		“领投 + 跟投”模式	“领投 + 跟投”模式	“领投 + 跟投”模式	“领投 + 跟投”模式	“领投 + 跟投”模式
项目融资时限		30 天，允许超募	没有限制，不允许超募	原则上不超过 90 天，允许超募	项目融资周期一般 2—3 个月	原则上不超过 90 天，允许超募
领投人规则	资格	至少有 1 个项目退出的投资人方可取得领投资格	有一定工作经验即可	要求较严，要求至少有 1 个过往非上市股权投资项目已退出	要求较高，倾向于有专业天使投资经理的个人或机构领投人	要求较严，至少有 1 个过往非上市股权投资项目已退出，或有自主成功创业经验
	激励	项目创业者 1% 的股权奖励；跟投人 5%—20% 投资收益	只有项目创业者的股权奖励，具体激励股数不限制，由领投人与创业者自行约定	领投人拥有分红权和收益权，享有跟投人收益的 20%	领投人收取投资收益 5%—20%	—
	费用	平台收取投资收益 5%	无任何费用，投资收益全归自己	无任何费用	收取投资金额的 2% 作为交易费用；并享有项目投资收益 5%	—

续表

		互联网非公开股权融资		股权众筹融资（不含互联网非公开股权融资）		
跟投人规则	资格	尚未具体公布	没有任何限制	a. 收入不低于30万元；b. 金融机构专业人士；c. 金融资产100万元以上；d. 专业VC（满足其一即可）	a. 金融资产超过100万元；b. 年收入超过30万元；c. 专业的风险投资人（满足其一即可）	a. 金融资产超过100万元；b. 3年年均收入不低于30万元；c. 单位合格投资人（满足其一即可）
	费用	平台收取投资收益5%，领投人收取投资收益5%—20%	无任何费用，投资收益全归自己	领投人收取投资收益20%	• 平台收取投资金额2%作为交易费用，并享有项目； • 投资收益5%；领投人收取投资收益5%—20%；诚意金制度*	—
投资人持股方式		投资人超过10人为有限合伙10人以下为协议代持	通过有限合伙公司持有项目方股份	通过有限合伙公司持有项目方股份	通过有限合伙公司持有项目方股份	通过有限合伙公司持有项目方股份
平台收费		项目方5%服务费；投资人投资收益5%	• 只收项目方5%服务费； • 对投资人不收取任何费用	向融资人收取服务佣金，按照本轮融资后融资人公司估值折价入股融资项目公司	收取投资金额的2%作为交易费用；并享有项目投资收益5%	—
项目信息披露		非常简单，没有实现标准化	完全实现标准化，要求项目信息披露非常详细	要求每年披露一次财报，并及时披露各类重大经营和战略事项。领投人每季度披露跟踪报告	尚未公布具体要求	每季度领投人至少一次将其采集的投后管理信息在平台上向跟投人进行披露
总结		专业投资人的圈子内众筹，草根参与较难	门槛较低，草根投资人容易参与	门槛较高，项目数众多，制度规范，仅向融资人收取费用，对投资人吸引力较大	• 门槛较高，项目数众多，制度较为规范； • 信息披露制度不明确	门槛较高，上线项目较少，大多数在路演中，收费规则不明确

* 所有投资人在某次认购项目时如果最终没有打款，则在下次认购项目时必须支付500元作为投资诚意金；若项目认购完毕，因投资人没有打款而导致项目没有完成预定的融资金额，将扣除未打款投资人的诚意金。

资料来源：根据平台官网及公开资料整理。

（四）国内股权众筹的运作模式对比分析

基于平台的运作模式，股权众筹平台可分为凭证式、会籍式和天使式三大类。目前国内股权众筹市场中以天使式众筹为主流。

1. 凭证式众筹。凭证式众筹主要是指融资方募资的形式是卖凭证和股权捆绑，出资人投资后获得凭证同时获取相应份额的股权（见图3）。

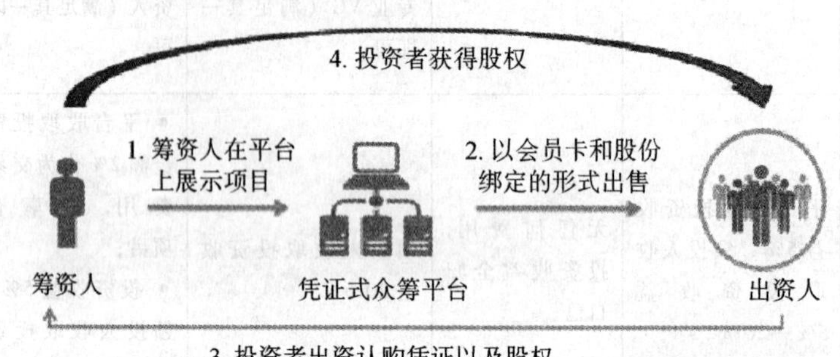

图3 凭证式众筹平台运营流程

资料来源：研究组整理。

凭证式众筹平台的相关案例有美微传媒、“花草事”品牌案例等。2012年10月5日，美微传媒的创始人在淘宝店上公开销售会员卡，消费者购买后不仅可以订阅电子杂志，还可获取美微传媒企业的股份。经过两轮募集，美微传媒共募集资金120.37万元。然而由于被认为有非法集资嫌疑，被监管部门判定融资行为不合规，被迫向所有购买凭证的投资者全额退款。国内曾经与凭证式众筹相似的案例均不同程度被监管部门叫停，建议相关部门在立法之时需要明确界定凭证式众筹以及该类平台运作的合法性。

2. 会籍式众筹。会籍式众筹主要是指出资方在网络社交媒体上通过熟人牵线，对企业项目进行投资，直接拥有相应的股权成为其股东（见图4）。

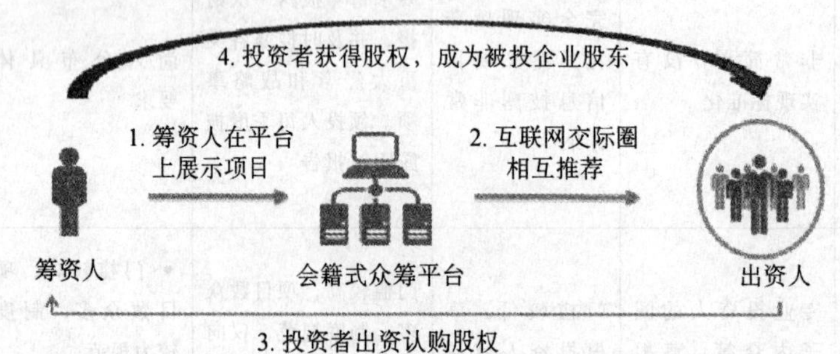

图4 会籍式众筹平台运营流程

资料来源：研究组整理。

国内会籍式众筹案例中最著名的当属3W咖啡。2012年，3W咖啡通创始人基于微博平台招募原始股东，投资者的起投门槛为6万元，投资完成后即可成为3W咖啡馆的股东。股东之间的交流可以扩大投资者的交际圈，因此该模式十分受投资人青睐，短时间内该项目汇集了知名投资人、创业者、企业高管等数百名股东，引爆了中国众筹式咖啡厅的盛行。如今，3W 咖啡仍然有效持续运营，已经进驻北京、深圳等地。2013 年 3W 咖啡开始转型，进军创业产业链，围绕互联网创业人群开拓业务，通过创业人士的集聚效应，3W 咖啡华丽转身成为一个创业孵化园。

3W 咖啡众筹案例是我国股权众筹的一个重要的里程碑。会籍式众筹有利于推动“大众创业、万众创新”，从而推动中国经济结构的有效转型。因此，监管部门在针对众筹立法之时也应该将会籍式众筹纳入立法范围内，明确会籍式众筹的门槛以及合法性，制定合理有效的投后监管制度，促进众筹行业的发展以提升中国的创业活力。

3. 天使式众筹。天使式众筹接近天使投资或风险投资的模式。众筹平台筛选优质项目后约谈创业者，在确定领投人后引进投资人，投资人通过互联网平台或领投人牵线对企业或项目进行投资，直接或间接成为该公司的股东；同时，出资人通过股权回报或分红获得收益，这种模式也称为“跟投 + 领投”模式。目前国内主流股权众筹平台都属于天使式众筹模式，如天使汇、大家投等。

天使式众筹的本质是 VC 投资，只是将前端筛选项目的环节通过互联网渠道实现。该模式降低了投融资双方的信息不对称程度，并消除了地域限制，具体模式见图 5。众筹平台的门槛较低，有利于我国个人投资者的资产配置，也在一定程度上降低了初创企业融资的难度。

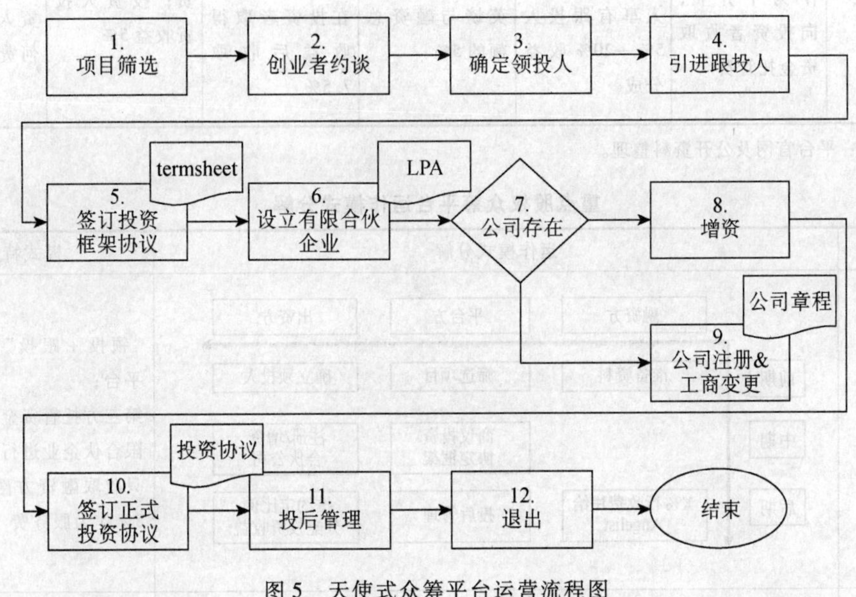

图 5　天使式众筹平台运营流程图

资料来源：研究组整理。

（五）国内外股权众筹的运作模式对比分析

我们选取美国、英国及中国的股权众筹代表平台，从投资模式、平台定位、盈利模式等维度进行对比，具体见表 5、表 6。

表 5　　　　股权众筹平台对比

国家	美国		英国		中国	
众筹平台	Wefunder	AngelList	Crowdcube	Seedrs	天使汇	大家投
投资模式	小型基金模式	“领投人 + 跟投”的“联合投资”模式	固定融资模式 All or Nothing	“管家式”股权众筹平台	“领投 + 跟投”模式	“领投 + 跟投”模式
平台定位	自助型在线及快速凑资平台	联合投资的中介平台	服务创业启动期、初始期和成长期的英国公司	服务处于种子时期的欧洲公司，必须在英国注册	科技创新项目	科技、连锁服务
投资人类型	合格投资人，不合格投资人	合格投资人	18 周岁以上并通过问卷测试的英国居民	18 周岁以上并通过问卷测试的欧洲居民	要求有天使投资经验，审核很严格	没有限制要求，不审核
平台盈利模式	收取成功项目融资总额 10% 作为中介费；向投资者收取资金托管费	AngelList 享有跟投人 5% 的收益分成，领投人享有跟投人 5%—20% 收益分成	仅对融资者收费，费用为 500 英镑与融资总额的 5%	项目融资成功，向融资者收取 7.5% 的费用，在投资者取得收益后收取 7.5%	项目方 5% 服务费；投资人投资收益 5%	只收项目方 5% 服务费；对投资人不收取任何费用

资料来源：平台官网及公开资料整理。

表 4　　　　重点股权众筹平台运作模式分解

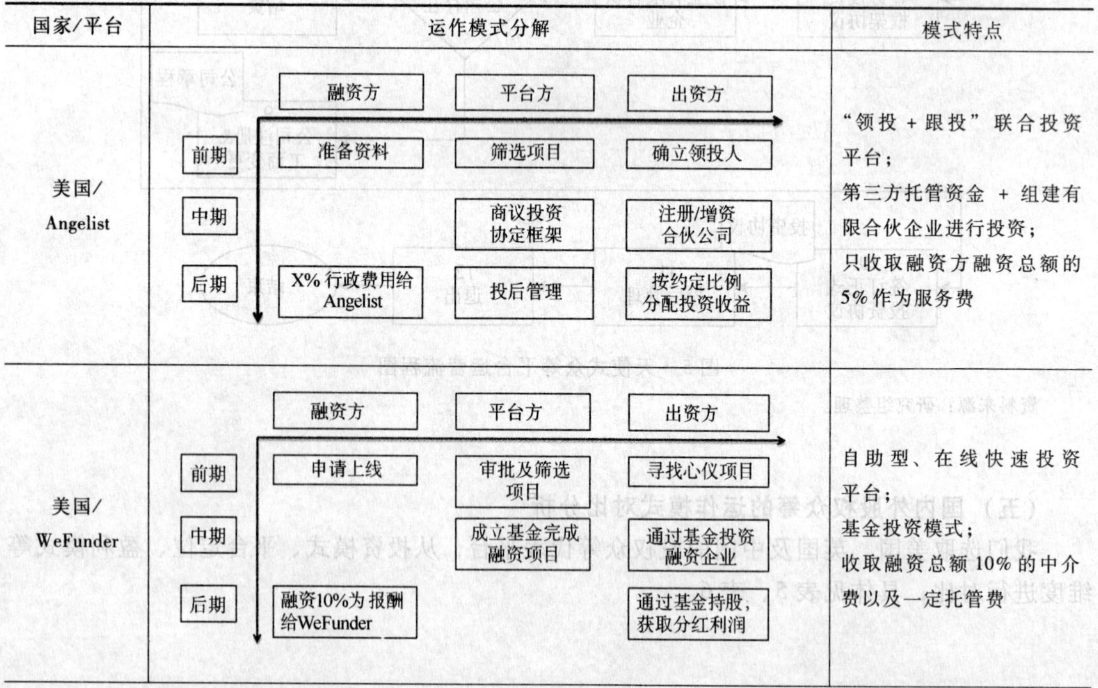

续表

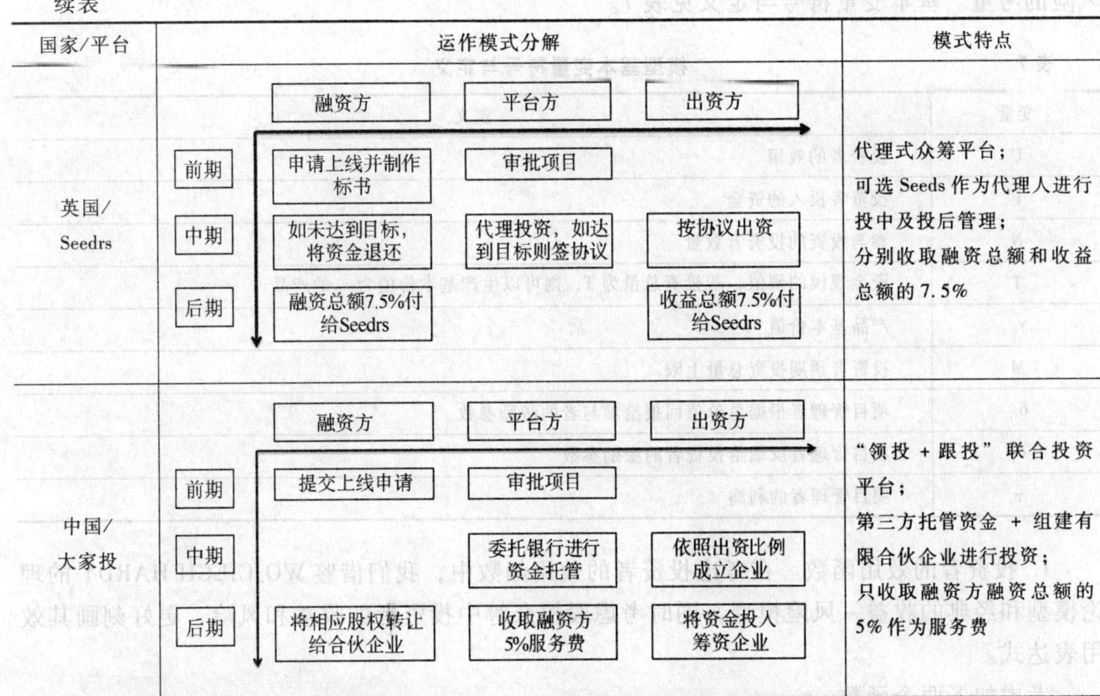

国家/平台	运作模式分解	模式特点
英国/Seedrs	融资方 / 平台方 / 出资方 前期：申请上线并制作标书；审批项目 中期：如未达到目标，将资金退还；代理投资，如达到目标则签协议；按协议出资 后期：融资总额7.5%付给Seedrs；收益总额7.5%付给Seedrs	代理式众筹平台； 可选 Seeds 作为代理人进行投中及投后管理； 分别收取融资总额和收益总额的 7.5%
中国/大家投	融资方 / 平台方 / 出资方 前期：提交上线申请；审批项目 中期：委托银行进行资金托管；依照出资比例成立企业 后期：将相应股权转让给合伙企业；收取融资方5%服务费；将资金投入筹资企业	“领投 + 跟投”联合投资平台； 第三方托管资金 + 组建有限合伙企业进行投资； 只收取融资方融资总额的5%作为服务费

资料来源：平台官网及公开资料整理。

通过上述对比分析，我们认为中国与美国的股权众筹平台运作模式十分相似，盈利模式则与英国的股权众筹平台相似。

1. 运作模式。我国的股权众筹平台大多采取天使式众筹的运作模式，其中，多数天使式众筹平台借鉴国外平台的经验，运用“跟投 + 领投”的形式进行资金运作，与美国的 AngelList 平台运作模式十分相似，但运作过程中仍存在一定差异。

2. 投资门槛。在对投资门槛上，AngelList 要求是符合平台要求的合格投资人，天使汇则要求投资人有天使投资经验，审核很严格。“大家投”与 Wefunder 较为类似，目标投资者均是普通人，“大家投”对投资人没有限制要求，不审核其投资资格。相比之下，“大家投”以及美国的 Wefunder 更适合草根阶层的投资，“天使汇”以及 AngelList 则适合有经验的高净值人群进行价值投资。

3. 盈利模式。在盈利模式上，中国与英国的股权众筹平台较为相似。“大家投”与英国的 Crowdcube 相似，均是只收筹资人费用，对投资人不收取任何费用；“天使汇”类似于英国的 Seedrs 平台，向项目方和投资人收益均收取同等比率的费用。

二、股权众筹理论模型

（一）模型设定

与一般的众筹融资相比，股权众筹融资的投资者将成为所投项目的股东，拥有项目分红的权利。一般而言，股权众筹的投资者有两方面的收益：(1) 产品回报或者服务回报；(2) 利润分成。股权众筹更偏向于投资目的，因此，在考虑投资者的效用函数时，我们会加入对风险的考量。基本变量符号与定义见表 7。

表 7 模型基本变量符号与定义

变量	定义
U	投资者的效用
P	投资者投入的资金
N	参与投资的投资者数量
T	资金规模的阈值，若投资总量为 T，则可以生产基本价值为 v_0 的产品
v_0	产品基本价值
M	投资者预期投资总量上限
δ_G	项目管理者根据总价值回报给参与者的激励参数
δ_I	项目管理者反馈给投资者的激励参数
π	项目管理者的利润

1. 投资者的效用函数。在考虑投资者的效用函数中，我们借鉴 WOJCIECH HARDY 的理论模型和经典的收益 - 风险模型，同时考虑股权众筹中投资者的收益和风险，更好刻画其效用表达式。

考虑如下两个函数：

$$U_i = V_G + V_I - C_i \tag{2.1}$$

$$U = E_p - \frac{1}{2}A\sigma^2 \tag{2.2}$$

结合两个效用函数的特点，对于投资者 i，设定其效用函数如下：

$$U_i = R_G + R_I - C_i \tag{2.3}$$

其中，R_G代表投资者获得产品回报或者服务回报，R_I代表投资者获得的分红回报，C_i是投资者调整后的风险成本。我们相对上式进行拓展，详细给出每个元素的构成等式。

R_G表达式为：

$$R_G = \delta_G \frac{\sum_{i=1}^{N} P_i}{T} v_0 \tag{2.4}$$

投资者分红回报：

$$R_I = \delta_I P_i \tag{2.5}$$

其中，δ_I是项目管理者给投资者的分红回报比例。δ_I与投资者投资额的乘积是投资者获得的分红回报。

调整后的风险成本结合风险因素（波动率）进行考量，表达式如下：

$$C_i = \frac{1}{2} P_i \cdot \frac{P_i}{M_i} A_i \sigma^2 \tag{2.6}$$

其中，A_i为投资者 i 的厌恶系数，相对于传统$\frac{1}{2}A\sigma^2$，上式引入了收入效应的影响。其中，M_i可以理解为投资者 i 愿意投资在这个项目上的上限，或者说，投资者愿意为这个产品付出的成本。

综合上述几个等式，投资者 i 的个人效用函数可以拓展为如下形式：

$$U_i = \delta_G\left(\frac{\sum_{i=1}^{N} P_i}{T}\right)v_0 + \delta_1 P_i - \frac{1}{2}P_i \times \frac{P_i}{M_i}A_i\sigma^2 \tag{2.7}$$

从上式可知，投资者效用 U 和投资资金 P 是非线性的关系，二者的图像是一个倒“U”形。在其他条件不变的情况下，随着投资额的增加，投资者的效用不断增加。当达到投资者效用最大化水平，继续增加投资将使得投资者的边际投资效用为负，即增加更多的投资将减少投资者的效用。

2. 生产者的利润函数。股权众筹融资模型设定的利润函数如下：

$$\pi = I\sum_{i=1}^{N} P_i - \delta_G \sum_{i=1}^{N} P_i - \sum_{i=1}^{N} \delta_I P_i \tag{2.8}$$

模型中 I 表示在不考虑给众筹融资的投资者回报的情况下项目的回报率，即项目的初始利润率。需要注意的是，这里假设 I > 0，即利润率为正。上式的 $\delta_G \sum_{i=1}^{N} P_i$ 和 $\sum_{i=1}^{N} \delta_I P_i$ 分别代表了给众筹股东的产品（服务）回报和分红回报。

3. 股权众筹模型最优化求解。为了简化问题，我们假定所有投资者是同质的，并且投资者是风险厌恶者（A >0）。同时，假定 $\delta_G = \delta_I$。在此基础上，我们假设投资者和项目管理者都是以最优化自身利益为出发点。

最优化问题如下：

$$\begin{cases} U_i = \delta\left(\frac{\sum_{i=1}^{N} P_i}{T}\right)v_0 + \delta P_i - \frac{1}{2}P_i \cdot \frac{P_i}{M_i}A_i\sigma^2 \\ \pi = I\sum_{i=1}^{N} P_i - \delta\sum_{i=1}^{N} P_i - \sum_{i=1}^{N} \delta P_i \end{cases} \tag{2.9}$$

由投资者是同质的条件，最优化问题变为：

$$\begin{cases} U_i = -\frac{1}{2M} \cdot P^2 A\sigma^2 + \delta\left(\frac{Nv_o}{T} + 1\right)P \\ \pi = INP - 2\delta NP \end{cases} \tag{2.10}$$

求解效用函数最优化问题，使 U 关于 P 的导数为 0，得：

$$P^* = \frac{M\delta}{A\sigma^2}\left(\frac{N}{T}v_0 + 1\right) \tag{2.11}$$

将 $P^* = \frac{M\delta}{A\sigma^2}\left(\frac{N}{T}v_0 + 1\right)$ 代入项目管理者的生产函数，得到：

$$\pi = -\frac{2MN}{A\sigma^2}\left(\frac{Nv_0}{T} + 1\right)\delta^2 + \frac{IMN}{A\sigma^2}\left(\frac{Nv_0}{T} + 1\right)\delta \tag{2.12}$$

求解利润函数最优化问题，使 π 关于 δ 的导数为 0，即 $\frac{\partial\pi}{\partial\delta} = 0$，得：

$$\delta = \frac{I}{4} \tag{2.13}$$

据此我们可以算出项目管理者的最大利润：

$$\pi^* = N(I - 2\delta^*)P = N\left(I - \frac{1}{2}P\right) = \frac{INP}{2} \tag{2.14}$$

将 $\delta^* = \frac{I}{4}$ 代入 P^*，得到投资者最优投资额为：

$$P^* = \frac{M\delta}{A\sigma_2}\left(\frac{N}{T}v_0 + 1\right) = \frac{MI}{4A\sigma^2}\left(\frac{N}{T}v_0 + 1\right) \tag{2.15}$$

因此，项目管理者的最大化利润和投资者的最大化效用分别为：

$$\pi^* = \frac{INP^*}{2} = \frac{MNI^2}{8A\sigma^2}\left(\frac{N}{T}v_0 + 1\right) \tag{2.16}$$

$$U_i^* = \frac{MI^2}{32A\sigma^2}\left(\frac{N}{T}v_0 + 1\right)^2 \tag{2.17}$$

（二）模型结果总结

从模型结果来看，在均衡状态下，项目管理者的利润和投资者的效用，与项目投资回报率、潜在投资者人数、项目基本价值、投资者个人收入成正比，与投资者风险厌恶程度、项目风险和项目融资阈值成反比。从投资者的投资额看，投资人数、激励因子、个人收入、产品基本价值与投资额成正比。投资者厌恶系数、项目风险和项目阈值与投资额成反比。也就是说，当参与投资的人数越多，投资者越愿意增加投资的资金。这可以理解为一种风险分摊或者从众心理的影响。

相比一般的众筹融资，股权众筹更像普通的股权投资形式。投资者除了希望获得产品（服务）外，也希望获得公司成长带来的回报。因此，我们看到项目的预期回报率对项目管理者的利润和投资者的效用有重要影响。从管理者的最优策略来看，项目的预期回报率决定了其分享给投资者的回报比例，这就间接影响了投资者的最终收益。投资者最优投资选择的一个影响因素——回报比率，也就是由投资回报率决定的。此外，项目风险因素越大，在其他条件不变的情况下，投资者的投资额越少。在影响股权众筹融资投资者和生产者效益的因素中，项目的外在因素，如潜在投资人数、投资者的投资预期上限等也起到很大的影响。如果股权众筹融资的门槛过高，一方面这将大大减少参与众筹的潜在投资者人数；另一方面，对于有能力达到门槛要求的人，可能也会因为实际投资额比预期投资额高而降低其心理效用，增加其投资风险。同时，过高的门槛就有可能增加达到项目融资阈值的难度，增加项目的失败率。因此，在对股权众筹进行规范和监管中，需要把握好准入门槛的设置。适当降低准入门槛，有利于提高众筹融资的投资者人数，提高项目融资成功率，实现风险分散，提高投资者和生产者的效益。

需要注意的是，项目风险是股权众筹投资者的主要考虑因素之一。因此，如何规范股权众筹的融资模式，保护投资者利益，降低投资风险，这也是监管部门需要考量的重要问题之一。

三、券商参与股权众筹分析

（一）券商具有的优劣势分析

从上文的理论分析看，控制股权众筹项目的风险和增加投资者参与人数对于提高投资者和管理者的收益都十分重要。券商作为国内各个企业融资的主要中介机构，拥有较高的专业水平以及较严密的风控体系，特别是券商当中的投资银行部门，更是积累了较丰富的人脉项目资源和项目管理经验。券商在参与股权众筹方面具有如下优劣势。

1. 优势。

（1）优势一：业务专业化，投融资水平较高。目前券商从事的业务多样，包括针对个人投资者的经纪、投顾、融资融券、资产管理业务，也包括针对机构投资者的承销发行、直投业务等，通过不同交易手段满足各类客户的投资和融资需求，其积累的实践经验是其他金融机构或互联网机构所无法比拟的。总的来说，券商覆盖了从前台到中后台的服务链条，着力打造多层次、灵活、便利、风险可控的融资平台，这些都使得券商立于企业融资服务金字塔顶端。

（2）优势二：信息披露机制完善，投资者教育经验丰富。信息披露是企业与投资者和社会公众进行全面信息沟通的桥梁。对事前、事中、事后的管理督导，券商均形成了一套完善的信息披露机制，以提高市场透明度，保护投资人和融资人的权益。另外，券商有众多的分支机构，对接机构投资者和个人投资者，通过电子化的信息管理系统，获得投资者的收益要求和风险偏好等重要信息，可针对不同投资者提供个性化服务，适时进行投资者教育。券商积累的投资者教育经验是无可比拟的优势之一。

（3）优势三：风控体系严密合规，促进企业平稳发展。随着资本流动全球化进程的发展，国际金融环境日益复杂，优秀券商的风控体系更显得弥足珍贵。多年的探索使券商形成了相对严密的市场、操作、信用等全面的风险管理体系。经济运行良好时，券商运用多种衍生品工具，通过风险对冲减少收益的波动；一旦市场恶化或者面临金融冲击，券商能够立即启动应急管理机制，通过多种方式减少资本损失。

（4）优势四：多种方式结合，为投资者提供退出渠道。在多层次资本市场上，尤其是新三板市场，券商一方面为挂牌企业提供更广泛的融资来源，另一方面也为 PE、VC 投资者提供了退出机制的可能。基于对多种融资手段的充分了解，券商可复制该种模式，使得为股权众筹投资者提供 PE、VC 和新三板等多种方式的退出渠道成为可能，使企业融资层次实现无缝对接。

2. 劣势。

券商参与股权众筹具有多种天然优势，但多方面的原因使得券商参与的意愿也可能存在一定的顾虑。券商参与股权众筹有如下三个方面的劣势。

（1）劣势一：券商在资金监督、信息安全和防范欺诈方面面临较大的风险性。我国股权众筹起步较晚，相对于欧美发达国家，在规模和成熟度上都相对不足。尽管券商具备相对较强的专业能力和风控机制，但仍会面临较多风险。当券商深度挖掘客户交易偏好、信用和风险承受能力时，没有相应的大数据平台和统一的股权众筹征信系统来提高对投资者的调查取证能力和预防欺诈能力，这会给券商在资金监督、信息安全和预防欺诈方面带来较大的风险。

（2）劣势二：股权众筹项目实施周期较长，券商回报周期较长。股权众筹项目主要面向于创业型的企业，而企业最终实现发展壮大往往需要较长时间。券商参与股权众筹项目的主要动力应该来自企业从最初孵化、不断发展到新三板挂牌、主板上市等全过程中多样化的资本市场需求，包括融资、并购、财务顾问、辅导挂牌和 IPO 保荐等。因此，股权众筹项目的整个回报实施周期长，需要券商业务部门放弃短期利益，更多从长远发展战略出发开展该项业务。

(3) 劣势三：股权众筹项目的中介项目收入和业务提成较低，从而降低了券商的积极性。目前，国内运营较好的股权众筹网站有“天使汇”和“大家投”。“天使汇”平台收取方式为收取项目方 5% 的服务费和投资人投资收益的 5%，而“大家投”平台收取方式为只收取项目方 5% 的服务费，对投资人不收取任何费用。参考上述平台收费方式，券商提供股权众筹融资服务时，其中介项目收入较低。相比其他收益率较高的中介业务，如 IPO 保荐业务、财务顾问、新三板业务和资产管理业务等，券商参与股权众筹项目的积极性可能会相应降低。

(二) 券商应承担的角色建议

随着制度的进一步完善，券商应当抓住机会，在股权众筹运作业务上承担“审核者 + 撮合者 + 监控者”的多重角色。由此我们提出以下建议。

角色一：“审核者”——参与股权众筹平台，运用专业化水平进行初步筛选。券商要参与股权众筹项目，首要条件便是参与股权众筹平台。现阶段国内较大的众筹平台如人人投、天使汇、大家投等，均是互联网公司起家，并不具备券商背景或者金融相关行业实践经验。结合上文的分析，券商涉足股权众筹有着比互联网公司更为成熟的运营经验、更为严密的风控体系和更加到位的保障措施。建议券商在传统金融中融入互联网基因，搭建官方股权众筹平台或者参与国内优秀的股权众筹平台，并依托平台定向精准推广，连接线上项目营销和线下投融资对接。

券商行使“审核者”角色的另一职责是实现事前监控，充分运用其在 IPO、再融资以及并购重组等方面所积累的丰富核查经验，在股权众筹平台上进行初步筛选，起到投资中介作用。此举能够有效利用券商优秀的投行经验，推动股权众筹的标准化、专业化，大大提高成功率。

角色二：“撮合者”——利用资源吸引项目，运用数据挖掘匹配投融资主体。券商经过多年实践积累了大量人脉和项目资源，比起现有的股权众筹平台，在获取客户资源方面更为直接、更有效。券商能够通过原有客户接触更多处于初创期、具备高成长性的优质项目，而这些项目凭借券商专业评测和推广而能获得市场资金的青睐。在这个双向盈利的过程中，券商很好地承担了市场与项目撮合者角色，成为沟通的桥梁。

“撮合者”角色也要求券商基于大数据技术匹配投融资主体。对客户方面，深度挖掘客户交易偏好、信用和风险承受能力等信息，做到有的放矢；对项目方面，完善项目甄别体系，合理为项目分级，从而帮助平台辨识收益和风险偏好匹配的投资者，大大降低交易成本。

角色三：“监控者”——实行持续督导和事后监管。券商作为投融资双方的服务机构以及作为股权众筹投资平台的主体，还应履行事后监管职责，对项目进行持续督导，及时披露相关信息，承担“监控者”角色。虽然券商并不是项目成功的直接受益人，当项目失败时并不承担连带责任，但是券商仍应该协助做好事后监管，履行对投资人的职责，维护其利益，保证投资人能够及时获得信息从而决定自己的投资行为。

（三）股权众筹对接资本市场的实践探索

1. 新三板市场与股权众筹的对接实践探索。20 世纪 90 年代以来，我国资本市场不断完善，形成了多层次资本市场。借鉴美国多层次资本市场，我们可以发现股权众筹在底层的奠基作用。

美国拥有全球最完备、最成熟的资本市场体系，体现为四个层次的金字塔结构。分别是：最上端的纽约证券交易所（蓝筹股）和纳斯达克市场（成长型企业），第二层次的公开报价系统，第三层次的地方性柜台交易市场，底层的私募股票交易市场。相对应地，我国资本市场由主板、中小板、创业板、全国中小企业股转系统（新三板）、区域性股权交易市场及券商柜台市场等层次构成。股权众筹作为中小企业融资的新兴渠道，是较低层次资本市场的有效补充，能够实现与新三板的线下对接。具体对比见图 6。

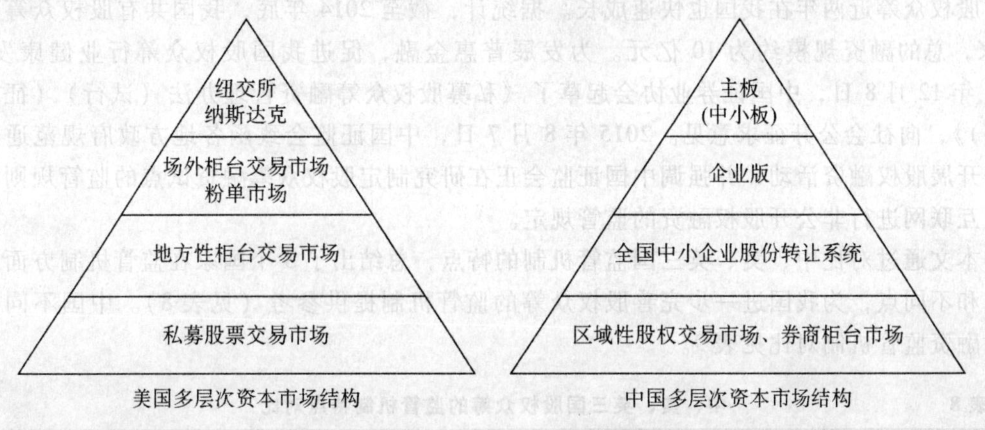

图 6　中美多层次资本市场结构对比

资料来源：研究组整理。

普通投资者想通过众筹参与非上市公司股权投资，一个可行的方法是通过股权众筹平台参与新三板挂牌前协议转让、做市和定增等。齐鲁股权交易中心、北京股权交易市场均开始了这方面的尝试，如华人天地（830 898）于 2015 年 2 月发行募集 2 760 万元的定增方案更是融合了股权众筹的角色，定增募集方之一——深圳众投一邦有限公司，是为参与定增而设立的项目众筹型企业，其设立资金均来自众筹平台。

2. 券商参与中证股权众筹平台的实践探索。另一个具有里程碑式意义的实践是中证众创平台的上线。该平台由中证机构间报价系统股份有限公司搭建，被视作官方股权众筹平台，本身不开展项目推荐以及投融资活动，而是为报价系统参与人提供交易便利，简而言之即为“平台的平台”。这是券商参与股权众筹又一创新便捷的途径。

总之，券商通过多年的实践以及对业务流程的精益求精，具备先天优势和后天经验。券商应积极创新，将互联网金融作为传统金融的补充，搭建或利用股权众筹平台，并运用专业化水平初步筛选项目，同时通过自身资源吸引项目着陆，运用数据挖掘匹配投融资主体，通过实行持续督导和事后监管，确保项目的信息披露能够符合有关规定，切实承担“审核者+撮合者+监督者”角色，有效推动股权众筹的发展。

四、国内外股权众筹监管机制对比分析

当今世界，股权众筹在美国的发展最为蓬勃，这离不开美国相关法律法规的制定和执行。美国于 2012 年 4 月颁布了 JOBS 法案，这是全球对于股权众筹的首个立法，开了先河。该法案及后续的《众筹监管规则（征求意见稿）》是当今比较成熟的股权众筹监管法律文件，是各国股权众筹立法的主要参考例子之一。

英国是众筹的起源国，Crowdcube 是全球首个股权众筹平台。股权众筹在英国的发展也较为迅速，英国金融行为监管局（FCA）在 2014 年 4 月 1 日正式施行《关于网络众筹和通过其他方式发行不易变现证券的监管规则》。该规则将股权众筹纳入了监管范围，并制定了相关的监管措施。

股权众筹近两年在我国也快速成长。据统计，截至 2014 年底，我国共有股权众筹平台 32 家，总的融资规模约为 10 亿元。为发展普惠金融，促进我国股权众筹行业健康发展，2014 年 12 月 8 日，中国证券业协会起草了《私募股权众筹融资管理办法（试行）（征求意见稿）》，向社会公开征求意见。2015 年 8 月 7 日，中国证监会致函各地方政府规范通过互联网开展股权融资活动，并强调中国证监会正在研究制定股权众筹融资试点的监管规则以及通过互联网进行非公开股权融资的监管规定。

本文通过对比中、美、英三国监管机制的特点，总结出了 3 个国家在监管机制方面的相同点和不同点，为我国进一步完善股权众筹的监管机制提供参考（见表 8）。中国不同类型股权融资监管机制对比见表 9。

表 8　中、美、英三国股权众筹的监管机制特点对比

	中国	美国	英国
立法进程	《私募股权众筹融资管理办法（试行）（征求意见稿）》（2014 年 12 月）（中国证券业协会）	·《JOBS 法案》（2012 年 4 月） ·《众筹监管规则（征求意见稿）》（2013 年 10 月）	《关于网络众筹和通过其他方式发行不易变现证券的监管规则》（2014 年 3 月）
监管框架	私募发行	公开发行	私募发行
筹资额限制	无限制	<100 万美元	无限制
投资者人数	不得超过 200 人	无限制	无限制
投资者 vs 投资额	·净资产≥1 000 万元 ·金融资产≥300 万元 ·连续三年年均收入≥50 万元 ·合格单位/个人投资单个融资项目≥100 万元	·年收入/净资产 < 10 万美元：年限额为（2000 美元和年收入/净资产的 5%）中的最大值 ·年收入/净资产 ≥ 10 万美元：年限额为年收入/净资产的 10%，且 < 10 万美元	普通零售投资者限额为个人可投资金融资产 10%
众筹平台	中国证券业协会备案登记	SEC 注册	FCA 许可
创建方式	中国证券业协会会员资格	FINRA 或其他全国性证券协会注册	

资料来源：研究组整理。

表 9　　中国股权融资监管机制对比

	股权众筹融资（不含互联网非公开股权融资）	互联网非公开股权融资	私募股权融资
监管机构	中国证监会	中国证券业协会	中国基金业协会
法律法规	·《关于促进互联网金融健康发展的指导意见》 ·中国证监会将出台监管规则	·《场外证券业务备案管理办法》（2015 年 9 月 1 日起实施） ·中国证监会将出台监管规则	·《私募投资基金监督管理暂行办法》（2014 年 8 月 21 日起实施）
监管框架	·公开发行	·非公开发行	·非公开发行
募集对象	·大众，具体要求暂未明确	·未明确	·投资于单只私募基金的金额不低于 100 万元 ·合格投资者累计不得超过 200 人 ·机构：净资产不低于 1 000 万元 ·个人：金融资产不低于 300 万元或最近三年个人年均收入不低于 50 万元
审批备案	·中国证监会审批	·中国证券业协会备案	·中国基金业协会备案

资料来源：研究组整理。

目前，美国的发行方式为公开发行，英国为私募发行。在融资额度方面，英国没有融资额度的上限，美国的融资上限为 100 万美元。在投资者和投资额度上，美国根据收入和净资产情况限定投资金额，英国根据投资者金融资产设定上限。目前我国的股权众筹监管制度细则还未最终确定，在投资者人数、投资者资格限定等方面可借鉴国际经验。

五、我国股权众筹监管制度设计与完善的建议

（一）明确股权众筹的合法地位，确立原则导向的监管制度

股权众筹融资作为区别于传统融资渠道的新模式，其健康快速发展对于我国多层次资本市场的完善具有重要作用。然而，在我国现行法律法规下，股权众筹融资与非法集资并没有明确的界限区分。在现有法律的束缚下，中国股权众筹的发展一直游走在法律边缘，或者通过创新变通绕过法律限制，但是这些变通往往影响股权众筹的健康发展。如果不能明确股权众筹融资的合法地位，股权众筹有可能像之前的民间融资一样野蛮发展，这种发展将是畸形和不利的。因此，明确股权众筹融资的合法地位，对于股权众筹的健康发展十分重要。

在股权众筹监管制度设计中，确立监管的基本原则是首要考虑的问题。目前，国外金融监管普遍采用两种监管原则，分别是规则导向监管和原则导向监管。规则导向监管，重点监管对象行为的合法性，但容易导致金融市场的监管者和金融机构有较少的自我调节和主观判断的空间。原则导向监管，把既定监管目标的实现作为主要关注点，为扩大投资者的利益和金融业务的快速发展赋予了更多的空间。国内股权众筹正处于快速发展的阶段，发展模式还处于不断探索和完善的时期，需要监管部门给予更多的空间和呵护。我们建议目前国内对于股权众筹的监管应该以原则导向监管为主导。股权众筹主要融资主体是小微企业或初创企业，这些企业在发展阶段如被过多限制，必然掣肘其发展。股权众筹本身是风险高与回报高

并存的模式，让市场承担更多风险符合股权众筹本身的特点。

（二）建立健全股东权益保护机制

1. 设立分级“合格投资者”制度，合理制定投资者准入门槛。保护投资者的首要任务在于区分投资者的风险承受能力，并根据其特点进行分级，限制其投资额度。通过投资者的分级，一方面可以降低投资者的准入门槛，增加股权众筹的参与人数，满足不同项目对不同类型投资者的需求；另一方面，通过分级限制其投资额度，降低投资风险，使监管部门更有效地控制股权众筹的风险。

在《私募股权众筹融资管理办法（试行）（征求意见稿）》中对合格投资者有严格的规定，这个规定相对于其他国家是比较严格的。但是该合格投资者的规定仍然存在两个问题：（1）门槛过高，不能满足股权众筹市场的需求；（2）过于“一刀切”的行政划分手段。英、美股权众筹的投资者门槛相对宽松和灵活。英国根据投资者特点分为被认定的成熟投资者、自我认定成熟投资者、被认定的高净值投资者、被认定的限制性投资者。美国则根据投资者的年收入或者净资产规定证券发行机构对于单个投资者的销售金额。

结合国外经验和我国的特点，建议我国建立分级“合格投资者”，根据投资者的收入情况和风险承受能力对其进行分级，限制其投资额度。借鉴国内学者的研究成果和本文的研究，建议将投资者分为四档，具体设计见表 10。

表 10　分级合格投资者制度

类型	条　件	投资限制
成熟投资者	拥有丰富的投资经验和抗风险能力，3 年以上证券投资交易经验。年收入 100 万元以上，或金融资产不低于 500 万元	对单个发行人/项目的投资额 < 50 万元年度投资额 <（100 万元和净资产 10% 的较高者）
高净值投资者	年收入 50 万元以上，或金融类资产不低于 200 万元，或家庭净资产 500 万元以上	对单个发行人/项目的投资额 < 25 万元年度投资额 <（50 万元和净资产 10% 的较高者）
普通投资者	年收入 10 万元以上	对单个项目/发行人的投资额 < 3 万元年度投资额 <（10 万元和净资产 10% 的较高者）
限制性普通投资者	年收入 10 万元以下	对单个发行人/项目的投资额 < 5 000 元；年度投资额 <（5 万元和净资产 10% 的较低者）

2. 建立中小投资者利益申述和索赔机制。股权众筹在于聚众之力、积少成多，因而股权往往比较分散，投资者一般是所投项目或公司的小股东。投资者往往只能通过网上对项目进行了解，难以对所投公司进行有效监督，利益容易遭到损害。为了减少投资者风险，保护中小投资者的利益，建议建立中小投资者利益申述和索赔机制。

（1）建立集体诉讼制度。在美国等成熟资本市场，为了保护中小股东的利益，往往会采取集体诉讼制度。所谓集体诉讼，是指当投资者想控告一家上市公司的时候，并不需要每个投资者都进行诉讼，只要有一个提出诉讼，如果获胜，利益就归全体投资者所有。目前中国的股市并没有集体诉讼制度，这被许多专业人士诟病。集体诉讼制度的缺失导致许多上市公司大股东能够轻易侵犯小股东利益。集体诉讼制度要在中国股市实施暂时还存在难度，股权众筹融资作为新兴的股权投资形式，拥有较小的制度实施阻碍，可以考虑在股权众筹中尝试应用集体诉讼。这既可以保护中小投资者的利益，降低风险，也可以作为股市集体诉讼制度实施的一个前期试点，有利于探索集体诉讼制度的实施。

（2）建立“股权众筹平台——行业协会”两级调解委员会。为了防止股权众筹投资者投诉无门的现象出现，建议建立“股权众筹平台——行业协会”两级调解委员会。首先，强制股权众筹平台设立自身的调解委员会，负责接受平台会员提交的申诉申请。平台的调解委员会主要是解决平台出现的普通投资纠纷问题，给平台会员提供一个解决问题的渠道。其次，如果平台自身的调解委员会无法解决会员纠纷，或者问题严重程度达到一定标准，投资者可以向行业协会的股权众筹调解委员会提交调解申请。两级调解委员会的设立可以更有效地解决不同程度的融资纠纷争议，切实保护投资者利益。

（三）建立完善的投前、投中、投后管理机制

1. 投前管理：设立股权众筹平台准入门槛和鼓励券商参与。首先，股权众筹平台作为对接投融资双方的专业中介机构，需要满足必要的入门门槛。《私募股权众筹融资管理办法（试行）（征求意见稿）》的现行规定基本满足对股权众筹平台的门槛要求，但是在财务资源、赔偿保险、运营程序等方面仍然需要补充。比如像新西兰规定众筹平台必须拥有公平、有序和透明程序，必须规定反欺诈政策和有相应的实施程序。更重要的是，准入门槛必须严格执行，防止劣质平台进入行业。此外，参考国外的经验，股权众筹平台应该获得相关金融或证券监管部门注册或许可。

其次，传统的金融机构在企业融资服务方面比新兴的融资中介具有更多的经验。券商、银行和保险等传统的专业金融机构参与众筹的优势明显，甚至远远大于互联网众筹平台的优势。这些专业金融机构拥有客户基础和项目资源以及强大的资金支持，并且人才储备充足（包括投行、法律和财会等专业人士），具有良好的运营管理和风险管理制度，受到金融监管机构的严格监管。这使得它们在参与股权众筹的过程中能够发挥出较强的优势，不仅能够获得较好的筹资效果，且能够较好地履行尽职调查义务，大大减少众筹项目的欺诈风险。从现实情况看，促进股权众筹平台与专业金融机构开展众筹业务合作，能够整合互联网股权众筹的线上资源和传统金融机构线下资源，结合股权众筹平台的用户优势和传统金融机构的经验优势，最大限度地促进股权众筹的发展。

因此，建议监管机构出台相关的优惠或其他鼓励政策，鼓励券商等专业金融机构参与股权众筹，并为其特别建立相应的监管措施，让整个行业充分展现出活力与潜力。

2. 投中管理：个人征信检查机制和设定单个项目融资上限。股权众筹的监管可以与个人征信制度的建设有机结合起来。中国证券业协会对《私募股权众筹融资管理办法（试行）（征求意见稿）》的修改可以考虑结合个人征信制度的信息优势。例如，有征信污点记载的个人不可以创办众筹平台；如果投资者的个人征信评分低于一定标准，不准或者限制在股权众筹平台上进行投资。另外，股权众筹平台上的投融资记录也可以成为个人征信系统的数据来源之一。如果项目融资者在众筹项目中出现违规使用资金等不良行为，将导致其个人征信的评分降低，反之则提高其征信评分。通过与个人征信系统的有机结合，可以增强对项目融资者的约束能力，降低项目的风险。

此外，另外一个有效控制项目风险、保护股权众筹投资者的方式是设定单个项目的融资额度。美国众筹筹资者每年的众筹融资总量上限为 100 万美元，以此控制单个众筹的规模。股权众筹更多是满足中小微企业的融资需求，单个融资项目的融资额度一般不会太高，设定单个项目的融资额度上限并不会影响股权众筹的作用。通过设定融资额度上限，可以降低单个项目的投资风险，限制项目失败带来的损失，保护投资者的利益。借鉴美国的方式，国内的股权众筹应该设立相应的限制。比如规定每个股权众筹项目每年网上累计众筹资金不超过 500 万元，以此来降低风险。

3. 投后管理：强制信息披露与风险提示制度和第三方平台资金托管。股权众筹面对的是投资额小且分散的投资者，由于地理距离和其他因素的阻碍，投资者要获取企业信息成本较高。更重要的是，投资者的投资额度一般较小，他们更希望“搭便车”而非主动监管。为了降低投资者和发行人之间的信息不对称程度，有必要建立完善的信息披露和风险提示制度。

借鉴英国的做法，英国通过《众筹监管规则》建立比较完善的信息披露制度。例如，要求股权众筹平台必须提供精确、清楚和显著的风险提示，并且需要对不同投资者在不同的环境下采取不同的警告措施。建议强制要求国内股权众筹平台及时、准确披露信息，比如可以向中国证券业协会按 1 个月或 3 个月 1 次的频率提交相关信息。同时，要求股权众筹平台对所披露信息的准确性和真实性负责，保证其公开披露信息没有误导或虚假陈述。另外，股权众筹平台要向投资者提供显著、清晰和准确的风险提示，保证所有投资者能够在投资前获悉相关的潜在风险。

为了保证股权众筹资金的安全，建议监管部门强制要求股权众筹平台的资金由第三方托管。诸如美国的 Kickstarter、国内的“大家投”都采取第三方支付平台资金全程托管的模式。所谓的第三方平台资金托管，是指从众筹开始到众筹成功之前，平台将已认缴的投资款项托管给第三方，由第三方代为管理。众筹成功后，平台将发放资金的信息传递给第三方支付平台，由第三方支付平台将资金发放给融资方。在这整个过程中，众筹平台不需要经手任何项目资金，资金是从投资者到第三方支付平台再到融资者，这实现了资金的第三方独立管理，提高了股权众筹资金的安全性，降低了股权众筹平台的风险。

证券公司资产管理“触网”之路：模式和路径

上海证券有限责任公司*

一、导论

资产管理是证券公司实现经营杠杆提升的主要平台，自然也就成为证券公司未来发展的战略重点。从实践看，证券公司资产管理业务的互联网化发展已呈现不可逆转的趋势；适应互联网金融的发展趋势，证券公司资产管理商业模式正面临着重大转型。虽然目前互联网金融的占比仍不高，但将会利用信息技术提高效率、改变结构，为证券公司资产管理业务带来颠覆性变化。在互联网金融发展趋势下，证券公司正面临着经营的转型和业务格局的重塑，资产管理经营作为既能发挥证券公司专业优势，能体现市场价值的发展方向，实现“互联网+”，在证券公司顺应“大资管”时代变化、实现行业地位提升方面有着非同寻常的意义。证券公司资产管理业务模式“互联网”化发展，将是继经纪业务后的第二个大规模“触网”业务。面对资产管理行业的互联网化发展大趋势，证券公司作为主要的资产管理经营机构，如何构筑自己的核心竞争力，加速业务发展，对证券公司本身经营转型有着极为重要的意义。本文结合行业实际，深入探讨证券公司资产管理互联网化发展的道路和途径。

二、互联网金融趋势下的资产管理业务发展

（一）互联网金融发展对资产管理经营的影响

1. 投资者门槛降低。互联网平台企业对数据流的优势在于：依靠信息平台可以记录完整、及时的交易数据及用户信息，并建立客户信用记录；审批效率快，流程简单，处理周期短；全程在网络上进行，大大降低了人力成本和时间、精力的机会成本。互联网企业的海量客户群，极大降低了资产管理行业的资金门槛。

* 小组成员：龚德雄，李劲松，朱晓力，胡月晓。原载于《中国证券》2015年第11期。

传统券商的资产管理业务对委托人的初始投资资金有较高的要求，从制度上放弃了低端理财市场。互联网金融开发并抢占了资产管理的低端市场份额，促使资产管理行业的市场细分，在行业的整体资金结构上覆盖了原来资产管理未涉及的领域，让资金结构更加完备。由于低端市场占有较大份额，互联网分流低端资金，将闲散资金进行配置，对传统的资产管理行业产生极大冲击。

2. 资产管理经营模式差异化发展。传统的资产管理模式基本只注重线下发展，更是“高、精、尖”的代名词。而当互联网金融以摧枯拉朽之势冲击传统资管业务，投资门槛被瞬间打破，经营管理者方才意识到资管业务不能再以高高在上的姿态示人。过去不被重视的中小投资者被互联网集聚起来，积少成多，形成一股强大的力量。金融机构如不重视这股力量，不抢占这片市场，势必会被残酷地淘汰。这也意味着线下的业务发展模式已经不能适应如今的新形势，资产管理业务的发展也需要借助互联网的力量。但建设互联网平台一开始便需要大量的资金以及技术的投入，并不是所有金融机构都有这样的实力，因此传统的线下经营模式便出现了差异化的发展。

对于实力雄厚、以资管业务作为核心发展业务的机构来说，“线上、线下”双线发展无疑是最好的选择。线上业务可以更为直观地让客户了解产品服务，服务方便快捷，效率更高，同时节省人力成本，还可以通过数据的收集与分析，更为准确地抓住客户的需求；传统线下业务虽然耗时耗力，但是却能跟客户进行面对面的交流，增强客户信任感，提高服务体验。线上线下结合正好可以优势互补，发挥协同效应，充分利用互联网的力量来进一步巩固发展原有的优势业务。而对于实力弱小的机构来说，双线发展可能比较吃力，可以选择战略性放弃成本较高的线下业务，专心经营线上业务，利用互联网金融的低成本优势，为资管业务的发展开辟一条新的道路。对于不仅实力较弱，且资管业务本身发展较为落后的机构来讲，与其匆忙加入互联网金融的激烈竞争中，还不如花费心思和精力经营好目前的线下业务，在巩固好原有客户之余继续开拓线下市场，走差异化发展道路，提供特色服务，避免顾此失彼的窘境。

3. 资产管理经营的核心竞争力呈现多样化。以往作为资产管理的核心价值是创造财富的能力，为受托资产取得高收益的投资回报，从而扩大委托资产管理规模，因此收益率代表了资产管理的竞争力，是传统资产管理的核心竞争力。

以阿里、腾讯为首的互联网公司进入理财市场后，行业格局发生了重大变化。互联网公司依靠自身在技术、数据处理、客户群等方面的优势，一方面利用互联网技术降低成本，另一方面通过互联网集聚大量资金，提供收益率合适的资管产品。技术和“流量”是互联网金融理财业务发展的最大核心竞争力。

但金融机构专业的金融资产的收集能力和风险辨识能力的优势正是互联网平台企业缺少的。互联网公司只能提供简单的标准化金融产品，而金融机构凭借强大的产品开发和专业风控能力，可为客户提供个性化的产品和服务。可见，互联网金融发展格局下，资产证券化以及辨识金融资产风险的能力，也将成为金融机构的核心竞争力。

（二）互联网资产管理的兴起

在互联网金融发展趋势下，资产管理互联网化趋势不断发展。从实践看，当前互联网资产管理正处在“拼流量”阶段，各家机构都使出浑身解数，创建和发展对未来发展有重要影响的客户“流量”。从流量的培育形式看，互联网资产管理的发展有以下三种形式。

1. 互联网企业跨界加入竞争。互联网金融的产生有两条路径：金融机构“触网”和互联网公司“贴金”。传统金融机构通过自建或合作的方式，利用互联网思想和技术创新盈利模式改善客户体验；有资质的互联网企业通过申请金融牌照、收购中小金融机构等方式进军金融领域。

吸引互联网巨头们进入证券行业的原因，是互联网企业基于互联网金融价值的理解，在经营战略上的共同选择——互联网企业数量庞大的用户群体，在互联网金融发展趋势下，本身就是一座有待开发的“金矿”。

2. 金融机构自主建流模式。随着信息技术及各类金融 APP 软件的普及，金融机构对客户的掌控力度也随着用户操作习惯的改变正逐渐变弱，之前在营业厅柜台办理业务，在散户大厅看行情的时代渐行渐远。互联网金融快速发展，大型金融机构应对时局发展，也开始进行自我调整和自我变革。

早先的金融机构只是将互联网平台作为信息工具，但目前互联网应用已超越了技术工具应用阶段，进入了商业模式改造阶段，大型综合性金融机构已经逐步将各类业务拓展，转移到了互联网平台上。

3. 金融机构引流模式。目前市场最成功的金融机构引流，是天弘基金与支付宝合作推出的“余额宝”产品，在市场上一鸣惊人，成为与互联网机构合作的经典案例。2015 年 4 月，余额宝规模超过 7 000 亿元，成为“全球第二”大规模的产品。在互联网金融的风口下，中小型券商和商业银行纷纷与电商开展合作。已有多家券商与淘宝合作，在天猫商城搭建网上旗舰店，借助天猫的销售平台，将金融产品移至线上供客户选择；同时，证券公司的各类咨询类产品也明码标价，内参、投顾短信、市场咨询等也统一挂牌出售。

（三）资产管理“互联网化”面临的风险和问题

1. 资产管理“互联网”化面临的风险。

（1）较高的信用风险。互联网公司募集大量闲散资金，由于不受金融机构资本金、净资产规模等条件限制，募集资金总量远超过互联网公司的资产总额，而其资本能力、风控能力并不能杜绝风险发生，一旦标的出现信用违约，互联网资产管理将直面客户承担较高的信用风险。

（2）技术安全等运营风险。网络作为虚拟世界，身份认证难度比线下高，冒充他人刷信用、恶意修改评价等不良行为无法杜绝，网络数据的真实性和可靠性难免受到影响。在实际发生的多起平台公司破产卷款跑路事件中，线上运营风险的爆发，是导致“跑路”事件发生的重要因素。

（3）流动性风险。互联网将金融产品拆分成不同期限的小份额产品在网络平台上出售，本质是利用久期对应的收益进行期限错配，获取利差。随着市场产品规模不断增长，客户投资需求广阔，期限错配的流动性风险也日益增加。投资者根据市场变动，其投资行为是不断变化的，新股申购、短期理财产品、转移股市资金等各类投资需求的综合，蕴藏着货币市场的规模巨额波动以及大规模赎回的风险。一旦出现集中兑付转移现象，基金资产就会面临巨大的流动性压力。

2. 资产管理“互联网”化存在的问题。

（1）网络安全问题。网络安全包括网络信息安全，这是互联网金融运营的基础，是对大数据进行分析和挖掘，而数据存储和信息保存都是通过网络进行的，容易因遭到“黑客”攻击等其他原因造成泄密等事故。目前，我国互联网交易平台和互联网金融公司建立的客户信息保护机制并不完善，客户资料泄密事件屡有发生。客户信息的泄露和客户资料处于何种状态，从现实中的骚扰电话也能一见端倪。

（2）客户适当性问题。资产管理互联网化后，向客户销售的产品大多不是直接的资产管理产品，而是经互联网金融中介拆分之后的细分标准化产品，原有线下进行的客户分类评价标准不再适用。在新的统一监管标准出来前，现有互联网金融产品隔离了线下的传统金融产品和服务监管，现有的客户适当性标准实际上被回避。

（四）互联网金融背景下的资产管理发展趋势

1. 投资门槛大众化，个性化定制。根据监管法规限制，以往的资产管理业务都有准入门槛的限制，主要是出于投资者保护的考虑，这也造成资管业务更多地是服务于高端客户。而互联网金融的一大特性就是实现普惠金融，使每一个普通投资者都能享受到金融服务。随着互联网金融的快速发展，客户将更趋于大众化，传统只服务于高端客户的资管业务也必须变革，否则必将丧失大量客户，投资门槛也被迫降低，日趋大众化。大众客户的一大特性就是资金总量大，但个体资金量少，且过于分散。因此，如何将分散的资金聚集起来以积少成多，就成了资管业务发展的重要考量因素。目前降低过高投资门槛的方式，主要是通过产品设计，发行低门槛或零门槛产品，聚集闲置、零散、碎片化的资金，再以这部分资金投资于高收益产品，分散风险，分摊收益，而券商在这中间实际上扮演的是产品中介的角色。

2. 综合账户管理，一站式金融服务体验。伴随竞争的加剧，券商纷纷意识到只有不断提升综合服务水平，满足客户多样化的需求，才能真正抓住客户，占有市场。各大券商也不断推出各项产品与服务满足客户不同的需求，而这其中的重中之重便是综合账户的管理——将资管业务通过一站式平台与其他业务一起提供给客户，所有的功能与服务均可以在一个或是统一的账户实现。综合账户的管理与建设，将是未来资管业务的发展趋势。目前，国内的储蓄支付、投资账户仍属于相分离的状态，操作起来费时费力，时常需要在各个账户之间进行切换方能满足基本的需求，综合账户管理体系的建设任重而道远。反观美国互联网券商，嘉信理财很早就推出了集交易、理财、消费、支付等功能于一身的综合账户体系。

3. O2O（online to offline）模式将大行其道。互联网金融并非只是将网下现场操作的事情简单地搬到网上实现远程操作，网下渠道的维护与管理仍然很重要。虽然网下渠道在成本与便捷性方面都存在较大缺陷，但线下网点能实现一对一、面对面的沟通，更能深入挖掘客户所需，为客户提供更贴心的服务，赢得客户的信任，也让客户更容易了解和使用资管服务。这对于资产管理业务的客户来说是极其重要的，这也是冰冷的机器所不能做到的。同时还可以举办多项活动和投资者教育活动，提高用户参与度，培养客户群，挖掘潜在客户。可以预见的是，未来资管业务也将通过线上线下结合的方式向客户推广，O2O 模式将大行其道。

三、证券公司资产管理互联网化发展模式

（一）资产管理互联网化的模式和优势

互联网资产管理业务同样具有“普惠性”特征。互联网金融对传统证券资产管理业务格局的改变，正是通过其“普惠性”实现的——普惠金融的发展，使得资产管理的销售门槛和最低追加单位限制被瓦解。对投资者来说，通过互联网金融中介后，资产管理产品是可以无限细分、分解销售的（见图1）。在“泛资管”时代，互联网金融平台的价值在“聚流”、“引流”方面显现，并对原先偏重于投资环节的资产管理行业经营格局产生重要影响。

图1 互联网金融提高资产管理经营的“迂回性”

互联网金融对资产管理业务的影响主要在于融资环节：互联网金融成为投融资双方之间的中介，互联网金融也由单一的销售平台逐渐发展成产品开发和销售中介。对资产管理业务而言，按照资金联结形式、风险承担责任和收益分配的不同，互联网金融的展业有以下两种模式。

1. 直接融资模式。各种“宝”类产品是典型的直接金融形式，各种“宝”汇集资金，然后以信托资产名义投资于联结的金融产品，如货币基金。当然，按照事先的投资对象限定，也可以投资于高风险的其他资产。在这种互联网金融形式下，互联网金融的经营方是不承担投资收益变动风险的，它提供的是类通道服务。

2. 间接融资模式。互联网金融经营方以自己的名义在网上发行产品，这种产品通常也是普惠形式的，即具有低门槛的特征。在资金所有权设置上，既有债权，也有股权；资金筹集方式可以是众筹，也可以是产品分销。这种互联网金融形式下，互联网金融的经营方作为融资方存在，对投资人承担相应的风险责任；如果是债权性产品，互联网金融经营方提供的是类银行服务。

不同行业背景的机构介入互联网金融领域，显然具有不同的优势（见图2）。就资产管理而言，互联网企业的优势在于前端的“流量”优势——现成的客户基础及对客户属性的了解；产品设计的“先发”优势，即领先推行“宝类”和其他互联网金融产品带来的品牌和商誉。相对而言，证券公司等传统金融机构在互联网资产管理领域的优势，仍然集中于下游的资产端——专业的投资能力和经验。

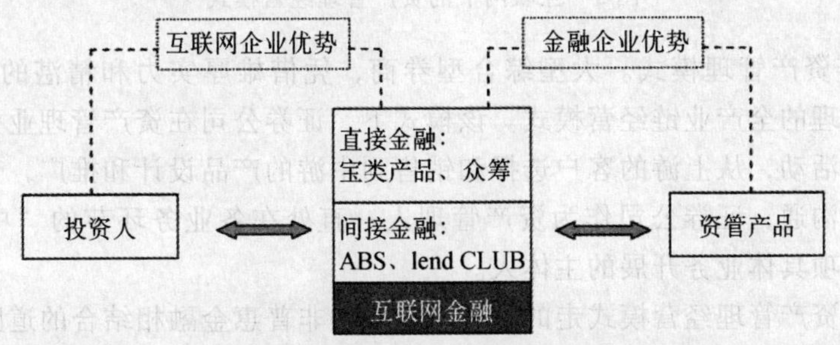

图2 互联网金融对资产管理经营的中介作用

就现阶段而言，在互联网金融领域，两类企业（互联网企业和金融企业）的各自优势“泾渭分明”，短时间内双方都很难替代对方的固有优势，故而现阶段双方合作为常见的互联网金融经营模式。不过，双方都开始积极介入对方的领域，拓展自己全方位的能力。比如：金融机构自己建网、营造网上各类“社区”；互联网企业则加紧创建专属的金融经营团队和机构，提高自己的投资管理能力。

互联网金融发展对券商生态格局发生了重要影响，各家券商在互联网金融发展战略上，基于自身状况，出现了两种不同的方向选择：特色型券商和综合型券商。

特色型券商通常着眼于在证券金融产业链中某一环节的专业化发展，这些机构通常在市场中不具备竞争优势，专业能力较弱，因而在具体业务选择上主要倾向于金融专业性较低的经纪、代销等，实际上是希望发展有良好客户体验感的普惠金融，折扣、低价是这类机构常见的市场拓展手段。

综合型券商通常是实力雄厚、金融专业能力较强的机构，着眼于证券金融全产业链的发展，谋求证券经营的综合优势。这类机构在业务经营上通常实行线上与线下结合的运营模式，强调专业性。投行、咨询、资产管理等较高专业属性的业务，通常是这类机构的经营强项，在客户定位上，相对于普惠券商大众化的定位，这类机构更强调“高大上”。

（二）证券公司资产管理发展模式选择

虽然监管环境是一致的，但其他影响证券公司资产业务发展的因素，如战略定位、公司实力、专业能力、客户基础等，却是不同的。因此，按照自身状况，证券公司资产管理实际上有三种可行的商业模式可供选择：全产业链模式、线上单环节模式和线下单环节模式（见图 3）。

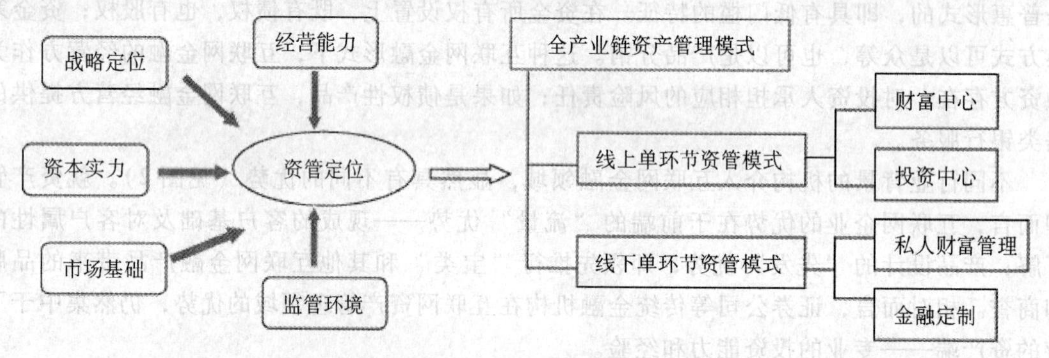

图 3　互联网下的资产管理经营模式

1. 全产业链资产管理模式。大型综合型券商，凭借雄厚实力和精湛的业务专业能力，可以实行资产管理的全产业链经营模式。该模式下，证券公司在资产管理业务链条的各个环节独立开展经营活动，从上游的客户选择和销售到中游的产品设计和推广，直到最末环节的投资管理和信息沟通，证券公司作为资产管理人一直处在各业务环节的“中心”位置，是推动资产管理各项具体业务开展的主体人。

全产业链的资产管理经营模式走的是普惠金融和非普惠金融相结合的道路。由于公司的实力和专业能力，综合性券商的资产管理产品对大众是很有吸引力的；对大众进行资产管理服务，需要借助互联网金融的普惠性特征，无论是借助“外力”，即与互联网企业合作，导入合作企业的现成“流量”，还是证券公司自己建网“聚流”，互联网化是普惠型资产管理模式的必然发展趋势，也是全产业链资产管理不可避免的发展方向。

全产业链的资产管理经营模式非常注重线下的经营。线下相较于线上的优势，在于可以全景式的交流，通过充分的信息沟通，体现券商的专业能力，可以对客户实现个性化的服务。线上的互联网金融经营模式讲究的是“流量”，注重整体规模经济；线下的专业经营注重个体的范围经济，讲究服务的专业性和综合性，因而也是非普惠式，对客户来说通常存在较高的准入门款，实际中普遍的经营形式是私人财富管理和金融定制服务。

在全产业链的资产管理经营模式下，经营方需要对前端投资人和后端投资资产都进行直接控制。实行这类经营策略的机构，通常都是传统资产管理业务经营的佼佼者，在下游资产端投资管理能力非常强大。在当前互联网金融发展趋势下，这类机构的资产管理业务发展重点，也是如何开发互联网金融平台，以适应行业和市场发展趋势。

2. 线上单环节资产管理模式。中小型券商受经营能力、客户基础、资本实力等因素的变化，通常无能力进行资产管理的全产业链服务，或者能够实行全产业链资产管理的业务类型、品种有限，大部分资产管理经营只能集中在某个环节。实行单环节的资产管理经营模式，按其业务拓展重心是线上还是线下，又可分为线上的单环节资产管理经营模式和线下资产管理经营模式。

在互联网金融发展方兴未艾的情况下，大多数中小型券商在资产管理方向上都选择了线上的单环节资产管理模式，或自建网络社区等线上销售平台；或与第三方网络平台合作，对接对方的互联网金融资金、进入对方的网络金融商城等；或集中于产品销售环节，通过选择、引进合适的产品，为客户提供财富管理服务；或集中于资产端环节，通过资产组合配置，体现自身良好的投资管理能力，吸引外部互联网资金的合作。按照具体业务拓展重心的不同，线上的单环节资产管理发展定位，又可进一步明确和细化为财富管理（产品营销导向）、投资中心（资产选择和组合包装）。线上的单环节资产管理经营模式，显然要按普惠金融发展的规律进行运营，在客户选择上实行大众化定位，这也是线上单环节资产管理经营模式区别于线下单环节资产管理模式的标准所在。

3. 线下单环节资产管理模式。证券公司间的情况是千差万别的，某些机构虽然实力不强、市场份额不高，但在某些业务条线上却拥有强大的专业经营能力；或者公司立志于在该业务条线上深耕，并按照自身内外部资源状况，建立合适的发展路径和定位目标等经营战略。线下单环节的资产管理经营模式，显然将客户定位于“高大上”，因而对机构的专业能力有较高要求。不过强专业属性并非是大型综合券商的专属，中小机构也能发展出适合自身经营的超强专业能力。对于在资产管理领域有较高专业能力和经营能力的中小券商来说，虽然受实力限制无法在上下游全资产管理产业链上开展经营，但可以就某一环节开展专业化的服务。中小证券公司在资产管理业务领域实行线下单环节的经营定位，意味着选择与大型综合券商在私人财富管理和资产管理定制服务方面开展直接竞争。这一竞争的背后，实质上是企业经营机制和人才培育、使用方面的竞争。

四、证券公司资产管理互联网化发展路径

（一）证券公司的资管业务定位

在证券互联网发展趋势下，证券行业的资产管理业务经营的“触网”不可避免。经济发展带来财富积累增长的同时，居民间财富分布差异性有所增大，居民的财富管理等金融需求差异性也上升。金融发展和金融深化带来了金融生态系统多样化程度和复杂性的上升，资产管理行业也有着同样的发展趋势——适应不同市场环境和客户需求的商业模式多样性和差异性不断发展。

证券行业资产管理业务的互联网化发展，在挤压线下传统经营模式的同时，并没有完全淘汰线下的传统资产管理经营模式；相反，线下传统资产管理经营越发呈现出“高、精、尖”特征。凭借日益显著的特色化经营，证券公司的线下资产管理业务往往在某一细分领域取得竞争优势和商业利润。特色化和专业性是线下资产管理业务取得成功的关键所在。

相对于线下的“个性化”经营，线上资产管理业务的经营更注重客户体验的便利性，以及资产收益性、流动性和安全性的“三性”统一。因此，从经营者的角度，线上经营的重点是资产，是合理设计产品，找到并维护好资产组合，使之满足“三性”协调合一的要求；线下经营的重点是客户，是发掘出客户的个性化需求，并进行个性化的产品开发，做出特色服务，体现专业性。

从前面分析可知，证券公司资产管理业务有三种模式可供选择：全产业链经营模式、线上单环节经营模式、线下单环节经营模式。基于这三种经营模式，证券公司的资产管理业务也有三种相对应的发展定位。整体而言，线下经营属金字塔尖的“小众”市场，互联网化的线上经营，才是市场容量广阔的大众型“蓝海”市场。证券经营机构需结合自身优势、股东意愿，综合考虑战略定位、资本实力、客户构成、经营能力、监管环境等内外部各种影响因素进行资产管理业务发展的定位。

基于以上分析，证券公司资产管理业务发展，有以下几种定位方式可供选择：

1. 全产业链的经营模式。对于具有较强经营能力、资本实力、客户构成全面的大型券商而言，全面领先往往是其企业发展战略，因而对资产管理业务也往往采取线上、线下全面介入策略。

2. 线下专业投资管理模式。对于具有较强专业经营能力，对资产管理业务采取稳定发展战略的证券公司，基于公司实力、客户不足、股东意愿、管理层偏好等原因，在资产管理发展上采取“守”势，“专业化”、“特色化”不失为一条适合的发展道路。

3. 线上资产聚合中心模式。相对于其他资产管理经营机构，证券公司的优势在于资产聚合能力，即证券公司相较于信托、银行、基金等机构，在投资管理上有优势。这种优势来源于既有制度差异和市场经验，因此短时间内难以被超越。在互联网金融发展背景下，证券公司即使没有“流量”优势，或因公司实力所限，无法自建平台“聚流”，也可以凭借投资管理方面的优势，通过聚合资产成为投资管理中心，与第三方合作，共同发展互联网资产管理业务。

4. 线上财富管理中心。证券公司即使自身投资能力不强，但基于市场经验，对资产管理等金融产品的评价、筛选能力强于一般投资者和其他类型的资产管理机构。证券公司通过

建立网上销售平台，通过"白名单"等具体经营形式，有选择性地引入外部产品；根据消费者行为特征的不同，或针对消费者的分类，为消费者提供匹配的金融产品，减少消费者遴选金融产品的困难。

依线上、线下组织形式的不同，证券公司资产管理各业务定位间的关系如图4所示。

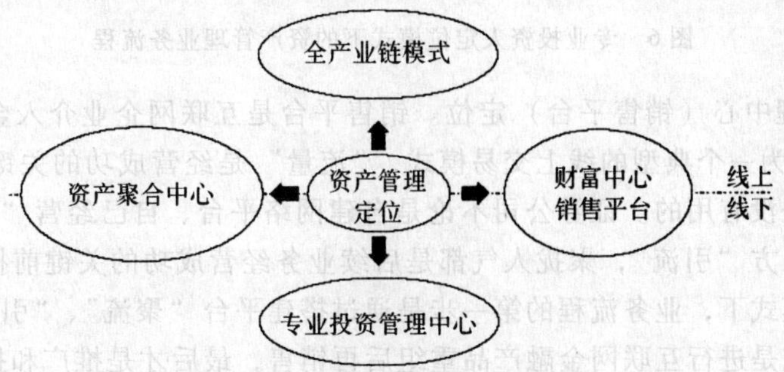

图4 证券公司资产管理的业务定位

（二）证券公司资产管理流程再造

1. 传统资产管理业务流程。传统资产管理业务的开展遵循"产品设计——销售推广——投资管理"的顺序（见图5）。由于销售对资产管理计划成立及后续运行有重要影响，因而证券公司常常根据时下市场来进行产品设计和推广时机的选择。传统流程的特征是明显的。

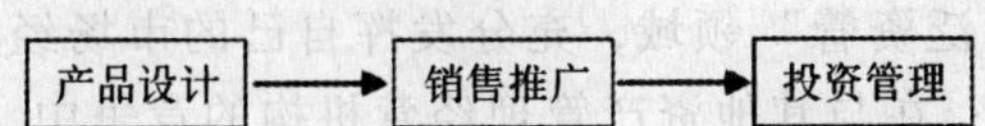

图5 传统经营模式下的资产管理业务流程

（1）线下渠道的影响力较大，如银行通常是证券公司资产管理产品销售的"大户"；

（2）产品流通性不强，可交易性差；

（3）除定向资产管理产品外，消费者需求体现少，证券公司在开发产品时，更多的是着眼于资产端（投资对象）的市场变化。

2. 不同定位模式下的业务流程再造。

（1）专业投资人定位。专业投资人定位下，证券公司的资产管理业务仍是线下经营为主。类似于原先的定向资产管理业务，证券公司凭借强大的专业经营能力，为消费者提供个性化的资产管理服务。证券公司的资产管理团队，在其储备投资项目和作为资金提供方的客户之间牵线搭桥，因时因势促进双方的交易。交易过程中，消费者并不是被动接受产品，主动性极大提高。因此，在证券公司资产管理业务的投资中心定位模式下，资产管理业务流程起始于消费者，但并非是单向的，业务过程中充满着双向互动，为闭环流程（见图6）。虽然"了解消费者需求"处在该业务流程的第一位，但资产管理人在每一个业务环节，都可发起资产管理的业务流程。

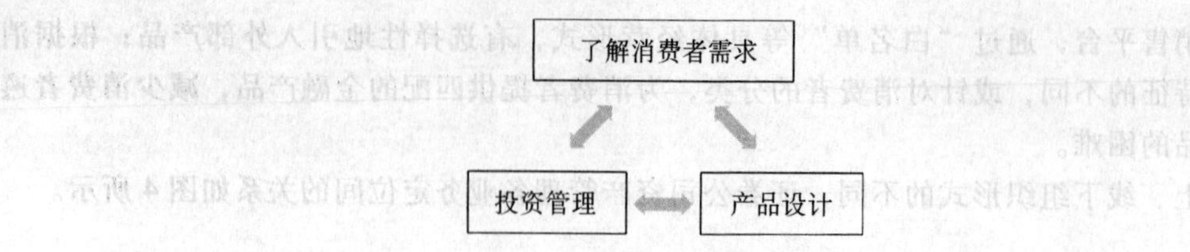

图6 专业投资人定位模式下的资产管理业务流程

（2）财富管理中心（销售平台）定位。销售平台是互联网企业介入金融领域的第一个常见“跳板”。作为一个典型的线上交易模式，“流量”是经营成功的关键。没有“流量”，光搭建一个平台是没有用的。证券公司不论是自建网络平台、自己经营“社区”，还是和外部合作，通过第三方“引流”，聚拢人气都是后续业务经营成功的关键前提。因此，在该资产管理业务定位模式下，业务流程的第一步是通过搭建平台“聚流”、“引流”，然后是引进产品，直接销售或是进行互联网金融产品重组后再销售，最后才是推广和投资管理。在财富中心定位模式下，资产管理业务流程在很大程度上也是单向进行的（见图7）。

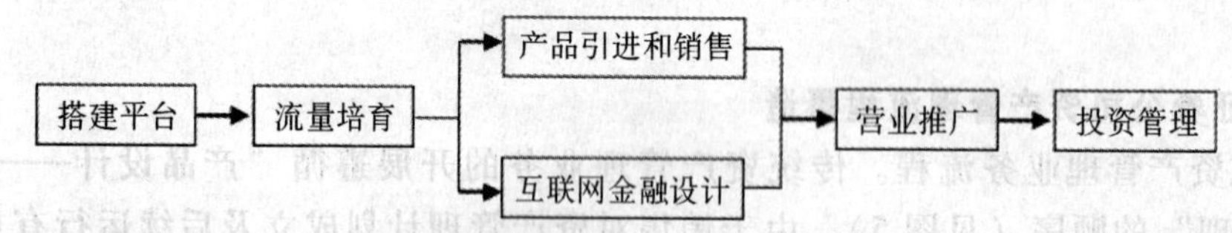

图7 财富中心定位模式下的资产管理业务流程

（3）资产聚合中心定位。资产聚合中心适合大多数中小型券商的资产管理业务定位。该定位可使证券公司在“泛资管”领域，充分发挥自己的市场经验优势、制度灵活优势、人才储备优势等多种优势；在与其他资产管理经营机构的竞争中，扬长避短，发挥专业优势。就整个资产管理行业而言，很多机构都是具有自己独特优势的。比如，具有互联网基因的机构，在“流量培育”方面具有天然优势；信托机构在“非标”资产投资上具有内在优势等。但是，证券公司在聚拢标准化金融资产方面，毫无疑问具有领先优势。在资产聚合中心的资产管理定位模式下，业务流程的第一步是资产池的组建，这也是该定位模式经营成功的关键所在（见图8）。在低风险产品细分市场，资产聚合中心的资产管理业务定位应是大部分证券公司开展资产管理业务的首选模式。

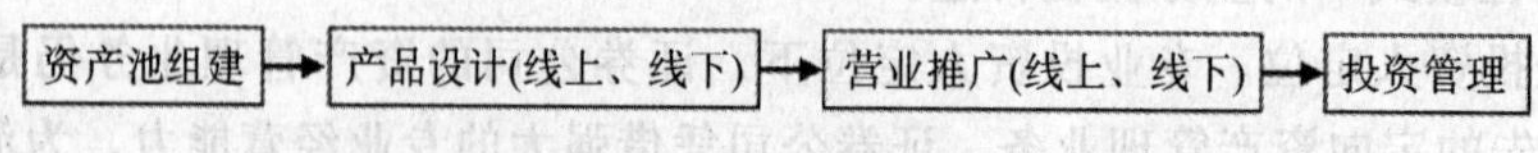

图8 资产聚合中心定位模式下的资产管理业务流程

（4）全产业链定位。大型券商由于其客户构成具有全面性，经营团队专业能力较强，资本实力雄厚，在企业战略定位上也往往采取“攻”势——综合领先、全面发展，通常是大型证券公司的企业总体战略。采用全产业链经营模式的公司，在资产管理具体经营上常依客户或投资对象划分业务条线，并分别采取不同的业务发展定位。因此，全产业链定位下的资产管理业务流程，实际上是上述三种业务流程的总和。

（三）证券公司重塑资产管理流程的实现形式

1. 资产管理业务互联网化的发展趋势。互联网金融对传统金融生态系统的改造是全方位的，证券公司的资产管理业务互联网化发展已成不可逆趋势。即使是线下经营的专业投资人定位经营模式，在投资管理阶段，利用互联网平台实现投资信息的公开，也日益成为一种不可逆趋势。

相对于线下经营要借助线上的互联网平台、提升投资信息透明度而言，线上经营模式，无论是财富中心定位，还是资产聚合中心定位，互联网平台是资产管理经营业务拓展的重要手段。对线下定位的资产管理业务经营而言，互联网平台是业务开展必不可少的技术手段；对线上定位的经营而言，资产管理业务的互联网化还是一种全新的商业模式。

2. 资产管理互联网化流程的实现。

（1）业务定位。在不同的资产管理业务定位下，经营模式和展业形式是不一样的，互联网平台在其中的定位和作用也存在显著差异。不同的资产管理业务定位，决定了互联网是改造业务的基因，还仅仅是一种技术手段、作业工具。因此，证券公司在发展互联网资产管理业务时，首先对资产管理业务要有明确定位。定位的差异，不仅决定了资产管理业务流程的差异，也决定了互联网在业务开展中角色和作用的差异（见图9）。

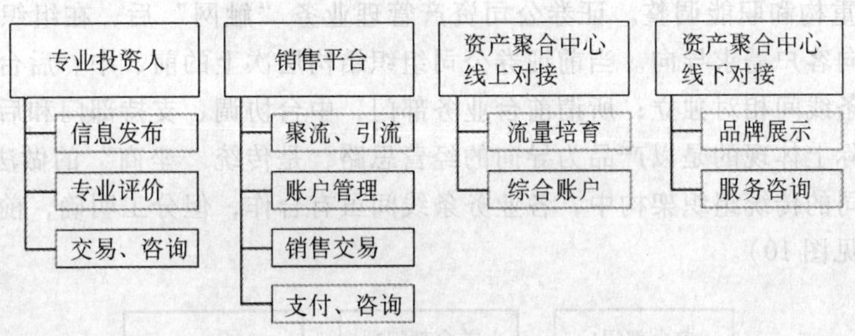

图9 不同定位下的不同平台功能要求

（2）平台搭建。依据不同的资产管理业务定位，建设不同的网络平台。

对于“专业投资人”的资产管理业务定位，网络平台建设的着眼点是信息沟通和交易转让。对于私人财富管理和专业定制金融服务而言，线下的沟通、交流将是第一位的。因此，对于将资产管理部定位为“专业投资管理中心”的证券公司而言，资产管理业务互联网平台的建设，其目的中“聚流、引流”的比重并不高；相反，事后的信息发布和专业评价，往往是更为重要的。互联网社区也作为资产管理产品的转让交易平台而存在。“专业投资人”定位下，网络平台要实现的功能主要为：信息发布、专业评价、转让交易、咨询等。

对于“销售平台”的资产管理业务定位，网络平台建设和网上社区运营的主要目的是聚拢人气，即“聚流、引流”是网络平台建设的主要目的。在这种定位模式下，网上交易和网上支付等各种业务实现形式，也需要借助网络平台实现；因而该网络平台需要多业务模块和数据系统的支持，需要多种功能在一张网上实现。在“销售平台”定位下，网络平台功能主要为：“聚流、引流”、账户管理、销售交易、支付、咨询等。

对于“资产聚合中心”的资产管理业务定位，显然该业务模式下单环节经营的特征最为明显，业务开展的外部合作性要求也最高。在该种定位模式下，网络平台对业务经营的影响相对较小，对网络平台的功能需求主要取决于产品设计情况，即上游端与投资者（资金提供方）对接的渠道与形式。如产品设计为线上对接，即互联网金融形式，那么网络平台的内容和功能要求与“销售平台”定位基本相同；如产品设计为线下对接，以和外部合作为主要资金接入形式，那么业务经营对网络平台的依赖度大为下降，对网络平台建设的要求也会相应降低。在后一种产品设计业务模式下，网络平台的功能主要为品牌展示、咨询等。

“全产业链”的资产管理业务定位，实质上是多种业务定位的综合，其业务运作是全业务条线的。因此，“全产业链”定位模式下，网络平台承载的要求和功能最为复杂、全面，要求也最高，自然也需要较多的技术支持和财务投入。不过，选择“全产业链”资产管理业务定位模式的机构，通常是实力雄厚、专业能力较强的大型机构。

值得注意的是，业务定位是一个动态的过程，证券公司或根据市场变化和自身资源变化，适时调整资产管理的业务定位。基于不同业务定位下的不同网络平台要求以及定位的动态变化，证券公司为资产管理业务经营而进行的平台搭建，也有两种策略可供选择：

①一步到位策略。建设有一定的超前性网络平台，直接按“销售平台”的要求进行平台搭建。

②逐步推进策略。按照定位变化，先简单后复杂，平台的搭建和维护只要能满足当前业务正常开展需要即可。

（3）组织重构和职能调整。证券公司资产管理业务“触网”后，在组织设计上，必须将产品导向转向客户需求导向。当前证券公司组织结构层次上的前、中、后台关系普遍是单向的，各业务条线间相对独立；所谓前台业务部门，中台协调、支持部门和后台管理部门的设置原则，实际上体现的是以产品为导向的经营思路，是传统“坐商”的做法。

在证券公司的传统组织架构中，各业务条线间虽有合作，但分工明确，前、中、后台之间层次清晰（见图 10）。

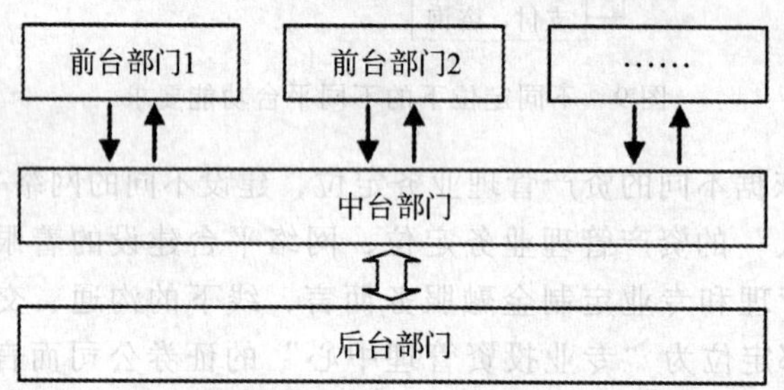

图 10　传统组织业务层次架构

向以客户需求为导向的“行商”角色转变，是包括证券公司在内的许多金融机构谋求市场化转型的重要内容。受传统习惯、经营意识、思维定式等各种因素的影响，证券公司由“坐商”向“行商”的转变，普遍进展缓慢。证券业务的互联网化发展，显然有助于加快证券公司客户需求导向经营模式的建立。互联网金融天生就是客户需求导向的。对证券公司资产管理业务的互联网化经营而言，“嫁接”互联网的首要目的是需求收集和产品分销，并以此为核心重塑业务商业模式。在部门职能和岗位设置上，原先在前台的产品开发和经营部门退居到了“二线”，变成中台业务支持部门，一线前台部门则按客户类型重新组织，职能分工也发生了相应变化。

适应资产管理业务互联网化发展的需要，证券公司还必须实行互为“前台”关系的新型组织设置。在互联网金融发展趋势下，券商各业务条线均在“触网”。在证券公司建立互联网金融专营部门从事网上经营和平台营建情况下，互联网金融专营部门既和资产管理等业务部门一道，在公司部门序列中同处“前台”位置；但同时，在部门之间业务序列上，互联网金融部门又是资产管理等其他业务部门的“中台”。对于设置有专门销售部门的机构来说，销售部门又是互联网金融部门的“前台”。“触网”背景下，业务部门、销售部门和互联网金融部门，三者之间互为“前台”关系（见图11）。这种变化要求各部门间加强协调与沟通，并明确岗位职责。

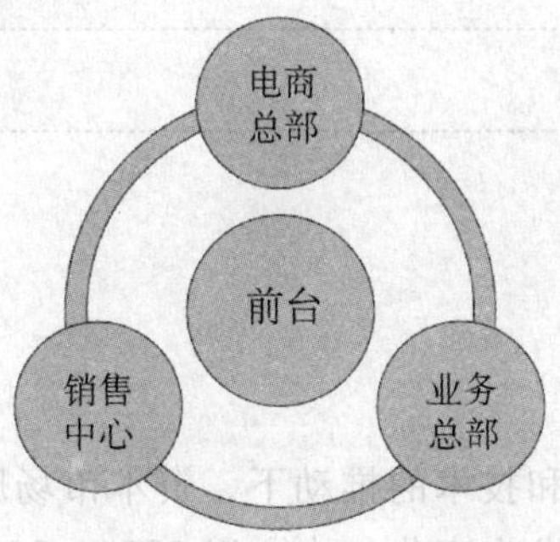

图11 “触网”背景下券商业务部门间组织架构

不同的资产管理业务定位和经营模式表明，在互联网金融发展趋势下，资产管理业务互联网化发展的形式和阶段是存在显著差异的。嫁接了“互联网+”的资产管理业务流程，都与传统资产管理业务流程不同。围绕着新业务流程，证券公司的职能部门需进行相应调整，以保证资产管理业务的顺利开展。在不同的资产管理业务流程下，资产管理部门和营销、财务、运营、人力资源等部门间的关系和定位必须做出调整，各部门的任务也会发生相应变化。从实际情况看，证券公司“触网”的普遍结果，是出现了专营互联网证券的新部门，各家机构普遍新设了电子商务等专营互联网金融部门，专门从事网络平台的搭建和维护，维护网上社区、网上交易和支付等线上运营的功能。

券商资管“触网”后，风险管理职能内容变化。资产管理互联网化经营后，业务风险形式如风险的分布、形成和暴露等，都发生了变化。证券公司资产管理运营“触网”后，为保证业务经营的正常，必须在组织职能上进行相应的风险防控、监测调整。资产管理互联网化后，业务运营风险的最大变化是流动性风险的上升，并由此引起了收益的相应下降和安全性要求的提高。风险特征和风险管理要求的改变，要求证券公司在组织重构时，将风控职能前移。比如，当前证券公司普遍使用的滚动发行模式，实际上就是在产品设计环节就将流动性风险以短期化、滚动化的方式化解。

移动互联网时代市场波动特征及对监管的建议

樊 旭 何春霖*

近年来，在移动互联网思维和技术的推动下，资本市场原有的交易模式、准入门槛、信息传播机制、监管难度都在不断发生变化。本文以 2014—2015 年股票市场波动为研究视角，分析移动互联网时代市场波动特征，探讨移动互联网对股票市场的影响，为监管机构完善金融监管，避免区域性、系统性风险发生提出建议。

一、本轮股票市场波动的特征分析

本轮股票市场波动周期从 2014 年 7 月启动，一年的时间里经历了“上涨—顶峰—回落”的运行周期。A 股市场上一轮比较典型的波动周期出现在 2005—2008 年，体现为股指绝对涨幅大、全民参与热情高、高点回落速度快。从国外市场来看，美国 1982—1987 年股市波动也具有类似特征。

我们以 A 股市场的上证综合指数、成交规模、投资者结构等变量为分析指标，结合宏观、微观层面下股票市场的发展历程，对比分析本轮市场波动（2014—2015 年）与 2005—2008 年市场波动之间的区别，同时对比美国 20 世纪 80 年代市场波动特点，进而分析本轮市场波动的特征，特别是新时代移动互联网对股市波动的影响。

（一）本轮市场波动的整体介绍

本轮波动行情启动于 2014 年 7 月。上证综指从 2400 点开始快速上涨，经过两次短暂的中场休息后，于 2015 年 6 月 12 日冲到了 5178 点的最高点。随后市场开始快速下跌，至 2015 年 8 月，上证综指回落至 3000 点左右（见图 1）。本轮股市经历了加杠杆到去杠杆的过程，以融资融券余额为例，在不到一年的时间里，从 2014 年 7 月的 0.4 万亿元上升到最高 2.3 万亿元。之后开始逐步下跌，截至 2015 年 8 月底，剩余规模 1.1 万亿元，相比最高水平

* 作者单位：平安证券有限责任公司。原载于《中国证券》2015 年第 12 期。

下降接近50%。

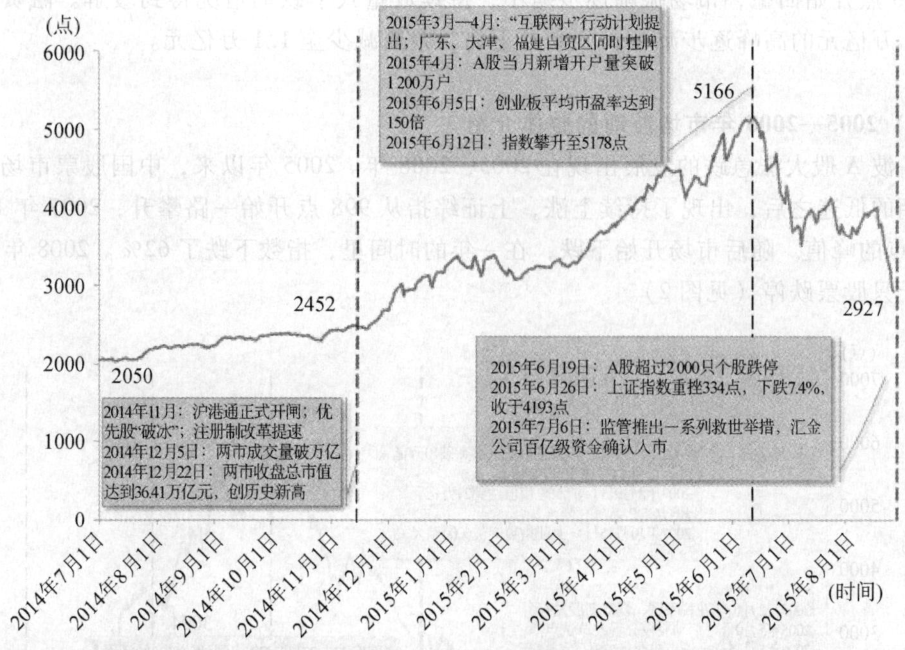

图1 上证综指变动情况

资料来源：Wind资讯。

通过图1，我们对2014—2015年市场波动的历程进行回顾。

1. 2014年7月1日—2014年11月20日，牛市启动，市场情绪升温。2014年7月开始，受沪港通政策影响，上证综指经过4个多月的温和上涨，从2050点逐步上升至2452点。这一阶段，股市赚钱效应开始吸引个人投资者数量快速增加，11月当月新增个人账户超过100万户。与此同时，杠杆资金逐步增加，融资融券规模持续上升，在11月20日达到0.76万亿元，涨幅超过85%。

2. 2014年11月20日—2015年6月12日，市场情绪高涨，指数快速攀升至高点。从2014年11月到2015年6月，央行多次下调存款准备金率和人民币存贷款基准利率，加之改革效应、"一带一路"、"互联网+"等概念推动股票估值迅速提升。近7个月的时间里，A股市场平均市盈率从14倍上升到32倍，主板40%的股票市盈率超过100倍；上证综指由2452点攀升至5166点，创业板指数在100个交易日内从2015年1月的1500点左右上涨至3982点。与此同时，杠杆资金规模急速扩张，融资融券、场外配资提升市场杠杆比例，融资融券余额从0.76万亿元上升至2.3万亿元，涨幅接近200%。两方面因素的作用下，A股市场迎来一波"急牛"行情，11个月的涨幅超过了全球大多数股票市场。

3. 2015年6月12日—2015年8月26日，各路资金博弈，振幅剧烈，指数回落。经历前期的疯狂上涨后，A股市场开始进入去杠杆化的进程，场外配资业务受到限制引发市场急速下跌。从6月15日开始，上证综指在短短17个交易日下跌超过30%，同时大量股票停牌，7月9日两市1 400家企业停牌，比例超过50%，A股市场市值蒸发约12万亿元人民币。

从 7 月开始，监管机构推出救市组合拳，防止市场非理性急速下跌，7 月 13 日上证综指从 3373 点开始回稳，市场振幅逐步缩小，持续放量式下跌的情况得到缓解。融资融券余额从 2.3 万亿元的高峰逐步减少，到 8 月下旬，余额减少至 1.1 万亿元。

（二）2005—2008 年市场波动的整体介绍

上一波 A 股大涨急跌的发展出现在 2005—2008 年。2005 年以来，中国股票市场价格在遭遇长期的低迷之后，出现了持续上涨，上证综指从 998 点开始一路攀升，2007 年 10 月达到 6092 点的峰值。随后市场开始下跌，在一年的时间里，指数下跌了 62%。2008 年 6 月 10 日，近千只股票跌停（见图 2）。

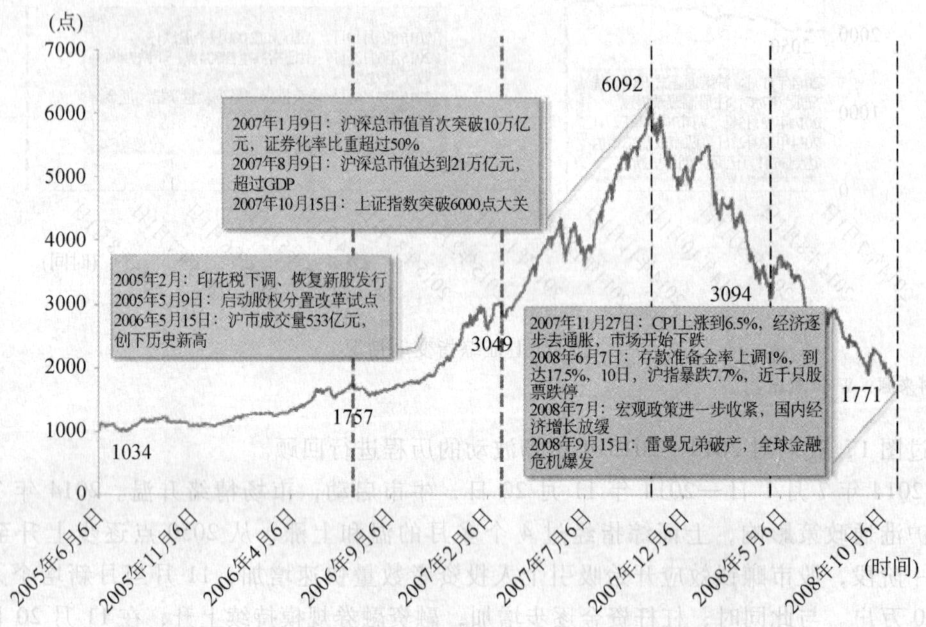

图 2　上证综指变动情况（2005 年 6 月 6 日—2008 年 10 月 6 日）

资料来源：Wind 资讯。

通过图 2：我们对 2005—2008 年市场波动的历程进行回顾。

1. 2005 年 6 月 6 日—2006 年 7 月 5 日，牛市启动，市场温和上扬。借助“股权分置改革”的东风，上证综指从 1000 点左右开始反转，逐步上涨至 1757 点，沪市股票平均市盈率上涨了 50%（15.42 倍—23.31 倍）。国民经济的持续健康增长，股权分置改革的平稳推进是推动这一阶段股市上涨的重要因素。

2. 2006 年 7 月 5 日—2007 年 2 月 27 日，市场情绪升温，指数稳步上涨。上市公司业绩不断增长、历史清欠全面攻坚，券商风险处置与综合治理基本结束，一系列利好因素推动指数在 8 个月的时间里上涨了 70%，达到 3049 点，沪市股票平均市盈率上涨了 50%（23.31 倍—35.25 倍）。巨大的赚钱效应驱使散户投资者数量飞速上升，2007 年 1 月，单月开户数量首次突破 130 万户。

3. 2007 年 2 月 27 日—2007 年 10 月 16 日，宏观经济增长提供引擎，指数攀登至历史最高点。2007 年，国内 GDP 增长率达到 14.16%，5 月 30 日，财政部宣布印花税 30 日起上调为3%，股市出现“5.30”大跌行情，指数单日跌幅近7%。但短暂调整过后，上证综指很快攀升至6124点的高位，沪深总市值也超过国内生产总值。

4. 2007年10月16日—2008年4月18日，经济去杠杆化，熊市拉开帷幕。全国制造业和地产等支柱产业泡沫显现，政府执行紧缩的货币政策，资金回流至银行体系；同时，“大小非”解禁从供给端增加了市场的流通股数，指数从6124点下跌至3094点，6个月的时间里下降了近50%。

5. 2008年4月18日—2008年10月28日，市场信心低迷，指数快速探底。美国爆发全球性的金融危机，央行继续上调国内存款准备金率，国内外各方面因素制约了国内经济的快速增长，市场信心低迷，上证综指从3094点下跌至1700点附近，在半年时间里下降了45%，尤其在2008年6月10日，上证综指暴跌近8%，两市近千只股票跌停。

（三）两轮市场波动对比分析

1. 波动周期更短。结合上文中对两轮市场波动历程的回顾，本文按“低点—最高点—低点”的上涨回落历程，分析两轮市场波动的上涨和下跌周期（见表1）。

表1　两轮市场波动周期

股市周期	市场波动	日期	点数变化	交易日
2005—2008年	上涨周期	2005年6月6日—2007年10月16日	1034点—6092点	575个
	下跌周期	2007年10月16日—2008年10月28日	6092点—1771点	254个
2014—2015年	上涨周期	2014年7月1日—2015年6月12日	2050点—5166点	234个
	下跌周期	2015年6月12日—2015年8月26日	5166点—2927点	53个

首先，本文选取相同上涨回落幅度来观察不同轮次的波动使用的周期长度。上一轮周期中，上证综指在386个交易日中实现了159%的涨幅。本轮市场仅仅经过234个交易日就创造了160%的涨幅，上涨同样的幅度经历的时间是上一轮波动的61%；同样，从下降相同幅度而言，本轮周期从最高点5166点下降到2927点，跌幅43%，经过53个交易日。上轮周期由6092点回落至3500点左右，历经100个交易日，同样的跌幅43%，本轮经历的时长仅仅约是上轮的一半。

接下来，对比上涨、下跌等不同类型周期的长度。就上涨周期而言，上一轮周期中，上证综指在两年半的时间里，由低点1034点上涨到最高点6092点（收盘价，下同），总共使用了575个交易日。而本轮周期中，上证综指仅仅用了234个交易日，就由低点2050点上涨至最高点5166点（收盘价，下同），上涨周期长度不到上一轮的一半。就下跌周期而言，本轮周期中，上证综指从最高点5166点下降到低点2927点，仅仅用了53个交易日。而在上轮周期中，从最高点6092点下降到低点1771点，总共使用了254个交易日，下跌周期长度是本轮周期的5倍左右。

2. 放量速度更快。通过对比不同轮次波动中市场达到最大成交量所经历的时间可以发现，本轮波动中，市场放量的速度更快（见图3）。当成交金额上涨幅度同样为50%时，本轮周期成交金额从2015年4月16日的1.18万亿元上涨到2015年5月28日的顶点2.36万亿元，期间经历了30个交易日。上一轮周期成交量从2007年3月29日的0.19万亿元上涨到2007年5月30日的顶点0.39万亿元，期间经历了40个交易日。

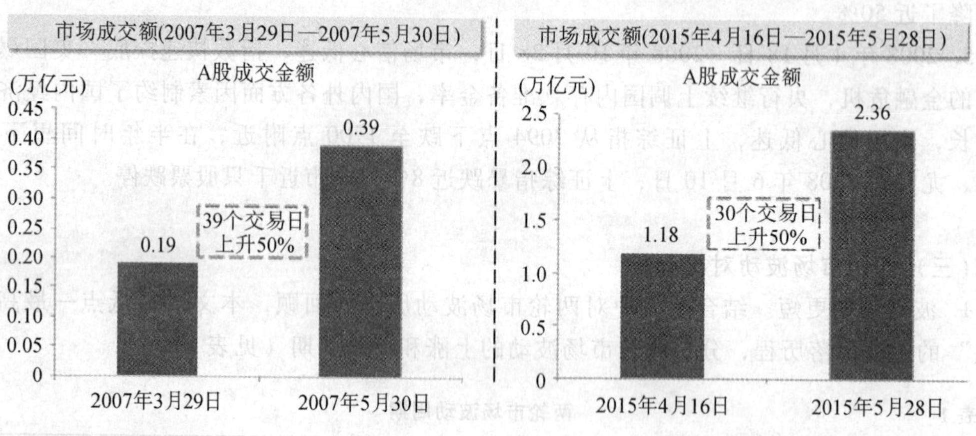

图3 A股市场放量速度比对

资料来源：Wind资讯。

3. 振荡幅度更强。由于本轮周期从顶点回落至低点，经历了53个交易日，本文截取指数顶点前后53个交易日为周期，比较两轮波动中指数振幅的波动情况（见图4）。

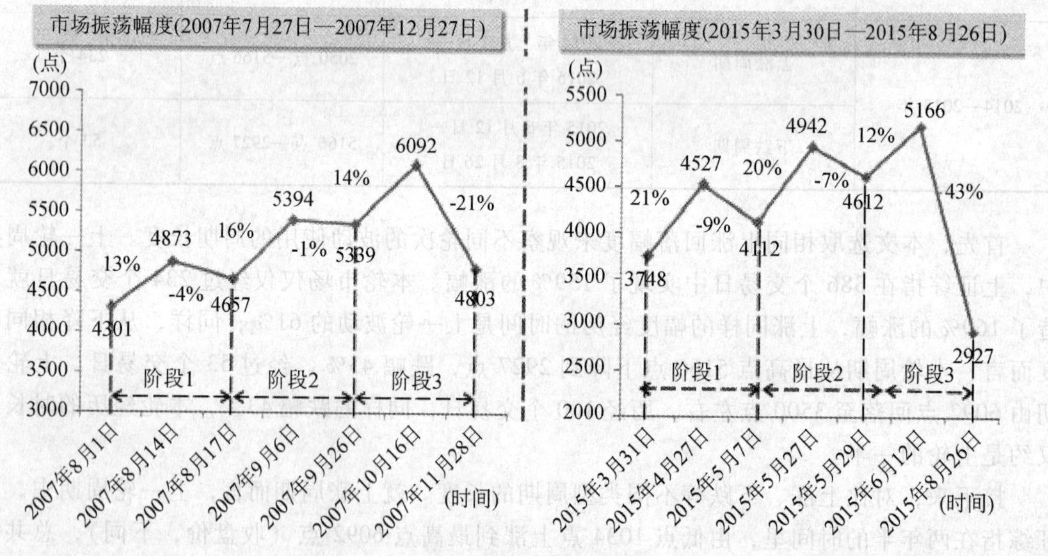

图4 市场振荡幅度对比

资料来源：Wind资讯。

106个交易日内，上证综指经历了三个“上升—回落”的阶段，对比两轮周期中不同阶段指数涨跌的幅度，可以发现，本轮周期中几乎每一个阶段的振荡幅度都更强。

阶段 1：上轮周期指数由“4301 点上升到 4873 点，再回落至 4657 点”，涨幅为 13%，跌幅为 4%。本轮周期指数由“3748 点上升到 4527 点，再回落至 4112 点”，涨幅为 21%，跌幅为 9%。涨幅是上轮周期的 1.62 倍，跌幅是上轮周期的 2.25 倍。

阶段 2：上轮周期指数由“4657 点上升到 5394 点，再回落至 5339 点”，涨幅为 16%，跌幅为 1%。本轮周期指数由“4112 点上升到 4942 点，再回落至 4612 点”，涨幅为 20%，跌幅为 7%。涨幅是上轮周期的 1.25 倍，跌幅是上轮周期的 7 倍。

阶段 3：上轮周期指数由“5339 点上升到 6092 点，再回落至 4803 点”，涨幅为 14%，跌幅为 21%。本轮周期指数由“4612 点上升到 5166 点，再回落至 2927 点”，涨幅为 12%，跌幅为 43%。涨幅是上轮周期的 0.86 倍，跌幅是上轮周期的 2.05 倍。

4. 跌幅更大。本文选取两轮周期股市达到最高点后 53 个交易日内的最大回落幅度进行对比发现，上轮周期中，上证综指在达到 6092 点的高峰后开始回落，53 个交易日内，指数最低点位出现在 2007 年 11 月 28 日的 4803 点，相比最高点下跌幅度为 21%。

本轮周期中，上证综指从 5166 点开始回落，53 个交易日内，指数最低点位出现在 2015 年 8 月 26 日的 2827 点，相比最高点下跌幅度为 45%（见图 5）。

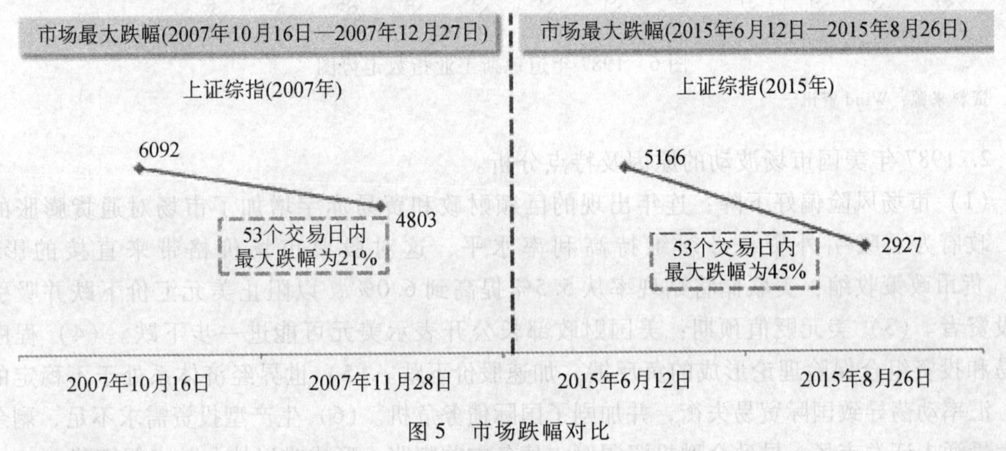

图 5　市场跌幅对比

资料来源：Wind 资讯。

（四）美国 1987 年股市波动分析

美国成熟的金融市场也经历了四次较大规模的波动：1929 年、1987 年、2000 年、2008 年。其中，美国 1987 年市场波动与 A 股本轮行情有很多相似的地方：第一，两次波动都发生在股价急剧上涨的时候；第二，股价下行的跌幅大，速度快；第三，两次波动都是流动性危机而不是经济危机；第四，两次波动都发生在股市与期货市场的磨合过渡中。

1. 美国 1987 年股市波动走势（见图 6）。美国股票市场在 1987 年之前，道琼斯指数已持续 5 年上升，1982 年 8 月是 777 点，到 1986 年 12 月底是 1896 点。1987 年开始急剧上升，当年 8 月达到 2722 点的高位，但是在 10 月 19 日当天，道琼斯工业指数从开盘的 2247.06 点下跌至 1738.74 点，暴跌 22.6%。随后在 1800 点的区间上徘徊。

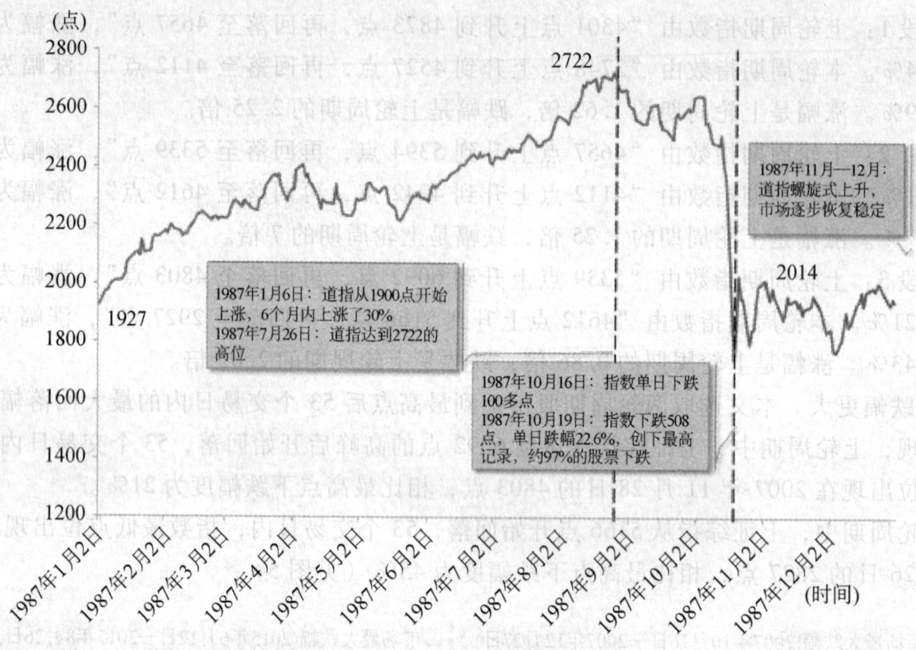

图6 1987年道琼斯工业指数走势图

资料来源：Wind资讯。

2. 1987年美国市场波动的原因及特点分析。

（1）市场风险偏好下降：连年出现的巨额财政和贸易赤字增加了市场对通货膨胀的担忧。政府为了吸引外资，必须维持高利率水平，这对股票市场价格带来直接的影响。（2）货币政策收缩：美联储将贴现率从5.5%提高到6.0%，以阻止美元汇价下跌并吸引外国投资者。（3）美元贬值预期：美国财政部长公开表示美元可能进一步下跌。（4）程序化交易和投资组合保险理论形成的负反馈，加速股价下跌。（5）世界经济体系处于不稳定的状态，汇率动荡导致国际贸易失衡，并加剧了国际债务危机。（6）生产型投资需求不足，剩余资本大量涌入证券市场，导致金融投资猖獗，债务空前膨胀，形成难以持久的虚假繁荣。

3. 1987年美国市场波动前后的制度变化情况。

1987年波动前政策：（1）经济增长稳定：1983年之前美国经济发展不稳定，但是在1983年之后，美国经济复苏，逐渐摆脱滞胀带来的影响。（2）在1984—1986年期间美国处于降息之中，但在1987年波动前，货币政策有所收紧。（3）利率下行：里根经济学使美国持续多时的高通胀率有所下降，并使利率下行，促进了市场的繁荣和股票的高估值。（4）养老金入市：20世纪80年代初期，美国的养老基金等新型投资者进入股市，推动了股价的上涨。

1987年市场剧烈波动后，美国政府采用了积极干预的政策，以期帮助市场重新建立信心，使得这次波动没有演变为一次卖空的恶性循环：（1）快速向市场提供充足的流动性支持，美联储购买了大量的政府债券并降低了利率，并且政府向各大公司提供大量资金回购股票。（2）稳定市场信心，政府和金融监管机构承诺会全力保障市场的流动性。（3）调整汇率政策，避免游资大量外出。美国政府与各大国家政府共同降低利率，干预外汇市场，以达到稳定美元汇率的目的。（4）阻止程序化交易的恶性循环，芝加哥商品交易所和期货交易所相继暂停交易，美国证监会引进了熔断机制来应对程序化交易带来的负面影响。

4. 美国政府采取一系列救市举措后的效果。

(1) 经济增长，形成牛市。1987 年美国股票市场剧烈波动后，美联储宣布降低利率，增加货币供应，为任何需要帮助的银行准备紧急保证金。因此，公众的信心得以恢复，资产和商品价值没有出现紧缩，股市开始稳步上升。(2) 股票市场结构优化。投资者结构是金融市场成熟与否的重要判断标准，一个成熟的市场需要大量的机构投资者。根据研究调查表明，美国机构投资者占美国总股本的比重由 1950 年的 7.2% 上升到 2001 年第三季度末的 46.7%。(3) 加大对内幕交易的处罚力度。据统计，证券市场上 80% 的违法行为均与内幕交易有关，加大对内幕交易的监管处罚力度，是保护投资者权益的重要方面。

20 世纪 80 年代美国股票市场内幕交易猖獗，国会颁布 1984 年《内幕交易制裁法》，大幅加重对内幕交易的处罚，1988 年摩根士丹利证券公司职员案发生后，美国出台《内幕交易与证券欺诈施行法》，进一步加大处罚力度。

(五) 三轮股市波动的对比启示

虽然三轮股市波动时间、地域差异较大，各自特点也很鲜明，但细致分析，三轮波动背后还是有很多一致的地方。

第一，散户为主。三轮股市波动发生时间，股市参与方都是散户为主。因为散户的相对不专业、大众心理特点，导致了一系列非理性的操作。

第二，从众心理。即使在上一波股市大亏，当股市赚钱效应出现、媒体一致宣传看好股市时，大众会重新进入股市，盲目乐观，缺乏止损意识和理性判断。

第三，雪球效应。即大众投资从少量投入、逐步把更多的资金投入直到借钱加杠杆。他们认为资金如同雪球一样，相同的速度，大雪球可以滚动更大的面积，获得更多的投资回报。缺乏额度管理意识、容易在高位逐步加杠杆。

第四，内幕交易。一方面，机构、专业人士通过获得的信息进行内幕交易；另一方面，普通股民也希望获得内幕信息、盲目相信内幕信息，即散户靠小道消息炒股。这些共同点，体现的不仅是制度、技术的问题，更本质还是人性的特点。正因如此，一味限制、禁止无法解决根本问题，堵不如疏，还是要采取创新的思路、互联网的手段，来适应、疏导、创新地满足这些特点。

本轮波动的差异点，一语概之，就是波动更猛烈了。移动互联网下，大众人性的特点被放大、加快。

接下来，我们将重点分析移动互联网对本轮市场波动的具体影响，探索移动互联网带来这些影响的本质原因。

二、移动互联网对本轮市场波动的影响

(一) 本轮市场波动特征的原因分析

移动互联网具有“开放、平等、协作、分享”的精神基因，是服务经济社会发展的重要技术工具。本文结合移动互联网对市场的影响因素，讨论本轮市场波动特征形成的原因。

1. 政策支持、技术发展、互联网与金融的不断融合促进开户规模增长。根据 Wind 数据，

A 股市场从 2015 年 3 月开始，市场新增户规模呈现放量式增长，单月新增开户接近 1 300 万户，半年之内的月均开户数接近 700 万户。激发开户规模提升的因素主要有以下几点：

（1）政策支持。第一，2015 年 4 月 13 日，A 股市场全面放开“一人一户”限制。自然人与机构投资者均可开立多个 A 股账户和封闭式基金账户，上限为 20 户。据中国证券登记结算有限公司统计，政策推出后，沪深两市 4 月新增开户数接近 1 300 万户，之后 5、6 两月的新增开户数均维持在 1 000 万户以上。第二，2015 年 7 月 1 日，沪、深证券交易所和中国证券登记结算有限公司宣布拟调降 A 股交易结算相关收费标准，2015 年 8 月起实施。这一政策直接或间接吸引了更多投资者进入 A 股市场。据统计，7 月投资者数量同比增加 204 万户，持仓投资者数量同比增加 113 万户。

（2）开户、交易等环节的技术提升。随着人脸识别等技术的成熟，券商开始着力推广移动端开户，到 2015 年初，大部分券商均已实现通过微信或 APP 进行移动端开户。相比 PC 端开户，移动端开户在提升用户体验方面具备强大优势：手机、平板电脑等移动设备在视频验证、身份照片上传等方面更加简化，便携性提升使得开户行为更加不受物理环境的限制，真正实现随时随地开户。

（3）互联网与证券行业的渗透程度加深，拓宽开户渠道。自我国推出“互联网 +”行动计划以来，券商与互联网平台之间的交流合作也日趋广泛。对于券商而言，大型互联网平台具备丰富的基础客户资源；对于互联网平台而言，券商在客户交易数据、成熟化客户分层管理体系等方面具备优势。在优势互补的吸引下，两者之间的合作，大大提升了证券经纪业务的效率，为市场引进更多的投资者。

2. 股市资金来源渠道更加广泛，杠杆比例更高。自 2010 年以来，融资融券、沪港通、P2P 网贷平台、伞型信托产品相继出现，相比以往，资金流入股票市场的渠道更加广泛，原本一些并不允许进入股票市场的资金借助互联网技术流入股市，资金来源范围广、流向复杂，大大提升了监管难度（见表 2）。

表 2 本轮波动周期市场资金来源

股市周期	A 股市场资金来源
2014—2015 年	散户投资者 股票投资基金（公募和私募） 各类资产管理计划 银行理财产品 保险公司 非金融企业 跨境资本流入、合格境外机构投资者（QFII）、人民币合格境外机构投资者（RQFII）、沪港通 融资融券 伞型信托 互联网股票配资

与上轮周期不同，本轮周期中，融资炒股的渠道更加丰富，门槛也进一步降低。本轮周期中，市场融资的来源主要分为场内和场外两个渠道，资金来源包括前面提到的银行理财、信托、P2P 等民间资金。

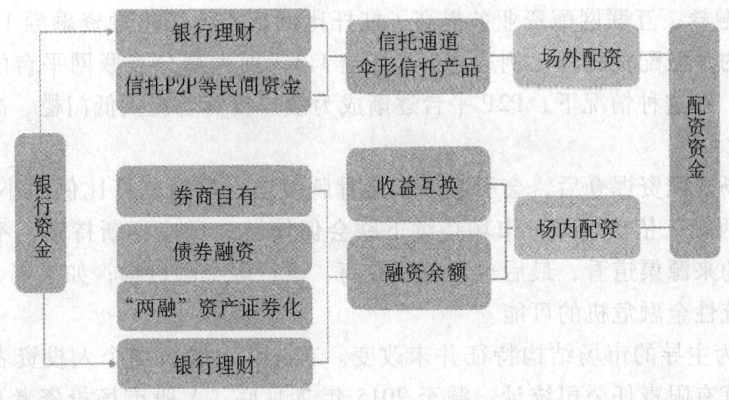

图 7　配资资金来源图

从图 7 看本轮周期中配资资金的来源：

（1）场内配资资金的来源渠道主要是融资融券和收益互换。2014 年 7 月，沪深市场的融资融券业务仅有 0.4 万亿元左右规模。到 2015 年初，该业务规模已经暴增至 1.0 万亿元。受股市赚钱效应吸引，不断有新增资金注入融资融券系统，业务规模在 6 月攀升至顶峰 2.3 万亿元，融资买入额占整体交易量的比重一度接近 20%。

（2）互联网配资促进更多的社会资本流向场外配资市场。首先，P2P 平台通过上线配资服务，对接资金供给方和需求方，为社会资本流入配资市场提供了新的渠道。据统计，2015 年上半年全国正常运营的 P2P 平台有 2 700 家左右，做配资平台的 P2P 大约有 50 多家。其次，互联网配资平台降低了普通投资者的参与门槛，最低 2 000 元的资金就可以通过配资施加杠杆（见表 3）。

表 3　互联网配资与融资融券主要特征对比

	融资融券	互联网配资
门槛	2010 年：50 万元以上，开户满 18 个月 2014 年：20 万元、10 万元、5 万元，开户时限降低至 6 个月	最低 2 000 元，无开户时限
保证金	现金或股票，质押比例一般在 60%—70% 之间	现金
杠杆比例	1 倍	1—10 倍不等
利息	年化利率约 8%	年化利率 15%—25%
标的	融资标的股为沪深两市的 900 只股票； 理论上投资者可通过同时进行融资和融券的反向操作购买非标的股	取决于不同平台的限制；一般不可交易权证、ST、＊ST、S＊ST、新股等
交易机制	采用逐日盯市、引入补仓、强行平仓等	采用逐日盯市、引入补仓、强行平仓等
期限	6 个月以内	6 个月以内
信用审核	严格	无信用审核环节

资料来源：根据新浪财经提供的信息整理而成。参见“杠杆上的牛市全解释：场外配资、融资融券”，新浪财经网站，时间：2015 年 7 月 1 日，网址：http://finance.sina.com.cn/money/fund/20150701/111422561862.shtml，最后访问日期：2015 年 9 月 10 日。

（3）融资融券、互联网配资业务提高了杠杆比例。相比场内融资融券 1:1 的杠杆比例，场外信托公司的伞型配资杠杆比例达到 1:2 甚至 1:3，而大部分互联网平台的杠杆比例最高可以达到 1:10。在这种情况下，P2P 平台逐渐成为散户投资者提供低门槛、高杠杆融资炒股的首选工具。

高杠杆的场外配资爆仓后，会引起多米诺骨牌效应。按照杠杆比例大小，从场外配资、伞型信托到“两融”依次下降，市场持续下跌会促使链式反应不断持续，不但投资者损失惨重，从资金的来源渠道看，最后也会危及券商、银行等金融机构；如果资金规模庞大，则有传导形成系统性金融危机的可能。

3. 以散户为主导的市场结构特征并未改变。首先，A 股市场个人投资者占比高。据中国证券登记结算有限责任公司统计，截至 2015 年 7 月底，A 股市场投资者总数为 9 269 万户，其中，自然人投资者数量在 9 243 万户，占据市场参与者绝对比例。而发达国家股票市场往往机构投资者占据较大的比例。机构投资者大多占 70% 左右。其次，散户投资者持有市值的比例高于机构投资者。以上海证券交易所为例，2011—2013 年，散户持有市值平均为 21%，机构投资者平均为 16%，散户持有市值高于机构投资者。剔除 1 000 万元以上的高净值个人投资者后，1 000 万元以下的自然人平均持有市值占比为 18%，仍然比机构投资者要高（见表 4）。最后，散户也是市场交易的主要参与者。以上海证券交易所为例，2011—2013 年，散户的市场交易份额占比平均高达 80% 以上，机构投资者在这三年的平均交易份额占比仅为 15%，一般法人为 2%。显然，散户是我国当前股票市场交易的主体（见表 5）。

表 4 上海证券交易所各类投资者持有市值占比 （单位：%）

投资者类型	2011 年	2012 年	2013 年
自然人（1 000 万元以下）	18	17	18
自然人（全部）	21	20	22
专业机构	15	17	15
一般法人	64	63	64

资料来源：上海证券交易所统计年鉴，上海证券交易所网站，网址：http：//www. sse. com. cn/researchpublications/publication/yearly/，最后访问日期：2015 年 9 月 10 日。

表 5 上海证券交易所各类投资者交易份额占比 （单位：%）

投资者类型	2011 年	2012 年	2013 年
自然人	84	81	82
专业机构	14	17	15%
一般法人	2	2	3

资料来源：上海证券交易所统计年鉴。

4. 互联网去中心化传播，增强了市场情绪的传播效应。前文分析到，中国股票市场是以散户为主要参与者的市场，市场利好或利空的消息一旦出现，散户群体在“羊群效应”的作用下更倾向于采取跟随策略进行交易，使得市场短时间内产生大量集中的卖单和买单，大大缩短了股票达到涨跌停界限的速度，股票指数波动的振幅更加强烈。

（二）移动互联网对市场未来发展的影响

1. 移动互联网与资本市场之间的融合进一步加深。互联网思维注重用户体验，未来券商服务的主流思想将向用户至上靠拢。一方面，移动互联网的普及发展将进一步推动券商服务模式的转型，金融机构、利用O2O模式为客户提供即时的理财顾问服务，通过互联网LBS模式整合金融机构服务网点、投资顾问、经纪人的资源，做到更高效、实时的线下资源配置和服务。另一方面，移动互联网秉持的开放、包容等理念有助于进一步消除专业投资者与普通投资者之间的壁垒。

2. 交易方式更加便利，交易行为更加频繁。未来随着基础网络设施的不断完善，智能可穿戴设备的技术进一步成熟，股票交易APP可以更多样化的方式、更广泛的渠道渗透到投资者的日常生活中。

随着开户政策的放开，不同金融机构之间对开户业务的竞争更加激烈，未来交易佣金自由化程度将进一步增强，佣金水平将普遍下降。两方面作用下，股票市场交易行为将更加频繁，券商经纪业务也会向带有更强差异化特征的互联网模式转型。

3. 从股票投资到财富管理转型。股票在居民个人资产配置中占比较低，而且多是短期配置。据中国证券登记结算有限责任公司统计，截至2015年6月底，接近21%的个人投资者持有股票市值不足1万元人民币，接近50%的投资者持有股票市值位于1万元和10万元之间。股票作为长期基础资产配置的观念在我国A股市场还不明显，投资者更倾向于做“股民”而非“股东”。

移动互联网在便捷个人股票交易和配资服务的同时，也在快速改变着个人购买理财产品、资管产品、资金合理配置的金融生态。足不出户、快捷理财模式日益普及，个人财富的质押融资和交易融通等功能也逐步完善，个人财富管理将成为未来个人金融服务的核心内容。

4. 互联网化“机构投资者”占比提升。很多时候，散户投资者个人社交圈朋友中发表的微博微信、朋友圈建议，成为影响散户投资的核心因素之一。在此情况下，某些有投资影响力的人将吸引、引导一批散户投资者同步进行投资、交易，有可能形成一个松散的集合投资机构。

这些民间的小投资集合，通过互联网方式进行信息沟通、策略分享，甚至直接进行资金集合和交易。在民间松散基础上逐步发展，则可能进一步建立工作室、PE机构，进而成为市场上的小型机构投资者。

5. 从模型风控到大数据风控转变。大数据金融通过集合海量非结构化数据，进行实时分析，为金融机构提供客户全方位信息，通过分析和挖掘客户的交易以及消费信息掌握客户的消费习惯，准确预测客户行为，增强金融机构在风险控制方面的主观能动性。

三、政策建议

通过上述中外三轮股市波动对比，以及移动互联网发展对股市发展的影响分析，我们建议从如下几个方面着手，减少股市波动、促进市场长期稳健发展。

（一）建立统筹协调和数据分享机制

以本轮股票市场波动为例，随着行情上涨，资金运行的轨迹跨越了银行间市场、交易所市场、场外融资市场甚至民间借贷市场。这些市场有些是由央行、中国银监会监管，有些是由中国证监会监管，还有部分市场由于发展期限短、业务市场跨度大，缺乏成熟有效的监管机制。

针对目前实际情况，建议可从两个方面考虑统筹监管。首先，国务院层面建立一个协调机制，处理重大事项，这是管理手段、紧急情况下的临时处理机制。其次，建立跨监管的数据监测或分享平台，更好地监控股市资金流动，这是技术手段、日常管控机制。

在移动互联网时代，资金流向复杂、在不同市场之间的渗透程度或高或低，提升了监管难度，因此我们需要建立一套跨市场的数据监测平台，对各类资金流动、市场波动进行全面、及时的了解，进而提出合理适时的应对举措。

（二）加强对股票、债券、大宗商品、外汇等不同市场之间联动性的研究

在金融衍生品不断发展的情况下，股票、债券、大宗商品、外汇等不同市场之间的联动效应越来越明显，加大了危机蔓延的可能性。而货币政策、金融政策和监管政策在联动性不断加强的市场很难维持政策的独立有效性。鉴于此，建议在监管部门或行业协会层面，组织建立一个跨市场的专家委员会，从资本市场以及银行、信托、互联网金融等领域召集相关专家，以及经历过几次市场循环、对衍生品非常熟悉和了解的海外人才，提出决策参考。

（三）通过大数据和舆情监控，积极引导市场情绪回归理性

本轮股市大跌的过程中，大量虚假信息借助移动互联网工具迅速蔓延，增强市场恐慌性情绪，加剧市场波动。我们建议建立内部的大数据舆情分析平台，对海量资讯进行分析，建立虚假信息特征库，增强甄别能力，提前预防虚假信息向市场发散传播，做好资本市场资讯信息的甄别、筛选，主动控制和引导信息传播。

（四）培育合格投资者，提升行业自律性

监管机构可以利用移动互联网工具在信息传递等方面的优势，加强投资教育的覆盖范围；同时，立足于互联网注重用户体验的思维，采取更通俗易懂的方式增强投资者对复杂金融产品的认知程度，综合运用微博、微信等社交工具，加强与投资者之间的交流互动，通过动画、游戏、互动视频等方式创新培训模式。

同时，提升券商的行业自律性也是证券业的重要课题，严格控制道德风险，维护投资者权益。

（五）拓宽投资渠道，避免风险过度集中

我国尚未完全实现利率市场化，金融市场尚不完善，长期以来，国内投资者的投资渠道狭窄，主要积聚在股票市场和房地产市场。进入 2015 年后，实体经济增长放缓，房地产市场的预期投资收益降低，大量资金涌向股市导致风险积聚。

因此，监管机构需要进一步帮助国内资金拓宽投资渠道，帮助投资者从单一股票投资向

个人财富管理的投资理念转变。对于个人投资者而言，应降低个人投资者在股票、债券、大宗商品及外汇等不同领域的投资门槛，实现个人资产多元化配置。对于机构而言，监管机构通过响应“一带一路”的政策顶层设计，帮助国内的人民币打通境外投资市场，从宏观层面分散风险。

（六）央行直接为券商提供流动性支持，有效提升资产负债能力

相比央行利用 PSL、SLF 等各种宏观调控工具为商业银行提供流动性支持，证券行业目前缺乏常态化的流动性调节机制，在流动性补充的速度和作用力度上，与银行业存在较大差距。因此，建议央行建立一个常态化的机制，直接为券商提供流动性补充或担保，在资本市场出现异常情况时，券商能更有效地贯彻监管机构的政策决定，帮助监管实现调控目标。

四、总结

资本市场的发展对中国经济转型成功至关重要。目前，我国经济进入“新常态”，处于发展转型的关键时期，必须以转变经济发展方式、完善市场配置资源机制为核心手段，以创新驱动、深化改革为核心动力，建立多层次的资本市场、持续提高直接融资比例成为关键点。

互联网可促进国内资本市场发展，提升有效性。如前文分析，杠杆融资交易、投资渠道匮乏、互联网金融快速发展、股市财富效应、散户主导的市场结构和移动互联网时代非理性操作“病毒式传播”等因素的多重叠加，都是本轮市场剧烈波动的原因，其核心在于我国目前资本市场的强有效性特征尚不明显。此外，目前我国资本市场还不能全面有效地为社会各阶层群体提供适当的金融产品和服务，移动互联网是实现提供上述产品和服务的核心手段之一，可通过与金融的深度融合，推动行业商业模式变革，真正实现资本市场的资源配置作用。

监管应包容行业创新，支持和规范并重。互联网创新大势所趋，证券行业也应抓住机遇，实现互联网券商的战略转型。监管应在守住系统性风险底线的同时，完善新形势下监管的顶层设计，疏导结合，从宏观政策方面引导行业加强转型。在中国资本市场探索发展过程中，围绕国务院推动服务实体经济的战略顶层设计，坚定不移地持续推进资本市场改革创新。

参考文献

[1] 王晓丽，曲艳丽，陆玲，杨秀文：“排雷杠杆市”[J]，《财经》，2015－07－06(19)。

[2] 薛鹤翔：《市场融资规模及银行理财配资入市估算》[DB/CD]，深圳：华泰证券研究，2015。

[3] 梁立群：《美国证券市场结构的演进与发展》[D]，吉林：吉林大学，2013。

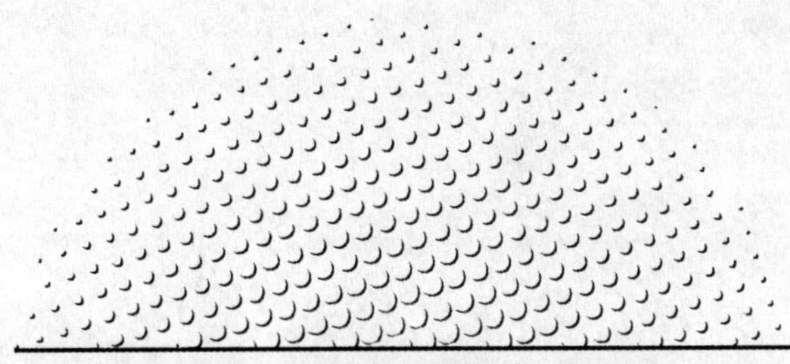

经纪业务

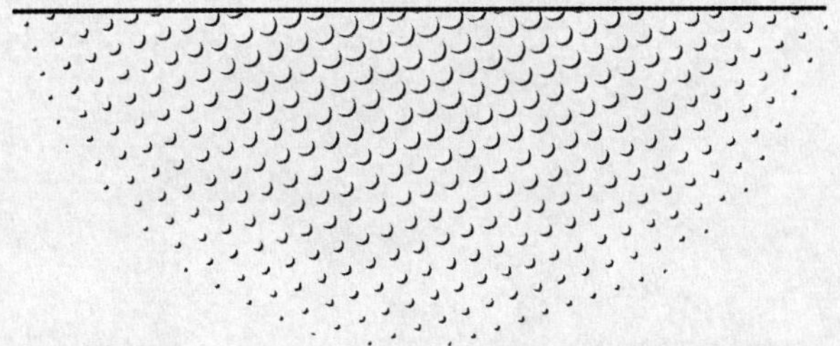

互联网金融对证券经纪业务模式的冲击及监管政策完善之浅探

郑国生 冯弘容*

近年来，证券业务互联网化的浪潮日趋汹涌，并逐渐成为波及整个行业的无形推动力。2015 年初，李克强总理提出了制定“互联网 +”行动计划的战略思路，中国证券业协会推动互联网证券业务的步伐明显加快。截至 2015 年 3 月，已有 55 家证券公司通过审批，获得了开展互联网证券业务的试点资格。2015 年 7 月，中国证券业协会又发布了规范互联网证券业务整体规划和原则的《互联网证券业务指引（征求意见稿）》，开始向业内正式征求意见。

在此创新变革的浪潮下，证券业务中传统的营利模式不断受到冲击和挑战，尤其是作为证券公司传统模块的经纪业务，更是在“互联网 +”的新一轮升级中受到冲击。本文拟就互联网金融对证券经纪业务模式的冲击及监管政策的完善作探讨。

一、互联网证券经纪业务对传统证券公司模式的冲击

在证券经纪业务起步和发展的过去几十年里，证券公司通过对实体营业部网点的区域布局和扩张，不断拓展自身的经纪业务版图。这些营业部作为投资者开户、交易和资产查询的窗口和通道，也逐步成为投资者与资本市场对接中的重要一环。在这种背景下，诸多经纪业务监管规定均采取了围绕实体营业部的日常业务和操作进行监控的规范模式。

然而，随着互联网和无线互联终端业务对社会经济生活影响的不断深入，证券经纪业务也开始逐步脱离实体营业部这个曾经唯一的交易通道，开始向非实体性和多元化的方向发展。

* 作者单位：中信证券股份有限公司。原载于《中国证券》2015 年第 8 期。

（一）开户方式的革新

1. 投资者适当性教育及管理的变化。作为证券交易账户开户的前置环节，投资者适当性教育在沪、深两市的交易所规范中均以专项规定的方式进行明确。在实体营业部开户环节中，投资者需要填写纸质的调查问卷，签署开户代理协议，并对相关风险提示进行摘抄和署名，客户经理当面进行说明。证券公司以此种方式对投资者的风险偏好进行分类和测评，并向投资者提示其进入证券市场所需面对和承担的风险。

随着互联网的普及，投资者的适当性教育已从在实体营业部由投资者与客户经理的面对面进行，转变为由投资者自行在证券公司网站或移动客户终端 APP 上进行。这一转变首先为投资者适当性评估带来了便利，但同时如何做到在网上进行的投资者风险教育和协议确认能够符合相关监管规定，也对证券公司提出了挑战。

首先，互联网技术大大提升了证券公司在投资者数据收集与分析方面的硬件能力，使得投资者调查问卷的数据处理更便捷，信息评估的比对更丰富。然而，《证券公司监督管理条例》第三十条规定“证券公司与客户签订证券交易委托、证券资产管理、融资融券等业务合同，应当事先指定专人向客户讲解有关业务规则和合同内容”。对网上开户的投资者而言，在移动客户终端 APP 上如何“指定专人向客户讲解”给证券公司提出了研究课题。

《上海证券交易所投资者适当性管理暂行办法》第四条第（四）款规定：“提供产品或服务前，向投资者介绍产品或服务的内容、性质、特点、业务规则等，进行有针对性的投资者教育。”如何在互联网这个无形平台上，对网络另一端的投资者做到有“针对性”，也给证券公司提出了难题。

2. 投资者身份核实难度增加。按照《证券公司监督管理条例》第二十八条的规定：“证券公司……为客户开立证券账户，应当按照证券账户管理规则，对客户申报的姓名或者名称、身份的真实性进行审查。”随着互联网技术的不断进步，网络信息的可靠性议题也越来越凸显，投资者身份的核实与自然人电子签章的真实性，成为经纪业务开户环节的新问题。如何通过现有技术，确保通过互联网甚至无线互联终端在从事相关业务时能够匹配监管规定的要求，识别客户身份，获得客户真实的电子签名，对证券公司交易系统改造和操作步骤安排，都提出了挑战。

现阶段，随着《中华人民共和国电子签名法》及后续细化规定的落地，投资者的电子签名匹配问题已基本可以依照规范指引进行，但如何在网上进行投资者身份真实性的核实问题，却依旧在实际操作中引发争议。

3. 投资者信息安全的保障。作为证券业务的重要资源，投资者资源和信息不仅是证券公司的数据库，其安全性也是证券公司的强制性责任。在传统的经纪业务中，投资者信息多以纸质承载，信息安全保障的方式也相对传统、固定，一次性窃取大量信息的难度很大。在网络信息时代，投资者信息已经基本电子化，在移动客户终端 APP 和证券公司交易系统中传输，在各种云端存储器中保存，若一旦加密被破解，或传输出现误差，投资者信息将被大量窃取或泄露，在给投资者带来损失的同时，也将会影响证券公司的业务。因此，投资者信息的安全保障，也是证券公司的重要责任。

（二）对交易规则的影响

1. 合法营业场所外延的变化。随着网上开户的日益盛行，证券公司实体营业部的地理位置和规模，已不再决定其所能覆盖的投资者范围，合法经营场所的边界开始模糊，外延不断扩张，甚至可以说每一个投资者的电脑和手机客户终端 APP 都可能成为证券公司营业功能的延伸。然而按照现有规定，证券公司必须设立营业部，作为其从事经纪业务的合法营业场所。2013 年 3 月中国证监会公布的《证券公司分支机构监管规定》，第九条规定证券公司应当在设立、收购分支机构的申请获得批准后 6 个月内，依法向公司登记机关办理登记手续，而依照 2014 年修订的《中华人民共和国公司登记管理条例》第九条，取得营业执照需要登记“住所”，第二十四条规定公司住所证明是指能够证明公司对其住所享有使用权的文件。也就是说，作为“使用权”标的的“住所”应当具有物理意义上的实体性。基于此，在传统监管思路上，证券公司的合法经营场所应以实体房屋为基础。在这个基础上，才是信息系统等软件设施的架构，但仍局限在实体房屋内使用，采用“一对一”或“一对多”的营销模式。这种以实体营业部为监管重心的思路，使现有规范大都以营业部的规模和覆盖面来要求其应具备的软硬件设施、从业人员数量，并对之监管。而在互联网高度发达的今天，合法经营场所的实体指标已逐渐被弱化，外延却在不断扩大。根据营业部规模来判定监管力度的做法，已不能适应互联网证券经纪业务的迅猛发展。

2. 交易软件的技术革新。在传统交易模式下，由于投资者账户的数量和转借均受到法规的严格限制，每个投资者只能开立一个沪、深账户且不得外借，这使得配资公司很难获得足够的客户和资金进行场外配资和操盘。随着互联网技术的发展，仅仅规定单一账户和不外借已经不能达到有效监管的目的。通过软件系统，对受到监管的单一账户设立多个下级虚拟子账户，通过网络平台的触角延伸到各个终端上进行交易，并针对子账户进行独立结算。这一软件技术配合互联网平台的拓展，使得一个交易所账户项下的伞型配资得以实现，账户的单一性和针对性监管形同虚设。

3. 信息无纸化带来的监管与取证难度。随着信息数据化将原有的纸面文档、人与人互动都转化成了电子设备中的各项数据与人机互动，对这些数据的追踪也开始依赖于能否破解和锁定最初的发出设备，及这些设备的持有、使用者是否使用该设备做出了此种举动。显然，后者的取证与监管难度明显高于前者。因此，更新相关开户与交易的操作流程，完善监管取证的步骤，也是互联网开户与交易带来的必然要求。

（三）倒逼证券公司产品创新

在传统模式下，决定中小散户选择哪家证券公司开户交易主要考虑营业网点的距离和手续费的高低。但随着网上开户的盛行，证券公司营业网点的距离已经不再重要，投资者的关注重点转移到了佣金价格上。随着网络信息的流通和透明，投资者可大范围自行对比证券公司的佣金及服务，进而选择最具性价比的证券公司完成网上开户。近年来，证券公司间的佣金价格战已经几乎见底，对于证券公司而言，传统经纪业务收入竞争性加剧，利润大幅缩水，也倒逼证券公司放弃传统的通道业务盈利，转而研发更有竞争性和针对性的新型产品与服务，开拓差异化竞争。

（四）大数据所带来的导向性和差异化服务

对证券公司而言，高净值客户是重要的利润增长点。在互联网时代，信息收集便利且广泛，通过信息处理系统，证券公司可以对客户的偏好进行数据分析、筛选和整理，提炼出相应的投资偏好，进而向客户提供定制化服务。在纸质文档时代，这一工作需要投入大量的人力和时间，而随着互联网的普及和科技的进步，此类成本可被大大节省并用于证券公司开启更高附加值的差异化竞争。

二、互联网证券经纪业务对传统监管边界的突破

（一）对《证券法》第一百四十五条规定的挑战

《中华人民共和国证券法》第一百四十五条规定："证券公司及其从业人员不得未经过其依法设立的营业场所私下接受客户委托买卖证券。"按照这一规定，证券经纪业务应在"依法设立的营业场所"中展开。为了落实这一规定，《证券公司监督管理条例》要求证券公司设立境内分支机构，变更境内分支机构的营业场所，应当经国务院证券监督管理机构批准①。基于此，《证券公司分支机构监管规定》第九条规定："证券公司应当在设立、收购分支机构的申请获得批准后 6 个月内，依法向公司登记机关办理登记手续，并向中国证监会提交分支机构营业执照副本复印件，申请颁发或者换发经营证券业务许可证。"也就是说，"公司登记机关"依照 2014 年修订的《中华人民共和国公司登记管理条例》第二十四条，要求证券公司分支机构提供"能够证明公司对其住所享有使用权"的"住所证明"已经成为证券公司营业部设立并从事证券业务的必备前提。正是基于此，在实际设立过程中，工商登记部门采取了要求证券公司营业部提供相应的房屋租赁或购置合同的做法。

在这一思路下，依法设立的营业场所被固化为营业部所在的实体房屋，但实际中，越来越多的客户已经不在实体营业部内委托证券公司及其从业人员买卖证券，实体营业部之外的开户与交易，也不应一概被视为私下交易。虽然 2014 年中国证券登记结算有限责任公司修订发布的《证券账户管理规则》就开户代理方面的要求做了更新，但其他监管规定尤其是上位法并未随之进行调整，在法律逻辑上存在不匹配之处。随着网上开户及交易的不断推广，建议在与证券经纪业务相关的监管规定中，"营业场所"的内涵和外延考虑拓展为："证券公司依法设立的直接接受客户证券买卖委托、经办委托事项的下属营业部柜台，及证券公司用于记录、存储、传输客户证券买卖委托指令的互联网信息终端处理器。"

（二）交易主体物理位置分散性、交易数据化所带来的监管问题

当前，中小散户投资者越来越偏好使用手提电脑甚至手机客户端来进行开户和委托交易。虽然，这一模式为证券经纪业务的拓展提供了便利，但因为交易实体处于不同的物理位置，交易环境差异大且可变，交易信息通过数据化传输，一旦出现监管问题，证券公司在追查时很难及时聚焦到中小散户投资者个人。此外，投资者的电子设备可随时进行更换或处

① 参见《证券公司监督管理条例》第十三条。

理，也为取证增加了难度。按照现行规定，证券公司应当负责对与其具有委托交易关系的投资者证券账户使用情况进行监督①，一旦出现账户资产问题，证券公司将承担第一顺位的赔付责任。然而按照“谁主张谁举证”的诉讼法证据要求，在完成赔付之后，证券公司向具体致损方的追偿却可能因为无法获取交易证据而得不到有效赔付。此外，随着各证券公司佣金费率的降低，用以承担中小型散户投资者此类风险的预备资金也逐渐萎缩。对于证券公司和投资者而言，面临风险不断扩大、保障却不断下降的不利局面。因此，如何在新一轮的互联网浪潮中既保护中小散户投资者利益，又避免证券公司过度承担风险，成为一个需要突破的问题。

（三）互联网技术发展对交易系统的影响

在传统交易环境中，投资者账户通常由单一主体进行管理和操作，场外配资被严格禁止，证券交易的杠杆率基本按照1:1的比例被限制在融资融券业务中。随着软件技术的进步，单个交易所账户下不仅可以扁平式设立多个子账户，此类子账户还可独立交易、互相转让资金和单独进行结算。同时，该软件技术还实现了对母子账户联动的风控管理要求。这一软件技术的革新给始终受限于账户规模和盯市成本的场外配资公司提供了可乘之机，在牛市背景下，场外配资开始呈现几何倍数的增长。与此同时，信托公司与基金子公司等拥有结构化产品的金融机构也纷纷开始效仿。例如，伞型信托降低了原本的销售门槛，开始利用银行理财资金作为优先级并吸收大量劣后级资金，将杠杆率提高至1:2、1:3甚至更高。由此，交易所市场的杠杆率陡增，账户监管的原有规则已经无法达到有效的风控标准，任何一点儿风吹草动，都可能带来如多米诺骨牌般的连锁反应，而这一切仅仅是源于一个软件技术的突破。因此，如何有效监管软件系统的准入，已成为一个不得不面对的问题。

三、互联网证券经纪业务引发的法律制度完善议题

（一）进行从场所监管到账户监管的转型

在传统模式下，证券经纪业务基本在依法设立的营业部内进行，通过营业部人员来完成开户代理、委托交易甚至资产查询。随着营业部的物理概念被突破，从业人员的服务模式从人际交互转变为人机交互，传统的场所监管已经不能有效管理和促进证券经纪业务的拓展。而在另一个方面，无论互联网技术如何发展，场所概念如何趋于无形，投资者的证券账户和资金账户始终是客户资产的核心载体，围绕这一载体如何进行有效监控和管理，为制定互联网时代证券经纪业务的监管规则提供了思路。

现阶段，以账户监管为核心的思路仅体现在中国证券登记结算有限公司发布的部分具体管理规则上。中国证券登记结算有限责任公司在2014年修订的《证券账户管理规则》中，虽然围绕账户监管进行了要求，但账户监管的绝大部分责任都由证券公司承担，而证券公司仅能通过开户代理协议和委托交易协议约束投资者。在网上开户环节中，这两份协议的关键性条款已经无法要求投资者摘抄和确认，人机交互界面也使得证券公司从业人员无法进行有

① 参见中国证券登记结算有限责任公司《证券账户管理规则》（2014年修订）第四十四条：“证券公司应当负责对与其具有委托交易关系的投资者证券账户的使用情况进行监督。”

针对性的确认和解释，一旦出现违约，证券公司对投资者的追查也存在困难。这种监管思路，既不利于投资者真正获得保障，也不利于证券公司开拓互联网经纪业务的积极性。

而账户监管的方式也应从传统的场所监管思路中脱离出来，不再单纯将账户视为证券公司管理之下的另一个“营业场所”，沿用场所监管的套路。毕竟证券账户属于投资者，由投资者自行操作，要求证券公司对非由其主导的账户承担类似监管其下属营业部的管理责任，其实缺乏合理性和可操作性。因此，考虑到投资者账户所涉层面的多样性，监管思路和模式上应当更加系统和灵活。

（二）账户责任主体应从单一性向多元性转变

在互联网时代，投资者账户不仅涉及开立的证券公司、投资者本人，还关系到通过电脑或手机操作该账户时的软件研发主体和互联网平台公司，其中任何一个主体的问题都可能导致账户资产交易和管理的损失。因此，区分各个主体的责任范围，厘清各自在为投资者提供服务时应具备的资质要求，并明确相应的职责范围是真正对投资者账户进行监管的关键。

在证券公司层面，应充分调动和发挥证券公司的自律管理能力，在要求其完善和备案各项内部治理制度的基础上，明确证券公司按照协议和制度履行自身责任的义务，一旦产生问题，应严格根据相关协议条款和备案制度规定进行追责。同时，证券公司互联网证券经纪业务的账户监管与核实责任应类比银行的形式审查责任进行调整。也就是说，当证券公司按照相关监管规定，依照投资者提交的数字证书对投资者的身份（姓名、有效身份证明文件）进行预留比对并通过公安部身份证核查系统进行核查后，若交易完成，而投资者证明非因个人原因其身份证件被盗用、电子互联终端设备被窃取或密码被破解导致证券委托交易行为或开户行为并非本人做出，证券公司并不应承担赔偿责任。而视为证券公司已经履行了投资者身份真实性的核实义务。

在这一基础上，证券公司也可利用收集和梳理的投资者数据分析该投资者的交易习惯，对交易习惯异常进行监控，并对严重偏离日常交易习惯的情形与投资者进行电话核实与确认，以对数据流的动态监控替代原有的文档监控，在投资者个人身份审核上采取更为动态化的操作手段。

在投资者层面，应在加大各类信息披露力度和及时性的同时，明确投资风险自担的原则。此外，对于非证券公司认证责任所导致的投资损失，可在投资者自行承担风险的基础上，考虑进一步完善投资者保护基金的运作和赔偿机制。目前，按照《证券投资者保护基金管理办法》第十七条的规定：“基金的用途为：（一）证券公司被撤销、关闭和破产或被证监会实施行政接管、托管经营等强制性监管措施时，按照国家有关政策规定对债权人予以偿付；（二）国务院批准的其他用途。”这一规定并未涵盖若证券公司履行投资者所提交信息的匹配性审核后，投资者事实信息不符所带来的赔偿责任，而由证券公司承担这一责任显然并不合理。因此，适当扩展基金使用范围，或可为解决互联网证券经纪业务中的中小型散户投资者交易主体物理位置分散性、交易数据化所带来的监管问题带来一个突破口。

在软件研发主体和互联网平台公司层面，目前的监管规范仅对其提出了备案要求，而随着委托交易的电子化和对软件依赖的日益加剧，软件系统运行和管理问题的“蝴蝶效应”日益明显。当前交易市场操作软件基本被恒生、金仕达、大智慧等几个大的软件系统开发商垄断，因此，从现有的软件系统开发商入手，制定经纪业务互联网技术的核心标准、强制性规范和限制性要求，并明确其应承担因软件系统漏洞导致的投资者损失赔偿责任，将有利于规避互联网技术对证券业务的不利影响。此外，逐步细化该行业的准入资质，根据互联网软件公司的业务规模设定其相应的投资者保护基金缴存标准，并对大规模使用的软件系统和互联网平台进行合规审查，也可预防互联网技术对证券经纪业务的不利影响。

（三）探讨外部系统接入业务中的法律关系及相关监管制度完善

随着互联网的发展，监管机构已经意识到需要对证券经纪业务涉及互联网的部分进行监管。但在监管思路上，中国证券业协会新近发布的《证券公司外部接入信息系统评估认证规范》却仍然沿用了证券公司作为单一受监管主体的思路。在信息系统的开发和接入上都要求证券公司直接面对投资者，不得经过任何中间环节。这导致证券公司推进互联网证券经纪业务的成本激增，并可能阻碍互联网证券经纪业务的发展。而正在征求意见的《互联网证券业务指引（征求意见稿）》则要求互联网证券经营与服务机构均向证券业协会备案，接受自律管理。这种将证券公司与互联网证券经营与服务机构同一化管理模式，使得各方角色出现混同，责任混淆不清。

基于此，应区分不同软件委托开发主体，若投资者使用自己开发或自行采购的网上交易客户端，该外部系统导致了投资者或第三方的损失，应由投资者先行承担后再依照软件开发协议向 IT 系统厂商追偿。若投资者自行决定使用第三方下单软件进行交易，产生的损失应由软件公司承担。若投资者使用证券公司提供的系统接口进行交易的，在证券公司未能履行协议、内控制度或相关强制性规范要求的情况下，证券公司应承担赔偿责任；若证券公司已经尽职履行了上述职责，则可考虑由适合第三方来承担相关补偿责任。

综上，随着互联网技术的不断发展和对社会经济生活影响的不断深入，证券经纪业务已经不可避免地突破了传统通道业务模式，转而向电子化和信息化方面不断拓展。这一转变不仅影响着证券公司对自身经纪业务的发展规划，也对相关监管制度提出了挑战。在这一背景下，转变监管侧重点，区分不同责任主体，界定责任范围，拓展投资者保护基金的适用范围，制定互联网技术服务商的准入资质和职责标准，或可成为互联网时代证券经纪业务发展的切实有效推动力。

经纪业务基于客户价值转型创新发展路径浅析

王 静 王 尚*

伴随中国证券行业开放性与市场化程度不断深化，以及互联网时代背景下跨界竞争对传统商业领域的持续冲击与挑战，证券经纪业务所处的外部生存环境与内部运行机制均发生着剧烈而显著的变化。一方面，牌照红利持续削弱、价格底线屡屡打破，以传统通道业务为主要盈利模式的生存方式正在受到空前威胁与严峻挑战；另一方面，以传统经纪业务为基础的信用、场外柜台市场、衍生品、私募等一系列新业务则持续涌现，发展方兴未艾，又为经纪业务转型发展提供了难得的战略机遇。

面对更为复杂的发展环境与纷繁的转型路径，如何通过对传统经营理念与管理模式全面颠覆与重构，形成客户持续创造独特价值的差异化核心竞争能力，正日渐成为证券公司转型发展过程中亟待研究与探索的重要课题之一。为此，本文就当前证券经纪业务转型发展与创新变革过程中面临的若干问题进行初步思考，并针对部分问题尝试给予解决方案与优化建议。

一、“共创价值”成为新形势下经纪业务转型面临的新特征

伴随证券行业监管思路向市场化方向逐步演进，以及以云计算、大数据、互联网、移动端等“云大网端”为代表的现代技术对证券行业的持续融合渗透，在推进国内多层次资本市场建立的同时，信息得以跨时空、跨领域、跨人群高速传播与共享，市场信息不对称藩篱因此逐步消融与瓦解。在此背景下，经纪业务资源聚合、整合难度与成本逐步下降，进入门槛持续降低，跨界竞争者随之高速突进，而这一过程又以自我循环方式进一步催化证券经纪业务领域竞争程度日益激烈（见图1）。证券公司经纪业务建立在传统信息垄断优势基础上，通过简单通道业务取得超额收益的商业模式逐步难以为继，而以客户为中心全面提升产品服务创新力度、加快商业模式变革转型提升客户服务体验逐渐成为业内普遍共识。

---

* 作者单位：中原证券股份有限公司。原载于《中国证券》2015年第8期。

图 1　证券经纪业务领域竞争循环示意图

但从实践结果看，当前证券公司在发展方式上普遍采用“紧跟行业、关注对手”自上而下式的经营策略，即多以“人有我有”为原则推进具体业务创新研究与布局，而鲜有以“紧盯客户，关注一线”开展“人无我有”自下而上式自主创新行为。同时，已推出的部分创新业务或产品又多以简单推广销售为主，缺乏根据客户内在诉求对业务内涵、使用体验等进行深层优化的动力与意愿，使相关产品服务普遍存在获取难度大、便捷程度低、流程较复杂等现实问题，难以获得客户普遍价值认同。

而上述现象的产生，从本质而言，是证券公司经纪业务基于传统自身视角“独立创造价值”经营逻辑，未真正从客户视角对经营理念、组织结构、运营流程等领域进行全面颠覆与重构的现实反映（见图 2）。一方面，这是由于证券行业长期以零售客户为主体的单一客户结构，使客户在需求多样性与差异性方面缺乏明显独特性，对相应价值链改造与优化需求相对较弱；另一方面，在传统经营过程中，受到信息技术手段与专业人才缺失等客观因素制约，证券公司了解客户手段匮乏且成本高昂，难以形成持续动态的常态范式对各类潜在客户需求进行精细刻画与准确描述，从而难以为客户提供更具针对性的解决方案。

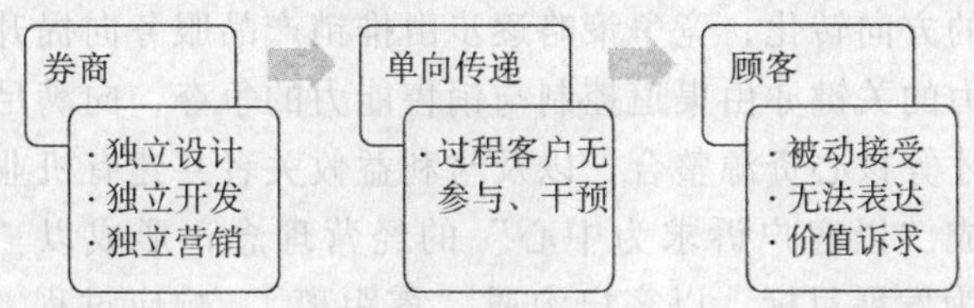

图 2　证券公司传统“以自我为中心”价值创造逻辑示意图

然而，在信息日渐透明化与消费过程电商化过程中，更多曾经受到监管政策、时空间隔等客观因素制约的潜在消费主体内在的或被压抑的金融需求得以逐步释放。同时，由现代科技广泛引入与运用衍生而出的全新思维、技术、方法与工具。一方面，有效增强了证券公司了解客户的渠道与手段，使其对各类客户群体不同的金融诉求的多样性与差异性了解得更多；另一方面，也为市场各类竞争主体将自身独特价值观转化为满足各类客户群体不同的金融诉求提供了更为现实的方法与途径。而这一过程的逐步深化演绎，又从根本上颠覆了传统商业经营的内在本质与运营逻辑。

从客户角度而言，更为多样丰富的产品服务，使客户需求从产生到满足过程被大大缩短，客户对难以通过创造真正价值满足自身个性化需求服务的提供商将通过“以脚投票”方式表达对不良体验的感受与评价，即“企业赢得客户到失去客户仅有点击鼠标间的距离”，交易主权因此逐步由证券公司向客户回归，客户亦逐渐由传统工业时代产品服务被动消费者转化为企业战略创新发展的主动参与者与牵引者，证券公司只有在价值创造各环节与客户高度融合与互动，才能真正从根本上挖掘客户内在的真实价值诉求，并与客户共同创造符合其个性化价值诉求的解决方案，进而对客户消费决策与购买行为产生更为有效与持续的积极影响（见图 3）。

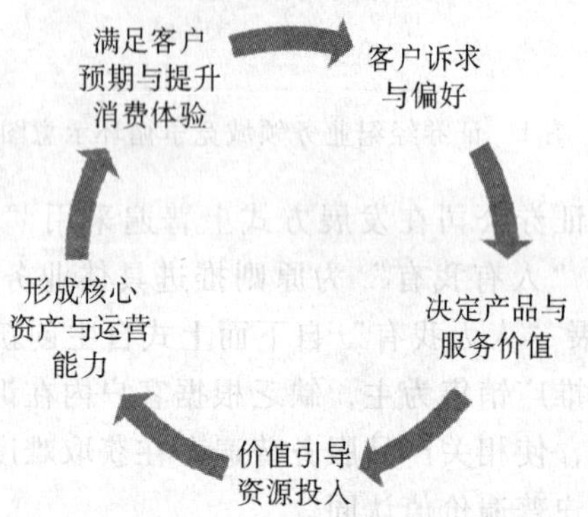

图 3 证券公司“以客户为中心”价值创造逻辑示意图

从证券公司角度而言，在客户金融诉求日益复杂化与个性化的时代背景下，任一证券公司均难以仅凭借自有资源充分满足各类客户群体不同的金融诉求，证券公司竞争焦点因此逐步由传统产品与产品间的竞争向价值链与价值链间竞争转化，即证券公司与利益攸关者共建、共享价值链条，充分发挥不同价值体系协同与弥补效应，充分释放因跨越不同价值体系所衍生出的差异化独特价值组合优势，进而共同为客户创造更具独特价值的金融解决方案。

为此，证券公司经营的核心与本质逐渐由传统对利润、份额等目标的追求向与客户、合作伙伴共同创造价值的方向转化，竞争策略逐步由推销产品服务向提升客户消费体验方向过渡，而构建核心竞争力的关键亦由渠道控制与销售能力的争夺，向满足客户多样化需求相适应的渠道、系统、人才等核心资源整合，以及与利益攸关者共建有机业务生态方向演进，并在此基础上，推动形成“以客户诉求为中心”的经营理念，形成以“持续创造客户价值、不断超越客户预期”为发展目标，以客户沟通“零距离”、响应过程“零等待”、服务体验“零痛苦”为内在逻辑的现代商业模式与可持续发展格局。

二、阻碍证券公司经纪业务创新发展的若干问题

从证券公司当前创新变革实践过程看，拥有最为广泛的客户与资源基础的经纪业务成为牵引证券公司战略转型天然的承载与核心力量，但从本质而言，任何转型与变革均是对原有组织目标、组织结构、组织利益等领域的体系化重构与系统性调整，其涉及利益主体多，潜在利益冲突衍生阻力大，因此，需要集行业、证券公司等各类主体之力协同推进。受到各类参与主体在认知程度、思维观念、行为逻辑等层面的制约，经纪业务在主导证券公司整体转型过程中会遇到诸多现实阻碍与瓶颈，仅就公司层面而言，主要包括但不限于以下几个主要

方面：

（一）从企业战略而言

证券行业仍处于转型发展与创新变革初期，“以客户为中心”的价值观念仍未真正成为证券公司发展的整体战略核心，相应的企业文化仍处于培育阶段，证券公司各层级、各部门间在推进转型变革态度、意愿等方面仍未达成统一共识，因此，对如何真正将客户需求作为指引自身战略发展方向并切实改变自身行为逻辑，从而形成可实施路径方面仍存在意识、动力、手段与能力上的不足。

（二）从发展策略而言

证券公司在践行“以客户为中心”理念过程中，缺乏对盈利贡献较高群体的识别，复杂需求的收集、传导、分析与满足能力也较弱。证券公司在整体业务布局过程中，多采取全产业链、全业务链的以扩大经营领域求发展、扩大业务规模促增长的粗放发展方式。这种发展方式使证券公司难以通过专注核心客户群体价值诉求，难以聚合有限资源（物力、人力）持续探索创造具有自身独特价值观念与精神气质的产品服务体系，难以获得内涵式增长，最终形成“资源分散、特色不明、大而不强”的发展局面。

（三）从组织结构而言

从横向而言，更为细分的业务职能部门以及较为传统的以各主体利润创造为核心的考核机制，在提升专业化程度的同时也造成部门间利益分割且内在冲突较大、信息整合难度与分享成本高、部门协同意愿与能力弱、诉求反馈与响应效率低的根本矛盾；而从纵向而言，多层次长高型的决策与控制组织结构，造成决策权与经营权相分离，使一线客户诉求流转链路多、信息传导失真大、决策反馈周期长等弊端日益凸显，对证券公司通过高效资源整合、发挥整体协同效应，以快速响应核心客户需求造成一定体制与机制障碍。

（四）从组织功能而言

传统经纪业务总部与分支机构，从本质而言均为客户提供简单的中介与通道式服务，更多承担金融价值链条过程中营销推广环节工作。在当前时代背景下，业内任一证券公司均难以凭借自身有限的产品服务满足客户日益复杂且个性化的金融需求。各证券公司总部或分支机构在通过运用平台化运作理念，主动从原有价值链条具体环节的参与者转变为价值体系的组织者与管理者，通过持续整合内外资源与探索利益均衡分配机制等多种途径，构建多层次、立体化价值网络并形成有机商业生态体系，以期不断提升价值链条各环节在价值创造效率与效益等方面存在的较大的思想意识与管理手段上的缺陷与不足。

（五）从人员结构而言

客户日益多样与复杂化的金融需求从根本上要求证券公司加大对创新领域财务与人力资源的投入。从实践结果看，受到历史沿革、资源禀赋等问题制约，证券公司在转型过程中对传统业务仍存在一定程度的路径依赖，各类资源仍主要布局在以经纪业务为主体的传统通道业务领域。创新业务与传统业务继续教育领域长期处于资源支持不足与匮乏的困境中，造成专业创新投资研究与管理人才的缺失，存量人员知识结构老化且转型困难，难以有效开展各类复杂金融衍生产品的投资研究与管理工作。

与此同时，在以技术为主要创新发展驱动力的时代背景下，证券公司却普遍存在信息治理重视程度与配套信息系统整体投入不足的问题。信息化专业人才储备不足，使证券公司各类业务发展与运营管理系统开发对外依赖程度高，自主研发能力弱，证券公司在运用信息技术引领与驱动业务创新发展、持续提升运营管理效率等关键领域始终处于较为被动与发展滞后的局面。

三、对推进证券经纪业务创新发展的几点建议

（一）培育“以核心客户为中心”的企业战略愿景

证券公司应进一步明确“以客户为中心”的本质应是“以能够为其创造最大价值客户群体为中心”。一方面，区分“大客户”与“盈利贡献度最高客户”，加大对后者的重视程度与资源投入，并在此基础上“有所为有所不为”，重新明确自身差异化市场定位，持续调整自身战略定位与资源分配，持续强化“为客户创造独特价值”企业文化的培育以及对相应愿景与使命的阐述与宣导，推动原有“为所有客户提供无差异服务”向“为最有价值客户提供极致服务”转化，从而形成资源更为聚焦且更具独特企业价值观与经营哲学的总体发展思路。

另一方面，推动相关战略需要高层取得共识，实施系统性规划，增设由公司董事长或总裁为领导核心的战略发展与业务推动常态工作机制，赋予其公司整体业务发展战略规划、企业文化理念宣导、业务资源统筹协调、业务执行情况跟踪督导、业务实施效果评价等职能权利，逐步探索“以客户为中心”的经营管理哲学内涵与配套管理体系，切实保障公司发展战略落地与重要阶段项目实施效果。

（二）构建以“创造独特客户价值”为核心的业务创新发展体系

证券公司应围绕“谁是我们的客户、客户需要什么、我们能提供什么及如何为客户提供”等若干核心问题，进一步完善线上线下渠道覆盖，强化客户资产管理数据意识，持续加大产品服务研发生产支持平台与经营管理信息系统资源投入，为公司发现与精确识别核心客户群体价值诉求，提高对客户的分析与精细化管理能力，为创设后端供应链产品提供基础支撑。

1. 建立具备良好体验与信息反馈功能渠道体系。加强实体网点与线上终端渠道客户触点统一与整合，逐步形成零售客户线上标准化、机构客户线下定制化服务的基本格局；同时，通过建立更为灵活的考核激励制度，提升上述各类渠道客户需求记录、提交、提取、跟踪与反馈等环节流程自动化程度，推动客户需求挖掘职能由经纪业务领域向证券公司内部各领域、各机构、各部门层面转化。强化与激发各类人员核心客户需求管理责任意识、主动意愿与专注程度，从而充分发挥各类渠道在客户信息收集领域的潜在价值。

2. 建立客户需求科学分析与精益管理体系。推进基层与总部价值创造业务部门与价值创造支持后台部门客户数据管理信息化与智能化平台建设，强化各类主体对客户业务、账户、交易行为等基础信息关切程度与数据资产管理意识，并在此基础上加快统一数据中心建设，构建更为完整流畅的信息分享与利用机制。实现客户需求信息在各层级、各部门间有效

汇集、融合、衔接、传导与分享；同时，着力构建专业化数据治理与大数据挖掘分析团队，围绕不同客户建立行为跟踪机制，并持续打造多维度数据挖掘、分析框架以及应用模型体系，在合规合法、科学有效前提下，切实提升潜在客户显性和隐性需求的挖掘、精准分析与动态管理能力。

3. 建立创造独特价值产品与服务投资研究生产体系。建立集团级业务资源整合与协调开发产品研发中心，打造专业化业务创新投研团队。通过整合公司业务部门与外部金融资源，建立跨机构、跨条线、跨部门的业务资源整合与协同投资研究开发工作机制，形成以客户为导向、分层次、多样化的产品服务矩阵。在此基础上，构建专业化创新业务产品经理团队，负责内部资源统筹管理与协调，围绕核心客户不同阶段的具体诉求，针对各种类产品服务进行由导入、发展、成熟、衰退以及再创新全生命周期持续管理，并围绕简约设计、极致便捷等因素构建具备独特价值的具体产品与服务形态。

4. 建立更具人文关怀的产品适配与客户服务体系。通过打造专业化创新业务服务团队，加速推进建立核心客户服务责任制，强化对客户核心服务诉求的探索研究。培育以“让客户满意—让客户惊喜—让客户感动”为内涵的服务价值观念与文化体系，围绕处于不同生命周期客户助学、婚姻、购房等具体金融诉求，构建更具针对性与人文关怀的、以实现个人发展与梦想为核心要素的金融解决方案。

5. 建立以技术驱动为导向的信息系统自主开发体系。打造专业化创新业务系统平台开发与维护团队，加快账户管理、客户管理、关联数据分析、业绩跟踪与绩效考核评价等经营管理，提高产品设计生产、投资顾问服务响应以及产品适配与后续跟踪等基础系统架构独立设计与自主开发程度，逐步改善创新业务系统开发外部依赖现状，真正使技术成为持续提升客户创新需求以及提高经营管理效率的核心驱动力。

（三）构建以“共享价值链”为核心的组织、职能架构

证券公司应围绕减少组织层级、缩短决策链路、构建科学授权与控制体系等目标，通过决策授权下沉、管理信息化、考核绩效机制创新等要素的系统性完善与重塑，逐步探索组织间由“墙体型”关系向“隔膜型”① 关系转化。最终通过打通客户与公司、公司与外部资源间信息边界，协同搭建多利益主体共同参与、智力汇聚、利益共享且无边界的业务生态体系，实现借助内外资源形成“资源杠杆”，撬动业务发展并激发协同效应，从而完成对客户需求快速精准的定位并高效响应。

1. 加快基层分支机构自主经营发展框架构建。加快“总部—分公司—营业部”组织架构调整与优化，推动管理链路、授权机制、控制节点、运行流程等关键领域内在运营逻辑与制度体系系统性梳理与重塑。逐步实现财务权、人事权、决策权等核心资源向一线执行单位倾斜与下沉，实现权、责、利的归位与统一，在机制上释放基层机构业务决策与资源调配活力。进一步强化基层分支机构资源整合与价值网络构建能力，切实缩短客户需求响应链路，促进区域差异化、特色化经营的有机生态培育。

2. 加快总部与分公司工作职能调整。总部与分公司应围绕核心客户诉求，不断加大对

---

① 指在保持组织有机形态与保护组织功能基础上，仍使组织各系统间具备良好的相互渗透性与有机活性。

平台化运作理念、具体实施路径与配套制度体系探索。不仅要针对各自层面做好研发生产、营销推广、售后服务等，还要对人力资源、财务管理、行政支持、信息运维等后台支持层价值链条进行持续梳理、整合、优化，并通过收购兼并或联盟合作等形式，持续完善与外部银行、保险、信托等金融产业，与互联网、云计算、大数据等跨产业机构间的价值链的融合与衔接，从而持续推动有机商业生态体系的构建与优化，使总部与分公司工作重心由传统的业务管理与控制中心向业务机遇孵化中心、业务集中运维与智力支持中心等战略方向转化；同时，应加大探索总部与分公司业务矩阵式管理模式，促进总部与分公司形成以解决一线业务诉求为核心，横向沟通、纵向协同、共创价值为主线的内在工作逻辑与行为模式。

（四）建立以“是否能够创造价值”为核心的人才培育与绩效考核体系

证券公司应逐步推进自身传统“人力资源”向“人力资本”管理理念转型，即在承认人力资本属性基础上，通过持续加大投入人员能力培育资源，逐步有效提升各级人员价值创造能力这一长期投资回报，并在此前提下，围绕“各级人员是否为服务主体创造价值”构建以“是否能够创造价值”为核心的绩效考核体系，激发各级人员主动协同意愿和共享创造利益的意识。

1. 培训与职业发展机制优化。以改善人才结构与提升创新能力为目标，加大投入经营管理、产品创设、专业服务等方面的人才培训资源。制定更为长期、系统的人才培育规划与具体实施方案，通过探索独立培训学院、构建专职讲师队伍、加大线上教育资源投入等方式，设计打造更具有针对性的、分层次的、差异化的、贯穿员工岗前及执业各阶段的常态化形式的业务培训与再教育机制，从而切实提升各级人员专业素养与执业技能。另外，应建立更为清晰的、明确职业发展的路线图，构建更为公平、公开的能力评价机制与轮岗、晋升、进修机制，真正建立“能者上、庸者下、平者再培育”的人才发展路径，为各类人才持续成长建立更为健康和谐的外部环境，不断增强专业人才对企业价值的认同感、归属感与忠诚度。

2. 构建以“是否创造价值”为核心业绩考核与薪酬体系。证券公司应打破传统的以工作岗位、任职年限、管理层级、销售业绩等为核心的业绩考核与绩效激励机制，形成以“基层机构是否创造客户认可的价值，管理机构是否创造执行机构认可的价值”为核心的“价值创造型”业绩考核与薪酬分配框架。在此前提下，强化对业务自主创新、协同创新、服务对象满意度、价值增值贡献度等为核心指标体系的探索，并同时推进相应指标体系分解、提取、核算、分析、展示等关键环节数据管理信息化、智能化进程，形成个人、团队、组织等价值贡献可分类、可计算、可衡量、可评价的科学管理体系。同时，在此基础上，设计更为科学合理、逻辑统一、层次分明、动态持续的价值绩效评价标准与利益交叉分配激励体系机制，从而有效统一各级机构与行为主体的利益诉求，消除彼此利益分割与利益冲突，最终形成主动合作、高效协同、共同发展业务的运行格局。

参考文献

[1] 陈春花：《经营的本质》[M]，北京：机械工业出版社 2014 年版。

证券公司营业网点转型思路

冯 乐 刘也琪*

一、背景

回顾中国证券市场二十余年的发展历史，证券营业部始终处于证券市场的前沿阵地，其在各个时期的发展模式也在一定程度上代表着我国证券市场所处发展阶段。在传统经营模式下，证券营业部是为投资者提供交易服务的场所，服务的体现以场所、设备和交易通道为主，以此获得手续费收入。证券公司依靠牌照红利，在相当长的一段时期内享受了不成熟市场的高换手率和通道佣金带来的超额利润。由于业务种类单一，同质化严重，无法摆脱以价格战作为主要竞争手段的局限性，行业佣金率不断下滑，竞争态势逐渐严峻，竞争层次和水平较低，单单依靠通道业务获取高额利润的模式无以为继。

随着我国资本市场的发展，尤其是近年来证券行业创新步伐的加快，证券公司所承载的业务范围不断扩展，在金融领域的影响力不断提升，证券行业转型的呼声不绝于耳。同时随着监管环境的变化以及互联网技术的变革，在整个证券行业处于快速变革之际，有必要对新环境下证券营业部的转型模式进行探析。

二、传统证券营业部经营及转型现状

长期以来，营业部仅仅作为证券公司提供开户以及通道服务的业务平台。近年来随着融资融券、股指期货、OTC 等新业务的推出，以及各证券公司差异化创新业务、创新产品的涌现，部分营业部也开展了一些新业务，但其规模与传统通道业务相比仍显微不足道，创新业务推广的广度与深度仍未达到应有效果。大多数营业部仍然局限于传统收入结构和营销手段，网点运作模式没有适应市场环境的新形势和新变化。

---

* 作者单位：华泰证券股份有限公司。原载于《中国证券》2015 年第 8 期。

（一）佣金率持续下滑，经营成本压力增大

从 1986 年中国成立第一家证券营业部——中国工商银行信托公司上海静安营业部，作为证券公司直接面对投资者的形式——证券营业部一直扮演着通道服务中介的角色。过去证券营业部的传统竞争优势主要取决于网点的数量扩张和空间、硬件的配置，因此多数证券营业部有着宽敞的营业面积，设备齐全的大户室、交易大厅，成为“大而全”的交易中心。为维护信息系统架构及满足营业部相对独立运营要求，每一家证券营业部均须配置相当比例的运营人员，如柜员、信息技术人员、风控人员、财务人员等。

随着证券市场竞争加剧，通道佣金率持续下滑，证券营业部通道佣金收入大幅下降。收入弹性与成本刚性特征相矛盾，房租、设备、水电、后台人力等刚性运营成本居高不下的压力在收入下滑的困境中逐渐显现。

（二）业务模式单一，客户服务工作仍停留在初级层面

证券营业部长期围绕通道业务面向投资者展开营销和服务，业务模式较为单一，所提供的服务同质化严重。证券公司也在不断尝试差异化的客户服务，试图通过增值服务实现佣金及业务收入的提升，主要是资讯定制、推送以及投资顾问业务等。但此类服务仍然围绕二级市场证券投资操作，受投顾个人因素的影响较大，也受市场行情的约束较大，并未摆脱传统通道业务模式“靠天吃饭”的弊端。

另一方面，营业部在客户服务工作上一直被动响应，主动服务意识不强，服务覆盖范围小，对大量客户的真实需求缺乏了解和认知，导致客户满意度较低。随着证券市场的发展，客户对于证券公司的服务要求越来越高，不再仅仅停留在通道服务上，更加倾向于综合理财以及全方位的金融服务。随着“一码通”的推出，客户流动的壁垒消失，客户将直接向那些服务意识强、服务感知好的证券营业部流动。

（三）人员结构老化，整体素质难以紧跟创新业务发展步伐

在传统的经纪业务运营模式下，每家证券营业部需要配置一定比例的运营人员以应对繁琐的日常性事务，比如承担前、中台营销服务的以客户经理和经纪人队伍为主。全行业已进入创新发展阶段，各类创新业务需要具备一定专业素质的人员去推进落实，这与营业部层面目前的人员配置情况出现矛盾。长期以来，同质化的竞争模式导致营业部忽视了对高素质金融人才的培养，人才引进和人才淘汰机制不足，人才队伍逐渐老化，专业性强、素质高的金融人才缺乏，创新动能不足。

（四）创新业务未成规模，收入结构仍待优化

为改变证券营业部盈利模式单一的经营格局，各家证券公司也在不断拓宽盈利渠道，开展融资融券、约定式购回、资产管理以及产品销售等，实现传统经纪业务与创新业务共同发展。但在推进过程中，一方面受营业部层面对创新业务认识不足、思想老化以及人员素质的限制，出现营业部层面与总部推进产生断层，无法达到预期效果；另一方面，各项创新业务推广落实的前提是针对客户的个性化需求，协调公司范围的专业资源为客户提供有针对性的解决方案。当前大部分证券公司在推进创新业务过程中往往着重对营业部提要求，而忽略了

在内部合作协调、系统建设优化、合理激励机制等，一些营业部陷入单兵作战的局面，创新业务推进效果受到一定影响。

三、证券营业部转型的催化剂

（一）监管政策持续创新推动证券营业部经营模式转型

在传统经纪业务模式下，证券营业部一直是证券公司经纪业务经营发展的重要依托，随着创新监管政策的持续出台，证券公司以区域营业部布局为核心的发展思路在一定程度上将被淡化。

1. 营业部信息技术标准确立，运维模式调整有规可依。随着信息技术的快速发展以及投资者交易习惯的逐渐转变，越来越多的投资者选择通过互联网进行证券交易，营业部交易通道的角色正在不断被弱化。中国证券业协会2012年12月发布的《证券公司证券营业部信息技术指引》，将证券营业部信息技术系统模式按照现场交易服务相关信息系统的配置方式为维度，分为A、B、C三类，证券公司将可根据自身需求自主选择营业部信息技术系统模式。这意味着证券公司设立非现场交易营业部、调整存量营业部信息技术系统有规可依。

2. 营业网点设立的放开，打破了证券行业区域垄断。2013年3月，中国证监会发布了《证券公司分支机构监管规定》（以下简称《规定》），放宽了之前对于证券公司开设分支机构的一些审批限制，放开了分支机构设立的主体资格限制、地域限制、数量限制，不对分支机构业务范围做具体限定。同时《规定》拓宽了分支机构的经营领域，以往总部层面才能开展的业务均能在分支机构平台上实现，营业部作为产品销售、理财服务甚至全业务落地的终端角色正在不断被强化。《规定》的发布还打破了以往证券公司设立营业部在区域上的限制，迫使行业内经纪业务经营模式的转型。

3. 网上开户业务的放开，消除了证券开户地域上的限制。2013年3月，中国证券业协会、中国证券登记结算有限责任公司相继发布了《证券公司开立客户账户规范》（以下简称《规范》）和《证券账户非现场开户暂行办法》。《规范》等规则的出台放开了非现场开户的限制，证券公司不仅可以在经营场所内为客户现场开立账户，也可以通过见证、网上及中国证监会认可的其他方式为客户开立账户。目前大部分证券公司已经开通网络远程开户业务，这使得整个证券行业重新处于同一竞争层面，产品和价格更加透明，传统的基于网点覆盖和区域优势的竞争力逐渐弱化，过去以区域渠道为主体、针对传统经纪业务的营销架构面临瓦解，在这种局面下，需要对证券营业网点的经营策略进行重新定位。

4. “一码通”的推出，将促进证券行业客户经营模式发生深刻变革。2014年8月，中国证券登记结算有限责任公司发布了《证券账户管理规则（修订稿）》，推出“一码通”账户体系，从机构投资者试点到面向全部投资者，放开了一人一户限制。在“一码通”条件下，投资者可以在多个证券公司开立证券投资账户，削除了客户流动的壁垒。以往客户想要转销户必须到证券营业部网点办理，而这一过程往往会受到原营业部的限制。“一码通”的推出，提高了投资者及其资金在证券公司间的流动性，促进行业内客户资源和客户资产的重新配置，使得证券公司营业部在传统通道业务方面将面临更大的挑战。

（二）随着行业创新步伐的加快，证券营业部的职能已经发生变化

自 2012 年 5 月创新大会提出 11 条创新发展措施起，关于证券公司作为市场金融中介的职能作用创新发展的讨论日益深入，行业内也在不断探索各项能体现金融中介本源的创新业务。可以预见，依托证券公司总体的运作能力，整合证券公司全业务链资源，才能真正实现证券营业部成功转型。

1. 证券公司现代投资银行模式的建立，促使营业网点经营模式发生了根本性变化。随着证券行业业务领域向境内、境外，场内、场外拓展，未来证券公司将具有更高的金融功能定位以及金融市场地位。2014 年 5 月，国务院发布了《国务院关于进一步促进资本市场健康发展的若干意见》（以下简称新“国九条”），明确提出“推动证券经营机构实施差异化、专业化、特色化发展，促进形成若干具有国际竞争力、品牌影响力和系统重要性的现代投资银行”。与此同时，中国证监会发布了《关于进一步推进证券经营机构创新发展的意见》（以下简称“创新十五条”），其中提到关于推进证券经营机构创新发展的主要任务和具体措施中涉及支持证券经营机构提高综合金融服务能力、完善基础功能、拓宽融资渠道、发展跨境业务。在业务产品创新方面，推动资产管理业务发展，支持开展固定收益、外汇和大宗商品业务，支持融资类业务创新，稳妥开展衍生品业务，发展柜台业务，支持自主创设私募产品。

这一系列措施开启了中国资本市场和证券业市场化发展的新阶段，未来证券公司将作为金融服务中介的核心力量，从通道中介向市场组织者、流动性提供者、产品开发者、财富管理者等多重角色转变。为此，证券营业部也应随着证券公司在金融体系内职能的升华，逐渐弱化传统经纪业务经营模式，探索适合于现代投资银行经营体系的新模式。

2. 证券业务互联网化的发展，弱化了营业网点在传统经纪业务领域的职能。当前，互联网金融迅速发展，互联网企业对网络证券经纪业务的关注与布局持续升温。面对新兴力量可能带来的巨大影响，证券公司逐渐加快了证券业务互联网化发展步伐，很多证券公司迅速向网上开户、网络金融产品销售、网上商城等领域拓展。可以预见，原来由营业网点承接的大部分工作未来将通过互联网方式进行，如网上二次业务办理、基于网络化服务体系的建立等，互联网将成为证券公司制定发展战略的重要影响要素。对经纪业务而言，互联网化是证券公司创新的方向，将给以区域网点为核心的传统运作模式带来极大挑战。

同时，随着监管政策的进一步开放，网络经纪业务的发展只是时间问题。一旦监管放开，互联网企业也会凭借其独特的互联网基因与优势，以低成本、大数据与双边平台等要素重塑证券经纪业务，以极快的速度抢占网络经纪业务市场，势必给传统证券公司带来极大的冲击，直接威胁证券公司传统物理网点的存续与发展。

3. 各项创新业务的逐步落实，促使营业网点的业务范围不断扩展。证券行业业务创新的本质是为了切实发挥资本中介作用，服务于实体经济，促进中国金融市场的健康快速发展，同时对于证券行业来说更实际的意义是寻找新的利润来源，建立新的盈利模式。根据新“国九条”和“创新十五条”，未来证券公司除了大力推动经纪业务、投资银行业务以及自营业务转型升级外，还将在融资类业务、资产管理业务、固定收益、货币和大宗商品（FICC）业务，衍生品投资交易业务，并购业务，私募股权基金业务，跨境业务这七大重点业务领域进行战略布局。同时，各家证券公司将会根据自身资源优势重点打造五大业务模

式，即新型互联网金融模式、主经纪商（PB）业务模式、财富管理模式、新三板业务模式、柜台市场业务模式。这七大业务领域五大业务模式的推进更多需要跨领域、跨部门、跨业态的整体协调，而在这过程中证券公司的营业网点将扮演着“桥头堡”的角色，这与当前证券营业部在传统经纪业务体系下的运营模式有着本质的区别。

四、美国证券经营机构发展模式借鉴

20世纪70年代美国取消证券经纪业务固定佣金制，实行佣金协商制，这一变革导致交易佣金大幅下滑，经营环境的变化促使美国证券公司进行转型。事实上，这一转型过程是对金融中介发展路径依赖的逐步探索，针对客户结构、服务能力和渠道优势的综合评估，最终促成美国证券市场金融领地划分和差异化竞争态势。只有真正理解美国证券公司的转型原因，才能领悟其发展路径的核心，而不是简单地对其现状依葫芦画瓢地进行模仿。

（一）中美经纪业务发展路径差异分析

国内外证券公司业务功能的差异从本质上而言，体现在对金融中介这个功能定位的具体内涵、外延及层次的差异上。

美国证券市场是自发产生的，证券公司一开始就是市场的组织者。证券公司提供了专业经纪人、做市商的交易中介服务，并提供了保证金交易、信用交易、做空交易等多样化交易服务。从发行上市开始的各个交易环节，证券公司不但发挥着通道作用，更利用各类资本（主要是外部融入资金和吸收的客户资金、客户证券资产，如投资者开户成为美林客户的同时可签署资产借出合同等）发挥着资本中介作用，并提供配套的咨询顾问服务，不断创造各类金融衍生工具提供给投资者，以对风险和收益进行管理。美国证券公司正是通过丰富的金融中介服务和多样化产品满足客户的投融资需求。

中国的证券市场最初是为实体经济提供融资渠道并促进储蓄向投资转化，从起步阶段就一直致力于通道技术的创新、交易的简单快捷，弱化了证券公司金融中介和服务中介作用。虽然在早期行业管理、行业发展不成熟情况下以客户需求为基础，一些证券公司有创新动能，并推出了一系列“创新业务”品种，但由于风险管理理念、方法、手段不成熟，风险事件摧毁了一批公司，甚至威胁了行业生存。证券市场经历综合治理整顿后，监管趋于严格，行业内各家公司的路径发展均是相似和平行的，并越来越趋向于通道业务。同质化问题不可避免，差异化竞争势在必行。证券公司应回归金融中介的角色定位，通过创新业务实现业务延伸，实现多样化业务结构和差异化发展目标。

（二）美国证券经营机构转型变革的推动力量

美林、高盛、嘉信等国外证券公司基于差别目标客户的选择形成了差别优势，并在满足客户需求的路径探索中，结合客户结构和自身优势特色，抓住市场化发展机遇，提高核心竞争力，从而在众多竞争对手中脱颖而出。

差别需求客户群体的形成、市场的逐步细分，推动证券公司专注不同的客户服务群体，形成响应不同群体的内生机制（如中介服务、内部架构等）和衍生属性（如服务内容、创新产品等）。从美国证券业市场的发展变化看，市场推动的内生性需求和精细化客户服务要求，促使不同证券经纪商由大而全的业务模式，转向具有针对性和专业化的客户服务。在此过程中，以1975年协议佣金制度实施为发端，美国传统经纪业务逐步分化，有走向纯通道经纪商的（嘉信等），借助信息技术的折扣佣金，定位中小客户；有走向投资顾问的美林，通过专业化综合金融服务优势，定位高净值核心客户，着眼于服务提升带来客户资产的增长；有以企业票据业务起家的高盛，充分发挥机构业务的业务优势和客户关系网络，服务于高价值机构客户群体。

（三）差异化结果与共性的发展

以证券营业部为代表的经纪业务应当根据其客户结构和证券公司自身业务结构逐步寻找转型突破的方式和渠道。美国证券公司经纪业务的经营模式演化分为美林FC模式、嘉信模式、E－Trade模式和爱德华琼斯模式。美林的高净值客户模式、高盛的机构客户模式、嘉信提升网点培育等都是在市场内生性需求推动下形成的有效差异化发展结果。各种模式在差异化定位的同时，逐步吸收其他业务模式的优势特色，完善其本源的业务发展模式。

（四）美林证券财富管理业务模式分析

美林证券通过面向高净值客户大力发展财富管理业务取得了巨大成功，已经成为近阶段国内证券公司研究和效仿的主要目标。美林的商业模式是投行业务、财富管理和资本中介的综合，在传统财富管理业务基础上向前延伸增加了投行业务，向后延伸增加了资本中介业务，从而建立起投行业务、财富管理和资本中介三大业务主线。美林经纪业务涉及产业市场、资本市场和货币市场，可以为客户提供全品种的金融产品，保证了美林持续服务高净值客户的能力。

美林证券的优势在于高素质的投顾团队、对客户的服务能力以及对产品的辨别能力，以客户资产增值为目标。通过全业务链的业务模式，满足客户复杂的财富管理需求，从而培养出具备较高忠诚度的客户群体，成就了美林高净值市场的财富管理模式。

与传统的产品销售平台不同，美林的财富管理模式需要动用资本来完成一级市场的承销，动用资产负债对产品进行结构化，用资本金来满足客户的融资需求。美林证券正是通过增加净资产规模以及不断提升财务杠杆的方式，为各项业务提供资金，从而为业务的发展提供保障。

五、国内证券公司营业网点转型方向探析及建议

不管是监管政策自上而下的外部推动，还是证券行业内生性的创新发展，证券公司营业网点的转型势在必行。借鉴美国证券公司转型历史，无论是证券公司营业网点的转型还是以营业网点为缩影的经纪业务转型，都离不开从同质化竞争向差异化竞争的转变，根据客户结构、业务结构、服务能力和渠道优势的综合评估，逐步寻找突破方式和路径，形成差异化竞争优势，最终实现向财富管理转型。

（一）依托互联网技术和平台，承载证券营业部传统职能

在互联网金融发展的背景下，越来越多的服务、业务、产品都朝着互联网化的方向发

展。证券营业部也需要彻底转变传统经营理念。传统模式下的客户开发、客户开户、业务办理、产品销售、证券交易等常规业务都要依托互联网平台实现，互联网的流量、高效、便捷等特性有助于提升营销服务效率。在传统经纪业务模式下，受转销户流程上的限制以及行业同质化经营模式的影响，证券公司往往忽视客户服务工作的深入，或者无法实现对所有客户的服务覆盖。随着网上开户以及“一码通”的相继推出，客户可以在行业内所有证券公司自由流动，在这种局面下，客户服务的广度与深度将作为客户选择证券公司的重要评判标准。证券公司应充分利用互联网的成本优势以及实施效率，通过标准化服务进行全覆盖。进一步通过互联网大数据分析，建立更为精细化的服务流程，通过精准判断客户需求，有针对性地推送相应的服务或标准化产品，从而满足客户需求，并将营业部服务资源从繁杂的零售客户服务过程中解放出来。

（二）经营内涵提升，重新定位证券营业部实体网点职能

互联网平台切实承担客户引流、开发、开户、业务办理、产品销售等常规工作，可以充分释放原先投入到基础通道服务的人力（后台岗位）、物力（现场交易设备空间）、财力（房租），通过互联网解决基础通道服务的覆盖问题，从而将更多资源向非基础通道服务倾斜。证券营业部可专注于财富管理服务，这是传统经纪业务在内涵方面的扩展。围绕客户分类，构建依托全业务链、以客户需求为导向、为多样化业务产品提供销售和承揽职能的新经纪业务模式。

相较于单纯的互联网模式，证券营业部实体网点在提升客户感知价值上占有较大优势。财富管理业务特点是客户需求处于待挖掘和引导的潜在状态，需要投入大量精力进行开发和引导才能有效促成业务的开展。提升感知的过程通常涉及高强度、高频度和个性化的互动沟通，并且人与人之间的信任关系会在其中起到巨大的催化剂作用。这些都是单纯的互联网模式无法实现的，必须依靠网点财富管理人员与客户面对面的沟通才可促成。因此，实体网点应以互联网平台为依托为客户提供服务，重点面向高净值客户提供财富管理服务，成为区域资源整合、产品销售、财富管理、互联网业务落地的平台。通过精细化服务，深挖客户潜在需求，在满足高端人群全方位金融服务需求的同时，促进证券公司各项创新业务的开展。

（三）建设专业化人才队伍，为营业部的转型提供原动力

互联网模式同传统经纪业务营销服务模式完全不同，意味着客户开发技能和基础营销服务技能的彻底颠覆，对从事客户开发工作的员工提出了新的要求。另外一部分员工从传统经纪业务下的营销服务工作中解放出来，转而从事针对高端客户的综合金融服务，这也对员工素质以及员工结构提出更高要求。

一方面，营业部需要配备符合创新业务发展需要的高素质人才，以适应新业务模式的发展需要；另一方面，营业部还需要根据自身所在区域特点、区域优势、客户结构、业务结构等自身定位进行具体分析，并结合公司业务结构和竞争优势进行优化调整，确定差异化的经营特色和经营策略，并根据经营特色配置培育具有相应业务技能的人才队伍，从而实现营业网点与公司总部各项业务的紧密对接。

可以预判的是，人才的匮乏将是整个证券行业创新业务发展过程中面临的共性问题。充分发挥现有员工潜力，提升员工综合素质，帮助员工成为一两项专项业务的专家，是营业部进行人才队伍建设较为实际的方式。而具备此类技能的人才仅靠营业部的培养还远远无法实现，需要公司从战略发展角度建立完备、科学的体系化人才培养机制。人才培养以及人才队伍的建设是一个长期的工程，尤其是优秀人才的培养需要证券公司以长远的战略眼光长期坚持。

（四）丰富产品线内容，为证券营业部财富管理转型奠定坚实基础

美林证券财富管理转型的成功同极为丰富的产品线密不可分，多样化的金融产品和金融服务是满足高净值客户综合金融需求的重要前提。证券公司应加大力度进行金融产品的设计、开发、引入、销售、售后等系列工作，在对各类客户进行细分研究的基础上，设计或引入不同风险特性、不同服务内容、不同收费模式的产品体系。进一步扩大与金融机构的合作范围，建立金融产品评价筛选体系，开发引进多种类别的优质金融产品，实现金融产品的全市场覆盖。

在产品推广与销售过程中，需要实现从“产品导向”向“客户导向”的转变，在对客户进行不断细分与研究的基础上，通过服务将各类金融产品向客户进行适当性服务匹配，从而实现服务式营销效果，达到以服务提升客户感知、以产品配置实现客户资产增值从而增加客户的黏性的目的。营业部要彻底摆脱单纯提供通道服务的意识，接受并理解财富管理业务的新要求，明确理财服务职责，着力于为客户提供以财富管理为核心的综合理财服务。要把注意力放在中高端个人客户、专业机构客户以及企业客户上，并且在关注点上，要从交易资金规模、证券交易额等显性变量转变为客户享用产品及服务所能给予的经济回报总和，包括显性价值、潜在价值、成长价值等，即客户终身价值，而发掘这些价值将成为未来网点经营的着力点。

（五）快速响应客户需求，以客户为中心建立顺畅的协作传导机制

证券公司要在自身业务范围内，将经纪业务与投资顾问、资产管理、投行、融资融券等各项业务进行有效整合，提供全面的财富管理服务。随着证券市场的改革深化，客户的个性化需求不断涌现，证券营业部作为排头兵，能有效收集客户的各项需求，自下而上寻求总部支持以满足客户需求。证券公司需要建立起顺畅的客户需求响应机制，快速响应营业部提交的客户需求，并迅速组织总部相关部门形成全业务链解决方案，并进行产品标准化，输出标准流程指引，尽快推广到类似客户群体中，抓住市场机遇。

另一方面，在传统经纪业务模式下，营业部通过加强与区域内银行、保险、信托等金融机构合作进行各种营销工作。在发展创新业务背景下，这些合作伙伴将不仅仅作为营销渠道，更将是公司各项业务创新需求的来源，为公司的投行、直投、资产管理等方面的业务创新提供客户来源和需求来源。

因此，证券公司需要在营业部与公司总部各业务部门之间建立双向协作机制。在营业部层面发挥激励约束机制的作用，充分调动营业部的协作积极性，为投行、资产管理等业务部门提供客户需求信息，反过来也应建立激励机制鼓励这些部门支持营业部以客户需求为中心快速响应。通过发挥各业务部门的合力，使公司的综合实力通过内部传导机制在营业部端发挥最大效能。

（六）打造财富管理支撑体系，提升运营保障效率

证券公司开展财富管理业务的前提条件是能够有效调配客户、理财人员、产品开发及服务提供者三方之间的关系，建立高效技术支撑平台。而证券公司现有业务支持平台主要面向传统的代理证券交易、简单金融产品销售等业务，尚无法适应财富管理业务的发展。要建立全功能账户体系，打破目前客户各类型账户和资金相互割裂的现状，开展多样化的账户管理，实现一个客户一次登录即能全景展示所有资产，为客户提供便利。进一步完善 CRM 系统，建立完备的客户信息及资料库，全面覆盖基本信息（年龄、资产、工作性质、产品需求等）、风险承受水平和风险管理能力等客户资料，并据此设计多层次的投资者分类机制，从定量、定性两个方面进行客户适当性评估，建立理财人员工作与管理平台，并与 CRM 系统和产品管理系统打通，提升营销服务工作效率。同时，将这些后台数据与绩效管理系统对接，支持员工绩效考核和薪酬管理。进一步完善风险监控和管理系统，建立辨识及追踪管控异常或可疑交易的管理机制，以及高风险客户往来交易管理机制。

（七）建立健全风控合规制度

随着创新转型的推进，公司所面临的风险种类与复杂度大幅上升，流动性风险、市场风险、信用风险、操作风险等风险均会增加，并且其隐蔽性更强，尤其在衍生品、结构化产品及场外、表外业务方面。风险在客户与公司间、市场与市场间、行业和行业间、境内外之间的传递也会显著增加，一旦市场承压，不同风险的相关性将会大幅提升，后果将非常严重。未来证券公司应积极培养并引进具有较强专业能力、国际投行背景的风险管理人才，根据创新业务发展步伐逐步向风险建模、风险识别、风险缓释等较高技术要求领域布局，建立立足于数学模型、数学积累的量化风险管理体系。建立跨业务条线的风险监控与管理体系，围绕公司整体的风险偏好确定相匹配的信用风险、市场风险、流动性风险等各类风险的承受度和风险限额，进行实时监控预警。

互联网证券与经纪业务转型

董腊发*

2013 年“余额宝”的横空出世，创造了令金融界震惊的奇迹，也拉开了中国互联网金融蓬勃发展的大幕。近两年来，互联网金融快速发展。随着新“国九条”的颁布和监管新政的陆续出台，证券业步入了创新发展的加速期，许多证券公司都将互联网证券作为转型升级的突破口，开展了多元化的探索与尝试。2015 年 7 月，《国务院关于积极推进“互联网 +”行动的指导意见》和中国人民银行等十部委《关于促进互联网金融健康发展的指导意见》先后发布，关于互联网金融的顶层设计及业务规则逐渐明晰，互联网证券的发展有望在国家战略的引导下进一步提速。

20 世纪 90 年代，美国投行抓住互联网科技发展的契机，利用现代信息技术升级经营模式，提高客户服务效率和水平。互联网证券也加速了美国投行专业化分工、差异化发展的演变进程，梳理美国投行互联网业务的发展脉络可以为我们提供有益的借鉴。

一、美国互联网证券发展之借鉴

美国互联网证证券公司的典型代表是嘉信理财（Charles Schwab）和亿创证券（E-Trade）。

（一）嘉信理财（Charles Schwab）

嘉信理财（以下简称“嘉信”）成立于 1971 年，最初是一家典型的传统经纪公司。嘉信利用 1975 年实行浮动佣金制及 20 世纪 90 年代互联网证券业务拓展的机会，以低价策略吸引了大量客户资源，之后逐渐转向资产管理业务。进入 21 世纪后，嘉信以资产管理和综合金融服务作为主要拓展方向，并将目标客户转向高净值个人客户和机构客户，其资产管理规模和活跃账户数持续增长，现已成为美国乃至全球最大的综合金融服务机构。

* 作者单位：长江证券股份有限公司。原载于《中国证券》2015 年第 8 期。

1. 低价揽客，聚集资产。1975 年美国通过“有价证券法案”，废除固定佣金制度。大多数证券经纪公司随即降低机构投资者缴纳的佣金率，而提高一般投资者缴纳的佣金率。嘉信则反其道而行之，针对中小散户推出了折扣经纪业务：买卖每 1 万美元股票，嘉信收费仅 65 美元，而美林证券的佣金是 257 美元。低廉的交易费用受到中小投资者的青睐，嘉信则获得了折扣经纪市场 40% 的份额。

2. 依托网络，服务创新。20 世纪 90 年代中期美国互联网技术投入商业化运营，网络证券经纪商随之兴起，从 1997 年的 37 家剧增至 1999 年的 160 家，增长 3. 3 倍。各家证券公司纷纷打出“低价牌”抢占市场份额，掀起了佣金自由化后的“第二次佣金战”。嘉信证券也推出了线上交易平台 e. Schwab，并将网上交易佣金定为 29. 95 美元，而享受理财服务客户在线佣金为 65 美元，出现了价格双轨制问题。精明的客户在线下享受服务、线上进行交易，嘉信的经纪人则开始拒绝与 e. Schwab 的客户进行接触。

面对挑战，嘉信一方面调整业务发展战略，于 1997—1998 年将佣金较高的线下业务整体并入 e. Schwab，确立了“传统和网络混合商业模式”的发展战略；另一方面积极进行服务创新，密集发布新的交易系统及配套的服务产品，满足不同需求客户的个性化需求，其系统性能超越了当时的所有竞争者。嘉信主要的网络服务创新参见表 1。

表 1 嘉信主要网络服务创新

时间	网络服务创新开展情况
1995	推出“嘉信电子理财”（e. Schwab），激活网站是 Schwab. com
1997	提供网络市场提示（Market Buzz）服务，及时通过各种渠道更新市场要闻，升级“Schwab NOW!”为“Charles Schwab Web Site”
1998	Analyst Center，帮助客户连接到专属的第三方投资研究机构，指导投资决策并提供辅助工具；Stock-Screener，帮助客户在网络搜索 9 000 只股票；Schwab MoneyLink，允许客户通过网络、自动电话系统在嘉信与其他金融机构间转换基金；Billpay，为客户提供电子支付服务
1999	发布 eConfirms，提供邮件交易确认函服务
2000	“Cybercorp. com”提供网络高频交易服务，Velocity 电脑端高频交易软件
2003	推出衍生品电子交易平台 GLOBEX
2011	推出全新交易平台 Street Smart Edge，并收购网络经纪商 OptionsXpress

嘉信在战略和技术层面的创新使其网络经纪业务发展迅猛，并很快确立了行业龙头的地位。1996—1998 年，嘉信的网上投资账户由 60 万户增加至 200 多万户。1999 年，在美国网络经纪行业中，嘉信的交易量占 23. 8%，排名第一，领先第二名 7. 2%；虽然佣金率下降，但得益于快速抢占网络市场份额，嘉信的经纪业务收入从 1993 年的 5. 23 亿美元增长到 1999 年的 22. 9 亿美元（见图 1）。

3. 全面理财，进军高端。嘉信很早发现其市场份额的增长不断被下滑的佣金率侵蚀，于是采取一系列措施提升服务的附加值，向财富管理服务转型。

1992 年嘉信推出基金超市 One Source，将多个管理公司的基金产品集中到一起，公司不向客户收取额外的申购费用，客户在多个产品间的资金流动免收手续费，只向基金公司收取年化 0. 25%—0. 35% 的费用。

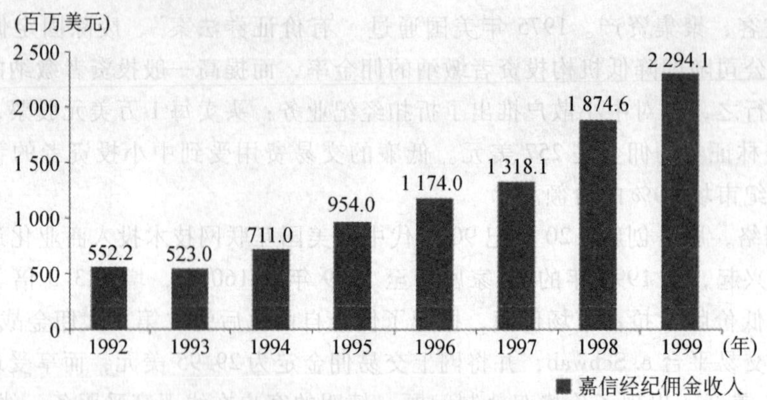

图 1 嘉信的经纪收入因网络经纪快速提升

资料来源：公司年报，长江证券研究部。

1995 年嘉信实施"顾问资源"项目（Registered Investment Advisor，RIA），聘请独立于公司的第三方投资顾问为嘉信的客户提供理财服务，既有利于提升服务的附加值，增强客户黏性，又避免直接提供咨询导致的利益冲突。2001 年，5 800 名投资顾问共为嘉信带来了 2 350亿美元的资产，其创造的投顾业务收入也快速增长。

嘉信在客户理财上的创新直接推动了其业务的整体转型。1991—2000 年，经纪业务是嘉信的最大收入来源；2001 年时客户理财的收入占比达到 39%，首次超过经纪业务，其后贡献度差距不断拉大，至 2011 年，客户理财的收入贡献占比已达到 45%。嘉信的业务收入结构变化见图 2。

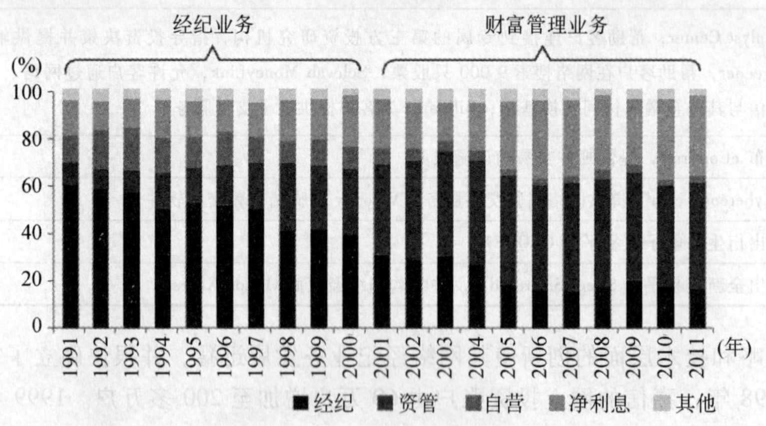

图 2 嘉信的业务收入结构变化

资料来源：公司年报、长江证券研究部。

随着资产管理规模的扩大，嘉信的目标客户群体开始逐步向高净值个人客户及机构客户迁移，2000 年嘉信活跃账户户均资产仅 11 万美元，而 2013 年公司户均资产已近 25 万美元。嘉信为机构投资者提供服务获得的收入也从 2004 年的 7.25 亿美元增长至 2013 年的 12.61 亿美元，这也体现了嘉信理财战略转型的成果。

（二）亿创证券（E-Trade）

1. 网络起家，异军突起。1982 年 E-Trade 在纽约成立，起初是一家为证券公司提供高效和安全的网络服务公司，为折扣经纪商提供后台服务。1992 年开始，E-Trade 开始通过诸如美国在线和康伯服务之类的互联网服务公司提供股票交易，1996 年 2 月设立了自己的网站，直接向投资者提供在线证券交易服务。

基于娴熟的互联网技术和长期服务证券公司积累的经验，E-Trade 给客户提供了良好的操作体验，并采取低价策略吸引了大量佣金费率敏感型的投资者。1994 年，E-Trade 将佣金降至 14.95 美元/笔，仅为嘉信线上佣金的一半，吸引了大量客户从嘉信转户。在公司成立之初，E-Trade 日均交易量增长远超市场平均。1996 年 8 月 E-Trade 上市之时，证券账户已达到 9.1 万户。

2. 积极并购，大举扩张。1997 年起 E-Trade 开始大举进军全球市场，进入澳洲、加拿大、德国、日本、英国、韩国、中国香港等国家和地区。进军海外市场使得 E-Trade 的业务不再局限于国内，扩大了收入来源，并降低了依赖单一市场的风险。

2005 年，E-Trade 合并了 Harrisdirect、Brown Co、Kobren 和 Howard Capital 4 家公司，获得了大量活跃的交易客户，并购带来的交易量占其总交易量的一半以上。E-Trade 对纯网互联网公司的并购，促进了其市场规模的进一步扩张。

E-Trade 发现低佣金吸引的投资者并不稳定，于是从 2001 年起开始反向布局线下，开设了 30 家线下网点，为投资者提供投资咨询服务，以稳定投资者。

3. 多元发展，盈利转变。与嘉信证券相似，经历了前期的客户积累之后，E-Trade 走向了提升服务附加值、转变盈利模式的发展方向，通过并购实现多元化发展。

1998 年 E-Trade 与网上抵押贷款公司 E－Loan 签订了合作协议，将服务范围扩大到抵押贷款领域。2000 年 E-Trade 收购了全美最大的网络银行 Telebanc Financial Corporation，并将其改名为 E-Trade 银行，开始涉及互联网银行业。E-Trade 通过开展银行业务，将客户资产投资于房地产贷款、证券投资等相关企业生息资产并获得利差，逐渐改变了以佣金收入为主的盈利模式，经纪业务的收入占比从 1994 年的 88% 下降到 2012 年的 29%，利息收入占比则从 1994 年的 3% 上升到 2012 年的 53%，开始成为 E-Trade 主要的收入来源。

概而言之，美国互联网经纪商的业务探索，大体经历了两个阶段。第一阶段利用互联网证券业务成本低、覆盖面广的优势，采取低佣金策略与传统证券公司开展竞争，广泛聚集客户资产；第二阶段提升服务附加值，向财富管理转型或通过多元化的业务发展，转换盈利模式，摆脱对佣金收入的依赖。可见，互联网是证券行业创新发展的推动因素，但并非决定力量。单一的网络经纪业务难以长久发展，证券公司只有向高附加值的服务领域进军或在细分市场建立比较优势，才能获得持续的发展空间。

二、互联网对证券经纪业务的影响

我国证券行业从 2000 年左右推广网上交易时起就开始“触网”，并持续应用互联网技术提高业务运行效率、降低客户服务成本。2013 年以来，随着“第三方支付”、“第三方销售”等业务牌照的放开，互联网企业开始全面介入金融业的传统业务领域，并通过构建平台型商圈的发展模式模糊了金融分业的界限，出现了“金融互联网”向“互联网金融”转变的趋势，互联网开始深刻影响证券经纪业务的发展格局。

（一）颠覆传统竞争模式

随着互联网金融的发展，传统经纪业务的竞争模式将被彻底颠覆。

一是整体竞争取代局部竞争。传统经纪业务的开户、营销、服务主要在线下进行，同一城市或区域内的证券营业部或进行针锋相对的客户攻防战，或结成友好同盟；从全国范围来看，沿海及经济发达地区的竞争程度显著高于中西部地区。随着上述业务逐步向网上迁移，证券公司的佣金标准、服务策略日益透明，通过网络展业的范围突破了物理位置的局限，经纪业务在全国范围内的竞争格局开始扁平化。经纪业务的竞争由单个网点的短兵相接，演变成为组织体系之间的整体较量，证券公司资产管理、产品创新、业务协同、资源整合、技术支持等所形成的合力，将决定其经纪业务的综合竞争力。

二是跨界竞争成为常态。传统商业格局中，竞争对手彼此以类似的方式争夺有限的资源，随着网络经济的发展，平台化的商业带来了前所未有的冲突模式，其战略并非要夺取传统市场的利润，而是通过针对性的补贴战略，提供免费的产品和服务，颠覆其他同样以这块市场为利润基础的企业，并以此使客户产生粘性，进而将整个市场纳入自己的业务生态圈。在互联网金融背景下，基于业务链的垂直竞争模式将逐渐被基于业务生态圈的平台竞争模式取代，证券公司将不仅面临行业内部更加激烈的竞争，还将面临跨界竞争者的挑战。

（二）重塑业务营运模式

互联网证券与传统经纪业务在业务流程、组织架构、营销渠道、服务模式等方面存在显著差异，如在业务流程方面，传统的“客户临柜—柜员受理”模式将被“客户网络申请—总部集中受理”或客户自助办理的模式取代；互联网业务模式打破了实体网点固定营业时间的传统，随着证券公司业务类型、产品种类的不断丰富，营运模式将由“5×8 小时”将向“7×24 小时”转变；营业部单纯从事客户招揽的营销人员和业务受理的柜面人员将会减少，总部客户服务中心负责业务咨询、办理的人员则会大量增长。因此，证券公司需要再造传统的营运模式，在组织架构、业务流程、人员队伍、绩效考核等方面做出调整，使之能够有效地支持互联网业务发展。

对大部分证券公司而言，互联网证券模式与传统经纪模式将会在一段时间内并行，并随着市场发展和公司的战略选择，逐步走向融合或者分立。证券公司也需要动态调整营运模式，平衡客户体验、业务效率、风险控制之间的关系，做出最优选择。

（三）改变客户服务理念

“余额宝”的本质是货币市场基金，作为金融机构传统的代销产品之一，在十多年的发展历程中一直不温不火，但在 2013 年货币基金与互联网成功嫁接后，迸发出巨大的市场潜能，其成功经验值得证券公司借鉴与思考。在产品宣传方面，“余额宝”一改金融机构严谨专业的产品说明书模式，以简洁明了的教育方法，为一大批“理财小白”普及了理财知识；在业务办理方面，“余额宝”使用简单易懂的分步式流程、引导式页面、在线客服等多种方式，最大限度地提高了业务办理的效率。相形之下，证券公司需要俯下身段，更接地气，全面革新传统的投资者教育方法、产品营销及业务模式。

如果说十年前“银证通”业务唤醒了证券公司的营销意识，促使其由“坐商”向“行商”转变；那么互联网金融的发展，将加速证券公司服务理念及业务模式的创新，由“行商”向“网商”转变。

（四）加速证券公司阵营分化

我国证券经纪业务长期呈现出低层次、同质化竞争的特征，互联网证券将促进证券经纪业务的差异化发展，并加速证券公司阵营的分化。

互联网证券公司的大量涌现将加速佣金水平的下降，牌照垄断的红利随之消失，生存压力迫使证券公司加快业务转型的步伐，拓展新的盈利模式。互联网特别是移动互联网的发展，为服务创新提供了更好的技术环境，针对不同类型客户的个性化需求，证券公司可以开发不同的服务系统及终端，其经纪服务的差异性也将逐步显现。高度依赖传统通道业务收入而无法快速转型的证券公司将被市场淘汰；“小而美”专业型证券公司将在细分市场脱颖而出；“大而全”的全服务证券公司将在高净值客户和机构客户服务方面取得优势地位。

三、互联网证券业务的发展模式

从战略目标和发展路径看，我国互联网证券业务可大致分为以下几种模式：一是存量增强模式，即大型证券公司依托互联网，开展服务创新，以巩固存量客户，进而向财富管理服务转型；二是增量拓展模式，即中小型证券公司利用互联网技术降低服务成本，通过价格竞争聚集增量资产，并建立新的盈利模式；三是商圈覆盖模式，即互联网企业获取证券牌照或以股权形式介入证券业务，将证券业务作为其业务生态圈的构成部分。

（一）存量增强模式

大型证券公司拥有较多的存量客户资源，一人多户的放开和愈演愈烈的佣金战成为其客户流失的主要威胁，为避免“线上/线下”、“存量/增量”的价格双轨制问题，大型证券公司一般不会主动采用低佣金策略拓展客户。

大型证券公司宜充分利用互联网服务边际成本低、覆盖范围广的特点，改善客户（特别是中小散户）的服务体验，减少客户流失，并逐步实现业务转型。其发展路径如下：

1. 服务创新，巩固存量。大型证券公司可利用业务资格齐备、技术实力雄厚等优势，采取建立综合账户体系、开发消费支付功能、构建互联网业务平台等创新手段，满足客户多元化的需求，增强客户黏性。

一是建立综合账户体系。在证券公司内部设立客户唯一的识别编码，管理客户的经纪业务、融资融券、期货 IB 以及资产管理等业务的信息，全面了解客户业务参与情况及资产配置情况、风险偏好，提高对客户的综合财富管理能力。

二是完善基本功能。在综合账户体系的基础上，应进一步完善交易、投资、理财、融资、支付等基础功能，覆盖客户的各类业务需求。就互联网证券业务而言，证券公司急需支付功能的创新，这不仅有助于各类金融产品的交叉销售，还可以增强客户粘性，扩大客户行为数据来源。此外，支付功能带来的资金归集、沉淀效应，也将为财富管理业务带来巨大的拓展空间。

三是构建综合性的互联网业务平台。以互联网和移动互联网为载体，将交易通道、金融产品、资讯信息、互动交流等服务整合在一起提供给客户。通过综合业务平台全面获取客户信息，对客户的交易数据、资产状况、风险偏好、投资偏好等数据信息进行分析，提供有针对性的产品和服务。

2. 业务升级，全面理财。相较中小型证券公司和纯互联网证券公司，大型证券公司的优势在于专业的投研体系、完备的业务架构及对高端客户资源的掌握，应在巩固存量客户的基础上，尽快实现从通道服务到财富管理的升级转型。

财富管理是指以客户为中心，设计出一套全面的财务规划，对客户的资产、负债、流动性进行管理，以满足客户不同阶段的财务需求，帮助客户达到降低风险、财富增值的目的。因此，证券公司业务升级的逻辑是由经营单一业务或产品扩大到经营客户的全部资产，由满足客户现有的投资需求扩展到规划客户全生命周期的资产负债管理方案，其本质是“以业务为中心”到“以客户为中心”的转变。投资顾问对客户需求的敏锐洞察，对人性固有缺陷的理解和把握，对客户生命周期的动态跟踪，是仅凭技术手段无法实现的，这也是传统金融难以被互联网颠覆的核心价值。证券公司可以从以下几个方面入手，构建财富管理服务体系：

一是构建丰富的产品库。随着行业创新空间的打开和《证券公司代销金融产品管理规定》的颁布，证券公司可以通过自行创设和代销两种方式，构建跨市场、多层次、多系列的产品库，以满足不同类型客户的理财需求。

二是培育专业的财富管理队伍。财富管理的从业人员应该具备全面的社会、经济和法律知识，了解银行、证券、保险、税法等方面的运作，并拥有良好的人际交往能力。受限于金融行业长期的分业经营，证券公司的投资顾问精于股票投资咨询，但对其他领域的涉猎较少，需要通过系统的业务培训，补齐短板，完善知识结构，提升其财富管理的专业技能。对投资顾问绩效考核的导向，也应该从鼓励个人业绩增长向提升客户价值转变。

三是打造专业的财富管理支持体系。证券公司需要从“专家资源”和“技术平台”两个方面构建财富管理的支持体系，帮助投资顾问全面掌握客户信息，高效制作理财计划书和产品配置方案，解决客户个性化的专业问题。嘉信的嘉信连线（Schwab Link）和美林证券的 TGA（Trusted Global Adviser）系统为其投资顾问提供了不可或缺的业务支持，也是其财富管理体系的重要组成部分。

大型证券公司存量客户及实体网点较多，在拓展互联网业务的过程中，容易遇到线上业务与线下业务之间的冲突，为确保互联网业务与传统业务协调发展，需要明确两种业务模式的定位和协作机制。互联网业务的目标客户是长尾客户，主要依托网络平台和客户服务中心，对客户提供标准化、流程化的服务；对高净值客户，一般标准化服务无法满足其需求，需要以投资顾问为载体提供个性化、综合化的理财服务。尽管互联网业务更加灵活、便捷，但实体网点可以为客户提供必要的安全感，满足其社交和尊重等心理需求，其未来的功能定位是品牌展示和服务体验中心。

（二）增量拓展模式

在通道业务价值快速下降之时，中小型证券公司当务之急是解决客户积累和盈利模式调整的问题，其开展互联网证券业务的主要目标是将低价策略与互联网渠道相结合，迅速聚集客户资产，并拓展新的盈利模式。其发展路径如下：

1. 低价竞争，多方引流。中小型证券公司在资本规模、网点数量、专业人才等方面逊于大型证券公司，在争夺客户资源的过程中，低价是最直接和有效的竞争手段。

与大型证券公司偏好自建网络服务平台不同，中小型证券公司通常与互联网巨头或掌握巨量客户数据的平台公司结成战略同盟。通过在线理财、线下咨询、联合品牌推广等合作形式，以低成本带来的价格优势快速导入网站或电商的客户流量，并通过云服务、大数据等技术，以极致的用户体验和适合互联网客户的金融产品来发展客户。

2. 聚焦小微，灵活制胜。低价策略吸引的客户多为佣金敏感型的中小散户，具有资产小、人数多、交易频等特点。创新业务在推广之初，往往具有较高的准入门槛和相对严格的业务条件，可以通过拆细、转换、产品化包装等方式对其进行再创新。例如针对股票质押融资业务，采取降低业务门槛、提高放款效率、设计灵活多样的还款时限等方式推出小额股票质押业务，更好地满足小微客户群体的需求。对小微客户需求的敏锐洞察力和二次创新能力是中小型证券公司形成新型盈利模式的关键。

3. 机制创新，广纳贤才。中小型证券公司为解决人才积累不足的问题，可在客户归属权，收入分配权、展业自主权等方面积极创新，以合伙人或类合伙人制度开行业之先河，通过具有竞争力的网络办公模式、业务提成、业务自由度等管理机制，吸引优秀人才加盟。

总体而言，中小型证券公司拓展互联网业务的特点可概括为“快、准、狠”。“快”即行动迅速，中小型证券公司在战略转型、组织变革等方面的效率往往高于大型证券公司，这有利于其在发展互联网证券业务的过程中取得先发优势；“准”即目标定位准，专注于“小客户、新业务”，持续推出有针对性的创新产品，在细分市场快速获得比较优势，实现聚沙成塔的规模效应；“狠”，即竞争手段上，中小证券公司率先推出低佣金、年费制等竞争手段，与大型证券公司回避、防守的佣金策略形成鲜明对比。

（三）商圈覆盖模式

中国证监会在2014年《关于进一步推进证券经营机构创新发展的意见》中明确提出放宽行业准入，支持民营资本、专业人员等各类符合条件的市场主体出资设立证券经营机构，实施业务牌照管理，证券公司、基金公司、期货公司与投资咨询公司将有望交叉持牌。在配套的基础制度体系和基础设施建设方面，非现场开户政策的放开及中登公司统一账户平台的上线，为纯网络证券公司的设立扫除了技术障碍。

虽然证券经纪业务牌照尚未正式开放，但迫不及待的互联网企业已开始通过市场并购，以股权形式介入证券经纪业务。跨界而来的互联网证券公司将采取商圈覆盖的模式，提供廉价甚至免费的交易通道，其业务重点主要是获取客户资产、数据和流量，并将证券业务作为其业务生态圈的构成部分。目前介入经纪业务领域的互联网企业有两种类型：一是以东方财富为代表的金融服务商，垂直整合产业链上下游，打造全口径金融服务平台；二是以蚂蚁金服为代表的电商巨头，通过场景卷入的方式，将互联网证券业务纳入其生态圈。

东方财富主营互联网财经金融信息、数据服务和互联网基金第三方销售服务，是国内互联网金融垂直领域的龙头。2005年公司成立时的主要业务是财经资讯和广告服务，2011年东方财富旗下的东方财富通率先推出“免于注册、永久免费”的政策，积累了海量的互联网用户，并依托东方财富门户网站、天天基金网、股吧实现了对专业财经客户的全面覆盖。

2012 年东方财富获得基金第三方销售资格牌照后，多年积淀的互联网客户资源开始显现价值，基金销售规模持续增长，2015 年上半年基金销售额已突破 4 000 亿元。2014 年 12 月东方财富收购香港华宝证券；2015 年 4 月以来收购西藏同信证券，设立基金管理公司，并通过参股易真股份间接获得互联网第三方支付牌照。东方财富对嘉信模式进行过深入研究，在 2013 年即提出超越嘉信的发展目标。近年来东方财富不断向金融服务产业链上游进发，从基础资讯、数据、基金代销拓展至证券经纪、资管等相关业务领域，逐步向综合财富管理平台进化。东方财富主要业务发展历程（见图 3）。

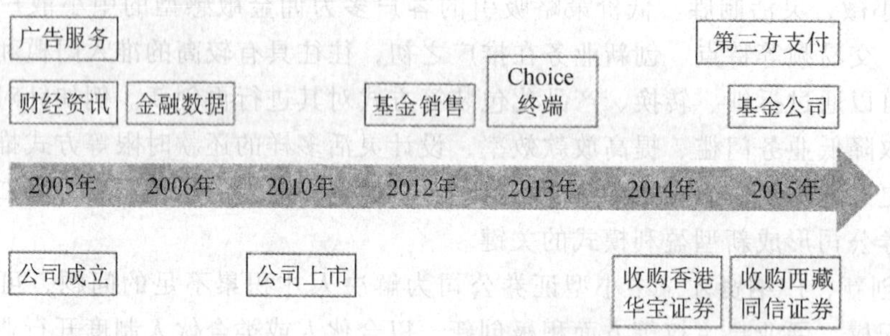

图 3　东方财富主要业务发展历程

蚂蚁金服是互联网企业拓展互联网证券的另一类代表。蚂蚁金融服务集团成立于 2014 年 10 月，旗下业务包括支付宝、支付宝钱包、余额宝、招财宝、蚂蚁小贷和网商银行等，构成了阿里集团庞大业务体系中的金融生态圈。在阿里集团版图不断扩张的过程中，支付宝是攻城略地的主力军。创始于 2004 年的支付宝，最初定位是解决淘宝网购过程中的互信问题，其后不断向消费、金融理财、城市生活、沟通交流等场景拓展。截至 2014 年 12 月，支付宝已分别占有 PC 端支付和移动端支付 49.5% 及 82.3% 的市场份额。蚂蚁金服成立后，阿里集团加强了生活服务向金融服务的场景拓展，开始覆盖客户日常生活中的各类经济需求，并逐步形成闭环（见图 4）。

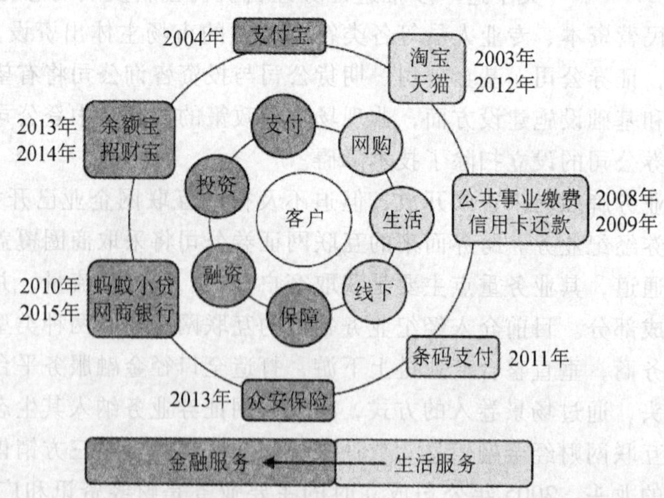

图 4　阿里集团不断拓展应用场景以全面覆盖客户需求

互联网企业的业务拓展模式被喻为“烧钱、圈地、再盖楼”，从团购网站的千团大战，到滴滴打车和快的打车补贴大战莫不如此。一旦证券经纪业务成为电商争夺的场景入口，佣金和保证金利差等主要收入将首当其冲受到冲击。2015 年 7 月 8 日支付宝 V9.0 发布前夕，多家媒体报道支付宝 V9.0 将引入股票交易功能：即用户在绑定证券公司账号之后，可以通过余额宝买卖股票，卖出股票后资金当天就回到余额宝账户，继续享受理财收益。此新闻引起了业内广泛关注，虽然相关证券公司随即发布了澄清声明，支付宝 V9.0 的该项功能也已被悄然屏蔽，但蚂蚁金服介入证券业务的战略意图及突破口已显露无遗。

与传统的证券公司相比，纯互联网证券经纪商的竞争优势体现为：

1. 网络引流效果更加明显。互联网企业深谙网络营销之道，对病毒式营销、体验营销、口碑传播等模式的运用游刃有余，其商圈平台内丰富的场景应用可以从多个渠道为证券业务导入客户流量，并对客户形成巨大的粘性。例如东方财富已经通过其东方财富网、移动终端等多种渠道将其客户向西藏同信证券引流，并开放 7×24 小时客户服务电话，为客户的网络证券开户提供支持。

2. 价格竞争策略更加灵活。电商系的互联网经纪商，可以通过积分兑换电子券的方式对经纪业务客户实行补贴，价格竞争更加隐蔽，也更具杀伤力。

3. 数据资源更加丰富。电商的第三方支付平台将客户的经济活动和金融活动紧密连接起来，可以全面获取其消费、投资等活动的海量数据，配合数据挖掘技术的应用，可对客户信用度、风险偏好、可投资资产规模做到精确识别，并据此提供更加精细化的服务。

网络与实体经济越来越多地呈现出融合发展、竞争合作的特征，上述互联网证券的三种发展模式并非泾渭分明。证券公司应根据自身资源禀赋和业务战略选择合适的互联网证券模式，并因时因势而易。在互联网金融的冲击下，经纪业务将从主要的利润贡献者，转变为承载、滋养业务创新发展的土壤，其重点是要解决“吸引、黏住和转化客户资源”的问题。在此基础上，证券公司或向业务链条的高附加值领域进军，或在某一细分市场精耕细作，构筑起核心价值的“护城河”。只有持续满足客户需求，助其实现财富的保值增值，才能实现基业长青。

参考文献

[1] 陈威如，余卓轩：《平台战略》[M]，北京：中信出版社 2013 年版。

[2] 姚文平:《互联网金融：即将到来的新金融时代》[M]，北京：中信出版社 2014 年版。

[3] 万建华:《金融 e 时代》[M]，北京：中信出版社 2013 年版。

[4] 约翰·卡多著，杨宇光等译：《颠覆者：嘉信公司重铸华尔街证券经纪业规则》[M]，上海：上海远东出版社 2007 年版。

[5] 黄河，刘冰冰，Nick Gardiner，张文琦：“顺势而为，在伟大的变革创新时代成功实现证券公司转型”[M]，BCG 咨询，2015：27—33。

互联网金融助力经纪业务转型

黄 华 李肇嘉 万 军*

一、互联网证券发展模式简析

2000 年，中国证监会出台《网上证券委托暂行管理办法》，明确证券公司要加强网上证券委托的管理。2013 年 3 月 15 日《证券公司开立客户账户规范》的发布正式开启了互联网证券业务办理之门。在过去的 2—3 年，互联网金融一直是市场关注的焦点。互联网证券试点加快了批准，2015 年 3 月，《证券公司网上证券信息系统技术指引》修订发布，中国证券业协会召开互联网金融创新发展培训研究会暨互联网证券专业委员会成立大会。2015 年 4 月 13 日，"一人多户"放开。互联网金融业务愈来愈受到重视。

从用户需求的角度出发，证券公司开展互联网金融业务的核心仍是金融，证券公司要力求做实"交易、托管结算、支付、融资、投资"五大基础功能，满足互联网用户金融需求。

证券公司开展互联网证券业务可以分为三阶段。

（一）互联网金融 1.0 模式

聚焦在模仿余额宝模式，证券公司致力于以"用户体验 + 整合营销 + 流量导入"为主要手段，力求实现"弯道超车"，华泰、国金、方正、中山等多家证券公司开行业之先河，开启了互联网金融 1.0 模式时代。

例如，国金证券在网上开户办理环节，根据用户体验进行了大量优化，简化了转户、风险测评、客户回访等多个环节的办理流程，实现了 7 × 24 小时开户办理。后续多家证券公司效仿，除简化流程缩短网上开户时间外，还尝试将部分线下业务迁至线上完成。如创业板转签开通、融资融券开户网上受理、小额股票质押融资业务网上征信和融资等。通过上述努力，尽可能使客户方便、快捷地实现网上开户和部分业务办理。

---

* 作者单位：齐鲁证券有限公司。原载于《中国证券》2015 年第 8 期。

（二）互联网金融 2.0 模式

随着中国证券业协会对证券公司互联网证券业务试点资格的批复，部分大中型证券公司进行了互联网金融 2.0 模式的探索，尝试打造全账户体系，依托互联网开展资产管理服务，立足发挥证券公司的综合金融服务能力，更强调用户规模和客户价值，降低对佣金收入的依赖度，逐步探索理财和交易客户的转化路径；更加重视线下网点，通过“O2O”的营销服务模式，提升客户服务水平和线下营销引流力度。

部分大中型证券公司初步建立了以客户为中心的全账户体系。以国泰君安证券超级账户为例，其涵盖了证券账户、期货账户、信用账户、资产管理账户等多种账户功能，同时通过接入中央银行大额支付系统（HVPS），实现资金汇划、消费支付、生活服务等多项支付功能的集成，本质上可以从事传统银行业除贷款以外的“存”和“汇”两大基本业务，打通了证券公司客户资金账户和所有商业银行账户，直接开展客户汇款、储蓄、理财及财富管理等类银行业务。

广发证券推出“有问必答”系统，采用了类似滴滴打车抢单服务模式，增强了互联网用户与线下 7 000 名营销服务人员的互动黏性，提升了客户服务质量和自运营流量。方正证券通过手机应用程序 APP“小方”，实现营业部客户经理和投资顾问人员线上营销服务，客户通过在线选择和互动获得相应的服务。

此外，海通证券入股“91 金融”，广发证券入股投哪网，证券公司正在尝试与 P2P 行业的深度合作；随着中证众创平台上线，部分证券公司如华融证券、齐鲁证券也开始尝试私募股权融资业务。

（三）互联网金融 3.0 模式

2015 年是行业的“互联网金融年”，随着可预期的一系列有利于互联网金融业务发展的各项措施的出台，证券公司互联网金融业务正在逐步进入 3.0 模式。这一阶段国内互联网金融的发展已逐步呈现出差异化特性，证券公司须谋求在细分市场打造特色服务，实现差异化竞争优势，社交金融、垂直理财平台、网络融资以及众筹等业务模式日渐盛行。

社交金融在国外以美国注册股票经纪商 Motif 为代表，国内以“雪球”为代表。其特点是将通道价值降到最低，在此基础上，给用户提供一个超额的收益预期，有别于传统的证券公司投资顾问和用户的单向服务，用户联动的社交概念增强，客户和投资顾问（咨询服务者）的关系基于社交形成。

通过社区化运营将产品提供者进行外延扩展，打造大 V[①] 明星和草根投资顾问达人；以社区为基础，以社交为手段，建立了服务提供者与用户之间的关系，打破了信息不对称。

垂直理财平台以东方财富为代表。2014 年东方财富基金销售额达到 2 298 亿元，同比增长 536%；其中，活期宝销售额 1 760 亿元，基金代销业务收入 3.72 亿元，同比增长 460%。东方财富在垂直财经网站的日均覆盖人数排名中连续占据第一位，日均网民到达率 6%，远高于行业竞争者，用户数量以及黏性优势明显，依托强大的股吧社区，实现了将社区流量向

① 大 V：指在社交平台上获得个人认证，拥有众多粉丝的意见领袖。

产品销售规模的转化，初步具备了“用户+其他金融产品拓展+外延预期”的业务形态。

网络融资以陆金所为代表。陆金所背靠平安集团，是平安集团倾力打造的网络投融资平台。作为国内最早从事风险资产定价的机构，充分利用平安集团的金融优势，具有很强的资产包获取、定价能力和强担保能力，通过提供中介服务，推进以 P2P 和 P2B 作为主要手段实现准资产证券化产品的低门槛销售模式。

众筹以京东众筹为代表。2014 年 7 月，京东金融众筹业务“凑份子”正式上线，“凑份子”结合京东商城的全品类平台和客户群体的特点，打造低门槛的众筹平台，变单纯的销售平台为从创意到量产的孵化平台。从成功筹款金额方面来看，京东众筹达到 1.22 亿元，占 2014 年度众筹市场总份额的 45.23%。

回溯行业这几年的发展，1.0 模式的本质是引流和导入用户；2.0 模式逐步开启了证券公司围绕五大基础功能尝试提供综合金融服务的大门，客户从传统的长尾客户扩展到部分中高净值客户；而到了 3.0 模式，金融行业特有的投融资、资本中介、风险管理、结构设计等融入互联网载体中，在第三方基金销售、小额贷款、众筹等方面已有突破。

二、互联网金融对经纪业务的影响

由于传统经纪业务标准化程度较高，互联网金融在证券公司的尝试率先从经纪业务开始，其对传统经纪业务的改造效果也是最明显的。

（一）互联网金融加速了行业佣金下滑

2007 年以后，证券行业交易佣金率一直在稳步下降，行业佣金战持续推进，互联网证券经营机构的出现加速了这一过程。我国证券行业整体佣金率水平从 2007 年放松佣金率管制以来，已经从 0.13% 下降至 0.06%，网上开户放开又进一步将佣金率水平拉低，预计 2015 年行业的佣金率水平在 0.05% 左右（见图 1）。目前，大部分证券公司网开佣金为 0.025%—0.03%，国金的佣金宝近期拟推出 0.02% 开户的举措，基本达到网上开户的成本线。

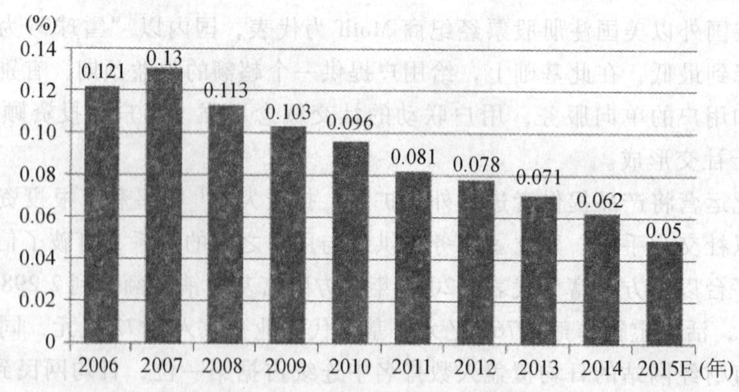

图 1 2007—2015 年行业平均佣金率

资料来源：Wind 资讯。

（二）长尾小微客户涌现

互联网技术高速发展，互联网使用率大幅提升，中国网民和手机网民数量都大幅增长，是证券公司开展网上业务的重要基础。

根据中国互联网络信息中心（CNNIC）截至 2014 年 12 月 31 日的最新数据，中国网民规模达到 6.49 亿人，普及率达到 47.9%（见图 2）。近几年来，网民人数一直保持增长态势，普及率逐渐提高。与此同时，根据艾瑞咨询统计，2014 年中国移动互联网市场规模达到 2 134.8 亿元人民币，同比增长 115.5%，同时未来依旧会保持高速增长，预计到 2018 年整体移动互联网市场规模将突破 1 万亿元大关。

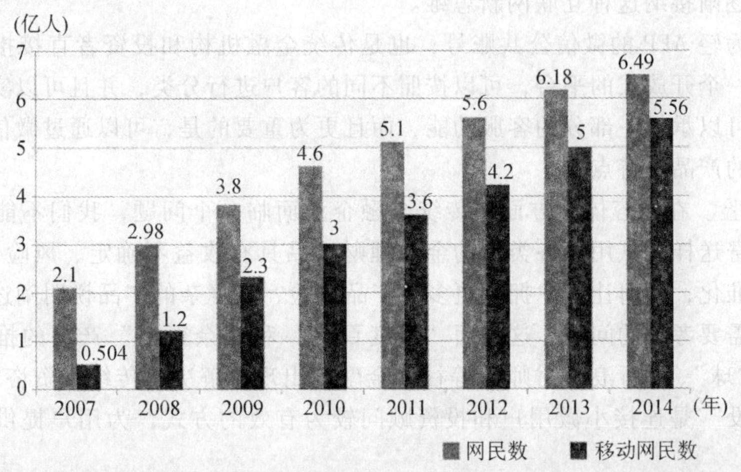

图 2 2007—2015 年网民数和移动网民数

资料来源：CNNIC。

根据中国证券登记结算有限责任公司的 2014 年底数据，在自然人投资者中，50 万元市值以下的账户数占总账户数的 97% 以上，50 万元市值以上的高净值客户数量仅占 3%。这 97% 的小微投资者对于金融服务的需求不仅存在，而且多种多样，在需求曲线上面形成一条长长的"尾巴"，小微投资者结构的长尾效应明显。

当然，因为大量长尾端的客户对服务价格比较敏感，所以在大多数业务方面更愿意接受较低的佣金。针对这部分客户，互联网证券公司正在通过保证金、货币基金以及付费的投资研究报告等获得增值服务的收入；相对而言，高净值的客户和机构客户更需要全价值链的金融服务。因此，互联网的出现将使客户服务分层化，高效、简便的互联网业务将更好地满足各个层次客户的需求。

（三）从客户向用户体验的转换

互联网与金融先天有别。互联网强调流量为王，为了抢占用户资源不惜牺牲前期盈利，因而在跑马圈地的过程中极为强调用户的使用体验；而金融处于严格监管之下，金融产品的风险爆发具有较强的滞后性，在风险控制与客户体验方面往往更为强调前者。

基于上述考虑，传统证券公司更强调客户规模，根据客户的交易、投资等习惯推送相应的服务，而现在更愿意仿效互联网公司推进用户规模的增长，尊重用户体验，其思考的路径逐步从关注客户向关注用户的角度转变。

1. 互联网平台产品体验。尽管很多大型证券公司已经凭借自身资本实力搭建起网络平台和移动客户端 APP，但大部分平台的用户增长情况和活跃用户数并不理想。互联网平台产品是互联网金融的一大核心。以国金证券佣金宝和中山证券小鹿金融的界面为例，好的用户体验来自以下几个方面：一是线上与线下流程无缝对接，较少线上线下、网页之间的转换；二是方便客户迅速、准确地找到需要的信息（移动互联还应实时推送）；三是降低客户的交易成本；四是迅速、便捷地达成交易。除了从技术上根据人机工程学设计网络平台以外，互联网公司在迎合客户群体的喜好潮流、“卖萌求关注”等方式的运用方面得心应手，传统金融行业则需要逐渐接纳这种互联网新思维。

另外，作为轻 APP 的微信公共账号，也是传统金融机构和投资者直接接触的利器，微信公共账号是一个开放式的平台，可以按照不同的客户进行分类，并且可以实现多客户服务等功能，不仅可以承担一部分的客服功能，而且更为重要的是，可以通过微信直接向投资者宣传金融机构的产品和特点。

2. 内容体验。在内容体验方面，传统金融企业面临一个问题，我们不能像消费品零售商一样向客户寄送样品试用。各类型的金融理财产品具有收益不确定、风险不确定的特性，并非完全的标准化，如何让客户拥有更多的产品体验、将复杂的产品说明阐述清晰是证券公司推广过程中需要考虑的问题，这方面“百度百发”和“余额宝”产品的推广是很好的示例。同时，“雪球”、“新浪理财师”等社区金融的出现，解决了传统投资咨询内容的传递，“晒单”、“跟投”是连接小微用户和投资顾问较为有效的方式，为用户提供了方便的在线咨询。

3. 服务体验。金融产品以及咨询服务贯穿于整个用户生命周期，包括售前咨询、销售过程、售后服务、持续营销（产生重复购买）等。证券公司需要建立全流程、全产品线的服务标准和机制，确保服务体验目标和服务能力能够分解到每一个岗位。以证券客户服务座席为例，要保证对于客户可能面临的问题有预判，并快速协助解决，随后在平台系统改进过程中进行修订，从而实质性地提高服务质量。

（四）催生更多创新业务

我们选取了从事互联网金融业务的三家代表证券公司——华泰证券、国金证券、中山证券，三家公司在 2013—2015 年三年的市场占有率呈现不同程度的变化。其中，华泰证券、国金证券的上升态势明显，而中山证券未有明显的增幅（见图 3）。可以发现，开展互联网金融业务对于证券公司市场占有率的提升并非正相关关系。但对证券公司业务模式的改造将是直接的。

实际上，传统经纪业务主要是依靠营销、渠道、经纪人来引进客户，然后通过收取佣金和获得利差来赚钱，后续再开展服务和理财产品销售等工作。在互联网金融时代，原有的运行模式将发生变化，证券公司首先需要发展用户规模，其次是提高黏度，进而实现客户增值服务价值的挖掘，提高单客户的价值贡献度。

证券行业逐渐摆脱“靠天吃饭”的束缚，业务创新如火如荼地进行着。尤其是在 2012 年第一届证券业创新大会以来，证券业务创新驶入快车道。而来自互联网金融的挑战则加速

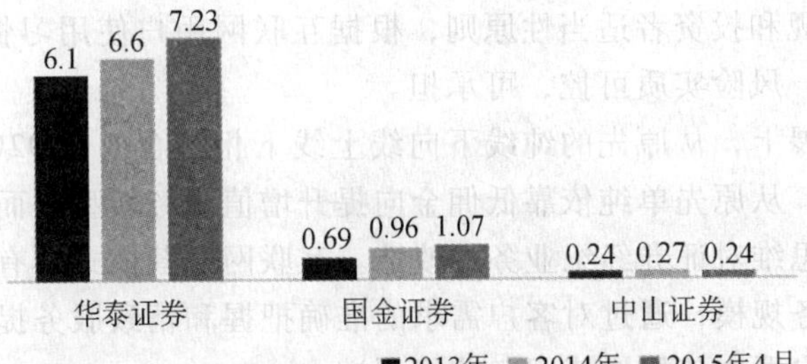

图 3　2013—2015 年代表互联网金融业务证券公司市场占有率变化（单位:%）

资料来源：Wind 资讯、齐鲁证券研究所。

了证券行业的创新进程，在过去几年，经纪业务的收入占比持续下降，截至 2014 年底，经纪业务收入占比约在三分之一左右。预计未来几年，创新业务有望快速增长，尤其是从网络经纪衍生出的新业务，如网络理财、网络投资咨询等业务会快速发展。

三、互联网金融推动经纪业务转型的探索实践

（一）推动经纪业务基础体系改造

经过前期的市场教育，用户逐步对证券公司提供的互联网金融服务有了初步认识。在推动经纪业务转型的过程中，互联网金融主要致力于为互联网广谱用户提供小微化财富管理服务，提供多种类型的产品与服务来满足不同的金融需求，主要满足 100 万元资产以下的长尾用户需求。强调从“以业务供给为导向”的模式向“以用户体验为导向”转型，关注客户需求；通过采取构建互联网业务平台，建立综合账户体系，提供全产业链、多元化金融服务的方式推动经纪业务转型。

1. 建立一套互联网金融账户体系。互联网金融账户的建立是适应互联网金融业务发展的全账户体系，对内能包容各种资本市场业务的账户体系，对外能对接各种互联网应用业务的账户体系。互联网金融账户的建立是适应互联网用户群体特征，实现资金支付和资金归集的账户，将原来割裂的保证金账户、理财账户、互联网应用账户和各类产品和创新业务账户集成，满足互联网用户资产全景视图和一站式财富管理的需求。

2. 做好两个平台建设。适应平台化战略，设计、开发、运营互联网和移动互联网平台，完善互联网平台上的网站和 PC 客户端；重点开拓移动 APP、HTML5 轻应用，在平台上实现各类产品功能的应用和金融服务。

（二）推动传统线下业务上线

互联网证券的最显著特征是营业场所的上线，传统营业部的经纪业务、经上级授权的资产管理业务、融资融券业务、代办股份业务和中间介绍业务等都可以尝试搬到线上进行。目前，互联网证券做得最多的还是新开户业务，预计客户倒流进行到一定程度之后，互联网证券经营机构将针对客户的不同需求完善网上柜台的各项业务。投资者可以在互联网证券平台开立证券、理财账户，享受“一站式”理财超市的全方位金融服务。

传统业务流程的互联网化再造。基于客户全生命周期，构建用户简易快捷的场景式处理

模式，遵循实质性合规和投资者适当性原则，根据互联网用户使用习惯重塑整个业务流程，确保流程简洁、便利、风险实质可控，可承担。

在零售客户的拓展上，从原先的纯线下向线上线下相结合的“O2O”模式转型；同时，在提升客户黏性方面，从原先单纯依靠低佣金向提升增值服务转型。而最重要的，是互联网经营模式以及互联网思维对证券经纪业务的改造。互联网经营模式具有典型特征：以免费服务形式在线上扩张业务规模，通过对客户需求的准确把握和精致服务提升客户黏性，最后通过规模优势在长尾客户群中依靠增值服务获得利润。

（三）线上投资顾问，标准化的互联网服务

将传统的社交信息服务变成交易服务，将投资顾问服务与通道服务相结合。社交金融主要给客户提供更好的网络证券综合交易服务，降低信息不对称，增强用户黏度。重点解决客户获取信息以后的“跟投”交易，实现服务提供方和被服务方的联动，在传统的社交金融的信息交互平台基础上，加入“跟投”系统，把单纯的线上投资顾问咨询服务向“跟投”与促成交易服务转化。例如，通过自动生成订单、一键跟单的形式，也可以尝试采用类似于包管账户（Wrap Account）的策略跟投形式，最终实现小微化的权益类投资服务。

2015 年 1 月，中山证券正式宣布推出“互联网财富管理合伙人”，探索实行类合伙人制度，这也是中山证券继“惠率通”、“小融通”之后，突破传统经纪业务、布局互联网金融的又一动作。与此同时，中山证券还与多家互联网公司达成协议，使展业平台内容能在多个互联网平台上同步直播互动，实现一键跨平台发布观点或服务计划。

中山证券表示，此次推出互联网创新服务，主要希望能在架构设计上探索类合伙人激励制度，突破传统营业部在物理网点、客户规模、技术平台等方面的限制，面向中小投资者，全面提升证券理财服务水平。

在互联网证券业务开展之前，证券公司客户是分散在各地的，所以投资顾问需要集中在各个营业部。如今，证券公司的客户都集中在互联网上，投资顾问就可以分散在各地提供服务。中山证券改变投资顾问的管理架构，从原来的归属营业部管理，到现在归属于公司总部并在全国范围展业。

（四）大力发展在线理财

以理财账户为载体，以现金管理类产品作为保证金的替代品，提供稳健的收益；在此基础上提供各类中低风险的理财产品；对于高净值客户提供基于“O2O”的高风险产品。

利用在线理财平台实现低门槛引流。通过 7×24 小时全天候运营的在线理财平台，可以实现无人工干预、真正意义上的基于互联网的金融服务业务，为此，理财服务平台需要具有高度的可扩展性和安全性，是证券公司与外部互联网平台和支付渠道以及各金融机构的重要对接平台。例如，齐鲁证券与恒生电子合作，基于阿里云平台，建立了互联网证券理财账户体系和理财云平台。

（五）推动更多创新业务发展

重点落实提供投资（含交易）、融资和支付三项核心功能的互联网化进程。投资端重点做好交易型投资和产品型投资的外延式发展，包括创新业务投资，如“P2P”与众筹；融资

端在给客户提供传统的场内小额股票质押业务、基于场外市场的交易转让业务之余，重点做好创新的“P2P”和股权众筹融资；支付端重点做好消费支付、理财支付等环节的归集和运营建设。

重点做好网络众筹业务发展。众筹，指个人、机构或企业通过在线平台（即众筹网站）向不特定社会公众募集资金进行融资的行为。广义的众筹包括“P2P”借贷，狭义的众筹指的是股权众筹行为。众筹平台的运作模式大同小异——需要资金的个人或团队将项目策划交给众筹平台，经过相关审核后，便可以在平台的网站上建立属于自己的页面，用来向公众介绍项目情况。

网络众筹服务是依据证券公司多年积累的投资银行经验，根据已经掌握的客户需求，识别并揭示各个环节的风险点，立足多层次资本市场的设立，借助新三板业务的发展以及注册制的放开，响应新兴的民营企业和创新企业需要股权众筹的要求，整合资源，形成众筹平台。

未来小微化的众筹服务业务来源主要依靠证券公司投资银行等相关单元从垂直细分行业中选择优质项目开展，核心是寻找优质项目，重点是做好项目管控，众筹的产品形态以低门槛产品为主。

（六）建设大数据平台，为业务风控保驾护航

大数据金融，是指集合海量非结构化数据，通过对其进行实时分析，可以为互联网金融机构提供客户全方位信息，通过分析和挖掘客户的交易和消费信息掌握客户的消费习惯，并准确预测客户行为，使金融机构和金融服务平台在营销和风控方面有的放矢。基于大数据的金融服务平台，主要指拥有海量数据的电子商务企业开展的金融服务平台。

大数据金融模式广泛应用于电商平台，以对平台用户和供应商进行贷款融资，从中获得贷款利息以及流畅的供应链所带来的企业收益。随着大数据金融的完善，企业将更加注重用户的个人体验，进行个性化金融产品的设计。未来，大数据金融企业之间的竞争将存在于对数据的采集范围、数据真伪性的鉴别以及数据分析和个性化服务等方面。

（七）实现经纪业务转型的重要抓手

借鉴互联网公司运营模式，经纪业务在借助互联网手段转型过程中应立足三个抓手来落实互联网金融业务。

1. 产品。首先，应该改变传统业务由后台向前台传导的思维模式，建立适合互联网业务的产品设计、开发、运营体系。传统的后台收集需求实现后再给前端应用的模式不适应互联网时代；应以产品内容运营的思路来设计产品和开发产品，从产品运营角度出发收集需求，将需求整理给产品经理，完成产品设计后交由技术开发，最后完成产品运营；在运营过程中不断完善产品，形成闭环迭代。

借鉴传统互联网公司的做法，以产品经理制推动产品线的丰富和完善。产品经理负责公司互联网金融产品线的构建以及产品生命周期的管理，重点做好产品的运营，以用户和销售为核心展开；专注于用户体验与用户研究，围绕用户规模、用户增长速度、用户黏性三个核心指标展开。

2. 流量。通过运营提升流量导入能力，具体可分为三个层面：

（1）外部渠道的合作引流。目前，渠道引流的成本大幅上升，大型门户的议价能力比较强，接入证券公司比较多，渠道合作的重点将逐步转向以垂直细分领域与大型金融机构、通信运营商的合作为主。

（2）加强公司自身平台的运营，通过搜索引擎优化（SEO）、自媒体、微信等手段加强自运营。

（3）利用线下网点，打通“O2O”的业务联动。“O2O”的本质是匹配与连接，核心是连接用户与投资顾问、客户经理，让金融行为从线上到达线下，线下服务又能转移到线上。需要充分发挥地推的力量，调动线下分支机构参与网络推广，引导他们通过互联网向客户提供更加快捷方便的服务。

找到用户在传统金融行为中遇到的壁障并将其打破，以此让信息流畅通，实现“渠道+客户+平台”三位一体。证券公司可根据自身资源禀赋灵活选择导入方式。

3. 内容。内容核心是遴选金融产品服务，是证券行业最核心的竞争力。内容运营中对金融产品服务的设计、管理和包装，是整个环节最核心的部分，好的产品设计体验，通过引流吸引用户，都是为了让用户来消费这些内容，内容的同类产品竞争力决定了用户的选择。

内容范围将不限于金融理财产品，未来可能涉及融资类产品服务、理财产品服务、众筹产品服务等。根据投资者适当性原则，为客户匹配不同的产品服务内容。

参考文献

谢平，邹传伟：“互联网金融模式研究”［J］，《金融研究》，2012（12）：11—22。

证券经纪业务转型研究

边绪宝*

一、引言

自2002年4月我国开启证券交易佣金市场化改革之后，为扩大市场份额，增加业务收入，证券公司就开始了证券经纪业务转型的探索。早期的转型主要集中在降低佣金费率，增加营业网点，试点证券交易网络化，以及通过短信息、电子邮件向客户提供咨询产品等方面。这一时期的转型具有以佣金价格战、广泛设立营业部来抢占市场的特点，经纪业务收入依然严重依赖通道业务。自2012年证券行业创新发展大会召开以后，证券公司的业务范围得到了很大的扩展，这也使得证券公司向客户提供通道以外的业务成为可能。当前，在互联网金融创新和证券交易佣金费率降无可降的情况下，证券经纪业务转型与发展首先要转变固有的思维模式，要彻底改变原来以追求交易佣金收入为主要目标的经营管理模式，要以通道资源为基础，向收入来源多元化转变。

二、证券行业经纪业务竞争态势

截至2015年11月30日，我国共有各种类型的证券公司125家，一般除少数中外合资证券公司由于政策性限制没有经营证券经纪业务外，其余100多家证券公司都具有经纪业务资格并采取多种形式开展证券经纪业务。当前，我国证券公司经纪业务的发展呈现出以下特点。

（一）经纪业务收入在证券公司全部营业收入中所占的比例稳步下降

经纪业务一直是我国证券公司的重要收入来源，无论是大型证券公司，还是中小型证券

* 作者单位：中泰证券股份有限公司。原载于《中国证券》2015年第12期。

公司，都对经纪业务高度重视。经纪业务不仅能带来最直接的交易佣金收入，而且还是融资融券、金融产品销售等业务开展的重要基础，营业部更是连接客户的重要桥梁。最近几年，由于创新业务的增加和收入来源的多样化，大型证券公司对经纪业务的依赖度明显降低。从业务结构来看，最近几年大型证券公司的经纪业务收入在总收入中的占比呈现出持续下降的趋势，围绕经纪业务产品线而开展的创新业务比较丰富，业务收入来源渠道更加多元化，收入相对稳定。创新业务的开展有利于对冲经纪业务收入的周期性波动。因此，大型证券公司的业绩相对稳定，受市场波动影响较小。而中小证券公司经纪业务收入占比普遍较高，受市场波动的影响仍然较大，在行情上涨的情况下，中小证券公司交易额上升，业绩大幅度增加；而在行情下跌的情况下，中小证券公司的业绩快速下滑。创新业务的开展使国内证券公司加剧分化，那些主要依靠经纪业务佣金收入的中小型证券公司在未来的竞争中将更加被边缘化。

从佣金水平来看，经过多年价格战的充分竞争之后，证券公司经纪业务的佣金水平基本趋于稳定。但是，随着非现场开户、网上开户、一人多账户等创新政策的实施和发展，也有可能引发一场新的客户争夺战，竞争的焦点将从单纯的佣金价格向提供咨询产品等增值服务转变。

佣金率的不断下降，使经纪业务收入在证券公司全部业务收入中所占的比例也出现了持续下降现象。表 1 显示，2008 年和 2009 年，全行业经纪业务收入在全部业务收入中的占比约为 70%。近年来，经纪业务佣金收入在证券公司业务收入中的比例出现下降。2014 年全行业经纪业务收入占比下降到 40.32%，大型证券公司下降幅度更大。

表 1　　近年来证券经纪业务营收占比情况

年度	全部证券公司营业收入（亿元）	全部证券公司经纪业务收入（亿元）	经纪业务收入在营业收入中所占的比例（%）
2007 年	2 835.85	1 603.90	56.56
2008 年	1 251.00	882.00	70.50
2009 年	2 052.80	1 428.61	69.59
2010 年	1 911.02	1 084.90	56.77
2011 年	1 359.50	688.87	50.67
2012 年	1 294.71	504.07	38.93
2013 年	1 592.41	759.21	47.68
2014 年	2 602.84	1 049.48	40.32
2015 年上半年	3 305.08	1 584.35	47.94

资料来源：中国证券业协会。

此外，经纪业务收入还具有非常不稳定的特征，经纪业务收入受到股票市场行情变化的影响较大。在 A 股行情最为低迷的 2012 年，全行业经纪业务佣金收入仅为 504.07 亿元，是 2007 年行情高涨时期收入的 31.43%，是 2015 年上半年的 31.82%。经纪业务收入的多变性必然使得证券公司收入结构缺乏稳定性，尤其是那些收入结构中过度依赖经纪业务的证券公司。

（二）经纪业务市场集中度逐渐上升

在产业组织理论中，集中度是量度市场结构的主要指标，集中度的变化将直接反映市场的竞争状态变化，并通过综合分析，反映一个产业内企业的分布状况以及产业内市场垄断和竞争程度。一般来说，产业的集中度越高，其市场支配力越高，市场竞争力也越大。一般认为，市场结构变量中市场集中是规模经济、行业壁垒（进入、退出壁垒）、市场容量的函数，它们是正相关的关系。

表 2 采用绝对集中度指标对反映我国证券行业经纪业务的股票、基金和债券交易总额进行考查和分析，并由此得出证券行业经纪业务的市场竞争情况。

表 2　　近年来证券公司经纪业务市场集中度指标

集中度指标（%）	2009 年	2010 年	2011 年	2012 年	2013 年	2014 年
CR4	21.45	20.71	22.11	23.73	23.29	24.87
CR5	25.74	25.02	26.37	28.25	28.28	30.00
CR10	43.54	42.96	44.82	49.56	50.41	52.07

资料来源：Wind 资讯。

从表 2 可以看出，我国的经纪业务集中度指标已经呈现出稳步上升的趋势，2013 年以来，前十家证券公司的经纪业务市场份额已经占到全行业的半壁江山。从经纪业务市场竞争情况来看，最近几年经纪业务的市场集中度稳步提升，尤其是国泰君安、申万宏源、中信证券等为代表的前五家证券公司，不仅稳居行业前五位，而且市场份额逐步提高。目前，上述 3 家证券公司的经纪业务市场份额均已突破 6%。

但是，如果按照美国经济学家贝恩运用集中度指标对产业的垄断和竞争程度的分类研究，我国的证券经纪业务市场仍然处于低集中寡占型市场的范畴，因此，未来经纪业务市场集中度还有很大的提升空间。正如美国的资本市场，经过长期的高度竞争以后，证券行业产生较大的分化，目前纽约交易所会员 300 多家证券公司中，以高盛、摩根士丹利、美银美林等为代表的前十家投资银行的销售和交易业务总收入已经占全行业的 55% 以上。其他的中小投资银行通过特色经营、专业化服务，以不同的专业优势满足了不同客户的需求。

今后，受资本规模、综合竞争能力、品牌、渠道优势以及监管政策的影响，证券公司以经纪业务、信用业务、资产管理业务、投资银行业务为代表的主要业务市场集中度仍将继续提高。

（三）经纪业务竞争的焦点已经开始向互联网转移

2014 年初，国金证券首先与腾讯公司合作开展互联网经纪业务试点，除了推出击破行业下限的交易佣金，同时还为账户保证金余额提供理财服务。此举在证券行业掀起了巨大的波澜，并加快了证券经纪业务竞争由营业部层面向互联网转移。

目前，国内大部分证券公司都在积极探索并已经开展了内容丰富的互联网证券业务，最为典型的就是通过互联网进行证券开户业务。通过互联网进行证券交易和资金的结算在我国多年前就已经完成，目前所要做的就是完善经纪业务的业务链条，使开户、交易、产品销售、针对性的投资咨询、财富管理、转户与销户等所有与证券经纪有关的业务都能通过网络来便利地完成。

互联网证券也不再是简单地把传统证券业务搬到网上去，而是充分利用大数据来解决长期存在的证券公司与用户之间信息不对称的问题。未来证券公司互联网证券业务的价值将更多通过充分挖掘互联网客户数据资源，开发、设计有针对性的、满足客户个性化需求的投资理财产品和增值服务来创造和实现价值，从而真正实现互联网金融的“长尾效应”。

互联网的广泛应用还使得证券公司经纪业务的竞争超越时空限制，可以实现 7×24 小时开户与投资咨询服务，并且还可以轻松实现跨地域开展经纪业务。证券公司经纪业务的竞争也从大中型城市向小城市和乡镇延伸，广大的农村居民将成为未来新兴的股票投资主体。

移动互联网技术的发展也引起移动证券的迅猛发展。随着智能手机的快速普及，移动互联网在证券经纪业务中的证券开户与交易、投资咨询产品推送与金融产品购买等方面具有随时随地和及时性的优势。许多证券公司也适时开发出移动证券 APP，将经纪业务的竞争转移到移动互联网上。如国信证券的“金太阳”证券、广发证券的“易淘金”、华泰证券的“涨乐财富通”、国泰君安证券的“易阳指证券”等。移动金融是互联网金融的升级模式，较传统互联网金融的优势体现在三个方面：大数据支持、用户体验与降低交易成本。而移动证券的服务内涵不断丰富，重力感应、二维码识别、手机定位等移动技术不断出现，极大地方便了用户随时随地享受智能化、信息化的金融服务，这是传统互联网金融技术无法企及的。统计数据显示，截至 2015 年 6 月底，网上进行股票投资的用户规模已经达到 5 628 万户，较 2014 年同期增长了 47.4%。手机证券已经成为经纪业务增长的新蓝海。

华泰证券、国金证券是我国较早推出互联网非现场开户并大幅度下调交易佣金的证券公司之一。短短几年，华泰证券与国金证券的经纪业务市场份额得到了很大的提升（见表 3）。由此我们可以看出互联网技术在争取客户、抢占市场方面的巨大威力。

表 3　近几年华泰证券、国金证券股票交易市场占有率变化

年度	华泰证券		国金证券	
	市场占有率（%）	位次（位）	市场占有率（%）	位次（位）
2011 年	3.87	8	0.67	43
2012 年	5.36	2	0.71	34
2013 年	6.01	1	0.70	32
2014 年	6.52	1	0.98	26
2015 年上半年	7.18	1	1.15	22

资料来源：Wind 资讯。

三、经纪业务面临的挑战

（一）非现场开户和一人多账户改革使证券公司经纪业务竞争更加激烈

非现场开户的政策放开，源自于 2013 年 3 月中国证券业协会、中国结算公司先后发布的《证券公司开立客户账户规范》和《证券账户非现场开户实施暂行办法》。通过见证开户

和网上开户两种方式，将原本作为营业部监察重点的非现场开户合规化。非现场开户的制度放开为具有互联网竞争优势的证券公司提供了做大经纪业务的可能性，并带动经纪业务佣金率下降。证券公司纷纷开始自我转换，主动谋求转型适应市场变化。

非现场开户消除了经纪业务的地域性保护壁垒，而网上开户却直接推动全国范围内经纪业务的新一轮竞争。目前，国内证券公司经纪业务所提供的差异化服务并不充分，降低佣金率仍是争夺客户最主要的工具，大多数证券公司已将网上开户的交易佣金率降至万分之三附近。

与十几年前比较，证券公司经纪业务市场最大的变化在于一人多账户成为可能。自2015年4月13日起，A股市场全面放开"一人一户"限制，自然人与机构投资者均可根据自身实际需要开立多个A股账户和封闭式基金账户，上限为20户。这也就意味着如果投资者对证券公司的服务或佣金不满意，不必再像以前那样费尽周折转户，而是只需要到别的证券公司新开一个账户即可。证券经纪业"一人一户"全面解禁将给投资者带来更多方面的选择权，除了增加A股开户的吸引力外，还将倒逼证券公司降低经纪业务的交易佣金费率，并提升投资咨询服务水平。

一人多户的放开，将促进证券行业经纪业务的转型发展。目前，多数证券公司都在发展新兴的经纪业务，提供多种个性化服务，如私募债融资业务、股权质押业务、财富管理等深度客户服务。

（二）证券行业对内开放

行业新进入者将在长期内为证券公司带来更大的竞争压力。鉴于中国银行业拥有强大的客户基础和雄厚的资产实力，它们或成为投资银行债券承销和零售经纪业务的强有力竞争者。市场逐步开放的可能导致竞争加剧，特别是在投资银行和传统经纪业务领域，可能为中长期的行业整合开辟道路。那些资本实力雄厚、具备多元化收入基础以及差异化业务实力的证券公司在应对这些挑战时处于更有利的位置。

此外，互联网企业也有进入证券经纪业务的可能。在技术环节，互联网企业没有任何介入证券交易服务的障碍。目前，包括同花顺、大智慧在内的多家互联网企业一直在为证券公司提供交易服务。

目前，多数互联网企业都能提供免费的证券行情浏览、交易服务。如果它们获得证券牌照之后，继续提供免费服务并没有任何额外负担，也不需要调整盈利预期。互联网企业的主要优势在于拥有庞大客户基础的平台，实现支付、交易等传统金融功能的便捷性以及各类信息的整合及高速传播能力（大数据），因而尤其擅长推送标准化产品和服务，适合服务金融需求同质化的零售客户。

未来金融业存在两大机会，一个是金融互联网化，即金融行业走向互联网金融；另一个则是互联网金融，即由纯粹的互联网企业来引导金融行业的变革。

四、经纪业务转型的方向与建议

通过上述分析可以发现，尽管目前经纪业务收入在证券公司全部营收中占有较高的比例，但是随着资本市场的改革开放，佣金费率的持续下降和创新业务的不断出现，经纪业务收入占比将会继续下降。同时，传统的经纪业务收入具有较强的不稳定性，还存在市场进入壁垒被打破的情况。因此，在市场竞争条件可能改变的情况下，证券公司应加快经纪业务的转型。今后，证券公司应该结合自身在行业中的地位和长期开展经纪业务的实际情况确定转型的目标与发展方向。

未来经纪业务的发展必须走出对纯通道收入的过度依赖，大力拓展非通道业务收入来源。对于全国性大型证券公司而言，经纪业务转型要向业务网络化、规模化、金融产品多元化、服务增值化方向发展；对于中小证券公司而言，要向专业化、特色化、差异化方向发展。结合当前我国金融市场发展的实际情况，经纪业务转型的方向在于通过专业化管理优势吸引并留住客户资金，在做好证券经纪交易业务的同时，向其提供多元化的金融理财产品，从而实现为客户提升资产增值的服务目标。

未来证券公司经纪业务转型发展的方向表现在以下几个方面。

（一）重新定位营业部的功能，做好差异化发展

今后，在互联网开户与交易的基础上，为客户提供多元化、差异性的服务将成为证券经纪业务发展的方向。在这方面，国内许多证券公司做了许多有益的探索，如华泰证券推出的“紫金理财”服务产品。华泰证券以“财富永续之道”为内涵的“紫金理财”服务品牌已得到广大客户的认可。菜单式的“紫金大管家”服务，能满足客户的综合交易服务需求；尊贵的“紫金私人顾问”服务，能满足高端客户的个性化理财需求。国泰君安提出了综合理财服务创新方案，以“君弘一户通账户”为核心，整合公司全产品、全业务和全方位服务，致力于为客户提供专业化的综合理财服务。客户可以通过“君弘一户通账户”基本实现全面管理各类账户资产，实现证券交易、期货交易、信用交易、基金申购、全产品在线筛选与理财产品购买，获得以定向资产管理为基础的资产管理服务，并且享受方便快捷的资金汇划与消费支付服务。国信证券率先在行业内开创了经纪业务服务产品——“金色阳光证券账户”。该产品对客户需求进行了细分，并提供相应的投资服务；收费则采用佣金与服务内容挂钩。公司实行打造精品营业部的差异化品牌营销战略，通过主动营销策略、大力推广网上营业厅、“金太阳”手机证券等电子交易平台方式，打造开放的“营销+服务”平台，提高单个营业部的运行效率，增加单个营业部的市场辐射范围等。上述发展模式虽然形式多样，但核心内容是一样的，那就是“以客户为中心”，为客户提供多元化、多层次、全方位的投资理财服务。

发展中国家经济发展的实践证明，学习与借鉴先进经验具有明显的后发优势。国内证券公司可以在借鉴吸收发达国家资本市场经营主体成功经验的基础上，在经纪业务发展模式上探索出新的途径。总体思路是将营业部的功能定位于公司开展证券经纪业务的营销中心和为客户提供综合金融服务的财富管理中心。

（二）加快创新型经纪业务的开展

从证券行业整体情况来看，到目前为止，传统经纪业务对证券公司的收入依然贡献最大，因此，佣金费率的不断下降使得行业经纪业务在中短期内承受的压力加剧。互联网经纪业务的发展对地方性中小证券公司冲击比较大，一是因为这些证券公司的佣金费率较高，有的甚至维持在千分之一以上的高价格区；二是这些证券公司过度依赖经纪业务，一旦经纪业务收入下降，将缺乏必要的业务开展来弥补损失。因此，证券公司必须加快互联网金融在经纪业务中的应用与发展。

2012 年以后，在监管层“放松管制、加强监管”总体方针的指导下，证券公司的创新业务呈现出较快的发展势头。近几年，全行业创新大会更是激活了证券行业业务创新的活力，创新业务、创新产品的数量、规模和收入等指标均呈现较快增长态势。

经过几年的培育和发展，创新业务已经在证券公司的营业收入与利润中占有重要地位。其中，借助经纪业务平台发展起来的“两融”业务、股票抵押业务、资产管理业务收益已经成为提升证券公司业绩的重要力量。统计数据显示，2014 年证券公司融资融券业务收入 446.24 亿元，比上年同期增长 141.71%；资产管理业务收入达 124.35 亿元，比 2013 年同期增长 76.88%。

目前，我国证券行业正处于从传统通道业务向全面中介和投资业务转型发展的重要时期，经过严格的综合治理，大中型证券公司已经基本具备了杠杆提升的条件，监管政策放松也为证券公司业务创新提供了有利的外部条件。而且，与经纪业务、自营投资业务等传统业务相比，融资融券、股票抵押与约定购回、资产管理等创新业务具有受市场波动影响较小、收益稳定、业务风险较低的优点，未来有望成为证券公司发展的重要业务。

随着资产证券化业务、股票质押融资业务、新三板市场做市业务、衍生品等创新业务的开展，经纪业务中的创新业务在证券行业中的地位将稳定上升。随着创新业务的不断发展，未来几年，以信用业务为代表的创新业务收入有望占据证券公司业务收入的半壁江山。

（三）经纪业务要加快向财富管理业务转型

财富管理是金融服务市场演进的必然选择，是成熟证券经纪市场发展的必然结果，从通道服务向财富管理转型也是证券公司经纪业务发展的必然趋势。面对经纪业务佣金费率的一降再降，以及日益竞争激烈的市场，扩大销售风险相对较低的金融产品范围是许多证券公司向财富管理转型做出的有益探索。证券公司开展财富管理业务具有比其他金融机构得天独厚的优势，可以将财富管理业务与经纪业务、投资银行业务结合起来发展，既可以形成更广泛的客户基础，又能提供更多样化的产品和服务。

证券公司经纪业务向财富管理转型更是主动适应我国居民财富分布结构的结果。经过 30 多年的改革开放，我国的富裕人数已经越来越多，但是国内目前为高端客户提供全面理财服务的机构相对较少，因此该领域具有巨大的市场潜力。招商银行和贝恩公司联合发布的《2015 中国私人财富报告》显示，2015 年中国个人可投资资产 1 000 万元人民币以上的高净值人群规模已超过 100 万人，全国个人总体持有的可投资资产规模达到 112 万亿元人民币，预计 2015 年中国私人财富市场仍将保持增长势头，全国个人总体可投资资产规模预计将达到 129 万亿元，高净值人群规模将达到 126 万人，高净值人群持有的个人可投资资产规模将达到 37 万亿元。我国私人财富市场持续释放着可观的增长潜力和巨大的市场价值。

财富管理业务虽然起源于欧洲，但发展到现在，美国的财富管理规模位居世界第一。美国财富管理业务服务内容涵盖了资产管理、保险、信托、税务及遗产的咨询和计划、房地产咨询等。美国投资银行还利用其产品设计能力为私人银行制作金融产品，如结构性产品、衍生产品、对冲基金、私募股权、外汇、商品等。特别是，在法律与税收方面，对富人阶层影响最大的当属个人所得税和财产转移税，美国的联邦法律规定了纳税人税务申报和税金缴纳的义务，这使财产转移、税务规划和遗产继承成为私人银行业务的重要组成部分。

美林证券是最早开展财富管理业务的公司，并且从 20 世纪 80 年代末开始，为扩大竞争优势，加快产品创新步伐，通过财富管理战略，将 CMA 账户与 MMF 账户结合，扩大资产组合的范围。随着客户网络的扩大，进一步将 CMA 升级到集交易和理财于一体的无限优势账户，给客户更大的选择空间，同时加快收入模式向费用模式的转变。由表 4 可以看出，美林证券财富管理业务收入具有多元化的特点，并且在收入构成中，全球私人客户业务（GPC）收入占比在九成以上。

表 4　　美林证券公司财富管理业务收入构成

	2006 年		2007 年	
	业务收入（百万美元）	占比（%）	业务收入（百万美元）	占比（%）
全球财富管理业务（GWM1）总收入	11 841	100	14 021	100
全球私人客户业务（GPC）总收入	11 300	95.4	12 899	92
其中：基于管理资产额的收入	5 499	46.4	6 278	44.8
交易及股销、债销收入	3 397	28.7	3 887	27.7
净利息与对冲操作收入	2 103	17.8	2 318	16.5
其他收入	301	2.5	416	3
全球投资管理业务（GIM）	541	4.6	1 122	8

资料来源：美林证券公司年报。

（四）监管部门应支持证券公司按照市场化原则合并重组

最近两年来，证券公司之间的收购兼并行为此起彼伏，这也是证券公司综合治理之后掀起的新一轮整合行动。比较有代表性的有方正证券收购民族证券，申银万国证券收购宏源证券并借壳上市，国泰君安证券合并上海证券。上述几家证券公司既有完全市场化的收购兼并，也有同一控股股东整合旗下控股子公司的行为，也有整合国有资产的需要。证券行业的兼并整合，不仅有助于产生规模相对较大的证券企业，还有利于降低经纪类业务的恶性竞争，有利于通过增加净资本实力来推动创新业务乃至全行业的健康发展。

纵观国际上包括证券公司在内的大型金融机构的发展，无一不是通过不断地收购兼并发展壮大的。就连有贵族投资银行之称的摩根士丹利（Morgan Stanley），为了发展壮大经纪与交易业务也不得不放低身段与添惠（Dean Witter）合并。1997 年的 2 月，美国三大投行之一的摩根士丹利宣布与美国最大的证券经纪商添惠（Dean Witter）合并，这场合并当时震动了整个华尔街，因为它意味着“大脑”和“肌肉”两种不同文化的融合，一家是专做大客户的顶级投资银行，而另一家则是面对普通投资者的零售经纪商。合并后的摩根士丹利添惠（Morgan Stanley Dean Witter）成为一家既拥有强大机构业务及高端私人资产管理业务，又同时发展一般投资者证券交易业务的多元化大型投资银行。

因此，监管部门要鼓励证券公司合并重组，实现规模化经营和优势互补。通过不断整合，我国将会产生世界级的投资银行，同时，中小证券公司要朝专业化的方向发展。未来中国证券行业将形成逐级分化的“金字塔”竞争格局。一方面，金融创新将推动证券行业的收入快速增长；另一方面，根据国际经验，随着行业的收入和资本集中度的不断提高，预期行业最终将有10家左右的大型全能投资银行，其他机构将朝着专业化和区域化的方向发展。

参考文献

[1] 高歌：“券商经纪业务转型路径探讨与实证分析”［J］，《新经济》，2015（4）：54—55。

[2] 张岳：“我国证券经纪业务转型与财富管理模式创新”［J］，《产权导刊》，2014（3）：55—58。

[3] 帅隽：“我国证券公司经纪业务转型财富管理研究”［R］，上海，2013年。

[4] 周林：“券商经纪业务的转型分析”［J］，《新经济》，2014（8）：51—53。

[5] 顾海峰，王善勇：“券商经纪业务盈利模式的制约因素及转型路径”［J］，《金融教学与研究》，2013（3）：49—55。

[6] 赵贵成，张兴旭：“创新形势下证券经纪业务财富管理体系建设研究”［J］，《金融纵横》，2013（4）：66—69。

[7] 贝恩公司：《2015年中国私人财富报告》［R］，北京，2015年，1—48。

[8] 林采宜：《财富管理业务现状》［R］，北京，2012年，1—40。

[9] CNNIC：《第36次中国互联网络发展状况统计报告》［R］，北京，2015：1—49。

证券经纪业务转型发展期的风险防范与控制

王 研*

2015年，随着行情的持续火爆，传统经纪业务给证券公司带来巨大收益。证券交易手续费、资本中介、金融产品销售等业务收入以及托管资产、开户数量均取得爆发性增长。然而，经纪业务的快速发展、市场行情的罕见震荡导致各种新情况、新风险不断涌现，暴露出证券公司在经纪业务风险管理方面还存在很多不足，全面提升证券公司经纪业务的风险管理能力成为迫切的现实问题。本文通过分析证券公司经纪业务正在突显的各类问题，探讨经纪业务风险管理未来的发展方向。

一、证券行业经纪业务发展现状

（一）行业经纪业务整体发展情况

2015年1—10月市场日均交易量为11 361亿元，较2014年日均增长253%。截至2015年10月，2015年1—10月行业累计代理买卖证券业务净收入（含席位佣金收入）为2 345亿元，较2014年月均增长168%；2015年10月，托管市值达30.90万亿元，较2014年期末增长24%。经纪业务呈现以下特点：

1. 行业佣金费率继续快速下滑。随着“一人多户”政策的实施，证券公司低佣金战日益普遍，整个行业2015年1—10月的净佣金费率为0.53‰，较2014年下降23%。证券公司经纪业务整体佣金费率下滑趋势看不到缓解的迹象。

2. 越大越强，大证券公司的市场份额增长明显。2015年1—10月前十大证券公司股基交易市场份额为45.33%，较2014年增长4%。大型证券公司在牛市行情下无论是客户服务、产品配置，还是系统稳定、资本充足等方面均占据明显优势，市场竞争力优势明显。

3. 证券公司经纪业务发展方向差异更加明显。2015年，大力发展财富管理业务和中高端客户的证券公司和以互联网业务办理，低佣金、标准化服务获客为发展重点的证券公司之

* 作者单位：国信证券股份有限公司。原载于《中国证券》2015年第12期。

间的模式差异更加明显。部分证券公司已经在不同细分市场逐渐树立差异化品牌形象，证券公司细分市场定位趋势开始凸显。

（二）各项经纪业务发展特点

2015 年经纪业务的各项创新不断涌现，产品业务设计更加专业和复杂，在满足客户更加细分的需求之外，也对证券公司的风险管理能力提出了更高的要求。

1. 交易服务更加快速、专业和便捷。证券公司向客户提供的交易服务不再是过去相对单一的买卖委托功能。随着网络提速、Level 2 行情以及内存数据库技术等的普及应用，证券公司提供给客户的交易终端更加多样和智能，部分证券公司还注重对客户个性化需求的支持，支持客户在终端上根据自己的想法开发 APP。IT 技术的革新和互联网手段的快速应用使得证券公司提供给客户的交易服务正在快速发生变化。

2. 投资咨询服务范围扩大，对证券公司提出了更高的专业要求。随着多层次资本市场的建立，衍生产品的丰富，投资品范围更为宽广，投资咨询服务的复杂性不断提升，客户投资理财需求更为个性化。随着互联网技术的创新发展，服务形式和服务渠道更为多样化，投资咨询业务面临更细致的客户群体分类。随着账户管理业务的酝酿和后续适机推出，投资咨询业务的专业性要求将更强，证券公司投资咨询业务将深入发展，有助于提升证券公司投研能力的转换价值，带来新的发展机会。

3. 金融产品的广度和深度都发生深刻变化，避险产品“待字闺中”。随着金融行业的不断成熟，客户对理财产品的需求不断增长，银行、保险、信托、基金和证券行业在财富管理领域的竞争边际越来越模糊。在此背景下，一方面，证券公司通过资产管理产品、代销金融产品，涉及实体经济领域，为高端客户提供了类固定收益产品和高风险高收益的权益类产品，对证券公司留住存量客户、吸引增量客户和增量资产起到了重要作用；另一方面，证券公司金融产品的深度也发生了巨大变化，满足不同投资者风险偏好和风险承受能力的分级产品、锁定风险收益范围的量化对冲产品、策略产品层出不穷，为满足客户需求、加强适当性管理提供了丰富的产品支持。

2015 年上半年市场经历了历史罕见的大幅波动，越来越多的投资者意识到运用衍生工具避险的重要性，但实际参与期权交易的客户所占的比例却非常低，大部分投资者对期权的避险功能了解甚少，对冲工具的使用意识不强。同时，目前各家证券公司营业部缺少专业的投资咨询人员服务团队，整个市场也还未有正式上线相对成熟的手机交易客户端，整个期权市场的市场成熟度较低，未来有很大的发展空间。

4. 资本中介业务爆发式增长。证券公司融资业务主要包括融资融券、约定购回和股票质押回购业务，其中尤以融资融券业务为主。自融资融券试点转常规以来，行业“两融”余额从 1 万亿元（2014 年底）增加到 2. 27 万亿元（2015 年 6 月），尽管“两融”余额在 2015 年 6—8 月经历了快速下跌，但目前已经修复到 1. 2 万亿元的水平。融资融券业务收入已成为证券公司收入的主要业务收入之一。

二、证券经纪业务转型发展期显现新的风险特征

2015 年，随着创新业务的快速发展和股票市场异常波动的出现，证券公司经纪业务出

现以下风险特征。

（一）证券经纪业务新的风险特征综述

1. 风险点明显增多。随着资本中介业务、期货期权衍生品及其他金融工具产品的增加，证券经纪业务客户可直接和间接参与资金拆借、证券抵押、期货期权等产品和业务，也可以间接参与中国香港等境外市场。客户面临从单一证券买卖到多种复杂产品参与风险的转变。即便没有直接参与，也有可能因为创新业务和工具带来的连锁反应殃及自身，例如因市场套利保值所带来的市场波动风险等。这些给证券公司带来的不仅是业务产品本身的设计风险，也有客户适当性管理、投资者教育方面的风险隐患。

2. 风险点间的关联效应增强明显。证券经纪业务面临的多个风险点之间并不是独立的，往往具备较强的关联性。比如，在发生市场连续下跌的极端情况时，在期货市场做卖出套期保值的投资者就会增多，加剧期货和现货市场投资者的悲观情绪，从而引发和不断增强卖空力量，引发市场极端情况，证券公司的重资产业务和客户管理业务都面临很大风险。

3. 多个风险集中爆发。证券经纪业务的风险点不仅数量增加，彼此间关联效应也在增强，这些风险点往往是以多点集中爆发的方式呈现。当市场出现下跌的时候，如果现货市场证券因连续快速跌停，可能会在几个交易日内发生融资被强行平仓、对冲衍生品数量波动巨大、资金价格飙升、产品面临清盘、投资者情绪极端不稳定等诸多问题。

4. 互联网化带来的风险。随着证券行业互联网化程度的逐步增强，证券经纪业务的互联网风险体现在以下四个方面。

（1）线上业务办理导致的投资者教育风险。目前，证券经纪业务可以通过线上办理，在便利客户的同时也缓解了证券公司人力和场地投入，提升了工作效率，但也带来了客户适当性管理的一系列问题。例如，客户要自行阅读相关业务及办理流程的介绍、风险提示等内容。有别于现场办理工作人员的风险讲解与提示，部分客户在线上存在没有认真阅读并了解相关规则而导致潜在风险的问题。互联网化对于投资者教育提出了更高的要求，证券公司应通过后续培训、风险提示等方式减少客户因不了解业务产品所导致的一系列风险。

（2）互联网业务的开展对证券公司中后台支持的能力提出更高要求。目前，证券公司纷纷通过互联网证券渠道进行客户延揽和服务工作，由于互联网渠道与传统线下渠道相比存在客户流量大、纽带少、画像模糊的特点，对证券公司的中后台系统、营销服务内容、客户适当性管理等方面都提出了更高的要求。如果证券公司没有做好相应的准备，就会出现大量客户遇到问题无法及时得到服务、系统不稳定、缺乏针对性的产品、投资者教育欠缺等问题。面对复杂多变的证券市场，没有专业的理财服务，没有交易流畅的信息技术系统，没有充分的投资者教育和强大的中后台服务支持，投资者可能面临巨大的投资风险。因此，互联网时代下经纪业务的转型更需要证券公司加大投入，建立与客户规模、客户需求相匹配的系统平台和营销服务能力，满足客户适当性管理的要求，减少业务风险。

（3）互联网创新产品和业务具有隐蔽性强、爆发速度快的风险特征。目前，应用互联网技术进行创新的产品业务日益增多，由于缺乏相关专业经验，证券公司往往对其中蕴藏的潜在风险认识或准备不足。部分产品，比如恒生 HOMS 系统，在设计之初本是为了机构控制风险而开发的一套工具，最终却因为方便机构交易而导致了更大风险的产生。互联网创新产品从创设、发展到出现问题和产生巨大风险的时间往往较传统业务缩短很多，一个细小的环节，都可能带来很大的隐患，等到发现的时候，已经是以风险的形式呈现出来了。这对证券公司的产品设计和风险识别控制能力提出了很高的要求。

(4) 互联网化对于信息内容的管理和传播存在风险。互联网时代的出现，彻底改变了投资者获取投资资讯相对匮乏的局面，而个人如何从海量信息中识别虚假信息成为新的投资者教育问题。同时，互联网时代信息的快速传播，导致更多的投资者有可能在相同时期采用类似的投资策略进行投资从而加剧市场波动和投资风险。这些都要求证券公司从投资者教育、风险监控、大数据分析等方面加强信息风险管理。

(二) 各项主要经纪业务风险特征变化

1. 交易服务专业化带来更高的风险管理要求。

(1) 程序化交易对投资者的知识素养和风险管控能力提出了更高的要求。将交易策略固化成标准化的行为模式是程序化交易的核心，涉及交易标的选择、市场方向判断、止盈止损乃至交易规则的每一个细节，投资者须具备充分的知识储备和投资经验。参与程序化交易的投资者，不仅要管理普通交易的全部风险，也要学习和控制所设置的自动指令区别于普通交易所特有的风险。证券公司要对参与程序化交易的投资者进行更为严格的审核和投资者教育工作。

(2) 证券公司交易系统受到了前所未有的挑战。程序化交易依赖实时高速的委托处理系统，行情延迟、通信故障等原因，会导致投资者在短时间内蒙受巨额损失。这就要求信息交易系统必须紧跟市场，甚至领先于市场，才能满足日益革新的交易需求。同时，程序化交易的发展对交易系统的异常行为监控、风险控制也提出了新的要求。

2. 投资咨询需求范围的扩大，需要证券公司提高投资咨询人员的专业能力。

(1) 投资咨询客户群体需求更为多样化和个性化的服务，涉及的投资品种也越来越丰富，产品设计和风险特征迥异，对证券公司投资咨询人员提出了更高的专业要求。实际上，由于每位投资咨询人员的精力、专长和内外部资源都不一样，除了对投资咨询人员的专业性提出更高要求、专业定位更为细分外，也更需要证券公司在内外部投资研究支持上有所匹配，以支持投资咨询业务的日益丰富和专业化发展。

(2) 随着自媒体、公众号、微信群等互联网传播方式的兴起，各类信息的传播速度更快，也更为广泛，投资咨询业务的监管和风险防范难度也更大，更具挑战，需要证券公司通过大数据分析等技术手段提高风险识别和防范力度。

3. 伴随经纪业务转型和创新，金融产品的广度和深度都发生了深刻变化，显现出新的风险特征杠杆。

(1) 金融产品与市场风险交织，带来巨大的客户资金损失风险。金融杠杆产品能够满足高风险承受能力客户的需求，购买高杠杆产品的客户可以通过期货、期权对冲部分风险，杠杆产品的存在具有一定的合理性。但与此同时，一旦客户购买的高杠杆产品与市场运行方向不一致，客户会面临巨大损失，证券公司也会面临客户流失、声誉下滑的风险。

以融资融券业务为例，虽然融资融券业务已经开展了一段时间，但在极端行情下，客户的风险控制意识依然不足，证券公司的反应也落后于市场，导致很多客户出现较大幅度的亏损。

(2) 通过资产证券化等金融创新手段，实体经济风险转化为金融产品风险。随着金融创新的不断发展，大量企业通过发行金融产品实现自身融资需求。证券公司客户在分享实体经济收益的同时，也承担了实体经济波动的风险。实体企业所体现出的信用风险、操作风险、流动性风险和法律风险等风险要素与传统金融产品有非常大的差异。证券公司从事该类业务普遍处于探索期，在人才储备、资源配备、制度建设、风险管理等方面亟待积累和加强。

(3) 代销金融产品风险可能因产品销售行为转化为证券公司的财务风险和法律风险。代销金融产品合同一般都有明确约定，证券公司经纪业务通常只是连接金融产品发行人和投资者的桥梁，不应当承担超出自身义务的责任。但由于证券行业的特殊性，一旦出现风险，证券公司很可能要承担超出自身义务的风险，以化解客户矛盾。

另外，对于尽职调查是否足够充分、信息披露是否完整透明、营销环节是否完全规范等方面，一旦产品出现风险，现有法规制度对于证券公司应当承担何种程度的法律责任界定并不清晰。

4. 期货、期权等衍生品面临发展与风险控制双重考验。

(1) 期货方面。在目前期货行业环境下，以期货IB业务为主的证券公司期货业务，在近年来的业务推进上，面临越来越多的限制和风险，既不利于期货行业的扩容，也不利于证券公司整体服务能力的提高和客户需求的满足。主要表现在以下两点：

①证券公司期货IB业务与期货公司期货业务在监管口径上不统一，创新受限且容易出现业务风险。期货IB业务的监管文件依据的是2007年监管部门所发文件，对期货IB业务的开展方式上有与期货公司不同的要求。期货公司目前已经可以在经营场所外办理商品期货和金融期货开户，而且可以通过互联网办理线上开户手续，业务开展效率大为提高。在现有的监管模式下，对证券公司期货IB业务开展互联网开户未出台明确的业务规范，仅采取窗口指导的形式。同时，证券公司无法申请期货投资咨询业务资格，在客户服务和业务开展上较期货公司受限较大。在此情形下探寻业务转型，容易与监管意见相冲突或者可能产生监管问题的不可控风险。

②证券公司期货业务的经营范围与证券行业的体量、客户需求不匹配，客户无法得到有效的风险管理服务，可能对证券行业转型产生负面影响。目前，证券市场托管市值（含限售股）为56万亿元，期货市场客户权益规模不到5 000亿元。金融期货交易量占比大幅增加的原因是证券市场风险管理需求的资产剧增，此部分资产主要为证券公司客户资产。在目前的情况下，证券公司客户如进行名下资产风险管理，想享受期货专业服务，那只能去期货公司，原因是证券公司无法提供期货投资咨询服务。这导致客户服务效率低下，无法适应新形势下的证券市场的震荡行情，服务能力和专业水平已经无法满足日常客户需求。

(2) 股票期权方面。期权是中国资本市场的一个全新产品，无论是业务规则、风控体系，还是系统建设都相对复杂。期权业务上线近半年，展现了一定的风险可能性，表现为以下三个方面。

①由于期权业务的复杂性，系统开发商在业务初期无法像现货系统那样具备完整的系统功能，尤其对于风险监控方面，系统还需不断完善和优化。

②根据交易所适当性制度要求，目前客户开立期权账户的适当性要求较高，包括客户前期的培训、考试、模拟交易及开户流程，所需时间均较其他业务多，也降低了客户开户的意愿。目前，交易所已允许客户可以在多家证券公司开立衍生品合约账户，再次开立合约账户

的客户可减少部分审核环节。减免的适当性审核可能存在不规范或不真实的情况，对新开立账户的所在证券公司存在一定的风险。

③期权业务的投资咨询服务没有相关的规范，对于分支机构的投资咨询人员设立及咨询服务缺少指导性文件。

三、证券经纪业务转型发展期的风险管理建议

虽然证券经纪业务在2015年迎来了机遇，但行业竞争加剧，佣金费率持续下滑，以佣金为主要收入来源存在非常大的不确定性。证券公司为了多元化收入而开展的各类创新业务在增加收入的同时，也带来新的风险。无论如何，创新发展的脚步只会越来越快，证券公司经纪业务转型发展期的风险防范与控制提升刻不容缓。

（一）完善风控体系，提升风险防范与控制能力

1. 证券公司经纪业务风控意识与能力有待提升。目前，证券公司风险管理现状与业务发展，特别是与创新业务发展的要求还有较大的差距。合规风险控制理念大多停留在“业务发展是否合规”的初级阶段，对创新业务存在“粗暴否定、明哲保身”的情况，缺乏主动风险管理意识和能力，很多业务、产品的事中监控形式大于实质。

应该看到，目前证券公司虽然将风险防范与控制作为一项核心工作，但资源投入和重视程度远远低于一线业务。资源投入的不足导致人才、技术、制度和系统等方面均无法达到业务发展的要求。监管机构应引导证券公司加大风险控制资源投入，避免重大风险情况的发生。

2. 加强新业务、产品的风险识别和主动管理。随着经纪业务从通道中介向资本中介转型，各类创新业务层出不穷。证券公司以股票交易为主的风险控制经验较丰富，但面对更加复杂、更加多变的创新业务和产品时则显欠缺。证券公司应加大对创新业务和产品的风险论证，提高事中监控能力，加强外部交流，及时发现风险隐患并做好控制处理工作。

以金融产品为例，证券公司的核心竞争力之一就是识别、衡量、监督并动态控制产品风险，通过专业能力进行主动风险管理，获得高于市场平均水平的收益。因此，在经纪业务转型发展期的金融产品风险管理，不应简单地被动回避风险，而应当主动管理风险，经营风险。一个良好的金融产品风险管理机制应当做到以下几点。

（1）科学公正的考核评价体系。为了保持风险控制的独立性，证券公司风险控制部门通常仅对风险负责而不分享项目收益。但如果因为出现风险事件而追究风险控制部门或者引进部门的责任，则会导致风险控制岗位倾向于否定任何存在潜在风险的金融产品，引进部门也会丧失引进和创设新产品的动力。因此，证券公司应建立风险事件容忍机制，类似于银行的坏账拨备体系，把一定程度的风险事件作为业务开展中不可避免的风险成本，考核评价重点放在关注审核通过的金融产品为证券公司带来的整体收益是否能够覆盖风险爆发所造成的损失和运营成本上。

（2）建立科学、量化的风险评估机制。金融产品的风险要素千差万别，所涉及的关联方也不尽相同，只有建立科学、量化的风险评价机制，才能最大限度地剔除主观因素和产品差异，保护证券公司和投资者利益。

(3) 积累培养专业审核人才。证券公司风险控制部门应当配备相应的专业审核人才，专业人才应具备专业知识和经验，能够辨识产品风险，对产品能够做出客观公正的评估。

(4) 充分做好投资者适当性管理和风险披露。随着金融产品广度和深度的扩展，客户自身的风险识别能力和风险识别机会是有限的，其投资行为往往有赖于证券公司的客观介绍。证券公司应当在客观衡量金融产品风险的基础上，准确识别具有相应风险承受能力的客户，在营销过程中充分做好适当性管理和风险披露工作，客观介绍产品，不夸大，不误导，过程合规，全程留痕，关键内容由客户签字确认，最大限度地保护证券公司和投资者的利益。

(5) 持续监督并动态控制金融产品风险，要有对投资人主动负责的意识。证券公司应当持续监督金融产品风险，建立相应的金融产品持续跟踪和应急机制，不同等级风险由不同层级部门或机构处理，做到责任明确、准备充分、应对迅速。一旦发现风险，要及时与产品发行人沟通并了解情况，保护证券公司和客户的合法权益。

3. 引入更多信息技术和数据分析手段，增强风险识别与监控能力。面对日益复杂的创新产品和业务、变幻莫测的市场行情，证券公司现行风控系统已经不能满足实际需求。证券公司应加大力度，利用先进的信息技术和大数据分析力量，对各个业务产品的关键指标进行完善监控，做到随时可以方便快捷地了解公司各项业务和产品的实时风控情况，掌握潜在的风险动向，发现风险及时告警。

（二）加强风险防范意识，培养人员专业技能

再完善的风险控制系统和制度也无法涵盖所有的风险，证券公司人员只有时刻具备风险防范意识，具备所负责业务的专业技能，才能对未知的风险防范于未然，对风险随时发现和及时处理。因此，证券公司在加强合规风险控制人员和其他员工本职工作的技能培养之外，还应加强合规风险控制人员的业务学习和其他员工的合规风险控制培训工作。

例如，针对投资咨询专业与需求匹配的风险管理，建议可从以下三方面予以加强：一是加强对投资咨询执业资格的牌照管理，提高对投资咨询人员知识和专业能力的要求；二是加强对投资咨询人员的后续培训要求，组织和提供更及时、更齐全的新业务和新产品专项培训机会，支持投资咨询人员跟上业务创新的步伐，促进其不断学习和提高；三是提高对投资咨询业务的专业能力配备要求，对于开展投资咨询业务的机构，应就投资咨询人员配备、投资研究支持和风险管理控制等各方面有更加明晰严格的要求，以确保该机构的专业能力可支撑投资咨询业务的规范开展。

（三）加大信息技术资源投入，确保系统稳定安全，适应业务发展需要

近年来，“乌龙指”、服务器超载、系统故障等问题在市场活跃的情况下不断涌现，系统问题给证券公司带来的风险前所未有。目前证券公司的主要系统大多由外包供应商建设完成，证券公司自身技术资源或力量不足，导致发现风险时无法及时彻底解决。证券公司应加强自身信息技术力量的建设与投入。稳定安全的系统环境是证券公司健康发展的首要大事。

在确保安全的前提下，面对发展迅猛的量化交易等专业交易服务，证券公司应从国外先进交易系统中吸取经验，用优质的硬件设备和软件武装自己，深入了解投资者的需求，时刻保持对市场的敏锐度，打造高速、稳定、专业的交易系统。

（四）认真落实客户适当性管理和投资者教育工作

创新形势下的经纪业务除了证券公司内部做好风险识别预防，提升人员素质和专业技能以外，客户适当性管理和教育工作同样不可或缺。再合理的产品业务设计如果客户不熟悉，也会蕴藏风险隐患。证券公司在便利自身和客户体验的同时，不应放松对产品、业务的准入要求，同时更应着重进行主动风险管理，通过大数据分析和信息技术对客户进行分类和动态跟踪，主动根据客户情况有针对性地开展适当性管理和投资者教育工作。

四、结语

2015 年，证券公司纷纷加速进行经纪业务的转型与发展，创新业务和产品应接不暇。但在经纪业务快速发展的同时，证券公司对创新经纪业务的风险管理能力明显滞后，很多证券公司“重前台、轻后台”，没有做好面对新型经纪业务的准备就匆忙开展各项创新业务，存在很大的风险隐患。

证券公司的经纪业务转型是一项长期工作，证券公司应尽快对已经发生的各类经纪业务风险进行风险排除。“兵马未动，粮草先行”，证券公司应在大力发展各类创新业务之前，优先做好相关风险的评估和监督工作，确保各类经纪业务的风险处于可控范围，实现经纪业务的长期健康发展。

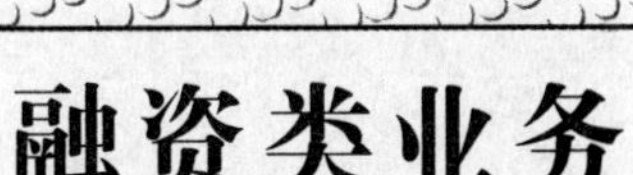

融资类业务

我国融资融券业务的运行现状及前景展望

潘炳红*

一、融资融券市场日趋成熟

融资融券交易，是指投资者向具有融资融券业务资格的证券公司提供担保物，借入资金买入证券，或者借入证券并卖出，然后在约定期限内偿还所借资金、证券及相关利息、费用的一类交易活动，因此又被称为证券信用交易或保证金交易。在我国，融资融券业务起步较晚，发展时间较短，尚属一项新兴业务。

2006 年 6 月 30 日，中国证监会发布《证券公司融资融券试点管理办法》。同年 8 月 21 日，《融资融券交易试点实施细则》公布。2008 年 10 月 5 日，中国证监会宣布启动融资融券试点。2010 年 3 月 31 日，上海证券交易所和深圳证券交易所开始接受融资融券交易申报，“两融”交易试点正式进入市场操作阶段。此后，融资融券业务历经四次标的券扩容以及转融通业务启动，呈现出快速发展的态势，于 2014 年下半年开始迎来爆发式增长。目前，融资融券标的证券包含 900 只股票标的和 16 只 ETF（交易型开放式指数基金，Exchange Traded Funds）标的[①]。在 900 只股票标的中，沪市共计 500 只，深市共计 400 只，其中，中小板 172 只，创业板 57 只。另外，属于沪深 300 指数成分股的标的占比为 32.98%。图 1、表 1 显示了融资融券业务的发展历程及标的证券变化情况；表 2 给出了融资融券股票标的行业覆盖情况，根据申万一级行业分类标准，分布较多的行业为医药生物、房地产、有色金属和电子等；表 3 列示了 16 只 ETF 标的情况。

---

* 作者单位：渤海证券股份有限公司。原载于《中国证券》2015 年第 5 期。

① 在第四次标的券扩容时，ETF 标的仅有 15 只，国泰上证 180 金融交易型开放式指数证券投资基金（金融 ETF，510 230）于 2015 年 2 月 16 日调入上海证券交易所融资融券标的证券名单。

2010年3月31日 "两融"试点启动
2011年11月29日 第一次扩容
2013年1月31日 第二次扩容
2013年2月28日 转融通启动
2013年9月16日 第三次扩容
2014年9月22日 第四次扩容

图1　融资融券发展历程

表1　融资融券标的券变化

阶段	股票标的数目		ETF标的数目	
	沪市	深市	沪市	深市
2010年3月31日—2011年11月28日	50	40	0	0
2011年11月29日—2013年1月30日	180	98	4	3
2013年1月31日—2013年9月15日	300	200	5	4
2013年9月16日—2014年9月21日	400	300	7	5
2014年9月22日至今	500	400	10	6

资料来源：Wind资讯、渤海证券研究所。

表2　900只融资融券股票标的券行业覆盖情况

行业	标的券数目（只）	占比（%）	行业	标的券数目（只）	占比（%）
采掘	35	3.89	农林牧渔	18	2.00
化工	53	5.89	食品饮料	31	3.44
钢铁	13	1.44	休闲服务	3	0.33
有色金属	54	6.00	医药生物	80	8.89
建筑材料	19	2.11	公用事业	41	4.56
建筑装饰	30	3.33	交通运输	35	3.89
电气设备	28	3.11	房地产	65	7.22
机械设备	50	5.56	电子	52	5.78
国防军工	17	1.89	计算机	48	5.33
汽车	33	3.67	传媒	39	4.33
家用电器	15	1.67	通信	19	2.11
纺织服装	13	1.44	银行	16	1.78
轻工制造	16	1.78	非银金融	33	3.67
商业贸易	30	3.33	综合	14	1.56

资料来源：Wind资讯、渤海证券研究所。

表3　16只融资融券ETF标的券情况

证券代码	证券简称	交易所	证券代码	证券简称	交易所
159901	深100ETF	深圳证券交易所	510180	180ETF	上海证券交易所
159902	中小板	深圳证券交易所	510230	金融ETF	上海证券交易所
159903	深成ETF	深圳证券交易所	510300	300ETF	上海证券交易所

续表

证券代码	证券简称	交易所	证券代码	证券简称	交易所
159919	300ETF	深圳证券文易所	510310	HS300ETF	上海证券交易所
159925	南方 300	深圳证券交易所	510330	华夏 300	上海证券交易所
159933	金地 ETF	深圳证券交易所	510500	500ETF	上海证券交易所
510010	治理 ETF	上海证券交易所	510510	广发 500	上海证券交易所
510050	50ETF	上海证券交易所	510880	红利 ETF	上海证券交易所

资料来源：Wind 资讯、渤海证券研究所。

2014 年以来，融资融券市场空前活跃。截至 2015 年 3 月 31 日，沪深两市共有 2 662 家上市公司，总市值为 476 925. 69 亿元，流通市值为 187 666. 74 亿元；而融资融券标的股票总市值已达 342 252. 54 亿元，流通市值为 133 702. 86 亿元，总市值及流通市值覆盖率分别为 71. 76% 和 71. 24%。如图 2 所示，融资融券余额快速增长至 14 939. 16 亿元，年均增速约为 178. 52%，当前全市场信用贷款规模约为证券市值的 3. 13%。从成交情况看，2015 年第一季度的融资融券交易额为 75 517. 64 亿元，占同期 A 股市场交易总额的 18. 42%。

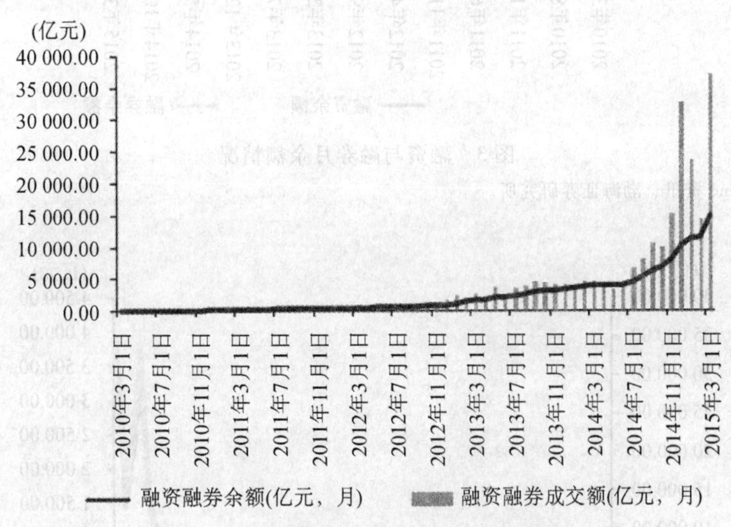

图 2　融资融券月余额及交易额情况

资料来源：Wind 资讯、渤海证券研究所。

根据美国、日本等境外成熟市场的相关经验，证券信用贷款规模一般低于证券市值的 2%，而融资融券交易规模占证券交易金额的比重为 16%—20%；在我国台湾地区，该比重更是高达 30%。由此可见，就总量而言，我国大陆的融资融券业务已经初具规模。

二、融资融券交易的特征

（一）融资与融券规模严重不匹配

伴随融资融券业务规模的不断壮大，融资与融券业务的规模不匹配问题逐渐凸显。图 3 与图 4 分别给出了融资与融券余额及交易额的对比情况。显然，融资业务的规模、活跃度均远超融券业务。就平均水平而言，融资余额是融券余额的近百倍，同时融券交易额在两融业务中所占的比重仅为10%左右。事实上，相对于融资而言，融券更倾向于一种短期行为。图5绘制了5年间融资与融券业务的规模之比与成交额之比情况，显然，融资融券交易与A股市场的整体环境密切相关。另外，如图6所示，融资余额自融资融券业务推出以来一直保持平稳增长，而融券余额则是伴随市场走势出现大幅波动。

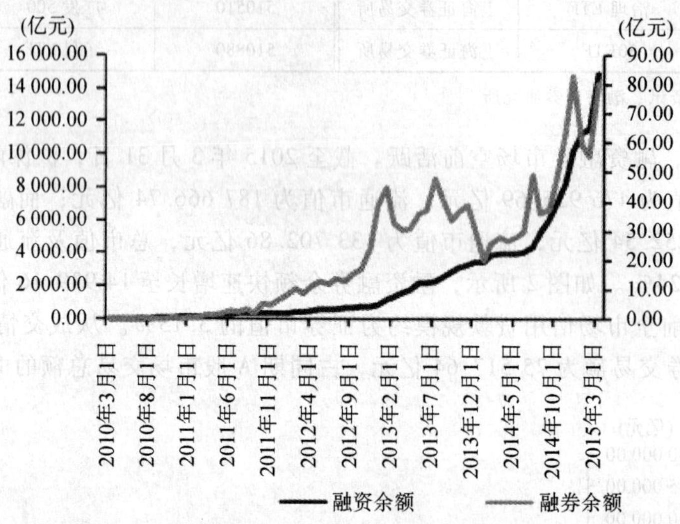

图3 融资与融券月余额情况

资料来源：Wind资讯、渤海证券研究所。

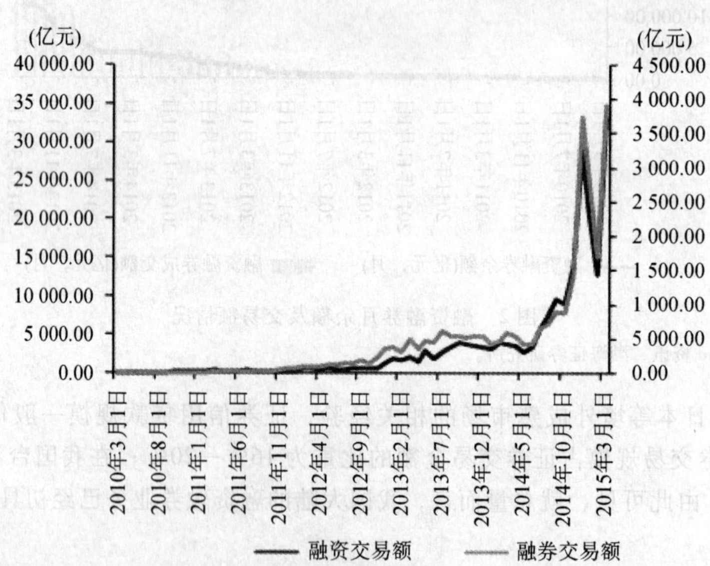

图4 融资与融券月交易额情况

资料来源：Wind资讯、渤海证券研究所。

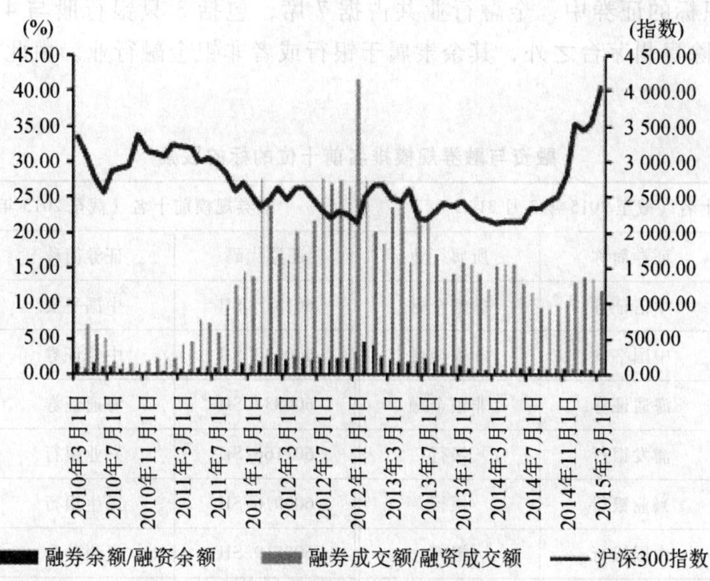

图 5　融资与融券余额及交易额之比（月）

资料来源：Wind 资讯、渤海证券研究所。

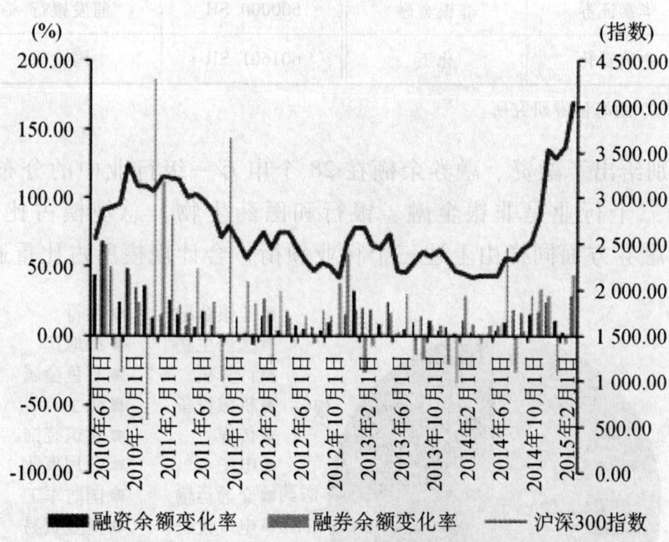

图 6　融资与融券余额变化率情况（周）

资料来源：Wind 资讯、渤海证券研究所。

（二）融资融券交易集中于少数领域

尽管融资融券业务持续快速发展，但实际上融资融券交易仅集中于少数几个特定领域。对于 900 只股票标的券来说，金融行业以及高市值上市公司更容易受到融资、融券方的青睐。同时，追逐市场热点也是融资资金的一大特征。

表 4 列示了标的证券融资规模与融券规模的排名情况。截至 2015 年 3 月 31 日，在融资

余额最高的 10 只标的证券中，金融行业共占据 7 席，包括 3 只银行股与 4 只证券公司股。而在融券方面，除贵州茅台之外，其余隶属于银行或者非银金融行业。由此可见，金融行业一枝独秀。

表 4　融资与融券规模排名前十位的标的股票

融资规模前十名（截至 2015 年 3 月 31 日）			融券规模前十名（截至 2015 年 3 月 31 日）		
证券代码	证券简称	所属行业	证券代码	证券简称	所属行业
600030. SH	中信证券	非银金融	601318. SH	中国平安	非银金融
601318. SH	中国平安	非银金融	600030. SH	中信证券	非银金融
600837. SH	海通证券	非银金融	600837. SH	海通证券	非银金融
600000. SH	浦发银行	银行	601166. SH	兴业银行	银行
601166. SH	兴业银行	银行	600016. SH	民生银行	银行
601988. SH	中国银行	银行	600519. SH	贵州茅台	食品饮料
601989. SH	中国重工	国防军工	601688. SH	华泰证券	非银金融
601668. SH	中国建筑	建筑装饰	600036. SH	招商银行	银行
601688. SH	华泰证券	非银金融	600000. SH	浦发银行	银行
600028. SH	中国石化	化工	601601. SH	中国太保	非银金融

资料来源：Wind 资讯、渤海证券研究所。

图 7 和图 8 分别给出了融资、融券余额在 28 个申万一级行业中的分布情况。其中，融资方面最具优势的三个行业是非银金融、银行和医药生物，总规模占比依次为 14.88%、7.94% 和 6.05%；融券方面同样由上述三个行业领衔，合计规模所占比重逾 40%。

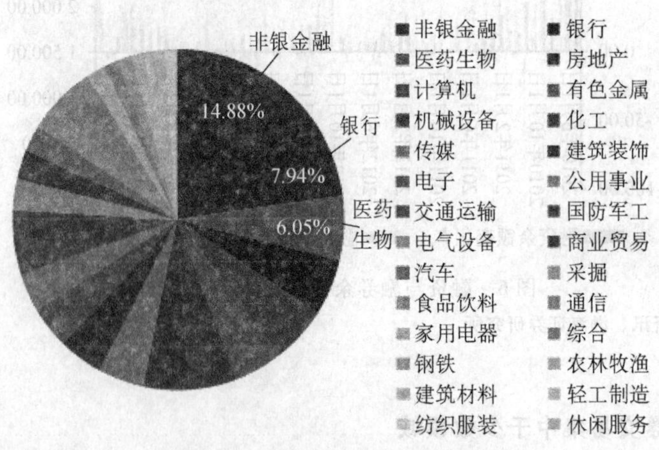

图 7　各行业融资规模占比情况

资料来源：Wind 资讯、渤海证券研究所。

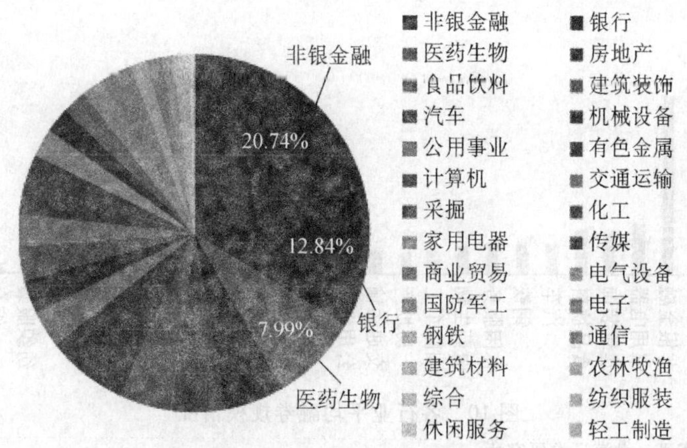

图 8　各行业融券规模占比情况

资料来源：Wind 资讯、渤海证券研究所。

然而，考虑到“两融”标的股票的行业覆盖程度有所不同，这里进一步统计了各行业的平均融资、融券规模情况，分别如图 9 和图 10 所示。显然，无论是平均融资余额还是平均融券余额，银行与非银金融位列前两名，而且在具体规模占比上遥遥领先。由此可见，金融行业现阶段处于融资融券交易的龙头地位。

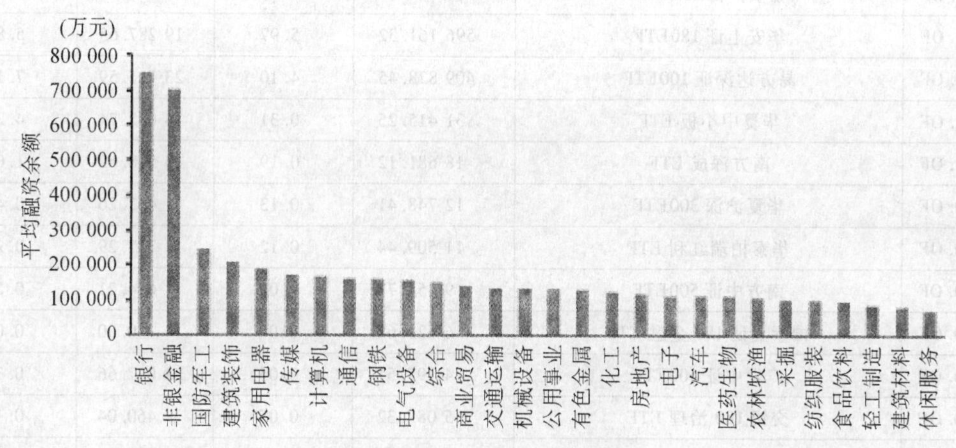

图 9　各行业平均融资规模情况

资料来源：Wind 资讯、渤海证券研究所。

截至 2015 年第一季度末，在 900 只融资融券标的股票中，上市公司总市值排名前 10%个股的融资余额共计 5 354. 09 亿元，约占全部融资规模的 35. 25%；而融券余额共计 39. 22 亿元，占比高达 58. 85%。

另外，对于融资融券 ETF 标的券而言，同样存在业务规模分布不均的问题。表 5 统计了沪深两市 16 只 ETF 标的券的融资与融券规模情况。其中，华泰柏瑞沪深 300ETF 最为活跃，其融资、融券余额占比均超过 50%，是 ETF“两融”交易中的绝对主力；而新调入的国泰上证 180 金融 ETF，目前的融券余额为零。

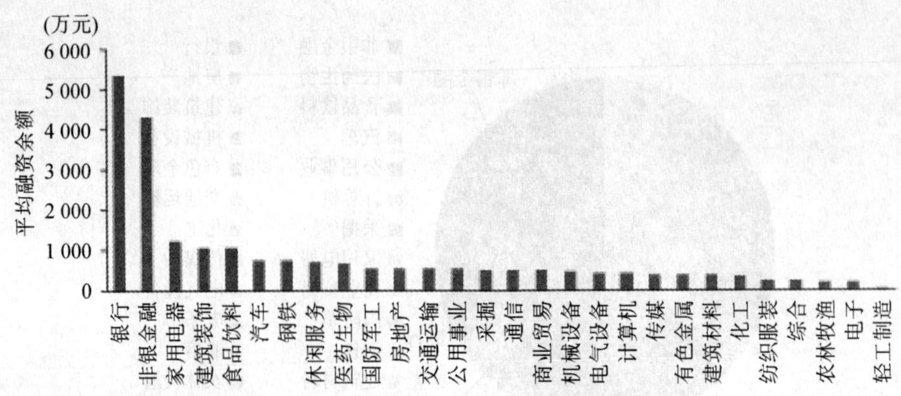

图 10 各行业平均融券规模情况

资料来源：Wind 资讯、渤海证券研究所。

表 5 ETF 标的券融资与融券规模情况（截至 2015 年 3 月 31 日）

证券代码	证券简称	融资余额（万元）	融资规模占比（%）	融券余额（万元）	融券规模占比（%）
510300. OF	华泰柏瑞沪深 300ETF	5 478 812. 60	54. 85	165 716. 75	50. 05
510050. OF	华夏上证 50ETF	2 160 083. 63	21. 63	35 802. 81	10. 81
159919. OF	嘉实沪深 300ETF	1 238 179. 18	12. 40	64 438. 14	19. 46
510180. OF	华安上证 180ETF	596 161. 32	5. 97	19 287. 65	5. 83
159901. OF	易方达深证 100ETF	409 828. 45	4. 10	23 711. 59	7. 16
159902. OF	华夏中小板 ETF	31 415. 25	0. 31	14 082. 74	4. 25
159903. OF	南方深成 ETF	18 681. 12	0. 19	3 558. 62	1. 07
510330. OF	华夏沪深 300ETF	12 748. 41	0. 13	1 467. 26	0. 44
510880. OF	华泰柏瑞红利 ETF	11 509. 44	0. 12	717. 29	0. 22
510500. OF	南方中证 500ETF	9 453. 73	0. 09	684. 21	0. 21
510230. OF	国泰上证 180 金融 ETF	6 623. 62	0. 07	0. 00	0. 00
510510. OF	广发中证 500ETF	4 797. 51	0. 05	1 077. 66	0. 33
510010. OF	交银 180 治理 ETF	5 087. 32	0. 05	460. 04	0. 14
159933. OF	国投瑞银沪深 300 金融地产 ETF	2 929. 18	0. 03	17. 86	0. 01
510310. OF	易方达沪深 300ETF	1 145. 05	0. 01	15. 24	0. 00
159925. OF	南方开元沪深 300ETF	373. 22	0. 00	43. 13	0. 01

资料来源：Wind 资讯、渤海证券研究所。

（三）融资融券交易明显滞后于 A 股市场

融资融券交易对于 A 股市场的影响，主要源于两条路径：一是卖空机制；二是杠杆效应。首先，融券交易在一定程度上填补了 A 股市场不能做空的空白，双向获利模式有助于消除市场上的不合理定价，同时也为投资者提供了风险管理的工具。其次，融资融券的杠杆功能可以放大收益，吸引更多的投资者参与交易，从而为市场注入大量的流动性。不过，杠杆效应是一把“双刃剑”，它不仅放大了收益，也放大了风险，这将直接导致市场波动的加剧。具体的，融资融券施加的影响集中反映在A股市场的流动性和波动性两个方面。其中，流动性会因“两融”交易的增长而出现显著提升。除了杠杆效应所带来的交易规模扩张之外，融券卖空者也在一定时期内扮演了流动性提供者的角色。然而，融资融券交易对于波动性的影响作用相对复杂。一方面，融资融券增强了市场的价格发现功能，有利于降低资产价格的波动率；另一方面，投资者“追涨杀跌”等非理性行为，以及融资融券杠杆对风险的放大作用，又会提高资产价格的波动率。显然，最终的影响效果取决于这两个方面的综合作用。

从实证研究的结果来看，融资融券交易滞后于A股市场是一个长期存在的普遍现象。这里采用格兰杰因果检验的方法，考察了融资融券业务规模与沪深300指数之间的相关关系，以及对市场流动性、波动性的影响。考虑到业务发展初期的融资融券市场并不完善，我们以第二次标的证券扩容时间为时间节点，针对此后的周数据进行研究分析，即样本期为2013年2月4日至2015年3月31日，相应的代理变量包括融资融券余额（mtss），沪深300指数收盘价（hs300），A股市场流动性指标（Illiq）① 与波动性指标（Volatility）②。

首先，进行单位根检验。如表6所示，流动性指标、波动性指标均为平稳序列，而融资融券余额及沪深300指数收盘价的对数值则属于一阶平稳过程。

表6 单位根检验结果

变量	t统计量	P值	平稳性	变量	t统计量	P值	平稳性
In（mtss）	0.9787	0.9962	非平稳	△In（dmtss）	-4.7967	0.0001	平稳
In（hs300）	1.3460	0.9988	非平稳	△In（hs300）	-9.1176	0.0000	平稳
Illiq	-7.2885	0.0000	平稳	Volatility	-5.9392	0.0000	平稳

资料来源：Wind资讯、渤海证券研究所。

其次，进行格兰杰因果检验，结果详见表7。由“面板A”可知，在5%显著性水平下，沪深300指数对数收益是融资融券余额对数增长率的格兰杰原因，而后者并不能解释前者，表明沪深300指数的走势领先于“两融”余额的变动，可见融资融券交易明显滞后于A股市场。从流动性的角度，“面板B”给出了融资融券对数增长率与流动性指标的格兰杰关系，均未能通过显著性检验，显示二者之间并不存在统计上的因果联系。从波动性的角度，如“面板C”所示，融资融券余额对数增长率能够预测波动性变化；反之则不成立，意味着融资融券规模变动能够在一定程度上影响A股市场的波动性特征。综合来看，短期内融资融券交易的变动情况滞后于A股市场，同时，它对市场流动性的改善效果并不明显，反而对市场波动性的冲击作用较为剧烈。从这个意义上说，在现阶段，融资融券业务尚未很好地发挥风险管理与价格发现的预期效果。当然，这可能与融券规模相对较小、资金流向较为集中等问题有关。

---

① 根据Amihud（2002）提出的方法，流动性指标（Illiq）为收益率绝对值与成交额的比值，实际上，Illiq是一项非流动性指标，反映了获取单位收益所需要的成交额，Illiq越小，市场流动性越好。

② 针对沪深300指数的对数收益率建立GARCH（1，1）模型，利用模型中的Grach项来反映A股市场的波动特征（Volatility）。

表 7 格兰杰因果检验结果

原假设	滞后阶数	观测值	F 统计量	P 值
面板 A：融资融券余额对数增长率与沪深 300 指数对数收益率				
△ln（hs300）不是△ln（mtss）的 Granger 原因	2	108	6.0955	0.0031
△ln（mtss）不是△ln（hs300）的 Granger 原因			0.0217	0.9786
面板 B：融资融券余额对数增长率与流动性				
Illiq 不是△ln（mtss）的 Granger 原因	2	108	0.4929	0.6123
△ln（mtss）不是 *Illiq* 的 Granger 原因			0.2708	0.7633
面板 C：融资融券余额对数增长率与波动性				
Volatility 不是△ln（mtss）的 Granger 原因	2	108	0.8674	0.4231
△ln（mtss）不是 *Volatility* 的 Granger 原因			4.8116	0.0101

资料来源：Wind 资讯、渤海证券研究所。

三、发展障碍及问题分析

（一）投资者不熟悉卖空操作

融资融券为 A 市场提供了更加直观便捷的做空机制，有效地解决了股票多空策略中空头组合的构造问题，同时也在很大程度上简化了对冲比例的定期调整工作。此外，与同为做空工具的股指期货相比，融券对资金实力的要求更小，杠杆水平较低，因此比较适合于具备一定投资经验的个人投资者。图 11 和图 12 分别给出了 2011 年初至 2015 年第一季度末的融资融券信用账户总数及分布情况。不难看出，自 2014 年下半年起，融资融券新增信用账户数目迅速扩大，特别是个人账户呈直线式增长，最新占比高达 99.83%。由于我国证券市场长期处于单边运行的状态，大多数个人投资者的做空意识比较淡薄。而且，“追涨杀跌”的羊群效应依旧鲜明。因此，相对于融资而言，短期内的融券需求有限，致使“两融”业务很难充分发挥价格发现的功能。

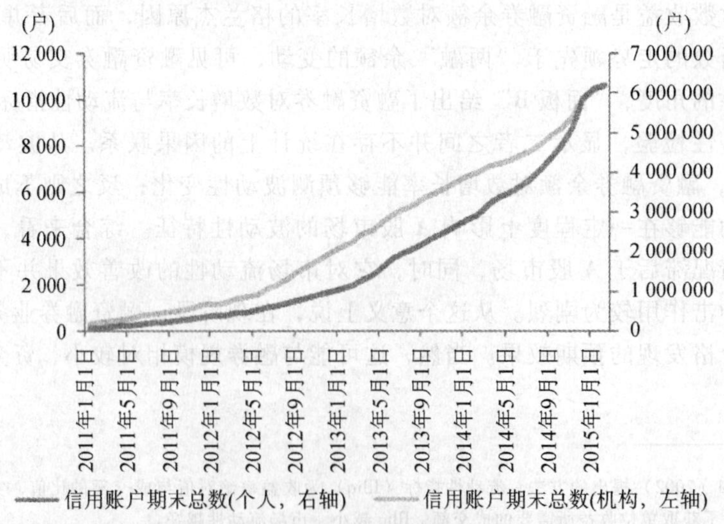

图 11 融资融券期末信用账户总数（月）

资料来源：Wind 资讯、渤海证券研究所。

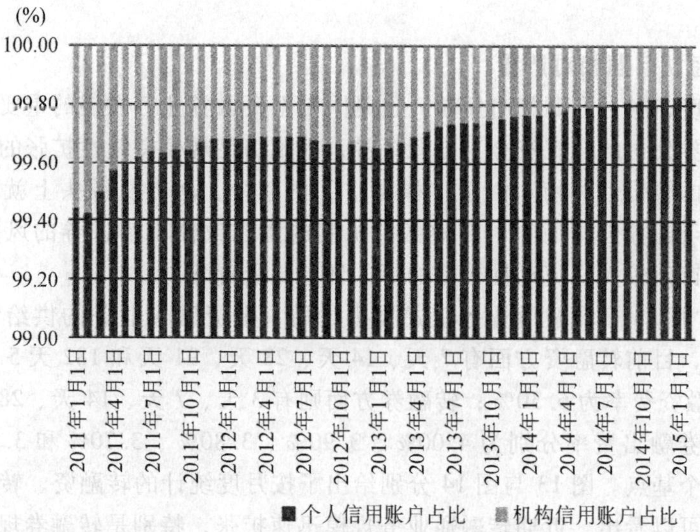

图 12 融资融券信用账户分布情况（月）

资料来源：Wind 资讯、渤海证券研究所。

（二）融资融券成本依旧偏高

根据《证券公司融资融券业务管理办法》以及《融资融券交易实施细则》，融资、融券期限最长不得超过 6 个月，但现阶段的融资融券成本，特别是融券成本普遍偏高。表 8 列示了开展融资融券业务的 91 家证券公司公布的利率费率情况，其中，大部分证券公司的融资利率在 8.60% 以下（包括 8.60%），而融券费率多集中在 10.60% 左右。所以，对于机构投资者而言，不论是从持仓期限的角度，还是从成本费用的角度，通过融券来构建对冲策略的做法均不够理想。

表 8 证券公司融资融券利率费率情况

利率费率（%）	融资情况		融券情况	
	证券公司数目（家）	占比（%）	证券公司数目（家）	占比（%）
8.35	36	36.73	12	12.24
8.60	49	50.00	10	10.20
9.35	0	0.00	1	1.02
9.60	1	1.02	2	2.04
10.35	0	0.00	23	23.47
10.60	0	0.00	42	42.86
11.60	0	0.00	1	1.02
无	12	12.24	7	7.14
总计	98	100.00	98	100.00

资料来源：Wind 资讯、渤海证券研究所。

（三）券源短缺问题相对严重

从供给的角度，融券券源相对短缺，也是限制融资融券业务发展的重要因素之一。事实上，单纯依靠证券公司的自有资金与自营证券，很难满足规模持续性扩张的需要，这也直接导致了两融市场的结构性失衡。由于“裸卖空”的禁令，融券从源头上就存在严重不足的问题。而且，对于证券公司而言，有效做空机制的匮乏致使出借证券的风险远高于出借资金。为此，那些市值较大、流动性较好的标的证券更受青睐。

自 2013 年 2 月 28 日转融通业务正式推出之后，融资融券业务的供给情况得以逐步改善。如表 9 所示，目前转融资方面有 7 天、14 天、28 天、91 天和 182 天 5 个期限品种，其中，182 天期转融资费率为 6.30%；转融券方面则有 3 天、7 天、14 天、28 天、182 天 5 个期限品种，转融券融出费率分别为 4.00%、3.90%、3.80%、3.70% 和 3.50%，融入与融出费率相差 250 个基点。图 13 与图 14 分别给出了按月度统计的转融资、转融券期末余额及占比情况。从中可以看出，近期转融通业务规模迅速扩张，特别是转融券规模直线攀升。截至 2015 年第一季度末，转融券期末余额已经超过融券期末余额逾一倍，可见标的券券源供给相对充足；而伴随着各路资金进场，转融资规模占比下降至 5% 附近。

表 9　转融通期限费率情况　（单位：%）

期限		3 天	7 天	14 天	28 天	91 天	182 天
转融资费率		—					6.30
转融券费率	融入	1.50	1.60	1.70	1.80	—	2.00
	融出	4.00	3.90	3.80	3.70	—	3.50

资料来源：中国证券金融股份有限公司、渤海证券研究所。

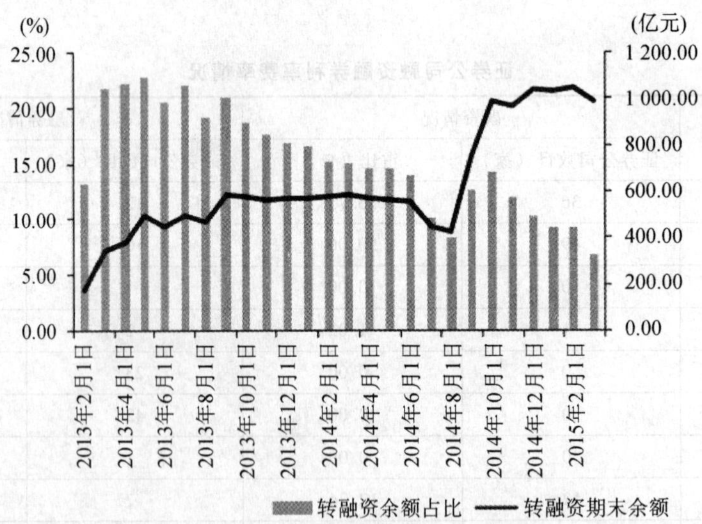

图 13　转融资期末余额及占比情况（月）

资料来源：Wind 资讯、渤海证券研究所。

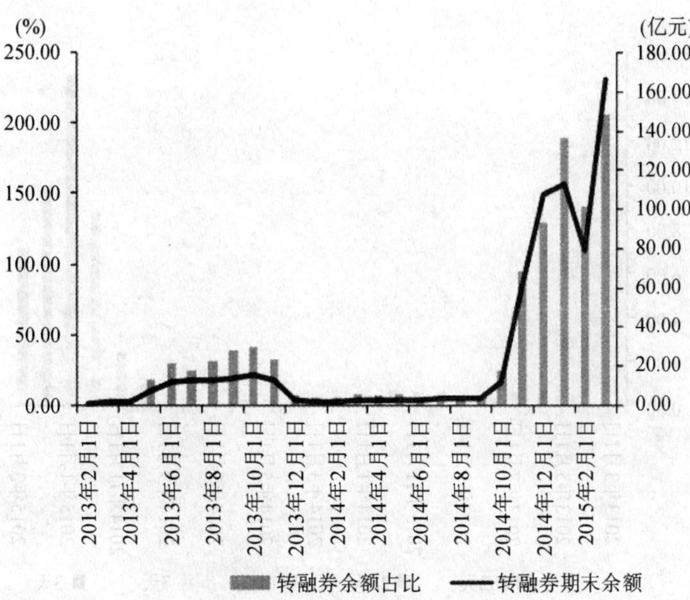

图 14 转融券期末余额及占比情况（月）

资料来源：Wind 资讯、渤海证券研究所。

图 15 显示了不同转融资出借期限品种的交易情况，自 2014 年以来，转融资 182 天期品种一直占据主导地位，它不仅能够满足证券公司与客户的长期资金需求，而且有利于相应的成本控制。图 16 则记录不同转融券出借期限的融出规模，其中 20 天、14 天及 7 天等中短期期限品种相对更受欢迎，这与融券交易的持仓周期较短密切相关。

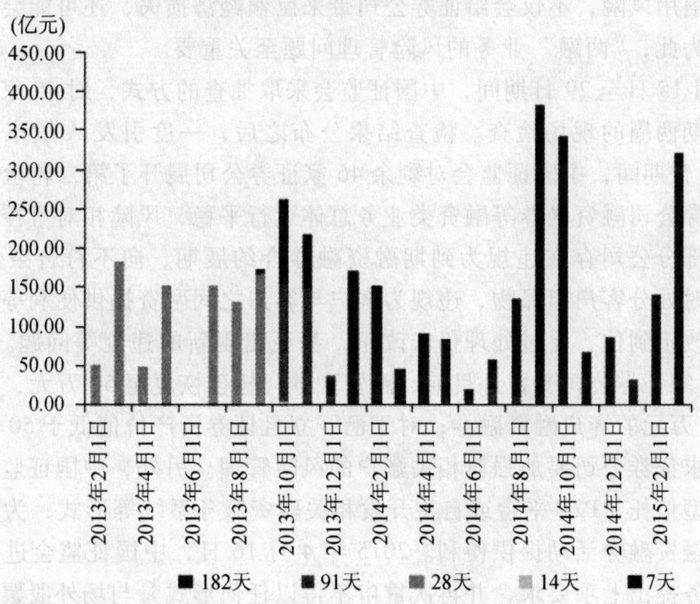

图 15 转融资各出借期限交易额（月）

资料来源：Wind 资讯、渤海证券研究所。

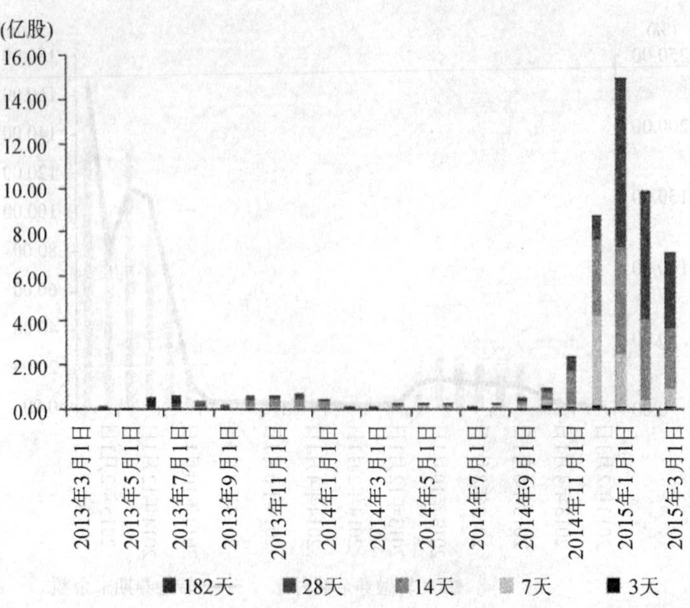

图 16 转融券各出借期限融出量（月）

资料来源：Wind 资讯、渤海证券研究所。

（四）风险监控机制尚不完善

融资融券业务是具有杠杆特征的信用交易业务，存在一定的风险性与投机性。如果相关制度不完善，监控不到位，极有可能加剧短期波动，诱发内幕交易等市场操纵行为。另外，一旦出现重大的信用风险，不仅会给证券公司带来巨额经济损失，还可能会对整体金融系统造成一定伤害。为此，“两融”业务的风险管理问题至关重要。

2014 年 12 月 15 日至 29 日期间，中国证监会采取抽查的方式，对 45 家证券公司的融资类业务进行了为期两周的现场检查。检查结果公布之后，一度引发 A 股市场的震荡。2015 年 2 月 2 日至 15 日期间，中国证监会对剩余 46 家证券公司展开了第二轮检查。从检查结果来看，现阶段证券公司融资融券等融资类业务总体运行平稳，风险相对可控，未发现重大违法违规行为。但部分公司存在违规为到期融资融券合约展期、向不符合条件的客户融资融券、未按规定及时处分客户担保物、违规为客户与客户之间融资提供便利等问题。此外，个别公司还存在整改不到位、受过处理仍未改正，甚至出现新的违规等问题。针对上述情况，两轮检查共有 18 家证券公司受罚。目前，融资融券门槛已恢复至 50 万元，证券公司不得向证券资产低于 50 万元的客户融资融券；对于已开立且证券资产价值低于 50 万元的客户不会强行平仓，但要求证券公司要加强对相关账户的风险管理。另外，中国证监会明令禁止证券公司通过代销伞型信托、P2P 平台或自主开发相关融资服务系统等形式，为客户与他人、客户与客户之间的融资融券活动提供便利。2015 年 4 月 16 日，中国证监会进一步对证券公司开展融资融券业务提出七项要求，并再次重申不得以任何形式参与场外股票配资、伞型信托等活动，不得为场外股票配资、伞型信托提供数据端口等服务或便利。

四、前景展望

历经5年多的运行与发展，我国融资融券业务规模持续壮大，“两融”市场日趋成熟。但现阶段仍存在融资与融券规模不匹配、“两融”交易集中于少数领域，以及明显滞后于A股市场等困境。针对上述问题，从供求的角度来看，主要是供需结构性失衡所致。一方面，我国投资者以散户为主，整体缺乏做空意识与做空经验，而较高的融券成本同样使得机构投资者望而却步；另一方面，融券券源供给不足的现象依旧存在。因此，短期内融资融券业务不能充分发挥价格发现功能。为了减弱杠杆效应带来的负面影响，风险监控机制仍有待完善。

值得注意的是，尽管在融资融券业务检查后中国证监会上调了融资融券业务门槛，但未对保证金比例等更多细节做出调整，可见意在规范，而非限制。严控风险、优化投资者结构可以在很大程度上改善“追涨杀跌”的羊群行为，促进融资融券业务的健康发展。而且，上海证券交易所自2014年12月1日起对信用账户进行升级调整，投资者可利用融资融券信用证券账户进行新股申购。此举明显利好：其一，放行信用账户打新将拓展新股申购渠道，提高资金使用效率；其二，新股申购与“两融”担保二者兼得，可以激发投资者对于融资融券交易的参与热情。另外，上海证券交易所和深圳证券交易所于2014年12月1日起接受转融通证券出借交易约定申报。2015年4月17日，《关于促进融券业务发展有关事项的通知》正式下发，中国证券投资基金业协会、中国证券业协会联合发布《基金参与融资融券及转融通证券出借业务指引》，公募基金“‘两融’和转融通业务”开闸。转融通证券出借交易机制的完善，机构投资者的参与，以及融券券源的扩大，均有利于进一步提升融资融券业务空间。

除了自身规则的改革、修订之外，其他相关政策的陆续出台也在一定程度上促进了融资融券业务的蓬勃发展。2014年11月17日，沪港通正式启动；2015年3月2日，港交所开通沪股通卖空交易；2015年2月9日，上证50ETF期权上市；2015年4月16日，上证50指数期货和中证500指数期货上线。上述品种的相继推出，在引入海外机构投资者的同时，极大地丰富了A股市场的做空工具，有利于营造一个更加健康的资本市场环境。

在此背景下，融资融券交易迎来全面发展的新机遇。近期，多家大型证券公司纷纷提升融资融券业务总规模上限，同时进一步降低“两融”利率，旨在缓解现存的供需失衡问题，助力“两融”业务的持续发展。我们有理由相信，在整体风险可控的前提下，融资融券业务已经步入加速前行的快车道，未来前景可期。

参考文献

[1] 崔媛媛，王建琼，卢涛等：“融资融券运行现状及问题剖析”[J]，《证券市场导报》，2010（10）：19—23。

[2] 王晓国：“融资融券试点的制度安排和制度完善——基于投资者权益保护视角的分析”[J]，《证券市场导报》，2011（1）：9—15。

[3] 杨德勇，吴琼：“融资融券对上海证券市场影响的实证分析”[J]，《中央财经大

学学报》，2011（5）：28—34。

[4] 许红伟，陈欣："我国推出融资融券交易促进了标的股票的定价效率吗？——基于双重差分模型的实证研究"[J]，《管理世界》，2012（5）：52—61。

[5] 黄洋，李宏泰，罗乐等："融资融券交易与市场价格发现——基于盈余公告漂移的实证分析"[J]，《上海金融》，2013（2）：75—81。

[6] 顾海峰，孙赞赞："融资融券对中国证券市场运行绩效的影响研究——基于沪深股市的经验证据"[J]，《南京审计学院学报》，2013（1）：22—25。

[7] 李科，徐龙炳，朱伟骅："卖空限制与股票错误定价——融资融券制度的证据"[J]，《经济研究》，2014（10）：165—178。

证券公司信用交易业务展望

严 琦*

一、证券行业转型正当时，信用交易业务爆发式增长

1975 年，美国证券交易委员会取消对股票交易佣金率的限制，实行佣金率的完全自由化。佣金自由化导致美国证券行业佣金收入占比大幅下降：1973 年，美国投资银行佣金收入占比为 53%，不到 10 年时间，佣金收入占比下滑至 1981 年的 27%，整个 20 世纪 80 年代美国投资银行佣金收入占比在 20%—30% 之间波动。佣金自由化之后，美国投资银行迈入转型阶段，寻求业务收入多样化。1975—1980 年，净利息收入占比从 0 上升到 13%，信用交易业务快速增长。

目前中国证券行业正面临着与美国 20 世纪 80 年代同样的挑战。交易佣金率逐步下降，行业平均佣金率从 2004 年的 0.23% 下滑到 2014 年底的 0.068%（见图 1）。经纪业务占比从 2011 年上半年的 54.59% 下降至 2014 年底的 40%。

近两年，证券公司通过负债方式加大信用交易业务的投入，提高了净资产收益率（ROE）水平，拓展了收入来源，对冲了行业佣金率下滑的负面影响。证券行业资产负债率由 2012 年底的 60% 提升到 2014 年底的 77.49%；上市证券公司资产负债率由 2012 年底的 55% 提升至 2014 年第三季度末的 72%，上市证券公司整体杠杆率情况见图 2。从负债资金的投向来看，2012 年以来新增负债资金绝大部分投向信用交易业务和自营业务，其中信用交易业务投入占比约占 70%，自营业务占比约为 25%。通过杠杆方式，扩大信用交易业务，有利于提升证券公司整体净资产收益率水平（见图 3）。谨慎假设下，信用交易业务利差约为 3%，公司税率为 25%，则其资产收益率（ROA）水平约为 2.25%，若以 10 倍杠杆率计算，“两融”业务净资产收益率水平在 22.5% 左右，显著高于目前证券公司的平均净资产收益率水平。自 2010 年信用交易业务开始逐步推出，利息收入占比逐步上升，至 2014 年底，利息收入占比已经高达 17.14%。随着信用交易业务的开展，证券经纪业务收入和利息收入

* 作者单位：东吴证券股份有限公司。原载于《中国证券》2015 年第 5 期。

两项业务占比之和维持在 50% 左右波动（见图 4）。

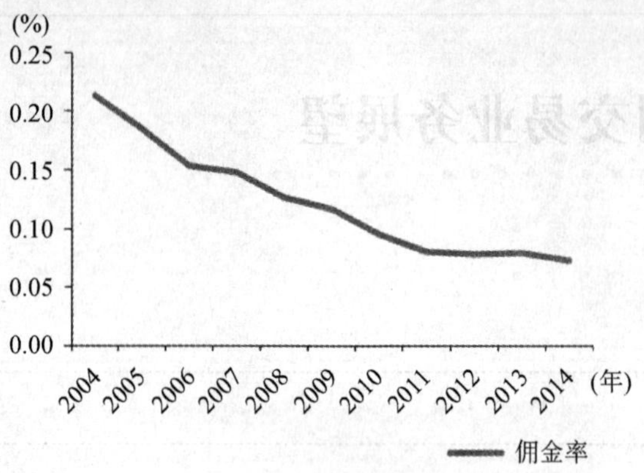

图 1 证券行业平均佣金率

资料来源：Wind 资讯。

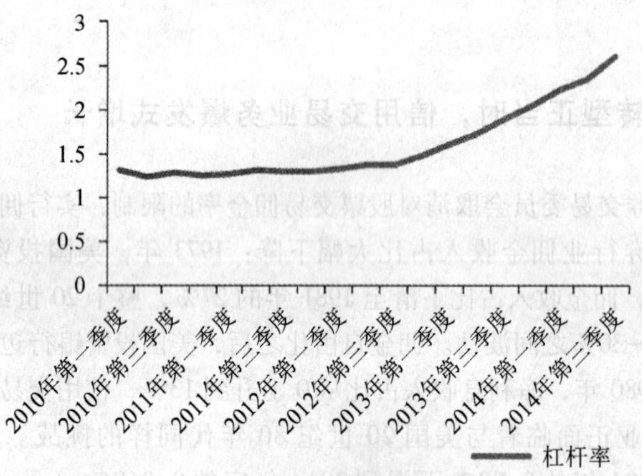

图 2 上市证券公司整体杠杆率

资料来源：Wind 资讯。

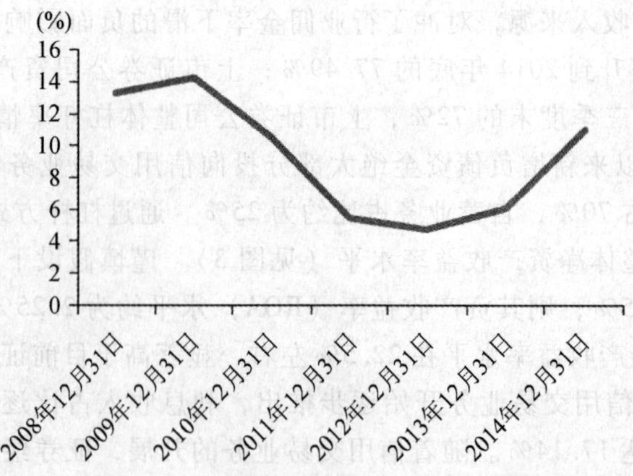

图 3 上市证券公司整体净资产收益率

资料来源：Wind 资讯。

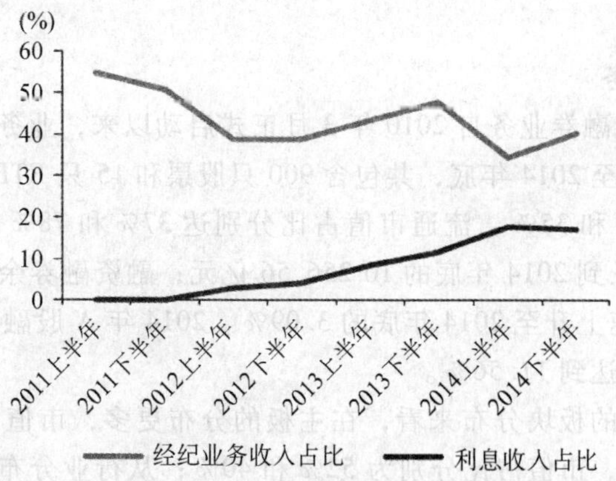

图4　证券经纪业务收入占比与利息收入占比

资料来源：Wind资讯。

二、信用交易业务细探

信用交易业务分为融资融券业务、股票质押回购式交易业务、约定购回式证券交易业务。中国信用交易业务推出时间较晚，融资融券业务、约定购回和股票质押分别于2010年、2011年、2013年推出（见表1）。由于融资融券业务推出最早，客户更加广泛，目前对证券公司的业绩贡献最大。

表1　　信用交易业务推出历程

类别	日期	事　　件
融资融券	2005年10月27日	十届全国人大常委会十八次常委会议审定通过新修订的《证券法》，规定证券公司可以为客户融资融券服务
	2006年6月30日	中国证监会发布《证券公司融资融券试点管理办法》
	2008年4月23日	国务院常务会议审议通过《证券公司监督管理条例》第48条至第56条对证券公司的融资融券业务进行了具体的规定
	2008年10月5日	中国证监会宣布启动融资融券试点
	2008年10月31日	中国证监会发布《证券公司业务范围审批暂行规定》，并于12月1日开始实施
	2010年1月8日	国务院原则上同意开设融资融券业务试点，进入实质性的启动阶段
	2010年3月19日	中国证监会公布融资融券首批6家试点证券公司
	2010年3月30日	融资融券交易正式进入市场操作阶段
约定购回	2011年10月	上海证券交易所出台《上海证券交易所约定购回式证券交易及登记结算业务实施细则》和《上海证券交易所约定购回式证券交易业务会员指南（试行）》
	2012年4月14日	约定购回式证券交易业务的准入门槛已由机构向个人投资者全面放开
	2012年12月10日	上海证券交易所约定购回式交易常规化运作
	2013年1月14日	深圳证券交易所约定购回式交易上线
股权质押	2013年5月24日	上海证券交易所、中国证券登记结算有限责任公司发布《股票质押式回购交易及登记结算业务办法（试行）》

资料来源：根据公开资料整理。

（一）融资融券业务

1. 发展现状。融资融券业务自2010年3月正式启动以来，业务迅速发展，融资融券标的经历了4轮扩容，截至2014年底，共包含900只股票和15只ETF产品，标的股票和ETF的数量占比分别为15%和35%，流通市值占比分别达37%和78%。融资融券余额从2010年底的127.72亿元增长到2014年底的10 256.56亿元；融资融券余额占流通市值的比例从2010年底的0.07%迅速上升至2014年底的3.09%。2014年A股融资融券交易金额占A股总体成交额的比例已经达到11.56%。

从融资融券股票标的板块分布来看，在主板的分布更多，市值占比达到85%，在中小板和创业板的分布偏低，市值占比分别为52%和40%；从行业分布来看，股票标的行业市值占比较高的主要有银行、非银金融、石油石化、煤炭、国防军工、食品饮料、传媒、有色和建筑等。

从融资融券业务的结构来看，融券余额远低于融资余额。截至2014年底，融券余额占整体融资融券余额的0.8%。而且融券交易的短期交易特征更加明显。融资交易日换手率为5.33%，而融券交易的日换手率高达65.82%。这主要由两个原因造成：一是融券的券源不足。证券公司通过参与定增等方式取得准备长期持有的股票，融券成本低，但是数量较少。此外，证券公司购买个股并提供融券服务的积极性普遍有限。提供融券业务获得的收益经常难以覆盖个股下跌带来的损失。二是融券成本高，收益低，需求有限。大部分融券标的分布在股价下跌弹性不足的蓝筹股，导致融券交易潜在收益有限。

2. 发展空间。相比日本和中国台湾地区，我国大陆融资融券业务具有以下特点（见表2）：首先，代表业务渗透率的融资融券业务余额占总市值比例，我国大陆目前已经高于日本和中国台湾。其次，代表业务活跃度的融资融券交易额占市场总成交额的比例低于日本和中国台湾。最后，融资规模和融券规模的相对比例，中国大陆远超过日本、中国台湾地区两个市场。

表2　　2014年中国大陆、中国台湾地区、日本融资融券业务发展状况

项　目	中国大陆	中国台湾地区	日本
融资融券余额占市值比（%）	3.09	1.09	0.69
融资融券交易额占总成交额比例（%）	11.56	18	17.1
融资余额/融券余额	122.82	9.7	4.97

资料来源：Wind资讯。

因此，我国大陆的融资融券业务还有进一步的发展空间，特别是在融资融券交易额占比上有待进一步提高。另外，融券业务与融资业务相去甚远，目前并没有起到对冲风险、做空的作用。2015年4月17日《关于促进融券业务发展有关事项的通知》发布，预期融券业务机构参与者将增加，融券标的将更加丰富，融券业务将大幅提升。

上海证券交易所和深圳证券交易所规定，融资融券业务余额不能超过流通市值的25%。目前，沪深融资融券标的股票和ETF的流通市值分别为18.97万亿元、1 400亿元，“两融”余额的上限为4.78万亿元。

（二）约定购回业务

1. 发展现状。约定购回式证券交易业务主要是为了满足实体经营企业的短期融资需求。从规模上看，约定购回式证券交易业务主要定位于资产规模在250万元以上的中小企业。目前，市场上一般用短期贷款和商业票据等方式满足短期融资需求。但是短期贷款和商业票据对贷款人的信用等级有严格限制，往往只有大型企业才能获得。约定购回式证券交易业务给中小企业提供了一种新的短期融资方式。

自2011年10月推出约定购回式证券交易业务后，业务规模呈现冲高回落的态势（见图5）。截至2014年底，约定购回式证券交易业务的参考市值为43.84亿元，不足融资融券余额的0.5%。自约定购回式证券交易业务推出以来，融资交易方主要集中在地产、有色、采掘、化工等传统周期行业（见图6）。

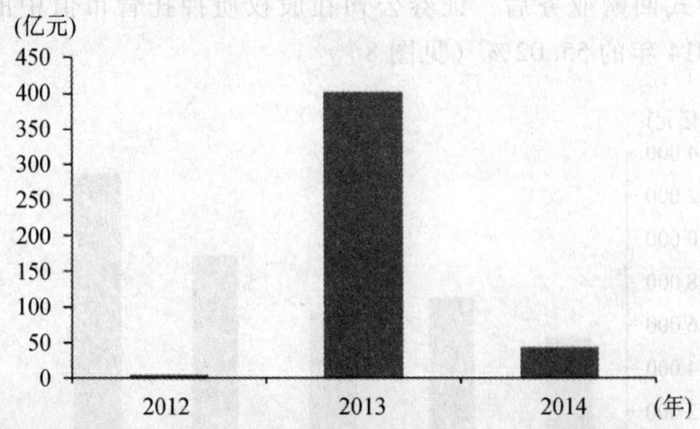

图5 2012—2014年约定购回式证券交易业务规模

资料来源：Wind资讯。

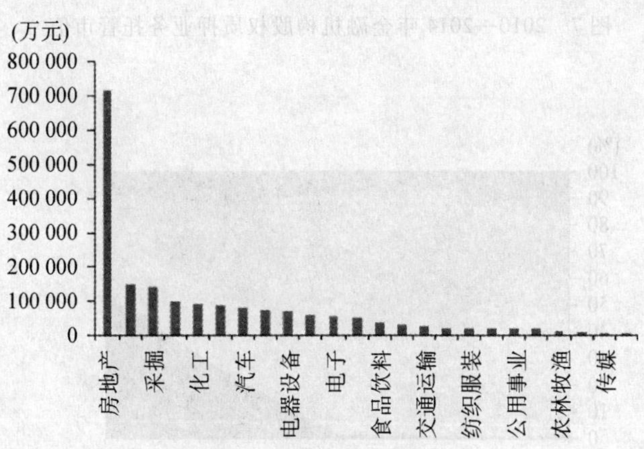

图6 约定购回式证券交易业务行业分布

资料来源：Wind资讯。

2. 面临的问题。约定购回业务不能发展壮大，主要是由于业务定位于中小企业的短期融资需求，该市场空间并不大。实际上，拥有可观数量交易性证券资产的中小企业并不多见；即使有，一般情况下也不缺乏流动资金。除了业务定位方面的原因，约定购回业务还有业务流程上的两个劣势，可能给业务需求产生负面影响。

首先，要保证资金顺利流转，证券公司必须控制融资规模，否则要承担很高的流动性风险。从目前交易情况看，单笔交易金额在 1 亿元上下，若多家客户同时融资，则证券公司很可能面临流动性不足的问题。此外，客户可以随时购回，若集中购回也可能导致证券公司面临流动性风险。

其次，约定购回业务要求股票过户，增加了交易双方的交易成本。在买断式交易下，买方和卖方都必须承担买卖证券的印花税、佣金和所得税等。

（三）股权质押业务

1. 发展现状。银行、信托等金融机构早已开展股权质押业务，股权质押托管市值快速增长，从 2010 年的 5 434.2 亿元增长到 2014 年的 13 024.4 亿元（见图 7）。证券公司自 2013 年开展股票质押式回购业务后，证券公司在股权质押托管市值中的占比从 2012 年的 1.46% 快速上升至 2014 年的 55.02%（见图 8）。

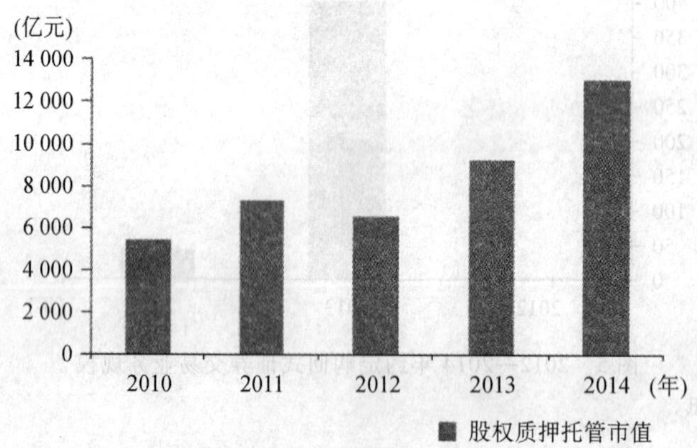

图 7 2010—2014 年金融机构股权质押业务托管市值

资料来源：Wind 资讯。

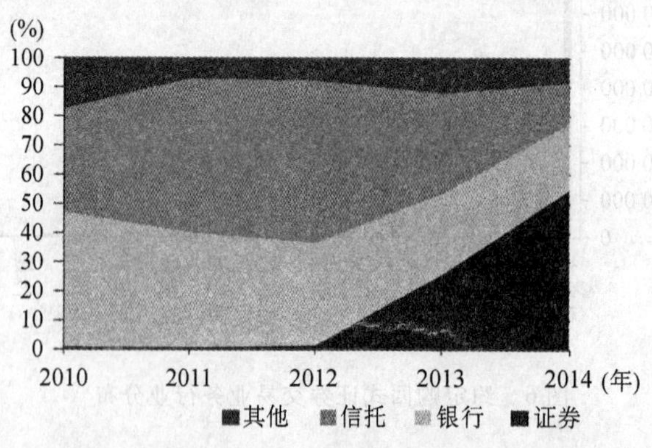

图 8 股权质押业务参与结构

资料来源：Wind 资讯。

2. 发展空间。股票质押业务与约定购回业务相比，在期限、标的证券范围、规模限制等方面具有明显优势。股票质押业务与银行、信托股权质押相比，除了流程上的便利、融资成本更低之外（见表3），还有两个明显优势：首先，证券公司拥有来自经纪业务、投行业务和资产管理业务庞大的客户资源。凡是上市公司有股权融资的需求，证券公司比其他金融机构能够更敏锐地掌握客户信息，提供与之相适应的融资服务。其次，证券公司在股权资产定价和风险管理方面具有丰富的经验和人才储备，因此，在融资成本上更加具有灵活性。

表3　股票质押回购业务与同类业务比较

	股票质押回购	场外质押	约定购回
期限	1—3年	无固定期限，一般不超过3年	不超过1年
业务对象	机构、个人股东（无特别限制）	机构、个人股东（无特别限制）	机构、个人股东（持有限售流通股或解除限售流通股的个人股东除外）
业务模式	质押不过户	质押不过户	交易过户
标的证券范围	两所上市交易的除B股以外的股票（非ST）、基金、债券，包含限售股和流通股	各交易机构自行规定	两所上市交易的除B股以外的股票（非ST）、基金、债券，仅限于流通股
规模限制	起点交易规模500万元，单一标的证券交易规模不超过标的证券总股本的20%	各交易机构自行规定	起点交易规模30万元，单一标的证券交易规模低于标的证券总股本的4%
操作便捷性	电子化、效率高	手续较多、流程长	电子化、效率高
资金到款效率	T日交易，T+1日到账	半个月左右	T+2日到账
融资成本	8.5%—10%	10%以上	9%—10%

资料来源：根据公开资料整理。

直接融资比例提升之后，产业资本参与股权质押融资的比例将有所提高。考虑证券市场市值增长的情况下，假设产业资本的市值规模达15万亿—20万亿元。如果产业资本参与股权质押比重达到15%—20%，则未来股权质押的市值规模将达2.3万亿—4万亿元。2014年证券公司在股票质押市场的份额达55%，随着业务的深度开展，其在股权质押市场的份额有望达到60%—70%。在中性情况下，证券公司开展的股权质押业务托管市值将达到2万亿元。

三、信用交易业务的资金瓶颈

（一）净资本约束

目前，融资融券业务、股权质押业务的相关管理规定及关于净资本的管理办法对融资融券和股票质押业务均形成了一定的约束[①]（见表 4）。通过测算，我们发现，其中净资本和杠杆限制将约束信用交易业务的发展空间。

表 4　关于“两融”、股权质押业务的上限相关规定

时间	文件	内容
2011 年 10 月 26 日	《关于修改〈证券公司融资融券业务试点管理办法〉的决定》	证券公司向全体客户、单一客户和单一证券的融资、融券的金额占其净资本的比例等风险控制指标应当符合中国证监会的规定，证券交易所可以对每一证券的市场融资买入量和融券卖出量占其市场流通量的比例、融券卖出的价格做出限制性规定
2012 年 11 月 16 日	《关于调整证券公司净资本计算标准的规定》	净资本/净资产 >40%，净资产/负债 >20%，融出资金净资本扣减比例为 2%，融出证券净资本扣减比例为 5%，对单一客户融资规模与净资本的比例前 5 名（监管指标 <5%），对单一客户融券规模与净资本的比例前 5 名（监管指标 <5%）
2011 年 11 月 25 日	《上海证券交易所融资融券交易实施细则》	投资者融资买入证券时，融资保证金比例不得低于 50%，投资者融券卖出时，融券保证金比例不得低于 50%，标的证券融资/融券余额达到证券流通市值的 25% 时，交易所在下一交易日暂停其融资买入/融券卖出
2012 年 4 月 11 日	《深圳证券交易所融资融券交易实施细则》	投资者融资买入证券时，融资保证金比例不得低于 50%；投资者融券卖出时，融券保证金比例不得低于 50%；标的证券融资/融券余额达到证券流通市值的 25% 时，交易所在下一交易日暂停其融资买入/融券卖出
2015 年 3 月 18 日	《证券公司股票质押式回购交易业务风险管理指引（试行）》	证券公司以自有资金出资的，融出资金余额不得超过其净资本的 200%

资料来源：根据公开资料整理。

证券公司净资本足以应对未来融资融券业务的上线，但杠杆率限制造成了约束。按照交易所规定，融资融券业务余额不能超过流通市值的 25%，目前沪深融资融券标的股票和 ETF 的流通市值分别为 18.97 亿元、1 400 亿元，则“两融”余额的上限为 4.78 万亿元。根据 2014 年底数据，证券行业总资产为 4.09 万亿元，净资产为 9 205.19 亿元，净资本为 6 791.60亿元。按照目前风险控制指标的相关规定，净资本/净资产必须大于 40%，因此，证券公司净资本指标的监管红线是 3 682 亿元，净资产中尚有 3 109.6 亿元净资本可用于开展融资融券业务。假设融资业务仍然占据融资融券业务的绝大部分，按照目前 2% 的净资本扣减比例，应有约 15 万亿元的业务空间，因此，目前证券公司净资本足以应对未来“两融”上限。但风险控制指标要求净资产/负债大于 20%，在负债开展业务的情况下，融资融券业务将受到杠杆限制的影响。在 6 倍杠杆率的限制下，证券公司当前净资产对应融资融券业务尚存的最大理论空间为 3.17 万亿元，不足以应对融资融券上限，除非进行增资扩股。

① 由于约定购回式交易业务空间较小，此处忽略。

股权质押业务短期并不存在资本短缺情况，但是未来空间可能会受到约束。根据《证券公司股票质押式回购交易业务风险管理指引（试行）》，证券公司以自有资金出资的，融出资金余额不得超过其净资本的200%。截至2014年末，整个证券行业净资本达到6 791.60亿元，对应的股票质押融资规模上限可达1.36万亿元。证券公司股权质押业务空间中性假设下有2万亿元左右的规模，目前，证券公司净资本无法满足业务需求。

（二）负债渠道限制

净资本决定了信用交易业务的发展空间，但在业务开展的实际过程中，负债渠道更为重要。在现有规定下，负债规模限制较大（见表5），同时负债方式仍然比较少。

表5　证券公司债务融资方式与限制性规定

融资类别	融资方式	期限	发行最高规模占净资产比重①	主管机构	规模要求	法规
	同业拆借	7天	58%	中央银行	证券公司的最高拆入额和最高拆出额均不超过该机构净资本的80%	《同业拆借业务管理办法》
	短融	3个月左右	44%	中央银行	证券公司发行短期融资券实行余额管理，待偿还短期融资券余额不超过净资本的60%	《证券公司短期融资券管理办法》
短期债务	卖出回购	不超过1年	20%	中央银行	债券回购资金余额不超过实收资本金的80%	《证券公司进入银行间同业市场管理规定》
	收益凭证	1年以内为主	44%	中国证监会	收益凭证的发行余额不得超过证券公司净资本的60%	《证券公司开展收益凭证业务规范》
	短期公司债	1年以内	44%	中国证监会	短期公司债的发行余额不得超过证券公司净资本的60%	《证券公司短期公司债业务试点办法》
	公司债	1—10年	40%	中国证监会	公司债余额不超过最近一期末净资产额的40%	《公司债发行试点办法》
长期债务	次级债	1—3年	40%	中国证监会	长期次级债可以按照一定比例计入净资本，到期期限在3年、2年、1年以上的，原则上分别按100%、70%、50%的比例计入净资本，长期次级债计入净资本的数额不得超过净资本（不含长期次级债累计计入净资本的数额）的50%	《证券公司次级债管理规定》

①注：按照2014年底行业净资产和净资本的数据推算。

资料来源：根据公开资料整理。

证券公司短期债务融资方式为同业拆借、发行短期债券、卖出回购、收益凭证和短期公司债。根据中央银行的监管要求，五种短期融资总额度不超过净资产的 210%。长期债务融资方式为发行公司债和次级债，根据中国证监会的监管要求，两种长期融资方式额度不超过净资产的 80%。整体来看，证券公司付息负债总规模不超过净资产的 290%。谨慎假设证券公司非付息负债占净资产的 100%①，在现有负债规定下，证券行业的杠杆率上限只有 3.9 倍。

目前，证券公司的短期融资主要依赖于银行间市场和机构间报价系统，以机构参与为主；长期融资也以机构参与的公司债为主。在三方存管模式下，向客户融资的渠道被堵死，证券公司杠杆率高估。《证券公司风险控制指标管理办法》规定，证券行业杠杆率不得超过 6 倍。目前，存管银行为证券公司开立客户保证金汇总账户，将客户保证金和结算备付金计入证券公司资产项目，但证券公司禁止动用这部分资金，这样的处理方式虚增了证券公司的资金，高估了证券公司的资产杠杆率。截至 2014 年底，客户交易结算资金余额（含信用交易资金）为 1.2 万亿元，如果允许信用资质好的证券公司向客户融资，证券公司将大幅拓展负债渠道来源。

四、结论

在证券公司转型过程中，信用交易业务发展很快，目前信用交易业务已经成为证券公司贡献利润的主要业务之一。从需求角度看，融资融券业务和股权质押业务仍然存在巨大的发展空间。但目前证券公司的净资本和杠杆率限制约束了信用交易业务发展的理论空间，而证券公司负债渠道的限制，则大大压缩了信用交易业务的实际发展。

为了促进信用交易业务健康发展，建议进一步拓宽证券公司净资本补充渠道，简化资本补充的流程；提高证券公司杠杆率上限，并放松对单一负债方式规模的限制；考虑对信用资质高的证券公司率先放开向客户融资。

① 实际上，所有上市证券公司 2014 年第三季度非付息负债占净资产比例达 98%。

境外证券公司融资类业务创新与监管研究

崔 颖 杨 攀*

一、证券公司融资类业务的内涵界定与业务边界

证券公司融资类业务不管在学术上还是实践上并无确切的定义与具体约定，美国、欧洲等发达经济体也无任何一个投资银行将融资类业务设置单独的部门。广义上仅按字面意思讲，凡是证券公司能为客户提供直接或间接融资服务的业务均属证券公司融资类业务，其中也包括传统的IPO股票发行以及债券承销服务。根据目前国内证券业的创新进程，证券公司融资类业务一般是指融资融券、股票质押、约定购回等信用交易业务。总结境外金融市场的发展轨迹以及随着现阶段我国金融市场的创新发展，借助结构化设计的资产证券化技术以及金融衍生品交易工具进行间接融资服务成为未来融资类业务拓展其内涵与边界的发展方向。从这个角度讲，未来证券公司融资类业务的行业业态大体呈现以下四类：第一，类贷款的直接融资业务，即将自有资金或募集资金用于融资融券、股票质押融资、商品融资（Commodity Finance）以及并购重组中的过桥资金贷款服务（杠杆融资服务）、小额贷款服务等。第二，基于资产证券化的结构化融资服务。证券公司通过参与结构化金融产品的设计募集资金，将资金投资于信贷资产、保理资产、租赁资产等非标资产，达到间接融资的目的，证券公司从中收取通道费及交易费用。美国等发达国家在结构融资方面尤其是信贷资产证券化方面发展已较为成熟，分别推出了抵押贷款证券（MBS）、担保贷款凭证（CDO）、汽车贷款ABS、信用卡贷款以及私人房产抵押贷款（RMBS）等产品。第三，基于金融衍生品的杠杆融资服务。证券公司一般通过场外OTC市场发行一对一的金融衍生品合约，利用杠杆交易，降低融资成本，达到间接融资的目的，如互换合约、信用违约掉期（CDS）、差价合约（CFD）等。第四，证券借贷及回购协议业务。证券借贷与证券回购是金融市场的重要业务类型，在发达国家发展迅速，也是未来重点发展的领域。需要说明的是，对于某一定制化的

---

* 作者单位：民生证券股份有限公司。原载于《中国证券》2015年第5期。

融资服务，可能同时涉及其中两种或多种，如收益互换的定向增发服务、期权调整利差（OAS）模型下的信贷资产证券化，不仅具有金融衍生品杠杆融资服务的特性，同时也具有结构化融资的特点。

二、境外投行融资类业务形态及发展分析

20 世纪八九十年代，日本、英国、美国等发达经济体由于利率管制导致银行传统盈利空间急剧压缩，出现银行业经营危机，三国先后通过政策引导以及监管配合确立了规范化的混业经营模式①。在混业经营的模式下，证券融资类业务由于种类多样，并没有形成一个确切的业务牌照，业务开展可能同时涉及证券投资、信用交易、资产管理、固定收益等多个部门。简而言之，融资只是国外投资银行为客户提供资金流动解决方案的一个工具或手段。近年来随着利率市场化进程及企业融资、居民理财需求的增长，混业经营大势所趋，进一步驱动证券公司融资类业务的创新与监管。上述四种类型业务在不同的国家和地区的发展模式、制度、监管不尽相同。下面针对四种类型的业务重点分析海外不同国家和地区的典型业务形态，其中，结合我国目前重点推出的创新产品，介绍类贷款的直接融资服务。

（一）类贷款的直接融资服务

1. 融资融券业务。融资融券交易最早兴起于欧美市场，数十年来逐步引入日本以及新加坡、韩国、中国台湾地区等亚洲新兴经济体。从资本市场发展与融资融券业务兴起的关系看，融资融券业务几乎都是诞生于各国经济步入稳定上升通道、金融电子化快速普及的背景下，融资融券在提高市场流动性以及价格稳定方面得到了广泛的认同，但也有人认为，1929 年以及 2004 年美国证券市场的大崩溃与融资融券业务相对宽松的监管方式有直接的联系，结论褒贬不一。各国（地区）在力促证券资本市场全面有效发展的同时，也不断探索适合自身发展的业务模式与监管制度。

（1）运行机制与制度安排。融资融券的业务模式可分为三种：一是美国、英国等欧美发达国家采用的分散授信模式；二是以日本、韩国为代表的集中授信模式；三市我国台湾地区实行两种模式并行运行的制度，既有集中授信，又有分散授信的特点。

第一种是以美国、英国为代表的分散授信模式。美国融资融券信用交易主体广泛，证券公司在整个业务运作中处于核心地位，既可以直接为客户提供融资与证券，也可以通过借入、招标等方式为客户提供转融通业务，而且出借主体也较为广泛，包括银行、保险、私募基金等金融机构，市场化程度较高且资金体量较大。制度设计上，美国实行政府主导的集中统一监管模式，在准入制度、市场要素、信息披露、法律责任追究方面建立了一套完整的规则，除了对初始保证金比率的管理外，主要集中在 X、T、U 三个规则上②。英国则实行自律主导型的监管模式，即没有专业的全国性证券管理机构，仅需获得英国金融服务管理局颁发的证券交易资格牌照和满足资本金充足的要求，也没有颁布专门的法律制度，而是通过《金

① 民生证券宏观专题：“金融新常态：混业经营大时代——民生宏观新常态系列研究之十”，2015 年 4 月，第 5—9 页。

② John P. Geelan & Robert P. Rittereiser, Margin Regulation and Practices, York Institute of Finance, 1998.

融服务与市场法》和《FSA 手册》进行约束，证券市场的参与者实行自我监管。

第二种是以日本、韩国为代表的集中授信模式。在集中授信模式下，证券经纪机构在自有资金或证券不足时，只能向专门的证券金融公司进行借贷，而不能直接在市场上进行交易。目前，日本有日本证券金融公司、大阪证券金融公司和中部证券金融公司三家公司以竞价方式组织证券公司和机构投资者等市场主体进行转融通业务。目前在融资余额中，标准信用资金交易余额为 1.94 万亿日元，证券金融公司提供的资金占 24.54%。在融券余额中，标准信用证券交易余额为 0.42 万亿日元，证券金融公司提供的证券占 41.38% 以上，占整个市场的 90% 以上[①]。制度上，日本融资融券交易的主要制度框架为 1954 年实施的日本《证券交易法》，1998 年日本泡沫经济破灭前由大藏省负责审批监管，1998 年后改由内阁金融厅进行监管，日本证券交易所负责具体事务的执行[②]。

第三种是中国台湾地区实行的双轨制的集中授信模式。双轨制的形成是中国台湾地区根据自身环境不断借鉴国外经验的重大创新，其要义是允许部分证券公司从事融资融券业务，与证券金融公司在客户需求上形成竞争关系；同时，具备条件的证券公司还可以向证券金融公司申请转融通业务，证券金融公司依然具备最终的垄断地位。2014 年，中国台湾进一步放松了对信用业务的管制，规定因互换合约进行的资产交换不计入融资融券的额度范围，并修改了相关参数。如降低保证金比例、提高融资融券授信额度，市场反应强烈，融资融券余额快速增长，台股涨势明显。

（2）主要特点。美国融资融券市场主要在于市场化程度高，参与主体广泛，无特别的限制，因此融券券源的来源渠道广泛，融券占比也比其他市场稍高。英国融资融券的主要特点是为顺应统一的欧洲证券借贷标准，要求双方尽可能签订标准化的“全球证券借贷主协议”，而且融券业务根据目的不同，操作方式也不同，种类繁多。随着融资融券交易的发展，衍生出应用于合理避税、对冲基金、私募股权投资等领域的交易策略。日韩融资融券试图在政府监管与活跃市场上找到平衡，即要求政府监管确保市场稳定，又通过制度设计使融资融券方式多样化，如证券金融公司的“轧差”与“标借”操作直接满足了部分客户的融券需求，减少了标借证券的品种和数量。

（3）国际融券交易。随着金融市场的不断对外开放，融券的跨境交易成为近年来国外市场的新特点。目前，在日本与韩国证券金融市场，外资机构参与证券借贷分别占 60%、90%。融券的跨境化对政府的监管与风险控制提出了更高的要求。以韩国为例，外资机构在申报融券时并不说明其用途，就有可能使一些外资机构通过融券后放出利空消息获取非法收入。

2. 股票质押融资业务。国外投资银行一般将此业务归为投资与信贷业务，为抵押担保证券中的一种，因此标的股票的限制较少。如果股票质押融资用于购买证券，则计入证券借贷业务中。高盛集团 2011 年年报显示，从高盛的总资产构成比例看，借出证券占总共资产达 15.23%，而且交易性金融资产以及金融工具一直在 40% 之上。美国抵押担保证券贷款本身就是一个庞大的场外市场，活跃度较高，我国正在探索建立股票质押融资的场外市场，以

① 根据日本证券金融公司官方网站及经营年报整理。网址：http://www.jsf.co.jp/st/index.html. 最后访问时间：2015 年 4 月 25 日。

② 融资融券试点工作小组赴日、韩考察团：“日本、韩国融资融券业务的考察报告”，《中国证券》2006 年第 9 期。

扩大质押证券的范围，满足不同资质的企业融资需求。

3. 杠杆融资服务。杠杆融资一般指在企业并购中，对没有达到投资级的企业提供贷款活动的统称，杠杆融资满足了国外投资银行的趋利动机以及市场导向，其原因在于迎合了当时银行从静态的"买入并持有"的业务模式向动态的"发起并分散"的业务模式转型需求。在美国资本市场，杠杆融资的最主要形式为杠杆贷款和高收益债券融资两大类。其中，杠杆贷款又包含杠杆收购融资、过桥贷款、并购贷款等几种类型。由于无法获取细分的规模数据，我们这里只分析杠杆贷款的发行情况。

从杠杆贷款发行情况来看（见图1），2001年，美国杠杆贷款发行量为8 020亿美元。经过几年的低潮期以后，杠杆贷款活动日趋活跃。2008年杠杆贷款发行量为16 100亿美元，达到历史最高水平。之后，在次贷危机的影响下，发行规模迅速下降，但每年仍然维持12 000多亿美元的发行规模。

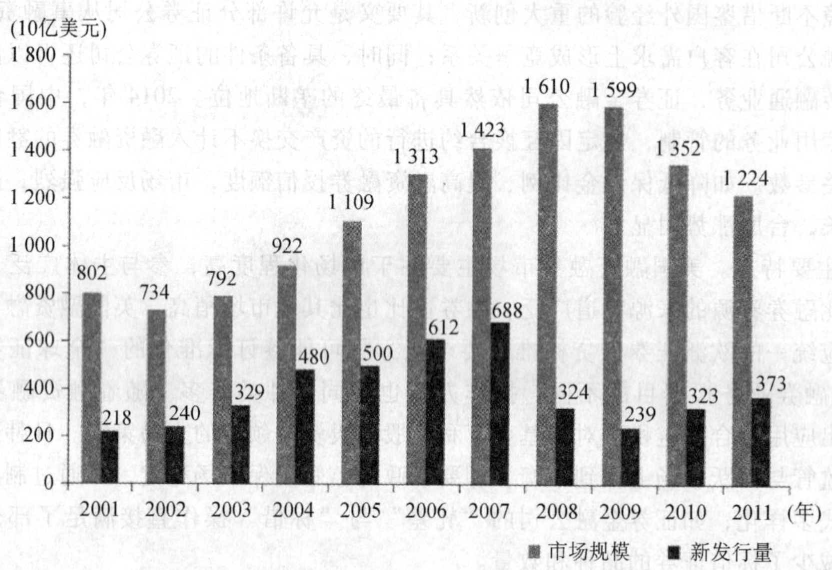

图1 2001—2011年美国杠杆融资规模变化情况

资料来源：Credit Suisse、LPC。

近年来，美国市场杠杆融资发行规模有所缩减，主要原因在于次贷危机前，基于杠杆融资的结构化产品不断涌现，最为典型的是相当于垃圾债的抵押贷款债券（CLO），这种债券一旦被投资者大量抛出，将会产生大量的承诺贷款违约，产生系统性的金融风险①。

（二）基于资产证券化的结构化融资服务

结构化融资，是指通过整体分割出部分，或者将同质性的整体分级成不同特征的部分，再利用一定的技术手段解决现有金融产品或工具无法解决的融资、流动性问题。这种方式是融资企业通过发行资产支持证券真实出售其资产达到破产隔离的效果实现的。结构化融资起源于20世纪70年代的美国，最初的结构化金融产品是住房抵押贷款的证券化。经过几十年

① 史晨昱："潮起潮落：美国杠杆融资三十年"，《上海证券报》2009年2月20日，第B07版。

的创新发展，美国结构融资市场创新产品种类不断丰富，规模不断扩大，产品结构也日趋复杂，结构融资已经成为美国固定收益市场的重要组成部分，目前已经形成一般性抵押贷款证券（MBS）、担保债务证券（CDO）和狭义的资产支持证券（ABS）三大主要的资产证券化市场。

结构化融资基本流程为：（1）由发起人成立特殊目的实体（SPV），并将需要证券化的资产通过真实出售转移给SPV；（2）SPV通过对资产池的现金流进行重组、分割和信用增级，并以此为基础发行有价证券，出售证券所得作为SPV从发起人处购买资产的资金；（3）服务机构负责资产池资金的回收和分配，主要用以归还投资者的本金和利息，剩余部分则作为发起人的收益（见图2）。

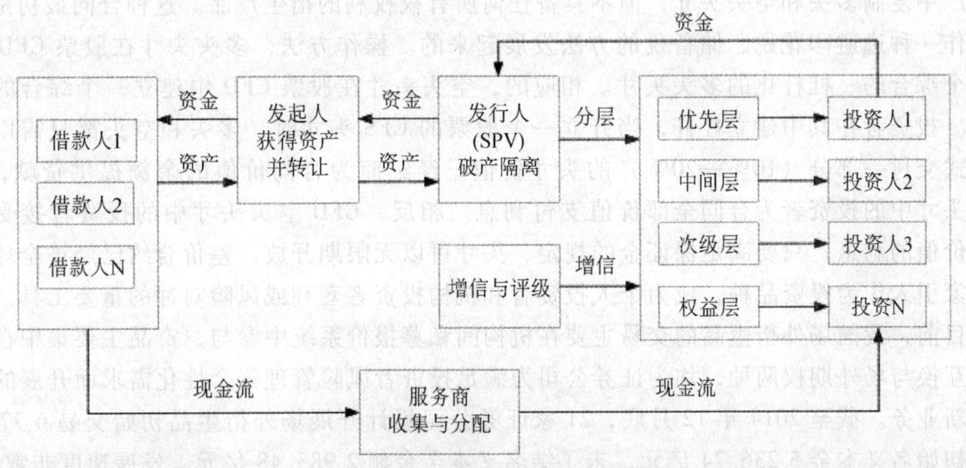

图2　结构化融资基本结构图

资产证券化的最大创新在于风险隔离与分层，通过风险隔离将发起人的信用风险与资产本身的风险隔离开来，而通过分层与增信，资产的信用可以得到提升，并且满足不同投资者偏好的投资回报需求，发行人也可以获得更高的流通性与更低的融资成本。

2007年金融危机爆发以后，资产证券化被认为是诱发次贷危机的罪魁祸首，2010年美国政府颁布《多德-弗兰克法案》，提高了对资产证券化以及衍生品信息披露的要求，业务量也随之逐渐减少。近年来，随着对资产证券化中性的进一步认识，美国政府将重点转向加强监管力度以及为避免金融机构盲目追求利润的风险警示，资产证券化业务显示出逐步回暖的态势。

（三）基于金融衍生品的杠杆融资服务

基于金融衍生品的杠杆融资服务一般形成于场外市场，形式较为灵活，实际上并未发行等值的现金流，进而起到杠杆融资服务的作用。典型的杠杆融资服务为互换合约，互换合约是指客户与投资银行根据协议约定在未来某一期限内针对挂钩标的的收益表现与固定利率进行现金流交换。交易对手方承诺在到期日支付固定收益，证券公司承诺到期支付挂钩标的的浮动收益，证券公司为对冲到期的风险，可采用完全对冲的形式，即买入相应的挂钩标的（见图3）。在这种情况下，虽然从权益所有权与现金支付角度讲并不算融资，但是达到了间接融资的目的。2015 年 4 月，美国基金公司 Direxion Investments 成立了一只杠杆型 ETF 基金，该基金的标的为沪深 300 指数，即利用互换合约达到双倍杠杆收益的目的。

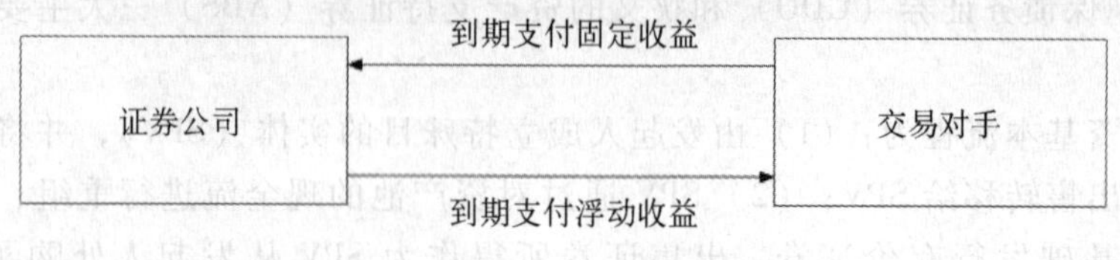

图 3　互换合约交易结构图

再以差价合约（CFDS）为例，差价合约可以被用于在一个以单只股票或股票指数为基础资产中复制多头和空头头寸，但不具备任何所有权权利的衍生产品。这种合同最初是在英国当作一种逃避印花税、储备税的方法发展起来的。操作方法，多头头寸在股票 CFD 中建立一个综合的、杠杆化的多头头寸。相应的，空头头寸在股票 CFD 中建立一个综合的空头头寸。投资者在其中建立杠杆，当开立一个股票的 CFS 头寸时，多头和空头都只需以保证金形式交付一部分（10%—20%）的头寸价值。经纪商为合同价值的余额提供贷款，CFD 多头头寸中的投资者为合同全部价值支付利息。相反，CFD 空头头寸中的投资者接受合同全部价值的利息。只要满足保证金的规定，头寸可以无限期开放。差价合约已经被全球十多个国家引入作为投资品种，成为个人投资者和机构投资者套利或风险对冲的重要工具。

目前，我国场外衍生品的交易主要在机构间私募报价系统中参与，产品主要集中在权益收益互换与场外期权两种，均为证券公司为满足投资者风险管理等个性化需求而开展的衍生品创新业务。截至 2014 年 12 月底，21 家证券公司累计开展场外衍生品初始交易 6 779 笔，累计初始名义本金 5 236. 74 亿元，未了结名义本金余额 2 983. 48 亿元，发展速度非常快。

（四）证券借贷及回购协议业务

证券借贷，是指证券由于交割需求、卖空需求、套利交易需求、做市需求及融券需求等（借出者）由一方暂时性转移到另一方（借入者）的市场行为。借入者有义务或是应借出者的要求，或者在借贷期满归还证券，证券公司获得相应的息费收入。证券借贷的关键点在于其与一般的“租赁”不同，证券的借出者需要转移其所有权。

证券借贷的业务类型大体上可分为两种。一种是非现金担保证券，借入方向出借方提供非现金担保物，借贷双方通过协商确定可充当担保物的证券范围。一般包括中央政府债券、公司债券、股票、信用证、存款证明、可转债、权证以及其他货币市场工具等。另一种是现金担保证券借贷。现金担保证券借贷在美国市场较为普遍。在现金担保证券借贷业务中，借入方向出借方提供的担保物为现金，出借方需要按照双方商定的利率扣除借券费率后，向借入方支付现金返利，通常现金返利是相对固定比例。

证券借贷业务主要在场外市场进行，在美国，证券借贷和资本市场几乎是同时发展的态势。从需求方面讲，布莱克 - 斯科尔斯（Black - Scholes）期权定价模型使得期权与其他衍生品交易激增，机构为满足其投资策略需要借贷股票进行对冲和套利。20 世纪八九十年代至今，新衍生品、指数套利和其他复杂投资交易策略创新持续发展，进一步促进了交易商与投资者为执行他们交易与对冲市场风险的证券借贷需求的发展。从供给方面讲，美国托管银行也通过为保险公司、公司投资组合以及大学捐赠基金等机构客户提供证券借贷服务，加快了证券借贷的周转，证券借贷行业迅速发展起来。

三、美国投资银行融资业务法律及监管分析

（一）实施净资本监管政策

早在1934年，美国就开始实行净资本规则，投行各业务的资金运用、交易需符合美国证券交易委员会（SEC）的规定，且必须保留充足的流动资产，以保证资金的顺利流转。美国的净资本规则根据不同时期的市场状况不断变化。1965年，美国SEC规定投资银行的负债不得超过其净资本的20倍，当时经济情况下这个监管标准是非常宽松的。

1975年美国采取新的“统一净资本规则”，该规则相比于1965年的制度，其重要的转变是将以保护客户资产为核心的监管转移到关注市场风险、信用风险等影响市场流动性的风险监控上来。在指标设置上，也提供了灵活的选择方法，即存在基本的方法与替代方法，值得我们借鉴。

1997年美国在净资本统一规则的基础上修改了关于指数、期权等金融衍生品及相关对冲敞口的计算方法，允许投资银行使用理论期权定价模型确定上述金融工具的净资本要求。由于当时SEC对场外衍生品交易商的净资本要求高于对境外投资银行的净资本要求，也高于银行监管机构对商业银行的净资本要求，出于提供统一的竞争平台等的考虑，SEC规定场外衍生品交易商对“统一净资本规则”有些应当扣除的资本进行豁免扣除，大大促进了场外衍生品的发展。

2008年金融危机后，奥巴马签署金融监管改革法案，即《多德－弗兰克华尔街改革与消费者保护法案》。该法案限制商业银行的自营交易，对非银行金融公司的自营交易提出了更高的资本要求。该法案规定，商业银行可以保留自营交易业务，但是这些业务必须用于对冲风险、利率掉期或外汇掉期；允许银行投资对冲基金和私募股权，但资金规模不得高于自身一级资本的3%。实际上，华尔街投资银行投资对冲基金和私募股权的资金规模占一级资本的比例远远高于3%。在这样的背景下，高盛、摩根士丹利和摩根大通等大行不得不逐步考虑关闭其自营交易部门。

（二）相对宽松的融资政策

SEC对投资银行的资本来源渠道没有明确的限制性措施，市场上的筹资手段都可以被证券公司采用。同时，以高度市场化为特征的美国资本市场也没有对投资银行的资金运用做出特别的限制性规定。投资银行可用资金主要来自两个方面：一是自有资金，公司可以自行支配并无须偿还，比如来自股东的投资及未分配利润等；二是在业务发展中可以融入的资金（负债经营），它需要偿还，比如基于信用交易的回购与融券交易，证券卖空获得的短期资金、客户资金、贷款等。

从美国证券行业整体融资渠道来看，美国投资银行的负债融资主要来自如下几个方面：第一，客户资金，即客户存入保证金和向客户借入的证券，占行业资金来源的25%左右。在高盛，应付客户及交易对手款项在融资渠道中的占比为25%—28%。第二，抵押融资，占行业资金来源的25%左右。这类融资主要是国债回购和融券交易形成的负债。在高盛，这类负债占比为10%—20%。第三，信用融资，占行业资金来源的25%左右。在高盛，信用

借款在融资渠道中占比为15%—25%。

四、政策建议

通过对境外投资银行融资业务的研究，结合目前中国证券行业当前状况，我们提出以下政策建议：

（一）积极支持证券公司拓展资本中介业务模式

目前我国证券市场的金融产品品种还比较单一，客户需求难以满足，随着客户需求越来越多元化，证券公司的收入来源越来越丰富，收入结构也将随着客户的需求变化而变化，我们希望在监管层面对客户服务的方式以及收费模式上给予证券公司更多的自主性与灵活性，让证券公司更直接地服务客户，真正履行资本中介职能。

（二）实行分层化的风险控制体系

目前，在保证金比率、现金比率等方面对信用交易业务采取了统一的规定，未来可考虑针对不同资质的证券公司，在风险可控的前提下，实行差别化的风险监管模式。

（三）进一步放松净资本的监管

净资本对国内证券公司的稳健经营起到了很好的作用，但另一方面，净资本的监管对国内证券公司的发展也有明显的制约。在监管指标上，按照警戒线净资本比例监管过于严格，导致证券公司必须闲置大量的资本，或者将长期资本配置到高度流动性的资产上，资本运用效率难以提高。目前，国内证券公司的净资产收益率普遍低于国内商业银行，反映了整个证券行业的资本效益低下。另外，净资本与净资产的高比例控制，在一定程度上限制了证券行业通过负债经营扩大业务规模，建议今后适当降低净资本占净资产的比例要求。

（四）拓宽证券公司的融资渠道

目前，国内证券公司的融资渠道主要以股权融资为主，虽然近年来证券公司融资渠道有所拓展，可以通过发行次级债募集资金，但要求较高，没有达到实际的效果，证券公司缺乏合理的负债，资金规模难以放大，尤其是在牛市中业务开展比较受限，盈利能力难以提高，也导致大型证券公司与中小证券公司的实力越来越悬殊。因此，建议进一步拓宽证券公司融资渠道。近年来，网络金融成为证券公司融资的新型融资渠道，建议尽快规范网络金融的业务边界，出台相关的业务规则。

（五）进一步增加融券来源，促进市场多空头交易机制，有利于市场稳定发展

2015年4月17日，中国证券投资基金业协会、中国证券业协会制定了《基金参与融资融券及转融通证券出借业务指引》，规定封闭式股票基金、开放式指数基金、交易型开放式

指数基金（ETF）可参与转融通证券出借交易业务①，扩大了证券公司的融券来源。另外，在我国融资融券业务的托管结算模式中，证券公司是客户担保资产（证券及资金）的名义持有人和托管人，客户信用资产账户是证券公司信用资产账户的二级账户。我国融资融券业务开展实践中，证券公司并无对客户信用资产账户的管理路径，证券公司并未真正在融资融券中做实托管职能。建议强化证券公司托管职能，允许将客户担保资产作为融资资金来源及融券券源使用，这不仅可丰富融券券源，降低证券公司资金使用压力，也使得客户在融资融券业务中开展"T+0"套利交易成为可能，对融资融券业务的开展有积极意义。

（六）场外与场内结合，开发与多层次的资本市场框架相呼应的融资业务

标的证券既可以是在集中交易市场中交易的股票、基金、债券，未来也应包括在柜台市场交易的基础金融产品（如非上市股权）或金融衍生产品，还可以是全国股权系统以及地方股权交易中心的证券。另外，鼓励证券公司发展场外收益凭证、互换合约、场外期权等创新业务，并与场内融资融券、期货期权、分级基金紧密结合，通过相对分散的、灵活的证券公司柜台交易市场和构建集中的全市场证券借贷平台这两个层次实现众多机构的不同需求。

参考文献

[1] 巴曙松等："证券公司融资渠道的比较研究"[J]，《当代财经》，2003（6）。

[2] 陈道江："证券金融公司的国际比较与模式借鉴"[J]，《国际商务》，2005（2）。

[3] 陈红，刘智广："证券公司融资制度的创新思考"[J]，《金融教学与研究》，2004（4）。

[4] 金子财，穆峥："美日证券信用交易制度的比较与借鉴"[J]，《金融与经济》，2003（12）。

[5] 程胜："我国资本市场中的证券融资融券交易制度"[D]，华东政法大学博士学位论文，2008年。

[6] 林华："金融新格局：资产证券化的突破与创新"[M]，北京：中信出版社2014年版。

[7] 吴忠峰："中国券商盈利模式的转型：内涵拓展与创新"[J]，《上海金融》，2004（4）。

[8] Frank J. Fabozzi Steven V. Mann Securities Fiance: Securities Lending and Repurchase Agreements,[J]. John Wiley&Sons. Inc，2005（12）.

[9] John P. Geelan & Robert P. Rittereiser, Margin Regulation and Practices,[J]. York Institute of Finance，1998（20）.

① 参见《基金参与融资融券及转融通证券出借业务指引》，中国证券业协会网站，http://www.sac.net.cn/tzgg/201504/t20150417_121298.html，最后访问时间：2015年4月20日。

股票质押式回购业务现状、风险及建议

杨雅洁*

一、前言

2013 年，上海证券交易所、深圳证券交易所与中国证券登记结算有限责任公司共同制定《股票质押式回购交易及登记结算业务办法（试行）》，并于 2013 年 5 月正式发布，意味着创新经纪业务中的类贷款业务又增多了一项。业务开闸以来，由于业务办理的便捷性和业务风险比常规场外质押更具有可控性，沪深两市股票质押业务发展迅速，交易规模和市场占比逐渐提高，与融资融券、约定式购回业务相辅相成、优势互补，成为证券公司服务实体经济、解决中小企业融资问题的重要载体。

二、股票质押式回购业务介绍

（一）业务定义

股票质押式回购交易，简称股票质押回购，是指符合条件的资金融入方（以下简称"融入方"）以所持有的股票或其他证券质押，向符合条件的资金融出方（以下简称"融出方"）融入资金，并约定在未来返还资金、解除质押的交易①。

（二）交易模式

股票质押式回购交易可分解为初始交易、履约交易和购回交易三个部分（见图 1）。

* 作者单位：信达证券股份有限公司。原载于《中国证券》2015 年第 5 期。

① 上海证券交易所、中国证券登记结算有限责任公司：《股票质押式回购交易及登记结算业务办法（试行）》，2013 年。

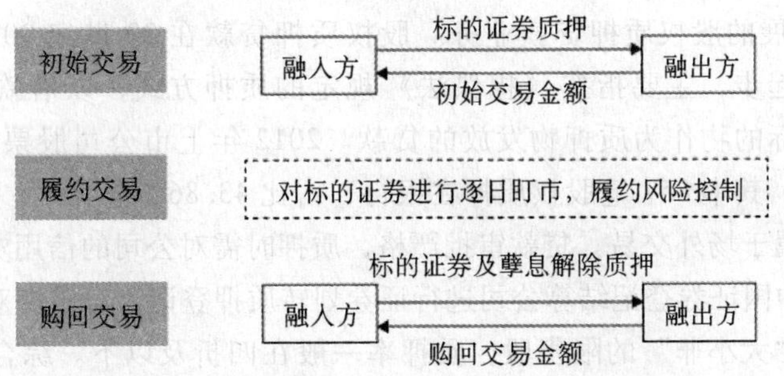

图 1　股票质押式回购业务基本原理

股票质押式回购业务开展的基本模式为"一个协议、二次交易、两次结算"（见图 2）。

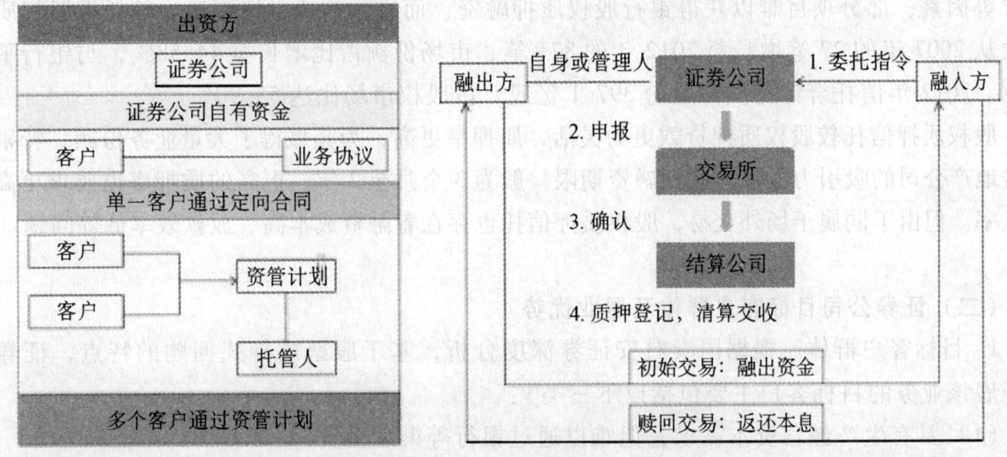

图 2　股票质押式回购业务基本模式

期初，融入方与公司（包括公司管理的集合资产管理计划或定向资产管理客户）订立交易协议书，并按协议约定将标的证券按照约定价格质押给公司，公司支付对应的初始交易资金。初始交易金额与标的证券市场价值的比值为质押率，体现了标的证券对融入方履约购回的保障程度。

期间，按协议约定融入方定期支付利息，公司对标的证券进行盯市，并采取相应的履约风险控制措施。

期末，融入方按照协议约定支付购回交易资金，回购对应的标的证券。购回交易金额是尚未偿还本金和应付未付利息之和。

三、股票质押业务发展情况

（一）历史发展情况

利用持有股份做质押融资并不是一个新兴业务。股权质押，是指出质人以其所拥有的公司股权作为质押标的物而设立的质押，通过担保的方式实现融资，这为中小企业提供了较好的融资方式。在证券市场场内股票质押式回购业务正式上线之前，银行和信托一直在股权质押融资市场占据主导地位，市场占有量基本相当。

1. 商业银行开展的股权质押贷款业务。股权质押贷款在20世纪90年代中期伴随我国证券市场的发展而起步，主要指按《担保法》规定的质押方式，以借款人或第三人合法持有的股权作为质押标的物作为质押物发放的贷款。2012年上市公司股票累计质押1 954次，股权质押711亿股，其中857笔股权质押在银行，占比43.86%。

股权质押贷款属于场外交易。贷款审批严格，质押时需对公司的信用资质进行考察。手续较为繁杂，需要在中国证券登记结算公司进行证券划转质押登记，对质押双方进行公证。股票质押率较低，针对“大小非”的限售股，质押率一般在四折及以下。综合来说，客户通过股权质押贷款融资成本较高，放贷速度慢，从审批到放款需要近一个月时间。由于2007年后证券市场开始持续低迷，出于风险控制的考虑，商业银行股权质押贷款业务量逐渐萎缩。

2. 信托公司开展的股权质押信托业务。受限于银行信贷额度紧缩及行业限制、集中度要求等因素，部分项目难以获得银行股权质押融资，而进入信托融资渠道。信托类股权质押笔数从2007年的27笔增长至2012年的871笔，市场份额占比增长至44.58%，与银行平分秋色。2012年信托合计持质押股份397.1亿股，占股权市场比达55.90%。

股权质押信托较股权质押贷款更为灵活，质押率更高，为其赢得了大量业务份额，特别是对房地产公司的吸引力很强。此种融资期限一般为3个月至2年，更高的质押率也要求更高的利息率。但由于同属于场外交易，股权质押信托也存在着融资成本高、放款效率低等问题。

（二）证券公司目标客户群体及展业优势

1. 目标客户群体。根据国泰君安证券深度分析，基于股票质押式回购的特点，证券公司开展该业务的目标客户主要包括以下三类①：

（1）具有生产经营资本需求，但难以通过银行等渠道融资；

（2）希望补充短期资金流动性，但不想被动减持股份；

（3）具有资金需求，但受制于股份性质（限售股、个人解禁限售股等）或身份限制（董、监、高及5%以上大股东等）无法通过融资融券、约定购回满足资金需求。

2. 证券公司开展股票质押式回购业务优势。相比信托和银行，证券公司开展股票质押式回购业务有一些优势。

（1）客户资源丰富，天然专业优势：证券公司掌握着上市公司“大小非”和大量股票托管的客户资源；个股估值和风险定价能力强，托管、处理质押物方面专业性更高。

（2）场内交易，融资效率高：传统的质押业务须签订主合同及质押合同，且须前往中登临柜办理，而证券公司能够通过场内交易通道，实现快速质押和融资，T日交易达成，T+1日资金可用。交易和清算交收通过交易所和中登公司进行，交易安全保障性强。

（3）交易安排灵活：证券公司股票质押业务标的证券覆盖超过80%上市交易的股票、基金和债券，交易要素（质押率、期限、购回价格等）由客户与证券公司场外协商达成，具有充分的灵活性。

（4）融资成本低：证券公司开展股票质押回购业务融资利率普遍在8.6%—10%，与银行的利率持平，较信托12%—15%利率水平有明显的成本优势。

---

① 赵湘怀，冯潇：“再造一个经纪业务——股票质押式回购业务深度解读”，国泰君安证券，2013年。

(5) 资金使用范围广：证券公司股票质押回购一般无资金投放使用范围限制，而银行或信托不具备此条件。

(6) 场内违约处置：发生融入方违约等情形需处置质押标的证券时，证券公司可直接向交易所提交违约处置申报，进入违约处置程序。而传统的质押业务若交易双方未达成一致意见，则须通过司法途径解决。

(三) 股票质押式回购业务发展现状

截至 2014 年 11 月 19 日，按上市公司股权质押的笔数算，信托公司的市场份额从 2012 年的近 50% 降至 10.46%，银行的份额也大幅下降。相比之下，证券公司则从最初的不足 10% 猛增至 59%，远远超过银行、信托的股权质押市场份额①。

从股权质押市值来看，根据沪、深证券交易所专项统计数据，2014 年 12 月末，两市股票质押市场余额为 3 374.61 亿元，质押标的市值为 10 075.67 亿元。如表 1 及图 3 所示，截至 2015 年 3 月 31 日，股票质押业务两市累计成交金额 9 947.12 亿元，其中初始交易金额为 7 036.37 亿元，购回交易金额 2 910.75 亿元。股票质押市场余额为 4 125.62 亿元，股票质押市场余额较 2013 年底增长 22.25%。

表 1　　股票质押式回购两市成交情况（截至 2015 年 3 月 31 日）

	累计成交金额（亿元）	初始交易金额（亿元）	购回交易金额（亿元）	期末待购回初始交易金额（亿元）
上海证券交易所	3 566.99	2 346.00	1 220.99	1 125.00
深圳证券交易所	6 380.13	4 690.37	1 689.76	3 000.61
合　计	9 947.12	7 036.37	2 910.75	4 125.61

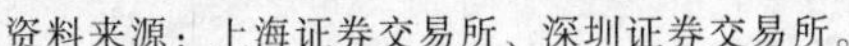
资料来源：上海证券交易所、深圳证券交易所。

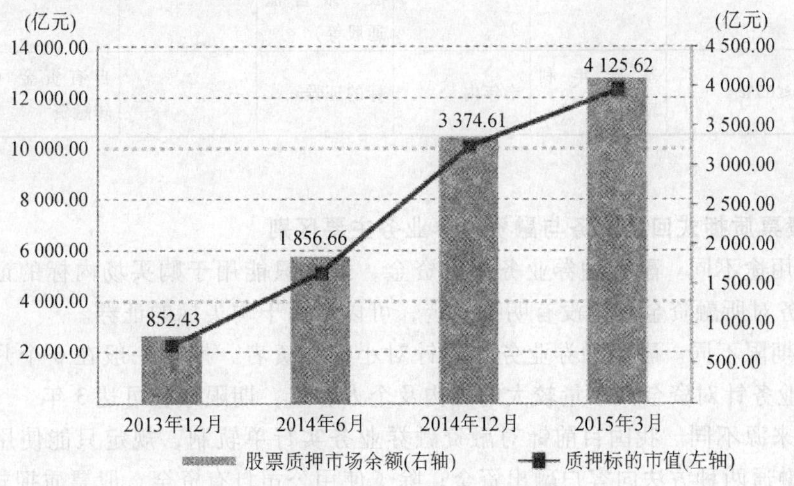

图 3　股票质押式回购市场余额

资料来源：上海证券交易所、深圳证券交易所。

① 张欣然："券商股权质押业务规模远超银行信托"，http：//epaper. stcn. com/paper/zqsb/html/epaper/index/content_631228. htm，证券时报网，最后访问日期：2015 年 4 月 2 日。

四、股票质押式回购业务与其他融资类业务的比较

随着股票质押式回购交易规模的迅速增加，该业务已成为证券公司越来越重要的盈利来源之一。从长期来看，股票质押式回购业务有望与融资融券、约定式购回业务优势互补，对证券公司经纪业务全面转型起到促进作用。同为类贷款业务，股票质押回购业务与融资融券、约定购回业务之间存在一些区别（见表2）。

表 2　股票质押式回购业务与其他融资类业务的比较

类型	融资比率（主板流通股）	融资成本	融资期限	融资品种	是否需要股权过户	资金来源	资金用途
证券公司股票质押融资	≤50%	8.6%—10%	1—3 年	A 股股票	不需要	自有资金 + 发行资管计划	无明确限制
银行股权质押贷款	≤40%	8.6%—10%	1 年—数年	股份、股票	不需要	自有资金 + 存款资金	有明确限制
信托股权质押信托	≤50%	12%—15%	1 年—数年	股份、股票	不需要	自有资金 + 发行信托计划	有明确限制
股票约定式购回	≤60%	8.6%—10%	1 年内	上市交易的股票、基金和债券（不包括非流通股、限售流通股等）	需要	自有资金	无明确限制
融资融券	≤65%	基础年利率 8.6%	半年内	标的证券	—	自有资金 + 转融资	证券投资

（一）股票质押式回购业务与融资融券业务主要区别

1. 资金用途不同。融资融券业务所融资金，通常只能用于购买场内标的证券；股票质押式回购业务对所融资金用途没有明确规定，可以不用于购买标的证券。

2. 融资期限不同。融资融券业务主要针对小额投资者，期限一般在 6 个月以内；股票质押式回购业务针对资金需求量较大的机构及个人客户，期限最长可达 3 年。

3. 资金来源不同。我国目前针对融资融券业务实行单轨制，规定只能使用证券公司自有资金、转融通两种方法向客户融出资金；除了使用公司自有资金，股票质押式回购业务还可使用资产管理计划产品对项目出资（见图 4）。

图 4　证券公司股票质押业务资产管理出资模式

（二）股票质押式回购与约定式购回业务主要区别

1. 标的证券覆盖面不同。非流通股、限售流通股等不可用于约定购回交易；而股票质押回购不受此限制，对于融资需求大、持股比较高的大股东来说有着较强吸引力。

2. 融资期限不同。约定购回交易的购回期限不超过 1 年；股票质押回购期限通常为 1—3 年。

3. 过户要求不同。约定购回交易采用买断过户方式，存在买断交易纳入证券买卖监管、税务处理复杂、投票表决需委托证券公司行使等不便；股票质押期间标的证券无须过户，相应的，证券权益由客户自行行使，减少了部分交易成本。

4. 资金来源不同。约定购回交易资金来源限于证券公司自有资金，业务规模受制于证券公司资本金；股票质押回购可通过资产管理计划提升杠杆，一定程度上摆脱了对资本金的依赖。

五、股票质押回购业务风险分析

股票质押式回购业务规模迅速增加，一方面给证券公司带来了丰厚利润，另一方面对证券公司风险管理能力提出了更高要求，如何实现二者平衡，是业务更好更快发展必须面对的重要问题。下面就业务常见风险进行阐述。

（一）流动性风险

流动性风险主要包括：处置融出资金集中或股份性质特殊（限售、高管持股）的质押标的券时面临的流动性风险；证券公司资金配置时的流动性风险。

（二）信用风险

信用风险主要指股票质押式回购交易客户的违约风险，具体包括：融资方提供虚假信息，未按合同约定使用资金；融资方未按合同约定支付本息，且未采取其他履约保障手段。信用风险的发生可能同时引发对于公司处置标的证券时的流动性风险。

（三）市场风险

市场风险指在股票质押式回购交易业务中，由于证券市场行情变化，导致标的证券价格波动所形成的风险。市场风险具有连锁反应，比如重大事项长期停牌，或 A 股市场发生超过预期的大幅下跌，都可能使客户履约能力下降，引发信用风险，进而导致质押标的券无法顺利处置，面临流动性风险。

（四）法律风险

法律风险，指融资方因发生法律纠纷等不可预测的突出事件，造成包括质押标的证券在内的资产被冻结。目前，股票质押业务存在质权效力方面的问题，无法有效对抗司法冻结。一旦冻结，将增大质押标的券处置难度。

六、股票质押业务最新政策分析及建议

股票质押式回购业务是证券公司服务实体经济的重要渠道，也是解决中小企业融资的重要载体，在提高证券公司资本金使用率的同时，能给实体经济提供增量资金。为规范证券公司股票质押式回购交易业务的风险管理行为，交易所及中国证券业协会发布业务相关指标，对证券公司自有资金融出比例及单一质押标的集中度风险等指标做出明确规定。

（一）股票质押业务最新政策

1. 控制证券公司自有资金融出比例。2015 年 3 月 16 日，中国证券业协会发布《证券公司股票质押式回购交易业务风险管理指引（试行）》，主要对证券公司开展此项业务的风险管理体系、融入方准入管理、标的证券管理、业务持续管理和违约处置管理做出了要求。明确规定：“（1）净资本管理：证券公司以自有资金出资的，融出资金余额不得超过其净资本的 200%；（2）单一规模控制：单一融入方累计融资余额不得超过证券公司净资本的 10%；（3）标的券准入：单一标的证券已质押数量占总股本超过 50% 时，证券公司应当审慎评估质押该标的证券的风险。”

根据 Wind 数据，截至 2014 年底，证券行业总净资本约 6 015 亿元，对应股票质押市场余额约 3 375 亿元，行业整体融出资金占净资本的比例约 56%。由此可见，200% 的净资本要求仍为业务预留了大幅的增长空间。

根据沪、深证券交易所专项统计数据，2014 年 12 月末，股票质押市场待购回规模为 3 374.61亿元，上海证券交易所平均履约担保比例 293.90%，深圳证券交易所平均履约担保比例 229.9%。由此看出，证券公司股票质押业务仍处在较为安全的区间，证券公司向客户提供的每一笔融资平均有 2—3 倍市值的股票作为担保。

2. 控制单一质押标的集中度风险。2015 年 4 月 10 日，深圳证券交易所发布《深圳证券交易所股票质押式回购交易会员业务指南（2015 年修订）》，对单一标的证券流通质押比例进行了如下规定：“本所可以对场内流通质押比例达到或超过 50% 的股票，暂停其用于股票质押回购”[①]。

深圳证券交易所统计显示，2014 年 12 月 31 日，其主板市场质押集中度前 20 个股，场内待购回数量[②]占总股本比例超过 28%，而中小板、创业板前 20 个股对应比例已超 35%。其中深市主板泰禾集团质押集中度达 60.13%，创业板长方照明为 60.12%。沪市集中度排

① 场内流通质押比例，是指股票质押回购待购回无限售条件股票余量与该股票 A 股流通股本的比值。

② 场内待购回数量 = 约定购回待购回数量 + 股票质押回购待购回数量。

名前20个股对应比例也超过25%，最高为宏达矿业，质押集中度达47.22%。

（二）股票质押业务建议

目前，沪深两市股票质押业务的资金来源中50%以上来自证券公司自有资金，随着业务的发展，将会有更大规模自有资金及资产管理计划出资。最新政策对有效防范股票质押业务风险起到了很好的指引作用，为了更好地发挥股票质押式回购业务的优势，建议如下：

1. 设立科学严谨的准入条件。为从源头上防范信用风险，证券公司需制定合格投资者相关管理办法，建立统一的信用评级体系及动态的信用评级制度，同时建立黑名单制度，将有违约记录的客户列入黑名单。

2. 完善定价机制，动态管理标的证券折算率。证券公司研究部门应建立科学的量化定价模型，制定合理的质押率标准，并根据公司资金状况、市场行情变化动态管理标的证券折算率，防范由于市场或标的证券上涨过快带来的信用风险及流动性风险。

3. 设置风险监控指标，科学控制质押集中度。为防范流动性风险，证券公司应根据相关监管要求，明确单一质押标的规模限额、单一质押标的数量占该证券总股本比例限额、单一客户融资规模占净资本比例限额，科学控制质押集中度。对超过一定集中度的质押标的，证券公司应审慎评估风险，必要时可暂停办理。与此同时，单一质押标的限额及单一客户融资限额需参考场内待购回总数量，即约定购回待购回数量与股票质押回购待购回数量总和。

4. 打造全面的融入方信用评价体系。为防范信用风险及市场风险，一方面需建立融入方初始尽职调查，重点关注融入方的实际融资需求、信用状况、经营情况、风险承受能力、还款来源等；另一方面需进行融入方后续风险管理，动态跟踪并重点关注资产负债变动情况、收入变动情况、诉讼情况、被司法机构查处等情况，及时把握影响融入方履约资质的信息。综合评估融资方信用评级的变化，根据现实情况采取提高平仓线、增加质押标的、收取违约金、违约处置等措施。

5. 适当建立增信机制。证券公司可适当建立增信机制，更大限度保护资金融出方利益。比如，要求资金融入方提供其他尚未质押的股份为该笔质押交易增信，当达到约定的追加担保情形时，及时办理追加担保手续，或由第三方对融资款项承担连带担保责任。当融资款项未能按约及时足额收回时，由担保方先行垫资用于偿付资金融出方，再由担保方向资金融入方追偿。

6. 差异化设定预警线和平仓线。证券公司需综合考虑质押率、股份性质、融入方信用综合评价等多因素，对不同资质标的券差异化设定预警履约保障比例和最低履约保障比例。比如，期限较长、有限售的质押标的，设置的预警履约保障比例和最低履约保障比例要比期限短、质押标的为流通股的对应比例高，并在业务存续期内对所有未到期的交易进行盯市管理，履约保障比例低于预警线或履约保障比例低于平仓线时，及时与客户沟通，向客户发送预警通知或违约预警通知。

参考文献

[1] 上海证券交易所，中国证券登记结算有限责任公司：《股票质押式回购交易及登记结算业务办法（试行）》[R]，2013年。

[2] 中国证券业协会：《中国证券业发展报告（2013）》[M]，北京：中国财政经济出版社2013年版。

[3] 深圳证券交易所：《深圳证券交易所股票质押式回购交易会员业务指南（2015年修订）》[R]，2015年。

[4] 中国证券业协会：《证券公司股票质押式回购交易业务风险管理指引（试行）》[R]，2015年。

[5] 高伟生，许培源："证券公司股票质押式回购业务的现状、问题及对策"[J]，《证券市场导报》，2014（7）：48—52。

[6] 赵湘怀，冯潇："再造一个经纪业务——股票质押式回购业务深度解读"[R]，国泰君安证券，2013年。

[7] 邓乐平："我国股票质押贷款的风险管理"[D]，成都：西南财经大学，2006年。

[8] 胡思奇："对上市公司股权质押信托融资项目现状的调查与思考"[J]，《时代金融》，2013（8）：20—23。

[9] 薪小芳：《企业融资融券业务财务风险防范研究》[D]，财政部财政科学研究所，2014年。

[10] 浦泓毅，王晓宇："抢占低风险产品市场券商质押回购产品应时而起"[N]，《中国证券报》，2013年7月12日。

[11] 张欣然："券商股权质押业务规模远超银行信托"[OL]，http：//epaper.stcn.com/paper/zqsb/html/epaper/index/content_631228.htm，证券时报网，2014年。

证券公司开展非上市公司股权质押融资可行性研究

中银国际证券有限责任公司*

一、非上市公司股权质押融资概论

（一）非上市公司股权质押融资的含义

1. 非上市公司的定义。根据我国最新修订的《公司法》规定，公司形态分为有限责任公司和股份有限公司，其中在证券交易所上市交易的股份有限公司，被称为上市公司。非上市公司是相较于上市公司的概念而言，本文将采用广义的概念，即非上市公司包括没有在证券交易所上市交易的股份有限公司和有限责任公司，指上市公司以外的其他公司。

2. 股权质押融资的定义。本文将非上市公司股权质押融资业务定义为：符合条件的资金融入方将其所持有的非上市公司的股权出质给融出方，作为债务的一种担保方式，向融出方（证券公司）融入资金，并约定在未来返还资金、解除质押的业务。

（二）非上市公司股权质押融资的主要问题与风险

相较于上市公司股权质押融资业务，证券公司开展非上市公司股权质押融资业务主要面临以下几种风险。

1. 非上市公司信息透明度低。大多数非上市公司，尤其是没有在区域股权交易中心挂牌的公司，都存在着信息不透明的问题。这些非上市公司成立时间较短，人员变动频繁，规模较小，存在着公司治理不完善、财务管理不规范、制度不健全等问题，部分非上市公司还可能通过虚报财务报表的方式来逃避税收，这些都造成了非上市公司的信息相对不透明，使得证券公司开展尽职调查时无法真实有效地辨别非上市公司的真正财务状况、经营情况和信

* 小组成员：蒋力成，刘莹，赵磊，张嘉尧，宋达。原载于《中国证券》2015 年第 11 期。

用情况，从而无法判断开展股权质押融资业务的风险。

2. 非上市公司股权价值评估困难。证券公司在开展上市公司的股权质押融资业务时，对于股权价值的评估非常简便，可直接参照交易所的市场均价进行评定，按照市场价格评定是证券公司和融入方都比较容易接受的一种评估方式。但是，证券公司在开展非上市公司的股权质押融资业务时，由于缺乏公开交易价格，面临着如何合理评估认定股权价值且评估的价格能够让融入方接受的困难。在实际业务开展中，证券公司可以通过对非上市公司进行详尽的尽职调查，审核非上市公司的财务报表，结合其经营状况、资产情况等，对其股权价值进行评估定价，但是这一评估过程较为繁琐，费时费力。

3. 非上市公司标的股权的质押率难以确定。目前，证券公司对于上市公司标的股权的质押率的计算已有一套较为完善的数量模型，主要根据标的股票的历史成交额、波动率、涨跌幅偏离度、所处行业的历史估值水平等来计算质押率。然而，非上市公司由于缺乏历史交易数据，证券公司无法通过历史交易数据计算其质押率，只能根据融入方资信及还款能力、标的股权质量、融资期限、标的公司的净资产及未来发展情况等确定质押率上限，而这种综合判断目前还缺乏统一的标准。

4. 非上市公司股权质押流程不便捷。非上市公司的股权质押环节比上市公司的股权质押更加繁琐，缺乏统一的股权交易市场进行股权质押并提供相应的股权账户和资金账户服务，来确保股权质押的有效性及资金划转的安全性。不少非上市公司股权出质登记需在工商行政管理部门等股权质押登记机构办理，其流程较为复杂。

5. 存续期标的公司监督困难。由于标的公司为非上市公司，若其没有在股权交易中心挂牌，那么标的公司无须定期公开披露公司的财务年报，也无须披露重大经营事项等。没有了持续性的信息披露，证券公司很难有效持续监督了解标的公司的经营状况、资产处置和财务状况，如果标的公司经营状况发生显著恶化、公司利益受到侵害、发生重大诉讼、合同违约、行政处罚等隐蔽情况，质押的标的股权价值随即大幅贬值，那么证券公司作为质权人，其利益是会受到损害的。

6. 非上市公司股权价值下跌的风险。非上市公司股权作为质押标的时，其股权价值下跌会产生风险，如果股权价值发生大幅下跌，其价值就不足以清偿其担保债权。虽然证券公司处置质押股权的价款不足以清偿债务时，证券公司仍然可以继续向融入方继续追偿其剩余不足部分，但是由于这些非上市公司的现实状况，极有可能除了已经质押的股权之外，没有其他财产可供偿债，证券公司继续追讨的成本和收益往往是不成正比的。此外，由于非上市公司股权价值没有股权交易市场公开竞价的交易价格供证券公司进行实时参考，当不利于标的公司的情况发生导致其股权价值下跌时，证券公司往往可能无法及时发现，而在发现质押的股权价值大幅缩水时，已面临着其价值不足以清偿其担保债权的情形①。

7. 非上市公司股权违约处置风险。当资金融入方发生无法按期正常偿还融资款项等违约情况时，证券公司就要处置质押的非上市公司股权，但非上市公司股权流动性较差，违约处置过程较为困难与繁琐。

首先，证券公司需要通过司法途径，申请法院强制执行后，相关股权交易中心才能够配

① 于花旻："非上市公司股权质押风险与防范"，《南方金融》2014 年第 12 期。

合将质押股权从融入方账户划转至融出方账户。

其次，证券公司可能面临其质押的标的股权已被其他债权人向法院申请冻结在先的情形，虽然从《民事诉讼法》、《物权法》等法律规定来看，质押股权被先冻结不会实质影响证券公司的优先受偿权，但在客观上会给证券公司实现质权带来障碍。

最后，目前非上市公司股权转让的市场主要有各省市成立的股权交易所或产权交易所，但由于在这些交易所挂牌的大部分非上市公司采取的是私下协议转让的方式，不仅缺乏价格发现机制，也造成股权难以自由转让，流动性不强，证券公司在违约处置时需自行寻找交易对手，处置时间较长且处置价格面临较大折扣，与股权质权设立时评估的价值相去甚远，从而给证券公司带来风险。

8. 非上市公司大股东的道德风险。当融入方是非上市公司的大股东时，证券公司还可能遭遇融入方的道德风险。这里的道德风险主要指融入方利用非上市公司大股东的身份，将其手中股权进行质押融资完毕后，对公司进行控制，通过关联交易等手段转移掏空标的公司资产，使得质押的股权价值大幅下降，从而损害证券公司的债权利益。这种非上市公司大股东的道德风险，也是因为未上市公司的治理机制相对不完善、没有外部监管机构进行监督、信息披露也不透明等原因造成的，而证券公司作为质权人，由于无法参与公司经营，难以控制其资产处置和持续跟踪了解其经营状况和财务情况，很难防范非上市公司大股东的道德风险。

9. 法律制度不完善导致的法律风险。目前，《物权法》第 226 条规定了对非上市公司股权质押设立方式："以基金份额、股权出质的，当事人应当订立书面合同。以基金份额、证券登记结算机构登记的股权出质的，质权自证券登记结算机构办理出质登记时设立；以其他股权出质的，质权自工商行政管理部门办理出质登记时设立。"该条款规定了非上市公司股权质押设立是通过工商行政管理部门来办理出质登记，但工商登记质权生效的方式是有制度缺陷的，这是因为工商行政管理部门并没有在其设立的股东登记名簿上记载完整的股东名册，如股份公司中除发起人之外的广大股东的股权并未记载。此外，工商行政管理部门在对股权质押登记时采取的只是对出质材料予以"形式审查"，不能有效防范出质人隐瞒事实或采取欺骗手段骗取股权质押登记的行为①。而且，工商质押登记不会对出质股权的转让设置任何限制，出质人仍然可以将质押的股权转让给善意第三人，从而造成当融入方违约时，证券公司无法处置质押股权。

以上 9 个方面是证券公司开展非上市公司股权质押融资业务将会面临的问题及风险，如能有效解决这些问题，则证券公司开展此类业务就具备了一定的可行性。下文就解决这些问题提出一些政策建议。

二、非上市公司股权质押融资的政策建议

（一）建立统一的非上市公司股权登记托管服务平台

如上文所述，目前由工商行政管理部门登记质押制度存在问题与风险。目前，按照

① 周杰："论非上市公司股权质押的风险防范"，中国政法大学，2011 年。

《工商行政管理机关股权出质登记办法》和《物权法》的规定，非上市公司股权质权的生效只需要两个要件：一是工商管理机关股权质押登记；二是出质人和质权人合意。然而，由于工商行政管理机关存在着未记载完整的股东名册、不对出质股权的转让造成限制以及不能有效防范出质人采取欺骗手段骗取股权质押登记的行为等问题和风险，如果仅由工商管理机关登记质押是存在隐患的①。

鉴于工商行政管理部门登记质押存在的先天性缺陷，本文认为实现非上市公司股权质押融资的前提是建立具有社会公信力的股权登记托管机构，由其对非上市公司股权进行托管，在质押登记过程中，由股权登记托管机构出具质押登记证明和冻结股权证明，为非上市公司股权提供质押登记服务，或者在办理工商管理机关股权质押登记时需要提供由股权登记托管机构出具的质押登记证明，如此将可大大降低质权人的风险。股权登记托管机构可以为非上市公司提供股权登记和股权管理工作，能够确保股权转让信息的真实性，为第三方提供完整的股东名册查询，在某种程度上也取代了工商登记部门对公司股东名册的公示作用，为非上市公司股权质押融资业务提供重要支持。此外，非上市公司将股权托管于股权登记托管机构也是其股权在股权交易市场挂牌交易的必备条件。

目前，许多省市的产权交易中心已牵头构建股权登记托管机构，来托管在产权交易中心挂牌的非上市公司，为非上市公司股权质押及转让起到了积极的作用。但本文认为如果缺乏统一的股份托管机构，或将不利于对非上市公司股权质押融资业务的监管和发展。因此，本文建议政府应首先整顿、规范各省市现有的股权登记托管机构，建立股权托管机构的业务规则和设立标准，规范其执业行为。然后以政府为主导，建立统一的非上市公司股权登记托管服务平台，将各省市的股权登记托管机构纳入这一服务平台中，进行数据联通，规范各分支机构的托管行为，对非上市公司的股权进行集中的登记托管管理。政府还应出台相关规章，强制要求非上市公司必须在统一的非上市股权登记托管服务平台进行股权托管。政府建立统一的非上市公司股权登记托管服务平台，为非上市公司股权质押融资业务提供服务，这将推动非上市公司股权有序流转，有利于加强对非上市公司股权的监督管理，使股权质押流程更顺畅更安全，保护质权方的权益和投资者的合法权益。

（二）构建数家重点区域性的非上市公司股权交易市场

非上市公司股权交易市场作为适合中小企业发展的资本市场平台，可以帮助开展非上市公司的股权质押融资业务，有着明确股权、价格发现、信息披露及融资中介的综合作用。目前，有些省市的非上市公司股权转让是通过其设立的产权交易所进行的，有些省市则专门成立了股权交易所或股权交易中心，如天津、上海、北京、安徽、浙江、山东、江苏等地。各省市纷纷组建成立非上市公司股权交易市场，不仅会造成资源浪费及重复建设，其交易规则、准入标准、信息披露、监管体系等也不统一，容易造成市场混乱，不利于投资者进行投资和监管部门监管；此外，过多的股权交易市场也不利于非上市公司股权的转让与交易。

因此，本文建议优化整合各省市的非上市公司股权交易市场，将各省市的非上市公司股权交易市场数据进行联通，按华东、华南、华北、中部、西部等区域构建数家重点区域性的

① 周杰：“论非上市公司股权质押的风险防范”，中国政法大学，2011 年。

非上市公司股权交易市场，并统一准入标准、监管体系、交易规则、信息披露制度等，相关省市向重点区域性的股权交易市场推荐挂牌企业。这样不仅有利于资源整合，非上市公司的股权也将在更大的交易平台中挂牌交易，提高非上市公司股权的流动性和交易量，降低证券公司的处置风险。同时，重点区域性的非上市公司股权交易市场需尽快引入做市商制度，为挂牌交易企业实行做市交易，不仅有利于活跃交易量，也提供了股权定价、价格发现的重要功能，为证券公司评估非上市公司股权价值提供了重要参考依据。另外，还可建立非上市公司股权交易市场的自律协会组织，发挥政府和市场的监管作用，产生协同效应，共同监管非上市公司股权交易市场。最后，重点区域性的非上市公司股权交易市场应对挂牌的企业提出明确统一的信息披露要求，提供专门的信息披露平台，监管信息披露执行情况，解决非上市公司信息不公开的问题。

（三）出台相关监管制度和管理办法

法律法规和监管制度是业务之本、操作之源。出台相关法律法规和监管制度，可确保非上市公司股权质押有法可依、有章可循。为了促进非上市公司股权质押融资业务的开展，非常有必要完善《证券法》、《公司法》、《物权法》、《担保法》、《非上市公众公司监督管理办法》等相关的法律法规和监管制度。本文在此提几点建议：

一是相关管理办法应规定非上市公司股权在工商管理机关办理股权质押登记时，需要提供由股权登记托管机构出具的质押登记证明和冻结股权证明。

二是出台证券公司开展非上市公司股权质押业务管理办法，指导证券公司规范开展此类业务，明确业务规则和要求，使证券公司开展业务时有据可依。

三是出台对非上市公司国有股权出质在内的相关审批、管理的规章制度，使非上市公司国有股权质押具备可行性和操作性。

四是对非上市公司股权交易市场出台相关管理办法，完善对非上市公司股权交易市场的监管。对股权交易市场的挂牌企业以及投资者建立统一的准入标准，要求所有非上市公司股权交易市场挂牌的股份公司在股权托管机构进行登记、托管股权。建立保荐人监管制度，强化自律监管，监管非上市公司股权交易市场挂牌公司的信息披露和财务公开，规范非上市公司的股权交易行为，保障投资人的利益。

（四）报价系统助力证券公司场外股权质押业务

值得一提的是，中证机构间报价系统可以助力证券公司场外股权质押业务，它有以下几点优势：一是参与者众多；二是已实现区域市场的互联互通；三是能实现登记、托管、结算、转让、支付等一系列功能；四是未来将引入做市商制度。所以，前文所述的一些政策建议，也可由报价系统来完成，包括打通各区域股权交易市场，建立统一的非上市公司股权登记托管服务平台，建立统一的准入标准、监管体系、交易规则、信息披露制度，为证券公司开展场外股权质押业务提供信息披露服务，逐步引入做市商制度，实现场外股权的合理定价，为场外股权提供流动性等。

三、非上市公司股权质押融资项目实施阶段的风险与防范措施

在建立了统一的非上市公司股权登记托管服务平台、构建数家重点区域性的非上市公司股权交易市场以及出台相关监管制度的背景下，证券公司开展非上市公司股权质押融资已初步具有可行性，但是非上市公司的股权质押风险相较于上市公司的风险仍要高很多。如何防范非上市公司股权质押融资的业务风险，尤其是中小微非上市公司的违约风险，如何降低违约率以及违约发生后如何有效处置股权从而偿还借款本息，成为开展业务是否可行的关键。因此，本文从证券公司开展非上市公司股权质押融资项目实施阶段、项目存续阶段这两个阶段出发，探讨如何解决相应的困难与障碍，做好风险防范措施。

（一）项目的准入标准

证券公司开展非上市公司股权质押业务时，应对项目的融入方、标的公司、标的股权三方面制定准入标准并定期评估调整。

1. 融入方准入标准。关于融入方的准入标准，证券公司应就融入方资产状况、负债状况、信用状况、诉讼情况等进行综合考量，建立具有针对性的客户评级授信管理体系，设立相应的准入门槛。证券公司应优先选择经营业绩良好、公司治理完善的企业或信誉优良、有充足还款来源的个人，从定量的角度衡量，融入方在对应证券公司的信用评级为 A 级以上，证券公司方可开展此项目。

融入方所处的行业也非常重要，证券公司应对行业进行分析，了解整个行业的基本状况和发展趋势，关注国家产业政策，尽可能规避与处于衰退期、限制和淘汰类等行业进行股权质押融资业务。

机构融入方准入标准应当至少包括：（1）公司成立满三年及以上；（2）主营业务符合国家产业政策，不属于国家限制和淘汰类产业，公司所处行业不得处于行业衰退期；（3）信用评级应在 A 级以上等。

2. 标的公司准入标准。证券公司开展股权质押融资是以股权质押作为担保，以享有股权的优先受偿权作为第二还款来源。标的公司的经营情况对股权质押的有效性有着决定性意义。因此，标的公司需存续经营至少两年以上，证券公司方可通过过去的经营状况来判断其持续期及未来发展趋势。

与融入方的行业评定类似，标的公司所处行业也同样非常重要，证券公司应分析标的公司所处行业，尽可能规避与处于衰退期、限制和淘汰类的行业进行股权质押融资业务。

证券公司还应对标的公司进行评级，信用评级应在 BBB 级以上，证券公司方可开展此项目。

标的公司准入标准应当至少包括：（1）公司成立满两年及以上；（2）主营业务符合国家产业政策，不属于国家限制和淘汰类产业，公司所处行业不得处于行业衰退期；（3）信用评级应在 BBB 级以上等。

3. 标的股权准入标准。关于标的股权准入标准，中国证券业协会在《证券公司开展场外股权质押式回购交易业务试点办法》中明确了证券公司接受质押的标的股权必须为依法可以实现质押权利的股权。

标的股权除已在股权登记服务平台进行集中登记托管管理是其准入的必要条件外，还需增加如下两个准入标准：

（1）标的股权已质押股票占总股本比重不可过高。在证券公司开展项目时，如果已发现标的股权已质押股票占总股本过高，那么此时不宜再开展该标的股权的质押融资。这是因为标的股票质押比例过高时，当股价大幅度下跌触及警戒线或平仓线，会导致证券公司处置该标的股权的一致性和大量抛售，从而造成标的股权无法处置或处置价格无法弥补借款金额的情形。因此，考虑风险及该类标的股权的流通变现价值，建议标的股权已质押股票占总股本比重不宜超过50%，如已达到该值，建议证券公司不再接受该类标的股权。

（2）标的股权可转让性不受持股公司章程限制。证券公司应查看标的公司的章程，对标的股权的可转让性进行审核，如果章程对标的股权转让附有限制条款，不利于证券公司违约处置标的股权的，那么该标的股权应排除在外。为防范风险并解决这一问题，证券公司可要求标的公司出具同意进行股权质押和转让的股东会决议或董事会决议。

（二）尽职调查

非上市公司的尽职调查是项目实施阶段的关键一环，由于非上市公司规模普遍偏小，发展良莠不齐，自身风险较高，证券公司必须对其经营情况、财务状况、信誉情况以及股权质押情况等进行充分调查。证券公司应制定尽职调查的相关制度，明确尽职调查的分工、程序、内容等，重点调查融入方资信及还款能力、标的公司质量等情况。

1. 融入方及其行业的综合情况。若融入方为机构，证券公司可以通过高管人员访谈、现场调查等多种形式，了解融入方的经营现状和未来发展方向，以便准确判断融入方在质押融资期间是否有足额的经营收入用于还本付息；通过查阅融入方的财务报表、日常结算银行流水，判断融入方的日常经营情况；通过人民银行征信系统查询融入方公司信用报告，包括且不限于信用记录、融资情况、资信情况、关联关系等；收集融入方在其他金融机构的融资情况、融资条件和担保方式；通过收集融入方的水电费、工资、纳税数据，分析电（水）费、工资、纳税变化情况和影响因素，分析融入方的经营稳定性。

此外，由于我国中小企业同行业同质性较强的特点，证券公司可以通过对行业上下游进行走访，对融入方所处行业进行评估，调研内容包括但不限于：生产周期、资金周转周期、行业主要风险、行业集中度、平均规模等，判断融入方在同业中的市场地位和生态环境。

若融入方为个人，证券公司应通过人民银行征信系统查询个人信用报告，包括有无银行融资、有无不良信用记录等，通过现场访谈及关联人调查融入方及其直系亲属的个人品德、守信态度、财务状况、信用状况、工作生活以及是否有不良嗜好等。

2. 判断标的公司股权价值的相关材料。证券公司应在尽职调查中收集标的公司股权价值的相关材料，包括标的公司股权结构，最近三年的资产负债表、现金流量表、利润分配表等财务报表，重大事项的董事会决议、股东会决议，信用评级报告，股权评估报告，重大业务合同，重大诉讼情况，行业地位及市场份额，管理团队履历等。

3. 标的股权是否存在权利瑕疵。该项调查具体包括但不限于出质股东是否为真实、合法的股权持有人，股东身份是否在股东名册、公司章程和工商登记机构记载，出质股东是否对质押股权有完全的处分权，出质股东是否存在未适当未足额出资或虚假出资、抽逃出资的情形，质押股权是否存在查封、委托持股或隐名持股等情况。

4. 标的股权是否存在法律法规和行政规定的直接限制或间接限制的情形。证券公司应结合标的公司的性质，检查标的股权是否存在被法律法规、行政规定限制其股权质押或转让的情形。

5. 标的公司的公司章程和股东会决议。如融入方为机构的，证券公司应查看标的公司和融入方的公司章程，核查股权质押是否符合标的公司和融入方公司章程的规定。此外，证券公司应取得同意股权质押的股东会决议。

6. 融入方及标的公司实际控制人的情况。证券公司应通过中国人民银行征信系统查询融入方及标的公司实际控制人及高管的个人信用报告，包括有无银行融资、有无不良信用记录等，通过现场访谈及关联人调查融入方及标的公司实际控制人的个人品德、守信态度、财务状况、信用状况、工作生活以及是否有不良嗜好等。

证券公司还可以聘请律师事务所、会计师事务所等专业第三方参与尽职调查，三方共同完成尽职调查报告，力争如实反映调查情况，形成调查意见。通过对融入方经营情况、财务状况、还款来源、担保情况和融资用途的总体评价，分析判断融资需求的原因及其合理性，对本次质押融资业务的可行性及定价提出明确意见。

（三）评级

证券公司对融入方进行尽职调查时，同时也收集整理了评级授信所需的资料和信息，并要保证资料和信息的完备性、真实性和有效性。此外，由于采用的是对非上市公司标的股权进行质押融资的方式，证券公司应同样对标的公司进行评级，这不仅有利于风险控制，也为之后的质押率确定提供依据。

1. 评级方法。融入方与标的公司的信用评级可以采用以定量分析为主，定量分析与定性分析相结合的方法。定量分析采用功效系数法，即将考核的各项指标分别对照不同的标准值，通过功效函数转化为可以计量计分的方法。定性分析则采用综合分析判断法，即综合考虑客户偿债能力和经济经营状况等潜在的非计量因素，进行比较分析判断。证券公司对融入方（机构）和标的公司评级时可以采用如下指标。

（1）定量评价常用指标。由于不同行业的指标数会存在差异性，在对融入方的各类指标审查时，需要参照相应的行业标准数值作为依据。

①规模：

主营业务收入净额 = 主营业务收入 - 主营业务成本；

有形净资产 = 所有者权益合计 + 少数股东权益 - 无形资产 - 待摊费用 - 递延资产及待摊费用 - 递延税项。

②偿债能力分析：

资产负债率 = 负债总额/资产总额；

流动比率 = 流动资产/流动负债；

总债务/EBITDA（该指标值越小，企业还债能力越强）；

已获利息倍数 = EBITDA/利息支出（该指标越高，表明企业债务偿还越有保障）；

利润总额/流动负债；

经营活动产生的净现金流量/短期金融债务。

③杠杆比率分析：

全部资本化比率 = 付息总债务/（付息总债务 + 净资产）；

调整后资产负债比 = 总债务/（总负债 - 货币资金 - 短期投资 - 其他应付款）/（总资产 - 待摊费用 - 递延资产及待摊费用 - 其他应收款 - 无形资产 - 递延税款）。

④流动性分析：

现金流动负债比 =（货币资金 + 短期投资）/流动负债；

速动比率 =（流动资产 - 存货）/流动负债。

⑤盈利性分析：

销售利润率 = 利润总额/主营业务收入净额；

主营业务利润/总资产 = 2 × 主营业务利润/（年初总资产 + 年末总资产）；

主营业务利润/销售收入的变动 = 本年主营业务利润/本年销售收入 - 上年主营业务利润/上年销售收入；

成本费用利润率 = 利润总额/成本费用总额；

EBIT/（总债务 + 净资产）= 2 × EBIT/（年初总债务 + 年初净资产 + 年末总债务 + 年末净资产）。

⑥运营能力分析：

总资产周转率 = 销售（营业）收入净额/平均资产总额；

流动资产周转率 = 销售（营业）收入净额/平均流动资产总额；

存货周转率 = 主营业务成本/存货平均余额。

⑦发展能力分析：

销售（营业）增长率 = 本年销售（营业）增长额/上年销售（营业）额；

资本积累率 = 本年所有者权益增长额/年初所有者权益。

（2）定性评价常用指标。定性数值的判定具有一定的主观性，因此，为避免异常值出现，在审查定性指标时，需要对其得分进行总量控制，比如不得超过定量得分的某一百分比，这一百分比数可通过行业类型进行划分限制。

①竞争能力：一般从企业市场地位、技术优势和产品竞争力等方面对竞争力进行评价。

②管理水平：一般从企业管理、公司治理情况、员工情况、应收账款管理、存货管理和生产管理等方面对企业管理水平进行评价。

③经营状况：一般从企业应收账款质量、成本控制、生产经营环境、公司盈利前景、经营发展战略等方面对企业经营状况进行评价。

④信誉状况和融资能力：一般从企业存贷比、还款意愿、信用记录、对外担保和融资能力等方面对企业信誉状况进行评价。

2. 客户信用等级划分。证券公司采用上述定量分析与定性分析相结合的方法，对融入方和标的公司进行信用评级，评级等级可以划分为 AAA 级，AA 级（AA +、AA、AA -），A 级（A +、A、A -），BBB 级（BBB +、BBB、BBB -），BB 级，B 级。

（四）非上市公司股权价值的评估

非上市公司股权价值的评估是开展此项业务的难点和重点。由于大多数非上市公司目前不存在完善的市场定价机制，证券公司就需要通过对标的公司的资产状况进行详尽的了解和调查，从而评估标的股权的价值。

1. 股权定价方法。目前，市场上对于股权定价方法主要有净资产法、市场比较法、收益现值法这三大类。

（1）净资产法。净资产法是以公司财务报表为基础进行评估，按照公司财务报表中所有者权益折算每股股权净资产价格确定，从而得出每股价格。这一方法因为操作简便、财务数据较易获得，所以通用性较强，目前银行在评估非上市公司股权价值时基本采用这一方法。但是，这一方法也有其局限性，它是以公司的历史数据为基础，没有考虑公司未来可能创造的价值及增长情况，因此并不适用于高增长、高科技、互联网等新兴企业。此外，由于非上市公司的财务报表并不向社会公众进行定期披露，评估机构采用净资产法时应对非上市公司财务报表数据的真实性与准确性进行审慎核查。

（2）市场比较法。市场比较法是将待评估的非上市公司与相似的上市公司进行比较、对比，选取与非上市公司经营状况、财务数据、发展前景较为相似的上市公司作为参考，按照其市盈率、市净率进行估价。因为以公开市场的上市公司的价格为参考对象，所以该方法的评估结果也更贴合市场价值。但是，实际操作中可能很难选择与其经营状况等较为相似的上市公司，造成了该方法的局限性。此外，由于非上市公司的股权流动性差等原因，股权定价时应在参照上市公司的价格基础上进行折价评估。

（3）收益现值法。收益现值法是指通过预测被评估资产在未来收益期内的收益，再按照适当的贴现率折算为现值，从而判断资产价值的各种方法的总称。在对非上市公司股权价值进行评估时，可以使用自由现金流量折现法，根据公司的历史绩效，对非上市公司未来的现金流量进行预测，然后根据其风险选择合理的折现率，最后将预测的现金流量按折现率折合成现值。这种方法考虑了公司未来的发展能力及发展前景，数据也较易获得，评估结果比较合理准确。但是，这一方法不仅要求非上市公司能够持续经营，而且现金流量可以被预测计算出来，所以非上市公司的财务体系和会计制度必须健全、良好。此外，对于证券公司评估来说，如何预测非上市公司的现金流以及贴现率的选取都提出了更高的工作要求，评估难度较大。

综上，每个方法都有其优劣势，证券公司对非上市公司股权价值进行评估时，应根据实际情况采用以上一种或多种结合的方式进行评估。

2. 证券公司的实际应用。在证券公司开展实际评估过程中，对于不同非上市公司应采取不同的评估方法和策略。

（1）按照是否挂牌上市及是否实行做市商进行分类。如果非上市公司已在区域股权交易中心挂牌，且有做市商为其做市，其交易价格可以作为证券公司定价的重要依据之一。证券公司可直接按照做市商成交的30日均价作为其标的股权价值，即 $P=P0$，其中P是标的股权价值，P0为30日均价。如果非上市公司在区域股权交易中心挂牌，但实行的是协议定价交易制度，那么其市场交易价格仅能作为参考依据，证券公司可以采纳其30日均价作为标的股权价格的参考依据，设置相应的权重，再结合评估价格进行综合定价，即 $P=a\times P0+b\times V$。其中P是标的股权价值，P0为30日均价，V是评估价格，a、b是相应权重，$a+b=1$。如果非上市公司没有在区域股权交易中心挂牌，那么此时证券公司没有市场交易价格可以作为参考，只能自行评估定价。

（2）按照非上市公司的类型选取不同的评估方式。对于传统行业企业，可以采用净资产法进行估值，同时应用市场比较法选择行业或比较公司的市盈率加以印证比较，即 $V=a$

×V1+b×V2。V1为按净资产值评估的价格，V2为市盈率评估的价格，a、b是相应权重，a+b=1。对于高新成长企业，主要采用自由现金流量折现法，其中的贴现率需要考虑风险后利用资产定价模型进行计算；同时，选取行业或比较公司的市盈率作为评估依据，即V=a×V1+b×V2，V1为按自由现金流量折现法评估的价格，V2为市盈率评估的价格，a、b是相应权重，a+b=1。

(3) 考虑定向增发、风险投资（VC）或私募股权投资（PE）的估价。若非上市公司近期有过定向增发、风险投资（VC）或私募股权投资（PE）等情况，那么其定向增发价格、风险投资或私募股权投资时评估的股权价格都可以作为证券公司评估标的股权价值的参考依据。

(4) 考虑非上市公司股权流动性折扣。由于非上市公司股权所在的股权交易市场不像上市公司所在的证券交易所那样交易活跃，且交易量大，造成非上市公司股权流动性差、可变现能力差等问题，应对非上市公司的股权进行流动性折价。根据国外的研究资料，折扣率一般在30%—45%之间。即P=V×（1-a），P是标的股权价值，V是评估价格，a是流动性折扣率。

(5) 引入第三方评估机构。在有必要的情况下，如证券公司与融入方就评估的标的股权价格无法达成一致时，证券公司可以引入第三方评估机构对标的公司股权价值进行评估，并要求评估费用由融入方承担。

（五）非上市公司股权质押率的确定

非上市公司股权质押率的确定是业务开展的又一难点，由于非上市公司的股权缺乏公开历史交易数据，证券公司难以照搬已有的一套计算上市公司股权质押率的数量模型。因此，证券公司只能根据融入方资信及还款能力、标的股权质量、融资期限、标的公司的净资产及未来发展情况等确定质押率上限。

1. 根据标的公司的评级结果确定质押率。证券公司在项目开展前，已对标的公司进行了尽职调查以及评级，标的公司的质量决定了标的股权的质量，因此，可以利用标的公司的评级结果作为确定质押率的重要依据之一。标的公司评级结果为AAA级，其质押率最高不超过60%；标的公司评级结果为AA级，其质押率最高不超过50%；标的公司评级结果为A级，其质押率最高不超过40%；标的公司评级结果为BBB级，其质押率最高不超过30%；标的公司评级结果为BB级及以下的，按照准入标准，证券公司不接受该标的股权的质押融资申请。

2. 融入方的资信及还款能力作为确定质押率的参考依据。证券公司可以将融入方的资信及还款能力作为确定质押率的参考依据之一。融入方作为第一还款来源，若其评级结果较高，资信良好，还款来源充足，业务风险较小时，可适当调增其质押的标的股权的质押率。如融入方评级结果为AAA级，其质押率可以上浮20%；融入方评级结果为AA级，其质押率可以上浮10%。

（六）其他增信措施

证券公司开展非上市公司股权质押融资业务时，为降低业务风险，提高借款本息的安全性，证券公司还可以采取其他的增信措施。

1. 第三方的担保机构担保。证券公司可以要求资信不佳的融入方提供第三方的担保机构担保，尤其是一些风险与收益并不十分匹配的项目，要求第三方担保机构为融入方的质押融资进行担保。如此，当项目出现风险时，除了对其质押的标的股权进行处置以外，还有第三方担保机构的担保作为还款来源的保证。

2. 取得标的公司股东会同意标的股权出质的决议。证券公司应要求融入方提供标的公司股东会同意标的股权出质的决议。这不仅有利于当风险发生时证券公司顺利实现质押标的股权的转让，也可以避免标的股权出质设立后与标的公司其他股东不必要的争议，还有利于顺利取得标的公司的经营情况及财务情况等数据，实现对标的公司的持续监督。此外，证券公司可以要求标的公司同意其列席重大事项的股东会决议等。

四、非上市公司股权质押融资项目存续阶段的风险与防范措施

（一）融入方与标的公司的持续监督与评级

1. 融入方的持续监督。证券公司在对融入方的持续监督管理中，可以利用融入方的第三方担保机构对融入方较为了解的优势，在担保协议中约定担保机构应协助证券公司共同监督融入方的经营行为。当证券公司对融入方经营状况存有异议时，证券公司可要求担保机构进行详尽调查并做出解释，协助证券公司共同完成相关监督工作，确保监督内容的时效性、真实性及有效性。

2. 标的公司的持续监督。由于非上市的标的公司没有持续的信息披露，证券公司很难有效持续监督了解标的公司的经营状况、资产处置和财务状况。如果标的公司经营状况发生显著恶化、公司利益受到侵害、发生重大诉讼、合同违约、行政处罚等隐蔽情况，质押的标的股权价值则大幅贬值，那么证券公司作为质权人，其利益是受到损害的。因此，加强对标的公司进行监督，防范股权出质风险，对标的公司的经营行为进行适当的监督和限制是十分必要的。证券公司可以通过以下措施对标的公司进行持续监督。

（1）与融入方、标的公司签订三方合同。证券公司可以与融入方、标的公司共同协商签订相关合同，约定要求标的公司配合证券公司对其经营状况和财务状况进行监督，要求标的公司对证券公司进行单独的信息披露，及时披露相关经营状况，包括但不限于公司利益受到侵害、重大诉讼、合同违约、行政处罚等。通过股权质押业务开展前的三方合同约定，证券公司可以在第一时间获取标的公司的内外部信息以及股权价值减少的消息，实现对标的公司经营状况的持续性监督。

（2）定期和不定期的调研走访。证券公司可以对标的公司进行定期和不定期的调研，通过实地走访，了解标的公司的经营状况、财务情况等。

3. 融入方与标的公司的持续评级。在项目存续阶段，证券公司应对融入方与标的公司进行持续评级，通过该方法来监控融入方与标的公司的经营情况。证券公司可以按月或按季定期对融入方与标的公司进行调研与评级。此外，证券公司应指定质押项目专员密切关注融入方与标的公司的信息变化情况，当融入方或标的公司发生重大事项时，需要不定期对其信用等级进行重评。

（二）非上市公司股权价值变动风险的防范

非上市公司股权作为质押标的时，其股权价值变动会产生风险，如果股权价值发生大幅下跌，其价值就可能不足以清偿其担保债权。因此，在项目存续阶段，证券公司应对标的公司持续进行监控，并根据实际情况适时对标的股权价值进行评估，从而防范股权价值变动风险。

1. 做市商交易的挂牌企业股权价值变动的评估。对于在区域股权交易中心挂牌且实行做市商交易的标的公司，可以参照预警线和平仓线的设置来控制其风险。在发生连续 3 个交易日内交易价格下跌导致其履约保障比持续低于预警线时，证券公司应及时对标的股权价值进行评估：若评估价值结果显示其履约保障比低于预警线时，证券公司应要求融入方进行补充质押；融入方无法进行补充质押的，要求融入方的第三方担保机构缴纳相应的保证金。若融入方与担保机构都不履行的，交易价格继续下跌导致其跌破平仓线的，证券公司则可按约定进行违约处置。

2. 采用协议定价方式交易挂牌企业的，当股权价值发生变动时的评估。如果该标的公司是在区域股权交易中心挂牌但实行协议定价交易，那么其在区域股权交易市场的交易价格仅可作为其股权价值变动的参考依据之一。标的股权价值是由标的公司的综合情况决定的，因此，证券公司应更注重观察标的公司经营情况、资产负债情况、重大合同情况以及信用情况，关注该公司经营机制、组织结构、经营范围、注册资本、章程、法定代表人等是否发生变化；是否涉及重大经济纠纷和法律纠纷等问题，对标的公司的内外部形势变化及相关的信息披露进行持续关注。若发生不利于标的公司的变化情况，证券公司应及时衡量该变化对标的公司产生的不利影响，再次评估标的股权价值。同时，证券公司可利用标的公司的持续评级变动情况进行判断，如标的公司评级下降，则需再次评估标的股权价值。同样，若评估价值结果显示其履约保障比低于预警线时，证券公司应要求融入方进行补充质押或第三方担保机构缴纳相应的保证金。

3. 股权质押协议中约定的判断股权价值减少的情形。为了防范对于股权价值是否减少的争议，证券公司应与融入方在签订的股权质押协议里约定如何判断股权价值减少的情形，避免发生融入方否认标的股权价值减少或是证券公司难以举证股权价值减少的情况。因此，在股权质押协议中，应在融入方履行披露义务的基础上，将可能导致质押股权价值减少的情形予以详细列举并补充兜底条款，比如标的公司发生重大经营状况恶化、亏损等；发生重大赔偿诉讼等；发生多名管理人员、核心专业人才、技术骨干等人员离职的情形；发生违规的关联交易、侵占公司资金等损害公司利益和股东权益的行为等；明确规定证券公司如举证了其中一项或者数项，即足以证明证券公司的利益受到损害，证券公司即可要求融入方进行补充质押、提前偿还等，以上作为应对标的股权价值减少的防范措施。

（三）标的股权大股东道德风险防范

当融入方是非上市公司的大股东时，证券公司会面临融入方的道德风险。在项目存续期间，融入方可能利用非上市公司大股东的身份，通过关联交易等手段转移掏空标的公司资产。股权的价值依赖于公司的价值，这使得质押的股权价值大幅下降，从而损害证券公司的债权利益，使证券公司无法通过处置标的股权进行债权清偿。

为防范此类风险，证券公司作为质权人，就必须建立持续跟踪制度，对标的公司的重大合同及关联交易情况进行持续跟踪和了解。当了解到标的公司发生重大合同和关联交易时，应关注其交易条件及价格是否有失公允、关联交易人是否违反诚信或存在欺诈行为等。一旦发生此类情况，证券公司应及时行使追回权，将非法转移的公司的有效资产追回，可向法院起诉，请求确认关联交易无效或者请求撤销关联交易。

与此同时，证券公司对融入方法人代表、实际控制人、经营管理责任人和主要领导层的守信能力、守信态度、信用状况、工作生活、社会活动状况进行监督，也可以有效防范其道德风险。通过定期或不定期约见融入方的领导层、经营管理人或实际控制人，了解、发现其人员组成变化情况、守信意识和信用记录情况、社会兼职和社会活动情况、主要社会关系构成及对其评价情况、主要交易对手、关联方对其评价情况，了解掌握其上述能力和状况的变化或重大事件，评估判断上述情况对借款安全的影响。

杠杆融资问题研究

钱康宁　陆媛媛　罗彦洋*

2014年末以来，伴随着股市行情的泡沫化上涨，场内场外杠杆融资规模迅速膨胀，进而催生了本轮股市急涨急跌的异常波动，并引发了一系列连锁反应。我们认为，杠杆本身作为一种工具并不会给市场带来负面作用，导致市场异常波动的原因更多在于当前金融监管体系不完善、投资者适当性管理等资本市场中长期制度建设存在欠缺等，从而导致了对杠杆应用的无序和过度。为了金融市场更好地发展，建议加强监管协同，完善金融监管统一性；构建动态风险监测体系，主动加强风险防范；探索两级账户托管体系，提高账户管理效率；加强投资者适当性管理，规范市场运作；加快把资本市场发展成为多空平衡的双边市。

一、国内杠杆融资潮现象

（一）国内杠杆融资潮的兴起

入市的杠杆资金主要包括场内配资和场外配资两类。场内配资主要包括融资融券以及收益互换，其中又以证券公司融资融券业务为主。2006年中国证监会首次发布《证券公司融资融券业务试点管理办法》，沪、深证券交易所，中国证券登记结算公司，中国证券业协会也随即出台了一系列的相关配套政策，但此后的业务试点因牛市而搁置。2008年4月，国务院正式出台《证券公司监督管理条例》，融资融券业务被正式列入证券公司业务中，此后组织多次全网测试，证券公司融资融券业务进入实质性备战阶段。2011年11月，沪、深证券交易所正式发布并实施融资融券交易实施细则，正式拉开了我国场内杠杆融资的序幕。相较而言，场外配资的来源则比较复杂，既对接了一部分的银行理财产品，又包含民间配资、P2P等互联网资金来源。场外配资的兴起时间无从考证，最初的规模并不是很大，并且仅在江浙一带较为活跃，场外配资活动得以流行并逐渐走入人们视线是在2012年，得益于逐利资金的不断积累以及各类配资软件、电子分仓技术的发展，场外配资规模迅速攀升（见表1）。

* 作者单位：上海申银万国证券研究所有限公司。原载于《中国证券》2015年第12期。

表 1　　场外配资业务发展历程

时间	发展历程
2012 年前	配资业务开始盛行，规模小，在江浙一带比较多
2013 年	信托机构规模成倍地快速增长，其核心竞争力在于产品设计和激励机制比较好，逐步完成了从房地产到权益市场的转移
2014 年	银行理财资金开始大举进入，追逐低风险高收益
2014—2015 年	配资业务走向全面爆发，各类私募机构原来是主动融资，但 2015 年资金主动涌入

资料来源：申万宏源研究。

（二）国内突发杠杆融资潮

2014 年下半年，随着股市上涨行情的启动，我国场内配资及场外配资呈现出几何式增长。场内配资包括融资融券及收益权互换，场外配资包括民间配资、场外伞型以及互联网 P2P 等多种渠道。据不完全统计，2015 年中，我国场内外配资达到 4 万亿—4. 5 万亿元的峰值。其中，场内融资融券在 6 月 18 日达到了 2. 26 万亿元的峰值，同期收益互换规模约为 5 000 亿元左右；场外配资总体规模据初步估计为 1. 7 万亿—2. 3 万亿元，包括 1 万亿—1. 5 万亿元的民间配资、7 000 亿—8 000 亿元的伞型结构化信托以及互联网 P2P 等其他方式的场外配资（见图 1 和表 2）。

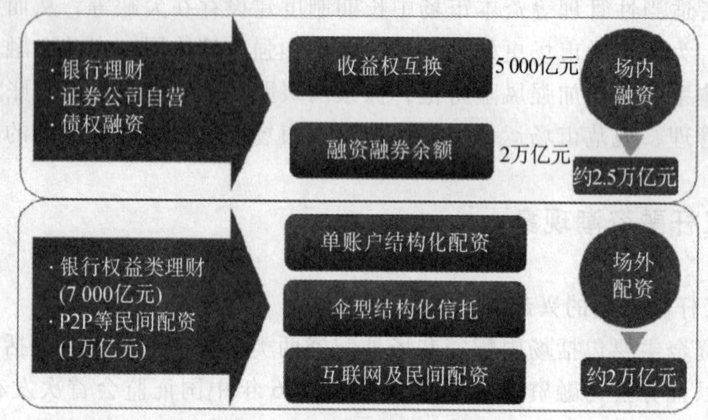

图 1　杠杆融资峰值规模测算

资料来源：Wind 资讯、申万宏源研究根据公开资料整理。

表 2　　多种配资业务模式比较

	收益互换	融资融券	伞型信托	单一信托	民间配资
客户准入	机构客户及高净值个人	个人及机构客户	多个人及机构客户	通常为单一机构，如私募等	个人客户居多
开户时间	无要求	需开户 6 个月	无要求	无要求	无要求
交易账户	柜台交易专用账户	客户融资融券账户	母账户、虚拟子单元	机构账户或自然人账户	机构账户或自然人账户

续表

	收益互换	融资融券	伞型信托	单一信托	民间配资
开户要求	无额外开户要求	必须开立“两融”账户	无额外开户要求	无额外开户要求	无额外开户要求
利息费用	大于8.6%	约8.6%	约8.6%左右	8%—9%	13%—20%
费率结构	固定，但可提前终止	灵活，仅支付实际用资费用	固定，空仓也要支付费用	固定，空仓也要支付费用	固定，空仓也要支付费用
杠杆比例	大于1:2	最高1:2	目前多为1:2，但通过无限扩张，实际杠杆可能做到很高		杠杆比例偏高，且较灵活
标的证券	由公司全权指定范围	限于融资融券标的	限制较少	限制较少	限制较少
最长期限	协议约定	大于6个月	协议约定		
集中度比例	协议约定	有限制	个股一般不超过25%或者30%	个股一般不超过25%或者30%	
交易方式	邮件等其他约定的委托方式	自主电子交易系统	电话、电子交易系统；信托公司盯市	电话、电子交易系统；信托公司盯市	一般电子交易系统
可否使用第三方电子交易系统分仓	不涉及	基本不可以	新增账户不可以	新增账户不可以	新增账户不可以

资料来源：申万宏源研究。

本轮的杠杆融资潮经历了从场内向场外的蔓延。自2014年7月以来，我国融资融券余额连续4个月增幅超过10%。融资融券余额规模从2014年6月的4 000亿元至2014年底突破1万亿元，并在2015年6月进一步增长至2.26万亿元的峰值。但从相对增速来看，“两融”余额在市场总成交额中的占比自2015年2月达到18.91%的峰值后呈逐渐下降的趋势，其杠杆推升作用也明显减弱。2015年3月以来，决定市场杠杆结构的主要力量转变为场外配资市场。伴随银行理财资金的大举介入，加上各类私募机构积极主动融资，场外配资来源呈现多极化，业务规模持续加速膨胀。据申万宏源草根调研数据显示，2014年底银行渠道的伞型信托为2 000亿—3 000亿元，而随着2015年3月以来证券保证金的提升，场外配资约以每周1 200亿—1 300亿元的水平增加，每月的资金增量高达6 000亿元。据此判断，2015年3—5月是场外配资的加速进场期，期间约有1.2万亿元增量资金入市。

从资金来源看，银行权益类理财占据了融资规模的半壁江山，其峰值约为1.7万亿元。这些银行权益类理财资金一部分对接了包括8 000亿元融资融券以及2 000亿元收益权互换在内的场内配资，另一部分则通过信托、私募等结构化产品参与到场外配资业务中（见图2）。其中，股权质押项目除吸收约5 000亿元左右银行权益类理财资金外，还释放出证券公司自有资金及其他资金共约2 500亿元（根据2015年6月全市场股票质押2.53万亿元总市值，并按折算率0.3来计算），对杠杆资金入市起到了较大的助推作用。

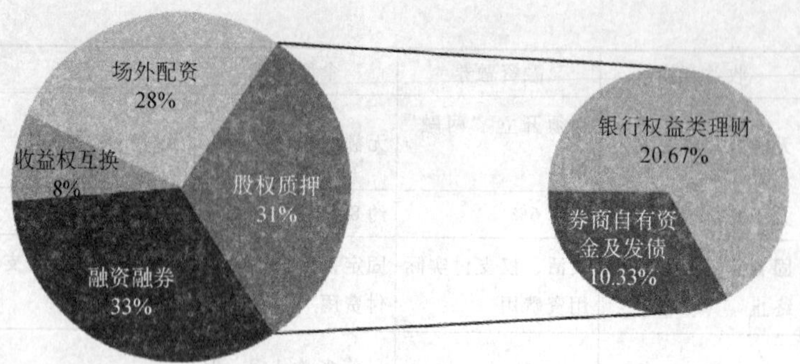

图 2 银行权益类理财资金结构

资料来源：申万宏源研究根据公开资料整理。

（三）清理配资去杠杆

随着开始于 2015 年 6 月中旬的市场调整和平仓爆发，中国证监会陆续发布《关于加强证券公司信息系统外部接入管理的通知》与《关于清理整顿违法从事证券业务活动的意见》，要求中国证券登记结算公司严格落实证券账户实名制，严禁账户持有人通过证券账户下设子账户、分账户、虚拟账户等方式违规进行证券交易；要求证券公司规范信息系统外部接入行为；要求信息技术服务机构直接或者间接清理整顿违法证券活动；要求证券投资者不得出借自己的证券账户，不得借用他人证券账户买卖证券。在一系列规范和约束下，在沪深证券交易所、中国证券登记结算公司、国家互联网信息办公室等支持和配合下，配资规模相较前期收缩明显。据相关统计数据显示，截至 2015 年 11 月 6 日，中国证监会已基本完成配资账户的相关清理工作，共清理 5 754 个场外配资账户。其中，12% 的账户采用销户方式清理，其他账户均采用合法合规方式承接。

伴随着场外配资清理整顿的不断推进，A 股市场的杠杆融资风险得到相当程度的释放。截至 2015 年 10 月底，融资融券规模降至 1 万亿元左右，回到了 2014 年末的水平。信托公司杠杆融资规模也大幅下降（见图 3）。

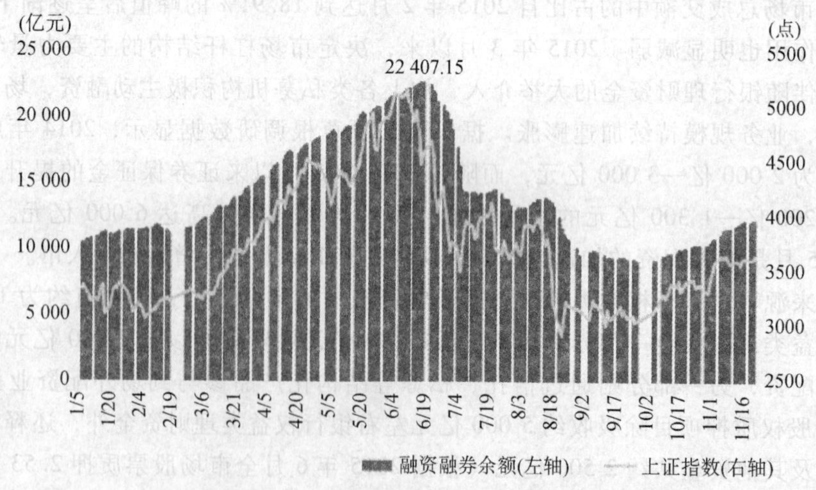

图 3 融资融券余额随着配资清理潮明显回落

资料来源：Wind 资讯、申万宏源研究。

二、国内杠杆融资潮影响

（一）配资平台野蛮生长

配资平台的野蛮生长是本轮市场大幅波动的主要诱因之一。2011 年，伴随着信托证券账户被叫停，国内伞型信托异军突起。2012 年，以 P2P 为代表的互联网金融开始在国内金融市场迅速发展。2014 年，原本给专业私募设计的恒生 HOMS 账户管理系统被部分配资公司使用在互联网配资业务上，成为场外配资最主要的接入端口。

恒生 HOMS、上海铭创、同花顺均是托管规模较大的场外配资交易接口，2015 年 6 月底中国证券业协会的统计数据显示，三个系统接入的客户资产规模合计近 5 000 亿元，其中，HOMS 系统约为 4 400 亿元，上海铭创约 360 亿元，同花顺约 60 亿元，这也从侧面反映出场外配资平台的野蛮生长。恒生 HOMS 等场外配资交易接口主要具有两大功能，其一是伞型分仓功能，能够将一个证券账户下的资金拆分成若干独立的小单元进行单独的交易和核算；其二是账户托管功能，通过云端系统，用户只需在网上签约即可实现账户托管。

从信息流看，恒生 HOMS 等场外配资交易接口能够为客户提供开户、分仓、交易、风控、平仓等全套信息流的管理功能；从资金流看，信托/资产管理结构化私募产品账户和 P2P 平台实际控制的个人账户为资金提供了汇集、清算、汇划的资金流管理功能。因此，“伞型信托 + P2P 平台 + Homs 系统”的生态闭环形成了，配资公司在给投资者分配完分仓交易账户后，能够通过伞型信托等渠道，让客户直接在自己账户上做高杠杆融资业务。基于广泛的市场需求又身处监管盲区，配资平台迅速野蛮生长。

（二）杠杆率迅速攀升

根据 Wind 数据统计，2014 年 7 月—12 月银证转账变动净流入量和保证金增量分别为 6 600亿元、4 600 亿元，而 2015 年 1 月—5 月上述两项数值分别达到惊人的 2.7 万亿元和 1.76 万亿元。同时，银行理财产品也将募集的资金投向股票市场（见图 4），权益类占比更是从 2014 年底的 6% 提升到 2015 年中的 15% 以上，增量资金约为 2 万亿元，其中很大一部分都通过伞型信托等方式流入场外配资市场。此外，P2P 等民间配资也是场外配资的重要资金来源。随着本轮场内外融资潮大幅快速涌入二级市场，我国股市的杠杆率迅速攀升。

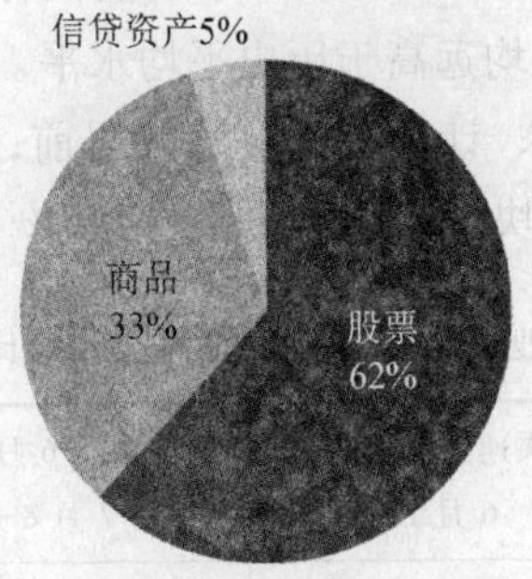

图 4　2015 年上半年我国银行理财产品以股票为主要投向

资料来源：Wind 资讯、申万宏源研究。

从场外融资资金推动来看，一方面，由于我国的场内融资有一定的门槛限制，在行情火爆的大背景下，趋利效应引导未达到门槛的投资者追求高杠杆而涌入场外配资；另一方面，由于场外融资目前属于监管盲区，场外配资杠杆比例非常灵活，缺乏明确的监管约束，导致高杠杆频频出现，伞型和单一信托杠杆率多为 2—3 倍，民间配资杠杆率则高达 5—10 倍。

（三）股指剧烈波动

自 2015 年初至今，我国股票市场出现了暴涨与急跌。股指先后经历暴发式上涨、急速下跌、区间震荡、二次急跌，波动剧烈（见图 5）。

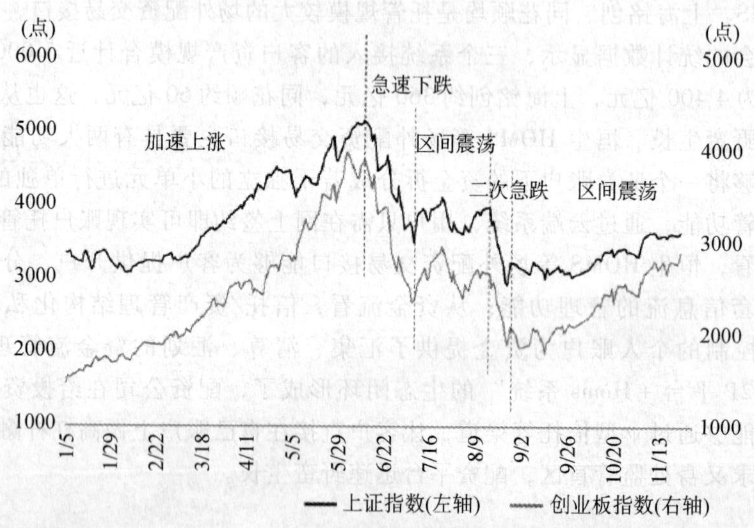

图 5　2015 年 1 月—10 月股指先后经历暴涨与急跌

资料来源：Wind 资讯、申万宏源研究。

2015 年初至 6 月中旬为加速上涨阶段，上证指数从 3200 点一路飙升至 5178 点。短短半年时间内上证指数上涨了 62%，深证成指上涨了 60%，创业板指数上涨了 174%。在快速上涨阶段，强烈的一致性看涨预期导致场内外杠杆资金加速入场，进一步催化了“疯牛”行情。从市场估值水平来看，非银行石油石化 A 股整体估值水平达 51 倍（历史上 2009 年以来平均值仅有 25 倍），中小板达 84 倍（历史上 2009 年以来平均值仅有 37 倍），创业板达 142 倍（历史上 2010 年以来的平均值为 56.7 倍），均远高于历史平均水平。从行业估值水平来看，各板块走势同样迅猛。其中，轻工制造、传媒、计算机板块涨幅居前，包括生物医药、汽车、纺织服装、电子、机械装备、通信等在内的板块指数涨幅均超过 100%（见表 3）。

表 3　行业板块在几个阶段的涨跌幅比较

代码	行业板块	快速上涨年初—6 月 15 日	快速下跌 6 月 16 日—7 月 8 日	区间震荡 7 月 8 日—8 月 17 日	二次急跌 8 月 17 日—8 月 26 日
801780. SI	银行（申万）	17.1	-10.6	-16.4	-16.6
801120. SI	食品饮料（申万）	66.5	-32.6	10.7	-19.0
801170. SI	交通运输（申万）	105.2	-39.4	24.7	-23.0

续表

代码	行业板块	快速上涨年初—6月15日	快速下跌6月16日—7月8日	区间震荡7月8日—8月17日	二次急跌8月17日—8月26日
801140.SI	轻工制造（申万）	156.6	-37.9	18.2	-19.7
801110.SI	家用电器（申万）	100.1	-36.4	13.1	-24.3
801150.SI	医药生物（申万）	110.3	-39.9	21.7	-24.6
801210.SI	休闲服务（申万）	121.0	-40.6	24.2	-28.0
801790.SI	非银金融（申万）	20.1	-30.0	-10.9	-30.7
801160.SI	公用事业（申万）	83.4	-38.5	27.9	-26.4
801880.SI	汽车（申万）	102.1	-39.8	20.7	-28.9
801200.SI	商业贸易（申万）	123.9	-47.5	35.2	-27.4
801130.SI	纺织服装（申万）	154.9	-45.6	38.2	-28.2
801180.SI	房地产（申万）	91.6	-39.7	25.1	-26.5
801720.SI	建筑装饰（申万）	82.6	-39.5	20.0	-31.6
801760.SI	传媒（申万）	153.4	-42.6	15.8	-26.4
801030.SI	化工（申万）	115.8	-42.4	24.7	-28.0
801890.SI	机械设备（申万）	120.5	-44.6	22.7	-29.3
801230.SI	综合（申万）	127.8	-42.2	20.3	-20.9
801010.SI	农林牧渔（申万）	121.9	-43.5	40.9	-25.6
801710.SI	建筑材料（申万）	84.6	-45.2	34.6	-27.1
801730.SI	电气设备（申万）	136.9	-44.5	25.2	-28.3
801770.SI	通信（申万）	140.7	-45.4	25.9	-29.0
801080.SI	电子（申万）	133.9	-41.5	23.7	-28.1
801020.SI	采掘（申万）	68.7	-41.2	18.6	-30.3
801050.SI	有色金属（申万）	80.9	-46.3	25.7	-28.3
801740.SI	国防军工（申万）	116.7	-52.0	63.2	-35.9
801750.SI	计算机（申万）	189.4	-45.3	15.9	-29.1
801040.SI	钢铁（申万）	92.7	-34.0	17.2	-24.6

资料来源：申万宏源研究。

2015年6月中旬至2015年7月8日为市场急速下跌阶段，上证指数从年内最高5178点断崖式暴跌至最低3421点，跌幅达34%。创业板指数跌幅更是高达40%。进入6月，在市场流动性本身趋紧的情况下，中国证监会严查场外配资，进一步激发了市场的紧张情绪。6月15日打开了市场连续急速暴跌的闸门，在杠杆资金的作用下，一部分信用交易的警戒线或平仓线被触发，市场的进一步下跌则致使另一批信用交易者面临被平仓的压力。这一阶段的市场陷入了“暴跌→高杠杆账户被平仓→卖出压力增大→股价进一步下跌→次高杠杆账户被平仓→卖出压力进一步增大→股价进一步下跌→……”的恶性循环当中。而这个机制很快被市场认识到，一些没有平仓压力的资金也紧急撤离，从而造成市场中流动性逐渐消失，形成了“流动性螺旋”效应。

2015 年 7 月 8 日至 8 月 17 日期间，市场出现了阶段性反弹，上证指数从 3467 点回升至 4184 点。上述 25 个交易日之内，上证指数振幅达 21.76%，而创业板指数的振幅更高达 30.16%，市场呈现出区间震荡的格局。此后，随着美元加息预期日渐强烈、中国经济下行压力加大和人民币贬值多重冲击，2015 年 8 月 18 日—8 月 26 日市场又经历了二次急跌，在此期间，指数从 4006 点下挫至 2850 点，去杠杆挤出效应不断显现。此后直至 2015 年 10 月中下旬，上证指数围绕 3100 点—3400 点上下运行，市场重回区间震荡格局。

（四）投资者普遍损失惨重

随着短期资金压力的不断加码，2015 年 6 月 A 股出现见顶回落，投资者在“疯牛”行情中累积的财富损失惨重，整个股市在短短 22 天里蒸发了 20 多万亿元的市值。从涨跌停家数来看，据统计，2015 年 6 月至 8 月期间，沪深两市一共出现过 13 次千股跌停，平均间隔不到 4 个交易日就会出现 1 次集体（千股或将近千股）跌停，其频率之高堪称史无前例。从自然人账户市值来看，中登公司统计月报数据显示，2015 年 6 月，各档资金规模的个人账户数相较前一个月而言均出现了缩水，从侧面反映出投资者普遍损失惨重（见图 6）。

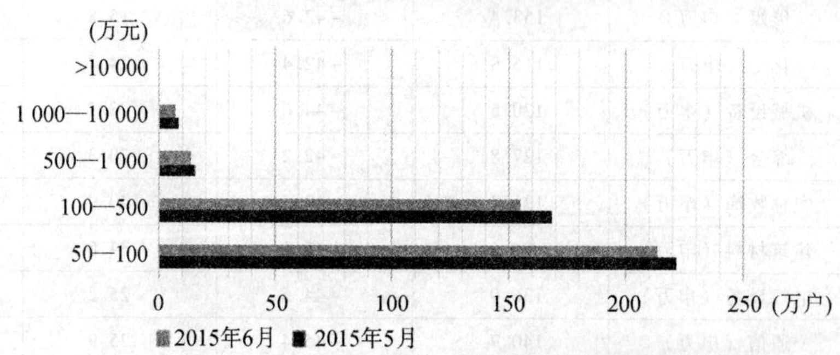

图 6　2015 年 5 月—6 月流通市值持户数量变动明显

资料来源：中登公司统计月报申万宏源研究。

无论场内融资还是场外配资，均放大了投资者在股市暴跌中的损失。对于场内配资参与者而言，在目前 2 倍左右的杠杆下，当股票下跌 10% 时，参与场内配资的投资者将承担 20% 的损失。而对于场外配资参与者而言，其杠杆比例远不止 2 倍，股票下跌带来的损失将在瞬间被放大数倍。此外，不少投资者也买入了分级基金的 B 份额，其本质上也是进行了杠杆交易，同样在大盘暴跌中损失惨重。

三、国内杠杆融资潮反思

（一）“加杠杆”本身是市场提高效率、发挥功能的一个必要工具，并不是错误本身

本质上而言，杠杆资金的入市能够在价格发现、增加市场流动性、提高投资者风险收益方面发挥积极的作用。其一，在杠杆的作用下，可以将更多的信息融入证券的价格，使之能够更充分地反映证券的内在价值，更好地发挥资本市场的价格发现功能。其二，杠杆可以在一定程度上放大证券供求，增加证券市场的交易量和流动性。其三，杠杆能够对接不同投资者的风险偏好，低风险偏好的投资者可以通过资金出借获得固定本息，高风险偏好的投资者

可以通过杠杆获得实现高收益的可能。

从海外经验来看，美国、中国香港、中国台湾等发达资本市场也都引入了杠杆资金，美国市场和中国香港市场的理论最大杠杆倍数分别达到5倍和9倍，均高于境内市场水平。区别在于成熟资本市场较少使用场外配资，投资者更具风险意识，拥有更多可供选择的高收益投资工具（见表4）。

表4　各国及地区杠杆融资现状对比

	中国	美国	中国香港	中国台湾
监管机构	中国证券监督管理委员会	美国联邦储备委员会、纽约证券交易所、美国金融业监管局和开设融资账户的公司共同监管	香港证券及期货事务监察委员会	台湾金融监督管理会
相关规定	《证券公司融资融券业务管理办法》	Regulation T、Regulation U、Regulation X 等	《证券及期货条例》《交易所规则》等	"证券交易法"、"证券商办理有价证券买卖融资融券管理办法"等
保证金比例	融资和融券的保证金比例都不能低于50%；最低维持担保比例为130%；追加担保物后的维持担保比例不得低于150%	现金账户不能使用杠杆；Reg T保证金账户杠杆可达1:1，日内最高可达1:3，隔夜还是1:1；投资组合保证金账户杠杆可达1:5或更高	融资比例因个股性质而异，恒生指数成分股：70%；H股、红筹股：20%—50%；其他：10%—40%（依成交量、市值、公司背景和公司财务而定）；认股权证和牛熊证：0	上市和上柜股票的融资比率为60%；融券保证金比率为90%；最低维持担保率为120%；转融通的比率不得超过证券公司对客户融资融券的比率
理论最大杠杆	1:2	1:5以上	1:9	1:1.67
融资利率	融资为8.5%左右，融券为10.5%左右	融资金额大到小，融资利率逐渐增加（3.89%—8.75%）	LPR + 3%左右，香港最优贷款利率（LPR）为5%。即，融资利率在8%左右	—
融资融券余额比	约340:1（截至2015年8月28日）	约3.52:1（截至2015年7月31日）	—	约7.90:1（截至2015年6月30日）
"两融"余额占市值比	约2.65%（截至2015年7月31日）	约2.30%（截至2014年末）	—	约1.06%（截至2015年6月30日）

资料来源：申万宏源研究。

（二）金融监管体系缺乏统一监管

现行分业监管体制易产生监管真空与监管套利。当前我国金融监管按"分业经营，分业监管"进行，由中央银行、中国银监会、中国证监会和中国保监会这四家金融监管部门具体制定和执行。然而，现有的监管体系缺乏明确的责任划分和良好的协调机制，分业监管体制造成了中央银行与监管部门以及监管部门之间的行政分割，出现监管真空、监管冲突和监管重复并存、协调难度加大等问题，形成了监管体系中的潜在风险。例如，目前各金融机构开展的资产管理业务，由于归属于不同的监管机构，在资本要求、投资渠道上的适用规则存在较大差异，进而影响其资金成本，造成了通道业务等套利行为的出现。本轮股市大幅波动的重要原因之一，就是在监管套利的驱动下，原本不允许进入股票市场的银行资金，利用理财和非理财资金两种模式，通过认购资管产品优先级、受让“两融”收益权、间接参与民间配资、同业贷款等渠道参与股市配资。银行资金的大量入市助推了股价的急速上升，市场突然急速下跌之后，大量银行资金又深陷股市，而一旦这些资金亏空，银行资本金严重受损，可能诱发银行系统的金融危机，最终导致信贷被动紧缩。

本轮股市大幅波动反映了对于场外配资的监管缺失。证券公司融资融券、证券公司股票收益互换、单账户结构化配资、伞型结构化信托、互联网及民间配资共同构成了股市杠杆资金的来源，而以伞型结构化信托、互联网及民间配资为代表的场外配资并未纳入监管范围。对场外配资监管的缺乏一方面导致入市资金的杠杆率出现了成倍的放大，据测算，场外配资的融资成本一般在 13%—20%，杠杆一般在 1:4 到 1:5；另一方面，由于场外配资数据不统一、不透明导致上涨阶段大部分市场主体和监管层并不清楚杠杆交易的疯狂程度，而监管的割裂则导致证券监管部门在处理场外配资的过程中力不从心，没能在前期就有效遏制住泡沫化的苗头，同时，在下跌的过程中也容易造成集中的群体恐慌，加快下跌速度。对于场外配资监管的缺失导致市场的杠杆被过度放大。

（三）第三方接入、伞型等方式，规避了账户的实名制管理

在本轮股市波动中，大量的杠杆资金通过第三方接入、伞型等方式，规避了账户的实名制管理。恒生 Homs 系统是场外配资最主要的第三方接入系统，其开发之初主要用于私募基金管理人对交易团队进行分仓管理、交易风控和业绩考核，但在股市赚钱效应的催生下，大量的场外配资通过 Homs 系统接入形成伞型信托账户。伞型信托可以将一个信托账户拆分成 N 个子账户，每个子账户都是一个小型的结构化信托，每个子账户可以独立进行股票买卖、配资预警和强平。

相较于融资融券而言，伞型信托具有更高灵活度的同时也更具风险。从账户信息来看，伞型信托下面的各个子信托无须重新开户，投资者可在不履行实名开户程序的情况下进行正常的证券交易，也就是俗称的虚拟账户交易，有别于实名账户下“券商号 + 区域号 + 客户编号”的固定序列号生成规律，虚拟账户序列号往往是注册配资平台时自行设置生成的，具有很大的随机性和自主性，极易隐藏持户人的真实信息。缺乏账户的实名制管理将导致监管机构对投资者交易指令的追踪和恶意交易行为的监管体系失效。从杠杆率来看，目前伞型信托的杠杆率通常在 1:3 以上。为了保证优先级资金即银行理财资金的安全，信托公司在各类伞型信托产品中均设有警戒线和止损线，劣后级投资者需承受 A 股市场数倍的波动，在此轮股市暴跌的过程中，大量的伞型信托子账户遭到了强平。从投资结构来看，由于伞型信托中所有子信托共用一个证券账户，子信托的仓位限制条件相比结构化信托更为宽松，可以突破中国银监会对于“结构化信托持有单个股票不能超过信托资产净值的 20%”的限制。从投资范围来看，伞型信托不受融资融券投资标的的限制，投资范围更加灵活的同时，风险度也更高。

（四）投资者适当性管理任重道远

杠杆融资对于投资者适当性管理提出了挑战。对于证券公司融资融券业务而言，中国证监会在《证券公司融资融券业务管理办法》（证监会令第117号）中对投资者的投资经验和最低资产规模均提出了明确要求，意在将高风险业务与高承受能力的投资者进行匹配。然而，在实际执行过程中，证券公司纷纷为了抢夺市场而擅自降低融资融券门槛，有报道显示，证券公司实际融资融券业务的门槛在5万—30万元不等，远低于中国证监会规定的50万元水平。

参与场外配资的投资者很大一部分无法达到融资融券门槛。以P2P平台为例，其客户资质参差不齐，约有1/3—1/2的用户在中央银行征信报告里没有记录。在场外配资接近零门槛的市场准入标准下，致使投资者过分参与到与其自身风险承受能力不匹配的业务中。缺乏市场经验和资本实力的散户投资者往往不具备对市场的专业研究能力，风险控制意识以及对冲市场下跌风险的能力也普遍较弱，加之互联网、自媒体等的快速发展，容易带来投资者的"羊群效应"，进一步加剧了我国证券市场的脆弱性。

（五）资本市场中长期制度建设欠缺

从短期来看，或许是杠杆融资加剧了市场的波动性，但从中长期而言，本轮市场的大幅震荡也折射出我国资本市场在制度建设方面的一些问题。

1. 市场对于股指期货等金融衍生品存在认知错位。在现货市场持续大跌期间，沪深300、上证50和中证500股指期货主力合约价格一度出现了大幅贴水，其中，贴水最严重的中证500中小盘股指期货，承担着沪深300指数成分股之外2 300多只中小市值股票的避险需求，出现单一工具使用过度的现象。因此，有观点将本轮股市大跌的矛头指向了股指期货的过度投机，中国金融期货交易所也采取了包括单日开仓交易量、撤单次数、自成交、提高保证金率、提高平仓手续费等措施来限制股指期货市场的过度投机。但事实上，股指期货本身只是一种衍生金融工具，作为现货市场的有益补充，对于价格发现以及风险管理有着积极的作用。期货的套保功能能够让标的资产在不同时空实现收益风险转移，达到平抑风险的目的；而期货市场的套利机制一方面有利于价格发现，提升市场效率，另一方面也有利于为市场提供流动性。在现货市场流动性不足且对冲产品选择范围有限的情况下，投资者在期货市场进行做空对冲是一种必然选择。

2. 现行新股发行制度下存在着巨大的套利空间。首先，2014年修改发行规则后，IPO基本可视为定价发行，尽管有助于抑制发行价格过高，但也易导致发行估值偏低，一级市场合理定价功能弱化。其次，新股上市后，成为二级市场竞相追捧的热点。由于打新收益率稳定，理财等资金对打新基金需求旺盛，同时受到入围后全额冻结资金的规定影响，打新前后对交易所、银行间和证券市场的资金面产生扰动，也增加了市场波动性。最后，现行新股发行节奏的行政干预色彩较为浓重，新股发行曾行政化暂停。壳资源的稀缺性在一定程度上更易引发内幕交易与概念股股价虚高，不利于资本市场回归理性定价。

3. 交易制度的设计缺陷在本次股市异常波动中暴露无遗。一方面，"T+1"与涨跌停板交易制度原本是为了抑制市场波动，但从市场表现来看，市场波动并未因此而降低，只不过将原本应有的下跌人为延续到了后续交易日。由于缺乏"熔断机制"这一"冷却剂"，一旦市场恐慌情绪蔓延，踩踏效应发生后趋势性暴跌难以避免。另一方面，大量上市公司出于自身利益考虑选择集体停牌，致使没有停牌的上市公司遭受到了更为集中的抛售压力，市场的流动性进一步枯竭。

4. 上市公司行为规范不足导致制度套利。伴随着行情的泡沫化上涨，上市公司重要股东进行了大力度的减持，2015 年 4 月、5 月、6 月的净减持规模分别为 773 亿元、1 307 亿元和 1 034 亿元，其中也不乏借用"市值管理"名义进行内幕交易与操纵市场价格的违法行为。境内资本市场对于高管减持行为尚未形成长久稳定的规范。一方面，虽然监管机构对高管减持的信息披露提出了严格要求，并对减持节奏也有所限定，但对不符合信息披露要求的减持行为并未做出相应的处罚规定。另一方面，尽管我国《刑法》规定了内幕交易、泄露内幕信息罪等证券犯罪行为，但由于欠缺高管违规减持的惩处条例，中国证监会的执法力度不够大，处罚手段仅限于公开谴责、责令整改、通报等，处罚金额也以 10 万元为上限。相较而言，美国不仅强调董、监、高减持的信息披露义务，不符合规定的减持行为还可能构成信息披露型证券犯罪；中国香港也对董、监、高包括减持在内的权益变动情况提出了详细的信息披露要求。处罚机制不完备、处罚力度过轻使得上市公司的违规成本可以忽略不计，大肆进行制度套利。

四、建议

（一）加强监管协同，完善金融监管的统一性

在当前我国"分业经营、分业监管"的金融监管体系下，"一行三会"并没有建立起真正统一、协调的监管机制、监管标准和执法尺度，因此导致了监管重叠、监管空白与监管套利现象频发。未来建议充分发挥金融监管协调部际联席会议制度功能，不断提升监管协调工作规范化和制度化水平，减少监管真空和监管重复，形成监管合力。长期而言，审慎监管和投资者保护将是金融监管的两大目标，审慎监管旨在防止金融领域发生系统性风险，而投资者保护重在借助对金融机构商业行为监管来规避机会主义行为。在此基础上，可借助《谅解备忘录》等形式明晰监管机构间的协作机制，引入审慎监管与功能监管的理念，从投资者保护的角度入手，加大对互联网金融的监管监督，实施金融理财产品的集中统一备案和监管，提高金融产品的统一监测，提高透明度，也是对中小投资者的保护。

（二）构建动态风险监测体系，主动加强风险防范

随着近年来互联网金融的高速发展，创新金融模式与创新金融产品不断涌现，传统的金融监管体系不断面临挑战。为了增强监管行为的协调性、统一性，实现金融监管连续稳定，我国必须加强统计信息和量化信息的系统性检测。同时，加快市场风险管理技术的研究，尽快建立风险管理模式，实现风险的数量化管理，提高识别、计量、监测和控制市场风险的能力。在云计算和大数据兴起的今天，金融监管应该有理有据，"理"是法律法规，"据"则是科学量化的评价依据。监管当局应当摒弃经验主义和教条主义，建立科学量化的风险评价机制，利用科学模型，得出量化的评价指标作为监管决策的参考和支撑，提升专业化监管能力，做好风险的识别、计量与发生后的应对预案准备工作，切实防范可能触发系统性金融危机的风险发生。

（三）探索两级账户托管体系，提高账户管理效率

我国现阶段的证券账户管理模式以间接持有的一级托管模式为主，在该模式下，中央证券存管机构自身既是证券登记机构，又是证券托管和证券结算机构，由其直接为投资者开立和维护证券账户，保管和维护投资者所持有的证券，并在证券交易结算时直接为投资者办理证券过户。现行的账户管理体系在证券权利界定方面比较明晰，并且在全市场风险识别、监控方面具有一定的优势。但作为一种最为传统的证券账户管理模式，间接持有的一级托管模式存在诸多问题。从市场运行效率来看，该账户管理模式需要中央托管与所有投资者进行结算，相比多级托管模式下的分层级结算，结算效率明显偏低。此外，该模式也不利于投资者进行跨市场交易，造成市场整体运行效率偏低。从中介机构业务发展来看，虽然客户与证券公司签订了托管协议，但客户证券账户体系实际上是由中登公司直接进行维护和管理，证券公司并没有发挥实质性的托管作用，这在一定程度上制约了其在融资融券、场外产品等创新业务方面的发展。从监管效率来看，随着投资者数量、托管规模的日益增加，给中央存托机构的信息系统带来压力。另外，由于投资者存在利用他人账户进行交易的可能，监管部门需要在各方协助下通过识别出多个关联账户才能获取投资者完整的交易信息，一级账户托管模式在监管方面并不发挥优势。

从国际经验来看，美国、英国、德国、中国香港等大部分发达市场一般都采用间接持有多级托管的账户管理模式，在该种模式下，投资者与其委托的证券托管机构之间直接发生法律关系，该托管机构负责对投资者证券账户进行维护和清算交收，托管机构再与中央证券存托机构进行清算交收。多级托管的账户管理模式不仅能够使得清算交收更为简洁高效，而且能够更好地满足投资者跨区域、跨市场的交易需求，同时能够为证券公司的创新业务创造更大的发展空间。对整个市场而言，也能够在一定程度上分散市场的系统性风险，特别是托管机构的风险。

证券公司是金融市场中最重要的中介机构之一，从更好地发挥金融中介作用出发，应当建立健全交易、托管结算、支付、融资和投资等各项基础功能。短期内，考虑到制度的稳定性，建议给予证券公司更多场内证券账户的维护权利，给予证券公司对客户信用账户内证券或资金行使再质押或者出借的权利；长期内，研究和推进场外市场的间接持有多级托管体系建设，促成《证券法》对托管结算条款的修改，彻底还原证券公司证券的登记托管功能。

（四）加强投资者适当性管理，规范市场运作

伴随创新金融的发展，金融创新模式、产品层出不穷，但是由于我国市场是非专业个人投资者为主的市场，很多投资者都缺乏对创新金融模式、产品的合理、正确的认知能力。与此同时，投资者结构的散户化客观上导致了资本市场更倾向于呈现追涨杀跌的集体不理性，散户投资者由于缺乏专业知识，更易受新闻舆论、非基本面等因素的干扰，容易导致市场助涨助跌行为，偏离合理定价功能，加剧市场的流动性风险。

监管当局应当加强投资者适当性管理，按照不同的投资者类型，提供不同的投资产品，建立规范的投资者分类标准。进一步明确不同市场、不同产品的适当性要求，明确相关各方的责任和义务，尽量减少投资者入市风险，提高市场运作的规范化水平。另外，监管部门可以设立投资者保护局强化投资者保护。借助投资者保护局来强化对金融产品的监管，将现有

的中国证监会下属的投资者保护基金和中国保监会下属的保险保障基金以及银行存款保险制度的相关资源整合在投资者保护局下，达到保护投资者的目的。

（五）加快把资本市场发展成为多空平衡的双边市

目前，我国股票市场受限于做空工具的匮乏，一方面融券券源紧张稀缺，另一方面股指期货准入门槛较高，而融资、伞型信托以及场外配资等做多工具的发展越来越快，造成了市场容易做多、难以做空，价格发现功能缺失，暴涨暴跌，稳定性差。在沪指达到最高点的 2015 年 6 月 2 日当天，沪指融资余额 14 535.80 亿元，融券余额只有 60.18 亿元，融资占比达到 99.60%，而融券只占 0.40%。为了更好地进行多空平衡，可以在合理可控的情况下，完善做空机制，增加做空工具。同时积极扩大融券券源，充分挖掘市场的价格发现功能，推进基础市场发展，恢复市场基础功能的作用。通过推进资本市场多空平衡的双边市，充分挖掘市场双向信息，利用融资杠杆功能，放开融券、股指期货等做空工具的使用，使市场起到价格发现功能，同时也能使投资者进行更好的风险对冲，进而培育出成熟的长期价值投资者，使市场得到长久的健康发展。

参考文献

[1] 李维：“A 股场外配资调查报告”［N］，《21 世纪经济报道》，2015 年 7 月 8 日，第 8 版。

[2] 吴黎华：“恒生 HOMS：生存还是毁灭”［N］，《经济参考报》，2015 年 7 月 24 日，第 11 版。

[3] 宋琳，王世华：“杠杆威胁”［J］，《纺织科学研究》，2014（5）。

[4] 裴媛：“金融杠杆化对资产价格的波动影响研究”［D］，天津财经大学，2013 年。

[5] 辛铭：“首个 P2P 资金托管账户体系”［N］，《金融时报》，2013 年 12 月 9 日，第 6 版。

股票质押式回购交易业务发展现状及政策建议

——以数据分析为研究视角

万 励 张 波 朱海锋*

一、引言

股票质押式回购交易业务自推出以来取得了快速发展，截至2015年第三季度末，该业务通过沪深两市累计为实体经济提供了14 584.51亿元的融资金额，尚有5 962.57亿元处于待购回途中。经过两年多的发展，该业务已经成为证券公司创新型经纪业务中的一大亮点，有力地促进了证券公司资本中介业务的发展。本文将以股票质押式回购交易业务2013年第四季度到2015年第三季度的季度统计数据为基础进行具体分析，并在此分析基础上对股票质押式回购交易业务未来的发展提出相关政策建议。文中所有基础数据除特别指出外，均来自上海证券交易所发布的《股票质押式回购交易业务周报》或《股票质押式回购交易业务月报》以及深圳证券交易所发布的《深市股票质押式回购交易业务动态》。

二、股票质押式回购交易业务介绍

（一）业务介绍

股票质押式回购交易业务（以下简称“股票质押式回购”），是指符合条件的资金融入方以所持有的股票或其他证券质押，向符合条件的资金融出方融入资金，并约定在未来返还资金、解除质押的交易①。其基本交易模式如图1所示。

* 作者单位：长江证券股份有限公司。原载于《中国证券》2015年第12期。

① 深圳证券交易所，中国证券登记结算有限责任公司：《股票质押式回购交易及登记结算业务办法（试行）》，2013年5月24日。

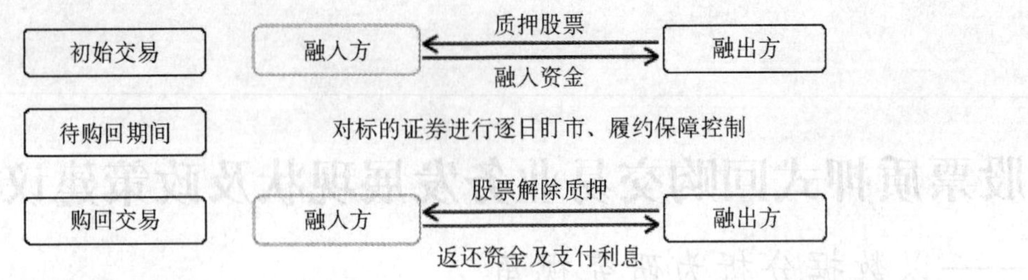

图 1　股票质押式回购交易模式图

从业务定义来看，持有 A 股股票的机构和个人均是股票质押式回购的潜在客户。从目前的既有业务来看，以融资需求类型划分，主要的融资主体可以分为以下几类：

1. 上市公司股东拥有上市公司之外的实体经营企业，这些企业存在融资需求，但又难以通过银行、信托等渠道获得资金；

2. 上市公司股东存在重大资本运作，如定向增发、并购重组等；

3. 上市公司股东为股权投资类企业，因持续性的投资需要存在资金需求，但又不愿意减持股份；

4. 上市公司股东因持有的股份为限售股，想提前盘活流动性。

（二）股票质押式回购与银行、信托股票质押融资比较

1. 股票质押式回购市占率上升。股票质押式回购的实质是以质押股票作为增信措施的贷款业务，与银行、信托早已开展的股票质押贷款本质上是相同的。但自证券公司以场内交易的股票质押式回购方式进入股票质押融资业务领域以来，便以其高速的效率和简便的流程，取得快速发展，在整个股票质押融资业务中的市占率不断上升。

据 Wind 资讯，2013 年 6 月到 12 月，市场共有 2 129 笔股票质押融资项目，其中 33. 87% 为股票质押式回购；2014 年全年共发生 4 325 笔股票质押融资项目，其中 44. 02% 为股票质押式回购；2015 年前 3 季度共发生 4 475 笔股票质押融资项目，其中 47. 80% 为股票质押式回购。按此趋势，未来股票质押式回购仍会持续发展。

2. 原因。

（1）股票质押融资的融资主体是持有 A 股股票的机构和个人，而证券公司深耕资本市场多年，其客户来源渠道和对客户的掌控力均强于银行和信托。

（2）证券公司对质押股票的增信效果认可度强于银行和信托，因此质押率一般高于银行和信托，特别是中小板和创业板的股票，而一些银行不接受创业板股票的质押。

（3）证券公司审批效率高于银行和信托，特别是在自有资金对接的项目上，优势更加明显。

（4）股票质押式回购是场内交易方式，在办理流程上相比于银行、信托的场外质押简便，其放款和质押流程是同时完成，而且也不需要和银行、信托一样要求融资人亲自前往中登公司办理质押手续。

（5）证券公司对于资金用途的限制较为宽松，而银行、信托常常对资金进行严格监管。

总之，无论是流程设计还是业务办理，股票质押式回购相比于银行、信托的股票质押贷款都有明显的优势。信托本身是无法直接提供资金的撮合方，在资金成本和业务模式上均不具备优势，可以预见，其在股票质押融资业务中的占比将会越来越低，但银行的低成本资金优势是证券公司无法比拟的，故银行在股票质押融资中仍会占据一定的市场规模。

同时，银行与证券公司优势互补，银行资金通过证券公司资产管理计划办理股票质押式回购成为当前主要业务模式之一，特别是对于大额融资项目，此模式中证券公司可以发挥其客户资源广、流程办理简便的优势，银行则可以发挥其资金成本低的优势。

三、股票质押式回购交易业务发展现状

股票质押式回购交易业务推出以来，发展迅猛。本部分将以沪深两市2013年第4季度到2015年第3季度的季度统计数据为基础来描述股票质押式回购业务的发展现状，并进行相关分析。

（一）总量发展情况

1. 总体情况。股票质押式回购交易业务自推出以来，无论是从累计交易额还是待购回交易额来看，都呈大幅上涨态势。图2和图3显示了2013年第4季度以来沪深两市股票质押式回购的总量发展现状。

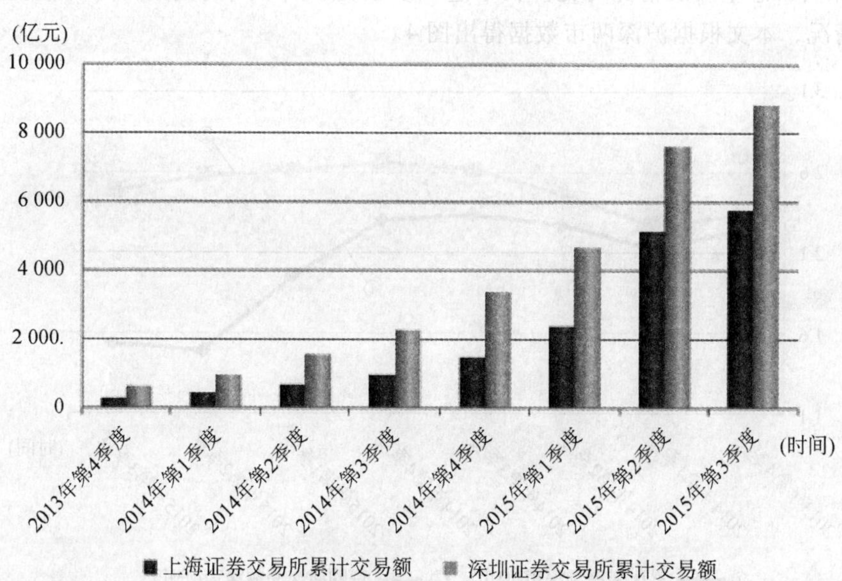

图2 沪深两市股票质押式回购业务累计交易额数据

从图2和图3可以看出：

（1）股票质押式回购业务推出以来，市场总量规模持续增长，截至2015年第3季度末，两市累计交易额达到14 584.51亿元，待购回交易额为5 962.57亿元。

（2）深市总量一直高于沪市总量，在2015年第三季度末的累计交易额中，深市有8 821.70亿元，沪市有5 762.81亿元；在待购回交易额中，深市有4 250.00亿元，沪市有1 712.57亿元。

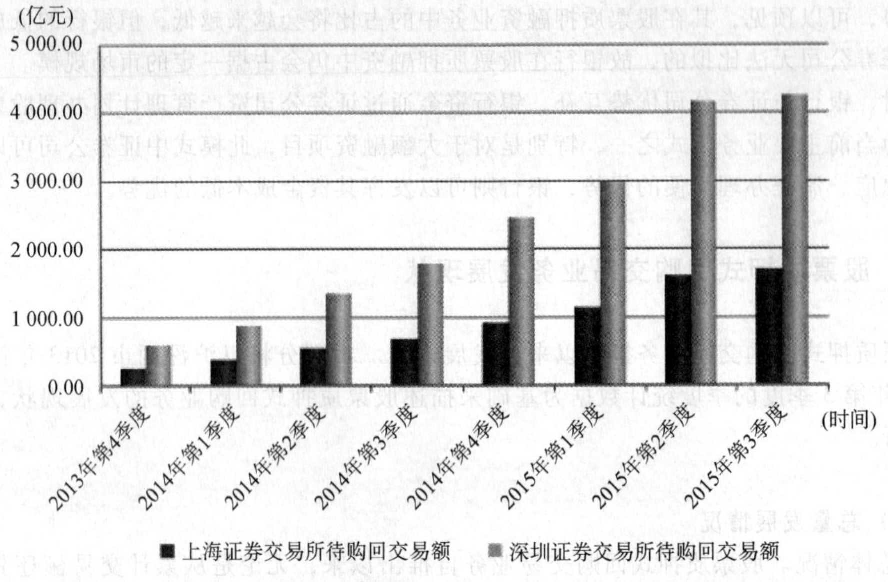

图 3 沪深两市股票质押式回购业务待购回交易额数据

2. 沪深两市总量发展情况对比。为了进一步研究沪深两市股票质押式回购业务总量发展的不同情况，本文根据沪深两市数据得出图 4。

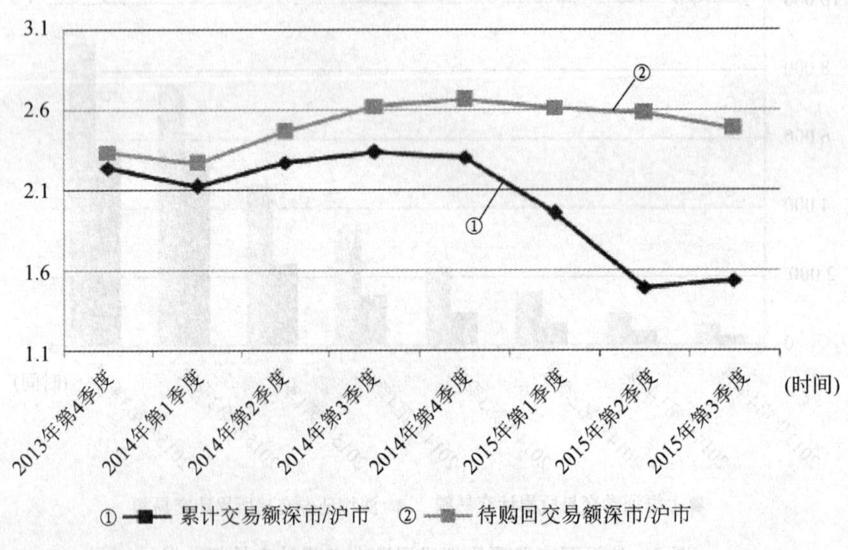

图 4 沪深两市股票质押式回购业务总量数据对比

图 4 中线①数据是深市每个季度累计交易额除以沪市对应季度数据的比值，线②数据则是根据待购回交易额得出。从对比图中可以看出沪深两市股票质押式回购业务总量分布呈现以下特点：

（1）无论从累计交易额还是待购回交易额来看，深市都远远高于沪市。截至 2015 年第 3 季度末，深市累计交易额在两市中占比 60. 49%，是沪市的 1. 53 倍，待购回交易额在两市中占比 71. 28%，是沪市的 2. 48 倍。

（2）进入2015年以来，两市累计交易额差距在不断缩小。这表明沪市的业务规模正在赶超深市，加快上涨。截至2015年第3季度末，沪市的累计交易额是年初的3.92倍，而深市对应数据为2.61倍，两市比值也从2015年初的2.24降至第3季度的1.53。

（3）从待购回交易额来看，两市比值变化不大，深市的待购回交易额在两市总量中一直保持70%左右的占比，两市的比值也维持在2.5上下。

3. 原因。对于股票质押式回购业务，深市总量数据远远高于沪市的总量现状，本文认为主要有以下原因：

（1）深市中小板和创业板多数为民营企业，股东融资需求旺盛，同时证券公司以其较高于银行、信托的风险容忍水平，接受了大量中小板和创业板股东的股票质押融资。

（2）深市中小板和创业板股东多为民营企业或个人，资质条件限制了他们在银行、信托以及公开债券市场的融资能力，而证券公司股票质押式回购的一系列便利性成为他们积极选择该业务的原因之一，从而导致深市发展速度快于沪市。

（3）沪市企业多为大中型企业，股东本身融资渠道较深市企业广。

（4）沪市相当一部分企业为国有企业，国有企业的股票质押不仅受总持股50%指标的控制，同时需要取得相关国资委批文，审批流程的繁琐也限制了他们选择股票质押式回购作为融资方式。

（5）沪市的托管制度限制了很多沪市企业开展股票质押式回购。深市中单个股东的股票可以分别托管在多家证券公司，而沪市只能托管在一家，办理股票质押式回购的前提之一便是将股票托管在对应证券公司，不同的托管制度给予深市企业股东更加灵活的选择，而沪市则受到很大限制。虽然有些沪市企业股东可以通过成立持股主体公司，先将所质押股份划至该主体公司再办理股票质押式回购，但操作和流程上的繁琐导致他们宁愿选择一家证券公司办理股票质押或者选择场外的股票质押融资方式。

另外，对于在沪市累计交易额不断赶超深市而两市待购回交易额的结构变化不大的原因，本文认为极有可能是沪市合约的加权期限短于深市，对于合约的加权期限则需要更详细的数据加以测算。

（二）沪深两市各大板块占比情况

本部分将在总量数据基础上进一步以板块为基础对沪深两市股票质押式回购交易业务数据进行分析。虽然深市同时公布了其基金和债券的累计交易额，但额度均相当小。截至2015年第3季度末，基金的累计交易额为22.1亿元，在沪深两市的累计交易额中占比为0.15%；债券的累计交易额为6 400万元，在两市累计交易额中占比0.004%，故在本文的分析中均忽略不计。本文分析集中于两市股票质押式回购的累计交易额数据（见图5）。

图5显示了沪市主板、深市主板、中小板和创业板从2013年第4季度到2015年第3季度每个季度的股票质押式回购交易业务累计交易额市场占比情况。可以看出，股票质押式回购呈现出以下特点：

1. 在业务开展初期，深市中小板股东是最主要的融资主体，在2013年第四季度末该板块市场占比数据达到35.58%。

2. 进入2015年以来，沪市主板的累计交易额在逐步上涨，目前成为占比最高的板块。截至2015年第3季度末，其占比从2013年末的30.90%增至39.52%，同时，深市主板、

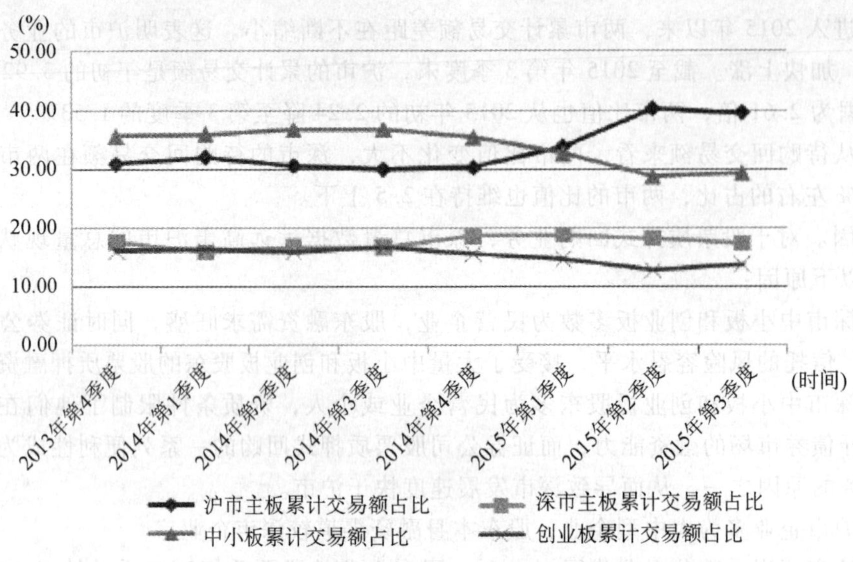

图5 各板块股票质押式回购业务累计交易额占比

中小板和创业板的占比分别为17.36%、29.23%和13.74%。

2015年以来，沪市主板虽已成为累计交易额最高的板块，但需要注意的是沪市只有一个板块，而中小企业集中、融资需求活跃的深市仍是股票质押式回购业务的主要集中地，这一点可以从总量发展情况的分析中看出。为进一步研究各板块的发展现状，本文以各板块的市值为衡量标准，考察了累计交易额的占比情况（见表1）。

表1 各板块累计交易额与市值占比数据表

板块	累计交易额/总市值（%）	累计交易额/流通股市值（%）
沪市主板	4.20	5.01
深市主板	6.55	8.01
中小板	5.79	9.39
创业板	6.62	9.40

注：相关市值数据来自Wind资讯。

表1各板块市值作如下处理：（1）根据中登公司公布的单一股票质押比例数据，剔除了质押比例低于5%的所有个股市值，因为这些股票的质押比例太低，主要大股东参与股票质押业务的程度不高；（2）剔除了所有ST类和S类股票的个股市值，因为证券公司基本不接受这类股票作为股票质押式回购的标的证券。

从表1可以看出，无论是以流通股市值还是以总市值作为衡量标准，中小板和创业板企业股东是股票质押式回购业务的最活跃融资主体，但是需要注意的是目前出现了很多大股东将全部股票质押的情况，在深圳证券交易所公布的各板块前20名的待购回名单中，有很多标的证券的质押率达到了40%以上，若算上场外质押，整体质押率可能更高。标的证券质押比例过高对于整个市场的风险控制极其不利，如果某一家融资主体出现无法偿还债务的情况，极易引发连锁反应，导致其所有质押合约相继违约，而且在极端行情下，甚至有可能引发整个市场的系统性风险。

（三）不同股份性质的质押占比情况

本文试图从流通股和限售股的角度来分析沪深两市质押占比情况，但由于沪市公布数据是以待购回交易额为口径，而深市数据是以累计交易额为口径，从而无法单独以某一个数据为口径进行两市整体分析。故本文对于股份性质分布的分析以沪深两市各自公布的数据口径为准（见图6）。

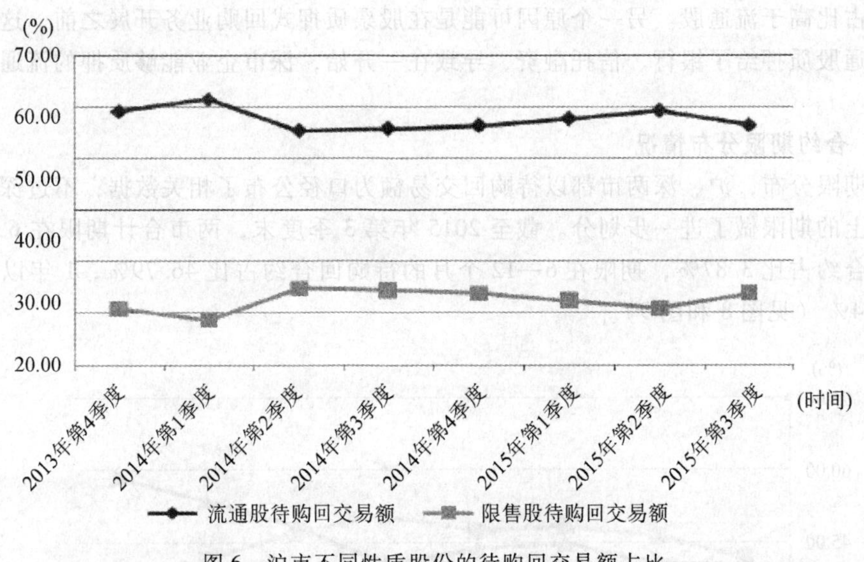

图6 沪市不同性质股份的待购回交易额占比

从图6可以看出，在待购回交易合约中，沪市流通股的占比一直远高于限售股的占比。2014年第2季度以来，流通股的待购回合约占比保持在限售股待购回合约占比的2倍左右。

从图7可以看出，深市流通股的累计交易额占比在不断上升。截至2015年第3季度末，流通股累计交易额占比是限售股的1.56倍。

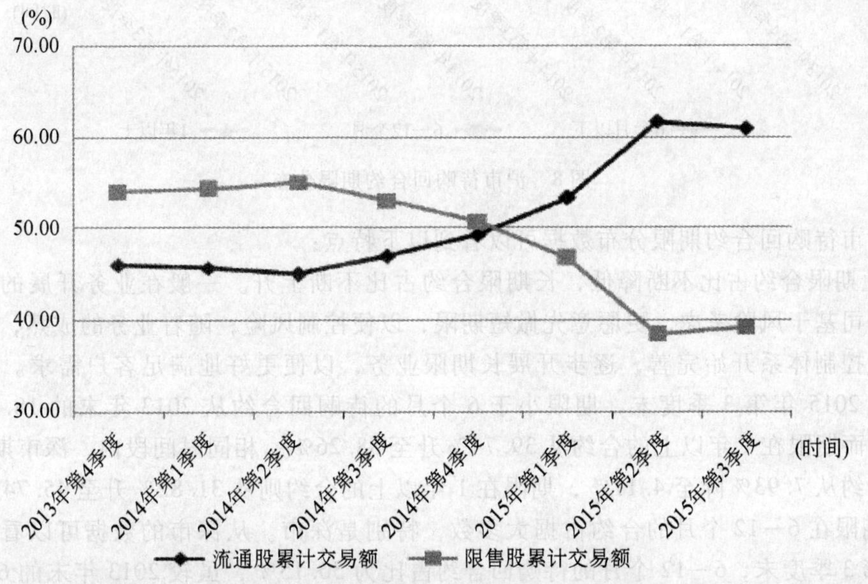

图7 深市不同性质股份的累计交易额占比图

但在 2015 年以前，深市限售股的累计交易额占比高于流通股，对于其中原因，需要更多的数据作分析。一个可能的原因是，由于深市融资的多数标的证券是中小板和创业板，特别是大部分创业板企业上市时间距 2013 年在 3 年左右或者不足 3 年，而且上市之后，多数有定增或者资产重组，导致其限售股数量多于流通股数量，而这些板块的企业普遍具有较强的融资需求，股票质押式回购的早期客户也是以这些板块的股东为主，从而导致一开始限售股的质押占比高于流通股。另一个原因可能是在股票质押式回购业务开展之前，这些企业已把多数流通股质押给了银行、信托融资，导致在一开始，深市企业能够质押的流通股较少。

（四）合约期限分布情况

对于期限分布，沪、深两市都以待购回交易额为口径公布了相关数据，不过深市的数据将两年以上的期限做了进一步划分。截至 2015 年第 3 季度末，两市合计期限在 6 个月以内的待购回合约占比 3.87%，期限在 6—12 个月的待购回合约占比 46.79%，1 年以上的合约占比 49.34%（见图 8 和图 9）。

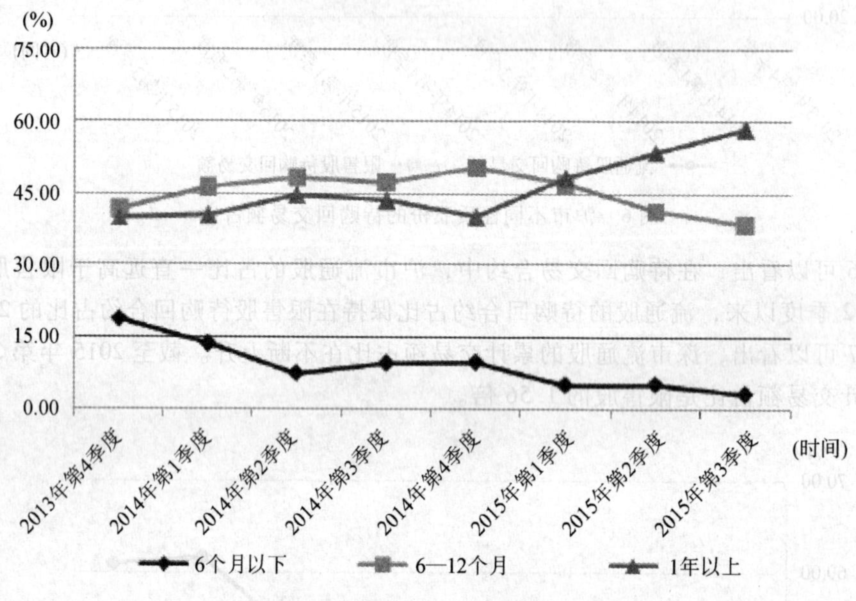

图 8 沪市待购回合约期限分布

从两市待购回合约期限分布数据可以看到以下特点：

1. 短期限合约占比不断降低，长期限合约占比不断上升。一般在业务开展的初期，各家证券公司基于风险考虑，更愿意先做短期限，以便控制风险；随着业务的成熟，各家证券公司风险控制体系开始完善，逐步开展长期限业务，以便更好地满足客户需求。从沪市来看，截至 2015 年第 3 季度末，期限小于 6 个月的待购回合约从 2013 年末的 18.73% 降至 3.29%，而期限在 1 年以上的合约从 39.74% 升至 58.26%。相同时间段内，深市期限小于 6 个月的合约从 7.93% 降至 4.11%，期限在 1 年以上的合约则从 31.82% 升至 45.74%。

2. 期限在 6—12 个月的合约占据大多数，特别是深市。从深市的数据可以看到，截至 2015 年第 3 季度末，6—12 个月的待购回合约占比为 50.15%，虽较 2013 年末的 60.25% 有所下降，但仍占据存量合约的一半。沪市 6—12 个月的待购回合约在 2015 年第 3 季度末占

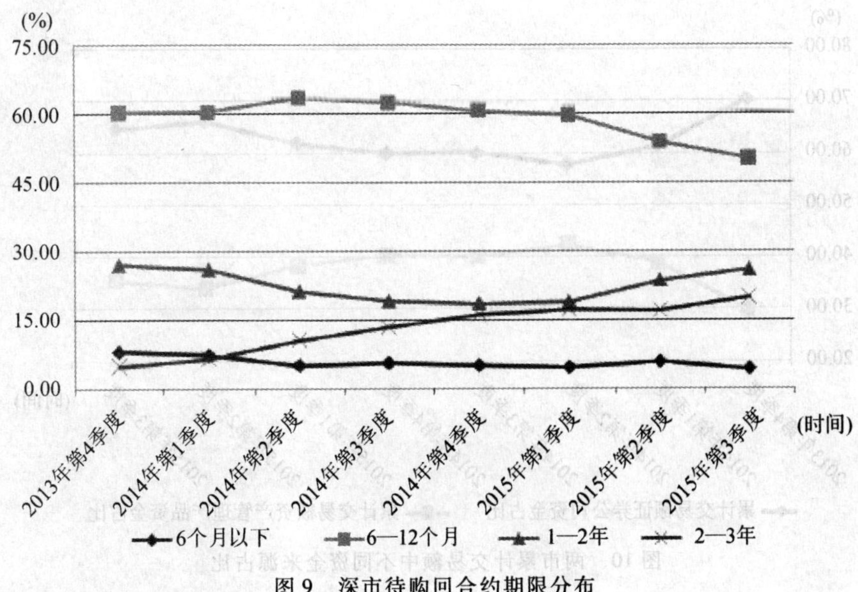

图 9 深市待购回合约期限分布

比 38.44%，2013 年末的占比为 41.53%，稍有下降。

3. 沪市长期限合约占比较深市高。截至 2015 年第 3 季度末，沪市 1 年以上合约占比为 58.26%，而深市占比为 45.74%。两市标的证券和融资主体的资质不同，极有可能是导致沪市 1 年以上合约占比较深市高的主要原因。整体来说，沪市上市企业的规模、资质和融资主体实力均好于深市，深市的融资主体以中小板和创业板股东为主，证券公司基于风险控制考虑，更愿意给予沪市融资主体长期限合约，对于深市的长期限合约则较为谨慎。

4. 虽然不同合约期限的占比有增有减，但无论是深市还是沪市，其总体规模都在不断上涨。以 2015 年第 3 季度末和 2013 年末的数据来看，两市待购回交易合约总体规模上涨 6.99 倍，从期限分布来看，沪市期限小于 6 个月的待购回合约规模上涨了 17.69%，期限在 6—12 个月的合约规模上涨 5.19 倍，1 年以上合约规模上涨 8.81 倍。深市期限小于 6 个月合约规模上涨 2.69 倍，期限在 6—12 个月的合约规模上涨 4.93 倍，期限在 1 年以上的合约规模上涨 9.24 倍。1 年以上合约的迅猛增长，显示了各家证券公司业务体系和风控体系的成熟，逐渐在风险可控范围内开展期限更长的业务。

（五）不同资金来源的占比情况

以沪深两市累计交易额口径数据来看资金来源，股票质押式回购开展至今的累计交易额中，证券公司资金是主要的出资主体，截至 2015 年第 3 季度末，两市的累计交易额中证券公司资金出资占比 64.56%，资产管理产品出资占比 35.44%（见图 10）。

另外，沪市同时公布了待购回合约的出资结构，为了更好地对比，图 11 和图 12 列示了沪市两个口径数据的出资占比。

截至 2015 年第 3 季度末，沪市累计交易额中，证券公司资金出资占比 65.03%，资产管理产品出资占比 34.60%；待购回交易额中，证券公司资金出资占比 34.03%，资产管理产品出资占比 65.97%。二者呈现出截然相反的结果。

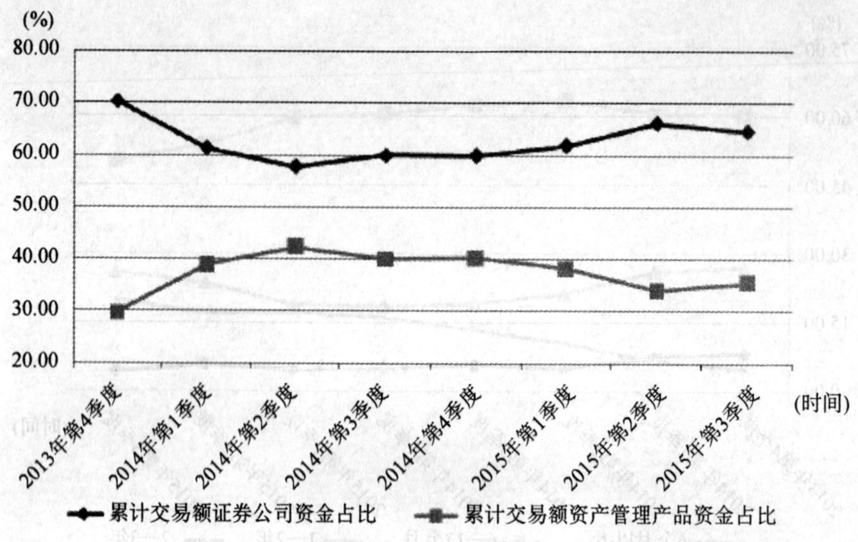

图 10 两市累计交易额中不同资金来源占比

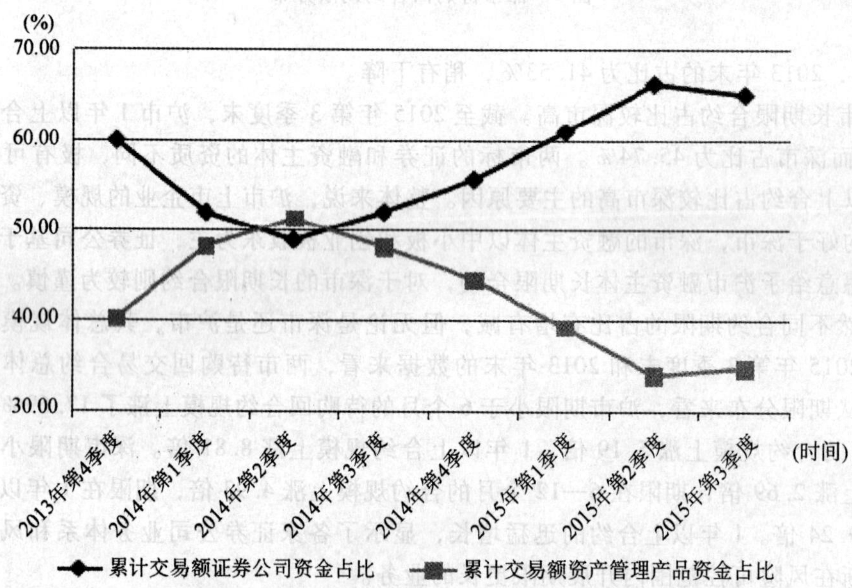

图 11 沪市累计交易额中不同资金来源占比

对于两个口径统计数据呈现出的相反结果，需要更加详细的数据来加以分析。可能的原因是在股票质押式回购业务开展初期，证券公司更多的是使用自有资金，随着业务的快速发展，各家证券公司在自有资金不足的时候，逐渐通过资产管理产品补充资金。由于前期主要以自有资金出资，后期资产管理产品资金才逐渐进入，且整个业务的开展也只有两年多，导致从累计交易额来看，证券公司自有资金出资占比较高。但随着前期自有资金出资合约到期，资金退出，且后期资产管理产品资金出资额不断扩大，合约到期较晚，导致在待购回合约中资产管理产品的出资额占比较大。从沪市的这个变化可以预测，未来资产管理产品的资金占比仍会不断提升。

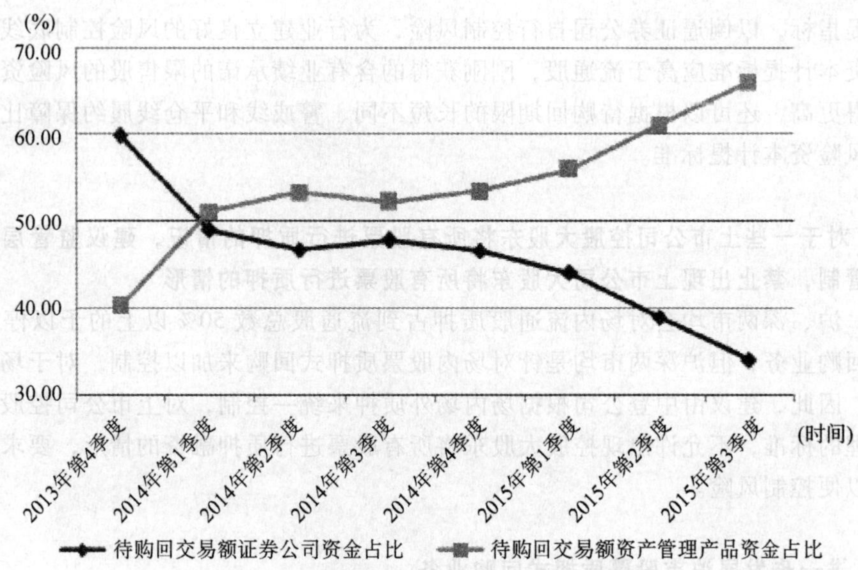

图 12 沪市待购回交易额中不同资金来源占比

从以上数据分析可以看出，从 2013 年第 4 季度到 2015 年第 3 季度，股票质押式回购业务的发展现状呈现出以下特点：

1. 业务发展非常快，成交金额稳步增长，深市的成交总量占比较大，沪市逐步赶超。

2. 中小板、创业板上市企业融资需求旺盛，一些控股大股东甚至将股份全部质押。

3. 目前流通股的质押比例远高于限售股的质押比例。

4. 6—12 个月合约是主要合约类型，同时，1 年以上的长期限合约占比不断上升。

5. 在业务开展初期，证券公司更多的是通过自有资金出资，随着总量规模的增长，证券公司通过资产管理产品出资的合约越来越多。截至 2015 年第 3 季度，资产管理产品的累计出资额是 2013 年第 4 季度的 18.93 倍。

四、政策建议

在以上数据分析的基础上，综合目前业务发展过程中的一些特点，本文对股票质押式回购业务的长远发展提出以下政策建议。

（一）当前股票质押式回购业务发展快速，总量规模不断扩大，各大证券公司更需要在发展业务的同时完善风险控制体系，防止风险事件的爆发

当前没有发生重大风险，并不意味着未来不会发生风险，在开展业务的同时进一步优化证券公司的审核机制，把控风险尤为重要。

优化证券公司的风险审核机制，除了各证券公司自身的努力之外，还应从监管层角度制定一些行业的风险底线，防止各家证券公司无序竞争同样非常重要。当前，股票质押式回购融资要素中的折扣率、警戒线、平仓线等风险控制指标均是由各家证券公司自行设置的，难免出现一些超越常规风险控制水准的合约。建议监管层针对以上融资要素，有区别地设置风

险资本计提指标，以倒逼证券公司自行控制风险，为行业建立良好的风险控制底线。如限售股的风险资本计提标准应高于流通股，刚刚获得的含有业绩承诺的限售股的风险资本计提标准应设置得更高，还可以根据待购回期限的长短不同、警戒线和平仓线履约保障比的不同设置不同的风险资本计提标准。

（二）对于一些上市公司控股大股东将所有股票进行质押的情况，建议监管层制定相关措施加以管制，禁止出现上市公司大股东将所有股票进行质押的情形

目前，沪、深两市均会对场内流通股质押占到流通股总数 50% 以上的予以停止办理股票质押式回购业务，但沪深两市均是针对场内股票质押式回购来加以控制，对于场外交易则无能为力，因此，建议由中登公司根据场内场外质押来统一控制，对上市公司控股大股东设定一个合理的标准，不允许出现控股大股东将所有股票进行质押融资的情形，要求预留一部分股份，以便控制风险。

（三）进一步发展沪市股票质押式回购业务

要发展沪市的股票质押式回购业务，首先，上海证券交易所应改善自身的股票托管制度，给予沪市股东更多的选择，使他们能在所有具备股票质押式回购业务资格的证券公司中选择合适的融出方。

其次，建议相关的不同监管部门做好进一步的沟通，优化监管措施。比如对于国有股本的质押，质押不同比例的股份设置不同层级的国资审批机构，减少审批环节，以扩大国有企业的融资渠道。

（四）证券公司需要进一步优化股票质押式回购业务的资金来源

证券公司应逐步提高非自有资金的出资比例，以解决在未来业务扩大过程中自有资金不足的问题。

同时需要注意的是，目前资产管理产品出资占比在不断提高，有很多证券公司通过发行期限错配的集合资产管理产品募集资金。它虽然很好地解决了券商自有资金不足的问题，但同时需要注意把控好利率风险。因为已经签订的合约利率大部分是固定的，而发行的资产管理产品利率则是变化的，在当前的利率下行通道下尚无相关风险，如果在未来某个时候利率进入上行通道，则合约的收益空间会不断收窄，甚至出现利率倒挂，进而亏损。这就需要各家证券公司在签订合约的时候对利率未来的变化有一个大致判断，或者在合同中明确更改利率的条件。

参考文献

[1] 深圳证券交易所，中国证券登记结算有限责任公司：《股票质押式回购交易及登记结算业务办法（试行）》[R]，2013 年 5 月 24 日。

[2] 上海证券交易所，中国证券登记结算有限责任公司：《股票质押式回购交易及登记结算业务办法（试行）》[R]，2013 年 5 月 24 日。

[3] 上海证券交易所：《股票质押式回购交易业务周报》[R]，2014 年第 1 期至 2014

年第52期，2015年第1期至2015年第21期。

[4] 上海证券交易所：《股票质押式回购交易业务月报》[R]，2015年6月到2015年9月。

[5] 深圳证券交易所：《深市股票质押式回购交易业务动态》[R]，第26期到第78期。

[6] 张欣然："券商股权质押业务规模远超银行信托"[OL]，http://epaper.stcn.com/paper/zqsb/html/epaper/index/content_631228.htm，证券时报网，2014年。

[7] 高伟生，许培源："证券公司股票质押式回购业务的现状、问题及对策"[J]，《证券市场导报》，2014（7）：48—52。

[8] 杨雅洁："股票质押式回购业务现状、风险及建议"[J]，《中国证券》，2015（5）：41—46。

海外融资融券业务保证金比例及维持担保比例管理

中国证券业协会融资融券专业委员会专题研究小组*

一、美国融资融券业务保证金比例及维持担保比例管理

美国融资融券业务依靠初始保证金比例与维持保证金比例对融资融券杠杆进行调节。

（一）初始保证金比例

初始保证金比例指客户融资融券时，自有的出资占融资融券交易市值的比例。美国联邦储备委员会于 1934 年制定 T 规则②，对融资融券的初始保证金比例提出了要求。1934—1974 年，美联储共调整初始保证金比例 22 次，大部分调整的区间在 50%—75%之间，并且属于逆周期调节性质，但实际效果并不显著。因此，从 1974 年起，美联储决定将初始保证金比例固定在 50%，不再对其进行调整，从而放弃了使用初始保证金比例手段调控股市的做法。根据美国金融业监管局（FINRA）对于保证金的规定，客户从事保证金交易，需要在账户中以下要求金额取孰大作为保证金：T 规则对于保证金的要求、FINRA 对维持保障金的要求、FINRA 不定期对于特定证券的保证金要求、2 000 美元。

其中，T 规则对于保证金的要求如下：

1. 对于权益类保证金证券（Margin Equity Security），除豁免证券、货币市场共同基金、证券指数权证、外币、期权的多头持仓外，市场价值的 50% 与交易市场当地监管要求取孰

* 研究小组成员：海通证券：杜洪波，徐琦；东北证券：杜长春，赵旭；中信证券：武国利，庞博，胡颖；广发证券：田宇，郑路，闫伟，刘欣，李雨珊；华融证券：赵竞萌，赵莎莎，刘迪；中信建投证券：杨帆，蔡笑，操俊，蒋庆欣，李涵宇。

② 美国联邦储备委员会根据《1934 年证券交易法》的授权，专门制定了规制证券信用的四个规则，其中 T 规则适用于证券商，规定证券商对顾客信用交易的贷款不得超过供抵押证券的最大贷款价值。

高者。

2. 豁免证券、非权益类证券、货币市场共同基金或豁免证券共同基金：债权人要求的保证金与交易市场当地监管要求取孰高者。

3. 卖空非豁免的或权益类证券：证券市场价值的150%或证券市场价值的100%，如果该证券是可交易的，或可在90个自然日内无任何限制地转变为客户账户内的持仓证券。

4. 卖空豁免的或非权益类证券：证券市场价值的100%加债权人要求的保证金。

5. 非保证金且非豁免的权益类证券：证券市场价值的100%。

参与保证金交易的会员应遵守T法案要求和FINRA法案要求的孰大值。若在T规则中规定某些证券的保证金比例由债权人规定为准或没有具体规定，则必须满足FINRA的规定。

（二）维持保证金比例

维持保证金比例，指客户信用账户内保证金（总资产减去负债）占总资产的最低比例，若低于该比例，客户需要补充保证金。

1. 对于维持保证金比例，T规则未作规定，目前由交易所和证券公司自行确定。纽交所对于融资买入的股票规定的维持保证金比例为25%，各成员单位一般都将维持保证金比例提至30%及以上，成员单位可以根据不同证券的风险制定高于25%的个性化保证金比例。纽交所对融资融券业务的维持保证金比例规定如下：

（1）对于除期货合约之外的融资买入的证券，维持保证金比例为市值的25%；

（2）对于每股价格小于5美元的融券卖出的股票，维持保证金比例为市值的100%或者每股2.50美元两者中的最高者；

（3）对于每股价格大于等于5美元的融券卖出的股票，维持保证金比例为市值的30%或者每股5美元两者中的最高者；

（4）对于融券卖出的债券，维持保证金比例为面值的5%或者市值的30%两者中的最高者；

（5）对于融资融券的期货合约，维持保证金比例为市值的20%。

2. 各成员单位也可以在此基础上提高维持保证金比例，纽交所规定成员单位需要制定以下维持保证金管理流程：

（1）定期检查各类客户信用的类别和分类条件；

（2）制定各自特有的维持保证金比例规定；

（3）定期检查设置高于交易所规定的保证金要求、市值计价及担保品管理的必要性。

3. 对于客户的所有账户中的保证金，除了现金账户外，必须满足：

（1）除期货持仓外账户中所有多头证券市值的25%；

（2）对账户中卖出价格低于每股5美元的空头股票持仓，按每股2.5美元与股票市值的100%取孰大值计算；

（3）对账户中卖出价格等于或高于每股5美元的空头股票持仓，按每股5美元与股票市值的30%取孰大值计算；

（4）对账户中空头债券持仓，按本金额的5%与债券市值的30%取孰大值计算；

（5）对于账户中的多头与空头的证券期货合约，最低维持保证金为合约市场价值的20%。

（三）维持保证金比例的特殊情况规定

1. 融资和融券头寸的对冲。当融资买入的证券在一定合理时间内可转化为客户持有的融券卖出的证券，那维持保证金比例可以为融资买入的证券市值的 10%。当同样的证券既融资买入也融券卖出，客户的维持保证金比例可以为融资买入的证券的市值的 5%，同时融券的头寸需要按市值计价。

2. 豁免证券。豁免证券定义详见美国 1934 年《证券交易法》（the Securities Exchange Act of 1934），简单理解为公共债券。美国的债务及高评级的外国主权债券根据到期不同维持保证金比例不同：

（1）距离到期不到一年，为市值的 1%；

（2）1 年及以上 3 年以下到期，为市值的 2%；

（3）3 年及以上 5 年以下到期，为市值的 3%；

（4）5 年及以上 10 年以下到期，为市值的 4%；

（5）10 年及以上 20 年以下到期，为市值的 5%；

（6）20 年及以上到期，为市值的 6%。

特别对于 5 年及以上的零息债券，其维持保证金比例不能低于面值的 3%。

对于其余的豁免证券，维持保证金比例为市值的 7%。

3. 非权益类证券。

（1）投资级债券维持保证金比例为市值的 10%；

（2）其他债券维持保证金比例为市值的 20% 或者面值 7% 两者中的最高者。

4. 集中度的维持保证金比例。当证券达到一定的集中度，维持保证金比例会进行调整，两者的关系具体见表 1。

表 10　　集中度与维持保证金比例　　（单位：%）

占流通的股票数的比重	占前 3 个月平均周成交量的比重	保证金要求
(0, 10]	(0, 100]	25
(10, 15)	(100, 200)	30
[15, 20)	[200, 300)	45
[20, 25)	[300, 400)	60
[25, 30)	[400, 500)	75
[30, 100)	[500, +∞)	100

5. 美国信用账户杠杆率的粗略估计。美国金融业监管局规定证券公司需提供其信用账户中所有借方余额以及可自由支取的贷方余额及现金账户中的可自由支取的贷方余额。

美国金融业监管局综合制定出 2014 年证券市场信用账户情况见表 2。

根据表 2，假设美国证券业平均的维持保证金比例为 30%、40%、50%，那么 2014 年 12 月，美国证券业平均的维持担保比例粗略计算为 179%、203%、237%；信用账户的杠杆率（总资产/净资产）为 226%、197%、173%。

表 2 美国证券市场信用账户情况 （单位：百万美元）

时间	客户保证金账户余额	客户现金账户中自由额度	客户保证金账户中自由信用额度
2014 年 1 月	487 549	151 878	195 863
2014 年 2 月	502 093	154 049	190 312
2014 年 3 月	487 932	156 083	194 461
2014 年 4 月	475 195	149 801	194 679
2014 年 5 月	475 362	150 474	188 551
2014 年 6 月	502 270	160 293	184 723
2014 年 7 月	498 671	155 931	177 981
2014 年 8 月	501 000	155 245	180 820
2014 年 9 月	503 901	161 621	183 243
2014 年 10 月	492 888	158 624	185 193
2014 年 11 月	496 341	158 420	184 227
2014 年 12 月	495 756	169 295	181 223

（四）保证金追加

1. 追加条件。当客户在保证金账户的权益低于债权人对客户的保证金要求时，债权人可向客户发出追加保证金通知，要求客户存入更多现金或证券，以弥补保证金不足。

（1）客户在保证金账户中的权益是指，客户账户中持有的所有持仓的市场价值之和加上任何在保证金账户中的现金资产减去保证金账户的负债。

（2）客户在保证金账户中的负债是指：扣除转入特殊备忘账户的金额后，客户保证金账户中属于债权人的现金金额。

2. 时间限制。当出现保证金不足时，追加保证金要求需要在一个付款期限内补足。这里一个付款期限为美国标准证券结算周期加两个工作日。

（五）保证金提取

现金或证券可从一个账户取出，除非：账户被要求追加保证金，或客户被要求在账户中存入更多的现金或证券；客户取出现金或证券会引起当日账户保证金不足。

超额保证金可以被取出或被转入特殊备忘账户，若被转入特殊备忘账户，需在保证金账户中记录转出，并在特殊备忘账户中计入转入。

在债权人没有收到应付到保证金账户的现金或证券时，客户不能当日从账户中提取保证金。

二、日本融资融券业务保证金比例及维持担保比例管理

（一）初始保证金比例

1. 监管要求。日本融资融券交易的初始保证金比例由财务省、交易所、证券公司三个层面共同监管，当前对于标准信用交易，融资和融券交易的初始保证金比例均为 30%，借贷期限均为 6 个月。历史上，日本对本国的融资融券交易初始保证金比例进行过多次调整，

每次调整均为出于控制市场风险或调整市场交易活跃度等原因。1975—1988 年，日本初始交易保证金率在 30%—70% 的区间范围内调整了多达 47 次；从 1990 年开始，日本将初始保证金率调整并固定为 30%。

各监管机构的权限不尽相同，具体归纳如下：

日本财务省负责制定初始保证金比例的具体标准，但不得低于法律允许的 30% 这一最低标准。按照日本的法律规定，信用交易购入股票须缴纳 30% 的委托保证金比例，最低委托保证金不得少于 30 万日元，借贷期限为 6 个月。

出于调控市场的目的，证券交易所可以在日本财务省制定的标准范围之内，根据市场情况调整全部或个别股票保证金比例，并报经财务省核准后发布实施。

除监管机构外，各证券公司也有一定的调整空间，即可在财务省及证券交易所确定比例之上，自行调整保证金比例。

2. 计算公式。日本信用交易初始保证金比例的计算公式为：

融资（融券）初始保证金比例 = 保证金 ÷ 融资买入（融券卖出）证券金额 ×100%

3. 证券公司调整。如上所述，除了 30% 这一初始保证金比例监管下限不可突破外，证券公司可进行适度的自行调整。

以日本 SBI 证券为例，该证券公司就把信用客户的初始保证金比例下限调整为 33%，略严格于监管的要求。SBI 证券这一调整是基于控制业务风险的目的。而日本东洋证券、Monex 证券等则保持了跟监管要求一致的 30% 这一保证金比例要求。

在设置保证金比例这一环节，日本证券公司较有特点的是：在满足监管和公司内部风险控制要求的前提下，日本证券公司会给所有的信用客户设置统一的保证金比例，没有明显的差异化设置。

（二）维持保证金比例

1. 监管要求。在控制信用账户风险方面，日本采用的是维持保证金比例。保证金是投资者提交的现金或经过折算的担保品证券价值，在不考虑交易费用的情况下，保证金净额与客户融资买入或融券卖出总额的比例即为保证金比例。

日本所采用的维持保证金比例与我国所采用的维持担保比例在本质上是一致的。这两项比例都是证券公司在对客户的信用交易进行盯市时所采用的重要比例，均是证券公司识别、控制投资者信用证券账户风险的工具。

2. 计算公式。日本信用交易维持保证金比例计算公式为：

维持保证金比例 = 现金及可充抵保证金证券折算后保证金总和（扣除亏损及费用）÷（融资买入证券金额 + 融券卖出证券当前的市值）×100%

3. 维持保证金比例控制。投资者信用账户的最低维持保证金比例由证券交易所规定，证券公司可在此范围内自行调整，目前一般为 20%。当投资者信用账户中现金、证券换算后净值降到 20% 以下时，必须在 3 个交易日内补足保证金。如果客户未能及时进行补仓，则根据日本《信用交易账户开立合同》（Agreement for Setting up Margin Trading Account）第 10 条规定：客户未依所定时限履行因信用交易对证券公司所负债务时，证券公司可不经通知催告，就客户存入供作担保的有价证券，以任何方法、时间、场所、价格为任意处分，以充抵债务。

（三）特殊设置

日本证券公司对于客户的保证金比例普遍会按照统一的标准进行设置，如 SBI 证券对所有客户的初始保证金比例均设置为 33%，该标准比日本监管机构所规定的最低标准高出 3 个百分点，这主要是基于风险控制的考虑。

除此之外，有些证券公司会根据客户的委托方式不同，确定不同的初始保证金比例或维持保证金比例。以日本内藤证券公司为例，其初始保证金率与维持保证金率按投资者交易方式分别设置（见表 3）。

表 3 内藤证券初始与维持保证金比例分类设置情况

初始保证金率（%）	柜台交易	30
	电话交易、网上交易	40
维持保证金率（%）	柜台交易	20
	电话交易、网上交易	30

当网上交易客户的维持保证金率低于 30% 时，从该情况发生日后的第一个营业日起，2 个营业日内投资者必须追缴保证金，使维持保证金率恢复至 30%。发生日后第一个营业日起 2 个营业日内未能使维持保证金率恢复到 30% 的（按收盘价计算），内藤证券可任意处置投资者融资买入的证券。账户内现金和现金保证金不足以抵偿损失的，可任意处置可充抵保证金的证券，以抵偿损失。

同样采用这种差异化设置的还有 Monex 证券。Monex 证券对于网络客户（即从申请、开户、提交担保品、交易等均通过网络实施，未经过面谈的客户），会适度提高其初始保证金比例和维持保证金比例。同内藤证券一样，Monex 证券这样设置的原因同样是出于风险管理的需要。

三、中国香港地区融资融券业务保证金比例及维持担保比例管理

（一）保证金比例的计算方式及监管要求

保证金比例是客户于融资融券交易中缴纳的保证金与买卖证券总市值的比率。我国香港地区融资融券市场中，融资保证金比例与卖空保证金比例不同。

对于融资业务，香港证监会未进行明确规范，而是由不同证券公司自主确定融资保证金比例。通常，保证金比例最大值 90%，最小值 10%，中位数约在 25%。

对于卖空业务，根据港交所规则《附表六　证券借贷规例》第（9）（a）条之要求，“当证券借入为作卖空目的，则借入人须在任何时候提供不得少于有关未平仓证券借入持仓的当时市值的 105% 的抵押品。”因此，融券交易需提供不得少于与借入市值 105% 的抵押品，即最少应提交股票市值 5% 的保证金。业务开展中，证券公司可在此基础上自主确定保证金比例。通常要求融券交易需提供不得少于与借入市值 125%—135% 的抵押品。

（二）保证金比例的监管机构及权限

在中国香港融资融券市场，港交所制定保证金比例的最低标准，证券公司在监管范围内

自己确定。如上文所述，目前港交所仅就卖空业务制定了保证金的最低比例，未对融资业务进行限制。

（三）维持担保比例的计算方式、平补仓机制及监管要求

对于融资业务，港交所未就融资业务的维持担保比例进行规定，香港证券公司一般采用孖展比率控制融资业务风险：

账户（户口）孖展比率 = 总贷款/可贷款股票总借贷限额

可贷款股票总借贷限额 = 可贷款股票市值 × 股票孖展比率

账户孖展比率是度量投资者是否需要增加担保品的标准，若担保品的价值下跌导致孖展比率过高时，证券中介机构要求投资者提供额外的担保品，若不能及时补仓，中介机构通常有权出售该账户内的股票。

不同证券公司在监管范围内自主确定各自孖展比率。一般而言，证券公司会确定开仓比例（100%）、追收保证金比例（100%—120%）及强制平仓比例（120%—130%）。当账户孖展比率等于或高于追收保证金孖展比率时，发出补仓通知，提醒投资者增加担保品，使账户孖展比率下降到开仓比例或以下；当账户孖展比率达到强制平仓比例时，证券公司可在无须通知客户情况下执行强制平仓。

对于卖空业务，香港证监会规定借入人须在任何时候提供不得少于有关未平仓证券借入持仓的当时市值的 105% 的抵押品。香港证券公司一般在此基础上设置维持担保比例进行风险控制。一般而言，证券公司会确定开仓比例（125%—135%）、追收保证金比例（115%—125%）及强制平仓比例（105%—115%）。

客户成功沽出证券后，须于交易当日将一定保证金存入证券账户，使得维持担保比例高于开仓比例。维持担保比例低于开仓维持担保比例时，公司向客户发出追补按金通知，客户须于限期内存入足够款项或购回相关股份，使维持担保比例提高至开仓比例之上。维持担保比例低于强平维持担保比例时，证券公司可在无须通知客户情况下执行强制平仓。

香港证券公司一般以录音电话、短信息及电子邮件方式就上述事项通知客户。值得一提的是，香港证券公司的平仓相对比较有弹性，并不是一到平仓线就强制平仓，而是有一定的操作空间和时间。另外，在中国香港，经纪人都是持牌经纪，持牌经纪人有一部分个人资产抵押在证券公司，若客户出现爆仓，经纪人要承担连带责任。

四、中国台湾地区融资融券业务保证金比例及维持担保比例管理

（一）相关风险控制规定

“证券商办理有价证券买卖融资融券管理办法”规定：证券商对客户的融资/融券的总金额，分别不得超过其净值的 250%；证券商对每种证券的融资总金额、融券总金额，分别不得超过其净值的 10% 和 5%。证券商由金融机构兼营者，前项规定之净值，改按指拨营运资金计算。

“有价证券信用交易之融资融券限额”规定：每一个客户最高融资额为新台币 3 000 万元，最高融券额为新台币 2 000 万元；上市单一个股融资限额为新台币 1 500 万元，融券限额为新台币 1 000 万元。

融资融券期限6个月，可以再展期6个月；上市股票的融资成数为60%，上柜股票的融资成数为50%，融券保证金为90%；最低维持担保率为120%；转融通的成数不得超过证券商对客户融资融券的成数。

“有价证券买卖融资融券业务净值相关额度控管作业要点”规定：每种融资融券交易的股票，其融资余额或融券余额达到该种股票或上柜股份的25%时，暂停融资买进或融券卖出；待其余额低于18%时，再行恢复。前项融券余额虽未达25%或低于18%，但如其余额已超过融资余额时，暂停融资买进或融券卖出；待其余额平衡后，恢复其融券交易。

我国台湾地区规定，由主管机关视市场情况，拟订和调整融资融券的最高融资比率和最低融券保证金成数；证券商可以在主管机关制定的最高融资比率之下、最低融券保证金成数之上，视客户信用状况及有价证券的风险程度，自行订立融资比率、融券保证金成数，或暂停该有价证券的融资融券交易。

（二）担保维持比例

1. 计算公式：

整户担保维持率 =（融资担保品证券市值 + 原融券担保品及保证金）/（原融资金额 + 融券标的证券市值）×100%

融资追缴 = 原融资金额 -（计算日每股收盘价 × 融资股数 × 融资成数）

融券追缴 =（计算日每股收盘价 × 融券股数 × 融券保证金成数 - 原融券保证金）+（计算日每股收盘价 × 融券股数 - 原融券卖出价款）

遇有除权除息的，提前6日做假除权计算：除权除息参考价 = 收盘价 - 现金股利 +（现金每股发行价格 × 现增认股率）/1 + 无偿配股率 + 现增认股率

2. 担保维持率管理。股市行情连续重挫崩跌致维持率下跌，呈报公司相关主管：

（1）维持率140%以下呈报营业台主管；

（2）维持率130%以下呈报分公司经理人；

（3）维持率120%以下呈报A层主管。

A、B、C、D分层主管，是台湾部分证券公司内部授权的分级，授权层级分为AAA（董事长、副董事长、总经理）、AA（副总经理）、A（功能型副总经理）、B（经理）、C（副经理）、D（课长）等，在各业务单位均有A层主管。本文所称“A层主管”，是证券公司的通路事业处（负责融资融券业务）依中国台湾地理范围进行分区管理，共设了7位区督导。因为区督导的授权都是A层级，所以在公司内部，都习惯称区督导为“A层主管”。

客户维持率未跌破120%时，可事先采取以下方法预防：

（1）针对控管的关系账户，请其提前做追缴。

（2）以道德劝说方式请其办理现金偿还或现券偿还。

（3）以劝导方式请其减少融资（券）余额。

经查证客户提供不实数据或不能如期提供本公司要求的征信数据者，可报请上级会商公司法务部门后，采取处理措施（紧急情况时，亦可采取预先电话通报、书面后补方式处理）。

维持担保率小于120%，追缴客户担保品至166%以上。

3. 担保品的追缴与处分。

（1）追缴担保品。由各分公司依规定程序办理。追缴作业程序如下：

客户担保维持率低于 120% 的，打印“差额追缴明细表”及“追缴通知书”，于当日下午（T 日）以限时挂号邮寄追缴通知书给客户。

客户应于通知送达之日起 2 个营业日（T+2 日）内，补缴融资自备款或融券保证金差额。

客户未补缴担保品，且 T+2 日客户担保维持率未达 120% 的，证券商自 T+3 日起处分担保品。

如果 T+2 日客户担保维持率达到 120% 以上，则证券商暂不处分，留存追缴记录；之后，一旦客户担保维持率低于 120%，且当日未补足差额的，证券商自次一日立即处分担保品。

客户担保维持率回升至 166% 以上者，或陆续补缴差额，合计达到所通知之补缴金额者，则取消其追缴记录。

（2）留置款。客户因处理部分担保品，导致其信用交易账户的整户担保维持率可能低于 120% 时，证券商得在确保其担保维持率不低于 120% 的必要范围内，将应付款券全部或一部分留作担保。部分证券商规定，当客户担保维持率低于 140% 时，应即留置客户卖出应付交割款项。

（3）处分担保品。对客户担保品的处分，由证券商的各分公司依规定程序通过公司总部办理，结算损益后若有损失，由分公司负责向客户追偿：新台币 50 万元以下者，由分公司知会法务部门发存证信函给客户，相关营业员及直属主管协同追索损失；新台币 50 万元以上者，由分公司知会法务部门发存证信函给客户并请律师协助追索损失；客户账户有其他股票的融资（券）余额，冲销交易时，交割款应用以充抵损失。

前述处分结果，除定期呈报 A 层主管外，应会知法务部门，并由稽核部门定期统计追踪。分公司经理人如针对个股或特定客户，有异于本公司有关管理办法规定以外的要求时，可以书面提出申请，并经 A 层主管同意。

海外融资融券业务风险控制

中国证券业协会融资融券专业委员会专题研究小组*

一、美国

在美国的分散化融资融授信模式下，在证券公司监管原则规定下从事融资融券业务，对客户准入、标的和担保资质、交易规模以及杠杆比率等指标有很大的自主性。这种模式下，对于融资融券交易风险的控制，美国主要是通过监管机关在立法、规则等方面提供强制性管理，而其他方面则由证券公司根据自身情况，依据市场经济原则来决定，并按照监管规定进行信息披露。

例如，美国证券公司按照证券监管规定和会计准则，按照透明统一的标准和方法计算和披露证券公司的风险指标（如 VaR，Value at Risk），对公司的资产进行压力测试等。在总体规模上，美国采用以净资本为核心的风险监管对证券公司（投资银行）进行风险控制，但在具体证券的集中度规定上，监管机构一般不作强制性约定，更主要是依赖于证券公司内部的风险管理。

（一）卖空限制

2007 年，美国次贷危机爆发，随即演变为席卷全球的金融危机。为避免卖空使下行的股市继续下滑，美国、加拿大、澳大利亚及欧洲国家纷纷采取了一系列临时措施，限制裸卖空和融券卖空，而融资交易并未受到限制。对融券卖空行为进行限制，并不代表融资融券交易未来的发展趋势，而是全球应对金融危机采取的临时性措施，但危机之后加强对卖空行为的规范是大势所趋。

---

* 研究小组成员：海通证券：杜洪波，徐琦；东北证券：杜长春，赵旭；中信证券：武国利，庞博，胡颖；广发证券：田宇，郑路，闫伟，刘欣，李雨珊；华融证券：赵竞萌，赵莎莎，刘迪；中信建投证券：杨帆，蔡笑，操俊，蒋庆欣，李涵宇。

在2007年之前，不少成熟市场对卖空只进行轻度监管。21世纪初，许多主要市场的卖空活动非常普遍和活跃，2007年美国纽约卖空交易成交总额占市场总成交额的比例为25%。但在2007年以后，由于美国次贷危机的恶化和市场波动性的加剧，为了降低裸卖空对市场造成的不良影响，美国证券交易委员会更新了对卖空交易的管制条例，并采取了紧急措施来打击和限制违法的裸卖空活动。

从2008年7月开始，次贷危机所引发的金融危机已经波及全球。为避免金融市场的进一步下滑，2008年9月18日美国推出了限制卖空的临时禁令，暂时禁止卖空799家金融公司的股票，22日又将卖空禁令的名单扩大至900多家公司，有效期至2009年1月22日。这些措施主要针对金融类证券或非金融类证券的“有担保卖空”交易和裸卖空交易，对这些卖空行为进行限制或调控，以防止卖空给疲弱的股市继续带来大跌。

（二）证券公司风险监控

在以净资本为核心的监管模式下，美国证券公司风险管理模式发生了重大的变革，风险管理已发展成为一个系统工程。概括来说，美国证券公司主要通过六个方面来管理风险：通过有效的制度约束管理风险；通过数值模型计量、评估、预警风险；通过做空的市场机制和各种金融衍生品对冲、转移、分散风险；通过从业人员的职业操守和诚信，实现自我约束；通过严密、有效、可操作的法律威慑，来保障公司的风险管理；通过业务多元化来分散风险。

在管理风险实务中，美国证券公司内部主要将风险分为市场风险、信用风险和操作风险，同时针对不同的风险特点，确定不同的实施方案和管理战略。

市场风险，是指因市场波动而使得投资者不能获得预期收益的风险，包括价格或利率、汇率因经济原因而产生的不利波动。除股票、利率、汇率和商品价格的波动带来的不利影响外，市场风险还包括融券成本风险、股息风险和关联风险。

信用风险，是指合同的一方不履行义务的可能性，包括贷款、掉期、期权及在结算过程中交易对手违约带来损失的风险。金融机构签订贷款协议、场外交易合同和授信时，将面临信用风险。通过风险管理控制以及要求对手保持足够的抵押品、支付保证金和在合同中规定净额结算条款等程序，可以最大限度降低信用风险。

操作风险，是指因交易或管理系统操作不当引致损失的风险，包括因公司内部失控而产生的风险。公司内部失控的表现包括超过风险限额而未经察觉，越权交易，交易或后台部门的欺诈（包括账簿和交易记录不完整、缺乏基本的内部会计控制），职员的不熟练以及不稳定并易于进入电脑系统等。

（三）盯市及平仓、补仓

美国证券公司对融资融券的风险管理也是采取逐日盯市，当维持担保比例降低到约定比例时，融资融券客户（或证券公司的交易对手）方需要及时补仓以便提高维持担保比例。证券公司与客户通过协议事先约定维持担保比例下线、补仓时限以及可接受的资产等，具体指标会根据对客户的风险评估而有不同。

（四）负债到期及违约处置

在负债期限上，美国证券公司一般不在协议里约定常规融资融券的合约到期期限，但会保留随时或者提前一段时间终止协议的权利，尽管证券公司很少使用这一权利。

当客户的实际维持保证金比例低于客户与交易商协议的维持保证金比例时，客户将收到来自证券交易商的保证金追缴通知。如果客户未能及时补足保证金，则证券公司可以将客户信用账户内的证券强制卖出，或者以其融券卖出获得的资金强制购券以交还证券出借方。

证券公司强制卖出客户信用账户内的证券时并不需要事先通知客户，尽管大多数证券公司可能会提前向客户发出保证金追缴通知，但是法律并未规定证券公司必须这样做。即使证券公司事先已经发出通知要求客户在某个日期前补足保证金，但在客户证券的市值一直在持续下降过程中，证券公司仍有权在这个日期之前不通知客户将该信用账户内的证券出售，而且对于这一出售行为，证券公司有权选择客户信用账户内的任何证券或其他资产强制出售，而不需要经过客户的同意。

当交易对手发生违约而必须处置资产时，美国的证券公司一般严格按照协议执行，几乎不会在这个阶段和交易对手再进行讨价还价。如果客户信用账户的担保资产不足以弥补客户的负债，证券公司可以通过民事诉讼等方式追偿客户的欠款。

（五）业务规模和集中度监控

证券公司的融资融券业务规模在外部受监管指标的限制、在内部受公司批准额度和资金安排所限。对集中度的限制，主要是由证券公司内部风险管理来实现的。证券公司参考担保资产的流动性等指标，设定公司对特定类别担保资产或证券的上限。同时，因为每个客户都是相对独立的法律主体，证券公司一般也在客户层次上对持仓集中度进行限制。有些证券公司会通过权衡集中度指标要求和维持担保比例，实施相对精细化的风险管理，即集中度高的客户需要满足相对高的维持担保比例。

对业务规模和集中度指标等的监控，一般由业务部门和独立的风险管理或资金运营部门实施，各方分工协作，各有侧重。

（六）流动性风险管理

在美国的融资融券业务中，通常担保证券的名义持有人是证券公司，即证券公司可以使用担保证券，因此对担保证券的管理和使用是融资融券业务中的一项重要工作。

融资融券业务部分一般由交易员负责证券借贷，管理资金和证券的流动性风险。其主要关注的是借贷证券的易获取程度、市场流动性等指标。证券公司还通过独立的风控职能，分析和报告流动性风险、期限匹配情况等，以便交易员能够提前通过市场寻找资金或者证券的匹配方。

（七）操作风险控制

操作风险是融资融券业务中一项很重要的风险。操作风险，是指因交易或管理系统操作不当引致损失的风险，包括因公司内部失控而产生的风险。

融资融券业务由于涉及的客户种类、规模和复杂程度、交易资产及客户的运营能力差别较大，对从事融资融券业务的证券公司在系统、员工和内部管理流程方面的要求很高。

操作风险可以通过正确的管理程序得到控制，如完整的账簿和交易记录、基本的内部控制和独立的风险管理、强有力的内部审计部门（独立于交易和收益产生部门）、清晰的人事限制和风险管理及控制政策。如果管理层监控得当，并采取分离后台和交易职能的基本风险控制措施，巴林银行和大和银行的损失也许不会发生，至少可以大大减少损失。这些财务失败说明了维持适当风险管理及控制的重要性。

（八）重大突发事件应对

美国证券公司内部一般对重大突发事件有内部定义和指导以及积极应对程序。当发生重大突发事件时，需要根据时限要求内部逐级汇报，证券公司也要视情形和规定向监管机构汇报和寻求指导。

二、日本

（一）一般规定

1. 保证金比例管理。通过提高保证金比例来控制市场融资融券业务风险，是日本融资融券业务风险管理的基础措施之一。日本金融厅是金融市场风险管理的主要监管机构之一，经过法律授权，日本金融厅可以使用多种不同的信用交易监管工具对融资融券市场进行监管和调控，调整保证金比例的规定是日本最常使用的调控手段。当金融市场风险较大时，日本金融厅通常会以通告的形式要求市场提高委托保证金比例，从而实现控制融资融券业务整体风险的目的。

基于控制融资融券市场风险或提升融资融券活跃度等不同考虑，日本对本国的融资融券交易初始保证金比例进行过多次调整，例如，1975－1988 年间，日本初始交易保证金比例在 30%—70% 的区间范围内调整了 47 次之多。

2. 代用证券种类及代用比率管理。日本金融厅被法律授权，在融资融券市场风险较高时，通过订立或调整代用证券的种类及其代用比率上限来对市场风险进行控制。经验表明，调整代用有价证券的种类及其代用比率上限，可以起到很好的效果。

3. 强制券商寄存现金。调整代用证券种类及其代用比率上限这一措施对于以现金充作保证金的客户不受影响，因此，如果在实施上述两项措施后仍然未能消除信用交易过热情况，日本金融厅可以以通告的形式，强制证券商按客户所缴委托保证金数额提取一定比率的现金寄存在证券交易所，以减缩市场流动现金，减少信用交易风险，促使交易归于平稳。

4. 异常状况处理。在信用交易发生异常时，日本证券金融公司可以对发生异常状况的一家或全部证券商，或对发生异常状况的一只或全部股票采取下列措施：追加担保物；限制或停止贷放；请求偿还已贷放的资金或股票。证券金融公司在实施上述处理时，一般在实施日 4 天前通知各证券商，但情况紧急时可不受此限。

5. 市场总规模管理。在日本，对于全市场融资融券的限额并没有明文规定。但是融资或融券余额偏高时，证券交易所将发布资讯，提醒投资者注意。对于证券商融资融券限额，日本证券金融公司可依据其所定的转融通基准计算对个别证券商的授信额度。目前，日本有日本证券金融公司、大阪证券金融公司、中部证券金融公司，通过对这三家证券金融公司融资融券额度的控制，就可以实现对信用交易规模和总量的控制，从而控制风险。

（二）授信额度管理

日本在授信额度管理方面分为两个层次：一是证券公司对客户的授信额度管理；二是证券金融公司对证券公司转融通业务的授信额度管理。

客户管理方面，证券公司除通过初始保证金比例控制客户的融资放大倍数，还会给予客户适当的授信总额度对客户的融资规模进行限制。

以日本SBI证券为例，其一方面统一给予客户33%的保证金比例，即给客户提供略严格于监管要求的杠杆比例，另一方面规定所有新开通融资融券交易的客户的授信额度上限为30亿日元。通过这两方面的控制，避免了客户集中度和业务规模风险。

在转融通方面，证券金融公司对转融资业务实行授信额度管理，主要考虑的因素包括融资融券交易的利用情况、转融通利用情况、公司自身筹措资金的能力、金融市场趋势和市场动向等。在确定融资总额后，证券金融公司再结合各家证券公司的财务状况、信用等级等信息定期确定对每家证券公司的授信额度。

（三）负债期限管理

在日本，标准信用交易的负债期限最长为6个月，且到期后不能展期，而协议信用交易没有固定的负债期限限制，一般均由客户和证券公司协商确定。

（四）卖空限制

1. 卖空限制政策制定机构。1954年日本通过了《证券交易法》，推出了卖空机制。日本对允许进行卖空的证券种类进行了较严格的限制。可用作卖空的标的证券由证券主管机关指定。

在日本，日本金融厅（Financial Services Agency，即FSA）具有金融监管职能，通过制定关于金融发展计划、监察私营金融机构和监管证券交易等的金融法规，确保日本金融系统的稳定性，保护各金融行业顺畅发展。日本证券交易监管委员会（Securities and Exchange Surveillance Commission，即SESC）在日本金融厅的范围内建立，以确保金融及资本市场交易的公平性、维持投资者的信心为任务。作为日本金融厅分管的机构之一，日本证券交易监管委员会获日本金融厅授权，主要负责对金融公司进行审查、对行政罚款进行调查等，并可就调查中发现的违法行为向日本金融厅的委员提出行政裁定或处罚判处的建议。

2. 日本卖空限制特征。在日本融资融券交易市场上，对卖空有一系列规定，其特征是不同于部分海外市场简单的"up - tick rule"（报价不得低于前一交易价格的限制），而是对投资者不同卖空目的区别对待。当投资者是以结算为目的来借券的，或是接受委托人的委托而以出售借入的证券结算为目的的，不得低于上一个交易价格报价。

关于提价交易限制的详细内容，将在下文进行介绍。

3. 卖空信息披露。日本金融厅还要求交易所每月披露所有股票的卖空总价格，并且通过对证券交易进行详细调查，同时对证券公司进行全面审查。日本证券交易监管委员会（Securities and Exchange Surveillance Commision，SESC）和日本金融厅（FSA）会对违反卖空管制条例的行为进行严厉的处罚。

（五）临时卖空限制措施

2008 年金融风暴导致日元汇率持续升高，影响了日本出口企业的利润，使疲弱的日本股市持续下跌。2008 年 10 月 27 日，西方七国（G7）财政部长和中央银行行长联合发表紧急声明，表示日元的过度波动威胁到了经济和金融稳定。因此，日本政府要求制定紧急的市场稳定政策，包括强化卖空管理政策，以阻止日本股市的暴跌。具体措施包括：

1. 保持原有的提价交易规则和交易标识义务。在日本，虽然没有新的禁止或限制卖空的措施出台，但日本金融厅表明下述已存在的对所有上市股票的卖空限制仍然适用，限制包括：

（1）要求交易者核实和标记涉及的交易是否属于卖空交易。

（2）原则上，以不高于有关证券交易所公布的最新市价的价格进行卖空是被禁止的。

2. 加强交易所的信息披露义务。除了以上措施之外，为了确保市场信息的透明度和促进对市场行为的监控，2008 年 10 月 14 日，日本金融厅要求证券交易所加强卖空交易的信息披露义务。具体来说，以前只要求交易所每月披露所有股票的卖空总价格，而从 2008 年 10 月 14 日起则要求交易所每日披露所有股票的卖空总价格以及各行业（共 33 个行业）的卖空总价格，并且对此新的信息披露义务不进行任何豁免。同时，日本金融厅还表示了与证券交易监管委员会以及证券交易所合作的打算，以对市场操纵行为及其他市场滥用行为进行完全的监控，监控包括更为严厉地执行卖空交易限制条款。

3. 采取了裸卖空禁令以及披露卖空头寸义务。为加强证券市场的管理和使市场回稳，日本金融厅宣布将采取下列临时额外措施，增强对卖空的限制（这些措施的有效期至 2009 年 3 月 31 日）：

（1）禁止裸卖空，计划于 2008 年 11 月 4 日起生效（而在这些管制措施生效之前，东京证券交易所要求其会员证券公司不接受裸卖空的委托，以作为管制措施生效前的临时办法）。然而，由于日本金融厅宣布稳定市场的措施后日本股市仍于当日大幅下跌，甚至创 26 年最低收位，日本金融厅将上述对股票裸卖空的禁止措施提早在 2008 年 10 月 28 日实施，以促使股市尽快回稳。

（2）要求持有卖空头寸等于或高于一定额度（原则上为已发行的相关证券总量的 0.25%）的卖空者通过其证券公司向证券交易所披露上述头寸的信息，并要求证券交易所公开披露这些信息。这个措施原本计划在 2008 年 11 月中旬生效，但其后日本金融厅把上述信息披露要求措施提早在 2008 年 11 月 7 日实施。

（六）提价规定

自 2002 年起，日本金融厅推出了“提价交易规则”以限制卖空。如前文所述，如果客户是以借入证券结算为目的，或接受委托人的委托而以出售借入的证券结算为目的出售时，根据提价交易规定：卖空执行的价格必须高于市场最近一次的交易价格，即卖空价格不能以低于最后一次交易的价格进行，除非最后一次交易价格高于其之前的价格，否则不允许以与最后一次交易价格相同的价格进行卖空。提价交易规则可防止股价走低时卖空交易者过度卖空股票。在交易标记方面，卖空交易者必须核实和标记涉及的交易是否属于卖空交易。

但是对于指数套利交易出售时，则可以低于上一个交易价格报价。在出价接受系统上，当出售的报价违反“up tick rule”（报价不得低于前一交易价格的限制）时，将拒绝接受并通报给证券公司电算系统。

(七) 平仓规定

从一般意义上讲，无论是当客户还是当证券公司出现违约行为，譬如，到期未履行偿还责任，或在债务存续期内（第二个交易日的中午前）未及时补足担保物，资券的贷出方（证券公司或证券金融公司）均有权对所提交的担保物实施强制平仓。

在转融通业务中，一般允许违约证券公司自行平仓，之后方由证券金融公司委托其他证券公司代为平仓。

(八) 转融通证券超贷风险管理

日本融资融券业务的核心是转融通，而证券金融公司则是资券从其他金融机构或个人流向证券公司的中转枢纽。防范资券超贷，是证券金融公司所需防范的风险。其中，证券金融公司的资金来源较广，因此基本不存在资金超贷的风险；对于以转融通为核心的日本融资融券业务来说，如何防范转融通证券超贷风险是风险管理的重中之重。

在防范转融通证券超贷风险方面，证券金融公司采取了一系列管理措施，如合理确定融券品种、通过公开标借机制调节融券需求、及时发布预警信息、紧急情况下限制或暂停相关业务等。

三、中国香港地区

在中国香港，融资融券最初是一种自发的市场行为，直到20世纪80年代才形成统一规定。对于可以从事融资融券的机构，香港交易所有严格规定，而且每隔一段时间都会派出审计师审核，以判断金融机构是否进行了过度的融资或是融券行为，通过建立一系列制度和规定完善了中国香港地区融资融券风险控制机制。

(一) 资格审核及数据披露

香港证监会对融资融券业务监管比较严。首先，香港证监会对开展融资融券业务的证券公司均要求有业务资格；其次，每月须向会里提供财务资源报告（内容包括上月融资融券总额、前20位客户的融资融券持仓状况、抵押品的集中度和公司速动财务指标等内容）。在市场管制上，中国香港规定：对单一客户或一组关系人所借出的款，不得超过保证金贷款的10%；集中于个别股票风险不得超过股票质押抵押品总额的10%；当信用账户客户未能提供足额保证金时，不再接受新的购买指示。

(二) 征信信息共享

中国香港已经有了完善的客户信用数据仓库。每个客户在银行都有基本的信用状况资料，这些资料都是开放、透明的，证券公司都能共享。征信主要看客户持有的股票质量和客户的历史信用状况。在信用额度的管理上，给客户的信用额度主要是根据历史过往的交易状况和客户资产状况核定。对于同样资产状况、同样抵押股票，如果客户的交易状况不同，交易量大的客户，其信用额度较高。香港融资融券业务坏账率在1%左右，融资融券业务风险相对较小。

（三）登记结算体系

在登记结算体制上，中国香港实行二级登记结算制。不管账户是现金还是融资融券户，证券都是登记在证券公司名下，证券公司为客户进行二级明细管理。客户的二级证券明细在中央结算所没有数据。结算实行“T+2”交收，交易实行“T+0”交易。投资者如进行融资融券就要和证券公司签订协议，融资融券业务的开户文件内容包括标明融资融券户、风险披露和融资清单。客户签署协议后需向证券公司申报关联户口（同一集团户、配偶、可控制 30% 表决权户）。

（四）市场提价规定

香港联交所《卖空规例》第 15 条规定，卖空指定证券的价格不得低于当时最优卖盘价。但是，如该指定证券属于经香港证监会批准而无须遵守此规例的“做市证券”（Market Making Security），则该规例不适用。

（五）平仓制度

香港证券公司强制平仓比较灵活，一般情况下尽量不用强制平仓。如果客户市值跌到强平线时，尽可能地给客户缓冲，而不是一到平仓线就由系统自动强平，强行平仓都是由人工手动发起，而不是由系统自动强平。另外，香港经纪人都是持牌经纪，并且都有部分个人资产抵押在证券公司，因此，如客户爆仓，经纪人是要承担连带责任的。

（六）保证金比例确定

香港证监会规定，融券客户进行融券交易时，所融借的股票需该证券的市价在借券期间应缴纳并维持不得低于 100% 的保证金；若客户进行当日冲销，则需缴纳 105% 的保证金。融资保证金比例可由证券交易商、经纪行及财务公司自行决定，法律并无强制规定。在借券期限上，依据 1994 年 7 月修订的香港《税务条例》和《印花税条例》的规定，融资及融券期限从 14 天至 1 年为止，同时必须具备法令所规定的特殊目的的条件方可办理。

保证金维持比率由各授信机构自行决定，法规并未加以强制的规定。信用客户必须在接到催缴通知后的 3 天内补足差额，否则将面临处分。在具体操作上，投资者必须指明是否为卖空盘，并确认是否已订立了股份借贷协议。投资者做出口头保证表示该盘为卖空盘且已经借入证券，证券公司必须将投资者的口头保证录音留为记录，或在盖有时间印章的文件上，记录有关借贷详情，或做出口头保证，当日内补上文件证明，完成确认程序。

（七）裸卖空限制

香港证券市场严格禁止裸卖空，违反则属刑事犯罪，对于证券交付失败，也有及时的强制补购机制，并处罚金，因此，裸卖空极少发生，即使遇到金融危机也不需要对卖空政策进行大的调整，只需进行技术性调节。同时，中央结算公司可向参与者强制借入股份，以履行中央结算公司对拥有持续净额交收长仓的参与者的交收责任，并对于延误交付证券的参与人处以失责罚金（0.50%），罚金于“T+2”日（到期交收日）直接记扣。

（八）盯市及平仓、补仓

证券公司根据融资融券客户账户资产随市价变动的情况，对标的证券保证金比例、维持担保比例等关键控制阀值进行盯市监控。盘中实时监控主要是证券公司风险管理部人员可以通过系统每日对客户账户的现金余额、资产市值、抵押股票情况、浮动盈亏以及限额的变化情况进行监控。系统可以实时采集股票的市价，并进行实时计算。在出现保证金不足后，业务部门客户账户的具体管理人员或销售人员负责在单日 11 点之前通知客户，对孖展不足客户进行催付，并向业务主管和风险管理部汇报将要采取的补救措施。

盘后监控主要是证券公司风险管理部每日产生追加保证金报告和超限报告，对保证金不足或整体融资额超限的客户进行确认，并向风险总监报告。

（九）业务规模和集中度监控

香港证监会未对证券公司融资融券业务规模、集中度指标进行强制规定。香港证监会于《证券及期货（客户证券）规则》571H 章第 8A 条中就再质押上限规定不超过同一营业日的保证金贷款总额的 140%。

证券公司开展融资融券业务中，会对业务规模、集中度进行规范，一般包括：（1）单一客户授信额度不超过公司资产的一定比例（部分证券公司设置 20%—25%）；（2）单一证券融资规模占总体融资规模的一定比例（部分证券公司设置 10%）；（3）单一客户融资规模占总体融资规模的一定比例（部分证券公司设置 10%）；（4）借券规模占总体证券规模的一定比例（部分证券公司设置 20%）等相应指标。

（十）重大突发事件应对

证券公司均成立了突发事件领导小组，一般由风险总监和执行总裁领导、相关业务部门负责人组成。突发事件领导小组根据应急处理的原则，迅速研究确定应对方案，科学调配公司资源，全程监控方案执行情况并及时做出调整措施；所有相关部门必须在应急处理领导小组的统一指挥下，迅速、有效地完成应急事件处理及恢复计划。

四、中国台湾地区

（一）市场风险控制的一般规定

中国台湾地区证券交易主管机关有权决定有价证券入选融资融券的标准、融资融券的额度、期限及融资比率、融券保证金比例。

证券公司作为有价证券的出借人，除应审慎评估借券人可能产生的各种风险外，还应设立有价证券借贷事务处理办法，制定包括交易额度、担保品种类、担保规定比率、担保下限比率、担保维持率之计算、担保品之补缴、构成违约情事时担保品之处分方式及洗价等相关作业规范。

一般而言，融资业务的担保品融通期限不得超过 6 个月，担保品价值与证券公司借贷与客户金额之比率，不得低于一定比率。前项期限届满前，证券公司得视客户信用状况，展延 6 个月，一年期限届满前，证券公司得审视客户信用状况，再准允客户申请展延期限 6 个月。其中，担保品包括为融资融券交易之有价证券、中央政府债券、其他经主管机关核准之担保品。

（二）危机处理措施及重大突发事件的应对管理

台湾证券交易所根据每个投资者账户的实时持股信息，有效实现证券卖出前端控制，完全避免了裸卖空行为。在此基础上，证券公司对于投资者买入行为采取全额资金冻结，因此可以完全避免交收风险。

1. 投资者适当性准则。采取合格投资者制度。要求投资人必须开户满 3 个月，最近一年内委托买卖成交达十笔以上，并且在同证券经纪商签订授权同意书和风险告知书之后，才可从事回转交易。

实行回转交易额度控制。证券经纪商根据相关规则和投资者账户资金情况设定投资者单日回转交易买卖额度，并进行严格前端控制。

加强投资风险控制。证券经纪商应于每日收盘后，对投资人当日回转的损益进行评估，从而增减其单日买卖额度或回转交易额度。证券经纪商发现投资人前一个交易日回转交易累计亏损达到当日买卖额度的 50% 时，应暂停其回转交易。

2. 突发事件处理。

融券部分：按照“台湾证券交易所股份有限公司有价证券借贷办法”，出现因交易市场或柜台买卖中心全部停止交易，或目标证券经公告停止买卖，而未定恢复期限，或目标证券终止上市，致借券人无法还券了结的情况时，证券公司将申请办理标购，买回目标证券返还，并按规定处置其担保品，抵偿买回所需价款及费用。

对于未结清之议借交易，其借贷双方得协议以现金偿还，或由一方经其受托证券公司向本公司申请办理标购。

融资部分：有下列情事之一者，其全部未结清借贷交易视为到期，并按规定处理担保品：

（1）依相关规定自行申请破产前和解、宣告破产或受破产宣告；

（2）依相关规定申请公司重整或经裁定重整，或开始清算；

（3）经主管机关依相关规定接管或清理债务；

（4）借贷交易人在外国证券或期货交易市场有违约、停止交易或取消会员资格的情况；

（5）经票据交换所公告拒绝往来；

（6）因刑事受没收或冻结财产之宣告；

（7）借贷交易人因其控股公司有以上各款情事之一，或有其他情事，在客观上明白足以确认借贷交易人确已失去一般业务遂行能力或清偿能力者。

3. 证券公司风险监控体系。台湾证券交易所建立了一整套针对证券公司的风险指标体系，包括负债率、流动比率、税前利润率等月度评分指标，平均每日营业额占净值比率、营业分散比率、交易对象集中比率等周度评分指标，债券业务比率、证券公司保管客户款券风险约当金额占自有资本净额比率等特殊风险指标。

按照各证券公司经营业务范围的不同，对其评分结果进行考核，按照不同的警示标准进行风险提示，并要求在一定时间内核查整顿。

当负债到期或发生违约时，由证券交易所或柜台中心依据证券公司的申报，处理后转知证券金融事业、各证券公司。

委托人有前项违约情况，其信用账户内尚有余额者，证券公司最迟应于次一营业日依法了结；有剩余者，应返还委托人，尚不足部分，则通知委托人限期清偿，并向证券交易所或柜台中心申报违约，注销其信用账户；如无余额应即注销。

4. 盯市及平、补仓。融券的原始担保率为140%，并自借贷交易成交当日起，逐日盯市，如低于担保维持率120%，借券人接获通知后，应于次一营业日补缴担保品，使担保品抵缴价值回复至原始担保比率。

担保证券的折价比率：上市有价证券为七折，上柜有价证券为六折；中央登录公债之折价比率为九折。交易所有权调整。

议借交易之担保品条件及担保品比率，由出借人与借券人双方自行议定并提供之。

5. 流动性风险及操作风险管理。

（1）流动性管理方面。证券公司申请办理融资融券业务，应具备最近期经会计师查核签证之财务报告净值达新台币2亿元，并增提新台币5 000万元营业保证金。

对客户融资或融券之总金额，分别不得超过其净值250%。

证券公司自有资本适足比率连续3个月达250%以上者，其办理有价证券买卖融资融券，对客户融资或融券之总金额，分别不得超过其净值400%。

证券公司依前项规定办理后，自有资本适足比率连续2个月低于250%且对客户融资或融券之总金额超过其净值250%，暂停对客户融资或融券，待其总金额低于净值250%或自有资本适足比率连续3个月达250%以上后，分别依前二项规定办理。

证券公司办理有价证券买卖融资融券，对客户融资总金额，加计办理证券业务借贷款项之融通总金额，不得超过其净值的400%；对客户融券总金额，加计办理有价证券借贷业务之出借有价证券总金额，不得超过其净值的400%。

对同一人、同一关系人的融通额度和融资额度合并计算后，不得超过该证券商净值之一定比率或金额。其中，自然人不得超过证券公司净值1%或新台币8 000万元，法人不得超过证券公司净值5%或新台币10亿元；对同一关系人之总融通额度为证券商净值的10%，其中，对自然人之融通额度，不得超过证券商净值的2%。

同一担保品余额不得超过该种证券上市股份或受益权单位数的5%，且与信用交易市场融资余额及证券金融事业办理有价证券交割款项融资余额合并计算，不得超过该种证券上市股份或受益权单位数的25%。

证券公司办理证券业务借贷款项，客户以其买进证券为担保者，对客户融通余额不得超过其净值150%；办理有价证券买卖融资融券业务与证券业务借贷款项合并计算后，对客户融通余额不得超过其净值的400%。

对同一人、同一关系人的融券总金额，不得超过该证券公司净值之一定比率或金额。其中，自然人不得超过证券公司净值的1%或新台币2 000万元，法人不得超过证券公司净值的5%；对同一关系人出借有价证券总金额不得超过证券公司净值的10%，其中对自然人出借有价证券总金额，不得超过证券公司净值的2%。

（2）操作风险方面。操作风险方面的管理措施主要是保证金补缴风险，委托人信用账户内各笔融资融券交易应该按要求维持最低担保率（120%），若因市价变动，致担保维持率低于120%时，应于2个营业日内补缴差额。若通知送达之2个营业日内，委托人整户担保维持率仍未达120%，且未补缴差额，证券公司有权自第三营业日起，处置其担保品。

海外融资融券业务给境内市场带来的借鉴和启示

中国证券业协会融资融券专业委员会专题研究小组*

自2010年作为试点业务推出以来，我国融资融券业务取得了快速发展：融资融券规模和交易量不断攀升，标的和担保证券品种有序扩大，证券公司和客户等业务参与者逐步增多，业务风险控制日益成熟。当前，融资融券业务已成为推动我国证券市场不断成熟发展，助力实现多层次资本市场发展目标、促进证券公司优化经营模式和强化综合管理能力、满足广大投资者多样化交易需求的重要手段和方式。但与境外主要证券市场相比，我国融资融券业务仍面临许多问题，这一方面是由于各国经济发展所处阶段不同，社会经济制度和历史发展过程也存在明显差异，各国形成了各具特色的融资融券制度，彼此存在借鉴与探讨的空间；另一方面，与国际成熟市场相比，我国融资融券业务尚处于发展的初级阶段，而美国、日本、中国香港、中国台湾等市场则经历了数个宏观经济周期、法律体系修改、经济危机爆发等过程，通过研究这些海外成熟市场在业务发展历程中的经验和教训，诸如风险管理措施、重大事项防范、客户结构优化、业务规则修订、相关产品创新和设计等，会对我国融资融券业务的持续健康发展提供启发和思考。因此，本文结合国内融资融券业务发展现状和本系列其他文章对海外融资融券业务的研究梳理，提出了推动我国融资融券业务发展的建议。

一、我国融资融券业务发展现状

截至2015年3月末，我国沪、深两市融资融券余额已达到14 946.10亿元，较2014年同期增长278%（见图1）。其中，融资余额14 866.18亿元，增幅279%，融券余额79.92

* 研究小组成员：海通证券：杜洪波，徐琦；东北证券：杜长春，赵旭；中信证券：武国利，庞博，胡颖；广发证券：田宇，郑路，闫伟，刘欣，李雨珊；华融证券：赵竞萌，赵莎莎，刘迪；中信建投证券：杨帆，蔡笑，操俊，蒋庆欣，李涵宇。

亿元，增幅188%。交易量方面，市场合计融资融券3月份交易量达到36 967.14亿元[①]，较2014年同期增长1 230%，其中，融资买入33 914亿元，增幅1 342%，融券卖出3 053亿元，增幅615%。融资融券规模及交易量的快速上升得益于逐步优化的市场基础和市场环境，使得该业务充分适应了中国资本市场的实际情况和需要，初步满足了客户通过融资融券业务进行证券投资的市场需求，为证券市场持续注入了流动性，成为完善我国资本市场交易机制的重要因素之一。

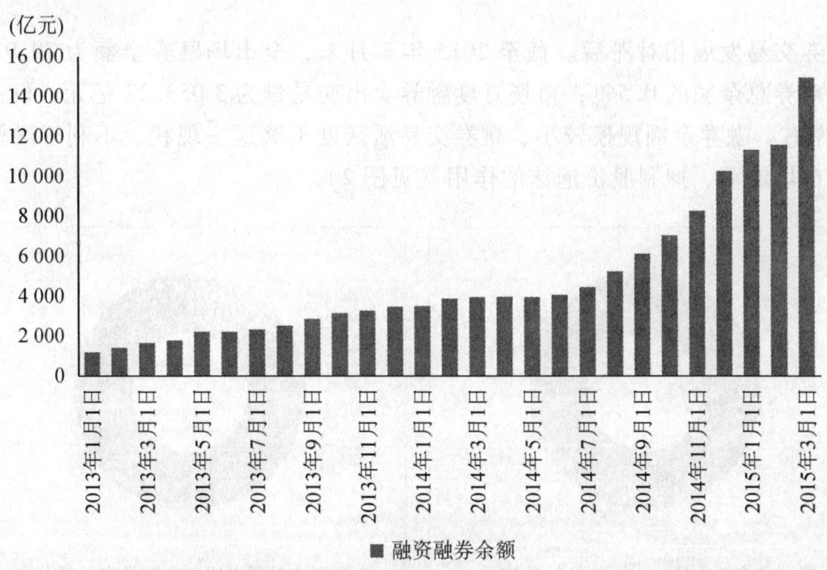

图1　沪深两市融资融券余额变化趋势（2013年1月1日—2015年3月31日）

在市场效应方面，随着融资融券业务几年来的快速发展，投资者不仅可以实现融资交易，也可以通过融券的方式实现多元化投资，这一机制同时促进了证券市场内在价格稳定机制的形成。此外，融资融券及转融通业务的稳定运营，也为证券市场注入了增量资金。融资融券业务自启动以来，极大地提高了我国证券市场的活跃度。而对于证券公司而言，融资融券业务不仅拓宽了其业务范围，更优化了证券公司的业务结构，改善了证券公司盈利模式，增强了证券公司综合管理能力，进一步推动了证券公司的业务创新与转型。

自启动以来，我国融资融券业务的快速发展主要体现在几个方面：一是融资融券交易额快速上升。以融资买入金额在A股总成交额中的占比为例，该比例从2012年的4%上升至2014年底的约16%。二是融资融券客户数量稳定增长。2014年末融资融券投资者达303万人，较2013年末增长121%。三是融资余额增长较快。从融资余额占市场流通市值的比重来看，截至2014年末，该比例为3.24%。四是融资融券业务极大地丰富了证券公司的收入来源，优化了收入结构。以2014年为例，证券公司融资融券业务全年利息收入达到446.24亿元，已成为证券公司的主要收入之一。

融资融券业务的蓬勃发展，对提高证券市场流动性，完善市场价格发现功能，推动其他场内外创新业务的发展起到了积极作用；同时，在为投资者提供多样化的投资机会和风险管

① 市场融资融券总交易量不含深交所融券交易量数据。

理工具等方面更具有重要意义和重大影响。

二、当前我国融资融券业务面临的问题

在融资融券业务规模不断扩大、客户数和交易量屡创新高、融资融券余额不断攀升的过程中，我们也应该意识到当前还存在一些约束融资融券业务健康发展的问题，主要体现在以下几个方面。

一是融券交易发展相对滞后。截至 2015 年 3 月末，全市场融券余额为 79.92 亿元，仅占同期融资融券总余额的 0.5%；市场月度融券卖出交易量为 3 053.22 亿元，仅占同期总交易量的 8% 左右。融券余额规模较小、融券交易活跃度不够这一现状，不利于融资融券业务发挥其平抑市场波动、抑制股价泡沫的作用（见图 2）。

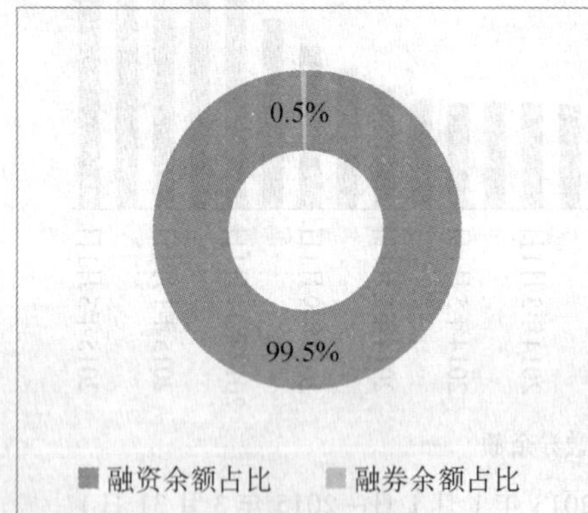

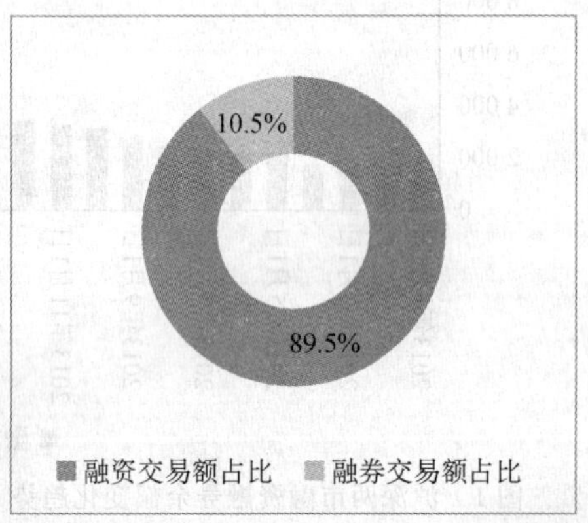

图 2　融资融券余额和交易额占比（2015 年 3 月 31 日）

二是专业机构投资者占比较小。当前，我国融资融券客户中 90% 以上是个人投资者，机构投资者数量不多。根据 2014 年 12 月 31 日的数据，我国沪深 A 股总市值为372 546.96 亿元，其中，专业机构投资者持有的 A 股市值 114 553.53 亿元，占 30.75%，因此，无论从专业机构投资者的数量占比或是其持有的市值总量来看，此类客户发展融资融券业务的空间巨大。然而，除了刚刚发布的《基金参与融资融券及转融通证券出借业务指引》支持公募基金依法参与融资融券和转融通业务外，其他专业机构投资者如保险、信托、QFII 等，还不能直接参与融资融券业务，也不能向证券金融公司出借证券，这些限制制约了机构投资者在稳定证券市场、丰富金融创新产品等方面发挥积极作用。同时，由于专业机构投资者相较于个人投资者，普遍具有较高的投资交易水平和风险承受能力，引导和发展专业机构投资者将有利于融资融券业务整体的创新与风险管理效率。

三是融资融券业务的准入门槛和相关限制较高，如存在客户开户条件过于严格、合约期限不能展期、可提取保证金比例过高、信用账户交易功能过于狭窄、融券卖出所得价款用途约束较大等问题。

四是融券券源不足及信用担保证券使用受限（见图 2）。目前，我国融券券源主要为证券公司自有证券及证券金融公司转融通券源。根据不完全统计，当前证券公司自有券源约 250 亿元，转融通券源截至 2015 年 3 月 31 日为 166.31 亿元，两者合计约 416.31 亿元，当

前的券源规模与市场实际需求相差较大。此外，由于证券公司自有券源需进行套期保值，转融券除融入成本外，还需缴纳保证金等原因，当前融券客户承担的实际成本较高。因此，在我国证券公司不能使用信用担保证券作为转融通担保品或融券券源的情况下，券源不足且融券成本过高这一现状限制了我国融券交易的健康发展，不利于做空机制和市场价格稳定机制的实现。

综合来看，上述面临的问题制约了我国融资融券业务进一步的持续健康发展。如何完善我国融资融券业务的制度体系、科学建立与业务快速发展相匹配的业务及风险管理措施，逐步审慎制定和放宽各项限制性规定，是当前所面临的一项重要课题。

三、借鉴海外融资融券业务经验提出的建议

（一）加强融资融券业务法律法规及制度建设

中国香港监管层对证券经纪公司开展信用交易业务的资格、标的范围、信用额度以及利率均无特别限制，而是由市场决定。只是对融券业务严格限制，禁止裸卖空，定期公布可卖空的名单并加强信息披露。也就是说，中国香港对融资融券业务监管的重点放在立法和交易规则制定上，以发挥市场的主导作用。

从日本证券市场来看，其三层次的监管体系权限清晰，在控制市场风险方面所发挥的协同效应较为明显。而就美国市场而言，其整个监管制度有两个特点，即稳定、框架性强，给市场留出的空间较大。

建议中国加强融资融券业务的相关法律法规的制定和完善，中国人民银行、中国证监会、交易所和中国证券业协会合理分工，协同监管。从长期看，我国应顺应国际金融业的发展趋势，借鉴日本、中国香港等国家和地区在融资融券实务方面的经验，把融资融券担保机制确立为让与担保机制，为融资融券让与担保机制的设立留下法律空间。

但由于我国内地与中国香港地区法系的差异，加大了这种机制实施的难度。建议以制定特别法的形式，规范让与担保，以《证券法》为核心，以特别法的方式将融资融券让与担保合理化与合法化，从而促进信用交易业务健康发展。同时建议我国市场适当放宽制度限制，对上层制度框架进行调整，给市场参与者留出更多发展的空间，从而形成多层次的信用交易细分市场。

（二）适当降低投资者准入门槛

相较于日本，我国现行的投资者准入门槛较高且灵活性不足。以日本为例，其法律除了明确规定“证券公司不得对自己的董事、监察人、经理人及所属从业人员开办信用交易”外，并没有对客户开户或交易时间、资产规模等方面进行严格限制。

日本市场在维持较为宽松的投资者准入条件的同时，证券公司可基于自身对客户的深度了解，来自行判断客户是否适宜进行融资融券交易。而监管及证券公司适当性管理的重点则放在投资者教育和引导投资者理性投资方面。相较于日本市场，国内监管明确要求投资者在本证券公司从事证券交易半年、资产不低于50万元等条件，使得更多风险承受能力和交易水平较强，但资产规模不大的客户不能进行融资融券交易。

而对于机构投资者来说，除交易历史和资产要求外，由于我国要求投资者交易结算资金

要纳入第三方存管，这一系列的规定实际上限制了基金等专业机构投资者参与融券业务。因而，目前市场参与融券业务的仅为一般的机构投资者，且参与数量很小。

如前文所述，境外市场，如中国香港，其融资融券业务市场化程度较高，未对融资融券参与门槛进行较严格限制。因此，机构投资者的市场占比普遍较高，非银金融机构包括基金、保险、证券公司等基本都是融资融券市场的主要参与者。鉴于机构投资者一般具备丰富的投资经验和较高的风险管理能力，为推动机构投资者参与融资融券业务，对机构投资者及其管理的金融产品，建议考虑豁免其从事证券交易时间满半年的要求，适当降低投资者准入门槛。

（三）允许证券公司依法审慎使用客户担保物

随着我国融资融券业务的发展，客户向证券公司提交的担保物规模不断增长，截至 2014 年 6 月底，客户信用账户内沉淀的担保资金和证券总额已经突破 1 万亿元，这部分资产尚未能有效运用起来，不仅客户担保资金和证券闲置收益较低，同时也减少了融资融券业务的资金和券源供应，限制了融资融券交易规模的发展。

以日本为例，其法律允许证券公司在法律核准的范围内使用客户保证金账户内的资产。如日本“信用交易账户开立合同”（Agreement for Setting up Margin Trading Account）中规定，在得到客户书面许可后，证券公司可将客户通过保证金交易账户向证券公司提交的委托保证金进行抵押或借贷。该法律文件还允许证券公司对客户通过信用账户购入的有价证券及售出有价证券的货款进行借贷、抵押或用于其他客户的信用交易及行使其他基于有价证券的权利。此外，日本法律还规定客户因信用交易存入证券公司的资金，证券公司可任意借贷给他人，提供担保或供作其他客户信用交易使用。而就中国香港市场来看，证券公司也可以使用融资融券担保证券。

虽然各市场业务模式不尽相同，但参考境外市场经验，建议我国融资融券业务允许证券公司依法使用担保物，如用作转融通担保品或融券券源等，从而提高信用账户担保资产的利用价值及投资收益，扩大业务资券来源。

（四）逐步拓宽融资融券账户功能

根据现有规定，我国信用账户功能仅为二级市场的融资融券交易，信用账户功能仍存在较大局限性，其尚不具备申赎基金、债转股等普通交易功能，无法为配股、增发、大宗交易等提供融资服务，无法满足投资者多样化的投融资需求。

根据日本、我国台湾地区等市场的经验，投资者申请融资融券交易时无须开立专门的信用账户，仅需在其原开立的普通账户的基础上申请新增融资融券功能即可。中国香港投资者参与融资融券所开立的孖展账户与其现金账户相比，除增加了融资融券交易功能外，同样具备了现金账户可实现的其他功能。因此，对于日本、中国台湾、中国香港投资者而言，其信用账户的交易功能等同于普通账户的交易功能。如中国香港市场融资融券账户一般除用于二级市场证券交易外，还可实现配股、增发、新股申购、股票期权行权等。

借鉴海外市场经验，建议在现有信用账户体系下，适度拓展客户信用账户功能，包括：

1. 不再对信用账户申赎、买卖货币市场基金、ETF 基金、集合资产管理计划、参与债券逆回购、债转股交易、大宗交易等功能做出限制。

2. 允许信用账户参与配股、增发、新股申购等一级市场交易。

3. 允许开展大宗交易融资服务。

（五）完善保证金比例动态调整机制

信用交易保证金比例是影响融资融券交易信用扩张程度最为重要的参数。适时调整融资融券保证金比例，可以调控证券市场波动性，防范市场风险。

参考日本市场的经验，其金融厅经过法律授权，可在市场风险较大时，通过提高保证金比率下限来实现控制业务整体风险的目的。当前，在沪、深证券交易所的《融资融券实施细则》中，均明确规定融资买入证券与融券卖出证券的保证金比例不得低于50%，但实施细则中并没有涉及保证金比例的调整问题。

如监管机构认为统一调整保证金比例下限有必要，则可将调整保证金比例的权限放在指定的监管机构，由其根据市场的整体运行状况与价格波动，适时调整保证金比例，从而达到调控整个金融市场的目的。

（六）合理延长融资融券合约期限

根据现有规定，我国融资融券负债期限最长不能超过6个月，且到期后不得展期，如果客户不主动了结合约，证券公司将采取强行平仓措施。

目前，对融资融券合约期限的设置存在诸多不便，一是无法满足客户长期交易策略需求，增加客户交易成本；二是特定情况下可能造成市场冲击，如机构或者金融产品出现大量集中了结的融资合约，可能对市场价格造成冲击，形成踩踏事件。

如前文所述，日本市场的协议融资融券交易和中国香港市场的融资融券交易，均未对融资融券合约期限作出规定，而是由证券公司与客户协商确定。借鉴这些市场的经验，为了充分满足投资者长期策略需求、培育长期投资行为、尽可能减弱到期合约集中了结对市场造成的冲击，建议借鉴中国香港和日本市场的做法，将融资融券合约最长期限进行适度延长。

（七）优化证券借贷业务模式

中介机构是连通证券借贷市场各参与方的重要纽带，我国也可以结合证券市场具体情况，鼓励中介机构的参与。代理中介可以将不同客户的证券集中在一起进行交易，使证券借贷交易大批量进行，从而产生规模经济的效应，使资产规模较小的客户也能够参与我国证券借贷市场。

尽管自发结成交易的形式是证券借贷市场运行的重要组成部分，但是从美国市场的经验能够看出，利用高科技手段，建立并完善自动化、标准化的证券借贷平台也是十分必要的。这将有利于减少证券借贷的成本和风险，从而在一定程度上提高市场效率。我国的证券市场交易规模逐渐扩大，交易品种日趋多样化，在这样的发展趋势下，单纯通过中介机构来寻找对手方的方式将无法满足证券借贷业务的需求。因此，完善自动化的技术平台是我国证券借贷业务的发展需要，也是提高资本市场运行效率的必然需求。

尽管美国分散化的证券借贷模式十分灵活，但是其集中式的借贷市场也在证券借贷业务中起到极为积极的作用。事实上，不仅是美国，从我国台湾地区以及日本等其他国家的经验来看，无论他们首先发展的是集中式的证券借贷市场，还是分散式的市场，最终都会着手发展另一种模式，这表明两种市场的存在都是十分重要的，两种市场模式都有其不可替代的优势。

首先，集中式的借贷市场可以降低寻找对手方的成本，提高效率，从而允许资金规模中等或较少的机构投资者也能参与这一交易，也便于监管当局对市场的监控。而分散式的场外市场的交易更加灵活，便于资金规模较大、拥有较强议价能力的大型机构投资者缔结和约，进行交易。特别是国际大型避险基金对于这类交易的需求较大。而这类基金几乎都会进行套期保值的交易策略，风险较小，监管当局也可以适当地给予更多的灵活性。因此，我国应该选择兼顾集中式和分散式的证券借贷交易。

（八）扩大融券标的范围并优化转融券机制

当前，我国融资融券市场的融资和融券比重明显失衡，融券余额比重不到1%，卖空交易不活跃。这其中，融券标的范围较窄、融券券源比较缺乏是最重要的原因。

2015 年 4 月 17 日，中证协、中基协、上交所、深交所等四部门发文，支持专业机构投资者参与融券交易，扩大融券券源；优化融券卖出交易机制，提高交易效率；投资者融券卖出交易型开放式指数基金（ETF）的申报价格，应当在交易所规定的有效竞价范围内，可以低于最新成交价；根据市场发展情况，将适合于融券卖空的股票纳入融券业务和转融券标的证券范围，拟将融券交易和转融券交易的标的证券增加至 1 100 只。这些监管上的放松，显示了我国融券机制正在逐步优化。

在这个过程中，建议借鉴日本、我国香港地区等市场的融券机制，适时扩大融券券源，定期调整可卖空股票名单，加强卖空监管和信息披露。

例如，日本转融通业务中，证券金融公司用于转融券的证券来源非常广泛，包含了证券公司办理转融通的担保证券和基金、社保资金、银行、保险公司的股票或者债券等。而中国香港市场信息披露方面则可供我国借鉴。例如中国香港于 2010 年 3 月公布，要求空头市值达到或超过3 000万港元，或头寸量达到或超过上市公司已发行股本的 0.02%（以较低者为准），市场参与者就必须申报。我国可借鉴以上这些经验，逐步优化转融通业务机制。

（九）推进个人信用体系建设

融资融券交易是一种建立在信用上的交易制度，信用环境的完善对其影响比较大。相较于美国、中国香港等成熟市场，我国个人信用体系尚不完善。建议借鉴中国香港市场化的信用体系建设制度，健全完善中国投资者的信用档案建设，加大证券公司和中央银行的资源共享，出台相关规定，允许证券公司可以获取中央银行征信系统的客户信用信息，更重要的是，全社会要建立个人信用记录和评级体系。

（十）优化融资融券业务集中度管理

在集中度监管方面，美国采取了分级调整维持保证金比例的方式，即根据集中度从低到高制定递增的维持保证金比例。我国在集中度监管方面采取的方式比较粗放，仅采取单只股票融资监控指标达到 25% 时暂停其次一交易日融资买入这一规定。对于一段时间内交易活跃的个股，这会造成反复暂停融资买入的情形，虽然能够达到限制融资买入额度的目的，但是并没有真正了解集中度与流动性风险的关系，同时也给投资者在交易时带来了一定的不便利性。我国可借鉴分级调整保证金比例的方式，在模拟测算集中度与流动性风险关系的基础上制定递增的保证金比例，从而实现集中度的监管。

其他风险控制方面，应给予证券公司更大的自主控制的权利，让各证券公司根据自身的风险厌恶程度及经营风格来各自确定自身的风险控制体系。

融资融券的交易制度和监管制度设计应与所处国家和地区的具体文化背景、法律发展背景以及政府理念等社会环境因素紧密相关。我国的金融市场在市场层次、市场规模、参与者构成和对外开放程度方面，均与美国、日本、我国香港地区等存在着较大的差距。在现阶段应当注重对证券市场融资融券业务的监管制度，通过对多层次资本市场的建设和参与者结构的优化，提升市场化水平。同时，需要不断完善法律、法规和业务规则体系，借鉴美国、日本的市场准入规则、账户体系、担保品管理和风险管理机制，减少行政性的监管措施，采取市场化监管的手段。

（十一）完善提价限制并豁免专业机构投资者

在融资融券业务迅速发展的同时，融资融券业务发展逐渐趋向不平衡。在融券业务的实际开展中，“融券卖出申报价格不得低于该证券的最新成交价，当天没有产生成交的，申报价格不得低于其当前收盘价”的提价机制也降低了融券业务的可操作性。上述提价机制可以有效缓解融券卖空的助跌效应，但对于专业机构投资者来说，提价机制使得融券卖出不易成交，影响了套利交易的效率。

中国香港融资融券市场中，也对卖空限价制定了规则，但如证券属于经中国证监会批准而无须遵守此规则的“做市证券”（Market Making Security），则该规则不适用。因此，为方便融券交易成交，提升对冲类机构投资者套利交易的效率，建议豁免其在融券交易时的融券卖出提交要求。

（十二）引导机构投资者参与融资融券

归纳我国香港地区融资融券的模式，其融资和融券业务相对独立，按照两个机制运行，融资活动按照证券公司的授信市场化模式，融资工具和手段完全市场化，而融券业务政府监管相当严厉，整体具有分散授信和集中调控的特点。在该模式下，机构投资者比较成熟，这一点值得我国借鉴，大力培育机构投资者，使机构投资者参与融资融券业务，有利于促进融资和融券业务的平衡发展。

场外配资业务监管研究

喻 坤 李彦霖 王 涵*

2015年6月中旬以来，A股市场经历了剧烈调整，截至8月31日，沪深300指数从6月9日的最高点5317.46点，下探至最低的2952.01点（8月26日），两市日均交易金额降幅超过万亿元。A股巨幅调整的一个重要原因是前期场外配资的无序增长，导致入市资金过度杠杆化，从而造成市场风险不断积聚，市场波动持续放大。

鉴于场外配资活动的巨大潜在风险，未来进一步加强场外配资业务监管和控制，防止场外配资活动的风险扩散，对于维护我国资本市场长期健康发展具有重要意义。为此，本文从海外治理和规范股票市场杠杆交易的经验出发，结合我国杠杆交易的发展和监管现状，提出规范杠杆交易的相关政策建议，以期为我国加强场外配资业务监管、引导杠杆交易有序化发展提供一些参考。

一、海外杠杆交易的发展与规范

（一）海外股市杠杆交易的发展历程

1. 美国。美国股票市场杠杆交易历史悠久，成交活跃，对股票市场有着非常重要的意义。以纽交所为例，从1959年到2015年，融资融券余额从40多亿美元发展到6 000多亿美元，2015年6月末，融资融券余额占股票市场市值的比例达到3.2%。融资融券对活跃市场起到了非常重要的作用。融资做多和融券做空业务都非常活跃，最近20年平均来看融资余额和融券余额的比例在2.5∶1左右（见图1、图2）。

* 作者单位：兴业证券股份有限公司。

图 1　纽交所融资融券余额占总市值的比例

资料来源：纽约证券交易所、兴业证券研究所。

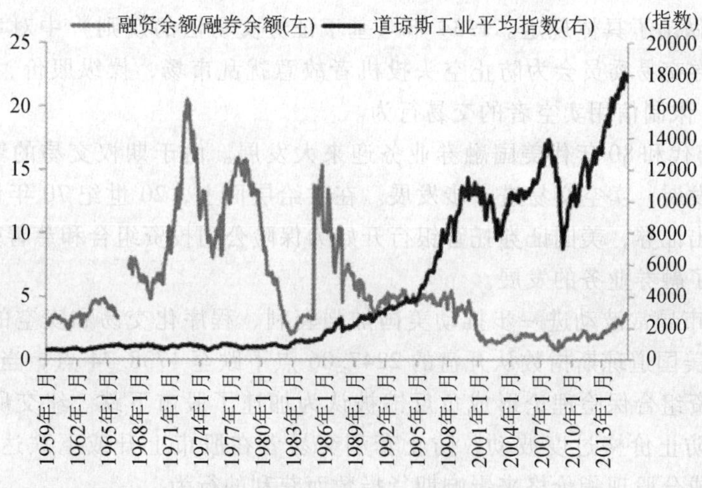

图 2　纽交所融资余额/融券余额

资料来源：纽约证券交易所、兴业证券研究所。

美国的杠杆交易发展历史也是风险不断暴露和加强监管的过程。1929 年股市异常波动之后，美国出台系列法案构建了完善的证券市场监管体系，杠杆交易被纳入全面监管；20 世纪 70 年代和 80 年代，融券业务大发展；1987 年股市异常波动之后，美国对卖空和套利行为做出了一定限制。

1929 年 10 月 28 日，道琼斯指数日跌幅为 13%，29 日跌幅达 40%，此后 3 年漫长的熊市，道琼斯指数从最高 381 点跌至最低 41 点。当时美国股票市场信用交易泛滥，美国全民处于一种疯狂投机状态，银行和证券交易所勾结，放款过度，保证金交易盛行，38% 的股民付少量保证金就可以从事股票投机，杠杆率达到 1∶10。美国监管层意识到股市的狂跌部分归咎于过度的证券信用交易，于是出台系列法案构成了完整的证券市场监管体系，对杠杆交易也构建了严格的监管体系制度，包括：

（1）实行分业制。1933 年《格拉斯 - 斯蒂格尔法案》严格地划分投资银行业务和传统商业银行业务。

（2）明确并完善信用交易的监管。1934年出台的《证券交易法》规定美国联邦储备委员会作为证券信用交易的监管机构，有权制定实施细则，有权根据证券信用规模调整保证金比例，以防止过度投机或股价过度波动。后续制定了详细的T、U、G、X规则，完善了证券信用交易制度的法律体系。

（3）利用保证金比例进行调控。20世纪20年代，证券信用保证金比例一直由纽约交易所和其他交易所自行规定，当时过低的保证金比例导致过度的市场泡沫。1934年，《证券交易法》赋予联邦储备委员会根据信用规模调整初始保证金比例的权力，这一制度一直执行到1974年才废止；经纪商和交易商可以根据市场状况和股价变动程度自行提高维持保证金比例。

（4）认定从事证券抵押业务的金融机构的资质。如进行证券抵押贷款业务的银行只限于联邦储备制会员银行，或者符合《证券交易法》、各州银行法和联邦储备法规定的非联邦储备制会员银行。开展证券抵押业务的经纪商必须是全国性证券交易所会员或为全国性证交所会员从事中介业务的证券自营商和经纪商。

（5）对卖空做出了具体规定。1934年《基于证券交易法的规则》中对卖空做出了具体规定。如美国证券交易委员会为防止空头投机者故意扰乱市场，操纵股价，于1938年出台《波幅检测规则》限制信用卖空者的交易行为。

20世纪70年代和80年代美国融券业务迎来大发展。由于期权交易的繁荣以及相关的投资组合理论的发展，卖空交易进一步发展。在供给层面上，20世纪70年代美国法律允许共同养老基金融出证券，美国证券托管银行开始为保险公司投资组合和慈善基金提供证券出借服务，都推动了融券业务的发展。

1987年的股市异常波动进一步推动美国加强套利、程序化交易和卖空的监管。1987年“黑色星期一”，美国道琼斯指数从开盘的2247.06点下跌至1738.74点，当天下跌22.6%。程序化交易和投资组合保险理论形成负反馈被认为加速了股市下跌。纽交所制定了80A规则和80B规则，防止价格过度波动，防止套利交易者在股市上升或下跌达到一定幅度时，通过推高或打压成分股现货价格来影响期货指数而获利的行为。

2. 我国台湾地区。我国台湾地区股票市场杠杆交易经历了从蓬勃发展到平稳运行，从场外野蛮生长到场内规范发展的过程。

早期我国台湾地区场内信用交易发展受到限制，1962—1974年的信用交易还不是真正的融资融券交易，1974年起开放三家银行办理融资业务，1979年设立了复华证券金融公司，独家垄断融资融券业务的办理权。但由于场内融资资金供给有限，场内信用交易比例很低。直到1988年修订相关规定，核准证券公司办理融资融券业务，开放证券金融公司的转融通业务，场内的信用交易业务才逐渐发展起来。

由于早期场内信用交易规模较小，大量资金开始通过场外融资配资的方式进入股市。20世纪90年代之前，我国台湾地区的场外融资主要以地下钱庄、投资公司的名义对外吸纳居民存款。1989年6月，银行修正案出台，开始严厉打击场外融资配资行为，取缔不合法的地下投资公司等。同时，伴随着场内“两融”业务的放开和发展，信用交易开始从场外逐渐转向场内。1987年末融资融券余额仅108亿元新台币，占市值的0.78%，到1992年已经发展到1 000亿元新台币，占市值的2.27%；2000年最高超过6 000亿元新台币，占市值的

4.55%（见图3）。

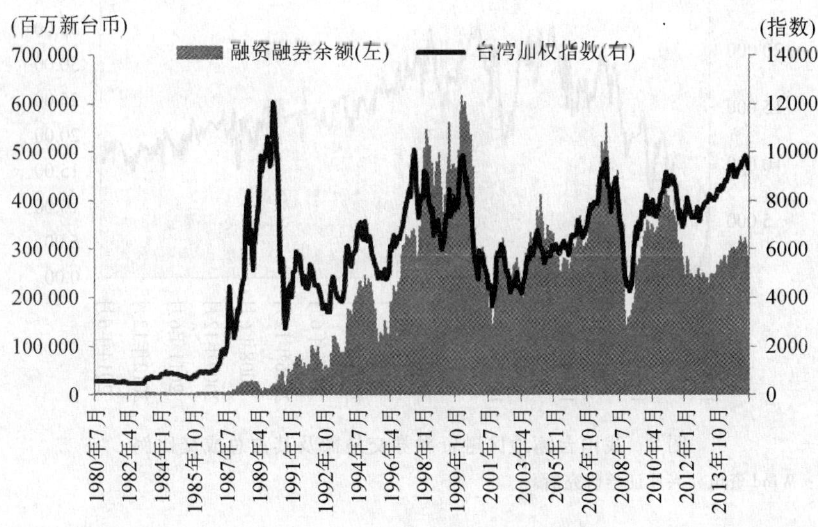

图3　我国台湾地区融资融券余额

资料来源：Wind资讯、兴业证券研究所。

我国台湾地区融资融券业务在2000年以后逐步萎缩，这与国外机构投资者进入我国台湾地区以及我国台湾股市长期不景气有关。融资融券余额占总市值的比例从2000年峰值时期的4.55%下降到目前的1.06%（见图4）。但是从成交额占比来看，融资融券仍然发挥着非常重要的作用，融资融券成交金额占全市场成交金额的比重目前维持在18%左右（见图5）。

图4　我国台湾地区融资融券余额及其占总市值比例

资料来源：Wind资讯、兴业证券研究所。

图 5　我国台湾地区融资融券交易额及其占总成交比例

资料来源：Wind 资讯、兴业证券研究所。

（二）海外规范杠杆交易监管的经验和借鉴

1. 严控场外杠杆发展。美国和我国台湾地区的杠杆交易均经历了从场外到场内的发展过程。1929 年美国股市异常波动、1990 年我国台湾股市异常波动都与场外杠杆交易的扩张有着重要的联系。之后，美国和我国台湾地区都出台政策禁止了场外杠杆交易，同时，加强对于场内杠杆交易制度的监管和完善，吸引投资者从场外融资转向场内融资。

2. 监管规则。

(1) 客户资格管理。在美国，进行融资融券交易的投资者必须是已经达到合法年龄的自然人，证券公司可以自己决定客户资格管理的条件。日本的客户资格管理相对复杂，未满 20 岁的未成年人及超过 60 岁的退休老人在拒绝之列，总公司或分公司经理亲自与客户面谈或做家庭访问审查无误，并在开户申请书上详细记载面谈情形后，才可以进行信用交易的开户。我国台湾地区则要求投资者年满 20 周岁以上，开立现金账户 6 个月以上，最近一年买卖 10 笔以上，累计金额达到申请额度 50% 以上以及年所得的各种财产达到申请额度 30% 以上，且融资融券额度与财产证明挂钩，如第一级客户可融资融券 250 万元，需要财产证明 75 万元以上。

A 股对于融资融券业务客户资格的规定主要限制在于："最近 20 个交易日日均证券类资产低于 50 万元的客户，证券公司不得为其开立信用账户。"

(2) 证券资格管理。从美国、日本、我国台湾地区的经验来看，在全国性证券交易所上市的证券大部分都具有融资融券资格。美国只需符合两个条件：第一，必须在全国性证券交易所上市交易或在场外柜台市场交易很活跃的证券。第二，必须在证券交易委员会开列名单上的证券。日本对信用交易的证券则局限于在第一板交易市场交易的证券，同时经证券主管机关指定。我国台湾地区限制条件较多：必须是在第一板交易市场交易的证券，上市半年以上，每股净资产高于面值，实收资本在新台币两亿元以上，最后一个会计年度没有累积亏损，最近两个会计年度税前利润净资产收益率在 6% 以上，或者最近 5 个会计年度税前净资产收益率在 3% 以上等。但是在我国台湾地区的集中交易市场，96% 的股票具有融资融券资格，上述繁琐的条件主要限制了兴柜市场和柜台市场交易的股票。

目前，A股市场上融资融券标的共919只股票，占A股股票总数仅1/3左右，占A股总市值的84%，标的股票成交额占全市场成交额的比例仅为57%。未来可以考虑进一步扩大融资融券标的覆盖范围，吸引投资者从场外融资转向场内融资。

（3）保证金管理。保证金比例是杠杆交易监管中的核心。在美国，初始保证金比例为50%，美联储从1934年开始曾经将调整初始保证金比例作为调控证券市场的手段，但是各项研究并没有提供有效的证据。从1975年起，美国放弃了这一调控手段，长期执行50%的初始保证金比例。交易所也可以自己制定要求，纽交所要求初始保证金比例为50%，融资维持保证金比例为25%，融券维持保证金比例为30%（股价5美元以上）或者达100%（股价5美元以下）。证券公司也可以根据自身对市场的研究判断，相应提高初始保证金比例。

日本的初始保证金比例由大藏省规定，1990年以后长期执行30%的初始保证金比例。维持保证金比例为20%。我国台湾地区初始保证金比例为50%，最低维持保证金比例为28.6%。

A股对于"两融"业务的保证金比例的规定与国际较为一致，初始保证金比例为50%，最低维持担保比例为130%（按照美国的算法最低维持保证金比例是23%）。

（4）资金来源。在美国的杠杆交易体系中，融资的资金来源和融券来源都较为广泛。只要是资金的富裕者都可以参与融资，只要是证券的拥有者都可以参与融券。但是，在专业化的分工体系下，融资和融券都必须通过交易经纪公司来进行。如此，无论是银行资金还是民间资金，其杠杆交易自然被置于监管之下。比如，证券公司可以从一些客户账户为其他客户提供贷款，银行为客户提供贷款以及国外资金为客户提供贷款。融券同样也包括广泛的来源，除了融资业务取得的抵押券、自有证券，还包括从金融机构（其他证券公司、养老金、保险公司）借入证券以及其他客户的证券余额。在这些融券的来源中，养老保险等长期投资基金是重要的力量，他们是市场上的证券富裕者，长期持有的证券在信用交易体系下可以通过出借获得利息，比如较成功的哈佛基金会在20世纪70年代介入融券业务的收入占全部收入的30%以上。

A股融资融券业务的资金来源主要是证券公司自筹或者证金公司转融通，融券来源则限于融资业务取得的抵押券、自有证券、从证券金融公司借入证券，券源较为有限，严重限制了融券业务的发展。缺乏有效做空机制，一定程度上使得市场容易出现单边趋势，加剧市场波动，不利于发挥股票市场的价格发现机制。

（5）卖空的管理。首先，融券卖空是一种非常普遍的杠杆交易模式。投资者预期股价即将下跌，即使手中没有证券也可通过借入证券卖空，在价格下跌后再买入证券偿还。合理有效的做空机制可以为市场提供流动性，增加价格弹性，提供有效的价格发现机制。

其次，卖空需要监管。如果制度设计存在缺陷，那么卖空可能被滥用，成为操纵股价下跌的工具，导致市场失序，引起投资者的恐慌。正因为如此，各国始终存在对卖空的监管。

对于卖空的监管主要包括价格规则、限制裸卖空、强化信息披露等方面。①价格规则旨在防止卖空者在不受价格限制前提下砸盘的可能性，从而保证卖空交易制度的平稳实施。如日本要求融券卖空交易的卖空价不低于市场最新的成交价，在投资人发出卖空委托后，如果市场价格向上，投资人只能在更高的价格上发出委托，这样可避免市场下行时的抛售压力以及在市场反弹时减少卖空打压。美国也围绕价格规则多次反复修订。2010年美国证监会推出卖空限制条款 201，规定当单只股票在单个交易日内下跌 10% 或更多时，卖空价必须高于当时全国最优买方报价时才允许卖空。②禁止裸卖空。裸卖空的存在，使卖空者可以利用标的证券股价突然下跌进行不受约束的卖空，从而导致投资者恐慌，进而削弱市场流动性。2009 年 7 月 29 日，美国证监会通过 204T 规则，永久性禁止裸卖空。③强化信息披露。2008 年 9 月 18 日，美国证监会颁布了临时规则 10a－3T，要求大型机构投资经理在规则规定期间从事卖空交易的，必须以 SH 表格形式向证监会报告。

二、我国股市杠杆交易及场外配资发展现状

（一）场内市场现状

A 股杠杆交易可以分为场内和场外两个角度。场内以融资融券为主，在政策的严格监管之内规范有序发展。A 股融资融券业务自 2010 年 3 月启动以来持续发展壮大，到 2015 年 6 月底已经上升至 2 万亿元。7 月以来随着市场调整，融资融券余额下降至 1.06 万亿元（截至 8 月底），占总市值的比例为 2.4%，占流通市值的比例为 3.0%，占成交金额的比例降至 5.2% 左右（见图 6、图 7）。融资业务较融券业务发展更快。融资规模以“万亿元”为数量级，而融券规模仅为“十亿元”数量级。

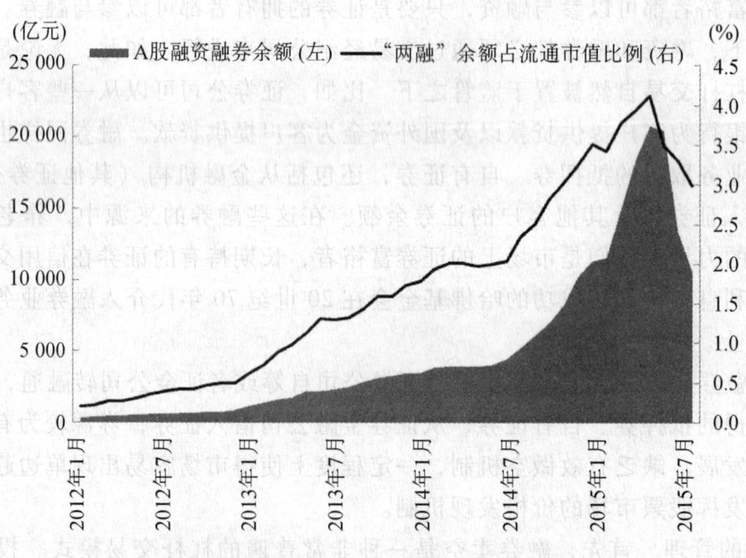

图 6　A 股融资融券余额占流通市值比例

资料来源：Wind 资讯、兴业证券研究所。

这部分融资杠杆严格控制在 2 倍以内，政策监控力度强，可以随时通过保证金比例进行调节。我们从融资买入额占总成交额的比重变化可以看到，自 2015 年 1 月中国证监会加强对融资融券的监管和不规范行为清理以来，融资买入额占成交额的比重一直在下降，从这个角度来讲，规范的融资融券行为并不是造成 2015 年 7 月股市流动性危机的主要因素。

（二）场外市场现状

场外主要是通过伞型信托、私募结构化产品以及其他各种形式的配资实现杠杆交易，其

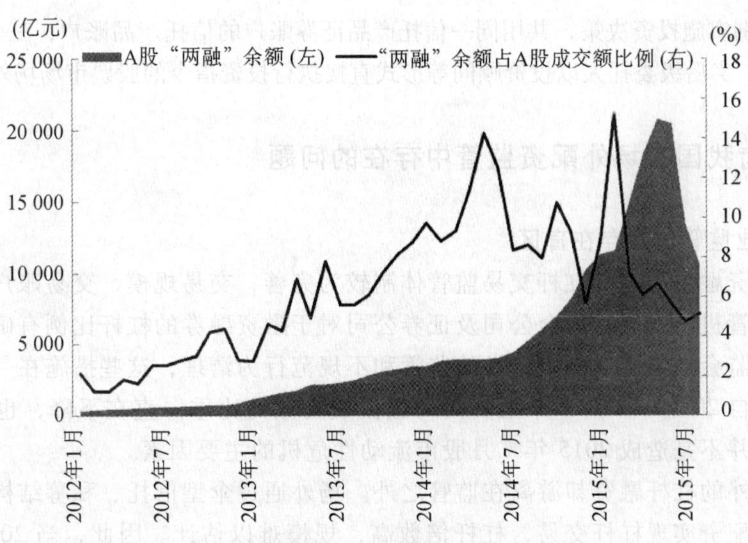

图7 A股融资融券余额占股票成交额比例

资料来源：Wind资讯、兴业证券研究所。

资金的来源包括银行理财产品、互联网P2P资金以及其他民间资金等。

1. 伞型信托。伞型信托是一种新型的证券投资信托产品，在一个信托产品中包含多个不同类别的子信托。在这一结构下，银行理财资金可以通过认购其中的优先级受益权，从而为股票投资者进行融资、配资。

2. 私募结构化产品。私募结构化产品通过区分优先级和劣后级资金，优先级的投资者享受固定收益，从而实现为劣后投资者配资的目的。

3. P2P平台配资。P2P配资是一种线上的民间配资形式，主要是指P2P企业借助自身的互联网平台为股票投资者提供配资。配资人需要向平台提供一定保证金，同时采用股票抵押的方式获取配资款，之后配资者定期向平台支付利息。

由于场外配资的整体规模无法准确估计，我们以银行理财产品的投向进行粗略测算，2015年6月A股市场巅峰时期，场外杠杆融资的规模至少在8 500亿元以上①，这还不包括互联网P2P以及其他民间资金，实际的场外配资规模可能更高。

鉴于场外配资难以进行有效监控，并且潜在风险巨大，近来，监管部门一直通过各项措施严格抑制和查处非法的场外配资活动，场外配资规模逐渐收缩。但随着清理工作的不断深入，存量场外配资的清理难度也相应增大。根据中国证监会最新的数据显示，截至2015年9月16日已经清理了3 577个资金账户，占涉嫌违法账户的64%。未来清理整顿仍将继续推进。2015年9月17日，中国证监会表示将继续清理信托产品账户的范围包括：一是在证券投资信托委托人份额账户下设子账户、分账户、虚拟账户的信托产品账户；二是伞型信托不同的子伞委托人（或

① 假设2015年上半年理财余额增速同2014年（23.9%），则到2015年年中，理财余额应该超过18.5万亿元水平。另据中国理财网，截至2014年底，理财产品中投向权益类资产占比为6.24%，同时该比例在过去8个月中，占比提升了8个百分点，我们可以假设在过去6个月，全市场理财产品的权益类资产投向占比可能上升至14%以上。那么，银行的配资上限可能增长了1.7万亿元（18.5万亿元×14% -15万亿元×6%）。如果假定其中仅有50%实际执行了配资的功能，那么这个增量也至少是8 500亿元。

其关联方）分别实施投资决策，共用同一信托产品证券账户的信托产品账户；三是优先级委托人享受固定收益，劣后级委托人以投资顾问等形式直接执行投资指令的股票市场场外配资。

三、当前我国在场外配资监管中存在的问题

（一）分业监管体制存在盲区

场内以融资融券为主的杠杆交易监管体制较为完善，交易规模、交易账户等信息均有严格的披露及监管机制，同时证金公司及证券公司对于融资融券的杠杆比例有确定要求。2015 年 1 月中国证监会加强了对融资融券的监管和不规范行为清理，这些措施在一定程度上抑制了市场炒作，自 2015 年 1 月以来融资买入额占成交额的比重一直在下降，也显示了规范的融资融券行为并不是造成 2015 年 7 月股市流动性危机的主要因素。

但是，场外的杠杆融资却游离在监管之外。场外通过伞型信托、私募结构化产品以及其他各种形式的配资实现杠杆交易，杠杆倍数高，规模难以估计。因此，当 2015 年 6 月底股市开始调整时，场外杠杆资金的情况犹如黑箱，这是形成恐慌的重要原因之一，投资者担心强制平仓形成踩踏，最终导致了流动性危机。

在分业监管的体制下，借助金融创新和互联网金融的掩护，场外杠杆工具容易成为监管的盲区，银行监管部门、证券监管部门以及其他金融监管部门都很难单独监控。以伞型信托为例，在伞型信托的业务结构中，主要包括证券公司、银行、信托公司三类机构，其中后两者属于中国银监会监管。上述三类机构在追逐利益之下均有发展业务的动力，从技术角度讲，在证券公司层面无法看到该信托账户是否为伞型信托，而新增伞型信托子信托完全由信托机构掌控，所以，如果没有中国银监会的配合，单纯依靠证券公司作用并不显著。2015 年初针对伞型信托的过快发展，中国证监会曾在 2 月 6 日下令禁止证券公司代销伞型信托，但是对于银行业及信托业的伞型信托问题，中国证监会却无权干涉，直到 2015 年 6 月，才传出中国银监会核查摸底伞型信托的相关消息，严重滞后于中国证监会的整治举措。监管的重叠必然使得监管难度加大。

（二）互联网金融企业的大量介入导致金融脆弱性增加

以 P2P 为代表的互联网金融企业大量参与到场外配资，实际上会显著增大金融市场的潜在风险和脆弱性，这主要是因为：借助于互联网，P2P 平台使得民间借贷的范围从传统的局部区域迅速扩展到全国，但是与传统的金融市场中介（如银行、券商等）相比，P2P 平台又明显缺乏相应的监管以及防范金融风险必要的专业手段，这就会造成金融市场的整体风险提升。与此同时，在为借款人融资时，与传统的银行、证券公司出资相比，P2P 平台作为中介还面临着出资人与监管人分离的问题，这会进一步引发潜在的道德风险，导致资金承担过高的风险。

因此，当 P2P 企业大量参与场外配资业务时，一方面会造成大量风险承受能力较低的资金追逐过高的风险（道德风险问题）；另一方面，金融市场的整体抗风险能力会出现下降（P2P 企业缺乏传统金融中介的风控措施和专业性），而当系统性风险出现时，容易引发金融市场的连锁反应。

四、我国场外配资业务监管的政策建议

（一）严格控制场外配资活动

鉴于场外配资活动难以全面有效监控，资金绕道场外配资削弱了传统金融中介风险控制体系的作用，容易造成金融体系潜在风险的快速积聚。与此同时，当市场真正出现流动性危机时，由于场外配资活动的不透明，实际上会增大市场的不确定性，从而进一步恶化流动性状况。

因此，未来需要通过形成明确的法律法规对场外配资活动进行严格的控制，避免场外配资的无序化和“有毒”化发展，对场内正常的金融秩序产生冲击。

（二）形成和完善不同监管机构之间的协调监管机制

金融创新和金融深化是资本市场不断发展的必然，同时对于满足实体经济对金融服务的各项需求、提升实体经济效率也具有重要意义。然而，随着金融市场的创新发展和互联网金融的发展，传统的金融业务边界逐渐变得模糊，跨领域金融业务的融合程度也不断提升，这都对我国当前的金融体系分业监管模式提出了新的要求。

未来的金融监管既需要保持相关领域的专业性，也需要有更大的柔性，在明确各部门监管责任的同时，需要形成和完善不同监管部门间的协调和沟通机制，确保各部门监管措施的同步性和协同性。

（三）推进场内“两融”业务发展，引导融资“阳光化”

“两融”业务对于活跃股票市场交易、提升定价效率具有重要意义；同时，与场外配资相比，场内融资对于投资者而言具有资金成本低、业务规范、风险可控等优势，对于监管部门而言也能够进行系统性的监管。因此，推进场内“两融”业务发展，促进股票融资“阳光化”十分必要。

但目前，我国A股市场可供融资融券的股票范围仍然偏小，仅为A股股票的1/3，同时融券的券源也非常有限，导致融券业务发展缓慢。因此，未来有必要进一步扩大“两融”业务的股票标的范围，满足市场需求，同时推进融资与融券业务协同发展，避免形成容易引发单边行情的机制。

（四）不断完善对互联网金融企业相关业务的监管

互联网金融的发展无疑是近几年金融业务创新的一个重要方向，但是，互联网本身具有“赢家通吃”的特点，而金融行业却需要避免“大而不能倒”的情况出现，这本身就决定了互联网金融的发展需要有一定的边界和相应配套的监管。

从前期股市的异常波动来看，由于P2P企业缺乏风险控制的措施和专业性，面临出资人和监管人分离的道德风险问题，成为放大市场风险的主要原因。因此，未来对于互联网金融的发展应该逐渐形成完善的监管体系，明确互联网金融业务模式的边界和范畴，防止系统性风险的潜在蔓延。

现行股票配资业务运营模式分析及监管研究

袁蓓 常丽萍*

2014 年以来，我国证券市场在改革发展多重利好推动下，交易日益活跃，开户数、成交量、“两融”余额等指标不断创出新纪录，反映了投资者积极利用证券市场配置资产，投资理财需求急剧增大。证券公司“两融”业务规模不断扩大，甚至出现资金不足以满足融资需求的局面。在这种背景下，各类股票配资业务发展迅速，部分与互联网金融业态相结合产生新运作模式。由于缺少必要的监管和风险防范措施，股票配资业务特别是各类民间“配资炒股”活动经营无序，交易杠杆率高，损害投资者权益事件时有发生，易引发群体性事件，且极可能出现投资者维权无门的情况。这对维护合法有序的金融秩序或社会秩序，都存在较大的风险隐患。本文分析了当前具有代表性的股票配资类业务运作模式，并针对风险点提出净化市场、加强监管的对策。

一、代表性的股票配资业务运作模式简介

股票配资业务交易对手方通常包括融资方（即资金的实际操作方，民间也称其为“操盘手”）和出资方两方。融资方指需要扩大操作资金的证券市场投资者，出资方指为融资方提供资金的个人、公司或产品。双方通过签署配资或购买金融产品协议，约定资金使用费用和风控原则，同时融资方向出资方缴纳风险保证金，以获得出资方所提供的、存入交易账户内的、数倍于风险保证金的资金的一定期限内的使用权，并由出资方按照合同约定，对交易账户进行风险控制，确保其出资安全。目前，市场存在的股票配资业务类型主要包括三种运作模式：信托公司发行伞型结构化证券投资信托产品配资，投资公司、担保公司及典当行等为出资人配资，通过法人或个人账户配资、个人或机构与互联网运作平台合作配资等。

* 作者单位：中国证监会陕西监管局。

（一）信托公司发行伞型结构化证券投资信托产品配资

1. 伞型结构化证券投资信托产品的特征。伞型结构化证券投资信托产品由信托公司发起，银行、证券公司提供相关业务技术支持，为客户提供融资、投资服务，产品包含融资服务、投资服务、证券交易服务，横跨银行、证券等多行业业务。具体而言，是银行理财资金借道信托产品，通过配资、融资等方式，增加杠杆后投资于证券市场，具有高杠杆积聚风险的特征。

2. 伞型结构化证券投资信托产品基本业务模式。信托公司设计优先级受益权和劣后级受益权两种不同的认购协议，分别面向银行和证券公司渠道进行销售。一般而言，证券公司筛选劣后级客户，银行提供优先级客户（对接银行理财的资金池）。信托公司在以信托计划名义开立的证券账户下，通过设立二级虚拟子账户的方式，同时为多名证券投资者一对一提供结构化的融资服务。该类信托产品下设多个相互独立子信托单元，均独立进行投资操作和清算，形成一个个完全独立的小型结构化信托产品。

（1）开户。信托公司以伞型信托计划名义开立证券账户，借助自身搭建的专用交易系统，在证券账户下设立众多交易子账户，并在投资者认购劣后级受益权提出配资申请时，分配一个交易子账户给劣后级客户使用。

（2）交易。需融资的投资者（不限于证券公司客户），认购信托计划的劣后级份额，并以认购金额为担保融入资金；下载信托公司交易软件，通过交易子账户、信托公司的专用交易系统，以网上交易方式、行使子单元全部资产的投资权利，获取投资收益。信托公司的专用交易系统具备类似证券公司经纪业务集中交易系统的开户销户、委托下单、交易查询、交易清算等功能。劣后级客户下单后，信托公司专用交易系统对客户交易指令进行甄别，在整体信托计划投资比例等不触碰证券监管相关标准的前提下，向证券公司信息系统发出指令完成交易。

（3）风控安排。信托公司建立专用信息技术系统和风控平台，设置统一的风险控制预警、强制平仓等指标，对每个子信托单元进行管理和监控，并通过信托合同约定、设置系统前端控制参数等，对全部劣后级客户的证券委托下单、持仓总量——即整体信托计划的投资比例进行严格控制。每个劣后级客户的交易指令，必须在全部客户的交易、持仓总量符合投资控制指标，亦即整体信托计划的投资比例符合控制指标的前提下，方可由信托公司以信托计划的名义提交到证券公司的交易系统。

（4）收益。优先级客户获得固定收益，劣后级客户获得剩余收益，即总投资收益扣除优先投资者的固定收益和所有费用。劣后级客户以全部出资担保优先级客户的投资收益和本金安全。

（5）业务规模。根据中国信托业协会发布的统计数据①，2014 年度，资金信托对证券市场的投资规模（按投向统计）约为 1.84 万亿元。根据腾讯新闻报道的用益信托网统计数

① 资金信托对证券市场投资规模参见“2014 年 4 季度末信托公司主要业务数据”，中国信托业协会网站，时间：2014 年 12 月 31 日，网址：http：//www.xtxh.net/xtxh/statistics/22930.htm，最后访问日期：2015 年 3 月 5 日。

据[①]，2014 年 68 家信托公司全年发行证券投资类信托产品 2 628 只，规模为 1 113.4 亿元。增加较为明显的是 2014 年第 2 季度后，3 个季度共发行证券投资类信托产品 2 190 只，规模为 968.2 亿元。

（6）杠杆率。根据走访部分证券公司以及对证券行业的普遍征询，目前伞型结构化证券投资信托产品的杠杆率最高为 1:3。

（二）投资公司、担保公司及典当行等为出资人配资

1. 此类配资业务涉及的四类主体。

（1）第三方资产管理软件即股票配资交易系统，是该业务的管理平台，具备类似证券公司经纪业务集中交易系统的开户销户、委托下单、交易查询、交易清算等功能。资产管理软件接入证券公司交易系统后，不但可以进行正常的证券交易，而且可以利用软件实现对相关账户交易实时监控、投资品种、数量限定等风险管理功能。目前使用较多的有铭创、恒生等资产管理软件。

（2）投资公司、担保公司及典当行等是该业务的发起人。购买第三方资产管理软件后，向证券公司申请单独开立交易网关，通过专线接入证券公司交易系统，建立股票融资业务平台，实现对外借出资金及监控所属资金账户、平仓等目的。

（3）出资方账户，是由投资公司、担保公司及典当行等能够控制的法人或自然人，在证券公司开立的资金账户和证券账户。

（4）融资方是融资买卖股票的自然人，其不需要到证券公司开立资金账户或证券账户，而是利用第三方交易管理软件在出资人账户下建立的子账户操作。

2. 基本业务运作模式。

（1）开户。投资公司、担保公司及典当行等通过能够控制的法人或自然人，在证券公司开立账户，通过第三方资产管理软件在该账户下设立多个交易子账户。当融资方提出配资申请时，分配一个交易子账户给融资方使用。

（2）交易。融资方通过配资公司网站下载第三方资产管理软件的客户端，使用子账户账号登录后即可买卖股票，行使子账户全部资产的投资权利，获取证券投资收益。

（3）风控安排。配资公司在融资方进行股票交易过程中，通过第三方资产管理软件对其账户盈亏情况等实施风险控制，当亏损达到一定比例时，对子账户进行平仓或要求融资方追加保证金，以保证配资公司自身资金的安全。

（4）杠杆率及收益。杠杆率一般在 1:5 以上。配资公司收入主要源于利息收入，根据融资方使用资金时间长短设定不同年化利息率，有的年化利息率高达 48% 左右。部分配资公司还向融资方按月收取几百元的账户管理费。

（三）与互联网运作平台合作配资基本运作模式

1. 业务主体。配资公司与国内知名网站合作，为用户提供杠杆交易服务。配资公司负责产品设计、市场推广、资金提供、客户服务以及对接证券公司交易通道、第三方支付通道

① 用益信托网统计数据参见“信托资金入市 融资规模降四成”，腾讯新闻，2015 年 2 月 4 日，网址：http://news.qq.com/newspedia/province.htm，最后访问日期：2015 年 2 月 4 日。

相关系统开发等。网站基于其自身渠道和品牌、域名、技术投入等资源，开设配资专栏并进行内容专区运营和推广，同时辅助百度渠道进行业务推广宣传，采用互联网通用的 SEM（关键词搜索）和 CPC（广告效果付费）两种方式。此类业务典型代表有“新浪微操盘”“新浪配资宝”等。

2. 基本运作模式。

（1）开户。配资业务实际出资人（出资人与配资公司不一定为同一主体）指定个人及证券营业部，由配资公司将资金存入出资人指定的个人银行账户中，并由该指定个人到指定营业部开立证券账户、资金账户，同时该指定个人授权配资公司全权办理交易、资金转入、划分投资收益、提现等业务。

（2）融资方注册。融资方在网站注册并登录，通过充值游戏币（为该项配资业务专门设立）等方式，购买实盘操作权及其他增值服务，激活子账户。

（3）购买实盘操作权。实际交易前，融资方需申购实盘金额，支付一定费用后获得所申购金额的实盘操作权和收益分配权。以新浪微操盘为例，融资方需支付交易综合费 39.9 元/万元实盘，并冻结子账户亏损赔金 800 元/万元实盘。配资业务系统根据各证券账户可用资金情况为融资方分配一个指定账户，分配操盘资金额度。

（4）实盘交易。融资方通过配资业务系统下达交易指令，系统将指令分配至相应的证券账户，通过证券公司交易通道提交交易所，实际交易结果反馈融资方。

（5）交易结算。在指定交易时段内完成的买卖，配资业务系统自动在实盘卖出日完成实盘盈亏清算和收益分配。无论盈亏，融资方均需支付交易综合费（涵盖交易印花税、过户费、佣金等），亏损则需扣减与亏损金额相等的亏损赔付金。

（四）各类股票配资业务与证券公司融资融券业务比较分析

为便于比较，将具有代表性的股票配资业务分为伞型结构化证券投资信托产品和其他配资业务两类，与证券公司融资融券业务的比较具体见表 1。

表 1　各类股票配资业务与证券公司融资融券业务比较

指标	伞型结构化证券投资信托产品	其他配资业务	证券公司融资融券
融资杠杆	1:1—1:3	1:5 以上，互联网配资达 1:10 以上	证券抵押率一般不超过 70%，通常在 50%
融资期限	较灵活，依合同而定	无限制，一般期限较短	不超过 6 个月
入市交易经验门槛	无	无	连续交易 6 个月以上
抵押物	现金 300 万元以上	交易综合费及亏损赔偿金	现金、交易所允许的证券
买入标的	范围较广，限制较小，主要依合同而定	无	范围有限，上证 180、深证 100 成分股和部分 ETF 基金
投资比例限制	信托计划总体投资情况满足监管要求	无	无
持仓限制	信托计划总体持仓满足监管要求	无	无
行业监管	有	无	有

证券公司融资融券业务、伞型结构化证券投资信托产品均纳入金融监管范围，监管部门在制度建设、信息系统建设、从业人员管理、投资者适当性管理等方面均有明确要求，相关机构履行必要的风险管理程序和措施。相较于证券公司融资融券业务，信托公司伞型结构化证券投资信托产品融资成本略高，资金门槛较高，但无开户时间要求，能覆盖符合资金门槛的全部有需求客户，且杠杆率放大，投资范围扩大。但信托公司信息系统并未纳入证券监管体系，系统筹建无标准可依，系统运维性能、运行效率及数据安全难以有效保障，且信托计划项下信托财产具有不可分割性等特征，从而伞型信托产品在委托交易安全性、账户资产安全性、交易风险等方面存在较大风险。

其他配资业务从主体资格到业务资格等均未经金融监管部门认可，且从产品设计及运作看，在杠杆率畸高的同时，没有保护融资方权益的环节设计。信息系统搭建运维、数据安全等无标准、无保障，账户名义持有人与实际持有人不一致，且出资人可在各子账户间调拨资金等，实际是借配资买卖股票之名，通过资金借贷赚取巨额利息为目的，蕴含极大的风险。

二、证券公司在股票配资业务中承担的角色

（一）伞型结构化证券投资信托产品

证券公司在伞型结构化证券投资信托产品中担任交易通道接入商和劣后级客户推介渠道的角色。证券公司与信托公司签订代销协议，约定证券公司在销售、推介信托产品中的权利和义务，同时，银行、证券公司、信托公司三方签署证券经纪服务协议或备忘录，明确证券公司经纪商的权利和义务。

证券公司以伞型信托计划名义为信托公司开立证券账户，并为信托公司提供通信专线。信托计划所有劣后级客户的委托交易在证券公司信息系统中表现为信托计划的委托交易，单个劣后级客户的委托交易明细保存于信托公司信息系统中。

证券公司的主要收入是伞型证券投资信托产品的交易佣金和代销信托产品手续费收入。

（二）其他配资类业务

证券公司担任交易通道接入商角色。所有融资方的委托交易在证券公司信息系统中，表现为配资公司所控制个人、法人账户的委托交易，单个融资方的委托交易明细保存于配资业务系统中。

业务实践中发现个别证券公司为此类股票配资业务提供便利，即证券公司直接为上述配资公司开立专门账户。该类账户区别于普通投资者账户，即证券公司按正常开户程序为配资公司控制的法人或自然人开立证券账户的同时，使用柜台系统附带的资金分类管理功能，在其对应主资金账户下设多个具有独立交易功能的明细资金账户，并为每个明细账户分别设置交易权限。主资金账户具有资金存取权限，并可在明细资金账户间分配资金，明细账户只能在主资金账户分配所得资金范围内发出交易委托。

三、股票配资业务主要问题及风险

（一）开展股票配资业务的个人或公司涉嫌从事证券经纪业务

股票配资公司自建或与网站合作建立信息系统提供交易客户端，为融资方虚拟账户，系统汇集发送客户交易指令，并根据融资人的下单记录和盈亏情况分发证券买卖收益，代收证券交易佣金、印花税、过户费等费用，属于证券经纪业务范畴，经营了证券业务，涉嫌违反了《证券法》第一百二十二条“未经国务院证券监督管理机构批准，任何单位和个人不得经营证券业务”的规定。

（二）股票配资业务导致证券交易信息失真

股票配资业务中交易行为的真实实施者（融资方）与名义投资主体（在证券公司开立账户者）不对应，导致证券登记结算机构记录的证券持有人名册和登记过户记录不准确。可能造成以下隐患：一是为因违法犯罪被市场禁入者以及法律法规规定不得买卖股票人员借道信托通道买卖股票提供便利，且行为隐蔽性较强。二是为不法分子操纵市场提供便利。一旦不法分子将伞型证券投资信托计划作为交易载体或借助配资业务系统，进行坐庄、对敲、内幕交易等违规行为，将增加交易所日常监控及证券监管部门查处难度。

（三）账户开立和使用违反法律法规

配资公司通过所控制个人在证券公司开立的账户进行股票买卖，同时通过该类账户为融资方提供交易委托下单服务，涉嫌违反《证券法》第八十条“禁止法人非法利用他人账户从事证券交易”的规定，且有出借账户之嫌。

（四）证券公司涉嫌违反规定为融资活动提供便利

证券公司在伞型证券投资信托产品运作中，提供客户推介或销售产品、专用交易通道等，其他配资业务中提供专用交易通道，甚至个别证券公司还协助配资公司进行账户的资金分类管理等，为开展配资融资业务提供了便利，涉嫌违反《证券公司融资融券业务管理办法》第三条“未经证监会批准，任何证券公司不得向客户融资、融券，也不得为客户与客户、客户与他人之间的融资融券活动提供任何便利和服务”的规定。

（五）对伞型证券投资信托产品投资运作风险在银行、信托、证券业之间的传递缺乏防范机制

银行在该产品运作中承担了产品销售的角色，银行理财产品还同时作为资金融出方；证券公司参与信托产品销售（2015 年 2 月前），提供交易专线及通道经纪商服务。若信托公司的风险控制失效，导致劣后级客户被强制平仓，可能引发投资者与作为销售方、服务方的证券公司、银行发生纠纷。此外，按照信托产品的外部法律关系属性，各子信托单元账户资产安全性缺乏保障。信托产品项下信托财产作为不可分割的整体资产而存在，全部信托财产作为信托产品外部债务的责任财产。如某个信托子单元财产的运作发生违法违规情形，可能使得信托产品整体受到处罚或限制，某个信托子单元财产发生的损失超过了该信托单元财产余

额，可能导致该信托子单元应当承担的费用或负债需要由其他信托子单元承担，从而给投资者造成损失，不仅不能保证优先级客户的投资收益，甚至无法保证其本金安全，那风险就会传递到银行体系。而目前监管格局下，并未建立协作监管机制防范风险在银、证、信之间的传递。

四、监管建议

伞型结构化证券投资信托产品的热销以及各类民间股票配资业务屡禁不止，一方面说明市场融资需求旺盛，另一方面说明证券公司挖掘投资者需求、设计产品对接投资者需求还存在较大的空间。监管部门要维护好证券市场经营秩序，给予市场各方明确预期，在具体监管工作上应注意疏导结合，一方面放松业务管制，进一步放开业务空间，鼓励金融服务及创新，使正规投资渠道和服务机构能够贴合、满足证券投资者需求；另一方面应加强协作严格监管，加大对非法证券投融资活动打击力度，压缩其生存空间。

（一）建立融资类业务统一管理制度

目前，银、证、信、保均通过理财、信托、资产管理等各种产品和方式开展融资类业务，但缺乏统一的规范性管理要求和业务标准，形成了监管套利空间，也易于造成风险在金融体系的传递，影响金融行业的发展。建议由国务院授权中国证监会牵头制定融资类业务管理制度，并与相关金融监管部门联合发文，形成各金融机构普遍适用、各金融监管部门共同执行的管理制度，规范融资类机构运作，统一监管标准。一是建立融资类业务参与主体的资质管理制度。建议融资类业务仅限于银、证、信、保等金融机构开展，并明确银、证、信、保开展融资类业务的资质要求。可参考证券公司融资融券业务资格申请标准，设定净资本规模、近年诚信经营情况、信息系统安全性、适当性管理等指标及标准，通过向对应监管部门的事前备案方式，强化资质管理。二是建立统一的业务规则。统一投资者准入、适当性管理、账户管理、融资杠杆、投资品种、风险管理等具体业务要求。三是限制开展场外融资活动场所，建议局限于已纳入监管范畴的交易场所、新三板、报价系统和规范的股权融资平台等。四是明确开展融资类业务主体的报告要求。针对定期、专项、重大事项等建立报告机制，明确业务主体的报告责任和义务。

（二）在统一管理制度出台前，逐步放开融资融券业务的投资范围等监管要求

建议进一步完善证券公司融资融券监管相关规定及业务规则，逐步放宽证券公司融资融券业务在客户开户时间、投资品种、杠杆比例等方面的限制，引导投资者通过正规渠道进行融资融券交易。

（三）推进外部信息系统评估认证，加强证券公司信息系统安全管理

一是有序推进外部信息系统评估认证。建议中国证券业协会在依各证券公司申请开展外部信息系统评估认证的同时，对与证券行业普遍开展业务协作的公募基金等使用的外部信息系统及运行的产品，建议由公募基金等外部系统接入方统一向中国证券业协会提出申请，中国证券业协会开展评估并通过建立黑白名单制及定期调整机制，向行业公告可接入的系统及

运行的具体产品。二是建立外部信息系统接入方月度报表制度。接入方应每月定期向证券公司报备通过评估认证的外部信息系统及运行的产品相关信息，证券公司再通过 CISP 系统每月汇总报送。三是加强对异常交易行为监控。在证券公司按照规定加强对客户账户后续操作及交易行为监控外，建议中登公司或交易所加强账户监控，及时排查异常账户并依据各自业务规则核查，采取自律措施。

（四）加强协作，严厉打击各类非法融资活动

一是加强金融监管部门协作，确立联合执法机制，加大执法力度。二是加强对异常交易行为监控，发现涉嫌从事非法融资活动的存疑账户及时查处，并向工商部门举报。三是加强监管，督促证券公司严守经纪业务底线，禁止以任何方式参与非法融资活动，严禁为非法融资活动提供便利，完善管理制度和业务流程，落实开立账户和适当性管理要求。

（五）加强投资者教育

增强投资者利用杠杆交易的风险意识，帮助投资者了解高杠杆股票配资活动的风险和危害，引导投资者准确评估自身风险承受能力，理性参与杠杆交易。此外，证券行业的创新发展，不仅源于投资者需求，其成效也取决于投资者的认知能力和主观意识，加强投资者教育，取得投资者对创新业务及产品的认知以及对业务风控安排的配合，有利于促使行业创新真正落地。

融资融券业务对资本市场的影响研究及发展建议

田宇　郑路　闫伟　刘欣　李雨珊　阮翩翩*

2015 年 6 月中旬国内证券市场出现大幅度震荡，融资融券业务也出现一定数量的平仓盘，部分平仓盘在一定程度上对市场起到“助跌”的作用，且在少数时点给股市造成一定的流动性压力。由此，市场上渐渐出现一些对融资融券等杠杆业务的非议，甚至有人认为融资融券业务是导致股市暴涨暴跌的根源，并将市场大幅震荡归咎于融资融券等杠杆交易业务。我们认为，尽管融资融券业务在客观上具有对市场“涨时助涨、跌时助跌”的效应，并且国内的融资融券业务也确实存在需要进一步完善的地方，但是，从整体上说，作为证券行业的一项基础性业务，融资融券业务的正面作用远远大于其负面效应。此轮震荡过后，我们应该做的不是否定融资融券等创新业务，而是需要吸取经验教训，采取多项有效措施来进一步完善融资融券业务，以促进其发挥正面效应和减少对市场的负面影响。

一、我国资本市场杠杆融资类业务的影响研究

（一）发展历程与现状

2010 年 3 月 30 日，上海证券交易所、深圳证券交易所分别发布公告，表示将于 2010 年 3 月 31 日起正式开通融资融券交易系统，开始接受试点会员融资融券交易申报，我国的融资融券业务正式启动。融资融券业务首先是 6 家券商试点，2011 年以后开始逐步扩展至其他证券公司，自 2012 年底开始逐渐成为券商的常规业务。

经过 5 年多的发展，融资融券业务规模得到了大幅增长。沪、深证券交易所融资融券标的证券从 2010 年的 90 只，到 2011 年的 280 多只，再到 2013 年的 710 多只，再到 2014 年 9 月的 900 只，经历了 4 次大规模的扩容。

* 作者单位：广发证券股份有限公司。

在2012年底到2014年7月这段时间里，国内的股市以震荡下跌为主，但融资融券业务规模还是从2012年底的895.16亿元增长至2014年7月底的4 449.57亿元，增长了近4倍，业务规模不断扩大，融资融券交易量占A股交易量的比重也从2012年底的5.3%增长至2014年7月底的13.38%。在常规的市场环境下，融资融券业务稳步发展，其对我国资本市场的影响力也在不断提升。融资融券业务的迅速发展说明该业务为投资者提供了更多的交易工具，满足了市场的需求，提高了市场流动性，是适应我国资本市场的实际情况和需要的。

如图1所示，2014年7月以后，随着我国A股市场的不断上涨，融资融券业务规模呈现出加速增长的势头，并在2015年6月达到22 730.35亿元的峰值，较2014年7月底的4 449.57亿元增长了5.1倍。而在股市遭遇大幅下挫之后，融资融券规模随之回落，跌破万亿元。在此期间，融资融券交易量占A股交易量的比重也从峰值的22%回落至10%左右。在快速上涨的市场行情下，赚钱效应吸引了更多的投资者参与资本市场，而融资融券等杠杆类融资工具放大收益的特点，满足了投资者扩大收益的需求，推动了融资融券规模的进一步扩大，业务规模的增长超过了以往几年的增长。融资融券规模及影响力的扩大又进一步活跃了资本市场，但在不断上涨的行情中，其风险也在不断积聚，当市场出现大幅回调时，融资融券业务的风险特征逐渐显现，其业务规模也随之回落。

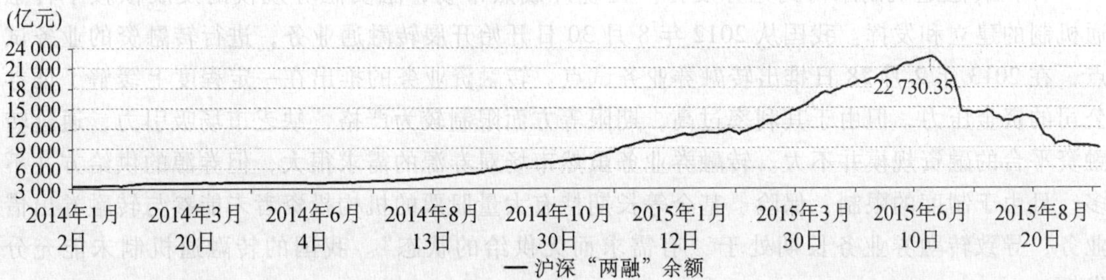

图1　沪、深两市融资融券余额走势（2014年1月—2015年9月）

资料来源：Wind。

（二）融资融券业务特征

1. 融资融券业务的一般业务特征。融资融券交易具有两个显著特征：一是卖空机制，二是保证金制度。卖空机制就是在高位判断市场将下跌的情况下，预先融入股票卖出，再在低位买回还券，以赚取中间差价的机制。在成熟的资本市场中，融券的卖空机制具有一定的减缓证券价格波动的功能，有助于市场内在价格稳定机制的形成。与普通交易不同，融资融券交易的保证金制度使投资者在预测证券价格将要上涨而手头没有足够的资金时，可以向证券公司借入资金买入证券；预测证券价格将要下跌而手头没有证券时，可以向证券公司借入证券卖出。融资融券交易扩大了投资者的交易筹码，具有一定的财务杠杆效应。

对成熟的资本市场来说，融资融券交易具有价格发现、稳定市场、增强流动性、风险管理等功能。融资融券交易的卖空机制、保证金制度是现代金融市场发展的需要，也符合具有相应风险承受能力的投资者的需求，为完善资本市场，促进资本市场的进一步发展提供了基础。

2. 我国融资融券交易的业务特征。我国融资融券业务从2010年开始试点，经过5年的发展，其相关制度、风险管理等方面得到了一定的完善，市场影响力也日趋增强，但与境外成熟市场相比，仍存在许多短板，主要表现在以下三点。

（1）参与融资融券交易的专业投资者比重较小。由于市场监管政策的限制，仍有许多专业投资者如保险、信托、QFII 等尚未参与融资融券交易，融资融券市场以普通散户居多，专业机构投资者持有的 A 股市值仅占 30% 左右。相对于专业投资者而言，普通散户市场敏锐感不强，不能很好地从股票市场的波动中发现融资买入和融券卖出的机会，同时融资融券的交易杠杆也会为散户投资者带来扩大亏损的风险。机构投资者能更好地通过融资融券交易制度扩大收益规模，利用融券卖空制度对冲风险。目前，机构投资者在融资融券业务中占比极少的局面不利于融资融券规模及融券交易的发展，不利于充分发挥融资融券交易平抑市场波动的作用。

（2）融券交易相对融资交易来说，规模不足。我国融券券源主要为证券公司自有证券及证券金融公司转融通券源，但由于证券公司自有券源的成本较高以及转融券业务的参与对象及相关机制所限，我国资本市场存在融券券源不足的问题。目前我国融券规模仅占融资规模的 0.2% 左右，融资、融券发展不平衡，较小的融券规模降低了在股票价格高于其价值时通过融券卖出使其回归价值的速度，也降低了融券交易对股票市场波动性的平抑作用。

（3）转融通机制未得到充分发挥。在境外成熟市场，融资融券规模的发展依赖于转融通机制的建立和发挥。我国从 2012 年 8 月 30 日开始开展转融通业务，进行转融资的业务试点，在 2013 年 2 月 28 日推出转融券业务试点。转融资业务的推出在一定程度上缓解了证券公司的资金压力，但由于其利率过高，期限等方面限制较为严格，缺乏市场吸引力，通过转融资平台的融资规模并不大。转融券业务虽然市场对券源的需求很大，但券源的供给方并不多，且由于制度的限制，保险、基金等长期持有大量股票的机构投资者未能参与转融券出借业务，导致转融券业务长期处于"有需求而无供给的状态"。我国的转融通机制未能充分发挥。

（三）杠杆融资类业务对资本市场的正面影响分析

1. 通过融资融券业务为投资者提供适度的财务杠杆，拓宽投资者的融资渠道，有利于投资者捕捉多样化的投资机会，满足客户多元化的投、融资需求。

首先，从境外成熟市场的经验来看，杠杆融资类业务是证券经纪业务发展过程中的必然产物，是成熟证券市场的基础性业务之一。在 2015 年上半年，国内市场融资融券规模超过 1 万亿元的情形下，仍存在大规模的投资者参与场外配资活动，以获取比融资融券更高的杠杆倍数进行信用交易，这表明投资者对杠杆融资的需求是不容小觑的。信用交易机制具有天然的杠杆效应，在投资者执行融资买入或融券卖出时赋予了投资者一定的财务杠杆，常规融资融券业务的杠杆倍数大约为 1—2 倍，而场外配资的杠杆倍数通常是 3—5 倍，最高甚至可能达到 10 倍。若不发展正规的融资融券业务以满足投资者的杠杆融资需求，那么更多的投资者将会寻求非正规的、游离在监管之外的场外配资服务，高杠杆倍数使投资者面临更高的市场风险与杠杆交易风险，若投资者操作不当，则更易遭受损失，这将更不利于证券市场的健康发展。由此可见，发展融资融券交易机制是国内证券市场的客观需求，投资者可借助融资融券交易，结合自身的投资需求，合理运用适度的杠杆参与证券交易以放大收益。

其次，投资者通过信用账户进行证券信用交易，除了在投资于二级市场时获得一定的财务杠杆以外，还有助于改变我国证券市场长期以来的“单边市”格局。在融资融券业务未推出之前，我国的传统证券市场属于典型的“单边市”行情，即与做多相比，市场缺乏有效的做空手段或做空金融工具，投资者只有通过“低买高卖”的方式获得资本利得。一旦股价出现急跌时，在没有正规的做空机制的情形下，多数投资者只能选择暂时退出市场以回避风险。融券交易作为正规的并受监管的做空工具之一，在市场下跌时能给予投资者做空的手段，投资者可以通过融券卖出——买券还券以获得盈利。

总的来说，融资融券业务的推出为我国证券市场引入了规范的双边交易机制，投资者不仅可以通过融资交易满足自身杠杆融资的需求，为证券市场注入增量资金，还可以通过融券交易的方式实现做空的交易策略，进一步完善市场的做空机制，使投资者既可在市场上涨时获得放大的收益，又能在市场下跌时获利。由此可见，融资融券业务对于活跃证券市场、增加市场流动性、满足投资者多元化投资需求等有着积极的正面影响。

2. 融资融券业务有助于完善市场双边交易机制，融券业务引入的做空机制为投资者提供了风险对冲工具，融资融券业务对稳定市场价格、减少市场波动性等具有正面作用。

如上所述，造成我国资本市场“单边市”状态的主要原因是缺乏良性的做空机制，偏向做多的“单边市”行情更易导致市场泡沫的积聚，使潜在系统性风险加剧，不利于市场的长期健康发展。融券业务的开展曾一度引起市场关注者的担忧，但经过多年来境内外市场实践证明，融资融券的双向交易机制会促进市场形成良性的内在自稳定机制，在假设融券规模达到融资规模的一定比例的前提下，融资融券业务能在一定程度上减少市场的波动幅度，对稳定市场价格具有正面作用。例如，在市场价格出现暴涨并大幅偏离合理价格时，价值投资者可选择通过融券卖出股票，卖出量增加导致价格被平抑；在市场急跌时，融券卖空者通过买券还券的操作偿还负债并获得收益，买入量的增加有助于抑制价格的不合理下跌。简单来说，无论是融资交易还是融券交易，每一笔合约从开仓至了结都包含着“买券”与“卖券”的操作，尽管“买”与“卖”并不一定发生在同一时点，但是能在一定程度上平滑价格的不合理波动，在市场价格出现暴涨或暴跌时起缓冲作用，有助于减少市场价格的波动性。

当然，以上所述的正面功能都是基于融券规模达到融资规模的一定比例的前提下。尽管从境外市场经验来看，融券业务的整体规模通常会小于融资规模，但国内的融券规模仍与成熟市场存在差距。截至2015年6月30日，沪深两市融资余额总量为20 446.67亿元，沪深两市融券余额总量为47.20亿元，相比之下，融券规模大约为融资规模的0.2%，因此限制了融券业务为国内市场带来的正面影响。

3. 融资融券业务的财务杠杆效应能有效地提高投资者的资金利用率，增加市场流动性，促进价格发现功能的实现。

首先，融资融券不仅能通过杠杆效应为二级市场引入增量资金，还能提高市场内存量资金的使用效率。目前，证券公司提供给投资者做融资交易的资金主要分为以下三个来源：证券公司的自有资金、证券公司通过转融资业务所获得专项用于开展融资业务的资金、证券公司通过与商业银行进行融资融券收益权买入返售业务所获资金。融资融券业务是以上增量资金注入市场的重要渠道；同时，信用交易赋予了投资者一定的财务杠杆，基于市场现货普通交易的基础上，信用交易的引入增加了市场的证券交易量，扩大了证券供求量，对提高证券换手率与市场存量资金的利用率有显著作用。据统计，境外市场融资融券交易额占证券交易总额的比重平均达到15%以上的水平，其中，美国市场约为16%—20%，我国台湾市场约为20%—40%；从我国融资融券业务的发展趋势来看，融资融券交易额也呈现快速上升的态势，以融资买入额占A股总成交额的比重为例，该比例从2012年的4%上升至2014年底的约16%的水平。综上所述，在适度监管的前提下，发展融资融券业务对增加市场流动性、增强交易活跃度、降低市场流动性风险等具有正面作用。

其次，融资融券业务的推出有助于促进国内市场完善价格发现功能。在完善的信用交易制度下，融资融券交易中产生的融资余额与融券余额数据为投资者制定交易策略提供了重要信息，投资者以融资余额与融券余额的长期变化为依据，可判断市场或某证券的变动趋势。融资融券交易额占证券总交易额比重越大，这种方向趋势判断的可信度就越高。所以，融资融券业务的市场交易数据无疑为投资者的投资分析提供了新的指标与信息，更有利于完善国内二级市场的价格发现功能。

4. 对证券公司而言，融资融券等杠杆类融资业务具有改善证券公司传统盈利模式、增加证券公司收入、拓宽证券公司业务范围、推动证券公司业务创新等正面作用。

一直以来，国内证券公司的传统盈利模式以经纪业务的佣金收入为主，而随着融资融券业务的发展，证券公司逐步建立起新的盈利模式。融资融券是基于传统经纪业务所延伸与发展的业务，为证券公司带来了额外的利息收入、信用交易佣金收入以及信用账户内普通交易的佣金收入等。据行业统计，2014年，证券公司融资融券业务利息收入达到446.24亿元；2015年上半年“两融”业务的利息收入更是达到676亿元，再加上“两融”交易的佣金收入253亿元，该业务合计给证券行业带来929亿元的收入，占2015年上半年全行业总营业收入（3 305亿元）的28%（部分证券公司已超过30%）。由数据可见，融资融券在近一两年成为证券公司新的盈利增长点，有利于促进证券公司盈利模式的转变。

立足长远来看，融资融券等杠杆类融资业务是证券公司发展金融创新的立足点。从境外市场经验来看，金融创新与卖空机制密不可分，而信用交易制度包含了买空与卖空，这在一定程度上为金融创新增添了灵活性。融资融券业务与国内现存金融衍生工具（如股指期货、期权等）相比，具有操作较简易、成本较低、风险相对较低等特点，更适合国内以散户投资者为主的证券市场。

（四）杠杆融资类业务对资本市场的负面影响分析

1. 融资融券业务对投资者的负面影响：融资融券业务具有的财务杠杆效应，可直接放大投资者的账户盈亏。因此，融资融券机制对投资者是一把“双刃剑”，蕴含着比普通交易更复杂的风险。

融资融券机制作为证券市场一项重大的创新交易机制，除具有与普通交易一样的市场风险以外，还蕴含其特有的杠杆交易风险。其风险特性意味着融资融券交易对投资者的趋势判断具有较高要求，如果投资者操作得当，借助信用交易可以实现放大盈利的效果，但如果投资者对市场走势判断失误，投资者既要承担由于判断失误而引致的本金和融资资金损失，还要承担融资或融券的费用成本，极端情况下更面临着因担保物不足所引起的强制平仓风险。所以，我们需要辩证地看待融资融券交易机制，基于潜在风险，证券公司开展融资融券业务时，必须切实加强和细化投资者适当性管理与投资者风险教育工作，将业务风险防范落实在业务一线。

2. 融资融券业务对证券公司的负面影响：使证券公司面临更大的信用风险、市场风险、经营管理风险等。

在信用交易制度下，信用是投资者进行融资融券交易的首要条件。在投资者进行融资融券交易时，证券公司是资金或证券的直接提供者，也就是说，投资者所面临的市场风险，在极端情况下极易转化成对证券公司的信用风险。由于投资者所面临的市场风险被杠杆效应增强，这等同于证券公司面临的市场风险与信用风险也被加大，一旦投资者出现违约行为，证券公司处理担保物时可能会面临投资者资不抵债的情形，直接导致证券公司财产损失。再者，在融资融券业务规模不断扩大、客户数量越来越多的同时，潜在风险也在不断积聚，使证券公司的风险暴露增加，这对证券公司的资金流动性、风险把控能力以及经营管理能力提出了一定的要求。

3. 融资融券业务对证券市场的负面影响：在某些特定情况下，融资融券业务可能对市场具有“助涨助跌”作用，加大市场波动。

我国的证券市场具有以散户投资者为主的显著特点，由于散户投资者一般具有较强的从众心理和“羊群效应”，可能使市场面临较大的投机风险与系统性风险。在市场上涨时，投资者所预见的赚钱效应大于可预见的潜在风险，更多的场外资金通过杠杆融资渠道进入场内，推动市场价格进一步上涨；在市场急跌时，投资者的恐慌心理与融资融券的强制平仓盘会引起股票的大量抛售，尤其是在平仓盘不断累积的情况下，由于市场恐慌所致，买盘相对卖盘大幅度减少，导致流动性缺失，产生一定的助跌效应。但是，融资融券业务本身并不是股市暴涨暴跌的根源。在市场持续大涨大跌的初期，融资融券机制甚至起到平抑价格波动的作用，只有在大涨大跌的中后期，融资融券的助涨助跌效应才有可能被触发。在成熟市场交易机制以及普遍投资者具有理性投资观念的前提下，通过证券公司严密的风险把控，这种助涨助跌效应是可被减小甚至是消除的。

我们认为，相对于融资融券业务的正面影响来说，其负面影响是相对较小的。产生负面影响的主要原因是国内市场仍在发展阶段，融资融券机制有待完善，而并不是因为融资融券业务本身弊大于利。通过对杠杆倍数的合理控制以及落实必要的风控措施，融资融券业务将促进证券市场的健康发展。

二、境外资本市场融资融券业务的影响研究

（一）我国香港地区资本市场融资融券业务的影响

1. 发展历程与现状。我国香港地区于 20 世纪 70 年代开始提供保证金融资，即香港人俗称的“孖展”。1973 年，中国香港股市监管缺位，导致市场操纵成风、投机盛行，此时的孖展业务处于放任状态。1973 年，中国香港开始了自己的监管制度建设，1980 年 3 月，香港远东交易所、金银证券交易所、九龙证券交易所和香港证券交易所 4 家交易所合并成立了香港联合交易所，开始享有在中国香港建立、经营和维护证券市场的专营权，随后各项法规制度逐步建立。

1987 年中国香港股市大幅震荡后，《香港证券业检讨委员会报告书》指出，缺乏法规监管的保证金融资业务容易导致市场的超买现象。其后，中国香港开始制定管制保证金融资买卖的规则，以促使孖展业务规范发展，发挥其积极作用。《香港证券业检讨委员会报告书》

建议在中国香港地区设立卖空制度，同时也指出卖空业务本身的特性，需要受到严格的监管以保护市场的稳定以及市场参与者权益的安全。1988—1994 年，中国香港地区证券监管部门为建立股票卖空机制以及完善有关证券期货市场机制，设立了证券及期货事务监察委员会，完善了自动对盘系统，并逐步将整个股票市场都纳入自动对盘系统，股市交易效率和市场透明度都得到了很大的提升。

1994 年，中国香港地区融资融券机制历经多年沉浮终于正式出台，香港联交所推出受监管的股票卖空试验计划，初期指定的 17 只卖空股票采取类似美国的“报升”（Up - tick）规则。1996 年，香港联交所推出一项修订计划，增加可卖空股票的数目，并取消了卖空的报升规则限制。因 1997 年 10 月的亚洲金融危机，香港证券交易所重新采用报升规则，同时规定豁免这条规则限制的情况。之后制定卖空的股票每季度进行一次调整。

1997 年金融危机时期，香港金管局推出一项指令，规定所有大笔期指的买卖，均要向金管局透露买卖人的身份。此后联交所对于市场参与各方的信息披露义务、证券借贷、卖空行为的限制性规定、衍生品的监管等逐一完善，融资融券业务开始规范发展。1998 年 9 月，限制卖空规则又被恢复，同时规定豁免此规则限制的情况。此后，指定卖空的股票每季度进行一次调整，截至 2014 年底，港交所公布的融资融券标的证券共 797 只。

目前，中国香港的股票融资融券沿袭了欧美的市场化模式，采用分散授信制度，具有特定资格的证券经纪公司作为金融中介机构，可直接为投资者提供证券保证金融资交易。同时，中国香港实行多级托管模式，其托管制度不同于国内市场，证券公司可以直接获得融券来源、完成投资者之间的融券，无须设立证金公司进行转融通。

近年来，中国香港地区融券业务发展较快，主板市场中卖空总额占市场总成交额的比重也是逐年上升，已经由 2005 年的 3.3% 上升至 2014 年的 10.4%，2014 年末主板卖空交易总额已达 1.77 万亿港元（见图 2）。

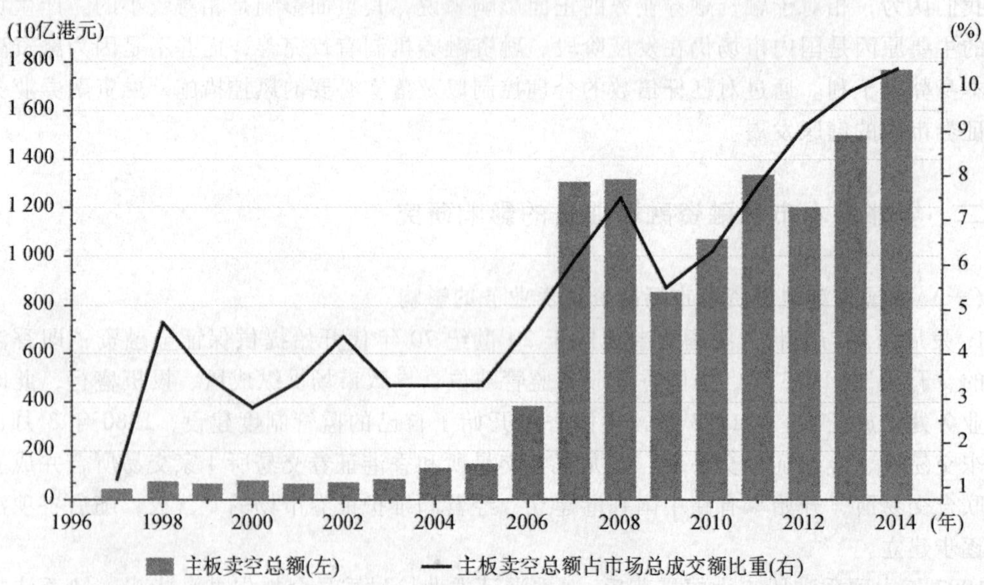

图 2 中国香港市场卖空总额情况

资料来源：Wind 资讯。

2. 融资融券业务特征。

(1) 市场化的监管制度框架。中国香港证券及期货市场的主要监管者是证券及期货事务监察委员会（以下简称“香港证监会”）。香港证监会是1989年根据《证券及期货事务监察委员会条例》成立的独立法定监管机关。目前，《证券及期货事务监察委员会条例》及另外9条与证券及期货业相关的条例已经整合为《证券及期货条例》，并于2003年4月1日生效。其中明确规定了由香港证监会承担对融资融券的监管职责。

在制度框架上，中国香港证券市场相对更加市场化，体现为监管主要通过基本业务原则进行约束，具体业务执行则由证券公司根据情况进行灵活调整。其中，融资融券业务的相关法律法规主要包括《证券及期货条例》（香港法律条例第571章）和《交易所规则》。对于融资交易，《证券及期货条例》对保证金融资的担保物要求、提供证券保证金融资业务机构的资格、保证金融资及订立保证金交易的特定记录备存等内容做出了规定，《证券及期货条例》和《交易所规则》对卖空做出了规定，《证券及期货（卖空及证券借贷（杂项））规则》对卖空和证券借贷协议的借出人须备存记录做出了规定，证券及期货（淡仓申报）规则规定了市场参与者淡仓（减仓）申报的要求。

(2) 信用账户功能多样。根据中国香港法规规定，投资者须开立现金账户（即普通证券账户，下同）以参与中国香港证券市场投资。若投资者参与孖展业务，需开立独立于现金账户的保证金账户（Margin Account）进行分类管理，即融资类投资者同时拥有现金账户和保证金账户两个账户。若投资者参与卖空交易，需开立独立于现金账户的借货沽空账户进行分类管理，即融券类投资者同时拥有现金账户和借货沽空账户两个账户。投资者可以在一家证券公司体系内使用同一现金账户分别开立保证金账户和借货沽空账户，但由于不同证券公司的孖展及借券沽空服务内容及价格不同，许多投资者会选择在一家证券公司开立现金账户及保证金账户，在另一家证券公司开立现金账户及借货沽空账户。

其中，保证金账户亦称孖展账户、透支账户，是投资者在证券公司开设的一种账户形式。该账户的投资者可以用股票作抵押，按账户资产总市值的一定比例借用证券公司资金进行投资。保证金融资方式买卖，客户只需付出相当于购入股票总值的一部分款项，便可进行高出本金的投资。因为客户向证券公司贷款以买入股票，所以买入的股票将会作为有关贷款的抵押品。相对而言，证券现金账户是投资者以账户内的自有资金进行投资。

随着信用账户使用者的增多，投资者对信用账户的交易及融资功能多样性需求也日益增大，香港证监会也赋予信用账户更多的操作功能。目前中国香港地区融资融券市场中，投资者的孖展账户与其现金账户功能相比较，仅增加了融资融券功能，其他功能不受限制。由此，证券公司通过信用账户向客户提供资金或者证券，除用于信用交易外，还可实现普通证券账户具有的二级市场证券交易、配股、增发、新股申购、股票期权行权等功能。

(3) 基于中央结算公司的股票借贷机制。由于中国香港分散授信机制，并未有证金公司一类统一证券借贷平台进行运作。中央结算公司作为撮合成交机构，同时通过“强制借券”确保证券交易及时成交，避免裸卖空发生。

香港中央结算公司建立了股票借贷机制，首先选择可供借贷的证券，建立借贷组合，然后提供给信用交易办理证券公司，再由证券公司提供给投资者融券服务。中央结算公司在融资融券交易中具有较强的中介和管理作用，但并不直接向投资者服务，而是由证券公司向投资者提供融券服务。由于中国香港实行多级托管模式，不管账户是现金还是融资融券户，证券都是登记在证券公司名下。因此，投资者可向所属证券公司借入证券，证券公司可以直接从投资者获得证券来源，完成投资者之间的借券。

最后，中央结算公司并不直接向投资者提供券源，而是由证券公司向投资者提供券源。中国香港证券公司可以将客户信用担保账户中的股票再质押以获取资金或者将客户的证券或证券抵押品借出给第三方。借出证券的主要来源即为证券公司账下所有证券。

3. 中国香港融资融券对资本市场的影响。中国香港市场推出融资融券业务后，对资本市场带来如下影响：

第一，融资融券的“价格发现”机制发挥了稳定市场的作用。一方面，价格发现抑制了股票价格泡沫的继续生成和膨胀；另一方面，又会向证券市场中的其他投资者传递一种股价被错估的信号，两方面的作用使得股票价格回归到真实投资价值上来，发挥了稳定市场的作用。

在中国香港市场，恒生指数的波动率在融资融券推出前后发生了明显的变化。事实上，恒生指数波动率随着融资融券机制的逐步放开而出现明显降低。由此推断，融资融券确实具有稳定市场的作用。

第二，中国香港融资融券的推出对市场流动性影响不大。理论上，融资融券提高了整个证券市场的换手率，增加了整个市场中的交易量和交易额。但在融资融券推出之前，中国香港已经有股指期货，而股指期货具有融资融券的类似功能，因此，在股指期货之后推出的融资融券对中国香港市场流动性的影响未达到理论效果。另外，融券卖空机制的推出对市场的影响还要取决于卖空交易本身占整个市场交易额比重。如果卖空交易额占整个市场交易额的比重较小，那么卖空交易对市场的影响力就会大打折扣。1997—2004年，中国香港市场的卖空交易额占整个市场的交易额比重非常小，所以难以对市场有很大的影响力。

第三，中国香港融资融券的推出和发展，加强了市场风险监管及控制能力。在中国香港，融资融券最初是一种自发的市场行为，直到20世纪80年代才形成统一规定。监管部门通过建立一系列制度和规定完善了中国香港地区融资融券风险控制机制，并进一步影响了整个市场的监管能力。如香港证监会未对证券公司融资融券业务规模、集中度指标进行强制规定，但经过业务发展和摸索，证券公司开展融资融券业务中均会对业务规模、集中度进行规范，对授信额度、占比规模、集中度指标、担保比例等多个要素形成自我管理和风险约束。

（二）我国台湾地区资本市场杠杆融资类业务的影响

1. 发展历程与现状。中国台湾地区杠杆融资类业务最早可以追溯到1962年，此后随着证券市场的不断发展，交易制度也在不断发展和完善。中国台湾地区杠杆融资类业务发展大致可以分为如下五个阶段。

（1）例行交易时期（1962—1974年）。1962年中国台湾地区证券市场开始形成，交易模式上允许交易双方在成交后可以先缴纳一定比例的交易保证金，再指定日期进行交割，也可以在约定交割日前进行反向对冲交易。这种保证金交易模式为投资者提供了一定杠杆，给投机操作提供了便利，加大了市场风险。为控制投机风险，1973年中国台湾当局将保证金比例提高到100%，在实质上取消了交易杠杆。这一时期信用交易规模平均为28.3%，为中国台湾市场后续融资融券交易打下了较好基础。

（2）银行代办信用交易时期（1974—1980年）。1973年全球能源危机爆发，对中国台湾经济造成重大冲击，股市暴跌。为挽救股市，1974 年中国台湾当局公布了“授信机构办理融资融券业务暂行办法”，正式开放台湾银行、交通银行、土地银行这三家银行办理信用融资业务，中国台湾信用交易制度正式建成。这一时期三家机构只能办理融资业务，不能办理融券业务。

（3）单一办理信用交易时期（1980—1990 年）。由于中国台湾地区证券市场的快速发展，市场上信用交易需求规模不断扩大。为建立完整的信用交易制度，1979 年中国台湾当局制定了“证券金融事业管理规定”，规定了证券金融公司设立条件。1980 年由台湾银行、土地银行、光华投资公司、台湾中国信托、台湾证券交易共同设立复华证券金融公司，接管三家银行代办的融资信用业务，正式开始办理融资融券业务。1980—1990 年，复华证券金融公司独家承办融资融券业务近 10 年，其间信用交易规模在 1986 年达到最高值，占市场总成交额的 34.56%。

（4）双轨制时期（1990—1995 年）。1990 年中国台湾当局发布“证券商办理有价证券买卖融资融券管理办法”和“有价证券融资融券标准”，核准券商办理融资融券业务，同时修订“证券金融事业管理规则”，开放证券金融公司转融通业务。同年 10 月，元大证券及鼎盛证券正式开办融资融券业务，开始了信用交易双轨制时期。这期间信用交易占市场总成交值的比例从 1990 年的 14.87% 逐年增加，到 1993 年 6 月达到 44.49%。

（5）开放时期（1995 年至今）。1994 年，由于证券市场信用交易需求剧增，证券金融公司资金运作紧张而限制融资，为扩大融资渠道，中国台湾制定了“证券金融事业申请设立及核发营业执照审核要点”，放开证券金融公司设立申请。1995 年环华、富邦及安泰三家新的证券金融公司成立并开始运营，打破了复华的垄断局面，证券金融公司从政策性机构转变为竞争性的专业金融机构。同时中国台湾当局降低券商融资融券业务开展门槛，开展融资融券业务的证券公司逐渐增多，证券公司已成为市场上融资融券业务主要参与者。

2. 融资融券业务特征。中国台湾地区融资融券业务经过多年发展，在学习和借鉴欧、美、日、韩等发达资本市场经验的同时，根据中国台湾地区证券市场特点进行调整，形成了自身独有特征，主要包括如下方面：

第一，采用双轨制授信模式。这种授信模式不同于日、韩的独占式单轨制模式和美国式完全竞争的市场化模式，证券金融公司除了可以向证券公司授信以外，还可以通过代理或直接向投资者授信。融资方面，证券公司既可以通过证券抵押的方式从证券金融公司获得资金，也可以将不动产作抵押向银行和其他非银行机构融资；融券方面，证券公司大部分的借入证券来自证券金融公司。这种融资融券业务模式包含三个层次：投资者与券商进行融资融券交易、券商与证券金融公司之间进行融资融券交易、投资者与证券金融公司直接进行融资融券交易。这种模式下证券金融公司和券商既是竞争关系又是合作关系。同时由于多家证券金融公司的存在，促进了证券金融公司之间的竞争。中国台湾地区融资融券业务模式打破了集中授信模式下证券金融公司单纯的垄断地位，在一定程度上活跃了证券信用市场，刺激了融资融券的交易量，并使得证券公司快速发展。

第二，授信主体的要求严格。证券公司从事融资融券业务必须在净资产、从业时间等方面达到规定条件，投资者在开立信用账户前需提供财务证明并接受资格审查。

第三，融资融券交易机制相对灵活。投资者可以采用当日冲销、交易变更等交易方式，进一步促进了市场交易的公平性，为投资提供了更多风险规避管道。允许担保证券作为融券和转融券券源，降低了投资者交易成本，提高了证券利用率。

第四，融资融券交易风险管理严格。监管机构对市场总的信用规模、标的集中度等指标有严格限制，对标的证券准入条件有严格要求，可根据市场情况对融资比率、维持担保比例等要素进行调整，证券公司对每个信用账户采取逐日盯市制度来控制信用风险。

3. 中国台湾地区融资融券业务对资本市场的影响。中国台湾地区建立和完善融资融券制度对证券市场有着积极的影响。

第一，融资融券业务改善了市场流动性，提高了市场交易活跃度。融资融券通过杠杆效应一定程度上放大了证券和资金供给，增加了市场交易量，对提高市场流动性具有较为重大的影响。中国台湾融资融券交易进入 20 世纪 90 年代后迅速发展，1990 年中国台湾融资融券交易占证券市场总交易量的 15%，1993 年以后，融资融券交易每年均占总成交量的 40% 以上，1998 年 8 月最高达到 66%。此后随着中国台湾股市陷入长期低迷状态，比重有所下降。目前，随着市场的稳定，融资融券交易量约占市场总成交量的 15%。

第二，随着融资融券交易制度的完善，监管层可以从证券金融公司、证券登记结算公司记录中及时有效地监控市场风险，通过调整保证金率来对股市起到监控与引导作用，为中国台湾地区宏观经济管理提供新的调控工具，实现货币政策目标。同时，融资融券业务丰富了股票市场交易手段，使得股票市场与期货市场、金融衍生品市场关联交互越来越多，有助于引导机构投资者参与市场交易与投资，提高期货市场、金融衍生品市场交易活跃度，从而推动台湾地区整个证券市场的不断发展。

没有证据表明融资融券开展后对台湾市场波动率产生显著影响，但是融资融券业务的开展给证券监管带来了新的变化，使得市场复杂度提升，监管难度提高。这种新的变化要求监管机构改善监管策略，及时关注市场杠杆水平，防范过度投机，同时也对信息公开提出了更高的要求，需要强化融资融券交易信息披露，保障信息及时、有效、准确传递，减少内部消息对市场带来的冲击，从而避免股市出现暴涨暴跌。

三、对本轮股市暴涨暴跌原因的反思以及融资融券业务在其中的作用

2015 年国内股市出现了一次影响面较大的大幅下跌行情，这次下跌之所以发生，首先是因为之前股市出现了非理性的过分上涨，造成大部分股票（尤其是中小盘股票）的估值过高，然后在多重因素的作用下出现了快速下跌。事后对整个过程进行回顾反思，可以客观地说，融资融券业务既不构成先前股市大涨的主因，也不构成 6 月后股市暴跌的主因。

事实上，国内的融资融券业务是从 2010 年 3 月开始试点的，首先是 6 家证券公司试点，在 2011 年以后逐步扩展至其他证券公司，自 2012 年底开始逐渐成为证券公司的常规业务。在 2010—2014 年 7 月之间的 4 年多时间里，股市并没有因为融资融券业务的出现和逐步普及而出现异动，或者说，“两融”业务的推出及其在证券公司中的推广并不构成影响股市涨跌的重要因素。在这 4 年时间里，不仅基本上没有人认为“两融”业务会主导股市的涨跌，甚至很少有人认为“两融”业务对市场起到明显的助涨助跌作用。换句话说，在融资融券业务开始运行的前 4 年时间里，“两融”业务对市场的涨跌基本没有影响，这一项业务因此也没有受到市场过多的关注和讨论。2010—2014 年的 4 年多时间里，尽管融资余额持续上升，而市场却是呈震荡下跌趋势。从这个角度来看，显然不能将本轮股市的大涨归因于融资

融券业务。

现在一般认为，从2014年7—8月间开始的一轮上涨行情的根本原因是“之前跌太久了”、“政策牛”和“改革牛”。本轮牛市起初的一个重要基础是经过多年的震荡下跌，在2014年5—7月间上证指数在2000点附近徘徊时，大部分股票的估值都已相当低。在此基础上，政府希望通过提振股市达到稳增长、调结构的目的。一些长线价值投资者和先知先觉者在2014年7月下旬开始加大力度进场，市场成交量增大的信号又吸引更多人进场，股市于是开始从2000点附近上涨至11月中的2400多点。随后中央银行自2014年11月22日起下调人民币贷款和存款基准利率，引发了股市的一轮快速上涨。中央银行的这次降息构成了股市2014年11月下旬至12月间大涨的主要触发因素。其他因素还包括“沪港通”试点启动、国家推出“一带一路”战略等。股市经过2014年第四季度的第一波上涨之后，2015年第一季度曾在3000点附近盘整一段时间。接着，3月初中央银行再次降息，兼之2015年3—4月间有些官方媒体对股市正面看法和评论经过渲染以后，股市打上了“政策牛市”和“改革牛市”的标签，使得更多场外资金进入股市，从而推动了股市在3—5月的进一步急涨。在这轮上涨行情中，“两融”业务的规模也出现了大幅上升，但从因果关系上说，应该说是股市的上涨（以及由此产生的赚钱效应）导致“两融”业务规模上升，而不能反过来认为融资规模的增长构成市场上涨的主因。尽管融资余额的增加就意味着进入股市的资金增加，融资规模的增长对于市场起到一定的助涨作用，但这毕竟只是一个助推作用，不是起因，也不是主因。

同样的，对于6月中旬之后的暴跌，融资融券业务不是起因，也不构成主因。那么导致股市在6月中旬开始暴跌的根本原因是什么？我们认为第一个主因是股市在不到一年时间里累积涨幅过大，股票估值过高，市场有自身调整的要求。从2015年7月开始，A股一直持续上涨，到这次非理性下跌以前，上证指数已经上涨了150%，创业板指数累计上涨178%，不少个股更是出现3—4倍的升幅，不到一年内市场整体这么大的涨幅显然推高了市场的风险。于是，一方面很多投资者获利回吐的欲望大增，另一方面在如此高位再追高的欲望大减。也就是说，股市上涨到接近5000点的高位之后，卖出的力度不断加强，买进的力度则快速减少，在买卖力度此消彼长的情况下很容易导致市场出现快速下跌。第二个原因就是在6月中下旬新股发行力度加大，且有2015年最大盘的新股（国泰君安）在发行，大盘新股的发行造成大量资金由二级市场转向一级市场，这些触发因素最终导致了大盘的见顶回落。第三个因素是由于股指期货可以直接通过做空获利，部分空头在觉察到市场有形成下跌趋势的苗头后，可能会存在一边在股指期货上建立空头头寸，一边在现货市场上借机打压的情况。第四个因素就是杠杆水平过高的场外配资对股市下跌形成助推作用，这些场外配资，有的杠杆高到5倍甚至10倍，这么高的杠杆倍数对于股市下跌缺乏缓冲承受能力，一旦其持仓个股从高位下跌超过15%，这些场外配资很快就会遭到强平，从而成为市场进一步暴跌的直接助力。至于正规的融资融券业务，由于其杠杆倍数一般是1—2倍，在股市下跌初期，绝大部分融资融券账户都尚未触及平仓线，此时融资融券业务对股市下跌的助推力是很小的。直到6月底7月初，由于很多股票已从高位下跌超过30%之后，一些融资融券账户陆续触及或接近平仓线，进而导致出现较大规模的平仓和减仓行为，这时才可以说融资融券业务对市场的下跌也起到了一定的助推作用。也就是说，本次股市连续下跌的逻辑顺序是：在6月开始的下跌首先是因为前期涨幅过大和股市整体估值过高，然后由“大盘新股发行、买卖力度此消彼长”等因素引爆，并在开始下跌后被杠杆倍数过高的场外配资平仓盘助推，进而造成螺旋式暴跌。而正常的融资融券业务最终也成为股市暴跌的受害者，并在下跌的后期也起到一定的助跌作用。

根据上面的分析，融资融券业务既不是股市暴跌的原因，也不是主要助推力。本轮股市上涨和下跌的最初触发原因与历史上多次的上涨下跌原因是差不多的，但是本次下跌的力度和速度比以往更加猛烈，这里面确实存在杠杆交易对市场的助推作用，其中杠杆倍数较高的场外配资构成一个推动本次股市螺旋式下跌的重要助推力。据不完全统计，大幅震荡发生前不受监管的场外配资超过15 000亿元，这些场外配资投资者在市场上涨过程中不断加杠杆，而调整的时候又最早被迫去杠杆，很大程度上加大了市场的下跌力度。这些场外配资投资者天然具有高风险的取向，但风险承受能力普遍不足，在股市下跌时由于杠杆率较高，这部分客户是最早遭遇追保强平的，而其风险承受能力不足，使得追保不易实现，因此经常在个股从高位下跌15%—20%时就可能被采取强平措施，首先是杠杆倍数最高的被强平，进而对股市下跌形成助推，然后杠杆倍数稍低的再陆续遭遇强平，从而成为推动市场螺旋式下跌的重要助推力。

此类非正规的场外配资游离于监管之外，门槛低、杠杆高、风险大，无标的证券范围管理，极容易产生融资爆仓风险。由于缺乏公开透明的监管，给证券行业和客户带来了较大的风险。投资者在一个活跃的、具有赚钱效应的市场中是天然具有融资需求的，如果过分限制正规的融资融券业务，反而给了这些场外配资更大的生存空间。因此，正确的方向应该是加强对场外融资的监管，坚决取缔那些杠杆倍数过高、缺乏风险管控的不规范配资活动，同时要合理适度地促进正规融资融券业务的发展，这样才能既满足投资者的合理融资需求，又有助于促进我国资本市场平稳健康发展。

四、进一步完善融资融券业务的措施探讨

综上所述，与境外成熟市场相比，A股市场的融资融券业务还处于发展的初级阶段。业务本身开展时间较短，且在交易管理、业务风控等各方面还未完全成熟，市场参与各方对业务的理解和管理也存在着较大的提升空间。结合本次股市异常波动现象，应尽快汲取境内外金融市场的经验教训，以便未来进一步完善融资融券业务的各项监管措施，加强管理，持续创新，推进融资融券业务平稳、健康发展。

（一）理清业务发展步骤顺序，合理推进创新业务开展

本轮股市震荡以来，多方面的市场公开信息显示广大投资者对股指期货市场负面观点较强，普遍认为是本轮股市下跌的直接原因。因此，中国金融期货交易所多次出台相关交易限制措施，使得股指期货市场成交情况由大起转至大落，基本丧失了前期的交易特征。从盘面上来看，本轮股市下跌过程中，股指期货确实也多次引领现货指数下跌，并造成了长期、大幅贴水的异常现象。抛开股指期货是否真是本轮股市下跌的根本原因不谈，单就股指期货及融资融券业务的交易机制及发展逻辑而言，或许也能得到一些重要启示。

1. 境内外现货市场与期货市场的发展顺序。对于融资融券业务及股指期货业务，境外几个重要的成熟市场普遍是先有融资融券业务，后有股指期货业务（见表1）。

表1　各市场融资融券业务及股指期货业务起始比较

市场	融资融券起始年份	股指期货起始年份	间隔年份
美国	1933 年	1982 年	49 年
日本	1951 年	1988 年	37 年
中国台湾	1962 年	1998 年	36 年
中国 A 股	2010 年	2010 年	0 年

美国、日本及我国台湾地区股市融资融券业务出现的时间都要远早于股指期货的出现时间。虽然美、日市场股指期货的产生背景是20世纪70年代发生的石油危机，但毕竟是在现货市场融资融券业务多空均衡发展的情况下才产生的。这或是成熟资本市场及相应金融产品发展的自然规律。反观A股市场，融资融券与股指期货同年推出，且5年以来融券业务发展迟缓，并未成为现货市场一种有效的做空工具，融资融券业务一直未能发挥出其双向投资的基本作用。在此背景下，现货市场或对衍生品市场具有一定的负面影响，而这一影响或将反作用于现货市场，造成两个市场负面效应的或有因果循环。

2. 融资融券与股指期货的业务逻辑。近几年来，国内衍生品市场取得了较快的发展，其中场内衍生品较重要的是2010年推出的沪深300股指期货、2015年推出的上证50股指期货、中证500股指期货以及个股期权业务。场内衍生产品结构不断完善，交易量不断增加。然而，与国外发达的衍生品市场相比较，目前中国金融衍生品市场仍处于发展初期，在流动性、市场结构、基础性建设等方面均存在很多不足。从国外金融衍生品市场发展的历程来看，无论是成熟市场还是新兴市场，其发展都是以活跃的现货市场为基础。衍生品是现货市场衍生出来的，现货资产则服务于实体产业需要。基础产品与衍生品相辅相成，缺一不可。

由此可见，按照资本市场及金融衍生品的发展逻辑而言，一定要有一个成熟、强大的基础市场，然后才会出现相应的衍生品市场，并在相关制度的完善过程中，不断地降低两市场的负面交互作用，提高市场间的良性互动。

对于境外成熟资本市场而言，现货市场融资融券业务出现后，经过几十年的发展，融券业务的做空功能已完全成熟。因而，对于同时存在于现货与期货市场的期现对冲机构投资者而言，既可以做多现货时做空期货，也可以做空现货时做多期货，还可以有更复杂的期现多空对冲策略。现货市场多空力量的均衡发展，会有效分散衍生品市场多空力量集中度的压力。

反观A股现货市场，由于融券券源渠道的单一性，造成了融券现货的紧缺，融券业务的做空力量几乎可以忽略不计。这一结果传导至期货市场的效应，就是机构套期保值只能是采取现货做多、期货做空的模式。随着A股市场的证券公司、期货公司、资金管理公司、信托公司所管理产品规模的逐步增大，采取套期保值或套利的方式只能是做空期指，因此造成了期货市场空头力量的集中度过高，或确实存在着现货恶意做空、期货杠杆盈利的市场操纵套利模式，这即是本次股市出现异常波动现象以来被广大投资者所诟病的重大问题之一。

另外，境外股票现货市场通常是“T+0”交易模式，然后出现融资融券“T+0”的交易模式，最后才有了期货的“T+0”交易模式。而国内A股市场采用“T+1”交易模式，融资融券（尤其是融券）“T+0”交易模式也在本次股市异常波动后被修订为“T+1”交易模式，期货市场采用通用的“T+0”模式。现货“T+1”与期货“T+0”市场是否不匹配、融券“T+1”还券规则是否合理（毕竟客户账户与证券公司融券专用证券账户是不同的账户体系）及其对资本市场的影响等问题，亦亟须研究考虑。

3. 下一步业务发展计划的建议。由上述分析可见，为使资本市场能够得到更全面、良性发展，A 股现货市场亟须建设、完善。下一步建议重点对融资融券业务进行制度完善及改进，尤其是要在融券交易制度、融券标的证券渠道等各方面进一步推进融券业务创新工作的开展，以促进现货市场多空渠道的双向畅通、多空力量的相对均衡，进而促进期货市场的健康发展。

（二）融资融券业务均衡发展，做多做空渠道继续拓宽

据市场统计数据显示，目前融资融券业务发展不均衡，主要表现在融券业务比重过小。2014 年 A 股市场融券交易规模为融资融券交易规模的 8.56%；2014 年末，A 股市场融券余额仅为融资融券余额的 0.80%。市场融券功能不足，未能充分体现融资融券价格发现和对冲风险的功能。

相比之下，境外成熟市场尽管融资交易量会高于融券交易量，但融券业务占比较 A 股市场高出许多，比如中国台湾地区市场融券业务占比约 30%—35%，融资业务占比约 65%—70%。

造成 A 股市场融资业务、融券业务不均衡发展或股票市场现货做空力量微乎其微的原因是多方面的。一方面受限于大部分客户交易思维的惯性作用，另一方面也受限于证券公司提供的可用融券券源的严重匮乏。然而，其根本原因还在于融券标的证券来源渠道的单一性以及相关业务制度的限制。例如，目前融券标的证券的主要来源渠道有证券公司自有资金套保配置以及转融券业务出借券源，但证券公司自有资金配券不是有利于业务长远发展之计，发展空间较为有限，而转融券业务与融券业务相关制度上的不匹配，也造成了真正提供给投资者做空的现货标的总量十分有限。

1. 恢复鼓励业务创新，丰富拓宽券源渠道。值得期待的是，自 2014 年开始，中国证监会、证金公司、证券交易所、中国证券业协会、中国基金业协会等有关单位及部门陆续颁布了优化相关业务方案的文件，主要内容有：

（1）由深圳证券交易所牵头，推进约定购回业务证券可作为融券券源。

（2）中国证券业协会及中国基金业协会颁布了《基金参与融资融券及转融通证券出借业务指引》，允许公募基金参与转融通证券出借业务。

（3）中国证券业协会及中国基金业协会颁布了《关于促进融券业务发展有关事项的通知》，推出市场化的转融券约定申报方式、ETF 申报价格豁免机制、融券及转融券标的扩容等措施。

然而，直至 2015 年 5 月还在鼓励的上述创新举措，却在 6 月开始的股市异常波动之后处于搁浅状态，且部分交易规则的修订甚至有不进反退的可能。例如，融券负债还券规则由以前的“T+0”改为“T+1”后，证券公司自有资金配置的券源使用率大大降低，从而造成收益率下降甚至亏损的局面，因此，各家证券公司必将缩减业务规模，这在券源渠道本身就单一的现状下，反而不会出现融券余额大幅上升的现象，可能会使得融资融券业务发展更加不均衡。因此，建议尽快恢复融券业务创新举措的研究讨论，丰富并拓宽券源渠道，有序、合理地推进业务开展。

2. 不同业务制度间存在不匹配情形。扩充标的证券的来源渠道是融券业务与融资业务均衡发展的前提条件，但另一必备条件是不同业务制度的匹配性及衔接性。不同于融资资金具有等价性、实时性、较高流动性等特点，融券券源在业务管理上有更大的难度，这也使得不同业务之间的制度匹配长期存在着一些难以解决的问题。

(1) 融券客户对券源卖空具有一定的实时性要求，但转融通出借证券等业务的“T+1”交收规则却无法满足客户的需求，同时也给证券公司开展融券业务和转融券业务的管理工作带来了一定的挑战。

(2) 融券客户对券源卖空具有随借随还的要求，但转融券业务出借期限的不灵活性及展期限制，使得转融券出借业务成交的券源难以真正提供给融券卖空客户使用，即使是近期拟优化的约定提前归还等内容，亦不能满足客户随借随还的要求，对证券公司衔接开展两项业务有较大的制约。

上述业务制度的衔接性问题，使得证券公司在开展融券业务的过程中，较开展融资业务具有更大的不便利性。因此，各项业务制度间匹配衔接的优化，尚需市场众多参与机构共同研究讨论，努力实现融券业务与融资业务均衡发展的目标。

（三）完善市场多层次逆周期调节机制，合理控制融资融券业务的杠杆比例

融资融券是把“双刃剑”，如果制度设计合理、杠杆比例适度、风险控制有效，就能够充分发挥其完善市场交易机制、活跃证券交易、平滑市场波动、促进价格发现、为市场注入流动性等积极作用。但如果肆意放大杠杆，只考虑发展规模，失去对融资融券业务的风险控制，就可能给资本市场的发展带来危害，破坏证券行业的发展秩序，同时损害投资者利益。可以说，对杠杆比例的控制是维护“两融”业务健康发展的一个关键因素。调节杠杆比例的手段包括调整标的证券保证金比例、担保品折算率、客户总授信额度等。可考虑对“两融”业务建立一种对市场变动反应更为灵敏、更为精细化的逆周期调节措施。例如，对于每个标的证券，如果它过去10天的涨幅（或5天涨幅、20天涨幅）超过一定阀值，就提高该证券的保证金比例及/或调低其担保品折算率。也就是说，对于短期已大幅上涨的股票应及时降低其融资杠杆程度，这样就可以大幅减少新的“融资追涨盘”。因为每次股市下跌时，最容易受损的首先就是那些融资追涨盘，通过建立动态的保证金比例调节机制，可以起到平缓“两融”杠杆负面效应的作用。

（四）进一步强化客户适当性管理工作

在本次股市异常波动之前，一些证券公司存在盲目满足客户的融资需求以及未对客户进行充分的风险管理教育等情况，使得一部分不适合做融资融券业务的客户参与到“两融”业务中来。由于融资融券具有“双刃剑”的性质，不是所有的投资者都适合参与。今后证券公司在开展融资融券业务过程中，需要进一步加强投资者适当性管理，为投资者提供“两融”服务之前要详细了解客户的基本情况，特别是要评估其风险承受能力和风险管理能力，之后再提供与其匹配的服务，不能把杠杆交易扩大到所有投资者。同时，要加强投资者教育和风险揭示工作，引导客户专业投资、理性投资。也就是说，对于经过评估符合业务资格的客户，还要进一步开展融资融券交易的专项教育工作，包括大力宣传融资融券合同契约性和“买者自负”原则，提高投资者风险防控意识，避免过度投机，引导投资者理性审慎参与融资融券交易。同时要引导和协助投资者认真掌握融资融券业务的专门知识，了解融资融券风险特性，切实增强融资融券风险意识和防范能力。

另外，在加强客户管理方面，还应该根据客户分类分级管理原则，实施差异化管理，进一步健全客户风险分析和管理机制，定期、不定期地对客户资产结构、负债结构、交易习惯、行为特征、信用状况等方面情况进行分析，探索为不同类型客户提供差异化的融资或融券服务。对集中度较高、担保品风险较大、风险承受能力较低的客户，要审慎控制其融资融券业务规模，与其风险承受能力相匹配，还可动态调整客户的授信额度，降低投机性倾向较强、交易时间较短、资产规模不大的客户授信额度等。

（五）进一步优化强制平仓的业务规则和程序，允许证券公司对于强制平仓的时间和方法具有更大的自主性和灵活性

在股市异常波动过程中，“两融”业务对市场的助跌效应主要在于某几天大家都集中挂跌停板平仓，从而给市场带来较大的恐慌。将来可以考虑建立杠杆交易强制平仓场外处置机制，以避免股票集中强制平仓给场内市场带来的连锁反应。同时，也应允许证券公司与客户自主约定的其他（例如场外还款等）平仓了结债务方式，以减少集中同时平仓对市场的冲击。

（六）加强“两融”业务的风险量化测评工作

监管层面和证券公司可经常性定期开展专项风险压力测试和流动性风险压力测试，及时了解短期内市场的各种可能变化会给融资融券业务和信用客户带来的风险敞口变化，并制订相应的预案。另外，在防范非系统性风险方面，要逐步建立信用账户单一账户单一证券持仓集中度的控制，尽量从源头上防止客户信用账户全仓押在一只证券上面的情况。

私募业务

中国私募股权市场发展研究

钱康宁　陆媛媛*

一、中国私募股权市场风生水起

私募股权（PE）① 市场是多层次资本市场体系的重要组成部分，不仅能够拓展资本市场的服务范围，增强市场对初创企业、新兴产业的服务能力，还能够拓宽市场投资渠道，激发民间投资活力，极大地提升社会资金的配置效率。近年来，伴随着监管转型、行业探讨、登记备案、建章立制等一系列针对私募市场的顶层设计渐次铺开，随着市场建设重心从场内到场外的推进、从公募到私募的转变，中国私募市场正在阳光化道路上迅速壮大。中国证监会私募基金监管部公布的数据显示，截至 2014 年 11 月，已有 4 856 家私募基金管理机构完成登记，行业从业人员逾 8.5 万人，共管理 6 787 只私募基金，管理规模达 19 597.9 亿元。

私募市场的繁荣发展离不开监管层面的重视与培养。十八届三中全会明确提出，要发挥市场在资源配置中的决定性作用；国务院《关于进一步促进资本市场健康发展的若干意见》将“培育私募市场，建立健全私募发行制度以及发展私募投资基金”单独列出；中国证监会于 2014 年专门成立了私募基金监管部，将私募基金纳入证券监管范围并发布了《私募投资基金监督管理暂行办法》。伴随着宏观经济下行、创业板风险积聚、首次公开募股（IPO）退出渠道受阻等多方考验，投资银行、信托公司等各类私募中介机构从自身业务出发，在募资、投资、管理与退出机制上进行了诸多探索与实践。自上而下的政策指导与自下而上求新求变共同推动了私募市场的有序发展。

---

* 作者单位：上海申银万国证券研究所有限公司。原载于《中国证券》2015 年第 3 期。

① 私募股权投资（PE）是指通过私募形式对私有企业，即非上市企业进行的权益性投资。广义的 PE 涵盖企业首次公开发行前各阶段的权益投资，狭义的 PE 主要指对已经形成一定规模的并产生稳定现金流的成熟企业的私募股权投资部分，此处探讨的是狭义 PE 的概念。

（一）产业基金与并购基金助推募资全面回暖

随着2008年金融危机阴霾的逐渐褪去，中国私募股权市场整体呈现逐步回暖的态势。2010年和2011年私募股权市场迎来了强劲反弹，新募基金数与募资规模屡创新高。2012年虽然新募基金数仍保持增长，但受限于国内经济增速放缓、二级市场持续低迷、IPO新股发行减速等不利因素，募资规模出现大幅下滑。据不完全统计，单只基金平均募资额也从2008年的11.99亿美元大幅缩水至0.69亿美元。2013年PE市场募资活跃度有所回升，募资规模比2012年增长36.32%，但新募基金小型化趋势依旧明显。在构建多层次资本市场、产业整合及对外投资合作加速的多重背景下，2014年度私募基金募资市场活力十足。根据清科数据中心统计，2014年前11个月，中国私募股权市场共完成新募基金405只，其中，披露金额的381只基金共募集到位562.36亿美元，募集到位的基金数量达到历史高位，募集金额创2009年以来新高（见图1）。

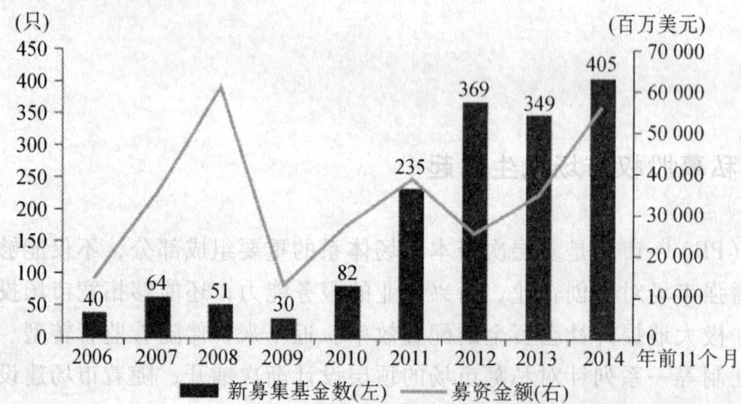

图1 PE新募集基金数与募资规模情况

资料来源：清科、申万研究。

从新募基金的类型来看，近3年新募基金中，成长基金的数量与金额均占一半以上，其中，定增类型基金增幅明显。此外，房地产基金占比下降，而并购基金占比有明显的上升趋势。2014年前11个月房地产基金共募集到位123只，披露募资金额的118只基金共募集98.64亿美元，相比2013年同期，募集基金数同比下降6.1%，募集总金额同比下降6.2%。并购基金前11个月共完成募集60只，共募集金额58.00亿美元，相比2013年同期的16只与24.67亿美元实现大幅增长（见图2）。从新募基金币种来看，人民币基金募集热潮持续强劲，在数量上占据绝对优势，但在平均单只基金的募资规模上，人民币基金始终与外币基金相距甚远（见图3）。

募资市场的活跃除了受益于经济转型的多项利好政策推动外，大型国资背景产业基金、并购基金的相继设立也起到了推波助澜的作用。随着新一轮国资改革的推进，国有企业资本在市场化运作的道路上进行了诸多探索，越来越多的国有资本参与到并购基金、产业基金的设立中来。在国有资本参与型PE基金中，国有资本更多是扮演投资人而非决策者的角色，具体项目的决策与执行交由职业团队管理，并且不再使用国有投资监管中的投资项目审批和

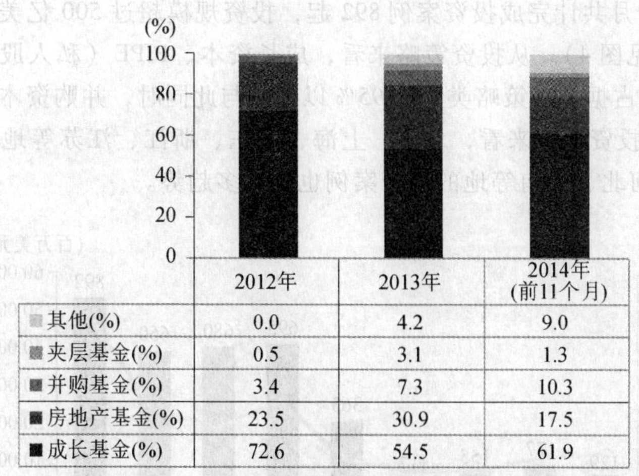

	2012年	2013年	2014年(前11个月)
其他(%)	0.0	4.2	9.0
夹层基金(%)	0.5	3.1	1.3
并购基金(%)	3.4	7.3	10.3
房地产基金(%)	23.5	30.9	17.5
成长基金(%)	72.6	54.5	61.9

图 2 近 3 年新募私募基金类型

资料来源：清科、申万研究。

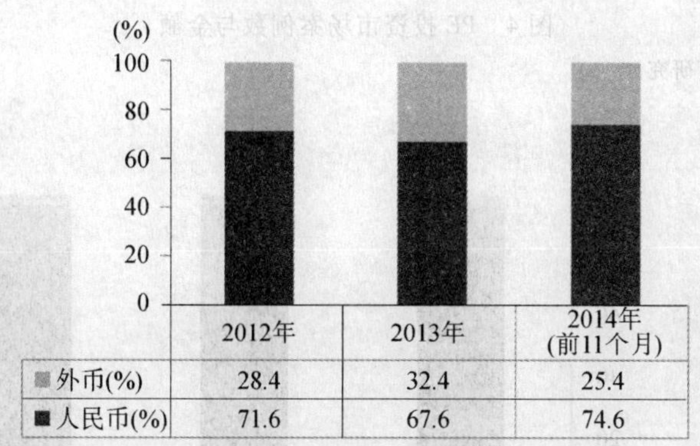

	2012年	2013年	2014年(前11个月)
外币(%)	28.4	32.4	25.4
人民币(%)	71.6	67.6	74.6

图 3 近 3 年新募私募基金币种

资料来源：清科、申万研究。

项目审计制度。PE 机构联合国有资本的模式不仅能够为私募市场注入新的资本，而且能够加速国有资本的市场化运作，更好地实现保值增值目标。

在募资方式上，机构间私募产品报价与服务系统的推出，开创了私募基金募集资金的新方式。首先，作为私募信息的汇集平台以及私募产品的交易平台，报价与服务系统的推出架起了投资方与融资方之间的桥梁，使得资本与创新项目之间的结合更加便利。其次，系统集报价、发行、转让功能于一身，各类机构可以快速创设私募产品、收集私募产品信息并找到交易对手，减少了专业机构参与不足的问题，增强了市场效率以及活跃度。最后，作为私募市场一项重要的基础设施，报价系统有助于整合私募市场各项要素资源，为建设多层次资本市场体系、大力发展场外市场起到推动作用。

（二）结构转型与国有企业混改催生热点投资领域

回溯 PE 投资市场，金融危机以前在数量上始终没有大的突破，反倒是近年来实现了快速发展。虽然 2012 年投资案例数与投资金额出现了小幅回落，但整体上呈现震荡上扬的态势。2014 年前 11 个月共计完成投资案例 892 起，投资规模超过 500 亿美元，投资数量与金额均创历史新高（见图 4）。从投资策略来看，成长资本、PIPE（私人股权投资已上市公司股份）、房地产投资占据全部策略类型的 95% 以上，与此同时，并购资本的占比近年来有所上升（见图 5）。从投资地域来看，北京、上海、广东、浙江、江苏等地始终是热门投资地域，另外，陕西、河北、云南等地的投资案例也呈增多趋势。

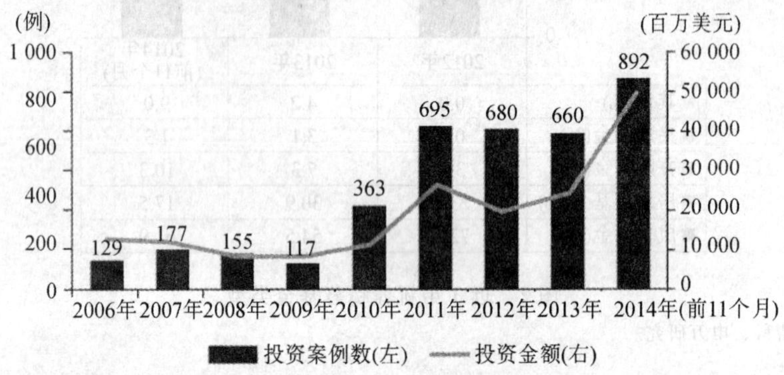

图 4　PE 投资市场案例数与金额

资料来源：清科、申万研究。

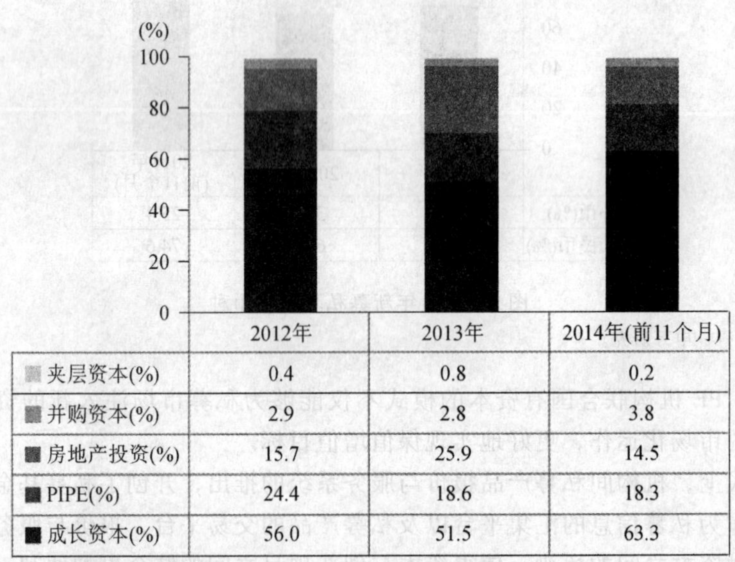

	2012年	2013年	2014年(前11个月)
夹层资本(%)	0.4	0.8	0.2
并购资本(%)	2.9	2.8	3.8
房地产投资(%)	15.7	25.9	14.5
PIPE(%)	24.4	18.6	18.3
成长资本(%)	56.0	51.5	63.3

图 5　PE 投资市场投资策略分布

资料来源：清科、申万研究。

从近几年私募投资的案例数来看，生物技术/医疗健康、机械制造、清洁技术、房地产、互联网等行业颇受追捧，其中，互联网行业的关注度与投资积极性不断攀升，2014 年前 11 个月以 129 例交易问鼎最热门行业榜首（见表 1）。

投资金额方面，清洁技术、生物技术/医疗健康、机械制造、IT 等行业虽然获投企业众多，但整体交易规模较小。反观房地产、能源及矿产、连锁及零售等行业，近期大宗投资案

表1　　近5年私募投资热门行业（根据案例数排序）　　（单位：例）

2010年		2011年		2012年		2013年		2014年（前11个月）	
生物/医疗	55	机械制造	61	房地产	80	房地产	105	互联网	129
清洁技术	31	化工原料及加工	56	生物/医疗	64	生物/医疗	66	房地产	104
机械制造	29	生物/医疗	55	机械制造	54	互联网	54	生物/医疗	76
食品饮料	22	清洁技术	45	互联网	49	电信及增值业务	47	机械制造	61
互联网	22	互联网	44	清洁技术	45	清洁技术	43	IT	55

资料来源：清科、申万研究。

例较为频繁，2014年前11个月，这些行业的总投资金额均超过了60亿美元（见表2）。

表2　　近5年私募投资热门行业（根据投资金额排序）　　（单位：亿美元）

2010年		2011年		2012年		2013年		2014年（前11个月）	
机械制造	11.77	金融	49.25	互联网	36.33	房地产	63.16	房地产	94.56
互联网	11.13	生物/医疗	35.75	房地产	32.09	能源及矿产	49.22	能源及矿产	73.08
连锁与零售	8.61	互联网	24.98	能源及矿产	22.64	物流	13.27	连锁及零售	66.56
生物/医疗	8.47	房地产	22.52	金融	21.68	互联网	11.53	金融	39.86
金融	7.53	能源及矿产	19.40	生物/医疗	11.72	生物/医疗	11.24	互联网	36.33

资料来源：清科、申万研究。

PE投资往往介入较早，是市场投资的风向标，其投资热点的变化反射出社会资金需求以及未来产业发展方向的变化。近年来，部分行业面临严重的产能过剩问题，调结构稳增长是现阶段经济发展目标之所在，PE投资热点也经历了从传统行业到互联网、移动通信、生物医疗、环保等新兴产业的转移，消费升级和科技创新将成为市场主流热点。此外，积极投身国有企业混合所有制改革是近年来PE投资领域的另一重大变化。自2013年底《中共中央关于全面深化改革若干重大问题的决定》颁布以来，各级政府纷纷响应中央号召，努力提升国有资产的资本回报率。随着国有企业改革进程的稳步推进，PE基金也正积极参与这一混改浪潮。

（三）“堰塞湖”疏通，退出方式多元化趋势显现

退出是私募股权投资的最后一个环节，也是最重要的一个环节，退出渠道的顺畅与否直接关系到私募股权投资的最终收益。从近年来私募股权投资的退出案例数来看，整体而言退出顺畅，2014年前11个月实现成功退出的案例共有350例，与2010年的投资数量相当，基本达到了私募股权投资基金3—5年的回收预期（见图6）。

一直以来，IPO上市始终是我国私募股权投资最重要的退出渠道。场内市场估值高、回报大的特征让上市成为私募退出的首选。尤其是在创业板估值高企的2010年，平均市盈率最高达到77.53倍，若企业能够成功在创业板上市，参与投资的私募基金一度可获得十倍以上的回报率。但伴随着市场估值的回调，IPO退出的回报率也随之下降，加之目前我国股票发行核准制下，场内公开上市的难度颇大，2012年内地IPO市场还一度关闸，这都迫使私募投资机构寻求更加多元化的退出方式（见图7）。

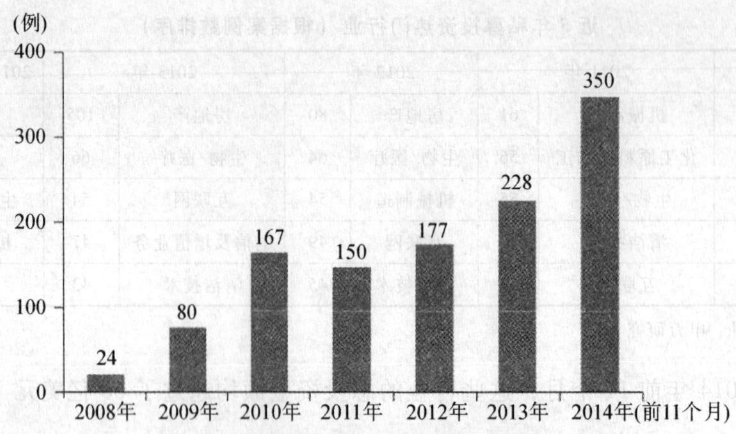

图 6 私募股权投资退出案例数

资料来源：清科、申万研究。

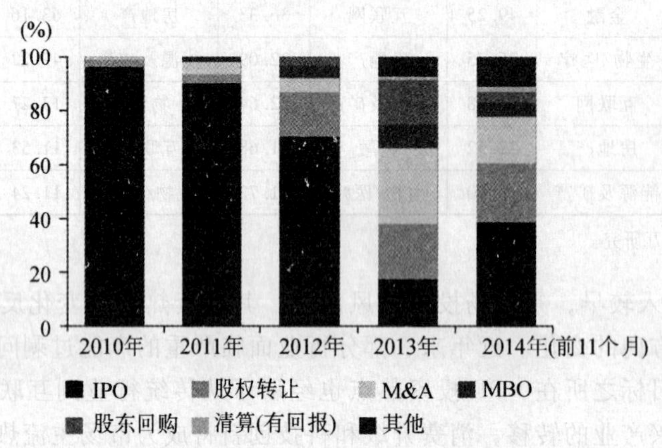

图 7 私募股权投资退出方式日渐多元化

资料来源：清科、申万研究。

尽管 IPO 退出面临诸多挑战，但它对中国的私募市场而言，其地位依旧不可撼动。在内地股票市场规模有限、上市周期长、难度大的背景之下，很多企业选择去中国香港或海外上市。根据天鹰资本统计，在 2013 年到 2014 年上半年短短一年半的时间里，境内实现海外上市的企业多达 135 家。从近几年境外退出的 IPO 市场分布来看，我国香港主板市场一直是境外上市的首选，其他海外市场则主要包括纽交所、纳斯达克、法兰克福、新加坡、韩国、我国台湾地区等（见图 8）。

全国中小企业股份转让系统（俗称“新三板”）是中小企业引入战略投资者、进行股权转让的重要平台。2014 年新三板迎来了全面扩容，目前挂牌企业数量已超过 2 000 家，做市商制度的引入也极大地提高了三板市场的活跃度，这都为 PE 投资带来了更多的机遇。2013 年底，国务院发布《关于全国中小企业股份转让系统有关问题的决定》，提出达到上市条件的新三板挂牌公司可直接申请交易所上市。2014 年 10 月，中国证监会发布《支持深圳资本市场改革创新意见》，允许符合一定条件尚未盈利的互联网和科技创新企业在新三板挂牌满 12 个月后到创业板发行上市，新三板转板机制有望尽快落地。对于私募股权投资者而言，

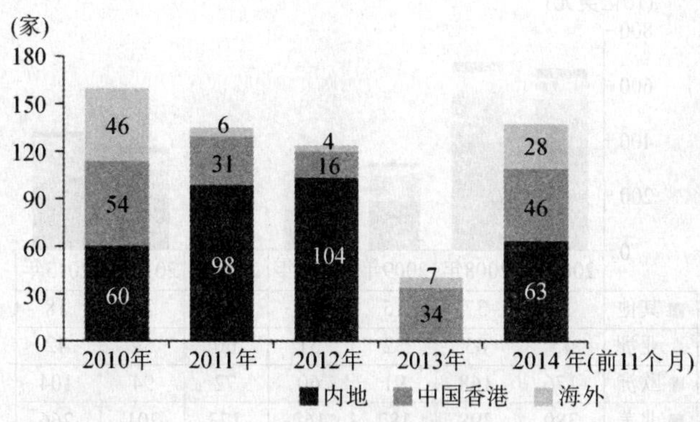

图 8 IPO 退出的市场分布

资料来源：清科、申万研究。

更多的是希望转板政策落地后，能够通过绿色通道占领主板和创业板上市先机，若未能成功IPO，依靠新三板的流动性进行转让交易亦可实现退出。

并购开辟了重要的退出渠道。当前，我国正处于产业升级和转型的关键时期，并购是淘汰落后产能、实现行业整合的有效途径。2013 年，中国证监会颁布《并购重组审核分道制实施方案》，2014 年 5 月颁布《创业板上市公司证券发行暂行管理办法》、10 月颁布《上市公司重大资产重组管理办法》和《关于修改〈上市公司收购管理办法〉的决定》。并购重组政策的持续优化有助于推进行业整合和产业升级，同时也为私募股权投资的退出开辟了重要渠道。在政策助力、行业整合、企业自发等多重背景之下，中国并购市场的活跃度明显提升，也有越来越多的私募股权投资选择并购的方式进行退出。2013 年可以说是并购退出爆发的元年。全年共发生并购退出案例 62 起，占所有退出案例的 27.2%，成为当年占比最高的退出方式；2014 年前 11 个月共发生并购退出案例 59 例，虽然占比下降至 16.5%，但依旧是私募股权投资的重要退出方式。

二、对比美国成熟市场寻找自身差距

美国是全球私募股权投资发展最早也是最发达的国家。根据 PEI 的统计，2009—2014 年全球规模最大的 300 家 PE 投资公司（PEI 300）共募集资金 7.42 万亿美元，其中，美国公司占比超过 60%（见图 9）；同期规模最大的 10 家私募基金公司中有 9 家均为美国公司（见表 3）。养老基金、保险基金、金融机构、捐赠基金等机构投资者是美国私募市场的主要参与者，具体项目的投资与运作交由专业团队完成，项目推出后各类投资者按照协议规定分享收益。美国证券交易委员会（SEC）对信息披露的监管有着较高的要求，故美国的私募市场由 SEC 负责监管。在世界经济一体化的浪潮之下，美国私募股权基金的投资范围已辐射到全球各大洲。与此同时，其私募股权基金的管理模式，包括以有限合伙制为代表的组织形式、私募投资的操作流程、市场监管等也迅速在世界范围内传播开来。对比美国，我国私募市股权市场仍处于发展初期，在投资者结构、退出渠道、人才培育方面仍存在较大差距，私募监管机制也有待进一步完善。

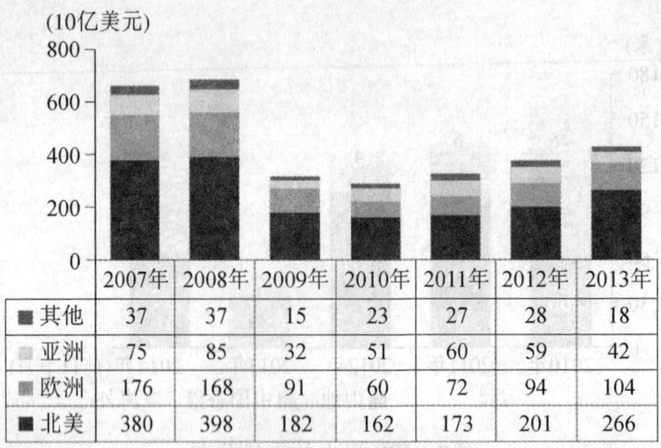

	2007年	2008年	2009年	2010年	2011年	2012年	2013年
其他	37	37	15	23	27	28	18
亚洲	75	85	32	51	60	59	42
欧洲	176	168	91	60	72	94	104
北美	380	398	182	162	173	201	266

图 9 全球 PE 募资规模（按地域）

资料来源：Preqin、申万研究。

表 3 2009—2014 年全球规模最大的 10 家私募股权投资公司

排名	机构名称	总部所在地	5 年募资总额（百万美元）
1	The Carlyle Group	美国华盛顿	30 650.33
2	Kohlberg Kravis Roberts	美国纽约	27 182.33
3	The Blackstone Group	美国纽约	24 639.84
4	Apollo Global Management	美国纽约	22 298.02
5	TPG	美国沃斯堡	18 782.59
6	CVC Capital Partners	英国伦敦	18 082.35
7	General Atlantic	美国格林尼治	16 600.00
8	Ares Management	美国洛杉矶	14 113.58
9	Clayton Dubilier & Rice	美国纽约	13 505.00
10	Advent International	美国波士顿	13 228.09

资料来源：PEI 300、申万研究。

（一）社保与养老基金参与度低

从资金来源来看，美国私募市场的投资者主要包括各类养老基金、保险基金、金融投资机构以及高净值人士，其中机构投资者是主体，特别是公共养老金，2007 年就占到美国私募资金来源的 27.3%。近年来，美国公共基金对于私募市场的配置比例仍进一步上升①，例如：俄勒冈国家基金计划将原先 16% 的私募配置比例提高到 20%；加利福尼亚州教师退休基金则打算将这一比例由 12% 提高到 13%；帕诺海滩警察和消防员退休基金对私募的配置比例将提升一倍。而我国私募市场的投资者一直以金融机构和民间资本为主，社保基金与养老基金的参与度十分有限。虽然自 2008 年 6 月起，我国社保基金被批准进入私募股权投资领域，但明确限定投资比例不得超过全国社保基金总资产（按成本计算）的 10%。

① Dow Jones Private Equity Analyst: The 2014 Global Outlook & Review. P5.

（二）退出渠道依旧比较狭窄

退出机制是PE投资的重中之重，其畅通和完善与否直接影响PE投资的积极性。美国完善的多层次资本市场为私募股权基金的退出提供了广阔的舞台，不同类型、不同经营状况的投资标的都可以找到合适的退出平台。从历年美国私募股权基金的退出渠道来看，并购退出的占比始终超过50%（见图10），是最主要的退出方式，这与美国发达的场外市场密切相关（见图11）。相对而言，我国的私募股权投资基金的退出渠道要狭窄得多。尽管沪深交易所现已形成了三个板块的市场体系，但三个板块日益呈现出显著的趋同性，并且进入门槛都非常高，大多数中小企业都较难满足。再看处于场外的全国中小企业股份转让系统，虽然在2014年迎来了全面扩容，但挂牌企业数量以及市场活跃度仍有待进一步提升。另外，从场内到场外、从创业板到主板市场的转板机制尚未形成，这也直接导致了新三板市场吸引力的下降；而作为另一重要退出渠道的并购市场，目前在打破地方保护主义、提高并购审核效率、健全资本市场基础制度环境、丰富并购融资及支付工具等方面仍存在较大改善空间。总体来看，我国私募股权投资的退出渠道与美国等发达市场相比依旧存在很大差距。

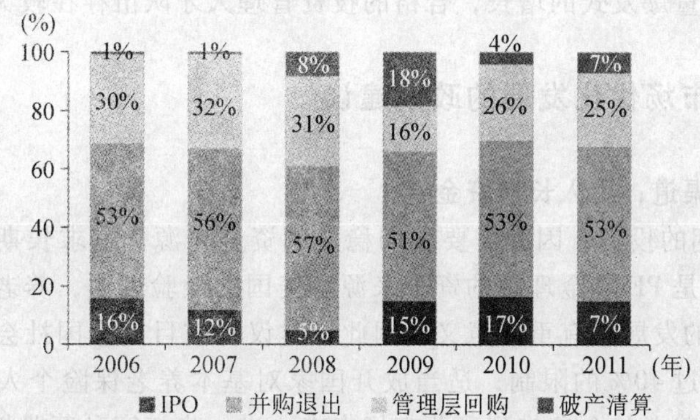

图10 美国私募股权投资基金退出渠道

资料来源：Preqin、申万研究。

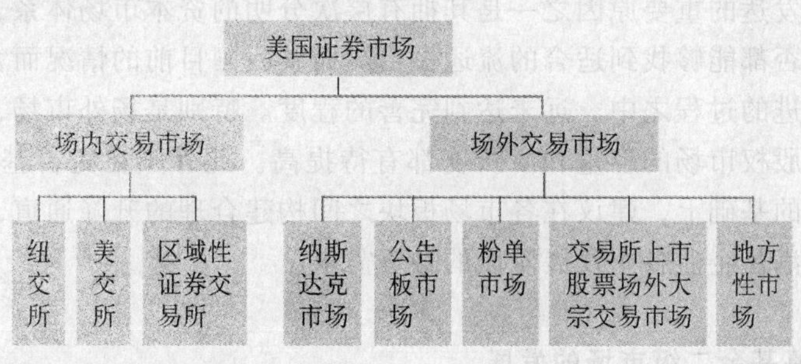

图11 美国证券市场结构图

资料来源：申万研究。

（三）私募监管机制有待完善

经历2008年次贷危机后，美国对私募基金的监管发生了根本性的变化。2009年以来先后出台了《私募基金投资顾问注册法》、《投资者保护法》、《公司和金融机构薪酬公平法》等六部法案，旨在加强对私募基金的监管。我国直至 2014 年《私募投资基金监督管理暂行办法》的出台，才正式将私募基金纳入监管范围。学习美国模式，我国私募市场以“重风险控制、重行业自律、重事后监管、重服务指导”为监管理念，体现了中国证监会功能监管、适度监管的原则。但就目前的实施情况而言，仍有部分私募基金未参与备案登记，私募基金在运作中仍存在诸多模糊地带，可参照的法律法规也不尽明晰，私募监管之路任重道远。

（四）投资管理人才存在缺口

人力资源是第一生产力，私募行业的发展离不开优质的机构与优秀的团队。在私募队伍建设方面，截至 2014 年 11 月，我国已完成登记的私募基金管理机构有 4 856 家，虽然数量上增长迅速，但我国私募机构规模普遍较小，管理资产规模在 10 亿元人民币以下的占到 94. 49%。与此同时，我国私募机构在公司治理、管理经验、国际知名度等方面都与国外私募机构存在较大差距。尤其从私募管理人才建设来看，我国私募股权市场发展时间相对较短，面对私募基金数量爆发式的增长，合格的投资管理人才队伍存在较大缺口。

三、中国 PE 市场优化发展的政策建议

（一）拓宽募资渠道，引入长期资金

PE 需要相对长期的投资，因此需要长期稳定的资金来源，追求长期回报且规模庞大的养老基金、社保基金是 PE 基金理想的资金来源。美国的经验表明，养老基金、保险基金等长期资本对 PE 市场的发展具有重大意义。因此，建议打破目前全国社会保障基金对于投资股票及基金比例不超过 40% 的限制，适当放开国家对基本养老保险个人账户基金的投资限制，鼓励社保基金、养老基金参与到私募市场中来，进一步拓宽私募股权基金的募资渠道。

（二）完善多层次资本市场体系建设

美国私募市场发达的重要原因之一是其拥有层次分明的资本市场体系，各类市场主体无论规模大小盈利与否都能够找到适合的流通平台。而就我国目前的情况而言，多层次资本市场建设还在积极推进的过程之中，远未达到完善的程度。特别是场外市场，全国中小企业股份转让系统与区域股权市场的容量和活跃度都有待提高。此外，在完善基础板块制度建设、优化当前市场结构的基础上，建议在各市场板块之间构建合理的升降通道，充分利用各板块之间的连通机制来满足企业各个发展阶段的融资需求。

（三）加大私募基金二级市场的发展

PE 基金二级市场为 PE 基金份额和所投资公司股权的转让提供平台。加大 PE 基金二级市场的发展对于平抑风险、增强流动性具有重要意义。首先，PE 二级市场具有较高的信息透明度，降低了信息不对称带来的风险。其次，通过 PE 二级市场能够吸收更多的投资主体，单个投资主体也能够通过投资组合的方式进行风险的分散。最后，PE 二级市场为私募股权投资提供了更加灵活、高效的退出渠道。目前，欧美 PE 二级市场的交易量已达当年募

资总额的10%左右。照此比例推算，我国私募股权份额转让年均成交额将超过200亿元。2010年11月，《北京金融资产交易所私募股权交易规则》的颁布标志着国内第一个PE基金二级市场交易平台的正式成立。未来，随着FOFs、社保基金、保险等机构投资者参与度的提升，PE二级市场有望得到进一步发展。

（四）进一步健全私募市场监管机制

针对私募股权投资这一新兴市场，我国现有法律制度及其配套规定、实施细则还有待进一步补充和完善，借鉴美国私募基金的立法改革，一是建议加强对私募基金的监管力度，强化落实私募基金全口径登记备案制度；二是建议将监管视野扩大到基金的信息披露、资产托管、投资运作环节，加强对系统性风险的防范和投资者利益的保护；三是建议采用适度监管的方式，监管上以信息披露为主，尽可能降低监管成本。与此同时，建议完善知识产权保护，尽快出台个人破产程序，适当放宽金融机构、社保基金、养老基金对私募股权的投资上限，为私募股权投资基金的运作提供良好的法律环境。

（五）优化机制，吸引人才培育人才

私募市场的发展离不开专业化的人才队伍，我国金融体系的发展普遍滞后，包括法律、审计、管理等各方面的高端人才都存在相当大的缺口。建议采用两手抓的策略，一方面从国外金融从业市场引进具有国际投资银行工作经验的资深人士，另一方面积极培育本土私募管理人才。通过行业大环境的改善吸引更多优质的人才。此外，针对人员流动率过高这一问题，建议进一步完善私募投资基金的评价方法和项目评估标准，建立更为合理的激励约束机制。

参考文献

[1] 姜金婵："中国私募股权投资基金优化发展研究" [D]，首都经济贸易大学，2012年。

[2] 张宇："基于国内外比较分析的我国私募股权投资发展研究" [D]，西南财经大学，2013年。

[3] 詹丹："中国私募股权投资基金退出方式研究" [D]，华东理工大学，2014年。

[4] 刘旸："美国私募权益资本研究" [D]，吉林大学，2010年。

[5] 清科数据："2013年PE市场低开高走，募集金额同比增长36.3%"，2014年1月3日。

[6] 清科数据："2014年前11月中国PE投资市场全面爆发，募投退均创历史新高"，2014年12月8日。

[7] Global Private Equity Report, Bain & Company, 2014.

[8] The Global Outlook & Review, Dow Jones Private Equity Analyst, 2014.

[9] The 300 biggest private equity groups on the planet, PEI, 2014.

证券公司新蓝海

——依托于私募基金托管的PB业务

周恺锴　张伟鹏*

从2013年6月1日新《基金法》正式实施，到2014年2月7日《私募投资基金管理人登记和基金备案办法（试行）》实施，再到2014年5月9日“新国九条”对“重点培育私募市场”的强调，游走在灰色地带的中国私募基金逐渐走向“阳光化”，并在2014年下半年迎来爆发式增长。自2012年10月招商证券获准开展私募基金综合托管服务开始，国内证券公司托管功能逐渐恢复，在私募基金蓬勃发展的大背景下，依托于私募基金托管的PB（Prime Broker，主经纪商业务，简称PB）业务悄然兴起，成为证券公司创新的下一片蓝海。

一、中国私募基金市场的概况和发展

（一）历年私募基金发行情况

阳光私募行业自2006年以来发展迅速。据格上理财统计，截至2013年12月，市场上正在运行的阳光私募基金共计2 472只。2014年以来，随着《私募投资基金管理人登记和基金备案办法（试行）》的落实以及“新国九条”对私募行业的政策扶持，阳光私募基金迎来爆发式增长。据Wind资讯统计，截至2015年1月12日，在存续期内的阳光私募基金数量已达到9 673只，比2013年12月多出近3倍，发展速度惊人。

Wind资讯显示，自2006年以来，阳光私募基金的年发行数量及发行规模快速发展，到2012年达到峰值。受金融危机以及股市行情影响，2008年及2013年基金发行规模和数量出现萎缩，但均得到快速恢复。2009年到2013年，阳光私募基金的发行数量分别为569只、778只、1 035只、1 163只和1 976只，增长率分别为36.7%、33.0%、12.4%和69.9%。仅2014年一年，新发行的阳光私募基金数量达到5 867只，较2013年环比增长198.3%，

* 作者单位：东吴证券股份有限公司研究所。原载于《中国证券》2015年第3期。

接近过去10年发行量总和（6 484只），虽然平均发行规模有所减小，但总发行规模达到7 052 447.70万元，接近2012年峰值（7 315 226.76万元）（见表1、图1）。

表1　历年阳光私募基金发行情况（2003年1月—2014年12月）

年份	发行产品总数（只）	发行规模（万元）	平均发行规模（万元）
2014	5 867	7 052 447.70	8 848.74
2013	1 967	5 050 199.56	11 827.17
2012	1 163	7 315 226.76	17 131.68
2011	1 035	4 978 907.11	12 447.27
2010	778	3 392 324.24	11 345.57
2009	569	2 596 403.97	9 986.17
2008	310	2 626 063.42	13 466.99
2007	426	4 519 260.70	13 291.94
2006	129	656 194.45	5 423.09
2005	23	107 728.00	6 336.94
2004	43	78 890.75	3 944.54
2003	41	88 346.00	7 362.17

资料来源：Wind资讯、东吴证券研究所。

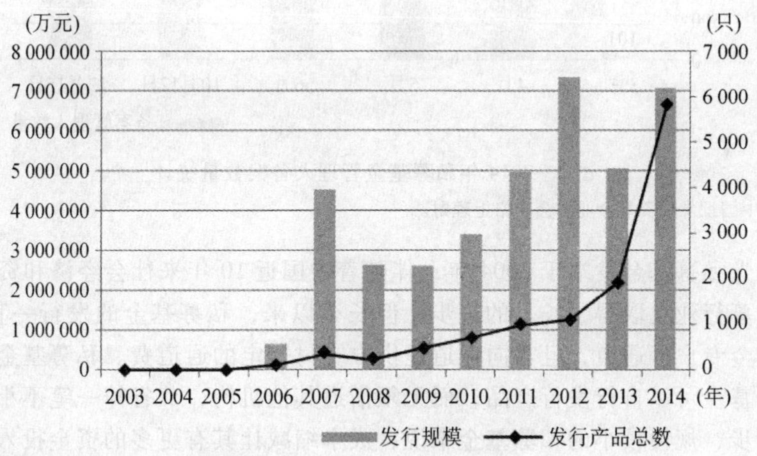

图1　历年阳光私募基金发行情况（2003年1月—2014年12月）

资料来源：Wind资讯、东吴证券研究。

据格上理财统计，截至2014年12月，阳光私募产品管理的资产规模已达到4 000亿元。在阳光私募市场上，有11家机构管理的公开产品规模超过50亿元，这11家机构的管理规模约占到行业总规模的1/3，行业的集中化趋势显现。

（二）私募基金管理人备案情况

2014年，由中国证券投资基金业协会起草的《私募投资基金管理人登记和基金备案办法（试行）》颁布，标志着私募基金登记、备案工作的正式启动。

2014年3月17日，中国证券投资基金业协会在其网站上，对已经备案的50家“私募基金管理人”进行了公示。与此同时，私募基金行业内首只由私募基金担任管理人的基金产品——“重阳A股阿尔法对冲基金宣告”成立，上海重阳投资作为基金的管理人打响了私募基金“阳光化”的第一枪。

据中国证券投资基金业协会网站数据显示，登记备案制度实施后1个月，即有101家私募基金完成备案，2014年6月，数量升至3 302家，12月15日，已达4 628家（见图2）。截至2015年1月12日，在中国证券投资基金业协会备案的私募基金管理人已超过5 000家，正在排队的还有3 000多家。截至2014年12月17日，私募基金自主备案发行的证券投资产品达到1 314只。

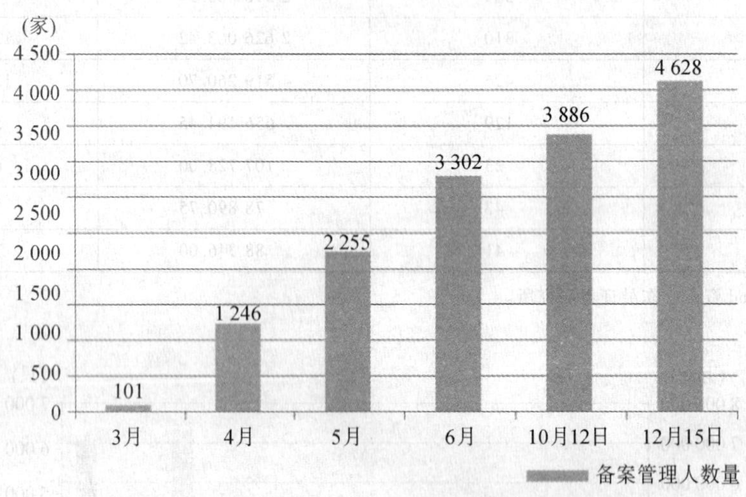

图2 2014年私募基金管理人备案数量统计

资料来源：中国证券投资基金业协会、格上理财。

中国的阳光私募基金发端于2004年，伴随着中国近10年来社会经济和资本市场的快速发展，阳光私募行业也取得了长足的进步。但长久以来，私募基金的发行一直要借助信托、证券公司和基金专户等通道，且需向通道提供方支付一定的通道费。私募基金登记备案制实施以后，私募基金可以自行发行产品，而无须借道其他机构，节省掉一笔不小的通道费。这对于一些刚起步、规模较小的私募基金来说，成本缩减让其有更多的资金投入到投资研究和基金运营当中去。

相对于节省通道费，私募基金的登记备案、自主发行，更重要的影响在于提升了私募基金投资的自主权和操作的灵活性。2014年之前发行的阳光私募产品，私募基金本身只能以投资顾问的身份参与基金的运营。而因为基金的管理人是信托、证券公司和基金专户等通道机构，私募基金在投资上存在诸多不便。以证券公司通道为例，出于风控要求，私募基金不能买卖通道证券公司股票池之外的股票品种，而申请新股票入池往往又需要经过证券公司严格的风险控制流程，等到股票入池，很可能已经错过了最佳买入时点。另外，私募基金作为管理人自主发行产品，也可以避开股票交易的“双十限制”（即基金持有单只股票资产比例不得超过基金净值的10%，持有某一公司股票的比例不得超过公司总股本10%）。

为改进私募基金登记备案工作，中国证券投资基金业协会（以下简称基金业协会）于2014年12月31日发布了《关于改进私募基金管理人登记备案相关工作的通知》（以下简称《通知》）。《通知》主要围绕便利私募基金管理人登记、私募基金备案以及加强私募基金行业的自律管理展开。2015年3月19日，基金业协会公布《关于实行私募基金管理人分类公示制度的公告》。私募基金管理人分类公示是指，基金业协会以私募基金管理人管理资金的规模、基金运营的合规、诚信情况等信息为依据，将私募基金管理人进行分类，并按照类别进行公示。

基金业协会对私募基金实行登记备案制管理，为私募基金的发展清除了诸多障碍，随着私募基金获得正式的法律地位，政策层面对私募行业发展更加重视，阳光私募管理人将面临更加广阔的发展平台和历史机遇。而高速增长的私募基金，也越来越成为证券公司不可忽视的客户群体。

二、国内证券公司逐渐恢复托管功能

（一）证券公司托管业务发展概况

证券公司私募基金托管业务，是指证券公司根据法律法规及合同约定，接受投资者委托，以托管人的身份对基金资产进行安全保管并监督私募基金管理人的投资运作，提供托管报告，同时根据基金投资运作的特点提供相应的资金划付、投资清算、净值清算、信息报告等相关服务。

我国证券市场发展初期，客户（即投资者）的交易结算资金是由证券公司统一存管的。随着证券监管的不断完善，为了防止客户资金挪用，切实保障投资者的资金安全，监管层引入了现行的“保证金存管制度”。按照“保证金存管制度”要求，客户的交易结算资金必须由第三方存管机构存管，而第三方存管机构主要是指有存管资格的商业银行。选择商业银行作为托管机构，主要是考虑银行拥有较高的信用，资金由其托管安全度最高。这样，证券公司就失去了客户保证金的托管功能。然而，近几年，随着监管法规的不断完善和证券行业自律管理要求的不断提高，证券公司的发展更加合规，大部分证券公司内部都建立了严格的风控系统，这使得证券公司托管的内部条件已经具备。此外，近年来，中国政府对金融创新十分重视，多次提出推进金融改革，建设多层次的资本市场。这使得证券公司的诸多创新业务如融资融券、场外衍生品业务得以开展，而托管功能的缺失，严重限制了这些创新业务的发展。因此，证券公司受托管理私募基金资金、恢复基础托管功能，符合行业诉求，顺应证券公司创新需要。

2014年1月，海通证券获得公募基金托管资格，这是继引入第三方存管制度以来证券公司第一次重获托管资格，随后，国泰君安证券、招商证券、国信证券和广发证券也相继获得了公募基金托管牌照。据Wind资讯统计，2014年以来，公募基金的募集总额超过4 500亿元，按照1‰—2.5‰的托管费率计算，公募基金托管机构2014年新增托管收入可达4.5亿—11.25亿元。但到目前为止，由证券公司托管的公募基金却寥寥无几，参与托管的4家证券公司托管的公募基金只有5只，托管资金规模仅有31.08亿元，所占份额相当有限（见图3）。公募基金对托管人的选择主要考虑托管机构的代销和其他服务能力，在目前证券公司增值服务优势并不明显的情况下，公募基金自然更倾向于与掌握更多客户资源的银行进行合作。

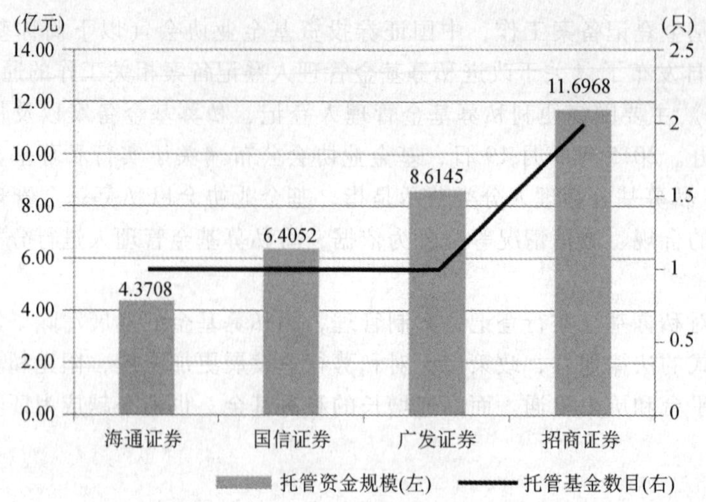

图 3　证券公司公募基金托管情况

资料来源：Wind 资讯、东吴证券研究。

相比公募基金，私募基金与证券公司的业务往来更密切，证券公司对私募基金的托管进程更快。2012 年 10 月，招商证券获准开展私募基金综合托管服务，打破了银行托管客户（私募基金）资金的垄断。截至 2014 年 12 月底，除已获得证券投资基金托管资格的 6 家证券公司外，19 家上市证券公司中已有国金证券、东吴证券、山西证券、西南证券、国海证券、长江证券等 6 家证券公司获得开展私募基金综合托管业务资格。目前，各大证券公司均在积极寻找私募基金公司，拓展私募基金托管业务。

据 Wind 资讯统计，已经开始有阳光私募基金产品托管的证券公司已达 18 家之多。托管基金数目达 100 只以上的共有 3 家证券公司，其中，最早获得私募基金托管资格的招商证券托管基金数量达 274 只，排名第一，国信证券和国泰君安证券紧随其后，基金托管数分别为 208 只、115 只。18 家证券公司共计托管 750 只阳光私募基金，虽然大幅高于公募基金托管数量，但相对于目前存续的 9 000 多只阳光私募基金来说，所占份额仍较小（见表 2、图 4）。考虑到国内证券公司私募基金业务开展时间还不到一年（2014 年 3 月 17 日，招商证券托管了国内首支法律意义上的私募基金——重阳 A 股阿尔法对冲基金），面对如此巨大的私募市场空间以及证券公司独有的托管优势，业务前景仍非常乐观。

表 2　证券公司阳光私募基金托管情况

基金托管人	托管数量（只）	基金托管人	托管数量（只）
招商证券	274	齐鲁证券	4
国信证券	208	兴业证券	4
国泰君安证券	115	华泰证券	2
海通证券	47	东方证券	1
广发证券	39	光大证券	1
中信证券	29	平安证券	1
长城证券	10	银河证券	1
国金证券	7	中信建投证券	1
中国银河证券	5	中银国际证券	1
总计	750		

资料来源：Wind 资讯、东吴证券研究所。

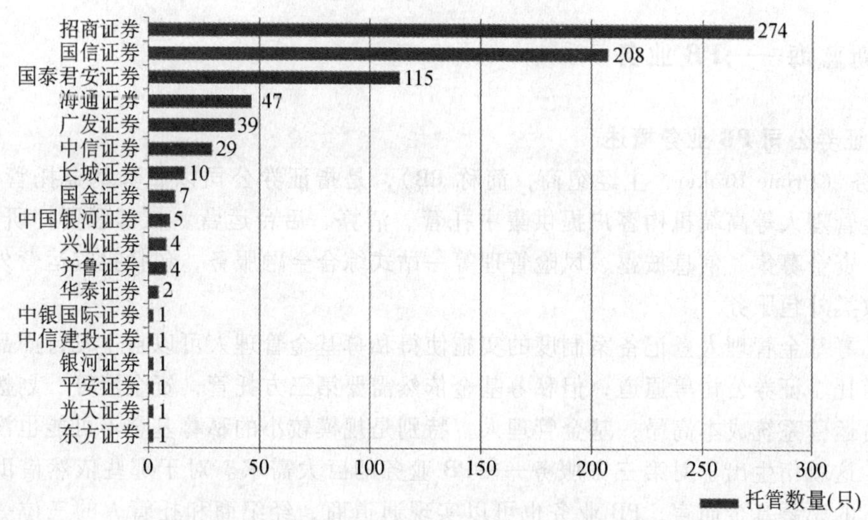

图4 证券公司阳光私募基金托管情况

资料来源：Wind资讯、东吴证券研究。

（二）证券公司开展私募基金托管业务优势

商业银行掌握着金融市场上大部分金融和客户资源，有着其他非银金融机构无法比拟的渠道销售能力。经过多年托管业务的经验积累，商业银行在风险控制、业务成熟度方面，也已形成较大优势。但对于近两年来刚开始恢复托管功能的国内证券公司来说，依然有其自身独特的优势特点：

1. 托管费率低。目前，国内商业银行的私募基金年托管费率在0.1%—0.25%之间，大多在0.2%以上，而证券公司的托管费率通常低于0.2%。对于募集金额较大的私募基金而言，托管费用差别显著。

2. 增值及附加服务丰富。商业银行对其托管的基金一般只能提供资金保管、清算、划拨及协助销售等基础服务。而证券公司借助其自身业务特点，除以上基础服务外，可以为其托管客户提供研究报告、融资融券、衍生品对接甚至是整个后台运营服务。

以融资融券为例，随着2014年11月后股指不断走高，大量资金入市，截至2014年12月19日，沪深两市融资融券余额突破10万亿元人民币。证券公司既可以为私募基金提供资金杠杆，放大盈利，又可以为有需要的对冲基金提供融券服务，实现部分空头仓位。此外，证券公司常年积累的宏观、策略以及行业研究能力，对私募基金有着巨大的吸引力。随着期权等衍生品的推出，场内金融工具更加丰富，证券公司给对冲基金提供合适对冲策略的同时，也可以凭借其衍生品业务资格给私募基金的对冲操作提供便利。

私募基金托管业务是证券公司为私募基金客户提供其他服务的基础，证券公司凭借其灵活高效的后台运营机制，丰富的增值和附加服务，能形成较好的客户黏性，未来可能形成与银行互补的局面。

三、新蓝海——PB 业务

（一）证券公司 PB 业务概述

PB 业务（Prime Broker，主经纪商，简称 PB），是指证券公司以私募基金托管为基础，向私募基金管理人等高端机构客户提供集中托管、清算、后台运营、杠杆融资、研究支持、证券拆借、资金募集、信息披露、风险管理等一站式综合金融服务，包括投资运营外包服务和其他行政类外包服务。

虽然私募基金管理人登记备案制度的实施使得私募基金管理人可以自主发行产品，不再需要借助信托、证券公司等通道，但私募基金依然需要第三方托管，资金清算、划拨、净值计算等后台运营系统成本高昂，基金管理人，特别是规模较小的私募基金不可能也没有必要独立完成，这就衍生出了对第三方服务——PB 业务的巨大需求。对于那些依然借助证券公司通道发行的私募基金而言，PB 业务也可以实现通道商、经纪商和托管人的三位一体，提高运营效率。在海外，一些私募基金只设有投研人员，后台行政、清算、净值公布等其他业务都外包给第三方机构，这不仅节省了人力和运营成本，也能使基金管理人员将更多精力投入实现资金增值当中去。

以资本市场最为发达的美国为例，PB 业务起源于 20 世纪 70 年代，美国证券公司 Furman Selz 首次推出主经纪商业务，以减轻基金管理人的运营压力，受到了基金管理人特别是私募机构的欢迎。到 20 世纪 90 年代，随着美国证券市场的飞速发展，特别是对冲基金的爆发式增长，市场对 PB 业务的需求不断提高，高盛、摩根士丹利、美林、花旗等诸多大型证券经纪商开始开展 PB 业务，随着这些大型国际投行的加入，业务竞争日益激烈，服务标准和业务成熟度得到提升。近几年，海外主经纪商服务范围不断扩展，一些有实力的证券公司开始为客户提供资本引荐、行政服务外包、信息咨询等其他增值服务。而受 2008 年次贷危机冲击，美国的 PB 业务也发生了一些变化，如对冲基金为了控制风险，将其管理的基金分散到多家证券公司托管，主经纪商为客户提供的杠杆也有所下降。

在中国，随着 2012 年中国证监会允许证券公司开展私募基金综合托管服务，证券公司开展针对私募基金的 PB 业务已初步具备了条件，招商证券、国泰君安、海通证券、银河证券等证券公司开始试水 PB 业务。

（二）证券公司 PB 业务核心内容及典型模式

伴随着私募基金的快速发展，国内大型证券公司开拓了一系列与私募基金相关的全链条业务，涵盖资产托管、清算、研究服务、产品设计、投资交易、配置杠杆、投资研究等一系列服务（见表 3）。

国内 PB 业务虽然起步较晚，发展时间较短，但通过借鉴国外较为成熟的业务经验，伴随着资本市场监管模式、金融工具创新的不断深化以及私募基金爆发式增长，业务发展迅速。证券公司纷纷积极布局 PB 业务，在开展业务的过程中，各有侧重。

1. 侧重于托管业务及运营外包服务。这类证券公司的典型代表是招商证券和国信证券。其中，招商证券是业内首家获得私募基金托管的证券公司，并在 2014 年 3 月推出“零通道”费用吸引客户。截至 2015 年 1 月 12 日，招商证券托管的私募基金已经达到 274 只，排名所

表 3 PB 业务主要服务内容

服务类别	具体内容
产品设计	产品创设流程资讯、衍生品机构化产品设计、产品合同起草等
资产托管	资产保管、投资监督等
投资运营	估值核算、份额登记、信息披露、投资清算、风险控制、绩效评估等
行政外包	账户管理、报表管理、政策咨询、业绩展示等
销售管理	拟订销售计划、对合格投资者进行产品推介等
投资交易	提供交易通道、数据接口等
杠杆配置	提供融资融券、约定式回购、股票质押回购、外部资产对接等
投资研究	宏观策略、行业及个股研究分析、咨询、上市公司调研等
其他服务	如资本引荐、法律税务咨询、基金设立咨询、办公场所租赁等

有证券公司之首。与其合作的私募基金涵盖了国内主流大型机构，如重阳投资、景林资产、淡水泉、凯石和朱雀投资等。招商证券托管部的业务分成托管和机构外包运营两部分，这也是其优势服务，对于产品设计、分拆估值、母子基金的绩效等复杂问题都能处理。

2. 侧重于私募基金培育的“私募工厂”模式。这类证券公司的典型代表是广发证券。广发证券的 PB 业务放在经纪业务部门架构下的机构业务部，其对应的客户是 500 万元以上的个人客户、对冲基金、上市公司股东等。广发证券根据对冲基金的发展阶段将私募基金分成初创期、成长期和成熟期三个不同阶段，当前阶段，广发基金对冲平台的客户以初创期的私募基金为主。广发为初创期私募基金提供产品通道和交易系统，以获得首只产品的业绩记录，并以自有资金建立对冲基金种子基金，帮助初创期的对冲基金培养业绩。

3. 侧重于融资功能。这类证券公司的典型代表是中信证券。中信在产品发行、托管、外包和交易佣金的收费都比较低，他们与私募基金合作的收入来源主要是资本中介服务。中信证券通过融资融券、股指期货、商品期货、场外收益互换（如股票收益互换）合约等不同工具来帮助私募基金放大杠杆，并建立了涵盖所有标的证券的股票池，可以最大限度地满足客户的融资融券需求。中信证券通过转融通、交易做市、衍生品等方式获得券源，为客户提供定增套利、事件套利、趋势套利等客制化服务。除此之外，中信证券也是国内首家引入孵化机制的证券公司。

4. 全产业链模式。这类证券公司的典型代表是国泰君安证券。国泰君安在 2014 年 7 月推出全能私募 PB 一站式系统服务，受到众多私募机构热捧。和过去仅限于交易经纪和投资研究服务合作的私募基金服务模式相比，国泰君安此次推出的服务更强调“全业务链”的概念，即为私募基金提供包括产品代销、清算托管、两融业务、交易平台、资本引介、种子基金以及专业客户经理团队在内的综合化金融解决方案。这种综合化的金融服务可以给私募基金减轻更多的成本压力，提高基金运营效率。目前来看，国泰君安这种“一站式”系统服务，最为接近海外证券公司成熟的 PB 业务模式。

（三）发展 PB 业务对于证券公司的业绩贡献和意义

据 Oliver Wyman 的数据显示，2006—2012 年，证券公司 PB 业务收入维持在 100 亿—200 亿美元之间。在 2008 年达到峰值，达 190 亿美元，占证券公司总收入比例高达 20%

（见图 5）。

在海外，PB 业务主要针对高端的机构投资者和一些高净值人群，其中，对冲基金提供的业务量超过 95%；从 PB 业务的收入结构来看，PB 业务收入主要来源于融资利息及交易佣金。具体来看，融资利息对收入贡献达 70%，然后是交易佣金，其收入占比达 20%，另外，结构设计与定制收入占比为 10%（见图 6）。

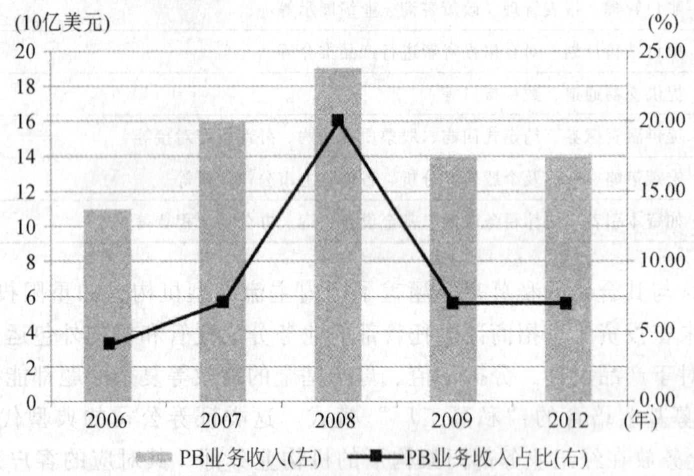

图 5 海外证券公司 PB 业务收入情况

资料来源：Oliver Wyman proprietary data and analysis。

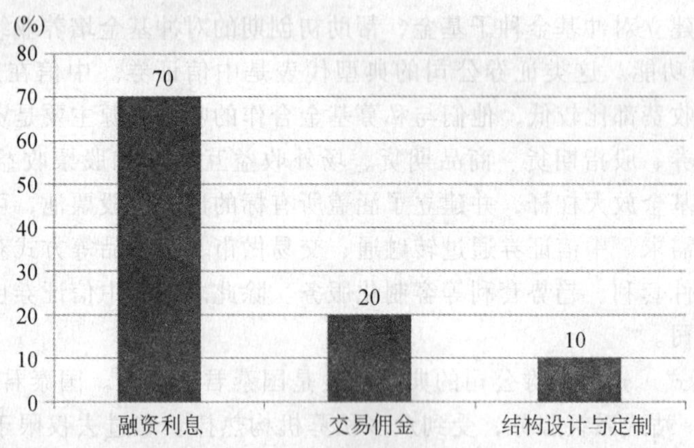

图 6 海外证券公司 PB 业务收入结构

资料来源：Oliver Wyman proprietary data and analysis。

证券公司开展主经纪商业务，在满足客户提综合服务需求的同时，也可以顺势摸索自身业务转型的思路。通过开展创新业务，开发更加丰富的服务项目，证券公司正在逐渐改变长久以来“靠天吃饭”的现状。目前来看，主经纪商业务给国内证券公司提供的收入主要有四个方面。

1. 融资融券收入。2013 年以来，融资融券业务发展迅速，成为证券公司新增盈利的核心部门之一。据 Wind 资讯统计，截止到 2014 年 12 月 31 日，国内开展“两融”业务的证券公司有91家，融资融券客户数量已经超过300万户，融资买入额从2011年的2 909.04亿元增长到2014年的95 810.51亿元，翻了近30倍（见图7）。证券公司能为融资客户提供1:1的资金杠杆，特别是在上涨行情里，私募基金对于证券公司融资需求很大。另外，在融券方面，证券公司以自有资金构建融券标的股票池，通过转融通、交易做市等方式获得券源，满足客户融券需求。虽然目前融券规模还很小，但随着国内对冲基金的快速发展以及市场上多空消息的进一步均衡，相对于融资来说，私募基金融券需求增长空间更大。

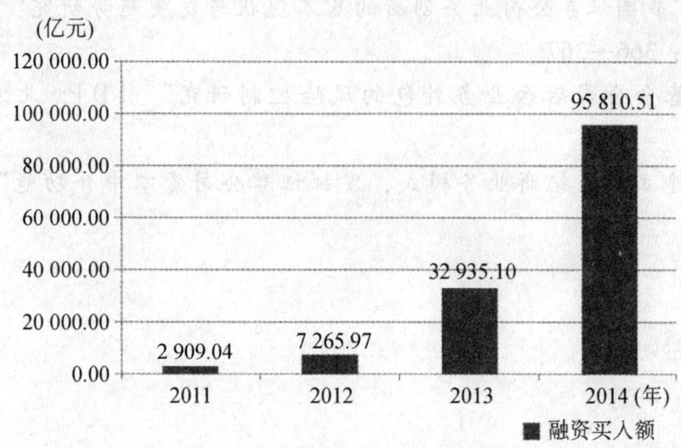

图7 国内融资买入额增长情况

资料来源：Wind资讯、东吴证券研究所。

2. 交易佣金。近年来，虽然证券公司经纪业务收入在总收入中比重有所下滑，但行业平均经纪业务收入占比依然维持在30%以上。此外，随着对冲基金的发展，高频交易等策略对证券公司IT系统要求更高，交易速度快慢也成为证券公司PB业务水平的重要标准。但随着证券公司之间业务竞争的加剧，交易佣金收入在未来很可能进一步下降，主经纪商将会把目光更多地放在融资融券等增值服务上。

3. 托管费及其他运营外包收入。托管及资金清算、划拨、估值等运营外包作为PB业务的基础服务内容，是PB业务的依托，这部分服务占比较稳定，但收入比重不高。

4. 产品结构设计与定制。私募基金相较其他资产管理类型操作更加灵活，意识更加超前，其开发对接衍生品等复杂产品的意愿也更加强烈。随着A股进入期权时代，场外衍生品也将迎来空前发展，证券公司凭借其研究能力的优势，可以帮助私募基金定制其满足自身需求的客制化产品。这部分业务收入虽然目前规模较小，但未来发展空间巨大。

此外，部分证券公司设立的种子基金，在对私募基金进行培育的过程中，可能享受到私募基金成长带来的收益。

随着越来越多的证券公司开展PB业务，未来证券公司的重点必然放在产品结构设计、资金引荐等一些能形成差异化的特色领域上，整合各方资源，增强客户吸引力和黏性，以此避免竞争的同质化。

参考文献

［1］李磊："私募基金发展渐行渐近"［J］，《时代金融》，2013（9）：138。

[2] 黄龙，蒋萍："私募基金的现状及发展趋向研究"[J]，《时代金融》，2013（4）：41—42。

[3] 李滨，胡天彤："融资融券业务对证券公司的影响及其应对策略"[J]，《融创新动态研究》，2006（01）。

[4] 宋方略："我国融资融券业务市场应用初探"[J]，《时代金融》，2013（4）：284—285。

[5] 李海霞："我国证券公司业务创新的基本现状与发展趋势研究"[J]，《现代经济信息》，2013（16）：366—367。

[6] 林盛："基金公司后台业务外包的风险控制研究"[D]，北方工业大学，2013（10）。

[7] 何华："建立主经纪商业务模式，发挥证券公司资本中介功能"[J]，《中国证券》，2013（6）。

私募基金适当性管理体系搭建与路径实现探析
——国泰君安证券私募基金销售投资者适当性管理实践

李可柯 董明敏*

随着2013年6月新修订的《中华人民共和国证券投资基金法》的正式实施，私募基金在法律地位上得到了进一步明确。尤其是2014年2月，《私募投资基金管理人登记和基金备案办法（试行）》的施行，开启了私募基金自主发行产品的序幕。2014年8月由中国证监会发布的《私募投资基金监督管理暂行办法》将私募基金纳入监管，这些因素都给私募基金行业创造了难得的发展机遇，更将为其带来井喷式发展的机会。

截至2015年3月8日，在中国证券投资基金业协会登记的私募基金管理人已达8 133家，备案的私募基金数量已经接近3 000只。但同时我们也关注到，据Wind资讯数据统计显示，2014年阳光私募（含私募基金及聘请私募基金管理人作为投资顾问的产品）清盘数量为776只，为近十年新高。

可见，私募基金如雨后春笋般涌现，但其不受过多政策约束、信息披露不充分、投资范围宽泛、业绩分化严重、收益相差巨大等特征，使得私募基金适当性管理尤显重要。实施适当性管理将保障市场的稳定运行，更是践行保护投资者权益、维护投资者利益的重要体现。与此同时，客户对于私募基金的认知度逐渐提升，私募产品销售涉及的客户面逐渐变广，其投资者适当性管理工作的落实也变得愈发重要，私募基金销售投资者适当性管理是一种思维方式，更是一个创新变革、与国际接轨的大方向。引导投资者适当地选择每一款符合自己风险与收益预期的产品，是私募行业发展的关键要素。

一、私募基金销售适当性管理体系搭建

（一）私募基金销售适当性管理制度沿革

2013年4月，国泰君安证券根据中国证券业协会发布的《证券公司投资者适当性制度

* 作者单位：国泰君安证券股份有限公司。原载于《中国证券》2015年第3期。

指引》（中证协发［2012］248 号）的要求，制定出台了《国泰君安证券投资者适当性服务指引（试行）》。2014 年 3 月，根据公司的业务发展，公司修订并出台了《国泰君安证券投资者适当性管理办法》，同年 6 月，《国泰君安证券股份有限公司代销金融产品投资者适当性管理工作指引》正式发布。2014 年 9 月，随着公司内私募基金销售越来越频繁，公司及时制定并出台了私募基金销售配套制度规范。

（二）私募基金销售适当性管理架构设计

国泰君安证券自探索建立投资者适当性服务体系以来，在适当性管理之路上精耕细作，不断开拓，在业务开展过程中，定期回顾调整，逐渐摸索出一条适合中国资本市场、符合公司业务特色的投资者适当性管理体系。这其中，金融产品尤其是私募基金的适当性管理因其受众面广及投资者多，在整个适当性管理体系中占据举足轻重的地位。我们对于拟销售的每一款私募基金产品，在产品推出的前、中、后等各个阶段均有严格的风险控制措施，以确保客户的风险承受能力与产品的风险等级及复杂程度匹配一致，将投资者适当性服务体系由理念化的思想转化为动态匹配的业务流程，并形成较为完整的闭环体系，真正将私募基金销售适当性管理工作做细做实。国泰君安证券在私募基金销售投资者适当性管理工作中搭建了适当性管理体系（见图 1），试图通过完善的体系，不断探索多层次私募基金销售适当性管理路径。严格私募基金投资者适当性管理，坚持面向合格投资者募集资金，坚持将合适的产品与合适的客户进行匹配。

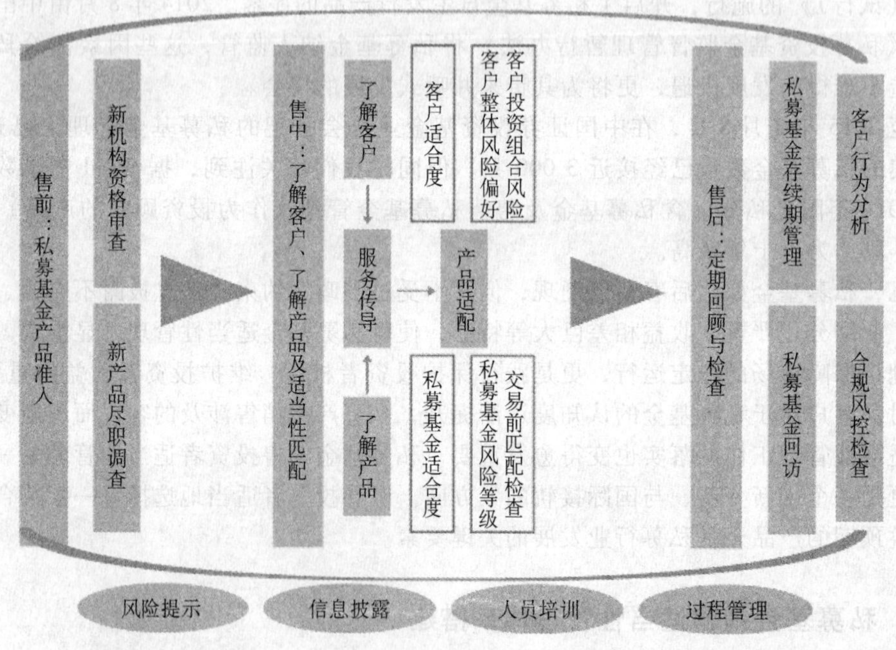

图 1　私募基金销售投资者适当性管理体系

二、私募基金销售适当性管理实现路径

（一）组织机制、制度建设是保障

1. 自上而下的统一管理。公司设立了产品决策委员会作为公司产品准入决策机构，负责公司产品的集中统一管理，审定公司统一的产品审核标准，对拟销售产品进行审批决策，从组织机制上给予金融产品销售保障。公司产品决策委员会主任由公司高管人员担任，与金融产品相关业务部门以及合规部、风险管理部等9个部门的负责人为委员，分别从专业性、市场价值、客户需求等多维度对产品进行充分论证和判断，并充分确保真实反映法律、合规、风险等方面的意见。

2. 完善规范的制度建设。公司以金融产品管理办法为核心，配套制定了相关制度和工作指引等近20个内部规范，从制度上规范了金融产品销售的相关流程，并对私募基金分类管理、分级控制，制定了《私募基金管理公司资格审查准入标准》和《私募基金风险揭示书》等规范文件。公司授权财富管理部安排相关人员负责产品决策委员会秘书处日常工作，负责审核公司金融产品报送材料的完整性和规范性，负责对产品合同及宣传推介材料进行把关，确保产品材料的客观、公正，风险揭示充分、明确。公司总部不对各销售单位摊派销售任务，销售人员无直接挂钩的销售提成也是进一步促进私募基金适当性销售的另一有利因素。

3. 深入大脑的理念宣导。在国泰君安证券，财富管理产品先行的理念深入人心。通过优秀产品增强客户黏度，通过产品导入带来后续其他业务收入的新模式逐渐形成。投资顾问不会为了更多的利益驱动为客户推荐不合适的产品，转而更多从客户需求出发为其匹配合适的产品。在这过程中，我们将适当性管理的理念下沉到一线，将私募产品选择以及私募产品设计能力下沉到一线，从而真正夯实适当性管理的基础。

（二）多维度全面了解客户是基础

了解客户、认知客户是客户分类分级管理的前提。了解和认知客户离不开对客户信息的收集与归整，客户信息的精准度决定着对客户了解和认知的深度。

1. 客户全信息集成，构建客户信息库。国泰君安证券特别建设的数据中心及档案中心是两大宝藏，它们分别将投资者的电子信息和实物档案统统包含在内，将投资者各类相关信息归集到这两大中心。数据中心从交易系统、服务系统等信息系统同步客户各类信息，含基础信息及扩展信息，多维度建立客户全景信息，实现客户信息共享。档案中心在行业内首家实现客户档案（电子信息与实物档案）大集中管理模式，维护了客户档案的准确与安全，加强了客户账户规范管理，实现了客户档案全文电子影像与实物档案“双轨制”同步管理。两大中心的建设，从多维度勾勒客户的全景信息，以系统化手段保障了对客户全面了解的要求。

全面收集和汇总客户信息，含账户信息、服务信息等类型，具体包括：身份信息（姓名、职业），联系信息（电话、地址），交易信息，财务状况，投资知识，投资经验，投资目标，风险偏好，服务流水等方面，帮助客户判断是否具备相应的风险认知与承受能力。投资顾问通过临柜、回访、业务推广、产品宣传、日常维护等接触点，与客户充分沟通，做到

尽可能充分了解客户。

2. 固化客户服务流程，精确客户分类分级。客户在购买任一私募产品前，首先判断该客户是否为私募基金合格投资者，是否符合《私募投资基金监督管理暂行办法》等法律法规的要求，同时确保客户已经进行了客户风险测评，并以合适的方式告知客户其所处的风险等级，即其风险承受能力评估结果。客户不论是在临柜、还是在各类客户终端，如君弘一户通、富易、富通、手机易阳指等均能实现上述功能。

通过测评，将客户分为保守型、稳健型和积极型客户，同时接受客户自愿申请成为专业投资者。对于结构特别复杂的私募基金、风险特别高的私募基金，公司规定只有专业投资者才能购买。符合标准的合格投资者可以在各客户终端上根据自己的喜好方便搜寻到适合的私募基金。针对我公司的客户，我们以客户资产量为标准实现客户服务分级，以体现资源优化配置。根据资产量分级服务客户，分别设置了银卡、金卡、钻石卡、君享卡四种级别，享有对应服务，逐级增加优先优选服务，匹配差异化服务的强度和频度。

3. 构建大数据模型，助力精准营销。通过多年的努力，我公司还在客户数据挖掘、交易行为分析等方面做了一些工作，努力探索形成“以客户为中心”的私募基金销售适当性管理模式。旨在打破单一指标限制，以全面涵盖、动态反映客户状态的方式尽量准确地勾勒和展现客户全貌。分别从客户性质、行为反馈、价值评价三个方面，从基本属性、资产规模、持仓构成、收益情况、产品接受度、交易偏好、资金流向、风格偏好、价值分类、潜在资产估计十个维度，辅以多个细化指标，对客户进行细化分类。通过设定相关阀值，再从产品接受度、交易频度、交易偏好等维度进一步细分。细分的类型交叉组合，又演变出更多甚至上百上千种不同客户类型。通过系统评估，针对每个客户，都有详细的客户诊断报告，以方便投资顾问更为有效、更为有针对性地为客户提供个性化、差异化服务。同时，对于客户的数据定期评估、滚动计算、适时调整。可以根据上述提及的多项指标进行组合修正，开展不同形式、不同目的的营销和服务活动。

4. 定期评估调整，提升客户服务水平。当开展私募基金销售时，我们会分析拟销售产品的性质、类型，然后筛选对应交易偏好、交易行为、风险等级等维度与拟销售产品相匹配的客户类型，实现定点精准营销，高效地、成功地帮助客户实现资产配置需求。又比如，通过客户评估模型，改进和完善私募基金回访工作。从之前随机的回访，转变为更有针对性、更高效的回访。通过相关指标及维度，筛选出风险等级不匹配、交易偏好不匹配、交易行为不匹配等多种需要重点关注的客群。通过私募基金销售专项回访，反观我们的销售过程适当性管理。

（三）客观评估了解产品，适当匹配最重要

1. 独立审慎客观评估。国泰君安证券销售的私募基金类型非常丰富，投资范围、产品结构、运作方式、设计条款等均有差异。在每款私募基金销售前，公司需对私募基金发行人进行资格审查。公司通过定量模型定期筛选调整私募基金管理人白名单，同时辅以违规、违约等黑名单，对私募基金管理人进行审慎选择，从源头上防范私募基金销售风险。针对私募基金委托人，我们将重点关注其基本情况、组织结构与内部控制调查、公司管理层调查、风险因素、投资管理、历史产品及业绩等方面并进行审慎调查。同时，对于私募基金会进行尽职调查与风险评估，分别从金融产品的发行依据、基本性质、投资安排、风险收益特征、风险管控措施、管理费用等多个维度进行产品评估。

2. 产品分类分级，构建金融产品信息库。通过全方位评估，把合格的合作机构分为三个等级，私募基金分为低、中、高三个等级，下分七个细级。结合之前的客户评估，将客户的风险承受能力与金融产品风险等级相匹配，积极型客户适合所有类型私募产品，稳健型客户适合中低风险私募产品，保守型客户不得主动推荐其参与私募基金。这个匹配原则是基本原则，投资顾问还需更为全面地了解客户资产及所购私募基金总额的相对占比，以及特定客户和特定产品的具体情况。比如，即使是个积极型的客户，但其已经70岁，且据了解，其以所有储蓄购买了结构化高风险私募基金，这显然也是不合适的。国泰君安证券通过实践探索，为私募基金与客户的匹配设计了三级路径：风险承受能力匹配——客户分类服务分级匹配——服务过程动态匹配，将适当性落实到每一个服务环节。匹配之后客户的行为数据再次进入信息搜集环节，通过提炼成为新的产品设计需求，动态跟踪修正，使整个体系成为完整闭环。

3. 风险揭示适当匹配。在销售私募基金时，作为销售机构，除产品适配以外，尤其需做好风险揭示及相关服务留痕工作，通过产品合同、产品说明书、产品风险揭示书及公司根据私募基金各产品制定的私募基金风险揭示书以及私募基金宣传材料（如有）等文件进行充分风险揭示，提醒客户审慎决策。同时，通过适当性评估结果确认书及金融产品或服务不适当警示及客户投资确认书，对风险揭示过程进行书面留痕。

（四）信息系统是关键

1. 系统功能化，服务产品化。国泰君安证券私募基金销售投资者适当性管理体系通过信息系统实现，但适当性管理并不是一个简单的信息技术系统项目，而是一个系统性的整体。公司的君弘百事通系统是投资顾问服务客户的重要工具，该系统通过客户中心、产品中心、客户分类、统一通信、报表工具等多模块为投资顾问服务客户、履行适当性管理做好技术保障，更实现了较难衡量的服务过程管理，使服务流程标准化，服务内容规范化。

2. 流程标准化，内容规范化。客户中心可以对客户的全景信息进行展现，如客户的静态、动态以及扩展信息。产品中心涵盖全市场12万余款金融产品的相关信息，对投资顾问服务每一个客户的过程进行一一记录，留档备查，实现了对销售过程的强制留痕。此外，对客户设置个性化提醒，帮助投资顾问更好、更快地为客户进行服务，提升客户满意度。如对客户的大事件进行设置、对客户的持仓异动进行设置、对客户的风险测评回顾进行设置等。

现阶段，客户购买私募基金的主要渠道是在线交易，故公司的主要客户终端，均根据适当性管理的要求进行了改造调整，实现了通过固化的系统和流程对私募基金销售过程中的客户适配及风险揭示的电子化控制。

（五）定期检查回顾不可缺

1. 售后管理，搭建全周期管理体系。在以往的私募基金销售业务中，往往比较关注销售，其实整个产品的存续期更值得维护和关注，这个阶段对于私募基金销售适当性管理显得更为关键。有鉴于此，我们特别加强和完善了私募基金售后的相关工作。

在售后阶段，我们会定期对客户开展回访工作，以确定客户适当性、确保销售过程规范。如有客户投诉，则视情况对销售单位和销售人员进行相应绩效调整。

私募基金存续期管理也是售后的一项重要工作，通过对已发行私募基金的后续跟踪管理，能实时了解私募基金的持续运行情况，及时排查及化解私募产品风险，并在必要时针对相关风险产品给予预警，最大限度地保护投资者利益。

2. 定期不定期监测及检查。通过大数据挖掘，精准描绘客户特性，深入分析客户行为，抓取客户需求，更好地为精准营销、适当性销售服务。以数据说话，为私募产品及客户贴上各类标签，实现深度匹配。

定期的风险监测以及定期不定期合规检查也是售后不可或缺的工作。在监测和检查中发现的相关问题将被及时反馈到私募基金销售主管部门，以及时处理及总结相关经验教训。如情节严重，将被采取问责措施，在合规考核中予以扣分或一票否决。

（六）持续循环不断改善保顺畅

在整个私募基金销售适当性管理过程中，持续人员培训、持续信息披露、持续投资者教育等都是循环进行没有间断的。

1. 人员培训常抓不懈。就相关金融产品知识、制度流程、风险案例等进行员工培训。通过视频、现场、区域等多种方式开展形式多样的员工培训，以提升员工的专业能力，以保障合法合规地开展私募基金销售。鼓励员工获取不同类型的相关资格证书。

2. 提升产品信息透明度。通过建立公司官网金融产品信息专区、各地区同业公会信息查询系统以及公司内部论坛等平台，进一步提升私募基金信息透明度，引导客户和员工主动查询、验证核准私募基金。

售后持续向投资者提供产品的重要资料，一来可以更好地为客户提供服务，同时可使投资者在波动的市场状况下更全面地了解其投资产品的情况。

3. 投资者教育形式多样。加强对投资者教育的力度，通过金融产品销售专题讨论报告会、股民学校、投资者园地等投资者教育活动，进一步引导投资者提高识别和防范非法活动的能力。

在整个私募基金销售过程中，我们还通过建立公司内部多渠道、多方式的沟通方式，提升营销人员产品认知度和责任感。通过加强私募基金销售前、中、后的服务支持，使我们的投资顾问能够更清晰地理解产品，以更好地做好客户与产品的匹配。

三、私募基金销售适当性管理的未来发展

国泰君安证券私募基金销售投资者适当性管理体系是以客户为中心，将合适的私募基金在合适的时间，以合适的形式，适配给合适的投资者的最佳实践，帮助投资者深刻了解私募基金并做出理性投资决策，从而切实保护投资者的资产安全。但适当性管理中如何制定更为适合的客户评估模型、如何获取更为客观全面的客户数据、如何设计更为公正的私募基金评估模型等都是可以继续不断探索研究的。希望国泰君安证券在私募基金适当性管理方面的探索能够为证券行业带来一些启示，为行业在私募基金销售方面起到一定的借鉴作用，进而为我国私募基金行业的稳步持续发展贡献力量。

参考文献

马刚："国泰君安投资者适当性服务体系"，http：//www. cfachina. org/yjycb/cbw/zgqh/2011/0000NDWQ00ZDESSQ/201201/t20120116_ 1428672. html，2012 年 1 月 16 日。

私募基金所得税制度研究

奕丽萍*

一、私募税收制度建设相对滞后

自 2013 年 6 月新《中华人民共和国基金法》将“非公开募集基金”（即私募）正式纳入监管框架以来，私募政策迎来集中落地期。

2014 年 2 月，《私募投资基金管理人登记和基金备案办法（试行）》实行，私募基金管理人和产品开始向中国证券投资基金业协会履行登记备案手续。

2014 年 8 月，首个专门针对私募基金的管理办法——《私募投资基金监督管理暂行办法》发布，从登记备案、合格投资者、资金募集、投资运作、行业自律、监督管理、关于创业投资基金的特别规定、法律责任八个方面规范了私募投资基金。《私募投资基金监督管理暂行办法》从私募基金业务维度出发，提出“证券公司、基金管理公司、期货公司及其子公司从事私募基金业务适用本办法”。

2014 年 9 月，中国证监会就《证券期货经营机构资产管理业务管理办法（征求意见稿）》征求意见，从机构维度（证券公司、基金管理公司、期货公司及其依法设立的从事资产管理业务的子公司），对开展泛私募资产管理业务应遵守的行为规范进行了规定。

随着私募登记备案、合格投资者等制度的确定，私募运行趋于规范化，而随着私募政策的统一化，不同类型私募业务的监管套利问题也趋于消散。但对于近期才集中“转正”的私募而言，还有许多问题亟待明确，税收制度就是其中之一。

当前，国内私募基金按投资方向可以分为主要投资于公开交易证券的私募证券基金，主要投资于非公开交易股权的私募股权基金，主要投资于艺术品、红酒等特定商品的其他私募基金，其中创业投资基金被视为私募股权基金的特殊类别。

按组织形式分，根据《私募投资基金管理人登记和基金备案办法（试行）》和《私募投

* 作者单位：华宝证券有限责任公司。原载于《中国证券》2015 年第 4 期。

资基金监督管理暂行办法》，国内私募基金可以分为公司制、有限合伙制、契约制。其中，在契约制中，国内私募基金传统上常借助通道形式，如信托、证券公司资管、基金专户、基金子公司、期货资产管理等。私募登记备案制实行后开始出现以直接私募形式存在的契约型私募。

但与私募类型和通道的丰富化形成对比的是，与私募有关的税收制度多以“点状”存在，未形成一个统一涵盖所有私募类型的税收框架。私募的税收制度尚存在许多模糊地带，例如直接私募的税收尚无明确说法，形式各异的私募基金如何体现税法公平原则等。私募税收制度建设滞后于管理人等制度的建设。

二、私募所得税现状梳理

当前与私募基金相关的税收主要是所得税和营业税，营业税税率相对单一，而涉及所得税的政策较复杂，因此，本文主要就所得税进行梳理。我们重点关注私募证券投资基金和私募股权基金，这两类基金按组织形式均可以分为公司制、有限合伙制和契约制。

公司制私募基金指按照《中华人民共和国公司法》（以下简称《公司法》）的相关规定，以有限责任公司或股份有限公司的形式组建投资基金，基金本身成为具有独立法人地位的公司。其特点有降低风险、具有独立法人地位、适用部分税收优惠政策等。对于公司制私募基金而言，主要适用的法律有《公司法》、《中华人民共和国企业所得税法》（以下简称《企业所得税法》）。

有限合伙制私募基金，指采取有限合伙的形式设立的私募基金。2006 年，新《中华人民共和国合伙企业法》（以下简称《合伙企业法》）引进了有限合伙法律制度，为有限合伙制私募的发展提供了有力的制度保障。有限合伙制私募基金的特点主要有设立程序简便、税收可穿透、无代理风险等。对于有限合伙制私募基金而言，主要适用的法律是《合伙企业法》。

契约型私募基金，指私募基金的投资人将资产委托给私募管理人，其权益由双方签订的契约保障，实质上是一种信托关系。其特点有设立、退出和增募机制灵活、无双重税收、决策效率较高等。对于契约型私募基金而言，传统的通道型私募基金主要依据各类通道的规定，例如 2008 年中国银监会发布《信托公司私人股权投资信托业务操作指引》，规范信托制私募股权基金，而直接私募尚无明确依据。

私募所得税问题可以分解为两个问题：一是基金层面的税收问题；二是投资者层面的税收问题。

（一）基金层面的税收问题

其中，基金层面的税收问题因私募基金组织形式的不同而不同。

公司制私募基金因证券交易或股权交易所得收入应根据《企业所得税法》纳税，按照“转让财产收入”、“利息收入”计算所得税，税率为 25%。

《企业所得税法》第二十六条规定，“符合条件的居民企业之间的股息、红利等权益性投资收益属于‘免税收入’”，故当公司型私募基金获取被投资企业的股息、红利时，可免交所得税。其中，“符合条件的居民企业之间的股息、红利等权益性投资收益”是指居民企业直接投资于其他居民企业取得的投资收益。

此外，对于创业投资企业从事国家需要重点扶持和鼓励的创业投资，有专门的税收优惠政策。2007年《财政部、国家税务总局关于促进创业投资企业发展有关税收政策的通知》（31号文），2008年《中华人民共和国企业所得税法实施条例》，2009年《国家税务总局关于实施创业投资企业所得税优惠问题的通知》（87号文）均有相关优惠政策，其中，87号文提出："创业投资企业采取股权投资方式投资于未上市的中小高新技术企业2年（24个月）以上，符合相关条件的，可以按照其对中小高新技术企业投资额的70%，在股权持有满2年的当年抵扣该创业投资企业的应纳税所得额；当年不足抵扣的，可以在以后纳税年度结转抵扣。"这就意味着公司制私募基金在基金层面的基础税率为25%，但享有众多税收优惠政策。

对有限合伙制私募基金而言，根据《合伙企业法》第六条："合伙企业的生产经营所得和其他所得，按照国家有关税收规定，由合伙人分别缴纳所得税。"合伙企业包括普通合伙企业和有限合伙企业，这就意味着有限合伙制私募基金在基金层面不收取所得税。

传统通道式的契约型私募基金中，证券公司资产管理、信托、基金专户、基金子公司、期货资管等均非法人实体，因此不适用《企业所得税法》，在基金层面自然也就无须缴纳企业所得税（见表1）。

表1 基金层面的所得税制度

	公司制私募	有限合伙制私募	契约式私募				
			证券公司资管	信托	基金专户	基金子公司	期货资管
证券投资私募	25%	0	0	0	0	0	0
股权投资私募	25%，但享受较多税收优惠政策，且来自被投资企业的股息、红利免税	0	0	0	—	0	—

资料来源：华宝证券研究所。

（二）投资者层面的税收问题

投资者层面的税收问题，因投资者的属性不同而不同。

对自然人投资者，根据《中华人民共和国个人所得税法》及实施条例，如果投资于公司型私募基金，则属于一般的自然人投资者，按"财产转让所得"或"利息、股息、红利所得"纳税，税率为20%。

如果自然人投资者投资于有限合伙制私募基金，根据财政部、国家税务总局《关于个人独资企业和合伙企业投资者征收个人所得税的规定》（91号文）："个人独资企业和合伙企业停征企业所得税……个人独资企业和合伙企业每一纳税年度的收入总额减除成本、费用以及损失后的余额，作为投资者个人的生产经营所得，适用5%—35%的五级超额累进税率。"当时的合伙企业主要指普通合伙企业。2007年新《合伙企业法》允许合伙企业按有限合伙设立，并提出其生产经营所得由合伙人分别缴纳所得税。这意味着自然人投资有限合伙制私募基金按"个体工商户的生产经营所得"征收5%—35%的个人所得税。

自2011年9月开始，合伙企业投资者的生产经营所得依法计征个人所得税时，费用扣除标准统一确定为42 000元/年。扣除费用后，按照最新的税率表，自然人投资有限合伙制私募基金，超过10万元以上的部分要按35%的税率征税（见表2）。

表2　　个体工商户生产经营所得税率表

级数	全年含税应纳税所得额	税率（%）
1	不超过15 000元的	5
2	超过15 000—30 000元的部分	10
3	超过30 000—60 000元的部分	20
4	超过60 000—100 000元的部分	30
5	超过100 000元的部分	35

资料来源：《个人所得税法》、华宝证券研究所。

但对于合伙企业对外投资分回的利息、股息、红利，根据《国家税务总局〈关于个人独资企业和合伙企业投资者征收个人所得税的规定〉执行口径的通知》，该部分收入"不并入合伙企业收入，而作为投资者个人的利息、股息、红利收入"。因此，该部分收入按20%税率交税。

如果自然人投资者投资于契约型私募基金，当前信托、证券公司资管等通道类契约型私募基金对投资者所得并不代扣代缴，投资者需自行申报纳税。按"特许权使用费所得"适用20%的税率。

对企业投资者，根据《企业所得税法》第二十六条："符合条件的居民企业之间的股息、红利等权益性投资收益为免税收入"，故如果投资于公司型私募基金，基金分配的股息、红利等权益性收益可以免征所得税，但如果企业投资者通过转让公司型私募基金的股份实现退出，则需要按25%缴纳企业所得税。

如果企业投资者投资有限合伙制私募，根据财政部2008年发的159号文，按"先分后税"原则，企业投资者在获取基金收益后要按照25%的企业所得税率交税。

如果企业投资者投资契约型私募基金，获取基金收益后应按照25%的企业所得税率交税。

但是，《企业所得税法》及相关条例规定了一些免税和低税率主体，这些主体在获取基金收益时可免税或以优惠税率征收。例如，《企业所得税法》第二十八条："符合条件的小型微利企业，减按20%的税率征收企业所得税。国家需要重点扶持的高新技术企业，减按15%的税率征收企业所得税。"（见表3）。

需要补充的是，自然人投资者参与有限合伙制私募时也曾有过一波优惠政策热潮，当时，各地方政府为了鼓励私募股权投资的发展，大多将有限合伙制私募股权投资基金的有限合伙人税率（LP）由5%—35%累进税率统一按"利息、股息、红利所得"征税，税率为20%；而普通合伙人（GP）仍按"个体工商户生产经营所得"征税，税率为5%—35%的超额累进税率。还有一些地方政府以税收返还等形式给予优惠政策。

但从税法角度看，省级及以下政府应没有未经国务院财政部门批准直接减免个税的权

表 3　　　　投资者层面的所得税制度

<table>
<tr><th></th><th>公司制私募</th><th>有限合伙制私募</th><th>契约式私募</th></tr>
<tr><td>自然人投资者</td><td>20%</td><td>5%—35% 超额累进税率，但合伙企业对外分回的利息、股息、红利直接上传至投资者按“利息、股息、红利”交税，税率 20%</td><td>20%</td></tr>
<tr><td rowspan="2">企业投资者</td><td>基金分配的股息、红利等权益性收益可以免征所得税，其余按 25% 交税</td><td rowspan="2">25%</td><td rowspan="2">25%</td></tr>
<tr><td>《企业所得税法》及相关条例规定了一些免税和低税率主体，这些主体在获取基金收益时可免税或以优惠税率征收</td></tr>
</table>

资料来源：华宝证券研究所。

利，因此，上述地方政府的优惠政策实质是游走在灰色边缘。2009 年，财政部、国家税务总局出台《关于坚决制止越权减免税加强依法治税工作的通知》，要求各地财政、税务部门“不得随意改变税收优惠政策范围”，明确“中央税、共享税以及地方税的立法权都集中在中央，除有关税收法律、行政法规规定下放地方的具体政策管理权限外，税收政策管理权全部集中在中央”。

三、私募所得税的比较分析

（一）组织形式比较分析

综合而言，公司制私募基金具有独立法人资格，运作相对稳定。尽管在公司层面和投资者层面均需要征税，存在“双重征税”问题，但各类税收优惠政策可部分抵消双重征税的影响。例如，在公司层面征税的时候，来自被投资企业的股息、红利可依法免税；创业投资企业可以按照其对中小高新技术企业投资额的 70%，在股权持有满 2 年的当年抵扣应纳税所得额。在投资者层面征税的时候，如果是企业投资者，则基金分配的股息、红利等权益性收益可以免征所得税。

从而，公司制私募基金的累计所得税税负最高为：

自然人投资者：25% + （1 - 25%） × 20% = 40%

企业投资者：25% + （1 - 25%） × 25% = 43.75%

但实际税负通常没有那么高。例如，一企业投资者投资公司制私募基金，而私募基金投向中小高新技术企业，则可获得多重税收优惠。再如，假定企业投资者投资公司制私募基金获取的收益以股息、红利等权益收益实现，则实际上该企业投资者投资公司制私募基金和投资有限合伙制私募基金承担的税率是一样的，均为 25%（不考虑其他优惠政策）。

有限合伙制私募基金虽无法人资格，但在财产权上仍可明确登记，且普通合伙人执行公司事务并对合伙企业债务承担无限连带责任，可有效克服公司制下的“委托—代理”问题，这也是有限合伙制形式成为国外私募首选的重要原因之一。有限合伙制“税务透明体”的特性决定了在基金层面无须交税，而由合伙人分别交税，其中，自然人投资者一般按 5%—

35%超额累进税率交税，而企业投资者一般按25%交税（低税率和免税主体除外）。此前部分地方政府为鼓励股权投资，曾将股权投资私募中自然人有限合伙人的税率统一下调至20%。

从而，有限合伙制私募基金的累计所得税税负最高为：

自然人投资者：0+35%=35%

企业投资者：0+25%=25%

但由于有限合伙在收益分配上可协商办理，灵活性较大，加之“税务透明体”的特性，使得有限合伙制私募在税务安排上可操作性较高，理论上可以将收益由“重税主体”向“轻税主体”转移。

为了尽量避免有限合伙成为私募避税的工具，《财政部 国家税务总局关于合伙企业合伙人所得税问题的通知》要求无论合伙企业收益是分配还是留存，均需按“全部生产经营所得和其他所得”缴纳所得税。

契约制私募在国内尚无明确说法，但传统借信托、证券公司资管等通道发行的私募可以看作契约制私募的雏形。契约制私募无须设立公司或有限合伙企业，在成立方式上最便捷。由于无公司或有限合伙企业实体的约束，契约制私募在募资等条款设计上最为灵活，可多次筹集资金。由于无法人实体，现有的信托、证券公司资管等契约制私募在基金层面无须交税。在投资者层面，自然人投资者按20%的税率交税，企业投资者税率为25%。

从而，契约制私募基金的累计所得税税负最高为：

自然人投资者：0+20%=20%

企业投资者：0+25%=25%

不同组织形式私募基金的比较分析见表4。

表4 不同组织形式私募基金的比较分析

	公司制私募基金	有限合伙制私募	契约制私募
法律性质	法人	非法人组织	契约
募资灵活性	实缴制，灵活性小	认缴制，变更需登记	可多次增募，灵活性大
财产权登记	财产权可明确登记	财产权可明确登记	财产权登记制度缺乏
基金财产独立性	公司财产与基金财产等同	普通合伙人对合伙企业债务承担无限连带责任，有限合伙人以其认缴的出资额为限对合伙企业债务承担责任	基金财产独立于委托人、受托人和受益人
收益分配	不灵活	灵活	灵活
所得税	双重征税，但有各类税收优惠政策	“税务透明体”，由合伙人分别缴纳所得税	基金层面无法人实体资格，不纳税；投资者层面缴税

资料来源：华宝证券研究所。

（二）黑石税案风波

值得注意的是，除了前述地方政府出台的某些优惠政策可针对有限合伙制私募基金，在国家和地方优惠政策最密集的创业投资领域，政策大多只针对公司型私募基金。这与有限合伙制容易演变为避税工具有密不可分的关系。

在私募发展较成熟的国家如美国，此前有报道称其私募股权投资中有限合伙的组织形式已控制了80%的风险投资额。在美国，有限合伙制私募同样无须在私募基金层面交税，只需在合伙人环节交税。如果合伙人是自然人，直接按个人所得税规定交税；如果合伙人是企业，则将收益分配到最终纳税人账户后进行交税，即所谓的“流经原则”。

美国应税收入分为普通所得、资本利得和消极收入，其中前两种是主要的应税收入。普通所得适用超额累进税率，最高为35%，资本利得包含各类投资收益，最高税率仅为15%（政府正推动上调至20%）。

根据“流经原则”，采用有限合伙组织形式的私募基金只需在投资者环节支付税率较低的资本利得税；而采用公司制组织形式的私募基金则在基金环节就要交最高35%的联邦所得税和10%的州税，在投资者环节还要交税。由此，私募基金大多选择有限合伙制。

美国黑石集团是目前世界上最大的私募股权基金之一，其上市时就因其合伙企业架构有避税嫌疑，引起过不小风波。

2007年6月，黑石集团在纽交所上市。上市主体设定为在特拉华州注册的有限合伙企业——黑石集团LP（The Blackstone Group LP），该上市主体的投资者有两类：

（1）黑石集团管理有限责任公司（Blackstone Group Management LLC），作为上市主体的普通合伙人，无经济利益。而该公司实际由以创始人施瓦茨曼、彼得森等为代表的黑石高管们控制。

（2）首次公开发行的投资者，获得的是普通基金单位，作为上市主体的有限合伙人，享有上市主体100%经济权利，但只有有限投票权，无权选举上市主体的普通合伙人及董事。

上市主体通过4家100%控股的黑石控股GP（Blackstone Holdings GP Inc）公司间接控制5家运营实体各21.7%的份额。4家黑石控股GP在5家运营实体中的角色均为普通合伙人。

另外，黑石高管团队还以有限合伙人的身份持有5家运营实体78.3%的份额，以及上市主体100%可转换为普通基金单位的份额。

通过复杂的结构设计，黑石高管团队既在不丧失控制权的情况下实现了募资，又以有限合伙的形式获得了15%的较低税率。

但是，在黑石上市以后，其股份获得了较高的流动性，实质上越来越靠近公司实体，此时仍享有穿透税制和15%的低税率，引起了不少争议。

四、直接私募的纳税方式

自2014年2月私募登记备案制度实行以来，直接私募产品成为业界关注的热点。相比通道类私募产品，直接私募既可以节省通道费用、提升私募公司知名度，也有利于私募公司建立较完善的前、中、后台机制，引导私募公司发展规范化。

但是，关于直接私募如何纳税的问题目前还处于较模糊的阶段。由于没有统一清晰的说法，部分私募担心未来直接私募产品或将面临“双重征税”的尴尬处境，对直接私募发行持观望态度。

与传统通道型私募基金相比，直接私募属于较标准的契约型私募，因此，关于直接私募是否需要交税的讨论焦点就是关于契约型私募是否需要交税。目前关于这方面的主流观点分成两派：

（一）非实体课税模式

认为契约制私募不是独立工商实体，仅仅是投资者的集合体，是一种契约关系。因此，非实体课税模式认为契约制私募在基金层面不用纳税，仅需在投资者层面纳税即可。

（二）实体课税模式

认为契约制私募运行中有两个层面的法律关系：一是基金管理人运用基金进行投资；二是基金管理人和基金持有人之间的募资和分配。由于是两个法律行为，故需要分别履行纳税义务。在基金层面，要适用投资相关的法律法规和税收制度；而在投资者层面，要适用收益取得相关的法律法规和税收制度。

但是，如前所述，我们认为，目前通道式的私募产品属于国内契约制私募的雏形，因此，直接私募产品或将参照原通道类的私募产品，在基金产品环节不交税，而由投资者分别纳税。

另外，公募基金作为较成熟的契约型基金制度，目前享有一些优惠政策。2013 年 6 月新《证券投资基金法》将私募基金纳入监管框架，据此，以往适用于公募基金的相关优惠税收政策也理应适用于直接私募基金。《财政部　国家税务总局关于企业所得税若干优惠政策的通知》（财税［2008］1 号）提出了“关于鼓励证券投资基金发展的优惠政策”如下：

1. 对证券投资基金从证券市场中取得的收入，包括买卖股票、债券的差价收入，股权的股息、红利收入，债券的利息收入及其他收入，暂不征收企业所得税。

2. 对投资者从证券投资基金分配中取得的收入，暂不征收企业所得税。

3. 对证券投资基金管理人运用基金买卖股票、债券的差价收入，暂不征收企业所得税。

如果私募可享有公募当前的税收优惠政策，则同样可以实现基金产品环节不交税。

但是，由于《财政部　国家税务总局关于企业所得税若干优惠政策的通知》在表述中使用了“暂不征收”字眼，意味着我国或认为契约型基金应采纳“实体课税模式”，只是当前为了鼓励契约型基金的发展而暂不征收，这给未来直接私募的税制增添了不确定性。

我国证券公司发展 PB 业务现状及建议

叶长华*

证券公司 PB 业务（Prime Broker），即主经纪商业务，也称为主券商业务或大宗经纪业务，是指证券公司向专业机构投资者和高净值客户等提供集中托管清算、后台运营、研究支持、杠杆融资、证券拆借、资金募集等一站式综合金融服务。PB 概念最早源于 20 世纪 70 年代末美国的证券经营机构 Fuman Selz，当时由于经纪商的交易、清算、托管职能是可分离的，机构客户通常指定多个证券经营机构分别提供交易、清算和托管服务，故基金管理人需要核对所有的交易、清算数据及合并托管报告，大量的交易数据处理工作给基金管理人造成很大的负担。因此，主经纪商服务一经推出，立即受到基金经理们的欢迎，一些大型金融机构迅速占据了业务的主导地位。随着国际资本市场的逐步发展壮大，在证券经营机构的不断探索研究及市场的不断变化之下，PB 业务经历了 20 世纪 80 年代的探索阶段、20 世纪 90 年代至 2007 年的扩张阶段和 2008 年金融危机后的转型三个阶段，目前 PB 业务在国际资本市场中占据了重要地位。

一、国内证券公司 PB 业务的发展现状及前景

国内 PB 业务概念于 2010 年左右开始兴起，随着 2012 年资产托管业务对证券公司开放，2013 年 6 月 1 日实施的《中华人民共和国证券投资基金法》（简称《证券投资基金法》）确立了私募基金的合法性，使 PB 业务在证券公司中的地位随之提高，加之融资融券、转融通等创新业务的推出，PB 业务的巨大市场前景吸引了国内许多大型证券公司。

（一）国内证券公司 PB 业务的发展现状

随着 PB 业务概念在国内的出现，一些大型证券公司便开始对 PB 业务进行调研布局，并着手相关业务的试点以及平台的建立与整合工作。2012 年 7 月，申银万国证券宣布推出

* 作者单位：中国人民财产保险股份有限公司。原载于《中国证券》2015 年第 5 期。

机构全能服务平台“主券商服务”；2012 年 10 月，东方证券资产管理公司表示将大力开展私募基金的 PB 业务。但由于国内基金托管业务长期以来被银行垄断，加上对冲基金在我国一直未能阳光化，在此之前 PB 业务一直未曾出现。直到 2012 年底，招商证券成为国内首家取得私募基金综合托管服务资格的证券公司，一举打破了商业银行在托管领域的垄断局面。2013 年 6 月 1 日，新修订的《证券投资基金法》实施，确立了私募基金的法律地位，私募基金行业的规模也迅速壮大。2013 年 5 月，中金公司在证券公司创新发展研讨会上提出开展 PB 业务模式的设想，此后在雪球网推出“私募工场”开展私募基金孵化业务；2014 年，中国证监会正式批复一批证券公司可以开展证券投资基金托管业务，证券公司托管业务的范围正式拓展至公募基金、基金专户、证券公司集合资产管理计划等领域；2014 年 7 月，国泰君安证券在上海、北京和深圳等城市举办私募 PB 业务高峰论坛，推出全能私募 PB 一站式系统服务，并通过设立的种子基金累计投入 7 700 万元①发展 PB 业务；同年，广发证券通过入驻陆家嘴互联网新兴金融产业园，在该园区抢占了私募 PB 业务的市场先机，为机构客户提供覆盖从产品、交易、研究、清算、托管、融资融券到基金评级、特别业务定制的一揽子综合金融服务及解决方案；2014 年底，广发证券私募 PB 业务收入近 5 000 万元，预计 2015 年将达到 2 亿至 3 亿元规模②。与此同时，国内其他大型证券公司，如中信证券、招商证券、国信证券、海通证券、银河证券等纷纷推出针对私募基金的托管业务，试水 PB 业务。

（二）国内 PB 业务发展前景

由于境外证券经营机构 PB 业务收入来源比较广泛，从 PB 业务占总收入的比重来看，通常在 7%—20%③。而目前国内的 PB 业务收入来源主要为四部分：一是融资融券利息差，二是交易佣金，三是清算托管等基础服务，四是证券公司为培养机构投资者而设立种子基金参与投资对冲基金的投资收益。2014 年我国证券公司总收入为 2 602.84 亿元④，如果按照目前海外 PB 业务占证券公司收入 7% 的比例来计算，PB 业务每年的市场也应该有 180 亿元。其实 PB 业务的市场潜力远不止于此，从国际上看，PB 业务主要客户为专业机构投资者和高净值个人，而我国私募基金直到近两年随着国内政策的放开才进入快速发展的机遇期。伴随着私募基金的快速发展，PB 业务也必然会面临巨大的市场机遇。

二、PB 业务的基本模式及风险管理

（一）PB 业务的基本模式

国外 PB 业务经历 30 多年的发展，特别是 20 世纪 90 年代主经纪商业务随着美国对冲基金行业的壮大得到迅速发展，目前已经成为服务以对冲基金为主的机构客户的一种重要的经

① 参见“券商推一站式 PB 服务 争抢私募新蛋糕”，网址：http://news.163.com/14/0725/11/A20BRGD000014AED.html，最后访问日期：2015 年 4 月 25 日。

② 资料来源：大智慧财经。

③ 资料来源：Oliver Wyman。

④ 资料来源：中国证券业协会 2014 年度证券公司经营数据。

纪业务模式。对私募机构而言，主经纪商业务模式实现了通道商、证券经纪商及托管行三类角色的集成。PB业务的基本模式及服务内容见表1。

表1 PB业务基本模式

	项目前	项目中	项目后
基础服务	协助销售资产托管	交易执行、风险控制运营服务、技术支持业务报告、估值	清算结算绩效评估
核心服务	回购融资产品设计权益融资	融资融券信用交易策略咨询	
附加服务	设立咨询税务咨询资本引荐	办公室租赁研究服务客户管理	

（二）PB业务的风险管理

PB业务的风险管理包括四个方面：一是公司层面的客户信用风险管理，即客户适当性管理及授信管理，了解评估其公司管理、股东结构、资产状况等方面以确定授信额度；二是交易层面的风险管理，包括交易前的询价管理及复核，交易过程中的保证金管理、抵押品管理、盯市及集中度管理及交易结束时的清算交收；三是流动性管理，即根据公司层面的流动性管理、资金管理等政策，公司对业务总规模及融资比例、再抵押比例等给予控制，同时需保有一定比例的备付金，防止出现流动性缺口；四是通过物理隔离进行风险控制，由于主经纪商掌握其对冲基金客户的持仓，PB业务与其他业务的隔离要求更加严格，需与其他经纪业务保持人员及物理的隔离。

三、国内PB业务发展存在的不足之处

由于我国证券公司PB业务刚刚起步，大部分有能力进行PB业务的证券公司还处在提供基础服务的阶段，从目前PB业务的现状来看，还存在一些不足，具体包括以下几方面。

（一）PB业务刚起步，与国外还存在一定差距

国外PB业务模式已比较成熟，大部分国际投行都拥有专门的PB业务部门，但国内PB业务才刚刚起步，还未形成比较规范的业务操作流程和模式，也没有单独的PB业务部门，各个细分业务标准也不统一。以托管业务为例，一些证券公司对非标资产的托管已经放开，而一些较保守的证券公司对于非标资产托管还是持比较谨慎的态度。因此，PB业务标准统一规范的问题有待解决。

（二）PB业务的多样性不够，机构投资者良莠不齐

由于我国的私募基金，尤其是对冲基金业发展较晚，产品同质化比较明显，产品层次性不足等问题还在一定程度上存在，产品创新的步伐还较慢，有些证券公司为了控制风险，对于创新产品的PB业务也比较谨慎。另外，国内机构投资者也存在良莠不齐的情况，使得市场风险加大，加上我国证券市场存在信用体系缺失等问题，加大了证券公司与私募基金合作的难度，也无形中增大了市场风险。

（三）机构客户参与度不高，短期内影响PB业务快速发展

与国外投资者相比，我国目前对冲基金规模较小，在一定程度上影响了国内证券公司PB业务的发展。在国外，对冲基金是PB业务中程序化交易、衍生品交易的主要使用者和对手方，为PB业务贡献了95%以上的收入，国外发达市场量化投资占市场交易总量的70%，而国内还不到8%，这也说明国内对冲基金还没有大规模形成。除此之外，“两融”交易对PB业务的贡献也相对较低，融资融券利息收入在国外PB业务总收入中占70%，其中80%又来源于机构投资者，而我国目前机构投资者对融资融券业务的参与度较低，90%以上的“两融”客户都为个人投资者[①]，因此在国内PB业务主要需求方还未大规模激活的情况下，机构客户对PB业务的参与度较低，影响了业务的快速发展。

四、证券公司发展PB业务的建议

尽管目前国内PB业务的发展还存在一些问题，但近两年来，部分证券公司已经正式对外推出主券商综合服务平台，开始面向对冲基金等机构投资者提供托管清算、融资融券、证券拆借等服务，PB业务成为证券公司未来的又一蓝海已是大势所趋。为做好证券公司PB业务发展，特提出以下建议。

（一）加大投入系统建设，搭建强大PB业务运行平台

“工欲善其事，必先利其器”。证券公司开展PB业务，首要的是系统的建设和平台的搭建。一方面，PB业务的系统要求比较高，仅IT系统的投资就高达几千万元。随着对冲基金对高频交易需求的增多，对系统速度的要求也越来越高，因此，对于拟发展PB业务的证券公司来说，搭建一个强大的系统平台至关重要；另一方面，PB业务的发展离不开业务及团队的支持，目前多家证券公司正在开始招募相关人才。由于市场上相关人才较缺乏，证券公司除了可以引进一些专业人才充实队伍之外，也可以从现有团队中培养人才，通过招募和培训专业人才，构建相应的PB业务团队。

（二）整合证券公司内部资源，发挥部门间协同作用

PB业务发展初期，有的证券公司把PB业务放在托管部下运作，有的设在经纪业务部，有的放在财富管理部，还有的放在机构业务部。PB业务主要针对私募，需要提供一站式服务，无论初期放在哪里，都需要各部门提供相关的服务与支持。比如由产品部门提供产品支持，资产管理部提供平台支持，信息技术部提供系统支持，交易部提供流动性支持，研发中心提供研究支持，运营管理部提供托管估值支持等。运用证券公司全方位的业务和部门优势，整合资源，形成全方位的服务体系，必要时可以建立相应的统筹协调机构，发挥部门间协同作用。

---

① 参见“机构客户参与度低 券商主经纪商业务难做大”，网址：http：//money.163.com/13/1011/04/9ASLSRCL00253B0H.html，最后访问日期：2015年4月25日。

（三）发挥证券公司研发优势，提供优质配套服务

与基金管理公司、信托公司等机构相比，证券公司 PB 业务最大的优势就在于能够为私募基金提供优质的配套服务。证券公司拥有强大的投资研究机构和研究人员，可以发挥证券公司研发中心为私募基金提供投资建议的优势，利用其在行业的资源优势，为私募基金提供资本引荐服务，向私募基金提供融资融券服务，量身定制个性化的产品销售方案及研究报告等。

（四）打造私募 PB 一体化服务，提供一站式金融解决方案

与过去仅限于交易经纪和投研服务合作的私募基金服务模式不同，PB 业务需要证券公司为私募基金提供包括产品销售、清算托管、两融业务、交易平台、资本引介、种子基金等在内的综合化金融解决方案，通过一个主经纪商提供系统的一站式服务的方式，可以有效减轻私募基金运营压力，使私募基金可以专注于投资，提高运作效率。因此，证券公司除了需要打造一个系统和平台之外，还需要通过创新业务提供全面金融服务，同时，还可以通过新三板市场、OTC 市场、期权业务、沪港通等多项创新业务拓展相应的服务。

（五）抢占与机构合作先机，吸引更多机构客户

由于 PB 业务对证券公司的净资本要求很高，对冲基金机构服务在国外也基本上属于寡头垄断，由几个一流的证券经营机构来提供服务，尤其是为对冲基金提供融资融券服务。PB 业务刚开始要投入巨大的成本，这对于小证券公司来说并不容易，对大型证券公司而言又是机会。开展 PB 业务，吸引的客户越多，边际成本就越低，就会越有实力为客户提供融资融券等交易工具；而交易工具越多，客户也会更多，这将形成良性循环。对冲基金是一项长期的服务，更换证券公司的成本非常高，所以对冲基金在选择主券商的时候会考量证券公司的综合业务能力，一旦选择了一家证券公司将可能长期合作。证券公司可以采取多种手段，抢占与机构投资者合作的先机，吸引更多优质的机构客户。

（六）通过种子基金培育优质私募，扩大 PB 业务规模

证券公司可建立一个对冲基金孵化平台，通过种子基金或孵化基金的方式，一方面投资于私募基金，与其建立战略合作关系并取得收入，另一方面吸引私募基金入驻其 PB 平台，扩大其业务规模。证券公司认购私募基金，体现了证券公司对于私募基金的认可，能为私募基金增信和积累投资业务，这对于私募基金扩大自身影响力、吸引优质投资者有巨大作用。因此证券公司可以在全国范围内与私募合作，通过种子基金培育优质私募，有利于扩大 PB 业务规模。目前，国泰君安证券、中信证券、中金公司、招商证券等为了培育机构投资者，扩大 PB 业务规模，纷纷成立种子基金认购私募基金份额。对于成长性良好的私募基金，证券公司还可以引入其他机构投资者和高净值个人支持私募基金成长。

参考文献

[1] Shai Bernstein, Josh Lerner, Morten Sorensen, Per Stromberg, Private Equity and Indus-

try Performance [C]. NBER Working Paper No. 15632, 2010.

[2] Richardson Alan J., Eberlein Burkard. Legitimating Transnational Standard - Setting: The Case of the Interantional Accounting Standards Board: JBE [J]. Journal of Business Ethics 2011 (02): 217 - 245.

[3] 何华："建立主经纪商业务模式发挥券商资本中介功能"[J],《中国证券》, 2013 (06): 50—54。

[4] 夏阳，陶炘翊："主经纪模式推动国内对冲基金发展"[N],《中国证券报》, 2013年3月22日第4版。

[5] 上海元亨祥股权投资基金集团有限公司投资研发部："券商PB业务历史演进及对私募基金的影响浅析"[R], 上海：2014年。

我国私募市场风险管理与增信体系研究

万联证券有限责任公司　暨南大学*

一、我国私募市场发展现状

长期以来我国私募市场的政策制定跟不上市场发展的变化，监管制度滞后，法律手段效力不强，市场运行出现了一些问题。2012 年 5 月起，出台了一系列相关政策，我国私募市场的准入条件和交易规则发生了很大变化，私募产品在发行审核、发行规模、发行条件、募集资金用途等方面都有别于原有债务融资工具，尤其对净资产、盈利能力、资产负债率、资信评级未做出硬性要求，发行条件较宽松（见表 1）。本文把从 2012 年 5 月以后进行交易的私募市场，称为"新兴私募市场"，也统一简称"私募市场"。目前，我国私募市场主要的私募产品可以分为：私募基金、私募债券、集合资产管理计划和资产支持证券等。

表 1　　2012 年 5 月至今私募市场主要政策要点回顾

时间	规则名称	主要内容或意义
2012 年 5 月 22 日	沪、深证券交易所《中小企业私募债券业务试点办法》	使"中小企业私募债"发行条件相对宽松，很好地解决了我国长期以来中小微企业"贷款难、融资贵"的问题
2012 年 10 月 19 日	《证券公司客户资产管理业务规范》	要求证券公司开展客户资产管理业务，审慎备案集合计划，备案的数量应与公司的资本实力、资产管理组织构架、人员配备、管理能力、系统设置等相匹配
2012 年 11 月 2 日	《证券公司直接投资业务规范》	要求证券公司加强对其直投子公司进行管理，直投子公司及其下属机构募集设立或受托管理的直投基金，均需向中国证券业协会备案，并保证备案材料的真实性、准确性和完整性

* 小组成员：王耀南，庞素琳，罗钦城，张瑞双，蔡牧夫，孙开泰，何毅舟，肖金旺，李菲菲。原载于《中国证券》2015 年第 11 期。

续表

时间	规则名称	主要内容或意义
2012 年 12 月 28 日	《中华人民共和国证券投资基金法》	对非公开募集基金即私募证券投资基金的募集方式做出了严格、详细的规定。它要求私募发行的资金募集必须以非公开方式发行，不允许发行人或其代表通过任何广告、媒体或其他公开宣传的方式进行推销、宣传
2013 年 5 月 30 日	《关于中小企业可交换私募债券试点业务有关事项的通知》	这是对我国中小企业私募债产品的又一次创新。中小企业可交换私募债券，是指中小型企业以非公开方式发行的中小企业私募债券，在一定期限内，债券持有人可以依据约定条件将其交换为上市公司股份，这有利于拓宽中小微型企业融资渠道，服务实体经济发展，保护投资者合法权益
2014 年 6 月 30 日	《私募投资基金监督管理暂行办法》	该办法对合格投资者、投资范围、登记备案等做了界定，对私募基金管理人、私募基金托管人、私募基金销售机构及其他私募服务机构开展私募基金业务的规范也做了要求
2015 年 4 月 24 日	《非公开发行公司债券备案管理办法》	主要内容包括对发行人备案登记的要求，具体来看：明确备案登记应当包括发行人、债券发行、中介机构和债券持有人保护相关安排信息；承销机构或自行销售的发行人关于报备信息内容需真实、准确、完整的承诺；承销机构或自行销售的发行人关于非公开发行公司债券的销售符合适当性要求的承诺等
2015 年 5 月 18 日	《关于 2015 年深化经济体制改革重点工作的意见》	金融改革领域、新兴金融业态的改革发展内容成为亮点，首次提出“制定出台私募投资基金管理暂行条例”，私募基金行业将再度迎来更加规范化发展的契机
2015 年 6 月 26 日	《机构间私募产品报价与服务系统管理办法（试行）》	第五章明确指出哪些私募信息不得向公众披露以及报价系统应当鼓励参与人在法定披露范围之外自主披露私募产品信息，规范了私募市场的信息披露制度

（一）私募基金

1. 私募基金发行现状分析。私募基金（Private Equity Fund，私募股权基金，简称 PE 基金），是相对于公募基金而言的基金，指以非公开方式向特定投资者募集基金资金，并以所募资金进行股权投资或证券投资的基金。2014 年 8 月 21 日我国颁布的《私募投资基金监督管理暂行办法》（中国证监会第 105 号令）指出，私募投资基金（以下简称“私募基金”），是指在中华人民共和国境内，以非公开方式向投资者募集资金设立的投资基金。截至 2015 年 4 月 20 日，国内完成登记备案的私募管理人数量达 10 095 家，私募基金的注册地点主要集中于北京、上海、广州等地，我国私募行业资产规模已达约 2.5 万亿元。从已有的信息可看出，我国国内已经有 4 066 只私募基金产品完成登记备案，并且多家私募基金管理的资产规模已超过 100 亿元。2014 年 2 月 7 日《私募投资基金管理人登记和基金备案办法》正式施行，标志着私募基金正式成为“正规军”，迎来快速发展时代。

从私募通数据统计得知，2012—2014 年中国股权投资市场投资金额分别为 271.04 亿美元、310.83 亿美元、711.66 亿美元。2012—2014 年中国股权投资市场募资金额分别为 346.24 亿美元、414.24 亿美元、832.19 亿美元，2012 年和 2014 年新增募集资金相较往年都有显著的增长，数额均超过 500 亿美元，特别是 2014 年新增募集资金高达 832.19 亿美元，较 2013 年的 414.24 亿美元提高了 100.90%。我国私募基金市场在 2014 年迎来了发展高峰，创下历史新高。

2. 私募基金主要增信手段。我国私募基金主要增信手段有资产托管、担保、备用金、债权融资、分层等。

（二）私募债券

1. 私募债券发行现状。中小企业私募债券（以下简称“私募债券”）是根据国家“十二五”规划及全国金融工作会议部署研究开发的，面向非上市中小微企业，以非公开发行的方式募资的融资工具。中小企业私募债券具有发行成本低、可不需要提供担保、有利于建立业内机构战略合作等优势。2012 年 6 月 8 日，由东吴证券承销的苏州华东镀膜玻璃有限公司 5 000 万元中小企业私募债券通过上海证券交易所中小企业私募债券备案申请后完成发行，成为全国中小企业私募债券成功发行第一单。至此，中小企业私募债券拉开发行帷幕。

深交所统计显示，截至 2012 年 12 月 31 日，沪、深两家证券交易所共有 81 只中小企业私募债券完成发行，募集资金 90.83 亿元。2013 年私募债券迎来一波发行小高潮，募集资金达到 310.85 亿元，为 2012 年的 3.32 倍。Wind 资讯显示，2014 年，中小企业私募债券已经发行 398 单，中小企业私募债券规模达 509 亿元，但是因为流动性较 2013 年同期收紧，导致债券一级市场发行规模与之前相比有所下降。而中央银行披露的统计数据也显示，2015 年第一季度，企业债券净融资总额为 3 846 亿元，同比大幅减少 3 727 亿元，占第一季度社会融资规模的 6.90%，同比下降 5.40%。

2. 私募债券主要增信手段。我国私募债券增信手段主要分为外部增信和内部增信。外部增信手段主要有：第三方担保、商业保险、信用风险缓释工具（Credit Risk Mitigation, CRM）；内部增信手段主要有：资产抵（质）押、嵌入投资者选择权、集合发债、结构化产品设计。在当前的私募市场中，部分增信手段已开展，如资产抵（质）押、第三方担保、商业保险等，但大多数增信手段仍在探讨中。

（三）集合资产管理计划

1. 集合资产管理计划发行现状。集合资产管理计划是特定账户为客户提供资产管理服务的一项业务，通过设立产品计划，与客户签订集合资产管理合同，将客户资产交由专业的投资者（证券公司）进行管理。在业务规模方面，集合资产管理业务增长逐步加速。2000 年后，经过几年的发展，资产管理业务、经纪业务、投资银行业务成为当时证券公司三大业务之一。到 2003 年 11 月，全国 132 家证券公司中已有 70 家开展了资产管理业务，管理资产总计近 700 亿元。“广发理财 2 号”是国内证券公司正式成立的第一只集合资产管理计划，由广发证券于 2005 年 3 月成立。2014 年以来，我国证券集合资产发展稳步增速，从 Wind 资讯得知，2010—2014 年我国证券公司共发行 1 917 只集合理财新产品，发行份额达 960.16 亿份。集合资产管理主要分为股票型、混合型、债券型、货币市场型、另类投资型等，对应发行数量分别为 104 只、521 只、799 只、51 只、441 只。

2. 集合资产管理主要增信手段。我国集合资产管理主要增信手段有资产隔离、分层、利差账户、第三方担保等。

（四）资产支持证券

1. 资产支持证券发行现状。资产支持证券是一种债券性质的金融工具，它对缺乏流动性但具有可预期现金流的资产进行结构性重组，并通过特定目的信托受托机构发行的、代表特定目的信托的信托受益权份额。其性质是一种以资产信用为支持的证券，受托机构具有向投资方给予一定的资产支持证券收益的义务。

中国的资产证券化于2005年起步。2008年金融危机，资产证券化暂时停止发行。2012年，国家开发银行在银行间债券市场成功发行了金额为101.66亿元的“2012年第一期开元信贷资产支持证券”，标志着我国信贷资产证券化产品在沉寂近4年之后重新发行。截至2013年6月底，中国证监会监管的资产证券化共有5单产品成功发行，融资82.4亿元。信贷资产证券化也有6单业务通过审批成功发行，募资金额共计228.6亿元，2012—2013年总共发行了约350亿元证券化产品。2014年债券发行量同比增长32.00%，达到11.9万亿元，其中，资产证券化发行量为3 118亿元，同比增长12倍多，全年发行量超过历史发行量总和的2倍多。资产证券化在2014年出现爆发式增长。目前占债券市场总规模的0.41%，但与美国等发达国家相比，这一比例仍然较低。美国包括抵押贷款证券和资产支持证券产品在内的资产证券化产品总规模超10万亿美元，占债券市场总额的25.00%。由此看来，我国资产证券化发展空间还是巨大的，有望迎来资产证券化的大时代。

2. 资产支持证券主要增信手段。我国资产支持证券的主要增信手段有分层、外部流动性支持、信用触发机制、第三方担保等。

二、我国私募市场存在的主要问题

（一）增信方式单一，增信效果不明显

目前，私募市场上最常见的增信方式是采用第三方担保、内部抵质押担保或商业保险等，增信业务品种较少，方式也比较单一，创新产品比较少。增信业务只是被形式地纳入私募活动流程或必备的程序中，没有真正意义上的增信，使增信措施不得力，业务开展不到位。加上投资者对增信业务也缺乏充分认识，对增信措施了解不全面，甚至是完全不了解，造成增信效果不明显，甚至增信效果失效。

（二）增信行业不规范，增信手段失效

目前，私募市场采用第三方担保的增信业务出现很多问题。总体来说，增信措施效力不强，甚至出现增信失效的现象。主要原因如下：

1. 私募公司常找与其平台关联的第三方担保公司为其担保。因此，一旦私募公司发生违约，无法兑付投资者本息，出现老板跑路的现象，此时担保公司也一定会违约，逃避其代偿责任。

2. 在私募市场上，一个私募公司的实际控制人常常同时注册或控制多家不同名称的公司。于是，私募产品在增信过程中就出现这样一种现象：私募公司的增信手段实际上是采用

一种“自保自融”的虚假方式进行增信，即资金募集者用他的一个公司为他的另一个公司提供担保。因此，只要这家私募公司发生亏损，增信手段立刻失效。

3. 我国私募市场增信主体普遍规模较小，信用等级较低，承保能力弱，甚至增信机构违约事件屡屡发生。究其原因，是由于近几年来我国担保公司的数量增长很快，但 95.00% 左右的担保公司注册资本在 1 亿元以下，实力薄弱，担保能力有限。较小的资金规模决定了担保公司自身信用级别不高，目前市场上拥有 AAA 评级资格的仅中债信用增进公司一家。担保公司普遍不具备债券增信的能力，缺乏债券增信的经验。

（三）内部增信抵质押标的存在无效抵押

无效抵押，是指私募公司的抵押权被设定无效，它所产生的法律后果是抵押权人的债权得不到有效的保障。具体表现为以下几个方面。

1. 无权财产擅自抵押，是指私募公司为了发行私募产品，对自己无财产权的财产，擅自拿来当作抵押品。如采取欺瞒的手段向他人借产权证书或价值高的物品设定抵押。这种“无权财产擅自抵押”的行为不仅违反了法律规定，而且严重地侵害了投资者的合法权益。

2. 共同财产私自抵押，是指财产所有权属多人共有拥有，任何个人无权私自占有、使用、处分或支配。在私募市场中，如果抵押人以共有财产设定抵押权，以共有财产作抵押，则会损害其他共有人的合法权益。

3. 同一财产多处转让或多处抵押，指私募公司为了发行私募产品，将同一财产进行多处转让或多处抵押。

4. 担保公司大量占有私募公司募集资金的份额，导致担保公司实际为私募公司的利益集团者，是关联公司，只是挂名“担保”，不是真正意义上的“担保”。

一旦私募公司所提供的抵质押品属于无效抵押，则意味着该投资项目增信造假，投资者的投资收益完全没有保障。

（四）募集资金后卷款潜逃

私募公司老板有人以合伙投资为由进行资金募集，但一旦募集到一大笔资金后，就马上卷款潜逃。如 2014 年“海沧资本”事件，海沧资本前法人姜涛卷款 4 亿元潜逃国外。

（五）无效担保致投资者纯损风险

无效担保是指：担保合同虽经私募公司与担保公司协商订立，但因合同违反法律规定，致使从订立之日起就没有法律效力，国家不予承认和保护；担保公司对项目没有实际的资金投入，只是“空头”担保，导致“担保函”无力保证；担保公司与私募公司签订一份投资收益无法覆盖甚至低于投资成本和担保费用总和的合同，致使合同意向从一开始就具有欺骗性。

（六）私募信息披露失真甚至造假

在私募市场中，私募公司在发行私募产品过程中有意信息披露不当，甚至失真，或是有意造假，造成投资者经济利益受到损失。

（七）私募市场法律法规尚不健全

目前，我国新兴私募市场刚建立不久，相应的法律法规尚不健全，潜在的法律风险很大。常见的法律风险有法律地位风险、合同法律风险、合同操作风险、知识产权法律风险、企业法律风险、退出机制法律风险等。由于私募股权投融资操作过程中相关主体不懂法律规则、疏于法律审查、逃避法律监管所造成的经济纠纷和涉诉给企业带来的潜在或已发生的重大经济损失，不计其数。

（八）私募市场监管力度有限

目前，我国私募市场监管体系较弱，监管模式运作尚不规范，市场存在较大漏洞，市场监管力度有限。主要表现在：（1）尚无严格的市场准入制度；（2）尚未实现市场监管目标；（3）市场法律风险大。因此，必须规范私募市场的投资行为和增信主体运作的规范性，加强行业自律。实际上，私募市场出现的所有问题，除了市场本身存在一定的原因，如经济下行期导致企业难以生存之外，其他大多由监管漏洞造成，市场监管存在漏洞，企业有意钻市场监管的“空子”。因此，必须补监管的“漏洞”，加强市场监管，建立健全我国私募市场监管体系。

三、我国私募市场风险管理创新方法

虽然不同类别私募产品潜在的风险特征、风险对象、风险隐患、风险脆弱性、风险暴露、风险传播方式、风险防范手段和风险处理的方法不尽相同，但是由于从 2012 年 6 月起私募产品的发行人条件、募集对象、投资者门槛、资金管理要求等条件大致相同，我们将主要从私募市场全面风险分析及风险管理的角度整体研究各类私募产品的风险共性、风险管理创新方法和技术。

2012 年以来，我国私募市场在新的市场准入机制运行下发展速度较快，但相应的风险防范措施却远远滞后于私募市场的发展。目前，从私募市场运行的机制和发生的一些风险案例可知，私募市场一旦发生风险，就是一种纯损风险，而且关联多方都受到损害。具体表现为：（1）投资亏损，直接损害投资者的利益；（2）项目失败，发行机构声誉严重下降；（3）老板卷逃事件发生；（4）担保机构代偿责任过大；（5）诉讼事件干扰市场正常运行；（6）私募市场风险传染与蔓延；（7）媒体负面报道铺天盖地；（8）整个市场受到严重打击；（9）严重恶化时将导致整个市场的金融风险，甚至是经济危机。因此，必须快速建立健全我国私募市场风险管理方法与防范措施。本文创新提出四种风险管理方法：多阶段动态信用评级方法、动态目标监管监测法、内部经营动态跟踪法和外部形象动态甄别法，这四种风险管理方法构成风险目标动态跟踪全过程（见图 1）。

（一）多阶段动态信用评级方法

采用多阶段动态信用评级方法，目的是对私募公司和私募产品进行多阶段动态信用评级，既可以让投资者提前了解私募公司与私募产品的信用等级，以便可以根据风险偏好进行投资，还可以让投资者在项目经营过程中及时了解私募公司与私募产品信用等级的变化，以

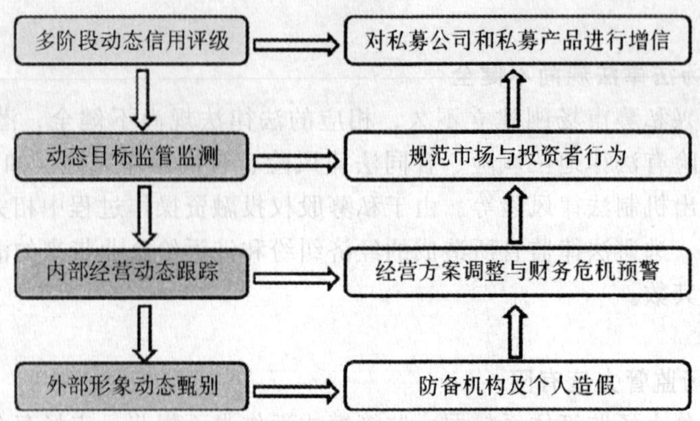

图 1 风险目标动态跟踪全过程

便让投资者及早决定是继续投资，还是退出市场。此外，对私募公司及私募产品进行多阶段的动态信用评级，还可起到对私募公司和私募产品进行动态增信的作用。在不同的投资阶段，如果私募公司及私募产品被征信机构进行动态信用评级，则私募公司必然迫于信用评级的压力，竭尽所能为提高公司形象、声誉和信用诚实经营，如此将能赢得投资者的信任，吸引到更多的投资者。因此，采用多阶段动态信用评级方法具有增信功能。

可构造两阶段信用评级方法：第一阶段为神经网络信用评级方法，适合参与人初始进入私募市场进行私募产品交易发行的机构进行信用评级。第二阶段为多层交叉信用评级，适合于私募公司在项目投资过程进行的信用评级。该方法适用于对私募基金公司（或其管理人、担保人）在进行项目投资过程进行的信用评级。

（二）动态目标监管监测法

目前，我国私募公司从成立到私募产品业务的开展与四方面当事人或机构有关：私募公司（或基金管理人）、股权投资人（或基金持有人）、托管人（或基金托管人），此外还有市场投资者的参与。为规范私募市场交易规则，对私募市场风险有效地监控、控制与防范，我们设计了“风险目标动态跟踪法”对私募市场各个风险环节进行跟踪监管，建立风险目标动态跟踪监管监测系统，提高市场监管效力。

该风险目标动态跟踪监管监测系统如图 2 所示，构建方法如下：

1. 建立动态监管机制。依照证券法律法规和市场监管机制对私募公司及其合伙人在募集基金过程的合法性、投资人条件、合伙目的等进行监管；对股权投资人、托管人、担保人及其动态关系进行动态监管；对市场投资者的参与行为进行动态监管。

2. 建立动态监测机制。监管机构跟踪监测私募市场投资动向：（1）动态监管监测私募公司和托管人的动态发展关系，防止私募公司与托管机构内部人员勾结联合欺诈；（2）尤其需要动态监管监测私募公司和担保人的动态发展关系，防止私募公司和担保机构为同一实际控制人所掌控，亦防止私募公司和担保人联合违约，造成投资人的损失；（3）动态监测私募产品发行的规范性，注意相关政策、法规、监管等是否存在违规发行；（4）动态监测项目投资与经营的规范性，项目盈利的利益分配的公平性等；（5）动态监测资金池的资金变动和资金流向，谨防私募公司利用募集资金活动套现，卷款潜逃。

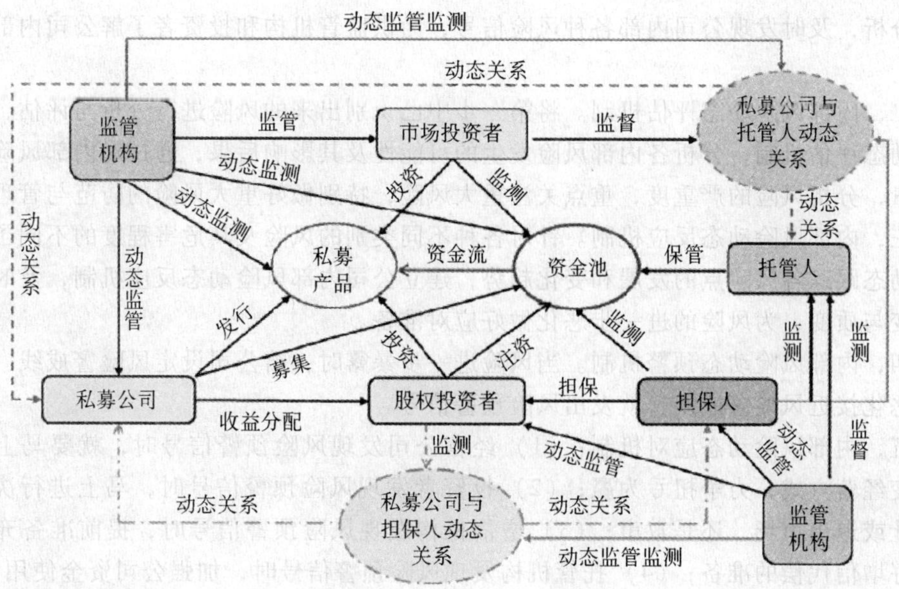

图 2　风险目标动态跟踪监管监测系统

（三）内部经营动态跟踪法

为保障私募公司业务运作的规范性，降低内部风险，规范运作，我们建立公司内部五大风险防范机制。内部经营动态监控系统见图 3。

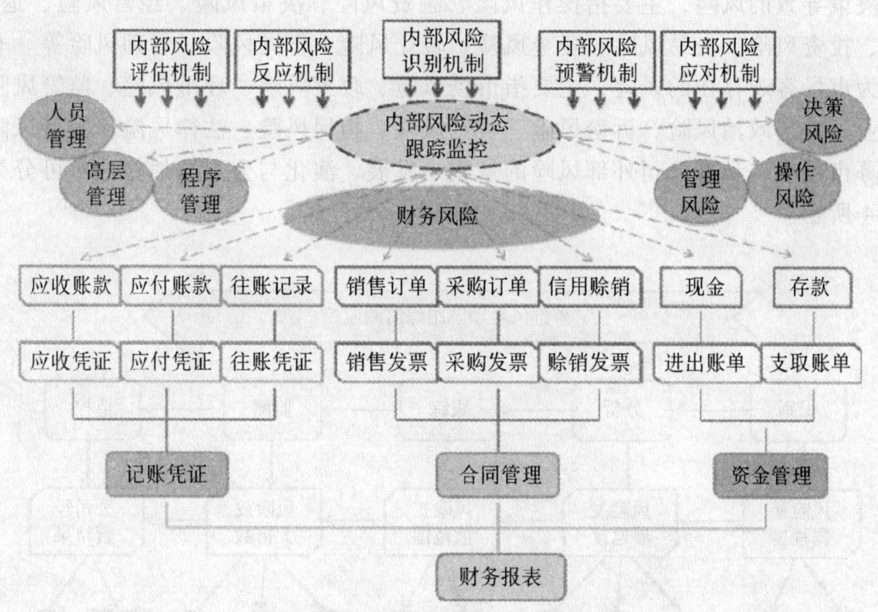

图 3　内部经营动态监控系统

第一，内部风险动态识别机制。风险识别是风险管理的第一步，是系统、连续地发现私募公司所面临的风险类别、形成原因及其影响的一种辨析和判断能力。通过建立私募公司内部风险动态识别机制，对公司经营的目标和项目实施过程进行动态分析，对财务运行状况进行动态分析，及时发现公司内部各种风险信号，为供监管机构和投资者了解公司内部风险作参考。

第二，内部风险动态评估机制。将第一步中已识别出来的风险进行分析与评估，建立内部风险动态评估机制，分析各内部风险发生的可能性及其影响后果，通过对内部风险进行评估和度量，分析风险的严重度，重点关注重大风险，特别做好重大风险的防范与管理工作。

第三，内部风险动态反应机制。针对各种不同类别的风险及其危害程度的不同予以适时反应，动态跟踪各风险点的发展和变化趋势，建立公司内部风险动态反应机制，及时了解风险的量变与质变，为风险的进一步恶化做好应对准备。

第四，内部风险动态预警机制。当风险进一步暴露时，给公司设定风险警戒线。一旦公司财务恶化接近风险警戒线，就发出风险预警信号。

第五，内部风险动态应对机制：（1）经营公司发现风险预警信号时，就要马上采取措施，改变经营方式，力争扭亏为赢；（2）投资者发现风险预警信号时，马上进行决策，是立刻转让或退出市场，还是救市；（3）增信机构发现风险预警信号时，提前准备充足的资金，做好增信代偿的准备；（4）托管机构发现风险预警信号时，加强公司资金使用的管理，防范出现公司老板携款跑路的现象；（5）监管机构发现风险预警信号时，加强监管力度，及时调整市场政策，帮助公司走出危机。

（四）外部形象动态甄别法

外部风险分为私募公司的主观行为风险和非主观行为风险。主观行为风险，是指由私募公司主观决策导致的风险，主要指操作风险、融资风险、决策风险、经营风险、退出风险、发行失败、投资风险、交易风险、资金风险、转让风险、合同风险、管理风险等。非主观行为风险即为市场客观存在的风险，主要指市场风险、政策风险、环境风险、监管风险、系统风险、行业失败、政治风险、诉讼风险、契约风险、担保风险、法律风险、银行风险等。

在私募市场中，私募公司外部风险的暴露、发展、演化与公司的战略应对可分为五个阶段，如图4所示。

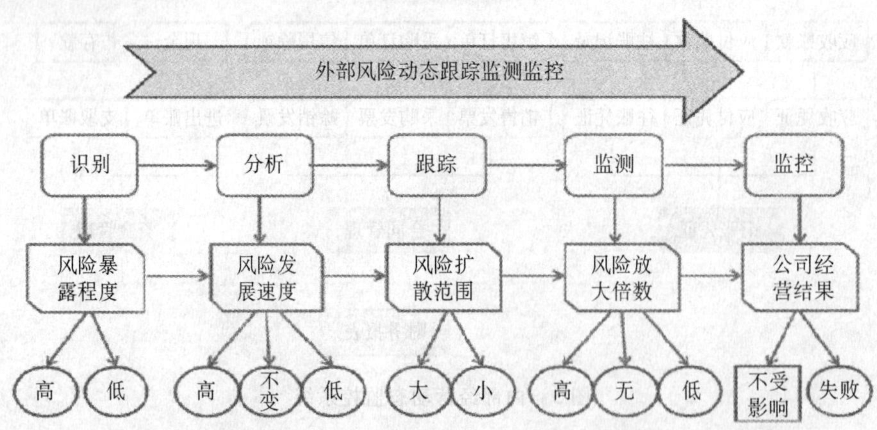

图4 私募公司外部形象动态跟踪监控系统

四、我国私募市场增信体系总体架构设计

目前，我国私募市场增信体系尚未建立，私募活动中除了采用原有银行的贷款担保或抵质押贷款方式、商业保险等进行增信之外，其他各种增信方法、措施和手段还在尝试采用、探索与创新之中。我们相信，随着我国私募市场的发展与日益壮大，新的增信手段还会层出不穷，私募市场增信体系也会在市场频繁的交易与成熟发展中逐渐建立起来，形成具有我国特色的私募市场增信体系。在此，我们尝试设计一个私募市场增信体系总体架构。该架构搭建思路如下：

（一）信用评级体系

信用评级有狭义和广义两种定义。狭义的信用评级指独立的第三方信用评级中介机构对债务人如期、足额偿还债务本息的能力和意愿进行评价，并用简单的评级符号表示其违约风险和损失的严重程度。广义的信用评级则是对评级对象履行相关合同和经济承诺的能力与意愿的总体评价。

目前，我国对私募公司、担保公司的资信评级没有硬性要求，对其发行的私募产品也没有信用评级的要求，这是导致私募市场风险以及风险扩散、风险传染、风险危机的主要原因。因此，私募市场有必要建立专业的信用管理队伍，如建立私募市场的征信机构、信用评级机构、资信评级机构、资产评估机构等，使信用评级或资信评级在私募市场形成一个正规化、专业化和制度化的体系。

对私募市场产品发行人其产品进行信用评级、资信评级、产品等级评定、资产评估、项目评估、风险评估等，让投资者充分了解私募公司和担保公司的信用信息、资信状况、项目风险、资产评估结果，了解发行产品的信用等级以及担保情况等，便于根据自己的风险偏好进行投资。因此，对一个资金募集来说，私募公司从合伙组建、资金募集、项目担保、项目启动、产品发行、项目运营、项目完成到盈利兑付等至少需要进行三个阶段的动态信用评级（或资信评级）。资信评级由第三方中介机构负责，费用由投资者承担。三阶段动态信用评级（或资信评级）步骤如下：

第一阶段：对私募公司在组建时期进行信用评级（或资信评级）。该阶段主要以私募公司的注册资本、合伙人的资产状况及资信状况、募集资金数额、投放项目、项目研发基础、合伙人历史信用记录、合伙人当前银行贷款状况、合伙人商业信誉、合伙人现有经营项目状况、合伙人的其他合伙信息等作为参考指标对私募公司进行信用评级（或资信评级）。

第二阶段：对私募公司在项目经营期间进行信用评级（或资信评级）。该阶段主要以私募公司的管理层素质、管理能力、公司文化、业务培训、人才队伍建设、项目管理水平、项目市场效应、合伙人商业动态信誉、合伙人银行还贷状况、合伙人现有经营项目状况、合伙人的其他合伙信息、公司信息变更发布情况、担保人资信状况、资金托管状况、人员流动、资金管理、财务管理等作为参考指标对私募公司进行信用评级（或资信评级）。

第三阶段：对私募公司项目完成时进行信用评价及风险评估。该阶段主要以私募公司的项目运营结果、合伙人的变动情况、资产与负债状况、现金流、应收账款、收付账款、银行存款、到期兑付情况、投资者的诉讼情况等，对私募公司进行信用评价及风险评估。

（二）市场立法标准

制定市场法律法规体系，建立增信立法标准，建立兑付违约与代偿违约惩戒机制，建立市场参与人投资行为的约束机制与自律机制，建立市场准入机制与市场退出机制，对市场参与人的资金募集行为、投资行为、资金运作行为、收益分配行为、亏损配合调查行为等进行规范性的约束要求与监督，规范私募市场运作。

（三）市场监管体系

对资金募集过程进行监管，对私募产品发行过程与项目投资过程进行监管，对增信机构的增信动机进行监管，对私募公司与增信机构的内部关系进行监管，对私募公司与资金托管机构有可能存在的内部勾结进行监管，对私募公司的资金运作、项目管理、市场运营、财务变动等进行监管，对投资收益的分配机制、税收状况、退出机制等进行监管，对整个私募市场的动态发展进行监管。

（四）风险管理体系

随着我国新兴私募市场的建立与发展，私募市场的风险管理与防范措施也上升到了管理甚至是监管层面的要求。在原有的金融市场风险管理中，常见的风险管理方法都是静态风险管理方法。比如银行贷款，在贷款之前的审查阶段，非常重视风险管理，往往会对企业进行严密的信用评级，实地考察企业，看库存，了解企业项目信息。但一旦贷款审批后，银行对企业的用款行为及项目的资金投向跟踪极为有限。于是，企业往往就在这个环节上进行虚假操作，任意使用资金。很多企业的投资与最初申请的贷款意向都是不相符合的，也就是说，企业在贷到款后，大多都会改变资金用途。

由于风险都是动态变化和发展的，需要建立一套适合于我国经济市场发展特点的动态风险管理体系，对私募公司及其发行的私募产品进行动态风险管理，对其损前目标、损后目标、最低目标、中间目标、最高目标、直接损失和间接损失等环节进行动态风险识别，采用内部风险动态跟踪法与外部风险动态管理法相结合，制定一套动态风险管理办法和防范措施，以应对各种突发性的风险事件。

（五）专业增信队伍

在私募市场拓展增信资质新领域，对增信机构进行增信资质认证，让熟悉增信行业、了解私募活动、有增信经验的机构形成私募市场专业增信队伍，专门为私募项目提供增信服务和私募产品信用支持，不仅增加投资者信心，也会增强市场活力，规范私募市场的投资理念，增强风险防范意识与风险应对措施。

五、我国私募市场增信手段创新方法设计

目前，我国私募市场发展速度快，私募产品的种类很多，新的私募产品也在不断推出，现有增信手段虽然已经不少，但现有的增信手段存在着各种各样的缺陷，因此无法在真正意义上起到规避私募产品风险的作用，无法真正满足私募市场发展的需要。

（一）信用违约互换

信用违约互换（Credit Default Swap，简称“CDS 协议”）是原用于银行贷款的银企协议中的场外信用衍生品，指发行人向信用机构支付一定费用，从而把信用风险转移给信用机构的金融产品。如果双方约定的“信用资产”在规定的时间内因为发生特定“信用事件”（通常为信用违约）而遭受损失，那么根据协议约定，信用保护卖方需向信用保护买方支付相应的补偿金额。

在私募市场中，通过引入或设立投资银行作为增信机构，可以将信用违约互换应用于私募市场中，能够很好地起到信用风险转移的效果。具体设计方法如下：

在私募市场设立专业投资银行机构，可称为私募投资银行。私募公司在募集资金或在发行私募产品过程中，投资者为了规避私募公司的信用违约风险，可以在投资购买私募产品的同时，向私募投资银行购买一份或若干份“私募产品信用违约互换协议”，简称为“私募产品 CDS 协议”。该协议明确私募投资银行承担信用违约风险的责任。私募产品 CDS 协议信用风险转移过程见图 5。

图 5 私募产品 CDS 协议信用风险转移过程

（二）保险与第三方担保组合增信

采用专业担保机构提供的第三方担保是我国私募产品主要的外部增信方式之一，目前多见于私募债券市场的增信手段。但采用单个增信手段独立增信，其抗风险的能力还是比较弱。

为此，我们设计一款由外部增信与内部增信组合增信的方法，将原有的商业增信方法与第三方担保增信相结合，形成一种新的组合增信，称为“保险与第三方担保组合增信”（Association Credit on Insurance and Third Party Guarantee）。其中，第三方担保机构将为该私募产品进行担保。而与此同时，投资者在投资该私募产品后，将该私募产品拿到保险公司进行保险。这样，一旦投资项目失败，一方面担保公司就要对投资者履行代偿责任，另一方面保险公司也要对投资者予以约定赔偿。

该组合增信手段对私募产品的发行能起到更好的保障增信作用。该组合增信方法见图 6。

（三）信用风险缓释合约与第三方担保组合增信

2010 年 10 月 29 日，中国银行间市场交易商协会发布《银行间市场信用风险缓释工具试点业务指引》，推广了信用风险缓释合约这一信用衍生品。

在此，我们将该信用衍生品应用于我国私募市场，并与原有第三方担保增信手段相结合，形成一种新的组合增信手段，称为“信用风险缓释合约与第三方担保组合增信”（Association Credit on Credit Risk Mitigation and Third Party Guarantee）。其中，第三方担保机构将为

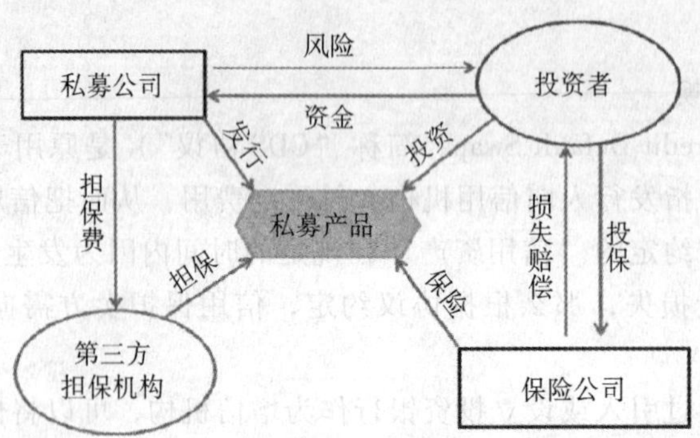

图 6 保险与第三方担保组合增信

该私募产品进行担保。而与此同时，投资者与私募投资银行签订“信用风险缓释合约”。在该合约中，投资者为信用保护买方，私募投资银行为信用保护卖方。投资者向私募投资银行支付信用保护费，当发生偿付风险时，私募投资银行向投资者支付风险补偿。

这样，一旦投资项目失败，一方面私募投资银行要对投资者履行约定代偿责任，另一方面担保公司也要对投资者予以比例代偿。

该组合增信手段对私募产品的发行能起到更好的保障增信作用。该组合增信方法见图 7。

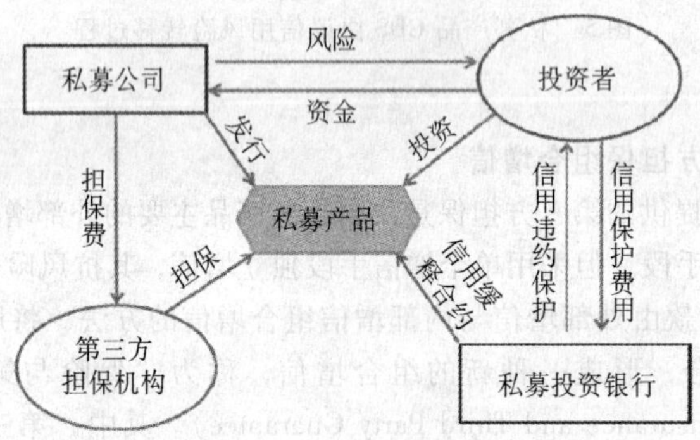

图 7 信用风险缓释合约与第三方担保组合增信

（四）风险对冲

风险对冲（Risk Hedging），是指通过投资或购买与标的资产（Underlying Asset）收益波动负相关的某种资产或衍生产品，冲销标的资产潜在的风险损失的一种风险管理策略。风险对冲常用于期货市场进行套期保值。

在此，我们将风险对冲方法和原理引入私募市场中用于对私募产品进行增信，建立风险对冲增信手段和方法。该方法设计如下：

对私募市场投资者来说，当他购买某一私募产品 1，同时出售另一私募产品 2，并且私募产品 1 与私募产品 2 是相关的私募产品或私募资产。这样，当该相关私募产品或该相关私募资产所在的行业价格下行时，投资者因为购买了私募产品 1 发生了亏损，但由于是同时出售相关私募产品 2，在私募产品 2 的投资有盈利。这样，一赢一亏，投资者总的投资没有亏损。对两种相关私募产品或相关资产，可以是一个私募公司发行的，也可以是两个不同的私募公司发行的。实际上，这种风险对冲方法在私募市场中也起到套期保值的作用。该联合增信方法见图8。

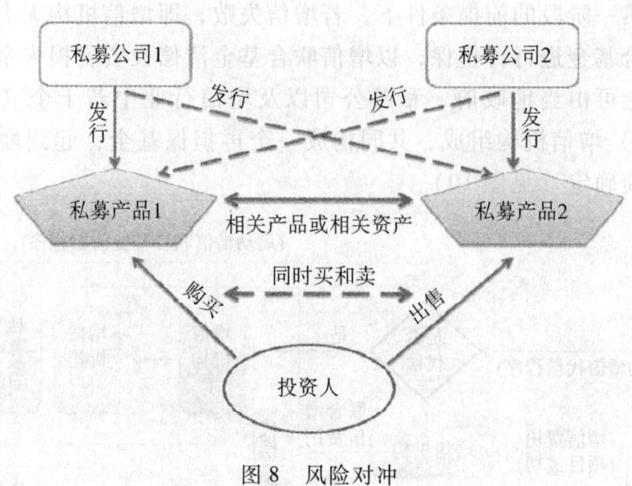

图8 风险对冲

（五）风险补偿基金

由政府、金融机构、担保公司和私募公司共同设立一份担保基金，作为风险补偿基金(Risk Compensation Fund)，可以按照1∶1∶1∶1的比例出资，用于对私募公司项目投资失败后的风险补偿。其中，政府作为地方平台债的担保方，不能收取任何担保费，但项目成功后可以给政府带来业绩。对金融机构和担保公司来说，都可以在项目投资成功后获得相应的报酬和担保费用。但当项目投资失败时，可以启动风险补偿基金的代偿作用，给投资者的损失予以补偿。该增信手段对私募产品的发行能起到更好的保障增信作用（见图9）。

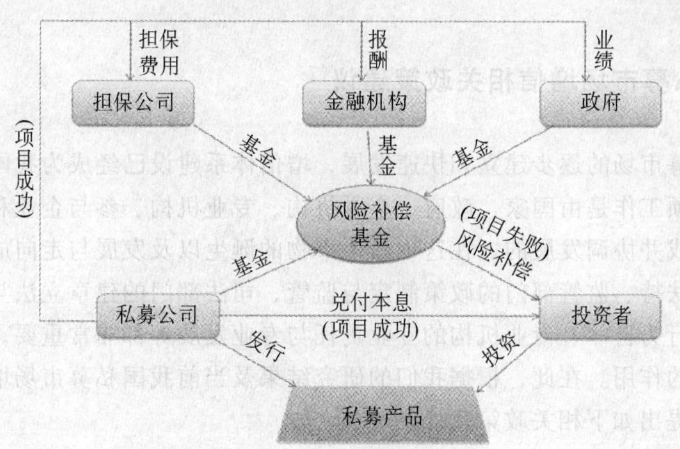

图9 风险补偿基金

（六）增信联合基金

利用再担保的思路，创新一个新的增信手段，称为“增信联合基金”。该增信手段分两个阶段进行。

第一阶段：采用第三方增信机构进行增信。如果私募公司投资项目失败，则启动代偿程序。若增信成功，即增信机构如期代偿投资者损失余额，则步骤终止；否则进入第二阶段。

第二阶段：在第一阶段的前提条件下，若增信失败，即增信机构无力代偿投资者损失余额，则启动增信联合基金进行再担保，以增信联合基金清偿投资者损失余额。

该增信联合基金可由当地政府、私募公司以及增信行业中若干个（比如N个，N=1，2，……，为正整数）增信机构组成，共同构成一个再担保基金，起到增信的双层保护，各方的出资比例可协商确定（见图10）。

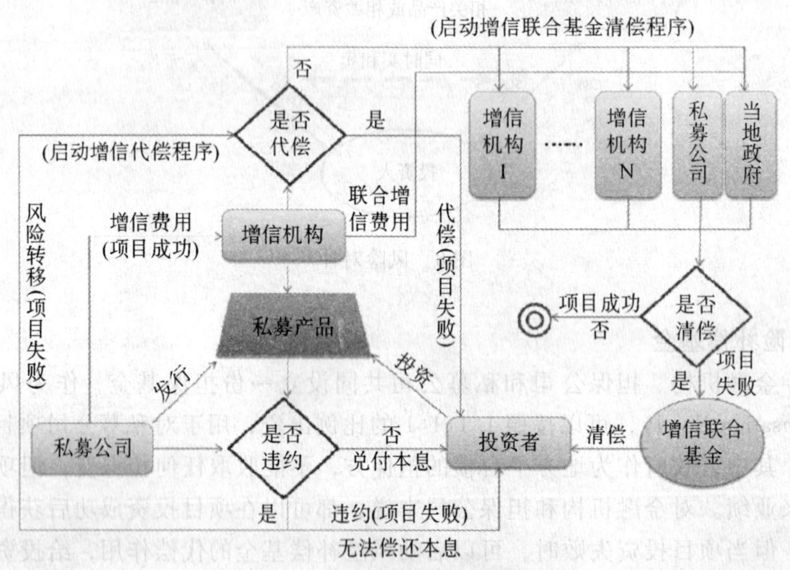

图10 增信联合基金

六、我国私募市场增信相关政策建议

随着我国私募市场的逐步建立和快速发展，增信体系建设已经成为我国证券业发展的一项重要工作。这项工作是由国家、政府、金融机构、专业机构、参与企业和参与人等来共同设计、承担、完成并协调发展的。在这项新生事物的诞生以及发展与走向成熟的过程中，政府部门的引导与扶持、监管部门的政策制定与监管、司法部门的建章立法与惩戒、市场参与人的投资规范与行为自律、专业机构的专业责任与专业发展等都非常重要，对市场的发展都将起到不可或缺的作用。在此，根据我们的研究结果及当前我国私募市场增信体系现状存在的问题与不足，提出如下相关政策建议。

（一）建立私募市场动态信用评级体系

1. 建立征信体系。建立私募市场征信机构，对私募活动参与人进行信用信息采集，建立市场参与人信用档案，建立征信数据库，对资金募集人、担保人等的信用信息进行开放或发布，让投资者了解。

2. 建立评级体系。建立私募市场动态信用评级机构，设有内部动态评级机构和外部动态评级机构。内部动态评级机构负责对公司进行多阶段定期或不定期的内部评级，外部评级机构负责对公司外部投资环境进行动态评级。

3. 建立评估体系。建立资产评估体系，对私募公司和担保人的资产进行评估、评价，对动产和不动产进行损前预期评估和损后预期评估。

4. 建立评价体系。当投资周期结束时，对私募公司的经营管理能力、资金运作能力、市场的风险把控能力、项目盈利能力、财务管理能力等方面进行综合评价。

（二）建立私募市场动态风险管理体系

定期或不定期地组织行业专家或邀请高校专家对私募市场风险进行识别、分析与评估，对项目投资进行风险研判、定价与预测，对资金运作过程和财务管理进行风险测评与预警，建立私募市场风险监控、监测与预警机制，建立私募市场风险防范与应对机制，建立一套适合于我国私募市场的风险动态识别机制、风险动态反应机制、风险动态预警机制、风险评估机制、风险动态应对机制，做到风险规避、风险降低、风险回避、风险转移、风险控制、风险隔离、风险承受、风险分担和风险自留等风险管理与防范；建立我国私募市场动态风险管理体系。

（三）建立私募市场动态风险监管体系

建立私募市场动态监管机制，对私募市场参与人进行内部风险跟踪，对经营规划、战略目标、资产负债比率、偿债能力、资金运作、财务管理等进行监管监测，对私募市场外部风险的暴露、发展、演化与扩散分阶段进行分析、研判与评估，分析隐性风险与显性风险，做好资金运作管理和财务风险管理，防范资金链断裂和发生财务危机，制定动态经营战略规划；建立风险补偿机制、风险对冲机制、风险扩散防范机制、风险监测机制、风险监管机制和风险惩戒机制，建立我国私募市场动态风险监管体系。

（四）建立私募市场参与人有效监管机制

1. 资金募集人/发行人/债务人。发行人是募集资金的主体，是资金管理和运营的主要对象，掌控着资金流动的命运。谨防发行人在私募产品发行过程违规操作，严防债务人到期不偿还债务，造成投资者经济损失。因此，必须建立私募市场资金募集人/发行人/债务人的有效监管机制，规范资金募集人/发行人/债务人在私募市场参与活动中的各种行为。

2. 投资人/债权人。在私募市场中，投资人/债权人是资金的提供方，是私募活动和项目投资得以开展并持续的主要资金来源者。投资人/债权人在私募市场中是受保护的对象，但必须谨防投资人对项目风险没有了解，或是没有市场风险意识，进行盲目投资，最后导致资金亏损。因此，必须建立私募市场资金投资人/债权人的有效监管机制，引导投资人/债权人树立风险意识，对其投资行为和投资理念进行有效监管监测，有效保护投资人/债权人的投资权益。

3. 担保人。在私募市场中，担保人的职责是监督发行人的行为，跟踪投资项目的经营状况，对资金运作及财务管理进行有效跟踪监测。因此，必须建立私募市场担保人的有效监管机制，防止担保人与发行人有内幕关联或利益关系，遏制担保人违约代偿行为。

4. 托管人。在正常情况下，由于托管人是由商业银行作为资金托管方，其职责是对资金运作进行有效监督及资金有效管理，以防出现资金被挪用或资金流动不足，造成财务危机。因此，必须建立私募市场托管人的有效监管机制，防止托管人对管理资金不到位，或是托管人与发行人之间内外勾结，联合吞噬投资者资金的行为。

（五）加强私募市场增信手段创新

目前，我国私募市场的增信方法比较多，有内部增信，也有外部增信，还有内部增信和外部增信相结合的增信方法。但总体上来说，增信手段还是比较单一，增信方法效果不佳，因此，需要加强增信手段创新，使增信手段满足市场和产品多元化的要求。在我国私募市场起步阶段，可以借鉴国外好的增信手段进行改良，应用到我国私募市场，也可以参考银行贷款的增信方法，应用到私募市场。研究单一的增信手段创新和组合的增信手段创新，为各种不同的私募产品设计具有不同特色的增信方法，建立我国私募市场增信体系，一方面丰富私募市场的增信种类，另一方面也增强市场的增信效果。

金融衍生品业务

股票期权自主行权对证券公司业务的带动作用分析

蔺小强*

股权激励作为一种有效的激励手段，一直受到诸多上市公司的关注，期待通过股权激励的实施，激发企业活力和员工积极性，促进企业更好更快发展。自 2005 年《上市公司股权激励管理办法（试行）》（证监公司字［2005］151 号）出台以来，实施股权激励的上市公司逐年增多，激励模式也呈多元化趋势发展，激励方式不断成熟和科学，但与发达国家的成熟市场相比，我国实施股权激励的上市公司总体占比仍然较低，尚有很大的发展空间。近两年，国家政策的进一步明确和支持给上市公司股权激励的进一步推进带来了政策机遇和新的发展空间。

股票期权激励是上市公司股权激励的主要方式之一。随着股票期权激励规模的增长，期权自主行权和行权融资业务因能给证券公司带来诸多衍生业务机会，日益受到各家证券公司的重视。特别是自 2014 年 5 月，中国证监会下发《关于开展上市公司股权激励行权融资业务和限制性股票融资业务试点监管工作安排的通知》（证券基金机构监管部［2014］393 号）后，诸多证券公司都积极投入开辟和争抢行权融资业务市场。

一、股票期权激励的发展趋势和正负效应分析

（一）股票期权激励发展趋势

1. 股票期权激励在国内的发展趋势。

（1）自 2006 年上市公司实施股权激励以来，不管是实施股票期权激励模式的上市公司数量，还是激励规模，都呈快速增长的趋势（见图 1、图 2）。从上市公司数量看，2012 年以后增长趋势慢于限制性股票激励方式，主要是部分上市公司实施了复合激励模式的激励方案；从激励规模上看，股票期权激励规模仍大于限制性股票。

* 作者单位：齐鲁证券有限公司。原载于《中国证券》2015 年第 3 期。

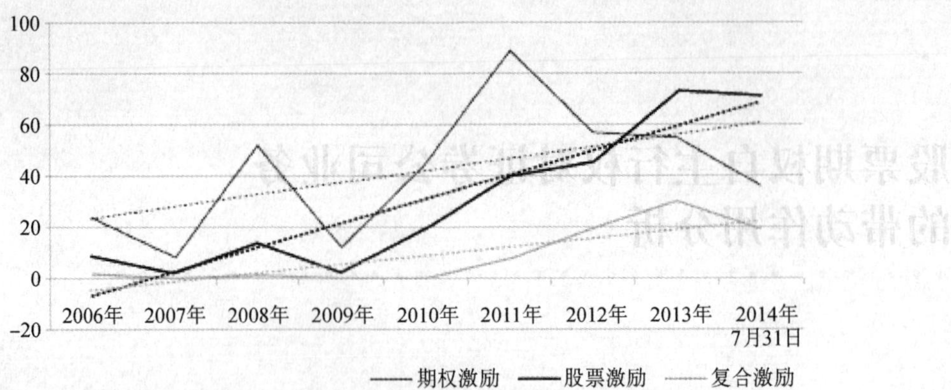

图 1　A 股市场公告股权激励方案上市公司家数走势图

资料来源：Wind 资讯。

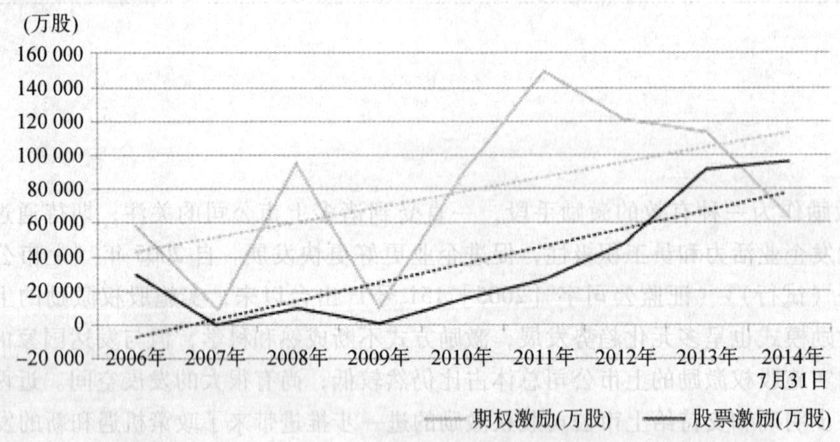

图 2　A 股市场上市公司股票激励和期权激励规模走势图

资料来源：Wind 资讯。

（2）从股票期权激励和限制性股票激励规模发展趋势上看，2011 年以后限制性股票增长速度快于股票期权，两者之间规模差距逐渐缩小，在个别时间段内，限制性股票激励规模已经超过股票期权，如 2014 年 1—7 月。

（3）实行"股票期权 + 限制性股票（或股票增值权等）"复合激励模式的上市公司数量迅速增多，且在复合激励模式中，股票期权激励规模明显高于限制性股票等。

2. 股票期权激励在国外的发展趋势。

（1）美国的股票期权激励发展。美国是股票期权被广泛推崇的国家。企业高级管理人员的薪酬中，股票期权占 30%。2001—2002 年，美国爆发了安然、世通等事件，对其上市公司影响巨大。美国社会各界开始把注意力转移到公司受到股票期权的负面影响上来，但他们关注重点在是否把股票期权作为公司经营成本，而不是完全放弃股票期权激励。2005 年 4 月，美国证券交易委员会做出决定：从 2005 年 6 月开始，美国上市公司授予高管和员工股票期权将全部作为会计费用项目核算。虽然核算方法的改变增加了实施股票期权的成本，但是它的初衷是规范和促进股票期权的发展，而不是限制其发展。天相投资顾问公司的统计数据显示，当前有 90% 的美国上市公司采用了股权激励方案。从全球范围来看，美国作为世界上资本市场发展相对完善的国家，股票期权在其上市公司适用的范围也广，发达程度也高。

(2) 其他国家及地区的股票期权激励发展。股票期权激励制度在欧洲许多国家早已发展久远，发展程度相对较高，在英国、法国及荷兰等国家早已建立起完善的激励制度。同时，股票期权制度在亚洲许多国家和地区的发展始于20世纪90年代，并且具有良好的发展前景，比如在日本、印度及中国香港等国家和地区发展非常迅猛。全球多数国家和地区都在为建立健全相关法律制度和改善市场环境而积极努力，尤其为推动股权激励制度发展制定了相应的优惠政策。据资料显示，全球500强的大型工业企业中，至少有89%的企业实行了股票期权制度。

(二) 实施股票期权激励的正负效应分析

1. 正面效应。

(1) 可以使企业吸引、留住和稳定优秀人才。在竞争日益激烈的市场机制下，优秀的管理者成为一种稀缺资源，人力资本显得越发重要。如何吸引、留住人才是每个企业都需要考虑的问题。相对于现金奖励，期权激励对于优秀经理人的吸引力要更大。激励对象不仅可以凭借自己优秀的能力获得高额的报酬，还能证明自己的价值。通过对期权有效期和授予数量的合理界定，增加高管离职成本，可以起到留住人才的作用。作为一种期权，它可以在起到较大激励作用的同时，让激励对象承受较小的风险。当股价低于行权价时，经理人可以选择放弃行权，避免损失。

(2) 可以抑制经营者的短期行为，形成利益共同体。由于所有者与经营者分离，所有者利益的实现在很大程度上取决于经营者的能力和努力程度，尽管经营者获得的报酬与企业的经营状况和经营成果是相联系的，但并不是完全正相关。经营者可以通过一些短期行为为自己牟取利益，而股票期权激励的实施，有助于在经营者与企业之间建立一种资本纽带，结成双方休戚与共的战略关系。它创造性地以股票升值所产生的差价作为对企业经营者的人力资本补偿，使其利益与企业利益在相当长的时间里保持密切的联系，在一定程度上避免了经营者的短期行为。

(3) 可以减少企业现金支出。在股票期权制度下，企业授予激励对象的仅仅是一个期权，是不确定的预期收入，它的价值只有在激励对象经过几年的奋斗，使公司经营业绩上升和股票市价上涨后才能真正体现出来，这种收入是在市场中实现的，公司始终没有现金流出。如果以增发新股的形式实施股票期权制度，公司的资本金还会增加。同时，激励对象在取得股票期权后，比较容易接受相对较低的基本工资和奖金。这一点对处于创业阶段的高科技公司来说尤其重要。

2. 负面效应分析。

(1) 有可能无法起到有效的“奖勤”作用。股市波动存在周期性。股价有时并不因激励对象工作努力程度的差异而引发大幅波动，在牛市行情下，股价普涨，此时激励对象从其持有的股票期权中获取较大收益，但这并非由于股票期权激励的结果，而是股市行情大环境所致；在熊市行情下，股价普跌，即使激励对象努力工作，也有可能会由于股价跌破股票期权的行权价而丧失价值，“奖勤”功能失效。

(2) 有可能促使经营者片面追求股价上涨。股票市场会受到诸如宏观经济因素、政治因素、技术因素等影响，就算在发达国家的有效资本市场中，股票的价格也不能总是正确反映企业绩效。我国正处在发展阶段，资本市场还不成熟，股票市场、经理人市场还需进一步完善改进，在这样的情况下，股价是否能真正反映企业业绩就更值得商榷，业绩与股价反向变动的情况也时有发生。期权激励主要是通过股价的上涨给激励对象带来收入，实行股票期权激励，就可能刺激激励对象不惜一切代价在行权期间片面追求股票价格上涨，以便获得更大的股票期权差价收益，进而增加了企业的经营风险并损害股东的利益。另外，激励对象作为"内部人"可能利用各种手段操纵这些信息，从事"内线交易"，为自己谋利，从而产生与企业长期发展目标不一致的行为。

（3）股票期权没有严厉的惩罚措施。股票期权是一种权利，权利授予时，激励对象不需要付出任何成本，即使激励对象工作不努力或工作失误，业绩不理想，股票价格没有足够上升，对激励对象来说最多就是放弃行权，损失预期收入。因此，单一的股票期权激励，若不能如期实现，激励对象没有实际的代价损失，起不到有效"罚懒"作用。

二、股票期权自主行权业务特点和市场空间分析

2011年12月30日，深圳证券交易所发布《信息披露业务备忘录第38号——股权激励期权自主行权》，上市公司采取股票期权方式进行股权激励的，除了可按《信息披露业务备忘录第9号——股权激励期权行权确认》的规定为激励对象办理统一行权外，还可申请办理自主行权，由激励对象选择在可行权期内自主行权。

（一）自主行权的特点和优势

1. 自主行权的内容和特点。自主行权模式最大的特点是激励对象达到行权条件后，可在行权期内自行选择行权的时间，并通过证券公司提供的客户端（无须委托上市公司统一前往中国证券登记结算公司），自助完成行权与标的证券的获取。与传统行权模式相比，自主行权具有以下特点（见表1）：

（1）各激励对象行权时间不一样，可自行选择行权期内的任意交易日行权，可一次性全部行权，也可以分多次行权。

（2）各激励对象无须委托上市公司前往交易所和中国证券登记结算公司办理业务，而是通过证券公司客户端自助完成。

（3）各激励对象通过股权激励获取的应税收入不同，因此上缴的税额亦不同。

表1 股票期权自主行权与统一行权方式比较

项目	自主行权	统一行权
办理主体	激励对象单独办理	上市公司统一代为办理
办理方式	激励对象个人通过DCOM系统自助申报	上市公司统一到交易所和中国证券登记结算有限公司（中登公司）现场办理
行权范围	可一次性全部行权，也可分多次行权	一般为一次性全部行权

续表

项目	自主行权	统一行权
办理时间	整个行权期内任意交易日	上市公司约定的具体日期
承办证券公司	需要。上市公司应提前确定承办证券公司（具备 DCOM 系统）	不需要
个税缴纳	证券公司代扣代缴	统一办理，统一缴纳
意义	行权时间充裕，充分实现了期权的时间价值，更好实现了激励目的	因行权时间局限，影响了期权价值，降低了激励力度

2. 自主行权的优势。自主行权模式与统一行权模式相比，对利益各方而言，都有较明显的优势。

（1）对上市公司而言，上市公司无须再统一收集各激励对象意愿、确定行权日期及前往交易所和中登公司统一办理各激励对象的行权手续，并可委托承办证券公司代办扣税业务，降低股权激励事宜中的组织管理成本和决策风险。

（2）对激励对象而言，各符合条件的激励对象可自主选择行权时间，直接通过证券公司客户端自助进行行权申报，既节省了时间成本，也可以根据自我判断调节股权激励的实际收益，并进行一定程度的避税。

（3）对承办证券公司而言，可通过开发 DCOM 系统，承揽承办股票期权自主行权业务，赚取一定的手续费，更重要的是能够通过自主行权，吸引、绑定高净值客户，在提高证券公司客户资产规模的同时，可以通过挖掘客户需求开展高净值客户财富管理等多方面的业务合作。

（二）自主行权业务的市场空间

根据 Wind 资讯数据，对满足表 2 条件的股票期权规模进行统计，按照相应假定系数估算，得出截至 2014 年 7 月 31 日，市场上共有涉及 193 家上市公司的 21 亿股股票期权可实施自主行权，其中尚未实施行权的有 13.8 亿股；若按保守口径，假设仅有 70% 的股票期权采取自主行权方式行权，期权自主行权的仍涉及 150 余家上市公司的近 10 亿股股票。

同时，按激励方案确定的行权价计算出可自主行权期权股票的市值为 303 亿元，所涉及的上市公司的股本总规模为 827 亿股，若按 25 倍平均市盈率计算（2014 年 8 月 7 日深交所上市公司平均市盈率为 27.42 倍），所涉上市公司的股票总市值为 20 675 亿元。

表 2

序号	条件	内容
1	上市地	深圳证券交易所
2	股权激励计划进度	董事会/股东会后公告预案或正在实施进行中
3	实施激励方式	股票期权激励
4	期权授予日截止时间点	首次授予日在 2011 年 8 月 1 日以后且正在实施进行中

三、自主行权业务对证券公司业务发展的带动作用分析

自主行权是上市公司股权激励计划实施过程中的一个具体环节，也是整个激励计划实施

过程中上市公司必须依靠证券公司相应系统完成的唯一环节，因此证券公司通过承办上市公司股权激励期权自主行权业务，可以锁定上市公司及其高管、核心技术人员等高净值客户，获得一系列衍生业务机会。

（一）自主行权与投资银行业务

从理论上讲，投资银行业务是证券公司业务的发端和引入者，应同样适应于自主行权业务，即证券公司投资银行部门可以通过为上市公司实施股权激励计划提供独立财务顾问的业务机会，引入上市公司和高净值客户，同时获得股票期权自主行权的业务机会。但 A 股市场上市公司股权激励计划的操作实践并不是完全这样。经对实施股票期权激励计划的 110 家深交所上市公司进行随机抽样调研发现见表 3。

表 3 可实施自主行权的股票期权规模估算

时间区间	激励计划进度	深交所公司（家）			可行权股票期权规模（万股）	折算系数	未行权股票期权规模（万股）	按行权价计算所得市值（万元）	涉及上市公司股本总规模（万股）
		主板	中小板	创业板					
公告日在 2014 年 1 月 1 日至 2014 年 7 月 31 日间	董事/股东会后公告预案	2	9	3	19 457.46	0.80	15 565.97	289 887.29	1 212 432.88
期权激励授予日在 2013 年 8 月 1 日至 2014 年 7 月 31 日间	等待期中	4	29	35	67 872.50	1.00	67 872.50	1 138 928.03	2 857 851.05
期权激励授予日在 2012 年 8 月 1 日至 2013 年 7 月 31 日间	尚有两次未行权	3	19	28	52 920.86	0.70	34 398.56	594 509.37	1 519 825.52
期权激励授予日在 2011 年 8 月 1 日至 2012 年 7 月 31 日间	尚有一次未行权	5	31	25	69 962.89	0.30	20 988.87	1 011 036.19	2 678 877.44
合计		14	88	91	210 213.71	——	138 825.89	3 034 360.88	8 268 986.89

估算说明：

1. 假定股权激励计划的有效期均为 4 年。股权激励计划的有效期一般在 3—10 年间，其中有效期为 4 年或 5 年居多数，3 年有效期数量很少，5 年或 5 年以上的有效期占比约 30%—40%，故依有效期为 4 年得出的估算值将小于实际值。

2. 假定等待期为最小值 12 个月，因现实中存在部分等待期大于 12 个月情况，所以依此得出的估算值将小于实际值。

3. 董事/股东会预案期间的折算系数，考虑到存在未通过（股东会或中国证监会审核）情况，确定为 0.8。现实中股东会或中国证监会未通过情况较少，所以依此得出的估算值将小于实际值。

4. 假定每次行权期的间隔为 12 个月，现实中存在行权期间隔大于 12 个月情况，所以依此得出的估算值将小于实际值。

5. 假定每个激励计划分 3 个行权期，每个行权期行权规模为总激励规模的 1/3 或 3：3：4，确定尚有两次未行权的折算系数为 0.65，尚有一次未行权的为 0.3；因现实中存在部分第一次行权比例小于 30% 和第三次行权比例大于 30% 的情况，故依此得出的估算值将小于实际值。

资料来源：Wind 资讯。

1. 大部分上市公司在实施股权计划时并未单独聘请独立财务顾问。可能是因为股权激励计划为上市公司很重要的内幕信息，考虑到各方面的不确定性和风险，大部分上市公司不愿意或者认为不需要外部人员参与、了解，实施股权激励计划聘请独立财务顾问的上市公司占比仅为37.27%（其中创业板占比较高，达到54.76%）。

2. 担任上市公司股权激励计划独立财务顾问的机构集中度较高。以截至2014年7月底实施股票期权激励计划的上市公司情况为基础，随机抽样调研聘请独立财务顾问的41家上市公司，其中17家的财务顾问是上海荣正投资咨询公司，占比41.46%（其中在创业板占比56.52%），另外24家公司的财务顾问由16家证券公司担任，其中中信建投和华泰联合各担任3家，申银万国、广发证券、西南证券、红塔证券各担任2家，安信证券、东方花旗、天相投资、国海证券、长江证券、国信证券、招商证券、国元证券、平安证券各担任1家，分布相对分散（见表4）。

表4　上市公司实施股票期权激励计划聘请独立财务顾问情况抽样调研数据简表

项目	深交所上市公司			
	合计	深主板	中小板	创业板
随机抽样实施股票期权激励上市公司数（家）	110	22	46	42
股权激励聘请独立财务顾问上市公司数（家）	41	5	13	23
聘请独立财务顾问上市公司家数占比（%）	37.27	22.73	28.26	54.76
上海荣正投资咨询担任财务顾问数（家）	17	1	3	13
上海荣正投资咨询担任财务顾问占比（%）	41.46	20.00	23.08	56.52

资料来源：巨潮资讯网（www.cninfo.com.cn）各家上市公司公告。

3. 上市公司股权激励计划的独立财务顾问与自主行权的承办证券公司之间的关联度较低。在110家上市公司抽样调研中，既聘请财务顾问又已实施过自主行权的有9家，但他们的独立财务顾问和自主行权承办证券公司之间没有重合（见表5）。

表5　上市公司股权激励计划独立财务顾问与自主行权承办证券公司抽样调研情况对比

序号	股票代码	简称	最新公告日	期权授予日	独立财务顾问	自主行权承办证券公司
1	300014.SZ	亿纬锂能	2014年5月16日	2012年5月8日	红塔证券	国信证券
2	300020.SZ	银江股份	2014年5月31日	2012年1月18日	上海荣正投资咨询	国信证券
3	300241.SZ	瑞丰光电	2014年7月10日	2012年12月20日	上海荣正投资咨询	国信证券
4	300253.SZ	卫宁软件	2014年4月19日	2012年8月27日	上海荣正投资咨询	国信证券
5	300015.SZ	爱尔眼科	2014年5月17日	2011年5月6日	上海荣正投资咨询	海通证券
6	002028.SZ	思源电气	2014年5月17日	2013年3月27日	上海荣正投资咨询	安信证券
7	000039.SZ	中集集团	2013年9月12日	2011年9月22日	西南证券	国信证券
8	002008.SZ	大族激光	2014年6月9日	2012年10月30日	安信证券	未知
9	300002.SZ	神州泰岳	2014年4月22日	2012年9月10日	上海荣正投资咨询	中信证券

资料来源：巨潮资讯网（www.cninfo.com.cn）各家上市公司公告。

（二）自主行权与经纪业务

1. 证券公司可以通过提供 DCOM 系统为激励对象行权，赚取一定的行权手续费。

2. 上市公司激励对象通过证券公司提供的 DCOM 系统行权，将使证券公司获得相应数量的托管股票。当激励对象把这些股票在二级市场卖出时，证券公司经纪业务可以赚取交易佣金收入。

3. 自主行权业务门槛低，具备符合深交所要求的技术系统条件的证券公司均可以承办。

（三）自主行权与高净值客户和财富管理

1. 自主行权业务可以为证券公司引入并稳定包括上市公司“董监高”、核心技术人员在内的高净值客户，增加客户黏性，建立稳固、高质量的客户基础，提高证券公司托管市值，对提升和优化经纪业务客户结构，保持持续稳定发展具有重要战略意义。

2. 证券公司可以自主行权绑定的高净值客户，根据其在财富规划、投资管理及财务管理等各方面的需求，提供专业化、综合化的财富管理服务，为其提高资产市值，同时获得相应业务收入。

四、行权融资业务对自主行权业务的推动效果分析

（一）行权资金压力是影响上市公司股权激励计划实施的重要因素之一

《上市公司股权激励管理办法》明确规定，“上市公司不得为激励对象依股权激励计划获取有关权益提供贷款以及其他任何形式的财务资助，包括为其贷款提供担保”。而激励对象因股票期权激励获得的权益真正实现，必须拥有足够的资金进行行权，因此能否帮助激励对象通过自筹方式获得相应资金，有效解决行权资金压力，是影响上市公司是否推行股权激励计划和激励目的能否顺利实现的重要影响因素之一。

（二）行权融资业务能为激励对象顺利行权提供资金支持

上市公司股权激励行权融资业务是指证券公司向特定客户（上市公司股权激励对象）出借资金供其行权买入上市股票，并与其约定相关履约保障条款的经营活动，即利用股票期权自主行权须经过证券公司提供的特定系统，而据此设定相应履约条款，从而使激励对象获得行权所必需的资金，顺利行权。行权融资业务通过合理方式，可以有效地解决激励对象行权所面临的资金压力，能为激励对象顺利行权提供有力支持。

（三）行权融资业务是做大自主行权业务规模的重要推动器

行权融资业务不仅可以丰富证券公司为客户提供服务的种类和产品线，增加收入来源，更有助于扩大客户群体，增加客户黏性，提高证券公司的综合竞争力。通过对股票期权授予日在 2011—2013 年期间、截至 2014 年 7 月底已开始行权的 114 家上市公司的抽样调研发现，在已开始行权并采取自主行权方式的 54 家上市公司中，有 25 家上市公司选择国信证券作为自主行权的承办证券公司，集中度较高。据了解，国信证券是最早（2012 年 10 月 26 日）获得上市公司股权激励行权融资业务资格并开展业务的证券公司；华融证券于 2013 年

1月获得该项资格，但至本调研截止日，尚无具体业务开展；安信证券于2013年11月获得业务资格，时间较晚。行权融资业务资格对证券公司自主行权业务拓展有较明显的推动作用。华泰证券、中信证券也是业内综合实力较强证券公司，且较早开展了自主行权业务，但在所调研的54家上市公司中，仅分别获得6单和4单业务，其他几家证券公司仅获得1—2单业务（见表6）。

表6　上市公司股权激励期权行权抽样调研情况简表

项　目	深交所上市公司（家）			
	合计	主板	中小板	创业板
抽样调研家数	114	9	51	54
自主行权家数	54	4	21	29
统一行权家数	20	1	10	9
未行权家数	40	5	19	16

备注：未行权情况包括未到行权期未行权、到期因故改期行权、到期行权条件未成就、其他未行权情况。

资料来源：Wind资讯、巨潮资讯网（www.cninfo.com.cn）各家上市公司公告。

表7　上市公司股票期权自主行权承办证券公司抽样调研情况表

序号	代码	名称	最新公告日期	承办证券公司	行权规模1（万股）	行权规模2（万股）	首次实施公告日
1	000039.SZ	中集集团	2013年9月12日	国信证券	1 335.75		2011年9月22日
2	000100.SZ	TCL集团	2012年1月14日	国信证券	6 007.31		2011年1月29日
3	000671.SZ	阳光城	2014年7月25日	国信证券	2 562.15		2012年9月26日
4	000826.SZ	桑德环境	2014年5月20日	国信证券	229.16	227.09	2011年6月9日
5	002146.SZ	荣盛发展	2014年6月6日	国信证券	1 054.31	1 636.29	2010年8月6日
6	002277.SZ	友阿股份	2011年10月27日	国信证券	921.60	921.60	2011年9月29日
7	002327.SZ	富安娜	2012年5月12日	国信证券		113.90	2012年2月7日
8	002385.SZ	大北农	2012年1月12日	国信证券	2 380.00	2 722.60	2011年11月23日
9	002431.SZ	棕榈园林	2013年6月20日	国信证券	196.80		2013年6月20日
10	002452.SZ	长高集团	2013年2月7日	国信证券	123.20		2013年2月7日
11	002482.SZ	广田股份	2011年12月2日	国信证券	556.80	547.20	2011年11月11日
12	002528.SZ	英飞拓	2013年6月18日	国信证券	541.32		2011年8月30日
13	300005.SZ	探路者	2012年7月14日	国信证券	3.51	176.96	2012年5月24日
14	300012.SZ	华测检测	2012年1月19日	国信证券	13.80		2011年12月31日
15	300014.SZ	亿纬锂能	2012年5月10日	国信证券	99.23		2012年2月24日
16	300020.SZ	银江股份	2012年1月19日	国信证券	283.20	274.50	2011年12月23日
17	300124.SZ	汇川技术	2013年2月2日	国信证券	368.10		2013年2月2日
18	300133.SZ	华策影视	2011年12月27日	国信证券	378.93	491.13	2011年11月30日
19	300141.SZ	和顺电气	2012年3月10日	国信证券	50.70	75.15	2012年2月2日
20	300146.SZ	汤臣倍健	2013年3月6日	国信证券	185.09		2013年3月6日

续表

序号	代码	名称	最新公告日期	承办证券公司	行权规模 1（万股）	行权规模 2（万股）	首次实施公告日
21	300168. SZ	万达信息	2011 年 10 月 21 日	国信证券	357. 44	256. 08	2011 年 9 月 20 日
22	300208. SZ	恒顺电气	2011 年 12 月 5 日	国信证券	492. 00		2011 年 6 月 30 日
23	300229. SZ	拓尔思	2012 年 1 月 17 日	国信证券	116. 24		2011 年 12 月 24 日
24	300241. SZ	瑞丰光电	2013 年 1 月 18 日	国信证券	168. 92		2012 年 12 月 21 日
25	300271. SZ	华宇软件	2012 年 8 月 25 日	国信证券	102. 45		2012 年 8 月 25 日
26	002014. SZ	永新股份	2013 年 1 月 4 日	华泰证券	143. 70		2013 年 1 月 4 日
27	002519. SZ	银河电子	2012 年 2 月 25 日	华泰证券	228. 83	220. 05	2011 年 12 月 29 日
28	300011. SZ	鼎汉技术	2013 年 3 月 15 日	华泰证券	143. 70		2013 年 3 月 15 日
29	300166. SZ	东方国信	2013 年 3 月 20 日	华泰证券	129. 75		2013 年 3 月 20 日
30	300182. SZ	捷成股份	2012 年 8 月 28 日	华泰证券	127. 14		2012 年 8 月 28 日
31	300228. SZ	富瑞特装	2012 年 7 月 9 日	华泰证券	124. 80		2012 年 6 月 19 日
32	002028. SZ	思源电气	2013 年 5 月 18 日	安信证券	449. 55		2013 年 3 月 28 日
33	002124. SZ	天邦股份	2014 年 4 月 18 日	安信证券	311. 00		2013 年 5 月 4 日
34	300068. SZ	南都电源	2012 年 12 月 26 日	安信证券	783. 00		2012 年 11 月 24 日
35	002090. SZ	金智科技	2014 年 6 月 28 日	中信证券	387. 75		2013 年 7 月 10 日
36	300002. SZ	神州泰岳	2012 年 9 月 11 日	中信证券	241. 74		2012 年 9 月 11 日
37	300183. SZ	东软载波	2012 年 11 月 8 日	中信证券	300. 00		2012 年 11 月 8 日
38	300284. SZ	苏交科	2013 年 4 月 27 日	中信证券	431. 82		2013 年 4 月 27 日
39	002116. SZ	中国海诚	2012 年 3 月 24 日	国兴证券	238. 10		2012 年 3 月 6 日
40	300253. SZ	卫宁软件	2012 年 8 月 29 日	国兴证券	108. 00		2012 年 8 月 29 日
41	300296. SZ	利亚德	2013 年 1 月 19 日	国兴证券	267. 60		2013 年 1 月 19 日
42	300047. SZ	天源迪科	2012 年 1 月 19 日	招商证券	203. 08	354. 34	2011 年 12 月 27 日
43	300075. SZ	数字政通	2012 年 1 月 10 日	招商证券	105. 98		2011 年 12 月 21 日
44	002081. SZ	金螳螂	2013 年 8 月 14 日	东吴证券	583. 20		2008 年 8 月 28 日
45	300015. SZ	爱尔眼科	2014 年 5 月 17 日	海通证券	215. 77	322. 49	2011 年 5 月 6 日
46	300198. SZ	纳川股份	2012 年 5 月 23 日	广发证券	53. 33		2012 年 3 月 5 日
47	002008. SZ	大族激光	2014 年 6 月 9 日	未披露	1 157. 83		2012 年 10 月 30 日
48	002011. SZ	盾安环境	2014 年 5 月 29 日	未披露	711. 00	104. 00	2011 年 7 月 18 日
49	002139. SZ	拓邦股份	2013 年 4 月 27 日	未披露	247. 28		2013 年 4 月 27 日
50	002230. SZ	科大讯飞	2011 年 12 月 31 日	未披露	449. 79		2011 年 12 月 13 日
51	002416. SZ	爱施德	2012 年 4 月 24 日	未披露	466. 22		2012 年 3 月 31 日
52	002450. SZ	康得新	2012 年 11 月 27 日	未披露	390. 00	553. 73	2012 年 11 月 27 日
53	300017. SZ	网宿科技	2012 年 8 月 21 日	未披露	109. 00	104. 25	2012 年 8 月 21 日
54	300177. SZ	中海达	2011 年 10 月 18 日	未披露	194. 88		2011 年 9 月 14 日
55	合计				27 831. 85	9 101. 36	
					36 933. 20（万股）		

资料来源：巨潮资讯网（www. cninfo. com. cn）各家上市公司公告。

（四）证券公司积极开拓行权融资业务市场

2014 年 5 月，中国证监会下发《关于开展上市公司股权激励行权融资业务和限制性股票融资业务试点监管工作安排的通知》（证券基金机构监管部［2014］393 号），委托深圳证券交易所牵头负责受理和评估证券公司开展上市公司股权激励行权融资、限制性股票融资业务试点，极大地提高了证券公司申请股权激励行权融资业务试点资格的便利和效率，有效推动了证券公司开展该项业务的积极性和主动性。据公开资料统计，自 2014 年下半年，华泰证券（2014 年 8 月 7 日）、中投证券（2014 年 11 月 14 日）、海通证券（2014 年 12 月 5 日）、光大证券（2014 年 12 月 10 日）、兴业证券（2014 年 12 月 21 日）、广发证券（2015 年 1 月 14 日）等多家证券公司申请并获得了行权融资业务资格，另有多家证券公司正在申请办理过程中。有资格开展上市公司股权激励行权融资业务的证券公司逐渐增多，不仅为行权融资业务发展创造了条件，也为上市公司实施股权激励制造了强有力的外部推动力，必将有效推动更多上市公司实施股权激励。这既可以更好激发企业活力，提高上市公司经营质量和效益，也能为证券公司创造更多业务机会和经营收益。

我国场外期权市场发展研究

程德华 李阳 刘顿*

一、场外期权的发展状况

（一）国外场外期权的发展与现状

19世纪初，美国就出现了期权，但期权在美国的发展并非一帆风顺。19世纪后期，美国农产品期货的期权曾因特惠权的市场炒作、不规范运作和欺诈等行为而被立法禁止交易。20世纪20年代，股市崩盘后，许多投资者指责期权交易使得他们的损失加剧，在1930年美国国会也曾谈论禁止股票期权交易。1973年4月26日，芝加哥期权交易所（Chicago Board Options Exchange，CBOE）在美国成立，这是世界上第一个正式的期权交易所。CBOE成立之初，期权交易量还相当小，但在之后的几年里，随着期权交易市场的建立及标准化合约的推出，一场关于期权交易的革命缓慢地发生了。20世纪80年代初起，场外期权市场产生了突飞猛进的发展，并变得越来越重要。特别是2002年以后，场外市场交易规模增长快速，并且涌现了更多的奇异期权，使得场外期权更丰富。2007年金融危机之后，期权交易规模有所下降，2011年后有过短暂的回升，但是整体来看比较稳定。场外市场的交易者遍及大公司、金融机构、基金和私人银行，他们通过电话在场外市场进行交易，外汇及利率期权十分流行。

2013年底，国际清算银行（Bank for International Settlements，BIS）的官方统计数据显示，2013年场外期权交易规模是场内期权交易规模的1.73倍，其名义规模为66万亿美元，其中外汇和利率类期权占据主导地位，权益类产品和商品类产品占比则相对较少（见图1）。

* 作者单位：东北证券股份有限公司。原载于《中国证券》2015年第7期。

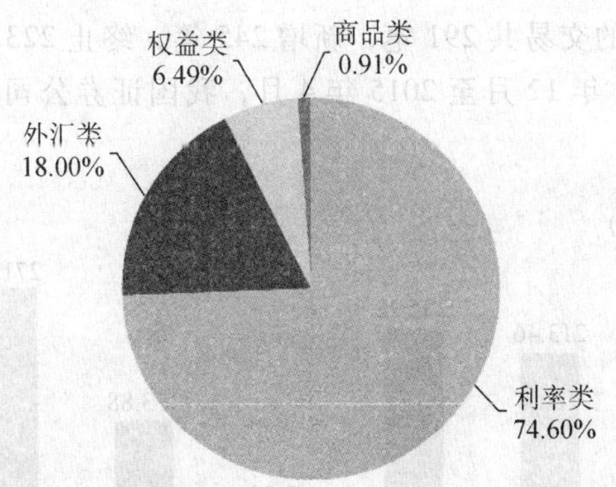

图 1　2013 年全球各类场外期权占比情况

资料来源：国际清算银行。

（二）我国场外期权的发展与现状

我国场外期权起步较晚，专业人员缺乏，当前与欧美发达国家之间还存在着较大的差距。其中，场外利率期权仅在我国香港和台湾地区推行较早。受利率制度的影响，我国并未形成成熟的利率衍生品市场。但是，随着 2015 年 3 月 31 日我国存款保险制度的出台，以及 2015 年 5 月 1 日我国存款保险制度的正式实施，我国利率市场化的进程加速推进，利率期权等利率衍生品在我国蓬勃发展指日可待。

2011 年 2 月 14 日，国家外汇管理局下发了《关于人民币对外汇期权交易有关问题的通知》（汇发［2011］8 号），我国已着手准备人民币对外汇期权交易业务。2011 年 4 月 1 日，我国银行间外汇市场正式开展了人民币对外汇期权的交易。业务开展之初，商业银行仅能为客户办理买入人民币外汇欧式期权的业务，而不能卖出外汇期权。为了进一步推动人民币对外汇期权市场的发展，2011 年底，国家外汇管理局又下发了《关于人民币对外汇期权组合业务有关问题的通知》（汇发［2011］43 号）。伴随着该通知的下发，期权组合产品诞生，客户可以在买入外汇期权的同时卖出一定的外汇期权，但在没有买入外汇期权的前提下不允许卖出外汇期权。这一期权组合产品的推出为经济主体的避险需求提供了保障。

我国银行、券商、基金、保险等金融机构已开始发行期权类产品，主要表现为结构化理财产品，但是现有的产品规模较小，市场开放程度不高。同时，我国已推出的期权类产品结构相对简单，种类有限，这与我国机构创新程度有一定关系。在我国投资者对期权产品并不十分熟悉的情况下，从相对简单的收益结构产品入手，由易到难、由浅到深、循序渐进，有利于期权产品在我国的推广与发展。

关于场外商品期权，目前我国仅有少数几家期货公司进行了相应产品的部署与尝试。受标的商品市场化程度、市场对场外商品期权认知程度以及场外商品期权定价、风险控制、规则制度制定等多方面因素的影响，我国商品期权发展还处于起步阶段，要想达到发达国家的水平，还需要各金融机构齐心协力共同努力。

中国证券业协会发布的证券公司场外业务统计数据报表（2015 年第 5 期）显示，2015 年 4 月，我国共有 29 家证券公司开展了场外衍生品交易，其中初始交易 4 761 笔，涉及的初始名义本金为 1 669. 20 亿元。截至 2015 年 4 月底，未了结交易共 4 750 笔，对应的初始名义本金为 1 995. 37 亿元。其中场外期权初始交易 269 笔，涉及的初始名义本金 327. 39 亿元，截至 4 月底，未了结的交易共 291 笔，新增 245 笔，终止 223 笔，对应的月末初始名义本金为 473.71 亿元。2014 年 12 月至 2015 年 4 月，我国证券公司场外期权业务开展情况见图 2。

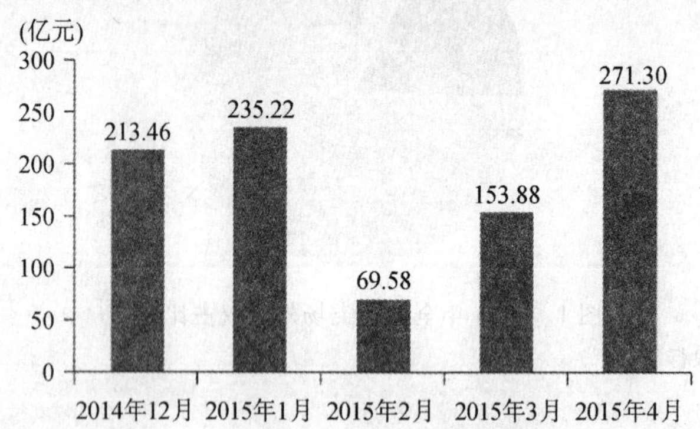

图 2 证券公司场外期权初始名义本金增长情况

资料来源：中国证券业协会、中证机构间报价系统股份有限公司。

虽然我国证券公司开展场外期权的规模较小，产品种类有限，但其带来的收益状况良好，深受投资者喜爱，并受到越来越多投资者的追捧，市场前景越来越广阔。随着金融机构对场外期权知识的不断了解，期权类产品设计的不断优化，结构化产品的不断丰富多样，我国场外期权类产品将占领更大的场外衍生品市场，逐渐缩小与发达国家间的距离。

二、场外期权概述

（一）场外期权简述

场外期权，指在非集中性的交易场所进行的非标准化期权合约的交易。场外期权是相对于场内期权而言的，其与场内期权的性质大致相同，他们之间的主要区别在于期权合约是否标准化。场外期权的合约可以根据交易双方的需求量身制定，基本上是单对单的交易，涉及的参与者只有买方、卖方及经纪商，或者仅有买方和卖方，故场外期权的灵活性高，透明度低，只有参与交易的人才能真正了解市场行情。

（二）场外期权的分类

场外期权产品灵活而丰富。目前，国际上交易频繁的场外期权种类主要有：利率期权、外汇期权、场外股权类期权以及场外商品期权等。

1. 利率期权。利率期权，是指标的资产为利率工具——利率或者与利率挂钩的产品（如国债、存单等）的期权产品。利率期权的买方在支付一定的期权费用后，就取得在约定的时期内或到期时以一定的利率（价格）买入或卖出一定面额的利率工具的权利。利率期权能够使投资者在利率水平向有利方向变化时获得收益，向不利方向变化时得到保护。

利率期权的形式复杂多样，可分为三大类：（1）普通期权，如利率保证期权（借方期权和贷方期权）、利率上限期权、利率下限期权、利率双限期权以及利率互换期权。（2）奇异期权，如平均值期权、障碍期权、阶梯期权、彩虹期权等。（3）内含期权的结构化产品，如抵押贷款支持证券、可赎回债券等。

利率期权不仅具有价格发现、投资获利和风险转移的功能，还有其更加独特的作用。首先，能够从利率波动中获利。如果投资者预判利率将出现大幅变动，则可以通过买入一个看涨期权和一个同一到期日和行权价的看跌期权，只要利率变动幅度足够大，投资者便可获利。其次，通过利率期权能够实现对债务的套期保值，降低融资成本。通常银行获得收益的条件是吸收存款所支付的浮动利率小于其发放贷款所获得的固定利率，否则，将遭受损失，此时银行便可通过购买利率上限期权这种利率期权来规避利率上涨带来的风险。最后，利率期权能够有效地对资产进行套期保值。投资浮动利率债券的金融机构，在利率下行过程中将面临投资收益减少的风险，此时金融机构可通过购买利率下限期权来锁定投资收益，实现资产的保值。

2. 外汇期权。外汇期权，指期权的买方在支付一定金额的期权费用后，取得在约定时期内或到期时能够按照约定的汇率（执行价格）买进或卖出一定数量的外汇资产的权利。1982 年，美国费城股票交易所成交了第一笔外汇期权合约，自此，随着金融期权市场的迅速发展，外汇期权逐渐成为优于远期外汇与外汇期货的主要规避汇率风险的工具。

3. 场外股权类期权。场外股权类期权，指标的资产为股票价格、一揽子股票（股票组合）价格或者股票价格指数，并在场外交易的期权。按照标的资产可以将场外股权类期权分为三类：单一股票期权、股票组合期权、股票指数期权。

场外股权类期权被用于各个方面，包括避险、套利、增强组合收益率、资产配置、结构化产品设计等。

4. 场外商品期权。场外商品期权，指标的资产为商品、商品价格指数或者相关指数等，并在场外交易的期权。常见的标的商品包括农产品、贵金属和基础金属、原油和其他石油产品、天然气、电力、海运费和天气等。

我国场外商品期权尚处于尝试与摸索阶段，已开展场外商品期权的公司多以农产品为主。其中，永安期货已经在浙江的棉企聚集区、河南的棉花产区及长沙部分谷物产区布局开展了场外期权业务。一些产业、企业对场外期权的需求较为迫切，我国场外期权业务具有非常好的发展前景。目前，永安期货已经展开的场外期权业务主要表现在棉花、有色金属等产业链条上，一些白糖及其他品种的场外期权业务也在探索与酝酿中。

三、我国金融机构场外期权业务开展的相关情况

我国场外期权业务起步较晚，期权产品规模有限，相应的市场也并未完全打开，但已取得初步成效。目前，我国部分金融机构为适应客户的投资需求已设计发行了各种场外期权产品。如银行发行的挂钩理财产品、证券公司受理的收益凭证，以及基金公司、保险公司等金融机构推行的深受广大投资者喜爱的带期权性质的结构性产品，等等。这类产品通常由保本票据与高息票据等构成，并嵌入了二元期权、障碍期权等奇异期权条款，丰富了产品风险收益结构，更大程度地满足了投资者多样化的理财需求。

（一）银行业场外期权业务开展情况

为丰富投资理财产品的种类，满足客户多样性的投资需求，近年来我国银行业发行了大

量的带期权性质的结构化理财产品，如农业银行热销的“金钥匙安心得利如意组合”系列、招商银行为高端客户提供的“金葵花”系列、广发银行推出的“欢欣股舞”系列，以及平安银行推出的“平安财富—结构类”系列，等等。这一系列理财产品均以股票或者股指等为挂钩标的，并嵌入二元期权等奇异期权条款。投资者的预期收益情况是，当标的走势与预期相符时，客户就能够在保障收益的基础上获得较高的额外收益；如果标的走势与预期不符，客户就只能获得最低的保障收益。如招商银行推出的“金葵花”焦点联动系列理财计划就是典型的该类理财产品，其产品示例表见表 1，产品收益率情况见图 3。

表 1　招商银行的“金葵花”焦点联动系列之股票表现联动［广汽集团（601238）期末看涨连续性］理财计划产品示例

币种	人民币
期限	113 天
认购起点	5 万元
申购赎回	不提供
销售费率	0.50%/年
标的股票	广汽集团（601238）
理财收益率确定	
理财收益率（年化）	固定收益率 + 浮动收益率
固定收益率	4%（年化）
浮动收益率	系数 × min（12%，max（0，R − 4%））
R	期末股价/期初股价 − 1
系数	0.5

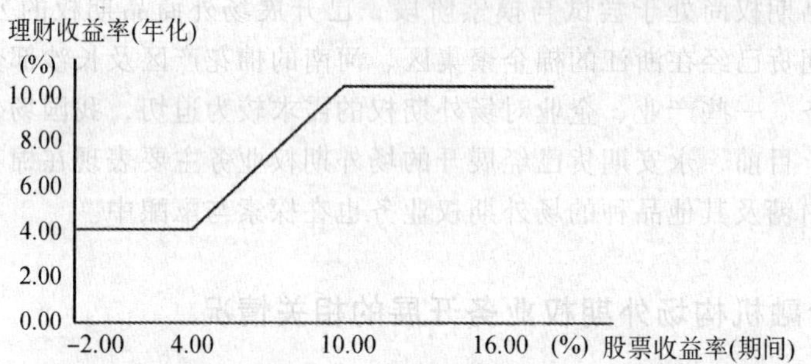

图 3　招商银行的“金葵花”焦点联动系列之股票表现联动［广汽集团（601238）期末看涨连续性］理财计划收益率图

随着银行业的不断创新发展，在简单二元期权结构产品的基础上逐渐产生了多级二元期权结构的理财产品。这些产品较二元期权结构产品复杂，通常将标的的预期走势分为若干个区间，然后根据最终标的走势所处的区间来确定投资者的收益水平。

此类结构化理财产品的发行给银行带来了诸多利益，一方面满足了投资者的个性化投资需求；另一方面也增加了其获利融资的渠道。此类产品简单易懂，投资期限相对较短，风险较低，故受到广大投资者的热捧。

（二）证券公司场外期权业务开展情况

2009 年 3 月 16 日，中国银行间市场交易商协会发布《中国银行间市场金融衍生产品交易主协议》；2013 年 3 月 16 日，中国证券业协会组织起草并发布《中国证券市场金融衍生品柜台交易主协议》及补充协议。我国证券市场在这两部协议及补充协议的推出下逐渐兴起了由证券公司自主设计的场外期权产品。其中，国信证券、中信证券、海通证券等多家证券公司都发行了具有场外期权性质的结构化理财产品。

证券公司推出的结构化产品与银行业中的结构化理财产品类似，就是结合保本票据与奇异期权的特性，形成保本收益凭证，最为典型的就是“鲨鱼鳍”结构化场外期权产品。“鲨鱼鳍”产品就是在保本票据的基础上加入向上向下敲出条款形成的。在观察期内，当挂钩标的（通常有股票、股票指数、基金、期货等）未突破预期边界时，将获得较高的额外收益，一旦突破边界，则只能获得较低的保本收益。其中，国信证券的“金益求金”保本收益凭证系列、海通证券的“一海通财理财宝”收益凭证系列、东方证券的“金鳍”系列以及“金鲨”系列等，均呈“鲨鱼鳍”结构。下面以东方证券的“金鳍 180 天”收益凭证系列产品为例分析“鲨鱼鳍”型产品的特性。产品要素见表 2，产品描述（产品运行期内）见表 3，产品收益情况见图 4。

表 2　　东方证券“金鳍 180 天”鲨鱼鳍型期权要素表示例

期限	6 个月
挂钩标的	沪深 300 指数
年化区间收益率	3%—15%
行权价	103%
触碰价	115%
参与率	100%

表 3　　东方证券“金鳍 180 天”鲨鱼鳍型期权预期收益表

挂钩标的涨幅	预期收益率（年化）
任一日标的收盘价超过期初价格 15%	5.5%
每日标的收盘价都未超过期初价格 15%	3%
标的到期价格超过期初价格 3%	r%（标的涨幅）

结构化产品种类的逐渐丰富与完善促进了场外期权市场的发展，场外期权市场也逐渐成为证券公司的重点发展对象。证券公司通过在场外市场发行各种结构化期权产品，增加投顾费、管理费、佣金费等各种业务收入，具有积极的作用。

（三）场外期权业务在其他金融机构的开展情况

部分基金公司在基金产品中也引入了期权性质，用期权来设计分级基金产品。最为典型的就是两极子基金。两极子基金是约定以某个比例对收益进行分成，各份额按照其风险收益的不同可分解成类似期权的结构。部分基金还约定了敲出机制等退出条款，这样就使得其收

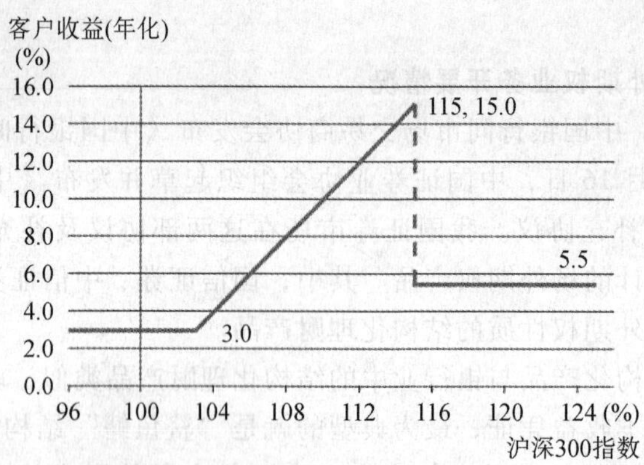

图 4 东方证券“金鳍 180 天”鲨鱼鳍型期权损益图

益呈现出奇异期权的结构特性。一些主流的分级基金产品，其期权特性体现得不够明显，其收益结构的期权特性较为“隐蔽”，但由于其中嵌入了特殊条款，在某些特定的市场环境下，还是能够显现出隐含期权的特性，从而也可利用期权的定价方法来计算其理论价值。

四、场外期权的发展对我国金融市场的影响及作用分析

利率期权产品的诞生给我国利率市场带来了巨大的变化。首先，利用利率期权产品能够有效地管理利率风险，在一定程度上促进基础金融市场的发展；其次，通过购买相应的利率期权上限期权能够有效地降低筹资成本，不仅拓宽了筹资者的融资渠道，还能给投资者带来较高的投资收益；最后，发展利率期权还能有效地促进我国金融业内部的竞争，促进整个金融体系流动性和运行效率的提高，从而在宏观上推进金融体系的完善以及促进经济的发展。然而，利率期权本身杠杆性等高风险的存在一方面容易导致市场参与者遭受严重损失，另一方面也加大了金融监管的难度以及金融机构经营的风险。

人民币外汇期权将给我国外汇市场带来革命性的变化。人民币外汇期权的推出能够完善我国外汇市场人民币对外汇衍生产品的金融体系，增加人民币的汇率弹性，这对完善外汇市场的价格发现机制及人民币汇率形成机制都具有重要意义，同时有利于我国进出口企业在汇率变化时有效地规避汇率风险。

我国股权类期权产品主要通过金融机构发行的结构化产品存在于金融市场中。这些结构化产品在一定程度上丰富了银行、证券公司等金融机构理财产品的种类，最大限度地满足客户投资理财的需求，为居民的投资提供更多的途径，从而能够有效地减缓公民资产过度集中于银行存款的状况。同时，部分中小企业需要通过结构化产品来降低企业资产管理中的风险。

从国外 30 多年商品期权的发展历程来看，我国推进商品期权有利于服务“三农”，促进农业现代化建设；有利于提高期货市场的运行质量；有利于深化期货市场的功能；有利于促进多层次市场的体系建设。因此，积极推进场外商品期权业务的开展，发掘更多的场外商品，将成为我国金融机构的另一片“新大陆”。

五、我国证券公司开展场外期权业务存在的问题及前景分析

我国场外期权业务正处于初步发展阶段，与国外发达国家相比还存在着较大差距。从目前我国已开展场外期权业务的数家证券公司的发展情况来看，我国证券公司在开展场外期权业务时还存在着一些问题和困难。

（一）产品种类较少，投资者选择有限

目前我国除银行业发行的利率期权以及外汇期权外，证券公司开展的场外期权业务大多集中在结构化产品上，并且证券公司对这些结构化产品的种类设计与定价存在一定的困难。在商品期权方面，我国证券公司还处于摸索尝试阶段，只有少数期货公司已开展了部分商品的场外期权业务，这与我国现阶段中小企业的高速发展以及对风险管理的迫切需求现状不符。

（二）与银行理财产品同质性较高，竞争激烈

我国证券公司开展的结构化产品在收益率水平、投资标的以及投资准入门槛等方面都与银行发行的理财产品类似，同质性较高。然而，与银行相比，证券公司又缺乏一定的信用优势，投资者在选择同等水平产品时，银行就成了证券公司激烈的竞争对手。结构化、个性化金融产品的设计方面应是证券公司的强项，但受技术、机制和政策等因素的影响，我国证券公司在产品设计与创新方面并未突显其应有的优势。

（三）资本金不足限制

我国证券公司正从传统的渠道服务向资本中介业务转型，作为资本中介业务的证券公司在产品设计、开发以及定价等方面都需要一定的资金，而证券公司又不像银行那样能够吸收存款；另外，从事场外市场交易的证券公司往往都需要作为交易的对手方，也加大了证券公司对资金的需求量。因此，资本金不足也是制约证券公司场外期权等业务发展的因素。

（四）后台支持体系与风控体系欠缺

场外期权与场内期权相比，其所需的技术含量高，服务也更为专业化，与此相应的信用风险也较高，这就需要专门的前、中、后台支持系统以及相应的风控体系来支持场外期权的发展。然而，缺乏场外期权相关的营销、定价、风控等岗位储备的专业化人才，也是制约我国证券公司开展场外期权的关键因素。

（五）制度政策等因素不完善

我国针对场外期权业务相关的税收政策以及会计制度尚不明确，从而增加了证券公司等金融机构开展场外业务的成本。此外，我国场内期权也才面世，一些风险管理公司暂时还不能完全通过场内市场来对冲场外期权的风险，再加上场外期权的手续费、保证金等都没有形成标准化的约定，间接提高了证券公司开展场外期权业务的难度。

近年来，在我国政策逐步放开的背景下，国内越来越多的金融机构涉足场外衍生品业

务，加快了我国场外衍生品业务的发展步伐。只有充分借鉴海外场外期权发展的成熟经验，从海外期权发展的曲折历史中总结经验教训，有机结合我国资本市场发展的实际情况，将其适时适当地应用到我国场外期权发展的进程中，才能更好地促进我国场外市场的发展，加快实现和完善我国金融体系的步伐。

从海外期权发展的历程来看，场外期权作为场外衍生品的重要组成部分，随着我国金融体系的不断发展和完善，场外期权终将引领场外市场的发展。我国场外期权正处在初步发展阶段，面临着重重困难和阻碍，这对于证券公司而言既是机遇又是挑战。作为我国资本市场中重要载体的证券公司应该借助机遇，充分发挥其资本中介的业务功能；大量引进海外专业人才，借鉴国外成熟经验，积极探索、设计、开发创新类期权产品，组建数支适应我国资本市场发展的科研团队；加大在产品定价、研究方面的投入，不断完善、建设后台信息技术系统，开发更加灵活复杂的能够满足投资者多样性需求的期权产品，为我国构建一个结构合理、产品完善的期权市场发挥重要作用。

参考文献

[1] 王宇：《我国利率期权发展路径研究》[D]，成都：西南财经大学，2008：9－10。

[2] 刘志超主编：《场外衍生品》[M]，北京：中国财政经济出版社2013年版。

[3] 张利静："场外期权丰富企业套保手段"[N]，《中国证券报》，2014（14）。

[4] 皮灵："从海外经验看我国场外期权产品设计"[N]，《期货日报》，2014（03）：1－3。

[5] 刘楠："简析人民币外汇期权业务"[J]，《经营管理者》，2014：55。

[6] 买毅：《发展中国商品期权市场》[R]，郑州，2014：44－46。

[7] 牛冠兴："关于发展证券公司场外市场业务的思考与建议"[A]，《创新与发展——中国证券业2013年论文集》[M]，中国财政经济出版社2014年版。

[8] 宫里啓暉，杜洪波，叶康："借鉴境外场外市场产品体系建设推动我国场外市场产品创新"[A]，《创新与发展——中国证券业2013年论文集》[C]，2013：459－476。

[9] 彭云："境外商品期权发展现状及对我国发展经验借鉴"[J]，《环球视野》，2014（01）：76—80。

我国证券公司场外金融衍生品市场发展研究

金 赟 程传颖 孙 晔*

随着我国场内衍生品股指期货、国债期货、上证50ETF期权的推出，场外衍生品的发展也逐步引起市场关注。相较于场内金融衍生品，场外金融衍生品具有更多的灵活性，能够满足各类投资者对不同风险收益特征产品的需求。在国外成熟的金融市场中，场外金融衍生品因其个性化的交易结构以及独特的风险管理定制功能，广受投资者的欢迎，场外市场已成为整个衍生品市场的重要组成部分。

目前，我国场外金融衍生品业务主要集中在银行间市场，证券公司场外金融衍生品业务还处于起步阶段，呈现产品种类单一、价格竞争激烈的特征。据统计，2014年此项业务收入在证券公司总收入中占比不到3.00%，这与海外市场场外衍生品业务对证券公司高收入贡献的情况相去甚远。然而，场外金融衍生品不仅可以帮助投资者实现各种理财目标，而且能够给投资者提供贴合实际需求的风险对冲工具。因此，研究我国证券公司场外金融衍生品市场具有十分重要的意义。

一、证券公司场外金融衍生品市场发展历史及现状

在我国加入世界贸易组织（WTO）时，场外金融衍生品市场应运而生，虽然我国场外金融衍生品市场起步较晚，但在2004年之后，国内银行间市场、银行柜台市场开始进入一个较快发展阶段。然而，直到2013年，国内证券公司场外金融衍生品业务才有所发展。经过两年的发展，多家大型证券公司的场外期权业务和收益互换业务正逐步成熟。

2013年1月，中国证券业协会制定《证券公司金融衍生品柜台交易业务规范》，对交易对手方进行了规范，要求交易对手方应限于机构，包括专业交易对手方和非专业交易对手方①，开启了证券公司场外金融衍生品业务的新篇章。2014年8月，中国证券业协会、中国

* 作者单位：财通证券股份有限公司。原载于《中国证券》第7期。

① 中国证券业协会：《证券公司金融衍生品柜台交易业务规范》第十二条。

期货业协会、中国证券投资基金业协会联合发布《中国证券期货市场场外衍生品交易主协议（2014 年版）》及补充协议、《中国证券期货市场场外衍生品交易权益类衍生品定义文件（2014 年版）》，为场外金融衍生品的发展指明了方向。

2013 年 5 月，证券市场衍生品业务开始逐步发展，但发展比较缓慢，直到 2014 年 4 月发展速度开始加快。截至 2014 年 6 月底，25 家证券公司通过专业评价，可以开展权益类场外衍生品交易。证券公司的交易对手除了 16 家证券公司及证券公司子公司外，还包括 5 家银行、3 家基金公司、12 家基金公司子公司、3 家期货公司和 205 家非金融机构，其中非金融机构以投资类企业为主，但只有 17 家证券公司实际开展交易，初始名义金额总额为 2 272 亿元，名义金额余额为 1 802 亿元。

截至 2015 年 5 月，证券公司交易收益互换与场外期权共计 24 316 笔，初始名义本金 10 269.83亿元，与 2014 年 12 月相比，分别增长了 283.76% 和 96.11%（见图 1）。证券公司开展场外衍生品业务的主要挂钩标的包括境内和境外的股票、债券、指数、基金、期货、大宗商品等；已开展的具体标的则包括境内股票和指数、可转债、封闭式基金、ETF 基金、基金专户、股指期货、商品期货、境外股票和指数[①]。

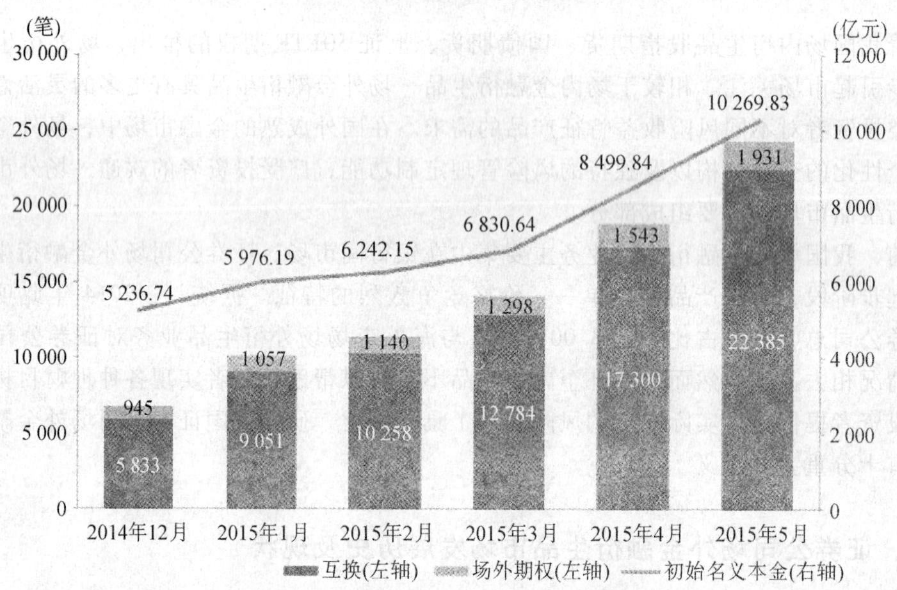

图 1 证券公司互换与场外期权业务基本情况

资料来源：中国证券业协会、财通证券研究所。

国内证券公司还在探索场外衍生品业务模式，由于做市商与衍生品对冲等场外衍生品业务在定价和风险管理能力上存在巨大挑战，我国证券公司在此项业务中的收入占总比重不到 3.00%，而根据国际投行的经验，做市商与衍生品对冲等场外衍生品业务占行业收入的比重达 35.00% 左右。以高盛和海通证券为例，高盛二级市场业务占用的资产中金融相关资产占到 76.40%，包括质押融资 33.70% 和金融资产 42.70%，反映了其业务模式以场外衍生品业

① 上海证券报：“券商参与场外衍生品规模已突破 2 000 亿”，新浪财经，2014 年 8 月 29 日，网址：http://finance.sina.com.cn/stock/quanshang/qsyj/20140829/050620155790.shtml，最后访问日期：2015 年 6 月 26 日。

务为主导；相比之下，海通二级市场业务中，金融资产仅占4.60%，绝大多数资产为非金融性资产，说明国内证券公司还在探索场外衍生品业务模式。

二、证券公司场外金融衍生品市场发展面临的问题

由于国内金融管制未完全放开，利率、汇率未实现市场化，利率类、汇率类衍生品发展困难。目前国内实际开展的场外金融衍生品业务主要包括收益互换、期权类业务，品种较单一，产品结构也比较简单，不能满足复杂化风险管理需求，进而导致市场交易量偏小，流动性不高。此外，由于相关法规的限制和专业人才的缺乏，很多机构对场外金融衍生品仍持观望态度，缺乏使用衍生品来对冲风险的意识，致使市场参与主体较少，市场效率低下。我国证券公司场外金融衍生品市场主要存在以下几个问题：

第一，场外衍生品市场不发达。首先，由于汇率受到一定程度的管制，波动幅度较小，加之人民币长期单边升值的预期使做市商很难找到交易对手，外汇衍生品的发展受到限制。其次，国内利率市场化进程缓慢，没有形成有效的基准利率和收益率曲线，使得利率衍生品和信用衍生品的定价缺乏相应的基础，制约了利率衍生品和信用衍生品的创新。最后，国内信用历史数据匮乏，信用衍生品交易缺乏足够的信用数据，制约了国内信用衍生品的发展。因此，国内的场外衍生品市场不够发达，很多产品的创新受到限制。

第二，交易对手参与度低。《证券公司金融衍生品柜台交易业务规范》对证券公司交易对手方限于机构的规定[①]，意味着高净值个人客户和资产管理计划不能直接参与场外衍生品市场。这使得一些专业交易对手参与程度不足，风险对冲不能有效进行。目前场外衍生品交易的交易对手以以杠杆融资为交易目的的非专业机构为主。

第三，交易受限。证券公司开展场外衍生品交易，必须对头寸进行风险对冲，而证券公司的对冲交易账户受交易所每日开仓和持仓限额管理，对冲交易受限。虽然2015年5月初上证50ETF期权持仓限额有所放开，但仍然存在一些严格的业务规则。此外，中国证监会关于融资融券业务的相关规定限制了卖空建仓交易，使衍生品交易商难以动态调整多空仓位来对冲自身风险。目前，国内证券公司进行跨境衍生品交易要签订ISDA[②]协议，尽管可参照境内商业银行签署ISDA协议的一般经验，但证券公司签订协议时仍会遇到一些困难和障碍，而且跨境交易市场准入门槛高，业务许可单一，跨境对冲交易受到一定程度的限制。

第四，产品创新、设计和风险管理能力不足。国内场外金融衍生品市场处于起步阶段，产品创新不足，交易品种少，结构简单，交易规模小。现有产品的局限性无法满足国内投资者多样化的投资与避险需求，使资金不愿进入场外衍生品市场。市场的不完善导致定价模型中参数设置缺乏参考，产品设计和定价不能顺利进行。同时，由于产品设计能力和定价能力的缺乏，不能对复杂化的产品进行拆分或组合，无法对复杂产品进行风险管理。

第五，信息系统建设不完善。信息技术的创新和衍生品相关技术系统的安全、平稳、可靠运行，是场外金融衍生品推出的保障。目前证券公司衍生品交易信息系统建设还不够完善，主要体现在自动化程度不够，数据分析能力较弱，风险识别与管理能力不足等方面，而

① 中国证券业协会：《证券公司金融衍生品柜台交易业务规范》第十二条。

② ISDA全称为International Swaps and Derivatives Association，中文译为国际掉期与衍生工具协会。

且各个证券公司的信息系统存在着一定的差异，对场外衍生品的定价、评估等可能存在差别，导致衍生品风险管理能力不足。

第六，相关专业人才的缺失。衍生品的高风险性要求证券公司对衍生品交易进行风险对冲，期权等场外衍生品的风险非线性，风险对冲难度较大，而证券公司这方面的人才比较欠缺，风险防控存在隐患。国内场外金融衍生品发展迅速，要求相应的法律制度、会计制度和资产评估等知识不断更新，适应其发展。这对律师事务所、会计师事务所、信用评级机构和相关专业人员提出了更高的要求，但国内这方面的从业人员缺乏相关经验，相关专业人才欠缺，不能满足市场发展的迫切需求。

三、证券公司场外金融衍生品市场发展研究

（一）证券公司场外金融衍生品业务发展模式

证券公司开展场外金融衍生品业务，需重点关注客户挖掘与管理、产品开发与定价、风险对冲管理和集中清算等业务环节。场外金融衍生品业务主要采取一对一的交易模式，它的突出特点是可满足客户的个性化需求，可以根据不同的收益风险特征设计出不同的产品类型，具有极强的灵活性。依据客户需求设计产品，并采用理论定价方法或数值方法等对产品进行定价，待产品发行后，证券公司结合之前的风险情况，对总体风险暴露情况采取一定策略对风险进行对冲管理。

1. 客户挖掘与管理。从交易目的来看，场外金融衍生品交易的客户分为金融中介客户和终端需求客户。金融中介客户并不直接承担投资损益，而是因发行某些特殊收益结构的金融产品，需要与证券公司进行交易，由证券公司提供全部或部分收益结构。实现资本增值、股权管理等是终端需求客户追求的目标。针对两类客户的特点，需制定不同的业务准入标准、客户风险类型评价和交易适合度评估方案，确保做好客户适当性管理。

（1）金融中介客户。对于银行、信托和基金等金融中介客户，考虑到其交易管理经验丰富以及本身交易行为受到规范监管，可主要关注该类客户的信用风险。业务准入标准可从以下几个方面进行考虑：首先，该客户参与场外金融衍生品交易是否合法合规；其次，该客户的经营实力和信誉状况是否良好；最后，了解该客户发行的产品以及产品池情况，判断其是否需要开展场外衍生品业务。

（2）终端需求客户。终端需求客户直接承担场外衍生品交易的损益，以追求资本增值或股权管理等。资本实力较强、风险承受能力较强是该类客户适当性管理的基本原则，当然具备真实的交易需求也是重点。交易适合度评估是评估客户是否适合参与场外衍生品交易和客户适当性管理的关键。基于客户的基本特征，如资产状况、风险承受能力等，结合客户的真实交易需求，评估客户交易的适度性。

2. 产品开发与定价。开发新产品时，应该综合考虑客户的需求、风险承受能力和监管要求，同时又要对产品进行监测，保证产品的合规性。在开发新产品后，需要对产品定价，证券公司应根据产品的收益结构建立合适的定价模型。定价过程中，证券公司将基于历史数据和市场判断，设定波动率、无风险利率等参数。衍生品常用的定价方法包括解析法和数值法，其中常见的数值法有二叉树法和蒙特卡罗模拟法。同时，根据证券公司的成本和投资者的信用资质对产品价格进行调整。一般情况下，产品开发与定价包括五个环节：产品设计、

产品定价、属性分析、对冲测试、损益分析。

（1）产品设计。证券公司可基于客户提出的场外衍生品交易需求，分析该交易是否可行、是否存在制度上和技术上的限制。若该交易具有一定的可行性，可继续与客户进行深入沟通确定产品方案，进而设计该产品。

（2）产品定价。场外衍生品常用定价方法有解析法和数值法两大类，可充分利用这两种方法进行相互验证。产品定价过程中通常是尽量把复杂的场外衍生品拆分为基本金融工具，利用解析表达式对各基本金融工具进行定价，再结合基本金融工具之间的关系，对场外衍生品进行定价。针对某些无法拆分的场外衍生品结构，可考虑采用数值方法，如二叉树、蒙特卡罗模拟等进行定价。

（3）属性分析。产品定价后，可从理论价值对参数的敏感性、各希腊字母对参数的敏感性对产品的属性进行分析。理论价值对主要参数的敏感性，如久期、凸度等以及 Delta[①] 对重要参数，如波动率、无风险利率等的敏感性，是需要重点关注的。若敏感性高，则定价及对冲中需额外注意参数的变动。

（4）对冲测试。产品发行后，需要对暴露的风险进行对冲。通过历史股价或模拟股价进行对冲测试，验证对冲模型的有效性，进而论证在不同市场条件下场外衍生品交易的损益。对冲测试是整个过程的核心环节，可从对冲后的损益情况、资金占用和收益情况等来分析对冲效果。

（5）损益分析。对该场外衍生品的损益进行多层次分析、归纳、总结，进一步探讨该产品的适用广泛性和推广性。

3. 风险对冲管理。证券公司的场外衍生品业务属于资本中介业务范畴，在实际操作过程中需要通过对冲来控制市场风险。场外衍生品交易的风险对冲通常有静态对冲策略和动态对冲策略。

（1）静态对冲策略。当证券公司持有的场外衍生品头寸之间能够风险对冲时，可以采用静态对冲策略，即保持头寸直到对冲期结束，同时保持组合 Gamma[②] 中性和 Vega[③] 中性。由于静态对冲策略具有交易成本低、交易风险可控等优势，证券公司应该丰富自身产品线，并优先选择能够实现静态对冲的场外衍生品。

（2）动态对冲策略。与静态对冲策略不同的是，动态对冲策略需要根据标的证券价格变化定期调整头寸数量，以此达到组合风险对冲的目的。目前运用较多的动态对冲策略有 Delta 对冲、Gamma 对冲以及 Vega 对冲，其中，最主要的是 Delta 动态对冲策略。

4. 集中清算。集中清算具有降低风险、提高透明度，以及弱化衍生品市场放大金融体系顺周期的问题等特点。

（1）集中清算可以降低与场外衍生品相关的风险，如信用风险、流动性风险等。对于信用风险而言，考虑到集中清算允许对未清偿合约的名义金额进行多边轧差，同时稳健的保证金制度和其他风险管理措施使得充当中央对手方会比一般市场参与者的信用程度高，因此集中清算有助于降低信用风险。对于流动性风险而言，集中清算通过扩大头寸和资金轧差的范围，具有减少流动性需求从而降低流动性风险的潜力。

---

① 希腊字母，这里用来度量标的证券价格变化时期权组合价值的变化程度。

② 希腊字母，这里用来度量标的证券价格变化时期权组合 Delta 值的变化程度。

③ 希腊字母，这里用来度量标的证券价格波动率变化时期权组合价值的变化程度。

（2）集中清算有利于提高场外衍生品市场的透明度。集中清算和自动化处理使得市场参与者和监管者更加容易获取衍生品交易信息，如交易量、交易价格和交易对手风险等，进而可更好地把握各市场参与者的头寸变化。同时，市场参与者也可以根据市场信息计算保证金需求和评估风险敞口。

（3）集中清算可以弱化衍生品市场放大金融体系顺周期性的问题。交易对手的风险敞口越大，衍生品的市场价值波动越大，则需要提供的抵押就越多，体现了衍生品市场具有放大金融体系顺周期性的趋势。集中清算在一定程度上可减少风险敞口，进而可以相应地减少抵押，有助于减弱金融体系的顺周期性。

（二）证券公司场外金融衍生品市场发展前景

目前，我国汇率和利率市场化的逐步推进、银行商业化改革的深入开展，都为场外金融衍生品的发展提供了条件。伴随着我国金融市场改革的继续深入，金融市场不断壮大，分散、转移市场价格波动的风险也为场外金融衍生品的出现和发展提供了生存空间。债券市场的运行、票据市场的流通也为场外衍生品的发展奠定了基础。上海证券交易所已于2015年2月9日推出了上证50ETF期权，中国金融期货交易所和深圳证券交易所的期权模拟交易也在如火如荼地开展，场内衍生品的丰富和发展为场外衍生品的对冲交易提供了更多的选择。因此，在这种环境下证券公司开展场外金融衍生品业务具有一定的可行性。

2007年2月，国务院颁布了《期货交易管理条例》，在行业自律和规范发展方面对我国金融衍生品交易市场作了相关规定，在法律上明确了金融衍生品的发展定位。2013年3月，中国证券业协会制定了《证券公司金融衍生品柜台交易业务规范》，对交易对手方以及衍生品柜台交易进行了规范，开启了证券公司场外金融衍生品业务的新篇章。2014年8月，中国证券业协会、中国期货业协会、中国证券投资基金业协会联合发布了《中国证券期货市场场外衍生品交易主协议（2014年版）》及补充协议、《中国证券期货市场场外衍生品交易权益类衍生品定义文件（2014年版）》。这些规则为开展场外金融衍生品业务的规范发展奠定了基础，为证券公司开展场外金融衍生品业务创造有利条件。

在加入WTO以后，我国金融市场的国际化程度不断提高，利率、汇率市场化逐步推进，市场波动增大，投资者迫切需要金融衍生品来进行风险管理。近年来，我国实施适度宽松的货币政策，银行信贷规模快速增长，庞大的信用产品规模必然要求对信用风险进行管理，信用衍生品市场急需发展。外汇、利率等市场价格波动幅度越发剧烈，大力发展场外金融衍生品市场将能够很好地满足国内金融机构、经济实体甚至个人在国内市场上进行风险管理的需要；更重要的是，场外金融衍生品市场所具有的灵活性特征将会更好地适应我国金融市场的改革进程。

建立国内场外金融衍生品市场，可以借鉴发达国家和其他新兴市场国家的经验，并结合本国市场需求和市场发展条件的限制因素综合考虑，增加市场的广度、深度和流动性，有序地丰富国内场外金融衍生品市场的交易品种。从战略规划的角度来考虑，应首先发展市场条件基本成熟的场外金融衍生品，在累积监管、市场交易等方面的经验后，逐步推出其他品种的场外金融衍生品。

目前，银行间市场的外汇类场外衍生品已取得了一定的发展，证券公司开展场外金融衍生品业务可以从发展比较薄弱的股权类场外金融衍生品开始，股权类场外衍生品可以更好地满足国内投资者对股票市场的风险对冲需求。未来随着利率市场化进程的不断推进和市场信用风险的累积，投资者对利率类衍生品和信用类衍生品的需求将大大增加。证券公司应在综合考虑现有条件和外部环境下探索适合自身的场外金融衍生品业务发展之路。

四、总结

经过两年的发展，多家证券公司的场外期权业务和收益互换业务正逐步成熟。场外金融衍生品业务在定价和风险管理能力上对国内证券公司形成了巨大的挑战，该项业务收入在证券公司总收入中占比仍然较低，还处于探索发展阶段。虽然证券公司发展场外金融衍生品业务面临着诸多问题，如场外衍生品市场不发达，交易对手参与度低，交易受限，产品创新、设计和风险管理能力不足，信息系统建设不完善，相关专业人才缺失等，但证券公司发展场外金融衍生品业务仍存在可行性和必要性，不仅市场发展现状有利于场外金融衍生品业务的发展，而且相关规则的推出也为场外衍生品市场的发展提供了准则规范，更为重要的是，场外金融衍生品所具有的灵活性等特征更加适合中国金融市场的需求。

借鉴发达国家和其他新兴市场国家的经验，结合本国市场需求和市场发展条件的限制因素进行综合考虑，证券公司应逐步有序地推出场外衍生品交易品种。证券公司应从战略规划的角度来考虑场外金融衍生品业务发展顺序和发展模式，从客户挖掘与管理、产品开发与定价、风险对冲管理、集中清算等方面详细规划场外金融衍生品业务的发展模式，使之更加适合中国市场的发展。

参考文献

[1] 卫亚：“我国场外金融衍生品市场发展研究”[D]，成都：西南财经大学，2011年。

[2] 谢圣姬：“中国金融衍生品市场发展研究”[D]，上海：复旦大学，2008年。

[3] 郭俊梅：“我国金融衍生品市场的发展研究”[D]，北京：首都经济贸易大学，2008年。

[4] 林清泉，罗刚：“我国金融衍生品市场发展模式与路径选择”[J]，《经济学动态》，2011（4）：88—91。

[5] 王晶晶：“中国金融衍生品监管制度研究”[D]，北京：中国政法大学，2011年。

[6] 马瑞鄞：“我国金融衍生产品的发展路径选择”[J]，《商场现代化》，2009（5）：347-348。

[7] 于延超：“场外衍生产品市场发展趋势分析——以CDS市场为例”[DB/CD]，上海：中国金融期货交易所，2013年。

[8] 李虹：“美国OTC衍生品监管制度：进展与启示”[DB/CD]，上海：中国金融期货交易所，2013年。

[9] 中国证券业协会：“证券公司场外业务统计数据报表”，2015年。

[10] Randall Dodd：The Structure of OTC Derivatives Markets [J]. The Financier, 2002 (9): 1-5.

[11] OTC derivatives market activity in the second half of 2008 [R]. Bank for international settlements, 2009.

股票收益互换业务的法律关系构架及风险分析

郑国生　吴　飞*

互换是一种场外衍生品交易，是指交易双方约定在未来某一时期相互交换一系列现金流的金融合约，主要有货币互换、利率互换和股票收益互换等类型。所谓股票收益互换，是指证券公司与符合条件的交易对手约定在未来一定期限内，根据约定数量的名义本金和收益率定期交换收益的行为。其中，交易一方或双方支付的金额将与特定股票、指数等权益类标的证券的表现挂钩。原则上，双方按照收益轧差后的净额进行支付，不发生本金交换。

我国证券公司自 2012 年开始进行柜台市场股票收益互换业务试点，目前股票收益互换已成为证券公司开展最为广泛的场外衍生品交易业务。据了解，截至 2015 年 5 月底，共有 28 家证券公司获得股票收益互换业务资格，股票收益互换交易初始名义本金额合计达人民币 8 313.74 亿元。股票收益互换交易挂钩标的也由初期的 A 股股票逐步扩展到境内外股票、基金、指数等。与期货等场内衍生品交易不同，股票收益互换等场外衍生品交易由交易双方在交易所之外通过一对一协商的方式达成，通常不采取中央对手方结算方式，因而交易的信用风险较大。为控制信用风险，股票收益互换交易采取了独特的法律关系构架。以下将对股票收益互换的法律关系构架及其风险进行分析。

一、股票收益互换的法律关系构架

市场实践中，进行股票收益互换交易的双方通常签订中国证券业协会发布的《中国证券市场金融衍生品交易主协议（2013 年版）》及其补充协议（以下分别简称“SAC 主协议”①、

* 作者单位：中信证券股份有限公司。原载于《中国证券》2015 年第 7 期。

① SAC 是中国证券业协会（Securities Association of China）的英文简称，《中国证券市场金融衍生品交易主协议（2013 年版）》及其补充协议由中国证券业协会于 2013 年 3 月发布，所以简称为“SAC 主协议”、“SAC 补充协议”。2014 年 8 月，中国证券业协会、中国期货业协会、中国证券投资基金业协会联合发布了《中国证券期货市场场外衍生品交易主协议（2014 年版）》及补充协议。2013 年版和 2014 年版两个版本主协议的结构、条款内容基本相同，为行文方便，本文以 2013 年版主协议为对象进行分析，所称“SAC 主协议”、“SAC 补充协议”指《中国证券市场金融衍生品交易主协议（2013 年版）》及其补充协议。

"SAC 补充协议")。SAC 主协议管辖股票收益互换交易双方之间的法律及信用关系，约定所有交易都适用的基本条款。SAC 补充协议是 SAC 主协议的补充，对 SAC 主协议的条款进行选择和变更。在 SAC 主协议下，交易双方根据商定的交易条款签订交易确认书，开展股票收益互换交易。为保障交易安全，双方还会采取相应的履约保障安排。股票收益互换的法律关系构架主要包括单一协议、终止净额结算和履约保障三个方面。

（一）单一协议

与 ISDA 主协议①类似，SAC 主协议采用单一协议架构和终止净额结算机制。所谓单一协议，是指交易双方依据 SAC 主协议所做的所有交易与 SAC 主协议、补充协议一同构成单一协议。也就是说，双方不管依据 SAC 主协议做了多少笔交易，双方只存在一个合同关系，而不是多个合同关系。双方达成的每一笔交易均是这个合同法律关系下的一笔具体交易，其结构是一种伞型结构（见图 1）。

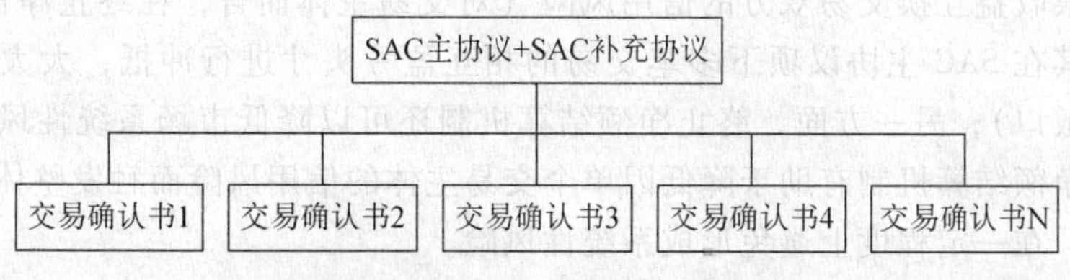

图 1　SAC 主协议的伞型结构

对交易双方而言，单一协议架构具有独特的优势。首先，可以进行多笔交易的支付净额结算。在单一协议架构下，交易双方在一个协议下进行多笔交易，每笔交易下的同一到期日的多个支付金额可以不必单独进行结算，而是将所有这些支付金额进行轧差计算，得出一个支付净额，交易一方只需要承担一个总的支付义务②。支付净额结算可以提高结算效率，减少付款次数，从而降低发生支付错误的风险。其次，单一协议架构是终止净额结算的基础。当发生违约事件或终止事件时，交易双方之间的所有未到期交易或受影响交易都可以被提前终止，进行终止净额计算，从而防止破产管理人的挑拣履行。

"挑拣履行"是破产法的概念，又称选择履行权，是指交易一方出现破产事件时，破产管理人有权通过有选择地履行那些对破产人有利的尚未履行完毕的合同，并且解除对破产人不利的尚未履行完毕的合同，最大限度地保全破产财产③。由于 SAC 主协议实行单一协议架构，所有交易均系一个合同关系下的交易，在发生破产事件时，非破产一方有权提前终止所有交易，对所有交易的盈亏进行净额计算，得出一个单向的支付净额，从而避免破产管理人的挑拣履行。如果不存在单一协议架构，每个交易均构成一个独立的合同，那么破产管理人

---

① ISDA 是国际互换和衍生品协会（International Swaps and Derivatives Association）的英文简称。ISDA 致力于场外衍生品交易法律文件的统一，先后发布了 1992 年版主协议和 2002 年版主协议，为国际市场广泛应用。

② 需交易双方在 SAC 补充协议中选择适用 SAC 主协议第 3.2 条"多笔交易适用净额结算"。

③ 《中华人民共和国企业破产法》（以下简称《破产法》）第十八条规定：人民法院受理破产申请后，管理人对破产申请受理前成立而债务人和对方当事人均未履行完毕的合同有权决定解除或者继续履行，并通知对方当事人。管理人自破产申请受理之日起两个月内未通知对方当事人，或者自收到对方当事人催告之日起三十日内未答复的，视为解除合同。管理人决定继续履行合同的，对方当事人应当履行；但是，对方当事人有权要求管理人提供担保。管理人不提供担保的，视为解除合同。

对有利于破产人的那些交易就可以主张继续履行，对不利于破产人的其他交易则终止合同。在此情形下，非破产一方因合同终止而产生的违约赔偿责任就转为破产债权，只能从破产财产中获得清偿，不仅要等待漫长的破产流程，而且获得清偿的比例较低，面临很大的风险。

（二）终止净额结算

除单一协议架构外，股票收益互换交易采取的另外一个控制信用风险的合同安排是终止净额结算机制。所谓终止净额结算机制，是指在交易一方发生违约事件或终止事件时，另一方可以对 SAC 主协议下所有未到期交易或者受影响交易予以提前终止，或者根据合同约定在特定违约事件（破产事件）发生的当时该等全部未到期交易就被视为立即自动终止，交易双方按照合同约定对交易终止时双方在 SAC 主协议下全部被终止交易的盈利和亏损进行轧差计算，得到一个总括的单向净额进行支付。

终止净额结算机制在股票收益互换交易中可以发挥重要作用。一方面，终止净额结算机制可以降低股票收益互换交易双方的信用风险（对交易主体而言，在终止净额结算机制下，交易双方可对其在 SAC 主协议项下多笔交易的相互盈亏头寸进行冲抵，大大降低所面临的对手方的风险敞口）；另一方面，终止净额结算机制还可以降低市场系统性风险，就市场整体而言，终止净额结算机制有助于降低因单个交易主体的信用风险而触发整体金融市场的多米诺骨牌效应，在一定程度上避免形成系统性风险。

（三）履约保障

为保障股票收益互换交易安全，减少交易对手的信用风险，证券公司通常会要求交易对手提供履约保障，履约保障方式有提供现金保证金或者提供股票等证券进行质押担保。在法律文件方面，中国证券业协会目前尚未发布场外衍生品交易履约保障文件范本，各证券公司可与交易对手签署自行拟定的履约保障协议，或者在交易确认书中设置履约保障条款。证券公司与交易对手签订的履约保障协议会约定现金保证金和保证券的提交、提取和返还等事项。也有的证券公司与交易对手签署专门的证券质押协议，约定股票等证券的出质事宜。通过上述方式，证券公司与交易对手建立了质押法律关系，交易对手是出质人，证券公司是质权人，出质标的为现金保证金或证券。对于以股票等证券出质的，证券公司会依照法律规定向证券登记结算机构办理证券出质登记。与货物买卖等普通交易不同，股票收益互换等场外衍生品交易的履约保障是一种动态的履约保障。证券公司会进行逐日盯市，每日计算交易对手当日持有所有交易头寸的浮动盈亏及担保品价值，并根据约定的履约保障比例要求交易对手追加担保品，从而控制交易对手的信用风险。

二、股票收益互换的法律风险分析

单一协议、终止净额结算和履约保障是股票收益互换交易参与者通过市场实践发展出来的合同安排，其在我国法律制度下是否具备完全的法律效力对于交易的安全和市场的稳定具有重要意义。因此，有必要分析上述合同安排在我国法律制度下的效力和可执行性。通过下面的分析可以发现，上述制度在中国现行法律制度下面临一定的风险。

（一）单一协议的法律风险

股票收益互换交易双方签署 SAC 主协议、补充协议，并在 SAC 主协议下进行多笔交易，该多笔交易与 SAC 主协议、补充协议共同构成了单一协议。单一协议架构的法律效力应当从《合同法》和《破产法》两个层面进行分析。从《合同法》角度看，单一协议是双方自愿、真实的意思表示，是合法有效的合同条款，在交易一方没有发生破产的情况下具有可强制执行的法律效力。但是，在交易一方发生破产的情况下，单一协议可能与我国现行《破产法》存在冲突，可能因规避破产管理人的选择履行权而被认定为无效。破产是一种具有强制性的程序，其目的在于剥夺资不抵债或没有清偿能力的债务人对其全部财产的管理处分权，让全部债权人就破产财产取得公平受偿的机会①。为实现该目的，各国破产法通常禁止对债权人进行个别清偿，并赋予破产管理人对未履行完毕的合同具有选择履行权。我国《破产法》也规定了破产管理人的选择履行权。单一协议架构实际上排除了破产管理人的选择履行权。尽管非破产一方可以主张股票收益互换等场外衍生品交易是特殊性质的交易，SAC 主协议之下的所有交易相互依赖，所有交易的支付义务需要整体对待，因而应适用单一协议架构。但是，这一主张能否获得破产管理人以及法院的认可，处于不确定的状态，因为当事人的自愿合同安排与管理和处分破产人的破产财产的强制性破产程序之间发生了冲突。法院有可能从有利于保护破产人全体债权人利益的角度，认定单一协议架构规避《破产法》规定的破产管理人的选择履行权，从而否认其效力。

（二）终止净额结算的法律风险

终止净额结算机制的实质是通过提前终止合同及净额计算形成一个确定的债务，从而减少交易一方面临的交易对手的风险敞口。与单一协议架构类似，终止净额结算机制在《合同法》下是合法有效的。但是，在交易一方发生破产的情况下，终止净额结算机制在《破产法》下同样存在不确定性，体现在以下三个方面：

1. 单一协议的架构可能被否认。如果破产管理人或法院否认单一协议的架构，那么双方之间在 SAC 主协议下的每一笔未到期交易将被看成单独的合同，破产管理人就可以行使选择履行权，选择履行对自己有利的（交易）合同，终止对自己不利的（交易）合同。由于单一协议架构是终止净额结算机制的基础，如果单一协议架构的基础不存在了，那么非违约方也就无法终止所有未到期交易进行终止净额结算。

2. 存在被法院撤销的可能。为最大限度保全破产财产，保护全体债权人的整体利益，破产法通常禁止对个别债权人的提前清偿。我国《破产法》第三十一条、第三十二条规定了破产申请受理前的可撤销行为②。终止净额结算机制的结果是所有未到期交易被提前终止，使交易一方的债权获得优先于其他债权的地位。如果终止净额结算发生在法院受理破产

---

① 邹海林：《破产程序和破产法实体制度比较研究》，法律出版社 1995 年版，第 1—2 页（转引自陶修明：《国际金融衍生交易终止净额结算法律制度研究》，对外经济贸易大学博士学位论文，2007 年，第 70 页）。

② 《破产法》第三十一条规定：人民法院受理破产申请前一年内，涉及债务人财产的下列行为，管理人有权请求人民法院予以撤销：（一）无偿转让财产的；（二）以明显不合理的价格进行交易的；（三）对没有财产担保的债务提供财产担保的；（四）对未到期的债务提前清偿的；（五）放弃债权的。第三十二条规定：人民法院受理破产申请前六个月内，债务人有本法第二条第一款规定的情形，仍对个别债权人进行清偿的，管理人有权请求人民法院予以撤销。但是，个别清偿使债务人财产受益的除外。

申请受理前的特定期限内（一年内或半年内），有可能被法院认定为属于《破产法》第三十一条第（四）项“对未到期的债务提前清偿”或第三十二条“对个别债权人进行清偿”等情形，从而予以撤销。

3. 难以进行破产抵销。在破产程序开始之后，如果非违约一方提前终止所有未到期交易进行终止净额结算，则还可能涉及破产抵销问题。破产抵销，是指债权人在破产案件受理前对债务人负有债务的，可以用该债权抵销其对债务人所负债务。破产抵销会导致个别债权人获得优先于其他债权人的地位。为保护全体债权人利益，各国破产法对于破产抵销通常设置严格限制。我国《破产法》第四十条规定[①]，债权人在破产申请受理前对债务人负有债务的，可以向管理人主张抵销。虽然债权人有权主张抵销，但能否抵销取决于破产管理人的审核。《破产法》还规定了不得抵销的多种情形，破产管理人对于认定何种债务不得抵销具有较大的自有裁量空间。事实上，在破产程序开始之后的终止净额结算可能无法获得破产管理人的认可进行破产抵销。

（三）履约保障的法律风险

在中国证券市场上，大多数股票收益互换交易都是有担保的交易。履约保障可以减少信用风险，但各种履约保障安排能否实现履约保障的目的需要依据我国现行法律制度进行分析。我国担保法律制度主要适合于实物交易和静态交易，对于动态的、可变的金融交易特别是场外衍生品交易而言，其履约保障安排的法律效力存在一定的不确定性。

1. 预付金的法律效力不确定。保证金系根据质押法律关系设计的履约保障安排。我国担保法律制度对于保证金质押的成立条件有严格的规定，《最高人民法院关于适用〈中华人民共和国担保法〉若干问题的解释》第八十五条规定，“债务人或者第三人将其金钱以特户、封金、保证金等形式特定化后，移交债权人占有作为债权的担保，债务人不履行债务时，债权人可以以该金钱优先受偿”。因此，证券公司须以自身名义开立股票收益互换交易专用的保证金账户，并对每个交易对手的保证金通过下挂子账户分开管理，以实现保证金的特定化。此外，证券公司除根据合同约定可以收取、返还保证金以及使用保证金优先受偿外，不得挪用交易对手的保证金。

特定化的保证金虽然具有质权效力，对于从事金融业务的证券公司而言，却不能使用这笔资金，是一个较大的弊端。实践中，有的证券公司为了使用这笔资金，没有开立保证金专户，而是直接通过自营资金账户收取保证金，并且在股票收益互换交易文件中将其称作“预付金”。与以质押法律关系为基础的保证金相比，“预付金”是一种所有权转让式履约保障。在国际场外衍生品市场上，所有权转让式履约保障广泛应用，市场参与者大量签署ISDA发布的适用英国法的所有权转让式信用支持附件（English Law Credit Support Annex - Title Transfer）。所有权转让式履约保障的优势是实现了担保品所有权的转移，证券公司可以

① 《破产法》第四十条规定：债权人在破产申请受理前对债务人负有债务的，可以向管理人主张抵销。但是，有下列情形之一的，不得抵销：（一）债务人的债务人在破产申请受理后取得他人对债务人的债权的；（二）债权人已知债务人有不能清偿到期债务或者破产申请的事实，对债务人负担债务的；但是，债权人因为法律规定或者有破产申请一年前所发生的原因而负担债务的除外；（三）债务人的债务人已知债务人有不能清偿到期债务或者破产申请的事实，对债务人取得债权的；但是，债务人的债务人因为法律规定或者有破产申请一年前所发生的原因而取得债权的除外。

不受限制地使用“预付金”。但是，在我国担保法制度下，所有权转让式履约保障的法律地位并不明确，面临被重新定性为质押的法律风险。这是因为，“预付金”实际上是一种履约保障，是为了担保交易对手履行支付义务而采取的合同安排，从实质上看具有担保的目的和功能。因此，不仅交易对手的债权人可能向法院主张对“预付金”进行重新定性，当交易对手破产时，破产管理人也可能向法院主张对“预付金”进行重新定性①。一旦“预付金”被法院重新定性为质押，因为“预付金”没有通过专门账户进行管理，欠缺保证金需特定化的质押成立要件，证券公司的质权也将归于无效，进而产生“预付金”返还的法律后果，导致履约保障目的落空。

2. 限售股质押存在法律风险。在股票收益互换交易中，有的证券公司会接受限售流通股（以下简称“限售股”）作为保证券进行质押。虽然市场实践中已经有大量的限售股质押，但是限售股质押存在较大的法律风险。

首先，限售股质权效力存在重大瑕疵。《担保法》规定，“依法可以转让的股份、股票”方可质押；《最高人民法院关于适用〈中华人民共和国担保法〉若干问题的解释》规定，“以法律、法规禁止流通的财产或者不可转让的财产设定担保的，担保合同无效”；《物权法》规定，“可以转让的基金份额、股权”方可出质。限售股在一定期限内不能转让，不符合质物应当“依法可以转让”的法定要求，所以限售股质押的法律效力存在重大瑕疵。在实际操作中，限售股质押虽已在证券登记结算机构做了质押登记，有的还做了质押合同公证，但证券登记结算机构和公证机构仅对限售股质押登记材料做形式审核，质押登记和公证并不表明限售股质押取得了质权效力。因此，即使经质押登记和质押合同公证的限售股质押，也仍然有可能被法院认定为质权未生效，而导致证券公司成为交易对手的一般债权人。

其次，限售期内无法实现质权。股票收益互换等场外衍生品交易的担保品应当具有良好的流动性，随时可以出售变现。但是，如果交易对手未能按要求追加担保品，或者出现合同约定的证券公司可以处置担保品的其他情形，在限售期内证券公司却无法通过拍卖、变卖、折价等方式对限售股进行处置以保障证券公司债权，存在无法实现质权的风险。

综上所述，单一协议、终止净额结算具有降低交易对手信用风险和市场系统性风险的作用，有利于促进我国场外衍生品市场的发展。在我国现行法律制度下，由于《破产法》的规定，单一协议和终止净额结算的法律效力存在不确定性。因此，有必要通过修改《破产法》或制定其他法律法规来认可单一协议和终止净额结算的法律效力②。履约保障安排也是减少交易对手信用风险的重要途径。由于质押式履约保障存在担保品不能使用的困境，市场参与者自发设计了“预付金”的所有权转让式履约保障，形成了与跨境场外衍生品交易一致的市场惯例。对于预付金可能会被重新定性为质押的风险，需要通过法律或司法实践明确界定其法律性质。对于限售股质押，在立法机关、司法机关对其法律效力没有做出明确界定的情况下，证券公司应尽量减少接受限售股作为股票收益互换交易的质押标的，以避免其中的法律风险，维护业务安全。

---

① 《破产法》第三十一条第（三）项规定：人民法院受理破产申请前一年内，债务人对没有财产担保的债务提供财产担保的，破产管理人有权请求人民法院予以撤销。

② 实际上，这两个制度在国际场外衍生品市场上广泛应用，并且得到境外主要成熟金融市场国家法律的明确认可。

欧美投行衍生品业务策略分析

刘明亮*

近年来，在监管层对衍生品市场建设的推动下，衍生品市场基础架构逐步趋于完善，证券公司加快发展衍生品业务已具备了基础条件。从宏观经济背景看，经济下行压力增加的同时，利率和汇率市场化进程加快，使得实体经济层面和各类金融机构管理、各类宏观风险及信用风险的需求迅速增加，构成了证券公司大力发展衍生品业务的外在推动力。如何有效利用场内和场外衍生品市场完善自身业务组合，提升衍生品服务提供能力和管理水平，并利用衍生品对冲自身各类经营风险已成为国内证券公司正在思考的重要战略问题。

从全球范围看，欧美投行经营模式发展最为成熟，其业务组合中对衍生品业务的发展与应用也形成了相对完善的策略，对我国证券公司制定自身衍生品业务战略具有重要借鉴价值。

从市场定位差异和业务组合特点来看，欧美投行主要有大型全能投行、中型综合投行、精品投行、网络经纪商和资产管理公司五类。除精品投行外，大型全能投行、中型综合投行、资产管理公司和网络经纪商四类投行的业务组合中均不同程度涉及了金融衍生品的应用。

欧美各类投行在衍生品市场扮演着截然不同的角色。大型全能投行是衍生品市场——尤其是场外衍生品市场的中坚力量和重要市场组织者，是各类衍生品服务的重要提供者和做市商，能为众多大型企业和各类金融机构提供差异化和定制化的衍生品服务。中型综合投行、资产管理公司和网络经纪商则更多是作为衍生品市场的需求者，参与衍生品市场的目的多是出于满足客户需要、套期保值、风险管理或投资等需求，完善的衍生品市场对其构建差异化业务组合以及维持经营稳定性都具有重要意义。

国际金融危机后，欧美衍生品市场——尤其是场外衍生品市场监管发生了深刻变革，欧美各类金融监管机构出台了众多旨在强化场外衍生品市场监管的法规，其中部分法规已正式实施，也有相当数量的法规在未来两年面临全面实施。在此背景下，如何调整自身衍生品发展策略，在新的规制环境下保持衍生品业务健康发展，也是欧美投行正在努力探索的业务实

* 作者单位：恒泰证券股份有限公司。原载于《中国证券》2015 年第 7 期。

践，相关经验值得我国证券公司学习和借鉴。

一、欧美大型全能投行衍生品业务策略

大型全能投行是欧美衍生品市场的中坚力量，也是场外衍生品市场最重要的市场组织者，能为大型企业、金融机构、政府和高净值人群等客户提供各类衍生品服务。

（一）大型全能投行在衍生品市场的地位

欧美大型全能投行无论在场内衍生品市场还是场外衍生品市场均扮演着核心角色，其各项经营活动对维系衍生品市场健康发展以发挥正常宏观经济功能具有至关重要的意义。

国际掉期与衍生品协会（ISDA，International Swaps and Derivatives Association）曾在2010年年中做过一项场外衍生品市场调查①。调查显示，全球最大的14家场外衍生品交易机构（以下简称G14）全部为欧美机构，其中包括6家美国机构，即高盛集团（Goldman Sachs）、摩根大通（JPMorgan Chase）、摩根士丹利（Morgan Stanley）、花旗集团（Citigroup）、美国银行（Bank of America）和美国富国银行（WELLS FARGO），以及8家欧洲机构，包括巴克莱（Barclays）、瑞士信贷（Credit Suisse）、法国巴黎银行（BNP PARIBAS）、德意志银行（Deutsche Bank）、汇丰银行（HSBC）、苏格兰皇家银行（Royal Bank of Scotland）、法国兴业银行（Societe Generale）和瑞银集团（UBS）。

根据ISDA市场调查结果，截至2010年6月30日，按名义市场交易额计算，全球最大的14家衍生品交易机构G14的衍生品交易量占全球衍生品交易量的82.2%。从分项来看，G14占到全球利率衍生品交易量的81.7%、信用衍生品交易量的90.4%、股权衍生品交易量的86.2%。美国五大投行衍生品交易量占到全球衍生品交易总量的36.9%。从分项来看，美国五大投行②占全球利率衍生品交易量的36.4%、信用衍生品交易量的45.7%、股权衍生品交易量的33.9%（见表1）。

表1　2010年国际掉期与衍生工具协会场外衍生品市场调查

	全球市场	G14		美国5大投行	
	名义交易额（万亿美元）	名义交易额（万亿美元）	百分比（%）	名义交易额（万亿美元）	百分比（%）
利率衍生品	434.1	354.6	81.7	158.1	36.4
信用衍生品	26.3	23.7	90.4	12.0	45.7
股权衍生品	6.4	5.5	86.2	2.2	33.9
总计	466.8	383.8	82.2	172.3	36.9

资料来源：ISDA Research Notes，Concentration of OTC Derivatives among Major Dealers。

① 参见：ISDA Research Notes，Concentration of OTC Derivatives among Major Dealers，网址：http：//www2.isda.org/functional－areas/research/research－notes/page/2，最后访问日期：2015年6月18日。

② 美国五大投行指的是高盛集团（Goldman Sachs）、摩根大通（JPMorgan Chase）、摩根士丹利（Morgan Stanley）、花旗集团（Citigroup）和美国银行（Bank of America）。

（二）欧美大型全能投行参与衍生品市场策略

欧美大型全能投行参与衍生品市场主要有两个目的：一是通过衍生品做市满足各类客户的风险管理需求和衍生品投资需求；二是利用衍生品管理自身各类经营风险，如利率风险、汇率风险以及交易对手风险等。

1. 衍生品做市业务。大型全能投行的衍生品做市业务是指公司以做市商角色进入衍生品市场，向客户提供流动性，或为客户转移和对冲各类宏观或信用风险提供便利。作为交易执行者，大型全能投行在做市业务中承担一定风险，因此该业务对资本充足率有一定要求。尤其对非集中清算的场外衍生品而言，相关业务资本要求更高。同时，做市业务中，为满足客户交易需求、维持市场流动性，大型全能投行往往要持有一定的衍生品头寸。

以高盛为例，截至 2014 年底，高盛衍生品做市的合约名义金额高达 57.37 万亿美元。其做市的衍生品类型涵盖利率、外汇、信用、大宗商品和股权等衍生品。做市业务本身为风险中性的业务，虽然做市业务客观上要求持有一定的交易头寸，但衍生品资产和负债基本匹配。截至 2014 年底，高盛持有衍生品资产达 10 390.47 亿美元，衍生品负债达 9 855.63 亿美元，资产负债基本匹配，衍生品净头寸为 534.84 亿美元（见表 2）。

截至 2014 年底，高盛集团利率衍生品合约名义值 47.11 万亿美元；外汇衍生品合约名义值 5.56 万亿美元；大宗商品合约名义值 0.66 万亿美元；信用衍生品合约名义值 2.5 万亿美元；股权衍生品合约名义值 1.52 万亿美元。

从在业务组合中的具体运用来看，衍生品业务嵌入了高盛集团的机构客户服务、投行以及资产管理等主要业务板块。机构客户服务板块与衍生品业务联系最为密切，公司为大型企业、金融机构、资产管理公司以及政府等各类机构提供外汇、利率、大宗商品和股票相关的衍生品做市和交易执行服务；在投行板块，高盛的衍生品业务主要用于满足重组分拆、兼并收购、股票债券承销、公开发行及私募等相关业务的需要；公司的资产管理业务板块向机构或高净值个人提供投资管理服务或金融产品，包括独立投资账户管理、共同基金和私募基金等，在该业务板块，衍生品主要应用于构建各类金融产品，用以保护或增强相关投资组合的收益。

表 2　高盛参与衍生品市场概况　（单位：百万美元）

	衍生品资产	衍生品负债	衍生品名义额
非对冲目的的衍生品			
利率	786 362.000	739 607	47 112.518
信用	54 848.000	50 154	2 500.958
货币	109 916.000	108 607	5 566.203
大宗商品	28 990.000	28 546	669 479.000
股权	58 931.000	58 649	1 525.495
小计	1 039.047	985 563	57 374.653
对冲目的的衍生品			
利率	14 272.000	262	6 498.000
货币	125.000	16	9 636.000
商品	0	0	0
小计	14 397.000	278	136 134.000
衍生品业务总计	1 053.444	985 841	57 510.787

资料来源：高盛 2014 年年报。

2. 管理经营风险。除了衍生品做市，大型全能投行还利用衍生品管理自身经营风险。比如，利用衍生品对冲公司衍生品做市业务、借贷业务或境外经营产生的利率、汇率和信用等经营风险。

2014 年，高盛集团用于对冲经营风险的衍生品合约名义值为 1 361 亿美元，衍生品资产为 143. 97 亿美元，衍生品负债为 2. 78 亿美元，合约类型主要为利率和外汇衍生品合约。可以看到，用于对冲自身经营风险的衍生品业务只占高盛衍生品业务的很小一部分。

（三）场外衍生品市场改革对大型全能投行衍生品业务的影响

在国际金融危机中，规模庞大的场外衍生品市场因缺乏透明度和有效监管而饱受诟病。2009 年，G20 第三次峰会上，各成员共同发起了针对场外衍生品的改革倡议，为全球范围的场外衍生品监管改革明确了总体方向。

G20 第三次峰会发起的场外衍生品市场改革倡议旨在降低市场交易对手风险、提升交易透明度、增加市场深度和提升市场效率，具体包括以下几个方面：向交易资料库报告交易；推动所有标准化场外衍生品合约通过交易所和电子交易平台交易；推动所有标准化场外衍生品合约集中清算；对非集中清算的场外衍生品提出更高的资本要求；提高对非集中清算场外衍生品的保证金要求等。

G20 第三次峰会以后，欧美市场针对场外衍生品市场的各项改革措施陆续出台并逐步付诸实施（见表 3）。

表 3　　截至 2014 年 11 月欧美场外衍生品市场改革进展一览

	是否存在可适用法规		相关法规的落实情况	
	美国	欧盟	美国	欧盟
交易报告	已制定相关法规	已制定相关法规	部分生效	已生效
集中清算	已制定相关法规	已制定相关法规	部分生效	已提交相关法规草案
资本要求	已制定相关法规	已制定相关法规	部分生效	已生效
保证金要求	已制定相关法规	已制定相关法规	已提交相关法规草案	征求意见阶段
交易所/电子平台交易	已制定相关法规	已制定相关法规	部分生效	征求意见阶段

资料来源：FSB，OTC Derivatives Market Reforms Eighth Progress Report on Implementation；http：//www. financialstabilityboard. org/wp - content/uploads/r_ 141107. pdf? page_ moved = 1，最后访问日期：2015 年 6 月 11 日。

在美国，《多德 - 弗兰克法案》规定，之前在场外交易的多类衍生品必须采用集中清算方式。同时，为将场外衍生品纳入监管视野，《多德 - 弗兰克法案》还规定，场外衍生品市场参与者将会受到商品期货交易委员会（Futures Trading Commission，CFTC）以及美国证券交易委员会（Securities and Exchange Commission，SEC）的监管。

在欧洲，2012 年 3 月，欧洲议会正式通过了旨在提高市场透明度和降低场外衍生品市场交易对手风险的《欧洲市场基础设施规则》（The European Market Infrastructure Regulation，EMIR）。《欧洲市场基础设施规则》的部分条例已在 2013 年和 2014 年正式生效，另有部分条例将在 2015 年生效。《欧洲市场基础设施规则》要求欧盟境内任何进入衍生品市场的实体都应将每一笔衍生品合约向相关交易资料库履行报告义务；针对非集中清算的柜台衍生品制定新的风险管理标准；对部分柜台衍生品强制实施集中清算。此外，作为对《欧洲市场基础设施规则》的补充，欧洲版《巴塞尔协议 III》的资本要求指令 4（Capital Requirements Directive IV，CRD4）对非集中清算的场外衍生品提出了更高的资本要求。欧盟衍生品市场改革仍在不断推进中，新修订的《欧盟金融工具市场指令》（EU Markets in Financial Instruments Directive）预计将在 2016 年正式生效。

作为场外衍生品市场的中坚力量，欧美大型全能投行经营受到相关改革的影响最大。目前，由于部分法律法规尚未完全实施，仍难以判断国际场外衍生品改革对大型全能投行衍生品业务会产生多大的影响。

对大型全能投行来说，随着相关法规的逐步实施，其从事场外衍生品业务的难度及合规成本将会增加，这可能会影响到其 FICC 业务等核心业务板块的正常运营及其向客户提供各类衍生品服务的能力，并可能进一步导致其衍生品业务收入降低，公司不得不压缩相关业务条线。

二、欧美资产管理公司衍生品业务策略

欧美资产管理公司在宏观经济和金融市场运行中扮演着重要角色。根据美国投资公司协会（ICI，The Investment Company Institute）的统计，截至 2014 年底，在美国注册的投资管理公司管理着超过 182 000 亿美元资产，代表着约 9 000 万名散户投资者①。

资产管理公司可以利用衍生品来贯彻执行投资策略，也可以利用衍生品来对冲各类宏观风险、市场风险和信用风险，但同时衍生品的使用会增加资产管理公司的经营风险，比如衍生品交易可能导致更高的杠杆、流动性不足问题以及交易对手风险等。

（一）欧美资产管理公司参与衍生品市场的目的

衍生品在资产管理行业有着广泛的应用。根据著名基金评级机构晨星公司（Morningstar）的相关调查，在受调查的美国市场 6 809 种共同基金中，27% 的共同基金至少持有一种衍生品②。

资产管理公司可以利用衍生品提升杠杆以增强基金收益。比如，资产管理公司可以投资指数类期货或卖出指数期权等方式进行衍生品投资，增强投资组合收益。

资产管理公司可以利用衍生品保护投资组合免受市场大幅波动的影响。比如，通过购买期权的方式保护其投资组合收益免受股市暴跌的风险，通常可以购买一个“重大价外看跌期权”来规避市场暴跌风险。如果场内期权产品难以实现和其投资组合的良好匹配，则可以通过场外市场购买与其基础资产类型、期限和价格更为匹配的此类期权。

---

① 参见：ICI：2015 Investment Company Fact Book，网址：http：//www. icifactbook. org/fb_ ch1. html，最后访问日期：2015 年 6 月 18 日。

② 参见：HEC Paris and Cass Business School：The Unintended Consequences of Banning Derivatives in Asset Management，September 2013，网址：http：//www. parisfundindustry. com/wp - content/uploads/2014/02/2013_ 09_ The - Unintended - Consequences - of - Banning - Derivatives - in - Asset - Management. pdf，最后访问日期 2015 年 6 月 16 日。

资产管理公司还可以使用衍生品提升风险管理效率。丰富的衍生品工具使得资产管理公司管理投资组合风险的灵活性提升，成本大幅降低。如果没有衍生品的存在，资产管理公司对冲投资组合风险的成本将大为提高。尤其对于小型资产管理公司而言，由于缺乏规模效应，可能不得不选择放弃对冲投资组合风险的相关策略。

（二）欧美资产管理公司利用衍生品策略实例

1. 美盛集团衍生品业务策略。美盛集团使用外汇远期合约防范汇率波动风险，合约涉及的货币包括美元、英镑、日元、新加坡澳元、欧元、美元、人民币、印尼盾、马来西亚林吉特、菲律宾比索、泰铢和韩元等。截至 2014 年底，公司持有的货币远期合约资产为 327.1 万美元，持有的货币远期合约负债为 82.5 万美元（见表4）。

表 4　**2013—2014 年美盛集团持有衍生品概况**　（单位：千美元）

	2014 年		2013 年	
	衍生品资产	衍生品负债	衍生品资产	衍生品负债
货币远期合约	3 271	825	1 496	101
期货和远期合约	313	1 510	443	680
总计	3 584	2 335	1 939	781

资料来源：美盛集团 2014 年年报。

公司通过期货市场卖出以创业资本投资为基准标的的指数合约，以对冲公司持有的创业资本投资面临的市场风险，相关合约的损益记录在“其他营业外收入”科目（见表5）。

表 5　**2013—2014 年美盛集团衍生品合约损益情况**　（单位：千美元）

	资产负债表位置	2014 年		2013 年	
		盈利	亏损	盈利	亏损
货币远期合约类型					
经营活动相关	其他费用	7 098	－2 617	3 650	－1 858
创业资本投资相关	其他营业外收入（损失）	56	－1 719	1 090	－380
期货和其他远期合约					
创业资本投资相关	其他非经营损益	2 471	－19 403	1 914	－5 597
总计		9 625	－23 739	6 654	－7 835

资料来源：美盛集团 2014 年年报。

2. 施罗德衍生品业务策略。施罗德利用衍生品的主要目的有：利用衍生品管理风险，为客户提供交易便利，以及通过衍生品敞口增强投资组合收益。截至 2014 年底，公司持有衍生品资产 2 640 万英镑，衍生品负债为 1 540 万英镑。

公司最常用的衍生品是外汇远期，主要用来对冲汇率波动给公司应收和应付外汇带来的不可预期影响。截至 2014 年底，公司持有的外汇远期资产为 2 260 万英镑，外汇远期负债为 930 万英镑。

公司通过持有股权衍生品来对冲公司持有的创业资本投资的市场风险。这种衍生品投资主要是成立相关基金产品的需要，而不是为获得衍生品敞口。截至 2014 年底，公司持有股权衍生品资产 300 万英镑，股权衍生品负债 410 万英镑。

公司持有利率衍生品的目的主要为管理公司在浮动利率或固定利率产品的敞口。截至 2014 年底，公司持有利率衍生品资产 80 万英镑，利率衍生品负债 200 万英镑（见表 6）。

表 6 施罗德参与衍生品市场概况 （单位：百万英镑）

	2014 年		2013 年	
	衍生品资产	衍生品负债	衍生品资产	衍生品负债
利率衍生品	0.8	2.0	1.5	3.6
外汇远期	22.6	9.3	9.0	6.0
股权衍生品	3.0	4.1	10.3	6.2
总计	26.4	15.4	20.8	15.8

资料来源：施罗德 2014 年年报。

三、欧美中型综合投行衍生品业务策略

（一）中型综合投行参与衍生品市场目的

中型综合投行一般由区域性投行发展而来，其业务组合构成以传统投行业务为主，在市场定位上，主要选择大型投行不具备比较优势的细分市场，比如传统经纪业务、中型或小型企业融资以及垃圾债券市场等。美国市场有代表性的中型综合投行主要有瑞杰金融（Raymond James）、斯迪富集团（Stifel Financial Corp）和奥本海默控股（Oppenheimer Holdings）等。

中型综合投行参与衍生品业务的主要目的有两个：第一，满足客户衍生品交易需求的做市，为客户提供以利率互换为主的各类衍生品交易服务。在这类交易中，中型综合投行一般会进行严格的风险管理，通过完全的对冲交易轧平账目。第二，套期保值需求，防止经营现金流或相关资产受到利率或汇率波动的影响。

（二）中型综合投行利用衍生品策略实例

以瑞杰金融为例，其参与的衍生品类型主要有利率互换和外汇远期。

瑞杰金融参与利率互换主要出于三方面原因，即固定收益业务需要、满足客户交易需求的做市以及对自身持有的交易头寸进行套期保值，相关业务主要通过场外衍生品市场开展。2014 年，公司参与的场外利率衍生品合约名义金额 21.98 亿美元，公允价值 8 992.3 万美元，公司用于轧平账目的利率衍生品合约名义金额 17.96 亿美元，公允价值 3.23 亿美元。

由于瑞杰金融子公司瑞杰银行在加拿大从事信贷业务，为了防止汇率波动带来的风险，公司会通过外汇远期合同对相关经营活动产生的现金流和投资进行套期保值。2014 年，公司用于对冲目的的外汇远期合约名义金额 6.09 亿美元，合约公允价值 210.1 万美元（见表 7）。

表 7 瑞杰金融参与衍生品市场概况 （单位：千美元）

	资产		负债	
	名义价值	公允价值	名义价值	公允价值
对冲目的的衍生品				
远期外汇合同	609 018	2 101	—	—
非对冲目的的衍生品业务				
OTC 利率衍生品	2 198 357	89 923	2 185 085	75 668
轧平账目目的的利率衍生品	1 796 288	323 337	1 796 288	323 337
外汇远期合同	105 179	361	—	—

资料来源：瑞杰金融 2014 年年报。

中型综合投行以经营稳定性著称，即使在金融危机肆虐的 2008 年，瑞杰金融仍实现了每股 1.97 美元的高盈利，这与其参与衍生品市场的谨慎态度和严密风险管理措施不无关系。

欧美中型综合投行非常注重与衍生品交易相关的信用风险和市场风险管理。以瑞杰金融为例，针对与客户的每一笔衍生品交易（主要是利率互换合约），瑞杰金融都会进行相应的以轧平账目为目的的交易，以完全对冲与客户交易产生的衍生品风险敞口，并由第三方机构提供相关信用担保。瑞杰金融将这种做法称为“过手交易”。通过这种“过手交易”，瑞杰金融完全转移了由衍生品做市业务产生的市场风险和交易对手信用风险。

四、欧美网络经纪商衍生品业务策略

（一）网络经纪商参与衍生品市场目的

美国佣金自由化以后，投行业诞生了折扣经纪商经营模式，以低价策略向散户群体提供证券经纪服务。20 世纪 90 年代，网络技术被应用到折扣经纪商行业，此后该类投行被称为“网络经纪商”。美国网络经纪商市场的主要竞争机构有亚美利交易（TD Ameritrade）、亿创（E - Trade）、嘉信理财（Charles Schwab）、史考特证券（Scottrade）和盈透（Interactive Brokers Group）等机构。

网络经纪商主要立足经纪业务市场，佣金手续费和利息收入为其最重要的两项收入。2014 年，亿创的净收入中利息收入占比为 59.98%，佣金和手续费占比为 35.39%，两项合计占净收入的 95%；2014 年，亚美利交易的净收入中利息收入占比为 18.6%，佣金和手续费占比为 43.2%，两项合计占净收入的 61.8%（见图 1、图 2）。

公司利息收入易受利差波动的影响。一般来说，高利率环境下公司利差收入较高，而低利率环境下，利差收入会显著降低。因此，一般情况下，降息对网络经纪商收入带来负面影响，而加息会增厚网络经纪商利差收益。以亚美利交易为例，2009 年，美联储将联邦基金利率从 2% 下调至 0% —0.25% 之间，大幅压缩了公司利差收益，公司为避免购买货币市场基金的客户出现负收益，自愿降低了对客户的收费，公司收入因此受到负面影响。

此外，利率波动还会对企业持有的资产或抵押品价值产生影响，具体影响的大小取决于资产负债表的规模和组成，以及市场利率变动的大小。

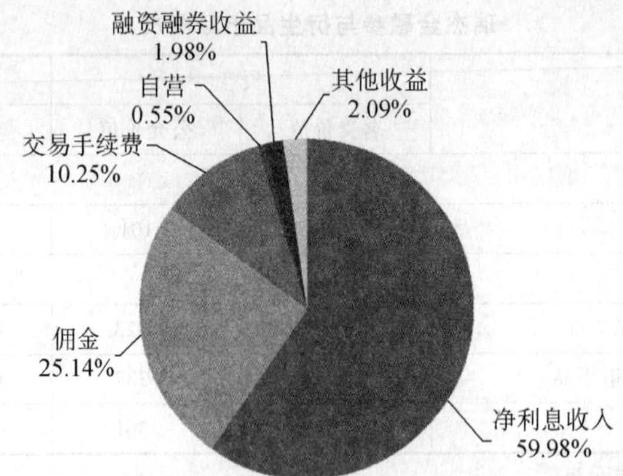

图 1 亿创净收入来源分布情况

资料来源：亿创 2014 年年报。

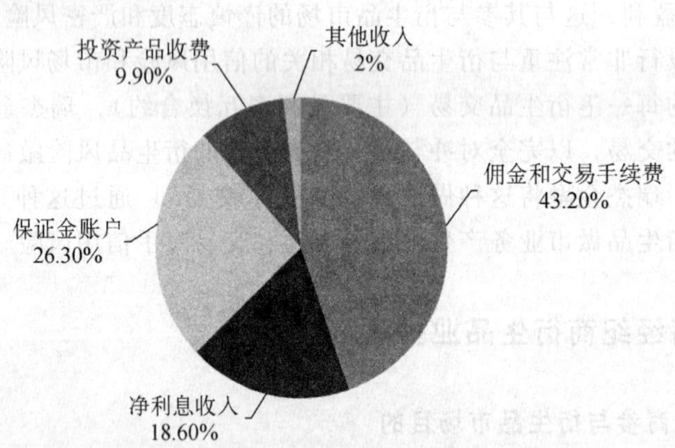

图 2 亚美利交易净收入来源分布情况

资料来源：亚美利交易 2014 年年报。

由于网络经纪商利息收入以及其持有的大部分资产对利率变动十分敏感，欧美网络经纪商主要利用衍生品进行公允价值套期和现金流量套期，以对冲利率波动对公司资产和经营现金流可能带来的负面影响。网络经纪商通常不将衍生品作为投资或交易手段。

（二）网络经纪商利用衍生品策略实例

以亚美利交易为例，公司仅使用衍生品作为套期保值工具。2014 年，公司利用利率互换合约进行公允价值套期保值，合约金额总计 3 200 万美元，记录在合并资产负债表的其他资产科目下；公司利用远期利率互换合约进行现金流量套期，合约金额 2 900 万美元，记录在合并资产负债表的应付账款及其他负债科目下（见表 8）。

表 8 亚美利交易参与衍生品市场概况 （单位：百万美元）

	资产负债表位置	2014 年	2013 年
利率衍生品			
公允价值套期保值目的的利率互换	其他资产	32	52
现金流量套期保值目的的远期利率互换	应付账款及其他负债	29	—

资料来源：亚美利交易 2014 年年报。

亿创对衍生品的运用策略与亚美利交易类似，仅将衍生品作为套期保值工具。2014 年，公司现金流量套期保值的相关衍生品资产 2 300 万美元，衍生品负债 2 400 万美元，衍生品合约净值 -100 万美元；公司公允价值套期保值的相关衍生品资产 100 万美元，衍生品负债 4 200 万美元，衍生品合约净值 -4 100 万美元（见表 9）。

表 9　亿创参与衍生品市场概况　（单位：百万美元）

	合约名义值	衍生品资产	衍生品负债	衍生品净值
利率衍生品合约				
现金流套期保值	2 000	23	24	-1
公允价值套期保值	1 069	1	42	-41
套期保值合约总计	3 069	24	66	-42

资料来源：亿创 2014 年年报。

此外，部分网络经纪商在多个国家和地区同时经营，其经营可能会面临一定的汇率风险，因此可能会用到货币远期等衍生品进行套期保值。也有一些例外，比如盈透证券并非通过衍生品工具对冲其汇率风险。其管理汇率风险的方式是根据市场情况动态调整其持有的各国货币的比例，已实现动态风险管理。

五、欧美投行衍生品业务策略对国内证券经营机构的借鉴意义

发展和利用好衍生品业务对国内证券经营机构提升提供差异化产品和服务的能力、发展差异化经营，以及有效管理经营活动产生的各类风险以增强经营稳健性都具有重要意义。

证券经营机构的衍生品策略不应追求大而全，而应符合自身商业模式需要，并服从于公司总体战略和经营目标的实现。从欧美投行经验看，成功的衍生品业务策略正是高效贴合了自身商业模式的需要。

借鉴欧美投行衍生品业务发展经验也应从机构自身经营特点出发。对于国内大型券商而言，欧美大型全能投行在衍生品定价、做市以及风险管理标准制定等方面的经验具有很高的借鉴价值；对于国内各类资产管理机构和基金而言，可以重点借鉴欧美资产管理机构利用衍生品发展新的产品策略和投资组合的相关经验；对于国内区域性券商而言，欧美中型综合投行在衍生品做市方面严格有效的风险管理流程具有很高的借鉴价值。

参考文献

[1] 廖凡：“国际金融监管的新发展：以 G20 和 FSB 为视角”［J］，《武大国际法评论》，2012（1）：176—191。

[2] ISDA：Dispelling Myths：End - User Activity in OTC Derivatives，August 2014.

[3] ISDA Insight：A Survey of Issues and Trends for the Derivatives End - user Community，January 2015.

澳大利亚场外金融衍生品市场监管改革与启示

李 萱*

2008 年 4 月，全球金融稳定论坛公布了《关于提升市场和机构弹性的报告》（Report on Enhancing Market and Institutional Resilience），深刻剖析了当时金融市场出现动荡的根源，并结合如何提升金融市场的弹性提出了具有针对性的建议，其中包括完善场外衍生品市场的法律和运作设施等。除此之外，很多经济体就提升场外衍生品市场的运作效率达成了共识，重点包括更多地使用电子化系统处理交易和交易后程序、扩大中央对手方结算功能等。

作为世界主要经济体的澳大利亚，为了积极响应金融稳定论坛发起的各项提议，同时推动本国场外金融衍生品市场的稳定发展，成立了由澳大利亚审慎监管局（Australian Prudential Regulation Authority，简称 APRA）、澳大利亚证券与投资委员会（Australian Securities and Investments Commission，简称 ASIC）和澳大利亚储备银行（Reserve Bank of Australia，简称 RBA）三家机构共同组成的工作组，评估澳大利亚本国场外衍生品市场的运行实践，并制定衍生品市场发展政策，引导本国市场发展并保持与国际同类市场的同步。

一、澳大利亚场外金融衍生品市场概况

澳大利亚场外金融衍生品市场的诞生，主要是金融监管改革、技术进步以及风险管理日益复杂化的结果。与传统的交易所交易的合约或证券不同，场外市场交易的产品为市场提供了更大的灵活性，场外交易合约的买卖双方通过充分协商达成特定条款，以对冲风险或构建特定的风险敞口。

进入 21 世纪以来，澳大利亚场外衍生品市场的发展速度加快，为风险对冲者和投机者创造了巨大的价值。场外市场的“卖方（Sell - side）”参与者主要是一些大型银行（包括这些大型银行的附属经纪公司）；市场的“买方（Buy - side）”类型很多，包括政府、非银行金融机构、大型企业以及一部分个人投资者，其中最为活跃的买方当属非银行金融机构和

* 作者单位：鹏元资信评估有限公司。原载于《中国证券》2015 年第 7 期。

政府等。

澳大利亚场外金融衍生品市场的交易品种齐全，其中一些品种的结构设计较为复杂。场外市场主要的交易品种有：(1) 利率与货币互换，包括以澳元计价的浮动利率向固定利率、固定利率向浮动利率互换以及澳元与非澳元互换；(2) 隔夜指数掉期和远期利率协议；(3) 其他类型的利率衍生品，包括债券期权、互换期权等；(4) 外汇衍生品，包括外汇掉期、远期外汇协议、货币期权等；(5) 信用衍生品，包括信用违约互换、总收益率互换以及由信用风险投资组合组成的信用指数的相关衍生品；(6) 权益类衍生品，包括基于权益类证券或权益类证券指数等资产的期权、互换、远期协议等。

场外市场的交易活动很大比例是通过经纪商或者经纪商支持的电子系统来完成，如果不通过经纪商，那么交易双方则直接谈判开展交易，一般来说，多边的交易平台在场外交易中的应用十分有限。对于像利率互换或者外汇衍生品这样的品种而言，很多情况下是借助经纪商来完成交易的；而对于信用、股权或商品类的衍生品而言，通过经纪商进行交易的比例较低，即使使用经纪商，也通常是集中在少数几个主要的经纪商中。

澳大利亚场外金融衍生品市场在澳大利亚整个金融体系运行中扮演着十分重要的角色。场外金融衍生品市场的异常波动将会在金融市场上造成广泛的影响，因此澳大利亚的金融监管者对于场外衍生品市场的监管极为重视。受到2008年金融危机的警示，APRA、ASIC和RBA三家金融监管主体于2008年发起对场外衍生品市场的深入调查，及时掌握市场结构与发展动态。

二、澳大利亚场外金融衍生品市场监管改革的主导方向

随着澳大利亚场外金融衍生品市场的快速发展，其相对于整个金融体系的重要性逐渐得到体现。与此同时，市场实践中存在的一些内在风险也不断暴露出来，特别是在2008年经济危机中这些风险集中爆发，使得金融监管机构深刻认识到场外市场监管改革的紧迫性。2010年，金融稳定委员会（Financial Stability Board，简称FSB）提出了有关场外衍生品市场改革的若干建议，为澳大利亚的改革进程提供了必要的指导和支持。2011年G20戛纳峰会上，各国就场外市场的发展与监管也达成了默契。为了更好地履行峰会所作承诺，澳大利亚将其监管改革推进到一个全新的阶段。2012年，金融监管委员会（Council of Financial Regulators）正式提交了一份名为《场外衍生品市场改革的思考》的报告，就下一阶段澳大利亚场外衍生品市场改革的方向进行了分析，主要还是围绕场外市场基础设施展开，突出了基础设施建设与完善对于市场功能恢复、市场效率提升以及市场风险管理的积极意义。

第一，推动并完善交易信息库的建设与发展。交易信息库是一个中央登记系统，它通过维护一个电子化的数据库来记录各项交易信息。交易信息库里的信息由衍生品交易中的一方或者双方提供，典型的信息包括交易有效期、价格、参考实体、对手方等。在缺乏这样一个交易信息库的情形下，交易信息分散于交易参与者以及相关的服务提供商中，这些信息通常存储于互不兼容的系统内。建立信息库之后，每个市场参与个体都能够借助中央登记系统了解市场信息与市场风险。此外，内外部审计人员也可以通过系统跟踪交易进程，掌控风险敞口。交易信息库还可为交易后的处理提供便利，同时提升市场信息的透明度，有关监管部门可以及时地识别系统风险，发现市场操纵行为。

第二，金融监管委员会提出建立中央对手方（Central Counterparties）的思路。中央清算被认为是管理金融市场对手方风险和运作风险的有效手段，同时也是引入标准化和提升市场效率的关键环节。中央清算的关键在于，通过合约更替的法律程序，某个市场参与者的大量双边风险敞口可以被一个净风险敞口替代。相对于数量较多的双边协议而言，转化成针对中央对手方的净风险敞口能够降低单个参与者的存量债务规模，同时也降低了市场上的担保需求。作为市场的中心参与者，中央对手方能够提升违约管理安排的效率，同时促进市场功能的完善与运作的实际效果。例如，中央对手方的应用可以促进场外市场法律框架的标准化、日常付款与结算的流程化，并降低担保管理的复杂性。当然，中央对手方也将成为市场风险管理与监控的焦点，能够缓解市场信息不对称问题。考虑到上述方面，澳大利亚金融监管机构将中央对手方的建立看作场外金融衍生品市场改革的重中之重。当然，为了使中央对手方的清算更加安全可靠，很多前提条件需要得到满足。比如，交易产品必须有明确、可靠的定价方法，以便中央对手方合理确定保证金和违约金要求；市场还必须具备足够的流动性，以保证在违约情形下现有头寸能顺利抛售或者对冲；同时还需要有足够的交易活动来覆盖交易清算的固定成本与变动成本。此外，合约还须满足一定的标准化要求，以便中央对手方交易处理。与传统的交易所合约不同，场外交易的衍生品有相当一部分具有定制合约条款且定价方法比较模糊，在这样的情况下，推动场外市场的中央对手方制度存在一定的难度。然而，场外市场上也有大量相对标准化的合约在进行交易，这为中央对手方的推出提供了必要的基础。

第三，搭建与中央对手方配套的电子化交易平台。在建立中央对手方的基础上，搭建电子化的交易平台可以为市场创造更多的附加价值。比如，可以通过电子认证的方式来确认各项交易信息，也便于中央对手方的直通式交易处理。然而，建立这样的电子化交易平台也需要满足一定的前提条件，其中最主要的前提条件是市场交易产品的标准化与流动性，而影响产品流动性的因素主要有产品特征、交易数量、交易规模、交易频率以及市场参与者的特征。

第四，推动其他方面的标准化进程。虽然中央对手方和集中交易平台能够为市场带来诸多优势，但是仍有相当比例的场外衍生品交易难以通过中央对手方进行交易，部分原因是很多市场参与者需要制定特殊的合约条款。在这种情况下，推行市场实践其他方面的标准化或许可以提供一定的优势，比如，建立双边对手方风险管理的最低标准，又如，采用交易确认和直通式处理，这样可以改善双边协议的运作效率和稳健性。

此外，有关上述金融设施的资质许可问题也在澳大利亚金融监管机构考虑范围之内。总体而言，澳大利亚现有的监管体系对于金融设施的监管较为灵活，包容性很强。作为新近推出的金融设施，交易数据库及其监管并不包含在公司法案的规范范围之列，因此金融监管委员会提出对公司法案的第七章进行修订，将交易信息库的许可认证纳入现有的清算与结算设施许可（Clearing and Settlement Facility License，简称“CSFL”）体系当中，为国内的交易信息库运营商以及国外的运营商提供许可认证的标准。值得注意的是，澳大利亚金融监管委员会在公司法案修订提议中，并没有将国外的金融设施运营商排除在外，允许国外运营商的参与对于澳大利亚衍生品市场与国际市场接轨意义重大。类似地，中央对手方的运营商同样也需要具备 CSFL 资质。CSFL 资质的授予与撤销由澳大利亚政府有关部门决定，若要申请该项许可，有关设施必须满足特定的行为准则、组织治理、风险控制以及资源要求。

三、澳大利亚场外金融衍生品市场监管改革焦点

(一) 焦点之一：中央对手方清算

中央对手方清算在澳大利亚场外金融衍生品市场的发展历史上具有十分重要的意义。在是否做出中央清算的决策时，澳大利亚金融监管机构进行了大量的调研与考证。事实证明，鼓励场外衍生品市场朝着中央对手方清算的方向发展，不仅对市场监管具有积极作用，而且单纯从商业运作的角度看也是有效的。

同时，在考虑中央对手方清算利弊时，监管机构也考虑到澳大利亚市场与海外市场的协调性问题，海外部分国家的金融监管机构对特定的一些衍生品（如利率衍生品和信用衍生品等）实行中央清算。因此，澳大利亚金融监管机构除了考虑对澳元计价的利率衍生品进行强制中央清算外，还考虑对本国市场交易的那些已经在海外被强制中央清算的产品进行强制中央清算。

根据 APRA、ASIC 和 RBA 三家机构 2013 年提出的场外衍生品市场监管改革提议，澳大利亚政府已正式提出了一项议案，要求对开展重大跨境活动的交易商之间进行的以美元、欧元、英镑和日元计价的利率衍生品交易实行强制中央清算。截至目前，监管机构还没有提出对北美和欧洲参考信用指数衍生品进行强制中央清算，在提出这样的提议之前，监管机构需要对市场是否存在监管套利进行重新评估，并且还需要评估监管的对等性和可比性问题。由此可见，澳大利亚监管者在强制中央清算问题上表现得极为审慎，针对不同的交易品种以及交易主体实施了独立的分析与评估，以判断强制清算对市场造成的潜在影响。

一方面，针对澳元计价的利率衍生品，监管机构经过评估已经证明，该类产品的中央对手方清算的增加能够从实质上提升金融市场的稳定性。但是，在 2013 年澳大利亚场外衍生品市场报告中，监管部门还没有提出澳元计价利率衍生品的中央对手方清算提议，旨在不干扰澳大利亚交易商与中央对手方之间进行的商业谈判，希望给予这些交易商足够的时间与中央对手方达成协议。

另一方面，监管机构也在考虑将强制中央对手方清算的范围扩大至非交易商（Non－dealers）的市场参与者，为此有关监管机构在 2013 年下半年专门开展了针对非交易商的调研，并开展与非交易商的系列访谈。基于调研与访谈的结果，监管机构认为目前没有必要将强制中央清算的适用范围推广至非交易商。其理由是，除个别情形下，非交易商所参与的场外衍生品交易活动是比较有限的，而且他们的交易活动主要是以对冲风险敞口为出发点，因此，即使要求强制实施中央对手方清算，对于市场系统风险的削减程度也是非常有限的。

(二) 焦点之二：平台交易

通过集中交易平台开展场外金融衍生品交易活动的优势是比较明显的：产品的卖家与买家可以在同一地点集中，减少了搜寻成本；通过提高市场信息的透明度来促进金融衍生品市场的合理竞价；另外还可能有助于提升市场弹性与流动性。因此，澳大利亚的监管机构对平台交易（Platform Trading）保持积极的态度，但目前为止，还没有提出进行平台化交易的强制要求，一方面是考虑到很多市场参与者不采用电子化的交易渠道必然是有商业方面的原因，另一方面，采取强制平台交易可能带来的影响还有待进一步分析。

同时，对于是否需要强制平台交易，澳大利亚的监管机构更多考虑的是与其他国家监管的一致性问题。如果其他国家的监管机构对某些品种的衍生品实施了强制平台交易，且这些品种在澳大利亚的场外市场被广泛交易的话，那么澳大利亚的监管者将重新对该问题实施评估。

（三）焦点之三：风险管理

在场外金融衍生品市场上，风险管理实践极为重要，常用的风险管理措施包括交易压缩、投资组合调节、交易确认、交易估值及争端解决机制等。根据金融稳定委员会的倡议，澳大利亚金融监管机构积极推广并鼓励市场参与者采取各类风险管理措施实施综合管理。例如，在 2014 年 2 月开展的以澳元计价的利率互换多边交易压缩周期中，监管机构积极发动有关市场参与者的加入，并尽力为交易压缩活动提供各种便利，促使交易压缩活动的参与机构同比大幅增长。

四、澳大利亚场外金融衍生品市场监管改革的启示

（一）提升市场透明度

一直以来，澳大利亚金融监管机构积极推动场外金融衍生品市场的透明度和效率提升，具体包括：在可行且适当的情况下，鼓励合约条款的标准化；鼓励电子化交易平台的使用；鼓励市场参与者为监管者提供有关交易活动、定价以及风险敞口的规模等信息。同时，对于具有复杂结构的金融衍生品品种，市场参与者应当能够清晰地列出它们的关键特征并与监管者进行交流。但是，考虑到特定的风险和投资组合管理需求以及风险敞口的对冲需求，监管机构的上述监管导向并不会对金融衍生品合约的构建、协商以及执行造成过分的限制。

（二）推动有关法律文件的标准化

为了合理控制和管理场外衍生品交易中的法律风险，澳大利亚监管机构努力推动场外衍生品市场有关法律文件的标准化进程，并鼓励市场参与者在交易过程中签署并保存完整的法律文书及相关文件，减少法律文书不完整的交易。如果场外交易是在法律文件不完整的情况下完成的，那么监管机构要求各个参与方采取其他的方式（比如签署长版的确认书、设置风险敞口限制、协议提前终止选项等）将潜在的法律风险尽可能降到最低。

（三）鼓励借助担保来管理对手方信用风险

在澳大利亚场外金融衍生品市场上，监管机构鼓励市场参与者借助不同类型的担保方式来管理对手方的信用风险，鼓励使用抵押品、初始保证金、无担保阀值以及最小转移额度等方式来降低信用风险带来的潜在损失。当上述担保或保证方式均不可行时，参与者也可以通过其他方式来转移风险，具体包括设置风险敞口限制、在主协议中增加终止条款或解除条款等。

（四）改善场外金融衍生品市场的基础设施条件

近十多年来，尤其是在 2008 年金融危机之后，澳大利亚金融监管机构在改善金融基础

设施建设方面做出了很大的努力，提升了有关设施的电子化水平。市场参与者可以通过电子化系统进行交易确认、交易处理，还可查询不同融资工具的交易数据，同时实施电子化的清算。这些设施的建立与完善极大地提升了场外衍生品市场交易与结算的效率，减少了时间迟滞，保证了市场活动及时、准确地进行。另外，电子化设施的采用也为风险管理系统提供了大量可靠的数据支持，促进了风险管理的科学性与有效性。

（五）推动本国市场与国际市场的同步发展

在对外交流与合作方面，澳大利亚的金融监管机构始终保持积极、开放的态度，广泛参与国际有关衍生品市场的会议、论坛及相关活动，保持与国际其他主要经济体金融监管机构的交流、学习。在场外金融衍生品市场的发展方向上，紧跟国际主流趋势，使得澳大利亚的场外市场吸引了不少国际机构投资者参与其中，国际机构投资者的参与和实践又为澳大利亚本国市场的国际化拓宽了渠道，进而形成有效的良性循环，使得其本国市场与国际市场同步性较高。

参考文献

[1] APRA，ASIC，RBA：Survey of the OTC Derivatives Market in Australia［R］. Australia：2009.

[2] APRA，ASIC，RBA：Treasury of Australian Government. Central Clearing of OTC Derivatives in Australia［R］. Australia：2011.

[3] APRA，ASIC，RBA：Treasury of Australian Government. OTC Derivatives Market Reform Considerations［R］. Australia：2012.

[4] APRA，ASIC，RBA：Report on the Australian OTC Derivatives Market［R］. Australia：2012－2014.

基于上证 50ETF 期权的波动率指数编制与实证

戴欢欢　宗璐*

作为在世界范围内被广泛应用的波动率指数，芝加哥期权交易所（CBOE）的波动率指数（VIX）自 1993 年公布以来，先后于 2004 年和 2006 年成功推出了以该指数作为标的物的期货与期权合约。到目前为止，基于 VIX 的期权期货合约的日均总成交量已达到 80 万份。理论上，CBOE 的 VIX 指数表现的是市场对于未来 30 天后波动率的预期；在实际应用中，鉴于 VIX 指数在一定程度上表达了市场对于股价变化的慌恐程度，因此又常被称作“慌恐指数”，并被认为与总体市场表现呈负相关的关系。

2015 年 6 月 26 日，上海证券交易所宣布推出我国首支波动率指数，即基于上证 50ETF 期权交易数据的中国波指（iVIX）。尽管该指数现在仍然处于试运行阶段，但是它的推出对我国证券市场的影响不容小觑。总体来说，设计合理的波动率指数对于整个市场的发展有着积极的作用。它不但具有一定的价格发现与风险监测功能，能够为判断市场或相应股票（指数）状态与走向提供有价值的参考信息，而且基于该波动率指数的衍生品的开发还能够为各类投资者的风险与组合管理提供更多的可能性，从而在一定程度上加强市场的流动性。

本文在原有 CBOE 的 VIX 指数的计算方法的基础上，利用 2015 年 2 月 9 日上市的上证 50ETF 期权的交易数据对上证 50ETF 指数进行波动率指数的编制。本实验的目的主要覆盖两个方面：第一，在 VIX 指数的框架内提出一个具体的、合理的 50ETF 波动率指数编制方法，同时运用提出的编制方法计算出波动率指数，并根据计算结果讨论 50ETF 波动率指数的合理性与可行性。第二，通过比较 50ETF 波动率指数和 50ETF 指数价格，理解 50ETF 波动率指数与对应股票指数的相关性及波动规律，并据此对包含 50ETF 波动率指数的组合管理策略进行分析与讨论。希望本次研究对中国波指（iVIX）的发展与相关衍生品的推出提供一定的参考。

* 作者单位：东吴证券股份有限公司。原载于《中国证券》2015 年第 7 期。

一、文献综述

自2008年全球金融危机以来，市场波动明显上升，市场敏感度指标及其风险管理获得了越来越广泛的关注，波动率衍生品不可避免地进入人们的视野，并得以快速发展。随着全球化程度的加深，至今为止，由芝加哥期权交易所（CBOE）编制并推出的基于标普500（S&P500）股价指数的波动率指数（VIX）已被广泛认为是世界金融市场波动率的“晴雨表”。根据Nelson和Mossavar－Rahmani的论述，基于S&P500指数的VIX指数在很大程度上反映了美国的经济周期，从而连带反映受美国经济影响的各国经济情况。相反，另一部分学者则相信，除美国以外的各国经济和金融状况并不能依赖VIX指数来理解与预测。Marinicevaite和Razauskaite对CBOE的VIX指数与金砖四国经济的关联性的研究表明，金砖四国的经济体系对国际金融市场的信息传递与吸收较慢，因此国际市场的骤变目前并无法对当地证券市场产生显著的影响。同时，Marinicevaite和Razauskaite发现，基于S&P500的VIX指数并不能解释巴西和俄罗斯股票市场的收益率变化；而其与中国和印度的股票市场的关联性仅限于运用当地隐含波动率计算出的VIX指数。最终，通过Marinicevaite和Razauskaite的研究还发现，不同于其他国家，中国股票市场收益率与国际/国内的风险厌恶程度呈聚集效应。因此，当国际/国内波动率指数上升时，中国市场具有一定金融“安全港口”的特性。

波动率指数的编制方法（模型）也受到了较多学者的关注。1993年CBOE的VIX指数上市时，其编制原理是以通过Black－Scholes期权定价模型反推得出的隐含波动率作为参考指标进行加工计算。该方法的主要弱点是计算隐含波动率时对期权定价模型假设的需要，使波动率指数的精确性受到模型风险的限制。因此，无模型情境下隐含波动率的计算便成为提高波动率指数准确程度的首要问题。根据Britten－Jones和Neuberger提出的期权的溢价能够充分反映标的价格变化的理论，CBOE于2003年改变了VIX指数的编制方法；随后，关于计算无模型的隐含波动率的理论被不断改善与延伸。

二、编制上证50ETF波动率指数

CBOE于2003年正式改变了VIX指数的编制方法，新的VIX指数的计算方法不但将原来的S&P100指数替换为S&P500，显著扩大了成分股范围，还解决了运用隐含波动率依赖期权价格模型的假设的问题。本文利用2003年后VIX指数的编制原理，对上证50ETF期权的波动率指数的计算方法进行简单介绍，并使用2015年2月9日至5月27日上证50ETF期权的日交易数据计算出对应的日波动率指数。

（一）波动率指数的编制方法

在COBE对VIX指数的编制框架下，股价指数收益率的波动率（方差）满足：

$$\sigma^2 = \frac{2}{T}\sum_i \frac{\Delta K_i}{K_i^2}e^{RT}Q(K_i) - \frac{1}{T}\left[\frac{F}{K_0} - 1\right]^2 \tag{1}$$

其中，

T表示距离合约到期日所剩的分钟数；

F 表示期权价格下远期指数合约的价格；

K_0 表示首个低于 F 的（平价）期权行权价；

K_i 表示第 i 个虚值期权的行权价；

ΔK_i 表示第 i 个虚值期权的行权价区间，满足 K_{i+1} 与 K_{i-1} 距离的 $\frac{1}{2}$；第一个/最后一个虚值期权的行权价区间则等于第一个/最后一个行权价与第二个/倒数第二个行权价的距离；

R 表示无风险利率，本文假设无风险利率等于一年期国债的利息率；

$Q(K_i)$ 表示第 i 个虚值期权买卖价差的中间值。

在已知近期与次期的两种不同到期日期权合约波动率 σ_1^2 和 σ_2^2 的情况下，CBOE 将单日的 VIX 指数值设为两个波动率加权平均数的 100 倍：

$$VIX = 100 \cdot \sqrt{\left\{T_1\sigma_1^2\left[\frac{N_{T_2}-N_{30}}{N_{T_2}-N_{T_1}}\right]+T_2\sigma_2^2\left[\frac{N_{30}-N_{T_1}}{N_{T_2}-N_{T_1}}\right]\right\}\cdot\frac{N_{365}}{N_{30}}} \tag{2}$$

其中，

T_1 和 T_2 分别表示距离近期合约和距离次期合约到期日所剩的分钟数；

N_{T_1} 和 N_{T_2} 则分别表示距离近期合约和距离次期交收日所剩的分钟数；

N_{30} 为 30 天内分钟数；N_{365} 为一年（365 天）内分钟数。

（二）VIX 编制法则下的上证 50ETF 波动率指数

类似于 VIX 指数，我们将选择近期与次期合约作为计算 50ETF 波动率指数的第一步。不同于标普 500 期权每周都有到期合约的交易规则，50ETF 的到期日为每月的第四个星期三。换句话说，在正常情况下，前后两期权的到期日间隔为 4 周（20 个交易日）或者 5 周(25 个交易日)。因此，CBOE 根据距离到期日 23—37 天的原则选择近期与次期合约的方法在 50ETF 期权的交易框架下并不适用。仅考虑交易日，本文将 2015 年 2 月 11 日至 2015 年 5 月 27 日划分为三个阶段（见表 1）。

表 1　　近期与次期 50ETF 合约的选择

	2015 年 2 月 9 日至 2015 年 3 月 25 日	2015 年 3 月 26 日至 2015 年 4 月 22 日	2015 年 4 月 23 日至 2015 年 5 月 27 日
近期合约	3 月到期	4 月到期	5 月到期
次期合约	4 月到期	5 月到期	6 月到期

考虑到上海证券交易所对 50ETF 期权合约到期日的规定为当月、下月及随后的两个月，我们选择将当月到期合约选择为近期合约，下月到期合约则为次期合约。由于相邻合约时间跨度较长，近期和次期波动率的权数［见公式（2）］在 50ETF 期权的案例中不可避免地可能为负。

在确定了每个日期对应的近期和次期合约后，我们开始对两种合约日波动率 σ_1^2 和 σ_2^2 的计算。首先，我们分别推算两种合约在公式（1）下的远期指数合约的价格 F_1 和 F_2。根据 CBOE 发布的 VIX 指数白皮书，远期合约的价格可以表达为具有最小认购认沽期权价格差的行权价与该认购认沽价格差在复利情况下至到期日的期望价值之和：

$$F = S + e^{RT}\ (C_S - P_S) \tag{3}$$

其中，

S 为使认购期权与认购期权价格差的绝对值最小的行权价格；

C_S为行权价为 S 的认购期权价格；

P_S为行权价为 S 的认沽期权价格。

在确定远期合约价格后，我们将行权价低于 F 的第一档的期权设为平价期权，对应平价期权行权价为 K_0。高于/低于 K_0的认购/认沽期权为虚值期权，K 为所有交易价格非零的虚值期权行权价的集合。将近期与次期合约的 K_0和K_i分别代入公式（1），便可得到近期与次期的波动率σ_1^2和σ_2^2，从而根据公式（2）得到当日波动率指数。

在基于上证 50ETF 期权计算波动率的过程中，我们发现近期/次期波动率可能为负，负的近期/次期波动率导致波动率加权平均数为负，而不能得到有力的波动率指数。针对 50ETF 期权的这一特性，我们将上证 50ETF 波动率指数的计算公式进行了修改，新的计算公式满足：

$$VIX_{50ETF} = 10 \cdot \left\{ T_1\sigma_1^2\left[\frac{N_{T_2} - N_{30}}{N_{T_2} - N_{T_1}}\right] + T_2\sigma_2^2\left[\frac{N_{30} - N_{T_1}}{N_{T_2} - N_{T_1}}\right]\right\} \cdot \frac{N_{365}}{N_{30}} \tag{4}$$

三、上证 50ETF 波动率指数的计算结果与讨论

（一）数据描述

不同于其他指数的编制，波动率指数的计算是建立在行权价的基础上的。本文利用 2015 年 2 月 11 日至 5 月 27 日上证 50ETF 期权的日收盘价格，通过比较对应行权价认沽/认购合约的每日价格差，选择符合条件的虚值期权合约，并通过虚值期权的行权价计算合约的波动率。具体来说，本次实验包含了 3 月、4 月、5 月、6 月到期的四种期权，其中 3 月期权行权价区间为 2.2—2.8 元，行权价总数为 13；4 月期权行权价区间为 2.2—3.4 元，行权价总数 21；5 月期权行权价区间为 2.5—3.4 元，行权价总数为 16；6 月期权行权价区间至 5 月 27 日为 2.2—3.5 元，行权价总数 22。

同时，期权每分钟的买卖价格数据被用于计算当日买卖价差的中间值 $Q(K_i)$。

（二）实验结果与讨论

1. 近期、次期波动率的实验结果讨论。首先，我们分别对比利用上证 50ETF 期权计算出的每日近期、次期波动率（σ_1^2及σ_2^2）与上证 50ETF 指数的关系。检验结果如图 1 所示：左侧图展示了原始波动率计算结果，右侧图则是为了方便对比近期与次期波动率而将次期波动率向上平移 0.5 个单位后的检验结果。

通过图 1 我们可以发现，根据 VIX 指数编制方法计算的上证 50ETF 近期、次期波动率趋于 0，并在某些时间点呈现负值。我们推测，导致这一结果的原因主要是上证 50ETF 期权相对较低的交易密度，即同期期权行权价数量少，总交易量低。如公式（1）所示，低交易密度直接导致被减数 $\frac{2}{T}\sum_i \frac{\Delta K_i}{K_i^2} e^{RT} Q(K_i)$ 的低值$\frac{1}{T}\left[\frac{F}{K_0} - 1\right]^2$与减数的高值，当被减数低于减数时，波动率呈负。实际看来，上证 50ETF 期权的低交易密度主要体现在三个方面。首

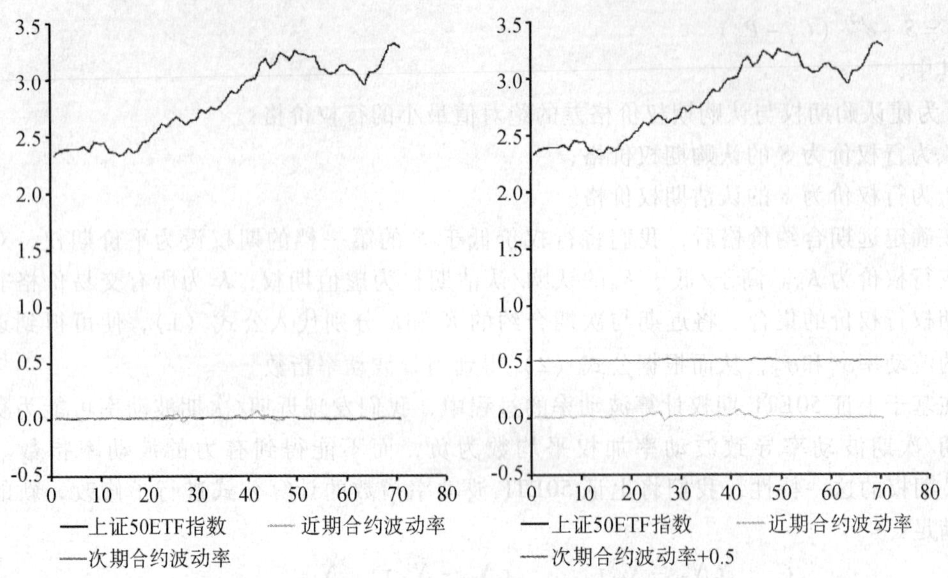

图 1 上证 50ETF 指数与近期、次期波动率对比图

资料来源：Wind 资讯。

先，由于我国期权市场仍处于初步发展阶段，监管层为控制交易的规范性，为投资者入市设立了较高的门槛，从而控制了交易量。其次，对比美国的 S&P500 期权和上证 50ETF 期权，前者的行权日为每周五，后者则为每月第四个周三，相邻行权日间较大的时间跨度降低了投资者的选择范围，在一定程度上也对交易量产生了限制。最后，较低的交易量限制了市场的流动性，单月期权/行权价数量有限也是导致公式（1）计算结果为负的原因之一。

通过图 1 我们还可以发现，相比 50ETF，近期与次期波动率的波动相对比较平稳，次期波动率相比近期波动率则更为平稳，很难发现 50ETF 指数与近期、次期波动率的协和关系。表 1 给出了相邻合约到期日间波动率与 50ETF 指数相关性的检验结果；表 2 的最后一行则列出了 2015 年 2 月 9 日至 2015 年 5 月 27 日期间波动率与 50ETF 指数的中长期相关性。

表 2 上证 50ETF 指数与近期、次期波动率的相关性分析

	50ETF 指数与近期波动率	50ETF 指数与次期波动率
2015 年 2 月 9 日至 2015 年 3 月 25 日	0.3695	0.4444
2015 年 3 月 26 日至 2015 年 4 月 22 日	-0.0781	0.4817
2015 年 4 月 23 日至 2015 年 5 月 27 日	0.2982	0.3757
2015 年 2 月 9 日至 2015 年 5 月 27 日	-0.0733	-0.1441

资料来源：Wind 资讯。

表 2 显示单月 ETF 指数与波动率的相关性总体趋于正，除了 2015 年 3 月 26 日至 2015 年 4 月 22 日期间的近期波动率与对应的 50ETF 指数呈负相关以外，其余的短期波动率与 50ETF 指数均呈现较强的正相关性。另一方面，自 2015 年 2 月 9 日期权上市至 2015 年 5 月 27 日以来，中长期的近期与次期波动率与 50ETF 指数呈现负相关性。结合图 1 我们可以发现，相比其余月份的近期/次期波动率，2015 年 3 月 26 日至 2015 年 4 月 22 日期间的近期波动率具有较大的波动性。由此我们初步推测，中长期波动率与 50ETF 指数具有负的相关性；

表2中展现的短期波动率与指数的正相关性则在一定程度上支持我国为国际金融市场“安全港口”的理论。

2. 上证50ETF波动率指数的实验结果讨论。在对波动性与指数的研究结果基础上，图2给出了50ETF指数与其对应波动率指数的对比关系。

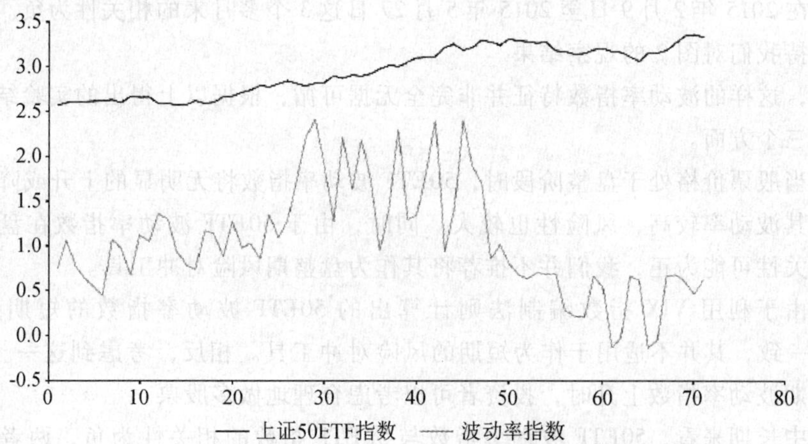

图2 上证50ETF指数与50ETF波动率指数对比图

资料来源：Wind资讯。

根据图2，相比50ETF指数，50ETF波动率指数的波动性明显增大；该特征与CBOE的VIX指数相比S&P500指数具有较大的波动性的特征相符合。通常来说，与较大的波动性挂钩的是高不确定性，50ETF波动率指数的这一特征预示着以该指数作为标的物的衍生品将具有较高的风险性。

同时，CBOE的VIX指数可以作为一项反映市场惶恐程度的指标特征在50ETF波动率指数这一案例中似乎并不适用。具体来说，在图2曲线的中段部分，即当股票价格上升时，我们观察到的并不是较低的惶恐程度，而是波动明显增加的波动率指数。

通过图2我们还可以发现，与50ETF指数上升的趋势相反，图2中波动率指数在计算的时间区间内整体呈现降低的趋势。该特征也与VIX指数与S&P500指数具有负相关性的特征相符合。另一方面，短期内的波动率指数与50ETF指数的走势并不是完全相反。具体来说，在图2中曲线的前三分之一段，50ETF指数与波动率指数均呈现了一定程度的上升趋势；而在曲线的后三分之一段，两者的走势均为先下降后上升。

为了更好地了解50ETF波动率指数与50ETF指数，表3给出了相邻合约到期日之间的波动率指数与对应50ETF指数的相关性，表3的最后一列则是2015年2月9日至2015年5月27日的波动率指数与50ETF指数中长期的相关性。

表3 上证50ETF指数与50ETF波动率指数的相关性分析

	2015年2月9日至2015年3月25日	2015年3月26日至2015年4月22日	2015年4月23日至2015年5月27日	2015年2月9日至2015年5月27日
50ETF指数 vs. 波动率指数	0.4953	-0.2223	0.4457	-0.1741

资料来源：Wind资讯。

通过比较表 2 和表 3 可以发现，波动率指数与 50ETF 指数的相关性结果和近期波动率与 50ETF 指数的相关性结果保持一致，即在 2015 年 2 月 9 日至 2015 年 3 月 25 日和 2015 年 4 月 23 日至 2015 年 5 月 27 日两个时间区间内，波动率指数与 50ETF 指数呈正相关；而在 2015 年 3 月 26 日至 2015 年 4 月 22 日这个时间段内，两者负相关。同时，波动率指数与 50ETF 指数在 2015 年 2 月 9 日至 2015 年 5 月 27 日这 3 个多月来的相关性为负。该结论在一定程度上支持我们对图 2 的观察结果。

事实上，这样的波动率指数特征并非完全无据可循，根据以上得出的实验结果，我们的结论主要有三个方面。

第一，当股票价格处于盘整阶段时，50ETF 波动率指数将无明显的上升或降低，但相比股价指数，其波动率较高，风险性也较大。同时，由于 50ETF 波动率指数在盘整期间与股价指数的相关性可能为正，我们并不推荐将其作为盘整期风险对冲工具。

第二，由于利用 VIX 指数编制法则计算出的 50ETF 波动率指数的短期走势可能与 50ETF 走势一致，其并不适用于作为短期的风险对冲工具。相反，考虑到这一“风险港口”特性，当短期波动率指数上升时，投资者可以考虑合理地做多股票。

第三，中长期来看，50ETF 波动率指数与 50ETF 指数的相关性为负，两者可以在中长期投资中形成风险对冲。同时，考虑到 50ETF 波动率指数具有较高的波动性，结合以 50ETF 指数作为标的的期权合约的交易能够达到较好的风险对冲效果。

四、实验结论

本文利用 2015 年 2 月 9 日至 5 月 27 日上证 50ETF 期权的交易数据，在芝加哥期权交易所（CBOE）波动率指数（VIX）编制方法的基础上，对上证 50ETF 波动率指数进行了计算与讨论。主要研究结论如下：

第一，VIX 指数的编制方法在现阶段并不适合直接运用于 50ETF 波动率指数的编制。由于国内期权市场仍处于初步发展阶段，50ETF 期权刚刚上市 4 个月，其市场普及度与交易量较低，在一定程度上限制了基于期权价格的波动率指数反映市场的准确度。同时，在波动率的计算过程中，较高频率的期权合约到期日有助于确定较为合适的近期与次期合约，从而保证波动率的稳定性，而 50ETF 期权合约每月一个到期日的特征很难满足计算波动率过程中选择近期与次期合约对不同合约到期日的需求。

第二，从理论上看，波动率指数与对应的股票价格指数应呈现负相关的关系。利用 VIX 指数的编制方法计算出的 50ETF 波动率指数在过去 3 个多月以来在总体上与 50ETF 指数走势相反，具有一定的风险对冲价值。此外，我们的计算结果显示，50ETF 波动率指数在短期内可能与 50ETF 指数走势一致。这一结果在一定程度上支持我国对波动率上升具有一定“风险港口”的特性。然而，由于现阶段交易数据有限，我们并不能完全确定这样的正相关性是由计算方法的局限性还是由不成熟的期权市场导致的。

总体来说，考虑到现阶段期权交易在我国还不够普及，合约数量有限，在现阶段推出波动率指数衍生品的风险较大。尽管如此，我们相信随着期权市场的不断成熟，波动率指数在我国具有巨大的发展空间与潜力，基于中国波指（iVIX）的衍生品的推出也指日可待。

参考文献

[1] Gonzalez – Perez, M. T. Model – free volatility indexes in the financial literature: A review. International Review of Economics and Finance, 2015.

[2] Nelson, B., & Mossavar – Rahmani, S. With Sight if the Summit. Goldman Sachs Investment Management Division, 2014. 网址: http://www.goldmansachs.com/what – we – do/investment – management/private – wealth – management/intellectual – capital/isg – outlook – 2014.pdf, 最后访问日期: 2015 年 6 月 20 日。

[3] Mariničevaitė, T, & Ražauskaitė, J. The relevance of CBOE volatility index to stock markets in emerging economics. Organizations & Markets in Emerging Economies, 2015, 6 (1): 93 – 106.

[4] Aggarwal, R., Inclan, C, & Leal R. Volatility in Emerging Stock Markets. Journal of Financial and Quantitative Analysis, 1999, 34 (01): 33 – 55.

[5] Bailey, W. & Chung, Y. P. Exchange Rate Fluctuations, Political Risk, and Stock Returns: Some Evidence from an Emerging Market. Journal of Financial and Quantitative Analysis, 1995, 30 (4): 541 – 561.

[6] Brenner, M. & Galai, D. Hedging Volatility in Foreign Currencies. The Journal of Derivatives, 1993, Fall.

[7] Britten – Jones, M. & Neuberger, A. Option prices, implied price processes, and stochastic volatility. Journal of Finance, 2000, 55: 839 – 866.

[8] Jiang, G. J. & Tian, Y. S. The model – free implied volatility and its information content. The Review of Financial Studies, 2005, 18: 1305 – 1342.

[9] Carr, P. & Wu L. A tale of two indices. The Journal of Derivatives, 2003, 13 (3): 13 – 29.

[10] Chow, K. V., Jiang, W. & Li, J. Does VIX truly measure return volatility? 2014, 网址: http://ssrn.com/abstract = 2489345, 最后访问日期: 2015 年 6 月 20 日。

[11] Chicago Broad Option Exchange. VIX white paper. 2010, 网址: http://www.cboe.com/micro/vix/vixwhite.pdf, 最后访问日期: 2015 年 6 月 20 日。

上证 50ETF 期权定价方法的研究

宋焕雨 王 皓 孙玉金*

作为成熟市场中最重要的衍生品之一，期权已经在成熟资本市场中发挥了不可或缺的作用。2015 年 2 月 9 日，上证 50ETF 期权在上海证券交易所正式上市交易，揭开了我国衍生品市场的新篇章。

期权具备收益结构的非线性、权利义务的不对等性等特点，直接导致其生态环境与期货截然不同，对证券经营机构（特别是经纪、自营、资产管理等业务条线）的研究服务能力、定价能力、产品设计能力和风控能力均提出更高的要求。本文旨在结合我国市场的特点，首先，利用国际上常用的 Black – Scholes① （以下简称 B – S）期权定价公式和二叉树模型，对上证 50ETF 期权的价格进行实证模拟，并与市场价格比较、分析；其次，结合我国期权市场运行 4 个月以来体现出的一些特点进行分析。通过对比，我们发现 B – S 公式模拟的理论价格围绕实际价格上下波动，会随月份、执行价格等合约的不同而呈现不同程度的偏离，存在一定滞后性，但整体趋势基本一致，其中对远月认购期权的模拟效果较好，偏差近 10%；二叉树模型模拟的数值比期权实际价格略小，整体偏差在 6% 以内，随着到期日的临近，偏离越小，也适合上证 50ETF 期权合约价格的计算与预测，但前者仍是研究期权价格计算的主要方法。

一、B – S 期权定价公式及实证模拟

从国际经验看，期权定价方法中，应用最广和最多的就是 B – S 公式。

（一）模型介绍

B – S 模型的基本思想是风险中性世界中的无套利复制，通过构造一个包含恰当数量标

* 作者单位：齐鲁证券有限公司。原载于《中国证券》2015 年第 7 期。

① 布莱克 – 斯科尔斯期权定价公式，亦称为布莱克 – 斯科尔斯 – 默顿期权定价公式。

的股票和期权的投资组合，可以构成一个无风险的资产组合。在一个风险中性的无套利市场中，该资产组合的收益必定等于无风险利率。由此可以得到期权价格满足下面的 B－S 微分方程：

$$\frac{\partial f}{\partial t}+rS\frac{\partial f}{\partial S}+\frac{1}{2}\frac{\partial^2 f}{\partial S^2}\sigma^2S^2=rf \tag{1.1}$$

其中，S 表示标的股票的价格，f 表示期权合约的价格，r 表示无风险利率，σ 表示标的股票的年化波动率，t 为时间（下同）。结合欧式期权的边界条件，看涨期权的为 $f=\max(S-K,0)$，看跌期权的为 $f=\max(K-S,0)$，可以得到 B－S 微分方程的解析解。这就是 B－S 模型期权定价公式，如（1.2）、（1.3）所示[1]：

看涨期权：$c(S,t)=SN(d_1)-Ke^{-r(T-t)}N(d_2)$ (1.2)

看跌期权：$p(S,t)=Ke^{-r(T-t)}N(-d_2)-SN(-d_1)$ (1.3)

首先，在 B－S 期权定价公式中，期权的合理价格与投资者的风险偏好无关（即定价公式不依赖于投资者对于该标的证券的预期收益率 μ）。事实上，在风险中性假设下，该标的证券的预期收益率都等于无风险利率，在非风险中性世界里，在某些假设下，我们总可以通过某种测度变换技术转换到风险中性世界里进行定价；另外，期权价格所依赖的五个变量都是可观察得到的：股票价格 S、执行价格 K、到期期限 T_{-t}、无风险利率 r 和股票价格的波动率 σ（可由历史数据估计）。所以 B－S 模型使用起来非常方便。

（二）实证模拟

本文采用上证 50ETF 自 2012 年 1 月 1 日至 2015 年 2 月 8 日的每日收盘价和上证 50ETF 期权相关合约的首月收盘价（2015 年 2 月 9 日至 2015 年 3 月 12 日）作为样本，进行试验（数据来自 Wind，计算结果由 Matlab 实现）。

1. 参数设置。

（1）波动率 σ。我们根据 2015 年 2 月 9 日之前上证 50ETF 最近一年的收盘价（即 2014 年 2 月 7 日至 2015 年 2 月 6 日），用每日收益率的标准差 σ_1 来估计波动率。在我国证券市场，每年交易日按 245 天计算，那么年化 σ_1，即可用来估计 B－S 公式中的波动率，$\sigma=\sigma_1\sqrt{245}$，可计算得历史波动率为 26.39%。

（2）无风险利率 r。r 参考一个月 SHIBOR 利率，这里我们取 $r=5\%$。

（3）其他参数。期权合约确定后，执行价格 K 就能确定；S 是上证 50ETF 每日收盘价的价格，因为我们并不知道第二天的标的价格，所以计算期权价格时，S 用前一交易日的收盘价格来代替；T_{-t}则是距离行权日的交易天数除以 245 可得。上证 50ETF 期权有 40 个合约，我们选其中 2015 年 3 月 2.20 、2.30 、2.40，4 月 2.20 和 6 月 2.20 认购和认沽期权合约进行模拟。

2. 数据对比。我们把运用 B－S 期权定价公式模拟的上证 50ETF 期权价格称作理论价格，把理论价格和实际价格的偏离度称作偏差（或误差）。对比结果见图 1（a）、图 1（b）。

（1）由图 1 可以看出，理论价格围绕真实价格波动，趋势具有滞后性，但其走势基本一致；认购期权的价格偏差较小，平均在 18% 以内，而认沽期权达到 30%，偏差较大，所以 B－S 期权定价公式对认购期权合约的模拟更为有效。

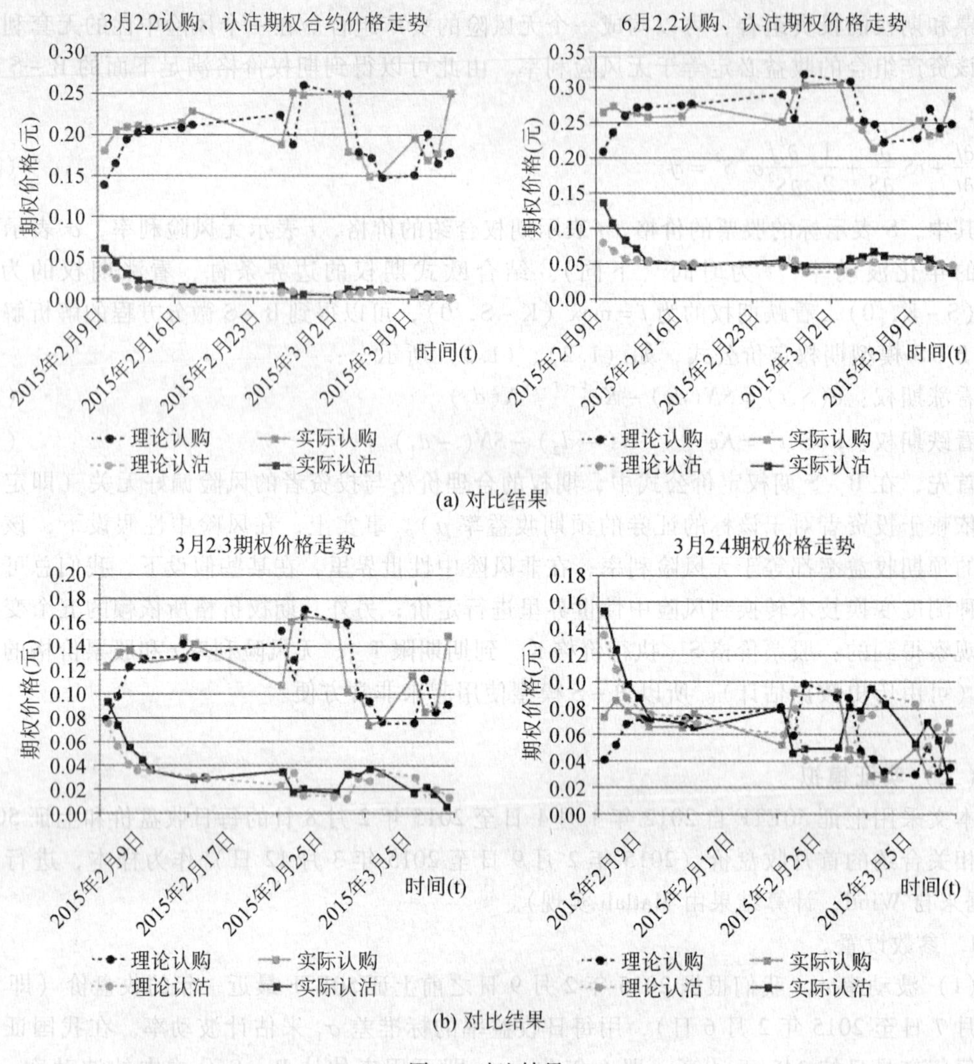

(a) 对比结果

(b) 对比结果

图 1 对比结果

（2）从 3 月和 6 月到期合约可知，前者认购期权的偏离度为 13.56%，认沽期权的偏离度为 42.70%，后者分别为 9.07% 和 18.55%，并结合分析 4 月合约的偏离度，得出远月期权合约模拟偏差变小，比近月期权合约效果好。

（3）由图 1（b），就执行价格而言，3 月期权合约从实值到平值再到虚值时，偏差逐渐变大，分别为 13.56%、18.67% 和 28.06%。

3. 结果分析。总体而言，虽然存在偏差，但考虑到趋势的一致性等方面，理论价格能如实反映实际价格，所以 B－S 模型仍是比较准确的，具有很大的实用价值。

因此，就上证 50ETF 期权合约而言，可以利用 B－S 公式对其进行估价，尤其是对远月认购期权的计算更为准确。但需要注意，其计算具有一定滞后性，理论价格会随月份、执行价格等合约的不同而有不同程度的偏离，需要进行参数校准的工作。

究其原因，首先，由 B－S 期权定价公式的假设可以知道，该模型前提假设比较严格，比如无交易成本、交易连续进行、价格的对数正态分布特性等，但这并不符合实际情况。其次，是参数的设置原因，常量和的主观性会导致有时并不能真实地反映现实情况，在设置标的价格时，我们只能通过今日的收盘价来预测明日的期权价格，导致趋势的滞后性。最后，外部环境的影响会造成各个合约时刻在变化，期权合约本身的流动性和受关注程度也会影响其价格波动，以及新兴市场的不成熟等。

二、二叉树模型

B－S公式给出了在一定条件下期权定价的解析解，然而在很多理论模型或者实践中，期权定价很难得到解析解，这就产生了一些数值方法在期权定价中的应用。欧式期权基本的数值方法包括树形法（以二叉树模型为代表）、蒙特卡洛方法和有限差分法。

下面将讨论树形法中的二叉树模型，并对上证50ETF期权的价格进行数值模拟。

（一）模型介绍

二叉树期权定价模型假设一个简单的标的证券价格的变动过程：价格只有向上和向下两个变动方向，且在有效期内，价格每次波动的概率与幅度大小是不变的。假定股票价格为S_0，此时对应的期权价格为f。在期权有效期内，股票价格或者会由S_0上涨到S_{0u}，或者会由S_0下跌到S_{0d}，其中$u>1$，$d<1$。假设当股票价格变到S_{0u}，对应的期权价格为f_u；当股票价格变为S_{0d}，期权价格是f_d。

考虑一个由一份期权空头头寸和Δ只股票的多头组成投资组合。可以找到一个Δ使该投资组合不具有任何风险。在无套利条件下，可得到看涨期权的价格公式为：

$$f=e^{-rT}[pf_u+(1-p)f_d] \tag{2.1}$$

其中，$p=\dfrac{e^{rT}-d}{u-d}$。

所以，当股票价格由单步二叉树给出时，可以利用（2.1）式对期权定价。通过构造二叉树来描述股价波动时，参数u、d和p的选择要使二叉树和股价的波动率相吻合。本文采用Cox，Ross和Rubinstein①给出的$u=e^{\sigma\sqrt{\Delta t}}$，$d=e^{-\sigma\sqrt{\Delta t}}$，可以得出风险中性概率p，再代入(2.1)式就可以求出期权的价格。

（二）实证模拟

我们选上证50ETF期权2015年3月2.2认购期权作为样本对象，取其2015年2月9日至2015年3月12日的日收盘价，通过二叉树方法计算出的数值与真实价格进行比较。

1. 参数设置。

（1）波动率σ和无风险利率r。σ和r的选取同第一部分B－S模型中的方法，然后求出二叉树模型的各参数u、d和p；进而求出各节点的标的价格和对应的期权价格。

（2）二叉树步长。对不同交易日分别经过单步、两步、十步和五十步二叉树模型建模。

2. 数据对比。以下给出了两步和50步的拟合图，结果如图2所示。

① 考克斯、罗斯和鲁宾斯坦等人，二叉树是他们在1979年推出的期权定价模型。

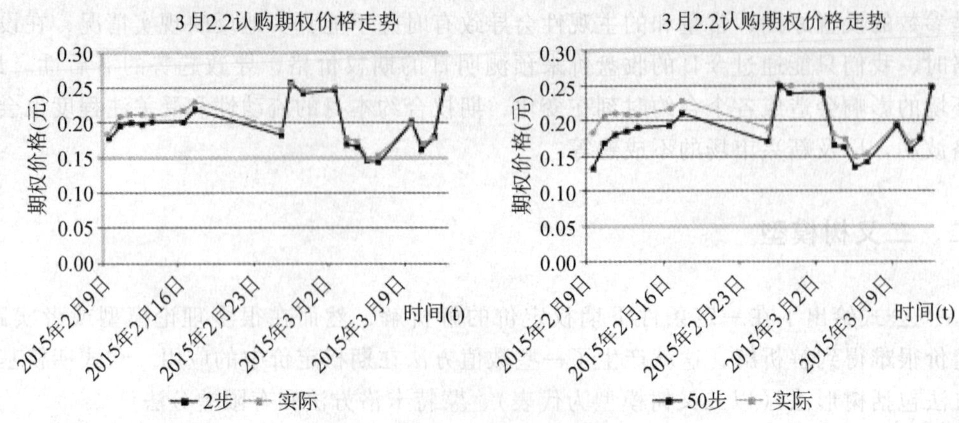

图 2 两步和 50 步的拟合图

（1）由图 2 可以发现，二叉树模型模拟的数值比期权实际价格略小，走势也一致。

（2）整体偏差在 6% 以内，其中两步模拟最好，即以 15 日为一步长，使整体走势吻合度更高。

（3）随着临近行权日，模拟数值和实际价格逐渐走向一致，偏差更小；而且随着步数的增加，二叉树模型的理论精度提高，走势趋于一致。

3. 结果分析。二叉树模型本质上是动态规划方法的一种，其思想比较直观、易懂。该方法发展之初，实际上是 B－S 模型的离散版本，随着研究的深入，不仅是 B－S 模型的解释、辅助工具，而且已成为期权定价的基本手段。这一点从模拟效果也可以得到验证。

二叉树模型的精度取决于计算的步数，期权合约不同，可能导致步长选择不一样，导致其效率变低。但鉴于对上证 50ETF 期权合约的模拟效果，可以看出，该模型是非常准确的，偏差比 B－S 模型小。认沽期权的模拟也可以结合看涨—看跌平价关系公式而得，所以可直接拿来对上证 50ETF 期权合约进行估价。

综上所述，二叉树模型对上证 50ETF 期权价格的计算更为准确，偏差在 6% 以内，关键在于设置好步长。需要说明的是，这里的结果与 B－S 公式主要的不同在于趋势的滞后性，因为该模型采取标的当日收盘价来计算当日期权价格，消除了滞后性，但是不能提前得知，所以并不能得出二叉树模型更好的结论。

B－S 模型虽然比二叉树模型偏差大，但考虑其趋势的一致性、使用的快捷性等，比如隐含波动率的应用以及 Vega 等希腊值的计算功能，仍是计算期权价格的主要方法，我们还可以在此基础上加入更复杂、更符合实际的模型等。因此，之后期权定价方法的研究可以在这两种模型的基础上展开和比较，并对重要参数的估计不断地进行校正。

三、我国期权市场特点及后续研究方向

作为上交所 50ETF 期权首批 8 家主做市商之一，齐鲁证券有限公司一直致力于寻找并建立适合该产品的期权定价方法，以提高自身定价能力，更好地服务于衍生品市场。50ETF 期权上市 4 个月以来，总体运行平稳，但仍然体现出了几点与海外市场不同的特点，包括：

第一，隐含波动率总体于高位运行，美国、中国台湾等成熟期权市场的隐含波动率一般

来说与标的证券的历史波动率相差不大，而50ETF期权上市后隐含波动率始终于高位运行，尽管上市初期从最初40%左右的隐含波动率跌到了20%多，但之后呈现总体上行的趋势，目前近月合约已经运行到50%以上的波动率水平，明显高于50ETF的历史波动率。

第二，认购期权的波动率总体高于认沽期权，正常来说，认沽期权由于其保险作用（认沽期权的买方可以有效规避现货下行风险）及对于卖方对冲的难度（认沽期权义务方需融券卖空进行对冲），其隐含波动率应高于认购期权的隐含波动率，但是最近很长一段时间，认购期权的隐含波动率均高于认沽期权。

第三，隐含波动率指数（俗称恐慌指数）与标的证券的负相关性不明显。美国市场的经验告诉我们，VIX指数，即标普500指数期权的隐含波动率指数与标普500指数的负相关性非常明显。从经济学的角度展开，这种负相关性可以提供分散风险的作用（即买方愿意付出一定的风险溢价作为分散系统性风险的补偿），这也就是美国好多学者呼吁将波动率作为一种资产进行交易的原因。但是根据我们的观察，50ETF期权上市以来，标的证券与隐含波动率指数并未体现出这种负相关性，反而呈现出较高的正相关性，这种正相关性决定了波动率作为一种资产进行分散风险的理由并不充分。

以上现象出现的原因包括以下几点：

第一，50ETF期权上线后，市场整体呈现牛市格局，投资者看涨情绪高涨，导致认购期权相对于认沽期权更受追捧，客观上导致认购期权波动率偏高。

第二，我国整体投资者结构仍然以散户为主，追涨杀跌的习惯性动作也会造成隐含波动率的高估。

第三，期权上线时间仍然较短，负相关性的体现可能要经历更长时间的市场检验。

第四，为保障期权市场平稳运行，监管机构和交易所采取了较为严格的限仓等措施，市场参与者特别是套利者参与程度不足，也在一定程度上影响了期权市场隐含信息的准确性。

参考文献

[1] 约翰·赫尔著，王勇、索吾林译：《期权、期货及其他衍生产品（第七版）》[M]，北京：机械工业出版社2009年版。

[2] 曹志广：《金融计算与编程：基于MATLAB的应用》[M]，上海：上海财经大学出版社2013年版。

[3] 姜礼尚：《期权定价的数学模型和方法》（第3版）[M]，北京：高等教育出版社2010年版。

证券公司 50ETF 期权经纪业务保证金管理研究

卞钰森 张 蕾*

一、期权保证金概述

衍生品市场在世界经济中的地位与作用越来越重要，它的健康发展有利于促进资本市场体系与功能的完善，提高财政政策及货币政策的运行效率，化解企业经营风险及世界性的金融风险，在经济运行中发挥着无可替代的作用。与此同时，衍生品市场也是一把双刃剑，在促进一国经济有效发展的同时，也会带来风险。

衍生品市场顺利发展的前提条件之一就是确保对风险的控制，而保证金制度是防范衍生品风险的一块基石，保证金制度的设计直接影响衍生品市场的运行效率和安全，证券公司对于衍生品保证金制度的有效管理和执行就是第一道防线。本文首先介绍期权保证金制度的发展和功能，以及上海证券交易所（以下简称“上交所”）50ETF 期权保证金制度。在此基础上从证券公司的角度出发，结合 50ETF 期权合约数据，提出证券公司在保证金方面切实可行的管理方法和建议，建立日常保证金、行权前保证金、组合保证金等调整机制，并给出了实证研究。

（一）保证金制度的重要作用

保证金制度是贯穿于衍生品交易、结算、风险管理等各环节的重要制度，在衍生品交易中发挥着重要作用。

1. 保证金作为买卖双方履约的财力担保，确保了合约结构的完整性。衍生品交易者通常通过经纪公司开展交易，交易者一旦毁约就会给经纪公司带来损失，使经纪公司面临极大的风险。鉴于经纪公司不可能了解每个交易者的资信情况，可通过收取保证金作为履约担保的方式防范风险。所以基于衍生品交易的特殊性，实行保证金制度确实十分必要。

---

* 作者单位：东兴证券股份有限公司。原载于《中国证券》2015 年第 7 期。

2. 保证金制度有利于提高衍生品市场的流动性。任何市场只有具备流动性才能保证其有效运行，流动性越强，市场成交量越大，市场也就越兴旺发达。

3. 保证金制度有利于平抑价格波动，防范市场风险。当价格波动剧烈时，有些交易者来不及做出反应就可能被强行平仓。为了防止这种风险，经纪公司在价格剧烈震荡时，可以在短时间内调整初始保证金，提高后续介入资本的交易成本，使价格变化趋缓。

（二）保证金系统概述

保证金系统实质上是针对衍生品交易的风险管理系统，其风险管理水平是衡量衍生品市场参与者、衍生品交易所乃至整个衍生品市场成熟程度的重要指标。保证金系统的设计必须遵循一定的原则，既能起到抑制交易者违约的作用，又需要在此基础上尽量降低市场参与者的交易成本。

根据保证金的计算原理，目前在市场上运用最广的保证金管理系统可分为策略组合保证金（Strategy - Based Margin）与风险组合保证金（Risk - Based Margin）两种模式。

1. 策略组合保证金。策略组合保证金的基本原理是通过模拟常见的期权交易策略，对投资者持仓进行一部分的风险抵消，将保证金调整到与投资者承担的风险相适应的水平。策略组合保证金简单易懂，易为普通投资者所接受，所以实践中多用于结算会员与普通投资者之间。

策略组合保证金通常由两个或两个以上期权合约构成，属于固定保证金收取方式，可以在前一交易日收盘时完成计算。另外，策略组合保证金标准的设计通常基于无风险套利的原则，一般不会随市场价格大幅变动。但需要注意的是，如果期权市场价格运行不平稳，存在较多的套利机会，那么可能会存在策略组合保证金不足以覆盖风险的情况。另外，对于跨期组合来说，标的资产除权、除息也可能引起跨月合约的价差出现异常，从而导致策略组合保证金不足以覆盖风险。

2. 风险组合保证金。风险组合保证金是以投资的风险价值为基础，考虑投资的波动性以及各投资组合间的相互作用来测算风险值，并以此制定保证金水平的保证金系统。与策略组合保证金相比，风险组合保证金可以在同样控制市场风险的基础上明显有效地降低投资成本，以较小的市场风险管理成本换取较高的市场运行效率。

风险组合保证金的计算通常涉及较多的参数，计算过程比较复杂，主要应用于交易所或结算机构与结算会员之间。该类系统的主要代表为 SPAN 系统和 TIMS 系统，两者均主要运用情境分析的方法模拟未来可能发生的情况以测算复杂的衍生品组合的风险值，并考虑相关衍生品之间的风险对冲。

二、上交所股票期权保证金制度

（一）期权交易实行保证金制度

保证金用于结算和担保期权合约履行，包括结算准备金和交易保证金。交易保证金分为开仓保证金和维持保证金。

保证金应当以现金或者经上交所及中国证券登记结算有限责任公司认可的证券交纳。

（二）交易所保证金

1. 交易所初始保证金基准规则。交易所规定的每张股票期权合约的初始保证金基准公式：

认购期权义务仓初始保证金 =［合约前结算价 + Max（A1% ×合约标的前收盘价 - 认购期权虚值，B% ×合约标的前收盘价）］×合约单位

认沽期权义务仓初始保证金 = Min｛合约前结算价 + Max（A2% ×合约标的前收盘价 - 认沽期权虚值，B% ×行权价），行权价｝×合约单位

认购期权虚值 = Max（行权价 - 合约标的前收盘价，0）

认沽期权虚值 = Max（合约标的前收盘价 - 行权价，0）

《上海证券交易所、中国证券登记结算有限责任公司股票期权试点风险控制管理办法》① 规定相关比例参数见表 1。

表 1　初始保证金相关比例参数

标的证券	A1%	A2%	B%
股票	21%	19%	10%
ETF	12%	12%	7%

2. 交易所维持保证金基准规则。交易所规定的每张股票期权合约的维持保证金基准公式为：

认购期权义务仓维持保证金 =［合约结算价 + Max（A1% ×合约标的收盘价 - 认购期权虚值，B% ×合约标的收盘价）］×合约单位

认沽期权义务仓维持保证金 = Min｛合约结算价 + Max（A2% ×合约标的收盘价 - 认沽期权虚值，B% ×行权价），行权价｝×合约单位

认购期权虚值 = Max（行权价 - 合约标的收盘价，0）

认沽期权虚值 = Max（合约标的收盘价 - 行权价，0）

《上海证券交易所、中国证券登记结算有限责任公司股票期权试点风险控制管理办法》规定相关比例参数见表 2。

表 2　维持保证金相关比例参数

标的证券	A1%	A2%	B%
股票	21%	19%	10%
ETF	12%	12%	7%

计算出的维持保证金和开仓保证金，按照四舍五入的原则保留两位小数。

3. 实时价格保证金。根据最新价格实时计算的客户持有某期权合约的实时价格保证金

① 关于发布《上海证券交易所、中国证券登记结算有限责任公司股票期权试点风险控制管理办法》的通知，上交所网站，2015 年 1 月 9 日，网址：http://www.sse.com.cn/lawandrules/sserules/options/c/c_20150109_3871945.shtml，最后访问日期：2015 年 6 月 25 日。

是指，客户持有该同一期权合约义务仓和权利仓对冲后剩余义务仓，按合约标的最新成交价格和期权合约最新成交价（如当日无成交，则取前结算价），根据证券公司设置的保证金水平计算的保证金。

（三）组合策略保证金

组合策略保证金①是指通过构建组合策略达到保证金冲销或减免的目的，投资者可根据自身持仓，通过期权经营机构向上交所交易系统申请构建组合策略或解除组合策略。

1. 认购牛市价差策略（CNSJC）。组合策略构成：一个较低行权价的认购期权权利方头寸，一个相同标的、相同到期日、行权价较高的认购期权义务方头寸。

保证金收取：无。

2. 认沽熊市价差策略（PXSJC）。组合策略构成：一个较高行权价的认沽期权权利方头寸，一个相同标的、相同到期日、行权价较低的认沽期权义务方头寸。

保证金收取：无。

3. 认沽牛市价差策略（PNSJC）。组合策略构成：一个较低行权价的认沽期权权利方头寸，一个相同标的、相同到期日、行权价较高的认沽期权义务方头寸。

保证金收取：（认沽期权义务仓行权价格 - 认沽期权权利仓行权价格）×合约单位。

4. 认购熊市价差策略（CXSJC）。组合策略构成：一个较高行权价的认购期权权利方头寸，一个相同标的、相同到期日、行权价较低的认购期权义务方头寸。

保证金收取：（认购期权权利仓行权价格 - 认购期权义务仓行权价格）×合约单位。

5. 跨式空头策略（KS）。组合策略构成：一个认购期权义务方头寸，一个相同标的、相同到期日、相同行权价格的认沽期权义务方头寸。

开仓保证金收取：Max（认购期权开仓保证金，认沽期权开仓保证金）+开仓保证金较低的成分合约前结算价×合约单位。

维持保证金收取：Max（认购期权维持保证金，认沽期权维持保证金）+维持保证金较低的成分合约结算价×合约单位。

6. 宽跨式空头策略（KKS）。组合策略构成：一个较高行权价格的认购期权义务方头寸，一个相同标的、相同到期日、较低行权价格的认沽期权义务方头寸。

开仓保证金收取：Max（认购期权开仓保证金，认沽期权开仓保证金）+开仓保证金较低的成分合约前结算价×合约单位。

维持保证金收取：Max（认购期权维持保证金，认沽期权维持保证金）+维持保证金较低的成分合约结算价×合约单位。

（四）保证金监控

证券公司对于客户保证金监控分为实时盯市和逐日盯市两种。

1. 实时盯市（盘中试算）。证券公司在监控客户保证金时，需增加对合约标的或期权合

① 关于就《上海证券交易所、中国证券登记结算有限责任公司股票期权组合策略业务实施细则（征求意见稿）》公开征求意见的通知，中国结算网站，2015 年 6 月 12 日，网址：http：//www.chinaclear.cn/zdjs/gszb/201506/f1a3a98fea8d42728f63ce43b8a053ae.shtml，最后访问日期：2015 年 6 月 25 日。

约交易价格变动带来的保证金变化的监控。

根据最新价格实时计算的客户持有某期权合约的实时价格保证金是指，客户持有该同一期权合约义务仓和权利仓对冲后剩余义务仓，按合约标的最新成交价格和期权合约最新成交价（如当日无成交，则取前结算价），根据证券公司设置的保证金水平计算的保证金。

证券公司应按最新价格计算各客户持有各合约所需保证金金额，监控其是否足额及变化情况。

2. 逐日盯市。客户维持保证金监控包括按照公司和所司保证金水平计算的保证金水平进行逐日盯市。

客户维持保证金 1：按照公司保证金水平计算的维持保证金（持仓日终自动对冲后收取的保证金）。

比如针对客户保证金收取按上交所标准整体上浮 20% 的证券公司，收盘后客户 50ETF 认购期权维持保证金 1 = ｛结算价 + Max（12% ×合约标的收盘价 - 认购期权虚值，7% ×合约标的收盘价）｝ ×合约单位 ×1. 2。

客户维持保证金 2：按照所司保证金标准计算的维持保证金（持仓日终自动对冲后收取的保证金）。

收盘后客户 ETF 认购期权维持保证金 2 = ｛结算价 + Max（12% ×合约标的收盘价 - 认购期权虚值，7% ×合约标的收盘价）｝ ×合约单位。

三、证券公司保证金管理

（一）建立期权经纪业务监控系统预警

证券公司应建立"市场如果……则保证金……"的系统，在监控窗口和客户端中增加保证金变动预估菜单，增加期权合约的预计价格选项（期权合约价格选项或依据 B - S 公式定价或业务人员手工输入）以及虚值期权合约的相关选项，并提供在不同情境下客户实时保证金预览。

在交易平台为客户提供警告信息并以颜色提示信息及弹出警告信息来提醒客户已接近保证金限额，并帮助客户及时采取行动，提供当标的资产涨或跌一个较大或较小变化时，保证金账户的变化金额管理菜单。

（二）保证金压力测试

证券公司应对客户保证金进行压力测试，包括对客户保证金进行特定品种、特定价格、特定情景的压力测试等。

证券公司盘中应重视日常和行权前对期权合约的实时监控，当 50ETF 价格发生较大变化，证券公司应对该情况下客户保证金变化进行压力测试或进行评估，以应对客户保证金大量不足的情形。以下根据期权合约的变化特点，对保证金监控方面提出一些调整建议。

1. 日常保证金监控。假设期权到期日为 E 日，我们将合约上市日至 E - 4 日日终的保证金监控定义为日常保证金监控。该阶段保证金监控的核心原则是证券公司就各合约义务仓收取的保证金标准（以下简称"公司标准"，将交易所的保证金标准简称为"所司标准"）在每个交易日结算后须大于下一交易日买入平仓所需的资金。

对于平值和实值期权，每日结算时，因其下一交易日的涨停板价格恒小于所司的保证金标准，故公司标准可设置为所司标准；对于虚值期权，其下一交易日的涨停板价格有可能大于保证金的所司标准（参见表3和表4），故公司标准保证金应设置为 Max（所司标准保证金，合约次日涨停价）。

（1）以2015年5月27日的维持保证金为例（不考虑合约单位），下一交易日，也即5月28日，50ETF 大幅度下跌6.5%，期权价格也随之大幅波动。表3列出了6月份到期的合约中由虚值转实值且上涨幅度最大的两个合约。可以看到公司标准的维持保证金均高于次日期权的最高价，可以覆盖风险，但同时也注意到行权价为3.2的认沽期权的次日涨停价要高于所司标准保证金。

表3　公司标准保证金和所司标准保证金（2015年5月27日）

行权价	类型	当日期权结算价	当日所司标准	当日公司标准	次日期权最高价	次日期权涨停价
3.2	认沽	0.1129	0.4221	0.4244	0.2151	0.4244
3.3	认沽	0.1500	0.5442	0.5442	0.2900	0.4785

（2）表4列出了“50ETF 沽6月3.3”合约在2015年6月8日起的连续三个交易日的实盘数据，该合约的虚值程度逐日降低，保证金也逐日增加。其中6月8日所司标准小于次日涨停价，故公司标准取次日涨停价，这也使得这三个交易日公司标准的平均变化幅度要小于所司标准。

表4　“50ETF 沽6月3.3”的公司标准保证金和所司标准保证金（2015年6月8日）

日期	标的收盘价	期权结算价	次日期权涨停价	所司标准	公司标准
2015年6月8日	3.427	0.0793	0.3966	0.3635	0.3966
2015年6月9日	3.361	0.0943	0.4182	0.4366	0.4366
2015年6月10日	3.32	0.1047	0.4327	0.4831	0.4831

根据表3和表4可以看出，在极端情形下，认沽期权的次日涨停价要高于所司的保证金标准，如果证券公司采用所司标准的保证金，会造成期权涨停时证券公司对客户进行平仓的资金不足，因此证券公司收取客户的保证金应至少设置为 Max（所司标准保证金，合约次日涨停价）。

2. 临近行权日的参数调整。将自 E-3 日日终至 E 日日终的保证金监控定义为临近行权日保证金监控。

（1）将失效期权的公司标准保证金降至所司标准。临近行权日的每日日终，首先筛选出到期必为虚值的期权合约。具体方法为按照当日 50ETF 收盘价及最大涨跌幅限制计算合约到期时 50ETF 价格的变动范围。例如 E-2 日 50ETF 的收盘价为 S，根据单日最大涨跌幅10%计算得到 E 日日终 50ETF 的价格范围为［0.81×S，1.21×S］。因此，行权价位于此区间之外的虚值期权在 E 日日终必将失效，我们将这些期权标记为失效期权，并将其保证金的公司标准降至最低也即所司标准。该方法在控制风险的同时有效降低了此类期权合约的交易成本。

（2）行权前调整认沽期权公司保证金标准。我们注意到，E 日日终之后，认沽期权保证金的所司标准距离行权价差距较大，如果持认沽期权义务仓的客户被指派行权，证券公司会面临客户行权违约的风险。应对此类风险的保证金计算过程如下（不考虑交易成本）。

假设某客户持有行权价为 K 的认沽期权义务仓至 E－1 日日终，且该合约不属于被标记的失效合约，标的收盘价为 S，按照前述监控过程计算出的公司标准保证金为 M。当客户继续持有该仓位至 E 日日终且被指派行权时，若在交收日 E＋1 日客户并未准备行权资金，即违约，则证券公司在 E＋1 日垫付自有资金履约，待 E＋2 日处置违约所得标的证券时损失最大的情形为标的证券于 E 日、E＋1 日、E＋2 日连续跌停，此时的损失为：

$$K - S \times (1-10\%) \times (1-10\%) \times (1-10\%) = K - 0.729 \times S$$

因此，将 E－1 日公司标准设置为 Max（K－0.729×S，M）才能覆盖证券公司可能遭受的最大损失。同理，E 日日终的维持保证金公司标准应为 Max（K－0.81×S，M）。

（3）行权前调整认购期权公司保证金标准。对于认购期权保证金标准的调整方法也类似。不同的是，按照交易所规定，对于行权违约的客户可在 E＋1 日日终按照合约标的当日收盘价的 110% 执行现金结算并收取违约金，而不再进行实物交割。假设某客户持有行权价为 K 的认购期权义务仓至 E－1 日日终，且该合约未被标记为失效合约，标的收盘价为 S，按照前述监控过程计算出的保证金公司标准为 M。若客户继续持有该仓位至 E 日日终且在被指派行权时违约，则交易所将在 E＋1 日对该仓位执行违约现金结算，损失最大的情形为标的证券于 E 日、E＋1 日连续涨停，此时的损失为：

$$S \times (1+10\%) \times (1+10\%) \times (1+10\%) - K = 1.331 \times S - K$$

因此，我们将公司标准设置为 Max（1.331×S－K，M）才可确保行权结算后客户权益不为负值。同理，E 日日终的维持保证金公司标准应为 Max（1.21×S－K，M）。

（4）行权前保证金调整的案例。下面以合约数较多的 2015 年 4 月到期的合约作为研究对象，具体说明临近到期日的保证金调整方法。根据上交所规定，E 日为到期月份的第四个星期三，即 4 月 20 日。自 E－3 日即 4 月 17 日日终起，启动临近到期调保程序。以下计算过程不考虑合约单位。

E－3 日日终，标的证券收盘价为 3.185，按照涨跌幅限制计算得到 3 个交易日后的价格范围区间［2.322，4.239］，范围外的虚值期权包括行权价为 2.2、2.25 及 2.3 的认沽期权。我们将这 3 个期权标记为失效期权，并将其保证金的公司标准降低至所司标准。

E－2 日日终，标的证券收盘价为 3.103，两个交易日最大涨跌幅区间为［2.513，3.755］，行权价为 2.35、2.4、2.45 及 2.5 的认沽期权也被标记为失效期权，其保证金的公司标准降低至所司标准。

E－1 日日终，标的证券收盘价为 3.141，两个交易日最大涨跌幅区间为［2.827，3.455］，行权价为 2.55、2.6、2.65、2.7、2.75 及 2.8 的认沽期权进一步被标记为失效期权，其保证金的公司标准降低至所司标准。

接下来进入行权前保证金调整的程序。行权价为 3.3 的认沽期权为实值合约，调整前的公司标准为 0.5385，经与最大损失 3.3－3.141×0.729＝1.0102 比较得到调整后的公司标准 1.0102。行权价为 3.1 的认购期权为实值合约，调整前的公司标准为 0.4245，经与最大损失 1.331×3.141－3.1＝1.0807 比较得到调整后的公司标准 1.0807。其余合约的调整方法同理。

E 日日终，所有虚值合约全部失效，其公司标准可全部降为所司标准。对于实值期权，我们仍需针对行权违约风险调整公司标准保证金，方法同上，在此不再赘述。

表5列出了E-3日和E-2日筛选出的失效期权（下划线标记）的保证金调整过程，其他合约均为非失效合约，公司标准不作调整。可以看到，失效期权的个数随着到期日临近不断增加，调整后的公司标准有效降低了此类期权合约的交易成本。

表5 公司标准保证金调整过程（2015年4月17日至2015年4月20日）

标的收盘价		4月17日	3.185		4月20日	3.103	
行权价	类型	合约结算价	调整前	调整后	合约结算价	调整前	调整后
2.2	沽	0.0001	0.1541	0.1541	0.0001	0.1541	0.1541
2.25	沽	0.0001	0.1576	0.1576	0.0001	0.1576	0.1576
2.3	沽	0.0001	0.1611	0.1611	0.0001	0.1611	0.1611
2.35	沽	0.0001	0.1646	0.1646	0.0001	0.1646	0.1646
2.4	沽	0.0001	0.1681	0.1681	0.0001	0.1698	0.1681
2.45	沽	0.0001	0.1716	0.1716	0.0001	0.1798	0.1716
2.5	沽	0.0001	0.1816	0.1816	0.0001	0.1898	0.1751

表6列出了E-1日和E日筛选出的失效期权以及部分非失效期权的保证金调整过程，其余非失效合约不再一一罗列。需要注意的是最后两个交易日的行权调整使得非失效期权的公司标准保证金产生了大幅度的提高。尤其是E-1日（4月21日），若干合约调整后的公司标准甚至达到了调整前的2—3倍（如50ETF购4月3.2合约）。再如50ETF沽2.8与50ETF沽2.85两合约，行权价虽然相邻，但调整后的公司标准相差较大，前者由于被标记为失效期权，保证金被降为所司标准的0.1962，而后者被实施了行权前调整，保证金升高到了0.5602。

表6 公司标准保证金调整过程（2015年4月21日至2015年4月22日）

标的收盘价		4月21日	3.141		4月22日	3.241	
行权价	类型	合约结算价	调整前	调整后	合约结算价	调整前	调整后
3.1	购	0.0476	0.4245	1.0807	0.1410	0.5299	0.8216
3.2	购	0.0027	0.3206	0.9807	0.0410	0.4299	0.7216
3.3	购	0.0005	0.2987	0.8807	0.0000	0.3299	0.3299
3.4	购	0.0002	0.2884	0.7807	0.0000	0.3082	0.2299
2.2	沽	0.0001	0.1541	0.1541	0.0000	0.1540	0.1540
2.25	沽	0.0001	0.1576	0.1576	0.0000	0.1575	0.1575
2.3	沽	0.0002	0.1612	0.1612	0.0000	0.1610	0.1610
2.35	沽	0.0002	0.1647	0.1647	0.0000	0.1645	0.1645
2.4	沽	0.0002	0.1682	0.1682	0.0000	0.1680	0.1680
2.45	沽	0.0002	0.1761	0.1717	0.0000	0.1715	0.1715
2.5	沽	0.0002	0.1861	0.1752	0.0000	0.1759	0.1750
2.55	沽	0.0002	0.1961	0.1787	0.0000	0.1859	0.1785

续表

标的收盘价		4 月 21 日	3.141		4 月 22 日	3.241	
行权价	类型	合约结算价	调整前	调整后	合约结算价	调整前	调整后
2.6	沽	0.0002	0.2061	0.1822	0.0000	0.1959	0.1820
2.65	沽	0.0002	0.2161	0.1857	0.0000	0.2059	0.1855
2.7	沽	0.0002	0.2261	0.1892	0.0000	0.2159	0.1890
2.75	沽	0.0002	0.2361	0.1927	0.0000	0.2259	0.1925
2.8	沽	0.0002	0.2461	0.1962	0.0000	0.2359	0.1960
2.85	沽	0.0002	0.2561	0.5602	0.0000	0.2459	0.1995
2.9	沽	0.0002	0.2661	0.6102	0.0000	0.2559	0.2030
2.95	沽	0.0002	0.2761	0.6602	0.0000	0.2659	0.2065
3	沽	0.0002	0.2861	0.7102	0.0000	0.2759	0.2100
3.1	沽	0.0063	0.3422	0.8102	0.0000	0.2959	0.2479
3.2	沽	0.0591	0.4360	0.9102	0.0000	0.3479	0.3479
3.3	沽	0.1616	0.5385	1.0102	0.0590	0.4479	0.6748

（三）组合策略保证金监控的管理

组合策略保证金以无套利作为前提条件，在市场不存在套利机会的前提下，组合策略保证金的结论可以推广到任何一个交易日，即持有组合策略的投资者如果在到期日之前平仓了结组合头寸，其最大损失不会超过到期日的最大损失（不考虑交易成本）。

我们以牛市看涨价差策略为例进行说明，若投资者以 C1 价格买入较低执行价格 K1 看涨期权，同时以 C2 价格卖出较高执行价格 K2 看涨期权，容易证明，该投资者到期最大损失为付出的权利金之差（C1 - C2）。在无套利的条件下，到期日前任意一天都有 Ct1≥Ct2，否则套利者可以通过简单地买入 C1、卖出 C2 获取无风险收益。因此，即使投资者在到期日前任意一天平仓了结，其最大损失也为：（C1 - C2） - （Ct1 - Ct2） ≤ （C1 - C2）。综上可见，由于市场套利力量的存在，价差组合即使在到期日前被平仓了结，其最大损失也不会超过到期日最大损失。

在实际交易中，如果期权市场价格运行不平稳，存在较多的套利机会，可能出现投资者持有的策略组合对应缴纳的保证金不足以覆盖风险的情况。

以牛市看涨价差策略为例，若在 E - 2 日日终策略自动解除（上交所规定），按规定客户需追加义务仓的保证金，但次日客户未及时追加，证券公司执行强平，但遭遇逆向市场，即 CE - 11 < CE - 12，强平后证券公司出现损失，也就是保证金覆盖不了证券公司平仓的成本。

另外，如果组合策略中包含交易不活跃的深度实值或深度虚值期权，则在证券公司执行强平时可能会遭遇流动性风险，导致平仓成本高于保证金。

对此，我们提出以下两条建议：

（1）证券公司强行平仓一定要注意按照期权价格的合理定价进行平仓，对组合的两条腿（或多条腿）同时下平仓单。

（2）对特定的客户施行组合保证金制度，譬如规定当客户账户权益值达到一定金额且信用良好无强平记录时，才能签订组合保证金的协议，而不是任何客户都能适用组合保证金的策略构建。

四、结论

目前，我国上交所股票期权的保证金制度设计方法主要基于传统的覆盖涨跌停板原则，并制定了组合策略保证金交易方案。传统的覆盖涨停板原则具有简单、静态、“一刀切”的特点，对于抑制早期期权市场的过度投机气氛、保持期权市场的平稳发展起到了重要作用。

本文从证券公司的角度出发，提出保证金管理方案，在不低于交易所保证金收取标准的基础上，构建保证金预警系统，同时建立日常保证金、行权前保证金、组合保证金等调整机制，不仅提高了在保证金收取方面的市场竞争力，而且以较低保证金收取为特色吸引更多的客户交易期权，从长期来看，也可以降低期权交易成本、提高期权市场流动性，促进期权市场的健康发展。

参考文献

［1］柳青，张书军：“期货期权的保证金模式比较研究”［J］，《证券市场导报》，2013（8）：57—64。

［2］郑振龙，陈蓉：《金融工程》［M］，北京：高等教育出版社 2012 年版。

［3］卢亮：《衍生品市场保证金系统的国际比较及借鉴》［D］，大连：东北财经大学，2006 年。

中国发展信用衍生品的路径选择研究

梁 柱*

2010 年 10 月底，中国银行间市场交易商协会颁布了《银行间市场信用风险缓释工具试点业务指引》，引入了中国版 CDS（Credit Default Swap，以下简称 CDS）——信用风险缓释合约（CRMA）和信用风险缓释凭证（CRMW）。根据中国银行间市场交易商协会网站的披露，截至 2013 年 8 月，市场累计达成了 35 笔信用风险缓释合约交易，名义本金总额达到 36.8 亿元人民币；累计创设 9 支信用风险缓释凭证，名义本金额 7.4 亿元人民币①。目前，信用缓释工具的创设和交易已经事实上暂停了。

随着债券市场信用事件的逐步显现，特别是湘鄂债、天威债等公募债券信用事件爆发，刚性兑付逐渐打破，投资者对信用风险有了真切的感受，信用衍生品的价值将逐渐体现，投资者对此类产品的需求势必会增加。

从丰富资本市场产品和机构对信用风险管理需要的角度看，信用衍生品是 FICC 系列中必不可少的一个品种。结合国际市场上发展信用衍生品的成功经验，本文对中国信用衍生品的发展路径进行梳理，以期为将来在银行间市场重启中国版信用违约互换提供某些有益的借鉴。本文从产品框架、结算和清算模式、市场交易的组织架构、配套机制和制度安排四个方面来阐述中国发展信用衍生品的路径选择。

一、产品框架

产品框架包括信用事件的界定和报价方式的选择。信用事件的确定对于计算参考实体信用事件的发生概率具有重要作用，从而决定着信用衍生品的定价。报价方式的选择，尤其是

* 作者单位：广州证券股份有限公司。原载于《中国证券》2015 年第 7 期。本文来自作者博士后出站报告《我国场外市场信用违约互换指数产品设计研究》的一部分，作者感谢广发证券何荣天博士、毕秋香博士，中山大学岭南学院陈浪南教授。

① 资料来源：中国银行间市场交易商协会，http：//www.nafmii.org.cn/zlgl/xyfx/xxpl/。

息票标准化的推行，有利于推行互换类场外衍生品的中央清算。

（一）信用事件

信用事件是触发信用保护卖方向买方赔偿支付的特定事件。2003 年版国际互换与衍生工具协会（International Swaps and Derivatives Association，ISDA）关于信用事件的定义包括下面几种情况：破产、支付违约、债务重组、债务加速到期、拒付/延期支付等。在上述信用事件中，破产通常不适用于主权信用实体；债务加速到期、拒付/延期支付通常用于新兴市场的参考实体。

目前标准北美公司合约（SNAC）对信用事件的认定只包含破产和支付违约，标准欧洲公司合约（STEC）对信用事件的认定包括破产、支付违约和重组。目前，重组又包括完全重组、修正的重组和修正—修正的重组。重组涉及复杂的概念和条款界定，因此在中国信用衍生品市场发展的初期，建议参考标准北美公司合约对信用事件的认定，即只包含破产和支付违约两种情况。如果市场参与各方对信用事件的认定存在分歧，可以交由信用事件决定委员会来裁量。关于信用事件决定委员会，下文将详细介绍。

（二）报价方式

2009 年国际互换与衍生品协会（ISDA）出台“大爆炸”和“小爆炸”协定书之后，国际信用违约互换市场朝着合约标准化方向迈进了一大步。息票标准化不是协定的一部分，只是为了提高交易效率和使得合约更加标准化。标准化的合约能够提高交易压缩的效率，能够更好地实现 T+0 交易处理，为中央清算做好准备。

目前，北美市场 CDS 的息票值为 100/500bp，欧洲市场 CDS 的息票值为 25/100/500/1 000bp。为了解决当前市场上参考实体的保费率和固定票息率不一致的现象，在交易初始时，买方与卖方之间将会有一笔前端支付。当市场保费率大于息票时，CDS 报价小于 100%，则信用保护买方应先向卖方支付的金额为（100% - price）×本金额；反之，当市场保费率小于息票时，CDS 报价大于 100%，则信用保护卖方应先向买方支付的金额为（price - 100%）×本金额。

将场外适合集中清算的衍生品纳入中央清算是美国金融危机后美欧立法机构努力的方向，并已经在实施中。截至 2013 年 9 月底，按照美国商品期货交易委员会（CFTC）设立的时间表，5 大类的互换已经全部实现了集中清算；隶属于美国证监会 SEC 管辖的单名称 CDS 也实现了集中清算（梁柱和何荣天，2014）。因此，顺应国际上监管的趋势和提高场外衍生品市场的透明度，建议在中国信用衍生品市场发展的初期，在 CDS 报价机制上采用标准化息票加上前端支付的方式。

二、结算和清算模式

市场运行框架包括信用衍生品的结算模式、清算方式。在信用事件发生后，一个良好的结算方式可以有效地确定参考债务的回收价值和回收率。清算模式的选择与市场的发展阶段有关，目前国际上的一个发展趋势是场外互换产品的场内期货化（梁柱和何荣天，2014）。

(一) 结算方式

从国际信用衍生品市场发展经验来看，信用事件后的结算方式经历了实物结算、现金结算和拍卖结算三种形态。实物结算存在的问题是，信用事件发生后实物结算会造成短期内可交付债务的需求激增，人为地导致可交付债务的短缺，从而导致债务价格的扭曲。其实，现在国外单一参考实体 CDS 合约都不指定参考债务，而是规定可交付合格债务的类型，但是由于某些信用衍生品市场上投机行为的存在，针对某个标的实体的 CDS 名义本金额远远高于该实体发行的债务总额。

当市场意识到实物结算的问题之后，结算方式就改为现金结算。现金结算其实面临同样的问题。在现金结算中，交易双方需要获得参考债务的最终价格，CDS 的计算机构（Calculation Agent）往往会向市场上的交易商询价。虽然在信用事件发生后，信用保护买方不用交付债务，但是在可交付债务紧缺的状态下，市场中对于参考债务的报价可能无法反映其真实的价值。次贷危机后，国际互换与衍生品协会（ISDA）于 2009 年将拍卖结算方式固定化，通过拍卖确定的债务价格能够真实地反映其价值。

截至 2015 年 5 月底，虽然已有中国工商银行、中国银行、中国农业银行、中国建设银行、中信银行、进出口银行和国家开发银行加入了 ISDA，并都已成为主会员，但是上述国内大型金融机构加入 ISDA 的时间较短，国内为数众多的金融机构尚未加入和对 ISDA 的规则不熟悉①，因此在中国信用衍生品市场发展初期，一个可行的结算方式是实物结算。随着国内信用衍生品市场的发展完善，待国内也建立起类似的决定委员会之后，可以考虑向拍卖结算过渡。

(二) 清算方式

直到金融危机前，因为 CDS 是场外衍生金融工具，所以一直实行的是双边清算。由于互换等场外衍生产品基本不受监管，信息不透明和交易对手风险可能引致的系统性风险是场外市场存在的最主要问题。因此，增强场外市场的透明度和降低系统性风险是欧美监管机构在 2008 年之后对场外市场进行改革的方向，其中推行中央清算制度是改革的重点之一（梁柱和何荣天，2014）②。

适合中央清算的产品必须达到一定的交易量门槛，产品合约具有较高的标准化程度，这样有利于合约的归并压缩和多边净额结算。显然，一个产品在发展的初期不可能达到这样的标准和要求。因此，在中国信用衍生品市场发展的初期，由于产品交易量不大，在执行保证金制度和相关信息披露的基础上，可以使用双边清算的模式。

目前衍生品市场上的少数大型交易商事实上拥有了某些垄断权利。根据 2010 年 ISDA 的数据，最大的 14 家交易商持有全球 OTC 衍生品的名义未清偿额的 82%。美国货币监理署的数据显示，美国的银行及其分支机构拥有的全部衍生品头寸的 95.5% 由最大的 5 家交易商持有（Duffie，2013）。正是因为 OTC 市场的相对不透明，OTC 衍生品市场的交易商才能在中介业务上赚取明显的利润，因此大型交易商没有动力将清算模式由双边清算改为中央清

① 资料来源：http：//www2. isda. org/membership/members - list/。

② 金融危机后，国内推行利率互换的中央清算，目前国内的利率互换交易已经实现了在上海清算所的集中清算。

算。随着中国信用衍生品市场规模的扩大和产品合约标准化程度的提高，鉴于中央清算能够降低系统性风险，监管者、行业协会可以和市场参与者一起推动中央清算。

2009 年 11 月成立的上海清算所定位于为场外衍生品提供中央清算服务，是 CRMW 的集中清算机构。银行间市场的 CRMW 实行集中登记、集中托管、集中清算，但是 CRMW 实行前端一次性付费，因此并不是真正意义上的中央清算。

三、市场交易的组织架构

信用衍生品是典型的场外市场产品，在 CDS 市场上最常见的交易方式是两个交易商直接通过电话、传真等方式达成交易，但是这种方式比较耗时，需要交易商自己去寻找交易对手。Chen et al.（2011）发现 CDS 市场上的交易其实是比较清淡的，大多数的单名称 CDS 交易频率低于每日一次。在场外市场中，为了增强某些产品的流动性，欧美柜台市场普遍引入了做市商制度。因此，在这种交易频率较低的产品市场中，引入做市商制度是非常必要的。

在市场的初期阶段，可以继续沿用利率互换等金融衍生品的报价交易方式，投资者可以通过全国银行间市场同业拆借中心的交易系统达成，也可以通过电话、传真等方式进行自主报价交易。目前，我国债券市场已经建立了做市商体系。场外信用衍生品市场的建设和发展可以考虑在市场经过了初期的发展阶段之后，引入做市商制度。参考国外市场的经验，在 CDS 市场发展的初期，在做市商制度的基础上还可以考虑引入同业经纪商（IDB，Interdealer Broker）。CDS 的经纪商市场在初期采取基于语音的平台模式。随着市场变得更加具有流动性，同业经纪商可以将语音撮合和电子自动撮合融合到一起，建立一个融合的平台，供交易商选择。

在很多国家的股票交易市场中，主要市场也称为“楼下市场”（Downstairs Market），采取集中式的电子化限价指令簿的交易方式。这样一个计算机网络化的市场具有相对较低的操作成本，指令簿的时间优先和价格优先的原则使得流动性提供者有动力去获取市场订单。在某些国家的市场中，和主要市场（楼下市场）并列的还有一个楼上市场（Upstairs Market），大宗交易者使用同业经纪商的服务来寻找交易对手和商谈交易的条款，如巴黎交易所（Paris Bourse）。除此之外，有些国家的交易体系有三个层次，在楼上市场和楼下市场之间还有一个交叉网络市场（Crosssing Networks），如澳大利亚股票交易所。澳大利亚股票交易所除了拥有常规的楼上市场和楼下市场之外，交叉网络市场中的投资者在某些特定时刻进入多个匿名指令，这些指令的市场价格是由楼下市场已经决定了的，因此成交的几率并不是很高。

Bessembinder 和 Venkataraman（2004）使用巴黎交易所的 92 170 宗大宗交易数据研究发现，楼上市场的经纪商能够接触到隐藏的或者未明确表示的一个客户群体，大宗交易或者具有较少交易量的股票更可能在楼上市场成交。楼上市场交易的执行成本大约平均只有限价指令簿的显示流动性执行成本的 20%。因此，对于交易频率较低的产品，通过引入同业经纪商的模式可以增加流动性。

在 CDS 市场上，最常见的交易方式是两个交易商直接通过电话、传真等方式达成交易，但是这种方式比较耗时，需要交易商自己去寻找交易对手。近些年，越来越多的交易通过同业经纪商来撮合完成，同业经纪商能够匹配交易商中的买方和卖方，以及其他类型的市场参与者，如对冲基金。同业经纪商除了纯粹的配对功能外，还能提供其他的附加服务。

在其他市场上，大多数同业经纪商的运营模式要么是通过一个全自动的电子交易平台，要么是通过一个基于语音的平台。虽然在语音系统里面交易商能够利用电子化的追踪报价，但交易商仍然需要通过电话联系经纪商下订单或者执行一笔交易。在这种情况下，交易商与经纪商的沟通能够提供信息，从而提高配对客户订单的速度和概率。例如，经纪商会猜测在显示的订单之外，交易商是否还有更多的订单；通过沟通，经纪商能够了解更多的关于交易商的交易偏好和动机。不管是电子还是语音平台，经纪商都会保证交易商的匿名性。语音经纪商能够比电子平台经纪商提供更多的附加值，因此在现实中也会收取更高的佣金。

在 CDS 市场发展的初期，CDS 的经纪商市场通常只有一种形式——基于语音的平台。随着市场变得更加具有流动性，主要的同业经纪商采用了一种有别于外汇和国债市场的创新模式，将语音撮合和电子自动撮合融合到一起，这种模式既具有内部化的竞争，也能够获得两种配对技术带来的收益。在市场发展的早期阶段，CDS 的全自动化交易不可能马上实现，因此经纪商的电子自动撮合功能很难发挥效应。随着产品合约的标准化程度提高和市场规模扩大，自动撮合模式是一种对语音撮合的补充模式，这种融合功能不仅能够提供有价值的中介服务，也能够提高交易效率和达到规模经济。这样一种混合的系统为交易商提供了一个平台，交易商可以进行双边协商谈判或者直接触发已有的报价。在这样一个 hit - and - take 系统中，交易由交易商直接协商触发而不经过经纪商。交易结束后，交易的细节由系统处理生成并将交易确认书发送给买方和卖方，以便双方相互确认。

混合系统给交易商提供了两种配对的选择，两种配对方式在交易成本、交易执行的服务水平、市场透明性等方面存在差别。语音经纪的使用程度取决于交易的规模、交易复杂性、市场状况以及 CDS 的特征，如标价货币等。大宗的、复杂的交易一般使用语音经纪商，交易量较小的、简单的、美元或欧元的 CDS 交易则可以使用电子平台。另外，如果基础市场波动性较大，或者订单量特别大，交易商会相对不愿意让它们的订单显示在电子平台上，而是更倾向于通过语音经纪商来交易。

四、配套机制和制度安排

除了产品框架和市场运行框架之外，在中国发展信用衍生产品还需要考虑建立信用事件决定委员会以及从监管的层面明确其风险缓释作用。设立信用事件决定委员会的最重要目的是使信用事件的认定更具有透明度和一致性，从而避免交易双方对信用事件认定、对信用事件发生日期认定的差异，减小 CDS 交易双方承担的错配风险。

（一）信用事件决定委员会

2009 年 3 月和 7 月，ISDA 分别出台了“大爆炸”和“小爆炸”协定书，对该市场的运行机制进行了一系列的调整，引入了信用事件决定委员会。信用事件决定委员会的一个重要功能是基于公共的可得信息，将特定事件的事实和 CDS 合约上的条款进行比照，从而对合约的某些关键条款做出决定，包括信用事件是否已经发生、是否举行拍卖结算、继承事件、可交付债务等。从欧美信用衍生品市场的实践来看，信用事件决定委员会的设立对于信用衍生品市场的发展具有重要意义。信用事件发生后，市场参与者共同关心的一个变量就是可交付债务的回收率。回收率和 CDS 合约的市场价值息息相关。信用事件决定委员会主持下的拍卖结算，为可交付债务的回收率确定了一个市场化的公允数值。信用事件决定委员会的广泛代表性和权威性使得相关结果让市场参与者广泛接受，从而能够顺利平稳地对 CDS 合约进行清算和结算。

1. 引入信用事件决定委员会的必要性。经过十多年的发展，虽然市场参与者已经积累了较多的实践经验，但是实践的发展经常给市场参与者提出各种挑战，如希腊 2012 年 2 月的债务重组。希腊政府于 2012 年提出的债务重组方案曾经一度令 CDS 市场的参与者感到悲观，ISDA 于 2012 年 3 月 1 日裁定希腊的债务互换不构成违约，然而 3 月 9 日 ISDA 又宣布“希腊政府的一致行动条款（CAC）使得国债持有人获取收益的权利减弱了，构成了 2003 年 ISDA 信用衍生品定义 4.7（a）部分所规定的信用事件”。对信用事件认定的复杂性依赖于对相关事实和概念的认定，涉及信息的搜集，单一商业机构在判断上可能并不全面，甚至不同的机构会有不同的意见，需要由一个权威的机构来对信用事件、继承事件、可交付债务等事项做出判决和界定，而上述信息的确定是拍卖结算的前提条件。

信用事件决定委员会对信用事件、继承事件、可交付债务等事项做出的决议有助于市场对相关事件的认定统一，降低信用衍生交易的基差风险，有利于保护买方利益和信用保护功能的实现，增强信用衍生品的公信度，促进信用衍生品市场的发展。因此，信用事件决定委员会的建立对于促进信用衍生品市场的发展具有里程碑式的意义。

2. 设立信用事件决定委员会的可行性。组建信用事件决定委员会的关键在于其成员必须是熟悉相关产品、相关法律法规的产品专家和法律专家。通过信用风险缓释工具的试点发展，以及境内《NAFMII 主协议》和《中国证券市场金融衍生品交易主协议》的制定和应用推广，目前市场上已经积累了一批产品和法律专家，具备了建立信用事件决定委员会的人才基础。2009 年，中国银行间市场交易商协会成立了金融衍生品专业委员会，目前中国证券业协会下面也有专业委员会，未来可以考虑吸收交易商协会和协会专业委员会的成员来组建信用事件决定委员会。

3. 建立信用事件决定委员会的政策建议。在充分借鉴国际上信用衍生品市场的相关传统、规则和运行机制的基础上，结合我国实际情况，建立信用事件决定委员会建议从如下几个方面来进行。

（1）建议组织成立外部专家团（或专家委员会）。在 ISDA 的《信用衍生品决定委员会规则》中有一个“外部评议”机制，当发生下面情况中的任何一种，信用决定委员会的问题将转交给外部评议小组评议。第一，需要 80% 绝对多数通过的问题经委员会决议但并未达到 80% 绝对多数；第二，委员会以多数票投票通过将问题提交给外部评议小组。因此，参考 ISDA 的机制，可以在决定委员会之外，聘任外部专家团，行使外部评议的职能，从而形成决定委员会决议、专家委员会外部评议的两级决议体系。

（2）信用决定委员会的成员为 15 名，区分合格交易商和合格非交易商机构。ISDA 的信用决定委员会一共有 18 个成员，其中 15 个为有表决权成员和 3 个无表决权成员。有表决权成员构成是 8 家全球交易商、2 家区域交易商和 5 家全球非交易商机构；无表决权成员为 2 家无表决权交易商和 1 家无表决权全球非交易商机构。鉴于国内的信用事件决定委员会只是对国内市场的信用事件做出决议，因此可以不必区分全国和地区交易商，同时也不再设置无表决权的咨询机构。

参考 ISDA 信用委员会有表决权成员的构成，国内信用事件决定委员会的 15 名成员可以由 10 家交易商和 5 家非交易商机构构成，并且 5 家合格非交易商机构需要具有充分的代表性，包括可能成为信用保护买方的基金公司、证券公司、保险公司、工商企业等。

（3）由银行间市场交易商协会充当秘书处的角色。鉴于中国银行间市场的参与机构众多和交易商协会的半官方背景，中国银行间市场交易商协会可以扮演秘书处的角色，即相当于信用衍生品领域中 ISDA 的角色，组织信用事件决定委员会对信用事件做出判定、组织拍卖结算、及时公布相关信息等。

（二）明确信用衍生品的风险缓释作用

从国外经验来看，商业银行是信用衍生品的净买方，在国内推行信用衍生品，必须从制度上承认相关信用衍生品的风险缓释作用。虽然目前《商业银行信用风险缓释监管资本计量指引》中提及“风险释放与对应资本金释放”，但并未落实到现实的计量中。

根据中国银监会《商业银行资本充足率管理办法（试行）》（以下简称《办法》）的规定，在权重法下，商业银行能够用来缓释监管资本的工具仅有“合格抵押品”和“合格保证”两种，不包括信用衍生品；而只有在内部评级法下，商业银行才可以按照“附件 6”的规定审慎考虑信用风险缓释工具（Credit Risk Mitigation，CRM）的风险抵补作用。根据“附件 6”的规定，合格的信用衍生工具只包括信用违约互换和总收益互换两种，虽然 CRM 符合《办法》的基本原则，但《办法》并未明确 CRM 的风险缓释作用。对信用衍生品具有巨大现实需求的中国商业银行目前并不能使用相关信用衍生品来缓释监管资本。信用衍生品在中国的发展需要监管层明确其对银行监管资本的缓释作用。

五、结论

信用衍生产品能够转移和分散信用风险，能够形成市场对参考实体信用风险的均衡价格，能够提高某些高信用风险债券产品的市场流动性。随着国内债券市场信用风险的逐步暴露和增加，信用衍生品的价值将逐渐体现，投资者对此类产品的需求将会增加。本文对中国信用衍生品的发展路径进行梳理，以期为将来在银行间市场重启中国版信用违约互换提供某些有益的借鉴。

综合上述分析，对于中国发展信用衍生品的路径选择，本文建议：在信用事件的界定方面，参考标准北美公司合约对信用事件的认定，信用事件只包含破产和支付违约两种情况；在产品报价方面，顺应场外衍生品中央清算的发展趋势，报价采用标准化息票加上前端支付的方式；在清算方面，初期由于产品交易量不大，在执行保证金制度和相关信息披露的基础上，可以使用双边清算的模式，待发展到一定程度和规模后，监管者、行业协会可以和市场参与者一起推动中央清算；在结算方面，初期实行实物结算，待国内建立起信用事件决定委员会之后，再向拍卖结算过渡；在市场交易的组织架构方面，初期在做市商制度的基础上可以考虑引入同业经纪商，随着市场变得更加具有流动性，同业经纪商可以将语音撮合和电子自动撮合融合到一起，建立一个融合的平台，供交易商自由选择。此外，在配套机制和制度安排方面，还应该组建信用事件决定委员会，以及在监管的层面上明确信用衍生品的风险缓释作用。

参考文献

[1] 梁柱，何荣天："美国推行中央清算的发展、趋势及启示——场外互换产品期货化的视角"[J]，《证券市场导报》，2014（7）：53—58。

[2] 金永军，杨迁，刘斌："做市商制度最新的演变趋势及启示"[J]，《证券市场导报》，2010 年第 10 期：24—34。

[3] Bessembinder, H. and K. Venkataraman. Does an Electronic Stock Exchange Need an Upstairs market? [J]. Journal of Financial Economics, 2004, 73: 3—36.

[4] Chen, Kathryn, Fleming, M., Jackson, J., Li, A., and A. Sarkar. An Analysis of CDS Transaction: Implications for Public Reporting [R]. 2011, Federal Reserve Bank of New York Staff Reports, No. 517.

[5] Duffie, D. Futurization of Swaps [R], Bloomberg Government, 2013, January 28.

量化投资业务研究
——基于体系框架视角

水 兵*

量化投资，其最大的特点就是定量化和精确化，它是最近十年来在国际投资界兴起的一个新方法，并且发展势头迅猛，和基本面分析、技术面分析并称为投资分析的三大主流方法。量化投资在摩根士丹利、高盛、美林、野村证券等国际一流大投行中被广泛采用，“一切用数据说话”是他们进行投资决策的基石。

一、量化投资的现状

2014年光大证券“乌龙指”事件后，量化投资备受各方关注。这间接反映出部分证券公司对量化投资技术颇感兴趣，以及加大投入并不断增加其资管规模和自营投资的套利冲动。程序化交易和套利策略的威力巨大。事实上，如果复杂投资技术可以构造一个无风险的证券投资组合，并获取无风险的超额收益，那么券商作为理性人，其在基于量化投资技术进行业务拓展时就必将会适时跟进和持续加大投入。

（一）量化投资的定义、特点和方法

1. 量化投资的概念。对量化投资的概念界定似乎并不明确，并且在不同的研究成果中是不同的。在量化投资中，要确定投资标的和投资策略，仍主要依靠数据和模型。量化交易在提高投资效率方面优势明显，其综合利用了数学、统计学及计算机技术等工具，逻辑性更强更清晰，科学性也更高，其将交易者的思想、经验及直觉等吸收和反映在数量化模型中，并借助机器处理大量数据及信息来指导投资和决策过程。量化投资策略能够一次或多次重复使用，并不断反复优化，从而获取更多的超额收益。

* 作者单位：国开证券有限责任公司。原载于《中国证券》2015年第7期。

对量化投资来说，宽客（从事量化投资的人常被市场称作“Quant”，音译为“宽客”）是重要的。尽管量化投资依赖于自动化执行和系统化执行，但研究过程和策略选择的主体是宽客，系统用来交易的投资范围也是由宽客来选定，而购买和整理用于检验交易策略的数据工作也是由宽客来完成。

2. 量化投资的特点。量化投资借助海量数据，挖掘历史规律，并通过多层次多角度建模分析，来获取大概率成功机会。模型是量化投资的灵魂，流程是量化投资的命脉，系统是量化投资的骨骼，因此模型化、流程化、系统化也是量化投资非常重要的三个特征。除了模型化、流程化和系统化，量化投资的显著特点还包括纪律性、分散化和非透明性等（见图1）。

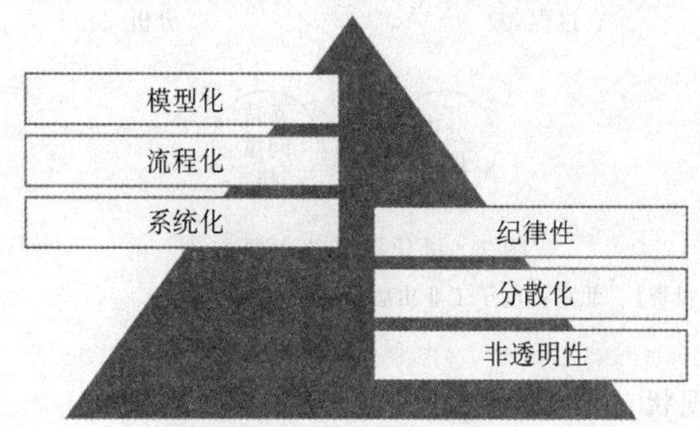

图1 量化投资的特点

资料来源：国开证券研究部。

（1）纪律性和分散化对于宽客策略的形成是重要的。一是纪律性。在量化投资中，宽客在合理设置和实施其交易策略时会表现出一种全面性和严格性。在经过设计和严格测试以保证交易策略符合经济规律并且能够有效工作之后，宽客会严格遵守纪律，会让模型自动运行，而不受不必要的随意干预。

二是分散化。量化交易依靠概率获胜，不是借助一只或数只股票取胜，而是通过风险收益比等筛选指标去选择股票投资组合，并利用历史数据及挖掘信息得到有望在将来重现或重演的历史规律，该历史规律在未来取胜概率较大，不确定性相对较小。但是，量化投资也具有定性信息处理程度较低、应变性较差、存在数据挖掘过失等缺点。

（2）量化投资模式具有不透明性。黑箱作业式的量化投资模式具有不透明性，使得宽客的技术机密细节不为外人所知。这间接导致量化投资常常被误解，主要体现在以下几个方面：

一是量化交易与基本面分析。二者并不矛盾，相反量化交易往往会从基本面因素出发，同时兼顾动量效应等技术因素。

二是使用计算机方式与量化交易。使用计算机方式并不意味着投资者必定在从事量化交易。比如利用计算机某些功能而做出投资判断，操作上，该交易者仍可能属于主观判断型。

三是量化投资与技术分析。后者基于股票价格走势图进行分析，并通过历史数据对未来股票价格走势进行预测。量化投资则与之不同，其基于对市场的敏锐洞察和深刻理解，再通过统计检验等手段，最终形成合乎逻辑、获胜概率高的投资理念。

3. 量化投资的方法。量化投资经常改进数据，改进执行模型，改进构建投资组合的算法，这会涉及策略、复杂技术等众多层面和领域。概而言之，量化投资的方法，主要由人工智能、数据挖掘、小波分析、支持向量机、分形理论和随机过程组成（见图2）。

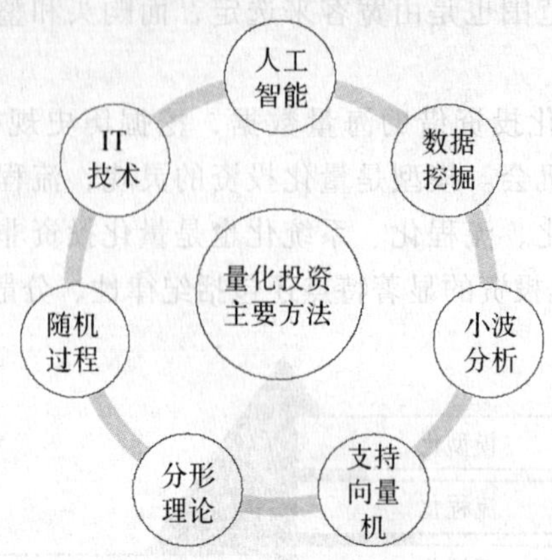

图2 量化投资的主要方法

资料来源：丁鹏：《量化投资》，北京：电子工业出版社2014年版。

（二）量化投资的现状

1. 海外量化投资的动向。1971年，世界上第一只指数基金由巴克莱国际投资管理公司发行，现今其已发展成为全球最大的量化基金即巴克莱量化基金（Barclays Global Investors），规模于2006年8月就已达1.6万亿美元。量化投资在摩根士丹利、高盛、美林、野村证券等国际一流大投行中已被广泛采用，人的主观性和机器的客观性与持续性得以有效结合。

海外量化投资的发展动向主要包括以下几点：一是量化投资相比早期已取得了长足的进步，现已成为国际金融市场上的主流投资方式之一。二是量化投资策略与基本面分析相辅相成，并借助量化模型信息，获取市场涨跌信号以觅得投资先机。三是在国际金融市场动荡时期，量化投资依旧有着较好的表现。宽客们借助程序化的交易，通过统计套利、短期交易甚至是一些长期策略取得了良好的业绩。四是资本实力雄厚的大机构的业绩表现优于较小规模的基金。虽然后者能将资源集中放在其所擅长的领域，但大机构会拥有更多更好的资源，这包括数据、执行数据所用到的算法，以及在相关谈判中获取更多的有利条件。

2. 国内量化投资的发展。量化投资涉及很多数学和计算机方面的知识和技术。自2005年的ETF套利拉开量化投资本土化序幕，国内量化投资现今已发展成为四大流派和三大策略。

（1）四大流派具体包括券商量化投资、公募基金量化投资、私募基金量化投资和期货量化投资。其中券商量化投资团队的具体划分：一是研究部门下属的量化投资团队，针对机构投资者提供综合服务。二是经纪部门下属的量化投资团队，其业务特点是数额偏大，且多为零售客户。三是资管部门下属的量化投资团队，其针对所发各款集合理财产品提供相关投资服务。四是衍生品部下属的量化投资团队，其类似于自营性质。2011年，券商集合理财首只对冲基金产品“君享量化”发行成功，一日售罄，募资超过5亿元。

（2）三大策略为套利、量化选股和市场中性策略。一是套利策略。这一策略目前主要通过期指进行套利，投资者往往在承担较低风险的情况下就能获取稳健的收益。若市场环境发生变化导致套利难度不断加大，这时投资者就会采取主动投资，现货市场上通过甄别股票等产品优劣，并相应构建投资组合，再借助衍生工具，比如期指工具，来进行套期保值以消除市场风险，并获取相应盈利。二是量化选股策略，即通过开发数量化模型，甄别股票价格变动的驱动因子，比如市盈率（PE）、市净率（PB）、净资产收益率（ROE）等，并通过驱动因子这一解释变量来推断和预测未来股票价格走势，最终相应构建形成投资组合头寸。量化选股的驱动因子众多，包括成长因子、情绪因子、盈利因子、估值因子等。三是市场中性策略。该策略既构建多头头寸，又构建空头头寸，通过在多空两个方向构建头寸，消除市场风险，并获取阿尔法收益。“东方红量化1号”、“君享量化”等产品，就是甄别PE、PB等驱动因子，再利用已开发的数量化模型，来预测未来股价变动这一被解释变量，并构建相应的投资组合头寸。

二、量化投资的体系框架

通过量化投资策略、量化模型的选择标准、量化投资的典型构造、量化投资的流程等构建量化投资的体系及框架，可以更准确、更深入理解量化投资，促进和推动量化投资业务的发展。

（一）量化投资策略

总的来说，量化投资策略可分为两大类：判断趋势型和判断波动率型。判断趋势型投资者，其风险偏好较高，投资风格较为激进，对大盘进行分析和把握，对个股进行趋势性判断，并进行相应的操作。判断波动率的投资方式，旨在尝试消除系统性风险，并赚取较为稳健的投资收益。具体来看，主要包括8个量化投资策略（见图3），可概括为4个方面。

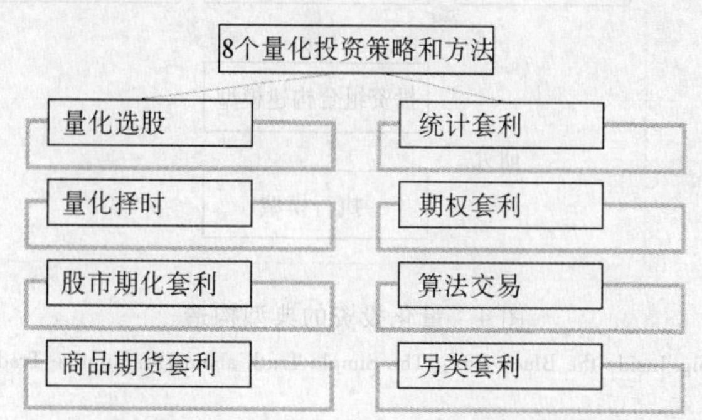

图3　8个重要的量化投资策略和方法

资料来源：丁鹏：《量化投资》，北京：电子工业出版社2014年版。

1. 量化选股和量化择时。量化选股的方法可概括为超越基准、稳定可靠、理论支持、较低成本，利用市值、价值、板块、动量等特征因子来进行选股。量化择时是收益率最高的一种交易方式，但是由于大盘与经济社会等密切相关，量化择时难度大于选股。

2. 期指套利策略、商品期货套利策略、统计套利策略和期权套利策略。一是期指套利策略。择时策略收益率最高，风险极大，研究难度很高，很多稳健型的资金更愿意采取股指期货套利这种低风险、低收益的投资方式。二是商品期货套利策略。其类似于期指套利，在期货市场构建空头或多头合约，同时在现货市场构建相应的多头或空头合约，并在将来某一时刻在期现两市场同时平仓。三是统计套利策略。通过理论模型预测得到某一理论值，再将其与市场价格比较，并基于此构建组合形成相应的多头或空头头寸。在这一过程中，系统性风险得以规避，最终将获取稳定的阿尔法收益。四是期权套利。期权较为复杂，期权合约的持有人只享有权利，并没有义务，而期权合约的售卖人恰恰相反，只有义务。若合约持有人行使相应的权利，合约售卖人就必须履行。相对而言，期权作为非线性工具，其套利更为复杂。

3. 算法交易。算法交易又称自动交易、黑盒交易或机器交易，它指的是使用计算机程序来发出交易指令的方法。

4. 另类套利策略。另类套利策略主要包括封闭式基金套利、ETF 套利、LOF 套利和高频交易等。

（二）量化模型的选择标准

量化模型的选择标准主要有四条：一是符合经济理论及常识；二是符合宽客的直觉；三是能容纳多种各不相同的因子，且要与之前已持有的投资组合相适应；四是应用方面具有便利性。

（三）量化投资的典型构造

交易系统一般包括三个模型：阿尔法模型（Alpha Model）、风险模型（Risk Model）、交易模型（Transaction Model）。这三个模型都是投资组合构建模型的输入模型，投资组合构建模型阶段后，再通过执行模型来完成任务（见图 4）。

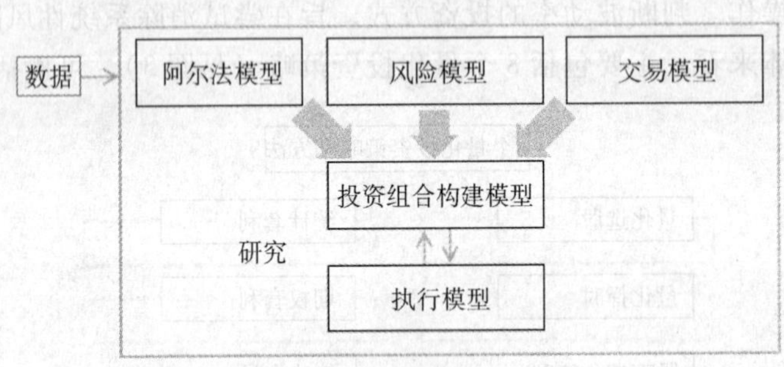

图 4 量化投资的典型构造

资料来源：Rishi K Narang. Inside the Black Box：The Simple Truth about Quantitative Trading［M］. Wiley. 2009。

下面从四个方面对系统进行特征分析。

1. 理论上与市场风险无关的对应主动风险的部分收益称作阿尔法。从理论上讲，资产收益由两部分组成：一是承担市场风险的贝塔（Beta）收益；二是跟市场风险不相关，但会面临主动风险并获取相应的阿尔法（Alpha）收益。

2. 阿尔法策略可以帮助公司在股市、债市、商品市场等各类市场上获得超额收益。阿尔法策略主要是要寻求一个能获取阿尔法收益的来源，并通过期指等工具消除与市场风险高度相关的贝塔，最终得到一个与市场风险相关性较小的阿尔法收益的投资策略。也就是说，阿尔法模型是靠预测宽客准备交易的金融产品未来的走势，从而获得投资回报。比如在期货市场的趋势跟随策略中，阿尔法模型用来预测期货市场未来的方向。

从本质上讲，阿尔法策略这个概念范畴较为宽泛，其可以帮助基金（尤其在其获得专户理财资格以后）等公司在股市、债市和商品市场等各类市场上赢取超额回报。比如股票市场上的阿尔法策略，可以通过“买入现货+卖出期货”加以构建。一方面在现货市场上有能获得超额回报的投资组合；另一方面，在期货市场上构建空头头寸进行对冲以规避市场风险。在这一过程中，现货多头头寸能获取超额回报，并通过期指规避系统性风险，留下的非系统性风险则表现为超越市场的选股收益。

3. 风险控制模型和交易成本模型保证了现金流的充沛与持续稳定，甚至能对利润率有一个提升。相对而言，风险控制模型主要用来限制宽客的风险敞口规模，这些风险因素可能不是产生盈利而是招致损失。其中，夏普系数用于衡量所构建的投资组合在承担系统风险和非系统风险时所获得的超额回报，基金业绩常用该指标来进行衡量，并用资本市场线（CML）作为基金业绩的基准。

对于交易成本模型而言，无论交易者的期望盈利是大还是小，只要交易者将现有的投资组合变为新的目标投资组合，就会产生交易费用。交易成本中，既包括交易佣金、交易税费等显性成本，又包括交易价差、冲击成本、时间风险等隐性成本。

4. 要使整个交易系统真正有效运行起来，数据和研究工作将是宽客投入资金完善设施和投入精力保证质量的重要方面与领域。宽客建立的输入/输出模型应该能够接受数据输入，并用这些数据进行计算，然后由此得出交易决策。比如趋势跟随策略中，交易者需要价格数据以便确认市场所形成的趋势，如果没有数据，宽客将束手无策，而一旦拥有数据，宽客就可以进行包括测试、检验、仿真等各项工作。架构中的各个模型，几乎均需在研究的基础上才能构建。

（四）量化投资体系及流程

1. 量化投资体系建设。量化投资体系的搭建，需要在资产配置、行业及板块配置、组合构建等多个方面进行深入研究，涉及择时模型、量化选股、股指期货套利等众多领域（见图5）。

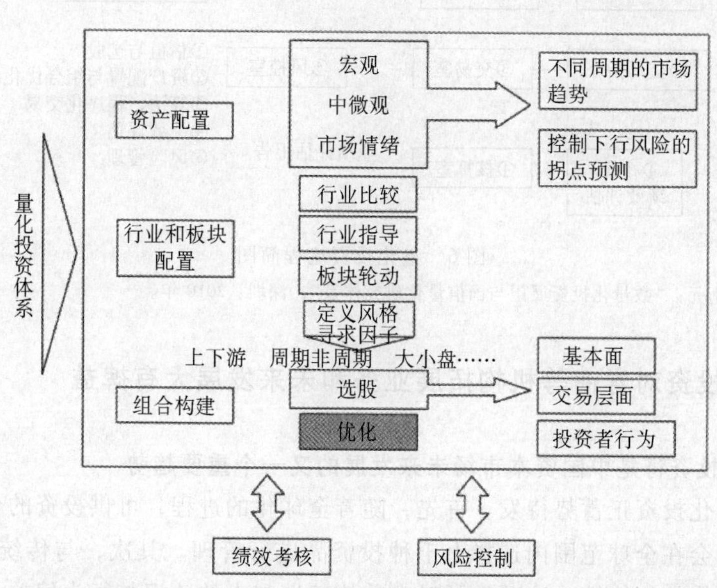

图5 国内某大型证券公司量化投资体系简图

资料来源：吴先兴等：“海通数量化研究之量化投资体系”，上海：2011年。

2. 量化投资流程。概括地说，量化投资包括以下两大步骤：

（1）设定投资目标，确定投资政策，选择具体资产，构建投资组合。一旦确定了投资目标，将有可能确定一个基准来评估管理者的绩效，并通过评估实现具体目标的潜力，以评价不同的投资策略。确定投资政策从资产配置入手，即决定资金在各大资产间如何分配。接下来应选择一个与投资者的投资目标和投资决策相一致的投资组合策略。投资组合策略可以分为积极型和被动积极型。投资者希望构建一个有效投资组合，即在给定的风险水平下提供最大期望收益，或者等价地在给定期望收益的条件下提供最小风险的投资组合。

（2）优化投资组合、执行模型、风险管理、动态再平衡。量化投资应非常重视市场风险，应用最先进的量化工具持续评估监测仓位的市场风险并实现一个动态再平衡，力争实现股票等产品低价买、高价卖，从而增加投资组合的阿尔法值。

在此过程中，估值与选股、资产配置与组合优化、订单生成与交易执行、绩效评估与风险管理等量化投资技术将会实现全覆盖，其重要性得以充分彰显（见图6）。

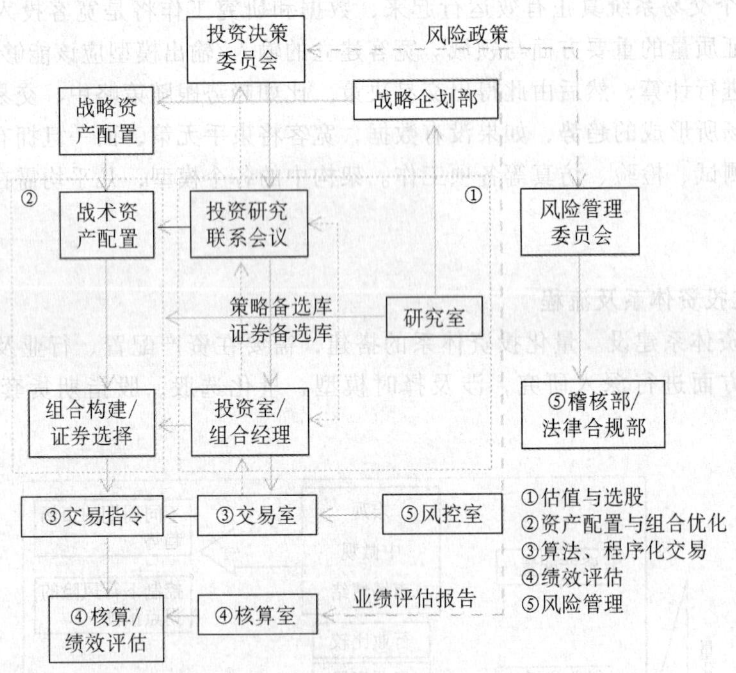

图6　量化投资流程简图

资料来源：葛新元："数量化投资展望与国信量化研究体系"，深圳：2010年。

三、量化投资对券商等机构拓展业务和未来发展大有裨益

（一）量化投资将是中国资本市场未来发展的又一个重要趋势

在国内，量化投资正蓄势待发。首先，随着全球化的进程，可供投资的金融资产快速增加，资产管理者会在全球范围内选择上千种投资品进行管理。其次，与传统投资模式相比，量化投资具有严格的纪律性，这减少了对人的依赖性和人的认识与行为偏差。再其次，技术比如计算机网络和数学工具的应用发展催生了量化投资。最后，随着交易型开放式指数基金

(ETF) 等股票类期权投入市场，量化投资或者量化策略越来越为机构投资者所接受，问题不再是到底是否需要量化投资，而是量化投资的使用程度如何。

(二) 国内量化投资在政策等方面虽存在多重阻碍，但近3年来增长迅速，发展空间巨大

量化投资也会面临制度欠完善，数据、指标、模型的同质化，模型表现较差等问题。事实上，国内市场的量化交易在很大程度上只是一种营销工具，但近3年来增长迅猛，并具有较为广阔的发展空间，产品种类也日益丰富，策略的复杂性和交易工具的日益精细化也正成为自身发展运作的重要趋向。

(三) 量化投资是扩大资产管理业务和自营规模的重要工具及手段

量化投资的产品线极为丰富，只有构建更具特色、更为丰富、更加完善的产品线，才能不断满足投资者多样化的投资需求，才能更好地应对市场快速发展所带来竞争加剧的局面。在这一构建过程中，资产管理等业务部门会逐渐发展壮大，机构自身相应也就获得了更好的发展。

(四) 量化投资对提升券商等机构的投资决策能力作用无可限量

量化投资策略并不排斥传统的投资方式，而引入量化投资方式，对于机构投资者的投资理念、投资方式和投资决策能力会形成一个强有力的促进和提高。这样，在不同的市场环境中，各具特色的不同投资理念可以更加明确地加以刻画和描述，成功的投资理念就能更容易、更方便地嵌入模型并影响相应的投资决策。此外，量化投资在一定程度上有助于证券公司等机构在交易量和市场份额等方面的提升，并且较多地使用中性策略还可降低经纪业务波动性。

参考文献

[1] Rishi K Narang. Inside the Black Box: The Simple Truth about QuantitativeTrading [M]. Wiley. 2009.

[2] Fabozzi, F. J., Focardi, S. M. and Jonas, C. L., On the challenges in quantitative equity management, Quantitative Finance, Vol. 8, No. 7, October 2008, 649—665.

[3] 丁鹏:《量化投资》[M]，北京：电子工业出版社 2014 年版。

[4] 吴先兴等:《海通数量化研究之量化投资体系》[R]，上海：2011 年。

[5] 葛新元:《数量化投资展望与国信量化研究体系》[R]，深圳：2010 年。

我国场外金融衍生品业务发展路径研究

国元证券股份有限公司 合肥工业大学*

一、导论

（一）研究背景及意义

随着经济一体化程度逐渐加深，场外金融衍生品市场在金融体系中的地位愈发重要。从20世纪80年代起，我国场外金融衍生品业务的发展一直在摸索中曲折前进，始终没有形成统一规范的发展模式。21世纪初，新三板的启动和天津股权交易所的建立标志着我国场外金融衍生品市场建设再次兴起，品种不断丰富，外汇衍生品交易量以较快速度增长，但与英美等国际成熟市场相比，我国的场外金融衍生品业务发展仍存在一系列的问题：（1）产品种类单一，规模较小，产品设计、创新和风险管理能力不足；（2）机构投资者参与程度不高，发展经验不足，从业人员配备不足，业务能力不强；（3）个人投资者投机性较强，风险意识薄弱；（4）法律体系不健全，监管体系不完善；（5）与其他国家金融衍生品方面的交流与合作较少，国际化水平较低。

关于场外金融衍生品业务的理论研究也缺乏全面性和系统性，这在一定程度上延缓了我国多层次资本市场建设的步伐，削弱了金融体系对国民经济发展的支撑作用。因此，本文拟有选择性地借鉴海外发展经验，结合我国本土实际提出建设我国场外金融衍生品业务的发展路径。本文的贡献在于既能丰富我国场外金融衍生品业务发展的理论研究，也能为政府决策者提供参考依据，推动我国场外金融衍生品业务发展，促进国民经济持续、健康、平稳发展。

---

* 小组成员：蔡咏，姚禄仕，吕海，孙强，赖海峰，苗金南，刘涛，王华峰，王园，李苹，严瑾，汤瑜。原载于《中国证券》2015 年第 9 期。

（二）积极发展场外金融衍生品业务的必要性

场外金融衍生品市场在金融体系中具有举足轻重的地位，积极发展场外金融衍生品业务不仅能维护本国金融市场的平稳运行，还能推动我国经济持续健康发展。发展我国场外金融衍生品业务是满足市场规避风险需求、资产配置需求和提高国家金融竞争力的必然要求。同时，其套期保值和价格发现的作用便于我国日益增长的外汇资产的保值增值管理，其风险转移的作用能为外汇、借贷、信用市场的参与者提供风险管理的途径。

1. 规避风险的需要。汇率和利率的严重不稳定性加剧了金融市场的风险。金融资产的价值出现频繁波动，国际贸易和投资面临巨大风险，企业需要借助新的金融产品进行风险控制和管理。因此，场外金融衍生品是企业为规避风险而必然选择的重要工具。

2. 资产配置的需要。自改革开放以来，随着国民经济持续发展，社会财富不断积累，投资队伍逐渐壮大，公众对个人财富保值增值产生了巨大需求，而传统的金融市场无法满足广大投资者日新月异的投资需求，场外金融衍生品的创新恰好符合我国投资者多元化资产配置的需要。

3. 提高金融竞争力的需要。随着金融全球一体化程度的加深，国际间金融市场的联系愈发紧密，金融风险的传播速度极快。对国际市场而言，我国的金融体系效率较低，金融竞争力薄弱，对金融风险的防范能力严重不足。因此，发展场外金融衍生品业务对提高我国金融效率、增加避险能力及巩固国际竞争地位意义重大。

（三）研究思路与方法

本文首先论述发展我国场外金融衍生品的必要性，并梳理与场外金融衍生品业务相关的理论文献，为后续论证奠定基础；其次阐述国外发达国家及新兴国家发展场外金融衍生品业务的发展路径及经验借鉴，并以 2008 年美国次贷危机为例，论证场外金融衍生品在金融危机中具有稳定市场、风险控制的作用；再其次分析我国目前场外金融衍生品业务发展存在的问题和原因，并针对 2015 年我国 A 股市场的“杠杆危机”进行剖析；最后采用层次分析法，根据问卷调查结果来定量分析我国场外金融衍生品业务的发展要素。由于样本的局限性，我们还需根据实证结果，借鉴欧美发达国家或新兴国家的场外金融衍生品业务发展模式，结合中国实际进行补充性规范分析，最终提出对策与建议。

本文采用理论研究与实证研究相结合、定性分析与定量分析相结合、案例分析等多种方法，系统研究了发展我国场外金融衍生品业务的路径；另外，针对我国场外金融衍生品业务，深入多家证券公司进行问卷调查，并采用层次分析法重点分析了我国场外金融衍生品业务的发展要素，作为研究我国场外金融衍生品业务发展路径的基础。

二、文献综述

（一）关于场外金融衍生品品种

Richard Christopher Whalen（2008）提出在金融创新领域具有标志性意义的产品有股指、债券以及外汇，金融衍生产品以这三大品种为基础，围绕不同的标的物和工具进行搭配和完善，在场内和场外分别推动起来。卫亚（2011）认为当前在我国国情下应重点发展的场外金融衍生品主要是股指类、利率类、外汇类衍生产品三大类。与此同时，也有一部分学者为了更好地研究场外金融衍生品，也开始对比研究场内与场外市场。姚兴涛（1999）从衍生品的品种、结构、产品定价方式等方面进行了对比。陈晗（2008）认为交易所市场是标准化的，监管程度相对较高，而场外衍生品则是非标准化的，监管程度相对比较低。场外市场的优势在于满足了不同投资者的个性化需求，同时也为市场参与者提供风险管理的工具。

（二）关于场外金融衍生品发展模式

George Testsekos（1997）认为资本市场应该依次发展股指类、利率类、外汇类衍生品。陈晗（2008）则总结出两种主要的发展模式：一种是以英美成熟市场为代表的自发性发展模式，另一种是以韩国、新加坡新兴市场为代表的干预性发展模式。吴炳华（2004）认为发展场外金融衍生品，一方面要推进金融衍生品市场化改革，同时要分层次、分步骤开展场外金融衍生品种。刘力耕（2002）提到市场化程度这一重要的标准，应根据不同市场化程度进行试行，在稳步推进场内期货交易后，可尝试推动以金融远期为主的场外交易，在远期期货市场取得一定成功后，再逐步发展期权和互换市场。卫亚（2011）提出我国应首先发展基本条件成熟的产品品种，通过不断的积累与学习，逐渐形成品种丰富、监管到位的场外市场；他还提出场外市场的发展模式应考虑我国国情，学习借鉴发达国家的发展模式，然后逐步走出有中国特色的衍生品发展路径。

（三）关于场外金融衍生品监管

David McCormick（2008）认为，2008 年金融危机归根结底是因为在享受金融创新带来的巨大好处的同时，忽略了对其的监管，进而造成了危机的爆发。中国社科院经济学部赴美考察团（2008）认为那次危机的导火线是利率调整和房地产价格泡沫破灭，但根本原因还是监管体制不够完善。Goldstein D.（2002）提到在目前发达国家的监管模式中，行业监管往往居于非常重要的地位，并在一定程度上辅以政府监管。他提倡采用专业化的方式，规范场外金融衍生品的发展。Merton H.（2007）强调衍生品的监管对其健康有序的发展有着相当重要的作用，在关注衍生品市场外部环境监管的同时，也应该加强对衍生品的内部控制。巴曙松（2011）提出金融监管改革的方案。他认为要积极推动场外衍生品市场的标准化，扩大管理交易对手的信用风险，建立完善的信息披露制度等。祁东（2009）认为英美的监管模式有很大的借鉴意义，采用政府监督行业自律组织、自律组织直接监管市场、以社会中介组织为补充的外部监管体制。初昌雄（2009）认为混业经营使得监管对象难以按照监管机构的类别来区分，导致监管有漏洞出现，应成立国家层面的监管协调机构，以加强监管机构之间的协调与配合，同时还要发挥国际监管的协助作用。

（四）研究述评

国内外学者基于不同思路对金融衍生品业务的产品选择、产品估值、风险控制、监管进行了全面的探讨。但是，针对场外金融衍生品的发展路径研究较少，并且尚未有一个系统高效的、适合我国国情的场外金融衍生品业务发展和监管的解决方案。

三、海外场外金融衍生品发展路径经验借鉴

（一）美国场外金融衍生品发展路径与经验

美国是场外金融衍生品成熟市场的典型代表之一。美国场外金融衍生品市场的发展是“先场外后场内”，最先开始的场外金融衍生品交易是股票期权与远期交易。19 世纪初，场外金融衍生品发展已相对完善，利率、汇率、信用评级类衍生品以及场外结构性产品等层出不穷。1971 年，NASDAQ 在美国成立，为场外市场的证券进行报价，这是美国第一个电子化股票交易市场。按照基础产品的不同进行分类，美国最早推出的金融衍生产品是外汇类衍生产品，随后是利率类、国债类、股票类衍生品，最后是信用类衍生产品。美国的场外金融衍生品市场发展模式是以市场诱导为主，采取先发展市场、后制定法律的制度。银行是参与主体的主要部分，大量介入场外交易拓展产品创新和业务。在次贷危机之后，美国减少了银行在场外金融交易中的参与度。

美国场外金融衍生品市场的交易机制采取做市商制为主，由投资者直接与金融衍生品经营机构进行交易，监管体系在 2008 年次贷危机后由“分业监管、场外市场清算”转变成“中央清算、统一监管”模式，强调通过强制的协调与磋商机制来实现统一监管的目标。

（二）韩国场外金融衍生品发展路径与经验

与西方成熟市场相比，亚洲国家的场外衍生品市场在短期内发展和完善，更能为我国 OTC 市场的发展提供范例。作为新兴市场的代表之一，韩国场外金融衍生品市场发展迅速，韩国政府通过政策引导积极推进场外金融衍生品市场的发展，但利率下降、外汇市场波动以及长期的欧元危机导致自 2012 年韩国场外衍生品市场停滞不前。

韩国场外金融衍生产品的市场发展模式是政府供给型，其制度建设是由政府先规范，再发展市场。在韩国，场外金融衍生产品的品种主要包括利率类衍生品、股权类衍生品、货币类衍生品、商品类衍生品、信用类衍生品，其中汇率类衍生品比重要高于其他，利率类衍生品发展迅速。2008 年次贷危机之后，韩国政府强化了对场外金融衍生品市场的限制政策和监管措施，加强了外汇管制，减少了场外市场的外汇期货和掉期交易，外汇类和信用类衍生品所占比例有所下降。

韩国场外衍生品市场中最大的市场份额当属商业银行，但证券公司所占比例也在同年增加，与股票挂钩的相关衍生品种类更加齐全，而信托和保险公司占的比例较小。2012 年 11 月，韩国国会根据改革后的法律要求通过了中央对手方清算，对场外衍生工具市场有显著的影响。同时，韩国的场外衍生品市场与多数国家一样，主要以做市商的交易量为主导，在做市商中又分为国内和国外两部分，分别在不同的场外金融衍生品业务中发挥着主导作用（见图 1）。

（三）次贷危机对发展场外金融衍生品业务的经验借鉴

1. 次贷危机爆发的根源。尽管美国次贷危机已过去七八年时间，关于次贷危机的研究成果也十分丰富，但是人们至今对次贷危机爆发的根源仍莫衷一是。梳理危机过程我们看到，场外金融衍生品的存在只是使得大规模资产证券化（Asset Backed Securitization，缩写成

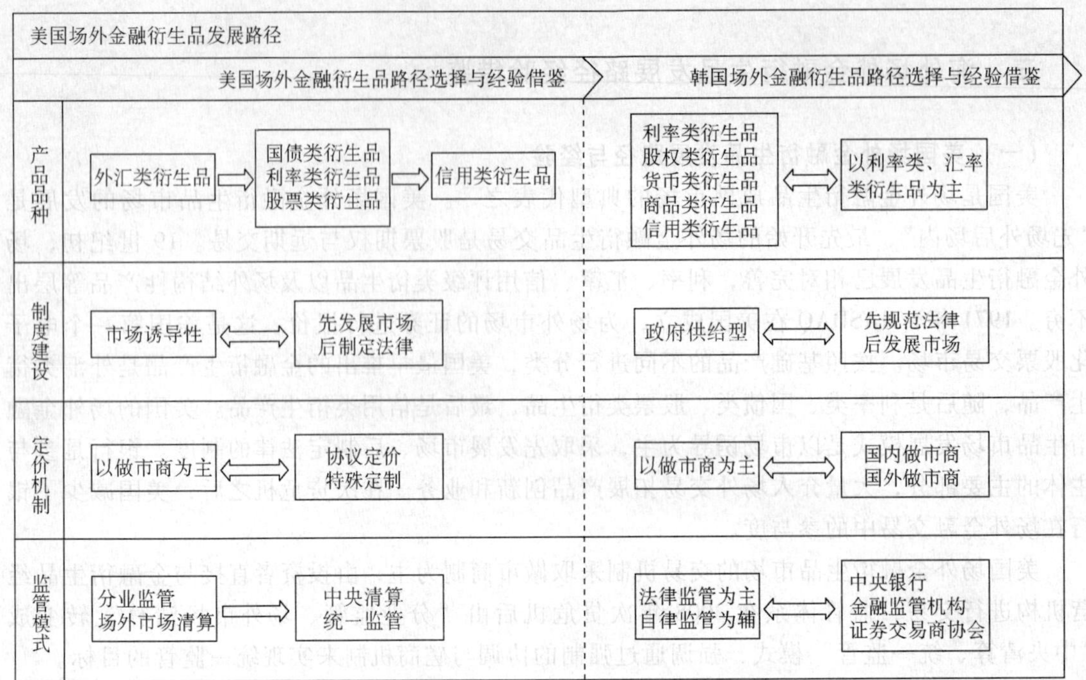

图 1 美、韩场外金融衍生品业务发展路径比较

ABS）成为可能，而次贷危机爆发是由于银行出于逐利需求，过度发展住房抵押贷款支持证券（Mortgage - Backed Security，缩写成 MBS），担保债务凭证（Collateralized Debt Obligation，缩写成 CDO）和信用违约掉期（Credit Default Swap，缩写成 CDS）等信用类衍生品，推动了信贷市场虚假繁荣，市场的复杂性和有限的透明度又增强了机构投资者潜在的过度冒险行为，与此同时政府疏于对场外衍生品市场监管，甚至变相鼓励，交易机制存在弊病，金融机构的“大而不倒”也削弱了金融市场的运行效率，从而共同加速了系统性的风险，最终酿成危机。因此我们认为，场外金融衍生品本身并非次贷危机爆发的根源，真正引发危机的是金融衍生品的过度发展和对其监管不力（见图 2）。

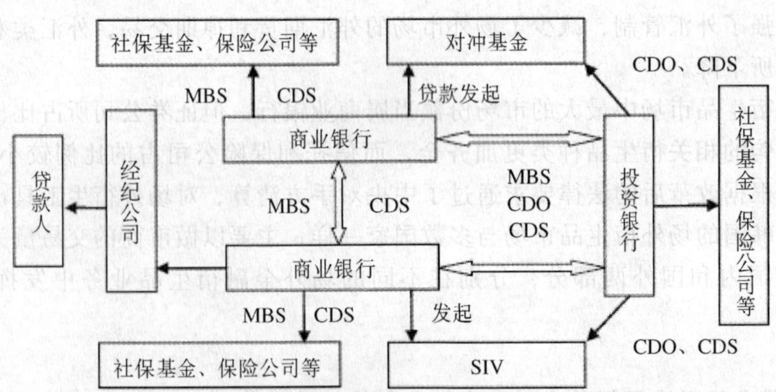

图 2 次级债务衍生品形成与流动过程

2. 场外金融衍生品的两面性。场外金融衍生品在 20 世纪 80 年代开始快速发展，但其发展具有鲜明的两面性。一方面，场外金融衍生品市场健康、有序的发展会给金融市场注入

更多的资金，给广大投资者带来更多的机遇，推动整个金融市场的繁荣与发展；另一方面，当市场缺乏监管和过度投机时，场外金融衍生产品的杠杆作用会加剧市场经济的泡沫化，从而导致整个虚拟经济被严重破坏。

次贷危机中，次级债务衍生品的发展首先源于银行与机构投资者的需求，它所具有合约灵活性、个性化的特点，可以满足不同投资者的投资需求，所以次级债务衍生品在次贷危机前事实上发挥着积极的作用。一是风险对冲作用。次级债务衍生工具为各类机构提供个性化、多样化的风险对冲工具，用来弥补标准化场内衍生品的风险管理功能。二是资产配置作用。通过次级债务衍生品交易可以降低风险，提高风险报酬的比率，实现机构投资者多资产和跨市场的目标。只是由于之后的过度发展、监管缺失、信息披露制度不健全才导致美国乃至全球金融市场秩序紊乱，给投资者带来巨大损失。倘若次级债务衍生品没有过度发展，金融监管也未缺失，那么产品本身会给金融市场带来更多的积极作用，引发金融危机的可能性也将大幅度降低。

3. 次贷危机对发展场外金融衍生品的经验借鉴。金融危机过后，各个国家都采取各种举措来推动场外金融衍生品市场健康有序发展，政府加强了对场外市场的准确定位以及严格监管，市场对于投资者准入的合格要求更加严厉，清算制度也被强制要求中央清算，这些举措都对完善场外金融市场发挥着重大的作用。我们认为，引发金融危机的根本原因是场外金融衍生品过度发展的同时市场监管体系不健全、信息披露制度不完善等种种外部因素，所以需要通过加强场外市场监管、改善存在弊端的内在运行机制来减少交易对手的信用风险，增强市场的流动性，提高市场的透明度。

（四）对我国发展场外金融衍生品的启示

相比海外发达市场，我国场外金融衍生产品市场发展仍然存在很多不足之处：我国的场外市场规模较小、种类单一、投资者不成熟、基础设施不完善、法律体系不健全。目前，场外金融衍生品业务在国内尚处于初始阶段，我们应当借鉴境外发展经验，从产品品种、交易机制和监管模式等方面向国外学习，结合次贷危机的经验和教训，在理解场外市场特点的同时加强对场外金融衍生品市场的风险控制，推进场外市场统一清算制度的实行，加强市场透明度。

四、我国场外金融衍生品业务发展问题分析

（一）交易产品品种问题分析

1. 我国现货市场规模不匹配。衍生品具有派生性，衍生品市场良性发展离不开完备成熟的现货市场的支持。合理的现货市场规模往往能够带动市场价格的合理化，同时对市场价格机制和远期市场价格定价也会产生重大的影响。当前我国的现货市场规模过小，制约着我国场外金融衍生品业务的发展。

2. 场外金融衍生品创新不足。场外金融衍生品交易最大的特点在于需要在合约设计方面获得足够的自由度，而目前国内的产品不仅在设计方面存在缺陷，且现有的创新机制制约和阻碍着场外金融衍生品业务的自由化发展，这种现状难以满足场外金融衍生品市场成长追求自由化和多样化的要求。

3. 基础产品类型较少。基础产品的规模化是衍生品品种创新和开发的重要保证。我国银行间市场的衍生品包括两大类共 5 个品种：债券远期、利率互换、远期利率协议、外汇掉期和外汇远期。由于我国场外金融衍生品在期权类和信用类方面涉及较少，基础产品的种类不够完善，场外金融衍生品业务交易品种的创新和发展也受到制约。

4. 产品定价机制不健全。我国现有场外金融衍生产品大多投机性较强，场外市场的深度不够，这使得场外金融衍生品市场本身的价值发现功能难以发挥。另外，由于场外市场的有效性和完备性的缺失，金融衍生品的价值往往难以得到准确的评估。

（二）机构投资者问题分析

1. 专业交易对手方参与程度不足。目前，国内的证券公司开展交易业务的对手大多数是非专业机构，这些机构的资产规模较小，且其交易的目的多数为杠杆融资，真正的风险管理需求较小，而境外的金融机构，其交易的对手方往往是具有同等规模的专业机构，我国证券公司的市场参与程度不高。

2. 盈利模式单一且效益不高。做市商制度之所以能够在境外场外金融衍生品市场占据主导地位，是因为它能够很好地为整个金融市场提供流动性和即时性。做市商制度在国内的场外金融衍生品市场还没有得到广泛应用，大多数证券公司也因此没有在场外金融衍生品交易业务中形成有效的盈利模式，这也大大降低了证券公司从事场外业务的主动性和积极性。

3. 信用风险识别和管理能力不足。场外市场的监管较为宽松，其交易的信用违约风险较之场内而言更大，履约的顺利完成完全取决于交易双方的信用程度。我国证券公司当前对交易对手的履约保障能力测评不够细致，难以有效地掌握交易对手在其他公司的违约事项，对交易的信用风险评估不足，无法实现信用风险的集中管理。

4. 专业人员配备不足，信息技术系统建设的发展相对滞后。证券公司目前从事中后台场外衍生品业务的相关人员不仅配备不足，而且缺少业务管理的经验，这使得他们难以准确掌握业务开展各环节中存在的风险。另外，信息技术系统的发展滞后也导致存在着操作风险的隐患。这些问题不利于公司对业务风险的管理和控制，也阻碍着场外金融衍生品业务的拓展。

（三）个人投资者问题分析

1. 我国个人投资者整体风险识别能力较差。个人投资者的综合投资能力相对弱势，受限于专业知识能力和资金容量，对整个市场的认识能力和整体把握能力不足。面对本身具有复杂性和专业性的场外金融衍生品产品，常常无法依靠自身能力对投资的风险进行有效的识别和规避。

2. 我国个人投资者的投机性强。场外市场宽松的监管环境以及场外金融衍生品的高杠杆性能够带来高额收益，使许多投资者往往更倾向于投机和套利，导致投资风险的无限扩大化。

（四）法律体系与监管制度问题分析

1. 我国在金融方面的法律体系不健全。在我国现行的法律体系中，与金融衍生产品有关的条例，多数是各监管机构针对具体的衍生产品制定，涵盖范围较窄，约束能力不强；缺少统一的专门针对整个场外金融衍生品市场交易的相关法律，也缺乏监管机构对从事场外金融衍生品业务的金融机构的统一监管法规。

2. 我国政府机构监管制度不完善。良好的市场环境离不开监管，我国目前采用分业监管模式，但随着金融市场的不断发展和扩大，银行、证券和保险等行业逐步形成了混业经营方式，这种局面使得日常监管过程中多头管理、交叉管理和管理真空的现象时有发生。

3. 我国行业自律组织监管不足。首先，交易对手主体资格要求过严，高净值个人客户往往无法直接接触到场外金融衍生品的相关交易。其次，风险控制指标计提缺乏合理性，没有充分考虑财务衍生品业务的风险对冲特点，难以实现风险的敞口抵消。最后，缺乏行业规范发展统一的规则，比如从业人员的资格审查、交易的规则、风险的披露等，不利于我国金融衍生品从业人员道德素质和风险管理意识的提高，也会加剧金融衍生品市场的过度投机。

4. 我国场外市场的信息披露制度不健全。广大金融机构无法做到真正的信息披露，而且目前我国缺少场外金融衍生品交易信息的披露规则，是否需要进行信息披露，需要披露哪些内容，披露工作应由哪一方进行等事项的规定并不明确。

（五）国际交流与合作问题分析

当前，我国衍生品市场的现状是场内金融衍生品市场只对本国投资者开放，场外金融衍生品市场则只对部分本国金融机构开放。金融衍生品市场开放条件的限制，不仅使得我国场外金融衍生品业务的对外交流与合作受限，更导致我国大部分金融衍生品交易价格对国际市场金融衍生品价格形成的影响能力较弱，对于其他国家和地区金融衍生品市场的影响力更是微乎其微。长此以往，我国将无法借助经济全球化的影响，推动国家整体虚拟经济的发展，而且也会逐渐丧失依靠实体经济发展所获得的与自身经济实力相匹配的话语权。

五、我国场外金融衍生品业务发展路径要素框架分析

（一）构建我国场外金融衍生品业务发展路径要素框架

对比当前我国场外金融衍生品业务，产品种类不断丰富、交易市场结构逐步深化，定价机制趋于合理，监管效率不断提升，诸多要素的有机整合与进步共同推动我国场外金融衍生品业务不断发展。从产品品种、市场结构、定价机制和监管模式四个维度考察我国场外金融衍生品业务发展路径要素，其中，产品品种依据基础产品的不同分为利率类场外金融衍生品、汇率类场外金融衍生品、股指类场外金融衍生品、原材料类场外金融衍生品和信用类场外金融衍生品；市场结构依据交易市场覆盖的区域范围，分为全国性场外交易市场、“1 + N”混合型场外交易市场和区域性场外交易市场；定价机制包括做市商制度、竞价制度和混合定价制度；监管模式则基于监管主体的不同，涵盖了政府监管、行业自律和市场参与者自控。

我国场外金融衍生品业务发展路径要素框架的具体内容如表 1 所示。

表 1 我国场外金融衍生品业务发展路径要素框架

产品品种	利率类场外金融衍生品
	汇率类场外金融衍生品
	股指类场外金融衍生品
	原材料类场外金融衍生品
	信用类场外金融衍生品
市场结构	全国性场外交易市场
	“1 + N” 混合型场外交易市场
	区域性场外交易市场
定价机制	做市商制度
	竞价制度
	混合定价制度
监管模式	政府监管
	行业自律
	市场参与者自控

在这里，我们对“1 + N”混合型场外交易市场进行简单界定。“1 + N”混合型场外交易市场从市场结构来看由全国性场外交易市场和区域性场外交易市场组成，本质上是以全国性市场为中心，在以促进区域经济战略性调整、促进产业结构优化升级为目的前提下，以现有交易技术及交易系统为支撑，大力建设区域性交易市场，发展区域性场外交易市场试点。最终目的是由全国性交易市场带动区域性交易市场发展，统一交易规则、监管模式、上市标准、操作流程与业务模式，实现全国性交易市场功能逐步转移到区域性交易市场，充分发挥其统筹安排与监管的职能。

（二）运用 AHP 分析法确定要素权重

使用 AHP 分析法确定要素权重的具体过程如图 3 所示。

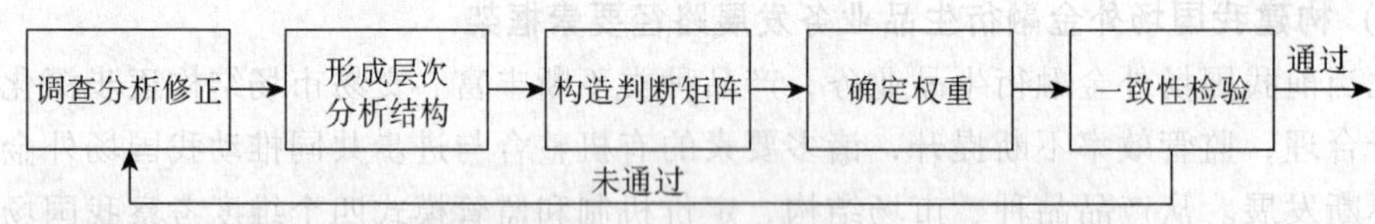

图 3 每一层级要素权重的确定过程

1. 形成层次分析结构。我国场外金融衍生品业务发展路径要素框架将复杂的路径问题分解，按照各要素的相互关系和隶属关系形成不同层次，每一层次中的要素既决定了下一层次中的各个要素，又受到上一层次的支配。本文充分考虑了要素的覆盖性、合理性和可操作性，保证最终结果有效、可靠。构造层次分析结构如图 4 所示。

2. 构造判断矩阵。采用调查问卷与实地访谈等方式，征询了证券公司、银行、信托等机构的有关专家、高管以及主管部门的意见，采用加权平均法确定同一层次各项指标之间的相对重要性的两两比较数值，并构造中间层和要素层的判断矩阵。判断矩阵 R 中的元素 Rij

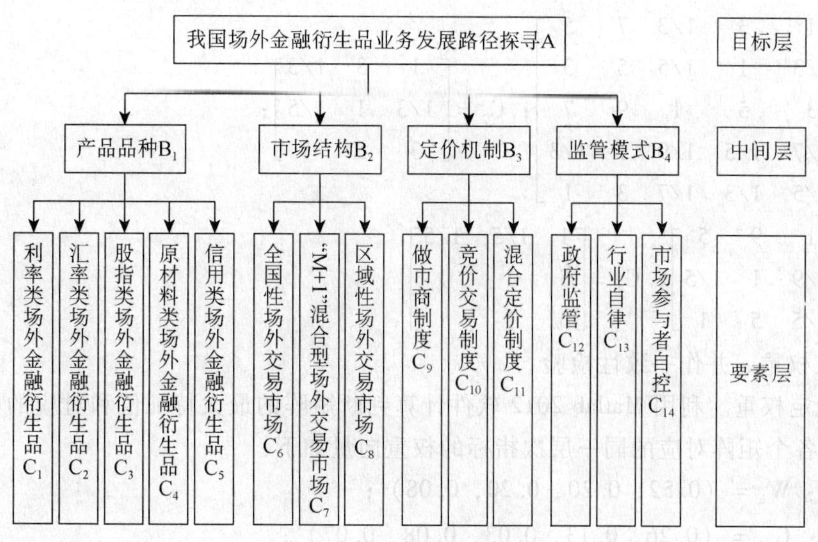

图4 层次分析结构图

是要素 ri 相对于要素 rj 的相对重要性的数值表示。对 Rij 的具体赋值含义如表 2 所示。

表 2 **赋值含义表**

赋值 $R_{ij}=\frac{1}{R_{ji}}$	含义
1	要素 r_i 与要素 r_j 相比，具有同等重要性
3	要素 r_i 与要素 r_j 相比，r_i 比 r_j 稍微重要
5	要素 r_i 与要素 r_j 相比，r_i 比 r_j 明显重要
7	要素 r_i 与要素 r_j 相比，r_i 比 r_j 强烈重要
9	要素 r_i 与要素 r_j 相比，r_i 比 r_j 极端重要
2、4、6、8	以上相应判断的中间情况
1—9 的倒数	表示 r_i 与 r_j 比较的赋值等于 r_i 与 r_j 比较的赋值的倒数

（1）中间层 B。根据调查结果，利用加权平均法分别计算产品品种、市场结构、定价机制和监管模式四个要素的相对重要性数值，构成判断矩阵 B：

$$B=\begin{bmatrix}1 & 3 & 3 & 5\\ 1/3 & 1 & 1 & 3\\ 1/3 & 1 & 1 & 3\\ 1/5 & 1/5 & 1/5 & 1\end{bmatrix}$$

（2）要素层 C。按照与中间层 B 相同的计算方式，分别计算产品品种、市场结构、定价机制和监管模式各自对应的基础要素之间的相对重要性数值，构成判断矩阵（i = 1，2，3，4）：

$$C_1=\begin{bmatrix}1 & 3 & 1/3 & 7 & 5\\ 1/3 & 1 & 1/5 & 5 & 3\\ 3 & 5 & 1 & 9 & 7\\ 1/7 & 1/5 & 1/9 & 1 & 1/3\\ 1/5 & 1/3 & 1/7 & 3 & 1\end{bmatrix};\ C_2=\begin{bmatrix}1 & 3 & 1/3\\ 1/3 & 1 & 1/5\\ 3 & 5 & 1\end{bmatrix};$$

$$C_3=\begin{bmatrix}1 & 9 & 5\\ 1/9 & 1 & 1/5\\ 1/5 & 5 & 1\end{bmatrix};\ C_4=\begin{bmatrix}1 & 1/5 & 1/5\\ 5 & 1 & 1\\ 5 & 1 & 1\end{bmatrix}。$$

3. 确定权重，并作一致性检验。

（1）确定权重。利用 Matlab 2012 软件计算判断矩阵的最大特征值和对应的归一化特征向量，得到各个矩阵对应的同一层次指标的权重向量如下：

中间层：$W_b=(0.52,\ 0.20,\ 0.20,\ 0.08)^T$；

要素层：$C_{c1}=(0.26,\ 0.13,\ 0.03,\ 0.08,\ 0.07)^T$；

$C_{c2}=(0.26,\ 0.10,\ 0.64)^T$；

$C_{c3}=(0.74,\ 0.06,\ 0.20)^T$；

$C_{c4}=(0.10,\ 0.45,\ 0.45)^T$。

（2）一致性检验。一致性检验的一般步骤如下：

计算一致性指标：$CI=\frac{\lambda(R)-n}{n-1}$，$\lambda(R)$ 为矩阵 R 的最大特征值。

找出相应的平均随机一致性指标 RI，平均随机一致性指标 RI 取值如表 3 所示。

表 3　　平均随机一致性指标 RI

n	1	2	3	4	5	6	7	8	9
RI	0	0	0.58	0.90	1.12	1.24	1.32	1.41	1.45

计算一致性比例：$CR=\frac{CI}{RI}$。

当 CR 值小于 0.1 时，认为矩阵 R 具有较好的一致性，赋权合理；否则就要对判断矩阵进行调整，直到通过一致性检验。经计算：

中间层 $CI_b=0.01$，$RI=0.90$，$CR_b=0.02<0.1$，则矩阵 B 通过一致性检验；

要素层 $CI_{c1}=0.06$，$RI=1.12$，$CI_{c1}=0.05<0.1$，则矩阵 C_1 通过一致性检验；

要素层 $CI_{c2}=0.02$，$RI=1.58$，$CI_{c2}=0.03<0.1$，则矩阵 C_2 通过一致性检验；

要素层 $CI_{c3}=0.06$，$RI=0.58$，$CI_{c3}=0.1009>0.1$，则矩阵 C_3 没有通过一致性检验；

要素层 $CI_{c4}=0$，$RI=0.58$，$CI_{c2}=0<0.1$，则矩阵 C_4 通过一致性检验。

（三）实证结果分析

具体实证结果如表 4 所示。经过上述计算及一致性检验可以发现：首先，我国场外衍生品业务发展最重要的是产品品种（权重 0.52），其中在当前最为专家看好的是大力发展股指类场外金融衍生品（权重 0.51），辅之以利率类（权重 0.26）、汇率类（权重 0.13）场外金融衍生品，而原材料类（权重0.03）和信用类（权重0.07）场外金融衍生品目前并不被看好。其次，是我国场外金融衍生品市场的市场结构（权重0.20），其中区域性场外金融衍生品市场（权重0.64）备受专家的青睐。再其次，对于场外金融衍生品定价机制（权重0.20）应该给予一定的关注，但是由于矩阵没有通过一致性检验，说明目前专家们对于场外金融衍生品业务应选择哪种定价机制观点不统一，需进一步探讨。最后，对于场外金融衍生品市场的监管，专家们没有给予足够的重视（权重0.08），认为尤其要减少政府监管的力度（0.10），应该注重加强行业自律（权重0.45）和市场参与者自控（权重0.45）。

表4　　实 证 结 果

中间层		要素层		一致性检验
二级要素	权重	三级要素	权重	
产品品种	0.52	利率类场外金融衍生品	0.26	通过
		汇率类场外金融衍生品	0.13	
		股指类场外金融衍生品	0.51	
		原材料类场外金融衍生品	0.03	
		信用类场外金融衍生品	0.07	
市场结构	0.20	全国性场外交易市场	0.26	通过
		“1+N”混合型场外交易市场	0.10	
		区域性场外交易市场	0.64	
定价机制	0.20	做市商制度	0.74	未通过
		竞价交易制度	0.06	
		混合定价制度	0.20	
监管模式	0.08	政府监管	0.10	通过
		行业自律	0.45	
		市场参与者自控	0.45	

六、我国场外金融衍生品业务发展路径设计

（一）我国场外金融衍生品业务发展最终目标

场外金融衍生品市场作为资本市场体系的重要组成部分，对于正处于经济转型期的我国而言，其发展的必要性不容忽视，要在此基础上构建一个以场外场内互相联动均衡发展、发展路径创新多样合理、产品种类多样、经营运作广泛规范、监督管理到位为目标的、具有中国国情又适应国际发展的场外金融衍生品市场。

（二）我国场外金融衍生品业务发展路径设计

1. 以股指类为首要品种，逐步有序地丰富场外金融衍生品品种。我国场外金融衍生品品种的不断丰富要建立在适应经济金融改革的进程、满足市场强烈需求的基础上，逐步实现品种上由少到多、结构上由简到繁、风险上由低到高。从海外经验来看，外汇类和利率类场

外金融衍生品在市场上占了极大比重。考虑到我国目前汇率、利率本质上仍受到较大限制，市场化程度还有待提高，风险管理控制能力不足，而我国股票市场经过多年的发展已逐步成熟，在目前交易机制下有充足的换手保证市场的流动性，因此我国场外金融衍生品业务首先要发展股指类场外金融衍生品。

自 2012 年底我国允许券商试点场外衍生品以来，权益收益互换、场外期权、收益凭证开始起步，但受其个性化需求以及本身风险控制缺失的制约，规模与投资者范围均较小，未来我们应进一步发展权益违约互换、结构化工具等更多衍生产品，这样既能够帮助投资者实现套期保值和风险转移，又能够促进股市做空机制的建立与发展，稳定资本市场。在此基础上，逐步推出汇率类、利率类场外金融衍生品，而原材料类和信用类场外金融衍生品在市场更加成熟、投资者更加理性、信息披露更加透明的条件下再推出。

2. 全国性市场带动发展，各区域性市场联动为最终目标。尽管我们为正在试点的场外衍生品交易构建了一个集中报价系统，但显然不能满足我国投资者分布广泛、目的多元的需求，同时为了推动区域经济战略性调整，推动产业结构升级，我们应创造条件，充分发挥区域性券商专长，在具有区域经济优势的地区建设和发展区域性场外金融衍生品市场试点，形成“1 + N”型中国场外金融衍生品市场分布格局，实现从全国到区域的有效过渡。最终，我们要逐步以区域性场外金融衍生品市场为主要市场，形成具有统一的市场准入、交易机制、业务操作流程及监管制度的场外金融衍生品市场，尽量满足各类客户在风险对冲、套期保值等各方面的需要。

3. 采用以做市商制度为主的混合型定价机制。总结境外场外金融衍生品市场交易模式的演变历程，结合当前我国场外金融衍生品市场现状，我国应该采用以做市商制度为主的混合型定价机制。一方面能够避免因做市商少而出现的价格操纵现象，另一方面解决了因场外交易市场交易零散、有限、流动性差等问题对竞价交易制度的限制。

4. 形成政府引导、行业自律、市场参与者自控的多层次监管模式。我国目前正处于场外金融衍生品业务发展的初级阶段，市场环境与基础设施建设均不完善，需要由政府统一监管，完善相关的自律与监管制度。随着我国场外金融衍生品市场发展逐步成熟，结构逐步深化，政府职能应发生转变，减少行政干预，充分发挥引导和调节作用，而自律组织及各市场参与者要充分发挥监管职能，最终形成政府引导、行业自律、市场参与者自控的高度协同的多层次监管模式。

（三）我国场外金融衍生品业务发展配套措施

1. 加快推进利率市场化与汇率自由化改革。市场化的利率和汇率能将市场上的资金价格更准确地反映出来，为人们作决策提供根本依据。我国目前在利率市场化改革方面有很多措施，但还未成功，仍需加强推进。随着汇率自由化的深入改革，增加人民币汇率的弹性已取得较大进步，汇率定价市场化也有较大发展，但实现汇率自由浮动仍有一些难度，资本项目实现自由兑换也有一段路要走。

2. 鼓励场外金融衍生产品创新，加强监管、防范风险。新产品创新能够带来新的发展机会，实现交易手段和盈利模式的创新，能促进交易量积极增长。我国场外金融衍生产品的发展，需要在鼓励衍生品创新的同时，加强监管、加强防范风险。对于证券公司来说，一方面要充分发挥其在股票市场的优势，加强针对股指类产品进行横向和纵向的设计和创新；另一方面应注意细化标的筛选标准与标的集中度管理，加强对标的证券的市场风险、流动性风险的识别和防控，完善风险识别和内控制度，加强应对风险、处理风险的能力。

3. 建立中央集中清算机制，完善交易信息库制度。一方面，建立中央集中清算体制，将清算规范化。没有中央对手方，根据交易双方的需求采取一对一方式进行直接交易和清算，无论是信用风险、资金风险都很大，不利于场外金融市场的健康发展；另一方面，清算组织以及交易执行设施必须建立每日的业务保存记录，按期向监管者以特定的方式提供信息，以满足监督管理的需要。同时，根据收集和整理每日交易数据信息，分阶段建立一个全面的数据库，既可以为市场参与者提供咨询服务，也可以为市场参与者提供价格参考。目前，市场监测中心已建立了证券公司金融衍生品备案管理机制，并在此基础上初步建立了统一的监测监控体系，但对现有场外金融衍生品交易的信息收集、统计、分析机制还要不断完善，以逐步实现证券行业场外金融衍生品交易的集中清算，及时识别、防范和化解场外金融衍生品交易中的系统风险。

4. 加强信息披露制度，规范相关法律法规。针对场外交易市场，建议制定统一的信息披露标准和格式规范，明确规定信息披露的内容，明确信息披露的法律责任，明确信息披露的处罚机制，建立权威的信息披露渠道，保证交易的透明度，有利于共同监管各交易方，降低场外金融衍生品交易的风险，避免逆向选择和道德风险，这是保护投资者利益的重要措施。建议中国证券业协会在行业场外金融衍生品交易业务经验积累基础上，组织起草股指类场外金融衍生品定义文件和履约担保文件，为证券公司开展该类业务提供更加全面、规范的指引。同时，建议与中国银行间市场交易商协会保持积极的联系与沟通，争取实现制定中国场外市场统一主协议，消除因适用不同主协议带来的信用风险；建议协助中国证监会与最高人民法院等国家司法机关沟通，对主协议与履约担保中存在的法律问题进行协调，尽量消除金融衍生品交易的法律障碍；建议协助中国证监会与国家税务机关沟通，对金融衍生品交易中的重复税收问题进行协调，尽量降低券商金融衍生品交易成本。

5. 加强投资者队伍建设，培育成熟、理性的投资者。一方面是进一步加强建设个人投资者队伍。个人投资者对我国衍生金融市场的发展起着不能忽视的作用，但他们投机性强且并非理智投资，相关知识薄弱，投资具有一定的随机性，加强对他们的培育教育、提高他们的知识素质，有助于构建稳定的场外金融市场。另一方面是加强各类机构投资者的参与，实现市场参与者差异化。可以向监管部门提出建议，推动基金公司、保险公司、商业银行等专业机构参与证券市场场外金融衍生品交易，推动并协助相关主管部门建立相关的准入细则、管理办法等，为证券行业场外金融衍生品风险对冲市场的形成提供协助与支持。

6. 加强培育专业化人才，提升中介人员及机构水平。目前场外金融衍生品市场没有充足的人才储备，急需一批金融知识面广、专业知识更新速度快、具有较强技术性的专业人才队伍。同时，提高中介人员和中介机构的水平，可以通过我国自主培养，也可以通过国外引进，利用他们丰富的实践经验，带动国内交易员发展。因此，引导证券公司建立一套完整的人才引进、培训、激励和淘汰工作机制，吸引和培养一批高素质的场外金融衍生品人才队伍，通过境内、境外等多种培训形式提升行业场外金融衍生品业务人员专业能力尤为重要（见图5）。

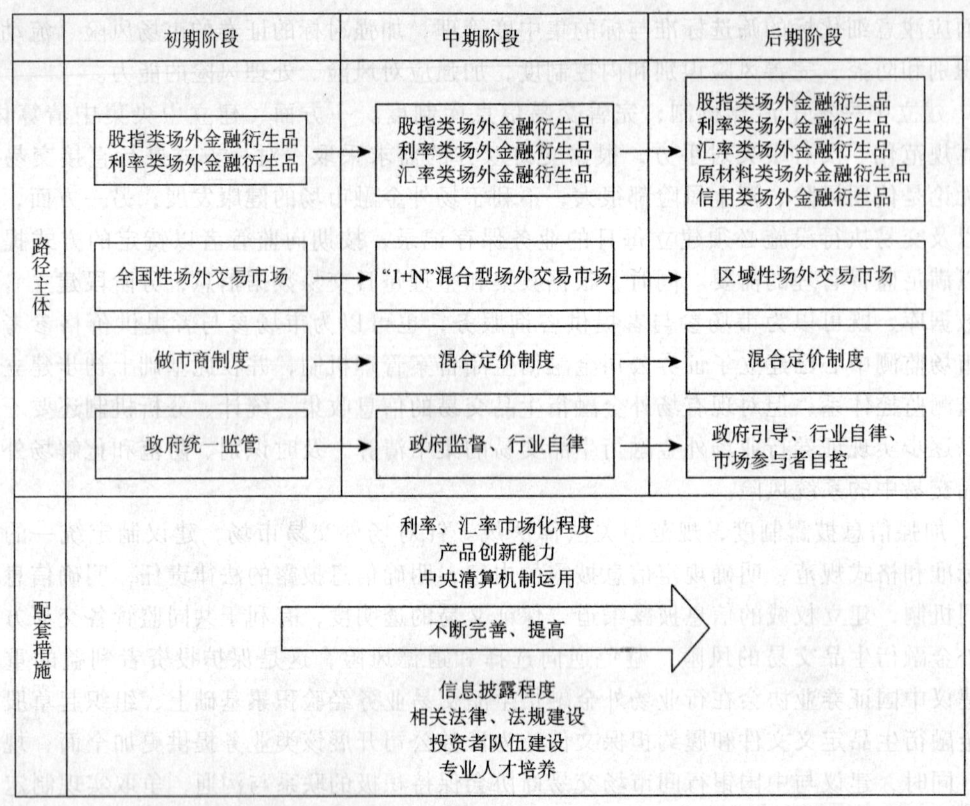

图 5 我国场外金融衍生品业务发展路径设计图

资料来源：Wind，国元证券研究。

境外场外金融衍生品业务与交易品种发展研究

光大证券股份有限公司*

在国际市场上，场外衍生品近年来发展迅猛，已经成为金融衍生品市场中的重要组成部分。根据国际清算银行（BIS）统计，近10年来，全球衍生品市场中场外衍生品占比从2005年的83.99%上升至2014年的90.67%，至2014年底，场外产品的名义总值为630万亿美元，是场内产品的近10倍（见图1）。场内衍生品市场以期货和标准化的期权为主，标的资产主要是利率、外汇和股指，其中超过四分之三的品种以利率为标的（见表1）。同时，场外衍生品市场中也以利率标的产品为主，其余则为外汇、股权、商品、信用等（见表2）。

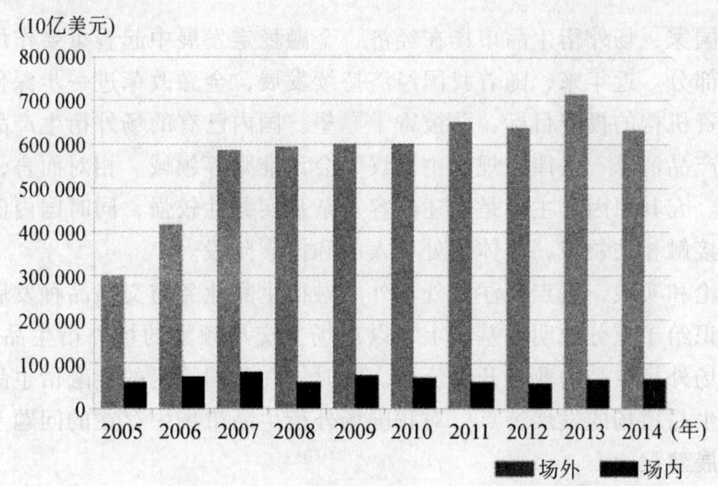

图1　全球场内外衍生品市场比较

资料来源：国际清算银行（BIS）。

* 小组成员：高宇，俞文冰，朱希民，张弓，许骏，刘欣凝。原载于《中国证券》2015年第9期。

表 1　全球场内衍生品市场未平仓合约　（单位：10 亿美元）

合约品种	2012 年 12 月	2013 年 12 月	2014 年 12 月	2015 年 3 月
期货	24 071	25 788	27 154	27 527
利率	22 627	24 165	25 349	25 562
外汇	232	244	234	232
股指	1 213	1 379	1 572	1 734
期权	30 037	38 310	37 689	41 353
利率	10 280	17 770	24 590	27 400
外汇	69	95	98	103
股指	4 036	5 381	5 671	6 133

资料来源：国际清算银行（BIS）。

表 2　全球场外衍生品市场未平仓合约　（单位：10 亿美元）

合约品种	2012 年 12 月	2013 年 6 月	2013 年 12 月	2014 年 6 月	2014 年 12 月
外汇	67 358	73 121	70 553	74 782	75 879
利率	492 605	564 673	584 799	563 290	505 454
股权	6 251	6 821	6 560	7 084	7 940
商品	2 587	2 458	2 204	2 206	1 868
信用	25 068	24 349	21 020	19 462	16 399
其他	41 815	24 986	25 496	24 815	22 609
合计	635 685	696 408	710 633	691 640	630 149

资料来源：国际清算银行（BIS）。

在境外发达国家，场外衍生品市场在经济、金融稳定发展中起着重要作用，是金融市场体系的重要组成部分。近年来，随着我国经济持续发展，金融改革进一步深化，场外衍生产品已成为各大投资机构的投资目标，并被寄予厚望。国内已有的场外衍生产品研究基本上集中于市场监管、产品清算、法律法规、主协议、会计准则等领域。相对而言，关注于业务和品种的研究较少。究其原因，主要是上述内容复杂且实务性较强，同时国内监管和投资机构在近几年才开始接触相关领域，整体仍处于入门和摸索阶段。

本文结合理论和实践，重点关注境外场外金融衍生品业务与交易品种发展研究。在对场外衍生品理论知识给予充分说明的基础上，以市场上交易频繁的场外衍生品产品为切入点，总结出一套境外场外衍生品的业务开展流程。同时，在我国特定的金融衍生品背景下，通过借鉴境外场外衍生品市场的发展特点，对我国场外衍生品市场中存在的问题予以分析，并提供一些改革和发展建议。

一、境外场外金融衍生品交易品种发展情况

（一）场外衍生品基本情况

1. 场外衍生品关键特点。金融衍生品的交易场所可以分为交易所市场（ETD，也称为

场内交易）和场外交易市场（OTC）。场内交易的衍生产品指在交易所上市交易的衍生产品。

场外市场衍生品是指不在交易所交易的金融衍生品，通常根据交易双方的需要协商完成。场外衍生品的买方和卖方互为交易对方，由于双方可以根据具体需要设计交易产品，这明显促进了场外衍生产品的创新。场外衍生品与场内衍生品相比主要有以下区别（见表3）：

表3　　场内外衍生品市场的主要区别

	场外市场	场内市场
交易场所	分散的无形市场	固定的交易场所
组织方式	做市商制度	经纪人制度
交易方式	议价方式	公开竞价
交易主体	机构为主	机构、个人
合约形式	标准化、非标准合约	标准化合约
市场透明度	低	高
监督方式	行业自律为主	政府监督为主
主要交易品种	定制产品、普通产品：远期、互换等	标准化产品：期货、期权

2. 场外衍生品市场驱动力。场外衍生品市场发展的驱动力主要来自对定制衍生品合约、大单交易以及流动性的需求。

与场内市场相比，运用场外衍生品合约主要是为了进行“完美对冲”，满足出于会计目的的对冲和其他要求，例如在交易所市场不允许的地点和日期内完成大宗商品的实物交割。定制合同可以减少基差风险以实现“完美对冲”。

选择在场外衍生品市场进行交易的第二个原因是能够进行有效的大单交易。一些机构经常需要进行大额头寸的开平仓交易，在场外衍生品市场，这些参与者可以在不显著影响市场价格或构成市场操纵的情况下进行大单交易。

最后，场外衍生品市场也提供了寻找交易对手方的另一个途径，也被称为“寻找流动性”。一些交易由于其特殊的经济条款，例如货币种类、合同金额、到期期限、交割地点、标的参考利率等约束而缺乏流动性，而场外衍生品市场满足了这类合约的流动性需求，只要交易对手双方达成协商共识，交易就可以进行。

3. 场外衍生品交易目的。场外衍生品最主要的作用是满足投资者的风险管理需求。场外衍生品分解、重组及转化风险的能力使得金融机构可以更精确和更灵活地调整、对冲和管理风险。场外衍生品使得同一种金融工具的不同风险可以实现差别定价，因此金融机构能够对冲或卖出不愿承担的风险，保留愿意承担的风险。

（二）场外衍生品规模和基本类型

根据国际清算银行（BIS）统计数据，截至2014年12月，全球市场未平仓场外衍生品合约名义本金已达到630万亿美元。场外衍生品合约按照标的可以分为6大类，即外汇合约、利率合约、股票关联合约、商品合约、信用违约互换合约和其他。其中，利率合约和外汇合约的比例分别为75%和14%，是最重要的组成部分（见图2）。

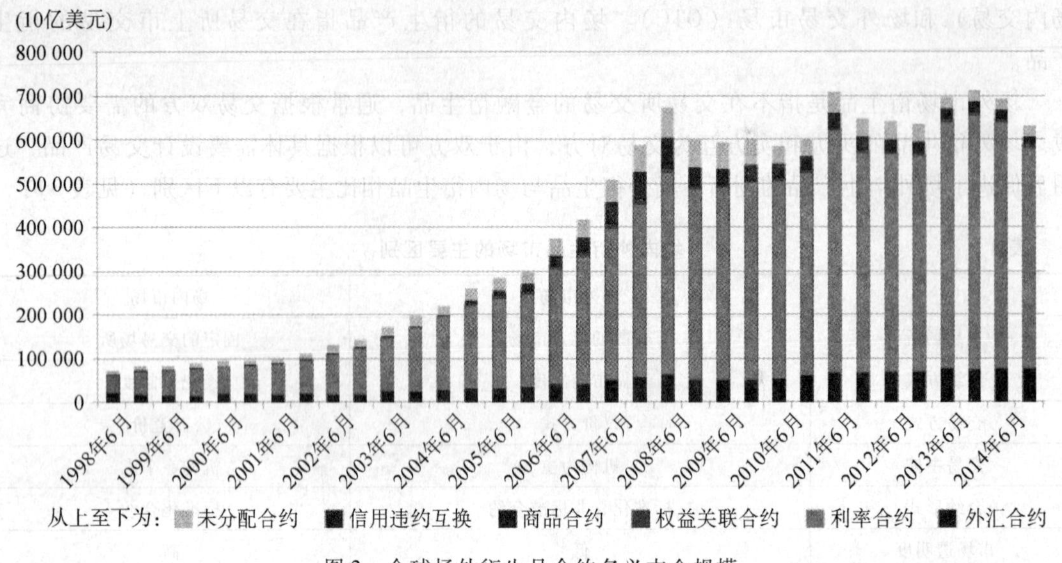

图2 全球场外衍生品合约名义本金规模

资料来源：国际清算银行（BIS）。

对比名义本金，衍生品合约总市值是一个更加有意义的衡量风险规模的统计数据，主要是因为名义本金仅反映了合约的面值大小，而总市值能够反映衍生品合约买卖的当前价格。截至2014年12月，全球场外衍生品合约总市值约20.88万亿美元，基本维持了2008年金融危机爆发以前的水平（见图3）。

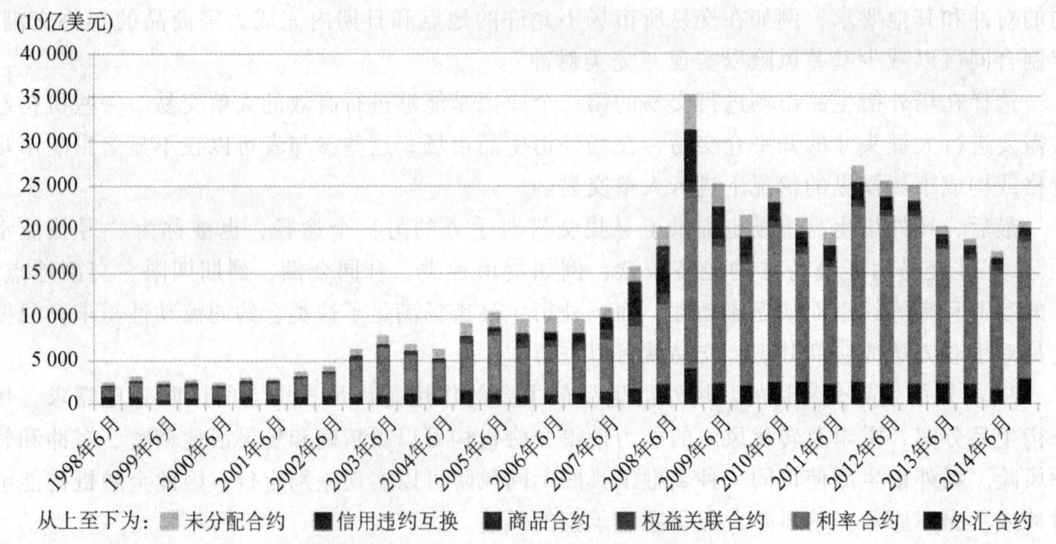

图3 全球场外衍生品合约总市值规模

资料来源：国际清算银行（BIS）。

场外衍生品同时可以分为流交易（Flow Trading）衍生品和结构化产品。流交易衍生品流动性较强，交易量较大，而结构化产品不在电子平台上进行交易，也不进行连续竞价。流交易衍生品与结构化产品相比属于相对标准化的产品。场外衍生品按照交易形式可以分成三类，即远期（Forward）、互换（Swap）和期权（Options）。其中，互换占有约三分之二的比例，是最重要的组成部分。衍生品市场主要交易品种（参见表4）。

表4　　衍生品市场主要交易品种

分类	场内		场外			
	流交易（Flow Trading）					结构化产品及奇异型衍生品
	期货	期权	远期	期权	互换	
外汇	外汇期货	场内外汇期权	远期结售汇 无本金交割远期外汇交易	现汇期权 外汇期货期权	货币互换	范围外汇远期 参与式外汇远期 奇异型外汇期权 平均外汇期权 障碍期权 百慕大期权 一篮子期权 任选期权等
利率	商业票据期货 国债期货 欧洲美元定期存款期货等	债券ETF期权	远期利率协议	利率上限 利率下限 利率上下限	附息互换 基差互换 隔夜指数互换 零息利率互换	回望利率期权 结构化利率互换 外汇利率混合型结构化产品 区间积息票据（Range Accrual Note） 利率与外币联动的反向浮动债券（Quanto Inverse Floater）
权益	个股期货 国债期货	简单期权 股指期权	股票远期	类交易所股票期权 股票互换期权	红利互换 全收益互换 全红利互换 权益违约互换 差价合约	股票嵌入式期权 股票联系票据 奇异型股票期权 障碍期权 二元期权 敲入/敲出期权 波动率期权等
商品	商品期货	简单商品期权 商品ETF类指数期权	商品远期（非实物交割商品远期）	简单商品期权	商品互换	商品联系票据 奇异型商品期权 一篮子期权 亚式期权 障碍期权 回望期权 任选期权等
信用	信用指数期货			信用利差期权 信用违约期权 CDS指数期权	信用违约互换（CDS） 总收益互换	信用联系票据 合成型担保债权凭证等

1. 场外外汇衍生品。根据 BIS 数据显示，截至 2014 年底，外汇衍生品合约名义本金规模达到约 76 万亿美元，其中美元挂钩衍生品为主力合约，占全部外汇衍生品合约的 88.6%；其次为挂钩欧元的衍生品合约，占比为 33.6%（见图 4）。

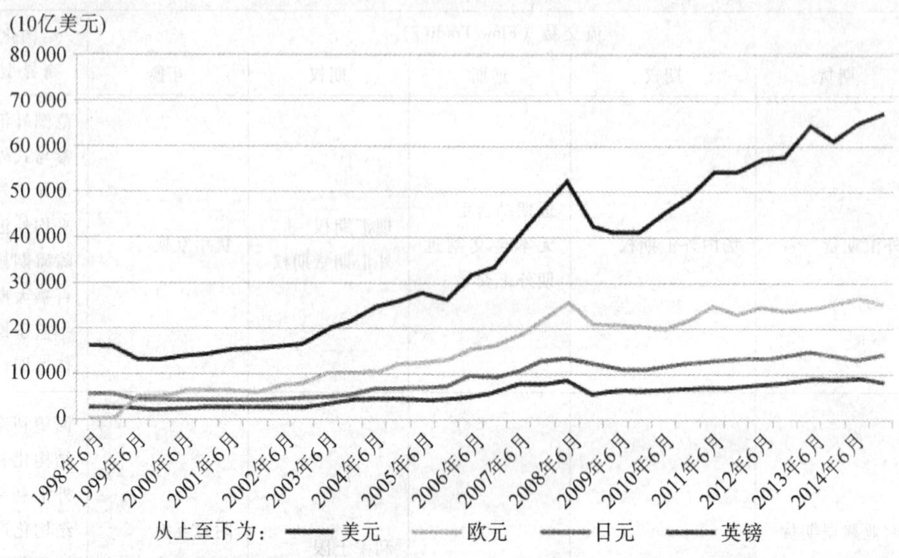

图 4 全球主要货币场外外汇衍生品合约名义本金规模

资料来源：国际清算银行（BIS）。

外汇衍生品合约期限分布明显呈现短期化，根据 BIS 统计，截至 2014 年底，到期日小于 1 年的合约占比达到 74.9%，到期日在 1—5 年内的合约占比为 18.0%，到期日在 5 年以上的仅占 7.1%（见图 5）。

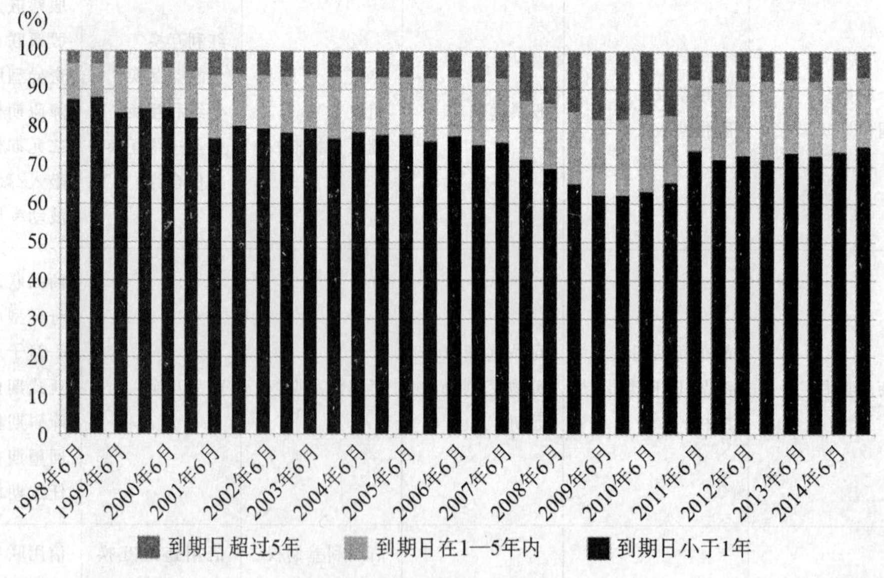

图 5 全球场外外汇衍生品合约期限分布比例

资料来源：国际清算银行（BIS）。

汇率类衍生品包括外汇远期、外汇掉期、货币互换和外汇期权以及结构化产品。其中，外汇类结构化产品主要包含嵌入式期权，即将期权嵌入远期合约从而创造出一些新的衍生金融工具，包括范围远期、参与性远期等。

2. 场外利率衍生品。利率衍生品市场是场外衍生品市场中的最大组成部分，至 2014 年底单一货币的利率衍生品未平仓合约名义本金规模达到 505 万亿美元，占全球场外衍生品市场规模的 80%。按币种分类来看，欧元合约近年来占比最大，但受欧元贬值影响，从 2014 年 6 月至 2014 年 12 月，欧元利率衍生品合约名义规模由 222 万亿美元跌至 162 万亿美元，占比 33.1%。美元比重超过欧元，达到 34.1%，共计 173 万亿美元。另外，日元和英镑合约规模在 2014 年底都有小幅下降，占比分别为 9.12% 和 11.3%（见图 6）。

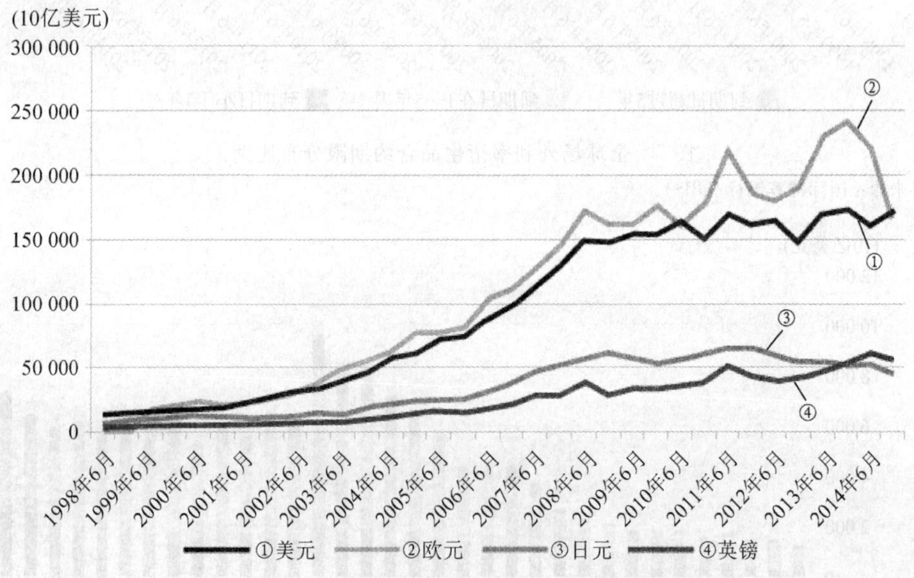

图 6　全球主要货币场外利率衍生品合约名义本金规模

资料来源：国际清算银行（BIS）。

利率类衍生品期限分布相对较为平均，到期日超过 5 年的合约占比在 2014 年底有小幅上升，为 24%，而到期日小于 1 年和在 1—5 年内的合约比重基本持平，根据 2014 年 12 月的数据分别为 40% 和 37%（见图 7）。

利率类衍生品是场外金融衍生品市场中最活跃的交易产品，包括利率远期协议，利率互换（如附息互换、基差互换），利率期权及利率类结构化产品等。其中，利率类结构化产品包括结构化利率互换、外汇利率混合型结构化产品等。利率结构化产品可根据客户需求予以定制，主要基于 Libor、Euribor 或者互换利率，让客户能够在央行的货币政策变动中获利。

3. 场外股票衍生品。场外股票衍生品市场是一个真正全球化的市场，欧洲的交易最为活跃，其次是美洲（包括美国、加拿大、拉丁美洲和南美）和亚洲。根据 BIS 的统计，欧洲所占的份额为 42.8%，美国占 36.6%，日本 6.4%，拉丁美洲占 2.2%，亚洲其他地区占 4.4%（见图 8）。

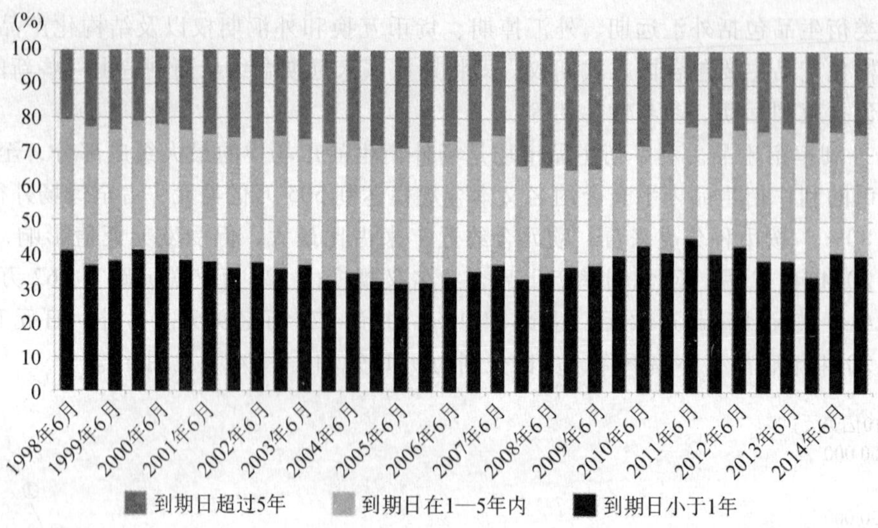

图 7　全球场外利率衍生品合约期限分布比例

资料来源：国际清算银行（BIS）。

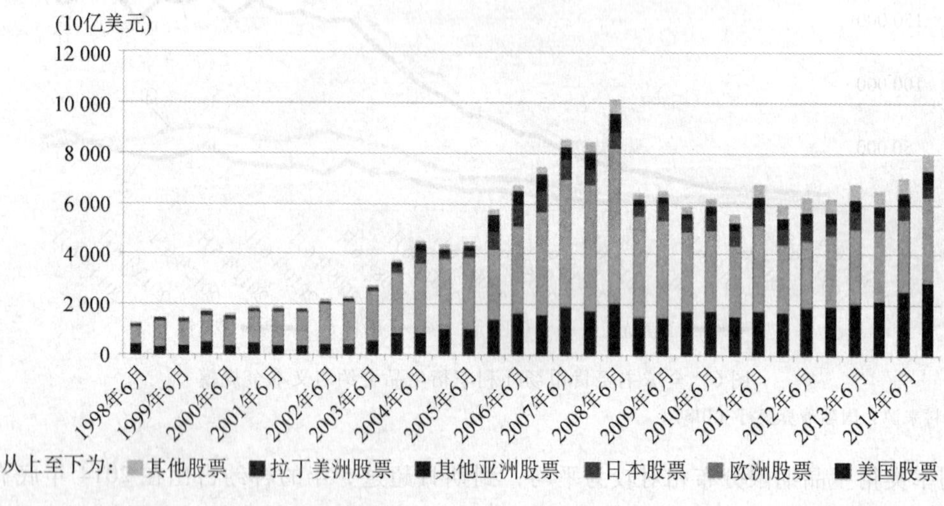

图 8　全球场外股票衍生品各主要地区名义本金规模

资料来源：国际清算银行（BIS）。

场外股票类衍生品期限分布偏向短期化，因为要依托场内市场。在期权类合约中，大约有 50% 左右的合约到期时间在 1 年以内，5 年或者更长时间的合约大约只有 10% 左右（见图 9）。

场外股票类衍生品交易品种包括远期、互换、期权以及结构化产品。互换包括收益互换、红利互换、全收益互换与权益违约互换。期权包括类交易所期权，互换期权，奇异期权（如二元期权、障碍期权）等。结构化产品可以挂钩任何标的，比如股指、个股。狭义的股票结构化产品是将股票与其他基础性金融产品融合在一起的产品，比如股票嵌入式期权，这类产品大多在场外市场进行交易。广义的结构化产品则是包含所有由基础金融产品组合而成的衍生品，例如权证、股票联系票据等。

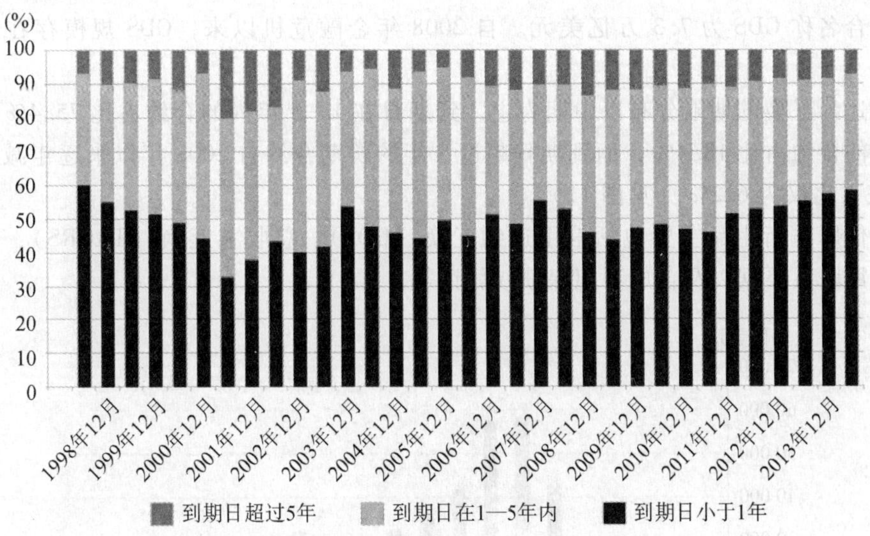

图 9　全球场外股票衍生品合约期限分布比例

资料来源：国际清算银行（BIS）。

4. 场外商品衍生品。场外商品衍生品市场的交易标的包括贵金属和基础金属、原油和其他石油产品、天然气、农产品、电力等，衍生品交易包括远期、互换、期权等。根据 BIS 的数据，2014 年 12 月底，全球报告商品衍生品的名义价值量为黄金挂钩衍生品 2 999 亿美元，贵金属挂钩衍生品 886 亿美元，其他商品 1.48 万亿美元（见图 10）。

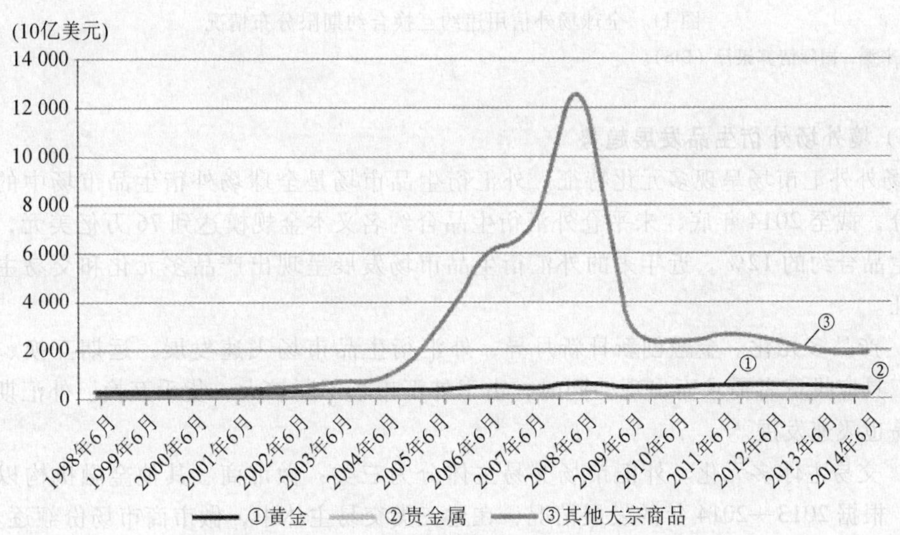

图 10　全球主要商品衍生品合约名义本金规模

资料来源：国际清算银行（BIS）。

场外商品衍生品可以分为商品远期、商品期权、商品类互换和结构化衍生品四类产品。其中，商品结构化产品主要包括商品联系票据等。

5. 场外信用衍生品。根据 BIS 数据显示，截至 2014 年底，信用违约互换未平仓合约名义本金为 16.4 万亿美元，总市场价值 5 930 亿美元，其中单一名称 CDS 名义本金为 9 万亿美元，组合名称CDS为7.3万亿美元。自2008年金融危机以来，CDS规模存在明显萎缩现象。

信用违约互换的期限分布以中期为主，到期日在1—5年内的合约占比75.4%，到期日小于1年的合约占比18.4%，而到期日超过5年的长期合约自2008年以来逐年减少，截至2014年底占比仅为6.2%（见图11）。

场外信用类衍生品主要包括信用违约互换（CDS）、总收益互换（TRORS）、信用价差期权、信用联系票据以及合成型担保债权凭证等。

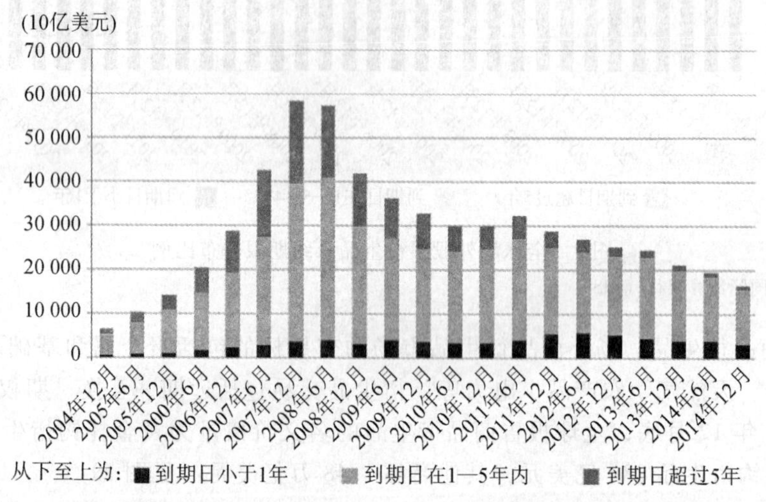

图11 全球场外信用违约互换合约期限分布情况

资料来源：国际清算银行（BIS）。

（三）境外场外衍生品发展趋势

1. 场外外汇市场呈现多元化特征。外汇衍生品市场是全球场外衍生品市场中的第二大组成部分，截至2014年底，未平仓外汇衍生品合约名义本金规模达到76万亿美元，占所有场外衍生品合约的12%。近年来的外汇衍生品市场发展呈现出产品多元化和交易主体多元化的特征。

（1）产品多元化。金融创新日新月异，外汇衍生品市场飞速发展，远期互换、指数互换等新工具应投资者需求而出现。同时，由于外汇市场不断扩大，货币互换、外汇期权等非传统交易也飞速发展。

（2）交易主体多元化。外汇市场交易主体分为三类：做市商、其他金融机构以及非金融机构。根据2013—2014年的发展情况，在这三类交易主体中，做市商市场份额逐步下降，而其他金融机构的市场占比稳步上升，截至2014年底，做市商和其他金融机构市场份额基本持平。

2. 场外利率衍生产品增长势头有所放缓。利率衍生产品是场外市场交易的主要品种，占总名义本金的80%，占总市场价值比重为74.8%。但利率衍生品的名义本金自2013年底以来持续下降，从585万亿美元降至505万亿美元，降幅为13.7%。从内部来看，交易最为活跃的是利率互换产品，2014年利率互换的名义本金由457万亿美元下降至381万亿美元，下降幅度达到16.6%。

3. 场外股票衍生品合约有所增长，但市值仍较小。在2014年底，股权类衍生品合约未平仓合约名义本金为7.9万亿元，较2013年底的6.6万亿美元增长约19.7%。但是，股票类衍生品仅为场外市场的一小部分，占比仅为1.3%，主要是由于股票类衍生产品的风险水平较高，其波动率也远高于利率衍生品，并且场内股票衍生品发展成熟也使得投资者对场外衍生品兴趣下降。

4. 场外商品类互换数量逐渐升高。商品场外衍生品一般可分为远期、期权、互换三类产品，而全球商品市场中最常见的交易模式以远期为主。但近年来，衍生产品的不断创新使得场外市场中的商品类互换数量日趋上升，目前互换产品的场外衍生品市场份额达到75%以上，并且呈升高的态势。

5. 场外信用衍生产品简单化。危机前CDS呈现非现金化、指数化和结构化的特征，而在2008年的金融危机中，以套利、投机交易为主要目的的各类高杠杆、设计复杂的结构化信用衍生产品受到了强烈冲击；同时，简单产品具备交易结构简单、低杠杆、易于监管的特征，能够有效降低整个信用衍生品市场的系统性风险。

6. 场外市场监管环境严格化、合约标准化。次贷危机爆发后，各国政府均加强了对场外衍生品市场的监管，其中最具代表性的当属美国的监管体系变革。2010年7月正式生效的《多德-弗兰克法案》对场外衍生品监管的规定正式确立了美国场外衍生品市场上的“双头”监管新范式。自2010年以来，美国《多德-弗兰克法案》等监管法律对场外衍生品合约的清算模式提出了强制性要求。受此影响，场外衍生品市场结构产生了巨大变化，形成了中央对手方清算模式占绝对优势的新格局。

7. 流交易产品开始繁荣。在金融危机之后，场外市场的交易合约主要以相对标准化和简单化的流交易衍生品（Flow Derivatives）为主，定制化和非标准化的结构化产品的交易比重大大下降，奇异型产品（Exotic Derivatives）受欢迎程度开始下降。Delta One是场外股票衍生品中最受欢迎的产品，成为境外投资银行近几年来增长最快的场外衍生品业务和利润新的增长点。

Delta One是一种线性的、具有对称回报的场外衍生品业务，属于交易驱动模式的资本中介型业务。Delta One往往包含交易复杂的交易策略，结合运用互换、期货和ETF，向客户提供流动性，并帮助他们对各种证券组合进行投机活动或者对冲风险。Delta One业务可以被认为具有低风险、低成本、个性化的特征。

二、境外场外金融衍生品业务发展情况

（一）场外衍生品交易管理及定价

1. 场外衍生品交易管理。场外衍生品业务（奇异期权及结构性产品）在境外金融机构中属于资本中介业务，主要针对机构投资者的需求。具体在销售交易业务条线（Sales & Trading）开展，其业务架构参见图12。

以一笔典型的客户需求驱动的场外衍生品为例，整个交易业务基本需要经过交易对手方管理、产品设计、产品报价、确定合约、交易管理及对冲等几个阶段，其中产品设计和产品报价是一个反馈交互的过程。

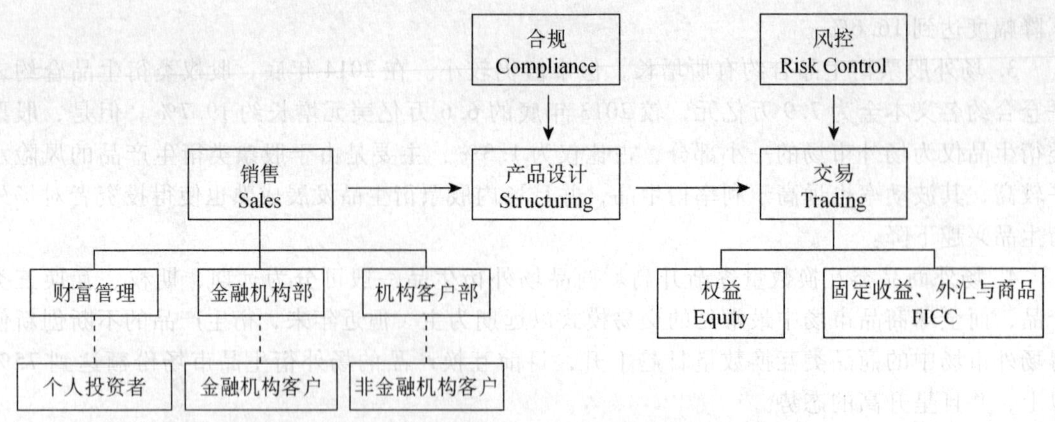

图12 境外金融机构销售交易业务架构

（1）交易对手方管理阶段。在交易对手方管理阶段，市场销售团队主要通过尽职调查的方式了解客户的经营管理状况、财务状况、履约能力，并对不同信用资质的客户进行区分，对于信用资质不足的客户要求其提交履约保障品来覆盖交易的风险敞口，同时对交易对手进行合规性管理。

（2）产品设计阶段。在产品设计阶段，市场销售团队通过深入了解客户的业务需求、风险收益和流动性偏好以及追加投资或提供额外担保抵押的能力等内容，设计出符合客户财务状况和交易需求的产品结构和安排，同时市场销售团队需要确保该产品合法合规，风险可控。

（3）产品报价阶段。在产品定价阶段，量化分析团队先对交易标的的市场数据进行分析，选取合适的定价方法和模型，然后根据产品结构进行理论定价，并在理论价格的基础上进行最终产品报价。一般而言，最终产品报价由理论对冲成本、对冲损耗缓冲以及产品利润三部分组成。

市场销售团队会将产品报价结果与客户沟通，然后根据客户的意见相应调整产品结构，量化分析团队根据新要求给出新的报价。上述是一个双方反馈交互的过程，直到客户最终接受产品结构和报价。

在确定产品结构和价格后，量化团队还会定期校调定价参数，以确保定价方法和模型的有效性和适时性。

（4）确定合约阶段。在确定产品结构和价格后，市场销售团队将与客户签署衍生品交易主协议，并协商确定最终产品合约形式和合约条款。有关法律文本的拟定和财务方面的条件等都需要经过“销售交易部门提交方案—法律合规部门审核—风险管理部门审核和财务部门审核—最后公司批准”的内部审批流程。

（5）产品管理及交易对冲阶段。对发行机构而言，场外衍生品业务的主要利润来源是与对手方开展的产品交易合约的售出价值与实际成本之差，这称为销售利润。因为实际成本中最大的一块是对冲成本，所以发行机构需要对交易进行精密对冲，以避免承担不必要的风险。

对场外衍生品而言，对冲工具基本来自场内市场，所以在场外衍生品存续期间，交易团队需静态或动态持有场内资产以对冲风险，锁定交易利润；但有时一些复杂的场外衍生品包含难以对冲的风险，在这种情况下，交易团队可以根据需要设计一些风险相反的衍生工具来作为对冲工具。

在结构、定价和交易的整个过程中，风险管理团队对 Delta、Gamma、Vega、Theta 等敏感性指标进行跟踪分析，以控制风险。

2. 场外衍生品产品定价模型。交易定价是金融机构场外衍生品销售交易业务的核心，它综合了金融模型、数值计算和真实市场。当前境外金融机构根据不同标的资产，对场外衍生产品有一整套完整的定价模型解决方案（见图 13）。

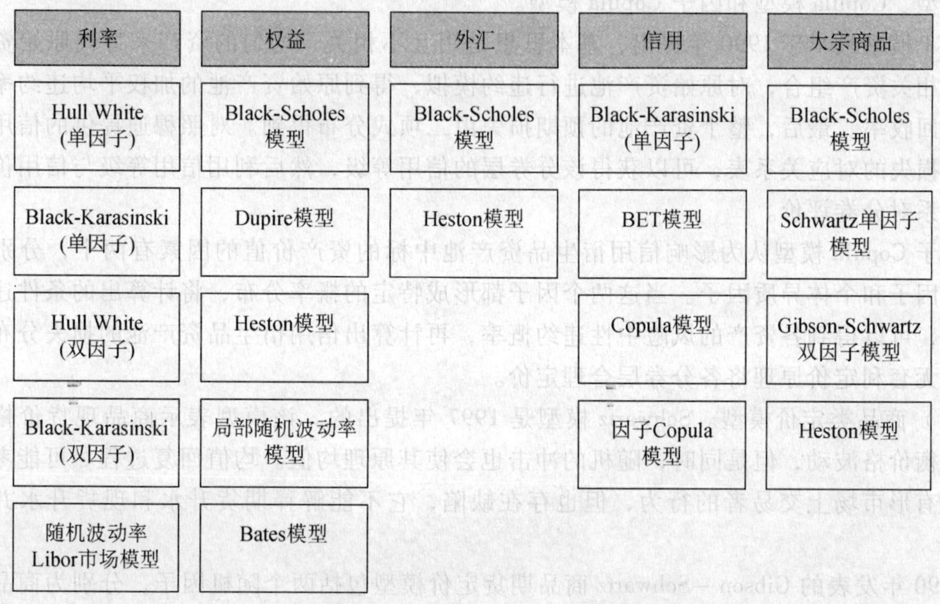

图 13　场外衍生品定价模型概览

（1）利率类定价模型。利率期限结构模型可划分为均衡模型和无套利模型。典型的均衡模型包括 CIR、Merton、Vasicek 等。无套利模型包括著名的 Hull - White、Black - Karasinski 模型等。

Hull - White 模型属于短期利率的非套利马尔科夫模型，该模型假设短期利率满足风险中性过程，短期利率存在均值回复的特性，同时引入时变的均值回复系数，使得由此得到的初始期限结构可以与市场实际期限结构完全匹配。

Black - Karasinski 是针对对数短期利率的模型，它假设短期利率有一个中央倾向，并设定短期利率回归中央倾向的速度。在这个模型中，某些均值回复的合理参数值或均值回复的速度可以是常数，再调整其他参数来协调利率期限结构和波动率期限结构。

（2）权益类定价模型。权益类衍生品定价的主流模型分为常数波动率对数正态模型、局部波动率对数正态模型以及随机波动率模型。

常数波动率模型下，标的资产价格遵循几何布朗运动。最广为人知的 Black - Scholes - Merton（BSM）定价公式是常数波动率对数正态模型的一个典型应用。

局部波动率模型是由 Dupire 等人于 1994 年提出的。该模型把瞬时波动率看成标的资产价格和时间的确定性函数，此时波动率随标的价格和时间的变化而变化。

随机波动率模型以 Heston、SABR 模型为代表，是目前境外金融机构主流的定价模型。上述模型假设瞬时波动率的变动由一个新的独立于标的价格过程的随机过程控制，并且标的资产价格过程和波动率变动过程之间假设存在相关关系，在一定的条件下可得欧式期权价格的近似解析解，以进行模型校准。

（3）外汇类定价模型。外汇类定价模型与权益类衍生品类似，主要有 Black – Scholes 模型和 Heston 模型。

（4）信用类定价模型。信用类衍生品的定价模型除 Black – Karasinski 模型以外，还包括 BET 模型、Copula 模型和因子 Copula 模型。

BET 模型最早于 1990 年提出，基本思想是用互不相关、均匀的资产来替代原始资产池的违约相关资产组合，对原始资产池进行违约模拟，得到原始资产池的加权平均违约率、加权平均回收率。最后，整个资产池的预期损失由二项式分布得到。对照穆迪提供的信用评级和预期损失的对应关系表，可以获得该分券层的信用等级，然后利用信用等级与信用价差之间的关系对分券评价。

因子 Copula 模型认为影响信用衍生品资产池中标的资产价值的因素有两个，分别是市场共同因子和个体异质因子。当这两个因子都形成特定的概率分布，将计算出的条件违约概率积分，可以得到各资产的风险中性违约概率，再计算出信用衍生品资产池的损失分布，最后根据无套利定价原理将各分券层合理定价。

（5）商品类定价模型。Schwartz 模型是 1997 年提出的。该模型表示商品现货价格围绕长期均衡价格波动，但是同时，随机的冲击也会使其原理均值。均值回复过程尽可能考虑了现实中有形市场上交易者的行为，但也存在缺陷，它不能解释期货升水和现货升水并存的现象。

1990 年发表的 Gibson – Schwartz 商品期货定价模型包括两个随机因子，分别为商品现货价格与商品的便利收益，该模型假定商品的现货价格与相关的便利收益服从联合扩散过程，商品现货价格服从几何布朗运动，而便利收益率服从 Ornstein – Uhlenbeck 过程，便利收益能够以调整速度回复到长期均衡水平。

（二）场外衍生品交易流程

场外衍生品的交易流程（OTC Derivative Trade Lifecycle）分为交易前、交易和交易后三个环节。

1. 交易前。双边文件、内部审核通过：投资者与中介机构对衍生品交易进行前期协商，确定交易的衍生品种类、价格、数量、期限等基本信息，签署 ISDA 双边主协议并通过内部审核。

2. 交易。交易执行：场外交易可以直接达成，也可以通过交易商经纪人达成，交易商经纪人是指只为做市商服务的经纪人；该笔交易通过交易平台（如利率互换平台 MarkitWire、外汇远期平台 Thomson Reuters 等）由交易商或 IDB 进行电子确认。

3. 交易后。交易捕获：交易执行后，交易双方应进入各自的交易捕获系统，以便簿记所有的交易条款。交易捕获系统应该提供健全、稳定、可信赖和实时的信息，其中涉及信用风险、市场风险和头寸敞口管理等，同时提供交易支持功能，例如头寸核实、经纪商摘要报告、对手方认定、确认、结算、抵押保证金和财务控制。该过程可以通过人工或电子平台执行。

交易认定/匹配：交易双方就交易细节以及任何监管性的法律文件进行逐一核实，核实过程可以通过一方提供交易详细信息与法律文件，由另一方对此信息进行核实，这一过程称为交易认定，也可以通过交易双方共同提交各自的交易记录，并对对方提交的记录进行核实，这一过程称作交易匹配，最终形成交易确认书作为交易的最终记录。

交易确认：交易确认是参与者通过电子化方式或纸质方式依法确认交易条款的流程。确认一般在T日执行，或在此后交易实际发生日。确认执行是双方确认所有交易条款都达成一致的过程。交易确认可以通过传真、电话、电子邮件、消息系统（例如Bloomberg以及Markit Connex）以及电子交易平台达成。目前国际上主要的交易确认平台（见表5）。

表5　目前国际上主要的交易确认平台

平台名称	所属公司	提供服务的产品类型
MarkitWire	MarkitServ	所有OTC衍生品
Deriv/SERV	DTCC	OTC信用衍生品
eConfirm	ICE	主要是能源行业的产品
TCS	Euronext	OTC衍生品

交易结算：双边结算由现金结算和实物交易组成，实物交易指发生实物交割或采用其他具有相似特点的实物交割。结算频率依据交易类型和产品种类而不同。交易结算价可以通过电子或人工方式得到，但一定要保证及时，至少在报价日后一天的开市时刻或存在争议的交易的最后一天。

维护：交易后的维护工作主要由负责托管服务的机构承担，主要包括产品估值、抵押品管理、交易信息对账、现金流管理。

终止：交易终止包括协议终止、投资组合压缩、交易转让和变更以及自然到期。

（三）场外衍生品风险管理

1. 场外衍生品市场风险管理。金融机构场外衍生品业务的风险管理职能通常由销售交易团队和风险管理部门协同履行。风险管理部门采用多种测量模型来量化市场风险，然后在此基础上建立完善的风险限额体系和风险监控和报告机制。

具体而言，首先，风险管理部门设定需要承担的敞口风险额度；然后，销售交易团队前台通过调整或对冲手段来控制单一风险额度以达到风险管理目的；接着，中台将汇总测量前台所有交易组合的单一风险暴露并做整体限额管理。同时风险管理部门会进行压力测试，以便销售交易团队事先了解在最坏情况发生时可能带来的损失。

2. 场外衍生品市场风险测量模型。

（1）资产价值方法。资产价值方法对市场风险的测量包括总名义风险暴露和整体暴露。

总名义风险暴露反映了资产组合中单个衍生工具价值总和的绝对值。该指标不仅能够反映资产组合的总体价值，还能够反映出衍生工具多头和空头的缺口。

整体暴露也代表净杠杆，是指在对该资产组合进行对冲交易后的名义风险暴露的绝对值。该指标能够反映资产组合的净杠杆，相较总名义风险暴露而言能够更好地测度由衍生品组成的资产组合的风险暴露。

（2）希腊值。希腊值是衡量场外衍生品市场风险的重要手段，交易团队在进行对冲风险时最主要的依据就是希腊值。常规的希腊值包括：衡量衍生品合约交易价值对基准资产价格变动率的 Delta、衡量 Delta 对基准资产价格变动率的 Gamma、衡量衍生品合约价值对市场预期的基准资产价格波动性敏感度的 Vega、衡量衍生品合约临近到期日时价值变化的 Theta 等。

（3）Value - at - Risk（风险价值）方法。Value - at - Risk（VaR）指在一定的概率水平下（置信度），某一金融资产或证券组合在未来特定的一段时间内的最大可能损失，资产组合的 VaR 越大，其期望损失和市场风险暴露就越大。VaR 的测度主要分为方差—协方差法、历史模拟法和蒙特卡洛（Monte Carlo）模拟法三种。目前境外金融机构多采用历史模拟法进行 VaR 计算。

3. 场外衍生品交易对手风险管理。交易对手风险指交易对手不履约的风险，是场外衍生品特有的风险。金融机构通常可以通过设置风险指标限额对交易对手风险进行控制，具体包括交易对手评级、市值、所在国家、到期日、风险暴露测度指标和产品类型等。

抵押品管理是交易对手风险管理的重要手段。国际互换与衍生工具协会（ISDA）在 1994 年首次颁布了交易对手间的《信用支持附件》（CSA），这是针对 ISDA 主协议的一种类似于担保的履约保障安排，是一项旨在减少交易对手风险的措施。在交易场外衍生品前，交易双方必须签订 ISDA 主协议，并执行附件。

交易对手信用风险管理还可以采取主动管理措施，具体包括重新调整衍生品息票率并重置盯市价值、根据特定的市场变动卖出头寸、将超过风险限制的头寸转移至第三方、运用信用衍生品对冲风险等。

4. 交易对手风险的测量模型。交易对手风险暴露的测度可以通过以下四个指标实现，这类指标主要关注的是盯市风险暴露的测量。

（1）合约名义价值反映了与对手方所交易合约的总体规模，但该指标无法反映实际的对手方风险，无法直观地解释如何计算由不同到期日、息票率合约组成的资产组合净头寸。

（2）当前盯市价值，综合考虑了净额结算和抵押品的影响，但该指标无法反映未来盯市价值变动所带来的影响（收益率曲线的形状影响）。该指标可以通过引入潜在风险暴露得以改善（见图 14）。潜在风险暴露可通过合约名义价值乘以 PFE 附加因子（见表 6）计算。

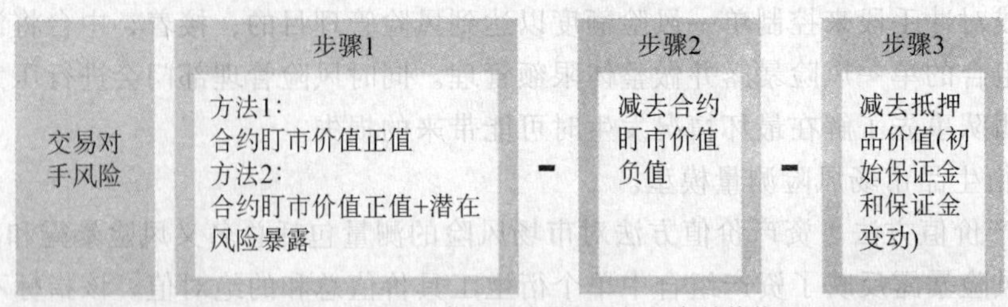

图 14 交易对手信用风险计算

表 6　　不同到期日和标的资产类别的 PFE 附加因子　　（单位：%）

	利率	外汇、黄金	权益	除黄金外贵金属	其他大宗商品
1 年以下	0.0	1.0	6.0	7.0	10.0
1—5 年	0.5	5.0	8.0	7.0	12.0
5 年以上	1.5	7.5	10.0	8.0	15.0

资料来源：BIS，NAPF‘Derivatives and Risk Management Made Simple’。

（3）预期暴露（Expected Exposure）。在净额结算下，组合在存续期内未来每个计量日各种可能的当前风险暴露的均值，可以通过蒙特卡洛模拟运用隐含市场波动率和相关性参数予以实现。

（4）压力情形下的潜在风险暴露，是指衍生品资产组合中价内合约未来价值构成分布的高分位点。价内合约的未来价值路径通过蒙特卡洛模拟生成，但通常使用最差情况下的历史波动率和相关性参数。

三、境外场外金融衍生品市场改革情况

国际金融危机爆发的一个重要诱因是场外金融衍生品交易不受监管，交易双方在达成交易后自行清算，交易情况和风险敞口不透明，其中交易对手方信用风险容易引发系统性金融风险等。因此，加强场外衍生品市场监管成为近年来全球金融改革的重点。

（一）推动集中化清算

1. 境外集中清算的发展。2009 年 9 月召开的 G20 峰会提出了最迟在 2012 年所有标准化场外衍生品合约应该实现集中清算的目标；美国新金融监管改革法案要求修订《商品交易法》及证券市场相关法律，以实现标准化场外衍生品的中央对手方清算；欧盟也要求中央清算所对所有适合进行清算的合约进行清算。同时，为了降低中央对手方面临的信用风险，美国和欧盟还要求中央对手方必须经过监管机构授权，必须实施相关风险控制，以保证准备金和保证金覆盖充足。

2. 推动产品标准化程度。为了使更多的场外衍生品进行集中清算，首先要推动产品的标准化程度。2008 年金融危机证明，非标准化衍生产品的大量出现会使得市场透明度降低，对市场基础结构造成伤害，同时会提高市场风险上升的可能，从而影响市场效率。

场外衍生品市场的标准化主要包括标准化产品合约、标准化操作规范和标准化法律体系。其中，通过 ISDA 主协议的签订，场外衍生品合约能够形成一套全面适用的标准化文件体系；按照合同约定（包括规定的时间和方式等）执行交易流程是标准化操作规范的本质要求；而标准化法律体系要求产品要素与合约条款要保持统一。

3. 中央对手方（CCP）统一清算。

（1）中央对手方的清算模式。场外衍生品交易清算经过了从非标准化双边清算模式和标准化双边清算模式到中央对手方清算模式的发展。

中央对手方清算模式的核心是采用清算型的合约，以取代现有的场外交易市场合约。清算所扮演中央交易对手，为场外衍生品合约统一提供集中清算，并以市场参与者的对手方身份进行交易结算。清算所同时充当买卖双方以保证交易执行，但由于合约本身仍在场外进行

交易，所以形成了“场外交易，场内清算”的模式。在中央对手方清算模式下，交易者需要将其在场外成交的合约转化为两张中央对手方发行的清算型合约，通过将原合约注销使得双方的交易对手转化为中央对手方。中央对手方的本质只是法定的交易中介，因此理论上不承担交易风险。图 15 显示了中央对手方清算模式。

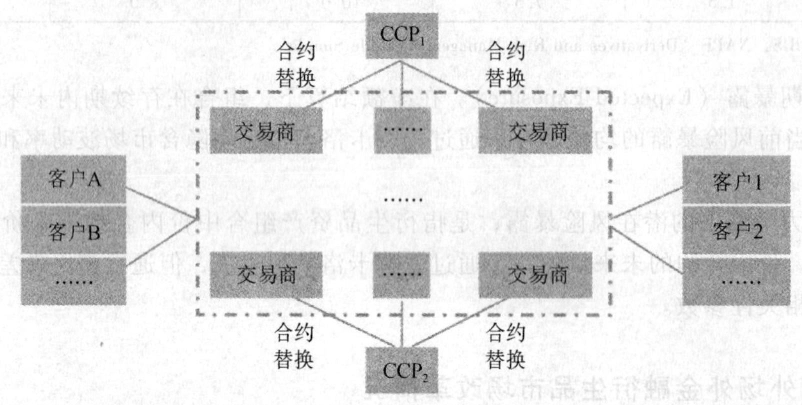

图 15 中央对手方清算模式示意图

（2）中央对手方的清算产品。目前利率互换是欧美场外衍生品交易市场强制中央对手方结算的主要产品。以美国市场为例，除了以美元、欧元、日元、英镑结算的利率互换以外，远期利率合约、隔夜互换（OIS）以及 CDS 也必须进行中央对手方统一清算。

（3）中央对手方清算模式的风险控制。中央对手方清算模式并没有消除信用风险，而是将信用风险集中到中央对手方身上。中央对手方通常是各大交易所所属的清算所，因此风险承担和风险控制能力也更强。但是，仅靠交易所本身来承担整个市场的风险明显有所不足，因此中央对手交易模式有相当高的会员准入标准，设置了成熟的、严密的交易所风控体系，并且采取各种方式建立了多层风险缓冲池。图 16 显示了中央对手方清算模式下的多层风险控制体系。

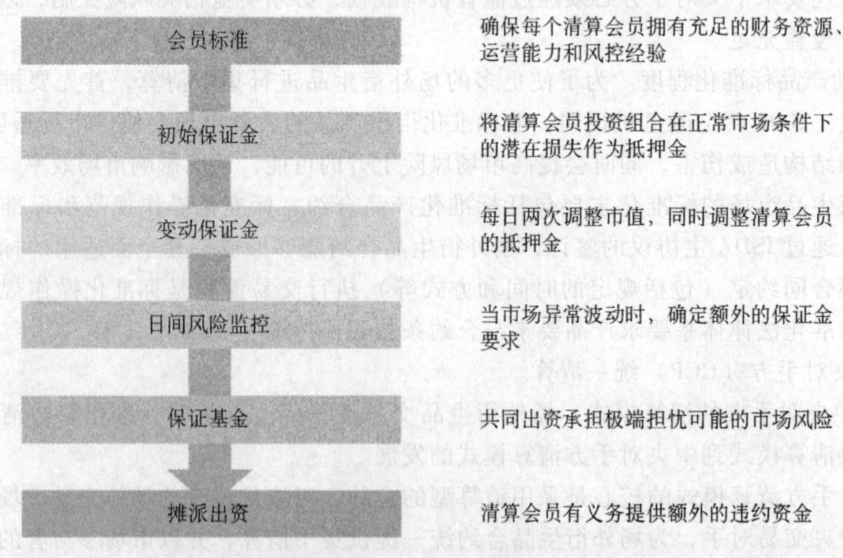

图 16 中央对手方清算模式下的多层风险控制体系

（二）建设电子化交易平台

在金融危机后，为了进一步规范场外衍生品市场、增加场外交易市场的透明度，场外电子化交易飞速发展，各种场外电子交易平台相继推出。欧盟推出的是 OTF（Organized Trading Facility）平台，美国是 SEF（Swap Execution Facilities）系统。

一般来说，完整的场外电子交易通常由交易平台、确认平台、清算平台等几个部分共同构成。场外交易者首先在交易平台进行交易，随后将订单提交到确认平台予以确认，最后订单被移送到清算平台进行中央清算，并向交易双方和其清算会员发出确认信息。

1. 电子交易平台。将传统做市商模式与电子经纪平台模式相结合，交易商自己建立了电子交易平台（见图 17）。在这种模式下，交易商既是经纪商又是做市商，也称为经纪自营商。其独自在电子交易平台上提供买卖报价，市场的参与者都与交易商交易，构成了单向的多边市场。

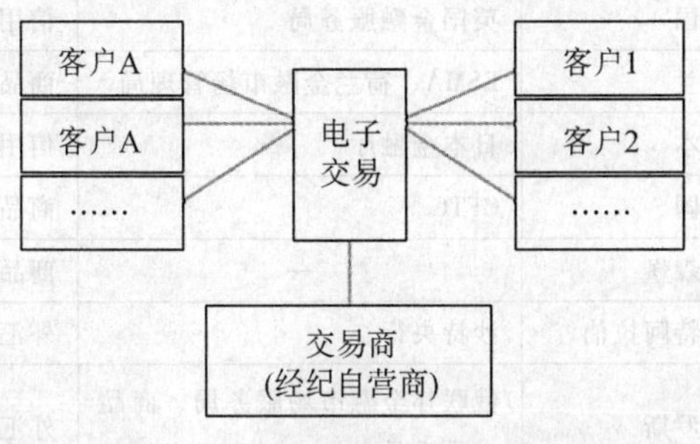

图 17　电子交易平台

2. 电子确认平台。电子化交易确认服务出现于 20 世纪 90 年代初。21 世纪以来，电子化交易确认服务飞速发展，主要是因为其能够解决交易确认的滞后性，并且减少人力资源的使用从而降低成本。ISDA 在 2009 年的调查结果显示，在所有场外衍生产品的交易确认中，电子化确认的交易笔数占到适合电子确认交易的 50% 以上，其中信用衍生品中这一比例最高，接近 100%。

3. 电子清算平台。在场外电子交易平台出现之前，场外交易在过去通常通过电话、传真等人工方式进行。这种以人工操作为主的作业方式决定了场外市场的业务处理效率低下，操作风险较大。为了适应场外衍生品场内清算的发展需要，各类金融中介服务机构纷纷建立了电子化的清算平台，用以完成直通式的交易和结算服务。境外电子化清算平台主要包括：Bclear、Clearing 360、Converge，ClearPort 以及 OTC Trade Entry Facility。

（三）推行交易报告制度

1. 全球交易报告库的发展及现状。2009 年 9 月，G20 匹兹堡峰会发表公告，要求最迟至 2012 年底场外衍生品合约需向交易报告库报告。随后，欧盟《欧洲市场基础设施条例》和美国《多德－弗兰克法案》等立法出台，有助于监管机构全面掌握场外衍生品市场的整体交易状况，也增加了场外衍生品市场的透明度。

截至 2013 年底，全球已有交易报告库情况参见表 7。

表 7 全球交易报告库及上报产品类型

报告库名称	所在地	监管者	衍生品类型
韩国央行	韩国	—	商品类、信用类、股权类、外汇类、利率类
巴西交易所	巴西	巴西中央银行、证券交易委员会	商品类、股权类、外汇类、利率类
巴西托管结算所	巴西	巴西中央银行、证券交易委员会	商品类、股权类、外汇类、利率类
印度清算有限公司	印度	印度储备银行	信用类、外汇类、利率类
CME 集团	美国	CFTC	商品类、信用类、利率类
DTCC - DDR（美国证券存托清算公司）	美国	CFTC	商品类、信用类、股权类、外汇类、利率类
DTCC - DDRL（欧洲）	英国	英国金融服务局	信用类、股权类、利率类
DTCC - EFETnet	荷兰	ESMA、荷兰金融市场管理局	商品类
DTCC 数据报告库（日本）	日本	日本金融厅	信用类、股权类、外汇类、利率类
洲际交易所交易报告库	美国	CFTC	商品类、信用类
Regis 交易报告库	卢森堡	—	商品类、股权类、外汇类、利率类
沙特央行交易报告库	沙特阿拉伯	沙特央行	外汇类、利率类
俄罗斯国家结算存管所	俄罗斯	俄联邦金融市场服务局、商品交易委员会	外汇类
香港金管局交易报告库（HKMA - TR）	中国香港	—	外汇类、利率类

资料来源：FSB（2009）。

全球范围内已运行的交易报告库已经覆盖所有的标的资产类别。在已运行的交易报告库中，仅有两家只为一种场外衍生品提供数据存储，其余的覆盖产品类别均达到两种以上，其中韩国中央银行与美国证券存托清算公司（DTCC）已实现存储所有交易数据。

2. 交易报告库及其职能。交易报告库实际上是一个中央数据库，对所有场外衍生品合约的基础信息以及交易情况进行集中登记。交易报告库已经成为场外衍生品市场提升透明度和运行效率以及控制系统性风险的重要依托设施。具体而言，交易报告库统一掌握市场情况，以避免恐慌情绪及流言的传播；综合、权威的数据有助于监管机构制定政策、实施政策并且进行有效后续监控。另外，交易报告库还能够帮助场外衍生品市场推进标准化进程。

3. 交易报告库的模式。目前全球已投入运行的交易报告库主要分为三种模式：由各地区监管机构直接设立、由中央对手方充当以及由美国证券存托清算公司（DTCC）设立各地区交易报告库。

（四）双边担保机制应对非集中清算交易风险

场外衍生产品结构繁杂，尤其是为非金融企业量身定制的结构化产品的存在，使得中央对手方无法集中统一清算这些难以标准化的场外衍生品交易。因此，各国监管机构采用双边担保机制等风险管理手段。这种双边抵押机制要求配套实施具体可实施的风险控制措施，例如定期评估和补充足够保证金、建立完善的法律框架和操作流程等，以此避免因某些重要的交易商发生违约风险时而产生系统性风险。

（五）提高资本金以缓释风险

提高资本金要求有助于缓释场外衍生品市场系统性风险。针对所有场外衍生品交易商以及其他可能有较大风险暴露敞口的机构，美国新金融监管法案提出了与交易对手信用风险相关的更高的保证金以及资本金要求，要求对这类机构实行稳健和审慎监管；同时对所有银行及其控股公司不采用中央清算的场外衍生品交易设定了最低资本要求。各国监管机构在2009年的G20峰会上也一致认为，鉴于非中央清算的场外衍生品合约风险相对较高，相对于中央集中清算的合约，需要提出更多的资本金要求。

四、国内场外衍生品的现状、问题及建议

境外经验表明，作为金融衍生品市场的重要部分，场外衍生品市场在国家经济、金融体系中发挥着重要作用。由于历史原因，我国场外金融衍生品市场整体发展滞后。近年来随着我国经济持续发展、金融市场加速改革，无论是监管机构还是专业投资机构甚至很多实体企业，都希望快速培育发展我国金融场外衍生品市场，为国家经济转型升级、金融改革做出贡献。

（一）国内场外衍生品发展现状

国内外汇、利率和信用类场外衍生品交易最主要是以中国外汇交易中心（全国银行间同业拆借中心）为平台在银行间市场开展。交易以标准化合约的形式出现，商业银行是此类标准化场外衍生品的主导力量。

在外汇类场外衍生品方面，目前国内已开展的产品主要包括远期结售汇业务、人民币外汇远期、人民币外汇掉期、人民币外汇货币掉期和人民币对外汇期权交易。主要交易机构是商业银行和实体企业，主要交易目的是防范汇率风险。我国最早的外汇类场外衍生品是远期结售汇业务，发展于1997年，最初是在少数大型银行试点。在2005年，为了推动人民币汇率制度改革，该项业务资格完全放开。而后，国内外汇类场外衍生品发展进入快车道。2005年8月，银行间市场推出人民币远期外汇交易业务；2006年4月，银行间市场推出外汇和货币掉期业务；2011年2月，银行间市场推出人民币对外汇期权交易业务。上述产品种类已经比较完善，基本上可以满足不同类型市场参与者的不同交易需求。

在利率类场外衍生品方面，目前国内已开展的产品主要包括债券远期、利率互换和远期利率协议，交易机构主要是商业银行和证券公司。我国第一个场外利率衍生品是2005年6月银行间市场引入的债券远期合约，从此国内机构第一次拥有了规避利率风险的对冲工具。而后，在2006年1月，银行间市场启动了人民币利率互换交易业务，国开行和光大银行完成了首笔50亿元人民币利率互换业务。2007年11月，银行间市场的远期利率协议业务正式推出，人民币利率衍生产品市场的产品结构得到进一步完善。

在信用类场外衍生品方面，国内一直发展较慢，目前已开展的产品是信用风险缓释工具

（Credit Risk Mitigation，CRM），具体包括信用风险缓释合约（CRMA）和信用风险缓释凭证（CRMW）。CRM 产品是我国自主创新信用产品，被称为中国的 CDS，从 2010 年 10 月起在银行间市场进行交易。参与交易机构主要是商业银行和少量证券公司，主要目的是为债务提供信用风险保护。

在股权类场外衍生品方面，我国起步较晚，目前仍处于发展初期阶段。股权类场外衍生品业务主要以非标准化合约的形式出现。证券公司是该类业务的主导力量。目前已开展业务包括权益类收益互换、场外期权和股票或指数挂钩结构化产品。根据中证机构间报价系统股份有限公司数据，截至 2014 年 12 月底，共有 21 家证券公司累计开展场外衍生品初始交易 6 779 笔，累计初始名义本金约 5 237 亿元，未了结名义本金余额约 2 983 亿元。在互换交易方面，截至 2014 年 12 月底，累计 21 家证券公司报告初始交易 5 833 笔，涉及名义金额约 4 122 亿元，未了结互换交易 2 507 笔，初始名义金额余额约 2 364 亿元。在期权交易方面，截至 2014 年 12 月底，累计 12 家证券公司报告初始交易 946 笔，涉及名义金额约 1 115 亿元，未了结期权交易 556 笔，初始名义金额余额约 619 亿元。上述业务实质上主要集中在提供通道和融资杠杆交易方面，期权类的非线性交易涉及较少，尤其是一些较复杂的非线性结构衍生品。

对于商品类场外衍生品，目前国内只有少量银行和证券公司涉足，主要以贵金属或与商品指数等挂钩的结构性产品形式出现。

（二）国内场外金融衍生品的主要问题

与境外发达市场相比，我国场外衍生品市场目前还处于发展的初级阶段，在流动性、市场结构、市场监管等方面均存在很多不足和需要完善的地方。

1. 监管机制有待健全。

（1）没有统一的监管主体。我国采取分业经营的金融市场运作模式，相应的监管格局也是分业模式。因为外汇类、利率类和信用类场外衍生品在银行间市场开展，而且市场参与者也主要是商业银行，所以中国人民银行和中国银监会主导着上述几类市场和产品的建设、创新和管理职能，同时承担着对参与机构的监管职能。对于股票类和商品类场外衍生品业务，因为参与者主要是证券公司、基金及期货公司，所以由中国证监会主导这两类市场和产品的建设、创新和管理职能。但是，随着我国场外金融衍生品市场进一步快速发展，多头监管机构分业监管模式已经不适用。首先，分业监管形成了条块分割，可能会有重复监管或监管真空的情况，导致无法高效应对市场出现的突发问题或有效防范潜在风险。其次，多头监管机构往往没有居间协调机制，会导致场外衍生品市场发展缺乏整体规划和安排。因此，我国的多头监管模式应考虑逐渐向统一型监管模式过渡。

（2）法律法规相对滞后。我国现行的与金融衍生品有关的法律法规最早的是 2004 年的《金融机构衍生品交易业务管理暂行办法》和 2005 年修订的《证券法》。目前我国针对金融衍生品交易特别是场外衍生交易方面的专门立法几乎是空白，不仅缺乏监管法规，而且缺少相关风险管理指引，已经难以适应当前市场迅速发展的形势。

对于场外衍生品业务，基于 ISDA 主协议，中国人民银行管理的银行间市场交易商协会和中国证监会管理的中国证券业协会分别于 2009 年和 2014 年发布了各自版本的主协议——《中国银行间市场金融衍生产品交易主协议》（NAFMII 主协议）和《中国证券市场金融衍生品交易主协议》（SAC 主协议）。上述主协议为国内开展场外衍生品交易提供了标准化的法律文本模板，为交易双方降低了法律风险，提高了交易效率。

2. 场外衍生品市场结构不完善。

（1）缺少电子化交易平台。对于场外衍生品，国内机构普遍缺乏合适的交易平台，无论是机构内部还是机构间。特别是对于非标准场外衍生品，产品合约签订、变更、转让、终止自动确认、现金汇划都需要交易对手双方手动、纸面完成。因为没有电子化系统支持，所以尽管对很多交易信息交易双方都需要向监管当局报备，但这些交易信息的一致性、准确性和完备性都无法保证。

（2）缺乏能提供全面场外衍生品金融服务的机构。场外衍生品的发展非常依赖于渠道方的销售能力。在我国，对于场外衍生品的潜在需求最旺盛的企业客户资源往往掌握在商业银行手中，而商业银行在权益类产品方面无法对客户提供全方位的金融服务。相比较而言，证券公司尽管在权益类产品上有一定优势，但在其他 FICC 类场外衍生品方面却非常薄弱。未来我国场外衍生品市场应该是一个提供全方位金融服务和资本运作服务的市场，这就需要有一类机构能够同时在股票、债券、外汇、商品等金融领域都能够有所作为。

（3）参与主体单一，终端需求有待提高。境外成熟市场的经验表明，专业机构投资者是场外衍生品业务参与的主体。然而在国内，相当多的专业机构投资者投资理念滞后，缺乏衍生品投资经验，对场外衍生品业务缺乏认识，导致场外衍生品业务参与者总体较少。事实上，不少专业机构投资者对场外衍生品交易存在大量的潜在需求，但因缺乏业务需求引导以及业务准入指引，无自主动力开展业务。在 ISDA 文本方面，国内证券市场和银行间市场有各自的中国版本，这种重叠和差异性也在很大程度上制约了相关机构跨市场参与的积极性。

3. 场内衍生品市场不够成熟。

（1）场内衍生品缺乏多样化。由于国内金融市场整体发展比较滞后，欠缺完备的交易品种使得场外衍生品的发展受到了很大的局限。众所周知，场外衍生品的发展是建立在交易品种完备的成熟市场上的，缺少相关交易品种会导致复杂的场外衍生品无法完成对冲。同时，场内衍生品的多样化程度不高会导致场外衍生品类型和品种的单一化。过于单一化的市场不但不利于我国金融市场的发展，更有可能加剧整个市场的系统性风险。

（2）场内衍生品交易不够活跃。虽然近几年我国场内金融衍生产品市场交易取得较快发展，但客观来说，一些场内衍生品的规模还非常小，流动性较差，市场弹性不足。以期权为例，由于场内交易不够活跃，导致目前市场上一些期限上的隐含波动率无法充分反映实际情况，这使得场外期权的交易定价参照不准确，从而影响场外期权业务正常开展。

4. 国内场外衍生品存在的其他问题。

（1）信息技术系统落后。国内从事场外衍生品业务的专业机构，以证券公司为代表，普遍在信息技术系统方面存在投资不足的问题。由此引发的交易系统自动化程度较低和风险管理系统功能欠缺等问题使得高效的风险识别和预警功能无法实现。除此以外，涉及财务和结算方面的中后台系统信息和自动化程度也有较大的提升空间。

（2）产品定价能力不足。比较境外成熟金融机构，国内机构在结构相对复杂的场外衍生品定价方面的能力、经验明显不足，普遍缺少有实际定价能力的量化分析人员。因为缺乏实际操作中的经验积累，并且迫于市场竞争压力，希望尽早获得合约，一些国内机构一般倾向于对一些复杂产品“乐观估值”。这往往会导致后期在实际开展业务时，大量产品出现定价明显低于实际成本的情况。

(3) 对冲交易经验缺乏。对于场外衍生品，机构一般针对性地采用静态或动态的风险对冲策略。一方面，由于场内衍生品市场的缺失，导致机构在对冲希腊值 Gamma 和 Vega 风险上缺乏工具；另一方面，对冲风险交易是一门科学，也是一门艺术，需要长时间的积累。当前国内市场严重缺乏有实际对冲交易经验的量化投资人员。在实际工作中，如果对冲处置不当，会引发重大损失，甚至有可能引起系统性风险。

(4) 履约保障安排不足。场外衍生品业务，特别是非标准合约的场外衍生品业务，可能会存在显著的交易对手信用风险暴露。履约保障是缓释信用风险的最重要手段。由于国内场外衍生品业务近两年才开始兴起，整个市场积累的信用风险事件极为有限，所以各机构在履约保障安排方面普遍缺乏经验。具体来说，对于履约担保品的准入范围、折算率、担保阈值、流动性评估和特殊情况处理以及法律风险应对等方面不够完备和规范。

（三）对国内场外衍生品发展的建议

在充分认识国内场外衍生品发展现状和存在问题的基础上，借鉴境外场外衍生品业务发展的经验，提出以下发展建议。

1. 加强监管部门之间的协调合作。国内对场外衍生品实行分业管理，但这种监管模式效率较低，重复建设。因此，国家非常有必要对场外衍生品进行统一管理，或者成立专门的协调机构和机制促进各监管机构交流合作，弥补监管真空地带。首先，各监管机构的职责和管辖范围需要明确；其次，对各自监管的场外衍生品标准进行统一，同时需要对各自现有相关法律法规进行清理统一；最后，需要建立综合信息交流平台，以方便监管者整体把握市场风险状况。

2. 引导鼓励更多的专业机构参与场外衍生品市场。经过多年发展，目前国内参与场外衍生品市场的专业机构仍旧有限。一方面是由于分业管理的问题，比如当前的监管体系对非商业银行机构进入银行间场外衍生品市场设置较高门槛，使很多有意愿进入市场的机构投资者无法参与；另一方面，在监管指标计算上还未能充分考虑场外衍生品的风险对冲特点，不能实现风险敞口的抵销，或监管指标的扣减，严重影响机构投资者参与市场的积极性。

针对上述问题，国家应出台政策，对专业投资机构参与场外衍生品交易给予政策上的支持。允许符合条件的、以套期保值对冲风险为目的的终端需求客户使用场外衍生工具，取消或减少对企业运用风险管理工具的过度限制，使得市场参与主体进一步机构化，促进大型金融机构、国有大型企业参与到场外衍生品交易中。另外，应鼓励有实力的金融中介机构自主创设非标准产品，给予他们更大的创新自主空间。

3. 发展场内衍生品市场以带动场外衍生品市场。积极推进场内金融衍生品的创新和开发，能够为场外期权市场的发展打好坚实的基础，提升场外金融衍生品运作风险管理能力。建议在满足市场需求，结构上由简到繁、风险上由低到高的前提下，加快推进场内衍生品业务。同时，鼓励场外交易方尽量多地采用类似于场内的标准合同，并参考场内期权的资本金、保证金扣减规则，将场外产品与场内化结合起来。

4. 夯实场外衍生品市场发展的法律基础。海外市场的经验显示，推动场外衍生产品市场健康、可持续发展的关键是立法的完善。可以通过两种途径建立完善的国内场外衍生品监管法律制度。首先，有必要尽快制定一套全面的法律法规以规范场外衍生品的交易，按照一个统一的标准对交易、结算、风控等环节进行控制，明确划分并区别各监管部门、中介机构和自律组织的管理职能，构建一个统一的场外衍生品市场监管框架。其次，为了发挥不同衍生产品的个性化特征，应在《证券法》和《金融机构衍生品交易业务管理暂行办法》的基础上，对各个种类的场外衍生品（利率、外汇、信用、权益和商品等）制定不同的具体实施细则。

5. 发展场外衍生品集中清算。双边结算的场外衍生品会有很高的违约风险，集中清算可以消除场外衍生品市场存在的信息不对称，提高市场的运作效率。在境外市场，标准化的场外衍生品的集中清算比例已经大幅提高，并成为发展趋势。目前，我国场外衍生品的集中清算刚刚起步。上海清算所于 2014 年 7 月宣布我国开始对场外金融衍生品实行强制集中清算，人民币利率互换交易为首个集中清算产品。对于国内正在逐渐发展的场外衍生品市场而言，推进标准化的场外衍生品的集中清算将有利于规范市场操作、减小对手方风险。建议监管机构推动建立统一的金融衍生品清算平台，尽早规范管理场外衍生品业务流程中交易、风控和清算等重点环节。将更多的场外衍生产品类型引入中央对手方清算模式，从而促进场外衍生品市场清算的集中化和场内化。

6. 推进有抵押的场外衍生品交易。境外经验表明，在系统性风险下，无抵押的场外衍生品交易对手信用风险以及交易对手资产质量评估缺失会使得场外衍生品市场危机四伏。在集中清算模式下，场外衍生品交易能够转化为有抵押的衍生品交易，但并不是所有的衍生品都能够通过中央对手方集中清算。巴塞尔委员会于 2013 年 9 月发布了非集中清算场外衍生品保证金要求，以降低对手方信用风险暴露。在国际非集中清算场外衍生品保证金要求的大背景下，我国的 NAFMII 和 SAC 主协议还需进一步完善场外衍生品市场保证金和抵押品的相关规定。

7. 完善市场信息披露制度，提高市场透明度。目前，我国正在逐步推进建设场外衍生品市场的信息发布平台，已经建立了银行间市场衍生品交易数据公开发布平台，同时中证机构间报价系统股份有限公司已根据《证券公司金融衍生品备案指引（试行）》规定启动了金融衍生品交易备案管理。该指引从客户交易以及证券公司两个层面对场外衍生品交易起到了信息收集和监测的作用。未来，我国应该借鉴境外市场交易报告库经验，发展我国的场外衍生品交易信息共享平台。通过了解监管机构、自律组织以及相关部门的信息需求，定向披露交易和备案信息，发布交易对手方集中度、交易标的集中度、交易价格平均水平等数据，以增强场外衍生品市场的透明度，规避系统性风险。

境外个股期权违法行为监管研究

中国证监会上海专员办*

一、个股期权内幕交易、操纵市场违法行为表现形式及特征

（一）个股期权内幕交易、操纵市场违法行为的主要表现形式

个股期权相关内幕交易的表现形式与股票内幕交易的表现形式并无本质区别。个股期权相关操纵市场的行为主要有以下几种：

一是压低股价以保护看涨期权空头，此类交易的目的在于压低标的股票的价格，使其不超过账户内即将到期的看涨期权空头的行权价格。二是支撑股价以保护看跌期权空头。看跌期权空头与看涨期权空头相反，目的在于拉升标的股票的价格，使标的股票价格超过账户内所持有即将到期的看跌期权空头部分的行权价格。三是固定股价，指意图将标的证券价格固定于某一特定价格。当持续买进或卖出标的股票，欲将标的股票价格稳定于某一特定水准，从而使其账户内该股票标的的看涨期权与看跌期权总体头寸获最大利益时，则构成固定股价。四是小型操纵，是指交易者在相当短的期间内从事一系列交易，目的在于在一定程度上影响标的股票的价格，使其所持有的以该等股票为标的的期权头寸获取利益的操纵行为。五是影响结算价，是指为取得特定的结算价格，而影响最后成交价及最后市场报价的行为。六是直接操纵期权价格，虽然个股期权价格主要取决于标的股票价格的变化，但其本身是独立的交易品种，极端情况下可能存在脱离与标的股票的依存关系而直接操纵期权价格的情况。

（二）个股期权内幕交易、操纵市场违法行为与传统违法行为的差异

一是违法动机更强。个股期权具有杠杆效应，可以“以小搏大”。利用个股期权的杠杆性理论上可以谋取更多的利益，选择个股期权作为牟利工具的可能性更大。二是跨市场特征

---

* 小组成员：俞峰，卢勇，黄江东，聂祥辉，文勇，陈炎玮（上交所），崔瑾（上交所）。原载于《中国证券》2015年第11期。

明显。个股期权跨越现货、期货两个市场，运作机制复杂，联动效应显著。个股期权投资者可能通过内幕交易、操纵市场行为对期权市场交易造成影响，进而对股票市场施加影响，从而形成跨市场风险。三是行为更加隐蔽。标的证券价格的较小波动就可在期权上获利，但现货市场的较小波动可能并未达到操纵市场责任的追究标准。利用期现市场的跨市场特点，将使个股期权上的操纵行为更隐蔽。四是行为更加复杂。基本交易策略有四个：做多股票认购期权、做空股票认购期权、做多股票认沽期权、做空股票认沽期权；还可以构造出垂直价差、跨式组合、宽跨式组合、蝶式组合、鹰式组合、水平价差等丰富的投资组合模式。这些复杂多样的表现形式将使得查处违法违规行为的难度更大。

二、境外市场对个股期权的监管及经验借鉴

（一）境外主要市场对个股期权相关内幕交易的监管

境外不同市场对个股期权相关内幕交易的监管重点、监管措施等存在显著差异，但从监管体系出发，境外针对个股期权相关内幕交易的监管都包括立法规制、行政监管和自律管理三个层级。其中立法规制主要指从法律层面界定相应内幕交易的行为并明确处罚措施；行政监管主要指由相应的金融监管部门实施监管执法；自律管理主要指借助交易所交易规则的制定和经纪商的自律行为实现的监管。境外不同市场针对个股期权相关内幕交易的监管侧重点存在差异，其中美国以行政监管为主、自律管理与立法规制为辅；中国香港地区以行政监管与自律管理为主、立法规制为辅；德国以立法规制和行政监管为主、自律管理为辅。

1. 立法规制是个股期权监管的基础。以美国、德国、澳大利亚为代表的境外主要市场都构建了相对完善的法律体系。比较而言，德国、澳大利亚构建了相对最完备、最严格的立法规制体系（见表1）。

表1　主要境外市场针对个股期权相关内幕交易的立法规制

	针对个股期权相关内幕交易的立法规制
美国	《1933 年证券法》、《1934 年证券交易法》、《1968 年 William 法案修正案》、《内幕交易的证券欺诈执行法案》
英国	《2000 年金融服务与市场法案》及 2005—2011 年三次修正案、《2012 年金融服务法案》
中国香港	《2003 年证券及期货条例》
澳大利亚	《1991 年公司法》，2002 年将内幕交易禁止的金融产品扩展到几乎所有的金融工具
德国	《1976 年在证券交易所上市或公募中股票之内部人交易准则》、《1989 年内幕交易指令》、《1994 年德国有价证券交易法》
巴西	《1976 年 Law6404》、《1976 年 law6385》、《2001 年 Law10303》、《2002 年 CVM 的 358 号指令》

资料来源：根据公开资料整理。

2. 行政监管执法是个股期权监管的重要组成部分。境外主要市场都将行政监管执法作为个股期权内幕交易监管体系的重要组成部分。在监管主体上，证券监管部门是境外市场行政监管的主体，监管的重点集中在业务监管、信息披露和事后处罚等方面。其中美国、德国、英国和中国香港地区的行政监管相对较完善（见表2）。

表2　主要境外市场对个股期权相关内幕交易行政监管情况

	监管主体	监管重点
美国	美国证监会（SEC）	完善与个股期权内幕交易相关的规则
英国	金融行为监管局（FCA）	监管金融机构的业务行为，保护金融消费者，保证金融市场公正以及促进有效竞争
	审慎监管局（PRA）	对银行、信用社、保险公司和大型投资公司实施审慎监管
中国香港	证券及期货事务监察委员会（香港证监会）	预防性措施：强调信息披露。法律处罚：明确行政、民事和刑事处罚措施
澳大利亚	证券与投资委员会（ASIC）	从法律层面对金融市场进行监管和客户保护，并依据《澳大利亚证券与投资委员会法》行使权力
德国	德国联邦金融服务业监察署（BaFin）	交易信息报告制度：每日将个股期权交易报告向BaFin的电子报告系统报告；直接监督高管人员交易行为：股权变动的所有情况都要向BaFin报告
巴西	巴西证券监管局（CVM）	严格的信息披露要求，完善相应监管规则

资料来源：根据公开资料整理。

3. 自律管理是个股期权监管区别于其他监管的重要补充。在自律监管主体上，交易所、行业协会及经纪商是主要的自律管理主体。在监管措施上，交易规则的明晰及经纪商自身的风险控制机制是重要的防御措施。美国作为资本市场最发达的国家，其自律管理机制也相对更完善。针对个股期权相关的内幕交易，美国各大交易所借助明晰交易规则来强化自我监管。中国台湾地区也借助交易规则的设立来提高个股期权套利操作的门槛和风险，进而降低与个股期权相关的内幕交易行为的发生。在保证金制度方面，借助双层保证金模式降低交易杠杆，提高操纵市场行为的门槛（见表3）。

表3　自律管理是对个股期权相关内幕交易监管的重要补充

	监管主体	监管措施
美国	美国各类证券交易所	保证金制度：采用SPAN保证金模式，综合考虑各种风险因素；头寸限制：修订头寸加总计算标准； 信息披露：持仓报告制度，超过规定标准向CFTC提交报告
英国	伦敦交易所（LSE）	经纪商的资本充足性要求：自有资本大于或者等于25万英镑或两个月的营运成本，最低初始资本至少为5万欧元； 非银行交易商资本充足性要求：金融服务管理局限制交易商风险暴露不得超过其自有资本的100%
中国香港	香港交易所与联交所、期交所	头寸限制：经纪持仓量不超过总资本20%的水平； 市值按金的要求：所有期权短仓都需要符合按金需求。在每日收市后，期权结算所会就其参与者以每个期权系列的交收价计算所有未平仓持仓，并按其价值评估所需按金； 客户按金（保证金）要求：期权交易所参与者须要求不少于根据期权交易规则第424条计算的客户应付按金的数额的联交所期权结算所抵押品； 信息披露：交易所参与的保密性，持仓限制，及时披露客户资料，期交所每天即时向证监会提供大额持仓的客户资料

续表

	监管主体	监管措施
德国	德国金融市场的发行人和交易商	借助成立“德意志衍生产品协会”（Deutsche Derivative Institute）和“德国衍生产品论坛”（Germany Derivatives Forum）等组织，对金融产品的创设和交易进行自律管理
中国台湾	台湾证券交易所、证券业同业公会	日常监控强化：一个交易日中，交易所分三次以市场即时价格或特定价格对结算会员未平仓头寸进行盘中损益试算，如有结算会员保证金低于应有水准时，则发出盘中追缴通知，并视情况进行限制新增部位操作； 保证金：台湾金融期货市场的保证金可分为“结算保证金”和“交易保证金”两个层次，提高交易门槛

资料来源：根据公开资料整理。

（二）境外主要市场对个股期权相关操纵市场行为的监管

与对个股期权相关内幕交易行为的监管相同，境外市场对个股期权相关操作市场的监管也形成了以立法规制、行政监管和自律管理为基础的三层级监管体系。在立法规制上，境外不同市场对个股期权相关操纵市场行为的界定有一定差异；在行政监管上，证券期货监管机构承担主体作用；在自律管理上，交易所规则和行业自律规则是主要的措施。

1. 立法规制：不同市场对个股期权操纵市场行为的界定有差异。在法律体系上，境外市场对个股期权相关操纵市场行为的监管立法与对个股期权相关内幕交易行为的监管立法基本相同。以美国为例，《1933 年证券法》、《1934 年证券交易法》、《1942 年证券交易法》均对证券的操纵市场行为给予了明确的界定，随着金融市场的深化，证券的范围逐步扩展到包含个股期权在内的所有金融产品。但是，在对个股期权相关操纵市场行为的界定上，境外不同市场还是存在一定的差异。其中，美国根据《1934 年证券交易法》中第 9（a）条的规定，交易所进行的洗售（对倒）、对敲行为、欺骗公众的交易行为以及散布消息操纵市场等行为都界定为操纵市场行为；中国香港地区根据《2003 年证券及期货条例》中规定使用诱导或欺骗的手段，无论是通过维持、提高、降低或稳定证券的价格，或者引起该证券价格的波动，或者制造交易量等方面虚假或误导性的表象，从而达到交易的目的，订立交易合约的，都应当被认定为操纵市场行为（见表 4）。

表 4　　不同市场对操纵违法行为的界定

	法律依据	对操纵市场的定义
美国	《1934 年证券交易法》	9（a）（1）款禁止在交易所市场中进行所谓的洗售（对倒）和对敲行为； 9（a）（2）款禁止使用任何手段以欺骗公众相信证券交易行为（被操纵的）反映了真实的市场供求关系；9（a）（4）款禁止在证券交易中以诱导他人买卖为目的做出虚假或误导性陈述；9（a）（3）款和 9（a）（5）款禁止散布即将进行的操纵行为以吸引买卖盘；9（a）（6）款规定所有的稳定、固定或锁定股价的行为必须符合证监会的规章规则
英国	《2013 年市场行为准则》	交易方式操纵市场（Manipulating Transactions）和以设备操纵市场（Manipulating Devices）两种形式

续表

	法律依据	对操纵市场的定义
中国香港	《2003 年证券及期货条例》	规定使用诱导或欺骗的手段，无论是通过维持、提高、降低或稳定证券的价格，或者引起该证券价格的波动，或者制造交易量等方面虚假或误导性的表象，从而达到交易的目的，订立交易合约的，都应被认定为操纵市场行为

资料来源：根据公开资料整理。

2. 行政监管：中国证监会发挥监管主体作用。在行政监管上，与对个股期权相关内幕交易相同，境外市场以证监会为主的证券期货监管机构是对个股期权相关操纵市场行为的监管主体。但是，监管措施和监管重点存在一定的差异。在行政监管较完善的德国，德国联邦金融服务业监察署（BaFin）作为监管主体对市场操纵行使调查权和处罚权。BaFin 主要借助强化信息披露制度来约束与个股期权相关的操纵市场行为。美国证监会（SEC）在金融危机后进一步强化了监管职能。一方面，对行业自律组织颁布的规则条例进行修订、补充和废止；另一方面，与美国最大的非政府自律管理机构——金融业监管局（FINRA）保持紧密合作，将之前处于监管真空的金融衍生品也纳入监管（见表 5）。

表 5　不同市场对行政监管措施的规定

	监管主体	监 管 重 点
美国	美国证监会（SEC）	SEC 是美国综合监管机构，其不仅制定相应监管规则，而且还能对行业自律组织颁布的规则条例进行修订、补充和废止；金融危机后，美国金融业监管局（FINRA）是最大的非政府的证券业自律管理机构，它与 SEC 一直保持紧密合作。曾有多家公司涉嫌内幕交易被 FINRA 查出，然后遭到 SEC 起诉和惩罚
英国	金融服务管理局（FSA）	FSA 是英国最大的综合监管机构，2000 年《金融服务与市场法案》赋予 FSA 对于证券市场的行政处罚权以及向法庭申请民事或刑事裁决的权力
中国香港	证券及期货事务监察委员会（香港证监会）	《证券与期货条例》颁布后，操纵市场行为归为市场失当行为，操纵市场行为改由香港证监会法规执行部负责监控和调查，而对操纵市场的处理，可依行政和刑事裁决两条路径进行和法律处罚两种方式实行监管
澳大利亚	证券与投资委员会（ASIC）	从法律层面对金融市场进行监管和客户保护，并依据《澳大利亚证券与投资委员会法》行使权力
德国	德国联邦金融服务业监察署	对市场操纵行使调查权和处罚权。BaFin 对交易数据进行专业分析，甄别是否有操纵市场行为；在高管人员交易行为直接监督方面，强化信息披露

资料来源：根据公开资料整理。

3. 自律管理：借助交易所和行业协会来提高监管效率。在自律管理上，与个股期权相关的内幕交易和操纵市场行为存在较大的相似性，二者均借助交易所交易规则的明晰和行业协会的自律管理来提高监管效率。以自律管理较发达的美国为例，一方面，交易所借助保证金制度、持仓比例和持仓报告等交易规则来提高操纵市场行为的成本，在源头上约束操纵市场行为；另一方面，行业协会借助强化经纪商的自律和自身风险管理来制约操纵市场行为。此外，交易所以及行业协会等自律组织的市场监测等行为也是提高自律管理的有效措施。目前，境外大多数交易所都建立了市场监测系统，对市场交易中的异常行为、突发事件提醒、报警和处置，借助市场监测可以及时发现异常交易行为，为内幕交易及操纵市场行为的侦查提供了有效工具。

（三）总结和启示

1. 相互补充的三层级监管体系能有效避免系统性风险。尽管不同市场的监管措施和监管重点存在差异，但相互补充的三层级监管体系是境外市场的共同特征。从德国和澳大利亚的经验教训来看，完善的立法、监管体系和有效和行政监管、自律管理可避免重大系统风险事件。

2. 立法规制要跟上市场创新发展的需要。立法规制往往滞后于市场发展步伐，市场创新会在一定程度上倒逼法律修订，这从美国《证券法》的多次修改历程中就能得到证实。立法规制与资本市场创新发展的节奏一致是提高市场运行效率的有效措施。普通法系的国家可以基于实践案例来修订完善法律规则，大陆法系国家可以基于本国的市场现状制定相应的规则。法制规则若明显滞后于市场发展，将产生金融压抑，扼杀金融创新的活力。

3. 发挥行政监管的主导性和有效性。与立法规制的权威性和自律管理的市场性相比，行政监管是一种相对中性的监管措施。在一定程度上，行政监管的效率决定了市场监管的效率。这点可以从巴西和中国香港地区的对比中得到证实。在 1980—2000 年期间，巴西资本市场上内幕交易、操纵市场等违规行为泛滥，原因并非法律缺失，而是严重的监管不力，是行政监管的失灵。与此相比，中国香港地区完善的行政监管有效提高了监管效率，最大程度制约了内幕交易和操纵市场等违法行为。

4. 交易规则在灵活有效和自律管理间寻求平衡。个股期权交易规则的设定是个股期权监管体系中的重要一环。严格的交易规则能提高个股期权内幕交易和操纵市场的门槛和成本，制约相应违规行为；但不利于激发市场活力，在一定程度上会制约市场发展。因此，个股期权交易规则的设定应在灵活有效和自律管理间寻求平衡。

5. 加大违规违法处罚力度是维护市场秩序的必要措施。强化内幕交易和操纵市场行为的事后处罚是杜绝或降低此类违规违法行为的重要措施，这也是境外成熟市场的普遍做法。以美国、英国和中国香港地区为代表的成熟市场都强调市场自律作用的发挥，在一定程度上放松了事前监管，事前监管的放松必然要求加强事中、事后监管。这是强化市场法治的表现，也是保证个股期权市场健康稳定发展的重要措施。从境外市场个股期权相关内幕交易和操纵市场行为案件的处罚来看，境外市场的处罚力度都比较大。

三、我国个股期权的推出对稽查执法带来的挑战

（一）发现线索难

1. 交易所发现违法违规行为线索难。以往的内幕交易、操纵市场违法行为主要是通过交易所对异动个股的监察做筛选甄别之后发现的，对象品种上比较单一，交易方向上比较明确。由于个股期权在交易机制和收益原理上与股票现货交易存在较大差异，因此在违法行为的操作手段和获利模式上，也相应地衍生出很多形态，远比单纯的股票内幕交易或操纵市场要复杂和隐蔽，由此也加大了交易所对此的跟踪识别难度。

2. 案件调查阶段发现违法违规行为难。首先，违法违规行为的跨市场、跨品种，存在

混合交叉违法的可能，给现场调查发现违法违规行为增加了难度。个股期权内幕交易型案件现场调查阶段，调查人员既要分析个股的内幕信息（内幕信息形成过程、敏感期、内幕信息知情人员范围、传递过程），股票交易情况（股价走势、交易量、重点账户的买入时间、地区分布、账户之间的关联关系等因素），也要分析该个股的期权交易重点账户情况（买卖时间、交易方向、交易品种、买卖价格、委托下单情况）。对于操纵市场而言，既要分析个股的股票交易情况和重点账户，也要分析个股的期权交易情况和重点账户，并且还要分析个股股价走势与期权价格之间的关联性。这无疑增加了现场调查发现违法违规行为的难度。

其次，发现违法违规行为的关键点——关联关系增加了难度。个股期权内幕交易型案件不仅要查找重点期权账户的操作人（实际控制人）与内幕信息知情人员之间的联络情况和关联关系，必要时还要查找多个重点期权账户的操作人（实际控制人）之间的联络情况和存在的关联关系，重点期权账户相关人员与重点股票账户相关人员之间的联络情况和关联关系，重点股票账户相关人员与内幕信息知情人员的联络情况和关联关系，这实际上难度很大。

最后，个股期权价格和个股股价走势之间的伴生性和相对独立性给违法违规行为的发现增加了难度。个股期权价格与相应个股股价在走势上基本趋于一致，但并不始终完全一致，存在相对独立性的特点。这种特定时期的与个股股价的不一致甚至背离，可能使得当时的有关内幕交易和操纵市场行为在此表象掩盖下隐去了内幕交易或者市场操纵行为的典型特征，从而逃离调查视野。

3. 媒体和投资者等其他主体发现违法违规行为线索难。利用个股期权进行内幕交易和操纵市场比单纯利用股票进行内幕交易和操纵市场具有更高的隐秘性和欺骗性，这给媒体、市场主体和其他人员发现、辨别这类违法违规行为的线索带来了极大的障碍。虽然目前这类线索在案件线索来源中的占比较低，但也将在一定程度上降低该违法违规行为被发现的可能性。

（二）调查取证难

1. 需要调查的对象和人员范围广，查证内容多。因为跨市场、跨品种，个股期权内幕交易案件和操纵市场案件，比以往同样类型的股票案件涉及的账户及人员要多得多，如账户的地域分布，交易情况（交易品种、交易特征、买卖时点、委托方向、成交价格、委托方式及地址等），人员的亲属等关联关系和通讯联络等方面，在调查的广度和内容上，大大超过以往案件。在交易品种和交易方向上，个股期权的交易也远远比单纯股票的交易复杂得多。

2. 需要证明的路径长，违法行为隐蔽性强，证明难度大。个股期权内幕交易案件的内幕信息既可能在股票交易者之间传递，也可能在期权交易者之间传递，还可能在股票交易者和期权交易者之间混合传递，传播范围更广，传递方式将更复杂隐蔽，传递路径也更长。内幕信息传递的链条越长，需要证明的环节就越多，如果某个环节出现断裂，则无法得出内幕交易的结论，这些都给案件调查取证工作带来了相当大的挑战。

个股期权操纵型案件，其操纵的意思联络也复杂于普通的股票操纵案件，既可能是单纯的操纵个股期权的价格，在多个期权交易者之间意思联络，也可能是股票交易操纵为主、适当的期权操纵配合（或者相反，期权价格操纵为主，股票交易操纵适当配合），股票交易的操作者和期权交易的操作者之间进行意思联络。个股期权操纵意图的意思联络路径比单纯的股票操纵意思联络路径长且复杂。

3. 违法主体的主观方面证明难度大、证明要求高。个股期权内幕交易和操纵市场案件中利用内幕信息的主观意图和操纵的主观意图证明难度大为增强，证明要求大为提高。首先，相对于股票的内幕交易和操纵市场案件而言，个股期权内幕交易和操纵市场案件的客观证据获取更难，调查对象会因为客观证据相对不足而心存侥幸，企图蒙混过关，这给主观证据的获取带来困难。其次，因为证据的缺失或者获取困难导致的客观证据证明力较弱的情况下，违法主体的主观方面的证明就显得尤其重要，主观证据的质量要求也更高，在特定情况下，甚至可能成为案件成败的关键因素。最后，对于因为市场的客观因素或者调查对象的人为因素或者两者共同作用导致的不具有内幕交易和操纵市场违法行为典型特征的个股期权相关违法案件，主观方面的证据作用极为重要，其要求也更高。

（三）定性处罚难

1. 内幕信息和知情人员的认定带来新问题。根据目前的法律规定和稽查执法实践，对个股上未达到重大性标准的信息不能被认定为内幕信息，相关人员则不能被认定为内幕信息知情人员或非法获取内幕信息的人员，因此也就不能认定内幕交易。但是，在同样的资金规模前提下，这种不能被认定为内幕交易的个股期权交易可能比股票内幕交易非法获利更高，危害更大。因此，对于可能影响公司股价但尚未到重大影响程度的未公开信息，难以明确界定是否属于内幕信息，这也就给内幕信息的界定和追踪带来更多困难。

2. 操作手法和方式的认定面临新挑战。因为个股期权交易的跨品种、交易品种及交易方向的多元化、杠杆效应及与相关个股的趋同性及相对独立性等特征，个股期权违法行为在操作手段和获利模式上更为复杂和隐蔽，如通过 T+0 日内快速交易、分化组合、降低股价的震荡幅度、对冲策略等方式逃避监管。

就内幕交易而言，从交易方向来看，股票内幕交易中仅有利好买入或者利空卖出两种方向，但个股期权有认购/认沽不同的行权方向，因此交易更为多样。从交易标的来看，股票内幕交易的标的物是单一、特定的，就是所涉及的股票本身。个股期权内幕交易的标的物则可以是基于特定标的股票的若干个期权合约。从交易策略来看，个股期权可以作为投资者风险管理的手段，用于风险对冲、套利、方向性交易和组合策略交易等。由于其专业性和复杂性，更难被识别。从获利途径来看，既可通过买卖个股期权本身获取权利金的差价，也可通过买入个股期权并行权来获取股票现货价格变动带来的收益。

就操纵市场而言，在交易品种上，行为人可能通过股票市场操纵和相应的期权操纵结合，甚至还可以通过多个股票组合与 ETF、对冲基金相结合进行操纵，这样的品种分散和多元化，使得该行为更难以被认定为市场操纵。在交易手法上，行为人可以通过股票价格的轻微波动在期权上获得较大的收益，通过一个或多个分散的股票的价格操纵，每个股票的价格波动较为轻微，在持仓量和价格震动幅度上更具有欺骗性。因为其分散及相关股票价格被操纵的涨跌幅要比单纯的股票市场操纵的股价微弱得多，这也给处罚认定带来了难度和障碍。个股期权采用 T+0 的交易规则，操纵市场或内幕交易等违法行为者可以在日内快速多次进行，行为人可以通过增加振幅次数降低震荡幅度以加大获利空间，以逃避查处。

关于操纵市场的手段和方式认定上，在《证券法》和《期货交易管理条例》以及其他司法解释中有明确的规定，但个股期权的市场操纵比股票市场操纵方式和手段要隐蔽复杂得多，仅有原则性规定但欠缺相关针对性法律规定也给对该类违法行为的认定查处带来障碍。

四、监管对策建议

（一）完善法规制度和监管体系

虽然不同市场的监管措施和重点有差异，但相互补充的三层级监管体系是境外市场的共同特征。我国也应当建立立法规制、行政监管和自律管理三者相互补充、有效衔接，以行政监管为主导，自律管理为辅助的三层次监管体系。

1. 法律法规层面：《期货交易管理条例》第二条明确期权合约交易是期货交易的一种，《股票期权交易试点管理办法》也规定股票期权内幕交易适用条例处罚，考虑到目前《期货法》正在起草，建议将个股期权相关问题统一纳入《期货法》规制，在《期货法》中对个股期权做出专门性规定。

2. 中国证监会规章层面：多管齐下，完善行政监管体系。

其一，进一步完善规章制度建设。

其二，培育专门查办金融衍生品违规案件的监管团队。由于涉及个股期权内幕交易以及市场操纵的行为更为隐秘和难以查处，建议明确凡涉及个股期权等金融衍生品交易的违法违规案件统一交由稽查总队、沪深专员办或者委托证券交易所办理，建立负责期货及衍生品的专门团队，建立、发挥专业化优势。

其三，加大对个股期权内幕交易和操纵市场行为的查处力度。中国证监会建立专门制度安排和执法队伍，完善案件线索发现、线索移送、调查处罚工作机制，强化稽查执法，有效震慑个股期权违法行为。

其四，加强协调协作，形成执法合力。加强与公安司法机关协作，加大行刑衔接配合力度。应积极协调最高人民法院、最高人民检察院、公安部，对如何追究期权内幕交易、操纵市场行为刑事责任出台相应的司法解释和规定，避免出现涉期权等衍生品犯罪认定标准缺失或标准不一。

3. 自律管理层面：完善交易规则和信息披露制度。建议在保证金制度上借鉴中国台湾地区实行双层保证金制度，即“结算保证金”和“交易保证金”相结合。建立完善的信息披露制度，使用大数据等手段排查内幕交易和市场操纵行为。建议各交易所披露主要会员的持仓比例和持仓报告。同时交易所也需使用大数据等先进技术每日排查交易账户。

（二）事前预防

1. 优化合约设计。优化合约设计是预防个股期权违法行为的有效措施。第一，考虑到运作初期的平稳起步，期权合约标的应规模大，流动性好，抗操纵性强。第二，合约面值大小适中，避免过度炒作。第三，建立涨跌停限制和熔断机制等价格稳定措施。第四，合理的保证金机制。期权保证金应基本可覆盖标的两天最大涨跌幅。

2. 完善投资者准入制度。根据投资者的投资经验、专业知识、财务状况、风险偏好，对投资者采取分级管理制度，引导投资者理性参与期权交易。根据上交所方案，个人投资者参加上交所期权交易，必须满足下列“五有一无”的条件，即有资金（账户不低于人民币

50万元)，有经验（指定交易在相应期权经营机构6个月以上并具备融资融券业务参与资格，或者具备1年以上的金融期货交易经历)，有知识（通过上交所认可的测试)，有模拟（具有相应的期权模拟交易经历)，有承受能力（通过期权投资者适当性综合评估）以及不存在严重不良诚信记录，不存在法律、行政法规、规章和上交所业务规则禁止或者限制从事期权交易的情形。在此基础上，实施投资者分级准入制度。

3. 建立大额持仓报告制度。大额持仓报告制度是当期权经营机构或客户持仓量达到交易所规定的持仓报告标准时，交易所有权要求期权经营机构或客户报告其资金情况、头寸情况等。大额持仓报告制度与限仓制度配合实施，便于交易所审查期权参与者是否存在过度投机和操纵市场的行为，有利于预防和控制市场交易风险。

4. 构建严格的限仓制度。限仓制度是指期权交易场所对期权经营机构和投资者的持仓数量进行限制，规定投资者可以持有的、按单边计算的某一标的所有合约持仓（含备兑开仓）的最大数量。限仓制度主要是为了防止投机持仓过大从而扭曲期权市场价格，导致期权市场供需失衡。不仅对单个账户和会员经纪业务总规模进行限仓，也对单个标的和多个标的总持仓实行限仓。

5. 完善信息披露制度。健全的信息披露制度是期权市场高效运作、有效防范个股期权内幕交易和市场操纵行为的基础。借鉴国际经验，结合我国实际情况，上交所设计了较为完备的期权业务信息披露方案，主要包括期权合约信息披露、标的信息披露和特定情况信息披露等方面。

6. 突发事件处置制度。针对期权市场中可能发生的交易运行异常、错单交易、合约标的异常和市场异常波动等异常情况，设计相应的应急预案，包括单独或者同时采取暂停一个或多个合约交易、调整保证金、取消交易等紧急处置措施。

（三）事中监管

1. 个股期权内幕交易行为的事中监管。主要通过关注个股期权在内幕信息公布前后的交易量和价格变化来侦测异常交易行为。聚焦那些明显、重大异常的可疑交易，以提升监管打击的精准度。在判断明显异常交易时，主要从可疑交易的时间吻合程度、交易背离程度和利益关联程度等方面予以认定。从监控手段来看，内幕交易的发现和查处越来越多地依靠先进的监控系统，通过大量的、不同层次的数据比对来实现。

2. 个股期权操纵市场行为的事中监管。除一般直接操纵外，还可能存在跨市场操纵和到期日操纵。对于防范市场操纵风险，一是关注期权合约及其标的证券价、量、仓位是否存在异常波动；二是关注期权账户是否存在大笔申报、连续申报、密集申报、频繁撤销申报、大量或者频繁进行日内回转交易、大量或者频繁进行高买低卖交易等异常交易；三是对于个股期权在T+0交易制度下的程序化交易，在规则层面进行明确规定，并予以重点监控；四是关注期权合约到期日，标的证券价格是否存在异常波动。此外，上交所历史数据分析系统将定期通过数据挖掘方式对账户交易行为与模式进行分析。例如，通过分析到期日前后衍生品与其标的交易数据，判断是否有账户存在到期日操纵行为；分析账户交易标的与衍生品的交易模式，监测是否存在跨市场操纵行为等。

3. 舆论监督和历史数据分析是事中监管的重要补充。除依靠交易所实时监控、核查分析外，还需要拓展媒体提供线索、知情人举报等途径。与实时监控系统相对应的历史数据分析系统侧重于全量数据的分析处理，基于该系统的各类分析模块为发现违法违规线索提供了强大的后台支持，对账户期现货交易策略等行为进行大数据分析，及时挖掘交易异常线索。

（四）事后追责

1. 强化稽查执法和行政处罚。一是不断优化稽查执法体制。完善稽查队伍内部的分工合作机制，各个稽查单位之间既有分工，也有合作，如协助取证、联合调查等。完善案件管理流程。加强稽查队伍建设，建设一支稽查精锐部队。二是形成完善逻辑严密、清晰透明的执法标准。要在法律框架下，对各类案件形成较明确、可操作的具体执法标准，统一稽查处罚各部门对法律法规的理解适用，如制定内幕交易违法行为认定规则、操纵市场违法行为行政认定规则等。相关执法标准要正式向社会公布。三是持续提高执法透明度。在追究违法违规当事人责任的同时，既要严格执法，也要文明执法，依法维护被处罚者的正当权益。除确有保密需要外，应将稽查执法程序、标准、结果等对社会公开，接受社会监督。四是加大处罚力度。中国证监会应依法积极行使稽查处罚职权，大幅提高违法成本，通过严厉处罚，尤其是高额的经济处罚和撤销从业资格、市场禁入等资格处罚，形成执法威慑。

2. 推动落实民事赔偿责任。建议积极协调推动最高法院出台关于内幕交易、操纵市场民事赔偿司法解释，具体规定内幕交易、操纵市场民事赔偿的原告资格、因果关系、举证责任、违法行为人非法所得的计算、损害赔偿范围的界定、损害赔偿数额的计算等内容。在出台司法解释时，可借鉴美国市场做法，规定在违法违规行为发生的一段合理时间内，市场上相反交易的买者和卖者（即“同期交易者”）具有原告资格；支持利益受损的“同期交易者”提出民事赔偿诉讼。

3. 积极探索证券纠纷多元化解决机制。一是尝试建立相应的仲裁或调解机构，积极受理因个股期权中内幕交易和操纵市场行为损害赔偿纠纷，促使违法行为人及时赔偿受害中小投资者。二是积极探索实施行政和解制度。行政和解能够对投资者损失及时做出有效补偿，有利于积极消除、减轻涉嫌违法行为危害后果，建议在个股期权相关违法案件中，积极探索实施行政和解。

4. 行政监管、自律管理与刑事追责的有机衔接。

首先，建立违法线索分类处理机制。根据线索重大性、线索证明力、线索关联度等因素，将线索分为立案线索、关注线索和其他线索。违法行为较明确、案情较重大的属于立案线索，要及时、重点调查；有一定违法嫌疑但证据并不明确或案情较轻微的属于关注线索，要启动初步调查；对于其他线索，可转日常监管部门、交易所自律处理或提醒证券经营机构关注。建立线索分类处理机制，有利于提高稽查效率。

其次，加强稽查执法与日常监管的衔接协调。日常监管部门要及时将违法线索移送稽查执法部门，防止以日常监管代替行政处罚；同时在日常监管检查中要使用与稽查执法同样的标准和程序，以免后续衔接中重复取证。稽查执法部门也要将一线调查发现的典型问题及时反馈日常监管部门，以提升日常监管的针对性和有效性。

最后，进一步完善行刑衔接机制，优化证券犯罪查处模式。建议监管部门积极与公安司法机关协调，明确司法提前介入和办案支持的具体标准、工作程序和执行要求，建立证券监管部门与各级司法机关的常态配合协作机制。借助公安机关办案优势，有效解决涉案信息查询困难、当事人阻碍执法等突出问题。加强与公安司法机关的信息交流和业务研讨。

（五）当前应当特别关注的几个问题

1. 根据不同品种特征和市场发展阶段确定监管重点。股票期权是较为复杂的金融衍生品，监管也应当与之相适应，尽量精细化。对不同的期权品种，要研究有针对性的监管策略，如对深度虚值和深度实值的期权合约，其流动性较差，容易发生操纵；而对平值附近的期权合约交易活跃，流动性较好，操纵风险较低，内幕交易风险更突出。还要根据不同市场发展阶段确定不同的监管策略。例如，在期权市场起步阶段，基于“稳起步、强监管”的考虑，可以实行较严格的限仓、准入控制，但要注意此种规则也有可能诱发借用他人名义“分仓”的风险。此外这种严格限制必然影响流动性、活跃度，可能诱发价格操纵的风险。因此，在试点期以后，应当尽快总结经验、完善规则，回归市场本位，搭建好市场力量公平博弈的交易平台。

2. 高度重视期现联动，建立跨市场监管协作机制。对个股期权的监管应当高度重视期现联动、跨市场监管协调问题。期权市场内幕交易、价格操纵可能同时涉及股票市场、期权市场等，需要跨市场协作进行监管，而跨市场监管的核心是建立跨市场的数据共享和交换机制，及时分析不同市场关联账户交易情况。交易所既要根据期权的特殊性建立专门的期权监管团队，也要注意期权监管与现货监管之间的信息交流、数据共享和沟通协作；现货与期权不在同一个交易所的，则要建立稳定、明确的协作机制，确保实现期现联动监管。要调整传统机构监管的做法，按照功能监管原则，建立常态化期现联动监管协调机制。

3. 强调监管技术系统保障。我国个股期权推出后，应当高度重视监管技术系统保障。期权市场合约众多，跨市场联系性强，实行 T+0 交易，并且具有较多的程序化交易者，依靠传统的人工盯合约、查询驱动的模式进行监管将难以在巨量的信息中有效甄别异常交易行为。因此，期权市场监管必须引入先进的市场监察技术系统（如纳斯达克采用的 SMART 系统），通过预先设置阀值，进行触发式、报警式的程序化监管。

4. 深入研究做市商监管。期权市场普遍实行做市商制度，引进做市商有利于提高交易流动性，维护市场稳定。在美国市场上随着最近十多年股市和股票期权高频交易的发展，高频做市操作已成为高频交易中的一个重要策略（高频交易占据美国股市 50%—70% 的交易量，大部分高频交易公司都在交易所申请为做市商会员，以便节省交易手续费）。然而，高频交易也有其内在风险，在境外市场上也颇多争议。在我国市场机构和监管部门对做市商制度及其运行均了解不深，可能引发一些新的风险，如做市机构的做市部门与自营部门的隔离墙问题，有必要深入研究，以便制定较为完善的期权做市商制度，并在市场运作中实施有效监管。

国外互换市场发展状况及对我国互换市场的启示

薛清超*

互换是一种约定两个或两个以上的当事人按照协议条件及在约定的时间内交换一系列现金流的衍生工具。互换的业务种类繁多，国际上主流的种类有利率互换、货币互换、股权互换、商品互换、信用互换等，目前国内市场上较为活跃的有利率互换和权益类收益互换。

利率互换（Interest Rate Swap），也称利率掉期，是指交易双方根据预先确定的名义本金金额，将该本金与双方商定的定期利率相乘，所产生的利息进行交换。互换双方交换的只是不同特征的利息支付额，而非名义本金金额。利率互换可以有多种形式，最常见的利率互换是在固定利率与浮动利率之间进行转换。

一、利率互换

（一）国外利率互换市场概况

1. 国外利率互换市场的币种。G7（西方七国首脑会议，美、日、德、法、英、意、加）货币都有相应的利率互换，近年来各种新兴市场货币的利率互换不断涌现。通常各币种都有一个主要的利率标的所对应的利率互换，这种标的的利率互换在各自市场成交量最大、最活跃，如美元为 3 mlibor（3 个月期的伦敦同业拆借利率）所对应的利率互换，欧元为 6 meuribor（6 个月期的欧洲银行间同业拆借利率）所对应的利率互换。这些利率互换同时也是各种货币的利率水平的主要参考标的。表 1 为国际市场流行的各币种利率互换的基本情况。

2. 利率互换的类型。国外成熟利率互换市场除了最简单的利率互换之外，还有一些其他类型的利率互换，目前市场上交易较多的利率互换主要包括：远期利率互换、互换权、隔夜指数互换（OIS，Overnight Index Swap）、本金递减互换和本金递增互换、基差互换、收益率曲线互换、非规则的首次浮息期间、其他奇异利率互换等。此外，还包括 Quanto（Quantity Adjusting Option）利率互换等。

---

* 作者单位：海通证券股份有限公司。

表 1　　各币种基准利率互换合约主要内容

货币	固息支付频率	计日（day count）	短期基准利率	计日（day count）	结算规则
美元	1 次/年	Act/360	3 mlibor	Act/360	通常 T+2
	2 次/年	30/360			
欧元	1 次/年	30/360	6 meuribor	Act/360	T+2
日元	2 次/年	Act/360	6m 日元 libor/Tibor	Act/360	T+2
加元	1 年以下：1 次/年	Act/360	90 天银行承兑汇票（Banker's Acceptance）	Act/365	T+2
	1 年以上：2 次/年				
印度卢比	1 年以下：1 次/年	Act/365	6 mmifor	Act/360	T+2
	1 年以上：2 次/年				
港币	4 次/年	Act/365	3 mhibor	Act/365	上午 11 点前完成交易，T+0
					11 点后，T+1
英镑	2 次/年	Act/365	3m 英镑 libor	Act/360	T+2
澳元	3 年以下：4 次/年	Act/365	3m 银行票据	Act/365	T+1
	3 年以上：2 次/年		6m 银行票据（bank bill）		

3. 国外利率互换市场参与者。国外利率互换市场从 20 世纪 80 年代首笔利率互换交易诞生以来，已成为市场上最活跃的利率衍生产品之一。根据国际清算银行（BIS，Bank of International Settlements）的估计，截至 2013 年末，利率互换的名义本金余额高达 300 万亿美元。

海外利率互换市场的参与主体主要是企业、银行、基金、保险等几大类，各类主体基于自己的业务行为和风险偏好有自己的交易模式。银行主要将利率互换和其他产品相结合创新产品，满足客户多样化的需求。保险机构交易需求与银行不同，保险公司对投保人有长期的、固定的支付义务，大部分支付义务固定且不联动市场，因此保险公司的负债久期较长，由此需要匹配久期较长的资产，但有时长久期的资产很难找，长期利率互换就成为保险公司调整久期的理想工具。基金公司具有较高的风险承受能力和灵活多变的操作策略，主要利用利率互换工具进行资产配置调整，套利和单边趋势交易。

（二）我国利率互换市场发展概况

1. 利率互换市场发展历程。人民币利率互换自从 2006 年 2 月开始试点，2008 年 2 月人民币利率互换交易正式开始实施。随着利率互换参与主体的逐步扩大，利率互换交易的活跃度也逐步提高（见表 2）。

2. 参与机构。根据中国银行间市场交易商协会统计数据显示，截至 2014 年 6 月，已有 116 家机构备案了利率互换业务，其中证券公司 38 家，外资银行 35 家，股份制银行 27 家，政策性银行 2 家，四大银行 4 家，农信社 4 家，保险公司 4 家，其他类型 3 家（见图 1）。从数量上看，证券公司、外资银行、股份制银行占比较大，其中证券公司发展的速度最快，2012 年的 95 家备案机构中证券公司只有 22 家。

表 2 人民币利率互换发展历程

时　间	事　件
2006 年 2 月 9 日	首笔人民币互换业务发生
2006 年 2 月 14 日	备案制度确立
2006 年 5 月	市场投资者结构单一的状况被打破
2007 年 4 月 10 日	操作规程指引
2007 年 12 月	证券公司开始参与利率互换交易
2008 年 1 月 18 日	2008 年 2 月 18 日正式实施，人民币利率互换交易步入快车道
2009 年 3 月	进一步规范利率互换交易
2010 年 7 月 20 日	利率互换业务扩大到保险行业
2011 年 4 月 29 日	利率互换越来越受到各券商的青睐
2012 年 11 月 19 日	鼓励券商进行金融衍生品的交易
2013 年 10 月 30 日	丰富了人民币利率互换的参照利率
2014 年 1 月 2 日	标志着我国场外金融衍生品集中清算机制开始运行
2014 年 2 月 20 日	规范了衍生品场外交易市场

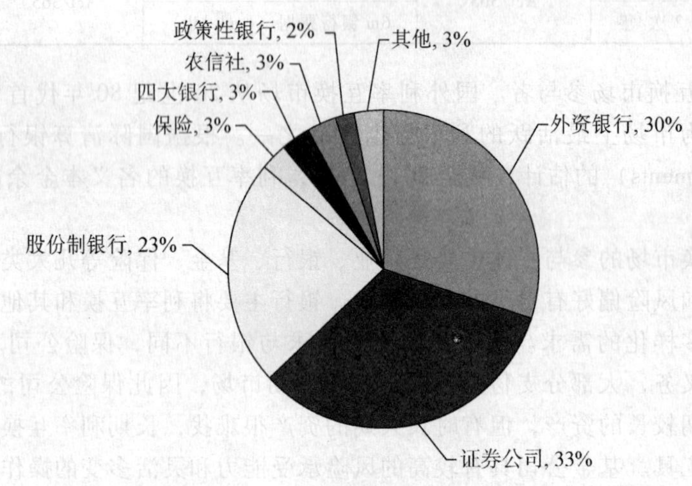

图 1 2014 年利率互换机构备案结构图

3. 人民币利率互换参考利率体系。人民币利率互换参考利率体系有四大类，即银行间回购定盘利率、上海银行间同业拆放利率（Shibor）、法定存贷款利率和人民币贷款基础利率（LPR）。我国的利率互换交易中，回购定盘利率中有多个种类，但仅有银行同业间 7 天回购定盘利率（FR007）一种作为参考利率（见表 3）。

4. 人民币利率互换现状。自推出人民币利率互换交易试点后，成交量逐年放大。2012 年，人民币利率互换市场发生交易 2.1 万笔，名义本金总额 2.9 万亿元，同比增加 8.5%。2013 年下半年受债券熊市影响，成交量有所下降，全年互换交易共发生 2.4 万笔，名义本金总额 2.7 万亿元，同比减少 6.0%。从期限结构来看，1 年及 1 年期以下交易最为活跃，其名义本金总额 2.1 万亿元，占总量的 75.6%（见图 2）。从参考利率来看，2013 年人民币利率互换交易的浮动端参考利率包括：7 天回购定盘利率、Shibor 以及人民银行公布的基准

表 3 人民币利率互换种类

代码	名称
FR007S	FR007IRS1 年期
	FR007IRS2 年期
	FR007IRS3 年期
	FR007IRS5 年期
	FR007IRS6 年期
SHI3M	SHIBOR3 月 IRS1 年期
	SHIBOR3 月 IRS2 年期
	SHIBOR3 月 IRS3 年期
	SHIBOR3 月 IRS5 年期
	SHIBOR3 月 IRS6 年期
SHION	SHIBOR 隔夜 IRS7 天期

利率等，与之挂钩的利率互换交易名义本金占比分别为 65.3%、33.3%、1.4%。虽然 2013 年的名义本金额同比有所减少，但交易笔数较同期有所增加，这说明各机构已经逐步适应了使用利率互换来规避风险和进行套保活动，并逐渐被更多机构所接受。

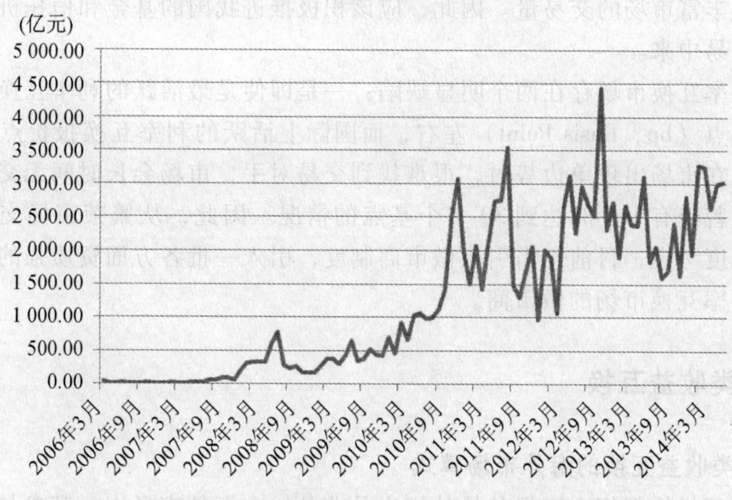

图 2 各年利率互换交易名义本金额

（三）我国利率互换市场的未来发展方向

1. 寻找可以成为市场利率基础的利率标的。欧美市场以 3 个月或 6 个月的伦敦同业拆借利率（3mlibor、6mlibor）为基础的利率互换水平作为其他基准利率。现阶段我国市场上仅 7 天回购利率为基础利率，但 7 天回购利率仅限于银行间市场，与金融市场的其他利率水平相关性不够，如存贷款市场的利率水平、债券市场定价的无风险利率水平，以及其他需要以无风险利率为定价基础的利率水平。这就妨碍了其利率互换功能的发挥，比如套保、定价参考利率等。因此，随着我国利率水平市场化的推进，急需一个反映市场供求利率水平，能作为市场基础利率和其他利率产品的参照基准，并与金融市场其他利率产品相关性强的利率标的。

目前，市场各大银行逐步推出 3 个月、6 个月等期限不等的大额可转让存单（NCD），该产品利率可反映真实的市场利率，并且可作为其他利率产品的定价参考利率。因此，随着大额可转让存单（NCD）市场的逐步发展和壮大，可以考虑推出基于3 个月或6 个月期的大额可转让存单（3mncd、6mncd）利率水平为标的的利率互换，这种利率互换有良好的市场相关性，可以满足不同市场主体的需求，也有利于金融市场以此为基础进行产品创新。

2. 丰富利率互换市场产品。与国外的利率互换市场相比，我国利率互换市场中的互换类型全是简单型，缺乏远期利率互换、互换期权、本金递减/递增型利率互换、基差利率互换、Quanto 利率互换、非规则的利率互换等产品。然而，这些类型的产品既是创造其他更复杂的利率衍生产品的基础工具，也能够满足不同客户的自身需求，企业、保险、基金客户等对其有很强的需求。因此，我国利率互换市场要进一步发展，必须在丰富利率互换的产品上下功夫，要下大力气创造出上述非简单型利率互换产品。

3. 引入更多市场主体和做市商。现在我国利率互换市场交易主体主要集中在银行间市场，以中资银行和外资银行在中国的分支机构以及部分保险公司和证券公司为主。目前，基金、信托和部分保险机构还没有进入银行间市场直接交易利率互换。

从国外市场情况看，基金、信托这类风险承受能力强、交易策略灵活、交易活跃的机构是增加市场交易量，丰富市场产品类型最强有力的推动者；同时它们交易策略灵活，需求强劲，能够极大地丰富市场的交易量。因此，应该积极推进我国的基金和信托机构参与到银行间利率互换的交易中来。

目前我国利率互换市场存在两个明显缺陷：一是即使是最活跃的利率互换的报价点差一般也都在 3 个基点（bp，Basis Point）左右，而国际上活跃的利率互换报价点差多在 0.5 个基点左右；二是在市场出现单边势时，很难找到交易对手，市场会长时间无交易达成，同时价格波动巨大，曾经有 1 小时达到 30 多个基点的情况。因此，从繁荣市场交易、平滑市场不必要的波动角度考虑，目前急需引入做市商制度，引入一批各方面资质强的银行和证券公司来作为我国利率互换市场的做市商。

二、权益类收益互换

（一）权益类收益互换的海外市场模式

收益互换属于机构间柜台市场的场外衍生品业务。在海外市场中，其参与者众多，其中包括投资银行（如高盛、摩根大通），商业银行（如美国银行、住友银行），共同基金（如英国保诚集团、美林资产管理公司），对冲基金，基金中的基金（FOF），私募股权投资基金，养老基金（如美国加州公共雇员养老基金），大学捐赠基金（如哈佛大学、加州大学），信用卡发行商（如美国运通、美国信用卡公司），保险公司（如美国国际集团、State Farm），政府，非政府机构（如世界银行、美洲开发银行），住宅贷款银行（如联邦住宅贷款银行、房地美、房利美）以及大型跨国公司（如沃尔玛、英国石油）的财务部门，同时各种特殊目的机构的债务担保证券以及房地产投资信托也参与到收益互换市场中。

收益互换拥有许多优势，在海外市场中受对冲基金青睐：一是其综合融资成本（含交易费用等）相对其他融资方式（如回购）常常较低，同时可以提供更高的杠杆；二是收益互换与回购业务不同的是其涉及资产的实际所有权并没有发生转移，所有持有此资产所需的一系列运营流程得以省略，从而对冲基金的运营效率得到提高；三是收益互换拥有高度的灵活性，其所涉及的各要素可以应需求订制，而且其可提供非常特别类型资产的收益，如有限合伙制对冲基金的收益权、私募股权投资证券等。

权益类收益互换所涉及的文件包括 ISDA 主协议与补充协议、信用支持附录（CSA）：CSA 涉及双方约定抵押品与信用条款，而且这些条款常常具有唯一性。权益类收益互换交易确认书为双方协商订制的交易确认文本，经常进行交易的对手方常常准备好双方认可的模板来使交易确认更加有效率。

（二）权益类收益互换的境内市场模式

目前在我国商业银行间已有利率互换交易，而权益类收益互换才刚刚起步。自 2012 年中国证券业协会组织证券公司进行创新业务方案专业评价以来，各个证券公司相继申请了如柜台交易业务、权益类收益互换业务、场外期权业务等创新业务的资格。截至 2015 年 4 月 20 日，先后有 28 家证券公司取得了场外衍生品业务资格，其中多家证券公司已经开展场外衍生品业务。目前权益类的场外衍生品主要分为收益互换和场外期权两大类，各个证券公司对于这两类产品的定义和划分有所不同，此处收益互换指的是线性收益结构的衍生品，场外期权指的是非线性收益结构的衍生品。

目前，权益类收益互换潜在客户主要有四种：第一，专业二级市场投资机构；第二，专业从事大宗交易的金融中介机构，利用股票互换业务放大承接业务的规模和效益；第三，通过该业务向证券公司购买挂钩股票衍生工具的金融机构；第四，一般的企业客户。就具体交易模式而言，客户与公司签署交易主协议和补充协议（框架性协议，约定交易流程，违约责任等），在具体每笔交易时签署交易确认书，约定每笔交易具体内容。证券公司为了降低交易对手方的违约风险，一般会向交易对手方收取一定金额的保证金，同时证券公司会对履约保障品逐日盯市。客户与公司按照约定的银行账号进行资金划拨和资金结算。就具体投资目的而言，投资者可以通过权益类收益互换实现杠杆投资、风险管理、市值管理、股权激励等目的。

（三）权益类收益互换的未来展望

权益类收益互换的开展对于公司的资本金消耗相对较大，这也决定着证券公司不可能通过无限制地增加资本金投入的方式来扩大收益互换业务的规模。同时，随着市场同质化竞争加剧，收益互换业务所获得的固定收益率也逐步下滑。事实上，开展该业务的各大证券公司都面临着相同的问题，即如何在有限的资本金基础上提高自有资金投入的收益率，并且相较融资融券、股权质押、约定式回购等标准化业务，如何体现出权益类收益互换的特定优势，特别是证券公司的风险管理能力和资产定价优势。

海通证券对权益类收益互换业务有更深远的规划和考虑（详见附件）：权益类收益互换能够为证券公司提供稳定长久期的较高固定收益，在严格控制风险的前提下，逐步放大权益类收益互换业务的规模。同时结合证券公司多元化的融资手段，如收益凭证业务，在管理好流动性风险的同时逐步增加业务杠杆，提高自有资金投入的收益率。另外，对于许多标准化业务解决不了的情形，可充分发挥场外衍生品高度定制化的优势，以及证券公司风险管理及资产定价的能力，在市场中体现证券公司资本中介的职能。

附：海通证券开展权益类收益互换的情况

自海通证券权益类收益互换业务获批以来，海通证券已经累计与 80 个客户签署场外衍生品框架协议，完成权益类收益互换交易 52 笔，累计名义本金约 110 亿元，完成场外期权交易 211 笔，累计名义本金约 310 亿元。

一、已探索出的业务类型及业务模式

通过权益类收益互换业务，证券公司可以通过与银行、基金、信托等金融中介机构签订权益类收益互换协议，满足金融中介机构发行与权益类资产收益挂钩的各种结构性产品的需求；机构客户和高净值客户也可以通过权益类收益互换实现保证金交易、杠杆投资、风险管理、市值管理、股权激励、跨境投资等功能。证券公司通过开展权益类收益互换业务，可以充分发挥自身流动性提供者、风险管理者和市场组织者的三大金融中介功能。权益类收益互换类产品对交易所的标准化产品提供了有效补充，进一步丰富了投资者的可交易品种和风险管理工具，提升了金融市场的有效性。目前，海通证券已探索出的业务类型及业务模式如下：

（一）权益类收益互换的三种基本业务类型

一是投资者支付海通证券固定利率，海通证券支付客户标的资产的浮动收益；二是海通证券支付投资者固定利率，投资者支付海通证券标的资产的浮动收益；三是投资者支付海通证券标的资产 A 的浮动收益，海通证券支付投资者标的资产 B 的浮动收益。

（二）权益类收益互换的业务模式

1. 挂钩境内标的权益类收益互换。海通证券通过签订 SAC 框架协议的方式与客户进行挂钩境内标的收益互换，同时通过用自有资金买卖标的证券或与其他客户签订收益互换的方式进行风险对冲。

2. 挂钩境外标的权益类收益互换。海通证券通过签订 SAC 框架协议的方式与客户进行挂钩境外标的收益互换，同时通过用自有资金买卖标的证券或与其他客户签订收益互换的方式进行风险对冲。

二、业务运作及管理流程

（一）客户适当性管理

1. 客户的准入资质标准。海通证券开展权益类收益互换业务的目标客户仅限于机构，包括两大类：专业机构客户、非专业机构客户。其中专业机构客户包括银行、保险、证券、信托、基金等。

大多数非专业机构客户与海通证券交易股票，往往是为了获取权利金收入或杠杆型资本收益，并自行承担投资损益。

因此，海通证券针对不同类型客户的特点，分别制定了业务准入标准、客户风险类型评价和客户适合度评估方案，确保客户选择适合其风险承受能力的权益类收益互换交易。

2. 客户的风险类型测评。对于非专业机构客户，风险类型评价主要关注客户交易经验、资产状况、风险态度、风险偏好、损失承受能力，并将客户区分为进取型、稳健型和保守型三类。

3. 客户适合度评估。

（1）适当性匹配原则。适合度评估是指海通证券根据非专业机构客户的风险类型和交易目标，结合产品的风险等级，确定客户是否适合承做特定的权益类收益互换交易。

（2）超风险确认。交易风险等级超过客户风险承受能力的，海通证券将通过电子或人工的方式提示其业务风险，提醒投资者审慎决策。若投资者仍坚持交易超风险产品，海通证券为满足投资者的交易意愿，则必须要求投资者在交易前进行超风险确认。经投资者以能够留痕的适当方式（书面或电子）对超风险交易进行确认后，海通证券才能接受投资者的交易申请。

4. 投资者教育与投诉处理。海通证券业务部门及分支机构会根据挂钩境外标的权益类收益互换业务的不同情况，通过有效方式开展投资者教育工作，向客户充分披露权益类收益互换产品的内容、特点、交易成本以及其他可能影响投资者做出投资决策的信息，引导投资者在充分了解产品的基础上，审慎决定是否购买产品。在充分开展投资者教育的基础上，要求投资者签署相关权益类收益互换产品的风险揭示书。

（二）产品适当性管理

海通证券根据产品收益特征，统一确定各类产品的基础风险等级，将产品按风险等级高低划分为高风险、中高风险、中风险、中低风险、低风险五大类，然后根据具体客户的资金、投资经验、信用状况、专业能力等方面的情况，提供具体的、不同风险等级的产品。

权益类收益互换产品的风险等级由海通证券产品研究所风险评级部门统一确定。权益类互换产品风险划分的主要参考因素包括最大损失程度、收益不确定程度、产品履约能力三大类。

（三）交易管理

1. 标的证券管理。权益类收益互换交易的标的资产包括可交易的指数，沪、深两市交易基金（ETF、封闭式基金、LOF），沪、深两市交易的 A 股股票，可转债以及境外交易所上市交易的标准化产品。标的证券管理主要控制证券的基本面风险、流动性风险、法律合规性风险。其中，基本面风险是指因上市公司经营和财务表现不稳健，标的证券出现暂停上市或退市等风险。流动性风险是指因标的证券的二级市场成交量不足，影响公司的风险对冲管理。法律合规性风险是指公司向客户推介标的证券或在对冲管理中出现违反法律、法规或行政管理规定的行为。

标的证券管理包括三个方面：标的证券筛选、标的证券池使用以及标的证券池动态维护。

2. 履约保障品管理。履约保障品是投资者向公司提供的担保其能够履行收益互换协议约定义务的担保品。履约保障品可以是现金，也可以是股票、债券等其他可交易的有价证券。

3. 交易管理。

（1）基本交易要素。对于每一笔权益类收益互换交易，证券公司与投资者需要协商确定的交易要素包括：交易起始日、交易到期日 、交易双方、标的证券/指数、收益支付日、名义本金金额、固定收益支付额计算方式、浮动收益支付额计算方式、提前终止条件。

（2）产品定价。

定价方法：公司权益投资交易部在发行每个互换产品之前都需要对产品进行定价，定价的原则是公司收取的费用应可以覆盖产品运作的成本。在定价之前，根据产品条款对产品标的可能的波动路径及对应的操作成本进行谨慎和全面的评估，由此算出产品运作的期望成本。该类型产品收益和标的收益之间的关系是线性的，产品运作成本主要和资金成本有关。基于这个成本，结合产品复杂度、产品规模、产品风险等级和市场调研反馈确定产品的合适价格。

产品分析：根据市场需求设计出符合该需求的收益结构框架，之后需要对此收益结构进行分析，以确定是否可在现有业务条件下设计出此类产品。

需要确定产品是否存在合规上的障碍，如产品标的为公司禁止交易的品种，或者有可能超过公司的头寸限制。

风险对冲：为实现产品定义的收益结构，在产品结束时偿付给客户产品条款规定的收益，并获得预期的产品运作收入，需要进行相应的风险对冲，以满足客户支付并获得产品收益。

该类型产品一般采取静态对冲策略，即公司可以持有（或卖出）适当的权益类组合，使得该组合和互换产品之间构成风险对冲关系。

（3）盯市制度与履约保障制度。

盯市制度：在公司与客户达成权益类收益互换交易协议后的业务运行期间，由于标的资产价格、波动率等因素的变化，交易双方的收付金额可能会发生动态变化，双方承担的信用风险也会随之变化。建立盯市制度是规避这种信用风险的一种手段。

盯市制度就是定期（每日/每月）根据双方约定的估值方法、标的资产价格、波动率等设定方法来计算交易双方在互换业务上的风险敞口，并按照双方所有交易净额加总。根据计算结果，评估风险暴露程度，在此基础上调整履约担保，以保证合约的履行。

履约保障制度：为保证合约的履行，权益类收益互换交易业务的交易双方可采取两种方式给予保障：由第三方担保和提供履约保障品担保。

（4）异常情况处理。针对权益类收益互换交易中的异常情况需制定详尽的处理方案，并与客户在协议中约定说明。

异常情况包括：标的证券停牌、ST 或 * ST 处理、暂停或终止上市、业务暂停或终止、证券公司破产等。

（5）违约处理原则。

违约事件：交易对手的违约事件主要包含如下几类：交易一方未履行支付义务，交易一方未履行履约保障义务、交叉违约、虚假陈述违约、违反协议中的保密约定，交易一方违反法律法规进行非法投资或挪用履约担保品，交易一方或交易履约担保人资产被监管部门查封、冻结、接管、清算、分立合并重组后违约。

违约处理措施：若发生违约事件，将与交易对手按照下表进行处理：

权益类收益互换交易违约情形及处置措施

	违约情形	情形描述	违约处置措施
1	未履行支付义务	交易一方未按协议约定按时、足额履行支付或交付义务	(1) 交易一方违约，应支付相应的违约金；守约方有权提前终止在主协议项下的所有交易；其中，情形1—3以守约方发出提前终止通知为准，而情形4以该等事件发生之日为准； (2) 所有提前终止的交易适用净额结算，确定提前终止的应付款金额； (3) 支付提前终止应付款金额。
2	未履行履约保障义务	交易一方未按履约保障协议的约定按时提交足额的担保品或履行有关义务	
3	违背协议承诺	交易一方违背协议承诺，或证实承诺存在虚假、误导或重大遗漏	
4	其他	交易一方发生解散、破产、无力清偿到期债务、资产被查封、冻结或强制执行等情形	

(6) 净资本扣减和风险资本准备。海通证券开展权益类收益互换交易将依据现行证券公司风险管理指标体系计算净资本等各项风控指标。

净资本：涉及自营部门买卖股票指数、股票、基金等权益类证券的按海通证券现有自营业务计算标准扣减净资本。

风险资本准备：涉及自营部门买卖股票指数、股票、基金等权益类证券的按海通证券现有自营业务计算标准计算风险资本准备。

风险控制指标：自营部门为开展权益类收益互换交易而持有的股票指数、股票、基金等计入自营权益类证券及证券衍生品/净资本指标。中国证监会发布关于权益类收益互换交易业务的指引后，海通证券将依照相关规定处理。

(7) 信息披露与报告机制。权益类收益互换交易业务的信息披露和报告机制基本原则为客观、及时、完整、准确。海通证券将在适当时候，按照双方协议约定方式向客户进行信息披露。同时，海通证券也将按照监管部门的要求，完成相关信息的报送工作。

4. 结算交收管理与上柜管理。

(1) 结算账户。权益类收益互换业务专用账户是公司专门为权益类收益互换业务开立的业务专用账户。该账户主要用于公司与客户发生的所有资金支付的划转。

(2) 资金划付与交收。客户根据权益类收益互换产品的具体协议文本上的具体要求，在约定时间前将保证金足额、按时划入海通证券开立的银行专用账户。交易执行过程中，双方根据逐日盯市结果，及时追加或取出履约保证金。

权益类收益互换到期当日，海通证券将结算结果以约定的方式告知客户，并向客户发出结算通知单，其中列明客户需要支付给公司的具体金额或公司需要支付给客户的具体金额。付款方需在交易到期日/终止日后约定时间内将资金足额划入收款方在协议中指定的银行账户，同时将银行划款凭证传真至收款方。

客户如有异议，需在交易到期日/终止日后约定时间内提出，否则认为接受该结算结果。

(3) 结算管理。海通证券拟采取净额结算方式，即将交易双方的应付款项进行轧差计算，并由付款方将款项划至协议中对方指定的银行账户。双方交易币种为人民币。

(4) 上柜管理。对于每一个上柜交易的权益类收益互换产品，由柜台市场部根据公司规定为该产品分配统一的柜台市场交易编码并组织实施权益类收益互换产品的上柜交易。

（四）协议订立管理

目前，证券公司开展权益类收益互换交易业务尚无明确的监管规范。为明确交易双方的权利和责任，规范协议的订立和管理，海通证券开展权益类收益互换交易业务时，将根据不同客户的特性和操作可行性，采用适合的协议框架和文件。

1. 协议框架。海通证券与客户签署的协议框架一般由主协议、补充协议、履约保障协议、风险揭示书和具体一笔交易的交易确认书等文件构成，根据不同的权益类收益互换交易业务产品和客户特性，适用相应的协议文件。

2. 协议订立程序。海通证券与客户进行权益类收益互换交易，协议订立的一般程序如下：

（1）业务沟通：公司与客户就权益类收益互换业务进行深入沟通，双方就交易的开展达成初步一致。

（2）客户审核：客户提交“海通证券股份有限公司权益类场外衍生品交易业务申请书”及必要的材料，海通证券根据客户提交的材料对客户适当性进行评估。海通证券对客户说明金融衍生品交易的潜在风险，并由客户自愿签署业务申请书中的“海通证券股份有限公司权益类场外衍生品交易业务风险揭示书”。

（3）签订《中国证券市场金融衍生品交易主协议》：对于客户适当性评估获得审核通过的客户，与海通证券签署交易主协议，主要对交易双方的权利义务、违约事件、终止事件及其处理方式等事项作出约定。交易主协议签署完毕后，双方可在主协议下开展具体的交易。

（4）签订《中国证券市场金融衍生品交易主协议补充协议》：双方可以签订补充协议就交易主协议未定事项约定具体细节。

（5）签订《海通证券股份有限公司金融衍生品交易履约保障协议》（如有）：双方在签订补充协议的同时可以签订履约保障协议约定履约保障细节，作为补充协议的附件。

（6）签订“海通证券股份有限公司权益类收益互换交易确认书”：客户根据具体要求提交交易申请，海通证券审核通过后，双方签署交易确认书，记载达成交易的各项要素。

（7）签订“海通证券股份有限公司权益类收益互换变更交易确认书”：针对交易进行过程中的要素变动，双方签署变更交易确认书进行确认。

（8）发送“海通证券股份有限公司权益类收益互换交易追加维持交易金额通知”：客户最新交易金额不足协议文件约定时，海通证券将向客户发送追加客户维持交易金额通知，客户应在协议文件约定的时间内追加客户维持交易资金。

（9）提交“海通证券股份有限公司权益类收益互换交易资金返还申请书”：客户可在协议文件约定的条件下提交资金返还申请书，在海通证券审核通过后提取返还金额。

（10）提交“海通证券股份有限公司权益类收益互换交易提前终止申请书”：交易到期之前，客户可向海通证券申请提前终止交易，并填写提前终止申请书。

（11）提交“海通证券股份有限公司权益类收益互换交易延迟终止申请书”：交易到期之前，客户可向海通证券申请延迟终止交易，并填写延迟终止申请书。

（12）发送结算通知：针对不同的终止情况，海通证券将向客户发送相应的结算通知，列明交易细节。具体的结算通知包括到期结算通知、提前终止结算通知、延迟终止结算通知和违约结算通知。

根据不同的权益类收益互换交易业务和客户特性，适用相应的协议文件和程序。海通证券将遵照相关规定，妥善保存与客户签署的相关协议和交易单据，以备查询。

三、业务风险及其控制

（一）风险管理原则

作为一种典型的金融衍生品柜台交易，公司将权益类收益互换业务纳入金融衍生品柜台交易的整体风险管理体系，遵循以下原则进行风险管理：

1. 合规性原则：公司风险管理政策必须符合监管部门的法律法规要求。

2. 全面性原则：风险管理必须涵盖权益类收益互换业务可能出现的所有重大风险，建立包括不同风险类别识别、测量、监控、报告、管理和检查在内的一整套程序。

3. 定性与定量原则：合理运用恰当的定性和定量方法，对不同风险类别进行识别、计量、监测和控制。

4. 透明性原则：保证业务部门清晰、透明地传达权益类收益互换业务的要素、策略等相关信息，中后台部门及时、准确地完成交易簿记、估值和风险监控。

5. 独立性原则：在前台业务部门和中后台部门间建立有效的隔离机制，风险管理部门独立地评估和监控权益类收益互换业务的风险。

6. 持续性原则：风险管理是一个动态的、持续的过程，权益类收益互换作为新型业务，其业务发展建立在持续的风险管理机制之上。公司对该业务开展持续不断的风险管理工作，根据实际情况动态调整风控措施和风控手段。

（二）风险管理架构（见附图）

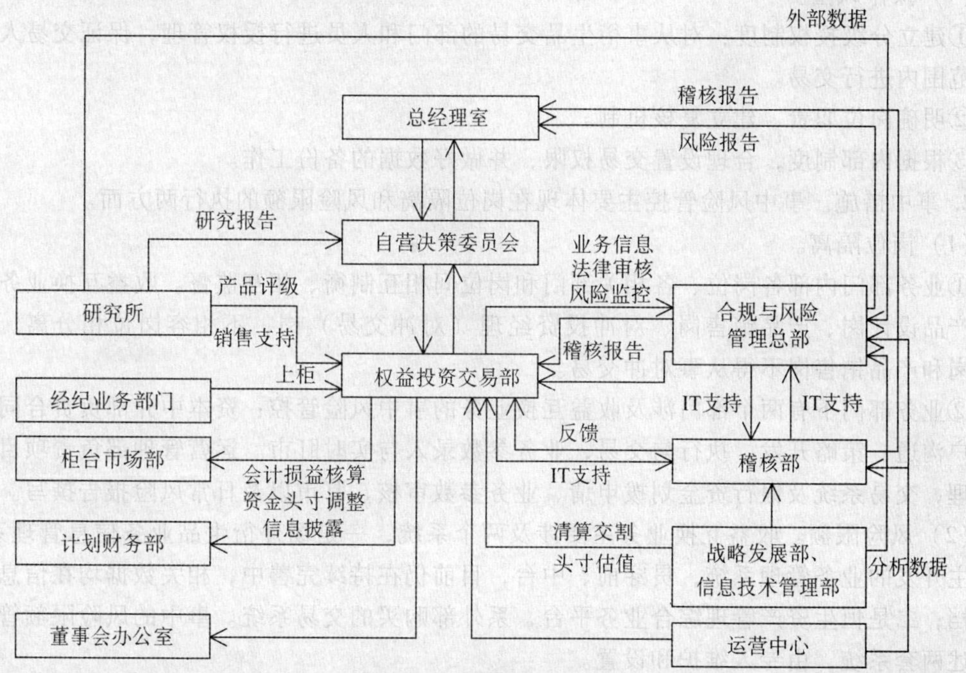

附图　风险管理架构图

（三）业务风险及相关控制措施

公司制定了权益类场外衍生品交易相关制度，对收益互换业务的投资决策、客户管理、合规风控、交易管理、业务授信等方面均有规定，对其风险进行严格管控。

1. 事前措施。

（1）信用风险。

①公司制定金融衍生品场外交易客户适当性的管理办法，对客户资质进行审核并适当性管理。

②交易对手授信管理：公司对单一客户、单笔交易、单个标的证券等不同维度上的最高交易额度加以限制，事前控制客户违约可能造成的最大损失。

③履约保障品管理：监控履约保障品估值变动情况，并按照协议约定存放或使用履约保障品。

④建立违约处理的机制和流程：公司在与交易对手的协议中明确违约的处理方式与流程；在发生违约时，公司应根据协议约定及内部流程确定违约的性质和影响，并采取措施，避免损失的进一步扩大。

（2）市场风险。

①建立标的证券池：业务部门对标的证券实行股票池管理，标的证券必须满足一定的条件方可入库。

②模型管理：业务部门制定策略并开发模型，使用经复核与校验的定价模型与参数开展业务，控制头寸风险。

（3）流动性风险。在标的股票池入库管理时一并考虑。

（4）操作风险。

①建立分级授权制度：对从事衍生品交易的部门和人员进行授权管理，保证交易人员在授权范围内进行交易。

②明确岗位职责，建立复核机制。

③根据内部制度，合理设置交易权限，并做好数据的备份工作。

2. 事中措施。事中风险管控主要体现在岗位隔离和风险限额的执行两方面。

（1）岗位隔离。

①业务部门内部各岗位、各相关部门和岗位间相互制衡、相互监督。收益互换业务团队内设产品设计岗、产品销售岗、对冲投资经理（对冲交易）岗，不相容岗位相分离。产品设计岗和产品销售岗不得从事对冲交易。

②业务部门下有两个部门涉及收益互换业务的事中风险管控：资本中介部负责合同签署及客户沟通，策略开发、执行与交易，业务参数录入与实时盯市。运营管理部负责项目开立与管理，交易系统及银行资金划拨申请、业务参数审核、盯市以及日常风险报告撰写。

（2）风险限额。收益互换业务主要涉及两个系统，一是场外衍生品业务信息管理系统，系自主开发的业务管理系统，贯穿前、中台，目前仍在持续完善中，相关数据均在信息系统中留档；二是恒生资产管理综合业务平台，系外部购买的交易系统。事中的风险限额管控通过上述两套系统，由专人维护和设置。

①场外衍生品业务信息管理系统。在合约层面予以规定的预警线和止损线等要素，统一

录入场外衍生品业务信息管理系统，供前、中、后台盯市。

②恒生资产管理综合业务平台。收益互换对冲交易均通过恒生系统下单，交易的执行经过前端验资验券的控制和前端交易规模等风险控制指标和合规要素的控制。

交易员以外的人员根据投资决策表、业务申请单等设置标的白名单、资金额度等指标。

权益互换采取静态对冲方式，保持风险中性，不留敞口。

3. 事后措施。权益互换建立了备案及报告机制，对于常规报告，每日报部门领导；对于上报公司管理层的报告，由部门领导批准后报公司管理层。

（1）每月定期总结权益互换业务的经营情况、对产品的运作绩效和风险进行评估，促进业务流程、对冲交易和风险管理的改进。

（2）公司根据相关备案要求，所有交易均在与客户签订初始交易确认书后5个工作日内电子报送相关材料。到期终止或非到期终止的，公司均在交易终止后5个工作日内报送终止交易备案明细表，同时提交相关附件。

（3）公司根据相关报告要求，于每月10日前报送上个月度权益互换业务交易统计报表，于每年3月底前报送上个年度金融衍生品交易情况报告。年度报告的内容包括公司金融衍生品交易总体开展情况、盈亏情况、年末持有情况、风险管理情况等。

（4）公司自开展权益类收益互换业务以来，未发生重大交易事故。未来如发生上述事件，则重大事件发生后2个工作日内提交报告，说明重大事件的起因、处理措施和影响结果。

四、业务拓展中遇到的困难

目前，中国证券业协会、中国期货业协会、中国证券投资基金业协会的会员单位都已纳入中国证券期货市场场外衍生品业务交易对手方的范畴，但银行、保险等大型金融机构仍不在其中，未来如能将更多的机构包含进来，将利于权益类场外衍生品业务的发展。2013年开始，随着场外衍生品业务的起步、推广，相关法律、法规相对滞后的问题逐步显露，监管机构应尽快推动场外衍生品业务相关法律法规修改和立法。

场外期权市场的业务模式与风险管理建议

顾 娟 薛 琦 张 青 徐黄玮 胡 杨*

一、场外及场内期权市场发展简史

17 世纪初，郁金香非常受欢迎，价格也显著上涨。为了对冲歉收的风险以及保护利润，郁金香批发商开始交易期权，但由于郁金香球茎的价格持续上涨，广大群众投资者也参与进来，期权的二级市场形成。在荷兰经济陷入衰退的 1638 年，泡沫破灭，由于当时期权市场完全是不受监管的，市场秩序一度陷入混乱。

1791 年，美国拥有了场外期权市场的雏形。期权在“柜台市场（Over The Counter）”交易。每笔交易的标的股票执行价格到期日和权利金都必须单独与经纪商协商。到了 19 世纪后期，交易商开始在财经杂志广告上刊登期权的信息，公布标的价格、执行价格、到期时间、期权价格等，然后等投资者的电话。随着市场的发展，交易商自发成立了期权交易商协会（the Put and Call Brokers and Dealers Association, Inc.），以便更有效地匹配买家和卖家。然而，更多的问题出现了，比如由于缺乏期权市场规范定价，每个期权合约的条款仍有待买方和卖方之间决定，而且当时没有有效的手段迫使期权的卖方履约。

1929 年的股市大危机后，美国证券交易委员会（SEC）成立并成为证券监管的主要机构。1935 年，美国证券交易委员会开始监管场外期权市场，为期权的场内市场发展奠定了基础。

1968 年，芝加哥期货交易所（CBOT）决定建立公开喊价的股票期权交易所——芝加哥期权交易所（CBOE）。芝加哥期权交易所建立了一些新的规则来规范市场，比如合同标的金额的大小、行权价格和到期日期。此外，交易所还建立了场内集中清算。

1973 年费希尔·布莱克和迈伦·斯科尔斯在芝加哥大学的政治经济学杂志上发表论文《期权定价和公司负债》，开启了现代期权市场的里程碑。

1973 年，期权清算公司（OCC，Option Clearing Corporation）成立，确保以后与期权合

* 作者单位：广发证券股份有限公司。

约相关的义务可以得到及时和可靠的履行。在期权清算公司成立首日，芝加哥期权交易所只允许交易 16 只股票标的，但当天就有 911 个合约被交易，而且到月底时日均交易量已经超过当时的场外市场。

1975 年，费城证券交易所和美国证券交易所开设了自己的期权交易楼层，日益激烈的市场竞争给大众投资者带来了更多的选择和更广泛的市场。

由于期权市场的爆发式增长，1977 年美国证券交易委员会决定对期权的交易和现有的监管制度进行全面审查。1980 年，美国证券交易委员会制定了对市场、交易所，以及投资者全新的监管制度，并且同时解除了禁令，于是芝加哥期权交易所增加了 25 只个股标的期权。

1983 年，指数期权开始交易，这是拓展期权市场深度至关重要的一步。第一个指数期权为芝加哥期权交易所 100 指数，后来改名为标准普尔 100 指数期权（OEX）。4 个月后，标准普尔 500 指数期权（SPX）开始交易。现在，有近 50 个不同的指数期权在交易所交易，自 1983 年以来超过 10 亿手合约成交。

1990 年，市场上首次引入长期期权（LEAPS，Long - Term Equity Antici Pation Securities），这些期权到期时间长达 3 年。

20 世纪 90 年代中期，基于 Web 的在线交易开始流行，给大众投资者带来随时交易期权的便利，也给期权市场带来前所未有的流动性以及市场深度。随后，波士顿股票交易所、芝加哥期权交易所、国际证券交易所、纳斯达克 OMX 费城交易所、纳斯达克股票市场、纽交所都迎来了高增长的期权交易。

从全球期权市场的发展看，欧美成熟市场中的个股期权早于其他股权类衍生品出现。借着欧美市场的经验，许多后来的新兴市场选择了先推出股指期货以及期权，在此基础上完善市场的法律法规，进而陆续推出个股期权以及其他衍生品。在日本，也是股指期权早于个股期权推出（见表 1、图 1）。

表 1　亚洲各市场期权推出时间

各国家或地区交易所	期权推出时间
中国香港联合交易所	1995 年
日本大阪交易所，东京交易所	1997 年
印度孟买证券交易所	2001 年
韩国证券交易所	2002 年
中国台湾期货交易所	2003 年

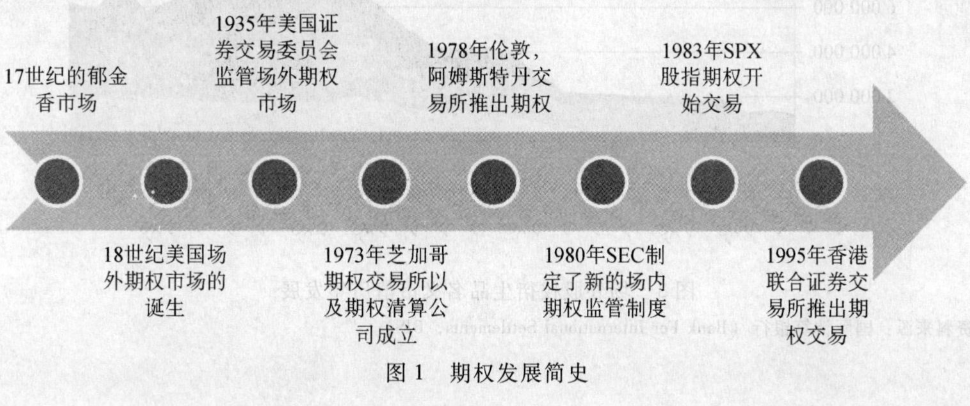

17世纪的郁金香市场

18世纪美国场外期权市场的诞生

1935年美国证券交易委员会监管场外期权市场

1973年芝加哥期权交易所以及期权清算公司成立

1978年伦敦，阿姆斯特丹交易所推出期权

1980年SEC制定了新的场内期权监管制度

1983年SPX股指期权开始交易

1995年香港联合证券交易所推出期权交易

图 1　期权发展简史

二、场外股权类衍生品市场的现状

（一）规模

截至2014年5月，全球市场权益类场外衍生品名义本金已达到6.56万亿美元，场外商品衍生品也有2.2万亿美元的规模。场外衍生品可以分成三类，即远期（Forward）、互换（Swap）和期权（Options）。其中，期权占有超过三分之二的比例，是最重要的组成部分。

2008年以前，场外股权类衍生品合约名义市值大约以每年30%左右的速度增长，从1998年的1.27万亿美元增加到2008年巅峰的10.18万亿美元。2008年金融危机之后监管加强，场外股权类衍生品名义市值一直徘徊在6万亿美元左右（见图2、图3）。

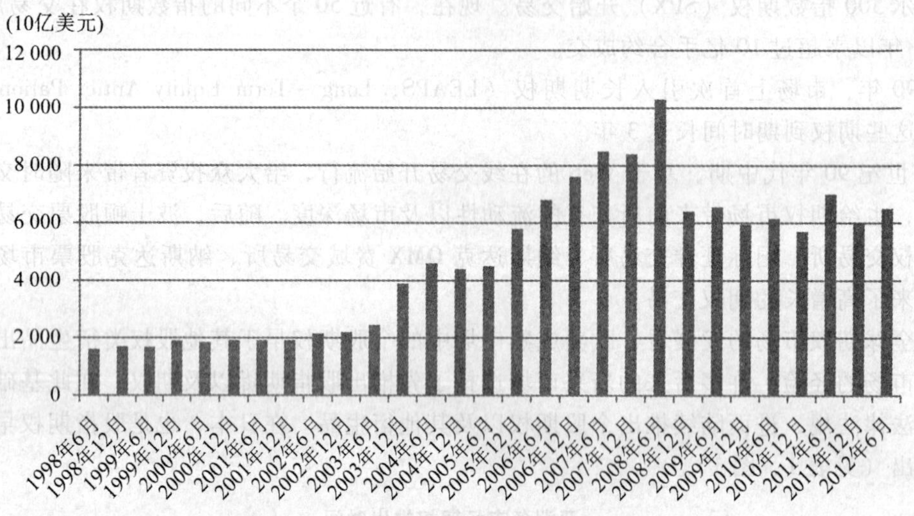

图2 场外股权类衍生品名义市值

资料来源：国际清算银行（Bank For International Settlements，BIS）。

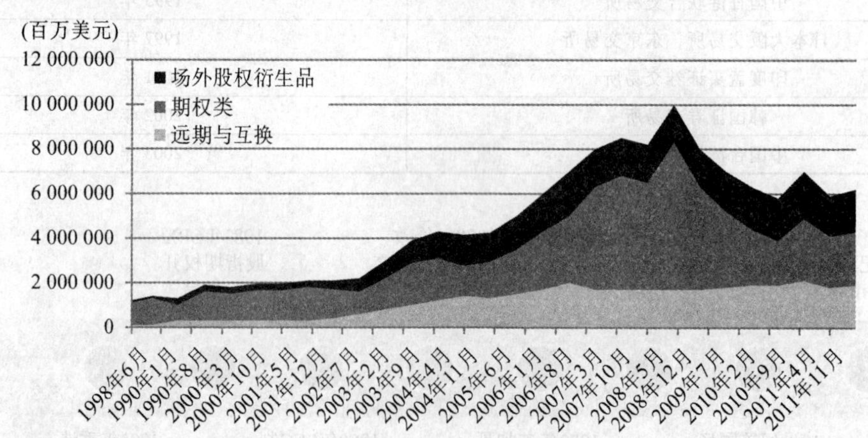

图3 场外股权衍生品名义市值历年发展

资料来源：国际清算银行（Bank For International Settlements，BIS）。

（二）参与主体

国外市场投资者性质较多元化，参与主体有对冲基金、投行、商业银行、资产管理公司、零售客户与实体公司等。其中，对冲基金同时扮演买方与卖方的角色，参与所有产品的交易，偏向波动率产品，常用的策略有波动率交易、相关性交易、统计套利、套期保值、避税与对冲等。投行与对冲基金一样同时扮演买方与卖方的角色，参与所有产品的交易，策略包括做市、结构化产品、套期保值、交易套利、为客户服务与自营等。商业银行、资产管理公司、零售客户与实体企业更多扮演买方的角色，运用期权、互换、结构性产品实现套期保值、收益增强、避税与投资分散化的目的。此外，投资者的时间维度也不一样。投资银行与对冲基金关注较短期的波动与走势，实体企业（比如航空公司出于对冲航空燃油价格风险需要）更加关注中期的时间维度，保险与养老基金则更加关注长期通胀的风险对冲以及资产配置。

（三）市场分布

场外衍生品市场任何符合条件的机构都可以参与进来，得到其所希望的暴露于任何资产标的的产品。截至 2014 年 6 月，全球场外股权类衍生品市场欧洲市场份额最大，其次是美国，二者的市场占有率总和超过全球市场的 3/4。在其他市场份额中，日本大约占 1/3，拉丁美洲大约占 5%（见图 4）。

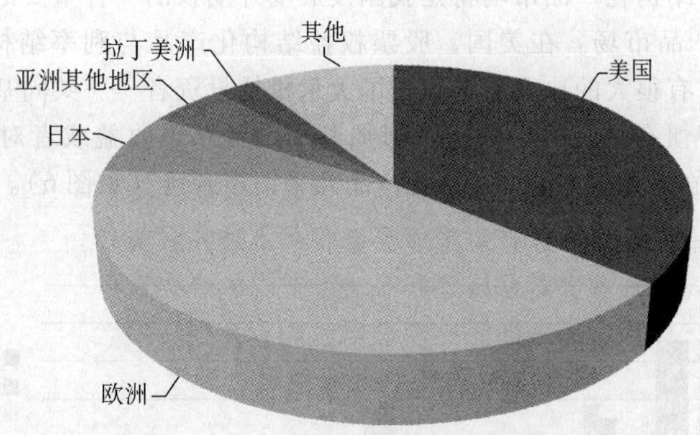

图 4　2014 年 6 月场外股权类衍生品地区分布

资料来源：国际清算银行（Bank For International Settlements，BIS）。

（四）产品期限分布与种类

通常，场外股权类衍生品因为加入期权的构造，产品不再是简单的线性。任何结构，任何到期时间，任何触发条件的产品都可以设计出来满足客户的需求。期限分布如图 5 所示。

场外股权类衍生品期限分布偏向短期化，因为要依托场内市场。在期权类合约中，大约有 50% 左右的合约到期时间在 1 年以内，5 年或者更长时间的合约大约只有 10% 左右。

场外股权类衍生品交易品种包括远期、互换、期权以及结构化产品。互换包括收益互换、红利互换、全收益互换与互换期权。期权包括简单期权、奇异期权、结构化期权、波动率类期权、方差互换与伽玛互换等。结构化产品可以挂钩任何标的，比如股指、个股或者商品。

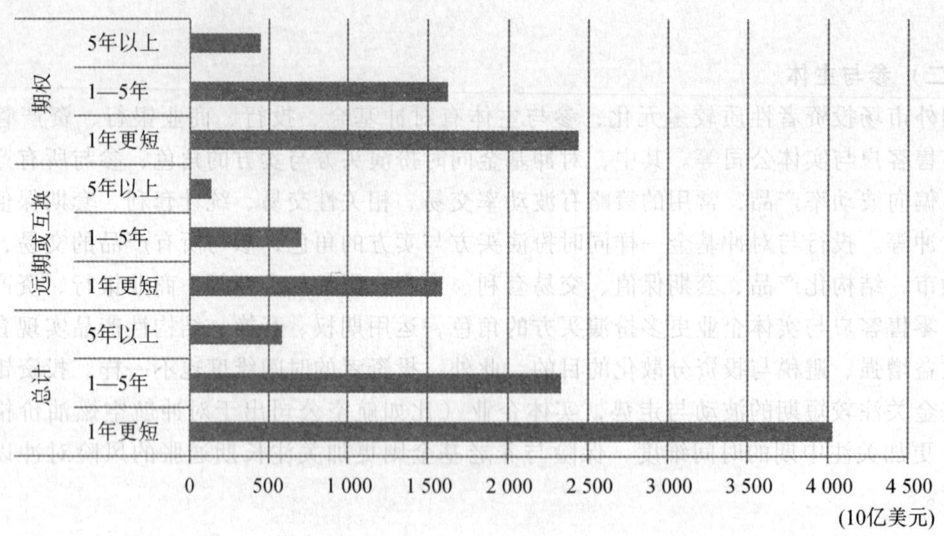

图 5 场外股权衍生品期限分布

资料来源：国际清算银行（Bank For International Settlements，BIS）。

（五）结构化产品市场简介

期权在场外的应用基本上可以分为类交易所的简单期权以及镶嵌在结构化产品中的简单或奇异期权。其中，结构化产品市场将是我国发展场外期权的一种重要的产品媒介。

1. 美国结构化产品市场。在美国，股票权益结构化产品与利率结构化产品最受欢迎，同时指数类的期权占有很大的比重，这与美国大量机构投资者——共同基金、保险、对冲基金、投行等的投资习惯有关。机构投资者习惯利用大盘获得收益或者对抗系统性风险。但是，受 2008 年次贷危机影响，信用结构化产品几乎销声匿迹（见图 6）。

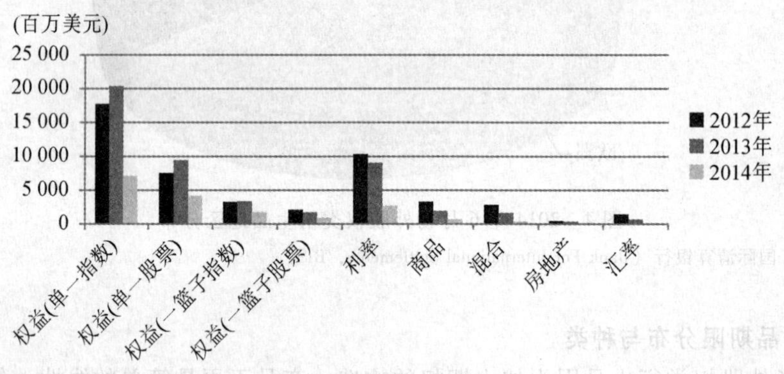

图 6 美国市场结构化产品

资料来源：广发证券发展研究中心。

2. 欧洲结构化产品市场。在欧洲，挂钩股票权益资产的结构化产品最受欢迎，其次是利率结构化产品，信用、商品结构化产品也较受欢迎（见图 7）。

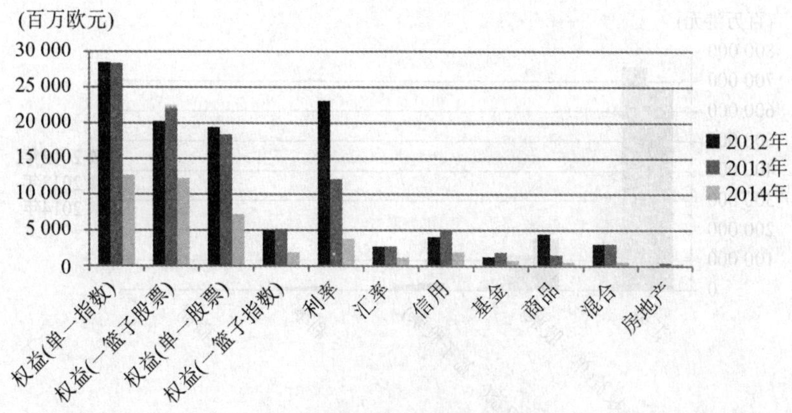

图 7　欧洲市场结构化产品

资料来源：广发证券发展研究中心。

3. 日本结构化产品市场。在日本，结构化产品挂钩资产的类别相对较少，如图 8 所示。汇率产品在日本结构化产品中每年发行金额均最高，其次是挂钩股票或股票指数的结构化产品，与利率结构化产品的发行量不相上下。

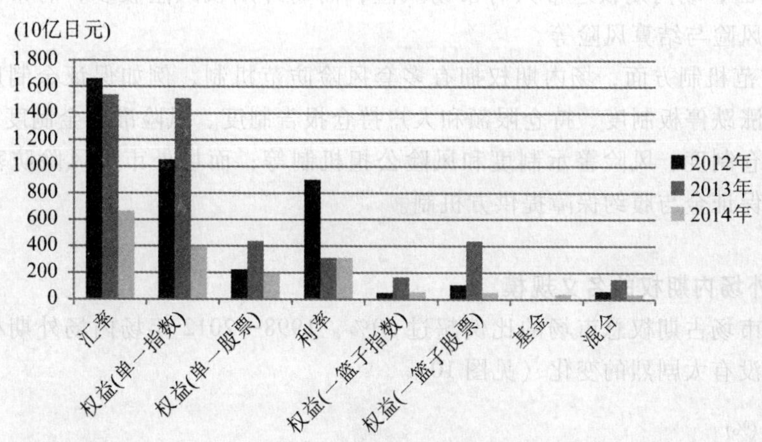

图 8　日本结构化产品市场

资料来源：广发证券发展研究中心。

4. 中国香港地区结构化产品市场。中国香港地区市场汇率类结构化产品在所有资产类别中占比最高，其次是单个股票、股票组合、利率和商品等结构化产品，但市场规模与美国、欧洲以及日本市场相比要小很多（见图 9）。

三、场外期权市场介绍

（一）场外场内期权性质比较

1. 从产品设计的角度比较，场内期权拥有特征标准化、灵活性小、流通性高以及透明度高的特点；而场外期权拥有特征个性化、灵活性大、流通性低以及透明度低的特点。

2. 从市场参与者方面比较，个人投资者更倾向于交易场内期权，而做市商、其他金融

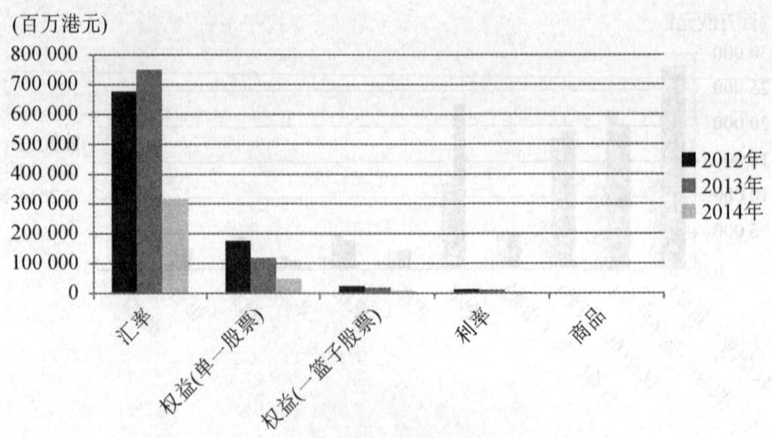

图 9　中国香港地区结构化产品市场

资料来源：广发证券发展研究中心。

机构以及实体企业都会参与场内场外的期权交易。

3. 期权定价方面，场内期权使用估值定价；而场外使用协商定价。

4. 风险方面，场内期权通常只有市场风险；而场外期权风险较多，有市场风险、流动性风险、信用风险与结算风险等。

5. 风险防范机制方面，场内期权拥有多套风险防范机制，例如保证金制度、当日无负债结算制度、涨跌停板制度、持仓限额和大户持仓报告制度、风险准备金制度、结算担保金制度、强行平仓制度、风险警示制度和风险公担机制等；而场外市场风险防范机制相对较少，只有履约保证金与履约保障提供方机制。

（二）场外场内期权的名义规模

场外期权市场占期权总市场的比例超过 60%。1998—2012 年场内场外期权名义规模比例基本恒定，没有太剧烈的变化（见图 10）。

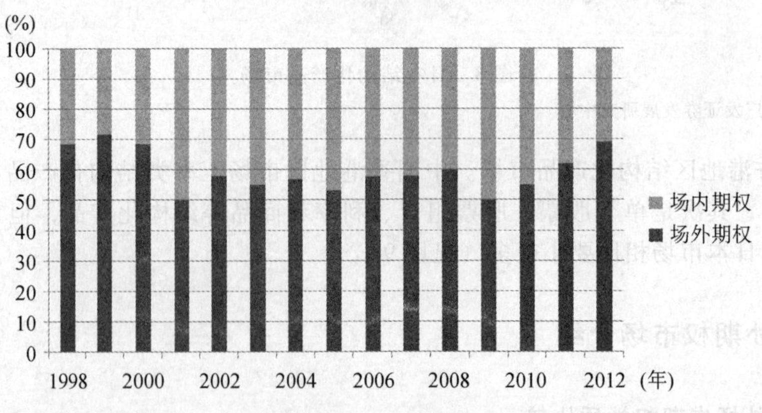

图 10　场内场外期权占比

资料来源：国际清算银行（Bank For International Settlements，BIS）。

（三）场外各种类型期权产品比重

从国际清算银行的场外衍生品统计可以看出，由于利率市场本身规模太大，利率期权的市场规模也很大，达到 49 万亿美元的名义规模；随后是外汇期权，10 万亿美元名义规模；股权类期权，4 万亿美元名义规模；商品期权，0.6 万亿美元名义规模。从占比来看，权益类期权规模约为汇率期权的三分之一，利率期权的十分之一以及商品期权的 7 倍（见图 11）。

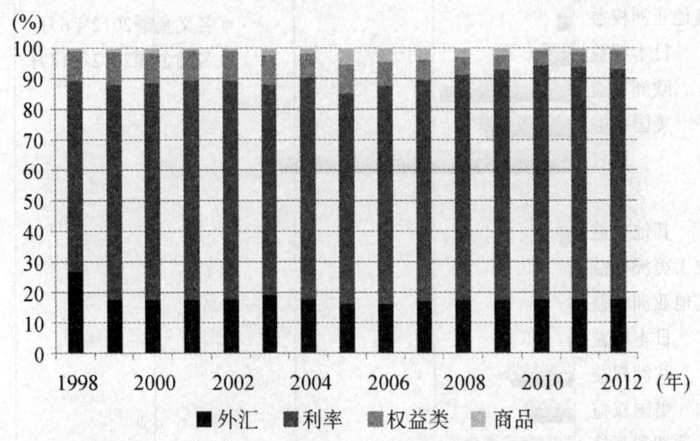

图 11　各种类型产品期权占比

资料来源：国际清算银行（Bank For International Settlements，BIS）。

（四）场外权益类期权名义规模

权益类期权比较标准规范化，其场内场外规模相当。两者的规模自 2000 年来不断增长，在次贷危机之前达到了顶峰，都超过了 6 万亿美元的名义规模，10 年不到的时间里增长了 5 倍。虽然次贷危机之后名义规模有所下降，但依旧基本维持在 4 万亿美元左右（见图 12）。

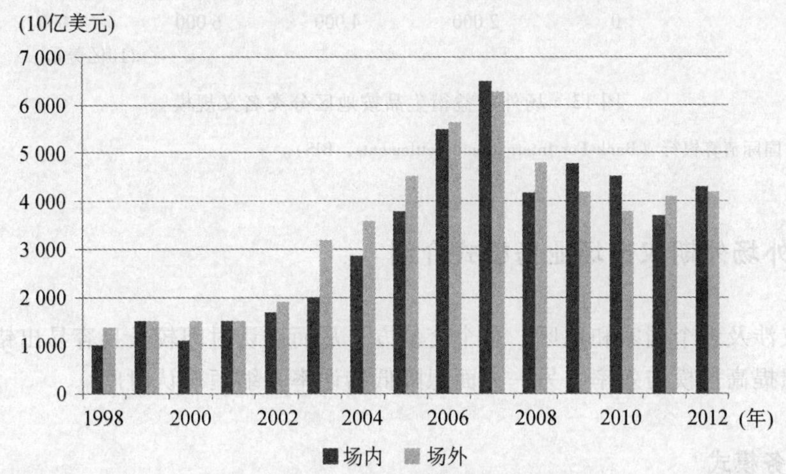

图 12　场内场外权益类期权名义规模

资料来源：国际清算银行（Bank For International Settlements，BIS）。

（五）场外权益类期权名义规模地区分布

场外期权市场中，欧洲规模最大，达到 1.9 万亿美元的名义规模。其次是美国市场，大约 1.4 万亿美元的规模。日本市场也很大，规模约 6 000 亿美元。亚洲其余市场加起来约 2 500 亿美元规模（见图 13）。

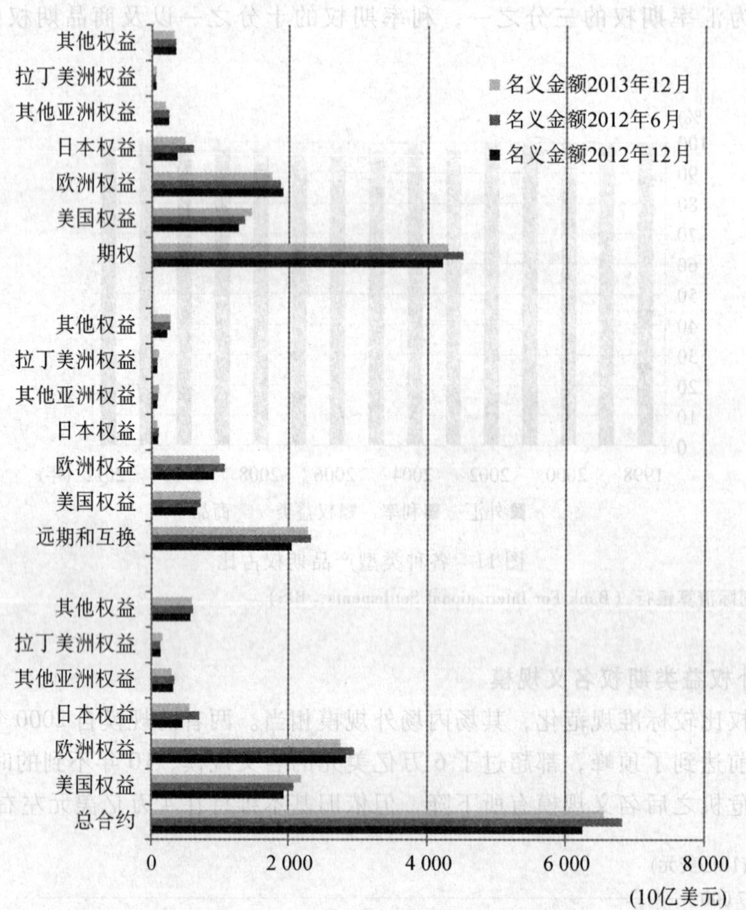

图 13 场外权益衍生品按地区分类名义规模

资料来源：国际清算银行（Bank For International Settlements，BIS）。

四、国外场外期权市场业务模式介绍

场外期权涉及多个国家和地区，多个交易方，从而确认时间较长且容易出错。市场参与者们一方面想提高规模与效率，另一方面想降低错误率并缩短确认时间。

（一）业务模式

场外期权市场经过长期发展形成了以下模式：

1. 撮合模式（见图 14）。撮合模式即纯粹的经纪商模式。证券公司只是代理客户进行买卖，完全匹配客户的需求，而证券公司自己不持仓或者进行风险管理。证券公司的盈利完全是佣金。

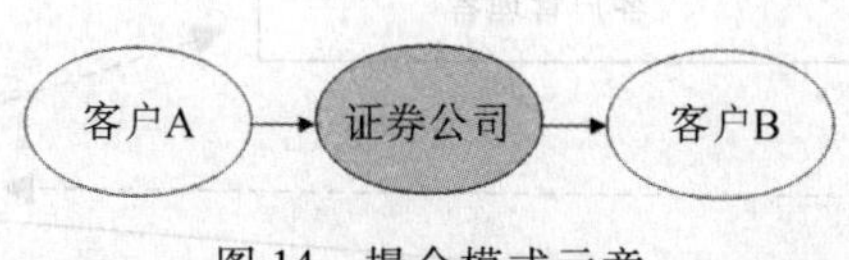

图 14 撮合模式示意

2. 做市模式（见图 15）。做市商模式下，证券公司需要用到自有资金进行风险对冲，并且会有持仓，可以在市场反转的时候平仓获利。证券公司最主要的获利来源是给客户的双边报价的买卖差价。

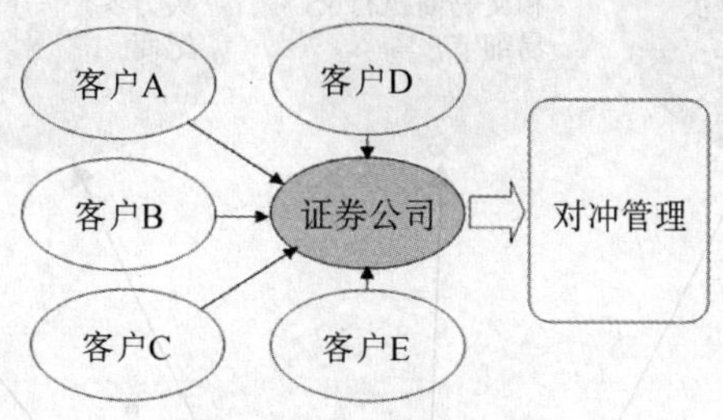

图 15 做市模式示意

3. 经纪与做市混合模式。在这种混合模式下，证券公司既可以从客户或其他做市商处购得衍生品，然后转手卖给其他客户或者其他做市商，也可以根据自己风险管理的偏好以及对市场的看法自己持仓。有很多独立的机构进行这样的混合业务，如国际投行下的分支部门。

4. 主经纪商模式。主经纪商是 20 世纪 70 年代才有的概念。在此之前，国外交易清算、托管等职能是分离的，机构往往需要多个证券公司提供不同的服务。把清算、交易、托管等所有功能集中，催生了主经纪商模式的出现。虽然清算托管的利润贡献并不大，但是由此带来的衍生品对冲以及融资融券业务给证券公司带来了新的盈利模式。

表 2 主经纪商模式

业务层级	业务目的	业务内容
核心业务	交易、杠杆	融资融券及交易、股票回购融资、场外衍生品业务
基础服务	清算、托管	清算、托管、估值、风控、运营、技术支持、日终客户业务报告
附加服务	设立、引资	基金设立咨询、资本引荐

主经纪商主要针对专业的机构投资者以及高净值的个人客户，在国外最主要的客户是对冲基金。他们是证券公司程序化交易以及衍生品的主要需求者和对手方。主经纪商可以使用客户信用账户里抵押的证券，融给第三方取得收益或者再抵押给第三方获得资金（见图 16）。证券公司对各类证券资产的托管，以及在与客户协议下对客户资金有协议的使用权，盘活了市场、增大了证券公司资产负债表上的资金规模，从而进一步加速了场外金融衍生品市场的发展。

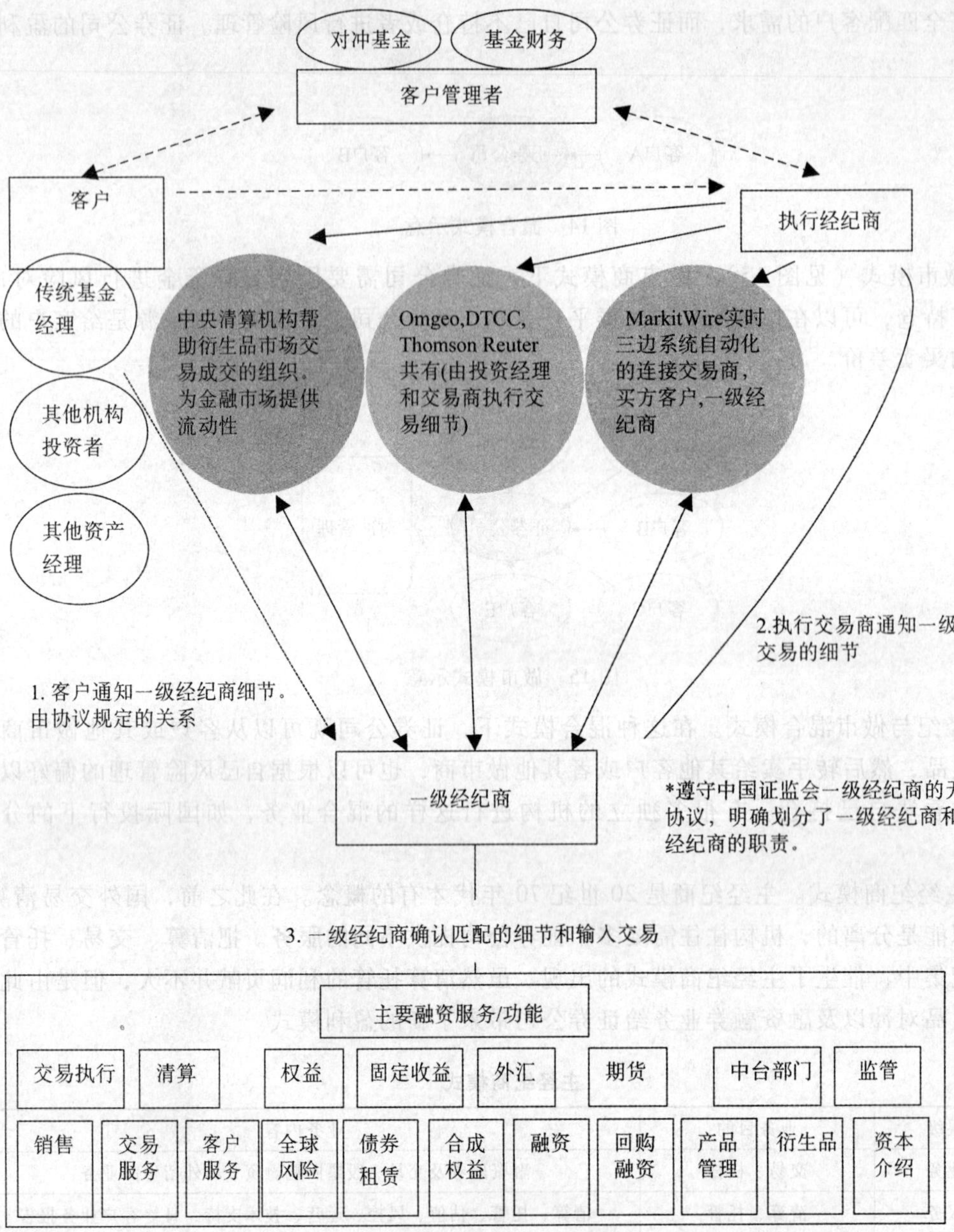

对冲基金
基金财务
客户管理者
客户
执行经纪商
传统基金经理
其他机构投资者
其他资产经理
中央清算机构帮助衍生品市场交易成交的组织，为金融市场提供流动性
Omgeo,DTCC, Thomson Reuter 共有(由投资经理和交易商执行交易细节)
MarkitWire实时三边系统自动化的连接交易商，买方客户，一级经纪商
2.执行交易商通知一级经纪商交易的细节
1. 客户通知一级经纪商细节。由协议规定的关系
一级经纪商
*遵守中国证监会一级经纪商的无动作协议，明确划分了一级经纪商和执行经纪商的职责。
3. 一级经纪商确认匹配的细节和输入交易
主要融资服务/功能
交易执行
清算
权益
固定收益
外汇
期货
中台部门
监管
销售
交易服务
客户服务
全球风险
债券租赁
合成权益
融资
回购融资
产品管理
衍生品
资本介绍

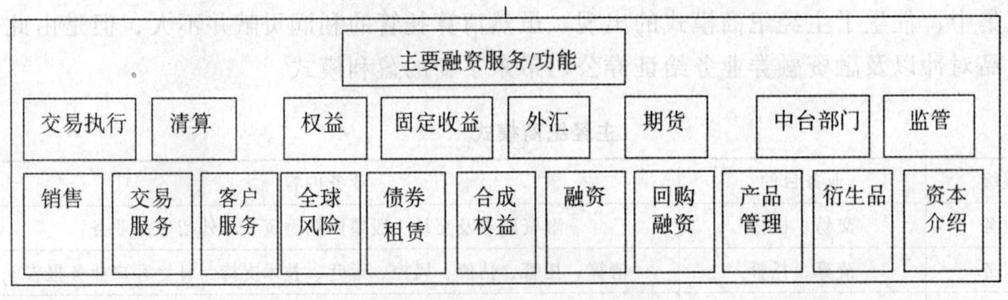

图 16 主经纪商交易流程

资料来源：花旗银行。

（二）提升业务效率的手段

1. 多元的中后台及数据服务。随着主经纪商模式的发展，市场又发展出多元的数据服务商以及清算服务。比如市场研究公司 Markit，提供很多统一估值、交易处理的数据服务。DTCC Deriv/SERV 是一家欧洲的专业交易后数据处理服务公司，提供欧洲权益类衍生品的服务。对冲基金的中后台处理很多过程都外包给了更加专业的机构与人士，这样既提高了效率，也节约了成本。

2. 统一的协议。国际掉期与衍生品协会 ISDA（International Swaps and Derivatives Association）为规范市场制定了金融衍生品的统一标准与协议，协议由主协议（Master Agreement）、附件（Schedule）、信用支持附件（CSA）、交易确认书（Transaction Confirmation）组成。

（三）海外期权市场快速发展的原因

海外期权市场发展迅速的原因主要有以下几点：首先，海外拥有完善的产品结构，即品种繁多的指数、ETF、指数期货、个股期货、商品期货、利率期货等。这样可以满足各种投资者参与市场。其次，政策方面推动了期权市场发展——布雷顿森林体系瓦解后的利率市场化推动了汇率、利率期权的发展。再其次，海外拥有大量机构投资者——基金、保险、私募、投行参与期权以及其他衍生品交易，给予了市场强有力的发展动力。最后，高效的监管也大力促进了期权市场的快速发展，因为期权相对比较复杂，需要严格的政府监管以及行业自律来稳定市场的发展。监管机构的推动使场外市场的自身优点更加突出：灵活、自由定制以及各类期权产品互相兼容的特性，给予市场充分自由的发展空间。

五、我国场外期权市场业务模式介绍

（一）国内场外期权业务模式

1. 权益互换模式介绍。国内最早的场外期权业务模式是通过权益互换模式内嵌期权实现的。权益互换是投资者与证券公司在柜台订立的，约定双方在未来特定期限内针对特定的股票、指数、基金等证券收益与固定利率进行现金流交换，是一种灵活定制的投资工具，可以满足投资者证券投资、组合管理、风险管理、股权盘活等多种需求（见图 17）。

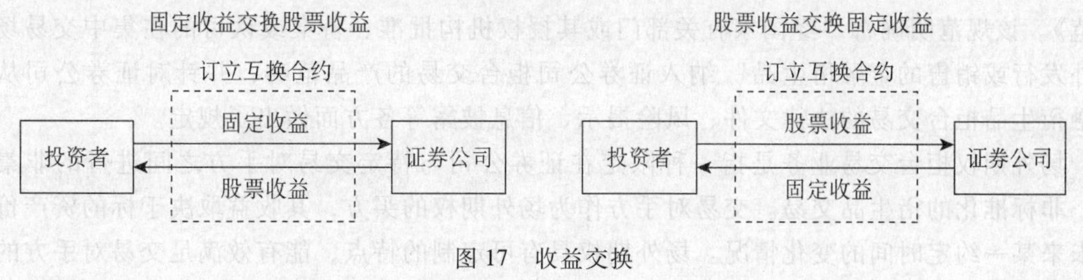

图 17 收益交换

权益互换模式一方面可以根据不同的客户需求，为客户量身定制个性化产品；另一方面通过互换将风险和收益同时进行了交换，将风险转嫁给对方，因此也为客户提供一种创新型的风险管理工具。

2. 收益凭证模式介绍。目前国内的场外期权业务模式还可以通过收益凭证模式内嵌期权来实现。证券公司开展收益凭证业务主要采用以下两个模式：

（1）通过发行收益凭证，同时购买长期限风险资产，获取流动性溢价和风险溢价的补偿，有效降低公司资金成本（见图 18）。

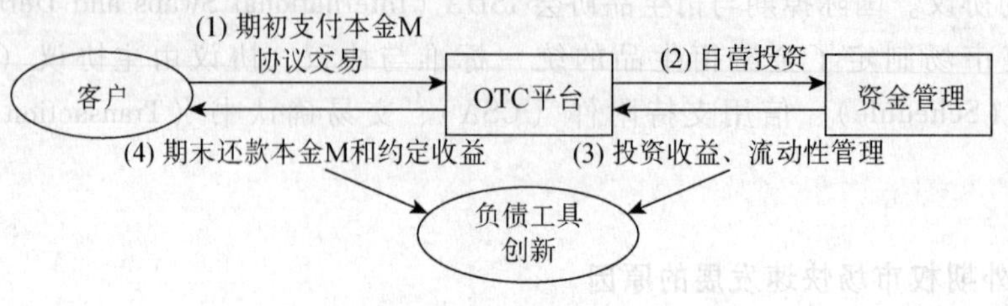

图 18 收益凭证模式之一

（2）通过发行挂钩特定标的收益凭证，同时在二级市场进行动态对冲或背对背与其他金融机构签署场外衍生品协议，获取衍生品批发和零售价格间的资本中介业务收入。类似于目前银行的私人银行部面向客户发行的结构化浮动收益产品，银行与证券公司等专业金融机构做场外衍生品交易，赚取中间差价。证券公司通过收益凭证实现银行的这类业务，既服务了自身客户，又可利用场外产品工具赚取中间差价（见图 19）。

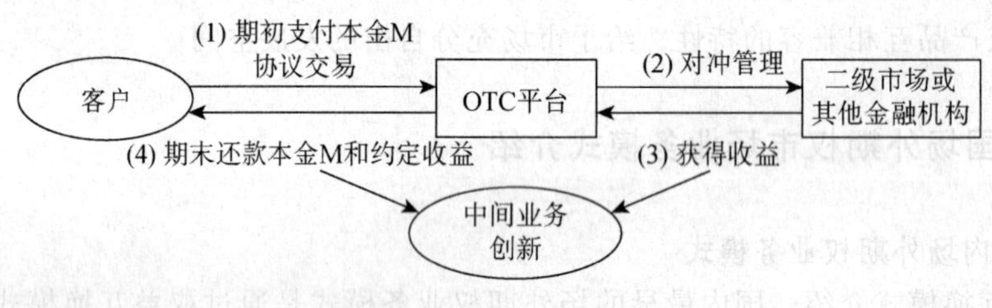

图 19 收益凭证模式之二

上述收益凭证模式中的第二种模式会挂钩特定标的，实际是内嵌了期权结构，因此也是国内场外期权的载体之一。

3. 场外期权柜台交易模式。2012 年，中国证券业协会发布了《证券公司柜台交易业务规范》。该规范明确将“经国家有关部门或其授权机构批准、备案或认可的在集中交易场所之外发行或销售的金融衍生品”纳入证券公司柜台交易的产品范畴，并针对证券公司从事金融衍生品柜台交易的法律文件、风险揭示、信息披露等各方面做出了规定。

场外期权柜台交易业务是指一种限定在证券公司与特定交易对手方之间进行的非集中性、非标准化的衍生品交易。交易对手方作为场外期权的买方，其收益取决于标的资产价格在未来某一约定时间的变化情况。场外期权具有可定制的特点，能有效满足交易对手方的投资与风险控制需求。

期权按照行权方向可以分为看涨期权和看跌期权两种。看涨期权的买方（看涨期权多头）可以在协议中约定的行权期行权，即按协议中约定的价格向期权的卖方（看涨期权空头）购买约定数量的标的资产或进行相应的现金结算；看跌期权的买方（看跌期权多头）可以在协议中约定的行权期行权，即按协议中约定的价格向期权的卖方（看跌期权空头）出售约定数量的标的资产或进行相应的现金结算（见图 20）。

在场外期权业务的实施过程中，证券公司并不是与交易对手方对赌收益，而是广泛应用对冲手段控制风险敞口，获取合理的波动率差额收益与佣金收入，业务整体只承担较低风险，属于资本中介型业务。

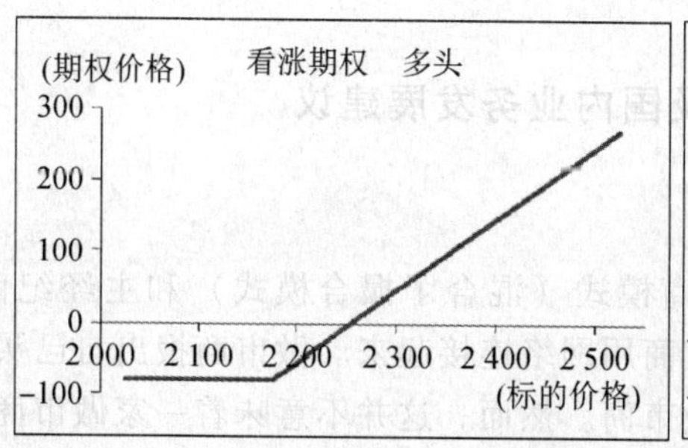

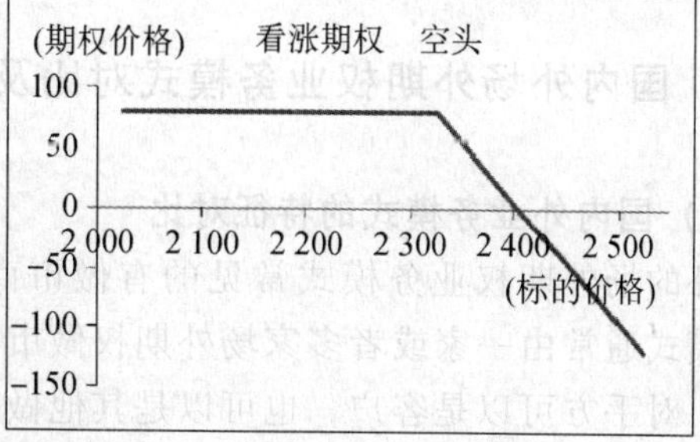

图 20 看涨看跌期权

(二)场外期权产品案例介绍

1. 与金融中介交易场外期权的产品案例。银行发行了一款挂钩 100 万股股票 A 表现的理财产品，产品内嵌了一个期限 1 年的欧式看涨期权。假设股票 A 期初价格 18 元，行权价也是 18 元，参与率为 30%。银行为了对冲产品的发行风险，通过签订柜台场外期权协议从某证券公司买入相同条款的欧式看涨期权，即某证券公司持有了这份欧式看涨期权的空头。假设某证券公司按 35% 的年化波动率将这款期权卖给银行，获得权利金收益 821 567.1 元。

期末如果股票 A 上涨 R（R>0），则证券公司付给银行 100 万股股票 A 期初市值 ×30% ×R 的收益；如果期末股票 A 没有上涨（R≤0），则证券公司无须支付给银行收益。

上述例子，相当于银行通过场外期权的形式向证券公司买入一个挂钩股票 A 的欧式看涨期权，可以实现其为银行客户资产保值增值的功能。

证券公司是看涨期权空头，因此需要根据每日 Delta 值的变化，持有标的股票进行对冲。本例中股票 A 的实际波动率为 30%，期末股价为 24.68 元达到行权条件。证券公司进行对冲的成本为 655 497.28 元，期权权利金收入 821 567.1 元，该场外期权业务赚取了 166 069.8元，而银行期权期末行权收益为 1 182 432.89 元（扣除权利金后），双方实现了共赢。

2. 与私募机构客户交易场外期权的产品案例。假设当前股票 A 的股价为 18 元。一个持有 100 万股股票 A 的机构客户，希望能够以溢价 15% 的价格在 1 年后将股票 A 进行减持，同时希望获得一笔额外的现金收入。

某证券公司通过签订互换协议从机构客户手上买入一个欧式看涨期权。在经过测算后，证券公司按 15% 的年化波动率从机构客户手中买入期权，付出权利金成本 385 451.42 元。

期末如果股票 A 价格超过 20.7（=18×115%）元，则证券公司从机构客户手中以 20.7 元买入 100 万股股票 A；如果期末股票 A 没达到 20.7 元，则证券公司不买入股票 A。

上述例子，相当于该证券公司通过互换的形式向私募机构客户买入一个挂钩股票 A 的欧式看涨期权，可以实现其为私募机构客户实现溢价减持，同时获得额外现金增值的功能。

证券公司是看涨期权多头，因此需要根据每日 Delta 值的变化，融券做空标的股票进行对冲。本例中股票 A 的实际波动率为 30%，期末股价为 21 元达到行权条件。证券公司进行对冲的收入为 456 919.19 元，购买权利成本为 385 451.42 元，业务收入为 71 467.77 元。客户一方面卖出期权获得 385 451.42 元，另一方面减持收益为 270 万元。总收益为 3 085 451.42 元，优于单纯持股的收益 300 万元。双方实现了共赢。

六、国内外场外期权业务模式对比及国内业务发展建议

（一）国内外业务模式的特征对比

国外的场外期权业务模式常见的有做市商模式（混合了撮合模式）和主经纪商模式。做市商模式通常由一家或者多家场外期权做市商用网络连接起来。做市商报出自己买卖的双边价格，对手方可以是客户，也可以是其他做市商。然而，这并不意味着一家做市商报给其他做市商或者客户的价格要一致，或者说报给不同客户的价格要一致。另外，场外期权做市商可以随时取消做市活动，从而造成流通性枯竭，不像场内有一些做市商必须要履行做市义务。

在 OTC 市场，对手方互相通过电话、邮件以及网络在线交流工具进行交易。通过电子公告板，做市商可以报出他们的买卖价格，加强 OTC 交易的便利性。但是，如果交易是由电话或者邮件的方式完成的话，那只有双方参与者才看到交易的价格，而其他市场中的人并不知道这一笔交易的任何信息。交易完成后，有的经纪商会公布交易的价格以及规模。但是，也不是任何人都能看到这个经纪商的公布，都能在这个价格交易。更多时候，这样的信息是不公开的。

一些场外交易市场会更加细分化，交易商经纪人帮助市场参与者获得市场的更深层次的信息。一般情况下，做市商通过电话的方式把价格报给经纪人。经纪人然后提供电子公告板，让其他的做市商客户都看到该做市商的报价。然而，这样的公告板通常是不让非做市商客户看到的。做市商有时候可以直接通过这样的电子公告板进行交易，甚至有一些交易商平台会提供程序交易，就像交易所一样。有一些交易商也可以打电话给经纪人进行交易。做市商也可以致电经纪人和其他交易商直接进行询价，或者查询未在经纪人的电子公告板屏上显示的衍生品的报价。

近年来，场外衍生品电子交易平台的发展大大改变了传统的场外交易方式，渐渐模糊了场外场内的区别。在某些情况下，电子经纪平台可以让交易商和一些非交易商直接提交报价，并直接通过电子系统进行交易。这个模式其实是在复制多边的交易，非常像交易所，只不过只有这个场外平台的直接参与者才有资格。但是更多情况下，交易商不希望非交易商参与报价，因为非交易商通常不会提供流通性。非交易商不能直接报价降低了更多的竞争和缩小买卖价差的机会。

总体而言，场外电子平台一般会区别对待交易者，因为交易者交易的规模大小以及该交易者的信用风险会很大程度影响他能交易的价格。此外，清算和交易结算仍然可能会留给买方和卖方机构自己来完成。

主经纪商业务模式将场外期权等衍生品的交易推向了更加完备的阶段。首先，主经纪商模式能整合公司层面的客户信用风险管理体系，包括客户适当性管理及授信管理，了解评估其公司管理、股东结构、资产状况等，确定授信额度，有利于对客户信息及授信定期更新、复核。其次，主经纪商模式提高了交易层面的风险管理水平，包括交易前的询价管理及复核，交易过程中的保证金管理、抵押品管理、盯市、集中度管理等，交易结束时的清算交收。最后，主经纪商模式提高了流动性管理水平，主经纪商可以根据公司层面的流动性管理、资金管理等政策，对业务总规模及融资比例、再抵押比例、抵押品管理等给予统一的

控制。

与国外成熟的场外期权业务相比，目前国内场外期权衍生品业务还处在发展的初级阶段，具有以下特征：

第一，单边的市场，客户绝大多数情况下是期权的购买者，证券公司是期权的销售者。同时，证券公司所拥有的期权头寸绝大多数情况下是必须持有到期的，盈利的来源就只有在卖给客户价格的基础上扣除掉对冲风险和相关费用。此外，国内目前大资金在客户端，比如银行、保险等金融机构，这些大的金融机构在单边市场中会显得更强势，造成以券商为主体的场外市场发展并不顺利。

第二，我国场外市场交易行为发展滞后。在国外，由于场外市场很便捷，证券公司不需要自己把头寸持有到期，可以拆出来转移给其他的客户或者做市商，或重新打包成新的产品，也可以通过场内为场外再提供流通性，由此通常采用的模式是做市商模式（混合了撮合模式）。

第三，在期权中最重要的市场因子就是隐含波动率，但是在我国场外期权市场中，仅有上证 50ETF 期权，缺乏其他标的的市场隐含波动率，所以从场外期权交易的角度来说，就失去了最重要的定价功能和风险管理的工具。

第四，国外场外期权业务往往会有做市模式，即做市商进行产品的双边报价，客户可以在产品存续期内赎回产品，有利于客户流动性提高，并且场外期权做市商也能通过不同客户的交易对冲风险。然而，目前国内没有一个好的场内市场提供及时的风险对冲工具，很难做到做市模式。

第五，国外场外期权已经发展到了主经纪商模式，这种模式的背后需要有一个场外的市场提供机构之间快速进行场外期权交易和清算的平台。以此为基础，各家机构可以根据自身特点发展适合自身的主经纪商模式。我国在这方面的发展还很滞后。

（二）关于国内场外期权业务模式的发展建议

基于上述国内外场外期权业务模式的特征对比分析，对国内场外期权衍生品市场，我们建议按照以下路径逐步发展。

第一，建议壮大场内期权市场。这样就有了一个隐含波动率的市场基准，期权可以更大程度发挥它的作用，同时，加大场内创新，丰富场内股权类以及商品类的期权。场内期权的推出是场外期权的基础，两者可以互为风险管理的工具，相辅相成，所以我们建议除了现有的 50ETF 期权外，尽快丰富各种场内期权品种。

第二，实现场外市场互联互通，推动各做市商或者客户间的互相交易，在场外二级市场的交易发展之后，撮合模式和做市商模式才能真正发展起来。

在上述模式逐步成熟的过程中，参考海外发展模式，可以逐步在国内针对机构投资者建立证券公司主经纪商业务模式的试点，为机构客户提供包括托管、清算、估值、融资融券、约定购回、场外期权等衍生品设计与执行等一揽子服务。具体而言，主经纪商业务模式的试点可以包括以下两大业务模块：（1）托管业务：机构客户在证券公司开立托管账户，证券公司对托管账户内的资产履行资产保管、净值计算、投资计算、投资清算、投资监控、托管报告、全面信息服务、风险评估与管理、后台外包等综合托管职责。（2）杠杆业务：机构客户同时在证券公司开立信用账户。证券公司通过协议获得机构客户信用账户内资产的使用权。通过信用账户，证券公司向机构客户提供包括融资融券、约定购回、场外期权等衍生品在内的杠杆业务。

七、国外、国内场外期权市场风险监管经验

（一）美国场外期权市场风险监管经验

1. 美国的风险监管主体以及监管范围。美国对场外期权的金融风险监管可从两个层面进行划分。第一是对机构的监管，该部分监管的是场外期权市场的交易参与者。第二是功能监管，该部分监管的是场外期权工具及场外期权市场。

美国的主要金融机构由商业银行、保险公司、商业银行控股公司、证券经纪交易商、商品期货公司以及投资银行控股公司等所构成。就机构监管而言，需要对上述的金融机构进行监管划分，并建立不同的监管机构对各类金融机构定义可从事的场外期权交易范围。表 3 总结了各类金融机构对应的监管机构：

表 3 金融机构以及对应监管机构

监管机构	金融机构
货币监理署（OCC）、联邦储蓄保险公司（FDIC）	商业银行
美国联邦储备委员会（FED）	商业银行控股公司
美国证券交易委员会（SEC）	证券经纪交易商
美国商品期货交易委员会（CFTC）	商品和期货公司
无直接监管机构	投资银行控股公司

就功能监管而言，美国证券交易委员会（SEC）以及美国商品期货交易委员会（CFTC）是衍生品的主要监管机构。2008 年金融危机以后，SEC 主要对场内与场外的衍生品、股票进行监管，其监管的手段主要包括投资者准入、价格报告、限制价格操作等；CFTC 则对《商品交易法》定义下的工具与市场进行监管。然而，在 2008 年金融危机以前，美国的法律对于场外期权的监管给予了豁免与排除，SEC 与 CFTC 对场外期权缺乏监管权限，官方监管机构在功能监管方面显得苍白无力。

2. 美国场外期权监管条例的蜕变。美国风险监管机构的态度可以以 2008 年金融危机作为分水岭。

2008 年以前，美国场外衍生品市场并无官方的监管机构，大部分的交易是依赖自律机构来完善其市场规则。其中，国际掉期与衍生工具协会（ISDA，International Swap and Derivatives Association）是最具代表性的自律机构之一。该组织成立于 1985 年，成员包括世界主要从事衍生性商品交易的金融机构、政府组织、使用 OTC 衍生性商品管理事业风险的企业以及国际性主要法律事务所等。其主要的功能是为场外期权的法律文件、清算、担保品提供法律意见以及风险管理，同时也为促进整个场外衍生品市场更健全的发展紧密与各国政府沟通。得益于以 ISDA 为代表的自律机构，国际场外衍生品市场的法律关系与信用体系逐渐成熟，对于未确认的交易在短时间也被确认，场外衍生品市场得到快速增长。

在 2008 年金融危机的冲击下，这种市场自律的风险控制方式显得不足。缺陷具体表现

在该模式下的风险监管具有较大的道德风险，另外它们所提出的风险控制措施不具备很强的执行力。2009 年底，美国众议院通过了金融监管改革法案。该法案将美联储塑造为“超级金融监管者”的角色，并全面加强对大型金融机构的监管。此外，成立负责系统风险监测的独立委员会。为了使消费者在与机构往来时得到应有的保护，成立消费者金融保护局并赋予监管的权利。

2010 年，美国国会通过了《多德－弗兰克华尔街改革和消费者保护法》（Dodd－Frank Act），该法案立志于保护消费者、解决金融业系统性风险等问题。该监管改革虽没有触及多头监管的基本模式，但交叉机制的引入以及协调合作的强制性制度安排有效地防止了监管权冲突，顺应了场外金融衍生品创新发展的现实需求。场外期权因此条例被纳入 SEC 与 CFTC 的监管。

对于场外期权市场，美国财政部提出了四个改革目标。第一，防范场外期权的市场风险影响到整个金融体系稳定；第二，增强场外期权市场的效率并改进透明度；第三，防范市场操作、欺诈和其他不当行为；第四，防范场外期权不当销售给不成熟投资者，保护普通消费者和投资者的利益。

（二）欧洲场外期权市场监管经验

2008 年金融危机以后，英国政府也对以往的金融监管体系进行了改革。2009 年 12 月，英国金融服务管理局（FSA）发布了《关于场外衍生品市场的改革方案》。该方案的主要改革要素与美国相似，都提及了场外产品场内化、建立更加有效的对手风险管理机制、通过提高资本金等指标对衍生品市场的参与者严格监管。

同样，欧盟委员会也提出了改革方案，旨在加强对场外期权、中央对手方（CCP）以及场外交易记录的管理。2012 年 7 月 4 日，《欧盟 OTC 衍生品、中央对手方以及交易记录监管条例》（简称 EMIR）得到通过。EMIR 对于建立场外期权中央对手方结算做出了明确的规定，并要求所有场外期权交易记录必须汇报给相关记录机构，供监管机构实时查询。

（三）我国场外期权监管现状

1. 法律法规及自律规则体系现状。我国针对场外期权的立法体系最早从 2004 年开始，《金融机构衍生品交易业务管理暂行办法》（以下简称《办法》）是首份对金融衍生品进行定义并对业务进行分类的法律法规。该《办法》明确了非金融机构不得申请从事衍生产品交易业务。并对金融机构从事衍生品业务做出了严格的规定。2005 年修订的《证券法》则增加了一些授权性的规定并为金融衍生品发展预留空间。2009 年发布的《中国银行间市场金融衍生产品交易主协议》为我国第一个场外衍生品交易的主协议，是我国场外衍生品交易的一个里程碑。不过，该协议只是针对银行间市场，中国证监会尚未对场外衍生品业务有任何规定。直至 2013 年中国证券业协会发布了《证券公司金融衍生品柜台交易业务规范》、《证券公司金融衍生品柜台交易风险管理指引》、《中国证券市场金融衍生品交易主协议》及补充协议，证券公司参与场外期权业务才得到了一定的政策支持。上述三份法律法规对柜台市场涉及的品种、准入要求、风险管理和监管提供了详细的描述。2014 年《中国证券市场金融衍生品交易主协议》在 2013 版的基础上重新被修订，同年《中国证券期货市场场外衍生品交易权益类衍生品定义文件》亦被制定。2014 年 8 月《证券公司柜台市场管理办法

(试行)》以及《机构间私募产品报价与服务系统管理办法（试行)》相继发布，对场外期权市场的发行、销售、转让、账户登记、托管与结算等细节给出了更加详细的规定与要求。

2. 场外期权参与机构的风险监管现状。我国的整体监管体系是由政府监管机构和行业自律组织组成。作为整个监管体系的核心，政府监管机构包括中国人民银行、中国证监会、中国银监会、中国保监会和国家外汇管理局等。目前规模增长迅速的权益类场外期权的监管则主要由中国证监会与中国银监会负责。存量较大的外汇与利率场外衍生品集中在商业银行，由人民银行管理。另一方面，由中国证券业协会、交易所等构成的行业自律组织将协助政府监管机构推进我国场外衍生品市场的稳步发展。随着《中国银行间市场金融衍生产品交易主协议》、《中国证券市场金融衍生品交易主协议》及补充协议的发布，我国自律组织的管理逐步发挥作用。从市场参与者来看，2011—2013 年，我国的主要场外衍生品为人民币外汇货币掉期和人民币外汇期权，交易参与者主要以商业银行等机构为首。但是，随着权益互换和收益凭证等产品的诞生，证券公司、信托、保险、基金等非银行金融机构也积极的参与到场外衍生品交易，其中股权类场外期权是最主流的产品之一。

清算方面，我国的主流场外交易是双边交易，双边交易方按照协议各自完成清算。对于股权类场外衍生品我国暂时无相关的清算机构。

八、我国场外期权风险管理的问题与建议

（一）我国场外期权市场发展的现有问题

1. 缺乏场内市场。第一，缺乏一个隐含波动率的市场基准，期权无法更加精确的定价，从而导致产品流动性不活跃，市场创新难以进行。第二，证券公司自营账户不能开立交易所信用账户进行融券卖空操作，不能实现股票非交易过户。第三，场内市场缺少非线性产品，券商间对冲市场尚未形成，不利于对冲非线性产品的风险。

2. 场外市场结构单一。首先，我国缺乏统一的场外交易平台，双方交易信息无法记录，因此透明度较低。对于产品合约变更、转让、终止自动确认、现金汇划都需要交易对手双方完成。因此，每笔场外期权产品的交易差异都较大。其次，相关政策要求对于交易对手主体资格过严，减少了场外期权市场的参与者数量。最后，相关指标计算未充分考虑场外期权业务的风险对冲特点，不能实现风险敞口抵消。

3. 主经纪商业务模式有待发展。公司对交易对手履约保障能力的测评较为简单。证券公司无法掌握交易对手在其他公司的违约事项，不能实现信用风险集中管理。缺乏统一的场外交易平台，增加交易双方的信用透明度。另外证券公司前台交易、中台风控、后台财务与结算等部分，电子信息化程度不够高，不利于业务的精细化管理和监控。

（二）我国场外期权市场发展与风险管理的建议

1. 积极推进场内期权市场辅助场外业务的发展。根据上述国内外场外期权业务模式对比分析结果以及国内外风险监管体系对比分析结果，以场内化的形式推进场外业务发展是较适宜的一条发展道路。场外业务的场内化需要以多层次的场内市场为基础，这在客观上要求证券监管部门应以完善场内市场多层次建设为基础，鼓励交易方尽量多地采用类似于场内的标准合同，并参考场内期权的资本金、保证金扣减规则，将场外产品与场内化结合起来。

2. 差异化监管。根据上述国内外场外期权业务模式对比分析结果以及国内外风险监管体系对比分析结果，国内不同证券公司的创新能力存在显著差异，这进一步要求监管部门对证券公司实行差异化监管，鼓励创新能力相对较强的证券公司在场外业务开展中先行先试，在控制系统性风险的基础上推进业务创新发展。

3. 建立信息披露制度。目前，证券公司柜台衍生品刚刚起步，中证报价系统已制定了《证券公司金融衍生品备案公司指引（试行)》，该指引从客户交易以及证券公司两个层面对场外期权交易起到了信息收集和监测的作用。

根据上述国内外风险监管体系对比分析结果，由于场外期权的交易不透明，具有较高的信息不对称性，同时产品的结构相对复杂，我国有必要建立更有效的信息披露制度。具体而言，建议监管机构从披露信息的综合性、实时性、效率性三方面对制度进行搭建。

首先，可以建立一个统一的场外期权交易平台，相关的监管者可以以这个统一平台为依托，在保密的前提下直接查询单个交易商或交易方的交易和敞口信息，投资者则有权利知道场外交易平台的整体信息。参与者披露的信息应包含所有场外期权相关的风险，具体应涵盖定性与定量的信息。其次，当场外期权市场发生了较大的变化时，参与者需披露其风险暴露的变化情况，这样监管机构可实时对其评估并采取相应的措施。最后，监管机构应积极收集使用参与者基于内部管理目的而生成的材料。

4. 合理加强衍生品的交易监测。由于场内期权等基础风险对冲工具的缺乏，证券公司在开展场外期权的过程中可能无法有效规避 Gamma 和 Vega 风险。为更好地防范系统性风险，监管部门有必要掌握行业内场外期权业务的整体规模和风险暴露情况。

此外，鉴于场外期权业务的定制化和场外交易的特性，可能在业务开展中出现各种各样的需要特殊处理的情况。建议监管部门发布特殊情况报备清单，当发生清单中规定的特殊情况时证券公司一方面须妥善处理，另一方面须及时报备特殊情况和处理方案，为监管部门日后出台统一的特殊情况处理方案，规范业务发展提供经验和借鉴。

5. 设立统一的风险资本准备标准。建议场外期权交易以名义本金为基础确定与基础资产挂钩的浮动收益和固定收益，两者轧差确定实际履行支付义务的主体并结算。在计算风险资本准备方面，建议监管部门设立统一的风险资本准备标准，建议比照利率互换业务，投资规模按照名义本金的一定比例计算。风险资本准备也可按照风险扎差后的场外期权投资规模的一定比例进行计提。

6. 建立健全行业内对冲询价机制。证券公司开展场外期权交易业务时无法通过二级市场有效规避 Gamma 和 Vega 风险，但可能通过证券公司间的交易进行对冲。建议建立健全行业内的对冲询价机制，将各家证券公司相对孤立的场外期权交易业务联系起来，降低证券公司的对冲成本，提升对冲精度，从而提高整个场外期权交易市场的效率。

国际业务

高盛国际化进程及其对中资券商“走出去”路径的启示

徐开元 刘文驰*

2013年以来，人民币国际化进程显著加快，海外投资逐渐成为继贸易结算之后推动人民币国际化的另一重要的推动力量，并促进了中资金融机构的跨境人民币业务创新。2012年，中国企业海外并购交易金额和单数超越澳大利亚和日本位列亚太地区首位，这些交易中不乏中资银行通过跨境人民币贷款、人民币债券等所提供的支持。截至2013年，中资国有商业银行已经通过新设或并购的方式在35个国家和地区共布局了61家分行、49家附属机构①。与商业银行相比，中资券商“走出去”步伐相对较为缓慢。然而，近两年来伴随着人民币国际化成为国家战略，人民币国际化进程加速推进，离岸人民币业务蓬勃发展，在这一大环境下，海外市场也给中资金融机构带来了很多发展机会。监管部门不仅逐步开放了人民币离岸市场的业务机会，还鼓励中资金融机构去海外开拓业务，并积极为增强中资金融机构在离岸人民币业务中的话语权提供支持。为了参与人民币离岸金融的全球化布局，把握好有利的政策和市场机遇，中资券商有必要在借鉴国际先进投行和中资银行的国际化布局基础上，制定和实施自身的国际化战略。本文将通过对高盛的国际化进程进行分析，以中外投行的国际化布局作参考，提出中资券商进行“走出去”路径的一些策略性建议。

一、高盛的国际化进程与动机

（一）进程

1. 起步阶段（1869—1953年）。1869年，早期的高盛公司成立，公司最初经营小型的商业流通证券业务。1882年，M. Goldman and Sachs公司在纽约成立，主要从事商业流通证

* 作者单位：申银万国证券股份有限公司。原载于《中国证券》2015年第1期。

① 资料来源：Wind资讯。

券业务，包括小额贷款中介、中间放贷、贴现票据业务等。之后高盛成为全美最大的商业本票交易商。1892 年，高盛成为纽约证券交易所会员，开始将业务拓展到纽约以外地区，如芝加哥、波士顿、费城等。这段时间内，高盛专心致力于本国业务的发展，为它在其他国家和地区开展业务奠定了良好的基础。

1897 年，因发现纽约和伦敦这两个市场间存在套利机会，高盛创始人出访英国，并在伦敦寻找合作伙伴，以便开展纽约和伦敦两个不同市场的外汇交易和套利业务。这是高盛向海外发展进程中迈出的第一步。之后，在大萧条（1929—1933 年）和第二次世界大战期间（1939—1945 年），高盛的海外办事处关闭，海外业务暂时中断。

2. 进军欧洲和日本（1953 年—20 世纪 80 年代）。

（1）欧洲市场。1953 年后，高盛的国际化扩张缓慢开始。1970 年，高盛在伦敦成立了办事处。然而，当时伦敦一直被看作成本中心，主要经营一些简单的业务，如销售美国股票、美国政府债券，以及发行福特等美国公司的欧洲债券等，除此之外，没有任何其他业务。当然，这些业务也未能创造可观的利润。

1975 年，美国的固定经纪佣金制度取消，投行竞争激烈，利润下降，高盛的管理层提出要到美国之外去寻找业务机会。与此同时，摩根士丹利等其他竞争对手的国际化进程逐渐放缓。1976—1984 年间，作为合伙人之一的约翰·黑德曾做出过一个关于高盛全球性扩张战略的愿景式的描述，但并未提出明确的思路，公司的决策管理委员会也对美国以外其他地区的业务机会存在不少疑问。为了规避风险，控制不确定的投入和成本，那时候高盛很少派高层员工到海外市场工作。

随着美国取消外汇管制，国际市场对美国股票的需求出现爆发式增长，美国很快成为全球最具吸引力的市场。在大多数高盛员工都认为公司应该利用良好的机遇和环境大力发展境内业务时，一些高级合伙人却十分看好国际市场，他们坚持了国际化战略。1982 年，高盛购买了一家美国商业银行在伦敦的分支机构，主要为全球商品交易提供融资服务。同时，管理委员会制定了欧洲的战略计划，并采取新设办公室的方式，抽调芝加哥、洛杉矶等地的优秀人才奔赴欧洲。1987 年，高盛将低利润的代理买卖业务转化为利润丰厚的自营业务，并自此奠定了伦敦乃至整个欧洲的自营交易业务优势。

（2）日本市场。高盛在亚洲的发展始于日本市场。1969 年，为了拓展日本市场，高盛一位合伙人在 3 周内与日本上百家企业管理层会面，在熟悉和了解市场基本情况的同时也宣传了高盛。1974 年，高盛在东京成立办事处，最早一单业务是三井公司发行美国商业票据项目。借此业务机会，高盛提升了其在日本的声誉和地位。

3. “金砖四国”与新兴市场的战略性扩张（1990—2012 年）。20 世纪 80 年代以后，随着全球经济一体化及各国市场化改革的深入，美国以外的其他资本市场逐渐登上舞台并扮演了更为重要的角色。中国和印度经济的强劲增长、德国经济的复苏，提供了更加具有吸引力的市场，为了把握这些发展机遇，高盛的全球化战略进一步加速。2001 年，高盛首次在题为“构建更好的全球经济”的研究报告中提出“金砖四国”（BRICs）。该报告提出，巴西、俄罗斯、印度和中国的增长潜力巨大。高盛加强了在新兴市场和发展中国家市场的投入，特别是中国、印度、俄罗斯、巴西和中东。2005—2006 年间，高盛先后在孟买、莫斯科、圣保罗、迪拜、多哈和特拉维夫等地连续设立了多家办事处。同时，高盛开始在这些地区进行战略性投资，包括与中东最大的银行 NCB Capital 的合作谈判、印度 10 亿多美元的投资，以及韩国70亿美元的资产管理项目平台的构建等。

4. 在中国的发展（1984—2012年）。1984年，高盛在我国香港地区成立亚太地区总部。1994年，借着中国金融市场开放的契机，高盛在北京和上海分设办事处，并通过入股中资大型企业、担任证券承销商等方式全面拓展中国市场，其中包括购买中国平安保险公司6.8%的股份、收购中国网通2.4%的股份等。2004年，高盛与北京高华证券成立合资公司高盛高华证券。2005年，高盛投资了工商银行，并借由这个机会与工商银行达成了多项合作。

（二）动机

1. 决策人的全球化视野。高盛创始人为德国移民，因此早在第一代创始人时期，就开始了与英国、欧洲等地的业务往来。至高盛后面几代合伙人，他们也大都是欧洲移民，因此这一国际化发展方向得以贯彻传承下去。高盛在创始初期就位于纽约，与哈佛大学关系密切。受哈佛多元文化的影响，高盛早期就将自身定位为一个全球化的投资银行。

2. 通过海外业务实现利润增长。

（1）外汇交易与汇率掉期业务。在创立之初，高盛就以商业票据业务见长，以至于在其之后发展的几十年内，商业票据业务成为其打开国际市场的一个突破口。由商业票据业务延伸开来，当纽约和伦敦这两个不同市场之间存在套利机会时，外汇交易和汇率掉期业务便成为一个新的利润来源。

（2）固定收益业务。欧洲债券产生于20世纪60年代，是随着欧洲货币市场形成而兴起的一种国际债券。这些债券的所有交易都在境外进行，在当时是国际金融市场的一个重要组成部分。因高盛当时处于国际化的初期，各方面都相对薄弱，前几年均处于亏损状态，直到后来才在固定收益市场中站稳脚跟，实现了盈利。

（3）自营业务。无论在美国还是英国，在激烈的竞争环境中，高盛的经纪业务利润率都很低，为了获得更高的利润，高盛在海外大力发展自营业务。自营业务成为高盛在英国的一项重要盈利来源。

（4）反恶意收购业务。20世纪70年代，美国资本市场兴起恶意收购，摩根士丹利等大型投行都投身于这项业务，而高盛是唯一一家反对恶意收购的大型投资银行，通过提供反恶意收购服务，高盛投资银行并购部门的收入从1966年的60万美元增长到1980年的9 000万美元。反恶意收购业务的专业能力和声誉，为高盛将并购业务延伸到海外市场提供了有利条件。

3. 摩根士丹利、美林等竞争对手的国际化刺激了高盛的海外扩张。摩根士丹利1969年在法国巴黎成立公司，正式进军欧洲市场，1970年设立代表处进入日本市场，1977年在伦敦成立欧洲市场总部，20世纪70年代迅速扩张，并开始在全球范围内开展业务。美林则在1964年就开始在日本设立办事处。与这两家竞争对手相比，高盛在日本市场、欧洲市场的布局相对较慢。为了能积极参与到全球的竞争中，高盛加快全球化布局的步伐。

4. 美国经济主导权与跨国公司的影响。跨国公司在20世纪上半期就已出现，但直到第二次世界大战前，这些公司大都以局部地区为发展重点。第二次世界大战后，凭借其经济、政治和军事上的绝对优势地位，美国掌握了世界经济的领导权，跨国公司得到空前的发展，大型企业可以自由向海外扩张，并充分利用全球资源和世界市场，通过直接投资扩大并保持在世界市场上的绝对份额。这些公司一直以来都是以全球市场为导向，根据各国资源分布情况，制定全球化的金融和销售战略，例如麦当劳、通用汽车公司等。在这样的背景下，高盛为美国跨国公司提供国际化的服务，走向世界。

（三）净利润与税前收入的区域分析

参考高盛 1999 年至 2013 年的年报，因信息披露数据统计口径差异，以下将 1997—2013 年高盛国际化发展分两段进行分析（数值单位均为百万美元）。

1. 1997—2003 年。

（1）净利润。高盛于 1999 年 5 月上市，结束了 130 年的合伙制经营。1999 年起，高盛的净利润有了较大幅度的增长（见图 1）。1997—2003 年间，在美国实现的净利润占比达到 60% 左右，比例较稳定，而其他各区域所占比例变动也不是很大（见图 2）。

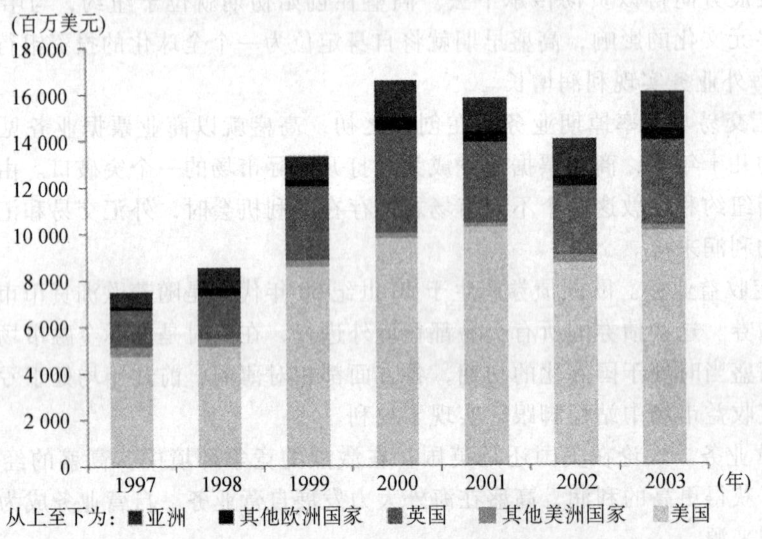

图 1 高盛净利润变化（1997—2003 年）

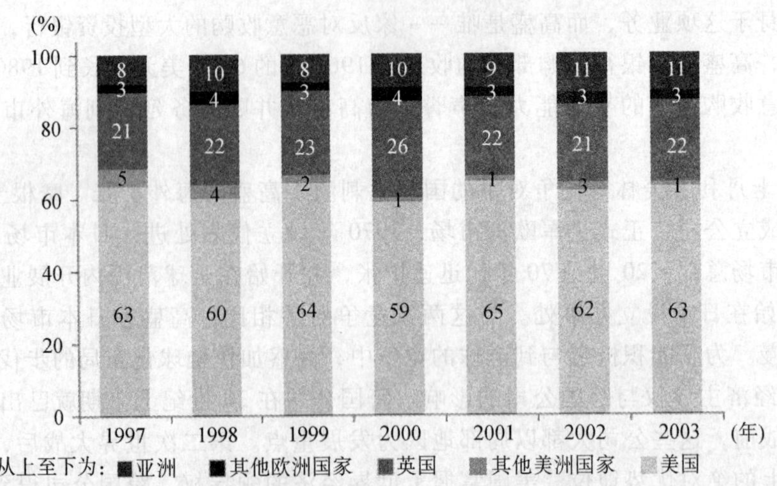

图 2 高盛净利润各地区所占比例（1997—2003 年）

（2）税前收入①。1998 年下半年全球市场发生危机，导致 1998 年收入下降，1999 年收入在市场恢复中获得大幅提升。2001—2003 年，高盛的税前收入比 1999—2000 年有所下降（见图 3）。同时从税前收入的分配比例（见图 4）可以看到，1998 年高盛在美国境内的收入占比达 45%，低于 50%。

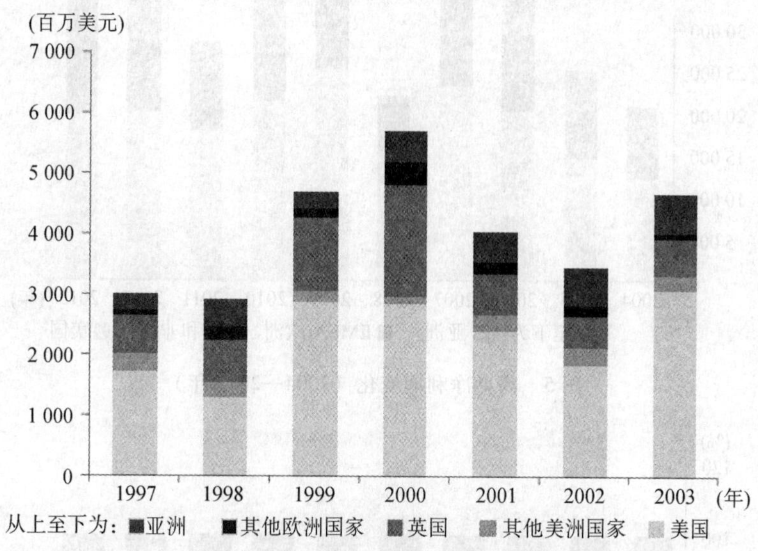

图 3 高盛税前收入变化（1997—2003 年）

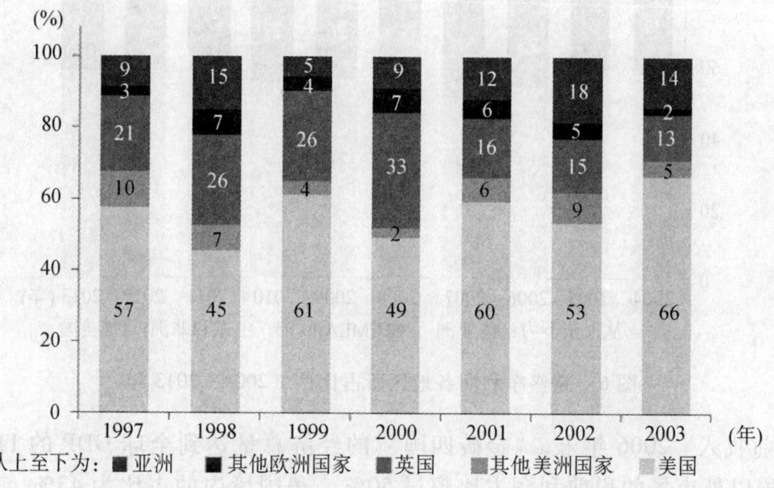

图 4 高盛税前收入各地区所占比例（1997—2003 年）

2. 2004—2013 年。

（1）净利润。2008 年金融危机，高盛的净利润大幅下滑（见图 5），而与此同时，美国境内的净利润占比达到 70%（见图 6）。

① 因会计准则差异，1997—1998 年的税前收入与 1999 年的比较存在一定误差。

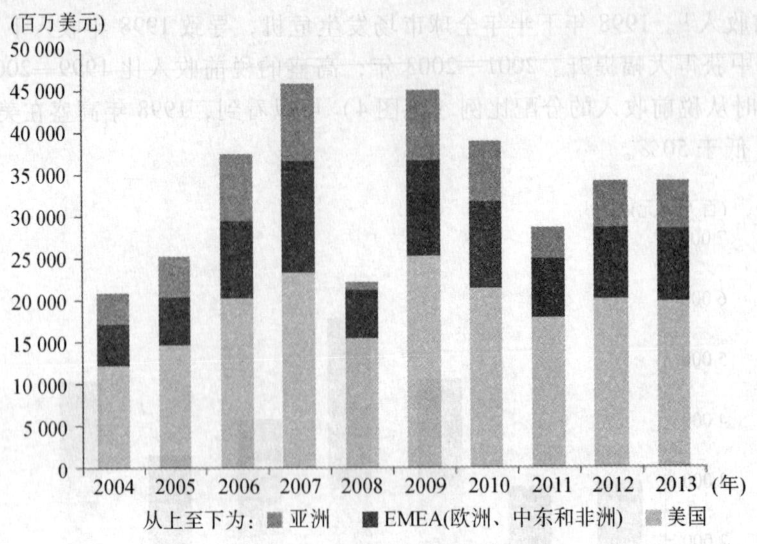

图 5 高盛净利润变化（2004—2013 年）

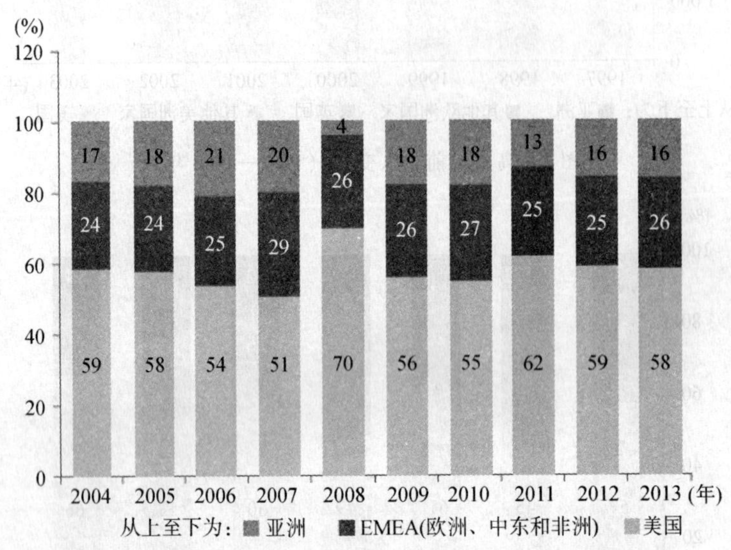

图 6 高盛净利润各地区所占比例（2004—2013 年）

（2）税前收入。2006 年末，“金砖四国”的经济总量达到全球 GDP 的 11% 以上。2007 年，高盛美国以外市场的税前利润占比超过 50%，美国境内的占比为 43%。2007 年美国境外地区收入占比的增加缘于 2004—2006 年间在“金砖四国”、中东等新兴市场的战略性布局。2008 年，高盛在亚洲的业务发生较大亏损（见图 7、图 8）。

高盛的国际化进程促进了公司与全球范围内不同公司在各个业务领域的广泛合作，使得其业务结构相对平衡，风险分散在不同的地区和业务领域。

（四）国际化策略及成功原因分析

1. 策略借鉴。

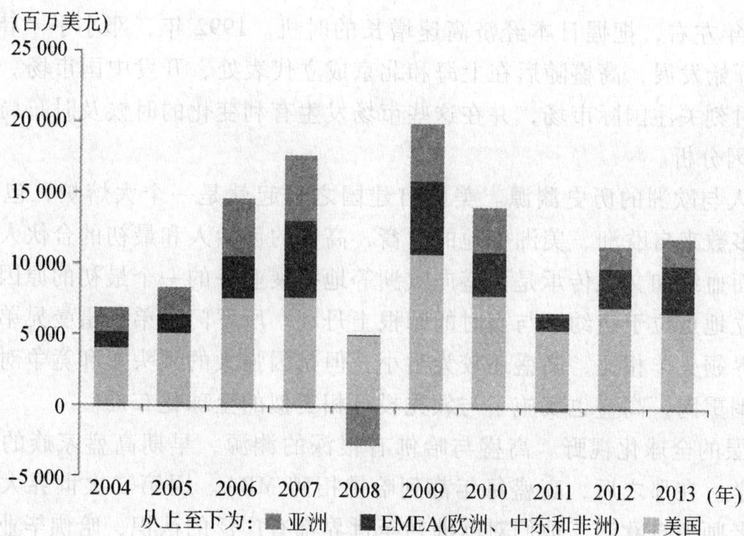

图 7　高盛税前收入变化（2004—2013 年）

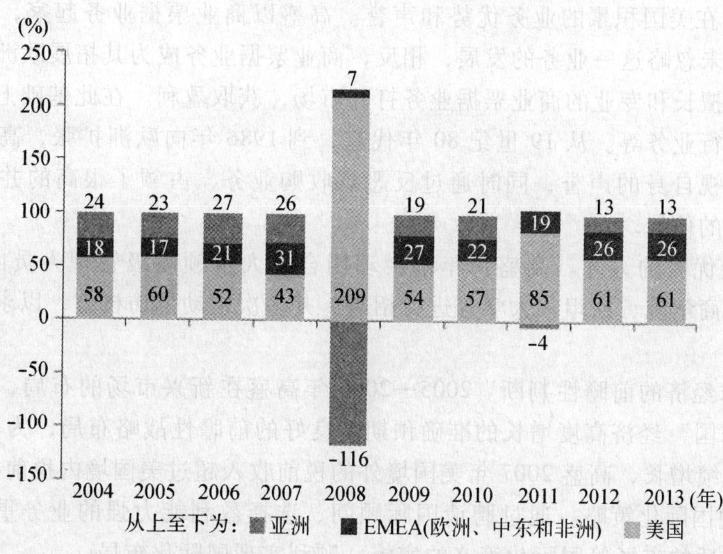

图 8　高盛税前收入各地区所占比例（2004—2013 年）

（1）聘请国际顾问。由于高盛缺乏对欧洲各国市场的了解，且欧洲各个国家在文化、商业环境、政治和习俗上都存在很大差异，为了得到熟知各国社会、政治、文化的专家帮助，高盛在各国聘请了政府部门离职的高官，或与政府及很多大型公司有密切关系的专家作为顾问，为高盛提供重要的建议。

（2）选择盈利能力强的业务重点开发。高盛最初在伦敦开发的业务都是传统业务，如股票代理买卖、外汇交易等，这些业务都未能覆盖其当时的运营成本，导致出现几年亏损。自营业务的开发，大大提升了高盛伦敦公司的盈利能力。

（3）在合适的时机选择合适的市场。1986 年，英国实施大变革，实施了对外开放的政策。高盛在这个时候把握时机，大力开发英国市场和其他欧洲市场。1956—1973 年，日本进入其经济高速发展时期，成为仅次于美国的第二经济大国。高盛和摩根士丹利进入日本市场都是在 1970 年左右，把握日本经济高速增长的时机。1992 年，邓小平“南方谈话”后，中国资本市场开始发展，高盛随后在上海和北京成立代表处，开发中国市场。从以上这些举动来看，高盛时刻关注国际市场，并在这些市场发生有利变化的时候及时布局，抢占市场。

2. 成功原因分析。

（1）创始人与欧洲的历史渊源。美国自建国之日起就是一个大熔炉，包容了多元化的文化，人口大多数来自欧洲、美洲等地的后裔，高盛的创始人和最初的合伙人中很多都来自欧洲大陆，因而血缘和文化传承是高盛向欧洲等地拓展业务的一个最初的原因。

高盛的创立地点位于纽约，与当时的摩根士丹利、所罗门兄弟、雷曼兄弟等华尔街著名投行等金融业界领头羊相比，高盛还较为渺小，但是因强大的领头军和竞争对手，以及纽约金融市场的氛围熏陶，高盛也实施了与领先投行相类似的全球化布局。

（2）管理层的全球化视野。高盛与哈佛有很深的渊源，早期高盛家族的一位接班人曾就读于哈佛大学。在那之后，高盛每年都到哈佛招聘 MBA。因第二次世界大战的缘故，很多哈佛的任教老师来自欧洲，他们对欧洲乃至世界都有广泛的认识，哈佛毕业的学生往往具有全球化的视野，因而有意识、有信心带动高盛业务向全球拓展。

（3）多年来在美国积累的业务优势和声誉。高盛以商业票据业务起家，在之后多年的发展中，高盛并未忽略这一业务的发展，相反，商业票据业务成为其拓展欧洲、日本市场的敲门砖，以最为擅长和专业的商业票据业务打开市场，获取盈利。在此基础上，再进一步发展债券业务、投行业务等。从 19 世纪 80 年代起，到 1986 年向欧洲扩张，高盛的高层决策者一直都非常重视自身的声誉，同时通过反恶意收购业务，占领了很高的并购业务市场份额，获得了市场的信赖。

（4）网罗最优秀的人才。高盛每年都会动用合伙人带领高级管理人员团队，到哈佛、哥伦比亚、沃顿商学院、斯坦福大学等进行招聘，并多次主动拜访校方，以求招聘到最优秀的员工。

（5）对全球经济的前瞻性判断。2005—2006 年高盛在新兴市场的布局，主要源于研究团队对“金砖四国”经济高度增长的准确预期。良好的前瞻性战略布局，为高盛在 2007 年带来了较高的业绩增长，高盛 2007 年美国境外的税前收入超过美国境内税前收入。

（6）出色的国际化策略。通过聘请国际顾问、选择盈利能力强的业务重点开发、在合适的时机选择合适的市场等国际化策略的实施，顺利实现国际化布局。

二、中外银行国际化进程的借鉴

（一）外资银行的国际化进程

汇丰银行集团于 1865 年成立。近 150 年以来，汇丰银行先在中国、东南亚等亚太地区建立基地，继以战略收购进入欧洲、美国市场，进而陆续进入巴西、阿根廷等新兴市场。汇丰银行的国际化战略布局以亚太市场、欧洲市场和美洲市场为三大市场，收入贡献各占约三分之一。从 1991 年开始，汇丰银行通过跨国并购和设立分支机构的方式实现国际化。

花旗银行于 1812 年在纽约成立，有四分之三的机构分布在境外，分支机构分布于 100 多个国家和地区，主要包括北美，墨西哥，欧洲，中东及非洲，日本、亚太其他国家以及拉丁美洲六大区域。20 世纪 60 年代末到 70 年代初，美国政府颁布了一系列资本限制的法律法规，为了规避这些监管制度，花旗银行在海外设立分支机构，并快速发展海外业务。花旗银行的国际化主要通过不断并购的方式进行。

德意志银行从20世纪80年代开始，将业务扩展至欧洲，并致力于创建一个欧洲范围内的全能银行以及一个全球化的投资银行。德意志银行的全球化遵循了先成为最强大的德国本土银行，然后将本土市场拓展至整个欧洲，再以欧洲为根基实施全球化扩张的循序渐进的战略。德意志银行主要通过并购、设立分支机构和参股等方式实现国际化。

（二）中资银行的国际化进程

近年来，中资银行逐渐走向海外，其中以中国银行、工商银行等为代表的部分大型商业银行制定了国际化扩张战略，采取的方式以并购为主。这些银行的国际化进程见表1。

表1　　中资银行的国际化进程

银行	事　件
国家开发银行	◎ 2007年参股英国巴克莱银行 ◎ 2011年12月，与国开金融有限责任公司在我国香港成立中国国家开发银行国际控股有限公司 ◎ 截至2013年6月30日，共38家海外分行（包括中国香港分行），开罗、莫斯科、里约热内卢3个代表处
中国银行	◎ 截至2013年底，我国香港、澳门和台湾地区及其他国家机构620家。其中我国港、澳、台地区507家，其他国家和地区113家
工商银行	◎ 截至2010年，已在全球28个国家和地区设立了近200家分支机构。相继并购了南非标准银行、印度尼西亚HAMIT银行、曼谷ACL银行、阿根廷标准银行、加拿大东亚银行等 ◎ 截至2011年6月末，已在全球22个国家和地区设立了24家境外一级营业性机构 ◎ 截至2013年末，境外机构共329家。境外及其他资产（包含联营及合营公司的投资）占比8.5%
建设银行	◎ 1991年开始建立第一家海外机构——伦敦代表处 ◎ 截至2013年末，境外分支机构69个。目前在大阪、东京、法兰克福、胡志明市、卢森堡、墨尔本、纽约、首尔、中国台北、悉尼、中国香港、新加坡、约翰内斯堡等地有分行
农业银行	◎ 截至2013年年底，共有7家境外分行和3家境外代表处，分别是我国香港地区、新加坡、首尔、纽约、迪拜、东京、法兰克福分行，悉尼、温哥华、河内代表处 ◎ 境外主要有3家控股子公司，分别是中国农业银行（英国）有限公司、农银国际控股有限公司和农银财务有限公司
交通银行	◎ 截至2013年底，在我国香港地区、纽约、东京、新加坡、首尔、法兰克福、中国澳门地区、胡志明市、伦敦、悉尼、旧金山、中国台北共设立分（子）行12家，境外经营网点达54个
招商银行	◎ 截至2013年末，在108个国家（含中国）及地区共有境内外代理行1 921家 ◎ 境外分支机构包括我国香港地区分行、纽约分行、新加坡分行和美国代表处、伦敦代表处、中国台北代表处
北京银行	◎ 2008年11月，成立中国香港地区办事处 ◎ 2010年9月，首家国际代表处在荷兰阿姆斯特丹成立

资料来源：各银行2013年年报。

三、中资券商“走出去”的策略建议

（一）柜台策略

在合作关系较好的海外金融机构（包括银行、投行等）设立中资券商柜台，委派 1—2 名客户经理在柜台工作。通过这一策略，可以与海外券商或投行建立良好的合作关系，及时了解海外客户的需求并及时向总部反馈，深入了解海外投行运作模式与海外资本市场。柜台策略的优点是成本相对较低，信息传递速度较快；缺点是海外金融机构是否愿意就此模式进行合作，存在一定的难度。适用于资本不够雄厚，实力较弱时的国际化，有利于降低成本，降低风险。

（二）合资策略

中资券商与海外投行合作，通过各自出资成立合资公司的形式，进入海外市场。这一策略的优点在于投入成本少，有利于规避当地政治、法律等风险，可与合作伙伴实现发挥协同作用；缺点则在于较难获得控制权和主导权。

（三）新设策略（绿地投资模式）

绿地投资与褐地投资分别是两种不同的对外直接投资形式。绿地投资是指新设投资，即投资主体在东道国境内依照东道国的法律设置的部分或全部资产所有权归投资者所有。采用新设方式进行布局，优点在于对跨境业务发展中存在的不确定性因素能实施较好的控制，战略和定位能够得到迅速有效的传达，有利于发挥境内业务优势，分支机构的形式选择上也较为灵活，如代表处或子公司等。缺点在于筹备时需要牵扯大量的人力、物力、财力、时间，并且因对所在国家和地区的政治、社会、法律等因素缺乏足够了解，缺乏市场和客户基础，困难重重。

（四）并购策略（褐地投资模式）

褐地投资模式也就是跨国并购模式。目前国际上大型跨国金融机构的国际化战略大都以并购的方式实现。这一策略的优势在于扩张迅速，且可以实现规模效应、范围效应和协同效应，既扩大业务和地域的覆盖面，又可以通过不同相关领域的协同实现业绩的增长。并购策略是快速提升中资券商竞争力的一条重要路径。并购策略的缺点在于，这一模式对中资券商的资本实力、并购对象选择决策的能力、并购后整合能力都提出了挑战，风险和成本较高。

从并购路径选择上来看，一方面，应当合理选择并购区域，一般来说，发达国家的经济、金融发展水平较高，但投资密度也相对较高，利润率相对较低；新兴工业化国家和发展中国家的经济与金融发展水平较低，但投资密度低，利润率相对较高。应在充分调研的基础上，加强对海外收购、并购的理论和实战分析，对不同地区的优劣势进行综合分析比较后再相机选择。另一方面，应在风险可控的前提下，利用有效市场时机实施并购。

（五）跟随策略

我国商业银行的布局基本上是与我国实体经济的跨境发展相一致的，跟随中资银行在海外的布局，选择其中潜在业务机会较大的地区与中行、工行或建行等中资银行绑定合作，可以满足实体经济在海外的银行无法满足的金融需求。这个策略的优点是中资券商在海外布局中的政治、法律等风险相对降低。

与前面几种策略不同，跟随策略主要是指布局地点的选择，而柜台策略、合资策略、新设策略和并购策略主要是指布局的方式。这些策略并不是非此即彼的关系，应是在考虑时机选择、市场环境、政治、法律和社会等种种因素之后，将这些策略结合起来，形成综合性的配套方案，用以支持国际化战略。

参考文献

[1] Goldman Sachs Annual Report，1999—2013.

[2] 查尔斯·埃利斯：《高盛帝国（上、下）》[M]，北京：中信出版社2010年版。

[3] 林景臻：《跨国方略——商业银行全球化布局与执行》[M]，北京：中信出版社2012年版。

[4] 中国银行、交通银行等上市银行年报，2013年。

证券行业双向开放情况调查报告

杨雅静 尹娟娟*

实现十八届三中全会和新“国九条”提出的“推动资本市场双向开放”目标，贯彻《关于进一步推进证券经营机构创新发展的意见》支持证券公司发展跨境业务的战略，中国证券业协会以调查问卷的形式对证券公司海外业务情况进行了摸底，同时搜集了国内合资证券公司近年来的相关经营数据，并对资料进行全面的梳理，分析了证券行业在“走出去、引进来”过程中遇到的困难和问题，提出了未来证券市场双向开放的相关建议，希望为提高证券行业对外开放水平，稳步推进证券行业的国际化进程，提升证券行业的国际竞争力提供借鉴和参考。

一、证券公司海外业务

在中国证监会的支持下，国内证券公司为提升国际竞争力，已逐步实现了海外分支机构的设立，在跨境业务方面以香港为桥头堡、东南亚国家为突破口进行了一系列的实践探索，并通过合格境内投资者（QDII）制度实现了“走出去”的海外投资。本次主要针对证券公司海外子公司的现状展开分析。

（一）基本概况

目前，经中国证监会批准设立海外分支机构的证券公司有 25 家（见附件 1），其中方正证券获批后并未设立机构，23 家证券公司在中国香港设立海外分支机构，太平洋证券在老挝设立。截至 2013 年底①，除西南证券、太平洋证券的分支机构还在筹建，其余 22 家香港公司均已开展实际海外业务（见图 1）。

* 作者单位：中国证券业协会。

① 本报告数据是以 2014 年上半年各证券公司反馈的“开展海外业务的证券公司及子公司情况调查表”（数据截至 2013 年底）为基础的。

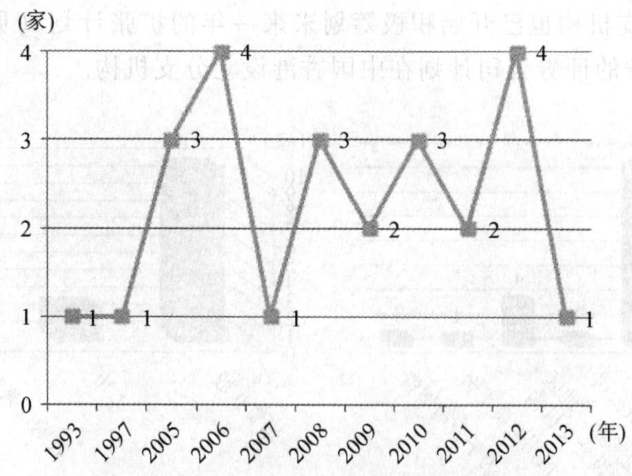

图 1 证券公司海外子公司设立情况

证券公司海外子公司积极拓展各种业务，中国证监会相关统计资料显示，截至 2013 年底，有 18 家取得了 RQFII 资格，8 家取得 QFII 资格（见附件 2）。在近 3 年中，证券公司海外子公司还通过多种形式的资本运作加快扩张。国泰君安香港在港交所上市，中信证券、中金公司等在巩固中国香港地区市场的基础上，通过收购兼并，将触角伸向了香港地区以外的市场。还有很多香港子公司通过增资、增设下属子公司等形式灵活运用海外政策优势，拓展业务，提高竞争力。调查显示，证券公司境外子公司下属子公司共计 115 个，其中注册地在中国香港的有 94 个。除国泰君安香港的 9 个下属子公司是有限责任公司外，还有 2 个控股子公司、1 个参股子公司、1 个上市公司，其余 102 个均以全资子公司形式设立（见图 2）。

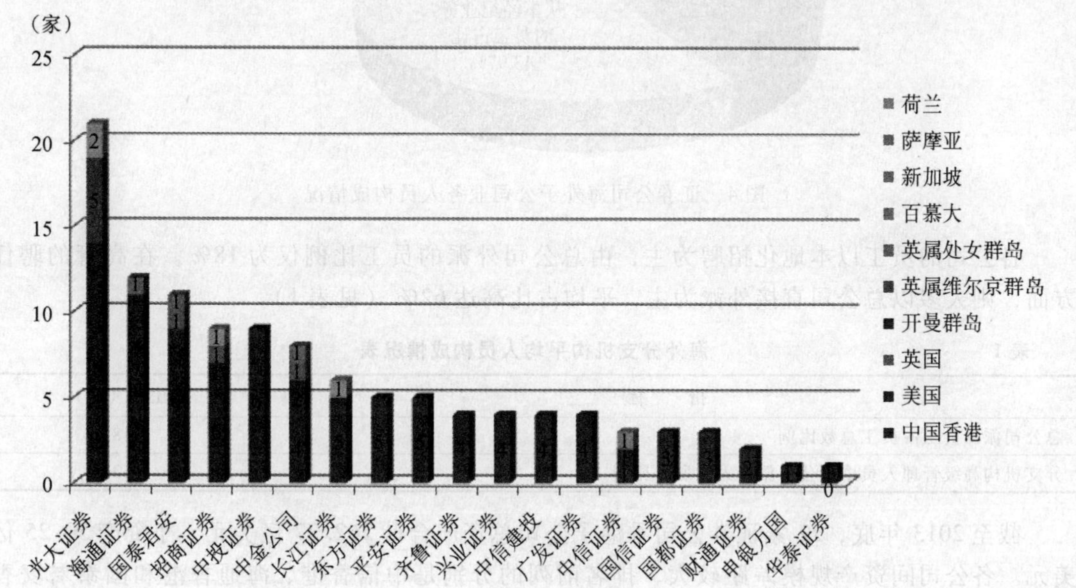

图 2 证券公司境外子公司下属分支机构分布情况

注：中信香港控股的里昂证券在此仅作为在荷兰注册的 1 家分支机构，其覆盖的 17 个国家和地区的下属分支机构不在此表统计范围。

调查显示，各分支机构也已开始积极筹划未来一年的扩张计划（见图 3）。此外，还有 6 家尚未开展海外业务的证券公司计划在中国香港设立分支机构。

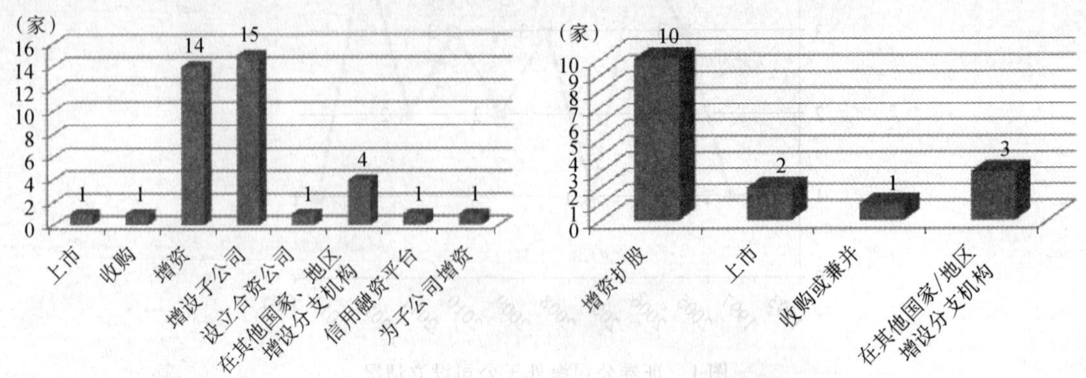

图 3　海外分支机构过去 3 年的重大资本运作行为及未来 1 年的资本运作计划

证券公司海外子公司在业务发展过程中培养了员工队伍，截至 2013 年底，员工人数达到 2 745 人，其中从事经纪业务的员工人数占比达 43.97%（见图 4）。

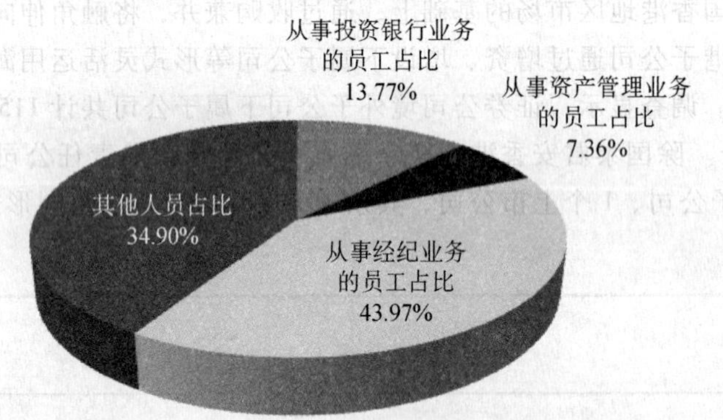

图 4　证券公司海外子公司业务人员构成情况

各公司的员工以本地化招聘为主，由总公司外派的员工比例仅为 18%。在高管的聘任方面，则大多以总公司直接外派为主，平均占比高达 62%（见表 1）。

表 1　　海外分支机构平均人员构成情况表

指　　标	比例（%）
总公司派出员工占员工总数比例	18
分支机构高级管理人员中总公司派出人员所占比例	62

截至 2013 年底，22 家证券公司香港子公司总资产合计 262. 77 亿美元，净资产 50. 25 亿美元。各公司间资产规模差距较大，排名前列的分别是中信香港、海通香港和国泰君安香港，三家公司的总资产合计达到证券公司香港子公司总资产合计的 66. 70%，净资产合计占比达到 52. 20%（见图 5）。

截至 2013 年底，国内证券公司总数为 117 家，总资产 2. 08 万亿元，净资产 7 538. 55 亿元。证券公司海外子公司总资产仅占国内证券行业总规模的 7. 70%，净资产的占比仅为 4. 06%。

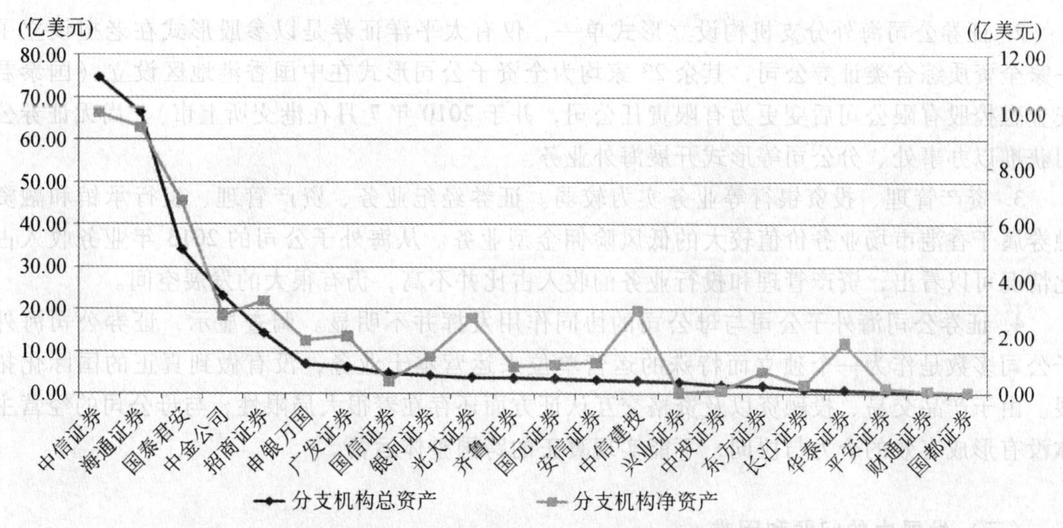

图 5　证券公司海外子公司总资产、净资产情况

证券公司香港子公司的业务大多从经纪业务开始起步，业务范围逐步扩展至资产管理、投资银行、自营等各项业务。但从 2013 年的收入构成情况看，经纪业务收入仍是证券公司海外分支机构的主要收入来源，占比超过 40% 的达到 11 家（见图 6）。

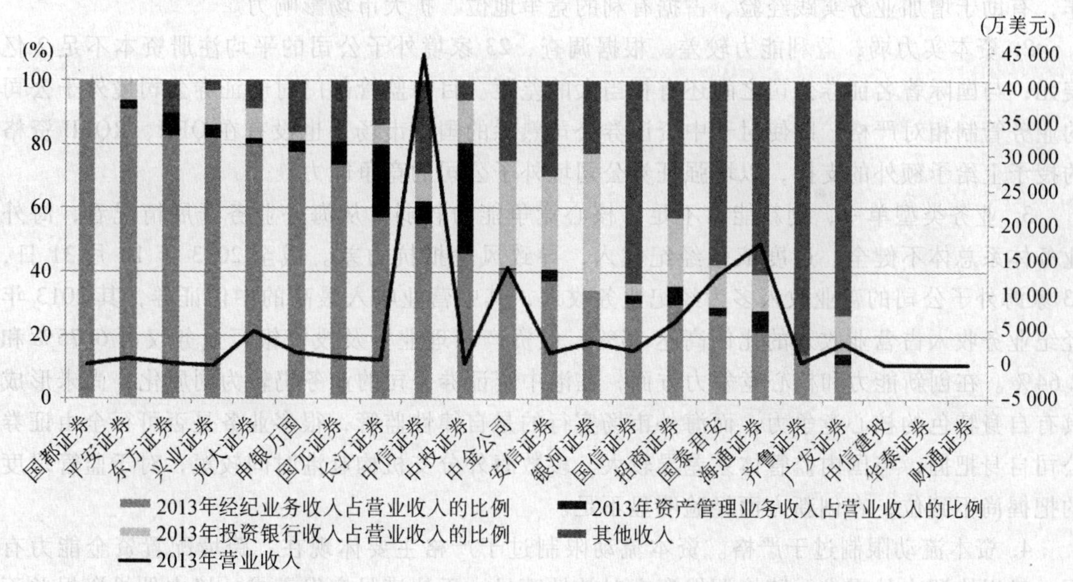

图 6　各分支机构 2013 年业务收入构成情况

（二）发展特点

1. 证券公司海外业务主要集中在中国香港地区。经中国证监会批准设立海外分支机构的证券公司中，仅有太平洋证券获准在老挝设立，其余 24 家证券公司均被批准在中国香港地区设立。其中有 19 家在经营过程中成立了下属分支机构，业务覆盖地区虽有所增加，但公司注册地仍以香港地区为主。

2. 证券公司海外分支机构设立形式单一，仅有太平洋证券是以参股形式在老挝设立了一家全资质综合类证券公司，其余 23 家均为全资子公司形式在中国香港地区设立（国泰君安金融控股有限公司后变更为有限责任公司，并于 2010 年 7 月在港交所上市）。尚无证券公司获准以办事处、分公司等形式开展海外业务。

3. 资产管理、投资银行等业务实力较弱。证券经纪业务、资产管理、发行承销和融资融券属于香港市场业务价值较大的低风险佣金型业务。从海外子公司的 2013 年业务收入占比情况可以看出，资产管理和投行业务的收入占比并不高，仍有很大的发展空间。

4. 证券公司海外子公司与母公司的协同作用发挥并不明显。调查显示，证券公司海外子公司多数是作为一个独立而特殊的运营单位来运营本土业务，没有做到真正的国际化拓展。由于产品交易、投融资以及资格交互认证方面还存在着很大局限性，与母公司的经营主体没有形成有效的合力与协同，不能实现真正的跨国整体运营。

（三）发展中的问题和困难

1. 海外市场准入门槛过高。为了防范证券公司“走出去”的业务风险，监管部门做出了首站必须落地中国香港地区的限制，并对证券公司的经营指标做出一系列要求。但随着证券公司创新发展能力和风控能力不断增强，准入门槛过高局限了中小证券公司拓展海外业务的进程。一些中小证券公司完全可以利用区域优势，与东盟等发展中国家和地区进行资本合作，有助于增加业务实践经验、占据有利的竞争地位、扩大市场影响力。

2. 资本实力弱，盈利能力较差。根据调查，23 家境外子公司的平均注册资本不足 2 亿美元，与国际著名证券公司之间还有相当大的差距。目前监管部门对于证券公司境外子公司的业务管制相对严格，即使对于中资证券公司熟悉的国内市场，也没有在 QFII、RQFII 资格的授予上给予额外的支持，以增强证券公司境外子公司的竞争能力。

3. 业务类型单一，创新能力不足、核心竞争能力较弱。从海外业务开展情况看，海外业务体系总体不健全、过度依赖经纪收入，导致风险抵抗力差。截至 2013 年 12 月 31 日，23 家海外子公司的营业收入多为经纪业务收入，其中营业收入最高的中信证券，其 2013 年经纪业务收入占营业收入的比例高达 55%，但资产管理业务及投资银行业务仅占 6.75% 和 8.64%。在创新能力和核心竞争力方面，在港中资证券公司的业务仍较为同质化，尚未形成具有自身特色的核心竞争力，而海外市场实行的是自律性监管，很多业务是否可行全由证券公司自身把握，与国内监管体系差异较大。多数海外分支机构赴港时间较短，对于监管尺度的把握尚不到位，在创新方面经验明显不足。

4. 资本流动限制过于严格。资本流动限制过于严格主要体现在：跨境配置资金能力有限、难以协调内外需求；跨境调拨资金时效性不足、无法满足突发需求；境内外投资损益不能合理再分配。

在实际业务开展中，子公司在境外承销大型项目时有短期资金需求，应当允许母公司通过临时短期贷款等方式给予便利，但由于外汇管制，目前无法打通母子公司间的资金往来，这便造成中资证券公司母子公司间的资金调动受限。又如，境内客户自有资金无法有序、便捷地划转到香港地区，QDII 额度规模有限，而且针对个人投资者的 QDII2 并未正式推出。

5. 监管配套政策存在一定局限性。监管机构针对境内操作实践制定监管政策，与境外监管要求进行切割，可能导致境外分支机构无法遵守相关规定或境外分支机构独立于母公司，丧失跨境资源调配带来的自由度和业务深度。

二、合资证券公司发展情况调查

证券市场开放20多年来，境外的证券机构通过设立驻华代表处、设立合资证券公司、合格境外机构投资者（QFII）及人民币合格境外机构投资者（RQFII）实现了证券业务的“走进来”。

截至2014年6月，证券类外资机构在华设立代表机构154个，在我国获得审批的QFII共计264家，RQFII共计84家。QFII、RQFII等跨境业务不断向更多的国家、地区和机构延伸，申请资格条件、投资范围、投资比例限制逐步放宽，审批速度加快，审批额度大幅增加。截至2014年9月，国家外汇管理局对QFII累计审批的投资额度已经达到622.11亿美元，RQFII额度2 786亿元，均快速增长。但对比国际证券市场，目前我国证券市场对于QFII、RQFII市场准入仍过于严格，投资的市场环境还有待改善。下文主要针对合资证券公司的现状展开分析。

（一）基本概况

自1995年国内第一家合资证券公司中国国际金融有限公司（以下简称“中金公司”）出现以来，经过近20年的发展，外资参股证券公司比例上限由33%提升至49%，截至目前，共有合资证券公司13家，其中有2家外资持股比例达到49%（见附件3）。

截至2013年12月31日，国内合资证券公司数量为13家，占比约为国内证券公司总数10%，分别为中金公司、中银国际①、瑞银证券、光大证券、高盛高华、中德证券、摩根华鑫、第一创业摩根大通、瑞信方正、东方花旗、财富里昂、华英证券、海际大和②。

（二）发展特点

1. 合资证券公司整体实力较弱。截至2013年12月31日，近3年合资证券公司总资产行业占比及净资产占比均在5%—6%，其中保荐业务净收入行业占比及资产管理业务净收入占比波动较大（见图7）。数据表明，合资证券公司整体实力在行业竞争中表现较弱，投行业务及资产管理业务容易受行业政策变化而波动。

比较合资证券公司近3年营业收入和行业排名，光大证券和中金公司在合资证券公司中表现最为突出，营业收入行业排名基本上在前20名，并远高于随后的瑞银证券和高盛高华（见图8）。从整体上看，其他合资证券公司的营业收入在此指标行业中排名均在80名之后，业务单一是其主要原因。

从合资证券公司近3年来净利润及排名看，有超过1/3的合资证券公司处于亏损状态。其中，海际大和以及摩根华鑫3年持续亏损。从整体上看，合资证券公司的净利润水平不高，行业排名靠后，而且极其不稳定（见图9）。

---

① 中银国际是中国银行开展投资银行业务的主力平台，是中资背景，总部设在香港的投资银行。与我们所说的“合资证券公司”在股东结构上有区别。

② 目前，外资股东大和证券已经撤资，海际大和成为上海证券的全资子公司，已正式更名为海际证券。

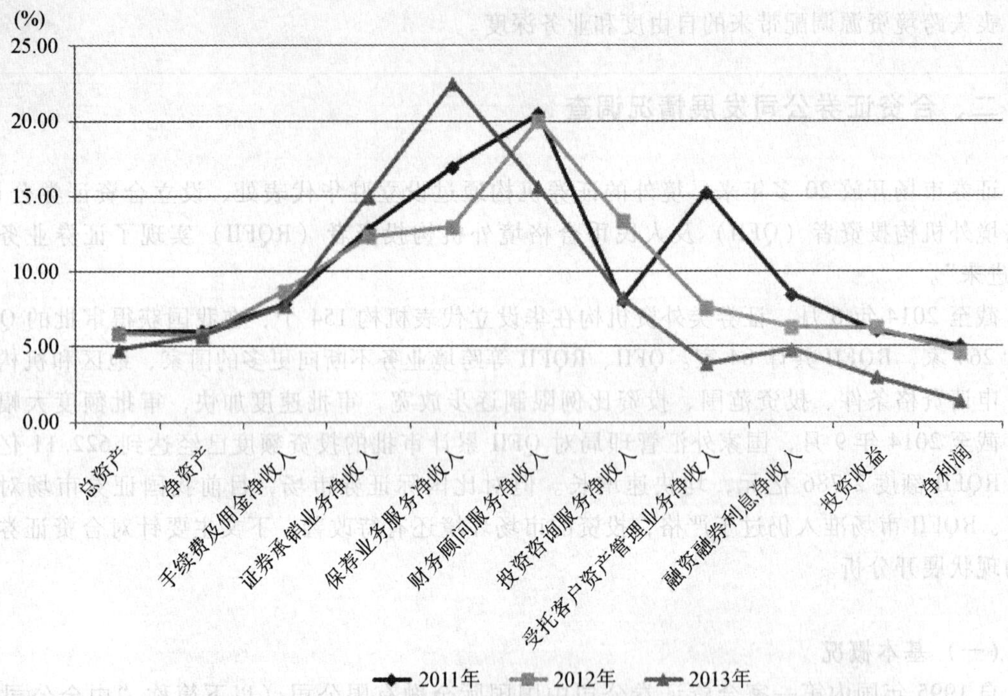

图 7 合资证券公司近 3 年整体经营各项指标在行业占比情况

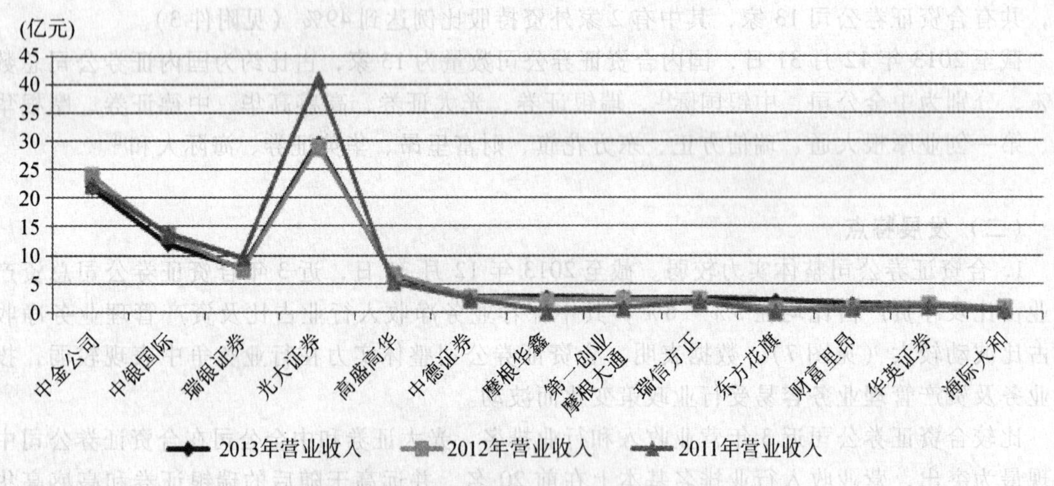

图 8 合资证券公司近 3 年营业收入情况

2. 投行业务的市场表现并不突出。在我国，大部分合资证券公司都是国内证券公司的投行部与外资证券公司的合资部门融合而成，其优势也在于具有先进的国际投行经验，但是各项投资银行业务的市场排名数据显示，本应以投行业务为核心竞争力的合资证券公司，除中金公司业绩稳定居于前列以外，其他合资证券公司的投资银行业务总体上没有非常突出的表现。

2013 年中金公司股权承销 9 单，位居行业之首（见图 10），远高于其他合资证券公司，其中 IPO 承销 2 单，定向增发承销 6 单和配股承销 1 单。从排名来看，中金公司和高盛高华 2013 年在股权承销方面已经跃居行业前 3 名，此外，有近一半的合资证券公司在股权承销方面未进入行业的前 30 名。

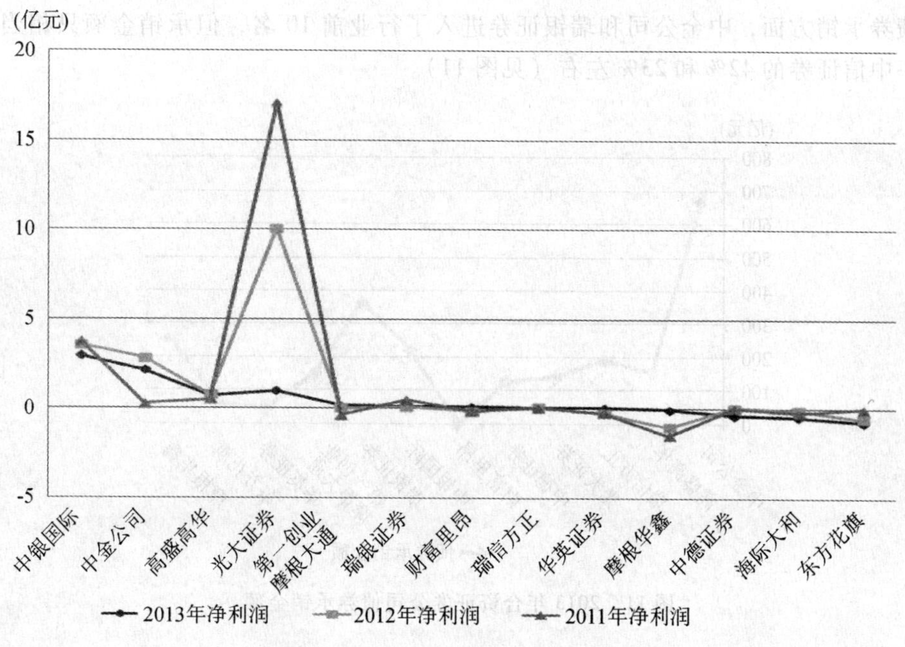

图 9　合资证券公司近 3 年净利润

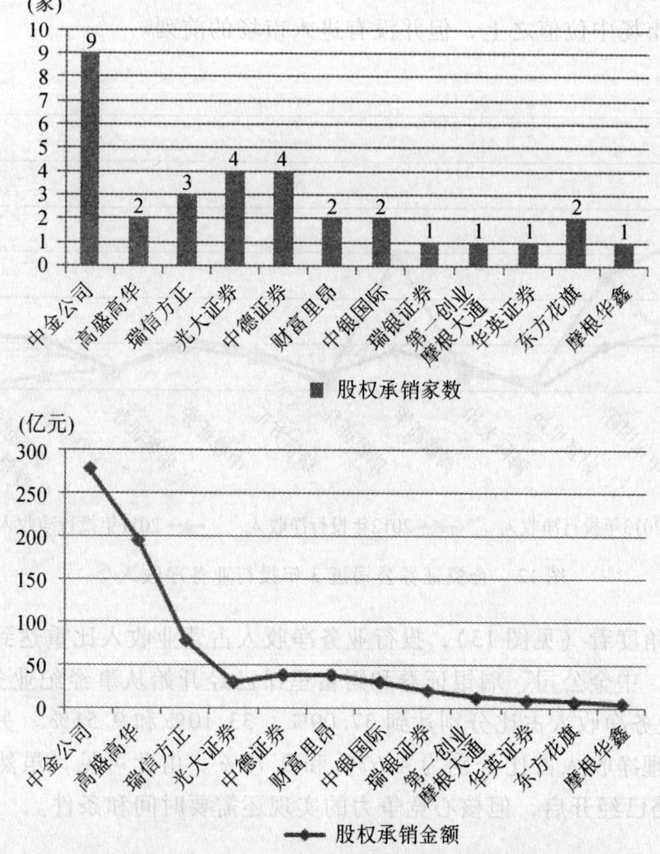

图 10　2013 年合资证券公司股权承销家数及承销金额

在债券承销方面，中金公司和瑞银证券进入了行业前 10 名，但承销金额只相当于排名行业第一中信证券的 42% 和 23% 左右（见图 11）。

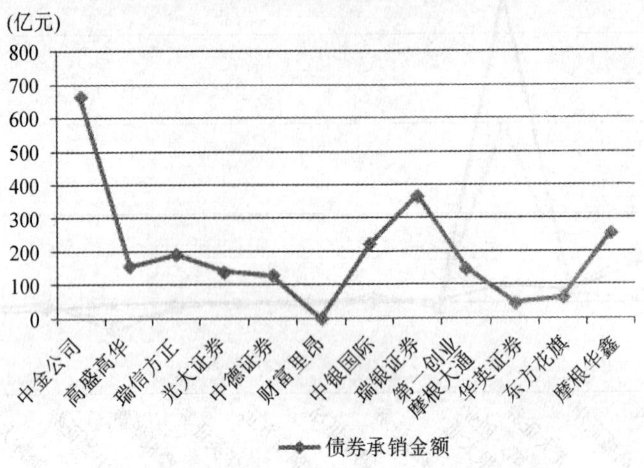

图 11　2013 年合资证券公司债券承销金额

2011—2013 年，从最能体现投行业务竞争能力的投行业务净收入指标来看（见图 12），除中金公司稳居投行第一梯队外，2008 年以后成立的其他几家专营投行业务的合资证券公司虽然总体上居于市场中位值之上，但并没有进入市场的前列。

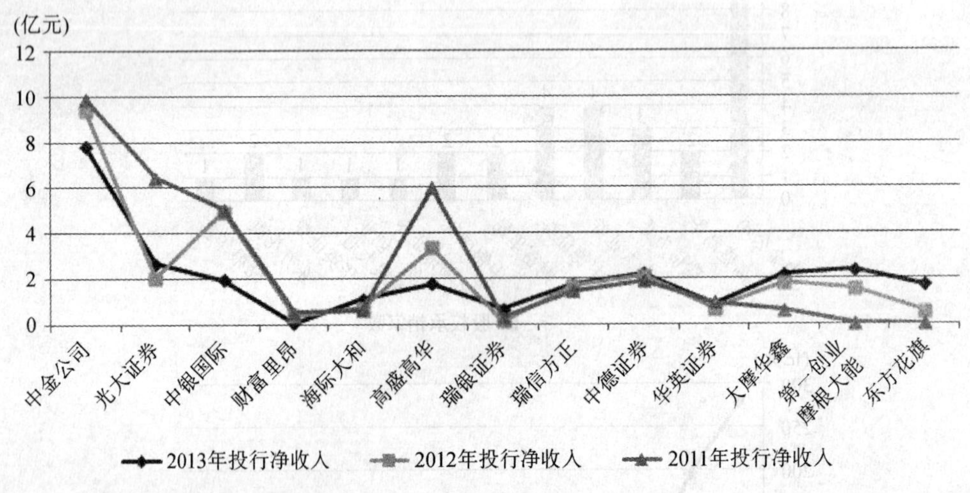

图 12　合资证券公司近 3 年投行业务净收入

从收入结构的角度看（见图 13），投行业务净收入占营业收入比重达到 60% 以上的有 6 家。值得注意的是，中金公司、瑞银证券和财富里昂已经开始从事经纪业务，3 家合资证券公司 2013 年经纪业务净收入占比分别达到 37.09%、33.10% 和 9.51%。另外，中金公司和瑞银证券的资产管理净收入占比分别为 4.67% 和 0.79%。由此可见，虽然合资证券公司的“多牌照”经营之路已经开启，但核心竞争力的实现还需要时间和条件。

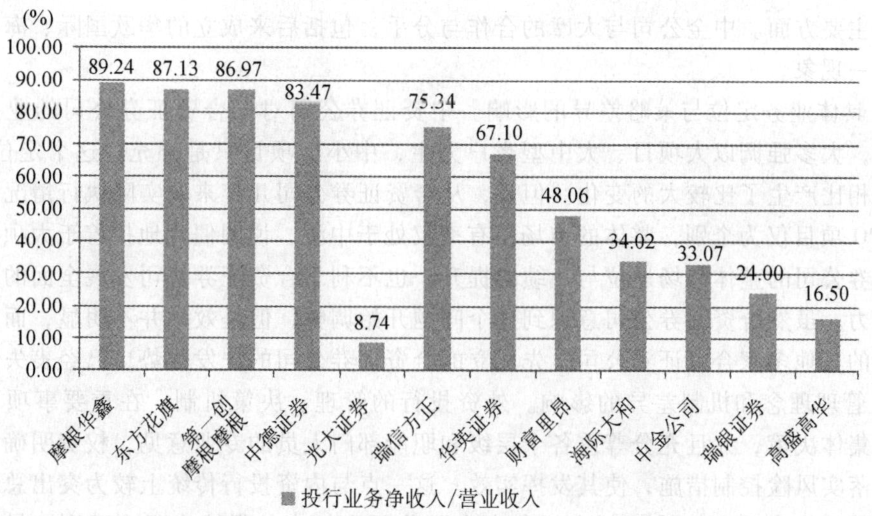

图 13 2013 年合资证券公司投行业务收入占比

（三）发展中的问题和面临的困难

作为中国加入世贸组织对外开放的一项举措，合资证券公司的成立对中国证券行业的国际化产生了积极影响。通过合资方式，各证券公司在风险控制、合规经营、人才培养和公司治理等方面都取得了一定的改进和提升。但由于政策限制和中外经营理念差异等原因，合资证券公司的发展并没有达到预期的愿景。综合来看，目前合资证券公司发展的主要问题集中在以下几个方面：

1. 业务牌照单一导致经营风险加大。目前多数合资证券公司以投行业务为主，一般不从事经纪和自营业务，拥有全牌照的合资证券公司屈指可数。以中金和瑞银为代表的经营相对成功的合资证券公司都属于全牌照类型，而亏损的合资证券公司基本都面临牌照单一的问题。数据显示，2013 年 13 家合资证券公司中只有 5 家开展了经纪业务；有 6 家合资证券公司投行业务占比超过 50%，9 家超过 30%。从国际经验来看，证券公司的投行业务并不是完全以盈利为目的，而主要是为证券公司树立品牌、挖掘客户，并与其他如经纪、研究、自营投资、资产管理业务等搭建起完整的业务链条，从而促进证券公司的整体发展。因此，现在开展投行业务必须拥有一个完整的链条，才能通过销售交易、研究和资产管理等业务与机构客户建立长期的关系。鉴于合资证券公司的外资股东通过多年的积累，形成了一整套有关全球各资产类别在研究方面的成熟经验，建议监管部门可以考虑优先放开合资证券公司的证券投资咨询业务牌照。

2. 中外股东经营理念存在分歧。

（1）战略目标差异的影响。中外双方股东对于合资公司的战略、经营预期不同。外资股东通常会投入品牌资源，并将合资公司作为进入中国市场的阶段性平台，因而更倾向于从合规、品牌、声誉、控制风险等方面来看待合资公司的经营发展，并不是非常关注合资公司的业绩；而中方由于是控股股东，投入了投行业务牌照和更多的资本金，因此对于合资公司的经营业绩和收入利润方面则有着更多的期待，尤其是在其他本土证券公司近年投行业务净收入大幅增长的背景下。这种战略差异，是合资公司各种管理问题的根源，也是合资公司各项矛盾的主要方面。中金公司与大摩的合作与分手，包括后来成立的华欧国际、海际大和都反映了这一现象。

（2）具体业务定位与策略差异的影响。中资证券公司对于合资证券公司的业务定位与经营策略，大多强调以大项目、大中型客户为主，中小型项目只是补充。这个定位与策略，与原投行相比产生了比较大的变化。但是，从合资证券公司几年来的实际执行情况来看，近两年的 IPO 项目仅为个别，整体的市场占有率仅处于中游，说明僵化地执着于大项目，不利于合资证券公司的整体市场地位与业绩的提升，也不利于合资证券公司发展全面的业务能力和竞争能力。虽然合资证券公司意识到这个问题开始调整，但是效果并不明显，而且相对于其后成立的其他多家合资证券公司，先成立的合资证券公司的先发优势也已经丧失掉。

（3）管理理念和机制差异的影响。外资投行的管理、决策机制，在重要事项上坚持共同审查和集体决策，并且充分尊重各个层级和职能部门人员的专业意见，权责明确，较好地从整体上落实风险控制措施，使其发挥实效。这一点与内资投行传统上较为突出总经理或者业务分管领导作为“一把手”、“主要负责人”作用和权责的做法有很大区别。另外，外资投行的业务管理注重团队作用的发挥，注重业务流程和人员配备的管控，辅之以考虑各项综合因素的绩效考核体系，帮助公司对于业务的管理并团队的稳定，从长期来看可以促进公司越做越强。在这方面，与国内投行较为通行的项目小团队起重要作用，以及实行项目提成制，有较大的差别。合资投行都是双方股东输送和市场引进的团队共同组成，在管理机制上的取向，一般都会有一个中外经验和做法相互借鉴融合的过程，但由于人员背景的差异，有可能因此形成非常突出的矛盾冲突，这也是合资投行成立之初原有的投行团队、业务和管理骨干人员会出现大幅波动的主要原因。

（4）合规管理差异的影响。外资投行非常关注合规管理和品牌声誉风险的控制，法务合规部门的权限很大，在其内部对于各项重要事项均拥有很大的发言权、制约权，甚至是一票否决权。外方在礼品招待、反腐败、反洗钱及受制裁国家恐怖主义融资等方面的规范核查等方面，相较于内地实践，标准普遍很高。其中，外方对于受制裁国家、恐怖主义融资等方面的核查要求，会超过我国所承诺遵守的规定的范围，因此此类事项在合资公司往往会发展为敏感性较高的问题，带来合规管理上的严重冲突，影响到业务经营。

（5）管理权方面的冲突。对于合资公司治理架构和日常经营管理权，主要依据《公司法》、《证券法》、《证券公司监督管理条例》和《证券公司设立子公司试行规定》由合资双方谈判确定，但合资双方在理解与实践方面，则与上述法律法规和监管要求存在差距。外资方通常试图谋求在股东会、董事会的决策层面，以及日常经营管理方面与其股权比例并不完全相称的发言权，导致合资证券公司成立后普遍需要一个磨合与平衡的阶段，而且这个阶段很有可能伴随合资证券公司的发展过程，并不断给合资证券公司带来波动，从而造成不利影响和伤害。

3. 中外业务管理政策、规则影响业务发展。

（1）业务审批方面。国内是许可性监管，国外是非限制性监管。国内开展业务是监管部门允许的才能做，而国外开展业务是没有禁止的业务都可以做，这使得中外方经营模式存在较大差异。以投行业务为例，在境外做投行业务主要精力集中在销售方面，而国内投行业务则需力保审批通过；再融资、并购重组的市场化程度也远远不够，海外可以实现闪电配售，快速满足发行人的融资需求，而国内则要经过较长的审批，往往错失发行良机，不能发挥合资证券公司在合理定价方面的优势。

（2）法律规则方面。我国现行《证券法》对合资证券公司的监管、退出等方面的法律条款还需要完善。此外，按现行规定，合资证券公司不能上市融资，这也严重制约了合资证券公司资产规模的提升。

4. 受到以净资本为核心的分类监管模式的局限。我国证券行业以净资本为核心的监管体系对有效控制证券公司流动性风险、应对全球金融危机起到了巨大作用。但是，严格的净资本监管使我国证券公司受到严格的资本约束，资本的杠杆率低，资本运用的潜力没有得到充分挖掘，这对证券公司创新发展，特别是对资本金相对薄弱的合资证券公司构成了制约。

5. 母子公司的同业竞争。由于母子公司同业竞争限制，母公司设立合资证券公司后，就直接减少了母公司业务范围，这在一定程度上影响了中方股东的积极性。由于完整业务链条的缺失，母子公司的商业机能和业务能力都受到了削弱和限制，各自都难以发挥业务协同作用，服务能力大打折扣。在面对客户的需求时，很难提供让客户满意的、完整的解决方案，并因此错失商机，贻误发展。随着创新改革的推进，合资证券公司和母公司将越来越处于劣势地位。

三、关于推动资本市场双向开放的建议

针对我国证券公司海外子公司和合资证券公司“走出去、引进来”的现状、发展特点及存在的困难，现从“走出去”、“引进来”两方面就未来证券市场双向开放提出如下建议：

（一）“走出去”的建议

1. 关于证券公司在海外设立、收购、参股或派驻经营机构。

（1）取消首站到中国香港的限制，允许证券经营机构根据自身能力和业务需要自主选择在与中国证券监督管理机构签订合作备忘录的国家和地区设立海外发展平台。

（2）考虑子公司和分公司并行模式。允许证券公司实行境外子公司与分公司并行体系，在境外业务开展中，对于报表型业务，业务发展的规模和效率往往与资产负债表挂钩，由分公司开展；对于牌照型业务，由子公司开展；这将有助于境内证券公司向境外的信用资质的传递，提升业务规模和效率。

（3）放宽走出去的准入门槛，降低证券经营机构在境外设立、收购、参股证券经营机构的资质条件，取消对证券经营机构在海外设立分公司和办事处方面的分类评价级别和净资本的要求，主要针对证券经营机构的内部控制制度、风控指标、诚信记录等方面提出要求。

（4）减少审批备案事项。取消证券经营机构在境外设立、收购、参股证券经营机构的审批事项，改为事后备案；取消证券公司对其境外子公司、参股公司进行增资、提供融资或担保的事前备案义务。

建议说明：放宽境内证券公司在境外设立合资公司或子公司有利于提高境内证券公司的产品创新能力，为国内外投资者与筹资者提供更全面的投资服务。通过合资方式与国际优秀证券公司既合作又竞争，有利于改变目前国内证券公司同质化竞争的局面，进一步优化境内证券公司竞争结构。但同时放宽境内证券公司在境外设立合资公司或子公司对我国资本市场将带来一定风险，主要包含以下几点：

（1）机构国际化的风险。境内证券公司境外投资的经营失败风险可能会对我国资本市场带来较大影响，同时扩大境外机构资本还可能会存在跨境担保产生的外汇风险。

（2）业务国际化的风险。境内外市场情况的不同，将加快资金的境内外流动，特别是富裕个人资金的配置会与以前有较大变化，造成高端客户的流失，客观上会导致资本市场的不稳定。如配合未来人民币资本项目的全面开放，极端情况下，有可能导致国内资金的大规模外流，并且产生内外共振效应，从而危害实体经济和资本市场。此外，由于境内外产品和监管环境不同，境内证券公司在风险控制方面还无法与欧美投行相比，在法律风险规避方面经验也有所不足，放开境内证券公司设立子公司或合资公司，有可能将高风险产品不适当地引入给境内投资者，可能会带来不利影响。

因此，在走出去的过程中，应不断壮大境内证券公司的实力，建立健全风险隔离墙机制、国际化的法律法规体系，加强国际合作，不断提高监管水平，加强对境内外机构资金流动的监管，积极适度的开展金融创新。

2. 资本跨境、产品交易、投融资以及资格交互认证方面。

（1）推动境内证券经营机构与其境外子公司、境外分公司进一步拓展跨境业务空间。包括：①允许证券公司按照有关规定，接受其境外子公司、境外分公司委托，代理境外子公司、境外分公司为境内客户开立境外证券账户提供开户见证服务。②允许具有合格境内机构投资者资格的证券公司，按照有关规定与境外子公司合作，在使用境外证券投资额度为境内个人投资者直接投资境外市场时提供相关服务。③允许具有合格境外机构投资者或者人民币合格境外机构投资者资格的证券公司境外子公司，按照有关规定与母公司合作，在使用境内证券投资额度为境外投资者直接投资境内市场时提供相关服务。④允许证券公司按照有关规定在境内募集资金，委托境外子公司投资于境外私募基金、未上市公司股权及中国证监会认可的其他境外投资品种。⑤允许证券公司境外子公司按照有关规定在境外募集外汇或者人民币资金，投资于境内未上市公司股权及中国证监会认可的其他投资品种。⑥鼓励和支持证券公司与境外子公司建立内外联动机制，发挥协同效应，积极为境内企业境外证券发行、兼并收购等投融资活动，以及境内居民投资境外资本市场等活动，提供证券发行承销、证券代理买卖、资产管理、财务顾问、投资顾问等金融服务支持。⑦鼓励证券公司在境外参与混业经营及竞争。支持证券公司在境外设立、收购、参股银行、保险、信托等非证券类金融机构、在符合当地法律法规规定的前提下，尝试探索综合混业经营。

建议说明：混业经营是境外发达金融市场的普遍经营形态，中资商业银行在境外已经涉足混业经营，监管机构应该考虑并鼓励“走出去”的中资证券公司充分利用混业经营平台，恢复投资银行在海外市场的完整功能，以谋求在市场竞争中与全球同行具有同等的竞争能力。

（2）放松境外发行监管，加强跨境项目审批灵活性。允许境内企业在申请境外上市的同时申请A股，允许A股在审企业同时申请H股。

（3）优化跨境并购相关配套政策。简化跨境并购审批程序，改变“多部委监管、事前审批”的海外跨境并购监管体系；适度放松跨境并购信息披露要求，采用提供目标公司会计准则差异报告的替代方案；放松国内企业融资方面的限制，提高并购实施的数量、质量和效率；明确跨境并购涉及的外汇管理、税收、工商等部门规则的细则指引。

（4）放宽境外自营业务和跨境资本流动的限制，允许境内证券经营机构和其他企业为海外子公司提供跨境担保、进行人民币兑换外币等外汇做市交易，促进资本的跨境双向流动。

（5）进一步降低申报 QDII 的门槛，增加投资额度，减少业务申请审批环节、流程。

（6）试点 QDII2 业务。初期可以开放境外交易所买卖指数基金、房地产信托基金、债券，并逐步延伸到所有上市的股票、海外股票及期货产品。合资格投资者的标准设定为资产规模至少 50 万美元且具有 2 年或以上 A 股投资经验；在每人每年可以汇出 5 万美元的政策基础上，适度放宽个人外汇管制上限。

（7）加快筹备沪港通带来的各领域业务机会。沪港通的推出为国内、中国香港地区机构及个人投资者提供了新的投资市场和投资标的，是沪港两地资本市场双向开放的重要突破。沪港通正式实施后，证券公司积极布局港股主动管理产品，并加强投资于香港地区市场的咨询产品的推送和机构客户的咨询与路演。同时，鉴于港股是更为开放的市场、也是全球资本博弈的舞台，证券公司积极培养、引进专业的境外投研人才、逐步建立包括中国香港地区市场在内的海外投资团队，为发行投资于境外的资管产品做准备。

（8）推动双方高管及从业人员的资格互认，简化中国证券从业人员境外申请从业资格的相关程序。

3. 跨境业务相关制度环境、财务及税务相关的基础设施安排。

（1）建立中资证券公司母、子公司间资金往来的绿色通道，丰富资金往来的形式。如子公司在境外承销大型项目时有短期资金需求，应当允许母公司通过临时短期贷款等方式给予便利；再如，监管机构可每年授权有境外分支机构的券商一定的换汇额度，在额度内券商境内外自有资金可两边自由转移。此外，尽快实践境内证券公司资产负债表在离岸市场的运用，从而有效提高境外子公司的资本实力，帮助境外子公司参与公平的国际市场竞争。

（2）改革外汇管理制度，明确企业境外融资后资金回流机制。允许境内证券公司利用更多手段管理跨境资金，并给予更灵活的跨境结算和境内外资金管理的相关政策。每年授权有境外分支机构的证券公司一定的换汇额度，境内外自有资金在额度内可自由转移；允许证券公司在境外设立特殊用途子公司，专门进行境外融资；允许境内证券公司为海外子公司提供跨境担保；允许证券公司使用境外债券回购、同业拆借、商业票据等货币市场工具，以满足自身境外资金流动性及安全性管理的需要；允许证券公司具有人民币与境外货币结算掉期互换资格。

（3）调整对境外子公司注资的净资本扣减监管政策。境内证券经营机构对其子公司（境内及境外）的长期投资不再按照 100% 比例或固定折扣比例计算扣减净资本。证券公司集团对境内或境外下属证券、期货、基金公司的投资，当被投资单位如果按照境内或境外相关监管指标达标时，应考虑不予扣减净资本。建议充分研究论证基础上，在合适时机进一步将现有针对净资本的监管体系更改为针对资本的监管体系，并比照国际各主要金融市场监管机构对资本的界定含义，即不再扣除金融资产及业务相关等扣减项，而将其纳入风险资本准备计算中。

（4）建立境内外统一的并表监管指标。建议在充分论证和设计的前提下，考虑基于并表监管的基础上计算监管指标并进行监管。并表的方式可以采取先将境内证券公司母公司及有净资本要求的业务子公司等证券经营主体合并计算，然后再将其他子公司扣除监管资本之后的可用资本加回来，在合并的基础上计算风险覆盖率等指标。对证券公司的最终监管基于并表基础上的监管指标。

(5) 加快国际惯例的采纳，监管机构加强与全球监管同行的交流互动，改革创新监管理念和监管手段。

建议监管部门对整体证券行业的监管从危机监管走向常态监管，积极落实功能监管架构；在监管过程中始终考虑监管的效率与成本；加强与国际监管组织和外国监管当局的合作。

4. 相关跨境业务在“两岸三地”范围优先推行。国际合作专业委员会曾于 2013 年第 17 期《传导》刊发相关专题，详见该报告。

(二)“引进来”的建议

1. 总体性建议。

(1) 将外资持股比例从 49% 提高到 51%，并在 3 年内允许符合条件的外资金融机构以新设方式在境内设立独资证券经营机构，从单一牌照做起，逐步过渡到“全资全照”。

建议说明：外资进入我国资本市场，将带来众多金融工具创新活动，促进我国证券行业金融创新的步伐，中资证券公司也可借鉴外资证券公司先进的技术和管理优势。但同时对我国证券市场会带来较大风险，国内证券公司的竞争风险、信用风险、金融监管风险等势必加剧，而外资证券公司带来的金融工具创新活动一方面可以活跃我国证券市场，另一方面也会带来巨大的金融工具创新风险。因此，外资参股比例限制的取消要逐步进行，给我国证券公司预留提高实力及竞争力的时间；境内证券公司应改变不合理的薪酬体系，完善人才培养、储备及梯队建设机制以对抗外资证券公司的“挖角”；境内监管机构对进入我国的外资证券机构进行严格的信用评级，严防信用风险，对于不同级别的证券公司实施不同的监管标准及开放相应的业务范围；加强对资本市场金融创新活动的监管。

(2) 比照银行、保险等对外开放的做法，允许符合条件的外资金融机构在境内设立从事证券业务的分公司，从单一业务起步，三年内过渡到全业务。

建议说明：在境外发达市场中，机构投资者占比很高，引进外资可以提高我国机构投资者占比，从而优化我国资本市场投资者结构。允许境外证券公司进行跨境投资，有利于加速我国资本市场产品的创新，但同时可能会带来一定风险，主要体现在：外资进入我国将加速我国证券市场金融工具创新活动，加大我国证券市场金融创新工具的交易规模，给我国证券市场带来大量的金融创新风险；外资频繁的进出将加大市场价格的波动性；外资证券公司可能通过证券市场与利率市场、外汇市场以及我国证券市场与外国证券市场之间的关联效应影响市场价格走势等。因此，允许符合条件的外资金融机构在境内设立从事证券业务的分公司，我国证券市场应：以合理的利率、汇率化解市场关联效应；通过证券市场宏观调控手段严防国际游资的冲击；对一些我国证券市场新兴的、较脆弱的投资品种在发展初级阶段应先由内资投资以保护其发展壮大，然后渐次对外资证券公司开放；建立风险预警机制；继续实施涨跌停板制度；提高交易成本等。

(3) 降低合资证券经营公司内资股东的资质要求，取消内资股东业绩中位数要求。取消内资股东必须至少有一家为内资证券经营公司的要求，取消上市证券公司第一大股东必须为内资股东的要求。取消合资证券投资咨询机构设立地的限制，推广至全国。

(4) 改变合资证券公司从单一投资银行业务起步的做法，允许新设专门从事投资银行以外的其他业务的合资证券经营公司，允许现有合资证券经营公司具有资产管理、投资咨询、自营等与投资银行相关联的业务，逐步放宽业务至全牌照。

建议说明：目前多数合资证券公司仍以投行业务为主，不能从事经纪和自营业务，拥有全牌照的合资券商屈指可数。从国际经验来看，证券公司的投行业务并不是完全以盈利为目的，而主要是为证券公司树立品牌、挖掘客户，并与其他如经纪、研究、自营投资、资产管理业务等搭建起完整的业务链条，从而促进证券公司的整体发展。因此，现在开展投行业务必须拥有一个完整的链条，才能通过销售交易、研究和资产管理等业务与机构客户建立长期的关系。鉴于合资证券公司的外资股东通过多年的积累，形成了一整套有关全球各资产类别在研究方面的成熟经验，建议可以考虑优先放开合资证券公司的证券投资咨询业务牌照。

（5）降低 QFII、RQFII 的准入门槛和投资范围，适时推出 QFII2、RQFII2。

建议说明：QFII2、RQFII2 投资范围可以包括在证券交易所交易或转让的股票、债券和权证、在银行间债券市场交易的固定收益产品、证券投资基金、股指期货等金融产品。目前可暂缓 RQFII2 参与新股发行、可转换债券发行、股票增发和配股的申购，待相关市场条件及经验可行时研究进一步措施。

（6）建立海外资本补充机制。中国证监会相关领导表示，证券公司应充分利用挂牌上市、发挥股东和潜在股东的作用实现增资、资本积累等三条资本补充主要路径，在年内形成三年资本补充规划，三年内至少补充一次资本，同时应建立资本补充与管理机制。建议进一步研究和放开证券公司海外上市、发债、设立独立的实体等可行性和可操作性，简化流程，为券商海外资本补充机制的建立进一步提供便利。

2. 关于中资证券公司“引进来”的建议。

（1）降低中资证券公司 QFII 准入门槛。将 QFII 业务扩大到包括在美国等其他国家和地区的中资证券公司，向母公司自身基础较好的中资证券公司开放较低的 QFII 资格限制，对中资证券公司的 QFII 产品管理更加灵活优待，允许直接投资股指期货，银行间市场的所有品种，可先行投资国债期货，甚至融资融券，取消最少 50% 投资股票的比例限制。加强对海外市场上 P – note 等产品的监管，给予中资证券公司相同的资格，允许中资券商发行相似的“通道型”的产品或衍生品。

（2）继续扩大 RQFII 规模。将对额度的控制放在管理人的层面而不是产品层面，并在申请批准的速度和灵活性上给予优待。放宽产品的投资限制和产品形式上的限制：提高权益类投资比例，增加股指期货等衍生品等，允许按照客户需求和海外具体实践进行产品设计和发行。支持中资证券公司发行 RQFII 债券产品。

（3）对外资证券公司准入前国民待遇增加纳税贡献历史审查条件、本地高管任职比例要求、员工雇佣比例要求、投资门槛要求、缓冲期等要求，并对负面清单采取扩大负面清单范围等替代性限制措施和条件，以保护处于成长期、资本实力相对较弱的中资券商。

（4）通过对外资证券公司建立和提升统一的经营历史门槛、内地客户数量和时间门槛、内地投资资金门槛、内地资本金门槛、内地雇员人数门槛、跨境业务历史门槛、高管团队本土比例门槛等准入要求，利用反垄断、反不正当竞争、保护中小企业发展等法律武器，维持和加大对整体处于初创期的在港中资证券公司的扶持和保护力度，实现有保有压，良性竞争，有序发展。

3. 面对我国资本市场的开放，监管机构在监管和协作方面应采取的手段。

（1）面对资本市场的开放，监管机构在监管理念和监管手段上应采取创新和改变。主要包括以下几方面：①进一步树立事中事后监管理念，资本市场全面开放，金融产品会越来越丰富，越来越复杂，交易方式也会越来越复杂，市场的创新也会越来越快。因此事前监管是无法胜任未来的监管环境的，只有在公开、公平、公正的市场情况下，强调信息披露的完整、及时和准确性，进行事后监管才能提高监管效率，促进市场的发展，而不会因为事前监管的审查而降低市场效率、抑制创新。②坚定市场化改革的方向，把选择权留给市场，把创新的权力和动力交给市场的各方参与者。通过市场开放的路径和产品创新来优化筹资功能，通过强化市场法则和政策、利益引导来实现资源配置功能，通过公平和效率、风险与回报的平衡机制来实现资产的定价功能。监管者需要意识到自身与市场需求存在着“利益冲突”，平衡审批和产品结构，以减少与相应市场参与者的冲突，求得最大化的市场效益。③加快金融产品的创新步伐。放松对产品创新的限制，放松对机构牌照的限制，鼓励合资券商将一些先进的产品引进到国内来。④监管手段的创新与借鉴。资本市场的全面开放，有可能带来高风险交易的失控。监管机构加强对高风险交易的监控，杜绝规避风控的交易；在监管效率上借鉴国外的和解方式，提高监管的效率，降低监管成本。适当时机可以建立使证券公司提取有可能受到监管处罚和赔偿的准备金制度。鼓励证券公司与保险公司协商设计相关保险产品。⑤适度扶持中资券商发展。先允许境内证券机构全面参与境外业务再放开境外机构进入境内；先允许境内机构的境外分支机构进入境内再允许其他境外机构进入。

（2）面对我国资本市场开放后带来的更多跨境合作，监管机构在协调和执法方面应做好协调安排。具体包括：①借鉴运用国际通行的惯例和规则，各国对跨国机构监管趋于统一和规范。金融国际化要求实现金融监管本身的国际化，如果各国在监管措施上松紧不一，不仅会削弱各国监管措施的效应，而且还会导致国际资金大规模的投机性转移，影响国际金融的稳定。因此，西方各国致力于国际银行联合监管，如巴塞尔银行监管委员会通过的《巴塞尔协议》统一了国际银行的资本定义与资本率标准。各种国际性监管组织也纷纷成立，并保持着合作与交流。国际化的另一体现是，各国对跨国银行的监管趋于统一和规范。②完善国际金融监管协调与合作的机制。主要包括信息交换、政策的相互融合、危机管理、确定合作的中介目标以及联合行动。如为了控制次贷危机的蔓延，美联储与全球主要国家央行联手行动，向金融系统注资，以增强市场的流动性，引发了全球股市的积极调整。中国已经加入了国际货币基金组织、世界银行、国际证监会组织（IOSCO）、国际保险监督官协会（IAIS）等国际金融组织，并且与许多国家或地区签订了金融谅解备忘录，为加强金融监管的国际合作奠定了良好的基础。③加强证券监管标准，促进证券法律和监管标准的双边合并与协调。我国目前急需扩展其他双边证券监管合作的渠道和方式。完整的证券监管双边合作的法律框架不仅需要可灵活调整以适应证券市场变化的软法方式，也需要可对双方监管合作义务履行情况进行有效监督和制约的硬法条约，健全稳定的法律框架终究离不开二者的结合。因此，我国证券监管的跨国合作执法应当适时创新，针对不同的合作对象，灵活采取多样的合作方式，尽力探索更多、更有效的双边证券监管合作工具。④完善金融监管合作机制，获取信息，了解政策甚至要求就某些具体目标采取联合行动以更好地防范和化解国际金融风险。特别加强监管跨国金融集团在我国的分支机构或子公司，还需要通过国际协调监管该公司的母公司或集团整体。通过国际证券监管机构的协调共同完善对证券市场的监督和管理。⑤加强双边对话，发现和探讨存在于本国和对方证券市场的各种风险以及其他关乎资本市场发展的共同议题。我国证券监管机构与国外重要的竞争对手展开这些或定期或临时的、监管性的双边会议与一些关键对话，目的是为了发现和商讨双方共同关心的监管问题，促进可能的协调或便利跨境证券执法的信息交流等。

金融全球化也是金融风险的全球化，国际金融市场的持续波动会影响人们对国内金融市场的预期，增加国内金融市场的风险。我国金融机构及监管层应当谨慎防范国际金融风险，加强对跨境资本流动的监管，稳步有序地推进金融开放。为了防范和化解国际金融风险，必须加强金融监管的国际合作。

附 1：

证券公司海外一级子公司基本情况表

序号	公司名称	海外子公司名称	分支机构设立日期	分支机构设立地点
1	平安证券	中国平安证券（香港）有限公司	2009 年 9 月 21 日	中国香港
2	安信证券	安信国际金融控股有限公司	2009 年 5 月 22 日	中国香港
3	财通证券	财通证券（香港）有限公司	2011 年 8 月	中国香港
4	东方证券	东方金融控股（香港）有限公司	2010 年 2 月 10 日	中国香港
5	方正证券	—		—
6	光大证券	光大证券金融控股有限公司	2010 年 11 月 19 日	中国香港
7	广发证券	广发控股（香港）有限公司	2006 年	中国香港
8	国都证券	中国国都（香港）金融控股有限公司	2007 年 11 月 12 日	中国香港
9	国泰君安	国泰君安金融控股有限公司	2007 年 8 月 10 日	中国香港
10	国信证券	国信证券（香港）金融控股有限公司	2008 年 11 月 13 日	中国香港
11	国元证券	国元证券（香港）有限公司	2006 年 6 日	中国香港
12	海通证券	海通国际控股有限公司	2007 年 7 月 24 日	中国香港
13	华泰证券	华泰金融控股（香港）有限公司	2006 年 11 月 23 日	中国香港
14	齐鲁证券	齐鲁国际控股有限公司	2012 年 4 月 21 日	中国香港
15	申银万国	申银万国（香港）集团有限公司	1992 年 10 月 29 日	中国香港
16	太平洋证券	老—中证券有限公司	2013 年 11 月 16 日	老挝
17	西南证券	西证国际投资有限公司	2013 年 11 月 29 日	中国香港
18	兴业证券	兴证（香港）金融控股有限公司	2011 年 7 月 20 日	中国香港
19	银河证券	中国银河国际金融控股有限公司	2011 年 2 月 9 日	中国香港
20	长江证券	长江证券控股（香港）有限公司	2011 年 1 月 11 日	中国香港
21	招商证券	招商证券国际有限公司	1999 年 7 月 14 日	中国香港
22	中金公司	CICC HK Ltd. 中国国际金融（香港）有限公司	1997 年 9 月 27 日	中国香港
23	中投证券	中投证券（香港）金融控股有限公司	2010 年 8 月 20 日	中国香港
24	中信建投	中信建投（国际）控股有限公司	2012 年 7 月 12 日	中国香港
25	中信证券	中信证券国际有限公司	2006 年 5 月	中国香港

附 2：

证券公司境外子公司获批 QFII 额度情况一览表

序号	获批 QFII 境外子公司全称	获批日期	获批额度（亿美元）
1	海通资产管理（香港）有限公司	2012 年 9 月 20 日	1
2	中信证券国际投资管理（香港）有限公司	2012 年 12 月 11 日	3
3	国泰君安资产管理（亚洲）有限公司	2013 年 2 月 21 日	1
4	招商证券资产管理（香港）有限公司	2013 年 2 月 22 日	1
5	中国国际金融香港资产管理有限公司	2013 年 5 月 16 日	1
6	中国光大资产管理有限公司	2013 年 5 月 30 日	1
7	广发国际资产管理有限公司	2013 年 9 月 26 日	0
8	国信证券（香港）资产管理有限公司	2013 年 9 月 29 日	0

证券公司境外子公司 RQFII 额度一览表

序号	RQFII 中文全称	资格批准时间	最新额度（亿元人民币）
1	申银万国（香港）有限公司	2011 年 12 月 22 日	39
2	安信国际金融控股有限公司	2011 年 12 月 22 日	14
3	中国国际金融（香港）有限公司	2011 年 12 月 22 日	17
4	国信证券（香港）金融控股有限公司	2011 年 12 月 22 日	17
5	光大证券金融控股有限公司	2011 年 12 月 22 日	35
6	华泰金融控股（香港）有限公司	2011 年 12 月 22 日	29
7	国泰君安金融控股有限公司	2011 年 12 月 22 日	69
8	海通国际控股有限公司	2011 年 12 月 22 日	97
9	广发控股（香港）有限公司	2011 年 12 月 22 日	27
10	招商证券国际有限公司	2011 年 12 月 22 日	27
11	中信证券国际有限公司	2011 年 12 月 22 日	9
12	国元证券（香港）有限公司	2011 年 12 月 22 日	43
13	兴证（香港）金融控股有限公司	2013 年 4 月 26 日	13
14	中投证券（香港）金融控股有限公司	2013 年 5 月 17 日	11
15	东方金融控股（香港）有限公司	2013 年 5 月 24 日	5
16	长江证券控股（香港）有限公司	2013 年 7 月 15 日	2
17	中信建投（国际）金融控股有限公司	2013 年 11 月 1 日	8
18	中国银河国际金融控股有限公司	2013 年 12 月 11 日	8

附 3：

外资参股证券公司基本情况一览表

公司名称	注册资本	境外股东出资比例	批准时间	业务范围
中国国际金融有限责任公司	1.25 亿美元	49.00%	1995 年 4 月	综合
光大证券有限公司	25.98 亿元	46.60%	1996 年 4 月	综合
中银国际证券有限责任公司	15 亿元	49.00%	2002 年 1 月	综合
财富里昂证券有限公司	5 亿元	33.30%	2002 年 12 月	证券承销与保荐、证券经纪、证券投资咨询、债券承销
海际大和证券有限公司	5 亿元	33.30%	2004 年 6 月	证券承销与保荐、债券承销
高盛高华证券有限公司	8 亿元	33.30%	2004 年 11 月	证券承销与保荐
瑞银证券有限责任公司	14.9 亿元	24.99%	2006 年 12 月	综合
瑞信方正证券有限责任公司	8 亿元	33.30%	2008 年 6 月	证券承销与保荐、债券承销
中德证券有限责任公司	10 亿元	33.30%	2008 年 12 月	证券承销与保荐
华英证券有限责任公司	8 亿元	33.30%	2010 年 11 月	证券承销与保荐、债券承销
摩根士丹利华鑫证券有限责任公司	10.2 亿元	33.30%	2010 年 12 月	证券承销与保荐
第一创业摩根大通证券有限责任公司	8 亿元	33.30%	2010 年 12 月	证券承销与保荐
东方花旗证券有限公司	8 亿元	33.30%	2011 年 12 月	证券承销与保荐

建立证券公司自有资金跨境调拨机制的探索

杨雅静　尹娟娟*

一、我国证券公司国际资本市场现状

自 20 世纪 80 年代以来，我国证券市场经历了从无到有，从野蛮生长到规范化、秩序化，从业务单一到多元创新的发展历程。我国证券公司在市场发展中优胜劣汰，逐渐完善管理制度、业务规范，并积累实力。近年来，随着我国资本市场不断开放，人民币国际化进程不断加快，作为资本市场的重要参与者，越来越多的证券公司也在努力谋求业务国际化，力争实现跨越发展。

早在 1993 年，国泰君安前身君安证券就获得了中国证监会设立海外分支机构的批准。同年，万国证券（现已合并为申银万国证券）收购王集团（香港）有限公司并更名为上海万国（香港）有限公司，开始了国际化进程。随后，招商、中信、海通等证券公司也纷纷登陆中国香港。2010 年后，内地证券公司设立香港分支机构的速度逐渐加快。截至 2014 年 2 月，设立香港分支机构的内地证券公司数量已达 23 家。

尽管越来越多的证券公司意识到业务国际化的重要性，也有越来越多的公司将国际业务作为重点发展方向，投入大量资金、人员，但受制于各种主客观因素，目前内地证券公司在中国香港地区设立的分支机构总体上仍未解决业务类型单一、同质化严重、业务平台薄弱、竞争力不强的问题。据统计，除在香港地区设立分支机构较早的几家内地证券公司，如中信、国泰君安、申银万国、海通、招商等能够持续保持盈利，近年新进入香港地区的中资证券公司盈利情况都不理想，加之近年来竞争日趋激烈，预计未来经营压力还将持续加大。

* 作者单位：中国证券业协会。

二、我国证券公司在国际资本市场遇到的主要挑战

国内证券公司国际化发展速度放缓的主要原因之一是资本管制。资本管制的存在使得国内证券公司在匹配资金需求与供给方面存在较大的难题，很难做到统筹兼顾，内外一盘棋，导致资金流动不畅，境内外业务平台不能有效地形成合力，错失业务机会，降低经营效率。具体来说，当前国内证券公司国际化所面临的主要问题有：

（一）跨境配置资金能力有限、难以协调内外需求

当前缺乏相应的制度安排使国内证券公司难以将境内和境外两个业务平台统筹起来进行资金配置，降低资金使用效率。比如，许多内地证券公司都在香港地区设立了国际业务平台，这些子公司在从小到大的发展过程中往往面临评级较低、融资困难的挑战，需要母公司持续注资支持，但现行逐次申报的制度手续较多，耗时较久，效率较低。再如，有些公司境外业务平台规模已经较大，已具有在公开市场筹集资金的能力，但他们又往往面临所筹资金在短期内超出业务发展需要的难题，如果可以策略性地暂将这些冗余资金转到有资金需求的境内业务平台，既支持了业务发展，又提高了资金使用效率，待日后境外平台需要时再行转回。

（二）跨境调拨资金时效性不足、无法满足突发需求

除了资金配置有困难外，现行制度同样使国内证券公司难以快速跨境调拨资金，满足突发需求。国内证券公司的海外业务平台在经营过程中往往会遇到突发的资金需求，如果没有足够的资金参与，那么往往会功败垂成，因此对资金能够跨境迅速调拨的要求十分强烈。比如，内地证券公司一般通过并购的方式进入香港资本市场，而寻找合适并购标的竞争十分激烈，一旦寻获往往需要快速备妥并购资金，否则将会错失进入国际资本市场的机会，而现行制度往往限制了调拨资金的速度。再如，无法快速调拨资金还限制了在海外业务平台推进业务多元化的空间，对于资本中介型业务的影响尤为明显。以权证发行业务为例，公司需要承受较大的净资产管理压力，如遇亏损则需要快速补充资金，现有的制度限制了开展此项业务空间，使得在港中资证券公司难与国际投行竞争。

（三）境内外投资损益不能合理再分配

国内证券公司往往希望将国内与国际投资业务统筹管理，而非各自为政，因此强调整体效益最大，而非单边投资得失，但现行制度使得他们难以达到这个目标。以跨境投资为例，由于越来越多的中国企业同时在内地与香港市场上市交易，两地股票之间价格波动往往会创造许多跨境交易机会。同样，近年来随着中国经济成为国际瞩目的焦点，境外市场上出现了一系列挂钩中国市场指数的交易工具，这同样也创造了许多跨境交易机会。证券公司在国内市场具有先天优势，因此完全可以同时借助境内与境外两个业务平台，通过捕捉这些交易机会来获取收益。这也是相对于国际投行，国内证券公司少数的几个竞争优势之一。然而，开展跨境交易需要同时交易境内外标的，虽然策略总体收益稳定，风险较小，但境内外组合需承受相反的市场风险。如果资金无法快速跨境流动，那么就会出现境内外投资损益反向波动

后损益无法再分配的问题，对于资本实力较弱的在港中资证券公司而言，波动造成的单边投资损失会影响净资本水平，进而影响整体业务的开展。

许多国内证券公司都着力解决前述问题，可惜效果不彰。海通证券2013年末分别在香港地区和内地发债就是一个最新的例子。2013年10月29日，海通证券通过其间接全资子公司Haitong International Finance Holdings Limited在香港发行了期限5年，规模9亿美元，票面利率3.95%的信用增强债券，债券获穆迪给予A1评级。公司在公告中声明所得款项拟用做满足公司业务运营需要，调整公司债务结构，补充公司营运资金和/或项目投资等用途。而在不到1个月后的同年11月25日，海通证券又在中国内地发行了期限分别为3年、5年和10年，总规模120亿元的公司债券，债券获中诚信给予AAA信用评级，其中5年期债券规模23.5亿元，票面利率6.15%。公司在公告中表示本次发行所募集的资金在扣除发行费用后，拟全部用于补充公司营运资金。

从海通发债的例子可以发现由于制度使得海通证券难以将境内和境外两个业务平台统筹起来根据资金需求进行配置，降低了资金使用效率，提高了资金使用成本。海通证券分别在香港和内地筹集了9亿美元和120亿元人民币来满足国际和国内业务的资金需求，可以想见，如果有一种机制允许海通证券能够在内外两个业务平台之间自如地进行资金划拨的话，那么就完全不需要募集这么多资金，也不需要将杠杆率提高到超出目前业务所需的水平。此外，从发行成本看，由于两次发行都是按照面额发行，因此票面利率可以看作是发行时的市场利率，通过简单比较就可以发现，几乎同样的发行时间，同样的到期年限，类似的投资评级，海通在内地的发债成本比在香港地区高出2.2个百分点，换句话说，如果海通证券能在香港地区发行5年期规模为23.5亿元人民币的债券（暂不考虑其他因素），每年就能节省大约5 000万元人民币的利息费用，更不要说将120亿元的债券全部放在香港地区发行，那么节省的利息费用更是惊人。由此可见目前存在的制度不但提高了国内证券公司进行资金配置的难度，也提高了他们的筹资成本。

三、建立证券公司自有资金跨境调拨机制的政策建议

前面的论述和例子都说明目前的制度给想要迈向国际市场，做大做强的国内证券公司带来了相当大的挑战。之所以存在前述问题，究其原因是我国证券公司目前还缺乏自有资金跨境调拨的制度，因此建立一个合理的制度迫在眉睫。

（一）我国现有跨境资金流动制度

随着近年来汇率改革、人民币全球化进程不断深入，国内市场正逐步开放，资本跨境流动通道越来越多。QDII、QFII、自贸区、沪港通等，都为境内外资金流通与监管提供了可供参考的实例。

2002年11月，中国证监会和中国人民银行联合下发《合格境外机构投资者境内证券投资管理暂行办法》，标志着我国QFII制度正式实施。2006年4月，中国人民银行、中国银监会和中国外汇管理局共同发布了《商业银行开办代客境外理财业务管理暂行办法》，标志着我国QDII制度获准实施。2007年6月，中国证监会发布《合格境内机构投资者境外证券投资管理试行办法》，证券公司与基金公司也可申请QDII资格，从事代客境外投资业务。

QFII 制度允许境外机构投资者在一定额度和限制下投资于境内证券市场，而 QDII 制度允许境内机构和居民个人委托境内金融机构在境外进行金融产品投资。两种制度均对申请机构资质和投资品种范围有所要求，以确保资金来源和用途合法合规。对投资额度设置限制，以及针对 QFII 需要通过 QFII 单元进行交易等规定，实现对资金流入流出规模的控制和对交易活动的监控；对持仓比例等规定，则防范操纵股价的可能，维护市场稳定。

2009 年 6 月 9 日，国家外汇管理局发布了《关于境内企业境外放款外汇管理有关问题的通知》，允许境内企业在核准额度内向境外全资附属企业或参股企业以直接方式或委托贷款的方式放款。为了支持自贸区试点，国家外汇管理局又通过《关于印发支持中国（上海）自由贸易试验区建设外汇管理实施细则的通知》进一步放宽了境外放款限制。根据这一规定，境内企业可以向当地外汇管理分局申请放款额度，并在指定银行开立境外放款专用账户。企业可使用自有外汇资金、人民币购汇资金及经外管局核准的外汇资金池资金进行放款。放款额度实行余额管理，放款可在额度有效期内分一次或多次进行。放款额度上限按照自贸区标准应为放款公司所有者权益的 50%。设立放款专用账户，可使监管机构针对这些账户进行监管，掌握资金流动情况；实施余额管理，则增加了企业放款在时间上的自由度，使企业可以提前申请额度，然后根据实际资金使用情况决定放款时间；放款额度上限与企业所有者权益挂钩，一方面使得额度限制可以与企业规模和资金需求匹配，另一方面也为额度上限的设置找到了合理的指标。不过这些规定主要服务实体企业，金融机构不包含在内。

2014 年 4 月 10 日，中国证监会与香港证监会发布联合公告，决定原则批准上交所、港交所、中登公司、香港中央结算有限公司开展沪港股票市场交易互联互通机制试点。11 月 17 日，沪港通正式开通。这一机制通过设立交易服务公司，允许两地投资者通过证券公司跨境买卖股票。由于所有交易通过专门设立的服务公司进行，交易活动可以得到严格监控。同时这一机制对交易实行总量管理，并设置每日额度，控制了资金流动的规模和速度。

（二）关于证券公司自有资金跨境调拨机制的政策建议

我们认为建立证券公司自有资金跨境调拨机制是符合《中共中央关于全面深化改革若干重大问题的决定》和《关于进一步促进资本市场健康发展的若干意见》精神的，是扩大中国资本市场开放的具体体现，是在新的历史条件下，加快国内证券公司改革发展的重要举措之一。

通过参考我国已有的资金跨境流动制度，我们建议设立一种机制，允许国内证券公司的自有资金在其境内外业务平台之间实现有管理的自由流动，这将有助于解决国内证券公司在参与国际金融市场时面临的一系列问题。概括来讲，这一机制应具有如下特点：首先，符合当前有关法律法规、易于监管，对于资金来源、去向、用途能够监控，避免法律合规风险。其次，能够支持证券公司自有资金根据需要在境内外业务平台间双向调拨，以便为开展业务提供资金支持，提高资金使用效率。最后，能够实现较高的资金调拨效率，尽可能减少由于审批程序带来的延迟。

具体来讲，我们建议这一制度可分为两个部分。第一部分主要涉及母公司向子公司注资（以下简称“权益互通机制”）。对国内证券公司来说，进入国际市场的步骤往往是首先在香港地区设立一家子公司，然后找寻适合并购的港资证券公司，最后通过子公司收购港资证券公司的方式进入国际金融市场。在这一过程中，出于提高资金使用效率的考虑，证券公司往往对其海外子公司采取根据进度逐步增资的策略，而非一次性注资。根据现行的制度，每一次向海外子公司增资，证券公司都需要向中国证监会与外管局申请，耗时颇久。建议优化现有程序，实行单向专户总额管理，即在申请设立海外子公司时，证券公司按照预计需向子公司注资的总额向有关机关提出申请，取得有关机关同意后，证券公司可在这一额度下通过国内专用账户按照一定的计划步骤向子公司增资。在此额度内，证券公司不需就单次增资向有关机关提出申请，只需事后提交有关增资备案文件。只有发生增资规模超过已批准额度、子公司减资转回资本或子公司分配红利等情形，证券公司才需单独向有关机关提交申请。经过改进后的制度更加灵活，有利于提高证券公司的资金管理效率，更加快速地完成对子公司增资。

前述的第一部分主要涉及子公司权益变动问题，而第二部分主要涉及母公司与子公司之间除了权益变动以外的其他资金互通的问题（以下简称“非权益互通机制”）。这一机制的目的在于为国内证券公司自有资金境内外调拨提供通道，此类资金需求具有一定突发性，对时效性要求高。我们建议非权益互通机制实行双向专户总额管理，具体来说证券公司根据经营规划事前向中国证监会与外管局就资金划入和划出的规模提出申请，当申请获准后，再与有关银行签订相关合作协议。当发生资金调拨需求时，证券公司可将业务所需的资金转入国内合作银行的专门账户内作为担保，同时国内合作银行开具保函，并由证券公司对该担保提供反担保，国内合作银行的海外分支机构根据保函将同样金额的资金以贷款的形式转入子公司的专门账户，从而完成资金划转。由于事先获得了核准，证券公司并不需要就该次划转单独再向有关机关提出申请，只需周期性地向有关机关提交相关交易的备案资料即可。只有发生或预计发生划入或划出资金总额超出事前申请规模的情形时，证券公司才需向有关机关申请提高额度。非权益互通机制的优势在于使得相关申请流程制度化、程序化、便捷化，一方面使得证券公司能够根据具体业务需要快速、多笔地进行资金划转，提高了资金使用效率，另一方面也方便有关机关对资金互通情况进行有效监管，控制法律法规风险。

四、结束语

建立证券公司自有资金跨境调拨机制将有助于国内证券公司建设公司层面的资金管理机制，改变当前境内外资金管理分离的状况。这将使得国内证券公司可以根据业务需要，灵活调拨资金，减少由于境内外资金无法流通，造成一边资金闲置，而另一边由于资金匮乏无法开展业务的现状。将境内外资金进行统一管理，更可以使证券公司充分发挥两地平台优势，拓宽融资渠道，降低资金成本。这些便利除了在目前国内证券公司拓展海外市场初期，有助于改善境外机构资本实力薄弱、限制业务开展的问题，更可以为证券公司未来在海外进行扩张、抢占市场提供强大的资金保障。这一机制的建立，将最终有助于国内证券公司建立不分边界、不分国别的统一业务平台和资金平台，支持证券公司业务的全球化扩张，使国内证券公司实现真正的国际化，现代化。

外资投资中国境内资本市场的政策体系研究

朱 蕾 陈久红 王 旭*

鉴于资本项目开放过程中面临着潜在的金融风险及其对实体经济的连锁效应，中国境内资本市场正沿着市场化、法制化和国际化的发展方向，渐进式地对境外资本开放。由于开放过程的渐进性和阶段性特征，关于外资投资中国境内资本市场的政策文件略显纷繁。本文力求对境外资本投资境内资本市场的现行监管规定和发展现状进行详细梳理和深入研究，厘清外资投资境内市场的政策体系，并对此体系提出可行性政策建议，以促进境内资本市场的国际化进程稳步而安全地推进。

一、外资投资境内资本市场的途径及其监管规定

由于外资进入境内人民币特种股票（即 B 股）市场不存在实质性的政策障碍，对监管规定的研究主要着眼于人民币普通股（即 A 股）市场。外资投资境内市场的途径类型因划分标准不同而不同，以对境外投资者的身份认证方式为划分标准，外资投资途径包括合格境外机构投资者（Qualified Foreign Institutional Investors，简称 QFII）、人民币合格境外投资者（RMB Qualified Foreign Institutional Investors，简称 RQFII）、沪股通投资者、外国战略投资者和外资私募股权投资基金；以资金进入时间作为划分标准，外资投资境内市场的途径分为私募股权投资、一级市场交易和二级市场交易。

（一）按身份认证方式划分

按照境外投资者身份认证方式进行划分，外资投资途径包括合格境外机构投资者、人民币合格境外机构投资者、沪股通投资者、外国战略投资者和外资私募股权投资基金。其中，外资私募股权投资基金通过私募股权投资间接投资境内资本市场。

1. 合格境外机构投资者。目前，合格境外机构投资者制度的主要监管依据是 2006 年 9

* 作者单位：海通证券股份有限公司。

月 1 日起实施的《合格境外机构投资者境内证券投资管理办法》。根据该规定，合格境外机构投资者是指经中国证券监督管理委员会（以下简称“中国证监会”）批准投资于中国证券市场，并取得国家外汇管理局额度批准的中国境外基金管理机构、保险公司、证券公司以及其他资产管理机构。上海证券交易所和深圳证券交易所也颁布具体细则对 QFII 的证券交易行为进行规范，分别为《上海证券交易所合格境外机构投资者和人民币合格境外机构投资者证券交易实施细则》和《深圳证券交易所合格境外机构投资者和人民币合格境外机构投资者证券交易实施细则》。对于 QFII 的资格认证和投资行为，现行监管规定具有以下特征。

第一，明确的资格门槛。中国证监会发布的《关于实施〈合格境外机构投资者境内证券投资管理办法〉有关问题的规定》对 QFII 资格申请者的运作年限和资产规模做出明确规定：如资产管理机构和保险公司均须经营 2 年以上、最近一个会计年度管理和持有的证券资产不少于 5 亿美元；证券公司和商业银行须经营 5 年以上和 10 年以上，最近一个会计年度管理的证券资产均不少于 50 亿美元。

第二，额度管理。国家外汇管理局批准单个合格投资者的投资额度，QFII 需在托管人处开立外汇账户和人民币特殊账户，并在外汇局规定的时间内汇入外汇局批准的可兑换货币的本金，单个合格投资者申请投资额度每次不得低于等值 5 000 万美元，累计不得高于等值 10 亿美元，但主权基金、央行及货币当局等机构的投资额度上限可超过 10 亿美元。国家外汇局可根据我国经济金融形势、外汇市场供求关系和国际收支状况及中国人民银行的安排，对合格投资者本金的汇入汇出时间、金额以及汇出资金的期限予以调整。

第三，投资品种管理。在现行规定下，QFII 在经批准的投资额度内，可投资于在证券交易所交易或转让的股票、债券和权证，在银行间债券市场交易的固定收益产品，证券投资基金，股指期货，且可参与新股发行、可转换债券发行、股票增发和配股的申购。

第四，持股比例限制。单个境外投资者通过合格投资者持有一家上市公司股票的，持股比例不得超过该公司股份总数的 10%；所有境外投资者对单个上市公司 A 股的持股比例总和，不超过该上市公司股份总数的 30%；所有境外投资者持股限制的预警值为公司股份总数的 26%。

第五，投资本金锁定期管理，即禁止合格投资者将投资本金汇出境外的期限管理。其中，养老基金、保险基金、共同基金、慈善基金、捐赠基金、政府和货币管理当局等类型的合格投资者，以及合格投资者发起设立的开放式中国基金的投资本金锁定期为 3 个月；其他合格投资者的投资本金锁定期为 1 年。

第六，严格的监督管理。在监管方面，中国证监会和外汇局实施协同监管。合格投资者所管理的证券账户发生重大违法、违规行为的，证监会可依法采取限制相关证券账户的交易行为等措施，外汇局可依法采取限制其资金汇出入、调减投资额度等措施。

2. 人民币合格境外机构投资者。根据 2013 年 3 月 1 日开始实施的《人民币合格境外机构投资者境内证券投资试点办法》，人民币合格境外机构投资者，是指经中国证监会批准、并取得外汇局批准的投资额度、运用来自境外的人民币资金进行境内证券投资的境外法人。RQFII 制度的运作依据还包括《关于实施〈人民币合格境外机构投资者境内证券投资试点办法〉的规定》、《上海证券交易所合格境外机构投资者和人民币合格境外机构投资者证券交易实施细则》和《深圳证券交易所合格境外机构投资者和人民币合格境外机构投资者证券交易实施细则》。

RQFII 制度实际上是 QFII 制度的延伸，因此在监督管理上与 QFII 制度具有包括资格门槛、额度管理、投资品种管理、持股比例限制、投资本金锁定期管理在内的共同特征。在资格门槛方面，人民币合格投资者资格申请者可以是境内基金管理公司、证券公司、商业银行、保险公司等境外子公司，或者注册地及主要经营地在境外的金融机构，目前 RQFII 试点已扩大到中国香港、英国、新加坡、法国、韩国、德国、卡塔尔、加拿大、澳大利亚、瑞士、卢森堡、智利、匈牙利等多个国家和地区。

3. 沪股通投资者。根据中国证监会 2014 年 6 月 13 日发布实施的《沪港股票市场交易互联互通机制试点若干规定》，沪股通机制是指香港地区投资者委托香港经纪商，经由香港联合交易所设立的证券交易服务公司，向上海证券交易所进行申报，买卖规定范围内的上海证券交易所上市的股票。上海证券交易所和中国证券登记结算有限责任公司在 2014 年 9 月 26 日分别发布实施了交易和结算细则，即《上海证券交易所沪港通试点办法》和《沪港股票市场交易互联互通机制试点登记、存管、结算业务实施细则》。

与 QFII 及 RQFII 制度类似，沪股通机制同样实行额度管理和持股比例限制，但额度管理内容不同，沪股通额度管理包括每日额度及总额度两个部分。每日额度是在沪股通计划下，每日沪股最高买盘净额，每日额度将会在交易时段内实时计算；总额度指通过沪港通流入内地股市的最高资金总额。当前，沪股通的每日额度为 130 亿元人民币，总额度为 3 000 亿元人民币。

与 QFII 及 RQFII 制度相比，沪股通机制的特征体现在以下方面。第一，沪股通投资者不仅限于机构投资者，还包括一般法人投资者和自然人投资者。第二，投资标的范围更窄，仅是上海证券交易所上市 A 股的部分股票。沪股通股票包括上证 180 指数成份股、上证 380 指数成份股、A + H 股上市公司的上海交易所上市 A 股（不包括上交所上市公司股票风险警示板交易的股票、以外币报价交易的股票及其他特殊情形的股票）。第三，沪股通投资者可参与沪股通股票融资融券交易。沪股通股票保证金交易和担保卖空的标的股票，属于上交所市场融资融券交易的标的证券范围。其中，单个沪股通交易日的单只沪股通股票担保卖空比例不得超过 1%；连续 10 个沪股通交易日的单只沪股通股票担保卖空比例累计不得超过 5%；联交所证券交易服务公司根据前述比例要求进行前端控制。

4. 外国战略投资者。商务部、中国证监会、税务总局、工商总局、外汇局五部委于 2006 年 1 月 31 日发布实施《外国投资者对上市公司战略投资管理办法》，明确了外国投资者对上市公司战略投资的原则、资质、程序等。对外国战略投资者的监管主要有以下四个特征。

第一，资质要求。要求外国投资者（或其母公司）境外实有资产总额不低于 1 亿美元或管理的境外实有资产总额不低于 5 亿美元，且财务稳健、资信良好且具有成熟的管理经验，近 3 年内未受到境内外监管机构的重大处罚（包括其母公司）。

第二，投资方式。战略投资的方式包括以协议转让、上市公司定向发行新股方式以及国家法律法规规定的其他方式取得上市公司 A 股股份，且 3 年内不得转。投资可分期进行，首次投资完成后取得的股份比例不低于该公司已发行股份的 10%（特殊行业除外）。

第三，行业和属性限制。依照《外商投资产业指导目录》，对外商投资持股比例有明确规定的行业，外商投资者持有上述行业股份比例应符合相关规定；属法律法规禁止外商投资的领域，投资者不得对上述领域的上市公司进行投资；涉及上市公司国有股股东的，应符合国有资产管理的相关规定。

第四，投资行为有效性管理。根据规定，投资者应在商务部原则批复之日起15日内根据外商投资并购的相关规定开立外汇账户。投资者应在资金结汇之日起15日内启动战略投资行为，并在原则批复之日起180日内完成战略投资；未能在规定时间内按战略投资方案完成战略投资的，审批机关的原则批复自动失效，并应在原则批复失效之日起45日内，经外汇局核准后将结汇所得人民币资金购汇并汇出境外。

与QFII及RQFII相比，外国战略投资者投资范围更窄，局限于上市公司A股股份；外国战略投资者以产业投资为目的，投资期限较长，QFII及RQFII则以资本投资的角度寻求短至中期的投资回报；外国战略投资者通过协议受让或定向发行方式取得A股股份，投资可分期进行，QFII及RQFII可随时在二级市场买卖股票，流动性更强。另外，战略投资的持股不受QFII持股比例限制。

5. 外资私募股权投资基金。外资投资机构间接投资国内资本市场目前境内没有专门针对私募股权基金的法规，在目前法律环境下，外资私募股权基金的设立主要采取三种模式：其一，依据《关于外商投资举办投资性公司的规定》成立投资性公司；其二，依据《外商投资创业投资企业管理规定》设立外资创投企业；其三，依据《外国企业或者个人在中国境内设立合伙企业管理办法》成立带有外资成分的有限合伙企业，此为主流模式。若所投资企业符合法律、行政法规规定的上市条件，则可申请到境内证券市场公开发行，由此外资私募股权投资基金实现持股，但不属于A股市场的长期投资者，普遍把A股市场作为股权投资资金的退出通道（见表1）。

表1 外资投资中国资本市场的现行监管规定

途径	监管规定	实施日期	发布机构
QFII	《合格境外机构投资者境内证券投资管理办法》	2006年8月24日	中国证监会、中国人民银行、外汇局
	《合格境外机构投资者境内证券投资外汇管理规定》	2009年9月29日，2012年12月7日修改	外汇局
	《关于实施〈合格境外机构投资者境内证券投资管理办法〉有关问题的规定》	2012年7月27日	中国证监会
	《上海证券交易所合格境外机构投资者和人民币合格境外机构投资者证券交易实施细则》	2014年3月19日	上海证券交易所
	《深圳证券交易所合格境外机构投资者和人民币合格境外机构投资者证券交易实施细则》	2014年4月25日	深圳证券交易所
RQFII	《人民币合格境外机构投资者境内证券投资试点办法》	2013年3月1日	中国证监会、中国人民银行、外汇局
	《关于实施〈人民币合格境外机构投资者境内证券投资试点办法〉的规定》	2013年3月1日	中国证监会
	《关于人民币合格境外机构投资者境内证券投资试点有关问题的通知》	2013年3月11日	外汇局

续表

途径	监管规定	实施日期	发布机构
沪股通	《沪港股票市场交易互联互通机制试点若干规定》	2014 年 6 月 13 日	中国证监会
	《上海证券交易所沪港通试点办法》	2014 年 9 月 26 日	上海证券交易所
	《沪港股票市场交易互联互通机制试点登记、存管、结算业务实施细则》	2014 年 9 月 26 日	中国证券登记结算有限责任公司
外国战略投资者	《外国投资者对上市公司战略投资管理办法》	2006 年 1 月 31 日	商务部、中国证监会、税务总局、工商总局、外汇局
外资私募股权投资基金	《外商投资创业投资企业管理办法》	2003 年 3 月 1 日	科技部、外经贸部、税务总局、工商总局、外汇局
	《关于外商投资举办投资性公司的规定》	2004 年 11 月 17 日	商务部
	《关于外商投资举办投资性公司的补充规定》	2006 年 7 月 1 日	商务部
	《外国企业或者个人在中国境内设立合伙企业管理办法》	2010 年 3 月 1 日	国务院
	《商务部关于完善外商投资创业投资企业备案管理的通知》	2012 年 5 月 7 日	商务部

（二）按资金投入时间划分

按照资金投入境内市场的时间划分，境外资本投资境内资本市场的途径可分为私募股权投资、一级市场交易和二级市场交易。

1. 私募股权投资。外国投资者在私募股权投资阶段进行投资，体现为外资私募股权投资基金通过非公开发行的形式对非上市企业进行权益性投资，且通过公开发行并上市的方式实现退出。正如上文所述，在私募股权投资阶段进入市场的资金不属于 A 股市场的长期投资者，普遍把 A 股市场作为股权投资的退出通道。

2. 一级市场交易。根据《上海证券交易所合格境外机构投资者和人民币合格境外机构投资者证券交易实施细则》和《深圳证券交易所合格境外机构投资者和人民币合格境外机构投资者证券交易实施细则》，合格境外投资者可以参与新股发行、债券发行、股票增发和配股的申购。因此在一级市场层面资本市场已有限度地开放。

3. 二级市场交易。与一级市场交易的开放度相比，二级市场层面对外开放程度更高。境外投资者可以通过 QFII、RQFII、沪股通、对上市公司战略投资的方式在二级市场进行投资交易。

（三）外资入市监管特点

无论从外资身份认证方式角度还是资金投入市场的时间角度看，我国对境外资本投资境内市场的监管体系具有以下明显特点：投资途径较窄、实行额度管理、持股比例限制、行业投资限制和保证金交易限制。

1. 投资途径较窄。正如上文所述，在当前监管环境下，境外投资者的身份认证方式包括 QFII、RQFII、沪股通投资者、外国战略投资者和外资私募股权投资基金五类途径。除沪股通投资者外，其他均为机构投资者，且具有一定严格的门槛条件。沪股通投资者类型不受约束，但其一须在香港联交所拥有交易资格，其二投资标的仅限于上海证券交易所上市 A 股的部分股票。

正因为现行监管下境外资本入市的正常投资渠道狭窄，大量境外资本逃避资本管制和政策限制，通过非常规渠道潜入境内进行投资投机活动。广义上分析，外资潜入不仅可能通过非法或“灰色”渠道进入中国境内，也可能隐藏在贸易和资本项目下通过正常渠道嵌入，主要包括外汇走私、黑市交易、地下钱庄、跨境携带、虚假贸易等。

2. 实行额度管理。额度管理是资本项目管制下有限放开的重要管理方式。在各投资途径中，对于流动性较强的投资渠道的额度管理更为严格。其中，QFII 的投资额度由国家外汇管理局批准，QFII 需在托管人处开立外汇账户和人民币特殊账户，单个 QFII 累计投资额不得高于等值 10 亿美元（主权基金、央行及货币当局等机构投资额度上限可超过等值 10 亿美元）；沪股通每日沪股最高买盘净额为 130 亿元人民币、通过沪港通流入内地股市的最高资金总额为 3 000 亿元人民币。

3. 持股比例限制。持股比例限制也主要体现在流动性较强的投资渠道上，对于外国战略投资者和外资私募股权投资基金不作限制。单个境外投资者持有一家上市公司股票的，持股比例不得超过该公司股份总数的 10%；所有境外投资者对单个上市公司 A 股的持股比例总和，不超过该上市公司股份总数的 30%。

4. 行业投资限制。我国《外商投资产业指导目录（2015 年修订）》明确规定了“鼓励外商投资产业目录”、“限制外商投资产业目录”和“禁止外商投资产业目录”，外国战略投资者和外资私募股权投资基金均须在此目录规定下进行投资。属外商投资持股比例有明确规定的行业，外商投资者持有上述行业股份比例应符合相关规定，如汽车整车、专用汽车和摩托车制造，铁路旅客运输公司等；属法律法规禁止外商投资的领域，投资者不得对上述领域的上市公司进行投资，如图书、报纸、期刊的出版业务，电影制作公司、发行公司、院线公司等。

5. 保证金交易限制。从现行规定看，我国对境外投资者的杠杆投资限制较为严格。在二级市场交易中仅沪股通投资者可进行保证金交易，QFII、RQFII 及外国战略投资者均不可在 A 股市场进行保证金交易。对于沪股通投资者，根据《上海证券交易所沪港通试点办法》，其保证金交易和担保卖空的标的股票应属于上交所市场融资融券交易的标的证券范围，且单个沪股通交易日的单只沪股通股票担保卖空比例不得超过 1%，连续 10 个沪股通交易日的单只沪股通股票担保卖空比例累计不得超过 5%。

二、境外资本投资境内资本市场的发展现状及问题

（一）境外资本投资境内市场总体情况分析

1. 现行规定允许的境外资金投资额度及投资情况。截至 2015 年 8 月 31 日，QFII 可投资额度 765.76 亿美元，以 1∶6.37 的汇率计，人民币为 4 594.56 亿元，RQFII 额度 3 990 亿元人民币，沪股通 3 000 亿元人民币，此三者合计为 1.16 万亿元人民币。这些境外资金投资国内 A 股，基本上我们还能看到一些信息披露，如已投资总额、重仓股情况和可投资额度余额等相关数据。QFII 和 RQFII 的机构总数已达 460 家。从披露的信息来看，截至 2015

年6月底，实际投资总额都在1.19万亿元人民币的可投资额度范围内（见表2）。

表2　　现行规定下投资境内资本市场的境外资金额度

类别	额度（亿元）	机构数量（家）	备　注
QFII	4 877.89	290	2015年中期总持仓市值1 520.07亿元
RQFII	4 049	170	2015年新增额814亿元；暂无使用情况的相关数据
沪股通	3 000	—	2015年8月28日沪股通已用1 442.19亿元
合计	11 926.89	460	
B股	对境外无额度限制。截至2015年6月，B股开户数境外个人共计15.67万户、境外机构共计开户数2.97万户		
其他	如，外资PE间接投资等，暂无直接的统计数据		

资料来源：Wind。

2. 当前境外资本持有国内A股的基本情况。一是持有可流通A股。从现行制度上看，QFII、RQFII和沪股通都是境外资本合法持有可流通A股的渠道。截至2015年中期，QFII持股量69.78亿股（基于上市公司十大股东、十大流通股东和QFII重仓股统计）。RQFII没有找到相关的持股统计。沪股通的持股量已有一定数量，截止到2015年8月28日，沪股通已投资额度是1 422.19亿元。

二是持有限售A股。截至2015年8月31日，境外资本持有限售A股总计是169.33亿股，占A股限售股总额的比例是3.09%。其中，境外法人持有限售股154.69亿股，境外自然人持有限售股14.64亿股。

三是境外个人或机构持有A股并是上市公司直接控制人。截至2015年9月14日，共计有117家A股上市公司的实际控制人是境外个人或机构。这些境外个人或机构所持有的A股或已是流通股或还是限售股（见表3）。

表3　　现行规定下境外资本持有A股的基本情况

类别	持有A股的基本情况	
限售A股	截至2015年8月底共计169.33亿股，占A股限售股总额的比例3.09%	
限售或流通A股	截至2015年9月14日，117家A股公司的实际控制人是境外个人或机构；其持有的股份包括限售股或流通股	
可流通A股	QFII	2015年中期总持仓69.78亿股、市值1 520.07亿元
	RQFII	2015年新增额814亿元，2014年633.10亿元
	沪股通	2015年8月28日，沪股通已用1 442.19亿元，可投资余额1 557.81亿元

资料来源：Wind。

从统计数据上看，现行规则允许进入的境外资本持有A股已达到数千亿元，虽占有一定的比例，但与A股的庞大体量比，比例并不太高，这些境外资本在投资A股时始终留有较多的可投资余额。

（二）境外资本投资境内市场各渠道发展现状

1. QFII：总额度765.76亿美元，共计290家机构。QFII是目前国内A股市场中公开的最为活跃的境外资金投资主体。截至 2015 年 8 月 31 日，QFII 总家数 290 家，QFII 额度总计 765.76 亿美元。其中，额度在 10 亿美元以上的 QFII 共 13 家（见表 4），这 13 家合计持有 194 亿美元的额度，占 QFII 总额的比例是 25.33%。2013 年以来，投资趋于活跃，QFII 持股数量不断增加，2014 年末持股量达 91.16 亿股，达到历史峰值，而 2015 年中期则减仓至 68.82 亿股，减仓幅度达 24.51%（见图 1）。近两年 QFII 开户也较前几年有所活跃，截至 2015 年 6 月，QFII 开户数是 926 户（见图 2）。

表 4 额度在 10 亿美元以上的 QFII

公司名称	英文名称	最新额度（亿美元）	托管行
挪威中央银行	Norges Bank	25.00	汇丰银行（中国）有限公司
香港金融管理局	Hong Kong Monetary Authority	25.00	花旗银行（中国）有限公司
阿布扎比投资局	ABU Dhabi Investment Authority	15.00	汇丰银行（中国）有限公司
澳门金融管理局	Monetary Authority of Macao	15.00	中国银行股份有限公司
淡马锡富敦投资有限公司	Temasek Fullerton Alpha Investments Pte Ltd	15.00	汇丰银行（中国）有限公司
科威特政府投资局	Kuwait Investment Authority	15.00	中国工商银行股份有限公司
马来西亚国家银行	Bank Negara Malaysia	15.00	汇丰银行（中国）有限公司
新加坡政府投资有限公司	GIC Private Limited	15.00	渣打银行（中国）有限公司
富达基金（香港）有限公司	Fidelity Investments Management (Hong Kong) Limited	12.00	汇丰银行（中国）有限公司
加拿大年金计划投资委员会	Canada Pension Plan Investment Board	12.00	汇丰银行（中国）有限公司
法国兴业银行	Societe Generale	10.00	汇丰银行（中国）有限公司
富邦证券投资信托股份有限公司	Fubon Securities Investment Trust Co. Ltd.	10.00	中国建设银行股份有限公司
卡塔尔控股有限责任公司	Qatar Holding LLC	10.00	中国农业银行股份有限公司
合计		194.00	

资料来源：Wind。

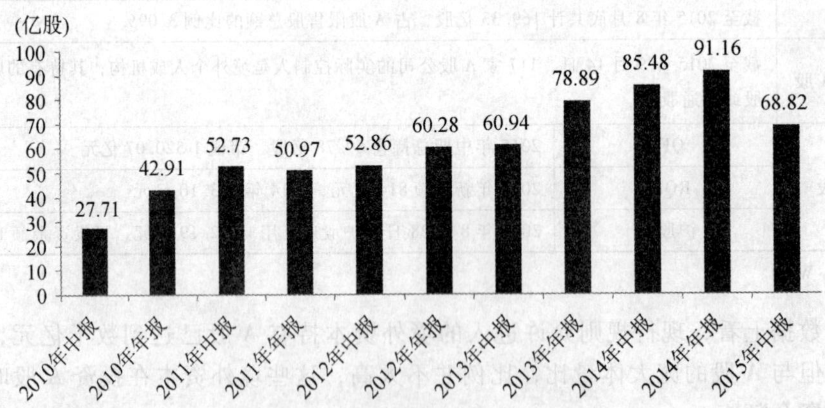

图 1 2010—2015 年中期 QFII 持股总量的变化情况

注：根据 QFII 重仓股、上市公司十大股东和十大流通股东计，故 QFII 总体持股量数据可能会略大于此数，但无碍于总体分析判断。

资料来源：Wind。

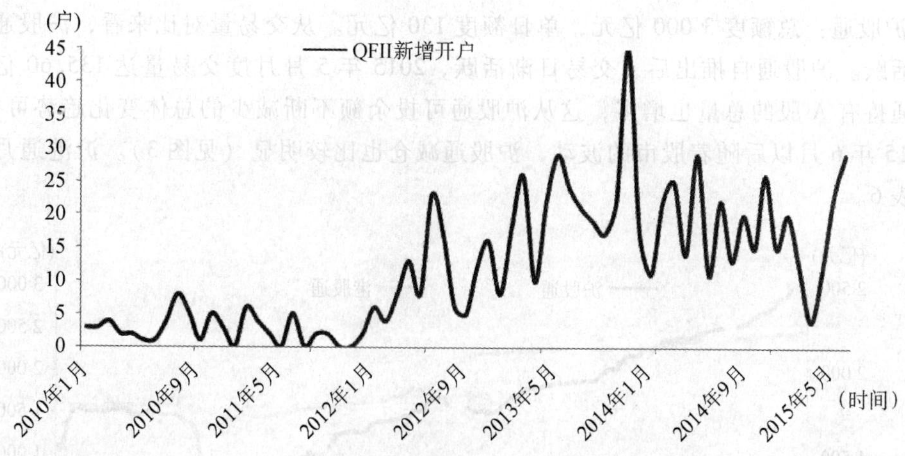

图2 2010—2015 年 7 月 QFII 月度 A 股新增开户数量情况

资料来源：Wind。

2. RQFII：总额度 4 049 亿元人民币，共计 170 家机构。据统计，截至 2015 年 9 月 1 日，RQFII 共计 170 家，总额度 4 049 亿元人民币。目前额度超过 100 亿元的机构有 6 家，其中南方东英资管额度最高，达 461 亿元。额度在 40 亿元以上的 RQFII 机构见表 5。

表 5 **额度在 40 亿元以上的 RQFII 机构**

机构名称	机构类型	额度（亿元）	资格获准日期	首度额度获准日
南方东英资产管理有限公司	境外机构	461.00	2011 年 12 月 21 日	2011 年 12 月 30 日
易方达资产管理（香港）有限公司	境外机构	272.00	2011 年 12 月 21 日	2012 年 1 月 2 日
华夏基金（香港）有限公司	境外机构	218.00	2011 年 12 月 21 日	2011 年 12 月 30 日
嘉实国际资产管理有限公司	境外机构	147.40	2011 年 12 月 21 日	2011 年 12 月 30 日
海通国际控股有限公司	境外机构	107.00	2011 年 12 月 22 日	2012 年 1 月 2 日
领航投资澳洲有限公司	境外机构	100.00	2015 年 3 月 2 日	2015 年 4 月 28 日
博时基金（国际）有限公司	境外机构	96.00	2011 年 12 月 21 日	2011 年 12 月 30 日
新韩法国巴黎资产运用株式会社	境外机构	80.00	2014 年 10 月 13 日	2014 年 11 月 27 日
泰康资产管理（香港）有限公司	境外机构	74.00	2013 年 3 月 14 日	2013 年 5 月 29 日
国元证券（香港）有限公司	境外机构	73.00	2011 年 12 月 22 日	2012 年 1 月 2 日
国泰君安金融控股有限公司	境外机构	69.00	2011 年 12 月 22 日	2012 年 1 月 2 日
中国人寿富兰克林资产管理有限公司	境外机构	65.00	2013 年 5 月 15 日	2013 年 6 月 24 日
领先资产管理有限公司	境外机构	60.00	2015 年 3 月 25 日	2015 年 5 月 29 日
凯敏雅克资产管理公司	境外机构	60.00	2014 年 9 月 19 日	2014 年 10 月 30 日
德意志资产及财富管理投资有限公司	境外机构	60.00	2015 年 3 月 17 日	2015 年 3 月 26 日
农银国际资产管理有限公司	境外机构	53.00	2013 年 5 月 15 日	2013 年 7 月 26 日
新加坡政府投资有限公司	境外机构	50.00	2015 年 1 月 22 日	2015 年 4 月 28 日
瑞士再保险股份有限公司	境外机构	50.00	2015 年 7 月 29 日	2015 年 7 月 29 日
海富通资产管理（香港）有限公司	境外机构	44.00	2011 年 12 月 21 日	2011 年 12 月 30 日
建银国际资产管理有限公司	境外机构	43.00	2013 年 3 月 25 日	2013 年 5 月 3 日

资料来源：Wind。

3. 沪股通：总额度 3 000 亿元，单日额度 130 亿元。从交易量对比来看，沪股通较港股通明显活跃。沪股通自推出后，交易日渐活跃，2015 年 5 月月度交易量达 135.60 亿元。通过沪股通持有 A 股的总量也增多，这从沪股通可投余额不断减少的总体变化趋势可见一斑，但是 2015 年 6 月以后随着股市的波动，沪股通减仓也比较明显（见图 3）。沪港通月度交易情况见表 6。

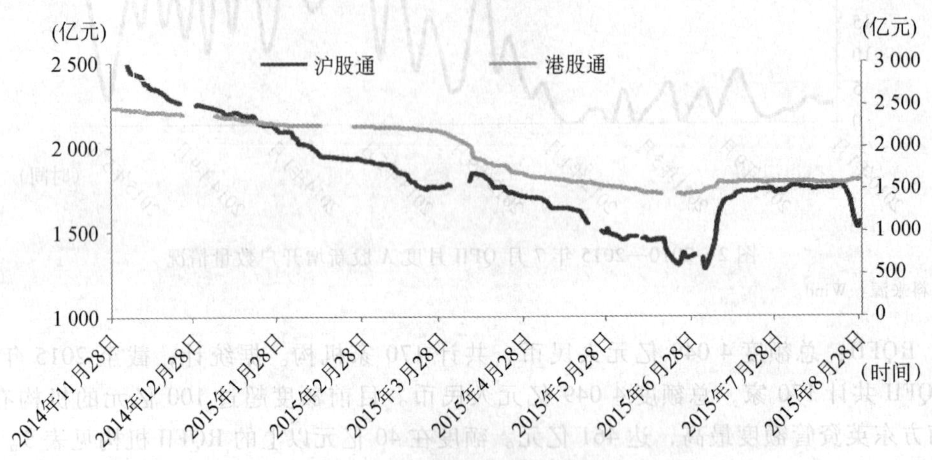

图 3 沪港通可投资余额变化

资料来源：Wind。

表 6 沪港通月度交易情况

月度	沪股通（亿元，人民币）			港股通（亿元，港币）		
	总成交金额	买入成交金额	卖出成交金额	总成交金额	买入成交金额	卖出成交金额
2014 年 11 月 28 日	37.82	30.14	7.68	6.33	4.63	1.70
2014 年 12 月 31 日	42.87	21.33	21.54			
2015 年 1 月 30 日	34.74	17.52	17.22	11.82	8.45	3.37
2015 年 2 月 27 日	40.41	23.57	16.84	7.69	4.91	2.78
2015 年 3 月 31 日	81.10	33.59	47.50	56.95	39.58	17.38
2015 年 4 月 30 日	70.84	33.20	37.64	81.46	52.12	29.34
2015 年 5 月 29 日	135.60	78.35	57.24	57.61	32.67	24.94
2015 年 6 月 30 日				34.62	15.55	19.06
2015 年 7 月 31 日	38.51	21.39	17.12	15.60	7.28	8.33
2015 年 8 月 28 日	82.86	28.68	54.18	26.43	14.45	11.97

资料来源：Wind。

4. 境外战略投资者。目前已有 117 家 A 股上市公司的实际控制人是境外个人或机构，这 117 家 A 股的境外实际控制人共 153 人，其中以自然人居多。这些境外个人多数先是以国内自然人身份取得股权，之后才转为美国、英国、澳大利亚、中国香港、中国台湾等境外身份。117 家 A 股公司中，深交所上市 69 家，沪交所 48 家，中小型公司居多，总股本在 10 亿股以上的公司 20 家（见表 7），其中规模最大的山鹰纸业（600567）的总股本是 37.67 亿股。另外，境外机构控制A股上市公司，其中不少是通过并购实现的，如华新水泥等，也有通过私募股权基金投资方式，如老百姓（603883）。这些境外投资者作为A股公司的实际控制人，基本上都是战略投资者。

表7　沪、深证券交易所实际控制人为境外人的总股本规模最大的前20家A股公司

代码	名称	实际控制人	上市日期	总股本（亿股）	是否沪深300标的
600567. SH	山鹰纸业	吴明武	2001年12月18日	376 693. 96	否
000895. SZ	双汇发展	Rise Grand Group Limited（兴泰集团有限公司）	1998年12月10日	330 086. 77	是
002506. SZ	协鑫集成	朱共山	2010年11月18日	252 352. 00	否
600660. SH	福耀玻璃	曹德旺	1993年6月10日	250 861. 75	是
600565. SH	迪马股份	罗韶宇	2002年7月23日	234 586. 20	否
600759. SH	洲际油气	HUI Ling（许玲）	1996年10月08日	226 350. 75	否
601231. SH	环旭电子	实际控制人张虔生，张洪本兄弟	2012年2月20日	217 592. 36	是
600094. SH	大名城	俞培俤	1997年7月03日	201 155. 69	否
600006. SH	东风汽车	法国雷诺公司	1999年7月27日	200 000. 00	否
600823. SH	世茂股份	许荣茂	1994年2月04日	175 994. 30	否
600595. SH	中孚实业	Maxon Limited	2002年6月26日	174 154. 04	否
002463. SZ	沪电股份	吴礼淦家族	2010年8月18日	167 415. 98	否
601339. SH	百隆东方	杨卫国	2012年6月12日	150 000. 00	否
600801. SH	华新水泥	Holcim Ltd.	1994年1月03日	149 757. 13	否
600240. SH	华业资本	周文焕	2000年6月28日	142 425. 36	否
000816. SZ	智慧农业	罗韶宇	1997年8月18日	141 880. 33	否
002252. SZ	上海莱士	黄凯	2008年6月23日	137 812. 99	是
601567. SH	三星电气	何意菊	2011年6月15日	119 859. 83	否
601515. SH	东风股份	黄炳文	2012年2月16日	111 200. 00	否
600007. SH	中国国贸	香格里拉（亚洲）有限公司	1999年3月12日	100 728. 25	否
	合计			3 860 907. 70	

资料来源：Wind。

5. 境外资本投资沪深B股。B股市场也是国内资本市场的组成部分之一。境外资金可以投资沪深B股市场。但是B股市场规模很小，只是境外资本参与境内资本市场中很小的一小部分。2010—2015年6月B股境外月度新增开户情况见图4。

6. 其他。有合资的风险投资公司通过PE投资间接投资于国内资本市场。不过，这些合资的风险投资公司不属于A股市场的长期交易者，他们只是把A股市场作为风投资金的退出通道。

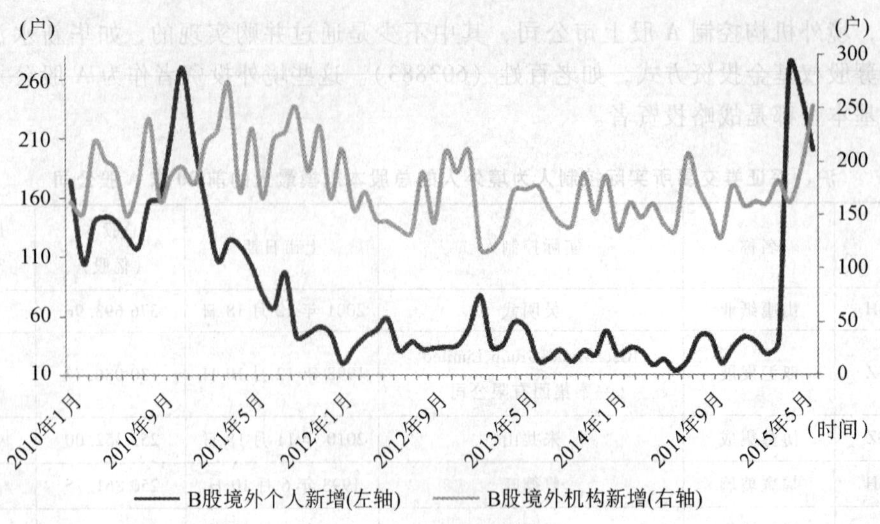

图 4　2010—2015 年 6 月 B 股境外月度新增开户数量情况

资料来源：Wind。

（三）境外资本投资境内市场的主要问题

1. 实际投资中可能存在额度没有被充分利用的现象。目前理论上通过 QFII、RQFII 和沪股通 3 个渠道进入境内资本市场的境外资本已近 1.2 万亿元人民币，总量不算小，而且仅从统计数据上看，在实际投资时，这些境外资本额度并没有被充分利用。从 2015 年中期的统计数据上看，QFII 和 RQFII 的额度都没有用足，可投资余额比较充足。2015 年中期 QFII 总持仓市值是 1 520 亿元，而其实际可用额度是 4 877 亿元。

因无法获得 QFII 持股的成本，也无法获取其全部持股数量，这里我们姑且使用 QFII 重仓股持股市值来粗略计算 QFII 额度的使用比例，一探其额度初步使用情况，即 QFII 额度使用比例 = 当期持股总市值/额度总额，虽然失之精准，但是大略能反映基本额度使用是否充足的一些情况。我们统计了 2015 年中期重仓持股市值占额度的比例不足 40% 的 QFII 有 41 家，这 41 家额度合计是 252.68 亿美元，占全部额度总额的比例是 33%，其中不乏老牌 QFII 和额度比较大的 QFII（见表 8）。

表 8　　QFII 额度使用比例

机构名称	2015 年中期额度使用比例（%）	2014 年底额度使用比例（%）	额度（亿美元）	首次额度获取日期
澳门金融管理局	0.35	0.52	15	2014 年 3 月 28 日
JF 资产管理有限公司	0.66	2.82	5.25	2006 年 4 月 12 日
韩国银行	1.34	0.00	9	2012 年 3 月 9 日
中国国际金融香港资产管理有限公司	1.43	0.80	3	2013 年 7 月 26 日
安保资本投资有限公司	1.65	1.86	5	2006 年 8 月 1 日
南山人寿保险股份有限公司	2.76	2.52	6	2012 年 9 月 19 日
得克萨斯大学体系董事会	3.35	8.36	1.5	2012 年 9 月 19 日
瑞银环球资产管理（新加坡）有限公司	3.53	2.88	7.5	2007 年 1 月 11 日

续表

机构名称	2015 年中期额度使用比例（%）	2014 年底额度使用比例（%）	额度（亿美元）	首次额度获取日期
邓普顿投资顾问有限公司	4.59	5.00	3	2009 年 12 月 8 日
香港金融管理局	5.26	1.37	25	2011 年 3 月 18 日
韩国国民年金公团	5.52	5.77	4	2012 年 3 月 9 日
安大略省教师养老金计划委员会	5.57	0.00	3	2012 年 3 月 9 日
瑞典第二国家养老金	5.90	0.00	4	2013 年 6 月 24 日
国泰人寿保险股份有限公司	6.47	6.68	5	2012 年 4 月 10 日
摩根大通银行	7.03	8.11	6	2003 年 11 月 4 日
马丁可利投资管理有限公司	7.38	10.54	2.26	2005 年 11 月 24 日
SUVA 瑞士国家工伤保险机构	7.74	0.00	3	2012 年 11 月 21 日
汇丰环球投资管理（香港）有限公司	7.93	1.06	3.27	2007 年 2 月 13 日
卡塔尔控股有限责任公司	9.97	9.06	10	2012 年 11 月 21 日
杜克大学	10.57	0.00	1	2012 年 12 月 26 日
魁北克储蓄投资集团	10.62	16.06	5	2008 年 11 月 3 日
瑞士信贷（香港）有限公司	11.91	20.19	6	2003 年 11 月 28 日
加拿大年金计划投资委员会	12.61	14.87	12	2012 年 3 月 9 日
瑞士盈丰银行股份有限公司	13.04	63.91	1	2013 年 1 月 24 日
安耐德合伙人有限公司	13.44	16.05	1.5	2012 年 9 月 19 日
哥伦比亚大学	14.97	73.65	0.85	2008 年 4 月 7 日
中信证券国际投资管理（香港）有限公司	15.64	4.84	3	2013 年 2 月 28 日
斯坦福大学	16.36	0.00	0.8	2006 年 11 月 7 日
马来西亚国家银行	17.44	16.77	15	2009 年 9 月 24 日
阿布扎比投资局	17.89	9.38	15	2009 年 1 月 17 日
新加坡科技资产管理有限公司	19.38	13.71	0.5	2014 年 1 月 22 日
高盛集团有限公司	20.30	95.35	3	2003 年 7 月 24 日
泰康资产管理（香港）有限公司	20.42	12.05	2.8	2013 年 3 月 28 日
富邦人寿保险股份有限公司	20.93	11.51	5	2012 年 5 月 4 日
法国巴黎投资管理亚洲有限公司	23.19	2.71	5.7	2014 年 11 月 27 日
广发国际资产管理有限公司	24.68	20.80	1	2014 年 8 月 26 日
香港上海汇丰银行有限公司	31.58	34.81	6	2003 年 8 月 26 日
东方汇理银行	31.91	155.06	0.75	2005 年 1 月 10 日
富达基金（香港）有限公司	33.49	17.81	12	2010 年 11 月 26 日
挪威中央银行	35.26	16.15	25	2008 年 1 月 24 日
高瓴资本管理有限公司	39.28	34.88	9	2013 年 1 月 24 日
合计	—	—	252.68	—

资料来源：Wind。

另外，沪股通每日额度的余额也不小。从沪股通总额度月度余额和单日额度（130 亿元）变化占比两项来看，沪股通可投资额度远没有达到充分用足的状态（见图 5）。

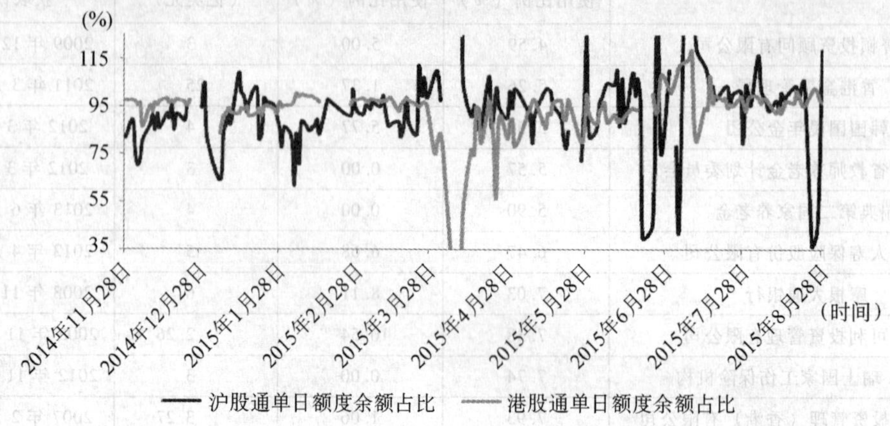

图 5 沪港通单日额度余额占比变化情况

资料来源：Wind。

2. 境外投资者投资风格的多样化特征似乎并不突出。单从通常资本市场需要多样化投资风格的角度来看，投资于境内资本市场的境外投资人并没有呈现出这样的特征。

2015 年中期上市公司财报中披露了 66 家 QFII 的持股记录，持股在 1—33 只不等，其中，10 只以上（含）的 QFII 是 8 家，占比 12%；持股 3—9 只的 QFII 共 20 家，占比 30%；其余 38 家持股仅 1 只或 2 只，占比 58%。我们还统计了 2014 年底 QFII 持股的情况，情况也大致相仿。虽然因 2015 年上半年行情趋势波动因素，各家 QFII 有比较显著的增减仓变化，但基本能反映 QFII 投资风格的整体倾向（见图 6）。从单只重仓个股的平均投资额上看，也大体如此。近 60% 的 QFII 选择少量持有重仓股，从一个侧面反映投资风格多样化的特征似乎并不突出。

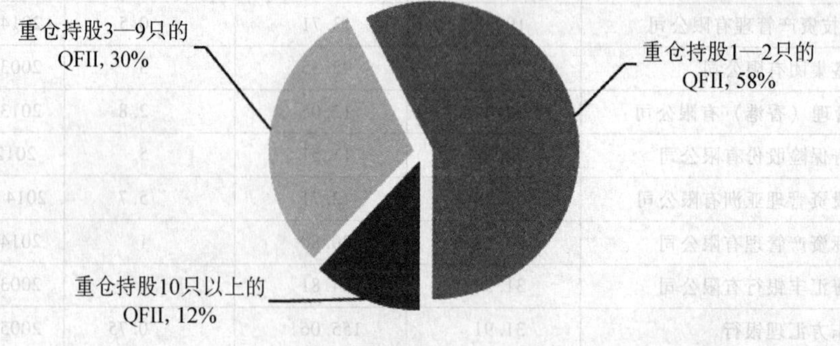

图 6 2015 年中期 QFII 持股数量的分布情况

资料来源：Wind。

表 9　　2015 年中期持股数量在 4 只以上的 QFII

机构名称	持有证券数量（只）			持股市值（万元）		
	2015 年中期	变动	2014 年末期	2015 年中期	变动	2014 年末期
科威特政府投资局	33	4	29	523 496.23	184 697.82	338 798.41
挪威中央银行	31	4	27	561 531.85	304 329.52	257 202.33
瑞士联合银行集团	17	-15	32	1 010 543.70	-72 128.10	1 082 671.79
淡马锡富敦投资有限公司	16	0	16	818 185.28	27 624.46	790 560.81
德意志银行股份有限公司	14	-7	21	1 443 996.84	336 101.77	1 107 895.07
阿布扎比投资局	12	3	9	170 947.23	81 279.90	89 667.33
香港金融管理局	10	7	3	83 706.47	61 851.23	21 855.23
不列颠哥伦比亚省投资管理公司	10	5	5	86 467.92	73 566.68	12 901.23
比尔及梅林达盖茨信托基金会	8	-8	16	158 606.65	-183 062.87	341 669.52
新加坡政府投资有限公司	7	-1	8	987 474.77	19 815.77	967 659.01
美林国际	7	0	7	728 896.53	136 201.90	592 694.63
摩根士丹利国际股份有限公司	6	-11	17	401 579.61	-207 938.99	609 518.60
易方达资产管理（香港）有限公司	6	-4	10	894 906.67	26 863.23	868 043.44
高瓴资本管理有限公司	5	2	3	225 177.67	25 197.86	199 979.81
摩根士丹利投资管理公司	5	0	5	177 711.10	55 865.98	121 845.12
富达基金（香港）有限公司	5	1	4	255 999.82	119 846.23	136 153.60
香港上海汇丰银行有限公司	4	1	3	120 712.18	-12 339.08	133 051.26

资料来源：Wind。

三、新兴资本市场开放经验借鉴

根据开放程度，各地区资本市场对外开放模式可分为三种：完全直接开放模式、有限直接开放模式和间接开放模式。完全直接开放指允许非本国居民直接投资国内资本市场；有限直接开放指虽允许非本国居民投资国内资本市场，但在投资领域、投资比例、机构设立、投资程序及公司控股权等方面严格限制，并准备放松；间接开放指允许非本国居民通过某种形式或某种金融工具如投资基金、凭证等投资本国资本市场。我国台湾地区资本市场和韩国资本市场均采取先间接开放、再有限直接开放、灾后完全直接开放的策略路径，并取得很好成效。本部分对两大市场开放经验进行总结，以供借鉴。

（一）我国台湾地区资本市场开放经验

1. 我国台湾地区资本市场开放历程。20 世纪 80 年代，我国台湾地区资本市场投资者以散户为主，市场投机盛行。为了优化区内投资者结构，台湾地区市场开始考虑资本市场的开放。1982 年 9 月，台湾地区通过了“引进侨外投资证券计划案”，允许外资先在台设立基金管理公司，向海外投资者募集资金，将募集到的资金投资于证券市场。这种方式是台湾 QFII 制度的雏形。包括这种间接投资方式在内，台湾资本市场开放总共经历了 4 个主要的阶段。

第一阶段（1983—1990 年）：外资通过境内设立信托投资公司间接投资台湾地区资本市场。

这一阶段，台湾地区允许外资通过境内信托投资公司以海外筹集基金的方式间接进入境内证券市场。这段时间，监管机构对外资投资台湾市场持较为谨慎的态度，对境外所有投资者持股比例做出了单一上市公司不超过 10% 的规定，同时要求一年内，境外投资者的本金和资本利得不可汇出境外。

第二阶段（1991—1996 年）：境外合格的机构投资者（QFII）制度正式实施。

1991 年 1 月 2 日，境外合格的机构投资者（QFII）政策正式出台。台湾地区最初对 QFII 做出了严格的监管：规定了严格的 QFII 资格申请条件；规定境外单个投资者持有一家上市公司股份的上限不能超过 10%，境外所有投资者持有一家上市公司股份的上限不能超过 5%；QFII 总额度为 25 亿美元，单个机构的额度为 500 万—5000 万美元；同时规定：第一，资金在获得配额的 3 个月内汇入；第二，资金汇入 3 个月后，本金才可以汇出；第三，一年后才可以汇出资本利得。在 1992—1996 年的时间段里，对 QFII 投资标的、投资额度限制、资金汇入时间和持股比例进行了多次不同程度的放松。

第三阶段（1996—2004 年）允许境外自然人投资台湾证券市场。

从 1996 年开始，台湾地区开始允许外国自然人可以直接进入，规定每个自然人和小型法人的投资额度分别为 500 万和 2 000 万美元。随后，法人投资额度提升至 5 000 万美元，单个 QFII 额度提升至 6 亿美元。

这一阶段，监管机构对投资者单个股持股上限、累积持股上限、单个投资者投资额度均做出较大幅度的放松，对 QFII 的资格要求也进行了较为显著的放松。同时取消了本金汇出的限制。

第四阶段（2004 年至今）：资本市场完全开放。

这一阶段台湾地区取消了外国投资者的投资额度、资金汇出入、资格申请的各种限制，实现了资本项目的完全自由化。

台湾地区 QFII 制度特点主要体现在审慎和渐进性上。从最开始监管的严格制度上，充分体现了新兴市场对资金进入的审慎态度。之后，QFII 监管制度不断修改、放松，最终实现资本市场的完全放开。

2. 台湾地区对外资投资资本市场的监管。台湾地区资本市场的外资投资由台湾证券交易委员会监管，同时根据台湾地区相关规定，受到台湾证券商业同业公会的自律约束。

一般而言，QFII 制度的监管主要包括三个方面：市场准入、证券交易及资金出入管理。

（1）市场准入。在“华侨及外国人投资证券管理办法”中，台湾地区最初对市场准入做出了较为严格的限制。首先，总资产在世界银行排名前 500 位以内且持有证券资产总额在 3 亿美元以上的外国银行。其次，从事保险业务 10 年且持有证券资产在 5 亿美元以上的外国保险公司。最后，成立满 5 年且经营证券投资基金资产总额在 5 亿美元以上的基金管理机构。但随后，对 QFII 的限制不断放松，1996 年允许自然人投资后，投资监管中只将境外投资者分为机构和个人两大类。

（2）证券交易。证券交易过程中的监管是 QFII 持续监管的重要内容，一般包括对投资标的的监管、持股比例的限制和信息披露的监管。

从投资标的来看，台湾地区在QFII制度运行初期，规定只能从事货币市场工具和股票交易，而且对控股比例有着严格限制。从1998年开始，允许QFII投资期货市场，2000年允许投资可转换债券和金融证券，2001年12月允许QFII从事台指期权契约交易。到资本市场全面放开时，QFII的投资对象包括股票、债券、期货、期权、权益凭证、可转换债券等各类产品。

从持股比例来看，在最初的外资投资中，监管部门规定了严格的持股比例：单个投资者持有一家上市公司股份的上限不能超过10%，境外所有投资者持有一家上市公司股份的上限不能超过5%。在经历多次持续的调整后，2000年12月30日，除特定产业外，个别及全体外资持股比例的上限完全取消。

从信息披露来看，台湾地区制定了详尽的交易信息披露制度。①月度信息披露：获得批准的QFII机构每月需要向中央银行递交报告，汇报投资资金的汇入/汇出、证券投资状况的变动、累计投资盈利或亏损情况。托管银行需要代表QFII客户，负责在每月10日之前上交上述报告。②日度信息披露：交易所每日披露整体QFII的买卖超情况、单个证券的全体外资持股比率和全体外资所投资行业类别的持股比率。③突发状况下的信息披露。如果发生QFII持股超过上限的情况，机构投资者需要在10日内向监管部门报告，并在市场上公告。监管部门有权向QFII机构发送询问信函，要求QFII对某些异常投资行为或者是非交易性的资金流动情况做出合理解释。

（3）资金出入管理。在最初的监管中，QFII在核准后需在3个月内汇入资金，汇入的资金须满3个月才可汇出，其资本利得必须在一年以后才能汇出。同时，QFII资金在一年内出入不得超过4次。随着台湾地区外汇管制的不断放松，对资本金进出的监管也逐步放宽。

（二）韩国资本市场开放经验

1. 韩国市场开放历程。进入20世纪80年代，韩国的经济获得飞速发展，国际交往程度日深。开放国内的资本市场成为韩国经济发展的必然选择：经济的国际化对金融市场的国际化提出了更高的要求，引入境外资本进入证券市场，可以加速国内资本市场的发展，融合国内外证券市场。此外，韩国此一阶段正处于经常账户赤字、经济政治发展遭遇阻力的特殊时期，开放国内资本市场有助于缓解国内外的资金债务压力。

因此，从1981年开始，韩国政府发布《资本市场开放长期规划》，标志着韩国证券市场国际化进程的开始。韩国的证券市场开放主要分为四个阶段：

第一阶段（1981—1984年）：允许外资间接投资国内证券市场。这一阶段，允许外国投资者通过由韩国证券公司管理的开放型国际信托基金及由外国证券公司管理的封闭型基金对韩国证券市场进行间接投资。1981年11月，韩国为外国人设立了两个开放型的投资信托，1984年5月，又设立了主要投资于韩国股市的封闭式基金。

第二阶段（1985—1987年）：有限度的直接投资阶段。这一阶段，允许外国投资者直接买卖韩国股票，但投资数量上有限制。这一阶段还加大了国内机构出海寻求资金的力度，准许本国公司在国外证券市场上发行可转换债券（CBS）。

第三阶段（1988—1989年）：扩大对外开放市场的力度。这一阶段，允许外国投资者在互惠的基础上自由地对韩国证券进行投资，并且准许国内基金经财政部同意后可以在国外证券市场上发行股票筹资。

第四阶段（20 世纪 90 年代至今）：完全放开资本市场。

这一阶段，证券市场逐步解除对资本流动的限制，允许外国证券在韩国证券市场上市及韩国证券在国外上市。在投资工具上，放开政府和公司债券、可转债，韩国资本市场的投资限制基本取消。

韩国 QFII 制度实施有两个非常显著的特征：

其一，对外资开放态度非常坚决。即使在东南亚金融危机发生时，仍未放慢证券市场开放的步伐。1998 年后，外国人在韩国设立证券公司享受国民待遇更显示了韩国市场开放的决心。

其二，外资对韩国证券市场的涉入程度非常深。高峰时韩国境外投资者对证券市场的持股比例达到了 36.6%。

2. 韩国对外资投资资本市场的监管。在韩国，1997 年金融改革后成立的单一监管机构金融监管委员会及其执行机构对外资投资本国资本市场进行监管，同时，受到行业协会“韩国证券商协会”的自律约束。总体而言，韩国的资本市场开放步伐较快，监管也较宽松。

（1）市场准入。韩国的 QFII 监管对准入没有特别的资格要求，只做出了以下限制性进入规定：①无国籍人或者双重国籍人；②撤回其投资登记后未满二年者；③在申请函或附随文件描述不真实与有遗漏事项者；④重复或以欺诈或任何不诚实手段申请投资登记者；⑤无法在清算五日内偿付与证券交易有关的费用或交付证券。

（2）证券交易。在持股比例上，有较为明确的监管规定。在最初制定 QFII 制度时，明确规定：外国投资者（包括个人和机构投资者）的持股总数不得超过每种股票的 10%，关键地区的公用事业投资不得超过 8%；对于单个外国投资者最多只能拥有一个公司股权的 3%。但韩国在之后的监管中逐步放松对持股比例的限制，直至 2000 年完全取消持股比例限制（见表 10）。

表 10　　韩国对外资持股比例限制政策变迁

年份	韩国对外资持股比例限制政策
1992 年	外国投资者（包括个人和机构投资者）的持股总数不得超过每种股票的 10%，关键地区的公用事业投资不得超过 8%；单个外国投资者最多只能拥有一个公司股权的 3%
1995 年 7 月	韩国把单一外资持有股份上限提高到 15%
1996 年 4 月	韩国把单一外资持有股份上限提高到 18%
1997 年 11 月	外资机构对上市公司总持股的比例上限由 23% 提高到 26%
1997 年 12 月	外资机构对上市公司持股比例由 26% 提高到 55%
2000 年	废除持股比例限制

在投资标的上，韩国逐步放开了股票市场和债券市场。在投资内容上，韩国要求 QFII 不能投资于涉及国家安全、公共文化、环保等重要的行业。

在信息披露上，韩国依据《证券和交易法》对 QFII 的信息披露进行监管。在发行市场上，要求披露的主要信息是招股说明书、上市公告书。在交易环节中，主要披露季度、中期和年度报告。

(3) 资金出入管理。不同于台湾地区的政令性禁止监管，韩国在对 QFII 资金汇出的限制上，采取的是税收手段。韩国要求对资金汇出征收资本利得的 25% 或总收入 10% 中较低者的税收。股利和利息则按照 10%—15% 征税。

(三) 市场开放启示

我国台湾地区和韩国市场是亚洲市场中开放本土资本市场的成功案例。和我国的情况相似，在市场开放初期，国内的资本市场结构都存在结构不合理，机构投资者占比低、证券市场投机氛围浓重等特点。从以投资基金的方式间接开放国内资本市场到设立 QFII 制度允许外资直接投资国内资本市场，再到放开各种限制实现国内资本市场的完全放开，台湾地区和韩国市场在资本市场对外开放中有共同的经验，也有不同的特色。以下两方面是较为重要的资本市场开放启示。

第一，外资投资监管的方向是逐步放开。无论是台湾地区市场还是韩国市场，我们可以看到，对外资投资国内资本市场的方向就是逐步放开监管。台湾地区市场是谨慎监管型的市场，无论是市场准入、持股比例上限还是资本进出，都充分显示了逐步递进开放的特点(见表 11)。而韩国虽然在准入上监管非常宽松，但在持股比例上也是显示了逐步放开的特点。这种放松是推动国内资本市场投资者结构优化、引入成熟市场投资理念、促进市场成熟的重要方式之一。推进资本市场国际化过程中，肯定存在国外资本和境内资本之间的利益冲突，但坚持开放的方向不应改变。台湾地区和韩国在经历了开放之后，国内投资者结构均得到了有效的优化，台湾地区市场个人持股占比由 20 世纪 90 年代的 96% 以上下降至 40. 4%；韩国市场的个人持股占比则下降至 36. 3% 的较低水平。

表 11　　台湾地区 QFII 投资额度限制放开进程

年份	台湾地区对 QFII 投资额度的限制逐步放开措施
1991 年	QFII 总额度为 25 亿美元，单个机构的额度为 500 万—5 000 万美元
1993 年	单个境外合格的投资机构的额度上升到 1 亿美元。8 月 19 日，QFII 总额度从 25 亿美元上升到 50 亿美元
1994 年	QFII 总额度从 50 亿美元上升到 75 亿美元
2000 年	10 月 20 日，将单个境外合格的投资机构的额度提高到 15 亿美元，在 11 月 21 日再次提高 20 亿美元
2001 年	11 月 13 日，将单个境外合格的投资机构的额度提高到 30 亿美元
2003 年	7 月 9 日，取消了单个境外合格的投资机构的额度限制

在开放资本市场的过程中犹豫和停滞不前，反而是导致不受监管的热钱冲击资本市场的负面因素。无论是监管较为谨慎的台湾地区还是最初就对进入市场限制不多的韩国资本市场开放经验中，降低对外资进入的资格要求，让有投资本国愿望的资金从正规途径进入到本国市场中来，让交易资金处于交易监管中，是更为有效的监管方式。

第二，信息披露在发展机制尚不完善的市场非常关键。台湾地区在 QFII 制度建立之初，秉承谨慎监管原则，对 QFII 交易进行了非常详细的信息披露要求。要求披露的信息从频率上来看分为月度、每日信息披露以及突发事件信息披露。同时，对境外机构的交易信息做到及时公开：全部 QFII 的买卖超数据 、单个证券的全体外资持股比例、全部外资所持有投资行业持股比例。详尽的信息披露要求对于市场仍处于快速发展，规范程度有待提高的新兴市场有重要意义。

四、关于外资投资境内资本市场的政策建议

针对上述境外资本投资境内资本市场的现行监管规定、发展现状及存在的问题，本部分借鉴境外新兴市场的开放经验，对境外资本入市的政策体系提出可行性政策建议，以推进境内资本市场的国际化进程。

（一）遵循循序渐进开放原则，推进资本市场国际化

坚持资本市场循序渐进开放的原则是金融市场相关理论与实践的一致结论。根据经典的金融开放顺序理论，金融市场的对外开放进程布满荆棘，恰当的顺序和适当的速度是金融开放稳定高效的基本保障。首先，资本市场的开放须与整个金融市场的自由化改革配套进行，处理好货币市场、外汇市场和资本市场之间的关系；其次，整体规划资本市场的改革进程，安排资本市场各个对外开放政策的先后顺序，循序渐进，适时推出。从实践角度，境外资本市场的国际化路径及我国资本市场开放的历史发展经验也表明，资本市场的对外开放必须与其他金融改革措施保持良好的协调与配合，利率与汇率的市场化改革须协调进行，资本市场的开放须与外汇管制放松步伐一致，资本市场的对内开放须先于对外开放，资本市场内部制度改革须保持合理顺序。

当前境内资本市场处于有限直接开放阶段，基于循序渐进开放原则，国际化进程可分阶段进行。在有限度开放阶段，首先，推进国内金融改革，为资本市场全方位开放奠定基础，包括改革利率和汇率形成机制，实现利率和汇率形成的市场化；放松金融管制，实现金融创新自由化；放松行业限制，实现证券服务行业准入自由化；持续提高监管水平，实现市场监管专业化；改革证券服务机构的公司治理，壮大国内证券经营机构的实力。其次，配合资本账户可兑换的实现，逐步推进资本市场的全方位直接开放，包括逐步取消外资投资额度限制，引入独资的证券中介机构，实现上市资源国际化和交易品种国际化。同时，在境内市场有限度开放后，积极培育中国证券经营机构、投资者、企业走向国际市场。

（二）放宽外资投资准入限制，探索外资投资备案制度

在有限度开放阶段，取消行政审批事项、加强事中事后监管是现行外资投资渠道发展的重要方向。建议逐步放宽甚至取消外资投资在准入门槛、限额管理、持股比例、行业投资等方面的限制，探索构建外资投资备案制度，建立和完善定期信息披露和异常交易的信息披露机制。

QFII 及 RQFII 制度方面，建议首先降低市场准入门槛。按照目前的管理办法，合格境外机构投资者的进入门槛较高，在资产管理的金额、经营时间、注册资本等方面均有较高限制，将亚洲地区一些中小投资者拒之门外，而事实上亚洲投资者对中国市场的兴趣比其他地区的投资者更大，建议随着监管层在 QFII 及 RQFII 实施中经验的积累，降低 QFII 及 RQFII

进入的门槛，丰富境外投资者投资类型。其次，建议增加投资额度，为境内市场引入更多的活水，并加强对 QFII 及 RQFII 的管理，引导境外长期资金进入中国资本市场，提高额度使用率。最后，建议放松资本流动限制。按照现行制度，除养老基金、保险基金、共同基金、慈善基金、捐赠基金、政府和货币管理当局等类型的合格投资者外，其他合格投资者汇入本金至少要满一年后才能分期、分批汇出，从流动性角度来说，尤其考虑到汇率波动，1 年的资金锁定期期限较长，不利于资金管理，可适当缩短资金锁定期至 3 个月甚至取消。

沪股通制度方面，首先建议完善制度细节，扩大投资容量。一是降低门槛。当前普通投资者需要有 50 万元人民币的保证金，仅这一门槛已经将绝大多数散户拒之沪股通门外。二是放开投资限制，并尽快推出“深股通”。目前，境外投资者通过沪股通管道只能投资上海交易所中的 568 只大盘股，大大降低了境外投资者对 A 股的投资意欲。三是提高额度。当前给予沪股通每天 130 亿元人民币的投资额度，这一额度对于两地多达近 3 000 亿元的日均成交量来说显得微不足道。其次，沪港通制度目前仅在交易层面开放，未来可通过交易机制推动融资机制，促进公司在两地挂牌或单独选一，这也需要进一步完善公开发行、公司治理、税法等一系列制度。

信息披露制度方面，可借鉴台湾地区市场的经验，包括定期信息披露和异常交易的信息披露。一是月度信息披露，境外投资机构每月向中央银行递交报告，汇报投资资金的汇入/汇出、证券投资状况的变动、累计投资盈利或亏损情况；二是日度信息披露，交易所每日披露整体 QFII 的买卖超情况、单个证券的全体外资持股比率和全体外资所投资行业类别的持股比率；三是突发状况下的信息披露，如发生 QFII 持股超过上限、超过额度的情况，机构投资者须及时出示公告并向监管部门报告。

另外，出台针对外资私募股权基金的专门法规，使得外资私募股权基金在阳光下运作，便利监督与管理，并促进创业企业的发展。

（三）创新外资投资途径，为境外资本流入开辟新渠道

外资投资境内资本市场渠道有限，且存在严格的额度管理和持股比例限制，由此导致境外资金通过地下钱庄、虚假贸易、外资直接投资、现金走私、利用离岸金融中心等非常规渠道流入。因此亟待创新外资投资途径，让有投资境内市场欲望的资金通过正规途径进入境内市场，让交易资金处于有效监管中。

上海、广东、天津、福建四大自贸实验区的建设与改革是恰逢时机的突破口。在风险可控的前提下，适度放开区内机构对境内证券投资的管制，在便利外商直接投资、创新外债管理模式、放宽中资企业借用外债政策限制、提高证券投资可兑换程度等方面发力。从防范金融风险的角度，在放开的同时应保持必要的弹性，以应对突发性资本流向逆转对经济造成的冲击，及时采取临时管制政策，综合运用财政、货币、贸易等措施应对突发性冲击。

在金融改革逐步推进后，适时允许境外一般法人和自然人投资境内证券市场。初期可比拟沪股通机制，限制单个投资者的投资额度、持股比例及境外投资者总额度，并逐步放宽限制。

（四）监管与创新同步，完善信息共享与协同监管机制

资本市场开放必然带来一些新的风险因素，比如可能带来投机资金的冲击、可能出现新

形态的内幕交易和市场操纵、可能危及本土的金融安全等。因此，资本市场监管部门必须及时地调整监管政策，加强监管，让监管与创新同步。

建立外管局、中国人民银行及银行系统、交易所类机构、公安等部门构成的信息共享与协同监管机制，提升对境外资金流动的后台监控能力。鉴于资本的逐利本性，跟踪资金流向、提高风险意识、加强协同监管是防范金融风险的重要手段。加快以大数据中心和信息交换枢纽为主要功能的境外资金流动信息共享平台建设，扩大外管局、中国人民银行及银行系统、交易所类机构、公安等部门间的信息交换，完善信息的大数据挖掘机制，及时、有效、动态地进行跟踪、检测、评估和风险处理，提升监管资源的使用效率和监管效率，推进部门协同监管。

（五）建立境外资金流动风险预警机制，有效防范风险

所谓境外资金流动风险预警机制，即在资金流动过程中对可能发生的金融资产损失和金融体系遭到破坏的可能性进行分析、预报，为金融系统的安全运行提供对策和建议所构建的信息指示体系，以此掌握境外资金动态，有效评估和预防风险。在构建信息共享与协同监管制度的基础上，通过境外资金流动信息共享平台，构建科学合理的数据监测、分析、预警和外汇案件查处、反馈体系，实现境外资金统一监管，提高监管分析水平，及时发现境外资金异常流动的动向和线索，加大核查和案件查处力度，有效防范与监测境外资金的异常流动。

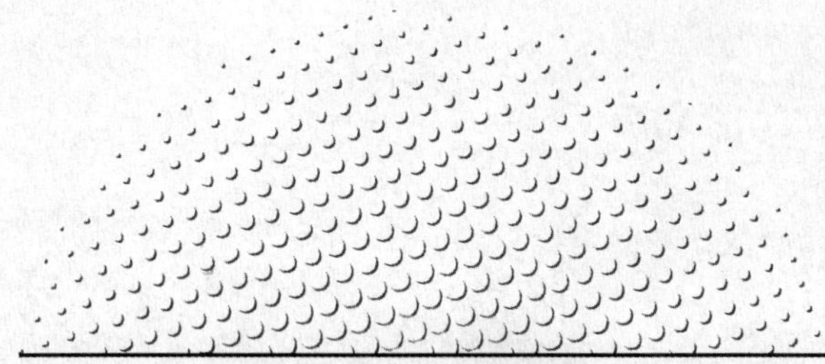

FICC 业务

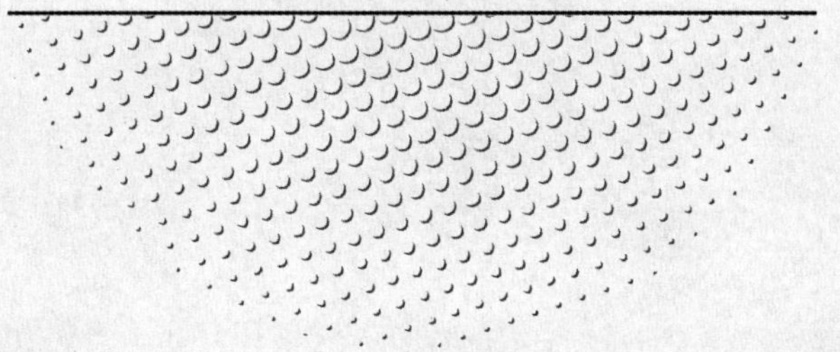

论信贷资产证券化的起源及其发展

胡 进*

一、信贷资产证券化的起源

市场需求是任何创新型金融产品最本质、最核心的动力。信贷资产证券化的起源在美国住房市场明确的需求导向下创新而成。

（一）美国住房市场的明确需求

“居者有其屋”，让美国人民都有自己的住房是美国基本国策之一。该国策的推行有诸多益处：一是有助于就业与经济发展；二是有助于国民实现“美国梦”的一部分——人人有住房；三是体现出美国社会的优越性。

1929 年经济大危机爆发后，美国各大城市普遍出现严重的住房短缺，建筑业几乎处于停滞状态，贫民窟状况的恶化在许多城市引发了社会动荡。面对如此严重的住房危机，联邦政府开始全面介入住房领域。1937 年，联邦政府出台了美国第一部公共住房法，即《美国住房法》（United States Housing Act）。自此，美国住房建设进入实质性的发展阶段，住房建设作为一项独立且长期的措施被通过，而不再从属于其他政策方案，从而极大地增加了住房市场的供给能力。

在提供住房后，需要美国国民进行购买，但由于购买房屋的价格很高，一般人没有能力一次付清，所以需向银行贷款，从而将美国国民的需求能力转化为解决住房贷款的金融市场运作问题。

* 作者单位：广发证券股份有限公司。原载于《中国证券》2015 年第 3 期。

（二）信贷资产证券化诞生于美国住房 GSE[①] 体系

为解决住房贷款的金融市场运作问题，美国政府开始设立住房 GSE，逐步建立起了完善的 GSE 体系。实际上，我们对美国住房 GSE 并不陌生，其中最知名为“两房”——美国联邦国民抵押贷款协会（Federal National Mortgage Association，简称 Fannie Mae，即“房利美”）和联邦住房贷款抵押公司（Federal Home Loan Mortgage Corporation，简称 Freddie Mac，即“房地美”）。GSE 主要机构发展及金融运作如下：

首先，需要为住房贷款解决资金供给问题。美国联邦于 1932 年资助建立联邦住房贷款银行系统（Federal Home Loan Banks，简称 FHL Banks），该系统拥有 12 家政府资助的银行，为提供住房按揭贷款业务的美国金融机构按需提供稳定、低成本的资金。

接着，为让银行体系顺利地给购房者发放银行贷款，美国国会于 1934 年通过《国家房屋法案》（National Housing Act），成立“联邦住房管理局”（Federal Housing Administration，简称 FHA），为购房者的抵押贷款提供保险功能，至今已为 3 400 万住房提供了抵押贷款保险，为全球最大的住房抵押贷款保险人。其后，美国国会 1965 年通过《住房和城市发展部法案》（Department of Housing and Urban Development Act），成立住房和城市发展部（Department of Housing and Urban Development，简称 HUD），作为“内阁级机构”，将 FHA 纳入归其中，这更为突出地显示了 FHA 的地位与重要性。

随着住房抵押贷款规模的巨幅提升，放贷银行的期限错配风险大幅增加。为此，美国政府于 1938 年出资设立了美国第一大 GSE——房利美，用以扩大二级房屋消费市场上资金的流动性。接着，房利美业务不断扩张，规模快速发展。1944 年，房利美的权限扩大到贷款担保，公司主要由美国退伍军人事务部（United States Department of Veterans Affairs，VA）负责管理；1954 年，房利美发展成为股份制公司后逐步私有化，于 1968 年成为一个私有的股份制公司并于 1970 年在纽约股票交易所上市。伴随着私有化的同时，美国国会 1968 年从房利美分割出“政府国民抵押协会”（Government National Mortgage Association，简称为 Ginnie Mae，即吉利美）作为 HUD 的下设机构，为政府全资单位，与联邦政府享有相同的信用评级。1970 年，出于竞争考虑，国会成立美国第二大的 GSE——房地美，商业规模仅次于房利美，业务跟房利美几乎完全一样。

房利美、房地美与吉利美（以下简称“三美”）的主要目的是盘活银行资产的流动性，把银行的按揭贷款买过来，再转卖给其他投资者。为达此目的，信贷资产证券化应运而生。最早的也是现今规模最大的信贷资产证券化产品即为住房抵押贷款证券化产品（Mortgage - Backed Security，简称 MBS）。“三美”主要的业务即为发行 MBS，其中吉利美为联邦政府全额出资设立的公共公司，享受政府的信用。两房虽为私人拥有的上市公司，但“三美”都作为联邦法律创建的 GSE，可以享受特殊的权利，包括它们可以免交各种联邦及州政府的税收，并且享受来自美国财政部巨额资金的信贷支持。房利美于 1992 年成为全球最大的 MBS

① GSE 为政府资助企业（Government - Sponsored Enterprise）的简称，是指由美国国会按照联邦章程设立但由私人控股的一类金融服务机构，其设立的目的在于为特定借贷市场，比如农业、家庭住房、教育等提供更加便利和较低成本的信贷支持。其运作原理为：通过增强这些部门信贷资产的流动性，使这些部门的资本市场更有效和透明，减少投资者和其他资金供应者的风险更容易获得信贷支持并降低其借贷成本。美国第一家 GSE 是农业信贷系统，设立于 1916 年。

发行商和担保商，房地美次之。由于两房规模巨大，且为私有企业，为防范金融风险，美国国会 1992 年通过《联邦住房企业融资安全与健康法案》，于 1993 年在 HUD 里下设联邦住房企业监督办公室（Office of Federal Housing Enterprise Oversight，简称 OFHEO），以对房利美与房地美进行监管，但依然未能阻挡 2008 年金融危机的到来。美国政府为拯救 MBS 市场及美国金融市场，于 2008 年 9 月 7 日宣布从即日起接管陷入困境的两房。至此，三美皆由政府掌控运作（见表 1）。

表 1　　美国主要住房 GSE 机构

美国住房 GSE	成立时间（年）	2012 年末资产规模（亿美元）
联邦住房贷款银行系统（FHL Banks）	1932	313
美国联邦国民抵押贷款协会（房利美）	1938	32 810
联邦住房贷款抵押公司（房地美）	1970	19 700
融资公司（Financing Corporation，简称 FICO）	1987	—
全国退伍军人商业发展公司	1999	—

注：—表示未知。

资料来源：根据公开资料整理，广发证券股份有限公司。

可以看出，信贷资产证券化诞生于美国住房 GSE 体系。通过总结美国住房 GSE 体系的金融运作框架，可以更清晰地显示出信贷资产证券化诞生的必然性及其重要性。

（三）美国住房 GSE 体系的金融运作框架

1. 购买者向提供住房按揭贷款的美国金融机构申请住房贷款融资。

2. 为让美国国民能获得足量且成本较低的房贷融资，一方面由 12 家政府资助的联邦住房贷款银行系统为提供住房按揭贷款的美国金融机构按需提供稳定、低成本的资金供给；另一方面由联邦住房管理局为购房者的房贷提供保险。由于这些机构皆为美国政府下设机构，这些房贷的信用评级获得了等同于美国政府的高信用评级。

3. 房贷期限非常长且规模巨大，显著地增加了提供房贷的金融机构的系统风险，因此，为增加金融机构房贷资产的流动性及分散风险，三美开始收购政府担保的住房抵押贷款，设计打包这些房贷资产进行证券化，即发行 MBS，信贷资产证券化由此诞生。

4. MBS 能帮助提供房贷的金融机构及时回流资金并剥离房贷风险，以助金融机构继续提供房贷，实现上述 1—3 步的循环操作（见图 1）。

（四）信贷资产证券化诞生过程的启示

1. 有强烈的市场需求推动是信贷资产证券化发展的核心原动力。美国政府“居者有其屋”的国策造就了信贷资产证券化的诞生。

2. 信贷资产证券化的成功诞生依赖于政府体系的全力支持。一是通过立法，明确给予法律体系的支持；二是明确税收政策，在税收方面给予实际的优惠；三是利用政府信用做担保，提高信贷资产证券化的信用评级，降低融资成本；四是对信贷资产证券化过程中的相关技术环节做出明确规定。

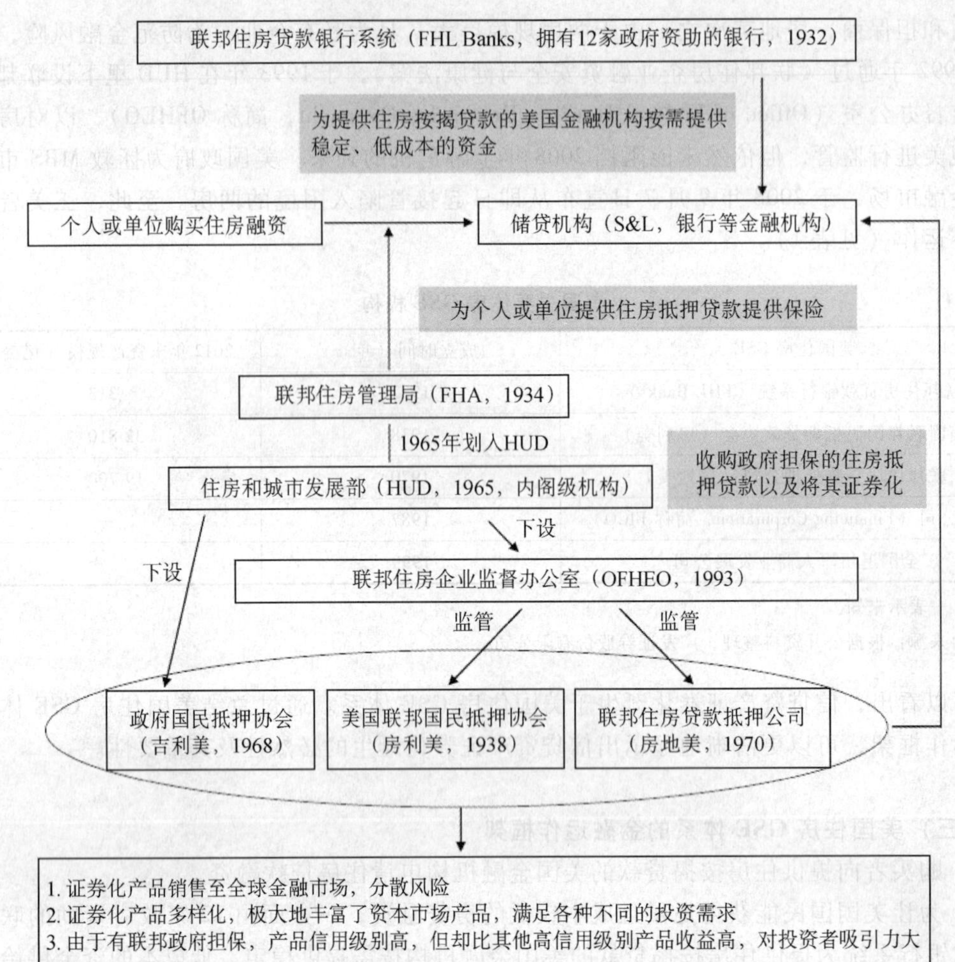

图 1 美国住房 GSE 运作框架与信贷资产证券的诞生

资料来源：根据公开资料整理，广发证券股份有限公司。

（1）MBS 最大的风险来源于房贷早偿风险，对 MBS 估价及设计影响重大，但估算早偿率及其变化却非常困难。为此，美国 FHA 每年归集过去为中低收入户提供保险的房贷资料，加以整理分析后得出提前还本曲线，其后由公共证券协会（Public Securities Association，简称 PSA）将 FHA 经验值加以简单化、线性化，使得早偿率的假设有实证上的依据，但又不至于太复杂，一般将其称为“PSA 经验值指标”。该方法成为现今市场上最常使用的方法，也被强制规定作为房贷资产证券化早偿率的规范使用指标。由此，建立了行业统一技术标准。

（2）住房 GSE 选择进行 MBS 的标的为“标准贷款”，标准贷款对贷款支付收入比、贷款比例、贷款金额等指标做出了详细规定，便于 MBS 标的资产的选择及 MBS 产品质量的统一化与标准化，避免由于投资者专业知识的限制在挑选 MBS 遇到困难，免除投资者的担忧。

3. 信贷资产证券化的成功诞生得益于美国成熟的金融市场支持。MBS 发行规模巨大，巨大的市场空间吸引了发达的美国金融市场为其服务，将 MBS 销售给全球市场投资者，建立了成熟的流动市场，将美国银行机构及美国国民的房贷风险分散给全球投资者共同承担，利用全球金融市场为美国“居者有其屋”的政策服务。

4. 信贷资产证券化的成功诞生需要出色的金融创新设计能力。美国金融机构设计的信贷资产证券化产品能填补金融市场的空缺，吸引投资者，满足投资者的需求。一般债券价值与利率呈现反向关系，但是 MBS 由于存在早偿风险，其价值与利率的关系不确定，为债券投资者提供了全新的多样化选择。MBS 的估值与利率关系不确定的本质原因为美国住房抵押贷款为固定利率贷款。当利率上升时，房贷者会选择延迟偿还房贷，因为当前的资金价值高于房贷时的资金价值；反之，当利率下降时，房贷者选择早偿更为有利，因为当前的资金价值低于房贷时的资金价值。因此，MBS 的早偿特性可视为借款人持有美式期权。当利率下降时，产生负凸性，反映了投资者卖空一个期权；反之，如果利率较高，投资者几乎不可能提前还本重新举债，该期权几乎无价值，此时 MBS 会表现得与一般债券一样，具有正凸性。

二、信贷资产证券化的发展与衍生

（一）产品设计的发展

初始的 MBS 仅为转付证券，仅依照标的资产产生的现金流量按时直接依投资比例分配给投资人，不会对现金量进行重新安排设计。其后，针对转付证券不确定的提前还本风险设计出了偿付证券，将收到的房屋抵押贷款池的现金流重新分配，以设计出各种商品，重组提前还本的风险并满足投资人不同的需求。此种不同时间序列的产品系列称为抵押担保债券（Collateralized Mortgage Obligations，以下简称 CMO）。

CMO 的基本概念是以住宅抵押债权为担保，依偿还期限及利率不同而设计不同的债券系列，当有任何早偿发生时，则由较短期的债券先行吸收，待短期债券完全清偿后再由较长到期日的债券吸收早偿。换言之，将早偿风险重新分配至到期期限与票面利率不同的债券，如此，拥有不同价格表现特性的债券就产生了。例如只付利息债券（Interest Only，简称 IO），只付本金债券（Principal Only，简称 PO），浮动利率 CMO（Floating CMO，简称 FRC-MO），超级浮动利率债券（Superfloater，简称 SFL），反浮动利率债券（Inverse Floater），计划分期偿还债券（Planned Amortization Class，简称 PAC）等众多债券品种，极大地丰富了债券市场。

上述概念最具体的实现就是顺序支付债券（即我们熟知的优先/劣后级产品概念），此为 CMO 最早的设计。顺序支付债券最早由房利美 1983 年推出。站到前面的投资人要先行吸收早偿风险，给此种投资人较高的利率以弥补其所承担的风险。因此，在 CMO 中所看到前面系列的票面利率会与市场上其他相同到期期限的公司债券大不相同。

CMO 会重新安排资产池的总现金流量、总价值，以及总风险给不同层级的证券。在所有时点，各层级的总现金流量、总价值和总风险都必须等于原始资产池的担保品。资产池各层级的投资组合的加权存续期间和凸性相加之后，必须等于原来资产池的存续期间和凸性。

CMO 有别于 MBS 过手转付，而具有“分配支付”的性质，所以 CMO 不符合“被动经营”原则，无法以“让与信托”发行转付证券，且无法享有信托免税的待遇，但经游说，1986 年美国修正税法条款赋予 CMO 优惠的税负待遇，就是所谓的《不动产抵押贷款投资管道法案》（Real Estate Investment Mortgage Conduits，简称 REMIC），规定发行 CMO 可享有免税待遇。由此，政府部门 CMO 的快速增长，截至 2014 年第 4 季度存量已达到 1.14 万亿美元（见图 2）。

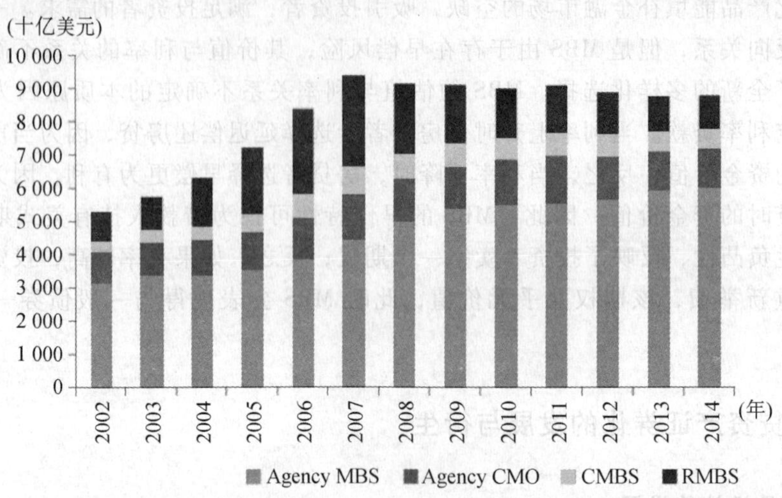

图 2 美国政府机构 MBS、CMO 及非政府部门 MBS 的存量情况

资料来源：Securities Industry and Financial Markets Association（以下简称 SIFMA），广发证券股份有限公司。

（二）标的的扩展

除信贷资产外，标的资产也发展到固定资产等非债权领域，一般将这些资产证券化产品统称为 ABS，于是产生了“只要有现金流，即可证券化”的名言。截至 2014 年第 3 季度，美国 ABS 的存量规模已达到 1.3 万亿美元，但占美国债券市场的比例仅为 3.42%（见图 3）。

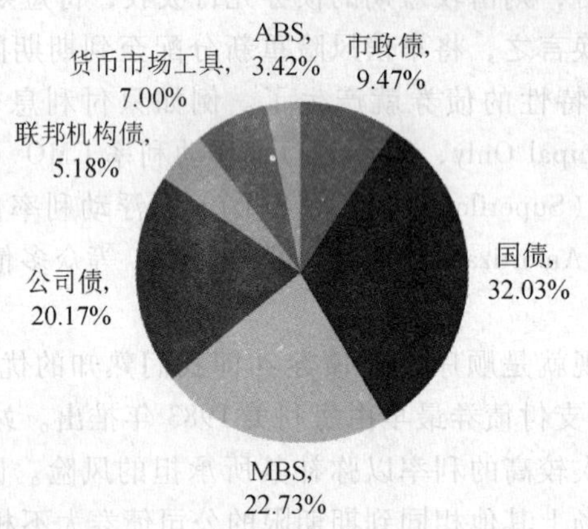

图 3 2014 年第三季度美国债券市场构成情况

资料来源：SIFMA，广发证券股份有限公司。

在住房抵押贷款成功进行证券化后，以其他贷款资产为标的的资产证券化也随之发展起来。首先考虑的就是汽车贷款（以下简称“车贷”）。因为车贷与房贷的特性相似，房贷证券化的经验可快速移植至车贷证券化上使用。车贷证券化也随之快速发展，截至 2014 年末，车贷资产证券化产品规模已达到 1 792 亿美元，在美国 ABS 市场占比达到 13.42%，一直维持十分重要的地位。

车贷证券化也成为 MBS 跨入 ABS 的桥梁，其他类型的信贷与类信贷标的（包括信用卡贷款、学生贷款、租赁租金及商业本票等）皆逐步成为信贷资产证券化的标的。其中，信用卡贷款与学生贷款证券化产品规模较大。截至 2014 年末，学生贷款资产证券化产品规模已达到 2 165 亿美元，在美国 ABS 市场占比达到 16.21%，地位非常重要，目的也是支持助学贷款的发放，培育人才；信用卡贷款资产证券化产品规模已达到 1 365 亿美元，在美国 ABS 市场占比达到 10.22%。信用卡贷款资产证券化可以说是 ABS 中的明星产品，因为其技术及设计环节要比其他产品的难度高出很多（见图 4）。

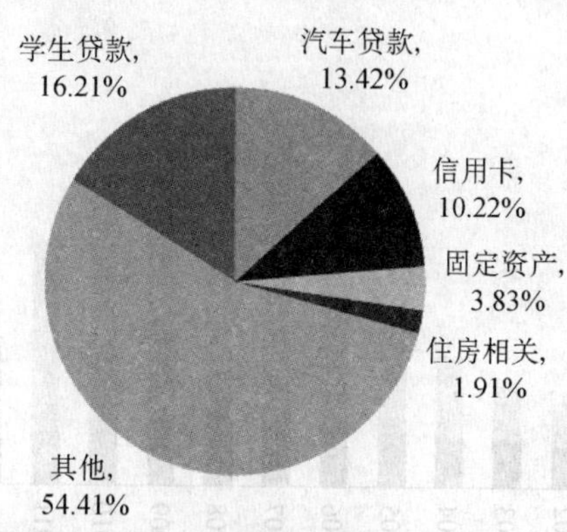

图 4 2014 年底美国 ABS 市场构成情况

资料来源：SIFMA，广发证券股份有限公司。

（三）衍生品发展

各金融机构购买 MBS 与 ABS 债券之后，以这些债券产生的现金流作为担保发行担保债务凭证（Collateralized Debt Obligation，简称 CDO），这是信贷资产证券化产品的第一级衍生品。

在信用违约互换（Credit Default Swap，简称 CDS）出现后，CDO 在此基础上与 CDS 进行融合设计得到合成式 CDO 证券（Synthetic CDO），系 CDO 的衍生性产品。随后，以 CDO 证券为基础发行新的证券，即 CDO 平方、CDO 立方等一系列衍生产品层出不穷。经过多层衍生和复杂的结构化处理以后，这些债券品种与基础资产的联系越来越薄弱。同时，高层级的 CDO 往往设计了复杂的内部增信结构，使用复杂的数学模型来计算预期收益，这使得投资者已经很难准确判断基础资产的风险，只能依靠评级机构的评级，一旦评级机构过于乐观地估计资产质量，风险就会凸显（见图 5、图 6）。

图 5 CDO 运作模式

资料来源：广发证券股份有限公司。

图6 CDS交易结构

资料来源：广发证券股份有限公司。

截至2014年，全球CDO存量已达到1 157亿美元，其衍生品存量已远超CDO本身，达到1 710亿美元。其发展情况参见图7。

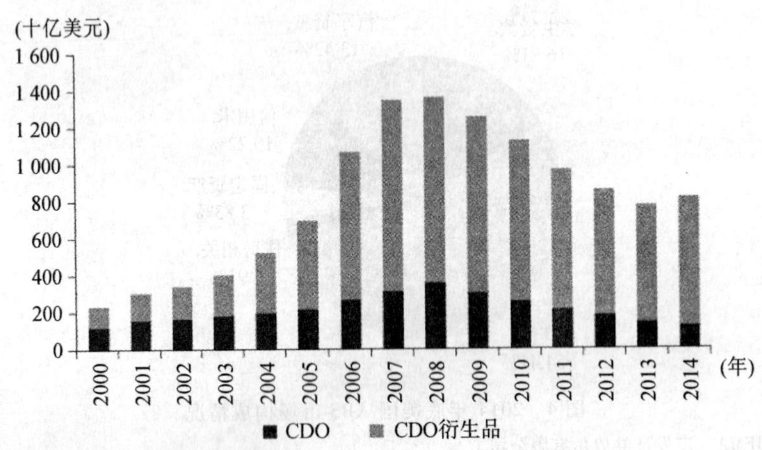

图7 全球CDO及衍生结构化产品的存量情况

资料来源：SIFMA，广发证券股份有限公司。

（四）全球化发展

借鉴美国住房市场信贷资产证券化的成功经验，其他国家也建立了与美国住房信贷体系相似的体系，例如日本的住宅金融公库，属政府的金融机构，英国将其称为住房协会。这些机构初始资金来源主要是协会会员交纳的股金和吸收的存款（美国和日本的这类金融机构可以发行债券和接受政府资金）。住房协会吸收的股金和存款一律付息，利息通常高于银行，且有减免税优惠，这就使得住房协会对小额储蓄者具有很大的吸引力。住房协会所吸收的存款和股金的利息按日计算，每年付息两次，但有许多利息并不支付现金，而是直接再投资，增加资金流入，其资产的90%用做购买新旧住房的抵押贷款，10%用做土地担保贷款和无担保贷款。随之，将这些购买的住房抵押贷款证券化，MBS与ABS也踊跃发展，但存量远小于美国市场。以欧洲为例，截至2014年，欧洲MBS存量为1 561.1亿美元，ABS存量为626.3亿美元，CDO存量为189.3亿美元（见图8、图9）。

（五）信贷资产证券化发展的启示

1. 基于重新分配现金流，进行主动管理开发的CMO及其一系列产品，如IO、PO、FRCMO、SFL、Inverse Floater 、PAC等众多债券品种极大地丰富了债券市场，满足了各种不同投资者的需求，推动了金融市场的发展。

2. 虽然标的资产大幅增加，但ABS的存量仅占MBS存量的10%左右。这说明多年来，

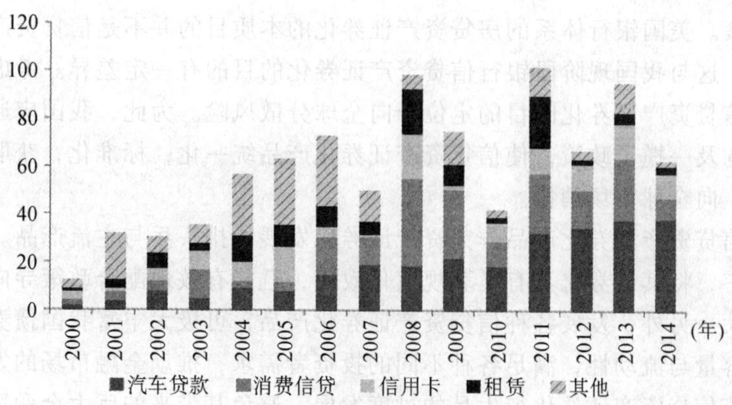

图 8 欧洲 ABS 市场构成情况

资料来源：SIFMA，广发证券股份有限公司。

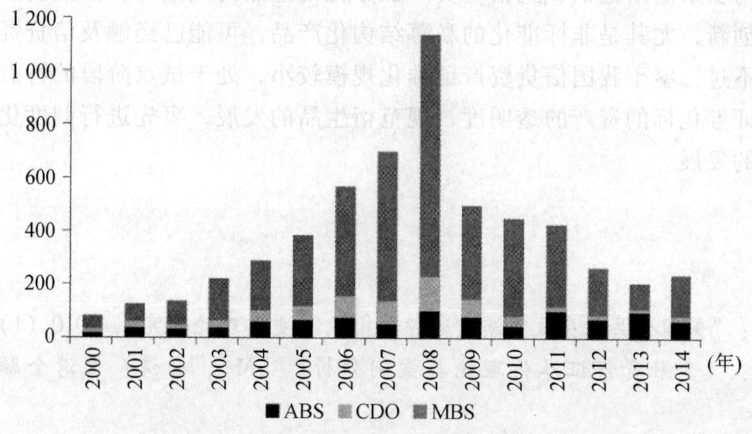

图 9 欧洲资产证券化产品市场构成情况

资料来源：SIFMA，广发证券股份有限公司。

住房信贷资产证券化一直都是资产证券化的绝对主流产品。

3. 虽然许多国家的 MBS、ABS 市场都有显著发展，但市场容量远小于美国市场，如欧洲市场的 MBS 存量不足美国市场存量的 1%。这充分说明，美国政府体系是在明确目标指导下的完整体系运作，完善了税收、法律等一揽子政策。

4. 防止衍生品过度发展带来巨大的金融风险。以 MBS、ABS 等债券为基础发行的 CDO 证券，以及以 CDO 为基础发行新的证券，即 CDO 平方、CDO 立方等一系列衍生产品，规模巨大，模糊了资产结构，风险凸显，被认为是 2008 年金融危机的罪魁祸首。2008 年后，美国 CDO 及其衍生品存量已下降了 50%，欧洲市场萎缩了 80% 以上，而且还处于下降趋势之中。美联储的定向宽松政策支持了美国 MBS 市场渡过难关，但存量依然逐步下滑，相比 2007 年的高点已下降了 20% 左右。

三、对我国的信贷资产证券化发展的建议

第一，我国发展信贷资产证券化须首先明确宏观经济与政策目的，并建立一整套完善的

服务机构及政策。美国银行体系的房贷资产证券化的本质目的并不是信贷资产出表，而是融资且分散风险。这与我国现阶段银行信贷资产证券化的目的有一定差异。考虑到现阶段的背景，我国应将信贷资产证券化的目的定位于向全球分散风险。为此，我国应通过建立一整套完善的服务机构及一揽子政策，使信贷资产证券化产品统一化，标准化，获取国际信用评级机构的高评级，向全球市场销售。

第二，将信贷资产证券化产品作为资产证券化发展的排头兵与主流产品。信贷资产规模巨大，容易推广，将其证券化具有显著规模化效应，且能有效地配合政策导向支持宏观经济发展，意义重大。另外，发展各种信贷资产证券化产品，可极大丰富我国债券市场，极大提高债券市场的容量与流动性，满足各种不同的投资者需求，推动金融市场的发展。

第三，防范信贷资产证券化衍生品的过度发展，避免其带来的巨大金融风险，做好事前制度规范。由于我国信贷资产证券化业务刚处于试点阶段，相关政策尚未关注到该方面。市场中的金融机构在未清晰地认识到信贷资产证券化衍生品的风险时，依然会采用各种方式进行金融产品的创新，尤其是非标准化的私募结构化产品，可能已经触及信贷资产证券化的衍生产品系列。不过，鉴于我国信贷资产证券化规模较小，处于试点阶段的特点，我们需明确保持信贷资产证券化标的资产的透明度，规范衍生品的发展，事先进行制度化防范，避免其后出现不可控的发展。

参考文献

[1] 李莉："美国公共住房政策演变述评"[J],《史学理论研究》, 2010 (1): 113—124。

[2] 储蓉：《金融资产证券化理论与案例分析》[M], 台湾：台湾金融研训院, 2006 年第 2 版。

[3] Steven L. Schwarcz, Structured Finance: A Guide to the Principles of Asset Securitization [M], Edition: 3rd, USA: November, 2004, p1 - 10.

[4] Andrew Davidson, Anthony sanders, Lan - ling Wolff, Anne Ching, Securitization: Structure and Investment Analysis [M], USA: August 2003, p3 - 9.

国际投行 FICC 业务的现状及其对国内证券公司业务发展的启示

温思雅*

FICC 业务（固定收益、外汇及大宗商品业务）是国际投资银行的主要业务，主要业务模式包括代理交易、做市服务、产品设计、管理风险敞口以及相关的证券服务。本文主要分析国际投资银行 FICC 业务的内容、组织架构设置、盈利模式和业务现状，并结合国内券商的业务发展现状为国内券商的 FICC 业务发展提出针对性建议。

一、FICC 业务简介

FICC 全称是固定收益、外汇及大宗商品（Fixed Income，Currency and Commodities），其所涉及的产品线包括利率产品（Interest Rate Products）、信用产品（Credit Products）、抵押贷款（Mortgages）、外汇业务（Currencies）、大宗商品（Commodities）等。FICC 业务是国际投行的主要业务。高盛 2014 年的 FICC 业务收入为 84.61 亿美元，占公司总收入的 24.5%（2009 年高达 48.4%，见图 1 和图 2）。

在 FICC 业务中，收入占比最大的是信用产品，依次是利率、外汇、抵押贷款和商品。信用产品蕴含了信用风险，价格和收益随着标的资产的信用等级而变化，可分为投资级别公司债券、高收益债、市政债券、新兴市场债券、信用衍生品等产品。信用衍生品则主要有信用违约互换（CDS）、总收益互换（TRS）、信用连接票据（CLN）、信用利差期权（CSO）等。利率产品蕴含了市场风险，价格和收益随着市场利率而变化，主要有政府债券、利率期货、利率互换、利率期权、货币市场工具①等产品。抵押贷款主要包括抵押贷款支持证券、房地产等基础设施证券化、消费信贷及其他资产证券化等。外汇业务主要包括即期外汇

* 作者单位：广发证券股份有限公司。原载于《中国证券》2015 年第 5 期。

① 货币市场工具主要有商业票据、短期国库券、回购协议等高流动性证券。

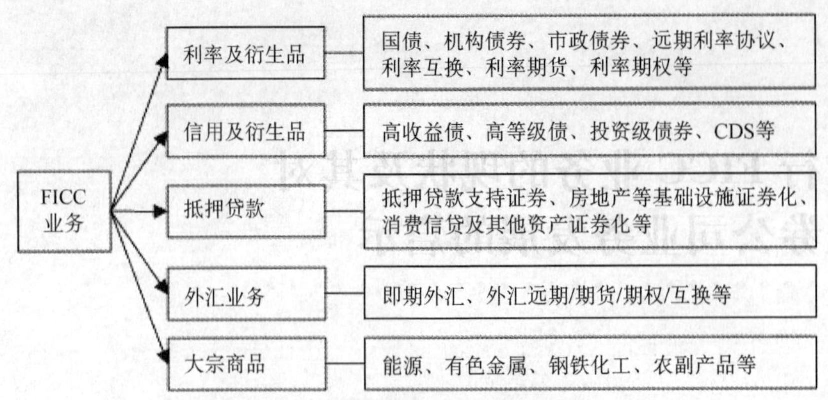

图 1　高盛 FICC 业务的内容

资料来源：高盛 2014 年年报。

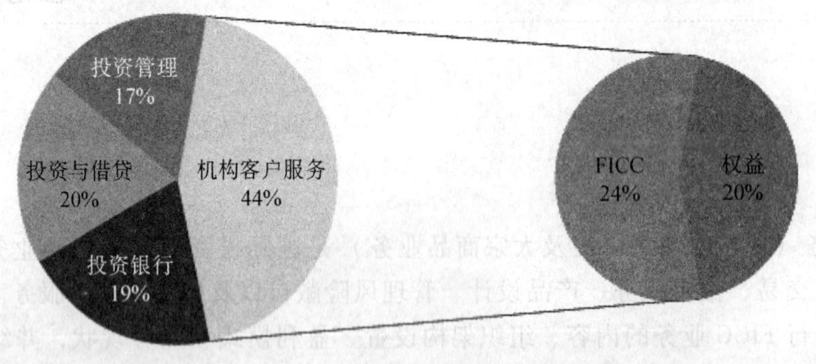

图 2　高盛 2014 年收入构成

资料来源：高盛 2014 年年报。

（现汇交易）和外汇衍生品，外汇衍生品主要有外汇远期、外汇期货、外汇期权、货币互换、外汇掉期等。大宗商品主要有原油、能源、有色、金融、钢铁、化工、农副产品等，业务模式主要有代客交易、自营、做市等方式，做市是主要的业务模式，收入占比可达 40%。

二、FICC 业务的组织架构设置

20 世纪 90 年代末，以住房抵押贷款（MBS）为代表的衍生品受到美国投资者的追捧，这为销售交易带来很大的业务空间。2002 年，高盛也将其全球资本市场部下的交易与自营、投资银行两个业务调整至一级业务部门，FICC 成为公司的二级部门。2010 年，高盛进行第二次组织架构调整，将与交易相关的业务和服务整合成为机构客户一级业务，形成投资银行、机构客户、投资与借贷、投资管理四大业务板块，机构客户下则设 FICC 和权益部门（见图 3 和图 4）。这两次的调整体现了高盛对 FICC 业务的重视，同时也体现了其以客户为中心的理念。

从交易业务的划分来看，交易可以分为自营交易（广义）和与客户相关的销售交易。FICC 业务一般置于销售交易板块之下。从动机来看，自营交易按照投行自身的意愿承担风险，不需与客户进行互动，可以分为短期的自营交易和长期的直接投资；销售交易则是为客户提供流动性（做市）或者代客交易，一般要对所持头寸进行对冲，持有的期限也不会太

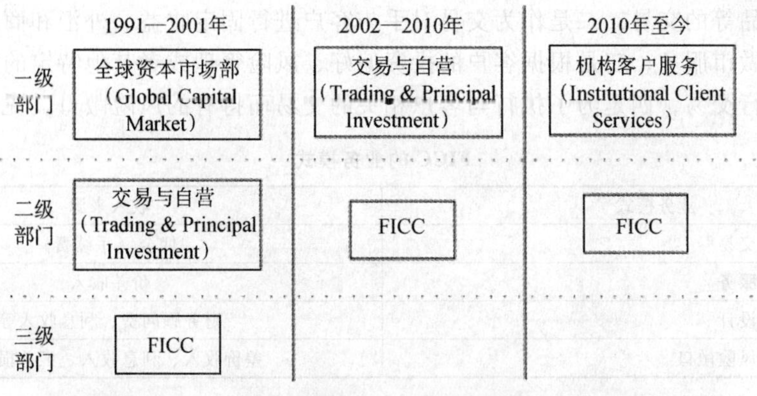

图 3 高盛的 FICC 架构演变

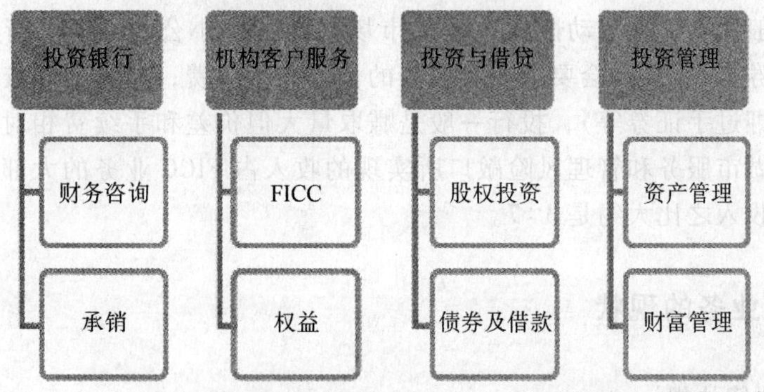

图 4 高盛 2010 年以后的组织架构

长。然而，在现实中，自营交易和销售交易的界限很难清楚界定，因为销售交易的做市也需要考虑投行的自身利益，本质上也类似于自营交易，哪怕是对所持头寸进行的对冲，也有可能是自营交易（见图 5）。

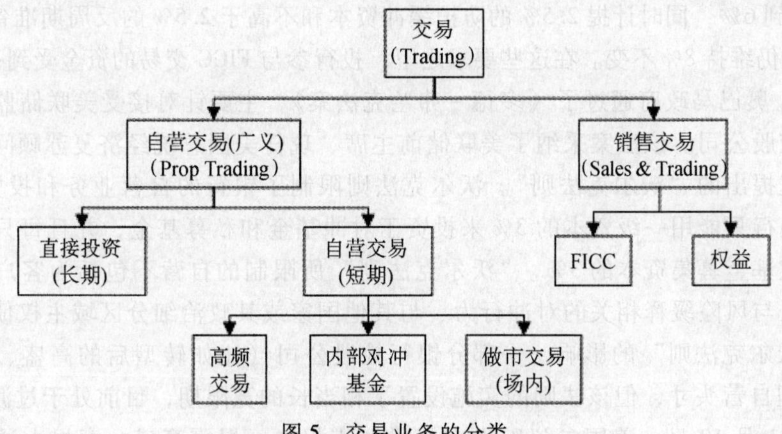

图 5 交易业务的分类

三、FICC 的盈利模式

FICC 业务内容一般有四大块：一是代理客户执行交易，包括利率、信用、资产证券化、外汇、大宗商品等的交易；二是作为交易对手与客户进行固定收益、外汇和商品的交易，实际上就是一种做市服务；三是根据客户的投资偏好、风险管理或者其他特定的需求设计结构化的产品并执行交易；四是为了执行与客户相关的交易而持有的风险敞口（见表1）。

表1 FICC的业务模式

业务模式	收入来源
1. 代理交易	佣金（手续费）
2. 做市服务	价差收入
3. 产品设计	财务顾问费、利息收入等
4. 管理风险敞口	差价收入、利息收入、汇总损益等

在上面四种业务中，投行的利润主要有佣金收入、价差收入、财务顾问费、利息收入、汇总损益等。一般而言，在流动性比较差的市场（比如中小公司债券、新兴市场货币、无机构担保抵押证券等），投行会要求相对较高的价差和手续费；在流动性较好的市场（比如美国国库券、抵押过手证券等），投行一般是赚取量大但价差和手续费相对较小的收入。从收入占比来看，做市服务和管理风险敞口所实现的收入占FICC业务的大部分，做市收入和管理风险敞口的收入之比大约是3∶7。

四、FICC业务的现状

（一）相关法律法规

对FICC业务产生较大影响的法规主要有《巴塞尔协议》和《多德-弗兰克华尔街改革与消费者保护法案》（以下简称《多德-弗兰克法案》）的“沃尔克法则”。

《巴塞尔协议》的三大支柱是最低资本要求、监督检查和市场纪律。《巴塞尔协议》对银行的资本要求不断提高，2010年的《巴塞尔协议III》更是将商业银行的核心资本充足率由目前的4%上调到6%，同时计提2.5%的防护缓冲资本和不高于2.5%的反周期准备资本，总资本充足率要求仍维持8%不变。在这些要求之下，投行参与FICC交易的资金受到一定的限制。

2010年，奥巴马政府通过了《多德-弗兰克法案》，主要针对接受美联储监管的商业银行或者银行控股公司。该法案采纳了美联储前主席、现任美国总统经济复苏顾问委员会主席保罗·沃尔克提出的“沃尔克法则”。沃尔克法则限制了银行的自营业务和投资对冲基金、私募基金，银行只能用一级资本的3%来投资于对冲基金和私募基金，并且每只基金投资的份额不超过该基金募集资本的3%。“沃尔克法则”所限制的自营不包括为客户提供流动性的做市交易、与风险缓释相关的对冲行为、与其他国家或其政治细分区域主权债券的自营交易。受到“沃尔克法则”的影响，一部分银行控股公司（比如转型后的高盛、摩根士丹利等）逐步清理自营头寸，但该法则的实施设置了相当长的宽限期，目前处于过渡阶段。

2014年11月19日，美国参议院发布一份调查报告，揭露高盛、摩根大通、摩根士丹利等华尔街投行大宗商品交易的内幕，控告其涉嫌从事高风险活动、混淆银行和商业、影响价格、获得交易优势、造成新的银行风险、使用无效规模限制、缺乏关键信息等八宗罪。若后续出台相关的法案，华尔街投资的大宗商品交易将会进一步受限，华尔街投行的FICC业务也会因此遭受打击。

（二）美国投行的 FICC 业务现状

美国投资银行的交易业务在金融危机中严重受挫。根据美国证券行业与金融市场协会（SIFMA）的统计，美国证券业在 2008 年的交易收入亏损达到 650 亿美元。2009 年以后，交易业务扭亏为盈，但此后进入下行区间（见图 6）。作为交易业务之一，FICC 业务收入也出现下滑。根据 Bloomberg 统计，美国前 9 大投行在 2013 年的 FICC 收入达到 731. 98 亿美元，而在 2014 年只有 691. 42 亿美元，同比下降 5. 5%。2014 年第四季度，美国前 9 大投行的 FICC 收入只有 114. 36 亿美元，而在 2012 年和 2013 年则分别为 151. 36 亿美元和 141. 61 亿美元，分别下降 24. 4% 和 19. 2%（见图 7）。以高盛为例，FICC 业务在 2009 年的收入达到 218. 83 亿美元，此后基本上是逐年下降，到 2014 年只有 84. 61 亿美元，累计降幅达 61. 3%（见图 8）。

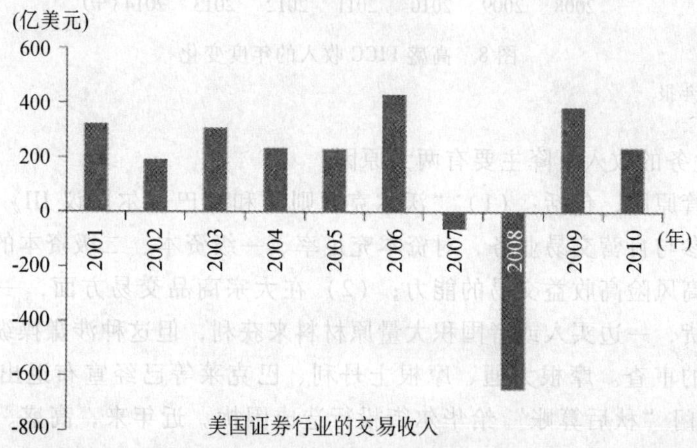

图 6 美国金融机构的 FICC 收入

注：统计企业是在美国金融业监管局（FINRA）注册的会员企业。

资料来源：SIFMA。

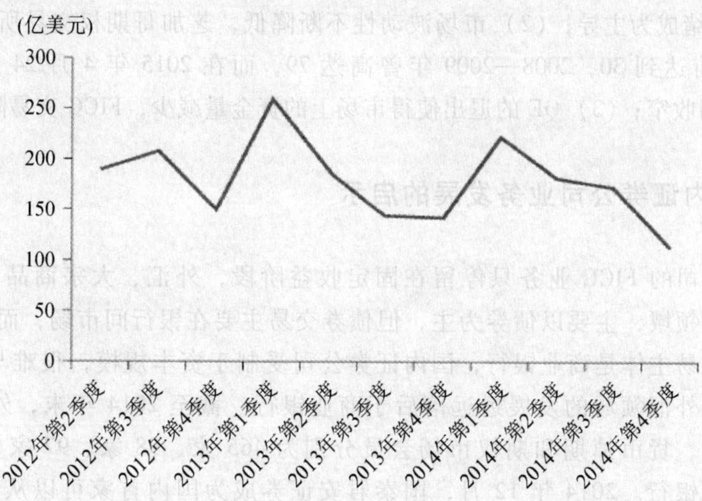

图 7 美国前 9 大投行 FICC 收入的季度变化

注：从 FICC 业务收入的变化情况来看，每年第一季度的销售交易收入最高，逐季下滑，第 4 季度到底，然后在下一年的 1 月交易收入又攀升。这主要是受季节性因素的影响，年初时市场上的资金普遍比较充足，基金经理和投资者往往会在第一季度大举押注；年底的时候投资热情下降，资金量收缩，再加上圣诞长假，所以交易量较低。

资料来源：Bloomberg。

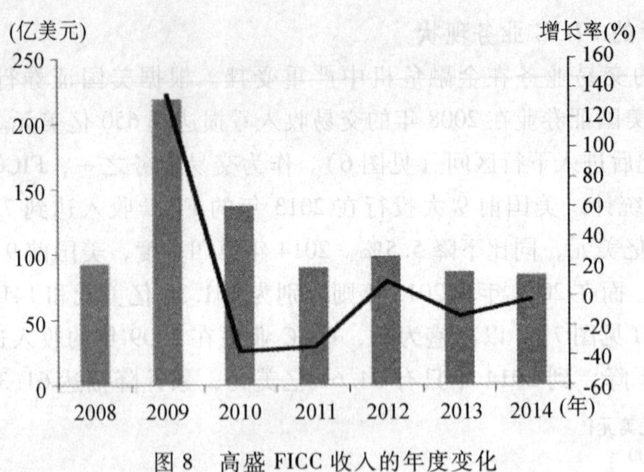

图8 高盛FICC收入的年度变化

资料来源：高盛年报。

美国FICC业务的收入下降主要有两大原因：

第一个是监管原因，包括：（1）“沃尔克规则”和《巴塞尔协议III》的监管要求限制接受存款的银行参与自营交易业务，对资本充足率、一级资本、二级资本的要求也限制了银行使用杠杆进行高风险高收益交易的能力；（2）在大宗商品交易方面，一些金融机构通过一边交易商品期货，一边买入或者囤积大量原材料来获利，但这种涉嫌操纵商品价格的做法遭到了十分严格的审查。摩根大通、摩根士丹利、巴克莱等已经宣布退出部分大宗商品交易；（3）监管部门“秋后算账”给华尔街投行造成困扰。近年来，高盛、摩根大通、美林证券、德意志银行、花旗银行、巴克莱就相继被罚款，原因是这些投行没有对所销售的产品（如MBS）进行正确的披露。

第二个是市场原因，包括：（1）市场交易量下降导致FICC交易量下滑，在二级市场上，投资者的避险情绪成为主导；（2）市场波动性不断降低，芝加哥期权交易所市场波动率指数（VIX）在危机前达到30，2008—2009年曾高达79，而在2015年4月24日，该指数只有14.03，价差空间收窄；（3）QE的退出使得市场上的资金量减少，FICC交易随之下降。

五、对国内证券公司业务发展的启示

国内证券公司的FICC业务只停留在固定收益阶段，外汇、大宗商品两种业务发展滞后。在固定收益领域，主要以债券为主，但债券交易主要在银行间市场，而银行间市场主要的承销机构和交易主体是商业银行，国内证券公司受制于资本规模，很难与商业银行竞争。国内证券公司在外汇领域的发展远远落后于商业银行。截至2014年末，外汇市场的即期、远期、外汇掉期、货币掉期和期权市场会员分别为465家、98家、97家、84家和39家，绝大部分为商业银行。2014年12月，国泰君安证券成为国内首家可以从事即期结售汇业务、人民币与外汇衍生产品业务的证券公司。国内有将近100家证券公司具有外汇经营资格，但只允许从事外币有价证券经纪业务、外币有价证券承销业务、外汇资产管理业务，不允许在外汇市场上进行自营或者代客外汇买卖业务。在大宗商品领域，国内证券公司不能直接参与商品现货市场，只能通过控股或参股的期货公司参与经纪与自营交易，或者通过向期货公司推荐客户来赚取经纪佣金。相比其他两项业务，国内证券公司在大宗商品领域具有相对优势。目前，中信证券已经开展贵金属（黄金）、航运指数、动力煤、铁矿石、碳排放等品种业务，并积极拓展现货相关业务；招商证券完成场外铁矿石和动力煤掉期首单交易，成为上海清算所场外大宗商品掉期及 FFA 业务（Forward Freight Agreement，远期运费协议）的主要做市商；广发证券、华泰证券、国泰君安证券、中金公司、中银国际证券等证券公司也开展了大宗商品的自营业务。

由于国内监管法规的限制以及市场建设的不完善，国内证券公司的 FICC 业务还处于起步阶段。随着 FICC 业务的不断发展，证券公司将会逐渐成为市场的组织者、流动性提供商、产品设计者、交易对手方和风险管理者。针对国内证券公司的 FICC 发展，提出以下建议：

第一，丰富 FICC 产品种类。相对于海外市场，国内的 FICC 品种还较少，海外一些成熟的产品如通胀保值债券、本息分离债券、利率期货、利率期权、利率指数期货、抵押担保债券（CMO）、外汇期货、商品期权、商品指数期货等产品在国内尚属空白，应该加快研制推出更多的 FICC 产品，完善投资者的风险对冲与套期保值方式。鉴于证券公司在大宗商品领域的相对优势，建议综合性证券公司加大在大宗商品领域的业务开发力度，加快申请相关的业务资格，培育跨产品、跨市场的投资研究实力。

第二，完善 FICC 的业务链条。国内的 FICC 业务主要是债券的自营，证券公司可以加大在 FICC 经纪业务、做市业务、产品设计和风险敞口管理方面的业务开发，扩大业务范围。在 FICC 业务中，虽然管理风险敞口所形成的收入占大部分，但这些收入也主要是依托于做市业务，因此客户关系仍将是 FICC 业务开拓的基础。在做市方面，目前国内证券公司所能从事的做市业务主要是场内交易所交易基金（ETF）做市、新三板做市以及部分柜台交易市场（OTC）产品的做市，未来可加大 FICC 做市业务的开发。

第三，加快境外同业并购。受到《巴塞尔协议 III》和“沃尔克法则”的影响，国际投行纷纷退出大宗商品业务。2015 年以来，巴克莱、摩根大通、德意志银行、摩根士丹利等都出售或者退出了某些大宗商品业务，摩根士丹利更是提出要进行“轻交易重财富管理”的战略转型，发放更多的贷款和提供更多的固定收益理财产品，业务重心转向财富管理和证券承销等非 FICC 业务。国内证券公司可以考虑在风险可控、优势互补、利润增长的前提下，通过境外同业并购加快完善 FICC 业务链条。

第四，丰富证券公司的融资渠道。FICC 业务是重资产业务。以高盛为例，2014 年的机构客户服务收入为 152 亿美元，占用公司资产高达 6 960 亿美元，而在机构客户服务中，FICC 占据了大部分资产。由此看来，国内证券公司若要发展 FICC 业务，必须有雄厚的资本实力。为此，可以适当放宽证券公司的融资渠道，支持证券公司开展 FICC 业务。

加强市场信用建设　推进公司债券市场发展

金　赟　温晓丽 *

多数境外成熟资本市场结构中的债券市场规模是股票市场规模的数倍，我国债券市场在近年来虽然取得了长足发展，但市场规模相对股票市场规模而言仍然较小。截至 2015 年 4 月末，我国债券市场余额占境内上市公司总市值的 66.83%，其中公司信用类债券①市场余额只占境内上市公司总市值的 19.77%，公司信用类债券市场仍是我国资本市场体系中的一块短板。此外，债券融资与股票融资相比具有成本低且能够保持企业控制权的优势，与银行贷款相比具有灵活性强的优势，因而其本该是现代企业尤其是中小企业解决融资难题的有效手段，但是从我国债券市场发展现状来看，其直接融资功能并未得以充分发挥和利用。据 Wind 数据统计，2014 年我国新增企业债券融资规模占社会融资规模的比重为 14.74%，而新增人民币贷款占社会融资规模的比重为 59.44%，间接融资依然占主要地位。

为贯彻落实《国务院关于进一步促进资本市场健康发展的若干意见》，推动多层次资本市场建设，拓展直接融资渠道，促进资本市场服务实体经济，监管层高度重视并积极推进债券市场发展改革。中国证监会于 2015 年 1 月公布的《公司债券发行与交易管理办法》（以下简称《管理办法》）在丰富发行方式、扩大发行主体范围、简化发行程序、加强市场监管和投资者权益保护方面做了积极改进，体现了党的十八届三中全会“发展并规范债券市场，提高直接融资比重”的精神。《管理办法》的公布为公司债券市场带来了新的发展机会。

一、我国公司债券市场发展现状

（一）发展虽快规模尚小，扩容空间较大

2007 年 8 月 14 日，中国证监会公布《公司债券发行试点办法》（以下简称《试点办

* 作者单位：财通证券股份有限公司。原载于《中国证券》2015 年第 6 期。

① 根据中国人民银行货币政策执行报告，公司信用类债券包括非金融企业债务融资工具、企业债券以及公司债、可转债、分离债、中小企业私募债等。

法》），自此，公司债券市场的发展正式拉开帷幕，并且在近年来取得了快速发展。我国每年发行的公司债券数量占整个债券市场发行数量的比重由 2007 年的不足 1% 增加到目前的 10% 左右。虽然 2007 年以来公司债券市场发展较快，但其融资规模却微乎其微，每年发行的公司债券规模占整个债券市场发行规模的比重维持在 1%—2%，每年公司债券净融资额占整个债券市场净融资额的比重由 2007 年的不足 1% 仅提升到现在的 5% 左右。从我国债券市场余额结构来看，我国债券市场存量主要是政府信用主导的债券，而市场信用类的债券存量规模较小。截至 2015 年 5 月 31 日，我国债券市场存量规模为 38.58 万亿元（见图 1），其中国债、金融债、地方政府债总的存量规模占比高达 62.63%，企业债存量规模占比为 7.85%，而公司债券市场存量规模仅为 7 661.46 亿元，占比为 1.99%。

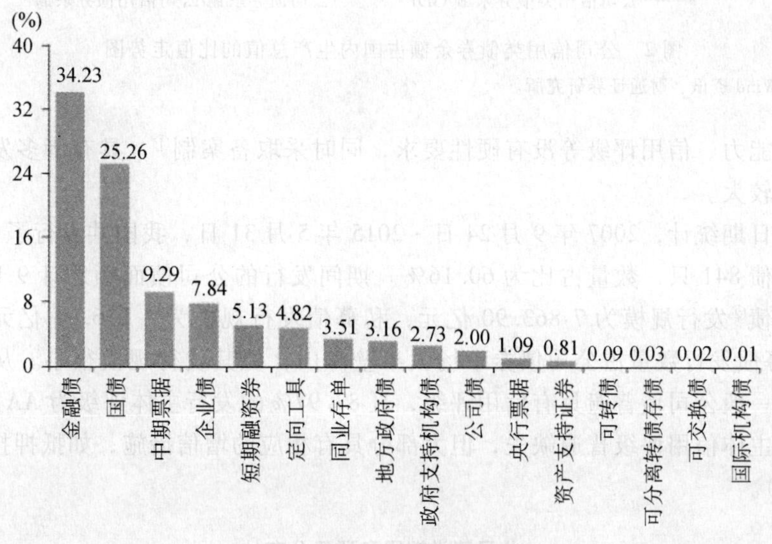

图 1　中国债券市场余额结构图

资料来源：Wind 资讯、财通证券研究所。

尽管 2007 年以来，债券市场创新提速，公司信用类债券规模大幅增加，公司信用类债券余额占 GDP 的比重从 2007 年末的 2.87% 提高至 2014 年末的 17.37%，然而 2014 年末公司债券余额在信用类债券余额的占比仅为 6.94%（2014 年年末公司债券余额占 GDP 的比重仅为 1.21%）。我国公司债券市场规模依然偏小，尚有较大的发展空间（见图 2）。

（二）公司债券市场创新加速，中小企业"望尘莫及"

公司债推出的目的之一是为非金融企业拓宽直接融资渠道，解决非金融企业通过银行贷款融资难、融资贵的问题。为了解决中小企业融资难题，中国证监会和证券交易所在 2011 年、2012 年先后推出创业板私募债和中小企业[①]私募债。为了拓宽企业并购重组融资渠道，证券交易所于 2014 年 11 月推出并购重组债，公司债券市场创新连连。由于私募债对发行人

① 中小企业是指符合《关于印发中小企业划型标准规定的通知》（工信部联企业［2011］300 号）规定的，但未在上海证券交易所和深圳证券交易所上市的中小微型企业，暂不包括房地产企业和金融企业。

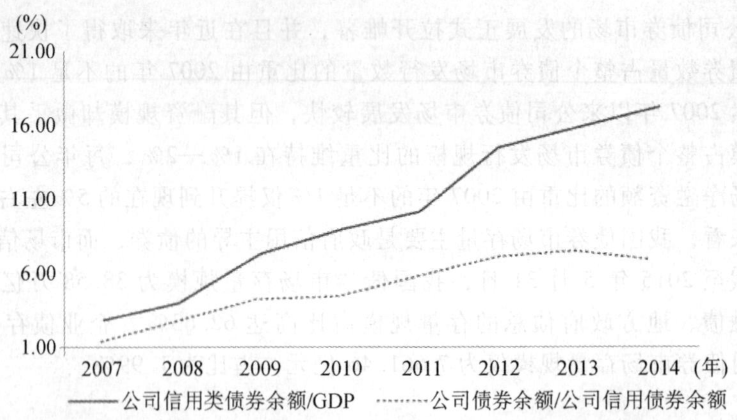

图2 公司信用类债券余额占国内生产总值的比值走势图

资料来源：Wind资讯、财通证券研究所。

净资产和赢利能力、信用评级等没有硬性要求，同时采取备案制①，具有诸多发行便利，因而其数量占比较大。

按照发行日期统计，2007年9月24日~2015年5月31日，我国共发行了1 398只公司债，其中私募债841只，数量占比为60.16%。期间发行的公司债面额总计9 120.81亿元，其中一般公司债②发行规模为7 863.90亿元，私募债发行规模为1 256.91亿元，占比仅为13.78%。私募债发行数量占公司债券市场大半壁江山，但其发行规模很小。从发行主体信用方面来看，一般公司债普遍具有信用评级，且87.97%的发行主体评级为AA或更高水平，而私募债发行主体信用评级普遍缺失，但大部分具有相应的增信措施，如抵押担保、质押担保等（见表1）。

表1　　公司债券期限和评级分布

类别 发行期限	一般公司债（只）					私募债（只）					
	AAA	AA+	AA	AA-及更低	合计	AAA	AA+	AA	AA-及更低	无评级	合计
1—3年（含）	21	12	20	12	65	0	1	5	81	744	831
3—5年（含）	53	64	165	39	321	0	0	4	6	0	10
5—7年（含）	16	24	55	10	105	0	0	0	0	0	0
7—10年（含）	36	8	13	6	63	0	0	0	0	0	0
10—15年（含）	3	0	0	0	3	0	0	0	0	0	0
合计	129	108	253	67	557	0	1	9	87	744	841

资料来源：Wind资讯、财通证券研究所。

从发行主体属性来看，公司债发行主体以国有企业为主，中央和地方国企发行公司债规模占比为69.17%，数量占比为46.78%；民营企业发行公司债规模占比为21.40%，数量占比为37.91%（见图3）。对民营企业注册资本进行统计发现，超过80%的民营企业注册资

① 创业板私募债推行之初依照《试点办法》规定，发行采取核准制，新《管理办法》颁布后采取备案制。

② 本文出现的一般公司债区别于私募债，是指上市公司公开发行的公司债券。

本大于5 000万元，平均值为2.46亿元。可见，市场信誉好、资金实力较强的企业更容易在公司债券市场中获得融资便利。然而，实际中经常出现融资实力较强的企业发债融资意愿不足、融资意愿较强的中小企业却被公司债券市场“拒绝”的尴尬局面，这在一定程度上限制了我国公司债券市场的发展和壮大。

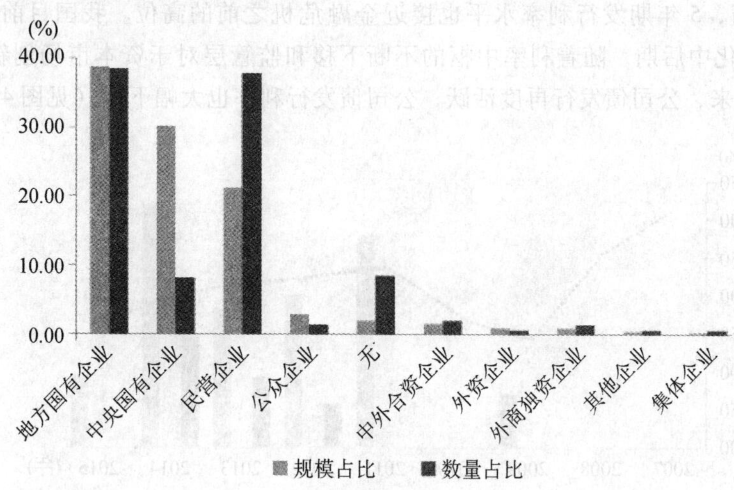

图3　公司债发行主体属性占比分布

资料来源：Wind资讯、财通证券研究所。

（三）公司债市场参与者积极性不高，同质化现象严重

公司债券市场的发展离不开发行人、承销商、投资者等市场主体的积极参与。我国公司债券市场参与主体呈现同质化、单一化的局面：一方面，承销商倾向于选择实力强、信誉好、具有增信措施的企业参与其债券发行与承销，因而公司债发行主体主要以国有企业为主；另一方面，公司债流通市场主要是机构投资者参与，而普通投资者准入门槛较高，参与公司债投资难度较大。

对于私募债而言，市场主体参与程度普遍不高。从发行人角度来看，融资平台担保私募债以及通道私募债大量存在，募集资金实际上由融资平台或银行的贷款客户使用，挤压了中小企业在公司债券市场的生存空间；从承销商角度来看，私募债发行量小，承销费接近1%—2%的“地板价”，同时私募债信用违约风险较高，其被接受认可的程度低，因而承销商经常面临发行难、销售难的问题，私募债承销难度大而收益低，导致承销商进退两难；从投资者角度来看，私募债风险高、规模小、流动性低而不能满足有风控要求和大额交易需求的机构投资者的需要，主要还是靠银行或证券公司相互持有，私募债变相信贷化导致公司债券市场直接融资效果大打折扣。

（四）公开和私募发行利率分化，中小企业融资成本居高难下

公司债的信用溢价和流动性溢价体现在其发行利率水平上。主体评级为AA+及以上的一般公司债年平均发行利率通常低于相应期限的基准贷款利率，而主体评级为AA的一般公司债发行利率则更容易受到流动性冲击，尤其是在货币政策收紧的情况下，AA评级公司债发行利率会大幅上升甚至超过同期限贷款基准利率，同时其利率升幅会大于较高评级公司债

的利率升幅。2011 年下半年至 2013 年上半年，整体货币环境较为宽松，公司债发行较为活跃，发行利率稳中下降。然而，随着影子银行融资消耗银行体系流动性的问题日益突出，资金面再度偏紧，2013 年下半年以来两次“钱荒”成为资金价格上涨的导火索。在金融、经济双双降杠杆的情况下，公司债发行大幅减缓，公司债 3 年期发行利率水平在 2014 年创 2007 年以来新高，5 年期发行利率水平也接近金融危机之前的高位。我国目前处于经济转型阶段和利率市场化中后期，随着利率中枢的不断下移和监管层对于资本市场创新改革的推进，2014 年下半年以来，公司债发行再度活跃，公司债发行利率也大幅下行（见图 4、图 5）。

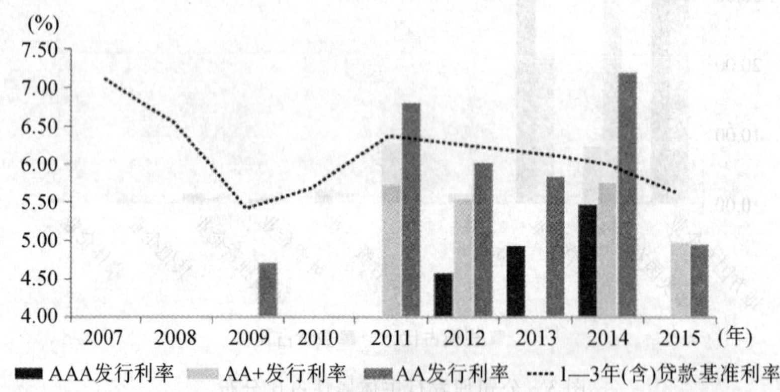

图 4 一般公司债 3 年期年平均发行利率

资料来源：Wind 资讯、财通证券研究所。

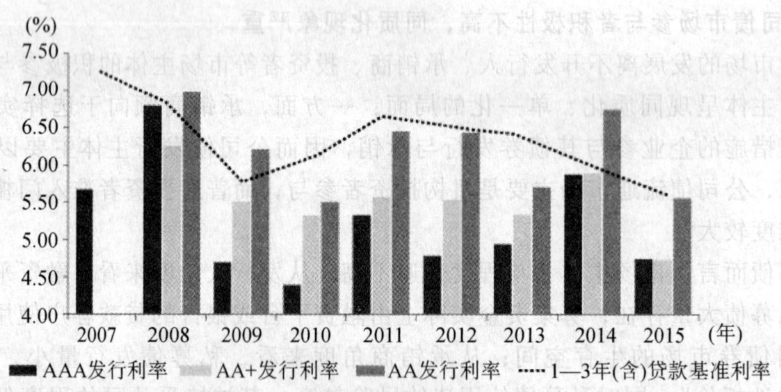

图 5 一般公司债 5 年期年平均发行利率

资料来源：Wind 资讯、财通证券研究所。

2014 年 1—3 年期私募债最高发行利率为 9. 40%，尽管 2014 年 11 月以来，央行进行了三次降息，但是私募债最新发行利率却依然停留在高位。2015 年，3 年期私募债发行利率区间为 8%—11%，1—3 年期平均利率为 9. 36%。根据央行公布的 2015 年第一季度货币政策执行报告，2015 年 3 月非金融企业及其他部门贷款加权平均利率为 6. 78%，私募债与非金融企业贷款利率之间的利差超过 200bp，私募债融资相较于银行贷款的成本优势并不明显。同时，考虑到发行承销的各种费用，中小企业通过私募债融资的综合成本依然很高，这会直接影响中小企业通过债券市场融资的积极性，间接影响到公司债券市场进一步扩容（见图 6）。

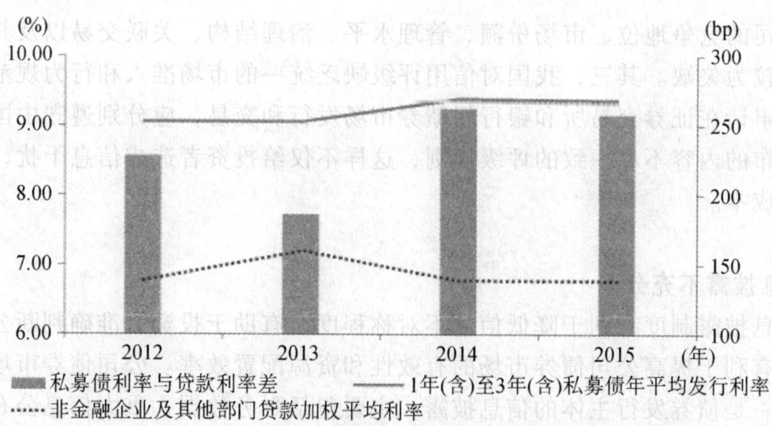

图 6 私募债年平均发行利率

资料来源：Wind 资讯、中国人民银行、财通证券研究所。

二、市场信用建设落后是阻碍公司债券市场发展的根本原因

结合我国公司债券市场发展现状，我们认为影响其发展的关键因素是我国市场信用基础薄弱。由于信息不对称，薄弱的市场信用基础无力支撑中小企业获得承销商的青睐和投资者的信赖，最终导致中小企业债券融资成本高、市场流动性不足，公司债券市场发展滞后。债券市场发达程度与金融基础设施密切相关，发达国家凭借发达的金融基础设施有效弱化了信息不对称问题，降低了投资者的信息成本，促进了债券市场的发展。我国当前信用基础设施建设相对落后，成为阻碍公司债券市场发展的深层原因。

（一）信用评级认证机制不完善

信用认证有助于缓解企业债券融资所面临的信息不对称问题，是发展企业债券市场的金融基础设施的重要组成部分。信用评级能为投资者提供额外的信息，可成为企业发行公司债的信用认证，但是如果信用评级认证机制不合理，会阻碍公司债券市场发展。评级方法不当、信用膨胀、恶性竞争等均会影响评级效果。Patrick 等（2012）认为评级公司间的竞争会导致对风险的低估。Jens 和 Mungo（2013）认为信用评级的测评方法不能准确解释债券的信用风险，从而降低信用认证作用。

我国的信用评级机制并不完善，体现在评级机构独立性和权威性较差、评级指标体系规范性和标准性不足、有效约束评级机构的监管机制缺失，导致信用评级的认证效果大打折扣。其一，我国债券信用评级机构大多数是依靠政府、协会或银行等部门支持开展业务，而发债企业很大一部分是国有企业，在这种情况下，评级机构容易受到行政干预，致使评级结果因为缺乏公正性、独立性和客观性而失去权威性，而且容易出现评级趋高、差别性不强、定价作用不明显的结果。我国公司债中 AA 级以上的发行主体占绝对比重，而据标准普尔统计，全球公司债券中有 60% 左右的信用等级属于投机级，平均信用水平为 BB。其二，我国信用评级方法存在缺陷。我国评级机构各有一套指标体系，缺乏统一、规范的信用评级方式，仍然处于粗糙的模仿阶段，其构建的相关指标体系侧重定量分析，而相对忽略定性分

析，比如对公司的竞争地位、市场份额、管理水平、治理结构、关联交易以及其他还款保障指标等的分析较为欠缺。其三，我国对信用评级缺乏统一的市场准入和行为规范，比如公司债券如果同时申请在证券交易所和银行间债券市场发行和交易，应分别遵守中国证监会和中国人民银行公布的内容不尽一致的评级规则，这样不仅给投资者造成信息干扰，也会增加发行主体的融资成本。

（二）信息披露不充分

完善的信息披露制度有利于降低信息不对称程度，有助于投资者准确判断公司价值和潜在风险，同时有利于提高公司债券市场的有效性和资源配置效率。公司债券市场信息披露包含两层含义：一是债券发行主体的信息披露，主要包括财务数据、重大信息公布等；二是债券市场的交易信息披露。从发达国家的公司债券市场经验来看，信息披露越充分，市场信息透明度越高，市场参与者的积极性越高，从而公司债券市场的流动性越好。

目前，我国公司债发行人在交易所债券市场披露的信息量较少，仅限于上市公告书、募集说明书、付息公告等，未包括财务报告、审计报告和信用评级报告等实质性信息。同时，从当前的披露实践来看，发行人并未充分披露上述信息，发行人自愿披露的信息主要包括“无重大诉讼事项说明”、“无违法和重大违规说明”等合规性信息，而有关担保人资信状况等实质性信息却较少涉及。这也与我国公司债券信息披露还未形成一个统一、规范的体系有关，发债主体在进行主体信息披露时缺乏明确的依据，难以确保所披露信息的完整、准确与及时。

（三）投资者保护措施不足

“11超日债”违约成为首单打破我国“刚性兑付”的公司债，超日债投资者维权受阻折射出我国债券市场投资者保护机制亟待完善。此外，保定天威集团于2015年4月21日宣布无法兑付“11天威MTN2”（以下简称“天威债”）8 550万元利息，标志着境内首例国企债券违约。随着国内债券市场信用事件的不断出现，信用风险也越发受到投资者的重视，然而习惯了“政府兜底”的中国债券市场对于违约处置的经验极度欠缺，尚未形成标准的债务违约处置流程和详细的法规。

三、新办法催生公司债券市场发展新机

《管理办法》在发行主体、发行方式和流通场所等方面全面“松绑”，对市场监管和投资者保护进一步强化。随着《管理办法》的颁布实施，我国公司债券市场面临新的发展机遇，尤其中小企业有望实际受惠。

（一）发行门槛全面降低，中小企业或加速“入伍”

《管理办法》从发行主体和发行方式方面降低了公司债准入门槛。公司债发行主体扩大至全部公司制法人，发行方式由公开发行和有限领域的非公开发行转向建立全面的非公开发行制度。相对于公开发行来说，非公开发行省去了公告、广告、电传信息、信函、发表会和说明会等信息公开环节，有利于加快债券发行进程。同时非公开发行范围不再局限于创业板

公司或中小企业。发行主体范围的扩大以及非公开发行制度的全面建立为真正有融资意愿的中小企业提供了直接融资机会，中小企业私募债市场将因此而获得“新生”。

（二）交易场所向机构投资者为主的场外市场迁移

公司债券公开发行区分为面向公众投资者的公开发行和面向合格投资者的公开发行两类。相较于《试点办法》，公司债券面向公众投资者发行的标准提高，要求发行人最近三个会计年度实现的年均可分配利润由不少于债券一年利息的 1 倍增加到 1.5 倍，同时债项评级满足 AAA。此项标准的提高促使交易所公司债券市场向机构投资者市场转型，对于私募债而言，其也只能面向合格投资者发行。我国公司债投资者结构以机构投资者为主，与国际成熟债券市场发展经验一致。美国债券市场存量的 90% 以上由保险、共同基金、银行等机构投资者持有，个人投资者主要通过债券基金间接投资，韩国债券市场个人投资者债券持有量也不足 10% 。机构投资者多从事大额交易，场外市场由于询价交易机制灵活、透明度低而更适合机构投资者，而当机构投资者在债市中越来越重要时，流动性就很容易被迁移到场外市场①，对公司债的需求也会进一步扩大。

《管理办法》针对公司债交易场所进行了扩展，尤其丰富了私募债场外交易场所，增加了机构间私募产品报价与服务系统（以下简称“报价系统”）和证券公司柜台。2015 年新发私募债主要集中在上交所固收平台和深交所综合协议平台交易、转让，同时尚有部分私募债在区域股权交易中心流通。截至 2015 年 5 月 31 日，在报价系统平台交易的中小企业私募债仅有 9 只。由于债券主体交易场所变迁会增加金融中介机构租金和机构投资者的交易费用，短期来看，私募债流通依然会集中在场内平台和区域股权交易中心。随着《管理办法》的逐步实施及报价系统的不断发展，私募债交易场所将逐步从交易所迁移到 OTC，从场外区域股权交易中心过渡到报价系统。报价系统作为机构间互联互通的一体化私募市场，将借助其互联网平台优势，为市场参与人提供公司债报价、发行、转让及互联互通、登记结算、信息服务等各种便利，中小企业私募债的发行和销售难题有望通过此平台得到解决。

（三）市场信用建设得到重视，市场参与人信心得以增加

第一，监管要求进一步明确。《管理办法》强化了对信息披露、承销、评级、募集资金使用等重点环节的监管要求。债券市场监管有利于解决信息不对称导致的市场失灵，增加投资者对公司债尤其是中小企业私募债的投资信心。

第二，持有人权益保护加强。基于前文分析，公司债券市场发展滞后于政府债券市场发展的一个重要原因是公司债券以自身信用为基础，而我国市场信用建设不足，信用基础薄弱，因此以企业自身信用为基础的债券缺少投资者的认可。为了弥补公司债券信用方面的缺失与不足，就需要为投资者提供更加完备的保护。《管理办法》认识到对投资者保护的重要性，以债券受托人制度、持有人会议制度和债券契约条款三重制度为规范，引导债券发行人、投资者对财务限制、债务重组、集体行动等偿债保障事项事前做出约定，同时发挥受托

---

① 我国的场内交易所市场已经发展为多层次交易市场，包括场内竞价交易系统和以机构间交易为主的平台交易系统，因此本文的场外市场具有广义含义，既包括普通意义上的 OTC 市场，也包括上交所固定收益证券综合电子平台和深交所综合协议平台。

管理人的专业化职能，强化对投资者的保护。

四、关于推进公司债市场发展的政策建议

公司债券尤其是中小企业私募债以企业自身信用为基础，其信用基础相对政府信用而言较为薄弱，在我国债券市场中属于高收益债，风险相对较高。为了控制和防范风险，加强投资者保护，监管层执行严格的投资者适当性管理制度，重在引导公司债市场发展向机构投资者市场转型。何志刚（2011）研究认为，投资者结构的变化会导致流动性迁移，进而促使交易场所向场外演变。场外交易市场虽然具有交易机制灵活的优势，但也存在由于机构投资者垄断造成的透明度低、流动性差等市场质量问题。因此，在全面放开发行主体以非公开方式发行公司债、积极发展机构投资者以推进我国公司债券市场发展的同时，需要对我国信用基础设施建设以及场外市场基础设施建设高度重视。

（一）建立完善的信用评级制度

一是调整评级机构的收入来源。20 世纪初到 20 世纪 60 年代期间，美国一些评级机构的收入来源主要是向投资者出售评级结果，而非向债券发行人收取费用。建议学习美国经验，逐步调整我国评级机构的盈利机制。二是优化和统一评级指标体系。我国评级机构既要加强与国外知名评级机构合作，引进先进的评级技术，又要加强国内评级技术的交流与合作，逐渐建立一套适合我国国情的标准化评级指标体系。三是加强立法，统一监管。建议进一步完善信用评级立法，可以在机构资质和执业人员认定制度、评级人员回避制度、持续跟踪评价制度等方面作出努力，并逐步统一证券交易所和银行间债券市场的评级规则，从而实现统一监管。

（二）建立充分的信息披露制度

一是强化信息披露监管理念，加强各方监督。例如马来西亚监管部门自 2000 年 7 月开始不再对债券发行进行实质性审核，代之以充分信息披露为基础的监管。当前，我国公司债发行方式已经简化，建议中国监管部门学习马来西亚经验，推行以信息披露为基础的监管理念。另外，在重视政府部门监督和行业自律监督的同时，加强媒体监督，发挥媒体监督覆盖面广、独立性强、制约效果明显等优势，增强专业化中介机构的信息揭示功能，促使各主体间形成相互制衡机制，从而扩大实质性信息披露范围，提升信息披露质量。二是建立“因品种制宜”的信息披露制度，由于公募债和私募债交易场所和投资者类别各有不同，因此应对公募债和私募债实行不同的信息披露标准，分别管理。三是建立分层披露制度，信息披露应当充分，但不宜过量，因为过量的信息披露会成为资本市场的噪音，给投资者提取有效信息带来困难。实行信息的分层披露，对发行人财务、担保人资信等实质性信息实行强制性披露要求，对其他企业自愿性披露的信息进行适当引导。

（三）建立市场化、法治化的债券违约处理机制

借“超日债”和“天威债”等违约契机，打破“刚性兑付”，释放信用风险，并建立市场化的违约处理机制。此外，还应加强债券违约处理的法治化建设，对于破产清算和债券

重组应制定详细的法规和操作流程加以支持。同时，还应特别关注对普通投资者的保护。普通投资者在债券违约时损失相对较小而通过法律诉讼主张自身权利的成本较高，通常不愿意起诉。我国可以参考美国集团诉讼的经验，发展一批专门从事证券集体诉讼的律师事务所，从而有效维护中小投资者的权利。

（四）努力提升公司债场外市场透明度和流动性

场外私募市场具有交易机制灵活、面向小众市场、产品透明度较低等特点，投资者投资场外市场私募债面临较大的信用风险和流动性风险，因此在我国公司债券市场向场外迁移的大趋势下，场外市场透明度和流动性亟待提升。1998 年，美国证监会（SEC）要求公司债券市场改进透明度，为此，美国证券交易商协会（NASD）于 2002 年 7 月 2 日正式启动了公司债券交易报告与执行系统（TRACE），随后美国债券市场的透明度大大提高。建议学习美国经验，尽快建立公司债场外市场发行和交易的信息披露标准或制度，加强提高场外市场透明度的监管措施，充分保护投资者的利益，从而吸引更多的投资者进入公司债券场外市场，改进市场的流动性。此外，报价系统可借助互联网优势，提高公司债券产品信息和交易数据的透明度，建立并发展多层次市场结构，充分发挥平台机构经纪商和做市商的作用，为公司债场外市场提供流动性，努力提升公司债场外市场质量。

参考文献

[1] 何志刚：“债券交易市场模式演变动因：美国经验及其启示”［J］，《天津商业大学学报》，2011（6）：11—16。

[2] 沈炳熙、曹媛媛：《中国债券市场：30 年改革与发展》［M］，北京：北京大学出版社 2010 年版。

[3] 黑泽义孝：《债券评级》［M］，北京：中国金融出版社 1991 年版。

[4] Patrick Bolton, Xavier Frerxas, Joel Shapiro. The Credit Ratings Game [J]. The Journal of Finance, 2012 (1): 85 - 111.

[5] Jens Hilscher, Mungo Wilson. Credit Ratings and Credit Risk: Is One Measure Enough? [J]. AFA 2013 San Diego Meetings Paper, 2013.

新规下公司债券市场的发展及问题

高慧珂　李慧杰*

一、公司债券市场发展概况

本文所指公司债券包含普通公司债券（含上市证券公司发行的公司债券）、中小企业私募债券、专项资产管理计划、可转债、可交换债、可分离债及各类创新债券品种等。2007 年以前，公司债券市场主要以可转债和可分离债为主。普通公司债券、中小企业私募债券分别在 2007 年和 2012 年推出之后扩容态势明显，已成为当前公司债券市场的主流品种。公司债券市场主要品种的具体发行情况见表 1。

表 1　公司债券市场主要债券品种发行情况

年份	普通公司债券		中小企业私募债券		专项资产管理计划		可转债		可交换债		可分离债	
	规模（亿元）	期数（期）	规模（亿元）	期数（期）	规模（亿元）	期数（期）	规模（亿元）	期数（期）	规模（亿元）	期数（期）	规模（亿元）	期数（期）
2007	112.0	5	—	—	—	—	106.5	10	—	—	188.8	6
2008	288.0	15	—	—	—	—	77.2	5	—	—	632.9	11
2009	734.9	47	—	—	—	—	46.6	6	—	—	30.0	1
2010	511.5	23	—	—	—	—	717.3	8	—	—	0.0	0
2011	1 291.2	83	—	—	12.8	6	413.2	9	—	—	0.0	0
2012	2 507.5	187	115.8	108	31.8	12	163.6	5	—	—	0.0	0
2013	2 119.1	119	326.9	257	74.0	29	544.8	8	2.6	1	0.0	0
2014	990.0	88	581.4	356	400.8	131	321.0	13	59.8	5	0.0	0
2015Q1	219.0	19	70.4	34	106.9	57	60.0	1	7.0	2	0.0	0
合计	8 773.2	586	1 094.5	755	626.3	235	2 450.2	65	69.4	8	851.7	18

资料来源：Wind 资讯。

* 作者单位：鹏元资信评估有限公司。原载于《中国证券》2015 年第 6 期。

证券公司次级债券、证券公司短期公司债券、并购重组私募债券是2013年以来推出的创新债券品种，截至2015年第1季度末，分别发行了140期、29期、3期。

2015年5月，公司债券市场再添两个创新品种：面向合格投资者的小公募公司债券和非公开发行公司债券，即“15舟港债”和“江苏阳光股份有限公司2015年非公开发行公司债券”，发行规模均为7亿元。

从表1所示的2007—2015年第1季度公司债券主要品种的发行规模来看，普通公司债券的发行规模在2012年达到顶峰后在2013年开始下降，原因在于2013年以来，受宏观经济疲软、债券核查风暴、债券违约、发行利率上升等因素的影响，其发行量开始下降，2015年第1季度仅发行19期。中小企业私募债券自2012年推出以来一直保持高速增长。2015年受中小企业私募债券集中到期、多只债券违约的影响，发行有所降温，第1季度发行34期，发行规模仅70.4亿元。2014年在政策的大力推进下，专项资产管理计划出现爆发式增长，当年发行期数和发行规模同比分别上升351.72%和441.62%，随着发行备案制的落地，2015年第1季度已发行专项资产管理计划57期，接近2014年发行期数的一半。可转债的发行量一直不多，且其发展与股票市场的表现趋同。可交换债在2013年开始正式发行，2014年发行量有所增加。可分离债从2009年8月开始一直处于停滞状态。

二、公司债券市场发展新阶段

2015年1月15日，中国证监会颁布并实施《公司债券发行与交易管理办法》，我国公司债券市场进入全新发展阶段。4月23日，中国证券业协会发布《非公开发行公司债券备案管理办法》、《非公开发行公司债券项目承接负面清单指引》；5月20日，沪、深证券交易所发布《公司债券上市预审核工作流程》；5月29日，沪、深证券交易所发布了《公司债券上市规则（2015年修订）》、《非公开发行公司债券业务管理暂行办法》、《关于公开发行公司债券投资者适当性管理相关事项的通知》等相关配套文件（见表2）。

表2　全新的公司债券管理办法及其配套文件的主要特点

特点	具体内容
发行主体范围扩大	发行主体扩大至除城投平台之外的所有公司制法人
发行期限范围扩大	发行期限扩大至“任意期限”
发行方式丰富	公司债券的发行方式包括面向合格投资者和公众投资者的大公募债券、仅面向合格投资者的小公募债券、非公开发行的私募债券三种类型，并实行动态管理
交易场所扩容	公司债券的交易场所拓展至上海证券交易所、深圳证券交易所、全国中小企业股份转让系统、机构间私募产品报价与服务系统和证券公司柜台
发行流程简化	公开发行债券采取核准制，取消保荐制和发审委制度，非公开发行债券采取事后备案制
私募债券业务规则体系形成	形成了一套系统的私募债券业务规则体系，对于特殊私募债券品种应满足的特殊条件单列章节进行规定
债券市场监管加强	强化了信息披露、承销、评级、募集资金使用等方面的监管要求；强化自律监管及纪律处分的措施、程序
强化债券持有人权益保护	明确发行人、受托管理人在债券存续期间的职责，完善债券持有人会议制度来维护投资者合法权益

资料来源：根据公开资料整理。

在政策的促进下，公司债券将迎来发展新机会，主要表现在以下五个方面：

（一）债券种类丰富，规模扩大

随着相关政策的落实，公司债券市场将迎来新的发展，创新产品将层出不穷，尤其是在已经推出并购重组私募债、证券公司短期公司债、非公开发行公司债券等新型公司债券品种的私募发行市场。新规下，公司债券市场几乎涵盖了所有债券品种，私募发行品种和短期公司债券与银行间债券市场定向工具和短期融资券遥相呼应。另外，从发行准入和流程效率来看，公司债券市场与银行间市场相比，也已经形成了一定的竞争力。

此外，合格投资者制度扩大了交易所市场投资者的范围，在利率市场化背景下，交易所债券品种对偏好较高收益率的投资者（如银行理财）吸引力加强，这也会促进公司债券的发展。

（二）私募发行将成一大亮点

公司债券的私募发行不再仅限于中小企业，除城投平台外的所有公司制法人都可以参与，且对发行期限、发行人的净资产和净利润、信息披露都没有严格要求，未来私募发行将会受到各类公司的追捧。另外，私募发行业务规则体系的形成，使其更有据可依，将促使其成为公司债券的主流发行品种。2013 年以来，中国证券业协会致力于加快报价系统的建设进度，丰富系统的功能。报价系统的完善为私募公司债券的发展奠定了基础。

（三）发行流程倾向继续简化，将提高公司发债积极性

新政策取消公开发行的保荐制和发审委制度，非公开发行采取事后备案制，这些措施使公司债券发行流程得以简化，节约审批时间，提高发债便利性。未来，公司债券方面将会继续推行简政放权，发行流程将继续简化，发行成本会降低，将刺激公司的发债积极性，促进公司债发展。2012—2015 年第 1 季度各信用债券发行规模见表 3。

表 3　**2012—2015 年第 1 季度各信用债券发行规模情况**

信用债类型	2015 年		2014 年		2013 年		2012 年	
	规模（亿元）	占比（%）	规模（亿元）	占比（%）	规模（亿元）	占比（%）	规模（亿元）	占比（%）
金融债	3 108.6	20.75	12 310.3	18.59	6 164.6	14.35	5 252.9	12.70
企业债	871.2	5.82	6 972.0	10.53	4 752.3	11.06	6 499.3	15.71
中期票据	1 791.2	11.96	9 780.7	14.77	6 978.6	16.25	8 559.3	20.69
短期融资券	6 644.7	44.36	21 849.5	32.99	16 134.8	37.57	14 222.5	34.39
定向工具	1 584.9	10.58	10 047.9	15.17	5 648.1	13.15	3 759.3	9.09
公司债券	463.3	3.09	2 353.0	3.55	3 067.4	7.14	2 818.7	6.81
ABN、信贷资产证券	515.9	3.44	2 909.0	4.39	205.7	0.48	249.6	0.60
合计	14 979.8	100.00	66 222.4	100.00	42 951.5	100.00	41 361.6	100.00

资料来源：Wind 资讯。

（四）加强投资者适当性管理

在市场准入放宽的背景下，公司债券市场风险必然会提升，加强投资者适当性管理就显得非常必要。公司债券新制度推出合格投资者制度，体现出监管者较为严格的风险控制。

（五）公司债券发行在区域间将更平衡

2015 年 4 月 5 日，国务院批复《长江中游城市群发展规划》，长江中游城市群将与涉及西部省份的“一带一路”促使中西部地区公司债券一级市场供给的释放。以往中西部上市公司较少，公司债券的发行受到限制，而目前非上市公司也可以发行公司债券，所以中西部公司债券的发行将继续放量，与东部沿海地区间的差异会越来越小。

三、公司债券市场存在的问题

（一）公司债券的定位模糊

债券市场分割、多头监管是我国债券市场的独特之处，这导致各类债券定位不甚清晰，除各自的监管部门不同外，划分界限也不甚明确。之前，普通公司债券的发行主体都是上市公司，与企业债券的侧重点有所不同。然而在新政策下，公司债券发行主体扩大至除城投平台以外的所有公司，使得其定位更加模糊，与企业债、中期票据等的区分更加困难，主要表现在：非上市公司既可以发行公司债券，也可以发行企业债券、中期票据；上市公司既可以发行公司债券，也可以发行中期票据；拟非公开发行债券的公司可以发行公司债券，也可以发行定向工具。

（二）公司债券市场规模小

长期以来，公司债券发行规模占信用债总体发行规模的比重一直比较小。2012—2015 年第一季度我国债券市场各类信用债发行情况见表 3。由表中数据可知，公司债券发行规模占信用债总体发行规模的比重最大值是 2013 年的 7.14%，2015 年第一季度，该比重仅为 3.09%。可见，公司债券的规模较小。

尽管根据前文所述，在新政策下公司债券将有所放量。但是。受限于需求容量、融资成本等因素，短期内债券一级市场整体格局仍然难以改变，公司债券市场与银行间债券市场相比，差距依然存在。

（三）公司债券市场创新不足

2012 年以来，公司债券市场虽然相继推出了中小企业私募债券、可交换债券、证券公司次级债券、证券公司短期公司债券、并购重组私募债券、小公募公司债券、非公开发行公司债券等创新品种，但是与银行间债券市场相比，创新力度不够。目前公司债券市场期限结构比较单一，利率品种较少。主导期限品种为 5—7 年，利率品种以固定利率为主，浮动利率较少，且浮动利率均采取累进利率形式。银行间债券市场 2012 年以来已相继推出了资产支持票据、并购中期票据、长期限含权中期票据、项目收益票据、非公开定向可转票据等数十种创新融资工具，从期限结构、利率品种等多角度深入创新。

（四）投资者结构不合理

由表4可见，目前主要的机构投资者均能在交易所债券市场投资，但是拥有较强资本实力的商业银行和保险资金的参与度不高。这主要是基于以下两点原因：（1）2010年，中国证监会、中国人民银行、中国银监会联合发布《关于上市商业银行在证券交易所参与债券交易试点有关问题的通知》，开始试点允许16家公司治理较为完善的上市商业银行参加交易所债券市场现券交易，且为了防范系统性风险，还禁止其他存款类金融机构进入交易所债券市场。商业银行参与公司债券市场交易起步晚，至今还没有形成一定的规模；（2）保险资金在可投资债券方面的限制较多，即债券等级应在AA级（含）以上，且在发行主体的财务指标、担保情况、发行方式等方面都有具体规定，甚至对监管指标进行比例细化，如保险公司对单个债券发行主体的投资占比等。

表4　截至2015年3月底中证登主要金融机构债券托管总额（市值）排名前10名

名次	上海分公司			深圳分公司		
	金融机构名称	托管总额（亿元）	比例（%）	金融机构名称	托管总额（亿元）	比例（%）
1	工商银行托管	1 275.09	11.12	国信证券股份有限公司	185.12	10.62
2	中国工商银行股份有限公司	762.73	6.65	招商证券股份有限公司	167.10	9.59
3	中国银行托管	720.95	6.29	中信证券股份有限公司	167.09	9.59
4	中国人寿资产管理有限公司	516.46	4.51	中国工商银行股份有限公司	129.20	7.41
5	中国建设银行股份有限公司	498.84	4.35	海通证券股份有限公司	87.55	5.02
6	中国农业银行股份有限公司	491.89	4.29	中国建设银行股份有限公司	79.60	4.57
7	农业银行托管	438.84	3.83	中国人寿资产管理有限公司	65.04	3.73
8	建设银行托管	420.37	3.67	中国中投证券有限责任公司	52.90	3.04
9	中国国际金融有限公司	358.49	3.13	中国国际金融有限公司	50.98	2.93
10	交通银行股份有限公司	347.93	3.04	中国银行股份有限公司	50.07	2.87

资料来源：中国证券登记结算有限公司网站。

（五）公司债券市场流动性不足

公司债券市场规模小、投资者结构不合理、品种较少，再加上我国债券市场多头管理、交易市场分割、托管机构相互独立等原因，造成公司债券市场流动性不足。回购交易方面，质押式回购交易是主要方式，但是由于质押式回购资格的限制①导致交易所债券市场质押式回购规模比银行间债券市场相对较小（见图1）。在现券交易方面，交易所债券市场整体成

① 《关于修订〈质押式回购资格准入标准及标准券折扣系数取值业务指引〉有关事项的通知》（中国结算发字［2014］61号）规定，对于满足以下条件之一的，可作为回购质押品在相应市场开展回购业务：信用债券发行人是中央政府直属机构或国有独资中央直属企业；信用债券由中国工商银行、中国银行、中国建设银行、中国农业银行、交通银行、国家开发银行提供全额无条件不可撤销连带责任担保；经本公司认可的资信评级机构评定的债项和主体评级均为AA级（含）以上，主体评级为AA级的，其评级展望应当为正面或稳定；本公司认可的其他债券。

交额和换手率较低（见图 2）。除 2014 年 11 月、12 月和 2015 年 1 月外，交易所债券市场各月换手率均在 5% 以下，而据相关资料，银行间债券市场 2014 年月平均换手率大概为 10.4%。可见，与银行间债券市场各信用债券品种相比，在交易所债券市场交易的公司债券流动性有待改善。

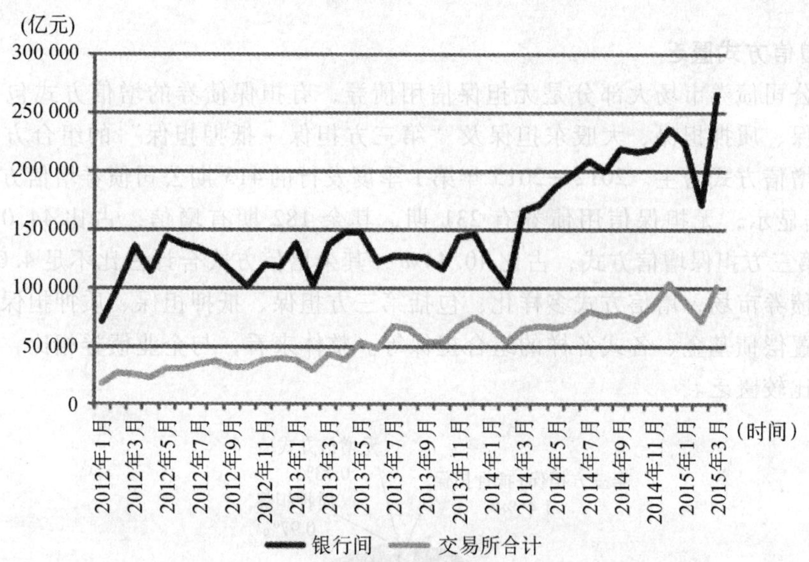

图 1 2012—2015 年第一季度两个债券市场质押式回购情况

资料来源：Wind 资讯。

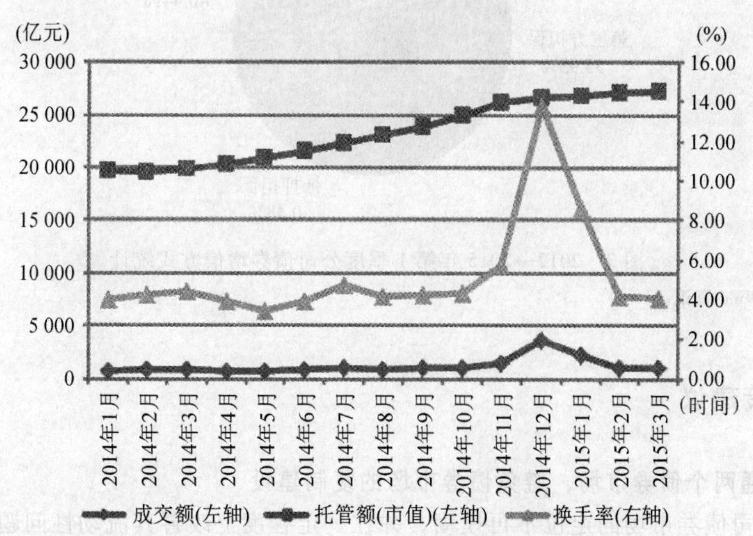

图 2 2014—2015 年第一季度交易所债券市场换手率

注：换手率 = 当月成交额/当月初托管市值。

资料来源：Wind 资讯，中证登。

（六）公司债券市场违约风险不容忽视

普通公司债券市场，如超日债、湘鄂债等违约加大了市场对普通公司债券违约风险的担忧。作为高收益债券，中小企业私募债券违约风险高是其天然特征，2014 年和 2015 年是其偿债高峰期。随着高峰期的到来，私募债违约频现，2014 年出现了“13 中森债”、“12 华特斯”、“12 金泰债”等 7 只私募债违约事件。此外，未来私募发行将是公司债券的重要发行品种，私募债券在信息透明度等方面的欠缺也会增加其违约概率。

（七）增信方式匮乏

目前，公司债券市场大部分是无担保信用债券，有担保债券的增信方式包括第三方担保、抵押担保、质押担保、大股东担保及“第三方担保 + 抵押担保”的组合方式，其中以第三方担保增信方式为主。2012—2015 年第 1 季度发行的413 期公司债券增信方式统计见图 3。图中数据显示，无担保信用债券有 231 期，其余 182 期有增信，占比 44. 07%。其中，167 期采用第三方担保增信方式，占比 40. 44%，其余增信方式合计占比不足 4. 00%。

在企业债券市场，增信方式多样化，包括第三方担保、抵押担保、质押担保、银行流动性支持、设置偿债基金、各式各样的组合担保等。整体来看，与企业债券相比，公司债券市场增信方式比较匮乏。

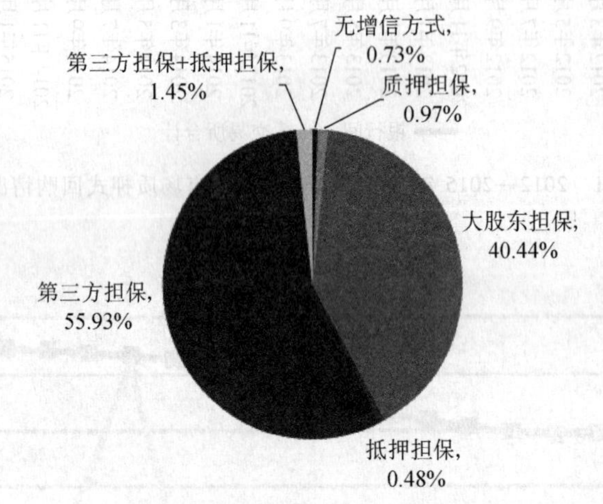

图 3 2012—2015 年第 1 季度公司债券增信方式统计

资料来源：Wind 资讯。

四、政策建议

（一）打通两个债券市场，避免债券市场的复制建设

为了使公司债券市场的定位不再模糊，并在一定程度上改善其流动性问题，建议打通银行间债券市场和交易所债券市场。债券市场是宏观调控政策执行和传导的重要平台，实现银行间债券市场和交易所债券市场的统一不能一蹴而就，可以循序渐进从两个债券市场互联互通开始，逐步向统一过渡。

（二）突破“40%”的规模限制

在我国，公司发行债券融资的总规模受“累计债券余额不超过净资产的 40%”的约束，这是在特殊历史背景下的政策选择，当前已不能适应与时俱进的公司债券发展的需要，亟待突破。此外，国际发达债券市场对公司发行债券的额度均没有限制，主要由企业融资需求、自身经营状况及市场需求等因素来决定其债券发行规模，由投资者主动识别债券风险。因此，建议打破“40%”的规模限制，将发债主动权交由公司，这将有利于公司债券市场的扩容发展。

（三）积极探索债券品种和增信方式方面的创新

丰富公司债券产品类型既可以增加公司债券供给，也可以改善其流动性。产品创新可以从期限结构、利率结构、含权条款设计等方面着手，推出保底浮息债券①、多空浮动利率债券②、公司业绩挂钩的公司债券③、以价格指数为基准利率的浮动债券④等。在增信方式方面，应鼓励上市公司采用自身股权对发行债券提供质押担保。对于中小企业发行债券，建议引入附担保公司债券信托、公司债券偿债基金、公司债券保险、优先级分层等增信方式。

（四）培育机构投资者

要推动公司债券的发展，须引入大量机构投资者，除了要积极发挥商业银行、保险公司在公司债券市场的作用外，还应鼓励社保基金、养老基金等参与公司债券投资。此外，借鉴发达债券市场经验，积极培育专业的债券投资基金。

（五）科学运用信用评级揭示风险

为了防范公司债券风险事件的频繁发生，应充分挖掘信用评级的风险揭示价值。当前，公司债券市场的中小企业私募债券等非公开发行的债券品种未引入强制评级要求，为保障非公开发行债券健康、可持续发展，从制度层面将信用评级引入其发行过程中是非常有必要的。同时应加强对评级机构的监管，促进评级机构的行业自律，建立和完善职业、行业的准则和规范，鼓励其积极进行评级方法、技术的创新和改进，大力开发违约率数据库，以检验其评级质量。

（六）客观认识违约，完善违约处理机制

在国际发达市场，违约是债券市场的客观存在，如美国每年都存在与贷款违约率相当的债券违约率。打破刚兑是我国经济改革和转型的必然，应客观认识债券市场违约。与此同时，还要加强公司债券市场管理，严格信息披露、信用评级等制度；创新发展信用风险违约

---

① 保底浮息债券是将保底条款（固定利率）与浮动条款（浮动利率）结合起来的债券，不论利率如何变动，都可以使投资者获得固定利息收入。

② 多空浮动利率债券是指将同一批发行的债券分为两类：一类是以固定利率减去指标利率作为票面利率，另一类则以固定利率加上指标利率作为票面利率。

③ 公司业绩挂钩的公司债券是将保底条款（固定利率）与浮动条款（挂钩公司业绩）结合起来设计，浮动条款挂钩每股收益、净利润、净资产收益率等业绩指标。

④ 以价格指数为基准利率的浮动债券是选取物价指数作为浮动利率债券的基准利率。

互换等信用风险交易工具；完善《破产法》有关资产保全和处理程序的规定①。

参考文献

［1］高慧珂，吴倩，杜玮佳：“创新：债券市场主旋律——近两年债券市场创新品种梳理”［EB/OL］，http：//www. pyrating. cn/zh－cn/research/zhuantiyanjiu.

［2］徐忠：“中国债券市场发展中热点问题及其认识”［J］，《金融研究》，2015（2）。

［3］巴曙松，姚飞：“中国债券市场流动性水平测度”［J］，《统计研究》，2013，30（12）：95—99。

［4］李振良：“我国公司债市场发展探究”［J］，《商业经济》，2013（19）：127—129。

［5］高慧珂：“公司债又一春，评级机构义务加强”［EB/OL］，http：//www. pyrating. cn/zh－cn/research/zhuantiyanjiu.

① “债券违约或将‘经常化’违约处理机制亟待加强”，《金融时报》，http：//www. financialnews. com. cn/sc/zq/201505/t20150509_ 75966. html，最后访问日期：2015 年 5 月 12 日。

我国企业债券市场发展现状和面临的问题

闫亚磊*

一、我国企业债券市场发展现状

（一）我国企业债券市场的主要品种

按照发行人的身份不同，债券可以分为两大类：一类是以国债为主的利率债，还包括政策性金融债、央票、铁道债等在内的准利率债，这些债券品种基本上与国债的信用级别相当，仅根据发行人的不同与相应期限国债之间保持了相对较小且稳定的利差；另一类是企业债券（也可以称为信用债），发行人主要为企业经营主体，债券信用级别主要取决于发行人的信用状况以及内外部的增信措施，与发行人的经营现状、融资能力等密切相关。再根据信用级别的不同，企业债券可以进一步分为投资级企业债券和非投资级企业债券，通常前者的信用评级水平在“BBB－”级及以上，后者的信用评级在“BBB－”级以下。本文涉及的企业债券主要是指非金融机构发行的企业债券。

目前，我国企业债券上市交易的地点可以分为银行间市场和交易所市场两大类，主要的类别有企业债、短期融资券、公司债、中期票据、中小企业集合票据、超短期融资券、非公开定向工具、资产支持票据和企业资产证券化等（见表1、图1、图2）。

另外，我们需要关注城投债这一我国特有的企业债券品种，其发行主体为各地方政府投融资平台公司，发行人主业多为地方基础设施建设或者公益类投资项目，一般以企业债或中票、短融等形式存在，如果单从财务报表来看，城投债信用资质普遍较低，但是在实际的发行和交易中其信用评级主要依托于背后地方政府的财政实力和资产负债情况。

* 作者单位：渤海证券股份有限公司。原载于《中国证券》2015 年第 6 期。

表1　　主要企业债券品种监管机构、推出年限以及发行相关的规章制度

监管机构	债券品种	债券推出时间	相关发行规章制度
发改委	企业债	1987年	《企业债券管理条例》、《关于进一步改进和加强企业债券管理工作的通知》、《国家发展改革委关于推进企业债券市场发展、简化发行核准程序有关事项的通知》
	中小企业集合债	2007年	参考企业债
	项目收益债	2014年	《项目收益债试点管理办法（试行）》
中国人民银行、中国银监会、中国银行间市场交易商协会	短期融资券	2005年	《银行间债券市场非金融企业短期融资券业务指引》
	中期票据	2008年	《银行间债券市场非金融企业中期票据业务指引》
	中小企业集合票据	2009年	《银行间债券市场中小非金融企业集合票据业务指引》
	超短期融资券	2010年	《银行间债券市场非金融企业超短期融资券业务规程（试行）》
	非公开定向融资工具	2011年	《银行间债券市场非金融企业债务融资工具非公开定向发行规则》
	资产支持票据	2012年	《银行间债券市场非金融企业资产支持票据指引》
中国证监会、上交所、深交所	可转换公司债	1997年	《上市公司证券发行管理办法》
	资产支持证券（企业资产证券化）	2005年	《证券公司及基金管理公司子公司资产证券化业务管理规定》
	可交易分离转债	2006年	《上市公司证券发行管理办法》
	公司债	2007年	《公司债券发行与交易管理办法》
	可交换债券	2008年	《上市公司股东发行可交换公司债券试行规定》、《上海证券交易所可交换公司债券业务实施细则》、《深圳证券交易所可交换公司债券业务实施细则》
	创业板非公开发行债券	2011年	《公司债券发行与交易管理办法》
	中小企业私募债	2012年	《中小企业私募债券业务试点办法》、《证券公司开展中小企业私募债券承销业务试点办法》、《证券公司中小企业私募债券承销业务尽职调查指引》

资料来源：渤海证券研究所整理。

（二）我国企业债券市场快速发展，规模迅速扩张

我国企业债券市场最早起源于1987年企业债的推出，由于监管部门的不同，形成目前中国人民银行、中国证监会和国家发改委三足鼎立的局势，中国银行间市场交易商协会作为银行间市场的自律组织对债务融资工具市场实行自律管理。2005年以前，企业债券市场发展相对缓慢；2005年之后，在监管部门和中国银行间市场交易商协会的大力推动下，从市场需求出发，推动企业债券市场的发展和创新，不断丰富和完善企业债券市场的品种，扩大各种参与主体，并在产品结构上进行创新，这些都推动了企业债券市场迅速发展。

按照未到期余额计算，截至2014年末，企业债券市场规模已达10.80万亿元，在债券市场总量中占比约为30.00%。中国人民银行公布的社会融资规模统计数据显示，企业债

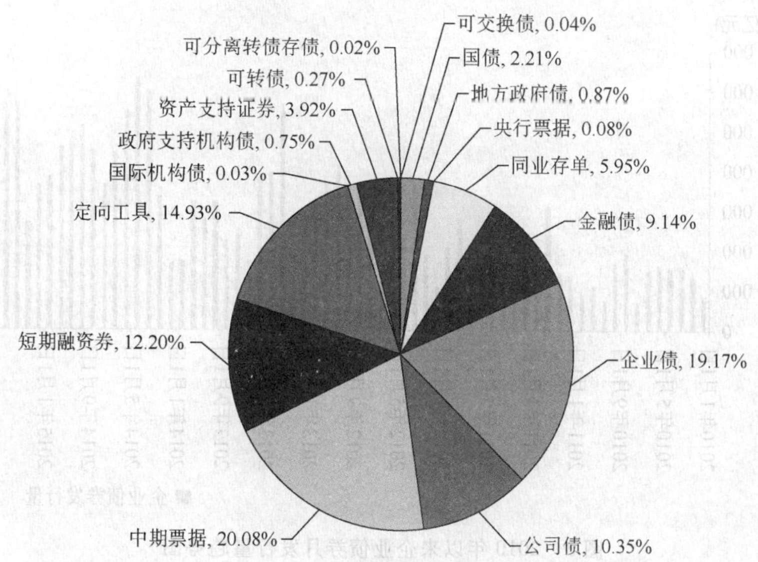

图 1 2014 年底我国存量债券数量结构图

注：企业债包括一般企业债和集合企业债；公司债包括一般公司债和私募债；中期票据包括一般中期票据和集合票据；短期融资券包括短期融资券和超短期融资券。

资料来源：Wind 资讯、渤海证券研究所。

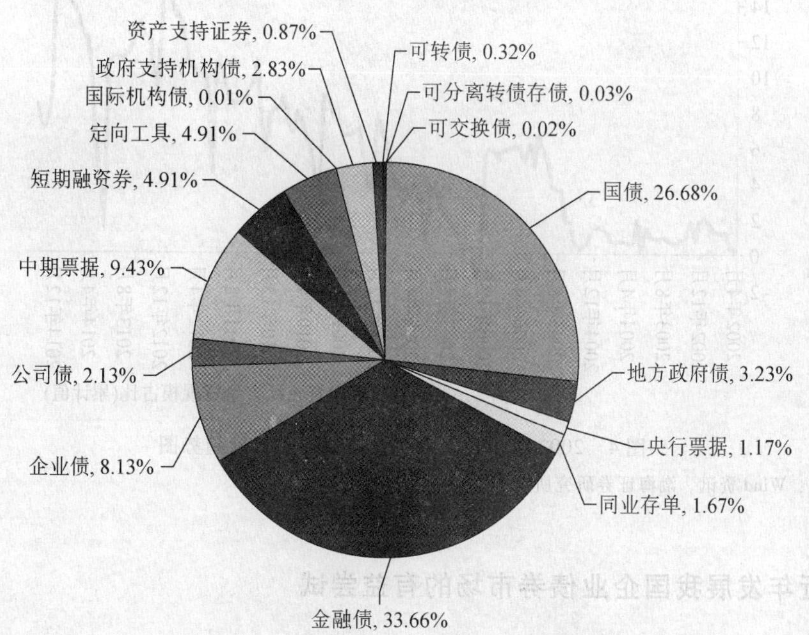

图 2 2014 年底我国存量债券余额结构图

注：企业债包括一般企业债和集合企业债；公司债包括一般公司债和私募债；中期票据包括一般中期票据和集合票据；短期融资券包括短期融资券和超短期融资券。

资料来源：Wind 资讯、渤海证券研究所。

券融资已经成为银行贷款和委托贷款之外的第三大融资渠道，2014 年全年企业债券融资占新增社会融资规模的比重为 14.74%（见图 3、图 4）。

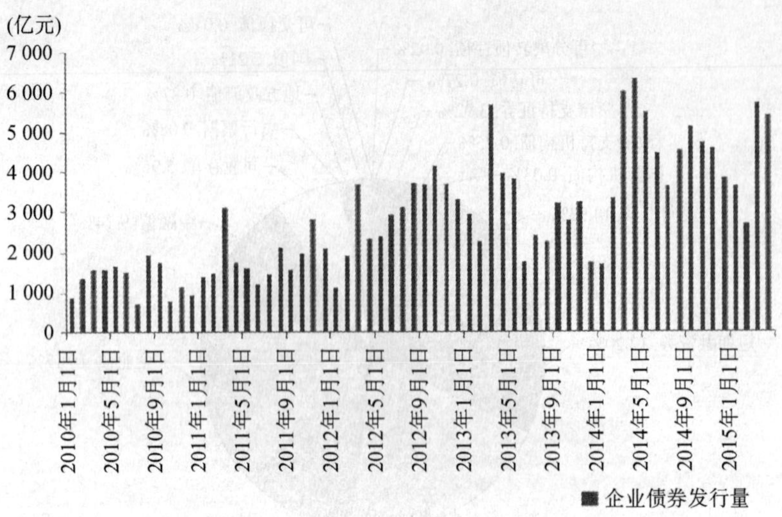

图 3　2010 年以来企业债券月发行量趋势图

资料来源：Wind 资讯、渤海证券研究所

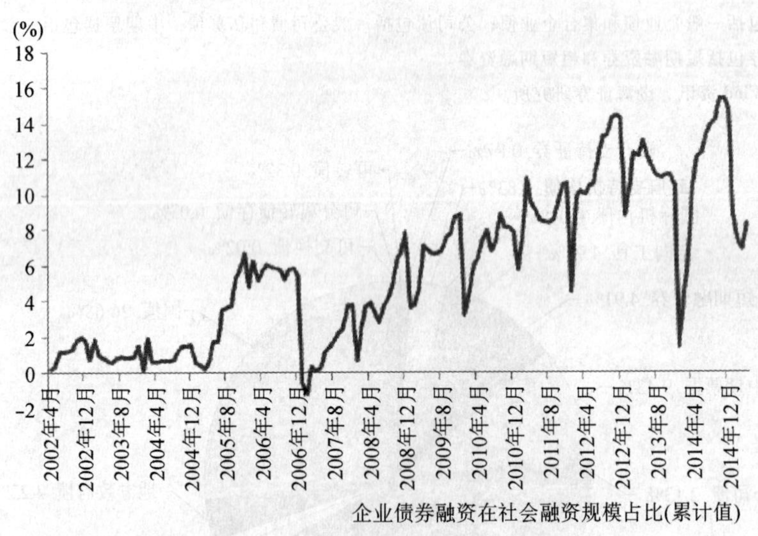

图 4　2002 年 4 月以来企业债券月发行量趋势图

资料来源：Wind 资讯、渤海证券研究所。

二、近年发展我国企业债券市场的有益尝试

我国企业债券市场规模在快速增长的同时，产品创新也在持续进行，表 1 中的企业债券品种演化也充分说明了这个问题。近期在企业债券领域比较重要的品种创新主要包括中小企业私募债、项目收益债和可交换公司债券。

（一）近期部分品种创新介绍

1. 中小企业私募债。中小企业融资难和融资贵一直以来都是严重制约我国中小企业发

展的障碍，政府近年一直关注并致力于该问题的改善和解决。除了推出创业板、中小板以及在银行贷款领域为中小企业贷款制定差别政策之外，企业债券市场也进行了积极的探索，包括中小企业集合票据、中小企业集合债以及中小企业私募债等，尤其是中小企业私募债在推出时被寄予厚望，认为是中国版的高收益债。但是，从推出以来的月发行只数和发行额可以看出，在经历刚推出时的快速发展期之后，2014 年下半年月发行规模和只数开始进入震荡整理期，并未延续前期震荡增长的趋势（见图 5）。制约其发展的主要原因在于随着经济持续疲软，中小企业经营状况出现恶化，前期发行的中小企业私募债出现违约，在一定程度上影响了市场需求。同时，部分中介机构的不规范行为也对中小企业私募债的发展产生了负面影响。根据中国证监会于 2015 年 1 月公布的《公司债券发行与交易管理办法》，未来中小企业私募债将会被私募发行的公司债取代。

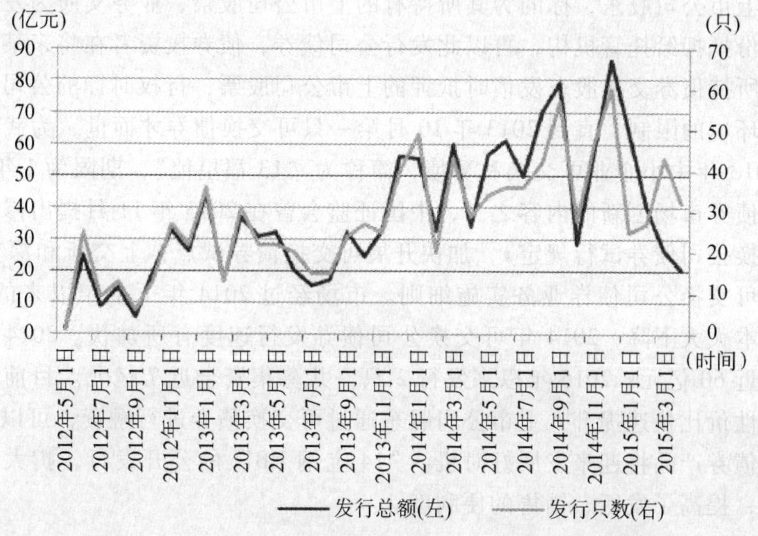

图 5　2012 年 5 月以来中小企业私募债月发行额和发行只数趋势图

资料来源：Wind 资讯、渤海证券研究所。

2. 项目收益债。2013 年下半年，管理层开始针对城投债领域进行一系列的摸底调查，并从控制风险的角度叫停地方政府的加杠杆行为。但是，一方面存量城投债到期还本付息的压力加大，另一方面地方政府融资能力受压制后导致地方投资能力不足，不利于经济稳增长。管理层以及地方政府一方面通过发行地方政府债的方式来替代以往城投债中部分公益性质较强且盈利较差的城投债的发行，另一方面则通过项目收益债的方式来满足部分盈利能力较强的项目的融资需求。2014 年 11 月发行的“14 穗热电债”是我国的首单项目收益债券，融资期限为 10 年。

2015 年 5 月，国家发改委下发《项目收益债试点管理办法（试行）》，同时为加快推进项目收益债，提出项目收益债中的项目收益可以包含 50% 的财政补贴。与传统的城投债相比，在某种程度上，项目收益债的信用资质与地方政府信用资质进行了隔离，在国家力推公私合营模式（PPP）的大背景下将迎来较大发展。

从城投债向项目收益债的转变在某种程度上有利于缓解由于信用错配带来的融资成本易上难下的问题。以往在城投债中存在收益风险不匹配的问题，城投债背后隐含地方政府信用，但发行利率普遍高于同期同评级公司债，这种扭曲在某种程度上加大了金融机构期限错配和信用错配的动力，从而加大了金融体系的风险。将城投债逐步规范为地方政府债和项目收益债可以视为将地方政府债务进行风险收益的重新分配，地方政府债由于直接背靠地方政府信用，为低风险、低收益品种，而项目收益债的还款能力主要依靠项目未来收益，属于高风险、高收益品种。

3. 可交换公司债券。中国证监会早在 2008 年就公布了《上市公司股东发行可交换公司债券试行规定》，当时出台的目的主要是为缓解上市公司大小非减持股份对市场的冲击。可交换公司债券是指上市公司股东依法发行的、在一定期限内依据约定条件可交换成该股东所持有的上市公司股份的债券。可交换公司债与传统可转债的区别在于：传统可转债的发行人为上市公司本身，如果转股的话，在某种意义上可以理解为发行人进行增发；可交换公司债券的发行人为上市公司股东，标的为其所持有的上市公司股票，业务实质为发行人将其持有的上市公司股份抵押给托管机构，再以此发行公司债券，债券投资者在将来某个时期内能按约定条件，以所持债券交换股东发债时抵押的上市公司股票，行权时标的公司股份数并未增加。由于市场环境的限制，直到 2013 年 10 月第一只可交换债券才面世，为武汉福星生物药业有限公司 2013 年中小企业可交换私募债，简称为“13 福星债”，期限为 1 年。

作为推动债券市场创新的内容之一，中国证监会曾在 2013 年 11 月提出修订《上市公司股东发行可交换公司债券试行规定》，加快开展可交换债券试点；上交所和深交所也在 2014 年推出自己的可交换公司债券业务实施细则。市场经过 2014 年下半年以来的快速上涨后，股权融资的成本大大下降，2014 年可交换公司债券发行速度有所加快。2014 年共发行了 5 只，募集资金近 60 亿元；2015 年以来发行 2 只，共募集资金近 7 亿元。目前，市场估值高企，股权融资性价比快速提升，上市公司股东通过可交换债券进行融资，可以降低债券融资成本，可交换债券产品将迎来发展好时机。“14 宝钢 EB”的公开发行，扩大了可交换债券的投资者范围，提高了发行、销售的便利度。

（二）制度方面的创新和进化

1. 发行、上市流程的简化。对于银行间市场而言，中国银行间市场交易商协会在 2007 年成立之后一方面推动债券产品的创新，另一方面对银行间信用债券发行、上市和交易等业务进行了简化和规范。2013 年下半年以来，在整顿银行间债券市场，促进债券市场的健康发展方面起到了积极的作用。

2015 年 5 月，中国人民银行发布公告，取消银行间债券市场债券交易流通审批，依法发行的各类债券在完成债权债务关系确立并登记完毕后，即可上市。公告涉及的债券包括但不限于政府债券、中央银行债券、金融债券、企业债券、公司债券和非金融企业债务融资工具等信用类债券，以及资产支持证券等。

对于公司债而言，中国证监会在 2015 年 1 月公布了《公司债券发行与交易管理办法》，与以往公司债券发行与交易办法相比有以下四方面的改变：一是扩大了发行主体范围，从上市公司和证券公司扩大到所有公司制法人；二是丰富了债券发行方式，可以根据具体情况采用公募或私募方式发行；三是简化了发行审核流程，取消了公开发行公司债券的保荐制和发审委制度；四是实施分类管理，将公开发行分为面向公众投资者的公开发行和面向合格投资者的公开发行。

对于企业债而言，国家发改委在 2013 年将企业债审批权下放至地方发改委，提高企业债的发行效率，有利于加快企业债的发行。未来进一步改革方向为发改委将不再对企业债申报材料进行具体审批，将参考中央国债登记结算有限责任公司出具的基数评估意见作为是否同意发债的依据，继续简化审批过程和部分手续。

2. 对投资者进行适当性管理。银行间债券市场为场外市场，投资者基本上为机构投资者，专业性和风险承受能力相对较强。而交易所市场为传统的场内市场，投资者除了部分机构投资者外，仍然以散户居多，在风险承受能力上普遍较银行间债券市场投资者弱。近两年我国经济处于高速发展向中高速发展的换挡期，企业的经营和盈利能力均受到较大的挑战，信用风险有所加大，企业债券评级和发行人主体评级被下调的次数快速上升，在此背景下，企业债券投资者面临的违约风险上升。

针对上述情况，同时为配合中国证监会公布的《公司债券发行与交易管理办法》，2015 年 5 月 29 日，上海证券交易所发布了《上海证券交易所债券市场投资者适当性管理办法》、《上海证券交易所非公开发行公司债券业务管理暂行办法》和《上海证券交易所公司债券上市规则（2015 年修订)》，对债券投资者进行分类，同时根据不同投资者可承受风险的能力对其可投资的债券进行了限制。

上海证券交易所将债券投资者分为公众投资者和合格投资者，合格投资者又进一步区分出机构投资者，其中合格投资者中的个人投资者需要满足名下金融资产不低于人民币 300 万元。债券符合下列条件且向公众投资者公开发行的，公众投资者和合格投资者均可参与交易：(1）发行人最近三年无债务违约或者延迟支付本息的事实；(2）发行人最近三个会计年度可实现的年均可分配利润不少于债券一年利息的 1.5 倍；(3）债券信用评级达到 AAA 级。债券不满足以上条件的合格投资者可以参与，但是非公开发行的公司债券（含企业债券）仅限合格投资者中的机构投资者认购及交易。

同日，深圳证券交易所也发布了《深圳证券交易所关于公开发行公司债券投资者适当性管理相关事项的通知》、《深圳证券交易所非公开发行公司债券业务管理暂行办法》和《深圳证券交易所公司债券上市规则（2015 年修订)》。整体来说，两大交易所对于债券投资者适当性管理规则基本统一。

与以往相比，中国证监会新规以及上海和深圳两大证券交易所对债券投资者适当性管理的规定极大地提高了个人投资者投资债券的信用级别，降低了其所面临的信用风险，增强了整个债券市场投资人群体对信用风险的承受能力，降低信用风险爆发时对市场造成冲击的范围和程度，在某种程度上也为市场化违约、打破“刚性兑付”奠定基础。

三、我国信用债市场发展面临的问题

不可否认，我国企业债券市场近两年取得了长足的发展，但是仍然存在一些问题，主要表现为以下三点：

（一）市场化违约难以真正实现，行政干预较严重

虽然近两年我国信用债券市场违约风险频现，但是在相关政府和部门的大力介入下，大部分都得到了妥善解决，即使已经违约的“11 超日债”也在破产重组之后的 9 个月公布兑

付方案，投资者获得本息全额偿付。目前，公开债券市场已经违约的债券有“ST 湘鄂债”、“11 天威 MTN2”和“12 中富 01”；私募债券违约的有“12 东飞 01”、“12 致富债”和“12 蓝博 01”等。其中“11 天威 MTN2”的违约由于国资控股而被视为具有重大象征性意义，根据相关媒体的报道，“11 天威 MTN2”利息违约后，经中国人民银行出面协调，天威集团获得建行贷款援助。

制约我国企业债券市场违约风险市场化的主要原因在于以下两方面：一方面是以往并未对企业债券投资者进行分层，部分投资者风险承受能力较弱，政府和管理层从维稳角度出发，竭力避免刚性兑付的打破；另一方面是由于在目前经济疲弱格局下，降低企业债券的违约风险，尤其是城投债的违约风险，在一定程度上也是为了避免发生局部金融风险。

（二）信息披露还需继续规范，中介机构水平还需进一步提高

在企业债券品种中，传统的公司债、可转债、分离交易转债发行人为上市公司，因此在信息披露的及时性、完整性和详细程度上做得较好，而其余品种按照规定只需要披露年报和半年报，在及时性上相对落后，同时财报披露的完整性和详尽程度较公司债简单，为债券投资人判断公司经营情况和债券风险提出了较大的挑战。同时，近期爆发的债券违约风险事件中，部分主承销商有尽职调查失职的嫌疑（12 致富债），也有担保机构不愿履约的情况（12 津天联、12 东飞 01、12 致富债），这些案例都显示企业债券市场的中介机构水平有待进一步提升，其行为需要进一步规范。

（三）高收益债市场发展不够

虽然我国高收益债市场经过了一些探索和实践，但是与美国成熟市场相比，我国高收益债在企业债中占比相对较低，对企业尤其是创新动力较强的中小企业的发展和创新支持力度不足，同时在品种上也过于单一，只是停留在高息发行的阶段，并未与企业的发展规划、融资需求和发展阶段紧密结合。资产支持债券、零息债券、实物支付债券等品种或者发展过于缓慢，或者还未出现，因此我们还需要继续丰富多种形式的债务融资方式，做大高收益债市场融资规模，为我国经济改革创新、激发中小企业活力提供良好氛围。

参考文献

[1] 陈坚：“中国债券市场发展存在的问题与改进建议”［J］，《上海金融》，2010（4）：61—64。

[2] 刘韩婷，张建林：“我国信用债市场发展研究”［J］，《东方企业文化》，2013（2）：9—10。

[3] 谢多：“中国债券市场发展原因、建议与展望”［J］，《中国市场》，2013（10）：51—57。

[4] 杨农，刘威，杨辉，黄永刚：《中国企业债券融资——创新方案与实用手册》［M］，北京：经济科学出版社 2012 年版。

[5]（美）格伦·亚戈，苏珊·特里姆巴斯：《超越垃圾债》［M］，北京：机械工业出版社 2013 年版。

企业债信用利差在不同市场中变化趋势分析

胡佳妮*

一、全球企业债市场发展现状

国际清算银行统计数据显示，截至 2014 年 9 月，全球金融企业债券总规模约为 36 万亿美元，非金融企业债总规模约为 10 万亿美元。目前，企业债存量规模前 10 名的国家仍以欧美国家为主，同时日本和中国在全球企业债市场中也占据了重要地位（见表 1）。

表 1　金融企业债和非金融企业债存量规模前 10 名的国家　（单位：10 亿美元）

	国家	2011 年 12 月	2012 年 12 月	2013 年 12 月	2014 年 9 月
金融企业债	美国	14 627	14 509	14 650	14 857
	英国	3 024	2 892	2 736	2 907
	日本	3 258	3 138	2 492	2 383
	中国	1 593	1 693	1 767	1 890
	法国	2 037	1 880	1 863	1 722
	德国	2 196	2 027	1 927	1 720
	荷兰	1 829	1 753	1 758	1 684
	意大利	1 591	1 573	1 510	1 220
	澳大利亚	1 257	1 245	1 112	1 150
	西班牙	1 512	1 428	1 226	986
非金融企业债	美国	4 140	4 493	4 798	5 046
	中国	680	807	820	856
	日本	991	876	734	703

* 作者单位：信达证券股份有限公司。原载于《中国证券》2015 年第 6 期。

续表

	国家	2011 年 12 月	2012 年 12 月	2013 年 12 月	2014 年 9 月
非金融企业债	法国	508	584	629	651
	英国	572	652	665	619
	加拿大	329	364	388	422
	澳大利亚	179	215	216	208
	意大利	117	138	173	164
	俄罗斯	136	155	182	158
	德国	129	150	175	156

资料来源：国际清算银行，信达证券研发中心。

（一）美国企业债市场

美国债券市场是全球最大的债券市场，存量规模大并且债券品种相当丰富，是美国政府和企业重要的融资工具。截至2014 年末，美国债券市场存量规模达到38.99 万亿美元（见图1），相当于2014 年美国股票市值的1.48 倍、美国经济总量的2.24 倍。美国债券市场中主要流通的债券品种包含国债、市政债券、抵押支持债券、资产支持债券、公司债券、联邦机构债券及货币市场债券等。从发行及流通规模来看，2014 年末美国国债和市政债在债券市场存量规模中合计占比为41.43%，企业债（公司债券、抵押支持债券、资产支持债券）占比为45.92%，其中没有资产支持的公司债券占比为20.11%（见图2）。按照发债企业所属行业进行划分，美国的企业债可分为公用事业类、运输行业类、工业类及银行和金融机构类，每个大类下面还可以进一步细分。随着新兴行业的快速发展，医疗保健、通讯及高科技等行业逐渐成为发债的主力军。除行业外，企业债也可按评级划分、按期限划分，例如企业债按照评级不同可分为投资级债券和高收益债券（或称垃圾债券），评级主要参照国际三大评级机构。

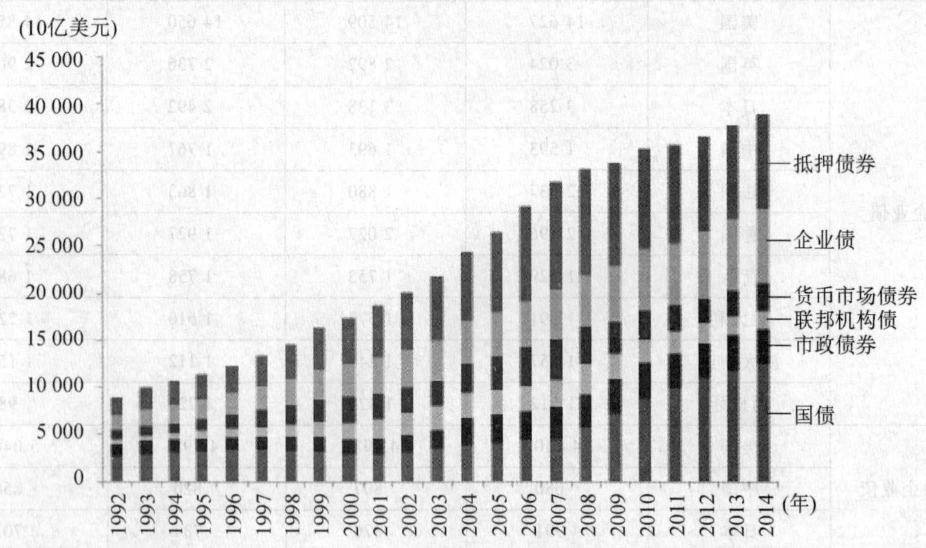

图1 美国债券存量规模

资料来源：SIFMA、信达证券研发中心。

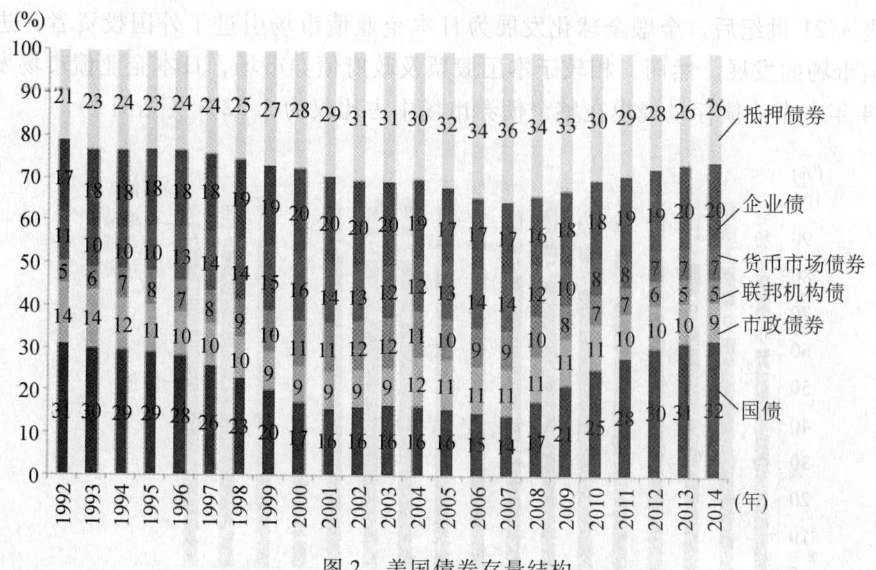

图 2　美国债券存量结构

资料来源：SIFMA、信达证券研发中心。

美国企业债市场交易以场外交易为主，其参与者主要为由商业银行、公募基金、养老基金等机构投资者以及大型对冲基金和投资银行自营部门构成的买方和以投资银行信用市场部门构成的卖方。买方之间不互相交易，所有的交易均通过卖方，即做市商（Market Makers）来完成。报价方面，美国企业债的报价多数通过彭博发送，做市商对企业债的报价通常是用其与同期美国国债收益率的价差，为了赚取低买高卖的买卖价差，买价的报价高于卖价（债券价格与收益率成反比例关系）。企业债的做市商并不向买方收取交易手续费、信息费、交割费等费用，其所有收入均来自买卖价差。买卖价差的影响因素较多，主要有发债企业的评级、发行量、发行时间、是否有特定的信用事件发生、是否有收购并购传闻等，归根结底，债券的流动性决定其价差。作为卖方的投资银行则互为竞争对手，彼此之间也不会直接交易，而是通过经纪商来完成。经纪商在二级市场中交易活跃，由于不直接持有债券头寸，只承担撮合交易的功能，交易费用较做市商更为低廉。

美国对债券市场实施政府监管的主体是证券交易委员会（SEC），拥有制定规则、执行法律和裁决争议三项权利。随着债券场外交易的发展，美国成立了全国证券交易商协会（NASD），主要职能是建立和完善会员制度，制定并监督执行协会的管理制度，监督检查会员的日常经营活动，提供电子报价系统、转账清算系统和统计系统并指导其运作。如今，美国联邦证券交易委员会正是通过 NASD 间接地对场外债券市场进行监管。

（二）日本企业债市场

日本的债券市场由政府债券、短期贴现国债、金融债券、公共债券、非居民债券以及企业债组成。其中，政府债券是日本政府融资的重要手段，也是日本债券市场最主要的组成部分。2014 年末，日本债券市场总规模为 1 074. 65 万亿日元，国债在债券总规模中占比达到 80. 5%。日本的企业债市场源于 20 世纪 80 年代末日本泡沫经济所导致的商业银行信用危机，坏账的大量出现迫使日本政府在进行银行业改革的同时开始加强对资本市场培育和发展的力度。进入 21 世纪后，金融全球化发展为日本企业债市场引进了外国投资者，进一步促进了企业债市场的发展。然而，相较于本国股票及政府债券市场，日本企业债市场发展仍显滞后，2014 年末企业债存量规模在整个债券市场中占比仅为 5.52%（见图 3）。

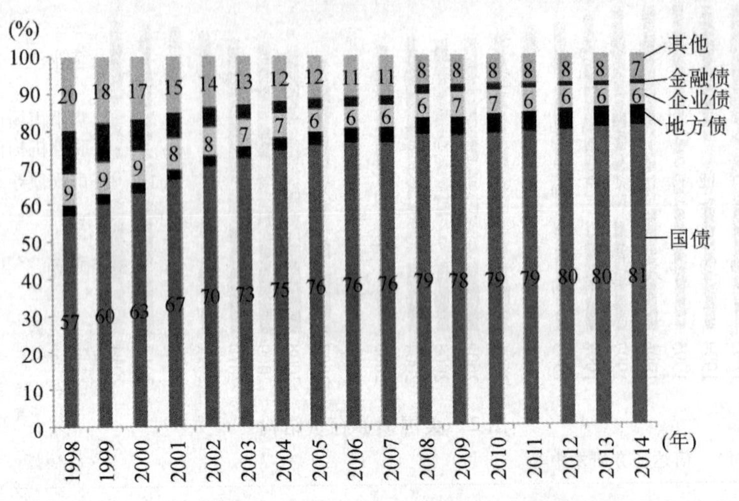

图 3 日本债券存量结构

资料来源：日本证券业协会、信达证券研发中心。

日本企业债的一级市场也叫起债市场，由发行者、发行包销公司和受托银行三方构成。发行包销公司有向投资者提供发行者详细情况的义务并负责债券的具体募集和出售，受托银行则主要为发行者制作有关法律证书，提供担保，进行抵押的审核、保存和管理。日本债券二级市场可分为证券交易所市场和场外交易的店头市场。在交易所进行交易的债券必须是上市债券，即必须在该交易所公开挂牌，列明名称的债券。日本的债券场外交易市场又叫作店头市场，是自然形成的、无统一组织形式的交易市场，证券公司之间或证券公司与投资者之间主要通过证券公司的柜台进行交易，该市场中交易的债券品种多数不是上市公司债券，买卖价格由交易双方自行商议决定。目前日本企业债的主要交易在店头市场完成。

银行主导型的日本金融体系，加之日本政府的管制及主导使得企业债市场在发行制度安排、担保托管、债券投资级别要求等方面长期受到制约。相较于美国企业债市场较高的流动性和活跃度，日本企业债市场具有容量小、持有人结构过于集中以及对投资“非投资级别债券”高度谨慎等特点，从而导致企业债市场交投不够活跃，缺乏流动性。以换手率为例，2014 年日本政府债市场的年换手率高达 11.95 倍，但是日本的企业债市场的年换手率仅有 0.55 倍。政府的阶段性干预、调控和管制是日本企业债市场发展不足的主要原因。日本的企业债券发行一般都要求担保并实行企业债券银行托管制度，这限制了企业发行债券的动力。进入 21 世纪后，为了确保金融系统的稳定性，应对全球经济衰退，日本政府又开始限制已有发展势头的企业债市场，导致 2001—2002 年日本企业债的发行数量与规模出现较大下滑。同时，日本企业债市场以投资级债券为主，缺乏多元化投资工具也在一定程度上限制了企业债市场的发展。值得一提的是，虽然本土企业债发展受限，但为了获得更高的收益和较好的融资条件，日本保有较大规模的海外企业债市场。

由于政府的过严管制和倾向性引导造成了日本企业债市场多年来的低水平供给和需求，

在一定程度上干扰了市场宏观微观运行环境的培育完善。但是，经过多年的发展，作为市场经济程度较高的日本，在企业债市场监管操作方面还是相当规范的。日本债券市场监管由证券交易监管委员会负责，主要职责包括市场运行监测、金融机构监管、民政罚款调查、披露文件和金融诈骗调查等。日本债券市场的行业自律管理职能则主要由日本证券业协会（JSDA）承担。日本证券业协会是唯一依照日本《证券和交易法》由总理授权设立的社团法人，在法律和监管部门的管理下，日本证券业协会享有相当大的自律管理权。该协会的会员包括所有在日本注册的证券公司和其他金融机构。从 2001 年开始，该协会将场外市场也纳入行业管理范围。

（三）中国企业债市场

从 1981 年恢复发行国债至今，我国国债发行经历了曲折的探索阶段和快速的发展阶段，2014 年债券余额达到 35.57 万亿元（见图 4），较 2002 年规模增长 11.4 倍。按照发行主体划分，可将债券市场分为政府债券（包括国债和地方政府债）、中国人民银行票据、政策性银行债、金融企业债和非金融企业债，这些债券被分别托管在中债登记结算公司、上海清算所和中证登记结算公司（见图 5）。

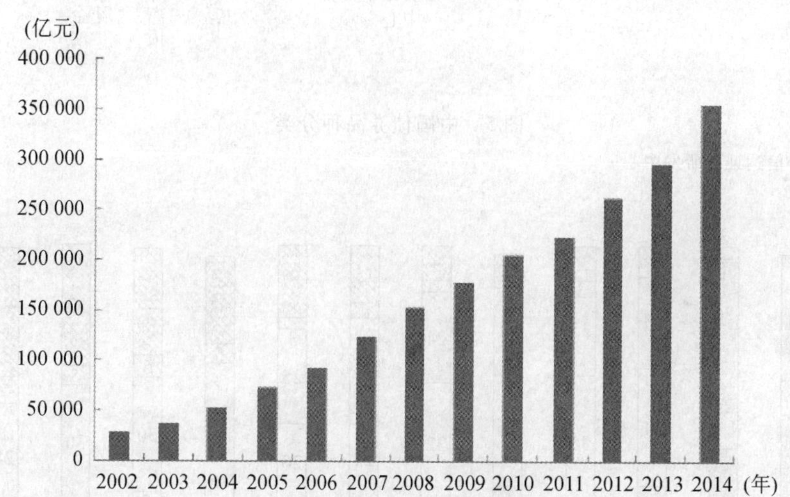

图 4　债券总规模

资料来源：中债登、上海清算所、中证登、信达证券研发中心。

我国政府债券和政策性银行债券在债券市场占有很高的比重（见图 6），2002 年政府债和政策性银行债占比合计超过 90%，到 2014 年合计占比有所下降，但仍超过 50%。为了对冲外汇占款投放的过量基础货币，中国人民银行发行了大量的央行票据，中国人民银行票据余额在 2006 年占比最高达到 35%，其后由于回笼货币需求的减弱，央行票据余额显著减少，2014 年央行票据余额占比仅为 1%。金融企业和非金融企业债券余额在 2007 年以前占比不足 10%，但随着信用债市场的发展和企业融资需求的扩大，企业债券规模快速提升，2014 年金融企业债余额占比为 7%，非金融企业债余额占比达到 34%，经历快速发展的非金融企业债已超越国债，被称为债券市场上余额规模最大的品种。

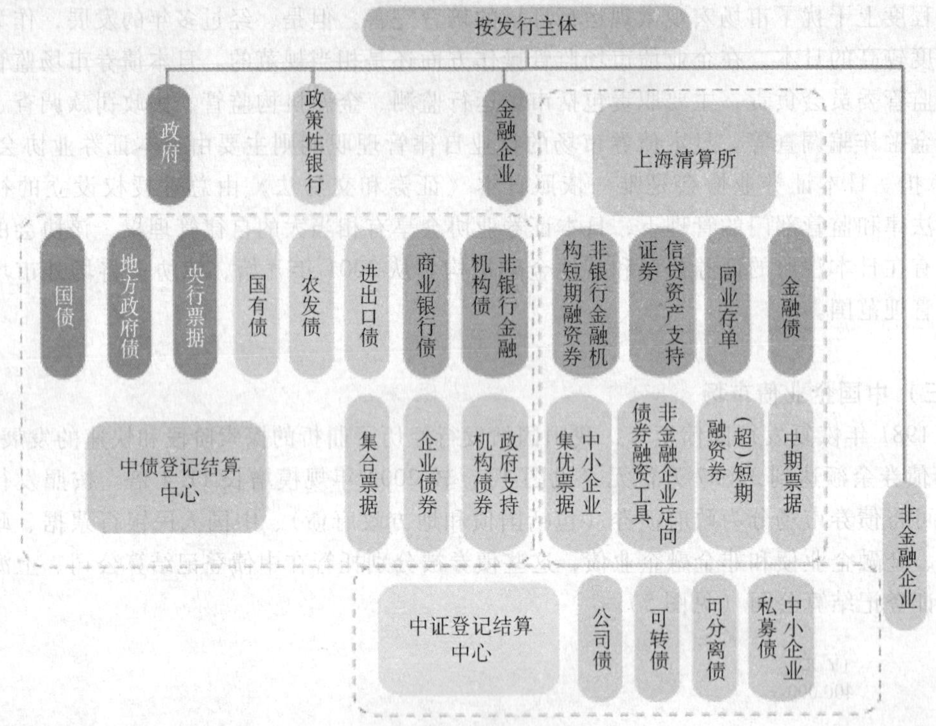

图 5　中国债券品种分类

资料来源：信达证券研发中心。

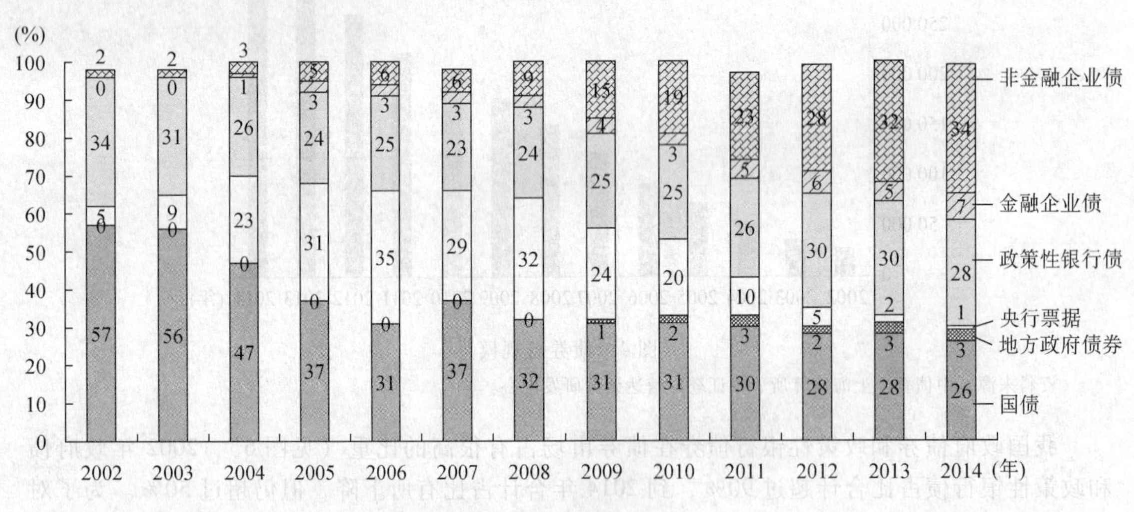

图 6　债券存量结构

资料来源：中债登、上海清算所、中证登、信达证券研发中心。

我国企业债券品种较多，金融企业债（不含政策性银行债）主要包括商业银行普通债、商业银行次级债、二级资本工具、非银行金融机构债券和短期融资券、信贷资产支持证券、同业存单和资产管理公司金融债；非金融企业债主要包括政府支持机构债、企业债券、中期票据、资产支持证券、公司债、可转债、可分离债、集合票据、短期融资券、超短期融资券、中小企业区域集优票据、非金融企业定向融资工具和中小企业私募债，其中企业债和中期票据存量规模占比较高。目前，我国对企业债市场实行多头管理，金融债、企业债、中期票据和公司债分别由中国银监会、国家发改委、银行间市场交易商协会和中国证监会审核发行。尽管多头监管在一定程度上促进了企业债品种和规模的快速增长，但由于多个部门之间缺乏沟通，往往造成重复监管或监管不力等情况，导致企业债市场监管效率低下。

我国债券市场主要交易场所为交易所和银行间市场，其中中国证监会审批发行的公司债、可转债以及转托管至交易所的国债、企业债等可以在交易所上市交易，其他托管于中国债券登记结算中心和上海清算所的债券一般在银行间市场交易。与美国和日本债券市场类似，我国债券二级市场交易以银行间市场的场外交易为主，2014 年银行间市场交易额占总交易额的 96.50%。

二、欧美市场和亚洲市场信用利差趋势分析

信用利差指的是信用债收益率与市场无风险收益率之间的差值，通常采用期限相同的国债收益率替代无风险收益率对其进行研究。对于信用利差的研究较多，存在尚无可靠解释的“信用利差之谜”，但多数研究将信用利差分为税收利差、流动性溢价、预期损失和风险溢价等。

这里我们着重分析流动性溢价和风险溢价这两个因素。国债作为无风险收益率反映了对经济增长和物价水平的预期，并且作为各国的核心券种，其价格发现机制亦十分完善，因此这里将国债作为流动性溢价指标与信用利差进行对比。理论上，国债利率降低显示经济增速出现下滑，此时企业经营变得困难，盈利收缩并且违约风险增大，在风险溢价主导下，信用利差应随着国债利率降低而上升，这时信用利差与国债利率呈现反向相关性；国债利率降低的同时伴随着货币政策的放松和流动性的增加，这使得资金对信用债的投资需求同时上升，在流动性溢价主导的情况下，信用利差随国债利率降低而下降，呈现正向相关性。通过研究国债利率与信用利差的变化趋势，我们可以对不同债券市场中流动性和风险溢价的主导性做出判断。

（一）欧美和亚洲国家债券市场企业债信用利差呈现不同的变化趋势

通过观察欧美和亚洲主要国家的企业债信用利差走势我们发现，欧美企业债券市场如美国、英国和德国企业债信用利差普遍与国债利率反相关（见图 7、图 8、图 9），显示风险溢价在这些市场的企业债信用利差的影响因素中占有主导地位；亚洲企业债券市场如日本、韩国和中国企业债信用利差普遍与国债利率正相关（见图 10、图 11、图 12），显示流动性溢价在亚洲企业债信用利差的影响因素中占有主导地位。

（二）企业债流动性差异无法解释信用利差走势的差异

流动性差异可能是导致溢价主导因素出现差异的原因。若企业债券流动性较好，当经济基本面出现恶化时，投资者可以选择立即抛售手中持有的企业债，导致企业债价格的下跌和信用利差的上升；若企业债券流动性较差，多数投资者选择将企业债持有到期，抛售行为较少，因而导致风险溢价上升不明显。

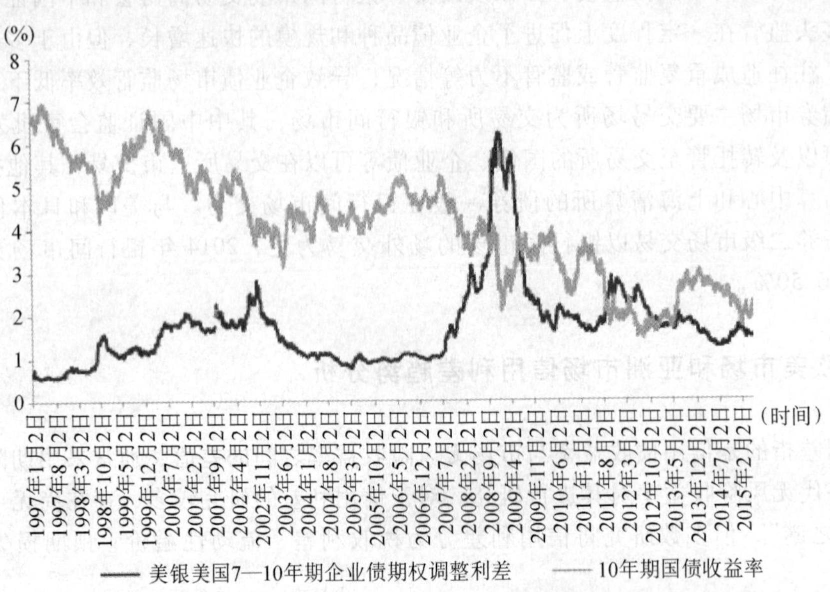

图 7 美国企业债信用利差与国债利率走势

资料来源：Wind 资讯、信达证券研发中心。

图 8 英国企业债信用利差与国债利率走势

资料来源：Bloomberg、信达证券研发中心。

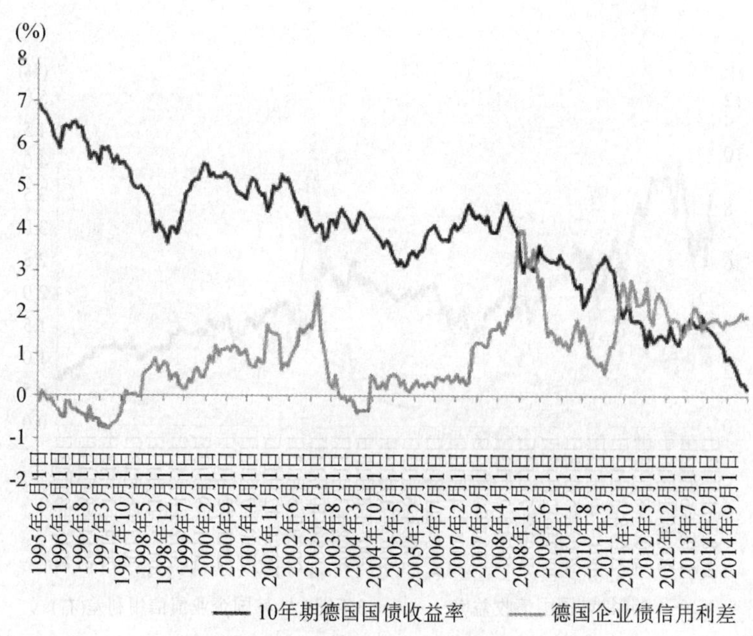

图 9　德国企业债信用利差与国债利率走势

资料来源：德国央行、信达证券研发中心。

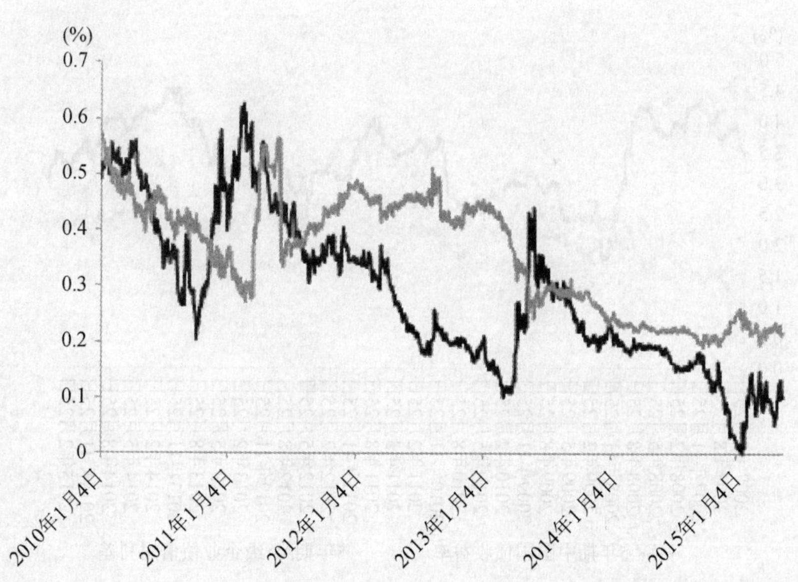

图 10　日本企业债信用利差与国债利率走势

资料来源：Bloomberg、信达证券研发中心。

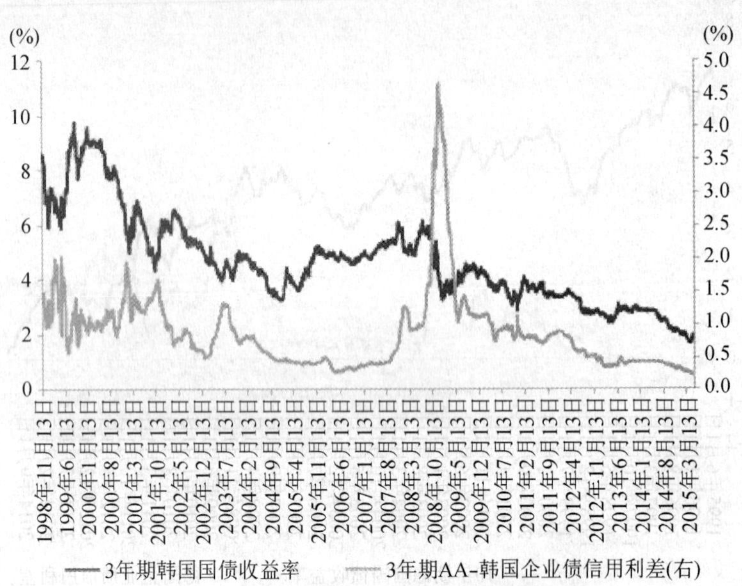

图 11　韩国企业债信用利差与国债利率走势

资料来源：Wind 资讯、信达证券研发中心。

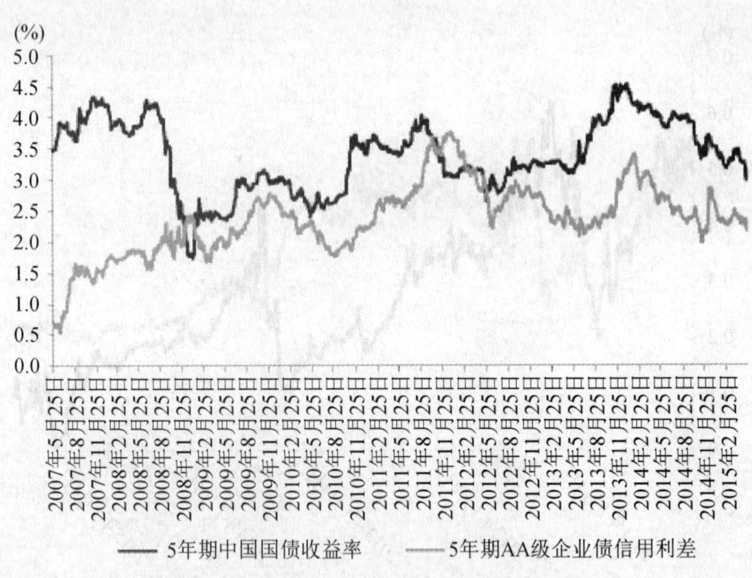

图 12　中国企业债信用利差与国债利率走势

资料来源：Wind 资讯、信达证券研发中心。

为此，我们考察了日本、美国和中国企业债的流动性情况，并以年平均换手率作为指标进行判断。2014 年，美国和日本国债的年换手率为 10. 14 倍和 11. 95 倍，而公司债同期年换手率仅为 0. 85 和 0. 55 倍（见图 13 和图 14）。相比之下，中国国债换手率并不高，2014 年年均换手率仅为 0. 72，但企业债换手率则高于美国和日本市场，2013 年“钱荒”期间企业债和中票年均换手率曾达到过 8. 26 和 9. 82 的高水平。2014 年，中国债券市场换手率显著降低，但仍维持 1. 5—2 倍的水平，略高于美国和日本企业债换手率（见图 15）。单从企业债的流动性来看，欧美市场相比亚太区市场优势并不明显。

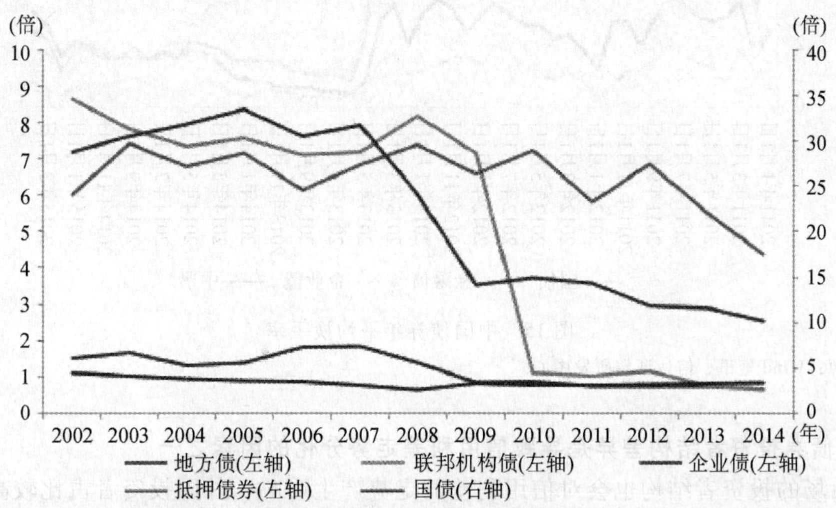

图 13　美国债券年平均换手率

资料来源：SIFMA、信达证券研发中心。

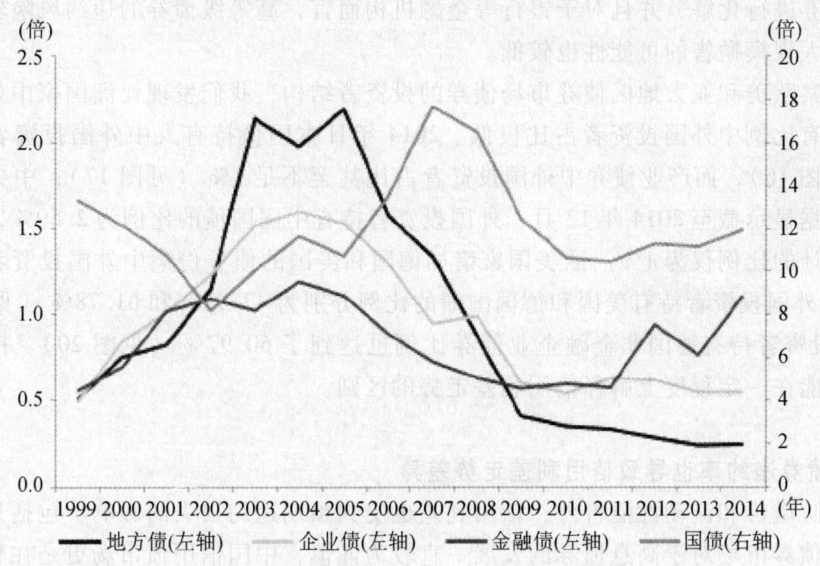

图 14　日本债券年平均换手率

资料来源：日本证券业协会、信达证券研发中心。

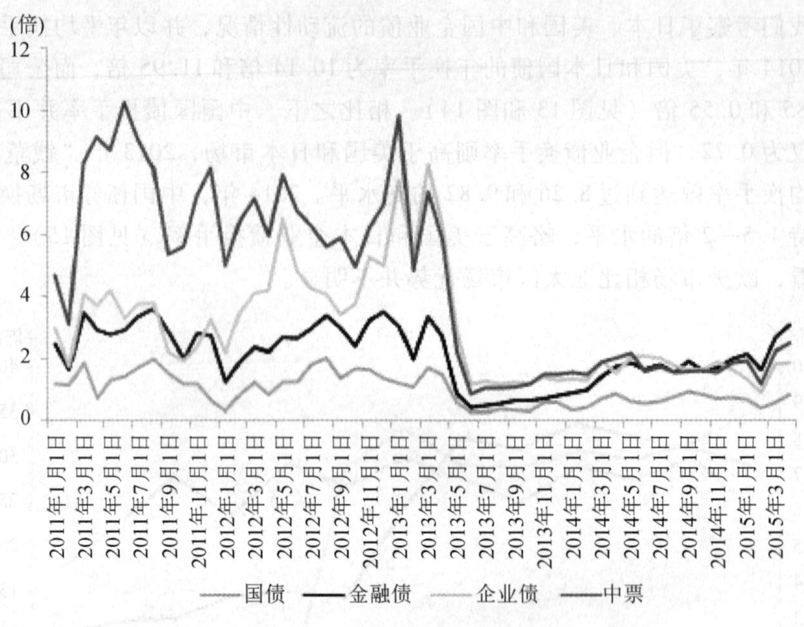

图 15 中国债券年平均换手率

资料来源：Wind 资讯、信达证券研发中心。

（三）债券投资者结构差异是导致信用利差走势分化的因素之一

债券市场的投资者结构也会对信用利差的走势产生影响：外国投资者占比较高时，本国经济基本面恶化将导致外国投资者抛售本国债券并将资金投向经济基本面更为稳健的债券市场，因而带来信用利差的上升；当本国投资者占比较高时，经济下行风险已经内生化，无法通过抛售债券进行化解，并且对于银行等金融机构而言，高等级债券的违约风险较企业贷款更低，因而大规模抛售的可能性也较低。

通过观察欧美和亚太地区债券市场债券的投资者结构，我们发现亚洲国家中如日本和中国的债券持有比例中外国投资者占比极低。2014 年日本国债持有人中外国投资者占比仅为 5.12%（见图 16），而产业债券中外国投资者占比甚至不足 1%（见图 17）；中央国债登记结算公司数据显示截至2014 年 12 月，外国投资者持有中国国债的比例为 2.59%，持有企业债和中票合计的比例仅为 1%。欧美国家诸如德国和美国的债券份额中外国投资者比重非常高。2014 年外国投资者持有美国和德国国债的比例分别为 47.91% 和 61.78%（见图 18、图 19），外国投资者持有德国非金融企业债券比例也达到了 60.97%（见图 20）。持有人结构的差异或许能在一定程度上解释信用利差走势的区别。

（四）债券违约率也导致信用利差走势差异

除了风险溢价和流动性溢价外，信用利差也受到预期违约损失的影响。包括日本和中国在内的亚洲债券市场对于高息债券的发展一直较为谨慎，中国信用债市场更是在较长时间内维持了“刚性兑付”，较低的违约率使得本地债券投资者在进行利率债投资时往往忽视了预期违约和风险溢价的影响，对流动性补偿更为看重。

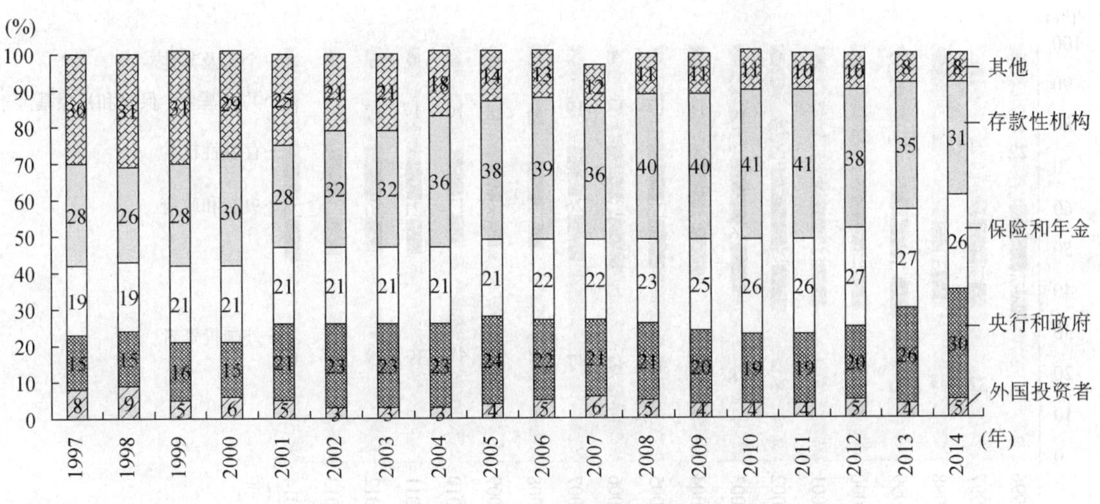

图 16　日本国债投资者结构

资料来源：日本央行、信达证券研发中心。

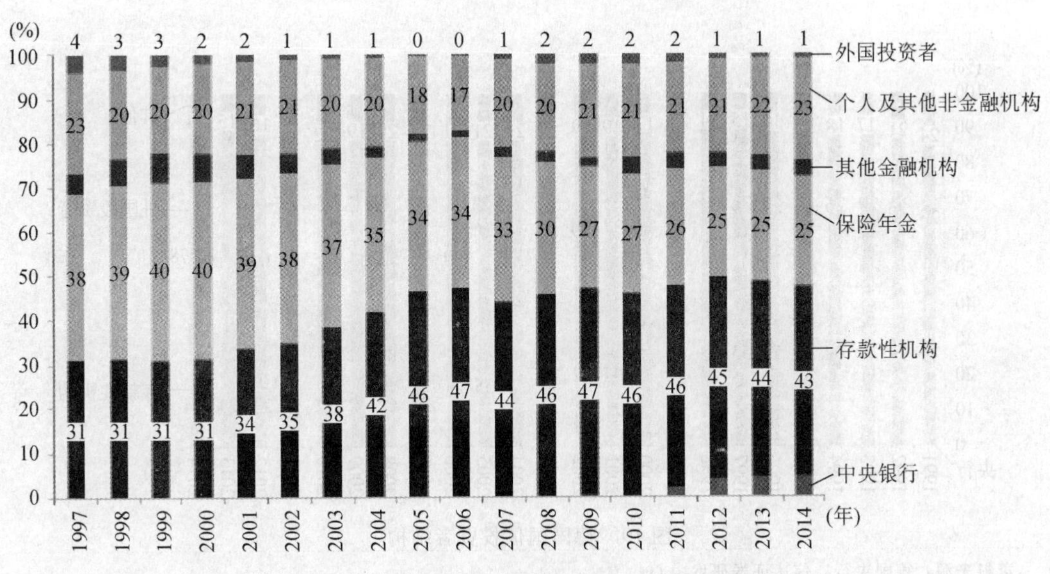

图 17　日本非金融企业债投资者结构

资料来源：日本央行、信达证券研发中心。

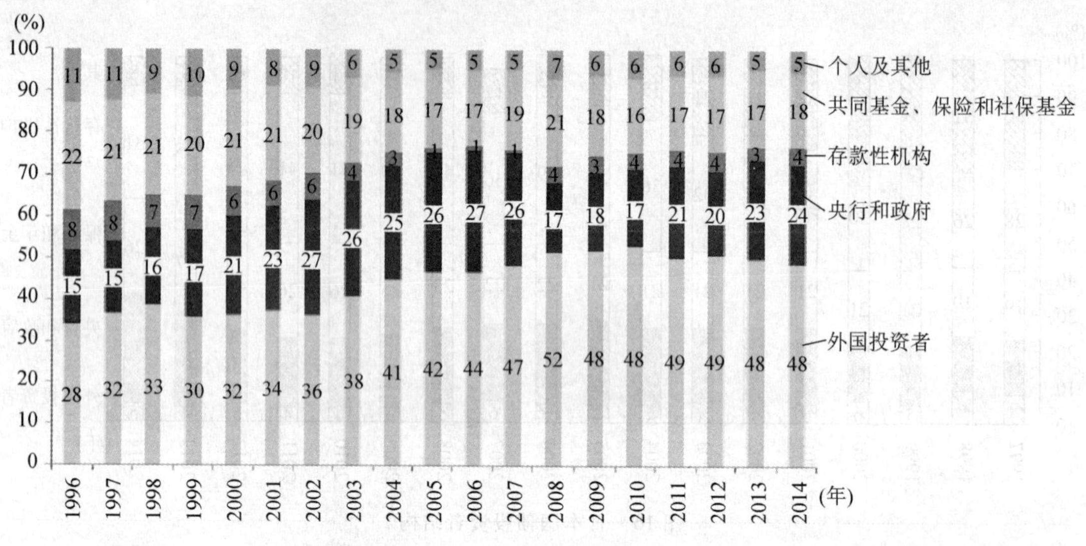

图 18 美国国债投资者结构

资料来源：SIFMA、信达证券研发中心。

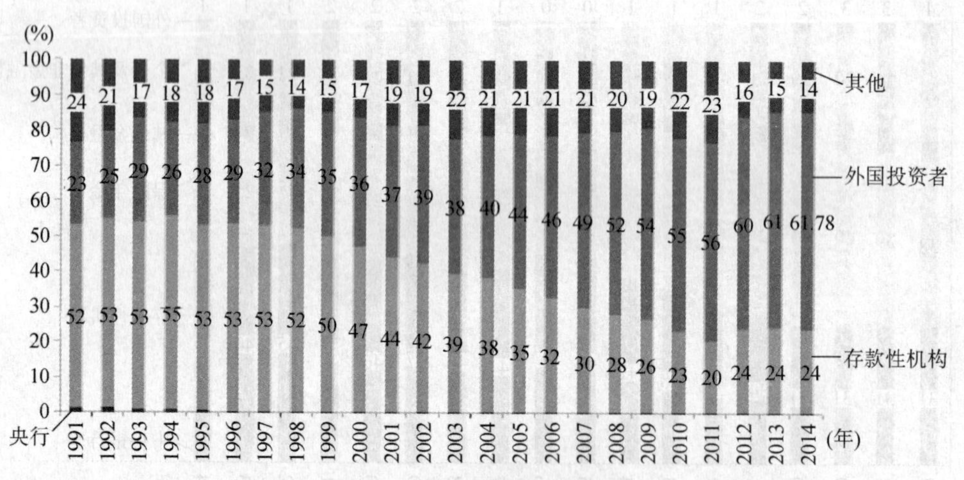

图 19 德国国债投资者结构

资料来源：德国央行、信达证券研发中心。

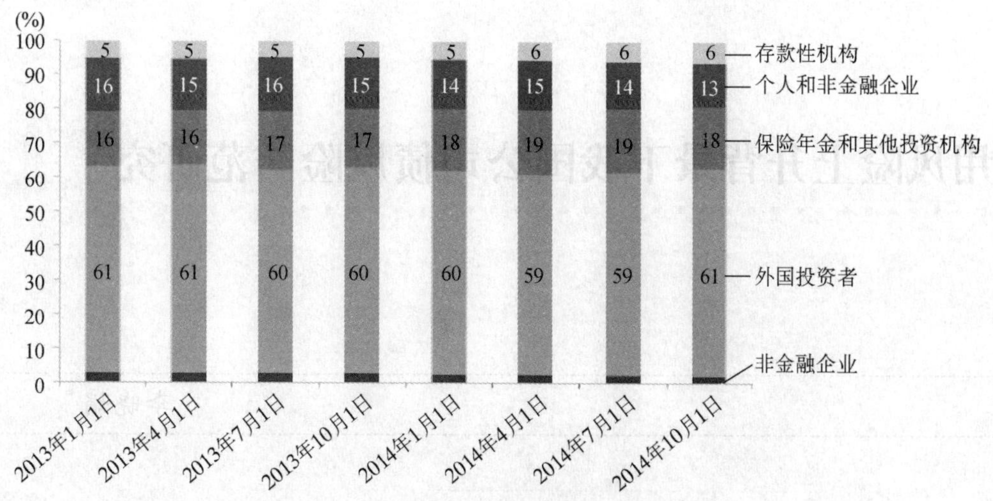

图 20 德国非金融企业债投资者结构

资料来源：德国央行、信达证券研发中心。

三、信用利差走势差异的思考

一方面，短期内中国企业债投资者结构对于信用利差走势的影响仍将持续，尽管中国债券市场的刚性兑付正逐步被打破，但投资者结构导致的信用利差与国债利率的同向变化决定了在利率下行区间，企业债将同时获得无风险收益下降和信用利差下行两部分的投资收益，企业债尤其是中高等级债券投资收益将持续高于利率债。

另一方面，尽管中国企业债市场近年来经历了高速发展，同日本一样在全球债券市场中占据了举足轻重的地位，但亚洲债券市场中普遍存在的信用利差中风险溢价变动的缺失弱化了企业债信用评级的定价功能，这不利于企业债市场的开放和发展。在政策的推动下，中国债券市场正在变得日益开放。2015 年 4 月 30 日，中国人民银行集中批复了 32 家境外机构进入银行间债券市场，其中共有 11 家 QFII 获准进入银行间债券市场，单次批复机构数量为 2013 年 3 月 20 日中国人民银行批准 QFII 在获批额度内投资银行间债券市场以来最多。随着中国债券市场对外开放的进程加快、信用评级体系的逐步建立和“刚性兑付”的打破，企业债市场将迎来更为健康和有效的发展。

参考文献

[1] 温彬，张友先，汪川：“国际债券市场的发展经验对我国的启示”[J]，《上海金融》，2010（9），54—58。

[2] 李忠民：“美国企业债市场的组织、交易和流动性分析”[J]，《中国货币市场》，2007（1），50—53。

[3] 张自力，林力：“日本企业债券市场的结构特征及监管制度”[J]，《证券市场导报》，2013（8），50—56。

信用风险上升背景下我国公司债风险防范研究

李晓娟*

2014 年以来，经济下行压力增大，国民生产总值增速逐步回落，周期性行业、产能过剩行业经营状况每况愈下，企业信用风险逐渐攀升。在市场整体信用风险水平攀升的背景下，上市公司债券信用风险不断上升，多只债券发生本金或利息不能如期兑付的情况，并有多只债券面临退市的风险。本文将基于信用风险水平上升的背景，探讨我国上市公司债券的信用风险状况以及风险防范措施。

一、宏观经济持续下行　行业经营不景气

（一）"三驾马车"失速　宏观经济持续下行

近年来，我国宏观经济呈下行态势，GDP（Gross Domestic Product，国内生产总值）增速已经从 2010 年的 10.60% 降至目前 7% 左右的水平。在 GDP 构成中，消费、出口、固定资产投资增速连续下滑，"三驾马车"的引擎作用均明显减弱（见图 1）。国家统计局和海关总署统计数据显示，2015 年第一季度 GDP 增速为 7.00%，2015 年 4 月进出口增速为 -11.10%，消费和固定资产投资增速分别为 10.00% 和 12.00%。

在消费方面，目前网上零售保持快速增长，消费升级类、文化消费类商品消费保持在较高水平，但高端餐饮以及居住类商品增速明显回落，这是导致社会消费品零售总额同比增速回落的重要原因。在固定资产投资方面，制造业投资增速和房地产投资增速放缓是拖累总投资增速的主要原因。基建、制造业和房地产投资一直是固定资产投资的主要构成成分，其中基建、制造业和房地产投资占总投资的比重分别在 21.94%、34.02% 和 25.38% 左右。虽然目前基建投资保持着 20% 左右的增速，但制造业投资增速和房地产投资增速处于较低水平，分别为 9.87% 和 7.06%，这在一定程度上拖累了总投资增速。在进出口方面，进口受国内经济低迷影响而持续下降，2015 年 4 月进口增速为 -16.20%；出口受国内劳动力成本上升、

* 作者单位：上海证券有限责任公司研究所。原载于《中国证券》2015 年第 6 期。

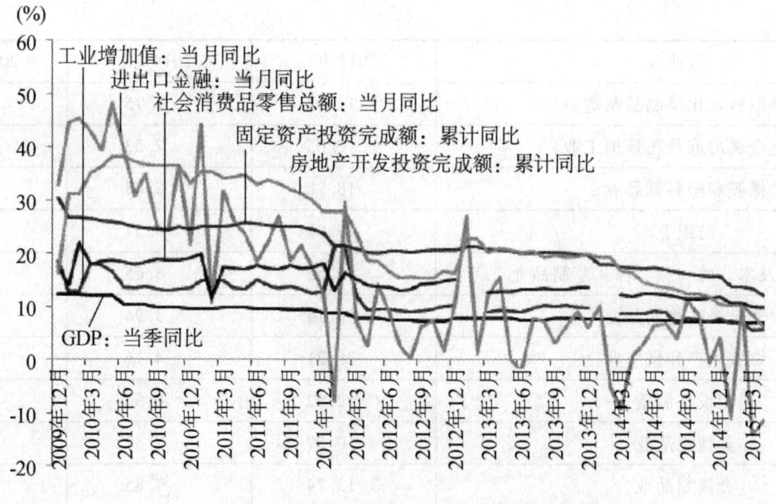

图 1 近几年中国经济呈下滑态势

资料来源：国家统计局官网、海关总署官网。

外围经济体需求仍然低迷等因素的影响，也呈下降态势，2015 年 4 月出口增速为 -6.40%。

（二）周期性行业经营不景气

由于受经济持续下行影响，周期性行业、产能过剩行业等经营状况持续恶化。从国家统计局公布的数据来看，2014 年石油加工、煤炭、钢铁、采矿业、有色金属等行业净利润增速呈下降态势，行业经营状况仍在恶化（见表 1）。

表 1 各行业工业企业利润增速情况 （单位：%）

行业	2013 年	2014 年	2015 年 4 月份
石油加工、炼焦及核燃料加工业	4 822.10	-79.24	-99.87
煤炭开采和洗选业	-33.66	-46.20	-61.60
黑色金属矿采选业	1.84	-23.93	-49.59
石油和天然气开采业	-10.51	-13.71	-71.66
有色金属矿采选业	-17.15	-10.65	-21.79
其他采矿业	-25.21	-5.15	32.28
酒、饮料和精制茶制造业	7.81	-3.10	13.86
黑色金属冶炼及压延加工业	44.09	-2.67	-2.68
水的生产和供应业	65.43	-2.26	63.31
造纸及纸制品业	10.43	-1.44	7.31
专用设备制造业	8.35	-0.61	-0.90
农副食品加工业	14.36	-0.44	9.67
非金属矿采选业	11.03	0.01	3.95
烟草制品业	14.88	0.24	1.28
金属制品、机械和设备修理业	33.81	1.18	10.09

续表

行业	2013年	2014年	2015年4月份
化学原料及化学制品制造业	11.03	1.75	10.51
有色金属冶炼及压延加工业	0.05	2.53	32.39
橡胶和塑料制品业	18.28	2.83	4.60
纺织业	19.08	3.57	6.57
木材加工及木、竹、藤、棕、草制品业	19.55	3.65	5.75
非金属矿物制品业	19.14	3.94	-4.36
燃气生产和供应业	26.21	4.16	8.86
通用设备制造业	12.92	6.53	-1.11
其他制造业	10.27	7.32	13.63
金属制品业	13.74	7.85	11.35
皮革、毛皮、羽毛及其制品和制鞋业	13.41	8.86	1.89
印刷业和记录媒介的复制	11.29	9.16	1.51
仪器仪表制造业	16.68	9.66	2.60
食品制造业	17.47	9.77	12.60
纺织服装、服饰业	9.83	10.55	8.16
化学纤维制造业	18.26	11.21	54.39
医药制造业	17.76	12.09	11.93
家具制造业	14.01	12.50	18.90
文教、工美、体育和娱乐用品制造业	16.40	13.36	15.71
电气机械及器材制造业	13.87	13.72	5.70
计算机、通信和其他电子设备制造业	19.71	17.10	23.32
汽车制造	25.04	18.07	-0.48
电力、热力的生产和供应业	44.04	19.08	17.48
铁路、船舶、航空航天和其他运输设备制造业	9.96	20.49	14.22
废弃资源综合利用业	-5.40	25.67	48.79

资料来源：国家统计局官网。

二、公司债风险上升背景分析

近两年来，经济增速持续回落，行业经营状况不断恶化，债券市场中多只公募债券发生信用违约事件，企业信用风险逐渐攀升。从信用利差走势来看，2014年12月8日中国证券登记结算有限责任公司发文加强企业债回购风险管理，受此影响，2014年12月信用利差明显扩大，在短期冲击之后，2015年第1季度信用利差逐渐小幅回落，但进入4月，经济持续低迷，信用利差有所企稳，并呈小幅攀升态势，这显示当前市场的信用风险仍在攀升。

（一）超日债利息未如期兑付

上海超日太阳能科技股份有限公司于2012年3月7日发行的上海超日太阳能科技股份有限公司2011年公司债券至2014年3月6日期满2年，第2期利息原定付息日为2014年3月7日，利息金额共计人民币8 980万元。由于公司流动性危机尚未化解，通过自身生产经营未能获得足够的付息资金，同时公司亦通过各种外部渠道筹集付息资金。由于各种不可控的因素，截至付息日，公司付息资金仅落实人民币400万元，剩余付息资金未能落实，“11超日债”第2期利息无法于原定付息日2014年3月7日按期全额支付，仅能够按期支付共计人民币400万元。由于此次利息未能如期偿还，超日债成为债券市场公募债中首单违约的债券。

在违约发生之后，超日太阳开始重整。6月26日，上海超日太阳能科技股份有限公司发布关于法院裁定受理公司重整事宜的公告，公告称上海毅华金属材料有限公司对超日公司的重整申请被法院受理，并自上海一中院裁定受理超日太阳破产重整申请之日起，“11超日债”将被视为到期，并同时停止计息。在重整事项推进之初，“11超日债”全额受偿的可能性仍然不高。

2014年10月28日，上海一中院裁定批准《上海超日太阳能科技股份有限公司重整计划》（以下简称《重整计划》），并终止公司重整程序。2014年12月17日，超日债得到全额偿付。当日公告称，按照《募集说明书》、《重整计划》的规定，根据中国长城资产管理公司和上海久阳投资管理中心（有限合伙）《保函》的承诺，结合《重整计划》执行和《保函》履行情况，该期债券兑付每手“11超日债”面值1 000元派发本息合计1 116.40元（含税），其中：（1）债券本金1 000元；（2）2013年3月7日—2014年3月6日未支付的欠息85.80元（含税）；（3）2014年3月7日—2014年6月26日的利息27.31元（含税）；（4）上述第2项欠息2014年3月7日—2014年6月26日的复利2.34元（含税）；（5）上述第2项欠息2014年3月7日—2014年6月26日的罚息0.95元（含税）。另外，公告称，因公司连续三年亏损，“11超日债”于2014年5月30日起终止上市。在超日太阳正式发布将全额偿还11超日债的本金、利息、欠息和罚息的兑付公告之后，超日债违约风波正式宣告结束，超日债最终再次续写了中国公司债券刚性兑付的神话。

（二）ST湘鄂债本息均未能如期偿还

北京湘鄂情股份有限公司于2012年4月5日发行了12湘鄂债。2014年10月8日，评级机构鹏元资信评估有限公司出具《中科云网科技集团股份有限公司2012年公司债券2014年不定期跟踪信用评级报告》（2014年7月，“北京湘鄂情股份有限公司”变更为“中科云网科技集团股份有限公司”，简称“中科云网”），发行人主体长期信用等级为BBB，本期债券信用等级为BBB，评级展望为负面。根据深圳证券交易所2014年6月17日发布的《关于对公司债券交易实行风险警示等相关事项的通知》的规定，上述情形属于深圳证券交易所对公司债券交易实行风险警示的情形，实行风险警示的起始日期为2014年10月13日，实行风险警示后债券简称为ST湘鄂债。

2015年4月7日中科云网（原湘鄂情）因偿债资金缺口较大，发生实质性违约。当日公司公告称，公司债券付息日及回售资金到账日为2015年4月7日，截至该日，公司通过大股东财务资助、处置资产、回收应收账款等方式已收到偿债资金 16 140.33 万元，但尚有 24 063.10 万元资金缺口，因此无法按时、足额筹集资金用于偿付本期债券应付利息及回售款项，构成对本期债券的实质违约。ST 湘鄂债将继续停牌，待相关情形消除后复牌。这意味着，债券市场迎来了第二单实质性违约，且此次 ST 湘鄂债的本金和利息均发生违约。

（三）天威集团巨亏，11 天威 MTN2 付息压力增加

无独有偶，在 ST 湘鄂债之后，保定天威集团有限公司发行的中期票据 11 天威 MTN2 因利息未能如期偿还，于 2015 年 4 月 21 日正式发生违约。2015 年 4 月 21 日，中央国债登记结算有限责任公司发布免责申明称，2011 年度第二期中期票据应于 2015 年 4 月 21 日付息，但当日中央国债登记结算有限责任公司未收到发行人的应付付息资金，无法代理其向投资人拨付。这意味着 11 天威 MTN2 成为继 11 超日债、ST 湘鄂债之后的第三只违约的公募债券。在中票发生违约之前，保定天威保变电气股份有限公司的公司债也曾因 2012 年、2013 年公司连续亏损，公司 2011 年发行的公司债券自 2014 年 3 月 21 日起被上海证券交易所暂停上市交易。债券简称更名为“天债暂停”。

本次 11 天威 MTN2 利息未能如期支付，导致中票发生违约。导致此次中票违约发生的主要原因是 2014 年天威集团发生巨额亏损，公司年报显示，2014 年合并报表累计利润总额 -1 014 028 万元，同比增亏 377 730 万元。造成天威集团亏损的主要原因是公司新能源行业市场萎缩，产能过剩、产品价格走低等情况导致公司收入成本倒挂现象严重，公司下属新能源企业采取减产、限产等各种控亏措施，加强风险控制，部分新能源公司处于停产状态。

三、公司债信用风险来源分析

公司债的风险是指上市公司债券本金和利息偿付的不确定性。公司债的风险包含多个方面，主要有信用风险、利率风险、流动性风险、税收风险、购买力风险、制度风险和操作风险等。公司债的信用风险也称违约风险，是信用债券的主要风险之一，目前投资者评价债券的信用风险主要依靠专业信用评级机构的信用评级结果，这包括债券评级和发行人主体评级。信用债市场种类繁多，不同债券的违约风险也有很大不同，这一方面与债券的发行主体本身的信用资信层次有关，另一方面也与产品本身的资信有关。一般中央政府、地方政府、政策性银行和大型国有商业银行等金融机构资信较高，发行的固定收益产品风险较小；公司的资信相对较差，发行的债券产品风险较高。同时，在同等条件下，有担保或有抵押的债券风险小，无担保、无抵押的债券风险大。影响公司债信用风险的因素有很多，可以将其分成三个方面：宏观因素、行业因素和公司因素。

宏观经济与债券市场密切相关，债券市场在一定程度上可以看作是宏观经济的晴雨表，而宏观经济也对债券市场价格的变动起着根本性、全局性和长期性的影响。对上市公司债券而言，来自宏观经济方面的风险主要包括宏观经济形势变动的风险以及宏观经济政策变动的风险。

宏观经济形势变动风险主要是指经济增长与经济周期、通胀等因素的变动对上市债券价格产生的冲击。债券市场总体上与股票市场类似，其与经济增长和经济周期保持同方向的变动，但经济的持续增长也可能会对债券的价格产生正负两方面的影响。通货膨胀方面，一般

情况下，其对债券收益率的影响较大。一方面，投资者为了抵消通胀造成的贬值影响，提高了对债券回报率的要求，致使债券价格下跌；另一方面，通胀增大了债券投资的风险，投资者出于对风险补偿的要求而提高债券的要求报酬率，造成债券价格下跌。

宏观经济政策的变动对经济走势具有一定的调节作用，同时也对债券市场产生影响。宏观经济政策一般分为货币政策和财政政策，货币政策对债券市场的影响较为直接、明显，财政政策对债券市场的影响则是间接的。货币政策变动的风险主要包括货币政策操作手段的变动以及中间目标的变动对债券市场产生的冲击。操作手段的变动主要指央行通过调整存款准备金率、再贴现率以及在公开市场买卖有价证券等操作调节市场资金面，这将直接影响市场的资金供给状况。上调存准率、下调再贴现率、正回购操作以及发行央票等操作，会降低市场资金面充裕程度，推升债券的价格。中间目标变动的风险主要是指利率、基础货币和货币供给等经济变量的变动对债券价格产生的冲击。一般来说，利率反映的是资金的价格，是债券回报率的参考基准，对债券定价起着直接的影响作用，利率与债券价格呈反方向变动的关系，即市场利率下跌，债券的要求报酬率相应下跌，债券价格则相应上涨。基础货币和货币供给的变动也会对债券价格产生影响，它们之间一般呈正相关关系，即货币供给增加，投资债券的资金相应增加，债券价格就会上升。与货币政策相比，财政政策的调整对债券市场的影响则是间接而缓慢的。财政政策一般通过利用政府购买、政府转移支付以及调整税率等方式影响社会总需求，进而影响企业的经营状况，改变居民的收入水平。财政政策正是通过这种方式作用于国民经济各方面、经济景气度，最终对证券价格产生影响，但由于财政政策从制定到执行，再到效果的实现，时间周期较长，其对债券市场的影响也不是立竿见影的。财政收支对债券价格的影响可以从两个方面加以分析：一方面，财政支出增加，刺激经济发展，利率下降，进而推升债券价格；另一方面，扩张性财政政策虽然扩大了需求，但却增加了经济不稳定因素，加剧了通货膨胀，反而造成股价下跌。另外，为了支持扩张性财政政策的实施，财政部会大规模发行国债，这使得国债供给增加，进而造成债券价格下跌。

上市公司债券价格的变动与债券发行主体所处的行业状况也有一定的关联，行业的发展状况在一定程度上决定着企业经营的生态环境。行业发展趋势向好，企业经营状况改善，企业的偿债能力自然相应提升，相反则会使企业的偿债能力下降，甚至导致债券发生违约风险。影响债券发行主体偿债能力的行业因素主要有：（1）行业所处的产业生命周期阶段。在企业发展中的初创阶段、成长阶段、成熟阶段和衰退阶段，企业的经营实力依次呈现脆弱、高速增长、稳定和下降的特征，企业的债券偿还能力也各不相同。（2）行业的市场结构。市场结构按竞争程度由强到弱可以分为完全竞争、不完全竞争、寡头垄断、垄断四种，四种市场中企业的竞争压力依次递减。（3）所处行业的周期性特征。一般行业可以分为增长型行业、周期型行业、防守型行业，增长型行业企业的偿债风险逐渐降低，周期性型行业的偿债能力也可能具有周期性的特点，防守型行业的偿债能力则较为平稳。

上市债券发行主体自身的经营状况在较大程度上决定着债券能否按时还本付息，对于以某一投资项目所产生的收益或者说是净现金流量作为偿还来源的收益性债券而言，不仅要关注债券发行主体的整体风险，还要关注项目本身的风险。

债券发行主体的风险一般可以通过资产负债状况、盈利状况和现金流状况三个方面进行考察。资产负债状况主要是通过企业的资产负债率、流动比率、速动比率、利息保障倍数等财务指标来分别观察企业的财务杠杆情况、存货周转状况以及偿债能力等。盈利状况则可以通过分析企业的损益表，观测企业的销售收入、生产经营成本以及获利能力的变化而得出。现金流是决定一个企业生命的要素，通过对企业现金流的分析，可以进一步剖析企业的经营、投资和筹资活动的效率，判断企业投融资活动的风险状况。

四、公司债信用风险防范建议

在信用风险高企背景下，为了保证公司债市场的平稳健康发展，公司债的信用风险防范成为风险管理的重要议题之一。对于信用债的风险防范，应从以下四个方面加强管理。

（一）提高债券审计质量，完善债券契约设计

从近两年发生的债市风波来看，我国在债券审计以及债权人保护机制设计上均存在缺陷。高质量的审计和有效的合约条款设计有利于保护债权人的权利，并对发债主体形成约束，避免道德风险等风险发生。由于一般情况下债权人对公司不具有控制权，不参与公司日常经营管理，因此，债权人的权利以及债务人的约束需要借助于外部保护机制和内部保护机制。其中，外部保护机制包括债券审计、评级等，而内部保护机制主要体现在债券契约条款的设计上。只有在内部保护机制和外部保护机制都比较完善的情况下，信用违约的风险防范才能在风险发生前起到预防作用，在风险发生后也能得到有效、及时、合理的处理。

（二）建立科学、公正的信用评级制度

独立、科学、公正的信用评级体系有利于投资者更准确地了解债券以及发行主体的信用水平，解决信息不对称问题，同时也有利于发行人合理确定融资成本，并有利于监管当局的管理。目前，我国信用评级机构仍然存在较多问题，应采取以下三方面措施加以完善：

1. 提高信用评级机构的门槛和专业水平。信用评级机构是专业性较高的服务机构，应具备相应的专业评级人员及评级体系，并具有认定的评级资格。要严格要求信用评级机构的资本金、从业人员素质、从业人员职业道德等，对于不符合条件的机构，不予批准设立或予以撤销。另外，评级机构应当客观地进行评级活动，逐渐转向由承销商、投资者付费的经营模式，从而使评级机构更加独立，评级结果更加公正。同时，评级机构应不断提高专业水平，以提高信用评级的准确性和专业性。

2. 建立严格的行业管理体系并不断改善管理体系。首先，要在评级行业制定专门的规范信用评级活动的法律规范，明确信用评级活动的职业准则，并设立信用评级行业协会。其次，要依法严格处理信用评级机构的违法违规等行为。最后，信用评级行业还应建立严格的退出机制，以监督评级机构并责令严重违规的机构退出评级市场。

3. 改进和完善信用评级方法。信用评级机构需要向国际知名评级机构学习先进的评级方法，如标准普尔评级公司、穆迪评级公司。评级机构可以通过与国际知名评级机构的合作和交流来促进国内评级机构专业水平的提高和信用评级方法的改善，从而促进行业的发展。

（三）完善信息披露机制

完善的信息披露机制是资本市场健康、有序运行的保证，债券市场的良好发展同样需要完善和及时的信息披露机制。为了做好公司债信用风险防范工作，及时的信息披露是非常必

要的。在建立信息披露机制时，要细化信息披露的制度安排，加大违规操作的成本，扩大责任主体的连带范围，也可以成立专门的公司债管理委员会，以对公司债相关事项进行专门管理。同时，要注意公司债投资者和股票投资者对信息需求的区别，不能照搬股票的相关信息披露制度。另外，要加大惩处力度，提高发布虚假信息的违法成本，进一步强化连带责任，缓解信息不对称的问题。

（四）进一步完善公司债退出机制

在公司债的管理上，可以通过发展市场化破产机制、债权并购制度、垃圾债券等，来进一步完善债券的退出机制。目前，我国公司债市场中只有少数债券实现退市，未来在退出机制上仍需进一步完善。一方面，企业破产可以建立市场化的破产制度，使发债企业能够正常破产以维护投资者的利益；另一方面，可以参照发达国家的经验，借鉴并购等方式，设立债权并购制度，使得债权人可以通过并购成为企业的实际管理者，使债权人能够通过接管企业等方式来维护自身权益或顺利退出公司债市场，从而降低投资者的风险。另外，垃圾债券也可以成为投资者退出公司债市场的途径之一。垃圾债具有高风险、高收益的特点，垃圾债市场既可以为一些具有高成长性、高回报的企业提供融资平台，也可以成为高风险公司债的交易平台，为风险偏好型投资者提供更广阔的投资平台。

参考文献

[1] 何平，金梦：“信用评级在中国债券市场的影响力”［J］，《金融研究》，2010（4）：15—28。

[2] 金鹏辉：“公司债券市场发展与社会融资成本”［J］，《金融研究》，2010（3）：16—23。

[3] 李鎔伊：“中国公司债投资者保护机制研究”［D］，上海：复旦大学，2013 年。

[4] 傅智辉：“中国市政债券市场监管制度研究”［D］，北京：财政部财政科学研究所，2014 年。

[5] 周沅帆：《公司债券》［M］，北京：中信出版社 2011 年版。

信用风险在公司债定价中的缺失程度及影响

——基于期权的视角看中国版“信用溢价之谜”

袁志辉*

我国债券市场发展历史超过 30 年，尤其是 2008 年后债券市场投融资主体大扩容，存量、增量规模以及监管制度等均快速完善，但长期以来，刚性兑付持续存在。债务违约本是资本市场的常态，在欧美发达经济体，债务违约率跟随经济景气度波动的规律非常明显，但是我国长期维持债务的刚性兑付，即使债券发行人出现巨额经营亏损，资不抵债，最后也会被非市场化手段进行本息兑付，零违约意味着债券成了无风险资产。映射到公司债定价中，体现为信用溢价的缺失，是公司债市场发展中存在的最主要问题之一。

信用利差一般定义为公司债与相同期限的国债到期收益率之差，体现公司债相对国债的信用、税收、流动性等因素的溢价，其中信用溢价为公司债违约的信用风险补偿，理论上信用溢价应该是信用利差的最重要构成部分，且信用利差的波动体现信用风险的大小。我国公司债市场长期存在的刚性兑付现象导致信用利差对信用溢价反映不充分，与一般经济金融理论描述的状况严重相悖，堪称中国版“信用溢价之谜”。

2015 年 4 月 7 日，中科云网正式公告其公司债券“ST 湘鄂债”违约。这意味着，继 2014 年 3 月 7 日超日债利息违约之后，中国债券市场出现民营企业本金违约第一单。4 月 21 日，保定天威集团公告称该日付息的 11 天威债的 8 550 万元利息由于未筹到足够资金触发违约。天威债的利息违约是首例国企违约。至此，公司债券定价的信用风险缺失问题日益突出。

一、中美信用利差走势背离

信用溢价本质上体现为具有一定违约风险的债券相对国债等无风险债券所给出的信用风

* 作者单位：安信证券股份有限公司。原载于《中国证券》2015 年第 6 期。

险溢价，是对违约风险的补偿。一般债券发行人企业生产经营、盈利等条件越恶化，违约风险越大，相应地应付出更高的信用溢价，并体现为信用利差的扩大，以满足投资者要求的必要回报率。

宏观层面，经济增长表征的总需求状况与企业盈利高度相关，经济越好，企业违约的概率越低；当经济持续下行时，企业经营条件恶化，面临债务困境的概率更大。因此，理论上，信用利差连同信用溢价的走势应该体现宏观经济的波动，且具有一致性。

用美国穆迪 Baa 信用等级的企业债券到期收益率与 5 年期国债收益率利差作为信用利差，发现其与宏观经济和金融形势的逻辑关联较为吻合（见图 1）。自 1986 年以来的长周期历史数据表明，信用利差跟随宏观经济增长反向波动，尤其是 2001—2002 年的互联网泡沫破裂及 2007—2008 年的金融危机等特殊时段导致经济大幅下行时期，信用利差飙升。

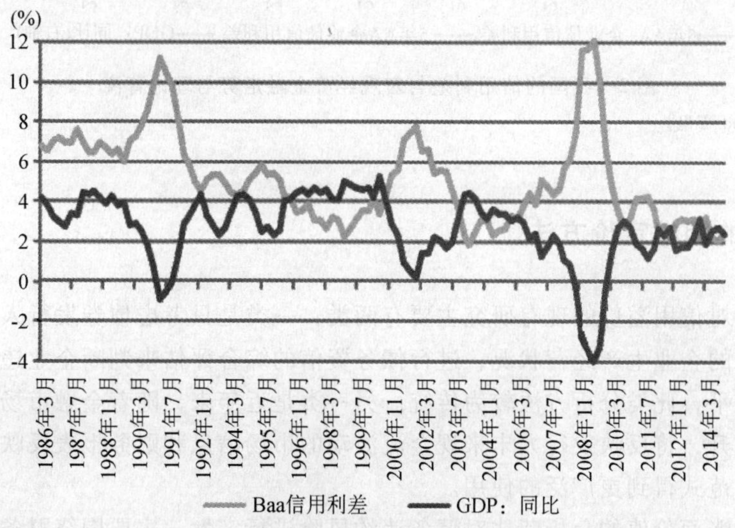

图 1　美国公司债券的信用利差体现宏观经济金融形势

资料来源：Wind 资讯。

我国债券市场的信用利差与理论不符，企业违约的风险未能有效反映到债券定价中（见图 2）。整体而言，2008 年后 5 年 AA+、AA 信用等级的债券信用利差走势与宏观经济增长同步，只有在如 2011 年上半年城投债危机等个别时间段，经济显著下滑或者公司经营出现大幅恶化时，信用利差快速抬升，其余时段均跟随经济增速同向变化，反映出实体经济的生产经营状况衍生的违约概率对信用利差产生了反向作用，这与正常的信用定价理论完全背离。信用利差能够脱离债券发行人的真实生产经营状况而波动，堪称中国版的信用溢价之谜。

市场对于公司债定价中的信用溢价缺失问题关注由来已久，并且长期以来一直在进行这种制度性套利，享受着丰厚的低风险、高收益，但是对于信用溢价在公司债定价中的缺失程度多停留在感性层面，缺乏精确的认识。对于信用溢价缺失导致资本市场资源配置扭曲等一系列经济金融后果也缺乏系统性的讨论。这既不利于投资系统本身的完善，也不利于我国债券市场乃至整个金融市场的健康发展，需要给中国版信用溢价之谜一个系统且精确的解释。

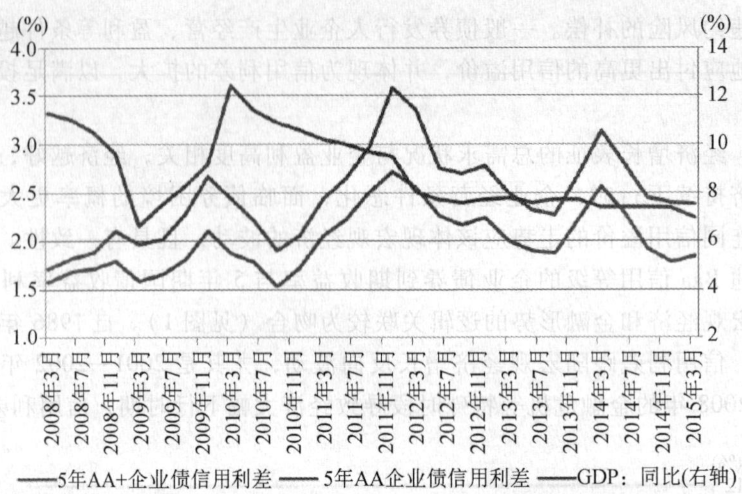

图 2　我国的信用利差与宏观经济金融走势与理论背离

资料来源：Wind 资讯。

二、债务的期权定价方法

目前学术界对信用溢价的现有研究主要有两类：一类是只考虑债券发行人账面价值，根据财务报表反映的企业生产经营状况，进行债务资信的综合评估来判断企业违约风险，以表征信用风险的水平，此类分析方法较为传统。另一类是近年来，随着金融市场的完善及价格信息有效度的提升，将反映发行人未来现金流波动的市场信息和财务报表反映的账面价值信息相结合的研究范式得到更广泛的使用。

基于发行人账面价值的分析范式对债务违约风险进行定性，主要围绕财务杠杆率、流动性、盈利能力等几个方面展开。此外，一般还需要考虑融资成本、市场总需求波动等宏观经济层面的因素，将账面价值等企业层面以及经济周期等外部经济层面结合起来分析，建立宏观、微观相互联动的企业违约风险的综合评定框架。

后来，计量经济学的量化分析方法得到广泛应用，对债务违约风险的研究从定性分析逐步过渡到定量分析。基本方法是将影响债券发行人偿债、盈利等关键性信用风险指标进行量化打分，通过综合的违约概率来度量债务信用风险，主要有多元判别模型、Logit 和 Probit 回归模型等。

1990 年以来，伴随着金融创新的快速发展，信用风险的度量方法也与日俱进，开始考虑反映债券发行人的市场价值信息，比如 CreditMetricS 模型（1997）。测算资产市场价值的方法较多，其中基于期权定价理论的结构化方法更为切实有效。

此前国内债券市场未出现实质性违约，因此对信用风险的分析并未引起足够重视，只是商业银行进行贷款投放时需要评估债务人的资质。国内几家较大的信用评级公司主要是依靠基于公司账面价值的财务分析，并结合经济基本面、中国特色的担保机制进行信用评级。

在债券到期日偿还给债券持有人的金额是债券的面值与公司资产市场价值中较小的一个，因此，债务价值等同于公司价值的看跌期权。本文基于期权定价的方法，把公司债的发行人资产、债务等市场价值波动与资产负债表存量账面价值相结合，探讨信用溢价的构成，以精确测算信用溢价在我国公司债定价中的缺失程度。

三、信用溢价模型

将公司债的到期收益率与同期限的国债到期收益率差定义为其信用利差，作为公司债的全部信用补偿。除了对信用风险的补偿，由于国债享有免税效应，信用利差包含了税收溢价，此外还有流动性方面的溢价。通过期权方法测算债务市场价值下违约风险的信用溢价，与市场真实的信用利差做对比，测算信用溢价在公司债定价中的缺失程度，建立信用溢价模型。

（一）假设前提

根据 Black、Scholes（1973）提出的期权定价假设及我国公司债实际情况，作如下假定：

1. 企业价值 V 的变化能用以下随机微分方程来描述：

$$\frac{dV_t}{V_t} = rdt + \sigma dZ_t$$

2. 当企业市场价值小于待偿还债务（违约点）时，违约，即：

$$PD = P\ (V_T < DB)$$

（二）资产市值及波动率

将公司股权看作基于公司资产价值的看涨期权，其价值为：

$$E = max\ (V - DB,\ 0) \tag{1}$$

其中，V 为公司资产价值，DB 为公司无违约的债务价值。

根据 Black、Scholes（1973）期权定价公式可得：

$$E_t\ (V,\ DB,\ R,\ \sigma_V,\ T) = V_t N\ (d_1) - DBe^{-r(T-t)} N\ (d_2) \tag{2}$$

其中，$d_1 = \frac{\ln\frac{V_t}{DB} + \left(r + \frac{\sigma_V{}^2}{2}\right)\ (T-t)}{\sigma_V\sqrt{T-t}}$；$d_2 = d_1 - \sigma_V\sqrt{T-t}$

$$N(y) = \Phi(y) = \frac{1}{\sqrt{2\pi}}\int_{-\infty}^{y} e^{-\frac{\mu^2}{2}} d\mu$$

模型的求解需要公司资产价值波动率 σ_V 和股票价值波动率 σ_E 的关系函数，一般结构化模型根据 Merton（1974）关于资产波动率的方程得出，但是此方程在中国资本市场的适用性较差。鲁炜、赵恒珩、刘冀云（2003）使用两参数的 Weibull 分布，对 Merton 的波动率方程进行改良，在我国资本市场取得较好的实证结果。本文采用此模型，根据沪深两市 100 家上市公司数据估算参数值，得到波动率方程为：

$$\frac{\sigma_V}{\sigma_E} = \left[\frac{V_t}{E_t}\right]^{\frac{1}{2.0421N(d_1)}} \int_0^{\infty} t^{\frac{1}{2.0421N(d_1)}} e^{-t} dt \tag{3}$$

联立式（2）和式（3）迭代即可得公司资产市场价值 V_t 及其波动率 σ_V。

（三）债务市值

根据资产负债表会计恒等式，债务价值即为总资产价值扣除权益，权益市值由式（4）给出，可得风险中性下期权视角的债务市值为：

$$D_t = V_t - E_t = V_t - V_t N\left(d_1\right) + DB_e^{-r(T-t)} N\left(d_2\right)$$
$$= V_t N\left(-d_1\right) + DB_e^{-r(T-t)} N\left(d_2\right) \tag{4}$$

（四）信用溢价

市场成交的债券价值一般根据收益率曲线的利率期限结构定价，连续复利情况下债券市场价值为：

$$D_t = DB_e^{-Rt(T-t)} \tag{5}$$

进一步得到债券的到期收益率 R_t：

$$R_t = -\frac{1}{T-t}\ln\frac{D_t}{DB} \tag{6}$$

由式（6）可反推出无风险利率 r 与债务市值的数量关系，信用溢价即为：

$$CS = R_t - r = -\frac{1}{T-t}\ln\frac{D_t}{DB} + \frac{1}{T-t}\ln\frac{D_t - V_t N\left(-d_1\right)}{DBN\left(d_2\right)}$$
$$= -\frac{1}{T-t}\ln\left[N\left(d_2\right) + \frac{V_t}{DB}N\left(-d_1\right)\right] \tag{7}$$

四、信用风险在公司债定价中的缺失程度

基于前文的模型，根据式（7）测算公司债发行人资产负债表财务信息以及市场真实成交的价值信息反映出的信用溢价，然后与公司债和相应期限国债信用利差对比，计算信用风险在公司债定价中的缺失程度，分别从存量和流量两个角度进行实证分析。

（一）参数设定

模型求解需要的参数有权益市值 E_t、权益市值波动率 σ_E、债务违约点 DB、无风险利率 r。

1. 权益市值 E_t。我国股票被人为划分为流通股和非流通股，研究中一般以每股净资产计算非流通股的价格，加总流通股与非流通股价值得到 E_t。

2. 权益市值波动率 σ_E。采用历史波动率法估计上市公司权益市值波动率。S_i、S_{i-1} 为复权后股票周收盘价，n 为一年的交易周数，可得权益市值波动率 σ_E：

$$\sigma_E = \frac{\sqrt{\frac{1}{n-1}\sum_{i=1}^{n}\mu_i^{\ 2} - \frac{1}{n(n-1)\left(\sum_{i=1}^{n}\mu_i\right)^2}}}{\sqrt{\frac{1}{n}}}$$

3. 违约点。我国债券市场 2015 年才发生实质性违约事件，因此依靠历史违约信息来实证确定最优的违约点较困难，本文采用 Jeffrey R. Bohn（1999）的研究结果，违约发生最频

繁的临界点处于公司资产价值大约等于短期负债加 1/2 长期负债。

4. 无风险利率。本文无风险利率采用相应期限国债到期收益率，进行移动平均处理。

（二）样本选择

本文选取交易所市场 2015 年 3 月 31 日尚未到期、2010 年 1 月 1 日以前发行且成交活跃（统计区间内日均成交金额超过 500 万元）的公司债，信用等级覆盖 AAA、AA+、AA、AA-，作为代表券，评估其目前的信用溢价缺失程度，以及信用溢价对信用利差历史波动状况的解释程度。样本信息如表 1 所示。样本券的数据均来自 Wind 资讯，由 Matlab 编程计算。

表 1　　样本券的基本信息

证券代码	证券简称	发行总额（亿元）	起息日期	到期日期	发行期限（年）	票面利率（%）	债项评级（级）	日均成交量（万元）
122009. SH	08 新湖债	14	2008 年 7 月 2 日	2016 年 7 月 2 日	8	9	AA-	1 257
122021. SH	09 广汇债	10	2009 年 8 月 26 日	2016 年 8 月 26 日	7	6. 95	AA+	701
122007. SH	08 莱钢债	20	2008 年 3 月 25 日	2018 年 3 月 25 日	10	6. 55	AAA	618
122030. SH	09 京综超	7	2009 年 11 月 2 日	2015 年 11 月 2 日	6	5. 8	AA	531

（三）实证结果及分析

1. 存量信用溢价缺失程度。如表 2 所示，整体而言，我国公司债的信用溢价在定价中缺失程度较高。截至 2015 年第 1 季度末，AAA 等级公司债信用溢价对整体信用利差占比不足 10%，其他偏低信用等级品种也仅略超过 20%。但是相对于 2009 年末，过去 5 年多信用溢价在公司债定价中缺失程度缓慢降低，信用风险的市场价值逐步被发现。

表 2　　2009 年末及 2015 年第 1 季度末存量信用溢价占比

证券代码	证券简称	2009 年第 4 季度（%）	2015 年第 1 季度（%）
122009. SH	08 新湖债	22. 48	26. 35
122021. SH	09 广汇债	14. 56	21. 58
122007. SH	08 莱钢债	7. 61	9. 27
122030. SH	09 京综超	16. 93	23. 72

2. 流量信用溢价缺失程度。公司债二级市场成交收益率波动较大，但违约风险的波动对信用利差波动的贡献率并不高，流量信用溢价仍存在较大的缺失（见表 3）。除 2011 年云南城投信用冲击等特殊事件引发市场对债券系统性风险担忧外，信用溢价对利差波动的贡献率基本在 30% 左右，AA- 等低信用等级的券种贡献率略超 40%。

表 3　　信用溢价对公司债二级市场信用利差波动的贡献率　　（单位：%）

证券代码	证券简称	2010 年	2011 年	2012 年	2013 年	2014 年
122009. SH	08 新湖债	21. 75	48. 68	37. 21	41. 81	36. 69
122021. SH	09 广汇债	16. 20	36. 40	22. 16	30. 22	33. 96
122007. SH	08 莱钢债	4. 98	27. 11	20. 19	33. 85	29. 72
122030. SH	09 京综超	19. 56	40. 26	38. 18	31. 78	30. 95

3. 与美国的对比。美国公司债市场发展较为成熟，定价效率较高，信用溢价在债券定价中的缺失程度也偏低。标普评级中A类信用等级公司债违约风险一般极小，信用利差主要体现流动性和税收因素，C类信用等级违约风险较大，信用利差主要反映信用溢价，参考B类信用等级公司债的信用利差情况（见表4）。对于投机级公司债（标普信用评级在BBB以下）的存量信用利差构成中，信用溢价占比在40%左右，到B级券种，占比回升到60%左右。表2反映我国公司债定价中，信用溢价对整体利差的占比基本在20%以内，再考虑到信用评级标准的差异，我国公司债信用评级普遍存在过多非企业财务因素的定性指标，在实际可比信用等级的情况下，我国信用溢价在公司债定价中的缺失程度会更高。

表4　　美国公司债定价中信用溢价的贡献率　　（单位:%）

评级	久期			
	1—3年	3—5年	5—7年	7—10年
BBB	7.39	11.77	14.66	19.24
BB	24.48	34.77	40.69	45.93
B	56.01	57.89	64.41	64.30

资料来源：Amato（2003）。

20世纪90年代以来，国内外学术界对信用利差的研究较多，主流观点是将其分解成信用溢价、流动性溢价、税收溢价。根据前文的数据，我国信用溢价对信用利差占比基本在20%以内，再参考20%左右的税收因素，那么流动性溢价的占比至少要达到50%。在美国公司债市场，Elton（2001）测算流动性溢价对信用利差的解释程度约10%左右，Driessen（2003）估计流动性溢价在信用利差中的占比大致在20%左右。由此可知，相较于成熟的美国债券市场，我国信用溢价在公司债定价中的缺失程度较高，而信用利差主要反映了流动性溢价的状况。

五、信用溢价缺失对资本市场的影响

（一）扭曲金融资源配置

资本市场在现代市场经济中具有举足轻重的作用，以资本要素为中心，资本市场是实现金融资源优化配置的关键枢纽，而多种融资工具尤其是债券等直接融资工具的发展更是重中之重。我国公司债定价中信用溢价的缺失，将重塑公司债金融资产的风险收益属性，扭曲金融资源配置。

公司债发行利率原则上高于国债等无风险债券品种，但实际中的信用风险远小于国债，甚至在过去多年的实践中从未发生债券实质性违约，刚性兑付持续存在，导致有信用风险的公司债实际上具有“低风险、高收益”的优良特征，于是市场供需两旺，金融资源被配置到相关的领域。从过去十多年的投融资实践看，此类债券发行人一般为房地产、国有企业以及一些产能过剩行业，在初期极大地推动了这些实体经济部门的快速发展，但当资源配置被扭曲到一定程度，继续增加投资的效率就会边际递减并最终引发泡沫，且会挤压其他投融资主体的资源。

如图 3 所示，由于风险收益不匹配，金融资源被引导到房地产、制造业等领域，在资金推动下，2000—2011 年投资增速持续攀升。但是，2011 年之后经济体陷入泡沫的萎缩过程，总需求低迷，房地产市场库存高企、制造业产能过剩，且全行业资产负债率畸高，债务风险极大，经济被迫转入新常态，并倒逼政府启动系统性制度改革。

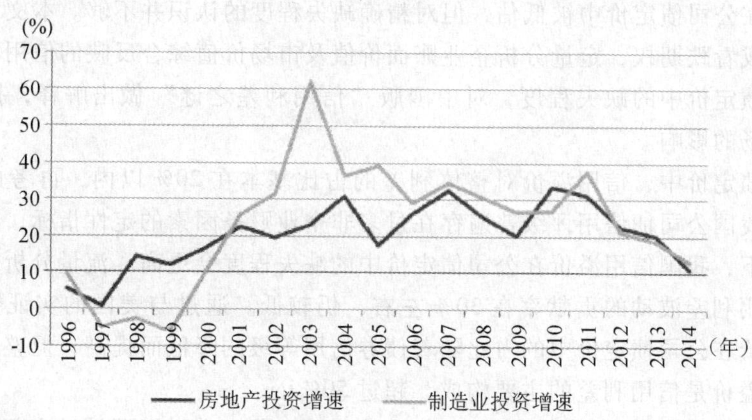

图 3　金融资源配置偏向资本密集型行业

资料来源：Wind 资讯。

（二）引发融资主体道德风险

由于刚性兑付长期存在，市场的信用风险意识淡薄，尤其在公司债等公募债券领域。当信用风险不需要付出必然代价时，资质偏差的融资主体便面临道德风险，倾向过度融资，而将风险转移给市场，甚至盯住政府无违约的底线，让政府为信用风险进行兜底，其中最明显的是地方融资平台。

近年来，地方政府依托地方融资平台大规模融资搞基建投资，导致地方政府债务飙升。截至 2013 年 6 月，地方政府总债务规模已达到 17. 9 万亿元，接近 GDP 的 1/3。在房地产投资及宏观经济下行背景下，财政收入面临缩水风险，地方债务压力较大，中央政府将为道德风险买单。

（三）抬高无风险利率，加大央行货币政策难度

信用风险定价的缺失导致国债收益率作为无风险利率名存实亡，真实的无风险利率被人为抬高，不同的市场阶段都有相应的风险资产收益率被市场认定为无风险利率。考虑到收益率远高于国债，信用溢价缺失的公司债将市场无风险利率抬高。

2014 年初，政府将降低实体经济融资成本定为政治任务，在供给端启动改革，需求端放松货币政策，但广谱利率体系下行幅度极为有限。自 2014 年 11 月以来，中国人民银行陆续密集启动降息、降准等大规模宽松政策工具，但无风险利率仍居高难下，货币政策的传导受阻。主要原因在于信用溢价定价机制的缺失导致市场投机行为，无风险利率被抬高，且资金很难流向政府期望的实体经济部门。

六、结论及政策建议

伴随着公募债券的实质性违约，公司债信用风险问题日益受到重视。刚性兑付长期存在导致信用溢价在公司债定价中被低估，但对精确缺失程度的认识并不够。本文基于期权的视角，将债券看成看跌期权，定量分析企业账面价值及市场价值综合反映的信用溢价水平，并测算其在公司债定价中的缺失程度，对中国版“信用利差之谜”做出解释，探讨信用溢价缺失对资本市场的影响。

我国公司债定价中，信用溢价对整体利差的占比基本在 20% 以内，再考虑到信用评级标准的差异，我国公司债信用评级普遍存在过多非企业财务因素的定性指标，在实际可比信用等级的情况下，我国信用溢价在公司债定价中的缺失程度会更高。流量分析中，信用溢价波动对整体信用利差波动的贡献率在 30% 左右，仍较低。通过与美国的实证数据对比，发现我国信用溢价在公司债定价中的占比随着债券信用等级的降低而提高，但整体反映程度较低，而流动性溢价是信用利差的主要构成，超过 50%。

由于信用溢价的缺失，资本市场资源配置功能被扭曲，金融资源被过度配置到资本密集型行业，并最终引发房地产、制造业等行业投资增长过快，以致产能严重过剩，债务风险攀升，政府被迫进行经济结构调整和改革，经济逐步进入新常态。刚性兑付容易诱发道德风险，信用资质较差的融资主体过度融资，为市场带来系统性风险。最后，抬升无风险利率，为中国人民银行货币政策执行带来较大挑战。

为了发挥资本市场的正常融资功能，必须打破刚性兑付，让信用溢价回归。政府放弃为公司债发行人及其他债务融资主体信用兜底，让债务市场违约机制成为常态，市场参与者的风险意识将逐步增强。中科云网、天威集团债务的违约是个良好开端，我国公司债市场定价机制将与发达国家接轨，信用溢价在公司债定价中的缺失程度有望降低。

参考文献

[1] 鲁炜，赵恒晰，刘冀云：“KMV 模型关系函数推测及其在中国股市的验证”［J］，《运筹与管理》，2003（03）：21—25。

[2] 戴国强：“我国企业债券信用利差宏观决定因素研究”［J］，《财经研究》，2011（12）：35—39。

[3] John Hull，Mirela Predescu，and Alan White. Bond Prices，Default Probabilities and Risk Premiums，Journal of Credit Risk，Vol. 1，No. 2（2005），pp. 53—60.

[4] Chan - Lan，Jorge A，Jobert，Arnaud and Kong，Qing ying Janet. An Option - Based Approach to Bank Vulnerabilities in Emerging markets，IMF Working Paper 2004. No. 4/33：15—16.

[5] Merton，R C. On the Pricing of Corporate Debt：the Risk structure of lnterest Rates，Journal of Finance，1974，Vol. 29，no. 2：449—470.

信息质量对债券信用评级的影响研究

王　鹏*

一、引言

大力发展公司债券市场是加快建设我国多层次金融市场体系的重要环节，提高公司债券融资在直接融资中所占的比重是我国债券市场发展的一项长期战略目标。在发展公司债券市场的过程中，信用评级机构的作用不可忽视。信用评级机构作为债券市场中的信息中介，通过收集和处理宏观、行业以及公司层面的信息来对发债主体及其债券进行评级，为债券投资者的投资决策提供重要的参考和依据。信用评级机构在中国的债券市场已经具有一定的影响力，评级水平能够对债券融资成本产生显著的影响（何平和金梦，2010）。评级机构在评级过程中使用的信息，既包括发债公司公开披露的信息，也包括从发债公司获得的私有信息。本文同时关注公开信息和私有信息的准确性以及二者的相对比重，即信息结构对于信用评级的影响。作为信息中介，评级机构在评级过程中如何使用这些信息；鉴于信息在评级过程中的重要性，信息的准确性和信息结构是否会对信用评级水平产生影响；考虑到我国特殊的制度环境，产权性质是否会对信息质量与信用评级之间的关系产生影响，这些都是值得深入研究和探讨的重要现实问题。

然而，由于国内的信用评级行业起步较晚，很少有研究关注公司的信息准确性和信息结构与信用评级之间的关系，而且国内有关信用评级的定量研究相对较少，仅有几篇文献从财务风险、宏观经济流动性预期以及审计的角度考察了信用评级的影响因素（陈超和郭志明，2008；吴健和朱松，2012；陈超和李镕伊，2013）。朱松（2013）实证检验了债券市场参与者是否关注会计信息质量，发现企业的会计信息质量越高，评级机构给出的评级水平越高，这与本文的研究最为接近。作者使用是否聘请四大会计师事务所审计、会计稳健性和盈余波动性来衡量信息质量，而本文则直接从信息来源的微观视角入手，检验公开信息和私有信息

* 作者单位：东海证券股份有限公司。原载于《中国证券》2015 年第 6 期。

的准确性以及信息结构对于信用评级的影响，从而更加具体地剖析评级机构在评级的过程中如何收集和处理相关信息，打开评级过程这一“黑箱”。

与已有的文献相比，本文的贡献主要体现在以下三个方面：其一，从信息这一微观视角研究信用评级的影响因素，对已有的研究进行很好的补充和拓展，有助于市场参与者了解评级机构在评级过程中如何使用和评价相关信息；其二，采用信息准确性和信息结构来衡量信息质量，为会计信息质量的衡量提供了新的视角和新的方法；其三，考虑到我国特殊的制度背景，研究产权性质对于信息质量与信用评级之间关系的影响，为新兴市场和转型国家信用评级的相关研究提供经验证据。

本文其余部分的结构如下：第二部分为理论分析和研究假说；第三部分为研究设计；第四部分为实证结果及分析；第五部分为结论。

二、理论分析和研究假说

评级机构在收集和处理大量信息的基础上确定评级水平。评级水平的可靠性和信息性在很大程度上取决于评级所依赖信息的质量。因此，评级机构会评估发债公司的信息质量，并且在评级水平中予以反映。Easley 和 O'Hara（2004）基于市场微观结构理论中的信息模型，建立了一个同时考虑公共信息和私有信息以及知情交易者和非知情交易者的多资产理性预期均衡定价模型，在他们的理论框架中，非知情交易者面临着系统风险和不可分散的信息风险。Easley 和 O'Hara（2004）认为，当投资者能够获得更准确的公共信息和私有信息时，投资者会降低其风险预期，要求获得的风险溢价也随之降低，导致资本成本随着总体信息准确性的提高而降低。Botosan 和 Plumlee（2013）为上述理论研究提供了经验证据，发现总体信息质量与股权资本成本显著负相关。Botosan et al.（2004）则分别检验了公共信息和私有信息的准确性对于股权资本成本的影响，发现公共信息的准确性与股权资本成本负相关，而私有信息的准确性与股权资本成本正相关。

然而，已有的研究没有关注信息准确性与信用评级之间的关系。评级机构使用的信息可能是公共信息，也可能是私有信息。发债公司信息准确性的提高，有助于增加其在债券市场的透明度，减少关于其资产价值和经营前景的不确定性，降低股东与债权人之间的代理冲突。因此，信用评级机构通常将信息准确性较高的公司视为高质量的发债公司，并且给予更优的评级水平。准确的信息能够降低评级机构的信息收集和处理成本。如果评级机构发现评级公司的信息不准确或者不完整，可能会拒绝进行评级或者给出较低的评级水平，这会导致发债公司融资成本的升高。基于上述分析，我们提出如下假说：

假说 1：在其他条件相同的情况下，发债公司的信息准确性越高，其获得的信用评级水平越高。

Easley 和 O'Hara（2004）认为，在信息结构中，私有信息相对公共信息的比重越高，投资者要求获得的超额收益率越高，因为知情交易者能够根据私有信息来调整投资组合，而非知情交易者则处于弱势地位。Easley 和 O'Hara（2004）关于信息结构与资本成本的理论预期在 Botosan 和 Plumlee（2013）的经验研究中得到证实，发现公司总体信息中私有信息的比重越高，资本成本越高。

评级机构除了从公司的信息披露中得到公开信息以外，还会收集和分析私有信息，进而更好地评估发债公司的经营前景和潜在风险。对于评级机构来说，在评估发债公司的违约风险时，从公司管理层获得的私有信息可能比公开信息更有价值。信用评级机构与发债公司之间往往会有协议，要求发债公司向评级机构提供其所需要的非公开信息。Butler 和 Rodgers（2012）认为这些非公开的“软信息”可以从评级机构与发债公司管理层的直接交流中获得。一方面，发债公司愿意向评级机构提供私有信息，以便评级机构了解公司的经营前景，从而获得更有利的评级水平；另一方面，大型的信用评级机构在债券市场中具有广泛的影响力，并且拥有较强的信息收集和处理能力的研究团队，因此经常能够获得有关发债公司的私有信息。由此看来，信用评级机构可能不会通过给出较低的信用评级来惩罚总体信息中私有信息比重更高的公司。信用评级机构在多大程度上能够获得私有信息，我们无法确定，尽管评级机构拥有一定的市场势力，然而其毕竟不是监管机构，也无法通过法律赋予的权利来获取私有信息。如果发债公司的管理层掌握了重要的私有信息，而评级机构无法获得这些信息，评级机构可能会认为这些公司的透明度较低，风险较高，因而给予较低的信用评级水平。相应地，对于总体信息中公共信息比重更高的发债公司，评级机构可能给予更高的评级水平。可见，信息结构与信用评级水平之间是否存在显著的关系是一个有待检验的实证问题。基于此，我们提出如下假说：

假说 2a：信息结构对于信用评级水平产生显著的影响。

假说 2b：信息结构对于信用评级水平没有显著的影响。

我国上市公司中存在着大量的国有控股公司，国有产权可能会对评级机构的评级行为产生影响。李琦等（2011）发现信用评级机构在调整评级水平的过程中，放松了对于国有企业的盈余质量要求，国有企业在评级调整前的盈余管理程度高于民营企业。国有企业除了实现其盈利的目标以外，还承担着大量的社会性政策负担，与政府之间的政治关联使得其面临的财务困境和破产风险较低（Faccio et al.，2006）。国有企业在经营方面具有政府提供的隐性担保，国家往往承担着这些企业经营失败的责任，形成一种预算软约束（Qian and Roland，1998）。债券投资者降低了国有企业所发行债券的违约预期，要求获得的风险补偿率也随之减少，降低了国有企业的债券融资成本（方红星等，2013）。可见，评级机构可能会基于国有企业的政府信用背书，在评级过程中放松对于国有发债公司的信息质量要求。基于上述分析，我们提出如下假说：

假说 3：与国有发债公司相比，信息对于非国有发债公司的信用评级影响更加显著。

三、研究设计

（一）样本选择与数据来源

本文的研究区间为 2006—2012 年，考虑到数据的可得性问题，研究样本为上市公司。我们从公司债数据库中识别出所有存在初始信用评级的上市公司，同一家上市公司的初始信用评级是相同的，所以对于同一年度存在多次发行债券的上市公司来说，我们仅将其作为一个样本。

与此同时，为了保证研究结论的可靠性和准确性，我们对样本执行以下筛选程序：（1）删除同时发行 B 股和 H 股的上市公司；（2）删除金融行业的上市公司；（3）删除发行债券当年属于 ST 或者净利润为负的上市公司；（4）删除分析师跟踪人数小于 3 的上市公司，因为需要使用分析师盈余预测的相关特征计算信息质量；（5）删除相关财务数据缺失的上市公司。最后得到 380 家有发债主体初始信用等级的样本上市公司。本文所使用的债券市场信用评级数据和财务数据均来自 Wind 咨讯金融研究数据库。

（二）变量定义

1. 信用评级。根据中国人民银行的《信用评级要素、标识及含义》中的相关说明，借款企业的信用评级分为三等九级，即 AAA、AA、A、BBB、BB、B、CCC、CC、C。此外，规定还说明每一个信用等级可用“+、-”符号进行微调，表示略高或略低于本等级，但不包括 AAA+。然而，在实际当中，发行公司债券的公司初始信用评级大都在 AA 以上，因此我们将信用评级分为五级：AAA、AA+、AA、AA-和 A 级分别赋值为 5、4、3、2 和 1。在稳健性检验中，我们则将信用评级进行了三级分类：AAA 为第一级，赋值为 3；AA+、AA 和 AA-为第二级，赋值为 2；A 为第三级，赋值为 1。

2. 信息质量。本文使用上市公司的信息特征作为信息质量的代理变量，包括总体信息的准确性和信息结构。Easley 和 O'Hara（2004）从市场微观结构理论出发，在关于信息和资本成本的理论研究中首次提出了信息准确性和信息结构的概念，认为一家公司的总体信息集包括公共信息和私有信息。公共信息被市场中的所有投资者掌握，而私有信息仅被知情交易者掌握。Easley 和 O'Hara（2004）认为，信息集的准确性越高以及公共信息相对私有信息所占的比重越大，信息质量越好，非知情投资者面临的信息风险越低，有助于降低资本成本。Botosan 和 Plumlee（2013）的经验研究结果支持了 Easley 和 O'Hara（2004）的理论分析。

本文使用分析师盈余预测的相关特征来衡量一家公司的信息准确性和结构。财务分析师在金融市场中，一方面充当信息中介，促进信息在上市公司与投资者之间的传播，另一方面向投资者提供新的有关公司未来经营和前景的有价值的信息，同时充当着信息的使用者和生产者角色。Cheng 和 Subramanyam（2008）认为财务分析师在金融市场中作为监督者和信息中介，通过检验分析师跟进与信用评级之间的关系，发现分析师跟进与信用评级显著相关，跟踪一家公司的分析师人数越多，其违约风险越低，获得的信用评级水平越高。Mansi et al.（2011）采用分析师预测特征来衡量信息披露质量，发现分析师预测的分歧度、公司的特质性风险以及知情交易的比率越高，公司债券的信用评级越低。因此，信用评级机构可能会从分析师的盈余预测中挖掘有价值的信息，与分析师盈余预测相关的信息可以作为评级机构所掌握的信息集特征的代理变量。借鉴 Barron et al.（1998）提出的方法，使用分析师盈余预测来衡量信息的准确性和结构。

Barron et al.（1998）发现分析师预测的分歧度反映了分析师所依赖的私有信息导致的特质性误差，而分析师预测的偏差则反映了分析师所依赖的公共信息导致的共同性的误差。因此，在 Barron et al.（1998）所提出的模型中，将公共信息的准确度（h）和私有信息的准确度（s）视为可观测到的分析师盈余预测分歧度（D）、偏差（SE）以及跟踪一家公司的分析师人数（N）的函数。分别使用以下公式（1）和公式（2）来计算公共信息和私有信息的准确性。

$$h_{it} = \frac{SE_{it} - \frac{D_{it}}{N_{it}}}{\left[\left(1 - \frac{1}{N_{it}}\right)D_{it} + SE_{it}\right]^2} \tag{1}$$

$$s_{it} = \frac{D_{it}}{\left[\left(1 - \frac{1}{N_{it}}\right) D_{it} + SE_{it}\right]^2} \tag{2}$$

其中，分析师盈余预测分歧度（D）和偏差（SE）的计算方法见公式（3）和公式（4）。N_{it}表示在某一年度中跟踪某家上市公司的分析师人数；F_{it}表示接近某一个年度结束时，分析师最近做出的盈余预测；$\overline{F_{it}}$是当年分析师盈余预测的平均值；A_{it}表示当年盈余的真实值。

$$\hat{D}_{it} = \frac{1}{N_{it} - 1} \sum_{j=1}^{N_{it}} (F_{jit} - \overline{F_{it}})^2 \tag{3}$$

$$S\hat{E}_{it} = (A_{it} - \overline{F_{it}})^2 \tag{4}$$

总体信息的准确性（K）用公共信息的准确性与私有信息的准确性之和来衡量，见公式（5）。信息结构用公共信息的准确性与总体信息的准确性之比来衡量，见公式（6）。

$$K = h + s \tag{5}$$

$$C = \frac{h}{K} = \frac{h}{h + s} \tag{6}$$

Barron et al.（2002）从理论上证实了 Barron et al.（1998）采用分析师盈余预测来衡量信息质量的有效性，并且这一方法在实证研究领域被广泛采用（Botosan et al.，2004；Jiang，2008；Mansi et al.，2011；Botosan 和 Plumlee，2013）。随着国内证券分析师队伍的发展和壮大，分析师作为信息中介在资本市场中的作用引起了国内学者的广泛关注。朱红军等（2007）发现国内证券分析师的信息搜寻活动能够提高股票价格的信息含量，提高价格对资源配置的引导作用，增强资本市场的运行效率。针对分析师盈余预测的信息价值以及是否能够影响资本成本，肖作平和曲佳莉（2013）发现分析师盈余预测的分歧度以及分析师的经验能够显著影响权益资本成本，林晚发等（2013）则发现分析师预测在债券市场中，同样能够影响债券市场中的资产价格，例如分析师预测分歧度与公司债券信用利差显著正相关，而跟踪一家上市公司的分析师人数与公司债券信用利差显著负相关。可见，在我国资本市场中，分析师的盈余预测具有信息含量，能够对资产价格产生显著的影响。因此，本文使用分析师盈余预测的相关特征作为基础指标，进而依据 Easley 和 O'Hara（2004）提出的理论框架以及 Barron et al.（1998）提出的实证模型，从信息的微观角度出发，计算出上市公司的信息准确性和结构，具有一定的合理性。

3. 产权性质。参照国内主流文献的一般做法，根据上市公司的最终控制人的身份划分产权性质。若上市公司的最终控制人为政府，则代表产权性质的虚拟变量取 1，否则取 0。

（三）回归模型设定

为了研究上市公司的信息质量对于信用评级的影响，依据理论分析部分所提出的 3 个研究假设，本文通过构建以下回归模型进行多元回归分析，并且采用解释变量逐步进入模型的方法，从而更加细致地分析变量之间的关系：

$$CR = \beta_0 + \beta_1 K + \beta_2 C + \beta_3 CON + \gamma Controls + \varepsilon$$

参照已有的关于信用评级水平影响因素主流文献的做法，在回归模型中对影响信用评级的其他因素进行控制，包括公司债券发行主体的盈利能力、成长能力、偿债能力等财务指标。回归模型中各变量的定义和计算方法见表 1。

表 1　　变量定义和计算方法

变量性质	变量名称	变量符号	变量说明
被解释变量	信用评级	CR	AAA 为 3；AA +、AA 和 AA - 为 2；A 为 1
解释变量	信息准确性	K	公共信息的准确性与私有信息的准确性之和
	信息结构	C	公共信息的准确性与总体信息的准确性之比
	产权性质	CON	若最终控制人为政府，CON = 1；否则为 0
控制变量	公司规模	LN（SIZE）	年末资产总额的自然对数
	公司成长性	G	主营业务收入变化的百分比
	资产报酬率	ROA	净利润/期初和期末平均资产总额
	资产负债率	L	年末负债总额/年末资产总额
	资产周转率	TURN	主营业务收入/期初和期末平均资产总额
	已获利息倍数	IC	息税前利润/财务费用

四、实证结果及分析

（一）描述性统计

表 2 报告了变量描述性统计的结果。可以看出，信用评级的均值为 2.569，说明发债主体的信用级别大部分在 AA - 级以上，整体信用水平较高。总体信息准确性的均值为 25.448，从最大值和最小值可以看出，不同发债主体的信息质量差别较大，从而为本文检验信息质量对于信用评级的影响提供了可能。信息结构的均值为 0.0034，说明总体信息中公共信息的准确性相对较低。产权性质虚拟变量的均值为 0.506，说明样本公司中国有控股与非国有控股公司的比例相当，因而可以检验产权性质对于信息质量与信用评级之间关系的影响。

表 2　　变量的描述性统计结果

变量	观测值	均值	标准差	最小值	最大值
CR	265	2.569	1.116	1	5
K	265	25.448	24.353	0.738	159.086
C	265	0.0034	0.243	-0.499	0.821
CON	265	0.506	0.501	0	1
LN（SIZE）	265	13.170	0.948	11.259	16.307
G	265	26.949	31.032	-66.267	191.114
ROA	265	6.676	4.031	-0.834	21.105
L	265	47.273	16.455	5.022	88.437
TURN	265	0.840	0.548	0.103	3.550
IC	265	17.459	31.433	0.555	324.446

（二）相关性分析

表 3 报告了各变量之间相关性分析的结果。从主体信用评级水平与信息质量和产权性质的相关系数来看，总体信息准确性与信用评级水平显著正相关，信息结构中公共信息所占的比重与信用评级显著正相关，产权性质与信用评级水平之间高度正相关，从而初步验证了本文的假说 1、假说 2a 和假说 3，说明信息质量和产权性质都能够对信用评级水平产生影响。从主体信用评级水平与控制变量之间的相关系数来看，发债主体的资产规模、资产报酬率以及利息保障倍数与信用评级水平显著正相关，说明在研究信息质量对于信用评级水平的影响时，需要对上述变量加以控制。另外，多重共线性的检验结果显示，各个回归模型的方差膨胀因子 VIF 都小于 10，而容忍度 Tolerance 都大于 0.1，回归模型总体设定不存在显著的多重共线性问题。

表 3　　变量的相关性分析结果

变量	CR	K	C	CON	LN（SIZE）	G	ROA	L	TURN	IC
CR	1.000									
K	0.082 (0.083)	1.000								
C	0.115 (0.063)	-0.339 (0.000)	1.000							
CON	0.282 (0.000)	-0.075 (0.227)	0.078 (0.206)	1.000						
LN（SIZE）	0.612 (0.000)	-0.060 (0.329)	0.159 (0.009)	0.309 (0.000)	1.000					
G	0.028 (0.653)	-0.032 (0.605)	0.076 (0.218)	-0.109 (0.078)	-0.008 (0.894)	1.000				
ROA	0.312 (0.000)	-0.104 (0.091)	0.043 (0.485)	-0.089 (0.151)	-0.041 (0.503)	0.228 (0.000)	1.000			
L	-0.024 (0.696)	0.002 (0.971)	0.085 (0.168)	0.309 (0.000)	0.403 (0.000)	0.027 (0.658)	-0.473 (0.000)	1.000		
TURN	0.079 (0.201)	-0.032 (0.599)	-0.015 (0.808)	-0.037 (0.548)	0.027 (0.668)	0.083 (0.179)	0.076 (0.215)	1.166 (0.007)	1.000	
IC	0.177 (0.006)	0.014 (0.831)	0.068 (0.301)	-0.085 (0.195)	0.061 (0.349)	0.272 (0.000)	0.409 (0.000)	-0.272 (0.000)	-0.067 (0.313)	1.000

注：括号中为 p 值。

（三）多元回归分析

为了进一步验证本文提出的研究假说，首先对全样本进行多元回归分析，回归结果见表 4。从多元回归分析结果可以看出：

表 4 多元线性回归结果

被解释变量	CR（主体信用评级水平）					
样本类型	全样本				国有样本	非国有样本
回归模型	(1)	(2)	(3)	(4)	(5)	(6)
K	0.02 ** (2.39)			0.03 ** (2.06)	0.004 (1.42)	0.05 ** (2.56)
C		0.055 (0.26)		0.028 (0.12)	0.012 (0.75)	0.292 (0.81)
CON			0.179 *** (3.83)	0.166 *** (2.98)		
LN（SIZE）	0.759 *** (11.95)	0.761 *** (11.91)	0.763 *** (12.03)	0.759 *** (11.88)	0.933 *** (13.58)	0.329 *** (2.66)
G	-0.001 (-0.26)	-0.001 (-0.28)	-0.001 (-0.27)	-0.001 (-0.26)	-0.003 (-1.24)	-0.000 (-0.01)
ROA	0.063 *** (3.83)	0.065 *** (3.96)	0.065 *** (3.98)	0.063 *** (3.82)	0.064 *** (3.06)	0.069 *** (3.89)
L	-0.011 (-2.49)	-0.011 *** (-2.53)	-0.011 *** (-2.53)	-0.011 *** (-2.48)	-0.020 (-3.38)	-0.015 *** (-3.56)
TURN	0.174 (1.82)	0.177 * (1.86)	0.176 * (1.85)	0.173 * (1.81)	0.138 (1.12)	0.189 (1.42)
IC	0.001 (0.36)	0.001 (0.28)	0.001 (0.28)	0.001 (0.37)	0.003 (0.71)	0.001 (0.39)
Intercept	-7.556 *** (-9.68)	-7.661 *** (-9.82)	-7.686 *** (-9.94)	-7.563 *** (-9.64)	-9.178 *** (-10.36)	-2.611 * (-1.74)
Obs.	265	265	265	265	135	130
F - sta	29.85 ***	29.54 ***	33.89 ***	26.42 ***	35.46 ***	29.68 ***
Adj - R^2	0.497	0.494	0.496	0.494	0.689	0.499

注：(1) 括号中为 t 值；(2) ***、**、* 分别表示在 1%、5%、10% 的水平上显著。

第一，将总体信息准确性的代理变量纳入多元回归模型中，回归结果（1）显示 K 的系数为 0.02，并且在 5% 的显著性水平上显著，验证了本文的假说 1。这说明发债主体信息披露准确性的提高有助于获得更有利的信用评级水平，信用评级机构会关注发债主体的信息准确性，并且在确定发债公司的主体信用评级时考虑这一因素。

第二，将信息结构的代理变量纳入多元回归模型中，回归结果（2）显示 C 的系数为 0.055，说明信息结构中公共信息的比重越高，主体信用评级水平越高，然而上述关系在统计意义上并不显著，验证了本文的假说 2b。这说明信用评级机构的评级信息来源既包括公共信息，也包括私有信息，评级机构拥有较强的信息收集和处理能力，在公共信息不足时，其会通过私有信息的获取来弥补这一不足。从这一角度来看，信息结构对于评级机构的重要性有所下降。

第三，将产权性质的虚拟变量纳入多元回归模型中，回归结果（3）显示 CON 的系数为0.179，并且在1%的显著性水平上高度显著，说明产权性质对于信用评级水平有着显著的作用，在其他条件相同的情况下，国有企业能够获得更为有利的评级水平，验证了本文的假说3。

第四，将信息准确性和信息结构的代理变量以及产权性质虚拟变量同时纳入多元回归模型中，回归结果（4）显示 K 和 CON 的系数分别为0.03和0.166，并且分别在5%和1%的显著性水平上显著，验证了本文的假说1和假说3，说明信息准确性和产权性质对于信用评级水平具有显著影响，而 C 的系数为0.028，说明信息结构中公共信息比重的提高有助于提升信用评级水平。然而，上述关系在统计上是不显著的，验证了本文的假说2b。

另外，从上述四个模型中控制变量的回归结果来看，发债主体的规模、资产报酬率和资产负债率等变量均在统计意义上显著，资产规模和资产报酬率越高，越有利于获得更高的信用评级水平。资产负债率的提高，降低了信用评级水平，控制变量的上述回归结果与国内外已有的研究一致，故本文不再多述。

（四）基于产权分组的进一步分析

为了进一步考察产权性质对于信息质量与信用评级之间的关系产生的影响，分别对国有样本和非国有样本进行多元回归分析，其中国有样本的数量为135个，非国有样本的数量为130个，回归结果见表4中的（5）和（6）。可以看出，信息准确性和信息结构对于国有样本的影响均不显著，说明信用评级机构在评级过程中放松了对于国有控股上市公司的信息质量要求。在非国有样本中，K 的系数为0.05，并且在5%的显著性水平上显著，说明对于信息准确性越高的非国有上市公司，信用评级机构给出的评级水平越高；C 的系数仍然不显著，说明信息结构对于信用评级的影响在非国有样本中同样不显著。综合来看，信息质量对于非国有样本的信用评级水平影响更大。

五、结论

在国内大力发展公司债券市场的背景下，信用评级的作用日益突出。信用评级机构作为信息中介，其如何收集和处理信息并且给出相应的评级水平值得关注。本文以2006—2012年存在主体信用评级的非金融上市公司为样本，依据 Easley 和 O'Hara（2004）提出的理论框架以及 Barron et al.（1998）提出的实证模型，构建信息质量的相关指标，从信息的微观视角出发，研究信息准确性和信息结构对于信用评级水平的影响。研究发现：信息准确性与信用评级水平之间显著正相关，评级机构对于信息准确性高的发债主体给予更高的评级水平；信息结构与信用水平之间的关系不显著，评级机构在评级过程中综合运用公开信息和私有信息；产权性质对于信用评级水平的影响高度显著，国有发债主体能够获得更高的信用评级水平；在进一步的分样本检验中，信息准确性对于信用评级的影响在国有样本中不再显著，而在非国有样本中仍然显著；信息结构在两个样本中均不显著，说明信息质量与信用评级水平之间的关系受到产权性质的影响，评级机构更加重视非国有发债主体的信息质量，而放松了对于国有发债主体的信息质量的要求。

上述研究结论的现实价值主要体现在以下三个方面：首先，对于发债主体来说，信息质量影响其获得的主体信用评级水平，而主体信用评级水平对于公司债券融资成本具有显著的影响（何平和金梦，2010），所以从降低融资成本的角度来看，发债主体可以通过提高信息披露质量来获得更有利的评级水平，这也为上市公司提高透明度提供了内在动力；其次，对于监管部门来说，信息披露是债券市场监管的重要内容，不同上市公司之间的信息披露质量存在着较大的差距，如何提高市场整体的信息披露质量是摆在监管部门面前的一个难题，然而这对于市场建设有着非常重要的意义；最后，对于投资者来说，在制定投资决策时，需要考虑到发债主体的信息质量，防止较低的信息质量可能给投资者造成的潜在损失，从而提高投资决策的效率。

参考文献

［1］Mansi S A.，W F. Maxwell，and D P. Miller. Analyst Forecast Characteristics and the Cost of Debt［J］. Review of Account Study，2011，16（1）：116—142.

［2］Ziebart D A.，S A. Reiter. Bond Ratings，Bond Yields and Financial Information［J］. Contempory Accounting Research，1992，9（1）：252—282.

［3］Cheng M，Subramanyam K R. Analyst Following and Credit Ratings［J］. Contemporary Accounting Research，2008，25（4）：1007—1043.

［4］Faccio M，R. W. Masulis，and J. J. McConnel. Political Connections and Corporate Bailouts［J］. Journal of Finance，2006，61（6）：2597—2635.

［5］Qian Y. and G. Roland. Federalism and the Soft Budget［J］. American Economic Review，1998，88（5）：1143—1162.

［6］Easley D，M. O'Hara. Information and the Cost of Capital［J］. Journal of Finance，2004，59（4）：1553—1583.

［7］Botosan C A.，M A. Plumlee. Are Information Attributes Priced?［J］. Journal of Business Finance and Accounting［J］. 2013，Forthcoming.

［8］Botosan C A.，M A. Plumlee，and Y Xie. The Role of Information Precision in Determining the Cost of Equity Capital［J］. Review of Accounting Studies，2004，9（2）：233—259.

［9］Butler A W.，Cornaggia K R. Rating Through the Relationship：Soft Information and Credit Ratings［R］. SSRN Working Paper，2012，NO. 345860.

［10］Barron O E.，O Kim，S C. Lim，and D E. Stevent. Using Analysts' Forecasts to Measure Properties of Analysts' Information Environment［J］. The Accounting Review，1998，73（4）：421—433.

［11］Barron O E.，D Byard，and O. Kim. Changes in Analysts' Information Around Earnings Announcements［J］. The Accounting Review，2002，77（4）：821—846.

［12］Mansi S A.，W F. Maxwell，and D P. Miller. Analyst Forecast Characteristics and the Cost of Debt［J］. Review of Account Study，2011，16（1）：116—142.

［13］Jiang J. Beating Earnings Benchmarks and the Cost of Debt［J］. The Accounting Review，2008，83（2）：377—416.

[14] 何平，金梦：“信用评级在中国债券市场的影响力” [J]，《金融研究》，2010 (4)：15—28。

[15] 陈超，郭志明：“我国企业债券融资、财务风险和债券评级” [J]，《当代财经》，2008 (2)：39—48。

[16] 吴健，朱松：“流动性预期、融资能力与信用评级” [J]，《财政研究》，2012 (7)：74—78。

[17] 陈超，李镕伊：“审计能否提高公司债券的信用等级” [J]，《审计研究》，2013 (3)：59—66。

[18] 朱松：“债券市场参与者关注会计信息质量吗?” [J]，《南开管理评论》，2013，16 (3)：16—25。

[19] 李琦，罗炜，谷仕平：“企业信用评级与盈余管理” [J]，《经济研究》，2011 (增2)：88—99。

[20] 方红星，施继坤，张广宝：“产权性质、信息质量与公司债定价——来自中国资本市场的经验证据” [J]，《金融研究》，2013 (4)：170—182。

[21] 朱红军，何贤杰，陶林：“中国的证券分析师能够提高资本市场的效率吗? ——基于股价同步性和股价信息含量的经验证据” [J]，《金融研究》，2007 (2)：110—121。

[22] 肖作平，曲佳莉：“分析师预测分歧、经验与权益资本成本” [J]，《证券市场导报》，2013 (9)：18—26。

[23] 林晚发，李国平，王海妹，刘蕾：“分析师预测与企业债券信用利差——基于2008—2012 年中国企业债券数据” [J]，《会计研究》，2013 (8)：69—75。

银行间债券市场对外开放历程与展望

李 蓉 韩思怡*

中国人民银行金融市场司 2015 年 4 月 30 日在上海清算所发布公告称，32 家具有 QFII、RQFII 或人民币结算资质的境外机构获准进入银行间债券市场。法国兴业银行、法国巴黎银行、香港上海汇丰银行有限公司、摩根士丹利国际股份有限公司、太平洋投资管理（PIMCO）亚洲私营有限公司、国泰人寿保险股份有限公司、泰康资产管理（香港）有限公司等均在获准名单内。中国银行间债券市场的开放步伐正在加快。

一、资本市场海内外联动日益密切

（一）中国债券波动与境外资金流入中国债市的规模联系密切

近年来，中国国债收益率与全球主要经济体的国债收益率具有明显的正相关性。中国国债无论与美国国债的走势，还是与德国、英国等代表性欧洲国家的国债走势，虽然在月度上时而存在偏差，在波动的幅度上也不尽相同，但从 3 个月左右的时间来看，中国国债走势与欧美主要国家的国债走势具有非常明显的同步性（见图 1、图 2）。原因主要有两个方面：一是金融危机之后，全球经济的联系更为密切，中国和美国、欧洲等主要经济体的经济走势表现出了较强的一致性（见图 3）。二是全球在资金的流动上联系也更为紧密。我们看到，2013 年以来，EPFR 流入中国债券市场的资金规模与债券收益率具有较好的一致性。当境外资金持续净流出时，债券市场都倾向于下跌，而当境外资金持续净流入时，债券市场往往倾向于上涨（见图 4）。

（二）近年来，境外资金在国内债市中占比不断提升

境外资金在债券市场上主要的配置品种是利率债。根据中债托管量的数据，利率债外资银行的托管比例从 2009 年初的 0.5% 提高到 2015 年第 1 季度的 1.7%（见图 5）。

* 作者单位：上海申银万国证券研究所。原载于《中国证券》2015 年第 6 期。

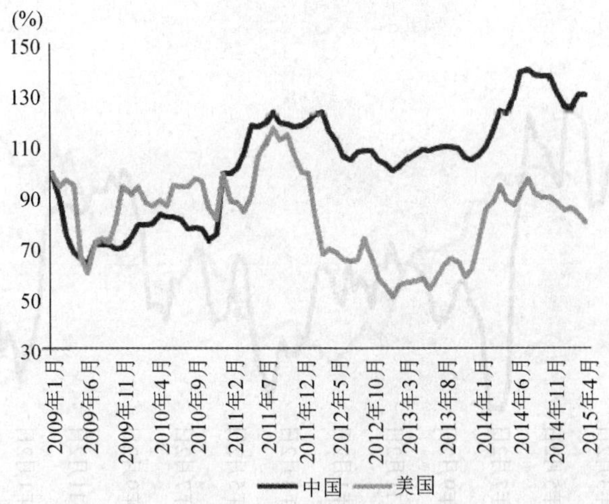

图 1　中美 10 年期国债收益率变化方向正相关

资料来源：Wind、申万宏源研究。

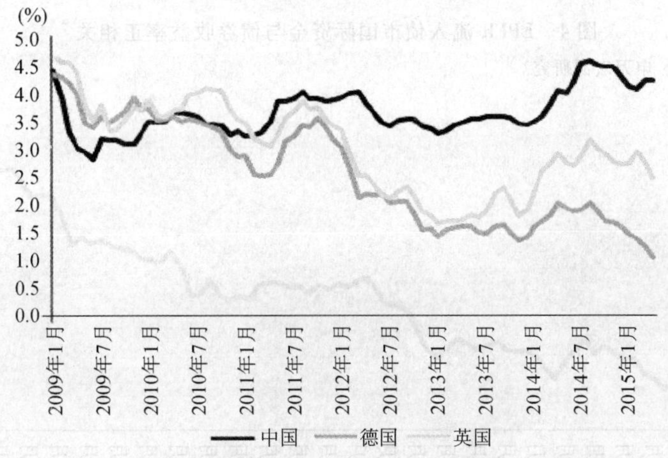

图 2　中、德、英 10 年期国债收益率变化方向正相关

资料来源：Wind、申万宏源研究。

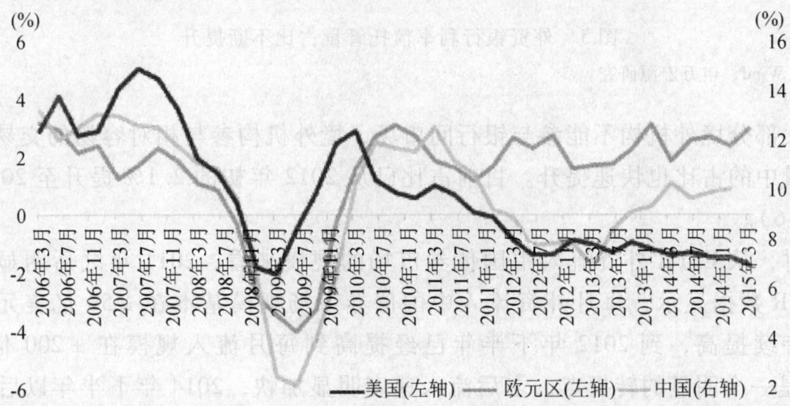

图 3　金融危机后，中国与美国、欧洲经济走势具有较强一致性

资料来源：Wind、申万宏源研究。

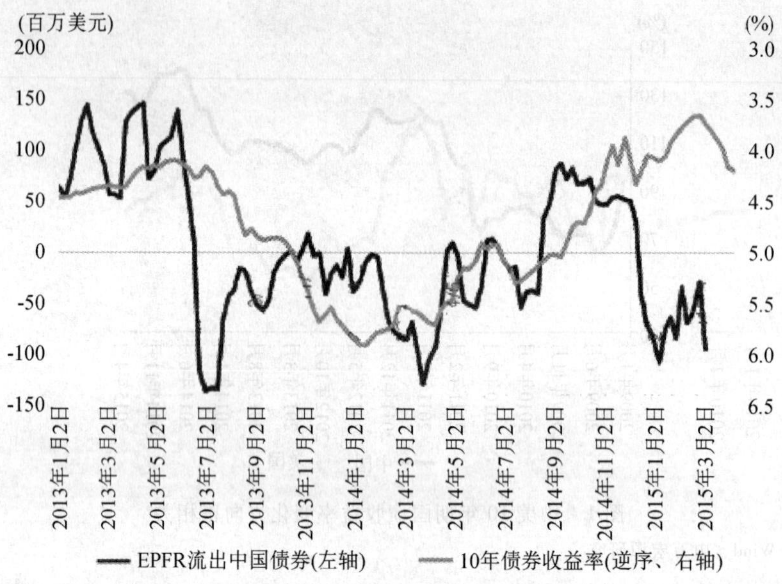

图 4 EPFR 流入债市国际资金与债券收益率正相关

资料来源：EPFR、申万宏源研究。

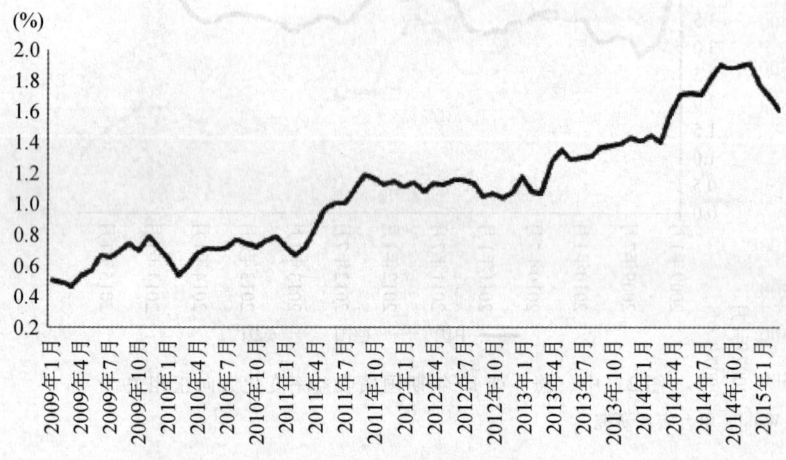

图 5 外资银行利率债托管量占比不断提升

资料来源：Wind、申万宏源研究。

由于绝大部分境外机构不能参与银行间市场，境外机构参与相对容易的交易所市场，近年来在托管量中的占比也快速提升。目前占比已从 2012 年初的 2.1% 提升至 2015 年 1 月的 5.7%（见图 6）。

与此同时，从 EPFR 外资流入中国债券市场的规模来看，2011 年之后明显提升。2011 年以前，EPFR 数据显示，每月外资流入中国债券市场规模基本在 ±50 亿美元左右，2011 年之后开始持续提高，到 2012 年下半年已经提高到每月流入规模在 ±200 亿美元左右。2012 年年中是一个明显的转折点，之后流入速度明显加快，2014 年下半年以后已经基本维持在每月 ±500 亿美元左右的规模，相当于 2012 年水平的 10 倍。

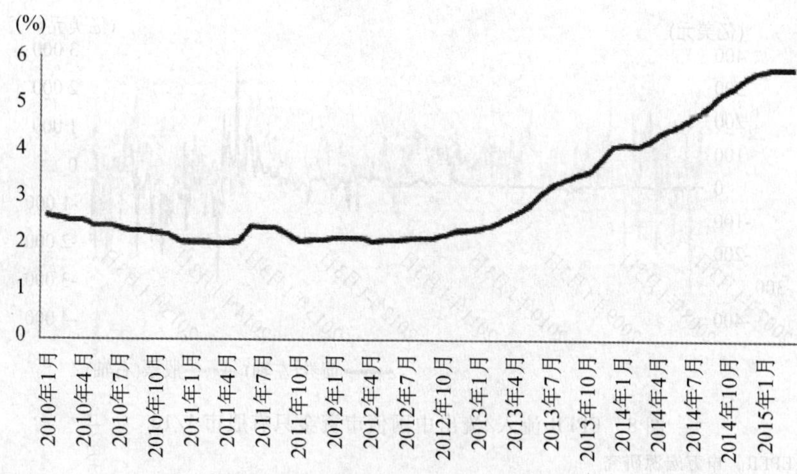

图 6 交易所债券托管量占比不断提升

资料来源：Wind、申万宏源研究。

EPFR 从 2004 年有数据以来，境外资金对中国债券市场共有 2 000 亿美元净流入（见图 7）。

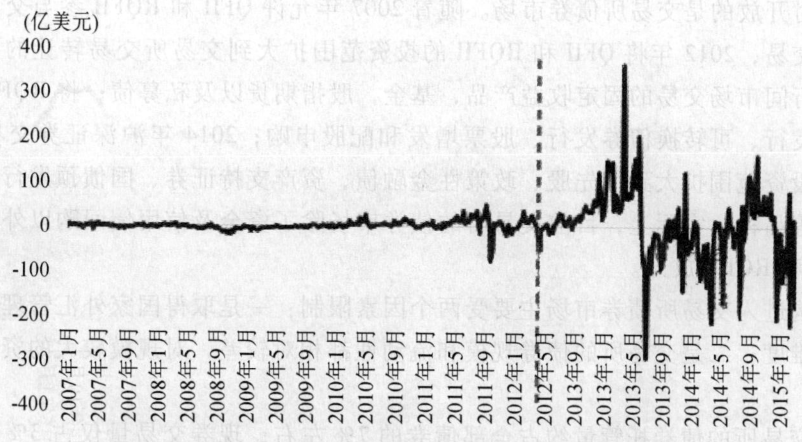

图 7 2012 年年中以后 EPFR 流入中国债市资金明显提升

资料来源：EPFR，申万宏源研究。

二、我国银行间债券市场相对封闭

（一）目前外资在债券市场的占比仍然很低

从外资银行持有的中国利率债规模来看，虽然 2011 年之后占比提升加快，但至今仍然只占 1.7% 左右，在信用债的托管量中占比更低。

目前，EPFR 流入/流出中国的资金规模虽然已较 3 年前翻了 10 倍，但和股市相比，仍然只相当于股市的 1/10 左右。EPFR 平均每月流入/流出中国债券市场的资金约在 500 亿美元左右，但流入/流出中国股票市场的资金约在 5 000 亿美元左右，并且 2010 年以后就基本稳定在这一规模（见图 8）。

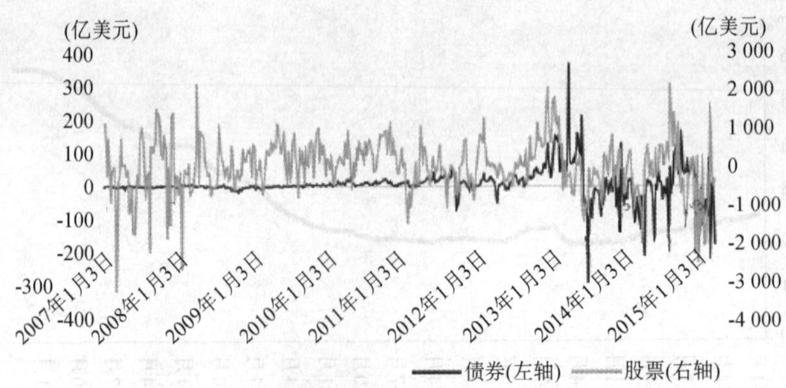

图 8　EPFR 流入/流出中国债市资金只有股市 1/10

资料来源：EPFR，申万宏源研究

（二）监管制度的限制 + 分割的交易市场，使债券市场的对外开放更为不易

国内的债券市场存在严重的市场分割，各个市场的开放程度也不尽相同。交易所市场对外资相对开放，但市值和成交量占比都太小，而主流的银行间市场一直对外资相对封闭。

目前相对开放的是交易所债券市场。随着 2007 年允许 QFII 和 RQFII 参与交易所国债回购和企业债交易，2012 年将 QFII 和 RQFII 的投资范围扩大到交易所交易转让的股票、债券和权证，银行间市场交易的固定收益产品，基金，股指期货以及私募债；将 RQFII 投资范围扩大到新股发行、可转换债券发行、股票增发和配股申购；2014 年沪深证券交易所将 QFII 和 RQFII 的投资范围扩大到优先股、政策性金融债、资产支持证券、国债预发行交易、中小企业私募债等品种。实际上，目前交易所的债券市场除了资金及信用债回购以外的功能都已基本向 QFII 和 RQFII 放开。

境外机构进入交易所债券市场主要受两个因素限制：一是取得国家外汇管理局的投资额度存在一定难度；二是交易所的债券规模和流动性都相对较差，对规模较大的资金而言交易成本太高。

目前，交易所的债券托管量约占全部债券的 7% 左右，现券交易量仅占 3% 左右，只有回购交易量占比较高，占 28% 左右。一只国债活跃券的日换手率约在 2.5% 左右，且只有数月的活跃期。

然而，占债券市场绝大多数的银行间市场一直相对封闭。虽然从 2002 年开始实施 QFII 以来，银行间市场就一直在可投资范围，但从实际情况来看，银行间市场却迟迟未允许外资进入。2005 年，银行间债券市场引入首批境外投资机构，仅仅是两家基金：泛亚基金和亚债中国基金。2010 年 8 月，中国人民银行发文允许三类机构参与境内银行间债券市场，分别是境外央行或货币当局、我国港澳地区人民币清算行和境外跨境贸易人民币结算参加行。2012 年 3 月，中国人民银行批准 18 家 RQFII 进入银行间债券市场，包括申银万国（香港）、安信国际、汇添富（香港）、嘉实国际等，迈出了银行间市场对外开放的重要一步。2013 年仅新批准 3 家 RQFII，2014 年新批 9 家。2013 年 3 月，中国人民银行曾发文允许 QFII 向中国人民银行申请进入银行间债券市场，但申请流程较长；2014 年，有 8 家 QFII 首批参与到银行间市场，到此次集中批复前，共有 14 家 QFII 获批；2015 年 5 月，中国人民银行批准

32 家境外机构进入银行间市场，包括 10 家境外机构、11 家 QFII 和 11 家 RQFII。总体而言，银行间市场的开放节奏相对缓慢，商业机构参与银行间市场基本从 2014 年开始起步。迄今为止，实际参与银行间市场交易的境外机构屈指可数（见图 9）。

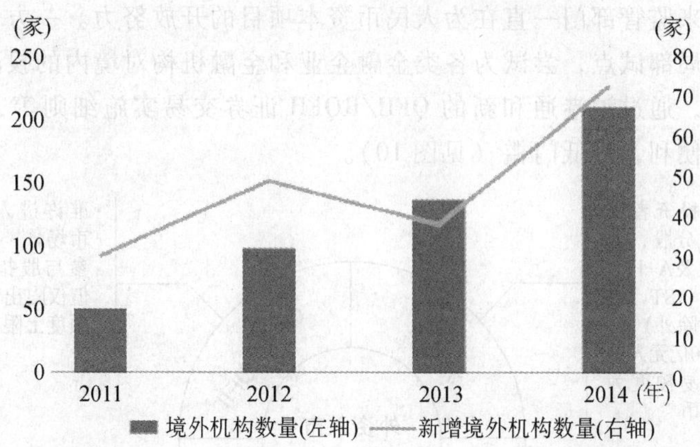

图 9 2014 年起中国人民银行批准进入银行间市场的境外机构数量

资料来源：中国人民银行、申万宏源研究。

同时，银行间和交易所的债券回购以及利率互换、国债期货市场等也均未允许境外资金进入（见表 1）。

表 1 银行间市场相对封闭，开放缓慢

	外资机构进入的现行规定
银行间债券市场	2005 年银行间债券市场首次引入境外机构投资者（泛亚基金和亚债中国基金）
	2010 年 8 月，中国人民银行发文允许境外央行或货币当局、我国港澳地区人民币清算行和境外跨境贸易人民币结算参加行三类机构以人民币投资境内银行间债券市场
	2012 年 3 月，中国人民银行批准 18 家 RQFII 进入银行间债券市场
	2012 年 7 月，中国证监会颁布《关于实施〈合格境外机构投资者境内证券投资管理办法〉有关问题的规定》，允许 QFII 投资银行间债券市场和中小企业私募债
	2013 年 3 月，中国人民银行发文允许 QFII 向中国人民银行申请进入银行间债券市场
银行间回购及互换市场	不允许境外机构参与
交易所债券市场	允许 QFII 和 RQFII 参与交易所上市债券买卖
	2014 年 3 月，上交所将 QFII 的投资范围扩大到优先股、政策性金融债、资产支持证券、国债预发行交易、中小企业私募债等品种
	不允许进行回购交易
国债期货市场	不允许境外机构参与

三、一个更为开放的债券市场正在形成

（一）加快推动人民币实现资本项目可兑换，资本市场正变得日益开放

中国人民银行行长周小川在 2015 年博鳌论坛表示，中国的“十二五”规划提出了加快

推进人民币实现资本项目可兑换，而 2015 年是“十二五”的最后一年，目前正在通过三方面工作推进人民币资本项目可兑换，即推动境内外的个人投资更加便利化、推进资本市场更加开放，以及对《外汇管理条例》进行新一轮修改。

实际上，近年来监管部门一直在为人民币资本项目的开放努力。一方面，通过上海自贸区、前海试验区等局部试点，尝试为各类金融企业和金融机构对境内的投融资提供便利，探索模式；另一方面，通过沪港通和新的 QFII/RQFII 证券交易实施细则等，为境外资金进入国内资本市场提供便利，降低门槛（见图 10）。

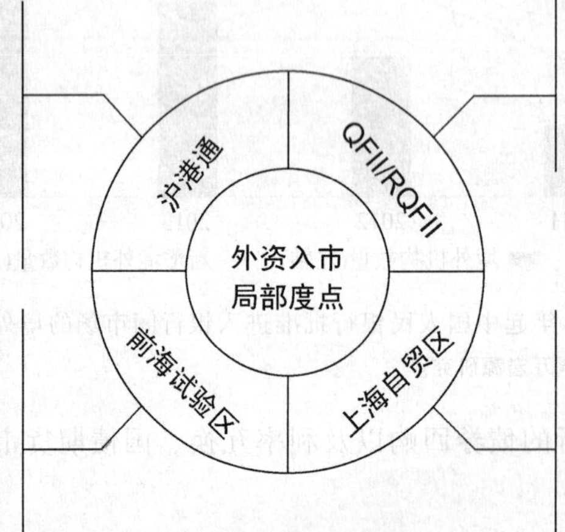

图 10 资本市场对外开放政策加快出台

资料来源：Wind、申万宏源研究。

目前，在推动人民币资本项目可兑换的大方向下，资本市场正变得对外资日益开放。

（二）中国证监会 QFII 及 RQFII 额度批复加快、外管局批准额度持续增加

QFII 及 RQFII 资金流入国内资本市场主要要经过两个环节的审批：（1）取得中国证监会颁发的证券投资业务许可证；（2）取得国家外汇管理局审批的投资额度。前者主要决定参与机构的数量，后者主要决定机构的可投资规模。从目前情况看，这两个环节的审批速度都在加快，尤其是国家外汇管理局的审批额度（见表 2）。

表 2 2012 年以后中国证监会批复 QFII 及 RQFII 加速 （单位：家）

年度	新批 QFII 家数	累计批复 QFII 家数	新批 RQFII 家数	累计批复 RQFII 家数
2008	6	76		
2009	7	83		
2010	23	106		
2011	28	134	21	21
2012	72	206	5	26
2013	45	251	35	61
2014	25	276	57	118

资料来源：中国证监会、申万宏源研究。

随着《关于实施〈合格境外机构投资者境内证券投资管理办法〉有关问题的规定》的颁布（降低 QFII 入场门槛，扩大投资范围、放宽持股比例限制）和国务院额度的扩容（QFII 从 300 亿美元提高到 800 亿美元），2012 年以后，中国证监会的审批速度明显加快，每年批复的 QFII 及 RQFII 家数从之前的 20 家左右上升到 50 家左右。

在 2002 年底启动 QFII 时，国务院批准的试点额度为 100 亿美元，2007 年增加到 300 亿美元，2012 年增加到 800 亿美元，2013 年提高到 1 500 亿美元。但是，国务院所批准的额度和国家外汇管理局发放额度并不同步。例如，2002 年首批国务院批准试点额度为 100 亿美元，到 2006 年末国家外汇管理局批复的总额度才基本达到这一上限，用时 4 年；2007 年国务院将额度提高到 300 亿美元后，到 2012 年 8 月才达到这一上限，用时 5 年；2012 年 4 月，国务院又将上限提高到 800 亿美元，到 2015 年 4 月底已经达到 736 亿美元，基本达到额度上限，用时 3 年，但距 2013 年批复的 1 500 亿美元上限尚有很大距离。

过去，国家外汇管理局额度一直是制约 QFII 投资规模的主要瓶颈，但从图 11 可以看出，2012 年以来国家外汇管理局在额度的审批方面明显加速。

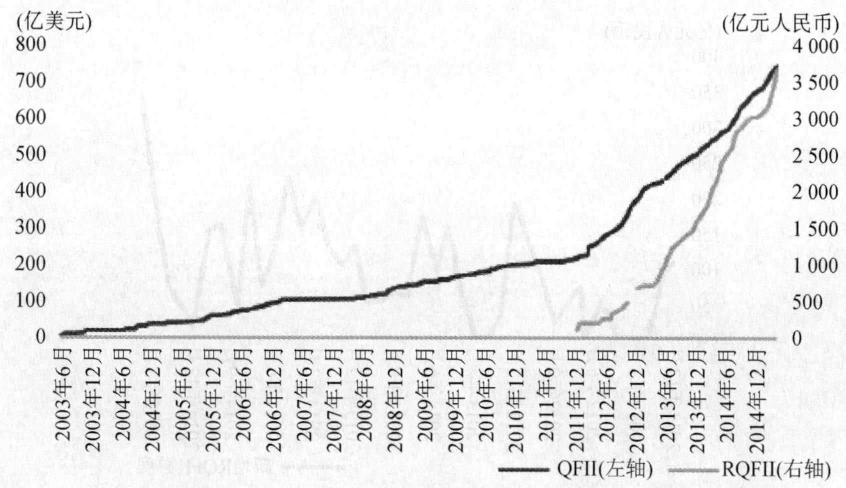

图 11　2012 年以来，国家外汇管理局 QFII 及 RQFII 余额快速增长

资料来源：wind，申万宏源研究。

2012 年年初至今，外管局批复的 QFII 投资总额度从 216 亿美元迅速提高到 736 亿美元，翻了 3 倍多，每月批复的规模从之前的平均 2 亿美元左右提高到目前平均每月 15 亿美元左右。RQFII 的批复速度也明显提高，投资总额度从 2012 年初的 107 亿元人民币提高到 3 637 亿元人民币，批复规模从之前平均每月 50 亿元人民币左右的断续批复到目前平均每月批复规模在 130 亿元左右，2015 年 4 月超过 300 亿元人民币（见图 12、图 13）。

（三）债券市场日益开放可期

在推进人民币资本项目可兑换的大背景下，目前中国证监会和国家外汇管理局对 QFII 和 RQFII 的牌照和额度审批都在加速进行，而此前一度相对封闭的债券市场也正在变得更为开放。特别是银行间市场，一方面目前中国人民银行的审批速度明显加快，另一方面未来可能在境外机构进入银行间市场方面变得相对简化，可能在国家外汇管理局额度内由审批制变

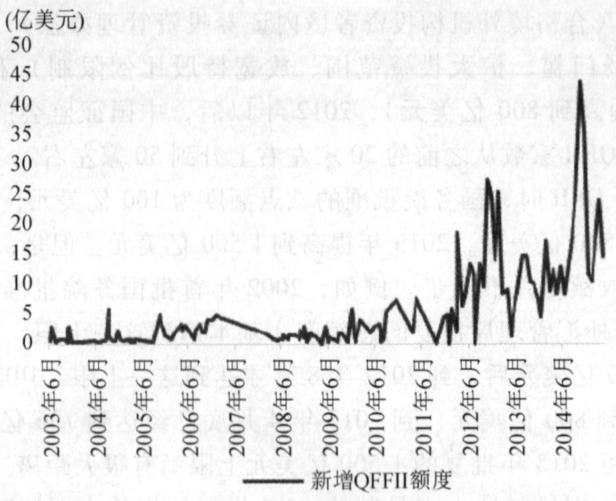

图 12 2012 年以来新批复 QFII 额度持续增长

资料来源：Wind，申万宏源研究。

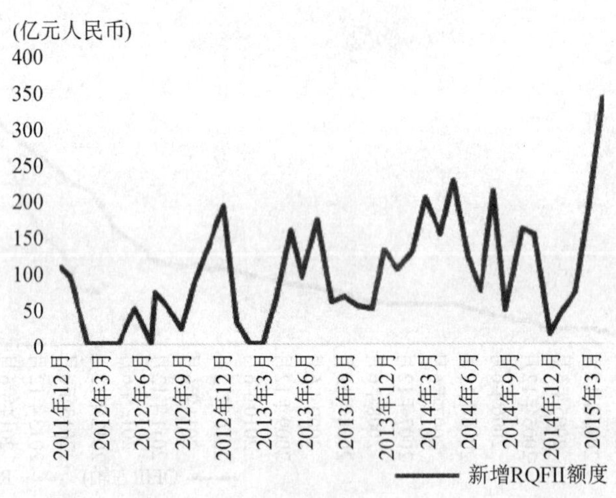

图 13 2015 年以来新批复 RQFII 额度持续增长

资料来源：Wind，申万宏源研究。

为备案制。同时，此前相对灵活的交易所市场，也可能引进债市沪港通机制，即把沪港通的投资范围扩大到交易所上市债券。短期看，沪港通良好的收效和人民币阶段性存在贬值压力，也为债券市场对外开放的加速提供了契机。

债券市场的开放，有利于吸引外资进入中国债券市场进行投资和配置，为债市吸引增量资金，推动利率在中长期的下行趋势。

中国债券发行注册制分析与展望

潘 佳*

一、注册制理论分析

债券发行是发行人通过出售一种承诺在未来给予固定回报的有价证券，以从资本市场上获得资金的融资行为。发行债券与销售普通商品不同，购买者一般难以从债券本身的外在特性判断其投资价值。与此同时，债券又不只是一种无形服务，其价值还有赖于发行人的未来预期经营状况。那么，发行人的风险就在于投资者可能会因为缺乏足够的能力判断债券的品质和价值而放弃购买债券；投资者的风险在于存在被发行人虚假信息欺骗的可能从而陷入投资陷阱。由此可见，债券发行的关键问题是要解决发行人与投资者之间巨大的信息不对称问题。

为了研究并解决信息不对称问题，社会学家卢曼（N. Luhmann）将信任划分为人际信任与系统信任两种，人际信任反映的是人与人之间的信任关系，而系统信任反映的是人对群体、机构组织或对制度的信任①。一般来说，出于人类的社会本性，对与自己有血缘关系的人更加信任；若是外人，则会对更熟悉的、有着长期交往关系的人更加信任。但是通过这种关系建立起来的信任总是有限的。从债券融资行为来看，社会普通公众与发行人往往是陌生人，很难产生信任，投资者本能地会认为发行人对自己隐瞒了对自己不利的信息，即使发行人提供了充分、真实的信息，但投资者未必具备完全理解这些信息的能力。

社会学家普遍认为，一个社会、民族及国家进步的标志是系统信任最终会替代人际信任。祖克尔（Lynne G. Zucker）认为，微观个体的基于过程、基于特征的信任，最终一定会被制度信任取代而成为整合社会秩序的一个长期且便捷的重要维度。刘易斯（David Lewis）强调从传统到现代，社会主导的信任模式将从亲密情感关系向契约合同关系转变，再向普遍

---

* 作者单位：上海证券有限责任公司。原载于《中国证券》2015 年第 7 期。

① 周怡："信任模式的社会建构"，《光明日报》2013 年 8 月 31 日，第 011 版。

主义的信用关系过渡[①]。综上所述，系统信任取代人际信任、全社会的契约关系替代基于血缘关系的人际关系是必然趋势，也是社会发展程度高低的标志之一。

债券市场的建立和维持，最关键的是建立一种持续性的系统性信任，而系统性信任的建立，归根结底是通过制定相关法律制度来培养全社会的契约精神，从而帮助投资者建立对发行人的信任。以美国《1933 年证券法》（Securities Act of 1933）为标志，各国相关法律无不是围绕上述核心思想而推出的，旨在通过对发行人提出强制信息披露要求和资金使用要求，来尽力降低信息不对称风险和道德风险。

纵观各国债券发行相关法律，发行审批的要求固然不尽相同，但为了保证强制信息披露的有效性，基于不同的立法意图，各国证券发行审核制度主要划分为注册制和核准制两种[②]。注册制的核心是信息披露，即要求债券发行人向监管部门充分披露所有发行相关信息，监管机构仅就申报公开的信息进行形式审查。核准制的核心是对债券发行申请的实质审核，不仅要求发行人提供的申请材料真实准确，且必须符合若干实质条件。

以美国为例，在该国以公募方式发行债券实行注册制监管。美国《证券法》规定了相关注册程序，涉及证券发行的企业须先向证监会（Securities and Exchange Commission，SEC）递交注册说明书，并在其中披露若干规定的信息。尽管在美国向 SEC 注册，由于信息披露内容繁杂琐碎，依然是一个非常耗时耗力的过程，但 SEC 对注册的审查标准完全决定于信息披露质量，与注册企业和债券本身的关联不大，这与包括我国在内的许多国家不同。如果采取私募方式发行，则通过限定发行对象和发行规模等条件，规定了若干注册豁免条款，仅需事后报备，对证券种类和发行人的范围几乎没有限制，同时按照投资能力将投资者区分为合格投资者和熟练投资者，并根据保护投资者的立法原则，按照不同投资者自我保护能力的差别，规定了针对不同投资者的信息披露要求。此外，私募发行的债券可以在合格机构投资者之间自由流动[③]。

中国自 20 世纪建立债券市场以来，从行政审批制到核准制，其核心思想均为通过详尽的实质性审查，最大限度地将业绩较差的公司阻挡在市场之外，从这一角度来说，有着相当积极的作用。不可否认，随着债券市场规模不断扩大，其弊端也日趋显现。总结起来存在以下四个问题：

（一）供求不平衡导致证券价格偏离公允价值

在我国现行的核准制度下，资本市场证券供给规模完全由审批机构掌控，这很容易使得市场处于系统性的供给不足状态，进而导致证券价格畸高。具体表现为信用债券，特别是优质的高评级债券票面利率偏低，不能完整反映其背后的风险，甚至会出现一级市场和二级市场的套利空间。价格是市场发挥资源配置功能的主要手段。债券发行价格失真使得债券市场应有的资源配置功能被破坏，市场呈现扭曲状态。新发债券从一级市场进入二级市场后，偏低的债券收益率不具备可持续性，债券发行持续性较差，造成大量企业排队发行和审核。已

① 周怡：“信任模式的社会建构”，《光明日报》2013 年 8 月 31 日，第 011 版。

② 杨子煊主编：《经济法》（第 3 版），北京大学出版社、高等教育出版社 2008 年版，第 362—364 页。

③ Matteo P. Arena，The corporate choice between public debt，bank loans，traditional private debt placements，and 144A debt issues，Working Paper，Milwaukee：Marquette University，2010.

获得发行资格的项目由于存在较高的认购倍数，发行腐败现象屡见不鲜。更重要的是，偏低的债券收益率使得高风险偏好的资金不会进入这一市场，同时也使更多的民营企业丧失了通过债券融资的可能，因为市场低风险偏好的投资者不会投资于它们所发行的债券。从二级市场来看，由于新发债券的稀缺性和一级市场与二级市场的套利空间，炒作新发债券的现象也在一定程度上存在，通过发行债券融资成为一种稀缺行为。

（二）发行人质量审核悖论

核准制的核心思想是通过对发行人的综合审查从而将不具备发行资格的企业排除在市场之外，提高投资者对债券市场的信任程度，其背后在一定程度上反映了审核机构对发行人质量的保证，但实际上这一目的是极难实现的。审核机构对债券的实质判断具有极强的主观性特点，实质审查的标准从设计意图上追求全面，但实际情况更加复杂。从实践中来看，审核机构难以彻查中介机构提供的工作底稿，也较难到现场进行彻底的尽职调查。对任何机构或个人来说，在一个相对短的时间内对一个陌生企业的经营状况、发展前景做出精准的评估，是极难达到的。同时，审核机构缺乏激励机制，很难通过明确的激励来保证高质量的审核，或者也会使得审核人员为了不犯错而错将很多具备发行资格的企业挡在市场之外。另外，为了获得公开发行许可，发行方和主承销商具备很强的动力对企业进行包装。

（三）权力寻租

克鲁格（A. O. Kruger）认为，当市场存在准入障碍时，有权设立这个障碍的部门必然会设租，准入标准越高，社会主体就越有动力交纳租金以获得授权①。同时，在多数市场导向的经济中，政府对经济活动的管制导致各种形式的租金，人们经常为这些租金展开竞争，贿赂、腐败等现象随之而来且很难避免。通过行政核准制的方式批准债券发行，就是设定一道市场门槛，从经济学角度分析，只要市场中存在的租金足够高，审核人员被打动的可能性就会存在。因此，行政审批与权力寻租是密不可分的共生关系，要根除腐败就必须改变行政权力过大的问题。

（四）不利于中介机构责任的培养

在一个开放的、市场化的资本市场中，发行人通过发债融资是基于自身的经营情况和融资中介机构的勤勉尽责。投资者根据自己的投资偏好，做出投资选择，其利益是通过发行人的诚信守法、中介机构的审慎尽职和对应公开信息的充分披露来保障的。在一个行政核准制的市场中，政府信用无疑起到了隐形担保作用，因为凡是通过审核的发行人，理论上来说都是政府筛选出来的“优质”公司。因此，发行人往往不一定需要通过自身经营来通过审查，中介机构的担保职责也变得不那么重要，同时投资者会对发行人资质盲目信任，最终的结果是导致整个市场的投资价值扭曲。

① A. O. Kruger，The political economy of rent - seeking society，[J]．American Economic Review，1974，64（3）：291 - 303

二、美国注册制经验

注册制并非简单的事后备案，更不意味着审核机构放任不审。注册制强调发挥市场配置资源的功能，但其前提是建立严格的强制披露制度和相关配套法律制度对其进行保障，还需要成熟的市场主体的密切配合。注册制与核准制并非二分法下完全对立的概念，两者最大的区别不在于审不审，而在于谁来审、如何审。事实上，抛开注册制、核准制的理论标签，两种制度在对上市法律环境、对上市公司的要求、中介机构出具法律意见上的操作准则、信息披露规则等方面的要求均十分相似①。从某种程度上来说，注册制对中介机构勤勉尽责地进行尽职调查工作的要求更为严苛。

美国相关法律规定，拟发行证券的发行人必须按照法律规定公开披露相关的发行材料。在美国所有公开发行的债券，均需向美国证监会递交注册说明书，注册说明书需要按照要求披露规定的信息。美国从《1933年证券法》制定以来，已经形成了完整的一套具有非常明确的制度设计的信息披露体系，美国注册制的核心是信息披露。

从具体内容来看，美国注册制信息披露规则不仅包括规范发行企业财务信息披露的《财务信息披露内容与格式条例》（Regulation S－X）和规范发行企业非财务信息披露的《非财务信息披露内容与格式条例》（Regulation S－K）。这两项规则内容翔实全面，全面涵盖了财务信息披露与非财务信息披露的内容，具有很强的操作性。同时，也包括各种特殊注册表格，发行人根据发行证券的种类不同，按时选择和填写特定表格，以此规范信息披露的格式。

在规范信息披露内容和格式之后，美国注册制审核的实质是对披露情况和质量的审核，而不是对所披露内容的审核。当然，由于披露内容和要求十分繁杂，并不一定保证审核速度非常快，但是这种以信息披露为核心的发行体制，无疑能够培养发行人和中介机构的责任意识，同时让投资者享有充分的信息，证券的投资价值则完全交由市场来判断。

除公开发行之外，若采取私募方式发行证券，在信息披露方面则有众多的豁免条款，披露要求会适当降低。

三、中国注册制改革问题与对策

（一）中国注册制改革问题

中国债券市场自起步以来，经过几十年的发展，取得了长足的进展。根据Wind统计，2014年中国债券市场共发行人民币债券11.06万亿元，同比增加22.31%。截至2014年末，中国债券市场债券托管余额达35.12万亿元，同比增加18.01%。

虽然从上面的数据来看中国的债券市场已经成长为一个品种多、交易活跃、较成熟的市场，但是也面临诸多问题，以至于中国债券融资占全社会融资比例仍然很低。美国债券融资额是股票融资额的16倍以上，托管额超过美国GDP的200%，而中国的这一数据只有约

① 马婧好："核准制VS注册制：股市市场特征决定发行体制"，《上海证券报》2010年5月17日。

50%。综合来看，中国债券市场存在以下四个问题。

第一，多元化市场体系导致监管主体不明确。以美国证券市场为例，美国证监会处于全社会证券监管的核心地位，处于绝对的领导地位。在我国，1993 年国务院发布的《企业债券管理条例》把债券金融市场进行了分割，由中国人民银行、中国证监会和国家发改委监管，形成监管权分散、多头监管的体制。不同种类公司债券的发行制度分别依据不同的法规，包括《银行间债券市场非金融企业债务融资工具管理办法》、《公司债券发行与交易管理办法》和《企业债券管理条例》等法律法规，缺乏统一的发行审核标准和责任约束机制。除了市场被割裂、适用规则不统一之外，监管职责也存在交叉，例如募投项目由发改委审批，利率市场和评级业务由中国人民银行监管，承销资格和债券交易则由中国证监会负责。更大的问题在于，我国债券发行与交易量最大的银行间债券市场的监管责任主要是由中国银行间市场交易商协会负责，而这个机构只是一个隶属于中国银监会的自律协会组织，监管级别显然过低。中国证监会在 2015 年之前仅负责上市公司债券的审批业务，而上市公司又同时能够在更为便捷的银行间市场通过债券融资。这种多元化监管的债券市场，严重影响了债券市场高效稳定的发展。

第二，债券市场市场化程度低，行政色彩浓厚。我国债券产生于 20 世纪 80 年代中后期，债券依然是经济计划的一部分，受到政府的严格管制。尽管我国已经放弃先前的行政审批债券发行的审批制，改为具有市场化色彩的核准制，但是这种转变显然是不彻底的。从法律制度来看，赋予了与证券业务关系不大的发改委债券审批和监管的职能，并对发行人的资格和条件做出较多行政限制；从发行机制来看，缺少市场化的定价方式、利率制度、发行模式和投资机制，这种非市场化的发行机制扭曲了债券利率。在现有的债券发行审核制度下，我国评级市场也很不健全，由此最终产生的结果就是，将大部分有债券融资需求的企业挡在了市场之外，政策往往是向大型国有企业倾斜，这些企业能以明显低于市场利率水平的成本发行债券。这种因为非市场化因素所产生的成本偏离，也是阻碍中国债券市场往更高阶段发展的因素之一。

第三，没有很好地发挥债券直接融资职能。现阶段，我国债券的发行主体主要是国有大型企业，而民营企业，特别是中小企业，较难从债券市场上获得资金。从实际业务经验看，在融资债券发行方面，国有公司和民营企业之间广泛存在严重的机会不平等问题。究其原因，除历史原因和传统的政策倾斜之外，更重要的是过于严格的债券发行实质性审核，天然地排除了小微企业发行债券融资的可能。除此之外，国有企业背后的国家信用支持，在对资金吸引力方面本身比民营企业具有更大的优势。如果不彻底地改变目前这种繁杂的审批程序，抛弃“国家信用”的担保，让债券发行回归到市场，中小企业融资难的困局就无法改善。

第四，信息披露责任不明确。在现行的发行制度下，投资者对债券的投资，主要是基于行政审批所带来的“担保”，而不是基于充分完整的信息披露进而对企业的充分了解。因此，即使监管机构提出了信息披露要求，但由于投资人对信息披露的要求并不高，不能培育中介机构在这一工作上的强烈责任感，具体表现为发行前的信息披露只是以通过审批为中心，而发行后的持续披露往往流于形式。一个信息披露质量不高的市场，注定不能成为一个成熟的市场，也一定不能更好地保护投资者的利益。

（二）中国注册制改革对策

要从根本上解决中国债券市场的问题，扎实推进注册制改革是根本途径。这是因为：

第一，注册制要求监管统一化，并建立一个统一的市场，这有助于提高市场效率。世界上以美国为首的发达经济体大多由一个部门来对证券市场进行集中统一的管理。随着中国市场经济的发展和社会的进步，对目前“多龙治水”的局面进行改革，建立统一市场管理体制已经成为一种发展趋势。公司债券全部划归中国证监会统一监管，仅仅是时间问题，甚至企业债券划归中国证监会统一监管也是必要的①。逐步减少中国人民银行和国家发改委的微观监管职能，在适当的时机对《证券法》进行修正，将证券监管职能集中到中国证监会，是十分必要的。

第二，注册制有助于推进证券市场的市场化，充分利用市场化的手段分配社会资源，缓解资源错配的问题。实行注册制，改变当前以发行企业质量为审核标准的模式，代之以信息披露质量为标准的发行方式，从而极大地增加发行企业的数量，改变目前以国有企业为主的局面，使得投资者有充分的选择权。对发行人特别是中小发行人来说，得以有机会在债券市场上直接融资；对投资者特别是有风险偏好的投资者来说，有机会获得较高的收益。注册制下证券市场的市场化，有助于提高资源配置效率，让各种风险偏好的资金能在市场上有充足的投资机会，进而改变当前市场下利率水平趋同的现状，使风险充分暴露，有助于债券市场的健康发展。

第三，注册制能够完善信息披露制度，培育中介机构的信息披露能力。注册制的核心是投资者通过发行人充分真实的信息披露来了解发行人的情况，从而做出投资决策。实行债券发行注册制，会对信息披露提出更高的要求，这包括信息披露制度应规定需披露的内容并制定披露格式，发行人和中介机构严格执行这些制度和要求，审批机构仅对披露质量进行审核等内容。中介机构信息披露能力的培养需要一个过程，适时推进注册制改革，有助于这种能力的培养，更有利于债券市场的长远发展。此外，多层次、差异化的信息披露制度也有助于降低发行成本，使债券市场成为一个开放、公平的融资市场。值得关注的是，2015年1月，中国证监会公布了《公司债券发行与交易管理办法》，扩大了公司债券发行主体范围，除城投类公司之外，几乎所有的法人制企业都能通过公司债券市场进行融资。同时，多层次的债券市场也同步推出，私募公司债券已经实现注册制发行，将信息披露的责任完全交给了发行人和中介机构，向全市场注册制改革迈出了坚实的一步。债券市场在注册制改革的大环境下，无疑会迎来美好的春天。

参考文献

[1] 庞学红，金永军，刘源：“美国债券市场监管体系研究及启示”［J］，《上海金融》，2013（09）：69—72。

[2] 袁婕：“浅析我国企业债券的发展现状”［J］，《时代金融》，2014（09）：141—142。

① 周到：“企业债券市场也应集中统一监管”，《证券时报》2008年3月26日。

[3] 郜峰："我国公司债券发行制度的困境与对策"[J]，《现代管理科学》，2014(10)：87—89。

[4] 洪艳蓉："公司债券的多头监管、路径依赖与未来发展框架"[J]，《证券市场导报》，2010(04)：9—16。

[5] 刘水林，郜峰："完善我国公司债券监管制度的法律构想"[J]，《上海财经大学学报》，2013(03)：34—41。

[6] 曹萍："美国公司债券发行制度分析"[J]，《浙江工商大学学报》，2013(04)：89—97。

[7] 吴照云，欧阳家忠："我国企业债券市场分割问题研究"[J]，《江西社会科学》，2010(04)：64—68。

[8] 北京大学课题组，吴志攀："证券发行法律制度完善研究"[J]，《证券法苑》，2014(01)：175—223。

国内证券公司开展大宗商品交易业务可行性研究

平安证券有限责任公司　平安期货经纪有限公司*

一、国内证券公司开展大宗商品业务意义重大

（一）大宗商品业务对中国经济安全以及经济效率有重要作用

从 2000 年开始，中国在全球大宗商品贸易领域逐渐成为最大消费国和生产国。虽然自金融危机以来，商品贸易增幅出现一定比例的下降，但绝对值依然巨大，在各种主要大宗原材料领域，中国的进口量都占了全球贸易量的 30% 以上，中国需求成为影响全球大宗商品价格最为重要的因素。

从流通效率的角度来看，据统计，全球大宗商品贸易量约 90 万亿元，中国约 30 万亿元，占全世界的 1/3。中国工业企业流动资产周转次数为 2.9 次（成熟市场为 9—10 次），增加 1 次相当于流动资产增加 10 万亿元。中国工业企业库存率为 10%（发达国家为 5%），每降低 1 个点，将减少 8 500 亿元的资金占用（见表 1）。因此发展大宗商品业务，发挥金融企业金融中介功能，提升企业流动资产周转次数，降低企业融资以及流动成本，对服务实体经济、建立多层次资本市场具有深远的意义。

从风险对冲的角度来看，由于我国的大宗商品市场体系不完善，大宗商品市场、金融中介与资本中介不够成熟，各参与方大而不强，导致我国对大宗商品缺乏定价权，国内大宗商品市场的价格发现功能并不强。近年来，国内期货市场的快速发展和完善有效解决了一部分大宗商品的定价以及对冲需求，但与实体经济多样化的需求还存在一定距离。一些企业绕道国外寻求套保工具，更多的企业因无法套保而蒙受价格波动造成的损失。发展大宗商品业务对国内企业规避宏观经济风险、持续稳健经营也有非常重要的作用。

---

* 小组成员：姜学红，简翔，李帛洋，周拓，黄坚。原载于《中国证券》2015 年第 10 期。

表 1　　　　中国大宗商品消费量占比

品种	中国消费量（万吨）	消费占全球比重（%）	中国进口量（万吨）	进口占全球贸易量比重（%）
铁矿石	105 000.00	53.57	93 251.46	69.63
煤炭	430 470.74	49.57	32 702.00	25.00
锡	15.60	44.74	1.31	5.04
镍	95.00	51.91	16.82	19.33
铝	2 185.00	46.24	48.12	2.32
铜	918.81	46.46	320.58	38.91
大豆	5 143.50	23.27	6 338.00	65.00
原油	50 700.00	12.11	28 259.00	15.04
黄金	0.12	31.32	0.11	34.00

资料来源：平安证券、平安期货整理。

（二）从全球经验来看，投资银行（证券公司）是重要的参与主体

在全球大宗商品行业中，投资银行是一个非常重要的参与主体。投资银行通过与不同客户进行交易，提供基于客户需求的多元化服务，其内容涉及大宗商品及衍生品的经纪、交易、做市、产品创设、融资等服务。一个非常明显的趋势是，在参与多年大宗商品交易服务后，投资银行的角色已经发生了改变，从金融服务的提供者转向大宗商品贸易参与者。高盛、摩根大通、摩根士丹利、德意志银行、巴克莱等投资银行使用其自身资产负债表作为工具，以大宗商品实物流、订单流、储量为基础，为核心企业、专业交易商、对冲基金等诸多大宗商品参与者提供金融中介、资本中介、风险对冲服务，同时也获取巨大的投资与服务收益（见表 2）。

表 2　　　　全球大宗商品参与者

	主要业务	目标	典型
公用事业	• 对冲资产组合风险 • 交易各种市场机会 • 自营交易 • 设计结构化产品	• 锁定价差 • 额外收入，隐藏头寸 • 捕捉高利润的市场机会	essent
能源产业	• 对冲天然气，石油和炼油产能的风险 • 交易各种市场机会 • 自营交易	• 锁定裂解价差 • 额外收入，隐藏头寸	bp
交易商	• 自营交易 • 设计结构化产品 • 为产业客户提供经纪业务	• 额外收入，隐藏头寸 • 捕捉高利润的市场机会 • 收费的通道业务	Cargill
投资银行	• 自营交易 • 交易各种市场机会 • 设计机构化产品	• 额外收入，隐藏头寸 • 捕捉高利润的市场机会 • 交易波动率，分散投资	Goldman Sachs
对冲基金	• 自营交易 • 交易各种市场机会 • 设计机构化产品自营交易	• 额外收入，隐藏头寸 • 套利对冲大类资产的市场机会 • 交易，定价和套利来增强组合收益	CITADEL

资料来源：平安证券、平安期货整理。

通过代理大宗商品参与者的交易以及自营交易，投资银行能够从场内以及场外两个市场影响大宗商品价格，对于一个市场是否具有定价权有非常重要的影响。以黄金为例，全球黄金交易价格参考 Liffe（黄金现货交易市场）每日公布两次的黄金定盘价。该市场已经从1919 年持续至今。目前该价格由汇丰、巴克莱、丰业、德意志、法兴五大投行根据客户以及自身需求报出。大量黄金现货交易（包括国家囤金售金）都通过该市场进行，全球其余黄金交易市场都显著受到该市场交易价格的影响（见图 1）。

图 1　全球大宗商品参与者

资料来源：平安证券、平安期货整理。

（三）国内证券公司参与大宗商品业务有现实意义

我国证券行业竞争趋于同质化，核心竞争力尚不突出。这与我国证券公司主要从事的是标准化的场内业务直接相关。大宗商品业务多数是根据客户需求定制的产品，同时需要结合证券公司在交易、客户资源、产品能力等多方面的技巧与经验，有利于培养证券公司差异化竞争能力，全面提升业务水平。

随着中国资本市场的日益开放与市场化，“一带一路”建设与中国企业国际化进程提速，催生了大量的商品交易、融资与对冲的需求，而国内企业、银行、期货公司多年参与大宗商品市场业务，也积累了部分大宗商品业务的经验，但是该类经验是相对割裂的，不具备整体性与规模效益性，证券公司通过逐步整合这些经验以及业务，可以获得大宗商品业务较好的开端。

相较于国外监管的日益趋紧，我国政策红利不断释放，有利于我国证券公司的大宗商品业务快速推进。上海自贸区挂牌，至今已经建立了黄金、能源等各类交易所，为大宗商品跨境交易创造了一定条件。监管日益宽松，为业务创新营造了良好的外部环境。

二、大宗商品市场的国际国内新格局

（一）国外投行纷纷退出大宗商品业务

虽然投资银行一直是大宗商品行业最为重要的参与者之一，但 2008 年金融危机后，美国推出的《多德 - 弗兰克法案》迫使国外投资银行开始收紧大宗商品业务，特别是禁止使用自有资金直接进行交易的业务，而自营业务一度为投行贡献了超过 10% 的利润。该法案要求金融机构把场外交易的衍生工具转入场内交易所，以加强此类产品的透明度并降低系统性风险。为了消除金融机构过度投机的风险，禁止银行使用自有资金参与高风险交易，要求银行将商业银行业务和其他业务隔离，并提高银行资本金率。美国商品期货交易委员会（CFTC）也把利率、信贷、商品及其他衍生工具纳入监管范围，要求资产总值100亿美元以上的银行必须向交易所提供交易抵押品，这直接增加了银行交易成本，减少了其可供贷款资金。欧洲也在2010年9月推出监管改革法案，包括把所有标准化场外衍生品纳入交易所或者电子交易平台，通过中央清算所清算。面对趋紧的监管政策及政治压力，高盛、摩根大通、摩根士丹利、德意志银行、巴克莱等国外银行决定出售或退出实物大宗商品资产和交易业务，多数银行几乎完全关闭了自营交易业务，国外投行大宗商品业务的收益及在全球大宗商品市场的控制力、影响力逐渐减弱。

（二）专业交易商趁势扩张

投资银行的退出实际上为其他参与者留下了广阔的市场空间。自2003年开始，大量的贸易公司、经纪商、生产商的交易部门开始仿效投资银行的业务模式展开大宗商品交易业务，并在特定领域做大做强。过去5年，四大交易商（嘉能可、托克、维多、嘉吉）的营业额合计几乎增长了1倍，至8 164亿美元。同期，商品交易市场份额最大的4家美国银行的商品交易收入却下滑了56%，至38亿美元。嘉能可和俄罗斯石油巨头Rosneft从摩根士丹利挖走了整个交易团队，摩科瑞（Mercuria）更是收购了摩根大通整个大宗商品业务部门。

（三）我国证券公司开展大宗商品业务的现状

近几年，我国证券公司突破传统的通道业务，大力发展各类创新业务，在大宗商品领域做了有益的尝试。

由于证券公司参与黄金现货的权限已经放开，大部分证券公司自营盘对大宗商品的参与均以黄金为主。截至2015年6月，已有12家证券公司成为上海黄金交易所的会员。目前，证券公司自营参与黄金业务的方式主要是传统商业银行黄金业务的模式，包括黄金T+D和现货合约自营交易，以及黄金租赁业务。

在其他品种的实物以及衍生品交易方面，国内部分证券公司也开始做了有益的尝试（见表3）。

表3 国内金融机构的国际化布局

券商	中信证券：通过设立中信寰球商贸有限公司，专注于商品、贵金属、航运船舶业务 广发证券：收购Natixis大宗商品部，展开海外大宗商品贸易与衍生品交易 平安证券：成立平安商贸，专注于大宗商品业务
中资银行	工商银行：收购南非标准银行大宗商品交易业务，海外大宗商品贸易与衍生品交易 中国银行：建立中银国际环球商品有限公司，主要做商品保值、融资、贸易仓储 民生银行：通过股东关联方设立中民投，专注于光伏、天然气、钢铁产业链的整合

资料来源：平安证券、平安期货整理。

中信证券是在中信期货及其风险管理子公司之外，独立设置了大宗商品一级部门，并在其下专门设立实货业务平台——中信寰球商贸（上海）有限公司。该公司属于中信证券旗下二级子公司，2014年在上海自贸区注册成立，业务范围涵盖实货贸易、仓储、航运和投融资等大宗商品实货领域。中信寰球商贸（上海）有限公司先后开展了铁矿石基差套利、铁矿石掉期交易和光船租赁等业务。

同时，中金公司等证券公司也关注到了商品OTC市场的潜力。为了满足客户需求，这些公司已基本搭建了全球衍生品通道和平台，以满足这些客户的初级通道需求，涉及国内4家交易所、国外几乎所有重要的交易所的交易。同时，也在境外为客户做了许多商品OTC服务，正准备延伸到国内。

平安证券设立了平安商贸有限公司，准备在大宗商品结构化融资、衍生品代理与交易等方面展开大宗商品业务。

三、国外投行的大宗商品业务模式

投行对大宗商品的参与模式随着客户需求以及自身能力的提升，从最初的商品衍生品交易到结构性产品，再到综合解决方案；从纯金融到资源控制，再到掌握定价权演化，其中的佼佼者就是高盛。高盛是较早参与实物商品业务的投行之一，在1981年买下J. Aron，当时J. Aron只是一家专精于咖啡及黄金的小交易商。同一年，大宗商品交易商Philipp Brothers（Phibro）买下所罗门兄弟银行。不久之后，摩根士丹利也跨入大宗商品市场，在内部发展这项业务。随后，在大宗商品业务上，形成高盛集团、摩根大通、摩根士丹利、德意志银行和巴克莱银行五大巨头。

大宗商品业务对于国外投资银行意义重大：（1）从产品来看，大宗商品业务多样化的业务模式可以为不同类型的客户提供流动性和风险管理服务，满足客户的多样化投融资需求；（2）从业务区域看，国外投资银行在全球主要金融市场为客户提供全天24小时不间断现货、衍生产品的代理交易与做市服务，增强其在全球大宗商品市场的定价权，发现更多跨区域的交易机会，同时可以改善大宗商品市场的价格发现功能；（3）从对经济的影响来看，大宗商品业务可以使国外投资银行成为参与资本市场的组织，为其他参与者提供流动性并承担转移风险，还可以进一步提升现代经济的效率，改善经济流动状况，同时部分影响到经济发展本身；（4）从金融创新来看，由于标准产品很难满足大量企业客户在大宗商品上存在的强烈的对冲和风险管理需求，国外投资银行可以根据客户的不同需求和风险偏好通过大宗商品业务主导金融创新（见图2）。

受益于金融创新和新兴国家尤其是中国的旺盛需求，大宗商品业务一度为国外投行带来丰厚收益，2008年，前十大银行大宗商品收益曾高达141亿美元，并创下历史纪录。随着金融危机的爆发，以及投资银行逐步减少或退出大宗商品领域的投入，2013年前十大投行的大宗商品收益跌至45亿美元。高盛J. Aron是华尔街投资银行中大宗商品交易业务最好的公司，其来自大宗商品的收入，2007年为32亿美元，2009年为34亿美元，占公司总收入的7.5%，2012年为10亿美元（见图3）。

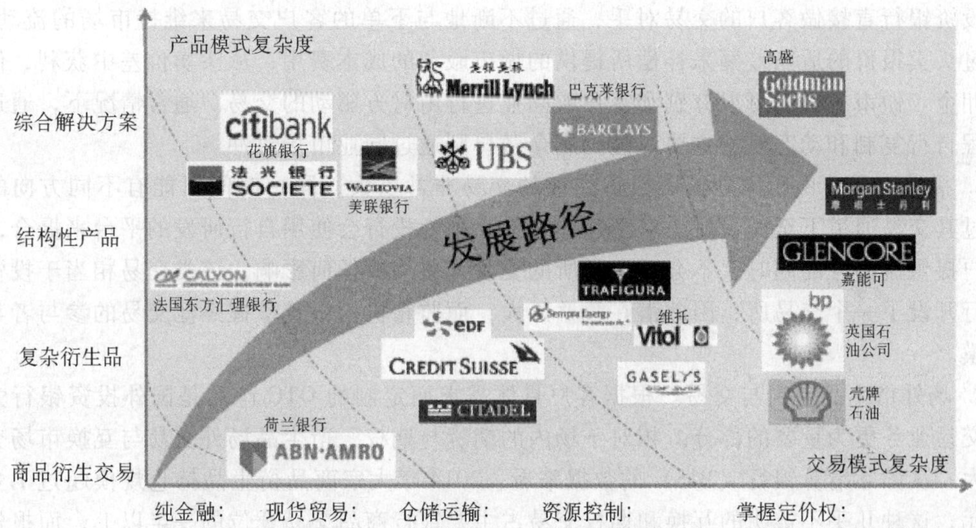

图 2　投行的大宗商品发展路径

资料来源：平安证券、平安期货整理。

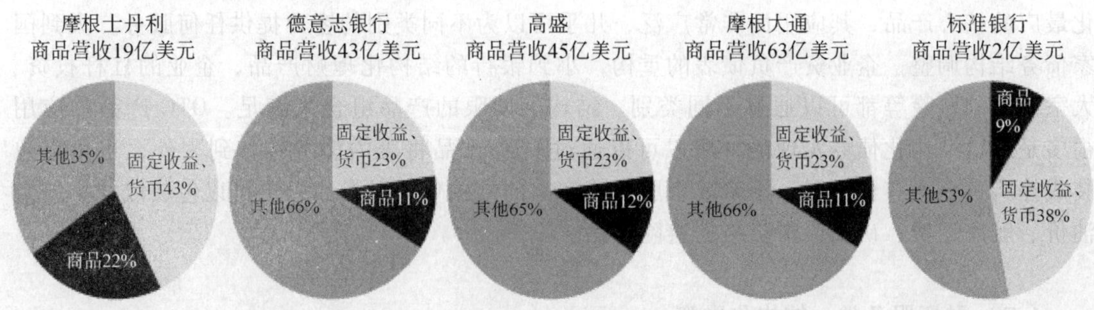

图 3　投行商品业务营收规模对比

资料来源：平安证券、平安期货整理。

虽然国外投资银行在大宗商品领域的收入有所下降，但是其在过去 10 年间发展出来的业务模式、产品、管理架构以及风险管理依然值得国内证券公司借鉴学习。下面通过分析国外投资银行的业务来帮助寻找国内证券公司大宗商品业务的发展路径。

（一）交易服务类：衍生品定制、交易和做市

国外投资银行在大宗商品场内衍生品代理和做市方面占有很高的市场份额。从美国商品期货交易委员会（CFTC）公布的客户持仓前 20 名的期货经营机构（2013 年）排名来看，有 15 家为投资银行，5 家为现货背景期货公司和专业期货公司。前 10 名中只有新际美国公司一家非投行类公司。前 10 名公司依次为高盛、摩根大通证券公司、新际美国公司、德意志银行证券公司、瑞银证券公司、瑞士信贷公司、摩根士丹利、花旗全球市场有限公司、巴克莱资本有限公司。

1. 做市交易服务。在为客户提供通道服务的类别中，分为传统经纪业务和做市业务，经纪业务是投资银行作为交易所会员代理客户进行交易，并收取佣金收入。在另外一些产品中，投资银行直接做客户的交易对手，通过不断地与下单的客户交易来维持市场的流动性，并通过买卖报价的适当差额来补偿所提供的做市服务的成本费用，从买卖价差中获利，但不收取佣金。做市类机构可以分别和客户或同业进行由对方驱动的交易。通常情况下，通过金融工程自行复制和动态对冲主要风险，剩余敞口则通过同业市场对冲。

2. 黑池交易。由于国外投资银行代理的交易非常巨大，同一时间可能有不同方向的交易通过其交易通道下至交易所。对于这些交易，国外投行会使用自行研发的平台来撮合，在为客户提供流动性的同时，不会对交易所的交易订单构成任何影响。该类交易相当于投资银行自行开设了一个交易所，因此潜在收益巨大，而监管机构很难掌握黑池交易的参与者与交易规模。

3. 场外衍生品定制与交易。根据客户具体需求而定制的 OTC 产品是国外投资银行大宗商品交易业务更为重要的部分。相对于场内的期货与期权，衍生品场外交易与互换市场交易量更大。从国际清算银行（BIS）的数据来看，2014 年大宗商品衍生品持仓规模超过 1.8 万亿美元，这种几乎不透明的互换和期权交易占主要银行商品交易仓位的一半以上，而报告给美国商品期货交易委员会（CFTC）和其他监管机构及交易所的上市交易仓位则不到全部商品交易活动的一半。

在投资银行场外衍生产品（OTC）中，互换以及场外期权是其交易量最大同时也是差异化最广的核心产品，其应用面非常广泛，几乎可以为不同类别的客户提供任何服务。大到国家债务结构调整、企业资产负债表的重构，小到银行的结构化理财产品、企业的杠杆投资、大宗商品的避险等都可以通过不同类别、结构、期限的产品组合来满足。OTC 产品的应用很多是通过结构化债券实现的，所以可以通过 OTC 产品将表内债务转移到表外，也可以包装成挂钩黄金、有色金属、汇率或者股价等产品的结构化理财产品，更可以包装成挂钩航空油价、航海运费、矿山原料价格的避险产品。

（二）融资服务类：结构化融资

基于大宗商品的融资业务是投资银行另外一项核心的大宗商品业务模式。通过结合实物贸易、未来货物流、储量销售等工具，投资银行开发了结构性大宗商品贸易融资交易，并从原来的边缘业务转变为真正的核心部分，被视为高回报、低风险业务。

根据《巴塞尔协议》的第 244 条，贸易融资是指在商品交易中，投资银行运用结构性短期融资工具，基于大宗商品交易中的存货、预付款、应收账款等资产的融资。与一般的贷款不同，贸易融资有很强的自偿性，有清晰的贸易背景和还款来源，并具备短期性、重复性、周转快、流动性强等鲜明的业务特点（见图 4）。

结构性贸易融资通过不同的产品结构对交易进行设计，对投资银行本身的资本占用相对较少，并能有效参与到企业贸易环节的各个方面，为投资银行带来其他相关业务的收入，因此被投资银行广泛应用。常见的结构化大宗商品交易见图 5。

很多时候，上述结构安排方式会综合运用、互为补充，形成完整的交易方案来满足客户需求。

融资模式示例：标准仓单买入返售融资。

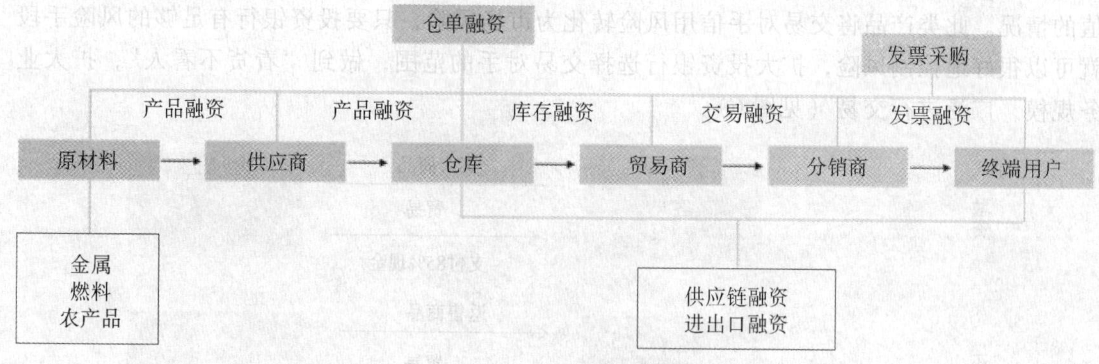

图 4 供应链金融

资料来源：平安证券、平安期货整理。

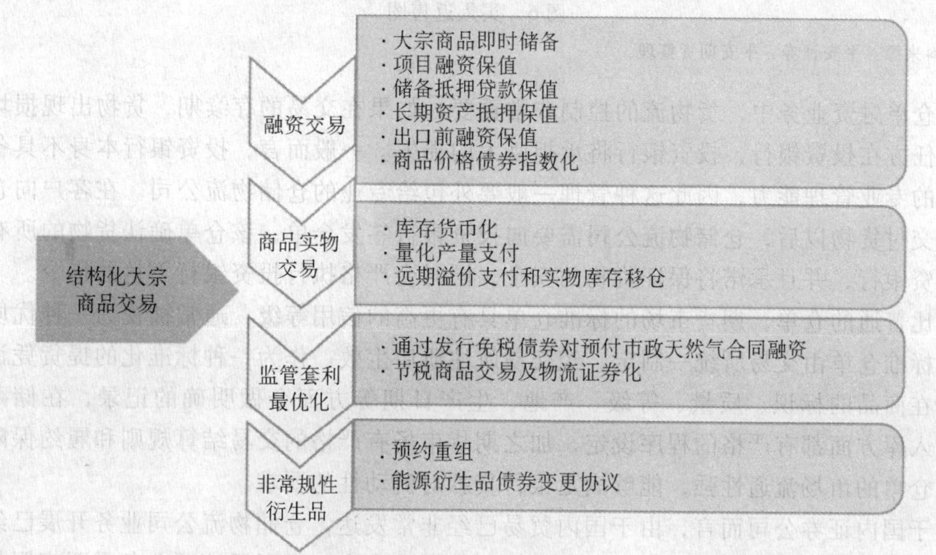

图 5 结构化大宗商品交易

资料来源：平安证券、平安期货整理。

仓单买入返售融资是投资银行一种典型的基于货物流形式的大宗商品融资产品。在融资起始日，投资银行会从客户手中以当前商品价格买入客户用于增信的实物商品或者仓单，同时投资银行会要求客户签订远期卖出合同，在融资到期日，客户需要买入该批货物。卖出价格可以为买入价或者是远期价格。如果卖出价格为买入价，投资银行会对商品价格进行盯市管理，当商品价格跌破一定幅度，会要求客户追缴保证金，如果卖出价格为远期价格，投资银行会在期货市场或者使用远期工具对冲。

仓单买入返售融资主要用于流通性强的大宗商品，特别是铜、铝、原油大宗原材料以及棉花、小麦等不易变质，易储存、流通的基础产品。买入返售以交易货物本身为“抵押”，但不同于一般的抵押融资。融资过程中交易货物的货权将转移至投资银行，随着贷款的偿还，交易货物的货权和实物再转移至融资方。在整个交易中货权发生了实质转移，因此一旦客户发生违约，投资银行可以非常方便地处置商品，同时由于大部分交易都使用了衍生品工具作为对冲手段，抵押物的价值可以得到有效的保护，很少会随着市场的波动而发生大幅贬值的情况。此类产品将交易对手信用风险转化为市场风险，只要投资银行有足够的风险手段就可以很好地控制风险，扩大投资银行选择交易对手的范围，做到“看货不看人”，扩大业务规模，广泛进行交易（见图6）。

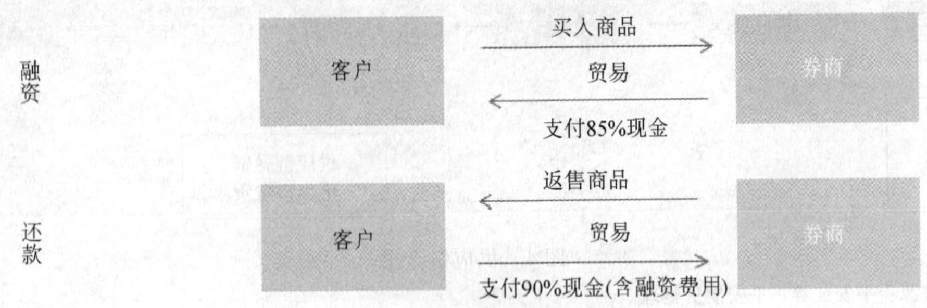

图6 买入返售图

资料来源：平安证券、平安期货整理。

在仓单融资业务中，货物流的控制非常重要，如果在交易的存续期，货物出现损坏、灭失，责任方在投资银行，投资银行将承担巨大的损失。一般而言，投资银行本身不具备对实物商品的专业管理能力，因此这种管理一般要外包给专业的仓储物流公司。在客户向仓储物流公司交付货物以后，仓储物流公司需要向投资银行签发仓单，该仓单确认货物的所有权归属于投资银行，并且承诺将保证货物的安全，同时会严格执行投资银行下达的指令。

相比普通的仓单，期货市场的标准仓单具有更高的信用等级，通常被视为一种优质的抵押品。标准仓单由交易所统一制定，经交易所注册后生效。作为一种标准化的提货凭证，标准仓单在商品的标识、质量、等级、产地、生产日期等方面会做明确的记录，在储藏、保管、出入库方面都有严格的程序设定，加之期货市场有严格的交易结算规则和履约保障，使得期货仓单的市场流通性强，能够满足银行贷款对流动性的要求。

对于国内证券公司而言，由于国内贸易已经非常发达，仓储物流公司业务开展已经非常成熟，而期货交易所旗下的仓储公司更能保证物流的安全，要开展该项业务需要克服的主要问题是由于分业经营问题，证券公司不能直接进行大宗商品买卖业务，不能作为一般纳税人开具增值税发票，需要借助其他通道或旗下子公司来进行。

（三）自营交易类：套利，投机和产业链投资

1. 套利交易。套利交易是国外投行自营交易中相当重要的组成部分，可以理解为利用市场的定价错误进行的交易。套利交易和单边投机非常类似，只是套利交易涉及2个品种。同样是低买高卖，不过价差交易更依赖于基本面分析。影响价差的因素有库存水平、季节性需求、工厂周转、产能瓶颈、气候事件、物流状况以及价格曲线等因素（见表4）。

投资银行的交易员很少直接交易单纯的天然气、汽油或柴油合约，因为原油价格+相应的裂解价差同样可以得到对应的价格。或者说，以柴油为例，可以看成更有流动性的原油和柴油裂解价差的合约组合。

2. 投机交易。投机交易也是投资银行自营交易中的重要组成部分。一般而言，投资银行投机是基于快速的消息和对基本面判断的深刻认知，通常是单边押注，不进行风险对冲，同时需要对交易员进行严格的风险管理以及头寸管理。投机资金为市场提供了流动性，促使

表 4 套利种类

套利分类	例子
跨期套利：利用不同到期日的商品之间的价格差异和存储费获利	• 天然气的存储费相对较低 • 买入 4 个月后到期的天然气期货合约，付出存储费，卖出 9 个月后到期的期货合约
跨品种套利：利用可相互替代的商品之间的价格差异来获利	• 天然气价格相较石油过高 • 卖空天然气的长期合约，买入石油的短期合约，以油代气来发电
跨市场套利：通过物流或网络手段对不同地区的相同商品进行买卖获利	• 天然气的运输费用过低 • 买入 A 地的天然气，运到 B 地卖出

资料来源：平安证券，平安期货整理。

大宗商品的期现结构趋于合理。无论是进行单边投机还是进行价差交易，国外投行都积累了大量的信息来源以及交易技巧，相对于新进入者有较大优势。这些优势通常有一定壁垒而且难以复制，因此投资银行在进行自营交易方面获利的可能远远大于新进入者。

3. 产业链整合与投资。除了直接在大宗商品市场进行现货以及衍生品交易外，国外投资银行还通过股权投资、并购的方式来介入相关产业以及公司，以此整合相关资源来进行投资并获取更多的竞争优势，甚至控制定价权并影响价格（见图 7）。

图 7 铁矿石行业的金融势力

资料来源：平安证券、平安期货。

例如，铁矿石行业，中国铁矿石进口量占全球贸易量的 36.6%，但依然是价格的被动接受者，每年长单谈判都需要经过极大的努力来获得合理的条件。

原因在于作为国内铁矿石需求方的钢厂集中度极低，而作为铁矿石主要供应商的必和必拓、力拓和淡水河谷控制了全球 78% 的铁矿石海运贸易市场。三大矿山前五大股东都是投资银行以及基金。

拥有大量仓储仓库、运输、实物资产和交易，是国外投行大宗商品业务的一大特征。高盛、摩根大通拥有大量仓储资产。LME（伦敦金属交易所）公布的全球认证仓库名单显示，在全球共有 719 个认证仓库，其中摩根大通旗下的 Henry Bath Group 控制了 77 个，高盛旗下的 MITS 控制了 112 个。摩根大通曾在全球原油、北美电力、北美天然气、欧洲电力、欧洲天然气、基本金属、煤炭以及金属仓库等领域拥有实物大宗商品资产和交易业务。号称全球炼油厂的摩根士丹利拥有石油存储和运输公司 TransMontaigne，占全球贸易量的 2%，拥有 45 个储油租赁体系，可供存储约 3 000 万桶油。

通过对仓库的控制，投资银行不但可以获得不错的仓储费，还可以利用仓库数据的信息优势以及对出入库货物速度的控制，获得实货与期货之间的价差收入。很多时候，这种收益是完全无风险的（见图 8）。

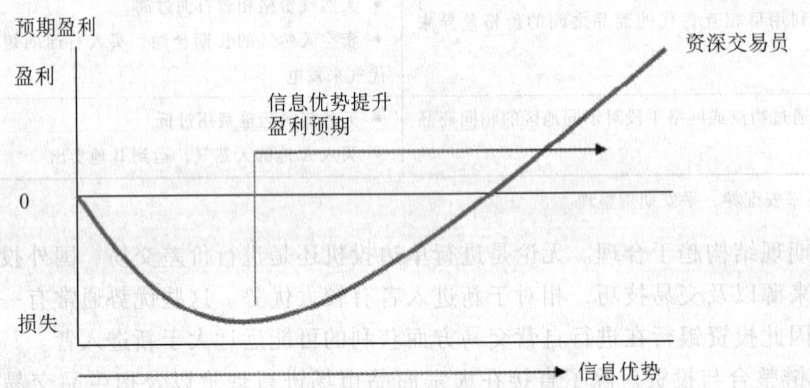

图 8 信息优势与交易盈亏

资料来源：平安证券、平安期货。

（四）财富管理类：大宗商品指数与指数挂钩产品

传统上，机构投资者的主要资产配置有股票、债券和现金。这些传统资产通常有较好的市场深度、流动性以及相对较低的交易费用。大宗商品作为另类投资的一种，由于与其他大类资产的低相关性以及其抵御通胀的能力，会受到机构投资者的配置。对于投资银行而言，为机构投资者提供大宗商品指数类产品与衍生品的构造或者流动性服务就存在很大的空间。比如高盛就构造了著名的高盛商品指数（S&PGSCI），该指数被机构投资者广泛追踪，而根据该指数进行配置的机构都需要付费。该指数涉及能源、贵金属、工业金属、农产品 4 大类共 24 种商品，各商品的权重以其各自全球产量作为依据进行调整，从实际效果来看，与其他大类资产确实表现出了明显的不相关性（见图 9）。

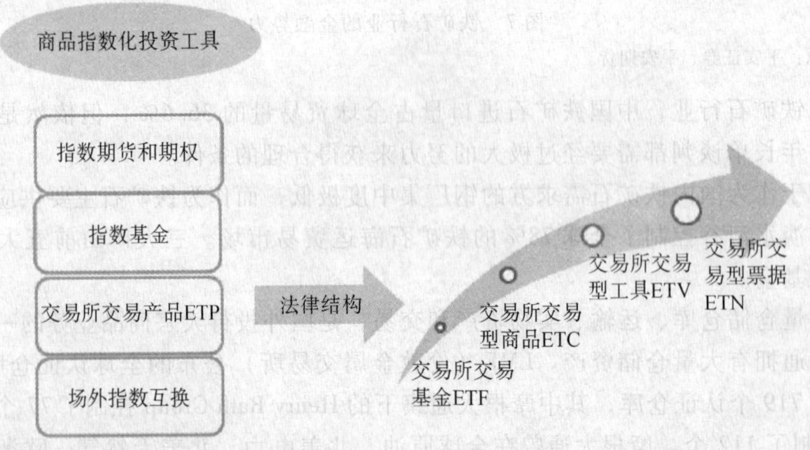

图 9 商品指数化投资工具

资料来源：平安证券、平安期货。

从目前的情况来看，投资银行所构造出的商品指数化投资工具可以大致分为四种类型：指数期货和期权、指数基金、交易所交易产品 ETP（Exchange Traded Products）和场外指数互换。根据海外商品 ETP 法律结构的不同，可以将其分为交易所交易基金 ETF（Exchange Traded Fund）、交易所交易型商品 ETC（Exchange Traded Commodity）、交易所交易型工具 ETV（Exchange Traded Vehicles）与交易所交易型票据 ETN（Exchange Traded Notes）。机构投资者主要运用商品指数基金与商品指数互换进行指数化投资，而个人投资者则主要通过商品 ETP 或商品指数期货来进行指数化投资。

从资金管理规模上看，ETF 资金管理规模最大，成长也最高速，共计 246 只，达 788.9 亿美元。由 ETF 延伸出的 ETC 与 ETN 产品也在逐渐被市场接受，规模增长迅速。从品种分布上看，商品 ETP 仍以传统贵金属为主，共计 243 只，达 721.4 亿美元，但其余品种的市场份额也在逐渐增加。目前，全球商品 ETP 市场上，非实物支持的 ETP 数量占绝大多数，共计 693 只；实物支持 ETP 资金管理规模接近 2/3，达 664 亿美元（见表 5）。

表 5　　全球十大 ETP（截至 2014 年 12 月）

名称	基金种类	总资产（百万美元）	标的	投资于实物	管理方	注册地
SPDR GOLDSHARES	ETF	26 943	贵金属	是	State Street Global Advisors	美国
ISHARES GOLD TRUST	ETF	6 127	贵金属	是	巴克莱	美国
ISHARES SILVER TRUST	ETF	5 204	贵金属	是	巴克莱	美国
POWERSHARES DB COMMODITY	ETF	4 122	宽基	否	INVESCO	美国
GOLD BULLION SECURITIES	ETC	3 188	贵金属	是	Gold Bullion Securities Ltd	泽西岛
ZKB GOLD ETF	ETF	2 504	贵金属	是	Balfidor Fondsleitung	瑞士
JB PHYSICAL GOLD	ETF	1 900	贵金属	是	Swiss & Global Asset Management	瑞士
XETRA - GOLD	ETC	1 880	贵金属	是	德意志银行	德国
IPATH DOWJONES - UBS	ETN	1 790	宽基	否	巴克莱	美国
SOURCE PHYSICAL GOLD	ETC	1 640	贵金属	是	Source Commodity Markets	爱尔兰

资料来源：平安证券，平安期货。

四、国外投行大宗商品核心竞争力研究

投资银行成为大宗商品最为重要的参与方之一，除了清晰的业务战略，更重要的是成熟的组织架构及高效的执行。完善的风险管理帮助投资银行穿越了几轮市场宏观大周期，而持续的产品创新与完整的解决方案为客户创造了更大的附加值。

（一）战略驱动，定位清晰

投资银行对自身的大宗商品业务一般有清晰的战略定位。由于大宗商品业务种类繁多而且需要的竞争优势各有不同，投行会根据自身客户资源以及能力去选择适合自身的业务范围、产品类别以及服务，做到战略定位和价值主张明显的差异化（见图 10）。

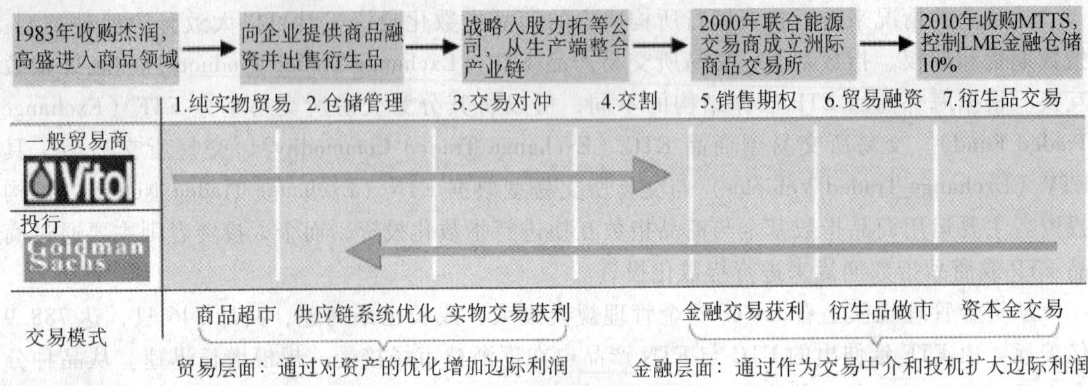

图 10 投行的交易模式

资料来源：平安证券、平安期货。

高盛在原油以及铝方面的交易就具有全球领先的竞争优势。高盛从金融切入，逐渐渗透产业链，获取大宗商品产业链利润最丰厚部分。其业务路径可以总结为：为客户提供商品融资和衍生品对冲服务，掌控包销权，锁定未来采购价格与数量；金融并购，整合大宗商品产业链，从源头控制大宗商品；参股交易所，设计衍生品与指数合约，控制定价权；控制交易所交割仓库，控制仓储与物流。

（二）组织架构成熟，执行高效

一般而言，投资银行的交易是客户驱动型的，因此在投资银行组织架构中，业务部门的设置是以行业客户为导向，将债权、外汇、大宗商品部门整合为一个更高效的组织，为客户提供产品与服务，可以更好地整合资源，提升效率（见图 11）。

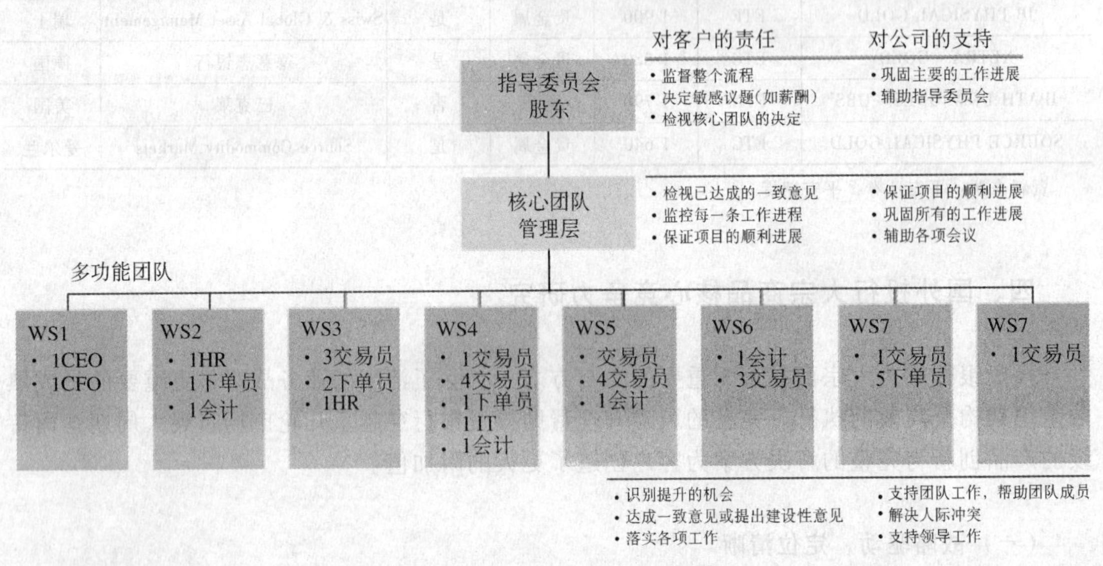

图 11 投行的组织架构示例

资料来源：平安证券、平安期货。

第一，大宗商品业务的设置处处体现出以客户为导向的特点，且主要为机构客户服务。

在大部分投行的组织架构中，大宗商品业务部门都直接隶属于机构服务部门或者机构服务部门的下属部门。近年来，国外投行纷纷在公司组织构架的优化升级中将机构客户服务的业务线条单列出来，体现出对于客户服务，尤其是机构客户服务的重视。以高盛为例，在2009年以前，大宗商品业务与股权产品一起隶属于交易与自营部门。2010年，高盛重新设计公司架构之后，大宗商品业务与股权产品一起划归于独立的机构客户服务业务线条下。同样是在2010年，巴克莱也将大宗商品业务部、股权产品部和分销部共同划归为市场部。

第二，在组织架构中，大宗商品业务往往和股权产品并列设置，共同为机构客户服务。将大宗商品业务与股权产品分开设立的安排主要是考虑到销售交易团队所负责产品的性质不同，同时也是基于以客户服务为出发点的考量，因为机构客户的股票和债券投资人员往往是独立的。固定收益类产品、外汇类产品以及大宗商品被共同划入FICC业务部门的范畴，这样设置主要是考虑到FICC业务中的这三条产品线服务的客户对象相对集中，并且客户的需求往往同时涵盖这三类产品。此外，这三类产品的特性比较类似。将FICC业务中的三类产品划入统一的部门更有利于发挥产品团队之间、产品团队与销售团队之间的协同效应，更好地为客户提供服务。

第三，经纪业务、做市业务、产品创设、风险管理、融资服务等业务并没有在国外投行的一级、二级甚至三级部门架构中进行分列，而是在部门内部的业务团队、岗位等层面进行适当隔离。这主要是因为大宗商品业务涉及的内幕信息较少，且在开展业务的过程中需要不同业务团队之间紧密合作（见图12）。

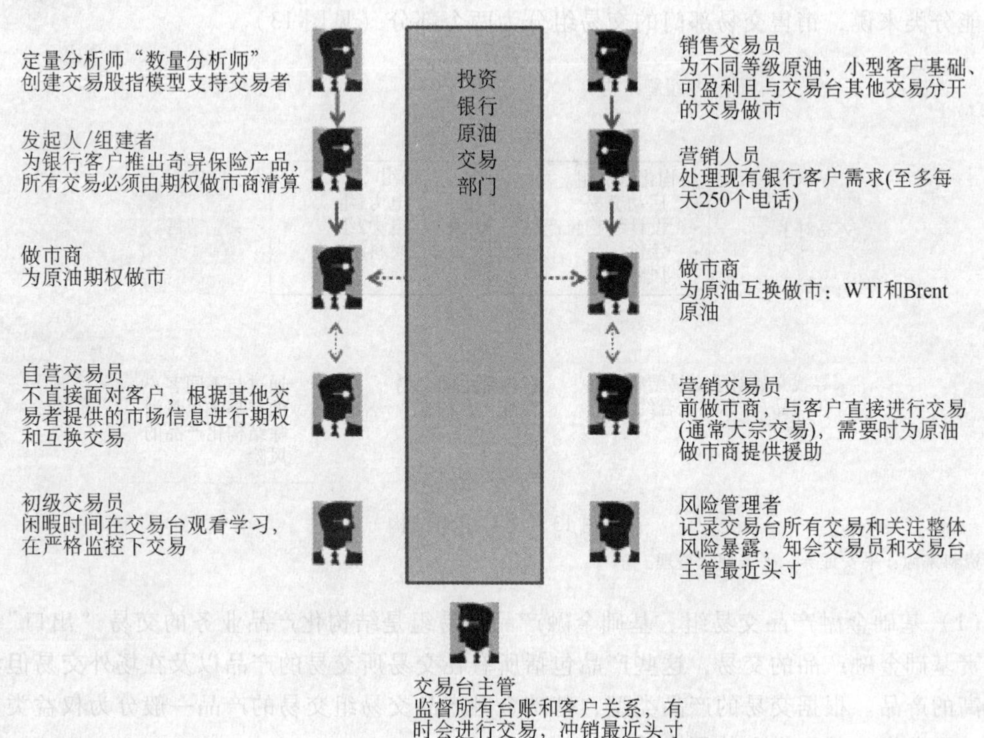

图12 投资银行原油交易部门架构

资料来源：平安证券、平安期货。

（三）风险管理能力完善

1. 风险管理基因。国外投行大宗商品业务的一个显著优势是经过多年积累而形成的风险管理能力。无论从组织架构、流程、业务模型还是理念上都形成了非常完善的体系。

在组织流程上，当大部分风险汇集到一定程度时，指定可清晰辨别风险的单一责任人管理，并明确风险对冲者和风险收益者之间的授权。风险控制手段被当作竞争优势，植入企业文化，最后产生更多利润。

在风险衡量上，风险策略是建立在可靠并且有效的历史数据系统方法上。风险策略能确保经受住彻底检验，风险衡量方法要求经常检验以便减少主要误差，同时要及时修正。

在风险策略的执行上，区分风险责任人以及其他参与者，风险责任人承担主要责任，但如果由其他参与者而不是风险责任人执行，则通过激励架构来确保风险执行者和风险责任人目标一致。

2. 销售交易驱动的风险对冲策略。投资银行在降低结构化产品业务风险管理方面的一个措施是采取积极的销售策略。从风险管理的角度来说，在市场上积极寻求与风险偏好匹配的市场需求无疑是最好的风险对冲方法。事实上，严格来说这种操作方式并不是真正意义上的风险对冲，而是风险转移，或者说是让市场上乐意承担这些风险的投资者来获取这些风险和收益。同时，这种方法还可以为投资银行赚取更多的服务佣金。

对于无法从销售端转移的风险，投资银行会尽量通过交易的方式把风险对冲掉。从交易的职能分类来说，销售交易部门的交易组分为两个部分（见图 13）。

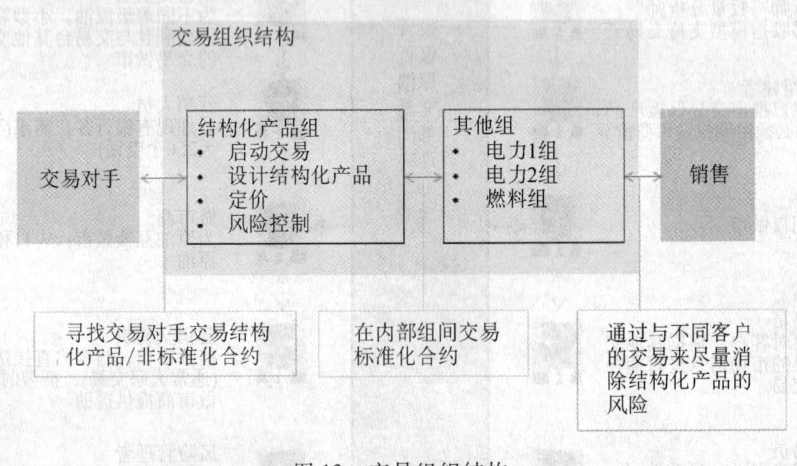

图 13 交易组织结构

资料来源：平安证券、平安期货整理。

（1）基础金融产品交易组。基础金融产品交易组是结构化产品业务的交易“出口”，专门负责基础金融产品的交易，这些产品包括所有在交易所交易的产品以及在场外交易但流动性很高的产品。根据交易的产品类型，基础金融产品交易组交易的产品一般分为权益类、利率类、商品类、外汇类和信用类等。

（2）结构化产品风险对冲交易组。结构化产品风险对冲交易组是结构化产品业务的风险对冲小组，专门负责结构化产品的风险对冲。结构化产品风险对冲交易组必须与基础金融产品交易组进行交易，而不能与“业务外部”的对手进行交易。重点是结构化产品风险对冲交易组与基础金融产品交易组的交易过程没有交易费用。

这种管理模式使得结构化产品风险对冲交易组所承担的风险都无成本地转移到了基础金融产品交易组，由基础金融产品交易组统一在“外部”市场进行风险对冲。这充分利用了不同产品之间风险可以轧差的特点，极大降低了风险对冲成本，同时在风险管理方面也更加专业化（见图 14）。

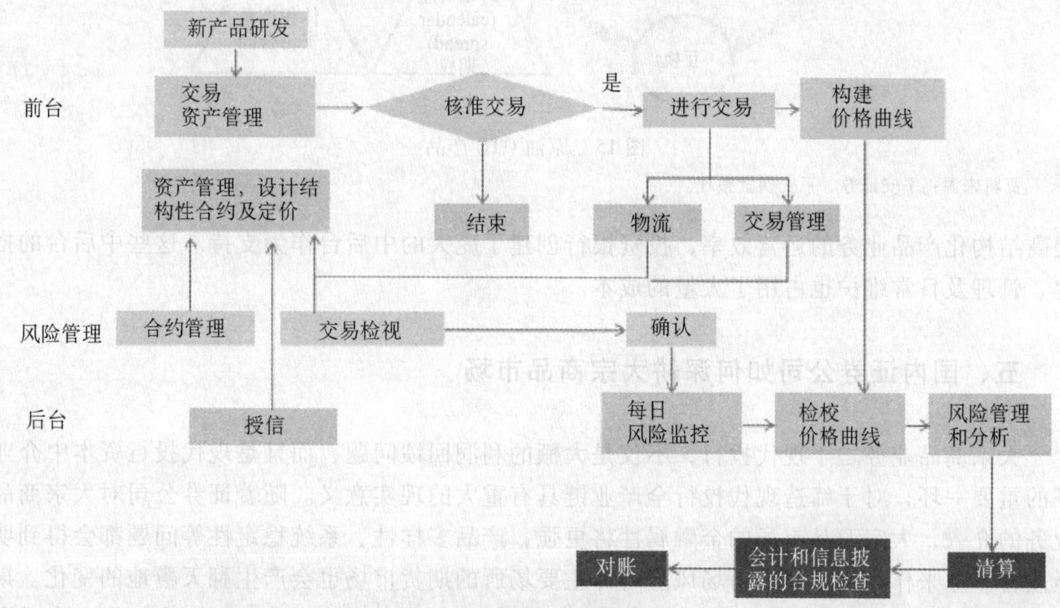

图 14　交易流程设计

资料来源：平安证券、平安期货整理。

（四）解决方案完整，产品创新持续不断

通过多样化的产品组合，投资银行几乎可以满足客户的所有需求。对于大型客户而言，产品的所有要素甚至是产品本身都是量身定制的，而客户有共同需求的产品将很快被标准化而提升效率。

以原油为例，原油是大宗商品之王，油价预测的成功率不及原油勘探成功率的事实，使管理原油价格风险成为相关企业的核心，投资银行围绕其大做文章。基于基础的原油期货，远期，互换，期权，投行提供了与原油相关的定制衍生产品，诸如油价顶，类似的还有油价底、油价套（同时设有顶和底）、裂解价差（成品油和原油的价差）期权、跨期价差期权、体积产量支付（预先支付的互换，有负债出表的功能）合同等。其中，期权行权模式除了欧式和美式期权，还包括亚洲模式（持有期平均值）和回望模式（持有期内最大/小值）等（见图 15）。

投资银行充当资本中介人角色，在寻找市场需求、解决市场需求方面提供了众多服务。因此，OTC 业务的部分收益实际上是投行产品设计和产品销售的佣金。在某些情况下，投资银行无法找到与所承担的风险收益匹配的市场需求，那么投资银行将自行持有并进行风险对冲。因此，OTC 业务的收益部分可以看作是投行进行风险对冲和承担风险的补偿。为了

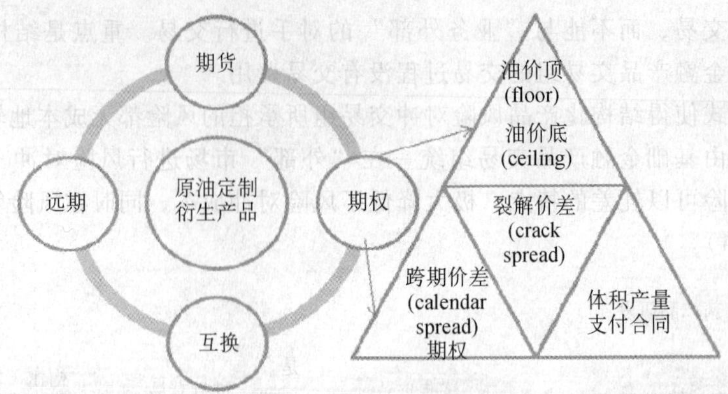

图 15 原油 OTC 产品

资料来源：平安证券、平安期货整理。

提高结构化产品业务的运营效率，投资银行创建了庞大的中后台作为支持。这些中后台的搭建、管理及日常维护也占用了大量的成本。

五、国内证券公司如何深耕大宗商品市场

大宗商品业务之于现代投行，不仅是大额的利润回馈问题，而且是现代投行资本中介业务的重要一环，对于缔造现代投行全产业链具有重大的现实意义。随着证券公司对大宗商品业务的介入，大宗商品市场的金融属性将更强，产品多样性、系统稳定性等问题都会得到明显改善。原来作为大宗商品市场风险对冲主要场所的期货市场也会产生翻天覆地的变化。期货公司将会出现其控股证券公司部门化的趋势。与此同时，大证券公司的概念框架也会随着并购的增加而实现全覆盖的金融混业大航母的出现。

（一）界定公司战略目标，并匹配投入的资源

随着政策的放开，国内证券公司参与大宗商品业务需要结合自身业务优势，清晰界定参与的业务范围，打造核心竞争力和优势品种，而非贪大求全地全面参与。通过清晰界定公司的战略并匹配投入的资源，打造拥有自身特色的大宗商品业务。通过比较分析，在当前市场环境下以下四个领域可以快速介入：

1. 衍生品业务。通过整合旗下期货公司的 IB 业务，证券公司可以代理客户进入场内衍生品市场，帮助客户进行大宗商品的风险对冲。已经开展股权类衍生产品业务的证券公司可以通过整合内部团队，为客户提供场外衍生产品服务。

2. 基于仓单的结构化融资业务。仓单融资是最为简单的结构化融资产品，目前在国内银行已经非常盛行，但在银行该类业务只能进行质押，交易对手违约后的处理方面存在较大风险，因此对于交易对手的要求较高。证券公司可以以仓单的买入返售业务作为切入点，通过交易能力转移市场风险，扩大融资客户群体，并逐步切入其他仓单融资业务。

3. 自营交易。在基于买入返售仓单融资的基础上，证券公司手中将集聚大量存货，基于手中存货、现货价格波动、衍生品价格波动之间的价差，证券公司可以展开风险较低的基差套利业务。

4. 产业基金。除了证券公司自身直接展开大宗商品业务以外，证券公司还可以考虑采用产业基金的方式，借力大宗商品行业内核心企业的客户在资源、交易、管理方面的优势，配合自身的产品设计、资源与资金整合能力来切入大宗商品市场（见图 16）。

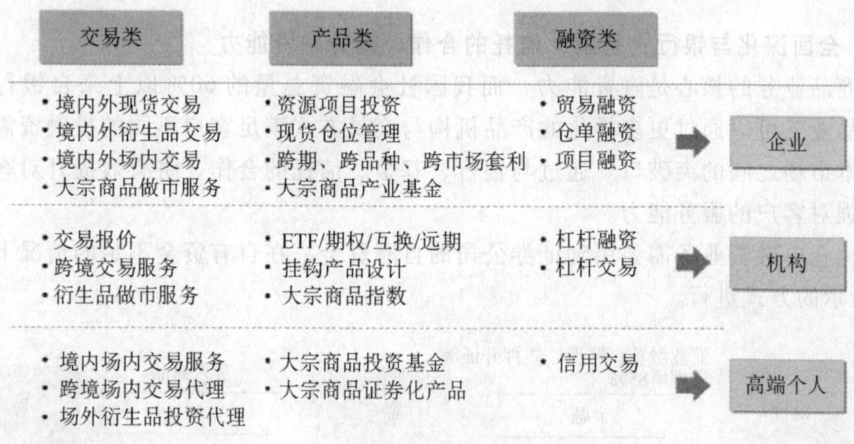

图 16　国内证券公司的大宗商品业务类型

资料来源：平安证券、平安期货整理。

（二）整合旗下期货风险管理子公司来解决牌照问题

由于目前国内法规的限制，上述多数业务证券公司因牌照的限制难以直接开展，同时由于风险管理子公司是一般纳税人，在进行实物交易时可以开具增值税发票，解决了证券公司无法进行大宗商品实物交易的问题，通过整合自身期货公司的风险管理子公司牌照资源是一个较好的思路，平安证券已经开始这方面的尝试。目前，风险管理子公司的业务试点范围主要包括仓单服务、合作套保、定价服务、基差交易和其他与风险管理相关的业务（见图 17）。

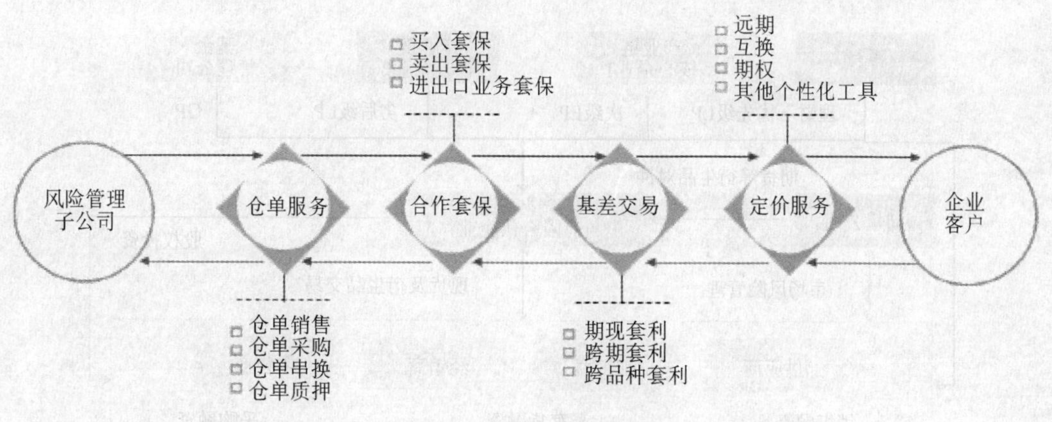

图 17　风险管理子公司业务

资料来源：平安证券、平安期货整理。

1. 仓单业务。风险管理子公司可以通过该业务范围直接进行仓单交易。

2. 合作套保。风险管理子公司通过和企业共担风险，或者为企业提供服务咨询等方式，为企业提供买入、卖出或进出口业务的套期保值服务。

3. 定价服务。风险管理子公司通过为客户提供远期、互换、期权等场外衍生产品，为客户提供风险定价服务。

（三）全面深化与银行、基金、信托的合作，提升融资能力

大宗商品业务的核心是融资能力，而我国社会融资总量的 60% 以上来自银行。证券公司大宗商品业务可以通过更多样化的产品机构与交易方式满足客户不同的投融资需求，打通银行与资本市场之间的突破口。通过与银行、基金、信托的合作，将有效提升对客户的融资能力，增强对客户的服务能力。

例如，仓单融资业务需要用到证券公司的自有资金，在自有资金不足的情况下可以采用如图 18 所示的方式进行。

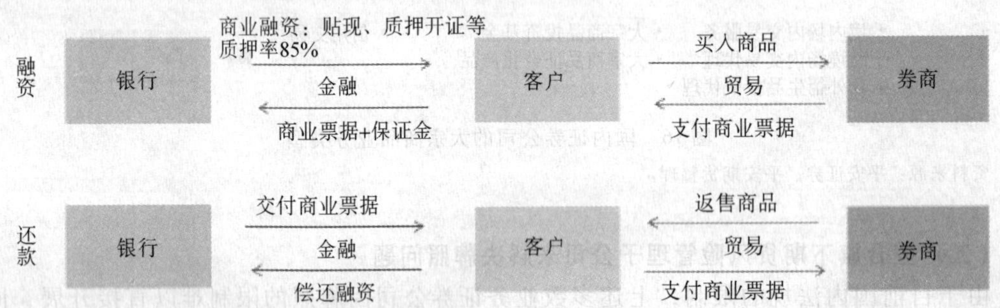

图 18　仓单融资业务的银行证券公司合作模式

资料来源：平安证券、平安期货整理。

联合银行与产业链核心企业成立产业基金撬动银行资金，产业基金可以采用有限合伙或者信托等 SPV 形式，证券公司作为管理人。对于证券公司而言，该业务完全属于表外义务，可以明显提升资产负债表的使用效率（见图 19）。

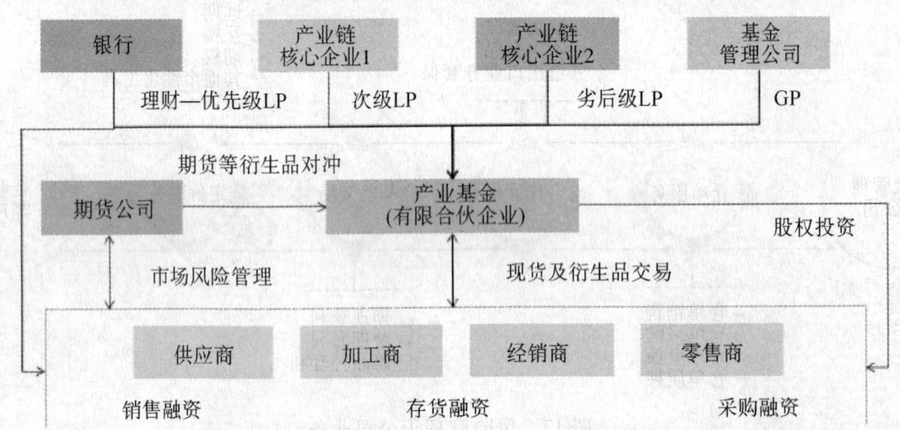

图 19　产业基金参与银证合作模式

资料来源：平安证券、平安期货整理。

（四）并购海外小型交易商获得客户资源以及相关经验

国内证券公司还可以通过并购国外的小型交易商来获得客户资源及相关经验。例如，工行收购了南非标准银行、广发证券收购了 Natixis 的大宗商品部门，实际上都是很好的尝试。并购海外自营有利于国内证券公司快速展开业务（见表6）。

表 6　国内金融机构的海外并购事例

日期	机构	交易所	资格	备注
	中银国际	CME、LME、ICE	清算会员	
2013 年 7 月	南华期货（香港）	CME	清算会员	
2013 年 7 月	广发期货（香港）	LME、ICE、Liffe	交易和清算	收购英国 NCM 期货 100%股权，从而成为 LME 首家中资圈内会员
2013 年 11 月	招商证券（香港）	CME	清算会员	
2013 年 12 月	招商证券（英国）	LME	申请清算资格	全球资本和大宗商品业务

资料来源：平安证券，平安期货整理。

（五）后续我国证券公司仍需构建以永续经营为目标的风险控制能力

关于风险控制能力的构建事实上有一些成熟的经验可以借鉴。

1. 市场风险管理。

（1）风险识别。价格风险：在交易类业务中，由于商品价格波动而带来的库存损失；利率风险：在融资类业务中，由于借贷久期不匹配，利率波动引起资产负债表的变化；汇率风险：在跨境类业务中，由于汇率变化带来资金的汇兑损益。

（2）风险度量。建立交易台账，设置交易权限，每笔交易都需在权限内进行；运用风险矩阵以及 VAR 模型全面管理市场风险；建立首席风险官（CRO）制度以及银行、证券风险条线内嵌。

（3）风险控制。每笔交易面临价格敞口时，采用对冲手段将敞口降至最低，并管理基差风险，无法对冲的业务通过管理在险价值（VaR）的方式管理风险；使用利率衍生工具管理久期风险，解决资产负债错配问题；使用 NDF 等衍生工具，对冲汇率变化带来的风险。

2. 信用风险管理。

（1）提高针对交易对手的抵押品和保证金管理水平。通过收取交易对手抵押品和保证金，收窄对交易对手的信用风险敞口；在降低交易对手风险的同时，可获得额外的保证金利息收入。

（2）采用净额清算模式。将多个交易的衍生品合约通过净额轧差的方式换算成少量等价有效合约，降低交易的复杂性；减少在多个市场间、多个交易对手间的未偿付交易数量与交易对手风险暴露；采用净额清算，帮助交易对手有效降低对冲成本，创造双方合作套期保值的利润空间。

3. 流动性风险管理。

（1）优化资产负债表。确保拥有足够的权益资本作为基础，降低出现资产负债率过高的概率；要求尽量做到融资到期数量和日期与交易的数量和周期之间保持一致性，从而在融资到期时，在不影响正常经营的情况下，有足够的偿还能力。

（2）保持良好的信用记录。与银行等金融机构保持良好的沟通机制，从而在出现流动性紧张状况时能获得临时的资金便利；严格管理交易对手风险，在上游企业建立良好的信用记录，杜绝拖欠货款的问题，保证在出现暂时资金困境的时候，获得合作伙伴的支持。

（3）增加违约处置便利性。在设计交易结构时，需要货物所有权的明确转移，以便在客户违约时能够及时处置变现获得资金，并且降低增值税的损失；先期优先进行符合期货交易所交割标准的货物业务，并且和各交易所建立密切联系，以便在客户违约时能通过交割流程快速变现获得资金；通过交易和各行业龙头企业建立紧密联系，深入现货市场，拓宽非标货物的处置渠道。

六、国外市场监管规则与国内市场监管规则比较

（一）监管法规变化对大宗商品市场的影响（见表 7）

表 7 监管法规变化及其影响

监管法规	主要监管变化	对大宗商品交易的影响
巴塞尔协议Ⅲ • 范围：银行 • 最后期限：2018 年 • 自 2013 年起	银行去杠杆，主要指标 • 最大杠杆比率 • 最小资本金 • 最小流动比率	银行收紧了贸易融资的风险敞口，融资渠道受限 • 信用证获取受限，尤其是面对高风险的交易对手 • 很难筹集银团贷款 • 贸易融资的成本提高
Dodd – Frank 法案（美国） • 范围：互换经纪商 • 生效日：2010 年 7 月 EMIR（欧盟） • 范围：所有衍生品交易 • 生效日 ：2013 年	增强了对 OTC 衍生品的监管 • 中央清算和报告制度 • 资本金要求 • 向中央信息库报告 • 逐日盯市 • 转向场内交易 • 持仓限制 • 其他隔夜法规	增加了交易和运营模式的复杂度和成本 • 需要升级系统和流程来满足新规 • 增加了运营资本（比如清算费、保证金和抵押品） • 升级合规标准（交易门槛、持仓限制等）
Volcker 规则（美国） • 范围：银行等金融机构 • 生效日：2010 年 7 月 • 补充内容：2012 年第 4 季度	限制银行的交易行为 • 禁止自营交易 • 将限制银行对实物资产的所有权（如仓库）	退出大宗商品交易影响银行竞争力 • 做市和对冲工具减少（或贸易融资成本升高） • 银行将出售大宗商品部门，尤其是实物资产 • 利好纸货交易、实物资产交易和并购

资料来源：平安证券、平安期货整理。

1. 巴塞尔Ⅲ协议：资本充足率的全球监管标准。2010 年 9 月，G20 通过巴塞尔协议Ⅲ，提高了银行的资本金要求，尤其是针对贸易融资的资本金要求。过渡期从 2013 年到 2017 年，最终于 2018 年生效。在新的杠杆比率要求下，银行需要为贸易融资预留 100% 的准备金。巴塞尔Ⅲ显著提高了大宗商品的融资成本和投资银行的运营资本金。因此，已进行贸易融资的银行纷纷削减贸易融资规模。因为贸易融资的短期性，以及与大型的工业企业相比，贸易融资的客户规模较小，相对没那么强的议价能力。同时，也有部分银行通过提高贸易融资的收费来对冲成本的上升。

2. Dodd - Frank（美国）、EMIR（欧盟）：监管影响 OTC 衍生品交易。Dodd - Frank 法案对美国金融市场的监管产生了深远的影响。该法案规定 OTC 衍生品需要中央清算，因此资本金要求更高（除非是实物交割的远期合约），而且对银行的杠杆、透明度、风险管理、行政的要求也更加严格。

在欧洲，EMIR 带来类似的监管变化。EMIR 于 2013 年 1 月生效，对衍生品合约的中央清算、结算报告、风险缓释做出了规定，提高了银行的保证金和抵押品。EMIR 对那些无须提交抵押品的融资客的冲击最大。2013 年 1 月前，银行不得不重金升级中后台来迎合新规。

3. Volcker 规则：美国监管限制银行的自营交易。Volcker 规则是 Dodd - Frank 法案的特别条款，它禁止美国银行从事一系列的投机交易，包括与大宗商品相关的交易。Volcker 规则规定投资银行必须放弃包括大宗商品在内的自营交易。银行因此承受压力，被迫出售实物资产和仓库。

银行大宗商品部门的投资收益将下降至少一半。因此，Volcker 规则实质上明显降低了银行对大宗商品业务的参与度。

（二）国内监管环境日渐宽松

与国外的监管日趋严厉相反，国内进一步放松了对证券公司的管制，鼓励证券公司创新，为证券公司发展大宗商品业务营造了良好的监管环境。国务院鼓励金融机构深入服务实体经济，特别是实体企业客户。中国证监会放宽证券公司自营业务范围和投资方式限制，推动通过协会自律性管理，启动大宗商品场外业务发展。ISDA 等主协议的执行障碍逐步扫除，国际化程度加大。

同时，“新国九条”重申发展商品期货市场，以提升产业服务能力和配合资源性产品价格形成机制改革为重点，继续推出大宗资源性产品期货品种，发展商品期权、商品指数、碳排放权等交易工具，充分发挥期货市场价格发现和风险管理功能，增强期货市场服务实体经济的能力；允许符合条件的机构投资者以对冲风险为目的使用期货衍生品工具，清理取消对企业运用风险管理工具的不必要限制；推动期货经营机构并购重组，提高行业集中度；支持证券期货经营机构拓宽融资渠道，扩大业务范围；支持证券期货经营机构、各类资产管理机构围绕风险管理、资本中介、投资融资等业务自主创设产品；规范发展证券期货经营机构柜台业务。

上海自贸区范围的扩大和试点业务的推出为金融商贸做好铺垫。按照“总量控制、审慎审批、合理布局”的原则，探索规范自贸试验区内大宗商品现货市场的交易规则和事中事后监管模式创新，合理控制和处置风险，明确要求做到“交易、托管、清算、仓储”四分开。中国银监会正着手推进银行自贸区试点商贸配套服务，可经营范围包括：（1）基础性实物贸易；(2) 动产租赁业务；(3) 进出口含区内转口贸易；(4) 大宗商品融资服务；(5) 商品场外衍生品创设及交易服务；(6) 商品交易所做市服务；(7) 以大宗商品为标的的商品基金设立及销售（见表 8）。

表 8 国内外监管变化的比较

国外监管规则日趋严格		国内监管规则日趋宽松
巴塞尔Ⅲ协议 银行资产负债表去杠杆，导致银行收紧了贸易融资的风险敞口，融资渠道受限	VS	“新国九条”重申发展商品期货市场 提升产业服务能力和配合资源性产品价格形成机制改革，清理取消对企业运用风险管理工具的不必要限制
Dodd – Frank 法案 增强了对 OTC 衍生品的监管，增加了交易和运营模式的复杂度和成本		中国版主协议发布 为构建场外衍生品市场打下了制度性的基础
Volcker 规则 限制银行的交易行为，禁止自营交易，退出大宗商品交易影响银行竞争力		放宽证券公司自营范围 放宽证券公司自营业务范围和投资方式限制，推动通过协会自律性管理，启动大宗商品场外业务发展

资料来源：平安证券、平安期货整理。

七、存在的问题与建议

（一）税务问题对金融类大宗商品实物交易的不利影响

目前，税收环节的复杂性增加了证券公司的税收成本和协调成本，如果使用旗下风险管理子公司牌照，子公司作为一般纳税企业，需要满足资金流、物流和票据流的匹配，而一些现金结算的交易，可能面临“三流”的脱节，存在一定的税务风险。例如，进行买入返售业务，买卖过程中的印花税将极大地增加交易成本。同时，由于增值税的存在，如果将融资利率包含在返售价格中，部分利润会被增值税消耗，如果转嫁给客户又会导致客户融资成本剧烈上升。又如在进行期现套利的自营交易中，由于需要同时涉足现货交易和期货交易，会因税种的不匹配造成成本的增加，如一头采购仓单或现货，另一头在期货市场保值，现货交易须缴纳增值税，而场内交易须缴纳营业税，难以相互抵消。由于现货升值带来的增值税成本将极大地抵消价差回归带来的利润。解决此类问题需要与税务机关沟通协调，提高风险管理子公司税务环节的合规性，并降低相应的税务成本，最好能够对金融商贸类公司部分减免或退还相应税务成本。

另外，开展期货保税交割将促进期货市场在国际范围内进行资源配置，有利于大幅提升我国在期货市场的价格影响力和国际话语权，有利于将国际资源对接到我国的期货市场，方便实物交割，对我国期货市场稳步发展具有重要的现实意义。建议从原油、有色金属等成熟大宗商品率先试点，支持境内期货交易所在海关特殊监管区内试点期货保税交割业务，由海关总署牵头，中国证监会、国家外汇管理局、财政部等部委参加。

（二）市场缺乏深度，机构投资者的影响力有限

大宗商品领域的风险对冲以及风险转移需要由不同的参与者来完成。国内大宗商品参与

者群体较为单一，市场缺乏深度，很多时候风险难以得到有效转移。

国外的经验为国内商品市场的发展提供了值得借鉴的经验。比如完善机构投资者参与商品市场的配套措施和政策，为机构投资者营造良好的外部环境，促进机构投资者配置大宗商品市场，而机构投资者的进入会为产业客户的风险转移拓展空间。当前，国内金融机构参与商品期货市场需要获得相应的监管部门批准。从当前实行的政策法规来看，相关的监管约束了金融机构有效地参与商品期货市场。

在大宗商品领域，产业客户是天然的风险对冲需求者，对于衍生品有很大的需求，但是由于过去的一些历史经验教训，目前作为产业客户主体的上市公司以及国有企业在参与大宗商品市场时有诸多限制，在当前大宗商品价格急剧波动的情况下，这些企业面临较大的冲击。要改变这种情况需要进行顶层设计，对上市公司和国有企业的风险对冲与套期保值业务制定一套合理的制度来保障套期保值业务的发展。

同时，由于风险偏好以及配置的不同，境外投资者可以作为国内企业以及机构的风险转移对手方，而且这些机构投资者一般具有先进的理念和成熟的实操系统，有助于国内商品市场的发育和与国际接轨。借自贸区原油期货推出的契机，可以尝试加大引入境外投资者参与国内市场的力度，交易特定的品种，尤其是如原油这种国际化程度高、具有战略意义的品种，可以在参与模式与流程等关键问题上进行一定的创新尝试。

期货市场作为目前国内企业与机构进行风险对冲的最重要的平台，其交易机制存在一定的不合理性。如果可以在目前的基础上进一步修改完善交易制度和规则，将大大降低机构的参与成本，提升参与积极性。例如，交易所为了避免逼仓等事件发生，对于机构投资者的持仓采用合并计算的原则，只要是同一实际控制人，旗下所有账户持仓必须合并，限制了部分机构客户的交易；存在豁免的套保持仓则采用审批制，对于机构客户而言则显得灵活性不足。另外，在保证金计算等问题上，我国交易所大多采用全额保证金模式，虽然在部分品种的套利指令上已经开始执行大单边制度，但整体而言机构客户的保证金占用仍然较高，建议借鉴国外先进的 SPAN 保证金制度，扩大限仓豁免范围，将更多跨品种套利纳入保证金减免的范围，提升机构投资者资金使用效率，为风险转移创造更多的参与方。

（三）国内金融商贸业态以及场外市场尚未成型

国内金融商贸发展时间短，业态较为单一，无行业标杆企业，OTC 市场处于初创阶段。场内期权的缺失也使对冲场外期权的成本较高，无法设计复杂的场外期权产品，因此希望交易所能够尽快丰富期货衍生品品种体系，并搭建安全高效的大宗商品交易平台。多元化市场需求与多层次商品市场体系的不健全之间存在很大矛盾，只有构建一个层次丰富、功能多元、互为补充的现货市场、远期市场和期货市场，为大宗商品提供交易、交割、结算、融资以及相应的风险管理服务，国内证券公司才能“有米下炊”，通过不同市场、不同产品的组合搭配为实体企业提供多元化的服务（见图 20）。

总体设计上，依托目前交易所成熟的交易结算、风控以及仓单管理系统，利用互联网技术，尤其是先进的数据科技，打造现货与衍生品互联互通的开放式交易平台，提供现货与衍生品的交易、结算、交割、融资、风险管理等一站式的综合服务。

组织方式上，可以采用挂牌交易、询价交易、竞价交易等多种交易形式；可以采用分级结算制度，并为场外衍生品提供结算服务；建议引入大宗商品生产、消费、贸易商等作为平

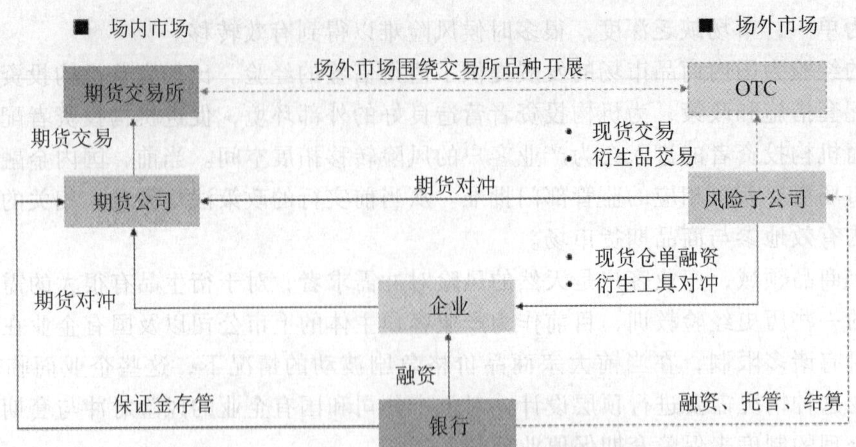

图 20　多层次的大宗商品市场

资料来源：平安证券、平安期货整理。

台交易商；引入大的贸易商、风险管理子公司等作为做市商；引入商业银行等金融机构提供迅捷便利的融资服务。

配套服务上，可以与规范的仓储物流企业合作开展仓储物流服务，运用先进的物联网技术，做到实物交割的安全、高效；与信息商合作，运用云计算等手段，对交易平台产生的数据进行深入挖掘和开发，为投资者提供决策参考，为平台提供有效的风险管理。上述方案设计中，由交易所组织搭建仓单交易平台，并吸收风险管理子公司等作为做市商，有助于提高仓单市场的流动性，促进仓单的匹配交易；由交易所为场外衍生品提供结算，有助于解决困扰风险管理子公司的对手方信用风险问题；由交易所和税务部门等进行沟通解释，有助于解决风险管理子公司场外业务资金流转的规范化等问题；利用先进的信息技术和充分的管理经验，由交易所和仓储企业合作进行物权和货物质量的管理，有助于解决风险管理子公司开展现货业务的顾虑；由交易所组织搭建期货和现货连接的通道，也将更加便利风险管理子公司参与交易。

（四）市场不规范，信用风险突出

在传统的动产融资业务中，虽然银行委托的物流监管方对企业合法拥有且银行认可的动产进行监管，但是与“2013 年钢贸”、“2014 年青岛港”类似的事件仍不可避免，整个银行业近几年来面临着较为严重的资产质量问题。这背后是重复质押、押品不足值、押品不能特定化、货权不清晰、监管过程不透明、监管方道德风险、预警不及时等多重风险因素的叠加。

根据平安集团的实践，物联网技术的应用恰好可以为银行解决上述难题提供一种有效可行的方案。举例来说，“青岛港”事件的核心问题就在于动产融资双方信息不对称，而对大型仓库进行物联网技术改造升级后，仓库货品将实现客观化和特定化，也就是赋予了动产以不动产的属性，这使得监管方和银行可以从时间、空间两个维度全面感知和监督抵押品存续的状态和发生的变化。目前，这一新技术已在汽车行业、钢铁行业破冰，预计未来这一技术将革新更多领域，同时拓宽银行的业务渠道、降低质押风险和优化客户体验（见图 21）。

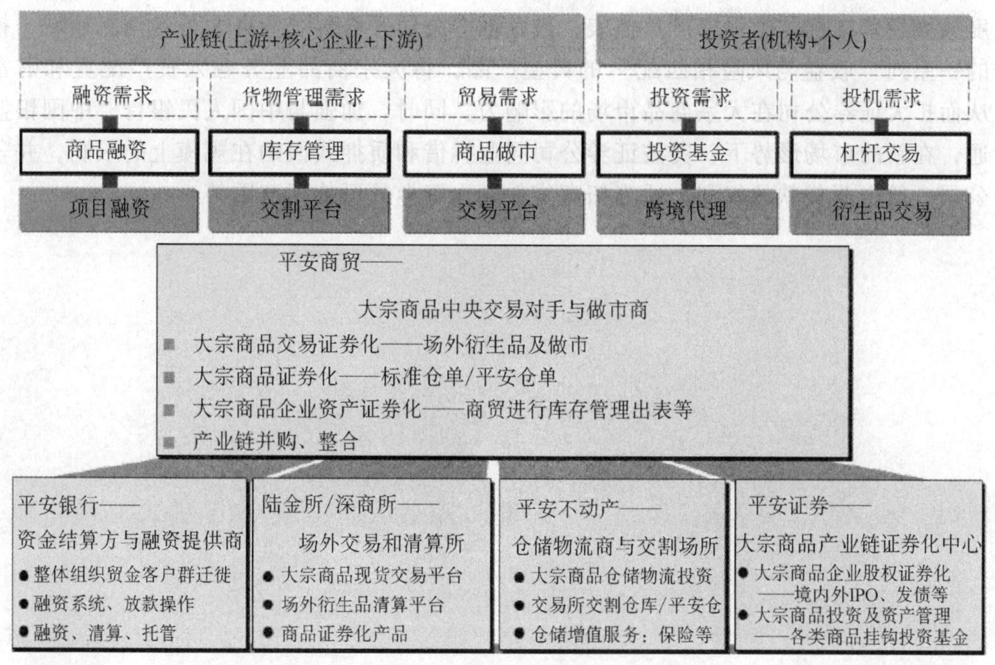

图 21 平安实践

资料来源：平安证券、平安期货整理。

在证券公司进入大宗商品领域时，可以发挥后发优势，联手相关的高科技公司，推进大宗商品行业物联网的动产融资业务，通过多种传感设备及智能监控系统平台，对质押的动产进行全面监控，实现动产的智能化识别、定位、跟踪、监控和管理。这一物联网技术的应用有助于缓解在高利润增速背后所面临的资产质量问题，也将从根本上重塑大宗商品行业的信用体系。

（五）相关制度有待建设

国内与国际主协议未能完全接轨，如关于违约以及信用风险等问题的法律适用性问题，金融衍生品相关条例以及合同法之间的兼容性问题。证券公司未能明确能否参与大宗商品行业，金融商贸相关法律、制度、指引处于空白状态。建议借鉴国外成熟经验，逐步完善国内法律制度与条例。

在产品方面，比较急迫的问题是与大宗商品业务相关的制度指引仍有待建设。虽然目前不少证券公司已经开始将大宗商品业务纳入 FICC 的业务范畴，然而由于业务创新跨度较大，监管虽然在黄金等部分实物上已经有相关制度，但整体业务上尚未有具体的指引，使得证券公司在实际操作过程中缺乏相应的依据。为了给证券公司在大宗商品业务上发力提供一个支点，监管部门应尽快出台证券公司参与大宗商品相关法律法规及操作指引。

大宗商品业务属于资金密集型，无论是在摆渡市场上还是直接融资上都需要占用证券公司大量资金。在放松证券公司净资本要求的基础上，还应拓宽证券公司的融资渠道，增强证券公司的融资能力，盘活存量，引入增量，从根本上突破证券公司获取自有资金的瓶颈，在大宗商品业务上发力。这还需要监管的积极引导，比如中国证监会出台相关政策鼓励证券公司适度放大经营杠杆，做强资产负债表，鼓励证券公司开辟传统业务之外的创新领域，推出广谱的一系列“收益与风险相匹配”的典型产品，将大宗商品业务融入资产配置和财富管理，从而扩大证券公司在大宗商品市场的影响力。同时，加强与中国人民银行、中国银监会的沟通，在新的市场形势下，突破证券公司同业拆借和质押式回购在规模上的限制，并争取证券公司一般企业贷款的权利，适当拓宽贷款融入资金的可使用范围等。

发展外汇业务 助力人民币国际化

周文渊*

近年来，作为 FICC 业务（Fixed Income Currencies &Commodities）三大支柱之一的外汇业务成为创新型证券公司重点布局的领域。证券公司发展外汇业务有利于推进人民币国际化，为企业、居民提供优质的跨境金融服务，实施人民币“走出去，引进来”双向开放策略，发展人民币外汇衍生品市场。同时，证券公司发展外汇业务有利于提高金融市场效率，服务实体经济，促进证券行业创新转型。然而，证券公司发展外汇业务存在一定困难。通过借鉴国际投行和国内商业银行发展外汇业务的经验，结合实际业务情况，证券公司积极探索适应自身业务发展的外汇业务发展模式。

一、国际投行外汇业务模式及核心竞争力研究

（一）国际投行的主要外汇业务模式

1. 国际投资银行一般为外汇市场交易商，承担做市交易职能，通过为外汇市场获得流动性来获得收益。较大的交易商银行从投机交易和为客户提供流动性来获得收益。以高盛为例，高盛的外汇业务主要为外汇做市业务，2014 年其外汇做市业务收入 65.66 亿美元，占总做市商或其他交易活动收益总额的 43.9%。

2. 国际投资银行为客户提供外汇电子化交易平台，获取综合收益。如 Morgan Stanly，其外汇业务经营的广度和深度使公司拥有充分的客户互动，也使公司能随着客户需求的发展不断成长。Morgan Stanly 的电子商务外汇交易平台 EFX 是一个提供包括多个产品的流动性、经纪业务、结算以及为客户提供量身定制解决方案的外汇业务执行提供者。

3. 外汇代客交易。投资银行通过接受客户委托，依据其委托指示买入或卖出外汇，并根据交易金额收取一定比例的手续费，包括银行代客户从事资金管理所进行的外汇买卖。花旗被认为是顶级外汇银行，其提供外汇服务的部门是机构客户部门，该部门为世界各地的高

* 作者单位：国泰君安证券股份有限公司。

净值客户提供全方位的批发银行产品和服务，包括固定收益和股票销售与交易、外汇、大宗经纪业务、衍生服务、现金管理、贸易融资和证券服务。

4. 外汇风险管理。以高盛为例，高盛的外汇业务被运用于风险管理之中，高盛利用外汇衍生品积极管理风险敞口。在许多情况下，风险管理建立于投资组合或特定的风险基础上，其使用到的主要衍生品包括外汇远期合约和期货、外汇互换、外汇期权。

（二）国际投行发展外汇业务的核心竞争力

1. 国际投行发展外汇业务有强大的 FICC 产业链条支撑。固定收益类产品、外汇产品以及大宗商品被共同划入 FICC 业务部门的范畴。国际投行经过几十年的发展普遍形成 FICC 业务的完整产业链，这使得其具备提供综合金融服务的能力，可提供全方位服务。国际上实力较强的投资银行 FICC 产业链如表 1 所示：

表 1 FICC 产业链

机构名称	组织架构	业务职能
高盛	固定收益、货币和商品部，隶属机构客户服务业务	与利率挂钩证券、外汇、期货商品和新兴信用业务领域，居全球领先地位 固定收益、货币和商品部提供全方位的服务，包括： 为各类客户设计整套融资策略，包括公司、政府和机构，并为他们发掘机遇、设计和执行交易 提供并分析市场和产品信息，让投资者通过广泛系列的金融和商品产品执行投资战略 为所有主要的固定收益、货币和商品产品提供做市交易，为客户提供变现能力 固定收益、货币和商品部的业务包括销售、交易、金融和研究等
瑞信	属于投资银行业务中的交易业务	利率产品：主要有政府债券和相关的场外衍生掉期市场，产品包括政府债券、债券期权、利率掉期和期权，结构化利率衍生品以及为机构提供对长寿风险的结构化和管理解决方案 信用产品：为客户提供一系列的固定收益产品和工具，从标准的债券发行和信用分析到为客户特别定制的基金连接产品、衍生工具和结构化产品 结构化产品：为各种形式的证券提供交易、证券化、合成化、承销以及咨询等服务，主要包括房地产支持证券（RMBS）、资产支持证券（ABS）等基于潜在资产池的衍生品 在新兴市场提供全方位的固定收益产品和工具，包括主权证券和企业证券，地方货币衍生工具和量身定制的新兴市场投资产品 大宗商品：为客户提供石油、金属等的交易
摩根士丹利	固定收益和商品部，隶属于销售交易部	固定收益产品：提供债券、利率和货币掉期以及其他衍生产品的交易服务。为客户设计、构建和执行各种组合策略以实现他们的投资目标 外汇产品：通过分布全球的 6 个外汇交易中心，为客户提供 24 小时不间断的服务，包括主要和新兴市场货币的即期、远期、期权和期货交易 大宗商品：作为全球能源和金属市场的主要参与商，为客户提供石油、天然气、电力、基本金属和稀有金属的现货商品交易及相关衍生产品交易服务。自 1982 年以来，在为客户创建风险管理战略方面，一直处于领先地位

续表

机构名称	组织架构	业务职能
巴克莱	固定收益、货币与商品部，隶属于市场部	信用产品：通过全球性的完整产品线，为客户提供流动性、创新产品以及解决方案 利率产品：利率产品市场多年的领先者，提供主要欧洲货币、美元及日元市场的利率产品，提供包括 BARX（巴克莱自己的系统）在内的多个电子交易执行平台 资产证券化产品：在资产支持证券和资产支持商业票据市场为客户提供产品构架、全球分销、交易和产品研究等服务。代理客户进行资产证券化产品的交易，并提供市场分析服务 外汇产品：提供全球外汇产品交易执行以及外汇风险管理，产品线十分完整 大宗交易商品：提供丰富的大宗商品交易 新兴市场：全球设置伦敦、纽约和新加坡三个营运中心，联合新兴市场当地的网点，满足客户的需求，提供完整系列的新兴市场产品

2. 有强大的技术系统支持。20 世纪 80 年代末期，外汇电子化交易平台首先在交易商间市场出现，之后，交易商之间的电子化交易平台和面向客户的交易系统开发渐成潮流。

20 世纪 90 年代中期，针对客户的新的电子交易平台开始引入客户市场。1996 年，全球托管银行道富成立了它的自营电子化交易平台 FX Connect，开启了终端客户电子化交易。1999 年，美国的互联网浪潮达到了顶峰，许多独立公司（非银行）通过创建面向终端客户的电子化外汇交易平台进行了外汇市场更加巨大的变革，主要大银行和新进入者展开多渠道竞争。2000 年，瑞银成立了 FX Trader；2001 年，巴克莱银行成立了 BARX。1996 年德意志银行成立了 Autobahn，一开始运营美国国债的实时交易，后来加入了外汇交易；高盛的 Sachs 于 2003 年成立；花旗银行的动作相对较晚，于 2006 年成立 Velocity。在强大的技术支撑下，客户通过敲击键盘就可以根据自己的特定需求来成交，也可以通过点击鼠标来买入即期外汇。

3. 完善的激励机制激发了国际投行的创新能力。国际投行市场化的激励机制吸引了大量优秀人才和团队，激发了金融创新动力，其强大的产品创新能力提升了其在外汇业务中的产品供给能力，尤其是针对客户的独特需求定制、创建产品的能力。为了在激烈的竞争中占有一席之地，国际投行在提高收益、降低风险、优化组织架构等方面具有很强的创新意愿。

4. 国际投行杠杆较高，资产负债表空间较大，可以促进外汇业务发展。国际投行的融资渠道十分畅通，可以通过 IPO 上市、发行债券等方式进行长期融资。在短期融资方面，投行主要采用的方式包括证券回购等，而发达的银行间市场也增加了投行资金的来源以及使用效率。除融资能力强外，国际投行对资产负债表的使用相当充分。国际投行在 2008 年金融危机前拥有 30 倍的杠杆率，危机后杠杆率也普遍在 15—20 倍之间，能够进行大量的债务融资。大量自有资金为发展资本密集型的外汇业务提供了极大支持。

5. 国际投行具备良好的发展环境。国际金融市场监管较为宽松。在分业经营监管最为严格的时期，美国投行除了吸收公众存款之外的所有业务都可以做，欧洲投行则一直处于混业经营的状态，业务基本没有什么限制。外汇业务中的大量产品特别是衍生品工具的很大一部分在场外市场交易，较为宽松的监管使投行以及客户双方都能够比较自由地使用衍生品工具。此外，国际金融市场结算清算体系、全球金融交易系统的统一技术标准、交易规则的制定等都是按照国际投行的需求制定的，这使得其在发展外汇业务时具备了先天优势，交易效率高于新兴市场国家的金融机构。

二、国内商业银行外汇业务经验借鉴

（一）商业银行外汇业务概况

目前，国内商业银行外汇业务的经营范围主要包括结售汇（人民币外汇交易）和外汇买卖（外币对交易）两个方面，产品覆盖即期、远期、掉期和期权。中资大行一般以代客业务为主、辅助以部分自营业务，而客盘规模较小的股份制银行和大部分外资行则以自营交易为主。商业银行目前的外汇业务集中在经常项目和直接投资项目下，以流程化的业务居多，与贸易融资等业务结合较紧密，交易投资属性强的产品相对较少。

（二）国内商业银行外汇业务盈利模式

商业银行外汇相关业务的盈利模式大致可分为四种：一是发展不直接影响资产负债表的表外业务，即通常所说的中间业务收入，主要有为个人和企事业单位提供的外汇汇出入、结算服务，按照客户指示代客进行外汇买卖并收取手续费、外汇资产托管等，体现在损益表下代理业务手续费及托管佣金收入项；二是吸收外汇存款或借入外汇资金，进行外汇贷款的存贷款利息收入，产生外汇净利差，体现在损益表下净利息收入的外币项目；三是直接买卖外汇及其衍生品产生的外汇交易业务收入，体现在损益表的外汇买卖价差收入、投资收益、汇兑损益和资产负债表的资本公积项；四是通过承销外币债券、股票等金融工具，为企业提供外币筹资、并购等咨询服务，也即狭义的投资银行业务，借此收取承销费、顾问费等。

外汇交易三大盈利模式为：一是做套息交易，即每种外汇的买卖都设了隔夜利息，因保证金交易有放大效应，所以隔夜利息也就放大了，利息比较可观。主要特点为：(1) 利用时间获利，收益相对稳定；(2) 设定仓位及目标时间后，不用花太多的买卖操作及管理；(3) 需要有充裕的资金，而且保证不挪做其他用途。二是做趋势行情，即当上涨或下跌趋势产生后，行情将会曲折延续相当长一段时间，建仓后可持仓到趋势发生逆转后平仓。主要特点为：(1) 获利丰厚；(2) 适合于自由时间不多，不是天天看行情的投资者；(3) 需要相当充裕的资金防止意外逆转行情发生。三是做波段行情，即在一个趋势中，行情不是直线发展的，而是曲折波动的，在这些波段中就有巨大的获利机会。主要特点为：(1) 短线操作，快速获利；(2) 需要有相对较多的自由时间，关注行情的每一个波段；(3) 适合于资金不多，利用小钱获大利的投资者。

外汇理财方面，根据产品的不同类型，目前国内商业银行外汇理财产品的盈利模式主要有三种：一是自行组盘模式，即由商业银行通过各种金融工具自行设计和包装外汇理财产品对投资者发售。这种产品将募集的资金用于在资本市场的同业拆放或者购买各国中央银行的票据，在规定客户无法提前赎回的前提下，资金流动性获得保证，通过利率市场拆放或购买低风险或无风险又具有较高收益金融产品获得收益。收益往往高于外币的存款利率和产品设计的预期最高收益率，而资金拆放或投资收益与支付给客户的产品收益之差，即是商业银行发行理财产品的盈利。该种产品基本都是固定收益产品，保证本金和收益，银行有权提前中止但客户不能赎回，结构简单，投资者往往当作外币存款来投资。各商业银行的该类产品现在已经基本实现连续发售，并且部分银行已经实现在网上操作连续购买，产品终止后即有新产品可以认购，全年资金无限制，而银行也能够用沉淀下来的部分资金在市场进行更长期限的操作，获得更高收益或提高产品收益吸引客户。自行组盘模式的产品按资金规模算是市场上最主要的理财产品，保本保收益或者保本浮动收益，结构简单，预期收益容易实现。符合我国个人外汇投资整体风险偏好较低的特点，是外币理财产品中的主力军。二是背对背平盘模式。与自行组盘模式相对的，国内市场余下的外汇理财产品基本都采用背对背平盘模式。这种模式下发售的产品一般结构较为复杂，产品的设计和发起者都是国际上实力较强的外资行，他们以各种金融衍生产品捆绑的合约形式在市场上出售，而捆绑的金融衍生品，如外汇期权，或是对市场走势有明确的预期与交易对手“对赌”，或是能够实现与自身持有的期权或金融合约敞口对冲。对于国内的商业银行，可以在市场上从外资行同业手中拿到各种产品，将选中的产品重新包装后发售给国内客户，而重新包装即是在原有的金融合约上留下银行的收益空间，然后以自己的产品发售给客户。三是投资托管模式。投资托管模式用于QDII外汇理财产品，银行运作的方式比较简单，即收取相关管理费用等作为盈利。产品在发售的时候会标明需要收取的费用，而产品条款中向投资者公示的预期收益率也是扣除费用后的收益率。

（三）商业银行发展外汇业务的优势

商业银行发展外汇业务相对于证券公司来讲具备较多优势。一是商业银行具备较强的市场先发优势，主要包括以下几方面：（1）国内外汇市场交易主导权和规则制定优势。商业银行是在岸外汇市场交易的主导力量，根据外汇管理局披露的信息，2014 年人民币外汇市场累计成交 12.76 万亿美元（日均 521 亿美元），同比增长 13.4%。分交易主体来看，银行对客户市场和银行间外汇市场分别成交 3.95 万亿和 8.81 万亿美元，占整个外汇市场的比重从上年的 66% 上升至 67.7%。非金融客户交易的比重从上年的 32.7% 下降至 30.5%，非银行金融机构交易的份额同比上升 0.3 个百分点至 1.7%，非银行金融机构外汇市场的占比仍然很低。（2）商业银行较早布局离岸外汇市场，更快融入国际外汇市场之中。首先是离岸市场人民币清算业务。近年来，随着人民币在海外认可度的提高、结算规模的大幅增长、我国人民币国际化战略的实行、离岸金融中心的竞争，人民币清算行也密集设立。截至 2015 年 6 月底，我国已在境外设立人民币清算行 18 家，全部为国有银行担任。目前，五大行除农行外均已获得不同国家和地区的清算行资格。其中 8 家由中国银行设立，7 家由中国工商银行设立，2 家由中国建设银行设立，1 家由交通银行设立。其次是外汇交易业务，国内商业银行或通过海外分支行，或通过并购海外银行的方式，较早进入国际外汇市场，熟悉国际外汇市场交易规则和惯例，储备了大量参与国际外汇市场的人才。（3）商业银行的外汇交易系统建设处于国内领先位置。从国际投行发展外汇业务的经验来看，交易系统和交易平台建设是外汇业务具备核心竞争力的关键。国内商业银行经过长期的业务发展和大规模的投入，一般都有成熟的外汇交易系统与平台，形成了一定的竞争力。（4）人才储备和 FICC 业务产业链较为完整。商业银行的外汇交易业务一般在金融市场部完成，而银行的金融市场部架构设置与国际投行的 FICC 业务较为类似，其业务范围广阔，包括利率、商品和外汇，有些商业银行还涵盖权益类投资，这使其发展外汇业务有强大的产业链网式基础。（5）交易对手授信。一是外汇交易主要是场外交易模式，商业银行由于长期参与外汇市场，互相都给予授信，而证券公司一般较难获得充足授信，这使其交易活跃度明显下降。二是商业银行发展外汇业务具备坚实的客户基础和广阔的网络渠道。商业银行的投资银行、商业银行的零售银行业务为其开展外汇业务积累了大量的客户基础。三是外汇交易业务是一项资本密集型业务，需要资本投入和较大的资产负债表容量，国内商业银行净资本实力和资产负债表规模处于领先地位，不少国有大行的资产体量进入世界前十位，这使其发展外汇业务能够获得持续的资源投入。

三、证券公司发展外汇业务的路径分析

（一）证券公司发展外汇业务概况

根据《非银行金融机构经营外汇业务范围》（汇管函字［1997］第 258 号），证券公司可经营以下全部或部分外汇业务：(1) 发行或代理发行外币有价证券；(2) 买卖或代理买卖外币有价证券；(3) 外汇同业拆借；(4) 外汇证券投资；(5) 委托外汇资产管理；(6) 外币有价证券抵押外汇融资；(7) 外汇担保；(8) 资信调查、咨询、见证业务。上述经营范围未包括外汇交易类业务，需要证券公司单独向行业主管部门或外汇监管部门申请。国内外汇市场是银行占据绝对主导地位的场内市场，目前外汇市场有 371 家人民币外汇即期会员。

实际上，此前国内证券公司外汇业务范围非常局限，主要经营的是 B 股或者 QDII 等外汇投资业务，而不像商业银行或者国外投资银行那样形成外汇融资、外汇交易和外汇投资的完整业务功能链条。据统计，全国 114 家证券公司中，具有外汇经营资格的有 95 家，占总数的 83.9%，但绝大多数都是“外币有价证券经纪业务”（即 B 股经纪），其中具备“外币有价证券承销业务”资格的为 25 家，占比 22%，另有 9 家获得 QDII 业务资格，从而具备了开展所谓的“外汇”资产管理业务的资格，占总数的 8%。

造成上述局面的原因主要有以下三方面：一是从业务构成看，国内证券行业重点发展境内金融市场的经纪、自营和投资银行等类业务，各类外汇业务受限于境内客户外汇投资需求不足、外汇资产投资收益率较低以及市场熟悉度不足等原因，在证券公司业务布局中始终处于相对弱势的地位；二是从市场准入看，国内外汇市场准入存在一定行业限制，过去国内外汇市场的参与主体一直由商业银行主导，非银行金融机构中只有农信社和企业财务公司等参与，证券公司没有纳入其中；三是从机构布局看，国内证券公司的海外分支机构布局相对落后于商业银行，虽然目前部分大型证券公司都在中国香港建立了分支机构，但主要是从事中国香港本地市场的业务，与境内母公司的业务关联性与国内商业银行存在差距，而且在欧洲、美洲以及新加坡等国际主流金融市场的布局也有所滞后。

（二）证券公司发展外汇业务的优势

证券公司发展外汇业务也存在一定优势。一是市场后发优势与互联网金融技术的结合，能够使证券公司的外汇业务发展更迅速，更有特色。二是证券公司的创新能力与人才、团队激励机制优势相结合，能够推动外汇业务发展模式的创新。三是证券公司在发展人民币资本项目项下业务有先天优势。一方面，证券公司可以服务于境内企业在境外投融资过程中提供外汇风险管理和外汇结构化产品设计服务；另一方面，证券公司在 QDII、QFII、RQFII、沪港通等资本项目开放领域积累了经验，形成一定竞争力。总体来看，证券公司在借助人民币

资本项目开放的机遇来发展外汇业务方面具备极大的潜力。

（三）证券公司发展外汇业务存在的问题

1. 缺乏外汇业务中后台配套处理流程。外汇业务中后台配套处理流程包括但不限于资金清结算、会计核算、风控体系和监管指标统计报送等。资金清结算方面，由于证券公司原有业务对于证券公司的资金清结算流程要求并不高，但外汇业务存在大量的双边清算需求，即使代理净额清算能够替代一部分双边清算，代客交易的做市模式也对于资金清算提出了更高要求。此外，外汇业务的资金清结算涉及境外账户和跨境的资金划转，一般通过 SWIFT 系统进行交易后的确认匹配和清算指令传递，与原有业务在资金清结算流程上存在较大差异。会计核算方面，外汇业务涉及的币种较多，需要在原有的人民币、美元和港币账户体系基础上进一步增设其他币种的账套，甚至可能涉及会计核算系统的适应性改造工作。同时，外汇业务涉及外汇远期、掉期和期权等多类型的衍生品交易以及外汇债券等新的资产类别，在会计核算方面需要制定针对性的业务规则。风险控制方面，证券公司开展外汇业务，有必要结合证券行业和银行外汇业务的风控指标体系，制定兼具实效性和可操作性的风险管理指标体系和管理模式。此外，风控管理体系还包括对于交易对手和客户的风险管理，具体需要考虑的因素有授信额度、保证金管理和抵押品管理等，现行业务中对于投资标的管理和融资融券客户风险管理的经营可以借鉴。上述的外汇业务中后台配套处理流程尚未真正建立。

2. 外汇交易 IT 系统架构仍须完善。在金融交易高度互联网化的环境下，IT 系统对于外汇业务的运营至关重要，覆盖前中后台各业务环节，其中包括前台使用的银行间和对客交易系统、报价系统、客户管理系统（CRM）、头寸管理系统等，中台风控使用的风险管理系统，以及后台使用的资金清结算系统、会计核算系统等。在 IT 系统架构搭建过程中，IT 系统与前中后业务流程的系统衔接以及与公司现有业务处理系统的衔接都存在劣势。

3. 交易对手关系尚须建立完善。外汇业务的交易对手范围与本币业务存在差异，特别是境外交易对手方面，证券公司在国际市场的认知度不如商业银行，因此在授信额度申请方面存在一定困难。此外，与境外交易对手开展衍生品交易需要签署 ISDA 协议（部分交易对手还要求签署 CSA 协议）、与境内交易对手的 NAFMII 协议在业务范围拓展时可能也需要修订，这些工作涉及的对象范围广、耗时长，尚须加强完善。

4. 资本市场开放相关政策及证券公司外汇业务监管政策亟须调整。资本项目开放相关政策的落实是代客外汇业务模式能够实现的基础。从目前情况看，初期证券公司能够较快开展的外汇业务可能集中在自营交易方面，而设想中的代客业务需要有资本市场开放的相关政策支持。例如，跨境经纪业务需要监管层逐步向境内投资者开放境外资本市场，外汇资产管理业务也需要外汇投资渠道的拓宽来增强居民的持汇意愿。证券公司外汇业务发展的过程实质上也就是资本项目改革逐步推进和境内外资本市场双向开放的过程。

（四）证券公司发展外汇业务的建议

1. 证券公司应主动成为金融创新主体。在利率市场化和人民币国际化背景下，发展外汇业务，证券公司须成为金融行业体制创新的先行者，夯实自身外汇交易、衍生品、托管清算、支付、投资以及融资等基础功能，借助业务多元化实现盈利模式的转变。同时，证券公司应当围绕外汇金融产品创新、金融衍生品创新和各种风险管理工具等，以“风险管理”

为核心的金融创新，合理利用杠杆，加强跨市场、跨品种的风险管理。

2. 充分利用新技术发展外汇业务。随着移动互联、物联网、大数据、云计算等技术的进步，互联网金融正以超出人们想象的速度颠覆传统金融的理念和模式。面对这一新机遇，证券公司应该充分利用网络技术打造外汇业务网络平台。用互联网的思维，无需传统的营销手段，无需物理的营业网点，客户只要通过互联网，就可以接触到证券公司优质的外汇服务。

3. 加快证券公司自主的柜台交易市场建设。发展外汇业务，证券公司应当加强柜台交易市场建设，积极稳妥地在柜台市场创设和交易新产品，提供差异化服务。同时，证券公司要发挥市场中介机构的职能，大力参与外汇交易市场建设，通过研发多元化的外汇交易产品，为广大战略新兴产业、小微企业、创业创新型企业提供多元化的外汇服务，并逐步由简单的通道中介转变成用资产负债表为客户提供风险管理与流动性支持的资本中介，充当市场的组织者、流动性的提供者、交易对手方。

交易所债券市场的发展现状、问题及建议

厉 栋*

交易所债券市场是我国最早进行债券交易的场所，也曾是各金融机构唯一的债券交易场所。鉴于当时银行资金大量违规流入股市，导致股票市场产生严重泡沫，中国人民银行于1997年6月出台了《关于各商业银行停止在证券交易所证券回购及现券交易的通知》，要求商业银行全部退出交易所市场，同时成立了全国银行间债券市场。从此，我国的债券市场便形成分割格局，并逐步发展为沪深证券交易所市场、银行间债券市场、商业银行柜台交易市场。提升包括交易所在内的市场运行效率，必须健全与完善互联互通机制。

一、我国债券市场概览

（一）债券市场建设情况

我国债券交易市场通常被业内分为场内市场和场外市场。场内市场包括上海证券交易所和深圳证券交易所，市场参与者既有机构也有个人，属于批发与零售的混合型市场。场外市场包括银行间债券市场和商业银行国债柜台市场。银行间债券市场的参与者限定为机构，属于场外债券批发市场；商业银行国债柜台市场的参与者限定为个人，属于场外债券零售市场，是场内批发市场的延伸，目前只有工商银行、农业银行、中国银行、建设银行、招商银行五家银行网点柜台以及电子银行系统可供普通投资者参与。场内债券交易的绝大部分集中在上海证券交易所，场外债券交易的绝大部分集中在银行间债券市场，二者是中国债券交易市场的两个中心场所。

上述四个市场的债券，分别由不同的机构负责登记、托管和结算。上海证券交易所对应于中国证券登记结算公司上海分公司、深圳证券交易所对应于中国证券登记结算公司深圳分公司，银行间市场对应于中央结算公司，国债柜台市场实行二级托管制度，一级托管在中央结算公司，二级托管在商业银行。

* 作者单位：海通证券股份有限公司。

（二）债券市场发展情况

我国的债券市场处于事实上的“品种分离、监管分工”的监管模式。财政部负责管理国债的发行；发改委管理企业债发行；中国证监会管理公司债的发行和交易；中国银行间市场交易商协会（NAFMII）管理短期融资券、中期票据等的发行；中国银监会管理商业银行的次级债、混合次级债的发行；保险公司可投资的债券类型归中国保监会管理。在市场分割的情况下，不同的监管主体和债券品种导致了各市场的交易品种存在差异（见表 1）。

表 1　　各债券市场的债券品种

债券交易市场	债券品种
银行间债券市场	国债、地方政府债、央行票据、政策性银行债、商业银行债（普通债、次级债、混合资本债）、非银行金融机构债、政府支持机构债、资产支持证券、中期票据、集合票据、外国债券（国际机构债）、资本工具、企业债、短期融资券、同业存单、证券公司债、国债与发行等
上交所债券市场	国债、地方政府债、企业债、公司债、资产支持证券、可转债、可分离债、政策性金融债、债券回购、私募债等
深交所债券市场	国债、地方政府债、企业债、公司债、资产支持证券、可转债、可分离转债存债、国际机构债、金融债、政府支持机构债、可质押回购债券等

资料来源：根据 Wind 资讯、Chindbond、深交所、上交所网站整理。

近年来，随着金融市场改革步伐的加快，以及金融支持实体的功能回归，债券市场也得到了快速发展，其中银行间市场发展尤为迅速，不仅表现为绝对规模的扩大，也表现为债券品种的丰富。2016 年 3 月，我国债券市场的现券成交额达到 11.12 万亿元，其中交易所债券市场为 0.14 万亿元，占整个市场成交额的 1.25%。如果将时间向前追溯，可以发现 2003 年之前交易所是债券市场的主要交易场所，但从 2003 年 1 月开始反转，银行间市场成为债券的主要交易场所（见图 1）。从表 2 的统计数据来看，银行间市场债券的规模普遍比交易所债券市场大，而且有些债券种类只在银行间市场流通，如中国人民银行票据、商业银行债券、资本工具、非金融机构债券、中期票据、集合票据、外国债券等（见表 2）。

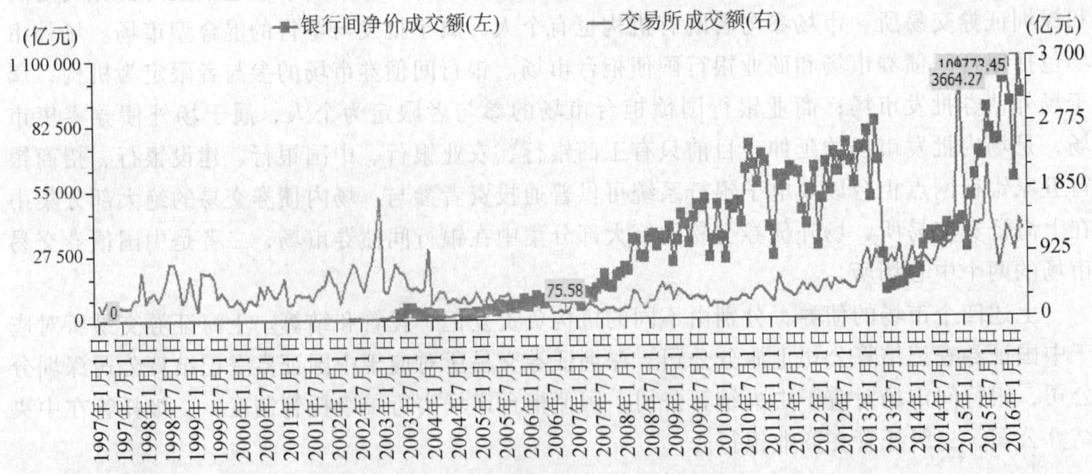

图 1　债券市场的成交规模

资料来源：Wind 资讯。

表 2　　　　市场各债券托管量　　　　（单位：亿元）

	2016 年 3 月末					2015 年末				
	总计	银行间	交易所	柜台	其他	总计	银行间	交易所	柜台	其他
合计	365 843.5	341 941.6	15 238.9	6 618.8	2 044.1	350 421.9	327 219.0	14 517.9	6 640.8	2 044.1
政府债券	158 449.6	145 642.2	6 199.3	6 598.2	9.9	149 757.8	137 443.9	5 680.3	6 623.7	9.9
记账式国债	94 879.1	89 388.6	5 470.4	15.3	4.8	94 889.5	89 556.1	5 313.1	15.5	4.8
储蓄国债（电子式）	6 582.8	0.00	0.00	6 582.8	0.0	6 608.1	0.00	0.00	6 608.1	0.0
地方政府债	56 987.6	56 253.6	728.9	0.00	5.1	48 260.1	47 887.8	367.2	0.00	5.1
央行票据	4 281.7	4 281.7	0.00	0.00	0.0	4 281.7	4 281.7	0.00	0.00	0.0
政策性银行债	115 065.2	113 175.8	0.00	19.4	1 870.0	109 958.1	108 072.2	0.00	15.9	1 870.0
国家开发银行	68 161.1	66 273.3	0.00	17.8	1 870.0	66 014.0	64 129.5	0.00	14.5	1 870.0
中国进出口银行	19 126.1	19 124.6	0.00	1.5	0.0	18 516.1	18 514.7	0.00	1.4	0.0
中国农业发展银行	27 778.0	27 778.0	0.00	0.00	0.0	25 428.0	25 428.0	0.00	0.00	0.0
政府支持机构债券	12 325.0	12 244.1	31.4	0.9	48.7	12 325.0	12 244.1	31.4	0.9	48.7
商业银行债券	15 302.7	15 302.7	0.00	0.00	0.0	13 811.1	13 811.1	0.00	0.00	0.0
普通债	7 354.2	7 354.2	0.00	0.00	0.0	5 799.0	5 799.0	0.00	0.00	0.0
次级债	7 717.5	7 717.5	0.00	0.00	0.0	7 781.1	7 781.1	0.00	0.00	0.0
混合资本债	231.0	231.0	0.00	0.00	0.0	231.0	231.0	0.00	0.00	0.0
资本工具	6 658.1	6 658.1	0.00	0.00	0.0	6 282.1	6 282.1	0.00	0.00	0.0
二级资本工具	6 658.1	6 658.1	0.00	0.00	0.0	6 282.1	6 282.1	0.00	0.00	0.0
非银行金融机构债券	1 397.0	1 397.0	0.00	0.00	0.0	1 234.0	1 234.0	0.00	0.00	0.0
企业债券	32 933.5	23 810.7	9 008.2	0.4	114.1	31 634.1	22 713.3	8 806.2	0.4	114.1
中央企业债券	5 831.2	4 676.5	1 043.4	0.4	110.8	5 883.2	4 838.5	933.5	0.4	110.8
地方企业债券	26 900.4	18 949.8	7 947.3	0.0	3.3	25 576.1	17 716.1	7 856.7	0.0	3.3
集合企业债	90.8	74.5	16.3	0.00	0.0	90.8	74.8	16.1	0.00	0.0
项目收益债	111.0	109.8	1.2	0.00	0.0	84.0	84.0	0.00	0.00	0.0
资产支持证券	5 108.7	5 107.3	0.00	0.00	1.4	5 298.2	5 296.8	0.00	0.00	1.4
中期票据	14 308.8	14 308.8	0.00	0.00	0.0	15 825.4	15 825.4	0.00	0.00	0.0
集合票据	3.2	3.2	0.00	0.00	0.0	4.4	4.4	0.00	0.00	0.0
外国债券	10.0	10.0	0.00	0.00	0.0	10.0	10.0	0.00	0.00	0.0
国际机构债券	10.0	10.0	0.00	0.00	0.0	10.0	10.0	0.00	0.00	0.0
其他债券	0.0	0.00	0.00	0.00	0.00	0.00	0.00	0.00	0.00	0.00

资料来源：中国债券信息网 Chinabond。

二、交易所债券市场现状

从交易所债券市场的交易制度看，交易所债券的交易制度主要采取竞价交易机制（含大宗交易）和做市商制度相结合的方式，其中竞价交易在场内进行，做市商制度在 2007 年建立的固定收益平台上实施。由于交易方式单一、债券存量低和资金规模小等方面的限制，市场交易量不高。此外，在交易所市场发行的公司债券由中国证监会负责审核。

交易所债券市场与银行间债券市场的区别见表 3。

表 3　　交易所债券市场与银行间债券市场的区别

	交易所债券市场	银行间债券市场
参与者范围	上市商业银行、证券公司、基金管理公司及其子公司、期货公司、保险公司、信托公司、企业、高净值个人、QFII、RQFII 等	商业银行、农村信用社、证券公司、基金管理公司、保险公司、信托公司等各类金融机构和非金融机构
交易平台	沪深证券交易所	中国外汇交易中心
交易方式	报价、询价、指定对手方报价	做市商制度、一对一询价制度
债券托管机构	中国证券登记结算有限责任公司上海分公司和深圳分公司	中央国债登记结算公司；上海清算所
债券结算方式	多边净额担保结算、逐笔全额结算、双边净额结算、代收代付（主要用于 ETF）	中债登采用实时逐笔结算；上清所采用全额和净额结算
交易手续费	开户费和交易手续费	一次性开户费、结算过户费

资料来源：根据《企业与债券投资：债券结算代理业务》，中国财政经济出版社（2004 年版）修改。

截至 2016 年 3 月，交易所托管的债券规模为 15 238.94 亿元，占整个债券市场的 4.17%，其中政府债券 6 199.35 亿元，政府支持机构债券 31.39 亿元，企业债券 9 008.21 亿元。相比之下，银行间市场的托管总额达到 341 941.62 亿元，占整个债券市场的 93.47%。

交易所债券市场的托管规模见表 4。

表 4　　交易所债券市场的托管规模

（统计时间：2016 年 3 月）　　（单位：亿元）

债券类型	银行间	交易所	柜台	其他	合计
政府债券	145 642.18	6 199.35	6 598.18	9.90	158 449.61
记账式国债	89 388.60	5 470.45	15.35	4.76	94 879.15
储蓄国债（电子式）	0.00	0.00	6 582.83	0.00	6 582.83
地方政府债	56 253.59	728.90	0.00	5.15	56 987.63
央行票据	4 281.72	0.00	0.00	0.00	4 281.72
政策性银行债	113 175.84	0.00	19.36	1 870.00	115 065.20
国家开发银行债	66 273.26	0.00	17.84	1 870.00	68 161.10
中国进出口银行债	19 124.58	0.00	1.52	0.00	19 126.10

续表

债券类型	银行间	交易所	柜台	其他	合计
中国农业发展银行债	27 778.00	0.00	0.00	0.00	27 778.00
政府支持机构债券	12 244.05	31.39	0.87	48.69	12 325.00
商业银行债券	15 302.65	0.00	0.00	0.00	15 302.65
非银行金融机构债券	1 397.00	0.00	0.00	0.00	1 397.00
企业债券	23 810.72	9 008.21	0.40	114.14	32 933.47
中央企业债券	4 676.55	1 043.43	0.38	110.84	5 831.20
地方企业债券	18 949.85	7 947.27	0.02	3.30	26 900.44
集合企业债	74.52	16.31	0.00	0.00	90.83
资产支持证券	5 107.35	0.00	0.00	1.40	5 108.75
中期票据	14 308.77	0.00	0.00	0.00	14 308.77
集合票据	3.20	0.00	0.00	0.00	3.20
外国债券	10.00	0.00	0.00	0.00	10.00
国际机构债券	10.00	0.00	0.00	0.00	10.00
其他债券	0.00	0.00	0.00	0.00	0.00
合计	341 941.62	15 238.94	6 618.81	2 044.13	365 843.50

资料来源：Wind 资讯（市场概况）。

三、证券公司参与交易所债券市场面临的问题

（一）跨市场转托管效率低

2010 年，中国证监会、中国人民银行和中国银监会联合发布的《关于开展上市商业银行在证券交易所参与债券交易试点有关问题的通知》允许上市商业银行参与交易所债券市场的现券交易和回购，表明双向转托管业务的制度和技术问题得以解决，两个市场的相同债券实现了跨市场交易。然而，由于银行间市场和交易所债券市场的托管机构之间存在着不同的运作模式，完成转托管至少需要一天。银行间市场可以在工作日内的任何时间（8:30—16:30）实时办理转出、转入业务，但交易所市场必须在该日闭市以后（15:00）才能进行清算，也就是说，交易所必须在 15:00 前完成转入或转出指令的录入，才能保证客户在下一个工作日可以使用转入或转出的债券。

此外，转托管效率也因券种、转托管的方向而受到影响。其中，国债转托管是证券公司根据需要由后台直接完成，因此效率较高；交易所的债券转托管至银行间市场也同样由证券公司后台完成，效率也不存在问题。转托管效率低下的环节是企业债由银行间市场转托管至交易所债券市场，由于该方向的转托管是由证券公司提出申请，并寄送至中央国债登记结算有限责任公司，由该公司备案后转托管才算成功，一般需要三天左右时间才能完成。如果要执行转托管操作的证券公司在外地，转托管的效率会受邮寄速度的影响。

（二）交易所市场债券流动性低

交易所债券市场的流动性低于银行间市场，而引发交易所债券市场低流动性的原因有

多种。

首先，参与主体受限制。虽然《关于开展上市商业银行在证券交易所参与债券交易试点有关问题的通知》规定上市商业银行可以参与交易所债券市场的现券交易和回购，但相对于我国 794 家的银行业金融机构而言，上市商业银行数量屈指可数。与此同时，尽管 16 家上市银行依照该“通知”有权参与交易所市场的现券和回购交易，但实际操作中，银行的参与度仍然非常有限。受制于现有的市场体量及对银行参与方式的限制，在该“通知”实施后的数年内，上市银行仍未将交易所市场作为其主要的交易平台，而仅对交易所的成交价格、情况作为银行间交易的参考。在目前商业银行作为债券市场参与主体的背景下，交易所市场债券的流动性始终较银行间市场低。

其次，债券存量规模和交易规模远远低于银行间市场。截至 2016 年 3 月 31 日，交易所市场债券的存量为 7 020 只，债券余额为 184 375. 68 亿元；银行间市场的债券存量为 17 877 只，债券余额为 475 538. 04 亿元。我国债券市场的现券成交额为 11. 12 万亿元，其中交易所债券市场为 0. 14 万亿元，占整个市场成交额的 1. 25%。数据表明，债券市场交易以银行间市场为主。相比之下，交易所债券市场无论在存量规模还是在交易规模上，都远低于银行间市场。

最后，质押券制度降低了交易所市场参与机构融资能力。2014 年 12 月 8 日，中证登发布《关于加强企业债券回购风险管理相关措施的通知》，地方政府债务甄别完成后，不纳入政府债务的企业债，除债项 AAA、主体 AA（展望稳定或正面）以外的质押资格被取消。该“通知”发布之后的最直接影响是约有 4 700 亿元企业债券失去质押资格。失去质押资格不仅影响所涉及的该 4 700 亿元企业债的流动性，也使市场一度产生了恐慌。市场普遍对于下阶段是否还会有更多此类发文产生担忧，从而进一步影响了其他交易所债券的流动性。

（三）成交价格与中债估值偏离度较大

一般情况下，成交价格与中债估值偏离度较大会被认为是非正常交易。由于交易所市场债券交易活跃度较差，很多债券并无买卖报价，有的投资者可能会倾向于采用少量的试探性报价的策略来判断市场的交投意向、市场交易走势等信息，时常会出现交易所市场的零星少量报价成交。在这种情况下，交易价格有可能与中债估值或市场公允价格出现偏离，造成少量交易改变市场特定债券估值水平，并且可能影响公司（或其他交易者、产品）盈利或估值水平。尽管交易所已在固定收益平台上推出做市商机制，但由于参与者有限，且交易便利性不如竞价撮合系统，实际效果并未达到预期。

（四）企业债质押条件苛刻

目前，企业债质押条件仍采用的是 2014 年 12 月中证登公布的《关于加强企业债券回购风险管理相关措施的通知》，大幅提高了交易所企业债质押条件。一是不受理新增企业债券回购资格申请，已取得回购资格的企业债券暂不得新增入库。按主体评级“孰低原则”认定的债项评级为 AAA 级、主体评级为 AA 级（含）以上（主体评级为 AA 级的，其评级展望应当为正面或稳定）的企业债券除外。二是地方政府性债务甄别清理完成后，未纳入地方政府一般债务与专项债务预算范围内的企业债券将仅接受主体 AA 及以上（AA 评级的需展望正面或稳定）、债项 AAA 品种入库，存量不符合要求的将逐步压缩清理出库。

尽管《关于加强企业债券回购风险管理相关措施的通知》发布的背景是国务院开展地方政府债务甄别，其目的是限制低信用级别、无政府明确担保的潜在高风险企业债标的可能在质押式回购业务中产生的系统性风险。但是，大幅提高交易所质押条件，致使大量未达质押条件的券种退出交易所回购市场。机构可质押资产率大幅降低直接削弱其杠杆能力，当月相关信用债收益率大幅上行。之后，交易所债券市场的托管量增量开始下滑，到 2015 年 4 月，增量为 -0.31%。相对应的是银行间市场的托管量增量从 2015 年 1 月开始上升。质押条件的大幅更改造成了市场波动，也带来了风险。

（五）T+1 结算制度造成结算风险

交易所的 T+1 结算制度给债券市场在流动性方面造成了不少困难。首先，从债券投资的角度来看，交易所结算制度相对固化且缺乏弹性，使得债券投资者无法灵活管理流动性。出现该种问题以资管类投资者为甚。由于只能 T+1 结算，即使 T 日有流动性需求，资管类账户也只能在 T-1 甚至更早做好交易准备。这一方面造成了资金闲置，另一方面在 T 日也没有交易机制使得资管类账户可以满足任何紧急流动性需求。其次，交易所债券市场的 T+1 清算属性也使其与银行间市场流动性不互通，进一步阻碍了国内债券市场不同交易场所间的融合。交易所 T+1 结算的资金无法在 T 日流入银行间市场，反之却可以，这造成了两个市场可能出现结构性的流动性紧张。

四、完善交易所债券市场的建议

（一）协调中债登出台提高转托管效率的措施

虽然《关于开展上市商业银行在证券交易所参与债券交易试点有关问题的通知》解决了跨市场双向托管的问题，但双向托管的效率亟待提高。从上文中的问题可知，双向托管的效率低下主要发生在企业债从银行间市场转托管至交易所市场。引起效率低下的原因也只是因为转托管申请材料采用纸质寄送的方式，该方式使转托管业务的用时为 3 天左右。若中债登规定使用电子化材料报送，即可使转托管效率大幅提升。由于中债登归口于银行间债券市场，若要改变这种状况，则需要交易所与中债登协商解决。

（二）多方面改善流动性

1. 增强交易所托管债券品种的多元性，以交易所国开债为例，其受欢迎程度反映了市场的真实需求。

2. 增加利率债和高等级信用债的品种。债券品种的多样化可以增加投资者的投资策略组合，满足不同投资者的投资需求。许多银行间市场流动性较好的债券在交易所债券市场较为欠缺，如利率债中的政策性金融债，高等级信用债中的铁道债等，这些债券品种目前只在银行间市场发行和流通。增加流动性较好的债券品种将会吸引投资者，改善交易所债券市场流动性低的现状，而且也可以提升市场的活跃度。

3. 延长交易所债券市场的交易时间，并匹配与银行间市场等效的应急机制。目前，交易所债券交易时间是 15:00 收盘，大宗交易 15:30 收盘。银行间市场的交易收盘时间为 16:30，而且建有债券交易结算应急服务机制，结算应急服务涵盖现券、质押式回购、买断式回购、债券远期和债券借贷 5 个交易品种。交易中心提供 T+0 应急交易服务时间为 16:30—16:50，提供 T+1 应急交易服务时间为 16:30—17:00。相比之下，交易所的交易时间较短，这就导致在交易所债券市场收盘之后，银行间市场仍然在交易。若银行间市场的价格出现波动将会影响到第二天交易所债券市场的价格。因此，延长交易所债券市场交易时间不仅可以减少由于银行间市场在 15:30 后交易不确定性带来的波动，同时也将吸引更多投资者进入市场。

（三）减小估值偏离度较大的影响

在月末或年末，银行间市场以中债估值作为公允价值记账，交易所以收盘价作为公允价值记账。交易所的记账方式更容易受到收盘价的影响，也可能会造成不必要的市场价格操纵。

由于两种估值方式各有利弊，建议在保留交易所现有记账方式的同时，对于在交易所的零星成交，如收盘成交价格与中债估值等参考价格出现较大偏离，则剔除其作为月末或年底时的入账价格。同时，在竞价交易系统上也可公布固定收益平台做市商的双边报价信息，作为投资人的参考。对于超过一定期限未成交的债券品种，建议鼓励机构投资者主动报价，并予以一定的政策支持如交易手续费返还等，以提高市场活跃度，增强交易所成交价格的指导意义。

（四）调整企业债质押条件

随着金融产品规模大幅增加，金融衍生工具不断推出，以及 IT 技术的广泛应用，机构投资者有了更多的风险对冲手段，如利率互换、国债期货等。机构投资者对市场的风险识别能力和承受能力较以前也有了很大提升。建议将企业债质押门槛调低，具体为主体 AA（含）以上，债项评级 AA（含）以上的企业债券均可进入回购质押库；或者为主体 AA-，但有担保品，使主体评级增级为 AA 或 AA 以上，债券 AA（含）以上的企业债券也可以进入回购质押库。

（五）采用银行间市场的结算制度

对于在交易所和银行间双市场上市的债券，采取和银行间市场一样的 T+0、T+1 可选的结算制度。对于交易所质押式回购，由于机构流动性管理的首要任务是对近端资金头寸进行管理，T+1 的结算方式会增加市场参与者进行流动性管理的难度，建议在当前 T+1 结算方式的基础上增加 T+0 的结算方式，以更好地满足各类机构流动性管理的需求。

证券公司信用债业务发展现状、存在问题与前景展望

赵 婧*

证券公司在我国信用债市场发展过程中一直作为核心一员参与其中。从 20 世纪 90 年代的交易所市场，到今天的场内场外共同发展的市场，证券公司从承销、融资和投资等各个层面融入国内信用债市场。目前，证券公司的承销业务基本覆盖各个品种，从传统的公司债、企业债到银行间的中票、短期融资券以及定向工具（以下简称“PPN”）等，均有证券公司参与。同时，随着金融企业融资政策的放开，近两年证券公司作为融资主体也积极参与到了信用债市场。展望未来，国内信用债市场仍处在黄金发展期，证券公司有望御风而行。一方面，通过资产证券化提高资产周转率，利用财务杠杆提升盈利能力；另一方面，作为承销中介机构帮助更多的融资企业更高效地融资。

一、证券公司信用债业务发展现状

证券公司在信用债市场中可担当多个角色：作为中介机构时的主要业务是承销；作为发行人时的主要业务是融资；作为投资者时的主要业务是参与信用债投资。

（一）承销业务

以企业性质是否为金融企业，产品是否为衍生品来分类，国内信用债分为三大类：非金融企业信用债、金融企业信用债以及资产证券化产品。目前，证券公司在这三大类产品的承销中均起到重要作用。

1. 证券公司非金融企业信用债承销业务现状。非金融企业信用债细分品种繁多，目前存量较大的主要是中期票据、企业债券、PPN。传统的公司债券品种经过 2013 年的评级下

* 作者单位：国信证券股份有限公司。

调及三起公司债违约冲击，近两年发展速度明显放慢（见表1）。

证券公司参与承销的主要品种是公司债券和企业债券。证券公司承销这两种债券的市场占有率接近100%，但在银行间市场交易商协会注册的短期融资券、中期票据、PPN等，目前仅小部分证券公司有主承销资格，证券公司承销的相关债券规模偏低。以2014年中期票据发行情况为例，证券公司参与联合主承销的中期票据总规模仅928亿元，占全年该产品发行总量的9.5%（见图1）。

表1　国内存量非金融企业信用债

非金融企业信用债	债券数量（只）	债券数量比重（%）	债券余额（亿元）	余额比重（%）
中期票据	2 494	25.7	37 332	29.3
企业债	2 284	23.5	30 059	23.6
短期融资券	1 755	18.1	21 257	16.7
定向工具	1 863	19.2	18 858	14.8
公司债	1 212	12.5	8 494	6.7
国际机构债	3	0.0	31	0.0
政府支持机构债	92	0.9	10 925	8.6
可转债	4	0.0	119	0.1
可交换债	6	0.1	60	0.0
可分离转债存债	1	0.0	68	0.1
合计	9 714	100	127 203	100

资料来源：WIND、国信证券研究所整理，时间截至2015年7月31日。

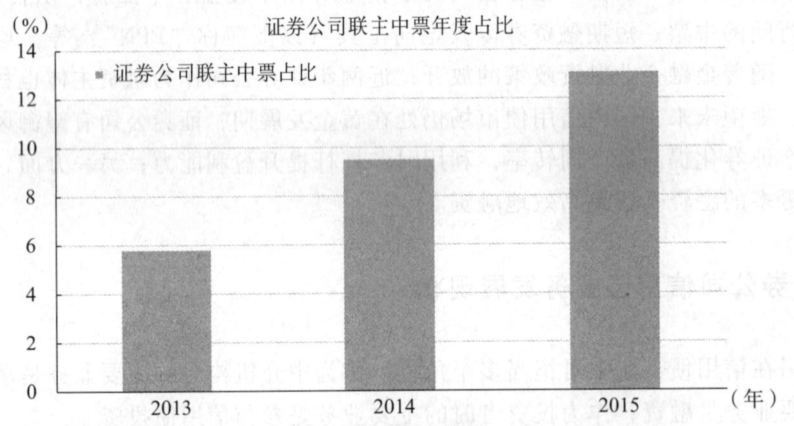

图1　证券公司联主中期票据规模占比

资料来源：Wind、国信证券研究所整理，时间截至2015年7月31日。

2. 证券公司金融企业信用债承销业务现状。随着同业存单的推出，金融企业信用债发行规模也迅速壮大。经过近两年时间，同业存单已经成为金融企业信用债最主流的品种。不过同业存单基本是商业银行自己承销，在金融企业信用债业务中，证券公司目前主要介入证券公司债（包括证券公司次级债），同时尝试承销商业银行债。

3. 证券公司资产证券化产品承销业务现状。国内衍生品市场发展仍相对较慢。我们按照监管机构来划分，资产证券化产品分为三类：中国银监会主管ABS、中国证监会主管ABS和中国银行间市场交易商协会ABN。目前，证券公司的主战场在中国证监会监管的ABS品种上。

（二）融资业务

近几年，证券公司融资业务快速发展。目前存量的证券公司债券品种很多，包括证券公司债、证券公司短期融资券、证券公司次级债和证券公司短期公司债。以发行量来看，短融发行量最大；以融资量来衡量，证券公司次级债融资量较多（见图2、图3）。

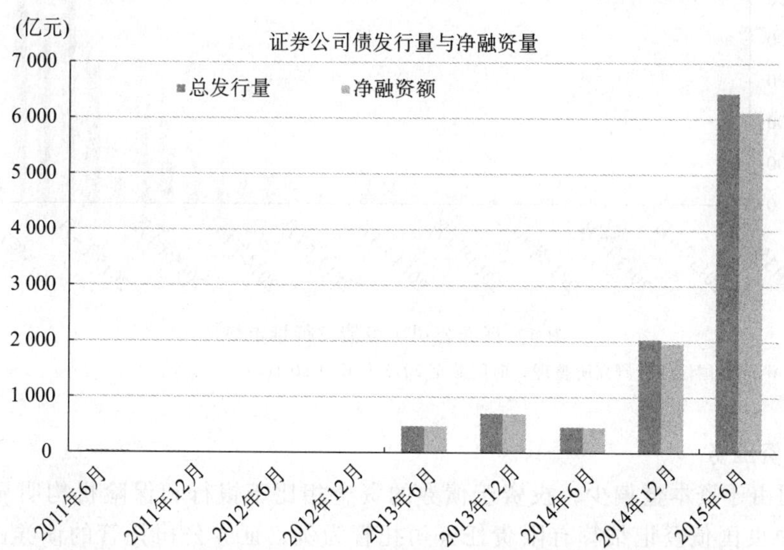

图2 证券公司发行的债（证券公司债＋次级债＋短期公司债）发行量

资料来源：Wind、国信证券研究所整理，时间截至2015年6月30日。

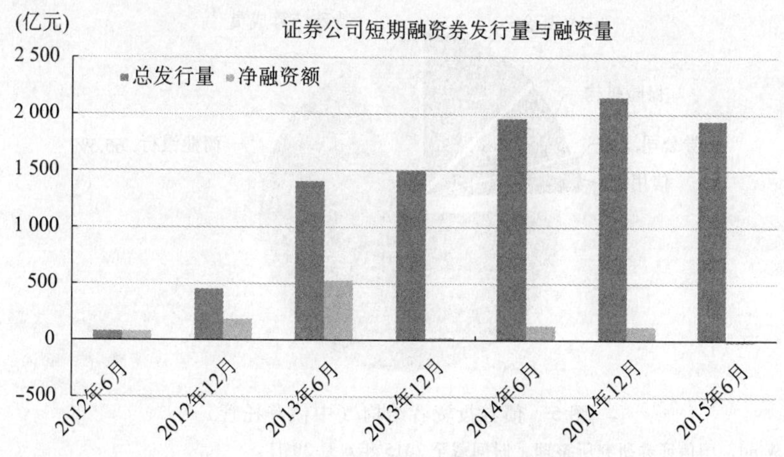

图3 证券公司短融发行量与净融资量

资料来源：Wind、国信证券研究所整理，时间截至2015年6月30日。

近一年来，证券公司次级债出现明显放量。从发行规模来看，证券公司次级债在2014年第四季度以后进入爆发增长阶段。2015年4月，证券公司次级债发行规模接近1 400亿元。证券公司次级债从2014年第四季度以来迅速发展，主要原因是证券公司融资需求剧增，背后原因是股市繁荣，融资融券等各项业务爆发式增加（见图4）。

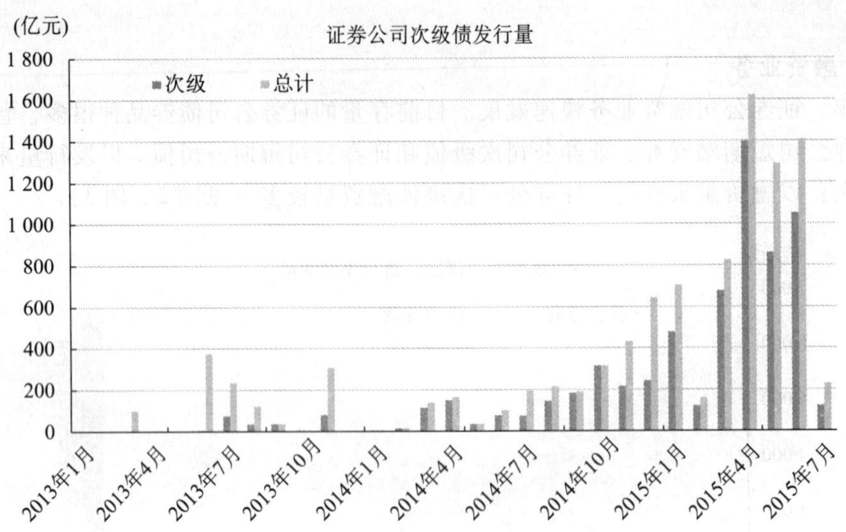

图 4 证券公司次级债发行量走势

资料来源：Wind、国信证券研究所整理，时间截至 2015 年 6 月 30 日。

（三）投资业务

证券公司由于资本金偏少，投资于债券的资金相比于银行和保险机构明显偏少。2015 年 6 月，以中央国债登记结算有限责任公司托管为例，证券公司托管的债券占比在 1% 左右。对于企业债品种（不考虑托管在交易所的部分），证券公司持有量占比 4.7%，比例也偏低（见图 5）。

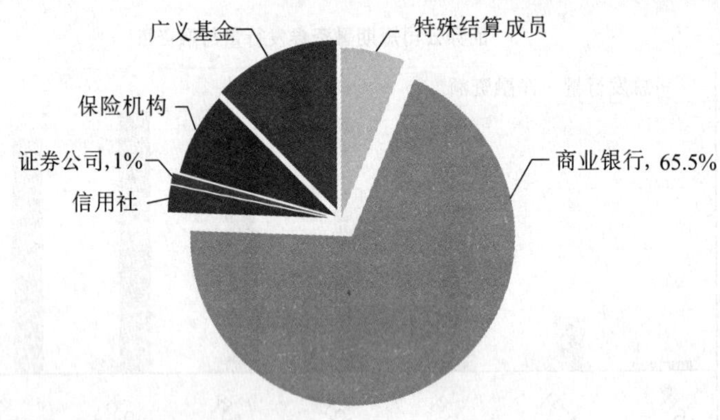

图 5 债券投资者结构（中债登托管）

资料来源：Wind、国信证券研究所整理，时间截至 2015 年 6 月 30 日。

除了证券公司自营投资信用债外，证券公司也通过资管计划投资信用债。根据中国证券投资基金业协会最新数据，截至 2015 年 6 月底，纳入统计的 91 家证券公司资管业务规模已经逾 10 万亿元，假设 20% 投资于信用债，总体规模也超过 2 万亿元。

总的来说，证券公司信用债业务种类繁多，目前帮助企业融资的承销业务和自身借助于信用债市场融资的业务均发展较快。企业债投资者结构见图 6。

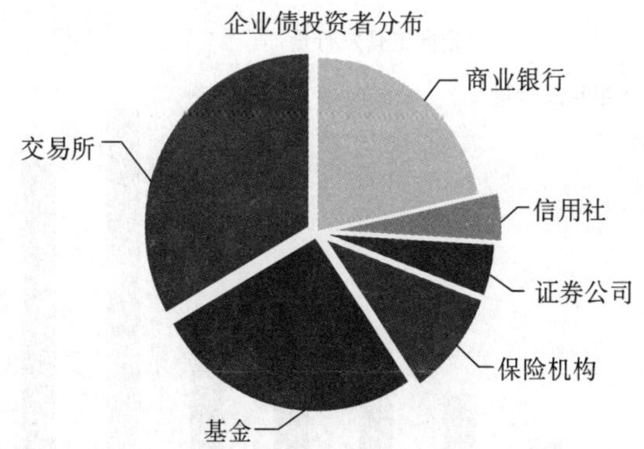

图6 企业债投资者结构

注：交易所是指托管各类投资者托管在中证登机构的总量。

资料来源：Wind、国信证券研究所整理，时间截至 2015 年 6 月 30 日。

二、证券公司信用债业务发展存在的问题

从承销业务来看，证券公司信用债业务表现为创新品种规模仍偏小，发展偏慢。同时，随着信用债市场的扩容，违约事件触手可及，证券公司风险管理能力尚需强化。另外，从融资业务来看，证券公司的资本中介作用也还有很大的发挥空间。

（一）创新品种发展缓慢

以前期开展的中小企业私募债业务为例，该品种自 2012 年启动以来，3 年多的时间发行量不超过 1 500 亿元，发行数量为 1 100 只。对比定向工具这个商业银行主承的私募品种，定向工具至今发行总量已经超过 2 万亿元，中小企业私募债发展速度明显偏慢（见图7、图8）。

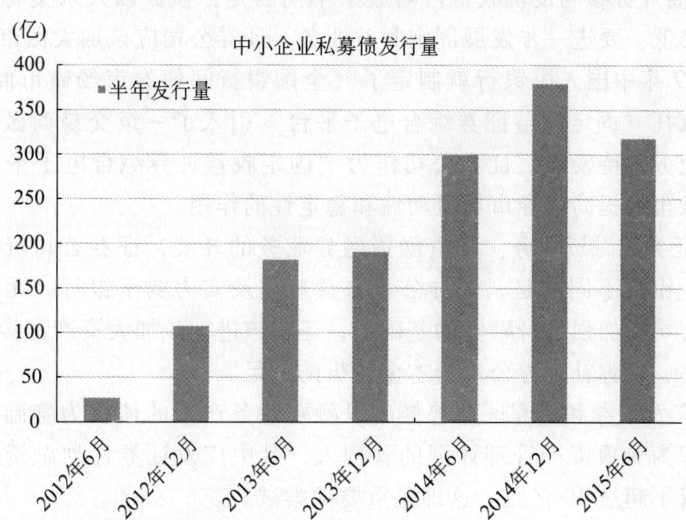

图7 中小企业私募债发行量

资料来源：Wind、国信证券研究所整理，时间截至 2015 年 6 月 30 日。

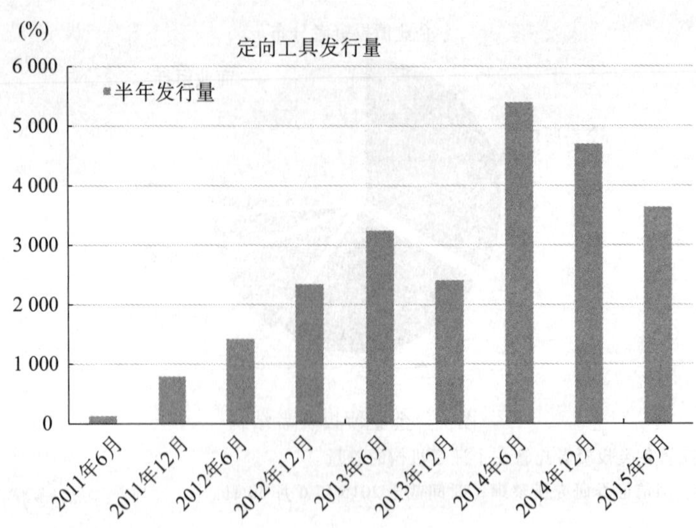

图8 定向工具发行量

资料来源：Wind、国信证券研究所整理，时间截至2015年6月30日。

由此可知，中小企业私募债与定向工具的发展速度相差较大，一方面是因为中小企业私募债的发行主体以中小企业为主，该类企业的单笔融资规模往往较小；另一方面，近年的经济下滑导致中小企业私募债品种违约较多，这也制约了该品种的发展。

对于中小企业私募债的违约而言，在经济下滑背景下中小企业抵御风险能力相对较差，违约率较高属于正常现象，但目前国内中小企业私募债违约及违约后的处理秩序较差，也影响了投资者对中小企业私募债的风险偏好。

（二）资本中介作用有待加强

1. 债券做市商业务参与度仍较低。与股票不同的是，债券以大宗交易为主，因此场内市场成交活跃度较低。要进一步发展固定收益业务，证券公司应该加大做市商参与力度。

虽然早在2007年中国人民银行就制定了《全国银行间债券市场做市商管理规定》，上海证券交易所也依托“固定收益证券综合电子平台”引入了一级交易商做市机制，但至今为止国内做市商业务仍待发展。证券公司作为“固定收益证券综合电子平台”的主要参与者，未完全发挥做市商提高债券市场流动性和稳定性的作用。

2. 加大资产证券化融资业务。随着融资融券业务的开展，证券公司资本中介业务也在快速发展。与商业银行不同的是，证券公司自身规模及实力弱于银行，无法低成本吸收负债。因此，证券公司在加强自身融资的基础上，还应该进一步加大资产证券化融资力度，加快自身资产周转率，以弥补证券公司资本金较少的不足。

2013年底，广发证券和招商证券曾推出以融资业务产生的债权为基础资产进行资产证券化融资，双方互为专项资产管理计划的管理人，其中广发证券计划融资不超过85亿元，招商证券计划融资不超过40亿元。这即是重要的尝试。

（三）信用风险管理能力仍需提高

随着中国经济增速中枢的下移以及信用债市场的扩容，违约事件日益增多。目前，国内信用债市场发生的四起公募债券违约中，有三起是证券公司承销的公司债（违约的公司债分别是 11 超日债、12 湘鄂债和 12 中富 01）。

信用债市场的信用风险管理是市场做大做强的生命线，不管是中小企业私募债，还是未来中国证监会大力发展的非公募债券，事前识别风险，事中及时处理风险，事后追溯等均非常重要。

三、证券公司信用债业务发展前景展望

（一）借力公司债券发展新时代

2015 年 1 月 16 日，中国证监会正式发布《公司债券发行与交易管理办法》，在扩大发行主体范围，简化发行审批流程的同时，还推出了非公开发行品种。5 月，深沪交易所相继颁布公司债券预审核工作流程，进一步明确审核流程。

新规发布后，首单非上市公司发行的公司债“15 舟港债”于 5 月 22 日在上交所发行，该债券审批流程仅用 1 个月。6 月 9 日“15 漳龙债”成功发行，该债券为非公开发行债券，自正式提交材料到深交所下发无异议函，全流程仅用 10 个工作日。两只债券的审批速度充分体现了新公司债高效、便捷的特点。

2015 年以来发布的公司债券新政有效提高了发债便利性，其中，非公开发行不再局限于中小企业，对发行人净资产和净利润也不再严格要求。随着发行范围的扩大与发行流程的简化，公司债券将实现量的突破并推动交易活跃。2015 年 7 月，非金融企业公司债券发行量已经超过 800 亿元，创历史新高。与此相应，证券公司的信用债业务也将进入一个高速发展时期。

（二）提高信用债信用风险定价能力

随着经济增速的下滑，企业违约率在相应上升。而对于证券公司，不管是承销还是投资业务，均需要提高公司自身的信用债信用风险定价能力，有效增强债券信用评估水平，审慎做好债券产品的遴选工作。

（三）有效运用财务杠杆

随着证券公司融资渠道的畅通以及自身信用受到市场的认可，证券公司可以借助于信用债市场加大融资力度，创新融资券种发行方式，有效提高公司财务杠杆，从而切实提升公司整体盈利能力。

（四）推动建立市场化的风险分散担保机制

信用债市场的信用风险管理是市场做大做强的生命线，需要通过市场化方式识别和分担。风险识别的关键是信息披露、信用评级制度和投资者适当性管理。风险的管理和分担则需要依靠信用增进与担保、债券信用风险缓释机制等风险管理创新工具以及有效的投资者适当性管理去实现。

证券公司组织管理

国内证券公司内部创业与激励机制研究

广发证券股份有限公司*

一、引言

创业是“依靠整合资源的特殊组合以发掘新机会的一种价值创造过程”。内部创业是以员工为主体的创业活动，其核心是创新，目的是追求可持续竞争优势。

《公司创新与创业》总结了内部创业的七种方法：（1）传统的研发；（2）特设事业团队；（3）创建新事业部；（4）从佼佼者和主干人员中派生出创业；（5）并购；（6）外包；（7）混合形式。

《内部创业——时下最佳的双赢管理机制》归纳了六种内部创业模式：（1）先事业部后设公司模式，以宏基集团为代表；（2）转为代理商或外包业务商模式，以用友、华为为代表；（3）计划书模式，以富士通、松下为代表；（4）15%/20%模式，以3M、Google为代表；（5）公司风险投资模式，以壳牌、英特尔为代表；（6）孵化器模式，以柯达为代表。

以上关于内部创业的七种方法及六大模式，具有较好的普适性，是本文分析框架的重要参照。

随着多层次资本市场建设的提速以及“大众创业、万众创新”国策的确立，证券从业人员的创业热情不断升温。相较于实业领域的内部创业，证券业的两大特质决定了其内部创业具有更大的可行性：一是证券业是受到高度管制的特许经营行业，高准入门槛决定了内部创业的成本更低、效率更高；二是证券业既是资金密集型行业，又是智力密集型行业，即人力资本和金融资本兼具，选择内部创业能够实现两者的优势互补、合作共赢。此外，证券业“高成本（人力成本）、高利润、高成长”的“三高”特质决定了其内部创业的激励机制更多地采用与上市挂钩的股权激励或类股权激励方案。

本文旨在分析国内证券公司内部创业的定位、组织、管理及相应的激励机制设计，从证

* 小组成员：余建军，俞云涛，温重伟，史惠子，温思雅，孙巍，葛凌。原载于《中国证券》2015年第9期。

券公司的角度，将创业潮冲击化“危”为“机”，以期在实现优秀员工个人价值的同时，达成证券公司的永续经营、基业长青。

二、国内证券公司内部创业与激励机制的战略环境分析

（一）政策法律环境

1. 政府大力推进“大众创业、万众创新”。2015 年政府工作报告、《关于大力推进大众创业万众创新若干政策措施的意见》对“大众创业、万众创新”给予高度支持。对于证券公司内部创业而言，将从以下三个方面受益：第一，确定了内部创业的合法性。此前，证券行业对创业的热情不高，创业团队的创业筹备活动一般会较为谨慎和低调，目前的政策导向无疑会大大降低创业活动的内部阻力；第二，国家从转变政府职能、保护知识产权等角度，给创业者提供支持，本身对于证券公司内部创业团队而言，就能够起到支持促进的作用；第三，国家为了支持“大众创业、万众创新”，从优化资本市场结构、促进创业融资等方面给予了相应安排，由于大多数证券公司内部创业团队选择的创业方向都与金融相关，因此也为创业团队带来了更大的市场机遇。

2. 新《证券法》有望放开从业人员股权激励。2013 年中国证监会就《证券公司股权激励约束机制管理规定（征求意见稿）》公开征求意见，中国证监会表态允许证券公司依法探索股权激励约束机制，最新的《证券法》修订草案承认了证券从业人员持股的合法性。如果修订草案中的上述修改获得通过，证券从业人员的股权激励有望从政策上获得突破，证券公司就可以通过更加市场化的手段，对创业核心人员实施有效激励。

3. 创新业务、行业准入放开催生创业机会。证券行业监管未来将逐步从牌照化、事前审批式的监管，过渡到黑名单、事后备案式的监管。从行业监管角度看，银行业和信托业监管日益严格，业务限制加大；证券业和保险业监管趋于宽松，但保险行业面临增长困境，券商创新业务有望成为金融业的亮点和热点。中国证监会也表态将会“降低准入门槛，支持符合条件的互联网企业发起设立证券期货金融机构”，放开行业准入的有可能是单一业务牌照，即所谓的“微牌照”，包括并购财务顾问、资产管理、投资顾问等。随着牌照价值的降低，综合性证券公司的平台价值会逐渐凸显，在某些专业细分领域，将会与专业的服务机构进行合作，这将给证券公司内部创业提供广阔的发展空间。

（二）市场环境

1. 市场行情。资本市场蓬勃发展提升创业成功的可能性。目前我国经济进入新常态，多层次资本市场建设有序开展，资本市场规模不断扩大。近年来，A 股以及新三板、区域股权交易中心等场外市场快速发展，大量机构资金、产业资本、居民储蓄投入股市，国内资本的整体风险偏好显著提升，使得大量初创型企业能够通过多层次资本市场获得启动资金。互联网、信息技术、高新装备制造等新兴经济受到产业资金的追捧，也带动了社会的创业激情。资本市场规模的扩容和新经济的发展扩大了证券行业创业的空间，特别是在证券行业创新发展的背景下，证券创新业务和产品的放开也提升了证券从业人员的创业热情。

2. 社会融资结构。金融结构优化带来的大机遇。我国金融结构一直是以银行为主导的间接融资体系，受困于“刚性兑付”，无力化解过剩产能和金融风险。在新常态下，金融结

构优化是新常态下证券业的最大机遇。随着新三板市场和区域股权交易市场的发展，直接融资的比重预计还会继续提升，将给创业企业带来巨大的支持。在传统的银行主导的间接融资体系下，大型银行普遍缺乏动力开展创业型企业的融资业务。银行通常不愿意给没有利润、没有稳定现金流的创业型企业提供融资服务，因此，直接融资几乎成为创业型企业最主要的资金来源。多层次资本市场的完善可以增加投资者的退出渠道，使创业型企业获得融资的可能性大增，同时也可以降低创业型企业的融资成本。

3. 金融业发展趋势。集团化、综合化、国际化成为趋势，激励机制必须更加市场化。在证券公司的集团化过程中，必然会涉及吸引外部团队的问题。传统的"基本薪酬 + 绩效奖金"激励模式已经难以吸引到业内最优秀的人才加盟，只有通过更加市场化的激励约束手段（如股权激励），才能保证每一个业务板块都能找到最优秀的团队，并能够保障运营的长期稳定性。

以"互联网 +"为代表的混业经营趋势尤为明显，传统金融企业采用面向历史业绩的薪酬体系、激励机制，与互联网企业面向未来估值的经营理念截然不同。为了体现"互联网 +"的优势，在互联网金融合资公司推行股权激励、事业合伙制将是大势所趋。

随着人民币国际化以及"一带一路"国家战略的推进，金融机构国际化的趋势不可阻挡。在证券公司的国际化过程中，收购海外投行或设立合资公司则是一种可行的选择。在收购后，要留住标的公司的核心团队，推行股权激励是比较现实的安排，也是海外并购中常用的一种方式。

综上所述，无论是从政策层面、法律层面还是市场层面，证券公司内部创业都具备了极佳的战略环境：一方面是在经济新常态下，各行各业的知识精英怀有创新、创业的强烈意愿；另一方面则是在证券行业创新发展的背景下，证券公司具有鼓励内部创业、发挥平台化优势的内在动力。我们乐观估计，2015 年将成为证券公司内部创业的新纪元。

三、国内证券公司内部创业与激励机制的现状与不足

（一）国内监管环境的现状与不足

1. 牌照化管理制约内部创业的开展。作为高度管制的证券业，在现有的牌照管理制度之下，个人或创业团队获得证券业务牌照殊为不易。比如，资产管理业务牌照，需要主要股东的净资产不低于 2 亿元，注册资本不低于 1 亿元且为实缴货币资本，非货币出资不超过 30%。除了资本要求以外，获得证券业务牌照还要在人员、内控等多个方面符合要求，并经过中国证监会的审批。没有证券业务牌照，基于证券业务的内部创业就无从谈起。事实上，迄今为止，券商牌照停发已有 17 年之久。

2.《证券法》限制股权激励的开展。上市证券公司的股权激励安排直接受阻于《证券法》。实践中，证券业只有中信证券于 2005 年借"股权分置改革"的东风，推出了股权激励方案，不少证券公司在股权激励的道路上受阻。证券从业人员直接持股被禁，只能考虑间接持股。尽管《证券公司股权激励约束机制管理规定（征求意见稿）》认定了间接方式的合法性，然而由于正式稿迟迟没有公布，券商股权激励安排仍然于法无据。H 股上市证券公司的股权激励虽不受《证券法》的限制，但由于受到外汇管制等因素的限制，操作起来仍较复杂。

3. 行政管制与政策法规限制内部创业的活力。证券行业受到的行政管制和政策法规较多，限制了内部创业的自由度。目前，证券业务/产品的创新基本上是自上而下的创新，证券公司的创新自由度十分有限。第一，证券公司高管资格需要向监管部门报批。第二，大部分的创新业务需要得到中国证券业协会的专业评价审核通过后才能开展。第三，对券商合规风控标准的整齐划一不利于各种微牌照、新业态券商的自由成长。第四，新兴业务如互联网金融、场外业务等领域，缺乏相应的政策法律规范，导致相关领域的内部创业面临极大的法律风险和政策风险，与传统业务的过度监管形成鲜明对比。

（二）国内证券公司经营机制的现状与不足

1. 国有券商内部创业与激励机制不足。行政化管理国企高管，限制了证券公司的内部创新与创业。国有券商的高管大多由上级委派，并实行任期制，任期一到就要换人。这种行政化管理方式存在很大的缺陷：一是委派的高管未必是合适的金融机构管理人才；二是委派的高管更多是对上级行政单位负责；三是由于任期所限，必然导致经营管理行为的短期化，不利于证券公司的长远发展，对人才培养来说也是一种极大的浪费。

国有企业的“限薪令”限制证券公司的内部创业。根据 2015 年开始实施的《中央管理企业负责人薪酬制度改革方案》，央企高管薪酬受到限制。对于处于自然垄断和行政垄断的行业，比如水、电、气、烟草、电信、石油等行业，推行“限薪令”是必要的，但对于金融业尤其是高度竞争、快速成长的证券业，采取“限薪令”值得斟酌。在自由竞争市场，对国有券商高管限薪必将导致国有券商要么吸引不到一流的金融专才，要么吸引的一流金融专才利益诉求多元化，比如将“经商”作为从政的跳板，这都不利于国有券商做大做强，也使整个国有券商的市场吸引力及价值导向大打折扣。

国有券商实施激励股权还牵涉到敏感的国有资产流失问题，股权激励的合法性有待明确。例如，中信证券 2006 年的股权激励方案得到了财政部和一般股东的支持，却遭到了国资委的反对，且至今也未得到中国证监会的无异议备案，其合法性仍然存疑[①]。长江证券 2007 年借壳上市前成立信托计划作为激励储备，但由于中国证监会未允许券商对员工进行股权激励，同时涉及国有股权转让，该信托计划的财产一直没有转让给激励对象，并于 2012 年到期终止。

2. 非国有券商内部创业与激励机制的不足。受制于《证券法》，非国有券商同样无法推行股权激励。在经营机制方面，非国有券商机制灵活，价值导向单一，强调 ROE、关注收入费用比，总体上经营效率较高。但是，这种严格的绩效考核和对股东回报的重视，很可能会导致经营活动的短视和保守。对于同属于金融业的银行业和证券业，银行业是基于历史、看重业绩的稳定性，而证券业是面向未来、看重业绩的成长性。如果过于强调分红和业绩稳定性，而不敢进行面向未来的战略投资和风险投资，这将对证券公司的内部创新和创业形成极大的掣肘。

（三）国内市场环境与创业氛围的现状与不足

1. 股权激励缺乏有效的市场环境。研究表明，股权激励的有效性取决于有效的资本市

---

① “全行业唯一股权激励——中信证券怎样吃螃蟹的?”，《证券时报》2007 年 6 月 30 日。

场、完善的公司治理机制、公司控制权市场、职业经理人市场、竞争性产品市场和债权人治理机制等条件。对照国内市场，这些市场环境还不尽成熟。国内资本市场处于“新兴+转轨”的初级阶段，中小投资者众多，热衷于炒作新股、小盘股、题材股，“羊群”效应明显，价值投资理念尚未深入人心，股价远不是公司价值的刻度。

2. 创业氛围不足。中国人的传统文化较为强调中庸平和，与西方先进国家相比缺乏特立独行的勇气、探知世界的好奇心和坚守信仰的精神，这样的人格特质更适合守成而不是创新创业。以成败论英雄的传统、缺乏宽容失败的文化氛围、社会诚信的严重缺失以及社会分工体系的不健全，使国内有志创业者顾虑重重。具体到证券业，尽管远高于社会平均水平的薪酬待遇吸引了大量优秀人才，但同时也导致证券公司内部创业的机会成本极高。2014年，27家上市券商的员工平均薪酬为26万元，最高达42.82万元，而据国家统计局统计，2014年全国平均工资仅为5万元。在此情形下，如果缺乏合理的激励机制，将难以激发证券从业人员的创业热情。

（四）国内证券公司内部创业实践的现状与不足

1. 证券业创业潮兴起，但外部创业的比例远高于内部创业。在创业浪潮中，证券行业目前选择外部创业的人数比例远远超过内部创业。从离职人员创业的领域来看，大多选择了私募基金、PE、财富管理、承销保荐、并购等领域。证券从业人员的外部创业更多地依赖人力资本而非金融资本，前者更多属于轻资产模式，而后者属于重资产模式。受管制相对较少的领域，尤其是互联网金融，因为市场前景广阔且得到资本市场和风险投资的追捧，也成为证券从业人员外部创业的主要领域。

2. 内部创业的组织管理粗放，缺乏系统规划。为了响应国家“大众创业、万众创新”的号召，一些证券公司纷纷推动内部的创新与创业，比如设立员工创新基金、改进激励机制、成立子公司等。总体来看，证券公司的内部创业还处于探索前进的阶段，内部创业、管理机制等还有待改进。

中信证券于2015年3月设立“员工创业基金”，这对于留住优秀人才、鼓励员工内部创业、激发公司内部的创业精神有重要的作用。但是，其内部创业的定位、组织、管理和激励机制等诸多方面仍值得探讨。比如，创业项目的管理应该是一个全生命周期的管理，公司给予员工的支持应该是全方位的。内部创业的形式多样，仅仅设立一个创业基金是不够的，还应该充分利用证券公司的资源和平台，丰富内部创业的形式。

中山证券的“互联网财富管理合伙人”，将“合伙人”的收入直接与客户资产规模、服务情况以及合规情况挂钩，也是内部创业的有效探索①，但也面临一些挑战。比如，互联网平台主要服务于长尾散户，针对高净值客户和机构客户，可能更适合面对面的个性化服务。在客户账户全权委托放开之前，投顾业务只能提供咨询建议，“合伙人”的投顾服务与客户的投资业绩之间缺乏严格的对应关系。

申银万国、东吴证券等尝试将研究业务以子公司的形式运作，这对于提升研究业务的效率有一定作用，也是证券业务市场化运作的有效探索。然而，研究业务是证券公司各项业务

① “中山证券推出‘互联网财富管理合伙人’”，《上海证券报》2015年1月9日。

的发动机和催化剂，研究业务自身很难单独产生价值，仅仅靠卖方收入也不一定能够完全支付研究所的成本。若证券公司给研究子公司的股权激励比例不高，也难以有效吸引和留住研究人才。

四、国内外金融机构内部创业与激励机制的经验借鉴

（一）高盛：内部创业之合伙人文化

高盛是华尔街最后一家保留合伙制的投资银行。1999 年，高盛上市，结束了其长达 130 年的合伙制，进入新的发展阶段，但仍保留着以“价值共创、利益共享、风险共担”为内涵的合伙人文化。“高盛业务原则”详细地阐述了高盛的合伙人文化。高盛的合伙人文化把物色最优秀的人才、支持员工大量持股、团队精神放在重要的位置。

在合伙人文化的影响下，高盛的激励方式不是通过发放短期的薪金，更多是通过长期的股权激励或者类股权激励来实施。这些长期激励方式主要有股票激励计划、特定捐献计划和合伙人薪酬计划。高盛员工的股权激励或者类股权激励已经成为员工的主要收入。比如，2004 年，时任高盛 CEO 的保尔森所获得的全部奖金 2 940 万美元都是以受限股（RSUs）的形式实现，这相当于当年全部薪酬的 98%。凭借合伙人文化的强大生命力，上市至今，高盛各项关键指标均优于竞争对手，为股东创造了高额回报。

高盛的合伙人文化及相关的机制是投资银行业有效的激励机制。国内证券公司在开展内部创业时，可以借鉴高盛当前的合伙人制度，在激励机制方面做出一些改进。合伙人制度的有效性需要诸多前置条件的保证：一是要做到对优秀人才的渴求与尊重，这是合伙人制度的基础。二是做到持续的优胜劣汰。上市后，高盛的合伙人数量一直保持在 300 人左右，每两年更新四分之一到三分之一，选拔合伙人的主要标准为员工的商业贡献和文化适应性。三是持续不断地推出各类股权激励计划，不断扩大激励范围，调动员工积极性。

（二）摩根大通：内部创业之兼并收购

通过兼并收购实现新业务的扩展，也是内部创业的有效方式。在摩根大通 216 年的发展史上不乏诸多成功的并购案例。摩根大通现有六大业务板块中，许多业务板块都是通过并购获得或得到强化。比如，在零售业务就收购了大通曼哈顿银行和芝加哥第一银行；在机构经纪业务领域就以 15 亿美元的超低价格收购了美国排名第 5 位的投资银行贝尔斯登。2008 年 9 月，摩根大通以 19 亿美元的代价收购了华盛顿互惠银行，获得 2 200 个分支机构、2 400 亿美元的抵押资产和 1 600 亿美元存款，成为美国资产规模最大的银行。

摩根大通尤其注重业务条线、地理区域以及 IT、财务、风险管理和文化等领域的整合。对于被收购方的业务主管和关键员工，摩根大通采用奖金激励方式予以挽留，避免人才流失。2004 年摩根大通收购芝加哥第一银行时，将时任芝加哥第一银行行政总裁的杰米·戴蒙委任为营运总裁，并给予十分丰富的薪酬和激励，较好地留住了人才。

西方并购领域存在“70/70”现象，即 70% 的并购未能实现所期望的价值创造，70% 的并购失败源于并购后的整合过程。摩根大通的并购式内部创业不仅完成了业务、区域以及 IT、财务、风控的整合，而且实现了文化的统一和人心士气的凝聚，使得并购双方的优势得到加强和互补，优秀人才获得更大的成长空间。

(三) 平安集团: 内部创业之互联网金融

在国内大型金融控股公司中，平安集团是互联网金融领域用心最深、布局最全、成就最大者。在整个平安集团互联网金融版图中，陆金所是平安集团内部创业的有效探索，值得国内券商学习。

平安集团在陆金所的创业采用“外派高管 + 高薪挖角 + 股权激励”的模式。根据陆金所网站资料，陆金所管理团队共 10 人，其中董事长等 4 人由平安集团派出，总经理等 6 人均是高薪招聘的市场知名人物。对于内部派出和外部招聘的人才，平安集团给予市场化的、有吸引力的激励，部分高管给予股权激励。陆金所的高管激励通过设立高管持股平台来实现（见图 1）。在高管持股下，至 2014 年，平安集团对陆金所的持股比例从 74.91% 降至 49.99%，这使得陆金所不需要进入平安集团的合并报表范围。平安集团对陆金所虽然不是控股，但保持着控制权，这种内部创业的模式值得国内证券公司参考。

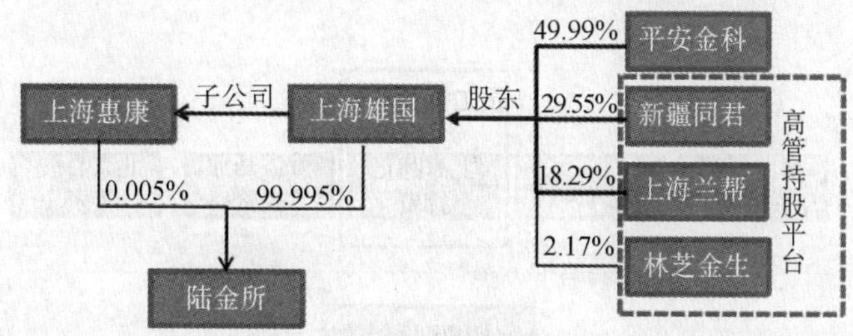

图 1 陆金所股东构成

事实上，除了陆金所，平安集团旗下的互联网金融板块基本采取了类似的股权结构，比如平安健康互联网、平安好车、平安好房等子公司都采用了类似模式。“外派高管”能够传承集团公司的文化、体现集团公司的意志并强化母子公司之间的战略协同；“高薪挖角”能够通过各类市场化专业人才快速进入新业务领域；“股权激励”则将“外派高管”和“外招高管”及公司业务骨干的利益充分捆绑，形成合力。

(四) 招商银行: 内部创业之混合所有制改革

2015 年 6 月 20 日，招商银行发布了有关 2015 年度第一期员工持股计划的公告。此次持股计划认购本次非公开发行股票的资金总额不超过 60 亿元。截至 2014 年底，招行员工总数为 75 109 人，参与此次持股计划的员工人数约占全部员工总数的 11%。若不计派遣制员工，参与人数比例高达 15% 左右。

招商银行公布的此次员工持股计划，被认为是银行业混改的一个重要标志，一是员工分享了国有银行改革的成果；二是激发员工“二次创业”的热情。除了混改背景，招商银行此次公布大规模的员工持股计划及后续安排，还有浓厚的反收购意味。目前，安邦保险经过多次强势增持，以 27 亿股、10.72% 的占比成为第二大股东，直接威胁到招商局的第一大股东地位（持股 20%）。通过员工持股计划辅以市值管理，不仅能够凝聚员工士气，而且直接增加了安邦保险进一步增持的成本和难度。

招商证券的员工持股计划对于管理层的稳定、战略规划的连续性和公司市值的提升都有正向推动作用。但是，对于激发广大员工“二次创业”，则作用有限。首先，是参与人数过多，导致人均股数较少，激励强度不够。其次，在互联网金融、利率市场化、存款保险制度、经济下滑导致坏账率上升等诸多因素作用下，银行业正遭遇严冬。严峻的外部经营环境并不适合进行股权激励。最后，对于招商银行而言，也早已度过高速成长期，进入成熟期，通过股权激励提升业绩的空间有限。一般而言，股权激励在企业种子期、初创期和成长期实施的效果较好。

（五）中欧基金：内部创业之多元合伙平台

2014 年 4 月，中欧基金股东国都证券和北京百骏公司分别将其持有的 10% 股权转让给 5 位高管。2015 年 7 月，5 位高管将其持有的全部 20% 公司股权转让给上海睦亿投资管理合伙企业，睦亿投资成为公司员工股权受让平台。按照中国证监会的规定，中欧基金核心团队的持股比例（20%）尚未超过大股东意大利意联银行（持股 35%），团队持股比例还有上升空间（见图 2）。

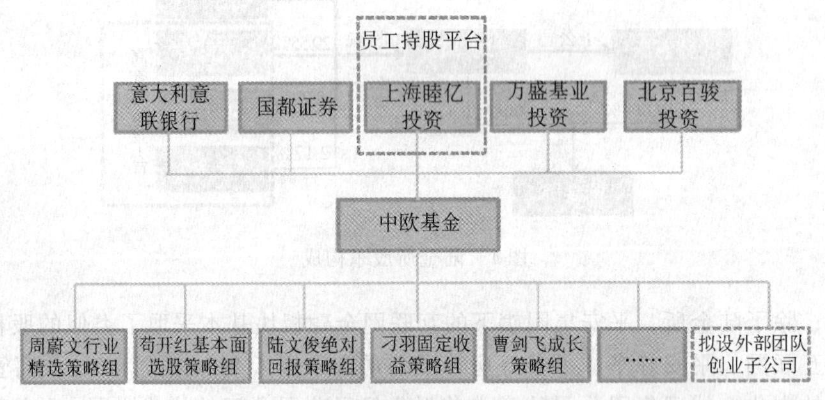

图 2　中欧基金的员工持股平台

除了员工持股平台，中欧基金的内部创业还有事业部模式，取消了中间层级，并以子公司的形式吸引外部团队合伙创业，以培育符合客户不同风格偏好的产品。

“员工持股 + 事业部 + 子公司”的多元合伙平台使得中欧基金的管理规模迅速扩张，从 2013 年的 117 亿元急剧上升到 2015 年 6 月底的 1 058 亿元。

中欧基金以员工持股为核心的内部创业，对于优化公募基金的治理结构、加强管理层对公司战略和人员聘用方面的话语权、追求公司长远发展具有积极作用，对新设基金和中小型基金具有很强的借鉴意义。然而，对于老牌、大型的公募基金，基于股权激励的内部创业还将困难重重。

五、国内证券公司内部创业与激励机制设计

（一）理论框架

泰蒙斯（Timmons，1999）曾提出一个著名的创业管理模型（见图 3）。他认为成功的创业行动，必须能将机会、创业团队和资源三者做出最适当的搭配。创业行动的逻辑是先由

机会激活，在取得必要的资源与组成创业团队之后，创业计划才顺利开展。

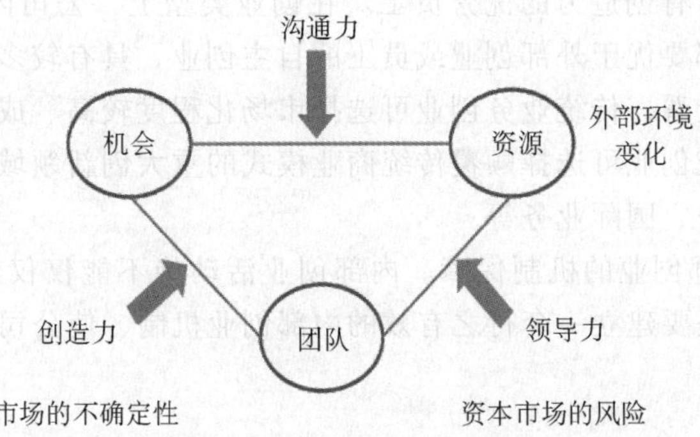

图3　泰蒙斯创业管理模型

公司内部创业的行动逻辑如图4所示。无论是内部机会还是外部机会，公司内部创业项目必须能够体现市场化的战略潜力，而不仅仅是一时的财务回报。只有那些体现出巨大战略潜力的项目才能最终归于公司核心能力体系之中，而没有战略价值或只有财务价值的项目则需要通过出售、转让等方式退出。

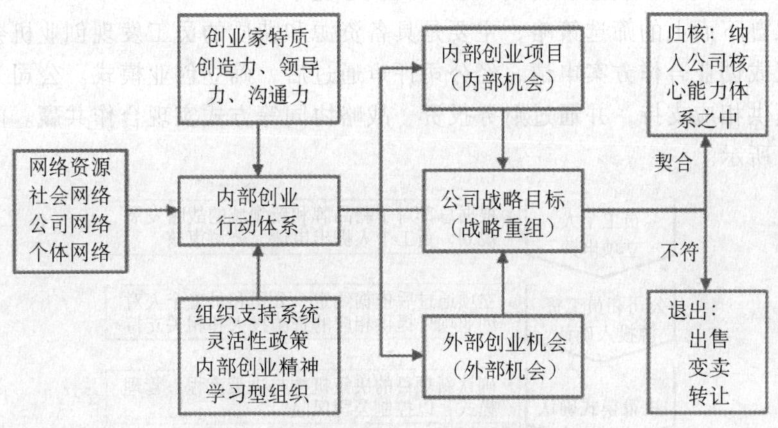

图4　公司内部创业行动的逻辑顺序

（二）基本原则

从证券公司角度，设计内部创业机制的主要原则有：

1. 发掘、留住、吸引人才，培育新增长点。内部创业有助于发掘、吸引和留住有创业潜力的人才，为创业人才提供新的机遇和发展平台，增强企业活力。通过内部创业营造鼓励创新的氛围，培育新的业务增长点，是保持公司持续发展的一种重要模式。

2. 完善战略布局，提升整体战略价值。证券公司推行的创业领域应符合自身发展战略，比如进入非直接竞争领域、剥离非核心业务、弥补价值链短板等。近年来，剥离非核心业务成了大公司的一种战略趋势。相比之下，“战略投资”、“财务投资”和“生态系统式投资”的优势已经逐步突显：“战略投资”可帮助公司弥补价值链短板，增强核心竞争力；“财务投资”能够提高公司资源利用效率和财务收益；“生态系统式投资”是公司支持和参与其利益相关方的创业行动和创业投资，兼具战略和财务投资价值。

3. 优势互补、合作共赢。内部创业无固定模式，但应充分发挥社会、公司和个人的资源优势。创业主体是富有创造力的优秀员工。在创业类型上，公司内部创业在环境、客户、技术、品牌等各方面都要优于外部创业或员工的自主创业，具有较多资源优势，成功的机会也较大。从创业方向上看，传统业务创业可选择市场化程度较高、成长性较好且具有一定进入门槛的领域；非传统创业可选择颠覆传统商业模式的重大创新领域，如互联网金融、场外市场业务、衍生品业务、国际业务等。

4. 建立和完善内部创业的机制保障。内部创业活动绝不能仅仅依靠具有创业特质的公司领袖来推动，关键是要建立一套行之有效的内部创业机制，使公司能够有效实施、激发公司内部的创业精神。

（三）内部创业的组织管理与运作模式

证券公司的内部创业可以采取以下两种组织策略：

一是采取自上而下的主动策略，主要是寻找合适的公司发展思路，选取全新业务、短板业务、价值链薄弱环节等领域，通过内部招标、外部成建制引进团队或平台合作等模式组建创业团队，公司提供相应的资源匹配和机制保障。该模式下公司具有主导权，创业团队分享相应利益，若创业成功，创业项目纳入公司的核心竞争力。

二是采取自下而上的筛选策略，主要是具备资源和特质的员工发现创业机会后，向公司提出创业提议或创业合作方案申请，经公司评审通过后，确立创业模式。公司为有发展潜力的创业项目提供相应支持，并通过财务投资、战略协同等方式实现合作共赢。内部创业的推动步骤如图 5 所示。

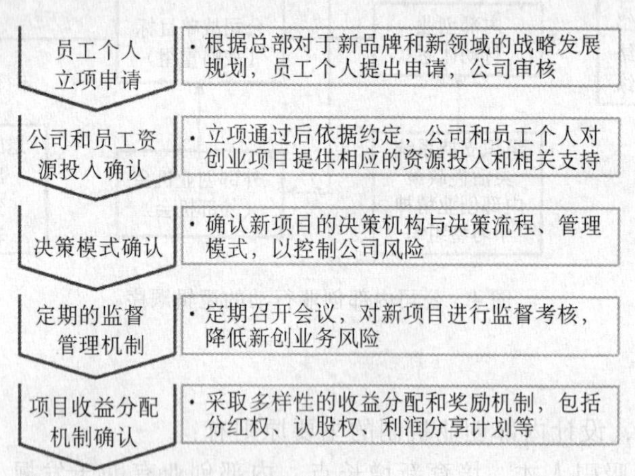

图 5 内部创业的流程控制

（四）内部创业的激励约束机制

1. 薪酬激励设计。

（1）股权激励模式。

第一，对于新设的创业公司，可以直接采用创业团队持有限制性股票与股票期权激励相结合的模式，创业公司与母公司的持股比例取决于母公司的战略考量与创业团队的意愿，在非主营或直接竞争业务、开放式市场等领域，母公司均可承担财务投资者的角色。在这种情况下，后续股票期权激励的实施条件也主要取决于创业公司的财务指标业绩水平。

第二，对于已成立的非上市公司，可以采用管理层股权激励和员工持股计划等相结合的模式。如设定一定数量的限制性股票激励资源，按不同比例分配给首次激励和后续激励对象，同时也可增设额外的业绩股票作为补充，其中首次或后续激励可采取约定价格全额购买的方式，业绩股票作为完成战略目标的额外激励措施。

第三，对于已上市的公司，可以采取管理层股权激励、员工持股计划或资产管理计划等模式。其中，资产管理计划可作为激励对象持有虚拟股权的载体，按照员工虚拟持股的比例，享有对应份额的公司股票价格上升的收益权。

（2）业绩提成模式。对于证券公司事业部或业务线内部的次级创业团队（群组），公司可与其约定一定的业绩目标作为提成条件，如对利润增长比例进行一定比例分成提取奖金包，创业团队按照层级、条线和不同员工贡献等情况进行奖金切分。这种情况下，创业模式的关键成功因素是经营授权到位；激励规则清晰、稳定，不封顶、可预期；创业团队能够自主经营、配置资源，并可实时计算自己的业绩激励情况，从而最大限度地调动创业团队的创造性和积极性。

业绩提成相对股权激励模式，适用范围更加广泛，不论是新公司还是老公司，国资企业还是非国资企业，该模式均有较强的可操作性。

（3）合伙人模式。实施合伙制的主要优势有：以绩效为导向形成利益共同体；不涉及实质股权，相对容易被国有股东接受；考虑到年资和持续贡献，更易保留和激励人才。

合伙人的激励可以设立资金池，合伙人奖金池 = 提取基数 × 提取比例，提取基数采用超额利润总额、利润总额等指标，提取比例采取业绩增量指标来进行调整。分红股份数量根据合伙人入伙金额及年资累计计算，从而实现对合伙人的长期留任。

合伙人每年新增分红股份数量由当年个人业绩决定；新合伙人的加入会稀释现有合伙人的股份，因此在决定新的合伙人晋升时，现有合伙人会非常谨慎，要确保拟晋升人员有能力为公司带来持续的业绩增量，做大蛋糕。

2. 激励实施条件设计。

（1）上市公司的股权激励实施条件。上市公司的激励模式主要有限制性股票、股票期权和股票增值权等几种模式，其中限制性股票激励是主流模式（见图6）。

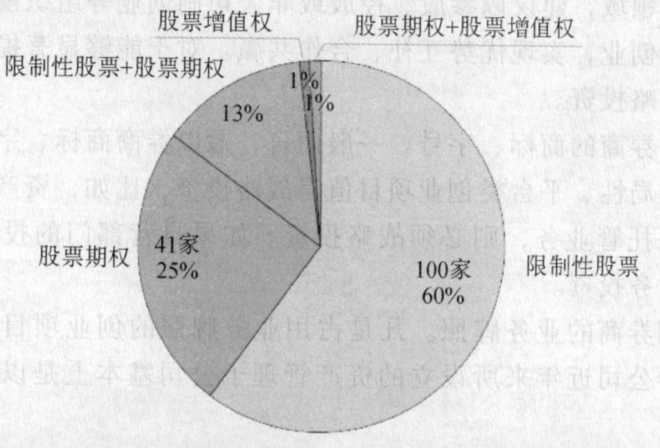

图6 2014年上市公司股权激励的主要模式

上市公司的股权激励可以采用以下考核方式：第一，业绩指标原则上不低于历史水平，且能同时使用市值指标和行业比较指标。第二，公司根据自身情况，可设定适合于本公司的绩效考核指标，如营业收入增长率、净资产收益率、净利润增长率等。绩效考核指标应包含财务指标和非财务指标。第三，不低于业绩承诺。

（2）非上市公司的股权激励实施条件。非上市公司的股权激励实施条件，主要参考财务和行业指标。通常采用的财务指标有营业收入增长率、净资产收益率、净利润增长率等，以及上述指标与行业的比较情况；非财务指标主要有主营业务的市占率、行业排名和增长速度等。达成业绩目标时的主要激励手段有限制性股票、股票期权、业绩股票或股票增值权等。

（3）新设创业子公司的股权激励实施条件。对传统业务型和非传统业务型的新设创业子公司，应采取不同的股权激励实施条件。第一，对传统业务型的创业子公司，股权激励的实施条件可参考本行业内非上市公司的股权激励条件，发展初期侧重于财务类指标。第二，对互联网金融等非传统型的创业子公司，股权激励的实施条件应结合其行业特点，侧重于用户规模、访问流量、交易金额、行业排名、估值水平等指标。

创业子公司的发展需要培育过程，若创业失败，可以允许创业人员回公司重新应聘岗位，给创业者、创新者提供包容发展的空间。

（4）非公司制（事业部或项目制）创业项目激励机制的实施条件。对于实施收入费用比考核的证券公司，在事业部内部或创业项目的营业收入/费用满足条件的前提下，可以根据目标完成情况按照一定比例提取业绩奖金；采取利润提成或超额利润提成的证券公司，按照预定目标的实现情况提取业绩奖金。

六、国内证券公司内部创业与激励机制的探索与思考

（一）战略投资 VS 财务投资

证券公司的内部创业是进行战略投资、财务投资还是生态系统式投资（战略投资 + 财务投资）取决于以下三点：

首先，是否符合券商对内部创业的定位。在全新业务/模式、短板业务、价值链薄弱环节等适合内部创业的领域，建议以参股、控股或非公司制创业等组织模式，通过公司内外部优秀人才与公司合作创业，实现优势互补、合作共赢。对于能够显著提升券商竞争优势的内部创业项目，必须战略投资。

其次，是否冠以券商的商标、字号。一般而言，冠以券商商标、字号的项目大都是战略投资。大体而言，全局性、平台类创业项目值得战略投资，比如，资产托管部门的团队创业以子公司的形式开展托管业务，则必须战略投资。如果自营部门的投资经理创业做私募基金，公司可以进行财务投资。

最后，是否占用券商的业务牌照。凡是占用业务牌照的创业项目，原则上需要战略投资。比如，国内证券公司近年来所设立的资产管理子公司基本上是以全资子公司的形式来运作。

（二）投资风险 VS 投资收益

1. 领军人物与创业团队。在泰蒙斯的创业管理模型中，团队是创业成功的三大因素之一。对于内部创业而言，选择合适的领军人物与创业团队尤其重要。在创业所需的财务、技术、管理、销售、公关五大能力中，至少拥有一项者可以参与创业，拥有两项以上者可以成为领军人物。团队组建的原则就是：价值观一致，能力或者资源互补。对领军人物和创业团队的考察及遴选，是内部创业风险控制的第一关。

2. 创业项目。在泰蒙斯的创业管理模型中，资源是创业成功的三大因素之一。资源在一定程度上与行业领域密切相关，因此，内部创业应该适合选择有潜力的行业进行投资。红杉资本就将“赌赛道”放在首要地位，基于行业发展潜力的分析，在互联网领域把电商、旅游出行、O2O 和垂直社区、互联网金融四条“赛道”作为重点投资对象。创业是一项风险极高的商业活动，选择合适的“赛道”有助于提高创业成功的概率。就目前现状而言，互联网金融、技术平台类业务、场外市场业务、财富管理、国际业务等都是证券行业的高价值赛道。

3. 现金出资。不管创业团队所占股份多少，创业团队必须全额现金出资，这是防范道德风险和机会主义的可信措施。如果创业团队的现金不足，券商可以协助借款，但创业团队必须承担全部债务。

4. 投资节奏。对待内部创业项目，券商应该像风投机构一样，视项目的成熟度分阶段投入，如天使投资、A 轮、B 轮等。这既是券商风险控制的必然之举，对创业团队也是一种利益保护（避免股权的过早稀释）。

5. 对赌协议。对赌协议一般分为股权补偿对赌和现金补偿对赌。对于 PE 或二级市场投资以及互联网金融等不确定性较大、投入金额较多，同时券商又不控股的内部创业项目，可以考虑引入对赌协议，但应慎用。

（三）控制权 VS 所有权

一般情况下，公司所有权和控制权是统一的。但是，有两种情况例外：

1. 有限合伙制。有限合伙制由普通合伙人（GP）和有限合伙人组成（LP）。通常，有限合伙人提供 99% 的资金，但不参与管理；普通合伙人提供 1% 的资金，但参与管理。在收益分配上，向普通合伙人倾斜，普通合伙人不仅获得相当于基金总额 2%—3% 的管理费，而且获得约 20% 的投资收益，有限合伙人一般获得约 80%。

2. 双重股权结构。俗称“AB”股，是一种确保创始股东控制权的制度安排。它通过分离现金流和控制权而对公司实行有效控制。不同于同股同权的制度，在双重股权结构中，股份通常被划分为高、低两种投票权。高投票权的股票拥有更多的决策权。

鉴于创业团队的主要动机是实现个人价值，获得成就感，因此在特定情况下，对于内部创业项目，可以考虑有限合伙制或 AB 股。

（四）人力资本 VS 金融资本

证券公司内部创业就是创业员工“人力资本”与券商“金融资本”的结合。要实现有效结合，前提就是对“人力资本”和“金融资本”的合理估值。与估值相关的两个主要问题是员工能否技术入股，以及券商投资优秀员工的项目是否溢价入股。

对于第一个问题，由于员工的技术多为算法、策略或模型，价值难以防范员工的道德风险和机会主义，因此不建议技术入股。

对于第二个问题，我们支持溢价入股。证券公司之所以愿意和员工合伙创业，看重的是员工本人及其商业模式，而不是其出资。因此，优秀员工内部创业投入的不仅仅是资金，更是自己的才华、声誉和前程。具体操作上，可以有许多变通办法。比如，券商和员工按同一价格合资设立一个小规模公司试点，当触发一定条件后，券商可以溢价追加投资等。

（五）竞争VS合作

对于如何界定现有政策下的“同业竞争”，我们认为有值得探讨的空间。从证券业限制“同业竞争”的立法精神来看，无非是两点：一是防止上市公司大股东侵害小股东的利益；二是防止市场主体凭借市场地位、资金和信息优势损害中小投资者利益。一家券商同时拥有多家资产管理机构，如公募基金、私募基金、券商资管公司，不一定会损害中小投资者的利益。在一个充分竞争且业务空间巨大的市场，多家市场主体的存在反而赋予了中小投资者选择的自由权。

在政策许可的情形下，证券公司可以通过内部创业来投资多家相同领域的子公司，比如投资多家内部创业私募基金，这将有助于证券公司内部的良性竞争。同时，证券公司也可以为多家内部创业公司在行政后勤、信息技术、人员制度、托管清算估值等方面提供支持，这将大大提高资源配置的效率。当然，内部创业项目应该与证券公司的既有业务是互补、协同关系，比如基金代销公司就与证券业务形成互补关系。

（六）内部创业前景展望

1. 内部创业的目的。对于券商而言，内部创业有三个目的：一是追求可持续竞争优势，这也是内部创业的本源目的。二是激发公司活力。内部创业将从以下三方面激发公司活力：(1) 优秀员工有机会成为“老板”，这本身就是对优秀员工的最大激励；(2) 榜样的力量是无穷的，内部创业者会极大地激发身边同事的工作热情；(3) 内部创业者离开原来的岗位，提供了人才新陈代谢的契机。三是实现股权激励。受制于《证券法》和既有的股权结构，许多证券公司尤其是国有证券公司无法实行股权激励，但是，通过内部创业在子公司层面则易于推行，类似于易方达基金在其资产管理子公司层面安排母、子公司高管及员工的股权激励案例。

2. 证券业的未来。在行业准入放宽和牌照管理改革的背景下，在“大众创业、万众创新”的感召下，证券从业人员将越来越多地投身创业洪流。我们预计，在互联网金融、技术平台类业务、场外市场业务、财富管理及国际业务等领域将涌现大量风格各异的新兴证券公司。现有的125家券商同质化经营的固有格局将被打破，证券业将会再次迎来千帆竞发、百舸争流的崭新时代。鉴于地域窄小的中国香港有500多家券商，而世界头号经济强国美国的注册券商高达4 000多家，我们乐观预计，未来国内证券公司数量将超过1 000家，这对现有证券公司和证券从业人员，无疑都是巨大的挑战和机遇。

随着内部创业的兴起和诸多牌照业务的子公司化运作，现有证券公司必然走向金融控股公司。

证券公司跨界业务发展路径研究

上海申银万国证券研究所有限公司*

一、证券公司发展跨界业务是大势所趋

（一）客户需求的综合化和多样化倒逼证券公司跨界业务发展

近年来，随着居民财富的快速积累，居民对金融服务的综合化和多样化的要求也日渐显著。招商银行和贝恩咨询联合发布的《2015 中国私人财富报告》显示，2014 年末中国个人总体可投资资产达到 112 万亿元人民币，相较 2012 年年均复合增长率达到 16%。2014 年末，中国高净值人群规模突破 100 万人，相较 2012 年增长了 33 万人，相较 2010 年底已经翻番。在居民财富快速增长的背后，居民多样化和综合化的投资需求也日渐增强。除财富保值增值外，财富传承、境外理财、服务公益已成为居民综合化金融需求的重要组成部分。

目前，证券公司提供的金融服务相对单一，主要集中在证券交易和融资服务上，与客户日渐增长的财富保值增值需求、家族财富管理需求、境外理财需求等多样化的金融需求相背离。证券公司亟须借助发展跨界业务来完善金融服务产业链，满足客户综合化的金融需求。

（二）“三化”趋势下，证券公司面临激烈的市场竞争

在混业化趋势下，目前证券公司在金融行业中的地位偏低，话语权相对不足。这表现为在资产规模上，证券公司资产规模偏小，2014 年证券公司总资产为 4.09 万亿元，远不及银行业 172 万亿元的水平，在整个金融行业中的占比仅为 2%。在盈利能力上，受益于外部市场环境转暖，2014 年证券公司净利润大幅增长至 956 亿元的水平，但较银行业 1.55 万亿元的盈利规模仍然明显偏低，不足银行业净利润的 7%（见图 1）。

* 小组成员：蒋健蓉，龚芳，钱康宁，阮晓琴。原载于《中国证券》2015 年第 11 期。

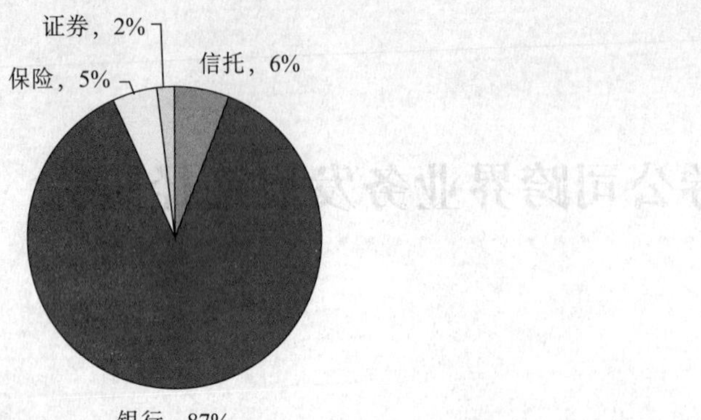

图 1　证券行业资产规模明显偏低（2014 年）

资料来源：中国证券业协会，中国银监会，中国保监会，中国信托业协会，申万宏源研究。

在移动互联化背景下，证券公司传统业务及盈利模式面临颠覆性冲击。在互联网企业向传统金融行业渗透日渐增强的趋势下，证券公司传统业务和盈利模式面临颠覆性的冲击。截至 2014 年底，证券行业收入结构中代理买卖证券业务的收入占比仍然高达 40%，互联网金融带来的佣金率下滑和客户流失都将直接冲击证券公司。近年来，证券行业平均佣金率呈现直线下滑趋势，截至 2015 年第一季度，证券行业平均佣金率已下滑至 0.58‰的水平。证券公司亟须借助向互联网领域的跨界发展来拓展多元盈利模式，改变过去单一的盈利模式（见图 2）。

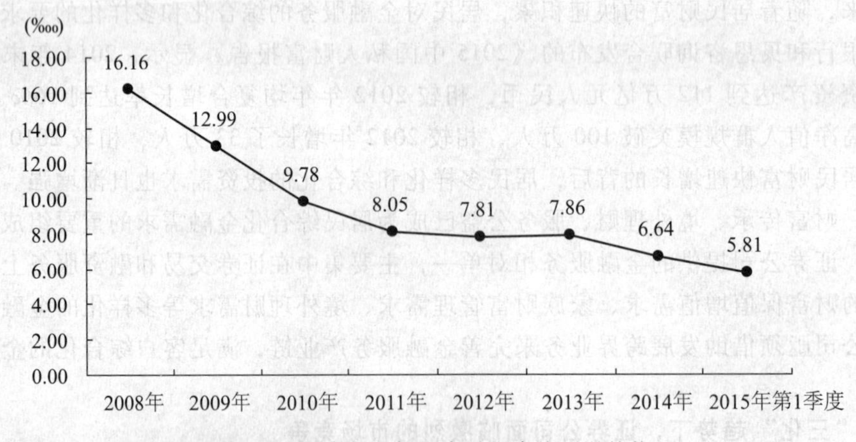

图 2　近年来行业佣金率呈现直线下滑趋势

资料来源：中国证券业协会，Wind，申万宏源研究。

随着资本市场双向开放的日渐深化，以及沪港通和深港通的推行，证券公司所面对的境外投行的竞争日渐激烈。目前，我国证券公司的业务种类相对单一，资产规模偏小，盈利能力不足，难以与国外投行相抗衡。截至 2014 年底，我国证券行业的总资产为 4.09 万亿元，不足高盛总资产的 80%；同期我国证券行业的净利润为 956 亿元，仅相当于高盛和摩根士丹利两家投行的净利润之和。我国证券公司亟须借助跨界业务的发展来提升业务复杂度和丰富度，增强与境外投行相竞争的抵抗力。

（三）证券行业转型到了新的关口

外部市场的剧烈波动对证券公司的抗周期能力提出了新的要求。2015 年以来，外部市场环境呈现剧烈波动的态势，尤其是 6 月份以来，A 股市场的急速下滑引致了证券公司收入的大幅波动。从上证综指与证券行业营业收入的相关性来看，2015 年以来两者呈现显著的正相关性，相关系数高达 0.9。近年来，证券行业的转型发展并没有带来抗周期能力的提升（见图 3）。

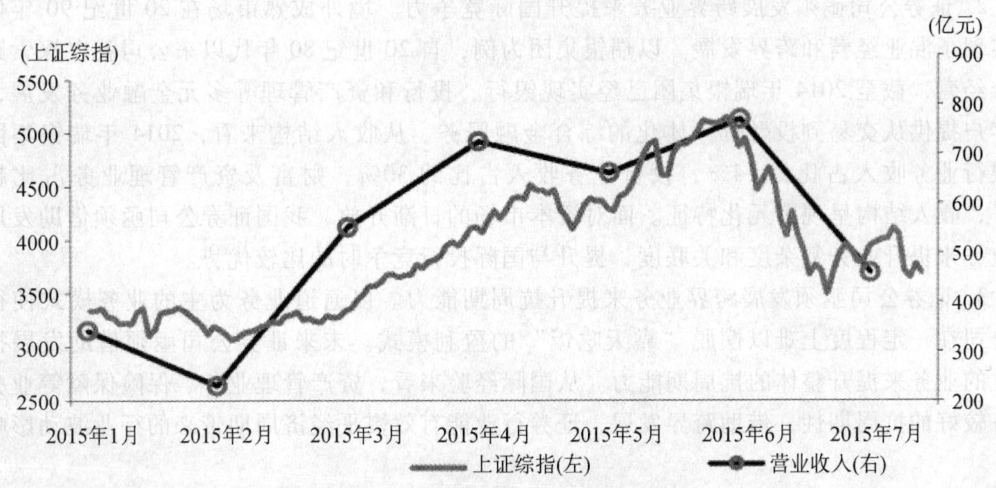

图 3 证券行业的抗周期能力较弱

注：其中收盘价指上证综指的收盘价，营业收入指证券行业的营业收入

资料来源：中国证券业协会，Wind，申万宏源研究

从收入结构来看，2015 年以来行业转型有所倒退，行业发展面临新的关口。2014 年，伴随行业融资融券、股权质押等资本中介业务的发展，行业收入结构有所改善，传统代理买卖类证券业务收入占比下滑至 40% 的水平。2015 年上半年，伴随外部环境交易火爆的影响，证券公司的转型和创新发展的动力有所下降，通道类业务收入占比又上升至近 50% 的水平，投资银行及创新业务的占比都有所下滑。目前，除了融资融券业务外，证券行业还没有找到新的业务创新的方向，行业转型到了新的关口（见表 1）。

表 1 2013—2015 年中证券行业收入结构

	2013 年		2014 年		2015 年中	
	收入规模（亿元）	占比（%）	收入规模（亿元）	占比（%）	收入规模（亿元）	占比（%）
代理买卖证券业务	759.21	50.9	1 049	40.3	1 584	49.6
投资银行	173.37	11.6	309	11.9	204	6.4
资产管理	70.3	4.7	124	4.8	122	3.8
证券投资收益（含公允价值变动）	305.52	20.5	710	26.2	920	28.8
两融利息净收入	184.62	12.4	446	17.1	366	11.5

资料来源：中国证券业协会，申万宏源研究。

（四）证券公司亟须借助发展跨界业务来提升竞争力

1. 证券公司亟须发展跨界业务来提升在金融行业中的相对地位。目前，我国仍然实行分业经营、分业监管，证券公司难以借助直接的混业经营来完善金融服务产业链。在此背景下，寻求跨界业务的大发展成为证券公司提升在金融行业中相对地位的有效措施。借助向互联网和多元金融的跨界发展，证券公司能快速积累客户，做大资产规模，完善金融服务，提升盈利能力，进而提高其在金融业中的相对地位。

2. 证券公司亟须发展跨界业务来提升国际竞争力。境外成熟市场在20世纪90年代基本实现了混业经营和跨界发展。以瑞银集团为例，自20世纪80年代以来公司就在探索跨界综合经营，截至2014年瑞银集团已经实现银行、投行和资产管理等多元金融业务发展，能为客户提供从交易到投融资一体化的综合金融服务。从收入结构来看，2014年瑞银集团传统银行业务收入占比约14%，投行业务收入占比约30%，财富及资产管理业务占比超过50%，收入结构呈现多元化特征。面对资本市场的日渐开放，我国证券公司亟须借助发展跨界业务来提升业务复杂度和关联度，提升与国际投行竞争时的比较优势。

3. 证券公司亟须发展跨界业务来提升抗周期能力。以通道业务为主的业务模式使得证券公司在一定程度上难以摆脱“靠天吃饭”的盈利模式。未来证券公司亟须借助发展抗周期性的业务来提升整体的抗周期能力。从国际经验来看，资产管理业务、保险保障等业务都具备较好的抗周期性，借助跨界发展，证券行业能有效熨平经济周期带来的行业波动影响。

二、证券公司跨界业务发展的内涵和约束条件

（一）证券公司跨界业务发展的内涵

1. 跨界发展包含跨市场、跨业务和跨产业。从现状出发，我国金融监管体系决定了证券公司经营的业务边界。具体来看，证券公司跨界发展包含三方面的内涵：一是跨市场。从不同的维度来看，可以将市场分为货币市场、资本市场、商品市场和外汇市场。目前证券公司更多经营货币市场和资本市场的业务，对商品市场和外汇市场的参与较少。二是跨业务。从业务类型来分，金融业务可以分为证券类业务、银行类业务、保险类业务、租赁类业务、信托类业务等，在分业监管体系下，各类金融机构主要经营自身的主营业务，对其他业务的直接或间接参与都较少。三是跨产业。随着移动互联的快速发展，信息技术与其他产业的直接融合正在加速推进，信息技术与金融业的融合产生了互联网金融的新业态，信息技术与交通等行业的融合产生了物联网等，未来“互联网+金融+产业”将成为新的竞争业态。

从证券公司跨界发展的内涵出发，可以将其大致分为两类：一类是传统金融业务的跨界发展，这包含证券公司跨市场、跨业务的跨界发展；另一类是互联网金融的跨界发展，这主要指证券公司向信息技术产业的跨界发展与融合。

2. 证券公司传统金融业务跨界发展的内涵分析。近年来，随着泛资产管理业务的快速发展，我国金融机构在一定程度上实现了跨界发展。目前银行、保险、证券、基金、信托等各类金融机构都纷纷开展财富或资产管理业务，实现了一定程度上的混业经营。截至2014年底，我国理财市场产品规模达到53.79万亿元，较2013年同期增长约38%，其中银信合作、银证合作等通道业务规模高达约27万亿元，占财富管理市场客户资产规模总量约

50%。未来，伴随我国金融创新的发展，证券公司传统金融业务跨界发展的内涵将日渐丰富，证券公司将日渐向银行、保险、信托等金融机构的业务渗透，传统金融业务的发展将逐渐打破分业经营，逐步走向混业经营的格局（见表2）。

表2　　近年来理财产品规模快速上升

（单位：万亿元）

时间	银行理财产品规模	信托资产管理规模	保险管理资产规模	基金资产规模	券商资产管理规模	合计
2003 年	—	—	0.84	0.17	—	1.01
2004 年	—	—	1.08	0.32	—	1.4
2005 年	—	—	1.41	0.47	0.08	1.96
2006 年	0.27	0.35	1.78	0.86	0.03	3.29
2007 年	0.53	0.88	2.67	3.28	0.26	7.62
2008 年	0.82	1.23	3.06	1.94	0.06	7.11
2009 年	1.7	2.04	3.74	2.67	0.1	10.25
2010 年	2.8	3.04	4.6	2.5	0.15	13.09
2011 年	4.59	4.81	5.54	2.13	0.2	17.27
2012 年	6.1	7.47	7.35	2.8	1.89	25.61
2013 年	10.24	10.91	8.29	4.22	5.2	38.86
2014 年	15	13.98	10.16	6.68	7.97	53.79

资料来源：中国证券业协会，中国信托业协会，中国保险业协会，中国基金业协会，申万宏源研究。

3. 证券公司互联网金融跨界发展的内涵分析。目前证券公司互联网金融的跨界发展更多表现为“+互联网”，即证券公司多借助互联网平台进行产品营销和客户导入，互联网的思想和运作理念还没有改变证券公司原本的运作方式。具体来看，证券公司在互联网金融领域的布局主要以与互联网巨头或大型电商平台合作来实现客户导入，快速做大客户基础规模。如国金证券与腾讯签订了战略合作协议；华泰、方正证券与网易、顺网科技等公司全面合作。未来证券公司互联网金融跨界发展的内涵将进一步丰富和多元化，证券公司将借助构建“信息—平台—账户”的全产业链来提升互联网金融的竞争力。以移动账户体系为核心，通过大数据、云计算、移动互联网、垂直搜索引擎等技术精准地挖掘用户精准化的金融需求，借助多样化的产品设计和完善的产品体系来满足客户差异化的需求（见图4）。

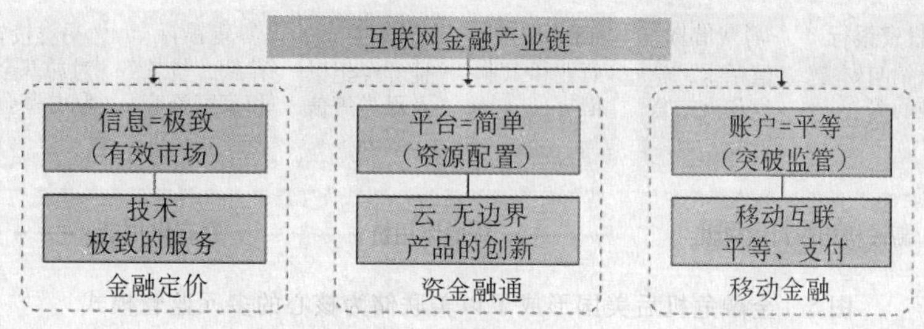

图4　互联网金融产业链

资料来源：申万宏源研究。

（二）金融监管体系是境外金融机构跨界发展的约束条件

金融监管体系直接决定了金融机构业务发展的模式。从境外市场的经验来看，不同监管体系下，金融机构跨界业务发展的模式存在较大差异。其中，美国形成了多元跨界业务模式，中国香港形成了交叉持牌业务模式，日本则形成了以财团为主的跨界发展模式。

1. 美国：混业经营，多元监管，多元跨界业务模式。美国是全球资本市场发展相对成熟的国家，其经历了多次分业和混业的变革。1929 年美国经济大萧条充分暴露了混业经营下的投机风险，《格拉斯 - 斯蒂格尔法案》将商业银行业务与投资银行业务严格分离，投资银行不得从事吸收存款业务，从此美国实行分业经营。20 世纪 80 年代以来，为适应日益激烈的国际竞争环境，美国逐步放宽了投资银行的业务限制，1999 年的《金融服务法案》明确废止了分业经营的限制，允许金融机构探索混业经营。受此影响，美国金融监管体系也经历了大变革，从机构监管逐步走向功能监管、双层伞形监管直至目前以美联储为核心的多元监管模式。金融危机后，美国国会通过了《多德 - 弗兰克法案》，重构了美国金融监管体系，形成了以美联储为核心，注重审慎监管和投资者保护的多元监管体系（见图 5）。

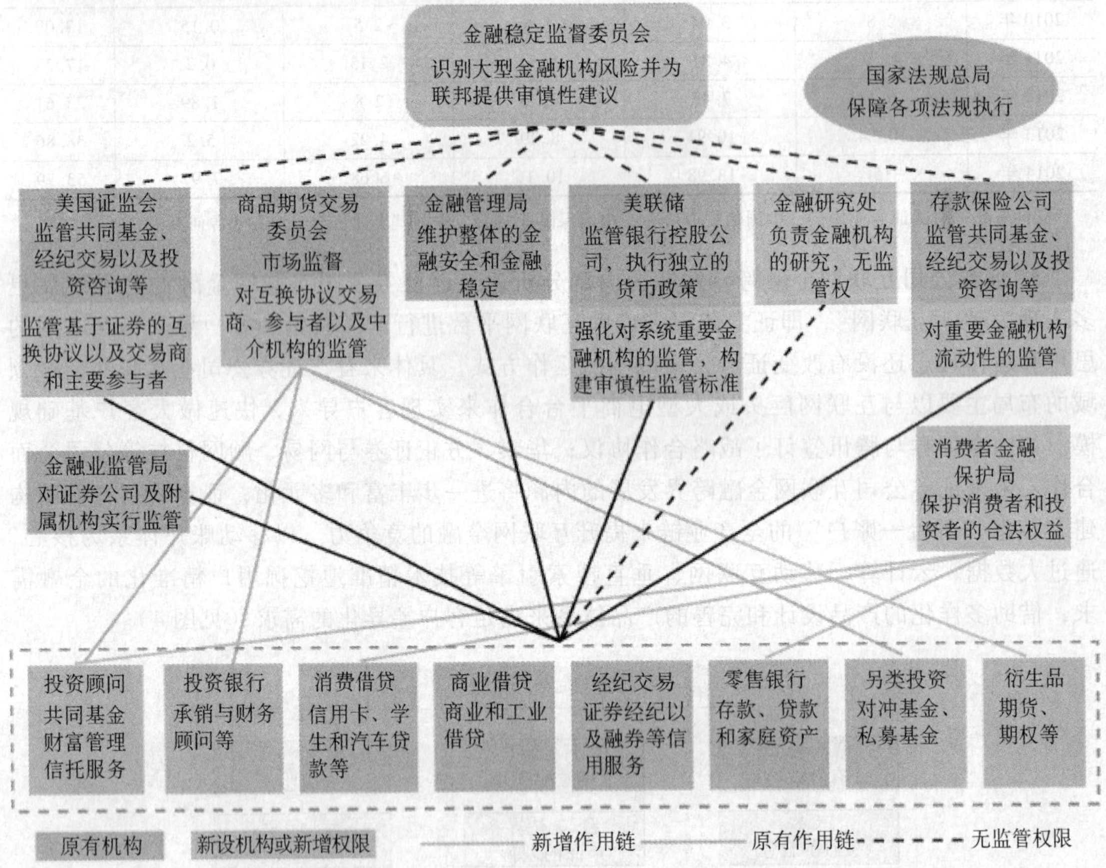

图 5　金融危机后美国形成了以美联储为核心的多元监管模式

资料来源：《多德 - 弗兰克法案》，申万宏源研究。

20 世纪 90 年代以来，美国金融机构形成了多元的跨界业务发展模式，这其中有金融控股形式、交叉持牌形式和全能银行模式。综合而言，美国商业银行的跨界业务发展多采取全能银行的模式，如美国银行，其在 2008 年金融危机后收购了美林证券，组建了美银美林，全面布局银行、投行及财富管理业务。除此之外，美国投资银行的跨界业务发展多采取交叉持牌的方式。2008 年金融危机后，以高盛和摩根士丹利为代表的全球独立投行向美联储申请了商业银行的牌照，开始吸纳客户存款，改善资产负债结构。在组织形式上，其多借助子公司的形式来申请其他业务牌照，实现跨界发展。

2. 中国香港：混业经营，分业监管，交叉持牌跨界业务模式。中国香港是典型的实行混业经营、分业监管的地区，香港金管局、证期局、保监处以及公积金计划管理局是香港的四大监管机构，分别对香港银行业、证券业、保险业和养老基金实行分业监管。各大监管机构之间借助签订《谅解备忘录》等形式来强化内部的协调沟通机制，提高监管效率，减少监管盲区和监管灰色地带。以此为基础，各金融机构借助交叉持牌的形式来实现混业经营。不过香港的交叉持牌表现为有限交叉持牌，香港银行可以申请持有证券公司的相应业务牌照，但证券公司并不能申请持有保险和银行的牌照。在具体的业务牌照上，香港银行只能申请持有证券交易、期货合约交易、杠杆式外汇交易、自动化交易服务、资产管理等交易类的业务牌照，不能申请持有就机构融资提供意见以及提供证券保证金融资等融资类业务牌照。

受有限交叉持牌的影响，香港银行业的发展远快于证券业和保险业，诞生了汇丰银行、渣打银行等国际全能型大银行，却并没有产生具备国际影响力的大投资银行，相反香港的证券业务大多数被国际大投行垄断。此种有限业务或差别化的交叉持牌模式使得香港各金融子行业的发展失衡，银行业发展明显优于证券业和保险业。

3. 日本：混业经营，综合监管，以财团为主的跨界业务模式。日本金融改革历程和金融监管体系在很大程度上是对欧美国家的效仿。20 世纪 90 年代，日本欲打造其成为世界金融中心，相继放松了对金融的管制，开始推进混业经营。借鉴英国金融监管的经验，日本在 1998 年正式成立金融监督局（Financial Supervision Agency，FSA），行使对金融市场的统一监管职能。目前，日本实行的是由 FSA 负责的统一监管模式，下设企划局、检查局和监督局三个部门。企划局负责统一的综合管理；检查局负责现场的稽查监督；监督局负责对各行业分别进行监管。

在综合监管的背景下，日本金融机构多以财团的形式实现跨界发展。1993 年日本《金融改革法》后，日本银行、信托、证券开始以设立子公司的形式渗透到对方的业务领域，1999 年开始撤销对银行证券子公司业务范围的限制，银行与证券之间实现完全混业。以日本三井财团为例，其借助子公司的形式逐步成立了三井银行、三井物产和三井不动产等子公司。借助主银行和交叉持股的形式，日本财团间不断实现强化内部的协作，做大财团整体的竞争力。

（三）我国金融监管体系与境外市场的三大差异

从现状来看，我国金融监管体系与境外市场存在较大差异，在一定程度上我国目前不具备直接混业经营的条件。金融监管体系的特征成为国内证券公司探索跨界经营的前提和约束条件。

1. 金融监管差异。目前我国不具备直接混业经营的条件。与成熟市场的混业经营和功能监管不同，我国实行以机构监管为核心的分业监管模式，由中国证监会、中国银监会和中国保监会分别对证券期货基金机构、银行信托机构和保险机构实行分业监管。与功能监管相比，机构监管的优势表现为可以按照机构类型进行分类监管。缺点在于：一方面，很难从法律上界定监管机构的监管边界，这就可能出现监管空白；另一方面，机构监管者总是局限在特定领域，仅关注所辖监管机构的发展，而忽视整体金融体系的发展。

尽管近年来金融机构在资产管理领域实现了一定程度的混业发展，但金融混业时代还未真正到来。从政策导向和法源基础来看，目前我国难以直接实现混业发展。在直接混业经营受阻的背景下，证券公司难以直接经营多元金融业务。

2. 金融结构差异。我国证券公司在金融行业中处于相对弱势。与美国等金融市场不同，我国证券公司在金融行业中处于相对弱势地位，迫切需要借助跨界发展来增强业务关联度和市场影响力。从资产规模、盈利能力和网络资源来看，证券公司在整个金融行业中都处于相对弱势地位，截至 2014 年，证券业总资产不足银行业的 3%，净利润不足银行业的 7%，与信托业和保险业相比也存在较大差距。更重要的是，在业务范围上，证券公司业务覆盖的基础资产范围相对有限，除了股票和金融衍生品是证券公司的垄断业务之外，其他业务银行等金融机构都可以参与，且在商品和外汇领域，银行的业务影响力远远超过证券公司，目前国内仅有几家证券公司获得了进入外汇市场的业务资质。证券公司亟须借助大力发展跨界业务来完善其综合金融服务，提高在金融行业中的话语权。

3. 金融用户差异。我国金融服务存在一些歧视和失衡，与境外成熟市场相比，我国机构投资者占比偏低，是以个人投资者为主的市场。截至 2014 年底，我国资本市场机构投资者（含企业法人）的占比约为 53%，剔除企业法人的机构投资者占比仅为 9%，远低于成熟市场近 70% 的水平。个人投资者主导的市场意味着互联网金融的长尾效应更显著，因此国内互联网金融的火热程度远超境外市场。

我国金融服务存在所有制和规模歧视，国有大型企业占据了大多数的金融资源，民营中小企业的金融服务相对不足。从商业银行企业贷款的结构来看，2015 年第一季度我国商业银行贷款余额约 52.6 万亿元，其中大中型企业贷款占比接近 70%，仅有不足 30% 的企业贷款流向了中小微企业；从企业的所有制形式来看，我国大型企业贷款中给国有及集体控股企业的贷款比重高达 76%，给民营企业的贷款比重仅为 17%，给港澳台及外资的贷款比重不足 7%。在此背景下，我国中小企业和民营企业一直面临融资难、融资贵的问题，这也在客观上要求证券公司借助发展跨界业务、整合金融业务产业链来满足中小企业的融资需求（见图 6）。

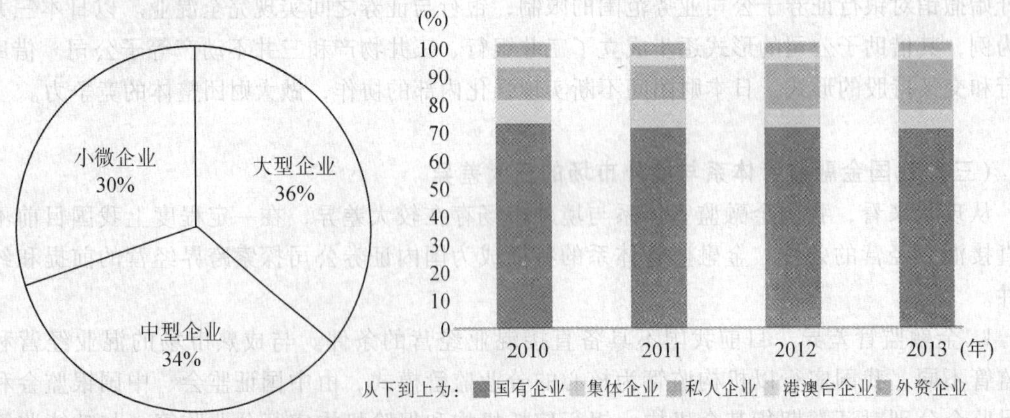

图 6 我国贷款主要流向国有企业和大型企业

注：左图为 2015 年第一季度按企业规模分的银行贷款结构。

资料来源：CEIC，申万宏源研究。

三、证券公司传统金融业务跨界发展的路径探索

（一）境外金融机构传统金融业务跨界发展的三种模式

1. 全能银行：以银行业务为主，向多元金融渗透。全能银行是欧美重要的金融机构之一，利润率和业务协同是全能银行拓展跨界业务的两个核心因素。从全能银行的发展历程来看，其大致经历了以银行业务为主，逐渐向投资银行——信托——租赁——资产管理——保险扩张的过程。投资银行是金融业务中利润率相对较高的业务，同时与商业银行业务的协同程度较高，因此投资银行一般是商业银行跨界发展的第一步。随着20世纪90年代以来居民财富的快速积累，信托和资产管理市场需求逐步爆发，金融机构也相继进入该业务领域。保险作为基础的金融功能之一，是金融机构完善其产业服务链上不可或缺的重要成分。考虑到金融监管和法律环境的影响，不同地区全能银行的扩张途径也会存在一定的差异，但利润率和业务协同是其跨界扩张的重要参考因素。

以德意志银行为例，1961年德国通过《银行业务法》，为后续德国全能银行的发展奠定了法律基础。《银行业务法》允许德国金融机构探索混业经营。德意志银行成立于德国工业化初期的1870年，随后受客户融资需求的影响，1876年德意志银行开始进入投行领域为客户进行债券融资；受后期欧洲贵族家族财富管理需求的影响，1890年德意志银行建立了信托公司，主要为贵族家庭服务；进入20世纪80年代以后，德意志将其业务逐步拓展至资产管理和保险等领域，实现了向多元金融领域的跨界发展。

2. 金融控股集团：以子公司的形式来实现跨界发展。金融控股集团借助子公司形式实现跨界经营是境外成熟市场混业经营的重要形式之一。金融控股集团跨界业务发展的路径与当地法律政策和金融监管密切相关。以富邦金融控股集团为例，其最先以保险业务为主，随着20世纪80年代我国台湾金融自由化改革，证券行业经营放开，富邦集团借助设立子公司的形式逐步拓展至租赁、证券领域。20世纪90年代受益于台湾土改和经济的快速增长，居民财富管理的需求快速增长，富邦将触角延伸到资产管理和商业银行领域。2001年6月，台湾所谓“金融控股公司法”确立了金融控股公司的地位，富邦集团正式改制为金融控股公司。截至2014年底，富邦金控的收入构成中，保险和银行业务占据主导地位，其中富邦人寿税后盈利高达354亿新台币，占富邦金控净利润的59%；台北富邦银行税后盈利达182亿新台币，净利润占比30%；富邦证券税后盈利14亿新台币，占比约2%。

3. 交叉持牌：独立金融机构申请其他业务牌照。交叉持牌是境外金融机构实现跨界发展的有效途径之一。除了全能银行和金融控股集团之外，境外成熟市场的多数金融机构均借助交叉持牌的形式来实现跨界经营。与全能银行和金融控股集团相比，此种跨界形式对金融机构资本等因素的要求较低，运作较灵活，有利于保障金融机构运作的灵活性和独立性。

金融危机后独立投行借助交叉持牌的形式申请商业银行业务牌照是典型案例之一。2008年金融危机后，以高盛和摩根士丹利为代表的独立投行相继向美联储申请了商业银行牌照，转型为控股公司。借助申请商业银行牌照，高盛等机构一方面降低了经营杠杆，释放了风险，维持了公司的稳健经营；另一方面公司同时接受美联储和美国证监会的双重监管。借助交叉持牌，高盛保持了其原有的业务灵活性，也有效避免了在金融危机中破产的风险。

（二）我国证券公司传统金融业务跨界发展的两条路径

与境外市场不同，受金融监管体系的影响，我国证券公司传统金融业务跨界发展有两条重要的路径：一是股权跨界，借助交叉持股来实现对其他金融业务的跨界发展；二是业务跨界，借助交叉持牌的制度探索允许金融机构发展跨界业务，探索综合经营。

1. 股权层面：以股权跨界实现跨界发展。目前，交叉持股在我国金融机构间十分普遍。截至 2014 年底，我国金融机构交叉持股呈现以下几大特征：其一，金融机构间的交叉持股十分普遍，除基金行业外，银行、保险、证券、信托基本实现了完全交叉持股，近年来信托与保险之间的交叉持股趋势进一步强化。其二，在股权控制上，银行、信托对其他金融子行业的控参股强度较高，证券、基金相对较弱，保险居于其中。以银行为例，截至 2014 年，银行控参股的信托公司有 7 家，证券公司 4 家，保险公司约 10 家，银行系基金公司 15 家，且银行系基金公司和银行系信托公司在各个子行业中都享有资本规模优势。其三，互联网机构，尤其是以 BAT（百度、阿里巴巴、腾讯）为代表的互联网巨头对金融行业的渗透率明显提升，而金融机构向互联网领域的突围明显较弱。目前，阿里巴巴和腾讯已经获得民营银行的牌照，大智慧和东方财富借助收购实现了控股证券公司，阿里巴巴的众安在线保险已经成功运作，且阿里巴巴为天弘基金的控股股东（见表 3）。

表 3 我国金融机构间呈现交叉持股的状态 （单位：家）

控参股机构 \ 金融机构	银行	证券	保险	信托	基金	互联网机构
银行	／	4	<10	<10	0	2
证券	4	／	5	26	*	2
保险	<10	5	／	<10	0	1
信托	7	3	12	／	0	0
基金	15	55	3	27	／	1
互联网机构	0	0	0	0	0	／

* 表示基金公司中嘉实基金拟设立嘉实证券，待中国证监会批准。

注：证券公司持有信托公司股份中有 3 家为外资投资，另外 1 家为中金公司。

资料来源：申万宏源研究。

交叉持股作为股权跨界的重要形式，具备两方面的比较优势：一是交叉持股符合现有监管要求，借助股权运作的方式，与现有“分业经营、分业监管”的金融监管体系较吻合；二是交叉持股有利于有效实现风险隔离，金融机构以控参股金融机构进行的跨界发展使得金融风险隔离在各个金融子机构内部，而没有在金融机构之间交叉或放大，这有效降低了系统性金融风险。

2. 业务层面：以交叉持牌探索跨界业务发展。目前，我国正在积极探索构建功能监管体系，这为交叉持牌的发展创造了良好的外部条件。机构监管体系带来的监管空白和监管套利以及大资管业务的混业发展使我国金融监管部门充分意识到要实现从机构监管向功能监管的转变。近年来，我国金融监管部门一直在积极推进功能监管体系的构建，这为我国金融机构探索交叉持牌奠定了良好的制度基础。

目前，我国监管机构逐步形成了牌照管理的理念。根据监管机构的差异，我们可以大致将业务牌照细分为以下几大类（见表4）。目前中国人民银行主要颁发第三方支付业务的牌照，中国证监会核准证券、基金和期货三类牌照，中国银监会核准银行、信托和金融租赁类牌照，中国保监会核准保险牌照，商务部核准融资租赁和典当牌照，银行间交易商协会和外汇管理局分别核准银行间业务牌照和外汇业务牌照。目前，我国证券公司的业务范围主要集中在证券类业务牌照内，未来亟须借助交叉持牌来积极探索跨界经营。

表4　　我国金融机构牌照的分类

监管机构	业务牌照/资质	数量	备注
中国人民银行	第三方支付	270家	审批速度可能放缓
中国证监会	证券牌照	120家	互联网券商牌照可能放行
	期货牌照	158家	期货牌照有望进一步扩容
	基金牌照	95家	未来基金牌照进一步放开
中国银监会	银行牌照	773家商业银行，5家民营银行	未来银行牌照会进一步放松
	信托牌照	68家	冻结发放
	金融租赁	26家	未来金融租赁向金融机构开放
中国保监会	保险牌照	约135家	逐步收紧，分为财险、寿险和万能险
商务部	融资租赁	约1 400家	分为外商租赁和内资租赁
	典当牌照	—	整体数量较多，分布零散
银行间市场交易商协会	银行间债券市场结算代理人资质	47家	以银行机构为主，未来将进一步向证券公司开放
	信用风险缓释工具交易商资质	47家	
	信用风险缓释工具核心交易商资质	26家	
	利率互换业务资质	117家	
	远期利率协议	57家	
	银行间债券市场做市商资质	25家	
外汇管理局	外汇经纪业务资质	—	以银行为主，证券公司数量较少
	外汇自营业务资质	—	

资料来源：申万宏源研究。

四、证券公司互联网金融跨界发展的路径探索

（一）境外金融机构互联网金融跨界发展的经验借鉴

1. 境外互联网机构对金融行业的颠覆和冲击。互联网机构所具备的用户基础和流量基础为其开展金融业务奠定了客户基础。以美国亚马逊和日本乐天为代表的互联网机构较好地实现了金融功能的融合。

美国亚马逊借助其大数据平台和客户基础，以 Amazon Lending（小额贷款业务）为核心，实现了互联网金融业务的快速发展。亚马逊作为美国最大的在线商城之一，积累了大量的供应商资源。2012 年，亚马逊在利用其自身大数据平台的基础上，向亚马逊平台上的供

应商提供小额贷款服务。与银行等传统金融机构相比，亚马逊利用其大数据平台，能够大大降低信息不对称程度，减小信贷风险，从而降低企业的融资成本，其贷款利率低于大部分银行的信用卡利率。除此之外，亚马逊依托数据优势，通过数据库模型进行量化放贷，大幅提升了放贷效率，一旦通过评估，贷款将在 5 天内打入卖家的账号。目前国内以蚂蚁金服为代表的互联网机构也在开发类似的小额信贷业务。

日本乐天电商借助 EDY 信用卡和超级积分，做强账户功能，增强客户黏性，成功实现了金融业务的快速发展。乐天成立于 1997 年，在 3 年时间迅速扩大商户和客户规模。截至 2000 年，乐天已拥有超过 1 800 家商铺，同年在日本创业板上市。以“最大化会员终生价值”为目标导向，自 2003 年以来乐天先后将业务延伸到电子货币、信用卡、银行、保险、证券等金融领域。截至 2013 年底，乐天金融的收入突破 2 000 亿日元，占集团营业收入比重高达 38%。2003 年乐天借助收购日本一家小型证券公司获得证券业务牌照；2005 年乐天借助收购信用卡公司推出了乐天 EDY 信用卡，在乐天所有业务中进行的消费和交易都可以积分，积分可在乐天商城直接抵扣金额。借助此种低成本、正循环的内部协同模式，乐天金融业务快速发展，截至 2013 年底，乐天证券账户数达 146 万户，占全日本证券总账户数比重达 8.05%。目前，乐天 EDY 卡在日本的渗透率是 70%。清晰的发展战略、完善的账户体系、以客户为中心的运作理念和高效的执行力是乐天金融取得成功的关键因素。

2. 三大原因支撑华尔街没有被互联网金融取代。境外金融机构的跨界发展不仅仅表现为向多元金融领域的跨界发展，也表现为向互联网等领域的跨界发展。20 世纪 90 年代以来，境外金融机构就先后拥抱互联网实现了跨界发展，互联网已经成为境外金融机构优化金融服务的重要平台和手段。然而，在互联网金融融合发展的趋势下，华尔街投行并没有被互联网金融取代，其主要原因有以下三方面：

（1）华尔街投行较早地拥抱了互联网。美国是科学技术应用最发达的国家，早在互联网盛行的初期，华尔街投行就主动与互联网实现了融合，借助互联网的技术平台来实现高频交易、借助高效的交易系统做大黑池交易规模，提升交易能力。15 年前高盛有 6 000 名交易员负责股市交易，但今天高盛只需 2 000 人就能完成以往数倍的交易量工作。近年来，高盛一直宣称自己是家科技公司，由此可见，华尔街投行也在使用互联网技术不断优化客户服务。

（2）以机构投资者为主的市场对金融服务的专业化要求更高。与国内资本市场不同，以美国为代表的成熟市场是机构投资者主导的市场，机构投资者的市值占比超过 80%。此种市场结构在一定程度上决定了与低廉的交易成本相比，投资者更看重专业的金融服务，因此互联网机构即使有效地降低了交易成本，提升了交易便捷度，但其难以在短期内为机构客户提供专业的金融服务，所以互联网机构对华尔街投行的冲击相对较小。

（3）华尔街为客户提供了较高的金融附加值服务。与交易的低成本相比，华尔街依靠专业的服务为客户提供了较高的金融附加值服务。专业的市场判断和投资判断为投资者决策提供了有效的支持和参考，这也是互联网机构难以替代的。

（二）我国证券公司互联网金融跨界发展的三大路径

证券公司互联网金融业务发展路径的选择与证券公司的规模、资源禀赋及定位密切相关。资本实力雄厚的证券公司可借助自建互联网金融平台来实现业务发展；资本实力相对较弱的证券公司可借助与互联网企业合作来实现客户导入，发挥规模经济。具体来看，证券公司互联网金融跨界发展有以下三大路径。

1. 路径一：与互联网公司进行深度合作，实现快速扩张。与互联网公司合作来实现客户导入是证券公司发展互联网金融业务的路径之一。与传统金融机构相比，互联网机构在过去积累了大量的活跃客户资源且客户端口建设相对完善，能够较快地实现客户导入，并借助客户体验的提升来增强客户黏性。与互联网公司合作开展业务能在一定程度上降低成本，但同时也面临业务自主度不高等问题。

一般意义上，中小券商受制于资本实力和成本控制的约束，多倾向于选择合作的方式来实现互联网金融业务的快速扩张。就中小券商而言，通过互联网平台提供标准化的金融产品，吸引目前券商难以提供价值服务的大众客户，可以实现“先量后价”的流量导入和变现。中小券商的互联网定位侧重于以网络为基础的商业模式和运营模式，可作为探索“弯道超车”的战略重点。具体方式有打造明星产品吸引长尾客户、与第三方平台合作占领流量入口等，如国金证券与腾讯合作推出“佣金宝”，中山证券携手百度财富推出“百度股票”等。

2. 路径二：证券公司自建互联网金融体系。以账户建设为基础，自建互联网金融体系是证券公司发展互联网金融业务的另一选择。与中小券商不同，大型券商考虑到其客户结构及综合实力优势，倾向于利用互联网改善客户体验，整合线上线下资源、强化公司在产品设计、风险控制、资产配置能力方面的综合实力优势，通过增强客户黏性挖掘附加值。具体来看，证券公司自建互联网平台的方式包括：其一，整合线上线下资源，构建O2O服务体系。此种方式侧重于以网络作为渠道进行创新，应用互联网技术和思维，对传统业务链条中的渠道进行改良，辅助线下渠道服务存量客户，实现线上线下互动。其二，自建互联网综合金融服务平台，借助打造账户体系，提供专业服务来提升客户体验，为客户创造更大的价值。

目前，行业内国泰君安、海通证券、广发证券等已经进行了一系列积极有益的尝试。广发证券2014年推出的“金钥匙”是行业内较成功的O2O应用，其借助系统将广发7 000名服务人员与来自互联网的海量客户需求相连接，应用抢单模式来匹配服务关系。借助APP形式，广发实现了对客户7×24小时的全覆盖服务。2014年6月，海通证券推出“e海通财”，开创了大型券商互联网金融综合模式。“e海通财”是一个集账户、平台、产品三位一体的综合金融服务平台，集合了交易、理财、投资、融资、支付五大功能，为客户提供一站式的专业理财服务。该平台已搭建了在线开户、网上营业厅、在线商城、手机证券APP、微信互联网五大平台。客户使用“e海通财”时，一次注册，可以开通多个账户。在开立资金账户和A股账户的同时，投资者还可直接开通基金账户、OTC账户、资管账户等，并且可以同时开通消费支付功能。另外，“e海通财”平台实现了券商账户的资金归集与消费支付功能。

3. 路径三：申请互联网金融牌照，完善产业链。证券公司互联网金融业务的发展不仅表现为证券业务互联网化，更表现为完善互联网金融产业链。完善互联网金融产业链是证券公司提升互联网金融业务竞争力的关键所在。互联网金融产业链的建设一方面表现为要完善以信息、平台、账户为核心的体系，另一方面表现为要实现对证券、银行、保险等基础金融功能的全覆盖。

近年来，我国正在逐步放松民营银行和互联网保险的资质审批，截至目前我国已成立5家民营银行，其中2家是BAT背景（包括腾讯持股30%的微众银行、蚂蚁金服持股30%的网商银行）；成立了4家互联网保险公司，其中2家是互联网公司背景（包括蚂蚁金服持股近20%的众安保险、银之杰持股15%的易安财险）。根据目前我国细分的六类互联网金融牌照（互联网支付、网络借贷、股权众筹融资、互联网基金销售、互联网保险、互联网信托和互联网消费金融），证券公司可借助申请相应的互联网支付、互联网保险、互联网信托等业务牌照来实现互联网金融的跨界发展。

五、多措并举推进证券公司跨界业务大发展

（一）重构金融监管体系，助力证券公司跨界业务发展

目前，我国金融监管体系面临一系列挑战，建议我国借鉴成熟市场经验，构建以中国人民银行、金融监督管理委员会和投资者保护局三大机构为核心的金融监管体系。金融危机后，全球主要的金融市场都构建了双峰监管的监管架构，这表现为金融监管转为目标导向，审慎监管和投资者保护成为金融监管的两大重要目标。建议我国借鉴成熟市场经验，重构金融监管体系，其中由中国人民银行和金融监督管理委员会履行审慎监管，投资者保护局履行投资者保护职责。在具体操作上，建议由一位副总理同时负责管理中国人民银行和金融监督管理委员会，以此来强化两者之间的协调机制和资源共享。在监管职责分工上，中国人民银行和金融监督管理委员会同时负责审慎监管，由副总理来协调两者之间的监管合作，中国人民银行侧重宏观审慎监管，金融监督管理委员会侧重机构审慎监管；投资者保护局在整合中国证监会下属的投资者保护基金、中国保监会下属的保险保障基金以及银行存款保险制度和信托保障基金等相关资源的基础上，履行投资者保护职能，实现保护投资者的目的。监管机构的重构有利于明晰各大监管机构的职责，推进我国从机构监管向功能监管的转型发展，为证券公司跨界业务的发展奠定制度基础。

建议我国实行功能监管体系，对不同机构开展同一类型业务进行统一监管。目前，我国金融机构与互联网机构在业务开展上面临差异化的监管环境，这不利于金融市场的平等竞争。建议我国在重构金融监管体系的基础上，由中国银监会、中国证监会和中国保监会对各类机构开展银行类业务、证券类业务和保险类业务时实施统一监管，打破现有机构监管面临的监管空白和监管套利问题，为证券公司跨界业务的发展奠定良好的制度条件（见图 7）。

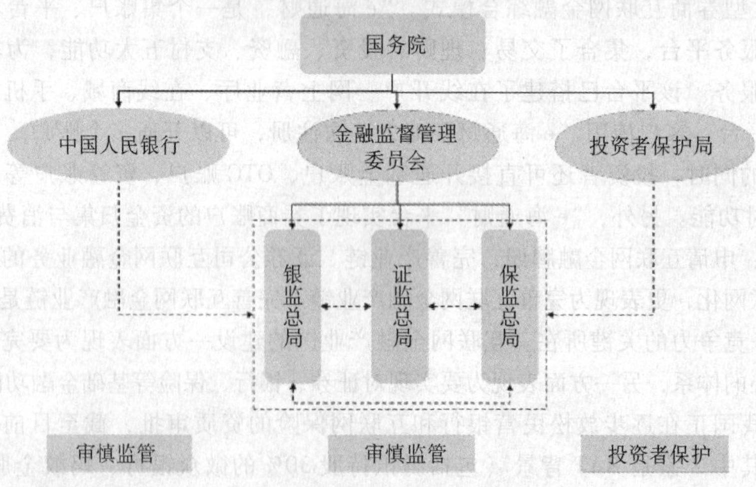

图 7　重构我国金融监管体系

注：图中实线表示层次关系，虚线表示信息沟通机制；浅色是现有机构，深色是新设机构。

资料来源：申万宏源研究。

（二）构建交叉持牌制度，完善证券公司业务链

交叉持牌是成熟市场实现功能监管的有效措施之一。以证券业务为例，美国证监会将证券业务细分为29项子业务牌照（详见附件一），金融机构可根据自身需求申请相应业务牌照；中国香港作为混业经营、分业监管的地区，将证券业务细分为10类进行牌照管理（详见附件二），无论持牌人是证券机构还是银行、保险信托等非券商金融机构，香港证监会只对持牌人持牌的具体业务实行监管。新加坡金管局将金融牌照细分为商人银行、投资顾问、资本市场服务和基金管理公司四大类，每类下再细分相应的业务牌照，申请同一业务牌照的不同类型的金融机构实施统一的金融监管标准（见表5）。

表5　新加坡金融管理局牌照类型

牌照规则	业务选项	注册要求
商人银行	（1）证券发行、承销、买卖证券、融资融券； （2）投资组合管理、投资咨询、代理人服务； （3）单位信托基金管理和销售； （4）企业重组、并购咨询； （5）管理咨询服务； （6）融资/贷款/银团贷款的中介和保证人； （7）在机构间货币市场中融资或贷款； （8）协议证券或以新币为单位的货币市场工具贴现； （9）黄金和外汇交易	（1）申请人自身及其母公司或主要股东的财务稳健性、业绩记录和国际声誉等； （2）商人银行母国的监管力度及其与MAS合作的意愿和能力。外国申请人在新加坡开展业务，必须获得其母国监管机构的书面同意； （3）申请人必须就其所开展业务提供一份考虑周全且具备可行性的业务计划； （4）申请人必须保证具备稳健且与业务规模和复杂性相适应的风险管理系统
投资顾问	（1）直接或间接通过出版物或文章向他人提供关于投资产品的建议； （2）通过发布研究分析报告的方式向他人提供投资意见； （3）营销集合投资计划（Collective Investment Scheme）； （4）安排保险（寿险）合同签约，再保险合同例外	（1）申请人及其母公司或主要股东的业绩记录、管理专业技能、财务状况稳健性； （2）满足最低财务要求和专业赔偿保险要求的能力； （3）与业务规模和复杂程度相适宜的完善的内控和风险管理安排； （4）详细的商业计划和财务预算； （5）职员满足专业资质要求
资本市场服务（CMS）	（1）证券交易； （2）期货交易； （3）杠杆外汇交易； （4）公司财务顾问； （5）基金管理； （6）证券融资； （7）证券保管服务； （8）REITs管理； （9）信用评级服务	MAS注册指引文件列举了21项注册要求，包括股东财务资质、资本充足性、职员适宜资质、完备内部控制等，不同子业务风险等级差异准入标准大相径庭

续表

牌照规则	业务选项	注册要求
基金管理公司	要么注册 CMS 基金管理牌照（LFMC），要么注册为备案基金管理公司（RFMC），前者又包括零售 LFMC 和 A/I LFMC，A/I LFMC 只能对合格投资者提供基金管理服务，RFMC 则只能向不超过 30 名合格投资者提供基金管理服务，其中不超过 15 名可以为基金或类似基金结构的有限合伙制，且管理资产总值部能超过 2.5 亿新币	MAS 注册指引文件列举了 10 项注册要求，包括股东财务资质、资本充足性、职员适宜资质、完备内部控制等

资料来源：MAS，申万宏源研究。

建议向券商开放外汇市场、商品市场和银行间债券市场等业务牌照，完善证券公司固定收益证券、货币及商品期货（FICC）业务链。FICC 业务是证券公司机构业务发展不可或缺的重要部分，从成熟市场的经验来看，境外投行 FICC 业务的收入贡献高达 30%。从现状来看，目前我国证券公司 FICC 业务的发展面临多重障碍，其中最核心的是牌照障碍。目前银行间市场和外汇市场业务的参与主体以商业银行为主，证券公司缺乏相应的业务资质。以银行间市场为例，目前国内仅有中信证券、中金公司等少数几家证券公司获得进入银行间市场的资质。由于我国的债券市场和外汇市场主要在银行间市场交易，牌照或业务资质的限制使得证券公司难以做大债券业务和外汇业务规模，证券公司 FICC 产业链也一直处于断层状态。建议国家外汇管理局和银行间市场协会向证券公司开放外汇市场和银行间市场业务的牌照申请，允许证券公司借助交叉持牌来开展外汇经纪业务、外汇自营业务以及债券销售交易业务等，以此来完善 FICC 产业链，提升机构业务的市场竞争力。

建议向券商放开银行间债券市场和信托等业务牌照，完善证券公司综合金融服务业务链。目前，证券公司的融资服务主要以通道型融资服务为主，难以满足中小企业差异化的融资需求。从融资渠道来看，目前证券公司的债权融资服务仅局限在交易所债券市场，而交易所债券市场的规模和活跃度都远低于银行间债券市场，建议相应监管部门向证券公司开放银行间债券市场的业务牌照，允许证券公司与商业银行平等竞争，提升证券公司对实体经济的服务能力。除此之外，多元化的融资需求也催生资产证券化业务的快速发展，在信托牌照冻结发放的背景下，建议中国银监会放宽对信托公司并购重组等的审核，允许证券公司以控参股的形式获得信托业务牌照，完善综合金融服务业务链。

建议向券商开放信托和银行等业务牌照，推进证券公司经纪业务向财富管理业务转型。证券经纪业务向财富管理业务的转型已经成为行业共识，然而与银行和信托相比，证券公司客户基础相对薄弱。建议中国银监会逐步向证券公司开放信托和银行特定业务的牌照，在信托牌照冻结的背景下，允许证券公司以参股的形式进入信托行业；在民营银行牌照放开的背景下，逐步向证券公司开放，允许证券公司以参股形式进入银行业；在业务牌照开放路径上，可以先允许证券公司获得银行理财业务牌照，最后再放开存贷业务牌照等。

（三）主动拥抱“互联网+”，推进证券公司互联网金融跨界发展

建议证券公司构建以移动账户为核心的互联网金融产业链。随着互联网技术持续发展，未来互联网金融的发展将呈现从前端向后端转移的过程，移动账户将成为互联网金融产业链

的核心。未来账户作为证券公司服务于投资者的重要媒介，其重要性将日渐提升。在移动互联的背景下，近年来以国泰君安为代表的证券公司正在积极构建全功能的账户体系，完善的移动账户体系成为未来证券公司提升竞争力的关键要素。

建议证券公司以移动账户为基础，提升产品创设能力和交易能力。在构建全功能移动账户体系的基础上，证券公司要加大培育创设产品、创造交易的能力，以账户为端口来实现用户导入，以产品为核心来增强用户黏性，以交易能力和完善的产品线为核心为客户持续创造最大价值，最终以管理费、交易收入等形式来提升证券公司的收入规模和盈利水平。移动账户是解决证券公司互联网金融发展面临的商业模式、痛点、客户体验、客户黏性、收入变现五大问题的核心所在（见图8）。

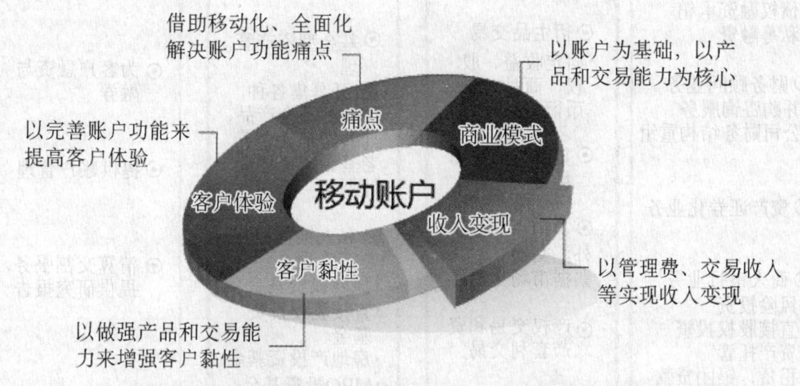

图8 以移动账户为核心来解决证券公司互联网金融面临的五大问题

资料来源：申万宏源研究。

建议证券公司加大场外交易平台的投入，以大数据处理能力为基础来提升交易效率、提高交易能力。大数据积累和云计算能力的提升有利于提升证券公司的交易效率和交易能力。未来，随着我国机构投资者占比的持续上升，机构间的交易市场将成为资本市场的支柱力量。大数据处理能力的提升能够为机构客户提供更好的交易服务；借助大数据分析，证券公司能够为机构投资者找到合适的交易对手方。国外投行的黑池交易便是基于大数据处理能力来提升交易效率和交易能力的有效案例。另外，证券公司基于大数据分析建立的客户风险评级体系，有利于搭建公司内部客户之间的资金拆借平台，增强市场流动性，证券公司则可以利用大数据风险定价模型对拆借利率定价并收取服务费来实现盈利。

（四）在自贸区率先试点跨界业务发展

建议以自贸区为突破口，在自贸区内率先建立“负面清单”金融监管模式。目前，我国正在积极推进金融监管的负面清单管理机制，已经在产品创设和机构开放上进行了一系列积极有益的尝试。建议未来我国以上海自贸区为突破口，在自贸区内率先推进“负面清单”管理制度，鼓励证券公司等金融机构业务创新发展，为证券公司跨界业务的发展提供良好的试验田。

建议在自贸区内积极推动交叉持牌制度，试点综合金融业务。金融体系的重构和改革牵一发而动全身，当前阶段我国金融体系的改革难以一步到位，在此背景下，以自贸区为试验田来推动交叉持牌制度便具备较大的现实意义。允许自贸区内的金融机构在小范围内探索交叉持牌和综合金融业务，待成熟后再向金融市场逐步推进是相对合理的发展路径。

建议以 FICC 业务为起点，开发自贸区机构间场外金融产品生态圈。机构间场外市场的快速发展是金融市场成熟的标志之一，建议未来证券公司以 FICC 业务为起点来构建场外金融产品的生态圈，大力发展基于 FICC 类的证券交易类业务、资产管理类业务、资产证券化业务和商人银行业务等，完善证券公司的业务链，积极推进证券公司传统金融业务的跨界发展（见图 9）。

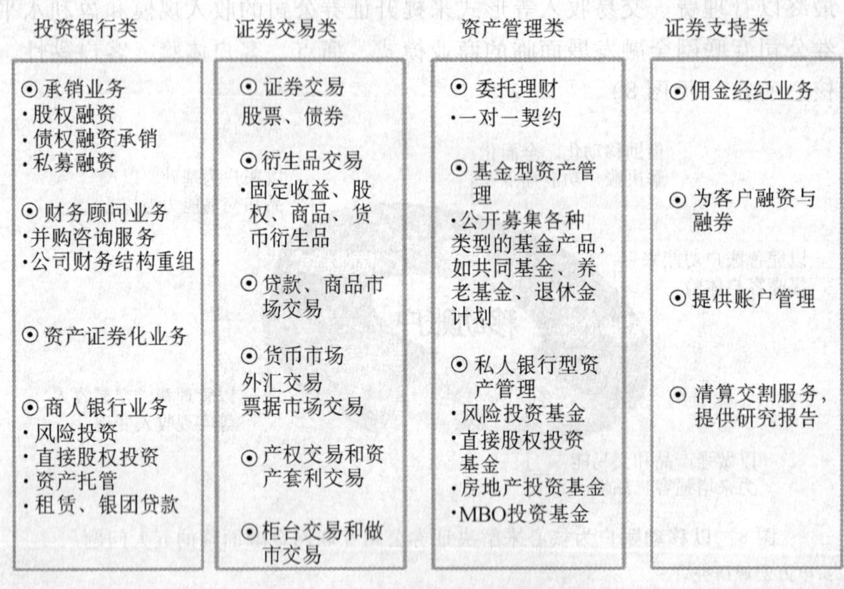

图 9 在自贸区率先试点跨界业务

资料来源：申万宏源研究。

附件一：

美国证监会将证券业务细分为 29 个牌照

序号	发放机构	牌照简称	牌照全称	牌照许可业务范畴
1	FINRA	EMC	BD－A：允许公司与委员会成员进行场外交易	允许公司与委员会成员进行场外交易
2	FINRA	EMP	BD－B：允许公司与委员会内成员进行场内交易	允许证券公司与委员会内成员进行场内交易
3	FINRA	IDM	BD－C：允许进行双边报价	允许公司同时提供买入价和卖出价并赚取差价
4	FINRA	BDR	BD－D：股票类证券经纪业务	股票类证券经纪业务
5	FINRA	BDD	BD－E：债券类证券经纪业务	债券类证券经纪业务
6	FINRA	USG	BD－F：债权与股权承销	允许为公司募集资金（包含债权及股权）
7	FINRA	MFU	BD－G：共同基金的承销商或赞助商	允许公司为共同基金背书

续表

序号	发放机构	牌照简称	牌照全称	牌照许可业务范畴
8	FINRA	MFR	BD－H：共同基金零售商	允许零售共同基金
9\10	FINRA	GSD\B	BD－I：美国政府债券交易商/经纪商	允许买卖美国政府债券
11	FINRA	MSD	BD－J：市政债券经纪商	允许替他人账户参与市政债券交易
12	FINRA	MSB	BD－K：市政债券交易商	允许用自己账户参与市政证券交易
13	FINRA/州政府	VLA	BD－L：经纪商/交易商买卖寿险/年金	允许寿险或年金交易
14	FINRA	SSL	BD－M：经纪商/交易商交易定期存款	允许交易金融机构内的定期存款
15	FINRA/州政府	RES	BD－N：房地产垄断（辛迪加）	提供辛迪加通道使得个人储蓄进入房地产业
16	FINRA	OGI	BD－O：经纪商/交易商买卖石油/天然气	允许交易石油/天然气
17	FINRA	PCB	BD－P：认沽或认购期权	允许公司进行期权类交易
18	FINRA	BIA	BD－Q：经纪商/交易商销售单一发行人证券	允许经纪商或交易商销售单一发行人的证券
19	FINRA	NPB	BD－R：允许非营利机构发行证券的经纪业务	允许非营利机构类发行证券的经纪业务
20	SEC/州政府	IAD	BD－S：投资咨询服务	允许公司直接或者间接开展股票买入、卖出以及投资方面的咨询服务
21/22	FINRA	TAP/S	BD－T：经纪商/交易商销售避税额度	允许销售避税额度
23	FINRA	NEX	BD－U：第三方支付业务	允许开展第三方支付业务
24	FINRA	TRA	BD－V：自营交易	允许公司利用自有资金买卖证券
25	FINRA	PLA	BD－W：私募证券	允许公司买卖未上市发行的证券
26	FINRA	MRI	BD－X：经纪商/交易商交易贷款或其他应收凭证的利息	经纪商/交易商交易贷款或其他应收凭证的利息
27/28	FINRA	B/INA	BD－Y：经纪商/交易商参与和银行、储蓄银行或信用合作社/保险公司或机构的网络、电话亭或类似安排	经纪商/交易商参与和银行、储蓄银行或信用合作社/保险公司或机构的网络、电话亭或类似安排
29	FINRA	OTH	BD－Z：（其他行业）开展第三方调研活动	依据规则15a－6开展第三方调研活动

资料来源：SEC，申万宏源研究。

附件二：

中国香港证监会将证券业务细分为十类牌照

业务牌照	备　注
证券交易	为客户提供股票及股票期权的买卖/经纪服务；为客户买卖债券；为客户买入/卖出互惠基金及单位信托基金；配售及包销证券
期货合约交易	为客户提供指数或商品期货的买卖/经纪服务；为客户买入/卖出期货合约
杠杆式外汇交易	以孖展形式为客户进行外汇交易买卖
就证券提供意见	向客户提供有关卖出/买入证券的投资意见；发出有关证券的研究报告/分析
就期货合约提供意见	向客户提供有关卖出/买入期货合约的投资意见；发出有关期货合约的研究报告/分析
就机构融资提供意见	为上市申请人担任首次公开招股的保荐人；就《公司收购、合并及股份购回守则》提供意见；就《上市规则》的合规事宜为上市公司提供意见
提供自动化交易服务	操作配对客户买卖盘的电子交易平台
提供证券保证金融资	为买入股票的客户提供融资并以客户的股票作为抵押品
提供资产管理	以全权委托形式为客户管理证券或期货合约投资组合；以全权委托形式管理基金
提供信贷评级服务	就公司、债券及主权国的信用可靠性拟备报告

资料来源：香港证监会，申万宏源研究。

业务创新背景下的证券公司组织机构优化

蔡 兵 欧阳琪*

一、证券公司业务创新相关概念论述

（一）证券公司业务创新的必要性

从2006年开始，中国证券行业的竞争愈演愈烈。一方面，来自外资机构的竞争压力不断增大；另一方面，金融混业经营的趋势日趋明显，信托、私募等机构强势崛起，中国资本市场形成了外资投行、国内商业银行和本土证券机构、其他非银行金融机构群雄逐鹿的局面，证券公司面临着严峻的竞争压力和挑战。

从我国证券公司当前的业务结构看，国内证券公司业务的品种、规模与国外投行都有很大差距，对经纪业务的过度依赖造成市场行情一旦低迷，证券行业的经营状况就陷入困境。国外投行的业务范围已涉及所有金融领域，创新能力突出，业务的多元化使其收入来源分散，不仅提高了抗风险的能力，也满足了客户投资、理财的多样化需求。当外资投行全面进入国内市场之后，其多样化的产品和创新服务成为其最强有力的核心竞争力。在外资机构对国内资本市场虎视眈眈的同时，国内商业银行、信托公司等机构也在进入这一领域。金融混业经营的大趋势为商业银行涉猎资本市场业务提供了可能。中国资本市场的历史相对于银行业的发展是很短暂的，容量更无法与银行资产相比，所以我国的金融市场是银行主导型的金融体制，从这个角度看，国内商业银行的综合经营对本土证券公司的竞争压力远大于外资投行。在这样的双重压力下，国内证券公司必须主动顺应市场发展的要求，在巩固传统业务的基础上，加快创新业务发展步伐，做大整个行业的蛋糕，从容面对外资投行和国内金融机构的挑战。

---

* 作者单位：蔡兵，中国中投证券有限责任公司；欧阳琪，深圳大学管理学院。原载于《中国证券》2015年第3期。

（二）创新业务呼唤证券公司组织机构改革

目前，国内各证券公司推出或正在积极准备的创新业务主要包括融资融券业务、证券公司柜台交易、新三板相关业务、中小企业私募、资产证券化、分级资产管理计划等。另外值得我们关注的是证券公司与互联网公司的战略合作，如国金证券与腾讯网开展的网络证券公司、在线理财及线下高端投资者活动等项目。这种跨行业的战略合作是否有望通过金融创新和互联网技术创新发挥各自优势，打造出一个全新的金融服务平台，我们拭目以待。

对于证券公司来说，创新业务的前景是美好的，它可以使一部分有创新能力并能及时把握住市场机遇的证券公司获得弯道超车、后来居上的发展契机。作为证券行业分化的催化剂，创新业务的发展也将进一步加剧证券公司之间的强弱对比。

怎样增大创新业务对利润的贡献，降低传统业务收入占比，证券公司下一步应该如何变革，怎样在组织结构、资源配置、考核等方面推动创新业务发展，为创新业务提供更多的发展空间，是值得我们继续深入探讨的。

二、证券公司业务创新中出现的问题

（一）传统组织结构与创新业务的冲突

公司组织结构是公司内部各个有机构成要素相互作用的联系方式，是公司资源和权力分配的载体。由于组织结构的基础地位，公司所有战略意义上的变革都必须由组织结构开始。组织结构有不同形式，直线职能制是最基本也是最早出现的，后发展为事业部制，经过一段时间的发展又从中衍生出超事业部制、矩阵制、多维制等多种内部组织结构。

直线职能制是最为原始的高度集权的组织结构，也称U型结构，具体是指公司按职能的不同划分为若干部门，最高层领导直接管理每个部门，各部门独立性很小，适合于市场稳定、产品品种少、人数少、规模小的公司。

事业部制是一种分权式结构，也称M型结构，这种结构在总公司下的各事业部或分公司都有相对独立的利润中心。各个事业部的划分通常是按产品、地区或国家来进行，各事业部内部则采用直线职能制（见图1）。

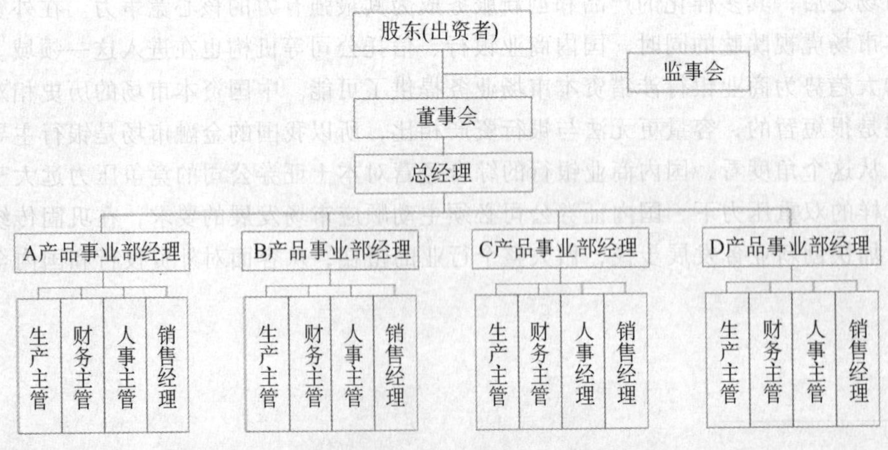

图1 产品事业部的组织结构图

产品事业部制相较U型结构来说，M型结构是一种创新的组织形式，这种创新是为了解决大规模企业内部诸如产品多样化、产品设计、信息传递和各部门决策协调等问题。它将集权与分权相结合，总部只负责制定和执行战略决策、计算、协调、控制等职能，日常经营决策权则被下放至掌握相关信息的各个下属部门，这样可以使公司的高层领导从日常经营的繁琐事务中脱离出来，又能和下属部门保持紧密的联系，同时还可以降低公司内部的交易成本，因而M型结构已经日渐成为现代公司普遍采取的一种组织形式，也是我国证券公司普遍采用的组织结构。

然而，M型组织结构存在的问题是不容小觑的，过分增多公司的管理层次，使金字塔式的组织结构达到登峰造极的地步。以纵向控制为主、横向协调为辅的模式，都不同程度地存在部门各自为政、协调不畅等问题。我国证券公司以业务划分成独立的利润中心，产生利润的部门称为一线部门，如经纪、自营、投行、资管、固定收益等部门；从事辅助和监管工作的部门，即那些不直接产生利润的部门，则称为二线部门，如人事、风控、研发、计算机、行政、财务等。不断细化的事业部虽然能够保证证券公司对各类业务有针对性地进行掌控，但也使公司员工数量大为膨胀，一般事业部平均编制约20人。小的证券公司一般有200—300人，而大证券公司动辄上千人。加上证券行业属于高薪行业，使得公司的人力成本一直居高不下（见图2）。

同事业部制相联系，大多证券公司建立了前后台分离，甚至是一线或二线部门内部分离的组织架构。创新业务如融资业务，需要经纪部门和财务部门的合作，融券业务需要经纪部门和自营部门的合作；新三板业务则至少需要投行和经纪业务部门的合作，如有做市需要，那么还要有研究部门和自营部门的参与；股票质押式回购则可能需要经纪和资管部门的合作。随着证券市场的竞争日益激烈，在事业部制背景下，本部门的收入和利益会得到优先考虑，各个事业部往往不会主动优先考虑公司整体利益。从经纪业务角度来看，只关心佣金收入和利息收入，而会忽视客户的其他需求；从自营业务角度来看，只关心差价收入，甚少考虑融券业务需求；从投行业务角度来看，只关注IPO等高收入项目，对新三板重视不够；从资产管理业务角度来看，只关心管理费收入，而忽视自身通道业务对其他业务条线的支持。由于这些问题的存在，为了推进创新业务，证券公司管理层必须耗费大量的精力用于内部协调，导致公司内部交易成本大幅提升，管理效率降低，核心客户的需求无法及时满足。

（二）考核导向与创新业务的脱节

证券公司目前的组织架构基本上还是沿袭传统业务部门设置，对各部门的考核也还是以传统业务指标为主，多是营业收入、利润、市场份额等，缺少对创新业务的激励，所以对业务部门考核的这些指标并不能很好地起到激励创新业务发展的作用。以上市公司股权质押融资业务为例，从资产管理业务的角度看，这项业务可能仅仅是一个通道业务，收入较低，但手续相对繁琐，所以可能会产生不积极甚至拖延的情况，但是这项业务从经纪业务角度看，则是属于核心客户的融资需求，必须要按时保质保量完成。类似这样的矛盾，在其他创新业务中也都有不同程度的存在。

（三）资源分配的不均

资源配置是指对相对稀缺的资源在各种不同用途上加以比较做出的选择。同样地，在证

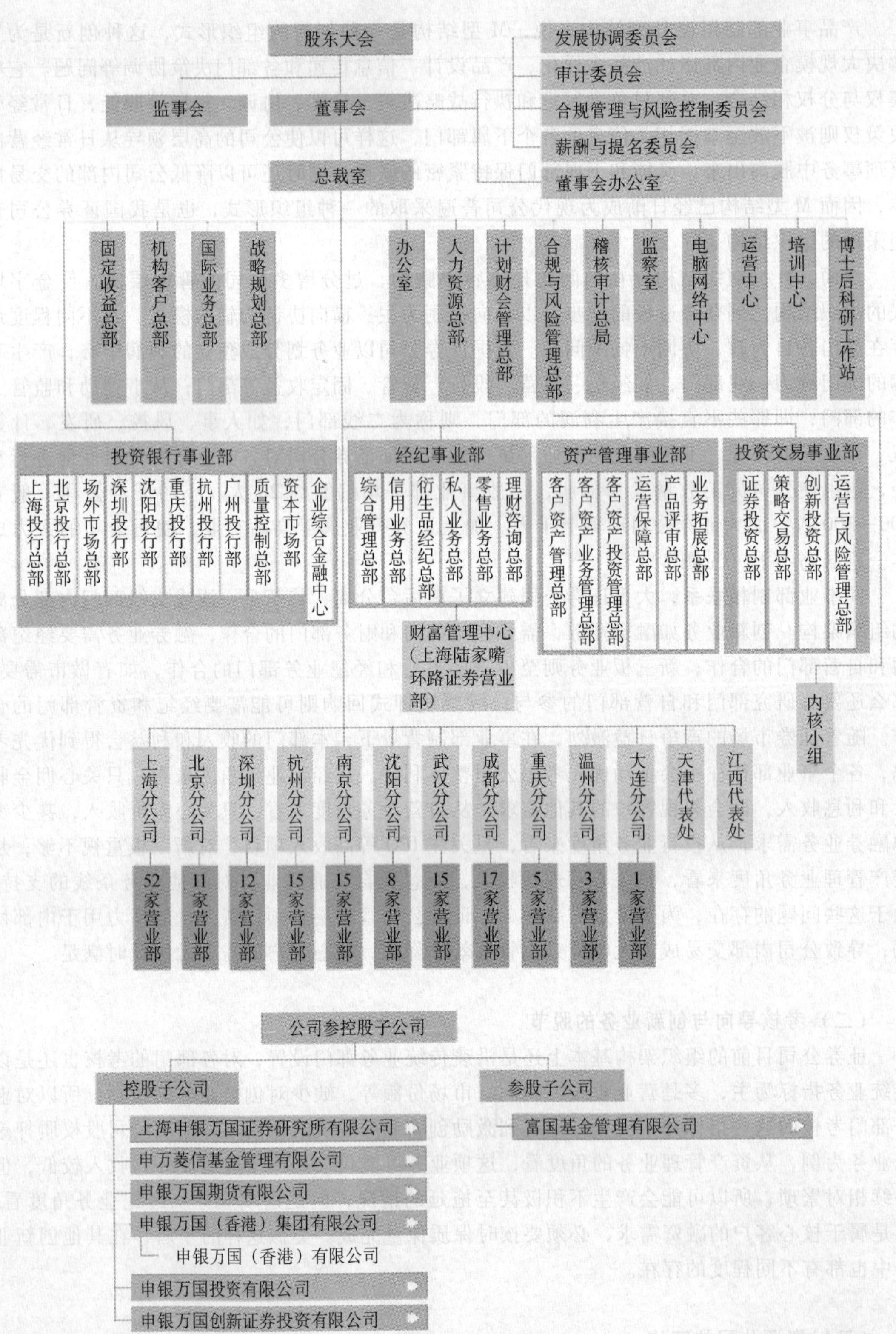

图 2 申银万国证券的组织结构图

券公司中，人、财、物的数量是有限的，就传统业务部门而言，因为利润最大、占比最重，普遍拥有较多的财力和人力支持，而创新部门拥有的资源远远低于它的需要，这往往使得证券公司不能适应市场需求及时有效地推出新产品与新服务，也很难形成不可替代的核心竞争力。资源分配的不均包括公司新产品的开发没有强大的研究和IT部门的支持，无法做到对客户的进一步细分，更无法根据客户的不同需要做出不同风格的产品。有的公司员工数量庞大，但有很大比例的老员工却无法胜任创新业务的开发和管理，在培训和再教育上也没有加大对创新型业务学习的比重。这些问题都在一定程度上阻碍了创新业务的推进。

三、证券公司业务创新的对策与建议

（一）组织架构创新：矩阵型组织——加强部门沟通

在上文中我们已提到了创新业务的特点需要证券公司内部各部门进行沟通与合作，而矩阵型结构这种“横向”的沟通正是创新业务所需要的。矩阵型结构的概念是在人们对以工作为中心和以对象为中心的组织结构之优、缺点的争论中产生出来的，即在原有的直线职能制组织结构基础之上，再建立一套横向的组织系统，两者结合而形成一个矩阵。在矩阵结构中，执行人员要受到双向的领导，即来自纵向的各部门领导和横向的、为执行某一专项功能而设立的工作小组的领导，这种工作小组一般按某种专业项目或某种产品进行设置。证券公司是以脑力劳动为主的服务型公司，所处理的问题复杂、多变，项目性强，并且每个项目都颇具独立性，对人力资源和信息资源的调配要求高，在组织结构上需要高的适应性和灵活性。一个项目往往要涉及多个领域、不同的功能和地区，这就要有多个专业部门的协作与配合，以保证为客户提供最专业的服务。这些特性都决定了证券公司组织结构更适合采取矩阵结构。

矩阵型的组织结构同时具备U型结构和M型结构的优点，不仅能加强横向联系，也可以使专业设备和人员得到充分利用，实现人力资源的弹性共享，还具有较大的机动性，促进各种专业人员互相帮助，互相激发。相对于适用于传统证券业务的事业制结构，矩阵式的优点是不言而喻的，从当前一段时期来看，矩阵型结构应该是证券公司发展的方向。

（二）重新提出考核的指标

证券公司业务创新是一项系统性活动，需要一个强有力的创新支持体系作为依托。建立一整套行之有效的创新支持体系对于开展创新业务、实现良性发展具有关键作用。因此，在关注证券公司创新的同时，也要注重其在组织考核、激励机制等方面的创新，为其创新活动提供更好的支持。合理科学的考核指标可以有效调动从业人员的积极性和创造性，激励经理人员与股东利益实现一致，促进经理人员行为的长期化，从而实现创新业务的可持续发展。对于我国的证券公司而言，应该划分出相当的考核权重，引导传统部门关注创新业务。例如股权质押业务，资产管理部门本身对其并无兴趣，如果在对其考核的指标中增加创新或者协同创新业务的完成情况等指标，那么该部门参与创新业务会更加积极。特别是在矩阵型的组织架构中，这个架构中的某个点代表的部门，它应该既受到“行”的约束，又受到“列”的影响，行和列都对这个点拥有考核权重。

（三）资源分配的调整

创新业务的培育和发展需要投入巨大的人力、物力和财力，除了人力资源外，财务资源也是影响创新业务发展的决定性因素。如何将各类资源合理地在传统业务与创新业务之间分配，是对证券公司董事会和管理层的巨大考验。证券公司应针对各自特点，结合自身发展战略，有意识地加强对某些创新业务的投入，努力培养优势业务。要加强创新业务团队建设，开展对创新业务的学习与再培训，用创新塑造人，壮大创新人才队伍，实现证券公司自身的创新发展。

四、建立以客户为中心的组织架构

（一）中信证券的组织架构

1. 中信证券组织架构图。截至 2014 年 12 月底，中信证券市值 563 亿美元，位列全球证券公司市值第 4 位，国内第 1 位，仅仅落后于高盛、摩根士丹利以及 UBS。通过对中信证券组织架构（见图 3）的分析，我们可以从中了解到国内最大、最优秀的证券公司是如何从组织架构方面支持经营模式创新，开拓新业务，寻找新的赢利点，从而在创新类业务上走在证券公司的前列。中信证券仅在金融市场管理委员会下就设有交易部、固定收益部、证券金融业务线、另类投资业务线、股权衍生品业务线等。中信证券通过业务线细分，基本涵盖了证券行业目前所有的创新业务。细分业务线的做法同样可以在高盛集团的组织架构中体现出来。高盛的投资银行部门内部设有企业融资部、公共融资部、兼并收购部、项目融资部、证券交易部、房地产投资部等。

中信证券正在通过细分业务线和成立业务协同发展部的做法，努力适应和引领国内证券市场的业务创新。

2. 存在的问题。

（1）由于创新业务不断涌现，客户需求日益多样，不断地细分业务线可能永远也赶不上客户需求的变化。

（2）公司组织机构过于复杂，可能会出现办事手续繁琐、信息沟通困难、管理层次多、工作效率低、官僚主义等大企业通病。

（3）在设置组织机构中，侧重于义务和权力的纵向关系，对协调的横向关系没有得到特别的重视，尽管设置了业务协同发展部，但并不能从根本上解决有效协同的问题。

（二）以客户为中心的组织架构设计

客户是证券公司生存发展的基础和命脉，是企业的真正老板，如果企业丧失了客户，就失去了生存的基础，所以为客户提供卓越而周到的服务是证券公司发展的重要策略。

1. 按需求对客户进行分类。要建立以客户为中心的组织架构首先要做的就是了解客户的需求，按需求对客户进行分类。证券公司的创新来源就是客户的需求，不仅是现实的需求，更要具备挖掘客户潜在需求的能力。

正确地分析客户需求，应从客户的投资动机、风险偏好、投资风格出发，分析客户投资过程中涉及的各个方面，以确定符合客户需求意愿的分类，通过数据的收集和挖掘，建立一

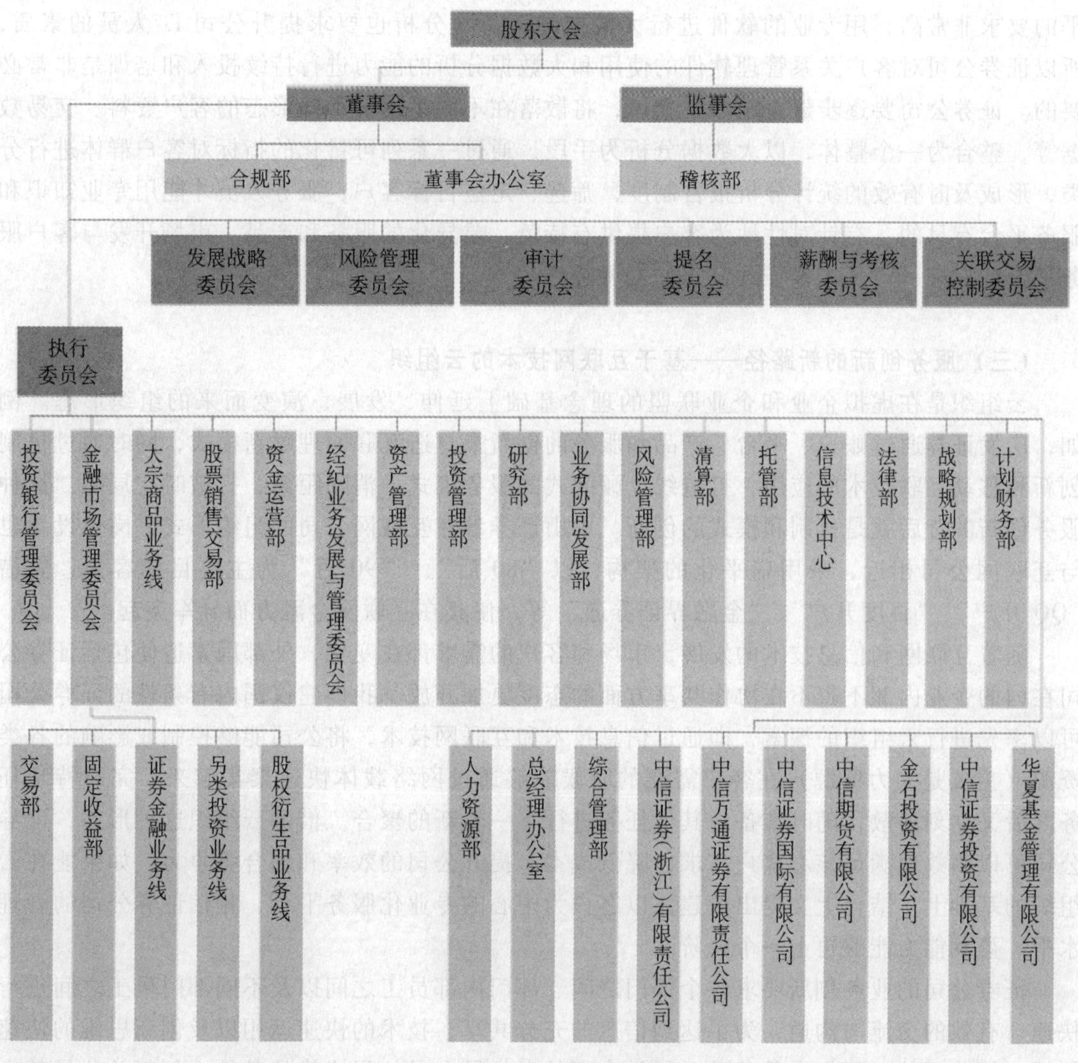

图 3　中信证券的组织架构图

套行之有效的客户分析系统和一体化的收集、反馈体系。客户的需求是动态的，这种动态需求既可能跟证券市场有关，也可能无关，更多的时候是体现在对金融产品和服务的需求上。因此，为客户提供的应是能满足不同时期客户不同需求的综合性金融理财服务产品，而不单单局限在证券市场。要靠综合金融服务产品系统来明确不同时期的主导服务产品，再借助服务体系和营销体系充分传递、贯彻、执行。

2. 建立统一的客户服务中心。当前，证券行业内的竞争已由传统的价格竞争逐步转向服务的竞争，如何帮助客户赚钱，怎样提供客户真正所需的服务已成为所有证券公司思考的问题。在这样的背景下，通过建立一个统一的、公司级的客户服务中心，可以更好地发现客户所想，满足客户需求，从而提升客户黏性，为创新业务的发展打好基础。

具体来说，客户服务中心应该分为对潜在客户的开发和对现有客户的服务。这就要求证券公司对客户的资讯进行全面的管理，建立客户交易行为的分析模型。这对公司 IT 管理水平的要求非常高，用专业的软件进行大数据的汇总与分析也要求提升公司 IT 人员的素质，所以证券公司对客户关系管理软件的使用和大数据分析的能力进行持续投入和培训是非常必要的。证券公司要逐步建立起数字仓库，将散落在不同系统、不同形态的客户资料、交易数据等，整合为一个整体，以大数据分析为手段，通过一系列可量化的指标对客户群体进行分类，形成及时有效的统计分析报告制度，筛选、定位目标客户，服务人员才能用专业知识和服务平台有目的、有针对性地为客户提供有特色、差异化的服务和产品。市场开发与客户服务平台的对接一定是未来证券公司的发展趋势。

（三）服务创新的新路径——基于互联网技术的云组织

云组织是在虚拟企业和企业联盟的理念基础上延伸、发展、演变而来的组织形态。例如，广发证券通过账户、平台、产品和服务的创新来打造互联网理财新模式，同时通过机制创新和移动互联技术的应用，打造线上顾问式的服务模式，消除距离，打破时空局限。这种服务创新的背后就是机制和模式的创新。中山证券参考互联网公司的组织形式，岗位设置也与互联网公司相近，采用扁平化的架构，以“80 后”、“90 后”为主要目标客户，凭借“QQ 开户”、“百度开户”、“金融界证券通”等，使其在互联网金融方面异军突起。

随着互联网和信息技术的发展，市场和客户的需求都在变化，外部因素迫使包括证券公司在内的企业内部不得不在协作共享方面的态度更加开放。我们建议国内有条件的证券公司可以率先进行云组织的探索，即通过信息技术和互联网技术，将公司能够控制或影响的各类资源（主要是人力资源）在客户需要的时候能够通过网络载体快速聚集起来，完成特定任务之后又立刻消散，随时准备为其他任务进行下一轮新的聚合。借助云组织这种形态，证券公司可以高效地满足核心客户需求，降低成本，提升公司的效率和综合竞争力。如果能在云组织的基础上，结合上文提出的建立以客户为中心的专业化服务平台，相信证券公司的管理水平、盈利能力能够再上一个台阶。

证券公司的业务创新要求各个部门之间、部门内部员工之间以及不同部门员工之间进行快速、有效的交流与沟通，为了达到信息的充分共享、技术的快速运用以及创新思维的快速传播，矩阵型的组织架构是基础，科学合理的考核导向是加强协作的条件，创新并非是某一部门的事，而是整体协作、密切联系的成果。

总之，在业务创新发展如火如荼的今天，降低组织内部的边界性、合理利用人力资源、加强沟通协作才能使证券公司在激烈的市场竞争中保持活力。科学、灵活、权变的组织架构是证券公司业务创新的生存土壤，设计以客户为中心的组织架构也要根据形势的变化进行适时调整，这本身也是一种创新。

参考文献

[1] 龚丽：“论企业战略与企业组织结构的关系——以三一重工为例”[J]，《北方经济》，2013（1）：87—89。

[2] 刘链：“国金证券触网”[J]，《证券市场周刊》，2013（43）：58—60。

其　他

我国证券公司风险偏好体系研究

王巍　沈立*

一、引言

证券公司为了实现持续经营和盈利，在自身风险承受能力内，愿意接受的风险总量和类型，就是风险偏好。具体地说，风险偏好就是证券公司对风险的基本态度，包括证券公司愿意承担何种风险，最多承担多少风险，以何种方式承担这些风险等。证券公司作为资本市场的重要力量，是经营和管理风险的专业机构。证券公司的日常经营管理，需要正确处理好风险管理与经营管理之间的关系。一方面，风险管理需要在经营管理目标的框架下，确定实现收益目标能够承担的最大风险是多少，从而制定风险偏好的目标；另一方面，确定的风险偏好反过来能指导经营方针，促进经营目标的实现。

风险偏好的制定是由董事会或者决策层根据公司的战略目标确定总的定位，并由管理层设定风险偏好目标以及风险偏好的总体指标，而风险管理部门需要根据管理层确定的风险偏好目标来制定具体的实施路线与各项制度，确保风险偏好目标的有效实施，并且对风险偏好在各个业务部门的实施情况进行实时监控，同时形成良好的自下而上的反馈机制，促进风险偏好不断完善。

我国证券业由于发展历史较短，许多证券公司并没有建立起清晰明确的风险偏好框架，未能合理识别公司面临的所有风险，制定定性和定量的风险偏好指标体系，造成风险偏好在董事会、管理层和不同部门之间传导不通畅，存在着需要完善和改进的地方。国内大型银行以及国际领先银行通常已经建立起一套清晰、书面及规范的风险偏好流程体系，这些风险偏好体系经历多年的实践并不断完善，发挥了重要的作用。我国证券行业可以借鉴这些成熟的经验体系。

---

* 作者单位：申万宏源证券有限公司。原载于《中国证券》2015年第5期。

二、风险偏好的国内外监管要求

（一）国外监管机构对风险偏好的监管要求

《巴塞尔协议 III》在第二支柱中设置了对商业银行风险偏好的明确要求，指出商业银行应建立统一的风险偏好管理体系，并以此作为全面风险识别和评估的前提。资深监管机构组织（Senior Supervisors Group，SSG）于 2009 年发布报告，指出金融机构亟待改进的两个领域，其中之一即为“清晰表述定义明确的风险偏好”。此后，SSG 于 2010 年发布专题报告，跟踪银行在风险偏好管理方面做出的改进。

总部位于瑞士巴塞尔的金融稳定委员会（Financial Stability Board，FSB）在 2011 年的报告《对系统重要性机构监管的程度和有效性》中指出，建立起有效的风险偏好框架对于公司和监管者而言都是一项艰巨的任务。监管者通过观察发现，大部分公司都建立了风险偏好框架，但是由于 IT 系统的缺陷和业务战略的协同障碍使得风险偏好框架的执行面临巨大的挑战。

FSB 在 2013 年的报告《建立有效的风险偏好框架的原则》中指出，大型金融机构，尤其是系统重要性机构（Systemically Important Financial Institution，SIFIs）需要满足监管的要求，建立起有效的风险偏好体系，且至少包含以下几个部分的关键要素：（1）有效的风险偏好框架；（2）有效的风险偏好陈述；（3）风险限额；（4）对董事会和高级管理层的职责和分工的定义。对于系统重要性机构在运营过程中发生的风险偏好框架的变动、风险限额的突破、风险偏好陈述的重大偏离，需要与监管机构保持有效的沟通。

各国的金融监管机构也加强了对风险偏好的管理。例如，英国金融服务局（Financial Service Authority，FSA）在审核银行提交的合规申请时，要对银行提交的风险偏好相关内容进行审阅，并要求银行证明风险偏好在其日常经营决策中发挥了作用。澳大利亚审慎监管局（Australian Prudential Regulation Authority，APRA）则要求银行董事会明确定义各类风险的偏好，包括定义几类重要风险损失报告门槛值，以及银行账户利率风险敞口的损失限额等。

（二）国内监管机构对风险偏好的监管要求

中国银监会在《商业银行资本管理办法（试行）》（银监发［2012］1 号）提出，商业银行董事会承担本行资本管理的首要责任，设定与银行发展战略和外部环境相适应的风险偏好和资本充足目标，审批银行内部资本充足评估程序，确保资本充分覆盖主要风险。中国银监会还对商业银行提出了更为具体的风险偏好目标，风险偏好不仅要满足第二支柱的总体性要求，还应满足第一支柱的基础性要求。

中国保监会在 2010 年底颁布实施的《人身保险公司全面风险管理实施指引》（保监发［2010］89 号）要求保险公司建立经董事会审批的包括风险偏好、风险容忍度和风险限额的风险偏好体系，并逐级分解至各职能部门和业务单位，为战略制定、经营计划实施以及资源分配提供指导；风险管理部门检测和报告风险偏好体系的执行情况，公司至少每年对风险偏好体系进行有效性和合理性审查。

中国证监会和中国证券业协会也对证券公司确定风险偏好的各个方面提出了具体的要求。《证券公司全面风险管理规范》（中证协发［2014］36 号）指出，“证券公司应当制定包括风险容忍度和风险限额等的风险指标体系，并通过情景分析、压力测试等方法计量风险、评估承受能力、指导资源配置”。

三、风险偏好的构成

从国内外监管机构对金融企业的风险偏好的要求可以发现，无论是银行、保险还是证券公司在制定风险偏好目标过程中，至少应当包含如下四个主要因素：

（一）风险偏好总体定位

风险偏好一般由董事会代表股东确定，与公司的战略定位一致。风险偏好体现了公司总体战略规定的承担风险的水平，按照对风险的态度，可以分为“激进”、“适中”、“保守”几类，在确定总体的定位以后，再制定具体的指标和路径。

（二）利益相关方分析

风险偏好的制定过程是一个利益相关方博弈的过程。以证券公司为例，其在制定风险偏好指标前需要分析董事会、管理层和监管机构三方的利益关注点，从而从这些关注点中挑选出合适的指标作为风险偏好的指标。表1列举了证券公司内外部利益相关方的目标和风险关注点。

表1 证券公司利益相关方分析

	目　标	风险关注
董事会	股东价值、股价、增长、盈利能力、股利、追求价值时的合理风险水平、收益的波动性	财务预警、股利削减、亏损、评级降低、无法持续经营
管理层	任期内经营目标的实现、自身报酬和奖金、经营绩效的波动、管理人的声誉	任期内的经营业绩大幅下降，受到监管处罚，被降低监管评级
监管机构	证券公司的净资本、风险控制指标、风险准备、资本充足、杠杆和流动性等状况	出现重大的系统性风险从而影响金融系统的稳定，证券公司的违约或流动性不足导致无法偿还债务，过高的杠杆水平

股东更为关注的是投入资本带来的净回报，因此其对收益类的指标更为关注，同时也会从公司持续经营角度来防范可能会给公司经营带来的重大风险。管理层往往更为关注自身任期内的经营业绩和风险，可能存在与股东目标不一致的情况，监管机构则主要控制金融系统风险。

（三）选取定性与定量风险偏好指标

风险偏好指标通常可以分为两类：第一类是定性指标，例如监管评级、声誉风险等。第二类是定量指标，可以分为收益类指标、风险类指标和资本类指标三类。资本类指标主要包括净资本、资本充足率等；风险类指标主要包括经济资本（EC）、杠杆率、风险容忍度等；收益类指标包括风险调整后的收益率（RAROC）以及股权收益率（ROE）等。

（四）制定风险偏好目标值

风险偏好指标中一些量化指标应当是清晰明确的，例如净资产收益率达到 8% 或者经济资本总量不高于公司净资本的 80% 等。对这些具体的量化指标的确定，需要结合公司前几年的经验数据，并结合公司所处行业的地位，综合考虑宏观经济和竞争格局等外部因素，运用规划模型来合理确定目标值或者目标区间。

四、风险偏好的案例分析

在监管机构自上而下的推动以及金融机构内在需求的双重作用下，国内外出现了一批积极践行风险偏好管理的金融机构，其在风险偏好战略定位、管理指标的确定以及制度的制定实施中积累了许多有用的经验。我们通过分析国内大型商业银行和国外商业银行——苏格兰皇家银行的风险偏好案例，研究证券公司实施风险偏好管理的途径。

（一）国内某大型商业银行

国内某大型商业银行是践行风险偏好管理的先行者，其在风险偏好制定中，首先确定银行层面的总的风险偏好定位，通过选取具体的定性和定量指标，帮助银行实现风险和收益的平衡。表 2 是该银行 2011 年风险偏好的设置值。

表 2　　国内某大型银行风险偏好指标设置

指标名称	指标内容
定量指标	
盈利波动性	无力支付预期红利的可能性不超过 5%
经济资本	经济资本的实际值不应超过可获得资本的 85%
资本回报率	目标回报率为 12%
目标资本充足率	核心资本充足率不应低于风险资产的 6%，资本充足率不应低于 10%
信用评级	AA 是目标评级，希望能保持这一评级
定性指标	
无法有效控制增长	监测非持续发展的各项预警指标（如，管理层过于自信，流程滞后，系统故障）
业务活动	限制业务活动：零售业务和公司业务；只在有竞争力的领域拓展国际业务
风险承受不充分	跟踪各种业务机会被拒绝（被接受）的根本原因，确保适当反映了风险偏好

该商业银行在设置银行战略层面的风险偏好后，对不同的风险类别，如信用风险、市场风险、操作风险和流动性风险指标，也选取了具体的指标来进行管理（见表 3）。

从该银行的风险偏好实践发现，定量指标目标值的制定需要平衡风险和收益，同时与公司总体的风险偏好定位以及经营管理目标相适应。目标值的表述应当清晰明确，并且结合银行过去几年的经营情况合理制定，确保目标值是可行的。定量指标需要有定性陈述相配套，使得定性管理能够在某些方面弥补定量管理的不足，同时部分难以量化的风险应当以定性管理为主。

表 3　　国内某大型银行风险偏好指标

主要风险类别	指标	本行目标值	风险偏好高阶定性陈述
信用风险	不良贷款率	1.2%	将信贷资产质量控制在合理的容忍度内，确保信贷资产质量处于同业较好水平；维持适当的风险资产率，确保有充足的资本抵御信用风险；维持适当的信贷集中度，确保信贷集中度水平不高于同业平均水平
	信用风险资产率	表内：49%； 表外：30%	
	单一客户贷款集中度	4.5%	
	最大 10 家客户贷款比率	24.4%	
市场风险	市场风险计提资本	32 亿元	将市场风险控制在可承受的合理范围，实现风险调整收益率的最大化；确保市场风险水平与资本实力、市场风险管理能力相匹配
	VaR（10 日）	2.7 亿元	
操作风险	操作风险损失率	1.5%（前三期净利息收入加上非利息收入平均值）	在稳健控制操作风险的前提下开展各项业务活动；在成本允许的情况下，最大限度地持续强化操作风险管理体系，落实内部控制制度
流动性风险	最短生存期	45 天	稳健实施资产负债管理，确保流动性水平在同业中处于较好水平

（二）国外大型商业银行——苏格兰皇家银行（RBS）

苏格兰皇家银行集团建于 1727 年，总部设在英国的爱丁堡，是欧洲领先的金融服务集团，也是英国最大的银行，其业务遍及英国和世界各地。该银行在风险偏好的描述方式、传导机制、风险类别及管理方法、风险限额体系、风险偏好的职能职责等方面有很多值得学习的地方。

苏格兰皇家银行风险偏好的形成是以集团整体战略风险目标作为出发点，并在其基础上设置银行整体的经营策略。通过将银行的战略风险目标与银行的经营策略相连接，苏格兰皇家银行进一步形成银行整体风险偏好陈述以对关键风险进行管理。明确的风险偏好陈述及在整体业务运作过程中推广嵌入强大的风险管理文化，最终将风险偏好通过其定性定量的表述贯穿到日常风险管理工作中。

在风险偏好的架构中，集团董事会负责构建与设定风险偏好，确保风险偏好目标在集团各个层面得到广泛的认识与了解；在风险偏好的执行过程中，部门间的协调机制促使风险、战略、资金、财务部门密切合作，并在关键问题上展开内容商议和协调；问责机制使各分支机构、业务部门在为实现业务目标可承担最大风险水平问题上具有清晰明确的责任（见表 4）。

表 4　　苏格兰皇家银行风险偏好框架

<table>
<tr><td colspan="5">1. 苏格兰皇家银行风险偏好描述方式</td></tr>
<tr><td colspan="5">定量风险偏好描述方式：</td></tr>
<tr><td>情景压力测试</td><td>风险集中度</td><td>VaR</td><td>流动性和信用风险相关矩阵</td><td>经营风险和监管措施等</td></tr>
<tr><td colspan="5">定性风险偏好描述方式：</td></tr>
<tr><td colspan="5">确保银行集团实施使用正确的原则、政策和流程</td></tr>
<tr><td colspan="5">管理集团声誉风险</td></tr>
</table>

续表

发展集团风险控制和文化			
2. 苏格兰皇家银行风险偏好架构			
董事会统领风险偏好			
强大的风险管理文化		部门间协调机制	风险偏好问责机制
3. 苏格兰皇家银行风险类别			
信用风险	流动性及资金风险	国别风险	市场风险
保险风险	操作风险	合规风险	行为风险
4. 苏格兰皇家银行风险偏好的职能职责			
部门	董事会	集团风险委员会	集团资产负债管理委员会
职责	设定战略发展方向；设定并最终通过每一个部门的年度计划；通过每个月的董事会报告定期审核监控银行集团的风险状况	负责设置风险限额；负责审批相应流程和银行主要政策；确保银行集团主要风险被有效地管理和控制	负责识别、管理和控制银行集团的资产负债风险

五、构建国内证券公司风险偏好管理体系的初步框架

完整的风险偏好体系与稳健的风险文化是证券公司进行有效的全面风险管理框架的基石，也是证券行业长期持续发展的必要因素。我国证券行业在清晰明确的风险偏好制定、良好的制度体系建设以确保风险偏好的实施上明显落后于银行业，与国外先进的金融机构更有较大的差距。这些金融机构应用风险偏好的实例可以为证券行业实施风险偏好管理提供众多经验。

构建国内证券公司的风险偏好管理体系，应当从风险偏好的制定以及风险偏好的管理两方面来完成，其中风险偏好的制定不仅包括公司战略层面的风险偏好定位，还包括风险偏好指标的选取与目标值的确定，而风险偏好的管理需要明确各个部门的职责定位，同时有良好的制度作为实施保障，并配备信息系统与专门的人员。

（一）风险偏好制定

制定风险偏好的管理框架应当首先从明确风险偏好定位开始，风险偏好定位应当作为董事会战略决策的重要部分。制定风险偏好应当明确公司采取“激进”、“中性”或者“保守”的定位，并且风险偏好的定位应当是相对稳定、持续的。确定风险偏好定位可以帮助证券公司建立各种不确定性下的风险轮廓，不仅能够帮助证券公司更好地管理传统业务带来的风险，也能适应证券行业创新发展的需要，将众多新型业务纳入风险偏好的整体框架中。

在风险偏好定位的指导下，下一步是选取风险偏好指标并制定具体的目标值，以此来分析不同风险偏好定位下的证券公司可以选取的定性指标和定量指标，以及具体的目标值。

对于证券公司而言，常用的定性指标主要包括监管评级、法律风险、声誉风险、信息系统风险等，其在三类风险偏好下的定性目标见表 5。

表5　　证券公司定性风险偏好指标

指标类型	定性描述（保守）	定性描述（适中）	定性描述（激进）
监管评级	监管评级维持在上一年级别	监管评级可以在上一年的基础上下浮一级	监管评级可以在上一年的基础上下浮三级
法律风险	公司受到法律诉讼的案件在上一年的基础上减少10%，不存在违规案件	公司法律诉讼案件与上一年持平，且不存在重大违规案件	公司法律诉讼案件在上一年的基础上不超过10%，因违规受到处罚案件少于5件
声誉风险	媒体和网络未有负面报道和新闻	在媒体和网络出现负面报道和新闻后能及时澄清解决	媒体和网络未出现重大负面报道和新闻
信息系统风险	没有出现内部系统中断	出现内部系统中断的次数与上一年持平	出现内部系统中断的次数与上一年相比不超过10%

证券公司还应当包括定量指标，可以从资本类、风险类以及收益类分开设置相应的指标，表6列举了一些常用的指标及其定义，及在保守、中性和激进的三类风险偏好定位下的目标值。

表6　　证券公司定量风险偏好指标

指标类型	指标名称	指标定义	目标值（保守）	目标值（中性）	目标值（激进）
资本类	净资本	在净资产的基础上对资产等项目进行风险调整后得出的综合性风险控制指标	净资本在上一年的基础上增加10%	净资本与上一年持平	净资本在上一年的基础上下浮10%
风险类	经济资本	经济资本是在一定的置信水平上、一定时间内，为了弥补证券公司的非预计损失所需要的资本	经济资本的实际值不应超过资本的80%	经济资本的实际值不应超过资本的90%	经济资本的实际值不应超过总体资本
	杠杆率	核心资本/表内表外总资产风险暴露	杠杆率在上一年的基础上降低10%	杠杆率与上一年持平	杠杆率可以在上一年基础上上浮10%
收益类	净资产收益率（ROE）	税后利润/净资产	在上一年的基础上下浮10%	与上一年持平	在上一年的基础上提高10%
	风险调整后的收益率（RAROC）	（净收益－预期损失）/经济资本	在上一年的基础上下浮10%，不同业务部门制定相应的目标	与上一年持平	在上一年的基础上上浮10%，不同业务部门制定相应的目标
	经济价值增加值（EVA）	税后净经营利润－资本成本	在上一期的基础上下浮10%，不同的业务部门制定相应的目标	与上一年持平	在上一年的基础上上浮10%，不同业务部门制定相应的目标

表 6 是证券公司的总体风险偏好指标，针对不同的风险，例如市场风险、信用风险、操作风险、流动性风险等可以设置更加具体的指标和目标值（见表 7）。

表 7 证券公司不同风险定量偏好指标

指标类型	指标名称	指标定义	目标值（保守）	目标值（中性）	目标值（激进）
市场风险	风险容忍度	投资资产的最大损失	投资损失不超过 5%	投资损失不超过 10%	投资损失不超过 15%
	风险价值 VaR	指在一定的持有期和置信水平下，由于市场风险因素导致资产的潜在最大损失	不超过上一年风险价值的 90%	不超过上一年的风险价值	不超过上一年风险价值的 110%
信用风险	风险价值 VaR	指在一定的持有期和置信水平下，由于信用风险导致资产的潜在最大损失	不超过上一年风险价值的 90%	不超过上一年的风险价值	不超过上一年风险价值的 110%
	客户/地区集中度	约定购回等业务量占比前 5 名的客户（地区），所产生的业务量总和占所有业务量的比重	不超过上一年集中度的 90%	不超过上一年的集中度	不超过上一年集中度的 110%
	信用风险违约概率	持有的债券等发生违约的可能性	不超过上一年违约概率的 90%	不超过上一年违约概率	不超过上一年违约概率的 110%
操作风险	操作风险损失率	操作风险损失额/营业收入	不超过上一年操作风险损失率的 90%	不超过上一年操作风险损失率	不超过上一年操作风险损失率的 110%
流动性风险	加权平均负债期限	公司主要负债中各组成部分到期期限的加权平均值	加权平均负债期限不超过上一年的 90%	不超过上一年的加权平均负债期限	加权平均负债期限不超过上一年的 110%
	流动性覆盖率	压力情景下公司持有的优质流动性资产与未来 30 天的现金净流出量之比	流动性覆盖率不低于上一年的 110%	不超过上一年的流动性覆盖率	流动性覆盖率不低于上一年的 90%

（二）风险偏好管理

明确了风险偏好的定位和各项目标值后，需要制定风险的政策和制度，以确保风险偏好得到有效实施。基于证券公司的整体战略风险目标，公司的董事会及董事会层面的风险委员会应当设定公司层面的风险偏好，并确保风险偏好与公司总的战略发展计划和风险回报要求保持统一。高级管理层要把董事会总体期望转化为对各业务条线的业务激励与约束机制，并监督各业务条线的具体执行情况。业务条线要在高管层制定的激励与约束范围内管理各业务条线的经营活动，他们的绩效部分取决于风险偏好框架下的绩效。

1. 配备风险偏好的信息系统。良好的信息系统能够有效地提高风险偏好管理的效率。通过信息管理系统，风险管理部门能做到实时监控各个业务部门的各项风险指标，当达到警戒值或者接近警戒值时，通过系统的自动预警，使得风险管理部门能及时发现并跟踪相关部门的日常活动，分析引发相关风险的原因。

2. 制定风险偏好的应对措施。风险管理部门应当制定风险偏好的具体应对措施，对达到风险偏好临界值的业务部门及时出示预警，并提出改进措施。各业务部门应当对风险偏好的执行形成良好的自下而上的反馈机制，对不合理和需完善的地方要报管理层和董事会，及时在下一期的风险偏好制定过程中得以调整，不断地通过动态调整完善风险偏好管理体系。

3. 完成风险偏好报告。风险管理部门应当根据本部门的风险偏好实际情况，在每个季度末完成风险偏好执行报告，并上报管理层和董事会，反映风险偏好执行情况、风险评估结果以及应对措施，确保管理层和董事会充分了解风险偏好情况。

六、结论

风险偏好是公司为了实现持续经营和盈利，在自身风险承受能力内，愿意接受的风险总量和类型。实行风险偏好管理不仅来自监管机构的要求，也来自企业加强自身风险管理的需要。本文从国内外监管机构对风险偏好的规定出发，分析了风险偏好体系应当包含的具体内容，并以国内某大型银行以及国外苏格兰皇家银行实施风险偏好为例，尝试为我国证券公司搭建以风险偏好为核心的风险管理体系。通过分析证券公司的风险偏好定位、风险偏好指标的选取与目标确定，我们认为，证券公司实施风险偏好管理需要从以下四个方面入手：

（一）风险偏好的定位应当是风险和收益的平衡

证券公司作为经营风险的专业机构，其日常经营离不开对风险的管理。一方面，风险管理需要在经营管理目标的框架下，确定实现收益目标能够承担的最大风险是多少，从而制定风险偏好目标；另一方面，确定的风险偏好反过来能指导经营方针，促进经营目标的实现。

（二）风险偏好体系不仅包括清晰的量化指标，也要有定性指标以加强管理

风险偏好体系应当包含定量指标和定性指标。定量指标的选取应当与风险偏好相一致，将资本、风险和收益这三类指标都包含进来，同时也应具体到信用风险、市场风险和操作风险中的可操作指标。定性指标应当考虑法律风险、声誉风险以及系统风险等，通过确定的定性陈述来管理这些不可量化的风险。

（三）风险偏好的实施需要有良好的制度作为保证

风险偏好的实施应当明确董事会、管理层、风险管理部门和业务部门的职责和分工，由董事会负责制定风险偏好定位，管理层确定具体的目标值，风险管理部门制定相应的政策与措施，监控各个业务条线的实施情况，制定相应的应对措施，同时完成风险偏好管理报告，上报董事会和管理层。

（四）风险偏好的实施需要有系统的保证和人员的配备

良好的信息系统能够提高风险偏好管理的运行效率，使得风险管理部门能实时监控各指标值，而为风险偏好管理配备专门的人员是成功实施风险偏好的有效保证。

参考文献

[1] 李怡然，王刚："商业银行风险偏好管理研究"[J]，《金融与经济》，2012（12）：43—46。

[2] 李建平，李刚，丰吉闯，李铭禄："证券公司整体风险的度量方法与实证"[J]，《系统工程理论与实践》，2012（3）：574—579。

[3] 张守川，任宇宁，邓庭："商业银行风险偏好设置与传导——基于《巴塞尔协议》视角的研究"[J]，《国际金融研究》，2012（3）：72—78。

[4] 俞勇："商业银行风险偏好实践分析"[J]，《当代金融家》，2014（7）。

[5] Institute of International Finance. Implementing Robust Risk Appetite Frameworks to Strengthen financial institutions. Washington D. C.，2011.

[6] Financial stability board. Intensity and effectiveness of SIFI supervision - Progress report on implementing the recommendations on enhanced supervision. Switzerland，2011.

[7] Financial stability board. Principles for an effective risk appetite framework - Consultative Documents. Switzerland，2013.

依法合规 促进市值管理行为的健康发展

郑国生 段涛*

2014年5月，国务院在《关于进一步促进资本市场健康发展的若干意见》中，明确提出“鼓励上市公司建立市值管理制度”；中国证监会也在2014年底表示，对于上市公司市值管理制度要加强研究，鼓励上市公司改善经营管理，完善公司治理结构，制定并实施切实可行的发展战略，持续性地提升公司内在价值。

2014年下半年以来，陆续有一些上市公司公告进行市值管理，但引起社会上对于操纵股价、内幕交易、利益输送等的猜疑，市值管理问题受到各界普遍关注。本文旨在追根溯源，探究市值管理的实然与应然，提出促进市值管理行为健康发展的建议。

一、“市值管理”不仅是一个法律概念，更重要的是市场行为

根据我们对境外资本市场的考察，国外并没有专门调整市值管理的法律规范。境外资本市场上的市值管理是建立在“价值管理（Value - Based Management）”基础上的，是价值管理的延伸。价值管理于20世纪80年代在美国企业界出现，其区别于20世纪60年代需求规划理论，致力于研究优化组织内部各个层级的决策程序，经中介机构努力，逐步形成一种被广泛接受的管理理念，并发展为相关中介机构一项具有持续盈利能力的业务模式。价值管理旨在追求企业价值最大化，并以此理念为核心，实施一系列管理措施，但不特别关注短期股价变化。企业注重战略调整和日常管理，采取优化战略、强化内部控制等措施，追求良好的企业财务表现，通过优化激励机制等措施，促进各方利益关系的一致性，强调企业价值在企业管理理念中的核心地位，从而有助于提升企业内在价值，最终影响企业估值及股票价格。

有学者研究认为，中国证券市场参与者普遍接受了“市值管理”的理念，尽管大家对于市值管理有不同的理解，但还是有以下共识：（1）追求长期、持续、健康的资本价值最

* 作者单位：中信证券股份有限公司。原载于《中国证券》2015年第5期。

大化；（2）运用合法合规的方法和手段；（3）重视投资者关系；（4）服务于公司的整体战略[①]。

通过对市场行为的分析，我们认为，衡量一家公司是否成功的最终标准，是它在多大程度上让股东获益。因此，所谓市值管理，就是公司致力于追求股东价值最大化，在合法合规的限度内，通过实施一系列管理措施，通过及时、充分的信息披露与资本市场参与者保持良好的互动，设法使公司股票价格服务于公司整体战略目标的实现，维持各方主体之间利益关系的动态互动与平衡。

简单而言，市值管理涉及创造价值、管理价值及度量价值等环节，即如何通过战略选择促进上市公司良好的实体经营，提升公司未来价值；如何通过完善公司治理、管理策略、企业文化、沟通交流等方式，提升公司领导力和管理水平；如何通过积极的资本市场运作和投资者关系管理等方式，提升公司认可度和整体估值水平。

二、我国证券公司参与市值管理的必要性及其业务模式探讨

（一）证券公司参与市值管理的必要性

上市公司市值管理的动因来自内部人，相关利益方主要包括上市公司管理层、上市公司股东；外部参与者主要是市场机构，为上市公司提供专业服务，如证券公司、咨询公司、律师事务所、会计师事务所等资本市场中介机构。其中，证券公司可以发挥比较重要的作用。

首先，上市公司存在第三方机构为其提供专业服务的现实需要，但目前中介机构参与上市公司市值管理的广度和深度仍较为有限。上市公司毕竟以事业经营为主营业务，在市值管理过程中，必然需要专业机构为其提供整体规划、方案设计、实施监测等方面的专业服务。重大战略的实施大多离不开资本支持，就需要综合运用包括资产重组、定向增发、配套融资、股权激励等在内的各种资本运作手段。方案设计以及提供财务顾问、投资顾问等服务，均离不开证券公司这一专业的证券市场中介机构。如何根据上市公司的不同发展阶段和外部机遇，综合采取针对性强、有效的价值经营手段，实现市值最大化目标，需要证券公司为其筹划、设计，辅助制定和实施市值管理方案。

其次，第三方机构的专业服务有利于投资者保护。事实上，包括证券公司、会计师事务所、律师事务所、资产评估公司、信用评级机构等在内的金融市场中介机构，在为上市公司及相关利益方提供服务的同时，也构成对上市公司行为进行监督的主要外部力量，即资本市场的“守门人”。第三方机构具有相对的独立性，其作用在于架起上市公司与投资者之间沟通的桥梁，可以让投资者确信上市公司切实履行了信息披露义务，市场信息是真实准确的，可以信赖并据此做出自己的投资决策。因此，着力推动以证券公司为代表的专业证券中介机构全方位参与上市公司市值管理活动，既可以促进上市公司市值管理规范化、专业化水平的提升，又可以作为针对上市公司的外部监督力量，降低市场信息不对称，配合监管机构构建合法、合规运作的市值管理监督体系和制约机制。

最后，在上市公司市值管理实践中，证券公司的业务模式将有一定的变化，盈利空间将

① 刘国芳：“市值管理在中国的来龙去脉——基于文献的综述”，http：//blog. sina. com. cn/s/blog_ 3efb08220100pi7f. html，最后访问日期：2015年4月3日。

有重大突破。比如说，以市值管理业务为核心的市值管理中心，整合证券公司在行业研究、资本运作、投资者关系管理、风险管理等方面的综合优势，专门负责为上市公司量身定制其市值管理方案等，成为证券公司一项重要的、持久的利润来源。市值管理是更深层次的价值创造过程，证券公司为上市公司提供业务创新，甚至风险管理方面的专业咨询服务。

（二）证券公司开展市值管理的业务模式

借鉴境外经验，结合市场实践，我国证券公司开展上市公司市值管理业务，可从以下四个方面展开：明晰战略、资本运作、股权激励、利益相关方关系管理等。

1. 发挥研究等方面的优势，通过财务顾问服务帮助上市公司明晰并优化公司战略。公司战略是企业价值创造的决定性因素，通过咨询服务可以不断优化商业模式和盈利能力。证券公司可以发挥研究、行业专家等方面的综合优势，为上市公司梳理业务流程，在提高经营效率和资本收益、壮大核心业务、分拆低效业务、注入资产、分拆上市等方面提供专业意见，协助上市公司优化公司战略，并在合法合规的前提下，为上市公司选择恰当的战略实施时机，谋求资本市场估值溢价最大化，获取优异的市值表现。

2. 通过资本运作提升公司股价。资本市场总有波动周期，公司股票的市场价值也常因大环境的变化而与真实价值产生偏差。因此，在不同的经济周期，可以灵活选用再融资、并购重组、股票回购、大股东及公司高管增减持股票、股票分拆等资本市场运作方式，向市场传递积极信号，维护股价稳定。

比如，美国公司非常注重通过增减持股票的方式来进行市值管理。据 Bloomberg 统计，2010 年以来，属于标准普尔 500 指数的 502 家成分股公司，平均每年有 480 家公司的大股东或管理层进行增减持操作，所占比例达到 96%①。由此可以看出，增减持股票在美国股市是一种非常普遍的操作手段，尤其在市场低迷时，上市公司大股东或管理层会通过净增持来提升市场信心。2011 年欧债危机时，美国上市公司内部人大多进行了净增持操作。从数据看，美国的并购活动往往与市场呈现正相关。在公司股票估值上升时，企业倾向于通过换股的方式收购其他公司，从而实现市值扩张。2002—2013 年，超过 1.6 万宗并购，每年并购占总市值平均比重约为 4.6%。从增发来看，美国 2002—2013 年共进行 552 起增发，募资 1.5 万亿美元，平均每年增发规模占总市值比重约为 1.08%。增发与股指一般呈现正相关，在股市热情高涨时，上市公司通过增发来进行市值扩张。

3. 股权激励。在美国，上市公司股权激励成为上市公司高管薪酬的重要组成部分。20 世纪 80 年代，上市公司高管长期股权激励报酬仅占 8%；到 20 世纪 90 年代，高管人员长期股权激励报酬占到 36%。有效的激励机制和薪酬安排，可以使经营者更好地权衡公司长期利益、中期利益与短期利益，不再单纯追求短期利益，这在一定程度上可以解决公司经营者与公司股东的利益一致性问题。经营者报酬激励机制的目标是吸引、维系和激励管理人员，并通过薪酬组合来缓解股东和经营管理者之间的长期利益和短期利益的冲突。证券公司可以为上市公司股权激励提供全面的咨询服务。

4. 利益相关方关系管理。信息不对称、投资者跟风炒作等非理性投资行为，企业经营

① 当然，这种增减持操作要符合证券法规定的短线交易规则。

中的突发性事件，往往导致企业的市值偏离企业的内在价值。因此，需要强化对股东、证券分析师，甚至利益相关方的研究和关系管理。了解现有股东和潜在投资者的投资偏好，通过定期路演、投资者开放日、分析师大会等方式促进公司与投资者、证券分析师之间的沟通交流，充分揭示公司的战略定位、投资价值，争取投资者和证券分析师对公司价值的认知。通过积极参与社会公益、发布社会责任报告等方式，促进利益相关方对公司的理解和认同。

美国上市公司股权分布具有分散性，其上市公司市值更容易受到投资者关系的影响。美国早在1969年就成立了全美投资者关系协会（National Investor Relations Institute）。历经半个多世纪的发展，美国上市公司与投资者逐步建立了良性互动关系。上市公司主动向特定机构投资者进行路演，使股东多样化，吸引多方机构投资者持股，并通过协调分析师关系、建立投资者关系网站、收集投资者信息、进行投资者意见调查、财经媒体宣传与公关等多方面努力，强化投资者关系管理。证券公司可以发挥其优势，帮助上市公司建立健全规范合规的投资者关系。

三、市值管理的健康发展需要规范的制度支持

2014年5月，中国证监会《关于进一步推进证券经营机构创新发展的意见》明确："必须坚持证券经营机构是创新主体，发挥市场机制作用，尊重证券经营机构的首创精神，激发创新活力，落实创新责任。"因此，为了我国证券市场的健康发展，应积极调动金融市场中介机构在市值管理中的能动性、积极性及创造性，在监管实践中贯彻"放松管制、强化监管"的理念，为包括证券公司在内的市场中介机构合法合规地开展市值管理业务创造条件。对于市值管理中的违法行为，不管是上市公司，还是参与市值管理的中介机构、资金方等其他参与主体，都应当依法承担相应的自律监管责任、行政责任、民事责任，甚至刑事责任。

第一，上市公司及其管理层、控股股东是市值管理行为的第一责任人，必须始终恪守依法合规和诚实守信的行为准则。上市公司的控股股东、实际控制人不得利用控制地位或关联关系以及其他条件，要求上市公司以市值管理的名义，变相从事违法违规行为。上市公司在市值管理过程中，相关主体若在信息披露时进行虚假或误导性的陈述，或者在回购期间利用内幕信息大幅减持，都可能构成虚假陈述、操纵市场或内幕交易，这些均属侵权行为，应当依法承担赔偿责任。虚假陈述、内幕交易、操纵市场行为甚至可能构成犯罪，罪名包括内幕交易罪、泄露内幕信息罪、编造并传播证券交易虚假信息罪、诱骗投资者买卖证券罪、操纵证券市场罪等。

第二，参与市值管理的中介机构，应严格遵守相关业务规则、合规及内核要求，勤勉尽责，不触碰法律合规的红线，而在没有明确规则可循时，则应本着诚实信用及"三公"原则，从维护公司整体利益和股东利益出发从事市值管理活动。中介机构对其违法行为应承担相应的民事责任、行政责任，甚至刑事责任。

我国证券市场的基础法律制度还不够完善，要促进市值管理行为的健康发展，仍需强化以下两方面的工作：

（一）切实履行信息披露等法定义务，明确监管红线

市值管理实践中，监管者、上市公司、证券服务机构其实都对市场操纵、内幕交易等方

面有所顾虑，相关方首先要严格履行信息披露等法定义务，完善内幕信息知情人登记制度，同时监管者要明确监管红线。

在美国，虽然没有专门调整市值管理的法律规范，但美国证监会根据授权积极立法和执法，在证券欺诈、操纵市场、内幕交易等方面均有完备的监管规则。在股份回购的规制方面，美国证监会于1982年制定了“10b－18”规则，后于2003年进行了修订。“10b－18”规则旨在提高回购交易的透明度，确立美国上市公司通过竞价方式进行股份回购的“安全港”。只要上市公司及其关联方在符合“安全港”规定的条件下进行股份回购，就不会仅仅因为回购交易的方式、时间、价格或交易量等因素，而被认定为市场操纵或欺诈。“10b－18”规则仅适用于上市公司回购其发行的普通股，而不适用于其他类型的证券，例如权证、期权、股票期货等衍生证券交易。其要点包括：

1. 单一证券经纪交易商条件。发行人在任一交易日内寻求回购其股份，只能通过一个经纪交易商进行。

2. 时间条件。开盘和收盘时段的市场活动被认为是交易趋势、需求强度、股票现行市价的重要指标，因此，回购不能在开盘时段和收盘前半小时内进行。如果某个交易日开盘时未能形成独立成交价，则发行人当日不得按照安全港规则购买股份。

3. 价格条件。价格条件旨在防止发行人通过回购股份引导证券价格，规定发行人报价不得高于最高独立报价或最新独立成交价，因此价格条件是未受到发行人因素影响的独立市场力量给出的独立市场价格。

4. 交易量条件。引入了“平均日交易量（ADTV）”概念，发行人每日回购股份的交易量（包括大宗交易成交量）不得超过该股票前4周平均日交易量的25%，在计算前4周的平均日交易量时大宗交易成交量亦计算在内，但在每个日历周内只能进行一次大宗交易①。

上述四项条件旨在通过提高透明度维护股票独立定价机制，将上市公司股份回购对二级市场股价的影响限制在合理范围内。我们需要参考这样的规则，制定适应中国国情和市场交易习惯的股份回购规则，细化回购交易的方式、报价规则、时间窗口、每日限额等监管要求。

需要明确的是，即使符合法律规定的例外情形，但如果发行人进行股票回购时知悉尚未披露的重大信息或者被证明股份回购具有其他动机（比如操纵公司短期每股收入等），仍应承担相应的法律责任，如操纵市场、信息披露欺诈等。

（二）完善、规范基础法律制度

目前，《证券法》修改已列入立法机关日程，社会关注度很高，但规制资本市场的基本法律制度，不仅包括调整证券发行和交易的《证券法》，也包括市场主体法，即《公司法》。现行《公司法》在资本制度、股份回购等方面的规定，已经不能满足资本市场发展需求，因此应与《证券法》同步修订完善。

1. 推动《公司法》建立授权资本制。股份增发、股份回购，都涉及公司资本制度问题。2014年《公司法》修改并实施认缴登记制之后，有人将注册资本认缴登记制与认缴注册资

① Answers to Frequently Asked Questions Concerning Rule 10b－18（“Safe Harbor” for Issuer Repurchases），http：//www.sec.gov/divisions/marketreg/r10b18faq0504.htm，最后访问日期：2015年4月3日。

本制混为一谈，这是对新制度的错误理解。

所谓授权资本制，是指公司设立时在公司章程中确定公司的资本总额，但股东只需认购法律规定或公司章程规定的一定比例或最低限额的资本，公司即可成立，未认足的部分则授权董事会根据公司经营需要和市场情况随时发行新股，分次募集资本的资本制度，公司回购股份也可作为“已授权但未发行”股份处理。市值管理需要对公司资本灵活把握，可以说，授权资本制正是提供了这样的制度基础。为了促进我国资本市场健康发展，有必要进一步修改《公司法》，确立授权资本制。

2. 完善《公司法》股份回购法律制度。从主要国家和地区股份回购立法政策变迁看，早期的立法政策几乎都是严格禁止股份回购，但随着实践的需要和认识的深化，股份回购立法政策一定程度上出现了缓和趋势。规制缓和主要表现在允许回购的范围、回购股份的数量以及回购后股份的处理等几个方面。境外成熟资本市场的经验表明，上市公司回购股份是行之有效的市值管理方式。上市公司宣布大规模的回购计划，往往可以提振市场信心，而目前《公司法》对股份回购限制较严，建议推动修改《公司法》，明文规定允许上市公司为了稳定股票价格而回购股份。

当前我国中小证券公司特色化发展模式研究

财通证券股份有限公司课题组*

当前，我国证券行业正面临着前所未有的巨大变革，正在建立健全多层次资本市场，大力发展直接融资，行业内部的制度改革与创新发展也在持续深入，互联网金融正处于快速蓬勃发展时期。对大多数中小证券公司而言，现阶段是机遇与挑战并存。本文总结和梳理了国内外中小证券公司特色化发展的典型经验，并以财通证券为例，提出同类证券公司向特色化发展转型的总体方案。

一、中小证券公司特色化发展的海外经验

在海外成熟的资本市场，证券业经过多年的竞争和发展，已经形成相对稳固的行业结构与业务模式。我国证券业当前正在经历的佣金自由化、交易网络化、行业集聚化等现象在这些成熟市场中早已发生。

美国、日本和我国台湾地区的证券业由于历史与现实原因，形成了不同的格局。1975年佣金自由化后，美国证券公司在传统业务逐渐衰落的过程中，走出了一条创新化与差异化的发展之路。一些资本实力强的大型证券公司发展成为大而全的综合型证券公司，部分中小证券公司则成为在细分领域专业能力突出的证券公司。在日本，证券业寡头垄断现象突出，中小证券公司除了能独立开展股票经纪业务外，其他业务都绕不开大证券公司。与我国类似的是，日本传统的中小型证券公司都倾向于向全业务链发展，没有形成具有自身特色的、差异化的核心业务。在我国台湾地区，中小证券公司多为专业经纪商，主要向岛内客户开展业务，具有较强的地域性。

虽然所处环境各异，但以上地区的部分中小证券公司却在特色化发展的道路上走出了相似的轨迹，大致可以归纳出低价推广经纪业务、提供增值服务、在线交易、聚焦利基市场、实施行业并购五种模式。具体证券公司及其发展特色详见表1。

---

* 小组成员：沈继宁，强莹，郭建中，陈汉聪，杨冰，许波。原载于《中国证券》2015年第4期。

表 1 海外特色化发展的中小证券公司

类别	证券公司	特点
低价推广	嘉信理财	用廉价的交易通道和便捷的服务吸引客户，通过保证金利息、资产管理服务和金融产品上架费等实现盈利
服务增值	亿创理财	以轻资产模式进行运营，对接多家外部市场资讯公司和金融服务平台，为客户提供全方位理财服务
在线交易	亚美利交易	专注于提供客户自主在线交易，发展折扣经纪业务并实现规模化
	SBI 证券	深耕网上交易，培养用户使用习惯，增强使用黏性
业务聚焦	拉扎德	将财务顾问（以并购重组为主）业务作为核心主业，并在此基础上衍生出相关的资产管理业务
	杰富瑞	围绕高收益债、可转债、中小股票及细分行业研究等核心利基市场，深度挖掘潜在业务机会
行业并购	Monex 证券	通过一系列收购，实现业务境内境外拓展
	宝来证券	通过收购台湾多家综合型证券公司，业务范围拓展至证券、投行、投资信托、基金管理等领域

资料来源：财通证券研究所。

海外中小证券公司特色化发展的经验，给我们以下启示：

（一）业务聚焦与深度挖掘核心优势

成功的中小证券公司大部分拥有简单的业务结构，往往专注于一项或几项核心业务，并一直围绕这些业务进行研发投入和并购扩张，最终在部分业务上具备对抗大型证券公司的能力。在核心业务能源源不断地提供稳定现金流的基础上，优秀的中小证券公司通过对核心优势的深度挖掘延伸相关业务线，最终实现收益来源的多样化。

（二）认清自身优势，精准定位利基市场

对业务聚焦并非一定能形成核心竞争力，中小证券公司唯有认清自身优势，精准选取与自身优势、能力相符合的利基市场，才有可能取得竞争优势。之后可以凭借在这些领域积累的成熟经验和利基市场有限的市场空间，对跟随者进行有效屏蔽，保持领先优势。

（三）对机会与挑战的快速反应

中小证券公司的崛起多始于市场环境巨变之时，它冲击了原有的行业生态，引起利益格局再分配。成功的中小证券公司凭借着自身“船小好掉头”的特点，在混沌的格局中率先切换业务盈利模式，调整组织架构，先于大型证券公司完成对市场的适应，从而构筑起自身的护城河。

（四）善用兼并收购实现迅速扩张

兼并收购是一条通往目的地的捷径，通过兼并收购，中小证券公司扩张了资本实力、客户资源、营销网络，而且还将并购对象的核心竞争力收入囊中，实现优势互补。对于国内的

中小证券公司来说，由于存在行政上的审批和股东单位的不同战略考虑，券业间的收购兼并存在一定的障碍，但是当各方面条件允许时，应迅速抓住机会，实现快速发展。

（五）高度重视研究能力、IT技术与人才

中小证券公司在细分市场中的研究能力和IT技术也是非常重要的优势。因为大型证券公司往往对规模不大的细分市场的人才不够重视，对这类人才的激励和投入也不及主流业务领域，所以不少优秀的专业人才更倾向于在中小证券公司就业。如果中小证券公司能够重视并打造这些优势，就能够在市场上获得立足之地。

二、我国中小证券公司特色化发展的典型模式

研究中小证券公司，首先应对其进行定义与划分。我国目前共有各类证券公司115家，业内对于大型、中型和小型证券公司的划分缺乏公认的标准。本文从总资产、净资本、净利润和注册资本这四个指标出发，把大型和中小型证券公司的分界线设定在四个方面：最近三年的平均总资产高于300亿元、平均净资本高于80亿元、平均净利润高于6亿元、2013年时的注册资本高于50亿元。以上四个方面，凡同时有两项及以上不满足的，可归为中小证券公司，最终有98家证券公司入围。

这些中小证券公司的共同点除了规模较小外，还普遍具有经营范围区域化、业务单一化、发展同质化、观念保守化等特点。近年来，其中一些证券公司转变观念、打破常规、集中力量，走出了一条差异化、特色化的发展之路，可以概括为以下四类模式：

（一）互联网证券公司模式

国金证券是一家典型的中小型民营背景证券公司，没有国有证券公司在保持实际控制权方面的束缚，公司运营皆以股东利益最大化为目标。由于营业网点较少，不得不寻找新的盈利模式。

2013年11月22日，国金证券与腾讯公司签署战略合作协议，双方联合打造集成网络开户、在线理财、线下高端投资等功能为一体的综合性金融服务平台，这是证券公司对于互联网金融产品最具影响的首次试水。2014年2月20日，双方合作的“佣金宝”正式上市，具有万二开户、保证金增值、高品质咨询三大特点，同时还为账户保证金余额提供理财服务。同时，针对佣金宝推出初期出现的后续业务办理不便等问题，公司采取了一系列措施来改善用户体验，如将全国营业部柜台打通和实施网上网下业务联动互通，并增加营业网点数量，完善网点布局。

自转型以来，国金证券的网络经纪业务成绩斐然，经纪业务份额显著提升。这得益于用互联网思维来改造传统业务，紧紧围绕用户真实需求开展服务。

（二）区域化发展模式

东吴证券是一家苏州本土综合证券公司，紧紧抓住了当地经济快速发展带来的历史机遇，致力于把本土市场做熟、做透、做深、做细。苏州经济综合实力处于全国前列，居民有通过资本市场增加自身财富的需求，企业有通过资本市场获得新的资金来源的需求。

公司在实践中逐步形成了立足于苏州的根据地发展战略，潜心耕耘当地市场。2007 年，公司在苏州所属的 5 个县级市和 2 个区设立了 7 个地区管理总部，每个地区总部对接相应的地方政府。2009 年，在原 7 个地区总部的基础上变更设立了 6 家分公司，由分公司对接地方政府效果更明显，各地分公司逐渐成为当地政府金融机构的重要组成部分。2012 年，又将投行事业部落地到分公司，大力发展投行业务，特别是重点发展苏州地区的中小企业上市和中小企业私募债业务。2013 年，公司在各个乡镇设立轻型营业部，开展门到门、点到点的服务。

多年来，东吴证券经纪业务市场占有率在苏州地区稳居第一位，公司的投行承销金额在苏州地区也位列第一。东吴证券立足区域发展的战略对许多地方性中小证券公司具有极大的借鉴意义，中国经济发达地区的金融需求完全可以支撑一家中小型证券公司长期健康稳定的发展。

（三）业务聚焦模式

华宝证券在经历过开展增值投资顾问服务的尝试失败后，发现客户对绝对收益金融产品的需求很旺盛，但当时证券公司的服务能力还局限在相对收益产品上，时值国内量化投资业务兴起，为公司满足绝对收益理财需求提供了可能。在上述两方面因素的驱动下，公司开始把经纪业务的重心聚焦于为客户提供绝对收益产品和服务，打造了一个专业的量化交易平台，并构建专业量化投资客户的孵化体系。

公司对量化交易专业客户进行了分类，通过搭建专业量化平台，有针对性地帮助不同类客户实现无障碍量化交易，还利用内部信息优势，筛选出一部分优秀的投资管理人，提供种子基金加速其成长。这些量化投资基金在发展壮大后又反哺公司，可提供交易佣金，吸引高净值客户。除此之外，公司进一步延伸业务链，开展基金募集发行和基金托管等服务。

华宝证券根据所处环境与自身优势，选定量化投资这个细分领域进行重点开发，迅速在该业务上确立领先地位的发展模式，为同质化发展的中小证券公司提供了鲜明的思路。

（四）同业并购模式

恒泰证券曾经是一家规模较小且业务单一的区域性小型证券公司。2008 年，公司引入外部大股东北京金融街投资（集团）有限公司，后者对恒泰证券增资 14.6 亿元，使公司的注册资本从不足 7 亿元增长至 20 亿元，净资本达 30 亿元。2009 年，公司通过换股吸收的方式对长财证券进行了合并，使业务范围向东北地区延伸。

恒泰证券目前已成长为金融牌照齐全、业务种类丰富的中型证券公司，2013 年时的总资产为 88.73 亿元，净资本为 31.83 亿元，实现净利润 3.95 亿元，同比增长 207.47%，已连续多年取得高速增长。恒泰证券依靠引入外部大股东、同业兼并收购、整合资源等手段，实现快速发展的经验值得同类证券公司借鉴。

三、中小证券公司向特色化发展转型——以财通证券为例

（一）经营环境分析

1. 区域环境扫描。浙江民营经济发达，经历多年快速发展之后，大批民营企业进入产

业转型升级期，许多公司正在进行股份制改造，希望通过资本市场募集资金扩大规模，或积极参与国内外产业链兼并收购，以谋求持续发展。浙江计划在“十二五”期间，在境内外证券市场上市的公司数达到350家，新增募集资金1 200亿元以上，各种债券累计发行额占全国同期发行总额的5%以上。这给证券投行业务提供了广阔的舞台。同时，浙江民间资本实力雄厚，大量财富亟须寻找有效投资渠道，实现保值增值，这又给证券公司资产管理业务创造了巨大发展空间。

2. 资源整合。财通证券作为一家省级证券公司，多年来一直得到浙江省委、省政府以及省财政厅、省国资委、浙江证监局、省金融办等部门的大力支持，并与相关主管政府部门保持了良好的沟通渠道和公共关系。

财通证券业务牌照齐备，具备打造富有特色的证券公司的前提条件。除传统业务外，还具备融资融券、约定购回式证券交易、质押回购、代销金融产品、中小企业私募债券承销、股转系统推荐经纪等诸多创新业务资格；控股了永安期货股份有限公司、财通基金管理有限公司和财通证券（香港）有限公司；参股了浙江股权交易中心有限公司，金融控股集团雏形显现。

（二）实现特色化发展的整体方案

1. 总体思路。通过3—5年的艰苦努力，财通证券要打造成以深耕浙江、优势突出、反应迅速为特色的，具备核心竞争优势的财富管理机构。财通证券的战略发展定位包括以下五个方面：

（1）专业化。财通证券应当在现有的投行业务、资产管理、固定收益、财富管理等业务条线上通过继续创新业务模式、完善和整合业务链、调整组织架构、加强培训学习、引进团队等途径，切实提升业务能力和专业化水平。

（2）市场化。财通证券须坚持市场化的战略定位，遵循市场化的原则开展业务、招揽人才、实施薪酬激励等。

（3）特色化。财通证券须尽快确定若干重点发展的业务领域，在人员配置、资源投入和管理机制上给予优先考虑。

（4）本土化。财通证券各项业务应当在深耕浙江市场的基础上，立足长三角，积极辐射全国，同时具有国际化视野。

（5）集团化。财通证券的现代金融控股集团化发展路径已经初具形态，应进一步强化集团化发展战略，在做强现有业务分支的基础上，根据发展需要适时参与银行、信托、保险等业务。

2. 战略重点。根据以上整体转型方向，本文提出了财通证券实现转型发展，需要重点打造的五大业务平台。

（1）电子商务平台。在互联网金融迅猛发展的冲击下，证券公司与互联网公司进行合作，利用信息技术手段改造证券公司的传统通道业务，已经成为一个不可逆转的发展趋势。电子商务平台主要从事中小投资者的开发、营销和维护，应当努力实现三个目标：一是以搭建账户服务体系、网上开户、网上营业厅、产品销售等模块为核心的业务平台，使之具备开展互联网证券业务的基本功能；二是加强互联网渠道建设，通过微信平台、移动APP等多种渠道，加强服务和营销，切实提升服务水平和客户体验；三是与互联网公司进行战略合作，实现电子商务的跨越式发展。

(2) 金融产品销售平台。财富管理业务将成为未来很长一段时间金融行业发展的蓝海。金融产品销售平台建设的关键在于金融产品池的建设，同时建立金融产品研究、评估、引进、跟踪体系，形成完善的业务流程。结合公司区位优势和业务优势，金融产品销售平台可有效整合财通证券的期货产品和量化产品、财通基金的定增产品，同时充分挖掘与浙江本土私募基金的合作机会，开发相关私募产品，逐步形成金融产品销售的特色。

(3) 资本中介业务平台。浙江地区目前已经拥有350多家海内外上市公司，民营企业、中小企业相当发达，企业的投融资需求十分旺盛。应当将服务中小企业的机构业务作为公司重要的新的业务增长点加以重点培育，针对处于不同发展阶段的中小企业，提供包括财务顾问、新三板及浙江股权交易中心挂牌、定向增资、约定式股票交易业务、质押式回购证券交易业务等在内的各项服务。

(4) 私募基金服务平台。浙江拥有私募基金数百家，资金规模近千亿元，但规模不一、风格各异、需求多样。公司应充分利用浙江私募基金行业较为发达的有利条件，集中力量，调度资源，全面开拓这一市场。通过建立私募基金服务平台，开展主经纪商业务（PB）业务，包含产品、交易、托管、估值、投研等一揽子外包服务，吸引私募机构通过公司平台发行产品并进行交易。

(5) 业务综合协作平台。财通证券在各项业务的开展过程中常遇到各类需要多部门共同解决的问题，因此需要加强母子公司间、部门间的业务协作。建立业务综合协作平台的关键在于构建明确的激励机制。可建立多种形式的协作委员会，作为协调业务开展和利益关系的组织，并探索业务协作模式，完善绩效考核体系，同时塑造精诚合作、互利共赢的企业文化。

四、发展建议

（一）财通证券案例对中小证券公司转型的启示

1. 立足区域。中小证券公司在资源、人才、创新能力上与大型证券公司相比皆处劣势，唯有通过深耕区域市场，挖掘出区域内部真实需求，并根据自身所处环境的特点及发展阶段，充分发挥区域证券公司的现有资源，为本地企业、高净值客户和机构创设和提供个性化的产品和服务，才能取得生存空间和赢得发展时间。

2. 力求做大与做精。中小证券公司在通过立足区域，消除生存危机，且每年有较稳定的现金流的情况下，可考虑采取做大与做精两种后续战略发展思路。做大就是从中小型证券公司向大型证券公司发展的模式，业务种类齐全、客户覆盖全面、服务全球市场；做精就是寻找出一个利基市场，不断进行投入与研发，形成对该市场的绝对领导地位。中小证券公司最终只有通过这两种途径，才能形成持续的市场竞争力。

（二）中小证券公司可采取的措施

1. 尽快确定战略转型方案。确定战略转型方案是中小证券公司实现特色化发展的前提条件，必须充分认清当前形势，特别是在行业开放创新不断深入、大型证券公司对市场持续挤压以及互联网金融的不断冲击下，传统的过度倚靠经纪业务的模式已经难以为继，佣金水平的整体下降已经成为不争的事实，中小证券公司应当尽快确定转型方案，争取市场先机。

2. 加快经纪业务转型步伐。2014 年，证券公司创新大会已经明确提出“推进统一证券账户平台建设”，上海证券交易所的指定交易制度也将适时取消，这对于缺乏核心竞争优势的中小证券公司而言，无疑是极大的冲击。中小证券公司应当高度重视取消指定交易可能对经纪业务带来的影响，事先做好统筹规划，通盘考虑，周密计划，积极做好各项准备工作和应对预案，整体推进经纪业务转型。还要以“壮士断腕”的决心推进转型工作，特别是营业网点缩面瘦身、系统改造及人员转型，加大力度、加快进程，取得转型先机，为其他工作的推进创造条件。同时，加强预算管理，切实提升成本控制能力，为转型发展争取更大空间。

3. 确定业务聚焦领域和利基市场。业务开展的专业水平、业务核心竞争力是公司实现长远发展的基础。中小证券公司应对所处发展环境进行深入分析，全面梳理公司拥有的各项资源，特别是相关政府部门及股东所能够提供支持的各项政策资源、业务资源，逐步确定自身的业务聚焦领域，并结合业务能力，打造公司的核心竞争力。一旦确定关键业务领域，应通过加强培训、引进优秀人才或团队、加大业务开拓力度等方式，不断地提升业务开展的专业水准，积累业务经验，打造核心竞争力。

4. 加强在人才、信息、研究等方面的投入。人才竞争已成为证券公司竞争的关键领域。目前，对多数中小证券公司而言，中高端专业人才储备不多，综合业务人员、创新业务人才严重短缺，人才结构亟须改善。中小证券公司应当进一步拓展人才队伍的建设思路，在传统的招聘渠道及培训工作基础上，考虑出台新的人才战略，采取更加有力的人才培养方式，对现有人才队伍的潜力进行充分挖掘。同时，应重视信息技术和专业研究工作的开展，根据实际情况，加大在这些领域的投入，以提升客户服务能力和企业内部管理能力。

参考文献

[1] 步国旬，校坚：“境外中小证券公司的发展与启示”[J]，《中国证券》，2006 (1)：68—74。

[2] 姜黎辉，张朋柱，龚毅：“企业环境扫描行为研究综述”[J]，《经济管理》，2008 (19)：177—185。

[3] 广发证券：“成就国际一流证券公司——来自日本证券行业的启示”[R]，广东：2013 年。

[4] 李哲明：“中小证券公司发展战略”[J]，《中国证券》，2012 (12)：58—64。

[5] 姚文平，余志勇：“台湾网上证券交易的发展及其启示”[J]，《证券市场导报》，2002 (1)：20—28。

[6] 太平洋证券：“证券行业 2012 年度投资策略——中小证券公司也有大舞台”[R]，云南：2011。

国内证券公司做大做强的政策法律约束及对策建议*

温思雅**

近些年，国内一批综合实力较强的证券公司获得了快速成长，在经纪、投资银行等业务中取得较为明显的竞争优势。然而，与高盛、摩根士丹利、美林等国际投行相比，国内证券公司在业务模式、风险管理、国际影响力方面还有很大的差距。本文将从政策和法律的角度分析国内证券公司发展的制约因素，探讨国内证券公司做大做强的对策建议。

一、国内证券公司做大做强的政策约束

（一）行政管制较多，证券公司业务发展受限

证券行业的行政审批较多，大大降低了证券公司的运营效率。党的十八届三中全会提出要“深化审批改革”，但目前证券行业的审批事项仍较多，制约了证券经营机构的效率提升。此外，一些领域的合规、风控要求也较高，“不可为”事项较多。比如，对证券公司融资额度、用途、期限的管制较多，对于一些常规融资渠道如银行贷款（目前只放开了专项并购贷款）、中期票据等，证券公司也不具资格。

（二）多头监管、债市分割，证券公司只能在大市场中做小买卖

由于历史的原因，债券市场受到多头监管，除了一行三会（中国人民银行、中国银监会、中国证监会、中国保监会）以外，发改委也有审批权。中国债券市场的分割表现在以下五个方面：一是审批主体分割，企业债由发改委审批，金融债、短期融资券、中期票据、中小企业集合票据归属于央行，公司债、可转债则归属于证监会；二是参与主体分割，虽然

* 基金项目：中国博士后基金面上资助项目（2014M550565）。
** 作者单位：北京大学光华管理学院，广发证券股份有限公司。原载于《中国证券》2015 年第 2 期。

在2010年10月以后，商业银行获准重新进入交易所债券集中交易市场，但主要活动场所仍是银行间市场；三是交易场所分割，金融债、短期融资券、中票、企业债主要在银行间市场交易，公司债则主要在交易所市场交易；四是托管结算机构分割，银行间市场和交易所分别由中央国债登记结算有限责任公司（中债登）和中国证券登记结算公司（中证登）进行托管结算；五是承销主体分割，银行间市场的主要承销机构是商业银行，交易所主要是证券公司。虽然银行间市场和交易所的互通已经更进一步，但是跨市场托管或者交易仍然需要复杂的手续和较长的处理时间，这极度影响了投资套利的时机。

（三）监管力度加大，对证券公司合规经营要求加大

肖钢主席在2013年8月《求是》发表的《加强资本市场监管执法》文章中提到构建“大监管、大执法”的格局，守住不发生系统性、区域性金融风险的底线。结合近期的政策，可以预见中国证监会职能将逐渐从“重审批、轻监管”向加强监管执法转型。监管力度的加大意味着证券公司在合规、风控方面的投入进一步加大。

（四）相关政策制约了证券公司基础功能的发挥

在场内市场，“资金在银行、证券在登记公司、撮合在交易所”，证券公司仅提供中介服务，托管、支付和交易功能缺失，而场外市场尚处于起步阶段，证券公司的基础功能有待完善。在融资方面，证券公司也面临融资期限太短（如短期融资券、同业拆借）、融资成本较高（如次级债）、额度和用途受限等问题，融资功能受到较大的约束。

二、国内证券公司做大做强的法律约束

从法律体系来看，我国证券行业主要受到《证券法》、《公司法》以及相关法律法规的约束。现行法律体系的不足表现在以下五个方面：

（一）一些法律法规不能适应当前的证券经营业态

例如，《证券法》对证券的定义只涉及传统的股票、公司债、政府债券、证券投资份额、证券衍生品和国务院依法认定的其他证券，所针对的是场内和公开市场，而P2P、众筹、信托、委托理财、文物交易所的文化产品以及其他未上市的股票证券，仍难判断是否归属于证券法的管理范畴。再如，客户回访[①]、投资者适当性制度[②]等法规部分条款的合理性仍有待进一步研究。

① 《证券公司开立客户账户规范》第十一条要求证券公司须完成客户回访才能激活开通账户。这不仅增加了客户的交易成本，并且在实践中客户也不理解这一要求，容易产生纠纷。在互联网金融的背景下，证券交易的流程效率已经不断提升，给客户带来了便利性，而“客户回访”显然与当前的趋势相悖。

② 《证券公司投资者适当性制度指引》第二十三条要求证券公司销售金融产品均须与客户签署适当性评估结果确认书。该规定主要是防范产品销售适当性不匹配风险，但是在产品销售与客户风险等级匹配的情况下，该环节不具有实质性的意义。

（二）一些证券业务的开展缺乏法律法规支持

股票发行注册制已经成为证券行业改革的亮点，然而对于股票发行注册制度的实施，目前还缺乏法律依据。《证券法》第十条规定："公开发行证券，必须符合法律、行政法规规定的条件，并依法报经国务院证券监督管理机构或者国务院授权的部门核准。"这表明核准制仍是当前的法定发行方式。针对证券公司资产证券化业务，目前的法律体系相对薄弱，法律支持不足，会计、税收、信息披露等没有完善的配套规定。

（三）一些法律法规制约了证券公司基础功能的发挥

客户资金的三方存管使得证券公司账户没有资金头寸，只记录客户资金余额的变动，不仅给证券公司带来了运营成本的增加，同时也阻碍了业务创新。除了客户资金以外，客户的证券也采用三方存管的方式，证券公司也难以发挥主动管理、盘活客户存量证券的作用。此外，柜台交易业务受限、经纪业务无法全权代理等方面制约了证券公司向财富管理业务的转型。

（四）一些法律法规限制了证券公司激励机制的建立

高管任职资格采用行政许可审批制，不利于证券公司市场化经营。相关法律对证券从业人员参与股票交易和持有股票做出了限制，导致目前所热议的证券公司股权激励、从业人员持股与现行的法律相抵触。

（五）针对多头监管、市场分割的局面，跨领域的法规制度有待完善

随着证券业务的发展，混业经营渐行渐深。例如，《证券法》第一百四十四条规定："证券公司不得以任何方式对客户证券买卖的收益或者赔偿证券买卖的损失作出承诺。"然而，部分互联网企业在代销基金时存在承诺现金回报、承诺收益的现象，却没有现行的法律对它们的行为做出约束。

三、国内证券公司做大做强的机遇分析

国内证券公司的业务创新与"自上而下"的制度创新密切相关，比如目前的两融、股票质押融资、新三板业务都是在监管层和政府的推动下发展起来的。总结近期对证券行业影响较大的政策，可以在以下四个方面有所突破：

（一）金融改革体现了市场化的导向

党的十八届三中全会提出"市场在资源配置中起决定性作用"，利率市场化、汇率市场化、多层次资本市场建设成为金融改革的重点，多层次资本市场的建设将会给证券行业带来发展机遇。

（二）对证券公司基础功能给予高度重视，引导证券公司向现代投资银行转型

2014 年 5 月 13 日，中国证监会发布《关于进一步推进证券经营机构创新发展的意见》

(以下简称《创新意见》)，支持证券经营机构拓展投资、融资、销售交易、资产托管等基础功能。在 2014 年证券经营机构创新发展研讨会上，场外市场、私募市场、柜台市场、非标产品市场的建设成为热点，资产证券化、REITS、场外衍生品创设、联网互通支付平台公司(即“证联”公司)、合伙制、管理层持股、股权激励等也被多次提及。

(三) 鼓励证券公司围绕实体经济进行业务产品创新

新“国九条”提出要发展多层次股票市场、规范债券市场、培育私募市场和推进期货市场。《创新意见》针对资产管理、固定收益、外汇、大宗商品、融资类业务、衍生品业务、柜台业务提出了具体的任务和措施。在佣金不断下降的背景下，政府对业务创新的支持有望给证券行业带来新的利润增长点。

(四) 行政监管转型不断推进，行政约束逐步放松

从上海自贸区的《外商投资准入特别管理措施 (负面清单)》到党的十八届三中全会提出的“负面清单管理模式”再到证券公司创新大会，负面清单一直成为业务对监管转型的期待。《创新意见》提出了“从重事前审批向加强事中事后监管转变，支持证券经营机构依法自主开展业务和产品创新”，表明监管层的思路仍是负面清单管理，逐步实现“法不禁即可为”。行政许可审批的制度改革也被多次提及，行政审批流程将会进一步简化，逐步从事前审批和事前备案转向事后备案。

近期政策的主要内容见表 1。

表 1　近期政策的主要内容梳理

主要内容		十八届三中全会《决定》	《2014 年政府工作报告》	新“国九条”	《创新意见》
金融改革	利率市场化	√	√		
	汇率市场化	√	√		
	资本项目开放	√	√		
	多层次资本市场	√	√	√	
	互联网金融		√		√
证券公司经营管理	股票注册制	√	√	√	√
	行业准入	√		√	√
	交叉挂牌			√	√
	基础功能				√
	业务创新			√	√
	融资渠道			√	√
	内控制度			√	√
行政监管	事中事后监管		√	√	√
	审批改革		√	√	√

注：打“√”代表政策有涉及该项内容。

四、国内证券公司做大做强的对策建议

（一）加快场外市场发展，完善多层次资本市场建设

从美国的经验来看，资本市场是先有场外再有场内，而国内则刚好相反，造成目前场内强大场外滞后的现状。

为促进场外市场的发展，首先要厘清场内和场外的边界。对于场内外市场的划分，全国人大常委财经委员会副主任吴晓灵认为，场内和场外市场的区别在于是否知道报价对手和成交时的对手。从投资主体来看，场内市场的投资者门槛较低，专业投资者和普通投资者都可以进入，而场外市场风险较高，主要针对专业投资者和小众普通投资者。相关法律的修订和政策的制定也应该区别对待场内和场外市场。其次要完善资本市场的转板、升板和降板机制，促进场外市场与其他资本市场的互联互通。场外市场是企业创业融资的平台，打通场内场外的通道有利于加快企业的成长和规范化经营。对于大宗交易、并购重组和退市的企业，场外市场也为它们提供流通和转让的场所，因此有必要完善场内和场外的通道机制。最后要加快证券公司柜台市场的建设。在柜台市场，证券公司发挥交易商的功能，从客户需求识别到产品创设、产品交易、风险对冲的过程中提供全过程的服务。有关部门应加快配套政策和法律的制定，为证券公司柜台的做市服务及相关业务提供制度和法律支持。

（二）推进监管转型，提高监管效率

首先，加快向事中事后监管转型，还权于市场。从监管的重点来看，美国监管层主要监管的是系统性金融风险，以净资本作为监管的核心，对企业经营业务的开展不做实质性的限制。在国内，创新业务的开展必须要得到有关部门的审批，运行效率较低。有关部门应加快研制证券行业的“负面清单”，在一些成熟的业务领域逐渐从“审核制”、“核准制”转向“注册制”、“备案制”。

其次，对场内和场外进行分类监管，适当降低对场外市场的监管要求。监管的目的在于保护中小投资者。中小投资者的风险识别和承担能力较低，更适合在场内市场进行投资交易。而现行的场内市场参与主体也主要是以中小投资者为主，因此有必要将监管资源集中在场内市场。对于场外市场，由于投资者的专业水平较高，投融资行为具有多样性，可适当降低监管的要求，并制定不同的监管重点。当然，无论是场内还是场外市场，都应该加大力度打击内幕交易、市场操纵、虚假信息等非法行为。

（三）放宽对证券公司基础功能的约束

新“国九条”和 2014 年创新大会提出证券公司要向现代投资银行转型，成为直接融资服务提供者、资产管理和财富管理者、交易和流动性提供者、市场重要投资者、有效风险管理者。然而，国内证券公司的基础功能仍受到较多的政策法律约束。相比之下，美国投行的投资、融资、交易、支付、托管结算等基础功能受到较少的政策法律约束，业务发展具有较大的自由度。为此，建议如下：

一是交易功能方面。目前交易以通道业务为主，做市业务滞后，一些业务如抵押融资、过桥贷款等发展不足。为此，一是放宽证券公司在银行间市场的准入，给予银行间债券市场

结算代理资格。二是放宽证券公司的跨境衍生品交易，可以在上海自贸区等开展试点工作；三是推动证券公司做市业务的发展，在一些低层次的市场采用做市商制度。

二是融资功能方面。美国投行可利用抵押融资、无抵押短期融资、无抵押长期融资、存款、表外融资等融资工具。为提高国内证券公司的融资能力，一是适当放开融资工具的期限约束和融资规模，目前的短期融资券、同业拆借等的期限都较短，在风险可控的前提下可适当延长期限；二是适当放开自有资金的使用领域，如可适当放开证券公司以自有资金参与外汇和大宗交易；三是增加证券公司的负债融资工具，加快杠杆融资工具的推出。

三是投资功能方面。一是放宽 QDII 的投标范围，允许 QDII 投资于海外对冲基金、非上市交易股权、大宗商品等；二是放宽“一参一控”的要求，鼓励证券公司集团化、混业化发展；三是取消“保荐 + 直投”的时点限制，在合规的前提下允许两项业务的开展。

四是支付功能方面。一是允许证券公司持有第三方支付牌照，实现证券公司的广义支付功能；二是支持证券公司加入央行、银联支付系统；三是加快证联公司的建设，恢复证券公司的支付功能。

五是结算托管方面。一是允许证券公司名义持有客户的证券，使得证券公司可以主动管理和盘活客户的存量证券；二是允许证券公司对客户信用账户内的证券或者资金进行再质押或者出借；三是加快建立场外市场的间接持有多级托管体系。

（四）培育证券公司的核心竞争力

证券公司做大做强的本质是培育证券公司的核心竞争力。根据美国学者 Jay Barney 的研究，核心竞争具有价值性、稀缺性、难以模仿和组织的特点。在资产管理方面，证券公司已经与银行、基金、信托、保险等展开跨界竞争，但在股权承销、并购重组、研究咨询定价等投资银行领域，以及金融工程、结构化产品、量化投资、组合投资等证券交易领域，证券公司则具有明显的优势，表明市值管理、投资研究、产品创设、风险管理仍然是证券公司的核心竞争力。

为培育证券公司的核心竞争力，可以从以下三方面开展：一是差异化经营，建立区别于其他金融机构（如银行、基金、信托等）的业务线；二是精品化经营，在现有业务的基础上精耕细作，形成独特的竞争优势，例如国外投行拉扎德就是在并购业务和资产管理上进行精耕细作；三是注重金融产品的创设和创新能力，例如全能型投资银行高盛就是在拓展优势领域的基础上通过金融创新来实现多元化业务的发展。

参考文献

[1] 祁斌：“加快建设多层次资本市场化解企业融资难题”［N］，《中国证券报》，2013 -3-11。

[2] 余建军：“多层次资本市场建设的理论基础和现实路径”［N］，《光明日报（理论版）》，2007-7-7。

[3] 潘峰，苏俊彦：“美国投资银行财务杠杆提增渠道分析及借鉴”［J］，《中国证券》，2013（9）：2—9。

[4] Barney J. Firm resources and sustained competitive advantage［J］. Journal of management，1991，17（1）：99-120.

“新常态”下证券业面临的挑战与机遇

张 敏*

当前，在中国经济发展进入“新常态”的背景下，资本市场和证券业的改革创新正在向纵深推进，“新常态”对证券业而言既是挑战，也是机遇。

一、“新常态”下证券业面临的挑战

（一）宏观经济环境

“新常态”下，国际环境仍充满复杂性和不确定性。随着美联储启动量化宽松政策退出程序，全球经济步入“后 QE（Quantitative Easing，量化宽松）时代”，金融风险进入高发期。新兴经济体受内部结构性问题和美联储退出量化宽松政策带来的资本外流和货币贬值压力，跨境资本流动、全球汇率、资产价格、大宗商品价格的波动性进一步加大。“新常态”下，受回升基础不稳固、资金配置扭曲、房地产市场趋势性分化、产能过剩严重、出口竞争力下降等结构性矛盾制约，经济运行中风险因素较多，国内经济面临的环境依然复杂，经济高增长的可持续性面临挑战。国内信贷余额和社会融资规模增速将逐渐下降，成本高企加上融资增速放缓，以及经济增速放缓带来融资能力下降，国内经济行为主体的去杠杆压力陡增，国内信用市场将呈现信用风险暴露上升态势。

根据 2014 年中央经济工作会议的部署，要保持经济运行在合理区间。在利率市场化不断推进以及开放宏观格局下国际资本流向反复变化的大背景下，国际环境不确定性和国内经济下行压力都有可能是影响股指走势的诱因，而“新常态”下的政策预期或将是资本市场的助推剂。

（二）证券公司主要业务面临的风险因素

随着互联网金融时代的到来和证券业市场化进程的推进，券商牌照放开、网络经纪商成

* 作者单位：齐鲁证券有限公司。原载于《中国证券》2015 年第 1 期。

立、注册制重构投行商业模式、新三板扩容等因素正左右证券业未来格局，行业竞争加剧，证券行业将进一步深度分化。

经纪业务方面，受行业竞争加剧导致佣金费率持续下降的影响，以收取佣金为主要收入来源的盈利模式存在极大的不确定性。随着《证券公司分支机构监管规定》、《证券公司开立客户账户规范》的发布以及互联网金融模式的兴起，新设营业网点的全面放开、非现场开户、网络经纪和网络综合金融业务等将对传统经纪业务带来巨大冲击，佣金自律公约的淡化以及网络营销的渐行渐近，传统经纪业务发展模式面临重大转型和升级。

投资银行业务方面，随着新股发行改革向注册制过渡，股票融资规模将出现一定程度上的增长，但在利率市场化稳步推进、社会整体融资利率水平高企，特别是强化对地方融资平台、房地产贷款、理财业务、影子银行等领域风险隐患控制的情况下，债券融资规模不会太高。

资产管理业务方面，随着2012年券商资产管理新政的常态化，通道业务和定向资产管理占八成的券商资产管理业务规模增速已放缓。“新常态”下，证券公司需要在产品设计、渠道布局、盈利模式创新等方面突破传统资产管理业务范畴，应对来自保险资管、信托、银行、私募等机构的资产管理行业跨界竞争。

融资融券业务方面，在经历了快速发展阶段后，融资融券业务将迈入平稳发展期。“新常态”下，“黑天鹅”事件的发生频率将显著增加，在杠杆作用下，客户违约的事件发生频次将增多。

（三）“新常态”下的风险防范压力

“新常态”下，证券公司面临的风险不断增大和风险复杂度提高。复杂多变的国际环境及国内经济金融形势使得证券市场波动性加大，直接融资的快速扩张和交易对手的增多将伴随信用风险的积聚，融资能力有限、经营杠杆化使得流动性风险管理日益迫切，不清晰的业务流程和不稳定的信息技术系统使得操作风险事件发生越来越频繁，这些都将给证券公司风险管理带来较大的挑战。具有交易自主性强、流动性不足、信息不对称严重等特征的非标产品，以及具有风险隐蔽性和传染性的交叉性金融业务，给现有的风险管理体系带来较大压力。

（四）“新常态”下资本瓶颈约束的压力

“新常态”下，为更好地服务实体经济，必然伴随金融创新的大量涌现、金融产品的日益丰富，证券公司业务种类相应不断增加，业务规模不断扩大，分支机构不断增多，经营规模迅速增长，特别是资本中介业务规模发展迅猛，资本消耗速度也随之大幅上升。目前，证券公司做市交易、柜台市场、量化交易等业务规模正日益扩大，互联网证券、财富管理、资产证券化等业务也在稳步推进。未来几年，证券公司业务规模仍将保持较快增长，从而产生持续的资本需求。创新业务的发展给证券公司带来新的利润增长点，并为证券公司业务转型提供了契机，但导致证券公司杠杆率逐渐上升，支持证券公司长期稳定发展的资本水平将严重不足，并将成为制约业务发展的瓶颈。

二、“新常态”下证券业面临的机遇

2012 年，中国证监会推出“创新十一条”和 36 条落实措施，全面打开了证券行业的发展空间，证券行业进入全面创新、加速转型的时期，盈利模式悄然发生深刻变化。2014 年 5 月 9 日，国务院发布的《关于进一步促进资本市场健康发展的若干意见》提出要积极稳妥推进股票发行注册制改革、加快多层次股权市场建设、鼓励市场化并购重组等重要举措，为资本市场健康发展创造有利的政策环境，也为证券行业发展带来巨大机遇。

（一）业务发展趋势

“新常态”下，经济发展将注重于质量的提升和结构上的优化，这有助于改善资本市场发展的基础与环境。为适应“新常态”，在证券市场持续发展和监管政策推动下，证券行业将逐步转变经营模式，各类创新业务和服务不断涌现，行业活跃度将得到有效提升。

蓝筹股交易机制创新、新股发行制度改革、长期资金入市等措施的实施，沪港通的运行以及互联网金融发展模式超越地域和时间限制交易，都可能促进资本市场活跃。随着标的证券范围继续扩大、客户资金门槛进一步降低以及市场参与主体对信用交易模式的逐渐熟知，融资融券业务仍可能保持快速增长态势。

“新常态”下，市场参与者对风险转移和风险对冲需求将增加，证券公司作为资产管理、财富管理和风险管理的资本中介机构，将承担产品设计者、流动性提供者、风险交易对手方等职责，实现规避风险、提供流动性和风险转移等功能，满足市场参与者的投融资需求和风险配置需求。以大盘蓝筹股为标的资产的股票期权交易正在积极筹备中，股指期权也呼之欲出，期权作为金融衍生品，将为投资者提供更为精细化的风险管理工具，而股票收益互换、利率互换、信用风险缓释工具、场外期权等场外衍生品也将满足投资者个性化需求。

“新常态”下，场外交易市场将会进一步发挥其服务实体经济的优势。作为定位于为创新型、创业型、成长型中小微企业发展提供服务的新三板市场将逐渐成为资本市场服务中小微企业的重要渠道；区域性股权市场作为中小微企业重要的投融资平台，参与区域性股权市场建设将为证券公司开启包含全业务链的新空间；券商柜台交易将拓宽证券公司的交易途径和产品开发空间，在满足投资者个性化需求的同时实现自身资产配置的优化。场外交易将成为证券公司新的利润增长点。

（二）资本实力将进一步壮大

“新常态”下，要实现证券业的跨越式发展，成为国内金融体系中举足轻重的核心产业，除了借助创新和差异化创造发展契机，也需要壮大资本实力。中国证监会《关于鼓励证券公司进一步补充资本的通知》（证券基金机构监管部部函［2014］1352 号）、中国证券业协会《证券公司资本补充指引》（中证协发［2014］168 号）要求各证券公司制定未来三年资本补充规划。此次中国证监会鼓励证券公司进一步补充资本的举措，必将掀起行业内增资扩股的浪潮，推动行业资本规模的扩张，壮大证券行业资本实力。

（三）融资渠道将进一步拓宽

从国际投行的发展经验可以看出，证券业作为经营风险的行业，本质上具有高负债经营的特点，核心业务是资本中介业务，通过杠杆经营来赚取利差或价差收入是其最核心的盈利模式。为适应“新常态”，证券公司将从“以产品为中心”向“以客户为中心”转变，自有资金将无法满足庞大的市场需求，“资本 + 杠杆 + 客户”模式的资本中介业务需要证券公司利用可用的融资工具进行负债经营提高经营杠杆，通过转融资、发行短期融资券、收益凭证、公司债、次级债等拓宽融资渠道，逐步提高杠杆率，满足类贷款业务、做市、互换等资本中介业务不断扩张。

三、“新常态”下证券公司应对策略

为应对“新常态”下的市场挑战和业务发展需求，需要建立科学有效的内部资本充足评估程序，拓宽资本补充渠道和路径，以充足的资本储备和审慎的风险防范策略提升证券公司综合竞争实力和风险抵御能力。

（一）建立科学有效的内部资本充足评估程序

1. 健全完善内部资本充足评估程序。要围绕风险评估、压力测试和资本规划等核心环节，建立完整的内部资本充足评估实施路径。利用风险评估，审慎评估公司面临的主要风险，确保主要风险得到识别、计量、监测和报告；依靠资本规划管理，评估资本工具吸收损失和支持业务持续经营的能力，并判断启动资本补充的触发条件、资本补充方案的可行性和应对措施的合理性。

2. 明确资本充足评估程序的职责分工。建立和完善证券公司资本补充机制是董事会的重要职责，董事会承担内部资本充足评估的主要责任，确保证券公司有足够资本抵御所面临的主要风险；高级管理层负责组织资本充足评估程序的开发和运行，执行资本规划，确保持续满足董事会设定的内部资本充足目标。

3. 发挥压力测试方法和工具的作用。压力测试作为内部资本充足评估程序的重要方法和工具，证券公司要通过审慎和前瞻性压力测试，覆盖各业务条线所面临的主要风险，并充分考虑宏观经济变化对风险和资本充足的影响，测算和评估轻度、中度和重度压力情景下的资本需求和资本可获得性，确保公司具备充足资本应对不利市场条件变化。

4. 充分利用资本充足评估结果。证券公司要把内部资本充足评估程序作为内部管理和决策的组成部分，并将内部资本充足评估结果运用于资本预算和分配、业务决策、分红政策和战略规划中。通过内部资本充足评估，持续保持与证券公司风险状况相适应的资本水平，确保证券公司有足够资本能够有效抵御所面临的各类风险和满足实施经营战略的需要。

（二）拓宽资本补充渠道和路径

“新常态”下，证券公司需要进一步完善内源性资本积累和外源性融资并重的资本补充机制。同时，要做到资本补充与结构优化并举，形成科学合理的资本结构。在达到资本补充触发条件时，适时启动资本补充计划。

1. 内源性资本的补充。近年来，证券公司经营业绩不断提升，净利润持续增长，来自净利润留存的内源性融资是目前证券公司补充资本的主要渠道。内源性资本的补充主要依赖于：（1）不断提升盈利能力。内源性核心资本的积累实质上是利润创造能力不断提升的过程，利润的留存需要以较强的盈利能力为前提，因此证券公司要进一步加快业务发展，优化业务结构和收入结构，有效控制成本支出的增长，提升盈利能力，确保内源性资本的可持续增长。（2）充分计提风险准备金。要严格遵守《关于发布〈证券公司年报监管工作指引第1号——基本工作要点〉的通知》（机构部部函［2011］1号）的要求，按照税后利润的10%分别提取法定准备公积金、一般风险准备金，按照不低于税后利润的10%提取交易风险准备金，在提高风险抵御能力的同时实现资本补充。（3）审慎确定利润分配方案，合理分配利润。在股利稳定增长的同时，合理确定利润留存量，有效加大内源性资本的积累。

2. 外源性资本的补充。依靠外源性融资的资本补充方式可以短期内缓解资本金的压力，迅速筹措到大量营运资金并带来资本的增加，实现自身快速扩张，有力支持创新业务发展，提升自身的业务竞争力和抗风险能力。证券公司要密切关注市场动态，综合考虑市场环境、融资成本、融资效率等因素，合理选择诸如次级债券或股本发行等资本工具，推动上市融资工作，补充资本。股权融资在有效改善证券公司资产结构的同时，也为提高后续其他资本补充空间创造条件，为证券公司后续的次级债等债权融资拓宽渠道。截至2014年12月底，国内共有20家证券公司在A股市场挂牌上市，借鉴行业相关经验，证券公司挂牌上市的可行选择方式主要有国内IPO（Initial Public Offerings，首次公开募股）上市、香港IPO上市和借壳上市。

（1）国内IPO上市。目前，国内A股IPO一直处于排队等待状态。根据中国证监会网站的信息披露，截至2014年12月25日，中国证监会受理首发企业654家，其中，已过会38家，未过会616家。券商排队IPO的数量为8家（在审项目），分别是中国银河证券、中原证券、东方证券、东兴证券、浙商证券、国泰君安证券、华安证券、第一创业证券。另外，东海证券、恒泰证券等也启动了A股IPO进程计划。

（2）香港IPO上市。目前，已有中信证券、海通证券、银河证券、中原证券等证券公司在香港上市，还有部分证券公司的附属公司如国泰君安（香港）、申银万国（香港）也已在香港上市。证券公司可参考银河证券和中原证券香港上市的做法，先H股后A股，这种方式从目前来看是较为切实可行的途径。

（3）借壳上市。借壳上市是指公司通过收购或置换的方式剥离目标上市公司原有资产，将自身资产置入从而间接实现上市的方法。国内证券公司借壳上市具体方案大体分为："股份回购+换股吸收合并+定向增发"、"重大资产出售+定向增发"、"资产置换+吸收合并"、"吸收合并"四种模式。在现有法规框架下，金融机构和创业投资等特殊行业的企业不适用于借壳上市新规。借壳上市还存在买壳成本很难把握、当地政府干预、壳公司的财务重组风险等风险，因此，对证券公司来说借壳上市还存在一定不确定性。中纺投资与安信证券的重大资产重组案例为证券公司上市提供了新思路和借鉴经验。

3. 其他资本补充方式。在内源性资本和外源性资本都无法及时补充时，证券公司根据事件严重程度不同，可采取以下措施补充资本：采取调整业务结构，控制资本占用程度高的业务发展；采用风险缓释措施；优化资产结构，处置长期资产，提高资产流动性；控制费用支出，提高盈利能力；调整分红政策。

除上述融资方式外，证券公司还需加强对资本管理工具和政策的前瞻性研究，积极运用现行法规政策框架内的各类工具和渠道，探索优先股、减记债、可转债等创新资本工具，研究通过员工持股计划、股息再投资计划等途径补充资本，拓宽资本补充渠道，维持充足的资本水平。

四、相关政策建议

为引领“新常态”，从监管层面防范系统性风险和区域性风险的角度出发，提出如下建议：

一是“新常态”下，为在整个金融系统中匹配所需的信息、交易结构等金融资源，跨市场、跨行业的交叉性金融业务已逐步出现，交叉性金融业务有助于提高资源配置效率，加速传统金融业务的发展，然而此类业务通过多金融行业间的连接，多层交易结构的设计，将对监管的穿透形成一定的障碍，也容易形成风险交叉传染，因此，建议密切关注跨市场金融工具的风险状况和发展趋势，防范其在发展过程中游离于法律政策的规范之外。

二是“新常态”下，资本将为稀缺资源，监管部门要督促证券公司加强资本管理，向注重资本节约的精细化管理转变，有效发挥资本在证券公司业务发展中的约束功能和推动作用，以充足的资本保障证券公司业务持续健康快速发展。

参考文献

[1] 徐鸿周，龚澄，李运达，王芳：“社会融资‘新常态’：特征、成因与动向分析”[J]，《国际金融》，2014（11）：61—65。

[2] 李仁杰：“新常态下银行的经营转型”[J]，《中国金融》，2014（20）：16—18。

[3] 吕家进：“新常态下中国银行业的改革与创新”[N]，《金融时报》，2014－11－17（1）。

[4] 王璐：“新常态下的经济改革与金融创新”[N]，《金融时报》，2014－10－27（11）。